SEITE 54

REISEZIELE IN ITALIEN

ALLE ZIELE AUF EINEN BLICK
Fundierte Einblicke, detaillierte Adressen, Insider-Tipps und mehr

SEITE 998

PRAKTISCHE INFORMATIONEN

SCHNELL NACHGESCHLAGEN
Tipps für Unterkünfte, sicheres Reisen, Smalltalk und vieles mehr

Paula Hardy
Alison Bing, Abigail Blasi, Cristian Bonetto, Kerry Christiani, Gregor Clark, Joe Fullman, Duncan Garwood, Robert Landon, Vesna Maric, Virginia Maxwell, Olivia Pozzan, Brendan Sainsbury, Donna Wheeler, Nicola Williams

Willkommen in Italien

Bella Vita

Es gibt nur wenige Orte auf der Welt, an denen Kunst und Leben sich so mühelos mischen wie in Italien. Denn dies ist das Land von Dante, Michelangelo, Da Vinci und Botticelli – aber auch die Heimat von Salvatore Ferragamo, Giorgio Armani und Gualtiero Marchesi. Küche, Mode, Kunst und Architektur: Rasch spürt man, wie sehr die Sehnsucht nach dem eleganten Lebensstil die Italiener eint. Erstaunlich viele Menschen legen hier größten Wert auf das feine Kräuteraroma im Schafskäse, die rechte Behandlung von Marmor oder Ausdrucksnuancen in einem Vivaldi-Konzert. Hinter dem Anschein von *disinvoltura* – einem Gefühl von Leichtigkeit – steckt eine wahre Leidenschaft für die schönen Seiten des Lebens.

Bon Appetito

Italiens Küche beschert dem Gast einen Reigen unzähliger Gänge, doch egal, wie viel man schon verspeist hat – stets bleibt das Gefühl, man sei noch gar nicht über die Vorspeisen hinaus. Selbst der kleinste Imbiss wird hier zur kulinarischen Offenbarung. Das Geheimnis hinter diesen Genüssen ist die Begeisterung für erstklassige und frische Zutaten. Die Ursprünge der italienischen Küche sind zwar einfach und durchaus rustikal, und die Slow-Food-Bewegung hält diese Tradition in Ehren; gleichzeitig ist die moderne italienische Kü-

DAVID TOMLINSON / LONELY PLANET IMAGES ©

Überall erklingt das Loblied auf Italien, und doch vermag das Land seine Besucher immer wieder aufs Neue zu überraschen. Eine Reise durchs bel paese, das „schöne Land“ kann zu einer unvergleichlichen Erfahrung werden, die man nicht mehr missen mag.

Links: Blick über den Gardasee auf Malcesine (S. 301)
Unten: Der Dom von Mailand (S. 259)

RICHARD I'ANSON / LONELY PLANET IMAGES ©

che aber auch innovativ. Am besten, man deckt sich in den Slow-Food-Supermärkten mit hochwertigen Lebensmitteln ein, probiert an der römischen Weinakademie erstklassige Tropfen und besucht Weingüter und Olivenbauern, um einen Einblick in neue Anbaumethoden zu bekommen.

Bel Paese

Dank seiner Stiefelform – einem Hinweis auf die Modeversessenheit seiner Bewohner? – ist Italien auf Weltkarten leicht auszumachen. Das Land ist lang und elegant – *c'e bella* – und auf drei Seiten von vier Teilmeeren des Mittelmeers umgeben (Adria, Ionisches, Ligurisches und Tyrrhenisches Meer). Im Norden bilden die Alpen und die Dolomiten einen mächtigen Grenzwall mit einer vorgelagerten Kette funkelnder Gletscherseen; im Süden ragen feuerspeiende Vulkane empor, darunter Vesuv, Ätna und Stromboli. Auch wenn vielen das gar nicht bewusst ist, besteht Italien keineswegs nur aus Architektur und Museen. Aktivurlauber kommen hier voll auf ihre Kosten, sei es nun beim steilen Abstieg in den Abgrund der Gola Su Gorropu, beim Ausritt durchs Marschland der Maremma oder beim Taucherlebnis im funkelnden Wasser zwischen Korallen und Barracudas. Wer also glaubt, er hätte eigentlich schon jeden Winkel dieses wunderschönen Landes gesehen, sollte einfach einmal in diesem Buch blättern: Wetten, dass hier jeder etwas entdeckt, wovon er noch nie gehört hat?

Gran Paradiso
Wanderungen über hohe Bergpässe (S. 254)
Comer See
Mit dem Schiff auf dem Alpine schönsten Alpensee der Lombardei (S. 285)
Dolomiten
Gewaltige Granitgipfel aus der Nähe bestaunen (S. 314)
Venedig
Wer kennt die Zahl der Mosaiksteinchen von San Marco? (S. 353)
Renaissance-Juwel Florenz
Unglaublich, was die Kaufleute der frühen Neuzeit hier zustandebrachten (S. 495)
Italienische Alpen
Skifahren auf der „Milchstraße“ im Piemont (S. 232)
Italienische Riviera
Die Küstendörfer der Cinque
0
200 km
HÖHEN
2500 m
2000 m
1500 m
1000 m
500 m
300 m
100 m
0
ÖSTERREICH
SCHWEIZ
UNGARN
SLOWENIEN
KROATIEN
SERBIEN
BOSNIEN & HERZEGOWINA
MONTENEGRO
BERN
VADUZ
Zürich
Genf
Innsbruck
Graz
LJUBLJANA
ZAGREB
Pécs
Osijek
Donau
Rijeka
Banja Luka
SARAJEVO
PODGORICA
Dubrovnik
Merano
Bozen
Alpe di Siusi
Tolmezzo
Tarvisio
CARNIA
Udine
Gorizia
Triest
Grado
Lignano
Palmanova
Pordenone
Dolomiten
Parco Nazionale dello Stelvio
Val di Sole
Valtellina
Trento
Rovereto
Comer See
Bergamo
Lago di Garda
Vicenza
Padua
Venedig
Valtournenche
Courmayeur
Aosta
Varallo
Valsesia
Lago d'Orta
Parco Nazionale del Gran Paradiso
Mailand
Brescia
Verona
Modane
Milch-straße
Briançon
Turin
Cremona
Mantua
VENETO
Po
Taro
Panaro
Reno
Podelta
PIEMONT
Tanaro
Genua
EMILIA-ROMAGNA
Bologna
Ravenna
Garfagnana
Parco Nazionale delle Cinque Terre
SAN MARINO
Pesaro
LIGURIEN
Riviera di Ponente
Riviera di Levante
Golf von Genua
Lucca
Nizza
Florenz
Urbino
Ancona
Adria
Pisa
Arno
CHIANTI
Parco Del Conero
Livorno
Volterra
Arezzo
Gubbio
Macerata
Gorgona
Siena
Capraia
Massa Marittima
Perugia
Assisi
Sarnano
43° N
UMBRIEN
Norcia
Ascoli Piceno
TOSKANA
Todi
Elba
Pianosa
Orvieto
Spoleto
Pescara

Toskana
Ideal für eine Gourmet-Rundreise (S. 641)
Rom
2000 Jahre Geschichte als unvergleichliche Kulisse (S. 60)
Neapel
Die ganze Stadt ist ein Theater! (S. 665)
Amalfiküste
Zusammen mit der Prominenz den perfekten Urlaub genießen (S. 717)
Pompeji
So vergeht der Ruhm der Welt ... (S. 704)
Sardinien
In Meeresgrotten und abgeschiedenen Buchten baden (S. 884)
Lecce
Das Florenz des Südens entdecken (S. 758)
Ätna
Der Feuerberg der Zyklopen ist einen Abstecher wert (S. 842)
ROM
Tivoli
Palestrina
Scanno
MOLISE
Parco Nazionale d'Abruzzo, Lazio e Molise
Isernia
Campobasso
del Gargano
Ajaccio
reich)
Santa Teresa di Gallura
Palau
Olbia
Stintino
Porto Torres
Sassari
Alghero
Nuoro
Golfo di Orosei
SARDINIEN
Oristano
Barumini
Costa Verde
Iglesias
Cagliari
Carbonia
Salina
Sant'Antioco
Costa Rei
Villasimius
Costa del Sud
Golfo di Gaeta
Neapel
Vesuv
Ponza
Ischia
Sorrento
Capri
Pompeji
Amalfi-küste
Agropoli
Sele
Potenza
BASILIKATA
Basento
Matera
APULIEN
Valle d'Itria
Lecce
Agri
Sinni
Golfo di Taranto
Parco Nazionale del Cilento e Vallo di Diano
KALABRIEN
Cosenza
Neto
Parco Nazionale della Sila
Stromboli
Golfo di Squillace
Ustica
Salina
Äolische Inseln
Vulcano
Parco Nazionale dell'Aspromonte
Tyrrhenische Küste
Palermo
Erice
Trapani
Marsala
Cefalù
Taormina
Ätna
Reggio di Calabria
Ionische Küste
Catania
Ionisches Meer
SIZILIEN
Agrigento
Syrakus
Ragusa
Modica
Noto
Bizerte
Annaba
TUNIS
Kelibia
Pantelleria
MITTELMEER
ALGERIEN
TUNESIEN
MALTA
VALLETTA
Linosa
42° N
41° N
40° N
39° N
38° N
37° N
36° N
7° O
8° O
9° O
10° O
11° O
12° O
13° O
14° O
15° O
16° O
17° O
18° O
19° O

18 TOP-ERLEBNISSE

Historisches Rom

1 Rom, einst *Caput Mundi*, die Hauptstadt der Welt, wurde der Legende nach von zwei Knaben gegründet, die eine Wölfin gesäugt hatte. Die Stadt wuchs zur ersten westeuropäischen Supermacht heran und wurde zum spirituellen Herzen des Christentums. Es gibt viel zu sehen, angefangen mit dem Pantheon (S. 77) und dem Kolosseum (S. 61) bis hin zu Michelangelos Sixtinischer Kapelle (S. 109) und Caravaggios Werken (S. 78). Am besten macht man es wie andere zuvor: Eine Münze in den Trevibrunnen (S. 86) werfen und versprechen, wiederzukommen. Petersdom

Virtuoses Venedig

2 Beim Eintreten durch die Tore des Markusdoms (S. 357) kann man sich vorstellen, wie es wohl für die mittelalterlichen Analphabeten und die in Sackleinen gekleideten Pilger gewesen sein mag, als sie zum ersten Mal die Kuppeln mit ihren Goldmosaiken erblickten. Und das ist noch nicht einmal besonders weit hergeholt – sobald die Millionen winziger vergoldeter *tesserae* (handgeschnittene, glasierte Kacheln) zu einer einzigen, himmlischen Vision verschmelzen, scheint jeder Sprung, den die Menschheit seit dem 12. Jh. gemacht hat, vergleichsweise klein.

THE ART ARCHIVE / ALAMY ©

Renaissance-Florenz

3 Angefangen mit Brunelleschis rot gekacheltem Prunkstück, der Kathedrale von Florenz (S. 496), bis hin zu Michelangelos größten Werken, dem *David* (S. 508) und der *Geburt der Venus* (S. 503), gibt es laut Unesco in Florenz „die größte Konzentration universell anerkannter Kunstwerke der Welt". Während Rom und Mailand mehrfach zerstört und wiederaufgebaut wurden, sieht es im Zentrum von Florenz noch genauso aus wie 1550 – mit steinernen Türmen und Gärten mit Zypressenreihen. So wirkt die Stadt wie ein Renaissancegemälde und wenn man eine Weile darüber nachdenkt, ergibt das durchaus Sinn.

Die Ruinen von Pompeji

4 Nichts regt die Fantasie des Menschen so an wie eine Naturkatastrophe und nur wenige Reste einer Katastrophe können es mit den Ruinen von Pompeji (S. 704) aufnehmen, der einst blühenden römischen Stadt, die vor 2000 Jahren im Todeskampf „erstarrt" ist. Bei einem Gang durch die römischen Straßen, vorbei am Forum mit seinen Säulen und am Freudenhaus, dem Theater mit seinen 5000 Sitzplätzen und den Fresken der Villa dei Misteri kann man über den erschütternden Bericht von Plinius dem Jüngeren nachdenken: „Dunkelheit kam wieder, wieder Asche, dick und schwer. Wir standen wiederholt auf, um sie abzuschütteln, sonst wären wir davon begraben und von ihrem Gewicht erdrückt worden."

WITOLD SKRYPCZAK / LONELY PLANET IMAGES ©

Amalfi-Küste

5 Die Amalfi-Küste mit ihren duftenden Zitronenhainen, mit den von Blumen übersäten Felswänden, tanzenden Fischerbooten und eiscremefarbenen Städtchen gilt noch immer als die schönste Küste der Halbinsel. Manche mögen einwenden, dass dieser Titel Liguriens Cinque Terre oder Kalabriens Costa Viola gebührt, aber Hollywoods Diven und romantische Tagestouristen sind hier ganz einer Meinung. Die Strecke von Sorrent (S. 711) bis Positano (S. 718) ist am schlechtesten ausgebaut und zugleich am schönsten. Positano

Museumswahnsinn

6 Epochen wie Klassik, Renaissance, Manierismus, Barock, Futurismus und Pittura Metafisica, wurden alle in Italien geprägt, von Künstlern wie Giotto, da Vinci, Michelangelo, Botticelli, Bernini, Caravaggio, Carracci, Boccioni, Balla und de Chirico. Ihre Werke findet man in Rom im Museo e Galleria Borghese (S. 110) und in der MAXXI Galerie (S. 112), in Florenz in den Uffizien (S. 506), in Venedigs Galleria dell'Accademia (S. 365), in Bergamos Accademia Carrara (S. 304) und im Museo del Novecento (S. 262) in Mailand. Galerie in den Uffizien

Die Dolomiten

7 Sicher gibt es auf der Welt jede Menge Berge, die höher, größer und extremer sind, aber nur wenige sind so romantisch wie die rosigen Granitfelsen der Dolomiten (S. 381). Vielleicht liegt es an den rauen, zerklüfteten Gipfeln, die im Sommer von bunten Wildblumen überzogen sind, oder am reichen Schatz der Ladinischen Legenden aus den Tälern – oder vielleicht liegt es einfach daran, dass dieser kleine Fleck in Norditalien einige der wagemutigsten Bergsteiger der Erde hervorgebracht hat.

Auf den Straßen von Neapel

8 Durch den Lärm des Marktes Porta Nolana (S. 671) aufzuwachen ist unvergleichlich: Das ist ein Fest für alle Sinne! Er ist halb nordafrikanischer Basar, halb europäischer Markt. Obsthändler preisen ihre Waren lautstark im neapolitanischen Dialekt an, Schwertfischköpfe blicken dem Besucher über einen Sardinenberg auf Eis hinterher, dann weht die Brise eines unwiderstehlichen Duftes von Limonen und Orangen herüber, gefolgt vom Duft von frisch gebackenen *sfogliatelle* (süße Ricottacreme in Blätterteig).

RUSSELL MOUNTFORD / LONELY PLANET IMAGES ©

Religiöse Schätze

9 Das Mittelalter brachte in Italien eine künstlerische Brillanz hervor. Vielleicht waren es die strahlenden Mosaiken in den byzantinischen Basiliken in Ravenna (S. 481), die als Leitstern fungierten, denn irgendetwas hat Giotto di Bondone bei seinen Fresken in der Scovegni-Kapelle in Padua (S. 402) und der Basilika di San Francesco in Assisi (S. 607) inspiriert, den Sprung aus der Finsternis zu wagen. Mit ihnen gab er der Welt eine neue künstlerische Formensprache und von da war es nur ein kleiner Schritt zu Masaccios *Dreifaltigkeit* (S. 505). Basilika Sant'Apollinare Nuovo, Ravenna

Am wunderschönen Comer See

10 Der schillernde Comer See, der am Ende der letzten Eiszeit im Schatten der rätischen Alpen entstand, ist der spektakulärste der lombardischen Seen. In den großartigen Jugendstilvillen wohnen Filmstars und arabische Scheichs. Hauptanziehungspunkte entlang des Sees, der von allen Seiten von üppigem Grün umgeben ist, sind unter anderem die Gärten der Villa Melzi d'Eril (S. 290), die Villa Carlotta (S. 292) und die Villa Balbianello (S. 292), in denen im April und Mai die Kamelien, Azaleen und Rhododendren zart erröten.

Italienische Riviera

11 Die Sünder unter den Bürgern der fünf Dörfer der Cinque Terre (S. 205) – Monterosso, Vernazza, Corniglia, Manarola und Riomaggiore – führte ihr Bußgang über eine lange und anstrengende Strecke hinauf zum örtlichen Heiligtum auf den schwindelerregenden Klippen, wo sie um Vergebung baten. Auf den gleichen Pilgerpfaden geht man heute durch Weinbergterrassen, vorbei an Berghängen voller *macchia* (Gebüsch) und es fällt schwer, sich eine gütigere Bestrafung vorzustellen als die himmlischen Aussichten, die sich da vor einem auftun. Riomaggiore

SEAN CAFFREY / LONELY PLANET IMAGES ©

Küstenlandschaften

12 Es gibt in der deutschen Sprache nicht genug Adjektive, um die verschiedenen Blau- und Grüntöne zu beschreiben, die in den tiefsten Schatten des Meeres vor Sardinien sogar zu Purpur werden. Das sieht zwar aus wie eine Postkarte, doch Sardinien ist noch immer wild, mit einer rauen Küstenlandschaft – von den verwitterten Felsen von Santa Teresa di Gallura (S. 919) bis zu den windgeschliffenen Klippen des Golfo di Orosei (S. 927), von der Costa Smeralda (S. 918) mit ihren Stars und Sternchen bis hin zu den vom Winde verwehten Dünen und Stränden (S. 891) der Costa Verde. Spiaggia Scivu

CHARD I'ANSON / LONELY PLANET IMAGES ©

So schmeckt die Toskana

13 Einmal einkehren bei Fabbio Picchi im Mitgliederclub Teatro del Sale (S. 523) und toskanische Küche kosten. Das Geheimnis dieser Küche sind ihre Zutaten. In einem Land der Aromen, angefangen mit San-Miniato-Trüffeln (S. 549) über Wildschweinwürstchen und Scheiben bläulicher *bistecca alla fiorentina* (Steak), hegen und pflegen die Bauern der Toskana immer noch ihre Schweine, Kühe, Oliven und Trauben. Das Beste vom Besten gibt es bei Il Santo Bevitore (S. 525) und in der Osteria di Passignano (S. 568). Hauptmarkt, Florenz

Savoyer Paläste

14 Wie die Medici in Florenz und die Borghese in Rom hatten auch die Fürsten von Savoyen in Turin extravagante Paläste. Während Turins Palazzo Madama (S. 224) und Palazzo Reale (S. 224) beeindrucken, können sie dem Reggia de Venaria Reale (S. 225) nicht das Wasser reichen. Das Jagdschloss von Herzog Karl Emanuel II. ist eine der größten fürstlichen Residenzen Europas, das Mammutprojekt seiner Restaurierung hat 200 Mio. Euro verschlungen, dafür wurden etwa 1000 m² Fresken und ca. 140 000 m² Stuck bearbeitet. Reggia de Venaria Reale

EMMEPI TRAVEL / ALAMY ©

ANDREW PEACOCK / LONELY PLANET IMAGES ©

Parco Nazionale del Gran Paradiso

15 Italiens „Großes Paradies" war der erste Nationalpark des Landes, ein Geschenk von Viktor Emanuel II., der sein Jagdreservat 1922 dem Staat stiftete. Er gehört zu den Grajischen Alpen, enthält 724 km markierter Wege und Saumwege, 57 Gletscher, Alpenwiesen voller wilder Stiefmütterchen, Enzian und Alpenrosen sowie eine Population des Alpensteinbocks, für dessen Schutz der Park ursprünglich eingerichtet worden war. Der namensgebende Gran Paradiso (4061 m) ist der einzige Berg im Park; der Zugang findet sich im ruhigen Cogne (S. 254).

Die italienischen Alpen

16 Was dem Aostatal (S. 247) an Größe fehlt (es ist Italiens kleinste, am wenigsten bevölkerte Region), macht es an Höhe wieder wett, schließlich ist das schmale Tal umringt von einigen der höchsten Berge Europas, darunter Mont Blanc, Matterhorn, Dufourspitze und Gran Paradiso. Ausgestattet sind die Alpen mit einigen der besten Skigebiete des Kontinents in so prestigeträchtigen Orten wie Courmayeur, Cervinia und Monterosa, von denen aus man auf furchterregenden Abfahrten nach Frankreich, in die Schweiz oder ins Piemont gelangt.

Barockes Lecce

17 Der Barockstil des *barocco leccese* (Barock von Lecce) macht den Charakter vieler apulischer Städte aus. Der regionale Stein sei so weich, behauptete der Kunsthistoriker Cesare Brandi, dass man ihn mit einem Taschenmesser bearbeiten könne. Kunsthandwerker haben sich zu immer kreativeren Meisterleistungen aufgeschwungen und so sind die Fassaden über und über verziert mit Pflanzen, Wasserspeiern und seltsamen Tierwesen. Die Basilica di Santa Croce (S. 758) in Lecce ist der Höhepunkt dieses Stils.

Der Vulkan Ätna

18 Den Griechen war er bekannt als „die Säule, die den Himmel hält". Der Ätna (S. 842) ist einer der größten Vulkane Europas und einer der aktivsten der Welt. In der Antike glaubte man, der Riese Typhon wohne in seinem Krater und ließe regelmäßig den Himmel in einem Feuerwerk aufleuchten. Mit 3329 m türmt er sich über der ionischen Küste Siziliens auf. Seit 1987 sind seine Hänge Teil des Parco dell'Etna, eines Gebietes, das sowohl alpine Wälder wie auch den schwarzen, ungemütlichen Gipfel einschließt.

GREG ELMS / LONELY PLANET IMAGES ©

MICHAEL GEBICKI / LONELY PLANET IMAGES ©

Gut zu wissen

Währung

» Euro (€)

Sprache

» Italienisch

Reisezeit

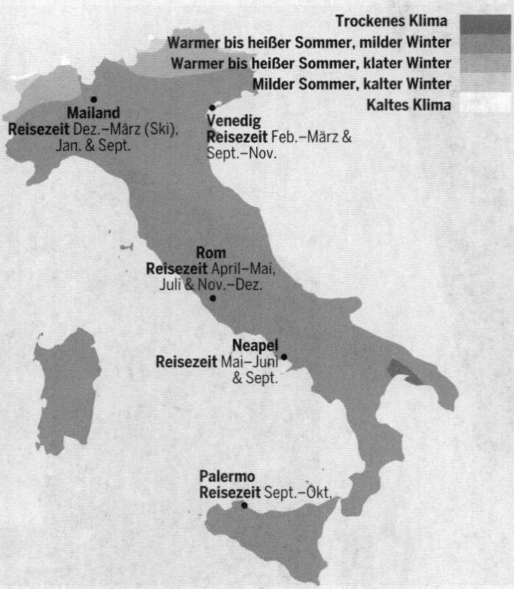

Hauptsaison (Juli–Aug.)

» Lange Staus vor den großen Sehenswürdigkeiten und auf den Straßen, vor allem im August.

» Preise steigen an Weihnachten, Neujahr und Ostern.

» Hochsaison in den Alpen und Dolomiten: Dezember bis März.

Zwischensaison (April–Juni & Sept.–Okt.)

» Schnäppchen bei den Unterkünften, vor allem im Süden.

» Der Frühling ist die beste Zeit für Feste, Blumen und frische, regionale Produkte.

» Im Herbst ist das Wetter warm und die Traubenernte lockt.

Nachsaison (Nov.–März)

» Preise auf dem Tiefpunkt – bis zu 30% weniger als in der Hochsaison.

» Viele Sehenswürdigkeiten und Hotels in Küsten- und Bergregionen sind geschlossen.

» Kulturelle Events in Großstädten.

Tagesbudget

Günstig – weniger als

100 €

» Mehrbettzimmer: 15–25 €

» Doppelzimmer in einem günstigem Hotel: 50–100 €

» Pizza oder Pasta: 8–12 €

» Fantastische Märkte und Imbisse für Selbstversorger

Mittelteuer

100–200 €

» Doppelzimmer im Hotel: 80–180 €

» Mittag- und Abendessen im regionalen Restaurant: 25–45 €

Teuer

200 €

» Doppelzimmer in einem Hotel mit vier oder fünf Sternen: 200–450 €

» Abendessen in einem Spitzenrestaurant: 50–150 €

Geld

» Geldautomaten gibt es in jedem Flughafen, an den meisten Bahnhöfen und häufig in Städten. Kreditkarten werden in den meisten Hotels und Restaurants akzeptiert.

Visum

» Italien ist Schengen-Mitglied, bei der Einreise benötigen Deutsche, Österreicher und Schweizer nur einen gültigen Personalausweis.

Mobiltelefon

» Europäische und australische Handys funktionieren, alle anderen sollte man auf Roaming schalten. Mit lokalen SIM-Karten lassen sich recht günstigere Ortsgespräche führen.

Auto fahren

» Gefahren wird auf der rechten Straßenseite. Bitte beachten, dass das Licht auf allen Schnellstraßen eingeschaltet werden muss – auch tagsüber.

Wechselkurse

Schweiz	1 sFr.	0,82 €
USA	1 US$	0,75 €

Aktuelle Wechselkurse auf www.xe.com.

Infos im Internet

» **Lonely Planet** (http://www.lonelyplanet.de/reiseziele/europa/italien) Informationen über das Reiseziel, ein Forum für Reisende und mehr.

» **Trenitalia** (www.trenitalia.com) Website der italienischen Bahn (in Italienisch/Englisch).

» **Agriturismi** (www.agriturismi.it) Homepage für Übernachtungen auf dem Bauernhof (in Deutsch, Italienisch, Englisch, Französisch und Spanisch).

» **Slow Food** (www.slowfood.com) Findet die besten Erzeuger vor Ort, Restaurants und Märkte (in Englisch).

» **Enit Italia** (www.italiantourism.com) Offizielle Tourismusseite der italienischen Regierung.

Wichtige Telefonnummern

Um die Nummern in diesem Buch von außerhalb Italiens anzurufen, bitte die internationale Landesvorwahl wählen, dann die gewünschte Rufnummer (mit der „0").

Landesvorwahl Italien	☎ +39
Notarzt	☎ +118
Polizei	☎ +113
Feuerwehr	☎ +115

Ankunft in Italien

» **Flughafen Fiumicino**
Bahnen & Busse: alle 30 Min., 6–23 Uhr
Nachtbus: ständl., 0.30–5 Uhr
Taxi: 40 €, fester Preis; 45 Min.

» **Flughafen Malpensa**
Malpensa Express & Shuttle: alle 30 Min., 5–22.30 Uhr
Nachtbus: eingeschränkt, 23–5 Uhr
Taxi: 79 €, fester Preis; 50 Min.

» **Flughafen Capodichino**
Flughafen-Shuttle: alle 20 Min., 6.30–23.40 Uhr
Taxi: 19 €, fester Preis, 30 Min.

Zum Shoppen nach Italien!

Wie schaffen es eigentlich die Italiener, einen ganzen Stapel schöner Pullis aus feinster Merinowolle von Prada zu besitzen, eine Ferragamo-Handtasche, Schränke voller Designerschuhe und Sonnenbrillen? Wie können die sich das leisten?

Weil sie etwas wissen, was der normale Tourist nicht weiß, aber jeder stilbewusste Italiener: wann nämlich die beste Zeit und der beste Ort zur Schnäppchenjagd ist. Mit dem richtigen Timing kann man im Januar und im Juli zum jährlichen Schlussverkauf (*saldi*) zum Bruchteil des normalen Preises Designermode kaufen. Preisnachlässe beginnen bei 30 % und steigen im Laufe des Schlussverkaufs auf bis auf 50 %, aber wer nicht rechtzeitig kommt, dem bleiben nur die zu großen, schlecht sitzenden Dinge in seltsamen Farben, die bereits vom Rest der Shopping-Gemeinde verschmäht wurden. Zu anderen Zeiten des Jahres gibt es Schnäppchen auf Flohmärkten oder in Discount-Outlets in der Lombardei und im Piemont (mehr auf S. 277).

Beim ersten Mal

Jeder braucht ein bisschen Hilfe, wenn er zum ersten Mal ein Land besucht. Es gilt, ein paar Sätze zu erlernen, sich an Gebräuche zu gewöhnen und die dortige Etikette zu verstehen. Der folgende Teil wird dabei helfen, Italien zu enträtseln, damit die erste Reise genauso problemlos verläuft wie die fünfte.

Sprache

Anders als in vielen anderen europäischen Ländern ist Englisch in Italien nicht weit verbreitet. Natürlich kommt man in den Tourismuszentren damit durch, aber auf dem Land und südlich von Rom lohnt es sich, ein paar grundlegende Sätze zu lernen. Das wird die Reise um einiges erleichtern, vor allem bei Bestellungen in Restaurants, die manchmal keine geschriebene Karte haben. Im Sprachkapitel dieses Buches (S. 1029) gibt es alle Sätze für den Alltag.

Reservierung

In der Hochsaison und bei wichtigen Ereignissen (wie Möbel- oder Modemessen in Mailand), wenn die Nachfrage groß ist, ist es notwendig, ein Zimmer zu reservieren. Berühmte Restaurants und große Events (wie Opernbesuche) erfordern eine Reservierung.

Hallo /Guten Tag.	Buongiorno.
Ich möchte reservieren	Vorrei prenotare ...
ein Einzelzimmer	una camera singola
ein Doppelzimmer	una camera doppia con letto matrimoniale
auf den Namen...	in nome di ...
von ... bis (Datum)	dal ... al...
Wie viel kostet das ...?	Quanto costa ...?
pro Nacht/pro Person	per la notte/per persona
Vielen Dank/Danke.	Grazie (mille).

Richtig angezogen

Der erste Eindruck ist in Italien wichtig. Das Konzept der *fare bella figura* („Einen guten Eindruck machen") umschreibt die italienische Besessenheit von Schönheit, Charme und gutem Aussehen. Mailand, die Modehauptstadt des Landes, ist absolut schick. Rom und Florenz sind nur einen Hauch weniger förmlich, aber angesichts der großen Modehäuser in der Stadt wird nachlässige Kleidung nicht geduldet. In der Stadt ist der Mann generell mit Hosen und Hemd oder Polohemd passend gekleidet, Frauen tragen Rock, Hose oder Kleid. Shorts, T-Shirts und Sandalen sind im Sommer am Strand okay, im Restaurant trägt man langärmelig. Am Abend ist sportlich-elegante Kleidung die Regel.

Unbedingt mitbringen

- » Pass oder Personalausweis
- » Kreditkarten
- » Führerschein
- » Sprachführer
- » Reisestecker
- » Handyaufladegerät
- » Sonnencreme
- » Wasserfeste Jacke
- » Fotoapparat
- » Geldgürtel
- » Wanderstiefel und Sandalen
- » Strandtasche und Rucksack
- » Sportlich-elegante Kleidung
- » Universaladapter
- » Ohrstöpsel
- » Hut und Sonnenbrille
- » Pullover, Fleecepulli oder leichte Jacke

Checkliste

- Gültigkeit des Reisepasses bzw. Personalausweises prüfen
- Gepäckbeschränkungen der Fluglinie checken
- Reiseversicherung organisieren (S. 1015)
- Reservierungen tätigen (für große, beliebte Sehenswürdigkeiten, Museen, Oper, Unterkunft)
- Eventuell Kreditkartenunternehmen über die Reisepläne informieren
- Prüfen, ob das Handy funktioniert (S. 1009)
- Klären, was alles zum Anmieten eines Autos benötigt wird (S.1024)

Etikette

Italien ist überraschend förmlich; die folgenden Tipps helfen beim Vermeiden von Fettnäpfchen:

» **Begrüßungen** Die Hand schütteln und dazu *buongiorno* (Guten Tag) oder *buona sera* (Guten Abend) zu Fremden sagen, bei Freunden ein Küsschen auf jede Wange und dazu ein *come stai* (Wie geht es dir?). In förmlicher Gesellschaft *lei* (Sie) benutzen, *tu* für Freunde und Kinder. Nur den Vornamen benutzen, wenn dazu aufgefordert wurde.

» **Um Hilfe bitten** Mit *mi scusi* (Entschuldigung) macht man auf sich aufmerksam, mit *permesso* (Verzeihung) kommt man höflich durch das Gedränge.

» **Religion** Beim Besuch religiöser Stätten ordentlich anziehen (Schultern, Rumpf und Schenkel bedecken) und sich ruhig und respektvoll verhalten.

» **Essen & Trinken** Wird man in ein italienisches Haus eingeladen, immer ein kleines Geschenk mitbringen, Süßigkeiten (*dolci*) oder Wein, und gepflegt kleiden. Der Gastgeber setzt sich zuerst hin und beginnt das Essen. Zuerst nur eine kleine Portion nehmen, damit man sich später zu einer zweiten Portion überreden lassen kann. Wer nicht mehr Wein möchte, lässt sein Glas voll. In einem Restaurant wird der Kellner mit einem *per favore* (bitte) gerufen.

Trinkgeld

» **Wann Trinkgeld geben?** Üblicherweise in Restaurants, überall sonst freiwillig.

» **Taxis** Optional, die meisten runden bis zum nächsten Euro auf.

» **Restaurants** Viele Restaurants erheben eine Gebühr für das Gedeck (*coperto*), normalerweise 1 bis 2 € und einen Bedienungsaufschlag (*servizio*) von 10 bis 15 %. Ist der Service nicht inbegriffen, ist ein kleines Trinkgeld durchaus angebracht.

» **Bars** In Bars muss kein Trinkgeld gegeben werden, obwohl manche Kleingeld da lassen; werden die Getränke an den Tisch gebracht, dann auch wie hier im Restaurant Trinkgeld geben.

Geld

Kredit- und Bankkarten können fast überall benutzt werden, mit Ausnahme einiger ländlicher Städte und Dörfer. Visa- und Mastercard sind am geläufigsten, andere Karten wie die von Cirrus und Maestro ebenfalls. American Express wird nur von großen Ketten und großen Hotels akzeptiert, nur wenige nehmen Diners Club. Am Besten vor der Bestellung im Restaurant oder der Bar fragen, ob Kreditkarten genommen werden. Die Eingabe von PINs gehört zur normalen Kartentransaktion. Geldautomaten gibt es überall, kosten aber Gebühren. Manche Geldautomaten in Italien nehmen keine ausländischen Karten. Wenn das vorkommt, erst verschiedene Automaten ausprobieren, bevor man davon ausgeht, dass das Problem an der eigenen Karte liegt. Theoretisch können Reiseschecks bei Banken und bei der Post umgetauscht werden, aber mehrere Leser haben von Problemen und saftigen Gebühren berichtet, sogar bei Schecks, die in Euro ausgestellt waren. Um Gebühren pro Scheck zu minimieren, am besten die Schecks mit großem Nennwert ausstellen lassen.

Was gibt's Neues?

Für diese Auflage des Italien-Reiseführers haben die Autoren aufgespürt, was im Lande neu, spannend und gerade angesagt ist. Einige der absoluten Favoriten werden hier kurz vorgestellt. Wer sich auf den jeweils aktuellsten Stand bringen möchte, der schaut einfach im Internet unter lonely planet.com/italy nach.

MAXXI, Rom

1 Das von Zaha Hadid entworfene MAXXI-Museum wurde 2010 mit dem britischen Stirling-Preis für Architektur ausgezeichnet. Die Rundungen und Windungen erinnern an die Einrichtung in Kubricks *Odyssee im Weltraum* (S. 112).

Radwege durch die Cinque Terre

2 Durch den Nationalpark Cinque Terre führen neue Radwege. Die meisten beginnen am Santuario della Madonna di Montenero (S. 206).

Flüge nach Sizilien

3 Der Flughafen Trapani (Aeroporto di Trapani-Birgi) hat sein Angebot ausgeweitet. Ryanair bietet 13 neue Direktverbindungen an (S. 881).

Museo del Vino in Barolo

4 Das Weinmuseum in Barolo wurde von François Confino entworfen, der auch das interaktive Filmmuseum in Turin gestaltet hat. Jeden Tag stehen andere Weine zur Verkostung an (S. 239).

Venissa, Mazzorbo

5 Auf der vorgelagerten Insel Mazzorbo die heimatverbundene Küche der aufstrebenden Starköchin Paola Budel genießen ... Mit etwas Glück kann man einen Wein aus der Dorona-Traube des eigenen Weinguts probieren(S. 390).

Sella Nevea, Julische Alpen

6 Ein Skigebiet ganz ohne jedes Schickimicki-Gehabe ist Sella Nevea. Neue Lifte verbinden es mit dem Skigebiet Bovec in Slowenien, was insgesamt 30 km an Abfahrtstrecken ergibt (S. 444).

La Maddalena Hotel & Yacht Club

7 Die Nato-Kaserne der US Navy im Maddalena-Archipel wurde durch die Architekten Zaha Hadid, William Sawaya und Dominique Perrault umgestaltet (S. 921).

150 Jahre Nationalstaat Italien

8 Turins Museo Nazionale del Risorgimento Italiano wurde rechtzeitig zum 150-jährigen Staatsjubiläum eröffnet. Hier erfährt man Interessantes über die italienische Geschichte (S. 223).

Weinschänken, Carso

9 *Osmize,* private Weinschänken, wie sie inzwischen aus dem Boden schießen, gehen auf das 18. Jh. zurück, als die Winzer von Carso einmal im Jahr das Recht hatten, ihren Überschuss steuerfrei direkt zu verkaufen (S. 429).

Pur Südtirol, Meran

10 Ein neues Konzept steckt hinter den 450 m² Verkaufs- und Genussfläche, auf denen lokale Produkte aus Holz, Glas und Stoff in erstklassiger Qualität angeboten werden. Außerdem gibt es eine Weinbar mit Verkostungen und kulturellen Angeboten (S. 338).

Familienapartments, Toskana

11 Die familienfreundlichen Apartments von Kristin und Kaares sind nächteweise buchbar und füllen eine wirkliche Lücke auf dem Ferienwohnungsmarkt in der Toskana. Das Paar organisiert auch Ausflüge und bietet Kochkurse an (S. 547).

Palazzo Grimani, Venedig

12 Der Palazzo Grimani in Venedig ist nach fast 30-jähriger Renovierung wieder öffentlich zugänglich. Er beherbergt die Antikensammlung des Dogen Grimani und zeigt hochkarätige zeitgenössische Ausstellungen (S. 375).

Wie wär's mit …

Köstliche Küche

Italiens Hügel, seine fruchtbaren Täler und Hänge sind eine riesige natürliche Speisekammer, die von den Bauern mit Stolz gepflegt wird. Die Slow-Food-Bewegung in Bra schützt und wirbt für traditionellen Anbau und lokale Produkte – einfach nach ihrem Symbol (einer wohlgenährten Schnecke) Ausschau halten.

Bologna trägt den Spitznamen *la grassa* (wörtlich: Die Fette), befindet sich auf der Grenze zwischen dem „buttrigen" Norden und der auf Tomaten basierenden Küche des Südens (S. 457).

Trüffeln Auf nach Piemont (S. 217), in die Toskana (S. 550) und nach Umbrien (S. 620).

Fisch & Meeresfrüchte So frisch, dass man sie roh essen kann: in Venedig (S. 386), Sardinien (S. 886), Sizilien (S. 801) und Apulien (S. 733)

Parmesan Dieser Käse aus Parma (S. 406) ist der berühmteste. Probieren: *burrata* (aus Mozzarella und Sahne) und Taleggio.

Il Frantoio das achtgängige Mittagessen hier ist der Inbegriff von Slow Food (S. 757).

Pizza Italiens berühmtester Exportschlager, doch wo gibt es die beste: in Neapel (S. 682) oder in Rom (S. 124)?

Mittelalterliche Städtchen

Es gibt kein einfacheres Vergnügen, als durch die Gassen von Italiens mittelalterlichen Städten zu schlendern.

Asolo liegt an den Berghang geschmiegt, mit dem Beinamen „Die Stadt mit den 100 Horizonten" (S. 412)

Umbrien Jede Menge mittelalterliche Hügelstädte: Spello (S. 612), Spoleto (S. 617) und Macerata (S. 638).

Montalcino Die Straßen dieses mittelalterlichen Städtchens sind gesäumt von Weinbars, in denen der Brunello Wein probiert werden kann (S. 577).

Cefalù Sonne, Meer, Kopfsteinpflastergassen und eine der schönsten Mosaik-Kathedralen Siziliens (S. 818).

Il Castello In Cagliaris *castello* (Burg) versteckt sich eine perfekt erhaltene mittelalterliche Stadt (S. 890).

Maratea Ein *borgo* (mittelalterliche Stadt) aus dem 13. Jh. mit winzigen Piazzas, Gassen und schöne Aussichten über den Golf von Policastro (S. 783).

Apulien Vom Valle d'Itria (S. 752) zu den Sierras von Salento (S. 758) finden sich in Apulien biskuitfarbene Hügelstädtchen.

Weinproben

Italiens Weine sind so unterschiedlich wie die Landschaft, von den eleganten Weißweinen des Ätna bis hin zu den komplexen Roten aus dem Barolo.

Weinstraßen Bei dieser Tour (S. 566) kann man entdecken, warum Chianti mehr ist als ein billiger Wein, der aus den Siebzigern übrig geblieben ist.

Festa dell'Uva e del Vino Anfang Oktober säumen Wein- und Essensstände die Straßen der Weinstadt Bardolino (S. 301).

VinItaly Bei Italiens größter jährlicher Weinmesse (S. 413) gibt es außergewöhnliche Weine zu kosten, die nur selten exportiert werden.

Museo del Vino a Barolo In Barolos neuem Weinmuseum wird die Geschichte des Weines mit Kunst und Filmen erzählt (S. 239).

Al Sorriso Essen und Wein perfekt zusammengestellt in einem der besten Restaurants Italiens (S. 285).

Valpolicella & Soave In diesen beiden Regionen in Veneto sind Weinproben kostenlos und fantastisch (S. 415).

Cantine Aperte Private Weinkeller im ganzen Land öffnen sich am letzten Sonntag im Mai der Öffentlichkeit.

THE ART ARCHIVE / ALAMY ©

» Palazzo Reale (S. 692), Caserta

Moderne Kunst

Mit der Bürde von mehr als 2000 Jahren Geschichte scheint es manchmal, als hätte Italien die Ära der modernen Kunst völlig verpasst. Stimmt aber nicht.

Biennale Avantgarde-Kunst- und Architekturausstellung von Weltruhm, die alle zwei Jahre in Venedig stattfindet (S. 382).

MAXXI Das neue Museum für zeitgenössische Kunst in Rom wurde von der angesagten Architektin Zaha Hadid entworfen (S. 112).

Museo del Novecento Ein erstklassiges Museum mit Kunst des 20. Jhs. im modernistischen Mailand (S. 262).

Palazzo Grassi Die außergewöhnliche zeitgenössische Sammlung des französischen Milliardärs François Pinault steht in Kontrast zum Interieur von Tadao Ando (S. 364).

MADRE Nicht verpassen: Neapels berühmte Kunstsammlung großer Namen (S. 671).

Museion Die zeitgenössische Sammlung in Bozen unterstreicht den andauernden Dialog zwischen Trient, Österreich und Deutschland (S. 330).

Arte Povera Im Castello di Rivoli gibt es Ausstellungen über Turins radikale Anti-Establishment-Kunstbewegung der 1960er-Jahre (S. 223).

Villen & Paläste

Ein Blick in die Residenzen römischer Kaiser oder Renaissancefürsten, die prächtigen Anwesen von Adelsdynastien und die extravagantesten Häuser.

Rom Palazzo e Galleria Doria Pamphilj (S. 77), Palazzo Farnese (S. 80) und Palazzo della Civiltà del Lavoro (S. 98).

Palazzi dei Rolli Eine Sammlung von 42 Palästen, die auf der Liste des Unesco-Weltkulturerbes stehen (S. 191).

Caserta Der Palazzo Reale ist eine der größten Errungenschaften der italienischen Barockarchitektur und hatte sogar einen Auftritt bei Star Wars (S. 690).

Palazzo Ducale Der Dogenpalast, inklusive goldener Treppe und Verhörzimmern (S. 353).

Villa Maser Andrea Palladio und Paolo Veronese haben sich zusammengeschlossen, um Venetiens schönstes Landhaus zu schaffen (S. 412).

Villa Romana del Casale In dieser römischen Villa mit ihren 3500 m² Mosaiken nahm die Besessenheit, das Haus geschmackvoll zu dekorieren, ihren Anfang (S. 871).

Il Vittoriale degli Italiani Gabriele d'Annunzios bombastisches Anwesen würde einem römischen Kaiser die Schamröte ins Gesicht treiben (S. 299).

Märkte

Jugendstil-Arkaden, Messegelände von Star-Architekten, Basare voller Stände – Italien hat für jeden einen Markt.

Mailand Italiens Marktstadt besitzt ein Messegelände von Weltklasse und ein „goldenen Viereck" der Mode (S. 259).

Porta Nolana Bei trällernden Fischern, appetitlich-duftenden Bäckereien und Ständen mit Bootleg-CDs gibt es jede Menge neapolitanisches Straßentheater (S. 671).

Pescaria Die Spezialitäten aus der Lagune auf Venedigs altem Fischmarkt (S. 389).

Catania Die Stände in den kleinen Gassen sind beladen mit Obst, Fisch, Fleisch und Gemüse; der Markt von Catania ist eher ein afrikanischer Basar als ein mediterraner Markt (S. 835)

Porta Portese Auf dem kilometerlangem Flohmarkt in Rom (S. 164) gibt es jeden Sonntag eine moderne Version der *commedia dell'arte* zwischen Händlern und Schnäppchenjägern.

Arezzo Am ersten Wochenende jeden Monats findet in Arezzo Italiens ältester und größter Antiquitätenmarkt (S. 582) statt.

Porta Palazzo Der größte europäische Lebensmittelmarkt im Freien (S. 229).

Wie wär's mit ... Überraschungen? Bei einer Tour durch den *sottosuolo* (Untergrund) von Neapel warten Grotten aus der Zeit der Griechen, frühchristliche Grabkammern, königlich-bourbonische Fluchtwege und Luftschutzbunker aus dem Zweiten Weltkrieg.

Inseln & Strände

Wenn man alle Inseln mitzählt, dann ist Italiens Küste 7600 km lang, von den Klippen der Cinque Terre bis zu Riminis Resorts, den Inseln in der Bucht von Neapel und Umbriens sandigen Küsten.

Apulien Italiens beste Sandstrände mit der traumhaften Baia dei Turchi (S. 768) und den Klippen im Rücken der Strände von Gargano (S. 745).

Liparische Inseln (Äolische Inseln) Auf Siziliens vulkanischen Inseln gibt es Hänge mit Bimsstein, schwarze Sandstrände und Weingärten (S. 820).

Der Lido Glamourös zum Strand – nur 15 Minuten mit den *vaporetti* (kleine Passagierfähren) von Venedig (S. 379)

Sardinien Freie Auswahl unter den Lieblingsstränden der Autoren (S. 891), darunter der Favorit des Aga Khan, Spiaggia del Principe (S. 916).

Procida Das pastellfarbene Procida ist immer noch durch und durch ein Fischerdorf (S. 700).

Rimini Mal die Hochkultur gegen den Rave am Strand eintauschen (S. 484).

Elba Diese Insel liegt im Herzen des Parco Nazionale Arcipelago Toscano (S. 554).

Fresken

Die Kunst des *buon fresco* – Farbpigmente auf Kalkputz oder Gips – wurde bereits seit Tausenden von Jahren im alten Ägypten, auf Kreta, in Indien und Mexiko praktiziert, aber nur wenige Bilder erzählen so lebendige Dramen wie die der italienischen Meister.

Sixtinische Kapelle Michelangelos unvergleichliches Deckenfresko (S. 109).

Pompeji Der Dionysische Fries im Esszimmer der Villa dei Misteri ist eines der größten antiken Fresken der Welt (S. 704).

Giotto Meisterhafte Arbeiten in der Capella degli Scrovegni (S. 402) und in der Basilika di San Francesco (S. 607).

Matera Antike Höhlenkirchen, u.a. die Krypta der Erbsünde, geschmückt mit Szenen aus dem Alten Testament und Bildern von Heiligen (S. 774).

Chiesa di San Giovanni Evangelista Correggios manieristischer Dom ist wortwörtlich eine himmlische Vision (S. 468).

Mantua Wegen Mantegnas *Camera degli Sposi* (S. 307) und der *Camera dei Giganti* (S. 307).

Pinturicchio Perugia (S. 593) und Spello (S. 612) zeigen die Arbeiten von Umbriens großem Sohn Pinturiccio.

Gärten

Italiener lieben das „Zimmer im Freien" seit römische Kaiser bei ihren Sommerresidenzen Gärten angelegt haben. Renaissance-Fürsten verfeinerten diese Praxis noch, aber es waren die Adligen des 19. Jhs., die es wirklich auf die Spitze getrieben haben.

Reggia de Venaria Reale Bei einer botanischen, kulturellen oder gastronomischen Tour kann man die 10 ha des Gartens der Venaria erkunden (S. 225).

Die italienischen Seen An ihren Ufern liegen die schönen Gärten wie Isola Madre (S. 281), Villa Balbianello (S. 292) und Villa Taranto (S. 283).

Villa d'Este Superlativ eines Gartens der Hochrenaissance in Tivoli, voller Springbrunnen und Zypressenalleen (S. 172).

Ravello Vom Belvedere der Unendlichkeit (S. 752) auf die Amalfiküste hinabsehen und dabei in den romantischen Gärten klassischen Konzerten aus dem 19. Jh. lauschen (S. 752).

La Mortella Tropisches Paradies, inspiriert von den Gärten der Alhambra von Granada (S. 698).

Giardini Pubblici Die erste Grünfläche Venedigs und Schauplatz der berühmten Biennale mit ihren Avantgarde-Pavillons (S. 377).

Monat für Monat

Top-Events

1. **Settimana Santa (Karwoche),** März/April
2. **Festa di San Gennaro,** Mai, September & Dezember
3. **La Biennale di Venezia,** Juni–Oktober
4. **Estate Romana,** Juni–September
5. **Trüffelsaison,** November

Januar

Direkt auf die Silvesterpartys folgt das Fest der Heiligen Drei Könige. In den Alpen und Dolomiten herrscht Skisaison, während die Winter im Mittelmeerraum mild und frostfrei sind. Trotzdem machen viele Ferienorte vollkommen dicht.

Regata della Befana

In Venedig reiten Hexen nicht auf Besen, sie rudern Boote! Das Epiphanias-Fest am 6. Januar wird hier als eine Regatta begangen, bei der muskulöse, als Hexen (*befane*) verkleidete Männer gegeneinander antreten.

Ski Italia

Die Top-Skigebiete von Italien liegen in den nördlichen Alpen und den Dolomiten. Aber auch im Apennin, den Marken und sogar auf Sizilien findet man Skiresorts. Die Hochsaison liegt im Januar und Februar. Siehe S. 41.

Februar

Der kurze Wintermonat hat mehrere Gesichter. In den Bergen erreicht die Skisaison mit den Schulferien ihren Höhepunkt. Weiter südlich geht es ruhiger zu, doch locken dort die Mandelbaumblüte und die Karnevalszeit Besucher an.

Carnevale

In der Zeit vor Aschermittwoch wird in vielen italienischen Städten Karneval gefeiert. Der Karneval von Venedig (S. 382; www.carnevale.venezia.it) ist besonders berühmt; die größte Veranstaltung findet in Viareggio (S. 548) statt.

Mostra Mercato del Tartufo Nero

Die umbrische Stadt Norcia schmeckt bereits nach Vorfrühling und Trüffeln. Tausende von Besuchern begutachten an den Verkaufsständen die verschiedenen Trüffelprodukte und anderen Spezialitäten (S. 621).

März

Das Wetter im März ist launisch: sonnig, regnerisch und windig zugleich. Offiziell beginnt der Frühling am 21. März, aber die richtige Urlaubssaison startet dann mit der Osterwoche.

Settimana Santa (Karwoche)

Am Karfreitag führt der Papst eine Lichterprozession zum Kolosseum an; am Ostersonntag spendet er auf dem Petersplatz seinen Segen *urbi et orbi*. In Florenz auf der Piazza del Duomo (S. 496) geht ein riesiges Feuerwerk in die Luft. Weitere große Prozessionen finden in Taranto (Apulien; S. 772) und in Trapani (Sizilien; S. 880) statt.

April

Der Frühling ist nun wirklich da und die italienische Halbinsel steht in voller Blüte. Die Bergwiesen von Sizilien und Kalabrien bedeckt ein Meer aus Wildblumen, während Tulpen und frühe Kamelien die Gärten Norditaliens schmücken.

Settimana del Tulipano

Das Gelände der Villa Taranto am Lago Maggiore gilt als einer der schönsten botanischen Gärten überhaupt. Im Wonnemonat Mai sprenkeln unzählige Tulpen die Beete und es blühen prächtige Dahlien und Hartriegel (S. 283).

VinItaly

Verona, genau zwischen den Weinanbaugebieten Valpolicella und Soave gelegen, ist Austragungsort der größten Weinmesse des Landes: VinItaly (S. 412; www.vinitaly.com). Fünf Tage lang vernebeln 4000 internationale Aussteller den Besuchern auf angenehme Weise mit Weinproben, Lesungen und Seminaren den Kopf.

Mai

Mai, der Monat der Rosen und der frühsommerlichen Witterung, ist ein idealer Reisezeitpunkt – besonders für Wanderer. Es ist warm, aber nicht zu heiß und die Preise sind noch etwas moderater. Im Mai finden auch viele Feste zu Ehren der Schutzpatrone statt.

Processione dei Serpari

Den seltsamsten und sehr ungewöhnliche Brauch kann man in Cocullo (S. 651) erleben: Eine Statue des heiligen Dominikus von Sora wird mit lebenden Schlangen behängt und anschließend durch das Dorf getragen.

Festa di San Gennaro

Bei der Festa di San Gennaro in Neapel steht viel auf dem Spiel: Der Schutzpatron soll die Stadt vor Vulkanausbrüchen und anderen Katastrophen bewahren. Die Gläubigen warten im Dom darauf, dass sich das Blut des hl. Januarius in einer Kapsel verflüssigt. Geschieht dies, so ist die Stadt in Sicherheit. Die Zeremonie findet am 19. September und am 16. Dezember statt (S. 678).

Ciclo di Rappresentazioni Classiche

Klassische Tragödien in malerischem Ambiente: Von Mitte Mai bis Mitte Juni beleben Aufführungen mit den Größen des italienischen Theaters das Amphitheater von Syracus aus dem 5. Jh. v. Chr. (S. 847; www.indafondazione.org).

Juni

Im Juni fängt die Sommersaison so richtig an. Die Temperaturen steigen schnell, die Strandcafés öffnen und einige der großen Sommerfestivals beginnen. Das „Fest der Republik" am 2. Juni ist Nationalfeiertag.

La Biennale di Venezia

In ungeraden Jahren findet in Venedig die Biennale statt (S. 382; www.labiennale.org) – eines der international größten Kunstereignisse. Von Juni bis Oktober sind in Sälen und Pavillons ganz unterschiedliche Ausstellungen zu sehen.

Festival dei Due Mondi

Das Festival der zwei Welten (S. 619; www.spoletofestival.it) läuft von Ende Juni bis Mitte Juli in der umbrischen Stadt Spoleto. An verschiedenen Schauplätzen erlebt man jetzt unter freiem Himmel Musik-, Theater-, Tanz- und andere Kunstdarbietungen.

Juli

Jetzt im Hochsommer beginnen die Schulferien im Land und die Italiener strömen aus den Städten in die Berge oder ans Meer, um dort ihren Sommerurlaub zu verbringen. Zu diesem Zeitpunkt steigen die Preise und Temperaturen gleichermaßen … Während an den Stränden ohnehin jede Menge los ist, locken viele Städte mit ihren Sommerfestivals Besucher an.

Il Palio

Die Menge tobt, wenn wilde Draufgänger in engen Trikots auf dem Pferderücken ohne Sattel in sehr hohem Tempo um die Piazza von Siena galoppieren (S. 562). Vor dem Pferderennen findet ein Umzug in mittelalterlichen Kostümen statt. Am 2. Juli und 16. August.

Taormina Arte

Mit ihren alten Ruinen bietet die Stadt Taomina in lauen Juli- und Augustnächten ein malerisches Ambiente für das Kunstfestival (S. 832; www.taormina-arte.com). Es finden Konzerten, Film- und Theatervorführungen statt.

Estate Romana

Zwischen Juni und September bietet Rom ein so vielfältiges kulturelles Sommerprogramm, dass die ganze Stadt in eine Art Open-Air-Bühne verwandelt scheint. An bekannten, attraktiven Orten werden Lesungen, Musik-, Film- und Tanzvorführungen angeboten (S. 115).

August

Der August ist in Italien vor allem heiß, teuer und überlaufen. Alle machen Urlaub, und viele Firmen und Restaurants sind einen Teil des Monats geschlossen.

Ferragosto

Ferragosto am 15. August ist Italiens wichtigster Feiertag. Gemeint ist damit das Fest Mariä Himmelfahrt, aber schon vor der Christianisierung ehrten die Römer ihre Götter durch die *Feriae Augusti*.

Internationale Filmfestspiele von Venedig

Die Mostra del Cinema di Venezia (S. 379) findet auf dem Lido statt und versammelt die internationalen Filmstars auf dem roten Teppich. Natürlich auch dabei: jede Menge Paparazzi …

September

Ein wunderbarer Monat, um Italien zu bereisen! Der Sommer geht langsam in den Herbst über und pünktlich zur Erntesaison sprießen sogenannte *sagre* (Festivals rund ums Essen) aus dem Boden. Zudem beginnt im September die Weinlese.

Festival delle Sagre

Am zweiten Sonntag im September werden in über 40 Kommunen der Provinz Asti Verkaufstische nach draußen gerückt, um dort Wein und heimische Spezialitäten anzubieten (www.festivaldellesagre.it).

Oben: Osterfeier im Petersdom
Unten: Karnevalsmaken in Venedig

Regata Storica

Eine sehenswerte Regatta am ersten Sonntag im September, bei der in Venedig Gondolieri in alten Trachten ihre Muskeln zeigen. Ein Umzug mit historischen Bootstypen auf dem Canale Grande geht der eigentlichen Regatta voran (S. 383).

Oktober

Oktober ist ein idealer Monat, um Süditalien zu besichtigen: Die Tage sind noch spätsommerlich warm und an den Stränden *(lido)* wird es langsam leerer. Weiter nördlich im Land kann es schon recht kühl sein, und die Festivalsaison neigt sich ihrem Ende zu.

Salone Internazionale del Gusto

In geraden Jahren organisiert die in Italien entstandene Slow-Food-Bewegung in Turin ein großes Treffen: die „internationale Lebensmittelausstellung des Geschmacks“ (S. 226).

November

Der Anbruch des Winters erreicht die Halbinsel im November, aber es gibt trotzdem noch viel zu erleben – allem voran natürlich die Trüffelsaison! Außerdem kann man jetzt Esskastanien oder Pilze sammeln und Allerheiligen mitfeiern.

Ognissanti

Allerheiligen am 1. November ist zum Gedenken an alle Märtyrer und anderen Heiligen in ganz Italien ein Feiertag und stellt Allerseelen einen Tag später richtig in den Schatten.

Trüffel-Saison

Von Alba (www.fieradeltartufo.org) und Asti im Norden bis nach San Miniato in der Toskana (www.san-miniato.com) ist jetzt Trüffel-Hochsaison.

Opernsaison

Italien besitzt vier große und weltberühmte Opernhäuser: La Scala in Mailand (S. 275), La Fenice in Venedig (S. 364), das Teatro San Carlo in Neapel (S. 676) und das Teatro Massimo in Palermo (S. 810). Die Spielzeit läuft normalerweise von Mitte Oktober bis März, obwohl die Scala erst später, am 7. Dezember, eröffnet.

Dezember

Die Tage, an denen sich das Leben draußen abspielt, sind nun wirklich auch in Itallien vorbei. Nun eröffnen die Wintersportgebiete die frühe Skisaison – auch wenn die Weihnachtszeit jetzt zumindest die Herzen wieder erwärmt.

Natale

Die eher ruhigen Adventswochen vor Weihnachten stecken voller religiöser Festlichkeiten. In vielen Kirchen werden schöne Krippen (sogenannte *presepe)* aufgebaut. Die schönsten gibt es in Neapel (S. 666) zu bestaunen. Am Heiligabend feiert der Papst im Petersdom (S. 103) die Christmette.

Reise-routen

Ob nun sechs Tage zur Verfügung stehen oder 60 – diese Touren bieten Anregungen für Reisen, die man in Teilstücken immer wieder aufgreifen und natürlich auch ausdehnen kann. Wer ausführlichere Informationen wünscht, kann unter www.lonelyplanet.com/thorntree mit anderen Reisenden chatten.

Zwei Wochen

Klassische Städte

Eine zweiwöchige Reise von Ort zu Ort, bei der man Italien als Zentrum der Renaissance, als Heimat von Michelangelo und Dante und als Hort vieler architektonischer Schätze und berühmter Kunstwerke kennenlernt. Die Tour beginnt mit einem dreitägigen Aufenthalt in **Florenz** – einem Renaissance-Juwel mit der weltberühmten Gemäldesammlung in den Uffizien. Von hier aus geht es weiter nach **Pisa**, wo man die architektonisch wunderschön gestaltete Piazza dei Miracoli bewundern kann. Für das mittelalterlich geprägte **Siena** sollte man mindestens zwei Tage einplanen. Die Tour führt dann nach **San Gimignano** mit seinen mittelalterlichen Türmen. Wer dort am späten Nachmittag ankommt, profitiert von weniger überlaufenen Straßen. Am achten Tag steht **Pienza** auf dem Programm, wobei man unterwegs die **Abbazia di San Galgano** nicht versäumen sollte. Von Pienza aus geht es Richtung Süden um den **Lago Trasimeno** herum zu einem zweitägigen Aufenthalt nach **Assisi**, wo viele Touristen und Pilger auf dem Weg zur Kirche des hl. Franziskus sind, wo man die berühmten Fresken von Giotto bewundert. Den Abschluss der Reise bildet **Orvieto** mit seiner überreich verzierten Kathedrale.

Ein Monat

Die „Grand Tour"

Die „große Tour" war früher als eine Art Initiationsreise das Vorrecht adeliger junger Herren. Inzwischen hat sich das geändert. Jeder Tourist mit genügend Zeit kann das Land ganz nach Lust und Laune von Nord nach Süd bereisen. Die Route begann ursprünglich in **Turin** (mitunter auch in **Mailand**), wo man die Residenzen der Savoyer, vor allem die Venaria Reale (das Mini-Versailles Italiens), besichtigen sollte. In Mailand ist das *Letzte Abendmahl* von Leonardo da Vinci ein Muss. Weiter geht es zu den Oberitalienischen Seen, dem **Lago Maggiore** und dem **Comer See** mit den wundervollen Gärten der Villa Taranto und Villa Carlotta. Über **Verona**, wo man mit etwas Glück eine Opernaufführung in der berühmten Arena erleben kann, führt die Route weiter nach **Venedig**. Um die Lagunenstadt mit der morbiden Atmosphäre und ihrer besonderen Architektur wirklich kennenzulernen, sollte man mindestens vier Tage einplanen.

In der zweiten Woche geht es zunächst nach **Padua**, wo man in der Scrovegni-Kapelle die berühmten Fresken von Giotto bestaunen kann. In **Ravenna** bezaubern die byzantinischen Mosaiken, während **Bologna** mit einer hervorragenden Küche beeindruckt. Danach hat man sich eine mehrtägige Pause in **Florenz** verdient, wo viele berühmte Museen locken, in denen die Meister der Renaissance ebenso wie Skulpturen aus römischer Zeit zu sehen sind. Denkbar sind auch Tagestouren zum römischen **Lucca,** zur Renaissance-Stadt **Pisa** oder zum mittelalterlich geprägten **Siena**, sofern die Zeit nicht zu knapp ist.

Nun ist es zu Beginn der dritten Reisewoche nicht mehr weit nach **Rom**. Petersdom, Sixtinische Kapelle, Kolosseum sind wichtige Stationen, aber auch die riesigen Kunstsammlungen des Vatikans, der Villa Borghese und der Kapitolinischen Museen. Aber Achtung: Nie versuchen, alles zu schaffen! Es sollte – von den Highlights abgesehen – auf jeden Fall Zeit für einen Kaffee auf der Piazza Navona und für ein schönes Abendessen in einem der Avantgarde-Restaurants der Stadt bleiben. Von Rom aus geht es direkt weiter nach **Neapel**, wo man sich eine Opernaufführung im Teatro San Carlo gönnen und die faszinierenden Ruinen von **Herculaneum** und **Pompeji** besichtigen sollte. Auch die Katakomben unter der Stadt und natürlich der **Vesuv** sind einen Besuch wert. Die vierwöchige Tour endet mit einer Fahrt entlang der romantischen **Amalfi-Steilküste**, von wo aus sich ein Tageausflug zu den vorgelagerten Inseln **Capri**, **Ischia** oder **Procida** anbietet.

Zwei Wochen

Von Venedig nach Mailand

Im 16. Jh. begann der Sommer in Venedig Anfang Juni, wenn viele Einwohner mit Sack und Pack auf einem Kahn an die **Riviera del Brenta** aufbrachen. Warum sollte man es ihnen nicht gleichtun? Nach ein paar Tagen in Venedig geht es mit dem Boot an der Riviera entlang. Tiepolos Fresken in der **Villa Pisani Nazionale** sollte man dabei ebenso wenig verpassen wie das Schuhmacher-Museum in der **Villa Foscarini Rossi** und die **Villa Foscari** des italienischen Architekten Andrea Palladio.

Die Bootstour endet in **Padua**, wo man mit Blick auf die Basilika des hl. Antonius übernachten kann. Sehenswert sind das Oratorio di San Giorgio und die Scoletta del Santo direkt nebenan. Im Voraus buchen muss man Tickets für die Scrovegni-Kapelle mit einem Freskenzyklus von Giotto – oder man begibt sich gleich ins historische Stadtzentrum und genießt einen Kaffee auf dem Prato della Valle.

Am sechsten Tag geht es mit dem Zug weiter Richtung **Vicenza**. Schön sind die Fassaden der *palazzi* von Palladio im Nachmittagslicht anzusehen und natürlich die märchenhafte Villa Valmarana 'ai Nani', die von unten bis oben mit Fresken von Giovanni Battista Tiepolo und seinem Sohn Giovanni Domenico verziert ist. Im Anschluss stehen drei oder vier Tage **Verona** auf dem Programm, die Stadt Romeos und Julias mit ihrer berühmten Arena. Hier lohnen auch ein Besuch der Basilika San Zeno Maggiore und ein Schaufensterbummel auf der noblen Via Mazzini.

Von Verona führt eine Tagestour Richtung Nordwesten nach **Valpolicella**, wo man Valpolicella-Weine verkosten und kaufen kann (z.B. den ausgezeichneten Amarone auf dem Weingut Montecariano). Oder man fährt Richtung Osten zurück nach **Soave** und probiert dort den gleichnamigen Weißwein auf der Azienda Agricola Coffele.

Am elften Tag steht ein Abstecher nach **Mantua** an. Hier beeindruckt der Palazzo Ducale mit seinen 450 Wohnräumen. Eine weitere Sehenswürdigkeit ist der Palazzo del Tè mit seiner Camera dei Giganti.

Den Abschluss dieser Tour bildet ein zweitägiger Aufenthalt in **Cremona**, Heimat der Geigenbauerfamilien Amati, Guarneri und Stradivari. Viele Geschäfte rund um die Piazza del Comune bieten die edlen Instrumente zum Kauf an. Hören kann man sie im Teatro Amilcare Ponchiel, bevor es dann wieder zurück nach Mailand geht.

Zwei Wochen

Die Seen-Tour

Ein Stückchen nordwestlich vom Mailänder Flughafen Malpensa gelangt man rasch mitten in eine der schönsten Landschaften Italiens, nämlich an den Lago Maggiore. Am Westufer des Sees durchquert man kurz die Schweiz, bevor man nach **Stresa kommt**. Dort lohnt es, drei Nächte zu verbringen und die verschwenderische Fülle der Villen und Gärten der **Borromäischen Inseln** zu bewundern: Die Isola Madre mit Borromeo-Palast, romantischen Gärten und der Grabkapelle der Familie; die Isola Bella mit einer sagenhaften Kunstsammlung, riesigen Ballsälen und einer Muschelgrotte. Dann wird es Zeit für ein Picknick zwischen Tulpen und Rhododendren im Garten der **Villa Taranto**, bevor es mit der Seilbahn auf den **Monte Mottarone** hinaufgeht. Ein Tagesausflug an den **Lago d'Orta** mit der wunderschönen **Isola San Giulio** runden das Programm ab.

Am vierten Tag geht es mit dem Lago Maggiore Express nach **Domodossola** und mit einem kleinen, altmodischen Zug weiter an schwindelerregenden Abgründen vorbei nach **Locarno** in der Schweiz. Dort sollte man einfach nur herumstreifen und die lombardische Architektur bewundern, um schließlich mit der Fähre zurück nach **Cannobio** in Italien zu fahren. Dieser wunderschöne Ort am Fuß des Cannobio-Tals bildet eine gute Ausgangsbasis für Wanderungen, Fahrrad- oder Segeltouren. Ein beliebtes Ausflugsziel ist die verwunschene Schlucht **Orrido di Sant'Anna**; Bootstouren führen an der Ruine des **Castello di Malpaga** vorbei.

Der achte Reisetag führt quer über den See nach **Luino** am Ostufer und über Varese zu dem belebten Ort **Como**. In der Villa Olmo tankt man bei Kunstausstellungen noch etwas Kultur, bevor es an den Strand, den Lido di Villa Olmo, geht. In Como könnte man mehrere Wochen zubringen, Wasserflugzeuge und Boote mieten oder im Hinterland des Triangolo Lariano in den Bergen wandern. Wer Ehrgeiz verspürt, kann bis zur schicken Stadt **Bellagio** wandern. Andernfalls nimmt man am achten Tag dieser Route die Uferstraße und ist zum Mittagessen bereits in **Lezzeno.**

Nicht von Bellagios Schönheit verführen lassen, sondern unbedingt zwei Tage am Ende dieser Tour für **Bergamo** aufheben! Hier kann man seine Reise stilvoll beenden, die außergewöhnliche Kunstgalerie **Accademia Carrara** besuchen und einige besonders schöne Beispiele der lombardischen Renaissancearchitektur bewundern.

Eine Woche

Die Toskanische Weinroute

Mit ihrer wunderschönen Landschaft voller Olivenhaine, Weinberge und Zypressen ist die Toskana weit mehr als eine Ansammlung von Kulturdenkmälern. Diese schöne Weinroute beginnt in **Florenz,** wo man in der Cantinetta dei Verrazzano prämierte Jahrgänge verkosten und ein leckeres Focaccia mit Radicchio genießen kann. Weitere gute Wein-Adressen sind: Francesco Vini, Il Santino und Le Volpi e l'Uva. Oder man bereitet sich einen Tag lang mit einem Weinkurs in der Food & Wine Academy auf seine Reise vor: Dann kann man als richtiger Weinkenner Richtung Süden ins „Chianti Fiorentino" starten und nach Herzenslust die edlen Tropfen verkosten.

Will man die lange Geschichte des Chianti als Weinregion besser verstehen, bietet sich ein Besuch im Weinmuseum von **Greve in Chianti** an. Daraufhin kann man die hochklassigen Weine dieser Gegend in der Probierstube Le Cantine di Greve in Chianti verkosten und kaufen. Übernachten kann man hier wunderbar auf dem Landgut **Fattoria di Rignana:** 50 ha Wälder, Olivenhaine und Weinberge, auf denen die Rebsorten Sangiovese, Merlot, Malvasia, Trebbiano Bianco und die wertvolle Canaiolo-Nero-Traube reifen. Aus letzterer wird der Chianti Classico gekeltert. Von der Fattoria aus führt ein schöner Tagesausflug zu den historischen Kellern des Weinguts **Badia di Passignano** und dem vorzüglichen Restaurant Antinori Estate's Osteria di Passignano.

Nun gibt es zwei Möglichkeiten: Man fährt weiter in südlicher Richtung über **Siena** nach **Montalcino**, Heimat des Brunello, einer der besten Weine der Toskana; oder man kehrt nach einem Zwischenstopp in Siena nach Florenz zurück und nimmt die Strada del Vino Vernaccia di San Gimignano, wo man einen Vernaccia-Weinberg besichtigen und in dem mittelalterlichen Städtchen **San Gimignano** übernachten kann.

Wer sich für den Weg über Montalcino entscheidet, kann dort im Februar die Weinlese des Benvenuto Brunello mitfeiern. In jedem Fall lohnt ein Besuch im Ristorante di Poggio Antico einzukehren. Die Weinroute endet mit einer Besichtigung der Weinstadt **Montepulciano**, wo die Weinkeller der Cantine Contucci und der Cantina del Redi zur Verkostung einladen. Spezielle Ausflüge rund um den Wein bietet auch die Vereinigung der Strada del Vino Nobile di Montepulciano an. Im Juni finden im Palazzo Ricci zudem regelmäßig klassische Konzerte statt.

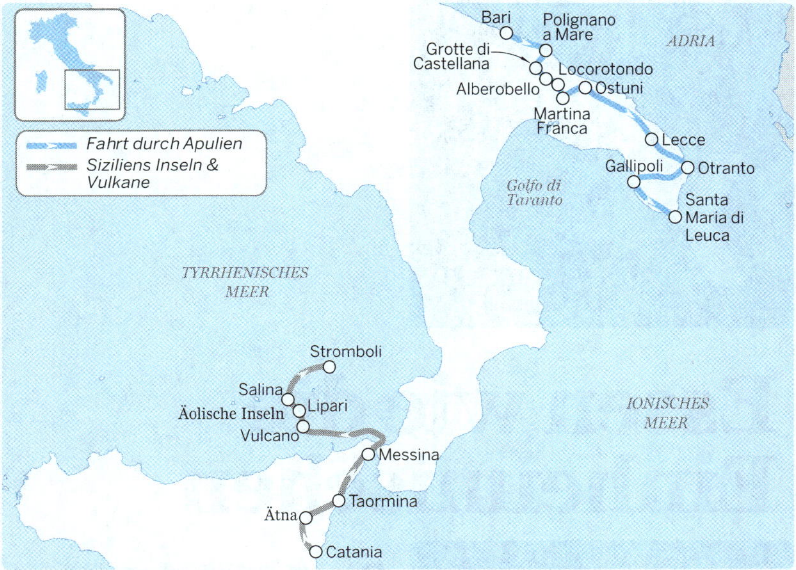

Zwei Wochen
Fahrt durch Apulien

Apulien, das den Absatz des Stiefels (*Lo Stivale*) bildet, wird völlig unterschätzt! Am besten, man fliegt nach **Bari**, wo sich in der Basilika San Nicola das Grab des hl. Nikolaus befindet. Richtung Süden geht es nach **Polignano a Mare** zu der berühmten **Grotte di Castellana**. Von dort aus führt die Route zwei bis drei Tage lang durch wunderschöne Städte des Itria-Tals, darunter **Alberobello**, bekannt für seine kegelförmigen Häuser (*trulli*), der Weinort **Locorotondo,** die schöne Barockstadt **Martina Franca** und das schicke **Ostuni** mit seinen weiß gekalkten Häusern. Martina Franca bietet bereits einen guten Vorgeschmack auf **Lecce**, wegen seiner zahlreichen Bauwerke im eigenen Stil des *barocco leccese* auch „Florenz des Südens" genannt. Hier kann man ein Fahrrad mieten und drei bis vier Tage die Gegend erkunden: die von einer mächtigen Stadtmauer umschlossene Altstadt von **Otranto** im Südosten oder **Gallipoli** im Südwesten mit seinen fantastischen Stränden (ausgezeichnet mit dem Öko-Kennzeichen der blauen Flagge). Wer nicht im Restaurant bei Seeigel und Oktopus versandet, fährt noch weiter bis nach **Santa Maria di Leuca**, dem südlichsten Zipfel von Italiens Stiefelabsatz.

10 Tage
Siziliens Inseln & Vulkane

Italien ist nicht nur das Land der unzähligen Kulturschätze, sondern auch das Land der Vulkane. Hier gibt es überhaupt die einzigen heute noch aktiven Vulkane in Europa: den Vesuv, den Stromboli und den mächtigen Ätna. Die interessante und lohnenswerte Tour beginnt mit dem Flug nach **Catania**, einer Stadt, die fast ganz aus schwarzem Lavastein erbaut wurde. Dann geht es entweder auf eigene Faust oder mit einer geführten Tour durch Höhlen und Lavatunnel hinauf an den Kraterrand des **Ätna**. Am vierten Reisetag steht der malerische Ort **Taormina** auf dem Programm. Ein absolutes Muss ist hier das antike Theater mit wunderbarem Ausblick auf den Ätna. Weiter führt die Route zum Hafen von **Messina**. Dort starten die schnellen Tragflächenboote zu den **Äolischen Inseln**. In den folgenden sechs Tagen geht es von Insel zu Insel, mit entspannenden Schlammbädern auf **Vulcano**, einer Bimssteinmine auf **Lipari** und einer Wanderung auf die beiden großen Vulkankegel der Insel **Salina**. Ein besonderes Erlebnis ist es, auf der Insel **Stromboli** nachts die feurigen Eruptionen des gleichnamigen Vulkans zu betrachten.

Essen wie die Einheimischen

Reisezeit

Auch wenn die *sagre* (regionale Spezialitätenfeste) sich im Herbst förmlich überschlagen, gibt es nie eine unpassende Zeit, um in Italien das Besteck hervorzuholen. Genaueres über Events rund ums Essen siehe S. 24.

Frühling (März–Mai)

Spargel, Artischocken und Oster-Spezialitäten, dazu eine Handvoll Festivals wie das Cioccolatò (S. 226) in Turin und das Fritto Misto all'Italiana (S. 640) in Ascoli Piceno.

Sommer (Juni–Aug.)

Zeit für Auberginen, Paprika, Beeren, Fisch und Meeresfrüchte am Meer. Gegen die Hitze helfen Gelato und sizilianische Granita.

Herbst (Sept.–Nov.)

Jede Menge Feste und Köstlichkeiten wie Kastanien, Pilze und Wild. Trüffeljäger zieht es ins Piemont, in die Toskana und nach Umbrien. Weinkenner fahren zur Weinlese nach Elba und zum Weinfest nach Merano.

Winter (Dez.–Feb.)

Die Zeit für Weihnachts- und Karnevalsspezialitäten. Fischer servieren Seeigel und Muscheln am Strand von Poetto auf Sardinien, Umbrien feiert die schwarzen Trüffeln mit der Mostra Mercato del Tartufo Nero (S. 621).

Die Kunst des guten Essens

Italiens Stiefel ist prall gefüllt mit beneidenswerten Produkten und kulinarischem Know-how, ein wahres Paradies für die Geschmacksknospen. Die Einheimischen brennen vor Stolz auf die Spezialitäten ihrer Region und diese zu genießen ist ein wichtiger Teil eines jeden Italienbesuchs. Erst mal ein paar appetitanregende Grundlagen für eine Gourmetreise; mehr steht auf S. 994.

Kulinarische Erlebnisse

So viele Produkte, so viele Spezialitäten, so wenig Zeit: Die folgenden essbaren „Musts" helfen beim Ausrichten des kulinarischen Radars.

Einmalige Köstlichkeiten

» **Pizzarium, Rom** (S. 155) Überragender Teig und Beläge machen diese *pizza al taglio* (Pizzastücke) unvergesslich.

» **All'Arco, Venedig**(S. 388) erstklassige *cicheti* (venezianische Tapas) auf moderne und klassische Art.

» **La Locanda di Pietracupa** (S. 569) Elegante, moderne Versionen der klassischen Toskana-Küche in der weinreichen Chianti-Region.

» **Il Cigno, Mantua, Lombardei** (S. 310) Superb zubereitete Spezialitäten aus der Lombardei in einem Anwesen aus dem 15. Jh.

» Oben: Gemüsestand, Florenz
» Links: Käse

WO RESERVIEREN

Allgemein sollte man bei allen erstklassigen und beliebten Restaurants im Voraus reservieren, besonders für Freitag- und Samstagabend sowie Sonntagmittag. In größeren Touristenzentren sollte in der Hochsaison im Sommer sowie Ostern und Weihnachten immer reserviert werden. Kochkurse wie La Cucina Italiana in Mailand (S. 269), Bolognas La Vecchia Scuola Bolognese (S. 455), die Arbaspàa in den Cinque Terre (S. 206) und Lecces Awaiting Table (S. 461) sollten ebenfalls im Voraus gebucht werden.

» **L'Antico Forziere, Casaline, Umbrien** (S. 603) Herausragende, einfallsreiche Gerichte und ein Dessertteller zum Niederknien.

» **Il Frantoio, Apulien** (S. 770) Legendär ist das Festmahl in acht Gängen auf der *masseria* (Bauernhof) inmitten von Olivenhainen.

» **Ristorante Gallura, Olbia, Sardinien** (S. 917) Frische saisonale Produkte brillieren in Gerichten wie frittierten Seeanemonen in Joghurt.

Günstig essen

» **Pizza al taglio** „Pizzastücke" sind perfekt zum Essen am Rande der Piazza.

» **Arancini** Frittierte Reisbällchen, gefüllt mit *ragú* (Fleischsauce), Tomaten und Gemüse.

» **Pecorino** Ein nussiger, krümeliger Schafsmilchkäse, perfekt auf einem frischen, knusprigen *pane* (Brot).

» **Prosciutto crudo** Der luftgetrocknete Schinken duftet süß, ist angenehm salzig und passt perfekt in ein *panino*.

» **Porchetta Brötchen** Warme Scheiben vom Schweinebraten (im Ganzen gebraten mit Fenchel, Knoblauch und Pfeffer) in einem knusprigen Brötchen. Standard auf den Märkten in Umbrien.

» **Pane e panelle** In Palermo gibt es diese Kichererbsen-Pfannkuchen auf Sesambrötchen.

» **Gelato** Für das beste italienische Gelato werden saisonale Zutaten und natürliche Farben benutzt (also kein leuchtend grünes Pistazien-Eis!).

Essbare Mutproben

» **Pajata** Ein cremiges römisches Pastagericht aus Kalbsinnereien mit geronnener Milch.

» **Missoltini** Eine ausdrucksvolle Spezialität vom Comer See: sonnengetrockneter Fisch, gepökelt in Salz und Lorbeer.

» **Uove di seppie (Tintenfisch-Eier)** Eine venezianische Spezialität, pochiert in Salzwasser und manchmal mit *anice stellato* (Sternanis) gewürzt, um damit an Venedigs Rolle im Gewürzhandel zu erinnern.

» **Lardo di Colonnata** Der üppige gepökelte Schweinespeck aus der Toskana macht leider die Kardiologen reich.

» **Pani ca meusa** Mit diesem klassischen Sandwich aus Palermo kulinarische Grenzen durchbrechen: Rindermilz und Lunge, getaucht in kochendes Schmalz.

» **Zurrette** Blutwurst aus Sardinien: Schafsblut, gekocht im Schafsmagen mit Kräutern und Fenchel.

Spezialitäten der Region

Das italienische Wort für „Lokalpatriotismus" ist *campanilismo*, aber richtiger wäre eigentlich *formaggismo*: Loyalität zum regionalen Käse. Zusammenstöße mittelalterlicher Stadtstaaten mit Belagerungen und siedendem Öl sind heute durch Wettbewerbe mit Spezialitäten und Wein ersetzt worden. Den Kompass kann man getrost zu Hause lassen: subtile Geschmacksvariationen zeigen einem, wo man ist, wie ein gastronomisches Navigationssystem.

Piemont

Das kulinarische Angebot im Piemont ist vor allem mächtig, wärmend und dekadent. Der Geburtsort der Slow-Food-Bewegung ist der richtige Ort, um sich mit *lumache* (Schnecken) anzufreunden, weiter geht es dann mit preisgekrönten Trüffeln, Eiernudeln, luxuriöser Schokolade und reinrassigen Rotweinen wie Barolo, Barbaresco und Barbera. Genießen mit allen Sinnen!

» **Alba** Berühmt für weiße Trüffeln, Haselnüsse, Ferrero-Schokolade und preisgekrönte Rotweine wie Barolo und Barbaresco.

» **Turin** Geburtsort des Lavazza-Kaffees und des Wermuts, mit erstklassiger Schokolade und Nougat, einer lebendigen aperitivo-Szene und dem Slow-Food-Tempel Eataly.

» **Cherasco** Bekannt sind die *lumache* und mit Haselnuss gesprenkelte Baci di Cherasco- (Cherasco-Küsschen)-Pralinen.

Lombardei

In Italiens wohlhabendster und bevölkerungsreichster Region geht es weniger um Pasta als vielmehr um Risotto und *burro* (Butter). In der Hauptstadt Mailand gibt es das klassische *risotto alla milanese* (Risotto mit Safran und Knochenmark), panettone (süßes Hefebrot) und einige der schicksten Restaurants ganz Italiens. Weitere regionale Spezialitäten sind Gorgonzola und handwerklich perfekte *salumi* (Schinken und Wurstwaren).

» **Mantua** Die höchste Konzentration an Gourmet- und Slow-Food-Restaurants. Spezialitäten sind *risotto alla pilota* (Risotto mit Schweinefleisch und Wurst) sowie *mostarda di mele* oder *mantovana* (süßsaurer Apfel- oder Birnensenf).

» **Mailand** Designerrestaurants, der luxuriöse Essenstempel Peck und trendige aperitivo-Bars. Nicht entgehen lassen: das *risotto alla milanese* und weihnachtliche *panettone*.

» **Veltin (Valtellina)** Ein Alpental, das berühmt ist für Sforzato Rotwein, Bittokäse, *bresaola* (luftgetrocknetes Rindfleisch) und *pizzoccheri della Valtellina* (Buchweizenbandnudeln mit Wirsing, Kartoffeln und Bergkäse).

Venedig & Venetien

Mehr als nur frischer, prickelnder Prosecco und feuriger Grappa: In Italiens Nordosten werden Meeresfrüchte, Polenta und exotische Gewürze in der Küche perfekt ausbalanciert – zum Beispiel mit *sarde in soar* (gegrillte Sardinen in süßsaurer-Sauce), *risotto alle seppie* (Tintenfischtinte-Risotto) und *polenta con le quaglie* (Polenta mit Wachteln).

» **Venedig** *Cicheti* und frische Produkte wie Fisch und Meeresfrüchte aus der Lagune vom Rialto-Markt sind einen Landgang wert (Schilder mit *nostrano* beachten, das heißt „unseres"), außerdem gibt es *radicchio di Treviso* und Bassano del Grappa-Spargel. Auf Burano gibt es Spezialitäten der Lagune, u.a. *castraure di Sant'Erasmo* (violette, junge Artischocken), die nur auf der Insel Sant'Erasmo wachsen.

» **Valpollicella** Eine erstklassige Weinregion, bekannt für Amarone, Valpollicella Superiore, Ripasso, Recioto und inspirierte, rote IGT Verschnitte von gefragten Winzern wie Giuseppe Quintarelli.

Toskana

Ein gastronomischer Riese, berühmt für goldenes Olivenöl, rauchige Porcini-Pilze, üppiges *cinghiale* (Wildschwein) und kräftige Rotweine.

» **Castelnuovo di Garfagnana** Frische *porcini* (Steinpilze) im Herbst, Kastanien und selbst angebauter *farro* (Dinkel).

» **San Miniato** Von Oktober bis Dezember wird hier nach Trüffeln gesucht, ihr Wunder wird auf dem Weiße-Trüffeln-Fest (Sagra del Tartufo) an drei Wochenenden im November gefeiert.

» **Il Chianti** Sanfte Hügel mit zahllosen weltberühmten Weingärten und erstklassigen modernen toskanischen Restaurants.

» **Montepulciano** Das Anbaugebiet des roten Vino Nobile und des ebenso trinkbaren Zweitligisten Rosso di Montepulciano. Unbedingt probieren: regionales *cinta senese* (einheimisches Toskana-Schwein) und Terre di Sienas Olivenöl *extra vergine*.

» **Montalcino** Berühmt für den Rotwein Brunello und den beständig guten Rosso di Montalcino, preisgekrönte Olivenöle, *pecorino*-Käse, *porcini* Pilze, Trüffel und *cinta senese*.

» **Das Chiana-Tal** Das Tal für das berühmte Chianina Rind (verwendet in *bistecca alla fiorentina*, Steak), *pici* (handgerollte Nudeln) und *ravaggiolo* (Schafsmilchkäse, eingewickelt in Farnwedel).

Emilia-Romagna

Ein kulinarisches Kraftwerk und Geburtsort so mancher typischer Spezialität, von Lasagne mit *ragù* bis zum meistgeriebenen Käse der Welt, dem *parmigiano reggiano* (Parmesan).

» **Bologna** Heimat der *pasta alla bolognese* (Nudeln mit Weißwein, Tomaten, Oregano, Hackfleisch und Schweinebauch), Tortellini mit Fleischfüllung und aller Delikatessenläden des Quadrilatero.

» **Modena** Kaufen: einen reifen Balsamicoessig aus Modena. Probieren: *zampone* (gefüllte Schweinsfüße) und *cotechino* (gekochte Schweinswurst), dazu ein Glas roter Lambrusco.

» **Parma** Das berühmteste Trio der Stadt: *parmigiano reggiano, prosciutto di Parma* (Schinken) und *mortadella*.

Umbrien

Gourmets pilgern nach Umbrien, bekannt für wilden Spargel, Pilze und herzhafte Wildschweinwürste. Am besten einen mächtigen Sagrantino di Montefalco-Rotwein aufmachen und dazu schwarze Norcia Trüffeln über frische Tagliatelle reiben.

» **Torgiano** An der Weinstraße Strada dei Vini del Canto widmet sich Torgiano Wein und Oliven mit zwei eigenen Museen.

» **Trasimenischer See** Fisch aus dem See glänzt in Gerichten wie *regina alla porchetta* (gebrate-

RICHARD I'ANSON / LONELY PLANET IMAGES ©

» Oben: Rindercarpaccio an Salat
» Links: Pizza

ner Karpfen, gefüllt mit Knoblauch, Fenchel und Kräutern) und *tegemacchio* (Fischeintopf mit Knoblauch, Zwiebeln, Tomaten und was sonst so im See lebt).

» **Norcia** Italiens Schweinemetropole mit ihren berühmten *norcinerie* (Metzgereien): mit Schinken am Haken, Wildschweinköpfen und getrocknetem Fleisch von Schweinen, die mit Eicheln gemästet wurden.

Rom & Latium

Essen, das gut genug ist für einen Papst: angefangen mit dünnen Pizzen und Spaghetti Carbonara bis zu *suppli* (Risotto-Bällchen) und mit Espresso getränktem Tiramisu.

» **Rom** Auf nach Testaccio und zu Spezialitäten wie *trippa alla romana* (Kutteln mit Kartoffeln, Tomaten, Minze und Pecorino). Danach ins Ghetto für koschere Klassiker wie frittierte *carciofi* (Artischocken) und *pizza ebraica* (fester Kuchen aus Rosinen, Mandeln, Pinienkernen und kandierten Früchten).

» **Frascati** Bei einer Tour durch die Weingärten den leichten weißen Wein der Region im Glas riechen, kreisen lassen und daran nippen.

Neapel & Kampanien

Geschmacksexplosionen sind an der Tagesordnung; scharfe *peperoncini* (Peperoni), Tomaten und Zitronen gedeihen in Vulkanerde und Retro-Bars servieren cremigen, Espresso. Procida-Limonen tun sich als *limoncello* (eisiger Limonenlikör) hervor und die Weine glänzen, wie der intensive Taurasi und der trockene weiße Fiano di Avellino.

» **Neapel & Umgebung** Unbedingt zugreifen bei Italiens bester Pizza und *mozzarella di bufala* (Büffelmozzarella), Snacks für unterwegs wie *crocchè* (Kartoffelkroketten) und Prachtstücke al dente wie *spaghetti alle vongole* (Spaghetti mit Muscheln) und *pasta cacio e pepe* (Pasta mit *caciocavallo*-Käse und Pfeffer). Dabei Platz lassen für *sfogliatella* (süßer Ricotta in Blätterteig) und triefenden *babà* (in Rum getränkten Biskuit).

» **Cetara** In der Stadt an der Amalfiküste gibt es Italiens beste *Anchovis*. Am besten mit *spaghetti con alici e finocchietto selavatrico* (Spaghetti mit Anchovis und wildem Fenchel) genießen.

Apulien

Im Südosten locken pfeffriges Olivenöl, knuspriges *pane* und ehrliche *cucina povera* (Arme-Leute-Küche). Knusprige Brotkrumen sind überall, auf *strascinati con la mollica* (Nudeln mit Brotkrümeln und Anchovis) und *tiella di verdure* (gebackener Gemüseauflauf), andere kohlenhydratreiche Köstlichkeiten sind *puccia* (Brot mit Oliven) und ringförmige *taralli* (Brezelähnliches Gebäck).

» **Salento** Einfach mal ein Mittagessen in einer masseria genießen und mit einem herzhaften Rotwein wie dem Salice Salentino und Primitivo di Manduria anstoßen.

TISCHMANIEREN

Italiener vergeben zwar normalerweise jeden ausländischen Fauxpas beim Essen, aber ein paar Tipps sollte selbst der härteste Gastrosnob berücksichtigen. Was den Kaffee angeht, so werden milchige Versionen wie *caffè latte* und *cappuccino* für gewöhnlich morgens getrunken, *espresso* und *macchiato* werden nach dem Mittagessen bevorzugt. Ein Kaffee zum Dessert ist okay, aber einen zum Hauptgericht zu bestellen ist, kulinarisch gesehen, ein schlechter Scherz. Beim Zuprosten sollte Blickkontakt aufgenommen werden. Spaghetti werden mit der Gabel gegessen, nicht mit Löffel und Gabel. Brot zu den Nudeln zu essen wird als un *pò strano* (etwas komisch) angesehen, es ist allerdings okay, Saucenreste damit vom Teller zu wischen (was liebevoll fare la scarpetta genannt wird). Complimenti allo chef (Lob an den Koch) ist jederzeit willkommen und unter den richtigen Umständen könnte ein festes Händeschütteln und Küsschen auf die Wangen angebracht sein. Wenn es um il conto (die Rechnung) geht, dann zahlt für gewöhnlich der, der eingeladen hat. Die Rechnung zu teilen, ist weit verbreitet, alles ganz genau aufzurechnen gilt je-doch als molto vulgare (sehr ordinär). Wenn es keinen servizio (Bedienungszuschlag) gibt, sollte man über ein Trinkgeld in Höhe von 10–15 % nachdenken. In Bars geben Italiener dem Barkeeper üblicherweise 0,10–0,20 €. Und wenn man das Glück hat, irgendwo privat zum Essen eingeladen zu werden, sollte man nie mit leeren Händen auftauchen – Wein, Pralinen oder Blumen sorgen für la bella figura (einen guten Eindruck).

Sizilien

Küche mit Kick, vom wild gefangenen Thunfisch und Sardinen bis zu den *fiori di zucca ripieni* (mit Käse gefüllten Zucchiniblüten). Arabische Einflüsse kann man heute noch im *Fischcouscous* und bei Süßigkeiten wie *cannoli* (Teigrollen, gefüllt mit süßem Ricotta) sehen. Zu einem Lob auf die kulinarischen Fähigkeiten Siziliens passt eine Flasche vom roten Nero d'Avola.

» **Palermo** Zum Knabbern gibt es frittierte Auberginen mit Zitrone oder *sfincione* (luftige, ölige Pizza mit Zwiebeln und *caciocavallo*-Käse), später dann *pasta con le sarde* (Pasta mit Sardinen, Pinienkernen, Rosinen und wildem Fenchel) und *involtini di pesce spada* (dünn geschnittene Schwertfischfilets, aufgerollt und gefüllt mit Brotkrumen, Kapern, Tomaten und Oliven).

» **Catania** Siziliens normannische Invasoren bleiben mit der *pasta alla Norma* in Erinnerung (Nudeln mit Basilikum, Aubergine, Ricotta und Tomaten).

» **Noto, Modica & Ragusa** Hier sind erdige Geschmackserlebnisse möglich – mit *lolli con le fave* (handgerollte Nudeln mit Favabohnen), *macco di fave* (Favabohnenpürree mit wildem Fenchel) und *ravioli di ricotta al sugo di maiale* (Ricotta-Ravioli mit Schweinefleischsauce). Danach eine würzige Schokoladenpraline aus Modica genießen.

So essen und trinken die Einheimischen

Da der Appetit jetzt geweckt ist, wird es Zeit für die Einzelheiten des Essens *all'italiana*.

Essenszeit

» **Colazione (Frühstück)** Oft kaum mehr als ein Espresso vor der Arbeit, dazu ein *cornetto* (italienisches Croissant) oder *brioche*.

» **Pranzo (Mittagessen)** Traditionell die Hauptmahlzeit des Tages; viele Geschäfte schließen während *la pausa* (Mittagspause). Standardrestaurantzeiten sind von 12–14.30 Uhr, obwohl die Einheimischen nicht vor 13 Uhr essen.

» **Aperitivo** Besonders beliebt in den Städten des Nordens. Der Drink nach der Arbeit wird für gewöhnlich zwischen 17 und 20 Uhr genommen, im Preis des Getränks ist normalerweise ein Büfett mit köstlichen Kleinigkeiten eingeschlossen.

» **Cena (Abendessen)** Traditionell etwas leichter als das Mittagessen, aber immer noch eine Hauptmahlzeit. Standardrestaurantzeiten sind von 19.30 bis gegen 23 Uhr (im Sommer und im Süden manchmal sogar noch später).

Die Wahl des Restaurants

» **Ristorante (Restaurant)** Frisches Leinen, förmlicher Service und raffinierte Gerichte machen ein Restaurant zur richtigen Wahl für besondere Gelegenheiten.

» **Trattoria** Ein Restaurant in Familienbesitz; günstigere Preise und klassische Spezialitäten der Region. Die „Touristenkarte" besser meiden.

» **Osteria** Historisch gesehen eine Taverne mit Schwerpunkt auf Wein, die moderne Version ist eine kleine Trattoria oder Weinbar.

» **Enoteca** Perfekt, um bei einem *vino* zu entspannen; viele Weinbars servieren Snacks zum Glas.

» **Agriturismo** Ein Bauernhof, in dem Übernachtungen und Essen aus eigener Produktion angeboten werden. Manche erlauben es ihren Gästen, auf dem Hof mitzuarbeiten.

» **Pizzeria** Eine gute Wahl für günstiges Essen, und eine lebendige Atmosphäre. In den besten Pizzerien ist oft viel los, deshalb: Geduld.

» **Tavola calda** Wörtlich ein „warmer Tisch", in diesen kantinenartigen Restaurants gibt es preiswertes Essen wie Selbstbedienungspasta, gebratenes Fleisch und *pizza al taglio.*

Kurzinfos zur Speisekarte

» **Menù a la carte** Freie Auswahl auf der Karte.

» **Menù di degustazione** Degustationsmenü, besteht üblicherweise aus sechs bis acht Gängen in „Probiergröße".

» **Menù turistico** Die gefürchtete Touristenkarte; weist für gewöhnlich auf mittelmäßiges Essen für naive Touristen hin – unbedingt meiden!

» **Piatto del giorno** Tagesgericht

» **Antipasto** Eine warme oder kalte Vorspeise. Ein Teller mit verschiedenen Vorspeisen ist ein *antipasto misto* (gemischte Vorspeisen).

» **Primo** Der erste Gang, normalerweise deftige Pasta, Reis oder *zuppa* (Suppe).

» **Secondo** Der zweite Gang, oft *carne* (Fleisch) oder *pesce* (Fisch).

» **Contorno** Beilage, meist *verdura* (Gemüse).

» **Dolce** Nachtisch, *torta* (Kuchen) inbegriffen.

» **Frutta** Obst, meist der Abschluss des Essens.

» **Nostra produzione** Selbstgemacht; wird benutzt, um alles von Brot und Pasta bis zu *liquori* (Likör) zu beschreiben.

» **Surgelato** Gefroren; gibt an, dass Fisch oder Meeresfrüchte nicht frisch gefangen wurden.

Informationen über die Preisklassen in diesem Buch auf S. 1003

Outdoor-Aktivitäten

Die besten Aktivitäten

Wandern Die Dolomiten, Gran Paradiso im Piemont, der Stelvio Park in Trentino, Pollino in Kalabrien, Piano Grande in Umbrien und die Küstenwanderwege der Cinque Terre, an der Amalfiküste, in Sizilien und Sardinien sind alle großartig.

Radfahren Das Podelta und Bozen bieten ein gutes Radwegnetzwerk, die Weinregionen Franciacorta, Barolo, Barbaresco und Chianti ebenso. Urbanere Radlerziele sind die Via Appia in Rom, Ferrara, Lucca, Bologna und Lecce.

Skifahren Bei Sella Nevea über die Grenze nach Slowenien, Skifahren und Snowboarden in Courmayeur, Abfahrt und Langlauf in Cortina d'Ampezzo, im Aostatal und auf der Sella Ronda.

Tauchen Viele Meeresnationalparks. Die besten sind vor den Cinque Terre, dem Gargano-Vorgebirge, auf Elba, der Halbinsel von Sorrent, den Liparischen (Äolischen) Inseln, Ustica und Sardinien.

Beste Reisezeit

April–Juni Wandern zwischen Wildblumen.

Juli & Sept. Wassersport und Warmwasser-Tauchen ohne die Massen im August.

Dez., Feb. & März Die besten Skimonate mit guter Stimmung , Schnee und einem günstigen Preis-Leistungs-Verhältnis.

Italien ist gesegnet mit Hügeln, Bergen, Seen und über 7600 km Küste. Diejenigen, die eine sportliche Herausforderung suchen, können sich beim Mountainbiken, Klettern und Skifahren in den Alpen, auf kräftezehrenden Wanderungen in den Dolomiten oder beim Reiten in den Apenninen versuchen. In Sizilien kann man auf aktive Vulkane klettern und in Kalabrien mit dem Kanu Stromschnellen hinuntersausen. Ideal zum Radfahren ist die hügelige Landschaft der Toskana und der Lombardei. In den Klippen der Amalfiküste gibt es viele alte Pfade, und das Meer Sardiniens bietet einige der besten Tauchreviere in Italien. Windsurfer verschlägt es an die Seen im Norden.

Wandern

Tausende Kilometer von *sentieri* (markierten Wegen) verlaufen kreuz und quer über die Halbinsel, von schwierigen Bergwegen bis zu sanften Pfaden am Seeufer entlang. In der Saison (Ende Juni–Sept.) ermöglichen die Gipfel der Dolomiten fantastische Wandertouren in spektakulären Landschaften.

Die Alpen

Die Alpen bieten Wanderern aufregende Aussichten von Bergen, waldige Täler und den spektakulären Blick auf große Gletscherseen wie den Gardasee, den Comer See und den Lago Maggiore.

Im Osten in Friaul-Julisch Venetien befinden sich die Julischen und die Karnischen Alpen; dort kann man Luchse, Murmeltiere und Adler beobachten. Westwärts ziehen die weißen Gipfel durch den Parco Nazionale dello Stelvio, den größten Nationalpark in Norditalien (und den Alpen), der bis in die benachbarte Lombardei reicht. Die Regionen um die großen Seen der Lombardei – Gardasee, Comer See, Iseosee, Lago Maggiore und Ortasee – sind ein erstklassiges Wandergebiet mit einer Mischung aus Berg- und Seenlandschaften. Besonders malerisch sind die zerklüftete Bergkette im Triangolo Lariano am Comer See und der beeindruckende Monte Baldo am Gardasee.

Weit im Westen liegen die Seealpen, die Grajischen und die Ligurischen Alpen, die ins Piemont und nach Ligurien abfallen und die das Aostatal, den Nationalpark Gran Paradiso und den Parco Naturale delle Alpi Marittime umschließen, bevor sie einen dramatischen Abstieg zu den Cinque Terre und dem Portofino Nationalpark an der Ligurischen Küste bilden.

Unterkunft findet man in den Bergen in Hütten (*rifugi*) oder Chalets, die in der Hochsaison reserviert werden sollten. Wer Berge besteigen will, sollte passende Ausrüstung und Wanderwegkarten mitbringen. Touristeninformationen und Besucherzentren bieten Information, Hilfsmittel und Karten für leichtere Touristenrouten.

Die Dolomiten

Die Dolomiten erheben sich über den Grenzen von Venetien, Trentino und Südtirol (Alto-Adige). Die Unesco fand die Bergkette beeindruckend und erklärte die Berge und ihr Ökosystem zu einem Weltnaturerbe. Die Dolomiten sind gleichermaßen für Skiläufer wie für Radfahrer attraktiv und bieten einige der landschaftlich schönsten Wanderwege, die im Frühling voller Wildblumen sind.

Top-Wanderwege

» **Seiser Alm,** Südtirol (Alpe di Siusi, Alto-Adige; S. 342) Europas größtes Plateau endet dramatisch am Fuß des Schlern. Eine durchschnittliche Kondition bringt einen bis zum Rifugio Bolzano, einer der ältesten Berghütten der Alpen. Die anspruchsvollen Gipfel der Rosengarten-Gruppe (Catinaccio-Gruppe) und der Langkofel (Sassolungo) sind ganz in der Nähe.

» **Pustertal,** Süd-Tirol (Val Pusteria, Alto-Adige; S. 346) Dieses schmale Tiroler Tal verläuft von Brixen (Bressanone) bis Innichen (San Candido). Am anderen Ende des Tals liegen die Sextener Dolomiten, in denen es kreuz und quer zahllose spektakuläre Wanderwege gibt, darunter auch leichtere, etwa um die bekannten Drei Zinnen (Tre Cime di Lavaredo).

» **Gröden,** Südtirol (Val Gardena, Alto-Adige; S. 341) Eines von nur fünf Tälern, in denen das ladinische Kulturgut noch bewahrt wird. Zwischen den Gipfeln der Sellagruppe und dem Langkofel (Sassolungo) gibt es schwierige alte *vie* (Höhenwanderwege) und leichtere Naturwanderwege wie den Naturonda beim Passo di Sella (2244 m).

» **Brenta-Dolomiten, Trentino** (S. 323) Die Brentagruppe ist unter Bergsteigern bekannt wegen ihrer steilen Klippen und komplizierten Aufstiege; hier verlaufen auch gleich mehrere der berühmtesten *vie ferrate* Italiens (Wanderwege mit fest installierten Stahlkabeln und Leitern), darunter die Via Ferreta delle Bocchette.

» **Parco Nazionale delle Dolomiti Bellunesi, Venetien** (S. 417) Ein Unesco-Weltnaturerbepark mit Wegen zwischen Wildblumen. Dieser Park beherbergt auch die Höhenwanderwege Alte Vie delle Dolomiti, die zwischen Juni und September geöffnet sind.

Mittelitalien

In Mittelitalien sind die Nationalparks der Abruzzen die am wenigsten besuchten des ganzen Landes. Hier kann man den Corno Grande (S. 648) besteigen, den höchsten Gipfel des Apennins, und stille Täler warten auf Erkundung. Auch der Nationalpark Monti Sibillini und der Piano Grande in Umbrien liegen weitab der ausgetretenen Pfade und in beiden gibt es im Frühling schöne Wildblumen.

Der einzige bedeutende Naturpark der Toskana mit guten Wanderwegen liegt im südlichen Maremma, wo man sich für Wanderungen im mittleren Schwierigkeitsgrad anmelden kann. Den meisten wird allerdings ein leichter Spaziergang durch das malerische Chianti genauso gut gefallen.

Der Süden

In Kampanien, Basilikata und Kalabrien mit dem südlichen Apennin im Rücken gibt es einige atemberaubende Wanderungen an der Küste. Wer eine spektakuläre Aussicht aufs Meer haben will, sollte an der Amalfiküste und auf der Halbinsel vor Sorrent wandern, wo der Sentiero degli Dei (Pfad der Götter; S. 720) sich durch bewaldete Berge und uralte Zitronenhaine windet.

NATUR IN ITALIEN: PARKS & SCHUTZGEBIETE

PARK	SEHENSWERTES	AKTIVITÄTEN	REISEZEIT	SEITE
Abruzzo, Lazio e Molise	Granitgipfel, Buchenwälder, Bären, Wölfe	Wandern, Reiten	Mai–Okt	S. 652
Appennino Tosco-Emiliano	Berge, Wälder, Seen	Skifahren, Radfahren, Wandern, Reiten	Feb–Okt	S. 470
Arcipelago di La Maddalena	Felsige Inselchen, Strände, klares Meer	Segeln, Tauchen, Schnorcheln	Juni–Sept.	S. 920
Asinara	Albino-Esel, ehemaliges Gefängnis	Radfahren, Bootstouren, Schnorcheln	Juni–Sept.	S. 914
Aspromonte	Nadelwälder, Hochebenen, schwindelerregend hohe Dörfer	Wandern	Mai–Okt.	S. 795
Ätna	Aktiver Vulkan, schwarze Lavafelder, Wälder	Wandern, Reiten	Mai–Okt.	S. 842
Cilento e Vallo di Diano	Griechische Tempel, dramatische Küste, Höhlen	Wandern, Schwimmen, Vögel beobachten	Mai–Okt.	S. 731
Cinque Terre	Unesco-Weltnaturerbe Bunte Fischerdörfer, Terrassenanbau	Wandern, Tauchen	April–Okt.	S. 205
Delta del Po	Marschen, Feuchtgebiete	Radfahren, Vögel beobachten	Mai–Okt.	S. 478
Dolomiti Bellunesi	Unesco Weltnaturerbe Felsnadeln, Hochlandwiesen, Gämsen	Skifahren, Wandern, Mountainbike	Dez.–Okt.	S. 417
Dolomiti di Sesto	Zerklüftete Berge, Tre Cime di Lavaredo (Drei Zinnen)	Wandern, Mountainbike, Bergsteigen	Juni–Sept.	S. 347
Gargano	Uralte Wälder, Kalksteinklippen, Grotten	Tauchen, Wandern, Radfahren, Schnorcheln	Juni–Sept.	S. 745
Golfo di Orosei e del Gennargentu	Steile Klippen, Granitgipfel, prähistorische Ruinen	Wandern, Segeln, Bergsteigen, Canyoning	Mai–Sept.	S. 924
Gran Paradiso	Alpendörfer, Berge, Wiesen, Steinböcke	Skifahren, Snowboarden, Wandern, Klettern, Mountainbike fahren	Dez.–Okt.	S. 254
Gran Sasso e Monti della Laga	Raue Gipfel, Raubvögel, Wölfe	Skifahren, Wandern, Klettern	Dez.–März	S. 648
Madonie	Siziliens höchste Gipfel, Wölfe, Wildblumen	Wandern, Reiten	Mai–Juni, Sept.–Okt.	S. 819
Majella	Berge, tiefe Schluchten, Bären	Wandern, Radfahren	Juni–Sept.	S. 650
Maremma	Wieder urbar gemachte Marschen, Strände	Wandern, Reiten, Vögel beobachten	Mai–Okt.	S. 582
Monti Sibillini	Uralte Dörfchen, Berge, Adler	Wandern, Mountainbike, Paragliding	Mai–Okt.	S. 642
Pollino	Berge, Canyons, Wald, Larico-Kiefer, seltene Orchideen	Rafting, Canyoning, Wandern	Juni–Sept.	S. 788
Prigionette	Waldpfade, Albino-Esel, Giara-Pferde, Wildschweine	Wandern, Radfahren	Mai–Okt.	S. 913
Sciliar-Catinaccio	Weideland, Täler, Dörfer	Wandern, Radfahren	Juni–Sept.	S. 342
Sila	Waldige Hügel, Seen, entlegene Dörfer, Pilze	Skifahren, Wandern, Canyoning, Reiten	Dez.–März, Mai–Okt.	S. 791
Stelvio	Alpengipfel, Gletscher, Wälder	Skifahren, Wandern, Radfahren, Mountainbike	Dez.–Sept.	S. 339
Vesuv	Aktiver Vulkan, schwarze Lavafelder, Wälder	Wandern	April–Okt.	S. 704

Weiter im Süden, beiderseits der Grenze zwischen Kalabrien und Basilikata liegt der Parco Nazionale del Pollino (S. 788), Italiens größter Nationalpark. Er teilt Kalabrien vom Rest Italiens und hat den reichsten Bestand an Flora und Fauna im gesamten Süden. Wanderer können sich an unterschiedlichen Landschaften erfreuen, von tiefen Flusscanyons bis zu Alpenwiesen. Kalabriens weitere Nationalparks – Sila und Aspromonte – bieten ähnlich dramatische Wanderungen, besonders in der Gegend um Sersale in Sila, wo es Myriaden von Wasserfällen gibt und man durch den Valli Cupe Canyon (S. 790) wandern kann.

Sizilien & Sardinien

Überraschenderweise bieten die zahlreichen italienischen Inseln einige der besten Wandertouren des Landes. Die meisten halten Capri und Ischia für eine Playboy-Sommerfrische, aber auf beiden Inseln gibt es fantastische Wanderwege.

Sizilien und Sardinien verfügen dank ihrer einmaligen Topografie ebenfalls über wundervolle Wandermöglichkeiten. In Sizilien gibt es beispielsweise die Vulkantouren: Der bekannteste ist natürlich der Ätna, aber es gibt auch eine Menge unbekanntere Vulkane auf den Liparischen Inseln: angefangen mit erloschenen Vulkanen, bei denen man bis zum Kraterboden hinabsteigen kann, bis zu einem dreistündigen Aufstieg zum Stromboli, um ihn am Nachthimmel explodieren zu sehen. Wer mag, wandert vom Ätna in den Naturpark Madonie oder an Siziliens Ostküste entlang im Riserva Naturale dello Zingaro (S. 884).

Im Gegensatz dazu warten die Granitgipfel Sardiniens mit schwierigeren Bergtouren auf. Der Nationalpark Golfo di Orosei e del Gennargentu bietet ein Netz alter Schäferwege auf dem Supramonte-Plateau, wo sich auch die prähistorischen Stätten von Tiscali und der Canyon Gola Su Gorropu befinden. Hierfür sind ein Bergführer und Grundkenntnisse im Klettern erforderlich.

Bergsteigen

Die Felswände der Dolomiten bieten Herausforderungen für Bergsteiger auf jedem Niveau, viele davon sind problemlos von der Straße aus zu erreichen. Um Bergsteigen mit einer Höhenwanderung zu verbinden, können Wagemutige sich in die *vie ferrate* in den Brenta-Dolomiten einklinken.

Alpinisten, die ernsthaft bergsteigen wollen, können sich mit Europas höchsten Gipfeln im Aostatal messen. Courmayeur und Cogne, ein bekanntes Eiskletter-Zentrum, sind gute Ausgangspunkte. Das GranSasso-Gebirge ist der Favorit im Süden. Von seinen drei Gipfeln ist der Corno Grande (2912 m) der Höchste und der Corno Piccolo (2655 m) am mühelosesten zu erreichen. Andere gute Touren bieten der Monte Pellegrino außerhalb von Palermo auf Sizilien, der Domusnovas und der Supramonte auf Sardinien.

Die beste Informationsquelle für das Thema Bergsteiger ist der **Club Alpino Italiano** (CAI; www.cai.it).

Skifahren

Die meisten Skiorte liegen in den Nordalpen. Bei den Olympischen Winterspielen 2006 war Sestriere Austragungsort im Alpin-Skifahren, und eingefleischte Skifans sind mit Namen wie Cortina d'Ampezzo, Madonna di Campiglio und Courmayeur gut vertraut. Auch weiter südlich auf der Halbinsel gibt

SELVAGGIO BLU – DIE ULTIMATIVE WANDERUNG

Sardiniens siebentägige *Selvaggio Blu* („Wildes Blau")–Wanderung wird von vielen als härteste Tour Italiens bezeichnet und ist sicherlich nichts für Untrainierte. Der Weg erstreckt sich über 45 km entlang des Golfo di Orosei, windet sich dann durch bewaldete Schluchten und Klippen, vorbei an vielen Höhlen. Der Wanderweg ist bewusst nicht besonders gut ausgeschildert, um alles natürlich zu erhalten, und es gibt unterwegs kein Wasser. Dafür gibt es Klettertouren bis zum Schwierigkeitsgrad UIAA IV+ und Abseilaktionen in bis zu 45 m Tiefe.

Wer Italienisch versteht, kann sich bei www.selvaggioblu.it informieren; auf der Website findet man Beschreibungen jeder Tagesstrecke, Tipps zur Ausrüstung und für die beste Zeit (Frühling oder Herbst).

» Oben: Kitesurfen, Gardasee
» Links: Wanderer auf der Tour du Mont Blanc im Aostatal, Piemont

es kleinere Skigebiete in den Apenninen, in Latium, den Marken und den Abruzzen.

Die großen Skiorte haben Weltklasse-Niveau. Außer *sci alpino* (Alpin-Skifahren) ist in einigen Orten auch *sci di fondo* (Langlaufen) und *sci alpinismo* (Skiwandern) möglich. Die Skisaison dauert von Dezember bis Ende März. Das ganze Jahr über ist Skifahren in einigen Skigebieten des Trentino und Südtirols, am Mont Blanc (Monte Bianco) und am Matterhorn im Valle d'Aosta möglich. Januar und Februar sind die besten, aber gleichzeitig auch die teuersten Monate. Günstigere Preise bekommt man derzeit vermutlich im boomenden Skigebiet Sella Nevea in Friaul oder in Tarvisio, einem der kältesten Orte in den Alpen, wo Skifahren oft noch bis in den April hinein möglich ist.

Am günstigsten fährt man insgesamt mit einem Pauschalangebot wie der *settimana bianca* (weiße Woche), das Unterkunft, Verpflegung und Skipässe umfasst.

Snowboarden

Puristen unter den Skifahrern werden es bedauern, aber auch in Italien hat das Snowboarden Einzug gehalten. Zwei Hotspots sind Madonna di Campiglio im Trentino und Breuil-Cervinia im Aostatal. Die Einrichtungen in Madonna gehören zu den besten und bieten einen Snowboardpark mit Abfahrten in allen Schwierigkeitsgraden und einem Verbundsystem mit benachbarten Skigebieten. Breuil-Cervinia liegt auf 2050 m im Schatten des Matterhorns und ist etwas für gute Snowboarder.

Radfahren

Ob man lediglich eine gemütliche Fahrt von Trattoria zu Trattoria, ein 100-km-Straßenrennen oder eine rauschende Bergabfahrt plant – in Italien ist alles möglich. Die Tou-

TOP-SKIRESORTS

Friaul-Julisch Venetien

» **Tarvisio** (www.tarvisiano.org) 60 km Langlaufloipen und großartiges Freeriden.

» **Sella Nevea** (www.sellanevea.net) 30 km Pisten reichen bis Bovec in Slovenien.

» **Forni di Sopra** (www.fornidisopra.com) Familienfreundlich; im Angebot sind Skifahren, Eiskunstlauf und Schlittenfahren.

Aostatal

» **Via Lattea** (Milchstraße; www.vialattea.it) 400 km Pisten verbinden fünf Skiresorts, u.a. auch eines der glamourösesten in Europa: Sestriere.

Piemont

» **Limone Piemonte** (www.limonepiemonte.it) 80 km Pisten, darunter auch einige Langlaufloipen.

» **Courmayeur** Überragt vom spektakulären Mont Blanc, gewährt Courmayeur Zugang zu so legendären Abfahrten wie der Vallee Blanche.

» **Cervinia** (www.cervinia.it) Im Schatten des Matterhorns und in Skinähe von Zermatt; schneesicher bis ins Frühjahr, gute Angebote für Familien.

» **Monte Rosa** (www.monterosa-ski.com) Besteht aus drei Tälern – Val d'Ayas, Val de Gressoney und Alagna Valsesia; typisch sind die Walserdörfer. Skifahren auf Buckelpisten, Tiefschneetouren und Heli-Skiing.

Südtirol (Trentino - Alto Adige)

» **Sella Ronda** (www.sella-ronda.info) Eine 40 km lange Umrundung der Gruppo di Sella (3151 m, bei Piz Boé) ist eine der kultigsten Skirouten der Alpen.

» **Alta Badia** (www.altabadia.org) 130 km Pisten, u.a. die legendäre Gran Risa.

Venetien

» **Cortina d'Ampezzo** (www.infodolomiti.it) Abfahrt und Langlauf auf Pisten und Loipen vom Kinderhügel bis zur legendären schwarzen Buckelpiste von Staunies.

RADTOUREN

» **Darwin Cooperative** (www.cooperativadarwin.it) Organisiert Touren in Deutsch, Englisch, Französisch und Spanisch entlang Roms landschaftlich schöner Via Appia Antica.

» **I Bike Tuscany** (www.ibiketuscany.com) Tagestouren das ganze Jahr über für Fahrer aller Niveaus angeboten. Der Transport ins Chianti und ein Begleitwagen werden organisiert.

» **Iseobike** (www.iseobike.com) Touren durch das Franciacorta-Weinbaugebiet, mit Weinproben.

» **Mountainbike Ogliastra** (www.mountainbikeogliastra.it) Organisiert landschaftlich schöne Radtouren durch Sardinien ebenso wie anspruchsvolle Abfahrtsrouten auf alten Saumpfaden.

» **Colpo di Pedale** (www.colpodipedale.it) Touren für jedes Niveau auf Rennrädern, Mountain- oder Citybikes durch das Langhe Weinanbaugebiet im Piemont.

» **Ciclovagando** (www.ciclovagando.com) Organisiert Tagestouren von 20 km Länge; Ausgangspunkte sind verschiedene Städte in Apulien sowie Ostuni und Brindisi.

ristinformationen haben Infos über einzelne Strecken und können professionelle Begleitung vermitteln. In den meisten Städten und Touristenorten kann man sich außerdem auch ein Fahrrad leihen.

Das toskanische Hügelland ist bei Radlern berühmt – das gilt besonders für die Weinregion Chianti südlich von Florenz. In Umbrien bieten Valnerina und Piano Grande am Monte Vettore schöne Wege und Landstraßen für Ausflüge. Weiter nördlich eignen sich die Ebenen der Emilia-Romagna für Radtouren, außerdem die terrassierten Weinhänge von Barolo, Barbaresco und Franciacorta. Im Süden ist vor allem das sanfte Hügelland von Apulien mit seinen Küstenpfaden für Radtouren zu empfehlen.

Im Sommer bieten viele Wintersportorte gute Radfahrbedingungen. Mountainbiker haben die Qual der Wahl zwischen den Hängen am Gardasee und Lago Maggiore und der Bergwelt des Trentino und Südtirols. Auch die Granitlandschaft des Supramonte im Osten Sardiniens lockt Radfahrer an.

Die geeignetste Radelzeit ist der Frühling, denn dann ist es nicht zu heiß, und die Landschaft zeigt sich von ihrer schönsten Seite. Wer vorhat, im Urlaub vor allem Rad zu fahren, kann sich den Lonely-Planet-Führer *Cycling Italy* kaufen.

Tauchen

Ein beliebter Sommerzeitvertreib in Italien ist das Tauchen; über das ganze Land verteilt gibt es Hunderte von Schulen, die Kurse für alle Schwierigkeitsgrade sowie Leihausrüstung anbieten. Die meisten Tauchschulen des Landes haben nur während der Hauptsaison geöffnet, also in den Sommermonaten. Nach Möglichkeit sollte man den August meiden, denn dann ist die italienische Küste von Feriengästen geradezu belagert, und die Preise entsprechend auf ihrem höchsten Stand. Auskunft erteilen die Touristenbüros der einzelnen Orte, online auch **DiveItaly** (www.diveitaly.com, auf Italienisch).

Top-Tauchreviere

» **Liparische (Äolische) Inseln, Sizilien** Ein Vulkanrücken mit warmem, vulkanischen Wasser, das die Inseln von Vulcano, Lipari, Salina, Panarea, Stromboli, Alicudi und Filicudi umgibt. Durch Meereshöhlen und um die Überreste alter Vulkane herum tauchen.

» **Capri, Ischia & Procida, Kampanien** Diese drei Inseln in der Bucht von Neapel bieten herausragende Tauchmöglichkeiten (und Unterwasserfotomotive) und wunderschöne Meeresgrotten.

» **Cinque Terre Marine Reserve, Ligurien** Eines der wenigen Tauchgebiete im Norden des Landes. Tauchen vor Riomaggiore und Santa Margherita.

» **Capo Caccia, Sardinien** Das Tauchgebiet für Sardiniens Korallentaucher, aber in Capo Caccia gibt es auch die größte Unterwasserhöhle im Mittelmeer.

» **Isole Tremiti, Apulien** Diese windgeschliffenen Inseln vor dem Gargano-Vorgebirge sind Teil eines Meeresnaturparks; hier gibt es jede Menge gigantischer Meereshöhlen.

ANDREW BAIN / LONELY PLANET IMAGES ©

» Oben: Segeln im Mittelmeer
» Links: Radfahren in den Dolomiten

» **Pantelleria, Sizilien** Ein spektakulärer vulkanischer Meeresboden umgibt die schwarze Lavainsel Pantelleria.

» **Parco Nazionale dell'Arcipelago di La Maddalena, Sardinien** Der Meeresnationalpark Maddalena kann mit durchsichtigem Wasser und einem Tauchrevier um 60 Inselchen herum auftrumpfen.

» **Parco Nazionale Arcipelago Toscano, Toskana** Europas größter Meeresnationalpark umfasst das Archipel der Toskana und die Insel Elba.

» **Punta Campanella Marine Reserve, Kampanien** Lebhafte Fische flitzen zwischen Unterwasserhöhlen und uralten Ruinen hin und her. Tauchtouren beginnen in Marina del Cantono, u.a. Ausflüge zur atemberaubenden Bucht von Ieranto.

» **Ustica, Sizilien** Italiens erstes Meereschutzgebiet; die Unterwasserflora und -fauna dieser vulkanischen Insel ist gewaltig. Hier gibt es jeweils im Juli das Internationale Festival des Unterwassersports.

Segeln

Italien ist fast vollständig von Wasser umgeben und hat eine stolze maritime Tradition. Fast überall im Land können Ruderboote oder schlanke Segelyachten gemietet werden. Für jeden Seemann gibt es das richtige Angebot: Erfahrene Skipper reisen auf gecharterten Yachten von Sizilien nach Sardinien oder entlang der Amalfiküste, vor der Toskana, Ligurien oder Triestino. Wochenend-Seeleute können in gemieteten kleinen Booten versteckte Höhlen in Apulien erforschen, das Toskana-Archipel und die Gewässer um die Halbinsel von Sorrent herum erkunden, und wer es schnell mag, nimmt ein sportliches Speedboat auf den Lombardischen Seen.

Im Süden an der Amalfiküste sind die besten Badestellen oft nur per Boot zu erreichen. Ähnlich verhält es sich an der Cilentoküste südlich von Neapel und bei den Inseln Elba, Capri, Ischia und Procida.

Vor Sardinien und Sizilien kann man ebenfalls fantastisch segeln. Vor Sardinien sind der Golf von Orosei, Santa Teresa di Gallura und das Maddalen-Archipel die besten Segelspots. Auf Sizilien laden die kobaltblauen Wasser der Liparischen Inseln zum gemächlichen Inselhopping.

Italiens prestigeträchtigste Segelregatten sind die Centomiglia (www.centomiglia.it), die im September am Gardasee stattfindet – Startpunkt ist südlich von Gargnano – und die Barcelona-Regatta, die im Oktober in Triest beginnt. Die Barcelona ist die größte Regatta des Mittelmeers und zieht um die 20 000 Segler an. Sardinien ist im September Gastgeber der Weltmeisterschaften in Cagliari. Das Hauptsegelportal der Insel ist www.sailingsardinia.it (auf Italienisch).

Wildwassersport

Ein Dorado für Wildwasser-Fanatiker ist der Fluss Sesia im nördlichen Piemont. Zwischen April und September stürzt er sich vom Monte Rosa durch das Valle Valsesia. Anbieter in Varallo vermieten Kanus, Kajaks und bieten Rafting-, Canyoning-, Hydrospeed- und Tubingkurse an.

In der Region Alto Adige ist das Val di Sole ein weiteres Ziel der Wildwasserfahrer, in Umbrien sind es die Monti Sibillini.
Im Süden der Halbinsel bieten sich im kalabrischen Parco Nazionale del Pollino die für Wildwassersportler sehr attraktiven und befahrbaren Stromschnellen des Lao für Rafting, Kanufahrten und Canyoning an. In Scalea kann man Fahrten buchen.

Windsurfen

Der Gardasee gilt als einer der besten Orte Europas zum Windsurfen. Die Windverhältnisse sind ausgezeichnet: Aus dem Norden weht am sonnigen Morgen schon früh der *peler*, die *ora* frischt dann pünktlich wie ein Uhrwerk am frühen Nachmittag von Süden her auf. Die zwei Zentren der Surfer sind Torbole – Austragungsort der Windsurf-Weltmeisterschaft – und 15 km weiter südlich der Ort Malcesine.

Wer lieber auf dem offenen Meer surfen will, für den empfiehlt sich Sardinien. Im Norden liegt Porto Pollo (oder Portu Puddu): Hier treffen sich Anfänger und Profis – die Einsteiger üben in der geschützten Bucht, die Könner freuen sich auf die steife Brise bei der Fahrt durch den Seekanal zwischen Sardinien und Korsika.

Wettbewerbe wie die Chia Classic werden vor der südwestlichen Küste abgehalten, während der Kitesurf-Weltcup vor den Stränden zwischen Vignola und Santa Teresa di Gallura stattfindet. Im Nordosten lässt es sich vor Elba gut vor der toskanischen Küste surfen.

An allen hier erwähnten Orten können Ausrüstungen gemietet werden.

Italien im Über-blick

Rom & Latium

Römische Ruinen ✓✓✓
Essen ✓✓✓
Museen & Galerien ✓✓✓

Markenzeichen der Antike
Roms antikes Zentrum ist Geschichte in 3D. Hier auf dem Palatin hat Romulus Remus getötet, Christen wurden im Kolosseum an Löwen verfüttert und Kaiser genossen die Terme di Caracalla. In den Katakomben entlang der Via Appia Antica kann man über Zeit nachsinnen.

Essen
Bevorzugt werden traditionelle Geschmackserlebnisse wie z. B. Schweinebacke, Innereien, Stockfisch und *bucatini all'amatriciana* (Pasta mit Tomaten, Pancetta und Peperoni). Die Köche der Italo-Fusion-Küche geben handfesten Standards eine zeitgemäße Raffinesse.

Museen & Galerien
Die Bandbreite an kulturellen Schätzen in Roms zahllosen Museen und Galerien ist offen gesagt fast schon einschüchternd. Unternimmt man den Besuch in einer Gruppe, lohnt sich eine der diversen Rabattkarten.

S. 56

Turin, Piemont & Italienische Riviera

Wandern ✓✓✓
Dörfer ✓✓
Essen ✓✓✓

Bergsteigen & Skifahren
Der nordwestliche Teil des Landes ist ein Outdoor-Paradies – von den Pisten der Milchstraße und dem Aostatal bis zu Küstenwanderungen in den Cinque Terre. Der Park Gran Paradiso trägt seinen Namen völlig zu Recht.

Dörfer
Die Qual der Wahl: schicke mittelalterliche Fischerdörfer entlang der Küste der Cinque Terre, kuriose Weindörfer auf den Langhe-Hügeln und verschwiegene Walserdörfer im Aostatal.

Für Gourmets
Piemont, die Wiege der Slow-Food-Bewegung, hat einen geradezu verwirrenden kulinarischen Reichtum, angefangen mit den Trüffeln von Alba und Asti bis zu den berühmten Weinen der Langhe-Region.

S. 184

Mailand & die Oberitalienischen Seen

Shoppen ✓✓✓
Gärten ✓✓✓
Essen ✓✓✓

Stadt der Mode
Jede Modeverrückte weiß, dass in Mailand Mode genauso ernst genommen wird wie anderswo Biotechnologie oder Ingenieurwissenschaften. Dank der Outlets kann hier jeder eine *bella figura* (einen guten Eindruck) machen.

Villen & Gärten
Die Villen an den Seen der Lombardei sprengen jede Vorstellung von einem luxuriösen Feriendomizil – eingerahmt von Pavillons, Kamelienbüschen, kunstvoll angelegten Terrassen und großartigen Statuen.

Kultur & Küche
Die Städte Bergamo, Brescia, Cremona und Mantua in der Po-Ebene kombinieren wundervolle Kunst und Architektur mit einer ganzen Reihe raffinierter regionaler Restaurants.

S. 258

Trentino & die Dolomiten

Aktivitäten ✓✓✓
Wellness ✓✓
Essen ✓✓✓

Adrenalinrausch
Skifahren, Wandern, Eisklettern, Schlittenfahren oder Nordic Walking sind echte Vergnügungen am Sella Ronda und im abgelegenen Naturpark Stelvio. Adrenalinjunkies wollen die *vie ferrate* aus dem Ersten Weltkrieg erklimmen.

Thermalbäder
Ein Bad in den Thermalquellen von Merano oder Vigilius nehmen, danach Kräutertee und Kosmetik u.a. mit Alpenkräutern und Weintrauben.

Österreichischer Akzent
Bierhallen in Bozen, Sachertorte, Sauerteigbrot und Buchweizenkuchen sind nur ein paar österreichisch-italienische Spezialitäten. Zusammen mit den regionalen Weinen sind sie ein Genuss.

S. 314

Venedig & Venetien

Kunst ✓✓✓
Architektur ✓✓✓
Wein ✓✓✓

Kunst & Kino
Bilder von Tizian, Veronese und Tintoretto und anderen ebneten der modernen Kunst den Weg, die heute auf der Biennale in Venedig zu sehen ist.

Gespiegelte Pracht
Märchenschlösser, vornehme Landhäuser und eine ganze Stadt voller Paläste auf dem Wasser – die architektonische Pracht spiegelt sich hier im Gewirr der Kanäle.

Neue Weine
Weinliebhaber drängen sich um VinItaly-Stände, um Sammlerfavoriten wie Veneto DOC Amarone, Valpolicella, Soave und *prosecco* zu probieren sowie Dutzende innovativer Verschnitte, die selten außerhalb Venetiens verkostet werden.

S. 348

Friaul-Julisch Venetien

Geschichte ✓✓
Natur ✓✓✓
Essen & Wein ✓✓✓

Ausgrabungsstätten
In Aquilea gibt es eine römische Stadt zu entdecken, während es in Cividale del Friuli und Grado mehrere frühchristliche Kirchen gibt.

Bergfrieden
Die Wälder der Karnischen und der Julischen Alpen sind wild und grün, an den Laghi di Fusine (Weißenfels) leben noch Luchse und Hirsche und die Forni di Sopra sind überwuchert mit wilden Alpenblumen.

Kulinarische Abenteuer
Die Küche des Friaul präsentiert geräucherten Lachs und DOC-Prosciutto aus San Daniele, würzige Brioches, Wildgerichte und Sauerkraut. Aus dem Carso und dem Colli Orientali kommen aufregende Weine.

S. 420

Emilia-Romagna & San Marino

Radfahren ✓✓
Architektur ✓
Essen ✓✓✓

Radfahren
Reggio Emilia wurde zur besten Fahrradstadt Italiens gewählt. Die Universitätsstadt Bologna ähnelt in mancher Hinsicht dem britischen Oxford. Am besten ist der 9 km lange Rundkurs um die alten Stadtmauern von Ferrara.

Heilige Architektur
Eine Kirchentour gibt Unterricht in Kunstgeschichte: Von Ravennas byzantinischen Mosaiken zu Modenas romanischen Kathedralen und nach Bologna zur Basilica di San Petronio aus der Gotik und Renaissance.

Köstlichkeiten
Unbedingt die Spezialitäten probieren: Modenas Balsamico, Schinken und Käse aus Parma und *bolognese ragú* aus Bologna und Mortadella.

S. 446

Florenz & die Toskana

Kunst ✓✓✓
Essen ✓✓✓
Wein ✓✓✓

Schöne Fresken
Aus den Fresken in Florenz, Siena, Arrezo und San Gimignano lässt sich die Geschichte der Renaissance ablesen.

Herbstfreuden
Trüffeln und Olivenöl sind zwei wesentliche Geschmacksrichtungen der Toskana. Im Herbst warten noch viele mehr, wie z. B. Steinpilze und Wildschwein.

Weinstraßen
Nichts entspricht dem Traum von der Toskana so sehr wie eine Tour durch die sanften Hügel des Chianti. Weiter geht es zu Kostproben vom Vino Nobile in Montepulciano und nach Montalcino zum Schwergewicht Brunello, der zusammen mit dem Barolo aus dem Piemont den ersten Platz unter den Spitzenweinen anstrebt.

S. 492

Umbrien & die Marken

Dörfer ✓✓✓
Landschaft ✓✓
Essen ✓✓

Zeitreise
Umbriens Hügelstädte Perugia, Assisi, Gubbio und Urbino sind stolze Hüter der regionalen Traditionen und bildschön.

Spektakuläre Aussichten
In der bergigen Wildnis von Umbrien und den Marken ist eine Aussicht spektakulärer als die andere. Unbedingt mit der funiva (Seilbahn) in Gubbio hinauffahren, um die Aussicht zu genießen oder mit einem Hängegleiter über den Monti Sibillini und Piano Grande schweben.

Wald & Wild
Umbrien ist voller Wälder und ländlich, also ist die umbrische Küche herzhaft, von Wildschwein und Taube bis zur Salami vom *cinta senese* (Toskana-Schwein) aus Norcia und schwarzen Trüffeln.

S. 589

Abruzzen & Molise

Landschaft ✓✓
Wandern ✓✓✓
Wildnis ✓✓✓

Unbekannte Routen
In den Bergdörfern Pescocostanzo, Scanno, Chieti und Sulmona kann man noch das „alte" Italien entdecken. Auf dem Weg von Sulmona nach Scanno liegt die dramatische, wilde Landschaft der Schlucht Gole di Sagittario.

Gewaltige Berge
Die Naturparks der Abruzzen vom Corno Grande (2912 m) bis zum Monte Amaro (2793) bieten Wandern und Skifahren ohne Menschenmassen. Die beliebteste Route ist der Aufstieg zum Corno Grande.

Natur pur
Diese Region ist von großer Schönheit. In den drei Nationalparks mit Wanderwegen gibt es uralte Wälder, in denen Bären, Gämsen und Wölfe umherstreifen.

S. 644

Neapel & Kampanien

Küste ✓✓✓
Ruinen ✓✓✓
Essen ✓✓✓

Klippen und Buchten
Die Panoramen der von Zitronenhainen gesäumten Amalfiküste, Ischias tropische Gärten und Capris spektakuläre Klippen sind einzigartig.

Vulkane
Die Neapolitaner leben unter dem Vesuv nach dem Motto *carpe diem* – nutze den Tag. Um sie herum, in Pompeji, Ercolano, Cuma und auf den Phlegräischen Feldern wird daran erinnert, wie kurz das Leben ist.

Pizza & Pasta
Kampanien kämpft hart um die kulinarische Krone Italiens; hier werden Kaffee, Pizza, Tomatenpasta, *sfogliatelle* (süßer Ricotta in Blätterteig) produziert und Fisch und Meeresfrüchte in jeder nur erdenklichen Zubereitung vertilgt.

S. 662

Apulien, Basilikata & Kalabrien

Strände ✓✓✓
Aktivitäten ✓✓
Essen ✓✓✓

Strandplanung

Unter den Klippen von Gargano entspannen, Sonnenuntergänge in Tropea genießen und den Sommer an den Stränden von Otranto und Gallipoli verbringen.

Wildnis

In den Bergen von Basilikata und Kalabrien herrscht noch die wahre Wildnis. Unbedingt durch die Wolkendecke hindurch auf dem Gipfel des Pietrapertosa steigen und Bergamotte im Aspromonte pflücken.

Kultur & Küche

Apulien hat seine Armut zur hohen Kunst gemacht: erst die restaurierten Höhlenwohnungen in Matera besuchen und sich dann in Ostuni und Lecce einen cremigen *burrata* (Käse aus Mozzarella und Sahne) gönnen.

S. 733

Sizilien

Essen ✓✓✓
Geschichte ✓✓✓
Aktivitäten ✓✓✓

Meeresfrüchte & Süßes

Siziliens Küche wird Fischfreunde berauschen und Liebhaber von allem Süßen begeistern. Desserts schwelgen in Zitronen, Ricotta, Mandeln und Pistazien.

Multikulti

An Sizilien kommt seit Jahrhunderten keiner vorbei, Historiker finden hier griechische Tempel, römische und byzantinische Mosaiken, phönizische Statuen, normannisch-römische Burgen und Jugendstilvillen.

Inseln & Vulkane

Sportbegeisterte können in vulkanischen Wassern schwimmen, an der dramatischen Küste der Liparischen Inseln entlang wandern oder dem Feuerwerk von Stromboli und Ätna zusehen.

S. 801

Sardinien

Strände ✓✓✓
Aktivitäten ✓✓✓
Geschichte ✓✓

Sonne & Sand

Berühmt für seine fjordähnlichen Buchten, kristallklares Wasser und windgeschliffene Sanddünen. Surfer, Kitesurfer, Segler und Taucher pilgern an die Costa Smeralda, nach Porto Pollo, an den Golfo di Orosei und zum Maddalena-Archipel.

Berge bewegen

Sardiniens atemberaubende Berge sind ein gigantischer „Spielplatz" für Wanderer und Freeclimber.

Prähistorische Felsen

Sardinien mit seiner Landschaft aus grauen Granitfelsen ist von seltsamen prähistorischen Dolmen, Menhiren, Brunnen und *nuraghi* übersät – riesigen, mysteriösen Steintürmen, errichtet von den frühesten Bewohnern der Insel.

S. 886

Empfehlungen von Lonely Planet:

LP TIPP Das empfiehlt unser Autor

Nachhaltig und umweltverträglich

GRATIS Hier bezahlt man nichts

Alle im Buch erwähnten Orte sind im Register aufgeführt.

Reiseziele in Italien

Rom & Latium

Inhalt »

Gut essen

» Casa Coppelle (S. 124)
» L'Asino d'Oro (S. 151)
» Glass Hosteria (S. 153)
» Pizzarium (S. 155)
» Gelarmony (S. 155)

Schön übernachten

» Hotel Sant'Anselmo (S. 122)
» Hotel Campo de' Fiori (S. 118)
» Donna Camilla Savelli (S. 122)
» Arco del Lauro (S. 122)
» Villa Spalletti Trivelli (S. 119)

Auf nach Rom!

Lebenslustig, verführerisch und entwaffnend ist die italienische Hauptstadt, eine grandiose Metropole, die sofort die Herzen erobert. Attraktiv sind die künstlerischen Meisterwerke und architektonischen Glanzlichter, die operettenhaften Piazze, die romantischen Winkel sowie die kleinen Gassen. Die Geschichte ist überall spürbar. Doch Rom ist auch eine moderne Stadt: Im Vatikan haben Priester mit Designersonnenbrillen ihre Handys am Ohr, die Motorroller düsen durch die mittelalterlichen Gassen, und das modische Publikum schlürft seine Drinks auf barocken Plätzen.

Wer Rom besucht, beginnt eine Liebesaffäre. Damit diese lange währt, sollte man sich Zeit nehmen, um die Hügel von Latium ebenso zu erkunden wie die außergewöhnlichen Attraktionen der Region.

Reisezeit

Rom

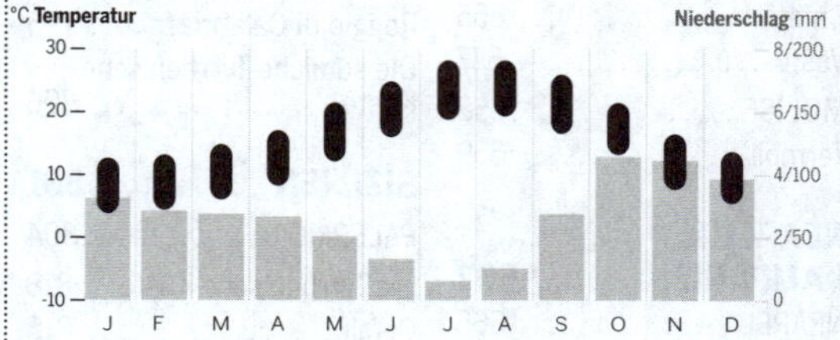

März/April Angenehmes sonniges Wetter, leidenschaftliche Osterfeiern, Settimana della Cultura und Roms Stadtgeburtstag.

Mai–Juli Roms Festivalkalender füllt sich, während das Thermometer steigt.

Sept.–Okt In beiden Monaten ist es noch immer warm, aber es sind nicht mehr so viele Touristen unterwegs, während das Romaeuropa-Musikfestival stattfindet.

Highlights

Bei so vielen Bauwerken und Museen von Weltformat ist es in Rom schwierig, eine Auswahl zu treffen. Als Hilfestellung hier einige Sehenswürdigkeiten, die unbedingt sehenswert sind. Das Kolosseum gehört natürlich genauso auf diese Liste wie die Vatikanischen Museen. Der Museumskomplex zählt zu den bedeutendsten der Welt, mit der Sixtinischen Kapelle als Krönung. Gleich neben den Museen ist der Petersdom die wichtigste Kirche der katholischen Welt und ein Meisterwerk des Renaissance- und Barock-Zeitalters. Wer Barockkunst mag, sollte sich das Museo e Galleria Borghese sowie die Piazza Navona nicht entgehen lassen. Nicht weit von der Piazza Navona ist das Pantheon das besterhaltene römische Bauwerk. Die schönsten Beispiele antiker Kunst finden sich im Museo Nazionale Romano: Palazzo Massimo alle Terme sowie in den Kapitolinischen Museen an der großartigen Piazza del Campidoglio. Ein kurzes Stückchen weiter liegen die antiken Ruinen verstreut auf dem malerischen Palatin.

Und natürlich sollte man nicht vergessen, eine Münze in den Trevi-Brunnen zu werfen – das garantiert angeblich die Rückkehr nach Rom.

TAGESAUSFLÜGE

Es ist schwer, sich von Rom loszureißen, aber die umliegende Region Latium wartet mit einigen außergewöhnlichen Sehenswürdigkeiten auf, die zumeist bequem im Rahmen eines Tagesausflugs angesteuert werden können. Die nächstgelegenen sind die wundervoll erhaltenen Ruinen von **Ostia Antica**, der antiken Hafenstadt von Rom. Tivoli, östlich von Rom, erreicht man per Bus oder mit dem Auto. Hier befinden sich die **Villa Adriana**, die riesige Sommerresidenz des Kaisers Hadrian, sowie die **Villa d'Este**, die für ihre großartigen Brunnen berühmt ist. Die Region Latium bietet exquisite etruskische Schätze. Am leichtesten ist es, nach **Cerveteri** zu gelangen. Wer jedoch weiterfährt bis **Tarquinia**, wird belohnt mit Gräbern, verziert mit fantastischen Fresken.

Kunst-Highlights

» Michelangelos Fresken in der Sixtinischen Kapelle (S. 109) gehören zu den berühmtesten Kunstwerken der Welt.

» Raffaels faszinierendes Meisterwerk *La Scuola d'Atene* (Die Schule von Athen) hängt in den Stanze di Raffaello (Stanzen Raffaels; S. 109) in den Vatikanischen Museen.

» Gian Lorenzo Berninis Skulpturen im Museo e Galleria Borghese (S. 111) zeigen ein Genie auf dem Höhepunkt seines Schaffens.

» Caravaggios Matthäus-Zyklus in der Chiesa di San Luigi dei Francesi (S. 78) veranschaulicht seinen typischen Chiaroscuro-Stil.

KATAKOMBEN

In den unheimlichen Katakomben an der Via Appia Antica beerdigten die ersten Christen Roms ihre Toten. Hunderttausende Grabkammern säumen die dunklen unterirdischen Gänge.

Die schönsten Aussichtspunkte

» Il Vittoriano (S. 73)

» Kuppel des Petersdoms (S. 106)

» Priori dei Cavalieri di Malta (Kasten, S. 79)

» Gianicolo (S. 101)

» Castel Sant'Angelo (S. 110)

Top-Pizzerias

» Pizzarium (S. 155)

» Pizzeria da Baffetto (S. 124)

» Forno di Campo de' Fiori (S. 124)

» Da Michele (S. 151)

Infos im Internet

» 060608 (www.060608.it) Roms offizielle Touristen-Website.

» Pierreci (www.pierreci.it) Informationen und Ticketbestellung für Roms Sehenswürdigkeiten.

» Vatican (www.vatican.va) Ticketbestellung für die Vatikanischen Museen.

» Auditorium (www.auditorium.com) Konzerthinweise für das Auditorium Parco della Musica.

Rom & Latium: Highlights

1. Sich die erregt schreienden und johlenden Massen vorstellen im **Kolosseum** (S. 61)
2. In der **Sixtinischen Kapelle** (S. 109) zum Himmel schauen
3. Die gewagte Kuppelkonstruktion im **Pantheon** (S. 77) bewundern
4. Die Großartigkeit des **Petersdoms** bestaunen (S. 103)
5. Sich an den üppigen barocken Skulpturen im **Museo e Galleria Borghese** (S. 110) ergötzen
6. Die antiken Innenausstattungen im **Museo Nazionale Romano: Palazzo Massimo alle Terme** (S. 92) begutachten

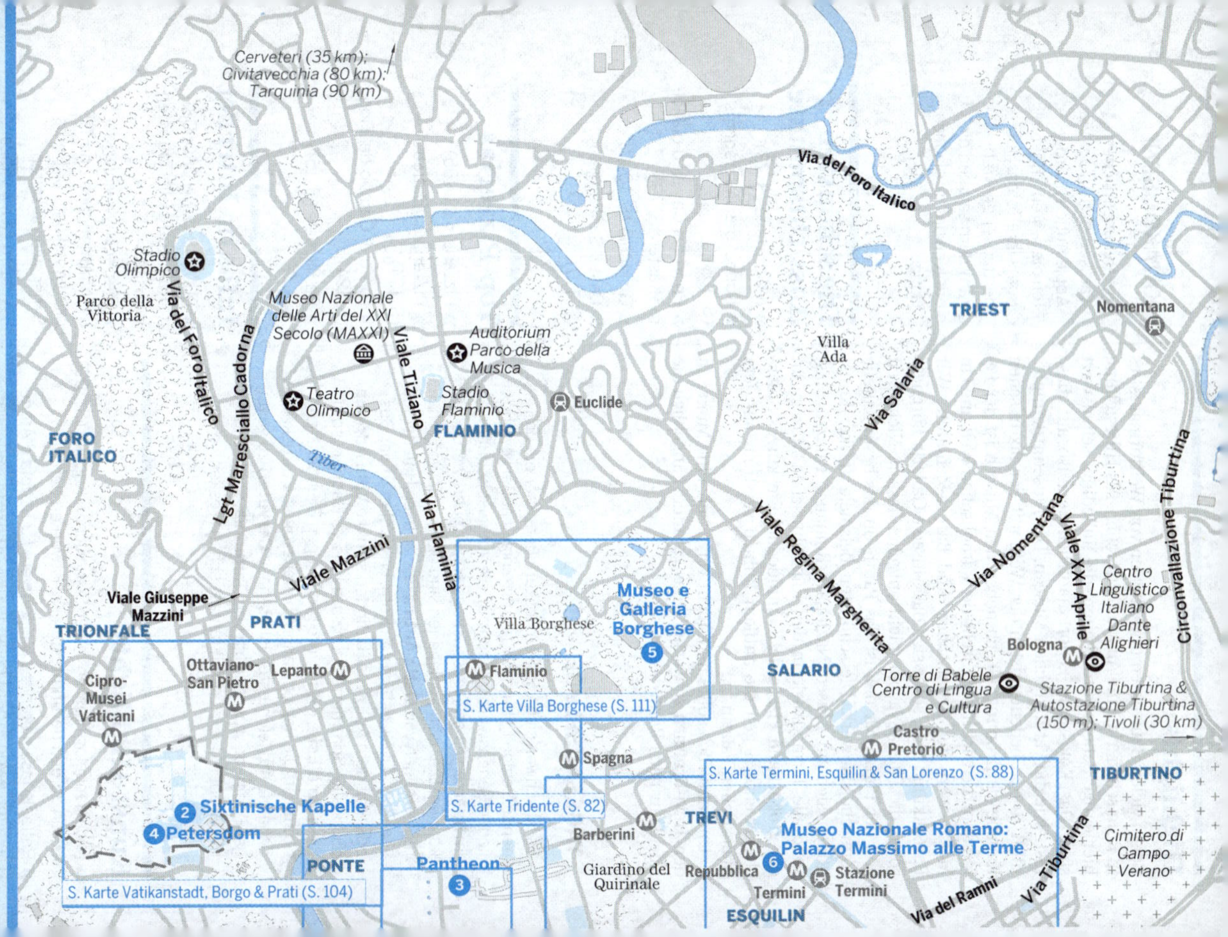

7 Die geschichtsträchtigen Ruinen im Palastkomplex des **Palatin** (S. 66) erkunden

8 In der **Basilica di San Clemente** (S. 93) in den Untergrund abtauchen

9 Die Fresken der etruskischen Grabmäler in **Tarquinia** (S. 174) entdecken

1 In der gut erhaltenen Hafenstadt **Ostia Antica** (S. 171) auf antiken Spuren wandeln

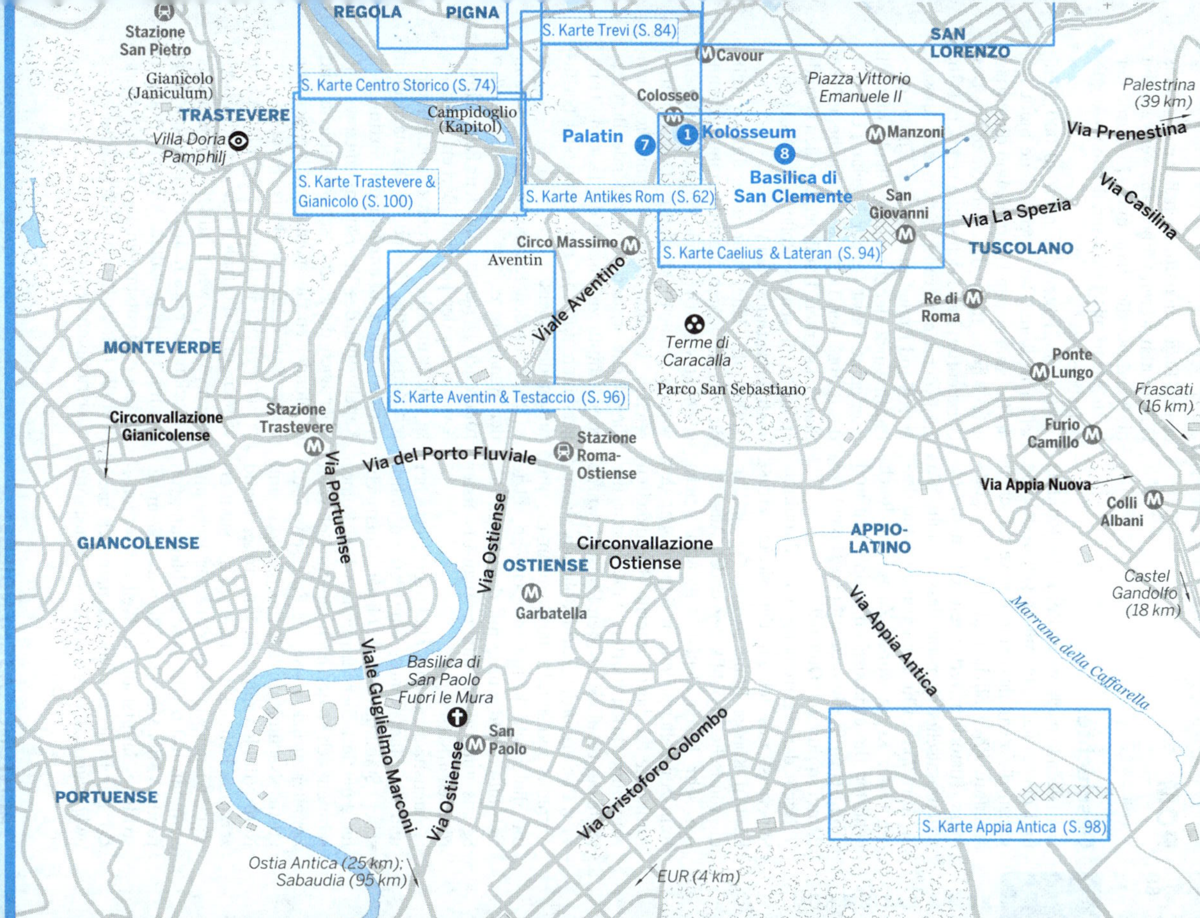

2,74 MIO. EW.

Geschichte

Der Legende nach wurde Rom von Romulus und Remus auf dem Palatin gegründet. Sie waren die Zwillingssöhne der vestalischen Jungfrau Rhea Silvia und des Kriegsgotts Mars. Historiker verbreiten jedoch die etwas prosaischere Version, dass Romulus am 21. April 753 v. Chr. Rom gründete und dessen erster König wurde. Zu seinem Reich gehörten die etruskischen, latinischen und sabinischen Siedlungen auf den Hügeln Palatin, Esquilin und Quirinal.

Nach der Vertreibung von Tarquinius Superbus, des letzten der sieben etruskischen Könige Roms, wurde 509 v. Chr. die römische Republik gegründet. Aus diesen sehr bescheidenen Anfängen wuchs Rom zur beherrschenden Supermacht der Antike heran, bevor interne Streitigkeiten zum Bürgerkrieg führten. Julius Cäsar, der letzte der republikanischen Konsuln, wurde 44 v. Chr. ermordet. Zurück blieben Marcus Antonius und sein Rivale Octavian, die nun um die Macht kämpften. Octavian setzte sich durch und wurde mit dem Segen des Senats unter dem Namen Augustus erster römischer Kaiser.

Augustus war ein effektiver Herrscher und die Stadt genoss eine Periode politischer Stabilität sowie bisher unerreichter künstlerischer Triumphe. Die Römer sehnten sich später nach diesem Goldenen Zeitalter zurück, als sie die Exzesse von Augustus' Nachfolgern Tiberius, Caligula und Nero erdulden mussten. Ein großer Brand zerstörte Rom 64 n. Chr., doch die Stadt erstand wieder wie Phönix aus der Asche und hatte um 100 n. Chr. eine Bevölkerung von rund 1,5 Mio. Menschen. Rom war die unbestrittene Hauptstadt der Welt (*caput mundi*). Der Höhenflug konnte natürlich nicht ewig dauern. 330 verlegte Kaiser Konstantin seinen Regierungssitz nach Byzanz – Roms Glanzzeiten waren vorbei. 455 verwüsteten die Vandalen die Stadt, und 476 wurde der letzte weströmische Kaiser, Romulus Augustus, abgesetzt.

Im 6. Jh. lebten nur noch 80 000 Menschen in Rom. Die geschundene Stadt bedurfte einer neuen Führung, und die christliche Kirche füllte das Machtvakuum. Das Christentum hatte sich schon seit dem 1. Jh. dank der Untergrundtätigkeit der Apostel Petrus und Paulus ausgebreitet. Unter Konstantin wurde der christliche Glaube offiziell anerkannt. Papst Gregor I. gelang es Ende des 6. Jhs., den Einfluss der Kirche auf die Stadt zu stärken. Damit legte er den Grundstein für die spätere Rolle Roms als Hauptstadt der katholischen Welt.

Das Mittelalter war eine dunkle Zeit, die von ständigen Machtkämpfen gekennzeichnet war. Die Stadt verkam zu einem wüsten Schlachtfeld, während die einflussreichen Colonna- und Orsini-Clans um die Macht stritten. Die leidende Bevölkerung kämpfte zudem mit der Pest, mit Hungersnöten und mit regelmäßigen Überflutungen des Tibers.

Doch aus den Ruinen erstand das Rom der Renaissance. Auf Geheiß der großen römischen Dynastien auf dem Papst-Thron – vor allem der Familien Barberini, Farnese und Pamphilj – wurden die bedeutendsten Künstler des 15. und 16. Jhs. nach Rom gerufen, um z. B. am Bau der Sixtinischen Kapelle und des Petersdoms mitzuwirken. Aber auch die Feinde schliefen nicht, und so plünderten die spanischen Truppen von Kaiser Karl V. 1527 die Heilige Stadt.

Ein weiteres Mal musste Rom aufgebaut werden und diesmal unter der künstlerischen Ägide zweier zutiefst verfeindeter Barockmeister des 17. Jhs.: Bernini und Borromini. Üppig gestaltete Kirchen, Brunnen und *palazzi* entstanden überall in der Stadt, weil die beiden Rivalen sich gegenseitig zu übertrumpfen versuchten.

ACHTUNG TASCHENDIEBE!

Rom ist eine relativ sichere Stadt, aber vor Taschendieben muss man sich in Acht nehmen. Sie lauern besonders rund ums Kolosseum, auf der Piazza di Spagna, der Piazza San Pietro sowie am Bahnhof Termini. Auch an den Bushaltestellen entlang der Via Marsala warten Taschendiebe gerne auf desorientierte Reisende, die gerade vom Flughafen Ciampino eintreffen. Überfüllte öffentliche Verkehrsmittel sind ein weiterer Gefahrenpunkt, vor allem der Vatikan-Bus (Linie 64) ist berüchtigt. In der Metro sollte man die Endwaggons nutzen, die normalerweise weniger überfüllt sind.

ROM IN ...

... zwei Tagen

Der Rundgang im antiken Rom beginnt mit dem **Kolosseum**, dem **Forum Romanum** und dem **Palatin**. Der Nachmittag wird in den **Kapitolinischen Museen** verbracht, bevor es abends ins Viertel **Trastevere** geht. Am zweiten Tag geht es zum Vatikan, um den **Petersdom** und die **Sixtinische Kapelle** in den weitläufigen **Vatikanischen Museen** zu bewundern. Danach einfach den Reiseführer beiseitelegen und sich in den lebendigen Gassen rund um die **Piazza Navona** und das **Pantheon** treiben lassen.

... vier Tagen

Am dritten Tag den **Trevi-Brunnen**, die **Spanische Treppe** und das fantastische **Museo e Galleria Borghese** besichtigen. Abends empfiehlt sich ein Drink am **Campo de' Fiori**. Danach irgendwo im Zentrum essen und einen abschließenden Drink im reizvollen Viertel **Monti** genießen. Am folgenden Tag geht es in den **Palazzo e Galleria Doria Pamphilj** oder das **Museo Nazionale Romano: Palazzo Massimo alle Terme**. Danach bleibt noch Zeit für die Erkundung des **Jüdischen Ghettos** sowie der schicken Gässchen **Via del Governo Vecchio** und **Via dei Coronari**. Den Tag mit einem Abendessen und einem Drink zusammen mit den Studenten und den feschen Restaurantbesuchern im Viertel **San Lorenzo** beschließen.

... einer Woche

Auf jeden Fall einen Abstecher zur **Via Appia Antica** einplanen, um die **Katakomben** zu besichtigen. Für einen Tagesausflug stehen **Ostia Antica** und die etruskischen Schätzen von **Cerveteri** und **Tarquinia** zur Wahl.

Als dann im 19. Jh. Italien vereinigt und Rom zur Hauptstadt ausgerufen wurde, folgte der nächste Bauboom. Auch Mussolini, der sich als neuer Augustus sah, hinterließ unübersehbar seine Spuren. Er ließ neue „imperiale" Straßen planieren und gab ambitionierte Bauprojekte in Auftrag, wie z. B. das monumentale Stadtviertel EUR.

Die postfaschistische Nachkriegszeit sah in den 1950er- und 1960er-Jahren die glitzernde Ära der *Dolce Vita*. Zudem wuchs die Stadt rasant, was im Bau von einigen unansehnlichen Vorstädten mündete. Eine Phase der Stadtrenovierung präsentierte Rom zum Millennium im besten Zustand seit Jahrzehnten. Seither haben sensationelle Neubauprojekte der Ewigen Stadt wieder etwas Avantgardegefühl zurückgegeben. Vorzeigbar sind z. B. Richard Meiers Museo dell'Ara Pacis sowie Massimiliano Fuksas' noch in Bau befindliches Centro Congressi im Stadtviertel EUR.

Sehenswürdigkeiten

Es heißt, dass selbst ein ganzes Leben nicht für Rom ausreicht (*Roma, non basta una vita!*). Es gibt einfach zu viel zu sehen. Am besten ist es, eine überschaubare Auswahl zu treffen und sich den Rest für den nächsten Besuch aufzusparen.

Rom ist zwar eine weitläufige Stadt, doch das Zentrum ist relativ kompakt. Die meisten Sehenswürdigkeiten konzentrieren sich auf die Gegend zwischen dem wichtigsten Verkehrsknotenpunkt der Stadt, dem Bahnhof Termini und dem Vatikan. Auf halbem Weg zwischen diesen beiden Punkten liegen das Pantheon und die Piazza Navona im Zentrum des Centro Storico, der historischen Altstadt. Weiter im Süden überragt das Kolosseum die bedeutendsten antiken Ruinenfelder Roms: das Forum Romanum und den Palatin. Am westlichen Ufer des Tibers steht der Petersdom im Herzen der Vatikanstadt.

ANTIKES ROM

Kolosseum DENKMAL

(Karte S. 62; ☎06 3996 7700; Piazza del Colosseo; Erw./Kind inkl. Forum Romanum & Palatin 12/7,50 €, Audioguide 5,50 €; ⌚8.30 Uhr bis 1 Std. vor Sonnenuntergang) Das Kolosseum (Colosseo) ist ein Symbol für gnadenlose Machtdemonstrationen und eine der spannendsten Sehenswürdigkeiten Roms überhaupt. Nicht nur der erstaunlich gute Zustand und die enorme Größe, sondern ein Gefühl für

Antikes Rom

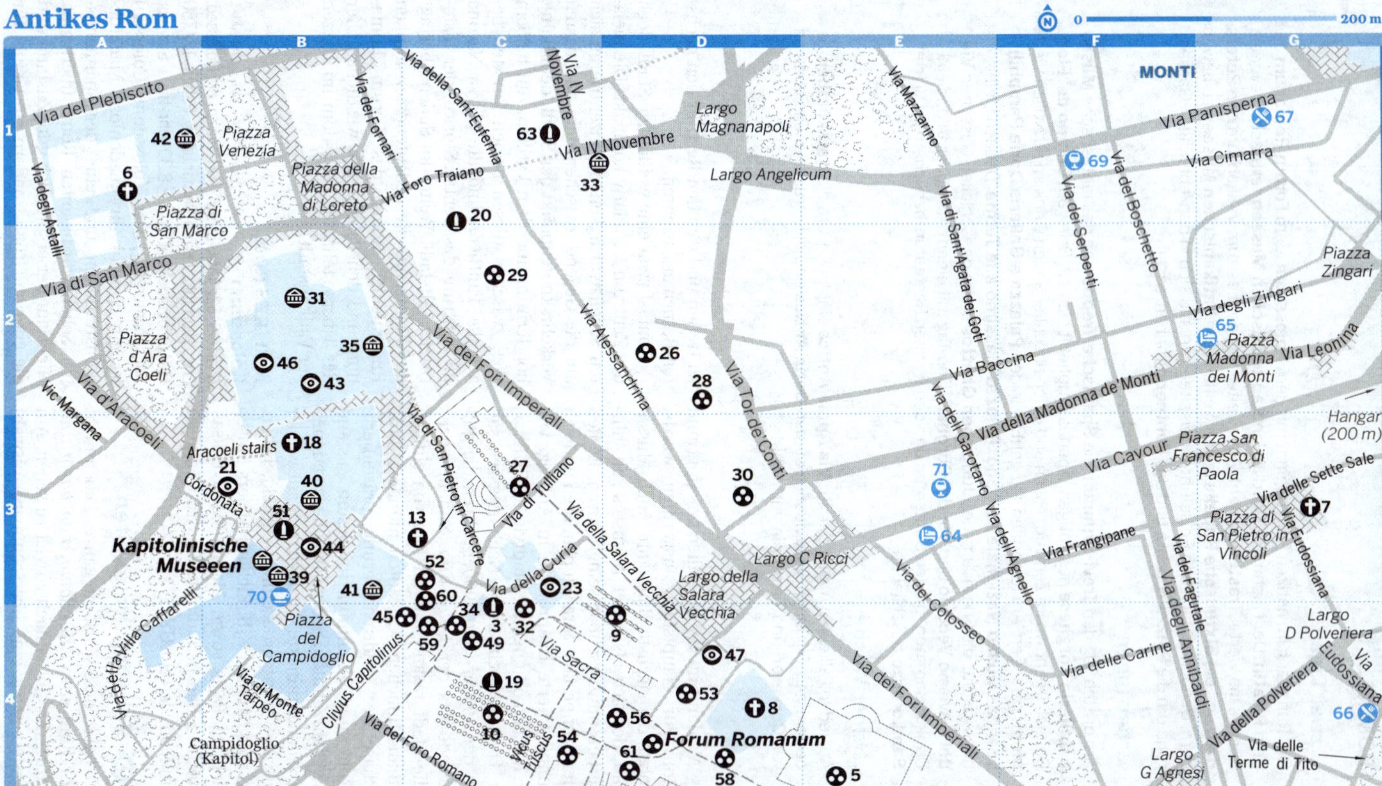
0 200 m
MONTI
Via del Plebiscito
Via degli Astalli
Piazza Venezia
Piazza di San Marco
Via di San Marco
Piazza della Madonna di Loreto
Via dei Fornari
Via Foro Traiano
Via della Sant'Eufemia
Via IV Novembre
Largo Magnanapoli
Largo Angelicum
Via Mazzarino
Via Panisperna
Via Cimarra
Via dei Serpenti
Via del Boschetto
Via di Sant'Agata dei Goti
Piazza Zingari
Via degli Zingari
Via Baccina
Piazza Madonna dei Monti
Via Leonina
Via della Madonna de'Monti
Via Alessandrina
Via Tor de'Conti
Via dei Fori Imperiali
Piazza d'Ara Coeli
Via d'Aracoeli
Vic Margana
Aracoeli stairs
Cordonata
Kapitolinische Museeen
Piazza del Campidoglio
Via della Villa Caffarelli
Via di Monte Tarpeo
Clivius Capitolinus
Campidoglio (Kapitol)
Via del Foro Romano
Via di San Pietro in Carcere
Via di Tulliano
Via della Curia
Via della Salara Vecchia
Via Sacra
Vicus Tuscus
Forum Romanum
Largo della Salara Vecchia
Largo C Ricci
Via dell'Garotano
Via dell'Agnello
Via del Colosseo
Via Cavour
Piazza San Francesco di Paola
Via Frangipane
Via delle Carine
Via del Fagutale
Via degli Annibaldi
Via delle Sette Sale
Piazza di San Pietro in Vincoli
Via Eudossiana
Largo D Polveriera
Via della Polveriera
Largo G Agnesi
Via delle Terme di Tito
Hangar (200 m)
1 2 3 4
A B C D E F G
3 5 6 7 8 9 10 13 18 19 20 21 23 26 27 28 29 30 31 32 33 34 35 39 40 41 42 43 44 45 46 47 49 51 52 53 54 56 58 59 60 61 63 64 65 66 67 69 70 71

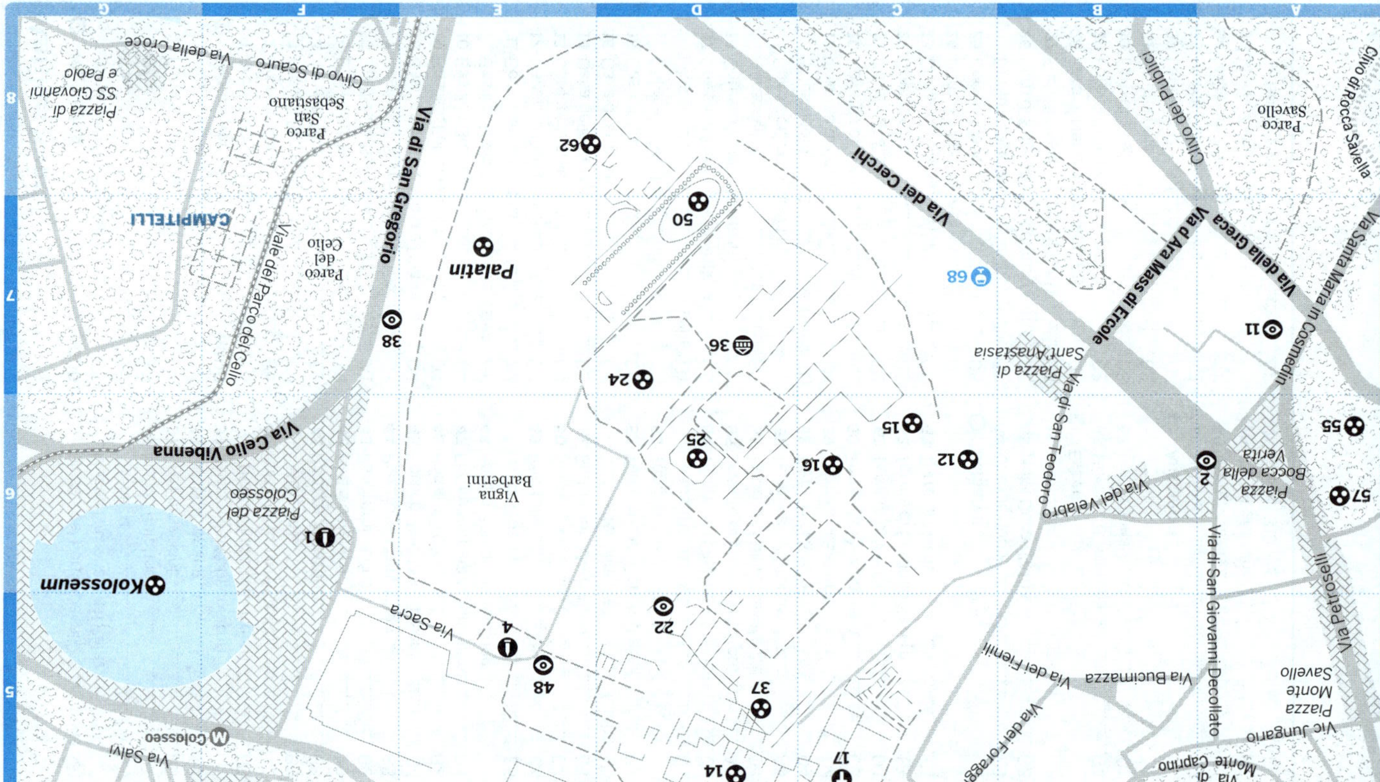
Kolosseum
Palatin
Via Salvi
Colosseo
Piazza del Colosseo
Via Celio Vibenna
Via Sacra
Vigna Barberini
Via di San Gregorio
Viale del Parco del Celio
Parco del Celio
CAMPITELLI
Parco San Sebastiano
Clivo di Scauro
Via della Croce
Piazza di SS Giovanni e Paolo
Via dei Cerchi
Piazza di Sant'Anastasia
Via di San Teodoro
Via del Velabro
Via dei Foraggi
Via dei Fienili
Via Bucimazza
Via di San Giovanni Decollato
Via di Monte Caprino
Vic Jungario
Piazza Monte Savello
Via Petroselli
Piazza Bocca della Verità
Via d Ara Mass di Ercole
Via della Greca
Via Santa Maria in Cosmedin
Clivo dei Publici
Parco Savello
Clivo di Rocca Savella
A
B
C
D
E
F
G
5
6
7
8
1
2
4
11
12
14
15
16
17
22
24
25
36
37
38
48
50
55
57
62
68

Antikes Rom

Highlights **p000**

Kapitolinische Museen B3
Kolosseum G6
Palatin E7
Forum Romanum D4

Sehenswertes **p000**

1 Arco di Costantino F6
2 Arco di Giano A6
3 Arco di Settimio Severo C4
4 Arco di Tito E5
5 Basilica di Massenzio E4
6 Basilica di San Marco A1
7 Basilica di San Pietro in Vincoli G3
8 Basilica di SS Cosma e Damiano D4
9 Basilica Fulvia Aemilia D4
10 Basilica Giulia C4
Basilica Ulpia (siehe 29)
11 Bocca della Verità A7
12 Capanee Romulee C6
13 Carcere Mamertino C3
14 Casa delle Vestali D5
15 Casa di Augusto C6
16 Casa di Livia C6
Chiesa di San Lorenzo in Miranda (siehe 53)
17 Chiesa di Santa Maria Antiqua C5
18 Chiesa di Santa Maria in Aracoeli B3
Chiesa diSanta Maria in Cosmedin (siehe 11)
19 Colonna di Foca C4
20 Colonna di Traiano C1
21 Cordonata B3
22 Criptoportico D5
23 Curia C3
24 Domus Augustana D7
25 Domus Flavia D6
Domus Severiana (siehe 62)
26 Foro di Augusto (Augustusforum) D2
27 Foro di Cesare (Cäsarforum) C3
28 Foro di Nerva (Nervaforum) D2
29 Foro di Traiano C2
30 Foro di Vespasiano D3
31 Il Vittoriano B2
32 Lapis Niger C4
33 Mercatidi Traiano C1
34 Millarium Aureum C4
35 Museo Centrale del Risorgimento B2
Museo dei ForiImperiali (siehe 33)
Museo Nazionale del Palazzo Venezia (siehe 42)
36 Museo Palatino D7
37 Orti Farnesiani D5
38 Palatin-Eingang F7
39 Palazzo dei Conservatori (Kapitolinische Museen) B3
40 Palazzo Nuovo (Kapitolinische Museen) B3
41 Palazzo Senatorio B3
42 Palazzo Venezia A1
43 Panoramic Lift B2
44 Piazza del Campidoglio B3
45 Portico degli Dei Consenti C4
46 Roma dal Cielo B2
47 Forum Romanum Eingang D4
48 Forum Romanum Eingang vom Palatin E5
49 Rostrum C4
50 Stadio D7
51 Statue von Marc Aurel B3
Statue der Minerva (siehe 41)
52 Tempio della Concordia C3
53 Tempio di Antonino e Faustina D4
54 Tempio di Castore e Polluce C4
55 Tempio di Ercole Vincitore A6
56 Tempio di Giulio Cesare D4
57 Tempio di Portunus A6
58 Tempio di Romolo D4
59 Tempio di Saturno C4
60 Tempio di Vespasiano C3
61 Tempio di Vesta D4
62 Terme di Settimio Severo E8
63 Torre di Milizie C1

Schlafen

64 Caesar House E3
65 Hotel Duca d'Alba G2

Essen

66 Hostaria da Nerona G4
67 La Carbonara G1

Ausgehen

68 0,75 C7
69 Ai TreScalini F1
70 Caffè Capitolino B3
71 Cavour 313 E3

die brutale Geschichte ist in dem Bauwerk zu spüren. Hier bekämpften sich Gladiatoren bis zum Tod, und verurteilte Gefangene mussten sich gegen wilde Tiere verteidigen, während die blutdürstigen Massen auf den Rängen johlten. 2000 Jahre später ist das Kolosseum die wichtigste Touristenattraktion Italiens mit durchschnittlich rund 16 000 bis 19 000 Besuchern pro Tag.

Das Kolosseum wurde von Kaiser Vespasian (69–79 n. Chr.) auf Neros kaiserlichem Anwesen, der Domus Aurea, errichtet und 80 n. Chr. eingeweiht. Vespasians Sohn und Nachfolger Titus (79–81) beging diesen Anlass standesgemäß: Die Spiele dauerten 100 Tage und Nächte und rund 5000 Tiere wurden geschlachtet. Kaiser Trajan (98–117) übertraf ihn noch, als er einen 117-tägigen blutigen Marathon mit 9000 Gladiatoren und 10 000 Tieren veranstaltete.

Ursprünglich war das Kolosseum als Flavisches Amphitheater bekannt. Mit seinen 50 000 Sitzen war es die furchteinflößendste Arena im alten Rom. Noch größer war allerdings der Circus Maximus, der 200 000 Zuschauern Platz bot. Der Name Kolosseum tauchte erstmals im Mittelalter auf und war keine Reminiszenz an die Größe, sondern an den Colosso di Nerone, eine gigantische Nero-Statue ganz in der Nähe.

Die Außenwände sind in drei Arkadenreihen aufgebaut, gegliedert durch Säulen, deren Kapitelle ionisch (unten), dorisch (Mitte) und korinthisch (oben) gestaltet sind. Die Außenwände waren ursprünglich ganz mit Travertin verkleidet. In den Bögen des zweiten und dritten Säulengangs standen Marmorstatuen. Die oberste Reihe war mit Fenstern und grazilen korinthischen Pilastern durchbrochen. Hier befanden sich auch die Stützen für 240 Masten, die ein über die Arena gespanntes riesiges Leinwandsegel zum Schutz gegen Sonne und Regen hielten. Durch 80 Eingangsbögen, sogenannte *vomitoria,* strömten die Zuschauer binnen weniger Minuten in die Arena und zu ihren Sitzplätzen.

Der Innenraum war in Arena, Cavea und Podium dreigeteilt. Die Arena hatte einen Holzboden, der mit Sand bestreut war. So rutschten die Gladiatoren nicht aus und das Blut sickerte nicht ins Holz ein. Falltüren führten zu unterirdischen Kammern und Gängen, dem Hypogeum. Ein komplexes System von Lastenaufzügen beförderte Tierkäfige und ganze Bühnensets nach oben. In der Cavea saßen die Zuschauer, fein säuberlich nach sozialen Schichten getrennt: Ritter (unten), reiche Bürger (Mitte) und das Volk (oben). Das Podium war eine breite Terrasse vor den Zuschauerrängen, auf der Kaiser, Senatoren und sonstige Prominente den Kämpfen beiwohnten.

Mit dem Zusammenbruch des Imperiums im 6. Jh. verfiel auch das Kolosseum. Im Mittelalter wurde die Anlage zu einer Festung für die streitbaren Familienclans der Frangipani und Annibaldi.

Nach diversen Erdbeben, die den Bau in Mileidenschaft zogen, diente das Kolosseum später nur noch als Steinbruch. Der Travertin und der Marmor wurden unter anderem im Palazzo Venezia, im Palazzo Barberini und im Palazzo Cancelleria verbaut. Heutzutage nagen Umweltverschmutzung und Erschütterungen durch den Autoverkehr und die U-Bahn an der Bausubstanz.

Das oberste Stockwerk und das Hypogeum wurden erst kürzlich der Öffentlichkeit zugänglich gemacht. Ein Besuch kostet zu-

TIPPS FÜRS KOLOSSEUM

Hier einige praktische Tipps, um die Warteschlangen vor dem Kolosseum zu umgehen:

» Am besten sein (Kombi-)Ticket am Eingang zum Palatin (rund 250 m weiter in der Via di San Gregorio 30) oder am Eingang zum Forum Romanum (Largo della Salara Vecchia) kaufen.

» Empfehlenswert ist der Roma Pass, der für drei Tage und viele weitere Sehenswürdigkeiten gültig ist.

» Online sind die Tickets erhältlich bei: www.pierreci.it (zuzüglich einer Buchungsgebühr von 1,50 €).

» Die offiziellen englischsprachigen Führungen kosten 4 € extra.

» Am späten Nachmittag sind die Besuche weitaus entspannter als am Vormittag.

» Vor dem Kolosseum warten verkleidete „Zenturionen“, die sich als Fotokulisse anbieten. Sie tun das nicht aus Spaß an der Freude, sondern erwarten einen Obolus. Es gibt keinen festen Tarif, aber 5 € sind mehr als genug (und zwar brutto und nicht pro Person).

sätzlich zum normalen Eintrittspreis weitere 8 € und ist nur nach Voranmeldung in geführten Gruppen möglich.

Arco di Costantino DENKMAL

(Karte S. 62) Westlich des Kolosseums wurde dieser Triumphbogen im Jahre 312 zu Ehren des Sieges von Kaiser Konstantin über seinen Rivalen Maxentius an der Milvischen Brücke errichtet.

Palatin ARCHÄOLOGISCHE STÄTTE

(Karte S. 62; ☎06 3996 7700; www.pierreci.it; Via di San Gregorio 30; Erw./Kind inkl. Kolosseum & Forum Romanum 12/7,50 €, Audioguide 5 €; ⏲8.30 Uhr bis 1 Std. vor Sonnenuntergang) Der Palatin liegt zwischen dem Forum Romanum und dem Circus Maximus. Die mächtigen Pinien, die majestätischen Ruinen und die wunderbare Aussicht machen das Gelände sehr stimmungsvoll. Der Sage nach tötete Romulus hier seinen Zwillingsbruder Remus und gründete 753 v. Chr. Rom. Archäologisch lässt sich diese Legende nicht belegen, aber im 8. Jh. v. Chr. kann man in der Tat schon eine menschliche Besiedlung für dieses Gebiet nachweisen.

Wegen seiner perfekten zentralen Lage oberhalb des Forum Romanum war der Palatin im alten Rom das vornehmste Stadtviertel. Kaiser Augustus verbrachte sein ganzes Leben hier und die nachfolgenden Kaiser bauten immer prächtigere Paläste. Nach dem Fall Roms setzte jedoch ein dramatischer Niedergang ein, und im Mittelalter wurden auf den Ruinen Kirchen und Burgen errichtet. Während der Renaissance legten reiche Familien auf dem Hügel Gärten an.

Der größte Teil des Palatin – so wie er sich heute präsentiert – ist von den Ruinen des riesigen Palastkomplexes Kaiser Domitians bedeckt. 300 Jahre lang war dies der Hauptsitz der römischen Kaiser. Die Anlage wurde im 1. Jh. n. Chr. erbaut und besteht aus dem kaiserlichen Palast, der Domus Flavia, der privaten kaiserlichen Residenz, der Domus Augustana, sowie dem *Stadio* (Stadion).

Vom Eingang an der Via di San Gregorio geht es bergauf zum ersten erkennbaren Bauwerk, dem **Stadio**, das von den Kaisern wahrscheinlich für private Wettspiele und Veranstaltungen genutzt wurde. Neben dem Stadion befinden sich die Reste eines Komplexes, der von Kaiser Septimius Severus erbaut wurde. Dazu gehören Bäder (**Terme di Settimio Severo**) sowie ein Palast (**Domus Severiana**).

Auf der anderen Seite des Stadions befinden sich die Ruinen der riesigen **Domus Augustana**, der privaten Residenz des Kaisers. Ursprünglich stand hier ein zweistöckiger Palast, dessen Räume auf beiden Ebenen auf einen bepflanzten Innenhof hinausgingen. Die untere Ebene kann nicht besichtigt werden, aber von oben sind ein Brunnenbecken sowie dahinter Zimmer zu erkennen, die mit buntem Marmor ausgekleidet waren. 2007 wurde 15 m unter dem Palast ein mit Mosaiken verziertes Tunnelgewölbe ent-

MEHR FÜRS GELD

Mehrere Pässe bieten Ermäßigungen für diejenigen, die viele Museen besuchen wollen. Diese Pässe können vor Ort bei den teilnehmenden Denkmälern und Museen erworben werden oder aber sind online unter www.pierreci.it erhältlich. Der Roma Pass wird zudem an den kommunalen Touristeninformationspunkten der Comune di Roma verkauft.

EU-Bürger zwischen 18 und 24 Jahren sowie ab dem vollendeten 65. Lebensjahr erhalten in den meisten Museen und Galerien der Stadt deutliche Ermäßigungen. Studentenrabatte werden für Bürger aus Nicht-EU-Ländern im Allgemeinen nicht gewährt.

» **Appia Antica Card** (Erw./Kind 7,50/4,50 €, gültig: 7 Tage) Zutritt zu: Terme di Caracalla, Mausoleo di Cecilia Metella und Villa Quintili.

» **Archaeologia Card** (Erw./Kind 23/13 €, gültig: 7 Tage) Zutritt zu: Kolosseum, Palatin, Forum Romanum, Terme di Caracalla, Palazzo Altemps, Palazzo Massimo alle Terme, Terme di Diocleziano, Crypta Balbi, Mausoleo di Cecilia Metella und Villa Quintili.

» **Roma Pass** (www.romapass.it; 25 €, gültig 3 Tage) Freier Eintritt für zwei Museen oder Sehenswürdigkeiten (unter 38 Möglichkeiten) sowie ermäßigter Eintritt zu weiteren Sights, Ausstellungen und Events; zusätzlich unbegrenzte Nutzung der öffentlichen Verkehrsmittel innerhalb Roms. Wer die teureren Attraktionen – wie die Kapitolinischen Museen und das Kolosseum – mit dem Pass besucht, spart auf jeden Fall Geld.

GEHEIMTIPP

BARBARA NAZZARO, ARCHITEKTIN

Die Technische Direktorin des Kolosseums, Barbara Nazzaro, erklärt, was in dem unterirdischen Komplex des Hypogeums vor sich ging, das sich unterhalb der Arena befand und aus Gängen, Käfigen und Aufzügen bestand:

„Das Hypogeum hatte zwei Ebenen, und bis zu 1000 Menschen waren hier beschäftigt. Die Gladiatoren kamen durch einen unterirdischen Gang direkt von der Gladiatorenschule (Ludus Magnus). Dieser Gang wurde später von einer Abwasserleitung unterbrochen, doch noch immer ist der originale Fußboden zu sehen. In Seitengängen, die sich über einer natürlichen Quelle befanden, wurden die Boote aufbewahrt. Zum Transport der Boote, wurden einfach die Tunnel geflutet. Später wurden die Seitengänge für die insgesamt rund 80 Aufzüge hinauf zur Arena genutzt, die zentral gesteuert werden konnten. Unten ist noch immer zu sehen, wo sich die Käfige für die wilden Tiere befanden.

Das Hypogeum wurde bis ungefähr 508 genutzt, als es nach einem heftigen Erdbeben und durch zerborstene Wasserleitungen verschüttet wurde."

deckt. Manche Leute glauben, es handle sich dabei um die Lupercale, die Höhle, in der nach dem Glauben der alten Römer Romulus und Remus von einer Wölfin gesäugt wurden.

Das graue Gebäude neben der Domus Augustana beherbergt das **Museo Palatino** mit seiner archäologischen Sammlung. Zu den Highlights zählt eine wunderbare Bronze (1. Jh.), die *Erma di Canefora,* sowie eine herrliche Büste, die Giovane Principessa, Tochter Marc Aurels darstellen soll.

Nördlich des Museums liegt der öffentliche Teil des Palastkomplexes, die **Domus Flavia**. Im Zentrum befand sich ein rechteckiger Hof, heute das grasbewachsene Gelände mit dem Fuß eines Brunnens. Darum herum waren Säulenhallen, die zu den wichtigsten Sälen führten. Auf der Nordseite befand sich der Thronsaal des Kaisers. Auf der Westseite wurde der zweite große Saal vom Kaiser genutzt, um sich mit seinen Beratern zu treffen, und an der Südseite lag der riesige Fest- und Speisesaal (*Triclinium*).

Zu den am besten erhaltenen Bauwerken auf dem Palatin zählt die **Casa di Livia** nordwestlich der Domus Flavia. Hier wohnte Livia, die Ehefrau von Kaiser Augustus. Die Casa wurde rund um ein Atrium angelegt, das zu den einstigen Empfangssälen führt, die mit Fresken verziert sind. Zu sehen sind mythologische Szenen und Landschaften sowie Obst und Blumen. Wenige Schritte weiter befindet sich die **Casa di Augusto** (Zutritt in Fünfergruppen; ⌚Mo, Mi, Sa–So 11–16.30 Uhr), in der Augustus residierte.

Die herrlichen Fresken leuchten in Rot, Gelb und Blau.

Hinter der Casa di Augusto liegen die **Capanne Romulee** (Hütten des Romulus). Der Sage nach sollen die Findelkinder Romulus und Remus hier von dem Hirten Faustulus aufgezogen worden sein.

Nordöstlich der Casa di Livia gibt es den **Criptoportico**, einen 128 m langen, halb unterirdischen Gang, in dem angeblich Caligula ermordet wurde. Nero nutzte den Tunnel als Verbindung zwischen seiner Domus Aurea und dem Palatin. Durch eine Reihe von Fenstern erhellt, waren die Wände einst mit kunstvollem Stuck verziert. Heute werden hier Wechselausstellungen präsentiert.

Westlich dieses Geländes stand der Palast von Tiberius, die Domus Tiberiana. Heute befindet sich hier einer der ältesten botanischen Gärten Europas, die **Orti Farnesiani** aus dem 16. Jh. Von den beiden Zwillingspavillons an der Nordseite der Gärten hat man einen atemberaubenden Blick auf das Forum Romanum.

Forum Romanum (Foro Romano) ARCHÄOLOGISCHE STÄTTE

(Karte S. 62; ☎06 3996 7700; www.pierreci.it; Largo della Salara Vecchia; Erw./Kind inkl. Kolosseum & Palatin 12/7,50 €, Audioguide 5 €; ⌚8.30 Uhr bis 1 Std. vor Sonnenuntergang) Während das Forum Romanum heute eine beeindruckende, wenn auch etwas verwirrende Ruinenstätte ist, war es einst ein glanzvoller Komplex mit Tempeln aus Marmor, stolzen Basiliken und pulsierenden öffentlichen Plätzen: mit anderen Worten das lebendige Herzstück des antiken Rom.

Ursprünglich beerdigten hier die Etrusker ihre Toten. Ab dem 7. Jh. v. Chr. begann die städtische Entwicklung, die sich über die Jahrhunderte fortsetzte. Im 4. Jh. n. Chr. setzte der Verfall ein, bis das Gelände schließlich als Weideland genutzt wurde. Im Mittelalter war das Forum als Campo Vaccino bekannt, wörtlich übersetzt „Kuhweide". Die Steine und der Marmor wurden fortgeschleppt. Im 18. und 19. Jh. folgten fundierte Ausgrabungen, die bis heute andauern.

Beim Betreten des Forums vom Largo della Salara Vecchia her (es gibt auch einen Zugang direkt vom Palatin), ist als Erstes zur Linken der **Tempio di Antonino e Faustina** zu sehen, der 141 n. Chr. vom Senat errichtet und Kaiserin Faustina und später Kaiser Antoninus Pius gewidmet war. Im 6. Jh. folgte die Umwandlung in eine Kirche, sodass die hohen Säulen seither die Chiesa di San Lorenzo in Miranda flankieren. Zur Rechten wurde die **Basilica Fulvia Aemilia** im Jahre 179 v. Chr. errichtet. Die 100 m lange öffentliche Halle mit einem zweigeschossigen Portikus war von Läden gesäumt. Gegenüber der Basilika steht der **Tempio di Giulio Cesare** (Tempel von Julius Caesar), der von Augustus 29 v. Chr. gebaut wurde.

Am Ende des kurzes Pfades befindet sich die **Via Sacra**, die das Forum von Nordwesten nach Südosten durchschneidet. Über die Via Sacra wird die **Curia** erreicht. Der Versammlungsort des römischen Senats wurde von Julius Caesar, Augustus, Domitian und Diokletian jeweils neu errichtet, bevor er im Mittelalter in eine Kirche umgewandelt wurde. Heute ist eine Rekonstruktion der Curia von Diokletian aus dem Jahr 1937 zu sehen. Die Bronzetüren sind Kopien, die Originale wurden von Borromini für die Basilica di San Giovanni in Laterano verwendet.

Vor der Curia, hinter Baugerüsten versteckt, befindet der **Lapis Niger**, ein großer schwarzer Marmorblock, der angeblich die geheiligte Grabstelle des Romulus bedecken soll.

Am Ende der Via Sacra steht der 23 m hohe **Arco di Settimio Severo** (Triumphbogen des Septimius Severus). Dem gleichnamigen Kaiser und seinen zwei Söhnen Caracalla und Geta gewidmet, wurde er 203 zur Erinnerung an einen römischen Sieg über die Parther aufgestellt. Ganz in der Nähe, am Fuße des Tempio di Saturno, markiert das **Millarium Aureum** das Zentrum des antiken Rom. Von hier wurden alle Entfernungen im römischen Reich gemessen.

Zur Linken stehen die Reste der **Rostra**, einer aufwendig gestalteten öffentlichen Rednerbühne. Hier legte Shakespeare Marcus Antonius die schicksalsschweren Worte „Mitbürger, Freunde, Römer ..." in den Mund. Vor dem Rostrum markiert die **Colonna di Foca** (Säule des Phokas) das Zentrum der Piazza del Foro, des wichtigsten Marktes und Versammlungsortes des Forums. Das letzte Denkmal, das auf dem Forum Romanum errichtet wurde, ehrt den oströmischen Kaiser Phokas.

Die acht Granitsäulen, die hinter der Colonna aufragen, sind die letzten Überreste des **Tempio di Saturno** (Tempel des Saturn) aus dem 5. Jh. v. Chr. Dieser bedeutende Tempel war Sitz der römischen Schatzkammer. Hinter dem Tempel befinden sich unterhalb des Kapitols von Norden nach Süden die Ruinen des **Tempio della Concordia** (Tempel der Eintracht), die erhalten gebliebenen Säulen des **Tempio di Vespasiano** (Tempel des Vespasian und Titus) sowie der **Portico degli Dei Consenti**.

An dem Weg, der parallel zur Via Sacra führt, sind die Ruinenstümpfe der **Basilica Giulia** erhalten. Sie wurde unter Julius Caesar begonnen und unter Augustus vollendet. Am Ende der Basilika ragen die drei korinthischen Säulen des **Tempio di Castore e Polluce** (Tempel von Castor und Pollux) auf, der zu Beginn des 5. Jhs. v. Chr. errichtet wurde. Der Tempel erinnert an den Sieg über die Etrusker 489 v. Chr. Südlich des Tempels steht die **Chiesa di Santa Maria Antiqua**, die älteste christliche Kirche auf dem Forum.

Wieder zurück Richtung Via Sacra war die **Casa delle Vestali** (Haus der vestalischen Jungfrauen) der Sitz der Jungfrauen, die die heilige Flamme des benachbarten **Tempio di Vesta** hüteten. Sechs Priesterinnen im Alter von sechs bis zehn Jahren wurden aus Patrizierfamilien für diese Aufgabe ausgewählt. Sie mussten dann 30 Jahre lang im Tempel ihren Dienst tun. Wenn die Flamme im Tempel erlosch, wurde die verantwortliche Priesterin ausgepeitscht. Verlor eine Priesterin ihre Jungfräulichkeit, wurde sie lebendig begraben, denn ihr Blut durfte nicht vergossen werden. Der betroffene Mann wurde zu Tode geprügelt.

Ein Stückchen weiter entlang der Via Sacra, vorbei am **Tempio di Romolo** (Tempel des Romulus), steht die **Basilica di Massenzio,** das größte Gebäude auf dem Forum. Der Bau der Basilika wurde von Kaiser Maxentius begonnen und von Konstantin 315 vollendet. Deshalb ist sie auch als Basilica di Costantino bekannt. Ursprünglich bedeckte sie eine Fläche von rund 100 x 65 m. Reste der einst kolossalen Konstantin-Statue wurden 1487 entdeckt. Sie sind heute in den Kapitolinischen Museen ausgestellt.

Jenseits der Basilika wurde der **Arco di Tito** (Triumphbogen des Titus) 81 n. Chr. errichtet, um die Siege von Vespasian und Titus über Jerusalem zu würdigen. Dementsprechend vermieden die römischen Juden es, unter diesem Bogen hindurchzugehen, weil er den Beginn der jüdischen Diaspora markiert.

Basilica di SS Cosma e Damiano KIRCHE

(Karte S. 62; Via dei Fori Imperiali; ⏲9–13 & 15–19 Uhr) Am Ostende des Forums bedeckt die Basilika aus dem 6. Jh. Teile des Foro di Vespasiano sowie des **Tempio di Romolo.** Letzterer ist durch eine Glaswand am Ende des Kirchenschiffs zu sehen. Der eigentliche Grund für einen Besuch sind jedoch die fantastischen Mosaiken in der Apsis (6. Jh.), die Christus als Triumphator darstellen. Ebenfalls einen Blick wert ist abseits des ruhigen Kreuzgangs (17. Jh.) die üppige neapolitanische **Presepe** (Weihnachtskrippe; Eintritt 1 €; ⏲Fr–So 10–13 & 15–18 Uhr) aus dem 18. Jh.

Carcere Mamertino HISTORISCHE STÄTTE

(Mamertinischer Kerker; Karte S. 62; Clivo Argentario 1; Eintritt 10 €; ⏲Sommer 9.30–19 Uhr, Winter 9.30–17 Uhr, letzter Einlass 40 Min. vor Schließung) Am Fuße des Campidoglio war der Mamertinische Kerker im antiken Rom das Hochsicherheitsgefängnis. Besucher werden in die Tiefen des Gefängnisses unterhalb der Kirche geleitet. Einst soll hier der Apostel Petrus inhaftiert gewesen sein. Einer Legende nach missionierte der Apostel seine Mitgefangenen und taufte sie aus einer wundersam aufgetauchten Wasserquelle.

Kaiserforen ARCHÄOLOGISCHE STÄTTE

(Karte S. 62) Die Ruinen jenseits der Straße am Forum Romanum sind allgemein als Kaiserforen (Fori Imperiali) bekannt. Sie wurden zwischen 42 v. Chr. und 112 n. Chr. von mehreren Kaisern angelegt und verschwanden zu einem großen Teil unter der 1933 von Mussolini gebauten Via dei Fori Imperiali. Seither konnte ein Großteil durch Ausgrabungen ans Tageslicht gebracht werden, doch die Arbeiten dauern an, und Besuche sind auf die Mercati di Traiano (Trajansmärkte) beschränkt. Der Zugang erfolgt durch das Museo dei Fori Imperiali.

Vom **Foro di Traiano** (Trajansforum) ist nur wenig erhalten, darunter einige Säulen der **Basilica Ulpia** sowie die **Colonna di Traiano** (Trajanssäule). Die sehr detaillierten Reliefs feiern Trajans Sieg über die Daker im heutigen Rumänien.

Südöstlich davon erheben sich drei Tempelsäulen aus den Ruinen des **Foro di Augusto** (Augustusforum), das größtenteils unter der Via dei Fori Imperiali verschwand. Die 30 m hohe Mauer hinter dem Forum sollte gegen die regelmäßig ausbrechenden Feuersbrünste schützen.

Das **Foro di Nerva** (Nervaforum) verschwand ebenfalls unter Mussolinis Straßenprojekt, auch wenn ein Teil des Minervatempels heute noch steht. Ursprünglich verband es das Foro di Augusto mit dem im 1. Jh. errichteten **Foro di Vespasiano** (Vespasiansforum), das auch als Friedensforum bekannt war.

Auf der anderen Straßenseite sind die drei Säulen auf einer erhöhten Plattform die sichtbarsten Überbleibsel des **Foro di Cesare** (Caesarforum).

Museo dei Fori Imperiali MUSEUM

(Karte S. 62; ☎06 06 08; www.mercatiditraiano.it; Via IV Novembre 94; Erw./Kind 11/9 €; ⏲Di–So 9–19 Uhr, letzter Einlass 18 Uhr) Untergebracht auf Trajans Marktkomplex aus dem 2. Jh.,

GEHEIMTIPP

SILVIA PROSPERI, REISEFÜHRERIN

Seit 2005 arbeitet Silvia Prosperi als Reiseführerin und kennt die römischen Highlights wie ihre Westentasche. Hier empfiehlt sie einige der weniger bekannten Sights in Rom:

Lieblingssehenswürdigkeiten

Die Liste meiner Lieblingssehenswürdigkeiten ist lang. Die Trajanssäule ist ein Meisterwerk, das manchmal übersehen wird. Das Archäologische Museum im Palazzo Massimo alle Terme wird ebenfalls unterschätzt. Ich liebe auch die Stimmung im Etruskischen Museum in der Villa Giulia sowie den Blick von der Terrasse der Engelsburg.

Unterschätzte Sehenswürdigkeiten

Zu den am meisten unterschätzten Sehenswürdigkeiten zählen die sehr interessanten Trajansmärkte sowie Bramantes Tempietto auf dem Gianicolo.

Forum Romanum

Ein Forum war früher Marktplatz, Bürgerzentrum und religiöser Versammlungsort in einem – und das größte Forum überhaupt war das in Rom. Es liegt zwischen den Hügeln Palatin, der nobelsten Wohnadresse im alten Rom, und Kapitol und war das geschäftige Zentrum der Stadt. Jeden Tag gab es dort zahllose Aktivitäten. Senatoren debattierten in der **Curia** 1, Käufer drängten sich über Plätze und durch Straßen, die Fußgängern vorbehalten waren, Menschengruppen versammelten sich unter der **Phokas-Säule** 2 und lauschten Politikern, die vom **Rostrum** 2 ihre Reden schwan-gen. In den Basiliken, wie zum Beispiel der **Basilica di Massenzio** 3, traten Rechtsanwälte vor Gericht auf und in der **Casa delle Vestali** 4 gingen die Vestalinnen still ihren Verpflichtungen nach.
Im Forum wurden auch Festlichkeiten zelebriert: An religiösen Feiertagen gab es Zeremonien in den Tempeln wie dem **Tempio di Saturno** 5 und dem **Tempio di Castore e Polluce** 6; militärische Siege wurden mit dramatischen Prozessionen entlang der Via Sacra sowie der Errichtung von Triumphbögen wie dem **Arco di Settimio Severo** 7 und dem **Arco di Tito** 8 geehrt. Die Ruinen von heute sind eindrucksvoll, vermitteln aber nicht unbedingt ein klares Bild davon, wie das Forum einst aussah.
Diese Darstellung zeigt das Forum in seiner Glanzzeit, mit allen Tempeln, öffentlichen Gebäuden und gewaltigen Monumenten zu Ehren der Helden des Römischen Reichs.

TOP-TIPPS

» Vom Palatin und vom Kapitol aus hat man den schönsten Blick auf das Forum Romanum.

» Früh morgens oder am Spätnachmittag kommen; zwischen 11 und 14 Uhr ist der Andrang am größten.

» Im Sommer wird es auf dem Gelände heiß, und es gibt kaum Schatten.

Colonna di Foca & Rostrum

Die freistehende, 13,5 m hohe Phokas-Säule von 608 n. Chr. ist das jüngste Monument im Forum. Das Rostrum dahinter bot eine grandiose Plattform für öffentliche Redeauftritte.

Eintritt

Die Eintrittskarte ist zwar zwei Tage gültig, doch sie erlaubt nur jeweils einen Besuch im Forum, Kolosseum und dem Palatin.

Tempio di Saturno

Der Saturntempel war das Fort Knox des alten Roms, denn hier war die Staatskasse untergebracht. Zu Caesars Zeiten enthielt sie 13 Tonnen Gold, 114 Tonnen Silber und 30 Millionen *Silbersesterzen*.

JONATHAN SMITH / LONELY PLANET IMAGES ©

GEOFF STRINGER / LONELY PLANET IMAGES ©

Tempio di Castore e Polluce

Nur noch drei Säulen des Tempels von Castor und Pollux verbleiben. Der Sage nach wurde er den Dioskuren geweiht, nachdem sie die Römer über die Etrusker siegen ließen.

MARTIN MOOS / LONELY PLANET IMAGES ©

Arco di Settimio Severo

Der Septimius-Severus-Bogen ist eines der imposantesten Monumente auf dem Forum. Zwei Relieftafeln verherrlichen Septimius Severus' militärische Siege über die Parther.

Curia

Das große, einfache Gebäude war der offizielle Sitz des Römischen Senats. Ein Großteil des heutigen Gebäudes ist Rekonstruktion, doch der Marmorfußboden im Innern stammt noch aus dem 3. Jh. zur Zeit des Kaisers Diokletian.

DUNCAN GARWOOD / LONELY PLANET IMAGES ©

Basilica di Massenzio

Die schiere Größe dieser Basilika aus dem 4. Jh. ist beeindruckend. Ursprünglich war die zentrale Halle in riesige Schiffe unterteilt; von denen heute nur noch ein Teil des nördlichen Seitenschiffs besteht.

Julius Caesar ruhe sanft

Julius Caesar wurde an der Stelle eingeäschert, an welcher heute der Tempio di Giulio Cesare steht.

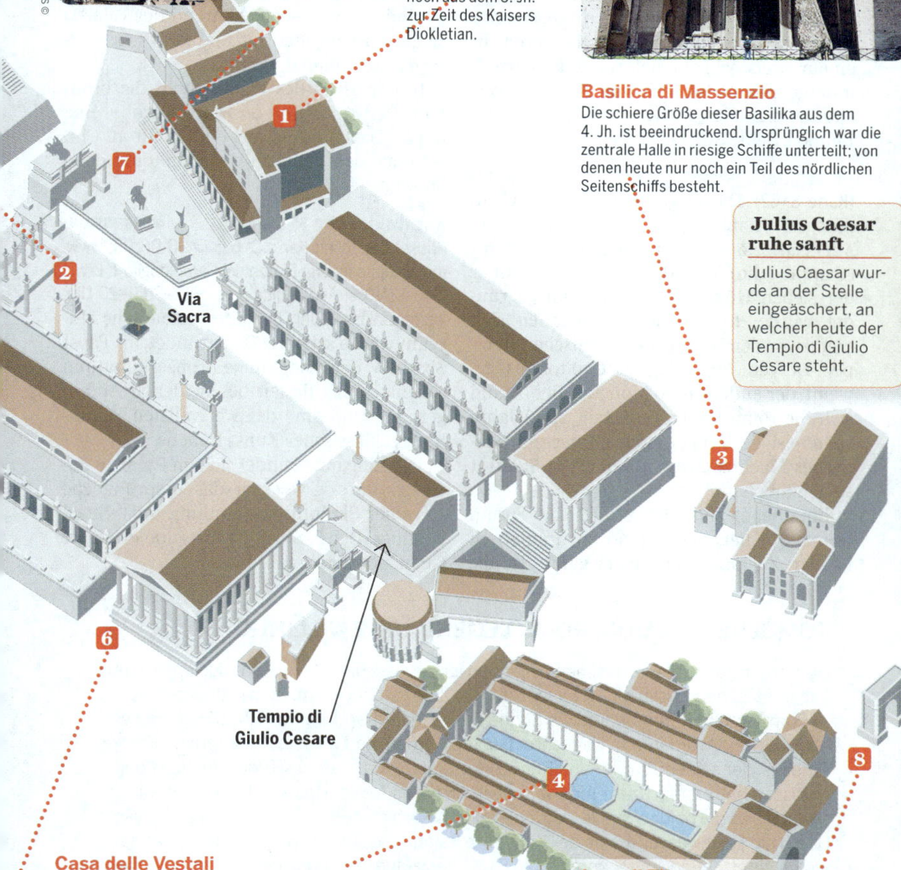

Casa delle Vestali

Weiße Statuen umgeben das grasbewachsene Atrium des ehemals luxuriösen 50-Zimmer-Hauses der Vestalinnen. Die Jungfrauen spielten eine wichtige Rolle im religiösen Leben, denn sie dienten der Göttin Vesta.

JON DAVISON / LONELY PLANET IMAGES ©

Arco di Tito

Der Arc de Triomphe in Paris soll von diesem noch gut erhaltenen Triumphbogen inspiriert worden sein. Er wurde von Kaiser Domitian zu Ehren seines älteren Bruders Titus errichtet.

DUNCAN GARWOOD / LONELY PLANET IMAGES ©

bietet das hervorragende Museum einen faszinierenden Zugang zu den Kaiserforen. Die Erläuterungstafeln sind sehr detailliert und werden von zahlreichen archäologischen Fundstücken begleitet. Vom Hauptgang führt ein Lift hinauf zum roten Ziegelturm **Torre delle Milizie** (Milizenturm) aus dem 13. Jh. Hier ist auch ein Zugang zu den höhergelegenen Teilen der **Mercati di Traiano** (Trajansmärkte). Diese Märkte waren in einem dreistöckigen halbrunden Bauwerk untergebracht. Hunderte von Händlern verkauften hier alles, von Öl und Gemüse bis zu Blumen, Seide und Gewürzen.

Piazza del Campidoglio — PIAZZA

(Karte S. 62) Die elegante Piazza del Campidoglio (Kapitolsplatz) wurde 1538 von Michelangelo als Herzstück des Kapitols (Campidoglio) entworfen. Dies war einer der sieben Hügel, auf denen Rom gegründet wurde. In der Antike befanden sich hier zwei der wichtigsten römischen Tempel: Der eine war Jupiter Capitolinus geweiht, der andere Juno Moneta. Hier befand sich die römische Prägeanstalt. 2000 Jahre später ist der Hügel noch immer ein politisches Machtzentrum, da hier der Stadtrat seinen Sitz hat.

Ein Zugang zum Platz erfolgt vom Forum Romanum her, doch geradezu dramatisch ist der Zugang über die elegante Treppe **Cordonata**, die von der Piazza d'Ara Coeli hinaufführt. Oben angelangt, wird der Platz von drei *palazzi* begrenzt: der Palazzo Nuovo zur Linken, der Palazzo Senatorio (Senatorenpalast) geradeaus sowie zur Rechten der Palazzo dei Conservatori (Konservatorenpalast). Der Palazzo Nuovo und der Palazzo dei Conservatori beherbergen die Kapitolinischen Museen, während der Palazzo Senatorio vom Stadtrat und vom Oberbürgermeister genutzt werden.

In der Mitte des Platzes steht die bronzene **Reiterstatue von Marc Aurel** – eine Kopie. Das Original aus dem 2. Jh. n. Chr. befindet sich heute in den Kapitolinischen Museen.

Kapitolinische Museen — KUNSTMUSEUM

(Musei Capitolini; Karte S. 62; ☎06 06 08; www.museicapitolini.org; Piazza del Campidoglio 1; Erw./Kind 12/10 €, Audioguide 5 €; ⏱Di–So 9–20 Uhr, letzter Einlass 19 Uhr) Das älteste staatliche Museum wurde schon 1471 gegründet, als Papst Sixtus IV. der Stadt einige Bronzeskulpturen schenkte. Aus diesen bescheidenen Anfängen entstand eine der wertvollsten Sammlungen klassischer Kunst Italiens.

Der Eingang befindet sich im **Palazzo dei Conservatori**, wo sich das ursprüngliche Herz der Skulpturensammlung im 1. Stock befindet. Der 2. Stock ist für seine exquisite Gemäldegalerie berühmt.

ROMULUS & REMUS, ROMS LEGENDÄRE ZWILLINGE

Die berühmteste aller römischen Legenden ist die Geschichte von Romulus und Remus, den mythischen Zwillingen, die angeblich am 21. April 753 v. Chr. Rom gründeten.

Romulus und Remus waren die Söhne der Vestalischen Jungfrau Rhea Silvia, die von Mars verführt worden war. Nach ihrer Geburt wurden die Zwillinge von ihrem Großonkel Amulius, der seinem Bruder und Rhea Silvias Vater Numitor den Thron von Alba Longa entrissen hatte, sofort zum Tode verurteilt. Aber das Todesurteil wurde niemals vollstreckt, und die beiden Babys wurden in einem Korb an den Ufern des Tibers ausgesetzt. Durch ein Hochwasser wurde der Korb zum Palatin gespült, wo die Zwillinge von einer Wölfin gerettet und später vom Hirten Faustulus aufgezogen wurden.

Viele Jahre später – nach zahllosen heroischen Abenteuern – entschlossen sich die Zwillinge, eine Stadt an der Stelle zu gründen, an der sie gerettet worden waren. Aber sie konnten sich nicht an den Ort erinnern, also befragten sie das Orakel. Remus sah auf dem Aventin sechs Geier, Romulus auf dem Palatin jedoch zwölf. Die Bedeutung war klar, also begann Romulus – sehr zum Ärger seines Bruders mit dem Bau der Stadt. Schließlich gerieten die beiden aneinander, und Romulus tötete seinen Bruder im Streit.

Romulus setzte sein Werk fort und erschuf die Stadt. Um sie zu bevölkern, siedelte er auf den Hügeln Kapitol, Aventin, Caelius und Quirinal unter anderem eine bunte Mischung aus Kriminellen, Ex-Sklaven und Geächteten an. Doch der Stadt fehlten die Frauen. Romulus verfiel deshalb auf den Plan, alle Leute der Umgebung zur Feier des Consus-Festes (21. August) nach Rom einzuladen. Während die Zuschauer die Spiele verfolgten, fielen Romulus und seine Männer über jede anwesende Frau her. Diese Schandtat ging als Raub der Sabinerinnen in die Geschichte ein.

Vor dem Gang nach oben sollten die Fragmente der antiken Steinmetzkunst rund um den Innenhof im Erdgeschoss bewundert werden. Am imposantesten sind die überdimensionalen Reste – Kopf, Hand und Fuß – einer 12 m hohen Konstantinsstatue, die in der Basilica di Massenzio auf dem Forum Romanum stand.

Unter den Skulpturen im 1. Stock ist die etruskische *Lupa Capitolina* (Kapitolinische Wölfin) am berühmtesten. Die bronzene Wölfin aus dem 5. Jh. wacht über die trinkenden Romulus und Remus. Die beiden wurden erst 1471 hinzugefügt, als Papst Sixtus IV. die Skulptur dem römischen Volk schenkte. Ein weiterer Publikumsrenner ist der zierliche *Spinario* (1. Jh. v. Chr.). Die Bronzeskulptur zeigt einen Jungen, der einen Dorn aus seinem Fuß zieht. Beliebt ist auch Gian Lorenzo Berninis *Medusa*. Ebenfalls in diesem Stockwerk, in einem modernen Anbau, ist das Original der Reiterstatue von Marc Aurel zu bewundern, deren Kopie auf der Piazza steht.

Im 2. Stock umfasst die Pinakothek Gemälde von Tizian, Tintoretto, Reni, van Dyck und Rubens. In der Sala Santa Petronella sind zwei bedeutende Werke von Caravaggio ausgestellt: *La buona ventura* (Die Wahrsagerin; 1595) zeigt eine Zigeunerin, die vorgibt einem jungen Mann aus der Hand zu lesen, in Wirklichkeit aber seinen Ring stiehlt; *San Giovanni Battista* (Johannes der Täufer; 1602) ist eine ungewöhnlich sinnliche Darstellung des Heiligen aus dem Neuen Testament.

Ein Tunnel verbindet den Palazzo dei Conservatori mit dem Palazzo Nuovo auf der anderen Seite des Platzes. Dazwischen befindet sich unter dem Palazzo Senatorio das **Tabularium**, das antike römische Zentralarchiv.

Der **Palazzo Nuovo** beschert einige künstlerische Hochgenüsse, darunter den *Galata morente*. Der „Sterbende Gallier" ist eine römische Kopie einer griechischen Statue aus dem 3. Jh. v. Chr. Sie zeigt sehr plastisch die Todesqualen des Galliers. Ein weiteres Meisterwerk ist auf eine ganz andere Art und Weise die *Venere Capitolina* (Kapitolinische Venus), eine einfühlsame, aber auch „züchtige" Darstellung der nackten Göttin der Liebe.

Chiesa di Santa Maria in Aracoeli — KIRCHE

(Karte S. 62; Piazza Santa Maria in Aracoeli; ⏲9–12.30 & 15–18.30 Uhr) Die Kirche, die aus dem 6. Jh. stammt, steht auf dem höchsten Punkt des Kapitols, dort, wo früher der römische Tempel der Juno Moneta stand. Einer Legende nach prophezeite hier die Tiburtinische Sybille Kaiser Augustus die Geburt eines göttlichen Kindes. Die Kirche hat deshalb immer noch einen starken Bezug zu Christi Geburt. Sehenswert ist der beeindruckende Cosmaten-Fußboden sowie ein bedeutendes Fresko von Pinturicchio (15. Jh.). Der römische Fußballstar Francesco Totti hat hier übrigens geheiratet.

Il Vittoriano — DENKMAL

(Karte S. 62; Piazza Venezia; Eintritt frei; ⏲ Sommer 9.30–17.30 Uhr, Winter 9.30–16.30 Uhr) Das gewaltige Denkmal dominiert die Piazza Venezia und ist auch als Altare della Patria (Altar des Vaterlands) bekannt. Es wurde 1885 begonnen, um der Vereinigung Italiens sowie König Vittorio Emmanuele II zu gedenken. Zum Denkmal gehören das **Grab des Unbekannten Soldaten** sowie das **Museo Centrale del Risorgimento** (Via di San Pietro in Carcere; Eintritt frei; ⏲9.30–18 Uhr), das sich der italienischen Staatsgründung widmet.

Für den besten Rundum-Blick auf Rom empfiehlt sich eine Fahrt mit dem Lift **Roma dal Cielo** (Erw./Kind 7/3,50 €; ⏲Mo–Do 9.30–18.30, Fr–So 9.30–19.30 Uhr) zur Spitze des Denkmals.

Palazzo Venezia — PALAZZO

(Karte S. 62; Piazza Venezia) An der Westseite der Piazza Venezia war dieser großartige Palazzo der erste Renaissancepalast Roms. Jahrhundertlang diente er als Botschaft der Republik Venedig, doch sein berüchtigster Bewohner war Mussolini, der gerne vom Balkon aus zu den ihm zujubelnden Massen auf dem Platz sprach.

Im Inneren liegt das weitläufige, aber relativ wenig besuchte **Museo Nazionale del Palazzo Venezia** (☎06 678 01 31; Via del Plebiscito 118; Erw./Kind 4/2 €; ⏲ Di–So 8.30–19.30 Uhr) mit seinen hervorragenden byzantinischen und Frührenaissance-Gemälden sowie einer erlesenen Kollektion von Schmuck, Wandteppichen, Bronzefiguren und Waffen.

Basilica di San Marco — KIRCHE

(Karte S. 62; Piazza di San Marco; ⏲Mo–Sa 8.30–12 & 16–18.30, So 9–13 & 16–20 Uhr) Angeblich soll dort, wo seit dem 4. Jh. die Basilika errichtet wurde, der Evangelist Markus während seines Aufenthalts in Rom gewohnt haben. Die Hauptattraktion sind die glänzenden Mosaiken in der Apsis (9. Jh.), auf denen Jesus mit Heiligen sowie Papst Gregor IV. dargestellt sind.

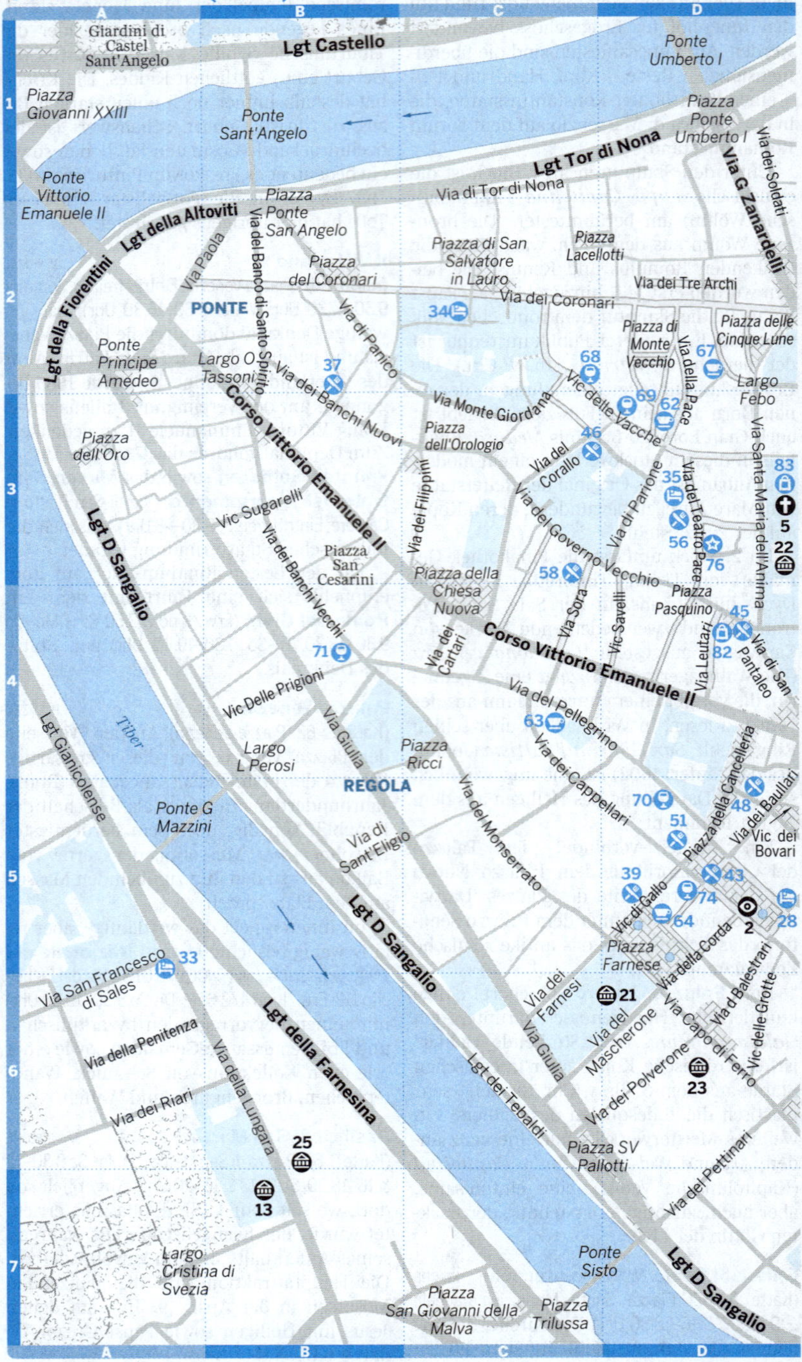

A
B
C
D
1
2
3
4
5
6
7
Giardini di Castel Sant'Angelo
Lgt Castello
Ponte Umberto I
Piazza Giovanni XXIII
Ponte Sant'Angelo
Piazza Ponte Umberto I
Via dei Soldati
Lgt Tor di Nona
Via G Zanardelli
Ponte Vittorio Emanuele II
Via di Tor di Nona
Piazza Ponte San Angelo
Lgt della Altoviti
Via del Banco di Santo Spirito
Via Paola
Lgt della Fiorentini
Piazza del Coronari
Piazza di San Salvatore in Lauro
Piazza Lacellotti
Via dei Tre Archi
Via dei Coronari
PONTE
Via di Panico
34
Piazza di Monte Vecchio
Piazza delle Cinque Lune
Ponte Principe Amedeo
Largo O Tassoni
37
68
67
Via della Pace
Largo Febo
Via dei Banchi Nuovi
Via Monte Giordana
69
62
Corso Vittorio Emanuele II
Piazza dell'Orologio
Vic delle Vacche
46
Via Santa Maria dell'Anima
Piazza dell'Oro
Via del Corallo
83
35
Via dei Filippini
Via di Parione
Via del Teatro Pace
5
Vic Sugarelli
Lgt D Sangalio
Via del Governo Vecchio
56
22
76
Piazza San Cesarini
Via dei Banchi Vecchi
Piazza della Chiesa Nuova
58
Piazza Pasquino
45
Via dei Cartari
Via Sora
Via Savelli
82
Via di San Pantaleo
71
Via Leutari
Corso Vittorio Emanuele II
Vic Delle Prigioni
Via del Pellegrino
Tiber
63
Via Giulia
Largo L Perosi
Piazza Ricci
Via dei Cappellari
Via della Cancelleria
Lgt Gianicolense
REGOLA
70
48
Via dei Baullari
Ponte G Mazzini
51
Vic dei Bovari
Via di Sant'Eligio
Via del Monserrato
39
43
74
Vic di Gallo
64
2
28
Lgt D Sangalio
Piazza Farnese
Via della Corda
Via San Francesco di Sales
33
Via dei Farnesi
21
Via d Balestrari
Via del Mascherone
Via Capo di Ferro
Vic delle Grotte
Lgt della Farnesina
Via della Penitenza
Via Giulia
Via della Lungara
Via dei Polverone
23
Lgt dei Tebaldi
Via dei Riari
25
Piazza SV Pallotti
Via del Pettinari
13
Largo Cristina di Svezia
Ponte Sisto
Lgt D Sangalio
Piazza San Giovanni della Malva
Piazza Trilussa

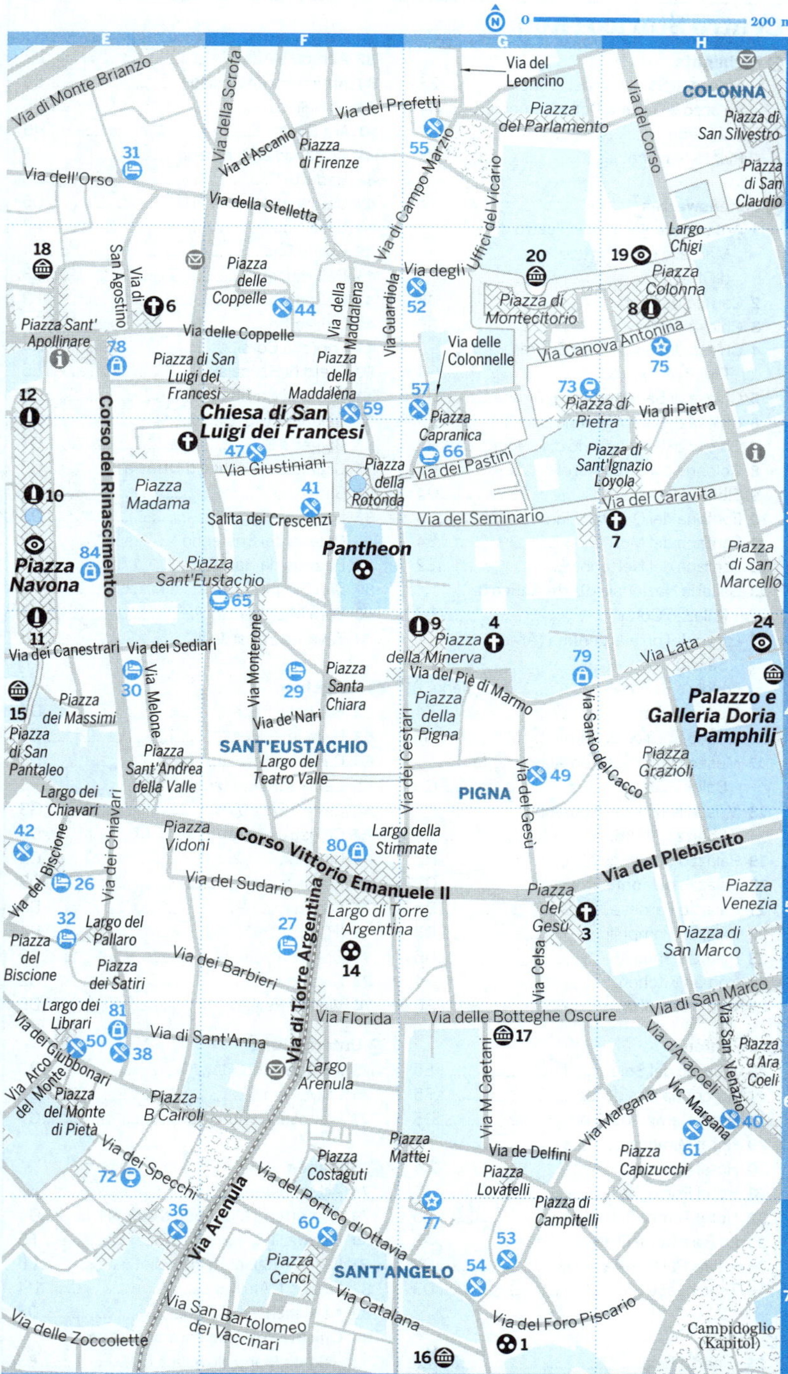
N
0
200 m
E
F
G
H
1
2
3
4
5
6
7
Via di Monte Brianzo
Via della Scrofa
Via dei Prefetti
Via del Leoncino
Piazza del Parlamento
Via del Corso
COLONNA
Piazza di San Silvestro
Piazza di San Claudio
Via d'Ascanio
Piazza di Firenze
Via di Campo Marzio
Uffici del Vicario
Via dell'Orso
Via della Stelletta
Largo Chigi
Piazza Colonna
Via di San Agostino
Piazza delle Coppelle
Via della Maddalena
Via della Guardiola
Via degli
Piazza di Montecitorio
Piazza Sant' Apollinare
Via delle Coppelle
Via delle Colonnelle
Via Canova Antonina
Piazza di San Luigi dei Francesi
Piazza della Maddalena
Chiesa di San Luigi dei Francesi
Piazza Capranica
Piazza di Pietra
Via di Pietra
Corso del Rinascimento
Via Giustiniani
Piazza della Rotonda
Via dei Pastini
Piazza di Sant'Ignazio Loyola
Piazza Madama
Salita dei Crescenzi
Via del Seminario
Via del Caravita
Pantheon
Piazza Navona
Piazza Sant'Eustachio
Piazza di San Marcello
Via dei Canestrari
Via dei Sediari
Via Monterone
Piazza della Minerva
Via Lata
Via Melone
Piazza Santa Chiara
Via del Piè di Marmo
Palazzo e Galleria Doria Pamphilj
Piazza dei Massimi
Via de' Nari
Piazza della Pigna
Via Santo del Cacco
Piazza di San Pantaleo
Piazza Sant'Andrea della Valle
SANT'EUSTACHIO
Largo del Teatro Valle
Via dei Cestari
Piazza Grazioli
Largo dei Chiavari
PIGNA
Via del Gesù
Piazza Vidoni
Corso Vittorio Emanuele II
Largo della Stimmate
Via del Plebiscito
Via dei Chiavari
Via del Biscione
Via del Sudario
Piazza del Gesù
Piazza Venezia
Largo del Pallaro
Largo di Torre Argentina
Piazza del Biscione
Via dei Barbieri
Piazza di San Marco
Piazza dei Satiri
Via di Torre Argentina
Via Celsa
Largo dei Librari
Via Florida
Via delle Botteghe Oscure
Via di San Marco
Via dei Giubbonari
Via di Sant'Anna
Via d'Aracoeli
Via San Venanzio
Piazza d'Ara Coeli
Via Arco del Monte
Piazza del Monte di Pietà
Largo Arenula
Via M Caetani
Piazza B Cairoli
Via Margana
Vic Margana
Via dei Specchi
Piazza Mattei
Via de Delfini
Piazza Capizucchi
Piazza Costaguti
Piazza Lovatelli
Via del Portico d'Ottavia
Piazza di Campitelli
Via Arenula
Piazza Cenci
SANT'ANGELO
Via Catalana
Via San Bartolomeo dei Vaccinari
Via del Foro Piscario
Via delle Zoccolette
Campidoglio (Kapitol)

Centro Storico (Rom)

Highlights
Chiesa di San Luigi dei Francesi E3
Palazzo e Galleria Doria Pamphilj H4
Pantheon..F3
Piazza Navona.....................................E3

Sehenswertes
1 Area Archeologica del Teatro di Marcello e del Portico d'Ottavia..G7
2 Campo de' Fiori D5
3 Chiesa del Gesù G5
4 Chiesa di Santa Maria Sopra Minerva G4
5 Chiesa di Sant'Agnese in Agone D3
6 Chiesa di Sant'Agostino.......................E2
7 Chiesa di Sant'Ignazio di Loyola H3
8 Colonna di Marco Aurelio H2
9 Elefantino G4
10 Fontana dei Quattro Fiumi...................E3
11 Fontana del Moro E4
12 Fontana del Nettuno...........................E2
13 Galleria Nazionale d'Arte Antica di Palazzo Corsini...................................B7
14 Largo di Torre Argentina (Area Sacra)...F5
Loyola's Rooms........................ (siehe 3)
15 Museo di Roma E4
16 Museo Ebraico di Roma G7
17 Museo Nazionale Romano: Crypta Balbi..G6
18 Museo Nazionale Romano: Palazzo Altemps E2
19 Palazzo Chigi H2
20 Palazzo di Montecitorio G2
21 Palazzo Farnese..................................D6
22 Palazzo Pamphilj.................................D3
23 Palazzo Spada.....................................D6
24 Roman Kitchen....................................H4
25 Villa Farnesina B6

Schlafen
26 Albergo del Sole...................................E5
27 Argentina Residenza F5
28 Hotel Campo de' Fiori...........................D5
29 Hotel Mimosa F4
30 Hotel Navona.......................................E4
31 Hotel Portoghesi E1
32 Hotel Teatro di Pompeo.........................E5
33 La Foresteria Orsa Maggiore................A5
34 Relais Palazzo Taverna C2
35 Teatropace 33 ....D3

Essen
36 Alberto Pica E7
37 Alfredo e Ada B2
38 Antico Forno Roscioli............................E6
39 Ar Galletto D5
40 Ara Coeli H6
41 Armando al Pantheon...........................F3
42 Baffetto 2...E5
43 Campo de' Fiori Markt D5
44 Casa Coppelle F2
45 Cul de Sac..D4
46 Da Francesco C3
47 DeSpar...F3
48 Ditirambo...D5
49 Enoteca Corsi.......................................G4
50 Filetti di Baccalà E6
51 Forno di Campo de' Fiori D5
52 Gelateria Giolitti...................................G2
53 Giggetto 2..G7
54 Giggetto al Portico d'Ottavia G7
55 Gino G1
56 Lo Zozzone...D3
57 Osteria del Sostegno G2
58 Pizzeria da Baffetto...............................C3
59 San Crispino...F2
60 Sora Margherita....................................F7
61 Taverna Edoardo II H6

Ausgehen
62 Bar della Pace D3
63 Barnum Cafe...C4
64 Caffè Farnese..D5
65 Caffè Sant'Eustachio F3
66 Caffè Tazza d'Oro..................................G3
67 Chiostro di Bramante Caffè D2
68 Circus C2
69 Etablì D3
70 Femme D5
71 Il Goccetto..B4
72 Open Baladin..E6
73 Salotto 42 ....G2
74 Vineria Reggio D5

Unterhaltung
75 AS Rom-Shop..H2
76 La Maison D3
77 Rialtosantambrogio G7

Shoppen
78 Ai Monasteri E2
79 Confetteria Moriondo & Gariglio G4
80 Feltrinelli F5
81 Ibiz – Artigianato in Cuoio E6
82 Luna & L'Altra D4
83 Nardecchia D3
84 Officina Profumo Farmaceutica di Santa Maria Novella E3

KUNST & POLITIK AN DER VIA DEL CORSO

An der Via del Corso, der schnurgeraden Verbindungsstraße zwischen der Piazza Venezia und der Piazza del Popolo, befindet sich eine der wichtigsten privaten Kunstadressen der Ewigen Stadt. Das heruntergekommene Äußere verrät nicht, dass der **Palazzo e Galleria Doria Pamphilj** (Karte S. 74; ☎06 679 73 23; www.dopart.it; Via del Corso 305; Erw./Kind 10,50/7,50 €; ⏲10–17 Uhr, letzter Einlass 16.15 Uhr) eine außergewöhnliche und sehenswerte Sammlung mit Werken von Raffael, Tintoretto, Brueghel, Tizian, Caravaggio, Bernini und Velázquez beherbergt.

Der *palazzo* stammt aus der Mitte des 15. Jhs., aber die üppige Innenausstattung ist das Werk der Familie Doria Pamphilj, die den Palast im 18. Jh. erwarb. Unter den vielen Meisterwerken stechen einige besonders hervor: Tizians ausdrucksstarke *Salomè con la testa del Battista* (Salome mit dem Kopf von Johannes dem Täufer) sowie zwei Frühwerke von Caravaggio: *Riposo durante la fuga in Egitto* (Ruhe auf der Flucht nach Ägypten) sowie *Maddalena Penitente* (Die reuige Magdalena). Der unbestrittene Star der Sammlung ist das Velázquez-Porträt von Papst Innozenz X., der bemängelte, die Darstellung sei „zu real". Ebenfalls in diesem Saal interpretiert Bernini mit *Gabinetto di Velázquez* dasselbe Thema.

Ein kurzes Stückchen nördlich des *palazzo* liegt an der 30 m hohen **Colonna di Marco Aurelio** der **Palazzo Chigi** (Karte S. 74; www.governo.it, auf Italienisch; Piazza Colonna 370; Eintritt frei; ⏲Führungen Sept.–Juni Sa 9–14 Uhr, Reservierung erforderlich). Nebenan, an der Piazza di Montecitorio, tagt in dem von Bernini entworfenen **Palazzo di Montecitorio** (Karte S. 74; ☎800 012955; www.camera.it; Piazza di Montecitorio; Eintritt frei; ⏲Führungen 1. So im Monat 10–17.30 Uhr) die italienische Abgeordnetenkammer.

Bocca della Verità DENKMAL

(Karte S. 62; Piazza della Bocca della Verità 18; Spende 0,50 €; ⏲9.30–16.50 Uhr) Das runde Stück Marmor wurde eigentlich als Kanaldeckel konstruiert. Heute ist die Bocca della Verità (Mund der Wahrheit) eine der bekanntesten Kuriositäten Roms. Angeblich schnappt der Mund zu, wenn man seine rechte Hand hineinlegt und dabei lügt.

Der Mund befindet sich im Hof einer der schönsten mittelalterlichen Kirchen der Stadt, der **Chiesa di Santa Maria in Cosmedin**. Sie stammt aus dem 8. Jh., aber erst ein Facelifting im 12. Jh. verhalf ihr zu ihrem jetzigen Aussehen. Dazu gehören ein siebenstöckiger Glockenturm, Fresken in den Seitenschiffen und ein mit Cosmaten-Marmoreinlegearbeiten dekorierter Boden. Gegenüber der Kirche stehen zwei römische Minitempel: der runde **Tempio di Ercole Vincitore** sowie der **Tempio di Portunus**. In Nähe der Piazza erhebt sich der vierseitige **Arco di Giano** (Janusbogen), der früher einmal auf einer Kreuzung stand.

CENTRO STORICO

GRATIS **Pantheon** DENKMAL

(Karte S. 74; Piazza della Rotonda; Audioguide 5 €; ⏲Mo–Sa 8.30–19.30, So 9–18 Uhr) Neben dem Kolosseum ist das Pantheon eines der Wahrzeichen von Rom. Der 2000 Jahre alte Tempel ist heute eine Kirche und das besterhaltene antike Gebäude der Stadt. Auf die gesamte westliche Welt hat es großen Einfluss ausgeübt. Dem angegrauten, narbenübersäten Äußeren sieht man sein Alter deutlich an, doch der Innenraum ist eine Offenbarung. Schon der Gang durch die mächtigen Bronzetüren ist beeindruckend, und dann gleitet der Blick nach oben zur weltweit größten Kuppel, die ohne Stahlbeton errichtet wurde.

Die jetzige Form geht auf das Jahr 120 n. Chr. zurück, als Kaiser Hadrian einen Tempel von Marcus Agrippa (27 v. Chr.) überbauen ließ. Agrippas Name ist jedoch noch immer auf dem Giebeldreieck eingraviert. Hadrians widmete das Pantheon den antiken Göttern. Sein Name leitet sich dann auch ab von *pan*, griechisch für „alle", und *theos*, „Gott". 608 wurde der Tempel zur christlichen Kirche. Während der Renaissance studierten viele Künstler das Pantheon, und Brunelleschi ließ sich von der Kuppel für seinen Duomo in Florenz inspirieren. Zugleich entstand eine bedeutende Grablege mit den Gräbern von Raffael sowie der Könige Vittorio Emanuele II und Umberto I.

NICHT VERSÄUMEN

CHIESA DI SAN LUIGI DEI FRANCESI

(Karte S. 74; Piazza di San Luigi dei Francesi; ⌚10–12.30 & 16–19 Uhr, Do Nachmittag geschl.) Seit 1589 dient die Kirche der französischen Gemeinde Roms. Zu sehen sind drei Gemälde von Caravaggio, die als Matthäus-Zyklus berühmt sind: *La Vocazione di San Matteo* (Die Berufung des hl. Matthäus), *Il Martiro di San Matteo* (Der Märtyrertod des hl. Matthäus) sowie *San Matteo e l'Angelo* (Der hl. Matthäus und der Engel). Sie zählen zu Caravaggios frühen religiösen Werken, verraten aber eindeutig seine Handschrift: Die Darstellung ist sehr realistisch, und die Hell-Dunkel-Effekte sind dramatisch.

Das eigentlich Faszinierende am Pantheon sind jedoch die gewaltigen Ausmaße sowie die außergewöhnliche Kuppel. Allgemein wird das Gebäude als die größte Bauleistung der Römer gepriesen. Die Kuppel war bis ins 15. Jh. die größte der Welt und ist noch heute die größte Kuppel, die jemals ohne Stahlbeton errichtet wurde. Die harmonische Wirkung liegt an der präzise berechneten Symmetrie: Der Durchmesser der Kuppel entspricht mit 43,3 m genau der Innenhöhe des Pantheons. Tageslicht fällt durch die 8,7 m breite Öffnung (Oculus) in der Kuppel, die zudem als symbolische Verbindung zwischen dem Tempel und den Göttern diente. Durch die Öffnung regnet es zwar ins Pantheon hinein, doch das Wasser fließt durch 22 fast unsichtbare Abflusslöcher im leicht geneigten Marmorboden ab.

Auch wenn das Äußere deutliche Spuren des Alters trägt, ist es immer noch beeindruckend: 16 korinthische Säulen – jede aus einem einzigen Stein geschlagen – tragen das Giebeldreieck. Nieten und Löcher im Mauerwerk verraten, wo die originale Marmorverkleidung entfernt wurde.

Dank der Umwandlung zur christlichen Kirche im 7. Jh. blieb dem Pantheon der Verfall erspart, der vielen anderen Bauwerken aufgrund christlicher Nachlässigkeit den Garaus machte. Vor Plünderern war das Pantheon allerdings nicht geschützt. Die bronzenen Dachziegel wurden genauso entfernt, wie die Bronze vom Portikus, die Bernini für den Baldachin im Petersdom benötigte. Immerhin blieben die originalen römischen Bronzetüren erhalten.

Chiesa di Santa Maria Sopra Minerva — KIRCHE

(Karte S. 74; Piazza della Minerva; ⌚Mo–Fr 8–19, Sa–So 8–13 & 15.30–19 Uhr) Berninis heiß geliebte Skulptur **Elefantino** verkündet die Nähe der einzigen gotischen Kirche Roms, der Chiesa di Santa Maria Sopra Minerva. Die Dominikanerkirche wurde auf den Ruinen des antiken Minervatempels erbaut und über die Jahrhunderte immer wieder umgebaut. Vom Zustand aus dem 13. Jhs blieb deshalb nur wenig erhalten.

Im Inneren sind in der Cappella Carafa (auch bekannt als Cappella della Annunciazione bzw. Verkündigungskapelle) zwei wunderbare Fresken von Filippino Lippi (15. Jh.) sowie das majestätische Grabmal von Papst Paul IV. zu sehen. Links vom Hochaltar befindet sich eine von Michelangelos weniger bekannten Skulpturen: *Cristo Risorto* (Jesus trägt das Kreuz; 1520). Ein Altarbild der Madonna mit Kind in der zweiten Kapelle im nördlichen Querschiff wird dem Dominikanerbruder und Maler Fra Angelico zugeschrieben, der in der Kirche auch beigesetzt wurde.

Die Gebeine der hl. Katharina von Siena (ohne den Kopf, der in Siena liegt) ruhen unter dem Hochaltar; in der Apsis wurden zwei Medici-Päpste, Leo X. und Clemens VII., zur letzten Ruhe gebettet.

Chiesa di Sant'Agostino — KIRCHE

(Karte S. 74; Piazza di Sant'Agostino; ⌚7.45–12 & 16–19.30 Uhr) In dieser frühen Renaissancekirche trifft man auf zwei herausragende Kunstwerke: Raffael schuf 1512 das Fresko *Isaiah* (Jesaja) und Caravaggio 1604 *Madonna dei Pellegrini* (Madonna der Pilger). Letzteres Werk sorgte bei der Enthüllung für einen Aufruhr, weil Maria barfüßig dargestellt ist und die beiden ergebenen Pilger als dreckige Bettler.

Museo Nazionale Romano: Palazzo Altemps — MUSEUM

(Karte S. 74; ☎06 683 35 66; www.pierreci.it; Piazza Sant'Apollinare 44; Erw./Kind 7/3,50 €; ⌚Di–So 9–19.45 Uhr, letzter Einlass 19 Uhr) Diese Museumsperle präsentiert die schönsten klassischen Skulpturen aus der erstklassigen Sammlung des Museo Nazionale Romano. Viele Exponate stammen aus der Ludovisi-Sammlung, die von Kardinal Ludovico Ludovisi im 17. Jh. angelegt worden war. Ein Highlight ist der marmorne *Trono Ludovisi* (Ludovisischer Thron, 5. Jh.): darauf dargestellt ist Aphrodites Geburt aus dem Meer. Im selben Saal befinden sich zwei kolossale Köpfe, einer davon repräsentiert die Göttin Juno (ca. 600 v. Chr.). Die erhaltene Hälfte des Wandfrieses zeigt die zehn Plagen Ägyptens sowie den Exodus.

Die Barockfresken des Palastes bilden den kunstvoll eleganten Hintergrund. Die Wände in der Sala delle Prospettive Dipinte sind mit Landschafts- und Jagdszenen verziert, die man durch Trompe-L'œil-Fenster betrachtet. Auftraggeber war Kardinal Altemps, der reiche Neffe von Papst Pius IV. (1560–1565), der den Palast im späten 16. Jh. erwarb. Für Sonderausstellungen wird manchmal ein Zuschlag von 3 € erhoben.

Piazza Navona PIAZZA

(Karte S. 74) Barockpaläste, prächtige Brunnen, Straßencafés, große Menschenmassen und zahlreiche Straßenhändler machen den stadionähnlichen Platz zu einem der angesagtesten öffentlichen Treffpunkte Roms. Eine verfallene Arena aus der Zeit Domitians (86 n. Chr.) wurde im 15. Jh. gepflastert und für rund 300 Jahre Roms Hauptmarktplatz.

Von den drei Brunnen ist Berninis **Fontana dei Quattro Fiumi** (Brunnen der Vier Flüsse) mit den Darstellungen von Nil, Ganges, Donau und Rio de la Plata eindeutig das Highlight. Der Brunnen ist mit einer Palme, einem Löwen und einem Pferd verziert und wird von einem Obelisken gekrönt. Der Legende nach verdeckt der Nil seine Augen vor der **Chiesa di Sant'Agnese in Agone** (www.santagneseinagone.org; ⌚Di–Sa 9.30–12.30 & 15.30–19, So 9–13 & 16–20 Uhr). Diese wurde nämlich von Berninis Erzrivalen Borromini entworfen. Die Wahrheit ist allerdings wesentlich langweiliger: Bernini vollendete seinen Brunnen zwei Jahre vor dem Baubeginn der Kirche und die Geste des Nils symbolisiert, dass die Quelle des Stroms damals noch unbekannt war.

Am nördlichen Ende der Piazza stammt die **Fontana del Nettuno** (Neptunsbrunnen) aus dem 19. Jh., während die **Fontana del Moro** (Mohrenbrunnen) am südlichen

ROMS OPTISCHE TÄUSCHUNGEN

Der **Palazzo Spada** (Karte S. 74; Via Capo di Ferro 13; Erw./Kind 5/2 €; ⌚Di–So 8.30–19.30 Uhr) ist bekannt für einen erstaunlichen optischen Trick: Borrominis berühmte perspektivische Kolonnade. Der Säulengang wirkt, als sei er 25 m lang, und ende an einer Hecke sowie einer lebensgroßen Statue. In Wirklichkeit ist der Säulengang nur 10 m lang und die Skulptur ist eigentlich nur hüfthoch. Die Säulen werden mit zunehmender Entfernung nicht nur aus optischen Gründen kleiner, sondern sie werden es tatsächlich. Einen Blick lohnt auch die anscheinend perfekt getrimmte Hecke. Borromini vertraute nicht den Künsten der Gärtner und schuf stattdessen eine Steinhecke.

Eine weitere bemerkenswerte Illusion bewirkt Andrea Pozzos Trompe-L'œil-Deckenfresko in der **Chiesa di Sant'Ignazio di Loyola** (Karte S. 74; Piazza di Sant'Ignazio; ⌚Mo–Sa 7.30–19, So 9–19 Uhr). Für den besten Blickwinkel stellt man sich auf den gelb markierten Punkt und schaut in die Höhe. Die Decke, die in Wirklichkeit völlig flach ist, scheint sich nach oben zu wölben. Geht man etwas weiter in die Kirche hinein, wird die Täuschung offensichtlich.

Die beiden anderen optischen „Wunder" sind zwei Aussichtspunkte. Auf dem Aventin lohnt ein Besuch der **Piazza dei Cavalieri di Malta** (Karte S. 96), eines kleinen, aber schmucken Platzes, der von dem venezianischen Künstler Piranesi im 18. Jh. angelegt wurde. Einen offensichtlichen Aussichtspunkt entdeckt man nicht, doch schaut man durch das Schlüsselloch der **Priori dei Cavalieri di Malta**, entdeckt man in der Ferne, jenseits einer perfekt ausgerichteten Heckenallee, die Kuppel des Petersdoms.

Schließlich führt der Weg in die Nähe des wunderbaren Parks der **Villa Doria Pamphilj** (Karte S. 58) im Westen von Rom. Von der **Via Piccolomini** kann man einen wunderbaren Blick auf die Kuppel des Petersdoms genießen. Der Ausblick ist sogar besser als vom Petersplatz aus, weil dort die Frontfassade den Blick nach oben verstellt. Von hier aus ist die Kuppel deutlich zu erkennen und füllt genau den freien Raum zwischen den Bäumen am Straßenende aus. Merkwürdigerweise scheint die Kuppel beim Weitergehen immer kleiner zu werden, je breiter die Straße wird.

TOP FIVE: FILMLOCATIONS

Roms gefeierte Baudenkmäler haben in vielen Filmen eine Hauptrolle gespielt:

» **Trevi-Brunnen** (S. 86) Anita Ekberg nimmt in *La Dolce Vita* ein nächtliches Bad.

» **Bocca della Verità** (S. 79) Gregory Peck auf Stadtbesichtigung mit Audrey Hepburn in *Ein Herz und eine Krone*.

» **Piazza Navona** (S. 79) In *Eat Pray Love* tröstet sich Julia Roberts vor der Chiesa di Sant'Agnese in Agone mit einem Eis.

» **Piazza di Spagna** (S. 83) Dramatische Szene bei einem Drink am Fuße der Spanischen Treppe in *Der talentierte Mr. Ripley*.

» **Pantheon** (S. 77) Tom Hanks untersucht Raffaels Grabmal in *Illuminati*.

Weitere klassische Rom-Filme sind: *Der Bauch des Architekten; Drei Münzen im Brunnen; Gestern, heute und morgen; Fahrraddiebe* sowie *Rom, Offene Stadt*.

Ende 1576 entstand. Bernini ergänzte den Mohren mit dem Delfin in der Hand Mitte des 17. Jhs. Die Tritone sind Kopien aus dem 19. Jh. Der größte Palast an der Piazza Navona ist der **Palazzo Pamphilj** aus dem 17. Jh., der für Papst Innozenz X. erbaut wurde und jetzt die brasilianische Botschaft beherbergt.

Museo di Roma — MUSEUM

(Karte S. 74; ☎06 8205 9127; www.museodiroma.it; Piazza di San Pantaleo 10; Erw./Kind 9/7 €; ⏲Di–So 9–19 Uhr, letzter Einlass 18 Uhr) In dem barocken Palazzo Braschi ist die etwas zusammengewürfelte Sammlung des Museo di Roma ausgestellt: Gemälde, Fotos, Radierungen, Kleider und Möbel illustrieren die Geschichte der Stadt vom Mittelalter bis ins frühe 20. Jh. Der Palast selbst bietet einige schöne mit Fresken verzierte Säle, darunter die extravagante Sala Cinese und die ägyptisch angehauchte Sala Egiziana.

Campo de' Fiori — PIAZZA

(Karte S. 74) Bunt und trubelig ist „Il Campo" ein wichtiges Zentrum des römischen Lebens: Tagsüber lockt ein beliebter Markt Kunden an, während der Platz abends zu einem quirligen und lautstarken Open-Air-Treffpunkt für Nachtschwärmer wird. Hoch über dem Platz ragt die düstere Statue des Mönches Giordano Bruno auf, der 1600 wegen Gotteslästerung verbrannt wurde.

GRATIS Palazzo Farnese — PALAZZO

(Karte S. 74; www.ambafrance-it.org, auf Italianisch & Französisch; Piazza Farnese; ab 15 Jahren; ⏲Führungen nur nach Voranmeldung: Mo & Do 15, 16, 17 Uhr) Der Palazzo Farnese, einer der schönsten Renaissancepaläste Roms, wurde 1514 von Antonio da Sangallo dem Jüngeren begonnen. Später übernahm Michelangelo die Arbeiten, und Giacomo della Porta vollendete den Palast. Heute hat hier die französische Botschaft ihre herrschaftliche Residenz, Besucher müssen sich deshalb vorab im Internet für eine Führung anmelden. Die Rundgänge, die auf Italienisch und Französisch abgehalten werden, präsentieren auch die Galleria dei Carracci, in der eine Reihe von Fresken von Annibale Carracci zu sehen sind, die gelegentlich mit denen in der Sixtinischen Kapelle verglichen werden.

Die Granitblöcke für die Zwillingsbrunnen auf dem Platz wurden aus der Terme di Caracalla herbeigeschafft.

Largo di Torre Argentina — PIAZZA

(Karte S. 74) Der geschäftige Verkehrsknotenpunkt Largo di Torre Argentina liegt rund um die versunkene **Area Sacra**. Die Reste von vier Tempeln gehen auf die republikanische Zeit im 4. bis 2. Jh. v. Chr. zurück. An der Westseite des Platzes wurde Roms wichtigstes Theater, das Teatro Argentina, in unmittelbarer Nähe des Ortes errichtet, an dem Julius Caesar am 15. März 44 v. Chr. ermordet wurde.

Chiesa del Gesù — KIRCHE

(Karte S. 74; www.chiesadelgesu.org; Piazza del Gesù; ⏲7–12.30 & 16–19.45 Uhr) Die imposante Kirche aus der Zeit der Gegenreformation im späten 16. Jh. wurde häufig kopiert. Schon die Fassade von Giacomo della Porta ist beeindruckend, aber die eigentliche Attraktion ist die atemberaubende Inneneinrichtung aus Gold und Marmor. Unter den Kunstwerken sticht vor allem das bezaubernde Gewölbefresko *Trionfo del Nome di Gesù* (Triumph des Namens Jesu) von Giovanni Battista Gaulli (alias Il Baciccia) hervor. Der Künstler schuf auch die Kuppelfresken und gestaltete die Stuckdekoration.

Der Barockmeister Andrea Pozzo entwarf die Cappella di Sant'Ignazio im nördlichen Querschiff. Hier befindet sich das Grabmal von Ignatius Loyola, dem spanischen Soldaten und Heiligen, der 1540 den Jesuitenorden gründete. Sein üppiges Altargrabmal wurde aus Marmor und Bronze gefertigt, die Säulen sind mit Lapislazuli verziert. Ganz oben symbolisiert die Erdkugel die Dreieinigkeit. Dabei handelt es sich um das weltweit größte Stück Lapislazuli. Zu beiden Seiten verweisen die Skulpturen auf die jesuitischen Glaubensgrundsätze: Zur Linken besiegt der Glaube die Götzenverehrung (*Fede che vince l'Idolatria*) und zur Rechten züchtigt die Religion die Ketzerei (*Religione che flagella l'Eresia*).

Loyola lebte in dieser Kirche von 1544 bis zu seinem Tod 1556. Seine **Privatzimmer** (⌚Mo–Sa 16–18, So 10–12 Uhr) befinden sich rechts der Kirche und wurden von Andrea Pozzo, dem Meister der Illusion, mit einem schönen Trompe L'œil verziert.

Museo Nazionale Romano: Crypta Balbi — MUSEUM

(Karte S. 74; ☎06 3996 7700; www.pierreci.it; Via delle Botteghe Oscure 31; Erw./Kind 7/3,50 €; ⌚Di–So 9–19.45 Uhr, letzter Einlass 19 Uhr) Die am wenigsten bekannte Außenstelle des Museo Nazionale Romano wurde auf Ruinen aus dem Mittelalter und der Renaissance errichtet, die wiederum die Überreste des Theaters des Balbus (13 v. Chr.) bedecken. Zu sehen sind die unterirdischen Ausgrabungsstätten sowie einige Fundstücke aus der Krypta, von den Foren sowie von den Hügeln Oppio und Caelius. Gelegentlich wird ein Eintrittszuschlag von 3 € erhoben.

Museo Ebraico di Roma — MUSEUM

(Jüdisches Museum von Rom; Karte S. 74; ☎06 6840 0661; www.museoebraico.roma.it; Via Catalana; Erw./Kind 10/4 €; ⌚Sommer So–Do 10–16.15, Fr 10–15.15 Uhr, Winter So–Do 10–16.15, Fr 9–13.15 Uhr) Roms jüdische Gemeinde ist eine der ältesten Europas und geht bereits auf das 2. Jh. v. Chr. zurück. Zwischen 1555 und dem späten 19. Jh. sowie während des Zweiten Weltkriegs durften die römischen Juden nur im **Jüdischen Ghetto** wohnen, das sich aber heute immerhin in ein lebendiges und stimmungsvolles Stadtviertel entwickelt hat. Das jüdiche Museum ist in Europas zweitgrößter Synagoge untergebracht und präsentiert das vielfältige geschichtliche, kulturelle und künstlerische Erbe der jüdischen Gemeinde. Am Museum starten auch einstündige Führungen durch das ehemalige Ghetto (Erw./Kind 8/5 €).

Area Archeologica del Teatro di Marcello e del Portico d'Ottavia — ARCHÄOLOGISCHE STÄTTE

(Karte S. 74; Via del Teatro di Marcello; ⌚Sommer 9–19 Uhr, Winter 9–18 Uhr) Östlich des Ghettos liegt die Ausgrabungsstätte des Portico d'Ottavia, der ältesten rechteckigen Säulenhalle Roms. Einst trugen 300 Säulen den riesigen Portikus, einige Reste der Säulen und der Giebel blieben erhalten. Der Baumeister war 146 v. Chr. ein gewisser Octavius. Als Augustus die Anlage 23 v. Chr. umbauen ließ, behielt er den Namen zu Ehren seiner Schwester Octavia bei. Vom Mittelalter bis ins späte 19. Jh. beherbergte der Portikus den Fischmarkt von Rom.

Hinter der Säulenhalle wirkt das Teatro di Marcello wie eine kleinere Ausgabe des Kolosseums, wobei in späteren Jahrhunderten weitere Gebäude darauf ergänzt wurden. Das Theater hatte 20 000 Sitzplätze, wurde von Julius Caesar geplant und unter Augustus um 13 v. Chr. errichtet. Im 16. Jh. wurde das Theater durch einen Palast überbaut, in dem heute wohlhabende Römer in exklusiven Apartments wohnen.

Isola Tiberina — STADTVIERTEL

(Karte S. 100) Um zur Isola Tiberina zu gelangen, der kleinsten bewohnten Insel der Welt, geht es über den **Ponte Fabricio**. Die Brücke hält selbst einen Rekord: Sie überspannt den Tiber seit 62 v. Chr. und ist damit Roms älteste erhaltene Brücke. Die Tiberinsel wird seit dem 3. Jh. v. Chr. mit der Heilkunde in Verbindung gebracht. Damals erbauten die Römer dem Gott der Heilkunst, Äskulap, auf der Insel einen Tempel. Heute befindet sich hier das Krankenhaus Ospedale Fatebenefratelli. Die **Chiesa di San Bartolomeo all'Isola** (⌚Mo–Sa 9–13 & 15.30–17.30, So 9–13 & 19–20 Uhr) wurde im 10. Jh. über den Ruinen des römischen Tempels errichtet. Sie hat einen romanischen Glockenturm und einen marmornen Brunnenkopf, der angeblich über der Quelle sitzt, die schon den Tempel mit Heilwasser versorgte.

Der **Ponte Cestio** verbindet seit 46 v. Chr. die Insel mit dem Stadtviertel Trastevere. Die Brücke wurde im 19. Jh. rekonstruiert. Südlich der Insel stehen noch die Überreste des **Ponte Rotto** (zerstörte Brücke), der ers-

Tridente (Rom)

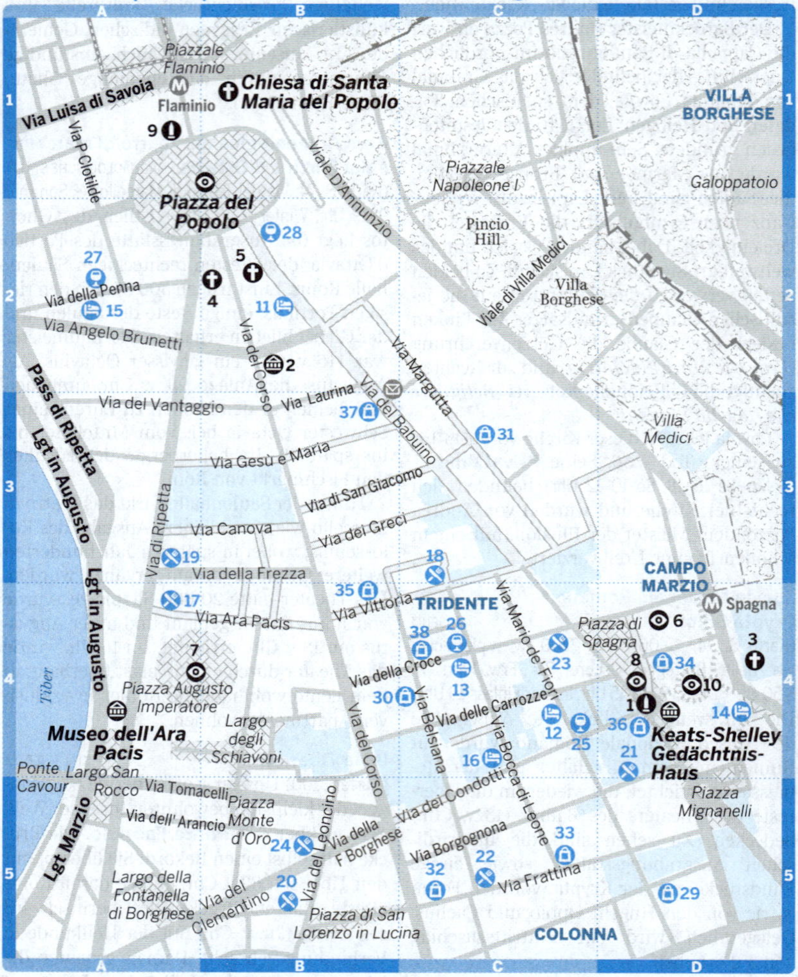

ten steinernen Brücke Roms. Sie wurde bei einem Hochwasser 1598 zerstört.

TRIDENTE, TREVI & QUIRINAL

Nördlich des Centro Storico genießt das Viertel Tridente seit langem den Ruf einer gehobenen Künstlerenklave: Keats und Shelley hingen auf der Piazza di Spagna ab, Goethe hielt Hof an der Via del Corso, und der weltberühmte Regisseur von *La Dolce Vita*, Federico Fellini, lebte in der Via Margutta. Heutzutage liegt Tridente im Herzen des Shoppingviertels. Die glitzernden Designerboutiquen versorgen ein gut betuchtes Publikum. Zu dem Viertel gehören die Spanische Treppe, die Piazza di Spagna und die Piazza del Popolo, wo die drei Straßen Via di Ripetta, Via del Corso und Via del Babuino zusammentreffen. Von dort führt ein kurzer Spaziergang zum berühmten Trevi-Brunnen und zum Quirinal mit dem Präsidentenpalast.

Piazza di Spagna & die Spanische Treppe PIAZZA, MUSEUM

(Karte S. 82) Die **Spanische Treppe** (Scalinata della Trinità dei Monti) ist schon seit dem 18. Jh. ein Besuchermagnet und ein

Tridente (Rom)

Highlights

	Chiesa di Santa Maria del Popolo	B1
	Keats-Shelley Gedächtnishaus	D4
	Museo dell'Ara Pacis	A4
	Piazza del Popolo	B1

Sehenswertes

1	Barcaccia	D4
2	Casa di Goethe	B2
3	Chiesa della Trinità dei Monti	D4
4	Chiesa di Santa Maria dei Miracoli	B2
5	Chiesa di Santa Maria in Montesanto	B2
6	International Wine Academy of Roma	D4
7	Mausoleo di Augusto	A4
8	Piazza di Spagna	D4
9	Porta del Popolo	A1
10	Spanische Treppe	D4

Schlafen

11	Babuino 181	B2
12	Crossing Condotti	C4
13	Hotel Panda	C4
14	Hotel Scalinata di Spagna	D4
15	Okapi Rooms	A2
16	Portrait Suites	C4

Essen

17	'Gusto	A4
18	Dì per Dì	C3
19	La Buca di Ripetta	A3
20	Matricianella	B5
21	Nino	D4
22	Palatium	C5
23	Pastificio	C4
24	Pizzeria al Leoncino	B5

Ausgehen

25	Caffè Greco	C4
26	L'Antica Enoteca	C4
27	Salotto Locarno	A2
28	Stravinkskij Bar – Hotel de Russie	B2

Shoppen

29	Anglo-American Book Co	D5
30	Armando Rioda	C4
	Borsalino	(siehe 28)
31	Bottega di Marmoraro	C3
32	Danielle	C5
33	Fausto Santini	C5
34	Furla	D4
35	Mario Pelle	B4
36	Sermoneta	D4
37	TAD	B3
38	Vertecchi	C4

perfekter Ort, um die Touristenmassen zu beobachten. Die Piazza di Spagna und die Treppe verdanken ihren Namen der spanischen Gesandtschaft beim Heiligen Stuhl. Dabei wurde die Treppe 1725 z. T. mit französischen Geldern erbaut und von dem italienischen Architekten Francesco de Sanctis entworfen. Die Stufen führen hinauf zur französischen Kirche **Chiesa della Trinità dei Monti**, die vom französischen König Ludwig XII. in Auftrag gegeben worden war und 1585 geweiht wurde. Neben der herrlichen Aussicht vor der Kirche sind innen einige schöne Fresken von Daniele da Volterra zu sehen. Seine *Deposizione* (Die Grablegung Christi) in der zweiten Kapelle links gilt als ein Meisterwerk des Manierismus. Wer die steilen Stufen nicht erklimmen möchte, kann den Lift von der Metrostation Spagna nehmen.

Am Fuße der Treppe ist der Brunnen in Form eines sinkenden Lastkahns, die **Barcaccia,** wohl das Werk Pietro Berninis, des weniger bekannten Vaters des berühmten Gian Lorenzo Bernini.

Keats-Shelley-Haus MUSEUM

(Karte S. 82; ☎06 678 42 35; www.keats-shelley-house.org; Piazza di Spagna 26; Erw./Kind 4,50/3,50 €; ⏲Mo–Fr 10–13 & 14–18, Sa 11–14 & 15–18 Uhr) In Sichtweite der Spanischen Treppe steht das Haus, in dem Keats, der Dichter der englischen Romantik 1821 im Alter von 25 Jahren an Tuberkulose starb. Eigentlich sollte die Romreise seiner Genesung dienen. Doch er wurde zunächst auf einem Schiff vor Neapel unter Quarantäne gestellt und dann von seinem schottischen Arzt auf Verdauungsstörungen behandelt und nicht auf seine tatsächliche Krankheit. Die beengten Räumlichkeiten sind zu einem ansprechenden Museum umgewandelt worden, das sich mit Keats und Shelly, einem weiteren Dichter der englischen Romatik beschäftigt. Shelley ertrank an der toskanischen Küste. Er und Keats sind auf dem nicht-katholischen Friedhof in der Nähe der Pyramide beigesetzt. Im Museum sind Gedichte, Briefe und weitere Andenken aus dem Nachlass von Keats, Shelley, Byron und ihren Freunden ausgestellt.

Trevi (Rom)

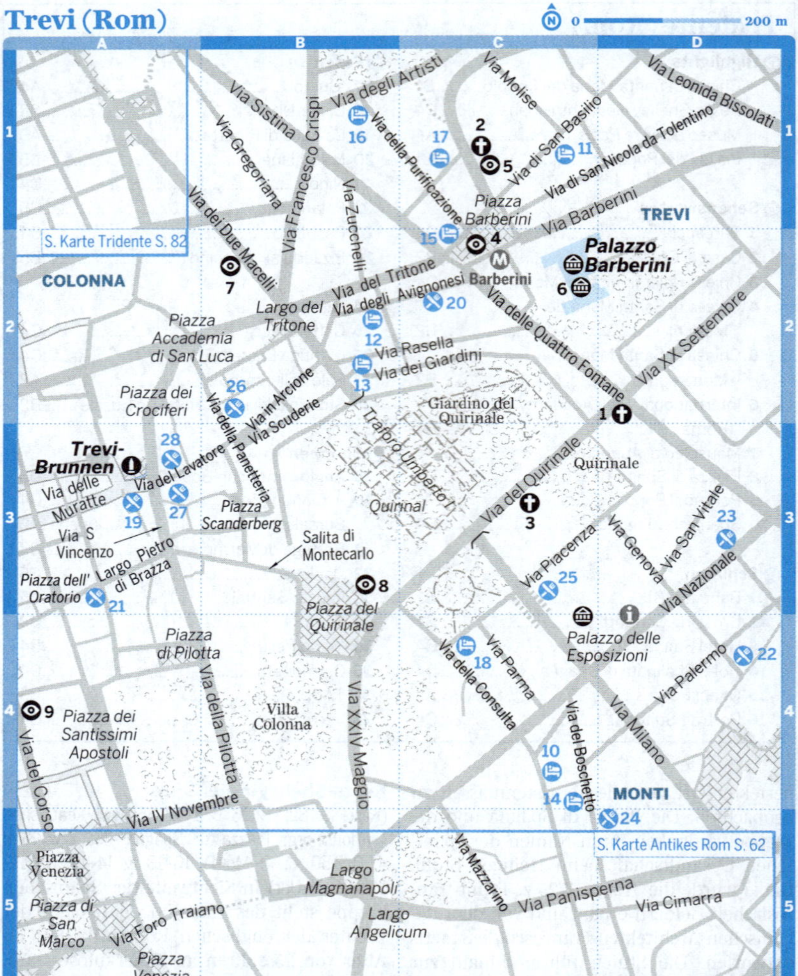

Piazza del Popolo & Umgebung PIAZZA, KIRCHE

(Karte S. 82) Jahrhundertelang war die Piazza Schauplatz öffentlicher Hinrichtungen. Doch die ellipsenförmige Piazza wurde 1538 eigentlich als glanzvolle bauliche Visitenkarte am nördlichen Stadtzugang angelegt, an dem der Besucher Rom betrat, wenn er von Norden über die Via Flaminia und die Via Cassia in die Stadt reiste.. Heute erleben Besucher einen der beeindruckendsten Plätze der Stadt.

Am südlichen Ende des Platzes ragen zwei barocke Zwillingskirchen aus dem 17. Jh. von Carlo Rainaldi auf: Die **Chiesa di Santa Maria dei Miracoli** und die **Chiesa di Santa Maria in Montesanto**, während auf der Nordseite die **Porta del Popolo**, 1655 von Bernini geschaffen, die Niederlage der schwedischen Königin Christina gegen katholische Truppen feiert. Der 36 m hohe **Obelisk** in der Mitte des Platzes wurde von Augustus aus dem ägyptischen Heliopolis mitgebracht. Mitte des 16. Jhs. fand der Obelisk, der im Circus Maximus aufgestellt war, hier einen neuen Standort. Auf der Ostseite schließen sich auf dem Hügel die **Pincio-Gärten** an.

Trevi (Rom)

Highlights
Palazzo Barberini ... C2
Trevi-Brunnen ... A3

Sehenswertes
1 Chiesa di San Carlo alle Quattro Fontane ... D2
2 Chiesa di Santa Maria della Concezione ... C1
3 Chiesa di Sant'Andrea al Quirinale ... C3
4 Fontana del Tritone ... C2
5 Fontana delle Api ... C1
6 Galleria Nazionale d'Arte Antica ... C2
7 Italiaidea ... B2
8 Palazzo del Quirinale ... B3
9 Time Elevator ... A4

Schlafen
10 Apollo Hotel ... C4
11 Daphne B&B ... C1
12 Daphne B&B ... B2
13 Fellini B&B ... B2
14 Hotel Artorius ... C4
15 Hotel Barocco ... C2
16 Hotel Modigliani ... B1
17 La Piccola Maison ... C1
18 Villa Spalletti Trivelli ... C4

Essen
19 Antico Forno ... A3
20 Colline Emiliane ... C2
21 Da Michele ... A3
22 Da Ricci ... D4
23 DeSpar ... D3
24 L'Asino d'Oro ... D5
25 Open Colonna ... C3
26 San Crispino ... B2
27 Markt Via del Lavatore ... A3
28 Vineria Chianti ... A3

Chiesa di Santa Maria del Popolo KIRCHE

(Karte S. 82; ☎06 361 08 36; Piazza del Popolo; ⏲Mo–Sa 7–12 & 16–19, So 8–13.30 & 16.30–19.30 Uhr) Neben der Porta del Popolo steht eine der frühesten und üppigsten Renaissancekirchen Roms. Eine erste Kapelle wurde schon 1099 errichtet, um den Geist Neros zu vertreiben. Der berüchtigte Kaiser lag just hier begraben, und sein Geist machte angeblich die Gegend unsicher. 1462 folgte ein Umbau, und danach schuf Pinturicchio seine wunderbaren Fresken. In Raffaels Cappella Chigi – zu großen Teilen von Bernini rund 100 Jahre später vollendet – befindet sich ein berühmtes Mosaik mit einem knienden Skelett. In der Cappella Cerasi geht es nicht weniger dramatisch zu: Links vom Altar hängen zwei Meisterwerke von Caravaggio: Die *Bekehrung des Paulus* sowie die *Kreuzigung von Petrus* (beide 1600–01).

Casa di Goethe HISTORISCHES GEBÄUDE

(Karte S. 82; ☎06 3265 0412; www.casadigoethe.it; Via del Corso 18; Erw./Kind 4/3 €; ⏲Di–So 10–18 Uhr) In der Nähe der Piazza del Popolo befindet sich die bescheidene und liebevoll gepflegte Casa di Goethe, die als einziges deutsches Museum im Ausland gilt. Hier lebte Goethe von 1786 bis 1788, obwohl er sich über den Lärm der Anwohner beschwerte. In der Casa werden einige Zeichnungen und Kupferstiche sowie weitere interessante Andenken an seine Italienreise ausgestellt.

Museo dell'Ara Pacis MUSEUM

(Karte S. 82; ☎06 8205 9127; www.arapacis.it; Lungotevere in Augusta; Erw./Kind 9/7 €, Audioguider 3,50 €; ⏲Di–So 9–19 Uhr) Viele Einheimische haben für den minimalistischen Glas- und Marmorpavillon des Architekten Richard Meier wenig übrig. Bei dem Projekt handelte es sich um den ersten modernen Bau im historischen Stadtzentrum seit dem Zweiten Weltkrieg. Obwohl Bürgermeister Gianni Alemanno bei seiner Wahl 2008 den kompletten Abriss des Pavillons versprochen hatte, scheint diese Option vom Tisch zu sein. Die Mauer zwischen dem belebten Lungotevere Augusta und der Piazza Augusto Imperatore, die die Barockfassade der Kirche San Rocco all'Augusteo verdeckt, soll jedoch in Absprache mit dem Architekten abgerissen werden.

Im Inneren befindet sich der weniger umstrittene Friedensaltar (Ara Pacis Augustae), eine Verneigung von Kaiser Augustus vor dem Frieden. Der riesige Marmoraltar ist eines der wichtigsten Zeugnisse römischer Bildhauerkunst und misst 11,6 m x 10,6 m x 3,6 m. Nach seiner Fertigstellung 13 v. Chr. wurde er in der Nähe der Piazza San Lorenzo in Lucina aufgestellt. Der Standort war so berechnet, dass an Augustus' Geburtstag der Schatten der Sonnenuhr auf dem Marsfeld direkt auf den Altar fiel. Im Laufe der Jahrhunderte wurde der Altar von den gierigen Kunstsammlern Roms

DER MYSTERIÖSE FALL DER TREVI-MÜNZEN

An einem durchschnittlichen Tag werden rund 3000 € in den Trevi-Brunnen geworfen. Es ist allgemein akzeptiert, dass das Geld täglich eingesammelt und der katholischen Caritas zur Verfügung gestellt wird. 2002 kam jedoch heraus, dass D'Artagnan (der arbeitslose 50-Jährige heißt im realen Leben Roberto Cercelletta) 34 Jahre lang aus dem Brunnen Geldmünzen gefischt hatte. Er wurde von dem Brunnen verbannt, und man verschärfte die Sicherheitsmaßnahmen. Trotz der Verfügung kam D'Artagnan einige Tage später wieder zurück, schrie die Menschenmenge an und verletzte sich als Zeichen des Protests an der Brust. Ein Jahr später urteilte ein Gericht, dass er das Geld nicht gestohlen habe, weil es ja zuvor weggeworfen worden sei.

Acht Jahre später gab es einen weiteren Skandal, als ein Fernsehteam verdeckt den Brunnen filmte und dabei entdeckte, dass D'Artagnan und seine Helfer noch immer das Geld einsammelten – und das mit dem heimlichen Einverständnis der Polizei. Als der Reporter die Polizei fragte, warum sie nicht eingriff, wurde er von den Sammlern in den Brunnen gestoßen. In den folgenden Tagen veranstaltete D'Artagnan wieder einen öffentlichen Protest: Wieder verletzte er sich an der Brust und stieg auf die Felsen rund um den Brunnen, um seine Wunden zu zeigen. Die Polizei verteidigte sich gegen jede Kritik, denn es gebe keine rechtliche Grundlage, um die Münzensammler festzunehmen. Interessanterweise zwang sie die Männer auch nicht, sich an jene Verordnung zu halten, die ein Betreten der römischen Brunnen strikt verbietet. Diese Verordnung wird normalerweise kompromisslos durchgesetzt, was man schnell bemerkt, wenn man auch nur seine Füße im Wasser baumeln lässt. Der römische Bürgermeister Gianni Alemanno plant nun eine neue Verordnung, die das Entfernen von Münzen aus dem Brunnen zu einer Ordnungswidrigkeit macht.

heimgesucht, und Teile landeten in den Sammlungen der Medici, im Vatikan und im Louvre. 1936 ließ Mussolini die Überreste ausgraben und am jetzigen Standort wieder zusammenfügen.

Auf den Reliefs, die den Altar zieren, ist unter anderem Augustus an der Spitze einer Prozession zu sehen, gefolgt von Priestern, dem General Marcus Agrippa und der gesamten kaiserlichen Familie.

Mausoleo di Augusto MAUSOLEUM

(Augustus-Mausoleum; Karte S. 82) Im antiken Rom war das Mausoleum eines der beeindruckendsten Baudenkmäler, doch heute ist es nur noch ein von Unkraut überwachsener Grashügel. Derzeit gibt es zwar Pläne des Architekten Francesco Cellini für eine umfassende Sanierung, aber vom Beginn der Bauarbeiten ist noch nichts zu sehen.

Das Mausoleum wurde 28 v. Chr. erbaut und hatte ursprünglich einen Durchmesser von 87 m. Augustus wurde hier 14 n. Chr. beigesetzt, genau wie sein Lieblingsneffe und Nachfolger Marcellus. Im Mittelalter diente das Bauwerk als Fort, später als Weinberg, privater Garten sowie als Travertin-Steinbruch. Mussolini verfügte 1936 eine Renovierung, weil er gerne selbst dort beigesetzt werden wollte.

Trevibrunnen BRUNNEN

(Fontana di Trevi; Karte S. 84) Roms berühmtester Brunnen füllt fast den gesamten Platz aus. Anita Ekbergs Bad in *La Dolce Vita* besiegelte seinen Kultstatus. Das üppige Barockensemble wurde 1732 von Nicola Salvi entworfen: Neptun wird in seinem Wagen von einem wilden und einem friedlichen Seepferd gezogen – sie sollen die Launen des Meeres symbolisieren. Das Brunnenwasser stammt aus einem unterirdischen Aquädukt (1. Jh. v. Chr.), und der Name Trevi bezieht sich auf die „drei Straßen" (*tre vie*), die am Brunnen zusammentreffen. Wer eine Münze in den Brunnen wirft, kann sicher sein, in die Ewige Stadt zurückzukehren. Da es tagsüber zumeist ziemlich voll ist am Brunnen, empfiehlt sich ein abendlicher Besuch, damit man das Wasserspektakel ohne Menschenmassen genießen kann.

Time Elevator KINO

(Karte S. 84; ☎06 6992 1823; www.time-elevator.it; Via dei Santissimi Apostoli 20; Erw./Kind 12/9 €; ⏲10.30–19.30 Uhr; 👪) Für Sessel-Touristen ist dieses Kino in unmittelbarer Nähe der Via del Corso ideal. Es gibt drei Programme, am interessantesten ist jedoch *Time Elevator Rome*. Die 45-minütige virtuelle Reise führt durch 3000 Jahre römische Geschichte. Die Vorführungen beginnen immer zur halben Stunde. Kinder wie Erwachsene lieben die Panorama-Bildschirme, die Flugsimulatoren-Technik und das Surround-Soundsystem. Kinder unter fünf Jahren haben jedoch keinen Zutritt, und jeder, dem bei rasanten Bildfolgen schlecht wird, sollte am besten draußen bleiben.

Piazza Barberini PIAZZA

(Karte S. 84) In der Mitte des verkehrsreichen Platzes steht Berninis **Fontana del Tritone**. Der Künstler schuf den Tritonenbrunnen 1643 zu Ehren Papst Urbans VIII., des Patriarchen der Barberini-Familie. Bernini zeichnet auch für die **Fontana delle Api** (Bienenbrunnen) in der nordöstlichen Ecke des Platzes verantwortlich. Im Wappen des einflussreichen Barberini-Clans waren drei Bienen zu sehen.

Galleria Nazionale d'Arte Antica: Palazzo Barberini KUNSTGALERIE

(Karte S. 84; ☎06 2258 2493; www.galleriaborghese.it; Via delle Quattro Fontane 13; Erw./Kind 5/2,50 €; ⊙Di–So 9–19.30 Uhr, letzter Einlass 19 Uhr) Der großartige Palazzo Barberini wurde im 17. Jh. von Papst Urban VIII. in Auftrag gegeben, um den Aufstieg der Barberinis zu päpstlichen Würden gebührend zu feiern. Viele bekannte Barockarchitekten arbeiteten an dem Palast, darunter sowohl Bernini als auch sein Rivale Borromini. Ersterer schuf eine große rechtwinklige Treppe, Letzterer eine spiralförmige. Heute beherbergt der Palast einen Teil der Galleria Nazionale und ist eine Augenweide für Fans der Renaissance und des Barock. Zu sehen sind Werke von Raffael, Caravaggio, Guido Reni, Bernini, Filippo Lippi, Holbein, Tizian und Tintoretto . Die Decke des Großen Salons malte 1632 bis 1639 Pietro da Cortona aus; Thema: *Der Triumph der Göttlichen Vorsehung*. Hochkarätig sind auch Hans Holbeins berühmtes Porträt des fettleibigen englischen Königs Heinrich VIII. (um 1540) sowie Filippo Lippis brillantes Werk *Annunciazione e due devoti* (Maria Verkündigung). Von Caravaggio sind zwei Meisterwerke ausgestellt: *Der meditierende Franz* (um 1571–1610) sowie das atemberaubend schauerliche *Judith enthauptet Holofernes* (um 1597–1600). Die Gesichtsausdrücke sind sehr realistisch dargestellt. Wunderbar ist Raffaels *La Fornarina* (Die Bäckerstochter), ein Porträt seiner Geliebten Margherita Luti. Sie arbeitete in einer Bäckerei in der Via di Santa Dorotea in Trastevere. – Die Schließfächer für Taschen und Rucksäcke kosten 1 €.

TIPPS FÜR DIE VIA APPIA ANTICA

Wer sich alles anschauen möchte, sollte sich die Appia Antica Card (s. Kasten S. 66) besorgen. Am Anfang der Straße ist der **Appia Antica Regional Park Informationspunkt** (außerhalb Karte S. 98; ☎06 513 53 16; www.parcoappiaantica.org; Via Appia Antica 58–60; ⊙Mo–Sa 9.30–13.30 & 14–17.30, So 9.30–17.30 Uhr, Winter tgl. nur bis 16.30 Uhr) sehr informativ. Es gibt Übersichtskarten und einen **Radverleih** (pro Std./Tag 3/10 €). Die Parkverwaltung organisiert an Sonntagvormittagen zu Fuß oder per Rad kostenlose geführte Touren. Von der Website kann man sich einen Audioguide durch das Caffarella-Tal kostenlos herunterladen. Daneben organisiert auch die **Darwin Cooperative** (www.cooperativadarwin.it) geführte Wanderungen und Radtouren auf Deutsch, Englisch, Französisch und Spanisch.

Chiesa di Santa Maria della Concezione KIRCHE

(Karte S. 84; ☎06 487 11 85; Via Vittorio Veneto 27; Eintritt gegen Spende; ⊙Fr–Mi 9–12 & 15–18 Uhr) Die Kapuzinergruft unter der Kirche ist eine makabre Skurrilität: Zwischen 1528 und 1870 verwendeten die Kapuziner die Knochen von 4000 verstorbenen Mitbrüdern, um die Gruft auf höchst makabre Weise komplett auszugestalten. Alles ist mit menschlichen Knochen verziert, und die Botschaft in der letzten Krypta lautet schlicht: „Was ihr jetzt seid, waren wir einst auch; was wir jetzt sind, werdet ihr auch sein." Schönen Urlaub!

Palazzo del Quirinale PALAZZO

(Karte S. 84; ☎06 4 69 91; www.quirinale.it; Eintritt 2,50 €; ⊙Mitte Sept.–Juni So 8.30–12 Uhr) Ganz oben auf dem Quirinal thront ein imposanter Palast, der 300 Jahre lang als Sommerresidenz der Päpste diente. 1870 mussten die Palastschlüssel jedoch unter Androhung von Waffengewalt an den neuen italienischen König übergeben werden. 1948 zog dann der republikanische Staatspräsident ein. Am

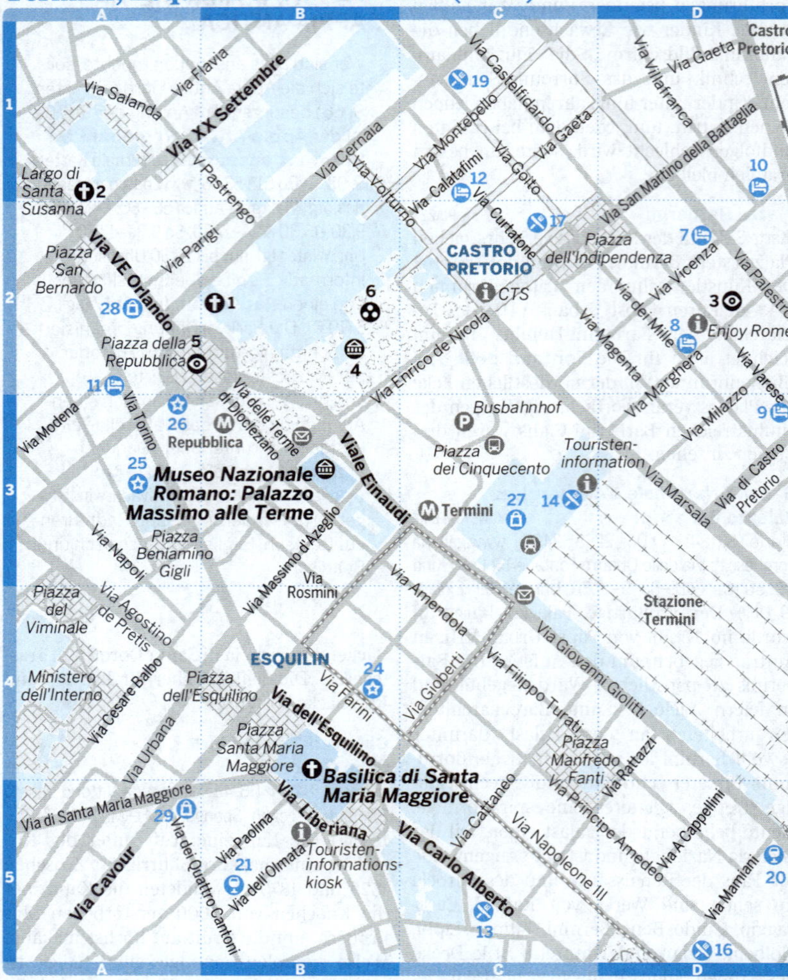

Ende der sonntäglichen Besuchszeit gibt es ein kostenloses Konzert in der Kapelle.

Chiesa di Sant'Andrea al Quirinale KIRCHE

(Karte S. 84; ☎06 474 08 07; Via del Quirinale 29; ⏲Mo–Sa 8.30–12 & 15.30–19, So 9–12 & 16–19 Uhr) An der Via del Quirinale stehen zwei sehenswerte Kirchen, die von den großen Rivalen der Barockzeit erbaut wurden: Bernini und Borromini. Diese Kirche wurde von Bernini im späten 17. Jh. entworfen und wird als eine seiner schönsten Arbeiten geschätzt. Obwohl er nur wenig Platz zur Verfügung hatte, erzeugte er dennoch ein Gefühl für Großartigkeit, indem er einen elliptischen Grundriss verwendete: Die Kapellen liegen rund um einen zentralen Bereich. Angeblich kam der Künstler in seinen späten Jahren gerne in die Kirche, um die friedliche Atmosphäre zu genießen.

Chiesa di San Carlo alle Quattro Fontane KIRCHE

(Karte S. 84; ☎06 488 31 09; Via del Quirinale 23; ⏲Mo–Fr 10–13 & 15–18, Sa 10–13, So 12–13 Uhr) Borrominis erste Kirche verrät schon seine Genialität. Die elegant geschwungene Fassade, der Wechsel zwischen konvexen und

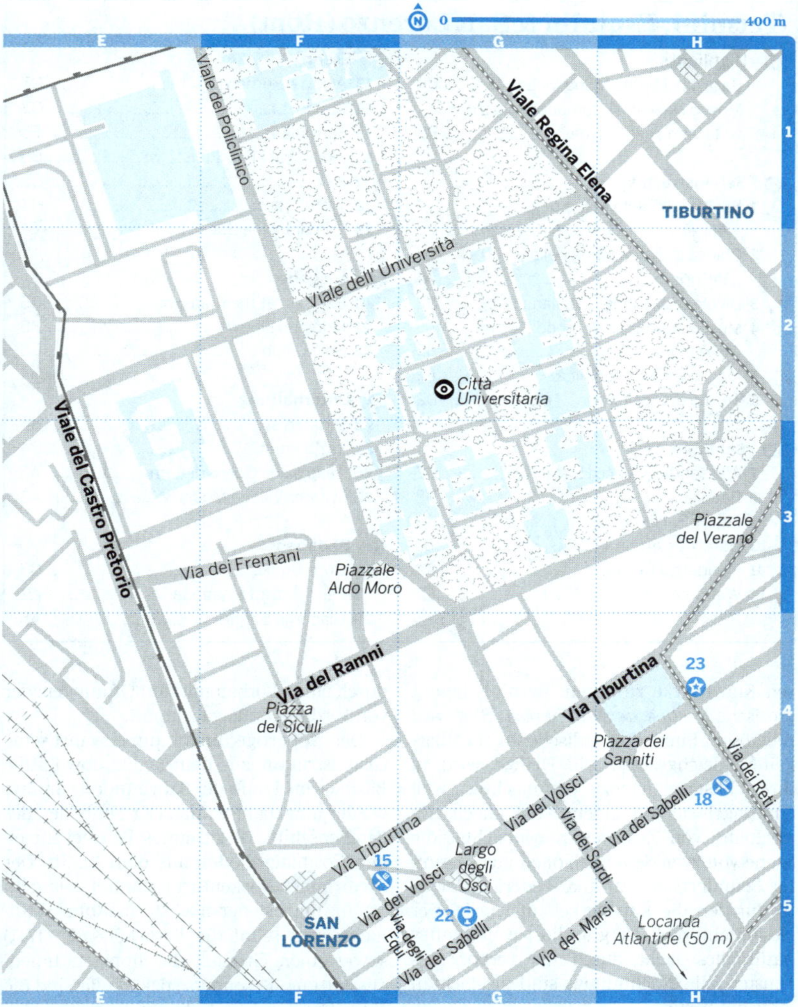

konkaven Flächen, die von versteckten Fenstern erhellte Kuppel – all das schafft einen hellen Innenraum. Angesichts der lauten Straßenkreuzung bietet die Kirche einen willkommenen, ruhigen Zufluchtsort.

TERMINI, ESQUILIN & SAN LORENZO

Der Esquilin erstreckt sich als größter der sieben Hügel Roms vom Kolosseum bis zur Stazione Termini. Durch das Viertel verläuft die Hauptverkehrsader Via Cavour vom Bahnhof Termini bis zur Via dei Fori Imperiali. Auch die mit Mosaiken verzierte Basilica di Santa Maria Maggiore sowie das zunehmend angesagte Viertel Monti gehören zum Esquilin. Monti bietet zahlreiche reizvolle Boutiquen, Restaurants und Weinbars. Zurzeit der römischen Republik war dieses sehr alte Stadtviertel als Rotlichtviertel berüchtigt. Die vielen Weinberge und Gärten mussten Ende des 19. Jhs. den schicken Wohnhäusern weichen.

Chiesa di Santa Maria della Vittoria KIRCHE
(Karte S. 88; ☎06 482 61 90; Via XX Settembre 17; ⏲Mo–Sa 8.30–12 & 15.30–18, So 15.30–18 Uhr) In der bescheidenen Kirche ist eines der schönsten und bestechendsten religiö-

Termini, Esquilin & San Lorenzo (Rom)

Highlights
Basilica di Santa Maria Maggiore B4
Museo Nazionale Romano: Palazzo Massimo alle Terme B3

Sehenswertes
1 Basilica di Santa Maria degli Angeli B2
2 Chiesa di Santa Maria della Vittoria A1
3 Divulgazione Lingua Italiana Soc D2
4 Museo Nazionale Romano: Terme di Diocleziano B2
5 Piazza della Repubblica A2
6 Terme di Diocleziano B2

Schlafen
7 Alessandro Palace Hostel D2
8 Beehive D2
9 Funny Palace D3
10 Hotel des Artistes D1
11 Residenza Cellini A2
12 Welrome Hotel C1

Essen
13 Agata e Romeo C5
14 Conad C3
15 Formula 1 .... F5
16 Indian Fast Food D5
17 Sir C2
18 Tram Tram H4
19 Trimani Wine Bar C1

Ausgehen
20 Bar Zest at the Radisson D5
21 Fiddler's Elbow B5
22 Solea Club G5

Unterhaltung
23 Dimmidisí H4
24 Lazio Point B4
25 Teatro dell'Opera di Roma A3
26 Warner Village Moderno A3

Shoppen
27 Borri Books C3
28 Feltrinelli International A2
29 Giacomo Santini A5

sen Kunstwerke zu sehen: Berninis betont erotische *Ekstase der hl. Theresa*. Hier wird religiöser Eifer mit irdischeren Lustbarkeiten gleichgesetzt. Die Heilige wird in ihrer Ekstase nahezu ohnmächtig, weil ein Engel sie mit einem Pfeil kitzelt. Eine Reihe von Zuschauern beobachtet die Szene von zwei Seitenbalkonen aus. Darunter befindet sich Kardinal Federico Cornaro, für den die Kapelle gebaut wurde. Der Gesamteindruck ist grandios, weil sanftes natürliches Licht durch ein verborgenes Fenster fällt. Nachmittags sind die Lichteffekte am besten.

Basilica di Santa Maria Maggiore KIRCHE
(Karte S. 88; ☎06 6988 6800; Piazza Santa Maria Maggiore; Audioguide 5 €; ⏲7–19 Uhr) Die Basilika ist eine der vier dem Papst direkt unterstellten Patriarchalkirchen Roms – die anderen sind der Petersdom, San Giovanni in Laterano und San Paolo Fuori-le-Mura. Sie wurde im 5. Jh. auf dem höchsten Punkt des Esquilin errichtet. Die 18,78 m hohe Säule auf der Piazza di Santa Maria Maggiore stammt aus der Basilica di Massenzio auf dem Forum Romanum, und die Fassade der Kirche ist mit leuchtenden Mosaiksteinchen aus dem 13. Jh. bedeckt. Geschützt wird sie durch einen Vorbau mit fünf Öffnungen, der von Ferdinando Fuga stammt.

Der großartige Innenraum bewahrt seine Grundstruktur aus dem 5. Jh., obwohl die Basilika im Laufe der Jahrhunderte immer wieder umgebaut wurde. Der Fußboden des Kirchenschiffs ist ein gutes Beispiel für einen Cosmaten-Boden aus dem 12. Jh. Der 75 m hohe Glockenturm stammt aus dem 14. Jh. und ist der höchste in Rom. Ferdinand Fuga schuf die Barockfassade (1741) sowie einen Großteil der üppigen Innenausstattung. Besonders spektakulär sind die Mosaiken aus dem 5. Jh. im Triumphbogen und im Kirchenschiff. Sie zeigen Szenen aus dem Alten Testament. Um sie gebührend würdigen zu können, sind Ferngläser hilfreich. Das zentrale Bild in der Apsis stammt von Jacopo Torriti aus dem 13. Jh. und zeigt die Krönung der Jungfrau Maria.

Der Baldachin über dem Hauptaltar wird von vergoldeten Engelchen opulent geschmückt. Der Altar selbst ist ein Porphyrsarkophag, der Reliquien des Evangelisten Matthäus und anderer Märtyrer enthalten soll. Eine Gedenktafel zur Rechten des Altars markiert die Stelle, an der Gian Lorenzo Bernini und sein Vater Pietro beerdigt wurden. Stufen führen hinab in die *Confessio*, eine Krypta, in der weitere Reliquien aufbewahrt werden. Papst Pius IX. kniet als Statue vor einem Reliquienschrein, der ein Stück von Jesus' Krippe enthalten soll.

Die überbordend ausgestaltete Cappella Sistina, die letzte auf der rechten Seite, wurde von Domenico Fontana im 16. Jh. gebaut und birgt die Grabmäler der Päpste Sixtus V. und Pius V.

Durch den Buchladen gelangt man zur Rechten in ein **Museum** (Erw./Kind 4/2 €; ⌚9–18 Uhr) mit einer ziemlich bunten Mischung religiöser Kunst. Interessanter ist die obere **Loggia** (☎06 6988 6802; Eintritt 5 €; ⌚14–17 Uhr), wo einige schimmernde Mosaiken aus dem 13. Jh. zu sehen sind.

Basilica di San Pietro in Vincoli KIRCHE

(Karte S. 62; ☎06 488 28 65; Piazza di San Pietro in Vincoli 4a; ⌚April–Sept. 8–12.30 & 15.30–19 Uhr, Okt.–März 8–12.30 & 15–18 Uhr) Pilger und Kunstliebhaber strömen aus zwei Gründen in diese Basilika: Zum einen sind die Ketten des Petrus, zum anderen Michelangelos Grabmal für Papst Julius II. hier zu bewundern. Die Kirche wurde im 5. Jh. eigens für die Ketten errichtet, mit denen Petrus im Mamertinischen Kerker gefesselt worden sein soll. Nach seinem Tod gelangten die Ketten zunächst nach Konstantinopel, bevor sie in zwei Teilen als Reliquien nach Rom zurückkehrten. Dort sollen sich die Ketten auf wundersame Weise wieder zusammengefügt haben. Heute sind sie unter dem Altar ausgestellt.

Rechts davon steht das monumentale Grabmal für Papst Julius II. Der außergewöhnliche, mit zwei kleinen Hörnern versehene Moses, steht im Zentrum von Michelangelos Werk. Das erregte vielerorts Neugierde, doch die Hörner waren das Ergebnis einer falsch übersetzten Bibelpassage. Wo es im Original heißt, dass von Moses' Gesicht Lichtstrahlen ausgingen, sprach die Übersetzung von Hörnern. Michelangelo war dieser Fehler zwar bekannt, doch er entschied sich trotzdem für die Hörner. Die beiden Statuen von Lea und Rahel an den Seiten gehen wahrscheinlich auf Michelangelos Schüler zurück. So riesig das Grabmal auch wirkt, es wurde niemals vollendet: Der Meister hatte eigentlich 40 Statuen geplant, doch schon bald war er mit der Sixtinischen Kapelle vollauf beschäftigt. Julius II. wurde später im Petersdom beigesetzt.

Von der Via Cavour führen Treppen durch einen niedrigen Bogen zur Kirche hinauf.

Domus Aurea HISTORISCHE STÄTTE

(Karte S. 94; Via della Domus Aurea 1; ⌚ wegen Renovierung geschl.) Auf der anderen Straßenseite gegenüber dem Kolosseum war der Goldene Palast (Domus Aurea) Neros Geschenk an sich selbst. Die weitläufige Anlage erstreckte sich über die Hügel Palatin, Oppius und Caelius und wurde nach dem Stadtbrand von 64 erbaut. Der Name geht auf die goldene, mit Perlmutt verkleidete Fassade zurück. Im Palast gab es mit Fresken verzierte Bankettsäle, Grotten fürs Vergnügen und für religiöse Zwecke sowie Bäder und

UNTERIRDISCHER KULT

Der Mithras-Kult war vor allem bei den römischen Legionären sehr beliebt. Der Sage nach war Mithras ein junger, gut aussehender Gott, dem von der Sonne befohlen wurde, einen Stier zu schlachten. Im Tode gebar der Stier jedoch neues Leben, weil sein vergossenes Blut Weizen und andere Pflanzen wachsen ließ. In der Ikonographie des Mithraismus greifen eine Schlange und ein Hund den Stier an, um dies zu verhindern, während ein Skorpion sich an seinen Hoden zu schaffen macht. Da es sich beim Mithras-Kult um einen Mysterienkult handelte, liegen viele Einzelheiten und ihre Bedeutung auch in Fachkreisen bis heute im Dunkeln.

Mithras-Tempel befinden sich immer in der Tiefe und sind dunkel, aber die Vorliebe für dunkle Höhlen geht nicht auf einen Hang zum Schaurigen zurück. Die Höhlentempel sollen den Kosmos repräsentieren, weil dieser aus der Erde geschaffen wurde. Die Religionsanhänger durchliefen hier komplexe Initiationsriten und erklommen so langsam eine Rangleiter mit Bezeichnungen wie „Soldat" oder „Rabe". Die Anhänger aßen auch Brot und Wasser als Symbol für den Körper und das Blut des Stiers. Klingt das nicht vertraut? Die frühen Christen dachten sich das auch und wetterten deshalb voller Eifer gegen den Kult, weil die Riten den eigenen zu ähnlich waren. Es ist eine Ironie der Geschichte, dass der besterhaltene Mithras-Tempel in Rom unter der wunderbaren christlichen Basilica di San Clemente zu finden ist.

Terrassen. Die Palastanlage umfasste ein Drittel der gesamten Stadtfläche, inklusive eines künstlichen Sees. Nur rund 20 % des ursprünglichen Komplexes sind erhalten geblieben. Die Bäder und die überbauten Ruinen wurden im 6. Jh. aufgegeben. Genau dieses Gelände wird derzeit ausgegraben. Früher stand es Besuchern offen, musste aber oftmals wegen Reparaturarbeiten nach Überschwemmungen und Einstürzen geschlossen werden. Zuletzt standen die Palastruinen 2010 offen.

Piazza della Repubblica PIAZZA

(Karte S. 88) Eingerahmt von pompösen neoklassizistischen Kolonnaden war die Piazza della Repubblica nach der italienischen Vereinigung angelegt worden. Rund um den riesigen Kreisverkehr ist in verschiedenen Gebäuden ein Großteil der berühmten archäologischen Sammlung des Museo Nazionale Romano untergebracht.

Museo Nazionale Romano: Palazzo Massimo alle Terme KUNSTMUSEUM

(Karte S. 88; ☎06 3996 7700; www.pierreci.it; Largo di Villa Peretti 1; Erw./Kind 7/3,50 €, Audioguide 4 €; ⌚Di–So 9–19.45 Uhr) Der lichtdurchflutete Palazzo Massimo alle Terme ist eine Schatzkammer der klassischen Kunst und eines der besten Museen Roms. Er liegt allerdings ein wenig abseits der Haupttouristenpfade in der Nähe des Bahnhofs Termini.

Erdgeschoss und 1. Stock sind den unglaublich kunstfertigen Skulpturen gewidmet, darunter dem faszinierenden *Boxer* aus dem 1. Jh. v. Chr. Im 1. Stock gibt es einen *Schlafenden Hermaphroditen* sowie die berühmte Vision von Perfektion, den *Diskuswerfer*. Dennoch überstrahlen die sensationellen Mosaiken und Fresken im 2. Stock alles andere. Die Aufteilung der Säle wurde geändert, damit sie den Grundriss der alten Villen widerspiegeln. Die Beleuchtung bringt den Farbreichtum erst richtig zur Geltung. Zu sehen sind private Schlafzimmer, verziert mit religiösen, erotischen und Theater-Themen. Im dunkel bemalten winterlichen Speisezimmer sind Landschaften dargestellt. Der Höhepunkt sind die Fresken aus der Villa Livia (30–20 v. Chr.), in der Augustus' Ehefrau, Livia Drusilla, lebte. Die Fresken bedecken den ganzen Raum und entführen den Betrachter in einen realistisch wirkenden Paradiesgarten: Wilde Rosensträucher, Granatäpfel, Schwertlilien und Kamillen sind unter einem tiefblauen Himmel arrangiert. Einst zierten sie einen sommerlichen Wohn- und Essbereich, der halb unterirdisch lag, um Schutz vor der Hitze zu bieten. Das neue Ausstellungsarrangement imitiert den Wandel des Tageslichts und betont die intensiven, 2000 Jahre alten Farben.

Museo Nazionale Romano: Terme di Diocleziano MUSEUM

(Karte S. 88; ☎06 3996 7700; www.pierreci.it; Viale Enrico de Nicola 78; Erw./Kind 7/3,50 €, Audioguide 5 €; ⌚Di–So 9–19.45 Uhr). Die **Terme di Diocleziano** waren im antiken Rom ein vielschichtiger Komplex aus Bädern, Büchereien, Konzertsälen und Gärten. Die Bäder erstreckten sich nach ihrem Bau im frühen 4. Jh. über eine Fläche von 13 ha und waren für 3000 Besucher ausgelegt. Damit war es der größte Badekomplex der Stadt, doch mit der Zerstörung des Aquäduktes 536 war es mit den Badefreuden vorbei. Heute gehören die Reste der Anlage zum beeindruckenden Museo Nazionale Romano: Terme di Diocleziano. Mit Gedenkinschriften und anderen Fundstücken bietet das Museum einen faszinierenden Einblick in den Aufbau der römischen Gesellschaft. Die Ausstellungsstücke beleuchten u. a. diverse Kulte und die Entwicklung von Christentum und Judentum. Im Obergeschoss geht es noch weiter in der Geschichte zurück, denn es sind Grabfunde aus dem 11.–9. Jh. v. Chr. zu sehen, darunter Schmuck und Amphoren.

Im Außenbereich wurde der große, elegante Kreuzgang nach Zeichnungen von Michelangelo angelegt. An den Wänden stehen alte Sarkophage, kopflose Statuen und riesige steinerne Tierköpfe, die vom Trajansforum stammen sollen.

Basilica di Santa Maria degli Angeli KIRCHE

(Karte S. 88; ☎06 488 08 12; www.santamaria degliangeliroma.it; Piazza della Repubblica; ⌚Mo–Sa 7–20.30, So 7–19.30 Uhr) Die wuchtige Basilika wurde in die einstige Haupthalle der Terme di Diocleziano eingefügt. Der Originalentwurf stammte von Michelangelo, aber nur die gewölbeartige Decke geht tatsächlich auf seine Pläne zurück.

CAELIUS & LATERAN

Südlich und östlich des Kolosseums erstreckt sich ein weitläufiges und recht unentdecktes Stadtviertel, in dem sich wunderbare antike Ruinen sowie einige der schönsten Kirchen Roms befinden: Die Basilica di San Giovanni in Laterano ist das Wahrzeichen des Wohnviertels Lateran, während die Basilica di San Clemente am Fuße des Caelius liegt.

Basilica di San Clemente KIRCHE

(Karte S. 94; www.basilicasanclemente.com; Via di San Giovanni in Laterano; Eintritt Kirche/Ausgrabungen frei/5 €; ⌚Mo–Sa 9–12.30 & 15–18, So 12–18 Uhr) Die faszinierende Basilika bietet einen guten Einblick in die vielschichtige Vergangenheit der Ewigen Stadt: Im 12. Jh. wurde eine Basilika auf den Fundamenten einer Kirche aus dem 4. Jh. errichtet. Diese ersetzte wiederum einen heidnischen Tempel aus dem 2. Jh. sowie ein römisches Haus aus dem 1. Jh. Darunter gehen alle weiteren Baureste auf die Zeit der römischen Republik zurück.

Das aus dem 12. Jh. stammende Mosaik *Trionfo della Croce* (Triumph des Kreuzes) in der Apsis ist genauso sehenswert wie die Renaissancefresken in der Kapelle der hl. Katharina links vom Eingang. Stufen führen hinab in die *basilica inferiore* aus dem 4. Jh, die größtenteils von den Normannen 1084 zerstört wurde. Einige verblichene Fresken aus dem 11. Jh. illustrieren jedoch noch immer das Leben des hl. Clemens. Noch ein Stückchen tiefer sind die Reste des römischen Hauses aus dem 1. Jh. sowie des Mithras-Tempels aus dem 2. Jh. zu sehen. Der Altar zeigt den Gott, wie er einen Stier schlachtet. Und in der Tiefe hört man das unheimliche Geplätscher eines unterirdischen Wasserlaufs, der durch ein Wasserrohr aus der republikanischen Zeit fließt.

Basilica di San Giovanni in Laterano KIRCHE

(Karte S. 94; Piazza di San Giovanni in Laterano 4; Audioguide 5 €; ⌚7–18.30 Uhr) 1000 Jahre lang war die monumentale Kathedrale die wichtigste Kirche für die Christen in aller Welt. Sie wurde von Kaiser Konstantin 324 erbaut und war damit die erste christliche Kirche in Rom. Bis zum Ende des 14. Jhs. war sie die Hauptkirche des Papstes. Noch heute ist sie die offizielle Kathedrale der Stadt und Sitz des Papstes als Bischof von Rom.

Alessandro Galileis mächtige weiße Außenfassade aus der Mitte des 18. Jhs. wird von 15 Statuen überragt, die 7 m hoch sind: Jesus mit Johannes dem Täufer, Johannes der Evangelist sowie die zwölf Apostel. Der spätbarocke Klassizismus der Fassade soll die unbegrenzte Autorität der Kirche symbolisieren. Die zentralen Bronzetüren wurden aus der Curia auf dem Forum Romanum hierhergebracht. Die Tür zur Rechten ist die Heilige Pforte, die nur in Heiligen Jahren geöffnet wird.

Das Innere wurde mehrfach umgestaltet. Das jetzige Aussehen geht jedoch zum großen Teil auf Francesco Borromini zurück. Papst Innozenz X. hatte ihn beauftragt, die Kirche für das Heilige Jahr 1650 neu zu gestalten. Aber es blieben auch ältere Elemente erhalten, darunter der schöne Mosaikfußboden aus dem 15. Jh. sowie der gotische Baldachin über dem päpstlichen Altar. Vor dem Altar führt eine Doppeltreppe zur *Confessio*, wo das Renaissance-Grabmal von Papst Martin V. steht.

Am ersten Wandpfeiler im rechten Seitenschiff blieb ein originales, aber unvollständiges Fresko von Giotto erhalten. Während man das Fresko bewundert, sollte man zugleich sein Ohr spitzen: Das Grabmal für Papst Sylvester II. (999–1003) am nächsten Wandpfeiler soll schwitzen und stöhnen, wenn der Tod eines Papstes unmittelbar bevorsteht.

Links des Altars wurde der wunderbare **Kreuzgang** (Eintritt 2 €; ⌚9–18 Uhr) von der Familie Vassalletto im 13. Jh. erbaut. Die gewundenen Säulen waren einst komplett mit Marmormosaiken verziert, von denen einige Reste erhalten blieben.

Palazzo Laterano PALAZZO

(Karte S. 94; Piazza San Giovanni in Laterano) Domenico Fontanas Palast aus dem 16. Jh. liegt an der Piazza San Giovanni in Laterano, die von Roms ältestem und höchstem **Obelisk** überragt wird. Als Teil des Basilikakomplexes aus dem 4. Jh. war der Palast einst die offizielle Residenz des Papstes, bis dieser 1377 in den Vatikan umzogen. Heute sind hier die Büros des römischen Bistums untergebracht.

Gleich um die Ecke diente das achteckige **Baptisterium** (⌚7.30–12.30 & 16–18.30 Uhr) aus dem 4. Jh. als Prototyp für spätere christliche Kirchen und Glockentürme. Die kunstvollen Mosaiken gehen zum Teil bis auf das 5. Jh. zurück.

Scala Santa & Sancta Sanctorum KIRCHE

(Karte S. 94; Piazza di San Giovanni in Laterano 14; Scala/Sancta Eintritt frei/3,50 €; ⌚Scala Sommer 6.15–12 & 15.30–18.45 Uhr, Winter 6.15–12 & 15–18.15 Uhr, Sancta 10.30–11.30 & 15–16 Uhr, Mi vormittags & So ganzjährig geschl.) Über die Scala Santa (Heilige Treppe) soll Jesus zum Jerusalemer Palast von Pontius Pilatus hinaufgegangen sein. Deshalb darf man die Treppe nur auf Knien hinaufrutschen. Oben kommt man zum Sancta Sanctorum, dem Allerheiligsten. Die einstige Privatkapelle des Paps-

Caelius & Lateran (Rom)

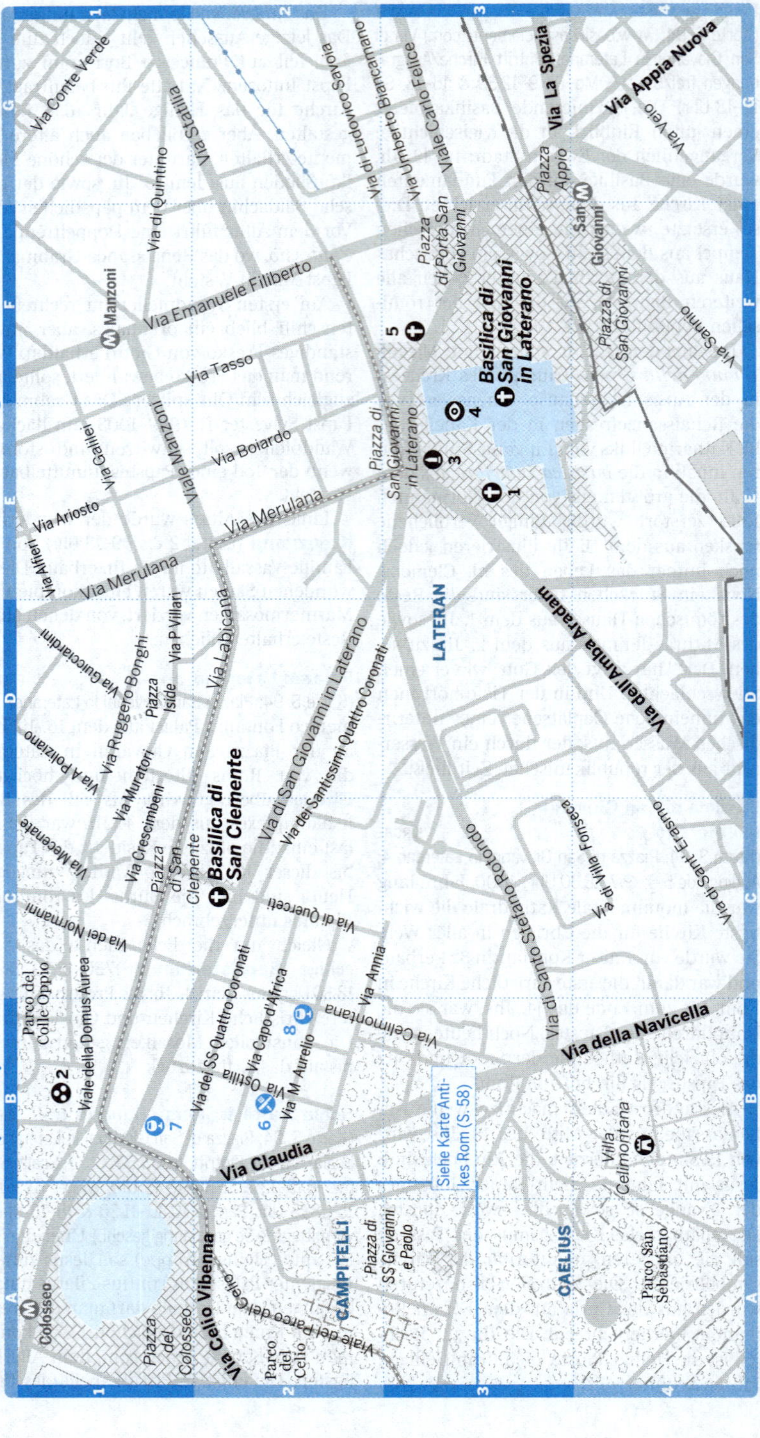

Caelius & Lateran (Rom)

tes ist mit spektakulären Fresken aus dem 13. Jh. verziert.

DER SÜDEN VON ROM

Der abwechslungsreiche Süden Roms umfasst mehrere beachtenswerte Stadtbezirke mit wichtigen Sehenswürdigkeiten: Die Via Appia Antica ist für die Katakomben berühmt; in San Paolo steht eine der großen Basiliken Roms; an der trendigen Via Ostiense sind viele der coolen Clubs der Hauptstadt in ehemaligen Industriegebäuden angesiedelt; EUR war Mussolinis leicht außerirdisches Mega-Bauprojekt.

Verlässt man das alte Stadtzentrum durch die Porta San Sebastiano in Richtung Südosten, gelangt man auf die Via Appia Antica. Sie ist eine der ältesten Straßen der Welt und eine sehr populäre Adresse in Rom. Dieser Teil von Rom ist wunderschön: Auf den grünen Feldern sind antike Ruinen verstreut, während am Horizont hohe Schirmpinien zu sehen sind. Unter der Erde erstreckt sich ein 300 km langes Tunnelsystem, das von den Frühchristen als Friedhof angelegt wurde.

Basilica di San Paolo Fuori le Mura KIRCHE
(San Paolo fuori le Mura; S. 58; ☎06 6988 0800; Via Ostiense 190; ⏲6.45–18.30 Uhr) Die größte Kirche Roms nach dem Petersdom (und die drittgrößte weltweit) steht just an der Stelle, wo der Apostel Paulus im Jahre 67 enthauptet wurde. Sie wurde im 4. Jh. von Kaiser Konstantin errichtet und 1823 von einem Feuer größtenteils zerstört. Heute steht man deshalb vor dem Ergebnis des Wiederaufbaus im 19. Jh.

Viele Schätze haben jedoch den Brand überstanden, darunter der Triumphbogen aus dem 5. Jh. mit seinen großflächig restaurierten Mosaiken. Auch der gotische Marmortabernakel über dem Hochaltar blieb erhalten. Es wurde 1285 von Arnolfo di Cambio zusammen mit einem anderen unbekannten Künstler erschaffen, möglicherweise Pietro Cavallini.

Weltuntergangspropheten sollten den Blick nach oben richten, wo unter den Kirchenfenstern die Porträts aller Päpste seit Petrus hängen. Der Legende nach geht die Welt unter, wenn kein Platz mehr für ein neues Papst-Porträt vorhanden ist. Noch sind acht Plätze frei.

Die atemberaubenden Cosmaten-Mosaiken (13. Jh.) im **Kreuzgang** (Eintritt frei; ⏲9–13 & 15–18 Uhr) der angrenzenden Benediktinerabtei haben ebenfalls den Brand von 1823 überstanden.

Via Appia Antica HISTORISCHE STÄTTE
(Karte S. 98; 👪) Die Römer nannten die Straße, die von der Porta San Sebastiano nach Südosten führt, schlicht *regina viarum* (Königin der Straßen). Sie wurde nach Appius Claudius Caecus benannt, ein bedeutender Politiker und Staatsmann der Römischen Republik, der 312 v. Chr. die ersten 90 km baute. 190 v. Chr. wurde sie bis ins 540 km entfernte Brindisi an der südlichen Adriaküste verlängert.

An der kopfsteingepflasterten Straße liegen einige der teuersten Villen der Stadt sowie die römischen Katakomben, und sie ist ideal für einen Spaziergang oder eine Radtour. Die Via Appia Antica verläuft schnurgerade durch die grünen Felder und ist reich an Ruinen und Geschichte. So wurden hier 71 v. Chr. Spartacus und 6000 seiner aufständischen Sklavenrebellen gekreuzigt. Berühmt ist die Straße jedoch wegen ihres insgesamt 300 km langen unterirdischen Tunnelsystems, das von den Frühchristen als Friedhof genutzt wurde (s. Kasten S. 99). Man kann natürlich nicht alle Tunnel besichtigen, aber drei große Katakomben stehen Besuchern offen: San Callisto, San Sebastiano und Santa Domitilla. Jede halbe Stunde starten Besichtigungs-

Aventin & Testaccio (Rom)

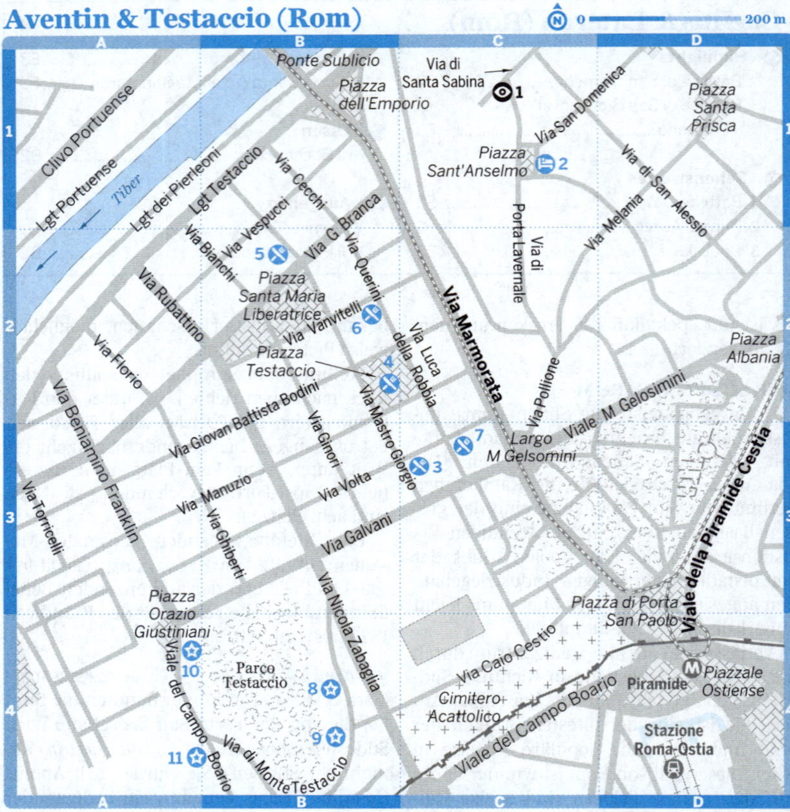

Aventino & Testaccio (Rom)

Sehenswertes

1 Piazza dei Cavalieri di Malta C1

Schlafen

2 Hotel Sant'Anselmo C1

Essen

3 Da Felice C3
4 Piazza Testaccio Markt B2
5 Pizzeria Remo B2
6 Trattoria da Bucatino B2
7 Volpetti Più C3

Unterhaltung

8 AKAB B4
9 Conte Staccio B4
10 L'Alibi A4
11 Villaggio Globale A4

touren auf Deutsch, Englisch, Französisch, Italienisch und Spanisch.

ANREISE

Um zur Via Appia Antica und zu den Katakomben zu gelangen, nimmt man entweder Bus 218 von der Piazza di San Giovanni in Laterano, Bus 660 von der Metrostation Colli Albani (Metro A) oder Bus 118 von der Metrostation Piramide (Metro B). Wer einen ganzen Tag vor Ort verbringen will und mehrere Sights besichtigen möchte, kann auch den **Archeobus** (12 €) nehmen, der stündlich vom Bahnhof Termini abfährt und unterwegs an der Piazza Venezia, dem Kolosseum und den Terme di Caracalla hält. Der Archeobus funktioniert als Hop-On-Hop-Off-Service. Sonntags ist der beste Tag für Besucher, weil die Straße dann für den Autoverkehr gesperrt ist. An anderen Tagen sind die ersten 5 km von der Porta San Sebastian aufgrund des starken Verkehrs nicht gerade fußgängerfreundlich. Ungefähr vom Tempio di Romolo bis zur Kreuzung mit der Via Appia Nuova ist die Straße am schönsten und fast völlig verkehrsfrei.

Chiesa del Domine Quo Vadis KIRCHE
(außerhalb Karte S. 98; Via Appia Antica 51; ⌚8–18 Uhr) Die Kirche steht genau auf jenem Flecken, wo dem fliehenden Petrus eine Jesus-Vision erschien. Petrus stellte dem Fremden seine berühmte Frage: „Domine, quo vadis?" – „Herr, wohin gehst du?" Und Jesus antwortete: „Venio Roman iterum crucifigi" – „Ich komme nach Rom, um mich noch einmal kreuzigen zu lassen." Petrus entschied sich, ihm zu folgen. Bei seiner Rückkehr wurde er verhaftet und hingerichtet. Im Zentrum des Kirchenschiffs gibt es Kopien von Jesu Fußabdrücken. Die Originale befinden sich in der Basilica di San Sebastiano (s. unten).

Catakombe di San Callisto KATAKOMBEN
(Karte S. 98; ☎06 5130 1580; Via Appia Antica 110 & 126; www.catacombe.roma.it; Erw./Kind 8/4 €; ⌚April–Sept. Do–Di 8.30–12 & 14.30–17.30 Uhr, Okt.–Jan. & März Do–Di 8.30–12 & 14.30–17.30 Uhr) Die am Ende des 2. Jhs. angelegten Katakomben wurden nach Papst Kalixtus I. benannt. Sie wurden zum offiziellen Friedhof der frisch etablierten Römischen Kirche. In dem bisher erforschten 20 km langen Tunnelsystem haben Archäologen bis heute die Gräber von rund 500 000 Menschen gefunden. Auch sieben im 3. Jh. als Märtyrer hingerichtete Päpste liegen in den Katakomben begraben. Die Schutzheilige der Musik, die hl. Cäcilia, wurde ebenfalls hier beigesetzt. Ihre Gebeine hat man allerdings in die Basilica di Santa Cecilia in Trastevere überführt. Als ihr Körper 1599, mehr als 1000 Jahre nach ihrem Tod, exhumiert wurde, war er angeblich noch tadellos erhalten.

Katakomben von San Sebastiano KATAKOMBEN
(Karte S. 98; ☎06 785 03 50; www.catacombe.org; Via Appia Antica 136; Erw./Kind 8/4 €; ⌚April–Sept. Mo–Sa 8.30–12 & 14–17.30 Uhr, Okt., Dez.–März Mo–Sa 8.30–12 & 14–17 Uhr) In diesen Katakomben wurden u. a. zur Regierungszeit von Kaiser Vespasian die Gebeine von Petrus und Paulus sicher aufbewahrt. Auf der zweiten Ebene kann man Fresken, Stuckarbeiten, Inschriften und drei perfekt erhaltene Mausoleen bewundern. Es sind auch faszinierende eingeritzte Graffiti zu sehen, die von Pilgern stammen, die den Gebeinen der Heiligen nach ihrer Umbettung 258 einen Besuch abstatteten.

NICHT VERSÄUMEN

TERME DI CARACALLA

(Karte S. 58; ☎06 3996 7700; Viale delle Terme di Caracalla 52; Erw./Kind inkl. Mausoleo di Cecilia Metella & Villa dei Quintili 8/4 €, Audioguide 5 €; ⌚Di–So 9 Uhr bis 1 Std. vor Sonnenuntergang, Mo 9–14 Uhr) Eingebettet zwischen den Hügeln Caelius und Aventin sind die Ruinen von Kaiser Caracallas monumentalem Badekomplex selbst für römische Verhältnisse beeindruckend. Auf 10 ha konnten sich in den 217 n. Chr. eröffneten Thermen rund 1600 Menschen aufhalten. Für pures Badevergnügen sorgten heiße Bäder *(caldaria)*, das lauwarme *tepidarium* und ein Schwimmbecken. Daneben gab es Turnhallen, Büchereien, Geschäfte und Gärten. Unter dem Bad schufteten Sklaven in dem 9,5 km langen Tunnelsystem, damit der Betrieb reibungslos ablaufen konnte. Im 6. Jh. war dann Schluss mit dem Vergnügen.

Im Sommer dienen die Ruinen als spektakuläre Kulisse für Open-Air-Opernaufführungen.

Basilica di San Sebastiano KIRCHE
(Karte S. 98; ☎06 780 00 47; Via Appia Antica 136; ⌚.April–Sept. Mo–Sa 8.30–12 & 14–17.30 Uhr, Okt., Dez.–März 8.30–12 & 14–17 Uhr) Im 4. Jh. wurde die Basilika über den gleichnamigen Katakomben errichtet. Sie bewahrt einen der Pfeile auf, mit denen angeblich der hl. Sebastian getötet wurde, sowie die Säule, an die er gefesselt worden war. Auf der anderen Seite der Kirche gibt es eine Marmorplatte, die Christi Fußabdrücke zeigen sollen.

Catakombe di San Domitilla KATAKOMBEN
(Karten S. 98; ☎06 511 03 42; Via delle Sette Chiese 283; Erw./Kind 8/4 €; ⌚Feb.–Dez. Mi–Mo 9–12 &14–17 Uhr) Ebenfalls ziemlich alt und riesig sind diese rund 17 km langen Tunnelgänge. Die Katakomben wurden auf dem privaten Friedhof der Flavia Domitilla angelegt, der Nichte von Kaiser Domitian. Zu sehen sind frühchristliche Wandzeichnungen sowie die unterirdische Kirche Chiesa di SS Nereus e Achilleus aus dem 4. Jh. Sie war zwei römischen Legionären gewidmet, die unter Diokletian hingerichtet wurden.

Appia Antica (Rom)

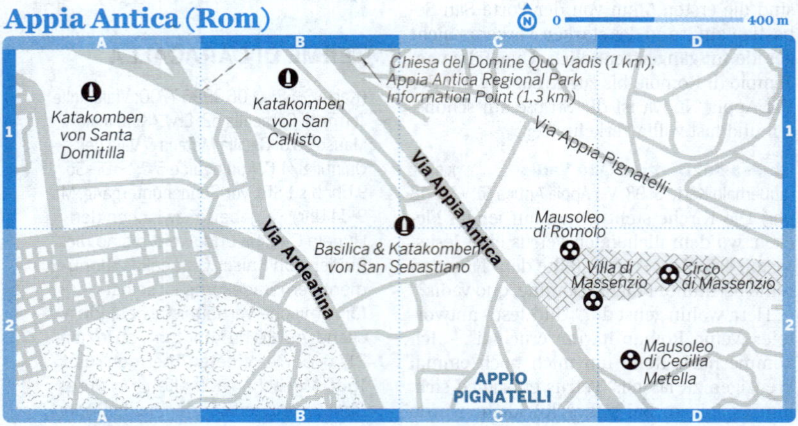

Villa di Massenzio HISTORISCHES GEBÄUDE
(Karte S. 98; ☎06 780 13 24; www.villadimassenzio.it; Via Appia Antica 153; Erw./Kind 3/2 €; ⌚Di–Sa 9–13.30 Uhr) Das eigentliche Highlight dieser Villa aus dem 4. Jh. ist der **Circo di Massenzio**, Roms besterhaltene antike Rennbahn, die als Veranstaltungsort für Wagenrennen diente und in der Größe nur dem Circus Maximus nachstand. Man kann immer noch die Startboxen für die Streitwagen erkennen. 10 000 Zuschauer fasste die Arena, die von Kaiser Maxentius um 309 erbaut, aber zu seinen Lebzeiten nicht mehr fertiggestellt wurde.

Oberhalb der Rennbahn liegt die von Unkraut überwachsene kaiserliche Residenz von Maxentius. Ganz in der Nähe ließ er das **Mausoleo di Romolo** (Tombo di Romolo) für seinen Sohn Romulus bauen. Ursprünglich krönte eine hohe Kuppel das Mausoleum, und es war von einer imposanten Kolonnade umgeben, die nur noch teilweise erhalten ist.

Mausoleo di Cecilia Metella MAUSOLEUM
(Karte S. 98; ☎06 3996 7700; Via Appia Antica 161; Eintritt inkl. Terme di Caracalla & Villa dei Quintili Erw./Kind 8/4 €; ⌚Di–So 9 Uhr–1 Std. vor Sonnenuntergang) Erbaut im 1. Jh. v. Chr., war die Grabkammer für die Tochter des Konsuls Quintus Metellus Creticus gedacht. Das Dach ist inzwischen eingestürzt, die Wände sind aus Travertin, und das ramponiert aussehende Innere ist mit einem Fries verziert, der gälische Schilde, Ochsenschädel und Girlanden zeigt. Im 14. Jh. wandelte der Caetani-Clan die Anlage in ein Fort um, damit sie dem vorbeiziehenden Verkehr Wegezölle abpressen konnten.

Villa dei Quintili HISTORISCHES GEBÄUDE
(☎06 3996 7700; www.pierreci.it; Via Appia Nuova 1092; Erw./Kind inkl. Terme di Caracalla & Mausoleo di Cecilia Metella 8/4 €; ⌚Di–So 9 Uhr bis 1 Std. vor Sonnenuntergang) Die herrlich gelegene Luxusvilla aus dem 2. Jh. n. Chr. wurde von zwei Brüdern erbaut, die unter Kaiser Marc Aurel als Konsuln dienten. Doch die Dekadenz der Villa wurde den Brüdern zum Verhängnis: Kaiser Commodus ließ sie in einem Anfall von Eifersucht ermorden und nahm die Villa selbst in Besitz. Das Glanzlicht sind die Bäder mit einem Schwimmbecken sowie einem heißen (*caldarium*) und einem kalten Bad (*frigidarium*).

EUR

Mussolinis monumentales Stadtviertel erinnert an Orwells Schauervisionen. Die gradlinigen Gebäude an den breiten Boulevards werden heute vor allem von Banken und Ministerien genutzt. Ein Besuch lohnt sich aber wegen der durchgängig rationalistischen Architektur.

Als eines der wenigen geplanten Stadtviertel der römischen Geschichte wurde der Komplex EUR für die 1942 geplante Weltausstellung hochgezogen. Der Weltkrieg verhinderte die Ausstellung, doch der Name blieb: EUR war die Kurzform für Esposizione Universale di Roma.

Am markantesten ist der **Palazzo della Civiltà del Lavoro** (Palast der Arbeiter). Das „Quadratische Kolosseum" wurde mit weißem Travertin verziert und nach Entwürfen von Giovanni Guerrini, Ernesto Bruno La Padula und Mario Romano von 1938 bis 1943 erbaut. Sechs Reihen mit je neun Säulen ragen bis zu 50 m auf. Ganz in der Nähe befindet sich der von Gaetano Minnucci entworfene Komplex des Palazzo degli Uffici. Am bekanntesten ist der **Salone delle Fontane** (Salon der Brunnen), der 1937 bis 1939 als Kartenverkaufsstelle für die Weltausstellung erbaut wurde. Heute ist hier das beliebte **Caffè Palombini** (Piazza Konrad Adenauer 12) untergebracht, ein Café mit originaler Einrichtung aus den Jahren 1939 bis 1942 sowie Möbeln aus den 1960er-Jahren.

Ein anderes bemerkenswertes Gebäude im Viertel ist das fast schon martialisch wirkende **Postamt**, 1940 nach den Entwürfen des Studio BBPR erbaut. Arnaldo Foschinis monumentale **Chiesa Santi Pietro e Paolo** entstand 1938–1955, während Nervis und Vitellozzis futuristischer **Palazzetto dello Sport** 1958 entstand und nun unter dem Namen PalaLottomatica Veranstaltungsort für Konzerte und Sportevents ist. Der sehr sehenswerte **Palazzo dei Congressi** (1938–1954) wurde nach Entwürfen von Adalberto Libera realisiert. Auf der Terrasse finden gelegentlich Club-Nächte statt.

Das **Centro Congressi ‚Nuvola'** („Wolken"-Kongresszentrum) wurde vom römischen Stararchitekten Massimiliano Fuksas entworfen und wird schon bald die markante Skyline des Stadtviertels EUR ergänzen. Inspiriert von einem Tagtraum wird eine „Wolke" aus Stahl und Teflon an Stahlseilen in einer Glasbox herabgelassen.

Für einen Besuch nimmt man am besten die Metrolinie B bis EUR Palasport.

TRASTEVERE & GIANICOLO

Kopfsteingepflasterte Gassen, trocknende Wäsche zwischen von Efeu überwucherten Fassaden aus dem 17. Jh. und zerfallende ockerfarbene Gebäude machen Trastevere, das Dorf, das sich mitten in der Großstadt verbirgt, zu einem malerischen Stadtviertel, das vor allem an lauen Sommerabenden viele Besucher anlockt. Neben Monti gilt Trastevere als das älteste Stadtviertel Roms. Trotz der vielen reichen Ausländer, die das Viertel „kolonisieren", sind die Arbeiterwurzeln und der lokale Charme von Trastevere noch immer deutlich zu spüren. Weil es vom Centro Storico aus auf der anderen Tiberseite liegt, erhielt es seinen Namen: *tras tevere*, „jenseits des Tibers".

ROMS CHRISTLICHE UNTERWELT

Die verfolgte christliche Gemeinde Roms legte außerhalb der Stadtmauern ein weitläufiges Netz unterirdischer Friedhöfe an. Ein römisches Gesetz verbot nämlich Beerdigungen innerhalb der Stadtmauern.

In Zeiten der Verfolgung wurden Märtyrer oftmals in den Katakomben neben den Gründungsvätern der Kirche und den ersten Päpsten beigesetzt. Der Platz war jedoch sehr begrenzt, während die Nachfrage stieg. So entwickelte sich ein immer schärferer Handel mit Grabstätten, bis Papst Gregor I. 597 den Verkauf von Grabstätten untersagte. Allerdings hatten die Christen schon seit 313 begonnen, sich aus den Katakomben zurückzuziehen, nachdem Kaiser Konstantin im Toleranzedikt von Mailand freie Religionsausübung garantiert hatte.

In der Folge gingen die Christen immer mehr dazu über, ihre Toten in Katakomben unmittelbar bei den neuen Kirchen innerhalb der Stadtmauern beizusetzen. Die neuen Kirchen standen häufig über den Resten alter heidnischer Tempel. Diese Beerdigungsart wurde ab 394 zur allgemeinen Regel, als Kaiser Theodosius das Christentum zur Staatsreligion erhob.

Um 800, nach ständigen Überfällen diverser Invasoren, wurden die sterblichen Überreste der Märtyrer und der ersten Päpste zur Sicherheit in die Basiliken innerhalb der Stadtmauern geschafft. Die Katakomben wurden aufgegeben und vielfach sogar komplett vergessen. Im Mittelalter waren nur noch drei Katakomben bekannt. Die von San Sebastiano wurde zu einem beliebten Pilgerort, weil sich hier die ursprünglichen Gräber von Petrus und Paulus befunden hatten.

Ab Mitte des 19. Jhs. fingen christliche Archäologen mit der wissenschaftlichen Erforschung der Katakomben an. Bis heute wurden in Rom über 30 Anlagen freigelegt. Viele Gräber sind mit rührenden Inschriften versehen. Ein bewegendes Beispiel sind die Katakomben der Domitilla, die von Aurelius Ampliatus und seinem Sohn Gordianus für seine Frau bzw. Mutter Aurelia errichtet wurden: „Eine unvergleichliche Ehefrau und eine überaus ehrbare Frau; sie lebte 25 Jahre, zwei Monate, drei Tage und sechs Stunden."

Trastevere & Gianicolo (Rom)

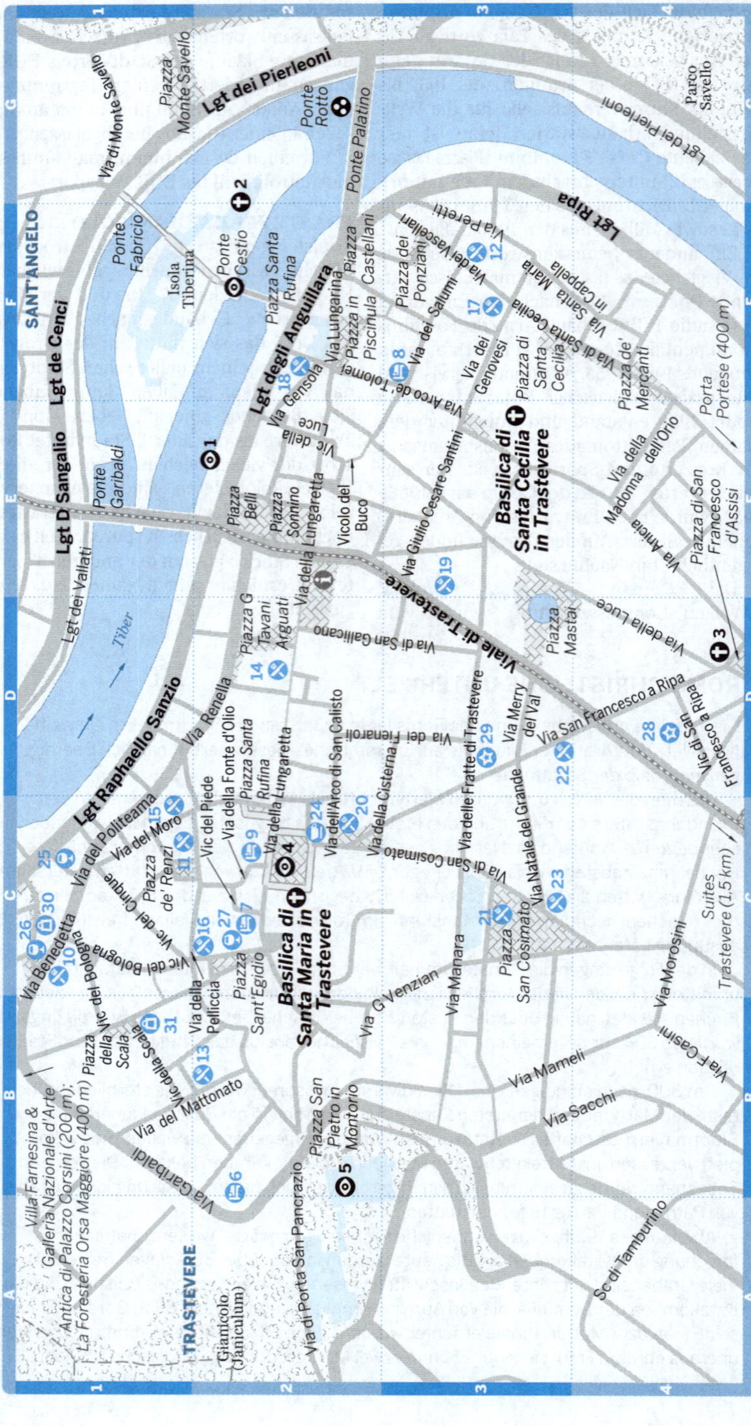

0 400 m

Trastevere & Gianicolo (Rom)

Hinter Trastevere bietet der Hügel **Gianicolo** (Janiculum; Karte S. 100) atemberaubende Panoramablicke auf Rom. Auf dem „achten Hügel Roms" blickt man weithin über ein Dächermeer, aus dem markante Kuppeln und *palazzi* herausragen.

Basilica di Santa Cecilia in Trastevere
KIRCHE

(Karte S. 100; ☎06 589 92 89; Piazza di Santa Cecilia 22; Basilika frei, Cavallini-Fresko & Krypta je 2,50 €; ⌚Basilika & Krypta 9.30–12.30 & 16–18.30 Uhr, Cavallini-Fresko Mo–Sa 10–12.30 Uhr) Die letzte Ruhestätte der hl. Cäcilia – Schutzheilige der Musik – offenbart im Nonnenchor ein herrliches Fresko aus dem 13. Jh. von Pietro Cavallini. Die Eingangstür befindet sich auf der linken Kirchenseite. Im Inneren ist unter dem Altar eine mysteriöse und schön gearbeitete Skulptur von Stefano Moderno zu sehen. Dargestellt wird, wie der auf wundersame Weise vollständig erhaltene Körper der Heiligen in den Katakomben von San Callisto 1599 entdeckt wurde. Unter der Kirche kann man die Ausgrabungen von römischen Häusern besichtigen. In einem von ihnen soll die junge Cäcilia gewohnt haben.

Chiesa di San Francesco d'Assisi a Ripa
KIRCHE

(Karte S. 100; ☎06 581 90 20; Piazza San Francesco d'Assisi 88; ⌚Mo–Sa 7–12 & 16–19, So 7–13 & 16–19.30 Uhr) In dieser Kirche stößt man auf Berninis *Gesegnete Ludovica Albertoni*. Ihre religiöse Ekstase hat einen erotischen Einschlag. Franz von Assisi soll sich in dieser Kirche im 13. Jh. eine Zeitlang aufgehalten haben. Man kann noch immer den Stein sehen, den er als Kissen benutzt haben soll.

Basilica di Santa Maria in Trastevere
KIRCHE

(Karte S. 100; ☎06 581 48 02; Piazza Santa Maria in Trastevere; ⌚7.30–21 Uhr) Mitten im Herzen Trasteveres liegt die idyllische **Piazza Santa Maria in Trastevere.** Hier steht die älteste Kirche Roms (erbaut 337), die der Jungfrau Maria geweiht ist. Bei einem großen Umbau wurden 1138 ein romanischer Glockenturm und die glitzernde Fassade ergänzt. Der Portikus wurde erst 1702 von Carlo Fontana angebaut.

Im Inneren sind die Mosaiken aus dem 12. Jh. eine wahre Augenweide. In der Apsis werden Jesus und seine Mutter von

SCHNELLER ZUGANG ZU DEN VATIKANISCHEN MUSEEN

Das Schlangestehen für die Eintrittskarten lässt sich vermeiden – gegen die Schlangen vor den Sicherheitskontrollen lässt sich allerdings nichts ausrichten.

» Tickets für die Museen bucht man am besten online beim **Ticketbüro** (http://biglietteriamusei.vatican.va/musei/tickets). Nach Zahlungseingang wird per Mail eine Bestätigung verschickt, die ausgedruckt am Museumseingang zusammen mit einem gültigen Personalausweis oder Reisepass vorgezeigt werden muss. Wer online bucht, muss allerdings 4 € als Buchungsgebühr bezahlen. Im Internet können auch **Führungen** (Erw./Kind 31/24 €) gebucht werden.

» Die Besuchszeiten sollten gut geplant sein: Mittwochvormittags ist eine günstige Zeit, weil dann die Massen bei der päpstlichen Audienz im Petersdom sind. Generell sind aber Nachmittage besser als Vormittage. Montags ist kein guter Termin, weil viele andere Museen dann geschlossen sind.

» Empfehlenswert sind Führungen mit erfahrenen Guides.

diversen Heiligen flankiert, und links hinten hält Papst Innozenz II. ein Modell der Kirche. Darunter befinden sich sechs Mosaiken von Pietro Cavallini (um 1291), die das Leben Marias illustrieren und die zentralen Ereignisse in ihrem Leben von der Geburt über Verkündigung und Jesu Geburt bis hin zu ihrem Tod darstellen. Von den 21 antiken Säulen der Kirche stammen einige aus den Caracalla-Thermen; die Holzdecke wurde hingegen im 17. Jh. gefertigt.

Villa Farnesina HISTORISCHES GEBÄUDE
(Karte S. 74; ☎06 6802 7268; Via della Lungara 230; Erw./Kind 5/4 €; ⌚Mo–Sa 9–13 Uhr) In dieser wunderbaren Villa aus dem 16. Jh. sind einige fantastische Fresken von Sebastiano del Piombo, Raffael sowie dem ursprünglichen Architekten der Villa, Baldassare Peruzzi, zu sehen. Die berühmtesten Fresken befinden sich im Erdgeschoss in der Loggia und zeigen Amor und Psyche. Sie werden Raffael zugeschrieben, der auch den *Trionfo di Galatea* (Triumph der Galatea) im gleichnamigen Saal geschaffen hat. Im 1. Stock bewirken Peruzzis erstklassige Fresken im Salone delle Prospettive eine optische Täuschung: Man glaubt, eine Kolonnade mit Panoramablick auf das Rom des 16. Jhs. vor sich zu haben.

Galleria Nazionale d'Arte Antica di Palazzo Corsini KUNSTMUSEUM
(Karte S. 74; ☎06 6880 2323; www.galleriaborghese.it; Via della Lungara 10; Erw./Kind 4/2 €; ⌚Di–So 8.30–19.30 Uhr) Der mit Fresken verzierte Palast beherbergt einen Teil der staatlichen Kunstsammlung. Das Highlight ist Caravaggios bezaubernder *San Giovanni Battista* (Johannes der Täuber).

Tempietto di Bramante HISTORISCHES GEBÄUDE
(Karte S. 100; ☎06 581 39 40; www.sanpietroinmontorio.it; Piazza San Pietro in Montorio 2; ⌚Tempietto April–Sept. Di–So 9.30–12.30 & 16–18 Uhr, Okt.–März Di–So 9.30–12.30 & 14–16 Uhr, Kirche Mo–Fr 8.30–12 & 15–16 Uhr) Bramantes absolut perfekter Tempietto gilt als erstes Meisterwerk der Hochrenaissance. Der Rundtempel wurde genau dort im Hof der Chiesa di San Pietro in Montorio errichtet, wo Petrus gekreuzigt worden sein soll. Mehr als ein Jahrhundert nach Bramante ergänzte Bernini 1628 eine Treppe und baute eine Kapelle an die Kirche an. Der Aufstieg zum Tempietto ist recht steil, dafür wird man aber mit großartigen Panoramablicken belohnt. Eine

PAPSTAUDIENZEN

Jeden Mittwoch um 11 Uhr wendet sich der Papst im Vatikan an die Gläubigen – im Juli und August spielt sich die wöchentliche Audienz in Castel Gandolfo bei Rom ab. Um ein kostenloses Ticket zu ergattern, muss man das Antragsformular von der Vatikan-Website herunterladen (www.vatican.va) und per Fax an die **Prefettura della Casa Pontificia** (☎06 6988 5863) schicken. Die Tickets bekommt man dann in dem Büro hinter den Bronzetüren unter der Kolonnade rechts vom Petersdom ausgehändigt.

Wenn der Papst in Rom ist, segnet er die Menge jeden Sonntag um 12 Uhr auf dem Petersplatz. Dazu benötigt man kein Ticket.

Alternative ist die Fahrt mit Bus 870 ab Via Paola am Corso Vittorio Emanuele II. (in der Nähe des Tibers).

VATIKANSTADT, BORGO & PRATI

Der kleinste souveräne Staat der Welt ist die Vatikanstadt (Città del Vaticano) mit einer Fläche von gerade einmal 0,44 km². Der Vatikan liegt auf dem niedrigen gleichnamigen Hügel wenige Hundert Meter westlich des Tibers und ist das Zentrum der katholischen Welt. Optisch beherrscht wird der Mini-Staat vom Petersdom mit seiner imposanten Kuppel. Die Mauern des Vatikans beschützen einen der größten Kunstschätze der Welt.

Seine Souveränität erhielt der Vatikan 1929 durch die Lateran-Verträge. Er ist der moderne Nachfolger des päpstlichen Kirchenstaats, der bis zur italienischen Vereinigung 1861 Rom und einen Großteil Mittelitaliens kontrollierte. Als Teil der Vereinbarungen zwischen Mussolini und Papst Pius XI., erhielt der Heilige Stuhl extraterritoriale Autorität über 28 weitere Orte innerhalb und außerhalb Roms, darunter die Basiliken San Giovanni in Laterano, Santa Maria Maggiore und San Paolo Fuori le Mura.

Als unabhängiger Staat hat der Vatikan seine eigene Post, Tageszeitung, Radiostation und Armee. Die schmuck gekleidete Schweizer Garde besteht aus praktizierenden Schweizer Katholiken und wurde das erste Mal von Papst Julius II. 1506 eingesetzt. Bis heute sind die Gardisten für die persönliche Sicherheit des Papstes verantwortlich.

Das 1000 Jahre lange Auf und Ab der Geschichte hat das Gesicht des Vatikans geprägt. 846 ließ Papst Leo IV. nach mehreren Überfällen der Sarazenen rundherum die Leoninische Mauer errichten. Im 12. Jh. begann Eugenius III. mit dem Bau des Vatikanischen Palasts, in dem heute die Vatikanischen Museen untergebracht sind. Spätere Päpste vergrößerten, befestigten und schmückten den Palast ganz nach ihren politischen und künstlerischen Zielsetzungen.

Zwischen dem Vatikan und dem Fluss liegen die kopfsteingepflasterten Gassen des mittelalterlichen Bezirks Borgo. Im Norden schließt sich an den Vatikan das schicke Wohnviertel Prati an.

GRATIS Petersdom — KIRCHE

(Karte S. 104; www.vatican.va; Piazza San Pietro; Audioguide 5 €; Sommer 7–19 Uhr, Winter 7–18 Uhr) In einer Stadt voller atemberaubender Kirchen stellt der Petersdom (Basilica San Pietro) alle anderen in den Schatten. Roms größte, reichste und spektakulärste Kirche ist ein faszinierendes Zeugnis künstlerischen Genies. Als wichtige Touristenattraktion lockt sie täglich rund 20 000 Besucher an. Wer sich anschließen möchte, sollte den Dress-Code beachten: keine Shorts, keine Miniröcke oder nackte Schultern.

Die erste Basilika an dieser Stelle wurde von Kaiser Konstantin errichtet und im Jahr 326 geweiht. Noch früher hatte sich hier Neros Stadion befunden. Die Basilika stand auf dem Ager Vaticanus, wo der Petrus zwischen 64–67 beerdigt worden sein soll. Wie viele andere der frühen Gotteshäuser verfiel sie langsam, und es dauerte bis zur Mitte des 15. Jhs., bis Restaurierungsbemühungen einsetzten. Zunächst ging Papst Nikolaus V. ans Werk, danach Julius II. 1506 legte Bramante einen Plan für eine Basilika vor, deren Grundriss einem griechischen Kreuz glich und deren zentrale Kuppel von vier kleineren Kuppeln flankiert wurde.

Es dauerte mehr als 150 Jahre, um diese Basilika zu vollenden, die nach der Kirche in Yamoussoukro an der Elfenbeinküste die zweitgrößte der Welt ist. An der Ausgestaltung waren Bramante, Raffael, Antonio da Sangallo, Giacomo della Porta und Carlo Maderno beteiligt, aber am meisten hat der Petersdom Michelangelo zu verdanken. Er übernahm das Bauprojekt 1547 im Alter von 72 Jahren und war für den Entwurf der Kuppel verantwortlich.

Die Fassade und der Portikus wurden von Maderno entworfen, der das Projekt nach Michelangelos Tod weiterführte. Er wurde angewiesen, das Kirchenschiff zum Platz hin zu verlängern, sodass sich Bramantes griechisches Kreuz in ein lateinisches Kreuz verwandelte.

Kostenlose englischsprachige Führungen werden vom Touristenbüro des Vatikans, dem Centro Servizi Pellegrini e Turisti, jeden Dienstag und Donnerstag um 9.45 Uhr sowie Montag bis Freitag jeweils um 14.15 Uhr veranstaltet.

Innenraum

Der mit 187 m Länge einfach riesige Innenraum umfasst eine Grundfläche von mehr als 15 000 m². Zu den spektakulärsten Kunstwerken zählt die wundervolle Pietá von Michelangelo. Sie steht gleich hinter der Heiligen Pforte im rechten Seitenschiff. Michelangelo war, als er sie schuf, gerade ein-

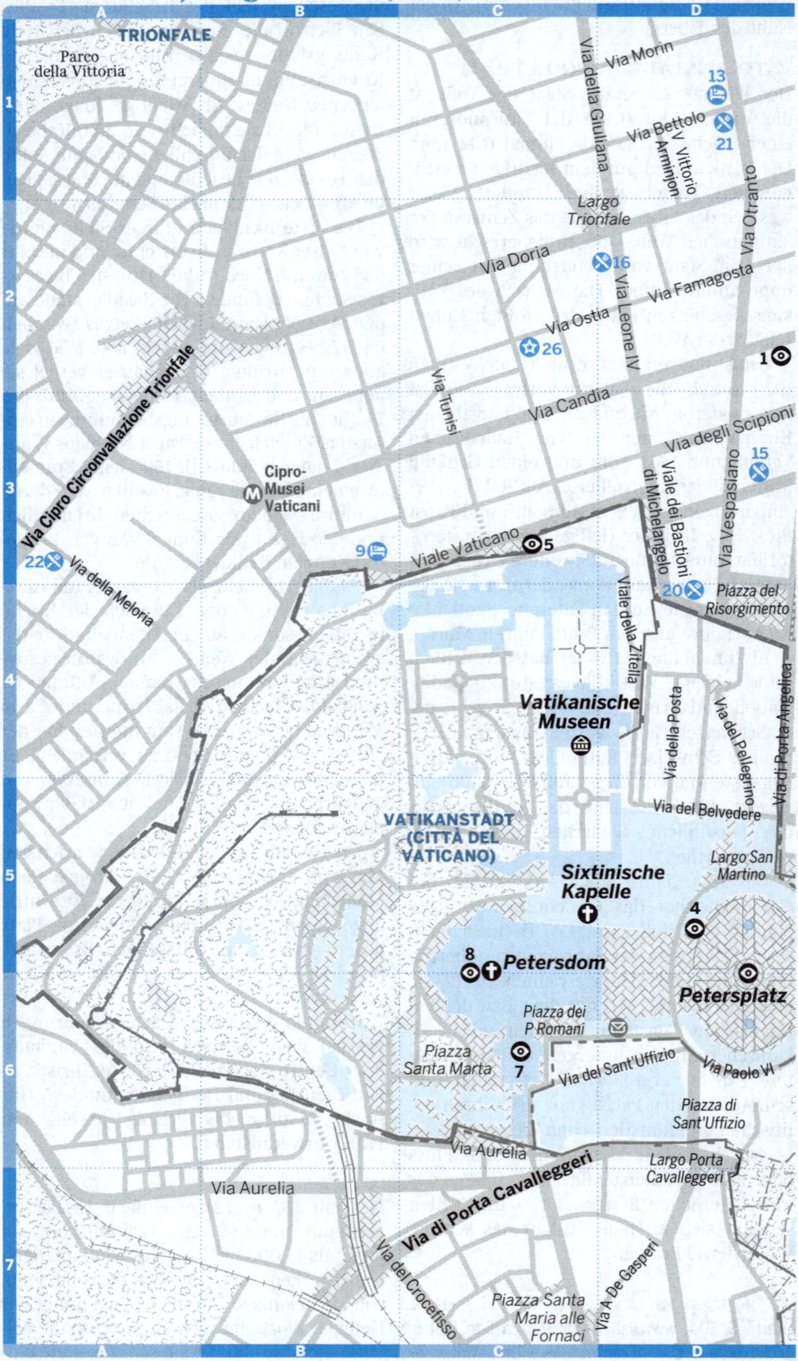
A
B
C
D
1
2
3
4
5
6
7
TRIONFALE
Parco della Vittoria
Via Morin
Via della Giuliana
13
Via Bettolo
21
V Vittorio Arminjon
Largo Trionfale
Via Otranto
Via Doria
16
Via Famagosta
Via Leone IV
Via Ostia
26
1
Via Turisi
Via Candia
Via degli Scipioni
15
Via Cipro Circonvallazione Trionfale
Cipro-Musei Vaticani
Viale dei Bastioni di Michelangelo
Via Vespasiano
9
Viale Vaticano
5
22
Via della Meloria
20
Piazza del Risorgimento
Viale della Zitella
Vatikanische Museen
Via della Posta
Via del Pellegrino
Via di Porta Angelica
Via del Belvedere
VATIKANSTADT (CITTÀ DEL VATICANO)
Largo San Martino
Sixtinische Kapelle
4
8
Petersdom
Petersplatz
Piazza dei P Romani
Piazza Santa Marta
7
Via del Sant'Uffizio
Via Paolo VI
Piazza di Sant'Uffizio
Via Aurelia
Largo Porta Cavalleggeri
Via Aurelia
Via di Porta Cavalleggeri
Via del Crocefisso
Via A De Gasperi
Piazza Santa Maria alle Fornaci

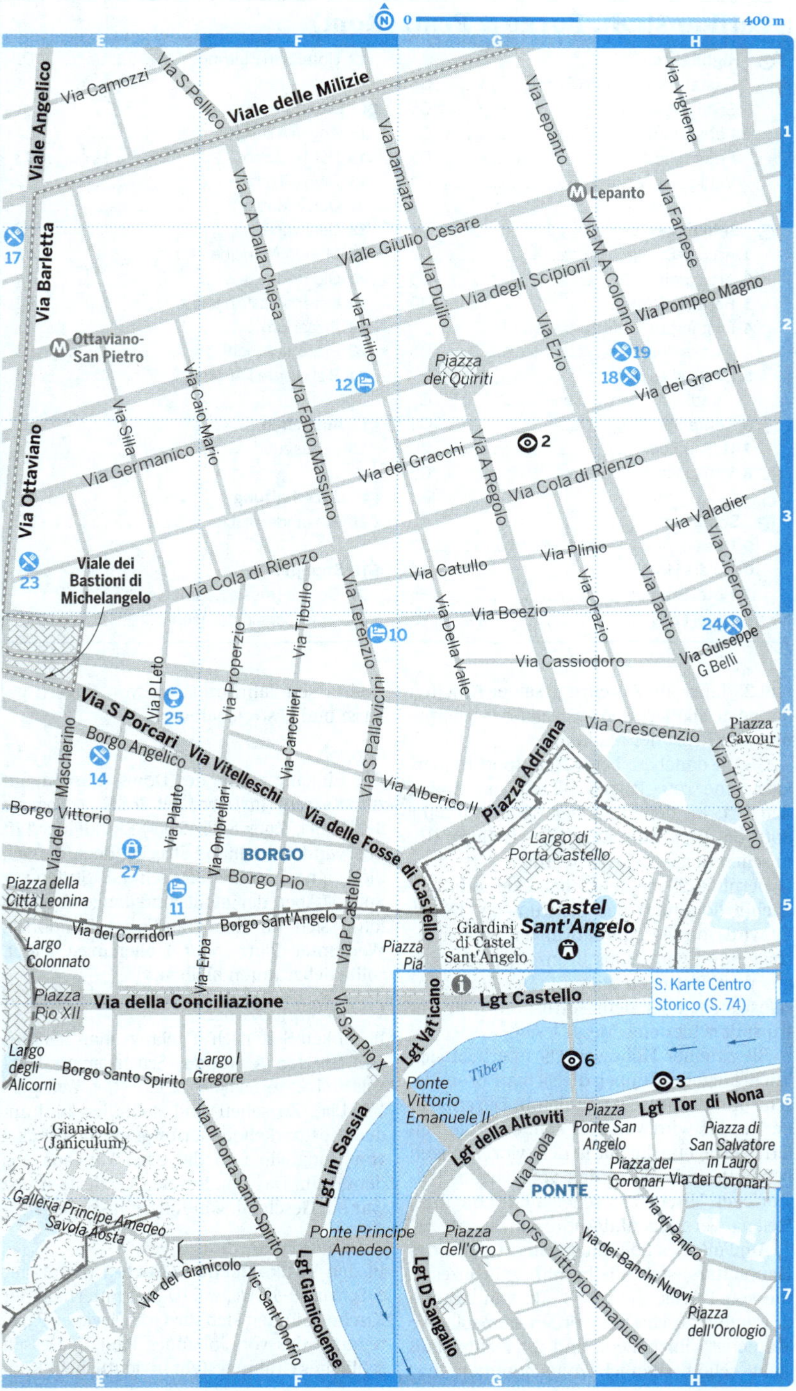

0
400 m
Viale Angelico
Via Camozzi
Via S Pellico
Viale delle Milizie
Via Damiata
Via Lepanto
Via Vigliena
Lepanto
Via Farnese
Via C A Dalla Chiesa
Viale Giulio Cesare
Via Duilio
Via degli Scipioni
Via M A Colonna
Via Pompeo Magno
17
Via Barletta
Ottaviano-San Pietro
Via Emilio
Piazza dei Quiriti
Via Ezio
19
18
Via dei Gracchi
12
Via Caio Mario
Via Silla
Via Fabio Massimo
Via Ottaviano
Via Germanico
Via dei Gracchi
Via A Regolo
2
Via Cola di Rienzo
Via Valadier
Via Cicerone
23
Viale dei Bastioni di Michelangelo
Via Cola di Rienzo
Via Catullo
Via Plinio
Via Orazio
Via Tacito
Via Terenzio
Via Tibullo
Via Della Valle
Via Boezio
24
Via Guiseppe G Belli
10
Via Cassiodoro
Via Properzio
Via P Leto
25
Via S Porcari
Via Vitelleschi
Via Cancellieri
Via S Pallavicini
Via Crescenzio
Piazza Cavour
Borgo Angelico
14
Via del Mascherino
Piazza Adriana
Via Tribuniano
Via Alberico II
Via delle Fosse di Castello
Borgo Vittorio
Via Plauto
Via Ombrellari
BORGO
Largo di Porta Castello
27
Borgo Pio
Piazza della Città Leonina
11
Borgo Sant'Angelo
Via P Castello
Castel Sant'Angelo
Via dei Corridori
Largo Colonnato
Via Erba
Piazza Pia
Giardini di Castel Sant'Angelo
Piazza Pio XII
Via della Conciliazione
Lgt Vaticano
Lgt Castello
S. Karte Centro Storico (S. 74)
Via San Pio X
Largo degli Alicorni
Borgo Santo Spirito
Largo I Gregore
Tiber
6
3
Ponte Vittorio Emanuele II
Piazza Ponte San Angelo
Lgt Tor di Nona
Lgt in Sassia
Lgt della Altoviti
Piazza di San Salvatore in Lauro
Gianicolo (Janiculum)
Via di Porta Santo Spirito
Via Paola
Piazza del Coronari
Via dei Coronari
PONTE
Galleria Principe Amedeo Savoia Aosta
Ponte Principe Amedeo
Piazza dell'Oro
Corso Vittorio Emanuele II
Via di Panico
Via dei Banchi Nuovi
Via del Gianicolo
Vic Sant'Onofrio
Lgt Gianicolense
Lgt D Sangallo
Piazza dell'Orologio

Vatikanstadt, Borgo & Prati (Rom)

Highlights
- Castel Sant'Angelo (Engelsburg) G5
- Sixtinische Kapelle C5
- Petersdom C5
- Petersplatz D5
- Vatikanische Museen C4

Sehenswertes
1. Arco di Druso D2
2. Art Studio Café G3
3. Battelli di Roma H6
4. Eingang zu Prefettura della Casa Pontifica D5
5. Eingang zu den Vatikanischen Museen C3
6. Ponte Sant'Angelo G6
7. Ufficio Scavi C6
8. Vatikanische Grotten C5

Schlafen

9. Casa di Accoglienza Paolo VI B3
10. Colors Hotel F4
11. Hotel Bramante E5
12. Hotel Lady F2
13. Hotel San Pietrino D1

Essen

14. Angeli a Borgo E4
15. Dal Toscano D3
16. Dino e Tony D2
17. Dolce Maniera E2
18. Gelarmony H2
19. Mondo Arancina H2
20. Old Bridge D4
21. Osteria dell'Angelo D1
22. Pizzarium A3
23. Pizzeria Amalfi E3
24. Ristorante l'Arcangelo H4

Ausgehen

25. Passaguai E4

Unterhaltung

26. Alexanderplatz C2

Shoppen

27. Centro Russia Ecumenica Il Messaggio dell'Icona E5

mal 25 Jahre alt! Als einzige seiner Arbeiten hat er sie signiert und zwar auf der Schärpe über der Brust der Madonna.

Gleich daneben, beim Hauptportal, markiert eine rote Porphyrscheibe im Boden den Ort, an dem Karl der Große im Jahr 800 vom Papst zum Kaiser des Heiligen Römischen Reichs gekrönt wurde.

Berninis 29 m hoher barocker Altarbaldachin dominiert das Zentrum des Doms. Er wird von vier spiralförmigen Säulen getragen und wurde aus Bronze gefertigt, die aus dem Pantheon stammt. Der Hochaltar selbst steht über dem Petrusgrab. Nur der Papst darf hier eine Messe lesen.

Bis zu einer Höhe von 119 m erhebt sich Michelangelos Kuppel, die sich an Brunelleschis Kuppel in Florenz anlehnt. Die erhabene Kuppel wird von vier soliden Steinpfeilern getragen, die nach den vier Heiligen benannt sind, die in den von Bernini entworfenen Nischen zu sehen sind: Longinus, Helena, Veronika und Andreas.

Am Fuße des Longinuspfeilers (rechts des Hauptaltars) steht die berühmte Bronzestatue von Petrus, die im 13. Jh. von Arnolfo di Cambio geschaffen worden sein soll. Die Statue ist sehr beliebt, und ihr rechter Fuß sieht schon ziemlich mitgenommen aus, weil er seit Jahrhunderten von Pilgern geküsst und gestreichelt wird.

Kuppel

Der Eingang rechts des Doms führt hinauf zur **Kuppel** (mit/ohne Lift 7/5 €; Sommer 8–17.45 Uhr, Winter 8–16.45 Uhr) Ein kleiner Lift überwindet die halbe Strecke, doch danach bleiben noch immer 320 schmale Stufen zur Spitze. Aber der steile und lange Aufstieg lohnt sich für den grandiosen Rundblick. Wer unter Platz- oder Höhenangst leidet, sollte lieber unten bleiben.

Museo Storico Artistico

Im linken Seitenschiff gelangt man ins **Museo Storico Artistico** (Schatzkammer; Erw./Kind 6/4 €; Sommer 9–18.15 Uhr, Winter 9–17.15 Uhr). Zu sehen sind Reliquien und andere Kostbarkeiten, darunter ein Tabernakel von Donatello und die Crux Vaticana aus dem 6. Jh. Das mit Juwelen verzierte Kreuz war ein Geschenk von Kaiser Justinian II.

Vatikanische Grotten

In den **Vatikanischen Grotten** (Eintritt frei; Sommer 9–18, Winter 9–17 Uhr) unterhalb der Kirche befinden sich die Gräber vieler Päpste, auch das von Johannes Paul II. Dessen schlichtes Grabmal steht in deutlichem Kontrast zu dem überbordenden Reichtum oben im Dom. Von der ersten Basilika aus dem 4. Jh. blieben mehrere dicke Säulen erhalten. Der Eingang zu den Grotten befindet sich rechts im Portikus.

Petrusgrab

Ausgrabungen unter dem Dom haben einen Teil der ersten Kirche zutage gefördert sowie – nach der Überzeugung des Vatikans – das **Petrusgrab** (Eintritt 10 €, Zutritt ab 15 Jahren). 1942 wurden die Knochen eines älteren, starken Mannes in einer Kiste entdeckt, die sich hinter einer von Pilgergraffitis übersäten Wand befunden hatte. Nach mehr als 30 Jahren forensischer Untersuchungen erklärte Papst Paul VI., dass diese Knochen mit Sicherheit von Petrus stammten.

Die Ausgrabungsstätte kann nur im Rahmen einer 90-minütigen Führung besichtigt werden. Tickets reserviert man am besten so früh wie möglich per Mail beim **Ufficio Scavi** (Ausgrabungsbüro; Fabbrica di San Pietro; ☎06 6988 5318; scavi@fsp.va).

Petersplatz — PIAZZA

(Karte S. 104) Er ist einer der größten öffentlichen Plätze der Welt: Berninis gewaltiger Petersplatz (Piazza San Pietro) wurde in den Jahren zwischen 1656 und 1667 für Papst Alexander VII. angelegt.

Von oben sieht die Piazza aus wie ein gigantisches Schlüsselloch: Zwei im Halbkreis angeordnete Kolonnaden – beide bestehen aus vier Reihen dorischer Säulen – fassen ein riesiges Oval ein, das zum Petersdom hin schmaler und länglicher wird, um die Gläubigen zum Petersdom zu schleusen. Der Effekt war bewusst geplant, und Bernini beschrieb die Kolonnaden als die „mütterlichen Arme der Kirche“. Der 25 m hohe Obelisk in der Platzmitte wurde von Kaiser Caligula aus Heliopolis in Ägypten nach Rom gebracht. Nero nutzte ihn später als Wendepunkt für seine Streitwagenrennen.

Schon die gewaltigen Ausmaße des Platzes sind beeindruckend: An seinen entferntesten Punkten misst der Platz 340 x 240 m, es gibt 284 Säulen, und auf den Kolonnaden stehen 140 Heilige. Vor diesem Hintergrund wirkt der Papst geradezu klein, wenn er sonntags um 12 Uhr zu den versammelten Gläubigen spricht.

Vatikanische Museen — MUSEUM

(Musei Vaticani; Karte S. 104; ☎06 6988 4676; www.vatican.va; Viale Vaticano; Erw./Kind 14/8 €, letzter So im Monat Eintritt frei; ⏲Mo–Sa 9–18 Uhr

DIE HIGHLIGHTS DER VATIKANISCHEN MUSEEN – EIN RUNDGANG

Dauer: 3 Stunden

Die Vatikanischen Museen beherbergen eine der wertvollsten Kunstsammlungen der Welt und sind extrem weitläufig. Es heißt, man benötige zwölf Jahre, um jedes Exponat eine Minute lang anzuschauen. Dieser Rundgang führt zu den Highlights und endet in der Sixtinischen Kapelle.

Nach Passieren des Eingangsbereichs geht es mit der Rolltreppe neben der modernen spiralförmigen Treppe nach oben. Dort sind nach links die Sixtinische Kapelle und die Stanzen des Raffael ausgeschildert. Vor dem Abbiegen dorthin lohnt ein Abstecher auf die Terrasse, um den Blick über die Vatikanischen Gärten zur Kuppel des Petersdoms zu genießen. Der Weg führt nun in den Cortile della Pigna, in dem der große bronzene Pinienzapfen aus augusteischer Zeit zu bewundern ist. Hinter dem Innenhof befindet sich in dem langen Gang das Museo Chiaramonti, das zügig nach links durchquert wird, um über die Treppe in das Museo Pio-Clementino zu gelangen. Der Strom der Besucher fließt durch den Cortile Ottagono in die Sala Croce Greca (Saal des griechischen Kreuzes). Von hier führt eine weitere Treppe hinauf zur Galleria dei Candelabri (Kandelabersammlung), eine von drei Galerien entlang eines langen Korridors. Es kann hier sehr gedrängt zugehen, weil die Besucher durch die Galleria degli Arazzi (Teppichsammlung) zur Galleria delle Carte Geografiche (Kartensammlung) durchgeschleust werden. Am Ende des Gangs geht es durch die Sala Sobieski in die Sala di Costantino, die erste der vier Stanze di Raffaello (Stanzen des Raffaels). Aus der letzten der Stanzen führt das Einbahn-System durch einen Bereich mit moderner Kunst in die Sixtinische Kapelle. Drinnen sollte man auf die gegenüberliegende Seite gehen, um die Fresken am besten bewundern zu können. Auch ein Taschenspiegel ist sehr hilfreich für die Details der Decke.

(letzter Einlass 16 Uhr), letzter So im Monat 9–14 Uhr (letzter Einlass 12.30 Uhr)) Ein Besuch der Vatikanischen Museen ist ein beeindruckendes und unvergessliches Erlebnis. Man muss jedoch viel Ausdauer und reichlich Geduld mitbringen. Schlangestehen ist die Regel, und im Inneren sind die Wege durch die Ausstellungsbereiche insgesamt 7 km lang!

Gegründet wurden die Museen von Papst Julius II. im frühen 16. Jh. und die Sammlungen wurden von den nachfolgenden Päpsten weiter vergrößert. Das Gebäude, in dem die Vatikanischen Museen beheimatet sind, ist allgemein als Palazzo Apostolico Vaticano bekannt. Auf 5,5 ha Fläche besteht der Komplex eigentlich aus zwei Palästen: dem Vatikanischen Palast am Petersdom sowie dem Belvedere-Palast. Beide sind durch zwei lange Gänge miteinander verbunden. Die Gänge umschließen drei Innenhöfe: den Cortile della Pigna, den Cortile della Biblioteca und an der Südseite den Cortile del Belvedere.

Es ist unmöglich, den gesamten Museumskomplex bei einem einzigen Besuch zu erkunden, also am besten im Vorfeld eine Auswahl treffen. Jede Abteilung beinhaltet kostbare Schätze, aber bei einem „kurzen" Rundgang (s. Kasten S. 107) sollte man sich auf die Pinacoteca, das Museo Pio-Clementino, die Galleria delle Carte Geografiche, die Stanze di Raffaello (Raffael-Stanzen) und die Sixtinische Kapelle beschränken.

Im Großen und Ganzen lässt die Beschilderung der Exponate zu wünschen übrig, sodass der Audioguide (7 €) oder der vor Ort erhältliche deutschsprachige Führer (12 €) wertvolle Hilfestellung leisten können.

Die Museen sind bestens auf Besucher mit Behinderungen eingestellt: Es gibt Routenvorschläge, Aufzüge und behindertengerechte Toiletten. Rollstühle zum Ausleihen gibt es gratis an einem Extraschalter in der Eingangshalle. Sie können per Mail auch vorab reserviert werden: accoglienza.musei@scv.va. Eltern, die mit Kleinkindern unterwegs sind, können Kinderwagen mit in die Museen nehmen.

Pinacoteca

Von Besuchern wird die päpstliche Gemäldegalerie oft übersehen, dabei ist hier unter anderem Raffaels letztes Werk ausgestellt: *La Trasfigurazione* (1517–1520). Daneben sind Gemälde von Giotto, Bellini, Caravaggio, Fra Angelico, Filippo Lippi, Guido Reni, van Dyck, Pietro da Cortona und Leonardo da Vinci zu sehen, dessen *San Gerolamo* (Hl. Hieronymus; um 1480) niemals vollendet wurde.

Museo Gregoriano Egizio (Ägyptisches Museum)

Von Papst Gregor XVI. 1839 gegründet, enthält das Museum vor allem ägyptische Fundstücke aus der römischen Zeit. Die Sammlung ist klein, aber fein. Der *Trono di Rameses II* ist Teil einer Statue des sitzenden Königs. Die ausgestellten, bunt bemalten Sarkophage stammen aus der Zeit um 1000 v. Chr. Auch einige makabre Mumien sind hier aufgebahrt.

Museo Chiaromonti & Braccio Nuovo

Das Museo Chiaramonti bildet im Grunde den langen Gang im Erdgeschoss, der entlang der Ostseite des Belvedere-Palasts führt. An den Wänden stehen Tausende von Statuen. Sie stellen alles Mögliche dar, von unsterblichen Göttern bis zu verspielten Engeln und hässlichen römischen Patriziern. Am Ende des Gangs zweigt der Braccio Nuovo (Neuer Flügel) ab, der eine berühmte Augustus-Skulptur beherbergt. Außerdem ist der Nil als liegender Gott zu sehen, der von 16 Babys bedeckt wird. Angeblich soll der Nil bei Hochwasser um 16 Ellen angeschwellen, daher die Zahl.

Museo Pio-Clementino

Im Belvedere-Palast präsentiert das erstklassige Museum einige großartige klassische Statuen, darunter im achteckigen Innenhof, dem **Cortile Ottagono**, die unübertroffenen Meisterwerke des *Apollo Belvedere* sowie die *Laokoon-Gruppe* aus dem 1. Jh. Vor dem Betreten des Innenhofs, lohnt es sich, neben dem Eingang den *Apoxyomenos* aus dem 1. Jh. zu betrachten. Die Skulptur eines Athleten zeigt das früheste bekannte Beispiel des als *contrapposto* (Kontrapost) bekannt gewordenen Gestaltungsmittels. Die Statue ist auch eine der ersten Skulpturen mit erhobenem Arm. In dem Raum hat einst Leonardo da Vinci genächtigt.

Links des Eingangs in den Innenhof ist der *Apollo Belvedere*, eine römische Kopie (2. Jh.) einer griechischen Bronzestatue aus dem 4. Jh. v. Chr., zu sehen. Die wohlproportionierte Darstellung des Sonnengottes Apollo gilt als eine der besten klassischen Skulpturen. In unmittelbarer Nähe zeigt die *Laokoon-Gruppe* einen muskulösen trojanischen Priester und seine zwei Söhne, die sich in einem tödlichen Kampf mit zwei Schlangen befinden. Als die Statue 1506 auf dem Esquilin gefunden wurde, bestätigten Michelangelo und Giuliano da Sangallo, dass es sich um dieselbe Skulptur handele, von der Plinius der Ältere 1500 Jahre zuvor berichtet hatte.

In der **Sala delle Muse** (Saal der Musen) ist der griechische *Torso Belvedere* aus dem 1. Jh. v. Chr. der Hingucker. Michelangelo nahm ihn als Anregung für seine nackten Figuren in der Sixtinischen Kapelle. Die **Sala Rotonda** (Runder Saal) beherbergt eine Reihe von kolossalen Statuen, darunter die Bronzestatue des Hercules, und ein erstklassiges Bodenmosaik mit Seemonstern und Schlachten zwischen Griechen und Zentauren. Das enorme Becken in der Mitte des Saals, hergestellt aus einem einzigen Stück roten Porphyrs, wurde in Neros Domus Aurea gefunden.

Museo Gregoriano Etrusco

Eine Etage höher im Belvedere befindet sich an der Simonetti-Treppe das Museo Gregoriano Etrusco mit Fundstücken aus etruskischen Gräbern im südlichen Etrurien (heute das nördliche Latium). Zu sehen sind auch griechische Vasen und römische Antiquitäten. Besonders interessant ist im Bronze-Saal die lebensgroße Bronzestatue des *Marte di Todi* (Mars von Todi). Der Krieger entstand im 4. Jh. v. Chr.

Galleria delle Carte Geografiche (Kartensammlung)

Als letzte einer Folge von drei Galerien – die ersten beiden sind die Galleria dei Candelabri (Kandelabersammlung) sowie die Galleria degli Arazzi (Teppichsammlung) – hängen in diesem 120 m langen Gang 40 topographische Karten Italiens aus dem 16. Jh.

Stanze di Raffaello (Raffael-Säle)

Die vier Stanzen Raffaels waren die privaten Gemächer von Papst Julius II. Raffael selbst malte die Stanza della Segnatura (1508–1511) und die Stanza d'Eliodoro (1512–1514) aus, während die Stanza dell'Incendio (1514–1517) und die Stanza di Costantino (1517–1524) von seinen Schülern nach seinen Entwürfen ausgestaltet wurden.

Als Erstes betreten Besucher die **Stanza di Costantino**, in der ein riesiges Fresko den Sieg von Kaiser Konstantin über Maxentius an der Milvischen Brücke zeigt. Die **Stanza d'Eliodoro** wurde für Privataudienzen genutzt. Die Fresken hier zeigen, wie Gott die Kirche beschützt. Berühmt ist Raffaels *Cacciata d'Eliodoro* (Die Vertreibung des Heliodor aus dem Tempel), das den militärischen Sieg von Papst Julius über seine ausländischen Feinde symbolisiert. Zur Linken ist die *Messe von Bolsena* zu sehen: Julius II. erweist den Reliquien eines Wunders aus dem 13. Jh. in der Stadt Bolsena seine Ehre. *Leone X ferma l'invasione di Attila* (Leo X. vertreibt Attila) war ein Gemeinschaftswerk von Raffael und seinen Schülern. An der vierten Wand zeigt die *Liberazione di San Pietro*, wie Petrus aus dem Gefängnis befreit wird. Das meisterhafte Lichtspiel auf diesem Fresko war Raffaels Antwort an seine Kritiker, die ihm vorwarfen, er habe den Auftrag zur Ausgestaltung der päpstlichen Gemächer nur dank seiner Beziehungen erhalten und nicht aufgrund seines Könnens.

In der **Stanza della Segnatura** sind Raffaels erste Fresken sowie sein Meisterwerk *La Scuola d'Atene* (Die Schule von Athen) zu sehen: Mehrere Philosophen und Wissenschaftler versammeln sich um Platon und Aristoteles. Die einsame Figur am Fuße der Treppe soll Michelangelo sein, während Leonardo da Vinci als Platon dargestellt ist. Bei Euklides (unten rechts) soll es sich um Bramante handeln. Raffael schmuggelte auch ein Selbstbildnis an die Wand: Er ist in der unteren rechten Ecke die zweite Person von rechts.

Sixtinische Kapelle (Capella Sistina)

Für viele der 12 000 Besucher täglich ist sie der einzige Grund, die Vatikanischen Museen zu besichtigen. Michelangelos Deckenfresken sowie sein *Giudizio Universale* (Das letzte Abendmahl) an der westlichen Wand gehören zu den berühmtesten Kunstwerken der Welt. In der Kapelle aus dem 15. Jh. schließt sich das päpstliche Konklave ein, um den nächsten Papst zu wählen.

Die Kapelle wurde ursprünglich 1484 für Papst Sixtus IV. gebaut, nach dem sie auch benannt ist. Aber erst Julius II. kam 1508 auf die Idee, Michelangelo mit ihrer Verschönerung zu beauftragen. Der Meister zögerte zunächst, weil er sich als Bildhauer und nicht als Maler sah. Doch Julius II. konnte ihn schließlich gewinnen, und innerhalb der nächsten vier Jahre malte Michelangelo die 800 m² große Decke komplett aus. Dafür schuf er ein geschwungenes Gerüst, auf dem er in einer ungemütlichen Position nach hinten gelehnt arbeiten konnte. Er stellte zahlreiche Assistenten an, die ihm mit dem Putz halfen. Bei Fresken wird nämlich direkt auf den feuchten Putz gemalt.

Die Deckenfresken bewundert man am besten vom Haupteingang der Kapelle aus, der dem Besuchereingang gegenüberliegt. Zu sehen sind neun Szenen aus der Schöpfungsgeschichte: *Gott scheidet Licht und Finsternis*; *die Erschaffung von Sonne, Mond und Sternen*; *die Erschaffung von Adam*; *die Erschaffung von Eva*; *der Sündenfall und die Vertreibung von Adam und Eva aus dem Paradies*; *Noahs Opfer*; *die Sintflut*; *die Trunkenheit Noahs*.

Die berühmteste Szene zeigt *die Erschaffung von Adam:* Ein bärtiger Gott streckt Adam seinem Zeigefinger entgegen und erweckt ihn damit zum Leben. In der Vertreibungsszene aus dem Paradies werden Adam und Eva von einem Engel vertrieben, nachdem sie die verbotene Frucht des Teufels gekostet haben. Dieser wird als Schlange in Gestalt einer Frau gezeigt, die sich um einen Baum windet.

Die Hauptszenen werden von kraftstrotzenden, nackten männlichen Athleten (*ignudi*) eingerahmt.

An der 200 m² großen Westwand der Kapelle hat Michelangelo nicht weniger als 391 Figuren dargestellt: Sein sehr emotionales *Jüngstes Gericht* zeigt, wie die Seelen der Toten aus ihren Gräbern gerissen werden, um dem Zorn Gottes zu begegnen. Das Thema war von Papst Paul III. als Warnung an die Katholiken gewählt worden, sich nicht der Reformation anzuschließen, die sich damals rasch ausbreitete. Als die Wand 1541 enthüllt wurde, sorgten die zumeist nackten Körper für Aufsehen, und Papst Pius IV. stellte später Michelangelos Schüler Daniele da Volterra an, um schamhafte Feigenblätter und Lendenschurze aufzutragen.

Die Wandfresken aus dem 15. Jh. illustrieren Szenen aus dem Leben von Moses (Südwand) und Jesus (Nordwand). Sie wurden von mehreren Renaissancemalern geschaffen, darunter Botticelli, Domenico Ghirlandaio, Pinturicchio und Luca Signorelli. Zu den Highlights zählen Botticellis *Die Versuchung Christi* (zweites Fresko von rechts) und Peruginos wunderbar komponiertes Werk *Jesus überreicht Petrus die Schlüssel* (fünftes Fresko von rechts).

Castel Sant'Angelo — MUSEUM

(Engelsburg; Karte S. 104; ☎06 681 91 11; Lungotevere Castello 50; Erw./Kind 5/2,50 €; ⏲Di–So 9–19.30 Uhr, letzter Einlass 18.30 Uhr) Der bullige runde Turm macht die Engelsburg zu einem sofort erkennbaren Orientierungspunkt der Stadt. Eigentlich war die Burg als Mausoleum für Kaiser Hadrian angelegt worden, doch die Päpste verwandelten die Anlage im 6. Jh. in eine Festung. Der Name geht auf eine Engelsvision zurück, die Papst Gregor der Große 590 erschien. Aufgrund eines geheimen Verbindungsgangs zwischen dem Vatikanischen Palast und der Engelsburg, der Passetta di Borgo (13. Jh.), bot die Festung in gefährlichen Zeiten zahlreichen Päpsten einen sicheren Rückzugsort. So hielt sich Clemens VI. während der Plünderung Roms 1527 in diesen Mauern auf.

Die oberen Geschosse sind üppig im Renaissancestil dekoriert. Besonders schön ist im 4. Stock die mit Fresken verzierte Sala Paolina. Zwei Stockwerke höher liegt die Terrasse, die Puccini in seiner Oper *Tosca* verewigte. Von hier genießt man einen schönen Blick auf Rom.

Ponte Sant'Angelo — BRÜCKE

(Engelsbrücke; Karte S. 104) Vor der Burg wurde die Engelsbrücke 134 n. Chr. von Kaiser Hadrian erbaut, um einen Zugang zu seinem Mausoleum zu erhalten. Im 17. Jh. schufen Bernini und seine Schüler die Engelsfiguren an den Brückengeländern und gaben der Brücke damit ihr spezielles Flair.

VILLA BORGHESE & DER NORDEN VON ROM

Museo e Galleria Borghese — KUNSTMUSEUM

(Karte S. 111; ☎06 3 28 10; www.galleriaborghese.it; Piazzale del Museo Borghese 5; Erw./Kind 8,50/5,25 €, Audioguide 5 €; ⏲Di–So 9–19 Uhr, Voranmeldung erforderlich) Wer in Rom nur eine einzige Kunstsammlung besichtigen möchte oder kann, sollte unbedingt das Museo Borghese besuchen. Die Sammlung, die „Königin aller privaten Kunstsammlungen" ist exquisit und liefert die perfekte Einführung in die Kunst der Renaissance und des Barock – ohne dabei die Besucher zu erschlagen. Um die Besucherzahlen zu begrenzen, wird der Eintritt nur in Zwei-Stunden-Intervallen erlaubt. Die Tickets müssen vorab telefonisch bestellt werden, und der Eintritt in die Villa ist nur zur angegebenen Zeit möglich – aber der Besuch lohnt sich!

Die kostbare Sammlung umfasst Werke von Caravaggio, Bernini, Botticelli, Rubens, Raffael und Tizian und wurde von Kardinal Scipione Borghese (1579–1633) angelegt. Er war der fachkundigste, aber auch skrupelloseste Sammler seiner Zeit. Die Ausstellung ist im Casino Borghese untergebracht. Der neoklassizistische Eindruck ist das Ergebnis eines Umbaus der ursprünglichen Villa.

Villa Borghese (Rom)

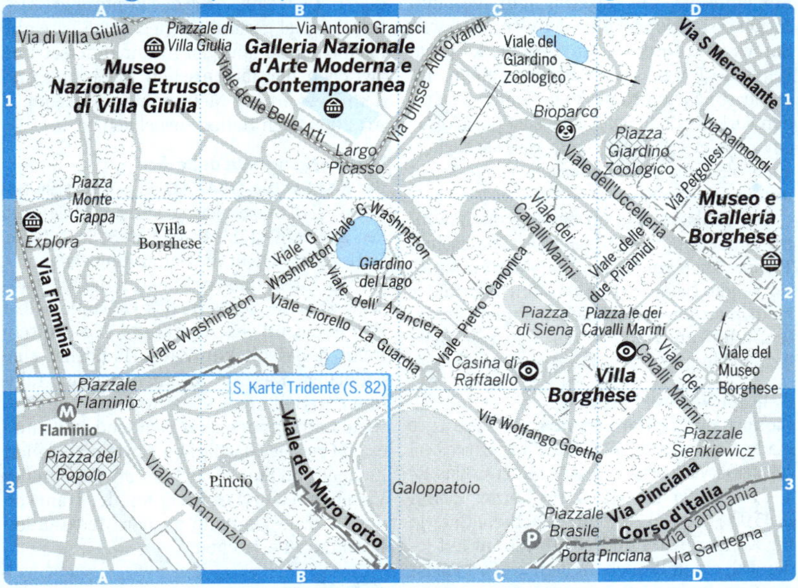

Die Ausstellung ist in zwei Bereiche gegliedert: Im Erdgeschoss sind die großartigen Skulpturen sowie die filigranen römischen Bodenmosaiken und Fresken zu sehen, während sich im Obergeschoss die Gemäldegalerie befindet.

Schon die **Eingangshalle** ist mit ihren Gladiatoren-Bodenmosaiken, die aus dem 4. Jh. stammen, ein Hingucker. Pietro Bernini (Gian Lorenzos Vater) schuf das Flachrelief *Marco Curzio a Cavallo*, das der Schwerkraft zu widerstehen scheint: Pferd und Reiter fallen in die Tiefe.

Sala I rückt Antonio Canovas gewagte Darstellung von Napoleons Schwester Paolina Bonaparte Borghese ins Zentrum der Aufmerksamkeit: Sie lehnt sich „oben ohne" als *Venere vincitrice* (Siegende Venus; 1805–1808) lasziv zurück. Dennoch stehlen Gian Lorenzo Berninis spektakuläre Skulpturen Canova die Show. Sie symbolisieren auf ausschweifende Art heidnische Mythen. Man beachte nur in **Sala III**, wie Daphnes Hand sich in Blätter verwandelt (*Apollo und Daphne,* 1622–1625). Einen Saal weiter presst Pluto seine Hand in das weiche Fleisch von Proserpinas Hüfte (*Raub der Proserpina*; Sala IV, 1621–1622).

Caravaggio dominiert **Sala VIII**: Ein verlebt dreinschauender *Bacchusknabe* (1592–1595) ist genauso ausgestellt wie die merkwürdig schöne *La Madonna dei Palafenieri* (Madonna mit Schlange; 1605/06) und Caravaggios wahrscheinlich letztes Werk *San Giovanni Battista* (Johannes der Täufer; 1609/10). Nicht zu vergessen sind der viel beachtete *Ragazzo col Canestro di Frutta* (Knabe mit Fruchtkorb; 1593–95) und der dramatische *Davide con la Testa di Golia* (David mit dem Kopf des Goliath; 1609/10) – Goliaths abgetrennter Kopf soll ein Selbstbildnis des Künstlers sein.

Im Obergeschoss bietet die Gemäldegalerie wunderbare Beispiele der europäischen Renaissancekunst. Unbedingt sehenswert ist Raffaels außergewöhnliches *La Deposizione di Cristo* (Die Grablegung Christi; 1507) in **Sala IX** sowie seine *Dama con Liocorno* (Dame mit Einhorn; 1506). Im selben Saal fallen auch die hervorragende *Adorazione del Bambino* (Verehrung des Jesuskindes; 1495) von Fra Bartolomeo sowie Peruginos *Madonna con Bambino* (Madonna mit Kind; erstes Viertel des 16. Jhs.) ins Auge.

Weitere Highlights sind Correggios erotische *Danae* (1530/31) in **Sala X**, Berninis Selbstporträts in **Sala XIV** sowie Tizians frühes Meisterwerk *Amor Sacro e Amor Profano* (Heilige und profane Liebe; 1514) in **Sala XX**.

Villa Borghese PARK

Einheimische, Liebespaare, Touristen und Jogger – sie alle verfallen dem wunderbaren Barockpark nördlich der Altstadt. Kardinal Scipione Borghese, Oberhaupt einer der einflussreichsten römischen Familien, schuf den Park im 17. Jh. Die Anlage ist perfekt für ein sonniges Picknick, ein kleines Nickerchen oder für einen unbeschwerten Nachmittag mit den Kids.

Der Eingang liegt an der Piazzale Flaminio auf dem Pincio oberhalb der Spanischen Treppe. Auch am oberen Ende der Via Vittorio Veneto befindet sich ein Eingang. Räder kann man an verschiedenen Punkten mieten, unter anderem an der Via delle Belle Arti. Kostenpunkt ca. 5/15 € pro Stunde/Tag.

Galleria Nazionale d'Arte Moderna e Contemporanea KUNSTGALERIE

(Karte S. 111; ☎06 3229 8221; www.gnam.beniculturali.it; Viale delle Belle Arti 131; Erw./Kind 8/4 €; ⏱Di–So 8.30–19.30 Uhr, letzter Einlass 18.45 Uhr) Die viel zu wenig beachtete Galerie für Kunst des 19. und 20. Jhs. lohnt auf jeden Fall einen Besuch. In dem großen Palast der Belle Époque sind unter anderem Werke der wichtigsten Vertreter der italienischen Moderne ausgestellt. Der Bogen spannt sich von den Macchiaioli (den italienischen Impressionisten) bis zu den Futuristen Boccioni und Balla. Zu sehen sind aber auch beeindruckende Skulpturen von Canova sowie bedeutende Werke von Modigliani und De Chirico. Unter den internationalen Künstlern stechen Arbeiten von Degas, Cezanne, Kandinsky, Klimt, Mondrian, Pollock und Moore hervor. Das reizende Terrassencafé ist der ideale Ort, um ein wenig zu verschnaufen.

Museo Nazionale Etrusco di Villa Giulia MUSEUM

(Karte S. 111; ☎06 322 65 71; www.ticketeria.it; Piazzale di Villa Giulia 9; Erw./Kind 4/2 €; ⏱Di–So 8.30–19.30 Uhr, letzter Einlass 18.30 Uhr) Italiens kostbarste Sammlung etruskischer Kunst aus vorrömischer Zeit wird passenderweise in der Villa Giulia präsentiert, dem Vergnügungspalast von Papst Julius III. aus dem 16. Jh. Die Ausstellungsstücke stammen zumeist aus Gräbern der umliegenden Region Latium. Die Palette reicht von Bronzefigürchen, schwarzem Bucchero-Tafelgeschirr und Tempelverzierungen bis zu Terrakottavasen und kunstvollem Schmuck.

Unbedingt sehenswert ist die polychrome Terrakottastatue von Apollo, der *Sarcofago degli Sposi* (Sarkophag der Eheleute) aus dem 6. Jh. v. Chr. sowie der Euphronios-Krater, eine viel gerühmte griechische Vase, die nach einer 30-jährigen Auseinandersetzung zwischen der italienischen Regierung und dem New Yorker Metropolitan Museum of Art 2008 nach Italien zurückkehrte.

Museo Nazionale delle Arti del XXI Secolo (MAXXI) KUNSTMUSEUM

(☎06 321 01 81; www.fondazionemaxxi.it; Via Guido Reni 2f; Erw./Kind 11/7 €; ⏱Di, Mi, Fr, So 11–19, Do, Sa 11–22 Uhr) Nicht die Sammlung zeitgenössischer Kunst und Architektur, die hier präsentiert wird, sondern das Gebäude selbst ist die eigentliche Attraktion. Die britisch-irakische Architektin Zaha Hadid hat eine ehemalige Kaserne in einen lichtdurchfluteten Ausstellungssaal verwandelt. Die Fußwege und Treppen sind blendend weiß, und es gibt riesige Glasflächen sowie massenhaft Zement und Stahl. Das Museum liegt an der Via Flaminia und ist leicht mit der Tram von der Piazzale Flaminio an der Metrostation Flaminio zu erreichen.

Kurse

Kochen und Weinproben

Römische Küche KOCHEN

(Karte S. 74; ☎06 678 5759; www.italiangourmet.com) Die englischsprachige Köchin und Autorin Diane Seed (*The Top One Hundred Pasta Sauces*) veranstaltet Kochkurse in ihrer Küche im Palazzo Doria Pamphilj. Die eintägigen, zweitägigen, dreitägigen und einwöchigen Kurse kosten zwischen 200 € pro Tag und 1000 € pro Woche.

International Wine Academy of Roma WEINPROBEN

(Karte S. 82; ☎06 699 08 78; www.wineacademyroma.com; Vicolo del Bottino 8) Roms angesehene Akademie hilft dabei, Italiens Weinregionen kennenzulernen und das eigene Gespür für Weine zu verfeinern. Für mehr Infos siehe Kasten S. 884§.

Città del Gusto KOCHEN

(☎06 551 11 21; www.gamberorosso.it, auf italienisch; Via Fermi 161) Für Einzelheiten zu Vorführungen, Workshops und Kursen in diesem Paradies für Essensliebhaber siehe Kasten S. 884§.

Sprachschulen

Hunderte von Sprachschulen bieten in Rom Kurse für Einzelgäste und Gruppen an. Die Kosten schwanken enorm, aber für einen zweiwöchigen Kurs sollte man ungefähr 300 bis 390 € veranschlagen. Einzelstunden schlagen mit 40 bis 45 € zu Buche. Einige Schulen bieten zudem für manche Kurse Übernachtungsmöglichkeiten an. Folgende Sprachschulen haben einen guten Ruf:

Arco di Druso SPRACHE
(Karte S. 104; ☎06 3975 0984; www.arcodidruso.com; Via Otranto 12)

Centro Linguistico Italiano Dante Alighieri SPRACHE
(Karte S. 58; ☎06 4423 1400; www.clidante.it; Piazza Bologna 1)

Divulgazione Lingua Italiana Soc SPRACHE
(DILIT; Karte S. 88; ☎06 446 25 93; www.dilit.it; Via Marghera 22)

Italiaidea SPRACHE
(Karte S. 84; ☎06 6994 1314; www.italiaidea.com; 1st fl, Via dei Due Macelli 47)

Torre di Babele Centro di Lingua e Cultura Italiana SPRACHE
(Karte S. 58; ☎06 4425 2578; www.torredibabele.com; Via Cosenza 7)

Kunsthandwerk

Art Studio Café MOSAIKE
(Karte S. 104; ☎06 3260 9104; www.artstudiocafe.it; Via dei Gracchi 187a) Die Mosaikschule ist Café und Ausstellungsraum zugleich. In den Kursen lernt man, wie Emaille-Mosaiken zurechtgeschnitten und glasiert werden, wie die Farben gemischt werden und wie das Kunstwerk den letzten Schliff erhält. Tageskurse kosten ab 50 €.

☞ Führungen

Bei Freunden in Rom STADTSPAZIERGANG/-TOUR
(☎06 6614 0987; www.afriendinrome.it) Silvia Prosperi organisiert Führungen zu Fuß, per Rad oder Motorroller ganz nach den jeweiligen Bedürfnissen und Wünschen der Kunden. Sie zeigt den Vatikan und die historische Altstadt sowie die Stadtviertel Aventin, Trastevere, Caelius und Monti. Die Kosten liegen bei 50 € pro Stunde und die meisten Führungen dauern mindestens drei Stunden Prosperi kann auch Mosaik- und Kochkurse sowie Schiffstouren entlang der Küste arrangieren.

Battelli di Roma SCHIFF
(Karte S. 104; ☎06 9774 5498; www.battellidiroma.it; Erw./Kind 16/12 €) Bei den einstündigen Schiffstouren auf dem Tiber zwischen den Brücken Ponte Sant'Angelo und Ponte Nenni kann man nach Belieben aus- und zusteigen. Die Schiffe fahren vom Ponte Sant'Angelo ab 10 Uhr, von der Isola Tibertina ab 10.10 Uhr und verkehren dann stündlich bis 18.30 Uhr.

Trambus 110open BUS
(☎800 281281; www.trambusopen.com; Fam./Erw./Kind 50/20/18 €; ⌚alle 15 Min. 8.30–20.30 Uhr) Der oben offene Doppeldeckerbus startet an der Piazza dei Cinquecento vor dem Bahnhof Termini und legt folgende Zwischenstopps ein: Kolosseum, Bocca della Verità, Piazza Venezia, Petersplatz, Ara Pacis und Trevi-Brunnen. Die gesamte Fahrstrecke dauert zwei Stunden und die Tickets sind 48 Stunden gültig. Man kann nach Belieben aus- und zusteigen. Die Fahrkarten gibt es im Internet, im Bus, an den Infoständen an der Piazza dei Cinquecento und am Kolosseum oder bei den autorisierten Verkäufern von Trambus Open.

Trambus Archeobus BUS
(☎800 281281; www.trambusopen.com; Fam./Erw. 40/12 €; ⌚9–16.30 Uhr, alle 30 Min.) Der Archeobus funktioniert nach dem gleichen Prinzip wie der 110open (s. oben). Angesteuert werden die archäologischen Sehenswürdigkeiten an der Via Appia Antica. Startpunkt ist ebenfalls die Piazza dei Cinquecento, und die Tickets sind auch 48 Stunden lang gültig. Die Verkaufsstellen sind dieselben wie beim Trambus 110open.

Roma Cristiana BUS, STADTSPAZIERGANG
(☎06 6989 6380; www.operaromanapellegrinaggi.org) Die vom Vatikan gesponserte Opera Romana Pellegrinaggi betreibt den Hop-On-Hop-Off **Open Bus Roma Cristiana** (24 Std./eine Rundfahrt 18/13 €; ⌚8.40–19 Uhr alle 20 Min.). Startpunkte sind die Via della Conciliazione und der Bahnhof Termini. Angeboten werden auch Führungen zu Fuß, darunter **Führungen durch die Vatikanischen Museen** (Erw./Kind 26/19 €; ⌚Mo–Sa 10, 11, 12 & 14 Uhr). Tickets gibt es im Bus, online oder am Treffpunkt an der Piazza San Pietro.

Bici & Baci FAHRRAD, MOTORROLLER
(☎06 482 84 43; www.bicibaci.com; Via del Viminale 5; Führungen 35 €; ⌚März–Okt. 10, 15 & 19 Uhr, Nov.–Feb. auf Nachfrage) Bici & Baci bietet täglich Radtouren durch das Zentrum von Rom an. Angesteuert werden die historische Altstadt, Campidoglio und das Kolosseum. Im Angebot sind auch Touren mit alten Vespas und Fiats 500. Für diese motorisierten Touren ist eine Anmeldung mindestens 24 Stunden vorher erforderlich.

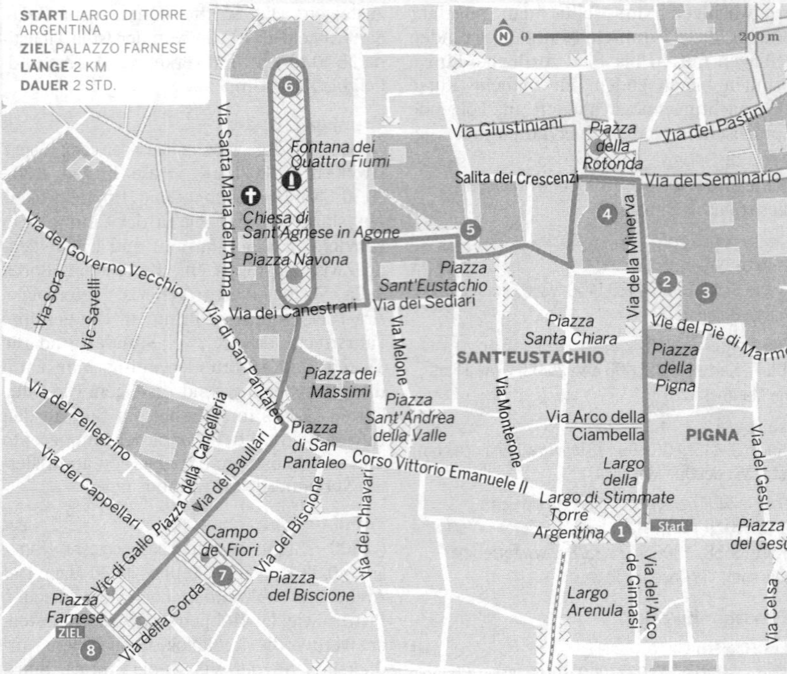

Stadtspaziergang
Centro Storico

Roms kompaktes historisches Stadtzentrum ist bestens für einen gemütlichen Bummel geeignet. Unterwegs gibt es viel zu sehen, darunter einige der bekanntesten Sehenswürdigkeiten der Ewigen Stadt. Dieser Spaziergang führt ins Herzen des Stadtviertels.

Startpunkt ist der ❶ **Largo di Torre Argentina**, ein belebter Platz, der rund um die Ruinen von vier Tempeln aus der republikanischen Zeit angelegt wurde. Hier wurde auch Caesar 44 v. Chr. ermordet. Über die Via dei Cestari geht es an Berninis ❷ **Elefantino** , der die Betrachter stets von Neuem begeistert, vorbei zur ❸ **Chiesa di Santa Maria Sopra Minerva.** Roms einzige gotische Kirche stammt aus dem 13. Jh. Nach dem Passieren der Kirche erreicht man das besterhaltene römische antike Bauwerk, das ❹ **Pantheon.** Es wurde 27 v. Chr. errichtet, von Hadrian im 2. Jh. n. Chr. umgebaut und 608 als christliche Kirche geweiht. Das architektonische Meisterwerk wird von der weltweit größten Kuppel gekrönt, die nicht durch Stahlbeton verstärkt wurde. Vom Pantheon weisen Schilder den Weg zur Piazza Navona. Unterwegs lädt das ❺ **Caffè Sant'Eustachio** zu einer kleinen Pause ein. Viele halten es für das beste Café der Hauptstadt. Einige Schritte weiter ist die ❻ **Piazza Navona** die Visitenkarte im Stadtzentrum. Zwischen all den Straßenkünstlern, Touristen, Straßenhändlern und Tauben lassen sich die beiden Giganten des römischen Barock miteinander vergleichen: Bernini schuf den Brunnen der Vier Flüsse, Borromini zeichnete für die Chiesa di Sant'Agnese in Agone verantwortlich. Auf der anderen Seite des vielbefahrenen Corso Vittorio Emanuel II, der die Altstadt durchschneidet, konzentriert sich das Leben auf den ❼ **Campo de' Fiori**. Tagsüber findet auf dem Platz ein bunter Markt statt, während abends lautstarke Trinker, ausländische Studenten und gestandene Römer die Szenerie in eine Open-Air-Kneipe verwandeln. Ein kleines Stückchen weiter ist die Piazza Farnese ein eleganter Platz, der vom ❽ **Palazzo Farnese** dominiert wird. Der großartige Renaissancepalast beherbergt heute die französische Botschaft. Im Inneren sollen die hervorragenden Fresken denen in der Sixtinischen Kapelle in nichts nachstehen. Um sie zu sehen, ist jedoch eine Anmeldung weit im Voraus notwendig.

Die Routen und Preise variieren je nach den eigenen Vorgaben.

Enjoy Rome STADTSPAZIERGANG
(☎06 445 18 43; www.enjoyrome.com; Via Marghera 8a) Zur Auswahl stehen dreistündige Vatikanführungen (unter/über 26 Jahren 25/30 €), das „Antike & Alte Rom" (25/30 €) sowie diverse andere Führungen. Auf der Webseite finden sich alle Informationen dazu. Die Führungspreise beinhalten nicht die Eintrittsgelder zu den Vatikanischen Museen und ins Kolosseum.

Feste & Events

Settimana della Cultura KULTUR
Eine Woche lang sind die öffentlichen Museen und Galerien kostenlos zu besuchen (www.beniculturali.it, auf Italienisch).

Ostern RELIGION
Am Karfreitag führt der Papst eine Fackelprozession rund um das Kolosseum. Am Ostersonntag um 12 Uhr segnet er dann die Menge auf dem Petersplatz.

Mostra delle Azalee KULTUR
Von Mitte April bis Anfang Mai wird die Spanische Treppe während der Azaleenausstellung mit 600 Vasen voller blühender Azaleen geschmückt.

Natale di Roma KULTUR
Rom feiert am 21. April Stadtgeburtstag. Zum Programm gehören Musik, historische Aufführungen, ein Feuerwerk sowie kostenloser Eintritt zu den Museen.

Primo Maggio MUSIK
Am 1. Mai lockt ein Rockkonzert mit internationalen Stars große Menschenmengen auf die Piazza di San Giovanni in Laterano.

Festa dei Santi Pietro e Paolo RELIGION
Am 29. Juni feiern die Römer ihre Schutzheiligen Petrus und Paulus. Die Feierlichkeiten konzentrieren sich auf den Petersdom und die Via Ostiense.

Estate Romana KULTUR
(www.romeguide.it/estate_romana) Jeweils von Juni bis Oktober finden im Rahmen des großen Sommerfestivals über die ganze Stadt verteilt Hunderte von Kulturveranstaltungen und sonstige Events statt.

Festa de'Noantri KULTUR
Trasteveres jährliche Party steigt in der dritten Juliwoche. Viel Essen, Wein, Gebete und Tanz sind garantiert.

Festa della Madonna della Neve RELIGION
Am 5. August regnet es Rosenblüten auf die Gläubigen in der Basilica di Santa Maria Maggiore. So soll daran gedacht werden, dass es im 4. Jh. einmal im August auf wundersame Weise in Rom schneite.

RomaEuropa KULTUR
(www.romaeuropa.net, auf Italienisch) Von September bis November stehen bekannte internationale Künstler auf der Bühne, wenn das herbstliche Festival Theater, Oper und Tanz in den Vordergrund rückt.

Festival Internazionale del Film di Roma FILM
(www.romacinemafest.it) Ende Oktober wird für Roms Filmfestival im Auditorium Parco della Musica der rote Teppich für die großen Filmneuheiten ausgerollt.

Schlafen

Es gibt zwar eine große Auswahl an Übernachtungsmöglichkeiten, aber Rom ist ein teures Pflaster. Am empfehlenswertesten ist eine Übernachtung im Centro Storico, wo sich alle Sehenswürdigkeiten direkt vor der Haustür befinden. Im Mittelklassebereich ist die Auswahl groß, doch gute Budgetunterkünfte sind rar. Eine gute Idee sind auch Übernachtungen im friedlichen Stadtviertel Prati, wo es exzellente Restaurants gibt. Auch der Vatikan und die Metrolinie A sind ganz in der Nähe. Trastevere ist wunderschön und ein Tipp für laue Sommerabende. Vor allem in der Hochsaison kann es jedoch recht laut werden.

Günstige Unterkünfte finden sich vor allem rund um die Stazione Termini. Diese Gegend ist zwar nicht so schlimm, wie manchmal dargestellt, aber definitiv nicht das schönste Viertel von Rom. Einige Straßen westlich des Bahnhofs, insbesondere die Via Giolitti, sollte man nachts meiden. Andererseits ist das *centro storico* vom Bahnhof Termini noch fußläufig zu erreichen. Andere Sehenswürdigkeiten lassen sich bequem mit der Metro ansteuern.

Das vollständige Unterkunftsverzeichnis für Rom (mit Preisen) findet sich im Internet auf www.060608.it.

Rom kennt eigentlich keine Nebensaison, dennoch bieten viele Hotels von November bis März – mit Ausnahme von Weihnachten und Neujahr – günstigere Tarife an. Manche Hotels gewähren auch im August Preisnachlässe. Am meisten zahlt man im Frühjahr,

ROM FÜR KINDER

Wie alle Italiener lieben die Römer Kinder. Und auch wenn es nur wenige spezielle Kindereinrichtungen in der Stadt gibt, sind Kinder praktisch überall willkommen und stets gern gesehene Gäste.

» Restaurants gehen mit Kindern unter den Gästen sehr locker um und servieren gerne eine *mezza porzione* (Kinderportion). Auch *seggioloni* (hohe Babystühle) sind vorhanden. Manche Hotels stellen auf Nachfrage eine *culla* (Kinderbett) fgür den Nachwuchs zur Verfügung.

» Kinder unter 10 Jahren können den öffentlichen Nahverkehr kostenlos nutzen und müssen keine Tickets in Bus, Metro oder Tram lösen.

» Babyartikel und Desinfektionslösungen gibt es in allen Apotheken. Wegwerfwindeln (*pannolini*) gibt es in Supermärkten und Apotheken.

» In der Villa Borghese ist die **Casina di Raffaello** (Karte S. 111; ☎06 4288 8888; www.casinadiraffaello.it; Viale della Casina di Raffaello) eine gut ausgestattete Kindertagesstätte mit einem schönen Spielplatz, einer kleinen Bücherei und viel Spielzeug. Die Nutzung kostet 5 € pro Kind.

» Andererseits können kopfsteingepflasterte Gassen und schlecht geparkte Autos das Leben mit einem Kinderwagen erschweren. Das gilt auch für winzige Aufzüge in älteren Gebäuden.

» Die nützliche Website http://piccoliturísti.turismoroma.it hält viele praktische Informationen bereit, unter anderem gibt es auch einen Vorschlag für eine dreitägige kinderfreundliche Besichtigungstour, die so gestaltet ist, dass sie Erwachsenen und Kindern gleichermaßen Vergnügen bereitet.

Sehenswertes

Roms Museen und Galerien sind für Kleinkinder nicht gerade ideal, aber viele größere Museen bieten inzwischen spezielle Workshops und Abteilungen für Kinder. Einige veranstalten sogar Events speziell für die kleinen Besucher. Im Allgemeinen ist der Eintritt zu Museen, Galerien und archäologischen Stätten für EU-Bürger unter 18 Jahren frei. Hier einige Vorschläge für Besichtigungen mit Kindern:

Kolosseum (S. 61)

Villa Borghese (S.112)

Bioparco (Karte S. 111; ☎06 360 82 11; www.bioparco.it; Viale del Giardino Zoologico 1; Erw. 12,50 €, Kinder: größer als 1 m & unter 12 Jahren 10,50 €, kleiner als 1 m Eintritt frei; ⏲April–Okt. 9.30–18 Uhr, Nov.–März 9.30–17 Uhr) Roms Zoo.

Explora (Karte S. 111; ☎06 361 37 76; www.mdbr.it; Via Flaminia 82; Erw./Kinder über 1 Jahr/unter 1 Jahr 7/3 €/frei; ⏲Sept.–Juli Di–So 9.30–19.30 Uhr, Aug. Di–So 11.30–19 Uhr) Das Museum ist auf Kinder bis zwölf Jahren ausgerichtet. Besuche gibt es nur mit Führung. Vor allem an Wochenenden sind Reservierungen ratsam. Draußen gibt es einen kostenlosen Spielplatz.

Time Elevator (S. 86) Nicht für Kinder unter 5 Jahren.

Appia Antica und die Katakomben (S. 95) Die Katakomben lohnen sich erst für Kinder ab 12 Jahren.

Ostia Antica (S. 171)

Villa d'Este (S. 172)

Villa Adriana (S. 172)

Cerveteri (S. 172)

Tarquinia (S. 173)

Herbst und während der wichtigsten Feiertage (Weihnachten, Neujahr und Ostern).

Man sollte grundsätzlich im Voraus ein Zimmer buchen. Wer ohne Reservierung kommt, findet neben der Touristeninformation im Bahnhof Termini einen **Hotelreservierungsservice** (☎06 699 10 00; Buchungsgebühr 3 €; ⏲7–22 Uhr).

Unterkünfte

Neben den traditionellen Hotels (*alberghi*) und günstigen familiengeführten Pensionen (*pensioni*), die oft in umgebauten Wohnungen eingerichtet sind, gibt es Hunderte von B&Bs, Hostels und religiösen Institutionen. Bei einem längeren Aufenthalt lohnt sich eine Ferienwohnung.

B&Bs bieten meist ein exzellentes Preis-Leistungs-Verhältnis und decken die ganze Bandbreite ab von bescheidenen Unterkünften bei einer Familie bis zu schicken Luxusunterkünften im mittleren bis teuren Preissegment. Bei den folgenden Agenturen kann man auch im Internet buchen.

Bed & Breakfast Association of Rome (www.b-b.rm.it) Vermittelt sowohl B&B-Zimmer als auch Wohnungen für kürzere Zeiträume.

Bed & Breakfast Italia (www.bbitalia.com) Roms ältestes B&B-Netzwerk.

Cross Pollinate (www.cross-pollinate.com) Bietet B&B-Zimmer, private Apartments und Pensionen.

Sleeping Rome (www.sleepingrome.com) Vermittelt B&B-Zimmer und ansprechende Wohnungen für kürzere Zeiträume.

Private Hostels nehmen längst nicht mehr nur Backpacker auf. Viele bieten neben den traditionellen Schlafsälen auch ansprechende hotelähnliche Zimmer. Weitere Informationen über Roms (und Italiens) offizielle HI-Hostels gibt es beim **Italienischen Jugendherbergsverband** (Associazione Italiana Alberghi per la Gioventù; ☎06 487 11 52; www.aighostels.com; Via Cavour 44).

Religiöse Institutionen bieten im Allgemeinen schlichte, aber günstige, saubere und ruhige Unterkünfte an. Einige schließen spätabends jedoch die Tür ab. Außerdem sollte man sehr frühzeitig buchen. Eine Übersicht gibt es auf der Webseite www.santasusanna.org/comingtorome.

Bei längeren Aufenthalten kann eine Ferienwohnung günstiger sein als ein Hotel. Ein Apartment im Zentrum von Rom kostet ungefähr 900 € pro Monat. Nützliche Kontaktadressen:

Accommodations Rome (www.accomodationsrome.com)

Flat in Rome (www.flatinrome.it)

Flats in Italy (www.flatsinitaly.com)

Italy Accom (www.italy-accom.com)

Leisure in Rome (www.leisureinrome.com)

Rental in Rome (www.rentalinrome.com)

Sleep in Italy (www.sleepinitaly.com)

ANTIKES ROM

Caesar House HOTEL €€€
(Karte S. 62; ☎06 679 26 74; www.caesarhouse.com; Via Cavour 310; EZ 150–230 €, DZ 170–270 €; ❄📶) Ruhig und freundlich, aber dennoch an der belebten Verkehrsader Via Cavour. Das anspruchsvolle Apartmenthotel ist blitzblank und modern. Die Zimmer sind in einem warmen pfirsichfarbenen Dekor gehalten, verfügen über Himmelbetten und kleine Badezimmer. Die Suite geht zum Forum raus.

Hotel Duca d'Alba HOTEL €€
(Karte S. 62; ☎06 48 44 71; www.hotelducadalba.com; Via Leonina 14; EZ 90–190 €, DZ 100–240 €;

ÜBERNACHTUNGSSTEUER

Jeder Gast muss in Rom zusätzlich zum eigentlichen Zimmerpreis eine Übernachtungssteuer bezahlen. Seit Januar 2011 gilt folgende Regelung:

» 1 € pro Person pro Nacht für maximal fünf Tage bei Übernachtungen auf Zeltplätzen.

» 2 € pro Person pro Nacht für maximal zehn Tage bei Übernachtungen in Pensionen und 1- bis 3-Sterne-Hotels.

» 3 € pro Person pro Nacht für maximal zehn Tage in 4- und 5-Sterne-Hotels.

Die Steuer muss von jedem Gast entrichtet werden, der nicht dauerhaft in Rom wohnt. Zu allen Preisangaben, die in diesem Reiseführer genannt sind, muss die Abgabe noch dazugerechnet werden.

❄@📶) Das ansprechende 4-Sterne-Hotel im Monti-Distrikt verfügt über kleine, aber reizvolle Zimmer. Die meisten Zimmer sind tapeziert oder haben handbemalte Wände, Decken mit Holzbalken und große Flachbildschirme. Ein Plus sind auch die großen Duschen mit den modernen Duschköpfen.

CENTRO STORICO

Hotel Campo de' Fiori BOUTIQUEHOTEL €€€
(Karte S. ,74; ☎06 687 48 86; www.hotelcampo-de fiori.com; Via del Biscione 6; EZ 170–220 €, DZ 200–270 €, Apt für 2 Pers. 130–150 €, Apt. für 4 Pers. 180 €; ❄@📶👪) Das flotte 4-Sterne-Hotel ist eine Top-Adresse: schicke Innenausstattung, eine beneidenswerte Lage am Campo de' Fiori, aufmerksame Mitarbeiter und eine Panorama-Dachterrasse. Zum Frühstück gibt es sogar Rühreier und Schinkenspeck. Die 23 Zimmer sind individuell eingerichtet, wirken im Allgemeinen jedoch zeitgenössisch dekadent. Die Farbtöne der Velourstapeten sind gewagt, die Spiegel sind vergoldet, und es findet sich alter Nippes als Deko. In der Nähe bietet das Hotel zudem elf Apartments, die für Familien ideal sind.

Teatropace 33 HOTEL €€
(Karte S. 74; ☎06 687 90 75; www.hotelteatro pace.com; Via del Teatro Pace 33; EZ 69–150 €, DZ 110–240 €; ❄) Freundliches 3-Sterne-Hotel in superber Lage in einer Gasse unweit der Piazza Navona. Die ehemalige Residenz eines Kardinals ist eine schicke Adresse. Die 23 schön gestalteten Zimmer haben Parkettfußböden, Damastvorhänge und Holzbalken. Es gibt keinen Aufzug, nur eine monumentale Steintreppe aus dem 17. Jh. sowie einen Portier, der die Koffer trägt.

Relais Palazzo Taverna BOUTIQUEHOTEL €€
(Karte S. 74; ☎06 2039 8064; www.relaispalazzo taverna.com; Via dei Gabrielli 92; EZ 70–140 €, DZ 100–210 €; ❄@) Der historische Palast aus dem 15. Jh. im Herzen der Altstadt bietet einen starken Kontrast zu der mutigen, modernen Ästhetik des Boutiquehotels. Extras wie Satelliten-TV mit Plasmabildschirmen sowie Wasserkocher für Tee und Kaffee sind das Sahnehäubchen.

Hotel Teatro di Pompeo HOTEL €€
(Karte S. 74; ☎06 687 28 12; www.hotelteatrodi pompeo.it; Largo del Pallaro 8; EZ 140–160 €, DZ 180–210 €; ❄@📶) Der Frühstücksraum wurde auf einem Theater errichtet, das Pompeius 55 v. Chr. in der Nähe des Campo de' Fiori erbauen ließ. Die Zimmer des reizvollen Hotels verbreiten ein altmodisches Feeling: Das Holz der Bettgestelle ist poliert und die Fußbodenfliesen sind terrakottafarben. Die besten Zimmer liegen im 3. Stock und haben schräge Decken mit Holzbalken.

Hotel Navona HOTEL €€
(Karte S. 74; ☎06 6821 1392; www.hotelnavona. com; Via dei Sediari 8; EZ 120–140 €, DZ 160–200 €; ❄📶) Dieses familiengeführte Hotel belegt mehrere Stockwerke in einem *palazzo* aus dem 15. Jh. unweit der Piazza Navona. Die Zimmer auf der Rezeptionsebene sind relativ klein und mit traditionellem Goldrand-Dekor sowie Antikmöbeln ausgestattet. In den Obergeschossen sehen die Zimmer völlig anders aus: Dort sind die Decken mittelalterlich und farblich ist alles zeitgenössisch in Silbergrau gehalten. Kein Aufzug.

Argentina Residenza BOUTIQUEHOTEL €€
(Karte S. 74; ☎06 6819 3267; www.argentina residenza.com; Via di Torre Argentina 47; Zi. 120–200 €; ❄📶) Im 3. Stock eines Gebäudes am Largo di Torre Argentina ist dieses ruhige Boutiquehotel versteckt. Der ganze Verkehr auf dem Platz scheint meilenweit entfernt, wenn man in seinen Whirlpool steigt oder sich in den geschmackvoll modern eingerichteten Zimmern entspannt, die den Gästen die üblichen Annehmlichkeiten, einschließlich WLAN, bieten..

Hotel Mimosa PENSION €
(Karte S. 74; ☎06 6880 1753; www.hotelmimosa. net; Via di Santa Chiara 61, 2. Etage; EZ 55–85 €, DZ 70–118 €, 3BZ 90–160 €, ohne Bad EZ 45–70 €, DZ 50–98 €; ❄@) Die bewährte Unterkunft ist eine der wenigen Budgetadressen in der Altstadt. Die Einrichtung ist schlicht, aber die Zimmer wurden kürzlich renoviert und verfügen nun über Laminatböden. Farblich dominieren Braun- und Creme-Töne. Es wird nur Barzahlung akzeptiert.

Albergo del Sole PENSION €€
(Karte S. 74; ☎06 687 94 46; www.solealbis cione.it; Via del Biscione 76; EZ 100 €, DZ 125–160 €; P❄📶) Die Pension geht auf das Jahr 1462 zurück und soll die älteste Herberge der Stadt sein. Die funktionalen Zimmer sind allerdings nichts Besonderes. Angenehm sind die Dachterrasse im 2. Stock, der WLAN-Anschluss (1,50 €) sowie die Lage in der Nähe des Campo de' Fiori , wo man mitten sich im Geschehen befindet. Eine Klimaanlage gibt es nur in einigen Zimmern. Kreditkarten werden nicht akzeptiert, und Frühstück ist nicht im Angebot.

SCHWULE & LESBEN IN ROM

Roms Schwulen- und Lesbenszene ist wesentlich kleiner als in anderen europäischen Metropolen, denn die Ewige Stadt ist im Grunde sehr konservativ. Schon die geringste Andeutung von gleichgeschlechtlichem Sex lässt die meisten Politiker erschrocken in ihren Capuccino hüsteln. In den letzten Jahren scheint die Intoleranz sogar noch besorgniserregend zugenommen zu haben. Andererseits sind der Gay-Pride-Marsch im Juni, das jährliche Sommerfestival Gay Village und die regelmäßigen Schwulennächte in den örtlichen Clubs klare Zeichen für eine lebendige Szene, die allerdings kaum an die Öffentlichkeit dringt.

Roms wichtigste kulturelle und politische Schwulenorganisation ist der **Circolo Mario Mieli di Cultura Omosessuale** (☎06 541 39 85; www.mariomieli.it, auf Italienisch; Via Efeso 2a) in einer Seitenstraße der Via Ostiense unweit der Basilica di San Paolo Fuori le Mura. Dort werden soziale und politische Veranstaltungen organisiert, darunter Rome Pride, das jedes Jahr im Juni stattfindet.

Die nationale Organisation für Lesben heißt **Coordinamento Lesbiche Italiano** (☎06 686 42 01; www.clrbp.it, auf Italienisch; Via San Francesco di Sales 1b). Das Zentrum betreibt ein Hostel nur für Frauen: La Foresteria Orsa Maggiore (S. 122).

Gute Infoquellen sind *AUT*, *Clubbing* und das *Guide Magazine*, die monatlich kostenlos erscheinen, sowie der internationale Schwulenführer *Spartacus*. Alle Veröffentlichungen gibt es bei den Schwulen- und Lesbenorganisationen sowie in den einschlägigen Buchläden. Die Website www.azgay.it bietet einen schwulenfreundlichen Romführer, der auch an Touristenständen erhältlich ist. Im Sommer findet das Festival **Gay Village** (www.gayvillage.it) mit diversen Club-Nächten und Sonderveranstaltungen statt. Die Location ändert sich jedes Jahr, befindet sich aber meistens im Stadtviertel EUR.

Rom hat nur wenige schwule und lesbische Nachtclubs und Bars. Viele Nachtclubs veranstalten jedoch Schwulennächte. Einen Blick wert sind:

» **Coming Out** (Karte S. 94; www.comingout.it; Via di San Giovanni in Laterano 8; ⏲10.30–2 Uhr) Entspannte Bar mit Regenbogenfahne im Schatten des Kolosseums. Das gemischte und gut aufgelegte Publikum steht an warmen Abenden bis auf die Straße. Es gibt regelmäßig Drag-Shows, DJs und Striptease.

» **Taverna Edoardo II** (Karte S. 74; ☎06 6994 2419; www.edoardosecondo.com; Vicolo Margana 13-14; ⏲Mi–So 20–1 Uhr) Restaurant/Bar; wirkt wie ein privater Club nur für Mitglieder.

» **Hangar** (außerhalb Karte S. 62; ☎06 4881 3971; Via in Selci 69a; ⏲Mi–Mo 22.30–2.30 Uhr, 3 Wochen im Aug. geschl.) Altgedienter Club nur für Männer. Montags gibt es Pornos und donnerstags Striptease.

» **L'Alibi** (Karte S. 96; ☎06 574 34 48; www.lalibi.it; Via di Monte Testaccio 44; ⏲Do–So 24–5 Uhr) Sinnlicher, höhlenartiger Schwulenclub mit Soul und House.

Hotel Portoghesi HOTEL €€
(Karte S. 74; ☎06 686 42 31; www.hotelportoghesiroma.com; Via dei Portoghesi 1; EZ 130–160 €, DZ 160–200 €; ❄@🛜) In einer malerischen Gasse unweit der Piazza Navona liegt dieses gemütliche, zurückhaltende Hotel. Das historische Gebäude, in dem das Hotel untergebracht ist, hat den architektonischen Charakter alter Zeiten bewahrt. Die Zimmer sind angenehm, aber recht langweilig. Vor allem die Einzelzimmer können recht klein sein. Das Personal ist freundlich, und die Dachterrasse mit schönem Blick über die Dächer ist ein Bonus.

TRIDENTE, TREVI & QUIRINAL

LP TIPP **Villa Spalletti Trivelli** HOTEL €€€
(Karte S. 84; ☎06 4890 7934; www.villaspalletti.it; Via Piacenza 4; Zi. 330–345 €; P❄@🛜) Mit ihren zwölf Zimmern in einem wunderschönen Anwesen im Zentrum Roms hat die Villa Spalletti Trivelli für luxuriöse Aufenthalte in der italienischen Hauptstadt die Messlatte hoch gelegt. Die Zimmer sind elegant eingerichtet und gehen auf die Gärten des Quirinals sowie den eigenen Garten hinaus. Man bekommt den Eindruck, im Palast eines aristokratischen Freundes zu nächtigen.

LP TIPP **Hotel Panda** HOTEL €

(Karte S. 82; ☎06 678 01 79; www.hotelpanda.it; Via della Croce 35; EZ mit/ohne Bad 80/68 €, DZ mit/ohne Bad 108/78 €;) Nur 50 m von der Spanischen Treppe entfernt, wo normalerweise höchstens Bulgari-Uhren als „Schnäppchen" feilgeboten werden, ist das freundliche und effiziente Panda eine Ausnahme: Das Hotel ist günstig und hervorragend. Die sauberen Zimmer sind eher klein, aber nett eingerichtet und es gibt mehrere Drei-Bett-Zimmer mit einem gemütlichen Zwischengeschoss. Die Klimaanlage kostet 6 € extra pro Nacht. Einige Straßen weiter nördlich bietet der Schwesterbetrieb **Okapi Rooms** (Via della Penna 57) denselben Standard zu einem ähnlichen Preis.

LP TIPP **La Piccola Maison** B&B €

(Karte S. 84; ☎06 4201 6331; www.lapiccola maison.com; Via dei Cappuccini 30; EZ 50–140 €, DZ 70–200 €;) Das exzellente Piccola Maison verfügt über eine erstklassige Lage in der Nähe der Piazza Barberini. Die angenehm schlicht gestalteten Zimmer, die sich im 2. Stock eines historischen Gebäudes befinden, verbreiten ein zeitgenössisches Flair. Die Angestellten sind sehr hilfsbereit, und das Haus ist ein echter Tipp.

Portrait Suites BOUTIQUEHOTEL €€€

(Karte S. 82; ☎06 6938 0742; www.portraitsuites.com; Via Bocca di Leone 23; Zi. 410–670 €; P) Familie Ferragamo leitet diese exklusive Residenz, die vom Florentiner Stararchitekten Michele Bonan entworfen wurde. Es gibt 14 exquisit ausgestattete Suiten und Studios, die sich auf sechs Stockwerke verteilen. Das Haus geht auf die Via Condotti hinaus, doch von der Dachterrasse bietet sich ein atemberaubender Panoramablick. Das Personal lässt keine Wünsche offen. Es gibt zwar kein Restaurant, aber man kann sich Essen liefern lassen. Das Frühstück wird auf dem Zimmer oder der Terrasse serviert.

Babuino 181 BOUTIQUEHOTEL €€€

(Karte S. 82; ☎06 3229 5295; www.romeluxurysuites.com/babuino; Via del Babuino 181; Zi. 180–250 €;) Babuino bietet diskreten Luxus mit großartigen Zimmern, die sogar eine Nespresso-Maschine sowie flauschige Bademäntel besitzen. Dazu kommt, dass der wunderbar renovierte Palast im Herzen des Einkaufsviertels liegt. Das Frühstück ist ebenfalls großartig. Es gibt unter anderem frische Säfte, getoastete Sandwiches und leckeres Gebäck.

Hotel Barocco HOTEL €€

(Karte S. 84; ☎06 487 2001; www.hotelbarocco.com; Piazza Barberini 9; DZ 160–330 €; @) In einer beneidenswerten Lage an der hübschen Piazza Barberini bietet das gut geführte Hotel 41 einladende Zimmer mit klassischer Atmosphäre. Die teureren Zimmer haben Ausblick. An den Wänden hängen Ölgemälde, die Bettwäsche schimmert und die Farbtöne sind sanft. Das Frühstück ist reichhaltig und wird in einem mit Holzpaneelen verkleideten Raum serviert.

Daphne B&B B&B €€

(Karte S. 84; ☎06 8745 0086; www.daphne-rome.com; Via di San Basilio 55; DZ mit Bad 140–235 €, ohne Bad 100–150 €; @) Das schmucke B&B Daphne ist eine Perle. Es wird von einem italienisch-amerikanischen Paar geleitet und verfügt über schicke, komfortable Zimmer mit hilfsbereitem englischsprachigen Personal. Das Frühstück ist erstklassig, und man kann sich für seinen Aufenthalt sogar ein Handy leihen. Die Zimmer sind auf zwei Standorte verteilt – am besten sind diejenigen um die Ecke von der Via Veneto, aber auch in der Via degli Avignonesi 20 stehen Zimmer zur Verfügung; mehrere Monate im Voraus buchen.

Hotel Modigliani HOTEL €€

(Karte S. 84; ☎06 4281 5226; Via della Purificazione 42; EZ 100–168 €, DZ 115–202 €;) Im Modigliani wird Kundenservice großgeschrieben. Die 23 taubengrauen Zimmer sind geräumig und hell. Die Besitzer, ein Künstlerpaar, gehen mit viel Liebe zum Detail zu Werke. So sind die Bettdecken in Rot und Gold gefasst. Die schönsten Zimmer bieten Balkone und Ausblick, z. B. auf den ruhigen Innenhofgarten, wo man entspannt einen Drink genießen kann.

Hotel Scalinata di Spagna HOTEL €€

(Karte S. 82; ☎06 6994 0896; www.hotelscalinata.com; Piazza della Trinità dei Monti 17; DZ 150–190 €;) Angesichts der Lage unmittelbar neben der Spanischen Treppe sind die Preise im Scalinata überraschend moderat. Die Atmosphäre im Hotel ist zwanglos und freundlich, ein echtes Plus ist die Dachterrasse. Die Gänge sind labyrinthartig und niedrig, während die eher kleinen Zimmer recht altmodisch, aber romantisch sind (Plüsch und goldumrandete Spiegel sind angesagt). Am schönsten sind natürlich die Zimmer mit Balkon, die jedoch frühzeitig reserviert werden müssen.

Crossing Condotti PENSION €€€

(Karte S. 82; ☎06 6992 0633; www.crossingcondotti.com; Via Mario de' Fiori; Zi. 180–300 €; ❄📶) Die Pension gehört mit ihren fünf schönen, wenn auch nicht großen Zimmern zu einer neuen Sorte gehobener Unterkünfte: Die Einrichtung ist erstklassig, stimmungsvoll und mit Antikmöbeln aufgewertet. Das Designerparadies serviert zwar kein Frühstück, verfügt aber über eine gut ausgestattete Küche mit Getränken und einer Nespresso-Maschine.

Fellini B&B B&B €€

(Karte S. 84; ☎06 4274 2732; www.fellinibnb.com; Via Rasella 55; EZ 70–150 €, DZ 90–170 €, Apt. 210–370 €; ❄) Das verwinkelte Fellini ist freundlich und leistungsfähig. Die blitzsauberen Zimmer sind hell und geschmackvoll mit Parkettböden und komfortablen Betten eingerichtet. Das Highlight ist das Apartment im obersten Stockwerk für vier Personen mit einer riesigen Panoramaterrasse.

Apollo Hotel HOTEL €€

(Karte S. 84; ☎06 488 5889; www.albergoapollo.it; Via dei Serpenti 109; EZ 110–140 €, DZ 120–185 €; ❄@📶) Im angesagten Viertel Monti ist das gut geführte und ansprechende Apollo eine exzellente Adresse. Das Hotel, das seit 1935 besteht, legt Wert auf Tradition und Kundenzufriedenheit.

Hotel Artorius HOTEL €€

(Karte S. 88; ☎06 482 1196; www.hotelartoriusrome.com; Via dei Boschetto 13; DZ 160–185 €; ❄📶) Schon die auf Art déco gestylte Lobby sieht vielversprechend aus und auch die Zimmer in dem kleinen, familiengeführten Hotel in Monti erfüllen den Erwartungen. Die Zimmer sind zwar recht schlicht und klein, aber sehr gemütlich. Zimmer 109 hat sogar eine Terrasse.

TERMINI, ESQUILIN & SAN LORENZO

Residenza Cellini HOTEL €€

(Karte S. 88; ☎06 4782 5204; www.residenzacellini.it; Via Modena 5; DZ 145–240 €; ❄📶) Zur ausgeklügelten Einrichtung gehören Topfpalmen, poliertes Holz, zartgelbe Wände, Ölgemälde und ein wenig Kitsch. Das reizvolle, familiengeführte Hotel liegt in einer ruhigen Straße und bietet geräumige und elegante Zimmer. Alle verfügen über Satelliten-TV und Whirlpools oder Hydro-Massage-Duschen. Im Sommer kann man auf einer mit Blumen begrünten Sonnenterrasse frühstücken.

Beehive HOSTEL €

(Karte S. 88; ☎06 4470 4553; www.the-beehive.com; Via Marghera 8; B 20–25 €, DZ ohne Bad 70–80 €; 📶) Als eines der besten Hostels der Stadt ist das Beehive eigentlich eher ein schickes Hotel als eine Backpacker-Absteige. Es wird von einem kalifornischen Pärchen geleitet und ist in Stilfragen eine kleine Oase. An den Wänden hängen Original-Kunstwerke, die Möbel sind funkig, und das Café bietet vegetarische Küche. Frühstück ist im Übernachtungspreis nicht enthalten. Der sehr gepflegte Schlafsaal verfügt über acht Betten und ist gemischtgeschlechtlich. Die sechs Doppelzimmer sind mit Ventilatoren ausgestattet; unbedingt vorab reservieren.

Welrome Hotel HOTEL €

(Karte S. 88; ☎06 4782 4343; www.welrome.it; Via Calatafimi 15–19; EZ 80–100 €, DZ 90–110 €; ❄📶👪) Die Besitzer des Welrome kümmern sich liebevoll um ihre Gäste: Mary und Carlos sind sehr stolz auf ihr kleines geschmackvolles Hotel und sie geben gerne Tipps zu günstigen Restaurants, lohnenswerten Sehenswürdigkeiten und Aktivitäten. Familien sollten sich das große Zimmer sichern, das nach der Piazza di Spagna benannt wurde. Ein Kinderbett wird ohne Aufpreis zur Verfügung gestellt.

Hotel des Artistes HOSTEL, HOTEL €

(Karte S. 88; ☎06 445 43 65; www.hoteldesartistes.com; Via Villafranca 20; B 14–52 €; Zi. ohne Bad 69–95 €, Zi. mit Bad 105–119 €; ❄@) Die vielen unterschiedlichen Zimmer sind mit reichlich Holz verziert. Die Möbel sind pseudoantik, die Lampen leuchtend rot und vergoldet, die Böden mit Fliesen oder Terrakotta ausgelegt und die Badezimmer sehr ansprechend. Wer länger bleibt und/oder bar bezahlt, erhält Ermäßigungen.

Funny Palace HOSTEL €

(Karte S. 88; ☎06 4470 3523; www.hostelfunny.com; Via Varese 31, 5. Etage; B 15–25 €, EZ ohne Bad 30–70 €, DZ ohne Bad 55–100 €; @📶) Das exzellente Hostel wird von einer freundlichen internationalen Truppe geleitet, die ihren Gästen gerne auch Tipps und Ratschläge für einen gelungenen Aufenthalt geben. Die Splashnet Laundry dient dabei sowohl als Büro als auch als Waschsalon und Internetcafé. Im Angebot sind gemütliche Doppelzimmer, Drei- und Vierbettzimmer. Eine Filiale ist das ähnlich ausgestattete Amazing Place gleich um die Ecke.

Alessandro Palace Hostel HOSTEL €
(Karte S. 88; ☎06 446 19 58; www.hostelalessan dro.com; Via Vicenza 42; B 18–35 €, DZ 70–110 €; ❄@📶) Dieser altgediente Tipp ist sowohl für Backpacker als auch für preisbewusste Familien eine gute Adresse. Die mit Terrakottaböden ausgelegten blitzblanken Zimmer sind genauso mit bunten Bettdecken versehen wie die Schlafsäle für je vier bis acht Personen. Jedes Zimmer hat ein eigenes Bad mit Föhn. In einigen kann man jedoch die Fenster nur einen Spalt öffnen.

AVENTIN & TESTACCIO

LP TIPP **Hotel Sant'Anselmo** HOTEL €€€
(Karte S. 96; ☎06 57 00 57; www.aventinohotels.com; Piazza Sant'Anselmo 2; EZ 130–265 €, DZ 150–290 €; ❄@) Inmitten der Terrakottamauern und Schirmpinien des friedlichen Aventin-Viertels ist das Sant'Anselmo ein romantischer Fluchtort. Die Zimmer sind nicht alle gleich groß, aber dafür sehr schick. Holzgeschnitzte Betten, schwerer Brokat und Kerzenleuchter treffen auf moderne Elemente und Farben. Einige Zimmer verfügen über Terrassen mit traumhaftem Ausblick.

TRASTEVERE & GIANICOLO

LP TIPP **Donna Camilla Savelli** HOTEL €€€
(Karte S. 100; ☎06 58 88 61; www.hotelsavelli.com; Via Garibaldi 27; Zi. 230–450 €; P❄@📶) Wer über das nötige Kleingeld verfügt, sollte in diesem umgebauten Konvent nächtigen, das ursprünglich vom großen Barockarchitekten Bernini entworfen wurde. Die Renovierung ist bestens gelungen: Die gedämpften Farben passen genau zur stilvollen, kurvenreichen Architektur. Auch der Service ist exzellent. Die teuersten der 78 Zimmer gehen auf den Klostergarten oder zur Stadt hinaus und sind mit eleganten Antikmöbeln ausgestattet. Doch auch die günstigeren sind sehr einladend.

LP TIPP **Arco del Lauro** B&B €€
(Karte S. 100; ☎9–14 Uhr 06 9784 0350, 346 2443212; Via Arco de' Tolomei 27; EZ 75–125 €, DZ 95–145 €; ❄📶) In einer schmalen, kopfsteingepflasterten Gasse verbirgt sich hinter einem großen steinernen Torbogen in einem alten *palazzo* dieses reizende B&B. Die sechs weißen Zimmer kombinieren rustikalen Charme mit minimalistischer Schlichtheit. Das größte Zimmer verfügt über eine hohe Holzbalkendecke. Die Betten sind angenehm, die Duschen kraftvoll, und die Besitzer tun alles, um ihre Gäste zu verwöhnen; frühzeitig reservieren.

Suites Trastevere B&B €€
(Karte S. 100; ☎347 0744086; www.trastevere.bbsuites.com; Viale Trastevere 248; EZ 70–105 €, DZ 80–160 €; ❄📶) Im 4. Stock eines honigfarbenen Palastes an der Hauptverkehrsader von Trastevere bietet das freundliche und beliebte B&B Zimmer mit dramatischen Fresken, die auf die örtlichen Sehenswürdigkeiten (z. B. das Kolosseum und das Pantheon) abgestimmt sind.

Villa della Fonte B&B €€
(Karte S. 100; ☎06 580 37 97; www.villafonte.com; Via della Fonte dell'Olio 8; EZ 110–145 €, DZ 135–170 €; ❄📶) Diese wunderbare terrakottafarbene Perle ist ganz von Efeu überwuchert. Das Haus aus dem 17. Jh. liegt um die Ecke der Piazza Santa Maria in Trastevere. Es hat nur fünf Zimmer, die alle schlicht gestaltet sind, dafür aber einen schönen Ausblick bieten, gute Bäder und komfortable Betten haben. Die sonnige Gartenterrasse ist ein Plus, denn hier kann man bei warmem Wetter sein Frühstück einnehmen.

Residenza Arco de' Tolomei B&B €€
(Karte S. 100; ☎06 5832 0819; www.bbarcodeito lomei.com; Via Arco de' Tolomei 27; DZ 145–220 €; ❄📶) Neben dem Arco del Lauro ist dieses großartige B&B mit polierten Antikmöbeln und entsprechendem Zubehör wie ein Landhaus ausgestattet. Hier lässt sich gut wohnen, zumal die Besitzer freundlich und hilfsbereit sind.

Hotel Santa Maria HOTEL €€
(Karte S. 100; ☎06 589 46 26; www.hotelsan tamaria.info; Vicolo del Piede 2; EZ 90–190 €, DZ 130–260 €; P❄@📶👪) Hinter dem efeuumrankten Zugang wartet eine ruhige ehemalige Klosteranlage. Die Zimmer gruppieren sich um einen modernen Kreuzgang mit Orangenbäumen in der Mitte. Sie sind kühl und komfortabel, mit einer leicht plüschigen Deko sowie Terrakottaböden. Es gibt einige deutlich größere Familienzimmer, und das Haus ist für Rollstuhlfahrer geeignet. Das Personal ist freundlich und hilfsbereit. Dasselbe Management betreut auch die etwas familiärere und wunderbar rustikale Residenza Santa Maria ganz in der Nähe.

La Foresteria Orsa Maggiore HOSTEL €
(Karte S. 74; ☎06 689 37 53; www.casainter nazionaledelledonne.org, auf Italienisch; Via San Francesco di Sales 1a, 2. Etage; B 26 €, EZ/DZ ohne

Bad 52/72 €, EZ/DZ mit Bad 75/110 €; @) Die Foresteria ist lesbenfreundlich und steht nur Frauen offen (eine Ausnahme sind Jungs unter 12 Jahren). Die Unterkunft ist in einem restaurierten Konvent aus dem 16. Jh. untergebracht und wird von der Casa Internazionale delle Donne (Internationales Frauenhaus) geleitet. So steht in einer ruhigen Ecke von Trastevere für Frauen eine sichere und günstige Herberge zur Verfügung. Die 13 schlichten Zimmer verfügen über zwei bis acht Betten und sind behindertengerecht gestaltet. Einige Zimmer gehen auf den netten Innengarten hinaus. Um 3 Uhr nachts wird die Haustür abgeschlossen.

VATIKANSTADT, BORGO & PRATI

Hotel San Pietrino HOTEL €€

(Karte S. 104; ☎06 370 01 32; www.sanpietrino.it; Via Bettolo 43; EZ 45–75 €, DZ 65–112 €, EZ ohne Bad 35–55 €, DZ ohne Bad 55–85 €; ❄@) In Prati, nicht weit von der Metrostation Ottaviano, ist das San Pietrino ein reizendes kleines Hotel. Die Zimmer haben Charme und sind mit Terrakottaböden versehen. In einigen Räumen stehen sogar Statuen, und auf den Gängen finden sich Holzschnitzereien. Die komfortablen Betten, der WLAN-Anschluss und die hilfsbereiten Angestellten sind weitere Pluspunkte.

Hotel Bramante HOTEL €€€

(Karte S. 104; ☎06 6880 6426; www.hotelbramante.com; Vicolo delle Palline 24–25; EZ 100–160 €, DZ 150–220 €; ❄) Im stimmungsvollen Viertel Borgo wirkt das Hotel Bramante mit seinen 16 Zimmern wie ein elegantes rustikales Landhaus mitten in der Stadt. Orientteppiche, Holzbalken und Antiquitäten sorgen für das entsprechende Ambiente in dem Gebäude aus dem 16. Jh. Hier wohnte der Architekt Domenico Fontana, bevor er von Papst Sixtus V. aus Rom verbannt wurde.

Colors Hotel HOTEL €

(Karte S. 104; ☎06 687 40 30; www.colorshotel.com; Via Boezio 31; EZ/DZ ab 30/40 €; ❄@) Bei jungen Reisenden ist das freundliche, relaxte Hotel mit seinen 23 leuchtend hell gestrichenen Zimmern sehr beliebt. Das Colors erstreckt sich über drei Etagen, verfügt aber nicht über einen Lift. Es gibt günstigere Zimmer mit Etagen-WC, und im Juli/August werden Schlafsäle mit je sechs Betten angeboten (18–30 € pro Pers.).

Hotel Lady PENSION €

(Karte S. 104; ☎06 324 21 12; www.hoteladyroma.it; Via Germanico 198, 4. Etage; DZ 70–100 €, EZ ohne Bad 45–75 €, DZ ohne Bad 55–85 €;) Eine heimelige traditionelle *pensione*, die ruhig und einladend ist. Die acht Zimmer sind gemütlich und sauber, Zimmer 4 und 6 haben Decken mit Holzbalken. Das Frühstück ist optional und kostet 5 bis 10 € extra. Es wird in einem attraktiven Salon serviert.

Casa di Accoglienza Paolo VI RELIGIÖSE UNTERKUNFT €

(Karte S. 104; ☎06 390 91 41; www.ospitiamoconcuore.it; Viale Vaticano 92; EZ/DZ/3BZ/4BZ 35/65/83/95 €; ❄) Der reizende Konvent liegt direkt gegenüber des Eingangs zu den Vatikanischen Museen. Palmen sorgen für angenehmen Schatten, und die freundlichen Schwestern bieten kleine, sonnige Zimmer, in denen man vor Sauberkeit fast vom Boden essen kann. Unbedingt frühzeitig reservieren; die Unterkunft bietet ihren Gästen allerdings kein Frühstück.

Essen

Rom lockt mit einem breiten Angebot an Trattorias, Restaurants, Pizzerias und *enoteche* – Weinbars, die auch Essen servieren. Hervorragende Lokalitäten finden sich im Überfluss in der Altstadt sowie in Trastevere, Prati, San Lorenzo und Testaccio, dem Zentrum für die auf Innereien spezialisierte römische Küche. Die Gegend rund um den Bahnhof Termini ist nicht unbedingt für Qualität bekannt. Auch rund um den Vatikan finden sich zahlreiche Touristenfallen, sodass man sein Restaurant sorgfältig wählen sollte. Viele Restaurants schließen während der traditionellen Sommerferien im August für mehrere Wochen. Besucher, die sich während dieser Zeit in Rom aufhalten, tun sich daher manchmal schwer, ein geeignetes Lokal zu finden.

ANTIKES ROM

Hostaria da Nerone TRATTORIA €€

(Karte S. 62; ☎06 481 79 52; Via delle Terme di Tito; Mahlzeiten 35 €; ⏲Mo–Sa) Die traditionelle, familiengeführte Trattoria ist nicht der Ort für ein romantisches Abendessen oder einen besonderen Abend zu zweit. Eine sättigende Mahlzeit nach dem Besuch des Kolosseums findet man hier aber allemal. Die Touristen lassen sich die klassische römische Pasta und die Salate an den wenigen Tischen draußen schmecken. In dem gelben, mit Holz verzierten Innenraum schließen Geschäftsleute bei Saltimbocca und Tiramisù ihre Deals ab.

CENTRO STORICO

LP TIPP Casa Coppelle MODERN ITALIENISCH €€
(Karte S. 74; ☎06 6889 1707; www.casacoppelle.it; Piazza delle Coppelle 49; Mahlzeiten 35 €) Die intime und elegante Casa ist ein hervorragender Tipp mit ihrem wunderbar französisch inspirierten Essen und der warmen und attraktiven Geschäftigkeit. Die Gäste nehmen an Tischen mit frisch gestärkten Karodecken Platz, Ziegelwände, Bücher, Blumen und gedämpftes Licht sorgen für romantische Stimmung. Besonders die Steaks sind lecker, vor allem, wenn sie mit den herzhaften dünnen Kartoffelscheiben serviert werden. Die Weinkarte ist ansprechend und die Bedienung aufmerksam.

Pizzeria da Baffetto PIZZERIA €
(Karte S. 74; ☎06 686 16 17; Via del Governo Vecchio 114; Pizzas 6–9 €; ⏲18.30–1 Uhr) Diese lokale Institution serviert echt römische Pizzas. Zu den Mahlzeiten geht es laut, chaotisch und etwas hektisch zu, aber die knusprigen Pizzas sind lecker, und die Stimmung ist gut. Einfach anstellen und sich einen der wenigen freien Plätze zuweisen lassen. In der Nähe des Campo de' Fiori gibt es den Ableger **Baffetto 2** (Karte S. 74; Piazza del Teatro di Pompeo 18; ⏲Mo–Fr 18.30–0.30, Sa–So 12.30–15.30 & 18.30–0.30 Uhr).

Forno di Campo de' Fiori PIZZASTÜCKE €
(Karte S. 74; Campo de' Fiori 22; Pizzastücke ca. 3 €; ⏲Mo–Sa 7.30–14.30 & 16.45–20 Uhr) Einer der besten römischen Pizza-Imbisse. Aus dem Ofen kommen Brot, *panini* und sehr leckere *pizza al taglio* (Pizzastücke). Kenner raten zur *pizza bianca*: Die weiße Pizza wird mit Olivenöl, Rosmarin und Salz verfeinert. Doch auch die *panini* und die *pizza rossa* („rote" Pizza mit Olivenöl, Tomaten und Oregano) schmecken sehr gut.

Cul de Sac WEINBAR €€
(Karte S. 74; ☎06 6880 1094; www.enotecaculdesac.com; Piazza Pasquino 73; Mahlzeiten 30 €; ⏲12–16 & 18–0.30 Uhr) In unmittelbarer Nähe zur Piazza Navona bietet die erstklassige kleine *enoteca* (Weinbar) eine winzige Terrasse, der Innenraum ist mit Pinienholz ausgestattet, und an den Wänden stehen Flaschen aufgereiht. Die kenntnisreichen, schnellen Kellner reichen Platten mit Wurst, Pasteten und Käse sowie größere Hauptgerichte: Lecker sind die Fleischklöße mit Weißwein und Kartoffelpüree. Die Weinkarte ist so dick wie ein Telefonbuch; abends sollte man unbedingt vorbestellen.

Ditirambo MODERN ITALIENISCH €€
(Karte S. 74; ☎06 687 16 26; www.ristoranteditirambo.it; Piazza della Cancelleria 72; Mahlzeiten 35 €; ⏲Mo mittags geschl.) Eine entspannte und zurückhaltende Atmosphäre kennzeichnet die sehr populäre moderne Trattoria. Die Küche ist innovativ und bio. Kein Wunder, dass auch Vegetarier gut bedient werden. Wie wäre es zum Beispiel mit *vellutata di ceci con rughetta e riduzione di aceto balsamico* (Kichererbsenpüree mit Ruccola und Balsamico-Vinaigrette)? Man sollte hier besser reservieren.

Lo Zozzone SANDWICH-SHOP €
(Karte S. 74; Via del Teatro Pace 32; Panini ab 6 €; ⏲Mo–Sa) Drinnen stehen nur einige Tische, doch die Liste der *panini* ist ellenlang. Der Laden heißt spaßeshalber „der Dreckige" und ist ideal für einen günstigen Mittagshappen. Die sättigenden *panini* werden aus *pizza bianca* gemacht und mit geräuchertem Fleisch, Käse und Gemüse belegt.

Antico Forno Roscioli BÄCKEREI €
(Karte S. 74; Via dei Chiavari 34; Pizzastücke ab 2 €; ⏲Mo–Fr 7.30–20, Sa 7.30–14.30 Uhr) Hier handelt es sich nicht um den berühmten Feinschmeckerladen mit Weinbar, sondern die Schwesterbäckerei um die Ecke. Mittags werden Pizzastücke serviert – die *pizza bianca* ist legendär – sowie frisches Gebäck. An einer Theke kann man auch warme Pasta und Gemüse bestellen.

Ar Galletto TRADITIONELL ITALIENISCH €€
(Karte S. 74; ☎06 686 17 14; www.ristoranteargallettoroma.com; Piazza Farnese 102; Mahlzeiten 35–40 €; ⏲Mo–Sa) An der Piazza Farnese, einem der schönsten Plätze Roms, würde man nicht erwarten, ein halbwegs günstiges Restaurant zu finden. Aber diese traditionelle *osteria* ist eine Entdeckung: gutes, stilechtes römisches Essen mit einer herzlichen lokalen Atmosphäre und fantastisch platzierten Tischen draußen. Das Brathähnchen (*galletto*) ist die Hausspezialität.

Armando al Pantheon TRATTORIA €€
(Karte S. 74; ☎06 6880 3034; www.armandoalpantheon.it; Salita dei Crescenzi 31; Mahlzeiten 40 €; ⏲Sa abends geschl.) Das einladende und authentische Armando ist eine familiengeführte Trattoria mit Holzvertäfelung. Schon der Philosoph Jean-Paul Sartre und der Fußballstar Pelé haben in dem Lokal nahe des Pantheons die solide Hausmannskost genossen; Damit man nicht vergeblich kommt, sollte man vorab reservieren.

EISCREME ZUM VERLIEBEN

Rom und Eiscreme (*gelato*) gehören untrennbar zusammen. In der Ewigen Stadt findet man an jeder Ecke hervorragende *gelaterie artigianale* – Eisdielen, die ihr Eis selbst herstellen. Wer ohne Reiseführer auf die Suche geht, sollte sich an der Farbe des Pistazieneises orientieren: Schwach olivfarben ist gut, hellgrün ist ein schlechtes Zeichen. Wenn es zwischen Juni und August richtig heiß wird, suchen die Römer gerne bei *grattachecca* (zerstampftem Eis in Obstsirup) Kühlung. Rund um die zentralen Brücken gibt es mehrere Stände am Straßenrand.

Die folgende Auswahl der besten Eisdielen Roms wurde intensiv getestet:

» **San Crispino** (☎06 679 39 24) Via della Panetteria (Karte S. 84; Via della Panetteria 42; ⏲So–Mo, Mi–Do 12–0.30, Fr–Sa 12–1.30 Uhr); Piazza della Maddalena (Karte S. 74; Piazza della Maddalena 3; ⏲So–Mo, Mi–Do 12–0.30, Fr–Sa 12–1.30 Uhr) Womöglich ist dies die beste Eisdiele der Welt. Die leckeren Eissorten werden allein aus natürlichen Zutaten hergestellt und sind saisonal angepasst. Sie wollen eine Waffel? Keine Chance, denn hier gibt es nur Becher, weil Waffeln vom Eisgeschmack ablenken würden.

» **Alberto Pica** (Karte S. 74; ☎06 686 84 05; Via della Seggiola 12; ⏲ganzjährig Mo–Sa 8.30–2, So 16–2 Uhr, im Aug. zwei Wochen geschl.) Signor Pica arbeitete zunächst für Giolitti. Seine eigene *gelateria* gibt es seit 1960. Im Sommer finden sich in der Eistheke Sorten wie *fragolini de bosco* (Walderdbeere) und *petali di rosa* (Rosenblüten). Eis mit Reisgeschmack ist ganzjährig eine Spezialität.

» **Fior di Luna** (Karte S. 100; ☎06 6456 1314; Via della Lungaretta 96; ⏲12–1 Uhr) Die kleine Eisdiele verwendet nur frische, saisonale Zutaten und ist ideal gelegen, wenn man nach dem Abendessen durch Roms schönstes Stadtviertel bummelt.

» **Gelateria Giolitti** (Karte S. 74; ☎06 699 12 43; Via degli Uffici del Vicario 40; ⏲7–2 Uhr) 1900 als Molkerei gestartet, begeistert Giolitti seine Kunden noch immer mit köstlichen Sorbets und cremiger Schokolade. Gregory Peck und Audrey Hepburn schauten in *Ein Herz und eine Krone* vorbei, und Papst Johannes Paul II. ließ sich Maronenglacé liefern.

» **Ara Coeli** (Karte S. 74; ☎06 679 50 85; Piazza d'Aracoeli 9; ⏲11–23 Uhr) Am Fuße des Campidoglio liegt Ara Coeli sehr gut und bietet mehr als 40 Eissorten an, darunter exzellentes Bio-Eis, halbgefrorene Varianten, sizilianische *granita* sowie Joghurt.

» **Old Bridge** (Karte S. 104; ☎06 3972 3026; Viale dei Bastioni di Michelangelo 5; ⏲9–2 Uhr) In der Nähe des Vatikans ist die winzige Eisdiele seit mehr als 20 Jahren für große Portionen hausgemachter Eiscreme bekannt. Einen Versuch wert sind Schokolade und Pistazien, gekrönt von einem Sahnehäubchen.

Giggetto al Portico d'Ottavia TRADITIONELL ITALIENISCH €€
(Karte S. 74; ☎06 686 11 05; www.giggettoalportico.it; Via del Portico d'Ottavia 21a; Mahlzeiten 40 €; ⏲Di–So) Eine stimmungsvolle Lage im Ghetto, rustikales Innendesign, in Weiß gekleidete Kellner und eine fantastische römisch-jüdische Küche sind die Markenzeichen des typisch römischen Restaurants. Auf der Speisekarte finden sich viele gebratene Gerichte: Die *carciofi alla giudia* (Artischocken auf jüdische Art) sind wunderbar, genau wie *fiore di zucca* (Zucchini- oder Kürbisblüten) und *baccalá* (Stockfisch), gefolgt von einer *zuppa di pesce* (Fischsuppe) oder *rigotoni alla gricia* (Pasta mit geräucherter Schweinebacke).

Giggetto 2 TRADITIONELL ITALIENISCH €
(Karte S. 74; ☎06 6476 0369; Via Angelo in Pescheria 13–14; Mahlzeiten 20 €) Für preisbewusste Reisende ist dieses schlichte Café ein guter Tipp. Es liegt auf der Rückseite der älteren und besser bekannten Hauptfiliale Giggetto al Portico d'Ottavia. Auf den Tisch kommen einfache Pasta- und Fleischgerichte sowie Pizza und sehr solide Weine für 8 € pro Flasche.

Enoteca Corsi OSTERIA €
(Karte S. 74; ☎06 679 08 21; Via del Gesù 88; Mahlzeiten 25 €; ⏲Mo–Sa mittags) Gut gelaunt in die Jahre gekommen, ist das familiengeführte Corsi eine echte traditionelle römische *osteria*. Das Lokal wirkt rustikal und auf

Fortsetzung auf S. 150

Showtime auf Roms Plätzen

Von der barocken Pracht der Piazza Navona bis zum bunten Treiben auf dem Campo de' Fiori und der Großartigkeit des Petersplatzes spiegeln Roms Plätze Wesen und Geschichte der Stadt.

Piazza del Popolo

1 Die neoklassizistische Piazza del Popolo (S. 84), einst Hauptzugang zur Stadt von Norden her, ist ein weiter Platz, auf dem früher Hinrichtungen vorgenommen wurden. Heute weisen Menschenmengen dort eher auf Demonstrationen oder ein Konzert hin.

Campo de' Fiori

2 Campo de' Fiori (S. 124) ist eine Art Piazza Navona des Arbeitsalltags. Die elegantere Piazza Navona, gleich um die Ecke, glänzt mit Straßenkünstlern und barocken Schnörkel, während der Campo de' Fiori vor Marktbuden, lauten Bars und hemdsärmeliger Atmosphäre strotzt.

Piazza del Campidoglio

3 Das Herzstück des Kapitols, die von Michelangelo entworfene Piazza del Campidoglio (S. 72), wird von vielen als schönste Piazza Roms angesehen. Sie ist auf drei Seiten von prächtigen *palazzi* eingefasst und beheimatet die Kapitolinischen Museen.

Petersplatz

4 Der beeindruckende Vorplatz vor dem Petersdom (S. 103) ist ein Meisterstück der Stadtplanung aus dem 17. Jh. Im Zentrum des von Gian Lorenzo Bernini angelegten, von Säulenkolonnaden umfassten Platzes erhebt sich ein ägyptischer Obelisk.

Piazza Navona

5 Die Piazza Navona (S. 79) ist das Paradebeispiel eines römischen Platzes. Elegante Barockpaläste, hohe Springbrunnen, gut besuchte Straßencafés und witzig verkleidete Straßenartisten bieten die Kulisse für die tägliche Invasion kamerabewehrter Touristen.

Im Uhrzeigersinn
1. Chiesa di Santa Maria del Popolo, Piazza del Popolo
2. Campo de' Fiori **3.** Statue, Piazza del Campidoglio
4. Petersplatz.

1

4

WILL SALTER / LONELY PLANET IMAGES ©

2

3

RICHARD I'ANSON / LONELY PLANET IMAGES ©

Die bescheidene Trüffel

Die Trüffel, eines der meistgeschätzten und geschichtenumwobenen Nahrungsmittel der Welt, ist kulinarisch gesehen das „Gold“ Italiens.

Um sie zu finden, muss man sich sehr gut auskennen. Trüffeln sind unterirdisch wachsende, essbare Pilze, die sich an den Wurzeln bestimmter Baumarten ansiedeln. Als wertvollste Trüffelart gilt die weiße Trüffel aus dem Gebiet um Alba im Piemont. In der Toskana wachsen ebenfalls weiße Trüffeln, die etwas weniger aromatisch sind. Schwarze Trüffeln gibt es vor allem in Umbrien und den Marken.

Weiße Trüffeln werden von Anfang Oktober bis Dezember geerntet, aber schwarze Trüffeln findet man den ganzen Winter über (November bis März). Am Ende der Saison findet im umbrischen Norcia ein ausgelassenes Trüffelfest statt (S. 621).

Das größte Trüffelfest wird in Alba (S. 237) an jedem Wochenende im Oktober veranstaltet, während andere bekannte Trüffelfeste, z. B. in den toskanischen Orten San Miniato und San Giovanni d'Asso bei Siena, in der zweiten Novemberhälfte gefeiert werden.

MEHR ÜBER TRÜFFEL

Auch Unerfahrene können sich gelegentlich an der Trüffelsuche beteiligen. Das Tourismusbüro in Alba (S. 238) organisiert Exkursionen, oder man meldet sich bei der Agentur Viaggi del Tartufo (www.viaggideltartufo.com) an. Im südtoskanischen San Giovanni d'Asso organisiert Assotartufi San Giovanni (www.assotartufi.it) Ausflüge und hat sogar ein spezielles Trüffelmuseum (www.museodeltartufo.it) eingerichtet. Etwas weiter im Norden in San Miniato lernt man im Restaurant Pepenero, wie Trüffeln zubereitet werden (s. Kasten S. 550 oder man kann im nahen Barbialla Nuova auf Trüffelsuche gehen (s. Kasten S. 550).

Im Uhrzeigersinn

1. Weiße Trüffel **2.** Auf Trüffelsuche bei Alba **3.** Vorspeise aus schwarzen Trüffeln **4.** Trüffelverkauf, Fest in Alba.

OLIVER STREWE / LONELY PLANET IMAGES ©

1

4

STOCK ITALIA / ALAMY ©

CEPHAS PICTURE LIBRARY / ALAMY ©

2

3

ALAN BENSON / LONELY PLANET IMAGES ©

Mode

Schuhmacher, Näherinnen, Schneider und Modistinnen, Italiens geschickte Handarbeiter, kleiden und staffieren seit dem 11. Jh. die Reichen Europas mit den feinsten Modeartikeln aus, die für Geld zu haben sind.

Als die Renaissance Kunst, Musik und Literatur zu Glanz verhalf, erblühte auch die Mode, vor allem dank der Prominenz jener Zeit, der extravaganten Medici aus Florenz. Im 17. Jh. verlor Florenz den Status als Modezentrum an die Haute-Couture-Häuser in Paris, konnte ihn aber in den 1950er-Jahren mit einem neuen Konzept zurückerobern: Modenschauen. Die mögen zwar in den 1950er-Jahren avantgardistisch gewesen sein, doch die Florentiner Modeszene war streng kontrolliert. Die Schauen fanden zweimal im Jahr statt und nur ein paar Elitedesigner wurden geladen.

1971 brach der Mode- und Sportbekleidungsdesigner Walter Albini mit dieser Tradition und präsentierte seine erste Modenschau in Mailand. Hier, weit weg von den Zwängen des Modeestablishments, konnte er experimentieren. So zeigte er, anstatt sich auf eine Linie wie z. B. Jacken zu spezialisieren, die erste Prêt-à-porter-Kollektion aus Kleidern, Hemden, Jacken, Hosen, Abendkleidern und Hüten, die gleich an die Läden verkauft werden konnten. Zusätzlich wertete er die Rolle des Designers als Modeschöpfer auf. Mailand übertrumpfte Florenz als Modehauptstadt Italiens. Mailands Aufstieg zum globalen Modemekka war keineswegs zufällig. Die Stadt hatte dank ihrer geografischen Lage enge Verbindungen zu den europäischen Märkten.

Sie war zudem Italiens Hauptstadt des Finanzwesens, der Werbebranche, von Fernsehsendern und Verlagen, außerdem Sitz der Zeitschriften *Vogue* und *Amica*. Zudem besaß Mailand schon immer eine Mode- und Bekleidungsindustrie dank der historischen Textil- und

Im Uhrzeigersinn

1. Einkaufsbummel, Mailand 2. Schaufenster von Valentino, Rom 3. Prada-Schuhe

PAOLO CORDELLI / LONELY PLANET IMAGES ©

1

3

MARKA / ALAMY ©

Seidenproduktionsstätten der oberen Lombardei. Und da sich die Stadt in der Nachkriegszeit auf Messen konzentrierte, war sie ein nahe liegender Markt zum Austausch von Waren, Ideen und Informationen.

In nur gut 15 Jahren eroberte eine neue Generation von Modedesignern – Armani, Versace, Prada, Ferré, Dolce & Gabbana – die Welt und verwandelte Kleidung, Schuhe, Taschen und Sonnenbrillen zum neuen Symbol von Reichtum und Status. Anfang des 21. Jhs. hatten von den zehn Topmodehäusern weltweit sechs ihren Sitz in Italien, vier davon in Mailand. Das Goldene Karrée, knapp 6000 m² groß, wurde schließlich von über 500 Modegeschäften beherrscht. Selbst die Gehwege wurden mit Teppichen, Pflanzen und dergleichen perfekt inszeniert. Die Präsentation war so edel, dass Touristen allein schon nach Mailand kamen, um Mode zu „gucken".

Modefans sollten während einer der vier Modewochen für die Sommer- und Winterkollektionen für Damen und Herren nach Mailand kommen (die „Woche" dauert neun Tage). Sie finden jeweils im Januar und Februar, sowie im Juni und September statt. In dieser Zeit fallen über 100 000 Models, Kritiker, Einkäufer und Produzenten für über 350 Modenschauen in die Stadt ein.

MODISCHE GEHEIMTIPPS

» **Cartè, Venedig** Handtaschen, Ringe und Ketten aus marmoriertem Papier (S. 395).

» **Fausto Santini, Rom** Einfache, klar geformte Schuhe in recht knalligen Farben (S. 164).

» **Mariano Rubinacci, Neapel** Perfekt sitzende Anzüge vom Patriarchen der neapolitanischen Schneider (S. 684).

» **Monica Castiglioni, Mailand** Statement-Schmuck in der modernistischen Tradition Mailands (S. 276).

» **Mrs Macis, Florenz** Feminine Nachbildungen eleganter Kleidung und Schmuck der 1950er-, '60er- und '70er-Jahre (S. 530).

2

Design

Von der Tasse für den morgendlichen Espresso bis zur Nachttischlampe – für alles gibt es einen Designer, und fast jeder in Mailand kennt ihre Namen. Design ist hier Lebensart.

Die Mailänder Behörden waren nach dem Ende des Zweiten Weltkriegs mit dem Wiederaufbau der Stadt und dem Wohnungsbau für ausgebombte Bürger beschäftigt. Glücklicherweise war die Stadt und ihr Umland in diesen Nachkriegsjahren durch eine Mischung aus intellektuellem und professionellem Milieu geprägt. Mailands Architekten und Designer – Giò Ponti, Vico Magistretti, Gae Aulenti, Achille Castiglioni, Ettore Sottsass und Piero Fornasetti – waren von modernistischem Optimismus erfüllt. Ihre Nachkriegsmission war nicht nur der Wiederaufbau der Stadt, sondern auch die Neugestaltung des Stadtbilds. Der italienische Philosoph Enzo Paci glaubte, dass Designer zwischen „Kunst und Gesellschaft" säßen. Aber diese Architektur-Designer waren keineswegs nur intellektuelle Theoretiker, sondern sie profitierten auch von der Nähe zu den Handwerksbetrieben im lombardischen Hinterland nördlich von Mailand.

Dieses Gewerbegebiet, Brianza, hat sich aus dem ländlichen Umfeld entwickelt und bäuerliche Handwerke und jahrhundertealte Erfahrungen bewahrt. Zum Beispiel entstanden aus der Seidenraupenzucht familieneigene Textilmanufakturen. Als zu Beginn des 20. Jhs. eine Krankheit die Raupen vernichtete, wandten sich Familien, die Erfahrung mit der Herstellung von Gerätschaften für das Textilgewerbe hatten, stattdessen der Schreinerei zu. So bot Brianza den Mailänder Designern gut ausgebildete Arbeitskräfte, die ihre modernistischen Ideale umsetzen konnten.

Die Produktionsbetriebe blieben ihrem handwerklichen Metier treu, waren aber gleichwohl fähig, sich über den

Im Uhrzeigersinn

1. Designmuseum Triennale di Milano, Mailand
2. Kaffeetassen im Spazio Rossana Orlandi, Mailand
3. Vespas, Ravello.

1

GIOVANNI TAGINI / ALAMY ©

3

DAVID BORLAND / LONELY PLANET IMAGES ©

Markt Mailand moderne Verkaufs- und Produktionstechniken anzueignen. Mit der Eröffnung des Messegeländes Triennale 1947 etablierte sich Mailand als offizielles und kreatives Forum für Designer, Architekten und Produzenten. Design koppelte sich zum ersten Mal von der Architektur ab und wurde sogar zum Lehrfach an der Scuola Politecnica di Design (1954). Design beeinflusste auch Alltagsgegenstände.

Die unmittelbare Verbindung zwischen Produzenten und Markt bedeutete, dass Mailänder Designer auf die Anforderun-gen des Marktes reagieren und ungeniert auf den Profit zielen konnten. Diese äußerst erfolgreiche Symbiose von Kreativität und Kommerz sorgte schließlich für die Veredelung italienischen Designs zur Erlangung des modernistischen Ideals, schöne aber nützliche Dinge zu schaffen.

DESIGNKLASSIKER

Design steckt in Italien voller Emotion: ausdrucksstark, einfallsreich und individuell. Man denke nur an fünf der größten Designer: **Alessi, Piaggio, Cassina, Fiat** und **Zanussi**. Alessi, 1921 gegründet, brachte frischen Wind in die Wohnungen mit individuell entworfenen Utensili- en – Stardesigner wie Achille Castiglioni, Philippe Starck und Massimiliano Fuksas entwarfen Wasserkessel, Zahnbürsten und Teekannen. Auch Zanussi, 1916 von einem Schmied gegründet, der Holzöfen herstellte, begann eine der erfolgreichsten Werbekampagnen aller Zeiten mit dem Slogan „Appliance of Science" (Geräte der Forschung). In der Möbelbranche ist Cassina, 1927 gegründet, eine Ikone – zur „I Maestri"– Kollektion gehören sogar Stücke von Le Corbusier, Frank Lloyd Wright und Giò Ponti. Bei den Fahrzeugen sorgten die Vespa Piaggio, bei der Einführung 1946 nur 65 € teuer, und der Fiat 500 von 1957 für schicke, billige Fortbewegungsmittel, die das Leben der Städter fortan veränderten.

2

Venedig: Eine Traumstadt

Die Venezianer haben ihre Häuser auf 117 kleinen Inseln, verbunden durch ca. 400 Brücken und mehr als 150 Kanäle, erbaut. Unter den scheinbar schwimmenden Marmorpaläste befindet sich ein ganzer Wald aus Holzpfählen, die in den Lehmboden der Lagune gerammt wurden.

Auch wenn die Pfeiler die gesamte Last tragen, sind doch ständig Restaurierungen notwendig. Venedigs Kanäle müssen regelmäßig gesäubert und repariert werden: Das Wasser wird abgepumpt, der stinkende Schlick wird entfernt, und die Mauern werden per Hand geflickt. Wenn Besucher die Stadt bestaunen, verweisen die Venezianer gern auf das ungewöhnliche Ökosystem ihrer Lagune. Doch weil für Tanker und Kreuzfahrtschiffe tiefere Fahrrinnen gegraben werden, strömt mehr Salzwasser in die Lagune, was eine veränderte Wasserqualität und höheren Tidenhub *(acque alte)* zur Folge hat. „Mose“, die Milliarden Euro teure mobile Hochwasserbarriere, soll die *acque alte* in Schach halten, doch Kritiker bezweifeln ihren Nutzen. Die Lösung des Problems ist nicht einfach, aber bereits kleine Gesten würden viel bewirken: Angesichts der 22 Mio. Besucher im Jahr könnten schon kleine Änderungen im Verhalten der Touristen Venedig und seinen Traum am Leben halten.

SO BLEIBT VENEDIG ÜBER WASSER

» **Mit dem Zug anreisen** – statt mit Kreuzfahrtschiffen oder Flugzeugen

» **Abfall nicht achtlos wegwerfen** – um das fragile Ökosystem zu schützen

» **Lokalprodukte kaufen** – Venedigs Existenzgrundlage

» **Mit Motorbooten langsam fahren** – Verwirbelungen beschädigen die empfindlichen Fundamente

» **Leitungswasser trinken** – um der Stadt das Flaschenrecycling zu ersparen

Im Uhrzeigersinn
1. Kanal **2.** Der Canal Grande aus Sicht des Gondoliere **3.** *Acqua alta* auf dem Markusplatz **4.** Canal Grande im Stadtteil San Marco

KIMBERLEY COOLE / LONELY PLANET IMAGES ©

1

4

DAVID TOMLINSON / LONELY PLANET IMAGES ©

2

3

Residenzen, Rebensaft & Rausch der Höhe

Die Attraktionen Venedigs sind bekannt, doch wer der Stadt einmal entkommen möchte, hat nur eine oder zwei Autostunden entfernt gleich mehrere Alternativen: von Weinproben im Valpolicella bis zu Bergtouren in den Dolomiten.

Riviera del Brenta

1 Seit Jahrhunderten packen die reichen und schönen Venezianer jeden Juni ihre Koffer und fahren in ihre Villen am Ufer des Brenta-Kanals (S. 399). Heute können Touristen auf ihren Spuren wandeln.

Weinland

2 Die Weingüter des Veneto produzieren einige der spannendsten *vino*-Sorten Italiens, darunter Prosecco aus Conegliano (S. 416), Valpolicellas schweren Amarone (S. 416) und die Weißen aus Soave (S. 415).

Dolomiten

3 Die von der Unesco geschützte Landschaft bietet im Frühjahr Wildblumen, im Sommer Wanderungen und im Winter einige der besten Pisten des Landes.

Stadtstaaten

4 Vor Venedigs Vorherrschaft über das Veneto konkurrierten Vicenza (S. 406), Padua (S. 401) und Verona (S. 410) um diesen Rang. Jede dieser Städte hat ihr ganz eigenes Vermächtnis: Padua seine mittelalterlichen Fresken, Vicenza palladianische Paläste und Verona seine römische Arena.

Palladianische Villen

5 Ehe er die europäische Architektur erneuerte, verschönerte Palladio erst einmal seine Stadt Vicenza (S. 406). Weitere Meisterwerke aus seiner Heimat sind La Rotonda (S. 408) und die Villa Maser (S. 412).

Im Uhrzeigersinn

1. Villa Foscari **2.** Weinberge, Soave **3.** Lago d'Antorno, Dolomiten **4.** Palazzo della Ragione, Padua

1

ROBERTO GEROMETTA / LONELY PLANET IMAGES ©

4

RUSSELL MOUNTFORD / LONELY PLANET IMAGES ©

DIANA MAYFIELD / LONELY PLANET IMAGES ©

2

GLENN VAN DER KNIJFF / LONELY PLANET IMAGES ©

3

Kaffeekultur

In Italien beginnt jeder Tag mit Kaffee. Los geht es mit einem Espresso, die zweite (und dritte und vierte) Tasse wird dann in einer Bar getrunken. Italiener halten sich nicht lange mit Kaffeetrinken auf – sie trinken ihn im Stehen. Dabei werden sie vom Barista mit einem „*Buon proseguimento!*" (Weiterhin alles Gute!) begrüßt.

Kaffee gelangte Mitte des 16. Jhs. nach Venedig und ein paar Jahre später nach Triest. Nachdem die osmanische Armee ihren Rückzug angetreten und Säcke von Kaffeebohnen hinterlassen hatte, entdeckten die Einwohner Wiens ihre Leidenschaft für das Getränk. Die Espressotechnologie wurde bereits Anfang des 19. Jhs. entwickelt, aber erst im Jahre 1948 brachte Gaggia die ersten kommerziellen Kaffeemaschinen auf den Markt, die den Espresso mit der charakteristischen *crema* produzierten. Einen guten Kaffee gibt es in einer Kleinstadtbar genauso wie in Roms Caffè Sant'Eustachio oder dem Caffè Gilli in Florenz. Wer seine Marke kennt, hat es auf der Suche nach der perfekten Tasse leichter. Hervorragend sind internationale Marken wie Illy, Triest, und Lavazza, Turin oder einheimische Röster wie Giamaica, Verona, Lady, Parma, Coffee Lab, Turin, und Pascucci aus Le Marche.

1

ALAN BENSON / LONELY PLANET IMAGES ©

4

MAURITIUS IMAGES GMBH / ALAMY ©

KLEINE KAFFEEKUNDE

» **Caffè, espresso** konzentrierter schwarzer Kaffee
» **Ristretto** Gekürzter, konzentrierter Espresso
» **Macchiato** Espresso mit Milch
» **Cappuccino** Espresso mit aufgeschäumter Milch
» **Cappuccino scuro** starker Cappuccino
» **Marochino** kleiner Cappuccino mit Kakaopulver
» **Americano** großer schwarzer Kaffee
» **Latte macchiato** Kleiner Schuss Kaffee in aufgeschäumter Milch

Im Uhrzeigersinn
1. Zubereitung eines Espresso **2.** Caffè Sant'Eustachio, Rom **3.** Kellner, Perugia **4.** Café, Rom.

WILL SALTER / LONELY PLANET IMAGES ©

2

3

JAMES BRAUND / LONELY PLANET IMAGES ©

Weintour durch das Chianti

Viertägiger Autoausflug

Die Toskana hat Unmengen an Attraktionen zu bieten, ein besonderes Vergnügen ist es durch das Chianti zu kutschieren. Die Mischung aus herrlicher Landschaft, renommierten Restaurants und rubinrotem Wein ist einfach herrlich.

ROCCO FASANO / LONELY PLANET IMAGES ©

1

4

WIBOWO RUSLI / LONELY PLANET IMAGES ©

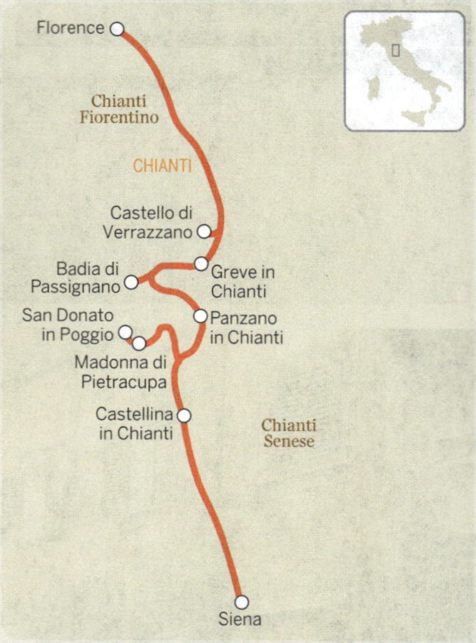

» Von Florenz geht es auf der SR222 (via Chiantigiana) in Richtung Süden, wo die ersten Gaumenfreuden beim Mittagessen im historischen **Castello di Verrazzano** (S. 567) warten. Dann fährt man weiter zur bedeutendsten Stadt im Chianti Fiorentino: **Greve in Chianti** (S. 566). Der Besuch des Museo del Vino erklärt die Geschichte der Weinproduktion; das neue Wissen lässt sich dann gleich bei einer Verkostung in den nahen Cantine di Greve in Chianti anwenden.

» Am nächsten Tag geht es zum idyllisch gelegenen Weingut **Badia di Passignano** (S. 566), wo eine Führung mit Verkostung wartet, und anschließend zum Mittagessen in die renommierte Osteria di Passignano. Am Spätnachmittag ist der Sonnenuntergang über den Weingärten von La Cantinetta di Passignano ein besonderes Erlebnis.

» Am dritten Tag unternehmen all jene, die Fleisch schätzen, eine Fahrt nach **Panzano in Chianti**, wo in einem der berühmten Restaurants (S. 568) von Dario Cecchini das Mittagessen lockt. Über schmale Straßen geht es westlich von Via Chiantigiana zur **Madonna di Pietracupa** und in mittelalterliche Orte wie **San Donato in Poggio**. Dort erfreut die prämierte toskanische Küche im La Locanda di Pietracupa (S. 569) den Gaumen.

» Ziel des letzten Tages ist **Siena**. Auf der malerischen SP76 fährt man zunächst nach **Castellina in Chianti** (S. 567), der bedeutendsten Stadt im Chianti Senese; hier können in den *enoteche* die berühmten Weine gekostet und gekauft werden.

---

im Uhrzeigersinn

1. Chianti Classico **2.** Weinberg, Badia di Passignano **3.** Dario Cecchini, Panzano in Chianti **4.** Weinfässer

2

3

Der Heilige von Assisi

Dass jemand eine erfolgreiche Bewegung auf den Grundsätzen von Frieden, Liebe und gegenseitigem Verständnis ins Leben rufen kann, ist immer bemerkenswert. Außergewöhnlich ist, dass dies Francesco Bernardone im 13. Jh. im vom Krieg zerrissenen Umbrien gelang. Natürlich war Franz in seiner Jugend ein typischer Mann seiner Zeit und alles andere als ein Heiliger. 1181 in Assisi als Sohn eines reichen Händlers geboren, verbrachte er seine Jugend mit wilden Gelagen. Mit Anfang 20 jedoch hatte Franz eine Erscheinung und beschloss, seine Besitztümer aufzugeben. Er wollte, wie Jesus, ein einfaches und bescheidenes Leben führen, predigen und den Armen helfen. Er reiste durch Italien (und sogar noch weiter), vollbrachte Wunder, indem er Kranke heilte und mit den Tieren sprach, und er gründete Klöster.

Heute schmücken sich gleich mehrere Orte mit dem hl. Franziskus. Dazu gehören Greccio im Latium, wo er 1223 die erste Geburtsszene nachstellte, und Bevagna in Umbrien, wo er zu den Vögeln gepredigt haben soll. In La Verna in der Toskana wurde Franz kurz vor seinem Tod stigmatisiert. Er starb mit 44 Jahren.

DER HL. FRANZISKUS: TOP-SEHENSWÜRDIGKEITEN

» **Assisi** (S. 607) Hier wurde er geboren und hier starb er; hier befinden sich seine Klause, seine Kapelle, das erste Franziskanerkloster und der riesige Dom mit seinem Grab.

» **Gubbio** (S. 613) Hier soll der Heilige eine Abmachung zwischen den Bewohnern der Stadt und einem menschenfressenden Wolf ausgehandelt haben.

» **Rom** (S. 93) In der Basilica di San Giovanni in Laterano erhielt Franziskus von Papst Innozenz III. die Erlaubnis, den Franziskanerorden zu gründen.

Im Uhrzeigersinn

1. Basilica di San Francesco, Außenansicht **2.** Basilica di San Francesco und die Stadt Assisi **3.** Basilica di San Giovanni, Rom, Geburtsort des Franziskanerordens **4.** Basilica di San Francesco, Innenansicht.

STOCK ITALIA / ALAMY ©

1

4

PETER BARRITT / ALAMY ©

FRANK WING / LONELY PLANET IMAGES ©

2

MARTIN MOOS / LONELY PLANET IMAGES ©

3

Historische Reichtümer

Von den Griechen kolonisiert und von den Römern geliebt, ist die Region eine Schatztruhe mit Topdenkmälern der Antike.

Campi Flegrei

1 Auf der Akropoli di Cuma gilt es nach Sybille, der mythischen Prophetin, Ausschau zu halten (S. 688), im Museo Archeologico dei Campi Flegrei können Besucher darüber grübeln, wie wohl die Beute aus der Antike hierhergekommen ist (S. 688). Hier lässt sich auch die Pein der Märtyrer nachzuvollziehen, die im Anfiteatro Flavio (S. 688) ihr Leben ließen.

Paestum

2 Die Tempel in Paestum (S. 730) sind die herrlichsten außerhalb von Griechenlands. Die Wurzeln der ältesten Bauten reichen zurück bis ins 6. Jh. v. Chr.

Herculaneum

3 Ein „mundgerechtes" Pompeji, so ließe sich Herculaneum (S. 702) bezeichnen, allerdings ist es weit besser erhalten als seine nahe gelegene Rivalin.

Pompeji

4 Pompeji (S. 704) eignet sich bestens für eine kleine Zeitreise in die Geschichte. Jahrhundertelang lag es unter der Asche begraben – die Ausgrabungen förderten ganze Straßenzüge zutage, die ein Gefühl davon vermitteln, wie damals der Alltag der Bevölkerung ausgesehen haben muss.

Unterirdisches Neapel

5 Gespenstische Aquädukte, geheimnisvolle Krypten und antike Straßenbilder: Unter Neapels Straßen liegt eine Zauberwelt aus griechisch-römischen Ruinen. Wer eine Kostprobe davon haben möchte, begibt sich unter die Chiesa di San Lorenzo Maggiore (S. 666) oder folgt dem Gästeführer im Rahmen der Tour Napoli Sotterranea (S. 678).

GREG ELMS / LONELY PLANET IMAGES ©

1

NEIL SETCHFIELD / LONELY PLANET IMAGES ©

4

Im Uhrzeigersinn

1. Museo Archeologico dei Campi Flegrei 2. Tempio di Nettuno, Paestum 3. Ruinen von Herculaneum 4. Ruinen von Pompeji.

SHANIA SHEGEDYN / LONELY PLANET IMAGES ©

STOCK ITALIA / ALAMY ©

Zauber des Südens

Im Mezzogiorno brennt die Sonne auf eine wundervolle Landschaft mit spektakulären Klippen, Sandstränden an türkisblauem Meer, felsigen Bergen, sanften bewaldeten Hügeln, Feldern und grünen Ebenen. Elegante *palazzi* (Villen), *masserie* (Bauernhöfe), uralte Wohnhöhlen und niedrige Rundhäuser liegen verstreut über die Region.

Promontorio del Gargano

1 Neben hübschen Küstendörfern, Sandbuchten und kristallklaren Gewässern erstreckt sich am Gargano auch der Parco Nazionale del Gargano (S. 745) – ideal für Wanderer, Natur- und Strandliebhaber.

Valle d'Itria

2 Eingebettet in eine sanfte Hügellandschaft mit Weinbergen, Obstgärten und Feldern liegen die Städte Alberobello (S. 753) und Locorotondo (S. 754) mit ihren kegelförmigen Rundhäusern, den *trulli*.

Salento

3 Auf dem „Stiefelabsatz", wo auch die weltoffene Provinzhauptstadt Lecce (S. 758) liegt, reichen die Olivenhaine bis zu den traumhaften Stränden des Ionischen Meeres und der Adria.

Sassi di Matera

4 Seit der Altsteinzeit lebten Menschen in Materas Wohnhöhlen (S. 774). Besucher können das Gassengewirr erkunden, Fresken in Felsenkirchen bewundern und in einem der *sassi* (Wohnhöhlen) übernachten.

Parco Nazionale dell'Aspromonte

5 Im Naturpark führen enge Straßen zu Bergdörfern wie dem halbverlassenen Pentidàttilo (S. 795). Wasserfälle, Klippen und Sandsteinformationen prägen eine Landschaft, die fürs Wandern wie gemalt ist.

Im Uhrzeigersinn
1. Parco Nazionale del Gargano 2. *Trulli*, Apulien
3. Basilica di Santa Croce, Lecce 4. *Sassi*, Matera.

CUBOIMAGES SRL / ALAMY ©

1

4

DAMIEN SIMONIS / LONELY PLANET IMAGES ©

2

OLIVER STREWE / LONELY PLANET IMAGES ©

3

GREG ELMS / LONELY PLANET IMAGES ©

Köstliche Desserts

Von Gebäck, das nach Zitronen duftet und mit Ricotta gefüllt ist, über Eis, das auf einem Brioche serviert wird, bis hin zu Marzipanfrüchten zelebriert Sizilien seine süßen Freuden morgens, abends und nachts.

Die sizilianische Konfiseriekultur wurde von den Arabern und Azteken beeinflusst: Erstere machten das Zuckerrohr auf der Insel heimisch; die scharfe Schokolade der Azteken brachten die Spanier übers Meer nach Sizilien. Die Römer hinterließen ebenfalls ihre Spuren, indem sie Schnee vom Ätna in die Vorfahren der berühmten *granita* (italienisches Sorbet) mischten.

Platz eins der Hitliste sizilianischer Desserts nehmen die *cannoli* ein, Gebäckröllchen mit Ricotta-Füllung und Schokoüberzug, der mit Pistazienflocken und kandierten Zitronenstückchen besprenkelt ist. Um den Titel als berühmteste Nachspeise rivalisiert *cassata*, ein Biskuitkuchen mit Sahne, Marzipan, Schokolade und kandierten Früchten.

1

SÜSSE INSELUMRUNDUNG

» **Cappello** (S. 813) Von hier kommen die berühmten *setteveli* aus Palermo, eine cremige Schokotorte mit sieben Schichten.

» **Da Alfredo** (S. 826) Hier werden traumhafte *granite* mit Kaffee und wilden Erdbeeren zubereitet.

» **Grand Cafè Tabbacco** (S. 840) Perfekte *cannoli* und Tische am Gehsteig mit Blick auf den Ätna.

» **Dolceria Bonajuto** (S. 853) Hier trinkt man von den Azteken inspirierte Schokolade mit Vanille und Chili.

» **Gelati DiVini** (S. 870) Ungewöhnliche Eissorten mit dem Süßwein Marsala, wildem Fenchel und Olivenöl.

» **Maria Grammatico** (S. 884 Marzipanfrüchte, Mandelgebäck und *torrone* (Nougat).

4

Im Uhrzeigersinn

1. Kuchen **2.** Traditionelle Süßigkeiten **3.** Granita und Brioche **4.** Cannoli.

2

MICHAEL GEBICKI / LONELY PLANET IMAGES ©

3

FOTOSOL / IMAGEBROKER ©

Fortsetzung von S. 125

freundliche Art leicht chaotisch. Angeboten wird Hausmannskost aus frischen Zutaten. Die Speisekarte folgt deshalb dem kulinarischen Kalender: Stehen Gnocchi auf dem Programm, muss es Donnerstag sein.

Gino TRATTORIA €€
(Karte S. 74; ☎06 687 34 34; Vicolo Rosini 4; Mahlzeiten 30 €; ⏱Mo–Sa) In einer schmalen Gasse unweit des Parlaments tauschen Politiker bei Gino gerne den allerneuesten Tratsch aus. Am besten ist es, genau wie die Parlamentarier die hervorragend zubereiteten Stammgerichte wie *rigotoni alla gricia* oder Fleischklößchen zu bestellen. Alles wird unter aufgehängten Knoblauchknollen und der mit Weinreben bemalten Decke serviert; keine Kreditkarten.

Osteria Sostegno MODERN ITALIENISCH €€
(Karte S. 74; ☎06 679 38 42; www.ilsostegno.it; Via delle Colonnelle 5; Mahlzeiten 35–40 €; ⏱Di–So) Ein grüner Neonpfeil weist den Weg zu diesem gut gehüteten Geheimtipp. In diesem intimen, authentischen Lokal treffen sich gerne Journalisten und Politiker. Zu den exzellenten Hausspezialitäten zählen *caprese* (Tomaten- und Büffelmozzarellasalat) sowie *ravioli di ricotta e spinaci con limone e zafferano* (Ricotta- und Spinatravioli mit Zitrone und Safran).

Alfredo e Ada TRADITIONELL ITALIENISCH €
(Karte S. 74; ☎06 687 88 42; Via dei Banchi Nuovo 14; Mahlzeiten 20 €; ⏱Mo–Fr) Authentische Küche wartet auf Besucher der winzigen holzgetäfelten Gaststätte. Luxus gibt es hier nicht, und die Weinkarte umfasst nur zwei Weine, einen roten und einen weißen. Doch das Essen ist sättigend, wärmend und genauso, wie die *nonna* es zubereitet hätte.

Da Francesco PIZZERIA €
(Karte S. 74; ☎06 686 40 09; Piazza del Fico 29; Pizzas 6–9 €, Mahlzeiten 30 €; ⏱Di geschl.) Papiertischdecken, joviale Kellner, Pastateller, die unter ihrem Gewicht ächzen, sowie leckere Pizzas: Diese Pizzeria atmet aus jeder Pore klassisches Ambiente. Tische und Stühle stehen auch draußen auf dem schönen Platz. Am besten frühzeitig kommen, sonst gibt es Wartezeiten; keine Kreditkarten.

Filetti di Baccalà IMBISS €
(Karte S. 74; Largo dei Librari 88; Mahlzeiten 20 €; ⏱Mo–Sa abends) An einer schönen Piazza voller Motorroller hat die klassische römische *friggitoria* alle Zeiten überlebt. Der Imbiss bietet vor allem in Panade frittierten Kabeljau, aber es gibt auch knuspriges Gemüse wie z. B. *puntarella* (Chicorée) sowie frittierte Zucchiniblüten.

Sora Margherita TRADITIONELL ITALIENISCH €€
(Karte S. 74; ☎06 687 42 16; Piazza delle Cinque Scole 30; Mahlzeiten 30 €; ⏱Mo–Do mittags & So ganztags) Das schlichte Sora Margherita startete als billige Adresse für hungrige Anwohner, aber die Qualität hat sich herumgesprochen, und deshalb ist es mittags oft sehr voll. Lange Schlangen und lautstarkes Publikum gehören zum Alltag, doch die Bedienung bummelt nicht, und das wird von den Gästen beim Speisen auch erwartet. Spezialität ist das klassisch römisch-jüdische Gericht *carciofi alla giudia* (Artischocken auf jüdische Art).

TRIDENTE, TREVI & QUIRINAL

Colline Emiliane EMILIA-ROMAGNA €€€
(Karte S. 84; ☎06 481 75 38; Via degli Avignonesi 22; Mahlzeiten 45 €; ⏱Di–Sa, So mittags, Aug. geschl.) In der Nähe der Piazza Barberini ist die einladende, aber etwas versteckte Trattoria ein kulinarischer Außenposten der Region Emilia-Romagna. Diese gesegnete Provinz hat der Welt Parmesan, Balsamico-Essig, Bolognese-Soße und Parma-Schinken beschert. Die Trattoria bringt leckeres Fleisch, selbst gemachte Pasta, saftige Fleisch- und Tomatensoße sowie paradiesische Desserts auf den Tisch.

Palatium WEINBAR €€
(Karte S. 82; ☎06 6920 2132; Via Frattina 94; Mahlzeiten 40 €; ⏱Mo–Sa 11–23 Uhr, Aug. geschl.) Gedacht als Vorzeigestube für Latiums kulinarische Genüsse zaubert die schicke *enoteca* unweit der Spanischen Treppe exzellente regionale Spezialitäten auf den Teller, darunter *porchetta* (Schweinebraten mit Kräutern), Käsespezialitäten und leckere Salami. Dazu kann man aus einer beeindruckenden Liste von Latium-Weinen wählen. Der wenig bekannte Aleatico ist ein guter Tipp. Auch ein *aperitivo* ist eine gute Idee.

Open Colonna MODERN €€€
(Karte S. 84; ☎06 4782 2641; Via Milano 9a; Mahlzeiten 20–80 €; ⏱Di–Sa 12–24 Uhr & So mittags) Das hervorragende und elegante Restaurant, betrieben von Starkoch Antonello Colonna, liegt spektakulär auf der Rückseite des Palazzo delle Esposizioni auf einer Zwischenetage unter einem außergewöhnlichen Glasdach. Die Küche ist neurömisch und bietet innovative und kreative Varianten tra-

ditioneller Gerichte. Und das Beste ist: Unter der Woche gibt es ein einfacheres, aber immer köstliches Zwei-Gänge-Menü bzw. Büfett für 15 €. Samstags und sonntags ist in der bombastischen Glashalle ein Brunch für 28 € im Angebot. Für sonnige Tage gibt es eine Terrasse.

Nino TOSKANISCH **€€**
(Karte S. 82; ☎06 679 5676; Via Borgognona 11; Mahlzeiten 60 €; ⌚Mo–Sa mittags & abends) Seit der Eröffnung 1934 hat sich an den gusseisernen Kerzenleuchtern, dem polierten dunklen Holz und den weißen Tischdecken wahrscheinlich nicht viel geändert. Nino ist noch immer eine angesagte Adresse bei den Reichen und Berühmten. Die Kellner können kurz angebunden sein, wenn man nicht zu den Top-Gästen zählt, aber das Essen ist gut und herzhaft. Besonders lecker sind die Steaks und die toskanische Bohnensuppe.

Da Michele PIZZASTÜCKE **€**
(Karte S. 84; ☎349 252 5347; Via dell'Umiltà 31; Pizzastücke ab 2 €; ⌚Winter Mo–Fr 8–17 Uhr, Sommer bis 20 Uhr) Eine willkommene Adresse im Spagna-Viertel: Die frische, leichte und knusprige *pizza al taglio* ist ein schmackhafter Imbiss. Drinnen gibt es einige wenige Barstühle.

Vineria Chianti TOSKANISCH **€€**
(Karte S. 84; ☎06 678 75 50; Via del Lavatore 81–82; Mahlzeiten 45 €; ⌚mittags & abends) Viele Restaurants rund um den Trevi-Brunnen sind für überteuertes Touristenessen bekannt. Aber diese efeuumrankte Weinbar ist eine der lobenswerten Ausnahmen: Drinnen stehen Flaschen an den Wänden, und draußen kann man im Sommer in Ruhe die Umgebung beobachten. Die Küche ist toskanisch, deshalb ist das Rindfleisch besonders gut. Aber auch die Salate sind kreativ; abends gibt es zudem Pizza.

Pizzeria al Leoncino PIZZERIA **€**
(Karte S. 82; ☎06 686 77 57; Via del Leoncino 28; Pizzas 6,50–8,50 €; ⌚Do–Di, Sa & So nur abends) Die lebhafte Pizzeria, vor allem beliebt bei den Anwohnern, verfügt über einen Holzofen und hat zwei freundliche Räume. Die Kellner sind etwas grummelig, aber tüchtig. Die Pizza ist exzellent, und das eiskalt servierte Bier kommt schneller als man *delizioso* sagen kann.

Matricianella TRATTORIA **€€**
(Karte S. 82; ☎06 683 21 00; Via del Leone 2; Mahlzeiten 40 €; ⌚Mo–Sa, Aug. geschl.) Die schicke Trattoria liegt etwas versteckt in der Nähe der Piazza di San Lorenzo in Lucina. Die Papiertischdecken, die Wandgemälde und die Straßentische sorgen für das übliche Ambiente. Die Einheimischen sind verrückt nach den frittierten Antipasti, den *carciofi alla giudia*, den Fleischklößchen sowie dem jüdischen Eintopf; Reservierungen sind sehr ratsam.

Antico Forno SANDWICH-SHOP **€**
(Karte S. 84; ☎06 679 28 66; Via delle Muratte 8; ⌚7–21 Uhr) Unweit des Trevi-Brunnens ist das Antico Forno eine der ältesten Bäckereien Roms. An der gut sortierten Feinschmeckertheke gibt es frische *panini*, *focaccia* und Pizza.

La Buca di Ripetta RESTAURANT **€€**
(Karte S. 84; ☎06 321 93 91; Via di Ripetta 36; Mahlzeiten 50 €; ⌚tgl.) Die Schauspieler und Regisseure des Viertels kommen gerne ins La Buca, um die herzhafte römische Küche zu genießen. Empfehlenswert sind die *zuppa rustica con crostini di pane aromatizzati* (deftige Landsuppe mit Rosmarinbrot) sowie *matolino di latte al forno alle erbe con patate* (gebackenes Spanferkel mit Kartoffeln). Danach ist man entweder fit für mehr Sightseeing oder braucht ein kleines Schläfchen.

Pastificio FASTFOOD **€**
(Karte S. 82; Via delle Croce; Pasta 4 €; ⌚Mo–Sa 13–15 Uhr) Für dieses teure Viertel ist das Pastificio eine wirklich gute Alternative. Mittags stehen zwei Pastagerichte zur Auswahl. Fastfood auf Italienisch: frische Pasta mit leckeren Soßen.

'Gusto PIZZERIA **€**
(Karte S. 82; ☎06 322 62 73; Piazza Augusto Imperatore 9; Pizzas 6–9,50 €) Einst ebnete das 'Gusto mit seinem Lagerhaus-Stil einer neuen Mode den Weg: unverputzte Ziegelwände und Industriecharme waren angesagt. Und das Restaurant brummt nach all den Jahren immer noch. Man kann auf der Terrasse sitzen und die neapolitanischen Pizzas essen, anstatt sich an den gehobenen Gerichten zu versuchen, die auf ein gemischtes Echo treffen. Dienstags und donnerstags gibt es abends Livemusik.

TERMINI, ESQUILIN & SAN LORENZO

LP TIPP **L'Asino d'Oro** MODERN ITALIENISCH **€€**
(Karte S. 62; ☎06 4891 3832; Via del Boschetto 73; Mahlzeiten 40 €) Dieses fantastische Restaurant wurde von Orvieto nach Rom ver-

pflanzt. Die umbrischen Wurzeln spiegeln sich in den köstlichen Gerichten von Lucio Sforza. Die Speisen sind einfach, aber innovativ. Markenzeichen sind die Geschmackskontraste: Das langsam gebratene Kaninchen kommt in einer Beerensoße daher, und die Desserts sind denkwürdig. Für ein derart gutes Essen ist das intime, entspannte und doch gehobene Restaurant eine der besten Adressen in Rom – das gilt besonders für die Mittagsmenüs.

Panella l'Arte del Pane FASTFOOD €
(☎06 487 24 35; Via Merulana 54; ⊙Mo–Do 8–23, Fr–Sa 8–24, So 8.30–16 Uhr) Für ein schnelles und gutes Mittagessen steht eine große Auswahl an *pizza al taglio, supplì* (frittierte Reisklöße), Focaccia und frittierten Kroketten im Angebot. Bei einem Gläschen Prosecco kann man die gastronomischen Souvenirs hinter der Feinkosttheke in Augenschein nehmen.

Roscioli FASTFOOD €
(Via Buonarroti 48; Pizzastücke 2–3 €; ⊙Mo–Sa 7–20.15 Uhr) Ein wenig abseits der Touristenpfade liegt diese empfehlenswerte Kombination von Feinkost, Bäckerei und Pizzeria unweit der Piazza Vittorio Emanuele. Die *pizza al taglio* und die Pastagerichte sind für ein schnelles Mittagessen oder als Zutat für ein Picknick ideal.

Agata e Romeo MODERN ITALIENISCH €€€
(Karte S. 88; ☎06 446 61 15; Via Carlo Alberto 45; Mahlzeiten 120 €; ⊙Mo–Fr) Das elegante und diskrete Restaurant startete als einer der lukullischen Pioniere von Rom und ist noch immer eine der besten Gourmetadressen der Stadt. Die Köchin Agata Parisella verbindet römische Traditionen mit kreativen Elementen, während Ehemann Romeo den Weinkeller verwaltet und Tochter Maria Antonietta die Käseauswahl zusammenstellt. Reservierungen sind notwendig.

Da Danilo TRATTORIA €€
(☎06 482 5176; Via Petrarca 13; Mahlzeiten 50 €; ⊙Di–Sa mittags, Mo–Sa abends) In einer Seitenstraße der Piazza Vittorio Emanuele II wird in dem typischen Nachbarschaftslokal , das von Danilo und seiner Frau mit viel Liebe und persönlichem Engagement geführt wird, gute, herzhafte Küche geboten. Die rustikale Atmosphäre ist typisch für eine römische Trattoria. Zuverlässig gute Spezialitäten sind *cacio e pepe* oder *carbonara*. Der Bahnhof Termini ist zu Fuß gut zu erreichen.

La Carbonara TRATTORIA €€
(Karte S. 62; ☎06 482 5176; Via Panisperna 214; Mahlzeiten 35 €; ⊙Mo–Sa) In dem geschäftigen Restaurant, Jahrgang 1906, trafen sich schon die berüchtigten Ragazzi di Panisperna. Zu der Gruppe junger Physiker gehörte unter anderem Enrico Fermi, der später die erste Atombombe baute. Die Kellner sind schroff, der Laden ist immer voller Leben, und die Wände sind mit unzähligen Graffiti übersät. Es ist eine Tradition, dass die Gäste sich mit einer Botschaft an der Wand verewigen. Die Spezialität des Hauses ist natürlich *Carbonara*.

Formula 1 PIZZERIA €
(Karte S. 88; ☎06 445 38 66; Via degli Equi 13; Pizzas ab 6 €; ⊙Mo–Sa 18.30–1.30 Uhr) Die schlichte, alte Pizzeria in San Lorenzo ist genauso adrenalingeladen, wie der Name vermuten lässt. Die Kellner schwirren unter den rastlosen Ventilatoren, die für Frischluft sorgen sollen, umher und servieren den vielen Studenten Bruschetta mit Bergen von Tomaten, frittierte Zucchini, *supplì al telefono* sowie hauchdünne Pizza.

Tram Tram TRATTORIA €€
(Karte S. 88; ☎06 49 04 16; Via dei Reti 44; Mahlzeiten 45 €; ⊙Di–So) Der Name der trendigen, aber altmodischen Trattoria bezieht sich auf die Straßenbahnen, die vorbeizuckeln. Auf den Tisch kommen traditionelle Gerichte, darunter *involtini di pesce spada con patate* (Schwertfischrouladen mit Kartoffeln); vorab reservieren.

Indian Fast Food INDISCH €
(Karte S. 88; ☎06 446 07 92; Via Mamiani 11; Currys 5,50–7,50 €; ⊙11–22.30 Uhr) Resopaltische, Hindi-Songs und Neonleuchten sind die Begleitmusik zu Chapatti, Naan-Brot, leckeren Samosas und Bhajis sowie einer Reihe von Currys. Dieses authentische Lokal könnte fast in Indien sein.

Trimani Wine Bar WEINBAR €€
(Karte S. 88; ☎06 446 96 30; Via Cernaia 37b; Mahlzeiten 40 €; ⊙Mo–Sa, im Aug. zwei Wochen geschl.) Die sehr anspruchsvolle Weinbar bietet auch einige köstliche Delikatessen: von Austern über Linsensuppe bis zu Salami und Käse mit Senf und Marmelade reicht die Auswahl. Dazu werden den Gästen mehr als 4500 internationale Weine angeboten, wobei die sehr kundigen Weinkellner gerne helfen. Zur Abrundung gibt es schmackhaftes Brot und Olivenöl.

Da Ricci PIZZERIA €

(Karte S. 84; ☎06 488 11 07; Via Genova 32; Pizzas 8 €; ⏲Di–So 19–24 Uhr) In der friedlichen, kopfsteingepflasterten Sackgasse nahe der verkehrsreichen Via Nazionale öffnete Roms älteste Pizzeria schon 1905 ihre Pforten, allerdings als *enoteca*. Die Holzpaneelen an den Wänden vermitteln das Gefühl, als hätte sich seither nur wenig verändert. Das Schild sagt: Est! Est!! Est!!! – Da Riccis anderer Name bezieht sich auf den Weißwein aus dem Norden Latiums. Es gibt sowohl dicke als auch dünne Pizzaböden, die man gut belegen lassen sollte.

CAELIUS & LATERAN

Il Bocconcino TRATTORIA €€

(Karte S. 94; ☎06 770 791 75; www.ilbocconcino.com; Via Ostilia 23; Mahlzeiten 30–35 €; ⏲Do–Di, Aug. geschl.) Ist nach dem Besuch des Kolosseums dringend der Besuch einer Trattoria angesagt? „Das kleine Häppchen" liegt in Richtung San Giovanni und ist einen Versuch wert. Der Anspruch ist etwas höher als bei den Nachbarn in diesem Touristenviertel. Die Pasta ist ausgezeichnet, und die Fleisch- und Fischgerichte sind einfallsreich, wie z. B. der *rombo in impanatura di agrumi* (Steinbutt mit Zitrusfrucht).

AVENTIN & TESTACCIO

Da Felice TRADITIONELL ITALIENISCH €€

(Karten S. 96; ☎06 574 68 00; Via Mastro Giorgio 29; Mahlzeiten 40 €; ⏲Mo–Sa) Einheimische und Gourmets schwören auf diese Testaccio-Institution, die für ihre klassische Küche bekannt ist. Die Deko wirkt postindustriell, mit Ziegelwänden, kariertem Marmorboden und Hängelampen. Aber die Speisekarte ist unbeirrbar traditionell. Zu den Favoriten zählen die köstlichen *tonnarelli cacio e pepe* (quadratische Nudeln mit Pecorino und schwarzem Pfeffer) sowie der paradiesische Lammbraten.

Trattoria da Bucatino TRATTORIA €€

(Karte S. 96; ☎06 574 68 86; Via Luca della Rob-bia 84; Mahlzeiten 30 €; ⏲Di–So) Die entspannte Nachbarschaftstrattoria ist enorm beliebt. Am besten sitzt es sich oben, neben den Chianti-Flaschen und dem Kopf eines Wildschweins. Auf den Teller kommen riesige Portionen römischer Spezialitäten. Die *bucatini all'amatriciana* sind ein Muss, und die Fleischgerichte sind als *secondi* (zweiter Gang) ebenfalls exzellent. Aber nach Möglichkeit sollte noch ein wenig Platz für den selbst gemachten Nachtisch bleiben.

Pizzeria Remo PIZZERIA €

(Karte S. 96; ☎06 574 62 70; Piazza Santa Maria Liberatrice 44; Pizzas ab 6 €; ⏲Mo–Sa 19–1 Uhr) Remo ist eine der angesagtesten Pizzerias Roms und immer voller lautstarker junger Einheimischer. Die Pizzaböden sind, wie in Rom üblich, dünn und knusprig. Um zu bestellen, muss man die Gerichte auf einem Zettel ankreuzen, den man von einem der überlasteten Kellner erhält. Wartezeiten sind üblich.

Volpetti Più TRADITIONELL ITALIENISCH €

(Karte S. 96; Via Volta 8; Mahlzeiten unter 15 €; ⏲Mo–Sa 10.30–15.30 & 17.30–21.30 Uhr) Eine der wenigen Gaststätten in Rom, in denen sich am Tisch für weniger als 15 € gut speisen lässt. Volpetti Più ist eine *tavola calda*, die mit einer üppigen Auswahl an Pizza, Pasta, Suppen, Fleisch, Gemüse und frittierten Snacks aufwartet.

TRASTEVERE & GIANICOLO

LP TIPP **Glass Hosteria** KREATIV ITALIENISCH €€

(Karte S. 100; ☎06 5833 5903; Vic del Cinque 58; Mahlzeiten 70 €; ⏲Di–So abends) Trasteveres beste Adresse für Gourmets bringt frischen Wind ins Stadtviertel. Die Küche ist genauso anspruchsvoll wie das modern gestylte Design. Köchin Cristina bringt einfallsreiche, leckere Gerichte mit traditionellen Elementen auf den Tisch, die mit frischen Zutaten zubereitet sind. Der Gaumen ist immer wieder überrascht und erfreut.

Osteria della Gensola TRATTORIA €€

(Karte S. 100; ☎06 581 63 12; Piazza della Gensola 15; Mahlzeiten 50 €; ⏲Mitte Juni–Mitte Sept. geschl.) Mitten in Trastevere versetzt die ruhige, erstklassige und unaufdringliche Trattoria Essensliebhaber in Verzückung. Die hervorragenden Speisen haben einen sizilianischen Einschlag und konzentrieren sich auf Fisch und Meeresfrüchte. Exzellent sind das Thunfisch-Tatar, die Linguine mit frischen Anchovis sowie die göttlichen Minifische *zuccherini* mit frischer Minze. Das Menü kostet 41 €.

Paris TRADITIONELL ITALIENISCH €€

(Karte S. 100; ☎06 581 53 78; Piazza San Calisto 7a; Mahlzeiten 45 €; ⏲Di–Sa, So mittags, im Aug. drei Wochen geschl.) Als klassisches römisches Restaurant, untergebracht in einem Gebäude aus dem 17. Jh., ist das Paris eine gehobene Traditionsadresse, um einen angenehmen Abend zu verbringen. Außerdem ist es das beste Lokal, um außerhalb

LUST AUF APERITIVO?

Junge Römer lieben ihren *aperitivo* (Happy Hour), der ursprünglich aus Mailand hierher kam. Zur Happy Hour bieten die Bars von 18 bis 21 Uhr ein Snack-Büfett – gewöhnlich zu einem festen Preis von 7 bis 10 € für Essen und Trinken. Ist das Büfett reichhaltig genug, können die jungen Leute auch mal ohne Abendessen auskommen. Gute Lokale für **aperitivo** sind Freni e Frizioni (S. 159), Femme (S. 158) und Il Pentagrappolo (S. 159).

des Ghettos römisch-jüdische Küche zu probieren. Zu den Spezialitäten des Hauses zählen *fritto misto con baccalà* (frittiertes Gemüse mit gesalzenem Kabeljau) sowie *carciofi alla giudia*. Es gibt auch eine schattige Terrasse.

Da Augusto TRATTORIA €

(Karte S. 100; ☎06 580 37 98; Piazza de' Renzi 15; Mahlzeiten 25 €; ⏲Fr–Mi mittags & abends) Wer Trastevere auch kulinarisch richtig erleben möchte, kann sich bei Augusto auf Gerichte wie von Muttern freuen. Die hart arbeitenden Kellner servieren unter anderem große und herzhafte Portionen *rigatoni all'amatriciana* und *stracciatella* (klare Fleischrühe mit Ei und Parmesan).

Da Lucia TRATTORIA €

(Karte S. 100; ☎06 580 36 01; Vicolo del Mattonato 2; Mahlzeiten 30 €; ⏲Di–So) Unter der flatternden Wäsche der Nachbarn treffen sich in dieser perfekten Trattoria hungrige Einheimische und Touristen in einer kopfsteingepflasterten Gasse von Trastevere. Auf der Speisekarte stehen unzählige römische Klassiker, darunter *trippa all romana* (Kutteln mit Tomatensoße), *pollo con peperoni* (Hühnchen mit Peperoni) sowie herrliche Antipasti und das vielleicht beste Tiramisù Roms; nur Barzahlung.

Le Mani in Pasta RESTAURANT €€€

(Karte S. 100; ☎06 581 60 17; Via dei Genovesi 37; Mahlzeiten 50 €; ⏲Di–So) Beliebte und lebendige, rustikale Gaststätte mit gewölbten Decken und einer offenen Küche, die herrlich frische Pasta serviert. Zwei Tipps, die man testen sollte: *fettucine con ricotta e pancetta* sowie das gegrillte Fleisch.

Da Enzo TRATTORIA €€

(Karte S. 100; ☎06 581 83 55; Via dei Vascellari 29; Mahlzeiten 25 €; ⏲Mo–Sa) Der schmucke Speiseaal hat raue gelbe Wände und bietet viel Atmosphäre. Die Trattoria ist für ihre erstklassigen, saisonalen römischen Spezialitäten bekannt, darunter Spaghetti mit Venusmuscheln und gegrillte Lammkoteletts. In der für Trastevere typischen kopfsteingepflasterten Gasse befindet sich vor dem Lokal eine winzige Terrasse.

Sisini FASTFOOD €

(Karte S. 100; Via di San Francesco a Ripa 137; Pizzastücke & Pasta 2 €; ⏲Mo–Sa 9–22.30 Uhr, Aug. geschl.) Einheimische lieben den Laden. Serviert werden frische *pizza al taglio* sowie mehrere Pasta- und Risottogerichte in Plastikboxen. An einem kleinen Stehtisch können die Mahlzeiten vor Ort verzehrt oder aber mitgenommen werden. Lecker sind die *supplì* und die Brathähnchen.

Forno la Renella PIZZASTÜCKE €

(Karte S. 100; ☎06 581 72 65; Via del Moro 15–16; ⏲9–21 Uhr) Die Holzöfen der historischen Trastevere-Bäckerei sind schon seit Jahrzehnten in Betrieb und produzieren täglich frische Pizzas, Brote sowie Gebäck. Der hoch aufgetürmte Belag wechselt mit den Jahreszeiten. Hierhin kommen sie alle – Skinheads mit großen Hunden ebenso wie alte Damen mit kleinen Schoßhündchen.

Panattoni PIZZERIA €

(Karte S. 100; ☎06 580 09 19; Viale di Trastevere 53; Pizzas 6,50–9 €; ⏲Do–Di 18.30–1 Uhr) Der Spitzname des Panattoni lautet aufgrund der Tischflächen aus Marmor *l'obitorio* (das Leichenschauhaus). Gott sei Dank hören die Ähnlichkeiten damit auf. Die Pizzeria ist sogar eine der lebendigsten in Trastevere. Die Pizzaböden sind hauchdünn, überall werden angeregte Gespräche geführt, und man kann auch draußen die leckeren frittierten Vorspeisen probieren. Spezialitäten sind *supplì* und *baccalá*.

Beer & Fud PIZZERIA €

(Karte S. 100; ☎06 589 40 16; Via Benedetta 23; Mahlzeiten 25 €; ⏲Di–So 18.30–1 Uhr, Aug. geschl.) Diese betriebsame Pizzeria ist für ihre kleine Bio-Speisekarte mit Pizza, *crostini* und frittiertem Gemüse (Kartoffeln, Kürbis, etc.) bekannt. Auch die Desserts sind nicht zu verachten. Auf dem Gelände befindet sich auch eine Mikrobrauerei; vorab reservieren.

VATIKANSTADT, BORGO & PRATI

LP TIPP Gelarmony GELATERIA €

(Karte S. 104; Via Marcantonio Colonna 34; Eiscreme ab 1,50 €; ⏲10 Uhr bis spätabends) Nach einem pyramidenförmigen *arancino* (frittiertes Reisbällchen) im benachbarten Mondo Arancina (s. unten) bietet diese Eisdiele genau das Richtige zum Dessert. Neben dem köstlichen Eis gibt es eine teuflisch gute Auswahl an cremigen sizilianischen Süßigkeiten, darunter die besten *cannoli* (Teigrollen gefüllt mit gesüßtem Ricotta und Schokoladenstückchen) nördlich von Palermo.

Mondo Arancina SIZILIANISCH €

(Karte S. 104; Via Marcantonio Colonna 38; Arancine ab 2 €) Sonnig helle Fliesen, gut gelaunte Kunden und erstklassig frittierte Snacks sind die Markenzeichen dieses beliebten Take-Aways, der ein Stückchen Sizilien in die Hauptstadt zaubert. Star der Show ist der faustgroße Klassiker *arancino,* ein frittierter Reiskloß gefüllt mit *ragù* und Erbsen. Man zahlt zuerst an der Kasse und geht dann mit dem Bon zur Essenstheke.

Pizzarium PIZZASTÜCKE €

(Karte S. 104; Via della Meloria 43; Pizzastücke 2–3 €) Es lohnt sich, diesen unauffälligen Imbiss in der Nähe der Metrostation Cipro-Musei Vaticani zu suchen. Denn man wird mit frittierten Snacks und *pizza al taglio* belohnt. Die Pizzabeläge sind schmackhaft, und der Pizzateig ist weich und knusprig zugleich. Gegessen wird im Stehen, dazu gibt es ein kaltes Bier.

Angeli a Borgo TRADITIONELL ITALIENISCH €€

(Karte S. 104; ☎06 686 96 74; www.angeliaborgo.com; Borgo Angelico 28; Pizzas ab 5,50 €, Mahlzeiten 25–30 €) Sogar in der Nähe des Petersdoms ist es möglich, den Massen zu entkommen und gut zu essen. Nur einige Straßenecken vom Dom entfernt liegt diese entspannte Pizzeria mit einer hohen Ziegeldecke, gelben Wänden und einer ausführlichen Speisekarte. Es gibt Holzofenpizza, Focaccia, Pasta sowie viele interessante Hauptgerichte. Selbst an einem schlechten Tag ist das Tiramisù außergewöhnlich.

Hostaria Dino e Tony TRATTORIA €€

(Karte S. 104; ☎06 3973 3284; Via Leone IV; Mahlzeiten 30–35 €; ⏲Mo–Sa) Eigentlich eine Seltenheit, aber Dino e Tony ist eine authentische Trattoria in der Vatikan-Gegend. Die Antipasti sind gigantisch und eigentlich ein kleines Hauptgericht. Danach geht es mit der Hausspezialität weiter: *rigatoni all'amatriciana*. Zum Finale empfiehlt sich *granita di caffè*, ein Eiskaffee mit einer großen Portion Sahne; keine Kreditkarten.

Cacio e Pepe TRATTORIA €

(☎06 321 72 68; Via Avezzana 11; Mahlzeiten 25 €; ⏲Sa abends & So geschl.) Nördlich der Metrostation Lepanto ist diese bescheidene Trattoria so authentisch, wie sie nur sein kann. Die Einheimischen kommen in Scharen in das briefmarkengroße Lokal oder setzen sich an die Tische mit ihren karierten Tischdecken , die sich über den Bürgersteig vor dem Lokal verteilen. Auf den Teller kommt einfache Hausmannskost, wie zum Beispiel *cacio e pepe* – frische *bucatini* mit Pecorino und Pfeffer bestreut. Danach empfiehlt sich *pollo alla cacciatora* (Huhn nach Jägerart).

Settembrini Café MODERN ITALIENISCH €

(Via Settembrini 25; Mahlzeiten 15 €) Auch die Manager der nahe gelegenen Büros des TV-Senders RAI bevölkern gerne das trendige Café in der Nähe der Piazza Mazzini. Mit seinen leckeren Bar-Snacks und der frischen Pasta macht der Laden ein Bombengeschäft. Nebenan befindet sich das **Restaurant** (☎06 323 26 17; Via Settembrini 25; Mahlzeiten 60 €; ⏲Sa mittags & So geschl.). Es wird von den einheimischen Gourmets wegen seiner modernen Küche und der untadeligen Weinkarte in höchsten Tönen gelobt. Die Einrichtung ist sachlich-modern, mit den vielen Details aber doch behaglich.

Osteria dell'Angelo TRATTORIA €€

(Karte S. 104; ☎06 372 94 70; Via Bettolo 24; Menüs 25 & 30 €; ⏲Mo & Sa mittags, So ganztags geschl.) Der ehemalige Rugby-Spieler Angelo leitet diese enorm beliebte Nachbarschaftstrattoria. Die Menüs beinhalten gemischte Antipasti, herzhafte Pasta und eine Auswahl an Hauptgerichten mit Beilage. Zum Abschluss gibt es leicht gewürztes Gebäck zum Eintauchen in den Dessertwein. Reservierungen sind ein Muss.

Dal Toscano TOSKANISCH €€

(Karte S. 104; ☎06 3972 5717; www.ristorantedaltoscano.it; Via Germanico 58–60; Mahlzeiten 40 €; ⏲Di–So) Fleischliebhaber werden das Dal Toscano vergöttern, weil das altmodische Ristorante erstklassige toskanische Küche mit einem Schwerpunkt auf Fleisch anbietet. Als Vorspeise ist der handgeschnittene toskanische Schinken ein Tipp, gefolgt von einem riesigen gegrillten *bistecca alla fiorentina* (T-Bone-Steak); unbedingt vorher reservieren.

Ristorante l'Arcangelo MODERN ITALIENISCH €€
(Karte S. 104; ☎06 321 09 92; Via Belli 59–61; Mahlzeiten 60 €; ⊙Sa & So mittags geschl.) Politiker und Lokalgrößen speisen gerne in diesem gehobenen Restaurant, das sowohl römische Traditionsgerichte als auch innovativere Kreationen serviert. Zwei Tipps: Kutteln mit Minze und Pecorino oder würzige Taube mit Apfel und Senf.

Pizzeria Amalfi PIZZERIA €
(Karte S. 104; ☎06 3973 3165; Via dei Gracchi 12; Pizzas ab 6 €) Während die römischen Pizzas dünn und knusprig sind, mögen die Neapolitaner lieber dicke Böden mit mehr Teig. Und genau diese Pizzas bekommt man in der gut besuchten neapolitanischen Pizzeria, wenige Schritte von der Hauptstraße zwischen der Metrostation Ottavian und dem Petersdom entfernt.

Dolce Maniera BÄCKEREI €
(Karte S. 104; Via Barletta 27; ⊙0–24 Uhr) Die Bäckerei bedient die Anwohner dieses Viertels rund um die Uhr mit Frühstück. Lecker sind die günstigen *cornetti* (Croissants), Pizzastücke, *panini* sowie die Süßwaren.

VILLA BORGHESE & NÖRDLICHES ROM

Bar Pompi KUCHEN & GEBÄCK €
(Via Cassia 8; Tiramisù 3 €; ⊙Di–So) Direkt hinter dem Piazzale Ponte Milvio am nördlichen Ufer des Tibers ist diese Bar zu Recht berühmt für ihr fantastisches Tiramisù. Angeboten werden vier Varianten: klassisch, mit Erdbeeren, Pistazien sowie Bananen und Nutella. Nach einer intensiven Recherche ist das Pistazien-Tiramisù der Favorit.

SELBSTVERSORGER

Für frisches Obst und Gemüse gibt es viele Märkte, die von Montag bis Samstag von 7.30 bis 13 Uhr geöffnet sind:

Campo de' Fiori (Karte S. 74) Im Centro Storico.

Piazza San Cosimato (Karte S. 100) In Trastevere.

Piazza Testaccio (Karte S. 96) In Testaccio.

Piazza Vittorio Emanuele II In der Nähe der Stazione Termini.

Via del Lavatore (Karte S. 84) In der Nähe des Trevi-Brunnens.

Man kann sich natürlich auch überall in der Stadt in den Supermärkten versorgen:

Conad (Karte S. 88; Stazione Termini) Im Bahnhof.

DeSpar Via Nazionale (Karte S. 84; Via Nazionale 212–213); Via Giustiniani (Karte S. 74; Via Giustiniani 18b–21) In der Nähe des Palazzo Barberini bzw. des Pantheons.

Di per Di (Karte S. 82; Via Vittoria) In der Nähe der Spanischen Treppe.

Sir (Karte S. 88; Piazza dell'Indipendenza 28) In der Nähe des Museo Nazionale Romano: Palazzo Massimo alle Terme.

Todis (Karte S. 100; Via Natale del Grande 24) In der Nähe der Basilica di Santa Maria Trastevere.

Ausgehen

Bars und Cafés gehören einfach zum römischen Alltag. Die meisten Römer frühstücken im Café (einen Schluck Cappuccino und süßes Gebäck) und kommen mindestens einmal am Nachmittag zurück für einen Espresso. Getränke außer Kaffee gibt es in den traditionellen *enoteche*, einigen Pubs – angesagt, da neumodisch –, coolen Designerbars und ein paar alternativen Kneipen. Ein ganz neuer Trend in Rom sind die Mikrobrauereien – Kleinbrauereien, deren Biersorten in Italien immer beliebter werden.

Am meisten los ist im Centro Storico. Campo de' Fiori ist bei den jüngeren Leuten populär und auch ganz lustig, obwohl es für die gepflegtere Gesellschaft etwas zu halbstark sein kann. Eleganter geht es in den Bars in den Gassen um die Piazza Navona zu. Trastevere ist ebenfalls ein Viertel voller Bars, wo Einheimische und Touristen Seite an Seite sitzen. San Lorenzo ist das Studentenviertel und daher ebenfalls gut für eine Kneipentour. Die Bars und Clubs dort sind überfüllt, schmuddelig und ein wenig verrückter als im Zentrum, aber die Drinks sind billiger. Pigneto ist ein weiteres In-Viertel mit bohemienhaftem Nachtleben, in dem man in einer Sommernacht schön von Bar zu Bar ziehen kann.

In letzter Zeit wurde härter durchgegriffen, wenn alkoholische Getränke aus den Bars mit hinaus auf die Straße genommen wurden, und nun ist es im Stadtzentrum wieder etwas ruhiger geworden.

ANTIKES ROM

Cavour 313 WEINBAR €
(Karte S. 62; ☎06 678 54 96; www.cavour313.it; Via Cavour 313; Gerichte 7–14 €; ⊙10–15.30 & 19–24 Uhr, Aug. geschl.) Die holzgetäfelte, intime

Weinbar in der Nähe von Kolosseum und Forum zieht Künstler, Politiker und Touristen gleichermaßen an. In Pub-ähnlicher Gemütlichkeit lassen sich dort sensationelle Weine (über 1200 Sorten) mit Aufschnitt, Käse oder Tagesgerichten genießen.

Caffè Capitolino CAFÉ

(Karte S. 62; Kapitolinische Museen, Piazzale Caffarelli 4; ⌚Di–So) Hinter den Kapitolinischen Museen versteckt, bietet dieses elegante Dachterrassencafé bei einer kleinen Museumspause eine herrliche Aussicht. Neben Getränken gibt es *panini*, Salate und Pizza. Durch den Eingang rechts des Palazzo dei Conservatori gelangen Besucher auch ohne Museumseintritt direkt ins Café.

0,75 BAR

(Karte S. 62; www.075roma.com; Via dei Cerchi 65; ⌚11–2 Uhr) Die schräge Bar am Circo Massimi ist gut für einen Drink, einen Brunch am Wochenende (11–15 Uhr), einen *aperitivo* oder ein leichtes Mittagessen in freundlich-entspannter Atmosphäre. Im kühlen Dekor der Backsteinwände werden eine umfangreiche Weinliste, sanfte Musik und kostenloses WLAN angeboten.

CENTRO STORICO

Caffè Sant'Eustachio CAFÉ

(Karte S. 74; Piazza Sant'Eustachio 82; ⌚So–Do 8.30–1, Fr 8.30–1.30, Sa 8.30–2 Uhr) Ein kleines, äußerst beliebtes Stehcafé mit dem bestem Kaffee von Rom. Der berühmte *gran caffè* entsteht durch Aufschäumen der ersten Tropfen Espresso mit mehreren Löffelchen Zucker. Dieser schaumigen Creme wird dann der restliche Kaffee hinzugefügt. Schmeckt umwerfend cremig und gibt Kraft für weitere Besichtigungen. Auf Wunsch wird er auch *amaro* (bitter) oder *poco zucchero* (mit wenig Zucker) zubereitet.

Etablì BAR

(Karte S. 74; ☎06 9761 6694; www.etabli.it; Vicolo delle Vacche 9a; ⌚Di–So Bar 18–2 Uhr, Restaurant 19.30–24 Uhr) Eine Kaffeebar mit Restaurant in rustikalem Chic. Römerinnen trinken hier gerne ihren Kaffee oder aperitivo und lesen Zeitung oder benutzen das WLAN. Die Atmosphäre ist entspannt bei einem bunt gemischten Soundtrack und französisch-ländlichem Dekor. Das Essen im Restaurant kostet etwa 35 €.

Open Baladin BAR

(Karte S. 74; www.openbaladin.com; Via degli Specchi 6; ⌚12.30–2 Uhr) Open Baladin, eine Designer-Bierbar beim Campo de' Fiori, ist führend im neuen Trend der Wiederentdeckung des Bieres. In elegantem Ambiente werden über 40 offene Biersorten und bis zu 100 Arten Flaschenbiere angeboten, die meisten von kleinen italienischen Privatbrauereien. Die Speisekarte offeriert *panini*, Hamburger und Tagesgerichte.

Salotto 42 BAR

(Karte S. 74; www.salotto42.it; Piazza di Pietra 42; ⌚Di–Sa 10–2, So & Mo 10–24 Uhr) Eine hippe, glamouröse Bar an einer malerischen Piazza mit Blick auf die Säulen des Hadriantempels. Von einem italienisch-schwedischen Paar geführt, bietet das Soloto 24 tiefe Sessel, schicke Sofas und tonnenschwere Design-Bildbände. Zum *aperitivo* gibt es einen leckeren Brotaufstrich und am Sonntag kann man für 15 € brunchen.

Barnum Cafe CAFÉ

(Karte S. 74; www.barnumcafe.com; Via del Pellegrino 87; ⌚9.30–24 Uhr) In dem gemütlichen Café mit weiß getünchten Ziegelwänden kann man bei einem frisch gepressten Orangensaft (3 €) ein Stündchen Zeitung lesen und sich in einem der altmodischen Sessel entspannen. Es werden leichte Gerichte serviert, und die Stunde des *aperitivo* beginnt um 19.30 Uhr.

Chiostro del Bramante Caffè CAFÉ

(Karte S. 74; www.chiostrodelbramante.it; Via della Pace; ⌚10–23 Uhr) Ein absoluter Geheimtipp: nur wenige Schritte von der Piazza Navona entfernt, werden im beschaulichen Renaissance-Glanz von Bramantes Kloster Getränke und kleine Mahlzeiten (Lunch 10 €) geboten, dazu WLAN kostenlos und ab 19 Uhr *aperitivo*.

Caffè Tazza d'Oro CAFÉ

(Karte S. 74; Via degli Orfani 84; ⌚Mo–Sa) Ein kleines Stehcafé mit glänzenden Apparaturen und umwerfend gutem Kaffee. Der Espresso ist eine Offenbarung, ebenso wie die leckeren Kaffeespezialitäten *granita di caffè* und *parfait di caffè* oder das Kaffee-Mousse für 3 €.

Circus BAR

(Karte S. 74; Via della Vetrina 15; ⌚Di–So 10–2 Uhr) Die nette kleine Café-Bar liegt um die Ecke von der Piazza Navona. Hier lässt es sich gut aushalten, mit DJs an Freitagen, Kunstausstellungen, kostenlosem WLAN und einer Menge Bücher zum Durchstöbern.

Femme BAR

(Karte S. 74; Via del Pellegrino 14; ⏲Di–So 18–2 Uhr) Das Ambiente ist wie in einem Werbespot für Calvin Klein: funky Musik, modernistischer Look und übercoole Schöne, wohin man auch blickt. Das Hauptgeschäft sind die leckeren Cocktails und bei dem superben *aperitivo* könnte man fast seine Coolness verlieren.

Caffè Farnese CAFÉ

(Karte S. 74; Via dei Baullari 106) Goethe hatte eindeutig recht, als er die Piazza Farnese einen der schönsten Plätze der Welt nannte. Von diesem unscheinbaren Café aus kann man sich sein eigenes Urteil bilden. Es ist ideal platziert, zwischen dem Campo de' Fiori und der Piazza Farnese, für einen gemütliche, frisch gebrauten Kaffee am frühen Nachmittag. Der *caffè alla casa* (Hauskaffee) ist hier der Geheimtipp.

Il Goccetto WEINBAR

(Karte S. 74; Via dei Banchi Vecchi 14; ⏲Mo–Sa 11.30–14 & 18.30–24 Uhr) Das alteingeführte *vino e olio*-Geschäft bedient meist Stammgäste, die sich neben den offenen Weinen auch köstliche Snacks (Käseauswahl, Salamis, *crostini* und mehr) zum Nachbarschaftsklatsch schmecken lassen.

Bar della Pace CAFÉ

(Karte S. 74; Via della Pace 5; ⏲Di–So 9–3, Mo 16–3 Uhr) Das *dolce vita*-Café per se: innen ausgestattet mit einem Mischmasch vergoldeter Barocktischchen, während sich draußen vor der Efeuwand die Touristen mit ihren Camparis räkeln. Ideal zum Leute-Beobachten.

Vineria Reggio WEINBAR

(Karte S. 74; Campo de' Fiori 15; ⏲8.30–2.30 Uhr) Eine der nettesten Bars bzw. Cafés am Campo de' Fiori, innen gemütlich mit Wandregalen voller Flaschen, und draußen mit kleinen Tischchen. Ab Mittag ist es gut besucht von Touristen und *fighi* (coolen) Römern. Offene Weine ab 4 €.

TRIDENTE, TREVI & QUIRINAL

LP TIPP **Salotto** BAR

(Karte S. 82; Via della Penna 22; ⏲12–3 Uhr) Schwester-Bar des Salotto 42 in der Stadt und der nur im Sommer geöffneten in Gianicolo, die ebenfalls modische und stilbewusste Römer anzieht. Als Teil des Jugendstil-Hotels Locarno strahlt die Bar eine liebenswürdige Agatha Christie-Atmosphäre aus, besonders die übergrünte Terrasse im Sommer. Cocktails kosten übertriebene 16 €, was wieder beweist, dass man für Schönheit leiden muss.

Stravinkskij Bar – Hotel de Russie BAR

(Karte S. 82; ☎06 328 88 70; Via del Babuino 9) Wer kann es sich schon leisten, in Picassos Lieblingshotel zu übernachten? Doch ein Drink an der netten Bar geht allemal. Sie befindet sich im Innenhof, umgeben von terrassenförmigen Gärten und bietet Tische mit bunten Sonnenschirmen – romantisch und *dolce vita* im besten Sinne des 19. Jhs.

L'Antica Enoteca WEINBAR

(Karte S. 82; ☎06 679 08 96; Via della Croce 76; Mahlzeiten 35 €; ⏲11–1 Uhr) Römer und Touristen lümmeln hier an der Holzbar aus dem 19. Jh. (oder schnappen sich einen Tisch vor der Tür oder im Hinterzimmer), um offene Weine zu probieren und sich mit Antipasti oder preisgünstiger, gut gemachter Hausmannskost wie Pasta oder Polenta zu sättigen.

Caffè Greco CAFÉ

(Karte S. 82; ☎06 679 17 00; Via dei Condotti 86; ⏲9–20 Uhr) Schon der englische Dichter Keats und Casanova haben dieses historische, mit Gold und Samt dekorierte Café besucht. 1760 eröffnet, wird es heute eher für seine Geschichte aufgesucht als für das, was es serviert. Die altertümliche Atmosphäre nimmt man am besten wie die Römer auf: bei einem Kaffee an der Bar.

TERMINI, ESQUILIN & SAN LORENZO

Ai Tre Scalini WEINBAR

(Karte S. 62; ☎06 4890 7495; Via Panisperna 251; ⏲12–13 & 18–1 Uhr) Die „Drei Stufen" sind immer so gut frequentiert (meist Römer, kaum Touristen), dass die Gäste bis auf die Straße hinausstehen. Neben guten Weinen gibt es hervorragendes Menabrea-Bier aus Norditalien. Dazu werden eine erfreuliche Vielzahl an Käsen und Salami serviert sowie komplette Gerichte wie *porchetta di Ariccia con patate al forno* (Ariccia-Schweinebraten mit Ofenkartoffeln).

Solea Club BAR

(Karte S. 88; ☎328 9252925; Via dei Latini 51; ⏲21–2 Uhr) Die vielen alten Sofas, Sessel, und Kissen am Boden vermitteln den Eindruck einer dekadenten barocken Zeit. Hier hängen die Hipster aus San Lorenzo ab, machen es sich am Boden bequem und trinken Mojitos, die es in sich haben. Macht Spaß.

Bar Zest at the Radisson BAR

(Karte S. 88; ☎06 44 48 41; Via Filippo Turati 171; ⌚10.30–1 Uhr) Das Hotel Radisson ist nicht gerade zentral gelegen, aber die Bar im 6. Stock lohnt jederzeit einen Cocktail (13 €). Die Kellner sind liebenswert, die Sitze von Jasper Morrison, die Dachterrasse hat ein Schwimmbad und bietet eine fantastische Aussicht durch das Panzerglas.

Fiddler's Elbow PUB

(Karte S. 88; ☎06 487 21 10; Via dell'Olmata 43; ⌚17–2 Uhr) Nahe der Basilica di Santa Maria Maggiore befindet sich der Urahn der Irish Pubs in Rom und hält sich strikt an die Formel, die ihm in den letzten 25 Jahren so gut gedient hat: Guinness, Darts, Chips, Fußball und Rugby. Das zieht Römer, Expats und Touristen an.

CAELIUS & LATERAN

Il Pentagrappolo WEINBAR

(Karte S. 94; Via Celimontana 21b; ⌚Di–So 12–15 & 18–1 Uhr) Einige Straßen vom Kolosseum entfernt, werden in diesen attraktiven Kreuzgewölben 250 Weinsorten angeboten, 15 davon als offene Weine. Donnerstag- bis Samstagabend gibt es Live-Jazz oder Soul und täglich *aperitivo* (18–20.30 Uhr).

TRASTEVERE & GIANICOLO

LP TIPP Bar San Calisto BAR

(Karte S. 100; ☎06 589 56 78; Piazza San Calis-to 3–5; ⌚Mo–Sa 18–2 Uhr) Insider gehen in das heruntergekommene „Sanca" um die altmodische Atmosphäre und günstige Preise zu genießen (ein großes Bier kostet nur 1,50 €). Hierher kommen Drogenhändler, Intellektuelle und Pseudointellektuelle und stoßen auf waschechte Römer, Alkoholiker und amerikanische Studenten. Berühmt ist die Schokolade – im Winter heiß getrunken mit Schlagsahne, im Sommer als Eiscreme genossen. Probieren sollte man hier Sambuca con la Mosca („mit Fliege", also mit rohen Kaffeebohnen darin).

Ma Che Siete Venuti a Fà PUB

(Karte S. 100; Via Benedetta 25; ⌚15–2 Uhr) Der Name des Pubs, auch bekannt als der Fußball-Pub, bedeutet; „Warum seid Ihr hergekommen?" (ein Anfeuerungsruf beim Fußball). Die meisten Gäste kommen wohl wegen der Atmosphäre und der Biere. Das Lokal ist winzig, serviert aber eine riesige Anzahl an Bieren aus Privatbrauereien, darunter karamellisierte Köstlichkeiten wie Italiano Bibock (von Birrificio Italiano).

Freni e Frizioni BAR

(Karte S. 100; ☎06 5833 4210; Via del Politeama 4–6; ⌚18.30–2 Uhr) Die beliebteste Bar unter den jungen Typen in Trastevere war früher mal eine Autowerkstatt, daher der Name („Bremsen und Kupplungen"). Die Kunstszene versammelt sich hier und auf der Piazza draußen, um preiswerte Drinks (besonders Mojitos) und den anständigen *aperitivo* zu genießen.

Ombre Rosse BAR

(Karte S. 100; ☎06 588 41 55; Piazza Sant'Egidio 12; ⌚Mo–Sa 8–2, So 11–2 Uhr) Noch ein cooler Laden in Trastevere, auf dessen Terrasse es sich gut aushalten lässt. Die kosmopolitische Klientel reicht vom in die Jahre gekommenen Kleinganoven bis zum schicken Sohn reicher Eltern. Die Musik ist einschmeichelnd, und von Oktober bis Mai gibt es Donnerstag- und Sonntagabend Livemusik (Jazz, Blues, Weltmusik), von Oktober bis Mai auch sonntagmittags.

VATIKANSTADT, BORGO & PRATI

Art Studio Café CAFÉ

(Karte S. 104; www.artstudiocafe.it; Via dei Gracchi 187a) Café, Ausstellungsraum und Handwerksschule in einem ist dieser helle, freundliche Ort, an dem die populärsten aperitivi Prati serviert werden. Auch ein leichtes Mittagessen schmeckt hier gut (z. B. Hühnchen-Couscous oder frischer Salat) oder Tee am Nachmittag.

Passaguai WEINBAR

(Karte S. 104; www.passaguai.it; Via Leto 1; ⌚Mo–Sa 10–2 Uhr) Der angenehm ruhige Weinkeller hat auch ein paar Tischchen im Freien. Neben einer gut sortierten Weinliste gibt es Biere aus kleinen Privatbrauereien und das Essen – Kleinigkeiten wie Käse und Aufschnitt – schmeckt auch lecker. WLAN-Benutzung ist kostenlos.

☆ Unterhaltung

Schon allein im Straßencafé zu sitzen und dem Treiben der Menschen zuzusehen, bietet Unterhaltung genug. Doch es existiert auch eine solide Kulturszene in Rom, besonders im Sommer, wenn das Festival Estate Romana (Römischer Sommer) Hunderte von Events für Theater, Kino, Oper und die Musikszene sponsert. Viele Aufführungen finden in Parks, Gärten und den Innenhöfen von Kirchen statt, vor dem Hintergrund klassischer Ruinen und Renaissance-Villen.

Auch der Herbst ist gefüllt mit Kulturevents in Form von spezifischen Festivals für Tanz, Drama und Jazz.

Romac'è (www.romace.it, auf Italienisch; 1 €) ist Roms umfangreichstes Veranstaltungsmagazin. Es erscheint mittwochs und enthält einen englischen Teil. Ähnlich informativ ist *Trova Roma*, eine Beilage in der Donnerstag-Ausgabe der *La Repubblica*. Das englischsprachige Magazin **Wanted in Rome** (www.wantedinrome.com; 1 €) informiert ebenfalls über Festivals, Ausstellungen, Tanzveranstaltungen, klassische Konzerte, Opern und neue Kinofilme. Es erscheint jeden zweiten Mittwoch. Nützliche Websites sind außerdem www.romaturismo.it und www.comune.roma.it.

Klassische Musik

Bei so viel spektakulärer Kulisse eignet sich Rom hervorragend für klassische Konzerte. Kulturelles Zentrum der Stadt ist das Auditorium Parco della Musica, aber es gibt auch viele kostenlose Konzerte in Kirchen, besonders an Ostern und um die Weihnachtszeit sowie an Neujahr. Die Platzwahl ist frei und die Qualität der Aufführung meist exzellent. Die Aufführungen werden in Zeitungen und auf Plakaten angekündigt.

Auditorium Parco della Musica
KULTURZENTRUM

(Karte S. 58; ☎06 8024 1281; www.auditorium.com; Viale Pietro de Coubertin 30) Roms beste Adresse für Konzerte und eines der populärsten Kulturzentren Europas ist ein hochmoderner Komplex, der architektonische Neuerung mit perfekter Akustik verbindet. Von Renzo Piano entworfen, bietet das Auditorium drei Konzerthallen und eine Freiluftarena mit 3000 Sitzplätzen, in denen vom Klassikkonzert bis zur Tango-Ausstellung, Lesung und Filmvorführung alles geboten wird. Hier ist auch Roms Spitzenorchester, das Weltklasse-Orchestra dell' Accademia Nazionale di Santa Cecilia (www.santa cecilia.it) beheimatet. Das Auditorium ist mit der Tram 2 vom Piazzale Flaminio oder mit Bus M ab Stazione Termini erreichbar. Der Bus fährt alle 15 Min. zwischen 17 Uhr und Veranstaltungsschluss.

Teatro Olimpico
THEATER

(Karte S. 58; ☎06 326 59 91; www.teatroolimpi co.it, auf Italienisch; Piazza Gentile da Fabriano 17) Hier residiert die Accademia Filarmonica Romana (www.filarmonicaromana.org, auf Italienisch), eine der wichtigsten Organisationen für klassische Musik in Rom. Im Programm ist alles enthalten, von klassischen Soloauftritten über Oper und Multimedia-Events bis hin zu Ballettaufführungen.

Oper

Roms Opernsaison spielt sich von Dezember bis Juni in Opern- und Konzerthallen ab und begibt sich im Sommer vor die traumhafte Kulisse der Terme di Caracalla.

Teatro dell'Opera di Roma
OPER

(Karte S. 88; ☎06 4807 8400; www.operaroma.it; Piazza Beniamino Gigli; ⏲Theaterkasse Mo–Sa 9–17, So 9–13.30 Uhr) Bei der funktionellen Fassade aus der Faschistenzeit sind die Innenräume von Roms größtem Opernhaus – ganz in rotem Plüsch und vergoldet – eine absolute Überraschung. Das Theater hat eine eindrucksvolle Geschichte: Hier war die Premiere von Puccinis *Tosca*, und auch Maria Callas hat hier gesungen. Ursprünglich 1880 erbaut, wurde es in den 1920er-Jahren nach dem Geschmack der Faschisten renoviert. Zeitgenössische Produktionen werden nicht immer der Großartigkeit der Räumlichkeiten gerecht, aber manchmal doch. Karten für Ballettaufführungen kosten zwischen 12 und 80 €; für die Oper muss man zwischen 23 und 150 € aufbringern.

Nachtclubs

Rom ist kein Eldorado des Nachtlebens, doch wer sich umtut, kann trotzdem viel Spaß haben. Das echte Nachtleben fängt spät an und geht bis in die frühen Morgenstunden. Am besten endet es mit Cappuccino und *cornetto* in einem der vielen Früh-Cafés. Konzerte sind meist für 22 Uhr angekündigt, aber vor 23 Uhr passiert dann doch nicht so viel. In den meisten Nachtclubs geht es erst weit nach 1 Uhr so richtig ab.

In einige der populären Clubs kommt man kaum hinein: Männer werden oft abgewiesen. Die Drinks sind meist teuer, ohne besonders gut zu sein. Ob Mojito oder Bier, 10 € kosten sie mindestens, aber vielerorts werden auch 15 € fällig. Ostiense, das nachindustrielle Viertel südlich von Piramide, ist das Ziel ernsthafter Clubbesucher. Eine eklektische Ansammlung von Veranstaltungs-Lagerhallen sorgt für Klänge von Tango bis Elektrobeat.

Reizvoll ist es um Mitternacht in Testaccio: Wer jetzt die Via Galvani hinuntergeht, findet mehr Clubs, als er besuchen kann, einige, in denen viel getrunken wird, sind allerdings nur laut. Die Gegend ist recht

SOMMERNÄCHTE IN ROM

Von Mitte Juni bis Mitte September schließen die meisten Clubs und Musikhäuser der Stadt, wobei einige nur nach Fregene oder Ostia an den Strand umziehen. Die Estate Romana bietet aber jeden Abend genügend Unterhaltung. Es ist eine riesige Veranstaltung mit Konzerten, Ausstellungen, Theatervorführungen, Open-Air-Kinoveranstaltungen und temporären Märkten und Bars. Das **Lungo il Tevere Festival** (www.lungoiltevereroma.com) gehört ebenfalls dazu, mit Events und Buden um die Isola Tiberina. Weitere Infos sind erhältlich unter www.estateromana.comune.roma.it. Regelmäßig stattfindende Events sind **Fiesta Club** (www.fiesta.it), ein lateinamerikanisches Tanzfest auf einem 7000 m² großen Gelände nahe der Via Appia Nuova hinter Cinecittà, sowie das **Villa Celimontana Jazz Festival** (www.villacelimontanajazz.com), mit Jazz und Blues unter den Sternen auf dem Caelius.

lebhaft mit einigen hippen Clubs, in denen Avantgarde-Musik spielt.

Circolo degli Artisti LIVEMUSIK

(☎06 7030 5684; www.circoloartisti.it; Via Casilina Vecchia 42; ⏲Di–Do 19–2, Fr–So 19–4.30) Der Circolo ist *die* Adresse für alternative Musik-Gigs. Freitagabend ist gay night – Omogenic – mit Electronica und House, und samstags wird Screamadelica (Punk-Funk, Ska und New Wave) geboten, meist mit Livebands. Eine coole Bar serviert Drinks im Garten, und der Eintritt ist frei oder sehr günstig.

Goa NACHTCLUB

(☎06 574 82 77; Via Libetta 13; ⏲Okt.–Mai Di–So 23–4.30 Uhr) Goa ist Roms echter Superclub, mit internationalen Namen (vor kurzem 2ManyDJs), einer Klientel in Fashion-Forward Designs, Podiumtänzern und Rausschmeißer an der Tür. Donnerstag ist die beste Nacht dort, wenn der italienische Spitzen-DJ Claudio Coccoluto die besten DJs für elektronische Musik aus Europa präsentiert. Venus Rising (www.venusrising.it) kommt am letzten Sonntag im Monat ins Goa.

Micca Club LIVEMUSIK

(☎06 8744 0079; www.miccaclub.com; Via Pietra Micca 7a; ⏲Sept.–April Mo, Di & Do 22–2, Fr & Sa 22–4, So 18–1 Uhr, Mai nur Fr & Sa) Im eklektischen Micca erfüllen Pop-Art und grellbunte Beleuchtung die alten Gewölbekeller. Auf dem Programm stehen Burleske und der Torture Garden Rome mit Glam-Rock und Swing, dazu jede Menge Live-Gigs. Eintritt wird am Wochenende verlangt und wenn Gigs stattfinden. Bei Online-Registrierung gibt es Preisnachlässe.

Villaggio Globale LIVEMUSIK

(Karte S. 96; www.ecn.org/villaggioglobale/joomla; Lungotevere Testaccio 1) Lagerhallen-Party-Vibe strahlt Roms bekanntestes *centro sociale* (Gemeindezentrum) aus, das im Graffitiübersäten ehemaligen Schlachthof untergebracht ist. Der Eintritt kostet etwa 5 €, Bier ist billig und die Musik spielt Dancehall, Reggae, Dubstep und Drum 'n' Bass.

Alexanderplatz LIVEMUSIK

(Karte S. 104; ☎06 3974 2171; www.alexander platz.it; Via Ostia 9; ⏲Sept.–Juni 19–2 Uhr) Roms Top-Jazz-Joint zieht internationale Interpreten und ein leidenschaftlich interessiertes Publikum an. Wer essen will, muss den Tisch im Voraus buchen, die Musik beginnt gegen 22 Uhr. Im Juli und August bricht der Club die Zelte ab und zieht auf das Gelände der Villa Celimontana.

Conte Staccio NACHTCLUB

(Karte S. 96; www.myspace.com\contestaccio; Via di Monte Testaccio 65b; ⏲20–5 Uhr) Conte Staccio ist die populäre Anlaufstelle in der Club-Gegend von Testaccio, mit einer Terrasse im Freien und Gewölbe innen. DJs und Live-Gigs sind Standard. Der Eintritt ist unter der Woche meist frei, Cocktails kosten ca. 8 €.

Lettere Caffè LIVEMUSIK

(Karte S. 100; ☎06 9727 0991; www.letterecaffe.org; Via di San Francesco a Ripa 100–101; ⏲19–2 Uhr, Mitte Aug.–Mitte Sept. geschl.) Wer Bücher, Lyrik, Blues und Jazz liebt, ist hier richtig: ein Durcheinander von Barstühlen und Büchern, dazu regelmäßige Live-Gigs, Poetry Slams, Comedy und Gay-Nights, gefolgt von DJs, die Indie und New Wave spielen.

Locanda Atlantide NACHTCLUB

(Karte S. Ä90; ☎06 4470 4540; www.locandatlantide.it; Via dei Lucani 22b; ⏲Okt.–Juni meist 21–2 Uhr,) Durch die mit Graffiti bedeckte Tür in einer Nebengasse geht es hinunter in Roms Grunge-Szene, einem höhlenartigen, mit Retro-Junk gefüllten Keller. Zu erleben gibt es alternative Musik, experimentelles Theater und Performance Art. Gut zu wissen, dass Punk noch lebt.

Rialtosantambrogio KULTURZENTRUM
(Karte S. 74; ☎06 6813 3640; www.rialto.roma.it; Via di San'Ambrogio 4) Das uralte Gebäude um einen Innenhof mitten im Ghetto ist das *centro sociale* von Roms Stadtzentrum. Es hat das Flair einer Kunstakademie, doch sein Avantgardeprogramm steht allen offen, mit Gigs, den besten Clubnächten von Roms Mitte, Ausstellungen und Programmkino.

Big Mama LIVEMUSIK
(Karte S. 100; ☎06 581 25 51; www.bigmama.it; Vicolo di San Francesco a Ripa 18; Jahresmitgliedschaft 14 €; ⌚Do–Sa 21–1.30 Uhr, Show 22.30 Uhr, Juni–Sept. geschl.) Blues in der Ewigen Stadt, da gibt es nur eine Adresse: diesen überfüllten Keller in Trastevere, in dem auch Jazz, Funk, Soul und R&B gespielt wird.

AKAB NACHTCLUB
(Karte S. 96; www.akabcave.com; Via di Monte Testaccio 68–69) Eine chaotische ehemalige Werkstatt mit Keller, Obergeschoss, einem Garten und seltsamen Regeln, was den Eintritt betrifft. Dienstags geht Electronica L'Etrika ab, donnerstags Hip-Hop und R&B, am Freitag treten Livebands (meist Cover) aus der Gegend auf und samstags gibt es R&B und House. Der Eintritt kostet 15 € und schließt ein Getränk mit ein.

Dimmidisí NACHTCLUB
(Karte S. 88; ☎06 446 18 55; www.dimmidisiroma.it; Via dei Volsci 126b) Dieser intime, kleine Club in einem weiß gestrichenen Loft hat sich moderner Musik wie Jazz, Soul, Dub, Electronica und Breakbeat verschrieben. Es sind immer DJs da, und gute Live-Bands sind zu sehen.

Rising Love NACHTCLUB
(☎06 8952 0643; www.risinglove.it; Via delle Conce 14; ⌚Okt.–Mai Di–So 23–4 Uhr) Electro, Techno, Funky Groove und Underground herrschen vor in dieser künstlerischen Kulturvereinigung im weiß gestrichenen Industrie-Look. Gast-DJs und Talente vor Ort bringen das Publikum zum Rocken; es gibt regelmäßig Special Nights.

Qube NACHTCLUB
(☎06 438 54 45; www.qubedisco.com; Via di Portonaccio 212; ⌚Okt.–Mai Do–Sa 22.30–5.30 Uhr) In Roms östlichen Vororten bietet die größte Disko der Stadt donnerstags Radio-Rock-Night sowie freitags die fantastische Gay-Night Muccassassina (www.muccassina.com), die ein gemischtes Publikum anzieht. Samstag ist Obstparty, normalerweise mit internationalen Gast-DJs.

Alpheus NACHTCLUB
(☎06 574 78 26; www.alpheus.it, auf Italienisch; Via del Commercio 36; ⌚Okt.–Mai Di–So) Vier Räume mit einer eklektischen Sammlung an Musikstilen wie argentinischer Tango (mit Unterricht), Hard Rock und House und vielen Live-Gigs. Samstags ist die populäre Gay-Night mit vielen Go-Go-Tänzern und Gast-DJs.

La Maison NACHTCLUB
(Karte S. 74; www.lamaisonroma.it; Vicolo dei Granari 3) Roms Glamour-Crowd produziert sich hier und flirtet bei poppiger Musik und kommerziellem House. La Maison ist kommerziell, Mainstream und exklusiv und doch wieder netter, als man denkt, aber nur für die, die es am Türsteher vorbeischaffen.

Kinos

Von den rund 80 Kinos in Rom zeigen die wenigsten Filme in ausländischer Sprache (mit VO oder *versione originale* markiert). Der Eintritt kostet etwa 8 €, und Mittwoch ist Kinotag.

Warner Village Moderno KINO
(Karte S. 88; ☎892 111; Piazza della Repubblica 45) In diesem Multiplex-Kino für Hollywood-Blockbuster (auf Englisch und Italienisch) finden oft Filmpremieren statt, auch für große italienische Filme.

Sport

Sich ein Fußballspiel im eindrucksvollen **Stadio Olimpico** (Karte S. 58; Foro Italico, Viale dei Gladiatori 2) mit seinen 70 000 Plätzen anzusehen, ist unvergesslich. Während der Saison (September bis Mai) findet fast jeden Sonntag ein Spiel mit einem der beiden Clubs der Stadt statt: AS Roma, bekannt als *giallorossi* (die Gelbroten; www.asroma.it,), oder Lazio, die *biancazzuri* (die Weißblauen; www.sslazio.it, auf Italienisch). Tickets kosten ab 10 € und können bei Lottomatica (Lotterieverkauf), im Stadion, bei Vorverkaufsstellen, unter www.listicket.it oder in einem der vielen Geschäfte von Roma oder Lazio in der Stadt erstanden werden; z. B. bei **AS Roma Store** (Karte S. 74; Piazza Colonna 360) oder **Lazio Point** (Karte S. 88; Via Farini 34).

Zuschauer erreichen das Stadion mit Metrolinie A bis Ottaviano und dann weiter mit Bus 32.

Shoppen

In Tridente (Karte S. 82) finden sich sämtliche große Designer: Prada, Gucci, Salvatore Ferragamo, Dolce & Gabbana, Missoni, Moschino, Valentino, Emporio Armani und Versace – sie alle sind vertreten in den eleganten Geschäften entlang der Straßen südlich der Piazza di Spagna und häufen sich, rechts und links der schön gestalteten Via Condotti.

Edelgeschäfte und kleinere Designer-Boutiquen locken entlang der wunderschönen Via del Governo Vecchio (Karte S. 74). Antiquitäten und ungewöhnliche Geschenke findet man in der Via dei Coronari (Karte S. 74) und der Via dei Banchi Vecchi (Karte S. 74). Entlang der Via Margutta (Karte S. 82) reihen sich die teuren Kunstgalerien und Antiquitätenhändler.

Während der *saldi* (Schlussverkäufe) sind die Waren meist deutlich reduziert, und es lassen sich oft günstige Schnäppchen machen, obwohl man dafür gut verhandeln können muss. Winterschlussverkäufe finden von Januar bis Mitte Februar statt und Sommerschlussverkäufe von Juli bis in den frühen September.

Armando Rioda KUNSTHANDWERK

(Karte S. 82; Via Belsiana 90) Wer sich in die schönen Accessoires der Via Condotti verliebt hat, sie sich aber nicht leisten kann, sollte die ausgetretenen Stufen emporsteigen und sich in dieser Werkstatt aus einem Stapel der weichsten Leder das gewünschte Material aussuchen. In kürzester Zeit stellt Armando Rioda handgearbeitete Designer-Handtaschen, Brieftaschen, Gürtel oder Aktenkoffer her. Eine Handtasche kostet zwischen 200 und 250 €.

Confetteria Moriondo & Gariglio SÜSSIGKEITEN & GEBÄCK

(Karte S. 74; Via del Piè di Marmo 21-22) Der römische Dichter Trilussa widmete diesem Laden mehrere Sonette. Dies ist kein gewöhnliches Süßwarengeschäft, sondern ein Tempel geheiligter Bonbons. Reihenweise liegen handgemachte Schokoladen und Süßigkeiten (über 80 Sorten, viele nach historischem Rezept) feierlich in altmodischen Glasvitrinen bereit.

Bottega di Marmoraro KUNSTHANDWERK

(Karte S. 82; Via Margutta 53b) Ein ganz besonders charismatischer, kleiner Laden mit Marmorschnitzereien an den Wänden, in dem man jede beliebige Inschrift auf Marmorplatten gravieren lassen kann (15 €). Um die Mittagszeit kocht sich der *marmoraro* (Marmorschnitzer) hin und wieder einen Topf Kutteln über dem offenen Holzfeuer.

Sermoneta ACCESSOIRES

(Karte S. 82; ☎06 679 19 60; Piazza di Spagna 61; ⏰Mo–Sa 9.30–20, So 10.30–19 Uhr) In Rom Lederhandschuhe zu kaufen, gehört für manch einen zu den wichtigen Ritualen im Leben, und Sermoneta ist das Geschäft dafür. Roms berühmtestes Handschuhgeschäft bietet ein wahres Kaleidoskop an erstklassigen Wildleder- und Lederhandschuhen ab 29 €. Geschultes Personal erfasst die Handform des Kunden mit einem Blick – und bedient meist ohne ein Lächeln.

Luna & L'Altra MODE

(Karte S. 74; Piazza Pasquino 76) Der beeindruckende, galerieartige Laden –, eine der vielen unabhängigen Modeboutiquen um die Via del Governo Vecchio-, vertreibt Kleidung und Accessoires der Hip-Designer Issey Miyake, Dries Van Noten, Rick Owen und Yohji Yamamoto.

Danielle SCHUHE

(Karte S. 82; ☎06 6792467; Via Frattina 85a) Welche Frau braucht denn keine italienischen Schuhe? Hierher zu kommen ist ein Muss, sowohl für klassische als auch für modische Schuhe – ob Pfennigabsatz, Stiefel oder Ballerinas. Sie sind aus weichem Leder, in Hunderten von Farben und zu ganz vernünftigen Preisen erhältlich.

TAD KAUFHAUS

(Karte S. 82; ☎06 3269 5131; Via del Babuino 155a) TAD ist ein Konzeptkaufhaus, in dem ein kompletter Lifestyle verkauft wird. Man deckt sich hier mit Chloé oder Balenciaga ein, geht zum Friseur, ersteht Parfüm oder Blumen und stattet die Wohnung mit hölzernen Schlafsofas oder Perspex-Esszimmerstühlen aus. Ebenfalls verkauft werden die hippen Soundtracks, die dieses perfekte Leben untermalen. Das dezente italienisch-asiatische Café ist der ideale Lunch-Stopp.

Borsalino ACCESSOIRES

(Karte S. 82; ☎06 3265 0838; Piazza del Popolo 20; ⏰Mo–Sa 10–19.30, So 10.30–19.30 Uhr) Römer haben es heraus, wie man einen Knick im Hut anbringt. Borsalino ist *der* italienische Hutmacher und hat schon Al Capone, den japanischen Kaiser Hirohito und Humphrey Bogart beliefert. Zur Auswahl stehen Fedoras, Pork-Pie-Modelle, Glockenhüte aus Filz und geflochtene Strohkappen.

Mario Pelle KUNSTHANDWERK
(Karte S. 82; Via Vittoria 15; ⌚Mo–Fr) Wer an dieser bescheidenen Tür klingelt, steigt Treppenfluchten hinauf zu einem Leder verarbeitenden Familienbetrieb, der sich seit Jahrzehnten nicht verändert zu haben scheint. Die ältlichen Handwerker fertigen Gürtel an (70–100 €), Uhrenarmbänder (40–90 €), Handtaschen, Bilderrahmen, Reisetaschen und ähnlich Elegantes. Man kann die Gürtelschnalle oder die Uhr mitbringen, für die das Lederband gefertigt werden soll.

Fausto Santini SCHUHE
(Karte S. 82; ☎06 678 41 14; Via Frattina 120; ⌚Mo 11–19.30, Di–Sa 10–19.30, So 11–14 & 15–19 Uhr) Markenkenner lieben den römischen Designer Fausto Santini für seine simplen, guten Schuhformen. Die Farben sind wunderschön und die Qualität einwandfrei. Günstige Angebote gibt es bei **Giacomo Santini** (Karte S. 88; Via Cavour 106), wo Ware aus früheren Kollektionen für bis zu 50% Preisnachlass zu haben sind. Beide Geschäfte bieten auch Handtaschen an.

Ibiz – Artigianato in Cuoio ACCESSOIRES
(Karte S. 74; Via dei Chiavari 39) In diesem winzigen Handwerksbetrieb stellen Elisa Nepi und ihr Vater exquisite Lederwaren wie Brieftaschen, Handtaschen, Gürtel und Sandalen her, in einfachen Designs, bunten Farben und zu erschwinglichen Preisen. Ein solches Designerstück gibt es schon ab 40 €.

Nardecchia KUNST
(Karte S. 74; Piazza Navona 25) Das traditionelle Geschäft an der Piazza Navona ist spezialisiert auf antike Drucke. Giovanni Battista Piranesis Radierungen mit Szenen aus dem Rom des 18. Jh. sind ebenso vertreten wie erschwinglichere Drucke aus dem 19. Jh. Ein kleiner, gerahmter Druck kostet etwa 120 €.

Feltrinelli BUCHHANDLUNG
(Karte S. 74; www.lafeltrinelli.it, auf Italienisch; Largo di Torre Argentina 11; ⌚Mo–Fr 9–20, Sa 9–22, So 10–21 Uhr) Italiens berühmtester Buchhändler (und Verleger) hat Läden in ganz Rom. Hier gibt es eine breite Auswahl an (italienischen) Büchern über Kunst, Fotografie, Film und Geschichte sowie ein gutes Angebot an italienischer Literatur und Reiseführern in mehreren Sprachen, darunter auch Englisch. Daneben sind CDs, DVDs und Schreibwaren zu haben.

Officina della Carta KUNSTHANDWERK
(Karte S. 100; ☎06 589 55 57; Via Benedetta 26b; ⌚Mo–Sa 10–13 & 15.30–19.30 Uhr) Dieser winzige Handwerksbetrieb stellt kunstvolle handbemalte Papierschachteln her sowie Fotoalben, Rezeptbücher, Notizbücher, Bilderrahmen, Tagebücher und hübsche Marionettentheater.

Ai Monasteri KOSMETIK
(Karte S. 74; www.monasteri.it; Corso del Rinascimento 72) Der Laden sieht aus wie eine Apotheke und verkauft von Mönchen hergestellte Naturkosmetik, Bonbons, Honig, Eingemachtes und Weine. Im Angebot sind auch Salbeizahnpasta, Rosenshampoo, Kirschschnaps und ein mysteriöses Liebeselexir.

Vertecchi KUNST
(Karte S. 82; Via del Croce 70; ⌚Mo 3.30–19.30, Di–Sa 10–19.30 Uhr) Ideal für Last-Minute-Geschenke, bietet dieses große Geschäft für Papierbedarf und Kunst schön bedrucktes Papier sowie eine erstaunliche Auswahl an Notizbüchern und Kunstgewerblichem.

Officina Profumo Farmaceutica di Santa Maria Novella KOSMETIK
(Karte S. 74; Corso del Rinascimento 47) Schon 1221 wurde diese historische Parfümerie von den Dominikanern in Florenz gegründet und stellt seither ihre verführerischen Düfte und Pomaden her. Wie bei Ai Monasteri werden nur natürliche Parfüms, Kosmetika, Kräutertees und Potpourris vertrieben.

Furla ACCESSOIRES
(Karte S. 82; ☎06 6920 0363; Piazza di Spagna 22) Furla ist eine beliebte Ladenkette, die günstige, aber qualitativ gute Hand- und Brieftaschen, Schirme und Gürtel in knallbunten Farben vertreibt. Die Läden sind über die ganze Stadt verteilt.

Porta Portese Flohmarkt MARKT
(Piazza Porta Portese) Der riesige Flohmarkt gewährt neue Einblicke in Rom. An Tausenden von Verkaufsständen wird hier alles verkauft, von seltenen Büchern bis zu Fahrradersatzteilen, von peruanischen Schals bis zu MP3-Playern. Dazwischen feilscht und verhandelt die Menschenmenge. Vorsicht vor Taschendieben, die hier gern ihr Unwesen treiben!

Scala Quattorodici MODE
(Karte S. 100; ☎06 588 35 80; Via della Scala 13–14) Der Designer bietet klassisch geschnittene Kleidung à la Audrey Hepburn in wunderschönen Stoffen an – nach Maß oder

von der Stange. Ziemlich teuer (ein Kleid kostet locker 600 €) aber jeden Cent wert.

Centro Russia Ecumenica Il Messaggio dell'Icona KUNST, SOUVENIRS
(Karte S. 104; Borgo Pio 141) Zu diesem gediegenen Geschäft kommen Nonnen und Priester aus aller Welt, um Drucke, Postkarten und Gebetskärtchen mit religiösen Themen sowie gemalte und zum Teil mit Blattgold verzierte Originalikonen zu kaufen.

Feltrinelli International BUCHHANDLUNG
(Karte S. 88; ☎06 482 78 78; Via Orlando 84–86; ⌚Mo–Sa 9–20, So 10.30–13 & 16–20 Uhr) Hauptsächlich englische Bücher, aber auch französische, spanische und andere internationale Titel sind im Angebot.

Anglo-American Book Co BUCHHANDLUNG
(Karte S. 82; ☎06 679 52 22; www.aab.it; Via della Vite 102; ⌚Di–Sa 10–19.30, Mo 15.30–19.30 Uhr) Englische Literatur, Reiseführer und Sachbücher, mit Kinderbuchabteilung.

Borri Books BUCHHANDLUNG
(Karte S. 88; ☎06 482 84 22; Stazione Termini; ⌚Mo–Sa 7–23, So 8–22 Uhr) Eine gute Auswahl an englischen Büchern (einschließlich Kinderbücher und Reiseführer) findet sich in der Stazione Termini.

INFORMATION PER TELEFON

Die Comune di Roma (die Stadtverwaltung) stellt einen kostenlosen, mehrsprachigen **telefonischen Touristen-Informationsdienst** (☎06 06 08; www.060608.it; ⌚9–21 Uhr) bereit, mit Informationen über Kultur, Veranstaltungen, Hotels und Verkehrsmittel. Karten für Theater, Konzerte, Ausstellungen und Museen können auch unter dieser Nummer bestellt werden. Für Informationen ist die kostenlose Nummer ☎06 06 08 der Stadt nützlich, die mit dem Call-Center der Comune di Roma verbindet, das Tag und Nacht besetzt ist und von 16 bis 19 Uhr mit deutsch-, englisch-, französisch-, arabisch-, spanisch-, italienisch- und chinesischsprachigen Mitarbeitern aufwartet. Die Comune veröffentlicht auch die praktische Monatszeitschrift *L'Evento* (Veranstaltung) sowie *Un Ospite a Roma* (Ein Gast in Rom; www.unospitearoma.it, www.aguestinrome.com). Diese und weitere Informationen (einschließlich Karten) sind an den Schaltern der Touristeninformationen erhältlich.

ℹ Praktische Informationen

Geld

Geldautomaten und Wechselstuben gibt es in der Stazione Termini (Karte S. 88) und in den Flughäfen Fiumicino und Ciampino. In der Stadt sind Geldautomaten und Wechselstuben überall zu finden, inklusive **American Express** (☎06 6 76 41; Piazza di Spagna 38; ⌚Mo–Fr 9–17.30, Sa 9–12.30 Uhr).

Internetzugang

Es werden zwischen 4 und 6 € pro Stunde berechnet.

Internetcafé (Via dei Serpenti 89; pro Std. 4 €; ⌚8–22 Uhr) Nähe Via Nazionale.

Medien

Folgende Publikationen erscheinen in englischer Sprache, außer *Roma C'è*, das nur einen englischen Teil hat.

Osservatore Romano (www.vatican.va) Wöchentliche Online-Ausgabe der offiziellen vatikanischen Tageszeitung.

Roma C'è (www.romace.it) Umfassendes Veranstaltungsmagazin mit englischem Teil (1 €); erscheint mittwochs und wird am Zeitungsstand verkauft.

Wanted in Rome (www.wantedinrome.com) Die kostenlose Online-Version dieses nützlichen Expat-Magazins (1 €) wird jeden zweiten Mittwoch aktualisiert und bringt Kleinanzeigen, Veranstaltungshinweise und Kritiken.

Medizinische Versorgung

Anstatt ein *pronto soccorso* (Notaufnahme) aufzusuchen, sollte man versuchen, die **Guardia Medica** (☎06 570600) anzurufen. Privatärzte kommen auch ins Hotel oder Apartment. Besuch und Behandlung kosten etwa 130 €, was sich lohnt, sofern man entsprechend versichert ist. **Roma Medica** (☎338 622 4832; ⌚24 Std.) vermittelt Arztbesuche. Nachtapotheken werden in den Tageszeitungen und an den Apothekenfenstern aufgelistet.

Ospedale di Odontoiatria G Eastman (☎06 84 48 31; Viale Regina Elena 287b) Für zahnärztliche Notbehandlung.

Ospedale San Giacomo (☎06 3 62 61; Via A Canova 29)

Ospedale Santo Spirito (☎06 6 83 51; Lungotevere in Sassia 1)

Pharmacy Piazza Cinquecento (☎06 488 00 19; Piazza Cinquecento 51; ⌚24 Std.); Stazione Termini (⌚7.30–22 Uhr)

Policlinico Umberto I (☎06 4 99 71, Erste Hilfe 06 4997 9501; Viale del Policlinico 155) Nähe Stazione Termini.

Notfall

Krankenwagen (118)

Polizei (113/112)

Polizei (Questura; 06 46 86; Via San Vitale 11)

Post

Postämter gibt es an der Via delle Terme di Diocleziane 30 (Karte S. 88), der Via della Scrofa 61/63 (Karte S. 74), in der Stazione Termini (Karte S. 88; am Gleis 24) und an der Via Arenula (Karte S. 84).

Hauptpost (Piazza di San Silvestro 20; Mo–Fr 8.30–18.30, Sa 8.30–13 Uhr) Postlagernde Sendungen können dort abgeholt werden.

Reiseveranstalter

CTS (www.cts.it, auf Italienisch) Corso Vittorio Emanuele II (06 687 26 72; Corso Vittorio Emanuele II 297); Via degli Ausoni (06 445 01 41; Via degli Ausoni 5); Via Solferino (06 462 0431; Via Solferino 6a) Italiens offizieller Reiseveranstalter für Studenten bietet verbilligte Fahrkarten für Flug-, Zug- und Busreisen für Studenten und Reisende unter 30. Die Vorlage einer EURO<26-Jugendkarte bzw. eines internationalen Studentenausweises (ISIC, wird auch vom CTS ausgestellt) ist Voraussetzung. Alternativ gilt eine CTS-Karte für 30 € (15 € für Schüler über 12), die 14 Monate gültig ist.

Touristeninformation

Enjoy Rome (Karte S. 88; 06 445 18 43; www.enjoyrome.com; Via Marghera 8a; Mo–Fr 9–17.30, Sa 8.30–14 Uhr) Eine ausgezeichnete private Tourismusorganisation, die Touren organisiert und den praktischen, kostenlosen Romführer *Enjoy Rome* veröffentlicht.

Fremdenverkehrsamt Rom (APT; 06 06 08; www.romaturismo.it; 9–18 Uhr) Hat ein Büro am Flughafen Fiumicino in Terminal B, Auslandsankunft.

Touristeninformationen sind über die ganze Stadt verteilt, wie z. B.:

Castel Sant'Angelo (Karte S. 104; Piazza Pia; 9.30–19 Uhr)

Flughafen Ciampino (Auslandsankunft, Gepäckausgabe; 9–18.30 Uhr)

Flughafen Fiumicino (Terminal C, Auslandsankunft; 9–18.30 Uhr)

Piazza Navona (Karte S. 74; 9.30–19 Uhr)

Piazza Santa Maria Maggiore (Karte S. 88; Via dell'Olmata; 9.30–19 Uhr)

Piazza Sonnino (Karte S. 100; 9.30–19 Uhr)

Stazione Termini (Karte S. 88; 8–20.30 Uhr) am Gleis 24.

Trevi-Brunnen (Karte S. 84; Via Marco Minghetti; 9.30–19 Uhr) Liegt näher an der Via del Corso als am Brunnen.

Via Nazionale (Karte S. 84; 9.30–19 Uhr)

Websites

Enjoy Rome (www.enjoyrome.com) Nützliche Informationen von einem unabhängigen Reiseveranstalter.

In Rome Now (www.inromenow.com) Cleveres Internet-Magazin, herausgegeben von zwei amerikanischen Expats.

Parla Food (www.parlafood.com) Frecher amerikanischer Blog mit ausgezeichneten Blog-Links.

Roma Turismo (www.romaturismo.it) Die umfangreiche Website von Roms Fremdenverkehrsamt mit allen offiziellen Übernachtungsmöglichkeiten, Veranstaltungskalender und mehr.

An- & Weiterreise

Auto & Motorrad

Ins Zentrum von Rom zu fahren, ist eine Herausforderung, bei der es Verkehrsbeschränkungen, Einbahnstraßen, kaum Parkplätze am Straßenrand und aggressiven Fahrstil zu bewältigen gilt.

Die Umgehungsstraße von Rom ist der Grande Raccordo Anulare (GRA), von der aus alle *autostrade* (Autobahnen) abgehen, einschließlich der wichtigen Nord-Süd-Verbindung A1 (der Autostrada del Sole) und der A12, die Rom mit Civitavecchia und dem Flughafen Fiumicino verbindet.

Die folgenden Autovermietungen haben Schalter an beiden Flughäfen und in der Stazione Termini:

Avis (06 481 43 73; www.avisautonoleggio.it)

Europcar (06 488 28 54; www.europcar.com)

Hertz (06 474 03 89; www.hertz.com)

Maggiore National (06 488 00 49; www.maggiore.com)

Bus

Nationale und internationale Überlandbusse fahren die **Autostazione Tiburtina** (Piazzale Tiburtina) vor der Stazione Tiburtina östlich des Stadtzentrums an. Die Metrolinie B führt von der Stazione Termini nach Tiburtina. Bustickets gibt es im Busterminal oder bei Reiseagenturen. Busunternehmen sind:

Cotral-Busse (800 174471; www.cotralspa.it) fahren von vielen Haltestellen überall in der Stadt aus Reiseziele in der Region Latium an. Das Busunternehmen ist mit Roms öffentlichem Nahverkehr verbunden, d. h., man kann dort Fahrkarten für Busse, Straßenbahnen, die Metro

ZUGVERBINDUNGEN MIT GRÖSSEREN STÄDTEN

Ab Stazione Termini fahren Züge in die folgenden und noch viele weitere Städte. Angegeben sind Preise für die 2. Klasse.

REISEZIEL	ZUGTYP	PREIS (€)	FAHRTDAUER (STD.)
Florenz	Express	45	1½
	Regionalzug	17.05	4
Mailand	Express	91	3½
	Schnellzug	49.50	6¾
Neapel	Express	45	1½
	Regionalzug	10.50	2¾
Palermo	tagsüber	65.50–98.50	11-13½
	Nachtzug	56.50–92.50	11-13½
Venedig	Express	76	3¾
	Schnellzug	45.50	5½

und Züge in der Stadt kaufen, ebenso wie für regionale Busse und Züge.

Interbus (☎091 34 25 25; www.interbus.it, auf Italienisch) Von/nach Sizilien.

Marozzi (☎080 579 01 11; www.marozzivt.it, auf Italienisch) Von/nach Sorrento, Bari, Matera und Lecce.

SENA (☎0861 199 19 00; www.senabus.it) Von/nach Siena und in die Toskana.

Sulga (☎800 099661; www.sulga.it, auf Italienisch) Von/nach Perugia, Assisi und Ravenna.

Flugzeug

Roms größter internationaler Flughafen **Leonardo da Vinci** (☎06 6 59 51; www.adr.it), besser bekannt als Fiumicino, liegt an der Küste, 30 km westlich der Stadt. Der viel kleinere Flughafen **Ciampino** (☎06 6 59 51; www.adr.it), 15 km südöstlich des Stadtzentrums, wird meist von Billig- und Charterfluggesellschaften wie **Ryanair** (www.ryanair.com) und **easyJet** (www.easyjet.com) angeflogen. Fiumicino bietet auch eine **Gepäckaufbewahrung** (Internationale Ankunft, Terminal 3; je 24 Std. 6 €; ⏲6.30–23.30 Uhr) an.

Schiff/Fähre

Roms Hafen liegt in Civitavecchia, etwa 80 km nördlich von Rom. Die wichtigsten Fährgesellschaften sind:

Grimaldi Lines (☎081 464444; www.grimaldi-lines.com) Von/nach Catania (Sizilien), Trapani (Sizilien), Porto Torres (Sardinien), Barcelona (Spanien), Malta und Tunis (Tunesien).

Sardinia Ferries (☎199 400500; www.corsica-ferries.it) Von/nach Golfo Aranci (Sardinia).

SNAV (☎081 4285555; www.snav.it) Von/nach Palermo (Sizilien) und Olbia (Sardinien).

Tirrenia (☎892 123; www.tirrenia.it) Von/nach Arbatax, Cagliari und Olbia (alle Sardinien). Buchungen können in der **Agenzia 365** (⏲7–21 Uhr) in der Stazione Termini vorgenommen werden sowie bei Reiseagenturen oder online unter www.traghettiweb.it. Tickets können auch direkt am Hafen gekauft werden.

Halbstündlich fahren Züge von der Stazione Termini in Rom nach Civitavecchia (4,50–12,50 €, 1 Std.). Vom Bahnhof in Civitavecchia sind es etwa 700 m (am Bahnhofsausgang rechts) bis zum Hafen.

Zug

Fast alle Züge kommen an oder fahren ab der **Stazione Termini** (Karte S. 88), Roms Hauptbahnhof. Es bestehen regelmäßige Zugverbindungen mit anderen europäischen Ländern sowie wie mit allen größeren und vielen kleineren Städten Italiens.

Informationen über Abfahrts- und Ankunftszeiten gibt es bei der **Fahrplanauskunft** (⏲6–24 Uhr) am Gleis 1, online unter www.ferroviedellostato.it, oder (auf Italienisch) unter der Nummer ☎89 20 21. Die **Gepäckaufbewahrung** (ersten 5 Std. 4 €, 6–12 Std. pro Std. 0,60 €, 13 Std. & mehr pro Std. 0,20 €; ⏲6–23.50 Uhr) befindet sich im ersten Untergeschoss unter Gleis 24. Roms andere größere Bahnhöfe sind Stazione Tiburtina, Stazione Roma-Ostiense und Stazione Trastevere.

ℹ Unterwegs vor Ort

Auto & Motorrad

ZUFAHRT & PARKEN Das Stadtzentrum ist vom normalen Verkehr abgeschirmt, und zwar Montag bis Freitag 6.30 bis 18, Samstag 14 bis

18 und Freitag bis Sonntag zusätzlich 23 bis3 Uhr. Einschränkungen gelten auch für Trastevere (Mo–Sa 6.30–22, Fr–So 23–3 Uhr), San Lorenzo (Fr–So 21–3 Uhr), Monti (Fr–So 23–3 Uhr) und Testaccio (Fr–So 23–3 Uhr).

Alle Zufahrtsstraßen zur „verkehrsberuhigten Zone" (ZTL) wurden mit Elektrosensoren ausgestattet. Wer innerhalb dieser Zone untergebracht ist, sollte sich mit dem Hotel in Verbindung setzen, das dann das Nummernschild an die Behörden faxt, damit kein Bußgeld anfällt. Weitere Informationen unter www.agenziamobilita.roma.it oder ☎06 57 003.

Blaue Linien markieren Parkplätze mit Parkschein. Parkscheine sind erhältlich an Münzautomaten und in den *tabacchi*. Die Kosten liegen bei 1,20 € pro Std. von 8–20 Uhr (23 Uhr in einigen Gegenden). Nach 20 Uhr (oder 23 Uhr) bis 8 Uhr am nächsten Tag ist das Parken kostenlos. Auskunft über abgeschleppte Autos gibt die **Verkehrspolizei** (☎06 6 76 91). Öffentliche Parkplätze:

Piazzale dei Partigiani (pro Std./Tag 0,77/5 €; ⌚24 Std.)

Stazione Termini (Piazza dei Cinquecento; pro Std./Tag 2/18 €; ⌚6–1 Uhr)

Stazione Tiburtina (Via Pietro l'Eremita; Werktag/So pro Std. 2 €/frei; ⌚6–10 Uhr)

Villa Borghese (Viale del Galoppatoio 33; pro Std./Tag 2/20 €; ⌚24 Std.)

MOTORROLLER-VERMIETUNG Beim Anmieten werden Kreditkarte und Ausweis mit Bild verlangt. Meist muss auch eine Kaution hinterlegt werden. Seriöse Anbieter sind:

Bici e Baci (☎06 482 84 43; www.bicibaci.com; Via del Viminale 5; Roller pro Tag 19–80 €)

Eco Move Rent (☎06 4470 4518; www.ecomoverent.com; Via Varese 48–50; Roller pro Tag 45–95 €)

Vom/zum Flughafen

FIUMICINO Die beste Verbindung zwischen Flughafen und Stadt ist die mit dem Zug, aber es gibt auch Busverbindungen, besonders bei Nacht. Für eine Taxifahrt ist der festgelegte Standardpreis zur und von der Stadtmitte 40 € für bis zu vier Fahrgäste mit Gepäck. In Fiumicino registrierte Taxis können jedoch einen Festpreis von 60 € verlangen, sodass man darauf achten sollte, ein Taxi der Comune di Roma zu nehmen.

Airport Shuttle (☎06 4201 3469; www.airportshuttle.it) Pendelbusse verkehren zwischen Hotels und Flughafen für 25 € pro erstem Fahrgast, dann 5 € für jeden weiteren Fahrgast bis maximal acht Personen.

Cotral-Bus (www.cotralspa.it; eine Richtung 4,50 bzw. 7 € im Bus) Verkehrt zwischen Stazione Tiburtina über Stazione Termini. Nachtbusse fahren ab Tiburtina um 0.30, 1.15, 2.30 und 3.45 Uhr und ab Flughafen um 1.15, 2.15, 3.30 und 5 Uhr. Fahrtzeit 1 Std.

FR1 (je Richtung 8 €) Verbindet den Flughafen mit den Bahnhöfen in Trastevere, Ostiense und Tiburtina. Abfahrt vom Flughafen alle 15 Min. (Sonn- und Feiertags stündl.) zwischen 5.57 und 23.27 Uhr; ab Tiburtina zwischen 5.05 und 22.33 Uhr.

Leonardo Express (Erw./Kind 14 €/frei) Der Zug kommt an/fährt ab in der Stazione Termini Gleis 27 und 28. Abfahrt ab Termini alle 30 Min. zwischen 5.52 und 22.52 Uhr; ab Flughafen zwischen 6.36 und 23.36 Uhr. Die Fahrt dauert 30 Min.

CIAMPINO Am besten kommt man mit einem der Busse ins Stadtzentrum oder aber mit dem Bus zum Bahnhof Ciampino und von dort mit

BUSSE AB STAZIONE TERMINI

Von der Piazza dei Cinquecento vor der Stazione Termini fahren Busse in alle Richtungen der Stadt.

FAHRZIEL	BUS
Campo de' Fiori	40/64
Colosseum	75
Pantheon	40/64
Piazza Navona	40/64
Piazza Venezia	40/64
St Peter's Square	40
Terme di Caracalla	714
Trastevere	H
Villa Borghese	910

dem Zug zur Stazione Termini. Der Festpreis für eine Taxifahrt vom Flughafen in die Stadt beträgt 30 €.

Airport Shuttle (☎06 4201 3469; www.airportshuttle.it) Pendelbusse verkehren zwischen Hotels und Flughafen für 25 € pro erstem Fahrgast, dann 5 € für jeden weiteren bis maximal acht Personen.

Cotral-Bus (www.cotralspa.it; Einzel-/Rückfahrkarte 3,90/6,90 €) Verkehrt 15-mal täglich von/zur Via Giolitti nahe der Stazione Termini. Busse verkehren auch von/zur Metrostation Anagnina (1,20 €) und dem Bahnhof Ciampino (1,20 €), von wo aus Züge zur Stazione Termini (1,30 €) fahren.

Terravision-Bus (www.terravision.eu; Einzel-/Rückfahrkarte 4/8 €) Abfahrt zweimal pro Stunde von/zur Via Marsala vor der Stazione Termini. Abfahrt ab Flughafen um 8.15 und 12.15 Uhr; ab Via Marsala zwischen 4.30 und 9.20 Uhr. Fahrkarten sind erhältlich im Terracafè vor der Bushaltestelle Via Marsala. Die Fahrt dauert 40 Minuten.

Öffentliche Verkehrsmittel

Zu Roms öffentlichen Verkehrsmitteln gehören Bus, Straßenbahn, Metro und Zugverbindungen in die Vorstädte.

FAHRKARTEN Folgende Fahrkarten gelten für alle Verkehrsmittel:

Single (BIT; 1 €) Gültig für 75 Min. in beliebig vielen Bussen oder Straßenbahnen, jedoch nur eine Metrofahrt.

Tageskarte (BIG; 4 €) Unbegrenzte Benutzung der Verkehrsmittel bis Mitternacht des Geltungstags.

Dreitageskarte (BTI; 11 €) Drei Tage unbegrenzte Benutzung der Verkehrsmittel.

Wochenkarte (CIS; 16 €) Sieben Tage unbegrenzte Benutzung der Verkehrsmittel. Kinder unter 10 Jahren fahren kostenlos. Die Fahrkarten gelten übrigens nicht für Fahrten zum Flughafen Fiumicino. Fahrkarten sind erhältlich in *tabacchi*, Zeitungsläden und an Automaten an Busbahnhöfen und in den Metrostationen. Sie müssen vor Antritt der Reise gekauft und in den gelben Automaten in den Bussen bzw. am Zugang zur Metro oder zum Zug entwertet werden. Schwarzfahrer werden mit sofort zu zahlenden 50 € Strafe belegt.

Der **Roma Pass** (s. Kasten S. 66) enthält eine Dreitageskarte, die innerhalb der Stadtgrenzen gültig ist. Die **Vatikan- und Rom-Karte** (1/2/3 Tage 19/21/25 €) erlaubt unbegrenzte Benutzung aller öffentlichen Verkehrsmittel innerhalb der Stadt und der Open-Busse von Roma Cristiana (S. 113). Sie können online unter www.operaromanapellegrinaggi.org erstanden werden (mit Klick auf die Links Roma Cristiana Experience/Open Bus) oder am Treffpunkt von Roma Cristiana Nähe Piazza San Pietro.

BUS & STRASSENBAHN Busse und Straßenbahnen laufen unter der Firmierung **ATAC** (☎06 57 003; www.atac.roma.it). Der **Busbahnhof** (Karte S. 88; Piazza dei Cinquecento) mit dem **Auskunftskiosk** (⊙7.30–20 Uhr) befindet sich vor der Stazione Termini. Weitere wichtige Knotenpunkte sind am Largo di Torre Argentina, der Piazza Venezia und der Piazza San Silvestro. Busse fahren allgemein ab 5.30 Uhr bis Mitternacht. Danach gilt ein Nachtfahrplan.

Über 20 Buslinien betreiben Nachtbusse, von denen viele Termini und/oder die Piazza Venezia anfahren. Nachtbusse führen ein N nach der Nummer, und die Haltestellen sind mit einer blauen Eule markiert. Im Schnitt fahren sie alle 30 Minuten, doch die Abstände können größer sein.

METRO Roms zwei Metrolinien A (orange) und B (blau) kreuzen sich bei Termini, der einzigen Station, an der man von der einen in die andere Linie wechseln kann. Metrolinie A führt zum Trevi-Brunnen (Barberini), zur Spanischen Treppe (Spagna) und zum Petersdom (Ottaviano-San Pietro); die Linie B zum Kolosseum (Colosseo).

Die Züge verkehren ab 5.30 bis 23.30 Uhr (freitags und samstags bis 1.30 Uhr).

Alle Metrostationen der Linie B sind für Rollstühle zugänglich, außer Circo Massimo, Colosseo und Cavour (Richtung Laurentina). An der Metrolinie A ist dagegen Cipro-Musei Vaticani eine der wenigen Stationen, die mit Lift ausgestattet sind.

EISENBAHNNETZ Roms Eisenbahnnetz ist nur für Reisen aus der Stadt hinaus praktisch, wie zu den Castelli Romani, den Stränden bei Lido di Ostia oder den Ruinen von Ostia Antica.

Taxi

Offiziell lizenzierte Taxis sind weiß und haben das Symbol Roms an den Türen. Auf Festpreise sollte man sich nicht einlassen (mit Ausnahme der Fahrten vom/zum Flughafen). In der Stadt (innerhalb der Ringstraße) ist der Grundpreis wochentags zwischen 7 und 22 Uhr 2,80 €, sonn- und feiertags 4 € und von 22 bis 7 Uhr 5,80 €. Anschließend fallen 0,92 € pro Kilometer an. Die offiziellen Tarife hängen in den Taxis aus und stehen unter www.viviromaintaxi.eu.

Taxis können telefonisch über die **Taxinummer** (☎06 06 09) der Comune di Roma oder durch direkten Anruf bei der Taxigesellschaft gebucht werden. Bei telefonischer Bestellung tickt der Zähler sofort. Der Fahrgast zahlt für die anfallenden Anfahrtskosten ab dem Punkt, an dem der Fahrer die Bestellung entgegengenommen hat.

La Capitale (☎06 49 94)

Pronto Taxi (☎06 66 45)

Radio Taxi (☎06 35 70)

Samarcanda (☎06 55 51)

Tevere (☎06 41 57)

LATIUM

Bei einer sehenswerten Hauptstadt wie Rom ist es nicht weiter verwunderlich, dass die Region Latium leicht vernachlässigt wird. Aber wenn man den Punkt erreicht hat, wo einem Rom zu viel wird, dann sollte man es den Römern gleichtun und die Stadt verlassen. Die ganze Region ist nicht nur wunderschön – mit grünen Hügeln im Norden, trocken und wild im Süden – sondern auch voller historischer und kultureller Überraschungen.

Ostia Antica

Der Denkmalschutz ist ähnlich weitreichend wie in Pompeji, doch der alte römische Hafen Ostia Antica ist auch wahrhaft außergewöhnlich. Besucher wandern hier über komplette Straßen, die noch aus der Römerzeit stammen, bestaunen antike Toiletten und lesen die alten römischen Speisekarten an der Wand. Ostia Antica liegt etwa 23 km südwestlich des römischen Stadtzentrums und 5 km flussaufwärts der heutigen Tibermündung

Gegründet wurde der Hafen im 4. Jh. v. Chr. an der Mündung – dem *ostium* – des Tibers. Bald schon entwickelte sich Ostia zu einem wichtigen Hafen und später zu einem strategischen Knotenpunkt für Handel und Verteidigung, der über Jahrhunderte in Blüte stand. Ab dem 5. Jh. n. Chr., während der Völkerwanderung, begann mit dem Eindringen der Germanen der Niedergang der Stadt.

Ein Malariaepidemie führte dazu, dass die Stadt verlassen wurde, und so versank sie langsam – bis zum 2. Stockwerk hoch – in Schlamm und Schlick des Flusses. Auf diese Weise wurde sie konserviert. Papst Gregor IV. ließ sie im 9. Jh. wieder aufbauen.

Sehenswertes

Scavi Archeologici di Ostia Antica RUINEN

(☎06 5635 2830; www.ostiantica.info, auf Italienisch; Viale dei Romagnoli 717; Erw./Kind 6,50 €/frei, Parkgebühr 2,50 €; ⏲April–Okt. Di–So 8.30–19 Uhr, März bis 18 Uhr, Nov.–Feb. bis 17 Uhr, letzter Einlass 1 Std. vor Schließung) Die weitläufigen Ruinen vermitteln ein lebhaftes Bild des römischen Alltags, und man sollte sich einige Stunden Zeit für sie nehmen. An der Kasse sind praktische Übersichtspläne für 2 € erhältlich.

Bis 42 n. Chr. war Ostia ein geschäftiger Hafen, und die Stadt war reichlich versehen mit Restaurants, Wäschereien, Geschäften, Wohnhäusern und öffentlichen Treffpunkten. Die Ruinen vermitteln einen guten Eindruck davon, wie sich das Leben hier abgespielt haben muss. Die größte Durchgangsstraße, der **Decumanus Maximus**, erstreckt sich über 1 km vom Stadttor (der Porta Romana) zur Porta Marina, die einst direkt ans Meer führte.

Ostia verfügte einst über 20 römische Bäderanlagen. Die riesigen **Terme di Nettuno**, die einen ganzen Straßenzug umfassten und aus der Zeit der Hafenrenovierung durch Hadrian stammen, weisen die schönsten Mosaiken auf. Man kann sie von einer erhöhten Plattform aus besichtigen. Unter anderem zeigen sie einen beeindruckenden Neptun in seinem von Pferden gezogenen Wagen, umgeben von Seeungeheuern, Nixen und Wassermännern. Im Zentrum der Anlage befinden sich die Überreste eines großen, von Arkaden umsäumten Innenhofs, der sogenannten **Palaestra**, in dem früher die Athleten trainierten. Das eindrucksvolle Mosaik hier zeigt vier Athleten beim Boxen und Ringen.

Neben den Bädern gibt es ein recht großes **Amphitheater**, erbaut unter Agrippa und später erweitert auf 3000 Sitze. Die Eingangshalle weist noch Spuren von Stuckarbeiten auf. Hinter dem Amphitheater liegt der **Piazzale delle Corporazioni**, (Forum der Handelsgilden). Die Kontore von Ostias Gilden zeigen gut erhaltene Mosaiken, die die unterschiedlichen Handelszweige symbolisieren.

Weiter in Richtung Porta Marina ist ein Glanzpunkt der Anlage zu sehen: das **Thermopolium** (entspricht der heutigen *tavola calda* – dem „warmen Tisch"). Dieser antike Schnellimbiss ist einem heutigen verblüffend ähnlich. Es gibt eine Theke, rechts davon die Küche und einen kleinen Innenhof hinten, wo die Kunden wohl am Springbrunnen gesessen und ihren Wein getrunken haben. Über der Theke ist die Speise- und Getränkekarte an die Wand gemalt. Auf der Straße gegenüber sind ein paar beeindruckend gut erhaltene Latrinen zu sehen, die sich in geselligem Halbrund reihen und Teil der **Terme di Foro** sind.

Zur Anlage gehören auch eine moderne Cafeteria/Bar, die *panini* und Pasta-Gerichte anbietet (ein Picknick für unterwegs einzupacken, ist trotzdem keine schlechte Idee) sowie Toiletten, ein Andenkenladen und ein Museum mit Statuen und Sarkophagen, die vor Ort ausgegraben werden.

Castello di Giulio II KASTELL

(☎06 5635 8013; Piazza della Rocca; ⏲kostenlose Führungen Di–So 10 & 12 Uhr, Di & Do auch 15 Uhr, max. 30 Teilnehmer) Nahe am Eingang zu den Ausgrabungen steht das Kastell, ein eindrucksvolles Beispiel militärischer Architektur des 15. Jhs. Als eine überraschende Flut den Flussverlauf änderte und den Zugang erschwerte, verlor die Burg an Bedeutung.

An- & Weiterreise

In Rom geht es mit der Metrolinie B bis Piramide, dann von der Stazione Porta San Paolo (neben der Metrostation) mit dem Zug nach Ostia Lido, wo man in Ostia Antica aussteigt. Züge fahren etwa alle halbe Stunde, und die Fahrt dauert ca. 25 Minuten. Sie ist im normalen BIT-Ticket (s. S. 169) inbegriffen. An der Haltestelle Ostia Antica geht es dann über die Fußgängerbrücke und weiter geradeaus, bis rechts die Burg in den Blick kommt und die Ruinen direkt vor einem liegen.

Auch mit dem Auto sind die Ruinen leicht zu erreichen, über die Via del Mare, parallel zur Via Ostiense oder über die A12 in Richtung Fiumicino, immer der Beschilderung scavi (Ruinen) nach.

Tivoli

56 275 EW./225 M

Seit Jahrtausenden dient die in den Hügeln gelegene Stadt Tivoli als Sommerresidenz reicher Römer. Gleich zwei großzügig angelegte Unesco-Weltkulturerbestätten, die Villa Adriana und die Villa d'Este, bezeugen diesen Status als prächtiger Tummelplatz der Reichen und Schönen.

Die Villa Adriana, vom Umfang her mehr Ansiedlung als Villa, war Kaiser Hadrians Landsitz, während die Villa d'Este aus dem 16. Jh. ein Wunderwerk der Hochrenaissance ist. Beide Villen können an einem Tag besichtigt werden, sofern man früh genug dazu aufbricht. Informationen sind erhältlich in der **Touristeninformation** (☎07 7431 3536; ⏲9–17.30 Uhr) an der Piazza Garibaldi, wo auch der Bus ankommt.

Sehenswertes

Villa Adriana ARCHÄOLOGISCHE STÄTTE
(☎06 3996 7900; Erw./erm. 8/4 €, Parken 2 €; ⏲9–19 Uhr, letzter Einlass 17.30 Uhr; ♿) Kaiser Hadrians Sommerresidenz 5 km außerhalb Tivolis setzte selbst für die an Exzesse gewöhnten alten Römer neue Luxusmaßstäbe, als sie von 118 bis 134 erbaut wurde. Ein Modell nahe am Eingang gibt eine Vorstellung von der Größe des ursprünglichen Gebäudekomplexes, dessen Besichtigung einige Stunden in Anspruch nimmt. Es lohnt sich, einen Audioguide zu mieten (5 €), um einen Überblick zu erhalten. Neben der Kasse hat eine kleine Cafeteria geöffnet, doch ein Picknick in den Ruinen oder ein gutes Essen in Tivoli ist weit lohnender.

Hadrian war ein begeisterter Reisender und Architekt. So entwarf er große Teile der Anlage selbst, wobei er sich von Gebäuden inspirieren ließ, die er auf seinen Reisen in anderen Ländern gesehen hatte. So ist der **Pecile**, eine Säulenhalle mit Wasserbecken, angelehnt an die Stoa Poikile in Athen. Hier machte der Kaiser nach dem Mittagessen seine Verdauungsspaziergänge. Auch der **Canopo** ist eine Kopie – in diesem Fall vom Serapisheiligtum bei Alexandria. Der lange Kanal war ursprünglich von ägyptischen Statuen gesäumt, die den Nil darstellten.

Östlich des Pecile befindet sich eines der Highlights der Anlage: Hadrians privater Rückzugsort, das **Teatro Marittimo**. Die Minivilla liegt auf einer Insel in einem künstlichen See. Ursprünglich war sie nur über Drehbrücken erreichbar, die der Kaiser hochziehen ließ, wenn ihm nach einem Bad war. Gleich daneben ist der Fischteich von einem tiefer gelegten Säulengang umzogen, wo der Kaiser gerne lustwandelte. Zu sehen sind zudem Nymphäen, Tempel und Kasernen sowie ein Museum mit den neuesten Funden, die bei den aktuellen Ausgrabungen gemacht werden (es ist allerdings oftmals geschlossen).

Villa d'Este PALAZZO
(☎199 766 166, 0445 230310; www.villadestetivoli.info; Piazza Trento; Erw./erm. 8/4 €; ⏲Di–So 8.30 Uhr bis 1 Std. vor Sonnenuntergang; ♿) In Tivolis Zentrum auf den Hügeln sind die steilen Terrassengärten der Villa d'Este ein Meisterwerk italienischer Gartenbaukunst der Hochrenaissance, mit vielen fantastischen Springbrunnen, die allein durch Schwerkraft angetrieben werden. Das ehemalige Benediktinerkloster wurde 1550 von Lucrezia Borgias Sohn Kardinal Ippolito d'Este in ein Lustschloss umgewandelt. Franz Liszt wohnte hier von 1865 bis 1886 und ließ sich zu seinen Kompositionen *Aux cyprès de la Villa d'Este* und *Les jeux d'eau à la Villa d'Este* inspirieren.

Die üppigen manieristischen Fresken im Innern der Villa lohnen einen Blick, doch die Hauptattraktion sind die Gärten: Wasserspeier und von dunkelgrünen, knorrigen Zypressen gesäumte Alleen. Ein Springbrunnen (von Gian Lorenzo Bernini) benutzt den Wasserdruck dazu, eine versteckt eingebaute Orgel zu spielen, die den ganzen Tag über ertönt. Ein besonderer Glanzpunkt ist der 130 m lange Weg der hundert Springbrunnen, der den Springbrunnen von Tivoli mit Rom verbindet.

Die Villa ist nur zwei Gehminuten vom Largo Garibaldi entfernt. Picknicks sind nicht erlaubt, aber es gibt ein elegantes Café und in der Stadt zahlreiche Restaurants, wie z. B. die **Trattoria del Falcone** (☎07 7431 2358; Via del Trevio 34; Mahlzeiten 30 €; ⏲Mi–Mo), eine lebhafte Trattoria mit unverputzten Steinwänden, die schon seit 1918 klassische Pastagerichte serviert.

Anreise & Unterwegs vor Ort

Tivoli liegt 30 km östlich von Rom und kann mit dem Cotral-Bus vor der Metrostation Ponte Mammolo an der Linie B erreicht werden (1,60 €, alle 15 Min., 50 Min.). Günstiger ist ein BIRG-Ticket für Zone 3 (6 €), mit dem man den ganzen Tag umherfahren kann.

Um beide Villen zu sehen, sollte man mit der Villa d'Este beginnen, da sie nahe an Tivolis Stadtzentrum liegt. Danach geht es mit dem Cotral-Bus von Largo Garibaldi zurück in Richtung Ponte Mammolo (1 €). Man bittet den Fahrer, nahe der Villa Adriana zu halten. Nach dem Besuch der Villa geht es mit dem gleichen Bus (2 €, 50 Min.) zurück zur Station Ponte Mammolo.

Autofahrer nehmen die Via Tiburtina oder die zeitsparendere (A24) Rom–L'Aquila.

Cerveteri

35 700 EW. / 81 M

Die kulturell sehr hoch stehenden Etrusker bauten mächtige Festungen im Norden von Latium. Schon im 8. Jh. v. Chr. setzten die Etrusker fortgeschrittene Techniken in Architektur und Kunst ein, die die Römer später für sich beanspruchten. Bis ins 4. und 3. Jh. v. Chr. waren die Etrusker mächtige Gegenspieler der Römer, bis schließlich immer neue römische Legionen die letzten etruskischen Verteidigungslinien niedermachten.

Tarquinia und Cerveteri waren einst zwei der wichtigsten Stadtstaaten im etruskischen Bund. Heutzutage sind sie zu einem Weltkulturerbe der Unesco vereint.

Cerveteri, ehemals Kysry für die Etrusker und Caere für die Römer, war vom 7. bis zum 5. Jh. v. Chr. ein wichtiges Handelszentrum im Mittelmeerraum. Doch je mächtiger sich die römische Kultur ausbreitete, desto mehr verlor Cerveteri an Bedeutung, und 358 v. Chr. wurde die Stadt schließlich von Rom annektiert.

Im frühen 19. Jh. wurden erste archäologische Grabungen versuchsweise dort angestrengt, systematische Ausgrabungen aber erst 1911 in Angriff genommen.

Informationen über die Grabungsstätte bietet die **Touristeninformation** (☎06 9955 2637; Piazza Aldo Moro; ⏲9.30–13.30 Uhr).

Necropoli di Banditaccia NEKROPOLE
(☎06 3996 7150; Via del Necropoli; Eintritt/erm. 6/3 €, einschl. Museum 8/4 €; ⏲8.30 Uhr bis 1 Std. vor Sonnenuntergang; 👪) Diese 10 ha große Totenstadt mit Straßen, Plätzen und Gräberterrassen ist für das Leben nach dem Tod angelegt. Der am meisten vertretene Grabtypus ist der Tumulus, ein runder Aufbau, der in die Erde versenkt und mit einem Cumulus, einer Rasenkappe, überdeckt ist. Beschilderungen weisen die Gehrichtung aus. Einige der wichtigsten Gräber, zum Beispiel die **Tomba dei Rilievi** aus dem 6. Jh. v. Chr., wurden mit Reliefs von Figuren aus der Unterwelt oder Darstellungen von Kochutensilien und anderen Haushaltsgeräten verziert.

Museo Nazionale di Cerveteri MUSEUM
(Piazza Santa Maria; Eintritt 6/3 €, einschl. Nekropole 8/4 €; ⏲Di–So 8.30–19.30 Uhr) Im mittelalterlichen Stadtzentrum von Cerveteri befindet sich dieses wunderbare Museum, in dem Gegenstände aus den Gräbern das Leben der Menschen jener Zeit veranschaulichen.

uAntica Locanda le Ginestre TRADITIONELL ITALIENISCH €€
(☎06 994 06 72; Piazza Santa Maria 5; Mahlzeiten 35 €; ⏲Di–So) Dieses sehr zu empfehlende, erstklassige Familienrestaurant bietet leckeres Essen, das aus biologischen Produkten der Gegend hergestellt und, das im eleganten Speisesaal oder im blumenbestückten Innenhof serviert wird. Reservierung im Voraus empfohlen.

ℹ Anreise & Unterwegs vor Ort

Cerveteri lässt sich von Rom aus leicht mit dem regulären Cotral-Bus (3,50 €, 55 Min., stündl.), Abfahrt vor der Metrostation Cornelia an der Linie A, erreichen. Bei der Ankunft in Cornelia die Treppe hoch und zur Hauptstraße gehen: Die Bushaltestelle befindet sich an derselben Straßenseite einige Schritte vom Metro-Eingang entfernt (nach dem Cotral-Schild schauen). Busse von Cerveteri nach Rom fahren ab vom Hauptplatz am Fuß der Treppe, die zum Museum hinaufführt.

Von der Touristeninformation aus fährt stündlich ein Pendelbus zu den Gräberanlagen etwa 2 km außerhalb der Stadt. Der Bus fährt 7- bis 9-mal täglich zwischen 8.30 und 17 Uhr (im Winter früher; 0,70 €). Die Fahrt dauert fünf Minuten und kostet 1 €. Der kurze Weg dorthin ist aber auch gut ausgeschildert und in einem 15-minütigen Fußmarsch erreichbar.

Autofahrer nehmen entweder die Via Aurelia (SS1) oder die Autobahn nach Civitavecchia (A12) und folgen der Ausfahrt Cerveteri-Ladispoli.

Tarquinia

16 560 EW./169 M

Tarquinia ist ein weiteres von der Unesco ausgezeichnetes Kulturerbe mit einer Nekropole, die etwa 6000 Gräber umfasst. Schon allein die gut erhaltene mittelalterliche Stadt ist eine Reise wert, noch dazu mit dem fantastischen Etruskermuseum in einem wunderschönen mittelalterlichen *palazzo*. Der Legende nach wurde die Stadt gegen Ende der Bronzezeit im 12. Jh. v. Chr. gegründet. Später wurde sie Sitz der tarquinischen Könige Roms vor der Gründung der Republik und erreichte ihre Blütezeit im 4. Jh. v. Chr. Nach ständigen Kämpfen im folgenden Jahrhundert ergab sich die Stadt den Römern schließlich 204 v. Chr.

Weitere nützkiche Informationen über die Stadt und ihre Sehenswürdigkeiten bietet die **Touristeninformation** (☎0766 84 92 82; info@tarquinia@apt.it; Piazza Cavour 1; ⏲9–13 & 16.30–19.30 Uhr), auf der linken Seite hinter dem mittelalterlichen Stadttor (Barriera San Giusto).

Museo Nazionale Tarquiniese MUSEUM

(☎06 3996 7150; Piazza Cavour; Erw./Kind 6/3 €, einschl. Nekropole 8/4 €; ⊙Di–So 8.30–19.30 Uhr) Gleich hinter der Touristeninformation befindet sich der exquisite Palazzo Vitelleschi aus dem 15. Jh. mit seinem Innenhof und diesem wunderbaren Museum. Zu den schönsten Ausstellungsstücken zählt ein Terrakottafries mit geflügelten Pferden (den *cavalli alati*) sowie einige vollständig erhaltene, mit unglaublich lebendigen Fresken verzierte Gräber im Obergeschoss.

Tarquina Necropolis NEKROPOLE

(☎06 3996 7150; Erw./Kind 6/3 €, einschl. Museum Erw./Kind 8/4 €; ⊙Di–So 8.30 Uhr bis 1 Std. vor Sonnenuntergang; ♿) Die berühmten bemalten Grabstätten können 2 km außerhalb der Stadt *in situ* besichtigt werden. Etwa 6000 Gräber wurden dort freigelegt, von denen um die 200 bemalt sind. Die ersten Ausgrabungen begannen 1489. Jahrhundertelang waren die Gräber Wind und Wetter ausgesetzt, doch als Unesco-Weltkulturerbe sind sie nun bei konstanter Temperatur vor Umwelteinflüssen geschützt und können nur durch Glasfenster betrachtet werden. Einige anmutige Jagd- und Fischereiszenen sind in der Tomba della Caccia e della Pesca zu bewundern, Tanzszenen, Löwinnen und Delphine in der Tomba delle Leonesse und in der Tomba della Fustigazione (Grabstätte der Züchtigung) eine erstaunliche Sado-Maso-Szene mit einem Mann, der eine Frau auspeitscht.

Zu Fuß erreicht man die Nekropole ab der Touristeninformation entlang des Corso Vittorio Emanuele, dann rechts an der Piazza Nazionale in die Via di Porta Tarquinia, weiter an der Chiesa di San Francesco vorbei, von dort die Via Ripagretta hinunter, bis die Nekropole links auftaucht. Alternativ dazu fährt ein Pendelbus (frei; Mo–Sa 9–13 & 16–19 Uhr, alle 20 Min.) von der Touristeninformation. Nach einer Wartezeit von fünf Minuten fährt der Bus von der Nekropole in die Stadt zurück. Auch ein örtlicher Linienbus steuert die Nekropole regelmäßig an; die Fahrt kostet 0,70 €.

Il Cavatappi TRADITIONELL ITALIENISCH €€

(☎07 6684 2303; Via dei Granari 19; Mahlzeiten 30 €; ⊙Fr–So) Die Stadt bietet einige anständige Mittagsrestaurants, wie beswipielsweise dieses mitten in der Altstadt. Es serviert Gerichte aus Produkten der Region und hat eine kleine Straßenterrasse. Alternativ bietet sich ein Picknick auf dem Aussichtspunkt der Stadt oben an der Via Alberata Dante Alighieri an.

ℹ An- & Weiterreise

Tarquinia ist am besten mit dem Zug ab der Stazione Termini (6,20 €, 1 Std. 20 Min., alle 30 Min.) zu erreichen. Der Fahrkartenschalter in Tarquinia hat nur vormittags geöffnet, es ist also besser, gleich eine Rückfahrkarte zu lösen. Vom Bahnhof in Tarquinia fährt ein Pendelbus der Linie BC ins Stadtzentrum.

Autofahrer nehmen die Autostrada nach Civitavecchia und dann die Via Aurelia (SS1). Tarquinia liegt etwa 90 km nordwestlich von Rom.

Civitavecchia

52 200 EW.

Nach Civitavecchia muss man nicht unbedingt kommen, es sei denn, man will die Fähre nach Sardinien nehmen. Immerhin gibt es einige gute Fischrestaurants in dieser netten Stadt. Sie wurde 106 n. Chr. von Trajan gegründet, später von den Sarazenen erobert und erhielt im 16. Jh. wieder Bedeutung als päpstliche Festung. Der mittelalterliche Stadtkern wurde im Zweiten Weltkrieg fast völlig zerbombt. Der Hafen liegt nur etwa 400 m vom Bahnhof entfernt. Vom Bahnhof aus geht es rechts in den Viale Garibaldi immer am Ufer entlang. Ein empfehlenswertes Restaurant dort ist das elegante **La Scaletta** (☎0766 2 43 34; Lungoporto Antonio Gramsci 65).

ℹ An- & Weiterreise

BUS Cotral-Busse von Rom nach Civitavecchia fahren ab der Haltestelle vor der Station Cornelia an der Metrolinie A (4,50 €, 1½ Std., stündl.). Bei der Ankunft in Cornelia die Treppe hoch und zur Hauptstraße gehen: die Bushaltestelle befindet sich auf derselben Straßenseite einige Schritte vom Metro-Eingang entfernt (nach dem Cotral-Schild schauen). In Civitavecchia befindet sich die Bushaltestelle am Viale Guido Baccelli. Civitavecchia ist im BIRG-Ticket Zone 5 inbegriffen (9 €).

SCHIFF Informationen über Fähren nach/von Sardinien siehe Kasten S. 890.

ZUG Regionalzüge verkehren regelmäßig zwischen der Stazione Termini in Rom und Civitavecchia (4,50 €, 1¼ Std.), sonntags etwas weniger oft. Der Intercity benötigt nur 40 Minuten, kostet aber 13,50 €. Der Bahnhof in Civitavecchia liegt nahe am Hafen.

Viterbo

62 800 EW./327 M

Viterbo ist ein mittelalterliches Juwel mit einem hübschen Zentrum, trotz einiger Bombenschäden im Zweiten Weltkrieg. Ein Tagesausflug von Rom hierher lohnt sich allemal. Von Viterbo als Ausgangsort lässt sich auch Latiums zerklüfteter Norden gut erkunden.

Viterbo wurde von den Etruskern gegründet und später von Rom annektiert. Im Mittelalter entwickelte es sich zu einem wichtigen Zentrum und war im 13. Jh. sogar Papstresidenz. Papstwahlen fanden im gotischen Palazzo dei Papi statt, wo 1271 vorübergehend das gesamte Kardinalskonzil festgesetzt wurde. Offensichtlich hatten sie sich nach dreijähriger Beratung immer noch nicht auf einen Nachfolger einigen können. Die frustrierten Stadtväter sperrten sie in eine Türmchenhalle ein, und bevor sie verhungerten, wählten sie Papst Gregor X.

Neben seiner Historie hat Viterbo auch heiße, heilende Thermalquellen zu bieten, für die der Ort ebenfalls berühmt ist.

Sehenswertes

GRATIS Palazzo dei Priori — PALAZZO

(Piazza del Plebiscito; ⏲9–13 & 15–19 Uhr) Die elegante Renaissance-Piazza del Plebiscito wird von diesem imposanten Palast beherrscht. Heute ist er Sitz des Stadtrats, doch eine Besichtigung lohnt sich aufgrund der farbenfrohen Fresken aus dem 16. Jh., die Viterbos antike Geschichte darstellen – die schönsten befinden sich in der Sala Regia im Erdgeschoss. 200 Jahre nach der Erbauung des *palazzo* 1460 wurden der elegante Innenhof und der Springbrunnen draußen hinzugefügt.

Cattedrale di San Lorenzo — KIRCHE

(Piazza San Lorenzo) Wie wohlhabend Viterbo einst war, vermittelt die Piazza San Lorenzo, das kirchliche Herz der mittelalterlichen Stadt. Hierher kamen die Kardinäle im 12. Jh. zum Gebet und zur Papstwahl. Die ursprünglich einfache romanische Kirche erhielt erst im 14. Jh. ihr jetziges gotisches Aussehen. Nach Bombardierung durch die Alliierten mussten Dach und Kirchenschiff erneuert werden.

Museo del Colle del Duomo — MUSEUM

(Piazza San Lorenzo; Erw./erm. einschl. Führung im Palazzo dei Papi, Sala del Conclave & Loggia 7/5 €; ⏲Di–So 10–13 & 15–20 Uhr, im Winter bis 18 Uhr) Gleich neben der Kathedrale zeigt dieses Museum eine kleine Sammlung religiöser Artefakte, so etwa auch ein Reliquiar, welches das Kinn(!) von Johannes dem Täufer enthalten soll.

Palazzo dei Papi — PALAZZO

(Piazza San Lorenzo; ☎0761 34 17 16) An der Nordseite des Platzes steht dieser *palazzo* aus dem 13. Jh., mit dem man damals versucht hatte, Rom den Papstsitz abspenstig zu machen. Von der anmutigen gotischen **Loggia** (Säulengang) aus zeigt sich die **Sala del Conclave**, in der einst fünf Päpste gewählt wurden.

Chiesa di Santa Maria Nuova — KIRCHE

(Piazza Santa Maria Nuova; ⏲10–13 & 15–17 Uhr) Diese Kirche stammt aus dem 11. Jh. und ist die älteste von Viterbo. Nach großen Bombenschäden im Zweiten Weltkrieg wurde sie getreu dem Original sorgfältig restauriert. Besonders anmutig ist der Kreuzgang, der wohl einer früheren Bauperiode entstammt.

Museo Nazionale Etrusco — MUSEUM

(☎0761 32 59 29; Piazza della Rocca; Eintritt 6 €; ⏲Di–So 8.30–19.30 Uhr) Mit seiner interessanten Sammlung etruskischer Artefakte vermittelt das Museum einen Einblick in die etruskische Kultur. Untergebracht ist es in einem attraktiven *palazzo* nahe der nördlichen Einfahrt in die Stadt.

Chiesa di San Francesco — KIRCHE

(☎0761 34 16 96; Piazza San Francesco; ⏲8–18.30 Uhr) Nur wenige Schritte vom Museo Nazionale Etrusco entfernt, erhebt sich die gotische Kirche mit den Grabmälern der Päpste Clemens IV (gest. 1268) und Adrian V (gest. 1276). Beide sind kunstvoll ausgearbeitet, besonders das von Adrian, das mit Cosmaten-Arbeiten (vielfarbigem Marmor mit Glasmosaiken, in Stein und weißen Marmor eingelegt) verziert ist.

Museo Civico — MUSEUM

(☎0761 34 82 75; Piazza Crispi; Eintritt 3,10 €; ⏲Sommer Di–So 9–19 Uhr, im Winter bis 18 Uhr) Ganz am anderen Ende der Stadt zeigt dieses interessante Museum weitere etruskische Schätze sowie die von Mönch Annius von Viterbo im 15. Jh. fabrizierten falschen Antiquitäten, mit denen er Viterbo interessant machen wollte. Auch eine kleine Kunstgalerie mit einer Pietà von Sebastiano del Piombo gibt es dort.

Viterbo

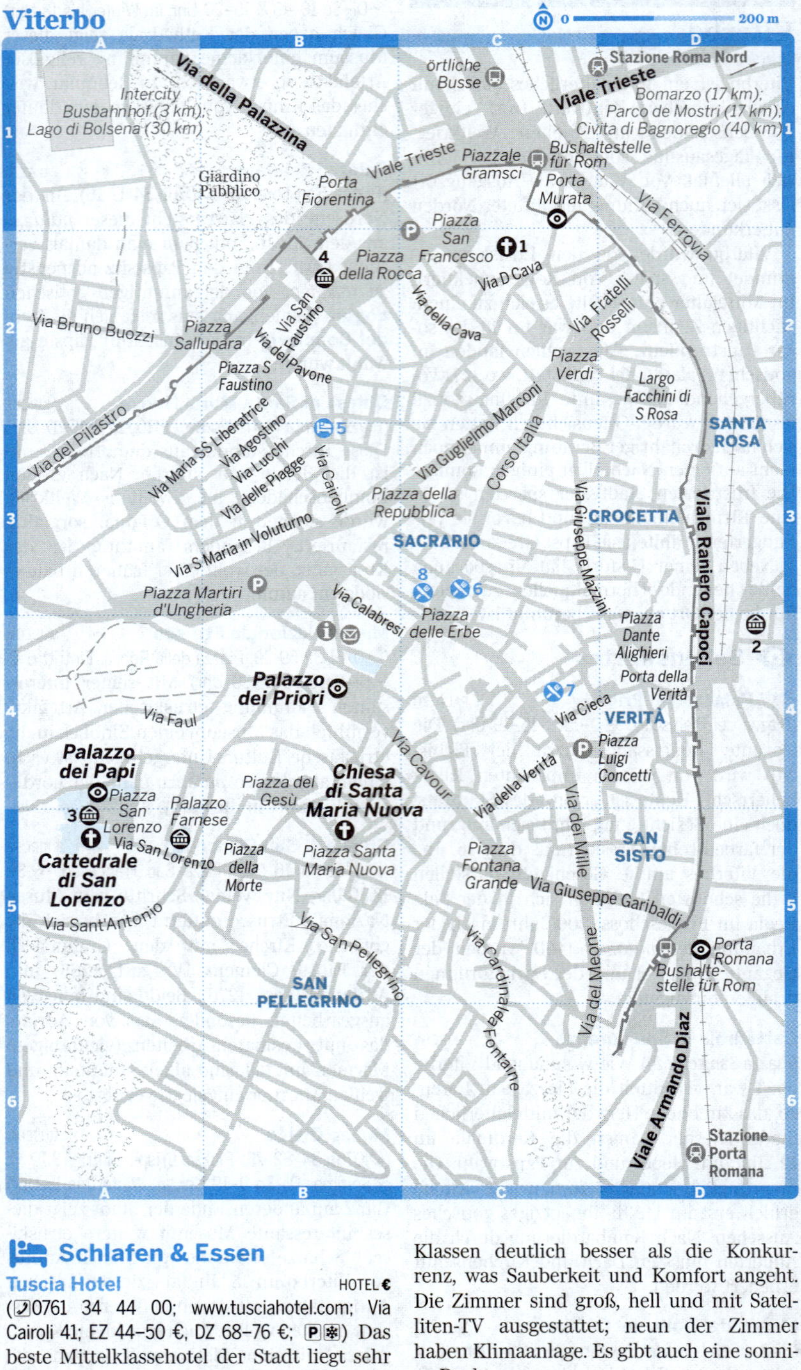

Schlafen & Essen

Tuscia Hotel HOTEL €

(☎0761 34 44 00; www.tusciahotel.com; Via Cairoli 41; EZ 44–50 €, DZ 68–76 €; P❄) Das beste Mittelklassehotel der Stadt liegt sehr zentral und ist mit seinen drei Sternen um Klassen deutlich besser als die Konkurrenz, was Sauberkeit und Komfort angeht. Die Zimmer sind groß, hell und mit Satelliten-TV ausgestattet; neun der Zimmer haben Klimaanlage. Es gibt auch eine sonnige Dachterrasse.

Viterbo

Highlights

Sehenswertes

Schlafen

Essen

Agriturismo Antica Sosta AGROTOURISMUS €
(☎0761 25 13 69; SS Cassia Nord; EZ/DZ 40/70 €) Mitten im Grünen, 5 km außerhalb von Viterbo, bietet dieses Herrenhaus geräumige, einfache Zimmer. Das wunderbare Restaurant (Mahlzeiten 35 €), serviert leckere Gerichte wie *strozzapreti con salsiccia, porcini e pancetta* („Priesterwürger-Pasta" mit Salsiccia-Wurst, Steinpilzen und Schinken).

Ristorante Enoteca La Torre WEINBAR €€€
(☎0761 22 64 67; Via della Torre 5; Mahlzeiten 65 €; ⏲Mittagessen Do–Di, Abendessen Do–Mi) Viterbos bestes Restaurant: Der japanische Küchenchef verbindet Präzision und Feinheit der Präsentation mit innovativer Verwendung frischer Erzeugnisse nach Jahreszeit.

Ristorante Tre Re TRATTORIA €€
(☎0761 30 46 19; Via Gattesco 3; Mahlzeiten 35 €; ⏲Fr–Mi) Die historische Trattoria, die sich am zentralen Platz, der Piazza delle Erbe befindet, bringt dampfende Teller voll heimischer Spezialitäten nach Jahreszeit auf den Tisch. Am typischsten ist das *pollo alla viterbese*, ein knusprig gebratenes Hähnchen gefüllt mit gewürzten Kartoffeln und grünen Oliven. Dazu gibt es einen erlesenen Wein.

Gran Caffè Schenardi CAFÉ €
(☎0761 34 58 60; Corso Italia 11–13) Das Schenardi gibt es schon seit 1818, und die kunstvolle Innendekoration scheint original aus dieser Zeit zu stammen. Der Kaffee und das Gebäck sind allerdings nichts Besonderes.

Praktische Informationen

Postamt (Via Filippo Ascenzi) Gegenüber der Touristeninformation.

Touristeninformation (☎0761 32 59 92; www.provin cia.vt.it, auf Italienisch; Via Filippo Ascenzi; ⏲Di–So 10–13 & 15–18 Uhr)

An- & Weiterreise

AUTO & MOTORRAD Die Fahrt nach Viterbo dauert etwa 1½-Studen über die Via Cassia (SS2). Zur Altstadt gelangt man durch die Porta Romana auf die Via Giuseppe Garibaldi, die zur Via Cavour wird. Parkplätze gibt es entweder an der Piazza Martiri d'Ungheria oder der Piazza della Rocca.

BUS In Rom fahren die Cotral-Busse (4,80 €, 1½ Std. alle 30 Min.) ab der Station Saxa Rubra an der Bahnlinie Ferrovia Roma–Nord. Die Züge (Standard BIT) nach Saxa Rubra erreicht man von der Piazzale Flaminio (direkt nördlich der Piazza del Popolo). Viterbo ist mit einem BIRG-Ticket Zone 5 (9 €) im Fahrpreis abgedeckt.

In Viterbo steigt man an der Porta Romana aus, nicht am Intercity-Busbahnhof bei Riello, der einige Kilometer nordwestlich der Stadt liegt. Im letzteren Fall gibt es eine Busverbindung (1 €) in die Stadt. Für die Rückreise nach Rom geht der Bus ab den Haltestellen Porta Romana oder Piazzale Gramsci.

ZUG Züge fahren stündlich montags bis samstags, sonntags nur alle zwei Stunden. ab Stazione Ostiense in Rom (aussteigen in Viterbo Porta Romana). Die Fahrt dauert fast zwei Stunden und kostet 4,50 € je Richtung.

Rund um Viterbo

Römer besuchen Viterbo hauptsächlich wegen der heißen Quellen etwa 3 km westlich der Stadt. Am leichtesten erreichbar sind die **Terme dei Papi** (☎07 61 35 01; www.termedeipapi.it; Strada Bagni 12; Becken 12 €, So 25 €; ⏲Mi–Mo 9–19 Uhr, Sa zusätzl. 21.30–1 Uhr) mit schwefelhaltigem Wasser. Massagen (ab 65 € für 50 Min.) und Schlammbäder (ab 15 €) sind im Angebot. Erreichbar mit dem Bus ab Viterbos Viale Trento (1 €).

Weniger Schlamm und mehr Hochrenaissance gibt es in der wunderschönen **Villa Lante** in Bagnaia, 4 km nordöstlich von Viterbo. Ein traumhaftes Ensemble aus Gärten mit Terrassen, Wasserkaskaden und fröhlich winkenden Statuen ist Teil eines großen, ländlichen **Parks** (☎07 61 2880 08; Eintritt 2 €; ⏲Di–So 8.30 Uhr bis 1 Std. vor Sonnenuntergang), der eine Villa aus dem 16. Jh. umgibt. Bagnaia erreicht man von Viterbo aus mit dem Bus ab der Viale Trieste (1 €).

Ein weiteres Renaissancewunder ist der fünfeckige Palazzo Farnese (07 61 64 60 52; Eintritt 5 €; Di–So 8.30–18.45 Uhr) mit dem runden Innenhof. Er befindet sich in Caprarola, 20 km südöstlich von Viterbo. Die Mauern wurden vom großen Militäringenieur Antonio da Sangallo dem Jüngeren begonnen und dann von Vignal angepasst. Die außergewöhnliche Innendekoration enthält Gemälde der besten Manieristen jener Zeit. Sehr schön sind die Fresken von Taddeo und Federico Zuccari in der Sala del Concilio di Trento. Reguläre Linienbusse fahren ab Busbahnhof Riello außerhalb von Viterbo nach Caprarola (2 €, 40 Min.).

In Bomarzo, 17 km nordöstlich von Viterbo, gibt es eine Anlage aus dem 16. Jh., die Kindern wie auch Erwachsenen Spaß macht: der Parco dei Mostri (Monsterpark; 07 619 24 029; www.parcodeimostri.com; Eintritt/erm. 10/8 €; 8 Uhr bis Sonnenuntergang). Die Gärten des Palazzo Orsini werden von uralten, gigantischen Skulpturen dominiert, darunter ein Monster, ein Riese und ein Drache. Von Viterbo aus fährt der Cotral-Bus ab Piazzale Giordano Bruno nach Bomarzo (0,60 €, 40 Min.). Der weitere Weg zum Palazzo Orsini ist ausgeschildert.

Etwa 32 km nördlich von Viterbo liegt, inmitten der smaragdgrünen Landschaft, das hübsche Bagnoregio. Gleich daneben schließt *il paese che muore* (die sterbende Stadt), Civita di Bagnoregio an, die Bagnoregio verdrängt hat. Die malerisch-dramatische Hügelstadt wird über eine lange Brücke betreten. Ein Erdbeben im 17. Jh. bedeutete das Ende dieses sich ohnehin im Niedergang befindlichen Städtchens. Die Häuser stehen auf Vulkantuff, der langsam zerbröckelt, sodass die Gebäude am Rand zusammenfallen. Etwa zwölf Einwohner zählt das Städtchen, doch im Sommer sind es mehr.

Weitere Informationen findet man unter www.civitadibagnoregio.it. Von Viterbo aus fahren regelmäßig Cotral-Busse nach Bagnoregio (2,50 €, 35 Min.), die alte Stadt liegt dann 2 km Fußweg entfernt.

Castelli Romani

20 km südlich von Rom erstrecken sich die Colli Albani (Albanerberge). Zusammen mit 13 Städtchen wird die Gegend Castelli Romani genannt. Seit frühen Römertagen erholte man sich hier in frischer Landluft; heute fallen hier die Städter v. a. an heißen Sommerwochenenden ein. Am berühmtesten sind die Städtchen Castel Gandolfo, die traditionelle Sommerfrische des Papstes, und Frascati, wo der berühmte frische Weißwein herkommt.

FRASCATI

Ein kleiner Tagesausflug mit Bus oder Bahn führt von Rom zum erfrischenden Frascati. Hier lockt die Aussicht über das dunstige Rom bei köstlichem Essen und Wein.

Frascati Point (06 9401 5378; Piazza G Marconi; 8–20 Uhr) bietet Informationen über heimische Weine, Lagen und *cantine* (Weinkeller). Das Büro befindet sich in den einstigen Ställen der Villa Aldobrandini, die erst vor Kurzem von Italiens hippstem Architekten, Massimiliano Fuksas, neu gestaltet wurden. Auch das Museo Tuscolano (06 941 71 95; Di–Fr 10–18, Sa 10–19 Uhr) befindet sich darin, mit kunstvoll beleuchteten Artefakten aus der Republik und der Kaiserzeit sowie interessanten Modellen der Villen Tusculums.

Die imposante Villa, die sich aus den Gärten oberhalb des Platzes erhebt, ist die Villa Aldobrandini aus dem 16. Jh., von Carlo Maderno nach einem Entwurf von Giacomo della Porta erbaut. Sie ist der Öffentlichkeit nicht zugänglich, doch die Gärten können besichtigt werden (Mo–Fr 8–14 & 15–18 Uhr).

Die Ruinen des alten Tusculum sind mit dem Auto gut zu erreichen. Alles, was von dieser einst so mächtigen Stadt übrig blieb, ist ein kleines Amphitheater, eine zerfallene Villa und ein Sträßchen, das zur Stadt hinaufführt. Der grasbewachsene Hügel ist bei Spaziergängern aber recht beliebt, da er schöne Landschaftsausblicke bietet.

Die meisten Leute kommen aber nach Frascati, um hier zu essen und zu trinken und in der heißen Jahreszeit ein wenig frische Luft zu schnappen (hier oben ist es einige Grad kühler).

Die Gegend ist für ihren Weißwein berühmt, den man hier, wie auch andere Weine der Gegend, überall angeboten bekommt. Das beste Restaurant der Stadt ist Cacciani (06 942 03 78; Via Al Diaz; Mahlzeiten 55 €; Di–Sa), mit vorzüglichem Essen und einer wunderschönen Terrasse. Entspannter geht es in den einfacheren *cantine* zu, die gerne *porchetta,* Oliven, Salami und Käse mit Krügen frischen, jungen Weißweins verkaufen. *Porchetta panini* werden am Wochenende auch gern an den Verkaufsständen um die Piazza del Mercato angeboten.

Eine typische *fraschetta* (Osteria, die traditionell nur *porchetta* und Wein serviert) ist die **Hosteria San Rocco** (☎06 9428 2786; Via Cadorna 1; ⌚Mittag- & Abendessen). Von den Einheimischen „Da Trinco" genannt, bietet sie traditionelle Pastagerichte wie *spaghetti alla gricia*, aber auch *saltimbocca* und eine große Auswahl Antipasti an. Im Sommer werden die Tische vor das Lokal auf die gleichnamige Piazza gestellt, die abends von den Einheimischen bevölkert wird.

CASTEL GANDOLFO & UMGEBUNG

Im eleganten, nur wenige Kilometer entfernten **Grottaferrata** steht eine **Abtei** (☎06 945 93 09; Viale San Nilo; ⌚7–12.30 & 15.30 Uhr bis 1 Std. vor Sonnenuntergang) aus dem 15. Jh., die schon 1004 gegründet wurde. Heute lebt dort eine Kongregation griechischer Mönche mit hohen schwarzen Hüten. Die weihrauchgeschwängerte Atmosphäre im reich verzierten Innenraum ist absolut mystisch. Zum Essen in der Stadt empfiehlt sich das renommierte **Da Franchino** (☎06 945 91 72; Via Principe Amadeo).

Weiter in Richtung Südwesten liegt **Castel Gandolfo,** ein gepflegtes *borgo* (mittelalterliches Städtchen) auf einem Hügel, überragt von der päpstlichen Sommerresidenz. In diesem Bau aus dem 17. Jh. hält der Papst im Juli und August seine Audienzen ab.

Der Ort blickt über die blaue Weite des **Lago di Albano**. Der See ist zum Schwimmen freigegeben, und neben einigen Cafés werden am Strand auch Liegestühle und Tretboote angeboten. Ein schöner Ausflugsort an heißen Sommertagen.

Der kleinere der beiden Vulkanseen im Gebiet der Castelli Romani, der **Lago di Nemi**, war in der Antike ein Kultzentrum der Göttin Diana und bevorzugter Ferienort von Caligula. Das **Museo delle Navi Romani** (☎06 939 80 40; Via Diana 15; Eintritt 3 €; ⌚Mo–Sa 9–19, So 9–13 Uhr) am Seeufer wurde von Mussolini für zwei römische Boote errichtet, die 1932 aus dem See geborgen wurden. Sie stammten aus Caligulas Zeit und wurden tragischerweise 1944 vom Feuer zerstört – die heutigen Ausstellungsstücke sind kleinere Nachbildungen.

Die **Trattoria la Sirena del Lago** (☎06 936 80 20; Via del Plebiscito 26; Mahlzeiten 30 €) über dem Felsabhang serviert hervorragend zubereitetes Wild und Forellen aus der Gegend zum kühlen Wein. Nemi ist auch berühmt für seine Walderdbeeren – die während der Beerenzeit über fast alles (besonders Eiscreme) gestreut werden.

ℹ Anreise & Unterwegs vor Ort

Es fahren zwar Busse nach Frascati, aber der Zug ab der Stazione Termini (1,90 €, 30 Min., Mo–Sa ungefähr stündl., So alle 2 Std.) ist günstiger.

Ein Cotral-Bus fährt von Frascati nach Grottaferrata (1 €, 10 Min., alle 30–40 Min.) ab der Piazza Marconi. Von dort aus verkehren auch Busse nach Genzano di Roma (1 €, 45 Min., etwa stündl.), wo man umsteigen kann nach Nemi (1 €, 10 Min., etwa stündl.). Busse fahren auch nach Castel Gandolfo, doch mit dem Zug ab Roms Stazione Termini (1,90 €, 40 Min.) geht es viel leichter. Zwischen Frascati und Castel Gandolfo gibt es keine Zugverbindungen, aber es verkehren Busse ab der Piazza Marconi (1 €, 30 Min.).

Palestrina

21.340 EW.

Das hübsche Städtchen Palestrina liegt an den Hängen des Monte Ginestro, einem Vorgebirge der Apenninen. In der Kaiserzeit war dies eine berühmte Sommerfrische für wohlhabende Römer auf der Flucht vor der großen Sommerhitze.

Überragt wird es vom **Santuario della Fortuna Primigenia**, einem ausladenden Heiligtum der Göttin Fortuna aus dem 2. Jh. v. Chr. auf sechs Terrassenebenen. Heute liegt der größte Teil davon unter dem *centro storico*. Im 17. Jh. wurde der **Palazzo Colonna Barberini** auf der obersten Terrasse erbaut, in dem sich heute das fantastische **Museo Archeologico Nazionale di Palestrina** (☎06 953 81 00; Piazza della Cortina; Eintritt 5 €; ⌚9–20 Uhr, Kasse schließt um 19 Uhr) befindet. Zu den Highlights der Museumssammlung gehört die wundervolle „Kapitolinische Trias", eine Marmorskulptur mit Jupiter, Juno und Minerva, sowie ein spektakuläres Mosaik aus dem 2. Jh. v. Chr. mit einer Darstellung der Nilüberschwemmung, einer unglaublich detaillierten Wiedergabe des Lebens im alten Ägypten. Der Kryptoportikus umgab einst die höchste Terrasse des Heiligtums und wurde in den Palastbau miteinbezogen.

Ein guter Tipp für das Mittagessen ist das **Ristorante Stella** (☎06 953 81 72; Piazza della Liberazione 3; Mahlzeiten 30 €) im gleichnamigen 1960er-Jahre-Hotel, das sich direkt unterhalb der Kathedrale befindet. Hier gibt es leckere Gerichte wie *pappardelle alla lepre* (Nudeln mit Hasenragout) und *risotto al tartufo* (Trüffelrisotto).

DER HEILIGE BENEDIKT

Der hl. Benedikt wird meist als Begründer des westlichen Mönchstums betrachtet. Um der Sünde zu entfliehen, die ihn als Student in Rom so abstieß, suchte er das Dunkel einer Grotte bei Subiaco auf, um dort zu meditieren und zu beten. Während dieser Zeit gewann er eine große Gefolgschaft, die schließlich den Zorn seiner Mitbrüder hervorrief und ihn dazu zwang, weiterzuziehen.

Es lohnt sich, die Reise in das dramatisch-abgelegene Subiaco zu unternehmen und sich die wunderbaren Klöster und die Abtei mit ihren atemberaubenden Ausblicken anzusehen. Das **Kloster San Benedetto** (☎07 748 50 39; ⏲9–12.30 & 15–18.15 Uhr, nur mit Führung) ist in die Felsen über der ehemaligen Grotte des Heiligen gebaut. Abgesehen von dieser atemberaubenden Lage, die von Petrarch als „am Rande des Paradieses" beschrieben wurde, ist es noch reichlich ausgestattet mit Fresken aus dem 13. bis 15. Jh.

Am Berg unterhalb vom Kloster des hl. Benedikt steht das **Kloster der hl. Scholastica** (☎07 748 55 69; ⏲Juni–Aug. 15.30–19.30 Uhr), das einzige unter den 13 vom hl. Benedikt gebauten Klöstern, das noch im Tal von Amiene steht. Das Lokal im Kloster bietet schmackhafte Menüs für 18 bzw. 26 €. Wer gern über Nacht bleiben will, sollte dies in der **Foresteria** (☎07 748 55 69; www.benedettini-subiaco.org; pro Pers. Vollpension 58 €) tun, wo man die Nachtzeit komfortabel und kontemplativ verbringen kann. Eine Vorausbuchung ist allerdings ein Muss, da viele Benediktiner aus der ganzen Welt hierherpilgern, um in den berühmten **Archiven** und der **Bibliothek** des Klosters zu arbeiten.

Von Subiaco aus zog der hl. Benedikt südwärts, bis ihn der Überlieferung nach drei Raben zum Gipfel des Monte Cassino führten. Hier gründete er 529 n. Chr. die Abtei, in der er bis zu seinem Lebensende 547 n. Chr. wirkte. Eines der wichtigsten christlichen Zentren im Mittelalter, das monumentale **Kloster Monte Cassino** (☎07 7631 1529; ⏲Juli & Aug. bis 18 Uhr) wurde im Lauf der Geschichte mehrmals zerstört und wieder aufgebaut, zuletzt im Jahr 1953. In der Endphase des Zweiten Weltkriegs bombardierten die Alliierten das Kloster und zerstörten es bis auf die Grundmauern. Nach der Bombardierung rückte die deutsche Wehrmacht in die Ruinen ein und besetzte sie für mehrere Monate. In der Folgezeit tobte hier eine der blutigsten Schlachten des Zweiten Weltkriegs. In Cassino gibt eine **Touristeninformation** (☎07 762 12 92; Via di Biasio; www.apt.frosinone.it; ⏲Mo–Fr 8.30–13.30 & 16–18, Sa 8.30–13.30 Uhr) Auskunft.

Die Klöster von Subiaco erreicht man von Rom aus mit dem Cotral-Bus ab Ponte Mammolo an der Metrolinie B. Er fährt zum Busbahnhof in Subiaco an der Piazza Falcone (6,30 €, 1¼ Std., alle 15–30 Min., weniger häufig am Wochenende). Die schnellere Fahrt geht über die A24, die langsamere über Tivoli. Der Bus hält an einer Haltestelle unweit des Klosters der hl. Scholastica – der 3 km lange Weg zum Kloster ist steil, bietet aber schöne Ausblicke.

Züge nach Cassino fahren ab der Stazione Termini (7,40 €, 1 Std. 20. Min. bis 2 Std.); einige Züge sind etwas schneller. Linienbusse fahren von der Piazza San Benedetto zum Kloster. Zu Fuß dauert es etwa zwei Stunden den Berg hinauf und 1½ Stunden zurück!

Der Cotral-Bus fährt ab der Metrostation Ponte Mammolo in Rom (2,50 €, 1 Std., halbstündl.). Die Fahrt ist in einem BIRG-Ticket Zone 3 (6 €) inbegriffen. An der zweiten Bushaltestelle auf der Hauptstraße in Palestrina steigt man aus und klettert die *sehr* steilen Treppen und engen Gassen hinauf zum Museum am Berg, hoch über der Kathedrale.

Autofahrer, die von Rom aus einen Abstecher nach Palestrina unternehmen wollen, folgen einfach der Via Prenestina (SS155) etwa 39 km weit.

Die Küste entlang

Fregene und der Lido di Ostia sind die beiden wichtigsten Strände bei Rom, an denen sich im Sommer ganz Rom tummelt (wenn viele Clubs dorthin ziehen). Leider bedeutet das auch lange Staus und verschmutztes Wasser. Etwas ruhiger und sauberer geht es an der Küste weiter südlich zu.

SABAUDIA

Auf neugewonnenem Land, 120 km südöstlich von Rom, wurde Sabaudia von sonnenhungrigen Faschisten im kühlen Stil der 1930er-Jahre erbaut. Es liegt mitten im wunderbaren **Parco Nazionale del Circeo** (www.parcocirceo.it; Via Carlo Alberto 104; ⌚9–13 & 14.30–17 Uhr), einem 800 ha großen Park, der mit Sanddünen, Felsenküste, Wäldern und Feuchtgebieten aufwartet. Im **Besucherzentrum** (☎07 7351 1385) gibt es Informationen über das Angebot an Aktivitäten wie Angeln, Vogelbeobachtung, Wandern und Fahrradfahren.

Cotral-Busse fahren ab der Haltestelle vor der Metrostation Laurentina an der Linie B in Richtung Terracina und halten in Sabaudia (5,50 €, 2–3 Std. je nach Verkehr).

SPERLONGA

In der eleganten Küstenstadt Sperlonga dreht sich alles um den Tourismus. Im blendend weißen *centro storico* wimmelt es von Menschen (im Sommer zumindest), und es gibt zwei hübsche Sandstrände an den Flanken des Felssporns.

Neben dem Strand ist die Hauptattraktion der Stadt das **Museo Archeologico di Sperlonga** (☎07 715 48 028; Via Flacca, Km 1,6; Eintritt/erm. 4/2 €; ⌚9–19 Uhr) mit Skulpturen und Masken aus dem 2. Jh. v. Chr. und einer Felshöhle mit einem kleinen See, in dem Tiberius gern gebadet hat. Die Überreste seiner Villa liegen vor dem Höhleneingang.

Hotel Mayor (☎07 7154 9245; Via 1 Romita 4; www.hotelmayor.it; EZ 65–140 €, DZ 90–150 €; P❄) liegt nahe der Küstenstraße, die in die Stadt führt. Die Gästezimmer sind einfach, aber recht nett eingerichtet und sauber, einige haben Balkon.

Tagesfrische Fische und Meeresfrüchte serviert das rustikale **Gli Archi** (☎07 7154 83 00; Via Ottaviano 17; Mahlzeiten 40 €) im mittelalterlichen Zentrum. Zu ihren Spezialitäten gehören *linguine agli scampi* (flache Spaghetti mit Scampi) und *zuppa di cozze* (Muschelsuppe). Den Büffelmozzarella muss man einfach gegessen haben – er ist taufrisch, da viele Hersteller in der Gegend ihre Ware anbieten.

Von Rom aus fährt ein Regionalzug nach Sperlonga ab der Stazione Termini bis Fondi-Sperlonga (6,20 €, 1¼ Std., etwa 20-mal pro Tag). Am Bahnhof in Fondi fährt ein **Piazzoli**-Bus(www.piazzoli.it) nach Sperlonga (1 €, 10 Min., stündl.). Der Bus von Sperlonga nach Fondi fährt ab der Haltestelle an der Hauptstraße in der Unterstadt.

Sperlonga liegt 120 km von Rom entfernt. Autofahrer nehmen die Via Pontina (SS148) und folgen der Beschilderung nach Terracina und dann Sperlonga.

Isole Pontine

Diese Gruppe kleiner Inseln zwischen Rom und Neapel sind ein italienisches Nobelerholungsgebiet. Am Wochenende kommen die Römer scharenweise, essen Muschelgerichte auf den Restaurantterrassen, schwimmen in stillen Buchten und fahren mit dem Boot die Felsenküste entlang. Während der Ferienzeit sind Ponza und Ventotene – die einzigen bewohnten Inseln – überfüllt, und der Aufenthalt ist nicht billig. Die beste Besuchszeit ist Frühjahr oder Herbst.

Die Inseln sind seit Langem als Erholungsorte bekannt. Homer nennt Ponza in der *Odyssee*. Doch mit dem Niedergang des Kaiserreichs waren die Inseln den Streifzügen von Sarazenen und Plünderern vom Festland und den Liparischen Inseln ausgesetzt. In dieser Zeit wurden sie hauptsächlich von Menschen bevölkert, die man ins Exil geschickt hatte.

Ein Goldenes Zeitalter brach im 18. Jh. an, doch wurde durch die rege Bautätigkeit und die starke Nutzung der natürliche Lebensraum zerstört. Ponza ist immer noch ökologisch in schlechter Verfassung: Landwirtschaftlicher Terrassenanbau verursacht große Erosionsschäden, und das Fangen von Singvögeln ist immer noch äußerst weit verbreitet. Zum Glück sind die Inseln jetzt einer Parkaufsicht unterstellt.

Schlafen

Viele Einheimische vermieten Zimmer an Touristen; meist gehen sie am Hafen auf Kundenfang. Auch das **Touristenbüro Pro Loco** (☎0771 800 31; www.prolocodiponza.it) ist sehr hilfreich. Folgende Unterkünfte gibt es auf Ponza.

Villa Ersilia ZIMMER €

(☎0771 800 97; www.villaersilia.it) vermietet verschiedene einfache Zimmer, Studios sowie Apartments zu Preisen von 35 bis 100 € pro Nacht und Person.

Villa Laetitia BOUTIQUE-GÄSTEHAUS €€

(☎0771 985 10 03; www.villalaetitia.com; Salita Scotti; DZ 230 €) Für diese elegante Residenz der Familie Fendi ist Vorausbuchen unabdingbar. Es werden nur drei Zimmer vermietet, doch die sind exquisit mit stilvollen Kunstgegenständen dekoriert und bieten einen weiten Blick aufs Meer.

Anreise & Unterwegs vor Ort

Ponza und Ventotene können mit Autofähre oder Tragflügelboot von Anzio, Terracina, Neapel und Formia angefahren werden. Einige Schiffe fahren ganzjährig, andere nur von Ende Juni bis Anfang September. Die größten Anbieter sind **SNAP** (www.snapnavigazione.it, auf Italienisch), **Caremar** (www.caremar.it, auf Italienisch) und **Vetor** (www.vetor.it). Die aktuellen Abfahrtszeiten sind erfahrbar auf den jeweiligen Webseiten, bei vielen Reisebüros und, in den Sommermonaten, in den römischen Ausgaben von *Il Messaggero* und *Il Tempo*. Die Preise sind je nach Abfahrtsort und Art des Schiffs unterschiedlich hoch (Reisedauer zwischen 1 Std. 20 Min. und 2½ Std.) – die 2½-stündige Überfahrt mit der Fähre von Terracina nach Ponza kostet 20 € (Rückfahrkarte).

Im Sommer sind Autos und schwere Motorräder auf Ponza verboten, aber die Busverbindungen sind gut (Fahrkarten 1 €). Es werden aber auch Motorroller vermietet ebenso wie Golf-Buggys.

Turin, Piemont & Italienische Riviera

Inhalt »

Gut essen

» Osteria dei Sognatori (S. 237)

» Sfashion (S. 227)

» Ombre Rosse (S. 197)

» Delle Antiche Contrade (S. 234)

Schön übernachten

» Hotel Cairoli (S. 196)

» Hotel Langhe (S. 237)

» Hotel Residence Torino Centro (S. 226)

» Hotel Barolo (S. 239)

Auf nach Turin, ins Piemont & zur Italienischen Riviera!

Das Schöne am Nordwesten Italiens ist, dass vieles so nah beieinanderliegt. Nach einer kurzen Fahrt von Turin aus ist bereits alles ganz anders: Essen, Kultur, Landschaft, sogar die Sprache.

Die Anziehungskraft dieses Landstrichs beginnt in Ligurien, einem schmalen Küstenstreifen, der bekannt ist für sein gutes Essen, schicke Ferienorte und die einst mächtige Handelsmacht Genua. Das Piemont ist eine flache, fruchtbare Region zwischen Alpen und Mittelmeer. Es ist eine politisch und wirtschaftlich treibende Kraft, die den Italienern die erste Hauptstadt (Turin) schenkte, populäre Autos (Fiat), die Slow-Food-Bewegung und erstklassige Weine. Das bergige Aostatal dagegen ist eine halbautonome Alpenregion mit einer ganz anderen geschichtlichen Entwicklung, einer eigenen Sprache und viel Platz zum Skifahren und Wandern im Schatten der höchsten Berge Europas.

Reisezeit

Turin

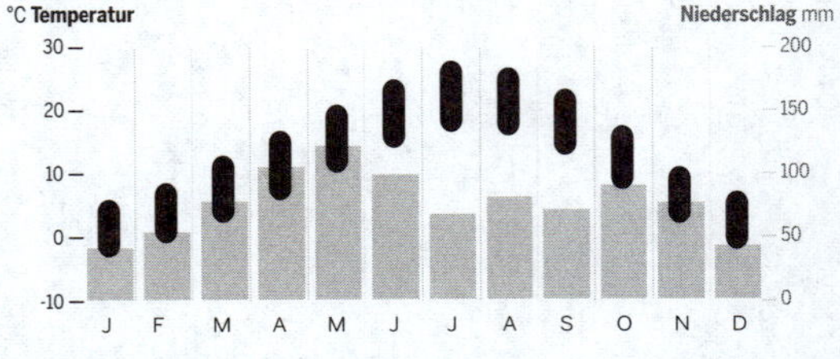

Jan.-März Verlässliche Schneedecke und ideale Bedingungen zum Skifahren in den Alpen.

April Weniger Touristen und günstige Zeit zum Wandern an der ligurischen Küste.

Sept. & Okt. Wandern in der Nachsaison in den Alpen und Herbstfeste in Turin und Alba.

Kulinarische Erfindungen des Nordwestens

» **Pesto** Die Pastasauce aus püriertem Basilikum, Pinienkernen, Olivenöl, Knoblauch und Hartkäse stammt aus Genua.

» **Focaccia** Mit Kräutern bestreute Brotfladen aus Ligurien.

» **Grissini** Die dünnen, knusprigen Brotstangen wurden angeblich 1679 in der Gegend um Turin erfunden.

» **Nutella** Der Schokoladenhersteller Ferrero mischte erstmals 1963 die beliebte Nuss-Nougat-Creme.

» **Fontina** Würziger, nussiger Käse, der im Aostatal seit dem 12. Jh. hergestellt wird.

» **Arborio** Rundkornreis, der v. a. für Risotto geeignet ist und aus der gleichnamigen Stadt stammt.

SLOW FOOD

Eine Gruppe italienischer Journalisten aus Bra im Piemont hatte in den 1980er-Jahren die geniale Idee zu einer Kampagne für Slow Food. Was ihre Geschmacksknospen anging, waren sie sich einig, und so starteten sie einen globalen Kreuzzug gegen Fastfood, einen Moloch, dessen Plastiktentakeln die jahrhundertealte kulinarische Tradition Italiens zu verschlingen drohte. Ihr Glaubenssatz lautete, dass Genießen wichtiger ist als Geschwindigkeit und Geschmack wichtiger als Bequemlichkeit. Dies begründeten sie 1987 in einem Manifest, das Nachhaltigkeit, regionale Erzeugung und die Erhaltung bewährter, kulinarischer Traditionen in den Vordergrund stellte. Überraschenderweise verbreitete sich der Slow-Food-Gedanke sehr schnell. 2004 eröffnete der Begründer der Slow-Food-Bewegung, Carlo Petrini, die Universität für Gastronomische Wissenschaften in Pollenzo mit dem Ziel, den Stab an zukünftige Generationen weiterzugeben. Der Gedanke setzte sich durch. Heute hat die Slow-Food-Bewegung über 100 000 Mitglieder in 150 Ländern, zu denen auch bekannte Firmen gehören

Die schönsten Wandergebiete

» **Nationalpark Gran Paradiso** Eine der wenigen Regionen Italiens, wo die Natur noch wild ist.

» **Courmayeur** Hier treffen drei italienische Fernwanderwege aufeinander. Alta Via 1 und 2 im Aostatal und die 165 km lange Tour du Mont Blanc.

» **Cinque Terre** Klippenwanderungen durch terrassenartig angelegtes Bauernland und verschlafene Fischerdörfer.

» **Barbaresco** Wanderungen und Weinproben im sanft hügeligen Weinanbaugebiet Langhe im Piemont.

» **Portofino** Ein kostbares Fleckchen unerschlossene Küste, das mitten zwischen todschicken Ferienorten liegt.

» **Seealpen** Fantastische Wandermöglichkeiten entlang der Grenze zu Frankreich.

NICHT VERSÄUMEN

Der Alpin-Skisport ist im Nordwesten äußerst beliebt, insbesondere in den Orten an der Via Lattea (Milchstraße) westlich von Turin, im Aostatal und in Limone Piemonte bei Cuneo.

Weltkulturerbe der Unesco

» **Cinque Terre** Mittelalterliche Fischerdörfer und von Menschenhand geformte, terrassierte Klippen an der ligurischen Küste.

» **Residenzen des Hauses Savoyen** Eine Reihe barocker königlicher Paläste in und um Turin, u. a. Palazzo Madama, Palazzo Reale und Venaria Reale.

» **Sacri Monti** Neun heilige Berge im Piemont und in der Lombardei mit christlichen Kapellen und Pilgerstätten.

» **Palazzo dei Rolli** Zweiundvierzig Adelspaläste in Genua aus der Zeit der Renaissance und des Barock.

Die besten Weine

» Barolo

» Barbaresco

» Barbera d'Asti

» Dolcetto d'Alba

» Sciacchetrà

» Asti Spumante

Highlights

1. Sich entspannt in einem der im üppigen Stil der Jahrhundertwende eingerichteten Cafés in Turin zurücklehnen (S. 228).
2. In den beeindruckenden Palazzi dei Rolli die Kunst und Architektur der einst mächtigen Seemacht Genua entdecken (S. 193).
3. Anbaugebiet, Tannine und Geschmack mit eingefleischten Weintrinkern aus Barolo diskutieren (S. 238).
4. In den Cinque Terre einen der Wege auf den herrlichen Klippen erwandern, den blauen, den roten, einen Pfad im Naturschutzgebiet oder welchen auch immer (S. 205).
5. Genau hinhören, wer denn nun Französisch, Italienisch oder Walserdeutsch spricht im multikulturellen Aostatal (S. 245).
6. Dem Getriebe im Aostatal entfliehen und sich zu Fuß auf den Weg machen in den Nationalpark Gran Paradiso (S. 254).
7. Im Oktober nach Alba reisen, um zu sehen, wie bei dem jährlichen Trüffelfest weiße Trüffel zu exorbitanten Preisen verkauft werden (S. 236).

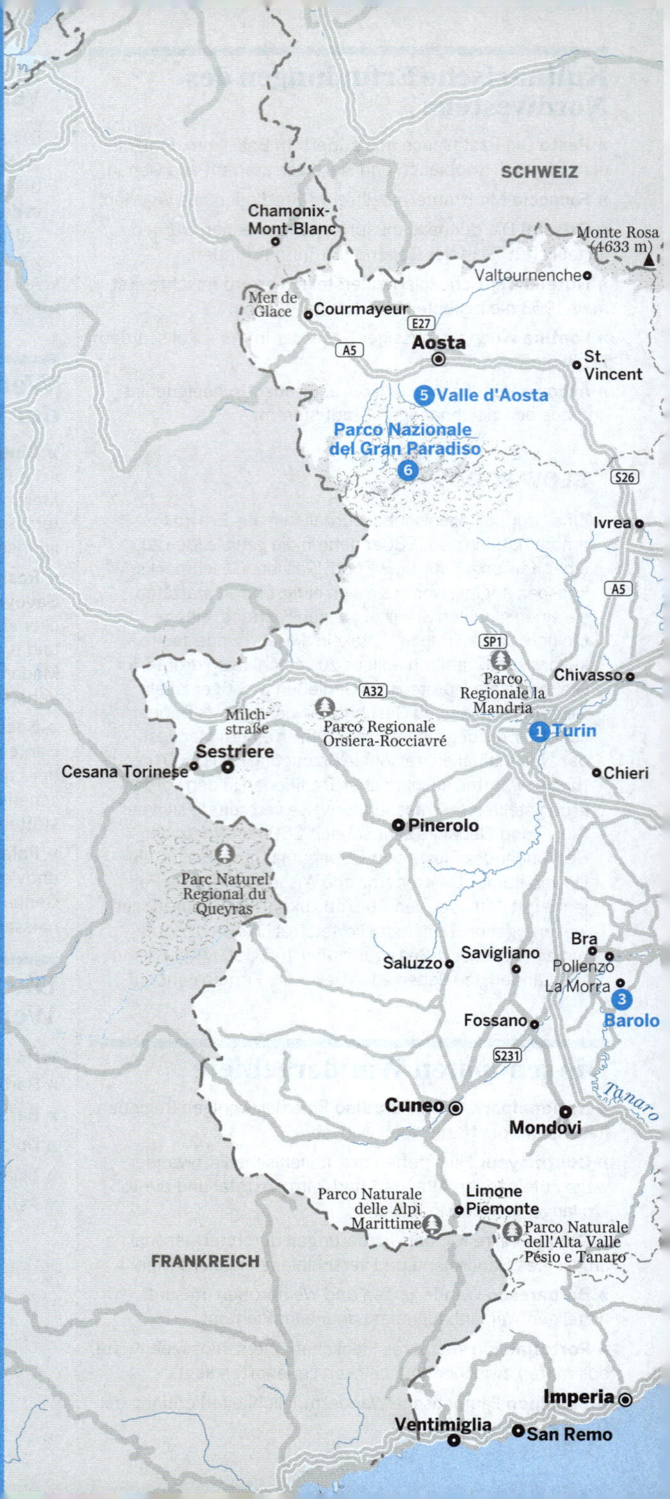

0 40 km
SCHWEIZ
Toce
Locarno
Bellinzona
Domodossola
Sondrio
Parco Nazionale Val Grande
Lugano
Lago di Lugano
Comer See
Lago Maggiore
Bellagio
LOMBARDEI
Omegna
Varallo
Lago d'Orta
Orta San Giulio
Chiasso
Varese
Arona
San Pellegrino Terme
Adda
Bergamo
SS42
Biella
A26
Busto Arsizio
Lago d'Iseo
A4
Milan
Brescia
Novara
Ticino
Vercelli
Vigevano
Crema
Lodi
Oglio
A7
Casale Monferrato
Pavia
A21
PIEMONT
Po
Cremona
Valenza
Piacenza
Voghera
Asti
Alessandria
Tortona
Barbaresco
Neive
7 Alba
Novi Ligure
Fidenza
A15
EMILIA-ROMAGNA
Acqui Terme
A26
A15
Pegli
2 Genua
Nervi
Sta Margherita
Varazze
Camogli
Rapallo
Savona
LIGURIEN
San Fruttuoso
Chiavari
Pontremoli
Portofino
Golfo di Genova
Sestri Levante
Parco Nazionale delle Cinque Terre
TOSKANA
4
Finale Ligure
Vernazza
Corniglia
La Spezia
Albenga
Manarola
Sarzana
Riomaggiore
Lerici
Porto Venere
Massa
Ligurisches Meer
Seravezza
Forte dei Marmi

LIGURIEN

1,61 MIO. EW.

Das auffallendste Merkmal Liguriens ist die Tatsache, dass es praktisch nirgendwo flach ist. Der halbmondförmige Bogen liegt eingekeilt zwischen dem Piemont und der Küste, wo Alpen und Apennin schroff ins Meer abfallen. Diese heikle Topografie hat deutlich erkennbare Spuren in der ganzen Region hinterlassen. Auf aufwendig angelegten terrassierten Flächen oberhalb der Klippen wird Landwirtschaft betrieben. Fischerdörfer, die in unglaublicher Lage am Hang kleben, nutzen seit Langem das Meer, damit ihre Taschen und Teller gefüllt sind.

Das einst mächtige Genua liegt am günstigsten Naturhafen Liguriens. Einheimische nennen die Stadt selbstbewusst *La Superba* (Die Stolze), denn sie beherrschte im Mittelalter eine der wichtigsten Seemächte Europas. Zu beiden Seiten der Stadt liegen die schicken Ferienorte der Italienischen Riviera, mit einigen Abschnitten, die zeitlos erscheinen, insbesondere die Halbinsel Portofino und die berühmten Cinque Terre. Trotz der begrenzten landwirtschaftlichen Fläche ist Ligurien bekannt für seine kulinarischen Spezialitäten: Sardellen, Zitronen, knusprige Focaccia und eine dunkelgrüne Sauce, die jeder inzwischen als Pesto kennt.

Genua

609 746 EW.

Im Gegensatz zum eleganten Turin ist Genua eine quirlige Hafenstadt, die manchmal wirkt wie aus einem Roman von Charles Dickens. Die engen, gewundenen Gassen (*caruggi*) erinnern eher an eine marokkanische Altstadt als an venezianische Pracht. Die einstige Stadtrepublik war eine wichtige Handelsmacht, und hier wurden Persönlichkeiten geboren wie Kolumbus und Mazzini, die die Welt komplett veränderten. In der Stadt mit dem kosmopolitischen Flair ist

Ligurien

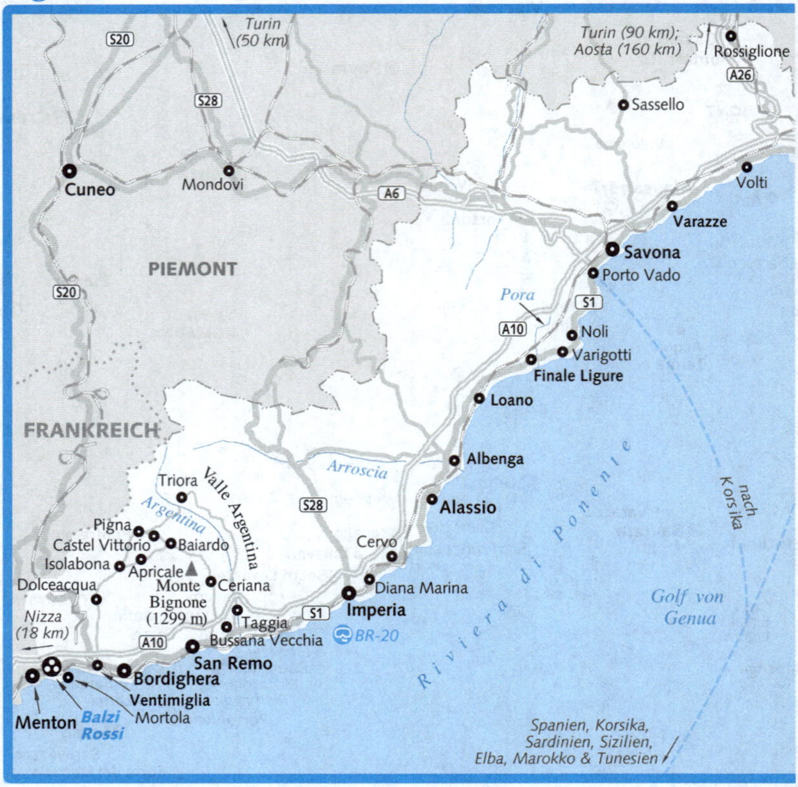

manches aus der großen, jahrhunderte alten Vergangenheit als bedeutendes kulturelles Erbe erhalten geblieben.

Tief im Labyrinth der düsteren Altstadt, in Straßen, die an alte Schwarzweißfilme erinnern, finden sich die „Schöne und das Biest" nah beieinander. Alte Männer rauchen träge vor lauten Bars, und Prostituierte stehen wie Wachposten in dunklen Eingängen. Aber am Rand der Altstadt werden Erinnerungen wach an große Zeiten, wenn man durch die goldverzierten Räume der Palazzi dei Rolli geht. Es handelt sich dabei um eine große Zahl von Adelsresidenzen aus dem 16. und 17. Jh., deren Erhaltung von der Unesco unterstützt wird.

Bis sie sich der Übermacht Piemonts beugen musste, beherrschte die Republik Genua im 12. und 13. Jh. das Mittelmeer. Adlige Kreuzfahrer aus Genua gründeten Siedlungen im Nahen Osten und in Nordafrika. Das Symbol ihrer genuesischen Flagge, das rote Kreuz des hl. Georg, wurde dann einfach von den Engländern geklaut.

1992 war die Stadt Gastgeberin der Expo, und 2004 wurde sie zur europäischen Kulturhauptstadt ernannt. Seitdem hat es radikale Umbauarbeiten in der Stadt gegeben. Im ehemals schäbigen Hafen stehen jetzt das größte Aquarium Italiens und eines der besten Meeresmuseen des Landes.

Geschichte

Genua wurde im 4. Jh. v. Chr. gegründet. Der Name leitet sich vermutlich vom lateinischen Wort *ianua* (Tür) ab. Die Römer nutzten Genua als wichtigen Hafen, später wurde die Stadt von den Franken, Sarazenen und den Mailändern besetzt. Der erste Schutzwall Genuas wurde im 12. Jh. errichtet; der einzige erhaltene Teil dieser Maueranlage, die Porta Soprana, wurde 1155 errichtet – was heute zu sehen ist, ist allerdings nur noch ein Nachbau.

Genua

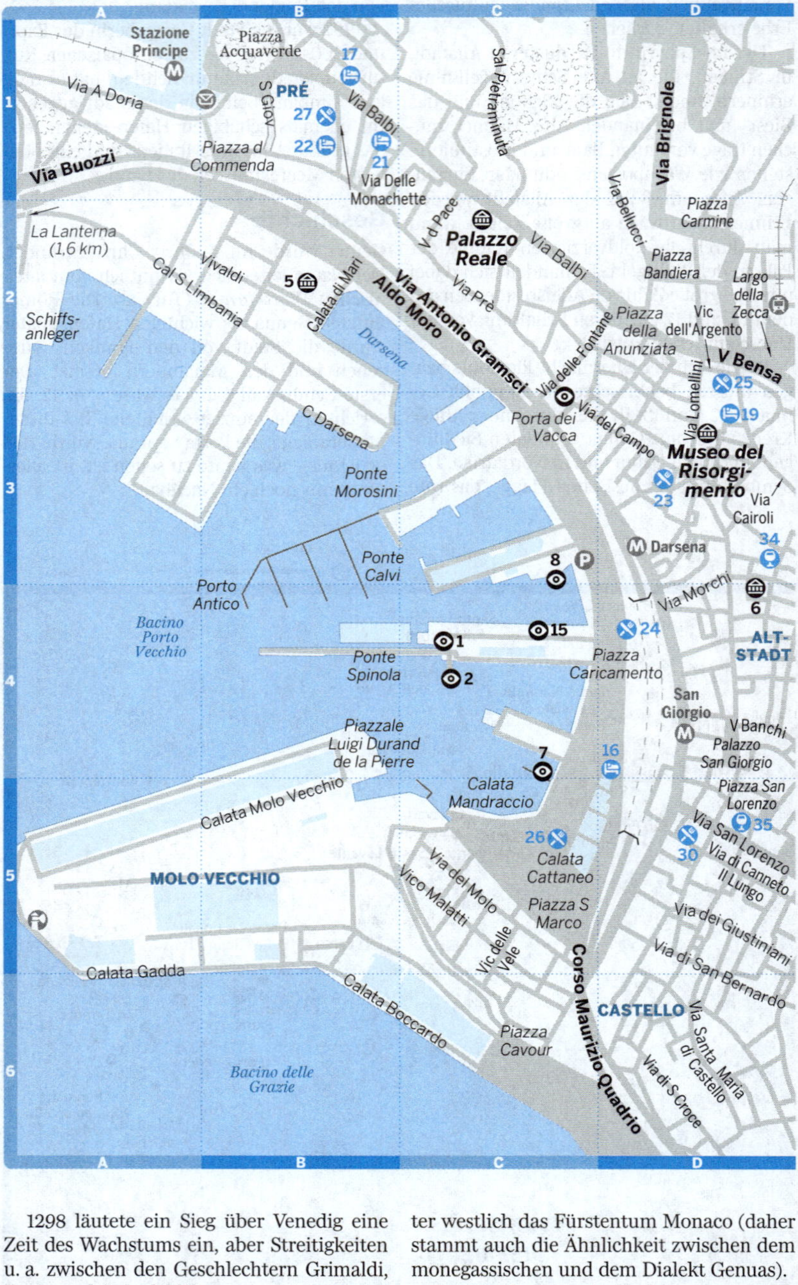

1298 läutete ein Sieg über Venedig eine Zeit des Wachstums ein, aber Streitigkeiten u. a. zwischen den Geschlechtern Grimaldi, Doria und Spinola führten zu internationalen Verwicklungen. Der Familienclan der Grimaldi verließ Genua und gründeten weiter westlich das Fürstentum Monaco (daher stammt auch die Ähnlichkeit zwischen dem monegassischen und dem Dialekt Genuas).

Im 16. Jh. finanzierte Genua unter der Herrschaft des kaiserlichen Admirals Andrea Doria mit Gewinn spanische For-

schungsfahrten. Die Schatzkammern füllten sich im 17. Jh., die Stadt wuchs und baute einen äußeren Ring an Schutzmauern. Die neu gebauten *palazzi* füllten sich mit Kunstwerken; Künstler wie Rubens zogen nach Genua. Der berühmte Architekt Galeazzo Alessi (1512–1572) entwarf viele der wunderschönen Gebäude der Stadt.

Als das Zeitalter der Entdeckungen abrupt endete, verloren der Mittelmeerraum und damit auch Genua ihre Bedeutung für den europäischen Handel. Die Stadt verfiel in einen Dornröschenschlaf.

Während des Zweiten Weltkriegs erhob sich Genua als erste nördliche Stadt gegen die nationalsozialistische Besatzung und die italienischen Faschisten und befreite sich selbst noch vor der Ankunft der alliierten Truppen. Nach Kriegsende dehnte sich die Stadt zunächst stark aus, aber schon in den 1970er-Jahren endete dieser Wachstumsschub mit dem Zusammenbruch großer Industriezweige.

Christoph Kolumbus – im Italienischen Cristoforo Colombo – ist der berühmteste Sohn Genuas. Anlässlich des 500. Jahrestags seiner geschichtsträchtigen Fahrt nach Amerika wurde 1992 der alte Hafen Genuas von einem Brackwassertümpel in das Vorzeigeobjekt der Stadt umgewandelt. Renzo Piano leitete die Umgestaltungsarbeiten und errichtete einige neue, beeindruckende Attraktionen, zusätzlich wurde eine dringend benötigte U-Bahn-Strecke gebaut. Die Ernennung zur europäischen Kulturhauptstadt im Jahr 2004 förderte weitere Renovierungsmaßnahmen und Neubauten, u. a. entstanden mehrere neue Museen.

Sehenswertes

Abgesehen von der ligurischen Küche sind in Genua ganz besonders die Palazzi dei Rolli hervorzuheben. 42 dieser eleganten Adelsresidenzen, die zwischen 1576 und 1664 erbaut wurden, stehen seit 2006 als Weltkulturerbe auf der Liste der Unesco. Die meisten befinden sich an oder nicht weit von der Via Garibaldi und Via Balbi.

Musei di Strada Nuova KUNSTGALERIE

(Kombiticket Erw./erm. 8/6 €; ⌚Di–Fr 9–19, Sa & So 10–19 Uhr) Die verkehrsberuhigte Via Garibaldi (früher Strada Nuova genannt) am nördlichen Rand der alten Stadtgrenze wurde von Galeazzo Alessi im 16. Jh. geplant. Sie wurde schnell zur begehrtesten Wohngegend der Stadt, wo sich die reichsten Genueser einen *palazzo* bauen ließen. Drei dieser *palazzi* – Rosso, Bianco und Doria Tursi – bilden zusammen die Musei di Strada Nuova, in denen Genuas schönste Gemäldesammlung alter Meister untergebracht ist.

Eintrittskarten gibt es im Buchladen im **Palazzo Doria-Tursi** (Via Garibaldi 9). Das

Genua

Highlights
Cattedrale di San Lorenzo E5
Museo del Risorgimento D3
Palazzo Reale C2
Palazzo Rosso E3

Sehenswertes
1 Acquario C4
2 Biosfera C4
3 Casa della Famiglia Colombo F6
4 Chiesa del Gesù E5
5 Galata Museo del Mare B2
6 Galleria Nazionale D4
7 Il Bigo C4
8 Il Galeone Neptune C3
9 Museo d'Arte Orientale F3
Museo del Jazz .... (siehe 14)
10 Museo del Tesoro E5
11 Palazzo Bianco E3
12 Palazzo della Borsa F5
13 Palazzo Doria-Tursi E3
14 Palazzo Ducale E5
15 Kartenschalter C4

Schlafen
16 B&B Palazzo Morali D4
17 Hotel Acquaverde B1
18 Hotel Bristol Palace F5
19 Hotel Cairoli D3
20 Hotel Cristoforo Colombo E6
21 Hotel della Posta Nuova B1
22 Hotel Europa B1

Essen
23 Al Veliero D3
24 Antica Trattoria del Porto Maria D4
25 Da Gaia D2
26 I Tre Merli C5
27 Lupo B1
28 M-Cafe E3
29 Ombre Rosse E5
30 Trattoria della Raibetta D5

Ausgehen
31 Café degli Specchi E6
32 Café di Barbarossa F6
33 Fratelli Klainguti E4
34 La Madeleine Café Teatro D3
35 La Nouvelle Vague D5

Unterhaltung
36 Teatro Carlo Felice F5
37 Teatro della Tosse E6

Shoppen
38 Galleria Mazzini F4

Highlight des *palazzo* ist die Sala Paganiniana, wo eine kleine, aber reizvolle Sammlung persönlicher Gegenstände des berühmten Geigers Nicolò Paganini zu sehen ist. Das wertvollste Stück ist seine Geige „Il Canone", die 1743 in Cremona hergestellt wurde. Anlässlich des Musikfestivals Paganiniana im Oktober hat jedes Jahr ein Geiger das Glück, darauf spielen zu dürfen. Zu den weiteren Ausstellungsstücken gehören Briefe, Partituren und das Reiseschachspiel des Musikers. In den anderen Räumen werden v. a. Keramikobjekte und Münzen gezeigt.

Die mit Fresken verzierten Räume im **Palazzo Rosso** (www.museopalazzorosso.it; Via Garibaldi 18) bilden den Rahmen für mehrere Porträts des Malers Van Dyck von der genuesischen Familie Brignole-Sale. Andere sehenswerte Gemälde sind Guido Renis *Das Martyrium des hl. Sebastian* und Guercinos *Der Tod der Kleopatra* sowie Werke von Veronese, Dürer und Bernardo Strozzi.

Zu den berühmten Gemälden flämischer, spanischer und italienischer Künstler, die in den Räumen des **Palazzo Bianco** (www.museopalazzobianco.it; Via Garibaldi 11) ausgestellt sind, gehören *Venus und Mars* von Rubens und Van Dycks *Vertumnus und Pomona*, außerdem Werke von Hans Memling, Filippino Lippi und spanischer Künstler wie Murillo und Zurbarán.

Palazzo Ducale MUSEUM

(www.palazzoducale.genova.it; Piazza Giacomo Matteotti 9; Eintritt 5–10 €; ⌚Ausstellungen Di–So 9–21 Uhr) Der großartige Palast war einst Sitz der unabhängigen Republik Genua. Er wurde Ende des 16. Jhs. im manieristischen Stil erbaut und nach einem Feuer in den 1770er-Jahren weitgehend restauriert. Heute finden dort hochkarätige Wechselausstellungen statt. (Beim letzten Besuch des Autors war dies z. B. eine Ausstellung zu Monet und Matisse.) Im Gebäude befinden sich zudem kleinere Museen, darunter das **Museo del Jazz** (www.italianjazzinstitute.com, auf Italienisch; Eintritt frei; ⌚16–19 Uhr, nach Voranmeldung) mit einer Sammlung von Originalaufnahmen.

NICHT VERSÄUMEN

CORSO ITALIA

Wenn man genug hat von den Ratten und muffigen Gassen in der Altstadt, macht man sich am besten (wie die Einheimischen) auf den Weg zum Corso Italia, der Uferpromenade etwa 3 km östlich des Zentrums. Der breite Corso verläuft 2,5 km am Meer entlang und ist der Ort, an dem genuesische Romeos ihrer Julia unsterbliche Liebe schwören und Jogger ihre Eisportionen vom Vorabend abarbeiten. Entlang der Promenade gibt es schöne Jugendstilfassaden, und der Spaziergang endet im überraschend malerischen **Boccadasse**. Das früher eigenständige Fischerdorf wirkt, als hätte man es aus den Cinque Terre direkt in die städtische Umgebung versetzt.

Außerdem gibt es einen Buchladen und ein gutes Museumscafé (S. 216).

Cattedrale di San Lorenzo KIRCHE
(Piazza San Lorenzo; ⏲9–12.30 & 15.30–19 Uhr) Selbst nach italienischen Maßstäben ist die gotisch-romanische Kathedrale eindrucksvoll. Dass das schwarz-weiße Bauwerk noch immer steht, ist der Tatsache zu verdanken, dass 1941 eine offensichtlich defekte britische Bombe nicht zündete. Gedrehte Säulen und kauernde Löwen schmücken das Eingangstor der 1118 geweihten Kathedrale. Die beiden Glockentürme und eine Kuppel wurden im 16. Jh. hinzugefügt.

Innen über dem Haupteingang befindet sich ein großes Bogenfeld mit einer Darstellung des Jüngsten Gerichts. Es ist das Werk eines unbekannten byzantinischen Malers aus dem frühen 14. Jh. In der Sakristei ist das **Museo del Tesoro** (Erw./Kind 5,50/4,50 €; ⏲Führung Mo–Sa 9–12 & 15–18 Uhr) untergebracht. Dort werden etwas zweifelhafte Reliquien aufbewahrt, darunter auch der mittelalterliche Sacro Catino, ein Glasgefäß, das man einst für den Heiligen Gral hielt. Zu den anderen Ausstellungsstücken gehören eine Platte aus poliertem Quarz, auf der Salome das Haupt Johannes des Täufers überreicht worden sein soll, und ein Splitter des Heiligen Kreuzes.

LP TIPP **Palazzo Reale** PALAZZO, MUSEUM
(www.palazzorealegenova.it; Via Balbi 10; Erw./Kind 4/2 €; ⏲Do–So 9–19, Di & Mi bis 13.30 Uhr) Wer nur Zeit für einen der Palazzi dei Rolli hat, der sollte diesen wählen. Ein Palast fast wie in Versailles mit terrassierten Gärten, erlesenen Möbeln und einer wunderbaren Sammlung von Kunst der Renaissance. Der vergoldete Spiegelsaal allein ist das Eintrittsgeld wert. Hinzu kommen Fresken, Stuckarbeiten und jede Menge anderer Objekte, die von den illustren Genueser Familien Balbi und Durazzo zusammengetragen wurden. Man sieht noch Stunden später überall Gold blinken. Noch beeindruckender wird die Besichtigung im Rahmen der kostenlosen Führungen.

Museo del Risorgimento MUSEUM
(www.istitutomazziniano.it; Via Lomellini 11; Erw./erm. 4/2,80 €; ⏲Di–Fr 9–19; Sa 10–19 Uhr) Eines von vielen Museen in Italien zum Thema „Risorgimento" (ital. Einigungsbewegung). Doch das in Genua hat eine besondere Bedeutung, denn hier wurde 1805 der italienische Patriot und Freiheitskämpfer Giuseppe Mazzini geboren. In den Wohnräumen des Mannes, der „Seele Italiens" genannt wird, sind Flaggen, persönliche Gegenstände und geschickt präsentierte, knappe Erläuterungen (manche in Englisch) zur Geschichte der italienischen Einigung zu sehen.

Chiesa del Gesù KIRCHE
(Piazza Giacomo Matteotti; ⏲16.30–19 Uhr) Halb versteckt hinter der Kathedrale liegt diese ebenfalls prächtige ehemalige Jesuitenkirche von 1597 mit ihrem aufwendigen, großartigen Innenraum. An den mit wunderbaren Fresken verzierten Wänden und der Decke fallen zwei Werke des berühmten flämischen Malers Rubens besonders auf: *Circoncisione* (Die Beschneidung Christi) hängt über dem Hauptaltar, und *Miracoli di San Ignazio* (Die Wunder des hl. Ignazio) ist in einer Seitenkapelle zu finden.

Casa di Cristoforo Colombo MUSEUM
(Piazza Dante; Eintritt 4 €; ⏲Sa & So 9–12 & 14–18 Uhr) Das Kolumbus-Haus in Genua ist nicht das einzige, von dem behauptet wird, dass hier der Entdecker Christoph Kolumbus geboren sei (Calvi auf Korsika käme auch infrage). Doch dieses hier ist wahrscheinlicher, wie diverse dort präsentierte Dokumente belegen. Merkwürdigerweise steht es unmittelbar hinter der alten

MEHR FÜRS GELD

Wer oft ins Museum geht, sollte die **Card Musei** (Museumskarte; www.museigenova.it; 24/48 Std. gültig 12/16 €) kaufen. Die Karte ermöglicht freien Eintritt in etwa 20 Museen der Stadt und Ermäßigung in diversen anderen. Sie ist in verschiedenen Museen, an Informationsständen und im Internet über www.happyticket.it erhältlich.

Stadtmauer am 1155 errichteten Tor Porta Soprana. Kolumbus soll hier von 1455 bis 1470 gelebt haben, d. h. im Alter von vier bis 19 Jahren.

Piazza de Ferrari PIAZZA

Nach dem Sauerstoffmangel in den *caruggi*, den engen Altstadtgassen, vermittelt der Hauptplatz mit dem Springbrunnen und den imposanten Häusern das Gefühl, man sei gekommen, um frische Luft zu schnappen. Zur Vorzeigearchitektur des Jugendstils gehören der **Palazzo della Borsa** (für die Öffentlichkeit nicht zugänglich), in dem früher die Börse untergebracht war, das klassizistische Teatro Carlo Felice (S. 199) und der Brunnen in der Platzmitte.

Museo d'Arte Orientale MUSEUM

(Piazzale Mazzini 1; Erw./erm. 4/2,80 €; ⌚Di–Fr 9–13, Sa & So 10–19 Uhr) Unmittelbar östlich der Via Garibaldi schlängelt sich ein Weg von der Piazza Corvetto durch terrassierte Gärten zu einer der größten Sammlungen japanischer Kunst in Europa. Hier sind über 20 000 Ausstellungsstücke zu sehen, u. a. Porzellan, Bronzefiguren, Kostüme und Musikinstrumente.

Altstadt STADTVIERTEL

Das Herz des mittelalterlichen Genua bilden die *caruggi*, die engen Gassen. Die Grenzen bilden die Porta dei Vacca, die Via Cairoli, die Via Garibaldi und die Via XXV Aprile sowie die Porta Soprana. Schon die Wäscheleinen vor den Gebäuden zeigen, dass sich in den engen, beinahe schon höhlenartigen Straßen und feuchten, von verschiedensten Düften durchzogenen Sackgassen vor allem Wohnungen befinden. Daneben gibt es aber auch Bars, Geschäfte und Cafés. Besonders im Dunkeln wirken die *caruggi* teilweise abschreckend. Allzu gefährlich ist es hier zwar nicht (vor allem nicht im Vergleich zu den Zuständen vor zehn Jahren), aber Besucher sollten den Bereich westlich der Via San Luca und südlich der Piazza Banchi eher meiden. Dort konzentriert sich die Halbwelt der Altstadt (Prostitution, Drogen etc.). In der Via Orefici östlich der Piazza befinden sich einige **Marktstände**.

Galleria Nazionale KUNSTGALERIE

(www.palazzospinola.it; Piazza Superiore di Pellicceria 1; Erw./erm. 5/3 €; ⌚Di–Sa 9–20, So 14–20 Uhr) Der Rahmen für die Gemäldeausstellung, der auf vier Etagen verteilt ist und sich im Palazzo Spinola befindet, ist wunderschön. Das Gebäude aus dem 16. Jh. gehörte einst den Spinolas, einer der bedeutendsten Familien der Republik Genua. Der Hauptschwerpunkt der Sammlung liegt auf Gemälden der italienischen und flämischen Renaissance, der sogenannten „Ligurischen Schule" (auf Bilder von Van Dyck, Rubens und Strozzi achten), aber der Besuch lohnt sich auch schon wegen der aufwendigen Architektur des Gebäudes.

Museo delle Culture del Mondo MUSEUM

(Museum der Weltkulturen; www.castellodalbertis.museidigenova.it; Corso Dogali 18; Erw./erm. 6/4,50 €; ⌚10–18 Uhr) Das **Castello D'Albertis** liegt hoch über dem westlichen Rand der Innenstadt. Hier wird eine breite Palette an Objekten gezeigt, die der weit gereiste Besitzer des Gebäudes zusammengetragen hat. Das neugotische Gebäude wurde 1892 auf den Ruinen eines älteren Schlosses für Kapitän Enrico D'Albertis gebaut, der von seinen Reisen allerhand Kuriositäten mitbrachte. Wo sonst findet man schon ein ausgestopftes Schnabeltier, ein Stück der Chinesischen Mauer und eine Handvoll Sand aus San Salvador (Kolumbus' erstem Anlegepunkt) unter einem Dach? Wer den Aufstieg zum Corso Dogali scheut, kann von der Via Balbi aus die Seilbahn nehmen, die einen bis zum Schlosstor transportiert (0,70 €).

Porto Antico STADTVIERTEL

(www.portoantico.it) Der Hafen der einst bedeutenden Seemacht ist seit seiner umfassenden Erneuerung Ende der 1990er-Jahren zu einem Ort geworden, der sich gut für eine *passegiata* (Abendspaziergang) eignet. Es gibt relativ viele Möglichkeiten für Jugendliche, die abends ausgehen wollen, und auch für Kinder.

Acquario AQUARIUM
(www.acquariodigenova.it; Ponte Spinola; Erw./Kind 18/12 €; 9.30–19.30 Uhr;) Das leuchtend blaue Aquarium in Genua, eines der größten in Europa, ist kein simples Fischbecken. Hier tummeln sich in 6 Mio. Litern Wasser 5000 Meerestiere, darunter auch Haie. Direkt nebenan werden Besucher auf einem ausgedienten Schiff auf eine Reise in das Zeitalter der Entdeckungen und in den Regenwald von Madagaskar geschickt. Das Aquarium ist behindertengerecht ausgestattet, und im Hochsommer und an Wochenenden sind die Öffnungszeiten verlängert.

Biosfera BIOSPHÄREN-KUPPEL
(Ponte Spinola; Erw./erm. 5/3,50 €; Di–So 10 Uhr bis Sonnenuntergang) Die Biosfera ist eine riesige Glaskugel mit einem feuchten Mini-Ökosystem, in dem tropische Pflanzen, Schmetterlinge und Vögel leben. Es ist eine interessante, innovative Ergänzung zum Hafen, obwohl die Besucher vielleicht nur 15 Minuten mit der Pflanzenwelt beschäftigt sind. Die Innentemperatur wird per Computer gesteuert.

Il Bigo AUSSICHTSPUNKT
(Calata Cattaneo; Erw./erm. 4/3 €; Mo 14–18, Di–So 10–18 Uhr) Ein besonders auffälliges und futuristisches Objekt im Hafen ist diese spinnenähnliche Maschinerie. Es ist ein Panoramaaufzug, der Besucher gut 40 m in die Luft hebt. Von dort aus hat man eine eher durchschnittliche Aussicht auf die Stadt, was den Fahrpreis nicht unbedingt rechtfertigt. Der Lift ist für Behinderte zugänglich.

Galata Museo del Mare MUSEUM
(www.galatamuseodelmare.it, auf Italienisch; Calata dei Mari 1; Eintritt 11 €; 10–19.30 Uhr, Nov.–Feb. Mo geschl.) Die Tatsache, dass Genua als Seemacht während des Mittelalters und der Renaissance nur mit Barcelona und Venedig zu vergleichen ist, lässt erahnen, dass das Galata Museo del Mare besonders wichtig und interessant ist. Hightech-Präsentationen tragen dazu bei, die Geschichte der Seefahrt von den ersten Anfängen, über die Blüte der Segel- und Dampfschifffahrt zu veranschaulichen. Dies rechtfertigt auch den relativ hohen Eintrittspreis.

Il Galeone Neptune PIRATENSCHIFF
(Mole Ponte Calvi; Erw./erm. 5/3 €; 10–18 Uhr;) Der originalgetreue Nachbau eines Piratenschiffes stammt von 1986 und gehörte zur Ausstattung des Films *Piraten* von Roman Polanski. Es liegt dauerhaft im Hafen vor Anker und ist heute ein Spielplatz für Kinder, die mit ihren geplagten Eltern Szenen aus *Peter Pan* und *Fluch der Karibik* nachspielen wollen.

Casella-Bahn SCHMALSPURBAHN
Die 1929 eingerichtete Schmalspurbahn bietet einen fantastischen Blick auf die Festungen Genuas. Die Bahn startet im Zentrum von Genua an der **Stazione per Casella** (www.ferroviagenovacasella.it, auf Italienisch; Via alla Stazione per Casella 15) an der Piazza Manin und schlängelt sich 25 km Richtung Norden nach **Casella** im Scrivia-Tal (einfache Fahrt/hin & zurück 2/3,20 €, 1 Std., 8- bis 12-mal tgl.). Die Piazza Manin liegt etwa 1,3 km nördlich des Bahnhofs Brignole und ist von dort aus in 15 Minuten zu Fuß oder mit der Buslinie 33 zu erreichen.

La Lanterna HISTORISCHE STÄTTE, MUSEUM
(Via alla Laterna; Eintritt 6 €; Sa & So 10–19 Uhr) Der Hafen hat sich seit der Umgestaltung in den 1990er-Jahren radikal verändert, aber das weithin sichtbare, dazugehörige Wahrzeichen hat sich seit 1543 keinen Meter bewegt. Genuas Leuchtturm gehört zu den ältesten und größten der Welt, ist immer noch in Betrieb und sendet seine Leuchtsignale 50 km weit, um Schiffe und Tanker zu warnen. Besucher können die 172 Stufen hinaufsteigen und sich im Museum nebenan Lampen, Linsen und Objekte zum Thema anschauen. Am besten gelangt man vom Fährhafen über einen besonderen, 800 m langen Fußweg dorthin. Der Turm befindet sich mitten in einem hübschen Park.

Geführte Touren

Nützliche Informationen und Karten für Hafenrundfahrten oder zu weiter entfernten Zielen gibt es an den **Kartenschaltern** (Ponte Spinola; Sept.–Juni 9.30–18.30 Uhr, Juli & Aug. 9–20 Uhr), das sich neben dem Aquarium im historischen Hafen befindet.

Whale Watch Liguria WALBEOBACHTUNG
(www.whalewatchliguria.it; Karten 33 €; April – Okt. Sa 13 Uhr) Im Frühjahr und Sommer finden in Absprache mit dem World Wide Fund for Nature interessante, fünfstündige Ausflüge statt. Ein Biologe an Bord berichtet über das faszinierende Leben der größten Säugetiere der Welt.

Genova Tours BUS
Der Veranstalter (Erw./Kind 15/7,50 €) organisiert drei- bis viermal täglich Stadtrundfahrten im offenen Bus. Die Kommentare

gibt es per Kopfhörer in fünf Sprachen. Es ist besser, sich vorher zu erkundigen, wo der Bus abfährt. Die Tourismusbüros haben genaue Informationen. Fahrkarten gibt es in den Bussen.

Feste & Events

Slow Fish
ESSEN

(www.slowfish.it) Das Fest zum Thema Fisch und Meeresfrüchte inklusive Fischmarkt und Kostproben wird in jedem ungeraden Jahr Anfang Mai veranstaltet. In Zusamenarbeit mit der Slow-Food-Bewegung werden kostenlose Workshops angeboten, die über Wasserverschmutzung, akzeptable Fangtechniken und Aquakultur informieren.

Palio delle Quattro Antiche Repubbliche Marinare
SEGELN

(Regatta der vier alten Seerepubliken) Genua ist eine der vier historischen Seerepubliken (neben Pisa, Amalfi und Venedig), die im Juni eine Regatta veranstalten. 2012 findet die Veranstaltung in Genua statt.

Premio Paganini
MUSIK

Der internationale Violinenwettbewerb findet im September zu Ehren des berühmten Geigers Niccolò Paganini (1782–1849) statt.

Schlafen

Es gibt Dutzende von Hotels überall in der Stadt. Viele Unterkünfte konzentrieren sich in der Nähe des Bahnhofs Principe und rund um die Via Balbi.

LP TIPP Hotel Cairoli
HOTEL €

(☎010 246 14 54; www.hotelcairoligenova.com; Via Cairoli 14/4; EZ 55–90 €, DZ 65–105 €; ❄@📶) Von außen ist es nicht zu erkennen, aber Mondrian lauert hier auf allen drei Etagen. Die Räume im geschickt gestalteten Hotel Cairoli sind thematisch jeweils einem anderen berühmten Künstler gewidmet und zeigen so etwas von dessen Person und seinen Werken. Dazu gibt es eine Bibliothek, einen Chillout-Bereich, einen Internetraum, gut einen ausgestatteten Fitnessraum, kostenlose Zeitungen, eine Terrasse und Übersichtskarten an den Wänden. Alles in allem bekommt man fünf Sterne in einer Drei-Sterne-Verpackung. Es herrscht eine freundliche Atmosphäre, und man kann Fremdsprachenkenntnisse erwarten.

B&B Palazzo Morali
B&B €

(☎010 246 70 27; www.palazzomorali.com; Piazza della Raibetta; EZ 50–70 €, DZ 70–100 €; P❄📶) Der erste Gedanke, wenn man die besondere Welt des Palazzo Morali betritt, ist: Das ist ein Palazzo Rolli, der auf der Liste der Unesco vergessen worden ist. Bei näherer Betrachtung wird deutlich, dass B&B eine Fehlbezeichnung ist für dieses feine Hotel, das die beiden obersten Etagen eines hohen Gebäudes einnimmt und mit einem großartigen Blick auf den Hafen aufwartet. In den prachtvollen Räumen (einige mit Gemeinschaftsbad) stehen goldverzierte Himmelbetten und genuesische Kunstwerke. Das Frühstück ist eher ein Bankett als ein morgendlicher Imbiss.

Hotel Bristol Palace
HOTEL €€€

(☎010 59 25 41; www.hotelbristolpalace.com; Via XX Settembre 35; EZ 147–350 €, DZ 166–470 €; P❄@📶) Hinter den riesigen Arkaden der Via XX Settembre findet sich einer der nobelsten Schuppen in Genua, ein Meisterwerk der Belle Époque. Die Zimmer sind stimmungsvoll und elegant eingerichtet mit Mosaikparkett und echten Antiquitäten (und ein paar modernen Kontrasten). Man betritt dieses Reich über eine weitläufige Treppe, überwölbt von einem reich verzierten Glasdach.

Hostel Genova
HOSTEL €

(☎010 242 24 57; hostelge@iol.it; Via G Costanzi 120; B/EZ/DZ m. Frühstück ab 16/23,50/44 €; ⏲Rezeption Feb. bis Mitte Dez. 9–15.30 & 24–7 Uhr; P) Zum einzigen Hostel von Genua geht es 2 km steil vom Stadtzentrum aus nach Norden. Backpacker, die Wert auf ihre Freiheit legen, werden von den Regeln im Haus nicht gerade begeistert sein. Die Schlafräume mit acht Betten sind nach Geschlechtern getrennt, zwischen 9 und 15.30 Uhr kommt man nicht ins Haus, nach 1 Uhr nachts auch nicht mehr, und Hostelling International Cards (H1) sind unerlässlich. Wer sich trotzdem nicht abschrecken lässt, nimmt die Buslinie 40 ab dem Bahnhof Brignole bis zur Endstation. Der Zugang zum Hotel ist behindertengerecht.

Hotel Acquaverde
HOTEL €

(☎010 26 54 27; www.hotelacquaverde.it; Via Balbi 29; EZ 40–45 €, DZ 55–65 €; ❄📶) Die Zimmer in den drei Stockwerken des Hotels (ein Lift ist vorhanden), untergebracht in einem renovierten Gebäude aus dem 17. Jh., sind einfach, aber angenehm. Für Selbstversorger sind vier Zimmer mit einer Kücheneinrichtung (80–130 €) ausgestattet. Es gibt einen behindertengerechten Zugang.

Hotel della Posta Nuova HOTEL €€
(☎010 25 29 29; www.albergopostagenova.com; Via Balbi 24; EZ 40–115 €/ DZ 60–130 €; P❄) In dem ordentlich geführten Hotel, 150 m vom Bahnhof Principe entfernt, gibt es keine großen Überraschungen für die Gäste. Es ist sauber, sicher und relativ freundlich für einen Ort, an dem die Leute kommen und gehen. Die Zimmer sind eher klein und einfach, aber mit viel Tageslicht, und die im obersten Stock haben eine Terrasse mit Blick auf die Via Balbi.

Hotel Cristoforo Colombo HOTEL €€
(☎010 251 36 43; www.hotelcolombo.it; Via di Porta Soprana 27; EZ 88–160 €, DZ 110–170 €) Das wirklich bezaubernde, familiengeführte Hotel liegt nicht weit von der Kathedrale San Lorenzo entfernt. In den 18 mit modernen Möbeln ausgestatteten Zimmern wurden unterschiedliche Farbakzente gesetzt. Das Frühstück wird auf einer einladenden Dachterrasse im 6. Stock serviert.

Albergo Carola HOTEL €
(☎010 839 13 40; Via Groppallo 4; EZ/DZ ab 28/50 €, mit Bad ab 35/60 €) Die neun gepflegten Zimmer des Albergo Carola befinden sich im 3. Stock eines hübschen alten Hauses unweit des Bahnhofs Brignole. Es ist sauber, zentral gelegen und ansprechend. Außerdem ist es wirklich günstig!

Hotel Europa HOTEL €
(☎010 25 69 55; www.hoteleuropagenova.it; Via delle Monachette 8; EZ/DZ 72/105 €; P❄@📶) Das Hotel liegt versteckt in einer kleinen Seitenstraße nur wenige Schritte vom Bahnhof Principe entfernt. Die kleinen Zimmer sind in eleganten Pastelltönen gehalten und mit modernem Komfort ausgestattet, z. B. Flachbildfernseher und Minibar.

Essen

Es ist praktisch unmöglich, aus Genua abzureisen, ohne *pesto genovese* (die berühmte Soße taucht praktisch auf jeder Speisekarte auf) probiert zu haben. Andere regionale Spezialitäten sind Focaccia (v. a. mit Käse überbacken) und *farinata* (ein dünner Pfannkuchen aus Kichererbsenmehl), die es überall als preiswerten Snack zum Mitnehmen gibt. Am besten sind sie in kleinen Bäckereien, möglichst mit sichtbarem Ofen und wenn der Bäcker gerade frische Fladen einräumt. *Torta pasqualina* (pikante Torte mit Spinat, Ricotta und Ei), *pansotti* (Ravioli gefüllt mit Spinat und einer cremigen Haselnusssoße) und frischer Fisch und Meeresfrüchte sind ebenfalls gut.

LP TIPP **Ombre Rosse** TRADITIONELL ITALIENISCH €€€
(☎010 27 57 608; Vico Indoratori 20; Mahlzeiten 35 €) Das Lokal befindet sich in einem mittelalterlichen Stadthaus aus dem 13. Jh. Es ist ein weiterer Glücksfall in der Stadt. Erstens ist da der dunkle, romantische Innenraum voller Bücher, Poster und Nischen. Zweitens kann man draußen in einem reizenden Garten sitzen (einer der wenigen im dicht besiedelten Genua). Drittens, und das ist entscheidend, ist das Essen hundertprozentig ligurisch, z. B. *trofie al pesto*, Pasta mit *salsa di noci* und die leckere *torta di verdure* (Gemüsekuchen) mit Salat.

Trattoria della Raibette TRATTORIA €€
(www.trattoriadellaraibetta.it; Vico Caprettari 10–12; Mahlzeiten 20–30 €; ⌚Di–So Mittag- & Abendessen) Besonders typisch genuesisch essen kann man in den Lokalen im Straßengewirr unweit der Kathedrale. Die Speisekarte im Raibette ist unkompliziert und fischlastig. Empfehlenswert ist z. B. *riso venere* (regionale schwarze Reissorte) oder die garantiert hausgemachten *trofiette al pesto*. Der Tintenfischsalat ist ein guter Start, während man angesichts der 200 angebotenen Weine besser eine Münze wirft.

Lupo TRADITIONELL ITALIENISCH €€
(www.lupoanticatrattoria.it; Via delle Monachette 20; Mahlzeiten 25–30 €; ⌚12.30–15 & 19.30–24 Uhr) Beim Eintreten sind die einladenden Düfte schon zu riechen, vielleicht von Weißfisch in Tomatensauce, Ravioli in Walnusssauce und den hausgemachten Desserts. Die Besitzer begrüßen jeden Gast so freundlich wie einen heimgekehrten Kolumbus. Es gibt eine hervorragende Weinkarte. Die Antiquitäten und Dekorationen, z. B. eine Großvateruhr und Schwarz-Weiß-Fotos, die an Drähten aufgehängt sind, schaffen eine freundliche, entspannte Atmosphäre.

Da Gaia TRADITIONELL ITALIENISCH €€€
(Vico dell'Argento 13r; Mahlzeiten 30–50 €; ⌚So geschl.) Von der dunklen Gasse sollte man sich nicht abhalten lassen. Das Gaia ist ein Lichtblick in der düsteren Umgebung und wird regelmäßig zum besten Lokal der Stadt gewählt von denen, die es wissen sollten, den Einheimischen. Es ist bekannt für seine Fischgerichte. Am besten ist ein Teller Antipasti, bevor man sich auf Garnelen, See-

barsch oder Thunfisch stürzt. Es gibt auch regionale Standardgerichte (Pesto, Nusssoße) und leckeres geschmortes Kaninchen.

I Tre Merli MODERN ITALIENISCH €

(Palazzina Millo, Porto Antico; Snacks 7–12 €, Mahlzeiten 20–25 €) Das von schwarz-weißen Säulen flankierte Lokal ist schicker als die meisten vergleichbaren Restaurants am Hafen und sehr günstig gelegen. Die ligurische Küche ist ausgezeichnet, z. B. salzige frittierte Kabeljaustreifen oder mit Steinpilzen (*porcini*) gefülltes Kalbfleisch. Die Gäste können zum Wein aber auch ganz einfach Snacks aus dem Ofen, z. B. *foccacia al formaggio* (Liguriens Antwort auf Käsetoast), bestellen.

Antica Trattoria del Porto Maria TRATTORIA €€

(Piazza Caricamento 22; Mahlzeiten 20–30 €; ⏲Di–So mittags, Fr & Sa abends) In der gemütlichen kleinen Trattoria am alten Hafen werden klassische genuesische Gerichte zubereitet, z. B. Scampi in Brandysoße. Eine Treppe führt nach unten zum Lokal in dem ehemaligen Lagerraum, indem nun grün-weiß gedeckte Tische stehen.

M-Café SNACKBAR, CAFÉ €

(Palazzo Rosso, Via Garibaldi 18; ⏲) Diese hübsche, kleine Insel der Neuzeit an der „Museumsmeile" ist bestens geeignet für einen Imbiss plus Espresso, um die Gehirnzellen zwischen den Phasen der Kunstbegeisterung wieder auf Trab zu bringen.

Al Veliero FISCH & MEERESFRÜCHTE €€

(☎010 246 57 73; Via Ponte Calvi 10r; Mahlzeiten 30–40 €; ⏲Di–So) Im Al Veliero an den Stufen zum Hafen steht alles, was aus dem Meer kommt, im Mittelpunkt. Die Rezepte sind einfach, aber der Fisch ist lecker und die Einheimischen mögen das Essen.

Ausgehen

Der aufgepeppte Porto Antico ist zum Ort geworden, an dem sich junge Leute abends gern treffen, aber der Reiz der *caruggi* ist nicht zu unterschätzen. Schicke neue Bars und solche, die schon seit Jahren beliebt sind, gibt es überall in der Stadt, v. a. in den Straßen nordwestlich der Piazza de Ferrari. Die Piazza delle Erbe säumen viele Straßencafés, in denen man gut einen Kaffee oder auch etwas Stärkeres trinken kann.

LP TIPP La Nouvelle Vague WEINBAR

(www.nouvelle-vague.it; Vico de Gradi 4r; ⏲So–Do bis 1, Fr & Sa bis 2 Uhr) In den *caruggi* gibt es viele Überraschungen, aber wenige sind so nett wie diese. Das Nouvelle Vague ist eine Insel gelassener Intellektualität in einem Keller unter dem stickigen Gewirr der mittelalterlichen Straßen. Es ist ein Buchladen mit französischem Schwerpunkt und eine Bar, in der man bei einem Glas Wein in den Werken von Genet oder Proust blättern kann. Fotos der knabenhaften Jean Seberg schmücken die Wände, und die ausgezeichneten Snacks, die zu den Getränken serviert werden, haben sicher schon öfter Gäste dazu gebracht, ein anderswo geplantes Dinner sausen zu lassen.

Fratelli Klainguti CAFÉ €

(Via di Soziglia) Das Klainguti hatte, als es 1828 eröffnet wurde, sicher noch andere Mittel als Cappuccino und Espresso, um Kunden anzulocken. Heute genügen Kaffee und Gebäck für die meisten Gäste, die gern mehr zahlen, um von einem Kellner mit Fliege unter einem pompösen Kronleuchter bedient zu werden. Einfache *primi* (Vorspeisen) gibt es aber schon ab 5 €.

Café degli Specchi CAFÉ

(Via Salita Pollaiuoli 43r; Hauptgerichte 7–10 €; ⏲Mo–Sa) Es ist, als ob ein Stück Turin 150 km nach Süden versetzt worden wäre. In dem Jugendstil-Vorzeigecafè, das wie ein Ausstellungsstück der Goldenen Zwanziger wirkt, hielt (und hält) sich die Literaturszene liebend gern auf. Man kann seinen Espresso unten im Stehen trinken, aber wer nach oben geht, genießt Kaffee, Kuchen oder das *aperitivo*-Büfett (Happy Hour) zwischen Samtpolstern und Spiegeln.

Café di Barbarossa BAR, CAFÉ

(Piano di Sant'Andrea 21–3r; ⏲Mo 7–16, Di–Fr 7–2.30, Sa & So 17–2.30 Uhr) Hinter der kitschigen, lebensgroßen Elvis-Statue am Eingang verbirgt sich eine Café-Bar mit guter Atmosphäre. Sie ist in einem mittelalterlichen Backsteinkeller unter der hoch aufragenden Porta Soprana aus dem 12. Jh. untergebracht. Draußen gibt es eine schattige Veranda.

La Madeleine Café Teatro BAR

(☎010 246 53 12; Via della Maddalena 103) Es herrscht eine energiegeladene Atmosphäre in der Bar, wo Theater und Musik geboten werden. Ab 22 Uhr spielen oft Livebands.

Unterhaltung

Am westlichen Ende des historischen Hafens stehen die Magazzini del Cotone, ehemalige Lagerhäuser für Baumwolle. Sie wurden zu einer Vergnügungsmeile umgebaut mit einem Multiplexkino, Spielhallen und Geschäften.

Teatro Carlo Felice THEATER
(www.carlofelice.it, auf Italienisch; Passo Eugenio Montale 4) Wie wäre es mit dem Besuch eines Theaterstücks oder einer Oper im wunderbaren Opernhaus von Genua mit immerhin vier Bühnen.

Teatro della Tosse THEATER
(www.teatrodellatosse.it, auf Italienisch; Piazza Renato Negri 4) Schon Casanova betrat die Bretter des ältesten Theaters der Stadt, das 1702 eröffnet wurde.

Shoppen

Die elegante Via Roma im Südwesten mit ihren Boutiquen in Jugendstilhäusern und der angrenzenden glasüberdachten **Galleria Mazzini** ist die exklusivste Einkaufsstraße der Stadt. Sie verbindet die Piazza Corvetto mit der Piazza de Ferrari.

Praktische Informationen

Internetcafé (Via Balbi 110; 1 € pro Std.; Mo–Fr 9–20, Sa 14–20 Uhr) In der Nähe des Bahnhofs Principe.

Ospedale San Martino (010 55 51; Largo Rosanna Benci 10) Krankenhaus.

Polizei (010 5 36 61; Via Armando Diaz 2)

Post Hauptpost (Via Dante; Mo–Sa 8–18.30 Uhr); Bahnhof Principe (Mo–Fr 8–18.30, Sa bis 12.30 Uhr)

Touristeninformation Flughafen (9–13, 13.30–17.30 Uhr); Via Garibaldi (9–18.30); Piazza Ferrari (neben Teatro Carlo Felice; 9–13, 14.30–18.30 Uhr)

An- & Weiterreise

Bus

Fernbusse sowie Busse zum Flughafen Malpensa in Mailand (16 €, 2 Std., 6 und 15 Uhr) und zu regionalen Zielen fahren an der Piazza della Vittoria ab. Fahrkarten gibt es bei den Agenturen **Geotravels** (Piazza della Vittoria 30r) und **Pesci Viaggi e Turismo** (Piazza della Vittoria 94r).

Flugzeug

Inländische und internationale Fluggesellschaften, u. a. auch easyjet, fliegen regelmäßig den **Flughafen Genua** (Aeroporto Internazionale di Cristoforo Colombo; www.airport.genova.it) an. Er liegt 6 km westlich der Stadt in Sestri Ponente.

Schiff/Fähre

Fähren nach Spanien, Sizilien, Sardinien, Korsika und Tunesien legen am **internationalen Fährhafen** (Terminal Traghetti; www.porto.genova.it; Via Milano 51) ab. Nur Kreuzfahrtschiffe nutzen den Passagierhafen am Ponte dei Mille aus den 1930er-Jahren.

Die genannten Preise gelten für die einfache Strecke in der Neben-/Hauptsaison ohne Kabine. Folgende Unternehmen sind u. a. am Fährterminal vertreten:

Grandi Navi Veloci (www.gnv.it) Fährverbindung nach Sardinien (Porto Torres, 88 €, ganzjährig; Olbia 81 €, Juni–Sept.) und Sizilien (Palermo, 50 €, ganzjährig). Außerdem Fähren nach Barcelona, Tunis und Tanger (Marokko).

Moby Lines (www.mobylines.it) Ganzjährige Fährverbindung nach Korsika (Bastia, 39 €) und Sardinien (Olbia, 67 €).

Von Juni bis September fahren Schiffe der **Cooperativa Battellieri del Golfo Paradiso** (www.golfoparadiso.it) vom Porto Antico nach Camogli (einfache Fahrt/hin & zurück 10/15 €), Portofino (12/20 €) und Portovenere (18/33).

Consorzio Liguria Via Mare(www.liguriaviamare.it) bietet saisonabhängig Fahrten nach Camogli, San Fruttuoso und Portofino, Monterosso in den Cinque Terre und Portovenere an.

Zug

Züge fahren vom Bahnhof Principe und Bahnhof-Brignole zu folgenden Zielen.

REISEZIEL	PREIS (€)	DAUER (STD.)	HÄUFIGKEIT
Mailand	13.70	1½	bis zu 8-mal tgl.
Pisa	17	2	bis zu 8-mal tgl.
Rom	37.50	5¼	6-mal tgl.
Turin	9.10	1¾	7- bis 10-mal tgl.

Tendenziell gibt es mehr Zugverbindungen am Bahnhof Principe, vor allem Richtung Westen nach San Remo (14,50 €, 2 Std., 5-mal tgl.) und Ventimiglia (11,60 €, 2¼ Std., 6-mal tgl.).

Unterwegs vor Ort

Vom/Zum Flughafen

Die Buslinie 100 der Verkehrsbetriebe **AMT** (www.amt.genova.it) verbindet den Bahnhof Principe mit dem Flughafen. Zwischen 5.30 und 23 Uhr fährt mindestens stündlich ein Bus (4 €, 30 Min.). Fahrkarten sind direkt beim Fahrer erhältlich.

Ein Taxi, das zum oder vom Flughafen fährt, kostet etwa 15 €.

Öffentliche Verkehrsmittel

Busse der **AMT** (www.amt.genova.it) verkehren in der ganzen Stadt; am Busbahnhof gibt es ein **AMT-Informationsbüro** (Via d'Annunzio; ⌚Mo–Fr 7.15–18, Sa & So 7–19 Uhr) Die Linie 383 verbindet den Bahnhof Brignole mit der Piazza de Ferrari und dem Bahnhof Principe. Eine Fahrkarte für 1,50 € ist 90 Minuten gültig. Die Karten können im Stadtgebiet auch auf Hauptstrecken der Züge und in der **Metro** (www.genovametro.com) benutzt werden, die derzeit weiter ausgebaut wird. Es gibt viele U-Bahnstationen in der Stadt.

Rund um Genua

NERVI

Nervi, das ehemalige Fischerdorf im stadtnahen Einzugsgebiet von Genua, bezeichnet sich selbst als Badeort. Da es aber jede Menge schickere Orte an der Riviera gibt, steht es wohl für die meisten eher nicht oben auf der Urlaubsliste. Was für den Ort spricht, sind die Zahl der Museen und Galerien und die 2 km lange Promenade hoch über dem felsigen Ufer, die Passegiata Anita Garibaldi.

Sehenswertes

Für alle vier Museen und Galerien, die sich in Nervi befinden, wird ein Kombiticket angeboten (10 €). Der Eintritt ist aber auch in der Museumskarte für Genua eingeschlossen. (s. Kasten S. 194).

Galleria d'Arte Moderna KUNSTGALERIE
(Via Capolungo 3; Erw./erm. 6/5 €; ⌚Di–So 10–19 Uhr). Das renommierteste Museum des Ortes zeigt Werke von Künstlern des 19. und 20. Jhs., u. a. Filippo De Pisis, Arturo Martini und Rubaldo Merello.

Raccolte Frugone KUNSTGALERIE
(Via Capolungo 9; Erw./erm. 4/2,80 €; ⌚Di–Fr 9–19, Sa & So 10–19 Uhr) In der Villa Grimaldi Fassio, die einen schönen Blick auf die grünen Parkanlagen von Nervi und zahlreichen Eichhörnchen eine Heimat bietet, wird ebenfalls italienische Kunst des 19. und frühen 20. Jhs. gezeigt, u. a. der sinnliche Marmorakt *Il Risveglio* von Eduardo Rubino.

Wolfsoniana MUSEUM
(www.wolfsonianan.it; Via Serra Gropallo 4; Erw./erm. 5/4 €; ⌚Di–So 10–19 Uhr) In Wolfsoniana sind etwa 18 000 Objekte aus der Zeit von 1880 bis 1945 ausgestellt. Das Museum dokumentiert diese wechselvolle Zeit in der Geschichte Italiens und zeigt neben Werbe- und Propagandaplakaten architektonische Entwürfe, Gemälde und Möbel.

Museo Giannettino Luxuro MUSEUM
(Via Mafalda di Savoia 3; Erw./erm. 4/2,80 €; ⌚Di–Fr 9–13, Sa 10–13 Uhr) Die wertvolle Sammlung in der wunderbar restaurierten Villa führt weiter zurück in der Geschichte. Hier sind Uhren, Silber, Keramik und Möbel aus dem 18. Jh. ausgestellt. Der Besuch des Museums Raccolte Frugone ist ebenfalls im Eintrittspreis enthalten.

Essen

Chandra Bar INTERNATIONAL €
(Passeggiata Garibaldi 26r; Mahlzeiten 18–25 €; ⌚Di–Sa 15–2, So 11.30–2 Uhr) In der Chandra-Bar an der Uferpromenade werden Pasta und frische Fischgerichte serviert, gelegentlich mit thailändischem oder brasilianischem Touch. Es gibt auch Livemusik.

An- & Weiterreise

Nervi liegt 7 km östlich von Genua und ist am besten mit einem der häufig fahrenden Züge ab den Bahnhöfen Brignole oder Principe zu erreichen (1,20 €, 20–25 Min.).

PEGLI

Der Ort liegt etwa 9 km westlich von Genuas Stadtzentrums. Die Parks mit den vielen Blumen machen Pegli zu einer erholsamen Oase abseits der städtischen Hektik. Ebenso wie Nervi gehört der früher eigenständige Küstenort heute zu Genua, und auch hier gibt es mehrere Museen. Ein Kombiticket für alle genannten Sehenswürdigkeiten kostet 8 €.

Sehenswertes

Museo di Archeologia Ligure MUSEUM
(www.museoarcheologicogenova.it; Via Pallavicini 11; Eintritt 4 €; ⌚Di–Fr 9–19, Sa & So 10–19 Uhr) Im Museum in der beeindruckenden Villa Pallavicini sind regionale Ausgrabungsstücke von der vorgeschichtlichen bis zur römischen Zeit zu sehen sowie eine Sammlung ägyptischer Altertümer.

Museo Navale MUSEUM
(www.museonavale.it; Villa Doria, Piazza Bonavino 7; Eintritt 4 €; ⌚Di–Fr 9–13, Sa & So 10–19 Uhr) Am ehemaligen Wohnsitz der Familie Doria dreht sich alles um die Seefahrt. Modelle, Fotos und andere Dinge erinnern an Genuas Rolle als wichtige Seemacht in der Zeit vom 15. bis 19. Jh.

Parco Villa Pallavicini PARK
(Via Pallavicini; Eintritt 3,50 €; ⌚April–Sept. 9–19 Uhr, Okt.–März bis 17 Uhr) Der gepflegte Park mit symmetrischen Rasenflächen, Teichen und einem Gewächshaus ist der Inbegriff

der üppigen Landschaft an der Italienischen Riviera. Daneben befindet sich der **Giardino Botanico** (Eintritt 3,50 €; ⏲April–Sept. 9–19 Uhr, Okt.–März bis 17 Uhr) mit einer kleinen Sammlung exotischer Pflanzen.

An- & Weiterreise

Von Genua fahren ab den Bahnhöfen Brignole oder Principe häufig Züge nach Pegli (1,20 €, 20–25 Min.).

Riviera di Levante

Wer sich erleichtert aus der Enge des Ballungsraums Genua weg nach Osten bewegt, ist sicher schnell gefesselt vom tiefblauen Meer, an dem einige der feinsten Badeorte Italiens liegen, u. a. auch Portofino, ein beliebter Treffpunkt der Schickeria. Dieser herrliche Küstenstreifen ist alles andere als ein Geheimtipp, sondern enorm populär, jedoch nie geschmacklos. Noch weiter Richtung Osten kämpfen schicke Badeorte tapfer gegen die zunehmend gefährlicher aussehenden Tücken der Topografie.

CAMOGLI

5621 EW.

Im Hintergrund des immer noch authentischen Fischerdorfes, 25 km östlich von Genua, liegen schattige Pinienbäume und üppige Olivenhaine. Die Häuser in den Gassen und die kopfsteingepflasterten Straßen sind mit illusionistischem Dekor versehen.

Der Name Camogli bedeutet „Haus der Ehefrauen" und stammt aus der Zeit, als die Frauen alles im Dorf regelten, während ihre Männer auf See waren. Gefischt wird immer noch, vor allem am zweiten Maiwochenende, wenn die Fischer die gut besuchte **Sagra del Pesce** (Fischfest) mit einem Festessen begehen. Dabei werden unten am Ufer Hunderte von Fischen in 3 m großen Pfannen gebraten.

Sehenswertes & Aktivitäten

Von der Strandpromenade, der Via Garibaldi, aus fahren oft Schiffe zur **Punta Chiappa**, einem felsigen Vorsprung am Kap von Portofino, wo man schwimmen und sonnenbaden kann wie die Italiener.

Vom Bahnhof aus führt ein Fußweg die Via Nicolò Cuneo entlang und viele Stufen hinauf zur Kirche **San Rocco di Camogli** (den roten Punkten folgen). Von hier aus geht der Weg 3 km weiter bis zur **Batterie** auf den Klippen, einem deutschen Geschützstand aus dem Zweiten Weltkrieg.

Schlafen

Mittags meidet man am besten das Ufer und die vielen Menschen und macht sich lieber in den Gassen auf die Suche nach einer besonders knusprigen Focaccia.

Hotel Cenobio dei Dogi HOTEL €€€

(☎0185 72 41; www.cenobio.it; Via Cuneo 34; EZ 120–160 €, DZ 160–230 €; P❄📶🏊) Willkommen an der luxuriösen Riviera. Der Name bedeutet „Treffpunkt der Dogen" und tatsächlich, vor ewigen Zeiten erholte sich an dieser Stelle der genuesische Adel – kluge Köpfe! Man hat die Wahl zwischen 105 edel ausgestatteten Zimmern, die trotzdem gemütlich wirken.

Praktische Informationen

Touristeninformation (www.camogli.it, auf Italienisch; Via XX Settembre 33; ⏲Mo–Sa 9–12.30 & 15.30–18, So 9–13 Uhr) Eine Liste der Tauchschulen und Bootsvermieter ist bei Interesse auch erhältlich.

An- & Weiterreise

Camogli liegt an der Bahnstrecke von Genua nach La Spezia mit regelmäßigen Verbindungen nach Santa Margherita (1,80 €, 5 Min.) und Rapallo (1,80 €, 10 Min.).

Die Schiffe der **Cooperativa Battellieri del Golfo Paradiso** (www.golfoparadiso.it) verkehren ganzjährig zwischen Camogli und Punta Chiappa (einfache Fahrt/hin & zurück 5/8 €) und San Fruttuoso (8/11 €). Zwischen Juni und September gibt es auch Fahrten zum Porto Antico in Genua (10/15 €), nach Portofino (10/16 €) und den Cinque Terre (20/27,50 €).

SAN FRUTTUOSO

San Fruttuoso ist ein ruhiges Fleckchen zwischen den eleganten Küstenorten geblieben. Es ist das Yin zu Portofino als Yang. Es gibt – Gott sei Dank – keine Straßen hier. Die Besucher kommen per Schiff oder zu Fuß.

Sehenswertes

Abbazia di San Fruttuoso di Capodimente KIRCHE

(Erw./Kind 4/2,50 €; ⏲Mai–Sept. 10–18 Uhr, März, April & Okt. bis 16 Uhr, Dez.–Feb. nur an Feiertagen und den Tagen davor bis 16 Uhr) Außergewöhnlich in dem winzigen Dorf ist die Benediktinerabtei, die als letzte Ruhestätte für den hl. Fructuosus, Bischof von Tarragona, (259 n. Chr. Märtyrertod in Spanien) errichtet worden war. Die Abtei wurde Mitte des 13. Jhs. mit Hilfe der Genueser Familie Doria wieder aufgebaut und verfiel dann allmählich zusammen mit der Klostergemeinschaft. Im 19. Jh. wurde das

Gebäude in kleine Wohnungen aufgeteilt und den einheimischen Fischern zur Verfügung gestellt.

Im Jahr 1954 wurde eine **Christusstatue** aus Bronze im Meer vor der Abtei 15 m tief versenkt, um das Wasser zu segnen. Wer sie sehen will, muss entweder tauchen oder bei ruhigem Wasser vom Boot aus in die Tiefe schauen. Bei der Cooperativa Battellieri del Golfo Paradiso ist mehr darüber zu erfahren. Repliken wurden 1961 im Inselstaat Grenada in St. George und 1996 vor Key Largo in Florida versenkt.

An & Weiterreise

San Fruttuoso befindet sich in isolierter Lage, weil es an keine Straße angeschlossen ist. Das Dörfchen ist zu Fuß von Camogli aus zu erreichen (schwieriger, felsiger Weg, Steighilfe) oder von Portofino aus, ca. 5 km. Der Weg über die Klippen ist zwar auch steil, aber doch einfacher. Beide Wanderungen dauern etwa 2½ Stunden in eine Richtung. Ansonsten verkehrt auch ein Schiff von Camogli (einfache Fahrt/hin & zurück 8/11 €) oder Punta Chiappa (5/8 €) aus.

PORTOFINO

493 EW.

In Portofino sehen sogar die Bäume hübsch aus. Der kleine, perfekt gepflegte Küstenort befindet sich auf einer Halbinsel wie ein Model auf einem Mailänder Laufsteg. Eine Übernachtung könnte den Geldbeutel des gemeinen Volks überfordern. Normale Sterbliche können sich aber einen teuren Cappuccino im Yachthafen leisten und staunen, wie verbreitet doch Ferrari-Schlüsselanhänger und Gucci-Handtaschen sind.

Sehenswertes

Castello Brown BURG

(www.portofinoevents.com; Via alla Penisola 13a; Eintritt 3,50 €; ⏲variiert) Am wunderschönen Hafen führt die Treppe neben dem Schild „Salita San Giorgio" an der **Chiesa di San Giorgio** vorbei zur ungewöhnlichen Festung von Portofino. Für den Weg braucht man insgesamt zehn Minuten – es lohnt sich also, vorher in der Touristeninformation nach den Öffnungszeiten zu fragen. Die Burg wird häufig für private Feiern genutzt und ist dann für Besucher geschlossen. Die Genueser erbauten sie, aber nach Kämpfen mit Venedig, Savoyen, Sardinien und Österreich fiel sie schließlich an Napoleon. 1867 baute der britische Diplomat Montague Yeats Brown die Burg zu einem Privathaus um. Die wunderschöne, geflieste Treppe ist ein Schmuckstück der neogotischen Einrichtung; vom Garten aus bietet sich den Besuchern eine wunderschöne Aussicht. Noch spektakulärer ist der Blick vom **Leuchtturm**, den man nach weiteren 300 m auf dem gleichen Pfad erreicht.

Aktivitäten

Wer sich reich fühlt, verhandelt mit einem Taxiboot-Betreiber im Hafen über eine Schnorchel- oder Besichtigungstour.

Parco Naturale Regionale di Portofino WANDERN

(www.parks.it/parco.portofino) All die Cabrio-Fahrer, die von Santa Margherita über die kurvige Straße in den Ort hineinsausen, bemerken den Naturpark auf der Halbinsel von Portofino gar nicht. Hier verlaufen über 60 km Wanderpfade, die oft überraschend abgeschieden sind und außerdem kostenlos. Karten dazu sind in der Touristeninformation erhältlich. Eine schöne, anspruchsvolle Tageswanderung (mit ausgesetzten Abschnitten) ist der 18 km lange Küstenweg von Camogli nach Santa Marherita über San Fruttuoso und Portofino. An beiden Endpunkten gibt es günstige Zugverbindungen.

Schlafen

Warnung: Wer hier übernachtet, könnte seinen Kostenrahmen ernsthaft überfordern!

Eden BOUTIQUEHOTEL €€€

(☎0185 26 90 91; www.hoteledenportofino.com; Vico Dritto 18; DZ 140–270; pa) Man ist im „Garten Eden" angekommen – dann kann man ja auch gleich da bleiben. Der Name passt zum Hotel in einer ruhigen, gepflasterten Seitenstraße, nur einen Steinwurf entfernt von der idyllischen Uferpromenade. Es sieht schick aus, ist aber nicht übertrieben protzig.

Hotel Splendido LUXUSHOTEL €€€

((☎0185 26 78 01; www.hotelsplendido.com; Salita Baratta 16; EZ/DZ ab 562/975 €; P❄@🛜🏊) Wer steinreich ist oder seine Ersparnisse auf den Kopf hauen will, checkt hier ein, in dieser spleenigen Bastion, umgeben von üppigem Grün. Er wandelt damit auf den Spuren des Herzogs von Windsor, Frank Sinatras und vielen anderen Superreichen. Otto Normalverbraucher kann ungehindert zwischen den Säulen und Kuppeln spazierengehen und versponnenen Träumen nachhängen.

Essen & Ausgehen

Fußballspieler der ersten Liga und Lottogewinner sind in Portofino bestens aufgehoben. Der Durchschnittsreisende kramt sein

Kleingeld für einen Cappuccino (5 €) am Hafen zusammen.

Pizzeria Il Portico PIZZERIA €€
(Via Roma 21; Mahlzeiten 20–25 €; ⏲Di geschl.) Wer ein Stück weggeht vom Hafen, kann eine Pizza Margherita schon für 6 € bekommen. Im Il Portico werden den Gästen die Gerichte, z. B. Tintenfischsalat, *vongole* (Herzmuscheln) und regionale Spezialitäten draußen auf karierten Tischdecken serviert.

Caffè Excelsior CAFÉ €€
(Piazza Martiri dell'Olivetta 54) Der Standard-Cappuccino (1,30 €) ist schon wirklich gut, aber man kommt nicht wegen des Kaffees, sondern um zu schauen. Schönes Café mit romantischen Sitzecken draußen, wo sich schon Greta Garbo hinter einer Sonnenbrille versteckte.

Praktische Informationen

Touristeninformation (www.apttigullio.liguria.it; Via Roma 35; ⏲Di–So 10–13 & 13.30–16.30 Uhr) Hier gibt es kostenlose Wanderkarten für den Naturpark Portofino sowie Informationen über den Verleih von Mountainbikes und die Vermietung von Segel- und Motorbooten.

Anreise & Unterwegs vor Ort

Die Buslinie 882 der **ATP** (www.atp-spa.it) fährt vor der Touristeninformation ab nach Santa Margherita (1,50 €, alle 30 Min.), aber es ist viel schöner, zu Fuß zu gehen. Ein markierter Wanderweg führt 3 km an der herrlichen Küste entlang.

Von April bis Oktober starten täglich Schiffe des **Servizio Marittimo del Tigullio** (www.traghettiportofino.it) nach/von San Fruttuoso (7,50/10,50 €), Rapallo (7/10,50 €) und Santa Margherita (5,50/8,50 €).

Autofahrer müssen am Ortseingang parken; die Parkgebühr beginnt bei 4,50 € pro Std. (nur Barzahlung).

SANTA MARGHERITA

10 035 EW.

Nach der Hektik in Genua wirkt Santa Margherita wie ein stilles, impressionistisches Gemälde. Jedes Detail stimmt an der bildschönen Uferpromenade, wo man von eleganten Hotels mit Jugendstilfassaden auf teure Yachten blickt. Das ehemalige Fischerdorf hat sich zu einem beliebten Ort für wohlhabende Pensionäre gewandelt. Glücklicherweise und im Gegensatz zu Portofino muss man hier nicht Millionär sein.

Sehenswertes & Aktivitäten

Wegen der idyllischen Lage in einer geschützten Bucht am türkisfarbenen Golf von Tigullio ist Santa Margherita ein guter Ausgangspunkt zum **Segeln**, **Wasserskifahren** und **Sporttauchen**. Weniger Aktive können ein Sonnenbadfnehmen und sich am belebten **Strand** entspannen.

GRATIS **Villa Durazzo** MUSEUM, GARTEN
(www.villadurazzo.it; Piazzale San Giacomo 3; ⏲9–13 & 14.30–18.30 Uhr) Die Villa Durazzo ist besonders charakteristisch für Santa Margherita. Das vornehme Herrenhaus und die Gärten gehören zu einer Burg aus dem 16. Jh. mit Blick aufs Meer. Umgeben von den Düften wärmeliebender Pflanzen, wie Zitronenbäumen, Hortensien und Kamelien, lädt der Park zu einem gemütlichen Spaziergang ein. Das Haus ist heute ein Museum und beliebt bei Hochzeitspaaren. Es gibt auch eine hübsche Café-Terrasse.

Schlafen

Lido Palace Hotel HOTEL €€
(☎0185 28 58 21; www.lidopalacehotel.com; Via Doria 3; EZ 110–140 €, DZ 140–200 €; P❄📶) Diese Grande Dame des Jugendstils in der sehr gepflegten Umgebung an der Promenade ist idealtypisch für Santa Margherita. Die Zimmer sind großzügig, das Frühstück ist üppig. Zum Restaurant gehört eine Außenterrasse mit schönem Blick. Es wird auch Halbpension oder Vollpension angeboten.

Fasce HOTEL €€
(☎0185 28 64 35; www.hotelfasce.it; Via Luigi Bozzo 3; EZ/DZ 98/108 €; ❄@) Das Hotel gehört zu den preisgünstigeren Optionen im Ort mit einer Sonnenterrasse auf dem Dach, 16 Zimmern in vernünftiger Größe (aber mit sehr kleinen Bädern) und einem einfachen Frühstück. Parken kostet 18 € extra.

Essen & Ausgehen

Trattoria dei Pescatori FISCH €€
(Via Bottaro 43–44; Mahlzeiten ca. 35 €; ⏲Sept.–Juni Mi–Mo, Juli & Aug. tgl.) *Moscardini affogati* (gefüllter Baby-Oktopus) gehört zu den sommerlichen Spezialitäten des allerersten, im Jahr 1910 eröffneten Restaurants im Ort. Im Herbst gibt es wilde Pilze, das ganze Jahr über eine leckere Fischsuppe, Fisch aus dem Backofen mit Oliven und Pinienkernen und hausgemachte Pasta in allen Formen und Größen.

Bar Colombo CAFÉ, BAR €€
(Via Pescino 13, ; ⏲Di–So bis spätnachts) Das geschmackvolle Lokal, eine gelungene Kombination aus Cafébar und Restaurant, ist ein Highlight des Jugendstils. Hierher

kamen früher Leinwandgrößen wie Richard Burton und Liz Taylor.

Praktische Informationen

Touristeninformation (www.apttigullio.liguria.it; Piazza Vittorio Veneto; ⏲9.30–12.30 & 14.30–17.30 Uhr) Jede Menge Tipps zu Wassersportmöglichkeiten in der Gegend.

Parco Naturale Regionale di Portofino (www.parks.it/parco.portofino; Viale Rainusso 1) Karten und Informationen für Wanderer.

Anreise & Unterwegs vor Ort

Busse der ATP Tigullio Trasporti (www.tigulliotrasporti.it, auf Italienisch) fahren alle 20 Minuten nach Portofino und alle 30 Minuten nach Camogli und zurück.

Es gibt stündlich eine Zugverbindung nach Genua (2,40 €, 35 Min.) und La Spezia (5,50 €, 1½ Std.)

Boote der **Servizio Marittimo del Tigullio** (www.traghettiportofino.it; Via Palestro 8/1b) fahren zu den Cinque Terre (einfache Fahrt/hin & zurück 17/24,50 €), nach Portovenere (21/32 €), San Fruttuoso (9,50/14,50 €) Portofino (5,50/8,50 €) und Rapallo (3,50/4,50 €).

RAPALLO

30 571 EW.

Künstler wie W. B. Yeats, Ezra Pound, Ernest Hemingway, Hermann Hesse und Gerhart Hauptmann suchten in Rapallo nach Inspirationen. Es ist nicht schwer zu verstehen, warum. Der Strand steht voller Palmen und leuchtend blauer Umkleidekabinen, und im Hintergrund ragt eine winzige Burg über das Meer hinaus (wechselnde Kunstausstellungen). Die Stadt hat ein kultiviertes, nostalgisches Flair. Dennoch herrscht eine freundliche und wegen des geschlossenen Ortsbilds weniger elitäre Atmosphäre als in den benachbarten Schickeria-Orten. Donnerstags ist am meisten los in der Stadt, wenn Marktstände die Piazza Cile im Zentrum beleben.

In der deutschen Geschichte des 20. Jhs. spielt Rapallo eine nicht ganz unbedeutende Rolle: In der Nähe des Ortes wurde 1922 ein völkerrechtlicher Vertrag zwischen dem Deutschen Reich und Russland geschlossen, der die Beziehungen zwischen beiden Staaten normalisierte und zu einer Annäherung führte. Die damals überraschende Einigung ging als Vertrag von Rapallo in die Geschichtsbücher ein.

Sehenswertes

Die Uferpromenade des Ortes, Lungomare Vittorio Veneto, wird ungewollt zum Straßentheater und erinnert an Fitzgeralds Roman *Die Schönen und Verdammten*. Es lohnt sich, in die malerische, unübersehbare **Burg** hineinzuschauen, wo manchmal Ausstellungen stattfinden.

Seilbahn SEILBAHN

(Piazzale Solari 2; einfache Fahrt/hin & zurück 5,50/8 €; ⏲9–12.30 & 14–18 Uhr) Wer genug davon hat, Leute an der Promenade zu beobachten, fährt mit der 1934 eröffneten Seilbahn hinauf zum **Santuario Basilica di Montallegro** (612 m). Die Wallfahrtskirche wurde an der Stelle errichtet, an der am 2. Juli 1557 die Jungfrau Maria erschienen sein soll. Wanderer und Mountainbike-Fahrer können auch über einen alten Maultierpfad dorthin kommen.

Schlafen

Hotel Miro HOTEL €€

(☎0185 23 41 00; www.hotelmiro.net; Lungomare Vittorio Veneto 32; EZ 70–125 €, DZ 90–145 €; P ❄) Der Eingang des hübschen Boutiquehotels direkt am Ufer ist hinter einem Promenadencafé versteckt. Mit den Himmelbetten und floralen Tapeten ist viel vom historischen Charakter bewahrt worden.

Hotel L'Approdo HOTEL €€

(☎0185 23 45 45; www.approdohotel.it; Via San Michele di Pagana 160; DZ 98–156 €; ❄) Das Hotel liegt am Hang und bietet eine herrliche Sicht auf das Meer. Aber wer sich mit dem Blick in den hübschen Garten zufrieden gibt, kann preiswerter wohnen. Die Zimmer sind blitzsauber und modern eingerichtet, einige auch rollstuhlgerecht. Ein Parkplatz (10 € pro Tag) muss im Voraus gebucht werden.

Essen

Hinter den Reihen parkender Motorroller warten an der Promenade jede Menge Lokale auf Gäste.

Antica Cucina Genovese TRADITIONELL ITALIENISCH €€

(Via Santa Maria del Campo 133; Mahlzeiten 18–30 €; ⏲Di–So) Es gibt viele vegetarische Varianten der hausgemachten Pasta, z .B. Kastanienravioli mit Pesto. Sogar Gerichte für Veganer, wie etwa Kartoffel-Pilztopf, stehen auf der Karte. In der offenen Küche wird zudem Fisch und Fleisch zubereitet, und die Auswahl an regionalen Weinen ist groß.

Biancaneve CAFÉ €

(Lungomare Vittorio Veneto 37) Ältere, mit Schmuck behängte Damen und Neureiche sitzen unter den Markisen des Cafés an der Promenade. Es sind stapelweise Hochglanzmagazine zum Durchblättern ausgelegt und an den Wänden gibt es ein paar interessante, signierte Fotos (u. a. von Mick Jagger).

Praktische Informationen

Touristeninformation
(www.apttigullio.liguria.it; Lungo Vittorio Veneto 7; ⌚Mo–Sa 9.30–12.30 & 14.30–17.30 Uhr) Wandervorschläge mit Karten dazu.

An- & Weiterreise

An der Küste entlang fahren Züge nach Genua (3 €, 40 Min.) und La Spezia (5,50 €, 1 Std.).

Schiffe der **Servizio Marittimo del Tigullio** (www.traghettiportofino.it) fahren nach Santa Margherita (einfache Fahrt/hin & zurück 3,50/4,50 €), Portofino (7/10,50 €), San Fruttuoso (10/15,50 €), Genua (13,50/19 €), Cinque Terre (17/24,50 €) und Portovenere (21/32 €). Nicht alle verkehren täglich und manche nur zu bestimmten Jahreszeiten. Aktuelle Fahrpläne stehen auf der Website.

Cinque Terre

Wer eine depressive Phase durchläuft, kann auf den Therapeuten verzichten, wenn er sich auf den Weg zu den Cinque Terre macht. Fünf waghalsig auf den Klippen errichtete Fischerdörfer an einem der beeindruckendsten Küstenabschnitte auf diesem Planeten sollten ausreichen, um auch völlig Niedergeschlagene wieder aufzurichten. Die Cinque Terre gehören seit 1997 zum Welterbe der Unesco, doch es ist kein unentdecktes Paradies mehr wie vor 30 Jahren. Aber ehrlich, wen stört's? Gewundene Pfade verführen weniger Gesellige dazu, scheinbar unzugängliche Klippen zu durchwandern, während vorsichtigere Naturen mit dem Zug fahren. Die Bahnstrecke, die im 19. Jh. angelegt wurde, verläuft durch eine Reihe von Tunneln an der Küste entlang und verbindet die einzelnen Dörfer. Schon vor mehr als einem Jahrzehnt wurden Autos, diese allgegenwärtige Plage der Neuzeit, verboten. Die fünf Dörfer, deren historische Wurzeln bis in die Antike reichen, entstanden im frühen Mittelalter. Monterosso, das älteste Dorf, wurde 643 n. Chr. gegründet, als belagerte Bewohner von den Hügeln zur Küste zogen, um den eindringenden Barbaren zu entkommen. Riomaggiore wurde vermutlich von Griechen im 8. Jh. gegründet, die vor der Verfolgung in Byzanz geflohen waren. Die anderen Dörfer sind Vernazza, Corniglia und Manarola. Vieles von dem, was heute in den Dörfern zu sehen ist, stammt aus dem späten Mittelalter, darunter auch mehrere Burgen sowie die fünf bemerkenswerten Pfarrkirchen.

Davon abgesehen ist das historisch Einzigartige dieser Gegend die terrassierte Steilküste, die in ein kompliziertes System von Feldern und Gärten unterteilt ist. Diese wurden im Laufe von fast eineinhalb Jahrtausenden gehackt, bearbeitet, geformt und aufgeschichtet. Die von Menschenhand gestaltete Landschaftsform ist so außergewöhnlich, dass einige Wissenschaftler die ausgedehnten *muretti* (niedrige Steinmauern) hinsichtlich Bedeutung und Ausdehnung mit der Großen Mauer in China verglichen haben.

Aktivitäten

WANDERN

Ins Cinque-Terre-Gebiet zu reisen und nicht zu wandern, ist so ähnlich wie zum Abendessen in einem italienischen Lokal auf Wein zu verzichten. Der Blaue Wanderweg, der 12 km lange **Sentiero Azzurro** (auf Karten als Weg Nr. 2 markiert) war einst ein Maultierpfad, der die fünf Dörfer miteinander verband. Der Weg entstand bereits während der Frühphase der Republik Genua im 12. und 13. Jh. Bis zur Eröffnung der Bahnlinie 1874 war dies die einzige Verbindung zwischen den fünf Dörfern. Wer dort wandern will, muss zuerst eine Cinque-Terre-Card für 5 € kaufen. Der Weg verläuft nicht eben, sondern der Sentiero Azzurro ist ein schmaler, steiler Pfad, dennoch wandern täglich viele, körperlich ganz unterschiedliche Menschen hier entlang. Am beliebtesten ist die Richtung von Riomaggiore nach Monterosso, d. h. von Ost nach West, mit der berühmten Via dell'Amore am Anfang. Wer nicht die ganze Strecke zu Fuß gehen will, kann im mittleren Dorf, Corniglia, mit dem Zug zurückfahren.

Der **Sentiero Rosso** (Roter Wanderweg; als Nr. 1 markiert) von Portovenere nach Levanto ist mit 38 km nur wenig kürzer als eine Marathonstrecke. Das ist eine verlockende Herausforderung für ambitionierte Wanderer, die neun bis zwölf Stunden dafür rechnen. Von 100 Leuten, die auf dem Sentiero Rosso unterwegs sind, wollen weniger als ein Dutzend die überwiegend ebene, von Bäumen umsäumte gesamte Strecke bewältigen, an der es auch einige Abkürzungen gibt. Dank einer verlässlichen Zug- und Busverbindung nach Portovenere (über La Spezia) ist es möglich, früh zu starten. Um sich zu stärken, gibt es unterwegs genügend nette Bars und Restaurants.

Mountainbiken

Seit 2009 sind Mountainbikes auf einigen Wegen im Nationalpark erlaubt. Der Ausgangspunkt für die meisten Wege ist der **Santuario della Madonna di Montenero**, eine kleine Kapelle, die über die Straße oder den *sentiero* Nr. 3 oberhalb von Riomaggiore zu erreichen ist.

Kurse

Arbaspàa KOCHEN

(☎0187 76 00 83; www.arbaspaa.com; Kurse 109–129 €) In einem Bauernhof bei Levanto werden mit den Teilnehmern ligurische Spezialitäten zubereitet. Die Kurse finden immer von Mai bis Oktober jeweils montags und dienstags statt.

Praktische Informationen

Informationen im Internet gibt es unter www.cinqueterre.it und www.cinqueterre.com.

Parco Nazionale (www.parconazionale5terre.it; ⏲7–19 Uhr) Informationsbüros des Nationalparks befinden sich in den Bahnhöfen der fünf Dörfer und im Bahnhof von La Spezia.

Anreise & Unterwegs vor Ort

AUTO & MOTORRAD Privatfahrzeuge dürfen nicht in die Dörfer hineinfahren. Wer mit dem Auto oder Motorrad kommt, muss das Fahrzeug auf einem öffentlichen, kostenpflichtigen Parkplatz abstellen. In manchen Dörfern fahren Minibusse von dort aus in das Ortszentrum (einfache Fahrt/hin & zurück 1,50/2,50 €). Fahrpläne gibt es in den Informationsbüros des Nationalparks.

SCHIFF Im Sommer fahren Schiffe der **Cooperativa Battellieri del Golfo Paradiso** (www.golfoparadiso.it) von Genua zu den Cinque Terre (einfache Fahrt/hin & zurück 18/33 €). Außerdem bietet der **Servizio Marittimo del Tigullio** (www.traghettiportofino.it) in der Saison eine Schiffsverbindung nach/von Santa Margherita an (17/24,50 €) .

Von Ende März bis Oktober gibt es zwischen den Dörfern der Cinque Terre (außer Corniglia). eine tägliche Pendelverbindung des **Consorzio Marittimo Turistico Cinque Terre Golfo dei Poeti** (www.navigazionegolfodeipoeti.it). Die einfache Fahrt einschließlich der Zwischenaufenthalte kostet 18 € während der Woche und 25 € an Wochenenden.

ZUG Zwischen 6.30 und 22 Uhr rollen 1- bis dreimal pro Stunde Züge zwischen Genua und La Spezia die Küste entlang. Sie halten in jedem der fünf Dörfer. Mit der Cinque-Terre-Card (s. Kasten S. 194) kann man die Züge zwischen Levanto und La Spezia in der 2. Klasse uneingeschränkt nutzen.

MONTEROSSO
1527 EW.

Das am weitesten westlich gelegene Monterosso ist noch am besten mit dem Auto zu erreichen und das einzige der fünf Dörfer, das über einen Badestrand verfügt. Es ist nicht ganz so typisch und war in den 1940er-Jahren vorübergehend aus dem Quintett ausgeschlossen. Monterosso, bekannt als Herkunftsort von Zitronen und Sardellen, ist in zwei Ortsteile gegliedert. Sie sind durch einen Fußgängertunnel miteinander verbunden, der durch den in das Meer hinausragenden Felsen von San Cristoforo angelegt wurde.

Sehenswertes

Convento dei Cappuccini KIRCHE

Die Klosteranlage mit der interessantesten Kirche von Monterosso liegt auf einem Hügel, der das alte Zentrum vom neueren Ortsteil Fegina trennt. In der gestreiften Kirche, der **Chiesa di San Francesco,** von 1623 hängt eine Kreuzigungsszene links vom Altar, die vermutlich von Van Dyck stammt. Die Ruinen einer alten Burg wurden zu einem Friedhof umgestaltet.

Schlafen

Anders als in den anderen vier Orten gibt es in Monterosso eine nennenswerte Auswahl an Hotels.

La Poesia B&B €€

(☎0187 81 72 83; www.lapoesia-cinqueterre.com; Via Genova 4; DZ 90–180 €) La Poesia befindet sich in einem Haus aus dem 17. Jh. Die drei Zimmer heißen Clizia, Annetta und Aspasia. Das sind die Namen der Frauen, denen der Nobelpreisträger Eugenio Montale seine Gedichte gewidmet hat. Frühstück gibt es auf einer Terrasse unter Zitronenbäumen. Das Haus wirkt recht elegant, was für die Cinque Terre untypisch ist.

Hotel Palme HOTEL €€

(☎0187 82 90 13; www.hotelpalme.it; Via IV Novembre 18; EZ 60–120 €, DZ 80–160 €; ⏲April–Okt.; P❄) Zum Hotel gehört, wie der Name erwarten lässt, ein erholsamer Garten mit Palmen. Das Hotel im neueren Ortsteil ist günstig gelegen, und die Zimmer sind renoviert.

Hotel Baia HOTEL €€

(☎0187 81 75 12; www.baiahotel.it; Via Fegina 88; EZ 100–150 €, DZ 120–180 €; ❄) Große Betten, einfach eingerichtete Zimmer, allerdings teilweise mit tollem Meerblick, sind typisch

WANDERUNGEN ZU DEN WALLFAHRTSKIRCHEN

Zu jedem der fünf Dörfer in den Cinque Terre gehört eine Wallfahrtskirche (*santuario*) hoch oben an der Steilküste mit Blick auf das tiefblaue Meer. Ursprünglich betrachteten die Katholiken den Marsch zu diesen Orten als schwere Buße. Heute sind die Spaziergänge durch terrassierte Weinhänge mit dem Blick weit über die Klippen weniger beschwerlich.

Von Monterosso zur Kirche Madonna di Soviore Im Dorf folgt man von der Via Roma aus dem Wanderpfad Nr. 9 durch Wälder, vorbei an den Ruinen einer achteckigen Kapelle zu einem alten Maultierpfad, der zur ältesten Wallfahrtskirche Liguriens führt. Am Ziel gibt es eine Bar, ein Restaurant und an klaren Tagen eine Aussicht bis nach Korsika.

Von Vernazza zur Kirche Madonna di Reggio Unter der Bahnbrücke in Vernazza folgt man dem Wanderweg Nr. 8 und geht zahlreiche Stufen hinauf, vorbei an 14 Kreuzstationen bis zur Kapelle aus dem 11. Jh. mit einer romanischen Fassade.

Von Corniglia zur Kirche Madonna delle Grazie Die Wallfahrtskirche ist zwar auch von Corniglia (Weg 7b) aus zu erreichen, aber der Weg von Vernazza (Weg 7) aus ist besser. Man zweigt vom Sentiero Azzurro ab und steigt die spektakuläre Sella di Comeneco hinauf zum Dörfchen San Bernardino. Hier steht die Kirche mit dem Heiligenbild der Madonna und dem Kind über dem Altar.

Von Manarola zur Kirche Madonna delle Salute Die schönste dieser Wanderungen ist dieser atemberaubende Weg (Nr. 6) durch herrliche Weingärten zur kleinen romanisch-gotischen Kapelle im winzigen Dorf Volastra.

Von Riomaggiore zur Kapelle Madonna di Montenero Der Pfad Nr. 3 beginnt auf der Höhe des Dorfes, geht über Stufen hinauf, vorbei an ummauerten Gärten zu einer restaurierten Kapelle aus dem 18. Jh., deren Decke mit Fresken bemalt ist. Sie steht an einem herrlichen Aussichtsplatz direkt neben dem neuen Fahrradverleih des Naturparks.

für das Hotel, das neben dem Bahnhof direkt am Strand liegt. Der Mindestaufenthalt beträgt drei Tage.

Essen

Die Restaurants am Ufer servieren fangfrische Sardellen – gebraten, eingelegt, roh in Zitronensauce oder in einer *tian* überbacken (mit Kartoffeln und Tomaten). Gegen den Durst gibt es ein paar Weinstuben.

Focacceria Enoteca Antonia SNACKS €
(Via Fegina 124; Focaccia 2–3 €; März–Okt. Fr–Mi 9–20 Uhr) Wer ein Picknick am Strand mit typisch ligurischen Zutaten machen möchte, ist hier an der richtigen Adresse. Paola und ihr Mann Giuseppe verkaufen 15 hausgemachte Sorten Focaccia direkt aus dem Ofen und außerdem günstige regionale Weine.

La Cantina del Pescatore SNACKS €
Vie V Emanuele 19; Snacks 4–9 €;) In dem neu eröffneten Lokal kann man heimische Produkte und Weine kaufen, u. a. ausgezeichnete Marmelade, Brotaufstriche und *lemoncino* sowie Snacks zum Mittagessen bekommen, z. B. Pesto auf Toast, Salate, Hot Dogs (für Kinder) und Wein.

VERNAZZA
987 EW.

Vernazza ist vielleicht das malerischste der fünf Dörfer. Der idealtypische kleine Mittelmeerhafen liegt am einzigen sicheren Landungsplatz der Cinque Terre. Die Hauptstraße, Via Roma, mit vielen kleinen Cafés verbindet die Piazza Marconi mit dem Bahnhof. Nebenstraßen führen in die für das Dorf charakteristischen *caruggi* (enge Gassen), die an Genua erinnern.

Sehenswertes

Hübsch anzuschauen sind die Piazza Matteotti und der Hafen. Es gibt einen winzigen Sandstrand, wo man auch baden kann.

Chiesa di Santa Margherita d'Antiochia KIRCHE
(Piazza Matteotti) Auf einer Seite des Hafens steht eine kleine, 1318 geweihte Kirche im gotisch-ligurischen Stil. Der Bau der Kirche geht auf eine düstere Geschichte zurück, wonach die Knochen der hl. Margaretha in einem Holzkasten in der Nähe am Strand gefunden worden sind. Auffallend ist der 40 m hohe achteckige Turm.

Castello Doria BURG

(Eintritt 1,50 €; ⏲10–19 Uhr) Die älteste, noch vorhandene Burganlage in den Cinque Terre stammt etwa von 1000 n. Chr. Heute ist es eine Ruine mit fantastischer Aussicht aufs Meer. Man steigt die gewundenen *caruggi*, die malerischen kleinen Gassen, hinauf bis zum Eingang.

Schlafen & Essen

Gianni Franzi FISCH, PENSION €€

(☎0187 82 10 03; www.giannifranzi.it; Piazza Matteotti 5; Mahlzeiten 22–30 €, EZ/DZ 70/100 €; ⏲Mitte März–Anf. Jan.) In der Trattoria am Hafen gibt es seit der Eröffnung 1963 traditionelle Fischgerichte (Muscheln, Meeresfrüchte, Ravioli und marinierte Sardellen). Seit einiger Zeit werden auch Zimmer vermietet, die auf eine gemeinsame Terrasse hinausgehen. Die Einzelzimmer, bei denen die Gäste ein gemeinsames Bad benutzen, kosten nur 45 €.

Gambero Rosso FISCH €€

(www.ristorantegamberorosso.net; Piazza Marconi 7; Mahlzeiten 30–35 €) Wer sich bisher überwiegend von Focaccia ernährt hat, kann hier getrost etwas Geld für ein Abendessen ausgeben, z. B. für die Spezialität des Hauses, *Tegame di Vernazza* (Sardellen mit Ofenkartoffeln und Tomaten).

Batti Batti SNACKS €

(Via Roma 3) Das Batti Batti ist eine Bastion der preiswerten, regionaltypischen Focaccia. Hier gibt es die besten im Dorf (manche behaupten in den ganzen Cinque Terre), aber Pizza ist auch zu haben.

CORNIGLIA
600 EW.

Corniglia, das „ruhige" mittlere der Dörfer, liegt umgeben von üppigen Weingärten auf einem 100 m hohen Felsvorsprung. Es ist der einzige Ort in den Cinque Terre ohne direkten Zugang zum Meer (steile Treppen führen zu einer felsigen Bucht). Enge Gassen und bunt bemalte vierstöckige Häuser sind typisch für den alten Ortskern von Corniglia, das übrigens in Boccaccios Roman *Decamerone* eine Rolle spielt. Um in das eigentliche Dorf zu gelangen, muss man nach Ankunft vom Bahnhof aus die 377 Stufen der **Lardarina** hochsteigen.

Sehenswertes

Das zentral gelegene Corniglia ist der einzige Ort, von dem aus man alle fünf Dörfer gleichzeitig sehen kann.

La Torre AUSSICHTSPUNKT

Der mittelalterliche Wachturm ist über eine Treppe zu erreichen, die am winzigen Hauptplatz (Piazza Taragio) beginnt.

Belvedere Santa Maria AUSSICHTSPUNKT

Die Via Fieschi, die mitten durch das Dorf führt, endet irgendwann an diesem umwerfenden Aussichtspunkt mit weitem Blick über das Meer.

Strand von Guvano STRAND

Der Strand zwischen Corniglia und Vernazza, an dem man auch nackt baden darf, ist schwer zu finden. Der Weg dorthin führt durch einen alten Bahntunnel. Am besten man fragt Einheimische.

Schlafen & Essen

Wie auch anderswo in den Cinque Terre steht Fisch beim Essen im Mittelpunkt. Wenn man fragt, welcher frisch ist, kann nichts schiefgehen.

Ostello di Corniglia HOSTEL €

(☎0187 81 25 59; www.ostellocorniglia.com; B/DZ 24/60 €; 📶) Das neueste Hostel in den Cinque Terre liegt am oberen Ortsende. Es hat zwei Acht-Bett-Zimmer und vier Doppelzimmer (mit eigenem Bad). Die Preise sind verhandelbar. Es gibt eine Schließzeit zwischen 13 und 15 Uhr .

Case di Corniglia APARTMENTS €

(☎0187 81 23 42; www.casedicorniglia.com; Via alla Stazione 19) Die Ferienapartments in zwei Häusern an der Hauptstraße des Dorfes sind kürzlich renoviert worden. Gut für Familien und Gruppen.

Caffe Matteo CAFÉ €

(Piazza Taragio) Während alle anderen in Corniglia eine Siesta machen, bleibt das Matteo mit seinen Stühlen auf dem winzigen Hauptplatz den ganzen Tag offen. Auf jeden Fall die Pesto-Lasagne probieren.

MANAROLA
850 EW.

Manarola hat mehr Weinstöcke aufzubieten als die anderen vier Dörfer und ist berühmt für den süßen Sciacchetrà-Wein. Außerdem gibt es hier zahlreiche wertvolle mittelalterliche Relikte, was dafür spricht, dass es das älteste der Dörfer ist. Wegen der Nähe zu Riomaggiore (852 m) kommen viele Leute hierher, v. a. auch italienische Schülergruppen. Der Dialekt der lebhaften Einheimischen, der sich von den anderen Dörfern unterscheidet, heißt Manarolese.

Sehenswertes

Piazzale Papa Innocenzo IV PIAZZA

Am Nordende der Via Discovolo liegt diese kleine Piazza, auf der besonders ein Glockenturm auffällt, der früher als Wachturm genutzt wurde. Gegenüber steht die **Chiesa di San Lorenzo** von 1338 mit einem Polyptychon (mehrflügeliger Altar) aus dem 15. Jh. Wer den steilen Anstieg nicht scheut, kann von der nahe gelegenen Via Rollandi aus über einen Pfad durch die Weinhänge bis zur höchsten Stelle des Hügels gelangen.

Punta Buonfiglio AUSSICHTSPUNKT

Der schönste Aussichtspunkt Manarolas liegt auf einem Felsvorsprung an dem Wanderweg (Sentiero Azzurro) Richtung Corniglia. Dort gibt es einen kleinen Rastplatz, und man hat eine gute Perspektive für Fotos. Nicht weit davon entfernt stehen die Reste einer alten Kapelle, die früher den einheimischen Bauern Schutz bot.

Museo dello Sciacchetrà MUSEUM

Via Discovolo 225) Die Öffnungszeiten des winzigen Museums sind sehr unregelmäßig. Wer immer gerade zuständig ist, erzählt Besuchern aber gern etwas über Weinanbaumethoden.

Schlafen & Essen

Ostello 5 Terre HOSTEL €

(☎0187 92 02 15; www.cinqueterre.net/ostello; Via Riccobaldi 21; B 20–23 €, DZ 55–65 €; ⌚März–Dez.; @) Das Hostel vermietet Mountainbikes, Kajaks, Nordic-Walking-Stöcke und Schnorchelausrüstungen. Die Sechs-Bett-Zimmer (nach Geschlecht getrennt) verfügen über ein eigenes Bad. Es gibt fremdsprachiges Satellitenfernsehen, eine Playstation und Buchausleihe. Das Haus ist zwischen 10 und 16 Uhr (Juni bis August bis 17 Uhr) geschlossen.

Marina Piccola FISCH, PENSION €

(☎0187 92 01 03; www.hotelmarinapiccola.com; Via Lo Scalo 16; Mahlzeiten 22–30 €, EZ/DZ 90/120 €) Mit Blick aufs Meer isst man eines der vielen Fischgerichte oder die Spezialität des Hauses, *zuppa di datteri* (Dattelsuppe). Die Halb- oder Vollpension für Übernachtungsgäste ist günstig.

Cinque Terre Gelateria & Creperia GELATERIA €

(Via Discovolo) Natürlich ist das subjektiv, aber bei einer Kurzumfrage bezüglich der besten Eiscafés in den Cinque Terre würde dieses vermutlich auf Platz 1 landen.

RIOMAGGIORE

1712 EW.

Riomaggiore ist das östlichste und größte der fünf Dörfer und gleichzeitig inoffizielle Zentrale, weil sich hier das Hauptbüro des Nationalparks befindet. Die pastellfarbenen Häuser, von denen der Putz abblättert, kleben wie verblasste Pralinenschachteln an einem steilen Abhang, der in einem winzigen Hafen endet. Es ist das beliebteste Postkartenmotiv der ganzen Gegend und bei Sonnenuntergang noch romantischer. Hier beginnt auch der berühmte Küstenwanderweg, Sentiero Azzurro (S. 205). Auf dem ersten Abschnitt nach Manarola, der Via dell'Amore, ist extrem viel los.

Sehenswertes & Aktivitäten

Vor dem Bahnhof in Ufernähe zeigen **Wandbilder** die mühselige Arbeit der Bauern in den Cinque Terre, die über Jahrhunderte das Land hier mit bloßen Händen bearbeitet haben. Im Dorf gibt es auch einige kleine **Kirchen** und eine **Burgruine** auf einer Landspitze oberhalb des Dorfes.

Torre Guardiola SCHUTZGEBIET

(Eintritt 1,50 €; ⌚Aug. 9–13 Uhr, Feb.–Juli, Sept. & Okt. 9–13 & 16–19 Uhr) Auf einer Landspitze östlich von Riomaggiore befindet sich ein kleines Schutzgebiet, wo man Vögel und die heimische Flora anschauen kann. Der Turm, die Batteria Racchia, war im Zweiten Weltkrieg eine Marineanlage. Heute gibt es dort eine kleine Bar und Schautafeln zu heimischen Pflanzen. Der Turm ist über einen Pfad zu erreichen, der direkt westlich des Strands von Fossola beginnt.

Strand von Fossola STRAND

Der kleine Kieselstrand liegt unmittelbar südöstlich des Hafens. Das Gelände ist uneben, aber es ist ruhig hier. Beim Schwimmen muss man wegen der Felsen und Strömungen vorsichtig sein.

Cooperative Sub 5 Terre TAUCHZENTRUM

(☎0187 92 00 11; www.5terrediving.it; Via San Giacomo; ⌚unterschiedl., je nach Saison) Wer im klaren Wasser der geschützten Zone tauchen oder schnorcheln möchte, kann sich an den Verleih am unteren Ende der Via Colombo wenden. Auch Kanus und Kajaks können ausgeliehen werden.

Schlafen

Im Dorf gibt es B&Bs und ein paar Hotels, aber hauptsächlich Vermieter von Zimmern und Ferienwohnungen.

Hotel Zorza HOTEL €
(www.hotelzorza.com; Via Colombo 231; DZ ab 90 €; ❄📶) Im Zorza, einem der wenigen Hotels in den fünf Dörfern, geht es etwas gemächlicher zu als anderswo üblich. Die Rezeption schließt gegen 19 Uhr, aber morgens gibt es ein ordentliches Frühstück. Die gepflegten Zimmer mittlerer Kategorie sind über das verwinkelte Haus aus dem 17. Jh. verteilt, dessen Besitzer früher Weinbauer war.

Edi ZIMMERVERMIETUNG €€
(☎0187 92 03 25; Via Colombo 111; Zi. 60–180 €) Der Vermieter an der Hauptstraße bietet insgesamt fünf Zimmer an und sieben Apartments mit zwei bis vier Betten. Die Wäscherei nebenan gehört dazu.

La Casa di Venere ZIMMERVERMIETUNG €€
(☎349 075 31 40; www.lacasadivenere.com; Via Colombo 194; DZ 50–120 €, 3BZ 80–150 €) Die Zimmer gehören zu den preisgünstigsten am Hafen. Alle sind sauber, hell und modern und bieten einen fantastischen Blick.

Essen

Riomaggiore verfügt über die beste Auswahl an Restaurants in den fünf Dörfern.

LP TIPP **Dau Cila** MODERN ITALIENISCH €€
(www.ristorantedaucila.com; Via San Giacomo 65, Mahlzeiten 25–30 €; ⏲März–Okt. 8–2 Uhr) Das Dau Cila ist nur einen Steinwurf vom gemütlichen Hafen (vollgestopft mit Fischernetzen und umgedrehten Booten) entfernt. Deshalb liegt es nahe, hier heimische Fischgerichte zu probieren, und außerdem hat das Lokal auch den besten Weinkeller in Riomaggiore. Zu einem guten Tropfen passt eine kalte Thunfischplatte mit Äpfeln und Zitronen oder marinierte Anchovis mit Birnen und Parmesan.

La Lampara MODERN ITALIENISCH €€
(Via Malborghetto 2; Mahlzeiten 25 €; ⏲7–24 Uhr) Im Lampara sind immer viele Touristen, aber man fühlt sich nicht unbedingt als Tourist, weil die Bedienung wirklich nett ist. Fischgerichte dominieren, aber Pizza und Pasta sind auch richtig gut.

Rund um die Cinque Terre

LA SPEZIA

95 641 EW.

Es ist nur allzu verständlich: Die geschäftige Hafenstadt La Spezia östlich der Cinque Terre ist in kurzer Zeit mit dem Zug zu erreichen, wird aber meist übergangen. Wer unterwegs etwas mehr Zeit einplanen kann, sollte sich die Stadt jedoch anschauen. Es ist Italiens größter Marinestützpunkt, und die engen, gewundenen Gassen der Altstadt erinnern an Genua. Natürlich gibt es eine Reihe gemütlicher Trattorias, die die leckeren ligurischen Weine, Brot, Pesto usw. anbieten.

Das geschäftige Treiben in La Spezia erreicht seinen Höhepunkt alljährlich am 19. März, dem Feiertag des Stadtheiligen San Giuseppe (hl. Joseph). Zum Fest gehört ein großer Markt am Hafen und in den umliegenden Straßen. Der Marinestützpunkt ist an diesem Tag für die Öffentlichkeit zugänglich (ansonsten ist der Zutritt nicht möglich).

Sehenswertes

Museo Amedeo Lia MUSEUM
(www.castagna.it/mal; Via Prione 234; Erw./erm. 6,50/4 €; ⏲Di–So 10–18 Uhr) Hauptanziehungspunkt von La Spezia ist das Kunstmuseum in einem restaurierten Kloster aus dem 17. Jh. Die Sammlung umfasst Werke aus dem 13. bis 18. Jh, u. a. Werke von Tintoretto, Montagna, Tizian und Pietro Lorenzetti. Daneben werden Bronzefiguren aus römischer Zeit und religiöse Schätze gezeigt, z. B. Kruzifixe aus Limoges und kolorierte Handschriften.

Castello di San Giorgio BURG
(www.castagna.it/sangiorgio; Via XXVII Marzo; Erw./erm. 5/4 €; ⏲Mi–Mo 9.30–12.30 & 15–18 Uhr) In der erhöht liegenden Burg ist eine Samm-

MEHR FÜRS GELD

Ideal, um in der Region herumzukommen, ist die Cinque Terre Card.

Die Karte wird in zwei Versionen angeboten, entweder mit oder ohne Zugfahrten. In beiden Fällen sind die unbegrenzte Nutzung der Wanderwege und elektrischen Dorfbusse sowie der Besuch von Ausstellungen eingeschlossen. Die einfache Karte ohne Zugfahrten kostet für Personen über 4 Jahre für 1/2/3/7 Tage 5/8/10/20 €. Wer auch die Züge uneingeschränkt nutzen will, zahlt 8,50/14,70/19,50/36,50 €.

Beide Varianten werden in allen Informationsbüros des Nationalparks Cinque Terre verkauft.

lung archäologischer Funde der Region ausgestellt, die von vorgeschichtlicher Zeit bis zum Mittelalter datieren.

Schlafen & Essen

Es gibt mehrere preisgünstige Hotels in Bahnhofsnähe, aber sie sind tendenziell etwas heruntergekommen. An der Uferpromenade sind viele Lokale mit entspannter Atmosphäre zu finden.

Albergo Birillo HOTEL €
(☎0187 73 26 66; Via Dei Mille 11/13; EZ 30–50 €, DZ 65–75 €) Ein nettes Haus zum Wohlfühlen mit recht beengten Zimmern. Das wird aber wettgemacht durch die äußerst freundlichen Besitzer, die ihren Gästen sehr gern allerlei Tipps zu den versteckten Attraktionen der Stadt geben. Es liegt nicht weit von der Via Prione entfernt, und in der Nähe gibt es viele gute Lokale. Deshalb ist es eine günstige Alternative zu Unterkünften in den Cinque Terre.

Vicolo Intherno MODERN ITALIENISCH €€
(Via della Canonica 22; Mahlzeiten ca. 25 €; Di–Sa) Die Gäste in dem Slow-Food-Restaurant nehmen an rustikalen Tischen unter einer Holzbalkendecke Platz und bekommen z. B. *torta di verdure* (ligurischer Gemüsekuchen) oder Stockfisch. Dazu gibt es gute regionale Weine.

Praktische Informationen

Informationszentrum Nationalpark Cinque Terre (☎0187 74 35 00; Internet 10 Min. 0,80 €; 7–20 Uhr). Im Bahnhof von La Spezia. Weitere Informationszentren s. S. 231.

Touristeninformation (www.aptcinqueterre.sp.it; Viale Giuseppe Mazzini 47; Mo–Sa 9–13 & 14.30–17.30 Uhr)

An- & Weiterreise

Die einzigen öffentlichen Verkehrsmittel nach Portovenere (1,45 €, ca. alle 30 Min.) und Lerici (1,45 €, ca. alle 15 Min.) sind die Busse der **Azienda Trasporti Consortile** (ATC; www.atclaspezia.it, auf Italienisch).

La Spezia liegt an der Bahnlinie Genua–Rom. Es gibt außerdem Bahnverbindungen nach Mailand (23,50 €, 3 Std., 4-mal tgl.), Turin (27 €, 3½ Std., mehrmals tgl.) und Pisa (5,20 €, 50 Min., fast stündl.). Die Cinque Terre und andere Küstenorte sind leicht mit dem Zug (S. 211) und dem Schiff (S. 206). zu erreichen.

PORTOVENERE

3942 EW.

Sollte für die Cinque Terre je ein sechstes Ehrenmitglied ausgesucht werden, müsste das auf jeden Fall Portovenere sein. Der Ort thront auf dem westlichen Felsvorsprung des Golfs der Dichter. Die sieben- bis achtstöckigen Häuser am Hafen bilden eine nahezu uneinnehmbare Festung um das massive Castello Doria. Die Römer gründeten Portus Veneris (Hafen der Venus) als Stützpunkt auf dem Weg nach Gallien und Spanien. Später kamen hier die Byzantiner, Langobarden, Genueser und auch Napoleon vorbei. Der Wanderweg Sentiero Rosso nach Levanto (S. 253) beginnt im Ort, direkt hinter der Burg. Er hat fast Marathonlänge, deshalb vor dem Start tief durchatmen.

Sehenswertes

Außerhalb der hektischen Hauptsaison im Sommer ist Portovenere fast ausgestorben. Deshalb ist es dann noch verlockender.

Castello Doria BURG
(Eintritt 2,20 €; 10.30–13.30 & 14.30–18 Uhr) Die Burg ist ein beeindruckendes Beispiel für eine genuesische Militäranlage. Niemand weiß, wann sie ursprünglich errichtet wurde, aber der jetzige Bau stammt aus dem 16. Jh. Die Festung hatte einst große strategische Bedeutung, denn sie stand an der Grenzlinie zwischen Genua und der gegnerischen Seemacht Pisa. Von den schön angelegten terrassierten Gärten aus hat man einen herrlichen Blick.

Chiesa di San Pietro KIRCHE
Die Wind und Wellen ausgesetzte gotische Kirche wurde 1277 geweiht und erhebt sich über den Ruinen einer frühchristlichen Kirche, die bereits aus dem 5. Jh. stammte. Noch früher stand an dieser Stelle ein römischer Tempel der Göttin Venus, der „Schaumgeborenen", von der sich auch der Name des Ortes ableitet.

Grotta Arpaia GROTTE
Einen weiten Blick auf die Cinque Terre können Besucher von den Felsterrassen bei der Grotta Arpaia genießen, die sich am Ende der Anlegestelle befindet. Dort hielt sich der englische Dichter Lord Byron gern auf, der einmal von Porto Venere nach Lerici quer durch den Golf schwamm, um seinen Freund Shelley zu besuchen. In der **Chiesa di San Pietro**, die 1277 aus schwarz-weißem Marmor gebaut wurde, wurden Überreste eines heidnischen Tempels gefunden. Die Kirche steht am Kai. Direkt vor der Landzunge liegen die Inseln **Palmaria**, **Tino** und **Tinetto**, die zum Unesco-Weltkulturerbe zählen.

Schlafen & Essen

An der Calata Doria direkt am Meer liegen etwa ein halbes Dutzend Restaurants. Eine Straße dahinter in der Via Cappellini, der alten Hauptstraße des Ortes, gibt es verschiedene Lokale mit leckeren Angeboten.

Albergo Genio HOTEL €€
(0187 79 06 11; www.hotelgenioportovenere.com; Piazza Bastreri 8; EZ 80–95 €, DZ 100–125 €; Mitte Feb. – Mitte Jan.; P ❄) Von der Piazza Basteri aus führt eine Wendeltreppe hoch zu dem runden Turm, in dem sich dieses charmante Hotel mit sieben Zimmern befindet. Im Sommer wird das Frühstück draußen serviert unter den Weinstöcken. Einige Zimmer haben Klimaanlage.

La Lanterna B&B €
(0187 79 22 91; www.lalanterna-portovenere.it; Via Capellini 109; DZ 75–85 €; ❄) Die kleine Pension liegt am malerischen Hafen von Portovenere und bietet in der Regel nur zwei luftige Zimmer (auf Anfrage können Gäste auch ein Apartment für vier Personen mieten). Das Frühstück ist im Preis nicht inbegriffen, kann aber dazu gebucht werden; alternativ bietet sich der Besuch eines der Cafés in der Nähe an.

Praktische Informationen

Touristeninformation (www.portovenere.it; Piazza Bastreri 7; Juni–Aug. 10–12 & 15–20 Uhr, Sept.–Mai, Do–Di 10–12 & 15–18 Uhr) Hier kann man auch einige nützliche Karten und Wanderführer kaufen.

An- & Weiterreise

Zwischen La Spezia und Portovenere verkehren täglich Busse (s. S. 211).

Von Ende März bis Oktober fahren Schiffe des **Consorzio Maritimo Turistico Cinque Terre Golfo dei Poeti** (www.navigazionegolfodeipoeti.it) von Portovenere in die Dörfer der Cinque Terre (einfache Fahrt 15 €, hin & zurück 20–22 €). Zudem werden Schiffsausflüge zu den Inseln Palmaria, Tino und Tinetto (9 €) angeboten und Fahrten nach La Spezia und Lerici (tel. Auskunft zu den Fahrplänen).

LERICI & UMGEBUNG

10 447 EW.

In den öffentlichen Gärten von Lerici, die in den 1930er-Jahren angelegt wurden, wachsen Magnolien, Eiben und Zedern. Es ist ein schickes Seebad, dessen Hänge mit Villen und den dazugehörigen Swimmingpools bebaut sind. Zu ihrer Zeit suchten die englischen Dichter Byron und Shelley hier nach Inspirationen.

Sehenswertes & Aktivitäten

Von Lerici führt ein 3 km langer Weg nordwestlich entlang der schönen Küste bis nach **San Terenzo**, einem Dorf am Meer mit Sandstrand und einer Genueser Burg. In den frühen 1820er-Jahren wohnte der englische Dichter Shelley mit seiner Frau in der Villa Magni (für Besucher geschl.) in Ufernähe.

Ein 4 km langer Spaziergang Richtung Südosten führt an malerischen kleinen Buchten vorbei nach **Tellaro**, einem Fischerdorf mit rosa- und orangefarbenen Häusern, schmalen Gassen und winzigen Plätzen. Die Glocken der **Chiesa San Giorgio** soll der Legende nach einmal ein Tintenfisch geläutet haben, um die Dorfbewohner vor einem Angriff der Sarazenen zu warnen.

Castello di Lerici BURG, MUSEUM
(Piazza San Giorgio 1) Von der Burg aus dem 12. Jh., die charakteristisch ist für das Ortsbild, bietet sich ein fantastischer Blick. Sie ist zu Fuß oder mit einem Aufzug zu erreichen. Die Anlage wurde von den Pisanern errichtet, heute befindet sich im dort untergebrachten Museum für Paläontologie eine etwas seltsame Sammlung von Saurierskeletten und fossilen Funden aus der Umgebung.

Schlafen & Essen

Locanda Miranda LANDGASTHOF, GOURMETKÜCHE €€€
(0187 96 40 12; Via Fiascherina 92; DZ 120 €, DZ m. HP 180 €, Menü 40–60 €; P) Das Gourmet-Restaurant mit sieben sehr schönen Zimmern, die liebevoll mit Bildern und Antiquitäten ausgestattet sind, befindet sich in Tellaro. Das Lokal hat einen Michelin-Stern und ist ausschließlich auf Fischgerichte spezialisiert (also nichts für Vegetarier und Fleischesser!).

Praktische Informationen

Touristeninformation (Via Biaggini 6; Mo–Sa 9–13 & 14.30–17.30, So 9–13 Uhr) Tipps zum Wandern und Radfahren in der Umgebung und Hilfe bei der Suche nach einer Unterkunft.

Riviera di Ponente

Die Riviera di Ponente zieht sich in einem Bogen von Genua bis zur französischen Grenze an der Küste entlang. Sie ist bodenständiger und weniger auf Schickeria ausgerichtet als die Riviera di Levante. Daher findet man hier unerwartete Schlupfwinkel, besonders am Küstenabschnitt zwischen Noli und Finale Ligure.

SAVONA

62 494 EW.

Hinter den ausgedehnten Hafenanlagen von Savona liegt das überraschend hübsche mittelalterliche Zentrum. Es lohnt sich wirklich, hier die Reise zu unterbrechen. Zu den Schätzen der Altstadt, die die Angriffe der Genueser im 16. Jh. überstanden haben, gehört der barocke **Dom Nostra Signora Assunta** (Piazza Cattedrale) und die massig wirkende **Fortezza del Priamàr** (Piazza Priamar). In der imposanten Festung sind Skulpturensammlungen untergebracht und das **Civico Museo Storico Archeologico** (Piazza Priamar; Eintritt 2,50 €; ⌚Di–Sa 10–12 & 15–17, So 15–17 Uhr), wo archäologische Funde zu sehen sind.

Kunstliebhaber werden die **Pinacoteca Civica Savona** (Piazza Chabrol 1/2; Eintritt 4 €; ⌚Mo, Di & Do 8.30–13 & 14–19, Mi & Fr 14–21, Sa & So 8.30–13 & 20–23 Uhr) anschauen wollen. Es ist eine bedeutende Sammlung religiöser Gemälde des 14. und 15. Jhs., darunter eine Madonna mit Kind von Taddeo di Bartolo, außerdem gibt es auch zwei Picassos.

Von Juli bis September starten von Savona aus um 10 Uhr sechs-bis sieben-stündige **Ausflüge zur Walbeobachtung** (www.whalewatchliguria.it; Karten 35 €).

Schlafen & Essen

Die Touristeninformation ist bei der Buchung einer Unterkunft in der Stadt und in den Küstenorten westlich davon behilflich.

Villa de' Franceschini HOSTEL €
(☎019 26 32 22; www.ostellionline.org; Via alla Strà „Conca Verde" 29; B/DZ 13/32 €; ⌚Mitte März–Okt.; P@) In Savona befindet sich eines der wenigen Hostels Liguriens. Es liegt 3 km von der Stadt entfernt in einem Park.

Albergo Savona HOTEL €
(☎019 82 18 20; Piazza del Popolo 53; EZ 30–40 €, DZ 45–62 €) Das preisgünstige Hotel ohne großen Schnickschnack hat eine günstige Lage zwischen Bahnhof und Altstadt.

Vino e Farinata TRADITIONELL ITALIENISCH €
(Via Pia 15; Mahlzeiten 17–20 €; ⌚Di–Sa) Wer das Lokal im kopfsteingepflasterten Zentrum betritt, geht zunächst an zwei betagten Köchen vorbei. Der eine packt Fisch in einen mit Holz befeuerten Ofen, und der andere rührt Teig an in einer Küchenmaschine, die so groß ist wie ein Fass. Das Ergebnis ist *farinata* (Fladenbrot), das Basisprodukt in diesem sehr typischen Lokal, das auch ein paar ausgezeichnete Weine gelagert hat.

Praktische Informationen

Touristeninformation (Corso Italia 157r; ⌚Mo–Sa 9–12.30 & 15–18, So 9–12.30 Uhr) Vom Sandstrand in Savona aus zu Fuß schnell zu erreichen.

Anreise & Unterwegs vor Ort

Die Busse von **SAR** (☎0182 2 15 44) und **ACTS** (www.tpllinea.it), die an der Piazza del Popolo und am Bahnhof abfahren, sind eine gute Möglichkeit, um in die Orte im Hinterland zu kommen.

Züge verkehren auf der Bahnstrecke an der Küste und halten am Bahnhof Brignole in Genua (3,30 €, 45 Min., fast stündl.) und in San Remo (5,70 €, 1¾ Std., 8-mal tgl.).

Corsica Ferries (www.corsicaferries.com) setzt täglich bis zu drei Fähren ein, die zwischen dem Porto di Vado in Savona und Korsika hin- und herfahren.

FINALE LIGURE

11 669 EW.

Finale Ligure liegt inmitten üppiger mediterraner Vegetation und besteht genau genommen aus mehreren Ortschaften. Zu **Finale Ligure** gehört ein breiter, feiner Sandstrand. **Finalborgo**, 1 km von der Küste entfernt am Fluss Pora, wird von mittelalterlichen Mauern eingerahmt und begeistert mit seinem Labyrinth alter Gassen und Plätze. Direkt am Wasser liegt **Finale Marina**, während sich die Wohngegend **Finale Pia** entlang des Flusses Sciusa Richtung Genua zieht.

Jeden März veranstalten die Klöster in Finalborgo das Fest **Salone dell' Agroalimentare Ligure**, bei dem Bauern und Künstler der Region ihre Delikatessen, Werke und Weine präsentieren.

Schlafen & Essen

An den Straßen an der Promenade, Via San Pietro und Via Concezione, gibt es jede Menge Lokale.

Hotel Florenz HOTEL €€
(☎019 69 56 67; www.florenz.it; Via Celesia 1; EZ 52–75 €, DZ 74–120 €; ⌚Nov. & Feb. geschl.; P@) Das verwinkelte ehemalige Kloster aus dem 18. Jh. vor den alten Wehrmauern von Finalborgo (800 m vom Meer entfernt) ist eines der stimmungsvollsten Hotels der Gegend.

HI – Finale Ligure HOSTEL €
(☎019 69 05 15; Via Generlae Caviglia 46; B/DZ 15,50/44 €) Die Jugendherberge ist in einer

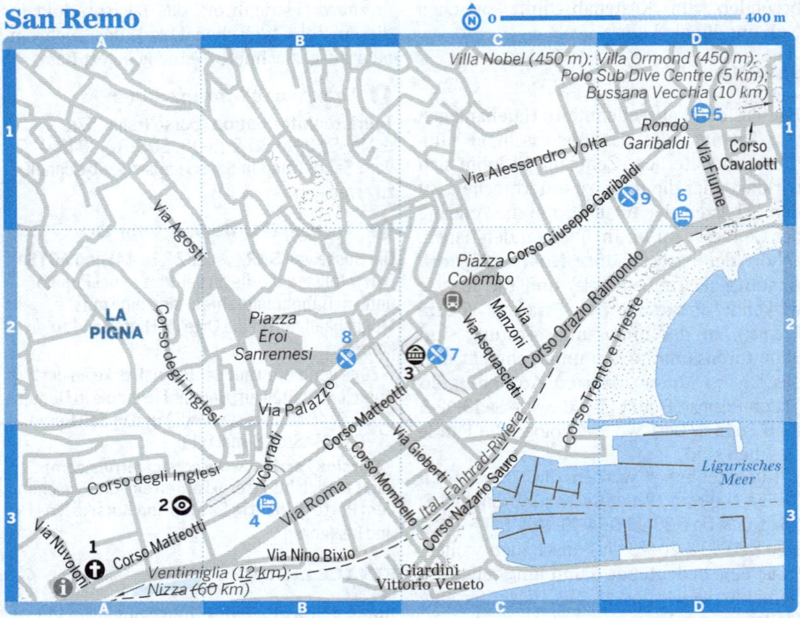

San Remo

Sehenswertes

1 Chiesa Russa Ortodossia A3
2 Il Casino Municipale A3
Museo Civico .... (siehe 3)
3 Palazzo Borea D'Olmo C2

Schlafen

4 Hotel Eletto B3
5 Hotel Liberty D1
6 Hotel Marinella D1

Essen

7 Caffè Ducale C2
8 Cantine Sanremesi B2
9 Cuvea D1

Burg (Castello Vuillermin) untergebracht und stellt, auch wegen der tollen Aussicht von der Terrasse, eine echte Konkurrenz für das Hotel Florenz dar. Sie liegt 1 km vom Bahnhof entfernt, wobei etwa 300 Stufen zu bewältigen sind. Auch Gäste ohne Herbergsausweis sind gegen geringen Aufpreis willkommen.

Osteria ai Cuattru Canti OSTERIA €
(Via Torcelli 22; Mahlzeiten 20 €; ⌚Di–So) In dem einfachen Lokal im historischen Zentrum von Finalborgo werden leckere ligurische Gerichte zubereitet.

Praktische Informationen

Touristeninformation (Via San Pietro 14; ⌚Mo–Sa 9–12.30 & 15–18.30 Uhr, Juli & Aug. So 9–12 Uhr) Um dorthin zu kommen, geht man vom Bahnhof an der Piazza Vittorio Veneto am westlichen Ende von Finale Marina die Via Saccone hinunter zum Meer.

An- & Weiterreise

Busse von **SAR** (☎0182 21 5 44) pendeln im 30-Minuten-Takt zwischen Finale Ligure und Savona (2,20 €, 50 Min.). Sie halten unterwegs in Finalborgo (1 €, 5 Min.) und in Noli (1,30 €, 20 Min.).

SAN REMO

56 879 EW.

50 km weiter östlich liegt Europas Casinostadt Nummer eins, San Remo, das italienische Möchtegern-Monte-Carlo. Es ist ein sonniger Badeort mit einem Casino, einer Reihe pompöser Villen und der für die Riviera typischen Pracht. Oft wird San Remo auch die „Stadt der Blumen" genannt wegen der üppig blühenden Pflanzen, die auch in alle Welt geliefert werden. Jedes Jahr findet hier ein beliebtes Musikfestival statt (das als Probelauf für den Eurovision Song Contest gesehen wird) und das längste Tagesrennen

der Fahrradprofis, die 298 km lange **Mailand–San Remo Classic**.

Mitte des 19. Jhs. wurde die Stadt zum Anziehungspunkt für europäische Monarchen. So residierten hier z. B. Kaiserin Elisabeth von Österreich und der russische Zar Nikolaus, die beide die milden Winter zu schätzen wussten. In die russisch-orthodoxe Kirche an der Promenade, die mit ihrem Zwiebelturm an die Basiliuskathedrale in Moskau erinnert, kommen Menschen zum Gebet. Auch der schwedische Erfinder Alfred Nobel besaß eine Villa in San Remo.

Hinter den gepflegten Rasenflächen und den Hotels der Belle Époque verbirgt sich die wenig besuchte Altstadt mit ihrem Gewirr enger Gassen, die sich den Hügel hinunterwinden. Am Ufer zieht sich ein neuer 25 km langer Fahrradwanderweg bis nach Imperia die Küste entlang. Er folgt einer ehemaligen Bahnlinie und verläuft auch durch die beiden lebhaften Häfen der Stadt.

Sehenswertes

Russisch-Orthodoxe Kirche — KIRCHE

(Via Nuvoloni 2; Eintritt 1 €; 9.30–12 & 15–18 Uhr) Nicht-katholische Gotteshäuser sind selten in Italien. Deshalb sollte man sich Zeit nehmen für die mehrfarbige Kirche **San Basilio**, ein klassisches Beispiel für eine russisch-orthodoxe Kirche. Sie wurde für die Gemeinde erbaut, die Zarin Maria 1906 nach San Remo folgte. Das Bauwerk mit den Zwiebeltürmen und dem blassblauen Innenraum wurde von Alexei Schtschussew geplant, der später auch Lenins Mausoleum entwarf. Heute befindet sich in der Kirche eine Sammlung russischer Ikonen.

Il Casinò Municipale — KASINO

(www.casinosanremo.it; Corso degli Inglesi) Im Casino von San Remo (eines von vier in Italien), das aus der Zeit der Belle Époque stammt, wurden schon Karten ausgeteilt, als Las Vegas noch ein Wasserloch in der Wüste war. Das Gebäude stammt von 1905 und wurde vom Pariser Architekten Eugenio Ferret entworfen. Die Spielautomaten (mehr als 400) werden schon um 10 Uhr angeworfen, andere Spiele (Roulette, Blackjack, Poker usw.) sind frühestens ab 14.30 Uhr möglich. Schicke Freizeitkleidung und ein Ausweis sind notwendig, um hereinzukommen.

GRATIS Museo Civico — MUSEUM

(Corso Matteotti 143; Di–Sa 9–12 & 15–18 Uhr) Das Museum ist im **Palazzo Borea d'Olmo** aus dem 15. Jh. untergebracht. In mehreren Räumen, manche davon mit Deckengemälden, werden regionale archäologische Funde aus vorgeschichtlicher und römischer Zeit sowie Gemälde und wechselnde Ausstellungen gezeigt. Zu den Highlights gehört *Gloria di San Napoleone* von Maurizio Carrega (1808 gemalt, um dem gleichnamigen korsischen Despoten zu schmeicheln) und Bronzestatuen von Franco Bargiggia.

GRATIS Villen — MUSEUM, GARTEN

Ein kurzer Spaziergang in den Osten der Stadt führt zu eleganten Villen, etwa der maurischen **Villa Nobel** (Corso Felice Cavallotti 112; Di–Fr 11–12.30 Uhr). Das dortige Museum ist dem schwedischen Erfinder Alfred Nobel gewidmet, der während seines Aufenthalts in der Villa den Nobelpreis ins Leben rief. Wenig weiter lockt die **Villa Ormond** (Corso Felice Cavallotti 51; Gärten 8–19 Uhr) mit ruhigen japanischen Gärten.

Bussana Vecchia — HISTORISCHE STÄTTE

10 km nordöstlich von San Remo liegt die Künstlerkolonie Bussana Vecchia. Am Aschermittwoch 1887 wurde das Dorf von einem Erdbeben zerstört; die Überlebenden mussten es schließlich aufgeben. Es existierte nur noch als Geisterstadt, bis in den 1960er-Jahren Künstler herzogen und begannen, die Ruinen mit den Originalsteinen wieder aufzubauen. Die Behörden wollten die Künstler vertreiben, aber jene konnten sich wehren, das Dorf zu neuem Leben erwecken und eine blühende Gemeinschaft internationaler Künstler aufbauen.

Aktivitäten

Da in San Remo das wichtigste Frühjahrsradrennen der Profis stattfindet, passt es gut, dass man vor wenigen Jahren einen 25 km langen **Küstenradweg** angelegt hat. Der Weg entlang einer früheren Bahnstrecke verläuft von Ospedaletti über San Remo und acht weitere Küstenorte bis San Lorenzo al Mare. Nach Mieträdern erkundigt man sich am besten in der Touristeninformation.

Das **Polo Sub Tauchzentrum** (Via Lungomare, Arma di Taggia) bietet Tauchgänge für 35 € vom Darsena Porto aus im 5 km östlich gelegenen Taggia.

Feste & Events

Corso Fiorito — BLUMEN

Die farbenfrohe Blumenparade am letzten Wochenende im Januar bildet den Startschuss für die anderen jährlich stattfindenden Feste.

Festival di San Remo MUSIK
(www.festivaldisanremo.com, auf Italienische) Das Festival der italienischen Musik wird seit 1951 veranstaltet und zieht jedes Jahr im März bekannte italienische Künstler und ausländische Talente an.

Rally Storico AUTO
(www.sanremorally.it) Im April, während die bekannte Rallye von San Remo stattfindet, kommen Oldtimer aus der Zeit von 1931 bis 1981 auf Touren.

Schlafen

In San Remo gibt es genügend Hotels, obwohl es im Sommer und während wichtiger Veranstaltungen knapp werden kann. Einige Hotels schließen auch von September bis kurz vor Weihnachten.

Hotel Eletto HOTEL €€
(☎0184 53 15 48; www.elettohotel.it; Corso G Matteotti 44; EZ 80–95 €, DZ 90–135 €; P❄) Der Eingang im Pariser Jugendstil, der überdacht ist, verführt geradezu zum Eintreten in das zentral gelegene Hotel. Das freundliche Personal führt die Gäste nach oben in saubere, renovierte und geräuschgedämmte Zimmer.

Hotel Liberty HOTEL €
(☎0184 50 99 52; www.hotellibertysanremo.com; Rondò Garibaldi 2; EZ 50–60 €, DZ 70–100 €; ❄P) Das Hotel in einer Jugendstilvilla hat neue Besitzer und einen neuen Namen. Es liegt an einem kleinen Kreisverkehr etwa 100 m vom Bahnhof entfernt. Die zehn kleinen, aber sauberen Zimmer sind ruhig und in schicken Pastelltönen dekoriert. Die meisten Sehenswürdigkeiten sind nur ein paar Schritte entfernt.

Hotel Marinella HOTEL €€
(☎0184 50 59 00; www.hotelmarinella.it; Via Ruffini 21; EZ/DZ 78/105 €; ❄P) Das Hotel liegt jenseits der Uferstraße. Die meisten der sonnigen Zimmer mit Fliesenboden haben Balkon; alle sind makellos sauber und großzügig geschnitten. Im gläsernen Restaurant (Hauptgerichte ca. 15 €) fühlt man sich ein bisschen wie ein Goldfisch, aber der Meerblick lohnt sich.

Essen & Ausgehen

Preiswerte Trattorias gibt es überall in den Altstadtgassen rund um die Piazza Eroi Sanremesi. Auf der gesamten Länge der Promenade am alten Hafen, dem Corso Nazario Sauro, findet man Snackbars mit einigen Tischen davor.

LP TIPP **Cantine Sanremesi** TRADITIONELL ITALIENISCH €
(Via Palazzo 7; Mahlzeiten 20 €; ⏲Di–So) Die Zeit hat in dieser Trattoria ihre Spuren hinterlassen. Die Einheimischen kommen, um *trofie al pesto* und *stoccafisso alla sanremasa* (Stockfisch mit Tomaten und Kartoffeln) zu essen.

Cuvea TRADITIONELL ITALIENISCH €
(Corso Giuseppe Garibaldi 110; Mahlzeiten 15–20 €, Hauptgericht 8–9 €) Das gemütliche, hell erleuchtete Lokal mit den vielen Weinflaschen rundherum ist voller Einheimischer, die hausgemachte traditionelle Gerichte verspeisen, z. B. Pasta mit reichlich Pesto.

Caffè Ducale CAFÉ €
(Corso Matteotti 145; MittagsMahlzeiten 18–22 €; ⏲7.30–24 Uhr) Italienischer Schwung zusammen mit einer ordentlichen Portion Großspurigkeit à la San Remo machen das elegante Lokal, Café, *enoteca* und *salon de thé* zugleich, zu einem der schicksten Treffpunkte östlich der Côte d'Azur.

Praktische Informationen

Touristeninformation (www.rivieradeifiori.org; Largo Nuvoloni 1; ⏲Mo–Sa 8–19, So 9–13 Uhr)

An- & Weiterreise

Busse der **Riviera Trasporti** (Piazza Colombo 42) fahren regelmäßig vom Busbahnhof zur französischen Grenze, an der Küste entlang Richtung Osten und zu Orten im Inland.

Vom unterirdisch gelegenen Bahnhof aus fahren Züge nach/von Genua (10,10 €, 3 Std., stündl.) und Ventimiglia (2,40 €, 15 Min., stündl.), die unterwegs in einigen Orten halten.

VENTIMIGLIA

25 693 EW.

Lange bevor jemand an eine französisch-italienische Grenze dachte, war Ventimiglia eine ruhige römische Stadt. Sie hieß Albintimilium und existierte bis zur Belagerung durch die Goten im 5. Jh. n. Chr.

Sehenswertes

Auf einem Hügel am Westufer des Roia liegt der mittelalterliche Stadtkern von Ventimiglia mit einer oberhalb gelegenen **Kathedrale** (Via del Capo) aus dem 12 Jh. Der Ort besteht überwiegend aus Wohngebieten.

GRATIS **Area Archeologica** AUSGRABUNGSSTÄTTE
(⏲Sa & So 15–17.30 Uhr) Die römischen Ruinen liegen eingezwängt zwischen der Straße und der Bahnlinie und sind Zeugen für Ventimiglias Liaison mit den Römern. Es sind

u. a. Reste eines Amphitheaters und Relikte von Badeanlagen aus dem 2. und 3. Jh. n. Chr. erhalten geblieben.

Markt MARKT

(⌚8–15 oder 16 Uhr) Heute ist Ventimiglia bekannter als Grenzort, an dem freitags ein riesiger Markt stattfindet. Hunderte von Ständen verkaufen Lebensmittel, Kleidung, Haushaltswaren, Körbe und alles, was man sich denken kann. Der Markt konzentriert sich um die Piazza della Libertà herum, in der Nähe des Flusses, und ist bei Tagesausflüglern aus Frankreich sehr beliebt.

Giardini Hanbury BOTANISCHER GARTEN

(Corso Montecarlo 43, La Mortola; Erw./Kind 7,50/4 €; ⌚9.30–18 Uhr) In den Giardini Botanici Hanbury können Besucher Pflanzen von fünf Kontinenten bewundern. Das 18 ha große Gelände der Villa Hanbury wurde 1867 vom englischen Geschäftsmann Sir Thomas Hanbury angelegt und mit 5800 Pflanzenarten aus fünf Kontinenten bestückt, darunter viele verschiedene Kakteen, Palmen und Zitrusgewächse.

Heute ist das Gebiet geschützt und wird von der Universität Genua gepflegt. Die Buslinie 1a führt von der Via Cavour in Ventimiglia aus zum Grenzposten Ponte San Lodovico. Von dort aus kann man die Höhlen Balzi Rossi an der französischen Grenze zu Fuß erreichen.

Schlafen & Essen

Günstige, nette Lokale gibt es vor allem rund um die Via Cavour.

Hotel Seagull HOTEL €

(☎0184 35 17 26; www.seagullhotel.it; Passeggiata Marconi 24; EZ/DZ ab 55/75 €; P❄📶) Das Hotel liegt zehn Gehminuten vom Zentrum entfernt an der Uferstraße. Es ist ein Familienbetrieb mit hübschen blau-weißen Zimmern, einem Garten voll duftender Pflanzen und einer frischen Meeresbrise auf der Terrasse. Halb- oder Vollpension sind möglich.

ℹ Praktische Informationen

Touristeninformation (Via T Hanbury 3a; ⌚Juli & Aug. Mo–Sa 9–12.30 & 15.30–19 Uhr, Sept.–Juni Mo–Sa 9–12.30 & 15–18.30 Uhr) Nur ein paar Schritte vom Bahnhof entfernt.

ℹ An- & Weiterreise

Der Corso della Repubblica führt vom **Bahnhof** (Via della Stazione) direkt zum Strand. Es gibt Zugverbindungen von Ventimiglia nach Genua (11,60 €, 2–3½ Std., stündl.), Nizza (50 Min., stündl.) und zu anderen Orten in Frankreich.

PIEMONT

4,47 MIO. EW.

Italiens zweitgrößte Region dürfte wohl auch die stilvollste Gegend des Landes sein. Hier werden Slow-Food-Produkte und ausgezeichnete Weine hergestellt; es gibt prächtige *palazzi* und eine Atmosphäre, die oberflächlich betrachtet eher französisch als italienisch wirkt. Wer genauer hinschaut, merkt aber bald, dass alles im Piemont den Stempel „Made in Italy" trägt. Nach dem Chaos der Kriege gegen Österreich ging von dort die Einigungsbewegung um 1850 aus, was damit endete, dass die Region für die junge Nation den ersten Premierminister und mit dem Haus Savoyen die Königsdynastie stellte.

Die meisten Reisen ins Piemont beginnen im schicken Turin, das man zunächst mit Fußball und Fiat in Verbindung bringt. Neben der Autoindustrie ist die Region aber auch bekannt für alle möglichen kulinarischen Köstlichkeiten, vom Arborio-Reis bis zu weißen Trüffeln, und für die idyllische Landschaft, die an die Toskana erinnert.

Die kleineren Städte im Piemont waren einst miteinander in Fehde liegende Lehensgüter, die wegen Handels- und Religionsfragen aneinandergerieten. Heute gibt es bestenfalls Streit wegen der Qualität von Käsesorten oder Jahrgangsweinen. Traditionell sind es Asti und Alba, die die kulinarischen Pflöcke setzen. Das meist unterschätzte Cuneo dagegen setzt wie eh und je auf Schokolade, ein guter Energieschub übrigens für Freizeitaktivitäten in den nahen Seealpen.

Turin

909 538 EW. / HÖHE 240 M

Es weht ein Hauch von Paris durch die baumbestandenen Alleen Turins, und in den Jugendstilcafés fühlt man sich an Wien erinnert. Aber Vorsicht, diese Stadt ist keineswegs darauf aus, andere zu kopieren. Die erfinderischen Turiner schenkten der Welt die erste verkäufliche Tafelschokolade, bewahrten ein unglaubliches Geheimnis (das Grabtuch), machten ein Auto zum Verkaufserfolg (Fiat) und beflügelten die Spieler in Schwarz-Weiß, eine der tollsten Fußballmannschaften der Welt (Juventus).

Piemont

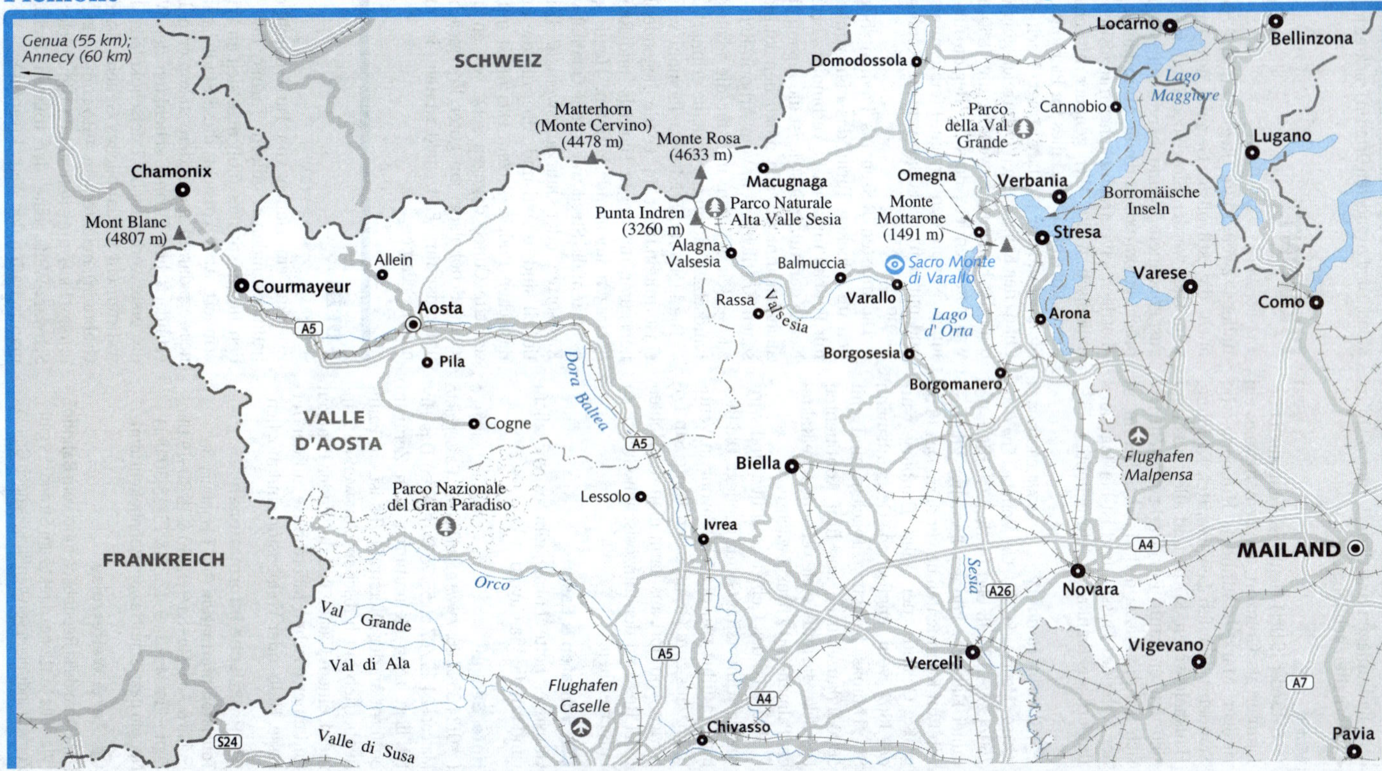
0
40 km
Genua (55 km);
Annecy (60 km)
SCHWEIZ
FRANKREICH
VALLE
D'AOSTA
Chamonix
Mont Blanc
(4807 m)
Courmayeur
Allein
Aosta
Pila
Cogne
A5
Matterhorn
(Monte Cervino)
(4478 m)
Monte Rosa
(4633 m)
Punta Indren
(3260 m)
Macugnaga
Parco Naturale
Alta Valle Sesia
Alagna
Valsesia
Rassa
Valsesia
Balmuccia
Varallo
Sacro Monte
di Varallo
Domodossola
Omegna
Monte
Mottarone
(1491 m)
Parco
della Val
Grande
Cannobio
Verbania
Stresa
Borromäische
Inseln
Lago
Maggiore
Locarno
Bellinzona
Lugano
Varese
Como
Arona
Lago
d' Orta
Borgosesia
Borgomanero
Dora Baltea
Parco Nazionale
del Gran Paradiso
Lessolo
Biella
Ivrea
Flughafen
Malpensa
MAILAND
A4
Novara
A26
Sesia
Vercelli
Vigevano
A7
Pavia
Orco
Val
Grande
Val di Ala
Valle di Susa
Flughafen
Caselle
Chivasso
S24

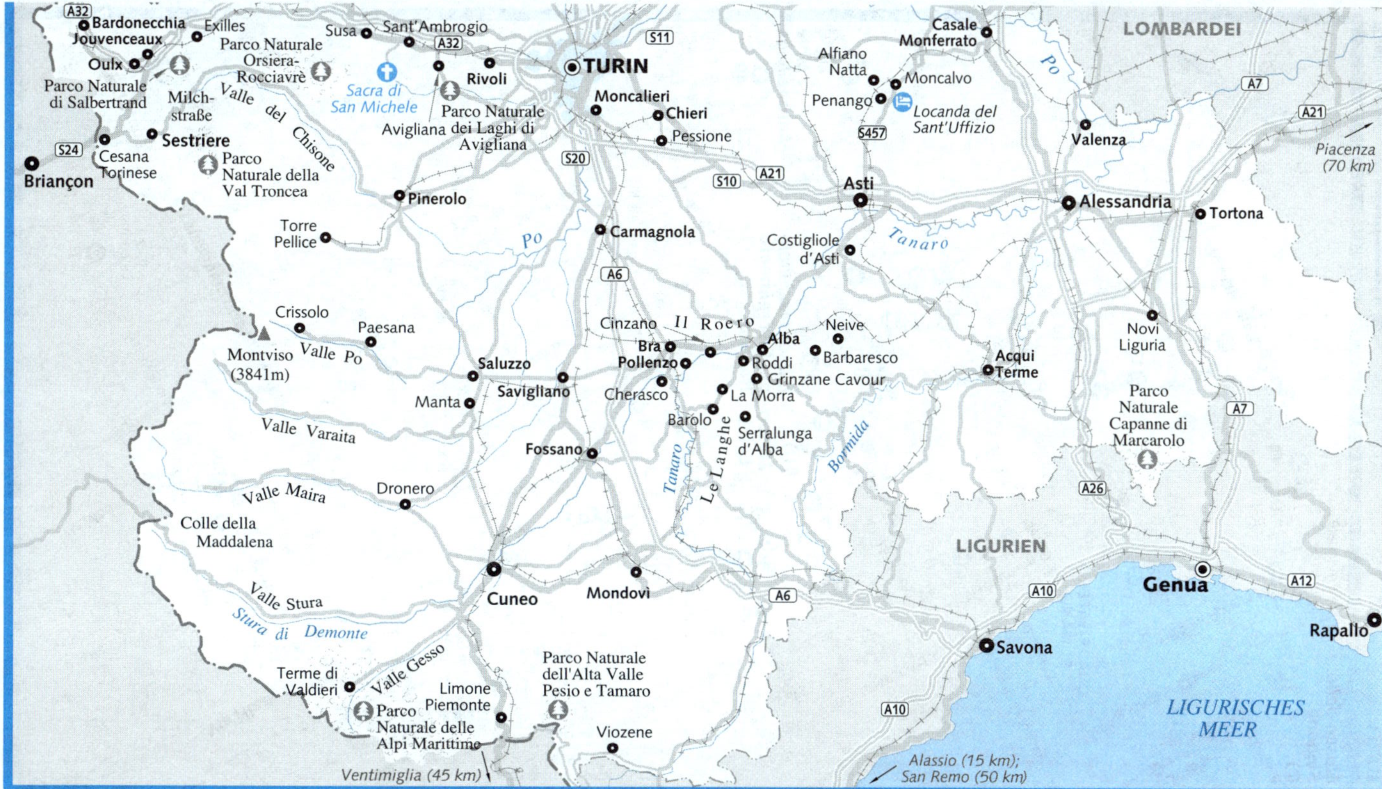
LOMBARDEI
LIGURIEN
LIGURISCHES MEER
TURIN
Bardonecchia
Jouvenceaux
Oulx
Exilles
Parco Naturale di Salbertrand
Parco Naturale Orsiera-Rocciavrè
Milch-straße
Valle del Chisone
Sestriere
Cesana Torinese
Briançon
Parco Naturale della Val Troncea
Susa
Sant'Ambrogio
Sacra di San Michele
Rivoli
Parco Naturale Avigliana dei Laghi di Avigliana
Moncalieri
Chieri
Pessione
Pinerolo
Torre Pellice
Po
Carmagnola
Crissolo
Paesana
Montviso (3841m)
Valle Po
Saluzzo
Savigliano
Manta
Valle Varaita
Valle Maira
Dronero
Colle della Maddalena
Fossano
Cuneo
Mondovì
Valle Stura
Stura di Demonte
Terme di Valdieri
Valle Gesso
Parco Naturale delle Alpi Marittime
Limone Piemonte
Parco Naturale dell'Alta Valle Pesio e Tamaro
Viozene
Ventimiglia (45 km)
Cinzano
Il Roero
Bra
Pollenzo
Cherasco
Alba
Roddi
Grinzane Cavour
La Morra
Barolo
Serralunga d'Alba
Le Langhe
Tanaro
Neive
Barbaresco
Bormida
Casale Monferrato
Alfiano Natta
Moncalvo
Penango
Locanda del Sant'Uffizio
Asti
Costigliole d'Asti
Valenza
Alessandria
Tortona
Piacenza (70 km)
Novi Liguria
Acqui Terme
Parco Naturale Capanne di Marcarolo
Genua
Savona
Rapallo
Alassio (15 km); San Remo (50 km)
A32
S11
S24
S20
S10
A21
S457
A6
A7
A26
A10
A12

Turin

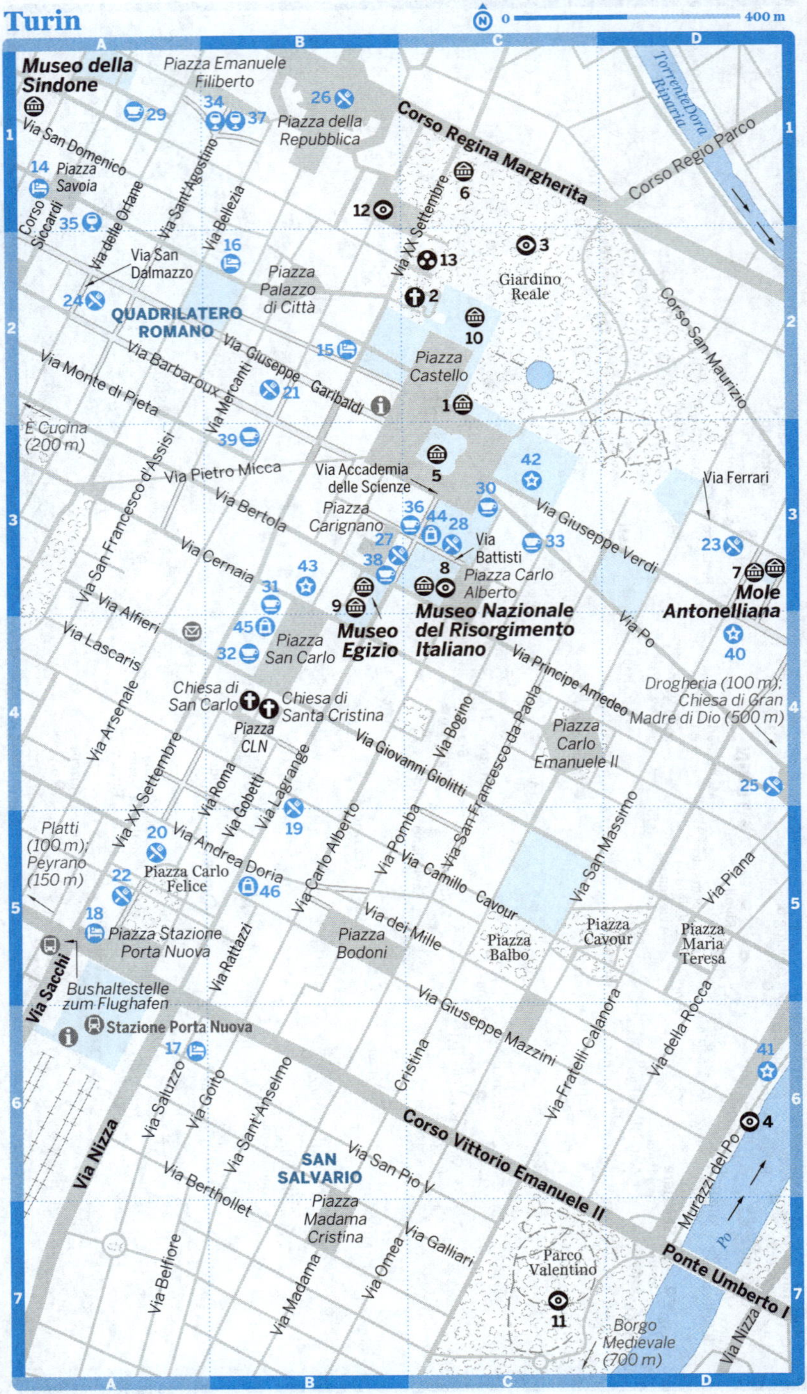

0
400 m
Museo della Sindone
Piazza Emanuele Filiberto
Piazza della Repubblica
Corso Regina Margherita
Torrente Dora Riparia
Corso Regio Parco
Via San Domenico
Piazza Savoia
Corso Siccardi
Via delle Orfane
Via Sant'Agostino
Via Bellezia
Via XX Settembre
Giardino Reale
Via San Dalmazzo
Piazza Palazzo di Città
QUADRILATERO ROMANO
Via Giuseppe Garibaldi
Via Barbaroux
Via Mercanti
Via Monte di Pieta
Piazza Castello
Corso San Maurizio
E Cucina (200 m)
Via Pietro Micca
Via Accademia delle Scienze
Via San Francesco d'Assisi
Via Bertola
Piazza Carignano
Via Giuseppe Verdi
Via Ferrari
Via Battisti
Via Cernaia
Piazza Carlo Alberto
Mole Antonelliana
Museo Nazionale del Risorgimento Italiano
Via Alfieri
Via Po
Museo Egizio
Via Lascaris
Piazza San Carlo
Via Principe Amedeo
Drogheria (100 m); Chiesa di Gran Madre di Dio (500 m)
Chiesa di San Carlo
Chiesa di Santa Cristina
Piazza CLN
Via Arsenale
Via Bogino
Piazza Carlo Emanuele II
Via Giovanni Giolitti
Via San Francesco da Paola
Via XX Settembre
Via Roma
Via Gobetti
Via Lagrange
Via San Massimo
Platti (100 m); Peyrano (150 m)
Via Andrea Doria
Piazza Carlo Felice
Via Carlo Alberto
Via Pomba
Via Camillo Cavour
Via Piana
Piazza Stazione Porta Nuova
Via dei Mille
Piazza Bodoni
Piazza Balbo
Piazza Cavour
Piazza Maria Teresa
Via Sacchi
Via Rattazzi
Bushaltestelle zum Flughafen
Stazione Porta Nuova
Via Giuseppe Mazzini
Via Fratelli Calandra
Via della Rocca
Cristina
Via Saluzzo
Via Goito
Via Sant'Anselmo
Via Nizza
Corso Vittorio Emanuele II
Murazzi del Po
SAN SALVARIO
Via San Pio V
Via Berthollet
Piazza Madama Cristina
Po
Via Galliari
Parco Valentino
Ponte Umberto I
Via Belfiore
Via Madama
Via Omea
Borgo Medievale (700 m)
Via Nizza

Turin

Highlights

Mole Antonelliana	D3
Museo della Sindone	A1
Museo Egizio	B3
Museo Nazionale del Risorgimento Italiano	C3

Sehenswertes

1	Armeria Reale	C2
2	Duomo di San Giovanni	C2
	Galleria Sabauda	(siehe 9)
3	Giardino Reale	C2
4	Imbarco Murazzi	D6
5	Museo Civico d'Arte Antica	C3
6	Museo d'Antichità	C1
7	Museo Nazionale del Cinema	D3
8	Palazzo Carignano	C3
9	Palazzo dell'Accademia delle Scienze	B3
	Palazzo Madama	(siehe 5)
10	Palazzo Reale	C2
11	Parco Valentino	C7
12	Porta Palatina	B1
13	Römisches Amphitheater	C2

Schlafen

14	Ai Savoia	A1
15	Hotel Chelsea	B2
16	Hotel Dogana Vecchia	B2
17	Hotel Due Mondi	A6
18	Hotel Roma e Rocca Cavour	A5

Essen

19	Andrea Perino	B4
20	Brek	A5
21	Gofri Piemontéisa	B2
22	Grom	A5
23	Kuoki	D3
24	Pappa & Ciccia	A2
25	Porta di Savona	D4
26	Porta Palazzo	B1
27	Ristorante del Cambio	B3
28	Sfashion	C3

Ausgehen

29	Al Bicerin	A1
30	Caffè Mulassano	C3
31	Caffè San Carlo	B3
32	Caffè Torino	B4
33	Fiorio	C3
34	I Tre Galli	B1
35	Lobelix	A1
36	Mood	C3
37	Pastis	B1
38	Pepino	B3
39	San Tommaso 10	B3

Unterhaltung

40	Cinema Massimo	D4
41	Phuddhu Bar	D6
42	Teatro Regio Torino	C3
43	Ticketschalter (Fußball)	B3

Shoppen

44	Libreria Luxemburg	C3
45	Paissa	B4
46	Pastificio Defilippis	B5

Aber wichtiger als all das ist die bedeutende Rolle, die Turin bei der Gründung des italienischen Staates gespielt hat. Das Piemont, mit dem gewieften Premierminister aus Turin, dem Grafen von Cavour, an der Spitze, wurde zum Antriebsmotor für das Risorgimento (wörtlich: „Wiedererstehung" eines geeinten Italien). Turin wurde für kurze Zeit italienische Hauptstadt und schenkte dem neu gegründeten italienischen Nationalstaat 1861 seine Monarchie, das ehrwürdige Haus Savoyen.

Vor wenigen Jahren bewirkten die Olympischen Winterspiele, die im Februar 2006 in Turin stattfanden, einen urbanen Aufschwung, der sich auf die Kultur und (besonders lecker) die Kochkunst Turins ausgewirkt hat.

Geschichte

Ob die historische Stadt Taurisia ursprünglich eine keltische oder ligurische Siedlung war, ist nicht bekannt: Sie wurde 218 v. Chr. von Hannibal zerstört. Beinahe 200 Jahre später entstand an der gleichen Stelle die römische Kolonie Augusta Taurinorum. In der Folge wurde die Stadt von Goten, Langobarden und Franken überrannt. 1563 gab das Haus Savoyen seine alte Hauptstadt Chambéry im heutigen Frankreich auf und verlegte seinen Hof nach Turin; seitdem teilte die Stadt ihr Schicksal mit dem des Herrschergeschlechts. Das Haus Savoyen annektierte 1720 Sardinien, mit der Einnahme Turins 1798 durch Napoleon endete die Herrschaft Savoyens. Die Stadt wurde von Österreich und Russland eingenommen, bevor Viktor

TURIN IN ...

... zwei Tagen

Wer nur zwei Tage Zeit hat, wird früh losgehen und erst mal in ein historisches Café einkehren wollen. Das winzige **Caffè Mulassano** wäre eine gute Idee für einen Kaffee zum Wachwerden. Dann eine Münze werfen und sich für ein Museum entscheiden – das **Museo Nazionale del Cinema** (Filmmuseum) oder das **Museo Egizio** (Ägyptisches Museum). Zum Mittagessen zur Slow-Food-Bäckerei **Andrea Perino** gehen, und danach empfiehlt sich eine *passegiata* (Spaziergang) im **Parco Valentino** am Po entlang. Der zweite Tag bietet sich für einen Besuch in dem Museum an, das man am Vortag nicht geschafft hat. Später macht man sich auf ins **I Tre Galli**, zum *aperitivo* plus Häppchen.

... vier Tagen

Wer zwei Tage mehr Zeit hat, kann noch andere renommierte Museen einplanen, z. B. das **Museo della Sindone**, wo die Geschichte des Grabtuchs dokumentiert wird, und das kürzlich renovierte **Museo Nazionale del Risorgimento Italiano**. Auf jeden Fall sollte man nachher einen Kaffee im **Fiorio** trinken und eine Schokolade im **Al Bicerin**.

... einer Woche

In einer Woche hat man genug Zeit, auch etwas weiter entfernte Sehenswürdigkeiten zu besichtigen, z. B. die Wallfahrtskirche **Basilica di Superga** und den riesigen Palast Reggia de Veneria Reale. Einplanen sollte man auch einen Ausflug zum Lingotto-Gebäude, wo es u. a. einen Eataly-Supermarkt gibt, und als ganz besonderes Erlebnis einen Opernbesuch im **Teatro Regio Torino**.

Emanuel I. das Haus wiederbelebte und 1814 nach Turin zurückkehrte. Trotzdem behielt Österreich die wahre Macht in Norditalien bis zum Risorgimento 1861, als Turin vorläufige Hauptstadt des Landes wurde. Dieser Status bestand nur bis 1864: Das Parlament war bereits nach Florenz gezogen, als die ersten Kammern der Volksvertretung vollständig gewählt waren.

Turin stellte sich rasch darauf ein, seine politische Bedeutung verloren zu haben, und mauserte sich zu Beginn des 20. Jhs. zu einem Industriezentrum. Große Unternehmen wie Fiat lockten Hunderttausende verarmter Süditaliener nach Turin und brachten sie in Vorstädten unter, die den Unternehmen gehörten. Fiat gehört der Familie Agnelli, die zufällig auch den Fußballverein Juventus, Turins Lokalzeitung und große Anteile an der landesweiten Tageszeitung *Corriere della Sera besitzt* und zu den mächtigsten Familien Italiens zählt. Fiats Erfolg schwand allerdings im Verlauf des 20. Jhs. und erlebte erst vor etwa zehn Jahren einen erneuten Aufschwung.

Die erfolgreichen Winterspiele 2006 wurden für Turin zu einem Wendepunkt. Die Spiele führten nicht nur zu einem Bauboom, der auch die neue U-Bahn einschloss, sondern verwandelten Turin von einer seriösen Industriestadt in eine pulsierende Metropole. 2008 war Turin Designhauptstadt der Welt und Veranstaltungsort für diverse Tagungen und Ausstellungen zu diesem Thema. 2011, zum 150. Jahrestag der italienischen Einheit, stand Turin im Mittelpunkt der Feierlichkeiten.

Sehenswertes

Eine ganze Woche Zeit? Die braucht man vermutlich auch, um all die Sehenswürdigkeiten anzuschauen, die Turin zu bieten hat. Leute mit wenig Zeit konzentrieren sich am besten auf drei Highlights: das Ägyptische Museum, die Mole Antonelliana und das Museo della Sindone.

LP TIPP **Mole Antonelliana** WAHRZEICHEN, MUSEUM
(Via Montebello 20) Das Wahrzeichen von Turin, der 167 m hohe Turm mit der unverwechselbaren Aluminiumspitze ist auf der italienischen Zwei-Cent-Münze abgebildet. Bei Baubeginn 1862 war die Mole als Synagoge geplant, wurde aber nie als religiöses Gebäude genutzt. Mitte der 1990er-Jahre wurde hier auf mehreren Stockwerken das **Museo Nazionale del Cinema** (www.museonazionaledelcinema.org; Erw./erm. 7/5 €; ⏲Di–Fr & So 9–20, Sa bis 23 Uhr) eingerichtet. Die Aus-

stellung im Nationalen Filmmuseum führt Besucher auf eine großartige Reise durch die Geschichte des Films, von den Anfängen der Laterna Magica über Stereoskope und andere optische Spielereien bis zum modernen Film. Zu den Ausstellungsstücken zählen ein schwarzes Spitzenbustier von Marilyn Monroe, Peter O' Tooles Kostüm als *Lawrence von Arabien* und der Sarg für Bela Lugosi in Dracula. Rund um die riesige Tempelhalle mitten im Museum befinden sich Seitenräume, die jeweils einem anderen Filmgenre gewidmet sind.

Mit dem gläsernen **Panoramalift** (Karte f. Lift und Museum 9 €) schwebt man mitten durch das Museum 85 m hoch in nur 59 Sekunden bis zur Dachterrasse. Wer auch nur leicht zur Höhenangst neigt, sei gewarnt. Der Aufzug hängt nur an ein paar Kabeln, damit man das Gefühl hat, man würde frei schweben. Die Aussichtsterrasse bietet allerdings bei Tag und Nacht einen fantastischen Rundblick.

Museo della Sindone MUSEUM

(Via Santo Domenico 28; www.sindone.org; Erw./erm. 6/5 €; ⌚9–12 & 15–19 Uhr) Das faszinierende Museum in der Krypta der Kirche Santo Sudario dokumentiert die Geschichte eines der meistuntersuchten Objekte der Menschheit: das heilige Grabtuch. Was immer man von der Echtheit des Grabtuchs hält, seine Geschichte ist äußerst spannend, verbunden mit zahlreichen Verwicklungen und Enthüllungen. Besonders interessant ist die Zeit nach 1898, als es erstmals möglich war, mit Hilfe der neuen Kameratechnik viel klarere Bilder von dem Tuch darzustellen.

Museo Nazionale del Risorgimento Italiano MUSEUM

(www.museorisorgimentotorino.it; Via Accademia delle Scienze 5; Erw./erm. 7/5 €; ⌚Di–So 9–19 Uhr) Wenn nur der Geschichtsunterricht so interessant gewesen wäre! Nach umfangreichen Umbauarbeiten hat das berühmte Risorgimento-Museum wieder geöffnet. In 30 Räumen werden in einer beeindruckenden Zeitschiene die Hintergründe und Einzelheiten der italienischen Einigung dargestellt in genau dem Gebäude, dem barocken **Palazzo Carignano**, in dem die wichtigsten Ereignisse stattfanden. Hier wurden Carlo Alberto und Vittorio Emanuele II. geboren, aber dies war auch von 1861 bis 1864 der Sitz des ersten italienischen Parlaments. Nicht verpassen!

Museo Egizio MUSEUM

(Ägyptisches Museum; www.museoegizio.org; Via Accademia delle Scienze 6; Erw./erm. 7,50/3,50 €; ⌚Di–So 8.30–19.30 Uhr) „Turin liegt auf dem Weg zwischen Memphis und Theben" behauptete Jean-Francois Champollion Anfang des 19. Jhs. Der Mann, der die Hieroglyphen entzifferte, hatte nicht ganz Unrecht. In dem berühmten, 1824 eröffneten Museum im **Palazzo dell'Accademia delle Scienze** ist eine der bedeutendsten ägyptischen Sammlungen außerhalb von Kairo untergebracht. Zu den vielen Highlights gehört eine Statue von Ramses II. (eines der weltweit wichtigsten Beispiele ägyptischer Kunst) und über 500 Objekte, die 1906 in den Gräbern von Kha und Merit (1400 v. Chr.) gefunden wurden. Derzeit finden die für fünf Jahre geplanten Renovierungsarbeiten statt, die noch bis 2013 andauern werden, das Museum bleibt aber geöffnet.

Galleria Sabauda KUNSTGALERIE

(Erw./erm. 4/2 €; ⌚Di, Fr, Sa & So 8.30–14, Mi & Do 14–19.30 Uhr) Als ob 3000 Jahre ägyptische Geschichte nicht genug wären! Im Gebäude der Accademia delle Scienze befindet sich auch die fantastische Sammlung, die von der savoyischen Königsfamilie seit 1832 zusammengetragen wurde. Zu den Ausstellungsstücken gehören Werke von Van Dyck, Rembrandt, Poussin, Bellini

ARTE POVERA

Turin ist berühmt für bahnbrechende zeitgenössische Kunst. Valentino Marocco vom Museo d'Arte Contemporanea meint, dass dies mit der Rolle Turins als Ursprungsort der Arte Povera zu tun habe, einer avantgardistischen Kunstrichtung, die Ende der 1960er-Jahre entstand. Die Vertreter dieser „armen Kunst" verwenden gewöhnliche Materialien, um mit ihren Skulpturen und Installationen Erinnerungen und Assoziationen zu wecken. Eines der berühmtesten Werke der Arte Povera ist die *Venere degli Stracchi* (Lumpenvenus) von Michelangelo Pistoletto. Es ist eine klassische Marmorstatue, die vor einem riesigen Haufen Lumpen steht. Die Kunstrichtung hat international durch Künstler wie Pistoletto, Mario Merz, Gilberto Zorio und Giuseppe Penone erheblichen Einfluss gehabt.

und Tizian. Das Kombiticket für beide Museen kostet 8 € für Erwachsene (für Kinder ist der Eintritt kostenlos).

Duomo di San Giovanni KIRCHE

(Piazza San Giovanni) Der Turiner Dom wurde zwischen 1491 und 1498 dort errichtet, wo vorher drei Basiliken aus dem 14. Jh. standen und davor ein römisches Theater. Die meisten ignorieren den schlichten Innenraum und konzentrieren sich auf einen viel größeren Mythos, das berühmte **Turiner Grabtuch** (angeblich das Tuch, in das Jesus' Leichnam gewickelt war). Eine Kopie des Tuches ist ständig links vor dem Hauptaltar zu sehen, aber wer verstehen will, worum es eigentlich geht, sollte das Museo della Sindone besuchen.

Der freistehende **Glockenturm** im romanischen Stil, der älter aussieht als er ist, wurde von Juvarra entworfen und 1723 erbaut. Unmittelbar nördlich befinden sich die Ruinen eines **römischen Amphitheaters** aus dem 1. Jh. und etwas weiter nordwestlich die **Porta Palatina**, Reste eines römischen Stadttores aus rotem Ziegelstein.

Piazza Castello PIAZZA

An dem zentralen, großzügigen Platz in Turin gibt es viele Museen, Theater und Cafés. Die weitgehend barocke Anlage wurde im 14. Jh. von den Savoyern angelegt, um Macht und Einfluss zu demonstrieren.

Museo Civico d'Arte Antica MUSEUM

(Piazza Castello; www.palazzomadamatorino.it; Erw./erm. 7,50/6 €; ⌚Di–Sa 10–18, So bis 20 Uhr) Das auffälligste Gebäude an der Piazza ist der **Palazzo Madama**, ein teils mittelalterlicher, teils barocker Palast, der im 13. Jh. dort errichtet wurde, wo einmal ein römisches Stadttor stand. Der Name ist dadurch zu erklären, dass Maria Cristina bzw. Madama Reale, die Witwe von Vittorio Amedeo I, hier im 17. Jh. lebte. Heute befindet sich in einem Teil des Palasts das weitläufige Museum, in dem künstlerische Entwicklungen nach der Einigung Italiens gezeigt werden.

Palazzo Reale PALAST

(Königlicher Palast; Piazza Castello; Erw./erm 6,50/3,25 €; ⌚Di–So 8.30–19.30 Uhr) Statuen der mythischen Zwillinge Castor und Pollux bewachen den Eingang des Schlosses. Der Legende nach wachen sie auch über die Grenze zwischen der heiligen (weiße Magie) und der teuflischen (Schwarze Magie) Hälfte der Stadt. Der Palast wurde 1646 für Carlo Emanule II errichtet; die Räume sind verschwenderisch eingerichtet. Der Garten **Giardino Reale** (Eintritt frei; ⌚9 Uhr bis 1 Std. vor Sonnenuntergang) an der Nord- und Ostseite wurde 1697 von André le Nôtre angelegt, der auch die Gärten von Versailles erschuf.

Armeria Reale MUSEUM

(Königliche Waffenkammer; www.artito.arti.beniculturali.it; Piazza Castello; Erw./Erm. 4/2 €; ⌚Di–Fr 9–14, Sa & So 13–19 Uhr) Wer genug Kunst gesehen hat, geht zu den Arkaden rechts von den Eingangstoren, die in den Palazzo Reale führen, und kommt in eine der besten Waffensammlungen Europas.

Museo d'Antichità MUSEUM

(Altertumsmuseum; Via XX Settembre 88c; Eintritt 4 €; ⌚Di–So 8.30–19.30 Uhr) Das Museum schräg gegenüber vom Dom zeigt antike Gegenstände aus dem Besitz der Savoyer, u. a. etruskische Urnen, römische Bronzestatuen, griechische Vasen und verschiedene archäologische Funde aus der Region.

Galleria Civica d'Arte Moderna e Contemporanea KUNSTGALERIE

(GAM; www.gamtorino.it; Via Magenta 31; Erw./erm 7,50/6 €; ⌚Di–So 10–18 Uhr) Moderne Kunst spielt in Italien merkwürdigerweise keine so große Rolle, in Turin ist das allerdings anders. In den Magazinen des GAM lagern ca. 45 000 Werke von Künstlern des 19. und 20. Jhs., u. a. von De Chirico, Otto Dix und Klee. Kunstexperten beraten das Museum regelmäßig, um die Dauerausstellung umzugestalten. Deshalb weiß man nie genau, was letztendlich gerade zu sehen ist.

Museo d'Arte Contemporanea KUNSTGALERIE

(www.castellodirivoli.org; Piazza Mafalda di Savoia, Rivoli; Erw./erm. 6,50/4,50 €; ⌚Di–Fr 10–17, Sa & So 10–19 Uhr) Die Savoyer, die einst im **Castello di Rivoli** aus dem 17. Jh. lebten, hätten sich die hier ausgestellten Werke von Franz Ackermann, Gilbert und George und Frank Gehry in ihren wildesten Träumen nicht vorstellen können. Hier hat die moderne Kunstszene Turins seit 1984 ein Zuhause gefunden. Die Burg liegt westlich des Zentrums in Rivoli (nicht mit der gleichnamigen U-Bahnstation verwechseln). Man fährt mit der U-Bahn zur Haltestelle Paradiso und dann mit der Buslinie 36 zum Busbahnhof in Rivoli. Die Fahrzeit beträgt etwa eine Stunde. Alternativ kann man mit der U-Bahn zur Haltestelle Fermi fahren, von dort gibt es einen kostenlosen Shuttle-Service (Fahrplan s. Website).

MEHR FÜRS GELD

Wer viel anschauen möchte, kann mit der **Torino + Piemonte Card** (2/5/7 Tage 22/33/37 €, Junior Card 2 Tage 11 €) richtig Geld sparen. Die Karte ermöglicht den Eintritt in die meisten Bauwerke und Museen, eine Fahrt mit dem Panoramalift in der Mole Antonelliana, eine Hin- und Rückfahrt mit der Bahn Sassi-Superga und die Nutzung öffentlicher Verkehrsmittel, einschließlich der GTT-Schiffe auf dem Po und der Sightseeing-Busse. Es gibt zudem Ermäßigungen für einige Führungen und Theater. Die Karte ist in der Touristeninformation erhältlich.

Parco del Valentino PARK

(⌚24 Std.; 👪) Der rund 50 ha große, im Stil englischer Gärten angelegte Park am Ufer des Po wurde 1856 eröffnet. Hier sind immer jede Menge Jogger, Spaziergänger und Liebespärchen unterwegs. Folgt man dem Fluss Richtung Südwesten, kommt man zum **Castello del Valentino** (nicht zugänglich), einem französisch anmutenden Schloss aus dem 17. Jh.

Borgo Medievale HISTORISCHE ANLAGE

(Parco Valentino; Eintritt frei; ⌚April–Sept., 9–20 Uhr; 👪) Das nachgebaute mittelalterliche Dorf im Parco Valentino, das in Turin zur Weltausstellung 1884 errichtet wurde, ist ungewöhnlich. Kernstück ist die **Rocca** (Viale Virgilio 107; Erw./erm. 5/4 €; ⌚Di–Sa 9–17, So bis 18 Uhr), der verkleinerte Nachbau einer Burg. Historiker werden ihr Kleingeld vermutlich lieber für echte Anlagen aufsparen (in Italien gibt es genug mittelalterliche Dörfer), aber Kindern könnte der Kitsch viel Spaß machen.

Chiesa della Gran Madre di Dio KIRCHE

(Piazza Vittorio Veneto) Von der Kirche bietet sich ein herrlicher Blick über die Piazza Vittorio Veneto Richtung Po. Sie wurde 1818 bis 1831 im Stil eines Pantheons errichtet, zur Erinnerung an die Rückkehr von Vittorio Emanuele I aus dem Exil. Sie ist klein, hat einen runden Innenraum, und manche Leute spekulieren, dass es auch hier einen geheimen Hinweis auf den Heiligen Gral gibt. 1969 war die Kirche Schauplatz der Dreharbeiten für *The Italian Job* mit Michael Caine, der mit seiner Gang im Mini-Cooper die Vordertreppe herunterfuhr.

Lingotto WAHRZEICHEN

(www.lingottofiere.it; Via Nizza 294) Etwa 3 km südlich der Innenstadt befindet sich **Lingotto-Fiere**. Die ehemalige Fiat-Fabrik wurde vom Architekten Renzo Piano zu einem Kongress- und Ausstellungszentrum umgestaltet. Neben zwei bemerkenswerten Hotels von Le Meridien sind dort ein Eataly-Supermarkt und Kongressräume untergebracht sowie in einem eigenwilligen Aufbau auf dem Dach die „Schatztruhe": die Kunstsammlung **Pinacoteca Giovanni e Marella Agnelli** (Via Nizza 230; Eintritt 4 €; ⌚Di–So 10–19 Uhr), u. a. mit Werken von Canaletto, Renoir, Manet, Matisse und Picasso.

Lingotto liegt an der neuen U-Bahnstrecke und ist vom Zentrum aus sehr leicht zu erreichen.

GRATIS **Basilica di Superga** BASILIKA

(www.basilicadisuperga.com; Strada della Basilica di Superga 73) 1706 gelobte Vittorio Amedeo II. eine Kirche zu Ehren der Jungfrau Maria bauen zu lassen, wenn Turin von der Belagerung durch französische und spanische Armeen befreit würde. Das Wunder trat ein, und die Stadt wurde gerettet. So entstand nach den Plänen des Architekten Filippo Juvarra die Kirche auf einem Hügel oberhalb des Po. Die Superga wurde zur letzten Ruhestätte der Savoyer, deren aufwendige Gräber ebenso wie die Kirchenkuppel sehenswert sind. 1949 erlangte die Kirche traurige Berühmtheit, als ein Flugzeug bei dichtem Nebel mit der gesamten Turiner Fußballmannschaft an Bord in unmittelbarer Nähe der Kirche abstürzte und alle Passagiere ums Leben kamen. Ein Gedenkstein hinter der Kirche erinnert an die Katastrophe.

An der Piazza Vittorio Veneto nimmt man die Straßenbahnlinie 15 bis zur Haltestelle Sassi-Superga am Corso Casale und geht 20 m bis zur **Stazione Sassi** (Strada Comunale di Superga 4). Von dort aus gibt es eine historische **Zahnradbahn** von 1934 (einfache Fahrt 4–6 €, hin & zurück 6–9 €; ⌚ab Sassi Mo & Mi–Fr 9–12 & 14–18, Sa & So 9.30–12.30 & 14.30–18.30 Uhr). Sie rattert täglich außer dienstags in 18 Minuten die 3,1 km den Hügel hinauf.

Reggia de Venaria Reale PALAST, MUSEUM

(Piazza della Repubblica; www.lavenaria.it; Erw./erm 12/8 €, Gärten 4/3 €; ⌚Di–Fr 9–18 Uhr, Sa 9–21.30,

So 9–20 Uhr) Willkommen im Turiner Versailles! Der Palastkomplex, Weltkulturerbe der Unesco, wurde vom leichtfertigen Herzog von Savoyen, Carlo Emanuele II, 1675 als gigantisches Jagdschloss erbaut. Es gehört zu den größten Königsresidenzen der Welt, und die langjährigen Renovierungsarbeiten wurden Ende 2010 abgeschlossen. Es gibt sehr viel zu sehen, u. a. eine riesige Gartenanlage, die Fontana del Cervo („Hirschbrunnen"), die beeindruckende Galeria Grande (große Galerie), die Capella di Sant'Uberto und die Stallungen. Die drei Letzteren wurden von dem bedeutenden sizilianischen Architekten Filippo Juvarra in den 1720er-Jahren entworfen. Der Gesamtkomplex ist 2 km lang und weist viele bemerkenswerte Details auf. Informationen zu den verschiedenen Ausstellungen sind auf der Website zu finden. Es gibt auch ein Café und ein Restaurant. Das Schloss ist mit der Buslinie 11 ab dem Bahnhof Porta Nuova zu erreichen.

Kurse

Eataly KOCHEN

(www.eatalytorino.it; auf Italienisch; ab 20 €) In dem bekannten Slow-Food-Supermarkt werden diverse Workshops angeboten zu den Themen Lebensmittelqualität, Geschmackstraining, der Beruf des Chefkochs, Geheimnisse der Sommeliers und natürlich Kochen.

Geführte Touren

Turismo Bus Torino BUS

(Tageskarte Erw./Kind 15/7,50 €; 10–18 Uhr) In diesen Sightseeing-Bussen können die Fahrgäste die Fahrt jederzeit unterbrechen. Mitarbeiter informieren unterwegs über mehr als ein Dutzend Sehenswürdigkeiten Turins. Fahrkarten sind in den Bussen erhältlich und Informationen dazu bei der **Gruppo Torinese Trasporti** (GTT; www.gtt.to.it, auf Italienisch; Bahnhof Porta Nuova; 7–21 Uhr).

Navigazione sul Po SCHIFF

(Hin & zurück 4 €) Die Turiner Verkehrsbetriebe bieten den Besuchern auch Schiffsausflüge auf dem Po an. Schiffe zum Borgo Medievale im Parco del Valentino und weiter nach Moncalieri legen vier- bis siebenmal täglich außer montags am Anleger **Imbarco Murazzi** (Murazzi del Po 65) ab.

Somewhere SPAZIERGÄNGE

(www.somewhere.it) Um schwarze und weiße Magie in Turin dreht es sich bei den außergewöhnlichen Spaziergängen mit „Somewhere". Der Veranstalter organisiert auch andere Führungen zu außergewöhnlichen Themen, z. B. „das unterirdische Turin". Eine Tour kostet etwa 25 €. Bei der Buchung nach dem Treffpunkt fragen.

Festivals & Events

Die Touristeninformation erteilt Auskünfte zu diesen und weiteren Veranstaltungen.

Salone Internazionale del Gusto ESSEN

(www.salonedelgusto.it) In jedem geraden Jahr im Oktober wird die Stadt überrollt von Feinschmeckern, die das von der Slow-Food-Bewegung organisierte Fest besuchen. Hersteller, die ihre Lebensmittel auf traditionelle Art produzieren, zeigen ihre Produkte auf einem großen Markt am Lingotto Fiere. Eine Tageskarte kostet 20 €; Verkostungen gibt es für 1 bis 5 €.

Cioccolatò ESSEN

(www.cioccola-to.it) Bei dem Fest im März dreht sich alles um die berühmte Turiner Schokolade.

Salone Internazionale del Libro di Torino BÜCHER

(http://en.salonelibro.it) Der Salone Internazionale del Libro di Torino findet jedes Jahr im Mai statt und gehört zu den wichtigsten europäischen Buchmessen.

Turiner Filmfestival FILM

(www.torinofilmfest.org) Das Festival, derzeit unter der Leitung von Nanni Moretti, Gewinner der Goldenen Palme, findet traditionell im November statt.

Schlafen

LP TIPP **Hotel Residence Torino Centro** HOTEL €

(011 433 82 23; www.hoteltorinocentro.it; Corso Inghilterra 33; DZ/3BZ 77/90 €; P ❄) Eine der besten Neueröffnungen ist das schicke Hotel in einem ehemaligen Konvent direkt hinter dem Bahnhof Porta Susa. Die Zimmer sind sehr groß, mit schicken, modernen Möbeln, alten Fliesenböden und zeitgemäßem Komfort ausgestattet. Der Service ist professionell und effizient. Es gibt eine flippige Café-Bar im Erdgeschoss, wo auch das Frühstück (im Zimmerpreis enthalten) serviert wird. Das beste Schnäppchen in Turin!

Ai Savoia BOUTIQUEHOTEL €€

(339 1257711; www.aisavoia.it; Via del Carmine 1b; Zi. 95–125 €; P) Dieses kleine „Juwel" in

einem Stadthaus aus dem 18. Jh. würde man eher in einer Kleinstadt erwarten. Alle drei Zimmer sind klassisch, elegant, aber nicht kitschig eingerichtet. Das Personal ist freundlich und hilfsbereit.

Le Meridien Lingotto & Le Meridien Art + Tech LUXUSHOTEL €€€
(☎011 664 20 00; www.lemeridienlingotto.it; Via Nizza 262; Le Meridien Lingotto DZ 270–300 €, Le Meridien Art + Tech DZ 390–410 €; P❄📶) Die beiden zusammengehörigen Hotels befinden sich in der ehemaligen Fiat-Fabrik, die in den 1920er-Jahren erbaut und Ende der 1980er von Renzo Piano umgestaltet wurde. Die raumhohen Originalfenster sind erhalten geblieben, sodass das Licht ungehindert in die großen, luxuriösen 4-Sterne-Zimmer des Le Meridien Lingotto und in den 5-Sterne-Anbau Art + Tech hineinfällt. Die Hotelgäste können auf der früheren Teststrecke auf dem Dach joggen. Diese war übrigens Schauplatz in dem Filmklassiker *The Italian Job* von 1969.

Hotel Dogana Vecchia HOTEL €€
(☎011 436 67 52; www.hoteldoganavecchia.com; Via Corte d'Appello 4; EZ/DZ 90/110 €; P) Mozart, Verdi und Napoleon gehören zu denen, die hier schon übernachtet haben. Zum Glück ist der traditionelle Charme des 3-Sterne-Hotels auch nach den jüngsten Renovierungsarbeiten erhalten geblieben. Die Lage im Quadrilatero Romano, Turins Altstadt, ist schwer zu übertreffen.

Ostello Torino HOSTEL €
(☎011 660 29 39; www.ostellotorino.it; Via Alby 1; B/EZ/2BZ ohne Bad 15/22/42 €; ⏲Mitte Jan.–Mitte Dez.; ❄@) Das HI-Hostel hat 76 Zimmer und liegt 1,8 km vom Bahnhof Porta Nuova entfernt. Es ist mit der Buslinie 52 (sonntags 64) vom Bahnhof Porta Nuova aus erreichbar. Die Ausstattung ist gut (inkl. Computer, WLAN und tgl. außer sonntags Abendessen für 10 €). Frühstück ist im Preis inbegriffen, aber nachmittags gibt es eine Schließzeit.

Hotel Due Mondi HOTEL €
(☎011 650 50 84; www.hotelduemondi.it; Via Saluzzo 3; EZ/DZ 55/69 €; ❄@📶) Günstiges Hotel in Bahnhofsnähe. Die kleinen Zimmer sind mit Laminatböden, bequemen Möbeln und raffinierten Duschkabinen ausgestattet, die meisten haben auch WLAN-Anschluss. Unten im Hotel findet sich ein gemütlicher Sitzbereich, und nebenan gibt es ein erstklassiges Restaurant, wo mit leckeren Dingen beladene Teewagen zum Hineingehen verlocken. Wer so elegant abgelenkt wird, nimmt die etwas schäbige Umgebung des Hotels kaum noch zur Kenntnis.

Hotel Roma e Rocca Cavour HOTEL €€
(☎011 561 27 72; www.romarocca.it; Piazza Carlo Felice 60; EZ 62,50–95,50 €, DZ 91–124 €; P❄) Wer zu oft in beengten Hotelzimmern übernachtet hat, wird das 1854 gegründete Hotel gegenüber dem Bahnhof Porta Nuova sehr schätzen. Die Flure sind breit, die Decken hoch, und die mit Antiquitäten eingerichteten Zimmer sind großzügig geschnitten. Das gilt ganz besonders für die Komfortzimmer.

Hotel Chelsea HOTEL €€
(☎011 436 01 00; www.hotelchelsea.it; Via XX Settembre 79e; EZ 85–120 €, DZ 110–160 €; P@) Das Hotel liegt nur einen Steinwurf von der Piazza Castello, dem Hauptplatz der Stadt, entfernt. Die Zimmer sind modern, mit farblich abgestimmten Gardinen und Bettdecken. Das romantische Restaurant im Erdgeschoss serviert apulische Gerichte.

Hotel Montevecchio HOTEL €
(☎011 562 00 23; www.hotelmontevecchio.com; Via Montevecchio 13; EZ 40–85 €, DZ 60–100 €; @) Das 2-Sterne-Hotel liegt in einer ruhigen Wohngegend nur 300 m vom Bahnhof Porta Nuova entfernt. Es bietet Zimmer in warmen Beigetönen, ein gutes Frühstück und einen praktischen Wäscheservice.

Essen

Die Turiner Küche ist von vielerlei Einflüssen bereichert worden, aber geprägt ist sie vor allem vom eigenen Hinterland, dem Piemont. Zu den Spezialitäten gehörten *risotto alla piemontese* (Risotto mit Butter und Käse), *finanziera* (Bries, Pilze und Hähnchenleber in einer cremigen Soße) und *panna cotta*.

Im San Salvario-Viertel im Südosten der Stadt gibt es eine Menge multikultureller Restaurants, vor allem um die Piazza Madama Cristina herum, sowie einige der besten Pizzerias und Kneipen der Stadt.

LP TIPP **Sfashion** PIZZERIA €
(Via Cesare Battisti 13; Mahlzeiten 21 €, Hauptgericht 7,50–14,50 €) Die beste Pizza in Turin? Nicht wenige Leute würden dem zustimmen. Die Pizzas mit dem leckeren Boden und herrlich unverfälschten Zutaten (nicht zu viel Käse) kommen superheiß aus dem Ofen. Das Lokal gehört dem Turiner Fernsehunterhalter Piero Chiamretti. Der etwas ungewöhnliche

Innenraum mit dem flippigen postmodernen Ambiente wird durch Retro-Spielzeug ergänzt. Ein Klassiker des Lokals sind übrigens auch Muscheln in Tomatensoße.

È Cucina FUSION €€

(www.cesaremarretti.com; Via Bertola 27a; Mahlzeiten 20–30 €) Das gepflegte Restaurant steht für ein neues kulinarisches Konzept in Turin: Haute Cuisine zu Durchschnittspreisen. Die Gerichte werden vom Bologneser Küchenchef Cesare Marretti kreiert, dessen Ideenreichtum beeindruckend ist. Die Gäste erhalten keine Speisekarte, sondern die Angestellten sagen ihnen nur, dass es eine *sorpresa* (Überraschung) gibt. Man zahlt für die Zahl der Gänge. Es ist unmöglich, spezielle Gerichte zu empfehlen. Rechnen kann man z. B. mit Köstlichkeiten wie Artischocken mit Garnelen, Auberginen mit Avocadocreme, Birnen auf Lachs usw.

Kuoki FUSION €

(☎011 839 78 65; Via Gaudenzio Ferrari 2h; Menü 9–25 €, Hauptgericht 6–10 €; ⏲Mo–Sa 11–15 & 18.30–23 Uhr) Das interessante Restaurant wird von Toni Vitiello geleitet, der früher für Giorgio Armani gekocht hat. Es liegt von der Mole Antonelliana aus gesehen direkt um die Ecke. Die Gäste essen gemeinsam an hohen Tischen. Sie können zwischen verschiedenen Gerichten wählen, die auf Kreidetafeln stehen, oder sie bekommen spezielle Sushi-Varianten, z. B. Kuokiröllchen (Lachs oder Thunfisch mit Ricotta, Olivenöl und Basilikum). Zu Tonis anderen Kulturmix-Kreationen gehört Hähnchen in Coca-Cola mit Orangenschale.

Porta di Savona TRATTORIA €€

(Piazza Vittoria Veneto 2; Mahlzeiten 25 €; ⏲Mi–So Mittag- & Abendessen, Di nur Abendessen) Preisgünstige, eher einfache Trattoria, die zu Recht bekannt ist für ausgezeichnete *agnolotti al sugo arrosto* (Piemonteser Ravioli mit Fleischsoße) und *gnocchi di patate al gorgonzola*. Die Hauptgerichte, u. a. *bollito misto alla piemontese*, sind ebenfalls vorzüglich. Etwas Geduld sollte man mitbringen. Es dauert ein bisschen, bis das Essen kommt, aber es ist zu 100% hausgemacht und zu 100% piemonte.

Ristorante del Cambio FEINSCHMECKER €€€

(☎011 54 66 90; Piazza Carignano 2; Menü ab 60 €; ⏲Mo–Sa) Scharlachroter Samt, glitzernde Kronleuchter, Barockspiegel und ein zeitloses Flair sind typisch für die Grande Dame der Turiner Restaurantszene. Hier war schon der Graf von Cavour Stammkunde. Das Restaurant wurde im Jahr 1757 eröffnet, und es werden hier bis heute überwiegend klassische piemontesische Gerichte zubereitet. Tischreservierung und schicke Kleidung sind ratsam.

Brek BÜFETT €

(www.brek.com; Piazza Carlo Felice 18; Büfett ab 10 €; ⏲8.30–23 Uhr) Nur die Italiener konnten es schaffen, Fastfood wirklich überzeugend und ausgesprochen lecker zuzubereiten. Brek ist eine kleine Selbstbedienungskette, die frische Pasta, Pizza, Wurst, Salate und Desserts anbietet. Die Inneneinrichtung hat mit Plastik nichts im Sinn. Ganz im Gegenteil, am liebsten möchte man sich ein bisschen im begrünten Innenhof aufhalten.

Eataly CAFÉ, FEINKOST €

(www.eatalytorino.it; Via Nizza 230; ⏲Di–So 10–20 Uhr) Der Slow-Food-Supermarkt befindet sich neben dem Lingotto-Kongresszentrum in einer riesigen umgebauten Fabrik. Hier wird eine unglaubliche Vielfalt an nachhaltigen Lebensmitteln und Getränken angeboten, mit einem jeweils getrennten Bereich für Käse, Fleisch, Fisch, Pasta, Schokolade usw. Günstig ist die Zeit zwischen 12.30 und 14.30 Uhr, wenn in jedem Bereich ein kleines Restaurant Mittagessen anbietet. Es gibt hier auch ein Nobelrestaurant, für das man vorbuchen muss.

Grom EISCAFÉ €

(www.grom.it; Piazza Paleocapa 1d; ⏲Mo–Do 12–24, Fr & Sa bis 1, So 11–23 Uhr) Wenn man in Turin irgendwo eine Warteschlange sieht, befindet man sich vermutlich in der Nähe einer Grom-Filiale. Der Eishersteller ist der Slow-Food-Bewegung angeschlossen und hat mittlerweile 37 Filialen (auch in New York, Tokio und Paris). Aber das erste Geschäft wurde hier 2003 eröffnet. Es gibt jede Menge Geschmackssorten mit Früchten, die in einem firmeneigenen Betrieb im Piemont angebaut werden.

Andrea Perino BÄCKEREI €

(Via Cavour 10; Snacks ab 4 €) Wer aus Ligurien zugezogen ist und sein Lieblingsbrot vermisst, braucht sich keine Gedanken zu machen. Auch hier gibt es die frische Focaccia dank des Slow-Food-Bäckers Andrea Perino. Außerdem werden in der Bäckerei, zu der ein Café gehört, großzügige Portionen leckerer Snacks angeboten.

Gofri Piemontéisa SNACKS €

(www.gofriemiassepiemontesi.it; Via San Tommaso 4a; ⌚11.30–19.30 Uhr) *Gofri* sind dünne Waffeln, die aus Mehl, Wasser und Hefe hergestellt werden und auf heißem Eisen gebacken werden. Das traditionelle Gericht aus der Bergregion Piemonts wurde vom Chef des Hauses als Snack weiterentwickelt. Gut sind die *gofri* mit Schinken, Käse und Rucola, und genauso lecker sind die *miasse* aus Maismehl.

Pappa & Ciccia MODERN ITALIENISCH €€

(Via San Dalmazzo 1; Mahlzeiten 30 €) Das schicke, aber zwanglose Lokal an der Via Garibaldi bietet den Gästen Gerichte wie *agnolotti arrosto sugo*, einen sehr guten Antipastiteller und einen russischen Salat nach Art der *nonna* (Großmutter).

Porta Palazzo MARKT €

(Piazza della Repubblica; ⌚Mo–Fr 8.30–13.30, Sa bis 18.30 Uhr) Auf Europas größtem Lebensmittelmarkt gibt es wirklich Hunderte von Ständen. Gute Auswahl für ein Picknick.

Ausgehen

Wer in Turin in einer Bar etwas trinken will, bekommt höchstwahrscheinlich auch etwas zu essen. Aperitivi, das ist eine Institution in Turin. Ebenso wie in Mailand kann man sich an dem großzügigen Snack-Büfett bedienen, das im Preis für die Drinks enthalten ist. Praktisch auch, um die Urlaubskasse zu entlasten. Die meisten Bars befinden sich am Flussufer rund um die Piazza Vittoria Veneto und im Viertel Quadrilatero Romano.

Es gibt Konkurrenz für die historischen Cafés der Stadt, z. B. in Triest und Rom, um nur zwei Namen zu nennen, aber im Grunde ist das Haarspalterei. Es sind architektonisch wunderschöne Orte, voller Erinnerungen und Geschichten, in denen es nach Kaffee duftet und wo geklatscht und getratscht wird. Und dann ist da noch die Schokolade, die, ganz gleich ob fest oder flüssig, an sich schon etwas Besonderes ist.

LP TIPP Caffè San Carlo CAFÉ

(Piazza San Carlo 156; ⌚8–1 Uhr) Das prächtige Café, in dem vielleicht mehr Gold glänzt als in all den anderen, wurde 1822 eröffnet. Man bekommt Nackenschmerzen vom Bestaunen der schweren Kronleuchter und Bauchschmerzen, wenn man die Rechnung sieht (4,50 € allein für den Cappuccino).

Caffè Mulassano CAFÉ

(Piazza Castello 15; ⌚7.30–22.30 Uhr) Hier sind Dutzende von Kunden und nur fünf winzige Tische. In dem Jugendstilcafé trinken Stammkunden den Espresso *a piedi* (im Stehen an der Theke) und diskutieren mit dem gut informierten und sorgfältig gekleideten *barista* über die derzeitige Form von Juventus Turin.

Fiorio CAFÉ

(Via Po 8; ⌚Di–So 8.30–1.30 Uhr) Man kann sich literarisch inspirieren lassen, wenn man auf Mark Twains altem Fensterplatz sitzt und das goldbemalte Interieur auf sich wirken lässt. Im 19. Jh. schmiedeten Studenten hier revolutionäre Pläne, und Graf Cavour bewies, dass er ein guter Kartenspieler war. Der Zartbittergeschmack der heißen Schokolade ist allerdings auch nicht schlecht.

Al Bicerin CAFÉ, SCHOKOLADE

(Piazza della Consolata 5; ⌚Mo, Di, Do & Fr 8.30–19.30, Sa & So bis 13 & 15.30–19.30 Uhr) Das Café wurde 1763 unter einem Glockenturm aus dem 14. Jh. eingerichtet. Der Name leitet sich von *bicerin* ab, einem heißen Getränk, das aus Schokolade, starkem Kaffee und Sahne besteht. Es gibt auch Snacks, z. B. Schokolade auf Toast.

I Tre Galli WEINBAR

(www.3galli.com; via Sant'Agostino 25; ⌚12–24 Uhr) Die geräumige, rustikale Bar ist zu jeder Tageszeit ein toller Ort für einen Drink. Die meisten Leute kommen aber wegen der *aperitivi* plus Snacks, die auf einer belebten Terrasse serviert werden. Ein Essen kostet etwa 15 €.

Mood CAFÉ

(www.moodlibri.it; Via Battisti 3e; ⌚Café Mo–Sa 8–21 Uhr, Buchladen Mo–Sa 10–21 Uhr) Ob man bedrückt ist, sich unsicher fühlt oder dringend einen Koffeinschub braucht, spielt keine Rolle. In der Mischung aus Café, Cocktailbar und Buchladen findet jeder das Passende, vorausgesetzt es ist noch ein Platz frei zwischen all den etwas müde wirkenden Kunden und Studenten, die in Klassikern herumblättern. Der Innenraum ist konsequent modern – glatter Beton und glänzendes Laminat.

Pastis WEINBAR

(Piazza Emanuele Filiberto 9; ⌚9–15.30 & 18–2 Uhr) In die Café-Bar, die in kräftigen Farben dekoriert ist, gehen Büroangestellte während ihrer zweistündigen Mittagspause und essen beispielsweise pikante Fleischbällchen zum Glas Wein.

La Drogheria BAR

(Piazza Vittorio Veneto 18; ⌚11–2 Uhr) Die Sofas in der ehemaligen Apotheke werden vor allem von Studenten in Beschlag genommen. Sie ordern preiswerte Drinks zu den üblichen Snacks, bevor sie sich in das Nachtleben von Murazzi stürzen.

Lobelix BAR

(Via Corte d'Appello 15f; ⌚Mo–Sa 19–3 Uhr) Die Terrasse unter den Bäumen an der Piazza Savoia ist sehr beliebt für einen *aperitivo*. Das Büfett, das dazu gereicht wird, gehört zu den üppigsten in Turin.

Caffè Torino CAFÉ

(Piazza San Carlo 204; ⌚7.30–1 Uhr) Das Vorzeigecafé mit den vielen Kronleuchtern öffnete 1903 seine Pforten. Eine Messingplakette mit dem Stadtwappen, einem Stier (Torino bedeutet „kleiner Stier"), ist im Pflaster vor dem Eingang eingelassen. Es soll Glück bringen, seinen Schuh darüber zu streifen.

San Tommaso 10 CAFÉ

(Via San Tommaso 10; ⌚Mo–Sa 8–24 Uhr) Im Jahr 1900 begann die Familie Lavazza hier Kaffee zu rösten. Das modernisierte Café bietet heute eine unglaubliche Auswahl an verschiedenen Geschmacksrichtungen sowie ein ausgezeichnetes Restaurant. Kaffeefreunde können auch eine Espressomaschine erwerben.

Pepino CAFÉ, SCHOKOLADE

(Piazza Carignano 8; ⌚So–Do 8.30–20, Fr & Sa bis 24 Uhr, im Sommer auch länger) Bei Pepino gibt es Schokolade in allen denkbaren Formen. Hier wurde 1937 Eis am Stiel mit Schokoglasur erfunden.

Platti CAFÉ

(Corso Vittorio Emanuele II 72; ⌚7.30–21 Uhr) In dem 1870 gegründeten Café mit der goldbemalten Innenausstattung werden u. a. Kaffee, Kuchen und Liköre angeboten.

☆ Unterhaltung

Die meisten Clubs haben von 9 Uhr bis in die Nacht hinein geöffnet; die Eintrittspreise variieren von Abend zu Abend. Turins Clubszene konzentriert sich auf die Murazzi del Po (auch Lungo Po Murazzi genannt), den überdachten Uferbereich zwischen dem Ponte Vittorio Emanuele I und dem Ponte Umberto I – einfach immer den Leuten (und der Musik) folgen!

Teatro Regio Torino THEATER

(☎011 881 52 41; www.teatroregio.torino.it, auf Italienisch; Piazza Castello 215; ⌚Theaterkasse Di–Fr 10.30–18.30, Sa bis 16 Uhr & 1 Std. vor den Aufführungen) Ausverkaufte Vorstellungen können manchmal kostenlos live auf einem Bildschirm im Teatro Piccolo Regio nebenan angeschaut werden, wo 1896 die Uraufführung von Puccinis *La bohème* stattfand. Theaterkarten gibt es ab 48 €.

Hiroshima Mon Amour NACHTCLUB

(Via Bossoli 83; Eintritt frei oder bis 15 €) Der legendäre Nachtclub spielt alles von Folk bis Punk, Tango und Techno.

Phuddhu Bar NACHTCLUB

(Murazzi del Po; ; ⌚19–3 Uhr) In diesem Club in den Murazzi am Fluss gibt es Freitag- und Samstagnacht, wie zu erwarten, Drum and Bass mit DJs.

Cinema Massimo KINO

(Via Giuseppe Verdi 18; Eintritt 7 €) Das Kino in der Nähe der Mole Antonelliana bietet ein vielseitiges Filmprogramm, auch auf Englisch oder mit Untertiteln. Auf einer der drei Leinwände läuft immer ein Filmklassiker.

Sport

Jeder Fußballfan weiß, dass es in Turin zwei Mannschaften gibt, den **AC Turin** (www.torinofc.it, auf Italienisch) und den sehr viel bekannteren **Juventus Turin** (www.juventus.com), auch Vecchia Signora (alte Dame) genannt. Die meisten Einheimischen sind Fans des ersten Clubs, während der Rest der Welt eindeutig Juventus bevorzugt. Einem Spiel der Mannschaften zuzuschauen, ist fast ein religiöses Ereignis. Derzeit spielen beide im **Stadio Olimpico di Torino** (Corso Sebastopoli 123) am südwestlichen Rand der Stadt, wo an Spieltagen Busse hinfahren. Karten gibt es am **Vorverkaufsschalter** (Galleria San Federico 38; Karten ab 11 €; ⌚11–19.30 Uhr) nicht weit von der Piazza San Carlo.

Shoppen

Die teuersten Modeboutiquen der Stadt sind unter den Arkaden der Via Roma zu finden. Günstiger sind die Geschäfte in der verkehrsberuhigten Via Garibaldi. In der Via Po gibt es ein paar gute Secondhand-Läden für Schallplatten und für ausgefallene Kleidung.

Peyrano SCHOKOLADE

(www.peyrano.com; Corso Vittorio Emanuele II 76) Die Chocolaterie Peyrano, die solche Dinge wie *dolci momenti a Torino* (Süße Turiner Momente) und *grappini* (Pralinen mit Grappa) herstellt, gibt es seit 1912. Nach einem Besitzerwechsel 2002 überstand der Betrieb die jüngste Wirtschaftskrise, wurde aber recht schnell von der ursprünglichen Besitzerfamilie zurückgekauft.

Libreria Luxemburg BUCHLADEN
(Via Battisti 7) Der Buchladen ist gut sortiert mit leichtem und anspruchsvollem Lesestoff, auch in deutscher Sprache – und übrigens auch einem Vorrat an Lonely Planet Führern. Ausländische Tageszeitungen sind ebenfalls erhältlich.

Pastificio Defilippis ESSEN
(Via Lagrange 39; ⏲Mo–Sa 8.30–13, 16–19.30 Uhr) Es lohnt sich, seine Nase in das 1872 gegründete Geschäft hineinzustecken und zu sehen, wie die Familie Dutzende von Pastasorten zubereitet. Es gibt sie frisch oder getrocknet zu kaufen.

Paissa ESSEN
(www.paissa.it; Piazza San Carlo 196) In dem wunderbar altmodischen Geschäft an der Piazza San Carlo – mit Leitern und schwerer Holztheke – bekommt man alles, wofür Turin bekannt ist, inklusive *grissini*, Wein und köstliche Pralinen.

Praktische Informationen

Bank, Geldautomat und Wechselstube gibt es im Bahnhof Porta Nuova. Andere sind über die ganze Stadt verteilt. Vor der **Unicredit Banca** ist ein Wechselautomat, der 24 Stunden in Betrieb ist. (Piazza CLN).

1PC4YOU (☎011 83 59 08; Via G Verdi 20g; Std. 6 €; ⏲Mo–Sa 9–22, So 12–22 Uhr) Internetzugang.

Apotheke (☎011 518 64 67; Bahnhof Porta Nuova; ⏲7-19.30 Uhr)

Circolo Culturale Maurice (www.mauriceglbt.org, auf Italienisch; Via della Basilica 3-5) Informationen für Schwule und Lesben.

Farmacia Boniscontro (☎011 53 82 71; Corso Vittorio Emanuele II 66 ⏲15–0.30 Uhr) Nachtapotheke.

Ospedale Mauriziano Umberto I (☎011 5 08 01; Largo Turati 62) Krankenhaus.

Polizei (☎011 5 58 81; Corso Vinzaglio 10)

Post (Via Alfieri 10; ⏲Mo–Fr 8.30–19, Sa bis 13 Uhr)

Touristeninformation (☎011 535 181); Bahnhof Porta Nuova (⏲9.30–19 Uhr); Flughafen (⏲8–23 Uhr); Piazza Castello (⏲9–19 Uhr) Die Touristeninformation am Bahnhof Porta Nuova bietet einen kostenlosen Buchungsservice für Unterkünfte und Restaurants.

An- & Weiterreise

Bus

Die meisten Fern- und Regionalbusse fahren bis zum **Busbahnhof** (Corso Castelfidardo), 1 km westlich vom Bahnhof Porta Nuova am Corso Vittorio Emanuele II gelegen. Von hier aus kommt man auch zum Mailänder Flughafen Malpensa.

Flugzeug

Der **Flughafen Turin** (TRN; www.turin-airport.com) liegt 16 km nordwestlich der Stadt in Caselle. Es gibt Flüge innerhalb Italiens und ins europäische Ausland. Der Billigflieger Ryanair fliegt nach London Stansted, Madrid, Ibiza und Brüssel.

Zug

Vom Bahnhof Porta Nuova (Piazza Carlo Felice) in Turin fahren täglich Züge zu folgenden Orten:

FAHRZIEL	PREIS (€)	DAUER (STD.)	FAHRTEN PRO TAG
Mailand	9.55	1¾	28
Aosta	7.90	2	21
Venedig	42	5	17
Genua	9.10	2	16
Rom	ab 51.50	7	11

Die meisten Züge halten auch an der **Stazione Porta Susa** (Corso Inghilterra), die in den nächsten Jahren allmählich die Rolle als Hauptbahnhof übernehmen soll. Einige Züge halten ebenfalls an der **Stazione Torino Lingotto** (Via Pannunzio 1), allerdings ist es meist einfacher, von der Innenstadt aus die U-Bahn nach Lingotto zu nehmen.

Unterwegs vor Ort

Auto & Motorrad

Die großen Firmen, die Autos und Motorräder vermieten, haben Filialen am Bahnhof Porta Nuova und am Flughafen.

Vom/Zum Flughafen

Busse von **Sadem** (www.sadem.it, auf Italienisch) fahren vom Bahnhof Porta Nuova aus zum Flughafen (40 Min.). Am Bahnhof Porta Susa (30 Min.) ist ebenfalls eine Haltestelle. Zwischen 5.15 und 22.30 Uhr (6.30 und 23.30 vom Flughafen) verkehren die Busse alle 30 Minuten. Die einfache Fahrt kostet beim Fahrkartenverkauf 5 € in der **Confetteria Avvignano** (Piazza Carlo Felice 50) gegenüber der Bushaltestelle oder im Bus 5,50 €.

Für eine Taxifahrt zwischen Flughafen und Stadtzentrum werden 35 bis 40 € fällig.

Öffentliche Verkehrsmittel

Die Stadt verfügt über ein dichtes Netz an Bussen, Straßenbahnen und eine Zahnradbahn der **Gruppo Torinese Trasporti** (GTT; www.gtt.to.it, auf Italienisch). Es gibt ein **Informationsbüro** am Bahnhof Porta Nuova. Busse und Straßenbahnen verkehren zwischen 6 und 24 Uhr. Die Karten kosten 1 € (13,50 € für einen 15er-Block und 3,50 € für eine Tageskarte).

Die einzige Linie der **Metro** (www.metrotorino.it) verkehrt zwischen Fermi und Lingotto. Sie wurde zu den Olympischen Winterspielen 2006 eröffnet, im Oktober 2007 bis zum Bahnhof Porta Nuova und im März 2011 bis Lingotto verlängert. Ein eigener U-Bahnhof am Bahnhof Porta Susa ist derzeit im Bau, und es gibt Pläne, die Linie 2013 weiter nach Westen und Süden auszubauen.

Taxi

Anruf bei **Centrale Radio** (☎011 57 37) oder bei (☎011 57 30).

Via Lattea

Viele Turiner denken nicht an eine Galaxie, wenn sie Via Lattea (Milchstraße) hören, sondern an zwei parallel verlaufende Täler westlich der Stadt mit einem erstklassigen Angebot für Skifahrer. Das nördlicher gelegene **Valle di Susa** (Susatal) windet sich an einer düsteren Abtei und der ursprünglich keltischen Siedlung Susa vorbei durch hübsche Bergdörfer. Das südliche **Valle di Chisione** steht für Skiurlaub pur. In beiden Tälern fanden viele Wettbewerbe im Rahmen der Olympischen Winterspiele 2006 statt. Die Anlagen und die Infrastruktur sind auf dem allerneuesten Stand.

Sehenswertes

Etwa 35 km von Turin entfernt thront hoch über der Straße die gotisch-romanische Abtei **Sacra di San Michele** (Eintritt 4 €; ⌚Di–Fr 9.30–12.30 & 15–18, Sa & So 9.30–12 & 14.40–18 Uhr, Okt.–März bis 17 Uhr), die auf dem Gipfel des Monte Pirchiriano (962 m) seit dem 10. Jh. Wache hält und mehr einer Burg als einem Kloster ähnelt. Die auffällige Tür mit den Sternzeichen aus dem 12. Jh. sollte man als Besucher nicht übersehen. Sie ist mit Putten verziert, die einander an den Haaren ziehen. Wer die Abtei erreichen möchte, steigt am Bahnhof von Sant'Ambrogio aus und folgt etwa 1½ Stunden lang einem steilen Pfad nach oben. Alternativ dazu ist es auch möglich, einen Bus zu nehmen, der ab dem Bahnhof von Avigliana sechsmal pro Tag von Mai bis September zur Abtei fährt. An Samstagabenden im Sommer werden Konzerte veranstaltet. Genauere Informationen gibt es in der Touristeninformation, die sich im 12 km westlich gelegenen **Avigliana** (10 500 Ew.) befindet.

In **Susa** (6580 Ew., 503 m) weist eine Druidenquelle auf den keltischen Ursprung der Stadt hin, bevor sie in die Hände der Römer fiel. Es lohnt sich, einen Zwischenstopp auf der Fahrt zu den Skiorten zu machen und sich die römischen Ruinen anzuschauen. Neben den Resten eines römischen **Aquädukts** gibt es auch ein noch heute benutztes **Amphitheater** und den Triumphbogen **Arco d'Augusto** von 9 v. Chr. zu sehen. Ebenfalls interessant ist die **Kathedrale** der Stadt aus dem frühen 11. Jh.

Lohnenswert ist auch ein kurzer Halt an der Festung **Forte di Exilles** (Eintritt 6 €; ⌚April–Sept. Di–So 10–19 Uhr, Okt.–März bis 14 Uhr), die über dem ruhigen Dörfchen Exilles liegt, 15 km westlich von Susa. Die Anlage wurde bis 1943 militärisch genutzt.

Aktivitäten

Skifahren

Zum renommierten Skigebiet **Via Lattea** (www.vialattea.it) gehören fünf miteinander verbundene Wintersportorte: Sestriere (2035 m), Sauze d'Oulx (1509 m), Sansicario (1700 m), Cesana Torinese (1350 m) und Claviere (1760 m) in Italien und dazu Montgenèvre (1850 m) im benachbarten Frankreich. Die vielen Pisten – mit einer Länge von insgesamt 400 km – und die relativ verlässlich guten Schneebedingungen haben Ski- und Snowboardfahrern in allen Leistungsstufen etwas zu bieten. Mit einem Skipass für 34 € können Besucher einen Tag lang alle Pisten der Via Lattea nutzen, auch die französischen.

Sestriere (885 Ew.) wurde in den 1930er-Jahren von der Familie Agnelli (den Besitzern von Fiat) angelegt. Durch seine hervorragende Lage im westlichen Teil der ausgedehnten Via Lattea gehört Sestriere zu Europas mondänsten Skiorten.

In den Touristeninformationen gibt es bergeweise Material über jede erdenkliche Sommer- und Wintersportart, über Heli-Skiing und Schlittenfahren ebenso wie über Golfen auf Europas höchstem Golfplatz, Walking, Freeclimbing und Mountainbiking.

Der Skilanglauf konzentriert sich auf **Bardonecchia** (3084 Ew., 1312 m), den letzten Ort in Italien vor dem Fréjus-Tunnel.

Wandern

Bei der Touristeninformation in Avigliana bekommt man Karten und Tourenvorschläge für Wanderungen und Mountainbiketouren im Sommer. Die Touren führen auch zu den Seen und Mooren des **Parco Naturale dei Laghi di Avigliana** (www.parks.it/parco.laghi.avigliana) im Westen der Stadt. Erfahrene Wanderer können von Avigliana aus den mühsamen Aufstieg zur Abtei Sacra di San Michele wählen oder dem 30 km langen Radrundweg folgen.

Rafting

OK Adventure (www.okadventure.it; 3-Std.-Touren 40–50 €) bietet von Cesana Torinese aus Rafting- und Kajakfahrten an.

Schlafen & Essen

Viele Hotels schließen außerhalb der Winter- und Sommersaison. Hotelbuchungen sind über die regionalen Tourismusbüros möglich.

Am zentralen Hauptplatz von Sestriere gibt es viele Lokale, u. a. die dauerhaft beliebte Pizzeria **Pinky** (Piazza Fraiteve 5n; Pizzas 4–6 €) und das trendige **Napapijri** (Piazza Agnelli 1; Mahlzeiten 17–18 €).

Casa Cesana HOTEL €

(☎0122 8 94 62; www.hotelcasacesana.com; Viale Bouvier, Cesana Torinese; DZ 45–50 €; P❄) Das Holzhaus direkt gegenüber vom Skilift in Cesana wurde für die Olympischen Spiele 2006 gebaut. Die Zimmer sind sehr hell und in makellosem Zustand. Es gibt ein gut besuchtes Restaurant, das jedem offensteht (feste Mahlzeiten etwa 18 €), und in der Bar geht es sehr lebhaft zu.

Hotel Susa & Stazione HOTEL €

(☎0122 62 22 26; www.hotelsusa.it; Corso Stati Uniti 4/6, Susa; EZ/DZ 62/85 €; P) Das Hotel direkt gegenüber dem Bahnhof ist ein praktischer Ausgangspunkt für die Erkundung der Umgebung. Es verfügt über 12 gleich ausgestattete Zimmer mit eigenem Bad sowie ein Restaurant (Mahlzeiten 20 €). Radfahrer sind willkommen, und bei den Angestellten des Hotels bekommt man Karten und Tipps für Touren.

Praktische Informationen

In den Tälern gibt es diverse Tourismusbüros:

Avigliana (☎011 936 60 37; Piazza del Popolo 2; ⏲Mo–Fr 9–13 & 14–18 Uhr)

Cesana Torinese (Piazza Vittorio Amedeo 3; ⏲9–12.30 & 14.30–19 Uhr)

Sestriere (www.sestriere.it; Via Louset; ⏲9–12.30 & 14.30–19 Uhr).

An- & Weiterreise

Die Hauptstrecken sowohl für Autos und Züge von Italien nach Frankreich verlaufen durch das Valle di Susa. Dadurch gelangen Besucher sowohl mit öffentlichen Verkehrsmitteln als auch mit dem eigenen Wagen bequem dorthin (Autofahrer sollten allerdings für die zahlreichen Mautstellen genügend Kleingeld bereithalten).

Busse von Sapav (www.sapav.it, auf Italienisch) verbinden Susa mit Avigliana (3 €, 35 Min.), Oulx (2,20 €, 45 Min.), Turin (3,90 €, 1¼ Std.) und den Skiorten der Via Lattea. Von Sestriere aus fahren bis zu fünf Busse an jedem Tag nach Cesana (1,70 €, 25 Min.), Oulx (2,20 €, 45 Min.) und Turin (5,70 €, 2–3 Std.).

Südliches & Östliches Piemont

Gourmets, die sich nach einer Feinschmeckertour durch die Emilia-Romagna (gemästet mit Balsamico und Parmesan) hierhin zurückschleppen, könnten denken, dass es nicht mehr besser kommen kann. Doch, das kann es, und das tut es. Die beschaulichen Hügel, Täler und Städtchen im Süden und Osten Piemonts sind eine riesige Speisekammer für Italien, die vollgestopft ist mit aromatischen Haselnüssen, seltenen weißen Trüffeln, Arborio-Reis, zartem Kalbfleisch, raffinierten Käsesorten und Weintrauben, die sich auf wundersame Weise in Barolo und Barbaresco verwandeln. Hier im feuchten Flussbecken des Po werden die Michelin-Sterne so verteilt wie anderswo übereifrige Lehrer Extrapunkte an ihre Schüler vergeben, aber es gibt gute Gründe dafür. Das Essen ist großartig, geprägt von Traditionen, die so alt sind wie die Städte, in denen sie entstanden sind. Bra ist die Heimat der Slow-Food-Bewegung, in Pollenzo gibt es eine Universität der gastronomischen Wissenschaften, Asti ist bestens versorgt mit weißen Trüffeln und Wein, und in Alba sind die Barolo-Weine beheimatet.

Die meisten benutzen das Auto für eine Feinschmeckertour. Wer allerdings wieder ein paar Kalorien loswerden möchte, sollte die ausgezeichneten Möglichkeiten zum Wandern und Radfahren nutzen.

Südlich von Cuneo sind die oft vergessenen Seealpen, die einst Jagdgebiet waren für die Könige von Savoyen. Heute gehört die Natur den Wanderern.

CUNEO & UMGEBUNG

55 464 EW. / 543 M

Cuneo ist wie eine komprimierte Version von Turin, aber ohne den Lärm. Es gibt eine Menge Gründe, warum es sich lohnt, herzukommen, das Essen auf jeden Fall, die günstigen Voraussetzungen für Radfahrer, die Wandermöglichkeiten in den nahen Seealpen und nicht zuletzt die *cuneesi*, mit Rum gefüllte Pralinen.

Cuneo liegt zwischen zwei Flüssen auf einer Hochebene mit herrlichem Blick auf die Alpen. Mittelpunkt dieses Panoramas ist der pyramidenförmige Monte Viso (3841 m) in den Cottischen Alpen.

Sehenswertes

Die Alleen aus der napoleonischen Ära vermitteln ein beinahe französisches Flair.

Piazza Galimberti PIAZZA

Wer zu dem riesigen Hauptplatz von Cuneo kommt, könnte denken, er wäre in einer Hauptstadt gelandet. Der übergroße Platz wurde 1884 fertiggestellt und befindet sich neben der 1198 gegründeten Altstadt mit den Säulengängen. Einige der größeren Bögen stammen noch aus dem Mittelalter.

Museo Civico di Cuneo MUSEUM

(Via Santa Maria 10; Eintritt 2,60 €; ⏲Di–Do 9–13 & 15–17.30, Fr & Sa bis 19 Uhr) Cuneo hat einige wunderbar düstere und geheimnisvolle Kirchen zu bieten. Die älteste gehört zu einem säkularisierten Franziskanerkloster, in dem heute das Museum zur Geschichte der Stadt und der Provinz untergebracht ist.

Aktivitäten

Im Südwesten Cuneos liegen die Seealpen, ein zerklüftetes Terrain für abwechslungsreiche Unternehmungen, wo französische und italienische Einflüsse sich vermischen (s. Kasten S. 235).

Der Skiort, der die meisten Möglichkeiten bietet, ist **Limone Piemonte** (www.limonepiemonte.it), 20 km südlich von Cuneo und mit dem Zug (2,50 €, 40 Min.) gut zu erreichen. Limone ist seit 1907 Skigebiet und unterhält über 15 Lifte und 80 km Piste, darunter auch einige Langlaufloipen. Der Ort (1600 Ew.) verfügt über einige Hotels und Skiverleiher. Einzelheiten dazu s. Website.

Schlafen

LP TIPP **Hotel Royal Superga** HOTEL €

(☎0171 69 32 23; www.hotelroyalsuperga.com; Via Pascal 3; EZ 59–89 €, DZ 79–109 €; P❄@📶) „Superga" heißt in diesem Fall „supergut". Das einladende Hotel alter Schule, das sich versteckt an einer Ecke der Piazza Galimberti befindet, bietet zu einem Hauch von Pracht diverse kostenlose Extras. Dazu gehören WLAN, DVDs im Zimmer, *aperitivo* zwischen 17 und 21 Uhr in der Hotelhalle und Leihräder. Zum Frühstück (auch inbegriffen) gibt es ein leckeres Angebot aus Bioprodukten.

Hotel Palazzo Loverna HOTEL €€

(☎0171 69 04 20; www.palazzolovera.com; Via Roma 37; EZ 95–110 €, DZ 120–140 €; P❄📶) Hier haben einmal ein französischer König und ein italienischer Papst übernachtet. So viel als Hinweis auf die beeindruckende Vergangenheit des Loverna. Die Zimmer sind komfortabel, fast luxuriös. Im Zimmerpreis spiegeln sich auch Einrichtungen wider, die in italienischen Kleinstädten selten sind, wie Fitnessraum, Sauna und zwei Restaurants. Eins davon (Delle Antiche Contrade) hat verdientermaßen einen Michelin-Stern.

Hotel Ligure HOTEL €

(☎0171 63 45 45; www.ligurehotel.com; Via Savigliano 11; EZ 55–65 €, DZ 78–98 €; P❄📶) Das 2-Sterne-Hotel im Herzen der Altstadt verfügt über einige Apartments, jedes mit eigener Küche (Mindestaufenthalt sieben Tage). Für Kurzaufenthalte gibt es einfache, aber tadellose Zimmer (mit Frühstück), die erst kürzlich auf Vordermann gebracht wurden. Der freundliche Service in drei Sprachen ist ein weiteres Plus.

Essen & Ausgehen

Auch in Cuneo gibt es, ganz typisch für das Piemont, ein paar Vorzeigerestaurants.

Delle Antiche Contrade FEINSCHMECKER €€€

(☎0171 48 04 88; www.antichecontrade.it; Via Savigliano 11; Mahlzeiten 60 €; ⏲Di–So Mittagessen, Di–Sa Abendessen) Die ehemalige Poststation aus dem 17. Jh. ist das kulinarische Reich von Luigi Taglienti. Er kombiniert den Fisch seiner ligurischen Heimat mit den Fleisch- und Pastarezepten Piemonts. Das Ergebnis ist ein Michelin-Stern. Leute mit gut gefülltem Portemonnaie können einen Tisch mit Blick auf das Geschehen in der Küche bekommen, für immerhin 130 € pro Kopf.

Osteria della Chiocciola FEINSCHMECKER €€

(☎0171 6 62 77; Via Fossano 1; Mahlzeiten 28–33 €; ⏲Mo–Sa) Es spricht für das Selbstbewusstsein des Chiocciola, dass draußen kein Schild angebracht wurde. Hier vollbringen erfahrene Köche kleine Wunder. Das Restaurant arbeitet nach Slow-Food-Prinzipien, doch Eilige können im Erdgeschoss auch Käse und Salami zum Wein bekommen. Im 1. Stock wählen die Befürworter der Langsamkeit unter den kulinarischen Zaubereien auf der handgeschriebenen Speisekarte.

Arione SCHOKOLADE €
(www.arione-cuneo.com; Piazza Galimberti 14; ⌚Di–Sa 8–20, So bis 13 & 15.30–20 Uhr) Die feine, 1923 gegründete Konditorei hat die *cuneesi al rhum* erfunden. Das ist eine große, mit Rum verfeinerte Praline, die in Zellophan verpackt wird. Als Hemingway von den Pralinen hörte, nahm er 1954 auf der Fahrt von Mailand nach Nizza einen Umweg in Kauf. Im Schaufenster hängt ein Foto von seinem Besuch.

Locanda La Volpe TRADITIONELL ITALIENISCH €€
(Via Chiusa Pesio 6; Mahlzeiten 25 €; ⌚Mi geschl.) Das ist der beste Tipp für traditionelle Gerichte aus der Bergregion, u. a. Kaninchen. Das Lokal „Fuchs" (volpe) liegt versteckt in einer gepflasterten Altstadtgasse.

Bruno CAFÉ €
(www.localistorici.it; Via Roma 28) Hier kämpft man morgens mit den Einheimischen um einen Cappuccino an der Bar. Das schicke, 1864 gegründete Café mit Chocolaterie ist typisch für Cuneo.

Praktische Informationen

Touristeninformation (www.comune.cuneo.it; Via Roma 28; ⌚Mo–Sa 9.30–12.30 & 15–18.30 Uhr)

An- & Weiterreise

Von Cuneos Hauptbahnhof an der Piazzale Libertà fahren regelmäßig Züge nach Saluzzo (2,70 €, 35 Min., bis zu 6-mal tgl.), Turin (5,30 €, 1¼ Std., bis zu 8-mal tgl.), San Remo (6,50 €, 2¼ Std., 3-mal tgl.) und Ventimiglia (5,80 €, 2 Std., etwa 4-mal tgl.), außerdem ins französische Nizza (2¾ Std., mind. 6-mal tgl.). Von

WANDERN IN DEN SEEALPEN

Norditalien ist überlaufen? Nicht für diejenigen, die ihre Wanderschuhe dabei haben. Eingezwängt zwischen den Reisanbauflächen im Piemont und der strahlend blauen Küste Liguriens liegen die dunklen Seealpen. Die spektakulären Berggipfel ziehen sich wie steinerne Wächter die Grenze zwischen Frankreich und Italien entlang. Die Gipfel der Seealpen sind niedriger, aber nicht weniger majestätisch als die alpinen Verwandten im Norden. Man trifft immer wieder auf klare Bergseen, wilde Steinböcke und ein kulturelles Erbe, in dem sich südfranzösische und norditalienische Einflüsse vermischen.

Trotz der geringen Fläche vermittelt die Region den Eindruck von Wildnis zwischen den dunklen Gipfeln. Wenn man die bewohnten Täler verlässt und auf das imposante Zentralmassiv kommt, stellt sich das Gefühl ein, in ein hoch gelegenes Arkadien gelangt zu sein. Pfeifende Murmeltiere huschen unter Felsvorsprünge, die von leichtem Nebel umhüllt sind. Er hat sich über ein gut markiertes Netz von Wanderwegen gelegt in einer Gegend, wo der Anblick eines anderen Wanderers, selbst in der Hauptsaison, so selten ist wie eine menschenleere Piazza in Rom. Auch das ist Italien, ein Ort der Zufriedenheit und Stille. Keine 20 km Richtung Süden liegen schicke Ferienorte wie Portofino und San Remo, wo Celebrities am Martini nippen und sich ein Leben ohne teure Handtaschen und Privatyacht nicht vorstellen können. Aber hier oben an der unsichtbaren Grenze zwischen Italien und Frankreich ist alles, was man braucht, eine Wanderkarte, ein Paar gute Schuhe und genug Käse und Ciabatta bis zum Abendessen.

Die Hauptausgangspunkte für Wanderungen liegen südlich von Cuneo in Naturparks, die vor wenigen Jahren gegründet wurden, dem **Parco Naturale delle Alpi Marittime** und dem **Parco Naturale dell' Alta Valle Pesio e Tamaro**. Der Rundweg „Lago di Valscura" (21 km) beginnt im hübschen Thermalort **Valdieri**, folgt einer alten Militärstraße über die Valasco-Ebene bis zu einem eiskalten See an der französischen Grenze. Der Weg führt in einer Schleife zurück über die Questa-Hütte und dann die gleiche Route bergab. Ein guter Vorschlag für eine Zweitageswanderung ist der Marguareis-Rundweg (35 km), der im kleinen Skiort Limone Piemonte beginnt und über Gipfel und Bergkämme zum **Rifugio Garelli** (☎0171 73 80 78; B 36 €; ⌚Juni-Sept.) führt. Am zweiten Tag geht es nach einem kleinen Teilstück in Frankreich zurück zum Ausgangspunkt in Limone. Genauere Informationen über beide Wanderungen stehen im Lonely-Planet-Führer *Hiking in Italy* oder man erkundigt sich in der Touristeninformation (ATP) in Terme oder Limone.

einem zweiten Bahnhof an der Strecke Cuneo–Gesso fahren Züge in die Kleinstadt Mondovì mit Anbindung nach Savona und Genua.

SALUZZO

16 877 EW. / 395 M

Wie die Orte Asti und Alba war Saluzzo einst ein mächtiger Stadtstaat. Das historische Erbe des heute unbedeutenden Ortes hat tiefe Spuren in den roten Ziegelsteinmauern hinterlassen.

Die Stadt ist in „alte“ und „neue“ Viertel unterteilt. Beide Teile sind nur einen kurzen Fußweg voneinander entfernt. Saluzzo war einst eine mittelalterliche Bastion, die ihre Unabhängigkeit behielt, bis das Haus Savoyen nach einem Vertrag mit Frankreich von 1601 dort die Herrschaft übernahm. Einer der bekannten Söhne der Stadt war der Schriftsteller Silvio Pellico (1788–1854), der wegen seiner patriotischen Haltung gegenüber der österreichischen Fremdherrschaft in Norditalien verhaftet wurde. Im Gefängnis schrieb er Teile seines Romans *Le mie Prigioni* (Meine Gefängnisse), indem er sein Blut als Tinte benutzte. Ebenfalls bekannt ist General Carlo dalla Chiesa (1920–1982), der wegen seines unermüdlichen Kampfes gegen die Mafia ermordet wurde.

Sehenswertes

Torre Civica WAHRZEICHEN

(Via San Giovanni; Eintritt 2 €, inkl. Museo Civico di Casa Cavassa 6 €; ⌚Fr–So 10.30–12.30 & 14.30–18.30 Uhr) Von der Loggia unter dem Glockenturm, der aus dem 15. Jh. stammt, bietet die Altstadt von Saluzzo mit den roten Ziegeldächern ein zeitloses Bild. Eine steile Treppe führt nach oben.

La Castiglia BURG

(Piazza Castello; Erw./erm. 5/2,50 €) Auf der oberhalb der Altstadt gelegenen Burg aus dem 13. Jh. sprachen die mittelalterlichen Stadtherren Strafen aus. Die Burganlage wurde vor kurzem renoviert, ist aber nur an Wochenenden für die Besucher geöffnet. Das Tourismusbüro hat bei Interesse Informationen zu Führungen.

Museo Civico di Casa Cavassa MUSEUM

(Via San Giovanni 5; Erw./Kind 5/2,50 €, Eintritt inkl. Torre Civica 6 €; ⌚Do–So 10–13 & 14–18 Uhr) In der schönen Adelsresidenz aus dem 16. Jh. gibt es auch ein wertvolles, mit Blattgold verziertes Gemälde, *Nostra Signora delle Grazie* (Die barmherzige Muttergottes), das von Hans Clemer geschaffen wurde.

Schlafen & Essen

Albergo Ristorante Persico HOTEL €

(☎0175 4 12 13; www.albergopersico.net; Vicolo Mercati 10; EZ/DZ 43/63 €; P ❄ @ ☎) Das einfache, aber gemütliche Hotel liegt ein bisschen versteckt nahe der Piazza Cavour in der Neustadt von Saluzzo. Im Restaurant (montags geschlossen) gibt es mit gebuchter Halbpension günstigere Preise als jene der Speisekarte. Hier wird nach regionalen Rezepten gekocht, ein Essen kostet zwischen 15 und 25 € für Nicht-Hotelgäste. In der Hotelhalle gibt es einen kostenlosen WLAN-Anschluss.

Perpöin HOTEL, INTERNATIONAL €

(☎0175 4 23 83; www.hotelsaluzzo.com; Via Spielberg 19–27; EZ 40–70 €, DZ 70–100 €; P) In dem familiengeführten Hotel-Restaurant (Mahlzeiten 12–25 €) in der „Neustadt“ wird herzhaft und bodenständig gekocht (bis hin zu ofenfrischen Croissants mit Nutella). Das Hotel hat keine Rezeption (das Haus selbst ist ein Labyrinth von Fluren), sodass es mit Sicherheit besser ist, wenn Gäste vorher per Telefon ihre Ankunft mitteilen.

Le Quattro Stagioni MEDITERRAN €€

(Via Volta 21; ⌚Mi–Mo Mittag- & Abendessen) Wie der Name (Vier Jahreszeiten) schon sagt, ändert sich das Angebot je nach Jahreszeit in diesem Weinkeller mit Restaurant. Das Lokal liegt in einer romantischen Straße mit dunklen Säulengängen und schummerigen Arkaden. Wer dem fruchtigen Weingeruch folgt, stößt auf knusprige Pizza und Pasta al dente. Zum Lokal gehört auch ein hübscher Gastgarten.

Praktische Informationen

Touristeninformation(www.comune.saluzzo.it; Piazza Risorgimento; ⌚Mo–Sa 9–12.30 & 15–18.30, So 9–12 & 15–19 Uhr)

An- & Weiterreise

Zwischen Saluzzo und Turin verkehren regelmäßig Busse (3,50 €, 1½ Std., stündl.). Ansonsten nimmt man einen Zug nach Savigliano (1,70 €, 30 Min., bis 6-mal tgl.), von dort aus fahren Züge weiter nach Turin.

ALBA

31 272 EW / 172 M

Im kulinarischen Paradies Italien besetzt Alba einen der Spitzenplätze, wegen der weißen Trüffeln, der dunklen Schokolade und des Weins, darunter auch der unvergleichliche Barolo, der Ferrari unter den Rotweinen. Hier wird auf den verbreiteten Hang zu Fertiggerichten verzichtet. Der einst mächtige Stadtstaat verwendet heute seine Energien darauf, zu zeigen, was echte Kochkunst wirklich bedeutet, und dazu gehören Zutaten, die einen Speerwurf vom Tisch des Restaurants entfernt geerntet wurden. All das wird sehr deutlich beim jährlichen Trüffelfest und der *vendemmia* (Weinlese), die ebenso begeistert gefeiert wird.

Die Weinhänge der Langhe breiten sich um die Stadt aus wie ein riesiger, sanft gewellter Obstgarten, voller Reben, Haselnusshaine und gepflegter Weingüter. Albas Speisekammer zu Fuß oder mit dem Rad zu erkunden, ist ein ganz besonderes Vergnügen.

Sehenswertes

Die Blütezeit der historisch einflussreichen Stadt reichte vom Mittelalter bis 1628, als die Savoyer die Herrschaft übernahmen. Alba verfügte zu dieser Zeit über mehr als 100 Geschlechtertürme; davon sind nur noch vier geblieben.

Kathedrale San Lorenzo KIRCHE

(Piazza Duomo) Bereits seit dem 12. Jh. steht hier eine Kathedrale, aber das jetzige Bauwerk mit der roten Ziegelsteinfassade ist ein nahezu vollständiger neugotischer Umbau aus dem 19. Jh. Das verschnörkelte Chorgestühl stammt von 1512.

GRATIS **Museo Civico Archeologico „Federico Eusebio"** MUSEUM

(Via Vittorio Emanuele II; ⌚Di–Fr 15–18, Sa & So 10–17.30 Uhr) Es lohnt sich, einen Blick in das 1887 gegründete Stadtmuseum zu werfen, wenn man zwischen den diversen Weinproben genügend Energie dafür aufbringt. Es gibt eine archäologische und eine naturkundliche Abteilung.

Feste & Events

Trüffelfest ESSEN

In der Gegend rund um Alba wachsen die kostbaren weißen Trüffeln. Bei dem Fest, das jedes Jahr im Oktober stattfindet, werden wahnwitzige Preise dafür erzielt.

Geführte Touren

In der Touristeninformation gibt es eine Abteilung, die Ausflüge in die Langhe und die Täler des Roero organisiert. Einige werden nur zu bestimmten Jahreszeiten angeboten, u. a. eine 3½-stündige **Winzertour** (80–100 €; ⌚Sept.–Nov.) im klimatisierten Minibus und eine 2-stündige **Trüffelsuche** (⌚Sept.–Okt.), deren Preis sich nach der Teilnehmerzahl richtet. Das ganze Jahr über gibt es **Kochkurse** (halber/ganzer Tag 70/100 €), **Reitausflüge** (pro Tag 80 €) in den oberen Langhe, **Rafting** (3 Std. Erw./Kind ab 20/12 €) auf dem Tanaro und – für einen fantastischen Blick über die Weinberge – ein Flug im **Heißluftballon** (inkl. Transfer, Wein & Frühstück 220–250 €). Die Flüge bei Sonnenaufgang dauern eine Stunde, aber insgesamt muss man mit vier Stunden rechnen.

Die meisten Aktivitäten und Ausflüge müssen mindestens zwei Tage im Voraus gebucht werden. Es kann sein, dass ein Angebot wegen zu geringer Teilnehmerzahl abgesagt wird.

Schlafen

LP TIPP **Hotel Langhe** HOTEL €

(☎0173 36 69 33; www.hotellanghe.it; Strada Profonda 21; EZ 64–78 €, DZ 84–98 €; P ❄ 📶) 2 km vom Stadtzentrum entfernt, aber jeden Schritt wert (sogar wenn man tatsächlich zu Fuß geht), liegt das Hotel Langhe am Fuß der Weinberge, die sich vor den Randbezirken Albas erheben. Trotz der Nähe zur Stadt hat man hier tatsächlich ein Gefühl ländlicher Idylle. Die gesamte Anlage ist wunderbar: ein Wintergarten, ein heller Frühstücksraum und Zimmer im Erdgeschoss, deren Fenster auf einen sonnigen Hof hinausgehen.

Hotel San Lorenzo HOTEL €€

(☎0173 36 24 06; www.albergo-sanlorenzo.it; Piazza Rossetti 6; EZ/DZ/3BZ 85/100/125 €; ⌚Jan. & Aug. 2 Wochen geschl., P) Die Sache ist einfach. Man nimmt 11 Zimmer in einem restaurierten Haus aus dem 18. Jh., unweit der Kathedrale, nennt es Boutiquehotel und richtet im Erdgeschoss einen ganz besonderen Laden ein („Golosi"), in dem süße Sachen ohne Butter, Eier und Milchprodukte verkauft werden. Schließlich heißt es dann einmal mehr: „Das gibt's nur in Alba". Einfach genießen, solange sich die Chance bietet.

Essen & Ausgehen

Wer mehr über die fantastische Küche Albas wissen will, orientiert sich nicht an Michelin-Sternen, sondern an der Mundpropaganda. Hier gibt es einige der besten Lokale nördlich von Sizilien, wo noch die Großmutter in der Küche steht.

LP TIPP **Osteria dei Sognatori** OSTERIA €

(Via Macrino 8b; Mahlzeiten 12–20 €; ⌚Mo–Sa Abend- & Mittagessen) Speisekarte? Welche Speisekarte? Die Gäste in dem schlichten, leicht zu übersehenden Lokal nehmen, was gerade im Topf ist, und das ist immer lecker. Ganz sicher sind hausgemachte Pasta in einer pesto-ähnlichen, nussigen Soße und die allerbesten *grissini* dabei. An den Wänden hängen viele Fußballmemorabilien und Schwarz-Weiß-Fotos bärtiger Partisanen.

Vincafé WEINBAR €
(www.vincafe.com; Via Vittorio Emanuele II 12; Mahlzeiten 10–25 €) Es ist angesagt, aber keineswegs exklusiv. Jeder kann hier sein Weinchen schlürfen, wenn er es schafft, sich hineinzuquetschen (das beliebte Lokal ist klein) und die Zeit und/oder Kenntnisse hat, sich zwischen den 350 angebotenen Weinen zu entscheiden. Wer unsicher ist, nimmt am besten Barolo. Unten im kühlen Gewölbekeller werden üppige, gesunde Salate und Pastagerichte serviert.

Locanda Cortiletto D'Alba TRADITIONELL ITALIENISCH €€
(www.cortilettodalba.com; Corso M Coppino 27; Mahlzeiten 20–30 € ⌚Mi geschl.) Das Cortiletto ist eines der Lokale, wo man einfach hereinschaut, wie ein Freund der Familie empfangen und wie ein König bewirtet wird. Die Tische stehen oben auf einer Terrasse oder unten im Weinkeller. Die Küche orientiert sich an den Produkten der Langhe, auf den Tisch kommen, z. B. *plin* (Ravioli) mit Salbeibutter, Käsefondue oder Kalbfleisch in Nebbiolo-Wein. Eines der fünf hübschen, thematisch eingerichteten Doppelzimmer oben kann man ab 80 € mieten.

Piazza Duomo La Piola FEINSCHMECKER €€€
(☎0173 44 28 00; www.piazzaduomoalba.it; Piazza Risorgimento 4; Mahlzeiten 20–30 €, Menüs 60–80 €; ⌚Di–So Mittagessen, Di–Sa Abendessen) Hier kommt das Beste aus zwei Welten zusammen. Eigentlich sind es zwei Lokale auf dem Hauptplatz von Alba, für jedes Portemonnaie geeignet und kulinarisch erste Klasse. Im Erdgeschoss stehen Tagesgerichte auf einer Tafel, und die Gäste können sich ihre Teller selbst zusammenstellen. Oben im Sternelokal des Küchenchefs Enrico Crippa geht es internationaler zu. Hier werden kreative Gerichte serviert, während die Gäste auf bunte moderne Wandmalereien des Künstlers Francesco Clemente blicken.

Praktische Informationen

Touristeninformation (www.langheroero.it; Piazza Risorgimento 2; ⌚Mo–Fr 9–18.30, Sa & So 10–18.30 Uhr) Im historischen Zentrum der Stadt. Dort gibt es auch Wanderkarten zu kaufen und Internetzugang.

An- & Weiterreise

Vom **Busbahnhof** (Corso Matteotti 10) fahren häufig Busse nach Turin (4 €, 1½ Std., bis 10-mal tgl.) sowie seltener Busse nach Barolo (1,80 €, 25 Min., 2-mal tgl.) und in andere Dörfer der Umgebung.

Ab dem **Bahnhof** (Piazza Trento e Trieste) in Alba gibt es eine regelmäßige Zugverbindung nach/von Turin (4,40 € über Bra/Asti, 50 Min., stündl.).

Da die Busse so sporadisch fahren, ist es besser, die Langhe mit dem Auto oder Fahrrad zu erkunden. Ein sehr flexibler Fahrradverleih ist **Motocicli Destefanis** (www.motociclidestefanis.it; Via Margherita 2; Rad 15 € pro Tag) im Süden der Stadt am Corso Langhe. Es werden auch Motorroller vermietet, und Mietwagen kosten ab 35 € pro Tag. Die Touristeninformation vermittelt auf Wunsch einen Fahrer (unterschiedl. Preise).

DAS BAROLO-GEBIET

Weinliebhaber sind begeistert. Das winzige 1800 ha große Fleckchen sanft gewellter Landschaft unmittelbar südwestlich des Städtchens Alba produziert wohl (nur wenige würden dies bezweifeln) den besten *vino* Italiens. Unwissende Laien nennen ihn Barolo (nach dem gleichnamigen Dorf), aber sonst lobt ihn jeder als „Wein der Könige" und erörtert nahezu ehrfürchtig das samtige Trüffelaroma.

Barolo
750 EW.

In Barolo wird seit Jahrhunderten Wein angebaut, d. h. es ist keines dieser Anbaugebiete der Neuen Welt, wo man arrogant auf einen hohen Anspruch besteht. Die Gründung des Ortes reicht ins 13. Jh. zurück, und der Weinanbau ist seit Ende des 17. Jh. verbreitet.

Sehenswertes & Aktivitäten

LP TIPP **Castello Falletti** BURG
(www.baroloworld.it; Piazza Falletti). Das Dorf Barolo liegt im Schatten einer Burg, die einst der mächtigen Bankiersfamilie Falletti gehörte. Die Ursprünge reichen in das 10. Jh. zurück, aber das Bauwerk stammt weitgehend aus dem 17. Jh. Heute befindet sich in der Burg ein interessantes Weinmuseum und in den Kellerräumen die **Enoteca Regionale del Barolo** (⌚Fr–Mi 10–12.30 & 15–18.30 Uhr), die von den elf Weinbauorten der Region betrieben wird. Die Vinothek bietet ihren Besuchern täglich drei Barolos zum Probieren an, für 2 € pro Wein und 5 € für alle drei Weine.

HINTERGRUND

CRISTIANA GRIMALDI: DIREKTORIN DER VINOTHEK VON BAROLO

Erzählen Sie uns etwas über das Weinanbaugebiet Barolo.

Das Anbaugebiet für Barolo ist klein. Es können nur auf 1800 ha in Barolo und in elf weiteren Weinorten Nebbiolo-Trauben angebaut werden. Zudem ist der Ertrag mit 8000 kg pro Hektar niedrig. 65 % des Weins, den wir produzieren, werden exportiert. Der Wein ist in Deutschland, den USA, China und Japan besonders beliebt.

Was ist das Besondere an der Nebbiolo-Traube?

Nebbiolo ist eine ungewöhnliche Traube, weil sie das Klima im Piemont braucht. Mit Setzlingen, die nicht aus der Region stammen, hat es nicht funktioniert, jedenfalls nicht so gut. Das Klima ist wichtig. Der Nebbiolo braucht relativ feuchtes Herbstwetter, nicht zu heiße Temperaturen im Frühjahr und Sommer (25–30° C) und etwas Schnee im Winter. Die Rebe benötigt eine Ruhephase!

Was sind die Unterschiede zwischen Barbaresco und Barolo?

Der Hauptunterschied ist das Alter. Barbaresco ist ein junger Wein, der frühestens zwei Jahre nach der Ernte getrunken werden kann. Barolo muss drei Jahre lang reifen. Dann ist da noch der Boden. Barbaresco wächst auf sandigem Boden, während Barolo nährstoffreichen Boden braucht. Deshalb sind Weinkörper und Aroma beim Barbaresco leichter, fruchtiger und weniger wuchtig. Beide Sorten sind Spitzenweine und werden zu vergleichbar hohen Preisen verkauft. Der Barolo ist für seine ausgezeichneten Alterungsmöglichkeiten berühmt und kann 25 bis 30 Jahre lagern. Ich habe einmal einen Wein Jahrgang 1923 probiert. Er war perfekt.

Wozu passt Barolo am besten?

Er passt zum regionalen Castelmango-Käse, zu Wild und gut gewürzten Gerichten, z. B. auch zu *ragù* (Tomaten-Fleischsoße).

Welche anderen Weine aus dem Piemont würden Sie empfehlen?

Den Nero d'Avola aus dem Süden. Es ist ein junger Wein und noch nicht sehr bekannt, aber die Qualität ist sehr gut.

Museo del Vino a Barolo MUSEUM
(www.wimubarolo.it; Erw./erm. 7/5 €; ⏲Fr–Mi 10.30–19 Uhr, Jan. & Feb. geschl.) Das schicke neue Museum wurde vom gleichen Architekten gestaltet wie das Kinomuseum in der Mole Antonelliana in Turin. Auf drei Etagen im Castello Falletti untergebracht, wird mit Hilfe multimedialer moderner Technik die Rolle des Weins in Geschichte, Kunst, Musik, Film, Literatur und als Lebensmittel gezeigt. Manche Traditionalisten kritisieren die Präsentation als Effekthascherei, aber das Museum ist schnell zu einem Anziehungspunkt geworden.

Museo dei Cavatappi MUSEUM
(Erw./erm. 4/3 €; ⏲Fr–Mi 10–13 & 14–18.30 Uhr) Sich auf diese Art mit der Geschichte des Korkenziehers (Verzierung, Miniatur-, Multifunktionswerkzeug usw.) auseinanderzusetzen, ist eine ziemlich aufwendige Angelegenheit. Es gibt auch eine Sammlung alter (leerer) Barolo-Flaschen und einen entsprechend teuren Museumsladen.

Schlafen & Essen

LP TIPP Hotel Barolo HOTEL €€
(☎0173 5 63 54; www.hotelbarolo.it; Via Lomondo 2; EZ/DZ 70/110 €; P@≋) Das Hotel Barolo am Fuße der berühmten Burg Castelli Falletti mit Vinothek ist der optimale Ort, um ein Gläschen Barolo – was denn sonst! - auf der Terrasse zu genießen und die piemontesische Architektur des 18. Jhs. jenseits des Swimmingpools auf sich wirken zu lassen. Um gut zu essen, ist der Weg nicht weit. Im hoteleigenen Restaurant Brezza werden seit vier Generationen Trüffeln und ähnliche Dinge zubereitet, und seit 1885 produziert die Familie Wein.

ABSTECHER

CHERASCO & SEINE SCHNECKEN

Cherasco liegt 23 km westlich von Alba inmitten des fruchtbaren Langhe-Weinanbaugebiets und ist eigentlich vor allem bekannt wegen der *lumache* (Schnecken). In der Stadt befindet sich das **Istituto Internazionale di Elicoltura** (Internationales Institut für Helizikultur; ☎0172 48 92 18; www.lumache-elici.com; Via Vittorio Emanuele 55), dessen Aufgabe es ist, Schneckenzüchter zu beraten (Helizikultur ist die Zucht essbarer Schnecken). Sie werden in diesem Landstrich *nudo* (ohne Haus) zubereitet und kommen gebraten, geröstet, mit Artischockensoße übergossen oder als Raviolifüllung auf den Tisch. Zu den typischen piemontesischen Schneckengerichten gehören *lumache al barbera* (in Rotweinsoße geköchelt mit geriebenen Nüssen) und *lumache alla piemontese* (mit Zwiebeln, Nüssen, Sardellen und Petersilie in Tomatensoße geschmort. Zu den traditionellen Trattorias, die solche Gerichte servieren, gehört die **Osteria della Rosa Rossa** (☎0172 48 81 33; Via San Pietro 31; Mahlzeiten 30–35 €; ⏲Fr–Di 12.30–14 & 20–21 Uhr). Eine Reservierung ist erforderlich.

La Morra

2668 EW.

La Morra liegt auf einem Hügel inmitten von Weinhängen mit den Alpen im Hintergrund. Es ist stiller als Barolo, aber keineswegs weniger verlockend. Man glaubt, in der Toskana zu sein, bis man den Wein probiert, der nur eines sein kann – der Wein der Könige!

Villa Carita B&B B&B €€

(☎0173 50 96 33; www.villacarita.it; Via Roma 105, La Morra; EZ/DZ/Suite 90/120/150; P) Träumt man von Italien, kommt meist auch der Blick auf einen sonnigen Weinberg vor. In dem B&B können die Gäste von jedem Zimmer und von der Panoramaterrasse aus diese Aussicht genießen, nach dem Motto „Kneif' mich, damit ich weiß, dass ich nicht träume." Doch nicht nur tagsüber, sondern auch nachts bieten sich romantische Ausblicke auf die Lichter im Dörfchen. Etwas versteckt unterhalb des Haupthauses gelegen gibt es noch ein Zimmer und eine Suite.

Belvedere FEINSCHMECKER €€€

(☎0173 5 01 90; Piazza Castello 5; Mahlzeiten 45 €; ⏲März–Dez. Di–So Mittagessen, Do–Sa Abendessen, letzte Juliwoche geschl.) Das Haus trägt seinen Namen nicht umsonst, schließlich steht es gleich neben dem Aussichtspunkt von La Morra. Dabei tun Gian Bovios *risotto al Barolo*, Steaks in Barbera und dreifache Pyramiden aus Schokolade ihr Bestes, um von der Aussicht abzulenken, und dazu können Gäste noch aus mehr als 1000 angebotenen Weinen eine Auswahl treffen.

DAS BARBARESCO-GEBIET

Die gleiche Traube, ein anderer Geschmack! Nur wenige Kilometer trennen Barolo von Barbaresco, der Heimat des gleichnamigen Weins. Das Mikroklima ist etwas feuchter und der Wein muss nicht so lange reifen. Deshalb ist der Barbaresco der weichere und mildere Rotwein, eben wie eine „Königin" im Vergleich zum „König", dem Barolo.

Barbaresco

650 EW.

Das Dorf Barbaresco ist von Weingärten umgeben und aus der Ferne sofort zu erkennen am charakteristischen 30 m hohen Turm aus dem 11. Jh. Es gibt über 40 Weinkellereien und drei Vinotheken in dem Anbaugebiet.

Aktivitäten

LP TIPP **Enoteca Regionale del Barbaresco** WEINPROBEN

(Piazza del Municipio 7; ⏲ Do–Di 9.30–18 Uhr) Es mag frevelhaft scheinen, aber in der gemütlichen Vinothek, die in einer säkularisierten Kirche untergebracht ist, können Barbaresco-Weine gepriesen werden. Die Flaschen sind da aufgereiht, wo früher der Altar stand. Es kostet 1,50 €, einen der sechs Barbaresco-Weine zu probieren, die täglich angeboten werden.

Sentiero dei Barbaresco WANDERN

Um das Dorf herum verlaufen diverse Wanderwege, u. a. dieser 13 km lange Rundweg durch sanft gewellte Weinberge. Die Vinothek und das Informationszentrum haben Karten dazu.

Schlafen & Essen

Im Dorf gibt es vier ausgezeichnete Restaurants, eines davon, das Antinè, hat einen Michelin-Stern.

Casa Boffa PENSION €
(☎0173 63 51 74, www.boffacarlo.it; Via Torino 9a; EZ/DZ/3BZ 65/80/100; 📶) Die Pension, in einem hübschen Haus im Dorfzentrum untergebracht, verfügt über vier moderne, minimalistisch eingerichtete Zimmer und eine Suite über einer fantastischen Terrasse mit Fernblick über die Langhe-Täler. Es gibt einen netten Frühstücksraum im Erdgeschoss und eine *enoteca* (tgl. 11–18 Uhr geöffnet, außer mittwochs).

Ristorante Rabayà TRADITIONELL ITALIENISCH €€
(☎0173 63 52 23; Via Rabayà 9; Mahlzeiten 30–45 €; ⏰ Fr-Mi, Mitte Feb.–Anfang März geschl.) Das Rabayà am Ortsrand, eines von vier Restaurants in Barbaresco, ist erstklassig. Es hat eher das Ambiente eines privaten Wohnhauses. In dem mit Antiquitäten eingerichteten Speiseraum flackert ein heimeliges Feuer im Kamin. Aber bei Sonnenschein ist der schönste Platz die Terrasse oberhalb der Weinberge. Ein guter Tipp ist z. B. Kaninchen „Rabayà" in Barbaresco geschmort und eine Käseplatte danach.

Neive

2930 EW.

Während Neive im Mittelalter zwischen Alba und Asti hin- und hergeschoben wurde, geht es heute dort entspannter zu. Das mittelalterlich geprägte Dorf auf einem Hügel wird oft als einer der *borghi più belli* (schönsten Dörfer) Italiens eingestuft. Inmitten violetter Glyzinien und auf sonnengesprenkelten Plätzen bieten sich vier berühmte Weine zum Probieren an: Dolcetto d'Alba, Barbaresco, Moscato und Barbera d'Alba.

Aktivitäten

In der Touristeninformation ist eine Liste erhältlich mit sechs verschiedenen Tageswanderungen, deren Länge zwischen 12,5 und 20 km variieren.

Bottega dei Quattro Vini WEINPROBEN
(Piazza Italia 2; ⏰unterschiedl.) Die zwei Räume des Geschäfts wurden von der Gemeinde eingerichtet, um die vier DOC-Weine anzubieten, die auf den Hügeln um Neive angebaut werden. Man kann jeweils ein Glas Wein probieren (1,80–4,50 €) und dazu kalte regionale Spezialitäten essen (3,50 bis 10 €).

Schlafen & Essen

La Contea PENSION €
(☎0173 67 12 6; www.la-contea.it; Piazza Cocito 8; EZ/DZ 70/100 €) Der Familienbetrieb ist gleichzeitig *enoteca*, Laden, Restaurant und kleines Hotel und schon ewig fester Bestandteil des Dorfes. Die Köche pflücken frische Kräuter aus ihren Fensterkästen, um ihre Gerichte, z. B. Kaninchen, *ravioli al plin* und *brasato al Barbaresco* zu verschönern. Die Zimmer sind traditionell eingerichtet und komfortabel.

An- & Weiterreise

Neive liegt an der Bahnstrecke zwischen Alba und Asti. Stündlich fahren Züge und Busse nach Alba (1,40 €).

BRA & POLLENZO

29 796 EW.

Die kleine, bescheidene Stadt Bra im Piemont ist die Heimat manch wunderbarer kulinarischer Zaubereien. Hier kam auch 1986 erstmals die Idee des Slow Food auf. Einige ernüchterte Journalisten aus der Region stellten ein Manifest auf. Es löste einen globalen Kreuzzug gegen Fastfood aus, das wie ein Ungetüm mit Plastikarmen dabei war, jahrhundertealte kulinarische Traditionen Italiens zu verdrängen. Der Gegenschlag gegen moderne Essgewohnheiten funktionierte, und in Bra wurde glücklich der Erfolg gemeldet. Es gibt keine Autos, keine Supermärkte und eine erfreulich entspannte Atmosphäre im historischen Stadtzentrum. Kleine Familienbetriebe (die aus Überzeugung zweimal pro Woche einen Tag der Entschleunigung einlegen) quellen über mit Bio-Wurstprodukten, hausgemachten Pralinen und frischen regionalen Agrarprodukten.

Sehenswertes

Kirchen KIRCHE
Auf dem leicht abschüssigen Hauptplatz von Bra stehen einige imposante barocke Bauten. An erster Stelle ist die **Chiesa di Sant" Andrea** (Piazza Caduti), zu nennen, die nach einem Entwurf von Bernini erbaut wurde. Beim Bau der **Wallfahrtskirche Madonna dei Fiori** (Viale Madonna dei Fiori) wurden barocker und klassizistischer Stil miteinander kombiniert. Sie ist der hl. Maria geweiht, die hier 1336 erschienen sein soll. Die **Chiesa di Santa Chiara** (Via Craveri), bekrönt von einer prachtvollen Kuppel, hingegen ist ein Meisterwerk des Rokoko.

GRATIS **Museo Civico Artistico-Storico** MUSEUM
(Palazzo Traversa, Via Parpera 4; ⏰Di–Do 15–18, Sa & So 10–12 & 15–18 Uhr in jeder 2. Woche im Monat) Das Museum im Palazzo Traversa ist der

Stadtgeschichte gewidmet, die ja lange vor dem Startschuss für Slow Food 1986 begann. Zu den Ausstellungsstücken gehören Objekte aus römischer Zeit, Gemälde aus dem 18. Jh. und mittelalterliche Waffen.

Università di Scienze Gastronomiche UNIVERSITÄT
(Universität der Gastronomischen Wissenschaften; www.unisg.it; Piazza Vittorio Emanuele 9) Die Universität ist eine weitere Initiative von Carlo Petrini, dem Gründer der Slow-Food-Bewegung. Sie wurde 2004 im kleinen Ort Pollenzo (4 km südöstlich von Bra) in einem ehemaligen königlichen Palast eingerichtet und bietet eine dreijährige Ausbildung in Gastronomie und Food Management. Hier ist auch das berühmte **Ristorante da Guido** (☎0172 45 84 22; www.guidoristorante.it; Mahlzeiten 75 €; ⌚Di–Sa, Juli & Aug. geschl.), für das auch gelegentlich Leute aus dem Ausland anreisen, insbesondere wegen der Kalbfleischgerichte. Nebenan befinden sich der **Albergo Dell'Agenzia** (EZ 155 €, DZ 195–240 €) und der Weinkeller **Banca del Vino** (www.bancadelvino.it; Piazza Vittorio Emanuele II 13), eine Art Archiv italienischer Weine. Kostenlose Weinproben mit Erläuterungen sind nach Voranmeldung möglich.

Schlafen & Essen

LP TIPP **Albergo Cantine Ascheri** HOTEL €€
(☎0172 43 03 12; www.ascherihotel.it; Via Piumati 25; EZ/DZ 100/130 €; P❄@) Das Hotel wurde auf dem 1880 gegründeten Weingut der Familie Ascheri erbaut. Es ist supermodern, mit Holz, Stahldrahtgeflecht und Glas. Das Gebäude ist mit 27 sonnendurchfluteten Zimmern sowie einer Bibliothek im Zwischengeschoss ausgestattet. Außerdem gibt es eine von Wein umrankte Terrasse mit Blick über die Dächer. Von der Hotelhalle aus sind die Fässer im Keller zu sehen (für Gäste gibt es eine kostenlose Führung). Das Hotel befindet sich vom Bahnhof aus nur eine Straße weiter Richtung Süden.

Osteria del Boccondivino OSTERIA €€
(☎0172 42 56 74; www.boccondivinoslow.it; Via Mendicità Istruita 14; Mahlzeiten 26–28 €; ⌚Di–Sa) Das gemütliche kleine Lokal mit den hübschen Weinschränken befindet sich in einem Innenhof, der zur Hauptgeschäftsstelle von Slow Food gehört. Es war das erste Lokal, das von Slow Food in den 1980er-Jahren eröffnet wurde. Das Essen ist natürlich frisch und ausgezeichnet. Auf der täglich wechselnden Speisekarte stehen regionale Gerichte der Langhe.

Praktische Informationen

Touristeninformation (www.comune.bra.cn.it, auf Italienisch; Via Moffa di Lisio 14; ⌚März–Nov. Mo–Fr 9–13 & 15–18, Sa & So 9–12 Uhr) Informationsmaterial zu beiden Orten und der Umgebung.

An- & Weiterreise

Vom Bahnhof in Bra an der Piazza Roma fahren Züge über Carmagnola nach Turin (3,50 €, 1 Std.). Zwischen Pollenzo und Bra verkehren Busse (1 €, 15 Min., Mo-Sa vormittags).

ASTI

75 910 EW. / 123 M

Die 30 km voneinander entfernt liegenden Städte Asti und Alba waren im Mittelalter erbitterte Gegner. Sie traten resolut als unabhängige Mächte gegeneinander an, die von gegeneinander Fehde führenden Königsfamilien abhängig waren. Heute ist der Weinanbau der Bereich, der beide Städte eint, anstatt sie zu spalten. Asti, die deutlich größere Stadt, produziert den spritzigen weißen Asti Spumante aus der Muskateller-Traube, während in Alba Barolo und Barbaresco hergestellt werden.

Feste & Events

Palio d'Asti PFERDERENNEN
Das Rennen auf ungesattelten Pferden findet jedes Jahr am dritten Sonntag im September statt. Es erinnert an die siegreiche mittelalterliche Schlacht gegen Alba und zieht über eine Viertelmillion Besucher aus der Umgebung an. (Albas Reaktion darauf ist ein nicht allzu ernst gemeintes Eselsrennen am ersten Sonntag im Oktober.)

Douja d'Or ESSEN
Das zehntägige Weinfest (eine *douja* ist ein für Asti typischer Terrakottaweinkrug aus Terrakotta) Anfang September wird ergänzt durch das **Festival delle Sagre**, das am zweiten Sonntag im September stattfindet und bei dem das Essen im Mittelpunkt steht.

Sehenswertes & Aktivitäten

Das weitgehend verkehrsberuhigte Zentrum von Asti ist reizvoll, aber weniger beschaulich als in Alba.

GRATIS **Torre Troyana** WAHRZEICHEN
(Piazza Medici; ⌚April–Sept. 10–13 & 16–19 Uhr, Okt. Sa & So 10–13 & 15–18 Uhr) Während des späten 13. Jhs. wurde die Region zu einer

der reichsten Italiens. Allein in Asti wurden etwa 150 Geschlechtertürme errichtet. Davon sind zwölf übrig geblieben, und nur einer kann besichtigt werden. Der 38 m hohe Turm stammt aus dem 12. Jh. und wird wegen der Uhr, die 1420 hinzugefügt wurde, auch Torre dell'Orologio genannt.

Cattedrale Santa Maria Assunta KIRCHE
(Piazza Cattedrale) Der imposante Glockenturm der romanisch-gotischen Kathedrale aus dem 13. Jh. überragt das Altstadtzentrum von Asti. Ein Blick ins Innere lohnt sich wegen des farblich großartigen Innenraums.

GRATIS **Palazzo Mazzetti** MUSEUM
(www.palazzomazzetti.it, Corso Alfieri 357; ⌚Di–So 10.30–18.30 Uhr) Im Wohnsitz der Familie Mazzetti sind das Städtische Museum und ein Informationsbüro untergebracht. Im Erdgeschoss sind Artefakte aus römischer Zeit und ein Modell der Stadt ausgestellt und eine Etage höher italienische Gemälde aus dem 17. und 19. Jh.

Enoteca Boero di Boero Mario WEINPROBEN
(Piazza Astesano 17; ⌚tgl. 9–12 & 15–18 Uhr, Mo vormittags geschl.) Man krempelt die Ärmel hoch und stürzt sich auf die angenehmste Beschäftigung in Asti, die Weinproben. In der kleinen, bescheidenen Vinothek werden morgens und nachmittags Gläser mit Wein gefüllt. Die Besucher dürfen kostenlos probieren und von den kenntnisreichen Erläuterungen des Besitzers profitieren. Unbedingt den Barbera d'Asti und den spritzigen Moscato probieren.

Schlafen & Essen

Außerhalb des Stadtzentrums gibt es einige hübsche Übernachtungsmöglichkeiten in den nahen Weinbergen um Monferrato. Dazu auf S. 243 nachschauen oder im Tourismusbüro nach einem Verzeichnis der Unterkünfte fragen, die auch die *agriturismi* einschließen.

Frische Lebensmittel, Kleidung und Haushaltsartikel aller Art werden mittwochs und samstagmorgens auf dem Markt an der Piazza Alfieri und der Piazza Campo del Palio verkauft.

Hotel Palio HOTEL €€
(☎0141 3 43 71; www.hotelpalio.com; Via Cavour 106; EZ/DZ 85/115 €; P❄@📶) Das zweckmäßige Äußere des Hotels zwischen Bahnhof und Altstadt täuscht, denn innen sieht es exklusiver aus. Hier spiegelt sich das für Asti typische Nebeneinander von Alt und Neu wider. Die schicken, eleganten Zimmer haben Satelliten-TV und WLAN, und es gibt einen stimmungsvoll dekorierten Innenhof. Die Besitzer betreiben auch das Ristorante Falcon Vecchia, das 1607 eröffnet wurde und damit eines der ältesten der Stadt ist.

Osteria La Vecchia Carrozza OSTERIA €
(Via Caducci 41; Mahlzeiten 18–25 €; ⌚Di–So) Wenn man hier an den weiß gedeckten Tischen vor glänzend polierten Gläsern sitzt, kann es sein, dass man den Raum mit ein paar Nonnen teilt, die einen Geburtstag feiern. Es ist ein bodenständiges Lokal mit piemontesischer Atmosphäre. Dies ist eben Asti, und deshalb werden die Gerichte oft mit Trüffeln und Barolo zubereitet. Die *agnolotti di astigiana.* sind ausgezeichnet.

Pompa Magna INTERNATIONAL €€
(www.pompamagna.it; Via Aliberti 65; Mahlzeiten 20–30 €; ⌚Di–So; ❄) Das Lokal auf zwei Ebenen erinnert eher an eine Brasserie und ist ein guter Tipp für *bruschetta* zu einem ausgezeichneten Glas Wein. (Zum Pompa Magna gehört auch eine Vinothek am Corso Alfieri 332.) Aber es lohnt sich, Hunger mitzubringen für die Gerichte des Küchenchefs und vor allem für *bônnet*, ein spezielles Dessert (aufwendige Schokoladenspeise).

ℹ Praktische Informationen

Touristeninformation (www.astiturismo.it; Piazza Alfieri 29; ⌚9–13 & 14.30–18.30 Uhr) hat genauere Informationen über die zahlreichen Weinfeste im September.

ℹ An- & Weiterreise

Asti liegt an der Bahnstrecke Turin–Genua. Deshalb fahren stündlich Züge in beide Richtungen. Die Fahrt dauert 30 bis 55 Minuten nach/von Turin (3,90 €) und 1¾ Stunden nach/von Genua (6,50 €), mit Halt in Alba (2,70 €, 40 Min.).

DAS MONFERRATO-GEBIET

Rund um Asti breiten sich Weinberge aus, in denen verstreut Burgen und berühmte Restaurants liegen. Viele Dörfer sind von Asti aus mit dem Bus zu erreichen; Fahrpläne gibt es in der Touristeninformation.

Dies ist die Heimat literarischer Größen (der Wissenschaftler und Schriftsteller Umberto Eco und Vittorio Alfieri, ein Dramatiker des 18 Jhs., lassen grüßen) und eines weiteren klassischen Weins (des intensiven Barbera del Monferrato). Das Monferrato umfasst das Dreieck zwischen Asti, Alessandria und der historischen Hauptstadt **Casale Monferrato** (38 500 Ew.).

Sehenswertes

Das Dörfchen **Moncalvo** (Ew. 3320) liegt 15 km nördlich von Asti an der S457. Oberhalb der **Burg** eröffnet sich den Besuchern ein wunderbarer Rundblick. Die Burg ist gut für schöne Fotos geeignet. Dort gibt es auch ein **Informationsbüro** (Piazza Antico Castello; Sa & So, unterschiedl. Zeiten) und die Möglichkeit zu einer Weinprobe.

Viele Erzeuger bieten Führungen in ihren Weinkellern an. Das **Consorzio Operatori Turistici Asti e Monferrato** (www.terredasti.it; Piazza Alfieri 29) hat eine Liste der Führungen und gibt Tipps zur Anfahrt.

Schlafen & Essen

Tenuta del Barone AGRITURISMO €
(0141 91 01 61; www.tenutadelbarone.com; Via Barone 18, Penango; EZ 45–50 €, DZ 70–75 €; P) Der Bauernhof in Familienbesitz, dessen Ursprünge bis 1550 zurückreichen, wurde in ein fröhliches B&B verwandelt. Die Gäste schlafen in den umgebauten, ehemaligen Ställen und bekommen jede Menge selbst gemachter Gerichte zu essen (Abendessen inkl. Wein 25 €). Es werden häufig Kochkurse mit mittelalterlichem Schwerpunkt und Weinproben angeboten. Penango liegt 2 km von Moncalvo entfernt und ist am Südende des Dorfes ausgeschildert.

Tenuta Castello di Razzano BOUTIQUEHOTEL €€
(0141 92 21 24; www.castellodirazzano.it; Frazione Casarello 2, Alfiano Natta; DZ/Suite 130/220 €; P@) Die weitläufige Burganlage kann man während einer Führung durch die Kellerei und einer gemütlichen Weinprobe kennenlernen (ab 6 € für fünf Weine und Snacks). Aber um die Atmosphäre so richtig erleben zu können, muss man dort schon in einem der Zimmer (so groß wie ein kleines Apartment) übernachten, durch die Gänge spazieren und es sich im Lesezimmer zwischen den Bücherregalen gemütlich machen. Das neue **Museo Artevino Razzano** (Eintritt 10 €) bezeichnet sich selbst als Kunst- und Weinmuseum. Die Besichtigung ist nur nach Voranmeldung möglich. Alfiano Natta liegt 6 km westlich von Moncalvo.

Locanda del Sant'Uffizio LUXUSHOTEL €€€
(0141 91 62 92; Strada Sant'Uffizio 1, Cioccaro di Penango; EZ 130–180 €, DZ 180–250 €; P@) Das herrliche, restaurierte Klostergebäude aus dem 17. Jh. (mit elegantem Wellnessbereich) liegt inmitten von 4 ha Weinbergen. In manchen Zimmern sind noch Originalfresken vorhanden, und viele Zimmer sind in den Farben der Blumen gehalten, nach denen sie benannt sind. Gäste können kostenlos Räder mieten und werden auf Wunsch von Asti abgeholt. Zum Sant' Uffizio gehört ein kleines, schickes **Restaurant** (Mittag-/Abendessen 23/55 €), das auch für Nicht-Hotelgäste geöffnet ist. Eine Tischreservierung ist allerdings erforderlich. Das Hotel liegt 3,3 km südlich von Moncalvo.

Varallo & das Valsesia

66 km nordwestlich von Vercelli im Norden Piemonts bewahrt der Ort **Varallo** den bemerkenswerten **Sacro Monte di Varallo** (www.sacromontedivarallo.it; Eintritt frei; 7.30–18.30 Uhr). Es ist der älteste der neun Sacri Monti (Heiligen Berge) in Italien, die zusammen seit 2003 von der Unesco als Weltkulturerbe klassifiziert sind. Der Komplex besteht aus 45 außergewöhnlichen Kapellen mit 800 religiösen Statuen, die das Leiden Christi nacherzählen. Er liegt hoch über Varallo auf einem Felsen an den Hängen des Monte Tre Croci. Ein Franziskanermönch hatte 1491 die Idee, Jerusalem nachzubauen und für die einheimischen Gläubigen eine Ersatzpilgerstätte zu schaffen. Die Kapellen, in deren Zentrum eine 1614 geweihte Basilika steht, stellen nacheinander die Stationen im Leben Christi dar, mit Hilfe von Fresken und lebensgroßen Terrakotta-Statuen. Gelegentlich sind die Szenen geradezu makaber. Der Heilige Berg ist zu Fuß über einen gewundenen Pfad von der Piazza Ferrari in Varallo aus zu erreichen.

Hinter Varallo ist der Verlauf der Sesia bis zum Fuß des Monte-Rosa-Massivs im Norden zunehmend spektakulär. Hier steigen die Berge der Alpen steil nach oben und bieten viele Möglichkeiten zum Wandern, Radfahren und Wildwasser-Rafting. Das letzte Dorf im Sesiatal **Alagna Valsesia** ist eine alte Walsersiedlung, die sich zu einem Skiort entwickelt hat und zum **Skigebiet Monterosa** (www.monterosa-ski.com) gehört. Der Ort ist besonders bekannt für Routen abseits präparierter Pisten. Eine Seilbahn fährt hinauf zur Punta Indren (3260 m) und geübte Wanderer/Kletterer können von dort aufbrechen zur höchsten Hütte Europas, der **Capanna Regina Margherita** (0163 9 10 39; B 80 €), die in beeindruckenden 4554 m Höhe auf dem Gipfel „Punta Gnifetti" an der schweizerisch-italienischen Grenze liegt. Zum Aufstieg gehört auch die

Überquerung eines Gletschers. Wer damit überhaupt keine Erfahrung hat, kann über **Corpo Guide Alagna** (www.guidealagna.com; Piazza Grober 1, Alagna Valsesia) einen Bergführer mieten. Dies kostet je nach Größe der Gruppe 100 bis 383 € für eine zweitägige Tour (Juni bis Sept.).

AOSTATAL

127 866 EW.

Während die Dolomiten erkennbar deutsche Tendenzen zeigen, ist das Aostatal von Frankreich beeinflusst. Das Ergebnis ist eine eigenartige Kreuzung von Kulturen, die als valdostanisch bezeichnet wird. Dies ist eine historisch gewachsene Mischung aus Französisch-Provenzalisch und Norditalienisch, die sich zum einen in der Esskultur (Polenta, gut gewürzte Wurstprodukte und der berühmte *Fontina*-Käse) widerspiegelt und zum anderen als exotische regionale Sprache weiter fortbesteht. Franko-Provenzalisch oder Valdostanisch ist ein Dialekt, der immer noch von etwa 55 % der Bevölkerung gesprochen wird.

Das Aostatal ist ein großes, von Ost nach West verlaufendes Gletschertal, von dem mehrere kleinere Seitentäler abgehen. Einige der höchsten Berge Europas – Montblanc (4807 m), Matterhorn (4478), Monte Rosa (4633 m) und Gran Paradiso (4061 m) – überragen das politisch halbautonome Tal. Deshalb ist es auch nicht erstaunlich, dass hier hervorragende Skigebiete liegen. Skifahrer können entweder über schwindelnd hohe Gletscher haarsträubende Abfahrten Richtung Frankreich oder Schweiz wählen oder die Gletscher in ebenso spektakulären Seilbahnen überqueren.

Wenn der Schnee schmilzt, sind die Wandermöglichkeiten fast noch schöner. Wer will, kann in die 165 km lange Tour du Mont Blanc einsteigen, den Nationalpark Gran Paradiso erkunden oder auf den beiden Höhenwegen (Blaues Band) Alta Via 1 und 2 wandern.

Die historischen Wurzeln der Region sind römisch, wie einige bedeutende Ruinen in der Stadt Aosta belegen. Später, im 11. und 13. Jh., als das Aostatal unter die Herrschaft der Savoyer geriet, wurden zahlreiche Burgen gebaut. Im 12. und 13. Jh. kamen deutschsprechende Walser aus der Schweiz in das Val di Gressoney. Einige Dörfer haben deren Dialekt und die traditionelle Bauweise bewahrt.

Aosta

35 078 EW. / 565 M

Zerklüftete Alpengipfel erheben sich wie marmorverkleidete Kathedralen über der Stadt Aosta. Die einst bedeutende Römersiedlung hat sich seit Eröffnung des Mont-Blanc-Tunnels in den 1960er-Jahren ziemlich unstrukturiert über das Tal ausgebreitet. Im Mittelalter war sie Spielball zwischen Burgund (Frankreich) und Savoyen (Italien). So ist die Stadt zweisprachig geblieben mit einer Kultur, die sich als valdostanisch versteht, was sich heute vor allem auf den Singsang des einheimischen Dialekts und die einfache, herzhafte Küche bezieht.

Sehenswertes

Chiesa di Sant'Orso KIRCHE

(Via Sant'Orso; 9–19 Uhr) Die interessanteste Kirche in Aosta gehört zu einem heute noch genutzten Kloster. Sie wurde im 10. Jh. errichtet, jedoch mehrfach umgebaut, v. a. im 15. Jh., als Giorgio di Challant, ein Mitglied der herrschenden Adelsfamilie, die Originalfresken übermalen und ein neues, niedrigeres Dach einbauen ließ. Immerhin war damit nicht alles verloren. Der obere Teil der Fresken über der neuen Dachhöhe blieb erhalten. Besucher können den Küster bitten, die Tür aufzuschließen, sodass sie über eine enge Holztreppe in den Zwischenraum über dem Dach aus dem 15. Jh. hinaufsteigen und die gut erhaltenen, verbliebenen Fresken anschauen können.

Der Innenraum und das aufwendig geschnitzte Chorgestühl sind gotisch, doch bei Ausgrabungen wurden noch Reste eines älteren Kirchenbaus freigelegt. Unter dem Altar befindet sich ein mit einer Glasplatte geschütztes Mosaik aus dem 12. Jh., das erst 1999 bei Wartungsarbeiten an der Heizung entdeckt wurde. Rechts neben der Kirche befindet sich der wunderschöne romanische Kreuzgang des Klosters.

GRATIS **Römische Ruinen** ARCHÄOLOGISCHE STÄTTE

Im 2000 Jahre alten Zentrum von Aosta gibt es jede Menge römische Ruinen. In der Mitte des imposanten Triumphbogens **Arco di Augusto** (Piazza Arco di Augusto) wurde schon im Mittelalter ein Kruzifix befestigt. Von dort führt der Weg Richtung Osten über die Brücke des Buthier zur kopfsteingepflasterten **römischen Brücke**, die seit dem 1. Jh. n. Chr. genutzt wird. Hier verlief früher das Flussbett. 300 m nach Westen die Via

Sant'Anselmo entlang steht die **Porta Praetoria**, das Haupttor der Römerstadt.

Geht man Richtung Norden die Via di Bailliage und dann einen Trampelpfad entlang, kommt man zum **Römischen Theater** (Via Porta Praetoria; ⏲Sept.–Juni 9–19 Uhr, Juli & Aug. bis 20 Uhr) von Aosta. Ein Teil der 22 m hohen Fassade ist weiterhin intakt. Im Sommer finden im unteren, besser erhaltenen Teil Aufführungen statt. Etwas nördlich markiert der düstere **Torre dei Balivi**, einst ein Gefängnis, eine Ecke der alten römischen Stadtmauer. Von hier aus blickt man hinunter auf den kleineren **Torre dei Fromage** (⏲ unterschiedl., je nach Ausstellung), dessen Name nicht etwa Käse bedeutet, sondern auf eine einheimische Familie zurückgeht. Er ist nur zeitweilig für Ausstellungen geöffnet. Ein entsprechendes Programm ist in der Touristeninformation erhältlich. Der sogenannte **Criptoportico**, ein unterirdischer Säulengang, ist alles, was vom **Römischen Forum**, das sich ein paar Straßen weiter westlich unter der Piazza Giovanni XXIII befand, erhalten geblieben ist.

Cattedrale Santa Maria Assunta KIRCHE

(Piazza Giovanni XXIII; ⏲6.30–12 & 15–19 Uhr) Hinter der klassizistischen Fassade der **Kathedrale** in Aosta verbirgt sich ein be-

Valle d'Aosta (Aostatal)

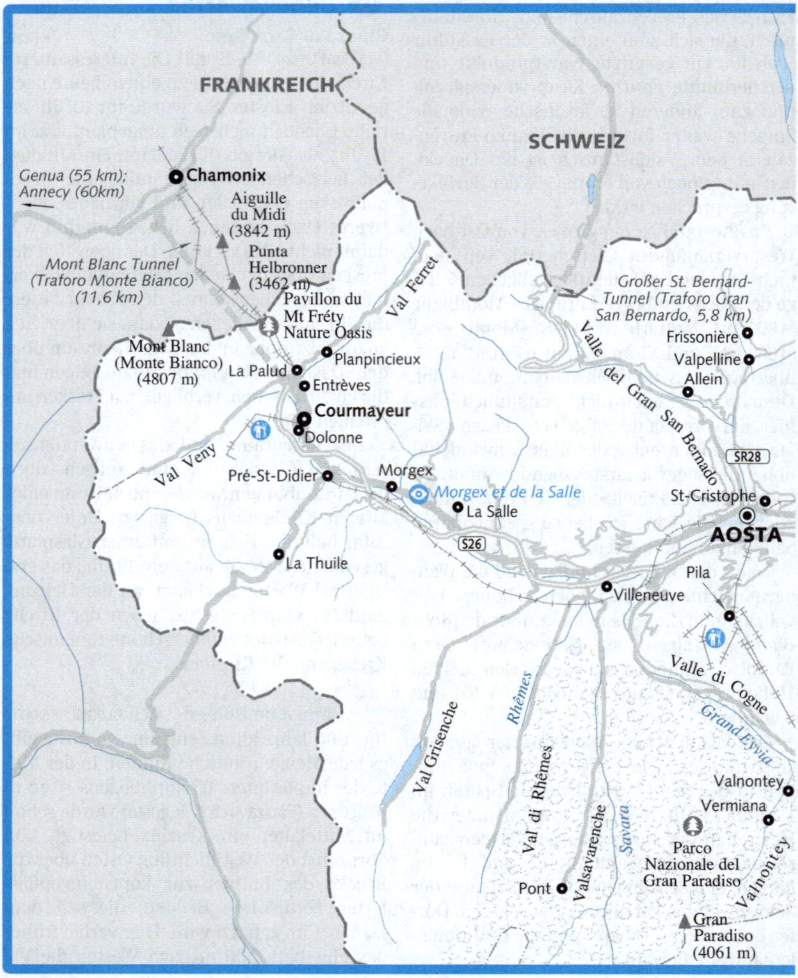

eindruckender gotischer Innenraum. Besonders schön ist das geschnitzte Chorgestühl aus Walnussholz aus dem 15. Jh. Auch die beiden Bodenmosaiken aus dem 12. und 13. Jh. sind sehenswert, ebenso wie die sorgfältig gehüteten, religiösen Kunstschätze im **Museo del Tesoro** (Schatzkammer; Eintritt 2,10 €; ⌚Mo–Sa 9–11.30 & 15–17.30, So 8.30–10 & 10.45–11.30 Uhr).

Aktivitäten

Skifahren

Das nächstgelegene Skigebiet befindet sich in **Pila** (www.pila.it; Skipass ½/1 Tag 25/34 €; ⌚Mitte Dez.–Mitte April), das von Aosta mit der Seilbahn zu erreichen ist oder mit dem Auto über eine 18 km lange kurvenreiche Straße Richtung Süden. Mit 70 km Piste und 13 Liften gehört das Skigebiet Pila zu den größten im Aostatal. Der höchstgelegene Hang mit Blick auf den Gran Paradiso liegt auf 2700 m und bietet einen Snowpark mit Halfpipe und Freestyle-Bereich (Schanzen, Buckel usw.) für Snowboarder und Freestyle-Skifahrer. Die Bergstation ist ein Dörfchen für sich, aber Dienstleistungen, z. B. Touristeninformation, Polizei und medizinische Versorgung, gibt es nur in Aosta. Informationen zu den Skipässen sind im Kasten S. 249 zu finden.

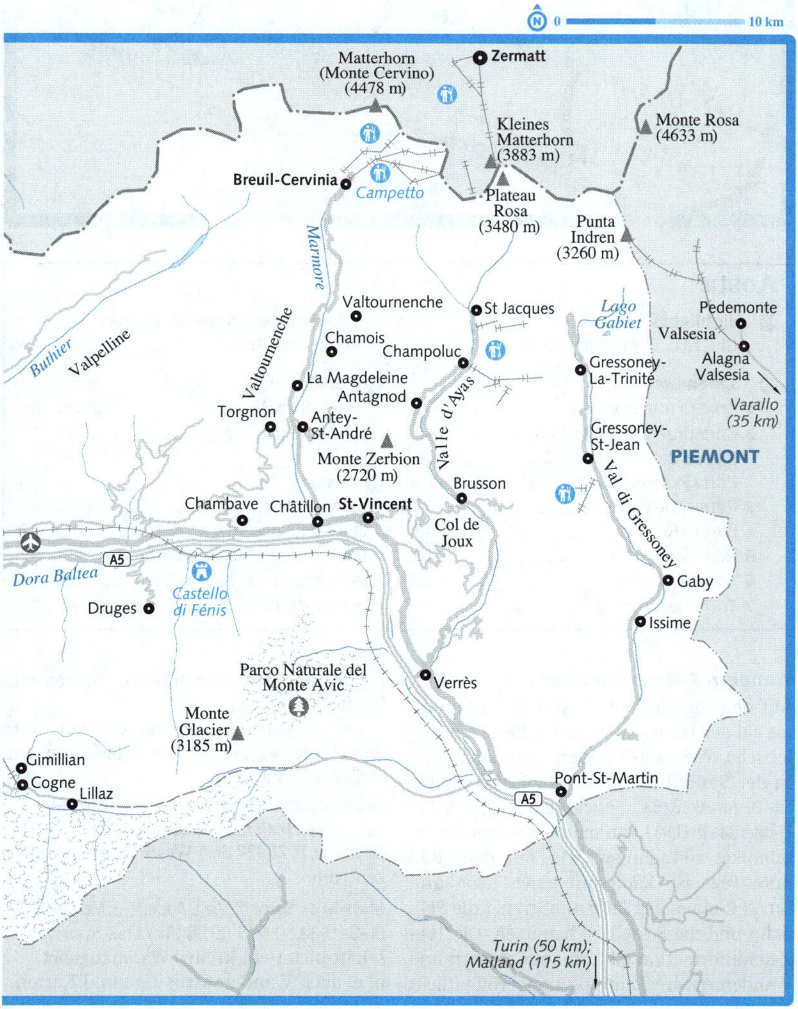

Aosta

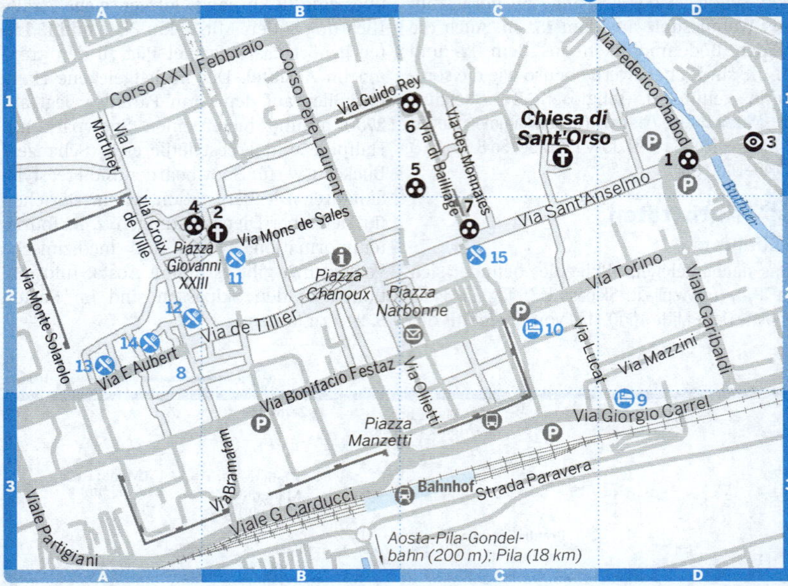

Aosta

Highlights

Chiesa di Sant'Orso C1

Sehenswertes

1 Arco di Augusto D1
2 Cattedrale Santa Maria Assunta B2
Museo del Tesoro .... (siehe 2)
Porta Praetoria .... (siehe 15)
3 Römische Brücke D1
4 Forum Romanum A2
5 Romisches Theater C1
6 Torre dei Balivi C1
7 Torre dei Fromage C2

Aktivitäten, Kurse & Touren

8 Meinardi Sport A2

Schlafen

9 Hotel Le Pageot D3
10 Hotel Turin C2

Essen

11 Ad Forum B2
12 Osteria del Calvino A2
13 Ristorante-Pizzeria Ulisse A2
14 Trattoria degli Artisti A2
15 Vecchia Aosta C2

Wandern & Mountainbiken

Auf den Bergausläufern von Pila hinunter ins Tal der Dora Baltea finden Besucher malerische Wege zum Wandern und Radfahren. In der **Seilbahn Aosta–Pila** (einfache Fahrt/hin & zurück 3/5 €; ⌚Juni–Aug. 8–12.15 & 14–17 oder 14–18 Uhr) kann man kostenlos Mountainbikes mitnehmen. Wer mit dem Rad unterwegs ist, kann mit einer Tageskarte für 13 € einen Tag lang unbegrenzt die Seilbahn und die Sessellifte benutzen. Die Touristeninformation gibt Mountainbikern und Wanderern Streckentipps und veröffentlicht auch Listen mit Alpenführern, Hütten und Bergunterkünften.

Die folgenden empfehlenswerten Wandervereine organisieren Wanderungen und stellen Führer:

Club Alpino Italiano (CAI; www.caivda.it; auf Italienisch; Corso Battaglione Aosta 81; ⌚D 18.30–20, Fr 20–22 Uhr) Westlich des Stadtzentrums.

Meinardi Sport (Via E Aubert; ⌚Mo 15–19.30, Di–Sa 9–12.30 & 15–19.30 Uhr) Das Sportgeschäft bietet ein breites Warenangebot, u. a. auch Wanderausrüstung und Karten.

Wein- & Käseverkostung

Morgex et de La Salle WEINPROBEN
(www.caveduvinblanc.com; Chemin des Iles 31, La Ruine) Im Aostatal werden einige begehrte Weine hergestellt, die außerhalb der Region kaum zu bekommen sind. Einer davon ist dieser Wein vom höchsten Weinberg Europas, der zu den beiden namensgebenden Dörfern gehört. In der Touristeninformation von Aosta ist ein kostenloses, ausführliches Informationsheft zu den Winzern erhältlich, die Führungen und Proben anbieten. Man erreicht das Weingebiet 25 km westlich von Aosta, über die A5 kommend, die auf die SS26 abbiegt.

GRATIS **Valpelline, Besucherzentrum** KÄSEVERKOSTUNG
(www.fontinacoop.it; Frissonière; Mo–Fr 8.30–12.30 & 14.30–18.30, Sa & So 9–12 & 15–18 Uhr) In einem Land, in dem Käse zu Streitigkeiten und Debatten und womöglich zu echten Attacken führen kann, ist es wichtig, über die regionale Käseproduktion Bescheid zu wissen, bevor man eine Meinung äußert, z. B. zum *fontina*. Diese typische Käsesorte wird aus roher Vollmilch von Kühen gewonnen, die auf den Weiden in bis zu 2700 m Höhe gegrast haben. Er muss danach drei Monate in unterirdischen Felsgrotten reifen. In der Mischung aus Museum und Besucherzentrum gibt es einiges über Geschichte, Gebiet und Herstellungsweise des *fontina* und anderer regionaler Käsesorten zu erfahren. Erreichbar ist das Infozentrum nur mit dem Auto. Zunächst geht es 7 km auf der SR28 nach Norden, dann nach Osten Richtung Ollomont und nach 1,5 km in westlicher Richtung auf einer Bergstraße nach Frissonière.

Feste & Events

Fiera di Sant'Orso HOLZSCHNITZEREI
Seit über 1000 Jahren veranstalten die Bewohner von Aosta die Fiera di Sant'Orso, den alljährlichen Winter-Holzmarkt. Er findet am 30. und 31. Januar rund um die Porta Praetoria zu Ehren des Schutzheiligen von Aosta statt, der für die Armen Holzschuhe angefertigt hatte (deshalb sieht man in vielen Handwerksbetrieben der Stadt auch hölzerne Schuhe). Holzschnitzer aus dem ganzen Tal präsentieren ihre Arbeit und bringen dem Heiligen in der Chiesa di Sant'Orso eine Opfergabe dar.

Schlafen

Abgesehen vom hervorragenden (allerdings teuren) Hotel Milleluci gibt es nicht so viel Grund, von der Hotellandschaft des Aosta-

SKIFAHREN IM AOSTATAL

Das Aostatal bietet Zugang zu drei der bekanntesten Skigebiete Europas, Courmayeur, Breuil Cervinia und Monte Rosa, sowie zu zahlreichen kleineren Skiorten.

Beherrschender Eindruck in **Courmayeur** (www.courmayeur.com) ist der herrliche Panoramablick auf den Mont Blanc. Hier beginnen bekannte Skirouten wie die Vallée Blanche. Unten in dem hübschen Alpendorf geht es nach dem Skifahren entspannt und locker zu. **Breuil-Cervinia** (www.cervinia.it) an der Südflanke des Matterhorns liegt höher, deshalb sind dort in der Nachsaison die Schneeverhältnisse verlässlicher. Es gibt gute, mittelschwere Strecken und Angebote für Kinder, aber der Ort ist hässlich und teilweise etwas schäbig. Positiv ist allerdings, dass man auf Skiern nach Zermatt in der Schweiz gelangen kann.

Die drei Täler im Osten bilden zusammen das **Skigebiet Monterosa** (www.monterosa-ski.com). Campoluc ist Hauptort im Val d'Ayas, das hübsche Gressoney im Val di Gressoney, und Alagna Valsesia ist Mittelpunkt des Valsesia. In diesen Tälern geht es touristisch gesehen ruhiger zu, und es gibt noch einige stille Walserdörfer. Skifahren allerdings ist eine aufregende Sache hier, mit vielen Routen abseits präparierter Pisten und Möglichkeiten zum Helikopter-Skiing, besonders im Valsesia.

Zu den besten kleinen Skigebieten gehört **Pila** (www.pila.it), das leicht mit der Seilbahn von Aosta aus zu erreichen ist. Das ursprüngliche **Valle di Cogne** dagegen im Nationalpark Gran Paradiso ist eine idyllische Gegend, die sich gut zum Langlauf in relativer Einsamkeit eignet.

Ein Skipass für das gesamte Aostatal kostet 111/241 € für drei/sieben Tage. Nimmt man den fürZermatt noch hinzu, kostet das Ganze 171/285 €. Aktuelle Preise und Ausweisvarianten sind unter www.skivallee.it zu finden.

tals zu schwärmen. Aber wer wandern und Ski fahren will, verbringt vermutlich ohnehin nicht viel Zeit im Hotelzimmer.

LP TIPP **Hotel Milleluci** LUXUSHOTEL €€€
(☎0165 4 42 74; www.hotelmilleluci.com; Loc Porossan 15; EZ 110–130 €, DZ 130–240 €; P❄@≋) Alte Holzskier, traditionelle geschnitzte Holzschuhe, Badewannen mit Löwenfuß, Innen- und Außenpool, Whirlpool, Sauna, Fitnessraum und ein üppiges Frühstück für die Skifahrer. All diese Dinge machen das große familiengeführte Hotel in einem umgebauten Bauernhof eher zu einem Palast. Es liegt auf einem Hügel über der Stadt. Die Zimmer mit Balkon ermöglichen einen Blick auf die funkelnden „tausend Lichter" (*mille luci*) von Aosta.

Hotel Turin HOTEL €
(☎0165 4 45 93; www.hotelturin.it; Via Torino 14; EZ/DZ 52/84 €; P@) Der moderne Kasten aus Glas und Stahl ist praktisch gelegen, vom Bahnhof aus zu Fuß leicht zu erreichen, und auch mit Skiern oder Snowboard hat man es nicht weit zur Seilbahn.

Hotel Le Pageot HOTEL €€
(☎0165 3 24 33; www.lepageot.info; Via Carrel 31; EZ 55–65 €, DZ 90–100 €; P📶) Das schlichte, saubere, familiengeführte Le Pageot direkt neben einer Bushaltestelle wird Wanderern und Skifahrern unter den Urlaubern zusagen, die preisgünstig wohnen wollen, auch wenn Architektur und Innenausstattung nicht bemerkenswert sind.

Essen

Zu den traditionellen Gerichten gehören *seupa valpellinentze* (ein Eintopf aus Kohl, Brot, Rinderbrühe und *fontina*) und *carbonada con polenta* (Suppe, die traditionell mit Gämsenfleisch, heute meist mit Rindfleisch zubereitet wird). Im Sommer gibt es an der Piazza Chanoux viele Cafés mit Sitzplätzen im Freien.

LP TIPP **Trattoria degli Artisti** TRATTORIA €€
(Via Maillet 5-7; Mahlzeiten 18–28 €; ⏲Di–Sa) In der schummerigen, gemütlichen kleinen Trattoria in einer Seitengasse an der Via E Aubert werden ausgezeichnete valdostanische Gerichte serviert. Dies sind z. B. Vorspeisen, wie Blätterteig gefüllt mit Käse, regionaltypischer Schinken oder Salami und als Hauptgericht Reh mit Polenta oder Rindfleisch geschmort in Weißwein (Morgex et de La Salle).

Ad Forum MODERN ITALIENISCH €€
(☎0165 4 00 11; Via Mons de Sales 11; Mahlzeiten 22–30 €; ⏲Di–So; ❄) Ein weiteres hervorragendes Restaurant mit gepflegtem Garten und ansprechenden Innenräumen. Es befindet sich in einem Gebäude, das auf den Resten des römischen Forums steht. Hier wird kreativ gekocht, auf der Karte stehen Risotto mit Erdbeeren und Spumante oder *lasagnetta* mit Birnen und Blauschimmelkäse. Die Portionen sind großzügig, und dazu gibt es einen Aperitif auf Kosten des Hauses, um die Wartezeit zu verkürzen. Angeschlossen ist eine *enoteca* mit einer erstklassigen Auswahl an Weinen.

Ristorante Pizzeria Ulisse PIZZERIA €
(Via E Aubert 58; Mahlzeiten 15–18 €; ⏲Mo–So Mittagessen, Do–Mo Abendessen) Das Ulisse ist die Art Lokal, in dem der Küchenchef selbst das Essen bringt und wo die perfekt zubereitete Pizza Margherita für 5 € tatsächlich auch perfekt schmeckt.

Vecchia Aosta TRADITIONELL ITALIENISCH €€
(☎0165 36 11 86; Piazza Porte Pretoriane 4; Menüs 30–35 €; ⏲Mittagessen Di–So, Abendessen Di–Sa; ❄) Vielleicht liegt es an der Nähe zu Frankreich, auf jeden Fall schneidet das Vecchia Aosta immer gut ab, wenn es um kreative Kochkunst geht. Es ist in einem Haus auf einem Teil der alten römischen Mauer untergebracht. Das ganze Drumherum ist wunderbar, und die Kellner kennen sich bestens aus. Es lohnt sich, auf ihren Rat zu hören und Lamm zu essen, ein echtes Urlaubshighlight.

Osteria del Calvino PIZZERIA €
(Via Croix de Ville 24; Mahlzeiten 18–25 €; ⏲Di–So) Das brandneue Weinlokal, Restaurant plus Pizzeria auf drei Etagen hält, was es verspricht, dank des freundlichen Service und des einfachen, guten Essens.

Shoppen

Viele Geschäfte in der Stadt verkaufen traditionelles Kunsthandwerk aus dem Aostatal, meist Geschnitztes, etwa Holzschuhe oder auch Keramik und Figuren aus Speckstein. Eine lokale Besonderheit ist die *grolla*, ein großes, hölzernes Trinkgefäß. Der Name ist vom Wort für „Gral" abgeleitet; gemeint ist der Heilige Gral, der angeblich einmal durch das Dorf kam und von den Handwerkern des Orts kopiert wurde.

Eine Tradition des Tals beinhaltet die *coppa dell'amicizia*, den Kelch der Freundschaft – Kaffee mit Zitronenschale und Grappa werden in ein Holzgefäß geschüttet und angezündet. Der Deckel des „Kelches" besitzt zwei bis 15 Mundstücke, aus denen die versammelten Freunde abwechselnd trinken. Da die *grolla* einen neuen Gag für Partys liefert, ist sie ein beliebtes Souvenir.

Praktische Informationen

An der Piazza Chanoux und in der Nähe davon gibt es mehrere Banken.

Farmacia Centrale (☎0165 26 22 05; Piazza Chanoux 35) Apotheke.

Krankenhaus (☎0165 30 41; Viale Ginevra 3)

Multimedi@Service (XXVI Febbraio 15; 15 Min. 1 €; ⌚9–20 Uhr) Internetzugang.

Polizei (☎0165 26 21 69; Corso Battaglione Aosta 169) Westlich des Stadtzentrums.

Post (Piazza Narbonne; ⌚Mo–Fr 8.15–18, Sa bis 13 Uhr)

Touristeninformation Aosta (www.regione.vda.it/turismo; Piazza Chanoux 2; ⌚9–18.30 Uhr) Informationen über die gesamte Region, auch Unterkunftsverzeichnisse.

An- & Weiterreise

Busse von **Savda** (www.savda.it) fahren nach Mailand (1½–3½ Std., 2-mal tgl.), Turin (2 Std., bis zu 10-mal tgl.) und Courmayeur (3,20 €, 1 Std., bis zu 8-mal tgl.), außerdem nach Frankreich (u. a. nach Chamonix). Die Busse fahren am **Busbahnhof** (Via Giorgio Carrel) ab, gleich gegenüber vom eigentlichen Bahnhof. Nach Breuil-Cervinia nehmen Fahrgäste zunächst einen Bus Richtung Turin bis Châtillon (30 Min., 8-mal tgl.) und von dort aus einen Anschlussbus (1 Std., 7-mal tgl.) bis zum Ziel.

Aostas Bahnhof an der Piazza Manzetti wird von Zügen aus vielen Teilen Italiens angefahren, sie kommen alle über Turin (7,55 €, 2–2½ Std., mehr als 10-mal tgl.).

Aosta selbst liegt an der A5, die Turin über den Mont-Blanc-Tunnel mit Frankreich verbindet. Eine weitere Ausfallstraße im Norden der Stadt führt zum Großen-Sankt-Bernhard-Tunnel und von dort weiter in die Schweiz.

Courmayeur

2923 EW. / 1224 M

Courmayeur liegt kurz vor der Grenze und ist über eine spektakuläre Seilbahn mit dem französischen Chamonix verbunden. Das Dorf bietet ein breites Angebot an Freizeitmöglichkeiten, und auf dem alten römischen Kern wurde ein exklusives Skizentrum errichtet. Eingeschränkt wird das Ganze nur durch den hoch aufragenden Mont-Blanc, den höchsten Berg Europas. 4807 m Felsen und Eis erheben sich wie eine undurchdringliche Wand über das enge Tal im Nordwesten Italiens, ein wahrhaft Ehrfurcht gebietender Anblick.

Im Winter erinnert Courmayeur an eine Modenschau für Skifahrer, die unterwegs sind zu den Hängen oberhalb des Ortes, wo auch am Ende des Winters noch viel Schnee liegt. Im Sommer wirkt alles ganz anders. Die Società delle Guide Alpine di Courmayeur (Bergführerverband) hat hier ihren Sitz, und die Stadt ist wichtiger Zwischenstopp für drei berühmte Fernwanderrouten: Tour du Mont Blanc (TMB), Alta Via 1 und Alta Via 2.

Sehenswertes

LP TIPP **Funivie Monte Bianco** SEILBAHN (www.montebianco.com; hin & zurück 38 €; ⌚8.30–12.40 & 14–16.30 Uhr) Hier kann man nur ehrfürchtig staunen, und alle Sinne sind gefragt. Die Seilbahn auf den Mont Blanc ist vielleicht nicht die höchste der Welt, aber sicher die spektakulärste. Der Ehrgeiz der Menschen, die dieses grandiose Wunderwerk der Technik auf den höchsten Berg Europas geplant haben, ist beeindruckend. Sie führt auf Dreiviertelhöhe des Mont Blanc und weiter über mehrere Gletscher nach Frankreich. Alle 20 Minuten fährt eine Bahn in beide Richtungen vom Dorf **La Palud** aus, das in 15 Minuten vom Hauptplatz in Courmayeur mit einem kostenlosen Pendelbus zu erreichen ist.

Erster Halt ist auf der 2173 m hoch gelegenen Mittelstation **Pavillon du Mt Fréty** (hin & zurück 16 €), mit einem Restaurant. Hier befindet sich auch das Naturschutzgebiet von Mont Frèty. Der Gebirgskamm ganz oben ist die **Punta Helbronner** (3642 m). Hier sind warme Kleidung und eine Sonnenbrille gegen den stark blendenden Schnee unerlässlich. Besser fährt man bereits frühmorgens, denn am frühen Nachmittag werden die Wetterbedingungen oft schwierig. Auf der Punta Helbronner gibt es ein kleines, kostenloses **Museum** mit einer Sammlung von Bergkristallen.

Von der Punta Helbronner bringt eine weitere Seilbahn (von Ende Mai–Ende Sept., je nach Wetterbedingungen) die Touristen in einer atemberaubenden, 5 km langen Fahrt über die Grenze nach Frankreich auf die **Aiguille du Midi** (3842 m), und von dort geht es mit der zweithöchsten Seilbahn Europas hinunter nach Chamonix. Die Fahrt von Courmayeur bis Chamonix kostet insgesamt 50 €, einschließlich einer Rückfahrt, die mit dem Bus gemacht wird und die durch den Mont-Blanc-Tunnel geht. Das Ganze ist jeden Cent wert.

Naturschutzgebiet

Mont Fréty NATURSCHUTZGEBIET
Das 1200 ha große Naturschutzgebiet liegt zwischen zwei Gletschern und ist von der Mittelstation der Mont-Blanc-Seilbahn, Pavillon du Mt Fréty, aus zugänglich. Im Sommer kann man durch den blühenden Alpengarten **Giardino Botanico Alpino Saussurea** (Eintritt 2 €; Juli–Sept. 9.30–18 Uhr) spazieren (im Winter unter einer Schneedecke) oder einen der vielen anderen Pfade wählen, u. a. auch den **Sentiero Francesco e Giuditta Gatti**, wo durchaus die Chance besteht, Steinböcke, Murmeltiere oder Hirsche zu sehen.

Museo Alpino Duca degli Abruzzi MUSEUM
(Piazza Henry 2; Eintritt 3 €; Do–Di 9–12 & 15.30–18.30, Mi 15.30–18.30 Uhr) Das kleine, aber recht interessante Museum ist der dramatischen Geschichte der Bergführer in Courmayeur gewidmet und veranschaulicht die enormen Leistungen der Bergsteiger früherer Zeiten.

Aktivitäten

Courmayeur ist ein Eldorado für Aktivitäten in der freien Natur. Die wenigsten wollen hier nur faulenzen.

Società delle Guide Alpine di Courmayeur GEFÜHRTE TOUREN
(www.guidecourmayeur.com; Strada del Villair) Der älteste Bergführerverband Italiens wurde bereits im Jahr 1859 gegründet. Im Winter begleiten die Führer Abenteuerlustige auf Routen abseits präparierter Pisten, hinab über vereiste Wasserfälle und zum Helikopter-Skiing. Im Sommer gehören Felsklettern, Canyoning, Kanu- und Kajakfahren sowie Wandern zu den vielen angebotenen Aktivitäten.

Terme di Pré-Saint-Didier THERMALBAD
(0165 86 72 72; www.termedipre.it; Allée des Thermes; Eintritt 42–48 €; So–Do 9.30–21, Fr & Sa 8.30–23 Uhr) Das Thermalwasser in Pré-Saint-Didier sprudelt mit einer Temperatur von bis zu 36 °C aus den Tiefen der Felsen, und schon die bäderliebenden Römer nutzten das Wasser für Heilzwecke. Bereits im Jahr 1838 wurde ein Thermalbad eröffnet, aber das jetzige, renovierte Gebäude stammt aus den 1920er-Jahren. Im Eintritt inbegriffen sind Bademantel, Handtuch und Badeschuhe, außerdem frisch gepresste Säfte, wohltuende Früchte- und Kräutertees. Neben Saunen, Whirlpools und Wasserfällen zur Muskelentspannung gibt es ein Innen- und Außenbecken. Der Pool wird samstagabends mit Fackeln und Kerzen beleuchtet, was mit Blick auf den Schnee und den Sternenhimmel wunderschön aussieht.

Nach dem Verlassen des Bades sollte man sich unbedingt die kleine **römische Brücke** über einen Fluss voller Forellen anschauen. Es sind nur etwa 50 m jenseits des Parkplatzes in entgegengesetzter Richtung zum Dorf.

Skifahren

Courmayeur bietet einige herausragende Skirouten vor dem spektakulären Hintergrund des Mont Blanc. Die beiden größten Skigebiete, Plan Checrouit und Pré de Pascal, sind durch mehrere Pisten (insgesamt 100 km) und ein Netz von Sesselliften miteinander verbunden. Es gibt drei Lifte, die vom Tal aus nach oben führen, in Courmayeur selbst, in Dolonne und im nahe gelegenen Val Veny. Sie werden von **Funivie Courmayeur Mont Blanc** (www.courmayeur-montblanc.com; Strada Regionale 47) betrieben. Warteschlangen sind selten.

Skiunterricht kostet in der 1922 gegründeten **Scuola di Sci Monte Bianco** (www.scuolascimontebianco.com; Strada Regionale 51) etwa ab 38 € pro Stunde. Die Skischule bietet zu ähnlichen Preisen auch Unterricht im Langlaufen und Telemarken an.

Vallée Blanche SKIRCUTE
Dies ist eine aufregende Freeride-Abfahrt von der Punta Helbronner über den Gletscher Mer de Glace bis nach Chamonix in Frankreich. Die Route selbst ist nicht schwierig (jeder mit mittelmäßigen, verlässlichen Kenntnissen kann sie bewältigen), aber ein erfahrener Führer, der den Skifahrern hilft, Gletscherspalten sicher zu vermeiden, ist unverzichtbar. Alles in allem dauert die 24 km lange Abfahrt etwa vier bis fünf Stunden, wenn man sich gelegentlich Zeit nimmt, den Blick zu genießen.

Toula-Gletscher SKIRCUTE
Nur sehr erfahrene, gut trainierte Skifahrer können sich an diese beängstigende Ab-

ABSTECHER

CASTELLO DI FÉNIS

Mittelalterliche Burgen sind im Aostatal so zahlreich und charakteristisch wie die Zauberer in Joanne K. Rowlings Harry Potter-Romanen. Jede der über 150 Burgen ist in Sichtweite der nächsten erbaut, sodass die Bewohner einst Nachrichten mit Hilfe von Fahnensignalen übermitteln konnten.

Wer nur Zeit für die Besichtigung einer Burg hat, kann nichts falsch machen, wenn er sich für das wunderbar restaurierte **Castello di Fénis** (Erw./erm. 5/3,50 €; ⌚März–Sept. 9–19 Uhr, Okt.–Feb. 10–12.30 & 13.30–17 Uhr) entscheidet. Die Burg, die ab 1242 der Adelsfamilie Challant gehörte, ist reich mit Fresken ausgestattet, u. a. auch mit einem eindrucksvollen Kupferstich des hl. Georg als Drachentöter. Es ist eine fünfeckige Anlage mit einer ungewöhnlichen Kombination aus quadratischen und zylindrischen Türmen. Sie wurde nie wirklich für Verteidigungszwecke genutzt, sondern war bis 1716 repräsentativer Wohnsitz der Challants. Zum Museum gehören eine Waffensammlung, Küchen, Zinnen, die ehemaligen Wohnräume und die mit Fresken ausgestattete Kapelle.

fahrt heranwagen. Sie beginnt ebenfalls auf der Punta Helbronner und stürzt insgesamt steile 6 km hinab nach La Palud. Meist ist es einfach, sich einer geführten Gruppe anzuschließen.

Wandern

Im Juli und August bringen die Seilbahnen in Courmayeur unentwegt Wanderer und Mountainbiker nach oben in die Berge. Der Transport eines Rads ist kostenlos.

Tour du Mont Blanc WANDERROUTE

Für viele Wanderer (etwa 30 000 jeden Sommer) ist die Tour du Mont Blanc (TMB) die ultimative Strecke. Der 169 km lange Rundweg führt durch neun Dörfer in Italien, Frankreich und der Schweiz. Den Großteil des Jahres über ist der Weg wegen Schnee unpassierbar. Im Durchschnitt brauchen Wanderer für den gesamten Weg zwischen sieben und zwölf Tagen, oder sie laufen nur einen Teil der Strecke.

Man kann den Weg zwar auch ohne Bergführer meistern, aber wer sich in dem Gebiet nicht auskennt, ist gut beraten, einen Führer zu engagieren, weil die Strecke zum Teil über Gletscher führt.

Leichte Tageswanderungen auf der TMB führen zur Berghütte Maison Vieille (1 Std. 50 Min.) und zur Hütte Bertone (2 Std.). Vom Piazzale Monte Bianco im Ortszentrum ist der Weg mit gelben Markierungen gekennzeichnet.

Mountainbiken

Mountainbikes gibt es für ca. 15 € pro Tag zu mieten bei **Noleggio Courmayeur** (☎0165 84 22 55) vor der Sesselliftstation in Courmayeur.

Schlafen

In der Touristeninformation ist eine Liste der *rifugi* (Berghütten) erhältlich, die in der Regel von Ende Juni bis Mitte September geöffnet sind.

Hotel Bouton d'Or HOTEL €€

(☎0165 84 67 29; www.hotelboutondor.com; Strada Statale 26/10; EZ 80–95 €, DZ 120–160 €; P❄@📶👪) Ist es nur ein Traum? Man öffnet die Augen und blickt auf das imposante Massiv des Mont Blanc. Es kann nicht sehr viele Hotels geben, die mit so einer beeiendruckenden Aussicht aufwarten, wo die Zimmer so sauber sind und der Service so aufmerksam ist. Obendrein befindet sich das Bouton d'Or im Zentrum von Courmayeur, bietet eine Sauna, ein anständiges Frühstück, einen Pendelservice zur Seilbahn und eine Hotelhalle, die mit vielen interessanten, regionaltypischen Dingen ausgestattet ist.

Mont Blanc Hotel Village LUXUSHOTEL €€€

(☎0165 86 41 11; www.hotelmontblanc.it; La Croisette 36; EZ 173–240, DZ 198 bis 265 €; P❄@🏊) Das Hotel liegt in La Salle an einem Hang und befindet sich 10 km östlich von Courmayeur. Die schönen und gut ausgestatteten Zimmer dieses luxuriösen Domizils werden von Stein und Holz dominiert. Viele haben einen sehr großen Balkon mit hinreißenden Blick über das Tal. In einer Reihe höhlenartiger Nischen sind Räumlichkeiten eingebaut für Wellness-Behandlungen und Dampfbäder. Im normalen Restaurant wird Halbpension angeboten. Wer stilvoll zu Abend essen will, egal ob er im Hotel wohnt oder nicht, geht in das Gourmetrestaurant des Hotels.

Hotel Triolet HOTEL €€

(☎0165 84 68 22; www.hoteltriolet.com; Strada Regionale 63; EZ 80–100 €, DZ 150–190 €; P❄📶🏊) Das Triolet ist ein bisschen eleganter als durchschnittliche Skihotels und mit nur insgesamt 20 Zimmern auch etwas kleiner. Deshalb ist der Service persönlicher und freundlicher. Außer dem üblichen Komfort gibt es ein hübsches Spa (Whirlpool, Dampfbad, Sauna), Schränke für die Skier und einen Frühstücksraum mit schönem Blick.

Essen

An der Via Roma befindet sich eine Reihe guter Lokale und Restaurants.

La Terraza INTERNATIONAL €€€

(Via Circonvalazione 73; Mahlzeiten 35–45 €; ⏲Mittag- & Abendessen) Das stets gut besuchte Lokal bietet das ganze Spektrum an Pizzas, Steaks und anderen Gerichten, auf die hungrige Skifahrer sich nach der Abfahrt stürzen. Man ist der einheimischen Küche treu geblieben und serviert auch viel Typisches, u. a. Polenta, kräftig gewürzte Wurst, Fondue und Pasta mit dem berühmten *fontina*.

Petit Bistrot INTERNATIONAL €

(Via Marconi 6) Ein Straßenverkauf für Crêpes verführt zum Eintreten in das Café-Restaurant. Es gibt eine Mischung aus Klassikern des Aostatals (z. B. *tagliere di lardo*) sowie abgewandelte, internationale Snacks (Hamburger mit Rucola und Parmesan).

Pan Per Focaccia SNACKS €

(Via dei Giardini 2a) Die gemütliche, mit Holzhockern ausgestattete Snackbar befindet sich versteckt in einer Seitengasse und bietet preisgünstig Crêpes und Focaccia frisch aus dem Ofen an.

Praktische Informationen

Centro Traumatologico (☎0165 84 46 84; Strada delle Volpi 3) Unfallklinik. Das nächste Krankenhaus ist in Aosta.

Touristeninformation (www.courmayeur.net, auf Italienisch; Piazzale Monte Bianco 13; ⏲9–12.30 & 15–18.30 Uhr)

Rettungswagen (☎0165 84 46 84)

An- & Weiterreise

Täglich fahren drei Züge aus Aosta bis zur Endhaltestelle Pré-St.-Didier. Hier gibt es Busanbindungen (20–30 Min., 8- bis 10-mal tgl.) zum **Busbahnhof Courmayeur** (Piazzale Monte Bianco), der sich vor dem Eingang der Touristeninformation befindet. Zudem fahren täglich bis zu acht durchgehende Busse von Aosta nach Courmayeur (3,20 €, 1 Std.) und Fernbusse verkehren nach Mailand (15,50 €, 4½ Std., 3- bis 5-mal tgl.) und Turin (9 €, 3½–4½ Std., 2- bis 4-mal tgl.).

Gleich nördlich von Courmayeur führt der 11,6 km lange Mont-Blanc-Tunnel nach Chamonix. Es ist eine Röhre, die nur zwei Fahrspuren besitzt. Auf der italienischen Seite erinnert eine Plakette neben dem Tunneleingang an Pierlucio Tinazzi, einen Pannenhelfer, der 1999 bei dem katastrophalen Lastwagenbrand im Tunnel mindestens ein Dutzend Menschen rettete und dabei selbst starb. Der verheeerende Brand konnte erst nach zwei Tagen gelöscht werden.

Nationalpark Gran Paradiso

Der älteste Nationalpark Italiens ist auch einer der abwechslungsreichsten und trägt obendrein den passenden Namen. Der Parco Nazionale del Gran Paradiso wurde 1922 gegründet, nachdem Vittorio Emanuele II sein Jagdgebiet dem Staat schenkte, angeblich um den gefährdeten Steinbock zu schützen. Hier trifft man auf ein echtes „großes Paradies", das die Besonderheit aufweist, dass die Wildnis fühlbar geblieben ist – eine eher seltene Erfahrung in Italien. Da der Park früh gegründet wurde, bevor überall moderne Skiorte entstanden, hat man hier der lukrativen Versuchung des Tourismus widerstanden mit all den Liften, der zweifelhaften Bauweise und den Après-Ski-Clubs.

Der Nationalpark umfasst die Täler rund um den 4061 m hohen Gran Paradiso (den siebthöchsten Berg Italiens), drei der Täler gehören noch zum Aostatal: das Valsavarenche, das Val di Rhêmes und das wunderschöne Valle di Cogne. Auf piemontesischer Seite sind die Täler Soana und Orco Teil des Parks.

Hauptausgangspunkt für eine Erkundung des Parks ist das ruhige **Cogne** (1481 Ew., 1534 m), das einen erfreulichen Kontrast zum zersiedelten Cervinia auf der gegenüberliegenden Seite des Aostatals bietet. Hier gibt es eine Fülle an Freizeitmöglichkeiten, aber Cogne ist auch bekannt für die Herstellung von Spitzen. Diese können beispielsweise in dem hübschen Kunstgewerbe- und Antiquitätenladen **Le Marché Aux Puces** (Rue Grand Paradis 4; ⏲Mi geschl.) erworben werden.

Sehenswertes

Giardino Alpino Paradisia BOTANISCHER GARTEN
(Erw./Kind 3/1,50 €; Juni–Mitte Sept. 10–17.30 Uhr, Juli & Aug. bis 18.30 Uhr) Die unglaubliche Vielfalt der alpinen Pflanzenwelt und zahlreiche Schmetterlinge kann man im Sommer in diesem faszinierenden Alpengarten bewundern. Er befindet sich in dem Weiler Valnontey (1700 m), 3 km südlich von Cogne. Von Juli bis September bietet die **Associazione Guide della Natura** (Piazza Chanoux 36, Cogne; Mo, Mi & Sa 9–12 Uhr) geführte Wanderungen an.

Aktivitäten

Der Nationalpark Gran Paradiso gehört zu den schönsten Wandergebieten Italiens mit einem Wegenetz von über 700 km. Die Routen sind durch ein Netz von *rifugi* verbunden, in denen man einkehren und wieder Kräfte für weitere Wegstrecken sammeln kann. In der Touristeninformation sind kostenlose Tourenvorschläge für Wanderer/Skifahrer erhältlich.

Skifahren

Es gibt nicht viele Möglichkeiten zum Alpinskifahren, aber 80 km markierte **Langlaufloipen** (Karte pro Tag 5 €) im unberührten Valle di Cogne. Schön ist z. B. die 23 km lange Loipe nach Valnontey und **Vermiana** oder auch die Route Richtung Osten nach Lillaz. Doch, leider Gottes, gibt es immer noch 9 km Skipiste. Ein Tagespass für die einzige Seilbahn in Cogne plus Sessel- und Schlepplift kostet 23 €. Skiunterricht wird von der Skischule **Sci Gran Paradiso** (Piazza Chanoux 38, Cogne) angeboten. Wer etwas ganz Ungewöhnliches erleben will, kann sich bei der **Società Guide Alpine di Cogne** (www.guidealpinecogne.it; Piazza Chanoux 1, Cogne) zu einer **Eisklettertour** anmelden, die auf dem Lillaz-Wasserfall durchgeführt wird.

Wandern

Zu den leichten Wanderungen bei Cogne gehört der 3 km lange Spaziergang (auch für Rollstuhlfahrer geeignet) auf der Route 23 nach Lillaz. Dort befinden sich ein geologischer Park und ein Wasserfall, der in drei Stufen über 150 m in die Tiefe stürzt. Die Routen 22 und 23 führen auch zum Dörfchen Vermiana (nur Hinweg 1½ Stdunden). Route 8 führt von Cogne über das Dorf **Gimillian** zu einem anderen Wasserfall (Pila).

Eine klassische, mäßig anstrengende Wanderroute führt von Valnontey zum **Rifugio Sella** (☎0165 7 43 10; www.rifugiosella.com; Bett 17 €), einer früheren Jagdhütte von König Vittorio Emanuele II. Von der Brücke im Ort geht die Alta Via 2 ca. 2 bis 2½ Std. nach oben. Wagemutigere Wanderer können über die abwechslungsreiche Route Sella–Herbetet-Traverse (15 km) weitergehen. Der Rundweg führt in etwa sieben Stunden zurück nach Valnontey. Wer sich für die Tour interessiert, sollte keine Höhenangst haben. Auch eine gute Karte ist Bedingung für eine gelungene Wandertour.

Bergsteigen

Pont im Valsavarenche ist der Hauptausgangspunkt für den Aufstieg auf den Gipfel des Gran Paradiso. Das ist nicht der Mont Blanc und in einem Tag zu schaffen, aber man braucht einen Führer (eine Zweitagestour für zwei Personen kostet 500 €). Ansprechpartner ist die **Società Guide Alpine di Cogne** (www.guidealpinecogne.it; Piazza Chanoux 1, Cogne).

Reiten

Reiten (Std. 25 €) und 45-minütige **Kutschfahrten** (Kutsche für bis zu 4 Pers. 40 €) an den Bergwiesen vorbei wird von **Pianta Cavalli** (☎333 3147248) in Valnontey angeboten.

Schlafen & Essen

Im Nationalpark ist es verboten, wild zu campen, aber es gibt *rifugi*, in denen man übernachten kann. Das Tourismusbüro hat eine Liste.

LP TIPP **Hotel Bellevue** LUXUSHOTEL €€€
(☎0165 7 48 25; www.hotelbellevue.it; Rue Grand Paradis 22, Cogne; DZ 170–240 €, Chalet f. 2 Pers. 250–320 €; Mitte Dez.–Mitte Okt.) Der Blick des in den 1920er-Jahren eröffneten Hotels mit den grünen Fensterläden geht auf Bergwiesen hinaus. Die Tradition des Hauses wird auch in Details sichtbar: romantische Betten mit einem Himmel aus Holz und Stoff, Kuhglocken an den alten Balken und Badewannen mit Löwenfüßen. Einige Zimmer verfügen über einen offenen Kamin. Im Preis inbegriffen sind Tee bzw. Kaffee am Nachmittag, die Nutzung des Spa-Bereichs sowie das Ausleihen von Mountainbikes und Schneeschuhen. Zu den vier Restaurants gehören ein Gourmetlokal mit Michelin-Stern (Mi geschl.), ein Restaurant (Di geschl.), in dem Gerichte mit Käse aus eigener Herstellung zubereitet werden, eine mit-

HINEIN IN DIE TÄLER

Die drei Täler Ayas, Gressoney und Sesia (Letzteres ist im Piemont) sind die Heimat der seit 800 Jahren hier ansässigen, deutschstämmigen Walser, während das Aostatal ansonsten eher französisch beeinflusst ist. Diese sind im 13. Jh. aus dem Wallis in die Region eingewandert und haben als Volksgruppe eigene Traditionen bewahrt. Viele Menschen in der rauen Gegend sprechen einen deutschen Dialekt (Titsch) als Muttersprache, und auch die traditionellen schindelverkleideten Häuser auf Stelzen sind weiterhin bewohnt.

Hauptort des **Valsesia** ist Alagna Valsesia (1191 m), ein kleiner Skiort am Ende des Tals. Wer ohne Auto unterwegs ist, kann von Turin aus mit dem Bus nach Varallo fahren (2¼ Std., 2-mal tgl.) und dort in einen Bus nach Alagna Valsesia steigen.

Das **Valle d'Ayas** im Westen verfügt über ein eigenes Skigebiet in ,**Champoluc** (500 Ew., 1560 m). Es ist ein Bilderbuchort, der vor einem Übermaß an Touristen geschützt ist, weil er nur über eine schwierige, kurvenreiche Strecke ab der A5, Ausfahrt Verrès, zu erreichen ist. Verrès liegt an der Zugstrecke Turin-Aosta und ist Ausgangspunkt für das Ayas-Tal. Von hier fahren regelmäßig Busse nach Champoluc (3 €, 1 Std., 9-mal tgl.).

Die Hauptorte im **Val di Gressoney** sind das hübsche **Gressoney-St-Jean** am See (816 Ew., 1385 m) und **Gressoney-La-Trinité** (306 Ew., Höhe 1637 m) ein paar Kilometer nördlich. Beide Orte sind Walserdörfer.

tags geöffnete Terrasse und eine Brasserie (Mo geschl.), nur ein paar Schritte entfernt am Dorfplatz.

Hotel Sant'Orso HOTEL €
(☎0165 7 48 21; Via Bourgeois 2, Cogne; EZ/DZ 46/92 €, mit HP 71/142 €; ⏲im Herbst/Frühjahr zu unterschiedl. Zeiten Betriebsurlaub 🅿) Dieses Hotel ist, wie der Ort Cogne selbst, ruhig, höflich und zurückhaltend. Trotzdem bietet das Sant'Orso viele Vorzüge: ein Restaurant, ein kleines Kino, Sauna, Kinderspielzimmer und Terrasse. Noch mehr Pluspunkte bringt die Tatsache, dass die Langlaufloipe fast direkt vor der Haustür vorbeigeht. Den Besitzern gehört auch das nicht weit entfernte Hotel du Gran Paradis.

Camping Lo Stambecco CAMPINGPLATZ €
(☎0165 7 41 52; www.campinglostambecco.com; Valnontey; Pers./Zelt/Auto 7/3/6 €; ⏲Mai–Sept.; 🅿) Man wohnt in seinem Zelt sehr idyllisch zwischen Kiefern auf dem gut geführten, netten Campingplatz mitten im Nationalpark Gran Paradiso. Das dazugehörige Hotel, La Barme, leiht Räder aus, um die Berge zu erkunden.

Hotel Ristorante Petit Dahu TRADITIONELL ITALIENISCH €€
(☎0165 7 41 46; www.hotelpetitdahu.com; Valnontey; Mahlzeiten 35 €. EZ 36–50 €, DZ 72–100 €; ⏲Mai & Okt. geschl.; 🅿) Das freundliche, familiengeführte Hotel ist in zwei traditionellen Steingebäuden mit viel Holz untergebracht. Dazu gehört ein wunderbares Restaurant (auch für Nicht-Hotelgäste, aber unbedingt vorher reservieren), in dem ländlich inspirierte Gerichte mit wilden Kräutern verfeinert werden.

ℹ Praktische Informationen

Consorzio Gran Paradiso Natura (www.granparadisonatura.it; Loc Trépont 91, Villeneuve) Hat auch nützliche Informationen für Touristen.
Touristeninformation (www.cogne.org; Piazza Chanoux 36; ⏲Mo–Sa 9–12.30 & 14.30–17.30 Uhr) Hat stapelweise Informationen über den Nationalpark und für den Notfall eine Liste mit Rufnummern.

ℹ Anreise & Unterwegs vor Ort

Bis zu sieben Busse verkehren täglich zwischen Cogne und Aosta (50 Min.). Cogne ist von Pila aus auch mit der Seilbahn zu erreichen.

Busse (bis 10-mal tgl.) verbinden Cogne mit Valnontey (0,90 €, 5 Min.) und Lillaz (0,90 €, 5 Min.).

Valtournenche

Valtournenche wird überragt vom imposantesten und gefährlichsten Berg Europas, dem Matterhorn (4478 m). Der englische Dichter Byron sprach einst bei seinem Anblick von „Europas edelstem Felsen".

Heute würde er allerdings auch einen der architektonisch unattraktivsten Skiorte der Alpen erblicken, Breuil-Cervinia. Der Ort mag zwar eher hässlich sein, aber die Möglichkeiten für Skifahrer sind unübertroffen. Man kann das ganze Jahr über Ski fahren und sogar hinüber ins schweizerische Zermatt sausen.

Aktivitäten

Das Plateau Rosa (3480 m) und das Kleine Matterhorn (3883 m) im Skigebiet von Breuil-Cervinia gehören zu den höchstgelegenen Abfahrten Europas. Bei Campetto kann sogar nachts Ski gefahren werden. Es gibt ein paar Dutzend Seilbahnen, vier davon in Breuil-Cervinia, über die 200 km Skipiste erschlossen worden sind. Ein Tagesskipass für Breuil-Cervinia und Valtournenche kostet 36 €.

Unterricht im Ski- und Snowboardfahren erteilen die **Scuola Sci del Breuil-Cervinia** (www.scuolascibreuil.com) und die **Scuola Sci del Cervino** (www.scuolacervino.com). Wer gerne abseits der Skipisten am Matterhorn Ski fahren möchte, wendet sich an den Bergführerverband **Società Guide del Cervino** (www.guidedelcervino.com; Via J Antoine Carrel 20).

Zwischen Juli und September sind mehrere der Seilbahnen und Lifte zum **Plateau Rosa** weiterhin in Betrieb. So ist es sogar möglich, auf der Schweizer Seite das ganze Jahr über Ski zu fahren. Ein internationaler Tagespass kostet 50 €.

An- & Weiterreise

Die Busse des Unternehmens **Savda** (☎0165 36 12 44) fahren von Breuil-Cervinia nach Châtillon (1 Std., 7-mal tgl.). Von dort gibt es Anschlussbusse nach Aosta.

Mailand & die Oberitalienischen Seen

9,83 MIO. EW. / 23 835 KM²

Inhalt »

Gut essen

» Trattoria Abele la Temperanza (S. 272)
» Al Sorriso (S. 286)
» Al Veluu (S. 292)
» Altavilla (S. 294)
» Il Cigno (S. 310)

Schön übernachten

» Antica Locanda Solferino (S. 271)
» Hotel Pironi (S. 283)
» Albergo Silvio (S. 291)
» Restel de Fer (S. 300)
» C'A delle Erbe (S. 309)

Auf nach Mailand und zu den Oberitalienischen Seen!

Die Lombardei (Lombardia), die sich zwischen den Alpen und der Poebene erstreckt, bietet: Industriestädte, mittelalterliche Bergstädtchen und Ferienorte an den Seen. Dazwischen dehnen sich Zitronenhaine, Weingärten und Reisfelder aus. Mittelpunkt ist Mailand, die Hauptstadt der Lombardei und das Wirtschaftszentrum Italiens. Die zweitgrößte Stadt des Landes ist Sitz der wichtigsten Börse Italiens und Hochburg der internationalen Modebranche.

Gletscherseen reihen sich im Norden wie ein funkelndes Band an die Ausläufer der Berge. Zuckerbäckervillen mit Gärten schmücken elegante Städte und entzückende Dörfer an den Seeufern. Weiter im Norden gehen das Valtellina (Veltlin) und die Bergamasker Alpen (Alpi Orobie) in spektakuläre Nationalparks über. Südlich der großen Seenkette liegen historische Städte, wie Bergamo, das Geigenbauzentrum Cremona und die Renaissancestadt Mantua.

Reisezeit

Mailand

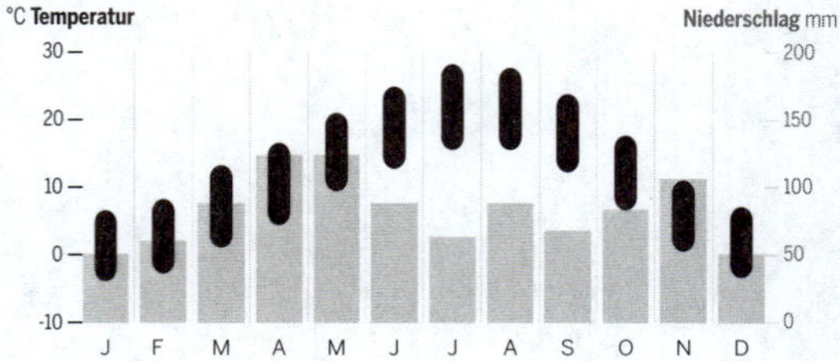

Mai & Juni Frühlingsblumen, mildes Wetter kündigen den Sommer an.

September Bis zu 350 Boote nehmen an der Centomiglia auf dem Gardasee teil.

Dezember Das Sant' Ambrogio-Fest und die Opernsaison in der Scala genießen.

MAILAND

1,3 MIO. EW.

Mailand ist Italiens Stadt der Zukunft, eine rastlose Metropole mit New Yorker Eigenschaften: ehrgeizig, leistungsorientiert und mit einer höchst individualistischen, kreativen Kultur. In Mailand spielt der äußere Schein wirklich eine Rolle und Materialismus muss sich nicht rechtfertigen. Die Mailänder lieben schöne und luxuriöse Dinge. Vielleicht liegt darin der Grund, dass Mode und Design aus Italien ihre globale Stellung behaupten können.

Aber viele halten Mailand, ebenso wie die Models auf den Laufstegen, für eitel, kühl und geistlos. Es stimmt schon, dass sich die Stadt kaum Mühe gibt, Besucher zu verführen. Aber hinter der wenig charmanten Oberfläche verbirgt sich eine Stadt mit alten Wurzeln und vielen Schätzen, die, anders als viele Meisterwerke im übrigen Italien, oft ohne lange Schlangen oder viel Getue besichtigt werden können. Um den Dom breitet sich ein Gewirr aus Kopfsteinpflasterstraßen aus, und historische Viertel wie Brera und Navigli sind atmosphärisch genug, um in jeder Touristenbroschüre vorzukommen. Viele Besucher kennen wahrscheinlich das goldene Einkaufsviertel, aber nur wenige durchschauen die unterschiedlichen Kriterien, nach denen die Mailänder Waren nach Farben, Stilen und Materialien auswählen, die es nur selten anderswo gibt.

Die Mailänder haben vielleicht nicht immer Zeit für nettes Geplänkel, aber Besucher sollten sich dem anschließen, was sie am liebsten tun, sei es zielgerichtetes Shoppen, der Besuch trendiger Galerien oder der Genuss lokaler Spezialitäten zum gekonnt gemixten Negroni zum *aperitivo*. *Cin-cin!*

Geschichte

Seit keltische Stämme sich im 7. Jh. v. Chr. am Po niedergelassen hatten, ist die Gegend um das heutige Mailand besiedelt. 313 n. Chr. erließ Kaiser Konstantin ein historisch bedeutendes Edikt, das den Christen hier Glaubensfreiheit schenkte. Die Stadt hatte bereits 286 Rom als Hauptstadt des Reiches verdrängt, eine Funktion, die sie bis ins Jahr 402 beibehielt.

Im 11. Jh. wurde eine *comune* (Stadtrat) aus allen sozialen Schichten gebildet, und ab Mitte des 13. Jhs. regierten verschiedene, aufeinanderfolgende Dynastien – zuerst die Torrianis, dann die Viscontis und schließlich die Sforzas. 1525 übernahmen die Spanier die Herrschaft, 1713 folgten die Österreicher. 1860 wurde Mailand Teil des neu gegründeten Königreichs Italien.

1919 gründete Benito Mussolini, einst Chefredakteur der sozialistischen Zeitung *Avanti!*, in Mailand die Faschistische Partei. Hier wurde er dann auch 1945 von Partisanen aufgehängt, nachdem er versucht hatte, in die Schweiz zu fliehen. Mussolini hatte Italien 1940 auf Hitlers Seite in den Zweiten Weltkrieg hineingezogen. Anfang 1945 war Mailands Innenstadt weitgehend durch Bomben der Alliierten zerstört.

Mailands Architekten und Designer der Nachkriegszeit läuteten zwei Wirtschaftsbooms ein, als sie die Gesellschaft „vom Löffel bis zur ganzen Stadt" wiederaufbauen wollten, wie es Ernesto Rogers treffend ausdrückte. Als sich der Ruf Mailands als Italiens Finanz- und Industriehauptstadt festigte, strömten Menschen aus Süditalien in die Stadt, später auch Einwanderer aus China, Afrika, Lateinamerika, Indien und Osteuropa. So wurde sie zur am wenigsten homogenen Stadt Italiens. Im Kulturbereich war die Stadt das Zentrum der ersten italienischen Filmproduktionen, und in den 1980er- und 1990er-Jahren war sie die Welthauptstadt der Designinnovation und -produktion. Mailands Selfmadebonze und Medienmogul Silvio Berlusconi stieg in den 1990er-Jahren in die Politik ein und wurde anschließend dreimal zum Ministerpräsidenten gewählt. 2012 musste er zurücktreten.

Das nächste wichtige Datum der Stadt ist die Weltausstellung im Jahr 2015.

Sehenswertes

Mailands flaches Gelände und seine monumentalen Gebäude sind von konzentrischen Ringstraßen umgeben, die dem Verlauf der ursprünglichen Festungsmauern folgen. Von den Mauern ist zwar kaum noch etwas erhalten, aber die alten Tore – *porta* – bilden klare Orientierungspunkte. Nahezu alles, was es hier zu sehen, tun oder kaufen gibt, befindet sich innerhalb dieser Stadttore.

Dom — DOM

(Karte S. 268; www.duomomilano.it; Piazza del Duomo) Der Mailänder Dom, eine Vision aus rosa Candoglia-Marmor, ist ein perfektes Beispiel des kreativen Elans und Ehrgeizes dieser Stadt. Die Konstruktion des Bauwerks, das unter Giangaleazzo Visconti ab 1387 errichtet wurde, galt ursprünglich als undurchführbar. Kanäle wurden zum Transport der gewaltigen Mengen Marmor

Highlights

1. Wie James Bond im Schnellboot über den **Lago di Como** (S. 285) sausen
2. Geschick und Erfindungsreichtum der Mailänder Haute Couture im **Quadrilatero d'Oro** (S. 276) und Leonardo da Vincis einzigartiges Wandbild **Das Abendmahl** (S. 232) bestaunen
3. Ein Besuch in einer der schönsten und am wenigsten bekannten Kunstsammlungen Italiens in der **Accademia Carrara** (S. 304) in Bergamo
4. Ein Spaziergang zwischen Pfauen auf der **Isola Madre** (S. 282), dem hübschesten Inselgarten im Lago Maggiore
5. Ein Essen mit köstlich gedünstetem Risotto und pikantem *mostardo* (Senf) in der Feinschmeckerstadt **Mantua** (S. 310)
6. Eine Verkostung der besten Bardolino-Weine im Küchengarten des Weinguts **Guerrieri Rizzardi** (S. 301)
7. Eine erholsame Wanderung in der Einsamkeit der Bergwälder und Täler um den **Ledrosee** (S. 300)

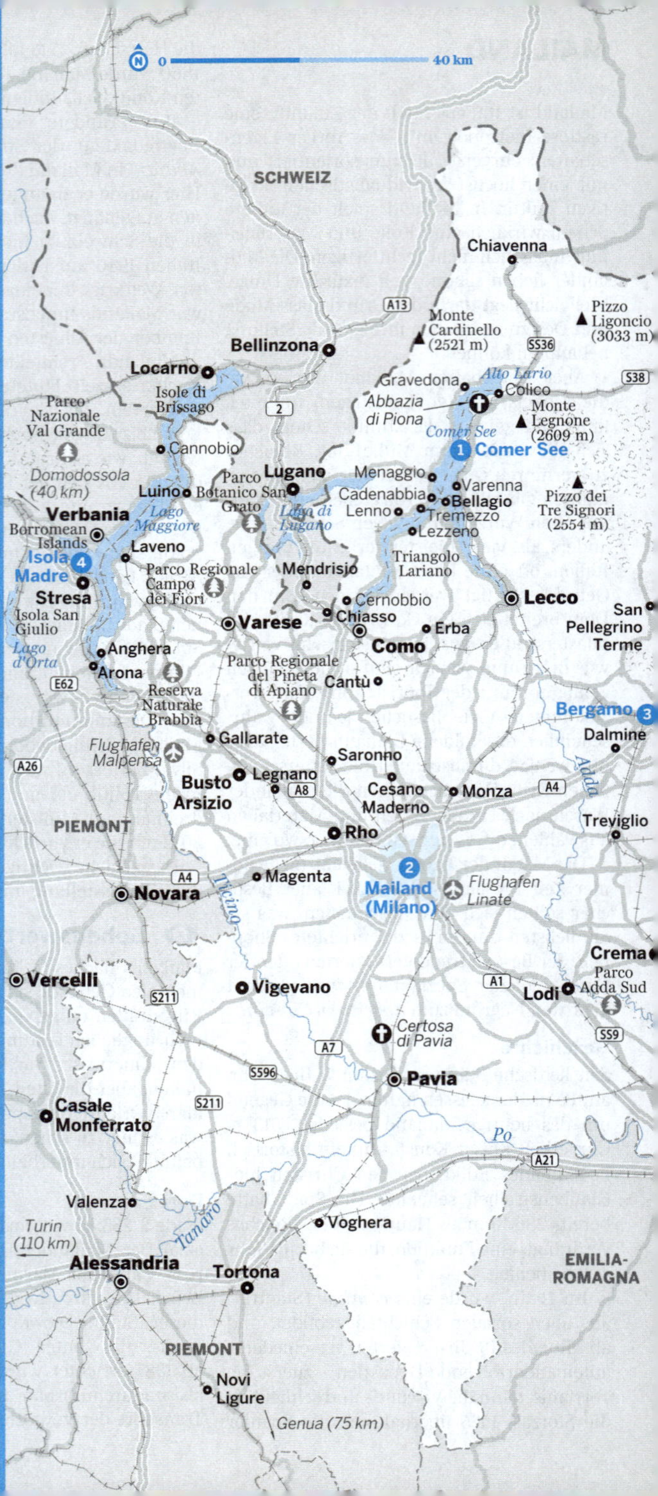

Cima la Casina (3180 m)
Parco Nazionale dello Stelvio
Passo dello Stelvio
Gran Zebru (3859 m)
Monte Foscagno (3058 m)
Bormio
Monte Cevedale (3769 m)
Monte Confinales (3370 m)
Monte Sobretta (3296 m)
Cima Lago Spalmo (3291m)
Passo di Gavia
Punta di Pietra Rossa (3212 m)
Monte Disgrazia (3678 m)
Ponte di Legno
Tirano
Monte Mandrone (3281 m)
Sondrio
Teglio
Edolo
Parco dell'Adamello
Parco Regionale degli Orobie Valtellinesi
TRENTINO-ALTO ADIGE
Trento
Capo di Ponte
Parco Nazionale delle Incisioni Rupestri
Parco Regionale Bergamasche
Pizzo Arera (2512 m)
Cascata del Varone
Riva del Garda
Lago di Ledro
7
Rovereto
Nago
Torbole
Oglio
Lovere
Limone sul Garda
SS42
Lago d'Iseo
Parco Regionale dell'Alto Garda Bresciano
Malcesine
Sale Marasino
Schio
Monte Isola
Gargnano
Orio al Serio
Sarnico
SS12
Iseo
Paratico
Gardone Riviera
Salò
Ebrusco
Weinregion Franciacorta
Garda
LOMBARDEI
A4
6 Bardolino
VENETO
Brescia
Gardasee
Sirmione
Parco Regional del Serio
Desenzano del Garda
Flughafen Verona Villafranca
Verona
A4
Peschiera del Garda
Padua (80 km); Venedig (100 km)
Villafranca
S62
River Mincio
A21
Legnago
5 Mantua
Cremona
Oglio
River Mincio
Ostiglia
Piacenza
San Benedetto Po
Sabbioneta
S420
EMILIA-ROMAGNA
Fidenza
Parma
Carpi
Bologna (65 km)

MAILAND IN ...

... zwei Tagen

Der Tag beginnt mit einem Cappuccino und einer Vanillecreme-Brioche im Marchesi; danach geht es die Treppen hoch auf das Dach des **Doms**, um einen einmaligen Blick aus der Vogelperspektive auf die Stadt zu genießen. Mittagessen gibt es im Giacomo Arengario, dem Restaurant ganz oben im **Museo del Novecento** mit einem beeindruckenden Blick auf die Fassadenskulpturen des Doms. Danach folgt ein gemütlicher Gang durch das Museum mit den Mailänder Stars der Moderne. Am Spätnachmittag geht es zunächst hinein ins Gedränge der **Galleria Vittorio Emanuele II** und danach mit der Metro zu den **Navigli** für einen *aperitivo* mit Abendessen in der Grand Hotel Osteria. Am nächsten Tag steht ein Besuch von Leonardo da Vincis *Il Cenacolo* (Das Abendmahl) am **Corso Magenta** an. Nach einem Mittagessen in der Latteria di San Marco folgt ein nachmittäglicher Bummel durch die Haute-Couture-Straßen des **Quadrilatero d'Oro**. Den Abschluss bildet ein glamouröser *aperitivo* im Bulgari Hotel.

... vier Tagen

Mit zwei zusätzlichen Tagen lässt sich die Stadt noch etwas besser kennenlernen. Absoluten Kunstgenuss bieten die **Pinacoteca di Brera** oder das **Museo Poldi-Pezzoli**. Nach einem leichten Mittagsimbiss im Obikà entspannt eine Wellnessbehandlung im Angelo Caroli Day Spa. Am nächsten Tag sorgt eine Fahrt mit der Straßenbahn Nr. 1 für eine preisgünstige Besichtigungstour durch die Stadt. Mit einer Tüte voller Köstlichkeiten von Peck lässt es sich dann gut im **Parco Sempione** abhängen. Wer noch die Energie aufbringt, kann dann das Designmuseum **Triennale di Milano** besichtigen und mit einem *aperitivo* im Living den Tag beenden.

ins Zentrum der Stadt gegraben und neue Technologien erfunden, um die nie zuvor versuchte gewaltige Aufgabe zu bewältigen. Hinzu kam die kleine Nebensache des Stils. Die Gotik kam aus der Mode – *c'e brutta!* (wie grässlich!) – und wurde für „zu französisch" befunden. Und so nahm der Dom mehrere Stile an, als sich die Jahre und dann die Jahrhunderte dahinzogen. Der langsame Bau wurde zum Synonym für eine aussichtslose Aufgabe (*fabrica del Dom* im Mailänder Dialekt). Tatsächlich ist ein Großteil der Ausschmückung Neogotik des 19. Jhs., die letzten Handgriffe stammen aus den 1960er-Jahren.

Heute jedoch entzückt seine perlweiße Fassade, die wie eine filigrane Tiara emporragt, mit ihren extravaganten Details die Menschen. Die 135 Turmspitzen mit 3200 Statuen sind ein einziges Freilichtmuseum. Das riesige, hallende Kirchenschiff ist mit den 146 Buntglasfenstern und aufwendig gemeißelten Säulen und Kapellen ebenso beeindruckend. Die Decke wirkt zwar ebenfalls gemeißelt, ist aber eine Trompe-l'œil-Malerei. Hoch über dem Altar befindet sich ein **Nagel**, der angeblich die rechte Hand Christi am Kreuz durchbohrt hatte. Die frühchristliche Taufkapelle, der **Battistero di San Giovanni** (Eintritt 4 €; ⌚Di–So 9.30–17.15 Uhr) ist älter als der Dom. Sie ist über eine Treppe neben dem Haupteingang zu erreichen. In der **Krypta** (Eintritt frei) befindet sich ein Glassarg mit dem Leichnam San Carlo Borromeos, der 1584 starb.

Am interessantesten ist jedoch die Aussicht vom **Dach** (Treppen/Aufzug 5/8 €; ⌚9–17.30 Uhr), von wo der Blick durch einen Wald aus Turmspitzen und Marmorfialen über die Stadt und weiter bis zu den Alpen schweift. Gekrönt wird der Bau von einer vergoldeten Kupferstatue der **Madonnina** (kleine Madonna), der traditionellen Schutzpatronin der Stadt.

Museo del Novecento KUNSTGALERIE
(Karte S. 268; ☎02 79 48 89; www.museodelnovecento.org; Piazza Duomo 12; Erw./erm. 5/3 €; ⌚Di–So 9.30–19.30, Mo 14.30–19.30 Uhr) An der Piazza del Duomo steht Mussolinis **Arengario**, dessen wandhohe Fenster einen fabelhaften Blick auf den Dom gewähren. Von dort aus hatte der Diktator während der Hochzeit seines Regimes vor riesigen Menschenmassen seine Tiraden gehalten. Heute birgt der Bau das Museum für Kunst des

20. Jhs., überraschenderweise das erste Museum Mailands für moderne Kunst.

Die unteren Stockwerke, angeordnet um eine futuristische, spiralförmige Rampe (eine Referenz an das Guggenheim in New York), sind etwas beengt, aber die spannende Sammlung mit Werken von Boccioni, Campigli, de Chirico, Fontana und Marinetti lässt das schnell vergessen. Die oberen Stockwerke sind übrigens großräumiger. Das Museum besitzt auch einige fantastische Stücke von Arturo Martini, Italiens bedeutendstem Bildhauer des 20. Jhs. und Schöpfer der Reliefs an der Fassade des Arengario.

Bei einem Besuch kurz vor der Mittagszeit oder dem Abendessen lohnt ein Essen im Restaurant **Giacomo Arengario** im obersten Stock, das von den renommierten Besitzern des Da Giacomo am anderen Ende der Stadt betrieben wird.

Ein kleinerer Teil der Sammlung wird in der **Casa Museo Boschi di Stefano** (außerhalb der Karte S. 264; ☎02 20 24 05 68; www.fondazioneboschidistefano.it; Via Jan 15; Eintritt frei; ⌚Di–So 10–18 Uhr) ausgestellt.

Il Cenacolo Vinciano (Das Abendmahl) — WANDGEMÄLDE

(Karte S. 264; ☎02 92 80 03 60; www.cenacolovinciano.net; Erw./erm. 6,50/3,25 €, plus Buchungsgebühr 1,50 €; ⌚Di–So 8.15–19 Uhr) Leonardo da Vincis Darstellung von Christus und seinen Tischgenossen im *Abendmahl* ist eines der berühmtesten Bilder der Welt.

Das restaurierte **Wandgemälde** liegt versteckt an einer Wand des Cenacolo Vinciano, des Refektoriums neben der **Chiesa di Santa Maria delle Grazie** (Karte S. 264; Corso Magenta; ⌚Di–So 8.15–19 Uhr). Die aufwendige Restaurierung des Gemäldes wurde 1999 nach 22 Jahren abgeschlossen. Trotz der akribischen Arbeiten sind jedoch 80 % der ursprünglichen Farben verloren gegangen. Da Vinci war teilweise selbst daran schuld: Seine experimentelle Mischung aus Öl- und Temperafarben trug er zwischen 1495 und 1598 auf eine trockene Mauer auf statt innerhalb einer Woche auf feuchten Putz, wie es typisch für Fresken ist.

Reservierungen müssen telefonisch oder online mindestens zwei Wochen bis zu zwei Monate vorher gemacht werden. Eine andere Möglichkeit einer Besichtigung des Gemäldes ist die Teilnahme an einer Stadtführung, die den Besuch einschließt. Nach der Buchung wird jedem Besucher eine bestimmte Besuchszeit und Reservierungsnummer zugeteilt, die 30 Minuten vor der Besichtigung am Kartenschalter im Refektorium vorgelegt wird. Bei Zuspätkommen wird die Eintrittskarte verkauft. Englischsprachige Führungen (3,25 €) gibt es dienstags bis sonntags um 9.30 und 15.30 Uhr. Auch hier muss im Voraus gebucht werden.

Pinacoteca di Brera — KUNSTGALERIE

(Karte S. 268; ☎02 92 80 03 61; www.brera.beniculturali.it; Via Brera 28; Erw./erm. 9/6,50 €; ⌚Di–So 8.30–19.15 Uhr) Die Galerie in der jahrhundertealten Brera-Akademie (noch immer eine der renommiertesten Kunstakademien Italiens) besitzt die eindrucksvollste Sammlung alter Meister in Mailand, die zum größten Teil von Napoleon in Venedig „geklaut" wurden. Rembrandt, Goya und van Dyck gehören dazu, aber Besucher wollen die Italiener sehen: Tizian, Tintoretto, der herrliche Veronese, ein Caravaggio und die Brüder Bellini. Viele der Werke besitzen enorme Gefühlskraft, besonders Mantegnas brutaler und unsentimentaler *Cristo morto nel Sepolcro e tre Dolenti* (Der tote Christus).

Die Menge der dargebotenen Schätze kann überwältigend sein, also steht im Anschluss eine Pause an, um unten bei den Studenten ein Peroni zu zischen. Das Viertel **Brera**, in dem sich die Galerie befindet, ist mit seinen engen Kopfsteinpflasterstraßen, zahlreichen alten Gebäuden, kleinen Galerien und Kunsthandwerksläden eine Studie an szenigem Laissez-faire.

Castello Sforzesco — BURG, MUSEUM

(Karte S. 268; ☎02 88 46 37 00; www.milanocastello.it; Piazza Castello; Erw./erm. 7/3,50 €; ⌚Di–So 9–17.30 Uhr) Der gewaltige Backsteinbau war ursprünglich eine Festung der Visconti und später Domizil der mächtigen Sforza-Dynastie, die Mailand in der Renaissance beherrschte. Die Festungsanlagen der Burg hatte Leonardo da Vinci entworfen; Napoleon ließ später den Burggraben trockenlegen und die Zugbrücken entfernen. Heute birgt sie einige Fachmuseen, die alle mit der gleichen Eintrittskarte zugänglich sind.

Zu den herausragenden Museen gehören das **Museo d'Arte Antica** mit Michelangelos letztem, unvollendeten Werk, der *Pietà Rondanini*, die **Pinacoteca e Raccolte d'Arte** mit Gemälden von Bellini, Tiepolo, Mantegna, Tizian und van Dyck, das **Museo della Preistoria** mit archäologischen Fundstücken und das **Museo degli Strumenti Musicali** mit kostbaren historischen Musikinstrumenten.

Mailand

0
1 km
Viale Brianza
Via Schiaparelli
Stazione Centrale
Shuttle nach Linate, Malpensa und Orio al Serio airports
Caiazzo
Via Enrico Petrella
Lima
Casa Museo Boschi di Stefano (500 m); La Cucina Italiana (1,5 km); Trattoria Abele la Temperanza (2 km)
Via Poerio
Via Tonale
Sondrio
Piazza Duca d'Aosta
Starfly
Via Dom Scarletti
Via Dom Vitruvio
Corso Buenos Aires
19
Via Tadino
Via Lambro
16
Viale Piave
Centrale FS
Macchi
Via Mauro
Via San Gregorio
QUADRILATERO D'ORO
Porta Venezia
Viale Luigi Majno
Via Vittor Pisani
Via Felice Casati
Viale Tunisia
Via Panfilo Castaldi
Via Fabio Filzi
Viale Vittorio Veneto
Palestro
Bastioni di Porta Venezia
9
Via Generale Gustavo Fara
Giardini Pubblici
Via Melchiorre Gioia
Via G Galilei
Repubblica
Turati
Piazza Cavour
Via Senato
Gioia
Turati
Via Fatebenefratelli
Corso di Porta Nuova
Piazzale Lagosta
ISOLA
Via Sebenico
Via F Confalonieri
Via Gaetano De Castillia
Via Borsieri
21
26
Via Pollaiuolo
Piazza Sigmund Freud
24
Viale F Crispi
Via Castelfidardo
7
Via Solferino
Via Brera
BRERA
Piazza Fidia
Via Pastrengo
Stazione Porta Garibaldi
Garibaldi
Piazzale XXV Aprile
Via Marsala
Via Pontaccio
Teatro 7 (600 m)
Via G Pepe
Via Tazzoli
Viale Pasubio
Largo La Foppa
Moscova
Lanza
Via Ceresio
Viale Montello
Via Legnano
Piazzale Cimitero Monumentale
Via Donato Bramante
Viale Elvezia
Parco Sempione
Viale Gadio
Cimitero Monumentale
Via Cesare Procaccini
Via Paolo Sarpi
Via Luigi Canonica
Via Melzi d'Eril
18
Arca della Pace
Piazza Sempione
3
4
Viale Emilio Alemagna
Via Mussi
Via Giulio
Via Fratelli Induno
Piazza Gerusalemme
Via Canova
Via Censio
Via Losanna
Via Fauche
Via Piero della Francesca
22
Fieramilanocity (850 m)
Corso Sempione
Via Mario Pagano

Via Carlo Goldoni
Piazza Risorgimento
Via Macedonio Melloni
Via Pasquale Sottocorno
Il Salvagente (300 m)
Corso XXII Marzo
Plastic (550 m); Flughafen Linate (5 km)
Piazza Cinque Giornate
Corso di Porta Vittoria
Corso Monforte
Via Pietro Mascagni
Viale Monte Nero
Via Spartaco
Via Fogazzaro
Via Bergamo
Piazzale Libia
Via Sigieri
Via Tiraboschi
Viale Lazio
Via Pier Lombardo
Via L Papi
Via S Luttuada
Viale Emilio Caldara
Via Pace
PORTA ROMANA
Porta Romana
Via Crema
Via A Lamarmora
Via Orti
Corso di Porta Romana
Via A Filippetti
Viale Sabotino
Corso Venezia
San Babila
Giardino della Guastalla
Via G Ripamonti
Crocetta
Montenapoleone
Via Larga
Viale Beatrice d'Este
Viale Bligny
Piazza della Scala
Piazza del Duomo
Duomo
Via Santa Sofia
Via G Mercalli
Via S Martino
Via F Bocconi
Missori
Corso Italia
Via Pietro Teulle
Via dell'Orso
Cordusio
Viale Col Di Lana
Parco delle Basiliche
S. Karte Mailand Zentrum (S. 268)
Grand Hotel Osteria (650 m); Sadler (650 m)
Piazza Castello
Cairoli
Corso di Porta Ticinese
Corso San Gottardo
Via Arena
Cadorna Triennale
Via Ascanio Sforza
Via Gaudenzio Ferrari
Viale Gabriele Annunzio
Darsena
Via Edmondo de Amicis
Stazione Cadorna (Stazione Nord)
Il Cenacolo Vinciano
Piazza Sant'Ambrogio
Sant'Ambrogio
Via Ariberto
Via Vigevano
Mercatore Antiquario di Navigli
Via Giovanni Boccaccio
Via Cesare da Sesto
Via Ausonio
Via Savona
Porta Genova
Via Paoli
Via Valenza
Stazione Porta Genova
Via XX Settembre
Corso Magenta
Via San Vittore
Viale Papiniano
Sant'Agostino
Via Andrea Solari
ZONA TORTONA
Via Bugatti
Via Bergognone
Naviglio Grande
Piazza Nicolò Tommaseo
Conciliazione
Porto Magenta
Tara Verde (1,3km); Lampugnano Busbahnhof (4 km)

Mailand

Highlights
Il Cenacolo Vinciano B5
Mercatore Antiquario di Navigli B8

Sehenswertes
1 Chiesa di Santa Maria delle Grazie B5
2 Naviglio Grande B8
3 Torre Branca B4
4 Triennale di Milano B4
5 Villa Necchi Campiglio F5

Schlafen
3Rooms ..... (siehe 24)
6 Antica Locanda Leonardo B5
7 Antica Locanda Solferino D3
8 Foresteria Monforte G5
9 Hotel Casa Mia F3
10 La Cordata D7

Essen
11 Al Bacco G6
12 Da Giacomo G5
13 Dongiò F8
14 El Brellin B8
15 Osteria della Lanterna D7

Ausgehen
10 Corso Como ..... (siehe 24)
16 Diana Garden G4
17 Lacerba F7
18 Living B3
19 Torrefazione Caffè Ambrosiano G3
20 Torrefazione Caffè Ambrosiano G6

Unterhaltung
21 Blue Note D1
22 Il Gattopardo Café A2
23 Le Trottoir C8

Shoppen
24 10 Corso Como D2
Art Book Triennale ..... (siehe 4)
25 Mercato Comunale C8
26 Monica Castiglioni D1
27 Spazio Rossana Orlandi A6
28 Viale Papiniano Markt A6

Parco Sempione PARK
(Karte S. 268) Der 47 ha große Parco Sempione bietet alles, was von einem Mailänder Park zu erwarten ist: schicke Bars, ein schönes Jugendstilaquarium, das **Acquario Civico**, und den von Gio Ponti entworfenen Stahlturm, die **Torre Branca** (Karte S. 264; ☎02 331 41 20; Aufzug 3 €; ⏲Mai–Mitte Okt. Di–Fr 9.30–24, Sa & So 10.30–14, 14.30–19.30 Uhr, im Winter kürzere Zeiten), von dessen Spitze die ganze Stadt zu sehen ist. Auch das Museum für italienisches Design, die **Triennale di Milano** (Karte S. 264; ☎02 72 43 41; www.triennaledesignmuseum.it; Viale Emilio Alemagna 6; Erw./erm. 8/6,50 €; ⏲Di–So 10.30–20.30 Uhr), befindet sich hier.

Galleria Vittorio Emanuele II EINKAUFSPASSAGE
(Karte S. 268) Direkt gegenüber dem Dom steht ein frühes Meisterwerk der Ingenieurkunst mit einem gewaltigen Torbogen. Die spätklassizistische Galleria Vittorio Emanuele, viel mehr als nur ein Einkaufszentrum, ist ein hohes Eisen- und Glasgebilde in Form eines Kreuzes, das von den Mailändern auch *il salotto bueno,* das gute Wohnzimmer, genannt wird. Es gehört für viele Mailänder einfach zur traditionellen *passeggiata* (Abendspaziergang) von der Piazza di Duomo zur Piazza di Marino und zu den Toren der Scala.

Giuseppe Mengoni hatte die Galleria als Vorzeigeprojekt für das moderne Mailand entworfen. Tragischerweise stürzte er 1877 von einem Baugerüst tödlich ab, nur Wochen vor Vollendung seines 14-jährigen Gewaltakts. Eine alte Mailänder Überlieferung behauptet, dass Unglück wie das Mengonis vermieden werden kann, wenn ein Schuhabsatz auf den Hoden des Mosaikstiers am Boden gerieben wird.

Teatro alla Scala OPERNHAUS
(La Scala; Karte S. 268; www.teatroallascala.org; Via Filodrammatici) Trotz technischer Umbauten hinter den Kulissen (bessere Akustik und zweisprachige Librettoanzeigen an den Sitzrücklehnen) verbleibt der Charme des Teatro alla Scala, des bekanntesten Opernhauses der Welt, absolut im 18. Jh.

Die Logen und Galerien über sechs Stockwerke sind in Gold und Rot gehalten und auch die Zuschauer sind fein ausstaffiert, zumindest für die Abendvorstellungen. Wer keine Vorstellung besucht, kann sich das **Museo Teatrale alla Scala** (La Scala Museum; Karte S. 268; ☎02 43 35 35 21; Piazza della Scala; Erw./Kind 5/4 €; ⏲9–12.30 & 13.30–17.30 Uhr) anschauen. Zur Besichtigung gehört ein Blick auf den Innenraum von einer Loge aus und eine Tour hinter der Bühne, falls gerade keine Proben stattfinden.

Museo Poldi-Pezzoli MUSEUM

(Karte S. 268; ☎02 79 48 89; www.museopoldi pezzoli.it; Via Alessandro Manzoni 12; Erw./erm. 9/6 €; ⏲Mi–Mo 10–18 Uhr) Botticellis *Madonna mit Kind* ist die Hauptattraktion im Poldi-Pezzoli-Museum, einst Wohnsitz einer der reichsten Adelsfamilien Mailands und heute bedeutendste Privatsammlung der Stadt.

Gian Giacomo hatte im Alter von 24 Jahren nicht nur ein riesiges Vermögen geerbt, sondern auch von seiner Mutter die Liebe zur Kunst. Auf seinen ausgedehnten Reisen durch Europa wurde er von den jüngsten Kunstsammlertrends und dem „Hausmuseum" inspiriert, dem späteren Victoria & Albert Museum in London.

Als seine Sammlung mehr und mehr anwuchs, hatte Pezzoli die Idee, seine Wohnräume in historischen Stilen umzugestalten. Die Treppe und das Schlafzimmer wurden barock umgebaut, das Schwarze Zimmer im Stil der Frührenaissance und das Dante-Arbeitszimmer im Stil des frühen 14. Jhs. Heute sehen die Räume, viele davon selbst Kunstwerke, noch immer fast so aus wie zu Pezzolis Lebzeiten und bieten einen einzigartig konservierten Blick in die Glanzzeit des Mäzenatentums des 19. Jhs.

Navigli STADTVIERTEL

Der Stadtteil Navigli, südlich des Zentrums gelegen, ist nach seinen Kanälen benannt. Der **Naviglio Grande** (Großer Kanal; Karte S. 264) entwickelte sich im 13. Jh. von einem Bewässerungsgraben zu einem der meistbefahrenen Verkehrswege der Stadt, einschließlich Docks, Wäschereien und Speichern. Die Kanäle waren die Autobahnen des mittelalterlichen Mailand, auf denen Salz, Öl, Käse, Wein sowie Marmor für den Bau des Doms zum Stadtzentrum transportiert wurden. Mit der Ankunft von Zügen und Autos wurden viele Kanäle aufgeschüttet und die Speicherhäuser zu Kunstateliers und Galerien umgebaut.

Heute befinden sich in dem Viertel einige der quirligsten Bars Mailands. Am letzten Sonntag jeden Monats werden an über 400 Ständen über 2 km am Naviglio Grande auf dem größten Flohmarkt der Stadt, dem **Mercatore Antiquario di Navigli** (www.naviglilive.it), Antiquitäten und Trödel verkauft.

LP TIPP **Villa Necchi Campiglio** VILLA

(Karte S. 264; ☎02 76 34 01 21; Via Mozart 14; Erw./Kind 8/4 €; ⏲Mi–So 10–18 Uhr) Von außen mag Mailands Stadtlandschaft streng und herb wirken, aber hinter den hohen Mauern verbergen sich einige überraschende Häuser und bezaubernde Gärten. Das trifft vor allem auf die Villa Necchi Campiglio zu, die in den 1930er-Jahren von Piero Portaluppi für die paduanischen Erbinnen Nedda und Gigina Necchi und Giginas Ehemann Angelo Campiglio entworfen wurde.

Portaluppis Kombination aus Rationalismus und Jugendstil symbolisiert die modernen Vorstellungen jener Zeit – das Haus besaß einen der wenigen Swimmingpools Mailands und auch für die damalige Zeit revolutionäre elektrische Fensterläden. Abgesehen von den architektonischen Details faszinieren auch alltägliche Dinge, wie ein Küchenschrank voller gebügelter Tischwäsche, Haarbürsten mit Monogramm und seidene Abendkleider, die für Abende in der Scala bereitzuhängen scheinen.

Pinacoteca Ambrosiana BIBLIOTHEK, KUNSTGALERIE

(Karte S. 268; ☎02 80 69 21; www.ambrosiana.it; Piazza Pio XI 2; Erw./erm. 10/6,50 €; ⏲Di–So 9–

STRASSENBAHNTOUR AUF EIGENE FAUST

Eine ganz individuelle Stadttour kann jeder mit der Straßenbahn Nr. 1 genießen. Dieses altmodische, orangefarbene Prachtstück mit Holzsitzen und originaler Ausstattung fährt die Via Settembrini entlang und dann durch das historische Zentrum auf der Via Manzoni, über die Piazza Cordusio und zurück Richtung Piazza Cairoli und Castello Sforzesco. Eine 75 Minuten gültige Fahrkarte (1,50 €), die auch für Bus und Metro gilt, muss vor der Fahrt in jedem beliebigen Tabakladen gekauft und dann in der jeweiligen *obliteratrice* (Entwerter) in der Straßenbahn gestempelt werden.

Etwas kostspieliger ist die **Tram ATMosfera** (Karte S. 268; ☎800 80 81 81; www.atm-mi.it; Abfahrt Piazza Castello; Mahlzeit 65 €; ⏲Di–So 13–20 Uhr), die zu einer Restaurantstraßenbahn umgebaut wurde, in der bei einer Tour durch die Stadt ein fünfgängiges Menü serviert wird. Das Essen ist großartig, aber wirklich hinreißend sind die Teakholzwände, Glasleuchten und Polsterbänke. Tische müssen mindestens einen Tag zuvor reserviert werden.

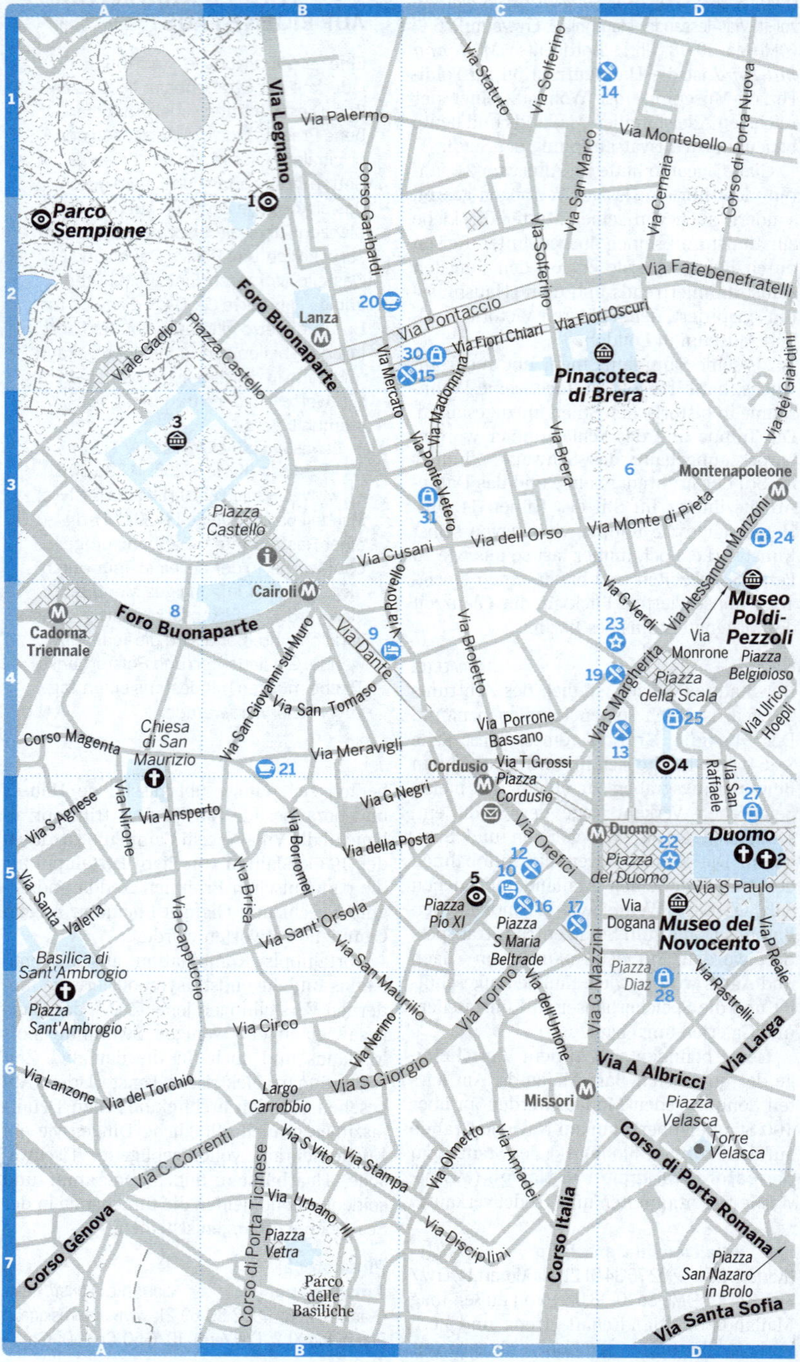
A
B
C
D
1
2
3
4
5
6
7
Parco Sempione
Via Legnano
Via Palermo
Via Statuto
Via Solferino
Via San Marco
Via Montebello
Corso di Porta Nuova
Via Cermaia
Corso Garibaldi
Via Fatebenefratelli
Foro Buonaparte
Lanza
Via Pontaccio
Via Fiori Chiari
Via Fiori Oscuri
Viale Gadio
Piazza Castello
Via Mercato
Via Madonnina
Pinacoteca di Brera
Via dei Giardini
Via Ponte Vetero
Via Brera
Montenapoleone
Via Monte di Pietà
Via Alessandro Manzoni
Piazza Castello
Via Cusani
Via dell'Orso
Museo Poldi-Pezzoli
Cairoli
Cadorna Triennale
Via Rovello
Via Dante
Via Broletto
Via G Verdi
Via Monrone
Piazza Belgioioso
Via San Giovanni sul Muro
Via San Tomaso
Via S Margherita
Piazza della Scala
Via Ulrico Hoepli
Corso Magenta
Chiesa di San Maurizio
Via Meravigli
Via Porrone
Bassano
Via T Grossi
Cordusio
Piazza Cordusio
Via San Raffaele
Via S Agnese
Via Nirone
Via Ansperto
Via G Negri
Via Borromei
Via della Posta
Via Orefici
Duomo
Piazza del Duomo
Via S Paulo
Via Brisa
Via Santa Valeria
Piazza Pio XI
Piazza S Maria Beltrade
Via Dogana
Museo del Novocento
Via P Reale
Via Cappuccio
Via Sant'Orsola
Via San Maurilio
Via G Mazzini
Piazza Diaz
Via Rastrelli
Basilica di Sant'Ambrogio
Piazza Sant'Ambrogio
Via Torino
Via dell'Unione
Via Circo
Via Nerino
Via Larga
Via A Albricci
Via Lanzone
Via del Torchio
Largo Carrobbio
Via S Giorgio
Missori
Piazza Velasca
Torre Velasca
Via C Correnti
Via S Vito
Via Stampa
Via Olmetto
Via Amadei
Corso di Porta Romana
Corso Genova
Via Urbano III
Corso di Porta Ticinese
Piazza Vetra
Via Disciplini
Corso Italia
Parco delle Basiliche
Piazza San Nazaro in Brolo
Via Santa Sofia
1
2
3
4
5
6
8
9
10
12
13
14
15
16
17
19
20
21
22
23
24
25
27
28
30
31

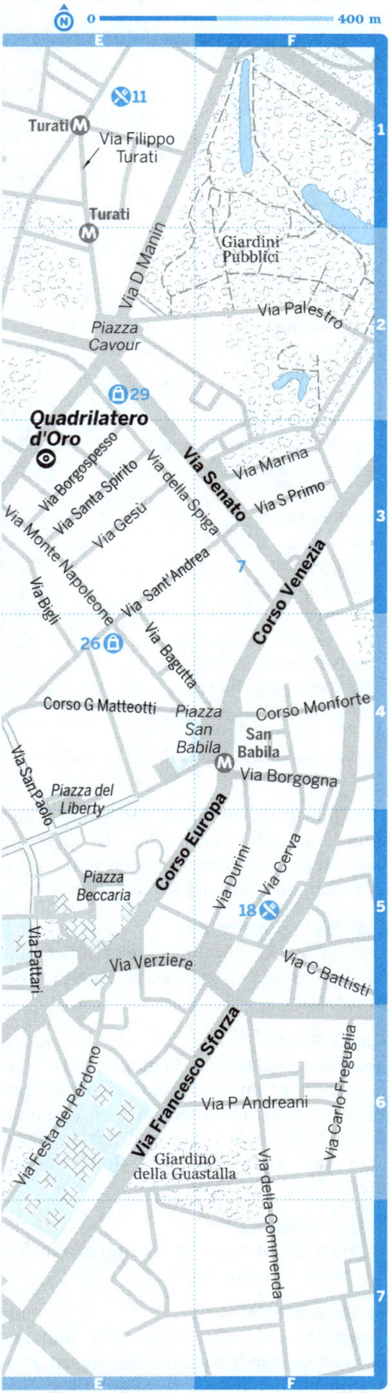

19 Uhr) Die **Biblioteca Ambrosiana**, die der Bücherliebhaber Kardinal Borromeo im Jahr 1609 bauen ließ, war Europas erste öffentliche Bibliothek. Sie birgt heute über 75 000 Bände und 35 000 Manuskripte, darunter einzigartige Schriften wie Leonardo da Vincis *Codex Atlanticus*. Die Pinacoteca Ambrosiana wurde später als Kunstgalerie hinzugefügt und zeigt etliche bedeutende Gemälde aus dem 14. bis 20. Jh. Das berühmteste ist Caravaggios *Canestra di frutta* (Obstkorb), das seinen Ruhm und Italiens Tradition realistischer Malerei begründete.

Aktivitäten

Wie zu erwarten in einer Stadt, in der einige der schönsten Menschen der Welt zu Gast sind, besitzt Mailand ein paar luxuriöse Wellnessanlagen.

Bulgari Spa WELLNESS
(Karte S. 268; ☎02 805 80 51; www.bulgarihotel.com; Via Privata Fratelli Gabba 7/b) Mailands luxuriöseste Wellnessanlage mit einem Goldmosaikpool befindet sich in Antonio Citteros opulentem Bulgari Hotel. Unterschiedlicche Behandlungen ab 65 €.

Spiga 8 Spa im Hotel Baglioni WELLNESS
(Karte S. 268; ☎02 45 47 31 11; www.baglionihotels.com; Via della Spiga 8) Das Spiga 8 Spa ist ganz in Weiß gehalten und minimalistisch ausgestattet. Es bietet Behandlungen, die man auch essen könnte, wie beispielsweise die Schokoladengesichtspackung. Behandlungen ab 65 €.

Kurse

Teatro 7 KOCHEN
(außerhalb Karte S. 264; ☎02 89 07 37 19; www.teatro7.com; Via Thaon di Revel 7) Die innovative Versuchsküche im trendingen Isola organisiert kulinarische Events, private Festmahle und Kochkurse für Erwachsene und Kinder. Kurse ab 65 €.

La Cucina Italiana KOCHEN
(außerhalb Karte S. 264; ☎02 70 64 22 42; www.scuolacucinaitaliana.com; Piazza Aspromonte 15) Die Cucina Italiana ist nicht nur eine Gourmetzeitschrift, sondern auch eine Kochschule. Im Angebot sind auch Küchenabenteuer für Kinder. Kurse ab 80 €.

Geführte Touren

Die Touristeninformation verkauft Karten für dreistündige Bustouren von **Autostradale** (www.autostradale.it; 55 €), ein-

Mailand Zentrum

Highlights
- Duomo ... D5
- Museo del Novocento ... D5
- Museo Poldi-Pezzoli ... D3
- Parco Sempione ... A2
- Pinacoteca di Brera ... D2
- Quadrilatero d'Oro ... E3

Sehenswertes
- 1 Acquario Civico ... B2
- 2 Battistero di San Giovanni ... D5
- 3 Castello Sforzesco ... A3
- 4 Galleria Vittorio Emanuele II ... D4
- Museo d'Arte Antica ... (siehe 3)
- Museo degli Strumenti Musicali ... (siehe 3)
- Museo della Preistoria ... (siehe 3)
- Museo Teatrale alla Scala ... (siehe 23)
- 5 Pinacoteca Ambrosiana ... C5
- Pinacoteca e Raccolte d'Arte ... (siehe 3)
- Teatro alla Scala ... (siehe 23)

Aktivitäten, Kurse & Touren
- 6 Bulgari spa ... D3
- 7 Spiga 8 Spa beim Hotel Baglioni ... F3
- 8 Tram ATMosfera ... A4

Schlafen
- 9 Alle Meraviglie ... B4
- 10 Hotel Spadari Duomo ... C5

Essen
- 11 Bianco Latte ... E1
- 12 Cracco-Peck ... C5
- 13 Grom ... D4
- 14 Latteria San Marco ... D1
- 15 Obikà ... C2
- 16 Peck ... C5
- 17 Princi ... C5
- 18 Trattoria da Pino ... F5
- 19 Trussardi alla Scala ... D4

Ausgehen
- 20 Botega Caffé Cacao ... B2
- 21 Marchesi ... B4

Unterhaltung
- 22 La Scala (Ticketschalter) ... D5
- 23 Teatro alla Scala ... D4

Shoppen
- 24 Alessi ... D3
- 25 Borsalino ... D4
- 26 G Lorenzi ... E4
- 27 La Rinascente ... D5
- 28 Markt Piazza Diaz Book ... D6
- 29 Sermoneta ... E2
- 30 Markt Via Fiori Chiari ... C2
- 31 Vintage Delirium ... C3

schließlich Eintritt zum *Abendmahl,* dem Castello Sforzesco und dem Museum der Scala. Obwohl die Tour im Eiltempo zu allen Hauptsehenswürdigkeiten führt, sind die Eintrittskarten für das Castello und die Scala den ganzen Tag über gültig, was jedem die Möglichkeit zur Besichtigung zu einem späteren Zeitpunkt auf eigene Faust lässt. Die Touren starten dienstags bis sonntags um 9.30 Uhr (außer im Ferienmonat August) am Taxistand an der Westseite der Piazza del Duomo. Von April bis Oktober gibt es auch Ausflüge zum Comer See.

Feste & Events

In Mailand gibt es zwei große Messegelände, die **Fiera Milano** (www.fieramilano.it), die miteinander verbunden sind. Das ältere der beiden, die **Fieramilanocity** (Karte S. 264), liegt in Zentrumsnähe (Metrolinie 2, Haltestelle Lotto Fieramilanocity), das größere Gelände, die **Fieramilano**, befindet sich westlich Mailands in der Trabantenstadt Rho (Metrolinie 2, Haltestelle Rho Fiera). Hier finden die bekannte Möbelmesse, die internationalen Modenschauen und die meisten großen Handelsmessen statt.

Weitere interessante Veranstaltungen:

Carnevale Ambrosiano KULTUR
Der längste Karneval der Welt, Höhepunkt ist eine Prozession zum Dom; findet im Februar statt.

Cortili Aperti KULTUR
(www.italiamultimedia.com/cortiliaperti) Für einen Sonntag im Mai öffnen sich die Tore zu einigen der schönsten privaten Innenhöfe der Stadt. Mit der ausgedruckten Karte kann sich jeder selbst eine Route zusammenstellen.

Festa del Naviglio KULTUR
Paraden, Musik und Veranstaltungen in den ersten zehn Tagen im Juni.

La Bella Estate MUSIK
(www.comune.milano.it) Konzerte in und außerhalb der Stadt von Juni bis August. Programm auf der Website des Rathauses.

Festa di Sant'Ambrogio RELIGION

Der Tag des Schutzheiligen Mailands wird am 7. Dezember traditionell mit einem großen Weihnachtsmarkt namens Obej! Obej! gefeiert. Die zahlreichen Verkaufsbuden verkaufen Süßigkeiten, köstlichen Panettone (Hefekuchen) und Kunsthandwerk. Am gleichen Abend wird auch die Opern- und Ballettsaison in der Scala eröffnet.

Schlafen

Eine preiswerte Unterkunft ist in Mailand nur schwer zu finden und überhaupt nicht während der Möbelmesse Salone del Mobile, den Modenschauen und anderen großen Messen. Zu anderen Zeiten können frühzeitige Buchung und Preisvergleiche auf entsprechenden Websites zu erstaunlich guten Angeboten führen. Die Touristeninformation gibt die Broschüre *Milano Hotels* mit über 350 Adressen heraus.

LP TIPP Antica Locanda Solferino PENSION €€€

(Karte S. 264; 02 657 01 29; www.anticalocandasolferino.it; Via Castelfidardo 2; EZ 140–270 €, DZ 180–400 €; P❄📶) Das dezent wirkende Schmuckstück in Breda ist ein wirklich zauberhaftes Refugium, das vor allem Künstler, Musiker und Schriftsteller anzieht. Die insgesamt elf romantisch altmodischen Zimmer sind mit Drucken aus dem frühen 20. Jh., Lochstickereigardinen und antiken Möbeln ausgestattet. Vermietet wird auch ein Apartment für zwei Personen, ganz im Stil der 1960er-Jahre.

Hotel Spadari Duomo DESIGNHOTEL €€€

(Karte S. 268; 02 72 00 23 71; www.spadarihotel.com; Via Spadari 11; DZ 185–345 €; ❄📶) Die Zimmer im Spadari, dem ersten Designhotel Mailands, sind Minigalerien mit Werken von Nachwuchskünstlern. Das Hotel selbst ist die Kreation der angesehenen Architekten und Ingenieure Urbano Pierini und Ugo La Pietra, die jedes Detail des „Looks" bis hin zu den kurvigen Möbeln aus hellem Holz entwarfen.

Foresteria Monforte B&B €€

(Karte S. 264; 02 76 31 85 16; www.foresteriamonforte.it; Piazza del Tricolore 2; DZ 150–250 €) Philippe-Starck-Sessel, moderne Flachbildschirmfernseher und eine Gemeinschaftsküche zeichnen die drei stilvoll eingerichteten Zimmer in dem gehobenen B&B nur ein paar Schritte vom Dom enfternt aus. Ein reichhaltiges Frühstück wird direkt auf dem Zimmer serviert.

3Rooms B&B €€€

(Karte S. 268; 02 62 61 63; www.10corsocomo.com; Corso Como 10; DZ 270–340 €; P❄@📶) Wer sich nicht vom Konzeptladen Corso Como losreißen kann, sollte sich einen der drei Schlüssel zu dessen luxuriösen Palazzo-Suiten besorgen. Hier schläft der Gast unter Bettdecken von Eames, sitzt in Sesseln von Arne Jacobsen und macht sich Tee mit einem Wasserkessel von Porsche – alles kann man beim Auschecken auch kaufen.

Antica Locanda Leonardo PENSION €€

(Karte S. 264; 02 48 01 41 97; www.anticalocandaleonardo.com; Corso Magenta 78; EZ 120 €, DZ 165–245 €; ❄📶) Die Zimmer in dem Haus aus dem 19. Jh. verströmen heimeligen Komfort, von den historischen Möbeln und Parkettböden bis zu den üppigen Vorhängen. Frühstück wird im stillen, duftenden Hofgarten serviert.

Vietnamonamour B&B €€

(02 70 63 46 14; www.vietnamonamour.com; Via Alessandro Pestalozza 7; EZ 80–100 €, DZ 100–120 €; ❄📶) Schöne Holzfußböden und vietnamesische Einrichtung charakterisieren das Wohnhaus von 1903, in dem vier romantische Zimmer vermietet werden. Unten im Haus betreibt der in Paris geborene vietnamesische Besitzer ein einladendes vietnamesisches Restaurant.

Hotel Casa Mia HOTEL €

(Karte S. 264; 02 657 52 49; www.hotelcasamiamilano.it; Viale Vittorio Veneto 30; EZ/DZ 62/85 €; ❄) „Mein Haus" an der Piazza della Repubblica vermietet einfache Zimmer und liegt günstig genau zwischen der Stazione Centrale und dem Dom, gleich gegenüber den Giardini Pubblici. Es wurde jüngst renoviert, sodass die Zimmer derzeit etwas Glanz haben.

Ebenfalls empfohlen:

La Cordata HOSTEL €

(Karte S. 264; 02 58 31 46 75; www.ostellolacordata.com; Via Burigozzo 11; B/EZ/DZ 23/ 60/ 80 €; @📶) Schlichtes, aber sauberes Hostel mit einem Touch Designerpep.

Tara Verde B&B €€

(außerhalb Karte S. 264; 02 36 53 49 59; www.taraverde.it; Via Delleani 22; EZ 100–110 €, DZ 129 €; ❄@) Drei exotisch bunte Zimmer in einem Palazzo aus dem 19. Jh.

Alle Meraviglie HOTEL €€€

(Karte S. 268; 02 805 10 23; www.allemeraviglie.it; Via San Tomaso 8; DZ 180–247 €; P❄📶)

Ein Boutiquehotel, dessen Zimmer mit Mailänder Stoffen und frischen Blumen dekoriert sind.

Essen

Die aktuelle Restaurantszene Mailands gleicht der Modeszene: Eröffnungen neuer Restaurants werden stets heiß diskutiert und einen Tisch in einem Restaurant mit Michelin-Sternen ist nur schwer zu bekommen. Ob nun durch und durch traditionelle oder Fusionsküche, in Mailand werden einige der innovativsten und anspruchvollsten Speisen Italiens geboten.

Zu Mailands Regionalspezialitäten gehören Polenta und der typische erste Gang *risotto alla milanese* (Safranrisotto in Knochenmarksud). Beliebte Mailänder Hauptgerichte sind *fritto misto alla milanese* (gebratene Knochenmarkscheiben, Leber und Lunge), *busecca* (gekochte Kutteln mit Bohnen) und *cotoletta alla milanese* (paniertes Kalbsschnitzel). Aus Mailand stammen auch der *panettone* (Weihnachtskuchen mit Trockenfrüchten) und die *colomba* (ein trockener, taubenförmiger Kuchen, der erstmals im 6. Jh. gebacken wurde und traditionell zu süßem Dessertwein gereicht wird).

Für die meisten renommierten Restaurants ist eine Reservierung erforderlich und in beliebten und Spitzenrestaurants sogar unerlässlich.

Da Giacomo MEERESFRÜCHTE €€
(Karte S. 264; ☎02 76 02 33 13; Via Pasquale Sottocorno 6; Mahlzeiten 30 €) Das sonnige toskanische Restaurant mit seinen zartgelben Wänden und minzgrünen Täfelungen serviert schlichte Speisen hauptsächlich mit Fisch und Meeresfrüchten. Wie wär's mit einem Stück Sardinen- und Kapernpizza als Vorspeise, gefolgt von frischen Linguine mit Scampi und Zucchiniblüten?

LP TIPP **Trattoria Abele la Temperanza** TRATTORIA €
(außerhalb Karte S. 264; ☎02 261 38 55; Via Temperanza 5; Risotto 9 €; ⏲Di–So 20–1 Uhr;) Die traditionelle, nur sehr spärlich dekorierte Trattoria mit Papierplatzmatten und schwarz-weißen Fotos an der Wand hat sich dem perfekten Risotto gewidmet. Hier können über 100 verschiedene Risottogerichte probiert werden, neben anderen traditionellen Gerichten, wie *brasato* (Schmorbraten). Die „drei Reisarten" sind eine Auswahl drei verschiedener Risottos, die im Angebot täglich wechselt. Eine vorherige Reservierung ist ratsam, ebenso rechtzeitige Ankunft und 30 Minuten Wartezeit fürs Essen sind normal – aber es lohnt sich.

Osteria della Lanterna OSTERIA €€
(Karte S. 264; ☎02 58 30 96 04; Via Giuseppe Mercalli 14; Mahlzeiten 25–35 €; ⏲Mo–Fr, Sa nur abends) Eine der wenigen echten *osterie* (zwanglose Kneipen oder Esslokale mit einem Wirt), die es noch in Mailand gibt. Der Koch und Besitzer spricht hier zu seinen Gästen im Mailänder Dialekt. Trotz des unscheinbaren Aussehens muss hier reserviert werden, um die hausgemachten Pasta und köstlichen Gnocchi mit Walnuss und Gorgonzola zu probieren.

MAILANDS STRAHLENDSTE MICHELIN-STERNE

Mailands wichtigste Restaurants mit moderner italienischer Küche konzentrieren sich ebenso auf den Zeitgeist wie auf das Essen:

» **Trussardi alla Scala** (Karte S. 268; ☎02 80 68 82 01; www.trussardiallascala.com; Piazza della Scala 5; Mahlzeiten 120 €; ⏲Mo–Fr, Sa abends) Andrea Berton, ein Schüler von Gualtiero Marchesi, ist der Chefkoch dieses dezenten, betörenden Restaurants mit Blick auf die Scala. Die Speisekarte ist angenehm geradlinig und bietet saisonale Gerichte wie Frühlingslamm mit Kartoffeln, Avocado und Limone.

» **Cracco-Peck** (Karte S. 268; ☎02 87 67 74; www.ristorantecracco.it; Via Victor Hugo 4; Mahlzeiten 140 €; ⏲Di–Fr, Mo abends, Sa mittags) Das kulinarische Vorzeigelokal des führenden Mailänder Delikatessengeschäfts Peck. Carlo Cracco zaubert vorbildliche molekulare *alta cucina* (Haute Cuisine) in einem formellen, modernen Ambiente.

» **Sadler** (außerhalb Karte S. 264; ☎02 87 67 30; www.sadler.it; Via Ascanio Sforza 77; Mahlzeiten 120 €; ⏲Mo–Sa) Claudio Sadler beherrscht die Mailänder kulinarische Szene seit 1995 und ist noch immer unangefochten. Der Trick ist, den Geschmack einfach zu halten. Empfehlenswert sind das Taubenragout oder Kohlenfisch mit Rübstiel, Joghurt und Wasabi.

NICHT VERSÄUMEN

FEINKOST PECK

Leonardos *Abendmahl*? Geschenkt! Schlemmer begeben sich ins Feinkost- und Weinhaus **Peck** (Karte S. 268; ☎02 802 31 61; www.peck.it; Via Spadari 7–9; ⏲Mo 15–19.30, Di–Sa 8.45–19.30 Uhr). Die Mailänder Institution eröffnete 1883 als Feinkostgeschäft. Seither wurde es im oberen Bereich mit einem Bar-Restaurant und einer *enoteca* (Weinbar) erweitert. Das schatzkammerartige Lebensmittelgeschäft ist das beste in Mailand. Faszinierend ist schon der Käsestand mit unendlich vielen verschiedenen Parmesansorten. Weitere Köstlichkeiten sind eine exquisite Auswahl an Schokolade, Pralinen und Kuchen, dann Meeresfrüchte, Kaviar, Pâtés, Wurst, Obst und Gemüse, Trüffelprodukte, Olivenöl und Balsamico.

Dongiò KALABRISCH €€

(Karte S. 264; ☎02 551 13 72; Via Bernardino Corio 3; Mahlzeiten 30–40 €; ⏲Mo–Fr, Sa nur abends; 👪) Die großzügige kalabrische Trattoria ist eines der preiswertesten Restaurants in Mailand und serviert köstliche hausgemachte Pasta auf die würzige Art des Südens. Als Vorspeise gibt es u. a. Salami und pikanten Käse. Reservierung wird empfohlen.

Grand Hotel Osteria OSTERIA €€

(außerhalb Karte S. 264; ☎02 89 51 15 86; www.osteriagrandhotel.it; Via Cardinale Ascanio Sforza 75; Mahlzeiten 35–40 €; ⏲Mo–Fr abends, Sa & So mittags & abends) Im Sommer speisen die Gäste unter der blumenbeladenen Pergola dieser traditionellen Osteria am Naviglio Pavese. Der Besitzer ist ein Weinkenner (und Opernenthusiast) und bietet eine außergewöhnliche Weinauswahl. Er veranstaltet auch manchmal lohnenswerte Wein-, Käse- und Ölverkostungen.

Al Bacco MAILÄNDISCH €€

(Karte S. 264; ☎02 54 12 16 37; Via Marcona 1; Mahlzeiten 25–30 €; ⏲Mo–Sa abends) Andrea, einst Schüler des berühmten Kochs Claudio Sadler, hat nun sein eigenes, von Slow Food empfohlenes Restaurant, in dem er Mailänder Klassiker mit großer Kochkunst zubereitet. Hier lässt sich bestens Safranrisotto oder Kalbskotelett probieren, auch hausgemachte Pasta mit Saubohnen, Pancetta und Pecorino oder Kaninchen mit Taggiasche-Oliven.

Trattoria da Pino MAILÄNDISCH €€

(Karte S. 268; ☎02 76 00 05 32; Mahlzeiten 20–25 €; Via Cerva 14; ⏲Mo–Sa mittags) In einer Stadt voller Models in Restaurants mit Michelin-Sternen ist das eher proletarische Da Pino das perfekte Gegenmittel. Die Gäste sitzen in dem rostroten Raum und bestellen Schüsseln mit *bollito misto* (gemischtes Siedfleisch), hausgemachte Pasta und Kalbsragout. Um 13 Uhr ist der Laden proppenvoll, frühe Ankunft ist also ratsam, um voll dabei sein zu können.

Latteria di San Marco TRATTORIA €

(Karte S. 268; ☎02 659 76 53; Via San Marco 24; Mahlzeiten 18–25 €; ⏲Mo–Fr) Wer einen der wenigen Plätze in dem winzigen Restaurant erwischt (ursprünglich war es ein Milchladen), findet auf der wechselnden Karte mit vorwiegend Biogerichten Vertrautes wie *Spaghetti alla carbonara* und eigene Kreationen des Kochs Arturo, wie *polpettine al limone* (kleine Fleischklopse mit Zitrone) oder *riso al salto* (Risotto-Frikadellen).

El Brellin ITALIENISCH, BRUNCH €€€

(Karte S. 264; ☎02 58 10 13 51; www.brellin.com; Ecke Vicolo dei Lavandai 14 & Alzaia Naviglio Grande 14; Mahlzeiten 40–45 €; ⏲Mo–Sa) Der mit Kerzen beleuchtete Garten des Brellin, das sich in einer Wäscherei aus dem 18. Jh. befindet, ist ein romantisches Plätzchen für hausgemachte Pasta und Spezialitäten wie *cazzoeula* (Eintopf mit Schweinerippchen, Schwarte und Wurst). Das sonntägliche Brunchbüfett besteht aus Schinken, Wurst, Rührei und einem ganzen Räucherlachs.

Ebenfalls empfohlen:

Bianco Latte CAFÉ €

(Karte S. 268; ☎02 52 08 61 77; www.biancolattemilano.it; Via Filippo Turati 30; Eis 2,50–12 €) Hier gibt es handgemachtes Eis, Salate und hausgebackene Kuchen.

Grom EISDIELE €

(Karte S. 268; ☎02 8058 1041; www.grom.it; Via Santa Margherita 16; Eis 2–3 €; 👪) Das Pistazieneis wird mit Nüssen aus Sizilien hergestellt und das *gianduja* (Nougat) besteht aus Piemonteser Haselnüssen und venezolanischer Schokolade. Egal was, das Grom ist einfach gut.

Obikà KÄSEBAR €€

(Karte S. 264; ☎02 86 45 05 68; www.obika.it; Ecke Via Mercato & Via Fiori Chiari; Mahlzeiten 15–25 €) Zur Wahl stehen Mozzarellakugeln von süß bis geräuchert, dazu Salat oder Prosciutto. Der *aperitivo* für 8 € ist schön günstig.

Princi BÄCKEREI

(Karte S. 268; ☎02 87 47 97; www.princi.it; Via Speronari 6; ⏲Mo–Sa) Hausgemachte Kuchen, Brot und Pizza.

Ausgehen

Mailänder Bars sind in der Regel bis 2 oder 3 Uhr geöffnet und praktisch alle servieren köstliche *aperitivi*.

Das Kanalviertel Navigli, die gepflasterten Gassen von Brera und der mondäne Corso Como und Umgebung sind alle prima für einen Drink nach Mailänder Art geeignet.

Diana Garden BAR

(Karte S. 264; ☎02 20 58 20 81; Viale Piave 42; ⏲22–1 Uhr) Der *aperitivo* im Diana, abgesondert durch einen großen Ledervorhang an der Rückseite des Sheraton, ist einer der vielseitigsten in Mailand. Wie wäre es mit einem Bellini mit frisch püriertem Pfirsich in dem gedämpft beleuchteten Garten?

Lacerba BAR

(Karte S. 264; ☎02 545 54 75; www.lacerba.it; Via Orti 4; ⏲Mo–Fr 12–15 & 18.30–24, Sa 18.30–24 Uhr) Das Lacerba ist eine Hommage an den Futurismus und kombiniert Gerichte nach dem verrückten kulinarischen Manifest des Futuristen Marinetti mit innovativen Cocktailmixturen wie Basilikum und Honig. Mit den lippenstiftroten Ledersofas und schicken Mustertapeten verströmt es eine dezent sexy Atmosphäre.

10 Corso Como BAR

(Karte S. 264; ☎02 29 01 35 81; www.10corsocomo.com; Corso Como 10; ⏲Mo–Fr 12.30–24, Sa & So 11.30–1.30 Uhr) Ein bildschöner Innenhof, erstklassiges Leutegucken und eine elegante *aperitivo*-Szene unter funkelnden Lichterketten bei Nacht: einfach die beste Lifestyle-Bar Mailands.

Living BAR

(Karte S. 268; ☎02 331 00 84; www.livingmilano.com; Piazza Sempione 2; ⏲Mo–F 8–2, Sa & So 9–2 Uhr) Das Living hat eine der hübschesten Lagen der Stadt, nämlich an einer Ecke mit wandgroßen Fenstern mit Blick auf den Arco della Pace. Das reichliche Angebot an *aperitivi* und die meisterhaft gemixten Cocktails ziehen schick-lässige Gäste in ihren 20ern und 30ern an.

Ebenfalls empfohlen:

Botega Caffè Cacao CAFÉ

(Karte S. 268; ☎02 80 50 65 89; www.cafebotegacacao.it; Corso Garibaldi 12; ⏲tgl. 7–20 Uhr) Kaffee und Kuchen in einem 1950er-Jahre-Retrocafé in Brera.

Torrefazione Caffè Ambrosiano CAFÉ

(Karte S. 264; ☎02 29 52 50 69; www.torrefazioneambrosiano.it; Corso Buenos Aires 20) Keine Tische, nur der beste Kaffee in Mailand. Eine Filiale gibt es am Corso XXII Marzo 18 (Karte S. 264).

Marchesi GEBÄCK & KUCHEN

(Karte S. 268; ☎02 87 67 30; www.pasticceria marchesi.it; Via Santa Maria all Porta 11a; ⏲Mo–Sa) Stets perfekter Kaffee seit 1824.

Unterhaltung

In Mailand gibt es einige der Spitzenclubs Italiens, zudem ein reiches Kulturprogramm, dessen Höhepunkt die Opernsaison der Scala ist. Die Theater- und Konzertsaison beginnt im Oktober.

Die großen Stars, die nach Mailand kommen, treten in größeren Häusern außerhalb des Stadtzentrums auf. Dazu gehören das **Mediolanum Forum** (☎199 12 88 00; www.forumnet.it) und das **Stadion San Siro**

APERITIVO

Anderswo bedeutet die Happy Hour, ein paar Biere zum ermäßigten Preis zu trinken, aber nicht so im schicken Mailand. Der abendliche *aperitivo* ist ein zwei- bis dreistündiges Ritual ab 18 Uhr, bei dem für 6 bis 15 € zum Cocktail, Glas Wein oder Bier ein unbegrenztes Büfett mit Antipasti, Bruschetta, Schinken, Salaten und sogar Meeresfrüchten und Pasta zur Verfügung steht. (Gelegentlich wird ein Eintrittsgeld verlangt, in dem ein Getränk und das Büfett enthalten sind, was meist aufs Gleiche hinausläuft.) Jeder kann sich selbst bedienen, manchmal wird auch am Tisch serviert. Die meisten Bars der Stadt bieten *aperitivi* an, auch die hier aufgeführten.

(www.sansiro.net). An Konzerttagen werden Shuttlebusse für den Transport eingesetzt.

Livemusik

Le Trottoir LIVEMUSIK

(Karte S. 264; ☎02 837 81 66; www.letrottoir.it; Piazza XXIV Maggio 1; Eintritt 10 €; ⏲tgl. 23–2 Uhr) Das legendäre Trottoir ist in einem ehemaligen Zollhaus an den Darsena-Docks untergebracht und ein lohnenswertes Ziel nach ein paar Drinks in Navigli. Die Andrea-Pinketts-Lounge oben ist in psychodelischem Gelb, Blau und Rot gehalten, im Sommer tummeln sich Hunderte Nachtschwärmer draußen auf der Straße.

Blue Note JAZZCLUB

(Karte S. 264; ☎02 69 01 68 88; www.bluenotemilano.com; Via Borsieri 37; Eintrittskarten 25–30 €; ⏲Sept.–Juli Di–So) Jazzmusiker der Spitzenklasse aus aller Welt treten hier auf; Eintrittskarten gibt es telefonisch, online oder ab 19.30 Uhr am Eingang. Der Club veranstaltet auch einen beliebten Sonntagsbrunch mit Easy Listening (35 oder 55 € für 2 Erw. und 2 Kinder).

Clubs

Clubs sind dienstags bis sonntags bis 3 oder 4 Uhr geöffnet; der Eintritt kostet von 10 bis 20 €. Die Einlasskriterien können mit voranschreitender Nacht sehr streng werden.

Plastic CLUB

(außerhalb Karte S. 264; ☎02 73 39 96; www.thisisplastic.com; Viale Umbria 120; ⏲Mitte Sept.–Juni Fr & Sa) „London Loves" am Freitag ist kompromisslos mit seinem abgefahrenen, irren Indie-Mix und Mailands coolsten Kids. Wer fantastisch aussieht, darf am Sonntag auch zum privaten Match à Paris des Art Director des Clubs, Nicola Guiducci, der französischen Pop, Indie und Avantgarde-Sounds mischt.

Il Gattopardo Café CLUB

(Karte S. 264; ☎02 34 53 76 99; www.ilgattopardocafe.it; Via Piero della Francesca 47; ⏲Sept.–Juni Di–Sa) Der hinreißende, champagnerfarbene Club, der in einer ehemaligen Kirche untergebracht ist, ist mit flackernden Kerzen und barocken Möbeln ausgestattet. Die Gäste des Gattopardo sind ebenfalls eine Augenweide. Die einzige Eintrittsmöglichkeit ist vorherige Reservierung.

Magazzini Generali CLUB

(☎02 539 39 48; www.magazzinigenerali.it; Via Pietrasanta 14; ⏲Okt.–Mai Mi–Sa) Nirgendwo sonst gibt es in Mailand mehr Fun, als wenn in der ehemaligen Lagerhalle die Massen zu einer internationalen Indie-Band abtanzen. Die meisten Gigs kosten unter 20 €. Wenn DJs die Party in Schwung bringen, ist der Eintritt umsonst.

WAS LÄUFT WO?

Die Touristeninformation hat mehrere Programmzeitschriften auch auf Englisch: *Milano Mese, Hello Milano* (www.hellomilano.it) und *Easy Milano* (www.easymilano.it). Die kostenlosen italienischen Tageszeitungen, die in der Metro verteilt werden, haben ebenfalls aktuelle Programmverzeichnisse.

Clubevents stehen im *ViviMilano* (http://milano.corriere.it, auf Italienisch), das mittwochs als Beilage im *Corriere della Sera* erscheint, und am Donnerstag in *La Repubblica* (www.repubblica.it, auf Italienisch). Eine weitere gute Quelle ist *Milano2night* (http://milano.2night.it).

Karten für Konzerte, Sportveranstaltungen und Theater können online über **Ticket One** (☎89 21 01; www.ticketone.it) oder **Ticket Web** (☎199 15 81 58; www.ticketweb.it) gekauft werden. **Milano Concerti** (☎02 48 70 27 26; www.milano concerti.it) verkauft nur Karten für internationale Rockkonzerte.

Oper & Theater

Opernsaison ist von November bis Juli, aber außer im August gibt es im Teatro alla Scala das ganze Jahr über Theater, Ballett und Konzerte.

Teatro alla Scala OPERNHAUS

(Karte S. 268; Theaterkasse ☎02 86 07 75; www.teatroallascala.org; Via Filodramatici 2) Nur mit sehr viel Geduld und großem Glück sind Opernkarten für die Scala zu erwischen (10–180 €; bis zu 2000 € für Premieren). Etwa zwei Monate vor der ersten Vorstellung sind Karten telefonisch oder online erhältlich. Einen Monat vor der Vorstellung werden die verbliebenen Karten an der **Theaterkasse** (Karte S. 268; Galleria del Sagrato, Piazza del Duomo; ⏲12–18 Uhr) verkauft. Am Tag der Vorstellung werden 140 Karten für die Galerie zwei Stunden vor der Aufführung verkauft (es gibt nur eine Karte pro Pers.). Also früh anstellen.

NICHT VERSÄUMEN

QUADRILATERO D'ORO

Für alle, die sich für den Wurf eines Kleides oder den Schnitt eines Jacketts interessieren, ist ein Bummel im **Quadrilatero d'Oro** (Goldenes Karree; Karte S. 268), dem berühmtesten Einkaufsviertel der Welt, ein Muss. Das anheimelnde Straßenkarree mag zwar schon immer für Eleganz und Geld gestanden haben (in der Via Monte Napoleone verwaltete Napoleons Regierung Kredite), aber der legendäre Modestatus ist allein dem Neubeginn Mailands in der Nachkriegszeit geschuldet. In der Blütezeit der 1950er-Jahre eröffneten die Modehäuser der Stadt in der Gegend zwischen Via Monte Napoleone, Via Sant'Andrea, Via della Spiga und Via Alessandro Manzoni ihre Ateliers. In den 1960er-Jahren hatte Mailand Florenz und Rom als Haute-Couture-Hauptstadt überflügelt. Heute präsentieren hier die Topdesigner der Welt im Februar/März und September/Oktober ihre aktuellen Damenkollektionen, während die Herrenmode im Januar und Juni/Juli auf die Laufstege geschickt wird.

Sport

Die beiden weit über die Grenzen ihrer Stadt bekannten Fußballvereine der Stadt sind der 1899 gegründete AC Mailand, der seit 25 Jahren seinem Vorsitzenden Silvio Berlusconi gehört, und der 1908 gegründete FC Internazionale Milano (kurz „Inter"). Sie spielen in der Saison an jeweils abwechselnden Sonntagen im **Stadion San Siro** (Stadio Giuseppe Meazza; ☎02 404 24 32; www.sansirotour.com; Via Piccolomini 5, Museum & Führungen Tor 14; Museum Erw./erm. 7/5 €, mit Führung 12,50/10 €; ⌚spielfreie Tage 10–18 Uhr).

Zu den interessanten Führungen durch das Stadion aus den 1920er-Jahren gehört auch ein Blick in die Umkleideräume der Spieler und ein Besuch im **Museo Inter e Milan**, einem Schrein voller Memorabilien, Spielerkarikaturen aus Pappmaché und Archivfilmen.

Zu erreichen mit der Straßenbahn 24, Bus 95, 49 oder 72, oder mit der Metro bis zum Bahnhof Lotto, von wo ein kostenloser Shuttlebus zum Stadion fährt.

Shoppen

Jenseits der geheiligten Straßen des **Goldenen Karrees** gibt es auch Designerläden und -ketten am **Corso Buenos Aires** (Ⓜ Corsa Venezia) und **Corso Vercelli** (Ⓜ Conciliazione), jüngere und trendigere Labels in der **Via Brera** (Ⓜ Montenapoleone) und am **Corso Magenta** (Ⓜ Cadorna).

Die Mailänder Szene- und Subkulturläden sind am **Corso di Porta Ticinese** und in **Navigli** (Ⓜ Porta Genova) zu finden. Einige innovative Jungdesigner und tolle Schnäppchen gibt es in der angesagten **Via Tortona** (Ⓜ Porta Genova).

LP TIPP **Spazio Rossana Orlandi** EINRICHTUNG, DESIGN
(Karte S. 264; ☎02 467 44 71; www.rossanaorlandi.com; Via Matteo Bandello 14; ⌚Di–Sa) Das ikonische Einrichtungshaus in einer ehemaligen Schlipsfabrik im Viertel Magenta zu finden, ist allein schon eine schwierige Aufgabe. Aber wer einmal drinnen ist, wird sich kaum von der traumhaften Schatzkammer losreißen können: Sie ist angefüllt mit alten und zeitgenössischen Teilen in limitierter Auflage, die von jungen Nachwuchskünstlern entworfen wurden.

Monica Castiglioni SCHMUCK
(Karte S. 264; ☎02 87 23 79 79; www.monicacastiglioni.com; Via Pastrengo 4; ⌚Do–Sa 11–20 Uhr) Monicas Atelier im Trendviertel Isola produziert organischen Bronze-, Silber- und Goldschmuck im Industriedesign. Diese „Statement"-Stücke sind tief in der modernistischen Tradition Mailands verwurzelt und für ihre Qualität preisgünstig.

Il Salvagente MODE
(außerhalb Karte S. 264; ☎02 76 11 03 28; www.salvagentemilano.it; Via Fratelli Bronzetti 16; ⌚Di–Sa, Mo 15–19 Uhr) Der trostlose Kellerhof von Il Salvagente gibt kaum einen Hinweis auf die großen Labels in den Räumen. Prada, Dolce & Gabbana, Versace und Ferretti sind nur ein paar der Namen, die hier auf den brechend vollen Regalen zu ermäßigten Preisen zu finden sind. Nur Barzahlung.

Borsalino ACCESSOIRES
(Karte S. 268; ☎02 89 01 54 36; www.borsalino.com; Galleria Vittorio Emanuele II 92; ⌚Di–Sa) Die legendäre Hutmacherfirma aus dem piemontesischen Alessandria hat mit Designerstars wie Achille Castiglioni zusammen-

gearbeitet, der einst einen schüsselförmigen Bowler (Melone) entwarf. Dieser Laden in der Galleria führt saisonabhängige und gängige Modelle. Der Hauptverkaufsraum befindet sich am Corso Venezia 21a.

G Lorenzi KÜCHENUTENSILIEN, DESIGN
(Karte S. 268; ☎02 76 02 28 48; www.lorenzi.it; Via Monte Napoleone 9; ⏲Mo–Sa) G Lorenzi ist eines der verbliebenen Schmuckstücke Mailands aus dem frühen 20. Jh. und spezialisiert sich auf Körperpflege- und Küchenutensilien höchster Qualität. Es gibt hier Dinge – z. B. handgefertigte Taschenmesser mit Hirschhorngriff –, die so schön und funktional sind, dass sie als klassische Beispiele des Gebrauchsdesigns zu bezeichnen sind.

Vintage Delirium SECONDHAND
(Karte S. 268; ☎02 86 46 20 76; www.vintagedeliriumfj.com; Via Sacchi 3; ⏲Mo–Fr) Franco Jacassis mehrstöckiges Geschäft führt tadellose Secondhandstrickwaren, Abendkleidung aus den 1930er-Jahren von Chanel, Dior, Balenciaga und Vionnet sowie Gürtel, Schnallen, Taschen und neapolitanische Seidenkrawatten aus den 1960er-Jahren.

Sermoneta ACCESSOIRES
(Karte S. 268; ☎02 76 31 79 61; www.sermonetagloves.com; Via della Spiga 46) Die winzige Boutique Sermoneta in der schicken Via della Spiga verkauft handgenähte Kalbslederhandschuhe, auch ungewöhnliche Variationen aus Pferdefell oder Pekarihaut.

Ebenfalls empfohlen:

10 Corso Como MODE
(Karte S. 264; ☎02 29 00 26 74; www.10corsocomo.com; Corso Como 10; ⏲Di & Fr–So 10.30–19.30, Mi & Do bis 21, Mo 15.30–19.30 Uhr) Das ist vermutlich der am meisten hochgejubelte „Konzeptladen" der Welt, mit einer betörenden Auswahl an Lifestyle-Artikeln.

La Rinascente KAUFHAUS
(Karte S. 268; ☎02 885 21; www.rinascente.it; Piazza Duomo; ⏲10–24 Uhr) Italiens renommiertestes Kaufhaus wird der Modehauptstadt durchaus gerecht.

Art Book Triennale BUCHLADEN
(☎02 89 01 34 03; Viale Emilio Alemagna 6; ⏲Di–So 10.30–20.30 Uhr) Der Buchladen in der Triennale di Milano führt wunderschön gefertigte Kunsteditionen, die so faszinierend sind wie die Ausstellungen selbst.

Alessi KÜCHENUTENSILIEN
(Karte S. 268; ☎02 79 57 26; www.alessi.com; Via Manzoni 14–16; ⏲Di–So) Alessis glanzvoller neuer Flagship-Laden, von Martí Guixé entworfen.

ℹ Praktische Informationen

Gefahren & Ärgernisse

Gelegenheitsdiebstähle (meist Taschendiebstahl) können in öffentlichen Verkehrsmitteln, um den Hauptbahnhof (Stazione Centrale) und auch auf der Piazza del Duomo ein ernsthaftes Problem sein.

Geld

Wechselstuben gibt es in allen Flughäfen, ein paar findet man auch an der Westseite der Piazza del Duomo.

Banca Cesare Ponti (Piazza del Duomo 19) Gute Wechselkurse und ein 24-Stunden-Automat für Banknotenwechsel.

Banca Intesa San Paolo (Piazza della Scala) Eine 24-Stunden-Kabine mit Geldwechsel- und Geldautomaten.

DESIGNER-OUTLETS

Schnäppchen für echte Designerware bietet ein Ausflug zu den riesigen Designer-Outlets, die die meisten globalen Labels zu einem Bruchteil des Preises verkaufen.

» **Fox Town** (www.foxtown.ch; Via A Maspoli 18, Mendrisio, Schweiz; ⏲11–19 Uhr) Das Outlet 50 km nördlich von Mailand mit über 160 Läden aus der ganzen Bandbreite der Marken, von Ferragamo bis Nike, ist eines der best gehüteten Geheimnisse der Gegend. Es gibt eine Busverbindung für Kunden (Infos auf der Website) oder einen Zug nach Chiasso, von wo ein Schweizer Postbus zum Outlet fährt.

» **Serravalle Scrivia** (www.mcarthurglen.it/serravalle; Via della Moda 1, Serravalle Scrivia; ⏲10–20 Uhr) Das ligurische, dorfartige Outlet 80 km südlich von Mailand besteht aus zweistöckigen Passagen mit über 180 Läden, darunter Frette, Dolce & Gabbana und Petit Bateau. Die Busgesellschaft, die auch die Strecke nach Fox Town bedient, fährt auch nach Serravalle (www.zaniviaggi.it). Ansonsten ist das Outlet mit dem Zug Mailand–Genua bis Arquata Scrivia zu erreichen.

AUF ZUM MARKT!

Markttag ist dienstags (⏲7.30–13 Uhr) und samstags (⏲7.30–17 Uhr) am Kanalweg **Viale Papiniano** (Karte S. 264) im Südwesten der Stadt. Einen Antiquitätenmarkt gibt es jeden dritten Sonntag im Monat in Brera in der **Via Fiori Chiari** (Karte S. 268) und den umliegenden Straßen. Jeden zweiten Sonntag im Monat findet ein Markt für antiquarische Bücher auf der **Piazza Diaz** (Karte S. 268) statt.

Die größte Markthalle Mailands, der **Mercato Comunale** (Karte S. 264; Piazza XXIV Maggio), verkauft Montag bis Samstag frisches Obst, Gemüse und Fisch. Aber der zweifellos größte Markt der Stadt ist der für Antiquitäten, der **Mercatore Antiquario di Navigli** (Karte S. 264). Er breitet sich jeden letzten Sonntag im Monat am Naviglio Grande und Ripa di Porta Ticinese aus.

Internetzugang

WLAN gibt es in vielen Mittel- und Spitzenklassehotels (oft kostenlos, aber manchmal auch gegen eine Gebühr von 5 €) und gelegentlich in öffentlichen Räumen wie Bahnhöfen.

Underscore Internetpoint (☎02 72 03 57 80; Metrostation Cairoli; pro Std. 2 €; ⏲10–21 Uhr) Befindet sich im Eingangsbereich der Metro in der Via Dante.

Medizinische Versorgung

Milan Clinic (☎02 76 01 60 47; www.milanclinic.com; Via Cerva 25) Englisch sprechende Ärzte.

Ospedale Maggiore Policlinico (☎02 55 03 31 37; www.policlinico.mi.it; Via Francesco Sforza 35)

Notfall

Fremdenpolizei (☎02 6 22 61; Via Montebello 26) Für Einwanderungsfragen.

Polizei (☎02 6 22 61; Via Fatebenefratelli 11)

Post

Hauptpostamt (Karte S. 268; Piazza Cordusio 1)

Touristeninformation

Zentrale Touristeninformation (Karte S. 268; ☎02 77 40 43 43; www.provincia.milano.it/turismo; Piazza Castello 1; ⏲Mo–Fr 9–18, Sa 9–13.30 & 14–18, So 9–13 & 14–17 Uhr)

Welcome Desk Meeting Milano

FLUGHAFEN LINATE (☎02 70 20 04 43; ⏲7.30–23.30 Uhr)

FLUGHAFEN MALPENSA (☎02 58 58 00 80; Terminal 1; ⏲8–20 Uhr)

An- & Weiterreise

Bus

Eurolines (☎0861 199 19 00; www.eurolines.it) Reservierungen und Fahrkarten für internationale Busse nach West- und Mitteleuropa, Skandinavien und Marokko. Die Busse fahren vom Busbahnhof Lampugnano ab.

Busbahnhof Lampugnano (außerhalb Karte S. 264; Via Giulia Natta; Metrostation Lampugnano) Mailands größter Busbahnhof liegt westlich des Stadtzentrums neben der Metrostation Lampugnano. Die meisten Inlandsverbindungen werden von der **Autostradale** (☎02 72 00 13 04; www.autostradale.it) betrieben, die einen Fahrkartenschalter in der zentralen Touristeninformation hat.

Flugzeug

Aeroporto Malpensa (MXP; ☎02 74 85 22 00; www.sea-aeroportimilano.it) Knotenpunkt für europäische und internationale Flüge; liegt 50 km nordwestlich der Stadt.

Aeroporto Linate (außerhalb Karte S. 264; LIN; ☎02 74 85 22 00; www.sea-aeroportimilano.it) Flughafen für den Großteil der Inlandsflüge und einige europäische Flüge; liegt 7 km östlich der Stadt.

Aeroporto Internazionale di Orio al Serio (BG; ☎035 32 63 23; www.sacbo.it) Immer mehr Billigflieger nutzen den Flughafen Bergamo, der rund 55 km nordöstlich von Mailand entfernt liegt.

Zug

Mailand hat drei große Bahnhöfe. Informationen zu den Hauptstrecken gibt es bei **Trenitalia** (☎199 89 20 21; www.trenitalia.it).

Stazione Centrale (Karte S. 264; Piazza Duca d'Aosta) Mailands Hauptbahnhof ist ein Meisterwerk rationalistischer Architektur und damit einen Blick wert. Internationale Hochgeschwindigkeitszüge fahren von hier in die Schweiz und nach Frankreich, Fern- und Regionalzüge verkehren von hier aus nach Mantua, Venedig, Turin, Rom und Neapel.

Stazione Cadorna (Stazione Nord; Karte S. 264; Piazza Luigi Cadorna; www.ferrovienord.it) Die private Bahngesellschaft Ferrovie Nord Milano verbindet Mailand mit den Städten im Norden, u. a. mit Como.

Stazione Porta Garibaldi (Karte S. 264; Piazza Sigmund Freud) Bahnhof für die meisten Regionalzüge zu Orten nordwestlich von Mailand.

Unterwegs vor Ort

Auto & Motorrad

Parken kostet im Stadtzentrum 1,50 € pro Stunde (2 € pro 5 Std. nach 19 Uhr). Bezahlt wird mit einer SostaMilano-Karte, die in den Tabakläden überall erhältlich ist. Darauf werden dann Datum und Uhrzeit abgerubbelt und die Karte sichtbar auf das Armaturenbrett gelegt. Tiefgaragen kosten 2,50 € für die erste halbe Stunde und danach 1 bis 3 € pro Stunde, je nach Parkdauer. In die historische Altstadt dürfen nur Autos mit einem **Ecopass** (☎02 02 02; www.comune.milano.it/ecopass) fahren, der im Voraus gekauft werden muss. Besser ist ein Parkplatz außerhalb des Zentrums und ab dort die Benutzung von öffentlichen Verkehrsmitteln.

Mietwagenfirmen haben Büros in der Stazione Centrale und an beiden Flughäfen.

Fahrrad

BikeMi (www.bikemi.it) heißt Mailands öffentliches Leihfahrradsystem. Es gibt Tages-, Wochen- und Jahrespässe und die Fahrräder können an jeder beliebigen Station abgeholt und abgegeben werden. Die Pässe sind online, telefonisch (ATM; ☎800 80 81 81) oder an den Informationsständen der ATM (Mailänder Verkehrsgesellschaft) erhältlich.

Zum/vom Flughafen

Öffentliche Verkehrsmittel in die Stadt sind unkompliziert und preiswert. Ein Taxi von Mailand zum Flughafen Malpensa kostet 85 € zum festen Preis. Ein Taxi zum Flughafen Linate kostet zwischen 15 und 20 €.

Malpensa Express (☎800 50 00 05; www.malpensaexpress.it) Der Zug fährt alle 30 Minuten von der **STAZIONE CENTRALE** (Erw./Kind 7/5,50 €; 45 Min.) und der **STAZIONE NORD** (Erw./Kind 11/5,50 €, 40 Min.) zum Terminal 1. Angesichts des Verkehrs ist er die sinnvollste Anfahrt zum Malpensa. Wer jedoch zum Terminal 2 muss, sollte besser den Bus oder ein Taxi nehmen, da zwischen den beiden Terminals nur schlechte Verbindungen bestehen.

Malpensa & Linate Shuttle (☎02 58 58 31 85; www.malpensa-shuttle.com; Piazza Luigi di Savoia; ⌚Fahrkartenverkauf Do–Di 6–20.30, Mi bis 14 Uhr) Fährt von 5 bis 22.30 Uhr alle 20 Minuten vor der Stazione Centrale (Erw./Kind 7,50/3,75 €) und dem Flughafen Linate (Erw./Kind 13/6,50 €) ab. Fahrkarten gibt es im Büro in der Stazione Centrale oder im Bus.

Bus 73 (www.atm-mi.it; Piazza San Babila) Fährt von 5.30 bis 0.30 Uhr alle zehn bis 15 Minuten los (1,50 €; 20 Min.). Mit normalem Fahrschein.

Orio Shuttle (☎035 33 07 06; www.orioshuttle.com; Piazza Luigi di Savoia) Abfahrt von 4 bis 23.15 Uhr alle 30 Minuten vor der Stazione Centrale (Erw./Kind 7/5 €; 1 Std.).

Starfly (☎02 58 58 72 37; www.starfly.net; Piazza Luigi di Savoia) **LINATE** (Erw./Kind 4,50/2,50 €; 25 Min.) Abfahrt alle halbe Stunde zwischen 5.40 und 21.35 Uhr. Fahrkarten werden im Bus verkauft.

Öffentliche Verkehrsmittel

ATM (☎800 808181; www.atm-mi.it) betreibt U-Bahnen, Busse und Straßenbahnen. Die U-Bahn bietet die bequemsten Verbindungen; sie besteht aus vier Linien (die rote MM1, die grüne MM2, die gelbe MM3 und der blaue Passante Ferroviario). Sie fahren von 6 Uhr bis Mitternacht.

Ein Fahrschein kostet 1,50 € und gilt für eine Metrofahrt oder 90 Minuten mit ATM-Bussen und Straßenbahnen. Man kann eine Zehnerkarte für 13,80 € kaufen oder eine unbegrenzte Karte für 1/2 Tage für Bus, Straßenbahn und U-Bahn für 4,50/8,25 €. Die Fahrkarten sind in Metrostationen, Tabakläden und Zeitungskiosken in der ganzen Stadt erhältlich. Sie müssen bei Fahrtantritt in Straßenbahnen und Bussen entwertet werden.

Taxi

Taxis stehen nur an festgelegten Taxiständen zur Verfügung, sie können nicht herangewunken werden. Ansonsten gibt es den Taxiruf ☎02 40 40, ☎02 69 69 oder ☎02 85 85. Eine durchschnittliche Kurzstrecke kostet 10 €.

Rund um Mailand

PAVIA

71 200 EW.

Der erste Eindruck von Pavia trügt, da die hübsche Altstadt von einem hässlichen Industrie- und Agrargürtel umgeben ist. Im historischen Zentrum jedoch bevölkern die Studenten der alten Universität die gepflasterten Straßen und Piazze. Ein halber Tag reicht für einen Bummel über Gelände und Höfe der Universität aus dem 14. Jh. (während des Semesters) und einen Besuch des außergewöhnlichen Kartäuserklosters Certosa di Pavia.

Von der Stazione Centrale in Mailand fahren täglich viele Direktzüge nach Pavia (3,40 €, 25–40 Min.).

Die **Certosa di Pavia** (Kartause von Pavia; ☎03 82 92 56 13; www.certosadipavia.com; Viale Monumento; Eintritt mit Spende; ⌚Di–So 9–11.30 & 14.30–17.30 Uhr), 10 km nördlich von Pavia, ist eines der beachtlichsten Gebäude der italienischen Renaissance. Giangaleazzo Visconti von Mailand gründete das Kloster 1396 als private Kapelle und Mausoleum für die Visconti. Der Bau dauerte mit Unterbrechungen bis weit ins 16. Jh. an, weswegen das Ensemble ein erstklassiges Beispiel des Übergangs von der Gotik zur Renaissance darstellt.

Die Innenräume sind überwiegend gotisch, das Äußere wurde im Stil der Renaissance gestaltet. Vor der Kirche öffnet sich ein großer Vorplatz, an ihrer Seite ist ein kleiner Kreuzgang, der wiederum zu einem zweiten, wesentlich prächtigeren Kreuzgang führt. Unter dessen Bögen befinden sich 24 Zellen für jeweils einen Mönch. Einige Zellen dürfen besichtigt werden. Die Kapellen sind mit Fresken von u. a. Bernardino Luini und dem umbrischen Meister Il Perugino geschmückt.

Der Bus 175 von **Sila** (☎199 15 31 55; www.sila.it) der Strecke Pavia–Binasco–Mailand fährt vom Busbahnhof Pavia (Via Trieste) zur Certosa di Pavia (15 Min., tgl. mindestens 7-mal).

DIE OBERITALIENISCHEN SEEN

Viele Schriftsteller von Goethe und Stendhal bis zu D. H. Lawrence und Hemingway haben zahlreiche Loblieder auf die dramatisch von schneebedeckten Bergen umgebenen oberitalienischen Seen gesungen.

Der westliche der größeren Seen, der Lago d'Orta, liegt bereits im Piemont. Die drei großen Seen sind, von Westen nach Osten, der Lago Maggiore mit seinen spektakulären Borromäischen Inseln, der Lago di Como (Comer See) inmitten dicht bewaldeter Berge und umgeben von prächtigen Villen und exotischen Gärten, und der Lago di Garda (Gardasee), der größte und meistbesuchte. In der südwestlichen Ecke (in Venetien) gibt es disneyartige Freizeitparks, darunter Gardaland, den größten Italiens. Die Nordausläufer des Gardasees reichen bis in die Alpenregion Trentino-Südtirol.

Viele der größeren Orte des Seengebiets sind mit dem Zug erreichbar, oder auch mit Passagier- und Autofähren zu Wasser. Ferner können Autofahrer ebenso über die hinreißenden, aber recht kurvenreichen Uferstraßen hierher fahren. Dagegen sind starker Verkehr und enge Straßen an vielen Abschnitten an den Seen nicht gerade ideal zum Fahrradfahren.

Lago Maggiore

Reisende, die mit dem Zug oder dem Auto aus der Schweiz kommend die Alpen über den Simplonpass überqueren, fahren über kurvige Strecken die Berge hinab und dann entlang am Westufer des Lago Maggiore. Hauptattraktion sind die Borromäischen Inseln, die wie eine Flotte edler Schiffe im Borromäischen Golf liegen, ein Seeeinschnitt zwischen den beiden Hauptorten des Sees, Stresa und Verbania.

Mehr noch als der Comer und der Gardasee hat der Lago Maggiore das Flair der Belle Époque, der frühen touristischen Glanzzeit, nachdem Napoleon den Bau des Simplonpasses befohlen hatte, beibehalten. Das europäische Großbürgertum, vom milden Klima und der einfachen Erreichbarkeit durch den neuen Zug von 1855 angelockt, kaufte und baute herrschaftliche Villen am See und legte etliche üppige Gärten an.

Der nördliche Teil des Sees ist, wo er zwischen den Bergen schmaler wird und in die Schweiz übergeht, hübscher und abgeschiedener. Eine Fahrt auf der reizvollen Küstenstraße SS34 und SS33 Richtung Süden lohnt sich unbedingt.

ℹ Anreise & Unterwegs vor Ort

Bus

Busse fahren vom Seeufer in Stresa zu allen Orten rund um den See, auch nach Mailand und zum Lago d'Orta.

SAF (☎0323 55 21 72; www.safduemila.com; auf Italienisch) Der Bus fährt täglich zwischen Verbania Intra und Mailand und verbindet Stresa mit Arona (20 Min.), Verbania Pallanza (20 Min.), Verbania Intra (25 Min.) und Mailand (1½ Std.).

Schiff/Fähre

Navigazione Lago Maggiore (☎800 55 18 01; www.navigazionelaghi.it) Betreibt Fähren und Tragflügelboote auf dem See. Fahrkartenkioske gibt es in jedem Ort an den Anlegestellen, das Hauptbüro befindet sich in Arona. Die Boote verbinden Stresa mit Arona (40 Min.), Angera (35 Min.) und Verbania Pallanza (35 Min.). Tageskarten sind ebenfalls erhältlich: Ein Ticket ab Stresa zur Isola Superiore, Isola Bella und Isola Madre kostet 13 €. Im Herbst und Winter verkehren die Boote weitaus seltener.

Die einzige Autofähre zwischen dem West- und Ostufer verkehrt alle 20 Minuten zwischen Verbania Intra und Laveno. Die einfache Fahrt kostet zwischen 7 und 11,60 € pro Auto und Fahrer oder 4,40 € für eine Person mit Fahrrad.

DER LAGO MAGGIORE EXPRESS

Der **Lago Maggiore Express** (www.lagomaggioreexpress.com; Erw./Kind 32/16 €) ist ein idyllischer Tagesausflug, der ganz nach Belieben gestaltet werden kann. Er besteht aus einer Zugfahrt von Arona oder Stresa nach Domodossola, dort wartet der zauberhafte Centovalli-Zug (Zug der hundert Täler) ins schweizerische Locarno und schließlich geht es wieder zurück mit dem Schiff nach Stresa. Eine Tour über zwei Tage kommt billiger, sofern Zeit ist. Sie kostet 40/20 €. Die Fahrkarten gibt es in jedem Hafen in den Kartenkiosken der Navigazione Lago Maggiore.

Zug

Stresa liegt auf der Strecke Domodossola–Mailand. Domodossola, 30 Minuten nordwestlich, liegt an der Schweizer Grenze. Von dort geht es weiter nach Brig und nach Genf.

STRESA

5210 EW.

Stresa am Westufer des Sees hat einen Logenplatz für den flammend orangefarbenen Sonnenaufgang jenseits des Wassers. Die Stadt zieht seit dem 18. Jh. dank ihrer leichten Erreichbarkeit von Mailand aus Künstler und Schriftsteller auf der Suche nach Inspiration an. Zu ihnen gehörte auch Hemingway, der 1918 nach Stresa kam, um sich von einer Kriegsverletzung zu erholen. Ein paar Schlüsselszenen am Ende seines Romans *In einem anderen Land* spielen im Grand Hotel des Iles Borromées, dem feudalsten Hotel am Platze.

Sehenswertes & Aktivitäten

Hauptattraktionen für unzählige Besucher Stresas sind die Promenade, das Gewirr aus Pflasterstraßen im alten Zentrum und die Borromäischen Inseln. Der Kieselstrand gleich westlich des Fähranlegers ist ideal für ein Sonnenbad.

Funivia Stresa-Mottarone SEILBAHN

(☎0323 302 95; www.stresa-mottarone.it; Piazzale della Funivia; Erw./Kind hin & zurück 17,50/11 €; ⏲9.30–17.30 Uhr) Die 20-minütige Seilbahnfahrt zur Spitze des 1491 m hohen Monte Mottarone verspricht hinreißende Aussichten auf den See. Die Kabinen fahren im Sommer alle 20 Minuten. An klaren Tagen sind der Lago Maggiore, der Lago d'Orta und der Monte Rosa-Gipfel an der Schweizer Grenze zu sehen.

An der Zwischenstation Alpino (803 m) liegt der **Giardino Botanico Alpinia** (☎0323 302 95; www.giardinoalpinia.it; Erw./Kind 3/2,50 €; ⏲April–Okt. 9.30–18 Uhr), ein botanischer Garten von 1934, in dem über 1000 alpine und subalpine Pflanzenarten gedeihen.

Auf dem Berg selbst gibt es einige gute **Mountainbike-** und **Wanderwege**. **Bicicò** (☎0323 303 99; www.bicico.it) an der Seilbahnstation in Stresa verleiht Mountainbikes. Im Preis enthalten sind ein Helm und eine Wegekarte für eine 25 km lange an Ausblicken reiche Abfahrt vom Gipfel des Mottarone zurück nach Stresa (etwa drei Stunden, und machbar für jeden, der Rad fahren kann). Eine einfache Seilbahnfahrt mit dem Fahrrad nach Alpino/Mottarone kostet 9/12 €.

Parco della Villa Pallavicino TIERPARK

(☎0323 315 33; www.parcozoopallavicino.it; Erw./Kind 9/6 €; ⏲März–Okt. 9–18 Uhr) Im kinderfreundlichen Park der Villa Pallavicino, nur knapp 1 km südöstlich von Stresa über die SS33 zu erreichen, tummeln sich exotische Vögel und Tiere in relativer Freiheit. Hier leben um die 40 Lamaarten, sardische Esel, Flamingos und Tukane.

Schlafen & Essen

Am Westufer des Sees gibt es um die 40 Campingplätze. Ein Verzeichnis ist in der Touristeninformation erhältlich. Geschlossen sind sie (auch die Hotels) meist von November bis Februar, was aber variieren kann. Am besten sollte man sich vorher erkundigen.

Villa Aminta HOTEL €€€

(☎0323 93 38 18; www.villa-aminta.it; Via Sempione Nord 123; DZ 295–440 €; P❄📶🏊) Die märchenhafte Villa Aminta im Stil der Jahrhundertwende bietet einen bildschönen Blick auf die Isola Bella. Die Zimmer sind mit Kronleuchtern aus Muranoglas, Seidenvorhängen und massenhaft Gold und Samt ausgestattet und gleichen der barocken Opulenz des Palazzo Borromeo. Das Hotel besitzt auch einen privaten Strand, einen beheizten Pool, ein Fitnesszentrum und einen regelmäßigen Transportservice nach Stresa.

Casa Kinka B&B €

(☎0323 3 24 43; www.casakinka.it; Strada Comunale Lombartino 21, Magognino; EZ/DZ 80/100 €) Ein hübsches B&B am Hang oberhalb Stresas etwa 6 km außerhalb des Orts. Die netten

Besitzer vermieten zwei Zimmer, die mit historischen Details, Bildern und komfortablen Betten eingerichtet sind. Der Blick von den Liegestühlen über den See ist unschlagbar. Zu erreichen über die Straße nach Mottarone und dann Richtung Vedasco abzweigen.

Hotel Elena HOTEL €
(☎0323 310 43; www.hotelelena.com; Piazza Cadorna 15; EZ/DZ 55/80 €; P) Das altmodische Elena neben einem Café liegt mitten am zentralen verkehrsfreien Platz von Stresa. Alle komfortablen Zimmer mit Parkettböden haben einen Balkon, von denen viele auf den Platz gehen. Rollstuhlzugang ist ebenfalls möglich.

La Piemontese PIEMONTESISCH €€
(☎0323 303 99; Via Mazzini 25; Mahlzeiten 30 €; ⊙Mi–Mo) Das elegante, holzgetäfelte Restaurant mit seinem von Glyzinien überwucherten Innenhof serviert piemontesische Küche, darunter Spezialitäten wie gebratene Schnecken, Entenconfit und Seekarpfen mit süßsaurer Sauce. Gereicht wird auch eine exzellente Käseplatte mit Gorgonzola, Robiola und Taleggio der Spitzenklasse.

ℹ Praktische Informationen

Touristeninformation (☎0323 313 08; www.stresaturismo.it; Piazza Marconi 16; ⊙Mitte März–Mitte Okt. 10–12.30 & 15–18.30 Uhr, im Winter am Wochenende kürzere Zeiten).

BORROMÄISCHE INSELN

Der Borromäische Golf ist die schönste Ecke des Lago Maggiore. Die Borromäischen Inseln sind von verschiedenen Orten um den See erreichbar, am besten allerdings von Stresa und Baveno.

ISOLA BELLA

Die Isola Bella wurde im 17. Jh. nach der Frau von Carlo III. benannt, der *bella* Isabella, als das Glanzstück, der **Palazzo Borromeo** (☎0323 305 56; www.borromeoturismo.it; Erw./Kind 12,50/5,50 €; ⊙April–Mitte Okt. 9–17.30 Uhr), für die Borromeo-Familie gebaut wurde. Villa und Garten wurden so angelegt, dass die Insel in ihrem Aussehen einem Schiff gleicht, mit der Villa als Bug und den Gärten in zehn abgestuften Terrassen im hinteren Teil. Zu den berühmten Gästen gehörten auch 1797 Napoleon und Josephine (das Bett, in dem sie schliefen, kann besichtigt werden) und 1985 Prinz Charles und Prinzessin Diana. Die Eintrittskarte in die **Galleria dei Quadri** kostet nochmals 4 € extra. Die Bildergalerie besteht aus mehreren Sälen, die von der Decke bis zum Boden mit der Kunstsammlung der Borromeos behängt sind. Dazu gehören mehrere alte Meister wie Rubens, Tizian, Paolo Veronese und Andrea Mantegna. In den übrigen Räumen der Villa befinden sich weitere opulente Kunstwerke, wie kostbare flämische Tapisserien und Skulpturen von Antonio Canova.

In den unterirdischen Palastgrotten wird ein 3000 Jahre altes, versteinertes Boot ausgestellt. Die Grotten selbst sind dicht mit rosa Marmor, Lavagestein und Kieseln vom Seegrund ausgelegt. In den Gärten, die zu den schönsten Anlagen des italienischen Barock zählen, stolzieren weiße Pfauen.

Ein angebotenes Kombiticket zu den Palazzi Borromeo und Madre kostet 16,50/7,50 € pro Erw./Kind.

Im **Elvezia** (☎0323 300 43; Isola Bella; Mahlzeiten 30–35 €; ⊙März–Okt. Di–So, Nov.–Feb. Fr–So) wird authentische Hausmannskost serviert. Im Winter ist eine Reservierung unbedingt erforderlich.

ISOLA MADRE

Die gesamte Isola Madre wird vom prachtvollen **Palazzo Madre** (☎0323 305 56; Erw./Kind 10,50/5,50 €; ⊙März–Okt. 9–17.30 Uhr) aus dem 16. bis 18. Jh. und seinen Gärten eingenommen. Letztere sind romantischer und intimer als jene des Palazzo Borromeo und voller Azaleen, Rhododendren, Kamelien und Hibiskus, zwischen denen weiße Pfauen und leuchtend bunte Goldfasane umherschweifen. Zu den Highlights im Palast gehört ein klassizistisches Puppentheater, das von einem Bühnenbildner der Mailänder Scala entworfen wurde, und ein „Horrortheater" mit teuflischen Marionetten.

ISOLA SUPERIORE (PESCATORI)

Die winzige „Fischerinsel" besitzt dank fehlender Sehenswürdigkeiten noch viel von ihrer ursprünglichen Dorfatmosphäre. Abgesehen von einer Apsis aus dem 11. Jh. und einem Fresko aus dem 16. Jh. in der **Chiesa di San Vittore** gibt es nichts zu sehen; deshalb kommen viele Besucher hier nur zum Mittagessen her. Die Restaurants um den Bootsanleger servieren alle gegrillten Fisch frisch aus dem See für etwa 15 €.

Wer auf der Insel übernachten will, kann sich ins **Albergo Verbano** (☎0323 304 08; www.hotelverbano.it; EZ 100–120 €, DZ 150–185 €; ⊙März–Dez.) mit seinen schmiedeeisernen Betten in den Zimmern einquartieren. Wenn der Fährverkehr eingestellt ist, schickt das Hotel für Gäste gratis ein eigenes Boot.

VERBANIA

31 160 EW.

Verbania nördlich von Stresa ist der größte Ort am See und in drei Stadtteile aufgeteilt. Verbania Pallanza ist mit seinem engen Gassengewirr in der Altstadt das interessanteste Viertel, während Verbania Intra einen hübschen Uferbereich hat. Von dort fahren auch Autofähren nach Laveno an der Ostküste.

Highlight der Stadt ist der spektakuläre Garten der **Villa Taranto** (☎0323 40 45 55; www.villataranto.it; Via Vittorio Veneto; Erw./Kind 9,50/5,50 €; ⊙März–Sept. 8.30–18 Uhr, Okt. bis 17 Uhr) vom Ende des 19. Jhs. 1931 kaufte der königliche Bogenschütze und schottische Hauptmann Neil McEacharn die Villa dem Haus Savoyen ab und pflanzte über die folgenden 30 Jahre um die 20 000 Pflanzenarten. Mit den sanften Hängen voller lila Rhododendren und Kamelien, zahllosen Tulpen und Gewächshäusern voller exotischen Lilien gilt die Anlage als einer der schönsten botanischen Gärten Europas. In der letzten Aprilwoche, der **Settimana del Tulipano**, erblühen Zehntausende Tulpen in prachtvollen Farben. Der Garten ist zu Fuß von Pallanza am Seeufer entlang (15 Min.) oder mit dem Boot bis zum Landungssteg vor der Villa Taranto zu erreichen.

Das neogotische **Ristorante Milano** (☎0323 55 68 15; Corso Zanitelli 2; Mahlzeiten 50–60 €; ⊙Mi–So, Mo nur mittags) mit Blick auf den niedlichen Hafen Pallanzas und auf den Isolino San Giovanni liegt inmitten eines schattigen Kies- und Rasengartens am See. Es serviert moderne Gerichte, wie Barsch und Rotforelle vom See mit saisonalem Gemüse. Das **Caffè Bolongaro** (☎0323 50 32 54; Piazza Garibaldi 9; Pizzas 4,50–8 €) am Ufer in Pallanza serviert gute Pizza.

Verbanias **Touristeninformation** (☎03 23 50 32 49; www.verbania-turismo.it; Corso Zanitello 6–8; ⊙Mo–Fr 9–13 & 15–18 Uhr) liegt am Seeufer in Verbania Pallanza und hat ein Unterkunftsverzeichnis. Backpacker werden sich wohl schnurstracks ins einzige Hostel am See begeben, das **Ostello Verbania** (☎0323 50 16 48; www.ostelloverbania.com; Via alle Rose 7; B mit Frühstück 21 €, EZ 25–28 €, DZ 40–56 €; ⊙Rezeption 9–13 & 15–19 Uhr; Ⓟ) in einer Jugendstilvilla hoch über Verbania Pallanza.

CANNOBIO

5150 EW.

Nur 5 km vor der Schweizer Grenze liegt, geschützt durch einen hohen Berg im Cannobino-Tal, das mittelalterliche Dörfchen Cannobio, der hübscheste italienische Ort am See. Es ist ein verträumter Ort; die längliche, verkehrsfreie und mit Steinplatten gepflasterte Piazza di Vittorio Emanuele III (am Nordende durch die Renaissancekirche Santuario della Pietà abgeschlossen) ist von pastellfarbenen Häusern umgeben. Es gibt zwar keine besonderen Sehenswürdigkeiten im Ort, aber die Restaurants und Hotels gehören zu den besten am See. Und sonntags lockt der Markt am Ufer Besucher aus der Schweiz an.

Die **Touristeninformation** (☎0323 712 12; www.pro cannobio.it; Via Giovanola 25; ⊙Mo–Sa 9–12 & 16–19, So & Feiertage 9–12 Uhr) liegt gleich landeinwärts hinter der Uferstraße.

Aktivitäten

In Cannobio gibt es neben dem Kiesstrand am Nordrand des Dorfs eine aktive Segel- und Windsurfingschule, **Tomaso Surf & Sail** (☎0323 722 14; www.tomaso.com; Via Nazionale 7). Mit einem geliehenen kleinen Segelboot (120 € pro Tag) lassen sich auch nette Ausflüge zur Ruine des **Castelli della Malpaga** machen. Sie liegt auf zwei Felsinselchen südlich von Cannobio gleich vor der Cannero Riviera. Im Sommer ist sie ein beliebter Picknickplatz.

Zu Land bietet sich eine Fahrradtour durch die wilde Schönheit des Val Cannobino an. Die Strecke folgt der malerischen SP75 über kurvige 28 km entlang dem rauschenden Bach Torrente Cannobino bis in die dicht bewaldeten Berge westlich von Cannobio und schließlich bis Malesco im Valle Vigezzo. 2,5 km durch das Tal ab Cannobio zwängt sich in Sant'Anna der Torrente Cannobino machtvoll seinen Weg durch die enge Klamm **Orrido di Sant'Anna**, die an ihrer schmalsten Stelle von einer romanischen Brücke überspannt wird. Nach weiteren 7 km durch das Tal führt eine steile, 3 km lange Nebenstraße voller Haarnadelkurven nach **Falmenta**, dem größten Ort im Zentrum des Tals. **Cicli Prezan** (☎0323 712 30; www.cicliprezan.it; Viale Vittorio Veneto 9; pro Std./Tag 4/14 €) in Cannobio verleiht Mountainbikes.

Schlafen & Essen

LP TIPP **Hotel Pironi** HOTEL €€

(☎0323 706 24; www.pironihotel.it; Via Marconi 35; EZ 100–120 €, DZ 130–180 €; Ⓟ) Das Hotel in einem Kloster aus dem 15. Jh. und späteren Wohnhaus der Familie Pironi liegt mitten im historischen Zentrum von Cannotio. Hinter seinen gedrungenen Mauern liegen die wunderschön restaurierten Räume voller schöner Antiquitäten, mit Fresken bemalten Gewölbedecken, Holzbalken sowie geschmackvoll eingerichtete Gästezimmer, einige mit herrlichem Seeblick.

Lo Scalo MODERN ITALIENISCH €€€
(☎0323 714 80; www.loscalo.com; Piazza Vittorio Emanuele III 32; Mahlzeiten 60 €; ⏲Mi–So, Di nur abends) Für ein elegantes, romantisches Abendessen ist dieses Spitzenrestaurant am wunderschönen Seeufer nur schwer zu schlagen. Das Ambiente ist herrlich und die Küche des Hauses anspruchsvoll und perfekt. Zu den Gerichten gehören bändchendünne *tagliolini* mit Tintenfisch, Zucchini und Tomaten oder gebratenes Perlhuhn aus den nahen Bergtälern.

Grotto Sant'Anna TESSINISCH €€
(☎0323 706 82; Via Sant'Anna 28; Mahlzeiten 30 €; ⏲April–Juni & Sept.–Okt. Di–So, Juli–Aug. tgl.) Tische und Bänke aus Granit stehen in der Tessiner „Grotte" mit Blick auf den Orrido di Sant'Anna. Serviert werden typisch regionale Bergspezialitäten wie beispielsweise vorzüglicher Lammbraten.

ARONA
14 555 EW.

In Arona, 20 km südlich von Stresa, wurde der Sohn des Grafen von Arona und Margherita de' Medici geboren, der spätere San Carlo Borromeo (1538–1584). Sein Geburtshaus, die Burg Rocca Borromea, wurde 1801 zerstört und ihre Steine auf Befehl Napoleons als Pflaster für die Via del Sempione verwendet. 1610 wurde San Carlo heilig gesprochen und sein Vetter Federico befahl die Schaffung eines *sacro monte* (heiligen Bergs) mit 15 Kapellen, die sich an einem Pfad bis nach oben zu einer Kirche des Heiligen reihen sollten. Die Kirche und drei der Kapellen wurden errichtet, ebenso ein Denkmal auf der Spitze des **Sacro Monte di San Carlo** (Eintritt 4 €; ⏲April–Sept. 9–12.30 & 14–18.15 Uhr, Okt. nur Sa & So, März & Nov.–Dez. Sa & So bis 16.30 Uhr): eine hohle, 35 m hohe Statue des Heiligen aus Bronze und Kupfer, die im Volksmund Sancarlone (heiliger Riesenkarl) genannt wird. Sie kann im Inneren sogar bestiegen werden und bietet von oben dann einen spektakulären Panoramablick (Achtung Familien: Kinder unter sechs Jahren dürfen nicht mit hoch).

Der Berg liegt 2 km westlich der Piazza del Popolo, der zauberhaftesten Piazza Aronas, und ist zu Fuß oder mit dem Auto zu erreichen.

Ortasee (Lago d'Orta)

Der kleine, von dichten und dunklen Wäldern umgebene Lago d'Orta ist 13,4 km lang und nur 2,5 km breit. Der Monte Mattarone trennt ihn vom größeren und bekannteren östlichen Nachbarn, dem Lago Maggiore.

Sehenswertes

Zentraler Ort des Sees ist das mittelalterliche Dorf **Orta San Giulio** (1170 Ew.), oft auch nur Orta genannt. Über seine cremefarbenen Häuser mit schweren Dachziegeln und den zentralen Platz, die Piazza Motta, wacht der Palazzotto, ein freskengeschmücktes Haus aus dem 16. Jh., das auf Pfeilern über einem kleinen Laubengang steht. Gleich vor dem Ort liegt die **Isola San Giulio** im See. Das Südende der Insel wird von der **Basilica di San Giulio** (⏲April–Sept. Di–So 9.30–18.45, Mo 14–17 Uhr, Okt.–März bis 17 Uhr) aus dem 12. Jh. beherrscht. Allein schon ihre vielen Fresken lohnen den Ausflug zur Insel. Kirche, Insel und der Ort auf dem Festland sind nach dem griechischen Evangelisten Giulio benannt, der Ende des 4. Jh. die Insel von Schlangen, Drachen und diversen Ungeheuern befreit haben soll. Der Pfad rund um die Insel ist ein friedvoller Spazierweg, daher sein volkstümlicher Name Via del Silenzio. Das einzige Imbisslokal der Insel ist nur an viel besuchten Wochenenden geöffnet. Reguläre Fähren (hin & zurück 2,50 €) und Privatboote (hin & zurück 4 €) bieten Gästen nur die fünfminütige Überfahrt an. Abgeklärter noch ist der **Sacro Monte**, an dessen Hang um die 20 Kapellen stehen, die Franz von Assisi geweiht sind. Die Parklandschaft eignet sich gut für ein Picknick: Das Essen dafür gibt es auf dem Mittwochsmarkt in Orta San Giulio.

Schlafen & Essen

La Contrada dei Monti BOUTIQUEHOTEL €€
(☎0322 90 51 14; www.orta.net/lacontradadeimonti; Orta San Giulio; EZ 90 €, DZ 110–160 €; ❄) Der Palazzo aus dem 18. Jh., versteckt in einer mittelalterlichen Gasse, ist heute ein Boutiquehotel. Jedes Zimmer ist anders, einige mit unverputzten Steinwänden und Holzdecken, andere eher klassisch. Im Sommer wird das Frühstück im Hinterhof serviert.

Piccolo Hotel Olina HOTEL €
(☎0322 90 56 56; www.ortainfo.com; Via Olina 40, Orta San Giulio; EZ/DZ 75/100 €; ❄P) Das Hotel mitten im mittelalterliche Zentrum von Orta

ABSTECHER

SANTA CATERINA DEL SASSO

Das Kloster **Santa Caterina del Sasso** (www.santacaterinadelsasso.com; Eintritt frei; April–Okt. 8.30–12 & 14.30–18 Uhr, Nov.–Feb. werktags geschl., März bis 17 Uhr) klebt spektakulär an einer hohen Felswand in Leggiuno am Südostufer des Lago Maggiore. Es ist über eine Wendeltreppe erreichbar, 267 Stufen von der Straße oberhalb und 80 Stufen vom See aus (es gibt auch einen Aufzug). Pater Roberto Comolli, der einzige Karmelitermönch, der hier noch lebt, ist der Geistliche der sieben Laienbrüder der Benediktiner, die sich hier niedergelassen haben.

Die Anlage besteht aus drei separaten Teilen, die über einen Steinweg verbunden sind, den ein Geländer am steilen Abgrund sichert. Eingang ist ein Portikus, der zunächst ins südliche Kloster (ursprünglich die Pilgerunterkunft) mit seinem hübschen Gemüsegarten führt und dann weiter in das kleine gotische Kloster mit einem Totentanzfresko im oberen Bereich. Zum Schluss folgt die Kirche Santa Caterina, in der sich mehrere freskengeschmückte Kapellen aus dem 13. und 14. Jh. befinden. Das Fresko der Cappella di San Nicola zeigt einen Christus Pantokrator. Zwischen März und Oktober legen hier einige Fähren an (hin & zurück 6 €). Mit dem Auto oder Bus sind es 5,6 km südwärts von Laveno (die Straße ist erst nach Leggiuno ausgeschildert, dann zum Kloster, das 1 km abseits der Hauptstraße liegt).

San Giulio ist mit seinen zeitgenössischen Drucken, leuchtenden Farben und Möbeln aus hellem Holz ein Schmuckstück. Zum Frühstück gibt es Hausgebackenes und das exzellente, avantgardistische Hotelrestaurant **Ristoro Olina** (Mahlzeiten 30–35 €; Do–Di) steht auch Nicht-Gästen offen.

LP TIPP **Caffè Jazz** BAR, RESTAURANT €€
(0333 923 25 22; Via Olina 13; Mahlzeiten 30–35 €; Di–So) Das Caffè Jazz liegt in einem mittelalterlichen Gebäude mit einem hübschen, blumengeschmückten Innenhof und wird am Wochenende gerne von Städtern aus Mailand besucht. Serviert werden einfache aber gut zubereitete saisonale Gerichte und Salate mit modernem Touch. In der Bar gibt es eine gute Auswahl regionaler Schankweine, die in dieser Umgebung munden.

Agriturismo Il Cucchiaio di Legno AGRITURISMUS €
(0322 90 52 80; Via Prisciola 10, Località Legro; Menüs 25 €; Do–Fr abends, Sa & So mittags & abends) Ein waschechter *agriturismo* (Unterkunft auf dem Bauernhof) nur 500 m hinter dem Bahnhof.

Anreise & Unterwegs vor Ort

Der Bahnhof Orta Miasino liegt 3 km vom Zentrum Orta San Giulios entfernt. Von Mailand fahren ab der Stazione Centrale Züge hierher (Umsteigen in Novara; 5,40 €, 2 Std.).

Navigazione Lago d'Orta (0322 84 48 62) Die Fähren verkehren ab der Landebrücke an der Piazza Motta zu verschiedenen Orten um den See, auch zur Isola San Giulio (einfach/hin & zurück 1,80/2,50 €), nach Omegna, Pella und Ronco. Eine Tageskarte für unbegrenzte Fahrten zu jedem beliebigen Ort am See wird für 7,30 € angeboten.

Orta San Giulios **Touristeninformation** (0322 90 51 63; www.comune.ortasangiulio.no.it; Via Panoramica; April–Okt. Mi–So 9–13 & 14–18 Uhr, Nov.–März Sa & So 8.30–13.30 & 14.30–17.30 Uhr) informiert über den See.

Pro Loco (0322 901 55; Via Bossi 10; Mo & Mi–Fr 11–13 & 14–18, Sa & So 10–13 & 14–18 Uhr) liegt bequemer im Ortszentrum und ist gut zu erreichen.

Comer See (Lago di Como)

Der Comer See, der auch Lago Lario genannt wird, ist der spektakulärste und am wenigsten besuchte der drei großen Seen. Er liegt im Schatten der schneebedeckten Rätischen Alpen, ist an beiden Seiten von steilen, bewaldeten Bergen umgeben und wie ein umgekehrtes Ypsilon geformt. Sein kurviges Ufer ist von Dörfern gesäumt, darunter das reizvolle Bellagio, das im Zentrum der beiden südlichen Ausläufer auf einer Landspitze liegt. Wo sich das südliche und westliche Ufer treffen, befindet sich Como, die größte Stadt des Sees.

ABSTECHER

AL SORRISO

Das unscheinbar wirkende **Al Sorriso** (☎0322 98 32 28; www.alsorriso.com; Via Roma 18, Soriso; Verkostungsmenüs 140–160 €; ⊙Mi–So, 2 Wochen im Jan. & 3 Wochen im Aug. geschl.) – mit zwei „r" geschrieben, da *sorriso* lächeln bedeutet – liegt im winzigen Dorf Soriso, 8 km südlich von Orta San Giulio Richtung Gozzano. Es ist eines der wenigen Restaurants in Italien, das mit drei Michelin-Sternen ausgezeichnet wurde (jeweils einen 1982, 1989 und 1998).

Chefköchin Luisa Marelli hat sich einen herausragenden Ruf erworben, obwohl sie Autodidaktin ist. Sie beschreibt ihren kulinarischen Stil als piemontesisch mit mediterranen und internationalen Einflüssen, und da Piemont an Frankreich grenzt, sind die Gerichte eine köstliche Mischung aus schlicht und anspruchsvoll. Foie gras zum Beispiel wird mit süßesten roten Bergjohannisbeeren kontrastiert, und die rötlich-lila Garnelen aus San Remo sind so aromatisch, dass sie schlicht *crudo* (roh) mit einem Artischockensalat serviert werden. Bergpilze stehen genauso im Vordergrund wie piemontesischer Käse. Zu den erstklassigen Spezialitäten gehören auch das seltene piemontesische Fassone-Rind, das dem Kobe-Fleisch in nichts nachsteht, und weiße Piemont-Trüffel.

Die umfangreiche Weinkarte ist ebenfalls versiert und enthält Jahrgänge und Lagen von 800 Marken. Der Ehemann und Manager Angelo Valazza gibt gerne Weinempfehlungen und nimmt den Gästen rasch jede Unsicherheit, indem er mühelos zwischen fünf Sprachen wechselt.

Wer sich nach dem Essen völlig träge fühlt, kann sich in einem der Zimmer über dem Restaurant einquartieren (DZ ab 200 €).

ℹ Anreise & Unterwegs vor Ort

Auto

Autofahrer nehmen ab Mailand die Autobahn A9 und zweigen in Monte Olimpino nach Como ab. Die SP342 führt ostwärts nach Lecco und westwärts nach Varese. Die Straßen um den See sind sehr malerisch, aber auch kurvig, eng und im Sommer stark befahren.

Bus

ASF Autolinee (☎031 24 72 47; www.sptlinea.it) betreibt reguläre Buslinien rund um den See. Die Busse fahren vom Busbahnhof auf der Piazza Giacomo Matteotti ab. Hauptstrecken sind Como–Colico (5,20 €, 1½ Std., 3- bis 5-mal tgl.) über die Dörfer am Westufer sowie Como–Bellagio (2,80 €, 70 Min., stündl.).

Schiff/Fähre

Navigazione Lago di Como (☎800 55 18 01; www.navigazionelaghi.it) Die Fähren und Tragflügelboote der Gesellschaft verkehren ganzjährig kreuz und quer über den See ab dem Landungssteg am Nordende der Piazza Cavour in Como. Einfache Fahrten kosten von 2 € (Como–Cernobbio) bis 10,10 € (Como–Colico). Zum Sightseeing lohnt sich die Tageskarte für den zentralen See, die für Fahrten nach Bellagio, Varenna, Tremezzo und Cadenabbia gilt (12 €).

Autofähren verbinden Cadenabbia am Westufer mit Varenna am Ostufer und mit Bellagio.

Zug

Von der Stazione Centrale und dem Bahnhof Porta Garibaldi in Mailand (40–60 Min.) fahren stündlich Züge zum Hauptbahnhof Como San Giovanni, einige fahren weiter in die Schweiz. Züge aus Mailand ab der Stazione Nord halten an Comos Stazione FNM am See (auf Fahrplänen als Como Nord Lago aufgeführt). Die Züge von Mailand nach Lecco fahren weiter am Ufer entlang Richtung Norden. Wer nach Bellagio will, sollte besser mit dem Zug weiter nach Varenna fahren und von dort für das kurze Stück die Fähre nehmen.

COMO

84 800 EW.

Como ist eine elegante und wohlhabende Stadt, besitzt eine zauberhafte Altstadt, Stadtmauern aus dem 12. Jh. und ein selbstbewusstes Flair. Ihr Reichtum beruht auf der Seidenherstellung, und noch heute ist Como der bedeutendste Seidenproduzent Europas. Schals und Krawatten werden hier oft zu einem Bruchteil des Preises als andernorts verkauft.

Sehenswertes & Aktivitäten

Comos Lage am See ist hinreißend und die Uferpromenaden sind wunderbare Spazierwege zu den verschiedenen Sehenswürdigkeiten. Die Touristeninformation hat gutes Material zu Wander- und Radtourwegen.

Villa Olmo VILLA, MUSEUM

(☎031 576 169; www.grandimostrecomo.it; Via Cantoni 1; Erw./erm. 10/8 €; ⌚während Ausstellungen Di–Do 9–20, Dr–So 9–22 Uhr) Die cremefarbene, klassizistische Villa Olmo in grandioser Lage am See ist eines der Wahrzeichen Comos. Das extravagante Gebäude wurde 1728 von der Familie Odescalchi errichtet, die mit Papst Innozenz XI. verwandt war. Wenn eine Ausstellung in dem Haus stattfindet, können Besucher auch die luxuriösen Innenräume bewundern. Ansonsten stehen immerhin die Gärten mit einem italienisch-formalen und einem englischen Teil ganztags Besuchern offen. Fast so schön wie die Gärten ist ein Uferspaziergang ab der Piazza Cavour. Die Uferpromenade **Passeggiata Lino Gelpi** führt an etlichen Villen vorbei, darunter auch an der Villa Saporiti und der angrenzenden Villa Gallia, beide heute im Besitz der Provinzregierung.

Im Sommer ist der **Lido di Villa Olmo** (www.lidovillaolmo.it; Via Cernobbio 2; Erw./erm. ganztags 6/4 €, halbtags 4,50/2,50 €; ⌚Mitte Mai–Sept. 9–19 Uhr), ein Freibad mit Bar, für die Allgemeinheit geöffnet.

Museo della Seta SEIDENMUSEUM

(Seidenmuseum; ☎031 30 31 80; www.museosetacomo.com; Via Castelnuovo 9; Erw./erm. 10/7 €; ⌚Di–Fr 9–12 & 15–18 Uhr) Comos Seidenmuseum, das in den hässlichen 1970er-Gebäuden der Textilfachschule Istituto Tecnico Industriale di Setificio untergebracht ist, erläutert die Stadtgeschichte und stellt alte Färbe- und Druckgerätschaften aus.

Funicolare Como-Brunate SEILBAHN

(☎031 30 36 08; www.funicolarecomo.it; Piazza de Gasperi 4; einfach/hin & zurück 2,80/5,10 €; ⌚Mitte April–Mitte Sept. 6–24 Uhr, Mitte Sept.–Mitte April bis 22.30 Uhr) Die Seilbahn zwischen Como und Brunate, die 1894 gebaut wurde, befindet sich nordöstlich am Ufer entlang hinter der Piazza Matteotti und dem Bahnhof. Sie braucht sieben Minuten bis zum stillen Bergdorf **Brunate** (720 m) hinauf, das herrliche Aussichten bietet. Von der Seilbahnstation in Brunate führt ein 30-minütiger steiler Weg (überwiegend ein steiniger einstiger Maultierpfad) nach **San Maurizio** zum Leuchtturm. 143 Stufen sind es dann noch bis auf dessen Spitze. Er wurde 1927 anlässlich des 100-jährigen Todestags von Alessandro Volta errichtet. Die Touristeninformation in Como hat eine Karte mit Wandervorschlägen um Brunate.

LP TIPP **Aero Club Como** WASSERFLUGZEUG

(☎031 57 44 95; www.aeroclubcomo.com; Via Masia 44) Einen Touch Hollywood-Glamour bietet ein Rundflug mit dem Wasserflugzeug des Aero Club über Bellagio. Der 30-minütige Flug nach Bellagio kostet 140 € für zwei Personen. Längere Flüge über den Lago Maggiore und den Lago Lugano sind ebenfalls nach vorheriger Absprache möglich. Im Sommer muss mindestens drei oder vier Tage im Voraus gebucht werden.

GRATIS **Duomo** DOM

(Piazza del Duomo; ⌚8–12 & 15–19 Uhr) Comos edler, marmorverkleideter Dom wurde vom 14. bis zum 18. Jh. errichtet. Er ist zwar überwiegend gotisch, enthält aber auch Elemente des Barock, der Romanik und der Renaissance. Bekrönt ist er von einer hohen, achteckigen Kuppel. In unmittelbarer Nachbarschaft steht der vielfarbige **Broletto**, das mittelalterliche Rathaus.

GRATIS **Basilica di Sant'Abbondio** BASILIKA

(Via Regina; ⌚April–Sept. 8–18 Uhr, Okt.–März bis 16 Uhr) Etwa 500 m südlich der Stadtmauern und gleich hinter dem Viale Innocenzo XI steht diese bemerkenswerte romanische Basilika aus dem 11. Jh. Abgesehen von ihrer stolzen und hohen Konstruktion und der eindrucksvollen Apsis mit schönen geometrischen Reliefs um die äußeren Fenster, sind die Fresken in der Apsis das Highlight. Sie stellen verschiedene Szenen aus dem Leben Christi dar, von der Verkündigung bis zur Grablegung. Sie wurden in den 1990er-Jahren zu alter Pracht restauriert. Im einstigen Kreuzgang ist heute ein Universitätsinstitut untergebracht.

GRATIS **Basilica di San Fedele** BASILIKA

(Piazza San Fedele; ⌚8–12 & 15.30–19 Uhr) Die Basilika aus dem 6. Jh. wird mit ihren drei Kirchenschiffen und drei Apsiden mit einem Kleeblatt verglichen. Das Rosettenfenster aus dem 16. Jh. und die Fresken aus dem 16. und 17. Jh. tragen zum Charme bei. Die Fassade wurde 1914 rekonstruiert, aber die Apsiden mit den markanten Skulpturen an der Ostseite sind Originale.

Schlafen

Albergo Terminus HOTEL €€€

(☎031 32 91 11; www.hotelterminus-como.it; Lungo Lario Trieste 14; EZ 145–195 €, DZ 150–240 €; P❄📶) Das Hotel, einst ein Palazzo aus dem 19. Jh., hat etwas vom großen Glanz der

Como

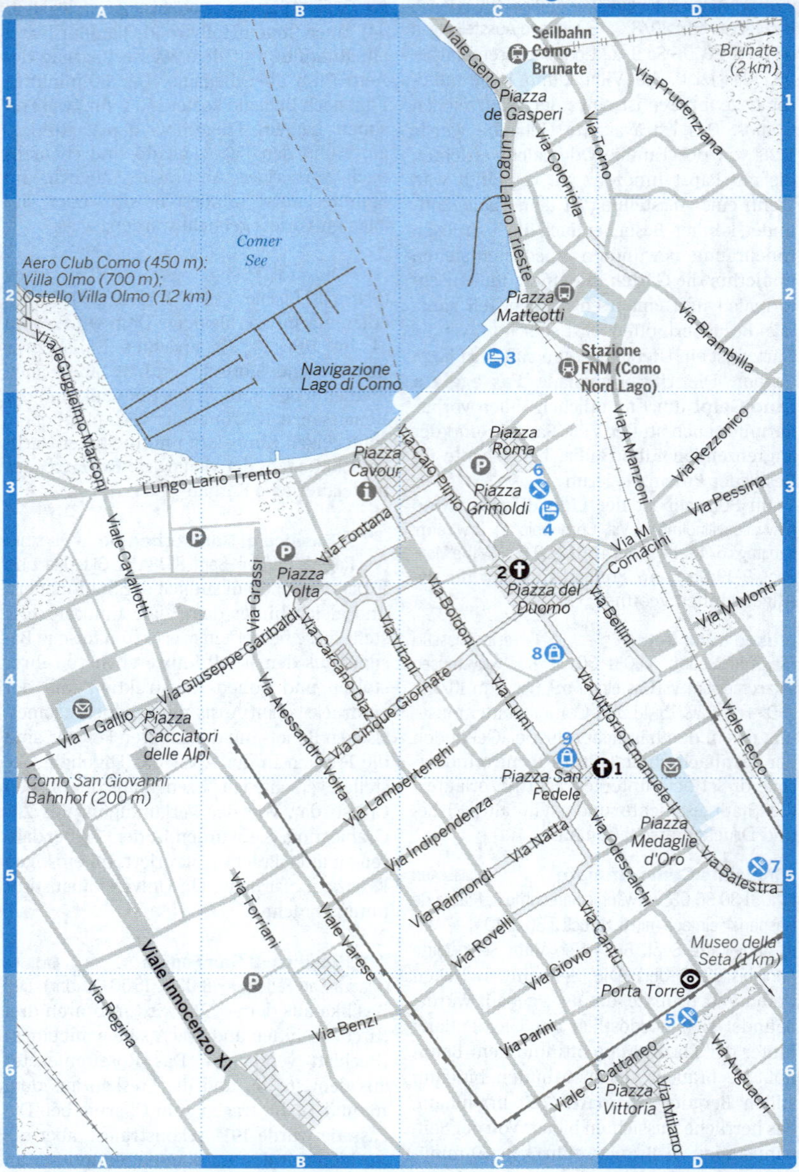

Jahrhundertwende beibehalten: architektonische Jugendstilelemente, Damastpolster, prachtvolle Tapeten und opulente Vorhänge. Die Zimmer greifen mit ihren sanften Farben und Comer Stoffen das Thema Jugendstil auf.

Le Stanze del Lago APARTMENT €

(☎0339 544 65 15; www.lestanzedellago.com; Via Rodari 6; 2-/4-Pers.-Apt. 80/100 €; ❄👪) Die fünf gemütlichen und modernen Apartments in hellen Farben sind eine preiswerte Unterkunft inmitten von Como. Bei einem Auf-

Como

Sehenswertes

Schlafen

Essen

Shoppen

enthalt ab fünf Tagen steht auch die Küche zur Verfügung. Sie sind alle mit einem Doppelbett, einem Bettsofa, Holzdecken und Fliesenböden ausgestattet.

Ostello Villa Olmo HOSTEL €
(☎031 57 38 00; ostellocomo@tin.it; Via di Bellinzona 6; B mit Frühstück 20 €; ⊙Rezeption 7–10 & 16–24 Uhr, Dez.–Feb. geschl.; P) Comos HI-Hostel liegt in einem weitläufigen Garten nahe dem See und nur zwei Häuser weiter von der denkmalgeschützten Villa gleichen Namens. Es hat eine Bar (Getränke bis 22 Uhr); Mahlzeiten kosten 10 €. Das Hostel ist 1 km vom Hauptbahnhof entfernt und mit den Bussen 1, 6 oder 11 zu erreichen.

Essen

Selbstversorger können sich auf dem Comer **Markt** (⊙Di & Do 8.30–13, Sa bis 19 Uhr) vor der Porta Torre mit frischem Obst und Gemüse eindecken.

Trattoria dei Combattenti TRATTORIA €
(☎031 27 05 74; Via Balestra 5/9; Mahlzeiten 20 €; ⊙Mi–Mo; 👪) In der beliebten Trattoria im Gebäude des italienischen Veteranenverbands wird entweder drinnen an Gemeinschaftstischen oder draußen in einem sonnigen Kieshof gegessen. Die Küche ist einfach und lecker. Sie bietet Grillfleisch, Salate und Pasta mit dicken Fischstücken. Das Mittagsmenü ist mit 14 € recht preiswert.

Ristorante Sociale TRADITIONELL ITALIENISCH €€
(☎031 26 40 42; www.ristorantesociale.it; Via Rodari 6; Mahlzeiten 25–30 €; ⊙Mi–Mo) Das Sociale gehörte einst zum nahen Theater und ist eine lokale Institution. Es gibt zwei Speiseräume: unten mit Ziegelmauern, oben mit übergroßem barocken Kamin und aufwendigen Fresken. Neben den Gerichten auf der Karte, wie Risotto mit Chicorée, werden auch saisonale Tagesgerichte geboten.

Crotto del Sergente TRATTORIA €€
(☎031 28 39 11; www.crottodelsergente.it; Via Crotto del Sergente 13; Mahlzeiten 35 €; ⊙Do–Di, Sa mittags geschl.) Das von Slow Food empfohlene Restaurant serviert typische Gerichte vom Comer See in einem backsteinernen Raum mit Tonnengewölbe nicht weit vom Seidenmuseum.

Shoppen

Jeden Samstag von 9 bis 19 Uhr findet auf dem Platz vor der Basilica di San Fedele ein schöner Antiquitäten- und Kunsthandwerksmarkt statt.

A Picci SEIDENGESCHÄFT
(☎031 26 13 69; Via Vittorio Emanuele II 54; ⊙Mo 15–19.30, Di–Sa 9–12.30 & 15–19.30 Uhr) Das letzte verbliebene Seidengeschäft der Stadt besteht seit 1919 und verkauft in Como entworfene und hergestellte Seidenprodukte wie Krawatten, Schals, Überwürfe und Sarongs. Die Waren sind nach Preisen geordnet (Krawatten ab 15 €), die sich nach Aufwendigkeit und Verarbeitung eines jeden Stücks richten. Die Verkäufer beraten gerne in Sachen Farbe und Stil und verpacken ein Stück auch als Geschenk.

Praktische Informationen

Ospedale Sant'Anna (☎031 58 51; Via Napoleona 60) Krankenhaus.

Polizei (☎031 31 71; Viale Roosevelt 7)

Post (Via T Gallio 6; ⊙Mo–Fr 8.30–19, Sa 8.30–12.30 Uhr)

Touristeninformation (☎031 26 97 12; www.lakecomo.org; Piazza Cavour 17; ⊙Juni–Sept. Mo–Sa 9–13 & 14.30–18, So 9.30–13 Uhr)

BELLAGIO

3050 EW.

Es ist unmöglich, nicht von Bellagio mit seinen schaukelnden Booten am Ufer, dem Gewirr steiler Steintreppen, den Häusern mit roten Dächern und grünen Fensterläden, schattigen Zypressenhainen und prächtigen Rhododendrongärten bezaubert zu sein. Im Sommer und an Wochenenden drängen sich hier zwar die Besucher, aber an Wochentagen außerhalb der Hochsaison hat man das kleine Dorf fast für sich allein.

Die üppigen, über 20 ha großen Gärten der **Villa Serbelloni** (☎031 95 15 55; Via Gari-

COMER SEIDE

Die Kunst der Seidenweberei, lange ein gehütetes Geheimnis Chinas, kam erst im 13. Jh. nach Italien. Im 14. Jh. hatte sich bereits eine Handvoll Seidenweber an den Ufern des Comer Sees niedergelassen, und das Herzogtum Mailand förderte die Anpflanzung von Maulbeerbäumen in der Poebene und der Provinz Brianza. Das Gewerbe war stark saisonabhängig und mit harter Arbeit verbunden. Frauen und Kinder kümmerten sich Tag und Nacht um die Seidenraupen und fütterten sie in den Monaten April bis Oktober mit Maulbeerblättern.

Als Pietro Boldoni Anfang des 16. Jhs. die ersten Seidenspinnereien gründete, hatte Como bereits einen Namen als Zentrum der Wollproduktion. Doch als im 16. Jh. Como von den Wollspinnereien am Lago Maggiore übertroffen wurde, konzentrierten sich die Comer Weber ernsthafter auf die Seidenproduktion. Aber erst 1751, als Kaiserin Maria Theresia (1717–1780) alle Textilien vom Comer See von der Steuer befreite, begann das Gewerbe zu blühen.

1856 vernichtete eine Krankheit namens *pebrina* praktisch sämtliche italienischen Falterarten, worauf Rohseide aus Japan importiert werden musste. Die Entwicklung synthetischer Fasern in den 1940er-Jahren, die Wirtschaftsflaute der Nachkriegszeit (die die europäischen Hauptkonkurrenten in Lyon und Krefeld ruinierte) und der Beginn billiger chinesischer Importware auf den Weltmärkten bedeuteten das Ende der Großproduktion von Comer Seide.

Geblieben war jedoch das Können Comos, Rohseide zu veredeln und kunstvolle Muster und Drucke herzustellen. In den 1950er-Jahren war Seide aus Como die bevorzugte Seide internationaler Modedesigner geworden. Heute konzentriert sich die Branche auf hochwertige Seidenproduktion im kleinen Maßstab.

Von einst Hunderten von Seidenhäusern sind nur noch drei große Firmen in Como vorhanden: Seteria Ratti, Mantero und Canepa, die noch immer ein Drittel der Comer Bevölkerung beschäftigen. Nirgendwo sonst gibt es zudem eine solche Dichte an Textildesignateliers. In Italiens einziger Textilfachschule, dem 1869 gegründetem Istituto Tecnico Industriale di Setificio in Como, werden noch immer Designer, Textildrucker und Experten für chemische Färbeprozesse ausgebildet.

Trotz der enormen internationalen Konkurrenz, der die italienische Seidenindustrie ausgesetzt ist, äußert sich Moritz Mantero, Vorsitzender von Mantero, vorsichtig optimistisch über die Zukunft: „Das chinesische Zeichen für *Krise* hat zwei Bedeutungen: Risiko und Chance. Die Produktion im Westen wird sich zunehmend im Hochleistungsbereich bewegen. Firmen, die zu ständiger Selbsterneuerung fähig sind, um sich den Marktveränderungen anzupassen, werden Erfolg haben. Como wird durch Innovation und Flexibilität Bestand haben".

baldi 8; Erw./Kind 8,50/4,50 €; ⏲Führungen April–Okt. Di–So 11.30 & 15.30 Uhr) nehmen einen Großteil der Landzunge ein, auf der sich Bellagio befindet. Die Gärten können nur im Rahmen einer Führung besucht werden; Karten werden zehn Minuten vorher im PromoBellagio verkauft.

Gartenenthusiasten können auch über das Gelände der klassizistischen **Villa Melzi D'Eril** (☎0339 457 38 38; www.giardinidivillamelzi.it; Lungo Lario Manzoni; Erw./Kind 6/4 €; ⏲März–Nov. 9.30–18.30 Uhr) schlendern. Sie wurde 1808 für einen Verbündeten Napoleons gebaut und erstrahlt im Frühling durch die blühenden Azaleen und Rhododendren in herrlicher Farbenpracht. Die Gärten, die sich bis zum Seeufer erstrecken, sind mit klassischen Statuen geschmückt und waren die ersten am Comer See, die im englischen Stil angelegt wurden.

Einen Hauch George-Clooney-Glamour bietet eine Fahrt in einem der schnieken Mahagoni-Schnellboote von **Barindelli** (☎0338 211 03 37; www.barindellitaxiboats.it; Piazza Mazzini). Die einstündigen Touren bei Sonnenuntergang um die Landzunge Bellagios lohnen die Ausgabe von 130 € für Gruppen von bis zu zwölf Personen. Es werden auch Touren auf dem See nach individuellen Wünschen zusammengestellt, auch dienen die Boote als Taxis zu einem romantischen Abendessen (70 €).

Bellagios **Touristeninformation** (☎031 95 02 04; Piazza Mazzini; ⏲Mo–Sa 9–12.30 & 13.30–18, So 10–14 Uhr, im Winter frühere Schließung) neben dem Bootssteg versorgt mit Informationen zu Wassersport, Mountainbiken und anderen Aktivitäten rund um den See. Auch **PromoBellagio** (☎031 95 15 55; www.bellagiolakecomo.com; Piazza della Chiesa 14; ⏲Mo 9.30–13, Mi–Fr 9.30–12.30 & 13.30–16 Uhr) im Keller eines Wachturms aus dem 11. Jh. hat Infomaterial.

Schlafen & Essen

Für einen solch gefragten Ort gibt es überraschend viele erschwingliche Unterkünfte und Restaurants.

LP TIPP Albergo Silvio HOTEL, RESTAURANT €€
(☎031 95 03 22; www.bellagiosilvio.com; Via Carcano 12; DZ 80–160 €; ⏲März–Mitte Nov. & Weihnachtswoche; P❄📶🏊) Das familiengeführte Hotel ist die preiswerteste Unterkunft in Bellagio. Es liegt oberhalb des Fischerdörfchens Loppia, ein kurzes Stück zu Fuß vom Zentrum Bellagios durch die herrlichen Gärten der Villa Melzi. Von den modernen Zimmern am Seeufer sind die Kirche Santa Maria aus dem 10. Jh., die Gärten der Villa Melzi und die Villa Carlotta am Westufer zu sehen. Das Hotel-Restaurant mit seiner Terrasse wird auch von den Einheimischen geschätzt (Mahlzeiten 25–40 €). Das Hotel besitzt seit kurzem auch die Pacht für Bellagios öffentlichen *lido* (Strand), den Hotelgäste kostenlos samt Sprungbrett über dem See nutzen dürfen.

Residence La Limonera APARTMENT €
(☎031 95 21 24; www.residencelalimonera.com; Via Bellosio 2; 1-Zi.-Apt. 70–100 €, 4-Pers.-Apt. 85–130 €; @👪) Die elegante Villa in einem alten Zitronenhain im oberen Teil der Stadt wurde in elf geräumige Ferienapartments aufgeteilt. Sie reichen von 1-Zimmer-Apartments bis zu größeren Wohnungen für vier Personen. Alle sind mit Fliesenböden und schmiedeeisernen Betten ausgestattet.

LP TIPP Ittiturismo Da Abate FISCH €€
(☎0338 584 38 14; www.ittiturismodaabate.it; Frazione Villa 4, Lezzeno; Mahlzeiten 25–35 €; ⏲Di–So abends, So mittags; 👪) Das von Slow Food empfohlene Lokal liegt 8 km südlich von Bellagio im Dörfchen Lezzeno und ist einer der wenigen Fischzuchtbetriebe, die es noch am See gibt. Die Besitzer Claudio und Giuseppe bieten hier traditionelle Fischspezialitäten wie *lavarello* in Balsamessig, Linguine mit Barsch und schwarzen Oliven sowie deftige *missoltini* (getrockneter Fisch, in Salz und Lorbeerblättern eingelegt).

Ebenfalls empfohlen:

Hotel Florence HOTEL €€
(☎031 95 03 42; www.hotelflorencebellagio.it; Piazza Mazzini 46; EZ 120 €, DZ 140–200 €; ⏲April–Okt.; @) Ein luxuriöses Jugendstilhotel im Zentrum des Dorfs.

Bar Rossi CAFÉ, BAR €
(Piazza Mazzini 22–24; Snacks 2–5 €) Jeder sollte sich zumindest einen Kaffee in der Jugendstilbar Rossi gönnen.

RUND UM BELLAGIO

Die Bergregion zwischen Como und Lecco im Süden und Bellagio im Norden wird Triangolo Lariano genannt, das Lario-Dreieck. An der Straße zwischen Como und Bellagio liegen die Dörfer **Torno, Careno** und **Lezzeno**, und es gibt dort zahlreiche schöne Wanderwege.

Der klassische Wanderweg ist der **Dorsale** (Grat) und schlängelt sich über 31 km von der Seilbahnstation Brunate in Como quer durch das „Dreieck" bis nach Bellagio. Die übliche Wanderung folgt alten Maultierpfaden, dauert über zwölf Stunden und wird meist in zwei Etappen bewältigt. Sie führt an Flüssen entlang und um Berggipfel und Orte herum bis nach San Giovanni, ein kleines Stück südwestlich von Bellagio. Die anspruchsvollere Strecke ist der Dorsale Creste über mehrere Berggipfel hinweg. Mehrere *rifugi* (Berghütten) säumen den Weg, auch gibt es Unterkünfte in **Pian del Tivano**, etwa auf halber Strecke des Wanderwegs.

Ein weiterer Wanderweg ist die 32 km lange **Strada Regia** (Königsweg), ein teilweise gepflasterter Pfad zwischen Como und Bellagio und über Dörfer wie Torno und Lezzeno. Die einfachste Etappe ist die zwischen Torno und Pognana Lario (etwa 5 Std.), die Strecke von Pognana über Nesso nach Lezzeno führt durch bergiges Terrain. In der Touristeninformation in Como ist die ausgezeichnete *Carta dei Sentieri* (Wanderkarte, 1:25 000) erhältlich.

WESTUFER

Das Westufer ist die sonnigste Seite des Sees. Deswegen stehen dort auch zahlreiche opulente Villen, in denen reiche Promis von Fußballspielern über arabische Scheichs bis zu Filmstars leben. Der Uferabschnitt erstreckt sich von Como über 75 km nordwärts bis Sorico. Von dort geht es nach Norden weiter in die Schweiz oder nach Osten nach Trentino-Südtirol.

VON CERNOBBIO BIS LENNO

Ocean's 11 wurde zwar in Bellagios Namensvetter in Las Vegas gedreht, aber Szenen für *Ocean's 12* entstanden in Cernobbio am Comer See in der Villa Erba aus dem 19. Jh. (Largo Luchino Visconti; nicht zugänglich). In Cernobbio steht auch das prächtigste Hotel des Sees, die **Villa d'Este** (www.villadeste.it). Aber wer nicht locker mal 800 bis 950 € pro Nacht ausgeben kann, wird das feudale Innere nicht zu Gesicht bekommen.

Autofahrer folgen der unteren Uferstraße (Via Regina Vecchia) von Cernobbio nach Norden, die an einigen großartigen Villen aus dem 19. Jh. (alle privat) um **Moltrasio** vorbeiführt. Ein paar Kilometer weiter nördlich liegt das villengesäumte Dorf **Laglio**, Wohnsitz des *Ocean's*-Stars George Clooney (ihm gehört die Villa Oleandra). In beiden Orten lohnt sich ein Stopp und ein Bummel über die Pflastergassen zum See hinab.

Die **Villa Balbianello** (☎0344 561 10; www.fondoambiente.it; Via Comoedia 5, Località Balbianello; Villa & Gärten Erw./Kind 12/7 €, nur Gärten Erw./Kind 6/3 €; ⏲Mitte März–Mitte Nov. Di & Do–So 10–18 Uhr) in Lenno schließlich nimmt den ersten Platz ein für die dramatischste Lage eines Gartens: Er schmiegt sich atemberaubend an die Seiten einer steilen Landzunge. Einige Szenen für *Star Wars: Episode II* und das James-Bond-Remake von 2006, *Casino Royale,* wurden hier gefilmt. Die Villa wurde 1787 von Kardinal Angelo Durini gebaut. Heute birgt sie ein Museum mit der Sammlung eines früheren Besitzers, eines Polarforschers. Wer sie von innen besichtigen will, muss sich einer Führung um 16.15 Uhr anschließen (in der Regel auf Italienisch). Besucher dürfen den 1 km langen Weg vom Bootsanleger in Lenno bis zum Anwesen nur dienstags und an Wochenenden benutzen, ansonsten müssen sie in Lenno ein **Taxiboot** (☎333 410 38 54; hin & zurück 6 €) nehmen.

TREMEZZO

1290 EW.

Tremezzo steht wegen der **Villa Carlotta** (☎0344 404 05; www.villacarlotta.it; Riva Garibaldi; Erw./erm. 8,50/4,50 €; ⏲Ostern–Sept. 9–18 Uhr, Mitte März–Ostern & Okt.–Mitte Nov. 10–16 Uhr) aus dem 17. Jh. bei allen ganz oben auf der Liste. In ihren Gärten gedeihen Orangenbäume, die zu Laubengängen gestutzt wurden, und einige der schönsten Rhododendren, Azaleen und Kamelien Europas. Die Villa, die mit Gemälden und edlen, alabasterweißen Skulpturen (besonders von Antonio Canova) und Tapisserien vollgestopft ist, erhielt ihren Namen von der preußischen Prinzessin, die das Anwesen 1847 von ihrer Mutter als Hochzeitsgeschenk erhielt.

Tremezzos **Touristeninformation** (☎03 44 404 93; Via Statale Regina; ⏲April–Okt. Mi–Mo 9–12 & 15.30–18.30 Uhr) befindet sich neben dem Bootsanleger.

LP TIPP **Al Veluu** RESTAURANT, HOTEL €€€
(☎0344 405 10; alveluu.com; Via Rogaro 11; Mahlzeiten 50–70 €; ⏲Mi–Mo; 🅟) Das andere Highlight Tremezzos ist dieses exzellente Restaurant am steilen Berghang oberhalb des Sees mit weitem Blick von seiner Terrasse. Die Gerichte werden mit viel Stolz und mit den saisonalen Erzeugnissen von Bergen und See zubereitet. Serviert werden z. B. zart schmelzendes Milchzicklein mit Rosmarin an Ostern oder Polenta mit wildem Spargel. Die Terrasse bietet am 15. August einen Superblick auf das Ferragosto-Feuerwerk und im Winter wird drinnen der Kamin angezündet. Oben werden zwei ebenso behagliche Suiten (130–200 €) für jeweils bis zu vier Personen vermietet. Das Hotel holt Gäste auf Wunsch vom Anleger ab.

CADENABBIA & MENAGGIO

Cadenabbia nördlich von Tremezzo ist ein Verkehrsknotenpunkt, von dem auch die Autofähren zum Ostufer ablegen. Da der Ort kaum Sehenswürdigkeiten besitzt, gibt es einige preiswerte Unterkünfte, wie das schlichte **Alberghetto della Marianna** (☎0344 430 95; www.la-marianna.com; Via Regina 57, Cadenabbia di Griante; EZ 65 €, 80–95 €; ⏲Mi–Mo; ❄), das behagliche Zimmer mit Messingbetten, Parkettböden und kleinen Balkons hat. Das zugehörige Restaurant, **La Cucina di Marianna** (☎0344 431 11; Menüs 30–45 €; ⏲Mi–So), bietet gutes Essen.

Menaggio (3260 Ew.), 3 km weiter nördlich, hat ein niedliches kopfsteingepflastertes Zentrum und einen Hauptplatz voller Cafés mit schönem Seeblick. Menaggio ist der Ausgangsort zum Lago di Piano im Val Menaggio, einem abgelegenen Tal, das den Lago di Como mit dem Lago di Lugano weiter im Westen verbindet, der sich bis in die Schweiz hinein erstreckt.

Das Hostel **Ostello La Primula** (☎0344 323 56; www.lakecomohostel.com; Via IV Novembre 106; B mit Frühstück 17 €; ⏲Rezeption Mitte März–Anfang Nov. 8–10 & 16–24 Uhr; @) nur 100 m bergauf von Menaggios Fähranleger bietet

Seeblick und ein Restaurant (Hauptgerichte 14 €). Es vermietet auch Fahrräder und Kajaks (14,50 pro Tag).

Menaggios **Touristeninformation** (☎0344 329 24; www.menaggio.com; Piazza Garibaldi 3; ⏲April–Okt. 9–12.30 & 14.30–18 Uhr, Nov.–März Mi & So geschl.) hat Broschüren zu Wander- und Radwegen.

ALTO LARIO

Der nördliche Abschnitt des Sees hinter Menaggio wird Alto Lario (Oberer Lario) genannt. Er ist weitaus weniger touristisch als die südlichen Seeufer und wundervoll malerisch. In **Rezzonico**, einem Teil von Santa Maria, gibt es einen stillen Kieselstrand mit hölzernen Anglersitzen.

Der letzte bedeutsame Ort am Westufer des Alto Lario ist **Gravedona** (2750 Ew.). Ebenso wie Domaso und Dongo weiter im Norden ist er beliebt bei Wassersportlern. **Comolakeboats** (☎333 401 49 95; www.comolakeboats.it; Via Antica Regina 26, Domaso) vermietet Schlauchboote (80 € für 2 Std.) und bietet Wasserski und Wakeboarding an.

OSTUFER

Das Ostufer des Comer Sees hat ein urtümlicheres Flair, aber da es dort weniger Sonne gibt, ist es auch weniger touristisch. Die größte Stadt hier ist **Lecco** (47 800 Ew.) mit einem schattigen, gewundenen Uferbereich, aber sonst wenig Sehenswertem. Die Hauptattraktion ist das hübsche Varenna, das nur einen kleinen Trip über das Wasser von Bellagio entfernt ist. Autofahrer sollten die Fernstraße vermeiden und von **Colico** südlich von Lecco die kurvige SS36 nehmen.

ABBAZIA DI PIONA

Am nördlichen Ende des Sees führt 3 km südlich von Colico eine Nebenstraße 2 km weit ab der SP72 zum **Zisterzienserkloster von Piona** (☎0341 94 03 31; www.cistercensi.info/piona; ⏲7–19 Uhr), das malerisch auf einer Landspitze im See liegt. Die Kirche ist romanisch, aber das Highlight (abgesehen von der Lage) ist der Kreuzgang aus dem 13. Jh.

VARENNA

825 EW.

Das villenreiche Varenna liegt gegenüber von Bellagio am anderen Seeufer und wetteifert mit seinem bekannteren Nachbarn um den Titel als hübschestes Dorf am See. Die pastellfarbenen Häuser ziehen sich steil den Berghang hoch und die Gärten und Wege sind erfüllt mit Blumen und Vogelgesang. Ein paar Gassen mit Treppen führen den Hang hinab zum Wasser. Etwa auf halbem Weg befindet sich die Hauptstraße Varennas, die verkehrsfreie Via XX Settembre. Weiter oben führt die SP72 Richtung Norden an den beiden luxuriösesten Villen des Orts und dem gepflasterten Hauptplatz, der Piazza San Giorgio, vorbei.

Die Fähre legt am Piazzale Martiri della Libertà an. Von dort führt ein 15- bis 20-minütiger Spaziergang auf dem blumengeschmückten Uferweg zur Piazza San Giovanni und den beiden Hauptattraktionen des Ortes: Die Gärten der **Villa Cipressi** (☎0341 83 01 13; www.hotelvillacipressi.it; Via IV Novembre 22; Erw./Kind 3/1,50 €; ⏲März–Okt. 9–19 Uhr), die ein Luxushotel ist (EZ 110–140 €, DZ 140–190 €), und 100 m weiter südlich die **Villa Monastero** (☎0341 29 54 50; www.villamonastero.eu; Via IV Novembre; Erw./erm. 4/2 €; ⏲Gärten Mo–Do 9–19, Fr 9–14 Uhr, Haus & Gärten Fr 14–19, Sa & So 9–19 Uhr), ein ehemaliges Kloster, das von den Monricos im 17. Jh. zu einem Familiensitz umgebaut wurde. Beide Gärten mit ihren Magnolien, Kamelien und exotischen Yuccas können besucht werden. In der Villa Monastero sind auch die prunkvollen Räume zu besichtigen. Am Nordrand Varennas (Olivedo) führt ein steiler, alter Maultierpfad (30 Min. oder mit dem Auto 3 km über die SP65) zum Bergdorf **Vezio** hinauf. Dominiert wird es vom **Castello di Vezio** (www.castellodivezio.it; Eintritt 4 €; ⏲10–18 Uhr) aus dem 13. Jh., einst Teil einer Reihe mittelalterlicher Wachtürme. Von hier sind die Terrakottadächer Varennas zu sehen. Um 16.30 Uhr wird eine Falkenvorführung geboten.

Die beste Unterkunft in Varenna ist das **Albergo del Sole** (☎0341 81 52 18; www.albergodelsole.lc.it; Piazza San Giorgio 21; EZ 70–85 €, DZ 105–120 €, 3BZ 124–40 €; ❄👪), eine Pension mit blauen Fensterläden und einem halben Dutzend weißer Zimmer mit Parkett, die an die Dampfboote des Sees erinnern. Es gibt auch ein gutes hauseigenes Restaurant.

Eine gute Wahl zum Essengehen ist auch das **Cavallino** (☎0341 81 52 19; www.cavallino-varenna.it; Piazza Martiri della Libertà; Mahlzeiten 25–35 €; ⏲Do–Di). Dort können die Gäste auch am hübschen Hafen Varennas sitzen und die Fähren beobachten, während sie frischen Fisch genießen, der vom Besitzer und Fischer Giordano Valentini gefangen wurde. *Primi* (erste Gänge) bestehen aus köstlichem Barsch, *lavarello*-Pâté und hausgemachten *missoltini*. Ebenfalls hausgemacht ist das cremige *risotto mantecato* (mit Käse verrührt, um es cremig zu machen). Bei vorheriger Buchung können Gäste auch ei-

ABSTECHER

VALTELLINA (VELTLIN)

Das Valtellina mit dem Fluss Adda bildet vom Nordende des Comer Sees eine breite Schneise zwischen der Schweizer Grenze im Norden und den Bergamasker Alpen im Süden. Ein Großteil der nördlichen Flanke ist von Weingärten bedeckt, überwiegend mit Nebbiolo-Reben, aus denen so begehrte Weine wie der Sforzato (Sfurzat) gekeltert werden. Zwei Bezugspunkte sind **Ponte in Valtellina**, 8 km östlich von Sondrio, und **Teglio**, 8 km weiter östlich.

Der hübscheste Ort im Tal ist **Tirano**, Endbahnhof für Züge aus Mailand (2 Std.) über die Orte am Comer See sowie für Züge aus der Schweiz. Die stille Altstadt mit gewundenen Gassen an der rauschenden Adda befindet sich im Ostteil.

In Bianzone, im Herzen der besten Weingärten des Valtellina, befindet sich das **Altavilla** (☎0342 72 03 55; www.altavilla.info; Via ai Monti 46, Bianzone; Mahlzeiten 30 €; ⏲Di–So, Aug. tgl.; Ⓟ), Anna Bertolas zauberhaftes Bergchalet und Restaurant, eines der gastronomischen Schmankerl der Region. Hier werden die passenden Weine zu traditionellen Berggerichten, wie *sciàtt* (Buchweizenpfannkuchen, gefüllt mit Bitto-Käse) und *pizzocheri* (Buchweizenpasta) gereicht. Die Schinken, das Bergwild und reifer Bitto-Käse der Region sind besondere Highlights, ebenso wie die Weinkarte mit 500 Weinen. Falls der Wein mal zu gut geschmeckt hat, gibt es auch Zimmer (EZ 25–42 €, DZ 42–68 €),.

Ebenfalls höchst empfehlenswert ist die **Osteria del Crotto** (☎0342 61 48 00; www.osteriadelcrotto.it; Via Pedemontana 22, Morbegno; Mahlzeiten 25–35 €). Sie serviert eine ganze Reihe von Gerichten mit Slow-Food-Zertifikat, wie *violino di capra della Valchiavenna* (wörtlich „Geigenziege von der Valchiavenna"), ein traditioneller Ziegenschinken, von dem Scheiben abgeschnitten werden, indem er an die Schulter gelegt und dann wie beim Geigenspiel abgesäbelt wird.

Wer am letzten Maiwochenende hier ist, kann die großen Weinkellereien besichtigen, die dann zur **Cantine Aperte** (offene Weinkeller) ihre Tore öffnen. Die größte **Touristeninformation** (☎0342 21 59 21; www.valtellina.it; Corso Vittorio Veneto 28, Sondrio; ⏲Mo–Fr 9–12.30 & 14.30–18, Sa 9–12.30 Uhr) im Verkehrsknotenpunkt Sondrio hat ein Verzeichnis dieser Weinkellereien.

nen kurzen Angelausflug mit dem Besitzer machen, um dann den eigenen Fang frisch zubereitet zu essen.

Ebenfalls empfohlen wird das **Vecchia Varenna** (☎0341 83 07 93; www.vecchiavarenna.it; Contrada Scoscesa 10; Mahlzeiten 40–45 €; ⏲Feb.–Dez. Di–So), das so etwas wie Nouvelle Cuisine auf einer Uferterrasse serviert.

Varennas **Touristeninformation** (☎0341 81 40 09; www.varennaitaly.com; Via per Esino 3; ⏲Mo–Fr 10–12.30 & 15–17.30, Sa 10–12.30 Uhr), geführt von I Viaggi del Tivano, hat viele nützliche Informationen zum gesamten Ostufer des Sees.

Iseosee (Lago d'Iseo)

Der Iseosee (oder auch Sebino-See) liegt in einem tiefen Gletschertal von Bergamo und Brescia jeweils knapp 50 km entfernt und ist einer der unbekannteren lombardischen Seen. Er ist mit den hohen Bergen ringsum ein prachtvoller Anblick.

Im Norden des Sees erstreckt sich die **Valle Camonica**, die für ihre steinzeitlichen Felsritzungen bekannt ist. Im Süden liegt das hügelige Weingebiet Franciacorta und im Westen der bildhübsche **Lago di Endine**.

Die Straße führt, außer am Südufer, rund um den See dicht am Wasser entlang und ist besonders dramatisch, aber auch anspruchsvoll für den Fahrer, südlich von Lovere.

Sehenswertes & Aktivitäten

An der Südwestecke des Sees geht die Sonne direkt vor der Uferpromenade in **Iseo** (9200 Ew.) unter. Es ist ein netter Ort mit ein paar Piazze gleich hinter dem Ufer und einem öffentlichen Strand, an dem Kanus und Tretboote vermietet werden. **Iseobike** (☎0340 396 20 95; www.iseobike.com; Via Colombera 2; ⏲Mai–Aug. 9.30–12.15 & 14.30–19 Uhr, Sept.–April Fr–So) stellt individuelle Radtouren zusammen.

Direkt westlich von Iseo liegt **Sarnico** (6540 Ew.) mit seinen hübschen Jugendstilvillen, von denen viele von Giuseppe Sommaruga entworfen wurden. Die Villa Faccanoni (Via Veneto) am Ufer ist die schönste von ihnen. Die Altstadt, die Contrada, liegt am Ufer des Flusses Oglio und ist ideal für einen Bummel am Fluss entlang nach dem Morgenkaffee.

Nördlich von Iseo steigt der **Monte Isola** (1800 Ew.) aus dem See empor, mit 4,28 km² Europas größte Seeinsel und mit Abstand der markanteste Anblick des Sees. Francesco Sforza gewährte im 15. Jh. den Inselbewohnern besondere Fischereirechte, und noch heute gibt es auf der Insel zahlreiche Fischerdörfer. Ab Carzano im Nordosten (wo die Boote anlegen; 4 € ab Sale Marasino) führen grob gehauene Stufen zum Gipfel hoch (599 m). Auf einem 15 km langen Weg können Wanderer und Radfahrer die Insel in einer schönen Tour umrunden (Autos dürfen hier nicht fahren).

Lovere (5470 Ew.) an der Nordwestspitze des Sees ist ein rühriges Hafenstädtchen mit einer verwinkelten Altstadt und zahlreichen Wanderwegen in den Bergen dahinter. Die **Accadamia Tadini** (☎035 96 27 80; www.accademiatadini.it; Via Tadini 40; Erw./erm. 7/5 €; ⏲Di–Sa 15–19, So & Feiertage 10–12 & 15–19 Uhr) am Ufer besitzt eine beachtliche Kunstsammlung mit Werken von Jacopo Bellini, Giambattista Tiepolo und Antonio Canova. Kurze Autoausflüge von Lovere zu den benachbarten Dörfern **Bossico** und **Esmate** führen zu großartigen Aussichtspunkten hoch über dem See.

Schlafen

Hotel Milano HOTEL €
(☎030 98 04 49; www.hotelmilano.info; Lungolargo Marconi 4, Iseo; EZ 44–50 €, DZ 70–90 €; ❄@📶) Das sonnengelbe Uferhotel ist nur eines von insgesamt zweien im Zentrum von Iseo. Ein Zimmer mit Seeblick ist unbedingt empfehlenswert, da von dort der Sonnenuntergang hinter den Bergen beobachtet werden kann.

Ostello del Porto HOSTEL €
(☎035 98 35 29; http://digilander.libero.it/ostellodelporto/; Via Paglia 70; B/EZ/DZ 18/35/50 €; ⏲Mitte März–Okt.; P@) Schönes Hostel.

Campeggio Monte Isola CAMPINGPLATZ €
(☎030 982 52 21; Via Croce 144; pro Pers. & Zelt 10 €) Monte Isolas Campingplatz ist das ganze Jahr über geöffnet.

Praktische Informationen

Touristeninformation Iseo (☎030 98 02 09; www.agenzialagoiseofranciacorta.it; Lungolago Marconi 2; ⏲Ostern–Sept. 10–12.30 & 15.30–18.30 Uhr, Okt.–Ostern Mo–Fr 10–12.30 & 15–18, Sa 10–12.30 Uhr) Bietet gute Informationen zum Wandern und ein Campingplatzverzeichnis.

Sarnico Pro Loco (☎035 420 80; www.prolocosarnico.it; Via Lantieri 6; ⏲Di–Sa 9.30–12.30 & 15–18.30, So 9.30–12.30 Uhr)

Monte Isola (www.monteisola.com)

WEINSTRASSEN

Südlich des Lago d'Iseo erstrecken sich bis hin nach Brescia die blühenden Weingärten der **Weinbauregion Franciacorta** (www.stradadelfranciacorta.it). Das Gebiet ist ideal zum Radfahren, da es keine steilen Steigungen und reichlich Dörfer zum Erkunden gibt. Im Mittelalter erhielten hier lebende Mönche das Hoheitsrecht zum Ackerbau. Diese Privilegien, oder *franchae curtes*, waren von der Steuer befreit und verliehen der Region ihren Namen. Die Touristeninformationen in Iseo und Brescia verteilen Broschüren; dort können Interessierte auch Besuche auf den Weingütern buchen (werktags erforderlich).

Die Weinstraße beginnt in **Paràtico** an der Nordwestspitze der Region. Die malerischen Dörfer **Nigoline Bonomelli**, **Colombaro**, **Timoline** und **Borgonato** bilden das Herz der Gemeinde Corte Franca und sind Sitz der renommiertesten Kellermeister der Gegend. Gleich nördlich von ihnen liegt **Provaglio d'Iseo** mit seinem **Monastero San Pietro in Lamosa** (www.sanpietroinlamosa.org) aus dem 11. Jh., das von jenen Kluniazensermönchen gegründet wurde, die das Gebiet erstmals kultiviert hatten.

Wer mit dem Auto unterwegs ist, sollte sich einen Tisch im **Ristorante Gualtiero Marchesi** (www.marchesi.it; Mahlzeiten 150–200 €; ⏲Di–Sa, So nur mittags) im luxuriösen Landhaushotel L'Albereta Hotel in Erbusco reservieren. Geführt wird es von Gualtiero Marchesi, einem der bekanntesten Namen der modernen italienischen Küche.

Die Weinstraße endet in **Rodengo-Saiano** mit einer weiteren beeindruckenden Klosteranlage, der **Abbazia di San Nicola** (www.benedettiniabbaziaolivetana.org).

Anreise & Unterwegs vor Ort

SAB (☎035 28 90 00; www.sab-autoservizi.it, auf Italienisch) Busgesellschaft mit Verbindungen zwischen Sarnico und Bergamo (2,90 €, 50 Min.).

Bahnhof Iseo Verbindungen mit Brescia (2,80 €, 30 Min., stündl.) mit Anschluss nach Bergamo.

Navigazione sul Lago d'Iseo (☎035 97 14 83; www.navigazionelagoiseo.it) Bietet täglich bis zu acht Fährverbindungen zwischen Sarnico, Iseo, Monte Isola, Lovere und Pisogne. Einfache Fahrten kosten 2 bis 5,80 €. Im Winter verkehren die Fähren seltener.

Gardasee (Lago di Garda)

Poeten und Politiker, Diven und Diktatoren, sie alle zog es an den Gardasee. Mit 370 km² ist er der größte der oberitalienischen Seen. Er breitet sich über die Grenze zwischen der Lombardei und dem Veneto aus und ist im Norden von hohen Bergen und im Süden von sanfteren Hügeln umgeben. An den Hängen gedeihen Weinfelder, Olivenhaine und Zitronengärten, Dörfer schmiegen sich an die natürlichen Häfen. Desenzano del Garda an der Südwestecke wird als *porta del lago* (Tor zum See) bezeichnet und hat gute Verkehrsanbindungen.

Der Gardasee ist der erschlossenste der Seen und trotz zahlloser Unterkünfte ist vorherige Reservierung ratsam.

Anreise & Unterwegs vor Ort

Auto

Die Fähr- und regionalen Zugverbindungen am Gardasee sorgen dafür, dass Besucher nur ein Auto brauchen, wenn sie Ausflüge in die Berge machen wollen. Im Sommer sollte die Straße um den See wegen des heftigen Verkehrs besser vermieden werden.

Bus

APTV (☎045 805 78 11; www.aptv.it) Verbindung zwischen dem Bahnhof Desenzano del Garda und Riva del Garda (2 Std., bis zu 6-mal tgl.). Der Bahnhof Peschiera del Garda liegt an der APTV-Busstrecke Riva del Garda–Malcesine–Garda–Verona. Die Busse fahren stündlich nach Riva (3,90 €, 1 Std. 40 Min.) und Verona (2,90 €, 30 Min.).

Società Italiana Autoservizi (SIA; ☎030 377 42 37; www.sia-autoservizi.it) Verbindet Riva del Garda mit Brescia (5,50 €, 2 Std.) und Mailand (3¾ Std., 3-mal tgl.).

Trentino Trasporti (☎0461 821 000; www.ttesercizio.it) Fährt zwischen Riva del Garda und Trento (4 €, 1¾ Std.).

Schiff/Fähre

Navigazione sul Lago di Garda (☎800 55 18 01; www.navigazionelaghi.it, auf Italienisch; Piazza Matteotti 2, Desenzano del Garda) Die Passagierfähren verkehren das ganze Jahr über. Eine Tageskarte für unbegrenzte Fahrten kostet 26,40/13,50 € (Erw./Kind).

Autofahrer können die Autofähre zwischen Toscolano-Maderno und Torri del Benaco benutzen, im Sommer auch zwischen Limone und Malcesine.

Zug

Die beiden Bahnhöfe am Gardasee, in Desenzano del Garda und in Peschiera del Garda, liegen an der Strecke Mailand–Venedig.

SIRMIONE

8050 EW.

Sirmione, das malerischste Dorf am Gardasee, liegt auf einer unglaublich schmalen Halbinsel am Südufer des Sees. Es zog im Lauf der Geschichte schon Berühmtheiten wie den römischen Dichter Catullus und Maria Callas an. Heute folgen Tausende in deren Fußstapfen.

Die **Touristeninformation** (☎030 91 61 14; Viale Marconi 6; ⏲Ostern–Okt. 9–20 Uhr, Nov.–Ostern Mo–Fr 9–12.30 & 15–18, Sa 9–12.30 Uhr) liegt direkt neben dem Busbahnhof. Ab hier sind Motorfahrzeuge verboten, außer für Gäste der Hotels.

Sehenswertes & Aktivitäten

Vom Bootsanleger nahe der Burg bieten alle möglichen Boote verschiedene Rundfahrten über den See an – für recht happige Preise. Auch vielfältige Wasseraktivitäten sind im Angebot.

Grotte di Catullo RÖMISCHE VILLA

(☎030 91 61 57; Erw./erm. 4/2 €; ⏲März–Okt. Di–Sa 8.30–19.30, So 9–14 Uhr, Nov.–März Di–So 8.30–14 Uhr, Museum Di–Sa bis 19.30 Uhr) Die Ruine der römischen Villa auf einem 2 ha großen Stück der Nordspitze Sirmiones ist eine malerische Anlage aus wackeligen Steinbögen und zusammengefallenen Mauern. Es ist das größte Wohnhaus, das in Norditalien ausgegraben wurde. Ein Spaziergang durch die Olivenhaine an seinen Hangterrassen eröffnet reizvolle Aussichten. Die Villa stammt aus der augustinischen Zeit (Ende des 1. Jhs. v. Chr.) und trotz des Namens gibt es keinen Nachweis, dass Catull hier tatsächlich einmal gelebt hat.

FREIZEITPARKS AM GARDASEE

Im **Gardaland** (☎045 644 97 77; www.gardaland.it; Erw./Kind 36/29 €; ⌚Mitte Juni–Mitte Sept. 9–23 Uhr, April–Mitte Juni & die letzten 2 Wochen im Sept. 10–18 Uhr, Okt., Ende Dez. & Anfang Jan. Sa & So 10–18 Uhr) am unteren Ostufer unterhalten überlebensgroße Dinosaurier, Piratenschiffe, Achterbahnen und ein Delfinarium vor allem Kinder.

Die **CanevaWorld** (☎045 696 99 00; www.canevaworld.it; Via Fossalta 1) im Norden besteht aus zwei Themenparks. Im **Aquaparadise** (Erw./Kind 24/19 €; ⌚Juli & Aug. 10–19 Uhr, Mitte Mai–Juni & Sept. 10–18 Uhr) gibt es viele tolle Wasserrutschen, im **Movieland** (Erw./Kind 24/19 €; ⌚Ostern–Juni, Sept. & wochenends im Okt. 10–18 Uhr, Juli & Aug. 10–19 Uhr) actionreiche Shows. Die genauen Öffnungszeiten variieren etwas, sind aber auf der Website zu erfahren.

Kostenlose Busse bringen Besucher vom Bahnhof Peschiera del Garda die 2 km zu beiden Parks und wieder zurück.

Terme di Sirmione THERMALBAD
(☎030 916 09 44; www.termedisirmione.com; Piazza Don Angelo Piatti; Becken 19–49 €, Behandlungen ab 30 €; ⌚März–Dez. Mo 14–22, Di–So 10–22 Uhr) Vor Sirmione entspringen etliche Thermalquellen im See, die eine natürliche Temperatur von 37° C besitzen. Sie wurden Ende des 19. Jhs. entdeckt. Im Wellnesszentrum Aquaria werden verschiedene Behandlungen angeboten, von remineralisierenden Schlammpackungen (50 €) bis zu ayurvedischen Massagen (80 €). Bis zu fünf Stunden können sich Gäste auch in den beiden Thermalbecken aufhalten – eines befindet sich im Freien gleich neben dem See. Die Behandlungen müssen allerdings rechtzeitig zuvor gebucht werden, aber die Bäder sind jederzeit zugänglich. Es muss nur Badekleidung mitgebracht werden, Handtücher werden vom Haus gestellt.

Schlafen & Essen

In Sirmione gibt es eine sehr große Zahl an Hotels, von denen viele von Ende Oktober bis März geschlossen sind. In Ortsnähe befinden sich vier Campingplätze, über weitere Plätze um den See informiert die Touristeninformation.

Hotel Pace HOTEL €€
(☎030 990 58 77; www.pacesirmione.it; Piazza Porto Valentino 5; DZ 100–125 €; P@❄) Das babyrosa Hotel Pace am See wird seit 25 Jahren von der Barelli-Familie geführt und pflegt den Stil eines englischen Landhauses: glänzende Ledersessel, Jugendstildekor und Bauerngarten. James Joyce und Ezra Pound übernachteten hier in den 1930er-Jahren. Das Restaurant wird von Slow Food empfohlen und hat eine hübsche Veranda über dem Wasser.

Hotel Marconi HOTEL €€
(☎030 91 60 07; www.hotelmarconi.net; Via Vittorio Emanuele II 51; EZ 45–75 €, DZ 75–125 €; P@❄) Selbst für Leute, die zum Frühstück nur einen Kaffee trinken, ist das unglaubliche Angebot an hausgemachten Kuchen, Torten und Gebäck in dem eleganten Familienbetrieb ein Augenschmaus. Die Zimmer sind dezent in zarten Pfirsichfarben und mit gestärkten Stoffen eingerichtet, und am See wartet eine Veranda mit blau-weiß gestreiften Sonnenschirmen.

Ristorante La Rucola TRADITIONELL ITALIENISCH €€€
(☎030 91 63 26; www.ristorantelarucola.it; Vicolo Strentelle 7; Mahlzeiten 60–75 €; ⌚Fr–Mi) Sirmiones elegantestes Restaurant ist eine Kombination aus Nachtclubflair der 1970er-Jahre (Polstersessel mit niedriger Lehne) mit Landhauschic. Das Essen ist jedoch klassische Seeküche, mit Seebarsch, Garnelen und zahlreichen Risottos nach Saison.

Ebenfalls empfohlen:

Camping Sirmione CAMPINGPLATZ €
(☎030 91 90 45; www.camping-sirmione.com; Via Sirmioncino 9, Colombane; 2 Pers., Auto & Zelt 36 €; ⌚März–Okt.; P≋) Ein gepflegter Campingplatz am Fuß der Halbinsel.

La Fiasca TRATTORIA €€
(☎030 990 61 11; Via Santa Maria Maggiore; Mahlzeiten 30 €; ⌚Do–Di) Eine authentische Trattoria, die Gerichte in mutigen Kombinationen serviert, wie Pappardelle mit Wildschweinragout in Tomatensauce.

DESENZANO DEL GARDA

26 900 EW.

Die heitere Pendlerstadt Desenzano del Garda 9 km südwestlich von Sirmione gilt als

VERKOSTUNG VON OLIVENÖL

Das Mikroklima des Gardasees ist nahezu mediterran und bietet ideale Bedingungen für Olivenbäume. Die Produktion an den Seeufern erbringt nur winzige 1 % der italienischen Olivenölproduktion, aber das hiesige Öl ist bekannt für seinen leichten, weichen und süßen Geschmack. Um die 15 Olivensorten werden hier angebaut, die schwarzen Früchte ergeben ein zarter schmeckendes Öl, die grünen ein kräftigeres.

Frantoio Montecroce (☎030 991 15 04; www.frantoiomontecroce.it; Viale Ettore Andreis 84; Eintritt frei; ⏲Mo–Sa 8–12 & 15–19 Uhr) in den Hügeln hinter Desenzano bietet eine kompetente Verkostung des Öls vom See an. Die Familie baut seit vier Generationen Oliven an und ihre Öle haben zahlreiche renommierte Preise gewonnen. Die Granitmühlsteine, glänzenden Maschinen und Stahlfässer der Mühle vermitteln einen anschaulichen Einblick in den modernen Produktionsprozess, während Familienmitglieder hilfreiche Geschmackstipps geben.

das „Tor zum See". Sie ist nicht so hübsch wie einige der anderen Orte, aber der alte Hafen, die breiten Promenaden und die lebhafte Piazza Matteotti laden zu einem netten Bummel ein. Sie ist im Hochsommer auch ein Zentrum des Nachtlebens.

Desenzanos bekannteste Sehenswürdigkeit sind die erstaunlich gut erhaltenen Mosaiken in der **römischen Villa** (☎030 914 35 47; Via Crocifisso 2; Erw./erm. 2/1 €; ⏲März–Okt. 8.30–19 Uhr, Okt.–Feb. bis 17 Uhr). Die vor 2000 Jahren errichtete Villa wurde im 2. Jh. umgebaut und erhielt im 4. Jh. einen Großteil ihrer Mosaiken. Hölzerne Laufstege führen direkt über anschauliche Szenen von Streitwagen und Putten, die nach Trauben greifen. Zu sehen sind weiterhin die Ruine des luxuriösen *triclinium* (Speiseraum), halbrunde Bäder, ein *cubiculum* (Schlafzimmer) und ein Vorraum, der sich zum See hin öffnet.

Weitere Informationen zur Stadt gibt es in der örtlichen **Touristeninformation** (☎030 914 15 10; Via Porto Vecchio 34; ⏲Mo–Sa 9–12 & 15–18 Uhr).

SALÒ

10 700 EW.

Salò liegt eingezwängt zwischen See und steilen Bergen und verströmt ein Flair von Erhabenheit. Die lange Uferpromenade ist gesäumt von verschnörkelten Häusern und Palmen, und über die malerischen Sträßchen ragt der anmutige Glockenturm des Doms aus dem 15. Jh. empor.

1943 wurde Salò zur Hauptstadt der Italienischen Sozialrepublik ernannt, ein letzter verzweifelter Versuch von Mussolini und Hitler, den italienischen Faschismus angesichts der vorrückenden Allierten zu organisieren. Während der sogenannten Republik von Salò wurden über 16 öffentliche und private Gebäude in der Stadt beschlagnahmt und zu Mussolinis Ministerien und Büros umfunktioniert. Ein Spaziergang zwischen diesen Stätten ist eine surreale Tour durch den todgeweihten Ministaat des Diktators. Die Touristeninformation hat einen Ortsplan mit Broschüre (auch auf Englisch) mit wichtigen Schauplätzen.

Es gibt nicht oft die Gelegenheit, eine private Insel in Begleitung der adligen Besitzer zu erkunden. Aber auf der winzigen, kommaförmigen **Isola del Garda** (☎0328 384 92 26; www.isoladelgarda.com; Tour inkl. Bootsfahrt 24–30 €; ⏲April–Okt.) vor Salò ist es möglich. Die luxuriöse, neogotisch-venezianische Villa gehört der Contessa Cavazza, und Besucher werden meist von einem Familienmitglied begleitet. Die zweistündige Besichtigung führt durch etliche opulente Zimmer, einige haben eine entwaffnend echte Familienatmosphäre. Zum Schluss können Öl, Wein und Käse von den Familiengütern probiert werden.

Bootsverbindungen gibt es von Salò, Gardone Riviera, Garda und Sirmione, aber jeweils nur ein- oder zweimal die Woche.

GARDONE RIVIERA

2725 EW.

Gardones Glanzzeit war Ende des 19. und Anfang des 20. Jhs. Heute ist es dank der opulenten Villen und der verschnörkelten Architektur einer der elegantesten Urlaubsorte am See.

Etwa 12 km nördlich von Gardone liegt **Gargnano** (3050 Ew.), dessen kleiner Hafen sich im September mit millionenteuren Yachten füllt. Dann nämlich ver sammeln sich hier die Segelfans zur **Centomiglia**, der renommiertesten Segelregatta am Gardasee.

Die **Touristeninformation** (☎0365 374 87 36; Corso della Repubblica 8; ⏲Mo–Sa 9–12.30 & 14.30–18 Uhr) hat Infomaterial zu Aktivitäten.

Sehenswertes

Il Vittoriale degli Italiani MUSEUM

(☎0365 29 65 11; www.vittoriale.it; Piazza Vittoriale; Gärten & Museen Erw./erm. 16/12 €; ⏲Gelände April–Sept. 8.30–20 Uhr, Okt.–März bis 17 Uhr, Museen April–Sept. bis 19 Uhr, Okt.–März 9–13 & 14–17 Uhr) Der Dichter, Soldat, Hypochonder und Urfaschist Gabriele d'Annunzio (1863–1938) entzieht sich eindeutiger Definition, ebenso wie sein Anwesen Il Vittoriale. Bombastisch, extravagant und verstörend – hier wurde jegliche architektonische und dekorative Ausschweifung umgesetzt, was sicherlich auch Aufschluss über den Mann selbst gibt.

Er zog sich 1922 mit der Begründung nach Gardone zurück, der Welt entfliehen zu wollen, da sie ihn anwiderte. In seinem Haupthaus, der **Prioria**, hängen schwarze Samtvorhäge in den düsteren Zimmern (er war gegen Sonnenlicht allergisch), die vollgestopft sind mit klassischen Statuen, Leopardenfellen, ledergebundenen Büchern und massenhaft Kissen und Porzellan. Zu den Highlights gehören die bronzene Schildkröte (nach dem Modell eines Tieres, das sich zu Tode gefressen hatte) und d'Annunzios Arbeitszimmer mit einer sehr niedrigen Tür – mit Absicht, damit sich Besucher beim Eintreten bücken mussten. Besucher sind nur mit Führung möglich (auf Italienisch).

Giardino Botanico Fondazione André Heller SKULPTURENPARK

(☎0336 41 08 77; www.hellergarden.com; Via Roma 2; Erw./Kind 9/5 €; ⏲März–Okt. 9–19 Uhr) Die kompakte Oase voller Blumen ist eine Freude für Pflanzen- und Kunstliebhaber. Der Garten wurde 1900 angelegt und Ende der 1990er-Jahre vom multimedialen Künstler André Heller umgestaltet. Kleine Pfade winden sich durch verschiedene Klimazonen, von der amerikanischen Prärie bis zur afrikanischen Savanne. In all dem Grün verbergen sich 30 zeitgenössische Skulpturen.

Schlafen & Essen

Locanda Agli Angeli HOTEL €€

(☎0365 209 91; www.agliangeli.com; Via Dosso 7; EZ 45–70 €, DZ 80–180 €; P ≋) Eine *locanda* (Gasthaus) aus dem 18. Jh. wurde hinreißend restauriert und ist nun ein Hotel mit lackiertem Holz, zarten Vorhängen und Tupfern aus Hellgrün, Orange und Aquamarin. Die Terrasse hat einen kleinen Pool mit Aussicht über die Dächer und den See dahinter. Das gute Restaurant serviert klassische Gardaseeküche.

RIVA DEL GARDA

15 990 EW.

Selbst an einem See voller großartiger Landschaftsbilder sticht Riva del Garda noch hervor. Das reizvolle Zentrum, umgeben von hohen Felswänden und einem kurvigen Strandstreifen, besteht aus einem Gemisch prachtvoller Bauten, labyrinthartiger Straßen und weiter Plätze. Riva liegt jenseits der lombardischen Grenze in der Alpenregion Trentino-Südtirol. Über Jahrhunderte wurde die Stadt wegen ihrer strategischen Lage von den rivalisierenden Mächten der Bischöfe von Trento, der Republik Venedig, den Mailänder Visconti und den Della Scala aus Verona umkämpft. Bis 1919 gehörte sie zu Österreich, war anschließend in die heftigen Kämpfe der italienischen Unabhängigkeitskriege verwickelt und im Zweiten

BADEN IM GARDASEE

Am Gardasee gibt es nicht viele gute Strände, die zum Verweilen einladen. Im Folgenden ein paar der besten Plätze für ein Bad im See:

» **Rocca di Manerba** Die felsige Landzunge 10 km südlich von Salò ist ein Naturschutzgebiet samt einer Burgruine.

» **Parco la Fontanella** Ein strahlend weißer Kieselstrand 300 m nördlich von Gargnano mit Olivenhainen und dem Monte Baldo als Hintergrund.

» **Campione del Garda** Ein Strand vor einer Klippe nördlich von Gargnano, wo massenhaft Surfer über den See gleiten.

» **Riva del Garda** Mit den hohen Felswänden an drei Seiten schwimmt es sich hier wie in einem Fjord.

» **Punta San Vigilio** Eine bezaubernde, von Zypressen bewachsene Landzunge, die 3 km nördlich von Garda in den See ragt.

ABSTECHER

DER LEDROSEE

Von Riva aus führen erst die SP37 und dann die SS240 an Olivenhainen und Weinterrassen vorbei in Kurven nach Westen in die Berge hinauf. Etwa 11 km hinter Riva flacht die Straße ab und der **Ledrosee** (www.valledilедro.com) kommt in Sicht. Der kleine See ist nur 2,5 km lang und 2 km breit und liegt auf einer Höhe von 650 m in einem hinreißenden Tal zwischen waldigen Bergen. **Molina di Ledro** liegt am Ostufer des Sees, das von winzigen Reetdachhütten, Stränden und Bootsverleihpontons gesäumt ist.

Das **Ökohotel Elda** (☎0464 59 10 40; www.hotelelda.com; Via 3 Giugno 3, Lenzumo; DZ 100–160 €; P) aus Glas und Holz inmitten von Apfelbäumen im Concei-Tal war einst ein traditioneller Gasthof, der vom Sohn der Familie großzügig umgebaut wurde: Er engagierte ein Team von Architekten und Designern, um das alte Gebäude umweltgerecht mit 5-Sterne-Luxus neu zu gestalten. Das Ergebnis ist eine geglückte Kombination aus Wärmeisolierung und Solarenergie mit futuristischen Badezimmern und Philippe-Starck-Sesseln. Echte Ökobewusste ergeben sich ganz der Natur. An der Rezeption werden Fahrräder verliehen und es gibt einen voll ausgestatteten Wellnessbereich, der nach einer Bergwanderung höchst willkommen ist.

Weltkrieg Schlupfwinkel antinazistischer Widerstandsgruppen.

Die **Touristeninformation** (☎0464 55 44 44; www.gardatrentino.it; Largo Medaglie d'Oro; ⊙Mai–Sept. 9–19 Uhr, Okt.–April bis 18 Uhr) hat Infos zum Klettern, Paragliding, Weinverkostung, Märkten und dergleichen.

Sehenswertes & Aktivitäten

Riva ist ein idealer Ausgangspunkt für Wanderungen und Fahrradtouren, auch um den **Monte Rocchetta** (1575 m), der am Nordende des Sees emporragt. Gleich südlich der Stadt liegt ein Kiesstrand. Wie die benachbarten Orte Malcesine und Torbole ist Riva ein bekanntes Windsurferziel und hat mehrere Surfschulen, z. B. **Surfsegnana** (s. S. 275) am Porfina Beach, die auch Ausrüstung verleiht.

Cascata del Varone WASSERFALL

(www.cascata-varone.com; Eintritt 5,50 €; ⊙Mai–Aug. 9–19 Uhr, April & Sept. bis 18 Uhr, März & Okt. bis 17 Uhr) Der 100 m hohe Wasserfall stürzt über steile Kalksteinfelsen 100 m tief in eine gewaltige, höhlenartige Klamm. Laufstege führen neben dem Sturzbach 50 m weit in den Berg hinein. Der Wasserfall befindet sich 3 km nordwestlich von Riva.

Museo Civico MUSEUM

(☎0464 57 38 69; Piazza Cesare Battisti 3; Eintritt 2 €; ⊙April–Nov. Di–So 10.30–12.30 & 13.30–18 Uhr) Rivas Museum gibt Einblick in die turbulente Stadtgeschichte einerseits dank der Exponate, andererseits aber auch durch die Räume der Burg aus dem 12. Jh., in der es untergebracht ist. Die aufschlussreichsten Ausstellungsstücke sind die alten Landkarten aus dem *Atlas Tyrolensis* von 1579, 1667 und 1774, auf denen die wechselnden Grenzverläufe zu sehen sind.

Der Aufstieg auf die 34 m hohe **Torre Apponale** (Erw./Kind 1 €/frei) belohnt mit einem Panoramablick über See und Berge.

Schlafen & Essen

LP TIPP **Restel de Fer** GASTHOF €

(☎0464 55 34 81; www.resteldefer.com; Via Restel de Fer 10; EZ/DZ 68/90 €; P) Seit 1400 betreibt die Familie Meneghelli die charmante *locanda* (Gasthaus) mit ihren rustikalen Zimmern voller alter Eichenkommoden und Messingbetten. Das mehrgängige Abendessen im zugehörigen Restaurant, zu dem Spezialitäten wie Seeforelle mit Krebsen, Monte-Baldo-Trüffel und die besten Käse des Trentino gehören, ist wahrhaft unvergesslich (4-/6-Gänge 35/50 €).

Campeggio Bavaria CAMPINGPLATZ€

(☎0464 55 25 24; www.bavarianet.it; Viale Rovereto 100; 2 Pers., Auto & Zelt 36 €; P) Gehört zum Marco Segnana Surf Centre in Nago-Torbole.

NAGO-TORBOLE

2740 EW.

Der Gardasee hat eine ungewöhnliche meteorologische Eigenheit – der Wind, der über seine Oberfläche weht, ist fast so regelmäßig wie eine Uhr. Der Wind Pelèr aus dem Norden hält zwölf Stunden an und legt sich meist um 10 Uhr. Die Ora von Süden weht hingegen zwischen 12 Uhr und Sonnenuntergang. Die Vorhersagbarkeit sorgt dafür, dass das kleine Fischerdorf Torbole (neben Riva del Garda und Malcesine) Windsurfer und Segler anlockt.

Unterricht bieten zahllose Anbieter, wie **Surfsegnana** (☎0464 50 59 63; www.surfsegnana.it; Foci del Sarca) am Lido di Torbole.

Torboles **Touristeninformation** (☎0464 50 51 77; www.gardatrentino.it; Via Lungolago Verona 19; ⌚Mai–Sept. Mo–Sa 9–19, So 9–13 & 15–19 Uhr, April, Okt. & Nov. Mo & Mi–Sa 10–13 & 14–17.30 Uhr) hat ein Verzeichnis von Windsurfingschulen und verschiedenen Windsurf- und Segelwettkämpfen. Sie verteilt auch kostenlose Mountainbike- und Wanderkarten.

MALCESINE

3710 EW.

Ein weiterer beliebter Ort am Gardasee ist Malcesine, wo der See bis an die Tische der Uferrestaurants plätschert und sich dahinter der gewaltige Bergzug des Monte Baldo erhebt. Wie Riva del Garda und Torbole ist der Ort, dessen Straßen mit Tausenden von Seekieseln gepflastert sind, ebenfalls ein Windsurfzentrum. Überragt wird das Ganze vom kalkweißen **Castello Scaligero**, wo Goethe für kurze Zeit inhaftiert war, weil er für einen Spion gehalten wurde.

Die rotierenden Glaskabinen der Malcesiner Seilbahn, der **Funivia Malcesine-Monte Baldo** (☎045 740 02 06; www.funiviedelbaldo.it; Erw./erm. hin & zurück 18/14,50 €; ⌚April–Sept. 8–19 Uhr, Okt.–März bis 17 Uhr), sausen auf 1760 m hoch. Der Berg ist eigentlich Teil einer 40 km langen Bergkette, deren Kämme Startpunkt für Mountainbiketouren und für Paraglider und im Winter für Skifahrer sind. Die Zwischenstation **San Michele** (5 €) ist Startpunkt einiger exzellenter Wanderwege. Der einstündige Marsch zurück nach Malcesine auf ruhigen Straßen und felsigen Bergpfaden offenbart eine ländliche Welt weitab vom Gedränge um den See. Fahrräder verleiht **Bikextreme** (☎045 740 01 05; Via Navene Vecchia 10; pro Tag 20 €).

Die Olivenernte um Malcesine wird vom **Consorzio Olivicoltori di Malcesine** (☎045 740 12 86; www.oliomalcesine.com; Via Navene; ⌚9–13 & 16.30–19 Uhr) zu extra nativem Olivenöl gepresst. Die 550 Mitglieder der Genossenschaft stammen alle aus den Bergen um Malcesine und produzieren jährlich 75 000 l Öl – nur die Hälfte wird verkauft. Das Öl ist berühmt für seinen leichten, fruchtigen Geschmack mit einem Hauch von Mandeln. Das kalt gepresste native DOP-Öl kostet ab 11 € für 0,5 l.

Die **Touristeninformation** (☎045 740 00 44; www.malcesinepiu.it; Via Capitanato 6; ⌚Mo–Sa 9.30–12.30 & 15–18, So 9.30–12.30 Uhr) hat Infomaterial zum Windsurfen, Segeln, Wandern und Skifahren.

BARDOLINO

Über 70 Weingüter und Kellereien (viele davon mit Zertifikat DOC oder sogar DOCG) erstrecken sich über die Hügel östlich von Bardolino am Ostufer des Gardasees. Sie produzieren beeindruckenden rosa Chiaretto, roten Classico, trockenen Superiore und jungen Novello. Am stimmungsvollsten erschließt sich ihr Aroma auf einer Weinprobe auf dem Weingut **Guerrieri Rizzardi** (☎045 721 00 28; www.guerrieri-rizzardi.com; Via Verdi 4; Verkostungen 15 €; ⌚Mai–Okt. Mi 17 Uhr). Nach einer Führung durch die Weinkeller voller mit Spinnweben überzogenen Flaschen findet die zwanglose Weinprobe im ummauerten Küchengarten statt, wo die Tische neben Salatbeeten, einer Orangerie und einem Labyrinth aus Rebstöcken gedeckt sind. Zum Probieren wird auch Olivenöl, Käse und Schinken gereicht. Eine Reservierung ist erforderlich. Richtig bacchanalisch geht es in Bardolino auf der **Festa dell'Uva e del Vino** Anfang Oktober zu, wenn am Ufer der Stadt Ess- und Weinstände ihre Waren anbieten.

DIE POEBENE

Die lombardische Tiefebene, besser bekannt als Poebene oder auf Italienisch Pianura Padana, östlich und westlich von Mailand erstreckt sich etwa über 650 km von Turin und Cuneo im Westen bis nach Mantua und Modena im Osten. Aus dem Norden fließen aus den westlichen Alpen und den großen Seen die Flüsse Ticino, Adda, Oglio und Mincio ins Tal. Die Region an der Handelsroute Mailand–Aquileia zwischen den westlichen Alpen und dem Golf von Triest ist seit der Zeit der Römer von politischer und wirtschaftlicher Bedeutung. Damals hatte Julius Cäsar die Bewohner der Ebene zu römischen Bürgern erklärt und dort viele seiner treuesten Soldaten rekrutiert. Als Napoleon Ende des 18. Jhs. Norditalien eroberte, fand er in der Ebene wohlhabende Städte vor, wie Bergamo, Brescia und Mantua, die noch heute eine wichtige Bedeutung für Italiens Landwirtschaft und Leichtindustrie haben.

Von hier stammt auch der Reis für das lombardische Risotto. Die bekannteste Reissorte der Ebene ist Arborio, aber auch

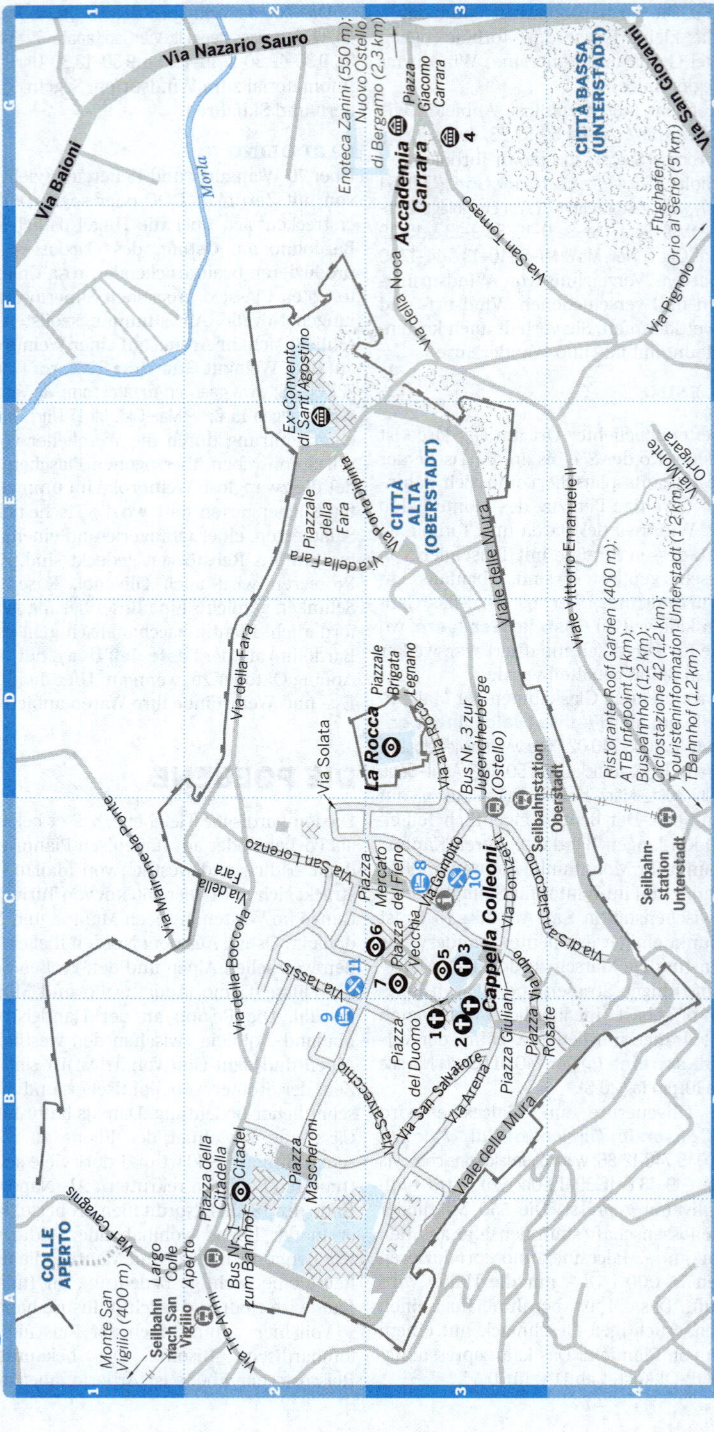
Bergamo
0
400 m
Via Nazario Sauro
Via Baioni
Morla
Enoteca Zanini (550 m); Nuovo Ostello di Bergamo (2,3 km)
Piazza Giacomo Carrara
Accademia Carrara
4
CITTÀ BASSA (UNTERSTADT)
Via San Giovanni
Via San Tomaso
Flughafen Orio al Serio (5 km)
Via Pignolo
Via della Noca
Ex Convento di Sant'Agostino
CITTÀ ALTA (OBERSTADT)
Viale delle Mura
Viale Vittorio Emanuele II
Via Monte Ortigara
Ristorante Roof Garden (400 m); ATB Infopoint (1 km); Busbahnhof (1,2 km); Ciclostazione 42 (1,2 km); Touristeninformation Unterstadt (1,2 km); Bahnhof (1,2 km)
Piazzale della Fara
Via della Fara
Via Porta Dipinta
Piazzale Brigata Legnano
La Rocca
Via alla Rocca
Bus Nr. 3 zur Jugendherberge (Ostello)
Seilbahnstation Oberstadt
Seilbahnstation Unterstadt
Via Solata
Via San Lorenzo
Piazza Mercato del Fieno
Via Gombito
8
10
Via Donizetti
Via San Giacomo
Cappella Colleoni
Piazza Vecchia
6
5
3
7
11
9
1
2
Piazza del Duomo
Via Tassis
Via della Fara
Via Maironi da Ponte
Via della Boccola
Via Salvecchio
Via San Salvatore
Via Arena
Piazza Giuliani
Piazza Via Lupo
Rosate
Viale delle Mura
Piazza della Cittadella
Citadel
Piazza Mascheroni
Via Cavagnis
COLLE APERTO
Largo Colle Aperto
Bus Nr. 1 zum Bahnhof
Seilbahn nach San Vigilio
Monte San Vigilio (400 m)
Via Tre Armi
A
B
C
D
E
F
G
1
2
3
4

Bergamo

Carnaroli, Baldo und Vialone Nano gehören zu den hochwertigen Risottoreissorten. Ende Mai und Anfang Juni finden in vielen Orten um Mantua Risottofestivals statt.

Bergamo

118 000 EW.

Bergamo ist eine der reizvollsten und interessantesten Städte Norditaliens. Es besteht aus der moderneren Unterstadt (*città bassa*) und der bezaubernden Oberstadt (*città alta*) mit ihrer Mittelalter-, Renaissance- und Barockarchitektur. Mit der bevorzugten Lage am Fuß der Voralpen zwischen den Tälern der Flüsse Brembo und Serio wird Bergamo nicht nur als wichtiges Handelszentrum geschätzt (besonders für Textilien und Metall), sondern auch als günstiger Aussichtspunkt über die lombardische Tiefebene.

Zwar sind die Hochhäuser Mailands im Südwesten an klaren Tagen zu sehen, aber historisch war Bergamo enger mit Venedig verbunden, das die Stadt über 350 Jahre (1428–1797) bis zum Eintreffen Napoleons beherrschte.

Sehenswertes

Das mittelalterliche Straßengewirr der alten *città alta* ist von der 5 km langen venezianischen Mauer umgeben. Die Hauptstraße ist gesäumt von gut bestückten Weinbars und Feinkostgeschäften. Eine Seilbahn fährt vom Westrand der Oberstadt hinauf zum malerischen Viertel San Vigilio mit seinen umwerfenden Ausblicken. Unten in der Ebene dehnt sich die moderne *città bassa* aus, wo es die besseren Restaurants gibt.

Piazza Vecchia — PIAZZA

Die Piazza mit ihren zahllosen Cafés ist das pulsierende Zentrum der Oberstadt und ihre eleganten Gebäude ein steinernes Zeugnis der Geschichte Bergamos. Le Corbusier bezeichnete sie schon als „den schönsten Platz Europas“.

Das Gebäude mit dem weißen Portikus in der Via Bartolomeo Colleoni, die das Nordende der Piazza bildet, ist der **Palazzo Nuovo** aus dem 17. Jh., der heute eine Bibliothek birgt. Nach Süden hin sind die imposanten Bögen und Säulen des **Palazzo della Ragione** aus dem 12. Jh. zu sehen, der im Mittelalter Sitz des Stadtrats war. Der Markuslöwe erinnert an die lange Herrschaft Venedigs. Zur Zeit der Recherche gab es in der Sala delle Capriate des Palastes eine befristete Ausstellung von Werken der Accademia Carrara. Die Werke werden alle drei Monate bis zur Wiedereröffnung der Akademie ausgewechselt (gleiche Öffnungszeiten wie die Akademie).

Gegenüber auf der anderen Seite des Platzes schlägt die Uhr der 52 m hohen **Torre del Campanone** (Erw./Kind 5 €/frei; März–Okt. Di–Fr 9.30–19, Sa & So 9.30–21.30 Uhr, Nov.–Feb. Di–So 9.30–17.30 Uhr) um 22 Uhr die alte Sperrstunde, zu der einst die Stadttore geschlossen wurden. Es gibt einen rollstuhlgerechten Aufzug.

Piazza del Duomo — PIAZZA

Hinter diesen Profanbauten verbirgt sich das spirituelle Zentrum Bergamos, die Piazza del Duomo. Während Restaurierungsarbeiten am bescheidenen barocken **Dom** (7.30–11.45 & 15–18.30 Uhr), einem ziemlich gedrungenen, rotbraunen Bauwerk mit strahlend weißer Fassade, wurden hier römische Fundamente entdeckt.

Sehr viel interessanter ist die benachbarte romanische **Basilica di Santa Maria Maggiore** (April–Okt. 9–12.30 & 14.30–18 Uhr, Nov.–März frühere Schließung). Zu ihren zahlreichen romanischen, freskengeschmückten Apsiden, die ab 1137 entstanden, kamen noch gotische hinzu. Einflüsse aus anderen Gegenden sind ebenfalls zu erkennen, wie die typisch toskanische zweifarbige Bandornamentik und ein interessantes

Trompe-l'œil-Muster an Teilen der Fassade. Am auffälligsten ist jedoch die **Cappella Colleoni** (März–Okt. 9–12.30 & 14–18.30 Uhr, Nov.–Feb. Di–So 9–12.30 & 14–16.30 Uhr) aus der Renaissance, die gleichzeitig Kapelle und Mausoleum des berühmten Söldnerführers Bartolomeo Colleoni (1696–1770) ist. Er ließ eine Apsis der Basilika niederreißen und beauftragte Giovanni Antonio Amadeo mit dem Bau eines Grabes, das heute mit seiner überbordenden, vielfarbigen Marmorverkleidung und den venezianischen Rokokofresken von Giambattista Tiepolo als Meisterwerk lombardischer Kunst und Architektur gilt.

Abseits der Kirche steht die achteckige **Taufkapelle**, die 1340 gebaut, aber 1898 an ihren heutigen Standort versetzt wurde.

LP TIPP Accademia Carrara KUNSTGALERIE

(035 39 96 40; www.accademiacarrara.bergamo.it; Piazza Carrara 82a; Erw./erm. 5/3 €; Juni–Sept. Di–So 10–21 Uhr, Okt.–April Mo–Fr 9.30–17.30, Sa & So 10–18 Uhr) Gleich östlich der alten Stadtmauern steht der gewaltige klassizistische Bau der Accademia Carrara mit einer der bedeutenden Kunstsammlungen Italiens. Die 1796 begründete Sammlung, die auf dem Vermächtnis des Grafen Giacomo Carrara beruht, eines reichen Kunstsammlers und Mäzens, besteht aus fast 2000 Gemälden aus dem 15. bis 19. Jh. Darunter sind so berühmte Namen wie Botticelli, Bellini, Pisanello, Mantegna, Raffael, Moroni, Tiepolo und Canaletto zu finden. Das berühmteste Stück der Sammlung ist Raffaels verklärter *San Sebastiano*, aber es gibt hier noch weitere atemberaubende Kunstwerke.

Zu Fuß ist sie von der *città alta* durch die Porta di Sant'Agostino und dann über die Via della Noca zu erreichen.

Zur Zeit der Recherche war die Akademie wegen Renovierung geschlossen (bis 2013), doch eine Auswahl der Meisterwerke wurde im Palazzo della Ragione gezeigt.

Galleria d'Arte Moderna e Contemporanea KUNSTGALERIE

(GAMeC; 035 27 02 72; www.gamec.it; Via San Tomaso 53; Erw./erm. 4/2,50 €; Di–Mi & Fr 15–20, Do bis 22, Sa & So 10–20 Uhr) Auf der anderen Seite des Platzes gegenüber der Accademia liegt Bergamos Galerie für moderne Kunst. Sie zeigt eine kleine Sammlung von Werken italienischer Künstler wie Giacomo Balla, Giorgio Morandi, Giorgio de Chirico und Filippo de Pisis.

La Rocca FESTUNG

Der wehrhafte Koloss der Zitadelle Bergamos an der Piazza Cittadella an der Westseite der *città alta* wird an der Ostseite von La Rocca auf dem Hügel Santa Eufemia ergänzt. Die Festung war einst römische Hauptstadt und wurde später von den Visconti und den Venezianern befestigt. Heute ist dort ein wenig interessantes **Museum** (Erw./Kind 5 €/frei; 9.30–13 & 14–17.30 Uhr) zur Geschichte Bergamos im 19. Jh. untergebracht. Interessanter sind die **Gärten**, die zu einem Gedenkgarten für die beiden Weltkriege umgestaltet wurden. Von den Zinnen sind die mittelalterlichen Türme der *città alta* zu sehen.

Schlafen

Bergamos Nähe zum Flughafen ist der Grund, dass die Hotels schnell voll sind – vorherige Reservierung ist also empfehlenswert, besonders an Wochenenden. Die schönsten Unterkünfte befinden sich in der *città alta*.

Agnello d'Oro GASTHOF €

(035 24 98 83; www.agnellodoro.it; Via Gombito 22; EZ/DZ 63/100 €;) Das Agnello d'Oro an der Ecke zur Piazza St. Pancrazio hat 20 altmodische Zimmer und ein herrliches Restaurant, an dessen Wänden Kupferformen hängen. Einige der Zimmer in dem Gebäude aus dem 17. Jh. haben kleine Balkons mit Blick auf die Via Gombito. Im Sommer wird das Essen draußen um den plätschernden Brunnen der Piazza serviert.

Da Vittorio LANDGASTHAUS €€€

(035 68 10 24; www.davittorio.com; Via Cantalupa 17; EZ 200–250 €, DZ 300–350 €; Sept.–Juli; P) Da Vittorio ist nicht nur ein bemerkenswertes Gourmetrestaurant, sondern vermietet auch zehn luxuriöse Suiten im einstöckigen Gutshaus. Jedes der großzügigen Zimmer ist individuell und luxuriös mit Webstoffen und Marmorbädern eingerichtet. Umgeben ist das Haus von einem Park und einem Weingarten.

Hotel Piazza Vecchia HOTEL €€

(035 428 42 11; www.hotelpiazzavecchia.it; Via Colleoni 3; EZ 140–180 €, DZ 160–200 €; @) Das Hotel in einem Gebäude aus dem 13. Jh., nur ein paar Schritte von der Piazza Vecchia entfernt, hat 13 sehr unterschiedliche Zimmer: einige haben freiliegende Balken, andere einen Balkon oder ein übergroßes Doppelbett. Im ganzen Hotel hängen die Kunstwerke

der Besitzer, humoristische Variationen von Werken großer Künstler.

Nuovo Ostello di Bergamo HOSTEL €
(☎035 369 23 76; www.ostellodibergamo.it; Via Galileo Ferraris 1, Monterosso; B/EZ/DZ 18/35/50 €; P@) Bergamos HI-Hostel liegt 4 km nördlich des Bahnhofs. Zu erreichen mit dem Bus 6 ab Largo Porta Nuova nahe dem Bahnhof.

Essen

Die Bewohner Bergamos lieben ihre Polenta und benannten sogar eine klassische Süßspeise danach: *polenta e osei* sind puddingförmige, mit Marmelade und Sahne gefüllte Kuchen, die mit Zuckerguss überzogen und mit Vögelchen aus Schokolade dekoriert sind. Das Ergebnis sieht wie Polenta aus, ist aber keine. Bergamos anderes berühmtes Gericht ist *casonsèi* bzw. *casoncelli* (eine Art Ravioli, die mit würzigem Mett gefüllt sind). Die Gegend ist auch bekannt für ihre guten Rotweine, wie den Valcalepio.

LP TIPP **Ristorante Roof Garden** MODERN ITALIENISCH €€€
(☎035 36 61 59; www.roofgardenrestaurant.it; Piazza della Repubblica 6, Città Bassa; Mahlzeiten 45–80 €) Das fabelhafte neue Dachrestaurant des Hotel San Marco ist sowohl betörend als auch vollendet. Der Koch Fabrizio Ferrari hat bereits einen Michelin-Stern für seine Küche ergattert, die er als *cucina metropolitana* (urbane Küche) beschreibt. Serviert werden u. a. pürierte Bohnen mit Wurst, abgehangenes Rindfleisch in Bergkräutern oder delikates Kalbfleisch mit *cardoncelli*-Pilzen – falls sich niemand vom Rundumblick auf die *città alta* ablenken lässt.

Enoteca Zanini WEINBAR, RESTAURANT €€
(☎035 22 50 49; www.aisantibergamo.com; Via Santa Caterina 90a, Città Bassa; Mahlzeiten 30–35 €; ⏲Mo–Fr, Sa nur abends) Das Lokal wird von zwei ausgebildeten Sommeliers geführt, die zuvor für Gualtiero Marchesi in Erbusco gearbeitet hatten, und schenkt regionalen Wein aus. Die Backsteinwände des Gastraums vermitteln eine gemütliche Atmosphäre und auf der Karte stehen originelle Gerichte wie Ravioli mit Taleggio und püriertem Rucola mit gerösteten Pinien.

Da Vittorio FEINSCHMECKER €€€
(☎035 68 10 24; Via Cantalupa 17, Brusaporto; Menüs 70–140 €; ⏲Sept.–Juli Do–Di) Das hochgelobte Vittorio, 9 km östlich von Bergamo, gehört zu den besten Restaurants Italiens, nicht zuletzt wegen seiner Trüffelgerichte (ein spezielles Trüffelmenü kann 280 € kosten). Warum sich nicht eine *maialata* (buchstäblich „Völlerei") mit sechs Gängen Köstlichkeiten vom Schwein gönnen? Auf dem Anwesen werden auch fachkundige Kochkurse angeboten (80 €).

Al Donizetti RESTAURANT, WEINBAR €€
(☎035 24 26 61; www.donizetti.it; Via Gombito 17a, Città Alta; Mahlzeiten 20–35 €) Ideal für einen gemütlichen Vormittagskaffee mit schmackhaften Birnen- und Muskatkuchen unter der Loggia aus der Renaissance – und abends für einen *aperitivo*.

Il Fornaio BÄCKEREI €
(Via Bartolomeo Colleoni 1, Città Alta; Pizzaschnitten 1,50 €; ⏲Mo–Sa 9–18 Uhr; 👪) Bergamos wohl bester Kaffee und dampfend heiße Pizzaschnitten.

Praktische Informationen

Ospedali Riuniti (☎035 26 91 11; www.ospedaliriuniti.bergamo.it; Largo Barozzi 1) Krankenhaus.

Polizei (☎035 27 61 11; Via Alessandro Noli 26)

Touristeninformation, Oberstadt (☎035 24 22 26; Via Gombito 13; ⏲9–12.30 & 14–17.30 Uhr)

Touristeninformation, Unterstadt (☎035 21 02 04; www.turismo.bergamo.it; Piazza Gugliemo Marconi; ⏲Mo–Fr 9–12.30 & 14–17.30 Uhr) Provinzweite Information, auch für alpine Aktivitäten. Infos auch auf www.apt.bergamo.it.

An- & Weiterreise

Bus

Busbahnhof (☎800 13 93 92, 035 28 90 00; www.bergamotrasporti.it) Liegt gleich hinter der Piazza Gugliemo Marconi. Busse von **SAB** (☎035 28 90 00; www.sab-autoservizi.it, auf Italienisch) fahren nach Brescia, Mantua und zu den Oberitalienischen Seen.

Flugzeug

Orio al Serio (☎035 32 63 23; www.sacbo.it) Bergamos Flughafen liegt 5 km südöstlich des Bahnhofs.

Zug

Bahnhof (☎035 24 79 50; Piazza Guglielmo Marconi) Verbindungen mit Mailand (4,70 €, 1 Std.), Lecco (3,10 €, 40 Min.) und Brescia (4,05 €, 1 Std., mit Anschluss zum Gardasee und nach Venedig).

Unterwegs vor Ort

Fahrrad

ATB Infopoint (☎800 91 06 58; Porta Nuova 16; www.bicincitta.com) Hat Informationen zu städtischen Fahrradverleihstationen.

Ciclostazione 42 (☎389 513 73 13; www.pedalopolis.org; Piazza Gugliemo Marconi; pro Tag 10 €; ⌚Mo–Fr 7.30–11.30 & 16–19.30 Uhr) Fahrradverleih.

Zum/vom Flughafen

ATB (☎035 23 60 26; www.atb.bergamo.it) Alle 20 Minuten ab Bus- und Zugbahnhof in Bergamo (2–4,50 €, 15 Min.). Es gibt auch direkte Busverbindungen vom Flughafen nach Mailand (Erw./Kind 7/5 €, 1 Std.).

Öffentliche Verkehrsmittel

ATB-Bus 1 verbindet den Bahnhof mit der Seilbahnstation in der Oberstadt. Vom Colle Aperto fährt der Bus 21 oder die Seilbahn weiter hoch nach San Vigilio. Fahrkarten (1 €; 75 Min. gültig) gibt es in Automaten am Bahnhof und der Seilbahnstation oder in Zeitungskiosken. Der Seilbahnfahrschein kostet 1,50 €.

Brescia

191 600 EW.

Zersiedelung, ein schäbiger Bus- und Zugbahnhof und vereinzelte Hochhäuser aus den 1960er-Jahren lassen nicht vermuten, dass Brescia eine faszinierende und geschichtsträchtige Altstadt besitzt. In den recht engen Straßen befinden sich einige der bedeutendsten römischen Ruinen der Lombardei und eine außergewöhnliche romanische Rundkirche.

Sehenswertes

Monastero di Santa Giulia KLOSTER, MUSEUM

(☎030 297 78 34; www.bresciamusei.com; Via dei Musei 81b; Erw./erm. 8/6 €, Wechselausstellungen extra; ⌚Mai–Sept. Di–So 10–18 Uhr, Okt.–April bis 17.30 Uhr) Das weitläufige Monastero di Santa Giulia mit der Basilica di San Salvatore ist Brescias interessanteste Sehenswürdigkeit. Dort befindet sich das **Museo della Città**, das Stadtmuseum, mit Sammlungen, die von der Frühgeschichte bis zur venezianischen Herrschaft reichen.

Das Klostergebäude, das ab dem 8. Jh. gebaut wurde, integrierte zwei *domus* (Wohnhäuser), die im späteren Mönchgarten (Ortaglia) nahe dem nördlichen Kreuzgang stehengelassen wurden. Sie wurden, als Domus dell'Ortaglia bezeichnet und im Lauf der Jahrhunderte durch die Klostermauern geschützt. Die herrlichen Bodenmosaiken und farbenprächtigen Fresken sind das Highlight des Museums.

Ein anderes Glanzstück ist die Croce di Desiderio, ein lombardisches Kreuz aus dem 8. Jh., das mit Hunderten Juwelen geschmückt ist.

Piazza Paolo VI PIAZZA

Das faszinierendste Sakralgebäude Brescias ist der **Duomo Vecchio** (Alter Dom; Piazza Paolo VI; ⌚Di–So 9–12 & 15–19 Uhr) aus dem 11. Jh., ein seltenes Exemplar einer romanischen Rundkirche, die über einen Vorgängerbau aus dem 6. Jh. errichtet wurde. Interessante Details sind bruchstückhafte Bodenmosaiken und der aufwendige Sarkophag des Bischofs Berado Maggi aus dem 14. Jh..

Der benachbarte **Duomo Nuovo** (Neuer Dom; Piazza Paolo VI; ⌚Mo–Sa 7.30–12 & 16–19, So 8–13 & 16–19 Uhr) von 1604 ist größer als sein altes Gegenstück, aber weniger interessant.

Museo Mille Miglia MUSEUM

(☎030 33 65 31; www.museomillemiglia.it; Viale della Rimembranza 3; Erw./erm. 10/8 €; ⌚Di–So 10–18 Uhr) Die Mille Miglia war ein klassisches italienisches Autorennen über 1600 km, das von 1927 bis 1957 stattfand. Es begann und endete in Brescia und wurde schließlich 1957 aufgegeben, nachdem elf Zuschauer bei einem Unfall starben. Heute findet jedes Jahr im Mai ein nostalgisches Rennen mit Oldtimern statt (www.1000miglia.eu).

Das schillernde Museum voller toller Autos, die einst durchs Ziel gerast waren, ist außerhalb des Zentrum Brescias im Monastero di Sant'Eufemia della Fonte aus dem 11. Jh. untergebracht. Besucher können nicht nur die Rennautos, alten Zapfsäulen und andere Requisiten bewundern, sondern sich auch Audiomaterial anhören oder Filme über Autorennen anschauen.

Schlafen & Essen

Albergo Orologio BOUTIQUEHOTEL €€

(☎030 375 54 11; www.albergoorologio.it; Via Beccaria 17; EZ 90–115 €, DZ 125–130 €; P❄@) Kunst, Möblierung in sanften Gold- und Olivtönen und Terrakottaböden machen das Boutiquehotel zu einem Schmuckstück. Es liegt direkt am gleichnamigen Uhrenturm in der verkehrsfreien Altstadt.

LP TIPP **Osteria al Bianchi** OSTERIA €€

(☎030 29 23 28; www.osteriaalbianchi.it; Via Gasparo da Salò 32; Mahlzeiten 20 €; ⌚Do–Mo) Eine klassische alte Bar – seit 1880 – mit nur einer Handvoll Tische, die eigentlich immer voll besetzt sind. Aber ein Teller mit *pappardelle al Taleggio e zucca* (breite Bandnudeln mit Taleggio-Käse und Kürbis), gefolgt von Hausspezialitäten wie *pestöm* (Schweinehack mit Polenta) schmecken auch draußen im Hof.

Praktische Informationen

Info Point (☎030 240 03 57; www.bresciatourism.it; Largo Formentone; ⏲Mo–Sa 9.30–18.30, So 10–18 Uhr)

Anreise & Unterwegs vor Ort

Bahnhof (☎030 4 41 08; Viale della Stazione 7) Liegt an der Strecke Mailand–Venedig und hat regelmäßige Verbindungen mit Mailand (6,25–18 €, 45–75 Min.) und Verona (4,85 €, 40 Min.). Nebenstrecken führen auch nach Cremona, Bergamo und Parma.

Busbahnhof (☎030 4 49 15; Via Solferino) Busse der **SAIA Trasporti** (☎800 88 39 99; www.saiatrasporti.it, auf Italienisch) fahren zu Orten in der gesamten Provinz, auch nach Desenzano del Garda und Mantua. Einige fahren von einem anderen Bahnhof an der Via della Stazione ab.

Mantua

48 325 EW.

Mantua (Mantova) ist mit dem prächtigen Herzogspalast und atmosphärischen, gepflasterten Plätzen so beschaulich wie die drei Seen, an denen es liegt. Die im 10. Jh. von Etruskern besiedelte Stadt und das Agrarland der Umgebung waren seit jeher sehr wohlhabend. Am Rand der heutigen Stadt wurde im Jahr 70 v. Chr. der bekannte römische Dichter Vergil geboren, und noch heute zeigt sie ihre lange und glanzvolle Geschichte in der Kunst und Architektur, von strengen, mittelalterlichen Fresken und himmelhohen gotischen Fassaden bis zu Gemälden der Renaissance und überladenen barocken Räumen. 1328 erlangte die Dynastie der Gonzagas die Herrschaft über die Stadt, die unter ihnen blühte, bis die Österreicher sie 1708 eroberten.

Trotz ihres Status' als Welterbe der Unesco ist Mantua auch eine Stadt, in der ein Stück unveränderten lombardischen Lebens erlebt werden kann. Sie ist gelassen, kultiviert und charmant, und in ihren Straßen sind täglich Märkte und einige der besten Restaurants der Region zu finden.

Sehenswertes

Palazzo Ducale PALAZZO

(☎0376 22 48 32; www.mantovaducale.beniculturali.it; Piazza Sordello 40; Erw./erm. 6,50/3,25 €; ⏲Di–So 8.15–19.15 Uhr) Der 32 000 m² große Herzogspalast der Gonzagas mit über 500 Zimmern, drei Plätzen und 15 Höfen liegt auf einem weitläufigen Areal an der Nordostecke der Stadt. In einer Orgie der Selbstherrlichkeit beauftragten die Gonzagas die Elite der Künstler jener Zeit mit der Ausschmückung ihres Palastes. Das Ergebnis sind um die 40 Räume mit Werken von Pisanello, Giulio Romano, Andrea Mantegna und Peter Paul Rubens. In den Hauptbesuchszeiten muss die Besichtigung des bedeutendsten Meisterwerks oft vorher gebucht werden – der wunderbaren Fresken aus der Mitte des 15. Jhs. von Mantegna in der **Camera degli Sposi** (Brautkammer). Weitere interessante Räume sind die **Sala del Pisanello** mit unvollendeten Fresken zu den Artuslegenden aus dem 15. Jh. von Pisanello sowie die **Camera dello Zodiaco** mit ihrer prachtvollen tiefblauen Decke, die mit Figuren aus dem Tierkreis geschmückt ist. Ebenso exzentrisch ist die **Sala dei Fiumi** aus dem 18. Jh., eine reine Spielerei aus der Habsburger Zeit mit künstlichen Grotten, die mit Muscheln und Mosaiken bedeckt sind. Fotografieren ist nicht erlaubt.

Palazzo Te PALAZZO

(☎0376 32 32 66; www.palazzote.it; Viale Te; Erw./erm. 8/5 €; ⏲Mo 13–18, Di–So 9–18 Uhr) Kaum bescheidener ist die bürgerliche Villa, in der Herzog Federico II. seine Geliebte Isabella Boschetti treffen konnte. Sie ist ganz und gar im Playboy-Stil mit fantastischen Fresken, verspielten Motiven und verschlüsselten Symbolen ausgeschmückt. Sehenswert ist auch Federicos Emblem, ein Salamander, in der **Camera delle Imprese**. Er trägt die Inschrift *quod hic deest, me torquet* („was dir fehlt, peinigt mich"), eine Anspielung auf Federicos berüchtigte Leidenschaftlichkeit im Vergleich zur Kaltblütigkeit des Salamanders.

Einige der schönsten Fresken befinden sich in der **Camera di Amore e Psiche** (Kammer von Amor und Psyche), wo das amouröse Motiv des Palastes alles andere als subtil zur Geltung kommt. Der eindrucksvollste Raum ist jedoch die überwältigende **Camera dei Giganti** (Kammer der Riesen). Hier bedecken die gewaltigen Figuren der rebellischen Titanen jeden Zentimeter der

Mantua

400 m
0
Lago di Mezzo
Lago Superiore
Lago Inferiore
Viale Mincio
Fahrradweg
Fähren nach San Benedetto Po & Venedig
Imbarco Motonavi Andes
Parco della Scienza
Via Legnago
San Benedetto Po
Lungolago dei Gonzaga
Porta San Giorgio
Piazza Castello
Palazzo Ducale
Piazza Santa Barbara
Piazza Arche
La Rigola (200 m); Antica Osteria ai Ranari (30 m); Casa Poli (60 m)
Via Montanari
Cattedrale
Piazza Sordello
Torre della Gabbia
Via dell'Accademia
Piazza Broletto
Rotonda di San Lorenzo
Piazza Concordia
Via G Bertani
Via Broletto
Piazza Virgiliana
Via Fratelli Cairoli
Via Cavour
Vicolo Albergo
Piazza delle Erbe
Via Roma
Corso del Sogliari
Corso Umberto I
Palazzo Te (1,1 km)
Via Finzi
Via Concezione
Piazza San Giovanni
Via Trento
Via Porto
Via Portazzolo
Piazza d'Arco
Via Fratelli Bandiera
Via A Scarsellini
Via Marangoni
Piazza Cavallotti
Sottoriva
Corso Vittorio Emanuele II
Via Solferino e San Martino
Porta Molina
Via Alberto Pitentino
Bootsfahrten auf dem Lago Superiore
Navi Andes
Piazza Don Leoni
Bahnhof
Fahrradweg

Mantua

Highlights

Palazzo Ducale F3

Sehenswertes

1 Basilica di Sant'Andrea D4
2 Teatro Bibiena F4

Aktivitäten, Kurse & Touren

3 Motonavi Andes F2

Schlafen

4 C'A Delle Erbe E4
5 Hotel Broletto E3

Essen

6 Caravatti E4
7 Fragoletta Antica F4
8 Il Cigno C3
9 La Ducale D4
10 L'Ochina Bianca D2
11 Pavesi E3

Wände: Sie brechen unter dem Gewicht gewaltiger himmlischer Säulen als Strafe für ihren Angriff auf den Olymp zusammen.

Teatro Bibiena THEATER

(☎0376 32 76 53; www.societadellamusica.it; Via dell'Accademia 47; Erw./Kind 2/1,20 €; ⏱Di–So 9.30–12.30 & 15–18 Uhr) Wenn ein Theater den Schauspielern die Schau stiehlt, dann ist es das Teatro Bibiena aus dem 18. Jh. Seine Konstruktion ist höchst ungewöhnlich: ein glockenförmiger Raum mit vier Rängen aus intimen, vergoldeten Logen, getrennt durch winzige Bogenwände voller Kandelaber. Die Form des Theaterraums diente dazu, dass die Zuschauer gesehen werden können – es gibt sogar Logen hinter der Bühne. Nur ein paar Wochen nach seiner Eröffnung 1769 fand im Theater ein Konzert mit dem 14-jährigen Wolfgang Amadeus Mozart statt. Es ist zweifellos eines der verborgenen Schmuckstücke Mantuas.

Basilica di Sant'Andrea BASILIKA

(☎0376 32 85 04; Piazza Andrea Mantegna; Eintritt frei; ⏱Mo–Fr 8–12 & 15–19, Sa 10.30–12 & 15–18, So 11.45–12.15 & 15–18 Uhr) Die kunstvolle Barockkuppel der Basilica di Sant'Andrea beherrscht das Stadtbild. Die 1472 von Leon Battista Alberti entworfene Kirche bewahrt goldene Behältnisse, die Erde mit dem Blut Christi enthalten sollen. Longinus, der römische Soldat, der Christus am Kreuz mit der Lanze stach, soll die Erde aufgesammelt und später in Mantua vergraben haben. Heute ruhen diese Behältnisse unter einem Marmorachteck vor dem Altar und werden an Karfreitag in einer feierlichen Prozession durch die Stadt geführt.

Die erste **Kapelle** links nach dem Eingang enthält das Grab des gefeierten Freskenmalers Andrea Mantegna.

Aktivitäten

An sonnigen Tagen begeben sich die Menschen von Mantua ans Wasser. Das kompakte Ufer des **Lago Mezzo** samt dem kinderfreundlichen **Parco della Scienza** (Wissenschaftspark) ist dann am vollsten. Der ruhigere Pfad am **Lago Superiore** schlängelt sich am Schilfufer mit Watvögeln entlang und verläuft sich dann. Das Ufer des **Lago Inferiore** hingegen eröffnet weite Ausblicke. An allen drei Seen gibt es Imbissbuden.

Bootstouren

Motonavi Andes (☎0376 36 08 70; www.motonaviandes.it; Via San Giorgio 2) organisiert verschiedene Bootsrundfahrten über die Seen (ab 8 € für 1½ Std.), auch fünfstündige Ausflüge zur Benediktinerabtei **San Benedetto Po** (einfach 14–16 €) und Tagestouren nach **Venedig** (77–84 €). Die Boote legen am Imbarco Motonavi Andes hinter dem Castello di San Giorgio am Lago di Mezzo ab und an.

Radfahren

Die Touristeninformation führt eine Broschüre (auch auf Englisch) mit Fahrradrouten im **Parco del Mincio** (☎0376 22 83 20; www.parcodelmincio.it; Piazza Porta Giulia 10, Cittadella) am Po entlang und um die Seen. Leihfahrräder gibt es bei **La Rigola** (☎0376 36 66 77; Via Trieste 7; pro Tag ab 10 €).

Feste & Events

Festivaletteratura KULTUR

(www.festivaletteratura.it) Fünf Tage lang findet jeden September in Mantua das Literaturfestival mit Bücherständen und zahlreichen Lesungen statt.

Mantova Jazz MUSIK

(www.mantovajazz.it) Das jährliche Jazzfest von Ende März bis Anfang Mai bietet Konzerte an verschiedenen Veranstaltungsorten.

Schlafen

Cà Delle Erbe B&B €€

(☎0376 22 61 61; www.cadelleerbe.it; Via Broletto 24; Zi. 60–180 €; ❄📶👪) Das Stadthaus aus dem 16. Jh. mit seiner unschlagbaren Lage im Herzen des alten Mantua bietet fantastisch preiswerte Zimmer. Der rücksichtsvoll durchgeführte Umbau verbindet alte, unverputzte Ziegelmauern mit moderner Kunst und mattverglaste Duschkabinen mit großen Regenduschen. Am schönsten ist das Zimmer mit Balkon zur lebendigen Piazza delle Erbe hinaus.

Casa Poli BOUTIQUEHOTEL €€€
(☎0376 28 81 70; www.hotelcasapoli.it; Corso Garibaldi 32; DZ 170–240 €; ❄@📶) Die Casa Poli, ein elegantes Stadthaus am Corso Garibaldi, ist ein Boutiquehotel mit modernem Touch. Die Zimmer und öffentlichen Räume sind in einem beruhigenden Farbschema in Taubengrau, Crème und Beige mit gelegentlichen Farbtupfern gehalten. Fantasievolle Details gibt es überall, vom versteckten TV bis zu Zimmernummern, die auf den Boden projiziert werden.

Hotel Broletto HOTEL €€
(☎0376 22 36 78; www.hotelbroletto.com; Via dell'Accademia 1; EZ 60–90 €, DZ 95–130 €, 3BZ 130–190 €; ❄📶👪) Ein komfortables, preisgünstiges Hotel gleich hinter der Piazza Broletto, 100 m vom See.

Essen

Mantua und das Umland ist ein lohnendes Feinschmeckerziel. Mantuas berühmtestes Gericht sind die *tortelli di zucca* (zarte mit Kürbis gefüllte Pastataschen). Auch Schweinefleisch kommt häufig vor, wie *salumi* (Würste), *prosciutto crudo* (roher Schinken) und *risotto alla pilota* (Risotto mit Schweinehack). Viele Gerichte werden mit süßem Senf gereicht, *mostarda di mele* oder *mantovana* (mit Äpfeln oder Birnen). Süße Spezialitäten sind *torta di tagliatelle* (knusprige Tagliatelle mit Zucker und Mandeln gebacken) und *torta sbrisolona* (Mandelkrümeltorte).

Lokale Süßwaren gibt es im **Caravatti** (Piazza delle Erbe 18) oder **La Ducale** (Via Pier Fortunato Calvi 25), beide 1865 gegründet, oder im freundlichen **Pavesi** (Ecke Via dell'Accademia & Via Broletto).

LP TIPP **Il Cigno** MANTUANESISCH €€€
(☎0376 32 71 01; Piazza d'Arco 1; Mahlzeiten 55–65 €; ⏲Mi–So) Das Gebäude ist so schön wie das Essen elegant ist: eine zitronengelbe Fassade mit Fensterläden und Speiseräume mit Antiquitäten und venezianischem Glas. Empfehlenswert sind das zart gedünstete Risotto mit Frühlingsgemüse, der pochierte Kabeljau mit Polenta oder das abgehangene Perlhuhn mit scharfem Mantua-Senf. Die umfangreiche Weinkarte enthält auch edle Bardolinos.

Fragoletta Antica TRATTORIA €€
(☎0376 32 33 00; www.fragoletta.it; Piazza Arche 5; Mahlzeiten 35 €; ⏲Di–So; 👪) Holzstühle scharren über den Fliesenboden, wenn sich die Gäste den von Slow Food anerkannten *culatello di zibello* (Schinken) in der freundlichen Trattoria schmecken lassen. Auf der Karte stehen auch andere Spezialitäten Mantuas, wie *risotto alla pilota* und perfekt gewürzte Steaks. Gespeist wird auch im Hinterzimmer mit heller, selbst gemachter Kunst inmitten von Stapeln von Weinkisten.

Antica Osteria ai Ranari OSTERIA €€
(☎0376 32 84 31; www.ranari.it; Via Trieste 11; Mahlzeiten 30–35 €; ⏲Di–So) Das Ranari an der Mündung des Flusses in den Lago Superiore war einst eine Wäscherei. Die Speisen sind ausschließlich saisonal und aus lokalen Zutaten, etwa Entenravioli, Eselschmortopf, gedünstete Schnecken und *risotto alla pilota*. Passend dazu ist ein spritziger Lambrusco oder ein eleganter Soave.

L'Ochina Bianca OSTERIA €€
(☎0376 32 37 00; www.ochinabianca.it; Via Finzi 2; Mahlzeiten 35–40 €; ⏲Di–Sa, So nur mittags) Steinböden mit kleinen Teppichen und Wände voller antiker Teller vermitteln einen Eindruck von der warmen Atmosphäre des Lokals. Hochwertige Zutaten sorgen für hervorragende Gerichte, mit dem Schwerpunkt auf Meeresfrüchten. Empfehlenswert sind die Jakobsmuscheln auf Spinat mit Butter und Zimt oder Thunfisch mit Paprika und Tomaten.

Praktische Informationen

Ospedale Carlo Pola (☎0376 20 11; Via Albertoni 1) Krankenhaus.

Polizei (☎0376 32 70 22; Piazza Sordello 46)

Touristeninformation (☎0376 43 24 32; www.turismo.mantova.it; Piazza Mantegna 6; ⏲9–18 Uhr)

Anreise & Unterwegs vor Ort

Bahnhof (Piazza Don Leoni) Regelmäßige Verbindungen mit Cremona (5,20 €, 40–60 Min.), Mailand (9,85 €, 2 Std.) und Verona (2,60 €, 50 Min.).

Busbahnhof (☎0376 23 03 46; www.apam.it; Piazza Don Leoni) **APAM**-Busse fahren nach

Sabbioneta, San Benedetto Po und Brescia. Die meisten fahren an der Piazza Don Leoni ab, einige aber auch im Viale Risorgimento.

Cremona

72 250 EW.

Cremona war über Jahrhunderte ein reicher, unabhängiger Stadtstaat und besitzt einige schöne Gebäude. Die Stadt ist jedoch am berühmtesten für ihre Tradition des Geigenbaus.

Sehenswertes

Piazza del Comune PIAZZA

Der wunderschöne, verkehrsfreie Platz gilt als einer der am besten erhaltenen mittelalterlichen Plätze Italiens. Um die Trennung zwischen Profan- und Sakralbauten zu bewahren, wurden Gebäude, die zur Kirche gehören, an der Ostseite der Piazza del Comune errichtet, die weltlichen auf der gegenüberliegenden Seite. Sonntags findet auf dem Platz ein besuchenswerter Antiquitätenmarkt statt.

Die Stadtverwaltung ist seit jeher im **Palazzo Comunale** untergebracht. Seit seinem Bau im 13. Jh. wurden die Arkaden und Höfe Stück für Stück erweitert. Der marmorne **Arengario** (ein Balkon, von dem Anordnungen verkündet und Reden gehalten wurden) ist 1507 am mittleren Pfeiler der Hauptfassade hinzugefügt worden. Die **Loggia di Militi** auf der südlichen Straßenseite ist ein gotisches Schmuckstück von 1292, in dem sich die Hauptleute der Bürgerwehr versammelten.

Cattedrale KATHEDRALE

(☎0372 273 86; www.cattedraledicremona.it, auf Italienisch; Piazza del Comune; ⏰7.30–12 & 15.30–19 Uhr) Cremonas stattliche Kathedrale war ursprünglich eine romanische Basilika, die aber bei Vollendung 1190 bereits sehr von gotischer Eleganz geprägt war. Der Innenraum ist reich mit Fresken und Gemälden geschmückt. Besonders das Hauptschiff und die Apsis zeigen Szenen aus dem Leben Christi und der Jungfrau Maria. Viele stammen von dem in Ferrara geborenen Renaissancemaler Boccaccio Boccaccino. Die

DIE GEIGEN VON CREMONA

In Cremona baute der Geigenbaumeister Antonio Stradivari einst liebevoll seine ersten Geigen und trug somit zu einer Tradition bei, die bis heute andauert. Die Stradivarius-Geige besteht typischerweise aus Fichte (die Decke), Weide (der innere Körper und Auskleidung) und Ahorn (der Rücken, die Zargen und der Hals) und ist in der ganzen Welt für ihre einzigartige Klangqualität berühmt. Diese ist der besonderen Holzdichte und vermutlich der speziellen Behandlung und Lackierung, die Stradivari nutzte, zu verdanken.

Die 500 Instrumente, die es heute noch gibt, sind schwindelerregend teuer, von Hunderttausenden bis zu mehreren Millionen Euro. Nach dem verheerenden Erdbeben und Tsunami in Japan 2011 verkaufte die Nippon Music Foundation auf einer Spendenauktion die „Lady Blunt"-Geige von 1721 (den Namen erhielt sie, weil sie Byrons Enkelin Lady Anne Blunt gehörte) für 15,9 Mio. US$.

Stradivari war jedoch keineswegs der einzige Geigenbaumeister in Cremona. Zu den weiteren großen Geigenbaudynastien gehören auch die Amati und die Guarneri. Und noch heute gibt es um die 100 Geigenbauwerkstätten in den Straßen um die Piazza del Comune. In der Touristeninformation oder auf www.cremonaliuteria.it gibt es weitere Informationen und ein Adressenverzeichnis.

Jedes Jahr finden verschiedene Veranstaltungen rund um den Geigenbau statt. Die **Triennale Internazionale degli Strumenti ad Arco** (Internationale Saiteninstrumenteausstellung; www.entetriennale.com) findet in Cremona jedes dritte Jahr im September oder Oktober statt, das nächste Mal 2012.

Das ganze Jahr über kann die **Collezione gli Archi di Palazzo Comunale** (☎0372 40 70 33; http://musei.comune.cremona.it; Piazza del Comune 8; Erw./erm. 6/4 €; ⏰Di–Sa 9–18, So 10–18 Uhr) mit Instrumenten aus der Stradivari-Werkstatt besichtigt werden. Das **Museo Civico** (☎0372 312 22; Via Ugolani Dati 4; Erw./erm. 7/5 €; ⏰Di–Sa 9–18, So 10–18 Uhr) zeigt Zeichnungen und Werkzeuge sowie Instrumente von Amati und Guarneri.

Zu hören sind Cremonas Geigen von Oktober bis Juni im **Teatro Amilcare Ponchielli** (☎0372 02 20 01; www.teatroponchielli.it; Corso Vittorio Emanuele II 52), einem Gebäude aus dem 19. Jh.

Werke sind zwar sehr elegant, aber herausragend sind die *Storie di Cristo* (Geschichten Christi) von Pordenone.

Der wertvollste Besitz der Kathedrale ist der „heilige Dorn“, der angeblich aus der Dornenkrone Christi stammt und der Kirche 1591 von Papst Gregor XIV. gestiftet wurde. Er wird hinter Gittern in der **Capella delle Reliquie** aufbewahrt. In der **Krypta** ist in einem Glassarg der zeremoniell gekleidete Leichnam des Schutzheiligen Cremonas aus dem 12. Jh., Sant'Omobono Tucenghi, zur Schau gestellt.

Feste & Events

Festival di Cremona Claudio Monteverdi MUSIK

(www.teatroponchielli.it) Einen Monat lang gibt es ab Anfang Mai Konzerte mit Werken von Claudio Monteverdi und anderen Barockkomponisten.

Festa del Torrone ESSEN

(www.festadeltorronecremona.it) Ende November dreht sich in der Stadt mit verschiedenen Ausstellungen und Kostproben alles um Cremona's *torrone* (Nougat).

Schlafen & Essen

Dellearti Design Hotel DESIGNHOTEL €€

(☎0372 231 31; www.dellearti.com; Via Bonomelli 8; EZ/DZ 119/169 €; P ❄ @) Die eher formelle High-Tech-Vision aus Glas, Beton und Stahl zeigt wechselnde zeitgenössische Gemälde und Fotografien, sie besitzt ein türkisches Bad, einen Fitnessraum und schicke Zimmer mit klaren Linien, starken Farben und kunstvoller Beleuchtung. Wer sich so fühlen will, als hätte er nie die Modeszene Mailands verlassen, ist hier richtig.

LP TIPP **Hosteria 700** TRADITIONELL ITALIENISCH €€

(☎0372 361 75; www.hosteria700.it; Piazza Gallina 1; Mahlzeiten 25–30 €; ⊙Mi–So, Mo nur mittags) Hinter der heruntergekommenen Fassade verstecken sich mehrere Räume mit Gewölben, einige mit Deckenfresken – ein romantisches Ambiente für deftige lombardische Küche. Empfehlenswert sind die *marubini al brodo o al burro fuso* (runde, mit Fleisch und Käse gefüllte Pastataschen in Brühe oder zerlassener Butter), eine Cremona-Spezialität.

La Sosta OSTERIA €€

(☎0372 45 66 56; Via Vescovo Sicardo 9; Mahlzeiten 30–35 €; ⊙Di–Sa, Sept.–Juni So mittags) Ein wunderbares, von Geigenbauwerkstätten umgebenes Lokal mit regionalen Köstlichkeiten, wie *bollito* (Siedfleisch) und *cotechino* (Schlackwurst) mit Polenta und Cremonas süßem Senf. Schneckenliebhaber könnten auch zu einem Teller dieser Tiere mit Spinat verlockt werden.

Praktische Informationen

Touristeninformation (☎0372 232 33; http://turismo.comune.cremona.it; Piazza del Comune 5; ⊙9–12 & 15–18 Uhr)

An- & Weiterreise

Bahnhof (Via Dante) Cremona hat Verbindungen mit Pavia, Mantua, Brescia und Piacenza. Züge nach Mailand (7,80 €, 70 Min.) und Mantua (5,20 €, 40–60 Min.) verkehren regelmäßig.

Trentino & die Dolomiten

1,03 MIO. EW. / 13 613 KM²

Inhalt »

Gut essen

» Kallmünz (S. 339)
» Scrigno del Duomo (S. 321)
» Stüa de Michil (S. 345)
» El Molin (S. 328)

Schön übernachten

» Lagacio Mountain Residence (S. 344)
» Hotel Greif (S. 333)
» Park Hotel Azalea (S. 328)

Auf in die Dolomiten!

Die rötlich gefärbten Gipfel der Dolomiten sind die spektakulärsten. Schon seit mehreren Jahrhunderten ziehen sie eine treue Fangemeinde von Wanderern, Skifahrern, Dichtern und Freiluft-Anhängern an. Beschützt durch sieben Naturparks haben die beiden halb-autonomen Provinzen Trentino und Alto Adige/Südtirol eine Vielzahl umwerfender Wildnisgebiete im Angebot. Bauernhäuser aus Holz liegen in Tälern verstreut, die von Weinbergen und Obsthöfen durchzogen sind. Die Städte dieser Region – die südliche italienische Enklave Trient (Trento), das österreichisch-italienische Bozen (Bolzano) und das sehr wienerische Meran (Merano) sind überschaubar, kultiviert und machen gute Laune.

Egal ob 5-Sterne Wellnesstempel oder bescheidenste Berghütte: Alle Unterkünfte werden mit echter Herzlichkeit gepaart und mit ausgeprägter Professionalität betrieben. In der regionalen Küche zeigt sich die oft unklare Grenzgeschichte der nördlichen Spitze Italiens so deutlich wie nirgends sonst.

Reisezeit

Bozen

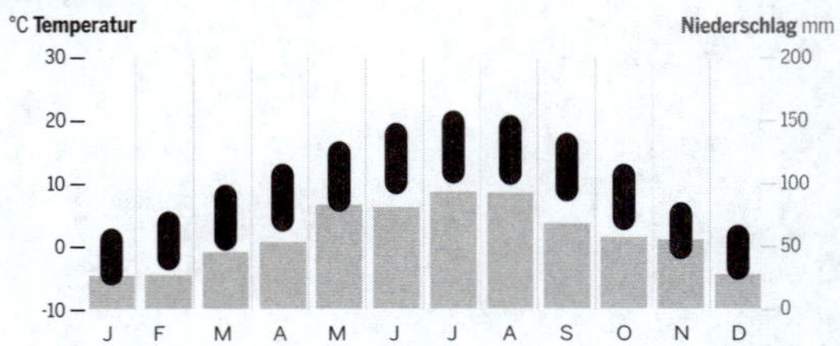

Jan. Zu Winterbeginn zum Schnäppchenpreis Ski fahren

Juli Auf zu den Hochwanderwegen und Berghütten des Alta Vie

Dez. Die Weihnachtsstimmung auf den Tiroler Weihnachtsmärkten von Bozen, Meran und Brixen genießen

Reiseplanung

Die Skisaison beginnt Anfang Dezember und endet Anfang April. Mitte Dezember bis Anfang Januar sowie in den letzten beiden Wochen im Februar ist Hochsaison; hinzu kommt die stark-frequentierte Höchstsaison zwischen Weihnachten und Neujahr. Im Sommer ist es, bis auf den August, deutlich billiger. Die meisten alpinen Ferienorte schließen zwar im April/Mai sowie Oktober/November, aber wer in dieser Zeit eine der Städte als Ausgangsbasis wählt, kann wunderbar leere Wanderwege und Touristenrouten genießen. Die *rifugi* (Berghütten) sind von Ende Juni bis September in Betrieb und bieten Wanderern und Mountainbikern Unterkunft und Verpflegung.

WINTERWUNDERLAND & SOMMERLIEBE

Die gezackten Gipfel der Dolomiten (bzw. Dolomiti) erstrecken sich über die beiden Provinzen Trentino und Südtirol (Alto Adige) und ragen noch ins benachbarte Venetien (Veneto) hinein. Europäische Touristen zieht es wegen der grandiosen Landschaft und der ausgedehnten, gut vernetzten Skigebiete in Scharen in diese außerordentlich gastfreundlichen Ferienorte. Besucher haben die Wahl zwischen Abfahrten, Langlauf und Snowboarden, ganz zu schweigen von *sci alpinismo*, eine aufregende Kombination aus Skifahren und Bergsteigen, Freeriden und einer ganzen Palette an weiteren Winteraktivitäten. Und an einem stärkenden Teller Knödel, Gulasch oder Pasta nebst einem Glas ausgezeichnetem Wein der Region (wir sind ja schließlich in Italien) fehlt es auch nie.

Die beiden flexiblen Skipässe der Region sind der **Dolomiti Superski** (www.dolomitisuperski.com; 1-/3-/6-Tagespass 42/116/205 €) im Osten der Region, mit 450 Skiliften und 1200 km an Abfahrten, die sich auf 12 Ferienorte verteilen, und der **Superskirama** (www.skirama.it; 3-/6-Tagespass 106/192 €), der die westlichen Brentadolomiten mit ihren 150 Liften, 380 km an Abfahrten und acht Ferienorten abdeckt.

Im Sommer locken Rafting, Mountainbiking, Nordic Walking und Felsklettern – und die Vorfreude auf die Einkehr in die bekanntermaßen gastfreundlichen *rifugi* (Berghütten) der Region. Radfahren ist auch sehr beliebt: Trentino hat 400 km an asphaltierten Radwegen zu bieten und Bozen nicht viel weniger.

Sella Ronda

Die Sella Ronda, eine 40 km lange Umrundung der Gipfel der Sellagruppe, die verschiedene Seilbahnen und Sessellifte einbezieht, ist eine der legendärsten Skirouten der Alpen. Die Umrundung führt über vier Alpenpässe und in die umliegenden Täler – Gröden/Val Gardena, Gadertal/Val Badia, Val Arabba (in Venetien) und Fassatal/Val di Fassa – die alle eindeutig und wunderbar ladinisch sind.

LADINISCH FÜR ANFÄNGER

» **Bun dé** Guten Morgen

» **Prëibel** Bitte

» **Dilan** Danke

» **Bëgnodüs!** Bitte sehr!

Flüssig & fließend

Trentinos Hauptsprache ist Italienisch. Aber wer sich gen Norden nach Südtirol (Alto Adige) begibt, stellt fest, dass dort Dreiviertel der Bevölkerung deutsch sprechen – ein Vermächtnis der österreichisch-ungarischen Geschichte der Region. In beiden Provinzen wird auch Ladinisch gesprochen, und zwar in fünf Tälern entlang der östlichen Dolomiten. Ladinisch hat sich direkt aus dem Vulgärlatein entwickelt.

Wander-Highlights

» Seiser Alm, Sciliar und Catinaccio Gruppe

» Brentadolomiten

» Sella-Gruppe

» Pale di San Martino

» Sestriner Dolomiten

» Val di Genova/Adamello Gruppe

Infos im Internet

» Bergführer siehe www.bergfuehrer-suedtirol.it

» Lonely Planets *Wandern in Italien* beschreibt fünf klassische Dolomitenwanderungen.

» Cicerone (www.cicerone.co.uk) bringt spezielle Reiseführer heraus.

Highlights

1 Sich auf den Pisten Appetit holen und dann den Gourmetort **Alta Badia** aufsuchen (S. 344)

2 Sich von den endlosen grünen Weiden der **Seiser Alm (Alpe di Siusi)** verzaubern lassen (S. 342)

3 Auf einem schwindelerregenden **via ferrata** in den Brentadolomiten einen kühlen Kopf bewahren (S. 323)

4 In **Trient** auf einer mit Fresken umgebenen Piazza eine venezianische Weinschorle genießen (S. 320)

5 Sich in der **Meraner Therme** unter Palmen treiben lassen und auf schneebedeckte Gipfel blicken (S. 337)

6 In **Rovereto** (S. 322), **Bozen** (S. 330) und **Meran** (S. 336) Sammlungen moderner Kunst entdecken

7 Entlang der **Weinstraße** die elegantesten Weißweine Italiens entdecken (S. 336)

8 In einer von drei Seilbahnen hoch über den hübschen Straßen Bozens dahinschweben (S. 336)

9 Mit Schnitzel, Spätzle, Knödeln und Strudel im **Pustertal** schlemmen (S. 331)

10 Mit dem Mountainbike die Hügel des **Val di Sole** hinauffahren (S. 327)

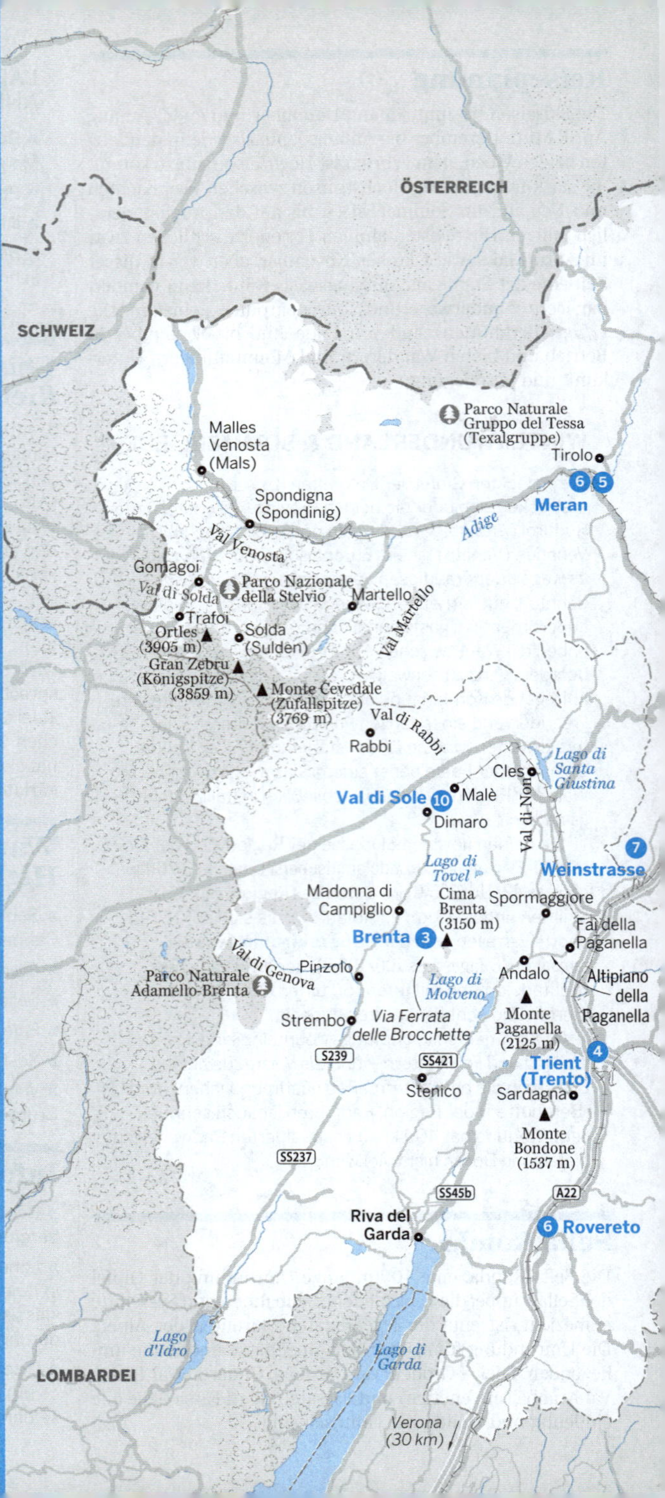

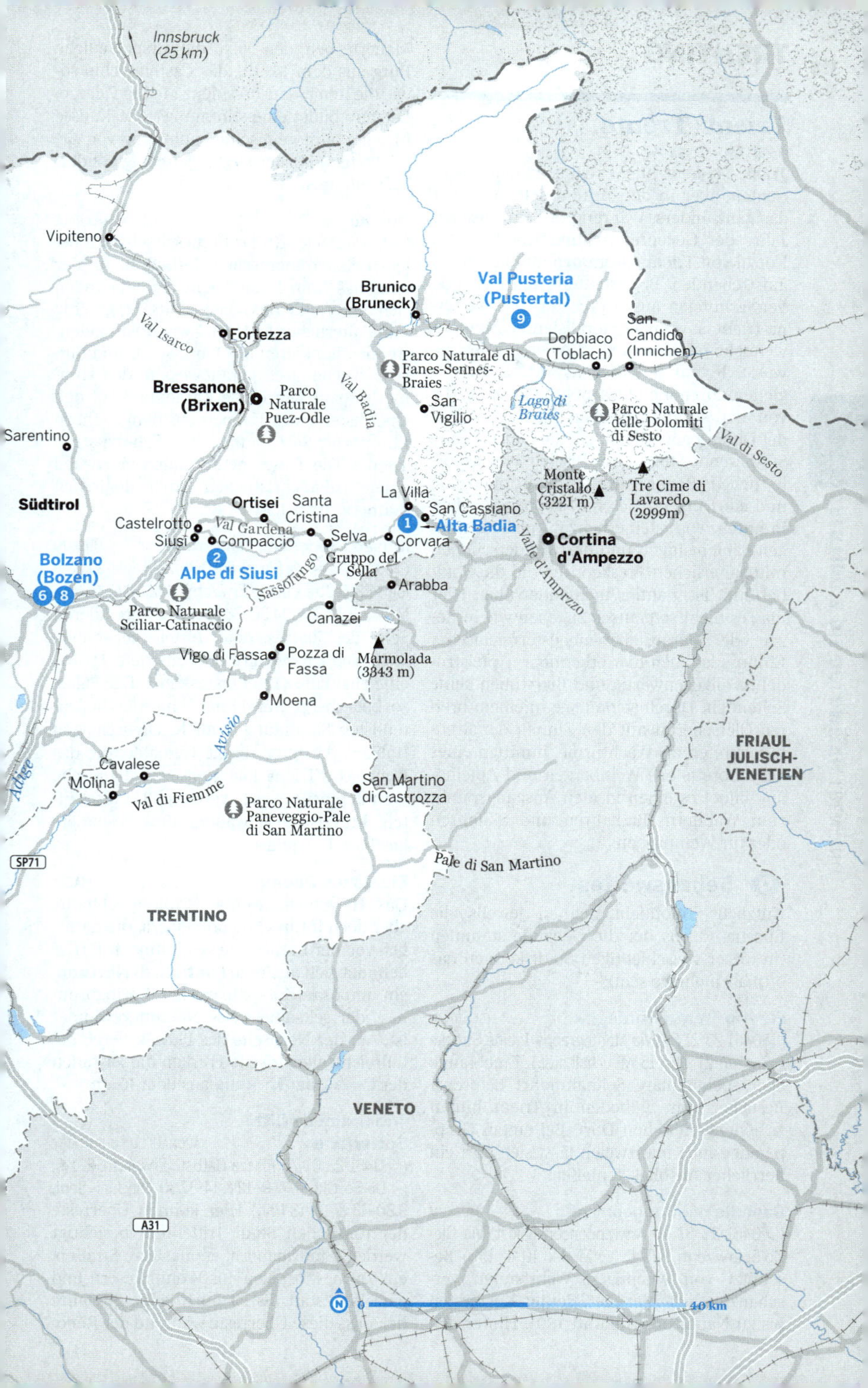

Innsbruck (25 km)
Vipiteno
Brunico (Bruneck)
Val Pusteria (Pustertal)
9
Val Isarco
Fortezza
Parco Naturale di Fanes-Sennes-Braies
San Candido (Innichen)
Dobbiaco (Toblach)
Val Badia
Bressanone (Brixen)
Parco Naturale Puez-Odle
San Vigilio
Lago di Braies
Parco Naturale delle Dolomiti di Sesto
Val di Sesto
Sarentino
Südtirol
La Villa
Ortisei
Santa Cristina
San Cassiano
Monte Cristallo (3221 m)
Tre Cime di Lavaredo (2999m)
1
Alta Badia
Castelrotto
Val Gardena
Siusi
Compaccio
Selva
Corvara
Cortina d'Ampezzo
Valle d'Amprzzo
Bolzano (Bozen)
6
8
2
Alpe di Siusi
Sassolungo
Gruppo del Sella
Arabba
Parco Naturale Sciliar-Catinaccio
Canazei
Vigo di Fassa
Pozza di Fassa
Marmolada (3343 m)
Moena
Avisio
Adige
Cavalese
Molina
Val di Fiemme
San Martino di Castrozza
Parco Naturale Paneveggio-Pale di San Martino
FRIAUL JULISCH-VENETIEN
SP71
Pale di San Martino
TRENTINO
VENETO
A31
N
0
40 km

Trient (Trento)

115 511 EW. / 194 M

Trient ist heutzutage selten in den Nachrichten, aber in der Mitte des 16. Jhs. war das ganz anders. Während der stürmischen Jahre der Gegenreformation trat hier das Konzil von Trient zusammen, um gegen die aufstrebenden Protestanten weitreichende Verwarnungen auszusprechen. Das moderne Trient ist weniger moralisierend, sondern vielmehr im Gegenteil angenehm selbstbewusst, liberal und liebenswert. Fahrräder gleiten durch die blitzsauberen Straßen, die von der stimmungsvollen, kleinen Piazza del Duomo ausgehen. Sportlich aussehende Studierende stoßen mit frischer Weinschorle neben Renaissance-Springbrunnen an, und ein Dutzend Geschichtsepochen gehen inmitten von steinernen Burgen, schattigen Säulengängen und der wunderschönen mittelalterlichen Fresken, für die die Stadt berühmt ist, nahtlos ineinander über. Hier mag es nicht so deutsch zugehen wie in Bozen oder Meran, aber ein österreichischer Einfluss ist auch hier erkennbar: Apfelstrudel ist allgegenwärtig und Bierstuben keine Seltenheit. Durch seine Lage in einem breiten Gletschertal mit den Zinnen der Brentadolomiten als Wachtürme, inmitten eines Schachbretts aus Weinbergen und Apfelhöfen, bildet es einen idealen Ausgangspunkt zum Wandern, Radfahren und Skifahren oder für Weinproben.

Sehenswertes

Nützliche Infotafeln nennen jeweils die Epoche(n), aus der die Gebäude stammen (in dieser vielschichtigen Stadt können das oftmals mehrere sein).

Funivia Trento-Sardagna SEILBAHN

(☎0461 23 21 54; Via Montegrappa 1; eine Strecke 1 €; ⏲7–21 Uhr, 15 Min./halbstdl.) Eine kurze aber spektakuläre Seilbahnfahrt befördert Besucher vom Talboden in Trient hinauf zu einem hübschen Dorf. Bei einem Grappa oder auch mal zweien lässt sich dort ein herrlicher Ausblick genießen.

Castello del Buonconsiglio MUSEUM

(☎0461 23 37 70; www.buonconsiglio.it; Via Clesio 5; Erw./erm. 8/5 €; ⏲ Mi–Mo 10–17 Uhr) Beschützt von wuchtigen Wehrbauten verschanzten sich hier die Trienter Kurfürsten bis zu Napoleons Ankunft 1801. Hinter den Mauern befinden sich die ursprüngliche Burg aus dem 13. Jh., das Castelvecchio sowie die Renaissanceresidenz Magno Palazzo. Letztere bildet eine stimmungsvolle Kulisse für eine bunt gemischte Sammlung von Artefakten und beherbergt regelmäßig Sonderausstellungen.

Duomo KATHEDRALE

(⏲6.30–12 & 14–20 Uhr) In dieser schwach beleuchteten romanischen Kathedrale, in der einst das Konzil von Trient tagte, befinden sich innerhalb des Querschiffs Fragmente mittelalterlicher Fresken. Zwei Kolonnadentreppen flankieren das Längsschiff und führen, so scheint es, geradewegs in den Himmel. Erbaut wurde die Kathedrale auf den Überresten eines Tempels aus dem 6. Jh. zu Ehren von San Vigilio, dem Schutzpatron Trients. Die Fundamente bilden einen Teil einer paläo-christlichen archäologischen Stätte (Eintritt 1,50 €).

Museo Diocesano Tridentino MUSEUM

(☎0461 23 44 19; Piazza del Duomo 18; inkl. archäologische Stätte Duomo Erw./erm. 4/2,50 €; ⏲ Mi–Mo 9.30–12.30 & 14.30–18 Uhr) Auf der anderen Seite des Platzes, dem *duomo* gegenüber, steht der Palazzo Pretorio aus dem 11. Jh., eine ehemalige Bischofsresidenz. Der Palazzo beherbergt inzwischen eine der bedeutendsten Sammlungen an Kirchenschätzen Italiens, darunter riesige Gemälde, die das Konzil von Trient dokumentieren, flämische Wandteppiche, reich verzierte Handschriften, liturgische Gewänder und besonders kostbare Reliquiare.

Piazza del Duomo PIAZZA

Das Herzstück Trients ist diese lebhafte, aber doch intim wirkende Piazza, die natürlich von der Kathedrale bestimmt wird. Hier befindet sich auch die **Fontana di Nettuno**, ein imposanter, spätbarocker Springbrunnen, der seltsamerweise Neptun gewidmet ist. Auf der Nordseite des Platzes zieren detailreiche allegorische Fresken die Fassaden der **Casa Cazuffi-Rella** aus dem 16. Jh.

Tridentum La Città Sotterranea ARCHÄOLOGISCHE STÄTTE

(☎0461 23 01 71; Piazza Battisti; Erw./erm. 2/1 €; ⏲ Di–So, Okt.–Mai 9–12 & 14–17.30 Uhr, Juni–Sept. 9.30–13 & 14–18 Uhr,) Hier können Überreste der römischen Stadt Tridentum besichtigt werden: Stadtmauern, gepflasterte Straßen, ein Turm, Mosaiken aus Wohnhäusern und eine Werkstatt. Es ist noch keine 20 Jahre her, dass diese Überreste während der Renovierungsarbeiten am benachbarten Theater entdeckt wurden.

Museo di Arte Moderna e Contemporanea Trento KUNSTGALERIE
(MART; ☎0424 60 04 35; Via Sanseverino 45; Erw./erm. 6/4 €; ⏲Di–So 10–18 Uhr) MARTs Trienter Außenstelle im Palazzo delle Albere, der Ende 2012 nach umfangreicher Renovierung wieder eröffnen soll, ist auf impressionistische und symbolistische Gemälde des 19. und frühen 20. Jhs. von Künstlern aus dem Trentino spezialisiert. Die farbigen Freskenfragmente an den Wänden lohnen auch einen Blick.

Badia di San Lorenzo KIRCHE
(Via Andrea Pozzo 2; ⏲6.30–12 & 15–19 Uhr) Diese Kirche aus dem 12. Jh. verkörpert die ruhige Schlichtheit und die harmonischen Proportionen, die ihre benediktinischen Erbauer aus Bergamo schätzten. Das Kreuzgewölbe ist wunderhübsch mit rostroten Sternen verziert.

GRATIS **Palazzo Trentini** KUNSTGALERIE
(0461 49 51 11; via Manci 27; ⏲Mo–Sa 10–18 Uhr) Dieser kürzlich renovierte *Palazzo* beherbergt die Städtische Galerie, in der ausgezeichnete, oft international renommierte Ausstellungen stattfinden.

Aktivitäten

Die kleine Skistation **Vaneze di Monte** (1350 m) liegt 17 km von Trient entfernt am Ende einer langen, kurvenreichen Autofahrt. Eine Seilbahn verbindet sie mit dem höher gelegenen **Vasòn** und den sanften, makellosen Hängen des **Monte Bondone** (1537 m; www.monte bondone.it), die im Winter von 37 km Langlaufloipen und neun Abfahrtspisten durchzogen werden. Hier befindet sich auch der **Giardino Alpine Botanico** (Alpiner Botanischer Garten; ☎0461 94 80 50; Viote de Monte Bondone; Erw./erm 3,50/2,50 €; ⏲Juni & Sept. 9–12 & 14–17 Uhr, Juli–Aug. 9–12 & 14–18 Uhr), der eine Sammlung alpiner Pflanzen aus ganz Europa sowie einen Naturlehrpfad mit einheimischen Pflanzen bietet. Von Dezember bis März verkehrt am Wochenende der Skibus Monte Bondone zwischen Trient und Vaneze (eine Strecke 1,50 €), der von Trentino Trasporti betrieben wird.

Wer Wanderinfos, einschließlich Wanderrouten, *ferrate* (Wege mit fest verankerten Stahlseilen und Klettersteigen) und *rifugi* (Berghütten) im Trentino benötigt, sollte sich an die regionale **Società degli Alpinisti Tridentini** (SAT; ☎0461 98 18 71; www.sat.tn.it; Via Manci 57; ⏲Mo–Fr 9–12 & 15–22 Uhr) wenden, die von freundlichen und erfahrenen Bergsteigern betrieben wird.

AUSWÄRTS-UNTERKÜNFTE

Anfang Juni, wenn das **Festival Economia** (2012.festivaleconomia.eu) stattfindet, sind zentral gelegene Hotels in der Stadtmitte schnell ausgebucht. Gleiches gilt zu Zeiten anderer Konferenzen. **Trentino Agritur** (☎0461 23 53 23; www.agriturismotrentino.com, auf Italienisch; Via Aconcio 13, Trento; ⏲Mo–Fr 9–12) bietet Informationen über ländliche B&Bs und *agriturismi* (Bauernhofunterkünfte), oftmals nur eine kurze Autofahrt von der Stadt entfernt.

Geführte Touren

Die Touristeninformation organisiert in den Sommermonaten Juli und August zweistündige Stadtführungen, die die Stadtmitte und den Castello del Buonconsiglio einbeziehen (4 €). Sie finden am Samstagmorgen und donnerstags statt.

Schlafen

LP TIPP **Elisa B&B** B&B €
(☎0461 92 21 33; www.bbelisa.com; Viale Rovereto 17; EZ/DZ 60/90 €; ❄📶) Dies ist ein richtiges B&B im Wohnhaus eines Architekten mit drei privaten, schicken Zimmern und einem charmanten Gastgeber, der das Bio-Frühstück (selbst gebackener Kuchen, frischer O-Saft, regionaler Käse) zusammen mit unbezahlbaren Tipps über die Region serviert. Den Gästen steht eine Mini-Küche zur Verfügung, die Bäder sind groß. Das B&B liegt in einer ruhigen Wohngegend. Ein netter Spaziergang führt zur Stadtmitte und bietet auf dem Weg viele Möglichkeiten zum Essen, Shoppen und Trinken.

Albergo Accademia HOTEL €€
(☎0461 23 36 00; www.accademiahotel.it; Vicolo Colico 4/6; EZ 82–105 €, DZ 145–165 €; P❄@) Elegantes kleines Hotel in einem historischen Haus aus dem Mittelalter. Die Zimmer sind modern und luftig (wenngleich ein bisschen bieder). Die Suiten haben Luxusgröße, und die tolle Dachterrasse kann man für private Dinnerpartys mieten.

Trient

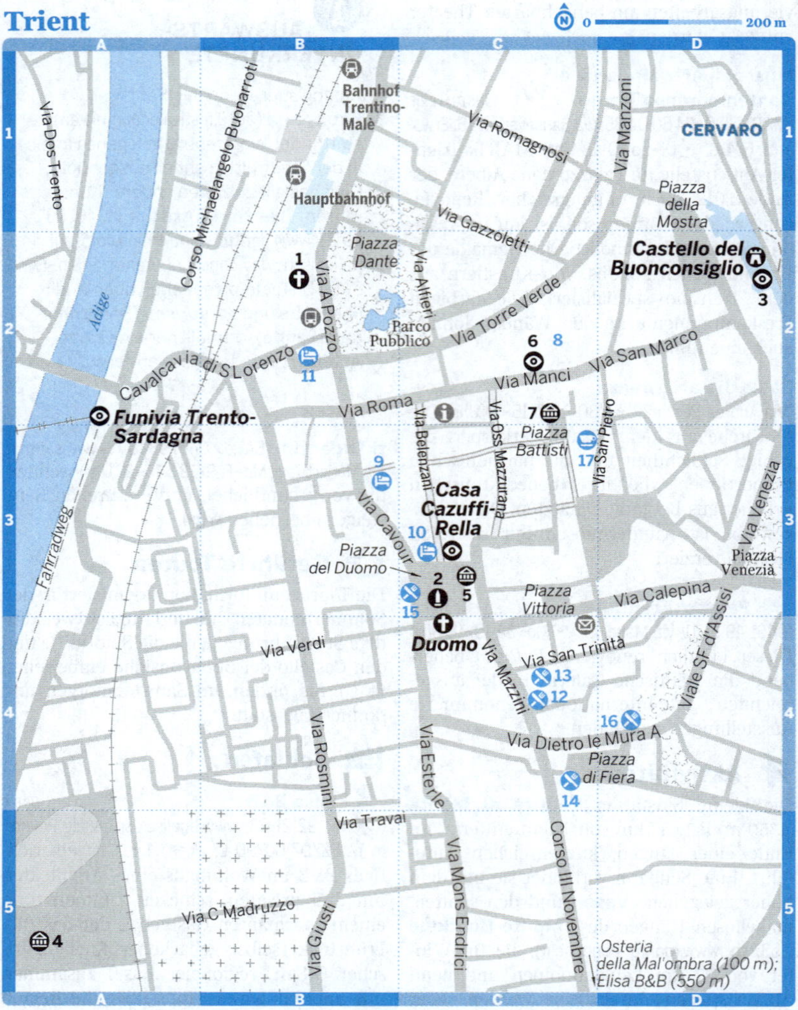

Hotel Venezia HOTEL €
(☎0461 23 41 14; www.hotelveneziatn.it; Piazza del Duomo 45; EZ 55 €, DZ mit/ohne Bad 76/59 €) Die Zimmer des freundlichen Hotels Venezia blicken entweder auf die Piazza del Duomo oder die hübsche Via Belanzani. Es ist eher schlicht, aber die Parkettböden und die dunklen Holzmöbel schaffen eine gemütliche Atmosphäre.

Ostello Giovane Europa HOSTEL €
(☎0461 26 34 84; www.gayaproject.org; Via Torre Vanga 9; B/EZ/DZ 16/26/43 €; ⏲Rezeption 5–22 Uhr) Dieses blitzsaubere Hostel liegt mitten in der Stadt, nur ein paar Minuten Fußweg vom Hauptbahnhof entfernt (die überaus praktische Lage – aber natürlich auch laut). Die Zimmer sind bequem und ein paar haben einen Balkon und bieten einen schönen Ausblick auf die Berge.

Essen & Ausgehen

Die Trienter Küche ist herzhaft und bezieht viele ihrer Zutaten – Rindfleisch, Wild, frischen Käse, Pilze – aus ihrem fruchtbaren Hinterland. Außerdem gibt es viele interkulturelle Einflüsse: *cotoletta* (Schnitzel) und *canederli* (Knödel) stammen aus dem Norden, während Polenta und Spargel an

Trient

Highlights
Casa Cazuffi-Rella C3
Castello del Buonconsiglio D2
Duomo C4
Funivia Trento-Sardagna A2

Sehenswertes
1 Badia di San Lorenzo B2
2 Fontana di Nettuno C3
3 Magno Palazzo D2
4 Museo di Arte Moderna e Contemporanea Trento A5
5 Museo Diocesano Tridentino C3
6 Palazzo Trentini C2
7 Tridentum La Città Sotterranea C2

Aktivitäten, Kurse & Touren
8 Società degli Alpinisti Tridentini C2

Schlafen
9 Albergo Accademia B3
10 Hotel Venezia C3
11 Ostello Giovane Europa B2

Essen
12 Ai Tre Garofani C4
13 Al Tino C4
14 Pedavena C4
15 Scrigno del Duomo C3
16 Uva et Mente D4

Ausgehen
17 Casa del Caffe C3

Venetien und Gardas Olivenöl an die Mittelmeerregion erinnern. Die Bäckereien quellen über vor Apfelstrudel, aber auch der örtliche Möhrenkuchen ist zu empfehlen. Was die Wahl der Weine angeht, sollte man nach dem Trento DOC, einem Schaumwein aus Chardonnaytrauben, dem weißen Nosiola oder dem sehr trinkbaren roten Teroldego Rotaliano DOC Ausschau halten. Das Trienter Surgiva Mineralwasser in seinen schick designten Flaschen gilt, was Reinheit und Geschmack angeht, als eines der besten Italiens.

In der Stadtmitte und entlang dem **Corso III Novembre** finden Selbstversorger jede Menge Supermärkte und Delikatessengeschäfte.

Ai Tre Garofani MODERNES TRENTINI €€
(☎0461 23 75 43; Via Mazzini 33; Menüs 35–50 €; ⌚Di–Sa) Das Lokalambiente mag mit seiner niedrigen Balkendecke und üppigen Vorhängen zwar traditionell wirken, die Mitarbeiter sind jedoch alles andere als das. Jung, kreativ und unprätentiös kredenzen sie ein Esserlebnis voller Leben und Lokalkolorit. Gäste werden mit einem Glas Prosecco, einem *amuse-bouche* (z. B. einer kleinen Tasse Kartoffelcreme mit Olivenöl vom Gardasee) und selbst gemachten Brotsorten (regionales Milch-, Kartoffel- und Schwarzbrot) begrüßt. Bergkieferndutt veredelt *tagliatelle*, Kaninchen wird mit Kastanienhonig serviert und unglaublich zartes Wildfilet wird auf Selleriepüree gebettet. Die Weinkarte ist gut und - natürlich - regional.

Scrigno del Duomo FEINSCHMECKER €€€
(☎0461 22 00 30; www.scrignodelduomo.com; Piazza del Duomo 29; Menüs 35 €, Degustationen ab 50 €; ⌚oben tgl. Mittag- & Abendessen, unten Di–Fr & Sa Mittagessen, Di–So Abendessen) Trients kulinarisches Epizentrum befindet sich in dezenter Lage hinter einer massigen Wand in einem Gebäude, das aus dem 13. Jh. stammt. Zum gehobenen Restaurant geht es zunächst einmal die Treppe hinunter. Dort blicken die Gäste auf einen verglasten Keller, der noch aus der Römerzeit stammt. Wer oben bleibt, bewundert die wunderschön bemalte Holzdecke und genießt stilvolle Varianten regionaler Gerichte, wie z. B. Carpaccio aus Bio-Rindfleisch, Süßwasserfisch, Spargellasagne mit *puzzone*-Käse aus Moena oder die köstliche Crème brûlée mit Thymianduft. Viele der Produkte und der frischen Zutaten stammen direkt aus dem Ort. Aber auch einfach nur ein Glas Wein an der Bar genießen, dazu *grissini* (Brotstangen nach Turiner Art) zum Knabbern, sind ein Hochgenuss. Die Bedienung liegt mit ihren Weinempfehlungen übrigens immer genau richtig.

Uva et Mente PIZZERIA €
(☎0461 190 31 62; Via Dietro le Mura A 35; Pizza 7 €, Menüs 15–30 €; ⌚Di–So bis 24 Uhr) Ein lebhaftes Pizzarestaurant mit frischen, interessanten Hauptgerichten, Pasta und Risotto, guter Pizza und einer eigenen Bierkarte. Pizza gibt es sowohl als Vollkorn- als auch glutenfreie Variante (Letztere sollte man besser im Voraus bestellen), mittags ist ein Menü für 8 € im Angebot.

TRENTOCARD

Diese Karte, die in der Touristeninformation und den Museen erhältlich ist (Erw. plus 1 Kind 24/48 Std. 10/15 €), schließt den Eintritt zu allen Museen in Trient sowie dem Alpinen Botanischen Garten ein, ferner die Nutzung öffentlicher Verkehrsmittel – einschließlich der Trento-Sardagna-Seilbahn –, Weinproben und Weinkellerführungen, Radverleih und eine Menge Rabatte. Die 48-Std.-Karte gewährt auch freien Eintritt zu MART Rovereto, Castel Thun und anderen Museen der Region.

Pedavena BRAUEREI €
(☎0461 98 62 55; Piazza di Fiera 13; Menüs 18–30 €; ⏲Mi–Mo) Diese geräumige Bierstube aus den 1920er-Jahren (inkl. gärendem Gebräu in einer Ecke) ist bei seinen Gästen ein beliebter Dauerbrenner. Serviert werden, wie zu erwarten, Wohlfühlgerichte: Bratwurst, Schnitzel und dampfende Teller eines Polentagerichts mit Pilzragout und schmelzendem *tosella*-Käse.

Al Tino TRENTINI €
(☎0461 98 41 09; Via San Trinita 10; Menüs 18–25 €) Al Tino hat einen putzigen altmodischen Speiseraum und die passende Bedienung. Die Speisekarte ist auf traditionelle Gerichte wie z. B. Gerstensuppe, *canederli in brodo* (Knödel in Brühe) und Schweinekoteletts spezialisiert. Öffnet früh (18.45 Uhr) für Abendessen.

Casa del Caffè CAFÉ
(Via San Pietro 38; ⏲Mo–Sa) Einfach dem herlich aromatischen Duft zu dieser wunderbaren Röstbar folgen und Trients besten Espresso genießen. Die Kaffeebohnen werden an Ort und Stelle geröstet, und auf den vollen Regalen findet sich edelste italienische Designerschokolade.

Osteria della Mal'Ombra BAR
(www.osteriadellamalombra.com; Corso III Novembre 43; ⏲Mo–Sa 8–13 Uhr) Hier kann man sich zu den Einheimischen gesellen, um guten Wein, Grappa, vielleicht auch lebhafte politische Diskussionen und – dienstags – Livemusik zu genießen.

Praktische Informationen

Krankenhaus (☎0461 90 31 11; Largo Medaglie d'Oro 9)

Polizei (☎0461 89 95 11; Piazza della Mostra 3)

Touristeninformation (☎0461 21 60 00; www.apt.trento.it; Via Manci 2; ⏲9–19 Uhr)

An- & Weiterreise

Trient hat eine gute Verkehrsanbindung. Vom Hauptbahnhof (Piazza Dante) fahren regelmäßig Züge in die folgenden Städte:

Bologna (11,30 €, 3¼ Std., alle 2 Std.)
Bozen (3,35 €, 30 Min., 4 pro Std.)
Venedig (8,40 €, 2½ Std., stdl.)
Verona (5,40 €, 1 Std., halbstdl.)

Die Trient–Malè Bahnlinie, die neben dem Hauptbahnhof abfährt, verbindet die Stadt mit Cles im Val di Non.

Vom InterCity Busbahnhof (Via Andrea Pozzo) fahren Busse der örtlichen Busgesellschaft **Trentino Trasporti** (☎0461 82 10 00; www.ttspa.it, auf Italienisch) nach Madonna di Campiglio, San Martino di Castrozza, Molveno, Canazei bzw. Rovereto und zurück.

Rovereto

37 566 EW.

Im Winter 1769 besuchte Leopold Mozart mit seinem längst als Wunderkind berühmten Sohn Wolfgang Amadeus Rovereto und fand es „voller emsiger Personen, die mit Weinanbau und Seidenweberei beschäftigt sind". Die Region ist nun nicht mehr für Seide bekannt, wohl aber für herausragende Weine, wie z. B. den dunklen, nach Kirschen duftenden Marzemino. (Die auffällige Verwendung dieses Weins in *Don Giovanni* lässt vermuten, dass Familie Mozart ihn ebenfalls sehr geschätzt hat.) Wer sich auf eine musikalische Pilgerreise begeben möchte, sollte die **San Marco Kirche** (Piazza San Marco; ⏲8.30–12 & 14–19 Uhr), wo einst der 13-jährige Wolfgang Amadeus die Bewohner von Rovereto in seinen Bann zog, besuchen und auch das jährliche **Mozartfestival** (www.festivalmozartrovereto.com) im August. Die Stadt, die schon Mozart kannte, besitzt noch immer ihre urigen, eng verschlungenen Straßen, aber es ist der Schock des Neuen, der die meisten Besucher anzieht – nämlich eines der besten Museen Italiens für moderne und zeitgenössische Kunst.

Sehenswertes

LP TIPP **Museo di Arte Moderna e Contemporanea Rovereto** KUNSTMUSEUM
(MART; ☎0464 43 88 87; http://deutsch.mart.trento.it; Corso Bettini 43; Erw./erm. 10/7 €, inkl.

Casa del Depero 12/9 Di–Do, Sa & So 10–18, Fr 10–21 Uhr) Dieses riesige Gebäude mit vier Stockwerken und 12 000 m² an Stahl, Glas und Marmor, entworfen vom Tessiner Architekten Mario Botta, wirkt sowohl imposant als auch menschlich. In der Mitte des Gebäudes durchflutet das sanfte Licht der Bergregion ein Atrium mit hoher Glaskuppel. Hier sind riesige Werke des 20. Jhs. zuhause, darunter Warhols bekannte *Four Marilyns* (1962), mehrere Picassos und ein Schwung zeitgenössischer Künstler, wie etwa Bill Viola, Kara Walker, Arnulf Rainer und ein riesiger Anselm Kiefer. Italienische Kunst ist natürlich auch gut repräsentiert, u. a. ausgezeichnete Werke von Balla, Morandi, De Chirico, Fontana und Manzoni. Verschiedene Wechselausstellungen decken ein breites Spektrum ab, von eingängigen Monet- oder Modigliani-Ausstellungen bis hin zu topaktuellen Überblicksausstellungen zeitgenössischer Kunst.

Casa del Depero MUSEUM
(☎0424 60 04 35; Via Portici 38; Erw./erm. 6/4 €, inkl. MART Eintritt 13 €; ⏲Di–Sa 10–18 Uhr) Die Futuristen schreckten nie vor etwas Selbstverherrlichung zurück und der einheimische Künstler Fortunato Depero bildete da keine Ausnahme. Dieses von ihm selbst entworfene Museum eröffnete 1960 kurz vor seinem Tod. Nachdem es kürzlich von MART renoviert wurde, ist es nun wieder der Öffentlichkeit zugänglich. Die Besessenheiten des Italiens des frühen 20. Jhs. vermischen sich hier auf nostalgische – wenn auch etwas beunruhigende – Weise mit der Geschichte: verwegene Wandteppiche und Möbel nach dem Motto Maschinenzeitalter trifft Troubadourzeit zieren ein renoviertes Stadthaus aus dem Mittelalter. Zudem füllen faszinierende Spielzeuge, Bücher und Ephemera ebenfalls die drei Stockwerke.

Essen & Ausgehen

Osteria del Pettirosso WEINBAR
(www.osteriadelpettirosso.com; Corso Bettini 24; ⏲Mo–Sa) Unten ist ein stimmungsvoller Speiseraum, aber die meisten Gäste kommen wegen der aktuellen Weinangebote (per Glas), vielfach von kleinen Weinbauern, einem Käseteller (7 €) oder ein paar *crostone all lardo* (Toast mit geräuchertem Schweineschmalz; 2,50 €).

Stappomatto WEINBAR
(www.stappomatto.com; Corso Bettini 56; ⏲Di–Sa 7.30–20.30, So 10.30–16.30 Uhr) Putzige holzgetäfelte Weinbar mit angeschlossenem Restaurant, in dem herzhafte Hausmannskost serviert wird.

Praktische Informationen

Die **Touristeninformation** (☎0464 43 03 63; www.apt.rovereto.tn.it; Corso Rosmini 6; ⏲Mo–Sa 9–13 & 14–18 Uhr) hält Stadtpläne und Infos zu Radwegen parat und bietet im **C'entro in bici** kostenlosen Fahrradverleih an.

Mit dem Zug liegt Rovereto nur ca. 15 Minuten von Trient entfernt (Bahnstrecke Bologna–Brennero).

Brentadolomiten

Die Brentagruppe liegt wie eine felsige Insel westlich der Hauptdolomiten. Geschützt durch den Parco Naturale Adamello-Brenta sind diese scharfkantigen, majestätischen Gipfel unter Bergsteigern wegen ihrer steil abfallenden Felsen und der anspruchsvollen Anstiege beliebt. Hier wurden einige der berühmtesten Klettersteige – die sog. *vie ferrate* – der Alpen angelegt. Kletterausrüstung und Seile sind für die meisten dieser Hochwanderwege erforderlich, so auch für eine der berühmtesten, die Via Ferrata delle Bocchette, die vom britischen Kletterpionier Francis Fox Tuckett in den 1860er-Jahren erschlossen wurde.

Auf der östlichen Seite der Brentagruppe erstreckt sich das Altipiano della Paganella, ein Hochplateau, das neben Skimöglichkeiten eine Palette an weiteren Sportmöglichkeiten bietet. Auf der dicht bewaldeten Westseite liegt der Skiort Madonna di Campiglio. Die serpentinenreichen Bergstraßen S421, S237 und S239, die beide verbinden, bieten schöne Aussichten sowie Nervenkitzel beim Fahren. In der Hochsaison verkehren regelmäßig Busse von und nach Trient.

Während der Superskirama-Pass das ganze Brentagebiet abdeckt, gibt es auch Einzelskipässe. Die 1-/3-/6-Tagespässe für Madonna di Campiglio kosten 35/101/178 €, die für Altipiano della Paganella 36/101/179 €.

ALTIPIANO DELLA PAGANELLA

5000 EW. / 2098 M

Dieses balkonartige Plateau, das weniger als eine Stunde Autofahrt nordwestlich von Trient liegt, blickt auf die hoch emporragenden Brentadolomiten. Die Altipiano Hochebene bietet fünf kleinen Dörfern Platz: dem Skiort **Fai della Paganella**, dem touristischen **Andalo**, **Molveno** am See, dem kleinen **Cavedago** sowie **Spormaggiore**.

WOLKENSTÜRMER

Während des Ersten Weltkriegs, als britische, französische und deutsche Soldaten im Schlamm von Flandern umkamen, bestritten italienische Soldaten einen nicht minder furchterregenden Krieg gegen ihre österreichischen Gegner entlang einer Front, die die Dolomiten durchschnitt.

Die Narben dieser brutalen und langwierigen Kampagne des Ersten Weltkriegs haben sich unauslöschlich in die alpine Landschaft eingegraben. Überall finden sich Tunnel, Gräben und Kampfstellungen, aber die Höhenwege sind das andauerndste Vermächtnis.

Um sich in den zerklüfteten, gefährlichen Gipfelregionen möglichst gut bewegen zu können, befestigten beide Armeen Seile und Leitern an zuvor unüberwindbar scheinenden Felsen und schufen so eine Reihe von dauerhaft gesicherten Klettersteigen, die sog. *vie ferrate* (Eisenwege). Nach dem Krieg wurden sie mit Stahlsprossen, Brücken und strapazierfähigen Drähten instandgesetzt. Auf den *vie ferrate* entwickelte sich seither eine Mischung aus normalem Wandern und richtigem Klettern. Somit wurde auch Nicht-Alpinisten ein Zugang zu Bergregionen verschafft, die normalerweise für sie vom Gelände her betrachtet zu anspruchsvoll wären.

Vie ferrate gibt es überall in den Dolomiten, und die Wege sind in die Schwierigkeitsgrade 1 bis 5 eingeteilt. Eine Kletterausrüstung (Helm, Schoner und Handschuhe) ist absolut erforderlich, ebenso spezielle Ausrüstung, wie z. B. ein Y-Klettergeschirr mit zwei Karabinern, um sich an den Drähten sichern zu können.

Madonna di Campiglio und Cortina d'Ampezzo bieten Zugang zu einigen der spektakulärsten Routen.

Aktivitäten

Der Bergführerverband **Dolomiti di Brenta-Paganella** (☎329 5824146; guidealpine@esperienzatren tino.it) organisiert im Parco Naturale Adamello-Brenta im Sommer Klettertouren und geführte Wanderungen und im Winter Ski-Bergwandern, Eisklettern und Schneeschuhwanderungen. Man kann natürlich auch private Ausflüge (alleine oder in einer Kleingruppe bei den Bergführern buchen.

Das Paganella-Skigebiet ist von Andalo aus mit der Seilbahn und von Fai della Paganella aus mit dem Sessellift zu erreichen. Es bietet zwei Langlaufloipen und 50 km an Abfahrten – von grünen Abfahrten für Anfänger bis hin zu den Furcht einflößenden schwarzen Pisten.

Oberhalb des Dorfs Molveno fährt eine Zweisitzer-**Seilbahn** (☎0461 58 69 81; einfache Fahrt/hin & zurück 6/9,50 €) in zwei Etappen hoch nach Pradel (1400 m), von wo Weg Nr. 340, ein schöner, einfacher Spaziergang von einer Stunde Dauer, zur **Rifugio Croz dell'Altissimo** (☎0461 58 61 95; ⏲Juni–Sept.) auf 1430 m führt. Mehrere andere Wege von unterschiedlicher Schwierigkeit beginnen ebenfalls hier.

Schlafen & Essen

Die fünf Dörfer auf dem Plateau haben zusammen über 100 Hotels zu bieten. Dazu kommen zahlreiche *agriturismi* (Bauernhofunterkünfte) und Ferienwohnungen.

Camping Spiaggia CAMPINGPLATZ €
(☎0461 58 69 78; www.campingmolveno.it; Via Lungolago 25; 2 Pers., Auto & Zelt 20–46 €; ⏲Rezeption ganzjährig 9–12 & 14–19 Uhr; P @ ≈) Zu diesen schönen Campingplätzen am Ufer des Lago di Molveno kommt noch freie Benutzung der benachbarten Sportanlagen (Freibad, Tennisplatz, Tischtennis) hinzu. Ein kurzer Spaziergang führt zum lebendigen kleinen Dorfkern von Molveno. Im Hochsommer bietet der Ort jede Menge Unterhaltung und Wassersport.

Alp & Wellness Sport Hotel Panorama HOTEL €€
(☎0461 58 31 34; www.sporthotelpanorama.it; Via Carletti 6, Fai della Paganella; DZ 120–200 €; P ❄ @ ≈ ♿) Die Zimmer dieses mehrfarbigen, modernen Gebäudes bieten nicht nur Panaroma-Ausblicke, wie der Name es verspricht, sondern auch klare Linien und eine minimalistische Möblierung. Manche Zimmer haben einen Loft. Die Palette an Wellnessangeboten ist umfangreich, darunter Außen- und Innenpools.

Al Penny TRENTINI €
(☎0461 58 52 51; Viale Trento 23, Andalo; Menüs 22–25 €; ⏲11–15 & 17–2 Uhr) Auf den ersten Blick wirkt die Einrichtung etwas daneben,

aber es ist wirklich ein richtig gemütliches Lokal. Nach einem Glas wärmenden Marzemino zum Auftakt werden authentische, leckere Trienter Spezialitäten serviert – Hirsch-*ragù* (Fleisch mit Tomatensoße) mit Pinienkernen, *taiadele smalzade* (gebratene dicke Nudeln) oder *canederli (Knödel)* mit Pilzen. Dazu wird selbst gebackenes Brot serviert.

Praktische Informationen

Die Touristeninformationen teilen sich eine Webseite (www.visit dolomitipaganella.it).

Andalo Touristeninformation (0461 58 58 36; Piazza Dolomiti 1; Mo–Sa 9–12.30 & 15–18.30, So 9.30–12.30 Uhr) Das Hauptbüro. Bietet gute Infos zu Winter- und Sommeraktivitäten.

Fai della Paganella Touristeninformation (0461 58 31 30; Via Villa; Mo–Sa 9–12.30 & 15–18.30, So 9.30–12.30 Uhr)

Guardia Medica (0461 58 56 37; 20–8 Uhr) Medizinischer Notdienst.

Medizinischer Dienst für Touristen (0461 58 60 45) Medizinische Versorgung (tagsüber).

Molveno Touristeninformation (0461 58 69 24; Piazza Marconi 5; Mo, Mi, Fr & Sa 9.00–12.30 & 15–18.30, Di, Do & So 9–12.30 Uhr)

An- & Weiterreise

Trentino Trasporti (0461 82 10 00; www.ttspa.it, auf Italienisch) betreibt Busse zwischen allen fünf Dörfern und Trient (2,90–3,30 €, 3½ Std., bis zu 9-mal tgl.) sowie nach Madonna di Campiglio (8,60 €) und Riva del Garda (5,60 €) am Gardasee. Fahrpläne gibt es in den Touristeninformationen. Im Winter fahren kostenlose Skibusse.

MADONNA DI CAMPIGLIO & PINZOLO

Madonna di Campiglio (700 Ew., 1522 m) ist zweifelsohne der glamouröseste Ort in den Dolomiten. Knöchellange Pelzmäntel sind hier die standardmäßige Après-Ski-Bekleidung und die anspruchsvollen Abfahrten können da schon mal zur Nebensache werden. Der österreichische Adel, insbesondere Kaiser Franz Josef und seine Sisi, besuchten den Ort im 19. Jh., und an diese frühe Begünstigung durch die Reichen und Schönen wird Ende Februar erinnert, wenn Feuerwerke erstrahlen und Kostümparaden während des jährlichen **Habsburger Karnevals** durch die Stadt ziehen. Trotz des hohen Verkehrsaufkommens und der großen Hotelkomplexe hat sich der zentrale Dorfplatz noch etwas von seinem ursprünglichen Charme bewahrt und bietet den Blick auf eine hübsche Steinkirche und die burgähnlichen Zinnen der Brentagipfel dahinter. Im Sommer ist dies ein idealer Ausgangsort für Wanderer und *vie-ferrate*-Enthusiasten.

Das weniger protzige Pinzolo (2000 Ew., 800 m) liegt 16 km südlich in einem wunderschönen Tal und hat einen lebendigen alten Dorfkern.

Sehenswertes & Aktivitäten

Im Winter bringen ein Netzwerk an Sesselliften sowie mehrere **Seilbahnen** (0465 44 77 44) Skifahrer und Snowboarder von Madonna zu den vielen Abfahrten und den Snowboardparks. Im Sommer erreicht man damit Wander- und Mountainbikerrouten. In Pinzolo gibt es nur eine **Seilbahn** (0465 50 12 56; www.funiviepinzolo.it, auf Italienisch; Via Nepomuceno Bolognini 84; Mitte Dez.–April & Juni–Mitte Sept. 8.30–12.30 & 14 bis 18 Uhr), die bis zum **Doss del Sabion** auf 2100 m Höhe hinaufklettert (einfache Fahrt/hin & zurück 5/8 €, 20 Min.). Auf halber Strecke kann man in **Pra Rodont** aus- bzw. einsteigen (1530 m; einfache Fahrt/hin & zurück 5/6 €, 10 Min.). Im Sommer kann man hier **Mountainbikes** mieten, um die Gegend zu erkunden.

Madonnas Touristeninformation bietet von Mitte Juli bis September zusammen mit dem Parco Naturale Adamello-Brenta landschaftlich besonders schöne **geführte Wanderungen** zu einer traditionellen alpinen Almhütte im Nationalpark an. Andere Wanderungen gewähren Einblicke in die einzigartige Geologie der Region.

In Campo Carlo Magno, 2 km nördlich von Madonna, befördert die **Cabinovia Grostè Seilbahn** (einfache Fahrt/hin & zurück 11/16 €; Mitte Dez.–April & Juni–Mitte Sept. 8.30–12.30 & 14–17 Uhr) Wanderer zum **Passo Grostè** (2440 m). Die **Via Bocchetta di Tuckett** (Weg Nr. 305) – die berühmteste *via ferrata* der Brentagruppe – beginnt ebenfalls an dieser Seilbahnstation. Nur wirklich erfahrene Bergsteiger sollten diesen Weg in Angriff nehmen. Ansonsten hält die Touristeninformation Infos zu mehreren Wegen und Berghütten bereit, die vor dem Gletscher liegen.

Die wunderschön gelegene **Chiesa di San Vigilio** aus dem 16. Jh. in Pinzolo lohnt wegen ihres Außenfreskos *La danza macabra* (Totentanz) einen kurzen Besuch. Nördlich von Pinzolo befindet sich der Eingang zum weniger bekannten **Val di Genova**. Es wird oft als eines der schönsten Alpentäler bezeichnet. Eine Reihe spektakulärer Was-

EIN BERG UND SEINE BÄREN

Der **Parco Naturale Adamello Brenta** – ein naturbelassenes, wunderschönes Gebiet, das über 80 Seen und den riesigen Adamellogletscher umfasst – war einst Heimat der einzigen Braunbären in den Alpen. Zwar wurde es 1967 ein Schutzgebiet, aber die Bärenpopulation ging letztlich auf nur drei Tiere zurück.

1999 begannen die Parkbehörden, Bären wieder anzusiedeln und holten zehn Braunbären aus Slowenien. Die ersten Bärenjungen wurden 2002 im Park geboren, und seither hat es jeden Winter neue Bärenkinder gegeben, sodass sich derzeit wieder 20 Bären im Park befinden.

Auf allen Vieren haben Braunbären eine Größe von 1,20 m; wenn sie stehen, sind sie über 2 m groß. Sie wiegen je nach Jahreszeit zwischen 100 und 250 kg und werden von den Parkbehörden mit Hilfe von Funkhalsbändern genau überwacht. Ein paar sind an der **Casa dell'orso Spormaggiore** (☎0461 65 36 22; Via Alt Spaur 6; Erw./erm. 6/5 €, inkl. Parkeintritt; ⏲Juni–Sept. Di–So 10–13 & 14–18.30 Uhr, zu anderen Zeiten ist eine Reservierung nötig) in Spormaggiore, 15 km nordöstlich von Molveno, zu sehen. Das Infozentrum enthält ausgezeichnete Exponate über die Wiederansiedlung der Bären, darunter ein paar schöne speziell für Kinder. Bären im Winterschlaf können mit Hilfe einer Infrarotkamera beobachtet werden (Reservierung erforderlich). Man hofft, dass es in 50 bis 100 Jahren überall in den Alpen wieder Bären geben wird. Glückliche Bären bedeuten natürlich oft unglückliche Bauern, aber die Regierung der Provinz Trentino finanziert den Bauern elektrische Zäune und entschädigt sie für Schäden, die Bären anrichten.

Abgesehen von Bären beheimatet der 620 km² große Park, Trentinos größtes Naturschutzgebiet, auch Steinböcke, Rotwild, Murmeltiere, Gämsen sowie 82 Vogelarten. Außerdem gibt es 1200 verschiedene Arten von Gebirgsblumen, darunter zwei (*Nigritella luschmannie* und *Eryshimum auranthiacum*), die nur in dieser Region wachsen.

An den Ufern des **Lago di Tovel**, der tief im Wald ca. 30 km nördlich von Spormaggiore im Herzen des Parks liegt, gibt es eine reichhaltige Tierwelt. Ein leichter einstündiger Spazierweg führt um den ehemals roten See. Das **Besucherzentrum** (☎0463 45 10 33; ⏲Sommer 10–13 & 14–18 Uhr) am See hält ausführliches Infomaterial über andere Wanderungen im Park bereit.

Weitere Informationen über Berghütten, Bergführer, Kartenmaterial und Wanderrouten sowie ökotouristische Unterkünfte sind bei der **Parkverwaltung** (☎0465 80 66 66; www.pnab.it, auf Italienisch; Via Nazionale 12, Strembo; ⏲Sommer 10–13 & 14–18 Uhr) erhältlich, die ein paar Kilometer weiter südlich liegt.

serfälle unterstreicht seinen Ruf als großartiges Wandergebiet. Vier Berghütten entlang der Talsenke ermöglichen Übernachtungen entlang des Weges. Die Touristeninformation in Pinzolo kann deren Öffnungszeiten und Preise mitteilen.

Schlafen & Essen

Im Winter gibt es in Madonna keine Budgetunterkünfte, und die meisten Mittelklassehotels bestehen während der Hauptsaison darauf, dass Gäste Voll- oder Halbpension buchen und eine Mindestübernachtungsdauer einhalten. Vom Val di Sole aus zu den Skigebieten zu pendeln ist eine durchaus machbare Option.

Camping Parco Adamello CAMPINGPLATZ €
(☎0465 50 17 93; www.campingparcoadamello.it; Carisolo; 2 Pers., Auto & Zelt 28–36 €; ⏲ganzjährig; P) Dieser Campingplatz liegt wunderschön im Nationalpark, 1 km nördlich von Pinzolo, und ist ein idealer Ausgangsort für verschiedene sportliche Aktivitäten wie etwa Skifahren, Schneeschuhwandern, Bergwandern und Mountainbikefahren. Außerdem können Ferienwohnungen wochenweise gemietet werden.

Hermitage Biohotel HOTEL €€€
(☎0465 44 15 58; www.biohotelhermitage.it; HP DZ 170–350 €; P❄🛜≋♿) Traditionelles Hotel in Familienhand mit eleganten modernen Zimmern und nach ökologischen Prinzipien geführt. Das legere (aber mit einem Michelin-Stern ausgezeichnete) Restaurant ist fantastisch und Lounge Bar und Pool bieten einen traumhaften Ausblick auf die umliegenden Berge.

Chalet La Dolce Vita DESIGNERHOTEL €€
(☎0465 44 31 91; www.chaletdolcevita.it; DZ 130–250 €; P❄≋📶) Dies ist das neueste der ultraluxuriösen Hotels in Madonna, mit freundlichen Mitarbeitern und einer ruhigen Lage am Wald. Zur *aperitivo*-Stunde trifft sich die Mailänder Modewelt in der Bar; oben entspannen sich die Gäste in wunderschönen, ganz in Holz und Erdfarben gehaltenen Zimmern.

Hotel Bellavista HOTEL €
(☎0465 50 11 64; www.bellavistanet.com, auf Italienisch; Pinzolo; HP pro Pers. pro Woche 300–500 €; ⏲ganzjährig; P) So schnörkellos wie es in dieser Region eben geht: ein traditionelles Hotel in Familienhand, mittelgroß, mit 57 bequemen, modernen Zimmern und herzhafter Alpenküche.

ℹ Praktische Informationen

Guardia Medica (☎0465 44 05 38, 0465 80 16 00) Notarzt.

Madonna Touristeninformation (☎0465 44 75 01; www.campiglio.to; Via Pradalago 4; ⏲Mo–Sa 9–12.30 & 15–19, So 10–13 Uhr)

Medizinischer Dienst für Touristen (☎0465 44 30 73; ⏲Anfang Dez.–Ostern & Mitte Juni–Mitte Sept.

Pinzolo Touristeninformation (☎0465 50 10 07; www.pinzolo.to; Piazzale Ciciamimo; ⏲Mo–Sa 9–12.30 & 15–18.30, So 9–12.30 Uhr)

ℹ An- & Weiterreise

Madonna di Campiglio und Pinzolo sind ganzjährig per Bus von Trient (9 €, 1½ Std., 5-mal tgl.) und Mailand (27 €, 3¾ Std., 1-mal tgl.) erreichbar.

Von Mitte Dezember bis Mitte April verkehren einmal pro Woche Ski-Shuttlebusse zwischen Madonna bzw. Pinzolo und verschiedenen Flughäfen: Eine Linie fährt Malpensa und Linate (beide Mailand) via Bergamo an (einfache Fahrt 36 €), die andere Villafranca (Verona) via Brescia (einfache Strecke 30 €).

Val di Non, Val di Sole & Val di Rabbi

Dieses Trio italienischsprachiger, landwirtschaftlich geprägter Täler liegt eingebettet zwischen der Brentagruppe und dem Parco Nazionale dello Stelvio. Die Dörfer sind gut mit dem Zug von Trient aus zu erreichen.

VAL DI NON (NONSTAL)

Herausragendes Merkmal des Val di Non sind seine Apfelbäume, deren knorrige Zweige sich kilometerweit erstrecken (und im Frühjahr am schönsten duften). Markante Burgen sehen von den umgebenden Felsen herab, darunter das atemberaubende **Castel Thun** (☎0461 49 28 29; Vigo di Ton; Erw./erm. 6/4 €; ⏲Di–So 10–17 Uhr). Hauptort des Tals ist **Cles**, dessen **Touristeninformation** (☎0463 422 88 83; Corso Dante 30; ⏲Juli & Aug. Mo–Sa 9–12.30 & 15–18, So 9–12 Uhr) sich in der Nähe der Hauptstraße befindet, die durch die Ortschaft führt.

Italiens Apfelriese Melinda ist ein Talgewächs. **Melinda Mondo** (☎0463 46 92 99; www.melinda.it; Via della Cooperazione 21, Segno; Führungen nur mit Voranmeldung ⏲Okt.–Juli Mo–Sa 8.30–12.30 & 15–19, Juli So 9–12 Uhr) in der Nähe von Mollaro, ein paar Dörfer hinter Cles, bietet Führungen durch Apfelplantagen und Apfelverarbeitung an. In einem freundlichen Laden werden Äpfel und jede Art „apfeliger" Produkte feil geboten. Ein großer Käse nebenan weist den Weg zu **Trentinograna**, dem Betrieb, der Trentinos süßlich-dezenten parmesanartigen Grana-Käse herstellt.

VAL DI SOLE (SULZTAL)

Lassen Besucher Cles hinter sich, so führen die Apfelplantagen sie westlich entlang des schäumenden Bergbachs **Noce** ins passend benannte Nachbartal Val di Sole (wörtlich: Sonnental) mit seinem Hauptort **Malè**.

Das Tal ist unter Trentinern für Outdooraktivitäten, die über das übliche Skifahren und Wandern hinausgehen, bekannt und ist somit bei den jüngeren Bewohnern sehr beliebt. Der Noce ist zum Rafting ideal. **Centro Rafting Val di Sole** (☎0463 97 32 78; www.rafting center.it; Via Gole 105, Dimaro; ⏲Juni–Sept.) organisiert Raftingtouren (ab 67 €) sowie Kayaktouren, Canyoningabenteuer und Nordic Walking. Sole betreut auch ein flaches, 35 km langes Teilstück der **Radrundfahrt Brentadolomiten** und betreibt zwischen Juni und September für müde Radfahrer einen speziellen Fahrradzug.

Die **Kaiserkrone** (☎0463 97 33 26; www.kaiserkrone.it; Piazza Serra 3, Dimaro; DZ 64–96 €; ❄📶👪) bietet große, bequeme Zimmer, die in hellem Holz eingerichtet sind, und liegt zentral im alltäglichen, aber charmanten Dimaro. Die Lage bietet sich für Ausflüge im Tal an und ist auch eine günstig gelegene, preiswerte Ausgangsbasis für die Brenta-Skigebiete. Das **Dolomiti Camping Village** (☎0463 97 43 32; www.campingdolomiti.com; Via Gole 105, Comezzadure; 2 Pers., Auto & Zelt 26–34 €, DZ Bungalow 49–75 €; ⏲Mitte Mai–Mitte Okt. & Dez.–Ostern; P@≋👪) liegt am Fluss direkt neben dem Raftingzentrum. Neben ordentlichen Zeltplätzen und Bungalows bietet es Zugang zu einem Wellnesszentrum, Hallen- und Freibad, Volleyballplätzen sowie Trampolinen.

Cicli Andreis (www.cicliandreis.it; Via Conci 19/27, Malè) liegt praktischerweise unweit der Hauptstraße von Malè. Eine Tagesmiete kostet ab 18 € (Kinderfahrräder sind billiger).

Die hilfsbereite **Touristeninformation** (☎0463 90 12 80; www.valdisole.net; Piazza Regina Elena 19, Malè; ⏲Mo–Sa 9–12 & 14.30–18.30, So 10–12) von Malè bietet ausführliches Infomaterial über das Tal und gibt Besuchern Tipps, wo man im benachbarten Stelvio Skifahren und Wandern kann.

VAL DI RABBI

Das Val di Rabbi ist ein erfrischend ruhiges Alpental, das von Süden aus den besten Zugang zum Parco Nazionale dello Stelvio bietet. Außerdem ist es für sein Quellwasser Antica Fonte bekannt, das heilende Wirkung haben soll. Die **Terme di Rabbi** (⏲Mai–Sept. Mo–Fr 8–12 & 16.30–20.30, Sa bis 19 Uhr) im gleichnamigen Dorf bietet eine Vielzahl an erholungsfördernden Behandlungen und wird vom professionellen **Grand Hotel Rabbi** (☎0463 98 30 50; www.grandhotelrabbi.it; Fonti di Rabbi 153; HP DZ 90–140 €; ⏲Mai–Sept.; P) betrieben. Daneben gibt es ein kleines **Besucherzentrum** (☎0463 98 51 90; ⏲Juni–Sept. 8–13 & 15–19 Uhr, Okt.–Mai 8–12 & 14–18 Uhr), hier beginnt auch ein ganzes Netz an Wanderwegen in das Stelvio. Manche davon führen bis zum Val Martello in Südtirol. Busse ins Tal fahren regelmäßig vor dem Bahnhof in Malè ab.

An- & Weiterreise

Ferrovia Trento-Malè (☎0463 90 11 50) Busse verbinden Rabbi, Madonna di Campiglio und Malè. Cles (2,90 €, 45 Min.) und Malè (5 €, 1½ Std., 8-mal tgl.) liegen an der Bahnstrecke Trento–Comezzadure. Eine **Seilbahn** (eine Strecke 5 €) befördert Skifahrer und Wanderer vom Bahnhof hinauf auf den Berg.

Kostenlose Skibusse fahren im Winter in einer Schleife durch das Gebiet; Fahrpläne gibt es in den Touristeninformationen.

Fleimstal (Val di Fiemme)

In einer Region, in der in fast jedem Tal ein anderer Dialekt gesprochen wird (und man sich zudem scheinbar auch nicht auf ein Käserezept einigen kann), fällt das Val di Fiemme etwas aus dem Rahmen. Im 12. Jh. schufen hiesige Adlige quasi ihre eigene „Republik", die Magnifica Comunità della Val di Fiemme – das Ethos und der Freiheitsgeist der Gründer sind noch heute hier auf Schritt und Tritt zu spüren.

Heutzutage hat die etwas weniger dominante „Gemeinschaft" ihren Hauptsitz in dem wunderschön mit Fresken geschmückten **Palazzo Vescovile** (Piazza Battisti) in **Cavalese** (3600 Ew.; 1000 m), dem Hauptort des Tals. Ein paar Türen weiter befindet sich das **Centro Arte Contemporanea Cavalese** (☎0462 23 54 16; www.artecavalese.it; Palazzo Firmian, Piazzetta Rizzoli 1; Eintritt frei; ⏲Fr–So 15.30–19.30 Uhr).

Von Cavalese aus bringt eine Seilbahn Skifahrer hinauf zum **Cermis Skigebiet** (2229 m), das zum weitläufigen Gebiet Dolomiti Superski gehört. Cavaleses **Touristeninformation** (☎0462 24 11 11; www.visitfiemme.it; Via Bronzetti 60; ⏲Mo–Sa 9–12 & 15.30–19 Uhr) fungiert als Kontaktpunkt für örtliche Bergführer, die u. a. Klettertouren am Pale di San Martino, Cima della Madonna und Sass Maor organisieren sowie für eine 120 km lange Hochgebirge-Skiwanderung.

Schlafen & Essen

Park Hotel Azalea HOTEL €€
(☎0462 34 01 09; www.parkhotelazalea.it; Via delle Cesure 1, Cavalese; HP DZ 90–180 €; P) Dieses zukunftsorientierte Hotel bietet einen Schwung heller Zimmer, die geradezu zum Entspannen einladen. Manche haben einen schönen Bergblick, andere schauen auf den hübschen Gemüsegarten des Dorfs, und in allen kommen Holz und Naturfasern aus ökologischem Anbau zum Einsatz. Das im Haus servierte Essen, einschließlich des üppigen Angebots zum Nachmittagstee, besteht aus Bioprodukten, und das Kinderspielzimmer ist wunderbar.

Hotel Garni Laurino HOTEL €€
(☎0462 34 01 51; www.hotelgarnilaurino.it; Via Antoniazzi 14, Cavalese; DZ 80–130 €; P@) Geblümte Stoffe und Holzmöbel bestimmen das Ambiente in diesem absolut zentral gelegenen Haus aus dem 17. Jh. Mit dem Garten und den Leih-Mountainbikes als Zugabe wirken die großen Zimmer noch bezaubernder.

El Molin FEINSCHMECKER €€€
(☎0462 34 00 74; Piazza Battisti 11, Cavalese; unten Weinverkostung 65–90 €, oben Menüs 15–25 €; ⏲Mi–Mo Mittag- & Abendessen) Diese alte Mühle mitten im historischen Ortskern von Cavalese genießt im Tal einen fast schon le-

ABSTECHER

PALE DI SAN MARTINO

Rosa geht im Pale di San Martino (1467 m) nahtlos in Grün über, denn hier ragen die leuchtenden Dolomitengipfel wie Gespenster über dem uralten Wald des Paneveggio empor. Aus seinem Holz werden hochwertige Geigen hergestellt. Das Gebirge liegt im **Parco Naturale Paneveggio-Pale di San Martino** – Heimat von Rotwild, Gämsen, Murmeltieren, Wildgeflügel und Greifvögeln wie dem Steinadler. Die Parkverwaltung hat ihren Sitz in der eindrucksvollen **Villa Welsperg** (0439 6 48 54; www.parcopan.org; Via Castelpietra 2, Val Canali; Sommer 9.30–12.30 & 15–18 Uhr, Winter 14–17 Uhr), die 1853 erbaut wurde. In aufgehängten Aquarien wird der Lebensraum der Parkgewässer gezeigt; außerdem gibt es Exponate zur heimischen Flora und Fauna. Die Parkwebseite bietet ausführliche Anfahrtsbeschreibungen.

Zu Füßen der Berge des Parks liegt **San Martino di Castrozza**, ein kleiner, aber beliebter Ski- und Wanderort, der von Trient per Bus zu erreichen ist. Im Sommer bringen Sessellift und Seilbahn die Wanderer zur **Rifugio Rosetta** (2600 m), dem Ausgangspunkt für mehrere Wanderwege (teils leicht, teils mit Kletteranteilen).

Die **San Martino Touristeninformation** (0439 76 88 67; www.sanmartino.com; Via Passo Rolle 165; Mo–Sa 9–12 & 15–18 Uhr, So 9.30–12.30 Uhr) hält weitere Infos bereit.

gendären Ruf und wurde bereits für seine Leistungen mit einem Michelin-Stern ausgezeichnet. Unten, neben den alten Mühlenrädern, zaubert Alessandro Gilmozzi verspielte Feinschmeckergerichte aus regionalen, saisonalen Zutaten. Im Erdgeschoss serviert die legere (wenn auch etwas biedere) Weinbar Eier nach Wunsch mit Trentingrana oder Trüffel, außerdem Burger, herzhafte Hauptgerichte und fantasievolle Nachspeisen. Das **Excelsior** (Mi–Mo 7–23 Uhr), ein gemütliches kleines Lokal an gleicher Stelle, produziert eine ausgezeichnete Pizza. Besonders zu empfehlen: die Pizza mit dem örtlichen *puzzone*-Käse. In jeder Preisklasse wird sehr viel Wert auf Details gelegt.

Val di Fassa

Val di Fassa ist das einzige ladinischsprachige Tal im Trentino (in Südtirol gibt es vier weitere). Eingerahmt wird es von den imposanten Gipfeln der Sellagruppe im Norden, vom Catinaccio im Westen und vom Marmolada (3342 m) im Südosten. Zwei Hauptorte bestimmen das Tal: **Canazei** (1866 Ew., 1465 m) in wunderschöner Lage, aber fast schon überentwickelt und **Moena** (2690 Ew., 1114 m), das hübsche Dorf am Fluss, das bodenständiger und zunehmend umweltbewusst ist. Der Ort Fassa ist Zentrum der italienischen Langlaufszene. Der italienische Langlaufchampion Christian Zorzi kommt jedoch aus Moena. Die Stadt ist auch Ausrichter des angesehendsten Massenrennens, des jährlich stattfindenden Marcialonga (www.marcialonga.it), eines 70 km langen Marsches durch den Schnee.

Dolomiti-Superski-Pässe gelten hier; außerdem gibt es 3-/6-Tagespässe für das Val di Fassa (92/161€) oder das Tre Valli (88/157 €), das die Täler Fassa, Biois und San Pellegrino einschließt.

Sehenswertes & Aktivitäten

In der Vielfalt liegt bekannterweise die Würze, und die gibt es für Skifahrer hier. Zur Auswahl stehen 120 km an Abfahrt- und Langlaufstrecken sowie anspruchsvolle Bergtouren und das Sella Ronda Skikarussell. Im Sommer kann man den Marmoladagletscher hinunterfahren.

Die Sellagruppe erreicht man vom **Passo Pordoi** aus, von wo eine Seilbahn auf fast 3000 m hoch fährt. Die Catinacciogruppe lässt sich am besten von **Vigo di Fassa** aus erreichen. Der Ort liegt 11 km südwestlich von Canazei bei Pozza di Fassa. Hier klettert die Seilbahn auf 2000 m Höhe und hält in der Nähe der einladenden Berghütte **Baita Checco** (0462 76 35 81; www.baitachecco.com; Vigo di Fassa; Menüs 7–12 €; Dez.–März & Juli–Mitte September 8–16.30 Uhr).

Wer leichtere Sommerwanderungen bevorzugt, sollte in der Touristeninformation nach einer entsprechenden Broschüre für das Fassatal fragen, die 29 Wandertouren (von 1,5 bis 8 km lang) beschreibt, darunter auch Wege, die zu alten ladinischen Wahrzeichen führen.

NICHT VERSÄUMEN

WÜRSTCHEN!

In Canazei sollte man nach dem ladinischen, gabelschwenkenden Würstchenkoch Ausschau halten. Den ganzen Winter über zieht sein Straßenstand unweit der Piazza Marconi lange Schlangen mordshungriger Skifahrer an, denen der Sinn nach Würstchen und Bier steht.

Schlafen, Essen & Ausgehen

Villa Kofler DESIGNERHOTEL €€
(☎0462 75 04 44; www.villakofler.it; Via Dolomiti 63, Campitello; DZ 145–180 €; P) Ein angenehm kleines Hotel in einem Tal von Giganten. Zur Wahl stehen Zimmer in ganz unterschiedlichen (modernen) Design- und Geschmacksrichtungen. Hinzu kommen ein kleiner Fitnessraum, ein Lesezimmer und, wie wunderbar, eine Infrarotsauna in jedem Zimmer.

Garni Stella Alpina B&B €
(☎0462 60 11 27; www.stella-alpina.net; Via Antermont 6, Canazei; DZ 68–128 €; P) Eine einzigartige Unterkunft (es sei denn, man hat zufällig eine ladinische Tante): gemütliche Zimmer, eine Sauna mit Whirlpool, ein Laden im Haus und ein Weinkeller.

Central Hotel HOTEL €€
(☎0462 57 32 28; www.centralhotel.it; Strada Heilmann 4, Moena; EZ 75–100 €, DZ 110–160 €; P@) Die Zimmer sind klein, haben aber schöne Details, wie etwa Sitzbänke in den Fensteralkoven. Das elegante, weitläufige Gebäude bietet viele gemütliche Aufenthaltsmöglichkeiten für seine Gäste.

El Paél TRENTINI €€
(☎0462 60 14 33; www.elpael.com; Via Roma 58, Canazei; Menüs 25–35 €; ⏲Di–So) Diese *osteria tipica trentina* bietet traditionelle Küche mit den Spezialitäten des Tals – Brennnesselknödel, Spargel mit Lakritzsoße und Wild mit gedünstetem Kürbis.

Malga Panna FEINSCHMECKER €€€
(☎0462 57 34 89; www.malgapanna.it; Via Costalunga 29, Moena; Weinverkostung ab 65 €) Anspruchsvolle Varianten der Bergküche bleiben ihren Wurzeln treu und werden in einem atmosphärisch einfachen Ambiente serviert. Gäste können sich auf das Aroma von Alpenkräutern und -blumen sowie auf Wildgerichte einstellen.

Kusk La Locanda BAR
(Via dei Colli 7; Gerichte ab 7 €; ⏲Mi–Mo 8–2 Uhr) Das Après-Ski hier ist im ganzen Val di Fassa legendär. Trotz seiner Vierteilung in Pizzeria, amerikanische Bar, Disko und italienisches Restaurant herrscht ladinische Gemütlichkeit.

Praktische Informationen

Die Touristeninformationen des Val di Fassa betreiben zusammen eine Webseite (www.fassa.com) und haben dieselben Öffnungszeiten (Mo–Sa 8.30–17, So 10–12.30 Uhr; Mittagspausen wechseln, Öffnungszeiten manchmal länger).

Canazei Touristeninformation (☎0462 60 11 13; Piazza Marconi 5)

Moena Touristeninformation (☎0462 60 97 70; Piazza del Navalge 4)

An- & Weiterreise

Das Val di Fassa ist ganzjährig von Trient mit den Trentino Trasporti Bussen erreichbar (5,25 €, 1½ bis 2½ Std.). Außerdem fährt von Juni bis Mitte September der örtliche **SAD** (www.sad.it) Bus aus Bozen und dem Grödnertal. Im Winter kommen kostenlose Skibusse hinzu.

SÜDTIROL (ALTO ADIGE)

Bozen (Bolzano)

97 300 EW. / 265 M

Die Provinzhauptstadt Südtirols (Alto Adige) ist alles andere als provinziell. Einst Haltestation auf der Kutschenroute zwischen Italien und der aufstrebenden Österreichisch-Ungarischen Doppelmonarchie, ist diese kleine Stadt weltoffen und engagiert und seit langem gewohnt, Vermittler zwischen den Kulturen zu sein. Der Bozener Lebensstandard – einer der höchsten in Italien – spiegelt sich in der Offenheit und jugendlichen Dynamik der Stadt sowie im allgegenwärtigen Grün wider. Wie gemalt bilden die runden grünen Hügel eine Hintergrundkulisse für die vielen Reihen pastellfarbener Stadthäuser. Radfahrer radeln am Fluss entlang, und die hölzernen Marktstände mit ihrem Käse und Speck verströmen ein typisch mitteleuropäisches Aroma. Deutsch mag überall sonst in Südtirol für 95 % der Bewohner die erste Sprache sein, aber Bozen ist da anders. Seine italienisch sprechende Mehrheit – ein Vermächtnis von Mussolinis Italianisierungsprogramm der 1920er-Jahren sowie in neuerer Zeit motiviert durch die Aussicht auf bessere Bildungs- und Berufsmöglichkeiten – erkennt aber seine Geschichte an, die mit dem österreichischen Tirol verbunden ist, und sucht sich seine Anregungen heutzutage sowohl von Norden als auch von Süden.

Sehenswertes

LP TIPP Messner Mountain Museum MUSEUM
(MMM; ☎0471 63 31 45; www.messner-mountain-museum.it, auf Italienisch; Via Castel Firmiano 53; Erw./erm. 9/7 €; ⊙März–Nov. Di–So 10–18 Uhr) Das imposante Castel Firmiano, das von 945 stammt, beherbergt das Kernstück der fünf Museen von Bergsteiger Reinhold Messner. Grundlage des Museumskonzepts ist die Beziehung von Mensch und Berg in den verschiedenen Kulturen. Das anschauliche Museum ist so angelegt, dass die Besucher Hunderte von Stufen erklimmen müssen und so den Höhenwechsel nachempfinden. Festes Schuhwerk ist für das unebene Gelände und die Maschenstege erforderlich.

Die Touristeninformation hat Infos über die Sommer-Shuttlebusse zu den Burgen. Ansonsten kann man einen Regionalzug nach Ponte Adige (Sigmundskron) nehmen. Allerdings folgt dann ein langer, steiler und – wegen des Verkehrs – gefährlicher Fußweg entlang einer vielbefahrenen Straße. Die anderen Messner Museen liegen in Südtirol verstreut, u. a. in Ortles.

Museion KUNSTMUSEUM
(☎0471 22 34 13; www.museion.it; Via Dante 2; Erw./erm. 6/3,50 €, Do abends freier Eintritt; ⊙Di–So 10–18, Do bis 22 Uhr) Der zeitgenössische Kunstraum der Stadt befindet sich in einem riesigen, vieleckigen Glaskubus, ein überraschendes architektonisches Statement, das die Dächer der Altstadt und die umgebenden Berge von innen wunderschön vignettiert. Die Dauerausstellung besteht aus einer beeindruckenden Sammlung von Werken internationaler Künstler. Wechselausstellungen zeugen von der Lebendigkeit der regionalen Kunstszene, oft im Dialog mit österreichischer und deutscher Kunst. Die Caféterrasse mit Blick auf den Fluss ist der perfekte Ort, um nach dem Kunstgenuss eine Weinschorle zu genießen.

Castel Roncolo BURG
(Schloss Runkelstein; ☎0471 32 98 08; roncolo@comune.bolzano.it; Via Castel Ried; Erw./Kind 8/5,50 €; ⊙Di–So 10–18 Uhr) Diese Burg in umwerfender Lage wurde 1237 erbaut und ist für ihre seltenen Fresken aus dem 14. Jh. bekannt, die Szenen weltlicher Literatur darstellen, darunter die Geschichte von Tristan und Isolde. Die Touristeninformation betreibt im Sommer Shuttlebusse; im Winter nimmt man Stadtbus Linie 12 oder 14, die vor dem Regionalbusbahnhof abfahren.

Chiesa dei Domenicani KIRCHE
(Piazza Domenicani; ⊙Mo–Sa 9.30–18 Uhr) In Kreuzgang und Kapelle sind wunderschöne Fresken aus dem 14. Jh. im Stile Giottos zu bewundern.

Duomo KATHEDRALE
(Piazza Parrocchia; ⊙Mo–Sa 9.30–17.30 Uhr) Dieser herrliche gotische Dom ist Bozens Wahrzeichen; die imposanten Kirchturmspitzen werden von den ebenfalls gotisch anmutenden Gipfeln der nahen Dolomiten eingerahmt.

Aktivitäten

Unter den drei Seilbahnen Bozens findet sich eine der längsten Personenseilbahnen der Welt – die **Funivia del Renon** (Via Renon; einfache Strecke/hin & zurück 2,50/3,50 €) mit einer Länge von 4556 m – sowie die weltweit älteste, die **Funivia del Colle** (Via Campiglio; einfache Strecke/hin & zurück 3/4 €) von 1908. Die dritte ist die **Funivia San Genesio** (Via Sarentino; einfache Strecke/hin & zurück 2/3,20 €). Eine **Zahnradbahn** fährt von der oberen Station der Renon Seilbahn in Oberbozen nach **Klobenstein** (Soprabolzano-Collalbo; halbstdl. bis stdl. Abfahrten; einfache Fahrt/hin & zurück 2,50/3,50 €). Diese 15-minütige, landschaftlich umwerfende Fahrt, revolutionierte 1907 das Leben hier; zwei der ursprünglichen Kabinen sind noch in Betrieb, zusammen mit zwei „neuen“ Kabinen aus den Jahren 1958 und 1977.

BOLZANO BOZEN CARD

Diese Karte (Erw./Kind 28/16 €) gewährt Eintritt zu den meisten städtischen Museen und auch einigen Museen der Region. Benutzung der örtlichen Busse und Regionalzüge, Fahrradverleih und Bozens drei Seilbahnen sind auch inklusive. Erhältlich ist die Karte in der Touristeninformation.

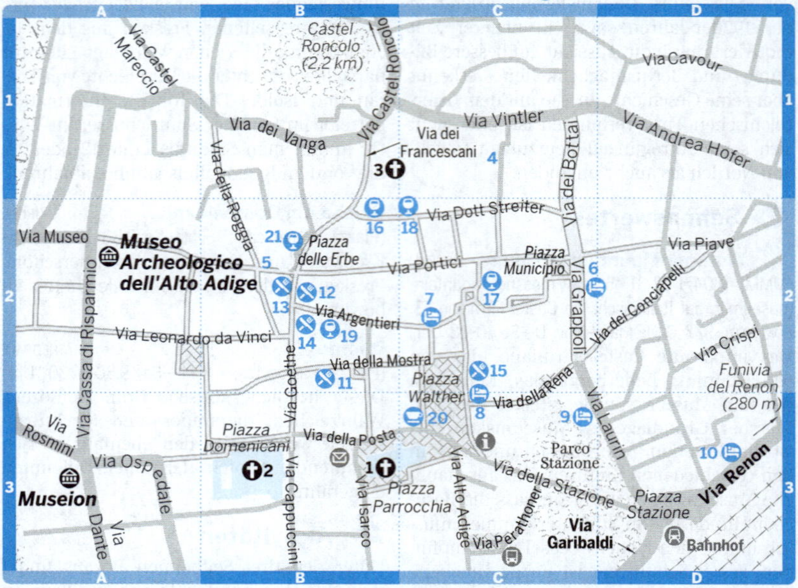

Bozen

Highlights
- Museion A3
- Museo Archeologico dell'Alto Adige A2

Sehenswertes
- **1** Dom B3
- **2** Chiesa dei Domenicani B3
- **3** Chiesa di Francescani B1

Aktivitäten, Kurse & Touren
- **4** Informationsbüro Alpine C1
- **5** Club Alpino Italiano B2

Schlafen
- **6** Hotel Feichter C2
- **7** Hotel Figl C2
- **8** Hotel Greif C3
- **9** Parkhotel Laurin C3
- **10** Youth Hostel Bolzano D3

Essen
- **11** Gasthaus Fink B2
- **12** Hopfen & Co B2
- **13** Market B2
- **14** Vögele B2
- **15** Walthers' C2

Ausgehen
- **16** Enovit B2
- **17** Exil Café C2
- **18** Fischbänke C2
- **19** Il Baccaro B2
- **20** Loacker Moccaria C3
- **21** Nadamas B2

Bozen kann es, was die Liebe zum Radfahren angeht, durchaus mit Amsterdam aufnehmen. Es ist möglich, auf weidengesäumten Wegen, die in westlicher und südlicher Richtung am Fluss entlang verlaufen, die Stadt zu verlassen, ohne jemals auf eine Straße zu treffen. Es eröffnen sich verlockende Zufahrten in die benachbarten Berge und eine atemberaubende 20 km lange Strecke, die Bozens Schlösser verbindet. Fahrräder gibt es am **Draußenverleih** (☎0471 99 75 78; Via della Stazione 2; ⊙Ostern–Okt. 7.30–19.45 Uhr). Räder kosten 1 € für sechs Stunden (Pfand und Ausweis erforderlich). Die Touristeninformation verleiht ebenfalls Fahrräder (10 € pro Tag; die Anzahl ist begrenzt, daher frühzeitig darum kümmern) and hat eine Liste empfehlenswerter Fahrradverleiher.

Geführte Touren

Die Touristeninformation organisiert je nach Saison geführte Spaziergänge und leichte Wanderungen (auf Italienisch und Deutsch). Wer anspruchsvollere Touren unternehmen möchte, erhält beim örtlichen Wanderverein **Club Alpino Italiano** (☎0471 97 81 72; Piazza delle Erbe 46; ⌚Mi 11–13 & 17–19, Di, Do & Fr 13–17 Uhr) oder dem **Alpenverein Südtirol** (www.alpenverein.it; Galleria Vintler 16; ☎0471 81 41 55) entsprechende Infos.

Schlafen

Südtirols reichhaltiges Angebot an ansprechenden *agriturismi* (sowie Bauernhofrestaurants) findet sich auf www.redrooster.it.

Hotel Greif DESIGNERHOTEL €€
(☎0471 31 80 00; www.greif.it; Piazza Walther; EZ 106–118 €, DZ 173–270 €; ❄📶) Gäste werden im Treppenhaus von goldfarbenen Textausschnitten des amerikanischen Dichters Ezra Pound begrüßt (scheinbar war das Greif schon lange vor seiner Modernisierung ein Designerhotel). Alle Zimmer, sogar die Einzelzimmer, sind großzügig bemessen, lichtdurchflutet und mit üppigen Vorhängen sowie Badewanne ausgestattet. Hausgäste können auch den Garten des Laurin, des Mutterhotels auf der gleichen Straße, nutzen, um einen Cocktail zu trinken oder schwimmen zu gehen.

Parkhotel Laurin HOTEL €€€
(☎0471 31 10 00; www.laurin.it; Via Laurin 4; EZ 95–125 €, DZ 130–250 €; P❄ 📶🏊) In zentraler Lage, aber umgeben vom hoteleigenen üppigen Garten, verströmt dieses 5-Sterne Hotel mit großzügigen Zimmern gediegene, altmodische Opulenz. Es herrscht ein individueller Stil vor, und Gäste können sich an einer eigenwilligen Mischung moderner Kunstwerke und Tiroler Antiquitäten erfreuen. Das Erdgeschoss beherbergt eines der besten Bozener Restaurants sowie eine Bar, die immer gut frequentiert ist.

Youth Hostel Bolzano HOSTEL €
(☎0471 30 08 65 www.youthhostel.bz; Via Renon 23; B/EZ 20,50/24 €; 📶) Dieses luftige, bequeme und gastfreundliche Hostel liegt unweit des Bahnhofs. Die Zimmer sind auf Wahrung der Privatsphäre ausgerichtet. Die hinteren Zimmer haben Balkon und Ausblick, und wenn nötig, wird auch schon mal ein Ausziehbett in ein Einbettzimmer hineingezwängt. Und die allerbeste Nachricht: Gäste können auch tagsüber auf die Zimmer.

DER EISMANN KOMMT

Als deutsche Wanderer 1991 eine menschliche Leiche fanden, die in einem abtauenden Gletscher am Hauslabjoch Pass lag, nahmen sie an, dass es sich um die Überreste eines Wanderers handelte, der in einem Wintersturm umgekommen war. Aber als die mumifizierte Leiche dann in die Gerichtsmedizin gebracht wurde, stellte sich heraus, dass sie mehr als 5300 Jahre alt war. Bei dieser männlichen Leiche, die seither Ötzi oder der Eismann genannt wird, handelt es sich um die älteste mumifizierte Leiche, die je in Europa gefunden wurde. Sie gehörte einer uralten Kulturgruppe aus der Kupferzeit an, die in etwa dann in den Dolomiten lebte, als gerade das alte Ägypten entstand.

Obwohl die österreichische Regierung zunächst Anspruch auf die Leiche erhob, wurde später festgestellt, dass Ötzi 100 m südlich der italienischen Grenze auf dem Schnalstalgletscher gefunden wurde. Nach kurzem diplomatischen Disput wurde die Mumie nach Italien zurückgebracht. Seit 1998 kann man sie nun in Bozen bestaunen.

Es wird immer noch diskutiert, was Ötzi wohl in einer Höhe von 3200 m an einem Gletscherhang machte, immerhin mehr als fünf Jahrtausende bevor das Bergsteigen ernsthaft als Sport betrieben wurde. Das Museum erläutert die verschiedenen mutmaßlichen Szenarien und auch die Umstände, die zu seinem einsamen Tod geführt haben könnten.

Seine Kleidung – eine wundervolle Kombination aus Patchworkleggings, Jacke aus Schaffell sowie Fellmütze – und andere Fundstücke sind ausgestellt, während sein weiterhin gefrorener Körper, interessanterweise mit schwach sichtbaren Tattoos dekoriert, in einem exakt temperierten 'Iglu' Raum aufbewahrt wird, wo er durch ein winziges Fenster betrachtet werden kann.

Ötzi kann im **Museo Archeologico dell'Alto Adige** (☎0471 32 01 00; www.iceman.it; Via Museo 43; Erw./erm. 9/7 €; ⌚Di–So 10–18 Uhr) besucht werden; das Museum beherbergt auch eine beeindruckende Sammlung an weiteren archäologischen Funden.

Hotel Feichter HOTEL €
(☎0471 97 87 68; www.hotelfeichter.it; Via Grappoli 15; EZ/DZ 60/90 €) Ein zentral gelegenes (und total tirolerisches) Hotel in Familienhand. Viele der gemütlichen Zimmer haben Balkon oder Frühstücksnische, die Bäder sind neu und manche haben Badewannen.

Hotel Figl HOTEL €€
(☎0471 97 84 12; www.figl.net; Piazza del Grano 9; EZ 87–92 €, DZ 120–125 €; ❄@) Die Zimmer in modern-europäischem Stil mit geometrischem Mobiliar, viel Glas und Holz sind bequem und blicken auf einen hübschen Platz.

Essen

Mal erinnern sie an die ländliche Bergwelt, mal an die Pracht der Habsburger, in jedem Fall aber sind Bozens Restaurants ein klarer Hinweis darauf, wie weit nördlich man sich hier schon befindet. Ziege oder Kaninchen werden im Ofen gebraten, *canederli* verstecken sich in wärmenden Suppen, Wild taucht als Gulasch auf und regionaler Speck (ob kaltgeräuchert oder mit Holunder- oder Pfefferaroma) wird bis auf die Nachspeisen in nahezu allen Gerichten als Zutat verwendet. Die Auslagen der vielen Konditoreien der Stadt strotzen nur so vor Sachertorte, Käsestrudel, Krapfen und Buchweizenkuchen mit Beeren. Die Bäckereien produzieren dunkle, feste Vollkornbrote, darunter Schüttelbrot, ein knuspriges, würziges Roggenbrot, und Weizenfladenbrot.

Gasthaus Fink SÜDTIROLER €€
(☎0471 97 50 47; Via della Mostra 9; Menüs 25–30 €; ⏲Do–Mo Mittag- & Abendessen, Mi nur Mittagessen) Man isst hier in einer eleganten, modernen Variante einer „Stube", mit schicker Beleuchtung und frischen Wildblumen auf den Tischen. Die jungen Servicekräfte sind entspannt und aufmerksam, die Gerichte – z. B. Forelle mit Mandeln, Buchweizenknödel mit Kümmelbutter oder Gröstel – sind so lecker wie unprätentiös. Eine ausgezeichnete Wahl zum Mittagessen mit Pastagerichten deutlich unter 10 €.

Walthers' MODERN ITALIENISCH €€
(☎0471 98 25 48; www.walthers.it; Piazza Walther 6; Menüs 20–25 €; ⏲Mo–Sa 8–1, So bis 19 Uhr) Man kann erst eine Weinschorle auf der schönen Piazzaterrasse genießen und sich dann in das gemütlich beleuchtete hintere Zimmer begeben, um aromatische, sattmachende Gerichte zu verspeisen, die eine kulinarische Reise von Sizilien bis nach Bozen bieten. Klasse Bedienung, immer was los und eine musikalische Vorliebe der Betreiber für Prince und Blondie – da kann aus dem geplanten kurzen Abendessen schnell ein kurzweiliger, langer Abend werden.

Hopfen & Co SÜDTIROLER PUB €
(☎0471 30 07 88; Piazza delle Erbe 17; Menüs 15–20 €; ⏲Mo–Sa 9.30–1 Uhr) Ein ehrwürdiger 800 Jahre alter Gasthof, der herzhafte Portionen traditioneller Gerichte auftischt, darunter Sauerkraut und Würstchen, die in Bier zubereitet werden. In der schummerigen Bar kann man wunderbar das dunkle, ungefilterte Bier probieren, das im Hause gebraut wird.

Vögele SÜDTIROLER €
(☎0471 97 39 38; Via Goethe 3; Menüs 19–24 €; ⏲9–1 Uhr) Dieses Restaurant aus dem Jahr 1277, das seit 1840 im Besitz derselben Familie ist, verteilt sich auf mehrere Geschosse voller Antiquitäten. Bekannt ist es für Schnitzel, Steak und Spanferkel. Die dazugehörige Bar, in der immer etwas los ist, ist überraschenderweise Favorit unter den coolen Kids der Stadt.

Market MARKT
(Piazza delle Erbe; ⏲Mo–Sa) Auf diesem tollen Straßenmarkt gibt es Obst, Gemüse, Brot und Fleischprodukte.

Ausgehen

Verglichen mit dem schicken, aber ruhigen Trient kann das nächtliche Bozen überraschen. Die makellose Innenstadt mag um 20 Uhr ganz verlassen sein, aber um Mitternacht sieht die Sache anders aus. Einfach den Einheimischen entlang der Via Argentieri und Via Goethe Richtung Piazza delle Erbe oder den Bierhallen – darunter das örtliche Forst und das bayerische Paulaner – folgen und in das nächtliche Leben eintauchen.

Enovit WEINBAR
(Via Dott Streiter 30; ⏲Mo–Fr bis spät, Sa 10–1.30 Uhr) Eine ältere, gut gekleidete Klientel frequentiert diese warme, holzverkleidete Bar, da hier nach fachkundiger Beratung regionaler Wein per Glas großzügig ausgeschenkt wird. Viele bleiben länger im gemütlichen Seitenzimmer, um sich noch ein paar Gläser zu gönnen.

Il Baccaro WEINBAR
(Via Argentieri 17; ⏲Mo–Fr 9–21, Sa 9–18 Uhr) Diese wundervolle Weinbar in einem Kopf-

REINHOLD MESSNER

Zwar kommt ein Großteil der Wanderer in den Dolomiten aus Deutschland, aber Reinhold Messner, der weltweit als bester Bergsteiger aller Zeiten verehrt wird, ist tatsächlich Italiener (wenn auch ein deutschsprachiger) und stammt aus der Südtiroler Stadt Brixen (Bressanone).

Messner wuchs in der Welt der spitzen, verlockenden Dolomitengipfel auf. Mit fünf bestieg er seinen ersten Alpengipfel, mit Anfang 20 wurde er in der harten Bergsteigerwelt als Nachwuchstalent bekannt. Er lehnte die „Belagerungstaktiken" der traditionellen Himalaya-Expeditionen der 1960er-Jahre entschieden ab. Messner sprach sich stattdessen für eine einfachere, alpine Form des Kletterns aus – zügige Aufstiege mit minimaler Ausrüstung. In den 1970er-Jahren hatte er den Mount Everest im Visier und verkündete selbstbewusst sein Vorhaben, den Berg "mit fairen Mitteln", d. h. ohne zusätzlichen Sauerstoff, zu besteigen.

Sein Vorhaben gelang ihm auf heroische Weise 1978 als Messner und der Österreicher Peter Habeler als Erste ohne Sauerstoff den Gipfel erreichten – eine Leistung, die zur damaligen Zeit als physisch unmöglich, wenn nicht sogar als selbstmörderisch galt. Die Teamleistung reichte ihm jedoch nicht: Messner kehrte zwei Jahre später zurück und kämpfte sich – wieder ohne Sauerstoff – allein an der Nordseite des Bergs bis zum Gipfel hoch. Eine schier übermenschliche Leistung.

Messners Leistungen haben seine Bergsteigerkollegen schon lange fasziniert. Nicht nur war seine aerobische Kapazität für einen Mann seines Alters eher durchschnittlich, außerdem fehlten ihm während eines Großteils seiner Bergsteigerkarriere drei Finger und sieben Zehen, die ihm bei der unglückseligen Himalaya-Expedition 1970, bei der tragischerweise sein jüngerer Bruder Günther starb, abgefroren waren.

Trotz fortschreitenden Alters schaffte Messner mit eisernem Willen 1986 einen weiteren Rekord, als er mit 42 Jahren als erster Mensch der Welt alle Achttausender (14 Gipfel mit über 8000 m) bestiegen hatte. Statt des wohlverdienten Ruhestands nahm er anschließend an der ersten Überquerung der Antarktis zu Fuß teil.

Inzwischen lässt es Messner bei seinen Touren etwas ruhiger angehen und ist hauptsächlich in den Dolomiten unterwegs. Nach dem Ende seines Mandats als Europaabgeordneter für die italienischen Grünen widmet er sich nun seinem Museumsquintett, das die Berge der ganzen Welt erkundet.

steinpflastergässchen bietet eine gute, oft wechselnde Auswahl an regionalen oder friaulischen Weinen. Und die Betreiber sind wunderbar. *Stuzzichini* (Snacks) kosten nur ein paar Euro und werden auf Bestellung zubereitet.

Fischbänke WEINBAR

(Via Dott Streiter 26; ⏲Mo–Fr 9–19, Sa 9–12.30 Uhr) Regionale Weine und Bruschetta (6–13 €) am alten Fischmarkt dank des Künstlers und Bonvivant Cobo; die zahlreichen Gäste sitzen draußen an den ursprünglichen Marmortresen, wo früher Fische angeboten wurden.

Loacker Moccaria CAFÉ

(Piazza Walther 11) Der internationale Plätzchenkönig Loacker kommt von hier (Firmensitz ist in Renon); in seinem typischen roten Café trinkt man Espresso und isst Tiroler Kuchen oder deckt sich dosenweise mit seinen cremegefüllten Waffeln ein.

Nadamas BAR

(Piazza delle Erbe 43; ⏲Di–So) Bozens Partyruf hat in dieser Traditionsbar an der Piazza delle Erbe erst so richtig begonnen. Wer sich durch den lebhaften Pulk vorne an der Bar durchkämpft, findet hinten Tische und eine Tapaskarte (3–6 €).

Exil Café CAFÉ, BAR

(Piazza del Grano 2; ⏲Di–Sa) In diesem Studentenlokal gibt es Alles zu seiner Zeit: morgens werden Smoothies und Saftangeboten, Kaffee bekommt man den ganzen Tag lang, nachmittags dann *aperitivo* und spät abends genießt man Bier und Grappa.

ℹ Praktische Informationen

Krankenhaus (☎0471 90 81 11; Via Böhler)

Polizei (☎0471 94 76 11/80; Via Marconi 33)

Touristinformation (☎0471 30 70 00; www.bolzano-bozen.it; Piazza Walther 8; ⏲Mo–Fr 9–19, Sa 9.30–18 Uhr)

ABSTECHER

AUF DER SUCHE NACH DEM WEIN

Wer Südtirols Weinstraße von Bozen aus weit genug nach Süden folgt, trifft auf das **Paradeis** (☎0471 809 580; www.aloislageder.eu; Piazza Geltrude 5, Magrè; ⊙10–20 Uhr, Restaurant Mo–Sa 12–16, Do bis 23 Uhr). Alle Gäste sitzen zusammen an einem langen Holztisch, der aus einer 250 Jahre alten Eiche gefertigt wurde, um in der biodynamischen Weinschenke/vineria von Alois Lageder, Weinhersteller in der vierten Generation, Mittag zu essen oder Wein zu verkosten. Weißweine – hochwertig, fast deutsch anmutend aber mit der Wärme und dem joie de vivre eines italienischen Sommers – stehen hier hoch im Kurs. Mehr als 70 % der Produktion ist Pinot Grigio, Chardonnay und Gewürztraminer gewidmet. Aber auch Lageders Pinot Noir und regionaler Lagrein werden sehr geschätzt.

Wem der Sinn nach mehr Weinproben steht oder wer einfach einen schönen Tag auf dem Rad verbringen will, kann der Weinstraße folgen, die nördlich von Bozen in Nals beginnt (bzw. endet) und sich dann an Terlano (Terlan) vorbei durch Überetsch (Oltradige) und Unterland (Bassa Atesina) bis nach Salurn (Salorno) schlängelt. Regionale Reben säumen die Straße: Lagrein, Vernatsch und Gewürztraminer, daneben die importierten Sorten Pinot blanc, Sauvignon, Merlot und Cabernet. Für Infos zu Weinkellern, Unterkünften und Radwegen siehe www.weinstrasse.com.

ℹ An- & Weiterreise

Der **Flughafen Bozen** (Aeroporto di Bolzano; ☎0471 25 52 55; www.abd-airport.it) wird von Rom, Olbia und Cagliari angeflogen.

Von **SAD** betriebene regionale **Busse** (www.sad.it) fahren vom **Busbahnhof** (☎840 00 04 71; Via Perathoner) aus Orte in der ganzen Provinz an, einschließlich Val Gardena (bis zu 12-mal tgl.), Brunico (bis zu 20-mal tgl.) und Meran (stündl.). Mit SAD-Bussen kommt man auch in Ferienorte außerhalb der Provinz, wie z. B. Cortina d'Ampezzo. Aktuelle Fahrpläne findet man auf der SAD-Website.

Vom Bozner **Bahnhof** (Piazza Stazione) fahren stündlich Züge nach Meran (2,40 €, 40 Min.), nach Trient (3,35 €, 30 Min.) und Verona (8 €, 2½ Std.). Weniger häufige Verbindungen gibt es nach Bruneck (Brunico; 1½ Std., 6-mal tgl.) im Pustertal. Mit der Bahn kommt man von hier aus aber auch problemlos nach Innsbruck und München.

Meran (Merano)

37 673 EW. / 325 M

Grüne Boulevards, Vogelgezwitscher, Oleander und Kakteen, und das mitten in einer Stadt: Meran hat mitunter schon etwas von einem Shangri-La. Schon lange für ihr sonniges Mikroklima bekannt, war diese außerordentlich hübsche Stadt (und ehemalige Hauptstadt Tirols) bereits im 19. Jh. bei Mitteleuropäern beliebt, die hier ihre müden Knochen pflegen und eine Traubenkur – sowie vielleicht die eine oder andere Bekanntschaft – machen wollten. In der Zeit der Habsburger wurde Meran zum angesagten Kurort. Hierhin kamen die österreichische königliche Familie, Freud, Kafka und Ezra Pound. Die Jugendstilvillen, Spazierwege im Kurpark und das prächtige Kurhaus am Fluss, die aus dieser Zeit stammen, breiten sich vom wunderschön erhaltenen mittelalterlichen Stadtkern aus. Die Kurtradition der Stadt hat ihr im neuen Jahrtausend gute Dienste geleistet: Die Wellnesshotels ziehen eine neue Generation an gesundheitsbewussten Besuchern an und in den benachbarten Tälern boomt der Biotrend.

Hier wird fast durchweg Deutsch gesprochen. In der Stadt finden sich hier und da Würstchen- und Bierstände. Eine jährlich stattfindende Freilichtaufführung feiert Andreas Hofer, den Tiroler Freiheitskämpfer der Napoleonzeit. Trotz der Palmen ist man hier Österreich näher als Rom.

Sehenswertes

Castel Trauttmansdorff BOTANISCHER GARTEN & MUSEUM (www.trauttmansdorff.it; Via San Valentino 51a; Garten & Museum Erw./Kind 10,80/7,90 €; ⊙April–Nov. 9–18 Uhr, Sommer Fr bis 23 Uhr) In diesem wunderschönen Botanischen Garten, der sich unweit von Meran befindet, lässt sich locker ein ganzer Tag verbringen. Exotische Kakteen und Palmen, Obstbäume und Weinreben sowie Beete mit Lilien, Schwertlilien und Tulpen ziehen sich den Hang um die Burg aus der Mitte des 19. Jhs. herunter. Hier verbrachte Kaiserin Sisi manchmal den Sommer. Innen dokumentiert das **Touriseum** (Tourismusmuseum; ☎0473 27

01 72; www.touriseum.it) zwei Jahrhunderte an Reisen in der Region und stellt dar, wie sich unsere Sehnsucht nach Bergen mit der Zeit und den Jahren verändert hat. Am Seerosenteich befinden sich ein Restaurant und Café.

Kunst Meran KUNSTGALERIE

(☎0473 21 26 43; www.kunstmeranoarte.org; Via Portici 16; Erw./erm. 5/4 €; ⏲Di–So 10–18, Sommer 11–19 Uhr) In diesem Museum für Moderne Kunst finden Ausstellungen mit Werken bekannter internationaler und regionaler Künstler statt. Das Gebäude stellt einen wohlüberlegten Umbau eines schmalen mittelalterlichen Stadthauses dar. Jeden Monat finden hier bei einem *aperitivo* interessante Vorträge statt.

Schloss Tirol MUSEUM

(☎0473 22 02 21; www.schlosstirol.it; Eintritt 6 €; ⏲Mitte März–Dez. Di–So 10–17 Uhr, Aug. bis 18 Uhr) Der Stammsitz der Grafen von Tirol beherbergt inzwischen das lebendig kuratierte Museum der Geschichte Tirols. Im Bergfried befindet sich die Darstellung der turbulenten Jahre des 20. Jhs. Man erreicht das Schloss per Sessellift, der von Meran nach Tirolo (Dorf Tirol) führt.

GRATIS **Museo Ebraico** MUSEUM

(☎0473 23 61 27; Via Schiller 14; ⏲Di & Mi 15–18, DO 9–12, FR 15–17 Uhr) Dieses kleine, aber feine Museum befindet sich in Merans Synagoge, erbaut 1901. Es erzählt anschaulich die Geschichte der jüdischen Bewohner der Stadt vom frühen 19. Jh. bis zum Zweiten Weltkrieg.

Aktivitäten

6 km östlich der Stadt transportiert die Seilbahn **Funivia Naif** (Erw./Kind eine Strecke 12/6,50 €, hin & zurück 17/10 €; ⏲8.30–17 Uhr, Sommer bis 19 Uhr) Wintersportfans hinauf nach **Piffling** im Skigebiet **Merano 2000** (www.meran2000.com; Erw. Skipass halber/ganzer Tag 25/34 €), das 30 km an Abfahrten (hauptsächlich gut geeignet für Anfänger) bietet. Bus 1B verbindet den Bahnhof Meran und die Seilbahn.

Ein **Sessellift** (Via Galilei; eine Strecke/hin & zurück 2,70/4 €; ⏲April–Nov. 9–18 Uhr, Sommer bis 19 Uhr) verbindet Meran mit dem **Dorf Tirol**. Die Touristeninformation hat Infos zu den vielen anderen Seilbahnen und Sesselliften in der Umgebung der Stadt.

Der Abendspaziergang (*passeggiata*) hat in Meran schon eine lange Tradition. Wege aus dem Fin de Siècle führen am Fluss entlang, durchqueren hübsche Parks und umrunden den **Monte Benedetto** (514 m). Ein Winter- und ein Sommerweg, einer eher schattig, einer sonnig, liegen an den unterschiedlichen Flussufern. Die **Gilfpromenade** folgt 24 Gedichten, die in Holzbänke eingraviert sind. (Die Bänke laden natürlich auch zu einer Pause ein.) Der **Tappeiner** windet sich 4 km oberhalb der Stadt entlang. Die Touristeninformation bietet im Sommer Führer oder stellt detailliertes Kartenmaterial bereit. Alle Routen sind sehr gut ausgeschildert.

Terme Merano THERMALBAD

(Therme Meran; ☎0473 25 20 00; www.thermemeran.it; Piazza Terme 1; Badepass 2 Std. Erw./Kind 12/8 €, ganzer Tag 18/11 €; ⏲9–22 Uhr) Im Jahr 2005 wurde die Meraner Therme nach einer grundlegenden Umgestaltung wieder eröffnet. Für den gebürtigen Meraner Matteo Thun war diese Aufgabe ein Traumauftrag. 13 Innenpools und verschiedene Saunen werden von einem riesigen Glaskubus umgeben. In den Sommermonaten kommen noch 12 Außenpools hinzu. Wer durch die Schleuse hindurch schwimmt, kann sich an Palmengärten und schneebedeckten Bergen erfreuen. Wer zum ersten Mal die Therme besucht, sollte sich von den freundlichen Mitarbeitern am Empfang erklären lassen, wie das potenziell verwirrende System an Umkleiden funktioniert. Am Wochenende empfiehlt es sich, entweder ganz früh oder spät zu kommen, um den Besuchermassen etwas zu entgehen. Das Hotel Terme Merano listet die Kuranwendungen auf.

Schlafen

Hotel Aurora HOTEL €€

(☎0473 21 18 00; www.hotelaurora.bz; Passeggiata lungo Passirio 38; EZ 85–110 €, DZ 136–190 €; ❄📶) Dieses traditionelle Familienhotel setzt moderne Ideen um. „Neue" Zimmer haben italienisches Design, sind hell und schick. Aber die Zimmer mit dem ursprünglichen Dekor aus den 1960ern mit Parkettboden haben auch ihren eigenen Charme (und Balkon). Überall in den Fluren befinden sich Möbelstücke aus der Mitte des 20. Jhs. Zum üppigen Frühstück gehören Prosecco und Gugelhupf. Gut daher, dass die Terme Merano sich direkt auf der anderen Seite der Brücke befindet. (Das Hotel verleiht auch flauschige Handtücher und Bademäntel).

Imperial Art Hotel HOTEL €€€
(☎0473 23 71 72; www.imperialart.it; Corso della Libertà 110; DZ 200–350 €; ❄📶) Dieses unscheinbare Hotel befindet sich im Obergeschoss eines ehemaligen Kaffeepalasts aus der Zeit des Belle Époque. Die elf Zimmer wurden jeweils von verschiedenen Künstlern eingerichtet – Tiroler Möbel wandeln sich in eine Neo-Geo Abstraktion, samtene Bezüge und dunkel getönte Wände erinnern an das ehemalige Hotel Bristol, ein Kleiderschrank und Wände glänzen wie Aluminium. Der Komfort hat unter dieser Schrulligkeit jedoch nicht gelitten: Riesige Badezimmer und/oder frei stehende Ungetüme von Badewannen sind da nur der Anfang.

Youth Hostel Merano HOSTEL €
(☎0473 20 14 75; meran.jugendherberge.it; Via Carducci 77; B/EZ 21/24 €; P@📶👪) Diese Entdeckung liegt nur einen kurzen Fußweg von Bahnhof und Flusspromenade entfernt. Das Hostel ist hell und modern, hat eine sonnige Terrasse und weitere Freizeitextras. Es gibt

DER ZAUBER DES BERGS

Die Kurkultur ist in Südtirol keine vorübergehende Modeerscheinung. Kuranbieter operieren hier seit über 200 Jahren äußerst erfolgreich und Wellness wird weiterhin sehr ernst genommen. Kuranwender besitzen vielfach eine Sanitäterausbildung, und vielen Gästen bezahlt die Krankenversicherung den Kuraufenthalt. Massage und Hautpflege werden nicht als Luxus angesehen, sondern als Teil eines gesunden Lebensstils.

Für die örtlichen Kuranwendungen werden Zutaten aus Feld und Wald verwendet – Pinie, Honig, Äpfel, Weintrauben und Molke, sei es gerührt, zerstoßen oder in Puderform in Päckchen, als Peelings, Massageöl oder Badezusatz. Die ungewöhnlichste und typisch tirolerische Anwendung ist das Heubad. Die „Erfindung" der Heubäder geht auf Landarbeiter zurück, die in frisch gewendeten Heuhaufen ein kurzes, erholsames Nickerchen machten. Heutzutage werden Kurgäste in aromatische Alpengräser, -blumen und -kräuter eingemummelt. Dieser Mulch erhitzt langsam den Körper und setzt dabei eine intensive Mischung heilender Öle frei. Heilende Wirkung? Wer weiß. Entspannend? Absolut.

Die Herstellung von schicken Körperpflegeprodukten und verschiedenen Kräutertees, die auf regionalen Traditionen beruhen und Alpenpflanzen verarbeiten, ist hier ebenfalls ein florierendes Geschäft. Wer es nicht in ein Wellnesszentrum schafft, kann sich in Reformhäusern damit eindecken.

Die meisten Berghotels haben eine Sauna und bieten in irgendeiner Form Wellnessanwendungen an. Hier sind ein paar superluxuriöse Optionen in und um Meran:

Hotel Terme Merano (☎0473 25 90 00; www.hoteltermemerano.it; Viale delle Terme 1, Merano; EZ 117–137 €, DZ 160–320 €; P@🏊) Ein privater Tunnel führt vom Thermenkomplex zu den ruhigen, angenehm schlichten Zimmern. Bäder, Packungen und Peelings sind allesamt so herrlich wie sie sich anhören; als Zutaten kommen u. a. Kastanien, Äpfel und Rotwein zum Einsatz. Das „Sisi"-Milchbad wird stilvoll in einer verschnörkelten Messingbadewanne eingelassen.

Vigilius (☎0473 55 66 00; www.vigilius.it; Lana; EZ 190–225 €, DZ 310–360; P@🏊) Wer wunderbare Abgeschiedenheit sucht – das Hotel ist nur mit der Seilbahn erreichbar –, kann hierhin kommen und ein Wellnessangebot genießen, das unter anderem Latschenkieferpackungen, Polentapeelings, einen verglasten Jacuzzi mit Blick auf die Gipfel, Yoga und Nordic Walking umfasst.

Arosea (☎0473 78 50 51; www.arosea.it; Santa Valburga, Val d'Ultimo; HP pro Pers. 129–168 €; P@🏊👪) Hier hat man die Wahl zwischen Ausritten am See, Wanderungen kombiniert mit Yogaübungen und ernsthaften Wellnessstunden. Als Anwendungen werden unter anderem Mineralwassertherapie, Peelings oder Sand von Gebirgsbächen und Lammwollumschläge geboten.

Bad Schörgau (☎0471 62 30 48; www.bad-schoergau.com; Sarentino; DZ 185 €; ❄🏊) Ein gemütlicher, moderner Zufluchtsort am Waldesrand. Die Spezialität hier sind Bäder mit eigenem Wasser, das reich an Mineralien ist, zusammen mit Sarner Latsche, Heu, Honig und Rohmilch aus dem Ort.

59 Zimmer, entweder Einzelzimmer oder Viererzimmer mit Bad.

Essen & Ausgehen

Passend zu einer Stadt, die sich inzwischen ganz dem körperlichen Wohlbefinden widmet, hat Meran einige ausgezeichnete Restaurants zu bieten, darunter **Sissi** und **Castel Fragsburg**, die beide mit Michelin-Sternen ausgezeichnet worden sind. Die Via Portici quillt über vor Speck-Delikatessen, Konditoreien säumen den Corso della Libertà, und es gibt mehr Lokale, als man sich vorstellen kann – oft in kleinen Nebenstraßen versteckt. Ein kulinarisches Erlebnis.

LP TIPP Pur Südtirol KUNSTHANDWERK, WEINBAR €
(www.pursuedtirol.com; Corso della Libertà 35; Tellergerichte ab 7 €;) Dieser schicke Laden für regionale Produkte bietet eine umwerfende Bandbreite an landwirtschaftlichen Produkten: Wein, Most, Käse (an die 80 Sorten), Speck und Wurst, Teilchen und Brot, Kräutertees und Körperpflegeprodukte. Regionaler können Produkte nicht sein. Anton Oberhöllers Schokolade gibt es mit Äpfeln, Zitronenmelisse oder Schüttelbrot als Zutaten. In einer Ecke des Ladens finden sich Auftragsarbeiten aus Holz, Glas und Stoff. Hier kann man auch gut einen Kaffee, ein Glas Wein oder eine *Brettljause* – einen deftigen Wurstteller – an einem der Gemeinschaftstische zu sich nehmen.

Kallmünz FEINSCHMECKER €€
(0473 21 29 17; www.kallmuenz.it; Piazza della Rena 12; Weinverkostung 40–50 €; Di–So) Mit grob verputzten Wänden und dunklen Deckenbalken ist der Speiseraum theatralisch schlicht. Auch das Essen findet einen Mittelweg zwischen witzigem Experimentieren und dem Ansatz, großartige Zutaten für sich sprechen zu lassen. Tartar vom Wild wird mit jungen Kräutern, Pinienkernen und einem Spritzer Rote-Beete-Saft gereicht. Die Fettucine werden aus Roggen hergestellt, und das Erbsen-Salat-Risotto ist so frisch und leuchtend-grün wie das Tal selbst. Der Wein stammt von örtlichen Weinbergen und ist gar nicht teuer. Wer der Weinempfehlung des vier- und fünfsprachigen, schwarz gekleideten Servicepersonals folgt, liegt eigentlich immer richtig.

Forsterbräu BRAUEREI €
(0473 23 65 35; Corso della Libertà 90; Menü 25 €; Mi–Mo) Dieses Brauereirestaurant bietet einen riesigen Biergarten und mehrere gemütliche, urige Speiseräume. Hier trinkt man ein Bier oder wählt Gulaschsuppe, Forelle oder Wildschweinbraten, alles in großzügigen Portionen.

Café Kunsthaus BAR, CAFE
(Via Portici 16, abends Eingang hinten von der Via Risparmio aus; Di–Sa 9–24, So 9–19 Uhr) In dieser entspannten Galerie mit Café kann man ein paar Stunden totschlagen, und dann ist man irgendwie immer noch da, wenn die DJs loslegen und Bier und Pizza die Runde machen.

Praktische Informationen

Ospedale Civile Tappeiner (0473 26 33 33; Via Rossini 5) Für medizinische Notfälle.

Post (Via Roma 2) Am anderen Passirio-Ufer als die Altstadt.

Touristeninformation (0473 23 52 23; www.meraninfo.it; Corso Libertà 35; Mo–Fr 9–12.30 & 14–18, Sa 9.30–12.30 Uhr)

An- & Weiterreise

SAD-Busse fahren vom **Busbahnhof** (Piazza Stazione) in Meran nach Monte Santa Caterina und in weitere Dörfer. Von dort ist man schnell in der Texlergruppe (Gruppo del Tessa), in Schlanders (Silandro), in den Tälern des Nationalparks Stilfserjoch und im Ortlergebiet.

Bozen (2,40 €, fast stündlich) ist nur 40 Minuten per Zug vom Meraner Bahnhof entfernt (Piazza Stazione). Neben dem **Bahnhof** können Fahrräder und Helme ausgeliehen werden; die **Bikemobil Card** (0473 20 15 00; Erw./Kind 24/12 €; April–Nov. 8–20 Uhr) umfasst auch unbegrenzte Fahrten mit den Regionalzügen. Fahrradwege verlaufen entlang der 65 km langen Strecke zwischen Bozen, Meran und Malles.

Nationalpark Stilfserjoch (Parco Nazionale dello Stelvio)

Mit dem Yellowstone Nationalpark lässt er sich zwar nicht vergleichen, aber mit einer Fläche von 1346 km² ist der **Nationalpark Stilfserjoch (Parco Nazionale dello Stelvio)** (0469 0 30 46; www.parks.it/parco.nazionale.stelvio) der größte Nationalpark Norditaliens (und der Alpen). Er reicht bis in die benachbarte Lombardei und grenzt an den Schweizer Nationalpark.

Das Schutzgebiet zieht mit seinem ausgedehnten Netz an gut organisierten Berghütten und ausgewiesenen Wegen hauptsächlich Wanderer an. Die Routen sind zwar oft anspruchsvoll, setzen jedoch, anders als sonst in den Dolomiten, keine Klettererfahrung voraus. Das Zentralmassiv wird durch die Gipfel **Monte Cevedale** (3769 m) und **Ortles** (3905 m) gekrönt; der Park schützt Gletscher, Wälder und viele Tierarten, ganz zu schweigen von der Geschichte und dem Brauchtum der Region.

Skianlagen sind hier eher selten, doch bietet auch das Stilfserjoch ein paar gut gepflegte Abfahrtspisten; man findet sie in **Sulden (Solda)** und am **Stilfserjoch (Passo dello Stelvio**; 2757 m). Beide ermöglichen ganzjähriges Skivergnügen. Das Stilfserjoch ist der zweithöchste Pass der Alpen: Von Norden erreicht man über das Bergdörfchen **Trafoi** (1543 m) den Alpenpass, der wegen seiner zahlreichen Serpentinen zu den spektakulärsten Straßen Europas gehört. Auf der 15 km langen Serpentinenstrecke gibt es einige *sehr* steile Anstiege (und Haarnadelkurven). Auch deshalb genießt der Alpenpass unter Radsportlern einen berühmt-berüchtigten Ruf: Sie trainieren den ganzen Winter, um sich auf den knochenharten Anstieg (der schon öfters Teil des *Giro d'Italia* war) vorzubereiten. Der hoch gelegene, spektakuläre Pass ist nur von Juni bis September geöffnet, und auch dann kann die Straße jederzeit geschlossen werden, falls es zu (sehr späten bzw. frühen) Schneefällen kommt.

Bormio (1125 m), das südlich des Passo dello Stelvio liegt, befindet sich übrigens in der Lombardei, fungiert aber als inoffizielle Parkzentrale. Aufgrund seiner Nähe zu einigen der höchsten Abfahrten Italiens ist es ein beliebter Skiort. Von Oktober bis Mai fährt man am besten aus Richtung Sondalo in der Lombardei nach Bormio oder aber via Tubre in die Schweiz, um dann den Tunnel Munt la Schera nach Livigno zu nehmen. Die Cima Bianca erhebt sich direkt hinter der Stadt, während die ganzjährig befahrbare **Pista Stelvio** auf einer Strecke von 8 km einen Höhenunterschied von 1800 m überwindet. Die Thermalquellen der Stadt sind schon seit Römerzeiten berühmt (auch Leonardo da Vinci badete hier gerne). Das luxuriöse **Bagni di Bormio Spa Resort** (☎0342 91 01 31; www.bagnidibormio.it; Via Statale Stelvio) befindet sich an der Stelle des ursprünglichen römischen Bads. Es bietet 30 heiße Quellen, 11 Außenpools sowie eine ganze Reihe von Anwendungen, freitags und samstags auch nächtliches Baden. Hotelgäste haben unbeschränkten Zugang zum Wellnessbereich, es gibt aber auch Tageskarten (Eintritt 41–45 €; ⏲10–20 Uhr, Bagni Nuovi Fr & Sa bis 23 Uhr). Die **Bormio Therme** (☎0342 90 13 25; www.bormioterme.it; Via Stelvio 10; Eintritt halber Tag 10–14 €; ⏲saisonal) bietet auch Anwendungen. Bei der Bormio **Touristeninformation** (☎0342 90 22 22; www.bormioonline.com; Via Roma 131b, Bormio; ⏲saisonal) bzw. der **Parkbehörde** (☎0342 90 16 54; Via Roma 24, Bormio) erhält man Karten, Wettervorhersagen und Trekkingratschläge.

VAL DI SOLDA

Das Dorf **Sulden** (Solda; 1906 m) am Ende des Val di Solda ist ein ruhiger Skiort und im Sommer Ausgangspunkt für Wanderungen und Bergtouren. Anspruchsvolle Wege führen schnell hoch hinaus; Wanderweg Nr. 28 etwa führt über den Passo di Madriccio (3123 m) ins Val Martello.

Das **Messner Mountain Museum – Ortles** (☎0473 61 32 66; Erw./erm. 6/5 €; ⏲Mi–Mo 14–18 Uhr, Sommer 13–19 Uhr, Mai & Nov. geschlossen), das sich tatsächlich in einem Berg befindet, hat den thematischen Schwerpunkt „Eis". Unweit davon befindet sich Messners **Yak & Yeti** (Località Solda 55), ein Restaurant in einem Bauernhaus aus dem 17. Jh.

Das familienbetriebene **Hotel Post** (☎0473 61 30 24; www.hotelpost.it; Via Principale 24; DZ 160–190 €; P❄@), herzlich, wenn auch nicht gerade schick, hat große, bequeme Zimmer und das volle Programm an Wellnessangeboten zu bieten.

Soldas **Touristeninformation** (☎0473 61 30 15; Solda; ⏲saisonal) hat Infos zu den verschiedensten Aktivitäten.

SAD Busse verbinden Solda und Merano (via Spondigna) in den Sommermonaten von Montag bis Freitag.

MARTELLTAL (VAL MARTELLO)

Jedes Tal in Südtirol hat seine Besonderheit: Im Martelltal sind das Erdbeeren. Abgesehen von den verlockenden roten Früchten ist **Martello** jedoch auch ein guter Ausgangspunkt für den Nationalpark Stilfserjoch, von hier aus sind sowohl leichte Wanderungen als auch anspruchsvolle Bergtouren möglich. Der Wanderweg Nr. 20 hinauf ins Pedertal (Val di Peder) ist eine einfache Tour mit schönen Picknickplätzen, wo Gämsen und Rehe vielleicht vorbeischauen.

Im Winter ist das Martelltal auf Langlauf spezialisiert – hier gibt es keine störenden Skilifts oder Abfahrtspisten. Von Januar bis März versuchen sich Eiskletterer an den gefrorenen Wasserfällen des Tals.

Das **Edelweiss** (☎0473 74 45 26; www.gasthof-edelweiss.net; Dorf 98; EZ/DZ 35/70 €) bietet schlichte Zimmer und eine sonnige Terrasse mit Bar. Das **Hotel Martell** (☎0473 74 45 28; www.martellerhof.com; Gand 39) hat auch ein kleines **Ferienhaus** (DZ 60 €) zu vermieten.

Die Straße ins Tal ist ganzjährig geöffnet und die SAD Buslinie Nr. 107 fährt das Dorf Martel von Silandro aus an.

Grödnertal (Val Gardena/ Gherdëina)

Trotz seiner Nähe zu Bozen hat die historische Isolation des Grödnertals inmitten der Zinnen der Sellagruppe und dem Sassolungo dazu geführt, dass viele Traditionen aus der Zeit vor dem Massentourismus überlebt haben. Es ist eines von nur fünf Tälern in den Dolomiten, in denen hauptsächlich Ladinisch gesprochen wird, und dieses sprachliche Erbe wird sorgfältig bewahrt. Die hübschen, lebendigen Dörfer enthalten viele Hinweise auf diese eigene Kultur, seien es traditionell-rustikale Architektur oder eine Vielzahl von Läden, die Holzschnitzereien verkaufen. (Das Ortiseis Museum de Gherdëina zeigt eine besonders vorzügliche Sammlung an Holzspielzeug und -figuren).

In jüngster Zeit ist das Tal ein Skigebiet für jedermann geworden. Der Schwerpunkt liegt eindeutig auf klassischen Abfahrten und feinem Pulverschnee. Die dreisprachigen Hauptorte des Tals **St. Ulrich** (Ortisei; 5700 Ew., 1236 m), **Santa Cristina** (1840 Ew., 1428 m) und **Wolkenstein** (Selva; 2580 Ew., 1563 m) bieten den Gästen durchweg gute Skieinrichtungen.

Aktivitäten

Zusätzlich zu den eigenen Superabfahrten ist das Tal Teil der Sella Ronda und des Dolomiti-Superski-Gebiets. Die Skipässe nur für das Val Gardena und die Seiser Alm kosten 38/108/190 € für einen/drei/sechs Tage.

Vallunga bei Selva ist einer der besten Langlauforte der Region. Um Forcella Pordoi und Val Lasties in der Sellagruppe und am Sassolungo gibt es herrliche Loipen.

Es ist aber auch ein Wanderparadies. Es bieten sich unzählige Möglichkeiten - von den anspruchsvollen **Alte Vie** der Sellagruppe und dem wunderbaren **Naturpark Puez-Geisler (Parco Naturale Puez-Odle)** bis hin zu malerischen Spaziergängen für Wanderer aller Fitnessstufen, darunter die **Naturonda**, ein ausgeschilderter Natur- und Geologielehrpfad, der am **Passo di Sella** (2244 m) beginnt.

Im Sommer bringen Seilbahnen Wanderer von allen drei Orten im Tal in die Berge. Von Ortisei aus führt die Seilbahn nach **Seceda** auf 2518 m Höhe. Von hier hat man einen unvergesslichen Blick auf die Geislergruppe (Gruppo di Odle), deren Gipfel an die Türme einer gotischen Kathedrale erinnern. Von Seceda aus führt Weg Nr. 2A durch eine typische Alpenlandschaft - unglaublich grüne, sanft abfallende Weiden, auf denen hier und da hölzerne *malghe* (Schäferhütten) stehen.

Die Sella und Sassolungo Wanderwege erreicht man von den Val Gardena Ferienorten (oder Canazei) aus mit dem Bus nach Passo di Sella oder **Passo di Pordoi** (auf einige Serpentinen gefasst machen). Vom Passo di Pordoi (2239 m) fährt eine Seilbahn zum Sasso Pordoi (2950 m) hinauf.

AUF ZU DEN HOHEN WEGEN

Die Alta Vie der Dolomiten (wörtlich: hohe Wege) sind Höhenwanderwege für erfahrene Wanderer, allerdings benötigt man für die meisten keine richtige Bergsteigererfahrung oder -ausrüstung. Von Mitte Juni bis Mitte September säumt ein ganzes Netzwerk an Berghütten die Wege und bietet Verpflegung und Unterkunft. Die verschiedenen Touristeninformationen haben Kartenmaterial und Infos zu den verschiedenen Schwierigkeitsgraden. **Tourism Südtirol** (www.trekking.suedtirol.info) führt eine umfassende Liste der Berghütten. Gute Beschreibungen der verschiedenen Routen finden sich bei www.dolomiti-altevie.it.

» **Alta Via Nr. 1** Lago di Braies–Belluno, von Nord nach Süd

» **Alta Via Nr. 2** Brixen–Feltre, führt duch Odle, das mythische ladinische Königreich

» **Alta Via Nr. 3** Villabassa–Longarone

» **Alta Via Nr. 4** San Candido–Pieve di Cadore

Schlafen & Essen

Wer eine Woche in den Bergen verbringen möchte, tut gut daran, sich die attraktiven Angebote der Hotels im Val Gardena (Halbpension) anzuschauen. Sie sind häufig preiswerter als die Hotels in Alta Badia oder im Val di Fassa.

Chalet Gerard HOTEL €€€
(☎0471 79 52 74; www.chalet-gerard.com; Plan de Gralba, Selva Val Gardena; HP EZ 105–145 €, DZ 180–240 €;) ein wahrhaft umwerfendes, abgeschiedenes modernes Chalet mit tollem Panoramablick, jeder Menge Relaxen an den (von einem Architekten entworfenen) Feuerstellen, einem Dampfbad – und man kann sogar auf den Skiern bis zum Haus fahren. Das Restaurant hat ein romantisches Ambiente – ganz Fichte, Filz und Kerzenschein – und wird von den Küchenchefs vor Ort sehr geschätzt.

Charme Hotel Uridl HOTEL €€
(☎0471 79 32 15; www.uridl.it; Via Chemun 43, Santa Cristina; HP EZ 65–100 €, DZ 110–190 €; P@) Dieses freundliche, urige Hotel liegt etwas versteckt hinter der Kirche im ehemals „oberen" Dorf. Es bietet schlichte, aber helle Zimmer, eine traditionelle „Stube" und einen wunderbaren Gartenblick über das Tal.

Hotel am Stetteneck HOTEL €€
(☎0471 79 65 63; www.stetteneck.com; Via Rezia 14, Ortisei; DZ 88–190 €, im Winter Mindestaufenthalt eine Woche; P@) Dieses elegante, freundliche Hotel stammt von 1913 (im Zweiten Weltkrieg haben italienische Truppen hier kampiert) und ist absolut zentral gelegen. Zuvorkommender Service und ein wunderbarer Blick auf Dorf und Berge durch die großen Erkerfenster sind weitere Pluspunkte.

Saslong Smart Hotel HOTEL €
(☎0471 77 44 44; www.saslong.eu; Strada Palua, Santa Cristina; DZ 58–90 €) Die Zimmer sind klein, aber elegant (Antonio Citterio war beim Design beteiligt) und komfortabel; das clevere Konzept hält die Zimmerpreise niedrig, denn die Zimmerreinigung, WLAN und Frühstück sind optionale, wenn auch durchaus erschwingliche Extras.

Ristorante Concordia SÜDTIROLER €€
(☎0471 79 62 76; Via Roma 41, Ortisei; Menüs 20–30 €) Pasta und Brot werden hier selbst gemacht, und der Schinken wird im Hause geräuchert.

Praktische Informationen

Die Touristeninformationen des Tals sind online unter www.valgardena.it zu finden.

Medizinischer Dienst (Ortisei ☎0471 79 77 85; Selva ☎0471 79 42 66)

Ortisei Touristeninformation (☎0471 77 76 00; Via Rezia 1; ⏲Mo–Sa 8.30–12.30 & 14.30–18.30, So 9–12 & 17–18.30 Uhr)

Santa Cristina Touristeninformation (☎0471 77 78 00; Via Chemun 9; ⏲ Mo–Sa 8–12 & 14.30–18.30, So 9–12 Uhr)

Scuola di Alpinismo Catores (☎0471 79 82 23; www.catores.com; Piazza Stettenect 1, Ortisei; ⏲17.30 –19 Uhr) Bietet botanische Spaziergänge, Kletterkurse, Gletscherexkursionen und Treks.

Selva Touristeninformation (☎0471 77 79 00; Via Mëisules 213; Mo–Sa 8–12 & 15–18.30, So 9–12 & 17–18.30 Uhr)

An- & Weiterreise

Das Grödnertal erreicht man von Bozen und Brixen mit SAD-Bussen, im Sommer auch aus den Nachbartälern. Der **Sella-Ronda-Bus**, auf dessen Schleife man immer wieder aus- und einsteigen kann, kostet 11/6 € pro Erw./Kind; mit dem **Val-Gardena-Ticket** kann man eine Woche unbegrenzt fahren (3/6 Tage 59/76 €). Regelmäßige Busse verbinden die Orte im Tal selbst; zur Alpe di Siusi verkehren Bus und Seilbahn. Die Touristeninformationenen haben Fahrpläne.

Im Winter während der Skisaison verbindet der Val-Gardena-Ski-Express-Pendelbus die verschiedenen Dörfer und Skilifte im Tal. Ein Wochenticket kostet 5 €.

Seiser Alm (Alpe di Siusi) & Naturpark Schlern-Rosengarten (Parco Naturale Sciliar-Catinaccio)

Es gibt wenige Kontraste, die schärfer oder schöner sind als die sanft gewellten grünen Weiden der Seiser Alm – der größten Alm Europas – vor der imposanten Kulisse des Schlerngebirges. Im Südosten erhebt sich der stärker gezackte Rosengarten (Catinaccio). Seinen deutschen Namen verdankt der Bergstock der schön-schaurigen Rosafärbung des Dolomitengesteins bei Sonnenuntergang. Beide Gebiete werden durch den Naturpark Schlern-Rosengarten (Parco Naturale Sciliar-Catinaccio) geschützt. Typisch für die Gegend sind Kirchen mit Zwiebeltürmen; die Dörfer in den sanften Tälern – darunter **Kastelruth** (Castelrotto), **Völs am**

Schlern (Fiè allo Sciliar) und **Seis** (Siusi) – werden liebevoll gehegt.

Aktivitäten

Die Gegend gehört zum Skiverbund Superski-Dolomiti. Die Landschaft ist ideal für Skifahrer und für Langläufer, aber auch für Schneeschuhwanderungen. Die sanften Hänge der Seiser Alm eignen sich besonders als Wanderregion für Familien mit Kindern; eine durchschnittliche Fitness reicht, um den **Rifugio Bolzano** (☎0471 61 20 24; www.schlernhaus.it; ⌚Juni–Okt.) zu erreichen. Die Hütte zählt zu den ältesten Alpenhütten und liegt auf 2457 m direkt unter dem **Petz** (Monte Pez; 2564 m), dem Hauptgipfel des Schlern. Von Compatsch (Compaccio) fährt ein **Panorama-Sessellift** (einfache Fahrt/hin & zurück 3,50/5 €) zum Alpenhotel hinauf, von dort führen die Wanderwege 5 und 1 zur Hütte, von der aus der Petz einfach erreichbar ist (insges. 3 Std. Gehzeit). Die gezackten Gipfel des Rosengartens und des Langkofel (Sassolungo) sind ebenfalls nicht weit entfernt und bei Bergsteigern aus aller Welt bekannt. Neben mehreren Klettersteigen (*vie ferrate*) gibt es auch eine Reihe guter Mountainbikerouten. Am besten lassen sich die Gipfel von Vigo di Fassa im Fassatal (Val di Fassa) erreichen.

Pferde sind ein wichtiger Bestandteil des hiesigen Lebens und Brauchtums. Es ist schon schön anzusehen, wie ein fuchsfarbenes Haflingerpony über diese endlosen Weiden galoppiert. Reitställe finden sich in der ganzen Region. Der **Ponyhof Gstatschhof** (☎0471 727814; www.gstatschhof.com; Via Alpe di Siusi 39) bietet Unterkunft und Sommerprogramme.

Die **Seiser-Alm-Bahn** (www.seiseralmbahn.it; eine Strecke/hin & zurück 9/13,50 €; ⌚Mitte Dez.–März & Mitte Mai–Okt. 8–18 Uhr) befördert Besucher auf einer schwindelerregenden, 15-minütigen Fahrt die 4300 m von Seis nach Comptsch (Compaccio); sie überwindet dabei 800 Höhenmeter. Die Straße zwischen den beiden Orten ist während der Betriebszeit der Seilbahn für den normalen Verkehr gesperrt. **Silbernagl** (☎0471 70 74 00; www.silbernagl.it) betreibt Busse zwischen Kastelruth (Castelrotto) und Seis (Siusi).

Schlafen & Essen

LP TIPP **Hotel Heubad** HOTEL €€
(☎0471 72 50 20; www.hotelheubad.com, auf Italienisch; Via Sciliar 12, Fiè allo Sciliar; HP DZ 132–198 €; P❄@≋♿) Als wären der hübsche Garten und die großzügigen Aufenthaltsmöglichkeiten noch nicht entspannend genug: Dieses Hotel ist außerdem für die typisch Tiroler Heubäder bekannt, die es seit 1903 gibt und nach denen das Hotel benannt ist. Der wunderbare Service liegt in den Händen der Ur- bzw. Ururenkel des Hotelgründers. Die Zimmer sind modern, hell und geräumig, und vom Balkon aus blickt man auf die Seiser Alm.

Schgaguler HOTEL €€€
(☎0471 71 21 00; www.schgaguler.com; Via Dolomiti 2, Castelrotto; HP pro Pers. 99–170 €; P❄🛜) Elegante Zimmer in hellem Holz bieten einen schönen Ausblick. Die Weinbar Vinbar Rubin im Erdgeschoss kombiniert urbanes Flair mit ländlicher Aussicht.

Gasthof Zum Turm HOTEL €€
(☎0471 70 63 49; www.zumturm.com; Kofelgasse 8, Castelrotto; DZ 94–158 €; P) Ganz in der Nähe der zwiebeltürmigen Kirche von Castelrotto. Adrette Zimmer, im Garten lässt sich hervorragend Strudel verputzen.

Praktische Informationen

Die Touristeninformationen haben alle dieselben Öffnungszeiten (Mo–Fr 8–12 &14–18, Sa 8–12 Uhr) und eine gemeinsame Webseite (www.alpedisiusi.info).

Castelrotto Touristeninformation (☎0471 70 63 33; Piazza Kraus 1)

Fiè allo Sciliar Touristeninformation (☎0471 72 50 27; Via Bolzano 4)

Siusi Touristeninformation (☎0471 70 70 24; Via Sciliar 16)

Die Seiser Alm kann von Bozen, Val Gardena und Brixen mit dem SAD Bus erreicht werden.

Gadertal (Val Badia) & Fanes-Alpe (Alpe di Fanes)

Seit Jahrhunderten ranken sich stimmungsvolle ladinische Legenden um diese mystische Landschaft, die auch JRR Tolkien inspiriert hat. Es überrascht daher nicht, dass Tal und benachbarte Fanes-Hochebene oft zu den stimmungsvollsten Orten in den Dolomiten gezählt werden. Seit 1980 stehen sie als Teil des Naturparks Fanes-Sennes-Prags (Parco Naturale di Fanes-Sennes-Braies) unter Schutz. Die Dörfer des Tals – **Colfosco** (1645 m), **Pedraces** (1324 m), **La Villa** (1433 m), **San Cassiano** (St Kassian; 1537 m) und **Corvara** (1568 m) – bilden zusammen das Skigebiet Alta Badia. Zwar sind es schon exklusivere Skiorte, aber sie haben sich trotzdem Ruhe und ihren eigenen Charakter bewahrt.

Aktivitäten

Das Skigebiet Alta Badia liegt an der Sella Ronda und lässt sich am besten von Corvara erreichen. Es ist Teil des Gebiets Dolomiti Superski. Alta-Badia-Skipässe für 1/3/6 Tage kosten ab 37/107/188 €. Von den 130 km an Abfahrten, die das Skigebiet umfasst, ist **Gran Risa**, 4,5 km nördlich von Corvara in La Villa, zweifellos die berühmteste.

Im Sommer fährt eine Seilbahn vom Passo Falzarego (2105 m) zum Naturpark Fanes-Sennes-Prags. Man kann auch Wanderweg Nr. 12 in der Nähe von La Villa nehmen bzw. Weg Nr. 11, der die Alta Via Nr. 1 an der Capanna Alpina trifft, ein paar Kilometer von der Hauptstraße zwischen Passo Valparola und San Cassiano entfernt. Beide Wege führen hoch zur Fanes Alm und den beiden *rifugi* Lavarella und Fanes.

Reiten, Mountainbiking und Drachenfliegen sind hier ebenfalls beliebt. Die Touristeninformationen haben Listen von Mountainbikeverleihern. Oftmals stellen auch Hotels Fahrräder bereit.

Schlafen & Essen

Diese Ferienorte sind für ihre diskreten Luxushotels bekannt. Budgetunterkünfte sind eher selten; Ferienwohnungen und Berghütten können eine gute Alternative sein, müssen aber weit im Voraus gebucht werden.

Lagacio Mountain Residence FERIENWOHNUNG €€

(0471 84 95 03; www.lagacio.com; Strada Micurá de Rü 48; App. 146–290 €; P) Ein Residence Hotel mit jungem, freundlichem Personal und modernem, entspanntem Ambiente. Die stilvoll minimalistischen Apartments haben Fußbodenheizung, eine große Badewanne und Balkon. Es wird viel Wert auf Details gelegt: Die Küchen sind mit WMF-Utensilien, Espressomaschinen und gefiltertem Bergwasser ausgestattet. Beim Frühstücksbüfett gibt es Aufschnitt und Käse aus der Region, Kuchen aus Tirol und Italien, Gemüsesäfte zum Selberpressen und Tees aus Kräutern der Region.

Hotel La Villa HOTEL €

(0471 84 70 35; www.hotel-lavilla.it; Boscdaplan 176, La Villa; DZ 70–130 €, HP DZ 86–152 €; P@) Das La Villa liegt in einer wunderschönen, ruhigen Dorf-Sackgasse, ist mit Lärchenmöbeln gefüllt und verströmt ladinische Gemütlichkeit. Außerdem hat es ein Wellnesszentrum und ein traditionelles Restaurant.

Boconara 1927 RESTAURANT

(www.boconara.com; Strada Arlara, Corvara;) Die meisten Gäste kommen hier auf Skiern an, aber zu Fuß geht es mit Anti-Rutsch-Stiefeln auch. Bier und Snacks nach italienischer Art werden zum wunderbaren Ausblick serviert. Für die Kinder gibt es einen kleinen Streichelzoo.

Weinbar & Grill MODERN ITALIENISCH, SÜDTIROLER €€€

(Rosa Alpina Hotel; 0471 84 95 00; www.rosalpina.it; Strada Micurá de Rü 20, San Cassiano; Menüs 55 €; 11–23 Uhr) In diesem Dorflokal geht es wesentlich entspannter zu als es Dekor, traditioneller Service (und Preise) ahnen lassen. Teenager in Kapuzenpullis schlurfen herein und ganze Kindertische mampfen fröhlich Pizza. Hier gibt es absolut regionale Gerichte (z. B. handgemachte Pasta mit Wildragout, Eis aus karamellisierten Kürbiskernen, Kürbisöl und Zimt). Aber die südlicheren Speisen lohnen auch (cremige *burrata* mit Pesto und Gazpacho, *vitello tonnato*).

Rifugio Scotoni SÜDTIROL €

(0471 84 73 30; www.scotoni.it; Alpe Lagazuoi 2, La Villa; Menüs 20–3 €; ganzjährig) m Höhe Der Ausblick auf 1985 ist wunderbar. Dank der traditionellen Küche und Gebirgsgastfreundlichkeit ist dies ein ganz typisches Badia-Esserlebnis. Die gemütlichen, mit hellem Holz eingerichteten schlichten Unterkünfte sind auch nicht außer Acht zu lassen – müssen aber frühzeitig gebucht werden.

Delizius DELIKATESSEN

(www.delizius.it; San Cassiano; tgl.) Spezielle Käse- und Specktheken, erschwinglicher hiesiger Wein und Grappa sowie eine ausgezeichnete Auswahl an fertig zubereiteten Gerichten – *canederli*, Gulasch, Lasagne. Also ideal für Selbstverpfleger.

Praktische Informationen

Infos zu den Preisen und Verkaufsstellen von Skipässen sowie zu Skilifts gibt es online (www.altabadia.org) und bei den Touristeninformationen.

Associazione Guide Alpine Val Badia (0471 83 68 98; guide.valbadia@rolmail.net; Via Burje, Corvara) Beratung zu Skifahren, Heli-

NICHT VERSÄUMEN

GOURMETHIMMEL

Zwar bilden Speck, Schnitzel und Knödel schon ein ideales Abendessen nach einem Pistentag, Alta Badia legt aber gastronomisch noch einen drauf. Hier gibt es eine ungewöhnlich hohe Anzahl an Feinschmeckerrestaurants (einige mit Michelin-Sternen). In diesem Feinschmeckermekka steigt ferner im Januar das Gourmet Event Chef's Cup (www.chefscup.it). Von Juli bis September finden auf den Dorfplätzen Biobauernmärkte statt. Zu den derzeitigen Michelin-Lieblingen gehört **St. Hubertus** (Rosa Alpina Hotel; ☎0471 84 95 00; www.rosalpina.it; Strada Micurá de Rü 20, San Cassiano; Menüs 90–120 €; ⏰Mi–Mo Abendessen), das zum luxuriösen Rosa Alpina Hotel & Spa gehört. Dieses 2-Sterne-Restaurant kombiniert Gemütlichkeit und schlichte Eleganz. Ein Hauptgericht ist Bergrindfleisch, das in Salz und Heu zubereitet wird, sowie Spanferkel, aber es gibt durchaus auch Gerichte mit kreativer, zarter Ausrichtung. Das **Stüa de Michil** (Hotel La Perla; ☎0471 83 10 00; www.hotel-laperla.it; Col Alt 105, Corvara; Menüs 100 €; ⏰Mo–Sa 7–21.30 Uhr), das komplett aus Holz erbaut wurde und mit Antiquitäten aus der Alpenregion bestückt ist, sprüht nur so vor Atmosphäre und Gemütlichkeit. Wunderschön präsentierte Gerichte greifen ladinische oder Tiroler Traditionen auf und verwenden biodynamische Zutaten. Eine weitere Spezialiät: seltene Weine.

Skifahren, Eisklettern und anspruchsvollen Wanderrouten. Die Telefone sind nur zwischen 18 und 19 Uhr besetzt.

Corvara Touristeninformation (☎0471 83 61 76; Via Col Alt 36; ⏰Mo–Fr 8–12 & 14–18, Sa 8.30–12 & 15–18, So 10–12 & 16–18 Uhr)

Hubschrauber-Bergrettung (☎0471 79 71 71)

La Villa Touristeninformation (☎0471 84 70 37; Via Colz 75; ⏰Mo–Sa 8.30–12 & 15–19, So 10–12 & 16–18 Uhr)

San Cassiano Touristeninformation (☎0471 84 94 22; Strada Micurá de Rü 24; ⏰Mo–Sa 8.30–12 & 15–19, So 10–12 & 16–18 Uhr)

An- & Weiterreise

Im Winter und Sommer verbinden **SAD** (☎800 84 60 47; www.sad.it) Busse die Dörfer der Alta Badia stündlich mit Bozen (2½ Std.) und Bruneck (1¼ Std); im Frühjahr und Herbst fahren sie seltener. Es fahren auch Busse von Corvara zum Val Gardena, Passo di Sella und Passo di Pordoi, nach Canazei und zum Passo Falzarego, jedoch weniger oft. Im Winter nehmen die Busse andere Strecken, um die hohen Gebirgspässe zu vermeiden.

Pustertal (Val Pusteria)

Das schmale, grüne Pustertal wirkt ländlicher und weniger überlaufen als seine südlichen Pendants. Es erstreckt sich von **Brixen** (Bressanone) bis nach **Innichen** (San Candido) im Osten, ist stark tirolerisch geprägt und mehrheitlich deutschsprachig.

Brixen ist eine bildhübsche alte Stadt, die für ihre Gärten und wunderbare Kochtradition bekannt ist. **Toblach** (Dobbiaco) bildet das Tor zum ätherischen **Naturpark Sextener Dolomiten (Parco Naturale delle Dolomiti di Sesto)**, in dem sich die viel fotografierten **Drei Zinnen (Tre Cime di Lavaredo**, befinden, und hat mit dem gut geführten **Youth Hostel Dobbiaco** (Via Dolomiten 29; toblach.jugendherberge.it; pro Pers. 22–24 €, mit Bad €0–34 €; P@) eine Jugendherberge in wunderschöner Lage zu bieten.

Lago di Braies erreicht man leicht vom Pustertal aus; es ist ein ruhiger Flecken für einen Spaziergang am See. Ernsthaftere Wandersleute interessieren sich wohl eher für den Alta Via Nr. 1, der hier beginnt. Das Skigebiet **Kronplatz (Plan de Corones)**, auch Teil des Dolomiti Superski, liegt 4 km südlich von Bruneck and ist per Seilbahn zu erreichen. Hier gibt es jede Menge grüne und blaue Pisten für Anfänger.

Brunecks **Touristeninformation** (☎0474 55 57 22; www.bruneck.com; Piazza Municipio 7; ⏰Mo–Fr 9–12.30 & 15–18, Sa 9–12 Uhr) bietet nützliche Infos zu Ferienorten, ebenso die Pustertalwebseite (www.kronplatz.com).

Pustertal-Regionalzüge bieten in Franzensfeste (Fortezza) Anschluss an die Hauptstrecke Bozen–Innsbruck und fahren bis San Candido durchs Tal. SAD Busse fahren von San Candido nach Bruneck (45 Min., stdl.) und Cortina (1 Std., 4-mal tgl.). Von beiden Städten aus gibt es sporadische Bus- und Zugverbindungen nach Toblach, von wo aus Busse zum Lago di Braies weiterfahren.

BRUNECK (BRUNICO)

Bruneck (13 700 Ew.; 835 m), der bedeutendste Hauptort des Pustertals, bekommt normalerweise nur von denjenigen eine schlechte Presse, die einfach nur die ziemlich langweilige Hauptstraße entlangfahren. Der historische Ortskern, der geradezu prototypisch für Tirol ist, lohnt auf jeden Fall einen Umweg.

Vom Stadttor aus sollte man sich direkt zu **Acherer Patisserie & Blumen** (☎0474 41 00 30; www.acherer.com; Via Centrale; ⌚Mo–Fr 8–19, Sa & So 8–17 Uhr) begeben. Die hier immer selbstgemachten Apfelstrudel, Käsekuchen und Sachertorte von Acherer sind in der Region schwer zu überbieten. Der junge Besitzer erweckte die ehemalige Bäckerei seines Großvaters wieder zum Leben, nachdem er in Wien selbst das Handwerk erlernt hatte. Seine fantasievollen Pralinen und saisonalen Konfitüren zieren inzwischen die Kissen und Frühstücksbüfetts von manch einem 5-Sterne-Hotel der Region.

Wer Kaffee zum Kuchen möchte, kann seinen Kuchen problemlos auf einem Teller zum benachbarten **Wörtz Bäck** (Via Centrale 12; ⌚Mi–Fr 8 bis spät, Mo, Di & Sa 8–19 Uhr) mitnehmen. In diesem gastfreundlichen Lokal treffen sich die Einheimischen auf ein Bier oder ein Glas Wein.

Im **Enoteque Bernardi** (www.bernardi-karl.it, Via Stuck 6; ⌚So geschlossen) bietet sich den Gästen von den Barhockern aus ein wunderschöner Blick über den Fluss auf die alte Stadtmauer. Das Lokal erscheint dem Gast wie eine schicke italienische Weinbar, aber die Regale sind mit typisch regionalen Spezialitäten gefüllt. So gibt es z. B. Speck, geräucherte Salami und Wildgulasch in der Dose. Am Ortsrand liegt die hiesige Wollfirma **Moessmer** (Via Vogelweide) und lohnt einen Besuch – entweder um sich im Fabrikladen mit Kaschmir und Tiroler Loden einzudecken oder einfach ein architektonisch interessantes Industriegebäude des frühen 20. Jhs. zu betrachten.

Das **Hotel Blitzburg** (☎0474 55 57 23; www.blitzburg.it; Via Europa 10; HP DZ 90–148 €; Ⓟ), das in der Neustadt liegt, ist ein ausladendes Gebäude mit großen, hellen Zimmern und einer schönen Ausrichtung zu den Bergen.

SEXTENER DOLOMITEN

Am anderen Ende des Pustertals liegen die Grenzen zu Österreich und Veneto. Die Sextener Dolomiten sind ein riesiges, naturbelassenes Gebiet. Durch sowohl Valle

LADINISCHE LANDSCHAFTEN

Die ladinische Sprache stirbt eindeutig nicht aus. Wie eine junge Frau aus dem Grödnertal (Val Gardena) sagt, ist das Ladinersein „einfach eine Lebensart … Ich bin mit der Sprache aufgewachsen; ich fühle mich nicht als Italienerin oder Südtirolerin, sondern als Ladinerin." Sie ist eine von 20 000 ladinischen Muttersprachlern, von denen fast die Hälfte im Grödnertal lebt. Die anderen verteilen sich auf die Dörfer in den benachbarten Tälern Val Badia und Val di Fassa sowie Arabba und Ampezzo bei Cortina in Venetien. Die Kinder, die in diesen Tälern aufwachsen, lernen neben Deutsch und Italienisch auch Ladinisch, und die ladinische Kultur und Sprachidentität sind im EU-Recht verankert. Zu den zeitgenössischen Medien gehören die Zeitung *La Usc di Ladins* (Die Stimme; www.lauscdiladins.com, auf Ladinisch & Italienisch) und der Rundfunksender Radio Gherdëina (94.2 FM), der aus dem Grödnertal sendet.

Die ladinische Kultur ist geprägt von lebendigen Gedichten sowie zahlreichen Legenden, in denen die gutmütigen *salvan* und eine Heerschar an Feen, Riesen und Helden vorkommen. Ihnen begegnet man – zusammen mit ladinischem Handwerk und Artefakten – an folgenden Orten:

Museo Ladin (☎0474 52 40 20; www.museumladin.it; Tor 65, San Martino, Val Badia; Erw./erm. 6/4,50 €; ⌚Mitte März–Okt. Di–Sa 10–18, So 14–18 Uhr, Winter 14–18 Uhr)

Museo Ladin de Fascia (☎0462 76 01 82; www.istladin.net; Via Milano 5, San Giovanni, Val di Fassa; Erw./erm. 5/3 €; ⌚Juni–Mitte Sept. tgl. 10–12 & 15–19 Uhr, Mitte Sept –Mai Di–Sa 15–19 Uhr)

Museum de Gherdëina (☎0471 79 75 54; www.museumgherdeina.it; Via Rezia 83, Ortisei, Val Gardena; Erw./erm 6/4 €; ⌚Di–Fr 10–12 & 14–18 Uhr, im Sommer auch Mo)

Campo di Dentro bei San Candido als auch Val Fiscalina bei Sesto ziehen sich spektakuläre Wander- und Skilanglaufrouten. Die meisten Wege um die Drei Zinnen sind für unerfahrene Wanderer und Familien geeignet. Vom Val Fiscalina führt der lange, aber einfache Weg Nr. 102 zur **Rifugio Locatelli** (2405 m), von wo aus die Tre Cime di Lavaredo in all ihrer Pracht bestaunt werden können.

Venedig & Venetien

Inhalt »

Gut essen

» Venissa (S. 390)
» All'Arco (S. 388)
» Corte Sconta (S. 390)
» Anice Stellato (S. 389)
» Locanda Lo Scudo (S. 415)

Schön übernachten

» Novecento (S. 383)
» Oltre Il Giardino (S. 384)
» Palazzo Abadessa (S. 385)
» Relais Ca' Muse (S. 408)
» Bauer Palladio & Spa (S. 386)

Auf nach Venedig & Venetien!

Man ist versucht, sich selbst in den Arm zu kneifen, um aus diesem Traum aus rosa Palästen, blaugrünem Wasser und goldenen Kuppeln wieder zu erwachen. Doch man ist tatsächlich in Venedig. Gondolieri rufen an Kanalbiegungen laut „Uuuuuueeee!“, aus 250 Jahre alten Cafés wabert der Duft von frisch gebrühtem Espresso und überall und ständig plätschert unter einem das Wasser.

An der venezianischen Küste gibt es durchaus auch Zeichen modernen Lebens: Strandhotels, Einkaufszentren und verkehrsreiche Straßen. Doch wer genauer hinschaut, entdeckt die Villen der Riviera del Brenta, außerdem frisch restaurierte Meisterwerke: Tizians und Veroneses in Venedig, Palladios und Tiepolos in Vicenza und Giottos in Padua.

Darauf lässt sich vortrefflich mit Prosecco aus der Region oder einem Kultwein aus Valpolicella oder Soave anstoßen. Anderswo in Italien tut's ein *cin-cin* (Prosit) – in Venetien erhebt man sein Glas auf *la bea vita* (das schöne Leben).

Reisezeit

Venedig

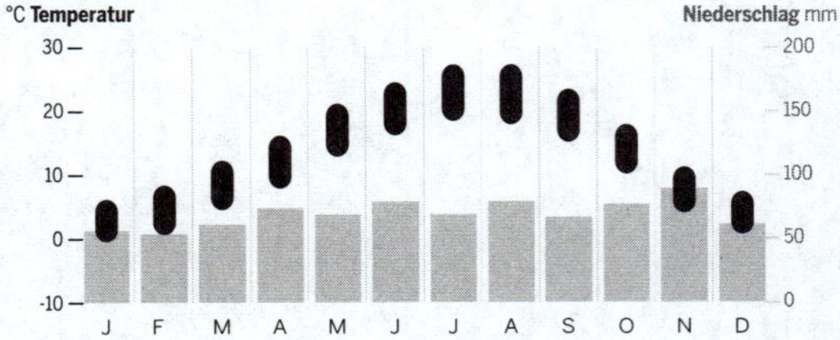

Jan. & Feb. Schneebedeckte Gondeln, Wintersport in den Dolomiten und der legendäre Karneval in Venedig.

April–Juni Essen am Kanal, Eröffnung von Vinitaly und Biennale (die Osterferien besser meiden).

Sept.–Nov. Filmfestspiele in Venedig, Wildenten-Pasta-Spezialitäten und günstige Hotelpreise.

Unterwegs in Venedig

Züge und Busse fahren bis an den westlichen Stadtrand, in Venedig selbst kommt man dann nur zu Fuß oder per Boot voran. Seit 1171 sind die 117 Inseln Venedigs in sechs *sestieri* (Stadtteile) aufgeteilt: Cannaregio, Castello, San Marco, San Polo, Dorsoduro und Santa Croce. Auf den Fußgängerbrücken über den Kanälen weisen weiße Schilder darauf hin, welchen *sestiere* man gerade betritt. Hinweisschilder zur Piazza San Marco (Markusplatz), Rialtobrücke und Accademia sind gelb – doch für alle Abenteuerlustigen gilt: Schilder ignorieren und einfach auf eigene Faust durch Venedigs *calli* (Gassen) schlendern.

VENETIEN – DICHTUNG & WAHRHEIT

Verona ist die Heimat von Romeo und Julia ... auch wenn es sich bei dem Liebespaar ja eigentlich um fiktive Figuren handelt. Besucher mit Liebeskummer hinterlassen an der Tür eines Renaissance-Hauses mit Balkon noch immer Botschaften für Julia.

In Padua gibt es nichts zu sehen ... außer den kunsthistorischen überaus bedeutsamen Giotto-Fresken, außer den 1545 angelegten botanischen Gärten, in denen im Zweiten Weltkrieg die italienische Widerstandsbewegung gegründet wurde, und außer Galileos Anatomischem Theater, das die Wissenschaft revolutionierte.

In Venetien trinken alle Prosecco ... wenn sie nicht gerade in Valpolicella oder Soave Wein probieren oder in den *enoteche* (Weinbars) oder auf Veronas Vinitaly-Messe die selten exportierten IGT-Tafelweine verkosten.

Wer ein palladianisches Bauwerk gesehen hat, kennt sie alle ... mit Ausnahme von Palladios 24 Unesco-gelisteten Villen in Venetien, drei istrischen Steinkirchen, die Venedigs Giudecca-Kanal zieren, und der griechischen Metropole innerhalb Vicenzas Teatro Olimpico.

In Venedig gibt es keine ansprechenden Unterkünfte ... außer all die Paläste, die im Lauf der Jahre zu Pensionen und Ferienwohnungen umgestaltet wurden, seit Venedig Familien erlaubt, Besuchern ihre Wohnungen zur Verfügung zu stellen.

Die besten Gratis-Tipps

» **Basilica di San Marco** (Markusdom; S. 353) Ost trifft West unter schimmernden goldenen Mosaikkuppeln.

» **Veronas Weinland** (S. 415) Nach Vereinbarung gibt es in den Weinkellern Gratis-Weinproben.

» **Burano** (S. 380) Das farbenprächtigste Fischerdorf im gesamten Mittelmeerraum.

» **Historisches Vicenza** (S. 406) Von der Unesco geschütztes Stadtzentrum mit Palladios an jeder Ecke.

» **Venedigs Ghetto** (S. 375) Das erste Ghetto der Welt – ein Zentrum der Zuflucht, des Handels und der Kultur.

NICHT VERSÄUMEN

Wintersport und Sommervergnügen liegen quasi vor Venedigs Haustür. Skifahrer bevölkern die Dolomiten, sobald Schnee fällt – und taut er dann, ist alle Welt an den Lido-Stränden.

Kurzinfos

» Einwohner: 4,91 Mio.

» Fläche: 18 378 km^2

» Unesco-Welterbestätten: 30, darunter drei Städte (Vicenza, Venedig und Verona), Venedigs Lagune und die Dolomiten

» Anzahl der gewerkschaftlich gemeldeten Handwerker allein in Venedig: 2000

Tipps für die Hauptsaison

Venedigs Biennale und Veronas Open-Air-Opernfestspiele sollte man nicht versäumen – schon allein, um sich einmal von den sommerlichen Menschenmassen zu befreien. Wer größere Chancen auf freie Zimmer und Restauranttische haben möchte, besucht die Städte an einem Werktag und fährt am Wochenende aufs Land.

Infos im Internet

» Die Homepage www.veneto.to liefert Tipps, was in Venetien geboten wird, von Strandpartys bis zu Mountainbiking in den Dolomiten.

Highlights

1. Das kollektive „Ah“ und „Oh“ angesichts der goldenen Mosaikkuppeln von Venedigs **Basilica di San Marco** (Markusdom; S. 353)
2. Ein Vergleich von Tizians leuchtenden Rottönen und Tintorettos blitzartigen Pinselstrichen in Venedigs **I Frari** (S. 369) und **Scuola Grande di San Rocco** (S. 369)
3. Der Operndiva in Veronas **römischer Arena** als Bitte um Zugabe „Brava“ zurufen (S. 410)
4. In **Veronas Weinland** (S. 415) nach Lust und Laune klassische Weißweine, kultige Rotweine oder Grappa probieren
5. Villen-Hopping an der **Riviera del Brenta** (S. 399) wie einst die Schickeria des 17. Jhs.
6. Die Geburt der Renaissance anhand von Giottos bewegenden Fresken in der **Cappella degli Scrovegni** (S. 401) nacherleben
7. Radtour in den Dolomiten zwischen alpinen Wildblumenwiesen und zerklüfteten Gipfeln, mit **Belluno** (S. 417) als Basis

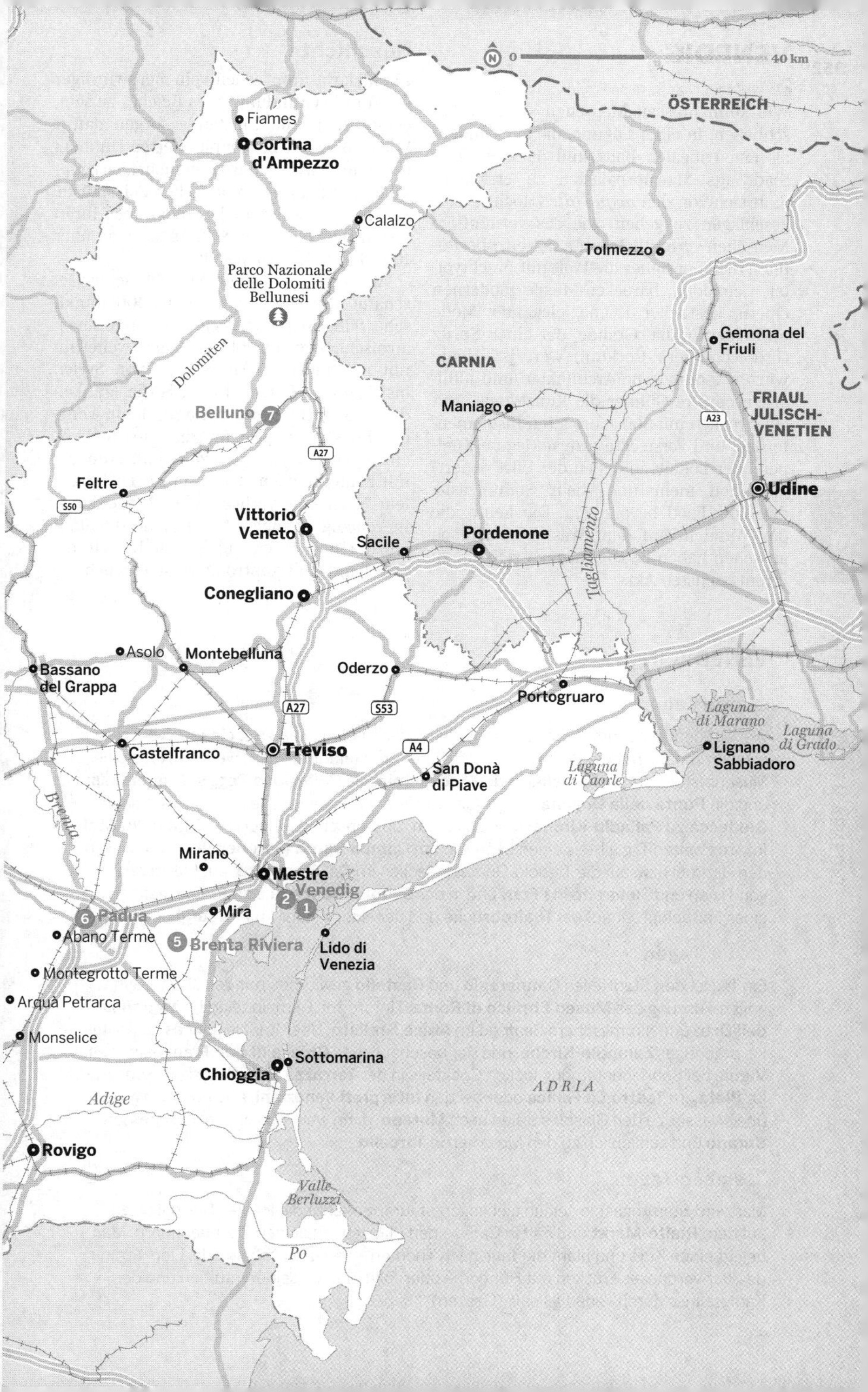
0
40 km
ÖSTERREICH
Fiames
Cortina d'Ampezzo
Calalzo
Tolmezzo
Parco Nazionale delle Dolomiti Bellunesi
Dolomiten
CARNIA
Gemona del Friuli
FRIAUL JULISCH-VENETIEN
Maniago
A23
Belluno
7
A27
Feltre
S50
Udine
Vittorio Veneto
Pordenone
Sacile
Tagliamento
Conegliano
Asolo
Montebelluna
Bassano del Grappa
Oderzo
A27
S53
Portogruaro
Laguna di Marano
Laguna di Grado
Lignano Sabbiadoro
Castelfranco
Treviso
A4
San Donà di Piave
Laguna di Caorle
Brenta
Mirano
Mestre
Venedig
2
1
6
Padua
Mira
Abano Terme
5
Brenta Riviera
Lido di Venezia
Montegrotto Terme
Arquà Petrarca
Monselice
Sottomarina
Chioggia
ADRIA
Adige
Rovigo
Valle Berluzzi
Po

VENEDIG

EW.: 61 500 (STADT), 270 800 (INKLUSIVE FESTLAND)

Wie kühn müssen Menschen sein, die beschließen, in einer Lagune, die alles andere als einen idealen Baugrund darstellt, eine Stadt aus Marmorpalästen zu errichten! Statt sich von den *acque alte* (Hochwasser) geschlagen zu geben, wie das vernünftige Menschen vermutlich getan hätten, überfluteten die Venezianer die Welt mit prachtvollen Gemälden, barocker Musik, modernen Opern, köstlicher Küche, eleganter Mode und einem Canal Grande, der einen Spritz (Prosecco-Aperol-Cocktail) wert ist. Heute würzen topmoderne Architekten und milliardenschwere Gönner die Kunstszene, Musiker rocken mit 300 Jahre alten Instrumenten ab, und versteckte *osterie* (legere Kneipen oder Lokale, in denen der Wirt regiert) gewinnen mehr und mehr Stammgäste, die Slow Food bevorzugen. Die Leute, die das Wandeln auf dem Wasser so einfach aussehen haben lassen, machen sich auf zu ihrem nächsten Akt.

Geschichte

Ein Malariasumpf scheint ein merkwürdiger Ort für die Gründung eines Reiches zu sein, es sei denn, die Umstände sorgen dafür: Vom 5. bis 8. Jh. n. Chr. plünderten Hunnen, Goten und diverse Barbaren mehrfach römische Städte an der venetischen Adriaküste. 726 n. Chr. wählten die Venezianer ihren ersten Dogen, dessen Nachfolger dann über 1000 Jahre herrschen sollten.

Als Nächstes festigte Venedig seine Geschäfte. Die Stadt sagte für 84 000 fränkische Silbermark zu, sich den Kreuzzügen anzuschließen, obwohl sie auch weiterhin mit muslimischen Herrschern von Syrien bis Spanien Handel trieb. Als die Franken das Geld nicht herausrückten, nahm Venedig Konstantinopel „für die Christenheit" ein – schickte aber ganze Schiffsladungen mit Beutegut nach Hause statt nach Jerusalem. Nach einer verheerenden Pestepidemie in Venedig versuchte Genua 1380 die Stadt einzunehmen. Venedig jedoch behielt die Oberhand und kontrollierte schließlich die

VENEDIG IN ...

... zwei Tagen

Wer auf dem „Labyrinth"-Spaziergang Abstecher einplant, kann mit **cicheti** (venezianischen Tapas), mit Werkstätten und gotischer Architektur bekannt werden. Nach einer Museumstour durch die **Gallerie dell'Accademia**, die **Collezione Peggy Guggenheim** und die **Punta della Dogana** bringt der *vaporetto* (Wasserbus) seine Fahrgäste nach **Giudecca** zu **Palladio-Kirchen** und zu einem romantischen Dinner im **I Figli delle Stelle**. Am zweiten Tag gibt es einen Espresso am **Campo Santa Margherita**, einen Blick in den Himmel bzw. auf die Tiepolo-Gemäldedecken im **Ca' Rezzonico**, auf Meisterwerke von Tizian und Tintoretto in **I Frari** und in der **Scuola Grande di San Rocco**, gefolgt von einer Shoppingtour auf der **Rialtobrücke** und der Happy Hour im **I Rusteghi**.

... vier Tagen

Ein Tag ist den Stadtteilen **Cannaregio** und **Castello** gewidmet, mit der Ghetto-Synagogen-Führung des **Museo Ebraico di Roma**, Tintorettos Gemeindekirche **Madonna dell'Orto** und himmlischem Seafood im **Anice Stellato**. Über Kanäle geht es zu Castellos prächtiger **Zanipolo-Kirche**, und der beschaulichen **Chiesa di San Francesco della Vigna**, bei Sonnenuntergang locken Cocktails in der **Terrazza Danieli** und ein Konzert in **La Pietà**, im **Teatro La Fenice** oder bei den **Interpreti Veneziani**. Am letzten Tag geht es über Wasser zu den Glasbläsereien nach **Murano**, dann weiter zu einem Mittagessen in **Burano** und schließlich zu den Mosaiken in **Torcello**.

... sieben Tagen

Man wird Stammgast in seinen Lieblingsrestaurants, kennt die lokalen Spezialitäten auf dem **Rialto-Markt** und hält in Cafés einen Plausch mit seinen Tischnachbarn. Man belegt einen Kurs und plant die Tage nach Themen – venezianische Mode, Lido-Strände oder Veroneses Fresken mit Hunden – oder folgt einfach seiner Intuition und der Kameralinse durch Venedigs *calli* (Gassen).

Adria – ein Gebiet, das von Dalmatien bis Bergamo reichte.

Wie sein Wahrzeichen, der Markusdom, war das venezianische Reich geradezu verwirrend kosmopolitisch. Armenier, Türken, Griechen und Deutsche wohnten am Canal Grande dicht nebeneinander, und Juden, die in anderen europäischen Ländern verfolgt wurden, gründeten in Venedig Verlage, Banken und Arztpraxen. Mitte des 15. Jhs. badete die Stadt in goldenen Mosaiken, importierter Seide und Weihrauchduft.

Mit Beginn des Forscherzeitalters verlor Venedig sein Monopol über die Handelswege zur See. Nach dem Niedergang Konstantinopels 1453 und des venezianischen Territoriums Morea (in Griechenland) 1499 kontrollierten die Osmanen die Schifffahrt in der Adria. Die Genueser erschlossen auf Kolumbus' Spuren, der 1492 Amerika entdeckte, transatlantische Routen, und der portugiesische Forscher Vasco da Gama umrundete 1498 Afrikas Kap der Guten Hoffnung.

Mit der Einsicht, die Meere nicht mehr kontrollieren zu können, änderte Venedig seine Taktik und eroberte Europa mit seinem Charme. Venezianische Kunst war unglaublich kühn und verlieh selbst religiösen Themen sinnenfreudige Farben und mitunter einen listigen sozialkritischen Kontext. Die unehelichen Töchter venezianischer Adliger wurden in *ospedaletti* (Waisenhäusern) von Größen wie Vivaldi zu Musikerinnen ausgebildet, und venezianische Kurtisanen setzten mit Plateauschuhen und Poesie modische Trends. Ende des 16. Jhs. war Venedig in ganz Europa für seine Malerei, seine eingängige Musik – und seine 12 000 registrierten Prostituierten bekannt.

Doch der hochgeschätzte Name Venedigs hielt Napoleon nicht davon ab, die Stadt 1797 zu beanspruchen und ihre Kunstschätze zu rauben. Im Jahr 1817 war ein Viertel der Stadtbevölkerung bettelarm. Als sich Venedig 1848/49 gegen die österreichische Besatzung auflehnte, führte die nachfolgende Blockade zu einer Choleraepidemie und einer Hungersnot. Venezianische Rebellen verloren den Kampf, nicht jedoch den Krieg: Sie wurden zu Märtyrern für die italienische Unabhängigkeit, und 1866 trat Venedig dem autonomen Königreich Italien bei.

Die einst so glamouröse Stadt wandte sich allmählich der industriellen Fertigung zu. Seit 1843 war Venedig schon durch die Bahn mit dem Festland verbunden, Fabriken entstanden auf Giudecca, und Mussolini ließ von Mestre aus eine Straße bauen. Italienische Partisanen kämpften an der Seite alliierter Truppen, um Venetien vom Faschismus zu befreien. Doch der Krieg und der Schock der Massendeportation der jüdischen Bevölkerung Venedigs von 1942 bis 1944 erschütterte die Stadt bis in ihre Grundpfeiler. Viele Venezianer zogen nach dem Krieg nach Mailand und in andere ökonomische Zentren.

Am 4. November 1966 kam es zur Katastrophe: Fluten in Rekordhöhe überschwemmten 16 000 venezianische Wohnhäuser und ließen die Bewohner in den Trümmern von 1200 Jahren Zivilisation zurück. Doch wieder einmal war der kosmopolitische Charakter Venedigs die Rettung: Hilfe von Bewunderern aus aller Welt – von Mexiko bis Australien, von Millionären bis Rentnern – strömte in die Stadt. 27 internationale Organisationen unter der Schirmherrschaft der Unesco versuchten, die Flutschäden zu beheben.

Allen düsteren Vorhersagen zum Trotz ist Venedig weder eine karnevalistische Parodie seiner selbst geworden noch wie Atlantis untergegangen. Die Stadt ist nach wie vor bedeutend und authentisch, eine globale Startrampe für neuartige Kunst und Filme, innovative Handwerkskunst, Opernpremieren und musikalisches Revival, auch wenn sie nach nachhaltigen Lösungen für den steigenden Wasserstand suchen muss.

Sehenswertes

PIAZZA SAN MARCO & UMGEBUNG

LP TIPP Basilica di San Marco KIRCHE

(Markusdom; Karte S. 360; ☎041 241 38 17; www.basilicasanmarco.it; Piazza San Marco; Eintritt frei; ⏲Mo–Sa 9.45–17, So & Feiertage 14–16 Uhr) Der Bau von Venedigs architektonischem Wunderwerk erforderte fast 800 Jahre – und ein heiliges Schmalzfass. Einer Legende nach schmuggelten im Jahr 828 n. Chr. venezianische Kaufleute den Leichnam des heiligen Markus aus Ägypten, und zwar in einem Fass mit Schweineschmalz, um die Kontrollen der muslimischen Zöllner zu umgehen. Die Kirchenoberen in Rom waren über Venedigs Hang, sich selbst und Gott im selben Atemzug zu verherrlichen, nicht eben erbaut, doch trotzig errichtete Venedig den Dom nach seinem eigenen kosmopolitischen Verständnis: mit byzantinischen Zwiebelkuppeln, einem Grundriss in der Form eines griechischen Kreuzes, einem gotischen Rosettenfenster und ägyptischen

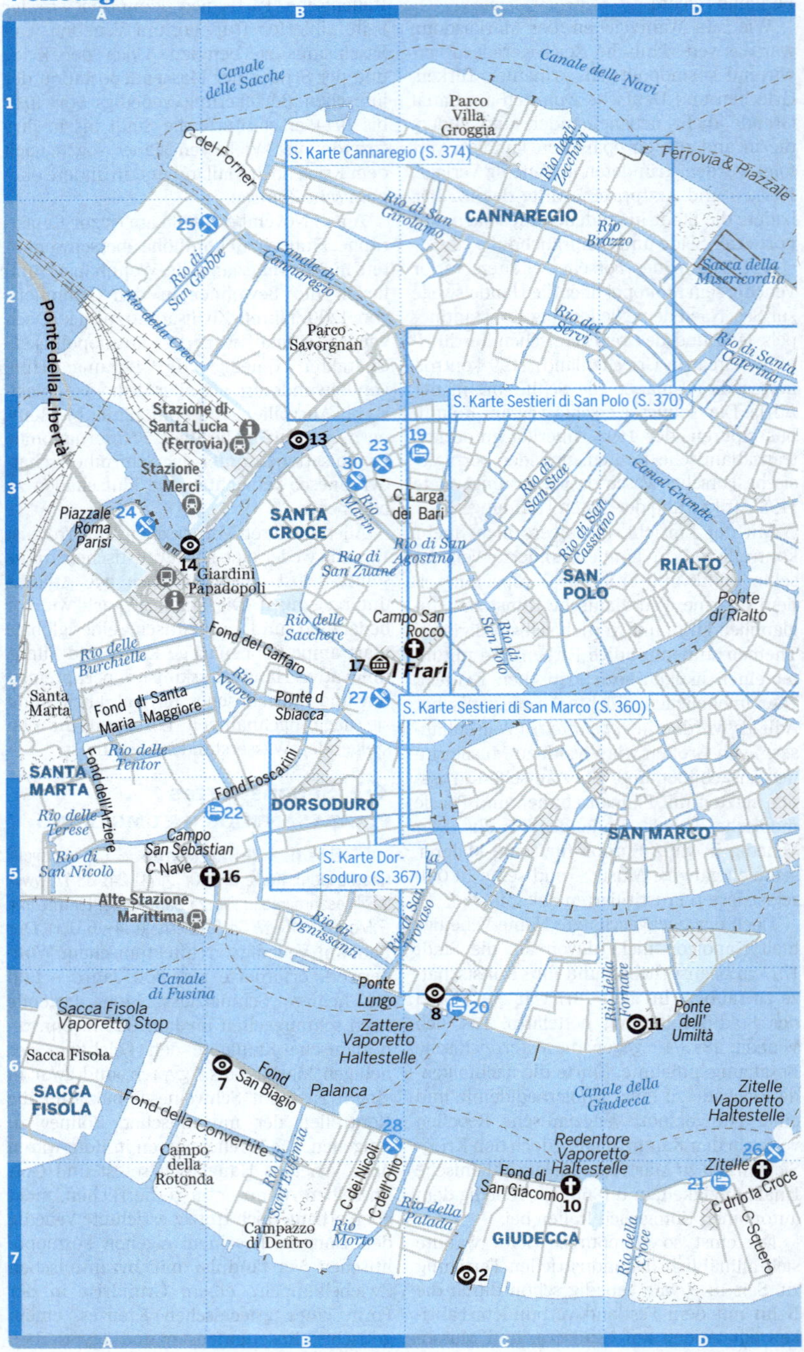
Canale delle Sacche
Canale delle Navi
Parco Villa Groggia
C del Forner
S. Karte Cannaregio (S. 374)
Ferrovia & Piazzale
Rio degli Zecchini
Rio di San Girolamo
CANNAREGIO
Rio Brazzo
25
Rio di San Giobbe
Canale di Cannaregio
Sacca della Misericordia
Rio della Crea
Ponte della Libertà
Parco Savorgnan
Rio dei Servi
Rio di Santa Caterina
S. Karte Sestieri di San Polo (S. 370)
Stazione di Santa Lucia (Ferrovia)
13
23
19
30
Stazione Merci
Rio Marin
C Larga dei Bari
Canal Grande
Rio di San Stae
Piazzale Roma Parisi
24
SANTA CROCE
14
Rio di San Agostino
Rio di San Cassiano
Giardini Papadopoli
Rio di San Zuane
SAN POLO
RIALTO
Rio delle Sacchere
Campo San Rocco
Ponte di Rialto
Fond del Gaffaro
Rio di San Polo
Rio delle Burchielle
Rio Nuovo
17
I Frari
Santa Marta
Fond di Santa Maria Maggiore
Ponte d Sbiacca
27
S. Karte Sestieri di San Marco (S. 360)
Rio delle Tentor
SANTA MARTA
Fond dell'Arziere
Fond Foscarini
DORSODURO
22
Rio delle Terese
SAN MARCO
Campo San Sebastian
Rio di San Nicolò
C Nave
16
S. Karte Dorsoduro (S. 367)
Alte Stazione Marittima
Rio di Ognissanti
Rio di San Trovaso
Canale di Fusina
Ponte Lungo
8
20
Rio della Fornace
Sacca Fisola Vaporetto Stop
Ponte dell' Umiltà
11
Zattere Vaporetto Haltestelle
Sacca Fisola
7
Fond San Biagio
Palanca
Canale della Giudecca
SACCA FISOLA
Zitelle Vaporetto Haltestelle
Fond della Convertite
28
Redentore Vaporetto Haltestelle
26
Campo della Rotonda
Rio di Sant'Eufemia
C dei Nicoli
C dell'Olio
Fond di San Giacomo
10
Zitelle
21
C drio la Croce
Rio della Palada
Campazzo di Dentro
Rio Morto
GIUDECCA
Rio della Croce
C Squero
2

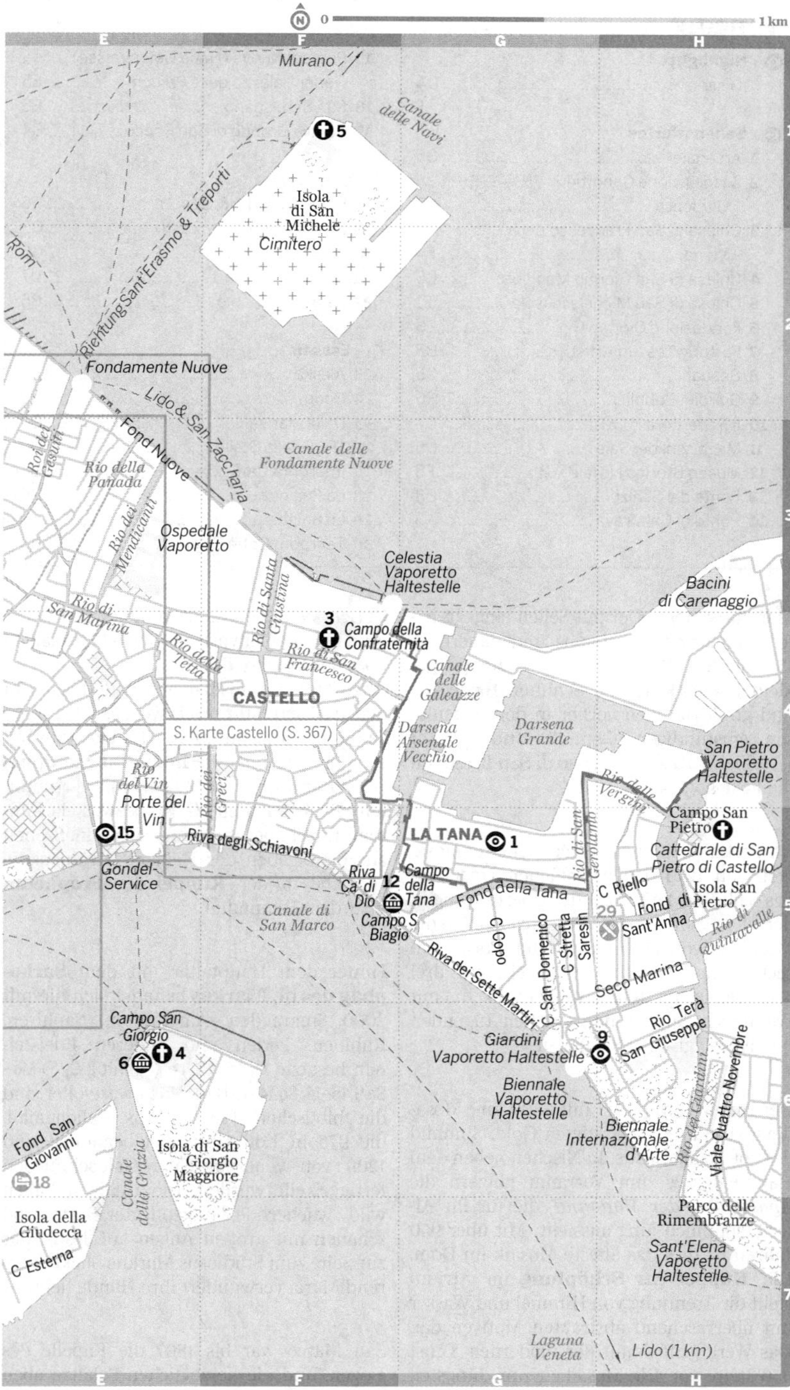
0
1 km
E
F
G
H
1
2
3
4
5
6
7
Murano
Canale delle Navi
5
Isola di San Michele
Cimitero
Richtung Sant'Erasmo & Treporti
Rom
Fondamente Nuove
Lido & San Zaccharia
Fond Nuove
Rio dei Gesuiti
Rio della Panada
Rio dei Mendicanti
Canale delle Fondamente Nuove
Ospedale Vaporetto
Celestia Vaporetto Haltestelle
Rio di Santa Giustina
Bacini di Carenaggio
Rio di San Marina
3
Campo della Confraternità
Rio di San Francesco
Rio della Tetta
Canale delle Galeazze
CASTELLO
S. Karte Castello (S. 367)
Darsena Arsenale Vecchio
Darsena Grande
San Pietro Vaporetto Haltestelle
Rio del Vin
Porte del Vin
Rio dei Greci
Rio delle Vergini
Campo San Pietro
15
Riva degli Schiavoni
LA TANA
1
Cattedrale di San Pietro di Castello
Gondel-Service
Riva Ca' di Dio
12
Campo della Tana
Fond della Tana
Rio di San Gerolamo
C Riello
Isola San Pietro
Canale di San Marco
Campo S Biagio
29
Fond di Pietro
Sant'Anna
Rio di Quintavalle
C Copo
C San Domenico
C Stretta
Saresin
Riva dei Sette Martiri
Seco Marina
Rio Terà San Giuseppe
Campo San Giorgio
4
6
Giardini Vaporetto Haltestelle
9
Viale Quattro Novembre
Biennale Vaporetto Haltestelle
Rio dei Giardini
Biennale Internazionale d'Arte
Fond San Giovanni
Isola di San Giorgio Maggiore
Canale della Grazia
18
Parco delle Rimembranze
Isola della Giudecca
Sant'Elena Vaporetto Haltestelle
C Esterna
Laguna Veneta
Lido (1 km)

Venedig

Highlights

Sehenswertes

Schlafen

Esssen

Marmorwänden. Der mit Seilen eingegrenzte Rundgang ist kostenlos und dauert ca. 15 Minuten. Besucher sollten züchtig gekleidet sein (Knie und Schultern bedeckt!) und große Taschen vorher in der kostenlosen einstündigen **Gepäckaufbewahrung** (⌚9.30–17.30 Uhr) im Ateneo di San Basso um die Ecke abgeben.

Fassade

Im Portal ganz links zeigen Lünettenmosaiken von 1270 den gestohlenen Leichnam des heiligen Markus bei der Überführung in den Dom – dieselbe Geschichte erzählen die Mosaiken von 1660 am zweiten Portal von rechts. Das Hauptportal besteht aus drei reich verzierten Reliefbögen (13.–14. Jh.) mit Weinreben, bildlich dargestellten Tugenden und astrologischen Symbolen.

Kuppelmosaiken

Der Innenraum protzt mit 8500 km² Mosaiken, viele aus 24-karätigem Gold, Sinnbild des göttlichen Lichts. In Nischen neben dem Haupteingang zum Vorraum glitzern die *Apostel mit der Madonna*, die für ihr Alter erstaunlich jung aussieht: Mit über 950 Jahren ist dies das älteste Mosaik im Dom. Die **Kuppel der Schöpfung** im Atrium stellt die Trennung von Himmel und Wasser mit überraschend abstrakten Motiven dar. Das Werk griff damit der modernen Kunst 650 Jahre vor. Die Mosaiken zum Jüngsten Gericht bedecken das Atriumgewölbe, während die Apokalypse in Gewölbemosaiken über der Empore droht.

Mystische Transfusionen sind Thema in der **Heiliggeistkuppel**, wo das Blut einer Taube in die Häupter von Heiligen strömt. In der zentralen **Himmelfahrtskuppel** (13. Jh.) ruht der hl. Markus mit verträumtem Blick auf dem Gewölbezwickel, während Engel über ihm umherwirbeln. Szenen aus dem Leben des Heiligen erzählen die Gewölbe in der **Kuppel der Propheten** über dem Hauptaltar.

Pala d'Oro

Hinter dem Hauptaltar mit dem **Sarkophag des hl. Markus** befindet sich die mit 2000 Smaragden, Amethysten, Saphiren, Rubinen, Perlen und anderen Edelsteinen besetzte **Pala d'Oro** (Eintritt 2 €; ⌚ Mo–Sa 9.45–14, So 14–16 Uhr). Noch wertvoller sind die biblischen Figuren aus Zellenemail, die 976 in Konstantinopel begonnen und 1209 von venezianischen Goldschmieden fertiggestellt wurden. Die Heiligen haben wild wuchernde, ungepflegte Bärte und schauen mit großen Augen auf Jesus, der zur Seite zum Studiosus Markus blickt, während Maria verwundert ihre Hände hebt.

Museum

San Marco war bis 1807 die Kapelle des Dogen, und die herzoglichen Schätze oben im **Museo** (Erw. 4 €; ⌚Mo–Sa 9.45–16, So 14–16 Uhr) lassen einen König vor Neid erblassen. Vergoldete Bronzepferde, die einst Venedig aus Konstantinopel entführt hatte, fielen später in Napoleons Hände, gelangten jedoch schließlich in den Dom zurück und wurden hier im 1. Stock aufgestellt. Türen führen von der Galerie auf die schwindelerregende **Loggia dei Cavalli**, auf der Repliken der Pferde scheinbar über den Balkon auf die Piazza San Marco galoppieren. Auf einem Innenbalkon zeigt Salviatis restauriertes Mosaik von Mariens Stammbaum (1542–1552) die Ahnen der Jungfrau, die auf Zweigen sitzen und sich entweder unterhalten oder einander ignorieren, wie es eben in den meisten Familien so üblich ist. Über dem Altar versteckt liegt der **Bankettsaal**, in dem die Dogen inmitten schlanker Stuckfiguren (Musik, Poesie und Frieden) gediegen speisten.

Schatzkammer

Kreuzfahrerbeute füllt den **Tesoro** (Schatzkammer; Eintritt 3 €; ⌚ Mo–Sa 9.45–16, So 14–16 Uhr), darunter eine Bergkristallkaraffe aus dem 10. Jh. mit einem Henkel in Gazellenform und geflügelten Füßen, angefertigt für den Fatimiden-Kalifen Al-Aziz-Billah. Mit Samt ausgekleidete Kästen enthalten Überreste der Dogen sowie Heiligenreliquien, beispielsweise einen Oberschenkelknochen des hl. Rochus, einen Daumen des hl. Markus, einen Arm des hl. Georg, mit dem er den Drachen getötet haben soll, und sogar eine Haarlocke Marias.

LP TIPP **Palazzo Ducale** PALAZZO

(Dogenpalast; Karte S. 360; ☎041 271 59 11; www.museicivicivenezia.it; Piazzetta San Marco 52; Erw./erm. inkl. Museo Correr 14/8 € oder Museumspass; ⌚April–Okt. tgl. 8.30–19 Uhr, Nov.–März tgl. 8.30–17.30 Uhr) Die vornehme gotische Eleganz täuscht: Hinter der rosafarbenen Hülle spielt der Dogenpalast ordentlich mit den Muskeln. Dieses Machtzentrum, seit annähernd sieben Jahrhunderten Sitz der venezianischen Regierung, hat schon Kriege, Verschwörungen und Wirtschaftskrisen überstanden. Nach einem Brand im Jahr 1577 wurde der Palast von Antonio da Ponte (der auch die Rialtobrücke entwarf) pfiffig restauriert.

Fassade

Außen kombiniert der *palazzo* das Nützliche, Funktionale mit dem Angenehmen, Schönen. Mittelalterliche Kapitelle, die wichtige venezianische Zünfte zeigen, krönen die elegante Kolonnade. Die zur Piazza hin gelegene **Porta della Carta** (Papiertor) von Zane und Bartolomeo Bon diente einst als Anschlagtafel für Regierungserlasse.

Innenhof

Sansovinos bräunliche Statuen von Mars und Neptun flankieren Antonio Rizzos frisch restaurierte **Scala dei Giganti** (Treppe der Giganten). Unter dem östlichen Bogen lagen einst die schrecklichen **Pozzi** (Brunnenverliese), in denen Gefangene unterhalb des Wasserspiegels erbärmlich frieren mussten – heute ist hier eine Gepäckaufbewahrung untergebracht.

1. Stock

Die **Scala dei Censori** (Treppe der Zensoren) führt zu den **Privatgemächern des Dogen**. Hier lebte dieser einst unter Rund-um-die-Uhr-Bewachung und nutzte einen kurzen Arbeitsweg über eine geheime Treppe, über der Tizians *Heiliger Christo-*

SCHNELLER ZUTRITT ZUR BASILICA DI SAN MARCO

An den Eingängen des Markusdoms stehen stets Menschenmassen, deren geflüsterte Worte des Staunens unter den goldenen Kuppeln ein gewaltiges Summen wie in einem Bienenstock erzeugen. Glücklicherweise werden die Schlangen schnell kürzer – Besucher warten selten länger als eine Viertelstunde, auch wenn die Warteschlange bis zum Dogenpalast reicht. Um noch schneller in den Dom hineinzukommen gibt es ein paar Tipps:

» Wer die Eintrittskarte **online** (www.venetoinside.com; 1 € Gebühr) bucht, kann an den Warteschlangen vorbei direkt zum Hauptportal gehen.

» Reisegruppen treffen meist genau zur halben oder ganzen Stunde ein – wer in der Zeit dazwischen ankommt, muss weniger lang warten.

» Die Diözese bietet **kostenlose Führungen** (April–Okt. Mo–Sa 11 Uhr nach vorheriger Reservierung) an, in deren Rahmen die theologische Bedeutung der Mosaiken erklärt wird. Die Teilnehmer kommen in den Genuss eines Express-Einlasses am Hauptportal.

Canal Grande

Die 3,5 km lange Fahrt mit der *vaporetto* (Wasserbus)-Linie 1 führt an etwa 50 *palazzi*, sechs Kirchen und filmreifen Szenerien vorbei, die in vier James-Bond-Streifen Kulisse spielten.

Der Canal Grande beginnt an dem umstrittenen **Ponte di Calatrava** 1: Die glänzende Glas-Stahl-Brücke kostete das Dreifache der anfangs geschätzten 4 Mio. Euro. Danach passiert das Boot den **Fondaco dei Turchi** 2, das historische osmanische Handelshaus, den Renaissance-**Palazzo Vendramin** 3 mit dem Casino der Stadt und das **Ca' Pesaro** 4 mit seiner von zwei Säulengeschossen gegliederten Fassade. Ein gotisches Juwel ist die filigrane **Ca' d'Oro** 5 aus den 1430er-Jahren.

Besonders stolz sind die Venezianer auf die **Pescheria** 6, 1907 an der Stelle errichtet, wo Fischhändler schon seit 600 Jahren Lagunen-Garnelen verkaufen, und auf den benachbarten **Rialto-Markt** 7. Die Kosten für den 1592 fertiggestellten **Ponte di Rialto** 8 (Rialtobrücke) waren ähnlich hoch wie die für die Calatrava-Brücke.

Dem von Sanmicheli entworfenen Renaissance-**Palazzo Grimani** 9 und Maruo Codussis **Palazzo Corner-Spinelli** 10 folgen der **Palazzo Grassi** 11 vom Reißbrett des Giorgio Masari sowie Baldassare Longhenas barockes Schmuckkästchen **Ca' Rezzonico** 12.

Den hölzernen **Ponte dell'Accademia** 13 baute man um 1930 als Behelfsbrücke, doch kürzlich wurde das geschätzte Wahrzeichen sogar verstärkt. Steinlöwen flankieren die **Collezione Peggy Guggenheim** 14, in der die amerikanische Millionenerbin Ideen, Liebhaber und Kunst versammelt hat. Nicht zu übersehen sind die Kuppel von Longhenas **Chiesa di Santa Maria della Salute** 15 und die **Punta della Dogana** 16, Venedigs dreieckiges Zollverschlusslager, in dem heute zeitgenössische Kunst präsentiert wird. Das Grande Finale des Canal Grande bilden der gotische **Palazzo Ducale** 17 (Dogenpalast) und der **Ponte dei Sospiri** 18 (Seufzerbrücke).

KRZYSZTOF DYDYNSKI/LONELY PLANET IMAGES ©

Palazzo Grassi
Der französische Magnat François Pinault empörte ganz Paris, als er seine Sammlung moderner Kunst hierher verfrachtete. Die Galerien entwarfen Gae Aulenti und Tadao Ando.

Ca' Rezzonico
In dem Museum (18. Jh.), ausgestattet mit Tiepolo-Deckenmalereien, seidigen Boudoirs und sogar einer eigenen Apotheke, tauchen Besucher in Venedigs Luxus der Barockzeit ein.

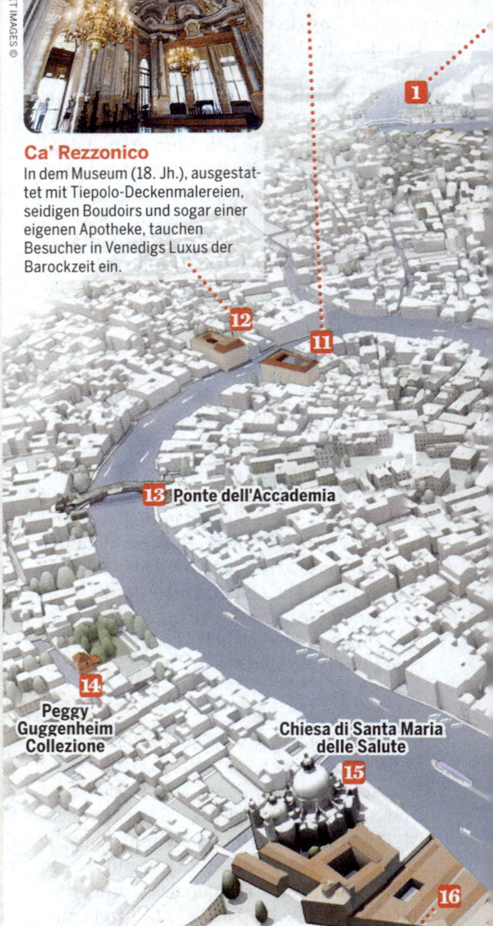

Punta della Dogana
Der minimalistische Architekt Tadao Ando baute leerstehende Lagerhäuser zu Kunstgalerien um, in denen moderne Installationen aus François Pinaults Sammlung gezeigt werden.

ADAM EASTLAND ITALY / ALAMY

RUSSELL MOUNTFORD/LONELY PLANET IMAGES ©

Ponte di Calatrava

Die 2008 eingeweihte Brücke mit ihrer stromlinienförmigen Flossenform war nach 75 Jahren die erste neugebaute Brücke über den Canal Grande.

Fondaco dei Turchi

Der von Wachtürmen flankierte Palast ist an der mehrfarbigen marmornen Kolonnade mit byzantinischen Kapitellen (13. Jh.) zu erkennen.

JEAN-PIERRE LESCOURRET/LONELY PLANET IMAGES ©

Ca' d'Oro

Hinter dreireihigen gotischen Säulengängen verbergen sich hier wahre Meisterwerke: von Napoleon geraubte Tizians, ein seltener Mantegna und Mosaikböden aus Halbedelsteinen.

Ca' Pesaro

Der von Baldassare Longhena gestaltete Palast wurde 1898 der Stadt vermacht, um darin der Galleria d'Arte Moderna und dem Museo d'Arte Orientale ein Zuhause zu geben.

CUBOIMAGES SRL/ ALAMY

Ponte di Rialto (Rialtobrücke)

Antonio da Ponte schlug Palladio bei der Ausschreibung zum Bau der Rialtobrücke, doch die Konstruktionskosten beliefen sich schließlich auf 250 000 venezianische Dukaten – heute etwa 19 Mio. Euro.

KRZYSZTOF DYDYNSKI/LONELY PLANET IMAGES ©

Sestieri di San Marco (Venedig)

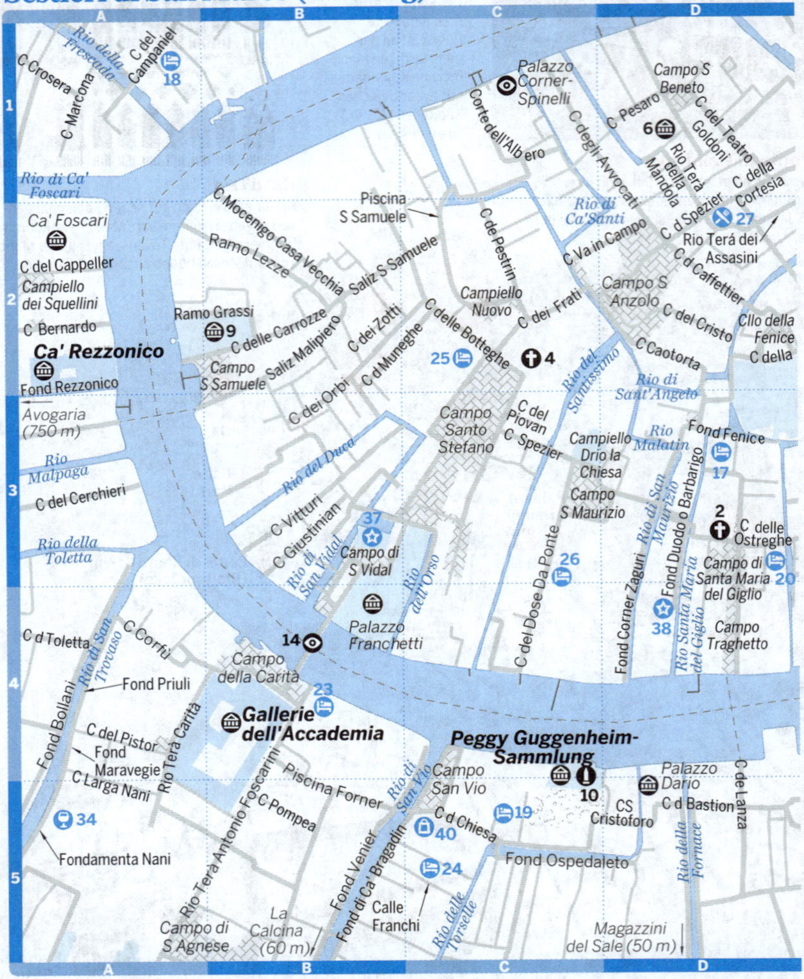

phorus wacht. Die Wände der **Sala dello Scudo** (Schildsaal) sind von Weltkarten von 1483 bis 1762 bedeckt, die den einstigen Machtbereich Venedigs (und die Grenzen damaliger Kartografenkunst) belegen. Die auf den Kopf gestellte Karte der Neuen Welt etwa platziert Kanada oberhalb von Virginia und Florida nahe an Asien, während die Britischen Inseln eigentlich nur aus Schottland und Newcastle bestehen.

2. Stock

Sansovinos Stuckarbeiten mit 24-karätigem Gold schmücken die **Scala d'Oro** (Goldtreppe), über die Besucher in prachtvoll ausgestattete Räume gelangen. In der **Sala delle Quattro Porte** (Saal der Vier Tore) ist eine von Palladio entworfene und von Tintoretto mit Fresken verzierte Decke zu bewundern, auf der Justitia dem Dogen Girolamo Priuli Schwert und Waage überreicht, sowie Tizians Gemälde *Der Doge Antonio Grimani vor dem Glauben kniend*, umgeben von einem Schwarm *putti*, von 1576.

Die Delegationen warteten einst im **Anticollegio** (Vorraum des Rats), in dem Tintoretto Parallelen zwischen römischen Göttern und der venezianischen Regierung

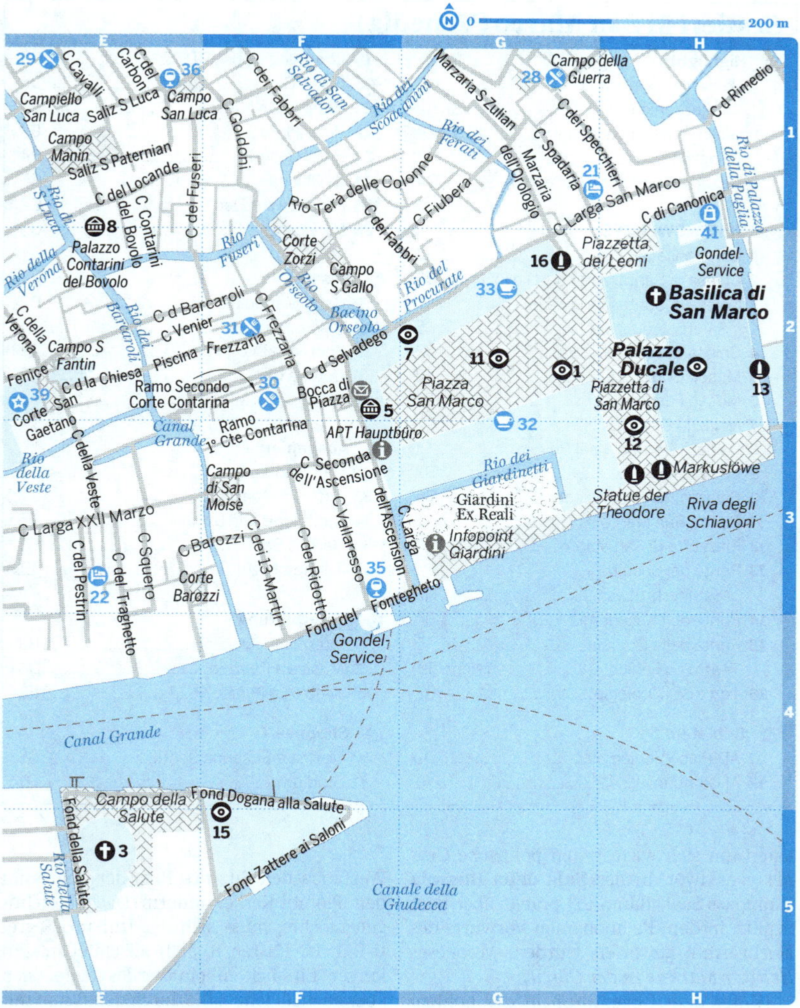

zog: *Merkur und die drei Grazien* belohnt Venedigs Fleiß mit Schönheit, und *Minerva vertreibt Mars* ist der venezianische Triumph der Klugheit über rohe Gewalt. Ein kürzlich renoviertes Deckengemälde zeigt Veroneses *Venedig verteilt Ehren* (1577), während ein Bild an einer Wand von fehlendem diplomatischen Geschick erzählt: Veroneses *Raub der Europa*.

Nur wenige wurden im von Palladio entworfenen **Collegio** (Ratssaal) empfangen, in dem Veroneses Deckengemälde *Tugenden der Republik* (1578–1582) Venedig als betörende Blondine zeigt, die ihr Zepter wie einen Zauberstab schwingt. Jacopo und Domenico Tintoretto, Vater und Sohn, versuchten sich in ähnlicher Schmeichelei und malten in ihrem Deckenfresko *Triumph Venedigs* in der **Sala del Senato** (Senatssaal) Venedig zusammen mit Apollo, Mars und Merkur – doch umhertollende Seemonster stehlen allen die Schau.

Dubiose Taktiken waren nie so reizvoll wie in der **Sala Consiglio dei Dieci** (Gerichtssaal des Rats der Zehn; Raum 20), in der sich Venedigs Star-Gerichtskammer unter Veroneses *Juno überschüttet Venedig mit Gaben,* auf dem die Göttin mit Golddu-

Sestieri di San Marco (Venedig)

Highlights

	Basilica di San Marco	H2
	Ca' Rezzonico	A2
	Gallerie dell'Accademia	B4
	Palazzo Ducale	H2
	Peggy Guggenheim Collection	C4

SEHENSWERTES

1	Campanile	G2
2	Chiesa di Santa Maria del Giglio	D3
3	Chiesa di Santa Maria della Salute	E5
4	Chiesa di Santo Stefano	C2
5	Museo Correr	F2
6	Museo Fortuny	D1
7	Negozio Olivetti	G2
8	Palazzo Contarini del Bovolo	E1
9	Palazzo Grassi	B2
10	Palazzo Venier dei Leoni	C4
11	Piazza San Marco	G2
12	Piazzetta di San Marco	H3
13	Ponte dei Sospiri (Seufzerbrücke)	H2
14	Ponte dell'Accademia	B4
15	Punta della Dogana	F5
	Teatro La Fenice	(siehe 39)
16	Torre dell'Orologio	G2

Schlafen

17	AD Place Venice	D3
18	Al Campaniel	A1
19	Charming House DD.724	C5
20	Gio' & Gio'	D3
21	Hotel Ai Do Mori	G1
22	Hotel Flora	E3
23	Hotel Galleria	B4
24	La Chicca	C5
25	Locanda Art Deco	C2
26	Novecento	C3

Essen

27	Caffé Mandola	D2
28	Cavatappi	G1
29	Enoteca al Volto	E1
30	Osteria da Carla	F2
31	Osteria San Marco	F2

Ausgehen

32	Caffè Florian	G2
33	Caffé Lavena	G2
34	Cantinone 'Già Schiavi'	A5
35	Harry's Bar	F3
36	Torino@Night	E1

Unterhaltung

37	Interpreti Veneziani	B3
38	Musica a Palazzo	D4
39	Teatro La Fenice	E2

Shoppen

40	Marina e Susanna Sent	C5
41	Studium	H1

katen um sich wirft, gegen politische Gegner verschwor. In der **Sala della Bussola** (Kompass-Saal; Raum 21) prangt über dem Schlitz, in den die anonymen Vorwürfe des Hochverrats geworfen wurden, Veroneses *Heiliger Markus in der Glorie.*

Hinter dem Dogenthron in der höhlenartigen **Sala del Maggior Consiglio** (Saal des Großen Rats; 1419) hängt das 22 x 7 m große *Paradies* von Domenico Tintoretto, das eher politisch korrekt denn anziehend ist: Im Himmel drängen sich 500 prominente Venezianer, darunter mehrere Mäzene Tintorettos. Veroneses politische Geste ist da eleganter: Im ovalen Deckengemälde *Apotheose der Venezia* staunen die Götter darüber, dass Engel Venezia krönen. Im Fries der ersten 76 Dogen Venedigs klafft eine schwarze Lücke: Hier sollte Doge Marin Falier abgebildet werden, doch 1355 war er nach einer fehlgeschlagenen Verschwörung wegen Hochverrats enthauptet worden.

Kerker

Wer auch den Sitz des Rats der Zehn und den Piombi-Kerker unterm Dach besichtigen möchte, muss sich der Itinerari-Segreti-Tour (s. Kasten S. 363) anschließen. Ein kurzer Einblick in ein Verlies bietet sich aber auch all jenen, die durch den Raum mit Hieronymus Boschs apokalyptischer Vision gehen und den Spuren verurteilter Insassen auf der **Seufzerbrücke** zu Venedigs **Prigione Nuove** (Neues Gefängnis; 16. Jh.) folgen. Die nasskalten Zellen sind mit Unschuldsbeteuerungen bemalt und mit Marmor ausgelegt, dessen sich Venedig bei einem staatlich sanktionierten Raubzug bemächtigt hatte: der Plünderung Konstantinopels.

Museo Correr MUSEUM

(Karte S. 360; ☎041 240 52 11; www.museiciviciveneziani.it; Piazza San Marco 52; Erw./erm. inkl. Dogenpalast 14/8 € oder Museumspass; ⌚ April–Okt. tgl. 10–19 Uhr, Nov.–März tgl. 10–17 Uhr) Napoleon stopfte seine königlichen Gemächer über der Piazza San Marco mit den Reichtümern der Dogen voll, und einige der schönsten venezianischen Erbstücke schaffte er als Trophäen nach Frankreich. Doch den größten Schatz konnte er nicht heben: Jacopo Sansovinos **Libreria Nazionale Marciana** (Markusbibliothek) aus dem 16. Jh., geschmückt mit den Bildnissen überlebensgroßer Philosophen, porträtiert von Veronese, Tizian und Tintoretto, und ausstaffiert mit umhertollenden Miniatur-Meerestieren.

Venedig forderte erfolgreich viele alte Landkarten, Statuen, Preziosen und Waffen zurück – und auch Meisterwerke der Malerei aus vier Jahrhunderten, die in der **Pinacoteca** zu bewundern sind. Unbedingt sehenswert sind Paolo Venezianos traurig blickende Heilige aus dem 14. Jh. (Raum 25), Lo Schiavones Madonna mit einem properen Jesuskind, das eine Korallenkette trägt (Raum 31), Jacopo di Barbaris Druckstock mit einem detailreichen Blick auf Venedig (Raum 32) und ein ganzer Raum voller Bellini-Heiliger mit leuchtenden Augen und rosa Wangen (Raum 36) sowie ein wunderbares anonymes Porträt (1784) der Ruderin und fünffachen Regattasiegerin Maria Boscola (Raum 47). Den Wechselausstellungen im neoklassischen Ballsaal stehlen Antonio Canovas Statuen der unglücklichen Liebenden Orpheus und Eurydike zumeist die Schau.

Torre dell'Orologio — WAHRZEICHEN

(Uhrturm; Karte S. 360; ☎041 4273 0892; www.museicivicivenezia ni.it; Piazza San Marco; Erw./erm. 12/7 € oder Museumspass; ⌚Führungen auf Englisch Mo–Mi 10 und 11, Do–Sa 14 und 15, auf Italienisch tgl. 12 und 16 Uhr, auf Französisch Mo–Mi 14 und 15, Do–So 10 und 11 Uhr) Es geht das Gerücht, dass die Erfinder dieses mit Blattgold verzierten Zeitmessers (der die Mondphasen aufzeigt) ermordet wurden, damit keine andere Stadt ein ähnliches technisches Wunderwerk bekäme. Doch der Schuss ging nach hinten los: Der Mechanismus von 1497 funktionierte nicht, und die Glocken läuteten willkürlich, weil ja niemand wusste, wie sie zu reparieren waren.

Nach einer Renovierung tut die Uhr inzwischen ihren Dienst. Bewegliche Zylinder zeigen auf dem Ziffernblatt Stunden und Minuten an, ein 132-schlägiges Glockenspiel gibt den Takt an. Zwei Mohrenstatuen schlagen zu jeder Stunde ganz oben auf dem Turm, und Holzstatuen der Heiligen Drei Könige erscheinen unter Jubelrufen an ihrem Feiertag sowie am Himmelfahrtstag. Wer an einer Führung teilnimmt, der erklimmt die steile, durchaus Platzangst auslösende Wendeltreppe hinter der Uhr und erreicht die Terrasse, wo die Mohren von nahem zu betrachten sind.

Der Zugang ist nur im Rahmen von Führungen gestattet, Kinder unter sechs Jahren dürfen nicht hinein.

Negozio Olivetti — SEHENSWERTES GEBÄUDE

(Olivetti-Laden; Karte S. 360; ☎041 522 83 87; www.fondoambiente.it; Piazza San Marco 101, Procuratie Vecchie; Audioführer Erw./erm. 5/3 €; ⌚April–Okt. tgl. 10–19 Uhr, Nov.–März tgl. 10–17 Uhr) Provokativ wie ein aus dem Petticoat gezogener Revolver war das extrem moderne Negozio Olivetti, als es 1957 unter den verschnörkelten Arkaden des Markusplatzes eröffnet wurde. Der venezianische Architekt Carlo Sarpa verwandelte für den Hightech-Pionier Olivetti einen schmalen, dunklen Anden-

STAATSGEHEIMNISSE ENTHÜLLT: ITINERARI SEGRETI

Wer auf den Spuren der Staatsgeheimnisse wandeln möchte, begibt sich auf eine 75-minütige Führung durch das Dachgeschoss des Palazzo Ducale (Dogenpalast): **Itinerari Segreti** (Geheimgang; ☎041 4273 0892; Erw./erm. 18/12 €; ⌚Führungen auf Englisch 9.55, 10.45 & 11.35 Uhr, auf Italienisch 9.30 & 11.10 Uhr, auf Französisch 10.20 & 12 Uhr). Ein als Aktenschrank getarnter, verborgener Durchgang führt in die **Sala del Consiglio dei Dieci** (Kammer des Rates der Zehn), die mit fröhlichen Cherubim und dem optimistischen Veroneser *Sieg der Tugend über das Laster* geschmückt *ist*. Unvermittelt folgt das enge, schmucklose **Geheime Hauptquartier des Rates der Zehn**, an das die **Strafkammer** mit ihren streng vertraulichen Aktenfächern grenzt.

Der Weg führt weiter in ein fensterloses **Verhörzimmer**, wo sich ein bloßer Strick befindet, mit dem bis ins 17. Jh. hinein den Angeklagten auf höchst perverse Weise Informationen entlockt wurden. Es folgt das berüchtigte Gefängnis unter dem Dach, die **Piombi** (Bleikammern). Hier wurde Casanova wegen Freimaurerei und Bestechung von Nonnen 1756 zu fünf Jahren Haft verurteilt, entkam aber durch das Dach.

kenladen in einen Schaukasten für seine eleganten Schreibmaschinen und „Rechenmaschinen" (ausgestellt sind Modelle aus den Jahren 1948–54).

Statt gegen die Elemente anzukämpfen, bat Scarpa sie listig herein und entfernte Mauern, damit Licht einfallen konnte, stellte ein riesiges Pflanzgefäß und einen Springbrunnen aus belgischen Marmorplatten als Hinweis auf die *acque alte* auf. Besucher wandeln auf Böden aus Muranoglasfliesen in kräftigen Farben, über eine schwebende weiße Marmortreppe, an seidigen venezianischen Gipswänden entlang auf einen Innenbalkon aus warmem Teakholz. Halbrunde Bullaugenfenster ähneln Augen, die auf die Piazza oder weit entfernte Horizonte blicken.

Campanile — WAHRZEICHEN

(Glockenturm; Karte S. 360; Piazza San Marco; www.basilicasanmarco.it; Eintritt 8 €; ⏲ Juli–Sept. tgl. 9–21 Uhr, April–Juni & Okt. 9–19 Uhr, Nov.–März 9.30–15.45 Uhr) Der 99 m hohe Glockenturm des Doms wurde nach seiner Errichtung im Jahr 888 zweimal umgebaut. Kritiker beschimpften Bartolomeo Bons Umgestaltung im 16. Jh. als plump, doch als diese Konstruktion 1902 plötzlich zusammenbrach, bauten die Venezianer den Turm eins zu eins wieder auf.

Von oben bietet sich ein Panoramablick über die Lagune, hier hört man die Maragona, eine Bronzeglocke, die bis zur Schiffswerft Arsenale tönt, ganz nahe – Ohrstöpsel sind daher empfehlenswert. Die von Sansovino gestaltete Marmorloggia ist wegen Stabilisierungs- und Drainagearbeiten zeitweise hinter einer Sicherheitsabgrenzung verborgen.

LP TIPP Teatro La Fenice — OPERNHAUS

(Karte S. 360; ☎041 78 65 11, Reservierung 041 24 24; www.teatrolafenice.it; Campo San Fantin 1965; Audioführer Erw./erm. 7/5 €; ⏲variiert) Als seine Herrschaft über die Weltmeere dahingeschwunden war, entdeckte Venedig die Macht des hohen Cs. Man heuerte Claudio Monteverdi, den Vater der modernen Oper, als Kapellmeister des Markusdoms an und eröffnete 1792 La Fenice („Phönix"). Rossini und Bellini inszenierten hier ihre Opern, ganz Europa war neidisch – bis La Fenice 1836 in Flammen aufging.

Venedig ohne Oper? Das war undenkbar, und innerhalb eines Jahres war das Opernhaus wieder aufgebaut. Verdis *Rigoletto* und *La Traviata* wurden hier uraufgeführt, und internationale Größen wie Strawinski, Prokofiew und Britten komponierten für La Fenice. Doch 1996 brannte das Haus erneut ab – zwei Elektriker, die eine Strafe wegen Arbeitsverzugs zu erwarten gehabt hätten, wurden der Brandstiftung überführt. Eine 90 Mio. Euro teure Kopie des Opernhauses wurde 2004 eingeweiht, und obwohl einige Kritiker dem Avantgarde-Design der italienischen Stararchitektin Gae Aulenti liebend gern den Vorzug gegeben hätten, war die Aufführung von *La Traviata* in der Urfassung eine Sensation.

Museo Fortuny — MUSEUM

(Karte S. 360; ☎041 4273 0892; www.museicivici veneziani.it; Campo San Beneto 3758; Erw./erm. 9/6 € oder Museumspass; ⏲Mi–Mo 10–18 Uhr) Im Atelier des venezianisch-spanischen Modeschöpfers Mariano Fortuny y Madrazo, dessen schockierend miederfreies Delphi-Göttinnen-Kostüm für Isadora Duncan weltweit Standards für die Boheme-Mode setzte, können sich Besucher modische Inspirationen holen. Die Salonwände im 1. Stock sind riesige Moodboards, tapeziert mit Fortunys Jugendstilstoffen und Fortunato-Depero-Plakaten, persischen Kettenpanzerhelmen und Gemälden leicht geschürzter Musen.

In den Salons sind original Fortuny-Kreationen sowie modernere Avantgardemode zu bestaunen, darunter Roberta di Camerinos Trompe-l'Œil-Maxikleider. Die kühne Architektur wird zuweilen durch die gewaltigen Kunstinstallationen im Lager unterm Dach überschattet, doch in der Galerie unten finden interessante Wechselausstellungen zu venezianischen Themen statt, z. B. zu Paolo Venturis bewegenden Fotoaufnahmen von handgefertigten Dioramen über Venedigs Ghetto um 1942.

Palazzo Grassi — KUNSTGALERIE

(Karte S. 360; ☎044 535 70 99; www.palazzograsi.it; Campo San Samuele 3231; Erw./erm. 15/10 €, inkl. Punta della Dogana 10/15 €; ⏲Mi–Mo 10–19 Uhr) Der Anblick hinter einer Kurve des Canal Grande lässt vielen Gondelpassagieren vor Staunen den Mund offen stehen: An Giorgio Masaris neoklassischem Palast von 1749 liegen ultramoderne Installationen von Künstlern wie Richard Prince und Jeff Koons vertäut. Der französische Milliardär François Pinault brachte 2005 seine provokante Sammlung moderner Kunst im Palazzo Grassi unter und versorgt damit die Stadt zwischen den Biennalen zuverlässig mit Sensationen und Skandalen. Die postmoderne Architektin Gae Aulenti schälte 1985/86 den verkünstelten Rokokodekor ab, um Masaris kraftvollen Klassizismus zum Vorschein zu bringen, und der Minimalist Tadao Ando betonte 2003 bis 2005 die bühnenreife Erscheinung des Palasts mit von hinten beleuchteten Stoffen und Scheinwerfern. Das Interieur des Cafés mit Blick auf den Canal Grande wird für jede Show umgestaltet.

Chiesa di Santo Stefano — KIRCHE

(Karte S. 360; www.chorusvenezia.org; Campo Santo Stefano; Eintritt 3 € oder Chorus Pass; ⏲Mo–Sa 10–17 Uhr) Der frei stehende Glockenturm hinter der Ziegelkirche neigt sich beunruhigend zur Seite, aber das gotische Bauwerk steht seit 1325 seinen Mann – und das, obwohl unter dem hölzernen Chorgestühl ein unterirdischer Kanal verläuft. Zu verdanken ist die grandiose Erscheinung der Kirche zum einen dem Baumeister Bartolomeo Bon und seinen marmornen Portalen, zum anderen venezianischen Schiffsbauern, die die gewaltige hölzerne Decke in Form einer *carena di nave* (Schiffskiel) schufen. Sie hat die Gestalt einer umgedrehten Arche Noah.

Das **Museum im Kreuzgang** zeigt Canovas Grabstelen von 1808 mit schönen Frauen, die ihre Augen mit ihren Trauermänteln betupfen, Tullio Lombardos großäugigen Heiligen von 1505, auf den sich Tizian in seinem Madonnenbild in der Kirche I Frari bezogen haben soll, und drei düstere Gemälde von Tintoretto: *Das Abendmahl* mit einem geisterhaften Hund, der um Brot bettelt, das dräuende Unheil des *Christus am Ölberg* und die abstrakte, überwiegend in schwärzlichen Tönen gehaltene *Fußwaschung*.

Chiesa di Santa Maria del Giglio — KIRCHE

(Karte S. 360; www.chorusvenezia.org; Campo di Santa Maria del Giglio; Eintritt 3 € oder Chorus Pass; ⏲Mo–Sa 10–17 Uhr) In dieser kompakten Kirche verspürt jeder Besucher Ehrfurcht vor der Vergangenheit: Der byzantinische Grundriss stammt aus dem 10. Jh., in die Barockfassade sind herrlich falsche Karten europäischer Städte von ca. 1678 eingearbeitet. Hier lassen sich außerdem drei Meisterwerke bewundern: Veroneses *Madonna mit Kind* versteckt sich hinter dem Altar, Tintorettos vier Evangelisten flankieren die Orgel, und der Renaissance-Künstler Peter Paul Rubens hat in der Molin-Kapelle mit Maria, dem heiligen Johannes und einem wahrlich rubenshaften Jesuskind seinen Auftritt.

GRATIS Palazzo Contarini del Bovolo — SEHENSWERTES GEBÄUDE

(Karte S. 360; ☎041 532 29 20; Calle Contarini del Bovolo 4299; Eintritt zum Hof ist frei; ⏲tgl. 10–18 Uhr) Man muss nicht auf den Sonnenuntergang warten, um sich zu einem Kuss hinreißen zu lassen: Dieser romantische Renaissance-*palazzo* aus dem 15. Jh. mit einer außen angebrachten *bovolo* (Schneckenhaus)-Wendeltreppe ist wegen Renovierung zwar geschlossen, doch im schattigen Innenhof mit Blick auf die schöne Treppe lässt es sich herrlich küssen.

DORSODURO

LP TIPP Gallerie dell'Accademia — KUNSTGALERIE

(Karte S. 360; ☎041 520 03 45; www.galleriaaccademia.org; Campo della Carità 1050; Erw./erm. 6,50/3,25 €; ⏲Mo 8.15–14, Di–So 8.15–19.15 Uhr, letzter Einlass 1 Std. vor Schließung) Palladios beschaulich wirkende Anbauten des früheren Klosters Santa Maria della Carità enthalten mehr mörderische Intrigen, verbotene Affären, schamlose politische Machenschaften und Beinahe-Revolten als die skandalösesten venezianischen Lustbarkeiten. Die Führungen durch dieses Bombardement von Unaussprechlichem sind lose nach Stil, Thema und Künstler vom 14. bis zum 18. Jh. gestaltet.

Säle 1–5

Startpunkt sind die frühen Meisterwerke, darunter Paolo Venezianos *Marienkrönung* von ca. 1350, ein Bild, auf dem Jesus seiner Mutter mit einem sanften Klaps auf den Kopf die Krone aufsetzt. Nichts übertrifft das reine, glänzende Blut von Vittore Carpaccios *Kreuzigung und Verklärung der zehntausend Märtyrer auf dem Berg Ararat* in Saal 2 – Harry's Bar traf es ziemlich genau mit der Benennung der rohen Rindfleischscheiben in Anlehnung an diesem Maler. Andrea Mantegnas stolzer, attraktiver *Hl. Georg* von 1466 und Giovanni Bellinis liebliche und von neonroten Putten umgebene *Madonna mit Kind* betonen die beiden künstlerischen Vorlieben Venedigs: höchste Dramatik und leuchtende Farben (in den Sälen 3 bis 5).

Säle 6–10

Hier bietet sich den Besuchern ein Gang durch die Renaissance, darunter Tintorettos *Erschaffung der Tiere*, ein fantastisches Bestiarium, das vermuten lässt, dass Gott den größten Wert auf die Erfindung venezianischen Seafoods legte. Nach einer Restauration erscheinen heute Tizians letzte

MEHR FÜRS GELD

Mit diesen Rabattsystemen können sich Besucher bei den Eintrittsgelder für die Sehenswürdigkeiten Venedigs Vergünstigungen verschaffen.

» **Museumspass** (Musei Civici Pass; www.museicivicivenezianі.it; Erw./Kind 18/12 €), gilt sechs Monate lang für einen einmaligen Eintritt in zehn öffentliche Museen bzw. in die fünf Museen um den Markusplatz (Erw./Kind 14/8 €). Online oder in den einzelnen Museen erhältlich, inkl. Palazzo Ducale (Dogenpalast), Museo Correr, Museo Fortuny und Ca' Rezzonico.

» **Chorus Pass** (www.chorusvenezia.org; Erw./erm. 10/7 €; ⌚Besuche Mo–Fr 10–17 Uhr), gewährt einen einfachen Eintritt in 16 Kirchen Venedigs; gültig ein Jahr lang; Verkauf online oder an den Kassenschaltern der Kirche.

» **Venice Card** (☎041 2424; www.hellovenezia.com; Erw./erm. 40/30 €; ⌚Callcenter 8–19.30 Uhr), kombiniert Museumspass und Chorus Pass, zudem ermäßigter Eintritt zur Biennale und zu zwei öffentlichen Bädern, Ermäßigungen für Konzerte, Sonderausstellungen und Parkgebühren. Erhältlich in Touristeninformationen und an HelloVenezia-Schaltern an *vaporetto*-Stationen (kleine Passagierfähren).

» **Rolling Venice** (14–29 Jahre 4 €) verschafft jungen Besuchern einen ermäßigten Zutritt zu Denkmälern und kulturellen Veranstaltungen, berechtigt außerdem zu einer 72-stündigen Nutzung öffentlicher Verkehrsmittel für nur 18 € statt den regulären 33 €. Für den Erwerb in Touristeninformationen oder an HelloVenezia-Schaltern (in der Nähe der wichtigsten *vaporetto*-Stationen) besteht Ausweispflicht.

Werke, die vielleicht nach seinem Tod von Palma il Giovane vollendet wurden, in neuem Licht: Auf einem Gemälde von 1576, das eine *Pietà* darstellt, trug Tizian Farbwischer mit bloßer Hand auf.

Ein künstlerischer Triumph über die Macht der Zensur befindet sich in Saal 10: Paolo Veroneses ziemlich kontroverses Gemälde *Gastmahl im Haus des Levi* hat eine interessante Geschichte. Das Werk war ursprünglich mit *Abendmahl* betitelt, bis die Inquisition Veronese für die Abbildung von Trunkenbolden, Zwergen, Hun-den und reformatorischen Deutschen inmitten der Apostel für gottlos erklärte. Veronese weigerte sich, auch nur eine geringste Kleinigkeit an dem Bild zu ändern, bis auf den Titel. Venedig unterstützte seinen Akt künstlerischen Ungehorsams gegen Rom.

Säle 11–19

In den Galerien barocker Porträts schauen überlebensgroße venezianische Persönlichkeiten aufs Publikum herab: Giorgiones eindeutig botoxfreie *Alte Frau*, Lorenzo Lottos eindringliches *Porträt eines jungen Gelehrten* (1525), Rosalba Carrieras brutal ehrliches Selbstporträt (um 1730), Pietro Longhis gestrenge Anstandsdame in *Die Tanzstunde* und Giambattista Piazzettas aufreizende *Wahrsagerin* (1740).

Säle 20–24

Gentile Bellini und Vittore Carpaccio füllen Saal 20 mit ihren Versionen der *Geschichten vom Heiligen Kreuz* und zeigen multikulturelle Händler in Venedig. Die frisch restaurierte Sala dell'Albergo präsentiert Antonio Vivarinis gewaltiges Triptychon von 1446 und Tizians *Vorstellung der Jungfrau im Tempel* (1534–1539), in der die sehr junge Maria eine einschüchternd große Treppe hinaufsteigt, während die Menge auf sie zeigt.

LP TIPP Collezione Peggy Guggenheim KUNSTGALERIE

(Karte S. 360; ☎041 240 54 11; www.guggenheim-venice.it; Palazzo Venier dei Leoni 704; Erw./erm. 12/7 €; ⌚Mi–Mo 10–18 Uhr) Nach dem tragischen Tod ihres Vaters auf der *Titanic* freundete sich die Erbin Peggy Guggenheim mit Dadaisten an und sammelte avantgardistische Werke von 200 modernen Künstlern in ihrem feudalen Haus am Canal Grande. Peggys **Palazzo Venier dei Leoni** wurde zu einem Schrein der Moderne, eine Chronik des Surrealismus, italienischen Futurismus und des abstrakten Expressionismus, mit einem Subtext ihrer amourösen Kapriolen – zur Sammlung gehören wichtige Werke ihres Exehemanns Max Ernst sowie von Jackson Pollock, der einer ihrer vielen Liebhaber gewesen sein soll. Peggy sammelte nach eigenem Gutdünken, nicht aus Prestige- oder

Stilgründen. Zu ihrer Sammlung gehören deshalb auch – neben Kandinsky, Picasso, Brancusi, Mondrian, Dalí, Man Ray, Calder und Joseph Cornell – Werke der Volkskunst und weniger bekannte Künstler.

Garten & Pavillon

Im Skulpturengarten, wo die Stadt 1979 Peggy Guggenheim ein Ehrengrab neben ihren Hunden gewährte, wandert man vorbei an Bronzen von Moore, Giacometti und Brancusci, an Yoko Onos *Wish Tree* und einem glänzenden schwarzen Granitklumpen von Anish Kapoor. In einem Pavillon sind ein Café, ein Buchladen, Toiletten und Wechselausstellungen über unterschätzte modernistische Rebellen untergebracht.

LP TIPP Ca' Rezzonico MUSEUM

(Museum des 18. Jhs.; Karte S. 360; ☎041 241 01 00; www.museicivicivenezianі.it; Fondamenta Rezzonico 3136; Erw./erm. 8/5,50 € oder Museumspass; ⌚April–Okt. Mi–Mo 10–18 Uhr, Nov.–März Mi–Mo 10–17 Uhr; letzter Einlass 1 Std. vor Schließung) In Baldassare Longhenas prächtigem Barockpalast am Canal Grande lebt im Dachgeschoss die Dekadenz des 18. Jhs. in üppig ausgestatteten Musiksalons, in luxuriösen Boudoirs und gar in einer Apotheke mit medizinisch wirksamen Skorpionen wieder auf. Giambattista Tiepolos Deckengemälde im Thronsaal ist ein Meisterwerk über den gesellschaftlichen Aufstieg: Ein Sinnbild des Verdienstes steigt hoch zum Glorientempel, mit dem Goldenen Buch venezianischer Aristokraten in den Händen – darunter freilich Tiepolos Gönner, die Familie Rezzonico.

Highlights der Sammlung sind z. B. der Pietro-Longhi-Salon der Sozialsatire, Rosalba Carrieras ironische Prominentenporträts, Giandomenico Tiepolos tanzende Hofnarren in den wieder zusammengetragenen Schlafgemach-Fresken aus Tiepolos Villa in Zianigo sowie Emma Ciardis stimmungsvolle Venedigbilder im obersten Stock. Am Aushang unten stehen die Termine der Konzerte im mit Trompe-l'Œil-Fresken ausgeschmückten Ballsaal.

Punta della Dogana MUSEUM

(Karte S. 360; ☎199 13 91 39; www.palazzograssi.it; Erw./erm. 15/10 €, inkl. Palazzo Grassi 20/15 €; ⌚Mi–Mo 10–19 Uhr) Fortuna, die Figur auf dem Dach der Punta della Dogana, schwang 2005 vor Freude vermutlich hin und her, als der französische Milliardär und Kunstsammler François Pinault wegen bürokratischer Scherereien in Paris seine Kunstschätze lieber im Palazzo Grassi präsentierte und in diesem leer stehenden Zolllager eine Galerie für Kunstinstallationen einrichtete. Der Architekt Tadao Ando öffnete die Innenräume und ließ durch Fenster in den Wasserpforten und blankpolierten Betonkanälen Licht ins Gemäuer aus bloßem Ziegel

Dorsoduro (Venedig)

Dorsoduro (Venedig)

Sehenswertes

1 Scuola Grande dei Carmini A2

Essen

2 Enoteca ai Artisti B3
3 Grom B3
4 Pizza al Volo A2
5 Ristoteca Oniga B2
6 Trattoria La Bitta A3

Ausgehen

7 Il Caffè Rosso A1
8 Osteria alla Bifora A1

Unterhaltung

9 Venice Jazz Club B2

Shoppen

10 Lauretta Vistosi B2

DIE SCHLANGEN VOR DER ACCADEMIA UMGEHEN

Um die Warteschlangen vor den Kassen der Accademia zu umgehen, können Tickets im Voraus gebucht werden – online oder per Telefon (Buchungsgebühr 1 €). Ansonsten gilt der Tipp, sich nachmittags anzustellen, dann sind die Schlangen kürzer. Zu lange warten sollte man allerdings nicht, denn letzter Einlass ist eine Stunde vor Schließung. Große Gepäckstücke am besten vermeiden, sie können aber gegebenenfalls an der Gepäckaufbewahrung deponiert werden (0,50 €). Dort ist auch ein Audioguide (5 €) erhältlich, der meist aber wenig informativ und weitgehend unnötig ist. Besucher sollten sich besser das Anstehen danach sparen. Stattdessen sollten sie sich lieber von der Nase leiten lassen und den erklärenden Wandtafeln folgen.

dringen – eine Hommage an Carlo Scarpas Design fürs Negozio Olivetti.

Die rotierenden Installationen lassen keinen Besucher ungerührt und rufen unterschiedlichste Reaktionen hervor: etwa Chen Zhens Landschaft aus Kristallversionen seiner eigenen kranken Organe, Edward Kienholz' lebensgroßer Nachbau eines Bordellsalons in Las Vegas oder Adel Abdessemeds Zeichnungen von Molotowcocktail-Werfern, die auf Konzertbühnen orchestrierte Gewalt veranstalten. Einige Werke eignen sich nicht für junge Betrachter, andere wiederum sprechen gerade sie an, z.B. Jeff Koons stählernes Wasserspielzeug.

Chiesa di Santa Maria della Salute — KIRCHE

(Karte S. 360; www.seminariovenezia.it, auf Italienisch; Campo della Salute 1 b; ⌚tgl. 9–12, 15–17.30 Uhr) Diese Kirche, sozusagen Ausdruck eines gewaltigen Seufzers der Erleichterung, bauten Überlebende der Pest von 1630 zum Dank für ihre Verschonung. Baldassare Longhenas außergewöhnliche achteckige Kirche – Schauplatz der Festa della Madonna della Salute (Venedigs alljährlicher Wallfahrt, auf der um gute Gesundheit gebetet wird; s. S. 383) – haben Architekturgelehrte schon mit griechisch-römischen Tempeln und jüdischen Kabbala-Diagrammen verglichen. Aufgrund umfangreicher Restaurierungsarbeiten ist den Kirchenbesuchern der Zugang zur **Sakristei** (Eintritt 2 €) eventuell nicht möglich. Dort hängen Tintorettos überraschend fröhliche *Hochzeit zu Kana* und zwölf Schlüsselwerke von Tizian, darunter ein plastisches Selbstportät als hl. Matthäus und sein frühestes bekanntes Bild, *Der hl. Markus auf dem Thron* von 1510.

Gesuati — KIRCHE

(Santa Maria del Rosario; Karte S. 354; www.chorusvenezia.org; Fondamenta delle Zattere 918; Eintritt 3 € oder Chorus Pass; ⌚Mo–Sa 10–17 Uhr) Egal, wie draußen das Wetter ist, in dieser von Giorgio Massari gestalteten Barockkirche scheint immer die Sonne. Der leuchtende Himmel um den heiligen Dominikus in Tiepolos Deckenfresko (1737–1739) wirkt derart authentisch, dass sich der Betrachter unwillkürlich fragt, ob er genügend Sonnencreme aufgetragen hat. Eine trübere Stimmung verbreitet Tintorettos *Kreuzigung* (1565) an der rechten Seite des Kirchenschiffs: Maria wird vor Gram ohnmächtig. Doch in Sebastiano Riccis *Die Heiligen Petrus und Thomas mit Papst Pius V.* (1730–1733) sorgen pummelige umhertollende Putten wieder für himmlische Erleichterung.

Scuola Grande dei Carmini — SEHENSWERTES GEBÄUDE

(Karte S. 370; ☎041 528 94 20; www.scuolagrandecarmini.it; Campo Santa Margherita 2617; Erw./erm. 5/4 €; ⌚tgl. 11–17 Uhr) In diesem Refugium den Karmelitern meint man mit einer Zeitmaschine ins Venedig vor 300 Jahren gereist zu sein. Giambattista Tiepolo und Baldessare Longhena statteten die Scuola (Gilde) gar prächtig aus. Longhena entwarf die mit Stuck und Blattgold verzierte Himmelstreppe, auf die Tiepolos neun Deckengemälde mit der *Jungfrau mit Glorienschein* herabblicken. Zuweilen werden hier Konzerte der **Musica in Maschera** (Musik in Kostümen; www.musicainmaschera.it) in Gewändern aus dem 18. Jh. gegeben.

GRATIS Magazzini del Sale — KUNSTGALERIE

(Karte S. 354; www.fondazionevedova.org; Zattere 266; Spende erbeten; ⌚ Mi–Mo 10.30–18 Uhr während Ausstellungen) Der Pritzker-Preisträger Renzo Piano hat Venedigs historische Salzlager in städtische Kunstgalerien verwandelt. Außer einer öffentlichen Galerie und einer Performance-Bühne findet sich hier auch die dem venezianischen abstrakten Maler Emilio Vedova gewidmete **Fondazione Vedova** (www.fondazionevedova.org), deren

Ausstellungen beweglich und im Wortsinn rotierend sind: Angetrieben von erneuerbaren Energiequellen schwenken zehn von Vedova und Piano ausgetüftelte Roboterarme Kunstwerke aus Lagerräumen heraus und wieder hinein.

SAN POLO & SANTA CROCE

LP TIPP I Frari — KIRCHE

(Basilica di Santa Maria Gloriosa dei Frari; Karte S. 354; www.chorusvenezia.org; Campo dei Frari 3004; Eintritt 3 € oder Chorus Pass; ⌚Mo–Sa 9–18, So 13–18 Uhr) Die hohe gotische Kirche aus italienischem Ziegel präsentiert sich mit Einlegearbeiten im Chorgestühl, Canovas Pyramidenmausoleum, Bellinis schmerzlich süßem Triptychon *Madonna mit Kind* in der Sakristei und Longhenas gruseligem Grabmal für den Dogen Pesaro. Dieses wird von kräftigen Sklaven getragen, deren verschlissene Gewänder unter ihren Muskeln zerreißen. Viele Besucher fühlen sich insbesondere von einem kleinen Altarbild magisch angezogen: In Tizians *Mariä Himmelfahrt* (1518) steigt eine leuchtende Madonna in tizianrotem Gewand auf eine Wolke und entkommt so der Sterblichkeit. Zuschauer im Bild selbst und außerhalb zeigen ehrfürchtig auf diesen Anblick. Tizian übertraf sich hier selbst, seine *Himmelfahrt* stiehlt sogar seinem eigenen Pesaro-Altarbild beim Eingangsportal die Schau. Der Künstler starb 1576 an der Pest, und angeblich umging man die strengen Quarantänevorschriften, um ihn in der Nähe seines Meisterwerks zu bestatten.

LP TIPP Scuola Grande di San Rocco — MUSEUM

(Karte S. 354; ☎041 523 48 64; www.scuolagrade sanrocco.it; Campo San Rocco 3052; Erw./erm. 7/5 €; ⌚tgl. 9.30–17.30 Uhr) Da der Auftrag zur Ausgestaltung dieses dem Schutzpatron der Pestkranken gewidmeten Gebäudes hart umkämpft war, griff Tintoretto zu einer List: Statt wie seine Rivalen Entwürfe anzufertigen, überreichte er den Verantwortlichen ein herrliches Deckengemälde des hl. Rochus als Geschenk – das konnten diese schließlich schlecht ablehnen.

Obergeschoss

Die alttestamentarischen Szenen, die Tintoretto 1575 bis 1587 für die Decke der Sala Grande Superiore malte, lesen sich wie ein moderner Bilderroman: Wer das Kunstwerk betrachtet, meint fast, über sich ein Rauschen zu hören, wenn ein Engel herabtaucht, um den schwachen Elias zu füttern. Vor dem düsteren Hintergrund des Schwarzen Todes tauchen helle Blitze Tintorettos Episoden aus dem Neuen Testament in ein gespenstisches Licht.

Erdgeschoss

In der Aula erzählt Tintoretto die Lebensgeschichte Maria Magdalenas, von der *Verkündigung* an der linken Wand bis zur dunklen, wahrhaft katastrophenartig dargestellten *Himmelfahrt* gegenüber. Hier werden gelegentlich gregorianische Gesänge vor Publikum vorgetragen (Termine sind am Schalter zu erfragen), die in Tintorettos eindringlichen Gemälden widerzuhallen scheinen.

NICHT VERSÄUMEN

SAN SEBASTIANO

Über drei Jahrzehnte verbrachte Paolo Veronese damit, die schlichte Pfarrkirche **San Sebastiano** (Karte S. 354; www.chorusvenezia.org; Campo San Sebastiano 1687; Eintritt 3 € oder Chorus Pass; ⌚Mo–Sa 10–17 Uhr) vom Boden bis zur Decke mit Meisterwerken zu verzieren. Da wiehern Pferde über die Rahmen der Kassettendecken hinweg, die Orgelflügel zieren lebhafte Szenen, und in seinem in Altarnähe befindlichen *Martyrium des hl. Sebastian* zwingt der gefesselte Heilige den Blick seiner Peiniger trotzig nieder, inmitten einer Menge von Prominenten, Turbanhändlern und seinem Markenzeichen, dem fröhlichen Veronese-Spaniel. Besucher sollten auch Veronese selbst die Ehre erweisen, der seinem Wunsch gemäß hier zwischen seinen Meisterwerken begraben ist, darüber aber Tizians *San Niccolò* und die Tintorettos in der Sakristei nicht vergessen. Wenngleich Bauarbeiten den Zugang zu den Kunstwerken derzeit einschränken, bietet San Sebastiano grandiose Einblicke in wahre künstlerische Größe.

Ca' Pesaro — KUNSTGALERIE

(Karte S. 371; ☎041 72 11 27; www.museicivici veneziani.it; Fondamenta de Ca' Pesaro 2070; Erw./erm. 8/5 € oder Museumspass; ⌚April–Okt. Di–So 10–18 Uhr, Nov.–März Di–So 10–17 Uhr) Dieser herrschaftliche, von Longhena gestaltete Palast von 1710 beherbergt quasi ein venezianisches Exzentrikerpaar in Karnevalskostümen: die Galleria d'Arte Moderna und das Museo d'Arte Orientale.

Galleria d'Arte Moderna

Die drei Etagen mit venezianischer moderner Kunst präsentieren zunächst Exponate aus den ersten Biennalen, darunter venezianische Landschaften und Prominente, gemalt von einheimischen Künstlern (etwa Giacomo Favretto und Guglielmo Ciardi). Die cleveren Biennale-Organisatoren zeigen jedoch bald auch Ausländer, z. B. Gustav Klimts *Judith II (Salome)* von 1909 und Marc Chagalls *Rabbi von Witebsk* (1914–1922). 1961 fügte das De-Lisi-Vermächtnis (1. Stock) der Sammlung der Moderne, bestehend aus Werken De Chiricos, Mirós und Moores noch Gemälde Kandinskys und Morandis hinzu. Zu sehen sind auch radikal abstrakte Werke der hiesigen Nachkriegskünstler Santomaso und Vedova.

Museo d'Arte Orientale

An der knirschenden Treppe, die ins Dachgeschoss führt, stehen Samuraikrieger, fertig für den Kampf: Sie markieren den Anfang einer Souvenir-Shopping-Orgie durch ganz Asien, bei der Graf Enrico di Borbone 1887 bis 1889 zahlreiche Stücke für die Nachwelt zusammenkaufte. Netsuken aus der Edo-Zeit, Schirme und eine Lacksänfte sind Highlights der 30 000 Stücke umfassenden Sammlung.

Sestieri di San Polo (Venedig)

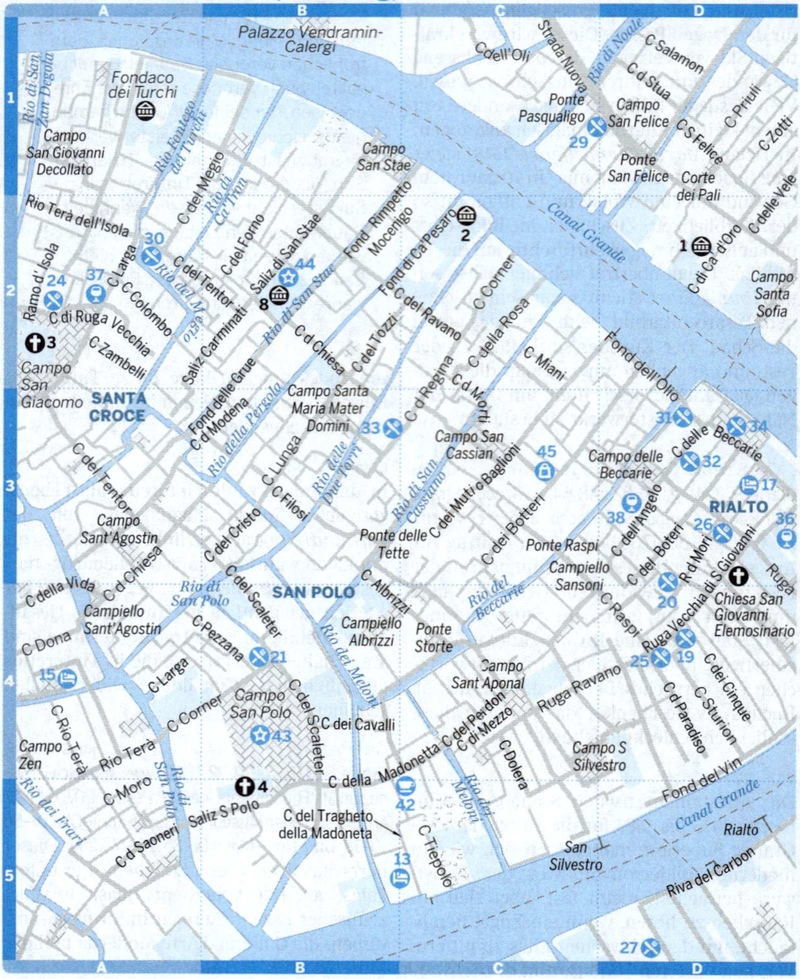

Palazzo Mocenigo MUSEUM
(Karte S. 371; ☎041 72 17 98; www.museicivici veneziani.it; Salizada di San Stae 1992; Erw./erm. 5/3,30 € oder Museumspass; ⌚April–Okt. Di–So 10–17, Nov.–März Di–So 10–16 Uhr) In dem in einem Barockpalast am Canal Grande beheimateten Kostümmuseum entfalten sich echte Kostümdramen: Gewagte Ausschnitte geben im Roten Salon allzu viel preis, im Schlafzimmer der Contessa fallen einschnürende Korsetts, und seidene Paisley-Kniebundhosen zeigen im Speisezimmer manch Männerbein. Noch bei den schlüpfrigsten Partys im Grünen Salon – unter Jacopo Guaranas Deckenfresko *Hochzeitsallegorie* (1787) – mussten die Gäste auf ihre Worte achten: Dereinst denunzierten die Mocenigos den Philosophen und Hausgast Giordano Bruno der Ketzerei und meldeten ihn bei der Inquisition.

Chiesa di San Giacomo dell'Orio KIRCHE
(Karte S. 371; Campo San Giacomo dell'Orio 1457; Eintritt 3 € oder Chorus Pass; ⌚ Mo–Sa 10–17 Uhr) Frühe venezianische Eroberungen schufen die Basis für das multikulturelle Sammelsurium in dieser kühlen und doch zauberhaften mittelalterlichen Kirche mit ihrem Grundriss in Form eines lateinischen Kreuzes, einer langobardischen Kanzel auf

Sestieri di San Polo (Venedig)

Sehenswertes

1 Ca' d'Oro D2
2 Ca' Pesaro C2
3 Chiesa di San Giacomo dell'Orio A2
4 Chiesa di San Polo B5
5 Chiesa di Santa Maria dei Miracoli G3
Gallerie d'Arte Moderna .... (siehe 2)
Museo d'Arte Orientale .... (siehe 2)
6 Museo della Fondazione Querini Stampalia H5
7 Palazzo Grimani H5
8 Palazzo Mocenigo B2
Palazzo Querini Stampalia .... (siehe 6)
9 Ponte di Rialto E4
10 Scuola Grande di San Marco H3
11 Zanipolo H3

Schlafen

12 Alla Vite Dorata F1
13 Ca' Angeli C5
14 Foresteria Valdese H4
15 Oltre il Giardino A4
16 Palazzo Abadessa E1
17 Pensione Guerrato D3

Essen

18 Al Pesador E3
19 Aliani D4
20 All'Arco D3
21 Antica Birreria della Corte B4
22 Billa Supermarkt G5
23 Coop G5
24 Coop A2
25 Dai Zemei D4
26 Drogheria Mascari D3
27 Enoteca al Volto D5
28 Gelateria Suso F4
29 La Cantina C1
30 Osteria La Zucca A2
31 Pescaria D3
32 Pronto Pesce Pronto D3
33 Rialto Biocenter B3
34 Rialtomarkt D3
35 Zenzero G4

Ausgehen

36 Al Mercà D3
37 Al Prosecco A2
38 Cantina Do Spade D3
39 Enoteca Mascareta H4
40 I Rusteghi F4
41 Osteria all'Alba E4
42 Pasticceria Rizzardini C5

Unterhaltung

43 Arena di Campo San Polo B4
44 Casa del Cinema B2

Shoppen

45 Cartè C3
46 Giovanna Zanella F4

einer byzantinischen Säule (6. Jh.) und ihrer frisch renovierten *carena-di-nave*-Decke (14. Jh.). Künstlerische Highlights sind z. B. das leuchtende Sakristeigemälde von Palma Il Giovane, Lorenzo Lottos *Madonna mit Kind und Heiligen* und ein herrliches veronesisches Holzkruzifix (das zurzeit restauriert wird).

Chiesa di San Polo

KIRCHE

(Karte S. 371; Campo San Polo 2118; Eintritt 3 € oder Chorus Pass; ⌚ Mo–Sa 10–17 Uhr) Allzu viele Venedigbesucher hasten an dieser bescheidenen byzantinischen Backsteinkirche (9. Jh.) zwischen Il Frari und Rialtobrücke vorbei. Sie ahnen nichts von den großen Dramen hinter den Portalen: Unter der mittelalterlichen hölzernen *carena-di-nave*-Decke zeigt Tintorettos *Letztes Abendmahl* die Apostel in Aufruhr, nachdem Jesus verkündet hat, dass ihn einer von ihnen verraten wird. In Giandomenico Tiepolos verstörenden Kreuzwegsstationen in der Sakristei wird Jesus von johlenden Zuschauern schikaniert, doch in einem Deckengemälde steigt er triumphierend aus seinem Grab.

CANNAREGIO

LP TIPP Chiesa della Madonna dell'Orto

KIRCHE

(Karte S. 376; Campo della Madonna dell'Orto 3520; Eintritt 3 € oder Chorus Pass; ⌚ Mo–Sa 10–17 Uhr) Die elegante, schlanke gotische Ziegelkathedrale von 1365, ursprünglich dem hl. Christophorus, dem Schutzheilgen der Reisenden, gewidmet, ist eines der bestgehüteten Geheimnisse Venedigs. Dies war die Gemeindekirche des Renaissance-Meisters Tintoretto, der in der Eckkapelle begraben ist und für die Apsis zwei seiner schönsten Werke schuf: *Die Vorstellung der Jungfrau im Tempel* mit Scharen von Engeln und Sterblichen, die einen Blick auf Maria erheischen wollen, und sein *Jüngstes Ge-*

GEHEIMTIPP

GIANANTONIO DE VINCENZO: MUSIKER

Venezia Suona

Um Konzerte genießen zu können, muss man sie erst einmal finden. Mit Venezia Suona („Venedig erklingt") wollten wir wundervolle Konzerte zu den Menschen hinbringen, wo immer sie auch sind. Wir luden internationale Musiker ein, in Booten zu spielen, in Armeebaracken auf einsamen Inseln, selbst auf dem Dach des Tronchetto-Parkhauses. Das ist der hässlichste Ort Venedigs, aber für einen Nachmittag lang war er wunderbar.

Jenseits des Barock

Vivaldi ist wie Karnevalsmasken in Venedig: überall und nicht zu verfehlen. Wer auf andere Musik trifft, bleibe stehen und höre zu, denn so bildet sich Kultur heraus: durch Beachtung unerwarteter Sinneseindrücke. Wer nichts mehr wahrnimmt, den hat das Fernsehen in der Mangel.

Dinner & eine Show

Restaurants schließen früh, doch *cicheti* (venezianische Tapas) sind vor und nach Konzerten noch gut zu haben. Ich greife vor den Shows zu *panini* und *prosecco* (natürlich gegoren) im Al Mercà oder entspanne danach in der *cicheti*-Bar Al Pesador.

Venezianischer Jazz

Das Knarren eines Gondelriemens in der Gabel, das darauffolgende Rauschen des strudelnden Wassers, das sind die leisen rhythmischen Laute, die in Venedig zu hören sind, weil es hier keinen aggressiven Verkehrslärm gibt. Samstags wird am Rialto-Markt ein improvisierter „Call and Response" zwischen Verkäufern und Käufern geboten. Venedig hat seine eigene Art des Jazz.

Gianantonio de Vincenzo ist Leiter des Musikfestivals Venezia Suona

richt (1546), in dem verlorene Seelen eine blaugrüne Flutwelle aufzuhalten versuchen, während ein Engel einen letzten Menschen vor der ultimativen *acque alte* rettet.

Museo Ebraico MUSEUM

(Karte S. 376; ☎041 71 53 59; www.museoebraico.it; Campo del Ghetto Nuovo 2902 b; Erw./erm. 3/2 €; ⏲Juni–Sept. So–Fr, außer jüdische Feiertage, 10–19 Uhr, Okt.–Mai 10–18 Uhr) Das Museum im Herzen des Ghettos erzählt die Geschichte von Venedigs jüdischer Gemeinde und ihrer bedeutenden Leistungen in den Bereichen Wissenschaft, Literatur, Mode, Religion, Philosophie und Handel.

Synagogenführung

(Führung inkl. Eintritt Erw./erm. 8,50/7 €; ⏲tgl. ab 10.30 Uhr 4 Führungen) Am Museum beginnen die einstündigen Führungen auf Englisch (nach Voranmeldung auch in Deutsch), die drei der sieben kleinen Ghetto-Synagogen vorstellen: die 1528 erbaute **Schola Tedescha** (Deutsche Synagoge) mit einer nach dem Vorbild einer Opernloge gestalteten vergoldeten Frauenempore, die 1531 errichtete **Schola Canton** (Französische Synagoge) mit acht bezaubernden Landschaften aus biblischen Gleichnissen, sowie entweder die schlichte **Schola Italiana** (Italienische Synagoge) mit dunklem Holz oder die noch immer genutzte **Schola Spagnola** (Spanische Synagoge), deren Interieur Baldassare Longhena gestaltete.

Ca' d'Oro MUSEUM

(Goldenes Haus; Karte S. 376; ☎041 520 03 45; www.cadoro.org; Calle di Ca' d'Oro 3932; Erw./erm. 6/3 €; ⏲Mo 8.15–14, Di–So 8.15–19.15) Selbst ohne den einstigen Blattgoldschmuck, der dem *palazzo* den Namen gab, kommt nur sein eigenes Spiegelbild im Canal Grande an die Schönheit dieses gotischen Palasts aus dem 15. Jh. heran. Die Säulen vor dem zweistöckigen Balkon gehören zu den meistfotografierten Motiven der Stadt, und die Halbedelsteinmosaiken im Eingang schaffen ein eleganteres Entrée als jeder rote Teppich.

Sammmlung

Die Ca' d'Oro wurde der Stadt vermacht, um dort die Galleria Franchetti, Baron Franchet-

Cannaregio (Venedig)

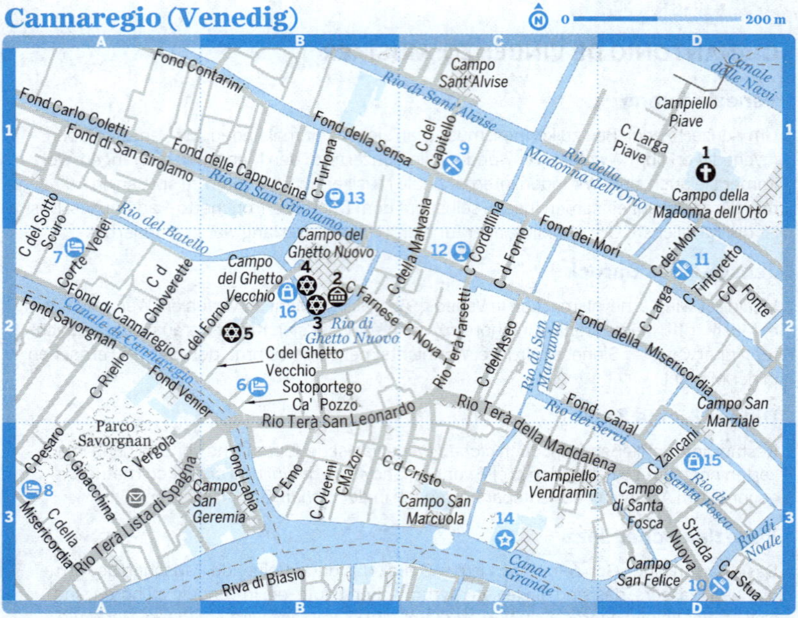

Cannaregio (Venedig)

Sehenswertes

1 Chiesa della Madonna dell'Orto D1
2 Museo Ebraico B2
3 Schola Canton B2
4 Schola Italiana B2
5 Schola Spagnola B2
Schola Tedesca ..... (siehe 2)

Schlafen

6 Ca' Pozzo B2
7 Domus Orsoni A2
8 Hotel Villa Rosa A3

Essen

9 Anice Stellato C1
10 Supermarkt Billa D3
11 Osteria L'Orto dei Mori D2

Ausgehen

12 Agli Ormesini C2
13 Al Timon B1

Unterhaltung

14 Casinò di Venezia C3

Shoppen

15 Malefatte D3
16 Old World Books B2

tis Kunstsammlung, sowie Bronzen, Wandteppiche und Gemälde unterzubringen, die Napoleon einst aus den Kirchen Venetiens geraubt und die Venedig dann später zurückgefordert hatte. Zu den Highlights der Ausstellung gehören Andrea Mantegnas von Pfeilen durchbohrter *Hl. Sebastian,* Pietro Lombardos zärtliche *Madonna mit Kind* aus glänzendem Carrara-Marmor sowie aus der Flut von 1966 gerettete Fragmente von Tizian-Fresken.

CASTELLO

Zanipolo KIRCHE

(Chiesa dei SS Giovanni e Paolo; Karte S. 371; ☎041 523 59 13; Campo SS Giovanni e Paolo; Eintritt 2,50 €; ⏲Mo–Sa 9–18, So 12–18 Uhr) Als Gegenstück zur I-Frari-Kirche der Franziskaner bauten die Dominikaner im 14. Jh. diese Kirche, die zwar nicht I Fraris erhabene Eleganz aufweist, aber dafür durch schiere Größe und ihre Meisterwerke bestícht. Auf Paolo Veroneses Deckenfresko in der Cappella del Rosario erklimmt eine rosige Jungfrau eine atemberaubende Treppe. Die Kuppel der Kapelle am südwestlichen Ende des Kirchenschiffs präsentiert Giambattista Lorenzettis *Jesus der Steuermann*, in dem Jesus wie ein venezianischer Kapitän den Himmel absucht. Die Kirche dient zugleich als eine Art von Pantheon mit 25 Dogengräbern, die von so bekannten Bildhauern wie Nicola Pisano und Tullio Lombardo errichtet wurden. Ein buntes Muranoglas-Fenster aus dem 15. Jh. im südlichen Querschiff wurde hervorragend restauriert.

Zanipolos nüchterne Fassade wird von Pietro Lombardos üppig verzierter Renaissance-Trompe-l'-Œil-Fassade der benachbarten **Scuola Grande di San Marco** fast erdrückt. Dort ist heute Venedigs größtes Krankenhaus untergebracht und daher nicht für die Öffentlichkeit zugänglich (nur Patientenbesuche erlaubt).

Scuola di San Giorgio degli Schiavoni KIRCHE

(Karte S. 381; ☎041 522 88 28; Calle dei Furlani 3259 a; Erw./erm. 4/2 €; ⏲Mo 14.45–18, Di–Sa 9.15–13, 14.45–18, So 9.15–13 Uhr) In Castello, wo osmanische Händler, armenische Geistliche sowie baltische und slawische Arbeiter als Stützen für Venedigs Handel und Gesellschaft galten, offenbart sich das kosmopolitische Naturell der Stadt. Und dieses Zentrum einer religiösen Bruderschaft, errichtet im 15. Jh., ist den Lieblingsheiligen der Slawen geweiht – Georg, Tryphon und Hieronymus von Dalmatien –, deren Leben Vittore Carpaccio detailreich und leidenschaftlich darstellte.

Palazzo Grimani MUSEUM

(Karte S. 371; ☎041 520 03 45; www.palazzogrimani.org; Ramo Grimani 4858; Erw./erm. 9/7 €; ⏲tgl. 9–19 Uhr) Der lichtdurchflutete *palazzo*, der sich an der Südseite des Campo Santa Maria Formosa erhebt, ist nun nach fast 30 Jahren wieder öffentlich zugänglich. Der Doge Antonio Grimani errichtete ihn im 16. Jh., um seine beachtliche Sammlung griechisch-römischer Antiquitäten unterzubringen, von denen die meisten inzwischen im Museo Correr ausgestellt sind. Im hübsch restaurierten Palast finden heute hochkalibrige Wechselausstellungen statt.

DAS URSPRÜNGLICHE GETTO

Im Mittelalter beherbergte diese abgelegene Insel des Stadtteils Cannaregio ein *getto* (Gießerei). Erst im 16. bis 18. Jh., als dieses Gebiet zum ausgewiesenen Jüdischen Viertel wurde, bekam der Begriff eine völlig neue Bedeutung. Gemäß eines Erlasses der Republik Venedig im Jahr 1516 durften jüdische Pfandleiher, Ärzte und Tuchhändler zwar bei Tage an Venedigs wirtschaftlichen Interessen teilhaben, nachts aber und an christlichen Feiertagen war es den meisten verwehrt, die geschlossene Wohninsel des Gheto Novo zu verlassen. Im Gegensatz zu den meisten anderen europäischen Städten jener Zeit gewährte das pragmatische Venedig jüdischen Ärzten jedoch Ausgang für Sprechstunden. Es ist sogar maßgeblich jüdischen und muslimischen Ärzten der Stadt zuzuschreiben, dass ankommende Schiffe unter Quarantäne gestellt wurden und Venedig dadurch das verheerendste Wüten der Pest erspart blieb.

Als jüdische Händler 1541 vor der spanischen Inquisition nach Venedig flohen, konnte man im Getto nicht mehr anbauen, sondern nur noch in die Höhe bauen. Rund um den Campo de Gheto Novo fanden in zusätzlichen Stockwerken neben Neuankömmlingen auch Synagogen und Verlage Platz. Trotz eines zehnjährigen Zensurbefehls, den die römische Kirche 1553 erließ, steuerten jüdische Verleger aus Venedig Hunderte von Titeln zur Verbreitung neuer Renaissance-Gedanken zu Religion, humanistischer Philosophie und Medizin bei. Im 17. Jh. organisierten die Philosophin Sara Copio Sullam, Rabbi Leon da Modena und andere Persönlichkeiten Literarische Salons und holten führende Denker aller Glaubensrichtungen ins Getto.

Nachdem Napoleon 1797 die Restriktionen lockerte, erlangten 1626 Gettobewohner den Status venezianischer Bürger. Die Rassengesetze Mussolinis, die 1938 erlassen wurden, katapultierten Italien jedoch zurück ins 16. Jh. Bis 1943 waren die meisten jüdischen Venezianer verhaftet und in Konzentrationslager deportiert worden. Nur 37 kehrten zurück. Heute leben die wenigsten der 400-köpfigen jüdischen Gemeinde noch im Getto, aber ihre Kinder kommen zum Spielen zum Campo de Gheto Novo, umgeben vom lebendigen Erbe des Gettos mit seinen Buchhandlungen, Kunstgalerien und religiösen Institutionen.

Castello (Venedig)

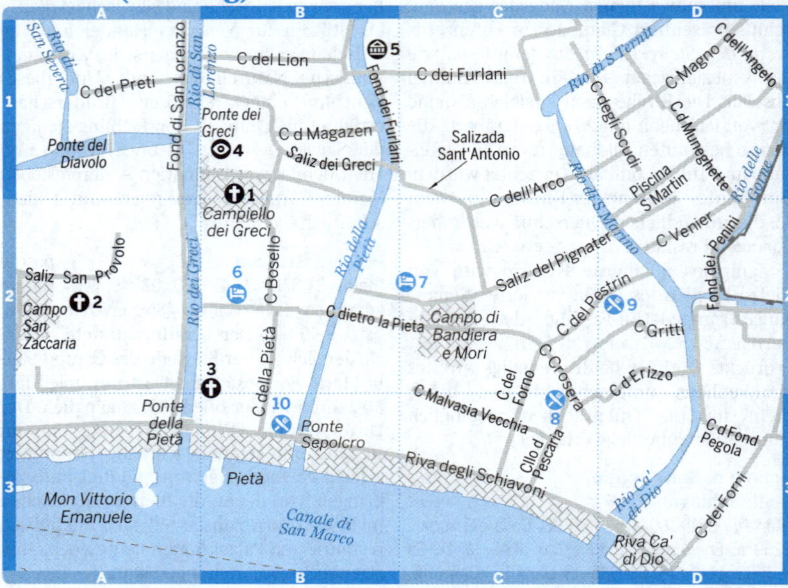

Castello (Venedig)

Sehenswertes
1 Chiesa di San Giorgio dei Greci B1
2 Chiesa di San Zaccaria A2
3 La Pietà B2
4 Museo delle Icone B1
5 Scuola di San Giorgio degli Schiavoni B1

Schlafen
6 Ca' Dei Dogi B2
7 Palazzo Soderini C2

Essen
8 Al Covo C3
9 Corte Sconta D2
10 Met B3

Unterhaltung
La Pietà .... (siehe 3)

Palazzo Querini Stampalia MUSEUM
(Karte S. ,338; ☎041 271 14 11; www.querinistampalia.it, auf Italienisch; Campiello Querini Stampalia 5252) Hinter der weitläufigen Fassade dieses *palazzo* (16. Jh.) verbergen sich für die Besucher unerwartete Attraktionen. Wem der Sinn nach einem *aperitivo* steht, der genießt ihn im modernen, von Carlo Scarpa entworfenen **Garten** (⏲Di–Sa 10–21.30, So 10–19 Uhr). Nüchterne Geister stöbern im von Mario Botta gestalteten Buchladen und im oben gelegenen **Museo della Fondazione Querini Stampalia** (Erw./erm. 8/6 €; ⏲Di–Do 10–20, Fr, Sa 10–22, So 10–19 Uhr). Die wechselnden Ausstellungen, gezeigt in den seidenbehangenen Salons, die seit 1868 im feudalen Glanz erstrahlen, leisten ihren eigenen überraschenden Beitrag.

Chiesa di San Francesco della Vigna KIRCHE
(Karte S. 354; ☎041 520 61 02; Campo San Francesco della Vigna 2786; ⏲Mo–Sa 9.30–12.30 & 15–18, So 15–18 Uhr) Östlich des Campo SS Giovanni e Paolo erhebt sich der Glockenturm dieser hinreißenden Kirche, einer der meistunterschätzten Sehenswürdigkeiten der Stadt. Für Entwurf und Bau war Jacopo Sansovino verantwortlich, die Fassade gestaltete Palladio. Bellinis *Madonna und Heilige* (1507) in der Capella Santa beim

Kreuzgang zeigt eine leuchtende Maria, in Antonio da Negropontes *Thronende Jungfrau* (1460–1470) stehlen schwimmende Engel und stolzierende Vögel Maria die Schau, und Pietro Lombardos naturgetreue Löwen scheinen aus den Marmorreliefs in der Capella Giustiani (links vom Altar) förmlich herauszuspringen.

Chiesa di San Giorgio dei Greci KIRCHE
(Karte S. 381; ☎041 522 65 81; Campiello dei Greci 3412; Einritt frei; ⌚Mo, Mi–Sa 9–12.30 und 14.30–16.30, So 9–13 Uhr) Griechisch-orthodoxe Flüchtlinge, die vor den Osmanen geflohen waren, bauten 1536 diese Kirche und stützten sich dabei auf die spezielle Erlaubnis Venedigs, von griechischen Schiffen Steuern zu verlangen. Der auffällige Glockenturm, der zum Gotteshaus gehört, neigte sich schon kurz nach Fertigstellung im Jahr 1603 bedenklich zur Seite.

Gleich daneben steht das außergewöhnliche **Museo delle Icone** (www.istitutoellenico.org; Erw./Stud. 4/2 €; ⌚tgl. 10–17 Uhr), eine Schatztruhe mit etwa 80 griechischen Ikonen aus dem 14. bis 17. Jh.

Arsenale HISTORISCHES BAUWERK
(Karte S. 354) Der 1104 gegründete Arsenale stieg im mittelalterlichen Europa schnell zur größten Schiffswerft – mit 300 Schiffsfabriken und bis zu 16 000 Arbeitern – auf. Die Werft, in der an einem einzigen Tag eine komplette neue Galeere gebaut werden konnte, gilt als Vorreiter der industriellen Massenfertigung. Zumeist ist sie für die Öffentlichkeit geschlossen und kann nicht besichtigt werden, doch während Venedigs Kunst- und Architektur-Biennalen fallen künstlerisch angehauchte Besucher in der Werft ein, wenn hier Ausstellungen und andere Events steigen.

Chiesa di San Zaccaria KIRCHE
(Karte S. 381; ☎041 522 12 57; Campo San Zaccaria 4693; ⌚Mo–Sa 10–12 und 16–18, So 16–18 Uhr) Wenn im 15. Jh. venezianische Mädchen Matrosen den Heiligen vorzogen, mussten sie im Kloster neben dieser mächtigen Kirche Bußarbeit leisten. Die Kirche, ein Mischmasch aus Romanik, Gotik, Renaissance und Barock, repräsentiert Jahrhunderte des Wohlstands verärgerter Eltern. Höhepunkte sind Bellinis melancholische *Jungfrau* und Tiepolos Version der Flucht aus Ägypten in einem venezianischen Boot. Für einen Euro können Besucher versteckte Kapellen und die wassergefüllten Fundamente aus dem 10. Jh. besichtigen.

NICHT VERSÄUMEN

CHIESA DI SANTA MARIA DEI MIRACOLI

Ein kleines *miracolo* (Wunder) der Frührenaissance-Architektur ist die **Chiesa di Santa Maria dei Miracoli** (Karte S. 371; Campo dei Miracoli 6074; Eintritt 3 € oder Chorus Pass; ⌚Mo–Sa 10–17 Uhr), die kleine Marmorkapelle von Pietro Lombardo. Damals war sie ihrer Zeit voraus, wendete sie sich doch ab vom gotischen Prunk und hin zu einer maßvollen klassischen Architektur. Mit gebündelten Ressourcen und buntem Marmor, der von der Restehalde des Markusdoms stibitzt wurde, konnte das Stadtviertel diese Kirche in Auftrag geben, um darin Niccolò di Pietros verehrte *Madonna mit dem Kinde* zu verwahren, die 1480 auf wundersame Weise plötzlich geweint haben soll. Dem Gemeinschaftssinn folgend, vollendete Pier Maria Pennacchi den Innenraum mit 50 Deckengemälden von porträtierten Propheten in venezianischer Kleidung.

Giardini Pubblici PARK
(Karte S. 354) Unter Napoleon begannen die Arbeiten an dieser ersten Grünfläche Venedigs, von der große Abschnitte heute als Zentrum der Biennale dienen. Hier bevölkern Kuratoren und zahlreiche Schaulustige die verschiedenen Pavillons, von Carlo Scarpas kühnem Venezuelanischem Beton-Glas-Pavillon von 1954 bis zu Peter Cox' plumpem Australischem Pavillon von 1988, der zuweilen für einen Schuppen gehalten wird. Teile des Parks sind ganzjährig für Besucher geöffnet; manchmal ist es auch gestattet, zwischen den Pavillons umherzuspazieren.

La Pietà KIRCHE
(Karte S. 381; ☎041 522 21 71; Riva degli Schiavoni; Eintritt 3 €; ⌚Do–So 10–17 Uhr und zu Konzerten) Die helle, von Giorgio Massari harmonisch gestaltete Kirche ist für ihre Verbindung mit dem Komponisten Vivaldi berühmt, der hier im frühen 18. Jh. als Kapellmeister fungierte. Die kurz nach Vivaldis Tod errichtete, für die Akustik besonders vorteilhafte Ovalform zollt seinem Andenken Tribut und wird auch heute noch immer für Konzerte genutzt. Die Decke scheint sich dank Giam-

battista Tiepolos der Schwerkraft trotzenden *Krönung der Jungfrau* selbst aus den Angeln zu heben.

Museo Storico Navale MUSEUM
(Karte S. 354; ☎041 244 13 99; Riva San Biagio 2148; Erw./erm. 1,55/0,77 €; ⏲Mo–Fr 8.45–13.30, Sa 8.45–13 Uhr) Das insgesamt 42 Säle umfassende Denkmal für Venedigs Seefahrtsgeschichte mit Miniaturversionen von Ozeanlinern, Seefestungen und Kriegsschiffen aus dem Zweiten Weltkrieg ist vor allem für Fachleute interessant. Doch auch Landratten begeistern sich für den Nachbau des luxuriösen *bucintoro* – der vergoldeten Zeremonienbarkasse des Dogen, die Napoleons Truppen zerstörten – und für Peggy Guggenheims prächtige Privatgondel.

GIUDECCA

Giudecca, wegen seiner Form ursprünglich *spina longa* (lange Fischgräte) genannt, hat etliche Schicksalsschläge überstanden, ohne seinen Lebensmut zu verlieren. Hier lebte Venedigs jüdische Gemeinde vor der Entstehung des Ghetto, aber der Name Giudecca hat nichts mit dem Wort „jüdisch" (*ebraico* auf Italienisch) zu tun. Er leitet sich vermutlich von dem Wort *zudega* ab, einer Form von *giudicato* oder die „Verurteilten", ein Name, der rebellischen venezianischen Adligen verliehen wurde, die auf die Insel Giudecca verbannt wurden. Diese Verbannung ging jedoch nach hinten los: Giudecca wurde zum Trend, und Venezianer bauten ihre Wochenendvillen auf der Insel. Viele wurden in Pest- und Kriegszeiten von ihren Besitzern aufgegeben und schließlich im 19. Jh. durch Industrieanlagen ersetzt.

Heute verwandeln sich die Backsteinfabriken in avangardistische Künstler-Lofts, die Fondamenta San Biagio wird von Galerien erobert, und einige der preiswertesten Restaurants Venedigs siedeln sich an; Giudecca erlebt einen dritten Akt. Dank der *vaporetti* 41, 42, 82 und N (Nacht) ist die zwischen San Marco und Dorsoduro gelegene Giudecca leicht zu erreichen.

Il Redentore KIRCHE
(Chiesa del SS Redentore; Karte S. 354; Campo del SS Redentore 194; Eintritt 3 € oder Chorus Pass; ⏲Mo–Sa 10–17 Uhr) Die 1577 von Palladio erbaute Kirche Il Redentore sollte niemand verpassen! Mit dem Wunderwerk aus weißem Marmor am Ufer des Canal Grande wurde die Errettung der Stadt von der Pest gefeiert. Innen, über dem Portal, zeigt Paolo Piazzas auffallend modernes Kunstwerk *Dankbarkeit Venedigs für die Erlösung von der Pest* aus dem Jahr 1619 die von Engeln empor gehaltene Stadt in ernüchternden Grautönen. Das Überleben ist keine Selbstverständlichkeit für die Venezianer, die den Giudecca Canal während der Festa del Redentore von den Zattere aus auf einer wackeligen Pontonbrücke überqueren.

Fortuny Tessuti Artistici LANDMARK
(Karte S. 354; ☎041 522 40 78; www.fortuny.com; Fondamenta San Biagio 805; ⏲Mo–Fr 9–12 & 14–17 Uhr) Marcel Proust schwärmte von den Kreationen des spanischstämmigen Textilmeisters Mariano Fortuny, der 1889 seinen dauerhaften Wohnsitz in Venedig bezog. Noch heute können Besucher im Schauraum durch dessen Schöpfungen stöbern, die Herstellungsmethoden bleiben jedoch ein sorgfältig gehütetes Geheimnis.

ISOLA DI SAN GIORGIO MAGGIORE

Chiesa di San Giorgio Maggiore KIRCHE
(Karte S. 354; ☎041 522 78 27; Isola di San Giorgio Maggiore; ⏲Mai–Sept. Mo–Sa 9.30–12.30 & 14.30–18.30 Uhr, Okt.–April 9.30–12.30 & 14.30–16.30 Uhr) Nur die Sonne selbst ist noch etwas blendender als Palladios weiße Fassade aus istrischem Marmor. Der in den 1560er-Jahren begonnene Bau hat mehr von einem alten römischen Tempel als vom überladenen Barock jener Zeit. Die Decken im Kircheninneren wölben sich über ein großzügiges Kirchenschiff, hohe Fenster verbreiten gefiltertes Sonnenlicht und mühelose Anmut; den Altar säumen zwei Meisterwerke Tintorettos. Der 60 m hohe **Glockenturm** (3 €) kann per Aufzug erklommen werden, die Aussicht von dort oben über die Stadt ist atemberaubend und eine großartige Alternative zu den langen Warteschlangen am Campanile des Markusdoms.

Das hinter der Kirche befindliche Gebäude einer einstigen Marineakademie wurde von der **Fondazione Giorgio Cini** (☎041 220 12 15; www.cini.it; Isola di San Giorgio Maggiore; Erw./erm. 12/10 €; ⏲Führungen auf Englisch & Französisch Sa & So 11, 13, 15 & 17 Uhr, auf Italienisch Sa & So 10, 12, 14 & 16 Uhr) zu einer tadellosen Galerie umgebaut. Nachdem Vittorio Cini mit seinem Sohn Giorgio aus dem Konzentrationslager Dachau geflohen war, kehrte er nach Venedig zurück. Seine Mission war, San Giorgio Maggiore zu retten, die sich 1949 in einem äußerst maroden Zustand befand. Cinis Stiftung baute die Insel zu einem Kulturzentrum aus. Neben der Dauerausstellung, die Werke der Alten Meister und auch moderne Kunst zeigt, sind in der Galerie auch wichtige zeitgenössische Arbeiten zu sehen, von Peter Greenaway bis hin zu Anish Kapoor.

DER LIDO

Als Karl Lagerfeld nach einem geeigneten Ort für die Chanel Resort/Couture Kollektion 2009 Ausschau hielt, fiel die Wahl ganz klar auf den Lido (außerhalb der Karte S. 354). Diese nur 15 Minuten (mit *vaporetti* der Linien 1, 51, 52, 61, 62, 82 und N) vom Markusplatz entfernte Düneninsel hat dem Strandleben seit dem ausgehenden 19. Jh. Glamour eingehaucht, als die Venezianer den feuchtheißen Stadtsommern entflohen und in den luftigen Jugendstil-Villen Erholung suchten. Hier spielte Thomas Manns Novelle T*od in Venedig*; gusseiserne Balkone und Strandhotels jener elegant-dekadenten Zeit sind noch hier und da zu sehen. Das berühmteste Hotel indes, das Hotel des Bains, war bei Redaktionsschluss wegen umfassender Restaurierungsarbeiten gerade geschlossen worden.

Lido-Strände (Depot/Liegestuhl/Badehütte 5/6/ 11 €, Sonnenschirm & Liegestuhl 17 €; ⌚Mai–Sept. 9.30–19 Uhr) sind nach wie vor die Hauptattraktion. Wer den Menschenmassen entkommen möchte, setzt sich dazu am besten auf ein Fahrrad, das an der *vaporetto*-Station verliehen wird, **Lido on Bike** (☎041 526 80 19; www.lidoonbike.it; Gran Viale 21b; Fahrräder für 90 Min./1 Tag 5/9 €; ⌚April–Sept. 9–19 Uhr). Auf dem Drahtesel geht es ab gen Süden nach **Alberoni** oder zu anderen unberührten, windgepeitschten Stränden.

Das größte Event im sozialen Kalender Lidos sind die Internationalen Filmfestspiele im September, wenn Stars und Sternchen die Paparazzi mit italienischer Couture zu blenden suchen. Die Hauptveranstaltungen finden im 1930 erbauten **Palazzo del Cinema** statt, der ohne seinen roten Teppich einem faschistischen Flughafen ähnelt.

ISOLA DI SAN MICHELE

Auf der Strecke zwischen Murano und den Fondamente Nuove halten die *vaporetti* 41 und 42 an Venedigs **städtischem Friedhof**, der unter Napoleon auf der Isola di San Michele angelegt wurde. Bis zu diesem Zeitpunkt waren die Venezianer auf Pfarrparzellen überall in der Stadt beerdigt worden – nicht gerade die zuträglichste Lösung, wie Napoleons Inspektoren bald feststellten. Heute kommen Gruftis, unverbesserliche Romantiker und Musikliebhaber hierher, um Ezra Pound, Sergei Djagilew und Igor Strawinsky die letzte Ehre zu erweisen. Architekturliebhaber verweilen gern vor der Renaissancekirche **Chiesa di San Michele in Isola** (Karte S. 354), deren Bau 1469 von Codussi begonnen wurde, und verfolgen die derzeitige Erweiterung des Friedhofs durch die David-Chipperfield-Architekten. Zu den Neuerungen gehört auch der bereits vollendete **Hof der Vier Evangelisten**, ein eher düsterer Bunker mit Betonkolonnade und basaltverkleideten Wänden, in welche die Evangelien eingraviert sind.

MURANO

Seit dem 10. Jh. stellen die Venezianer Glas- und Kristallwaren her, doch wegen der Feuergefahr, die von den vielen Glasbläsereien ausging, wurden die Werkstätten im 13. Jh. auf die Insel Murano (außerhalb Karte S. 354) verlagert. Wehe dem Glasbläser mit Wanderlust: Die Betriebsgeheimnisse wurden so eifersüchtig gehütet, dass jeder Glasbläser, der die Stadt verließ, des Hochverrats beschuldigt und ermordet wurde. Heute betreiben sie ihr Handwerk in Werkstätten an der Fondamenta dei Vetrai in Murano, die mit dem Schild *fornace* (Schmelzofen) gekennzeichnet sind. Dass in Venedig gekaufte Glaswaren tatsächlich in Murano mundgeblasen wurden und nicht anderswo in Fabriken hergestellt worden sind, ist am herzförmigen Gütesiegel zu erkennen.

Glasmuseum MUSEUM
(Museo del Vetro; ☎041 73 95 86; www.museicivicivenezani.it; Fondamenta Giustinian 8; Erw./erm. 8/5,50 € oder Museumspass; ⌚April-Okt. Di–Do 10–18 Uhr, Nov.–März bis 17 Uhr) Bereits seit 1861 stellt dieser Palast Muranos Glasherstellerkönnen zur Schau. Im Untergeschoss werden 1500 Jahre alte, überraschend unversehrte, schillernde römische Glaswaren gezeigt, die Murano-Exponate oben reichen von Aventuringlas-Flügelkelchen aus dem 17. Jh. bis hin zu einem skurrilen Glaskaktus aus den 1930er-Jahren. In exponierten Fachartikeln werden die in Murano eingeführten Glasherstellungsverfahren beschrieben, von Mosaikminiaturen bis hin zu venezianischen Glasperlen.

Chiesa dei SS Maria e Donato KIRCHE
(☎041 73 90 56; Campo San Donato; ⌚Mo–Sa 9–12 & 15.30–19 Uhr, So 15.30–19 Uhr) Das Feuerspucken ist das verbindende Element in Muranos mittelalterlicher Kirche mit ihrem Goldglas-Madonnenmosaik in der Apsis (12. Jh.), das in Muranos glühend heißen

Schmelzöfen hergestellt wurde, und dem hinter dem Altar hängenden, sagenumwobenen Drachenknochen. Einer Legende nach soll die feuerspeiende Bestie vom hl. Donato erschlagen worden sein. Die Gebeine des Helden wurden später von der Insel Kefalonia als Reliquien in die Kirche gebracht.

BURANO

Wen die gotische Architektur Venedigs aus der Fassung bringt, dem verhilft Burano (außerhalb der Karte S. 354) wieder auf den Boden und mit einer belebenden Farbflut zur Besinnung zurück. Die 50-minütige Fahrt von den Fondamente Nuove nach Burano auf der Laguna-Nord-Fähre (LN) ist voller Fotografen, die um das beste Motiv wetteifern, etwa von erbsengrünen Strümpfen, die zum Trocknen zwischen knallpinken und königsblauen Häusern hängen.

Abgesehen von der Farbenpracht ist Burano bekannt für sein nach Zitronen duftendes, S-förmiges *buranelli*-Gebäck und seine handgefertigten Spitzen. Bei Redaktionsschluss war das **Museo del Merletto** (Spitzenmuseum; www.museicivicivenezani.it) wegen Ausbaus geschlossen, und viele der zum Verkauf angebotenen Spitzen waren Importware; es lohnt sich also, nach einer Echtheitsbescheinigung zu fragen.

TORCELLO

Auf der idyllischen Insel Torcello (außerhalb der Karte S. 354), drei Fährminuten (T-Linie) von Burano entfernt, sind die Schafe den etwa 14 Bewohnern zahlenmäßig deutlich überlegen. Dieses ländlich-verschlafene Nest war einst eine byzantinische Metropole von 20 000 Einwohnern, doch von den ursprünglich neun Kirchen und zwei Klöstern sind lediglich die bemerkenswerte Backsteinkirche **Chiesa di Santa Fosca** und die prachtvolle, mit Mosaiken versehene **Santa Maria Assunta** übrig.

Wer auf der Insel herumspaziert, wird einige Altertümer entdecken, wie den alten Steinthron des Hunnenkönigs Attila, der sich im 5. Jh. dort niedergelassen haben soll, wo heute Lagunenvögel sitzen; es ist wohl eine Weile her, dass sie Ernest Hemingways Jagdpartys fürchten mussten. Wer noch Zeit bis zur letzten Fähre hat, schaut sich am besten im kleinen **Torcello-Museum** (Piazza Torcello; Eintritt Museum und Kathedrale 8 €; ⌚April–Okt. Di–So 10.30–17 Uhr) die frühen Mosaiken an, die in mühevoller Kleinarbeit aus nur einem halben Zentimeter großen Steinchen zusammengefügt wurden, oder die Miniaturbronzen aus Torcellos byzantinischen Glanztagen.

Santa Maria Assunta KATHEDRALE

(Piazza Torcello; Eintritt & Audioguide Kathedrale 6 €, inkl. Museum 8 €; ⌚März–Okt. 10.30–18 Uhr, Nov.–Feb. 10–17 Uhr) Besucher sollten sich von der zurückhaltenden Fassade und dem hohen Alter nicht täuschen lassen: Diese 639 erbaute und um 1008 erneuerte byzantinische Kathedrale strotzt nur so von farbigen Geschichten, die die Mosaiken des Innenraums erzählen. Der hoch aufragende Glockenturm, der allerdings gerade restauriert wird, gewährt einen eindrucksvollen Blick auf die Lagune. Letzter Einlass: eine halbe Stunde vor Schließung.

Mosaiken

Im goldenen Mosaik der Ostapsis erhebt sich eine himmlische Madonna über Mohnblumen, während das Mosaik des Jüngsten Gerichts an der Westwand die Adria als eine Nymphe zeigt. Sie überführt dem hl. Petrus die im Meer verlorenen Seelen, während dieser – als sei er Gottes Türsteher – mit den Paradiesschlüsseln rasselt. Ein hinterhältiger Teufel hat die Finger an der Waage der Gerechtigkeit, während seine Lakaien Sünder in eine Hölle schleifen, die von aufgedunsenen Vielfraßen, habgierigen juwelengeschmückten Händlern und neidischen Kadavern, aus deren Augen Schlangen kriechen, nur so wimmelt. Und in der Mitte steht Jesus mit den beruhigenden Worten: „Ich bin Gott und Mensch zugleich; ich bin den Schuldigen nicht fern, doch näher denen, die Buße tun."

Aktivitäten

Eine Gondelfahrt ist alles andere als langweilig. So ermöglicht sie z. B. auch Blicke in die Höfe der *palazzi* und in verborgene Kanäle, die für Fußgänger unsichtbar bleiben. Die offiziellen Tagespreise liegen bei 80 € für 40 Minuten (und maximal sechs Personen) und nachts von 19 bis 8 Uhr bei 100 €, musikalische Ständchen (werden separat verhandelt) oder Trinkgelder nicht eingeschlossen. Zeitlich darüber hinausgehende Fahrten werden in 20-minütigen Abschnitten verrechnet (Tag/Nacht 40/50 €). Die Preise sind unter Umständen verhandelbar, z. B. bei schlechtem Wetter oder um die Mittagszeit, wenn andere Reisende die Sonne meiden oder hungrig sind. Vorherige Absprachen über Preis, Zeitdauer und Gesang helfen dabei, überraschende Aufpreise zu vermeiden.

START PIAZZA SAN MARCO
ZIEL CAMPO SAN GIACOMO DELL'ORIO
LÄNGE 6 KM
DAUER 2 STD., EXKLUSIVE ESS- UND TRINKPAUSEN

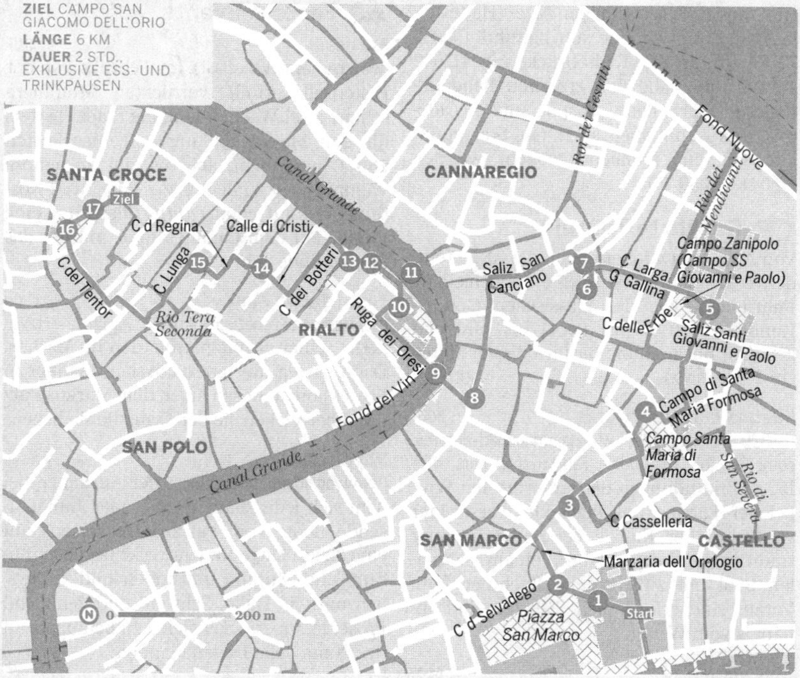

Stadtspaziergang
Labyrinth Venedig

Diese Tour erschließt Venedigs verwinkelte *calli* (Gassen) und reizvolle *campi* (Plätze) und beginnt mit einem obligatorischen Gruß der 1 **Basilica di San Marco**. Der Weg führt durch den 2 **Torre dell'Orlogio** hindurch, die *calle* entlang rechts ab in den schmalen 3 **Campo della Guerra**. Weiter geht es über die Brücke, die Calle Casselleria entlang zum sonnigen 4 **Campo Santa Maria Formosa**. Nun geradeaus in die Calle Santa Maria della Formosa, linksseitig über zwei Brücken zur Salizada Santi Giovanni e Paolo, die linkerhand zur gewaltigen gotischen Kathedrale 5 **Zanipolo** führen.

Wer der Calle Larga Gallina über eine Brücke folgt und sich dann vor der zweiten Brücke nach links wendet, erhascht einen Blick auf die 6 **Chiesa di Santa Maria dei Miracoli**. Wieder zurück zur Brücke, diese überqueren und dann durch den 7 **Campo Santa Maria Nova** zur Salizada San Canciano wandeln, der bis zum schmalen 8 **Campo San Bartolomeo** zu folgen ist. Rechterhand befindet sich der 9 **Ponte di Rialto**. Wer den Massen ausweichen möchte, die zum Happy-Hour-Anlaufpunkt, dem 10 **Campo Cesare Battisti** unterwegs sind, muss sich auf der Brücke rechts halten. Weiter geht es entlang des 11 **Canal Grande** zu Venedigs delikatesten *campo*: dem 12 **Campo Rialto Mercato** und dem überdachten Fischmarkt 13 **Pescaria**.

Dann geht es links in die Calle dei Botteri und weiter durch die Calle di Cristi zum 14 **Campo San Cassian**, auf dem das erste öffentliche Opernhaus der Welt steht. Jetzt die Brücke zur Calle della Regina überqueren, dann nach links abbiegen und eine weitere Brücke überqueren, um zum geselligen 15 **Campo Santa Maria Mater Domini** mit Cafés und dem antiken Brunnen des Viertels zu gelangen. Weiter geht es links die Calle Lunga hinunter und über eine Brücke bis zum Ende der Gasse, dann links zum Rio Tera Seconda und rechts in die Calle del Tentor. In gerader Flucht blickt man auf die Namensvetterin, die mittelalterliche Kirche 16 **San Giacomo dell'Orio**, und auf das Lokal 17 **Al Prosecco**.

Die Gondeln warten an den *stazi* (Haltestellen) am Canal Grande, am Bahnhof (☎041 71 85 43), an der Rialtobrücke (☎041 522 49 04) und nahe den größeren Baudenkmälern (Frari, Ponte Sospiri und Accademia). Es kann aber auch ein Startpunkt an anderen Kanälen gebucht werden (☎041 528 50 75).

Geführte Touren

Von April bis Oktober bieten die APT-Fremdenverkehrsbüros (s. S. 396) verschiedene Führungen, von der klassischen Gondel-Rundtour (40 € pro Pers.) bis hin zum genauen Blick auf die Basilica di San Marco (18 € pro Pers.).

Laguna Eco Adventures BOOT

(☎329 722 62 89; www.lagunaecoadventures.com; 2½- bis 8-stündige Fahrten pro Pers. 40–150 €) Erkundungen der entferntesten Winkel der Lagune am Tage oder versteckter venezianischer Kanäle bei Nacht in einer traditionellen *sampierota*, einem schmalen Boot mit zwei Segeln. Buchungen im Voraus sind erforderlich; Fahrten sind abhängig vom Wetter.

Row Venice BOOT

(☎345 241 52 66; www.rowvenice.com; 2-stündiger Kurs ab 40 €) Was ist fast so gut, wie über das Wasser zu laufen? Genau, ein *sandolo* (venezianisches Boot) zu rudern, stehend wie die Gondolieris mit der australisch-venezianischen Trainerin Jane Caporal, die den Besuchern Kurse anbietet unter dem Motto „Lernen Sie rudern wie ein Venezianer".

Terra e Acqua BOOT

(☎347 420 50 04; www.terraeacqua.com; Tagesausflüge pro Pers. inkl. Mittagessen ab 70 €) Hier können Fahrgäste seltenes Lagunengetier sichten, die architektonischen Glanzstücke Buranos und Torcellos bewundern und für einen schmackhaften Fischeintopf vor Anker gehen, und das alles per *bragozzo* (venezianischer Lastkahn), der vor allem im 18. und 19. Jh. im oberitalienischen Lagunengebiet für den Fischfang eingesetzt wurde.

Venicescapes STADTSPAZIERGANG

(www.venicescapes.org; 4 bis 6-stündige Touren inkl. Broschüre 2 Erw. 150–275 US$, jeder weitere Erw./unter 18 Jahre 50/25 US$) Auf diesen von der gemeinnützigen Historischen Gesellschaft veranstalteten, faszinierenden Stadtspaziergängen werden Themen wie Venedigs multiethnische Wurzeln oder Venedigs Kunst der Spionage erkundet.

Feste & Events

Karneval KULTUR

(www.carnevale.venezia.it) Im Februar vor der Fastenzeit erfüllt verrückter Mummenschanz zwei Wochen lang die Stadt. Tickets für den Maskenball im La Fenice kosten 200 € und mehr, aber es gibt kostenlose Weinbrunnen zu Beginn des Carnevale, Kostümpartys auf jedem *campo* (Platz) und eine Flotille auf dem Canal Grande, mit der das Fest zu Ende geht.

Festa di San Marco RELIGION

(www.comune.venezia.it) Am 25. April feiert Venedig seinen Schutzpatron, den hl. Markus. Dann tragen die venezianischen Männer in Prozessionen Rosen über den Markusplatz und überreichen sie der Frau, die sie lieben.

Vogalonga KULTUR

(www.vogalonga.it) Ein Fest der Ausdauer, bei dem sich jedes Jahr im Mai oder Juni Tausende Boote vom Palazzo Ducale aus auf eine 32 km lange Ruderstrecke begeben, Burano und Murano umrunden und schließlich mit viel Hallo, Schweiß und genügend Prosecco, um die Schwielen zu betäuben, an der Punta della Dogana landen.

La Biennale di Venezia KULTUR

(www.labiennale.org) In den ungeraden Jahren findet von Juni bis Oktober die Kunst-Biennale statt, in den geraden von September bis November die Architektur-Biennale. Hauptschauplätze sind die Pavillons in den Giardini Pubblici und die Arsenale. Jeden Sommer veranstaltet die Biennale in der ganzen Stadt Programme mit modernem Tanz, Theater, Filmen und Musik.

Festa del Redentore KULTUR

(www.turismovenezia.it) Über das Wasser gehen kann man jedes Jahr am dritten Juniwochenende, wenn eine wackelige Pontonbrücke den Giudecca-Kanal überspannt und hinüberführt zur Kirche Il Redentore. Dort ist von den Zattere aus das abschließende Feuerwerk zu verfolgen.

Internationale Filmfestspiele FILM

(www.labiennale.org/en/cinema) Heißer als der Lido-Strand im August ist einzig der mit Stars und Sternchen übersäte rote Teppich der Filmfestspiele, der am letzten Augustwochenende für eine Woche ausgerollt wird.

Regata Storica KULTUR

(www.comune.venezia.it) Hier kommt es weniger auf den Sieg an als auf die coole Ausrüstung: Kostüme aus dem 16. Jh., Acht-Ruder-Gondeln und festliche Barken zeigen sich in einer historischen Prozession (meist im September), mit der die Ankunft der Königin von Zypern nachgestellt wird.

Venezia Suona MUSIK
(www.veneziasuona.it) Musik aus aller Welt erschallt ein wunderbares Septemberwochenende lang auf allen mittelalterlichen *campi* und in barocken Palästen und bezaubert die Zuhörer.

Festa della Madonna della Salute KULTUR
(www.turismovenezia.it) Wer die Pest, Überschwemmungen und die österreichische Besatzung überlebt hat, würde auch feiern! Seit dem 17. Jh. spannen die Venezianer jedes Jahr am 21. November eine Pontonbrücke über den Canal Grande, um in der Chiesa di Santa Maria della Salute dankzusagen und sich danach an Süßigkeiten zu vergehen.

Schlafen

Viele Venezianer öffnen ihre historischen Häuser als B&B; das **APT Tourismusbüro** (www.turismovenezia.it) verzeichnet allein in Venedig 270 B&B, 288 *affittacamere* (Zimmer zur Miete) und 944 Apartments zur Miete. Noch mehr finden sich auf **Craigslist Venice** (http://venice.it.craigslist.it), www.guestinitaly.com und www.veniceapartment.com; siehe auch S. 1011.

Hotels sind in der Nebensaison am günstigsten, also im November, Anfang Dezember, im Januar und in der Zeit zwischen dem Karneval und Ostern, manchmal gibt es aber auch Angebote für Juli oder August. Unter www.lonelyplanet.com finden sich 400 Adressen, mehr wahrscheinlich noch in **Zu Gast in Venedig** (www.unospitedivenezia.it) oder beim **Venezianischen Verband der Hoteliers** (www.veneziasi.it).

PIAZZA SAN MARCO & UMGEBUNG

LP TIPP **Novecento** BOUTIQUEHOTEL €€
(Karte S. 360; ☎041 241 37 65; www.novecento.biz; Calle del Dose 2683/84; DZ 130–260 €; ❄📶) Weltenbummler schlafen hier in neun mit unkonventionellem Chic ausgestatteten Räumen und genießen türkische Kelim-Kissen, Fortuny-Gardinen und Holzbetten mit großen geschnitzten Jakobsmuscheln im Kopfteil. Die Gäste können bei einem Frühstück im Garten unter einem indischen Sonnenschirm verweilen, Künstler auf hauseigenen Ausstellungen treffen, eine Massage im Schwesternhotel Hotel Flora genießen oder sich in die Honesty Bar verziehen.

Giò & Giò B&B €€
(Karte S. 360; ☎347 366 50 16; www.giogiovenice.com; Calle delle Ostreghe 2439; DZ 90–150 €; ❄📶) Der Name klingt so seltsam wie das Saus und Braus der Zwillingsformel, doch siehe da: Im Inneren finden sich polierte Holzböden, perlgraue Wände, bronzefarbene Seidenvorhänge, Wurzelholzkommoden und angestrahlte Kunst. Die Lage in der Nähe des Markusplatzes am Kanal ist optimal. Wer kann, angelt sich am besten ein Zimmer mit Aussicht auf die Gondelstation und lässt sich wecken vom vielstimmigen *Volare, oh-oh-oooooh!*

Hotel Flora HOTEL €€€
(Karte S. 360; ☎041 520 58 44; www.hotelflora.it; Calle Bergamaschi 2283a; DZ 150–290 €; ❄📶👪) Dieses efeuumrankte Gartenhaus in einer kleinen Nebengasse der schillernden Calle Larga XXII Marzo stellt seine aufdringlichen Top-End-Nachbarn still in den Schatten mit seinen vornehmen Zimmern, der herrlichen Teestube und einem Wellnessbereich, in dem Shiatsu-Massagen angeboten werden. In den Gästezimmern stehen antike Schnitzbetten mit weichen Matratzen und flauschigen Federbetten. Es lohnt sich, an der Rezeption nach der reich vergoldeten Nr. 3 oder nach Zimmer Nr. 32, das zum Garten hinausgeht, zu fragen.

AD Place Venice DESIGNHOTEL €€€
(Karte S. 360; ☎041 241 23 24; www.adplacevenice.com; Fondamenta della Fenice 2557a; DZ inkl. Frühstück 125–290 €; ❄🐾📶) Wie auf ein Zeichen des Teatro La Fenice auf der anderen Seite des Kanals macht AD Place ganz auf romantisches Drama, angefangen bei den Patchwork-Vorhängen und den kerzenbestückten Laternen der Lobby bis hin zu den lackledernen Bettgestellen und goldgerahmten Spiegeln des oberen Stocks. Wer Lust hat, lässt sich vom aufgeweckten Personal eine *gondola*-Fahrt oder maßgeschneiderte Kunsttouren organisieren. Auch das reichhaltige Frühstücksbüfett auf der kissenübersäten Terrasse sollten sich Gäste keinesfalls entgehen lassen.

Hotel Ai Do Mori HOTEL €
(Karte S. 360; ☎041 520 48 17; www.hotelaidomori.com; Calle Larga San Marco 658; DZ 50–110 €; ❄📶) Willkommen in den lauschigen Künstler-Mansarden in unmittelbarer Nähe zum Markusplatz! Wer sich eine der Dachstuben

mit Holzbalkendecken, Parkettböden und eine Aussicht über die Basilika sichern will, sollte im Voraus buchen. Zimmer Nr. 11 hat sogar eine eigene Terrasse. (Von Vorteil ist schlankes Gepäck, denn einen Aufzug gibt es hier nicht.)

Locanda Art Deco B&B €€
(Karte S. 360; ☎041 277 05 58; www.locandaartdeco.com; Calle delle Botteghe 2966; DZ inkl. Frühstück 80–170 €; ❄) Die lässig-attraktiven cremefarbenen Gästezimmer weisen Parkettböden und Kuschelbetten in maßgefertigten gusseisernen Bettgestellen auf. Das hilfsbereite Personal arrangiert Massagen auf dem Zimmer und Bootstouren mit Venedigs erster Frau am Riemen.

DORSODURO

Charming House DD.724 B&B €€€
(Karte S. 360; ☎041 277 02 62; www.thecharminghouse.com; Ramo de Mula 724; DZ inkl. Frühstück 99–400 €; ❄@📶) Hier können sich die Gäste in ihrem eigenen, mit moderner Kunst ausgestatteten Schlupfloch verkriechen, ein üppiges Frühstücksbüfett in der Bibliothek genießen und den Multimediaraum nutzen. Die Gästezimmer sind schnittig designt und doch gemütlich; das hochpreisigere Doppelzimmer hat sogar eine Badewanne und einen Balkon mit Blick auf Peggy Guggenheims Garten. Kinderbetreuung, Massagen und Führungen auf Anfrage.

La Calcina INN €€
(Karte S. 354; ☎041 520 64 66; www.lacalcina.com; Fondamenta Zattere ai Gesuati 780; EZ 80–150 €, DZ 110–310 €; ❄📶) Dieser idyllische ufernahe Unterschlupf bietet Frühstück auf der Dachterrasse, ein elegantes Restaurant am Kanal und 29 luftige, mit Parkett ausgestattete Gästezimmer, von denen einige zum Giudecca-Kanal und zu Palladios Erlöserkirche (Il Redentore) hinausgehen. Wer im Voraus bucht, sichert sich ein Zimmer mit Bad/Dusche und/oder Aussicht. Besonders das Zimmer Nr. 2 ist zu empfehlen; hier wohnte 1876 John Ruskin, Schöpfer des Romanklassikers (und Palladio-Verrisses) *Die Steine von Venedig*.

La Chicca B&B €€
(Karte S. 360; ☎041 552 55 35; www.lachicca-venezia.com; Calle Franchi 644; DZ inkl. Frühstück 50–200 €; ❄📶) Dieser neue Familienbetrieb fügt sich artig in das Museumsdreigestirn des Dorsoduro – die Accademia, Peggy Guggenheim und Punta della Dogana –, und doch hört man trotz aller Geschäftigkeit nachts nur das Klatschen des Kanalwassers am Ende der *calle*. Die mit venezianischem Damast ausgekleideten Gästezimmer sind geräumig und sehr ordentlich. Wer im Voraus bucht, erwischt eines mit Badewanne.

Hotel Galleria GASTHAUS €€
(Karte S. 360; ☎041 523 24 89; www.hotelgalleria.it; Campo della Carità 878a; EZ inkl. Frühstück 70–120 €, DZ inkl. Frühstück 100–200 €) In diesem umgebauten Herrenhaus (17. Jh.) am Canal Grande in Höhe des Ponte dell'Accademia lässt man es sich schmecken! Geboten werden zudem kleine Doppelzimmer mit Blick über den Canal Grande (Zimmer 7, 8 und 9). Die meisten Zimmer verfügen über ein modernisiertes Badezimmer; zwei davon können größere Familien aufnehmen.

Palazzo Zenobio HOSTEL €
(Karte S. 354; ☎041 522 87 70; www.collegioarmeno.com; Palazzo Zenobio; EZ 30–65 €, DZ 56–100 €, EZ/DZ/3BZ/4BZ ohne Bad 30/56/80/100 €) Dieser vergoldete Palast aus dem Jahre 1690, die spätere Schule der armenischen Gemeinde Venedigs, eröffnete kürzlich neu als Herberge. Die Einrichtung ist spartanisch und kühl, preisgünstigere Zimmer nutzen gemeinsame Badezimmer. Zapfenstreich ist 1.30 Uhr! Der wild bewachsene Garten gehört zu den größten und reizvollsten der Stadt; gelegentlich wird zu Kunstevents dorthin geladen.

SAN POLO & SANTA CROCE

LP TIPP **Oltre il Giardino** B&B €€€
(Karte S. 371; ☎041 275 00 15; www.oltreilgiardino-venezia.com; Fondamenta Contarini 2542; DZ 150–350 €; ❄@) Das Hotel Oltre il Giardino ist ein Designer-Traum in sechs Gästezimmern, die vor historischem Charme und modernem Komfort nur so strotzen: intarsienverzierte Komponiertische, Flatscreen-TVs, Kronleuchter, Badezimmerutensilien von Bulgari, Pokerstühle aus dem 19. Jh. und Kinderbetreuungsservice. „Türkis" ist opulent, „Grün" verfügt über eine eigene Ecke im eingefriedeten Garten, „Grau" dagegen hat ein sexy gusseisernes Bettgestell unter einer sehr hohen Decke.

Pensione Guerrato PENSION €€
(Karte S. 371; ☎041 528 59 27; www.pensioneguerrato.it; Ruga due Mori 240a; DZ inkl. Frühstück 95–140 €; ❄) Die Zimmer in diesem Denkmal von 1227, in dem einst Ritter untergebracht worden waren, bevor sie weiter in den Dritten Kreuzzug zogen, haben ihre historische

Anmutung trotz der Modernisierung nicht verloren. Hier gibt es Räume mit Fresken, mit Blick auf den Canal Grande und auch ein neu saniertes Apartment. Die Top-Lage am Rialto-Markt und die glaubwürdigen Speiseempfehlungen machen die Pensione Guerrato zum Heiligen Gral für reisende Feinschmecker.

Ca' Angeli B&B €€

(Karte S. 371; ☎041 523 24 80; www.caangeli.it; Calle del Traghetto della Madonnetta 1434; DZ 80–250 €; ❄@) Die Brüder Giorgio und Matteo übernahmen diese Villa am Canal Grande, um sie in ein Antiquitätenkabinett zu verwandeln, mit originalen Murano-Glas-Leuchtern, Namensvetter-Engeln aus dem 16. Jh. und einem restaurierten Sofa aus der Epoche Louis XIV. im kanalseitig gelegenen Leseraum. Das Biofrühstück wird auf antiken Tellern im Speisesaal mit Blick auf den Canal Grande serviert.

Domina Home Ca' Zusto BOUTIQUEHOTEL €€

(Karte S. 354; www.dominavacanze.it; Campo Rielo 1358; DZ inkl. Frühstück 118–225 €; ❄📶) Mit einem Zwinkern hinüber zum Fondaco dei Turchi, dem historischen türkischen Handelshaus, haben die auffallend modernen Gästezimmer alle türkische Frauennamen, sind stilvoll mit orientalischem Streifen-Jacquard und Seidenbrokat ausgekleidet und mit üppigen Betten versehen, passend für jeden Pascha.

Al Campaniel B&B €

(Karte S. 360; ☎041 275 07 49; www.alcampaniel.com; Calle del Campaniel 2889; DZ inkl. Frühstück 55–105 €; ❄📶) Das Hotel Al Campaniel ist ein wahres Fundstück am ruhigen Campo San Tomá, mit Treppe zur *vaporetto*-Station und zur Kirche I Frari, in bequemer Nähe zum aktionsgeladenen Campo Santa Margherita und mit Blick auf einen Schokoladeladen. Die geschmackvoll in Creme und Karmesin gehaltenen Zimmer sind überraschend geräumig und einladend; Standard-Doppelzimmer haben eine eigene Toilette, aber Gemeinschaftsduschen.

CANNAREGIO

LP TIPP **Palazzo Abadessa** BOUTIQUEHOTEL €€€

(Karte S. 371; ☎041 241 37 84; www.abadessa.com; Calle Priuli 4011; DZ 125–345 €; ❄📶) Die Abende scheinen verwunschen in diesem opulenten venezianischen *palazzo* von 1540, mit seinem Personal, das Kissen aufschüttelt, Gästen Prosecco aufdrängt, Wassertaxis zur Oper organisiert und romantische Heiratsanträge anzettelt. Prächtige Gästezimmer warten mit vornehmen Betten, Seidendamast-Tapeten und Schminktischen aus dem 18. Jh. Wer es barock mag, fragt nach einem größeren Zimmer mit Deckenfresken, Murano-Leuchtern und Blick auf Kanal oder Garten.

Domus Orsoni B&B €€

(Karte S. 376; ☎041 275 95 38; www.domusorsoni.it; Corte Vedei 1045; EZ inkl. Frühstück 80–150 €, DZ 100–250 €; ❄@) Überraschung: In einer ruhigen Seitengasse in der Nähe des Ghetto finden sich fünf stilvolle Gästezimmer. Sommers wird das Frühstück im Garten serviert, inmitten von Mosaikarbeiten der Firma Orsoni, die hier seit 1885 ansässig ist; daher die an Wänden, Kopfenden der Betten und in Bädern schillernden Mosaikfantasien.

Ca' Pozzo GASTHAUS €€

(Karte S. 376; ☎041 524 05 04; www.capozzovenice.com; Sotoportego Ca' Pozzo 1279; DZ 80–170 €; ❄📶) Biennale-verpflichtete Reisende finden ein Heim fern von daheim in diesem in der Nähe des Ghettos gelegenen Hotel mit minimalistischem Chic. Etliche der Zimmer haben Balkon, zwei sind barrierefrei und eignen sich auch für Menschen mit Behinderungen, und das geräumige Zimmer Nr. 208 könnte ein ganzes Damien-Hirst-Gefolge beherbergen.

Alla Vite Dorata B&B €€

(Karte S. 371; ☎041 241 30 18; www.allavitedorata.com; Rio Terà Barba Frutariol 4690b; DZ inkl. Frühstück 90–150 €; ❄📶) Da könnte man glatt *venexiarse* (venezianisch werden) in diesem Familienanwesen, das kürzlich in ein B&B verwandelt wurde und in einer ruhigen, von Touristen verschonten Umgebung liegt. Romantiker mögen sich Zimmer mit brokatverhangenen Himmelbetten und Blick auf den Kanal leisten, allen Zimmern gemeinsam sind jedoch hohe Holzbalkendecken, gusseisernes Mobiliar und farbenprächtige Draperien.

Hotel Villa Rosa GASTHAUS €€

(Karte S. 376; ☎041 716 569; www.villarosahotel.com; Calle della Misericordia 389; DZ inkl. Frühstück 70–140 €; ❄👪) Üppig blühende Fensterkästen und heiteres Personal lassen Ankömmlinge schnell heimisch werden in diesem Gästehaus in Bahnhofsnähe. Die Zimmer sind kompakt, aber mit hohen Decken, Damast-Tapeten, bildgewirkten Tagesdecken und modernen Bädern ausgestattet.

VENEDIGS BESTE EISDIELEN

» **Alaska** (Karte S. 354; ☎041 71 52 11; Calle Larga dei Bari 1159; Eis 1,50–2 €; ⏲12–20 Uhr) Fremdartiges Bio-*gelato*; man lasse sich eine Slow-Food-Kugel hausgerösteter Pistazien der Region schmecken oder zwei Kugeln der würzigen sizilianischen Zitrone mit einem Hauch minziger *carciofi* (Artischocke).

» **Gelateria Suso** (Karte S. 371; ☎Calle della Bissa 5453; Eis 2–3 €; ⏲10–22 Uhr) Verwöhnprogramm mit Susos demonstrativ schwerem „Doge"-*gelato*: Feigenmus und Wallnüsse verquirlt zu einer Mascarpone-Creme. Hier sind alle *gelati* hausgemacht und extra-sahnig; eine Eiswaffel, gefüllt mit Haselnuss und extra-dunkler Schokolade, geht glatt als Abendessen durch.

» **Grom** (Karte S. 370; ☎041 099 17 51; www.grom.it; Campo San Barnaba 2461; Eis 2,50–4 €; ⏲12–23 Uhr) Im Grom wird die Landschaft buchstäblich zu Eis; hier werden Slow-Food-Zutaten aus ganz Italien verwendet (Zitronen von der Amalfiküste, Erdbeeren aus Sizilien und Haselnüsse aus dem Piemont) und dazu fair gehandelter Kaffee und Schokolade serviert.

CASTELLO

Ca' Dei Dogi BOUTIQUEHOTEL €€

(Karte S. 354; ☎041 241 37 51; www.cadeidogi.it; Corte Santa Scolastica 4242; DZ 100–140 €; ❄📶) Selbst die nahe gelegene Seufzerbrücke vermag die Stimmung des sonnengelben Ca' Dei Dogi nicht zu dämpfen: schnittige moderne Zimmer im Schiffskabinen-Look, mit Holzbalkendecken, schrankkofferähnlichen Kommoden und kompakten mosaikverkleideten Bädern.

Foresteria Valdese KIRCHLICHE HERBERGE €

(Karte S. 371; ☎041 528 67 97; http://foresteriavenezia.it; Palazzo Cavagnis, Castello 5170; B 25–30 €, DZ ab 82 €) Heiliges Hostel! Viele der Zimmer dieses weitläufigen Palastes, welcher der Waldenserkirche gehört, rühmen sich schöner Fresken aus dem 18. Jh. und einer Aussicht über den Kanal. Betten werden nur an Familien oder Gruppen vergeben; weit im Voraus buchen!

Palazzo Soderini B&B €€

(Karte S. 354; ☎041 296 08 23; www.palazzosoderini.it; Campo di Bandiera e Mori 3611; DZ 150–200 €; ❄📶) Dieses ruhige, gänzlich in Weiß gehaltene Refugium mit Seerosenteich im Garten bietet eine willkommene Auszeit von Venedigs visueller Offensive. Minimalistisches Dekor betont die nüchternen Formen und klaren Linien. Zimmer gibt es nur drei; also rechtzeitig buchen.

GIUDECCA

Bauer Palladio & Spa LUXUSHOTEL €€€

(Karte S. 354; ⏲041 520 70 22; www.palladiohotelspa.com; Fondamenta della Croce 33; DZ ab 590 €; ❄📶) Gönnen Sie sich einen Aufenthalt in diesem heiteren, von Palladio entworfenen ehemaligen Kloster mit Blick auf den Markusdom, mit einem eigenen, solarbetriebenen Bootsservice und einem erstklassigen Spa. Einst war es ein Heim für Nonnen und Waisen, heute bietet das konvertierte Kloster in angenehm nüchternen gesetzten Gästezimmern himmlischen Komfort; viele der Zimmer haben eine Gartenterrasse oder bieten Aussicht aufs Wasser. Im Restaurant des Hotels genießt man erstklassiges Essen, in der Bar einen Digestif mit Blick auf den Canal Grande.

Ostello Venezia HOSTEL €

(Karte S. 354; ☎041 523 82 11; www.ostellovenezia.it; Fondamenta delle Zitelli 86; B 22–27 €; ⏲Check-In 13.30–23.30 Uhr, Check-Out 9.30 Uhr) Der ruhige Blick auf den Kanal lässt die Hostel-Kojen in unendliche Ferne zum irren Treiben auf dem Markusplatz rücken, dabei sind sie nur eine *vaporetto*-Fahrt entfernt. Wer pünktlich zur Öffnung um 13.30 Uhr ins Ostello kommt, sichert sich eine Koje am Fenster; um eines der beiden Séparées ohne Aussicht zu ergattern, muss im Voraus gebucht werden.

Essen

Grundnahrungsmittel sind am besten im **Billa-Supermarkt** (Karte S. 376; Strada Nova 3660; ⏲Mo–Sa 8.30–21, So 9–21 Uhr) erhältlich; das Angebot ist ausreichend, die bessere, aber meist auch etwas teurere Feinkost gibt es jedoch im regionalen Vertrieb der Agrargenossenschaftsprodukte **Coop** (⏲Mo–Sa 9–13 & 16–19.30 Uhr) San Lio 5989 (Karte S. 371); Campo San Giacomo dell'Orio 1492 (Karte S. 371); Piazzale Roma (Karte S. 354).

PIAZZA SAN MARCO & UMGEBUNG

LP TIPP **Enoteca al Volto** VENEZIANISCH €
(Karte S. 360; ☎041 522 89 45; Calle Cavalli 4081; cicheti 2–4 €, Hauptgerichte 7–18 €; ⊙Mo–Sa 9.30–15 & 17.30–22 Uhr) Einreihen in die Menge am Tresen und losprobieren! Das Angebot an Weinen und *cicheti* (venezianische Tapas) ist riesig. Wer früh kommt, schnappt sich einen Tisch im Freien (im Sommer) oder drinnen im lauschigen Hinterzimmer und kostet die seetüchtigen Schüsseln Pasta mit *bottarga* (getrocknetem Rogen) oder hausgemachte Ravioli. Nur Barzahlung.

Osteria San Marco MODERN ITALIENISCH €€
(Karte S. 360; ☎041 528 52 42; www.osteriasanmarco.it; Frezzeria 1610; Hauptgerichte 20–30 €; ⊙Mo–Sa 12.30–23 Uhr) Hier liegt Romantik in der Luft, doch dagegen helfen die Spitzenweine ganz bestimmt, die sich vor den freigelegten Backsteinwänden reihen. Unter strategisch gesetzten Strahlern scheinen die Speisen mit Nimbus herbeizuschweben, vor allem die himmlischen Venusmuscheln mit schwarzen Tintenfisch-Linguini. Die Auswahl an offenen Weinen ist begrenzt, und Fleischgerichte sind übersichtlich portioniert, doch über dem *passito* (Dessert), der Trockenbeerenauslese mit handwerklich hergestelltem Käse, ist all das vergessen.

Osteria da Carla OSTERIA €
(Karte S. 360; ☎041 523 78 55; Frezzeria 1535; Hauptgerichte 8–13 €; ⊙Mo–Sa 10–21 Uhr) Eingeweihte wissen: In diesem versteckten Innenhof kann man sich an Mohn-Ravioli und Birnen mit Schafsmilchkäse gütlich tun, und das zum Preis einer Markusplatz-Tasse Kakao! Zu Mittag und in der Happy Hour muss mit Wartezeiten gerechnet werden, wenn die Gondolieri ihre Boote für einen DOC Soave und *sopressa crostini* (weiche Salami auf Toast) verlassen.

Cavatappi OSTERIA €
(Karte S. 360; ☎041 296 02 52; Campo della Guerra 525/526; cicheti 2–4 €, Hauptgerichte 8–13 €; ⊙Di–Do & So 10–21 Uhr, Fr & Sa 10–23 Uhr) Dieses lässig-charmante Lokal serviert *cicheti,* offene DOC-Schaumweine und – eine Rarität auf dem Markusplatz – ein schmackhaftes Essen, an den Tisch serviert, für weniger als 20 €. Man wähle den Risotto des Tages und Schafsmilchkäse mit Wildblütenhonig zum Dessert.

Caffé Mandola SANDWICH-LADEN €
(Karte S. 360; ☎041 523 76 24; Calle della Mandola 3630; panini 3–7 €; ⊙Mo–Sa 9–19 Uhr) Vor der Oper oder zwischen den Museumsbesuchen noch einmal Kohlenhydrate tanken? Dann hier! Mit frischer Focaccia (Fladen) und reichlich würzigem Thunfisch und Kapern oder magerern *bresaola* (luftgetrocknetem Rindfleisch), Rucola und gewürztem Grana Padano-Käse.

DORSODURO

Trattoria La Bitta TRATTORIA €€
(Karte S. 370; ☎041 523 05 31; Calle Lunga San Barnaba 2753a; Mahlzeiten 35–40 €; ⊙Mo–Sa 19–22 Uhr) Hier wird das Tagesmenü auf einer Mini-Staffelei präsentiert; die ländlichen Speisen sehen denn auch aus wie Stillleben und sind geschmacklich ein Traum: Gnocchi werden auf Kürbis und Kräutern serviert, der Hasenbraten auf einem Rucola-Bett. Eher ein Ort für Fleischliebhaber denn für Pescetarier (Menschen, die zwar auf Fleisch, nicht jedoch auf Fisch verzichten). Im Voraus buchen!

Enoteca ai Artisti TRADITIONELL ITALIENISCH €
(Karte S. 370; ☎041 523 89 44; www.enotecaartisti.com; Fondamenta della Toletta 1169a; Hauptgerichte 9–23 €; ⊙Mo–Sa 12–16 & 18.30–22 Uhr)

CICHETI: VENEDIGS BESTE SCHLEMMERFESTE

Selbst in Venedigs bescheidensten Osterias (zwanglose Bierstuben oder Wirtshäuser) kosten die meisten Mahlzeiten ein paar Euro mehr als anderswo in Italien; an sich ist nichts dagegen zu sagen, bedenkt man, dass die frischen Meerestiere und die regionalen Produkte per Boot hergebracht werden. Die *cicheti,* die venezianischen Snacks, die in den Osterias mittags und zwischen 18 und 20 Uhr am Tresen serviert werden, gehören zu den besten Feinschmecker-Funden des Landes. *Cicheti* gibt es als einfache 1-bis-2-€-Snacks (etwa würzige Hackbällchen mit frischer Tomaten-Bruschetta) oder auch als herrlich kreative kleine Platten für 2 bis 5 €; wie im All'Arco (S. 388) etwa in Pancetta gewickelter weißer Bassano-Spargel und dicke Lagunenkrabben, im Zenzero (S. 390) frisch gebackene Sesam-Croissants, gefüllt mit Bronte-Pistazien-Aufstrich, oder im I Rusteghi (S. 393) Crostini, belegt mit *sopressata* (weicher Salami aus der Region) und getrüffeltem *pecorino.*

Zu herzerwärmenden Nudelgerichten und den verschiedenen anregenden Käsesorten reichen die Gastgeber hervorragende (offene) Weine. Von den Straßentischen für zwei lässt es sich gut beobachten; Gruppen speisen besser drin.

Ristoteca Oniga VENEZIANISCH €€
(Karte S. 370; ☎041 522 44 10; www.oniga.it; Campo San Barnaba 2852; Mahlzeiten 18–30 €; ⏲Mi–Mo 12–15 & 19–22 Uhr) Puristen kommen in dieses Lokal, um die venezianische Fischplatte der Chefin Annika zu genießen, mit beispielhaften *sarde in saor* (Sardinen in süßsaurer Soße). Vegetarier werden mit saisonalen Nudelgerichte verwöhnt, von denen das mit Wildbrokkoli, *pecorino* (ein Schafsmilchkäse) und Paniermehl sehr empfehlenswert ist. Die Auswahl unter 150 Weinen und die Festpreismenüs ab 17 € wird jeder hier mögen.

Avogaria MODERN ITALIENISCH €
(☎041 296 04 91; Calle dell'Avogaria 1629; cicheti 1,5–4 €, Hauptgerichte 10–22 €; ⏲Mi–So 12–15 & 18–23 Uhr) Dates lassen sich erst einmal zaghaft an in diesem hübschen Restaurant mit Backsteinwänden und Holzbalken: bei Happy-Hour-*cicheti* und Spritz am glatten Glastresen. Doch schon wenige Happen venezianischer *crudi* (Sushi) mit frischen Kräutern sind der Auftakt zu einem Risotto zu zweit. Und wenn dann das Tiramisù gereicht wird, muss man einfach dahinschmelzen.

Impronta Café TRADITIONELL ITALIENISCH €
(Karte S. 360; ☎041 275 03 86; www.impronta cafevenice.com; Calle Crosera 3815; Mahlzeiten 8–15 €; ⏲Mo–Sa 11–1 Uhr) Hier können sich die Gäste auf einen Prosecco und eine günstige Polenta-Salami-Kombi unter Venedigs wertorientierten Jetset mischen, umgeben von grafisch witzigen Bestandsaufnahmen des Kochgeschirrs. Um 18.30 Uhr kommt man hier in den Genuss von *aperitivi* nach Mailänder Art; wer Getränke bestellt, hat freien Zugriff aufs Büfett.

Pizza al Volo PIZZERIA €
(Karte S. 370; ☎041 522 54 30; Campo Santa Margherita 2944; Pizzastücke 2–4 €; ⏲12–1 Uhr) Hungrige Nachteulen haben in Venedig nicht viele Alternativen, da Restaurants ab 22 Uhr schon schließen. Doch die Pizzas hier sind preiswert und lecker, mit einem dünnen und dennoch festen Rand, der nicht gleich über dem edlen Ausgeh-Outfit zusammenklappt.

SAN POLO & SANTA CROCE

LP TIPP **All'Arco** VENEZIANISCH €
(Karte S. 371; ☎041 520 56 66; Calle dell'Arco 436; cicheti 1,50–4 €; ⏲April–Juni & Sept. Mo–Sa 12–20.30 Uhr, Okt.–März bis 15.30 Uhr, Juli & Aug. geschl.) Maestro Francesco und sein Sohn Matteo erfinden Venedigs beste *cicheti* täglich neu, mit Funden vom Rialto-Markt. Wer freundlich fragt und geduldig wartet, dem werden die beiden eine saisonale Extra-Kreation erfinden. An Montagen, wenn der Fischmarkt geschlossen bleibt, wickelt Francesco dann vielleicht spitzblättrigen Spargel in Rinder-Carpaccio mit körnigem Senf. Kommt samstags der frische Fang herein, wird Matteo womöglich sizilianische Thunfisch-Pastete mit Minze, Walderdbeeren und reifem Balsamico anrichten. Selbst mit reichlich Prosecco dazu wird kaum ein Essen mehr als 20 € kosten oder unter dem 5-Sterne-Anspruch bleiben.

LP TIPP **Al Pesador** MODERN ITALIENISCH €€
(Karte S. 371; ☎041 523 94 92; www.alpesador.it; Campo San Giacometo; Hauptgerichte 15–30 €; ⏲Mo–Sa 12–15 & 19–23 Uhr) Hier sieht man zu, wie die Boote den Kanal hinuntertreiben oder kuschelt sich im Speisesaal-Gewölbe aneinander, sobald aber das Essen kommt, wird man sich aufsetzen und staunen. Wer geglaubt hatte, die venezianische Kochkunst zu kennen, der lässt sich von der kulinarisch-kreativen Finesse des Pesadors eines Besseren belehren: mit *cicheti*, die als Terrine voll winziger Lagunenmuscheln mit Zitronengelée-Häubchen daherkommen, während sich unter den *primi* (den ersten Gängen) Flammenmuscheln an herben Wildkräutern auf schwarzen Tintenfisch-Gnocchi tummeln.

Pronto Pesce Pronto MEERESFRÜCHTE €
(Karte S. 371; ☎041 822 02 98; Rialto Pescheria 319; cicheti 3–8 €; ⏲Di–Sa 12–14.45 Uhr) Dieser neben dem Fischmarkt gelegene Designer-Deli ist auf kunstvoll komponierte *crudi* und Meeresfrüchtesalate spezialisiert. Die Gäste schnappen sich einen Stuhl, ein (leider) Plastikglas mit DOC Soave und einen Salat aus *folpetti*-(Minikraken) und schlemmen Garnelen-*crudi* oder genießen vom Kai den Blick auf den Kanal.

Dai Zemei VENEZIANISCH €
(Karte S. 371; ☎041 520 8546; www.osteriadaizemei.it; Ruga Vecchia San Giovanni 1045; cicheti 2–5 €; ⏲Mi–Mo ab 9 Uhr) Kleine Mahlzeiten mit großer Fantasie: Krakensalat mit ma-

NICHT VERSÄUMEN

GOURMET-ZENTRALE: DAS RIALTO-VIERTEL

Der **Rialto-Markt** (Karte S. 371) bietet erlesene regionale Produkte und befindet sich direkt neben der legendären **Pescaria** (Karte S. 371), dem 600 Jahre alten Fischmarkt Venedigs. Die angrenzenden Seitenstraßen sind gesäumt von Bäckereien, *bacari* (Bars) und zwei namhaften Gourmet-Läden: dem **Aliani** (Karte S. 371; ☎041 522 49 13; Ruga Vecchia di San Giovanni 654) mit Käsespezialitäten, geräucherten Fleischwaren und Feinkost von 40 Jahre gereiftem Balsamico-Essig bis hin zu *bottarga* (Paste aus getrocknetem Rogen), und der **Drogheria Mascari** (Karte S. 371; ☎041 522 97 62; Ruga degli Spezieri 381; ⌚Mo–Di & Do–Sa 8–13 & 16–19.30, Mi 8–13 Uhr), einem Laden, der bis unter die Decke mit Konservengläsern, Gewürzen und Trüffeln bestückt ist und zudem über ein ganzes Hinterzimmer voller italienischer Spezialitätenweine verfügt. Bio-Produkte und nachhaltig produzierte Weine sind auch im **Rialto Biocenter** (Karte S. 371; ☎041 523 95 15; www.rialtobiocenter.it; Calle della Regina 2264; ⌚Mo–Do 8.30–13 & 16.30–20, Fr & Sa 8.30–20 Uhr) erhältlich.

riniertem Rucola, Entenbrust mit Trüffelöl beträufelt oder crostini mit reichlich samtigem Thunfisch-Schaum. Wer früh kommt, kann sich von den Meisterkoch-Zwillingen Giovanni und Franco (*zemei* ist das venezianische Wort für Zwilling, deshalb auch die Fotos über der Bar) die optimal dazu passenden DOC/IGT-Weine empfehlen lassen.

Tearoom Caffé Orientale VEGETARISCH €
(Karte S. 354; ☎041 520 17 89; Rio Marin 888; Mahlzeiten 6–12 €; ⌚Fr–Mi 12–21 Uhr) Für einen Abstecher in diese buchstäblich kunstvolle Teestube am Kanal sollten Genießer die gängigen Touristencafés und Fischrestaurants getrost hinter sich lassen. Serviert werden vegetarische Köstlichkeiten von Spargel-Quiches bis hin zur herzhaften Bohnensuppe. Die Backwaren sind hausgemacht, mit extra-lockerem, eiweißreichen italienischen Mehl. Nach solch einem hauchzarten Apfelstrudel wird man es sicher kaum erwarten können, das nächste Museum zu stürmen.

Osteria La Zucca MODERN ITALIENISCH €
(Karte S. 371; ☎041 524 15 70; www.lazucca.it; Calle del Tentor 1762; kleine Teller 5–12 €; ⌚Mo–Sa 12.30–14.30 & 19–22.30 Uhr) Auf gemüselastigen kleinen Tellern vereinen sich Gewürzhandelstradition und regionale Produkte: Zucchini mit Ingwer-Pfiff, zimtgefärbte Kürbistorte und Himbeer-Gewürzkuchen. Auch das gebratene Lamm auf Kräutern ist vorzüglich, doch wird vegetarischen Mahlzeiten hier der Vorrang eingeräumt. Im behaglichen, holzgetäfelten Speiseraum wird es zuweilen ganz hübsch warm, im Sommer lässt es sich daher besser an der kanalseitigen Fensterfront sitzen.

Antica Birreria della Corte PIZZERIA €
(Karte S. 371; ☎041 275 05 70; Campo San Polo 2168; Pizzas 8–13 €; ⌚Mo–Fr 12–23 Uhr) Eine Außenstation der Pizzas und Biere in einer Stadt der Weine und des Fischs scheint eine bewusste Provokation zu sein. Doch wie schlecht protestiert es sich mit vollem Mund! Spitzengerichte wie die über Holzkohle gegarte *bresaola* mit Büffelmozzarella auf Rucola werden mit Bier runtergespült; deutsches wird gezapft, italienisches kommt in Flaschen.

CANNAREGIO

LP TIPP **Anice Stellato** VENEZIANISCH €€
(Karte S. 376; ☎041 72 07 44; Fondamenta della Sensa 3272; Mahlzeiten 25–40 €; ⌚Mi–So 12–14 & 19.30–23 Uhr) Wem diese düstere Ecke von Cannaregio abenteuerlich vorkommt, der warte nur aufs Essen: Lammkoteletts in Kräuterkruste, hausgemachte Ravioli und kurzgebratene *mojecche* (Weichschalenkrabben), die man im Ganzen verschlingen kann. Blechlampen und Platzdeckchen aus recyceltem Papier, die auf den Tischen ausgebreitet sind, lenken das Augenmerk auf heimische Speisen in heimischer Gesellschaft – unvergesslich! Unbedingt im Voraus reservieren.

LP TIPP **Dalla Marisa** VENEZIANISCH €€
(Karte S. 354; ☎041 720 211; Fondamenta San Giobbe 652b; Menüs 30–35 €; ⌚Di & Do–Sa 11–15 & 19–23 Uhr) Wie ein Freund des Hauses werden Gäste hier platziert, wo immer Platz ist. Es gibt keine Speisekarte, stattdessen wird gegessen, was Marisa auf den Tisch bringt. Wer bucht, weiß im Voraus, ob Fisch oder Fleisch auf der Tagesordnung steht.

ABSTECHER

VENISSA

Eine Flammenmuschel taucht ihre roten Fäden anmutig in schwarzen Espresso-Sud… Das ist schon großartig, dabei sind die höchst unterhaltsamen „Appetithappen" der Küchenchefin Paola Budel erst der Anfang! Sie bereitet die regionalen Zutaten mit dem offenkundigen Vergnügen einer italienischen Meisterin, die aus dem Ausland heimgekehrt ist. Die Sterne (auch die Michelin-Abkömmlinge) leuchten über dem **Venissa** (☎041 527 22 81; www.venissa.it; Fondamenta Santa Caterina 3; ⌚Di–So 12–15 & 19–21.30 Uhr) auf Mazzorbo, einer Garteninsel, die durch eine Brücke mit Burano verbunden ist und auf der praktisch alles wächst. So findet sich auf Budels Tellern die Insellandschaft wieder: Brotkrumen-Gnocchi, die auf einer duftenden Suppe aus Wildfenchel, Spargelsprossen und jungen Minz- und Basilikumblättern tanzen. Ein Gericht aus 63 winzigen Lagunenkraken auf *barene* (lagunentypische Salzmarsche) aus knoblauchhaltigem Ackerbohnenpüree lässt ahnen, wie es sich anfühlen muss, wenn ein gefräßiges venezianisches Seeungeheuer endlich satt ist. Gäste sollten im Voraus buchen, mindestens 60 € pro Person einplanen und die Sonnencreme nicht vergessen, um das Festmahl auf der Terrasse entlang des Venissa-Weingartens ungetrübt genießen zu können.

Hauswein ist im Festpreis inbegriffen. Ansässige Stammgäste geben zu, dass Marisa die *fegato alla veneziana* (venezianische Kalbsleber) schmackhafter zuzubereiten weiß als einst ihre Großmutter. An Fischtagen kommen ganze Schwärme der Lagunenbewohner gegrillt, frittiert und auf Pasta und Rucola gesetzt auf den Tisch.

Osteria L'Orto dei Mori MODERN ITALIENISCH €€
(Karte S. 376; ☎041 524 36 77; Campo dei Mori 3386; Mahlzeiten 20–40 €; ⌚Mi–Mo 12.30–15.30 & 19.30–24 Uhr) Seit Tintoretto nebenan wohnte, ist man in dieser verschlafenen Gegend nicht so lange aufgeblieben wie jetzt. Das ist der schicken neuen Osteria zu verdanken, deren Hausherr, der Sizilianer Lorenzo, täglich frische Pasta zubereitet, mit Kalmaren auf Spinat-*tagliolini* oder als Schmetterlingsnudeln mit Brät und *radicchio di Treviso* (roter, bitterer Chicorée). Die fröhliche Bedienung und die fischförmigen Lampen verleihen den Abenden hier ein verspieltes Ambiente. Wer auf einen freien Tisch warten muss, dem wird Prosecco gereicht. Im Voraus buchen!

La Cantina VENEZIANISCH €€
(Karte S. 371; ☎041 522 82 58; Campo San Felice 3689; cicheti 3–6 €, Hauptgerichte 15–30 €; ⌚Mo–Sa 11–23 Uhr) Hier ist Slow Food angesagt: am besten einen Hocker schnappen, ein einheimisches Morgana-Bier bestellen und dann das saisonale Bruschetta seiner Wahl und herzhafte Bohnensuppen erwarten. Für die Fischplatten braucht es etwas mehr Appetit und tiefere Taschen. Die Marktpreise schwanken, der Tagespreis muss also erfragt werden. Meeräschen mit gebratenen Kartoffeln und *scampi crudi* (milde Garnelen-Sushi) lohnen aber die Investition, denn sie sind wirklich ein kulinarisches Erlebnis.

CASTELLO

LP TIPP **Corte Sconta** MODERN ITALIENISCH €€€
(Karte S. 381; ☎041 522 70 24; Calle del Pestrin 3886; Mahlzeiten 45–65 €; ⌚Di–Sa 12.30–14.30 & 19–21.30 Uhr, Jan. & Aug. geschl.) Wem nach fantasievoller hausgemachter Pasta und fangfrischen, optisch eindrucksvollen Meeresfrüchten ist, der suche diesen weinberankten *corte sconta* (versteckten Hinterhof) auf. Hier wird das Krebsgetier auf dem Teller verteilt wie Farben auf einer Malpalette: leuchtend roter Kürbis zu zarten Muscheln auf schwarzer Tintenfisch-Pasta. Reservierungen erforderlich.

LP TIPP **Zenzero** SANDWICH-LADEN €
(Karte S. 371; ☎041 241 28 28; Campo Santa Marina 5902; panini 2–4,50 €; ⌚Mo–Sa 9–20 Uhr) Zwei *panini* aus hausgemachten Croissants sind ein solches Festmahl, dass ein DOCG-Prosecco-Trinkspruch mehr als angemessen ist. Unter den saisonalen Spezialitäten-Kombis finden sich mit Trüffeln belegter Prosciutto, Mortadella mit Pistazienpüree oder Büffelmozzarella und sonnengetrocknete Tomaten aus ökologischem Anbau.

Met FEINSCHMECKER €€€
(Karte S. 381; ☎041 520 50 44; www.hotelmetropole.com; Hotel Metropole, Riva degli Schiavoni 4149; Mahlzeiten ab 100 €; ⌚Di–So Abendessen)

Küchenchef Corrado Fasolato ist für seine hochgradig erfinderische Herangehensweise an heimisches Wildbret und Meeresfrüchte mit zwei Michelin-Sternen ausgezeichnet worden. Gäste können hier getrost Überraschendes erwarten: herzhafte Fasanen-Cannelloni oder mit Aal gefüllte Pasta, gefolgt von schmackhaften Sorbets aus Wein und Meerrettich.

Al Covo OSTERIA **€€€**

(Karte S. 381; ☎041 522 38 12; www.ristoranteal covo.com; Campiello della Pescaria 3968; Mahlzeiten 55–75 €; ⏲Fr–So Mittag- & Abendessen, Mo–Di Mittagessen) Mit seinen niedrigen Balkendecken und den Stammtischen in den Ecken scheint dieser Ort eine klassische venezianische Trattoria zu sein, doch sind die typischen Speisen raffiniert verfeinert. Markenzeichen der Küche sind Caprese-Salat, serviert mit einem Gelée aus Cherrytomaten, schwarze Tintenfischpasta mit Muscheln und Kürbisblüten und Adria-Thunfisch mit fünf verschiedenen Saucen. Die fangfrischen Zutaten erklären die Preise, die preisgünstigen Weine gleichen sie aus.

Le Spighe VEGETARISCH **€**

(Karte S. 354; ☎041 523 81 73; Via Garibaldi 1341; Mahlzeiten 10–15 €; ⏲Mo–Sa 9.30–14 & 17.30–19.30 Uhr) Dieses durchweg vegetarische, biologische und veganerfreundliche Plätzchen bietet schnelle, vorzügliche Speisen aus regionalen Produkten, vom knackigen Fenchelsalat bis zu köstlichen Kürbis-Kartoffel-Pasteten.

GIUDECCA

LP TIPP I Figli delle Stelle MODERN ITALIENISCH **€€**

(Karte S. 354; ☎041 523 00 04; www.ifiglidelle stelle.it; Zitelle 70; Mahlzeiten 25–40 €; ⏲Di–So 12.30–14.30 & 19–22 Uhr, Mitte Nov.–Mitte März geschl.) Die cremige Ackerbohnensuppe mit Chicorée und frischen Tomaten umhüllt die Zunge neckisch, die Grillplatte für zwei mit Hummer, Seezunge und frischen Sardinen ist ein Muss. Trotz Kochkunst und Uferblick auf San Marco ist dies ein überraschend preiswertes Lokal.

La Palanca VENEZIANISCH **€**

(Karte S. 354; ☎041 528 77 19; Fondamenta al Ponte Piccolo 448; Mahlzeiten 20–30 €; ⏲Mo–Sa 8–20.30 Uhr) Das mittägliche Gerangel um die kanalseitigen Tische ist heftig, doch bei dieser Aussicht schmecken die *tagliolini ai calamaretti* (schmale Bandnudeln mit winzigen Tintenfischen) und das Thunfischsteak mit Sesam noch besser. Für ein Taschengeld von 7 bis 9 € gibt's prall gefüllte Pasta-Teller; *cicheti* sind den ganzen Tag über an der Bar zu haben.

DER LIDO

Trattoria La Favorita MEERESFRÜCHTE **€€€**

(☎041 526 16 26; Via Francesco Duodo 33; Mahlzeiten 35–50 €; ⏲Mi–So 12–15.30 & 19.30–23, Di 18–22 Uhr, Jan.–Mitte Feb. geschl.) Seespinnen-*gnochetti,* Fischrisotto und *crudi* zu Normalbürger-Preisen haben der Favorita ihren Ruf eingebracht. Plätze im glyzinienüberwachsenen Garten am besten vorher reservieren.

TOP FIVE DER VENEZIANISCHEN HAPPY-HOUR-GETRÄNKE

» **Prosecco** Venetiens schäumendes Wahrzeichen wird von Dandys wie Fischern gleichermaßen gern getrunken und kostet 1,50 € (keine herausragenden Jahre) bis 3,50 € für DOCG Conegliano Prosecco Superiore.

» **Spritz** Der Prosecco-Cocktail mit Campari oder bittersüßem Aperol ist ein kräftiges Getränk zu kleinem Preis (1–2,50 €). Beliebt ist der Spritz bei allen Generationen, von Studenten bis hin zu Rentnern, und wird in Cafés und Bars – ausgenommen spezialisierten *enoteche* (Weinbars) – in ganz Venedig genossen.

» **Amarone** Dieser tiefrote Wein wird aus Valpolicella-Corvina-Trauben gewonnen und ist eine stürmische Liebeserklärung in Flaschen: komplex und kostspielig (6–18 € pro Glas), doch absolut hinreißend, solange er vorhält.

» **Soave** Ein in Venetien hergestellter Weißwein aus Garganega-Trauben; passt als erfrischender junger Wein (2–5 €) ideal zu Fisch oder als komplexer Classico (2,50–6 €) zu Unterhaltung und Plauderei.

» **'Qualcosa di particolare'** „Etwas Besonderes" fordert venezianische Sommeliers dazu auf, hinter die Bar zu greifen und einen der geheimnisvollen Sortenreinen innovativer Winzer hervorzuholen. Wer zum Schluss nicht vor einer wahrhaft galaktischen Rechnung sitzen möchte, frage nach einer *ombra* (halbes Glas zum Kosten).

VERANSTALTUNGS-TICKETS

Für Renner wie die Biennale oder Opern im Teatro La Fenice ist eine Online-Buchung im Voraus erforderlich, am besten unter den jeweiligen Websites oder auch www.veniceconnected.com. Wer Glück hat, erwischt noch einen Last-Minute-Rabatt unter **Weekend a Venezia** (http://en.venezia.waf.it; auf Englisch). Ansonsten können Veranstaltungstickets auch an **HelloVenezia Kartenverkaufsstellen** (☎041 24 24; www.hellovenezia.com) erworben werden, die sich an den Anlegestellen der *vaporetti* (kleine Passagierfähren) befinden.

Pizzeria alla Botte PIZZERIA €
(☎041 526 06 81; Gran Viale 57/A; Pizzas 6–10 €; ⏲11.30–15.30 & 18–22.30 Uhr, Nov.–Jan. geschl.) Dieses touristisch anmutende Lokal verfügt über einen der wenigen Holzöfen in Venedig und bietet erstklassige Pizzas mit einer etwas dickeren Kruste und genau der richtigen Zähigkeit.

Trinken

Der Preis für einen am Tisch servierten Kaffee gleicht in den Touristenvierteln dem Pachtzins des Lokals, also am besten den Kaffee im Stehen trinken. Wer sich nicht lumpen lassen möchte, der besucht die architektonisch grandiosen Cafés im Museo Correr, im Palazzo Querini Stampalia oder auf dem Markusplatz. In Rechnungen auf dem Markusplatz ist oft auch ein Musikzuschlag enthalten; deutlich besser kommt jedoch auf seine Kosten, wer selbst Tango tanzen geht.

PIAZZA SAN MARCO & UMGEBUNG

Caffè Florian CAFÉ
(Karte S. 360; ☎041 520 56 41; www.caffeflorian.com; Piazza San Marco 56/59; Getränke 8–12 €; ⏲Do–Di 10–24 Uhr) Das Florian wahrt die 1720 eingeführten Rituale: Uniformierte Kellner servieren heiße Schokolade auf Silbertabletts, drinnen schmusen Verliebte auf vornehmen Bänken, und wenn die untergehende Sonne die Mosaiken des Markusdoms erstrahlen lässt, spielt ein Orchester zum Tango. Und doch war es immer progressiv: Dieses Café war eines der ersten, das auch Frauen den Zutritt erlaubte, außerdem diente es einst der italienischen Unabhängigkeitsbewegung als Treff und veranstaltet heute Events für zeitgenössische Kunst und Design.

Caffè Lavena CAFÉ
(Karte S. 360; ☎041 522 40 70; www.lavena.it; Piazza San Marco 133/4; Getränke 1–12 €; ⏲9.30–23 Uhr) Wie Opernkomponist Richard Wagner treffend formulierte: Wem die Knie in Venedig langsam weich werden, der stärke sich im Lavena. Der in dieser spiegelverkleideten Bar aus dem 18. Jh. servierte Espresso für 1 € ist der günstigste auf dem Markusplatz, ein *caffè corretto* (Kaffee mit Likör „korrigiert") am Tisch zu Livemusik ist unschlagbar. Das Florian gegenüber ist eine freundliche Konkurrenz, doch Lavenas schwindelnd schnelle Tarantella macht mit tosenden Ovationen meist das Rennen.

Harry's Bar BAR
(Karte S. 360; ☎041 528 57 77; www.cipriano.com; Calle Vallaresso 1323; ⏲10.30–23 Uhr) Scharenweise kommen ambitionierte Autorenfilmer in diese Bar, die schon Ernest Hemingway, Charlie Chaplin, Truman Capote, Orson Welles u. a. frequentierten, und genießen im matten Abglanz einstigen Ruhms den unvermeidlichen Bellini für 15 € (pürierter Pfirsich mit Prosecco). Trotz der schlichten Bistro-Ausstattung und der winzigen Tische ist dieses Restaurant eines der teuersten in Italien; Gäste halten sich am besten an die erstklassigen Cocktails.

Torino@Night PUB
(Karte S. 360; ☎041 522 39 14; Campo San Luca 4592; ⏲Di–Sa 19–1 Uhr) Das vielseitige, laute und abgefahrene Torino belebt den Markusplatz. Es bietet seinen Gästen eine legere Atmosphäre. Drinks für 2 bis 5 €, Live-Jazz an fast jedem Samstag und gelegentlichen DJ-Sessions mit alten Reggae-Platten.

DORSODURO

Cantinone 'Già Schiavi' BAR
(Karte S. 360; ☎041 523 00 34; Fondamenta Nani 992; ⏲Mo–Sa 8.30–20.30 Uhr) Kräftige Lungen und ruhige Hände sind hier durchaus von Vorteil, wenn die Bestellungen erhört und *cicheti* (Thunfisch-Creme mit Lauch unbedingt probieren), *ombre* (offene Weine) und *pallottoline* (kleine Flaschen Bier) heil zum Kanal gebracht werden sollen, ohne auf Architekturstudenten oder Gondelbauern zu landen.

Osteria alla Bifora WEINBAR

(Karte S. 370; ☎041 523 61 19; Campo Santa Margherita 2930; ⏲12–15 & 18–24 Uhr) Andere Bars auf diesem Platz sind auf Spritz bechernde Studenten ausgerichtet, doch dieser umgebaute mittelalterliche Weinkeller zieht Träumer an, die über die Ränder großzügiger Gläser Veneto-Merlots und kalter Platten für zwei im schmeichelhaften Schein der fünf Kronleuchter flirten.

Il Caffè Rosso BAR

(Karte S. 370; ☎041 528 79 98; Campo Santa Margherita 2963; ⏲Mo–Sa 7–1 Uhr) Ein sonniger Platz auf der Piazza taugt am besten, um sich vom Gelage der letzten Nacht und den heutigen Zeitungsschlagzeilen zu erholen – bis der Kreislauf erneut um 18 Uhr mit einem Spritz und einem Stehplatz in den Studentenmassen beginnt, die sich in und vor dem Café auf dem Campo drängen.

SAN POLO & SANTA CROCE

Al Prosecco WEINBAR

(Karte S. 371; ☎041 524 02 22; Campo San Giacomo da l'Orio 1503; www.alprosecco.com; ⏲Mo–Sa 9–21 Uhr) Das Verlangen nach einem Trinkspruch bei Sonnenuntergang auf Venedigs reizvollstem *campo* ist nur allzu natürlich, und so auch der Wein im Al Prosecco. Diese vorausdenkende Bar hat sich auf *vini naturali* (natürlich gegorene Weine) spezialisiert – ökologisch, biodynamisch und mit Naturhefen fermentiert – und auf denkwürdige *ombre*, vom unverkennbaren, ungefiltert „naturtrüben" Prosecco für 3,50 € bis hin zum Veneto Venegazzú für 5 €, der sich seidig über die Zunge verteilt und noch lange im Gedächtnis haften bleibt.

Al Mercà WEINBAR

(Karte S. 371; ☎393 992 47 81; Campo Bella Vienna 213; ⏲Mo–Sa 9–15 & 16–21 Uhr) In dieser kammergroßen Bar drängeln sich anspruchsvolle Trinker bei *cicheti* und 60 verschiedenen Weinen, darunter erstklassiger Prosecco und offene DOC-Weine (2–3,50 €). Wer einen Platz am Tresen ergattern und sich an Fleischbällchen und Mini-*panini* (1–2 €) vergehen will, sollte früh genug da sein, andernfalls mische man sich unter die Massen, die sich bis zu den Docks des Canal Grande erstrecken.

Cantina Do Spade BAR

(Karte S. 371; ☎041 521 05 83; www.cantinadospade.it; Calle delle Do Spade 860; ⏲Mo–Sa 10–15 & 18–22 Uhr) Seit 1488 schon hält diese Bar Venedig bei bester Laune. Die charmanten jungen Betreiber heißen die Spritz schlürfenden Stammgäste ebenso freundlich willkommen wie hereinschneiende Kenner, denen nach Doppelmalz aus den Dolomiten und günstigem Venezianischen DOC Cabernet Franc zumute ist. Wer rechtzeitig kommt, erwischt marktfrische *fritture* (Meeresfrüchte im Teigmantel; 2–6 €) und einen guten Teil des örtlichen Geschwätzes (gratis).

Pasticceria Rizzardini CAFÉ

(Karte S. 371; ☎041 522 38 35; Campiello dei Meloni 1415; ⏲Mi–Mo 7.30–20 Uhr) „Seit 1742" steht auf dem Schild an der Fassade dieser Bäckerei mit Steh-Café, die typisch venezianische Spezialitäten serviert: Monsterkrapfen, wackelnde *lingue di suocere* (Schwiegermütterzungen) und zuckerbestreute *pallone di Casanova* (Casanovakugeln).

CASTELLO

LP TIPP I Rusteghi WEINBAR

(Karte S. 371; ☎041 523 22 05; Corte del Tentor 5513; Minipanini 2–5 €; ⏲Mo–Sa 10.30–15 & 18–21 Uhr) Sommelier Giovanni betreibt das I Rusteghi in vierter Generation und hat Jahrhunderte venezianischer *enoteca*-Tradition im Gepäck. Er wird jede seiner Flaschen aus dem Regal holen und selbst für eine *ombra* (halbes Glas Wein) öffnen, auch die fast mythischen Sammlerweine wie den 1996er Quintarelli Amarone. Wer nach *‚qualcosa di particolare‘* fragt, der wird mit einem sinnlichen Tocai oder einem vollmundigen Refosco belohnt, die sonst sicher nirgendwo zu finden sind. Dazu können die Gäste aus 30 verschiedenen *cicheti* wählen, darunter auch Röllchen mit Wildschweinsalami und Trüffeln.

Enoteca Mascareta WEINBAR

(Karte S. 371; ☎041 523 07 44; Calle Lunga Santa Maria Formosa 5138; Mahlzeiten 30–45 €; ⏲Fr–Di 19–2 Uhr) Dieser stimmungsvolle Ort wird dank der hervorragenden regionalen Fleischwaren, Käsesorten und vor allem Weine – inklusive des naturtrüben Prosecco – das ganze Jahr über von zahlreichen Weinkennern belagert.

Osteria All'Alba WEINBAR

(Karte S. 371; ☎340 124 56 34; Ramo del Fontego dei Tedeschi 5370; ⏲19–1 Uhr) Dröhnt es hinter der Rialtobrücke, dann ist der DJ im All'Alba voll im Funk-Fieber. Wem das entgegenkommt, der zwängt sich hinein, lässt sich Salami-Sandwiches (1–2,50 €) und DOC-Veneto-Weine (5–6 €) schmecken und wirft ein Auge auf die alten LPs an den Wänden und die daneben gekritzelten Danksagungen in zwölf Sprachen.

CANNAREGIO

Al Timon WEINBAR

(Karte S. 376; ☎041 524 60 66; Fondamenta degli Ormesini 2754; ⏲Do–Di 11–1 & Mi 18–1 Uhr) Hier zieht man sich seinen Regiestuhl ans Kanalufer und sieht der kunterbunten Parade von Trinkern und Träumern zu, die nach *crostini* (belegten Weißbroten) und Qualitätsweinen (*ombra* oder Karaffe) unterwegs sind. Manchmal spielen auch Folksänger auf, zuerst ein paar Stücke, zu fortgeschrittener Stunde dann Gassenhauer zum Mitsingen.

Agli Ormesini PUB

(Da Aldo; Karte S. 376; ☎041 71 58 34; Fondamenta degli Ormesini 2710; ⏲Mo–Sa 20–1 Uhr) Während der Rest der Stadt im Weine schwimmt, bietet das Ormesini 120 Biere, darunter auch das hiesige Birra Venezia. Das fröhliche, bierselige Publikum schwappt oft auf die Straße hinaus. Doch pssst, nicht so laut, sonst reagieren die Nachbarn gereizt!

☆ Unterhaltung

Was in Venedig gerade im Terminkalender steht, erfahren Besucher am besten in der APT Touristeninformation (S. 417), mit einem Klick auf den Kalender-Button unter www.comune.venezia.it oder auf folgenden Websites:

Venedig (www.venedig.net/veranstaltungen-und-feste) Informationen zu Geschichte, Unterkünften, Transport, Architektur, Veranstaltungen und Events.

Venezia da Vivere (www.veneziadavivere.com) Kunstvolles Venedig: alles über Musikveranstaltungen, Kunstausstellungen, Nachtleben und Design-Events.

Venezia Si (www.veneziasi.it) Online-Buchungsservice mit Terminkalender zu Venedigs Festen und Veranstaltungen.

Casinos

Casinò di Venezia CASINO

(Karte S. 376; ☎041 529 71 11; www.casinovenezia.it; Palazzo Vendramin 2040; Eintritt 5 € oder gratis bei Erwerb von Spielmarken für 10 €; ⏲So–Do 11–2.30, Fr & Sa bis 3 Uhr) Kein Opernhaus kann sich mit jenen Dramen messen, die seit dem 16. Jh. in Venedigs feudaler Spielhölle über die Bühne gehen: Richard Wagner überlebte die mühevolle Komposition des stürmischen *Ring*-Zyklusses nur, um 1883 hier im *palazzo* zu sterben. Die Spielautomaten öffnen ab 11 Uhr; wer an Tischen spielen will, kommt mit bestem Jackett und Pokerface nach 15.30 Uhr.

Kinos

Arena di Campo San Polo KINO

(Karte S. 371; www.comune.venezia.it, auf Italienisch; Campo San Polo; ⏲Juli & Aug.) Wo raufllustige Burschen einst Stierkämpfe austrugen, zeigt die Stadt heute kostenlos Open-Air-Filme und veranstaltet im Juli und September Musik- und Theaterfestivals. Dazwischen wird dieser Ort ganzjährig als Rummelplatz, für politische Kundgebungen oder von Straßenmusikanten genutzt.

Casa del Cinema KINO

(Karte S. 371; ☎041 524 13 20; Salizada San Stae 1990; Erw./erm. 6/5 €; ⏲Vorführungen Mo–Sa nachmittags) Im neuen Vorführsaal im Palazzo Mocenigo mit seinen 50 Sitzplätzen und der Holzbalkendecke werden Streifen aus dem öffentlichen Filmarchiv Venedigs gezeigt. Filme in Originalsprache laufen montags, Erstaufführungen von Indie-Filmen freitags in der Spät- und samstags in der Nachmittagsvorstellung. Informationen zum Programm mit Einführungen durch Regisseure, Schauspieler und Wissenschaftler sind dem Internet zu entnehmen.

Oper & Klassische Musik

LP TIPP **Teatro La Fenice** OPERNHAUS

(Karte S. 360; ☎041 78 66 11; www.teatrolafenice.it; Campo San Fantin 1965; Karten 40–120 €) Führungen sind bei vorheriger Buchung möglich (☎041 24 24), doch am besten besichtigt man La Fenice mit einem *loggione* – einem Opernfan, der vom höchstrangigen billigen Sitz aus urteilt. Hat die Oper gerade Spielzeitpause, sollten sich Interessierte nach Symphonie- und Kammerkonzerten umhören.

LP TIPP **Interpreti Veneziani** LIVEMUSIK

(Karte S. 360; ☎041 277 05 61; www.interpretiveneziani.com; Chiesa San Vidal 2862; Erw./erm. 25/20 €; ⏲Einlass 20.30 Uhr) Wer Vivaldi bisher nur als Fahrstuhlmusik oder Handy-Klingelton kannte, wird von den Interpreti Veneziani eines sehr viel Besseren belehrt. Hier ertönt Vivaldi als pathetischer Soundtrack zu Venedig, gespielt auf Instrumenten aus dem 18. Jh. Besucher werden später nie wieder den *Vier Jahreszeiten* lauschen, ohne die Sommerstürme über der Lagune niedergehen zu hören, oder die gedämpften Schritte, die in düsteren, tückischen Winternächten über die Kanalbrücken eilen.

La Pietà LIVEMUSIK

(Karte S. 381; ☎041 522 21 71; Riva degli Schiavoni) Mit ihrer ausgezeichneten Akustik, den hohen Tiepolo-Decken und der langjährigen Verbindung zu Vivaldi ist diese Kirche im Sestiere Castello der ideale Veranstaltungsort für barocke Livemusik.

Musica a Palazzo LIVEMUSIK

(Karte S. 360; ☎340 971 72 72; www.musicapalazzo.com; Palazzo Barbarigo-Minotto, Fondamenta Barbarigo o Duodo 2504; Karten 50 €; ⏲Einlass 20 Uhr) In den Sälen mit prächtigen Tiepolo-Decken und Blick auf den Canal Grande lassen die hohen Soprantöne die Musikliebhaber um ihre Weingläser zittern. Während der 1½- bis zweistündigen Darbietung ausgewählter Arien folgen die 70 Gäste den modern gekleideten Sängern von der Ouvertüre in der Empfangshalle zum herzzerreißenden Finale ins Schlafgemach.

Jazz

Venice Jazz Club LIVEMUSIK

(Karte S. 370; ☎041 523 20 56; www.venicejazzclub.com; Ponte dei Pugni 3102; Tickets inkl. Getränk 20 €; ⏲Einlass 19 Uhr) Das ansässige Venice Jazz Club Quartett swingt zu Miles Davis und Charles Mingus und groovt nach italienischen Jazz-Standards. Die Getränkepreise haben es in sich, darbende Musiker zechen folglich vorher und kommen zeitig, um vor Showbeginn um 21 Uhr noch ein paar Platten kalten Aufschnitts abzubekommen.

Nachtclubs

B.each NACHTCLUB

(☎041 526 80 13; Lungomare D'Annunzio 20x; ⏲Mai–Sept. 9–2 Uhr) An diesem Teil des Lido-Strandes gehen die Tage oft nahtlos in die Nächte über, mit Himmelbetten im Freien und Sport- und Ruhezonen zur Nutzung bei Tage sowie Cocktails, gelegentlicher Livemusik und DJs nach Einbruch der Dunkelheit.

Shopping

Frustshoppen kann man in Venedig bis zum Umfallen, doch die ultimativen Einkaufstreffer sind einzigartige Funde zu überraschend passablen Preisen, handgemacht von Künstlern auf Murano und in Hinterhofateliers. Wer eines dieser avantgardistischen Originale nach Hause bringt, wird *fare la bella figura* (eine gute Figur machen) und dabei Venedigs innovative Handwerkskunst fördern.

Cartè KUNSTGEWERBE, GESCHENKE

(Karte S. 371; ☎320 024 87 76; www.cartevenezia.it; Calle di Cristi 1731; ⏲Mo–Sa 10–18.30 Uhr) Das ist das kammergroße Atelier von Rosanna Corrò, einer früheren Buchrestauratorin, die sich die alte Kunst der Herstellung von *carta marmorizzata* (Marmorpapier) angeeignet hat und nun papierene Schönheiten herstellt: marmorierte Cocktail-Ringe (auffällige, am Zeigefinger der linken Hand getragene Ringe), faszinierenden, ausdrucksstarken Halsschmuck und surrealistische Taschen aus holzgemasertem Buchbinderkarton.

Marina e Susanna Sent KUNSTGEWERBE, GLAS

(Karte S. 360; ☎041 520 81 36; www.marinaesusannasent.com; Campo San Vio 669; ⏲Di–Sa 10–13 & 15–18.30, Mo 15–18.30 Uhr) Diesen beiden Schwestern, einer studierten Architektin und einer gelernten Goldschmiedin, sagte man einst, Frauen könnten die Arbeit in der Glasschmelze nicht meistern. Doch sie ließen sich nicht beirren und erarbeiteten die heute meistverkauften Schmuckwerke Muranos: farblich dezentes, mundgeblasenes Glasgeschmeide.

Malefatte KUNSTGEWERBE, GESCHENKE

(Karte S. 376; ☎041 521 02 72; www.rioteradeipensieri.org; Calle Zancani 2433; ⏲Di–Sa 10–13 & 15–18 Uhr) All die vergangenen Schenk-*malefatte* (Vergehen) können hier wiedergutgemacht werden: bei den Gefängnisinsassen von Giudecca, die dieses gemeinnützige Berufsausbildungsprojekt betreiben. Mit dem Kauf der dort gefertigten Naturkosmetikprodukte und der aus recycelten Vinyl-Bannern des Venedig-Museums hergestellten einzigartigen Geldbörsen und Männertaschen gibt man ihnen eine zweite Chance.

Giovanna Zanella KUNSTGEWERBE, SCHUHE

(Karte S. 371; ☎041 523 55 00; Calle Carminati 5641; ⏲9.30–13 & 15–19 Uhr) Wer die roten Teppiche des Internationalen Filmfestivals in Venedig stürmen will, sollte seinen Füßen etwas Gutes tun. Außergewöhnliche, nach Kundenwünschen geformte Absätze, Pfennig-Highheels und Gamaschen in Punkrock-Farben dürfen nicht fehlen.

Lauretta Vistosi KUNSTGEWERBE, ACCESSOIRES

(Karte S. 360; ☎041 528 65 30; www.laurettavistosi.org; Calle Lunga San Barnaba 2866b; ⏲Di–Sa 10–13 & 15–19 Uhr) Die auf Murano geborene Künstlerin Lauretta Vistosi fertigte erst Schuhe, Schreibwaren und Kleider, bevor sie ein vollkommen neues Handwerk erschuf: hochmoderne, von Hand genähte Taschen, Tragebeutel und Tagebücher, die kunstvoll mit Bullaugen-Knöpfen aus Murano-Glas verziert werden.

Old World Books BUCHHANDLUNG
(Karte S. 376; ☎041 275 94 56; Punto del Ghetto Vecchio 282; ⏲Mo–Fr 10–13 & 16–19 Uhr) Hier werden seltene Bücher, Regionalia, Lyrik-Groschenhefte und besondere Titel (wie *Schornsteinaufsätze in Venedig*) für Venedig-Fanatiker angeboten.

Studium BUCHHANDLUNG
(Karte S. 360; ☎041 522 23 82; Calle della Canonica 337a; ⏲Mo–Sa 9–19.30, So 9.30–13.30 Uhr) Die Bibliothekare geben gerne Auskunft über empfehlenswerte Urlaubslektüre, Geschichtsbücher zum Durchblättern, Ratgeber oder mehrsprachige Sammlungen von Redewendungen.

ℹ Praktische Informationen

Geld

Geldautomaten gibt es überall in der Stadt, besonders viele finden sich um die Rialtobrücke und den Markusplatz herum.

Travelex Piazza San Marco (☎041 528 73 58; Piazza San Marco 142; ⏲Mo–Sa 9–18, So 9.30–17 Uhr); Rialto (☎041 528 73 58; Riva del Ferro 5126; ⏲Mo–Sa 9–18, So 9.30–17 Uhr); Flughafen Marco Polo (☎041 269 8107; ⏲6–20.30 Uhr).

Internetzugang

WLAN wird fast überall bereitgestellt; Internet-Cafés gibt es in der ganzen Stadt. Außerdem kann ein stadtweiter **WLAN-Service** gebucht werden (www.veniceconnected.com; 1 Std./72 Std./Woche 5/8/15 €).

World House (☎041 528 48 71; Calle della Chiesa 4502; pro Std. 8 €; ⏲10–23 Uhr)

Medizinische Betreuung

Informationen zu Apothekennotdiensten sind den Aushängen in Apothekenfenstern zu entnehmen bzw. in der kostenlosen Zeitschrift Un Ospite di Venezia aufgeführt, die in den Touristeninformationen erhältlich ist.

Ospedale Civile (☎041 529 41 11; Campo SS Giovanni e Paolo 6777) Venedigs Hauptkrankenhaus; für Notfallversorgung und Zahnbehandlungen nach *pronto soccorso* (Notaufnahme) fragen.

Notfälle

Rettungswagen (☎118)

Polizeistationen (☎112/113) Castello (Fondamenta di San Lorenzo 5053); Piazza San Marco (Piazza San Marco 67)

Post

In jedem *sestiere* (Stadtteil) gibt es ein Postamt; die jeweiligen Adressen und Öffnungszeiten finden sich unter www.poste.it (auf Italienisch).

Postamt Rialto (Karte S. 371; Calle San Salvador 5106; ⏲Mo–Fr 8.30–18.30, Sa bis 13 Uhr); Stazione di Santa Lucia (Karte S. 376; Lista di Spagna 233, Cannaregio; ⏲Mo–Fr 8.30–14, Sa bis 13 Uhr).

Touristeninformation

Azienda di Promozione Turistica (APT; ☎Infotelefon 041 529 87 11; www.turismovenezia.it) Marco Polo Flughafen (Ankunftshalle; ⏲9.30–19.30 Uhr); Piazzale Roma (Karte S. 354; ⏲9.30–16.30 Uhr); Piazza San Marco (Karte S. 360; Piazza San Marco 71f; ⏲Mo–Sa 9–15.30 Uhr); Stazione di Santa Lucia (Karte S. 354; ⏲8–18.30 Uhr)

ℹ An- & Weiterreise

Auto & Motorrad

Die verstopfte A4 zwischen Triest und Turin führt durch Mestre, dort geht es über die Ausfahrt Venezia weiter. Vom südlichen Bologna aus geht es über die A13, die bei Padua auf die A4 mündet.

Nach Überquerung der Brücke Ponte della Libertà ab Mestre muss das Auto auf dem Parkplatz auf dem Piazzale Roma oder im Parkhaus von Tronchetto abgestellt werden; es kostet ab 20 € pro 24 Stunden. Parkplätze in Mestre sind dagegen billiger. Die Autofähre 17 transportiert Fahrzeuge von Tronchetto zum Lido.

Alle der hier aufgeführten Autovermietungen haben Schalter an der Piazzale Roma und im Marco-Polo-Flughafen. Im oder nahe dem Bahn-

PREISGÜNSTIG UNTERWEGS AUF DEM CANAL GRANDE: TRAGHETTI

Ein *traghetto* ist ein Fährservice, den die Einheimischen benutzen, um zwischen den weit auseinanderliegenden Brücken den Canal Grande zu überqueren. *Traghetti*-Fahrten kosten nur 0,50 € und können meist zwischen 9 bis 18 Uhr gebucht werden, manche Strecken nur bis 12 Uhr. Die Hauptanlegestellen finden sich auf den Karten auf S. 360 und 376, zu beachten ist jedoch, dass in teils unregelmäßigen Abständen gefahren wird.

VAPORETTO-ROUTEN

Hier eine Liste der wichtigsten Linien der *vaporetti* (kleine Passagierfähren) und ihrer Hauptanlegestellen; sie unterliegen jedoch saisonalen Änderungen:

1 Piazzale Roma–Ferrovia–Ganal Grande (alle Haltestellen)–Lido und zurück

2 San Zaccaria–Redentore–Zattere–Tronchetto–Ferrovia–Rialto–Accademia–San Marco

5 San Zaccaria–Murano und zurück

13 Fondamente Nuove–Murano–Vignole–Sant'Erasmo–Treporti und zurück

20 San Zaccaria–San Servolo–San Lazzaro und zurück

41 Murano–Fondamente Nuove–Ferrovia–Piazzale Roma–Redentore–San Zaccaria–Fondamente Nuove–San Michele–Murano

42 Entgegengesetzte Tour zu Linie 41

51 Lido–Fondamente Nuove–Ferrovia–Piazzale Roma–Zattere–San Zaccaria–Giardini–Lido

52 Entgegengesetzte Tour zu Linie 51

N (Nachtlinie, alle Stationen, 23.30 bis 5 Uhr) Lido–Giardini–San Zaccaria–Canal Grande (alle Haltestellen)–Ferrovia–Piazzale Roma–Tronchetto–Zattere–Redentore–San Giorgio–San Zaccaria

DM (Diretto Murano) Tronchetto–Piazzale Roma–Ferrovia–Murano und zurück

T Torcello–Burano (halbstündl. Service) und zurück (7–20.30 Uhr)

hof Mestre gibt es ebenfalls mehrere Firmen, die Wagen vermieten..

Avis (☎041 523 73 77)

Europcar (☎041 523 86 16)

Hertz (☎041 528 40 91)

Bus

Sämtliche Busse starten vom Busbahnhof (Karte S. 354), der sich auf dem Piazzale Roma befindet.

ACTV (Azienda del Consorzio Trasporti Veneziano; ☎041 24 24; www.actv.it) entsendet Busse nach Mestre und in die umliegenden Gebiete.

ATVO (Azienda Trasporti Veneto Orientale; ☎041 520 55 30) fährt Ziele im gesamten östlichen Venetien an, auch Flughafenzubringer.

Eurolines (www.eurolines.com; ☎041 538 2118) befährt ein breites Spektrum an internationalen Strecken.

Flugzeug

Die meisten Flüge landen und starten vom **Flughafen Marco Polo** (☎041 260 92 60; www.veniceairport.it), 12 km von Venedig entfernt, östlich von Mestre. Ryanair fliegt auch den **San Giuseppe Flughafen** an (☎0422 31 51 11; www.trevisoairport.it), 5 km südwestlich von Treviso und 30 km (etwa eine Autostunde) von Venedig entfernt.

Schiff

Fähren der **Linien Minoan Lines** (www.minoan.gr) und **Anek** (www.anekitalia.com) verkehren regelmäßig zwischen Venedig und Griechenland. Von und nach Kroatien und Slowenien fahren im Sommer Schnellboote der Linie **Venezia Lines** (www.venezialines.com). Eine Schifffahrt ist in jedem Fall sorgfältig abzuwägen, da Langstreckenfähren und Kreuzfahrtschiffe einen überdimensional schädigenden Einfluss auf das winzige Venedig mit seiner anfälligen Lagunen-Aquakultur haben. Unweltverträglicher reist es sich stattdessen mit dem Zug; Venedig wird es jedem Zugreisenden danken. Boote fahren vom Fährhafen ab, der sich in der Nähe des Piazzale Roma befindet..

Zug

Pünktlich, bezahlbar, malerisch und umweltfreundlich – Züge sind die beste Transportmöglichkeit von und nach Venedig. Sie verkehren regelmäßig aus ganz Italien und größeren europäischen Städten zur Stazione Santa Lucia (innerhalb Venedigs als Ferrovia ausgeschildert) in Venedig.

Nahverkehrszüge, die Venedig mit Venetien verbinden, verkehren häufig, sind verlässlich und bemerkenswert preiswert. Schnellere Züge fahren ebenfalls Ziele in Venetien an, möglicherweise macht jedoch die Zeitersparnis den 200-prozentigen Preisaufschlag nicht wett. Darüber hinaus gibt es direkte InterCity-Verbindungen in die meisten italienischen Großstädten und zu den wichtigsten Zielen in Frankreich, Deutschland, Österreich, der Schweiz, Slowenien und Kroatien.

REISE-ZIEL	PREIS (€)	DAUER (STD.)	HÄUFIGKEIT
Florenz	24–43	2–3	1 2 mal pro Std.
Mailand	15–32	2½–3½	2-3 mal pro Std.
Neapel	49–121	5½–9	1 mal pro Std.
Padua	3	½–1	3-4 mal pro Std.
Rom	45–75	3½–6	1-2 mal pro Std.
Verona	6.35	1¾	3-4 mal pro Std.

Unterwegs vor Ort

Zum/Vom Flughafen

BUS ATVO (☎041 520 55 30; www.atvo.it) Busse fahren vom Piazzale Roma zum Flughafen (5 €, 1 Std., von 8 bis 24 Uhr alle 30 Minuten).

SCHIFF Alilaguna (☎041 240 17 01; www.alilaguna.com) betreibt mehrere Linien, die den Flughafen mit verschiedenen Teilen Venetiens verbinden, unter anderen die Linea Blu (Blaue Linie, mit Zwischenstopps am Lido, am Markusplatz, an der Stazione Marittima und Haltepunkten dazwischen), die Linea Rossa (Rote Linie, mit Halt auf Murano und am Lido) und die Linea Arancio (Orange Linie, mit Halt an der Stazione Santa Lucia, der Rialtobrücke und dem Markusplatz über den Canal Grande). Fahrten nach Venedig kosten 13 €; Abfahrt ab Flughafen-Fähranleger (8 Fußmin. vom Terminal entfernt).

Vaporetto

Das Hauptverkehrsmittel der Stadt ist der *vaporetto* – Venedigs markanter Wasserbus. Fahrkarten können an **HelloVenezia-Kartenschaltern** (www.hellovenezia.com) erworben werden, die sich an den meisten Landestationen befinden. Fahrgäste können aber auch erst bei Zustieg lösen; wer Gepäck dabei hat, dem kann eventuell das Doppelte in Rechnung gestellt werden.

Statt 6,50 € für jede einfache Fahrt auszu geben, sollten Venedigbesucher den Erwerb einer Venice Card in Betracht ziehen (s. Kasten S. 366). Diese Rabattkarte berechtigt zu beliebig vielen Fahrten innerhalb eines festgelegten Zeitraums (vom Zeitpunkt der ersten Entwertung an). Karten für 12/24/36/48/72 Stunden kosten 16/18/23/28/33 €; eine Wochenkarte kostet 50 €. Die Karte ist bei jedem Besteigen eines Verkehrsmittels durch den Scanner zu ziehen, auch wenn sie bei der ersten Fahrt schon eingelesen wurde.

An *Vaporetto*-Stationen kann es quirlig zugehen. Ratsam ist daher, die Hinweisschilder an den Anlegestellen genau zu konsultieren, damit man schließlich von der richtigen Ablegestelle mit der entsprechenden *vaporetto*-Linie zum gewünschten Ziel fährt. An Hauptstationen wie dem Bahnhof (Ferrovia) und um den Markusplatz herum gibt es häufig zwei getrennte Anlegestellen für dieselbe *vaporetto*-Linie, für jede Richtung eine. Einige Linien halten nur an wenigen Stationen; Hinweisschilder im Boot lesen! Wer zum Markusplatz will, sollte an der Hauptstation San Zaccaria aussteigen.

Wassertaxis

Normale **Wassertaxis** (☎041 522 23 03, 041 240 67 11; www.venicewatertaxi.com) zwischen dem Flughafen Marco Polo und Venedig kosten 90 bis 100 € und transportieren bis zu vier Reisende. Die offizielle Grundgebühr liegt bei 8,90 € plus 1,80 € pro Minute, plus ggf. 6 € Gebühr für die Anfahrt zum Hotel und weitere Zuschläge für Nachtfahrten, Gepäck und Reisegruppen. Die Preise können im Voraus festgelegt oder ausgehandelt werden.

UNTERWEGS IN VENETIEN

Die meisten Venetien-Besucher widmen all ihre kostbare Zeit Venedig selbst, was durchaus verständlich ist – zumindest so lange, bis man die breite Vielfalt an Eindrücken entdeckt hat, die Besucher schon eine oder zwei Stunden entfernt erwarten.

Zunächst sind da die Stadtstaaten, die Venedig im 15. Jh. annektierte: Padua mit seinen lebhaften Studentenscharen und den Freskenzyklen aus der frühen Renaissance, Vicenza mit seinem Löwenanteil an Palladios einzigartiger Architektur und Verona mit seinem kultivierten Gedränge auf antiken römischen Fundamenten. Alle drei sind von Venedig aus einfach per Zug zu erreichen; ambitionierte Ausflügler schaffen zwei an einem Tag.

Dann gibt es da auch noch die köstlichen Weine. Das bei Verona gelegene Anbaugebiet Valpolicella war lange Zeit für seine süffigen Rotweine, Soave hingegen für seine verhaltenen Weißweine bekannt und hochgeschätzt. Heute erfinden sich beide Gebiete neu. Besonders der eindrucksvolle Amarone aus dem Valpolicella betört Kenner und Unkundige gleichermaßen. In Partylaune? Auf den Hügeln um Conegliano wird Italiens bester Schampus hergestellt: der Prosecco Superiore. Trinkfestere Gäste mögen das liebliche Bas-

sano del Grappa aufsuchen, dem sein gleichnamiges Feuerwasser alle Ehre macht.
Für nüchterne Gemüter geht nichts über die harmonische Ordnung der Landhäuser Palladios, deren Proportionen europäischen Architekten jahrhundertelang die Richtung wiesen. Sie liegen weithin verstreut und öffnen teils zu solch ungewohnten, von Privatbesitzern festgelegten Zeiten, dass es viel Geduld und vier Räder braucht; doch das ist Teil des Abenteuers. Unterwegs geht es vorbei an Venetiens fruchtbaren Schwemmlandebenen, die schließlich den ersten Ausläufern der Alpen weichen.

An seltenen Tagen, wenn die Adria die Nebel aus Venedig vertreibt, lassen sich von der Lagune sogar flüchtige Blicke auf die schneebedeckten Dolomiten erhaschen. Kaum zu glauben, aber von den verhangenen Kanälen bis zur klaren, alpinen Frische von Belluno und Cortina d'Ampezzo braucht es weniger als zwei Stunden – durch eine Landschaft idyllischer Wanderwege und messerscharfer Gipfel sowie durch das modebewussteste Skigebiet der Welt.

Riviera del Brenta

300 Jahre lang begann der Sommer offiziell am 13. Juni mit einem Stau entlang des Canal Grande, wenn eine ganze Flottille modischer Venezianer zu ihren kühlen Villen entlang der Ufer des Brenta-Kanals strömte, um der drückenden Hitze der Stadt zu entfliehen. Jedes Ballkleid und jeder Pokerstuhl wurde auf die Barken geladen und kam vor November nicht zurück. Als Napoleon 1797 landete, war Schluss mit den Feiern, doch entlang des Brenta-Kanals posen immer noch 80 Villen zeitlos elegant. Privatbesitz und Sichtschutzhecken lassen der Fantasie freien Lauf, vier der historischen Villen wurden inzwischen jedoch als Museen geöffnet.

Sehenswertes

Villa Foscari HISTORISCHES GEBÄUDE
(☎041 520 39 66; www.lamalcontenta.com; Via dei Turisti 9, Malcontenta; Erw./erm. 10/8 €; ⏲Di & Sa 9–12 Uhr, Nov.–April geschl.) Die romantischste dieser Villen an der Riviera ist die zwischen 1555 und 1560 von Palladio entworfene, die den Namen „La Malcontenta" („die Unzufriedene") trägt; eine Grand Dame aus dem Hause Foscari soll wegen Ehebruchs hier eingesperrt worden sein. Die mühelos lichten, geselligen Salons dürften allerdings kaum eine Strafe gewesen sein. Dann stand die Villa jahrelang leer, doch in jüngster Zeit wurden Giovanni Zelottis Fresken restauriert und sind nun in all ihrer traumhaften Pracht zu bewundern.

Villa Widmann Rezzonico Foscari HISTORISCHES GEBÄUDE
(☎041 560 06 90; www.riviera-brenta.it; Via Nazionale 420, Mira; Erw./erm. 5,50/4,50 €; ⏲März–Okt. Di–So 10–17 Uhr, Nov.–Feb. Sa & So 10–17 Uhr) In dieser im 18. Jh. erbauten Villa, die einst persisch-venezianischen Adelsgeschlechtern gehörte, spiegeln sich die letzten Tage der Rokoko-Dekadenz an den Brenta-Ufern, mit Seeungeheuer-Lüstern aus Muranoglas, einem freskenverzierten Saal und einem Damen-Spielsalon im 1. Stock.

Villa Pisani Nazionale MUSEUM
(☎049 50 22 70; www.villapisani.beniculturali.it; Via Doge Pisani 7, Stra; Erw./erm. 10/7,50 €, nur Außenanlagen 7,50/5 €; ⏲April–Sept. 9–17, Di–So bis 20 Uhr, letzter Einlass 1 Std. vor Schließung) Mit dieser in den 1720er-Jahren erbauten Villa und den weitläufigen Gärten mit ihren labyrinthartigen Spalierhecken und den spiegelnden Teichen schuf Doge Alvise Pisani ein Versailles-artiges Andenken an seine Regierungszeit. Die 114 Zimmer der Villa machten buchstäblich Geschichte: Im großen Badezimmer steht ein Holz-Thrönchen (Klosett), das Napoleon benutzte; es gibt ein durchgelegenes Bett, in dem sich der erste Herrscher des unabhängigen Italiens, Viktor Emanuel II., sichtlich herumwälzte, und im großen Empfangssaal trafen sich 1934 erstmals Mussolini und Hitler, paradoxerweise unter Tiepolos meisterhaftem Deckengemälde *Die Genien des Friedens*.

Villa Foscarini Rossi MUSEUM
(☎049 980 03 35; www.villafoscarini.it; Via Doge Pisani 1/2, Stra; Eintritt 7 €; ⏲April–Okt. Mo–Fr 9–13 & 14.30–18, Sa & So 14.30–18 Uhr, Nov.–März Mo–Fr 9–13 Uhr) Zu jener Zeit hätten es sich die gut betuchten Venezianer nicht träumen lassen, ohne ihren Lieblingsschuhmacher zu den Brenta-Ufern aufzubrechen; die traditionelle Herstellung edlen Schuhwerks nahm hier ihren Anfang. Heute produzieren die 950 Unternehmen der Region jährlich etwa 20 Mio. Paar Schuhe. Der Kunst der Brenta-Schuster wird heute mit einem **Schuhmuseum** gedacht, das in dieser Villa aus dem 18. Jh. untergebracht ist und eine wahre Traumkollektion zeigt: von Pantoletten aus dem 18. Jh. bis hin zu zeitgenössi-

schen Fabrikaten von Yves Saint Laurent, Pucci und anderen.

Touren

Eine Bootstour entlang der Brenta-Ufer enthüllt ein Technikwunder: das geniale hydraulische Schleusensystem, das bereits im 15. Jh. entwickelt wurde, um die Lagune vor hereinschwappendem Flussschlamm zu schützen.

Il Burchiello
BOOT

(☎049 820 69 10; www.ilburchiello.it; Tagestour Erw. 71–84 €, erm. 56 €, Halbtagestour 51/40 €) In diesen neuen Luxusbooten sitzen die Fahrgäste auf bequemen Samtbänken, halten ein Glas Prosecco in der Hand und treiben gemächlich an 50 Villen vorbei. Die Boote, mit denen spannende Tagestouren machen kann halten an Malcontenta, Widmann und Pisani; bei Halbtagestouren werden nur zwei Villen (etwa 50 €) angefahren. Tagestouren starten in Venedigs Fährhafen (dienstags, donnerstags und samstags) oder in Padua (mittwochs, freitags und sonntags); ein Bustransfer zu den Bahnhöfen ist sowohl im Tages- als auch im Halbtagesticket enthalten.

I Batelli del Brenta
BOOT

(☎049 876 02 33; www.battellidelbrenta.it; Tagestouren Erw. 85–89 €, erm. 40–56 €, Halbtagestouren Erw. 47–51 €, erm. 39–41 €; ⏲auf Anfrage März–Nov. Di–So) Bietet verschiedene Halb- und Ganztagesausflüge; Abfahrt sowohl von Venedig als auch von Padua.

Rental Bike Venice
FAHRRAD

(☎346 847114; www.rentalbikevenice.blogspot.com; Via Gramsci 85, Mira; Fahrrad pro Tag 10 €, Klapprad 14 €; ⏲8–20 Uhr) Wer sich auf den Drahtesel schwingt, überholt die Bootsausflügler und kann die Brenta-Ebenen auf den 150 km langen, abwechslungsreichen Radwanderwegen erkunden. Dieser Verleih ist von Venedig, Mestre und Padua per Bus zu erreichen (Adressen s. Website) und bietet Stadträder mit Gepäckkörben, Mountainbikes und praktische, auch in Bussen transportable Klappräder sowie eine Pannenhilfe, eine Routenberatung auf Englisch und eine Rücknahme/Bereitstellung der Räder am Bahnhof in Mestre.

Feste & Events

Dolo Mercatino dell'Antiquariato
MARKT

(Antiquitätenmarkt; Isola Bassa, Dolo) Der größte Antiquitätenmarkt der Region findet von April bis Oktober jeden vierten Sonntag im Monat statt (wenn es das Wetter erlaubt).

StraOrganic
LEBENSMITTEL, KUNST

(www.comune.stra.ve.it) Am letzten April- und am ersten Maiwochenende präsentiert die Gemeinde Stra stolz ihre regionalen Ökolebensmittel und traditionell gefertigten Handarbeiten.

Riviera Fiorita
KULTUR

(www.rivierafiorita.it) Feiern wie 1527? Da findet sich bestimmt ein Anlass! Ob Barockkostüm-Partys in der Villa Pisani und Villa Widmann, ein Besuch der originalgetreuen Jahrmärkte oder gar ein spezielles Genusserlebnis mit Eisspezialitäten in barocken Geschmacksrichtungen am ersten oder zweiten Septemberwochenende.

Venedig-Marathon
SPORT

(www.venicemarathon.it) Rennen wie Casano-va, nachdem er in flagranti erwischt wurde – nur weiter. Der Weg führt von der Villa Pisani aus an der Brenta entlang nach Venedig, im letzten Abschnitt über Pontonbrücken. Findet meist im Oktober statt; die Erlöse gehen an Wasseraufbereitungsprojekte in Afrika.

Schlafen & Essen

Villa Tron Mioni
GASTHAUS **€€**

(☎041 41 01 77; www.villatron.it; Via Ca' Tron 23, Dolo; DZ 92–140 €; ❄📶) Diese von Gärten umgebene Villa aus dem 19. Jh. bietet vornehmen Schick zu Mittelklasse-Preisen. Die Zimmer im Haupthaus sind schlicht und geschmackvoll gestaltet, ein paar neue Apartments glänzen in ansehnlichem Landhausstil. Hauptattraktion jedoch sind die weitläufigen romantischen Gärten. Geeignet für Reisende mit eigenem Auto.

Da Conte
MODERN ITALIENISCH **€**

(☎041 47 95 71; Via Caltana 133, Mira; Mahlzeiten 10–5 €; ⏲Abendessen Di–Sa) Das Da Conte, eine unglaubliche Bastion der Raffinesse, befindet sich buchstäblich unter einer Brücke. Die Weinkarte zählt zu den besten der Region; die Kreativität beim Bereiten der typischen Lagunenküche – von gebratenen Wachteln bis zu Kaiserhummer in Ingwersud – lässt keine Wünsche offen.

An- & Weiterreise

Der ÜberlandbusNr. 53 Venezia-Padua von **ACTV** fährt ca. alle halbe Stunde vom Piazzale

Roma in Venedig ab und hält unterwegs nach Padua an den wichtigsten Brenta-Villen. Regionalzüge von Venedig nach Padua halten in Dolo (2,40 €, 25 Min., stündl. oder 2-stündl.). Autoreisende nehmen die SS11 von Mestre-Venezia in Richtung Padua und dann die Autostrada A4 nach Dolo/Padua.

Padua

213 000 EW.

Padua liegt zwar nur 37 km von Venedig entfernt, sieht aber eher aus wie Mailand mit seinen eigentümlich geschnittenen mittelalterlichen Plätzen, einer lebhaften Studentenszene und breiten Fußgängerzonen, die elegante Jugendstilgebäude, finstere Fassaden aus der Zeit des Faschismus und Nachkriegs-Plattenbauten vereinen.

Die Stadt Padua hat seit ihrer Gründung Ende des späten 12. Jhs. v. Chr. einiges erlebt; das einzig Beständige war ihre stete Neuerfindung. Die Römer übernahmen die Stadt von Venetern und gaben ihr den neuen Namen Patavium, 602 jedoch wurde sie von den Goten und Langobarden hinweggefegt. 1164 wurde der inzwischen gewachsene mittelalterliche Stadtkern von einem Feuer zerstört, doch der Stadtstaat erholte sich schnell und schickte sich an, Vicenza und die umliegenden Gebiete zu erobern. 1222 wurde in Padua die dritte Universität Italiens errichtet, ein zukünftiger Magnet für Denker und Künstler. Die nächsten Jahrhunderte waren geprägt vom Gerangel Paduas und Veronas um die Vorherrschaft über die Venezianische Tiefebene. 1405 schließlich machte Venedig das Rennen, indem es Padua dauerhaft besetzte. Als strategisch wichtiges militärisch-industrielles Zentrum wurde Padua zum Paradeplatz für Mussolinis Reden, zum Bombenziel der Alliierten und zu einem heimlichen Treff des italienischen Widerstands an der Universität. Nach der Befreiung Paduas 1945 entstand innerhalb eines Jahres östlich der Stadt ein neues Industriegebiet, die Universität lehrte wieder, und das Leben in Padua begann von neuem.

Sehenswertes

CAPPELLA DEGLI SCROVEGNI & UMGEBUNG

LP TIPP Cappella degli Scrovegni KIRCHE

(☎049 201 00 20; www.cappelladegliscrovegni.it; Giardini dell'Arena; Erw./erm. 13/8 € oder Padova Card; ⏲9–19 Uhr auf Anfrage, tel. erreichbar Mo–Fr 9–19 & Sa 9–18 Uhr) Bereits knappe 200 Jahre vor Michelangelos Sixtinischer Kapelle erlebte Padua seinen Renaissance-Durchbruch mit Giottos 1304 bis 1306 geschaffenen, bewegend modernen Fresken in der Scrovegni-Kapelle. Kirchgänger im Mittelalter waren an die ausdruckslosen Blicke zweidimensionaler Heiliger gewöhnt, doch Giotto beschrieb biblische Figuren als menschliche Wesen in bekannter Umgebung, jedoch in ungewöhnlichen Situationen: Schaulustige tratschen, als Anna – in mittleren Jahren – zärtlich Joachim küsst; der erschöpfte, soeben Vater gewordene Joseph schläft an der Krippe ein, während Schafe und Engel weiter über das Jesuskind wachen; und Jesus starrt auf Judas herunter, während der Verräter seine Lippen zum Kuss spitzt, der das Schicksal seines Herrn besiegeln sollte.

Geöffnet ist die Kapelle von April bis Oktober. Ein Besuch muss (wenn möglich Wochen) im Voraus gebucht werden, online oder per Telefon; gestattet sind lediglich 15 Minuten Besichtigung. Der Visite geht ein obligatorisches, 15-minütiges Video über die Entstehung der Fresken und ihre Renovierung voraus. Im Sommer ist zusätzlich von 19 bis 22 Uhr geöffnet; Besuchern werden dann 20 Minuten Zutritt gewährt.

Musei Civici agli Eremitani MUSEUM

(☎049 820 45 51; Piazza Eremitani 8; Erw./erm. 10/8 € oder PadovaCard, frei mit Eintritt zur Capella degli Scrovegni; ⏲Di–So 9–19 Uhr) Dieses umgebaute Kloster beherbergt im Erdgeschoss Artefakte aus der vorrömischen Stadtgeschichte Paduas; im Obergeschoss sind bedeutende Werke venezianischer Künstler aus dem 14. bis 18. Jh. zu sehen, von Bellini bis hin zu Canova. Der Clou ist ein Kruzifix von Giotto, das Maria zeigt. Sie kniet mit gebrochenem Herzen händeringend vor Jesus, dessen Blut auf den steinigen Boden tropft.

Chiesa degli Eremitani KIRCHE

(☎049 875 64 10; Piazza Eremitani; ⏲Mo–Fr 7.30–12.30 & 15.30–19, Sa & So 9–12.30 & 16–20 Uhr) 1944 zerstörte ein Bombenangriff die herausragenden Fresken von Andrea Mantegna, mit denen dieser von 1448 bis 1457 die Capella Overtari verzierte. In einem halben Jahrhundert akribischer Restaurierung wurden die zertrümmerten, von Feuchtigkeit zerfressenen Erzählungen von den Heiligen Jakobus und Christophorus wieder zusammengesetzt

Padua

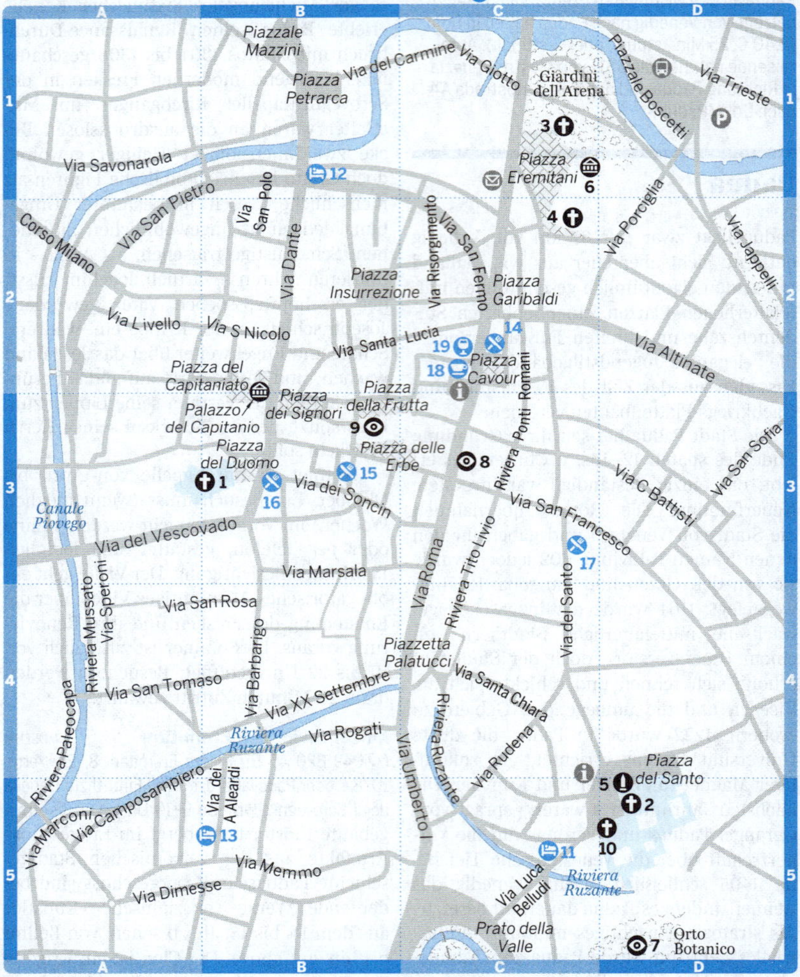

und enthüllen nun extreme Blickwinkel, die Mantegnas Heilige wie Superhelden aussehen lassen.

HISTORISCHES STADTZENTRUM

Spuren des antiken Padua sind noch auf den von Arkaden gerahmten benachbarten Plätzen **Piazza delle Erbe** und **Piazza della Frutta** zu entdecken, die durch das dreigeschossige gotische Rathaus, bekannt als Palazzo della Ragione, miteinander verbunden sind. Unter den Arkaden des *palazzo* befindet sich noch heute ein gut bestückter Lebensmittelmarkt, auf dem unter anderem auch Pferdefleisch angeboten wird – schon vor der Römerzeit eine regionale Spezialität.

Palazzo del Bó HISTORISCHES GEBÄUDE

(☎049 827 30 47; Via VIII Febbraio; Erw./erm. 5/3,50 €; ⏲Führungen Di, Do & Sa 9.15, 10.15 & 11.15, Mo, Mi & Fr 15.15, 16.15 & 17.15 Uhr) Dieser Palast aus dem 16. Jh. beherbergt heute Paduas berühmte Universität, die in den 1220er-Jahren von abtrünnigen Professoren und Studenten aus Bologna gegründet wurde. Hier lehrten einige der größten und umstrittensten Denker

Padua

Sehenswertes

Schlafen

Essen

Ausgehen

Italiens, darunter Copernicus, Galileo, Casanova und die erste promovierte Philosophin der Welt, Elena Cornaro Piscopia. Im Rahmen der Führungen werden Galileos Lehrsaal und der erste Anatomie-Hörsaal der Welt gezeigt. Zu beachten ist, dass von November bis März weniger Führungen stattfinden als in den übrigen Monaten des Jahres.

Basilica del Duomo KIRCHE

(☎049 66 28 14; Piazza del Duomo; ⏲Mo–Sa 7.30–12 & 16–19.30, So und Feiertage 8–13 & 16–20.45 Uhr) Im Süden des historischen Stadtzentrums steht die Kathedrale der Stadt, die nach einem stark veränderten Entwurf von Michelangelo gebaut wurde. Ihre geradezu kahle Fassade wird aufgewertet durch die angrenzende **Taufkapelle** (Erw./erm. 2,80/1,80 € oder PadovaCard; ⏲10–18 Uhr) aus dem 13. Jh., ein romanisches Kleinod, das innen vollständig mit lichten Fresken des Giotto-Schülers Giusto de' Menabuoi bedeckt ist. Sie reichen bis hinauf zur Kuppel, in der Hunderte von Heiligen dargestellt sind, die wie für ein Schulabschlussfoto posieren.

Palazzo della Ragione HISTORISCHES GEBÄUDE

(☎049 820 50 06; Piazza delle Erbe; Erw./erm. 4/2 €; ⏲ Di–So 9–19 Uhr, Nov.–Jan. bis 18 Uhr) Das gotische Rathaus stammt aus dem 13. Jh. Seine riesige Haupthalle ist rundum mit Fresken der Giotto-Schüler Giusto de' Menabuoi und Nicolò Mireto ausgestaltet, die – nach Fluten und Feuersbrünsten großflächig restauriert – die mittelalterlichen astrologischen Theorien des Pietro d'Abano darstellen.

PIAZZA DEL SANTO & UMGEBUNG

Basilica di Sant'Antonio KIRCHE

(www.basilicadelsanto.org; Piazza del Santo; ⏲April–Okt. 6.30–19.45 Uhr, Nov.–März bis 18.45 Uhr) Diese riesige Basilika ist die Seele der Stadt und dient ihrem Schutzpatron, dem hl. Antonius von Padua (1193–1231), als letzte Ruhestätte. Sein Grab befindet sich im linken Querschiff und ist mit Bitten und Danksagungen für Wunderheilungen und das Wiederfinden verlorener Dinge übersät. Unter den gotischen Deckengewölben finden sich bemerkenswerte Arbeiten wie das naturgetreue Kruzifix des Veronese-Vorbilds Altichiero da Zevio aus den 1360er-Jahren, ein Sakristei-Fresko von 1528, das den hl. Antonius zeigt, der vor gebannt lauschenden Fischen predigt, und Reliefarbeiten aus den Jahren 1444 bis 1450 des Florentiner Renaissancemalers Donatello am Hochaltar (die Aufsicht um Zutritt ersuchen!).

Vor der Basilika steht das 1453 von Donatello geschaffene Reiterstandbild, ein Denkmal für den venezianischen Söldnerführer Gattamelata („gefleckte Katze"), das als erste bedeutende Renaissance-Bronzeplastik Italiens angesehen wird.

Oratorio di San Giorgio & Scoletta del Santo KIRCHE

(Piazza del Santo; Eintritt 4 €; ⏲Okt.–März 9–12.30 & 14.30–17 Uhr, April–Sept. bis 19 Uhr) Zwei der großartigsten Schätze Paduas halten sich direkt gegenüber der Antonius-Basilika versteckt: das Oratorium St. Georg mit seinen üppigen, schillernden Fresken von Altichiero da Zevio und Jacopo Avanzi aus dem Jahr 1378 und das angrenzende Kolleg St. Antonius, in welchem Tizian-Gemälde zu sehen sind, darunter ein

MEHR FÜRS GELD

Die **PadovaCard** (für 48/72 Std. 16/21 €) gewährt einem Erwachsenen und einem Kind unter 14 Jahren die kostenlose Nutzung öffentlicher Verkehrsmittel sowie freien Eintritt zu fast allen bedeutenden Sehenswürdigkeiten Paduas, inklusive der Cappella degli Scrovegni (plus 1 € Buchungsgebühr; Reservierungen erforderlich). Die PadovaCard ist in allen Touristeninformationen und in den im Pass enthaltenen Sehenswürdigkeiten erhältlich.

aus dem Jahr 1511 datiertes Porträt des hl. Antonius, der bedächtig seinen eigenen Fuß wieder anfügt.

Orto Botanico BOTANISCHER GARTEN

(☎049 827 21 19; www.ortobotanico.unipd.it; Via dell'Orto Botanico; Erw./erm. 4/1 €; ⊙April–Okt. 9–13 & 15–17 Uhr, Nov.–März Mo–Sa 9–13 Uhr) Südlich der Piazza del Santo gedeiht ein Unesco-Weltnaturerbe: Paduas Botanischer Garten wurde 1545 von der Medizinischen Fakultät der Universität zum Studium der Heilwirkungen seltener Pflanzen angelegt. Außerdem diente er im Zweiten Weltkrieg als Treff und geheime Zentrale der Widerstandsbewegung.

Schlafen

Die Touristeninformation gibt Broschüren zu Unterkünften heraus und stellt Verzeichnisse mit B&Bs und Hotels ins Internet.

LP TIPP **Belludi37** BOUTIQUEHOTEL €€

(☎049 66 56 33; www.belludi37.it; Via Luca Belludi 37; EZ 80 €, DZ 120–150 €; ❄@📶) Ein gepflegtes Boutiquehotel mit Herz! Die Gäste erwarten großzügige Betten, modern eingerichtete Zimmer und ein hilfsbereites Personal, das mit Tipps und Tricks zur Seite steht.

Hotel Sant'Antonio GÄSTEHAUS €

(☎049 875 13 93; www.hotelsantantonio.it; Via San Fermo 118; EZ 63–69 €, DZ 82–94 €; ❄) Ein ruhiges, uferseitig gelegenes Hotel mit schnörkellosen, luftigen Zimmern, die meisten mit neuen Bädern, einige mit Blick auf den Kanal. Es gibt auch ein paar preiswerte Einzelzimmer mit Gemeinschaftsbad (39–42 €).

Ostello Città di Padova HOSTEL €

(☎049 875 22 19; www.ostellopadova.it, Via Aleardo Aleardi 30; B 19 €; ⊙Rezeption 7–9.30 & 15.30–23.30 Uhr) Dieses äußerst zentral und in einer Seitenstraße gelegene Hostel verfügt über respektable Schlafräume, die je vier bis sechs Betten haben. Bettwäsche und WLAN sind gratis zu bekommen, eine Küche gibt es nicht. Das Hostel ist mit den Bussen 3, 8 und 12 oder auch der neuen Straßenbahn zu erreichen, die vom Hauptbahnhof abfährt.

Essen

LP TIPP **Godenda** MODERN ITALIENISCH €€

(☎049 877 41 92; www.godenda.it; Via Squarcione 4/6; Mahlzeiten 30–50 €; ⊙Mo–Sa 10–15 & 19–1 Uhr, Aug. geschl.) Dieser Feinschmecker-Favorit versteckt sich zwar hinter einem antiken Säulengang, ist tatsächlich aber lässig und modern. Wie die Jahreszeiten, so wechselt auch das Menü, wobei alte venezianische Klassiker kreativ variiert werden, wie etwa der vortreffliche Seeteufel an Ackerbohnen und hausgemachten Nudeln, der mit getrocknetem Pferdefleisch bestreut wird.

Caffè Cavour CAFÉ €

(☎049 875 12 24; www.caffecavour.com; Piazza Cavour 10; Backwaren 1,50–4 €; ⊙Mi–So 7.30–20 Uhr, Mai–Sept. bis 24 Uhr) Pistazien-Makronen, Waldbeeren-Törtchen und andere kleine Gaumenfreuden stimmen die Mienen der Verkehrspolizisten milder, die am geschwungenen Granittresen ihren Espresso hinunterstürzen.

Osteria Dal Capo OSTERIA €€

(☎049 66 31 05; Via degli Obizzi 2; Mahlzeiten 25–35 €; ⊙ Di–Sa Mittag- & Abendessen) Hier sitzen Touristen mit Einheimischen buchstäblich Schulter an Schulter an winzigen, mutig bepackten Tischen. Geboten werden traditionelle venezianische Fischgerichteund einige neue Kreationen wie *caviale di melanzane con bufala* (Auberginenpüree mit Büffelmozzarella auf knusprigem Waffelbrot). Reservierungen und Kontaktfreudigkeit sind von Vorteil.

Piadineria Italiana SANDWICH-LADEN €

(☎340 294 64 80; Via del Santo 7; Mahlzeiten 5–10 €; ⊙Mo–Sa 10–17 Uhr) Studenten der nahe gelegenen Universität kommen hierher, um *piadina* (Fladenbrot) zu essen, die preiswerte und köstliche Pizza-Variation;

ABSTECHER

COLLI EUGANEI (EUGANEISCHE HÜGEL)

Die südwestlich von Padua gelegenen Colli Euganei (Euganeische Hügel) befinden sich weitab von der urbanen Raffinesse Venedigs und der umliegenden Tiefebene. Für alle, die die ummauerten Höhensiedlungen, die nebeligen Weingüter und die sprudelnden heißen Quellen erkunden möchten, stellt die Touristeninformation von Padua Landkarten und zahlreiche Informationen zu Unterkünften, Radwegen und Verkehrsmitteln online bereit (www.turismotermeeuganee.it). Per Zug sind alle Städte außer Arquà Petrarca zu erreichen.

Direkt im Süden Paduas liegen die bekannten Kurorte **Abano Terme** und **Montegrotto Terme**. Die Städte selbst sind uninteressant, das Thermalwasser heilt jedoch jedes Zipperlein.

Im mittelalterlichen Dorf **Arquà Petrarca** steht ein elegantes kleines **Haus** (☎0429 71 82 94; Via Valleselle 4; Erw./erm. 4/2 €; ⊙März–Okt. Di–So 9–12.30 & 15–19 Uhr, Nov.–Feb. Di–So 9–12.30 & 14.30–17.30 Uhr), in dem der große italienische Dichter Petrarca um 1370 seine letzten Lebensjahre verbrachte.

In den südlichen Ausläufern der Colli Euganei befinden sich drei von Stadtmauern umgebene mittelalterliche Städte: **Monselice** mit seinem bemerkenswerten **mittelalterlichen Schloss** (www.castellodimonselice.it; Erw./erm. 5,50/4,50 €; ⊙1-stündige Führungen April–Nov. Di–So um 9, 10, 11, 15 & 16 Uhr); **Este**, dessen **Archäologisches Museum** (Via Guido Negri 9c; Erw./erm. 3/1,50 €; ⊙8.30–19.30 Uhr) eine bedeutende Sammlung von Artefakten vorrömischer Veneterstämme beherbergt, und **Montagnana** mit der großartigen, trutzigen 2 km langen Stadtmauer. Direkt vor dem Osttor von Montagnana steht Palladios kleine, aber bedeutende Villa Pisani, noch heute eine Privatresidenz.

ein klassisches schnelles Essen aus der Gegend um Ravenna.

Ausgehen & Unterhaltung

Bevor man sich nicht mit einem Spritz unter die Menge auf der Piazza delle Erbe oder der Piazza dei Signori gemischt hat, ist der Abend nicht eingeläutet. Dabei wird bestimmt auch auffallen, dass Padua inoffiziell als Hochburg der Lesben und Schwulen gilt.

Enoteca Santa Lucia WEINBAR
(☎049 8759483; Piazza Cavour 15; ⊙Mo–Sa 19–24 Uhr) Das Santa Lucia offeriert seinen Gästen gehobene offene Weine für 5 bis 10 € das Glas, dazu gibt es von 19 bis 22 Uhr ein kostenloses Büfett mit regionalen Spezialitäten und Käsesorten. Wer das Büfett plündern will, bezieht am besten am verglasten Tresen Position.

Caffetteria Manin CAFÉ
(☎049 876 16 09; Via Manin 56; ⊙Mo–Fr 7–19, Sa 7–12.30 Uhr) In diesem altmodischen Café werden die Bohnen noch selbst geröstet. Einheimische treffen sich hier am Tresen auf ein erstklassiges Käffchen mit Crema; Tische gibt es keine.

Caffè Pedrocchi CAFÉ
(☎049 878 12 31; www.caffepedrocchi.it, auf Italienisch; Via VIII Febbraio 15; ⊙So–Mi 9–10, Do–Sa bis 1 Uhr) Schon im Jahr 1831 war dieses neoklassizistische Wahrzeichen ein Lieblingsort für Stendhal und andere feste Größen der Schickeria, die regelmäßig hierher kamen, um aufputschend starken Kaffee oder raffinierten *caffè correto* (Espresso mit hochprozentigem Alkohol) zu trinken.

Flexoclub NACHTCLUB
(☎049 807 47 07; www.flexoclub.it, auf Italienisch; Via Turazza 19; ⊙Mi–So ab 22 Uhr) Dieser überbordende Schwulentreff etwa 2 km östlich des Bahnhofs ist in erster Linie eine Bar/Diskothek, veranstaltet gelegentlich aber auch Livemusik und Shows und unterhält eine benachbarte Sauna.

Praktische Informationen

Krankenhaus (☎049 821 11 11; Via Giustiniani 1) Größte öffentliche Klinik.

Polizeistation (☎049 83 31 11; Piazzetta Palatucci 5)

Touristeninformation (www.turismopadova.it) Bahnhof (☎049 875 20 77; ⊙Mo–Sa 9–19, So 9–12.30 Uhr); Galleria Pedrocchi (☎049 876

79 27; ⏲Mo–Sa 9–13.30 & 15–19 Uhr); Piazza del Santo (☎049 875 30 87; ⏲April–Okt. Mo–Sa 9–13.30 & 15–18, So 10–13 & 15–18 Uhr).

An- & Weiterreise

BUS SITA-Busse (☎049 820 68 34; www.sitabus.it, auf Italienisch) starten von Venedigs Piazzale Roma (3,70 €, 45–60 Min., stündl.) und kommen auf dem Piazzale Boschetti an, 500 m südöstlich des Bahnhofs. Busverbindungen zu Zielen in den Colli Euganei sind dem Internet zu entnehmen (s. S. 405).

STRASSENBAHN Die Sehenswürdigkeiten der Stadt sind vom Bahnhof oder der Busstation aus eigentlich leicht zu Fuß zu erreichen. Es fährt aber auch eine neue eingleisige Straßenbahnlinie vom Bahnhof aus alle Hauptattraktionen an bzw. auf mindestens 100 m an sie heran. Tickets (1,20 €) sind in Tabakläden oder an Zeitungskiosken erhältlich.

ZUG Am besten zu erreichen ist Padua von Venedig (3–15 €, 25–50 Min., 3- bis 4-mal stündl.), Verona (5,10–16 €, 40–90 Min., 2- oder 3-mal stündl.), Vicenza (3–13 €, 15–30 Min., 2- oder 3-mal stündl.), aber auch von vielen anderen italienischen Städten aus; der Bahnhof befindet sich etwa 500 m nördlich der Cappella degli Scrovegni.

Vicenza

115 500 EW.

Als Palladio wegen eines groben Arbeitgebers seiner Heimatstadt Padua den Rücken kehrte, hätte kaum jemand für möglich gehalten, dass der ärmliche Steinmetz innerhalb weniger Jahrzehnte nicht nur seine Wahlheimat Vicenza, sondern sogar die europäische Architekturgeschichte verändern würde. Sein Talent wurde 1520 eher zufällig von einem ansässigen Grafen entdeckt, der ihn daraufhin ausschickte, die Ruinen von Rom ausführlich zu studieren. Als Palladio nach Vicenza zurückkehrte, begann der Autodidakt sofort mit dem Bau seiner außergewöhnlichen Gebäude, welche Raffinesse mit rustikaler Einfachheit, ehrfürchtigen Klassizismus mit kühner Innovation vereinen. Kein Wunder, dass Vicenza mitsamt seiner umliegenden Villen zu einem grandiosen Unesco-Weltkulturerbe erklärt wurde.

Trotz ihres großartigen Erbes gibt sich die Stadt unaufdringlich und bescheiden; ein wunderbarer Ort, um mit Einheimischen bei einfachen Mahlzeiten wie regionalen *salumi* (Wurstwaren), Wild und hausgemachten Nudeln zu verweilen. Das zentral gelegene und mit preiswerten Unterkünften ausgestattete Vicenza ist ein idealer Ausgangspunkt, um Venetien zu erkunden.

Sehenswürdigkeiten

Teatro Olimpico THEATER

(☎0444 22 28 00; www.olimpico.vicenza.it; Palazzo Matteotti 11; inkl. Museo Civico Erw./erm. 8/6 €; ⏲Di–So 9–17 Uhr) Hinter einem reizvollen umfriedeten Garten liegt ein wahres Wunderwerk der Renaissance: ein Theater, das Palladio – von römischen Amphitheatern inspiriert – 1580 zu bauen begann. Nach Palladios Tod vollendete Vincenzo Scamozzi den elliptischen Bau und fügte ein Bühnenbild hinzu, das dem antiken griechischen Theben nachempfunden wurde. Seit der Restaurierung 1934 wetteifern Italiens Darsteller darum, diese Bühne zu bespielen. Termine für Opernaufführungen, Jazzkonzerte oder klassische Theatervorführungen sind dem Internet zu entnehmen.

Piazza dei Signori & Umgebung HISTORISCHES GEBÄUDE

Das Herzstück des historischen Vicenza ist die Piazza dei Signori mit ihren von Palladio errichteten Regierungsgebäuden, deren typisches Spiel mit Licht und Schatten anmutig fröhlich daherkommt. Grellweiße Bögen aus Piovene-Stein rahmen die dunklen Doppelarkaden der **Basilica Palladiana**. Gegenüber zieren weißer Stein und Stuckarbeiten die exponierte rote Backstein-Kolonnade der 1571 entworfenen **Loggia del Capitaniato**. Palladio-Liebhaber können weitere *palazzi* nördlich der Piazza in der Seitenstraße Contrà Porti bewundern. Leider darf keines der Gebäude von Besuchern betreten werden, doch auch die Fassaden sind ein wahres Fest für die Augen.

Museo Civico MUSEUM

(☎0444 22 28 11; www.museicivicivicenza.it; Palazzo Chiericati, Piazza Matteotti 37/39; inkl. Teatro Olimpico Erw./erm. 8/6 €; ⏲Di–So 9–17 Uhr) Vicenzas Museo Civico ist im 1550 errichteten Palazzo Chiericati untergebracht, einem der großartigsten Gebäude Palladios. Das mit üppigen Fresken verzierte Erdgeschoss umfasst auch die Sala dal Firmamento (Halle des Firmaments) mit ihrem Deckengemälde von Domenico Brusasorci. Es zeigt die Göttin Diana, die über den Himmel galoppiert, um die Sonne zu treffen. Die Galerien, die sich alle im 1. Stock

Vicenza

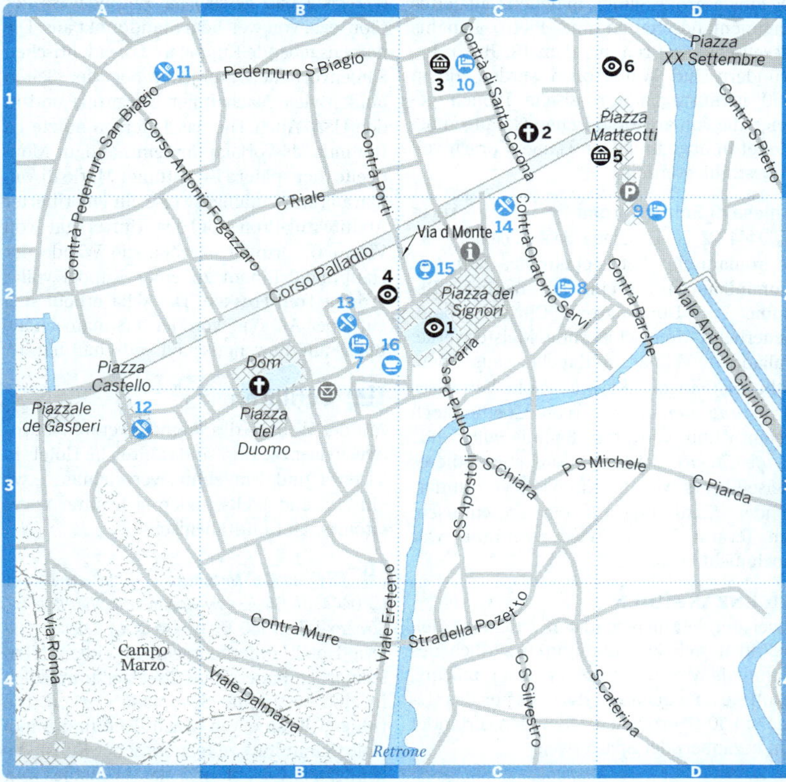

Vicenza

Sehenswertes

1 Basilica Palladiana C2
2 Chiesa di Santa Corona C1
3 Gallerie di Palazzo Leoni Montanari C1
4 Loggia del Capitaniato B2
5 Museo Civico D1
6 Teatro Olimpico D1

Schlafen

7 Albergo Due Mori B2
8 Hotel Palladio C2
9 Ostello Olimpico D2
10 Relais Santa Corona C1

Essen

11 Antico Guelfo A1
12 Antico Ristorante agli Schioppi A3
13 Dai Nodari B2
14 Gastronomia Il Ceppo C2

Ausgehen

15 Antica Casa della Malvasia C2
16 Soraru B2

befinden, präsentieren Werke von Vincenza-Meistern im Kontext bedeutender venezianischer Künstler (Veronese, Tiepolo und Tintoretto) sowie Werke von Hans Memling, Jacopo Bassano, Elisabetta Marchioni und Giambattista Piazzetta.

Gallerie di Palazzo Leoni Montanari MUSEUM

(☎800 57 88 75; www.palazzomontanari.com; Contrà di Santa Corona 25; Erw./erm. 5/4 €; ⊙Di–So 10–18 Uhr) Von außen sieht das Gebäude aus wie eine Bank, doch das Innere übertrifft die Erwartungen eines jeden Buchhalters. Da gibt es große Salons, in denen Canalettos Lagunenlandschaften und Pietro Longhis Gesellschaftssatiren aus dem 18. Jh. zu bewundern sind. Weiter oben werden zudem 400 herausragende russische Ikonen gezeigt, die von gregorianischen Gesängen begleitet in abgedunkelten Gängen prachtvoll angestrahlt werden.

Chiesa di Santa Corona KIRCHE

(☎0444 22 28 11; Contrá Santa Corona) Diese romanische Backsteinkirche, 1261 von Dominikanern für eine mutmaßliche Reliquie der Dornenkrone Christi erbaut, beherbergt drei schillernde Meisterwerke: Palladios Valmarana-Kapelle aus dem Jahr 1566 in der Krypta, Paolo Veroneses *Anbetung der Könige* (von Goethe hoch gelobt) und Giovanni Bellinis glänzende *Taufe Christi*. Bei Redaktionsschluss dieses Reiseführers war die Kirche wegen umfassender Sanierungsarbeiten geschlossen; ein Termin für die Wiedereröffnung war noch nicht bekannt.

VICENZAS SÜDEN

Zwei der herausragendsten Palladio-Villen befinden sich 20 Fußminuten südlich des Bahnhofs. Wer es bequemer haben möchte, kann sie aber auch von dort aus per Bus (Linie 8; 1,50 €) erreichen. Die Villen verbindet ein bezaubernder Spazierweg.

LP TIPP **Villa Valmarana 'ai Nani'** HISTORISCHES GEBÄUDE

(☎0444 32 18 03; www.villavalmarana.com; Stradella dei Nani 8; Eintritt 8 €; ⌚April–Okt. Di–So 10–12 & 15–18 Uhr, Nov.–März Sa & So 10–12 & 14.30–17 Uhr) Ihren Spitznamen „ai Nani" (Zu den Zwergen) verdankt diese Villa den 17 Gartenzwerg-Statuen auf den Randmauern des Anwesens. Die neoklassizistische Villa aus dem 18. Jh. umgeben herrliche Außenanlagen, doch der eigentliche Magnet sind die 1757 von Giambattista Tiepolo und seinem Sohn Gian Domenico geschaffenen großartigen Fresken. Giambattista gestaltete den Palazzina-Trakt mit seinen unverkennbaren mythologischen Epen; Gian Domenico dagegen die Foresteria mit fantasievollen ländlichen, karnevalistischen und chinesischen Themen.

LP TIPP **La Rotonda** HISTORISCHES GEBÄUDE

(☎049 879 13 80; www.villalarotonda.it; Via della Rotonda 45; Eintritt Villa/Gärten 10/5 €; ⌚Gärten Di–So 10–12 & 15–18 Uhr, Villa nur Mi & Sa, Mitte Nov.–Mitte März geschl.) La Rotonda ist der Clou, egal von welchem Standpunkt aus. Die namensgebende Kuppel und die identischen Säulenvorhallen auf jeder der vier Seiten fanden viele Nachahmer in Europa und in den USA. Auch Thomas Jefferson nutzte La Rotonda als Vorlage für sein Landgut Monticello (der spätere Eigentümer Mario di Valmarana war zufälligerweise ein emeritierter Architektur-Professor der Universität von Virginia). Drinnen streben die Wände der Haupthalle hinauf zu einer Kuppel voller Trompe-l'œil-Fresken. Die Villa erhebt sich auf einer Anhöhe, von der aus man schöne Blicke auf die venetische Landschaft hat.

Schlafen

Auf der Website des Fremdenverkehrsbüros (www.vicenzae.org) sind zahlreiche Hotels in Vicenza und Umgebung verzeichnet; etwa ein Dutzend B&Bs finden sich unter www.vitourism.it (auf Italienisch).

LP TIPP **Relais Ca' Muse** DESIGN HOTEL €€

(☎0444 37 64 43; www.camuse.it; Via Valle 62, Sovizzo; DZ ab 140 €; P❄@📶🏊) Dieses Galerie-Hotel, untergebracht in einem alten steinernen Bauernhaus lässt sich unmöglich in eine bestimmte Schublade stecken. Die ruhigen Räume, die beachtliche und imposante Sammlung zeitgenössischer Kunst, die gepflegten Gärten und das Frühstück mit frischesten regionalen Zutaten ist die 15-minütige Fahrt von Vicenza überaus wert.

Hotel Palladio BOUTIQUEHOTEL €€

(☎0444 32 53 47; www.hotel-palladio.it; Contrà Oratorio Servi 25; EZ/DZ 110/170 €; P❄@📶) Dieses 4-Sterne-Hotel ist die beste Bleibe im Zentrum Vicenzas. Es rühmt sich hübsch einMahlzeitenter Zimmer in minimalistisch-schlichtem Charme und wahrt dennoch die Basiselemente des Renaissance-*palazzo*, in dem es untergebracht ist.

Albergo Due Mori GASTHAUS €

(☎0444 32 18 86; www.hotelduemori.com; Contrà do Rode 26; EZ/DZ ohne Bad 40/60 €, DZ/3BZ mit Bad 85/100 €; @📶) Dieses zentral gelegene historische Hotel wurde 1854 erbaut und kürzlich originalgetreu restauriert, mit Jugendstil-Betten und antiken Schränken. Über Fernseher oder eine Klimaanlage verfügen die Räume nicht, doch mit barrierefreiem Zugang und WLAN hält auch hier die Moderne Einzug. Kein Frühstück.

Relais Santa Corona BOUTIQUEHOTEL €€
(☎0444 32 46 78; www.relaissantacorona.it; Contrà di Santa Corona 19; EZ/DZ 100–150 €; P❄@📶) Dieses Boutiquehotel bietet angenehm modern gestaltete, gut isolierte Zimmer in einem Palast aus dem 18. Jh.

Ostello Olimpico HOSTEL €
(☎0444 54 02 22; www.ostellovicenza.com; Via Antonio Giuriolo 9; B/EZ/DZ 20/28/48 €; ⊙Rezeption 7.30–9.30 & 15.30–23.30 Uhr) Gutes HI-Hostel, das in der Nähe des Teatro Olimpico liegt. es bietet kostenlosen Internetzugang, eine Gemeinschaftsküche und mehrere Waschmaschinen.

Essen

LP TIPP **Antico Ristorante agli Schioppi** OSTERIA €€
(☎0444 54 37 01; www.ristoranteaglischioppi.com; Contrà Piazza del Castello 26; Mahlzeiten 30–40 €; ⊙ Di–Sa Mittagessen, Mo–Sa Abendessen) Eines der schlichtesten und besten Restaurants der Stadt hält sich diskret unter einem Bogengang versteckt. Die Betreiber sind große Fans regionaler Produkte, von Wildkräutern des Waldes bis hin zu jungen Bachforellen. Die Speisekarte ist saisonabhängig; sehr empfehlenswert sind löwenzahngefüllte Wachteln im Frühling und Pasta mit Moschuspilzen im Herbst.

Antico Guelfo OSTERIA €€
(☎0444 54 78 97; www.anticoguelfo.it; Contrà Pedemuro San Biagio 90; Mahlzeiten 30–40 €; ⊙ Mo–Sa Abendessen) Slow-Food-Liebhaber schätzen dieses kulinarische Refugium wegen des originellen Menüs, das sich am täglichen Marktangebot orientiert und regionale Spezialitäten in Highlights wie Amarone-Risotto oder Buchweizen-Crêpes mit Bastardo-del-Grappa-Käse verwandelt.

Ristorante Il Castello TRADITIONELL ITALIENISCH €€
(☎0444 37 90 32; www.ristoranteilcastellosovizzo.it; Via Castello 2, Montemezzo di Sovizzo; Mahlzeiten 35–45 €; ⊙ Sa & So Mittagessen, Di–So Abendessen) Die zwanzigminütige Fahrt zu diesem großartigen Restaurant auf der Hügelspitze wird niemand bereuen. Es ist in den massiven Steinmauern und großzügig geschnittenen Räumen einer Villa aus dem 15. Jh. untergebracht. Auch das Menü ist gleichermaßen edel wie urig und besteht hauptsächlich aus regionalen Zutaten wie hervorragendem Grillfleisch und hausgemachten Nudeln mit Gemüse der Saison.

Dai Nodari MODERN ITALIENISCH €
(☎0444 54 40 85; Contrà do Rode 20; Mahlzeiten 20–30 €; ⊙12–15.30 & 19–23 Uhr) Ein herrlich rustikales Restaurant im historischen Herzen der Stadt, das mit herzhaften und preiswerten Gerichten wie Ente in Biersauce oder sämiger Suppe aus Gerste, Bohnen und Radicchio Jung wie Alt begeistert.

Gastronomia Il Ceppo FEINKOST €
(☎0444 54 44 14; www.gastronomiailceppo.com; Corso Palladio 196; frisch zubereitete Speisen 3–5 € pro 100g; ⊙Mo–Di & Do–Sa 8–13 & 15.30–19.45, Mi 8–13 Uhr) San-Daniele-Schinken baumeln über der 9 m langen Ladentheke, die mit frischen Meerestiersalaten, hausgemachten Nudeln und Spezialitäten-Käse gefüllt ist; optimaler Picknick-Proviant!

Ausgehen

Soraru CAFÉ
(☎0444 32 09 15; Piazzetta Palladio; ⊙Do–Di 7.30–12.30 & 15.30–19.30 Uhr) Trinken wie in alten Zeiten! In dieser marmorverkleideten Bar gibt es belebenden Espresso, hausgemachtes Gebäck und unzählige Süßigkeiten, die in Gefäßen in geschnitzten und vergoldeten Wandregalen stehen.

Antica Casa della Malvasia WEINBAR
(☎0444 54 37 04; Contrà delle Morette 5; Mahlzeiten ab 35 €; ⊙Mo–Do & Sa 11–12.30, Fr 17.30–2 Uhr) Diese Weinhandlung bezieht Weine seit 1200, als die Malvasia-Weine von venezianischen Händlern aus Griechenland importiert wurden. Heute offeriert die *enoteca* vollwertige Mahlzeiten und eine Auswahl von mehr als 80 Weinen sowie Hunderte Grappas vom nahen Bassano del Grappa. Die Weinbar daneben bietet schnelle Häppchen und edle Tropfen offener Weine.

Praktische Informationen

Ospedale Civile (☎0444 75 31 11; Viale F Rodolfi 37) Krankenhaus

Polizeistation (☎0444 33 75 11; Viale G Mazzini 213)

Post (Contrà Garibaldi 1; ⊙Mo–Fr 8.30–18.30, Sa 8.30–13 Uhr)

Touristeninformation (☎0444 32 08 54; www.vicenzae.org; Piazza Matteotti 12; ⊙9–13 & 14–18 Uhr) Sehr sachkundig und sehr hilfreich.

An- & Weiterreise

In Bahnhofsnähe und an der Piazza Castello gibt es großflächige Parkplätze.

BUS Busse der Linie **FTV** (☎0444 22 31 15; www.ftv.vi.it) starten am Busbahnhof (nahe des Bahnhofs) und fahren Ziele der Umgebung an.

ZUG Stündlich fahren drei bis vier Züge aus Venedig (4,40–14 €, 30 Min. bis 1¼ Std.), Padua (3–18 €, 15–40 Min.) und Verona (4–14 €, 30–60 Min.) ein und zweistündlich einer aus Mailand (11–24 €, 1½–2 Std.).

Verona

264 500 EW.

Shakespeare siedelte die unglückliche Liebe zwischen Romeo Montague und Julia Capulet nicht ohne Grund in Verona an: Romantik, Tragik und verhängnisvolle Familienfehden prägten über Jahrhunderte hinweg das Gesicht der Stadt.

Seit dem 3. Jh. v. Chr. war Verona ein römisches Handelszentrum, mit antiken Stadttoren und sogar einem großen Amphitheater, doch die an Shakespeares Werke erinnernde Tragödie lag nicht in der Schauspielkunst, sondern in Machtansprüchen begründet. Der langobardische König Alboin, der Verona im Jahre 569 eroberte, wurde drei Jahre später von seiner Frau ermordet. Nachdem Mastino della Scala (auch bekannt als Scaligeri) 1262 die Wiederwahl an die Gemeinde Verona verloren hatte, forderte er die uneingeschränkte Herrschaft, bis er von seinen Gegnern umgebracht wurde. Mastinos Sohn Cangrande I (1308–1328) unterwarf die Städte Padua und Vicenza; Dante, Petrarca und Giotto profitierten von der Schirmherrschaft der Stadt. Doch der von Cangrande II (1351–1359) angezettelte Bruderkrieg verkomplizierte die Lage; schließlich wurden die Scaligeri 1387 aus der Stadt gejagt. Venedig übernahm 1404 die endgültige Kontrolle über Verona und herrschte dort bis zum Eintreffen Napoleons 1797.

1938 bis 1945 war die Stadt ein faschistisches Machtzentrum, wo Widerständler mit harten Methoden verhört und der Abtransport italienischer Juden in nazideutsche Konzentrationslager organisiert wurde. Heute ringt die Stadt um eine im Wandel begriffene Identität als italienisches, europäisches und internationales Handelszentrum und ist eine Hochburg der Lega Nord (Liga Nord) geworden. Doch sie ist auch eine Unesco-Weltkulturerbestätte und ein Tummelplatz für Kosmopoliten, besonders im Sommer, wenn in der 2000 Jahre alten Arena die größten Opernstars der Welt auftreten.

Sehenswertes

Römische Arena — HISTORISCHES GEBÄUDE

(☎045 800 32 04; www.arena.it; Piazza Brà; Erw./erm. 6/4,50 € oder Verona Card; ⏲Di–So 8.30–19.30, Mo 13.30–19.30 Uhr, letzter Einlass 18.30 Uhr) Dieses Amphitheater aus rosafarbenem Marmor ist das Wahrzeichen der Stadt. Im ersten Jh. n. Chr. von den Römern erbaut, überstand es das Erdbeben im 12. Jh. und wurde Veronas legendäres Open-Air-Opernhaus, mit Sitzplätzen für 30 000 Menschen. Es ist noch immer am eindrucksvollsten, wenn hochkarätige Live-Konzerte und Opernaufführungen darin stattfinden (s. S. 414).

Castelvecchio — MUSEUM

(☎045 806 26 11; Corso Castelvecchio 2; Erw./erm. 6/4,50 € oder Verona Card; ⏲Di–So 8.30–19.30, Mo 13.30–19.30 Uhr) Diese Festung hatte der tyrannische Cangrande II Mitte des 14. Jh. erbauen lassen, um die Etsch zu überwachen. Später wurde das Gebäude von napoleonischen Truppen und im Zweiten Weltkrieg von Bomben schwer beschädigt. In den 1960er-Jahren erfand der Architekt Carlo Scarpa die Festung neu, indem er Brücken über die freiliegenden Fundamente zog, die Bombeneinschläge mit Glaspaneelen überspannte und auf einem Betonsteg im Innenhof ein Reiterstandbild des Cangrande I aufstellte. Heute ist die alte Festung das bedeutendste Museum Veronas, beherbergt eine stattliche Sammlung, angefangen bei mittelalterlichen Artefakten bis hin zu Werken von Giovanni Bellini, Tiepolo, Carpaccio und Veronese, und präsentiert zuweilen auch herausragende Sonderausstellungen.

Basilica di San Zeno Maggiore — KIRCHE

(www.chieseverona.it; Piazza San Zeno; Eintritt 2,50 €, Kombi-Kirchenticket 6 € oder Verona Card; ⏲März–Okt. Di–Sa 8.30–18, So 12.30–18 Uhr, Nov.–Feb. Di–Sa 10–13 & 13.30–17, So 12.30–17 Uhr) Mit dem Bau dieses Meisterwerks romanischer Architektur, das den Schutzpatron der Stadt ehren sollte, wurde im 12. Jh. begonnen. Fresken aus dem 12. bis 15. Jh. säumen das Kirchenschiff, darunter eine züchtig mit ihrem eigenen Haar bedeckte Maria Magdalena und ein hl. Georg, der auf seinem scheuenden Pferd sitzt und einen Drachen tötet. Ein Altarbild Mantegnas aus den Jahren 1457 bis 1459 zeigt eine solch überzeugende Perspektive, dass der Betrachter fast schwören könnte, es hingen echte Girlanden hinter dem Thron der Jung-

Verona

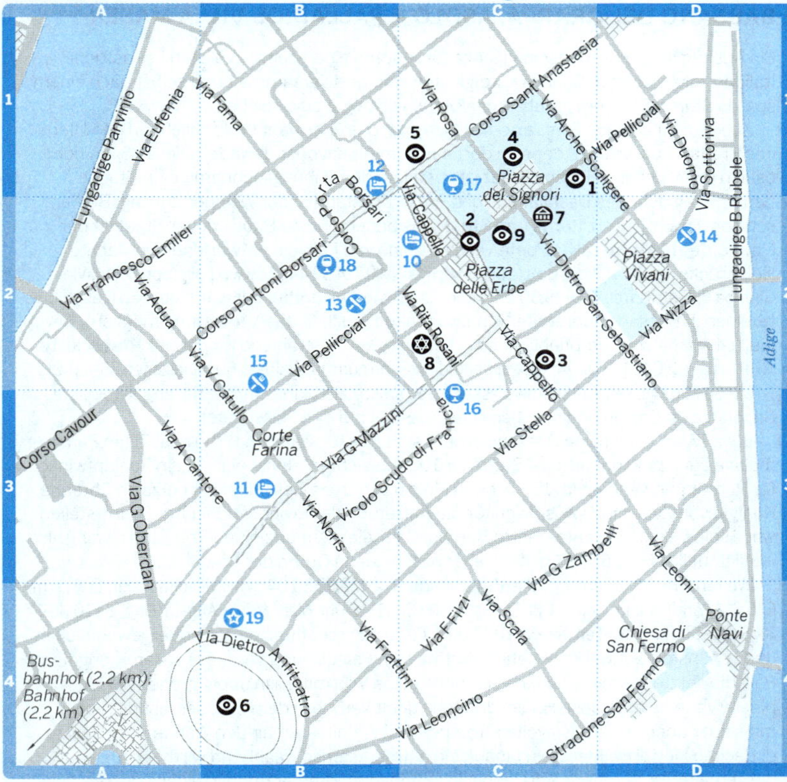

Verona

Sehenswertes

1 Arche Scaligere C1
2 Arco della Costa C2
3 Casa di Giulietta C2
4 Loggia del Consiglio C1
5 Palazzo Maffei C1
6 Römische Arena B4
7 Scavi Scaligeri C2
8 Synagoge C2
9 Torre dei Lamberti C2

Schlafen

10 Albergo Aurora C2
11 Anfitheatro B&B B3
12 Hotel Gabbia d'Oro B1

Essen

13 Café Noir B2
14 Pintxos Bistrot D2
15 Pizzeria Du de Cope B2

Ausgehen

16 Antica Bottega del Vino C3
17 Caffè Filippini C1
18 Osteria del Bugiardo B2

Unterhaltung

Ente Lirico Arena di Verona .... (siehe 19)
Römische Arena .... (siehe 6)
19 Römische Arena Ticketschalter B4

frau. Lohnenswert sind auch die Bronzetüren aus dem 12. Jh. mit ihrer minuziösen Darstellung des Lebensrads. Unter dem Altar in einer Krypta mit Schnitzwerk an den mittelalterlichen Kapitellen liegt der Leichnam des Zeno.

ABSTECHER

BASSANO DEL GRAPPA, ASOLO & PALLADIOS VILLA MASER

Ein Ausflug in den Norden von Vicenza führt durch einen der reizvollsten Landstriche Italiens. Alle wichtigen Sehenswürdigkeiten sind dort versammelt und selbst nach einem späten Start und einem geruhsamen Mittagessen gut zu erreichen.

Zuerst geht es nach **Bassano del Grappa**, das charmant und schlicht an den Ufern des Brenta-Flusses liegt, der sich dort aus dem Alpenvorland windet. Diese 35 km nordöstlich von Vicenza gelegene Stadt ist vor allem durch ihre gleichnamige Spirituose berühmt, ein feuriges Destillat aus den Pressrückständen der Weinherstellung: Beerenschalen, Fruchtfleisch, Kerne und Stiele. Das bedeutendste Bauwerk der Stadt ist der **Ponte degli Alpini** (alias Ponte Vecchio), eine von Palladio entworfene überdachte Holzbrücke. Im **Poli Museo della Grappa** (☎0424 52 44 26; www.poligrappa.com; Via Gam-ba 6; Eintritt frei; ⏲9–19.30 Uhr) können Besucher, umhüllt von 400 Jahren Geschichte, einen in Bassano gebrannten Grappa trinken (auch Gratis-Verkostung möglich). Bevor die Zeit knapp wird, empfiehlt sich ein Mittagessen im strahlend modernen **Ristorante Al Ponte** (☎0424 21 92 74; www.alpontedibassano.com; Via Volpato 60; Mahlzeiten 35–50 €; ⏲ Mi–So Mittagessen, Di–So Abendessen), das saisonale Mahlzeiten, eine lange Weinliste, Sitzplätze im Garten und eine herrliche Aussicht auf den Fluss bietet.

Etwa 17 km östlich von Bassano erhebt sich **Asolo**, wegen ihrer hügelseitigen Panoramalage auch bekannt als die „Stadt der 100 Aussichten". Einst war sie ein Schlupfwinkel für Römer und Veneter, im 15. Jh. dann ein persönliches Geschenk Venedigs an Caterina, Königin von Zypern, als Ausgleich für die Abtretung der Krone. Auch unter Schriftstellern war Asolo beliebt, darunter Pietro Bembo, Gabriele d'Annunzio und Robert Browning; ihr intellektuelles Erbe überflügelt die eher bescheidene Größe der Stadt.

Weitere 5 km östlich liegt die **Villa Maser** (☎423 92 30 04; www.villadimaser.it; Erw./erm. 6/5 €; ⏲April–Juni & Sept.–Okt. Di–Sa 10–18, So 11–18 Uhr, März & Juli–Aug. Di, Do & Sa 10.30–18, So 11–18 Uhr, Nov.–Feb. Sa–So 11–17 Uhr). Für die Erschaffung dieses außergewöhnlichen und schönsten Bauwerks Venetiens hatten sich Palladio und Veronese zusammengetan: Palladio setzte die mit Arkaden versehene gelbe Villa mitten in üppig grünende Hügel hinein, vor eine grandiose Höhle; drinnen stiehlt Veronese dem Erbauer fast die Schau mit seiner überaus fantasievollen Trompe-l'Œil-Architektur: an den Wänden der Stanza di Baccho klettert wilder Wein hinauf; ein aufmerksamer Wachhund wirft ein Auge auf die gemalte Tür der Stanza di Canuccio (Hündchen-Zimmer), und in einer Ecke des freskenverzierten großen Saals hat der Maler offenbar seine beklecksten Schuhe und den Pinsel vergessen.

Duomo KIRCHE
(www.chieseverona.it; Piazza del Duomo; Eintritt 2,50 €, Kombi-Kirchenticket 6 € oder Verona Card; ⏲März–Okt. Mo–Sa 10–17.30, So 13.30–17.30 Uhr, Nov.–Feb. Di–Sa 10–13 & 13.30–17, So 13.30–17 Uhr) Veronas Kathedrale, die im 12. Jh. entstanden ist, ist ein mar kant gestreifter romanischer Bau mit mehrfarbigen Reliefs und zwei großäugigen Statuen von Roland und Oliver, der Paladine Karls des Großen, die von Meister Niccolò Pisano im 13. Jh. für die Westhalle erschaffen wurden. Der recht außergewöhnliche Innenraum wurde im 16. und 17. Jh. mit kunstvoll gefertigten Fresken versehen. In einer vom italienischen Archtekten und Bildhauer Jacopo Sansovino geschaffenen Kapelle nahe des Haupteingangs ist Tizians Gemälde *Christi Himmelfahrt* zu bewundern.

Casa di Giulietta MUSEUM
(Haus der Julia; ☎045 803 43 03; Via Cappello 23; Erw./erm. 6/4,50 € oder Verona Card; ⏲Di–So 8.30–19.30, Mo 13.30–19.30 Uhr) Obwohl Romeo und Julia erfundene Figuren sind und der steinerne Balkon kaum Platz für zwei bietet, strömen scharenweise Romantiker zu diesem Haus aus dem 14. Jh., um den Graffiti an der Hofmauer ihre liebestollen Botschaften hinzuzufügen.

Piazza delle Erbe & Piazza dei Signori HISTORISCHES GEBÄUDE
Die Piazza delle Erbe – einst ein römisches Forum – säumen heute geschäftige Cafés und einige der prächtigsten Gebäude Veronas, etwa der am nördlichen Ende befindliche barocke **Palazzo Maffei** (heute eine Konzernzentrale).

Ein schöner Torbogen trennt die Piazza delle Erbe von der Piazza dei Signori: der **Arco della Costa**. Unter ihm hängt die Rippe eines Wals, die – so sagt zumindest die Legende – auf die erste gerechte Person fällt, die unter ihr hindurchläuft. Bis dato hängt sie allerdings noch immer an ihrem Platz, obwohl selbst schon Könige und Päpste hindurchgeschritten. An der Nordseite der Piazza dei Signori befindet sich die **Loggia del Consiglio**, ein Gebäude der frühen Renaissance, das im 15. Jh. den Stadtrat beherbergte (für Besucher nicht geöffnet). Wer den Torbogen am hinteren Ende der Piazza passiert, gelangt zu den freistehenden **Arche Scaligere**, den gotischen Gräbern der Scaligeri-Familie, in denen die Mörder neben ihren getöteten Verwandten bestattet sind.

Zwischen den beiden Plätzen strebt der gestreifte **Torre dei Lamberti** (☎045 927 30 27; Erw./erm. 6/4,50 € oder Verona Card; ⌚Okt.–Mai 8.30–19.30 Uhr, Juni–Sept. bis 20.30 Uhr) genickstarrige 85 m in die Höhe. Im 12. Jh. begann man mit dem Bau dieses Wachturms, fertiggestellt wurde er allerdings erst 1463 – zu spät, um die einmarschierenden Veneter zu bemerken. Dafür bietet er aber für die Besucher heute eine bemerkenswerte Panoramasicht über Stadt und Umgebung.

Scavi Scaligeri MUSEUM
(☎045 800 74 90; Cortile del Tribunale; Erw./erm. 6/4,50 € oder Verona Card; ⌚wechselnd) Unterhalb der Piazza dei Signori befinden sich die in den 1980er-Jahren ausgegrabenen, labyrinthischen römischen Ruinen. Heute beherbergen sie sehr gelungene Ausstellungen zeitgenössischer Fotografie. Die Galerien sind zwischen den Ausstellungen geschlossen; die Öffnungszeiten wechseln.

Jüdisches Ghetto WAHRZEICHEN
Südwestlich der Piazza delle Erbe liegt Veronas historisches Jüdisches Viertel. Die kürzlich restaurierte **Synagoge** befindet sich auf der südöstlichen Seite der Via Portici. Jüdischen Besuchern und ernsthaft Interessierten wird die Tür zuweilen geöffnet.

Feste & Events

VinItaly WEIN
(www.vinitaly.com) Jedes Jahr im März findet hier die größte Weinausstellung des Landes statt, an der nur Lebensmittel- und Weinexperten teilnehmen können. Die Fachmesse bietet Verkostungen, Präsentationen zu Verfahren der Weinherstellung und unübertroffene Einblicke in Bandbreite und Tiefe der italienischen Weine.

MEHR FÜRS GELD

VeronaCard (2/5 Tage 15/20 €), erhältlich in allen touristischen Sehenswürdigkeiten und in Tabakläden, gewährt Zugang zum Großteil der bedeutenden Denkmäler und Kirchen und ermöglicht die unbegrenzte Nutzung der städtischen Busse.

Schlafen

Cooperativa Albergatori Veronesi (☎045 800 98 44; www.veronapass.com) ermöglicht einen kostenlosen Buchungsservice für 2-Sterne-Hotels. Wer privat und außerhalb des Stadtzentrums unterkommen möchte, sieht sich auf **Verona Bed & Breakfast** um (www.bedandbreakfastverona.com).

Anfitheatro B&B B&B €€
(☎347 248 84 62; www.anfiteatro-bedandbreakfast.com; Via Alberto Mario 5; EZ 60–90 €, DZ 80–130 €, 3BZ 100–150 €) Dieses kürzlich sanierte Stadthaus aus dem 19. Jh. hält geräumige Gästezimmer mit hohen Holzbalkendecken, antiken Schränken und Diwanen bereit, auf die sich die Gäste nach den Vorstellungen in der benachbarten römischen Arena entspannt fallen lassen können.

Albergo Aurora B&B €€
(☎045 59 47 17; www.hotelaurora.biz; Piazza XIV Novembre 2; EZ 90–135 €, DZ 100–160 €; ❄) Das direkt an der geschäftigen Piazza delle Erbe gelegene Hotel bietet geräumige, schnörkellose Doppelzimmer, manche davon mit Blick auf die Stadt. Es gibt auch preiswertere Einzelzimmer ohne Bad (58–80 €).

Hotel Gabbia d'Oro HOTEL €€€
(☎045 59 02 93; www.hotelgabbiadoro.it; Corso Porta Borsari 4a; DZ ab 220 €; P❄@📶) Eine der Topadressen der Stadt – und dazu eine der romantischsten – ist das in einem *palazzo* aus dem 18. Jh. untergebrachte Gabbia d'Oro mit seinen Luxuszimmern, die sowohl elegant als auch gemütlich daherkommen. Die Dachterrasse und die zentrale Lage des Hotels sind die Sahnetüpfelchen auf dieser Hochzeitstorte.

Villa Francescati HOSTEL €
(045 59 03 60; www.ostelloverona.it; Salita Fontana del Ferro 15; B 18–20 €; 7–24 Uhr) Diese HI-Jugendherberge ist in einer Villa aus dem 16. Jh. untergebracht, die auf einem Gartengrundstück steht, etwa 20 Fußminuten vom Stadtzentrum entfernt. Sie ist mit dem Bus 73 (wochentags) oder dem Bus 90 (sonn- und feiertags) zu erreichen, beide fahren vom Bahnhof ab. Die Zimmer müssen zwischen 9 und 17 Uhr geräumt werden. Während der Opernsaison im Sommer sollte im Voraus gebucht werden.

Camping Castel San Pietro CAMPINGPLATZ €
(045 59 20 37; www.campingcastelsanpietro.com; Via Castel San Pietro 2; Camping Erw./erm./Zelt 7/4,50/7 €; Mai–Sept.) Dieser grüne Campingplatz ist nur einen Steinwurf von der Stadt entfernt und hat einen kleinen Lebensmittelladen, Waschmaschinen und weiteren Komfort. Vom Bahnhof aus fahren die Busse H oder 95 dorthin.

Essen

Gelateria Ponte Pietra EISDIELE €
(340 471 72 94; Via Ponte Pietra 23; 14.30–19.30 Uhr, Juni–Aug. bis 22 Uhr, Nov.–Feb. geschl.) Im Angebot sind verschiedene Sorten des hervorragenden hausgemachten *gelato* wie *bacio bianco* (weiße Schokolade und Haselnuss) und *mille fiori* (Sahne mit Honig und Pollen von Blumen der umliegenden Hügel).

Pintxos Bistrot FEINSCHMECKER €€€
(045 59 42 87; www.ristorantealcristo.it; Piazzetta Pescheria 6; Mahlzeiten 40–60 €; Di–So Mittag- & Abendessen) Das erfreulich vielseitige Menü dieser lässigen Bar ist von den namensgebenden Pintxos, den baskischen Tapas, inspiriert. Hier werden italienische Pasta, baskische Schinken- und Käsespezialitäten und kleine Mahlzeiten mit exotischen Zutaten wie Zitronengras und Tamarinde aufgetischt. Im Sommer während der Opernsaison ist dieses Feinschmecker-Mekka brechend voll. Wer keinen Platz findet, folgt den Schildern zum Ristorante al Cristo derselben Betreiber.

Pizzeria Du de Cope PIZZERIA €
(045 59 55 62; www.pizzeriadudecope.it; Galleria Pellicciai 10; Pizzas 6–12 €; 12–14 & 19–23 Uhr) Diese trendbewusste Pizzeria schafft es, die Raffinesse ihrer luftigen und lebendig bunten Speiseräume mit entspannter Behaglichkeit zu veredeln. Die Pizzas aus dem Holzofen sind vortrefflich.

Café Noir CAFÉ €
(045 803 05 00; Via Pellicciai 12; Mahlzeiten 10–15 €; Mo–Sa 7.30–19.30 Uhr) Zu exzellenten Kaffees, Tees und sündhaft dicker heißer Schokolade werden in diesem gepflegten kleinen Café preiswerte Zwei-Gänge-Menüs für weniger als 12 € serviert. Abendessen gibt es allerdings keines.

Trinken

Antica Bottega del Vino WEINBAR
(045 800 45 35; www.bottegavini.it; Vicolo Scudo di Francia 3; Mi–Mo Mittag- & Abendessen) In dieser historischen *enoteca* mit ihrer wunderschönen Holztäfelung und den von hinten beleuchteten Flaschen Valpolicella und feiner Spirituosen liegt das Hauptaugenmerk auf dem Wein.

Osteria del Bugiardo WEINBAR
(045 59 18 69; www.buglioni.it; Corso Portoni Borsari 17a; 11–23, Fr & Sa bis 24 Uhr) Der Betrieb auf dem geschäftigen Corso Portoni Borsari verdichtet sich am Bugiardo, um sich nach einem stehend getrunkenen und exklusiv für diese Osteria abgefüllten Valpolicella wieder zu verlaufen. Polenta und *sopressa* machen sich gut zum kräftigen Amarone.

Caffè Filippini BAR
(045 800 45 49; Piazza delle Erbe 26; Do–Di 16–2 Uhr) Auf dem belebtesten Platz der Stadt steht seit 1901 die coolste Kaschemme. Getrunken wird hier Filippini, ein mörderischer Cocktail aus Wermut, Gin, Zitrone und Eis, die Spezialität des Hauses. Von Juni bis August täglich geöffnet.

Unterhaltung

Arena di Verona (045 800 51 51; www.arena.it; Piazza Brà, Kartenschalter Ente Lirico Arena di Verona, Via Dietro Anfiteatro 6b; Karten 15–150 €; Opernsaison Juni–Aug.) Hier gab Placido Domingo sein Debüt, und hier finden zur Opernsaison von Juni bis August 50 Vorstellungen mit internationalen Spitzenkünstlern statt. Im Winter werden gegenüber im **Ente Lirico Arena di Verona** aus dem 18. Jh. klassische Konzerte aufgeführt.

Praktische Informationen

Ospedale Borgo Trento (045 807 11 11;

Piazza A Stefani) Krankenhaus nordwestlich des Ponte Vittoria.

Polizei (☎113; Lungadige Galtarossa 11) Nahe des Ponte Navi.

Touristeninformation (www.tourism.verona.it) Flughafen Verona-Villafranca (☎045 861 91 63; ⏲Mo–Sa 10–15 Uhr); Via degli Alpini (☎045 806 86 80; Via degli Alpini 9; ⏲Mo–Di 10–13 & 14–18, Mi–Sa 9–18, So 10–16 Uhr, Jan. & Feb. kürzere Öffnungszeiten)

An- & Weiterreise

BUS Überlandbusse von und nach Padua, Vicenza und Venedig halten hauptsächlich an der Station vor dem Bahnhof im Porta-Nuova-Viertel.

Die Stadtbusse 11, 12, 13 und 14 (bzw. 91 oder 92 an Sonn- und Feiertagen) der Gesellschaft **ATV** (www.atv.verona.it) verkehren zwischen Bahnhof und Piazza Brà. Fahrscheine sind an Zeitungskiosken oder in Tabakläden erhältlich und müssen vor dem Zusteigen erworben werden (Fahrscheine 1 Std./Tag 1,20/3,50 €).

FLUGZEUG Der **Flughafen Verona-Villafranca** (VRN; ☎045 809 56 66; www.aeroportoverona.it) liegt 12 km außerhalb der Stadt und ist mit dem ATV-Aerobus ab dem Bahnhof zu erreichen (5 €, 15 Min., alle 20 Min. von 6.30–23.30 Uhr). Flugverbindungen gibt es nach ganz Italien sowie nach Berlin, Frankfurt/Main, Düsseldorf, München und Wien.

ZUG Stündlich fahren mindestens drei Züge nach Venedig (6,35–20 €, 1¼–2½ Std.), Padua (5,10–16 €, 40–90 Min.) und Vicenza (4–14 €, 30 Min.–1 Std.). Darüber hinaus fahren mindestens einmal stündlich Züge nach Mailand (9,50–19 €, 1½–2 Std.) und regelmäßig Züge nach Florenz (21–35 €, 1½–3 Std.) und weiter in den Süden. Nach Österreich, Deutschland und in die Schweiz gibt es direkte Zugverbindungen.

Veronas Weinhänge

Eine Fahrt durch Veronas Hinterland ist landschaftlich reizvoll und eine Lektion in Sachen gute Weine. Im Norden und Nordwesten liegen die Valpolicella-Weingüter, die es schon in der vorrömischen Zeit gab; östlich der Straße nach Vicenza wachsen die Trauben für den weißen Soave.

SOAVE

Im Südosten Veronas liegt in märchenhafter Landschaft der Ort Soave, nach dem die hier hergestellten DOC-Weißweine benannt sind. Die Stadt ist noch fast vollständig von der mittelalterlichen Stadtmauer und ihren 24 drohenden Wachtürmen umgeben. Doch heute werden Fremde, die kommen, um vom guten Tropfen zu kosten, mehr als freundlich aufgenommen. Wer Soave erreichen möchte, nimmt am besten den Mailand-Venedig-Zug bis San Bonifacio (2,35–3,55 €, 20 Min.) und steigt dann in den ATV-Bus 30 (1,50 €, 10 Min., etwa alle 2 Std.). Autofahrer verlassen die A4-Autostrada bei San Bonifacio und folgen dem Viale della Vittoria 2 km gen Norden bis zur Stadt.

Sehenswertes

Castello di Soave HISTORISCHES GEBÄUDE

(☎045 768 00 36; www.castellodisoave.it; Eintritt 6 €; ⏲April–Mitte Okt. Di–So 9–12 & 15–18 Uhr, Mitte Okt.–März bis 17 Uhr) Die von der Scaligeri-Familie auf mittelalterlichen Grundfesten erbaute Castello-Anlage umfasst eine Villa aus der Frührenaissance, einen grasbewachsenen Innenhof, die Reste einer romanischen Kirche und den Mastio – einen Wehrturm, der offenbar als Verlies diente (während der Sanierung wurde hier ein ganzer Haufen Menschenknochen ausgegraben).

Azienda Agricola Coffele WEINGUT

(☎045 768 00 07; www.coffele.it; Via Roma 5; ⏲Mo–Sa 9–12.30 & 14–19 Uhr & nach Vereinbarung) Dieses Weingut gegenüber der Kirche in der Altstadt ist ein Familienbetrieb. Geboten werden Verkostungen des nach Zitronenschale schmeckenden DOC Soave Classico und des nussigen, leicht moussierenden DOCG Recioto di Soave (garantierte Qualität). Die Familie vermietet auch Zimmer in den Weinbergen, wenige Kilometer außerhalb der Stadt.

Suavia WEINGUT

(☎045 767 50 89; www.suavia.it; Via Centro 14, Fitta; ⏲Mo–Fr 9–13 & 14.30–18, Sa 9–13 Uhr & nach Vereinbarung) Der Soave ist als ein wenig komplexer Weißwein bekannt, doch dieses wegweisende Weingut, 8 km außerhalb von Soave an der SP39, setzt alles dagegen. Unbedingtes Muss: der DOC Monte Carbonare Soave Classico mit seinem mineralischen Meeresbrise-Abgang.

Schlafen & Essen

LP TIPP **Locanda Lo Scudo** MODERN ITALIENISCH €€

(☎045 768 07 66; www.loscudo.vr.it; Via Covergnino 9; Mahlzeiten 35–45 €; ⏲Di–Sa Mittag- & Abendessen) Direkt vor der mittelalterlichen Stadtmauer liegt das Lo Scudo, halb Landgasthof, halb Hochleistungsküche. Wer frühzeitig kommt und gleich bestellt, erwischt noch etwas von den täglichen Fischspezialitäten oder dem Risotto mit Veronas pikantem

Käse Monte Veronese. Die über dem Restaurant liegenden vier hellen, freundlichen Zimmer zur Miete (EZ/DZ 75/110 €) schreiben die ländliche Kultiviertheit fort. Sowohl Restaurant als auch Hotel bleiben im August geschlossen.

Trattoria Dal Moro TRADITIONELL ITALIENISCH **€**
(045 768 0204; Viale della Vittoria 3; Mahlzeiten 12–25 €; Di–Sa Mittag- & Abendessen, Aug. geschl.) Gleich hinter den Toren der Stadt wird richtige Hausmannskost serviert. Das Mittagsmenü umfasst einen ordentlichen Teller Nudeln, einen Fleischgang und ein Getränk für nur 12 €.

Caffé Cremeria Mattielli EISDIELE **€**
(340 1449038; http://cremeriamattielli.com; Via Roma 16; Do–Di 7.30–12.30 & 14.30–19.30 Uhr, Juni–Aug. bis 23 Uhr) Hier gibt es erstklassige *gelati* und dazu geschmackvolle Tagesangebote wie Staudensellerie und Ziegenkäse.

VALPOLICELLA

Nur ein Dutzend Kilometer nordwestlich von Verona, wo die Venezianische Tiefebene dem Alpenvorland weicht, liegen einige der meistgefeierten Weingüter Italiens. Die besten Valpolicella-Terroirs – aus denen auch der berühmte Amarone stammt, ein intensiver Rotwein aus halbgetrockneten Trauben – errangen 2009 den DOCG-Status, Italiens höchstes önologisches Gütesiegel.

Zu beachten ist, dass viele Weingüter nur nach Vereinbarung besichtigt werden können und sonntags meist geschlossen sind. Die interessantesten liegen weit verstreut, empfehlenswert ist daher eine entspannende Rundfahrt auf Rädern, egal ob auf zwei oder vier.

Wer mit dem Auto fährt, folgt der Landstraße SS12 von Verona Richtung Nordwesten, biegt scharf nach Norden auf die SP4 und folgt der Straße westwärts nach **San Pietro in Cariano**, dem Dreh- und Angelpunkt der Region. Alternativ kann man auch den APT-Bus 3 nehmen, der etwa alle halbe Stunde von Veronas Porta Nuova nach San Pietro fährt (www.apt.verona.it, auf Italienisch; 2,40 €, 40 Min.). Ausführliche Informationen zu Weingut-Visiten oder Rad- und Wanderrouten finden sich in der **Touristeninformation** Pro Loco Valpolicella (045 770 19 20; www.valpolicellaweb.it; Via Ingelheim 7; Mo–Fr 9–13, Sa 9–12 Uhr).

Wer einen preisgekrönten Amarone kosten möchte, sollte in San Pietro in Cariano bei den **Montecariano Kellern** (045 683 83 35; www.montecariano.it; Via Valena 3; Mo–Sa nach Vereinbarung) nahe der zentralen Piazza San Giuseppe vorbeischauen.

Feinschmecker besuchen am besten die kleine Stadt **Fumane** im Norden. Die dortige **Enoteca della Valpolicella** (045 683 91 46; Via Osan 47; Mahlzeiten 25–35 €; Di–Sa Mittag- & Abendessen, So Mittagessen) hält es mit unverfälschtem Geschmack (z. B. Risotto mit Wildkräutern oder Wildbret mit Polenta), damit die Speisen nicht mit den mehr als 700 angebotenen italienischen Weinen konkurrieren.

Wen Bacchus schwanken lässt, der rettet sich ins reizende **La Meridiana B&B** (045 683 91 46; www.lameridiana-valpolicella.it, auf Italienisch; Via Osan 16c; EZ/DZ 70/90 €). Die einstigen Stallungen aus dem 17. Jh. wurden von den Eigentümern der *enoteca* in schlichte, aber elegante Gästezimmer verwandelt. Ein schmackhaftes Frühstück und der 1 km entfernte Pool sind nur zwei der schönen Extras.

Wenige Kilometer westlich von San Pietro liegt das für seinen Amarone bekannte **Gargagnago**. Wer vorher anruft, kann in dem außerhalb von Gargagnano gelegenen **Weingut Corte Leardi** (045 770 13 79; www.cortealeardi.com; Via Giare 15; nach Vereinbarung) exzellente DOC Amarone- und leichtere DOC Valpolicella-Rotweine kosten.

Eine kurze Spazierfahrt westwärts (oder eine gut beschilderte kleine Wanderung über 5 km) führt an der am Hang gelegenen Stadt **Sant'Ambrogio di Valpolicella** vorbei zum malerischen Hügeldorf **San Giorgio** mit seiner freskenverzierten **Pieve di San Giorgio** (7–18 Uhr), einer romanischen Kirche mit Kreuzgang aus dem 8. Jh., die auf einem kleinen, mit Resten römischer Siedlungen übersäten Platz steht.

Dolomiten

Ob man sich auf Skiern oder bei Alpenwanderungen an der Höhe berauscht oder lieber doch an erstklassigem Prosecco, die gebirgige Grenze zum Trentino-Südtirol ist ein Muss.

CONEGLIANO

35 700 EW.

Das im Alpenvorland gelegene Conegliano ist ein Toast auf Venetien. An den Rebhängen reifen die Trauben für den Prosecco, einen trockenen, frischen Weißwein aus Glera-Trauben in den Varianten *spumante*

(Schaumwein), *frizzante* (Perlwein) oder Stillwein. Coneglianos Prosecco erlangte 2009 DOCG-Status, Italiens höchstes önologisches Gütesiegel. Es lohnt sich, über www.coneglianovaldobbiadene.it an der Strada di Prosecco (Prosecco-Straße) von Conegliano nach Valdobbiadene einen Verkostungsabstecher zu planen. Tipps dazu erteilt auch Coneglianos **APT Touristeninformation** (☎0438 212 30; Via XX Settembre 61; ⌚Di–So 9–12.30, Do–So 15–18 Uhr).

An der Via XX Settembre im Stadtzentrum steht unübersehbar die auffällige **Scuola dei Battuti**, die innen und außen mit Fresken aus dem 16. Jh. von Ludovico Pozzoserrato bedeckt ist. Das Gebäude war einst Sitz des Laienordens der *battuti* (Geißler), die sich begeistert selbst geißelten. Die Scuola bildet auch den Eingang zum **Duomo** mit seinen Frühwerken venetischer Künstler, insbesondere dem Altarbild von 1492/93, das vom einheimischen Meister Cima da Conegliano stammt und eine thronende Madonna mit Kind darstellt.

Wer vorhat, auch die Nacht dort zu verbringen, bucht im **Hotel Canon d'Oro** (☎0438 342 46; www.hotelcanondoro.it; Via XX Settembre 131; DZ ab 130 €; ⌚7–24 Uhr). Dort finden sich klassische Eleganz und moderner Komfort in einem *palazzo* aus dem 15. Jh. **La Tartare dell'Hotel Cristallo** (☎0438 354 45; www.hotelcristallo.tv.it; Corso Mazzini 45; Mahlzeiten um die 50 €; ⌚ Di–So Mittags- & Abendessen) wird von Einheimischen besonders für die ländliche Eleganz von Karte und Interieur und seinen Mix aus Zutaten der Venezianischen Tiefebene als auch der nahen Alpen geschätzt. Wer nach dem Essen zu bleiben beschließt, kann eines der komfortablen Zimmer mieten.

BELLUNO

36 600 EW. / 390 M

Mit seiner Lage am hohen Steilufer des Flusses Piave, die schneebedeckten Dolomiten majestätisch im Rücken, ist Belluno landschaftlich wie strategisch ein guter Ausgangspunkt, um die umliegenden Berge zu erkunden. Die historische Altstadt hat ihren besonderen Reiz; hier lässt es sich in den langen Schatten der Dolomiten mühelos an Renaissance-Gebäuden vorbeispazieren und für Wanderungen in den nahen Bergen Kraft tanken. Dazu trägt auch die gebirgstypische Küche bei (man denke an herzhafte Polenta, Wildbret und Pilze) und einige der bemerkenswertesten italienischen Käsesorten wie Schiz (halbweicher Kuhmilchkäse; wird in Butter gebraten verzehrt) und der brüchige, buttergelbe Malga Bellunese.

Sehenswertes & Aktivitäten

Bellunos bedeutendste Fußgängerzone ist die **Piazza dei Martiri** (Platz der Märtyrer), benannt nach den vier Partisanen, die im Zweiten Weltkrieg hier erhängt wurden. Die nahe gelegene **Piazza del Duomo** wird von der Renaissance-**Cattedrale di San Martino** (Anfang des 16. Jhs.), dem **Palazzo Rosso** (16. Jh.) und dem **Palazzo dei Vescovi** mit seinem eindrucksvollen Turm aus dem 12. Jh. gerahmt.

Parco Nazionale delle Dolomiti Bellunesi NATIONALPARK

(www.dolomitipark.it) Dieser großartige Nationalpark mit seinen schönen Wanderwegen, Wildblumen und der frischen Bergluft befindet sich nordwestlich von Belluno. Die Schönheit dieser Region und die Einzigartigkeit ihres Ökosystems trugen dazu bei, dass große Teile davon zum Weltnaturerbe erklärt wurden. Von Ende Juni bis Anfang September testen Wanderer ihr Können an den sechs verschiedenen *alte vie delle Dolomiti* (Höhenwanderwegen).

Schlafen & Essen

Wer Hotels, B&Bs, Campingplätze und *agriturismo* (Urlaub auf dem Bauernhof) in Belluno, im Nationalpark und in der Umgebung erkunden will, konsultiert die Website www.infodolomiti.it.

LP TIPP **Azienda Agrituristica Sant'Anna** AGROTOURISMUS €

(☎0437 274 91; www.aziendasantanna.it; Via Pedecastello 27, Castion; DZ pro Nacht 50–80 €, pro Woche 330–460 €) Dieses idyllische Steinbauernhaus, 4 km außerhalb von Belluno, bietet Komfort, ohne jedoch an ländlichem Charme zu verlieren: eiserne Bettgestelle, Dielenböden und Holzbalkendecken in den Zimmern, ein jedes mit eigener oder mit Gemeinschaftsküche. Die enthusiastischen, Englisch sprechenden Gastgeber geben gerne Rat in Sachen Wander- oder Speisemöglichkeiten und bieten zudem Gärtnerkurse zum Mitmachen auf dem benachbarten Bauernhof. Kein Frühstück.

Ostello Imperina HOSTEL €

(☎0437 624 51; www.parks.it/ost/imperina; Località Le Miniere; B/Halb-/Vollpension 20/37/50 €; ⌚April–Okt. 7.20–22 Uhr) Die einzige Jugendherberge der Region befindet sich im Parco

Nazionale delle Dolomiti Bellunesi, 35 km nordwestlich von Belluno in Rivamonte Agordino. Zur Sommerzeit im Voraus buchen! Anfahrt von Belluno mit dem Agordo-Bus (50 Min.).

Albergo Cappello e Cadore HOTEL €
(☎0437 94 02 46; www.albergocappello.com; Via Ricci 8; EZ 45–75 €, DZ 90–103 €; P❄) Dieser roséfarbene Gasthof aus dem 19. Jh. befin_det sich in direkter Nähe zur Piazza dei Martiri und offeriert kleine, klösterlich bescheidene Zimmer mit schlichten Kiefernholzbetten; einige der Dachgeschosszimmer sind mit Aussicht. Da dies die einzige bezahlbare Bleibe der Stadt ist, sollte im Voraus gebucht werden.

LP TIPP **Al Borgo** TRADITIONELL ITALIENISCH €€
(☎0437 92 67 55; www.alborgo.to; Via Anconetta 8; Mahlzeiten um 35 €; ⊙Mi–Mo Mittagessen, Mi–So Abendessen) Wer auf Rädern unterwegs ist oder kräftige Beine hat, sollte einen Ausflug zu diesem einladenden Restaurant in einer Villa aus dem 18. Jh. wagen, die sich in den Hügeln 3 km südlich von Belluno befindet. Die Küche des Hauses wird als eine der besten Bellunos angesehen und kreiert alles selbst: von hausgemachter Salami über gebratenes Lamm bis hin zu kunstvollem *gelato*.

La Taverna ITALIENISCH €€
(☎0437 251 92; Via Cipro 7; Mahlzeiten 25–30 €; ⊙Mo–Sa Mittag- & Abendessen) In dieser Taverna werden erstklassige Bruschetta der Saison zu Prosecco oder anderen regionalen Weinen serviert. Ob frische Steinpilz-*tagliolini* oder die Spezialitäten der Saison wie Aal mit Schnecken im Winter und Hase mit Zucchiniblüten im Frühjahr – hier können köstliche Kohlenhydrate für die nächste Wanderung in die alpine Umgebung getankt werden.

ℹ Praktische Informationen

Touristeninformation (☎0437 94 00 83; www.infodolomiti.it; Piazza del Duomo 2; ⊙Mo–Sa 9–12.30 & 15.30–18.30 Uhr) Hier gibt es Informationen über Skifahren, Wandern und andere sportliche Aktivitäten sowie Einzelheiten über die Wetterbedingungen und Wetterwarnungen.

ℹ An- & Weiterreise

AUTO Autofahrer nehmen die A27 von Venedig (Mestre), die zugegebenermaßen nicht die malerischste Strecke ist, dafür aber den dichten Verkehr um Treviso meiden hilft.

BUS Von der Haltestelle gegenüber dem Bahnhof fährt der **Dolomiti Bus** (☎0437 21 71 11; www.dolomitibus.it) regelmäßig Cortina d'Ampezzo, Conegliano und weitere kleinere Bergstädte an.

ZUG In Belluno halten Züge aus Venedig (6 €, 2–2½ Std., 5- bis 10-mal tgl.) mit Zwischenhalt in Treviso und/oder Conegliano. Bei einigen Verbindungen ist Umsteigen notwendig, was eine Stunde mehr Reisezeit bedeutet.

CORTINA D'AMPEZZO

6100 EW. / 1224 M

Das italienische Supermodel der Ski-Resorts, Cortina d'Ampezzo, ist modern, hochpreisig, eisig und unleugbar schön. Die Turmspitze der Steinkirche und die freundlichen Piazzas werden von prachtvollen Alpen gerahmt. Auch im Sommer ist der Ort ein beeindruckender, wenn auch etwas weniger glamouröser Stützpunkt für Wanderer, Biker und Kletterer.

Aktivitäten

Scharen von Wintersportlern tummeln sich hier von Dezember bis Ende März oder April, um die erstklassigen Abfahrten und Langlaufpisten zu genießen. Sommerabenteurer kommen von Juni bis Oktober vor allem zum Wandern und Klettern nach Cortina. Zwei Seilbahnen bringen Skisportler und Wanderer vom Stadtzentrum hinauf zum zentralen Ausgangspunkt für Sessellifte, Seilbahnen, Loipen und Wanderwege. Die Lifte fahren von Mitte Dezember bis April täglich meist von 9 bis 17 Uhr und dann wieder während des Sommers von Juni bis September oder Oktober.

Die Ski- und Snowboardpisten reichen vom Kinderhang bis zur legendären schwarzen Buckelpiste, die in 3000 m Höhe beginnt. Der Dolomiti Superski Pass (s. Kasten S. 349) ermöglicht den Zutritt zu 12 Pisten in diesem Gebiet. Wer ihn erwerben möchte, wendet sich an Cortinas **Skipass-Büro** (☎0436 86 21 71; Via G Marconi 15; 1-/2-/3-Tagespass 46/91/132 €, Wochenpass 247 €; ⊙wechselnd). Pässe für eine geringere Anzahl von Pisten kosten ab 28 € pro Tag.

In Cortina lassen sich aber auch noch andere Wintersportarten betreiben wie Hundeschlittenfahren, Eisklettern und Eislaufen im **Olympischen Eisstadion** (☎0436 88 18 11; Via dello Stadio 1; Erw./Kind inkl. Schlittschuhausleihe 10/9 €; ⊙wechselnd), das für die Olympischen Winterspiele 1956 erbaut wurde.

Gruppo Guide Alpine Cortina (0436 86 85 05; www.guidecortina.com; Corso Italia 69a) bietet Felskletterkurse (dreitägiger Kletterkurs inkl. Verleih der Ausrüstung 260 €), Bergsteigen und geführte Naturwanderungen (Preise variabel). Das Winterangebot umfasst u. a. Kurse im Skiwandern und Schneeschuhwandern.

Schlafen & Essen

Cortinas Fußgängerzone wird gesäumt von Pizzerias und Cafés. Was braucht es mehr für ein preiswertes Essen? Unterkünfte finden sich unter www.infodolomiti.it. Die Preise variieren je nach Saison, über die Weihnachtsfeiertage schnellen sie drastisch in die Höhe. Viele Orte schließen im April, Mai und/oder November.

LP TIPP Baita Fraina
GASTHAUS €€
(0436 36 34; www.baitafraina.it; DZ Sommer/Winter 50/65 €, Jan.–Nov. 60–100 €, Dez. 100–140 €; P) Wer in der Saison anreisen möchte, sollte die schlichten, aber makellosen und in Kiefernholz gehaltenen Zimmer in diesem lieblichen Gasthaus im Schweizer Stil im Voraus buchen. Auf der Karte des edlen Restaurants dominieren regionale Zutaten wie Bergkräuter und Wild.

Hotel Montana HOTEL €
(0436 86 21 26; www.cortina-hotel.com; EZ 52–65 €, DZ 88–97 €; @) Mitten im Herzen von Cortina befindet sich dieses gastfreundliche klassische Alpin-Hotel, das in den 1920er-Jahren entstanden ist, und schlichte, aber gut gepflegte Zimmer anbietet. Der Mindestaufenthalt im Winter beträgt in diesem Hotel sieben Nächte (310–580 € pro Pers.), es lohnt sich jedoch anzurufen und nach Last-Minute-Angeboten oder Stornierungen zu fragen. Die Eingangsbereiche dienen gleichzeitig als Ausstellungsfläche für Werke einheimischer Künstler.

Internationale Campingplätze Olympia CAMPINGPLATZ €
(0436 50 57; www.campingolympiacortina.it; Camping Erw. 6–10 €, Zelt & Auto 9–10 €; P) Im 4 km nördlich von Cortina gelegenen Fiames schlafen die Gäste unter turmhohen Pinien. Geboten werden kostenlose Shuttles in die Stadt sowie eine Pizzeria, ein Lebensmittelladen, Waschmaschinen und eine Sauna auf dem Platz.

Il Meloncino TRADITIONELL ITALIENISCH €€
(0436 44 32; www.ilmeloncino.it; Locale Rumerlo 1; Mahlzeiten 50–60 €; Mi–Mo Mittag- & Abendessen) Das Meloncino mit seiner rustikalen Eleganz und der spektakulären Terrasse (wenn es das Wetter erlaubt) bietet regionale Spezialitäten, die ebenso umwerfend sind wie der Blick auf die Alpen, darunter gebratenes Wildschwein und mit Reh gefüllte Ravioli in Haselnusscreme. Vom Stadtzentrum von Cortina aus ist es eine kurze Autofahrt oder eine 15-minütige Wanderung bergauf.

Praktische Informationen

Touristeninformation (0436 32 31; www.infodolomiti.it; Piazzetta San Francesco 8; Mo–Sa 9–12.30 & 15.30–18.30 Uhr)

An- & Weiterreise

Die folgenden Gesellschaften fahren von der **Busstation** (Via G Marconi) in Cortina ab.

Cortina Express (0437 86 73 50; www.cortinaexpress.it) bietet tägliche Direktfahrten zum Bahnhof Mestre (2¼ Std.) und zum Flughafen Venedig (2 Std.).

Dolomiti Bus (0437 21 71 11; www.dolomitibus.it) fährt kleinere Bergstädte, Belluno und andere Orte Venetiens an.

SAD Busse (0471 45 01 11; www.sad.it) fahren die umliegenden Städte, Bolzano (Bozen) und zahlreiche weitere Ziele in Südtirol an.

Friaul-Julisch Venetien

1,23 MIO. EW. / 7845 KM²

Inhalt »

Gut essen

» La Frasca (S. 433)
» Pirona (S. 428)
» Salumare (S. 427)

Schön übernachten

» L'Albero Nascosto (S. 426)
» Palazzo Lantieri (S. 432)
» Hotel Clocchiatti Next (S. 438)

Auf nach Friaul-Julisch Venetien!

In der kleinen, von Touristen kaum besuchten Region an Italiens nordöstlicher Grenze zu Österreich und Slowenien herrscht große Vielfalt. Die nördliche Grenze bilden die schneebedeckten Julischen und Karnischen Alpen. Im Inneren des Landes wird Wein angebaut. Im Süden befinden sich Lagunen und im Osten in der Gegend von Triest wird das Land von einer Karstlandschaft dominiert. Obwohl es eine erstaunliche Anzahl an kaum besuchten historischen Sehenswürdigkeiten gibt, angefangen von römischen Ruinen bis hin zu österreich-ungarischen Palästen, sollte man die Gegend auch dazu nutzen, die weltberühmten Weinsorten zu verkosten und ein kulinarisches Erbe zu entdecken, das die Vorstellungen von der italienischen Küche noch verstärkt. Das heitere, Triest und das lebendige Udine sind einen Besuch wert.

Reisezeit

Triest

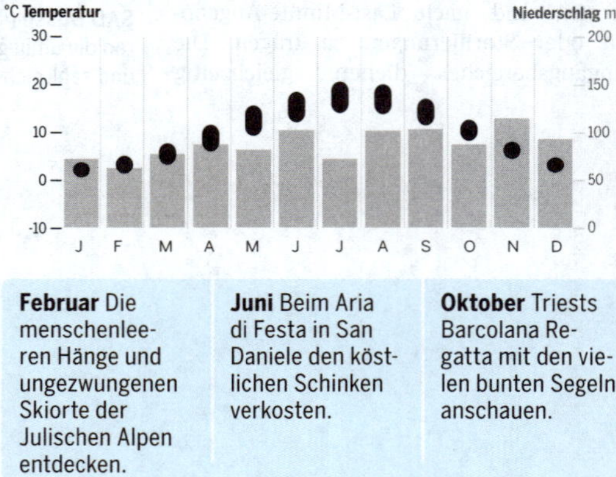

Februar Die menschenleeren Hänge und ungezwungenen Skiorte der Julischen Alpen entdecken.

Juni Beim Aria di Festa in San Daniele den köstlichen Schinken verkosten.

Oktober Triests Barcolana Regatta mit den vielen bunten Segeln anschauen.

Geschichte

Die halbautonome Region Friaul-Julisch Venetien entstand erst im Jahre 1954. Ihre Hauptstadt Triest wurde seit Beginn des Jahrhunderts bereits fünf Mal von anderen Völkern beherrscht. Die oft grausame Geschichte des Landes begann in Aquileia mit den Römern, unter den Lombarden erlangte Cividale Berühmtheit und unter venezianischer Herrschaft erlebten Pordenone und Udine eine glanzvolle Zeit. Am längsten hielten sich jedoch die Österreicher hier auf und machten Triest zu einer bedeutenden Hafenstadt. Heute ist die Region ziemlich wohlhabend, aber das war nicht immer so. Im 20. Jh. herrschten Krieg, Armut und politische Unsicherheit und die meisten Friauler waren gezwungen, ihr Glück woanders zu suchen: Sie wanderten aus nach Australien und Argentinien.

Highlights

1 In **Triests Cafés** Kontakt mit den Geistern einer literarischen Vergangenheit aufnehmen (S. 429)

2 In den **Karnischen Alpen** Luchse und Murmeltiere entdecken (S. 443)

3 Die **Ruinen von Aquileia** erforschen (S. 433)

4 In einer Weinbar in Udine Friulano schlürfen und ein *frico* (Omelett mit Kartoffeln) verzehren (S. 440)

5 In **Cividale del Friuli** eine lombardische Kapelle aus dem 8. Jh. bewundern (S. 441)

6 Im sonnendurchfluteten Badeort Grado durch die belebte Altstadt streifen (S. 434)

7 Die ruhmreiche und teilweise blutrünstige Vergangenheit von **Gorizia** entdecken (S. 431)

8 In **Sella Nevea** grenzüberschreitend Skifahren (S. 445).

FVG-KARTE

Mit der Karte (48 Std./72 Std./7 Tage 15/20/29 €) erhalten Besucher freien Eintritt in sämtliche Stadtmuseen und können kostenlos die öffentlichen Verkehrsmittel in Udine und Lignano sowie den Zug Udine-Cividale del Friuli benutzen. Außerdem erhalten sie kostenlos Audioführungen sowie Ermäßigungen in Geschäften, Badeorten, Parks oder an den Stränden der Region. Die Karten sind erhältlich bei der FVG-Touristeninformation, in vielen Hotels oder online (eine vollständige Liste ist auf der Website aufgeführt).

An- & Weiterreise

Von Venedig aus können die meisten größeren Orte der Region in ca. zwei Stunden per Zug oder mit dem Auto erreicht werden. Der Flughafen **Friaul-Julisch Venetien** (www.aeroporto.fvg.it; Via Aquileia 46), auch unter dem Namen Ronchi dei Legionari oder Trieste Regional Airport bekannt, liegt 33 km nordwestlich von Triest in der Nähe von Monfalcone. Täglich landen hier Maschinen aus Rom, London, München und Frankfurt. Die Verbindungen von und nach Belgrad und Tirana sind weniger häufig. Die österreichischen Städte Salzburg und Graz sind ca. 4 Autostunden von Udine entfernt.

Triest

205 523 EW.

Nach Ansicht der Reiseschriftstellerin Jan Morris hat Triest „keine unvergesslichen Wahrzeichen, keine universell bekannte Melodie, keine unverwechselbare Küche", aber irgendwie bezaubert diese Stadt eben doch. Ihr „widerspenstiger Charme" inspirierte zahlreiche Schriftsteller, Reisende, Vertriebene und Außenseiter. Fans der Stadt frequentieren die glanzvollen Belle Eoque-Kaffeehäuser und dunklen Bars und tun oft so, als gehörten sie ihnen, ebenso wie der eisige Bora-Wind. Angesichts des fehlenden Tourismus in der Stadt kommt dies der Wahrheit manchmal auch ziemlich nahe.

Die Stadt, die auf einem Karstplateau liegt und von Slowenien und der Adria umgeben wird, fühlt sich etwas isoliert vom Rest der italienischen Halbinsel. Ihre historische Einzigartigkeit ist ebenfalls kein Zufall. Seit dem 13. Jh. ist Triest nach Osten ausgerichtet und wurde unter österreichischer Herrschaft zum Freihafen erklärt. Unter den Habsburgern im 18. und 19. Jh. erlebte die Stadt eine große Blütezeit. Der beliebte Badeort der Wiener war auch offenes Grenzgebiet, wo sich die italienische, slawische, jüdische, deutsche und sogar griechische Kultur vermischten.

Sehenswertes

Die meisten Sehenswürdigkeiten Triests sind von der Innenstadt, der großen Piazza dell'Unità d'Italia, zu Fuß oder mit dem Bus zu erreichen.

Piazza dell'Unità d'Italia PIAZZA

Die riesige, elegante Piazza dell'Unità d'Italia – angeblich der größte zum Meer hin offene Platz Italiens – ist ein Paradebeispiel für die Art der Stadtplanung in der k.u.k.-Zeit. Der makellose, aber ständig von Menschen gut bevölkerte Platz lädt nicht nur zum Plaudern und Trinken ein, sondern auch dazu, einen Moment in aller Ruhe innezuhalten und die in der Ferne vorbeifahrenden Schiffe zu beobachten.

Borgo Teresiano STADTVIERTEL

Ein großer Teil des eleganten Stadtzentrums nördlich des Corso Italia geht auf die Herrschaft von Kaiserin Maria Theresia im 18. Jh. zurück, darunter der malerische **Canal Grande**. Als Symbol für viele Jahrhunderte religiöser Toleranz steht die mosaikgeschmückte serbisch-orthodoxe **Chiesa di Santo Spiridione** (1868) direkt neben der neoklassizistischen katholischen **Chiesa di Sant'Antonio Taumaturgo** (1842). Auf der Via-Roma-Brücke befindet sich eine lebensgroße **Statue von James Joyce** (eine ähnliche Bronzestatue von **Italo Svevo** steht auf der Piazza Hortis).

Castello di San Giusto MUSEUM

(☎040 30 93 62; Piazza della Cattedrale 3; Erw./erm. 4/3 €; ⏲Sommer 9–19 Uhr, Winter bis 13 Uhr) Das Schloss aus dem 15. Jh., einst eine römische Festung, wurde von Friedrich von Habsburg erbaut und von venezianischen Herrschern fertiggestellt. Zum Schloss gehört das Stadtmuseum mit Wechselausstellungen und einer gut bestückten Waffenkammer. Von der Schlossmauer aus bieten sich fantastische Ausblicke.

Basilica di San Giusto KIRCHE

(⏲8–17 Uhr) Die Basilika wurde im Jahr 1400 vollendet. In ihrem Bau sind zwei frühchristliche Kirchen eingeschlossen, daher auch die Vermischung unterschiedlicher Baustile (Ravenna und Byzanz). Das Innere der Kirche beherbergt Fresken aus dem 13. Jh. sowie wunderbar erhaltene Mosaike aus dem 12. und 13. Jh., darunter ein Mosaik, das St. Giusto, den Schutzheiligen der Stadt, darstellt.

Synagoge SYNAGOGE
(☎040 672 67 36; www.triestebraica.it; Via San Francesco d'Assisi 19; Eintritt 3,50 €; ⏲Führungen 10 Uhr, So 11 und 12 Uhr) Die 1912 erbaute, reich geschmückte neoklassizistische Synagoge zeugt von der Macht der jüdischen Gemeinde Triests. Im Zweiten Weltkrieg stark beschädigt, wurde sie jedoch tadellos restauriert und gehört zu den bedeutendsten Synagogen Italiens.

Römisches Triest HISTORISCHE STÄTTE
Hinter der Piazza dell'Unità d'Italia ragen die Überreste des **Römischen Theaters** (Via del Teatro Romano) empor, das zwischen dem 1. und 2. Jh. n. Chr. errichtet, aber erst 1938 freigelegt wurde. Der **Arco di Riccardo** (Via del Trionfo), eines der alten Stadttore, ist ein Überbleibsel aus der Römerzeit und stammt aus dem Jahr 33 v. Chr. Es wurde nach dem englischen König Richard benannt, der auf dem Rückweg von den Kreuzzügen angeblich hier vorbeikam.

Museo Revoltella MUSEUM
(☎040 675 43 50; www.museorevoltella.it; Via Diaz 27; Erw./erm. 6,50/4,50 €; ⏲Mi–Mo 10–19 Uhr) Das Stadtmuseum wurde 1872 gegründet und erstreckt sich heute auch auf zwei benachbarte Gebäude. Baron Revoltellas Originalhaus aus dem 19. Jh. versprüht nach wie vor das Flair von anno dazumal. Zum Inventar gehören u. a. Kronleuchter, vergoldeter Gipsstuck und prächtige Seidentapeten. Der moderne Palazzo Brunner beherbergt eine interessante Sammlung von Werken Triester Künstler aus dem 19. und 20. Jh., darunter einige faszinierende Porträtmalereien und Büsten aus dem frühen 20. Jh. Zum Museum gehören auch ein hübsches Dachcafé und ein gut sortierter Buchladen.

Civico Museo Sartorio MUSEUM
(☎040 30 14 79; Largo Papa Giovanni XXIII 1; Erw./Kind 5/3 € ; ⏲Di–So 9–13 Uhr) Das Civico Museo Sartorio, das in einer anderen Stadtvilla untergebracht ist, verfügt über eine große Kunstsammlung, darunter auch Kunstgewerbe und Schmuck. Einige der wunderschönen Deckenfresken stammen aus dem späten 18. Jh. Im Untergeschoss befindet sich ein römisches Mosaik. Absolut sehenswert ist der Raum mit den fantastischen **Tiepolo-Zeichnungen**.

DER DUBLINER

„Stellen Sie sich vor, Sie sind auf der Flucht und laufen sich selbst in die Arme. Der weiteste Umweg ist womöglich der kürzeste Weg nach Hause."

James Joyce, Ulysses

James Joyce, dem das Leben im düsteren Dublin schwer zu schaffen machte, floh 1905 nach Triest, wo er an der Sprachenschule Berlitz unterrichtete. Im Alter von 22 Jahren ließ sich der hochbegabte, aber noch weitgehend unbekannte irische Schriftsteller mit seiner Geliebten (und späteren Frau) Nora Barnacle in einer Stadt nieder, die vom anachronistischen Österreichisch-Ungarischen Kaiserreich geprägt war.

Triest war eine blühende, weltoffene Stadt, in der sich zahlreiche Künstler und Aristokraten, die dem Lotterleben nicht abgeneigt waren, niedergelassen hatten. Der gesellige Ire vergeudete nicht viel Zeit und schloss sich dieser Szene an. Rasch erlernte er den Triester Dialekt. Tagsüber unterrichtete er Englisch und hatte diverse Geschäftsideen, aus denen jedoch selten etwas wurde. Abends gab er sich dem Alkohol hin und machte sich langsam daran, die Texte zu seinen ersten beiden bahnbrechenden Werken *Dubliners* und *Ein Porträt des Künstlers als junger Mann* zu schreiben. Joyce war ständig mittellos und verbrachte die meiste Zeit in den Kaffeehäusern der Stadt, wo er seine Romane schrieb.

Die Joyces blieben bis 1915 in Triest. Durch den Ausbruch des Ersten Weltkriegs waren sie gezwungen, ins neutrale Zürich überzusiedeln. Nach dem Krieg kehrte Joyce in eine völlig veränderte Stadt zurück. Nicht gerade begeistert von der neuen, dreisten Staatsordnung, machte er sich umgehend nach Paris auf. Die literarische Gestaltung seines Romans *Ulysses* erfolgte in Paris, entstanden ist er jedoch ohne jeden Zweifel im vielsprachigen Schmelztiegel, der Triest vor dem Ersten Weltkrieg gewesen war.

Triest
400 m
0
Synagoge
Gelateria Zampolli (150 m);
Bahnhof (550 m)
Piazza Oberdan
Tram zur Villa Opicina
Piazza Vittorio Veneto
Via Milano
Via Valdirivo
BORGO TERESIANO
Via F Filzi
Via Rossini
Canal Grande
Statue von James Joyce
Piazza San Antonio Nuovo
Via Della Zonta
Via San Lazzaro
Via Genova
Piazza del Ponterosso
Via San Nicolò
Via Mazzini
Corso Italia
Corso Cavour
Bushaltestelle (260 m)
Molo IV
Molo Audace
Piazza Nicolò Tommaseo
Piazza dell'Unità d'Italia
Molo dei Bersaglieri
Stazione Marittima
Riva del Mandracchio
Via della Ponte 5
Via del Teatro Romano
Via San Sebastiano
Via Felice Venezian
Via Madonna del Mare
Via Diaz
Via Cadorna
Piazza Hortis
Riva Nazario Sauro
Piazza Venezia
Largo Papa Giovanni XXIII
Riva Grumula
Bagno Marino Lanterna (550 m);
Etnoblog (600 m)
Via della Cattedrale
Via San Michele
Colle di San Giusto
Castello di San Giusto
Via San Giusto
Via Capitolina
Via del Monte
Piazza Carlo Goldoni
Largo della Barriera Vecchia
Via Oriani
Piazza Garibaldi
Piazza dell' Ospedale
Via Slataper
Via Ginnastica
Viale XX Settembre
Via Cesare Battisti
Via San Francesco d'Assisi

Triest

Highlights

- Castello di San Giusto ... E4
- Piazza dell'Unità d'Italia ... D2
- Statue von James Joyce ... E2
- Synagoge ... G1

Sehenswertes

1 Arco di Riccardo ... D3
2 Basilica di San Giusto ... E4
3 Chiesa di Sant'Antonio Taumaturgo ... F2
4 Chiesa di Santo Spiridione ... E2
5 Civico Museo di Storia ed Arte ed Orto Lapidario ... E4
6 Civico Museo Sartorio ... C4
7 Civico Museo Teatrale Carlo Schmidl ... E1
8 Museo della Communità Ebraica Carlo e Vera Wagner ... F3
9 Museo Joyce & Svevo ... D4
10 Museo Revoltella ... C4
11 Römisches Theater ... E3
12 Statue von Italo Svevo ... C4

Schlafen

13 Grand Hotel Duchi d'Aosta ... D3
14 Hotel Savoia Excelsior Palace ... C3
15 Hotel Victoria ... G3
16 L'Albero Nascosto ... D3
17 Residence Sara ... D3

Essen

18 Al Bagotto ... C3
19 Buffet Da Pepi ... E2
20 Buffet da Siora Rosa ... C4
21 Buffet Rudy ... F1
22 Caffè San Marco ... G1
23 Caffè Tommaseo ... D2
24 La Bomboniera ... F2
25 Pirona ... G3
26 Salumare ... C3

Ausgehen

27 Buffet Al Spaceto ... B4
28 Caffè Torinese ... E2
29 Chocolat ... C3
30 Grip Wunderbar ... E4
31 Osteria da Marino ... D3

Unterhaltung

32 Teatro Verdi ... D2

Civico Museo di Storia ed Arte ed Orto Lapidario — MUSEUM

(Museum für Kunst & Geschichte mit Steingarten; ☎040 31 05 00; Piazza della Cattedrale 1; Erw./erm. 4/3 €; ⏲Di–So 9–13 Uhr) Das alte Museum beherbergt römische Antiquitäten, die in der Gegend von Triest und Aquileia ausgegraben wurden, darunter die beeindruckende eiserne Horde der Nekropolis Reka aus dem slowenischen Grenzgebiet. Im Orto Lapidario (Steingarten) liegt verstreut zwischen Blumen und Obstbäumen ein Haufen wetterbeständiger Steine.

GRATIS Museo Joyce & Svevo — MUSEUM

(☎040 359 36 06; 2. Stock, Via Madonna del Mare 13; Eintritt frei; ⏲Mo–Sa 9–13, auch Do 15–19 Uhr) Joyce hätte die Ironie bestimmt gefallen: Sein Museum gehört in Wirklichkeit seinem Freund, dem berühmten Schriftsteller Italo Svevo. Es beherbergt eine bedeutende Sammlung Triester Dokumente, Fotos und anderer Erinnerungsstücke. An Joyce erinnern lediglich eine Wandkarte mit seinen Häusern und Wirkungsstätten, ein Film in englischer Sprache und das Bloomsday Festival, das jedes Jahr im Juni zu seinen Ehren gefeiert wird (Svevos Geburtstag am 19. Dezember wird ebenfalls gefeiert).

Straßenbahn Nr. 2 — STRASSENBAHN

(fährt von der Piazza Oberdan ab; stündl./tgl. 1,10/3,60 €, es gelten die Tickets der Trieste Trasporti; ⏲Abfahrt alle 30 Min. von 7 bis 20 Uhr) Die Fahrt mit der Villa Opicina-Straßenbahn bietet eine wunderschöne Aussicht auf das Meer und die Stadt. Die Straßenbahn wird auf dem steilen Anstieg in die Karstberge in eine Schienenseilbahn umfunktioniert. Die Fahrt ist zwar kurz, aber spektakulär. In **Villa Opicina** wurde früher fast nur Slowenisch gesprochen und auch heute noch spricht man alles außer Italienisch. Vor der Rückfahrt sollte man **Saint Honore** (Via di Prosecco 2) einen Besuch abstatten. Dort gibt es den köstlichen *carsolina,* einen Kuchen mit Walnüssen und Mandeln, sowie kleine Straßenbahnen aus Schokolade.

Museo della Comunità Ebraica Carlo e Vera Wagner — MUSEUM

(☎040 63 38 19; Via del Monte 5; Erw./erm. 5/3 €; ⏲Di 16–19, Mi, Do & So 10–13 & 16–19 Uhr) Das

ABSTECHER

RISIERA DI SAN SABBA

Aus dem ehemaligen Reisschälwerk wurde 1943 ein Konzentrationslager, das einzige in Italien. In den 1960er-Jahren entstand an dieser Stelle ein **Nationaldenkmal und Museum** (☎040 82 62 02; Via Palatucci 5; Eintritt frei; ⏰9–19 Uhr).

Der Ort erinnert an die 5000 Menschen, die hier starben und die Tausende, die auf dem Weg zu den Zwangsarbeits- und Konzentrationslagern hier vorbeikamen. Unter ihnen befanden sich viele jüdische Bürger von Triest sowie Triester und slowenische Widerstandskämpfer.

Die Todeszellen sind zwar noch vorhanden, aber der Großteil des Lagers wurde 1945 von der auf dem Rückzug befindlichen deutschen Armee zerstört. Das Denkmal aus Metall und Stein bietet viel Raum zum Nachdenken. Fotos, Briefe sowie andere persönliche Gegenstände der hier Inhaftierten erinnern an die Zeit des Grauens.

Vom Bahnhof fahren die Buslinie 8 oder der Bus Nr. 10 von den Haltestellen entlang der Riva. An der letzten Haltestelle aussteigen, am Stadion vorbei, und links in die Via Palatucci einbiegen.

Museum zeigt eine hochwertige Sammlung liturgischer Artikel, Textilien, Dokumente und Fotografien, darunter einige 1945 von den Nazis gestohlene persönliche Dinge.

Civico Museo Teatrale Carlo Schmidl MUSEUM
(☎040 675 40 72; Via Rossini 4; Erw./Kind 3,50/2,50 €; ⏰Di–So 9–19 Uhr) Das schon seit langem hier ansässige Museum ist in dem prächtigen Palazzo Gopcevich untergebracht. Hier lässt sich die Triester Theater- und Musikgeschichte bis ins 18. Jh. zurückverfolgen.

Aktivitäten

Schon bei den ersten Sonnenstrahlen strömen die Triester zur Uferpromenade aus Beton **Viale Miramare** (sieht wesentlich besser aus als es klingt).

Wer sich ganz in der Nähe der Stadt sonnen und baden möchte, fährt nach **Bagno Marino Lanterna** (☎040 30 59 22; Molo Fratelli Bandiera 3; Erw. 1 €; ⏰Mai–Sept. 7.30–19.30 Uhr), hinter dem stillgelegten Leuchtturm aus dem 19. Jh. Der Ort erinnert an die österreich-ungarische Geschichte. Der Kiesstrand ist hier und da sogar immer noch nach Geschlechtern getrennt.

Schlafen

Viele Hotels der mittleren und gehobenen Preisklasse reduzieren am Wochenende ihre Tarife, so dass sich eine Anfrage lohnt. Verglichen mit dem Preis-Leistungsverhältnis in vielen anderen italienischen Städten kommen die Gäste hier noch voll auf ihre Kosten.

oL'Albero Nascosto HOTEL €€
(☎040 30 01 88; www.alberonascosto.it; Via Felice Venezian 18; EZ 70 €, DZ 100–125 € ; ❄📶👪) Das freundliche kleine Hotel liegt versteckt inmitten der Altstadt. Das Nascosto ist ein gutes Beispiel für den diskreten, unkomplizierten Stil der Stadt. Die großzügigen Zimmer sind mit schönen klassischen Stücken ausgestattet. Mit Ausnahme des Einzelzimmers verfügen alle sogar über eine kleine Küche. Das Frühstück ist einfach, aber mit viel Sorgfalt angerichtet. Es gibt Käse aus der Region, ausgezeichnete Konfitüren und frischen Illy-Kaffee.

Hotel Savoia Excelsior Palace LUXUSHOTEL €€
(☎040 7 79 41; savoiaexcelsiorpalace.starhotels.com; Riva del Mandracchio 4; DZ 130–200 €; ❄📶) Das Savoia ist der glamouröse Newcomer unter den Hotels, eine klassische, aber zeitgenössische (und etwas übertriebene) Nachbildung des grandiosen Grand Hotel aus der Habsburg-Ära. Mit seinen mehr als 100 lichtdurchfluteten Luxuszimmern, den ausgezeichneten öffentlichen Einrichtungen, dem großartigen Service und Meerblick und den bisher noch unschlagbaren Preisen hat das Hotel nichts von seiner Grandiosität verloren.

Hotel Victoria HOTEL €€
(☎040 36 24 15; www.hotelvictoriatrieste.com; Via Oriani 2; DZ 100–150 €; ❄📶) Das ganz und gar nicht geschäftsmäßige, interessante Hotel verfügt über wunderschöne Zimmer und einen Lesesaal. Sauna und Hammam sind ausschließlich Hotelgästen vorbehalten. Auch James Joyce residierte einst hier. Über-

all findet man kleine Erinnerungsstücke an ihn sowie zeitgenössische Kunstwerke. Eine Suite wurde ausschließlich ihm gewidmet.

Residence Sara APARTMENT €
(☎327 4475405; www.residencesara.it; Via dei Capitelli 4; EZ/DZ/3BZ/4BZ 50/70/90/100 €; ❄@) Die Apartments sind über zwei ruhige, aber zentrale Altstadtgebäude verteilt. Sie sind gemütlich und mit neuen Möbeln ausgestattet. Gutes Preis-Leistungs-Verhältnis. Zum Apartment gehören Wasch- und Spülmaschine. Die größeren Apartments verfügen über einen großen Kühlschrank.

Hotel Miramare HOTEL €€
(☎040 224 70 85; www.hotelmiramaretrieste.it; Viale Miramare 325/1; DZ 120–140 €; P❄📶) Alle Zimmer haben Meerblick und sind mit Strandmotiven versehen. Das Restaurant mit Bar und bequemen Ledersesseln ist elegant, aber dennoch preisgünstig.

Grand Hotel Duchi d'Aosta LUXUSHOTEL €€€
(☎040 760 00 11; www.grandhotelduchidaosta.com; Piazza dell'Unità d'Italia 2; 140–259 €; ❄📶🏊) Seit der Römerzeit gab es in dieser erstklassigen Lage immer Hotels. Geblieben ist das „Duchi", das prachtvollste Hotel Triests. Die öffentlichen Bereiche sind gedämpft und intim, die Zimmer sind mit antiken Möbeln ausgestattet, denn genau so mögen es die Stammgäste. Die Badezimmer sind für ein 5-Sterne-Hotel vielleicht nicht ganz so schick, dafür entschädigt der Pool im Souterrain (Einen Besuch wert ist auch der moderne Vis-à-vis-Flügel).

Ostello Tergeste HOSTEL €
(☎040 22 41 02; www.ostello-trieste.191.it; Viale Miramare 331; Schlafsaal/DZ 16/22 €; ⏲Empfang 7–12 & 15.30–23.30 Uhr; 📶) Das Hostel am Meer, 7 km nordwestlich der Stadt, ist nur einen Katzensprung vom Castello di Miramare entfernt. Die Ausblicke von den Schlafsälen und der Terrassenbar sind spektakulär (und entschädigen ein wenig für die abgenutzte Einrichtung und das unverbindliche Personal). Es gibt auch Doppel- und Vierbettzimmer mit Bad. Von der Stadt fahren die Buslinie 36 oder der Nachtbus Nr. 6 hierher.

Essen

Triest war jahrelang eine der geschäftigsten Hafenstädte Europas. Nirgendwo sind die österreichischen und slawischen Einflüsse deutlicher zu erkennen als in der Küche. Die Fischgerichte sind einfach fantastisch und stehen denen von Venedig in nichts nach. Die traditionellen Gerichte Triests sind jedoch *jota* (Bohnen- und Kohlsuppe), Siedfleisch mit Kren (Meerrettich), *putizza* (ein mit Nüssen gefülles Plunderstück) sowie der ausgezeichnete Illy-Kaffee.

LP TIPP **Salumare** FISCHGERICHTE €
(www.salumare.it; Via Cavana 13 a; Gerichte 18–22 €; ⏲Di–Sa 10.30–14 & 17.30–21 Uhr) Bei dieser neuen Variante des Triester Büfetts kommen Fisch und Meeresfrüchte auf den Tisch. Die kleinen Speisen bestellt man an der Bar, z. B. weiße Polenta und *baccalá mantecato* (Salzdorsch-Püree), Krabben-Ceviche, Räucheraal und Tartines mit grünen Äpfeln. Dazu ein Glas Wein aus Friaul oder Venetien oder den unverkennbaren Bellini aus weißem Pfirsichmus. Außerdem gibt es hier jede Menge Kochbücher und Restaurantführer sowie brandneue internationale Zeitungen.

Al Bagotto FISCHGERICHTE €€€
(☎040 30 17 71; www.albagatto.it: Via Cadorna 7; Degustationen ab 50 €; ⏲Abendessen Mo–Sa) Das alte Restaurant mit dem düsteren Speiseraum ist alles andere als muffig. Das Personal ist jung und freundlich, die Gerichte

BÜFETTS

Mit dem Begriff „Büfett" ist in Triest sehr gutes Essen verbunden. Von All-you-can-eat-Angeboten sollte man jedoch die Finger lassen. Die ungemütlichen Bar-Restaurants sind ein Vermächtnis der österreich-ungarischen Vergangenheit der Stadt. Die Büfetts sind normalerweise den ganzen Tag bis in die Nacht hinein geöffnet. Schon frühmorgens gibt es hier kleine Snacks, wie z. B. gebackenen Kabeljau oder Zucchini, verschiedene Toasts und *panini*, die zum Lunch oder beim *aperitivo* verzehrt werden. Aber niemand isst hier nur Zucchini. Rinderbrust gehört zu den Standardgerichten, während Schweinefleisch in allen möglichen Variationen, gebacken, gekocht, gepökelt, gebraten oder zur Wurst verarbeitet, die Hauptattraktion ist. Frisch geriebener *kren* (Meerrettich), *capuzi* (Sauerkraut) und *patate in tecia* (Kartoffelbrei) sind beliebte Beilagen.

NICHT VERSÄUMEN

BITTER-SÜSS

Schon immer luden die Triester Cafés ihre Gäste zum längeren Verweilen ein. Sie lassen auch heute noch die alten Zeiten wieder aufleben und sind immer noch Bestandteil des florierenden Lebens in der Stadt.

Caffè Tommaseo (☎040 36 26 66; www.caffetommaseo.com; Riva III Novembre; Gerichte 22 €; ⏲8–12.30) Seit der Eröffnung des Cafés im Jahre 1830 hat sich hier praktisch nichts verändert. Das Tommaseo mit dem modellierten Deckengewölbe, den gelb gestrichenen Wänden mit Schlüsselblumen und den Wiener Spiegeln erinnert an alte Zeiten. Der Kaffee wird am besten an der Bar getrunken. Für ein Schnitzel sollte man sich jedoch etwas mehr Zeit nehmen.

Caffè Torinese (Largo della Barriera Vecchia 12; ⏲Di–So) Das am zentralsten gelegene und wohl freundlichste unter den alten Cafés eignet sich genauso gut für ein Glas Wein als auch einen *capo un' b* am Morgen (Macchiato im Glas).

Caffè San Marco (Via Battisti 18; ⏲Di–So) Das kurz vor dem Ersten Weltkrieg eröffnete Café ist mit merkwürdigen Maskenzeichnungen, schokoladenfarbigen Wänden und zahlreichen Marmortischen ausgestattet.

frisch und innovativ. Die Fisch-Degustazione – u. a. *fritto misto* (gebratener Fisch) und eine Sache, die Tintenfischtinte enthält – klingt vielleicht etwas abschreckend, ist aber einfach köstlich. Der absolut frische Fisch wird nach netto (pro 100 g) berechnet. Er wird am Tisch ausgewogen und filetiert.

Buffet da Siora Rosa BÜFETT €€
(☎040 30 14 60; Piazza Hortis 3; Gerichte 25–28 €; ⏲Mo–Fr) Das Büfett gab es schon vor dem Zweiten Weltkrieg. Gegründet wurde es von Rosa Caltaruzza, deren Porträt an der Wand hängt. Das familiengeführte Siora Rosa ist bis heute eines der traditionsreichsten Büfetts in Triest. Hier können sich die Gäste Würstchen, Sauerkraut und andere deutsche oder ungarische Spezialitäten schmecken lassen. Es gibt auch Ravioli und Klöße.

Buffet Da Pepi BÜFETT €
(Via Cassa di Risparmio 3; Gerichte 15–20 € ; ⏲Mo–Sa) Bei Da Pepi gibt es immer eine große Auswahl an warmen Fleischgerichten, kalten Platten und Bier und das bereits seit 1897. Der Schweinebraten wird mit hausgemachtem Sauerkraut serviert.

Buffet Rudy BÜFETT €
(Via Valdirivo 32; Gerichte 18–22 € ⏲Mo–Sa 10–24 Uhr) Hier gibt es Schweinsfüße, Nacken, Bauch, Zunge und Hoden warten auf einen Schlag Würzsoße aus den großen Keramikgefäßen, oder den geriebenen *kren*.

Pirona CAFÉS &PATISSERIEN €
(Largo Barriera Vecchia 12; ⏲Di–Sa) Die recht schmucke Patisserie mit Café gehörte einst zu den Lieblingscafés von Joyce. Besonders gut sind die *putizza* und *presnitz*, leckere Kuchen mit Nüssen, Gewürzen und einem Schuss Alkohol.

La Bomboniera CAFÉS & PATISSERIEN €
(Via XXX Ottobre 3 a; ⏲So Nachmittag & Mo geschlossen) Makronen nach Wiener Art, Sachertorte und die berühmten *fave dei morti*, wie dicke Bohnen geformtes Marzipan, gehören zu den empfehlenswerten Spezialitäten dieses Cafés.

Gelateria Zampolli GELATERIA €
(Via Carlo Ghega 10; ⏲Do–Di 9.30–24 Uhr) Hier gibt es das beste Eis der Stadt. Köstlich sind auch die Sachertorte sowie die zahlreichen Mousse-Sorten.

Ausgehen

Cafés, Bars and Büfetts gibt es in Triest zuhauf ebenso wie die verschiedensten *aperitivos*. Jung und Alt lieben es, abends auszugehen. Der Abend beginnt in der Regel mit ein paar Drinks und erstreckt sich mit Hilfe der herzhaften Büfett-Snacks oft bis weit in die Nacht hinein. Die Bars in der Via San Nicolo sind in ihrem Angebot eher auf Berufstätige ausgerichtet, während die Bars in der Altstadt eher Künstler und solche, die sich dafür halten, anziehen. Im Sommer herrscht in den Lokalitäten an der Viale Miramare ein ständiges Kommen und Gehen.

Chocolat CAFÉ
(Via Cavana 15 b; ⌚Di–Sa) In diesem Café mit Schokoladenladen ist alles selbst gemacht, auch die heiße Schokolade, die hinter der Theke in einem großen Topf vor sich hinköchelt, und im Sommer das hervorragende Eis. Gäste, die an dem großen Tisch auf dem Platz sitzen, zahlen keinen Aufschlag.

Osteria da Marino WEINBAR
(Via della Ponte 5; ⌚ Mo–Fr ab 12.30, Sa & So ab 18 Uhr) Das Personal in der mit Weinflaschen und Fässern gefüllten Osteria kennt seine Weinsorten gut. Wer es nicht bis ins Carso schafft, kann verschiedene Weinsorten hier verkosten (das Angebot an Vitovska-Weinen ist breit gefächert). Zu den kleinen Frikadellen oder den Toasts mit Tomaten und Pecorino (Schafskäse) passt ein Franciacorte Perlwein oder ein Rotwein aus der Toskana.

Grip Wunderbar BAR
(Via San Giusto 22; ⌚ Mi–Do 19–2, Fr & Sa 19–3 Uhr) Bier vom Fass und Vinyl! Die Eckbar unterhalb des Castello di San Giusto bietet einen völlig anderen Eindruck von Triest.

Buffet Al Spaceto BÜFETT
(Via Belpoggio 3 a; Snacks 1,80–3 €; ⌚Mo–Fr 8–20.30, Sa 8–14 Uhr) Hier treffen sich die Einheimischen auf ein Glas Wein und Snacks vom Tresen.

☆ Unterhaltung

Teatro Verdi OPER
(☎040 672 21 11; www.teatroverdi-trieste.com; Riva III Novembre 1) Die Triester Oper ist eine Mischung aus Mailänder Scala und dem La Fenice-Opernhaus in Venedig. Dies ist den beiden miteinander im Streit liegenden Architekten zu verdanken. Die Aufführungen sind absolut sehenswert. Die Triester sind begeisterte Opernanhänger und ein großartiges Publikum.

Etnoblog LIVEMUSIK
(www.etnoblog.org; Riva Traiana 1) In dem ehemaligen Lagerhaus am Hafen spielen Nachwuchsbands, manchmal auch aus dem Ausland. Auch die DJs sind nicht zu verachten. Das Programm steht auf der Website.

Ausflüge

Das örtliche Verkehrsamt organisiert zweistündige **Wanderungen** (⌚April–Okt. tgl. 10.30 Uhr, Nov.–März Sa 10.30 Uhr; 5 €/mit FVG-Karte kostenlos; Vorausbuchungen zu empfehlen) durch die Stadt, je nach Jahreszeit thematisch ausgerichtet.

KAFFEE NACH TRIESTER ART

Triest hat seine eigenen, oft ziemlich verwirrenden Bezeichnungen. Ein Espresso heißt hier *un nero*, wer einen Cappuccino möchte, bestellt einen *caffe latte*. Der Macchiatto heißt hier *capo* – Cappuccino – und wer ihn im Glas trinken möchte, fragt nach *un b* – das „b" steht stellvertretend für *bicchiere*, ein Glas.

Praktische Informationen

Krankenhaus (☎040 399 11 11; Piazza dell'Ospedale 2)

Polizei (☎040 379 01 11; Via Tor Bandena 6)

Touristeninformation (☎040 347 83 12; Via dell'Orologio 1; ⌚Mo–Sa 9.30–19, So 9–13 Uhr)

An- & Weiterreise

Bus

Inlands- und Fernreisebusse fahren vom **Busbahnhof** (☎040 42 50 20; Via Fabio Severo 24) ab. Es besteht ein Linienverkehr nach Udine (5,70 €, 1¼ Std., mind. stündl.) und zu diversen Reisezielen in Slowenien und Kroatien, z. B. nach Ljubljana (10 €, 2¾ Std., Mo–Sa 1-mal tgl.), Zagreb (15 €, 5 Std., Mo–Sa 1-mal tgl.) und Dubrovnik (61,50 €, 15 Std., 1-mal tgl.). **Florentia Bus** (☎040 42 50 20; www.florentiabus.it) fährt nach Belgrad (55 €, 10 Std., 2-mal pro Woche) und nach Sofia (54 €, 16½ Std., tgl.).

Flugzeug

Der Flughafen **Friuli Venezia Giulia** (www.aeroporto.fvg.it; Via Aquileia 46), alias Ronchi dei Legionari oder Triester Flughafen, liegt 33 km nordwestlich von Triest bei Monfalcone. Direktflüge gibt es täglich von und nach Rom, London, München und Frankfurt. Es werden auch Flüge von/nach Belgrad und Tirana angeboten, allerdings nicht so häufig. Der Flughafen Marco Polo in Venedig ist in rund zwei Stunden zu erreichen.

Schiff

Fähren legen an der **Stazione Marittima** (Fährhafen; Molo dei Bersaglieri 3) in der Stadt an. **Agemar** (☎040 36 37 37; Nuova Stazione Marittima – Molo IV) verkauft Fahrkarten für die Autofähre, die zweimal wöchentlich nach/von Durres in Albanien verkehrt (einfache Fahrt mit Platz an Deck NS/HS 65/80 €).

Von Mitte Juni bis Ende September besteht ein Motorboot-Service von/nach Grado, Lignano und Destinationen entlang der istrischen Küste in Slowenien und der dalmatinischen in Kroatien.

Die Touristeninformation gibt Auskünfte über die z. Zt. verkehrenden Schiffe.

Zug

Vom **Hauptbahnhof** (Piazza della Libertà 8) verkehren Züge nach Gorizia (3,90 €, 50 Min., stündl.), Udine (7,25 €, 1–1½ Std., mind. stündl.), Venedig (9,40–14,85 €, 2 Std., mind. stündl.) und Rom (85,70 €, 6½ bis 7½ Std.; meist mit Umsteigen in Mestre vor Venedig).

Unterwegs vor Ort

Bus

Die Buslinie 30 fährt vom Bahnhof zur Via Roma und zum Hafen, die Linie 24 verkehrt vom Bahnhof zum Castello di San Giusto; der Bus 36 vom Busbahnhof in Triest nach Miramare. Eine Fahrkarte (gültig für 1 Std.) kostet 1,10 €, eine Tageskarte 3,60 €.

In der Zeit von 4.30 bis 22.35 Uhr fährt alle halbe Stunde der Bus 51 vom **Busbahnhof** Triest zum Flughafen (5 €, 1 Std.). Die Busse werden von der in Gorizia ansässigen **APT** (Azienda Provinciale Trasporti Gorizia; ☎800 955957; www.aptgorizia.it, auf Italienisch) betrieben.

Schiff

Das ganze Jahr über fahren Shuttle-Boote der **Trieste Trasporti** (☎800 016675; www.triestetrasporti.it, auf Italienisch) von der **Stazione Marittima** nach Muggia (einfache Fahrt/Rückfahrt 3,50/6,50 €, 30 Min., 6–10-mal tgl.). Die Touristeninformation gibt nähere Auskünfte.

Taxi

☎040 30 77 30; www.radiotaxitrieste.it; 3 € Verbindungsgebühr, zwischen 22 und 6 Uhr ist ein Aufpreis von 2 € fällig.

Rund um Triest

MUGGIA

13 410 EW.

Das Fischerdörfchen Muggia, 5 km südlich von Triest, ist die einzige italienische Siedlung auf der historischen istrischen Halbinsel. Die Grenze zu Slowenien liegt nur 4 km südlich von hier, nach Kroatien, das den Hauptteil der Insel einnimmt, ist es etwas weiter. Mit seinem Kastell aus dem 14. Jh., von dem nur noch einige Mauern erhalten sind, hat Muggia eine venezianisch geprägte Atmosphäre. Von den Hügeln bieten sich fantastische Ausblicke bis nach Triest.

Im **Pane, Vine e San Daniele** (Piazza Marconi 5; ⏲Mo–Sa 8–14 & 20–2 Uhr) am Hauptplatz hinter dem Hafen treffen sich die Einheimischen auf einen Krug Wein und Platten mit Wild- und Wildschweinsalami. Am Hafen gibt es einige Fischrestaurants. Zwischen Muggia und Triest verkehren Schiffe.

IL CARSO

Die Liste der Triester Kuriositäten wird noch durch Il Carso (deutsch: Karst, slowenisch: Kras) ergänzt, dessen Hinterland von Slowenien und dem Adriatischen Meer eingezwängt wird. Es handelt sich um ein windumtostes kalkartiges Plateau, das von zahlreichen Höhlen und Kratern durchzogen ist. Die wilde Landschaft war lange Zeit Gegenstand von Mythen und Legenden. Der Name bezieht sich auf die Topografie der Landschaft: löslicher Kalkstein oder Dolomitgestein, auch Karst genannt. Il Carso ist in jeder Jahreszeit einen Besuch wert. Besonders schön ist es hier jedoch im Frühling, wenn die graugrünen Berge von einer Blütenpracht überzogen sind, oder im Herbst, wenn die Weinberge und *ruje* – Perückenbäume – sich dunkelrot verfärben und die Dorfbewohner ihre Waren in den *osmize* (Straßenbuden) zum Verkauf anbieten.

Sehenswertes

Grotta Gigante — HÖHLE

(☎040 32 73 12; www.grottagigante.it; Erw./erm./Kind 11/9/8 €; ⏲50-minütige Führungen im Sommer tgl. im 30-Minuten-Rhythmus 10–18 Uhr, April & Sept. Di–Sa 10–18 Uhr, Okt.–März stündl. 10–16 Uhr) Die Höhle in der Nähe von Villa Opicina liegt 5 km nordöstlich von Triest. Mit einer Höhe von 120 m, einer Länge von 280 m und einer Breite von 65 m gehört sie zu den größten und spektakulärsten begehbaren Höhlen der Welt. Von Triest aus fahren die Trambahnlinie 2 sowie der Bus Nr. 42 hierher.

GRATIS Casa Carsica — MUSEUM

(☎040 32 71 24; Rupingrande 31; ⏲April–Nov. So 10–11.30 & 15–19 Uhr) Das in Rupingrande gelegene Heimatmuseum zeigt Gegenstände aus dem ehemaligen slowenisch sprachigen Karst. In einer Festung aus dem 16. Jh. in Monrupino findet alle zwei Jahre Ende August das bekannte viertägige Folkfestival, Nozze Carsiche (*Kraška ohcet;* Karstische Hochzeit) statt.

Castello di Duino — SCHLOSS

(☎040 20 81 20; www.castellodiduino.it; Erw./erm. 7/5 €; ⏲April–Sept. Mi–Mo 9.30–17.30 Uhr, März & Okt./Nov. gelten andere Öffnungszeiten) Die Bastion aus dem 14. und 15. Jh. 14 km nordwestlich von Miramare thront auf einem Felsen und wird von Gartenanlagen umgeben. Von

ABSTECHER

CASTELLO DI MIRAMARE

Das 7 km von der Stadt auf einem Felsen gelegene neugotische **Castello di Miramare** (☎040 22 41 43; www.castello-miramare.it; Erw./erm. 6/4 €; ⊙9–18.30 Uhr) war einst Domizil des vom Pech verfolgten Erzherzogs Maximilian von Österreich.

Maximilian kam in den 1850er-Jahren als Oberbefehlshaber der österreichischen Marine nach Triest. Er war ein ehrgeiziger junger Aristokrat, der für seine liberalen Ansichten bekannt war. Als er zufällig auf Miramare stieß, beschloss er, sich hier niederzulassen. 1864, während die Bauarbeiten an seinem Haus noch in Gang waren, wurde Maximilian zum Kaiser von Mexiko ernannt, ein folgenschwerer Entschluss, der zum Scheitern verurteilt war. Als Benito Juárez 1867 die republikanische Herrschaft in Mexiko wiederherstellte, wurde Maximilian erschossen. Seine Frau, Prinzessin Charlotte von Belgien, war vor Schmerz wie betäubt und verbrachte den Rest ihres Lebens in der festen Überzeugung, dass Maximilian noch am Leben sei. Sie kehrte nur für kurze Zeit nach Miramare zurück.

Das Haus ist weitgehend so erhalten geblieben, wie Maximilian und Charlotte es damals verlassen haben. Es ist ein Zeichen von Maximilians Fernweh, gepaart mit den Obsessionen der Kaiserzeit. Ein Schlafzimmer wurde einer Fregattenkabine nachgebaut. Im Kastell befinden sich reich verzierte orientalische Salons und ein ganz in Rot ausgestatteter Thronsaal.

Ebenfalls gut erhalten ist die Zimmerflucht im 1. Stockwerk, die der anglophile Militärheld, Herzog von Aosta, in den 1930er-Jahren bewohnte. Die Räume sind im italienischen rationalistischen Stil ausgestattet. Amadeo war in ähnlicher Weise vom Unglück verfolgt wie Maximilian: 1937 wurde er zum Vizekönig von Äthiopien ernannt und starb fünf Jahre später in einem britischen Kriegsgefangenenlager in Kenia.

Maximilian war begeisterter Biologe. Das Schloss liegt inmitten eines 22 ha großen **Parks** (⊙April–Sept. 8–19 Uhr, restliches Jahr kürzere Öffnungszeiten) mit einer bunten Farbenpracht und dem Duft seltener, exotischer Bäume.

1911 anhielt sich der Dichter Rainer Maria Rilke im Winter hier auf. Die melancholische Atmosphäre kommt in seinen Duineser Elegien hervorragend zum Ausdruck. Von der Piazza Oberdan in Triest fährt die Buslinie 41 zum Schloss.

Gorizia

35 980 EW. / 86 M

Wer das heutige, moderne Gorizia besucht, macht sich keine Vorstellung von der komplizierten Geschichte des Landes. Die oft umkämpfte Grenzstadt war einst Schauplatz bitterer Gefechte im Ersten Weltkrieg. Bis vor kurzem war die Stadt ein wichtiger Grenzübergang am Eisernen Vorhang. Der Ursprung des Namens ist slowenisch. Vor dem Ersten Weltkrieg war es nicht ungewöhnlich, auf dem Marktplatz verschiedene Sprachen zu hören – deutsch, slowenisch, friaulisch, italienisch und venezianisch.

Gorizias Charme ist auf seine aristokratische Atmosphäre zurückzuführen, die einzigartige friaulisch-slowenische Küche und den einfachen Zugang zur umliegenden Gegend, die für ihre Winzer und Landrestaurants bekannt ist.

Sehenswertes

Borgo Castello MUSEUM

(☎0481 53 51 46; Borgo Castello 36; Erw./Kind 3 €/frei, Eintrittspreise für Ausstellungen 4–9 €/frei; ⊙April–Okt. Di–So 9.30–13 & 15–19.30 Uhr, Nov.–März Di–So 9.30–18 Uhr) Gorizias Hauptsehenswürdigkeit ist sein Castello (Kastell), das auf einem kleinen Hügel thront. Es wurde teilweise wieder aufgebaut. Der Saal besitzt eine elegante Holzvertäfelung. Direkt unterhalb der Festung befinden sich zwei Museen. Im **Museo della Grande Guerra** (☎0481 53 39 26; Borgo Castello 13–15; Erw./Kind 3,50 € /frei; ⊙Di–So 9–19 Uhr) erfahren die Besucher alles über die blutigen Stellungsgefechte im Ersten Weltkrieg an der italienisch-österreichischen Front. Zu sehen ist dort sogar ein maßstabgetreu nachgebauter Schützengraben. Das **Museo della Moda e delle Arti Applicate** (☎0481 53 39 26; Borgo Castello 13–15; es gilt das Eintrittsticket für das Museo della Grande Guerra; ⊙Di–So 9–19 Uhr) zeigt eine Sammlung von Mode und kunstgewerblichen Artikeln aus dem 19. und 20. Jh.

Piazza Transalpina HISTORISCHE STÄTTE
Der Platz ist ein Relikt aus dem Kalten Krieg. Die slowenische Grenze – seit Dezember 2007 eine reine Formalität – verlief früher durch Gorizia. Da Schengen jetzt den Eisernen Vorhang ersetzt, sind verfallene Zäune, Grenzposten und Wachtürme die einzigen Sehenswürdigkeiten hier.

Palazzo Coronini Cronberg PALAZZO
(☎0481 53 34 85; www.coronini.it; Viale XX Settembre 14; Erw./erm. 5/3 €; ⊙Di–So 10–13 & 14–19 Uhr) Die Residenz aus dem 16. Jh. ist mit Antiquitäten vollgestellt und wird von einer üppigen Gartenanlage umgeben, die kostenlos besichtigt werden.

Chiesa di Sant'Ignazio KIRCHE
(Piazza della Vittoria; ⊙8–12 & 15–19 Uhr) Die Barockkirche wurde zwischen 1654 und 1724 erbaut. Mit ihren beiden Zwiebeltürmen überragt sie das Stadtzentrum.

Schlafen & Essen

Auf dem Corso Italia und der Via Terza Armata gibt es zahlreiche Cafés und Bars. Jede Menge Restaurants findet man in den Altstadtstraßen unterhalb des Kastells und um die **Markthalle** (Via Verdi 30) herum.

LP TIPP **Palazzo Lantieri** B&B €€
(☎0481 53 32 84; www.palazzo-lantieri.com; Piazza Sant'Antonio 6; EZ/DZ 80/140 €, Apt. 200–220 €; P) Der Palast hat im Haupthaus helle, geräumige Zimmer mit Antiquitäten. In den ehemaligen Wirtschaftsgebäuden befinden sich die Selbstversorger-Apartments. Alle bieten einen Ausblick auf den schönen Garten. Goethe, Kant und Kaiserin Maria Theresia waren hier zu Gast. Die Familie Lantieri hingegen lebt im Hier und Heute. Zu den zeitgenössischen Kunstobjekten gehören ein Deckengemälde von Michelangelo Pistoletto und ein Objekt von Jannis Kounellis im Dachgeschoss. Nicht-Gäste können an einer Führung teilnehmen.

Grand Hotel Entourage HOTEL €€€
(☎0481 55 02 35; www.entouragegorizia.com; Piazza Sant'Antonio 2; EZ/DZ 105/200 €; P@) Das kultivierte, traditionelle Hotel hat gelb gestrichene Wände, Biedermeier-Möbel und Eichenfußböden. Das zum Hotel gehörende **Avenanti** (Abendessen Di–Sa, Mittagessen So) hat einen Michelin-Stern. Es ist das beste Restaurant der Stadt.

Flumen B&B B&B €
(☎0481 39 18 77; www.bbflumen.it; Via Brigata Cuneo 20; EZ 35–50 €, DZ 60–95 €; P) Das einfache, aber gemütliche friaulische Haus direkt am Fluss hat drei hübsche, geräumige Zimmer mit modernen Bädern. Es liegt etwas abseits des Zentrums und bietet Autofahrern eine gute Übernachtungsmöglichkeit.

Majda GORIZISCH €€
(☎0481 3 08 71; Via Duca D'Aosta 71; Gerichte 20–30 € ; ⊙Mo–Sa) Das Hotel hat eine Bar im Innenhof, freundliches Personal und eine geschmackvolle Einrichtung. Im Majda gibt es einheimische Spezialitäten wie Ravioli mit Roter Bete und einheimischen Kräutern oder auf slowenische Art mit Kartoffeln, Wildschwein auf Polenta und interessante Beilagen wie gedünsteter Löwenzahn.

Pasticeria Centrale GEBÄCK & KUCHEN
(Via Garibaldi 4 a; ⊙Mo–So 7.30–19.30 Uhr) Ein Besuch in Gorizia wäre nicht vollkommen, ohne das einheimische Gebäck *gubana* probiert zu haben, eine dicke Mürbeteig-Schnecke mit Nüssen, Sultaninen und Gewürzen.

Praktische Informationen

Touristeninformation (☎0481 53 57 64; Corso Italia 9; ⊙9.30–18.30 Uhr)

An- & Weiterreise

Vom **Hauptbahnhof** (Piazzale Martiri Libertà d'Italia) 2 km südwestlich des Stadtzentrums fahren regelmäßig Züge von/nach Udine (3,30 €, 25–40 Min., mind. stündl.) und Triest (3,90 €, 50 Min., stündl.). **APT-Busse** (☎800 955957; www.aptgorizia.it, auf Italienisch) verkehren vom Hauptbahnhof zum **Busbahnhof Nova Gorica** (1 €, 25 Min.).

Palmanova

5340 EW.

Palmanova, das die Form eines neunzackigen Sterns aufweist (was man natürlich nur aus der Luft beurteilen kann), ist eine Stadt mit einer mächtigen Festungsanlage. Sie wurde im Jahre 1593 von den Venezianern erbaut. Diese städtischen Monolithen, die einst in Europa gang und gäbe waren, wurden „Sternenfestung" oder *trace italienne* „italienischer Umriss" genannt. Die Verteidigungsanlagen Palmanovas waren so unbezwingbar, dass Napoleon sie Ende des 17. Jhs. benutzte und sogar noch erweitern ließ. Das Gleiche taten die Österreicher im Ersten Weltkrieg. Bis zum heutigen

ABSTECHER

BAUERNESSEN

Das friaulische Essen ist sehr rustikal und scharf gewürzt. Es wird alles gegessen, was das Land hergibt. Noch immer kommen bei der Zubereitung die traditionellen *miseria*-(Armuts)-Techniken zum Einsatz, auch wenn das Essen heutzutage sehr hochwertig ist.

La Frasca (☎0432 67 51 50; Viale Grado, Lauzacco, Pavia di Udine; Gerichte 24–40 €; ⏱Mi geschl.) In einer *frasca*, vergleichbar mit einer *osmize*, gibt es *salumi* (gepökeltes Fleisch), Prosciutto und Wein. Das elegante Restaurant, das zum Weingut Scarbolo gehört, serviert hausgemachtes Pökelfleisch und selbstverständlich einen hervorragenden Wein.

La Subida (☎0481 6 05 31; www.lasubida.it; Località Monte, Cormons; Gerichte 30-50 €; ⏱❄ Sa & So. Mittag- & Abendessen, Mo, Do, Fr Abendessen) Berühmter, familiengeführter Gasthof mit grenzübergreifenden Gerichten, wie z. B. Kaninchen, Wildschwein und als Beilagen Blüten und Beeren.

Terre e Vini (☎0481 6 00 28; www.terraevini.it; Gerichte 28–55 €; Via XXIV Maggio, Brazzano di Cormons; ⏱Di–Sa Abendessen, Di–So Mittagessen) Das Weingut der Familie Felluga gehört zu den bekanntesten in Friaul (Die Weine sind oft die ersten Friauler, die Nichtitaliener entdecken). Die Osteria aus dem 19. Jh. bietet einen hübschen Blick über die Weingärten. Donnerstags gibt es Kutteln, freitags Klippfisch und in der Saison auch Spargel aus Gorizia, Gänseeintopf oder Kräuter-Frittata.

Tage hat die italienische Armee hier eine Garnison stationiert.

Das Zentrum der sternförmigen Anlage bildet die Piazza Grande. Von ihr zweigen strahlenförmig sechs Straßen ab, die quer durch die Altstadt bis zum Mauerring führen. Ein Weg verbindet die Verteidigungsanlagen mit den drei *porte* (Haupttore) Udine, Cividale und Aquileia. Mehr über die Waffenschmiede der venezianischen und napoleonischen Epoche erfahren die Besucher im **Civico Museo Storico** (☎0432 92 91 06; Borgo Udine 4; Erw./erm. 3/2 €; ⏱Do–Di 9.30–12.30 Uhr), das im **Palazzo Trevisan** im Stadtviertel Borgo Udine untergebracht ist. Das Museum ist zugleich **Touristeninformation** (☎0432 92 48 15) und vermittelt Führungen durch die Geheimgänge, die sich unter der Stadtmauer befinden.

Das **Museo Storico Militare** (☎0432 92 35 35; Borgo Cividale Dongione di Porta Cividale; Eintritt frei; ⏱Mo–SDo 9–12 & 14–18, Fr & Sa 9–12 Uhr) befindet sich in der Porta Cividale. Dort erhalten die militärgeschichtlich interessierten Besucher Informationen über die Truppenstationierung in Palmanova von 1593 bis zum Zweiten Weltkrieg.

Auf der **Piazza Grande** gibt es jede Menge Cafés. Im **Le Zagare** (Borgo Udine 21; ⏱Mo–Sa) werden Tafelweine, leckere *stuzzichini* (Snacks) und Salate serviert. Nach dem Essen gibt es friaulische Musik.

Zwischen Palmanova und Udine (2,20€, 25–30 Min.) sowie Aquileia (2,20 €, 30–40 Min.) verkehren regelmäßig Busse. Die Bushaltestelle befindet sich in der Via Rota innerhalb des Mauerrings.

Aquileia

3519 EW.

Aquileia, 181 v. Chr. gegründet, war einst eine der größten und reichsten Städte des Römischen Reiches und zählte zu ihrer Blütezeit 100 000 Einwohner. Nachdem die Stadt von den Hunnen unter Attila 452 in Schutt und Asche gelegt worden war, flohen ihre Einwohner nach Süden und Westen und gründeten Grado und Venedig. Im frühen Mittelalter entstand an dieser Stelle eine kleinere Stadt und es wurde die heutige Basilika erbaut. Hier entstand die größte christliche Diözese in Europa. 1998 wurde die Stadt auf die Liste des Unesco-Weltkulturerbes gesetzt, denn diese Gegend birgt noch immer eine der am besten erhaltenen und noch nicht freigelegten römischen Fundstätten Europas.

Sehenswertes

Basilica KIRCHE

(Piazza Capitolo; ⏱Mo–Sa 9–18, So 10–11.15 Uhr) Der gesamte Fußboden der kreuzförmigen Basilika, die nach einem Erdbeben im Jahre 1348 wieder aufgebaut wurde, ist von einem der größten und spektakulärsten Mosaike aus der römischen Ära bedeckt. Der 760 m² große Boden, der noch vom Vorgängerbau aus dem 4. Jh. stammt, ist von begehbaren Glasplatten geschützt. Neben biblischen Szenen wie Jonas, der vom Walfisch verschlungen wird, oder dem Gleichnis vom guten Hirten finden sich diverse Meereslebewesen sowie Porträts, die vermutlich wohlhabende römische Förderer und ihre Geschäftsinteressen zeigen.

Bemerkenswert sind auch die Kunstschätze der beiden **Krypten** (Erw./erm. 3/2,50 € der Basilika. In der **Cripta degli Affreschi** (Fresken-Krypta) aus dem 9. Jh. sind auf verblassten Fresken aus dem 12. Jh. verschiedene Heiligenmartyrien dargestellt. Die **Cripta degli Scavi** (Ausgrabungskrypta) enthält weitere, unterschiedlich gut erhaltene Mosaikböden. Einige Mosaike wurden zerstört oder stark beschädigt, als man 1030 den 73 m hohen **Glockenturm** (Erw. 1,20 €; ⏲9.30–13.30 & 15.30–18.30 Uhr) aus Steinen des römischen Amphitheaters baute.

Römische Ruinen RUINEN

Über das Gelände verstreut finden sich Reste der römischen Stadt wie etwa die weitläufigen Ruinen des **Porto Fluviale** (River Port; Via Sacra; ⏲8.30–1 Std. vor Sonnenuntergang). Der alte Binnenhafen verband einst die Siedlung mit dem Meer. Auch die teilweise rekonstruierten Häuser, Straßen und die freistehenden Säulen des alten **Forum** auf der Via Giulia Augusta können kostenlos besichtigt werden.

Führungen werden von der **Touristeninformation** (☎0431 91 94 91; ⏲9–13 & 14–18 Uhr, im Sommer 9–19 Uhr) organisiert. Man kann die Ruinen auch auf eigene Faust erkunden.

Museo Archeologico Nazionale MUSEUM

(☎0431 910 16; Via Roma 1; Erw./erm.4/2 €; ⏲Di–So 8.30–19.30 Uhr) Das Museum beherbergt eine der bedeutendsten Sammlungen Norditaliens: vor Ort gefundene Statuen, Keramik, Glaswaren und Schmuck.

GRATIS **Museo Paleocristiano** MUSEUM

(☎0431 9 11 31; Piazza Pirano; ⏲Di–So 8.30–13.45 Uhr) In diesem Museum, das zum Museo Archeologico Nazionale gehört, sind frühchristliche Mosaikböden und Grabsteine aus der Umgebung zu sehen.

Schlafen & Essen

Ostello Domus Augusta HOSTEL €

(☎0431 9 10 24; www.ostelloaquileia.it; Via Roma 25; 20 € pro Pers.; P) Das makellose Hostel bietet Schlafplätze in Mehrbettzimmern für zwei bis sechs Personen. Die Badezimmer sind auf dem Flur. Die Mitarbeiter stellen auch Karten und Fahrpläne zur Verfügung.

Hotel Restaurant Patriarchi HOTEL €

(☎0431 91 95 95; www.hotelpatriarchi.it; Via Giulia Augusta 12; EZ 44 €, DZ 88 €; P❄) Das große Hotel mit renommiertem Restaurant und Bar liegt an der Hauptstraße in unmittelbarer Nähe der Hauptsehenswürdigkeiten. Die rustikal eingerichteten Zimmer sind geräumig, einige mit Ausblick auf die Basilika.

Taberna Marciani Aquileia WEINBAR

(www.tabernamarciani.com; Via Roma 10; ⏲tgl.) Die bärtigen und etwas ungepflegt aussehenden Barkeeper in dieser Weinbar mit Themen aus dem 2. Jh. n. Chr. sehen aus wie Mitglieder einer Rockgruppe auf Ausgrabungsmission. Die Bar ist sehr beliebt, denn es gibt hier Riesenportionen einheimischer Fleischgerichte, verschiedene Käsesorten (3–4 €) sowie hervorragenden Wein, ganz zu schweigen von den langen Öffnungszeiten.

Grado

8614 EW.

Ein weiteres friaulisches Highlight ist der geschmackvolle Badeort Grado 14 km südlich von Aquileia. Er liegt auf einer schmalen Insel in einer Lagune, von einem Damm mit dem Festland verbunden. Hinter den eher unspektakulären Stränden befindet sich ein Gewirr aus verwinkelten *calli* (Gassen), die den mittelalterlichen Stadtkern durchziehen. Blickfang ist die romanische **Basilica di Sant'Eufemia** (Campo dei Parriarchi). Ganz in der Nähe sind die Fragmente eines **Kirchenmosaiks** (Piazza Biagio Marin) aus dem 4. bis 5. Jh. zu bewundern. An der heiteren Strandpromenade reihen sich Jugendstilvillen, Strandbuden und Thermalbäder aneinander (Der graue Sand wird für Behandlungen benutzt). Von Mai bis September wird in Grado eine Menge geboten. Der Ort eignet sich hervorragend für *passeggiata* (Spaziergänge) am Abend bei schönem Wetter.

Auf den Inselchen rund um Grado stehen überall kleine *casoni* (Reethütten), die von den Fischern genutzt werden. Im Sommer können sie im Rahmen einer Bootsfahrt besichtigt werden. Viele der Inseln stehen unter Naturschutz und sind für Besucher nicht zugänglich. Einzelheiten gibt es bei der **Touristeninformation** (☎0431 87 71 11; Viale Dante Alighieri 72; ⏲im Sommer 9–22 Uhr).

Jedes Jahr am ersten Sonntag im Juli zieht eine Schiffsprozession von Grado zum

Santuario di Barbana. Die Kirche aus dem 8. Jh. steht auf einer Insel in der Lagune. An dieser Tradition halten die Fischer von Grado seit 1237 fest. Damals schützte die Madonna von Barbana die Stadt vor der Pest. Von Grado aus verkehren Boote zur Insel. Die Agentur **Motoscafisti Gradesi** (☎0431 8 01 15; Riva Scaramuzza; ⏰tgl. April–Okt., Winter nur So.) gibt Auskünfte über Abfahrtszeiten und Preise.

Schlafen & Essen

In der Stadt gibt es eine große Auswahl an Hotels und Ferienwohnungen, im Sommer sind die Zimmer jedoch knapp. Die Altstadt ist für ihre lauten Weinbars, die lässigen *fritterias* und Fischrestaurants bekannt.

LP TIPP Albergo Alla Spiaggia HOTEL €€
(☎0431 8 48 41; www.albergoallaspiaggia.it; Via Mazzini 2; EZ 62–80 €, DZ 108/144 €; ⏰April–Okt.; P❄@) Der Sportgelände am Südstrand erinnert an Santa Monica. Dort steht ein Orginalgebäude aus der Vorkriegszeit, das in den 1960er-Jahren erweitert wurde. Der modernisierte Bau liegt in großartiger Lage zwischen Fußgängerzone, Altstadt und Strand.

Stralonga FISCHGERICHTE €
(Piazza Duca d'Aosta 55; Gerichte 15–18 €; ⏰Do–Di) In dieser Bude im Grado-Stil gibt es Pizza und Fischgerichte und dazu Polenta in Scheiben. Panierte Sardinen, Tintenfisch vom Grill und ausgezeichnete Pizzas können entweder drinnen oder draußen auf den Holzbänken verzehrt werden.

L'Osteria da Sandra WEINBAR
(Camp San Niceta 16; ⏰Di–So) Hübsche kleine Bar in der Altstadt, wo sich die Einheimischen abends auf eine Weinschorle treffen. Es gibt auch eine große Auswahl an gekühlten Weinsorten zum Mitnehmen.

An- & Weiterreise

Von Grado nach Udine verkehren Busse über Aquileia (3,55 €, 1¼ Std., 12-mal tgl.) SAF-Busse fahren regelmäßig von Aquileia nach Grado (1,60 €, 15 Min.), Palmanova (2,20, 30 Min., bis zu 8-mal tgl.) und Udine (3 €, 1¼ Std.). Es gibt auch Züge nach Venedig.

Rund um Grado

Riserva Naturale Regionale della Valle Cavanata NATURSCHUTZGEBIET
(☎0431 8 82 72; www.vallecavanata.it, auf Italienisch; ⏰April–Sept. Mo, Mi & Fr 9–12.30, Sa 14–18, So 10–18 Uhr, im Winter Di & Do. 9–12.30, So 10–16 Uhr) Das Naturschutzgebiet liegt im Ostteil der Lagune. In den 1920er-Jahren wurde hier Fischzucht betrieben. Heute ist es ein Paradies für über 230 verschiedene Vogelarten, u. a. Graugänse und viele Stelzvögel.

Riserva Naturale Regionale Foce dell'Isonzo NATURSCHUTZGEBIET
(☎0432 99 81 33; www.riservanaturalefoceisonzo.it; Isola della Cona; Erw./Kind 2/1 €; ⏰Fr–Mi 9–17 Uhr) Weiter östlich fließt der Isonzo auf den letzten 15 km, bevor er in die Adria mündet, durch die Riserva Naturale Regionale Foce dell'Isonzo. In dem 2350 ha großen Naturschutzgebiet können die Besucher Vögel beobachten, reiten, Rad fahren oder durch Salzsümpfe und den Schlick stapfen.

Laguna di Marano

Eingebettet zwischen den Strandorten Grado und Lignano liegt die Laguna di Marano mit ihrer üppigen Vogelwelt.

Marano Lagunare, ein ehemaliger römischer Fischerhafen, der später durch eine Festung geschützt wurde, ist die einzige Siedlung am Ufer der Lagune. Wer Ruhe und Frieden sucht, findet sie jenseits der lauten Docks in zwei Naturschutzgebieten. Die 1377 ha große **Riserva Naturale della Foci dello Stella** liegt im Sumpfgebiet an der Stella-Mündung und ist mit dem Boot erreichbar. Die 121 ha große **Riserva Naturale della Valle Canal Novo** liegt in einem Tal, in dem früher Fischer lebten. Die beiden Parks teilen sich das **Besucherzentrum** (☎0431 6 75 51; Via delle Valli 2; Parkeintritt Erw./erm. 3,50 €/2,50 €; ⏰Di–So 9–17 Uhr), das sich in einer traditionellen Reethütte einquartiert hat.

Lignano

Das moderne Lignano gehört zu den besten Urlaubsorten Norditaliens. **Lignano Pineta** und **Lignano Riviera** haben wunderbare Sandstrände, dahinter liegen dunkle Pinienwälder, während der bunte und niemals langweilige Badeort **Lignano Sabbiadoro** mit Themenparks und mehrstöckigen Parkhäusern aufwartet.

Zusätzlich zu den über 100 Hotels gibt es drei Campingplätze, darunter **Pino Mare** (☎0431 42 44 24; www.campingpinomare.it; Lungomare Riva 15; Camping für 2 Pers., Auto & Zelt 60 €), ein schattiges Dörfchen an der Mün-

NICHT VERSÄUMEN

WEINLÄDEN, DIE WIE PILZE AUS DEM BODEN SCHIESSEN

Die *Osmize* genannten Heurigen sind einige Hundert Jahre älter als die angesagten Weinläden, die überall aus dem Boden gestampft werden. Laut einem österreichischen Gesetz aus dem 18. Jh. waren die Landwirte des Karst berechtigt, einmal im Jahr ihre überschüssigen Wein- und Getreideernten zu verkaufen. (Der Ausdruck *osmiza* kommt von dem slowenischen Ausdruck für acht, die Anzahl der Tage, die die ursprüngliche Lizenz gültig war.) Heutzutage ist der *osmiza* hauptsächlich auf den Weingütern erhältlich, wo auch Bauernkäse und Sülze verkauft werden. Obwohl der Karst für seine mutigen, innovativen Winzer bekannt ist, üben die Osmize-Traditionen immer noch einen großen Einfluss aus. Adressen von *osmiza* gibt es kaum. Am besten man hält an der Straße nach den roten Pfeilen Ausschau. An Toren oder Fenstern sind Schilder mit einer *frasca* angebracht, einem belaubten Ast, der von oben nach unten hängt. Dies bedeutet, dass die *osmiza* geöffnet ist. Man sollte sich keineswegs die Verkostung der einheimischen Weine entgehen lassen, wie z. B. die oft trüben und manchmal kräftigen Weißweinsorten Vitovska und Terrano oder den Teran, einen nach Beeren duftenden Rotwein. **Zidarich Weine** (☎040 20 12 23; www.zidarich.it; Prepotto 23, Duino Aurisina) gibt seine Öffnungszeiten (normalerweise im November und April) auf der Website bekannt. Ein Besuch im Weinkeller kann zu anderen Zeiten organisiert werden.

dung des Tagliamento. Wesentlich luxuriöser ist das **Hotel Greif** (☎0431 42 22 61; www.greifhotel.it; Arco del Grecale 25; DZ 160 €, Vollpension nur von Mai–Sept., DZ ab 300 €). Die Zimmer haben alle Holzfußböden, große Badezimmer, schöne Ausblicke und einen Fahrradverleih für Hotelgäste.

Die **Touristeninformation** (☎0431 42 21 69; Via dei Pini 53, Lignano Pineta; ⏲Mai–Sept.) ist bei der Suche nach Ferienwohnungen behilflich. Von Lignano Sabbiadoro fährt ein Bus nach Udine (5,10 €, 1 ½ Std., mehrmals tgl.).

Pordenone & Umgebung

PORDENONE

51 404 EW.

Pordenone ist nicht unbedingt ein Ort zum Urlaubmachen, aber wer ihn kennt, fühlt sich hier schnell wie zu Hause. Der verkehrsfreie Corso Vittorio Emanuele II macht zwischen der Piazza Cavour und dem duomo (Kathedrale) eine elegante Kurve und wird von einer fast durchgehenden Reihe von *portici* (Arkaden) gesäumt. Die historische Innenstadt brummt nur so von eleganten Geschäften und Cafés – Pordenone ist eine sehr junge und gesellige Stadt.

Die schlichte romanisch-gotische Fassade des **Duomo di San Marco** (Piazza San Marco; ⏲7.30–12 & 15–19 Uhr) verrät Spuren häufigen Wandels über viele Jahrhunderte hinweg. Der Innenraum der Kathedrale birgt Fresken und andere Kunstwerke, u. a. die *Madonna della misericordia* des Renaissance-Bildhauers Il Pordenone (1484–1539). Das weltliche Gegenstück zur Kathedrale bildet der **Palazzo del Comune** (Rathaus). Der Backsteinbau aus dem 13. Jh. hat drei gotische Bögen und einige Renaissance-Elemente. Gegenüber dem Palazzo del Comune liegt der mittelalterliche **Palazzo Ricchieri,** in dessen reich verzierten oberen Räumen sich das faszinierende **Museo d'Arte** (☎0434 39 23 11; Corso Vittorio Emanuele II 51; Erw./Kind 3/2 €; ⏲Di–Sa 15–19, So 10–13 & 15–19 Uhr) befindet. Die Sammlung zeigt Werke friaulischer und venezianischer Künstler aus dem 15. bis 18. Jh. Eine große Attraktion ist das Gebäude selbst mit seinen Holzkassettendecken und Freskenfragmenten aus dem 14. Jh.

Die auf der Straße stehenden Fässer der **Enoteca al Campanile** (Vicolo del Campanile; ⏲Mo–Sa.) laden zu einem Glas Wein ein. Unweit des Corso befindet sich **La Vecia Osteria del Moro** (☎0431 2 86 58; Via Castello 2; Gerichte 30–40 €; ⏲Mo–Sa), ein Wirtshaus mit Gewölbedecke. Hier werden Snacks, Grillteller und baccalá (Kabeljau) auf venezianische Art serviert.

Ausführliches Kartenmaterial gibt es bei der **Touristeninformation** (☎0434 52 03 81; Piazza XX Settembre 11; ⏲Mo–Fr 9–13 & 14.30–18.30, Sa 9–13 Uhr), gelegen auf dem Weg vom Hauptbahnhof.

Pordenone liegt an der Bahnstrecke Venedig-Udine. Regelmäßig verkehren Züge von/nach Udine (€ 3,80 €, 30– 40 Min.). Ab Venedig (Mestre) fahren Züge sogar im Halbstundenrhythmus (4,95 €, 1¼–1½ Std.).

Busse von **ATAP** (☎800 101040; www.atap.pn.it) fahren Städte in der näheren Umgebung an.

SACILE

20 302 EW.

Das sogenannte Giardino della Serenissima (Garten der Heiterkeit) wird von zwei Inseln gebildet, die im Fluss Livenza liegen. Das Ufer ist von Weiden gesäumt; die Stadt wird von zahlreichen Kanälen durchzogen. Sacile wurde in architektonischer Hinsicht von der Republik Venedig inspiriert, was an den typisch venezianischen Stadthäusern und Palästen erkennbar ist, die trotz diverser Erdbeben und Bombardierungen im Zweiten Weltkrieg bis heute die kleinen ruhigen Wasserläufe säumen. Von den zahlreichen Palästen ist der beeindruckende **Palazzo Ragazzoni-Flangini-Billia** mit seinen vielen Fresken einen Besuch wert.

Das freundliche **La Piola** (☎0434 78 18 93; www.lapiolasacile.it; Gerichte 25–30 €; Piazza del Popolo 9; ⌚Di–Sa Mittag- und Abendessen, So nur Mittagessen) hat große Fenster und eine Terrasse, die direkt an den Kanal grenzt. Die traditionellen Gerichte – darunter eine Menge Fisch à la Serenissima – sind immer frisch. Auch die Weinliste ist beeindruckend. Wer bei seinem Uferspaziergang plötzlich Lust auf Eis bekommt, sollte bei **Il Gelatone** (Viale Pietro Zancanaro 1; ⌚Di–So) vorbeischauen. Seit 1274 findet jedes Jahr im August das **Sagra dei Osei** (Vogelfest) statt, eines der ältesten Feste in Italien mit Ausstellungen, einem Markt und einem (Vogel-) Gesangswettbewerb.

Sacile liegt an der Hauptbahnstrecke zwischen Venedig (4,60, 1 Std.) und Udine (5,50 €, 45 Min.).

Udine

99 439 EW. / 114 M

Obwohl die reiche Provinzstadt in den 1950er-Jahren den ersten Rang an Triest abtreten musste, ist sie noch immer die geistige und kulinarische Hauptstadt Friauls. Mit ihren großen Vororten ist Udine nicht gerade eine schöne Stadt. Innerhalb des äußeren Stadtrings befindet sich jedoch ein großartiges mittelalterliches Zentrum, eine dramatische Mischung aus venezianischen Gewölben, griechischen Statuen und römischen Säulen.

Die Altstadt ist in tadellosem Zustand und aufgrund der vielen Bars sehr lebhaft, aber durchaus einen Besuch wert.

Sehenswertes

Piazza della Libertà PIAZZA

Die Piazza della Libertà, die als schönster venezianischer Platz auf dem Festland gilt, taucht plötzlich wie eine Offenbarung aus der Renaissance-Zeit aus dem Gewirr der vielen Straßen vor dem Besucher auf. Der mit zahlreichen Bögen versehene **Palazzo del Comune** (Rathaus), auch unter dem Namen Loggia del Lionello bekannt, wurde nach seinem Architekten, dem Goldschmied Nicolò Lionello, benannt. Das Rathaus ebenso wie die **Loggia di San Giovanni** gegenüber lässt den venezianischen Einfluss erkennen. Der Uhrenturm ist eine Miniaturausgabe des Campanile, der auf dem Markusplatz von Venedig steht. Durch Andrea Palladios **Arco Bollani** (Bollani-Bogen) aus dem Jahr 1556, gleich neben der Loggia di San Giovanni, führt der Weg hinauf zum Kastell der venezianischen Gouverneure.

GRATIS **Cathedral** KATHEDRALE

(Piazza Duomo) Das **Museo del Duomo** (☎0432 50 68 30; Eintritt frei; ⌚Di–Sa 9–12 & 16–18, So 16–18 Uhr) ist ohne eigenes Gebäude in verschiedenen Kapellen dieser romanisch-gotischen Kathedrale aus dem 13. Jh. untergebracht. Am interessantesten sind die Fresken aus dem 13. bis 17. Jh. in der **Cappella di San Nicolò**. Auf der anderen Straßenseite befindet sich das **Oratorio della Purità** (Piazza del Duomo; nur geführte Touren) aus dem 17. Jh., ein ehemaliges Theater, mit seinem wunderschönen Deckengemälde von Giambattista Tiepolo (Mariä Himmelfahrt). Die Wände zieren acht biblische Szenen in Hell-Dunkel-Malerei von Giandomenico Tiepolo.

Castello MUSEUM

Vom Schloss, das nach einem Erdbeben im Jahr 1511 Mitte des 16. Jhs. wieder aufgebaut wurde, bieten sich seltene Ausblicke auf die Stadt und die Alpen. Im Schloss untergebracht ist die **Galleria d'Arte Antica** (☎0432 27 15 91; Erw./Kind 3/1,50 €, sonntagvormittags Eintritt frei; ⌚Di–So 9.30–12.30 & 15–18 Uhr), die mit verschiedenen Werken von Caravaggio, darunter ein Porträt des Hl. Franz von Assisi (Raum 7) und von Tiepolo (Raum 10), aufwarten kann. Der Großteil der Sammlung widmet sich weniger bekannten Malern und Meistern sakraler Bildhauerkunst aus Friaul.

Museo Etnografico del Friuli MUSEUM

(☎0432 27 19 20; Via Grazzano 1; Erw./erm. 5/ 2,50 €; ⌚Di–So 10.30–17 Uhr, im Sommer bis

FRIAUL-JULISCH VENETIEN: TOURISMUS ONLINE

Die Touristeninformationen in der Region unterstehen der FVG-Tourismusorganisation und haben die gleiche Website (www.turismofvg.it). Die hilfsbereiten Mitarbeiter verfügen über ausgezeichnetes Kartenmaterial und wertvolle Informationen über die gesamte Region.

19 Uhr) Kleines, aber äußerst interessantes Museum, das das tägliche Leben in der Stadt zeigt. Verschiedene Ausstellungen widmen sich dem friaulischen Kamin, spirituellen Praktiken, der Volksmedizin und traditioneller Kleidung. Das Gebäude selbst ist gekennzeichnet durch aufwendige Holzarbeiten aus dem 19. Jh., z. B. geschnitzte friaulische Waldmotive. Am Eingang fließt ein kleiner Kanal vorbei.

Galleria d'Arte Moderna KUNSTGALERIE
(☎0432 29 58 91; Via Ampezzo 2; Erw./erm. 3/2 €; ⏲Mi–Mo 10.30–17 Uhr, im Sommer bis 19 Uhr) Die Existenz der Galerie ist einer Reihe von Nachlässen zu verdanken. Sie zeigt Werke bekannter italienischer Künstler des 20. Jhs., darunter De Chirico, Morandi, Campigli und Severini.

Chiesa di San Francesco KIRCHE
(Largo Ospedale Vecchio; Erw./erm. 5/3,50 €; ⏲Di–So Ausstellungen 9–12 & 15.30–19 Uhr) In dieser eindrucksvollen Kirche aus dem 13. Jh. finden kulturelle Events und hochkarätige Kunstausstellungen statt.

Schlafen

In Udine gibt es eine Reihe kleiner, netter Mittelklassehotels, es fehlt jedoch an einem Angebot an preiswerten Unterkünften. Wer mit dem Auto kommt, sollte in einem B & B oder einem *agriturismo* (Unterkunft auf einem Bauernhof) in einem Vorort oder auf dem Land absteigen. Die Touristeninformation hat eine online-Unterkunftsliste zusammengestellt.

Hotel Clocchiatti Next DESIGN HOTEL €€
(☎0432 50 50 47; www.hotelclocchiatti.it; Via Cividale 29; EZ 99–150 €, DZ 150–190 €; P❄📶🏊) Zwei verschiedene Gebäude an einem Ort: In der ursprünglichen Villa befinden sich die älteren und preiswerteren Zimmer. Der moderne Anbau aus Glas und Stahl mit einer Outdoor-Bar und einem Pool liegt mitten in einem Garten. Die ruhigen Zimmer haben große Fenster und bieten viel Platz zum Faulenzen. Das freundliche Personal serviert zum Frühstück frisch gebackenen Kuchen und Mariage Frères Tee. Das Hotel ist nicht weit vom Zentrum entfernt und auch die Fernstraße befindet sich in unmittelbarer Nähe.

Hotel Allegria BOUTIQUEHOTEL €€
(☎0432 20 11 16; www.hotelallegria.it; Via Grazzano 18; EZ 77–95, DZ 105–140 €; P❄@) Das Hotel liegt in einem historischen Stadthaus gegenüber einer der hüschesten kleinen Kirchen von Udine. Es verfügt über große Zimmer, die auf Udiner Art mit Holzbalken, Parkettböden und Fensterläden ausgestattet sind. Ein weiteres Plus ist die *bocciofila* – eine Bowlingbahn.

Casa Stucky B&B €
(☎0432 52 16 49; www.casastucky.it; Via Calatafimi 9; EZ 30–42, DZ 60–70 €; P@) Die hübsche Villa im Liberty-Stil verfügt über helle, moderne Zimmer und einen hübschen Garten. Sie liegt in einer ruhigen, aber etwas langweiligen Wohnstraße ganz in der Nähe des Hauptbahnhofs.

Essen

Die Küche Udines ist genauso interessant und verlockend wie die Stadt selbst. Hervorragend sind die verschiedenen Käsesorten, – darunter geräucherter Ricotta, Montasio – Wild, Prosciutto (Schinken) aus San Daniele sowie köstliche Gnocchi und Knödel. Um die Piazza Matteotti herum und in der lebhaften Fußgängerzone befinden sich zahlreiche Straßencafés und Restaurants. An der Via Paolo Sarpi und in den umliegenden Straßen sind viele Bars und Restaurants.

Trattoria ai Frati FRIAULISCH €€
(☎0432 50 69 26; Piazzetta Antonini 5; Gerichte 25–30 €; ⏲Mo–Sa) Die beliebte alte Trattoria versteckt sich in einer kopfsteingepflasterten Sackgasse. Hier gibt es allerlei regionaltypische Spezialitäten wie z. B. *frico* (ein saftiges Käse-Kartoffel-Omelett), Kürbis-Gnocchi mit geräuchertem Ricotta oder je nach Saison weißen Spargel und Fischeintopf. Die Trattoria ist bei Einheimischen wegen der riesigen Steaks und der lauten Bar im Vorraum äußerst beliebt.

Udine

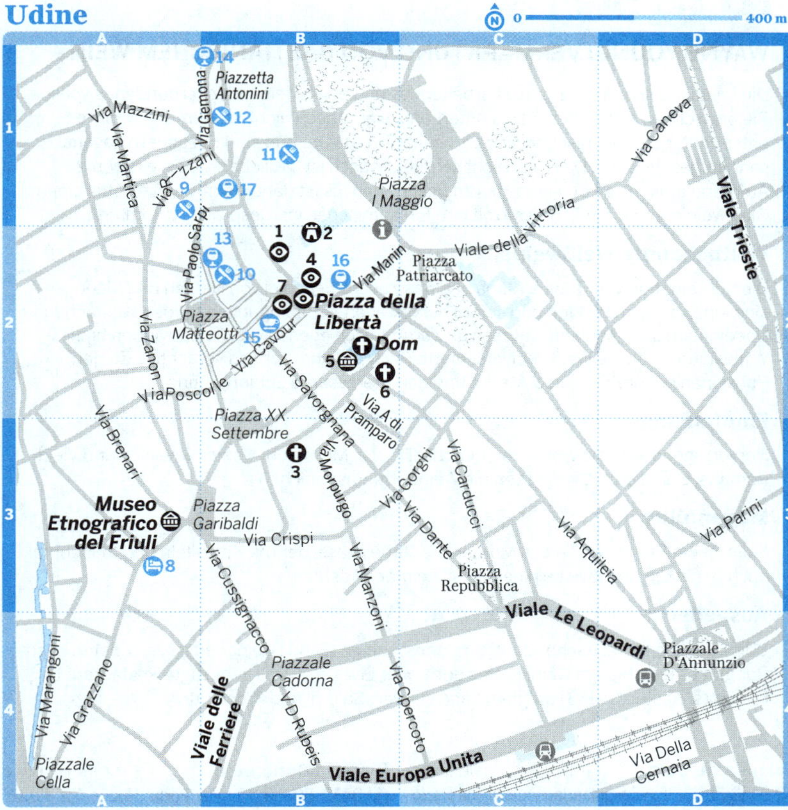

Udine

Highlights
- Dom B2
- Museo Etnografico del Friuli A3
- Piazza della Libertà B2

Sehenswertes
- 1 Arco Bollani B2
- Cappella di San Nicolò .... (siehe 5)
- 2 Castello B2
- 3 Chiesa di San Francesco B3
- Galleria d'Arte Antica .... (siehe 2)
- 4 Loggia di San Giovanni B2
- 5 Museo del Duomo B2
- 6 Oratorio della Purità B2
- 7 Palazzo del Comune (Loggia del Lionello) B2

Schlafen
- 8 Hotel Allegria A3

Essen
- 9 Jolanda de Colo A1
- 10 Matteotti B2
- 11 Pizzeria Concordia B1
- 12 Trattoria ai Frati B1

Ausgehen
- 13 Al Cappello B2
- 14 Caffe Caucigh B1
- 15 Caffè Contarena B2
- 16 I Piombi B2
- 17 Osteria delle Mortadele B1

GEHEIMTIPP

WAYNE YOUNG: VERMARKTUNG VON BASTIANISCHEM WEIN

Die Friauler sind ein stolzes, hart arbeitendes und eng miteinander verbundenes Volk. Sie bezeichnen sich selbst oft als unterkühlt, was jedoch nicht so ganz der Wahrheit entspricht, denn sie mischen sich gerne unter die Leute und sind Besuchern gegenüber sehr aufgeschlossen. Da Friaul nicht sehr touristisch ist, genießen sie es, ein wenig Aufmerksamkeit von den Fremden zu bekommen. Es ist daher relativ einfach, bei einem Glas Wein oder einem Espresso mit den Einheimischen ins Gespräch zu kommen.

Weltbekannte Weißweine

Die Kombination von Boden, Klima und das Zusammenspiel von Bergen und Meer sind einzigartig in der Welt und liefern hervorragende Bedingungen für den Weinanbau. Der einheimische Friulano ist frisch und aromatisch ebenso wie die Sauvignon blancs-Weißweine. Auch die Weißweinverschnitte (*uvaggi*) sind nicht zu verachten. Zu den Rotweinen gehören Refosco, Merlot und der interessante Schioppettino.

Empfehlungen

Hervorragend sind die Weine von Ronchi di Cialla, Moschioni, Venica & Venica und Vie di Romans. Und nicht zu vergessen die Weine von Bastianich!

Magenfüller

Frico ist ein Pfannkuchen aus Montasio-Schmelzkäse, der mit Kartoffeln und manchmal auch Schinken und Zwiebeln gefüllt ist… *einfach köstlich.*

Ausgehen

Udine ist eine fantastische Stadt. Im Caffè Caucigh (S. 441), einer ausgezeichneten alten Bar gibt es jede Menge Wein, Kaffee und sogar Live-Jazz. Das angesagte Restaurant La Frasca (s. Kasten S. 433) auf dem Land serviert Salumi und Prosciutto.

Jolanda de Colo WEINBAR €

(☎0432 51 09 38; www.jolandadecolo.it; Via Paolo Sarpi 18 a; Gerichte ab 15 €; ⏲Mo und Dienstagmittag geschl., Laden ab 10.30 Uhr geöffnet) Der gut bestückte Laden wird abends in eine Weinbar/Restaurant umfunktioniert. Die Gäste hier sind ziemlich aufgebrezelt. Geräucherte Ente, Gans oder Prosciutto werden gerne mit einem Glas Wein hinuntergespült. Es gibt auch geräucherten und rohen Fisch sowie große Salate und eine gute Auswahl an einheimischen und Südtiroler Weinsorten.

Matteotti ITALIENISCH; MODERN €€

(☎0432 174 41 50; Piazza Matteoti 17; Gerichte 30 €; ⏲tgl.) Schickes kleines Restaurant auf der Piazza gelegen, mit freundlichem Personal und großen Portionen. Köstlich sind das Roastbeef und die vielen regionalen Gerichte, wie z. B. Kaninchen mit Senf oder Pilz-*ragù* auf Polenta. Auch die Nachspeisen auf der Karte des Matteotti sind nicht zu verachten. Ein weiteres Plus des Hauses sind die Tische im Freien und das gute Preis-Leistungs-Verhältnis. Ein Mittagessen kostet hier weniger als 10 €.

Pizzeria Concordia PIZZERIA €

(☎0432 50 58 13; Via Porta Nuova 21; Pizzas 5–7 €; ⏲Di–So 9–16 & 18–12.30 Uhr) Die Pizzeria in der Nähe des Parks bietet Pizzas und Nudelgerichte. Im Sommer kann man auch draußen essen.

Trinken

Die Udineser gehen gerne einen trinken und wer könnte es ihnen angesichts der vielen ausgezeichneten einheimischen Weinsorten auch verdenken? Die Weinlokale sind eher schlicht, bieten jedoch eine Vielfalt an einheimischen Weinsorten. *Stuzzichini* (kleine Snacks, in Form von Toasts mit unterschiedlichem Belag) sind in den meisten Bars reichlich vorhanden. Sie sind entweder gratis oder kosten nur wenige Cent.

Osteria delle Mortadele WEINBAR

(Riva Bartolini 8; ⏲Mo–Sa) Im hinteren Teil gibt es zwar auch ein beliebtes Restaurant, aber es ist eher die Bar, an der die Gäste bis auf die Straße stehen, die einem sofort ins Auge springt. Bei Rock'n'Roll-Musik und einem ausgezeichneten Glas Wein können es sich die Gäste so richtig gutgehen lassen.

Caffè Caucigh BAR
(www.caucigh.com; Via Gemona 36) Diese Bar aus dunklem Holz mit Verzierungen lässt mehr an Prag als an Rom denken. Die Stammkunden nehmen ihr Glas Rotwein mit auf die Straße, um mit den vorbeikommenden Passanten zu schwatzen. Freitags ab 22 Uhr spielen hier Friauls beste Jazzbands. Ab und zu treten ausländische Jazzmusiker auf.

Al Cappello WEINBAR
(Via Paolo Sarpi 5; ⏲Sonntagabend geschl.) Wer sich mit den vielen hundert Weinsorten, die auf der riesigen Tafel stehen, nicht auskennt, folgt einfach den Einheimischen und bestellt durch das Fenster eine Weinschorle (1 €), das wohl preiswerteste Getränk in Italien. Die großen *Stuzzichini* könnten sogar ein ganzes Abendessen ersetzen, aber wer richtig Hunger hat, kann auch in dem angeschlossenen Restaurant speisen.

Caffè Contarena CAFÉ
(Via Cavour 11; ⏲So geschl.) Im opulenten Art déco-Ambiente dieses Cafés mit den hohen Decken und dem glänzenden Blattgold-Interieur amüsiert sich die Schickeria. Das Café direkt unter den Arkaden des Palazzo d'Aronco wurde von Raimondo d'Aronco, Meister seines Fachs und ehemaliger Bürger von Udine, entworfen.

I Piombi KNEIPE
(Via Manin 12) Die Kneipe liegt im Kellergewölbe eines Gebäudes, in dem früher der Stadtkerker untergebracht war. In einem Labyrinth aus überwölbten Räumen mit Ziegelsteinwänden und langen Holzbänken fließt bis spät in die Nacht hinein jede Menge Bier. Es gibt auch deftiges Essen.

ℹ Nützliche Informationen

Das **Krankenhaus** (☎0432 55 21; Piazza Santa Maria della Misericordia 15) liegt ungefähr 2 km nördlich vom Zentrum.

Touristeninformation (☎0432 29 59 72; Piazza I Maggio 7; ⏲Mo–Sa 9–19, So 9–13 Uhr)

ℹ An- und Weiterreise

Vom **Busbahnhof** (☎0432 50 69 41; Viale Europa Unita 31) aus verkehren **SAF**-Busse (☎800 915303, 0432 60 81 11; www.saf.ud.it) von/nach Triest (5,10 €, 1¼ Std., stündl.), Aquileia (3 €, 1–1¼ Std., bis zu 8-mal tgl.), Lignano Sabbiadoro (5,10 €, 1½ Std., 8 bis 11-mal tgl.) und Grado (3,55 €, 1¼ Std., 12-mal tgl.). Busverbindungen gibt es auch zwischen Udine und dem Flughafen Friuli Venezia Giulia (3,55 €, 1 Std., stündl.).

Vom Udiner **Bahnhof** (Viale Europa Unita) aus fahren Züge nach Triest (6–7 €, 1–1½ Std.), Venedig (8 €, 1¾–2½ Std., mehrmals tgl.) und Gorizia (3,25 €, 25–40 Min., stündl.).

ABSTECHER

VILLA MANIN

Die **Villa Manin** (☎0422 42 99 99; www.villamanin-eventi.it; Piazza Manin 10, Passariano; Erw./erm.10/8 €; ⏲an Ausstellungstagen 9–18 Uhr) befindet sich 30 km südwestlich von Udine. Sie war vom 17. bis ins letzte Jahrhundert im Besitz der venezianischen Adelsfamilie Manin. Zum Clan gehörte auch der letzte Doge von Venedig. Das riesige Anwesen ist von 19 ha gepflegten Parkanlagen umgeben. Es sind jedoch die vielen Kunstgegenstände in der Villa, die die Besucher anziehen. Ausstellungen verdeutlichen die Beziehung zwischen der Moderne und europäischer Lage und Identität. Vor Kurzem wurden Werke von Courbet und Munch hier ausgestellt.

Die Regionalzüge von Venedig nach Udine halten in Codroipo; von dort ist es mit dem Taxi nur 3 km hierher. (Wer die Geduld aufbringt, wartet auf einen der nicht so häufig fahrenden SAF-Busse).

Cividale del Friuli

11 600 EW. / 138 M

Cividale del Friuli (15 km östlich von Udine) ist heute eine Kleinstadt, aber historisch sehr bedeutend. 50 v. Chr. von Julius Caesar unter dem Namen Forum de Lulii (und später „Friuli" genannt") gegründet, erreichte die Siedlung ihren Höhepunkt unter den Langobarden, die sich im Jahre 568 hier niederließen und im 8. Jh. die römische Stadt Aquileia besetzten. Obwohl die Stadt schon lange nicht mehr so bedeutend ist wie Udine, ist Cividale immer noch außerordentlich malerisch und einen Besuch wert.

Sehenswertes

Ponte del Diavolo BRÜCKE
Die symbolbefrachtete Teufelsbrücke überspannt den smaragdgrünen Natisone und teilt die Stadt in zwei Hälften. Die 22 m

NICHT VERSÄUMEN

CIVIDALE-KERAMIK

Die Künstlerin Stefania Zurchi aus Cividale bedient sich alter romanischer und nahöstlicher Techniken, um Skulpturen, Reliefs und wunderschön verzierte Gegenstände des täglichen Lebens zu schaffen. Sie sind sowohl modern als auch vollkommen zeitlos. So kreiert sie die friaulische Landschaft, eine Mischung aus tiefen Blau- und Olivtönen mit einem Klecks Hellgelb und Pink. Ihre Mädchenfiguren, die die vier Jahreszeiten darstellen, und die bewegenden Madonna-mit-Kind-Reliefs sind äußerst begehrt. Sie sind in **Tirare** (Via Ristori 12; ⌚Di–Sa), ihrem Laden in Cividale del Friuli, erhältlich.

hohe Brücke aus dem 15. Jh. wurde im Ersten Weltkrieg von italienischen Truppen auf dem Rückzug gesprengt und nach dem Krieg wieder aufgebaut. Der mittlere Pfeiler wurde von einem riesigen Felsbrocken gestützt, den der Teufel der Legende nach in den Fluss geschleudert hatte.

Tempietto Longobardo KIRCHE
(☎0432 70 08 67; Borgo Brossano; Kombiticket mit Museo Cristiano Erw./erm.6/4 €; ⌚9.30–12.30 & 15–17 Uhr, im Sommer bis 18.30 Uhr) Die auch unter dem Namen Oratorio di Santa Maria in Valle bekannte Kirche ist die absolute Hauptattraktion in Cividale und das einzige noch erhaltene Beispiel langobardischer Baukunst in Europa. Der Tempietto wurde im 8. Jh. erbaut. Die schönen Fresken und alten Holzarbeiten sind außergewöhnlich und zutiefst ergreifend.

Kathedrale KATHEDRALE
(Piazza del Duomo) Die Kathedrale aus dem 16. Jh. beherbergt das **Museo Cristiano** (☎0432 73 04 03; Erw. 4 €; ⌚Mi–So 10–13 & 15–18 Uhr). Der Ratchis-Altar aus dem 8. Jh. weist faszinierende frühchristliche Reliefs auf. In Stein geätzte Schnitzereien, darunter ein Jesus mit durchdringendem Blick, tauchen vor dem glatten weißen Hintergrund auf.

Essen & Trinken

Al Monastero FRIAULISCHE KÜCHE €€
(☎0432 70 08 08; www.almonastero.com; Via Ristori 9; Gerichte 25–30 €; ⌚Di–Sa Mittag- & Abendessen, So Mittagessen) In diesem vornehmen, zweifellos touristischen, aber dennoch angesehenen Restaurant gibt es leckere *cjalcions* (Klöße), Ente mit Karottenpudding und *gubana* mit Pflaumenkognak.

Central Caffè del Corso CAFÉ
(Corso Mazzini 38) Der Ort für eine Weinschorle oder einen Kaffee (der aus Giamaica-Bohnen aus Verona zubereitet wird).

Al Campanile FRIAULISCHE KÜCHE
(☎0432 73 24 67; Via Candotti 4; Tellergerichte ab 6 €; ⌚Di–So 9–15 & 18–23 Uhr) Auf den Holzbänken vor dem Restaurant können sich die Gäste Frittata mit Kräutern, *frico* oder Sülze schmecken lassen. Dazu gibt es ein Glas Bier.

Nützliche Informationen

Die **Touristeninformation** (☎0432 71 04 60; Piazza Paolo Diacono 10; ⌚9.30–12 & 15.30–18 Uhr) gibt Auskünfte über Stadtrundgänge um den mittelalterlichen Ortskern. Unter „Unterkünfte und Essen" auf der Website der Stadt (www.cividale.com) findet sich ein Verzeichnis der *agriturismo* und Bauernrestaurants.

An- und Weiterreise

Private Züge der **Ferrovie Udine Cividale** (☎0432 58 18 44; www.ferrovie udinecividale.it) verkehren mindestens stündlich zwischen Cividale und Udine (2,30 €, 20 Min.).

San Daniele del Friuli

8222 EW.

San Daniele liegt in einer Hügellandschaft, eine schöne Abwechslung zur venezianischen Tiefebene. Von hier aus sind die Karnischen Alpen am Horizont zu sehen. Obwohl die Stadt hauptsächlich für ihren Schinken bekannt ist, werden hier auch Forellen nachhaltig gezüchtet. Es gibt sie auch in geräucherter Form. In der Stadt befinden sich zahlreiche gute *alimentari* (Lebensmittelgeschäfte). Die **Bottega di Prosciutto** (Via Umberto I; ⌚Mo & Mittwochnachmittag geschl.) verkauft köstlichen Schinken. Wer Lust auf Schokolade, Sirup, Marmelade und Kekse hat, stattet **Adelia di Fant** (Via Garibaldi 26; ⌚Di–So) einen Besuch. Eine weitere Sehenswürdigkeit in San Daniele sind die Fresken. Einige besonders farbenprächtige Exemplare stammen von Pellegrino da San

Daniele alias Martino da Urbino (1467–1547) und sind in der kleinen romanischen **Chiesa di San Antonio Abate** (Via Garibaldi) zu sehen. Neben der Kirche befindet sich die **Biblioteca Guarneriana** (☎0432 95 79 30; www.guarneriana.it, auf Italienisch; Via Roma 1; Führungen 3 €; ⊙Mi–Sa, nur nach Voranmeldung) aus dem Jahr 1466, eine der ältesten und ehrwürdigsten Bibliotheken Italiens. Sie umfasst 12 000 antiquarische Bände, u. a. ein unbezahlbares Manuskript von Dantes *Inferno*.

Die **Osteria Tancredi** (☎0432 94 15 94; Via Sabotino 10; Teller 8 €, Gerichte 25–30 €; ⊙Mittag- & Abendessen Do–Di) serviert große Schinkenplatten und die friaulischen Klassiker *cjalcions*, *frico* und Apfelgnocchi.

Rund um San Daniele gibt es drei **Fahrradrouten** (jeweils 22 km), die an kristallklaren Seen vorbeiführen, durch eine Landschaft, die mit zahlreichen Kastellen „gesprenkelt" ist. Nähere Auskünfte erteilt die Touristeninformation.

Zwischen San Daniele und Udine, das 25 km weiter südöstlich liegt, verkehren regelmäßig Busse (4, 40 €, bis zu 60 Min.).

Nördlich von Udine

Wer in den äußersten Norden von Italiens nordöstlichster Region fährt, trifft auf die Karnischen und Julischen Alpen. Erstgenannte sind eine etwas sanftere und nicht ganz so bedrohlich wirkende Bergkette, die sich im Westen bis zu den Dolomiten und im Norden bis zur österreichischen Grenze erstreckt. Die höheren Julischen Alpen, benannt nach Julius Caesar, hingegen haben schroffe, schneebedeckte Gipfel, die sie mit Slowenien teilen – der Triglavski Narodni Park liegt gleich hinter der Grenze. Die Berge bieten ein ausgezeichnetes Wandergebiet, das einige der einsamsten und landschaftlich reizvollsten Wanderwege in ganz Italien umfasst. Hier treffen drei verschiedene Kulturen aufeinander, daher ist Mehrsprachigkeit gefragt. Wanderer sollten mit einem freundlichen *salve* (italienisch), Grüß Gott (deutsch) oder *Dober dan* (slowenisch) aufwarten.

Tolmezzo & Carnia

Die Region namens Karnia ist friaulisch geprägt (hier wird überall Friaulisch gesprochen) und wurde nach den keltischen Ureinwohnern, den Karnikern, benannt. Geografisch gesehen umfasst die Region den westlichen und mittleren Teil der Karnischen Alpen mit wunderschönen, wildromantischen Wandergebieten und kleinen, kuriosen Dörfern.

Das landschaftlich wunderschön gelegene Tolmezzo (10 725 Ew.; 323 m) ist die Hauptstadt der Region. Im **Museo Carnico delle Arti e Tradizioni Popolari** (☎0433 4

PROSCIUTTO

In Italien werden zwei weltbekannte prosciutti (Schinken) hergestellt: der magere, herrlich nussige (und wohl auch bekanntere) Parma-Schinken, und der dunkle, süßliche Prosciutto di San Daniele. Es mag viele überraschen, dass Letzterer – Friaul-Julisch Venetiens Geschenk an die Welt – aus einem Dorf mit nur 8000 Einwohnern stammt. Dort wird er gesalzen und in 27 *prosciuttifici* (Schinkenräucherfabriken) nach EU-Richtlinien verarbeitet.

Die Auflagen sind streng. Für den San Daniele *prosciutto* werden nur Schenkel von Schweinen verwendet, die in geringer Zahl in Norditalien gezüchtet werden. Salz ist die einzige erlaubte Konservierungsmethode. Chemikalien oder andere Konservierungsmethoden sind nicht erlaubt. Essenziell ist natürlich das *terroir*, das Land selbst. Nach Auffassung einiger *prosciuttifici* ist es die kühle, harzreiche Alpenluft, die auf die feuchte, salzige Adrialuft trifft und den Schinken so einzigartig macht. Andere wiederum behaupten, dass der schnell trocknende Boden in San Daniele und die damit zusammenhängende Belüftung die perfekten Voraussetzungen für das Räuchern des Schinkens schaffen.

Jedes Jahr im August findet die Aria di Festa statt, ein viertägiges Schinkenfest. Dann öffnen die *prosciuttifici* ihre Tore und der Besucher kann den Schinken verkosten. Es gibt Livemusik und alle hauen ordentlich rein. Die freundlichen Mitarbeiter der **Touristeninformation** (☎0432 94 07 65; Piazza Pellegrino 4; ⊙Mo–Fr 9–13 & 14–18, Sa & So 11–13 & 16.30–18.30 Uhr) in San Daniele haben eine Liste von *prosciuttifici*, die das ganze Jahr über besucht werden können. Es empfiehlt sich, im Voraus zu buchen.

SKIFAHREN OHNE GRENZEN

Skipässe für mehrere Tage (2/4/6 Tage ab 44/80/114 €) ermöglichen Abfahrten in Italien, Slowenien und Österreich von den Hängen Sella Nevea, Tarvisio, Zoncolan, Bovec, Kranjska Gora und Arnoldstein. Tages- und Mehrtagespässe sind auch in den friaulischen Ferienorten Piancavallo und Forni di Sopra gültig. Inhaber der FVG-Karte können den Monte Canin Skilift kostenlos benutzen und erhalten Ermäßigungen für Mehrtagespässe und Skiverleih. Bei **Promotur** (☎0428 65 39 15; www.promotur.org; Camporosso, Tarvisio) in den jeweiligen Resorts gibt es Skipässe.

32 33; www.carniamusei.org, auf Italienisch; Via della Vittoria 2; Erw./erm. 5/3 €; ⏲Di–So 9–13 & 15–18 Uhr) erfahren die Besucher alles über das Bergleben und die alten Traditionen. Die hübschen Zimmer in der **Albergo Roma** (☎0433 46 80 31; www.albergoromatolmezzo.it; Piazza XX Settembre 14; EZ/DZ 50/100 €; P@) bieten einen Ausblick auf den Hauptplatz oder einen der zahlreichen Hügel der Stadt. 6 km nordöstlich der Stadt liegt das Bergdorf **Illegio** mit seinen aus dem 4. Jh. stammenden Gebäuden und einer Molkerei sowie einer Mühle aus dem 16. Jh., die immer noch in Betrieb ist. Die **Touristeninformation** (☎0433 4 48 98; Piazza XX Settembre 9; ⏲tgl. 9–13 & Mo–Sa 14–18 Uhr) in Tolmezzo gibt Auskünfte über Wanderwege und *agriturismi* in der Umgebung.

Fast stündlich fahren von der Haltestelle in der Via Carnia Libera SAF-Busse von Tolmezzo nach Udine (3,90 €, 50 Min.).

Im Nordwesten führt die Straße an der tiefen Schlucht von Lumiei vorbei bis zum tiefblauen **Lago di Sauris,** einem künstlichen See ca. 4 km östlich von **Sauris di Sotto**. In 4 km Entfernung (acht Serpentinen aufwärts) liegt das noch hübschere **Sauris di Sopra**. Die deutschsprachige Enklave mit den Holzhäusern wird auch Zahre genannt. Die Gegend ist bekannt für ihre feinen Schinkensorten, Würstchen und das im Ort gebraute Bier. Es gibt auch viele schöne Wanderrouten. Das **Albergo Ristorante Riglarhaus** (☎0433 8 60 13; alberghi.carnia.org/riglar; Fraz Lateis 3; EZ 44, DZ 74 €; P) bietet rustikalen Charme. Wer in die Berge möchte, hält nach *alberghi diffusi* – wörtlich „verstreut liegende" Hotels Ausschau, kleine B & Bs oder Unterkünfte auf dem Bauernhof in abgelegenen Dörfern (Einzelheiten unter www.albergodiffusosauris.com).

In der Nähe der Grenze zu Venetien liegt der beliebte Skiort **Forni di Sopra**, wo es jedes Jahr heftig schneit. Hier kann man wunderbar Schlittenfahren, Schlittschuhlaufen, Skifahren und Eisklettern. Forni ist aber auch im Sommer beliebt. Dann verwandelt sich die Gegend in einen Teppich aus Wildblumen und Kräutern, die in der einheimischen Küche Verwendung finden und im Mittelpunkt der jährlich stattfindenden **Festa delle Erbe di Primavera** (Frühlingskräuerfest) stehen. In der Stadt gibt es zahlreiche Hotels, etwa das **Hotel Edelweiss** (☎0433 8 80 16; www.edelweiss-forni.it; Via Nazionale 19; EZ/DZ 65/105 €; P@) , ein kinderfreundliches Hotel mit wunderschöner Aussicht und kostenlosem Mountainbike-Verleih. Die **Touristeninformation** (☎0433 88 66 86; Via Cadore 1) gibt hilfreiche Auskünfte über Aktivitäten, Lifte etc.

Ab Tolmezzo fahren regelmäßig SAF-Busse in dieses Gebiet. Sie halten in Ampezzo (2,75 €, 35 Min.) und Forni de Sopra (3,90 €, 1 Std. 20 Min.).

Tarvisio & Julische Alpen

8222 EW./754 M

Die Julischen Alpen sind dramatische Monolithen aus Kalkstein, die eine täuschende Ähnlichkeit mit den bekannteren Dolomiten haben. Trotz einiger neuer Bauprojekte – vor kurzem wurde ein grenzüberschreitender Skilift in Betrieb genommen – ist die Gegend noch relativ unberührt und ursprünglich.

Tarvisio ist 7 km von der österreichischen Grenze und 11 km von Slowenien entfernt. Es liegt im Val Canale zwischen den Julischen und den östlichen Karnischen Alpen und ist ein idealer Ausgangspunkt für Aktivitäten im Winter und im Sommer.

Das Gebiet erfreut sich wegen seiner ausgezeichneten Skimöglichkeiten zunehmender Beliebtheit. Obwohl es hier keine hohen Berge gibt, ist es die schneereichste (und kälteste) Region im gesamten Alpenraum. Oft schneit es noch bis in den Mai hinein. Die Hauptskigebiete befinden sich in Tarvisio mit einer 4 km langen Abfahrt, die atemberaubende Blicke verspricht, und einer Langlaufpiste von 60 km Länge, sowie in Sella Nevea. **Sella Nevea** (www.sellanevea.net) grenzt an Bovec in Slowenien, ein Skiabfahrtsgebiet von 30 km, darunter auch eine Reihe roter Pisten. Es bieten sich auch gute Snowboard- und Skitouren-Möglichkeiten. Zu den Sportarten im Sommer gehören Wandern, Höhlenklettern, Kanufahren und Windsurfen.

Die **Laghi di Fusine** (Weißenfelser Seen) in der Nähe der slowenischen Grenze sind bei Wanderern (im Sommer) und Langläufern und Schneeschuhgängern (im Winter) beliebt. Die beiden Seen – Lago Superiore und Lago Inferiore – sind von Wanderwegen umgeben und liegen innerhalb des **Parco Naturale di Fusine**. Für etwas wagemutigere Wanderer gibt es einen 11 km langen Aufstieg mittleren Schwierigkeitsgrades zum **Rifugio Zacchi** (☎0419 63 79 33; Schlafsäle 10–20 €; ⌚Mitte Juni–Mitte Sept.) und zum Monte Mangart. Im Sommer fahren bis zu 4-mal täglich Busse von Tarvisio aus hierher (1,50 €, 15 Min.).

Tarvisio bietet einige preiswerte Übernachtungsmöglichkeiten, u. a. das in der Nähe des Skilifts gelegene **Hotel Edelhof** (☎0428 4 00 81; www.hoteledelhof.com; Via Armando Diaz 13; EZ 45–55, DZ 90–100 €; P 📶). Es hat große, folkloristisch eingerichtete Zimmer und einen Wellnessbereich im Souterrain. Das **Ristorante Adriatico** (☎0428 26 37; Via Roma 59; Gerichte 15–20 €) gehört zu den typischen und günstigen Lokalen am Ort. Hier werden zweigängige Fleisch- und Fischgerichte serviert. Die Stadt ist auch für ihren historischen Markt berühmt, der jeden Samstag stattfindet und Tagestouristen aus Österreich und Slowenien anlockt. Heutzutage gibt es hier hauptsächlich eher dubiose Lederjacken zu kaufen.

Die **Touristeninformation** (☎0428 21 35; Via Roma 14; ⌚9–13 & 15–19 Uhr) hat Trekking-Karten und gibt Auskünfte über die Wetterbedingungen in den Bergen.

Zwischen Tarvisio und Udine verkehren bis zu 7-mal am Tag Züge (7,60 €, 1 ½ Std.).

Emilia-Romagna & San Marino

EW 4,43 MIO.

Inhalt »

Gut essen

» Hosteria Giusti (S. 463)

» La Greppia (S. 471)

» Drogheria della Rosa (S. 475)

» Osteria La Mariola (S. 483)

Schön übernachten

» Prendiparte B&B (S. 455)

» Hotel Centrale Byron (S. 483)

» Century Hotel (S. 470)

» Grand Hotel (S. 487)

Auf in die Emilia-Romagna & nach San Marino!

Das Geheimnis liegt unter der Erde. Die Wurzeln der wachsenden Wirtschaft der Region Emilia-Romagna liegen nicht in den Motoren der berühmten Ferraris, sondern in ihrem fruchtbaren Boden. Seit der Antike bringen die grünen Ebenen im Tal des Po einen so großen landwirtschaftlichen Überfluss hervor, dass sie ein ganzes Land ernähren.

In dieser Region lässt es sich speisen wie ein römischer Kaiser, und wer dann noch Appetit auf Kunst und Kulinarisches hat, kann Städte kennenlernen, für die bedauernswerte Romliebhaber meistens keine Zeit haben: das ruppige Bologna, berühmt für *ragù* (Fleisch- und Tomatensauce) und Arkaden, das vornehme Parma, berühmt für Opernhaus und Käse, Modena (Balsamessig!), der wohlhabende Kleinstaat San Marino und Ravenna mit berühmten Mosaiken. Auf in die Region Emilia-Romagna – und zurück zu den Wurzeln.

Reisezeit

Bologna

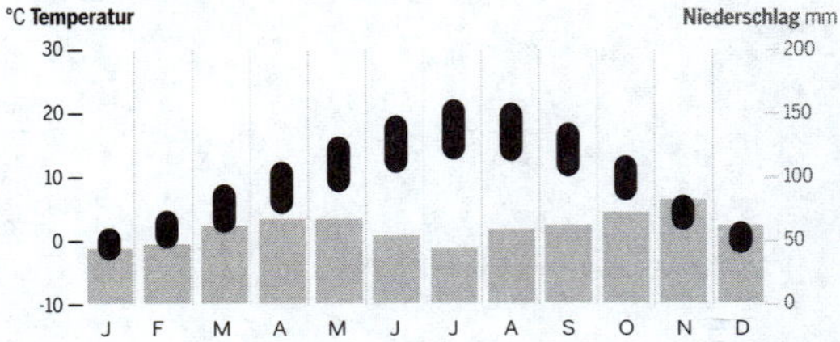

März–April Die beste Zeit, um der Hitze und die Menschenmengen an Riminis Stränden zu umgehen.

Juni–Aug. Zahlreiche Sommerfestivals in den Städten Bologna, Modena, Ravenna und Rimini.

Sept. Ideale Bedingungen für Wanderungen im Parco Nazionale dell'Appennino Tosco-Emiliano.

Unbedingt probieren

» **Ferrara** *Cappellacci di zucca* (hütchenförmige Nudeltaschen, mit Kürbis, Kräutern und Muskat gefüllt und in Butter und Salbei geschwenkt)

» **Bologna** *Tagliatelle al ragù* (Pasta mit Fleischsauce)

» **Parma** *Pesto di cavallo* (Tatar von Pferdefleisch mit Kräutern, Olivenöl und Parmesan)

» **Modena** *Cotechino Modena* (Kochwurst aus Schweinefleisch, mit Linsen serviert)

» **Rimini** *Piadina* (Brotfladen mit verschiedenen Füllungen)

VIA EMILIA

Schnurgerade legten die Römer die Via Emilia zur Verbindung ihrer Städte Placentia (Piacenza) und Ariminum (Rimini) an. Die Via Emilia prägte bald den Charakter der gesamten Region Emilia-Romagna und führte zur Gründung ihrer vier bedeutendsten Städte: Bononia (Bologna), Regium (Reggio Emilia), Mutina (Modena) und Parma. Die Straße wurde 187 v. Chr., nach der Unterwerfung feindlicher keltischer Stämme durch die Römer, fertiggestellt und verlief auf einer Länge von 260 km durch das Flusstal des Po. In wenigen Jahrzehnten machten die Bewohner den fruchtbaren Norden Italiens zur Kolonisierung nutzbar und verwandelten die fruchtbare Poebene in die sprichwörtliche Kornkammer des Römischen Reiches – die sie noch heute ist.

Der eindrucksvolle Ponte Tiberio am Fluss Marecchia in Rimini ist als eines der wenigen ursprünglichen Bestandteile der Via Emilia erhalten geblieben.

Romanisch für Fortgeschrittene

Wie alle Regionen Italiens weist auch die Emilia-Romagna einen großen Reichtum an architektonischen Stilen auf. Doch der frühmittelalterliche Stil der Romanik bestimmt ihren Charakter am nachdrücklichsten. Der Beginn der Romanik liegt im späten 10. Jh., sie wurde um 1200 vom aufkommenden Stil der Gotik verdrängt. Ein charakteristisches Stilmerkmal der Romanik ist der Rundbogen (im Gegensatz zum Spitzbogen der Gotik). Sie zeigt aber noch weitere unterscheidbare Elemente, darunter wuchtiges Mauerwerk, große Raumweiten, dekorative Bogennischen und symmetrische, wenn auch einfache Plastiken und Ornamente. In Italien bildete sich bei Sakralbauten die räumliche Trennung von Glockenturm und Kirche als Stilelement heraus.

Der romanische Stil ist in ursprünglicher Reinheit heute nur noch selten gegenwärtig, da es später zu größeren Umgestaltungen durch eifrige Baumeister der Gotik und Renaissance kam, zeigt aber in einer Triade prachtvoller Dome eine faszinierende Präsenz in der Region Emilia-Romagna: Parma, Piacenza und Modena (das zum Weltkulturerbe der Unesco zählt).

DIE EMILIA-ROMAGNA IST GEWACHSEN

In August 2009 wurden die Grenzen der Emilia-Romagna offiziell erweitert. Nach einem Referendum, das in der Öffentlichkeit große Aufmerksamkeit erregte, wurden sieben Kommunen, die ursprünglich zur Region der Marken gehörten, in die Provinz Rimini einbezogen.

Berühmte Söhne der Region

» Giuseppe Verdi (Komponist) – geb. 1813 in Le Roncole

» Arturo Toscanini (Dirigent) – geb. 1867 in Parma

» Enzo Ferrari (Autofabrikant) – geb. 1898 in Modena

» Federico Fellini (Filmregisseur) – geb. 1920 in Rimini

» Luciano Pavarotti (Tenor) – geb. 1935 in Modena

Infos im Internet

» Offizielle Website der Tourismuszentrale (www.emiliaromagnaturismo.it)

» Visit Emilia-Romagna (www.visitemiliaromagna.com)

» Tourismusseite von San Marino (www.visitsanmarino.com)

Highlights

1. Ein köstliches Mittagsmahl in die Länge ziehen – in **Parma** (S. 471)
2. Die Begeisterung für dunkle italienische Kirchen wiederentdecken: beim Anblick der leuchtenden Mosaike der Basilica di San Vitale in **Ravenna** (S. 480)
3. Die Feinheiten der langobardischen Romanik in ihrer ganzen mittelalterlichen Reinheit erkennen – im Innern des **Doms** von Modena (S. ,460)
4. Mit dem Fahrrad die mittelalterlichen Mauern von **Ferrara** (S. 474) umrunden
5. Zum Wandern nach **Pietra di Bismantova** (Kasten S. 470) fahren
6. Studentischen Wegen folgen und preiswerte Bars und Restaurants entdecken – im **Universitätsviertel von Bologna** (S. 456)
7. Hochkultur gegen hohe Dezibelwerte eintauschen – in der berühmten **Clubszene** von Rimini (S. 489)

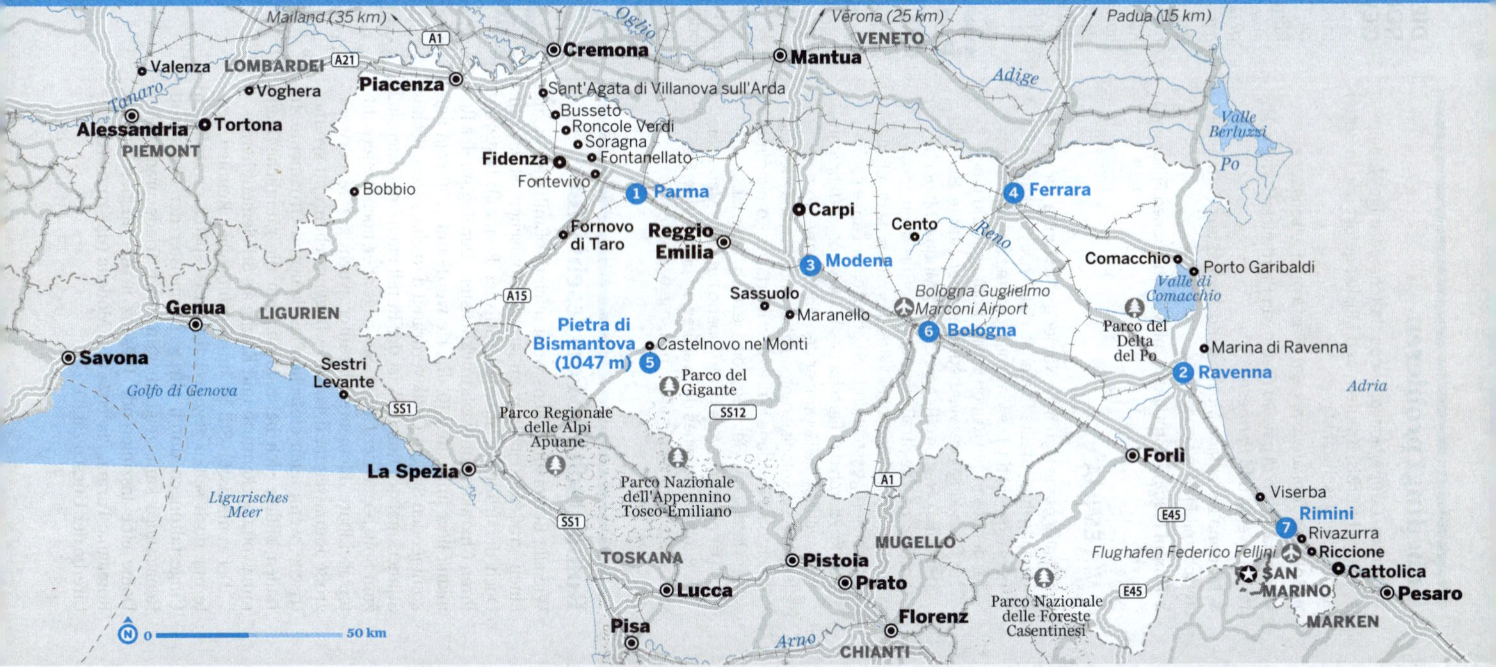

EMILIA-ROMAGNA

Bologna

372 000 EW.

Wer wissen möchte, wie sich hochmütige Eleganz mit urbaner Bodenständigkeit verträgt, muss in die Hauptstadt der Emilia-Romagna kommen. In dieser Stadt, die abwechselnd die Fette, Rote und Gelehrte genannt wird, strömen elegante Musikliebhaber aus fürstlichen Opernhäusern ins Freie und verlieren sich auf graffitiverzierten Piazze in der Menge lärmender Studenten. Manchmal vornehm, oft nachlässig: Bologna hat viele Gesichter. Im Kosenamen *La Grassa* (die Fette) wird ein reiches kulinarisches Erbe (die *tagliatelle al ragù* stammen von hier) gewürdigt. *La Dotta* (die Gelehrte) ist eine Verbeugung vor der Universität; sie wurde 1088 gegründet und ist die älteste der Welt. *La Rossa* (die Rote) bezieht sich auf den allgegenwärtigen rötlichen Farbton der mittelalterlichen Bauwerke sowie auf die traditionelle politische Linkslastigkeit der Stadt. In allen drei Namen steckt viel Wahrheit. In Bologna ist es möglich, eben noch mit einem abgerissenen Studenten zu plaudern und im nächsten Moment vor einem königlichen Essen zu sitzen. Viele stolze Kirchen und modrige Museen wollen besichtigt sein, doch etwas Zeit sollte für das Wesentliche bleiben – den faszinierenden Facettenreichtum dieser Stadt.

Sehenswertes

RUND UM DIE PIAZZA MAGGIORE

Alle Straßen führen zur zentralen Piazza Maggiore, die von einer hochragenden Basilika und mehreren imposanten Renaissance-Palästen begrenzt wird.

Fontana del Nettuno BRUNNEN

(Neptunbrunnen; Piazza del Nettuno) An die Piazza Maggiore grenzt die Piazza del Nettuno, die ihren Namen einer kraftstrotzenden Bronzestatue verdankt, die 1566 von Giambologna geschafffen wurde. Unterhalb des muskulösen Meeresgottes symbolisieren vier Cherubinen die Winde und vier vollbusige, wassersprühende Sirenen die vier zur damaligen Zeit bekannten Kontinente.

GRATIS **Palazzo Comunale** KUNSTGALERIE

(Piazza Maggiore) Am westlichen Rand der Piazza Maggiore steht der Palazzo Comunale (auch Palazzo d'Accursio nach seinem einstigen Besitzer Francesco d'Accursio genannt), in dem die Bologneser Stadtherren seit 1336 residieren. Seine architektonische Stilmischung geht zum größten Teil auf Umgestaltungen im 15. und 16. Jh. zurück. Die Statue von Papst Gregor XIII. schmückt seit 1580 das Hauptportal. Der einstige Prälat aus Bologna veranlasste die Kalenderreform und führte 1582 den nach ihm benannten Gregorianischen Kalender ein. Für das Innere des Palazzo entwarf Donato Bramante im 16. Jh. einen Treppenaufgang, über den sogar Pferdewagen direkt bis hinauf in den 1. Stock fahren konnten.

Im 2. Stock des *palazzo* befinden sich zwei **Kunstgalerien** (Di–Fr 9–18.30 Uhr, Sa & So 10–18.30 Uhr): die **Collezioni Comunali d'Arte** mit einer interessanten Sammlung von Gemälden, Plastiken und Möbeln aus dem 13. bis 19. Jh. und das **Museo Morandi**, das den Stillleben des Bologneser Malers Giorgio Morandi mit seiner typischen Handschrift gewidmet ist.

Außen sind drei große Schaukästen mit mehreren hundert Fotos zu sehen. Sie zeigen Partisanenkämpfer, die beim Widerstand gegen die deutsche Besatzung ums Leben kamen – viele von ihnen hier an Ort und Stelle.

Palazzo del Re Enzo PALAZZO

(Piazza del Nettuno) Der Palazzo del Re Enzo aus dem 13. Jh. ist nach König Enzo benannt, dem unehelichen Sohn des Stauferkaisers Friedrich II., der hier von 1249 bis 1272 unter päpstlicher Herrschaft in Haft saß. Aus derselben Zeit stammt auch der benachbarte **Palazzo del Podestà**, der einstige Sitz der Bologneser Podestà. Unterhalb kreuzen sich zwei Durchgänge und bilden eine **Flüstergalerie**. Flüstert man einer gegenüberstehenden Person etwas zu, erlebt man eine verblüffende Akustik. Beide *palazzi* sind nur im Rahmen von Ausstellungen zugänglich (Informationen im Touristenbüro am gleichen Platz).

Basilica di San Petronio KIRCHE

(Piazza Maggiore; 7.45–12.30 & 15.30–18 Uhr) Die fünftgrößte Kirche der Welt ist 132 m lang, 66 m breit und 47 m hoch. Sie birgt einige interessante Besonderheiten. 1) Obwohl der Bau 1390 begonnen worden war, wurde die Kirche erst 1954 offiziell geweiht. 2) Die Basilika war das Ziel zweier vereitelter terroristischer Anschläge (2002 und 2006). 3) Das Innere des sakralen Baues weist ei-

Bologna

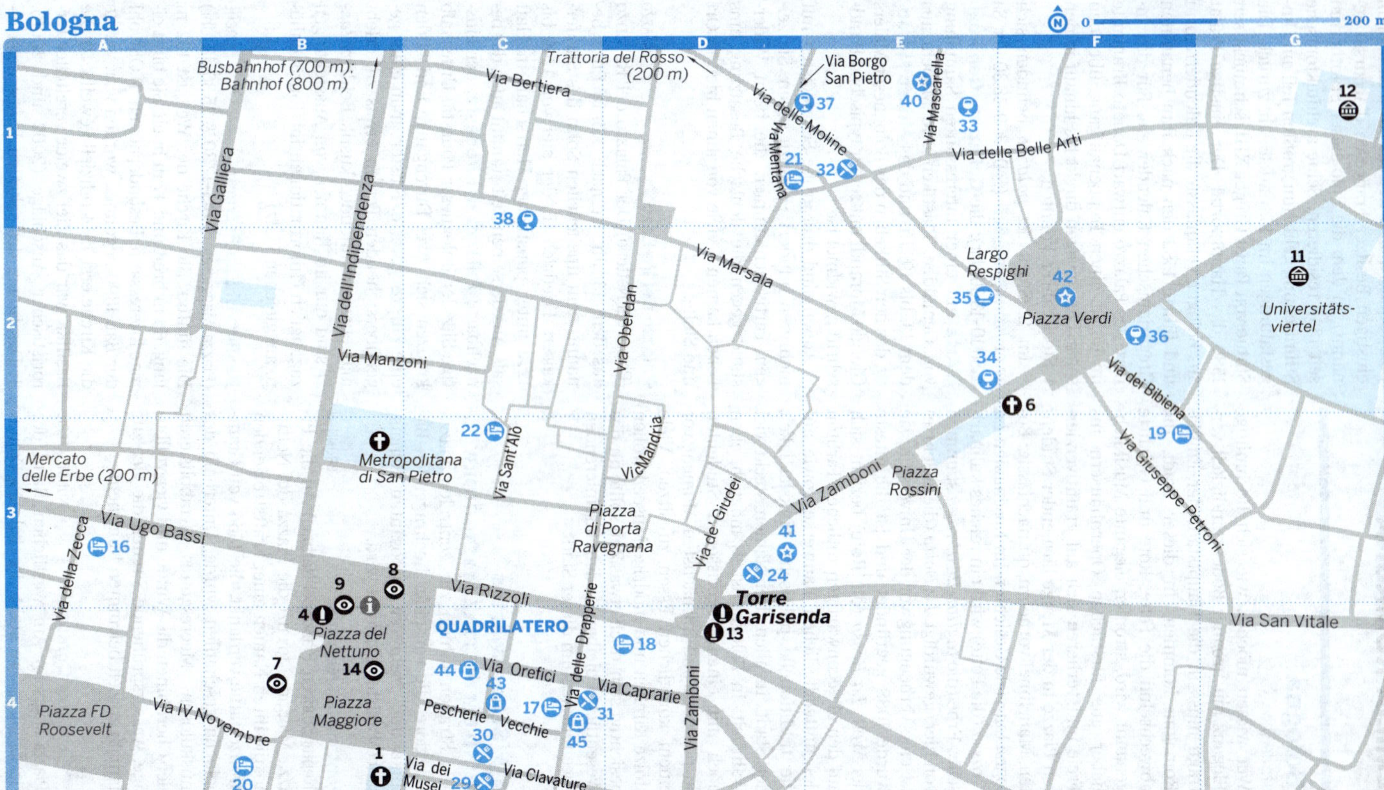
0
200 m
A
B
C
D
E
F
G
1
2
3
4
Busbahnhof (700 m);
Bahnhof (800 m)
Trattoria del Rosso
(200 m)
Via Borgo
San Pietro
Via Bertiera
Via delle Moline
Via Mentana
Via Mascarella
Via delle Belle Arti
Via Galliera
Via dell'Indipendenza
Via Marsala
Largo
Respighi
Piazza Verdi
Universitäts-
viertel
Via Manzoni
Via Oberdan
Via dei Bibiena
Via Giuseppe Petroni
Metropolitana
di San Pietro
Via Sant'Alò
Vic Mandria
Mercato
delle Erbe (200 m)
Piazza
Rossini
Via Zamboni
Piazza
di Porta
Ravegnana
Via de' Giudei
Via Ugo Bassi
Via della Zecca
Via Rizzoli
Torre
Garisenda
Via San Vitale
Piazza del
Nettuno
QUADRILATERO
Via delle Drapperie
Via Orefici
Via Caprarie
Pescherie
Vecchie
Piazza
Maggiore
Piazza FD
Roosevelt
Via IV Novembre
Via dei
Musei
Via Clavature
Via Zamboni
1
4
6
7
8
9
11
12
13
14
16
17
18
19
20
21
22
24
29
30
31
32
33
34
35
36
37
38
40
41
42
43
44
45

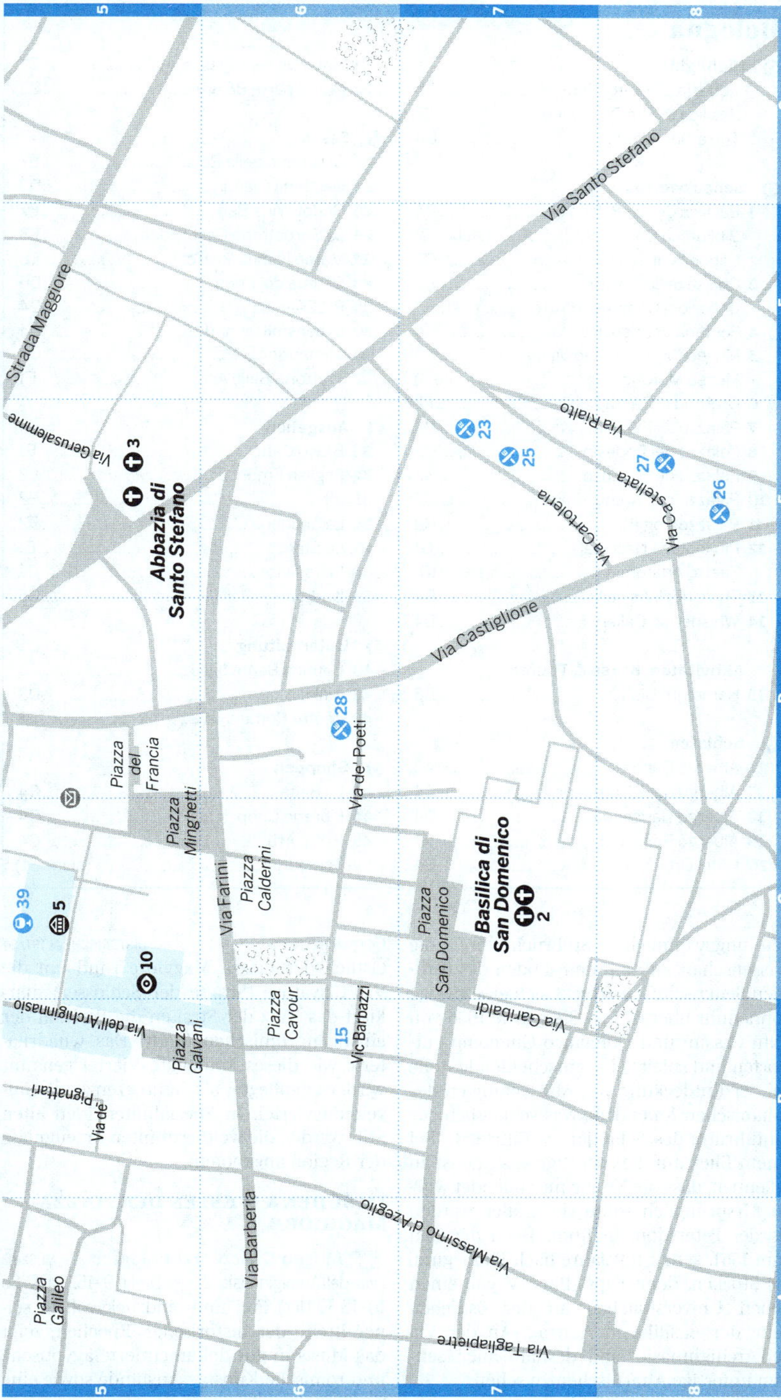
5
6
7
8
A
B
C
D
E
F
G
Strada Maggiore
Via Gerusalemme
Abbazia di Santo Stefano
3
Via Santo Stefano
Via Rialto
23
25
27
26
Via Castellata
Via Cartoleria
Via Castiglione
28
Via de' Poeti
Piazza del Francia
Piazza Minghetti
Via Farini
Piazza Calderini
Basilica di San Domenico
2
Piazza San Domenico
39
5
10
Via dell'Archiginnasio
Piazza Galvani
Piazza Cavour
15
Vic Barbazzi
Via Garibaldi
Via de' Pignattari
Via Barberia
Via Massimo d'Azeglio
Piazza Galileo
Via Tagliapietre

Bologna

nen ungewöhnlichen Stilbruch durch die Wissenschaft auf: auf dem Boden des östlichen Seitenschiffs erstreckt sich eine riesige Sonnenuhr über 67,7 m. Sie wurde 1656 von Gian Cassini und Domenico Guglielmi entworfen und spielte eine entscheidende Rolle bei der Entdeckung von Abweichungen des Julianischen Kalenders, was schließlich zur Einführung des Schaltjahres führte. 4) Bei einem Blick auf die unfertige Fassade ist zu erkennen, dass die Kirche nie vollendet wurde. Ursprünglich sollte sie größer werden als der Petersdom in Rom: Doch der Bau kam 1561, genau 169 Jahre nach Baubeginn, ins Stocken, denn Papst Pius IV. gab einen neuen Universitätsbau an der östlichen Seite der Basilika in Auftrag. An der Via dell'Archiginnasio sind deshalb auch seltsam unfertige Altarnischen zu sehen.

Quadrilatero HISTORISCHE ALTSTADT
Östlich der Piazza Maggiore rund um die Via Clavature (Straße der Schlosser) markiert das Netz der Straßen die Position der einstigen römischen Stadt. Das Quadrilatero, wie dieses kompakte Viertel genannt wird, ist gepflegter als das angrenzende Universitätsviertel. In Spezialitätenläden alten Stils werden die weltberühmten Erzeugnisse der Region angeboten.

IM SÜDEN & WESTEN DER PIAZZA MAGGIORE

GRATIS **Museo Civico Archeologico** MUSEUM
(Via dell'Archiginnasio 2; ⏲ Di–Fr 9–15, Sa & So 10–18.30 Uhr) Frei und eindrucksvoll in seiner Breite der historischen Epochen, zeigt das Museum gut dokumentierte ägyptische und römische Kunstgegenstände sowie eine

Sammlung aus etruskischer Zeit, die zu den besten Italiens zählt.

GRATIS **Palazzo dell'Archiginnasio** PALAZZO, MUSEUM
(Piazza Galvani 1) Der Palazzo dell'Archiginnasio war das bevorzugte Bauprojekt von Papst Pius IV. Hier war die Universität der Stadt von 1563 bis 1805 untergebracht. Noch heute befindet sich hier die **Biblioteca Comunale** (Städtische Bibliothek) mit 700 000 Bänden. Im faszinierenden **Teatro Anatomico** (Mo–Fr 9–18.45, Sa 9–13.45 Uhr) aus dem 17. Jh. fanden öffentliche Leichensezierungen unter den strengen Blicken eines päpstlichen Inquisitors statt. Er war dafür zuständig sofort einzugreifen, wenn die Vorgänge religiös bedenklich zu werden drohten. In der Mitte steht ein Tisch mit Marmorplatte, umgeben von Zedernholzgestühl, von der Decke blickt eine Apollobüste herab. Der Baldachin über dem Professorenstuhl wird von zwei geschnitzten Holzfiguren getragen.

Basilica di San Domenico KIRCHE
(Piazza San Domenico 13; Mo–Fr 9.30–12.30 & 15.30–18.30, Sa & So bis 17.30 Uhr) Der Zauber und Mythos, der von Italien ausgeht, liegt zum Teil in seinem geweihten Boden begründet. Jede Kapelle einer beliebigen Kirche erzählt eine eigene Geschichte. Der Reiz dieser Basilika von 1238 besteht in der Legende des hl. Dominikus, Gründer des Dominikanerordens. Er starb 1221, sein schmuckvoller Sarkophag steht in der **Cappella di San Domenico**, die nach einem Entwurf von Nicola Pisano entstand. Später haben zahlreiche Künstler daran weitergearbeitet. Große Geister scheinen in der Kirche noch präsent zu sein; von Michelangelo stammt der Engel auf der rechten Altarseite, den er bereits im Alter von 19 Jahren schuf, und als Mozart vier Wochen an der Musikakademie der Stadt verbrachte, spielte er gelegentlich auf der Orgel der Kirche.

Chiesa di San Francesco KIRCHE
(Piazza San Francesco; 6.30–12 & 15–19 Uhr) Typisch gotisch, dunkel und geheimnisvoll ist diese Kirche, die als eine der ersten italienischen Kirchen im Stil der französischen Gotik gebaut wurde. Im Innern befinden sich das Grab von Papst Alexander V. und ein bemerkenswertes Marmoraltarbild des 14. Jhs., auf dem verschiedene Heilige und Szenen aus dem Leben des hl. Franziskus dargestellt sind.

UNIVERSITÄTSVIERTEL

Rotzfreche Graffiti, kommunistische Zeitungsverkäufer und der Bierdunst vergangener Nächte kennzeichnen die heruntergekommenen, aber eigenartig anziehenden Straßen des Universitätsviertel. Das Viertel liegt an der Stelle des einstigen jüdischen Ghettos von Bologna.

LP TIPP **Le Due Torri** TURM
Sie halten Wache an der Piazza di Porta Ravegnana: Die schiefen Türme von Bologna sind unverwechselbare Wahrzeichen der Stadt. Der größere der beiden Türme, die 97,6 m hohe **Torre degli Asinelli** (Eintritt 3 €; 9–18 Uhr, Okt.–Mai bis 17 Uhr), kann bestiegen werden. Das empfiehlt sich allerdings nicht für Personen, die zu Schwindelanfällen oder Knieproblemen neigen (498 Stufen führen eine halb freistehende Holztreppe hinauf). Abergläubische Studenten verzichten ebenso darauf, denn eine Volksweisheit besagt: Wer den Turm hinaufsteigt, kommt nie zu einem universitären Abschluss. Der Geschlechterturm der Asinelli wurde zwischen 1109 und 1119 errichtet. Im Laufe der Zeit wurde er schief und weicht heute 1,3 m von der Senkrechten ab. Die benachbarte, 48 m hohe **Torre Garisenda** hat sogar eine Schlagseite von 3,2 m.

Abbazia di Santo Stefano KIRCHE
(Via Santo Stefano 24; 9–12.30 & 15.30–18.30 Uhr) Streng genommen ist Santo Stefano keine weitere Kirche, sondern eher ein - sehr stimmungsvoller - mittelalterlicher Komplex aus Sakralbauten. Ursprünglich gab es hier sieben Kirchen, daher der Spitzname der Basilika: Sette Chiese, aber nur vier blieben erhalten. Der Eingang zur Kirche erfolgt über die **Chiesa del Crocefisso** aus dem 11. Jh., in der die Gebeine San Petronios aufbewahrt werden, als Nächstes folgt die **Chiesa del Santo Sepolcro**. Dieser karge achteckige Bau war vermutlich ursprünglich eine Taufkapelle. Die benachbarte **Cortile di Pilato** ist nach dem Becken benannt, in dem Pontius Pilatus seine Hände gewaschen haben soll, nachdem er Jesus zum Tode verurteilt hatte. In Wirklichkeit ist es eine langobardische Arbeit aus dem 8. Jh. Die **Chiesa della Trinità** ist mit einem bescheidenen Kreuzgang und einem kleinen **Museum** verbunden. Die vierte Kirche, **Santi Vitale e Agricola**, ist die älteste der Stadt. In den Bau wurden römische Mauern und Bildhauerarbeiten integriert, der größte Teil stammt jedoch aus dem

NICHT VERSÄUMEN

KIRCHE AUF DEM BERG

3,5 km südwestlich außerhalb des Stadtzentrums liegt die hoch gelegene **Basilica Santuario della Madonna di San Luca** (Via di San Luca 36; ⌚April–Sept. 7–12.30 & 14.30–19 Uhr, Okt.–Feb. 7–17 Uhr, März 7–18 Uhr). In ihrem Inneren hängt ein Madonnengemälde, das angeblich ein Werk des hl. Lukas ist und im 12. Jh. aus dem Vorderen Orient nach Bologna gebracht wurde. Die Kirche erinnert ein wenig an die Wallfahrtskirche „Superga" bei Turin. Der Altarraum aus dem 18. Jh. ist durch einen Arkadengang mit der Stadtmauer verbunden: Er steht im Ruf mit 666 Bögen der längste Säulengang der Welt zu sein und beginnt an der Piazza di Porta Saragozza. Die Buslinie 20 führt vom Stadtzentrum zur Villa Spada, von wo aus ein Minibus weiter zur Kirche führt. Wer noch eine Haltestelle weiter mit der Buslinie 20 fährt, kommt zum Meloncello-Bogen und kann sich bei einem 2 km langen gemütlichenSpaziergang unter den Arkaden die Beine vertreten.

11. Jh. Die erheblich älteren Gräber der beiden Heiligen in den Seitenschiffen dienten als Altäre.

Oratorio di Santa Cecilia KIRCHE
(Via Zamboni 15; ⌚10–13 & 14–18 Uhr) Die Kirche ist einer der unbekanntesten Schätze Bolognas. Im Innern stellen prachtvolle, im 16. Jh. von Lorenzo Costa geschaffene Fresken in leuchtenden Farben Leben und Tod der hl. Cäcilia und ihres Gatten Valeriano dar. Die Fresken sind in bemerkenswert gutem Zustand, ihre Farben lebhaft und ihre Bildersprache kühn und schonungslos. Im Oratorio finden regelmäßig kostenlose Kammermusikkonzerte statt. Draußen ist an einer Tafel Näheres zum Programm zu lesen.

GRATIS **Universitätsmuseen** MUSEUM
Die älteste Universität der Welt besitzt etliche Museen, die (bei freiem Eintritt) Abstand von geistlicher Kunst und düsteren Kirchen gewähren. Die meisten befinden sich im **Palazzo Poggi** (www.museo palazzopoggi.unibo.it; Via Zamboni 33; ⌚ Di–Fr 10–13 & 14–16, Sa & So 10.30–13.30 & 14.30–17.30 Uhr), wo im **Anatomischen Museum** z. B. Uterusmodelle aus Wachs und im **Naturkundlichen Museum** riesige Schildkrötenpanzer studiert werden können. Weitere Überraschungen (und vollgepackte Ausstellungen) halten das **Museo di Zoologia** und das **Museo di Antropologia** an der nahen Via Selma 3 bereit.

Pinacoteca Nazionale KUNSTGALERIE
(Via delle Belle Arti 56; Eintritt 4 €; ⌚Di–So 9–19 Uhr) Das wichtigste Kunstmuseum der Stadt zeigt eine Sammlung von Werken Bologneser Künstler ab dem 14. Jh., darunter Ölgemälde der drei Vettern Carracci (Ludovico, Agostino und Annibale) aus dem 16. Jh.

Die Carraccis gehörten zu den Gründervätern der italienischen Barockkunst. Sie waren zutiefst von der Gegenreformation beeinflusst, die in der zweiten Hälfte des 16. Jhs. in Italien an Bedeutung gewann. Viele ihrer Arbeiten sind religiös motiviert, ihre Bildersprache ist oft explosiv und emotional, dazu bestimmt, die Frömmigkeit zu fördern. Besonders beachtenswerte Werke sind u. a. die *Madonna Bargellini von* Ludovico, die *Comunione di San Girolamo* von Agostino und die *Madonna di San Ludovico* von Annibale. Die Galerie zeigt daneben mehrere Werke von Giotto sowie Raffaels *Estasi di Santa Cecilia* (Verzückung der hl. Cecilia). El Greco und Tizian sind ebenfalls vertreten, wenn auch mit vergleichsweise unbekannten Werken.

NÖRDLICH DER PIAZZA MAGGIORE

MAMbo KUNSTGALERIE
(Museo d'Arte Moderna di Bologna; Via Don Minzoni 14; Erw./erm. 6/4 €; ⌚ Di, Mi & Fr 12–18, Do bis 22, Sa & So bis 20 Uhr) Avantgardisten, Atheisten und andere, deren Bedarf an dunkler, religiöser Kunst gedeckt ist, finden Trost im neuesten Museum Bolognas. Es wurde 2007 in den weiten, kargen Räumen einer ehemaligen städtischen Bäckerei eröffnet. In dauerhaften und wechselnden Ausstellungen zeigt die Galerie Werke von aufstrebenden italienischen Künstlern. Der Eintritt zur Dauerausstellung ist mittwochs kostenlos.

Aktivitäten

Hammam Bleu WELLNESS
(☎051 58 01 62; www.hammam.it; Vicolo Barbazzi 4; ⌚ Mo–Fr 12–22, Sa & So 11–19 Uhr) Wenn der Friede der stillen Kirchen noch nicht beruhi-

gend gewirkt hat, empfiehlt sich dieses türkische Bad in der historischen Altstadt. Die Preise beginnen bei 50 € für eine halbstündige Behandlung oder 40 € für den Besuch der Wellness-Einrichtungen (Dampfbad, Sauna, Whirlpool).

Kurse

La Vecchia Scuola Bolognese KOCHEN
(www.lavecchiascuola.com; Via Malvasia 49) Es ist keine Überraschung: In Bologna lässt sich gut kochen lernen. Dies ist eine von mehreren Schulen, die Kochkurse in englischer Sprache anbieten. Die Preise liegen bei 80 € für einen zusammenhängenden vierstündigen Unterricht und bei 210 € für einen dreitägigen Kurs.

Geführte Touren

Verschiedene Veranstalter bieten zweistündige, englischsprachige Stadtführungen an (13 €). Treffpunkt ist die Haupttouristeninformation an der Piazza Maggiore (keine Reservierung erforderlich).

La Chiocciola SPAZIERGÄNGE
(☎051 22 09 64; www.lachiocciolasnc.com) Treffpunkt Mi, Sa und So 10.15 Uhr.

Trambus Open BUS
(www.trambusopen.com) Veranstaltet einstündige Stadtrundfahrten im Bus mit der Möglichkeit, immer wieder ein- und auszusteigen. Abfahrt ist mehrmals täglich am Bahnhof. Tickets (10 €) sind im Bus erhältlich.

Feste & Events

Bologna hat einen vollen und abwechslungsreichen Veranstaltungskalender, der sich hauptsächlich um Musik dreht. Die Bandbreite der verschiedenen Darbietungen reicht von Performances in der Sprache des Rock 'n' Roll über Straßen-Raves bis zu Jazz-Konzerten und von Ballett bis zu feierlichen Prozessionen. Der Sommer ist die beste Zeit für Feste. Zu den Großveranstaltungen zählen folgende Ereignisse.

Bologna Estate KUNST
Dreimonatiges Programm (Mitte Juni bis Mitte Sept.) mit Konzerten, Film, Tanz und vielem mehr. Open-Air-Bühnen in der ganzen Stadt, viele Events sind kostenlos. Infos in den Touristeninformationen.

Salotto del Jazz MUSIK
(Juli–Aug.) Ein kleines Jazzfest, das an vier Veranstaltungsorten rund um die Via Mascarella im Universitätsviertel (nordwestlich der Via Zamboni) stattfindet.

Schlafen

Die Hotels in Bologna orientieren sich am Markt für Geschäftsreisende. Es gibt ein Überangebot an Mittel- und Spitzenklassehotels und nur wenige Budgetunterkünfte. Hochbetrieb herrscht zur Messesaison im Frühjahr und Herbst. Dann klettern die Preise in die Höhe klettern, die Hotels sind ausgebucht und frühzeitige Buchungen unerlässlich sind. Wenn gerade keine Messe stattfindet, bieten manche Hotels Ermäßigungen von bis zu 50 % und attraktive Tarife an Wochenenden an.

LP TIPP **Prendiparte B&B** B&B €€€
(☎051 58 90 23; www.prendiparte.it; Via Sant'Alò 7; Zi. 250–300 €) Wer einmal hier gewesen ist, wird nie wieder woanders übernachten wollen. Die Bezeichnung B&B ist irreführend: Hier bekommen die Gäste nicht einfach ein Zimmer, sondern einen ganzen, 900 Jahre alten Turm (den zweithöchsten Bolognas). Der Wohnbereich (Schlafzimmer, Küche und Wohnzimmer) erstreckt sich über drei Ebenen, doch es gibt noch neun weitere Etagen zu entdecken. Auf halber Höhe liegt ein Gefängnis aus dem 17. Jh. verborgen, und die Terrasse auf dem Turmdach bietet eine wunderbare Sicht. Wie wäre es, mit einem Millionär (oder seiner Gattin) anzubändeln und vorzugeben, ein(e) verwunschene(r) Prinz(essin) zu sein?

Il Convento dei Fiori di Seta BOUTIQUEHOTEL €€€
(☎051 27 20 39; www.silkflowersnunnery.com; Via Orfeo 34; Zi. 130–270 €, Suite 280–440 €; ❄) Bevor die Entscheidung auf eine der Budgetunterkünfte Bolognas fällt, sollten die zahlreichen Spitzenhotels wenigstens bestaunt werden, z. B. dieses schicke Boutiquehotel, das in einem Frauenkloster aus dem 14. Jh. eingerichtet wurde. Zu frommen Fresken gesellen sich Blumenstillleben im Stil des Fotografen Mapplethorpe und schicke, moderne Lampen, die Betten sind mit Leinen bezogen und die Bäder mit kühlen Mosaikfliesen gekachelt.

Hotel University Bologna HOTEL €€
(☎051 22 97 13; www.hoteluniversitybologna.com; Via Mentana 7; DZ 70–95 €, 3BZ 90–110 €; ❄@🛜) Wer bei dem Namen an studentische Wohngemeinschaften denkt, darf beruhigt sein; es besteht keine Ähnlichkeit. Vielmehr ist es

erfreulich, dass die älteste Universitätsstadt der Welt ein Hotel besitzt, dessen Preisklasse die finanziellen Möglichkeiten der studentischen Bevölkerung nicht maßlos übersteigt. Das HU Bologna wird bescheiden als 3-Sterne-Hotel klassifiziert, wurde jedoch modernisiert und liegt weit über dem gewohnten Niveau.

Albergo Rossini HOTEL €
(☎051 23 77 16; www.albergorossini.com; Via dei Bibiena 11; EZ 40–75 €, DZ 70–100 €; ⊙Mitte Juli–Mitte Aug. geschl.; ❄) Der kurze Weg von der Piazza Verdi zum Hotel ist nicht vielversprechend. Er führt durch eine Gasse, die von Trunkenbolden gern als Freilufttoilette benutzt wird. Im (durchschnittlichen) Hotel selbst ist die Atmosphäre herzlich und freundlich. Am besten sind die Zimmer unterm Dach, wo durch günstig liegende Dachfenster das Sonnenlicht hereinfällt.

Hotel Orologio DESIGNHOTEL €€€
(☎051 745 74 11; www.bolognarthotels.it; Via IV Novembre 10; EZ 100–325 €, DZ 170–350 €; P❄@📶) Eines von vier gehobenen Hotels, die von dem Unternehmen Bologna Arts Hotels betrieben werden. Das noble Haus abseits der Piazza Maggiore bezaubert mit tadellosem Service, schicken Zimmern in eleganten Gold-, Blau- und Burgundertönen, Bädern aus wolkigem grauen und weißen Marmor, einer Begrüßungszeremonie mit Schokolade und einer unübertrefflichen Lage in der Altstadt.

Albergo Garisenda HOTEL €
(☎051 22 43 69; www.albergogarisenda.com; 3. Stock, Galleria del Leone, Via Rizzoli 9; DZ ohne Bad 65–85 €, DZ mit Bad 85–110 €; P📶) Im Schatten der schiefen Türme von Bologna liegt das Hotel Garisenda mit sieben schmucklosen Zimmern, aber kuscheligen Betten und ein paar bescheidenen Möbelstücken. Der Eingang befindet sich in einer überdachten Shopping-Galerie, etwas abseits der Via Rizzoli. Ein Parkplatz kostet 7 €, das Frühstück 5 €.

Albergo delle Drapperie HOTEL €
(☎051 22 39 55; www.albergodrapperie.com; Via delle Drapperie 5; EZ 60–70 €, DZ 75–85 €; ❄) Direkt im Herzen des stimmungsvollen Quadrilatero liegt das Hotel, „verschachtelt" in den oberen Stockwerken eines größeren Hauses. Per Türöffner werden die Gäste im Erdgeschoss eingelassen und finden am oberen Ende einer Treppe 21 einladende Zimmer mit Holzbalken an den Decken, dem einen oder anderen Ziegelsteinbogen und Deckenfresken in kräftigen Farben. Das Frühstück kostet zusätzlich 5 €.

Ostello Due Torri-San Sisto HOSTEL €
(☎051 50 18 10; bologna@aighostels.com; Via Viadagola 5 & 14; B/EZ/DZ 16/25/42 €; P@📶) Rund 6 km nördlich des Stadtzentrums befinden sich die beiden HI-Hostels der Stadt – kaum 100 m voneinander entfernt. Sie sind modern, zweckmäßig eingerichtet und preiswert. Buslinie 93 (Mo–Sa bis 20.20 Uhr) fährt von der Via Irnerio ab, Buslinie 301 (So) am Busbahnhof und der Nachtbus 21B (stündlich ab 21.40 bis 00.40 Uhr) gegenüber dem Hauptbahnhof.

Albergo Centrale HOTEL €€
(☎051 22 51 14; www.albergocentralebologna.it; Via della Zecca 2; EZ 45–60 €, DZ 75–120 € inkl. Frühstück; ❄) Hier wird viel Komfort und eine günstige Lage geboten. Die großen, altmodischen Zimmer des Albergo Centrale sind mit Parkettfußböden und modernen Möbeln ausgestattet. Es gibt ein reichhaltiges Frühstücksbüfett.

Centro Turistico Città di Bologna CAMPINGPLATZ €
(☎051 32 50 16; www.hotelcamping.com; Via Romita 12; Camping pro Erw./Kind 8,50/5 € & Zelt 13 €, 2-Pers.-Bungalows 49–90 €; @🏊) Der große, gut ausgestattete Campingplatz liegt 6 km vom Hauptbahnhof entfernt. Auf dem Gelände des Platzes gibt es u. a. eine Bar, einen Minimarkt und einen Zeitschriftenladen. Busse der Linie 68 fahren vom Busbahnhof zum Campingplatz.

Essen

Erste gastronomische Regel: Im Restaurant Sprachkenntnisse anwenden und *tagliatelle al ragù* bestellen. Die berühmte Fleischsauce der Stadt „Spaghetti Bolognese" zu nennen wäre wie Champagner als „Schaumwein" zu bezeichnen. Nach einigen Mahlzeiten in Bologna wird verständlich, warum die Stadt auch *La Grassa* genannt wird. Die Küche folgt gleich an zweiter Stelle nach der Kirche. *Mortadella* (Wurst) stammt aus Bologna. Gleiches gilt für Tortellini, die oft mit Kürbis und Kräutern gefüllt und in Butter und Salbei geschwenkt werden. Von den nahen Berghängen kommen der leichte, moussierende rote Lambrusco sowie ein vollmundiger, trockener Sauvignon Blanc. Im Universitätsviertel nordöstlich der Via Rizzoli konzentrieren sich Hunderte von

Restaurants, Trattorien, Imbissständen und Cafés, die sowohl Studenten als auch spendable Gourmets zufriedenstellen. Zutaten zum selbst Kochen findet man in den Feinkostläden des Quadrilatero.

LP TIPP Drogheria della Rosa TRATTORIA €€
(☎051 22 25 29; www.drogheriadellarosa.it; Via Cartoleria 10; Mahlzeiten 35–40 €; ⌚Mittag & Abend) Holzregale, Apothekergläser und Flaschen: Es fällt nicht schwer, sich vorzustellen, dass die charmante, gehobene Trattoria früher eine Apotheke war. Der sympathische Wirt nimmt sich Zeit, an jeden Tisch zu kommen und die kleine, feine Tageskarte zu erklären. Auf die Gäste warten vorzüglich zubereitete Variationen von Bologneser Klassikern wie Tortellini oder Steak mit Balsamico.

Trattoria del Rosso TRATTORIA €
(www.trattoriadelrosso.com; Via A Righi 30; Mahlzeiten 16–18 €; ⌚Mittag & Abend) Gutes Essen muss in Bologna nicht teuer sein. Wer daran zweifelt, sollte sich den zahlreichen Gästen anschließen, die vom schlichten Ambiente, den günstigen Preisen und der (auch mittags) schnellen Bedienung hierher gezogen werden. Es heißt, die Trattoria sei die älteste der Stadt, ein weiterer Beweis dafür, dass sich Altes bewährt.

Tamburini CAFETERIA €
(www.tamburini.com; Via Caprarie 1; Mahlzeiten 10–20 €; ⌚ Mo–Sa Mittag) Büfettgerichte, die frisch und fantasievoll gemacht sind – das ist kein Widerspruch im Tamburini, einem traditionellen Spezialitätengeschäft voller baumelnder Schinken und aromatischer Käse, zu dem eine beliebte Cafeteria gehört. Dort gibt es eine verführerisch dekorierte Käse- und Fleischauswahl, bunte Salatschüsseln und täglich drei oder vier Pastagerichte. Mit Warteschlangen ist zu rechnen.

Osteria de' Poeti OSTERIA €€
(www.osteriadepoeti.com; Via de' Poeti 1b; Mahlzeiten 30–40 €; ⌚Okt.–Mai Mo geschl., Juni–Aug. So geschl.) Das Traditionslokal liegt im Weinkeller eines Palazzo aus dem 14. Jh. und ist ein stimmungsvoller Ort, wo herzhafte regionale Gerichte zu haben sind. Besonders schön sind die Plätze am imposanten Steinkamin. Empfehlenswert sind z. B. Klassiker wie *taglioline con fiori di zucca, zucchini e prosciutto di Parma* (Nudeln mit Kürbisblüten, Zucchini und Parmaschinken). Abends ist regelmäßig Livemusik zu hören.

Marco Fadiga Bistrot FISCH €€
(☎051 22 01 18; www.marcofadigabistrot.com; Via Rialto 23; Mahlzeiten 35–40 €; ⌚Di–Sa Abendessen) Die Spezialitäten des Hauses sind feine Weine und Fischgerichte, beispielsweise Austern oder die extravagante Fischplatte Grand Plateau Royal (bei der zum Thema Meerestiere alle Register gezogen werden). Das elegante und dabei zwanglose Restaurant ist geradezu ideal für ein romantisches Abendessen.

Godot Wine Bar MODERN ITALIENISCH €€€
(☎051 22 63 15; Via Cartoleria 12; Mahlzeiten 40–50 €; ⌚Mo–Sa) Der Name kann täuschen! Eine ausgezeichnete Weinauswahl gibt es hier auch, Empfehlungen werden täglich mit Kreide auf einer Tafel verzeichnet, und der Schwerpunkt liegt auf italienischen Tropfen, doch das Godot hat sich auch einen Namen als eines der Spitzenrestaurants Bolognas gemacht, das mit ausgefallenen Kreationen hervortritt.

LP TIPP La Sorbetteria Castiglione EISCAFÉ €
(Via Castiglione 44; ⌚8.30–23 Uhr) Unzählige Eiscremelegenden sind von Italien zu erzählen. Etliche (eine davon wurde kürzlich in der New York Times besprochen) haben in diesem Tempel des Eisgenusses ihren Ursprung. Die Gelateria liegt etwas abseits vom Stadtzentrum, aber der Weg dorthin lohnt sich.

Gelateria Gianni EISCAFÉ €
(www.gelateriagianni.com; Via San Vitale 2; ⌚12–22 Uhr) Sie verweist die Turiner Eisdielenkette „Grom" auf den dritten Platz. In dieser neuen Gelateria haben schon viele studentische Rendezvous bei großzügigen Portionen von weißem Schokoladen- oder Kirscheis ein süßes Ende gefunden. Es gibt noch zwei weitere Filialen.

Trattoria Fantoni TRATTORIA €
(Via del Pratello 11a; Mahlzeiten 15 €; ⌚Mo Abend & So geschl.) Eine sehr beliebte Trattoria, wo italienische Klassiker zu angenehmen Preisen aufgetischt werden. Die Atmosphäre ist herzlich und die Inneneinrichtung ein ansprechender Mix aus Altem und moderner Kunst.

P122@s PIZZERIA €
(Via dei Musei 2-4; Pizzas 6–9 €) Das angesagte Restaurant lockt mit Pizzas aus dem Holzofen eine trendbewusste, heimische Gästeschar an. Die Pizzeria findet man unter den Säulengängen bei der Piazza Maggiore.

Trattoria Belle Arti TRATTORIA €

(Via Belle Arti 14; Mahlzeiten 20 €) Bedienung bei Tisch gilt hier als Sentimentalität. Im Belle Arti ist es laut, voll und manchmal chaotisch, doch die große Auswahl an Bologneser Klassikern ist echt und ehrlich.

Selbstversorger

Lebensmittel werden auf dem größten überdachten Markt Bolognas, dem **Mercato delle Erbe** (Via U Bassi 27; Mo–Sa 7–13.15 Uhr & Mo–Mi & Fr 17–19.30 Uhr), verkauft. Alternativ dazu gibt es im Quadrilatero östlich der Piazza Maggiore einen täglichen **Obst- und Gemüsemarkt** (Via Clavature; Mo–Sa 7–13 Uhr & Mo–Mi, Fr & Sa 16.15 bis 19.30 Uhr), auf dem einige der bekanntesten und beliebtesten Bologneser Spezialitäten zu kaufen sind.

Ausgehen

Die mit Graffiti bemalten Straßen des Universitätsviertels strahlen bei Einbruch der Nacht eine so elektrisierende Energie aus, dass es ansteckend wirkt. Aus lärmenden Bars quellen die Gäste bis auf die Straße hinaus, schwermütige Trinker hocken in Runden direkt auf dem harten Pflaster, Musiker improvisieren talentvoll alte Jazz-Stücke. Die Piazza Verdi ist der Anziehungspunkt für durstige Studenten. Wer es anspruchsvoller und eleganter liebt, wird im Quadrilatero das Richtige finden.

LP TIPP **Le Stanze** WEINBAR

(www.lestanzecafe.com; Via Borgo San Pietro 1; Mo–Sa 11–3 Uhr) Im Gegensatz zur studentischen Atmosphäre der Scuderia geht es im eleganteren Le Stanze viel ruhiger zu. In der einstigen Kapelle zeigen die vier Innenräume einen jeweils eigenen Gestaltungsstil. Das Büfett zum Aperitivo ist erstklassig: Paella, Pasta und andere Köstlichkeiten begleiten die große Auswahl von Weinen und Cocktails.

La Scuderia BAR, CAFÉ

(www.lascuderia.bo.it; Piazza Verdi 2; Mo–Sa 8–1 Uhr; WLAN) In guten Nächten entfaltet sich im nachlässig-eleganten La Scuderia an der Piazza Verdi ein Panorama des ganzen Viertels. Wie in Bologna zu erwarten, setzt sich das Publikum aus einer bunten Mischung von Flaneuren, langhaarigen Gruftis, verbummelten Studenten und vereinzelten Opernbesuchern zusammen, die sich, in Erinnerungen an ihre Studentenzeit verloren, hierher verirren. Die Bar befindet sich im einstigen Stallgebäude der Bentivoglio und weist hohe Säulen, Deckengewölbe und Kunstfotos auf.

English Empire BAR

(Via Zamboni 24a; 19–3 Uhr) Obwohl Bologna nie in irgendeiner Beziehung zum britischen Empire stand, macht diese Kneipe mit frisch gezapftem Guinness und Bass gute Geschäfte. Die Gästeschar drängt sich bis unter die Arkaden hinaus. Am frühen Morgen schlängeln sich Jogger durch die Gruppen übernächtigter Kneipengänger.

ITIT CAFÉ

(Largo dei Respighi 2; WLAN) Ein neuer Konsumtrend? Dieses Café ist neu im Studentenviertel, ein Paradies der Internetfreaks, verkaterten Partygänger und Angestellten in der Mittagspause, die nach abgepackten Sandwiches greifen. Kaffee wird in Bechern zum Mitnehmen, als Doubleshot, fettreduziert und in vielen anderen „amerikanisierten" Varianten angeboten.

Nu-Lounge Bar BAR

(Via de' Musei 6f) In der eleganten Bar im Quadrilatero treffen sich gutsituierte einheimische Gäste, um an frühabendlichen *aperitivi* zu nippen. Der eine oder die andere prüft dabei in den reflektierenden Glasscheiben der Arkadenterrasse diskret sein Äußeres.

Bravo Caffè BAR

(Via Mascarella 1; 20 Uhr–open end) Gegenüber der Cantina Bentivoglio liegt die reizvolle Weinbar mit roten Wänden, schwarzen Möbeln und einer weichen, indirekten Beleuchtung. Regelmäßig wird hier auch live Jazz-Musik gespiel: Die Speisekarte ist umfangreich.

Marsalino CAFÉ, BAR

(Via Marsala 13d; Di–Sa Mittag & Abend, So Abend, Mo Mittag) Klein, künstlerisch angehaucht und wandlungsfähig: Im Marsalino geht es entspannt zu. Es öffnet um 16 Uhr als Teestube, verwandelt sich um 18 Uhr in eine Weinbar und wird um 20 Uhr zu einem Restaurant.

Unterhaltung

In Bologna weiß man, dank der großen studentischen Bevölkerungsgruppe, rockige Feste zu feiern. Aber man versteht auch in der Oper dezenten Applaus zu spenden. Der umfangreichste Veranstaltungskalender, *Bologna Spettacolo* (1,50 €, auf Italienisch), ist in Zeitschriftenläden erhältlich.

Cantina Bentivoglio LIVEMUSIK
(www.cantina bentivoglio.it; Via Mascarella 4b; ⌚20–2 Uhr) Die beste Jazz-Adresse in Bologna ist vieles: teils Weinbar (mit einer Auswahl von rund 500 Sorten), teils Restaurant (das Tagesgericht kostet 28 €) und teils Jazzclub (jede Nacht Livemusik). Diese viel geliebte Institution strahlt mit ihren alten Backsteinböden, Deckengewölben und Regalen voller Weinflaschen einen behaglichen Charme aus.

Kinki NACHTCLUB
(www.kinkidisco.com; Via Zamboni 1a; ⌚ Sept.–Mai 23 Uhr–open end) Seit mehr als 50 Jahren gibt es das Kinki, es ist für Nachtclubverhältnisse so altertümlich wie ein mittelalterlicher Palazzo. Seit 1975 ist der Club unter seinem derzeitigen Namen bekannt. Und noch heute hat er einen guten Ruf in der Clubszene der Stadt mit Kunstausstellungen, Videoprojektionen, House-Musik und der sonntäglichen Gay Night.

Cassero NACHTCLUB
(www.cassero.it; Via Don Minzoni 18; ⌚ Sa 21.30–5, Mi–Fr bis 2, So–Di bis 24 Uhr) Samstag- und Mittwochnacht sind die Big Nights in diesem recht legendären Club (nicht ausschließlich) für Schwule und Lesben – hier hat die italienische Organisation Arcigay ihren Sitz.

Villa Serena LIVEMUSIK
(Via della Barca 1; ⌚ Fr & Sa 21.30–3 Uhr) Auf drei Ebenen flimmern Videoclips über Bildschirme, Musik wird gelegentlich live gespielt oder kommt meistens aus der Konserve. Zum Entspannen im Freien gibt es einen Garten.

Cinema Chaplin KINO
(www.cinemachaplin.it; Piazza di Porta Saragozza 5; Eintritt 5 €) Zeigt von September bis einschließlich Mai jeden Montag Filme in englischer Sprache (u. a. Arthouse).

Teatro Comunale THEATER
(www.tcbo.it; Largo Respighi 1) Die wichtigste Bühne Bolognas für Oper und klassische Musik. Hier waren die Werke Wagners zum ersten Mal in Italien zu hören.

Shoppen

Für Liebhaber guten Essens ist das Quadrilatero das erste Ziel, die Feinkost- und Spezialitätengeschäfte sind oft Familienunternehmen. Führend auf diesem Gebiet sind **Paolo Atti** (Via Drapperie 6; ⌚Mo–Sa 7.30–13.30 & 16–19.15 Uhr) und **La Baita** (Via Pescheria Vecchie 3; ⌚8–20 Uhr, Juni–Aug. So geschl.)

Librerie Coop BUCHLADEN
(Via Orefici 19; ⌚ Mo–Sa 9–24 Uhr, So bis 20 Uhr) Ein Paradies für hungrige Bücherwürmer (oder belesene Gourmands): Auf drei Ebenen ist dieses Gemeinschaftsprojekt einer Buchhandlung und der Turiner Supermarktkette Eataly untergebracht. Es gibt zwei Restaurants und Tausende von Büchern.

Praktische Informationen

Internetzugang

Iperbole (www.comune.bologna.it/wireless; Palazzo D'Accursio, Piazza Maggiore 6; Internet & WLAN frei; ⌚ Mo–Sa 9.30–18.30 Uhr) Kostenloser Internetservice der Stadtverwaltung, gilt für 1 Std. pro Tag an sechs öffentlichen Computern oder 3 Std. WLAN-Zugang. Anmeldung bei Iperbole im Palazzo D'Accurs.

Medizinische Versorgung

Ospedale Maggiore (☎051 647 81 11; Largo Nigrisoli 2) Westlich des Stadtzentrums; Buslinie 19 ab Via Bassi.

Post

Post (Piazza Minghetti 4)

Touristeninformation

Touristeninformation (www.bolognaturismo.info; Piazza Maggiore 1e; ⌚9–19 Uhr) Weitere Büros am Flughafen und am Hauptbahnhof.

An- & Weiterreise

Auto & Motorrad

Die Stadt ist über die Autostrada del Sole (A1) an Mailand, Florenz und Rom angebunden. Die A13 führt direkt nach Ferrara, Padua und Venedig und die A14 nach Rimini und Ravenna. Über die SS9 (Via Emilia) ist man schnell in Mailand oder an der Adriaküste. Die SS64 führt nach Ferrara.

Die wichtigsten Autovermieter sind am Flughafen Guglielmo Marconi und am Hauptbahnhof vertreten. In der Innenstadt haben u. a. **Budget** (Via G Amendola 12f) und **Hertz** (Via G Amendola 16a) ein Büro.

Bus

Intercity-Busse fahren vom **Hauptbusbahnhof** (www.autostazionebo.it) bei der Piazza XX Settembre südöstlich vom Hauptbahnhof ab. Fast alle Ziele sind jedoch besser mit dem Zug zu erreichen.

Flugzeug

Der Flughafen **Guglielmo Marconi** (www.bologna-airport.it) liegt 8 km nordwestlich von

Bologna. Er wird von zahlreichen Fluggesellschaften angeflogen, u. a. Ryanair (Startflughafen in Deutschland: Frankfurt/Hahn) und British Airways (tägliche Flüge zum Londoner Flughafen Gatwick).

Zug

Bologna ist ein wichtiger Verkehrsknotenpunkt in Norditalien. Der neue Hochgeschwindigkeitszug nach Florenz (25 €) nahm im Dezember 2009 seine Fahrt auf und benötigt nur 37 Min. Schnelle Zugverbindungen führen nach Rom (regional 25,50 €, 5 Std.; Eurostar 59 €, 2 Std. 20 Min.) und Mailand (regional 13,60 €, 2 ¼ Std.; Eurostar 42 €, 1 Std.).

Regelmäßige Zugverbindungen bestehen zwischen Bologna und weiteren Städten der Region Emilia-Romagna; Einzelheiten zu einzelnen Städten s. „An- & Weiterreise" in diesem Kapitel.

Unterwegs vor Ort

Auto & Motorrad

Ein großer Teil des Stadtzentrums ist für den Autoverkehr gesperrt. Wer in einem Hotel der Innenstadt wohnt, kann sich von diesem eine Bescheinigung (7 € pro Tag) ausstellen lassen, die zum Befahren dieser Einschränkungszone ZTL (Zona a Traffico Limitato), zum Parken auf ausgewiesenen Parkplätzen und rund um die Uhr zur Nutzung der Stadtbusse berechtigt.

Leihfahrräder gibt es bei **Autorimessa Pincio** (Via dell'Indipendenza 71z; pro 12/24 Std. 13/18 €; ⌚Mo–Sa 7–24 Uhr) nahe des Busbahnhofs.

Vom/zum Flughafen

Aerobus-Shuttles (www.atc.bo.it) fahren vom Hauptbahnhof zum Flughafen Guglielmo Marconi (ab 5.30 bis 23.10 Uhr alle 15 bis 30 Min.). Die 20-minütige Fahrt kostet 5 €, Fahrkarten werden im Bus verkauft.

Öffentliche Verkehrsmittel

Bologna besitzt ein effizientes Busliniennetz, das von **ATC** (www.atc.bo.it) betrieben wird. Es gibt Informationsschalter am Hauptbahnhof, am Busbahnhof und an der Via Marconi. Busse der Linien 25 und 30 pendeln neben weiteren Linien zwischen Hauptbahnhof und Stadtzentrum.

Westlich von Bologna

MODENA

179 900 EW.

Modena ist so gehaltvoll wie eine italienische Mahlzeit. In der Ebene des geruhsam strömenden Po liegt eine Stadt voll kulinarischer Kreativität, die zu den wichtigsten gastronomischen Zentren des Landes gehört. Hier ist der Ursprung des *echten* Balsamessigs, der Tortellini mit verführerischen Füllungen, des moussierenden Lambrusco-Weines. In Seitengassen verbergen sich zahlreiche gute Restaurants ohne große Namen. Noch ein hochgelobtes Kulturgut ist mit der Stadt verbunden: Automobile. Das berühmte Ferrari-Museum befindet sich im Nachbarort Maranello. Modena besitzt einen düsteren romanischen Dom und ist der Geburtsort des großen italienischen Tenors Luciano Pavarotti.

Sehenswertes

LP TIPP Dom DOM

(Corso Duomo; ⌚7–12.30 & 15.30–19 Uhr) Der berühmte Dom von Modena verbindet die Strenge des Mittelalters mit einer Rückwendung zu römisch-antiken Bauformen, die später als romanischer Stil bezeichnet wurde. Die Kirche sticht unter den zahlreichen Sakralbauten der Region Emilia-Romagna wegen ihrer bemerkenswerten architektonischen Reinheit hervor. Sie gilt als die vollendetste romanische Kirche Italiens; seit 1997 gehört sie zum Weltkulturerbe der Unesco. Der Dom ist dem Stadtheiligen Geminianus geweiht und ist zwar nicht so groß und spektakulär wie andere italienische Kirchen, weist aber eine Reihe eindrucksvoller Merkmale auf. Die Hauptfassade wird von einer riesigen gotischen Fensterrose beherrscht (einer Ergänzung aus dem 13. Jh.), durch die Lichtstrahlen in die prachtvolle mittlere Apsis fallen. An den Seiten stellen ausdrucksstarke Reliefs Szenen aus der Schöpfungsgeschichte dar. Es sind Werke des Bildhauers Wiligelmo aus dem 12. Jh. Auch im düsteren Innern gibt es viel zu sehen, u. a. einen aufwendig gearbeiteten Lettner von Anselmo da Campione und in der Krypta eine Gruppe von fünf bemalten Terrakottafiguren von Guido Mazzoni, die *Madonna della pappa* (Madonna mit dem Brei).

Gegenüber vom Eingang zum Dom liegen die **Musei del Duomo** (Via Lanfranco 6; Erw./Kind 3/2 €; ⌚ Di–So 9.30–12.30 & 15.30–18.30 Uhr) mit weiteren fesselnden Bildwerken von Wiligelmo.

Untrennbar mit dem Dom verbunden ist die **Torre Ghirlandina** aus dem frühen 13. Jh. (zur Zeit der Recherche wegen Renovierungsarbeiten geschlossen). Der 87 m hohe Turm endet in einer schlanken gotischen Spitze. Sie wurde von spanischen Juden, die im frühen 16. Jh. in Modena aufgenommen wurden, nach dem berühmten Turm „Giralda" in Sevilla benannt. Auf der gegenüberliegenden Seite der Piazza Grande erhebt sich die elegante Fassade des **Palazzo Comunale**.

Palazzo dei Musei MUSEUM
(Piazzale Sant'Agostino 337) Die wichtigsten Museen und Galerien der Stadt finden Kunstinteressierte im **Palazzo dei Musei** am westlichen Rand der Altstadt.

Am interessantesten ist die **Galleria Estense** (Eintritt 4 €; ⌚Di–So 8.30–19.30 Uhr): Sie zeigt die Familiensammlung der Este mit oberitalienischen Gemälden, eine Zeitspanne vom späten Mittelalter bis zum 18. Jh. umfassend. Daneben gibt es schöne flämische Werke und das eine oder andere Gemälde von Diego de Velázquez, Antonio da Correggio oder El Greco. Im Untergeschoss befindet sich die **Biblioteca Estense** (Eintritt frei; ⌚Mo–Sa 9–13 Uhr) mit einer Sammlung von Büchern, Briefen und Manuskripten, die zu den kostbarsten Meisterwerken Italiens gehören. Dazu zählt die berühmte *Bibbia di Borso d'Este,* eine Bibel, die zu den mittelalterlichen Buchillustrationen zählt.

Ein Kombiticket (4 €) berechtigt zum Eintritt ins **Museo Archeologico Etnologico** (⌚Di–Fr 10–12, Sa & So 10–19 Uhr) und ins **Museo Civico d'Arte** (⌚Di–Fr 9–12, Sa & So 10–13 & 15–18 Uhr). Das Erste zeigt gut aufbereitete regionale Funde aus der Altsteinzeit bis ins Mittelalter sowie völkerkundliche Exponate aus Afrika, Asien, Peru und Neuguinea sowie anderen Ländern der Welt. Am interessantesten unter den bunten Sammlungen des Museo Civico d'Arte sind die Abteilungen zu den Themen traditionelle Papierherstellung, Textilien und Musikinstrumente.

Palazzo Ducale LANDMARK
Der schwere Barockbau beherrscht die Piazza Roma, im Gebäude ist in unseren Tagen eine italienische Elite-Militärakademie untergebracht. 1634 wurde mit dem Bau am Familiensitz der Este begonnen, die Familie residierte zwei Jahrhunderte lang darin. Heute ist der Zutritt nur im Rahmen einer **Führung** (Tour 6 €; So Touren) möglich, die Reservierung nimmt ModenaTur (S. 464) entgegen.

Feste & Events

Modena Terra di Motori AUTOS
(www.modenaterradimotori.com, auf Italienisch) Alljährlich zwischen Ende März und Anfang Mai nehmen Oldtimer und schnittige Ferraris die geschichtsträchtigen Straßen Modenas in Besitz.

Serate Estensi MITTELALTERLICH
(www.comune.modena.it/seratestensi, auf Italienisch) Von Ende Juni bis Anfang Juli wird dieses Mittelalterfest gefeiert. Bei Gelagen, Turnierkämpfen und in historischen Kostümen erwacht die Epoche zu neuem Leben.

Schlafen

Hotel Cervetta 5 HOTEL €€
(☎059 23 84 47; www.hotelcervetta5.com; Via Cervetta 5; EZ/DZ/3BZ 80/120/155 €; ❄📶) Das Cervetta ist so elegant wie in Modena irgend möglich, ohne sich an Konventionen anzupassen. Die Lage nahe der gemütlichen Piazza Grande wird durch die Ausstattung eines Boutiquehotels angenehm ergänzt: gepflegte, moderne Bäder und modernste Fernsehgeräte. Im Preis sind ein Frühstück mit viel Obst und WLAN-Zugang inbegriffen, jedoch kein Garagenplatz (12 €) .

Canalgrande Hotel HOTEL €€
(☎059 21 71 60; www.canalgrandehotel.it; Corso Canalgrande 6; EZ 114–132 €, DZ 154–180 €, Juniorsuite 190–220 €; ❄@📶) Diese ehrwürdige Institution von Modena strahlt den Glanz vergangener Zeiten aus: großzügige Marmorflächen, Gemälde in geschnitzten Goldrahmen, glitzernde Kronleuchter und eine weite Terrasse mit Blick auf den schönen Garten. Ein Parkplatz kostet 12 €.

Ostello San Filippo Neri HOSTEL €
(☎059 23 45 98; modena@aighostels.com; Via Santa Orsola 48-52; B/EZ/DZ 16/20/35 €; @♿) Das zweckmäßige HI-Hostel von Modena bietet 80 Betten in Schlafsälen (nach Geschlechtern getrennt) und Mehrbettzimmer. Zu den Pluspunkten zählen ein barrierefreier Eingang, geräumige Schließfächer, großzügige Räume (maximal drei Betten pro Zimmer) und ein Abstellraum für Fahrräder. Leider werden die Gäste zwischen 10 und 14 Uhr ausgesperrt und es gibt kein Frühstück (Proviant darf in den Speiseraum des Hostels mitgenommen werden).

Hotel San Geminiano HOTEL €
(☎059 21 03 03; www.hotelsangeminiano.it; Viale Moreali 41; EZ/DZ 60/80 €; P📶) Die Lage etwas abseits vom Stadtkern und die dunklen, unscheinbaren Zimmer des Geminiano werden vom tatkräftigen Service und einem benachbarten Restaurant mit gehaltvoller Küche aufgewogen. Dort gibt es unglaublich preisgünstige Pizas (4,50

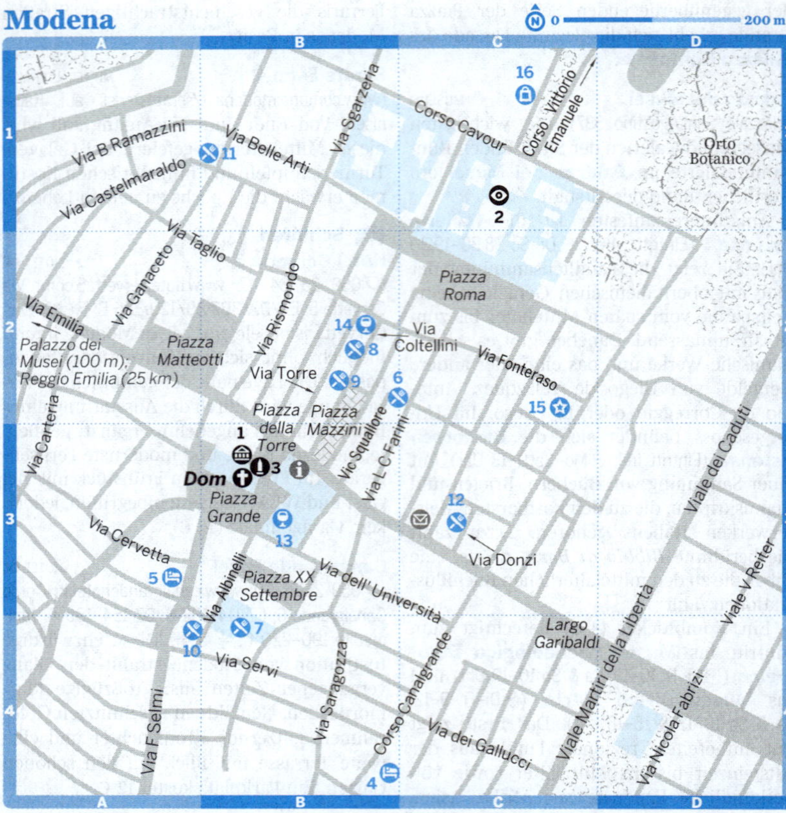

Modena

Highlights
Dom B3

Sehenswertes
1 Musei del Duomo B3
2 Palazzo Ducale C1
3 Torre Ghirlandina B3

Schlafen
4 Canalgrande Hotel B4
5 Hotel Cervetta 5 .... A3

Essen
6 Hosteria Giusti B2
7 Markt B4
8 Ristorante da Danilo B2
9 Ristorante da Enzo B2
10 Trattoria Aldina A4
11 Trattoria Ermes B1
12 Trattoria Il Fantino C3

Ausgehen
13 Cafe-Ristorante Concerto B3
14 Compagnia del Taglio B2

Unterhaltung
15 Teatro Comunale Luciano Pavarotti C2

Shoppen
16 Enoteca Ducale C1

€) und eine Pestosoße, die nach den frischen Zutaten aus der Emilia-Romagna schmeckt.

Essen

Modena würde in einer Rangliste der kulinarischen Zentren Italiens weit oben stehen. Der Zauber liegt nicht im Essen allein, sondern auch in der natürlichen Selbstverständlichkeit, mit der es in bescheidenen, schlichten Restaurants auf den Tisch kommt. Sie sind häufig am Ende von Sackgassen oder in anonymen Büroblocks verborgen – häufig auch ohne Namensschild. Das berühmteste Erzeugnis der Stadt ist der *Aceto Balsamico di Modena* mit einer Reifezeit zwischen vier und zwölf Jahren. Er harmoniert nicht nur mit Käse, sondern wird auch auf Eiscreme geträufelt. Weitere Spezialitäten aus der Region sind der berühmte *prosciutto crudo* (Parma-Schinken) und *zampone* (Schweinshaxe) sowie der Lambrusco. Der Lambrusco ist ein moussierender Rotwein, der gekühlt getrunken wird und zu fast jedem Gericht passt.

LP TIPP Hosteria Giusti GASTRONOMIC €€€
(☎059 22 25 33; www.hosteriagiusti.it; Vicolo Squallore 46; Mahlzeiten 70 €; ⏲Di–Sa 12.30–14 Uhr) Nur vier Tische, eine Adresse in einer engen Seitengasse, kein richtiges Namensschild und nur 90 Minuten am Tag geöffnet: Die unaufdringliche *Osteria* trägt selbst nicht viel zur Legendenbildung bei. Doch ein vorsichtiges Lob wird zu offener Begeisterung, wenn regionale Spezialitäten wie *cotechino fritto con zabaglione al lambrusco* (Kochwurst aus Schweinefleisch mit Weinschaumcreme) auf den Tisch kommen. Die Lobeshymnen häufen sich zunehmend. Und selbst der anspruchsvolle italienisch-amerikanische Küchenchef Mario Batali zählt die Osteria zu seinen Lieblingsrestaurants in Italien.

Trattoria Aldina TRATTORIA €
(Via Albinelli 40; Mahlzeiten 17 €; ⏲Mo–Sa Mittag) Im oberen Stock eines nüchternen Wohnblocks wird die Trattoria wie ein kostbares Geheimnis von einheimischen Marktbesuchern gehütet, die nach dem Einkauf hierherkommen. Die Mittagsgerichte sind von der bodenständigen Art, wie sie nur eine italienische Hausfrau hervorbringt, die noch mit eigenen Händen Pasta herstellen kann. Es gibt keine Speisekarte; gegessen wird, was gerade da ist. Nebenbei gibt es erfreuliche Gelegenheiten zum Leutegucken.

Ristorante da Danilo TRADITIONELL ITALIENISCH €€
(Via Coltellini 29-31; Mahlzeiten 25–30 €; ⏲Mo–Sa) Flinke Kellner eilen von Tisch zu Tisch und balancieren Brotkörbe, Weinflaschen und Pastateller in diesem wundervoll traditionellen Restaurant, wo sich Pärchen zum ersten Rendezvous, fröhliche Familien und Bürokollegen zur Geburtstagsfeier treffen. Was überall sonst als ungewöhnlich auffallen würde, ist im Danilo ganz normal: Antipasti mit Salami, *Pecorino* (Schafmilchkäse) und Feigenmarmelade, ein Secondo mit *bollito misto* (ein Fleischeintopf) oder ein vegetarisches Risotto *al radicchio trevigiano* (mit rotem Radicchio).

Ristorante da Enzo TRADITIONELL ITALIENISCH €€
(☎059 22 51 77; Via Coltellini 17; Mahlzeiten 25–30 €; ⏲So Abend & Mo geschl.) Rechtzeitig kommen! Das Restaurant wird für seine klassische, regionale Küche hoch gelobt, nicht zuletzt für seine Spezialität *scaloppina all'aceto balsamico* (Koteletts mit Balsamico). Die Gäste treten wie selbstverständlich durch den Küchentrakt ein, wo zupackende Chefköche bis zu den Ellenbogen in mehligem Pastateig stecken. Die Innenausstattung ist schlicht – alle Sorgfalt wird ausschließlich dem Essen gewidmet.

Trattoria Ermes TRATTORIA €
(Via Ganaceto 89; Mahlzeiten 20 €; ⏲Mo–Sa Mittag) Noch eine wunderbare, preiswerte kleine Trattoria. Sie ist in einem einzigen holzgetäfelten Raum am nördlichen Rand der Altstadt von Modena untergebracht. Ein älteres Ehepaar führt den Betrieb, d. h. sie kocht, und er jongliert mit Tellern und Bestellungen, während er pausenlos mit den Gästen scherzt. Die Speisekarte wechselt täglich, je nachdem, was der Markt an frischen Erzeugnissen zu bieten hat.

Trattoria Il Fantino TRATTORIA €€
(☎059 22 36 46; www.gustamodena.it/ilfantino; Via Donzi 7; Mahlzeiten 15 €; ⏲Mo geschl.) Noch mehr hausgemachte Modeneser Zaubereien, hervorgebracht in einem winzigem Speiseraum, der sich seit der Zeit des Risorgimento nicht wesentlich verändert haben kann. Wer rechtzeitig kommt, kann sich auf einen der 45 Sitzplätze zwängen.

SELBSTVERSORGER

Der **Obst- und Gemüsemarkt** (⏲🚌 ganzjährig Mo–Sa 6.30–14.30 Uhr, Okt.–Mai Sa 16.30–19 Uhr) von Modena ist über den Haupteingang an der Via Albinelli zugänglich.

Ausgehen

Ein jugendliches Szenepublikum trifft sich an der Via dei Gallucci. Eine Auswahl von guten Bars befindet sich rund um die Via Emilia in Domnähe. Besonders hervorzuheben ist auch **Compagnia del Taglio** (Via Taglio 12).

Cafe-Ristorante Concerto CAFÉ, BAR
(www.cafeconcertomodena.com; Piazza Grande 26; ⌚8–3 Uhr) In dieser Institution an der Piazza Grande gelingt eine Gratwanderung zwischen Modernität (hypermoderne Inneneinrichtung) und historischem Standort (am holperigen Pflaster des Platzes), ohne gekünstelt zu wirken. Im Verlauf der Öffnungszeit von täglich 19 Stunden schlüpft sie nacheinander in drei Rollen: Café (ganztägig), Restaurant (teuer) und Bar/Club am Abend. Letzteres ist die beste Rolle, vor allem wegen der „kostenlosen" kleinen Bargerichte (Mindestverzehr 5 €), des gekühlten Lambrusco und der unbeschwerten Partyatmosphäre, die in den Renaissancestädten Italiens eher selten ist.

Unterhaltung

Im Juli und August finden Open-Air-Konzerte und Ballettaufführungen auf der Piazza Grande statt.

Teatro Comunale Luciano Pavarotti THEATER
(www.teatrocomunalemodena.it; Corso Canalgrande 85) Es muss nicht betont zu werden, dass der Geburtsort Luciano Pavarottis ein renommiertes Opernhaus besitzt. Das Teatro Comunale wurde 1841 eröffnet und hat 900 Parkettplätze und 112 Logen. Nach dem Tode des großen Sohnes der Stadt wurde es ihm zu Ehren umbenannt.

Shoppen

Enoteca Ducale ESSEN, WEIN
(Corso Vittorio Emanuele 15; ⌚Di–So 9–19 Uhr) Wer den Daheimgebliebenen eine Freude machen möchte, findet hier Geschenke aller Art mit Bezug zum Balsamico – dessen Alter zwischen drei und 100 Jahren variieren kann (Kostproben sind erlaubt). Die Beschenkten werden nie wieder Essig im Supermarkt kaufen!

Praktische Informationen

ModenaTur (www.modenatur.it, auf Italienisch; Via Scudari 8; ⌚Mo 14.30–18.30, Di–Sa 9–13 & 14.30–18.30 Uhr) Die private Agentur organisiert Fahrten mit Besichtigung zu Erzeugern von Balsamico-Essigen und *Parmigiano Reggiano (Parmesan)*.

Post (Via Emilia 86)

Touristeninformation (http://turismo.comune.modena.it; Piazza Grande 14; ⌚Mo 15–18, Di–Sa 9–13 & 15–18, So 9.30–12.30 Uhr) Stadtpläne und die nützliche Broschüre *Welcome to Modena* gibt es zum Mitnehmen.

Ufficio Relazioni con il Pubblico (Piazza Grande 17; per hr 2,50 €; ⌚Mo, Di & Do 9–13 & 15–18, Mi & Fr 9–13 Uhr) Städtischer Internetservice. Einmalige Anmeldegebühr 2 € plus Gebühr pro Std.

Anreise & Unterwegs vor Ort

Der Busbahnhof liegt an der Via Molza nordwestlich des Stadtzentrums. Busse von **ATCM** (www.atcm.mo.it, auf Italienisch) verbinden Modena mit den meisten Orten in der Emilia-Region.

Wer mit dem Auto aus Rom oder Mailand kommt, nimmt die A1 (Autostrada del Sole), von Mantua und Verona führt die A22 nach Modena.

Der Bahnhof liegt nördlich des historischen Stadtkerns an der Piazza Dante. Von hier fahren Züge u. a. nach Bologna (3,30 €, 30 Min., alle 30 Min.), Parma (4,60 €, 30 Min., alle 30 Min.) und Mailand (Regional-/Expresszug 12,50/26,50 €, 2 Std., stündl.).

Busse der ATCM-Linie 7 fahren vom Bahnhof zum Busbahnhof und ins Stadtzentrum.

CARPI

65 800 EW.

Carpi ist eine kleine Stadt mit einem riesigen Platz. Prägender Anblick ist die weitläufige Piazza del Martini, die an einer Seite von 50 Arkaden begrenzt wird. Mit ihrer Fläche könnte sie einem Flugzeug als Landebahn dienen. In nur 15 Minuten ist die Stadt mit dem Zug von Modena zu erreichen – ein schönes Ziel für einen Nachmittagsausflug.

Sehenswertes

Piazza dei Martiri PIAZZA
Mit ihren Maßen (270 m x 60 m) ist die Piazza dei Martiri der drittgrößte Platz Italiens nach dem Petersplatz in Rom und dem Markusplatz in Venedig. Etwa 50 Säulen tragen eine entsprechende Zahl von Bögen, die sich am westlichen Rand entlang ziehen.

Palazzo Pio MUSEUM
(⌚Fr–So 10–13 & 15–19 Uhr) Auf der östlichen Seite des Platzes liegt der massive Palast, in dem zwei Museen untergebracht sind. Das **Museo Civico** (Erw./erm. 5/3 €) zeigt archäologische Ausstellungen und besitzt eine neueröffnete Kunstgalerie mit Gemälden aus dem 15. bis 20. Jh. Besonders ergreifend ist das **Museo Monumento al Deportato Politico e Razziale** (Erw./erm. 3/2 €). Es dokumentiert die Erlebnisse einstiger Gefange-

NICHT VERSÄUMEN

MYTHOS FERRARI

Es ist nicht alltäglich, aus dem höchsten Gang herunterzuschalten und sich auf den Automobiltraum namens Maranello einzustellen. Das Mekka aller Automobil- und Motorsportfreunde ist die **Galleria Ferrari** (www.galleria.ferrari.com; Via Ferrari 43; Erw./ermäßigt 13/9 €; ⌚Mai–Sept. 9.30–19 Uhr, Okt.–April bis 18 Uhr). Hier kann man die weltweit größte Sammlung von Ferraris bestaunen, darunter Formel-1-Rennwagen und 40 Sondermodelle sowie Motoren und ein Windkanal der Formel 1. Die nahe gelegene Produktionsstätte ist für alle, die keinen Ferrari besitzen, nicht zugänglich.

Maranello liegt 17 km südlich von Modena. Vom Busbahnhof Modena nimmt man die Buslinie 800 (2,30 €, 30 Min.).

ner des benachbarten Konzentrationslagers Fossoli in 13 einfachen, aber eindringlich wirkenden Räumen. Die Wände sind mit Auszügen aus Briefen bedeckt, die Gefangene an Angehörige geschrieben haben. Am Eingang sind Übersetzungen (in englischer, französischer und deutscher Sprache) der tief bewegenden Zitate erhältlich.

Cattedrale Dell'Assunta KATHEDRALE
(Piazza dei Martiri) Der Bau wurde 1515 begonnen und im 19. Jh. abgeschlossen; entsprechend uneinheitlich ist der architektonische Stil der Kathedrale mit barocker Fassade und einem klassizistischen Innern. Ursprünglich sollte der Petersdom in Rom diesem ehrgeizigen Bau als Vorbild dienen.

Essen

Caffè-Ristorante del Teatro CAFÉ €
(Piazza dei Martiri 72; Snacks 6–13 €; ⌚Di geschl.) Gäste halten gern die Tische vor der kräftig farbigen klassizistischen Fassade des Stadttheaters besetzt, wo ein kleines Café in den rechten Gebäudeflügel eingebaut wurde. Fisch ist vorherrschendes Thema der Antipasto-Platte

Praktische Informationen

Touristeninformation (www.turismo.carpidiem.it; Via Berengario 2; ⌚Di–Sa 9.30–13 & 15–18, So 9.30–12.30, Mo 14.30–18 Uhr) Direkt am Rand der weiten Piazza.

An- & Weiterreise

Züge fahren zwischen Carpi und Modena (1,80 €, 15 Min.) alle 30 bis 60 Min.

REGGIO EMILIA

162 300 EW.

Die Stadt wird oft als bloße Durchgangsstation an der Via Emilia verkannt. Doch Reggio Emilia, wo die berühmte italienische Trikolore in Rot, Weiß und Grün zur Nationalflagge erklärt wurde, ist ein guter Ausgangsort für Ausflüge zum größten landschaftlichen Anziehungspunkt der Region – dem Parco Nazionale dell'Appennino Tosco-Emiliano. Wer sich Zeit nimmt, aus dem Zug/Auto/Bus auszusteigen, entdeckt eine Großstadt mit schönen Plätzen, imposanten öffentlichen Gebäuden und einem baumreichen Park. 2010 wurde Reggio Emilia zur fahrradfreundlichsten Stadt Italiens ernannt.

Reggio nell'Emilia, wie die Stadt eigentlich heißt, ging im 2. Jh. v. Chr. aus einer römischen Kolonie an der Via Emilia hervor. Der größte Teil der heutigen Stadt entstand während der Herrschaft der Este, die seit 1406 regierten und deren Herrschaft rund 400 Jahre andauerte.

Sehenswertes

Das Stadtzentrum von Reggio Emilia eignet sich als autofreie Zone gut zum Spazierengehen oder Radfahren. Die Sehenswürdigkeiten konzentrieren sich um die Piazza Prampolini und die Piazza San Prospero.

Duomo DOM
(Piazza Prampolini; ⌚8–12 & 16–19 Uhr) Der Dom von Reggio Emilia wurde im 13. Jh. in romanischem Stil erbaut, jedoch 300 Jahre später vollkommen umgestaltet. Heute sind die obere Fassade und die Krypta im Innern praktisch alles, was vom Ursprungsbau noch erhalten geblieben ist.

GRATIS **Museo del Tricolore** MUSEUM
(Piazza Prampolini; ⌚Di–Fr 9–12, Sa–So 10–13 & 15–19 Uhr) Eine kleine Ausstellung behandelt ein großes Thema: Das stolze Andenken an die italienische Trikolore wird an der Piazza Prampolini bewahrt. Nebenan steht der **Palazzo del Comune** aus dem 14. Jh., in dessen **Sala del Tricolore** 1797 die kurzlebige Cispadanische Republik Napoleons von Vertretern der Stadtrepubliken ausgerufen und die grün-weiß-rote Fahne zum ersten Mal verwendet wurde.

Basilica della Beata Vergine della Ghiara KIRCHE
(Corso Garibaldi) Die bedeutendste Kirche von Reggio Emilia steht mit der wundersamen Heilung eines kleinen taubstummen Jungen in Verbindung. Der kleine Marchino soll seine Stimme (und sein Gehör) wiedererlangt haben, nachdem ihm im Jahr 1569 die Jungfrau Maria vor einem Gemälde der Beata Vergine della Ghiara (von Giovanni de' Bianchi) erschienen war. Die Kirche wurde 1597 als Heiligtum zu Ehren des Wunders erbaut und das Madonnenbild in einer Kapelle im Innern verwahrt. Die Kirche ist in klassisch barockem Stil erbaut. Die bemerkenswerten Malereien und Fresken stammen von den besten heimischen Künstlern der damaligen Zeit.

GRATIS **Musei Civici** MUSEUM
(www.musei.re.it; Di–Fr 9–12, Sa & So 10–13 & 16–19 Uhr) Reggio Emilia besitzt fünf Museumsstandorte, die besten Ausstellungsstücke befinden sich jedoch im **Palazzo San Francesco** (Via Spallanzani). Zu den thematisch gegliederten Sammlungen gehören u. a. archäologische Fundstücke aus römischer Zeit, von denen die Mosaiken besonders sehenswert sind. Ferner sind Kunstwerke des 18. Jhs., naturhistorische Ausstellungsstücke zu sehen und schließlich eine Zusammenfassung der Stadtgeschichte von Reggio Emilia.

GRATIS **Galleria Parmeggiani** KUNSTGALERIE
(Corso Cairoli 1; Di–Fr 9–12, Sa & So 10–13 & 16–19 Uhr) Die wichtigste Kunstgalerie der Stadt beherbergt zahlreiche sehenswerte Gemälde italienischer, flämischer und spanischer Künstler sowie eine heterogene und kunterbunte Sammlung von Trachten, Waffen, Schmuck und Tafelbesteck.

Schlafen

Ostello Basilica della Ghiara HOSTEL €
(0522 45 23 23; Via Guasco 6; B/EZ/DZ 15/20/36 €) An Platz herrscht in diesem beeindruckenden HI-Hostel der Stadt kein Mangel, es ist in einem ehemaligen Frauenkloster eingerichtet. Die Zimmer (mit zwei bis sechs Betten) liegen an weiten, hallenden Korridoren. Im Sommer wird das Frühstück in einem Säulengang im Innenhofgarten serviert. Zum Zeitpunkt der Recherche war das Hostel geschlossen; es sollte aber unter einer neuen Leitung neu eröffnet werden. Am besten vorab erkundigen.

Albergo Morandi HOTEL €
(0522 45 43 97; www.albergomorandi.com; Via Emilia San Pietro 64; EZ 60–65 €, DZ 85–105 €; P) Auf halbem Weg zwischen Bahnhof und historischer Altstadt liegt das Hotel Morandi. Es bietet hübsche Zimmer mit großen Betten, blitzsauberen Bädern und Satellitenfernsehen. Parkplätze sind hierkostenlos. Der Service ist von gleichbleibender Höflichkeit.

Hotel Posta HOTEL €€
(0522 43 29 44; www.hotelposta.re.it; Piazza del Monte 2; EZ/DZ/Suite 140/190/280 €; @) Innen ist das Posta so nobel wie außen. Das stilvolle und edle 4-Sterne-Hotel Posta ist im Palazzo del Capitano del Popolo aus dem 13. Jh. untergebracht. Hier hat früher der Stadtherr von Reggio Emilia residiert. Die Zimmer sind individuell gestaltet, allen gemeinsam sind schwere Stoffe mit Blumenmuster, in Goldrahmen gefasste Spiegel und antike Möbel. Ein Parkplatz kostet 12 €. In seinem Anbau bietet das Hotel noch weitere 16 Zimmer, die etwas günstiger sind: **Albergo Reggio** (0522 45 15 33; www.albergoreggio.it; Via San Giuseppe 7; EZ/DZ 75/105 €).

Essen

Ein **Wochenmarkt** (Di & Fr 7–13 Uhr) wird regelmäßig auf den Marktplätzen der Innenstadt abgehalten. Typische regionale Kleinigkeiten sind z. B. *erbazzone* (Kräuterteigtasche mit Käse oder Schinken gefüllt) und *gnocco fritto* (ein Salzgebäck). Aus regionaler Erzeugung stammt natürlich auch der echte Parmesan.

La Taverna dell'Aquila TRADITIONELL ITALIENISCH €
(Via dell'Aquila 6a; Mahlzeiten 20–25 €; Di–Sa) Mit seiner farbenfrohen, flippigen Inneneinrichtung, der sanften Jazzmusik und den köstlichen hausgemachten Gerichten unterscheidet sich das freundliche Lokal von der klassischen Trattoria im Holz- und Weinflaschen-Stil. Die Tagesgerichte (6 bis 12 €) sind ihr Geld unbedingt wert.

La Bottega dei Briganti OSTERIA €€
(www.bottegadeibriganti.it; Via San Carlo 14b; Mahlzeiten 25–35 €; Mo–Sa Abend) In einem Säulengang versteckt liegt die gemütliche *osteria*, die eine geheimnisvolle Atmosphäre ausstrahlt und einen kleinen begrünten Innenhof besitzt. Das Essen ist hervorragend. Das gilt vor allem für die Pastagerichte und Risotti.

Unterhaltung

Teatro Municipale Valli THEATER
(www.iteatri.re.it, auf Italienisch; Piazza Martiri VII Luglio) Das prachtvolle Stadttheater in klassizistischem Stil mit 12 toskanischen Säulen hat einen umfangreichen Spielplan mit Tanz, Oper und Theater. Es wurde nach dem Schauspieler Romolo Valli benannt, einem Sohn der Stadt, der an der Seite von Burt Lancaster in *Der Leopard* (1963) zu sehen war.

Praktische Informationen

Touristeninformation (www.municipio.re.it/turismo; Via Farini 1a; ⌚Mo–Sa 8.30–13 & 14.30–18, So 9–12 Uhr)

Anreise & Unterwegs vor Ort

Das Busnetz des Betreibers **ACT** (www.actre.it) umspannt Stadt und Umland von seinem neuen Busbahnhof aus direkt hinter dem Hauptbahnhof Reggio Emilia. Verbindungen bestehen u. a. nach Carpi (3,50 €, 1 Std., 10-mal tgl.) und Castelnovo ne'Monti (4,30 €, 1¼ Std., 7- bis 14-mal tgl.).

Reggio Emilia liegt an der Via Emilia (SS9) und der A1. Die SS63 ist eine anstrengende, aber landschaftlich schöne Straße, die südwestwärts durch die Berge des ligurischen Apennin bis nach La Spezia an der ligurischen Küste führt.

Der Bahnhof liegt im Osten des Stadtzentrums. Regelmäßig fahren Züge, die in allen Orten an der Bahnstrecke Mailand–Bologna halten, das sind Mailand (Regional-/Expresszug 10,30/23,50 €, 1½ bis 2½ Std., stündl.), Parma (2,50 €, 15 Min., alle 30 Min.), Modena (2,40 €, 15 Min., alle 30 Min.) und Bologna (5,10 €, 45 Min., alle 30 Min.).

PARMA

178 700 EW.

Wenn sich irgendwann die Frage der Reinkarnation stellt, kann es nur einen Wunsch geben: in Parma wiedergeboren zu werden. Wo sonst ist es möglich, auf holperigem Pflaster in unzerknittertem Prada zur Arbeit zu radeln, mittags Schinken frisch vom Dachboden sowie gereiften *Parmigiano Reggiano* zu genießen, schweren Sangiovese-Wein in einem fürstlichen Jugendstilcafé zu schlürfen und an schwülen Sommerabenden in imposanten Opernhäusern klassischer Musik zu lauschen? Parma gilt als eine der wohlhabendsten Städte Italiens und hat allen Grund, sich im Glanz zu sonnen. Die Stadt ist weltoffener als Modena, doch weniger laut als Bologna. Sie hat der Welt den Lamborghini und einen Komponisten namens Verdi vermacht und produziert genügend Schinken und Käse, um eine ganze Kette von Feinkostläden zu beliefern. Hierher zu kommen ist keine Option, sondern eine Verpflichtung.

Sehenswertes

Duomo DOM
(Piazza del Duomo; ⌚9–12.30 & 15–19 Uhr) Noch eine herbe romanische Schönheit? Ja und nein. Der Dom von Parma wurde 1106 geweiht, seine Fassade zeigt einen klassischen langobardisch-romanischen Stil. Innen erschlägt einen förmlich der Barock der vergoldeten Kanzel und der Zierleuchter. Doch es gibt einzigartige Schätze: die *Assunzione della Vergine* (Himmelfahrt Mariens) hoch oben in der Kuppel, ein Werk von Antonio Correggio, und ein farbenprächtiger Strudel von Cherubinen und anderen wirbelnden Engeln. Unten im südlichen Querschiff zählt das Relief *Deposizione* (Kreuzabnahme, 1178) von Benedetto Antelami zu den Meisterwerken über dieses wiederkehrende Thema.

Battistero BAPTISTERIUM
(Piazza del Duomo; Erw./erm. 5/3 €; ⌚9–12.30 & 15–18.45 Uhr) Es stellt sogar den Dom in den Schatten: Das achteckige Battistero aus rosa Marmor am südlichen Rand der Piazza gehört zu den bedeutendsten Bauwerken seiner Art in Italien. Hier verbinden sich romanische und gotische Stilelemente. Mit dem Bau wurde 1196, an der Schwelle zu einer neuen großen Architekturepoche, begonnen. Der Baumeister und Bildhauer Benedetto Antelami war für den Bau verantwortlich, seine besten Arbeiten sind darin enthalten, u. a. eine berühmte Figurengruppe, die die Monate, Jahreszeiten und Tierkreiszeichen darstellt. Der Bau des Taufhauses war erst 1307 abgeschlossen. Grund dafür waren mehrere Unterbrechungen, vor allem aber der Umstand, dass der Vorrat an rosa Veroneser Marmor zur Neige ging.

Museo Diocesano MUSEUM
(Vicolo del Vescovado 3a; Eintritt 4 €; ⌚9–12.30 & 15–18.30 Uhr) Auf der anderen Seite des Platzes befindet sich das Museum in den Kellerräumen des einstigen Bischofspalastes, es zeigt weitere Werke der Bildhauerkunst. Zu den Highlights zählen u. a. eine fein modellierte Gruppe von Salomon und Bathseba und ein frühchristliches Mosaik aus dem 5. Jh., das unter der Piazza del Duomo freigelegt wurde.

Ein Kombiticket (6 €) berechtigt zum Eintritt ins Baptisterium und ins Museo Diocesano.

Parma

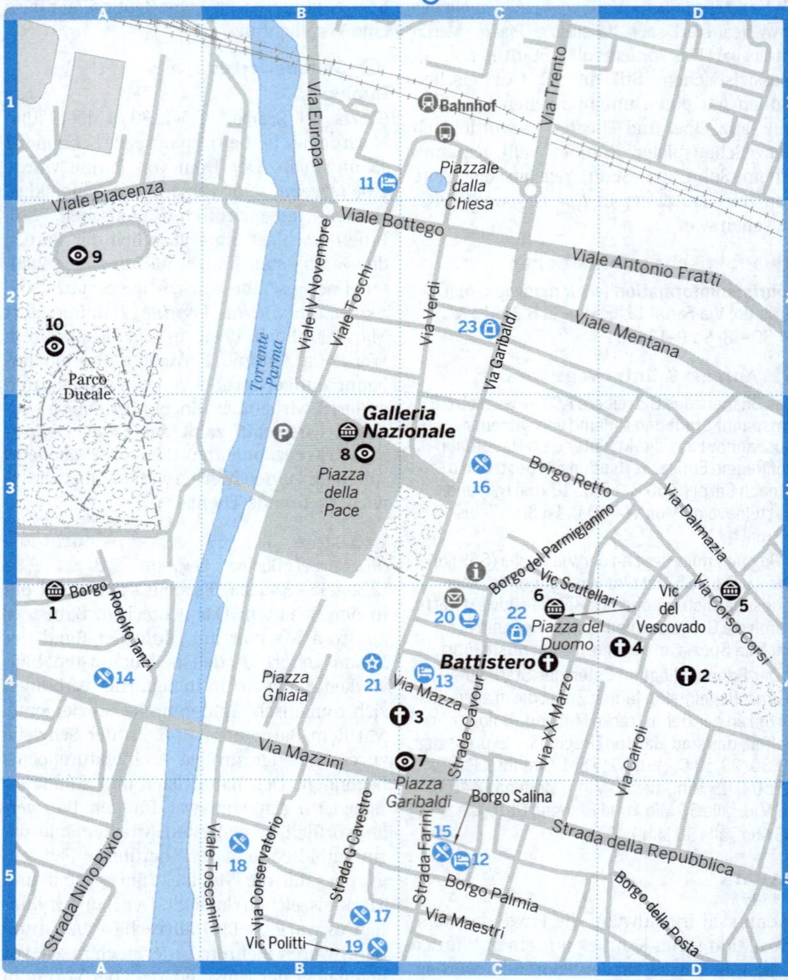

Chiesa di San Giovanni Evangelista

KIRCHE

(Piazzale San Giovanni; ⌚8–11.45 & 15–19.45 Uhr) Die Abteikirche gehört zu einem Kloster und erhebt sich direkt hinter dem Duomo. Die Fassade aus dem 16. Jh. zeigt Merkmale des Manierismus (der übertreibende, gekünstelte Stil folgte auf die Hochrenaissance). Die größte Sehenswürdigkeit ist das prachtvolle Fresko, das die ganze Kuppel ausfüllt, es ist ein Werk von Antonio da Correggio und übte in damaliger Zeit großen Einfluss, auch auf nachfolgende Künstler aus. Das angrenzende **Kloster** (⌚8.30–12 & 15–18 Uhr) ist nicht nur für Öle und Salben berühmt, die von den Mönchen hergestellt werden, sondern auch für seinen Renaissance-Kreuzgang. Im oberen Stockwerk befindet sich eine Bibliothek mit einem modrigen Leseraum, dessen Wände mit riesigen alten Landkarten bedeckt sind.

Palazzo della Pilotta

MUSEUM

Der monumentale Palazzo ragt eindrucksvoll über den penibel gepflegten Rasenflächen und modernen Springbrunnen der Piazza della Pace auf. Sein Name stammt mutmaßlich von dem spanischen Ballspiel

Parma

pelota, das man in seinen Mauern spielte. Der Bau entstand im Auftrag der Farnese zwischen 1583 und 1622. Im Zweiten Weltkrieg schwer beschädigt, wurde er zum größten Teil wiederaufgebaut und beherbergt heute mehrere interessante Museen.

Das bedeutendste ist die **Galleria Nazionale** (Erw./Kind inkl. Teatro Farnese 6 €/frei; Di–So 8.30–13.30 Uhr), die die wichtigste Kunstsammlung der Stadt zeigt. Neben Werken der Meister Correggio und Parmigianino hängen hier Gemälde von Fra Angelico und El Greco; eine Arbeit wird Leonardo da Vinci zugeschrieben. Der Weg zur Galerie führt am **Teatro Farnese** vorbei, es ist eine Nachbildung des Teatro Olimpico von Andrea Palladio in Vicenza. Der Holzbau wurde im Zweiten Weltkrieg zerstört und musste fast komplett rekonstruiert und neu aufgebaut werden.

In eine andere Zeit führt das **Museo Archeologico Nazionale** (☎0521 23 37 18; Eintritt 2 €; ⏲Di–So 9–14 Uhr) seine Besucher: Hier werden römische Kunstgegenstände aus der Umgebung von Parma und etruskische Funde aus der Poebene gezeigt.

Piazza Garibaldi PIAZZA

An der Stelle eines römischen Forums liegt heute die Piazza Garibaldi. Sie ist der Mittelpunkt der Stadt, die von der Via Mazzini (der ost-westlichen Hauptverkehrsader) und ihrer Fortsetzung, der Strada della Repubblica, durchschnitten wird.

Am nördlichen Rand des Platzes ragt die Fassade des **Palazzo del Governatore** aus dem 17. Jh. auf, heute hat hier die Stadtverwaltung ihren Sitz. Eine riesige Sonnenuhr wurde 1829 hinzugefügt.

Hinter dem Palast befinden sich in der **Chiesa di Santa Maria della Steccata** (Piazza Steccata 9; ⏲9–12 & 15–18 Uhr) einige der außergewöhnlichsten Werke des manieristischen Malers Parmigianino. Dazu zählen vor allem die fantastischen, wenn auch verblassten Fresken an den Bögen über dem Altar. Viele Angehörige der Farnese und Bourbonen liegen hier begraben.

Parco Ducale PARK

(⏲April–Okt. 6–24 Uhr, Nov.–März 7–20 Uhr) Am Westufer des Flusses Parma breiten sich diese architektonischen Gärten aus und sind – wie die Stadt selbst – vornehm und anmutig, jeder Grashalm hat seinen Platz. Sie wurden 1560 um den Familiensitz der Farnese, den **Palazzo Ducale**, angelegt. Heute haben hier die *Carabinieri* der Provinz ihr Hauptquartier.

Casa Natale di Toscanini MUSEUM

(www.museo toscanini.it, auf Italienisch; Borgo R Tanzi 13; Eintritt 2 €; ⏲Di–Sa 9–13 & 14–18, So 14–18 Uhr) An der südöstlichen Parkecke steht

ABSTECHER

NATIONALPARK TOSKANISCH-EMILIANISCHER APPENNIN

In den späten 1980er-Jahren gab es in Italien sechs Nationalparks, heute sind es 24. Eines der neuesten Naturschutzgebiete ist der **Parco Nazionale dell'Appennino Tosco-Emiliano** (www.appennino reggiano.it), der sich mit einer Fläche von 23 613 ha an der Grenze zwischen Toskana und Emilia-Romagna ausdehnt. Der Nationalpark am Apenninkamm ist für schöne Wanderwege, ausgedehnte Buchenwälder und eine kleine Population von Wölfen bekannt. Unter den zahlreichen majestätischen Gipfeln ist der Monte Cusna mit 2121 m der höchste. Vom Dorf Civago an der Grenze zur Toskana ist der Aufstieg leicht zugänglich. Der Bergpfad (Sentiero No 605) führt am **Rifugio Cesare Battisti** (☎0522 89 74 97; www.rifugio-battisti.it), der besten Berghütte der Region, vorbei. Das Rifugio liegt auch an einem der großartigen Fernwanderwege Italiens: In drei Wochen ist der 375 km lange **Grande Escursione Appennenica (GEA)** zu bewältigen. Er unterteilt das Parkgelände in fünf Stufen vom Passo della Forbici nahe beim Rifugio Cesare Battisti bis hinauf zum Endpunkt am nordwestlichen Parkrand in Montelungo. Einzelne Sektionen des GEA eignen sich für Tageswanderungen. In einem hervorragenden und detaillierten Wanderführer, *Trekking in the Apennines* von Gillian Price (erscheint bei Cicerone), wird die gesamte Strecke eingehend beschrieben.

Einen der schönsten Zugänge zum Park bietet das Dorf **Castelnovo ne' Monti**. Es liegt 40 km südlich von Reggio Emilia an der kurvenreichen SS 63, einer landschaftlich schönen Strecke, die von ACT-Bussen befahren wird. Das große Dorf besitzt eine besonders hilfreiche **Touristeninformation** (www.reappennino.com, auf Italienisch; Via Roma 15b; ⏲Mo–Sa 9–13 & 15–18 Uhr), die stapelweise kostenloses Informationsmaterial und preiswerte Karten der Region für Wanderer, Radfahrer und Reiter bereithält.

Wer mit dem Bus ankommt, kann von der Dorfmitte zu einem der charakteristischen Wahrzeichen des Nationalparks hinaufwandern (3 km). Der unwirklich wirkende **Pietra di Bismantova** (1047 m) ist ein karger Kalkfelsen, der in weitem Umkreis sichtbar ist – ein beliebtes Ziel von Bergsteigern und Wochenendausflüglern. In seinem Schatten liegen das **Rifugio della Pietra**, im Sommer (mit Speisen und Getränken) geöffnet, und das winzige Kloster **Eremo di Bismantova** aus der Zeit um 1400. Von dort verzweigen sich mehrere Wanderwege zum Felsengipfel (25 Min.). Auf einem schönen Rundweg, dem 5 km langen **Anella delle Pietra**, kann der Felsen umrundet und sogar auf einer schwierigen *Via ferrata* (Klettersteig mit Eisenleitern und -seilen) mit Hilfe geeigneter Ausrüstung bezwungen werden.

Castelnovo ne' Monti bietet eine Vielfalt von Übernachtungsmöglichkeiten, z. B. **Albergo Bismantova** (☎0522 81 22 18; www.albergobismantova.com; Via Roma 73; EZ/DZ 47/75 €) mit dem dazugehörigen Restaurant **Le Mormoraie** (Mahlzeiten ab 25 €).

Es gibt Busverbindungen zum Park, und zwar von **ACT** (www.actre.it) aus Reggio Emilia und **TEP** (www.tep.pr.it) aus Parma. Die Busse fahren mehrmals täglich.

das Geburtshaus des größten zeitgenössischen Dirigenten Italiens, Arturo Toscanini (1867–1957). Eine Sammlung persönlicher Gegenstände und Schallplattenaufnahmen zeichnet das Leben und Werk Toscaninis nach. Interessant ist die Zusammenarbeit mit dem gefeierten italienischen Tenor Aureliano Pertile.

La Casa del Suono MUSEUM

(Piazzale Salvo D'Acquisto; Eintritt 2 €; ⏲Do–Sa 9–18, So 14–18 Uhr) Nicht noch eine Kirche, könnte man denken, bis man entdeckt, dass die Chiesa di Santa Elisabetta aus dem 17. Jh. heute ein ausgefallenes Museum zur Geschichte der Musikproduktionstechnik ist. Sehenswert sind altertümliche Tonbandgeräte aus den 1970er- und Grammophone aus den 1920er-Jahren. Unter dem „Lampadario Acustico" werden Besucher aus 228 Lautsprechern mit Klängen berieselt.

Schlafen

LP TIPP **Century Hotel** HOTEL $$

(☎0521 03 98 00; www.centuryhotel.it; Piazzale dalla Chiesa 5a; EZ/DZ/Suite 80/120/200 €; ❄@📶) Hotels in Bahnhofsnähe sind häufig verwahrloste Absteigen für sparsame Gäste auf der Durchreise. Nicht so das modernisierte Hotel Century. Es profitiert von einer geschickten Neugestaltung und bietet 4-Sterne-Ausstattung und Komfort zu 3-Sterne-Preisen.

Hotel Button HOTEL €€

(☎0521 20 80 39; www.hotelbutton.it; Borgo Salina 7; EZ 70–84 €, DZ 90–118 €; ❄@📶) Die kärgliche, krankenhausgrüne Raumgestaltung lässt viel zu wünschen übrig. Aber gegen die geräumigen Zimmer und Bäder, den drahtlosen Internetzugang (kostenlos) und die angenehme Lage im Herzen des historischen Stadtkerns ist nichts einzuwenden. Ein Parkplatz kostet 10 €.

Hotel Torino HOTEL €€

(☎0521 28 10 46; www.hotel-torino.it; Via Mazza 7; EZ/DZ 90/130 €; ❄@) Das zuverlässige, zentral gelegene Mittelklassehotel ist bei den Schauspielern des nahen Teatro Regio beliebt. Die Zimmer selbst haben aber nichts Theatralisches an sich. Bei Online-Buchungen gibt es regelmäßig Ermäßigungen. Ein Parkplatz kostet 12 €.

Ostello di Parma HOSTEL €

(☎0521 191 75 47; www.ostelloparma.it; Via San Leonardo 86; B/DZ 18,50/41 €; 📶) Unweit der Autostrada am nördlichen Stadtrand von Parma liegt das moderne Hostel. Es bietet kostenlosen WLAN-Zugang, einen preiswerten Waschsalon und einen Speisesaal (aber keine Küche für Gäste). Das Frühstück kostet zusätzlich 2,50 €. Ein Fahrradweg führt dorthin. Ansonsten fahren Busse der Linien 13 oder 2N (1 €, 5 Min.) vom Bahnhof zum Hostel (Haltestelle Centro Torri).

Essen

Spezialitäten aus Parma bedürfen keiner näheren Erklärung. Einfach hervorragend sind *Prosciutto di Parma* (Parma-Schinken) und *Parmigiano Reggiano* (Parmesan), wunderbare Zutaten auf jedem Antipasto-Teller, vor allem in Begleitung eines guten Sangiovese-Rotweines. An den folgenden Adressen kann man sich davon überzeugen

LP TIPP **La Greppia** GASTRONOMIC €€€

(☎0521 23 36 86; Via Garibaldi 39a; Mahlzeiten ab 45 €) Zur Mittags- und Abendzeit ist die Legende La Greppia ein Pilgerziel für alle Liebhaber der emilianischen Küche, die ein echtes *Ragù* von einer Bolognesesauce unterscheiden können. Aus der Verbindung von Tradition und Modernität gehen Parmesan-Mousse, Weißweinbirne und eine große Palette anderer Überraschungen hervor. Der Service ist vorzüglich und tadellos.

Trattoria del Tribunale TRATTORIA €

(www.trattoriadeltribunale.it; Vicolo Politti 5; Mahlzeiten 22 €) In einem hallenartigen Foyer schieben sich die Gäste an Trauben von Kellnern vorbei, die mit Aufschnittmessern Schinken bearbeiten und Späne aus riesigen Parmesanlaiben hobeln, und betreten eines von etwa 25 Restaurants, die als Anwärter auf den Titel als bestes Restaurant von Parma gelten. Als Antipasto eine aufwendige Platte mit Parma-Schinken, anschließend *tortelli di erbette* (gefüllte Pasta mit Mangold in Butter und Parmesan) und zum Schluss (wer es mag) *trippa alla parmigiana* (Kutteln mit Parmesan- und Brotkruste) –Parma in Reinkultur!

Trattoria Corrieri TRATTORIA €€

(☎0521 23 44 26; Via Conservatorio 1; Mahlzeiten 25 €) In dieser geselligen Trattoria sitzen die Gäste im Innenhof unter rankenden Spalierbäumen oder in den labyrinthartigen, rustikalen Innenräumen. Die Inhaber des Gallo d'Oro sorgen auch hier für bodenständiges Essen in Spitzenqualität. Und die reicht von der *torta fritta* (belegte Teigdreiecke) bis zum Parmesanrisotto und der *torta di cioccolato e pere* (Birnenschokoladenkuchen) zum Nachtisch.

Gallo d'Oro TRADITIONELL ITALIENISCH €€

(☎0521 20 88 46; www.gallodororistorante.it; Borgo Salina 3; Mahlzeiten 25 €; ⏲So Mittag geschl.) Titelseiten von antiquarischen Zeitschriften und kunstvoll angeordnete Weinflaschen verleihen dem Gallo d'Oro eine angenehme Bistro-Atmosphäre. Und das nicht nur zum Schein: Es ist eine der besten Trattorien von Parma, in der eine gleichbleibend gute emilianische Küche gepflegt wird, z. B. Käseplatten, ein Kaninchengericht oder der Klassiker der Region, *pesto di cavallo* (Tatar von Pferdefleisch mit Kräutern und Parmesan). Eine Reservierung ist notwendig.

Dal Teo PIZZERIA €

(☎0521 23 54 00; Piazzale Corridoni 15e; Pizza 5–9 €, Mahlzeiten 15–25 €; ⏲Sa Mittag & So geschl.) Von seiner täglichen Arbeit nicht ganz ausgefüllt, überzeugte der tatkräftige Teo seine Mutter, gemeinsam mit ihm eine Pizzeria zu eröffnen und zwar mit den geliebten Rezepten seiner Kindheit. Die Mama fängt morgens um 4 Uhr mit der Teigzubereitung an, Teo sorgt für alles Übrige. Aus der historischen Altstadt kommen die Gäste über eine Brücke zum abendlichen Bier und Gespräch und natürlich wegen der unvergleichlich köstlichen Pizza mit leckeren

Belägen und dickem Boden, die dabei leicht und knusprig ist.

Osteria dei Mascalzoni OSTERIA €€
(www.osteriadeimascalzoniparma.it; Vicolo delle Cinque Piaghe 1; Mahlzeiten 25–35 €; ⏲Sa Mittag & So geschl.) Das behagliche Restaurant mit einem Speiseraum unter frei liegenden Deckenbalken hat auch gemütliche Tische im Freien, die an warmen Sommerabenden die ganze angrenzende Gasse ausfüllen. Der Schwerpunkt der Speisekarte liegt auf Grillgerichten. Außerdem kommen dazu noch eine hervorragende Auswahl der berühmten Käse- und Schweinefleischspezialitäten von Parma, wie etwa *culatello, fiocchetto* und natürlich *prosciutto*.

Ausgehen

Tabarro BAR
(Strada Farini 5b; ⏲Di–So) Das anregende Nachtleben der Stadt spielt sich hauptsächlich an der Strada Farini mit ihren zahlreichen Weinbars ab, z. B. das Tabarro, wo stille Genießer bei edlen Tropfen an Tischen aus Weinfässern sitzen.

Cavour Gran Caffè CAFÉ
(Strada Cavour 30b; ⏲7–20 Uhr) Anklänge an Turin sind in dem mit schönen Fresken verzierten Innenraum des klassischen Cafés nicht zu übersehen. Hier kosten Cappuccino, Espresso und Co. selbstverständlich etwas mehr.

Unterhaltung

Die Stadt gehört zu den hochrangigen Veranstaltungsorten Italiens, wenn es um Opern-, Konzert- und Theateraufführungen geht. Die Spielzeit dauert von Oktober bis April. Im Sommer finden viele Veranstaltungen unter freiem Himmel statt.

Teatro Regio THEATER
(www.teatroregioparma.org, auf Italienisch; Via Garibaldi 16a) Ein selbst für hohe italienische Ansprüche besonders umfangreicher Spielplan mit Konzerten und Opern.

Teatro Due THEATER
(www.teatrodue.org, auf Italienisch; Via Salnitrara 10) Sprechtheateraufführungen auf höchstem Niveau.

Shoppen

Libreria Fiaccadori BUCHLADEN
(Strada Duomo 8a; ⏲Mo–Sa 9–19.30, So 10–13 & 15.30–19.30 Uhr) Gute, altmodische Buchhandlung mit Bibliotheksleitern an hohen Regalen und zahlreichen Titeln in englischer Sprache.

Salumeria Garibaldi ESSEN
(Via Garibaldi 42; ⏲Mo–Sa 8–20 Uhr) Das Feinkostgeschäft hat alles, was das fruchtbare Land hervorbringt: Hier hängt der Himmel voller Würste, Regale biegen sich unter Lambrusco-Flaschen, Parmaschinken in jeder Größe und riesigen Laiben von *parmigiano reggiano*.

MUSEEN DES GUTEN GESCHMACKS

Die Region Emilia-Romagna kennenzulernen heißt zunächst, sich mit ihrer traditionellen Esskultur zu beschäftigen. Es folgen vier Adressen, an denen das notwendige Wissen aus erster Hand zu erlangen ist.

» **Museo del Balsamico Tradizionale** (www.museodelbalsamicotradizionale.org; Via Roncati 28; Erw./erm. 2/1 €; ⏲Di–So 9.30–13 & 15–19 Uhr) In Spilamberto, 17 km südwestlich von Modena gelegen, bietet dieses Haus des edlen Essigs Filmvorführungen und Rundgänge mit Führung.

» **Museo del Parmigiano Reggiano** (www.museidelcibo.it; Via Volta 5; Eintritt & Verkostung 5 €; ⏲März–Dez. Sa & So 10–13 & 15–18 Uhr) Einen lehrreichen Gang durch die Geschichte des weltberühmten Käses bietet das aromatische Museum in Soragna, 30 km nordwestlich von Parma gelegen.

» **Museo del Prosciutto di Parma** (www.museidelcibo.it; Via Bocchialini 7; Erw./erm. 3/2 €; ⏲März–Dez. Sa & So 10–18 Uhr) Einblicke in die Schweinezucht und die Kunst der Konservierung bieten sich in Langhirano, es liegt 20 km südlich von Parma. Einen Verkostungsraum gibt es natürlich auch.

» **Museo del Pomodoro** (www.museidelcibo.it; Strada Giarola 11; Erw./erm. 4/3 €; ⏲März–Okt. Sa & So 10–18 Uhr) Das Museum in Collecchio im Süden von Parma legt den Schwerpunkt auf Botanik, Kultivierung und Verarbeitung der allgegenwärtigen, wunderbaren Tomate.

Praktische Informationen

Polizei (☎0521 21 94; Borgo della Posta 16a)

Post (Via Melloni)

Touristeninformation (http://turismo.comune.parma.it/turismo; Via Melloni 1a; ⏲Mo 9–13 & 15–19, Di–Sa 9–19, So 9–13 Uhr)

An- & Weiterreise

Von der Piazzale dalla Chiesa vor dem Bahnhofsgebäude ausgehend befahren Busse von **TEP** (www.tep.pr.it, auf Italienisch) die gesamte Region. Sechs Busse fahren täglich (einer am Sonntag) nach Busseto (3,40 €, 1 Std.) mit Halt in Soragna (2,85 €, 45 Min.).

Über die A1 ist Parma an Bologna und Mailand angebunden. Die A15, die nach La Spezia führt, verläuft östlich der Stadt. Die Staatsstraße Via Emilia (SS9) führt direkt durch die Stadt.

Regelmäßige Zugverbindungen bestehen nach Mailand (Regional-/Expresszug 8,70/21 €, 1¼ bis 1¾ Std., stündl.), Bologna (6,20 €, 1 Std., alle 30 Min.), Modena (4,60 €, 30 Min., alle 30 Min.) und Piacenza (4,60 €, 40 Min., alle 30 Min.).

Unterwegs vor Ort

Der Autoverkehr wurde aus dem historischen Stadtzentrum verbannt; Autos können in der Tiefgarage am Viale Toschi abgestellt werden. Nebenan werden Fahrräder verliehen: **Parma Punto Bici** (www.parmapuntobici.pr.it, auf Italienisch; Viale Toschi 2a; pro Std./Tag Fahrräder 0,70/10 €, Elektrofahrräder 0,90/20 €; ⏲Mo–Sa 9–13 & 15–19, So 10–13 & 14.30–19.30 Uhr).

VERDI-LAND

In der zweiten Hälfte des 19. Jhs., einer neuen Blütezeit der Oper, konnte nur Wagner einen ähnlich hohen Rang beanspruchen wie Giuseppe Verdi, das Operngenie Italiens. 1813 kam er im kleinen Dorf Le Roncole zur Welt, das damals zum Herzogtum von Parma gehörte. Sein gewaltiges musikalisches Erbe wird auf einer Rundtour erlebbar – ausgehend von der kleinen Stadt Busseto, 35 km nordwestlich von Parma.

Sehenswertes

LP TIPP Museo Nazionale Giuseppe Verdi MUSEUM

(www.museogiuseppeverdi.it; Via Provesi 35, Busseto; Erw./erm. 9/7 €; ⏲Di–So 10–18 Uhr) Das neueste und beste Museum, das dem großen Komponisten gewidmet ist, wurde in 21 Räumen – am Stadtrand von Busseto in der prachtvollen Villa Pallavicino aus dem 16. Jh. – untergebracht. Verdis Leben und die 27 Werke seines Opernschaffens werden in einer detailreichen, atmosphärisch dichten Sammlung dargestellt. Außerdem gibt es einen Park, einen Buchladen, ein Café und regelmäßige Musikveranstaltungen.

Teatro Giuseppe Verdi THEATER

(Piazza Verdi; Erw./erm. 4/3 €; ⏲Di–So 9.30–13 & 15–18.30 Uhr) Das stattliche Theater an der Piazza Giuseppe Verdi von Busseto sollte den Namen des Komponisten tragen. Verdi selbst hatte sich anfangs gegen die Pläne gewehrt, spendete aber später 10 000 Lire für den Bau, mit dem 1856 begonnen wurde. Das Tetro verfügt über 300 Sitzplätze und wurde 1868 mit einer Aufführung seines Meisterwerks *Rigoletto* eröffnet.

Casa Natale di Giuseppe Verdi MUSEUM

(Roncole Verdi; Erw./Kind 4/3 €; ⏲Di–So 9.30–12.30 & 14.30–18.30 Uhr) Das bescheidene Bauernhaus, in dem Giuseppe Verdi 1813 zur Welt kam, ist heute ein kleines Museum. Es befindet sich im Dorf Roncole Verdi, 5 km von Soragna entfernt.

Casa Barezzi MUSEUM

(Via Roma 119; Erw./Kind 4/3 €; ⏲Di–So 10–12.30 & 15–18.30 Uhr) Ein weiteres Museum im Stadtzentrum von Busseto liegt im einstigen Wohnsitz von Verdis Förderer und Schwiegervater verborgen, hier war auch sein erstes Konzert zu hören. Es wird liebevoll betreut und zeigt eine Fülle von persönlichen Gegenständen des Komponisten, darunter sein Klavier, Papiere, Einrichtungsstücke und wertvolle Aufzeichnungen.

Villa Verdi MUSEUM

(www.villaverdi.org; Via Verdi 22; Erw./erm. 8/6,50 €; ⏲Di–So 9–11.45 & 14.30–18.45 Uhr, Dez. & Jan. geschl.) Verdis Villa, in der viele seiner Hauptwerke entstanden sind, liegt in Sant'Agata di Villanova sull'Arda, 5 km nordwestlich von Busseto. Verdi lebte und arbeitete seit 1851 auf seinem Landsitz. Ein Besuch mit Führung zu Einrichtungsgegenständen und Musikinstrumenten sollte vorab unter der Internetadresse reserviert werden.

Praktische Informationen

Ein Kombiticket für die letztgenannten drei Verdi-Gedenkstätten kostet 8,50 €. Näheres erfährt man in der **Touristeninformation** (www.bussetolive.com, auf Italienisch; Piazza Verdi 10; ⏲Di–So 9.30–13 & 15–18.30 Uhr) von Busseto.

An- & Weiterreise

Busse von **TEP** (www.tep.pr.it) befahren diese Strecke 6-mal täglich von Parma aus. Außerdem verkehren Züge von Parma nach Busseto (3,30 €, 45 Min.).

PIACENZA
100 300 EW.

Von den Römern „angenehmer Ort" (Placentia) genannt, erwies sich Piacenza auch als strategisch wichtiger Ort. Die heutige Stadt liegt nahe an der Grenze zur Lombardei und bietet sich für einen Tagesausflug an. Es gibt jedoch auch mehrere nette Hotels, die preisgünstiger sind als in Parma. In der malerischen Altstadt sind ein schönes gotisches Rathaus und mehrere majestätische Kirchen zu entdecken.

Sehenswertes

Piazza dei Cavalli PIAZZA

Beherrschender Anblick an der Piazza dei Cavalli ist der **Palazzo Gotico,** das imposante Rathaus aus dem 13. Jh. Die Piazza selbst ist nach ihren beiden martialischen Reiterstandbildern aus Bronze benannt. Die beiden barocken Herren stellen die Herzöge Alessandro und Ranuccio Farnese dar. Die Werke des toskanischen Bildhauers Francesco Mochi entstanden zwischen 1612 und 1625.

Duomo DOM

(Piazza del Duomo 33; ⏲7–12 & 16–19 Uhr) Ein früher Nachfolger des gewaltigen romanischen Doms von Modena ist der langobardisch-romanische *duomo* aus dem 12. Jh. von Piacenza, in dem weißer und rosa Marmor, Sandstein und roter Backstein harmonisch ineinander übergehen. Das Rosenfenster in der Frontfassade misst 6,85 m. Im Innern befinden sich herrliche Kuppelfresken aus dem 17. Jh. von Morazzone und Guercino.

Palazzo Farnese MUSEUM

(www.musei.piacenza.it; Piazza Citadella; Kombi-Eintritt 6 €; ⏲Di–Do 9–13, Fr–So 9–13 & 15–18 Uhr) Am nördlichen Rand des *centro storico* ragt der riesige Palazzo Farnese auf. Der Bau wurde 1558 begonnen, jedoch nie völlig abgeschlossen. Heute befinden sich darin die Pinacoteca, eine Kunstgalerie, und vier kleinere Abteilungen mit den Themen Archäologie und Risorgimento sowie Ausstellungen von Kutschen und Keramik.

Schlafen & Essen

Ostello Don Zermani HOSTEL €

(☎0523 71 23 19; www.ostellodipiacenza.it; Via Zoni 38-40; B/EZ/DZ 18/25/46 €; P) Das gut geführte, private Hostel liegt in einem ruhigen Wohngebiet südwestlich des Stadtzentrums, etwa 20 Min. zu Fuß entfernt. Die Zimmer sind hell und makellos, es gibt einen Waschsalon. Das Haus hat einen barrierefreien Eingang. Die Buslinien 1, 16 und 17 fahren vom Bahnhof zum Hostel.

Hotel Astor HOTEL €

(☎0523 32 92 96; www.hotelastorpc.eu; Via Tibini 29-31; DZ 68–98 €; ❄) Das etwas gealterte 3-Sterne-Hotel in Bahnhofsnähe bietet anspruchslose Unterkünfte zu günstigen Preisen. Die Zimmer machen keinen großartigen Eindruck, sind aber gepflegt und bequem.

Antica Trattoria Dell'Angelo TRATTORIA €

(Via Tibini 14; Mahlzeiten 20–25 €; ⏲Do–Di) Mit Deckenbalken, Holzkohleofen und rotkarierten Tischdecken kommt die ungezwungene, traditionelle Trattoria dem Idealbild ziemlich nahe. Das Essen ist herzhaft und hausgemacht, so gibt es z. B. Tortelloni mit Spinat und Ricotta oder Braten. Der spritzige Rotwein stammt aus der Region. Ein gutes Angebot sind die Mittagsgerichte an Wochentagen, mit Pasta/Hauptgang kosten sie 4/5 €.

Praktische Informationen

Zentral und gut erreichbar liegt die **Touristeninformation** (www.comune.piacenza.it/english; Piazza dei Cavalli 7; ⏲Di–Sa 9–13 & 15–18, So & Mo 9.30–12.30 Uhr) an der Piazza dei Cavalli.

Anreise & Unterwegs vor Ort

Der Busbahnhof von Piacenza liegt an der Piazza Citadella. Die meisten Ziele sind jedoch mit dem Zug besser zu erreichen. Es gibt direkte Zugverbindungen von/nach Mailand (regulär/Eurostar 5,75/13 €, 1 Std., stündl.), Parma (4,60 €, 40 Min., alle 30 Min.) und Bologna (regulär/Eurostar 9,50/20,50 €, 1½ Std., stündl.).

Piacenza liegt etwas abseits der A1 (die Mailand und Bologna verbindet) und der A21 nach Brescia und Turin. Die Via Emilia (SS9) führt auf ihrem Weg nach Rimini und der Adria an Piacenza vorbei. Busse der Linie 2 (1 €) pendeln zwischen dem Bahnhof und der Piazza dei Cavalli.

Östlich von Bologna

FERRARA
133 600 EW.

Ferrara ist eine Stadt für Müßiggänger, Schatzsucher und Neugierige. Von der touristischen Gruppe der Romliebhaber und Venedigfreunde bleibt sie unentdeckt und bewahrt eine wunderbare Ruhe. Sie gilt als eine der bedeutendsten Renaissancestädte Italiens. Die Stadt wird als besonders fahrradfreundlich gelobt, besitzt eine berühmte Stadtmauer und ein schwergewichtiges Areal von Palästen der Frührenaissance. Historisch war sie bedeutend als Residenzstadt der mächtigen Adelsdynastie der Este, die mit den Medici von Florenz um Macht und Ansehen rangen. Die beschenkten die Stadt mit ihrem markantesten Bauwerk; die gewaltige Burg ragt, von einem Graben umgeben, mitten in der Altstadt auf. Ferrara wurde im Zweiten Weltkrieg stark zerstört, der historische Stadtkern blieb jedoch erhalten. Interessant ist das einstige jüdische Ghetto (1627–1859), das größte und älteste der Region.

Sehenswertes

In Museen umgewandelte Renaissancepaläste sind die große Stärke der Stadt. Sehenswert ist die verwinkelte Altstadt mit dem einstigen jüdischen Ghetto. Eine Eintrittskarte, die zum Besuch aller Museen von Ferrara berechtigt, kostet 17/10 € (Erw./erm.). Die meisten Museen sind montags geschlossen.

Castello Estense — BURG

(Viale Cavour; Erw./erm. 8/6,50 €, Turm extra 1 €; ⌚9.30–17.30 Uhr) Komplett mit Burggraben und Zugbrücke ragt die Burg von Ferrara über der Stadt auf. Der Bau wurde von Nicolò II. d'Este 1385 in Auftrag gegeben. Anfänglich sollte die Burg ihre Bewohner vor dem Zorn empörter Bürger schützen, denen Steuererhöhungen zugemutet worden waren. Im späten 15. Jh. diente sie der Familie als ständige Residenz.

Obwohl bestimmte Gebäudeteile heute als Verwaltungssitz genutzt werden, sind einige wenige Räume, darunter die königlichen Suiten, zur Besichtigung geöffnet. Highlights sind die **Sala dei Giganti** (Saal der Riesen), der **Salone dei Giochi** (Spielesalon), die **Cappella di Renée de France** und der **Kerker**. Hier ließ Fürst Nicolò III. d'Este 1425 seine junge zweite Frau Parisina Malatesta und seinen Sohn Ugo enthaupten. Die Enthauptung diente Robert Browning als Vorlage für seinen Roman *My Last Duchess*.

Über einen Durchgang mit dem Castello verbunden ist der mit Zinnen bewehrte Palazzo Municipale aus dem 13. Jh. Er war der Familiensitz der Este, bis sie im späten 15. Jh. ins benachbarte Castello Estense umzogen. Heute wird der Palast zum größten Teil von Verwaltungsbüros eingenommen, die beiden Innenhöfe sind frei zugänglich.

Duomo — DOM

(Piazza Cattedrale; ⌚Mo–Sa 7.30–12 & 15–18.30, So 7.30–12.30 & 15.30–19.30 Uhr) Das hervorstechende Merkmal des rosa-weißen Doms aus dem 12. Jh. ist die dreigliedrige Marmorfassade, in der im unteren und oberen Drittel romanische und gotische Stilelemente verbunden sind. Die obere Ebene wird zum großen Teil von drastischen Darstellungen des Jüngsten Gerichts und von Himmel und Hölle eingenommen (beachtenswert sind die vier Gestalten, die aus ihren Särgen klettern). Zu beiden Seiten eines schönen Löwenpaares am Sockel hockt ein seltsam weltlich anmutendes Zweigespann mit vor Anstrengung offenen Mündern. Ihnen ist die Mühe, das ganze Himmelsgewölbe hochzustemmen, deutlich anzusehen.

Auf der anderen Seite der Piazza Trento Trieste befindet sich das Museo della Cattedrale (Via San Romano; Erw./erm. 6/3 €; ⌚Di–So 9–13 & 15–18 Uhr) mit Kunstgegenständen aus dem Dom, darunter eine heitere *Madonna* von Jacopo della Quercia, expressive Gemälde von Cosimo Tura und geistvolle Reliefs, die die Monate des Jahres darstellen.

Palazzo dei Diamanti — PALAZZO, MUSEUM

(Corso Ercole I d'Este 21) Nach den diamantförmigen Quadersteinen seiner Fassade ist der Palast benannt. Er wurde im Auftrag von Sigismondo d'Este im späten 15. Jh. gebaut.

Pinacoteca Nazionale — MUSEUM

(Erw./erm. 4/2 €; ⌚Di, Mi, Fr & Sa 9–14, Do bis 19, So bis 13 Uhr) Der Palazzo dei Diamanti gilt als herrschaftlichster Palast der Este.Heute ist darin die Pinacoteca Nazionale mit ihrer Sammlung von Gemälden der Ferrareser and Bologneser Schulen eingerichtet.

Museo del Risorgimento e della Resistenza — MUSEUM

(Corso Ercole I d'Este 19; Erw./erm. 4/2 €; ⌚Di–So 9–13 & 15–18 Uhr) Neben der Pinacoteca Nazionale zeigt das kleine Museum Dokumente, Aufrufe und Plakate aus der Zeit des Risorgimento und des Zweiten Weltkriegs sowie Uniformen und Waffen.

Casa Romei — PALAZZO, MUSEUM

(Via Savonarola 30; Erw./erm. 3/1,50 €; ⌚Di–So 8.30–19.30 Uhr) Der Palast befand sich einst im Besitz eines hochrangigen Verwalters der Familie Este, Giovanni Romei – seine Bedeutung spiegelt sich im Baustil wider. Hinter der Ziegelfassade verbirgt sich ein Innenhof (der früher zu einem Kloster gehörte).

Ferrara

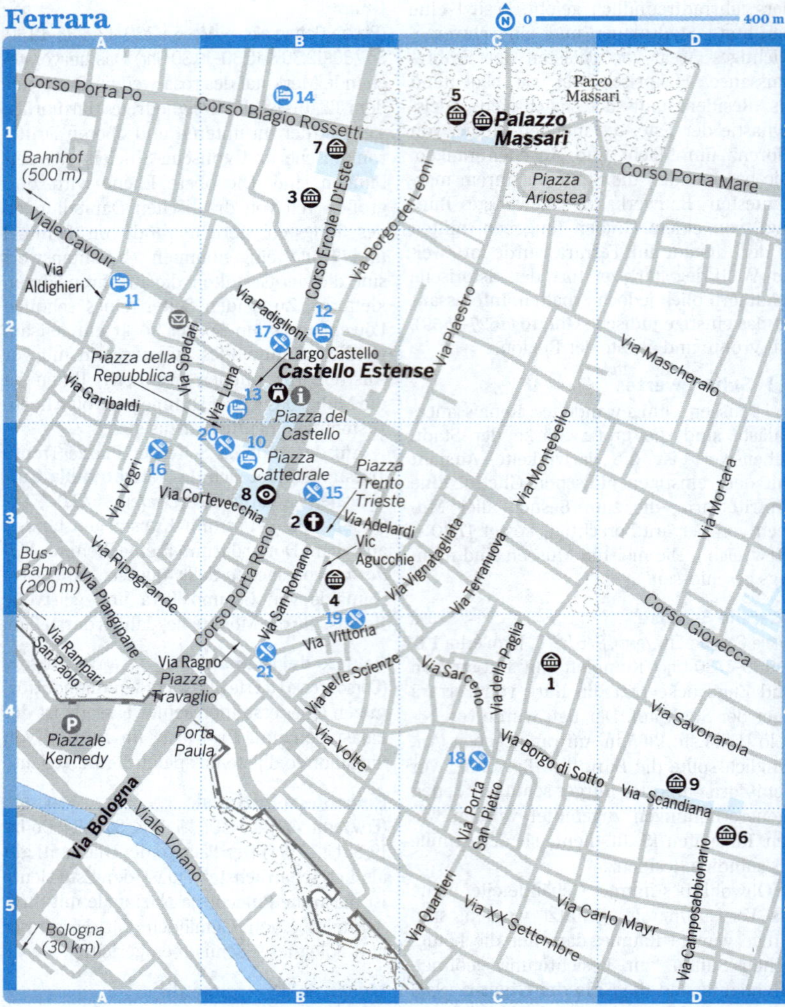

Im oberen Stockwerk sind Wohnräume aus dem 16. Jh. in ursprünglichem Zustand erhalten. Außerdem gibt es hier zahlreiche Kunstwerke und Fresken sind.

Palazzo Schifanoia
PALAZZO, MUSEUM

(Via Scandiana 23; Erw./erm. 6/3 €; ⌚Di–So 9–18 Uhr) Die berühmtesten Fresken von Ferrara befinden sich in einem Palais der Este aus dem 14. Jh., es wurde 1385 erbaut. Im **Salone dei Mesi** (Saal der Monate) sind Fresken von Francesco del Cossa von 1470 zu sehen. Sie stellen die Monate, Jahreszeiten und Tierkreiszeichen dar. Die Darstellungen zeigen eine ungewöhnlich unreligiöse Tendenz und sind in ihrer Art in Italien einzigartig.

Museo Lapidario
MUSEUM

(Via Camposabbionario; ⌚Di–So 9–18 Uhr) Die Eintrittskarte zum Palazzo Schifanoia erlaubt auch den Besuch des benachbarten Museums, das eine kleine, undokumentierte Sammlung römischer und etruskischer Stelen, Grabdenkmäler und Inschriften zeigt.

LP TIPP Palazzo Massari
PALAZZO, MUSEUM

(Corso Porta Mare 9) In diesem Palast der Frührenaissance sind die Kunstwerke im

Ferrara

Highlights

Castello Estense ... B2
Palazzo Massari ... C1

Sehenswertes

1 Casa Romei ... C4
2 Dom ... B3
Museo d'Arte Moderna e Contemporanea Filippo de Pisis ... (siehe 5)
3 Museo del Risorgimento e della Resistenza ... B1
4 Museo della Cattedrale ... B3
Museo dell'Ottocento ... (siehe 5)
5 Museo Giovanni Boldini ... C1
6 Museo Lapidario ... D5
7 Palazzo dei Diamanti ... B1
8 Palazzo Municipale ... B3
9 Palazzo Schifanoia ... D4
Pinacoteca Nazionale ... (siehe 7)

Schlafen

10 Albergo Annunziata ... B3
11 Hotel Astra ... A2
12 Hotel de Prati ... B2
13 Hotel Ferrara ... B2
14 Student's Hostel Estense ... B1

Essen

15 Al Brindisi ... B3
16 Überdachter Markt ... A3
17 Il Don Giovanni ... B2
18 Il Sorpasso ... C4
19 Osteria del Ghetto ... B4
20 Osteria Quattro Angeli ... B3
21 Trattoria de Noemi ... B4

Innern schwungvoll und modern. Unter den Museen des Palazzo Massari ist das **Museo Giovanni Boldini** (Erw./erm. 6/3 €; ⌚Di–So 9–13 & 15–18 Uhr) das Beste. Es widmet sich den Werken von Giovani Boldini, einem Sohn der Stadt. Hier kann der expressive, skizzenhafte Pinselduktus des impressionistischen Meisters studiert werden. Die Frauenportraits zeigen eine Entwicklung von der Sittsamkeit des 19. Jhs. zum Schick der 1920er-Jahre. Die Eintrittskarte gewährt Zugang zum **Museo dell'Ottocento** mit Kunstwerken des 19. Jhs. und einem Skulpturenpark. Nicht in der Eintrittskarte enthalten ist das **Museo d'Arte Moderna e Contemporanea Filippo de Pisis** (Erw./erm. 4/2 €). Es widmet sich u. a. dem namengebenden modernen Maler aus Ferrara, dessen Landschaften und Stillleben berühmt sind.

Stadtmauer STADTMAUER

Nur das toskanische Lucca kann für sich in Anspruch nehmen, eine vollständig erhaltene Stadtmauer zu besitzen. Die Stadtmauer Ferraras ist mit einem Gesamtumfang von 9 km noch länger. Mit ihrem markierten Wegenetz, das an den nördlichen und östlichen Sektionen nicht unterbrochen ist, sind die Walanlagen ideal für schöne Wanderungen oder Radtouren.

Feste & Events

Il Palio PFERDERENNEN

(www.paliodiferrara.it) Alljährlich am letzten Maisonntag tragen die acht *Contrade* (Stadtviertel) von Ferrara ein Pferderennen aus. Dabei verwandelt sich die Piazza Ariostea vorübergehend in ein mittelalterliches Tollhaus. Das Rennen gilt als ältestes seiner Art in Italien, der erste offizielle Wettkampf wurde 1279 veranstaltet.

Festival der Straßenmusiker MUSIK

(www.ferrarabuskers.com) Jedes Jahr Ende August wimmelt es in den Straßen Ferraras von Musikanten.

Ferrara Balloons Festival HEISSLUFTBALLONS

(www.ferraraballoonsfestival.it) Das größte Treffen der Heißluftballonfahrer Italiens findet Ende September statt.

Schlafen

LP TIPP **Albergo Annunziata** HOTEL €€

(☎0532 20 11 11; www.annunziata.it; Piazza della Repubblica 5; EZ 94–120 €, DZ 105–240 €; ❄@) Als Casanova hier eine Nacht verbrachte, war das Annunziata kaum mehr als eine einfache *locanda* (Gasthaus). Heute ist es Spitzenklassehotel mit minimalistisch ausgestatteten Zimmern und allen denkbaren Annehmlichkeiten. Zusätzlich können sechs moderne Apartments (125 bis 300 €) in 150 m Entfernung vom Haupthaus gemietet werden. Ein Parkplatz kostet 3 €.

Hotel Ferrara HOTEL €€

(☎0532 20 50 48; www.hotelferrara.com; Largo Castello 36; EZ/DZ/Apt. 85/125/160 €; ❄@🛜) Ein Einrichtungsstil von moderner Eleganz mitten im historischen Stadtzentrum, nur einen Pfeilschuss von der Burg entfernt:

ABSTECHER

PO-DELTA

Der größte Strom Italiens mündet in einem Delta (Foci del Po) in die Adria. Es ist eine Landschaft von dichten Pinienwäldern und ausgedehnten Sumpfgebieten, die vor allem im Winter oft in geisterhaften Nebel gehüllt sind.

Im **Parco del Delta del Po** (www.parcodeltapo.it) steht das Sumpfgebiet unter Schutz, es gehört zu den größten Europas und ist für seinen Reichtum an Vogelarten bekannt – 300 Arten wurden bereits registriert.

Im Herzen des Deltagebiets liegt Comacchio, ein bildschönes Fischerstädtchen mit Kanälen und Ziegelsteinbrücken sowie einer guten **Touristeninformation** (www.turismocomacchio.it; Corso Mazzini 4; ⊙9.30–12.30 & 15.30–18.30 Uhr) mit vielen Informationen über die Region und ihre Möglichkeiten: Wandern, Radfahren, Vogelbeobachtung, Reiten und Bootsausflüge.

In diesem flachen Landstrich ist Radfahren besonders beliebt, ein weites Netz von Radwegen, viele davon führen auf Deichen entlang, bieten sich für Tagesfahrten oder längere Touren an. Erwähnenswert ist eine 46 km lange Strecke, die die Süßwasserlagunen von Argenta mit den Salzwasserlagunen von Comacchio verbindet. Diese Radtour kann an beiden Enden verlängert werden: in westlicher Richtung von Argenta nach Ferrara (41 km) oder in nördlicher Richtung von Comacchio entlang der Adriaküste und dem Valle Bertazzi (mit seinen großen Vogelpopulationen) bis Mesola. Näheres findet man in der Broschüre *Panoramic Wheels*, die in der Touristeninformation in Ferrara erhältlich ist.

Von Ferrara fahren Busse 11-mal täglich nach Comacchio (4,10 €, 1 Std.).

Ein Designkritiker würde das Hotel als „zeitgenössisch“ bezeichnen – d. h. akzentuierte Farben, minimalistische Linien, hypermoderne Elektronik und viel Glas und schimmernde Oberflächen. Aber alle Designambitionen werden überboten von einem guten Service und viel Gegenwert fürs Geld. Das Hotel bietet außerdem 10 Apartmentsuiten (ab 160 €) an.

Hotel Astra HOTEL €
(☎0532 20 60 88; www.astrahotel.info; Viale Cavour 55; EZ/DZ 65/89 €; ❄@) Das Astra kommt bei preisbewussten Gästen immer noch gut an. Das liegt an geräumigen Zimmern, ebenso weitläufigen Bädern, einem für italienische Verhältnisse üppigen Frühstück und zahlreichen Sitzgelegenheiten im Erdgeschoss, wo die vorsintflutlichen Möbel ihr Bestes geben, um antik zu wirken. Das *centro storico* ist nur ein paar Gehminuten entfernt, auch der Bahnhof liegt nahe genug, dass man den Koffer selbst hintragen kann.

Hotel de Prati HOTEL €€
(☎0532 24 19 05; www.hoteldeprati.com; Via Padiglioni 5; EZ 49–85 €, DZ 75–120 €, Suite 110–150 €; ❄) Es ist besser als das durchschnittliche 3-Sterne-Hotel und bezaubert durch eine zentrale Lage in Burgnähe, antike Möbel und einen freundlichen Inhaber. Der Stil der oben liegenden Zimmer wird von schmiedeeisernen Betten bestimmt. Unten werden die Gesellschaftsräume durch moderne Kunstwerke belebt.

Student's Hostel Estense HOSTEL €
(☎0532 20 11 58; www.ostelloferrara.it; Corso Biagio Rossetti 24; B/EZ/DZ/3BZ inkl. Frühstück 16/35/40/48 €; 📶) Das Hostel von Ferrara bietet klassische Jugendherbergszimmer. Ungewöhnliche Extras sind warmes Wasser aus Erdwärme, eine Bar, ein Innenhof und eine hervorragende Ausstattung für Radfahrer (Fahrradpumpen und viel Platz für Wartung und Aufbewahrung der Räder).

Essen

Wie in allen emilianischen Städten gibt es auch in Ferrara gastronomische Besonderheiten. Man sollte nicht von hier weggehen, ohne *cappellacci di zucca*, (Nudeltaschen mit Kürbis- und Kräuterfüllung, in Salbei und Butter geschwenkt) probiert zu haben. Köstlich! *Salama da sugo* ist eine Kochwurst aus Schweineleber im Hackfleischmantel, *pasticcio di maccheroni* ist ein Nudelauflauf mit Parmesan. Selbst das Brot aus Ferrara ist eine Spezialität: mit knuspriger Kruste und zu Knoten verdreht.

Selbstversorger können ihre Vorräte auf dem **überdachten Markt** (Via Vegri; ⊙Mo–Sa 7–13.30 Uhr) auffüllen.

Osteria del Ghetto OSTERIA €€
(☎0532 76 49 36; www.osteriadelghetto.it; Via Vittoria 26; Mahlzeiten 25–30 €; ⌚Mi–Mo) Noch ein unterschätztes Juwel inmitten der alten Gassen des jüdischen Viertels von Ferrara: Durch einen schlichten Barraum führt der Weg in dieser Osteria in einen hellen Speiseraum hinauf, der mit eindrucksvollen modernen Wandmalereien verziert ist. Auf der ausgezeichneten Speisekarte mischen sich Ferrara-Klassiker wie *cappellacci di zucca* unter eine vielfältige Fischkarte.

Al Brindisi OSTERIA €€
(www.albrindisi.net; Via Adelardi 11; Mahlzeiten 25–30 €) Diese Weinbar, optisch eine Mischung aus schmuddelig und elegant, ist die älteste *Osteria* der Welt (laut Guiness-Buch), schon 1435 wurde hier kräftig gebechert – Tizian war hier zu Gast und 550 Jahre später schaute der spätere Papst Johannes Paul II. vorbei. Minimalistische Pastagerichte werden durch gute Weine vervollständigt, die lange Zeit in staubbedeckten Regalen lagern. Außerdem gibt es noch eine gute Auswahl an Grappas.

Trattoria de Noemi TRATTORIA €€
(☎0532 76 90 70; www.trattoriadanoemi.it; Via Ragno 31; Mahlzeiten 25–35 €) Alle Ferrareser Klassiker werden hier *con molto amore* serviert. Unbedingt rechtzeitig eintreffen (es wird schnell voll), um in den Genuss köstlicher *cappellacci di zucca*, Grillspezialitäten und Makkaroniauflauf zu kommen.

Il Sorpasso TRATTORIA €
(www.trattoriailsorpasso.it; Via Sarceno 120; Mahlzeiten 20–25 €) Eine Leuchtreklame weist den Weg in diese Trattoria, wo kreative Interpretationen traditioneller emilianischer Gerichte ausprobiert werden. Der Stolz des Hauses ist die Lasagne mit Schweinefleisch, dazu werden rote, grüne und schwarze Pastaplatten *al dente* gekocht. Kochbücher und Kinderspiele verkürzen die Wartezeit.

Il Don Giovanni KULINARISCH €€€
(☎0532 24 33 63; www.ildongiovanni.com; Corso Ercole I d'Este 1; Mahlzeiten 45–75 €; ⌚Mo–Sa Abend) Das gefeierte Restaurant ist nur abends geöffnet. Die Spezialitäten sind fangfrischer Fisch von der Adriaküste, Gemüse aus dem restauranteigenen Garten, acht Brotvariationen, die täglich frisch gebacken werden, und eine Weinkarte, die rund 600 italienische und internationale Namen verzeichnet. Die Speisekarte ist ein fantasievolles Feuerwerk unkonventioneller Kreationen; besonders ausgefallen sind z. B. Pasta mit Perlhuhn und gebratener Aal.

Osteria Quattro Angeli TRADITIONELL ITALIENISCH €€
(www.osteriaquattroangeli.it; Piazza della Repubblica; Mahlzeiten 25 €; ⌚Di–So) Gegenüber der Burg lässt es sich unter Salamiwürsten gut entspannen und Ferrareser Klassiker in riesigen Portionen genießen, ergänzt von einigen Scheiben heimischen Aufschnitts von gepökeltem Fleisch. Gegen 18 Uhr verwandelt sich der Sitzbereich draußen unter einem Zeltdach in eine Straßenbar und lässt Geräuschpegel und Stimmung hochschnellen.

☆ Unterhaltung

Jazz Club NACHTCLUB, LIVEMUSIK
(www.jazzclubferrara.com; Via Rampari di Belfiore 167; Eintritt 5–15 €; ⌚19.30 Uhr) Klänge von Bebop und Jazzfunk sind in einem Turm an der alten Stadtmauer Ferraras zu hören. Konzerte beginnen um 21.30 Uhr, an Montagabenden sind sie kostenlos.

Praktische Informationen

Polizei (☎0532 29 43 11; Corso Ercole I d'Este 26)

Post (Viale Cavour 27)

Touristeninformation (☎0532 20 93 70; www.ferrarainfo.com; ⌚Mo–Sa 9–13 & 14–18, So 9.30–13 & 14–17 Uhr) Im Hof des Castello Estense.

URP Informacittà (Via Spadari 2/2; ⌚Mo–Do 8.30–13 & 14–17.30, Fr 8.30–13, Sa 9–12 Uhr) Kostenloses WLAN und ein öffentlicher Computer, der von der Stadtverwaltung zur Verfügung gestellt wird.

Anreise & Unterwegs vor Ort

Die Busse von **ACFT** (www.acft.it, auf Italienisch) fahren im Stadtgebiet und ins Umland, z. B. nach Comacchio (4,10 €, 1 Std., 11-mal tgl.) sowie zu den Stränden der Adria. Fernreisebusse fahren vom Busbahnhof an der Via Rampari San Paolo ab und passieren auf dem Weg stadtauswärts den Bahnhof. Nach Bologna (4 €, 30 bis 50 Min., alle 30 Min.) und Ravenna (5,70 €, 1¼ Std., 14-mal tgl.) empfiehlt sich der Zug.

Der Autoverkehr ist zum größten Teil aus dem Stadtzentrum verbannt. Auf dem großen Parkplatz an der Via Darsena (gleich außerhalb des *centro storico*) können Autos über Nacht (3 € pro 24 Std.) abgestellt werden.

In einer Stadt, die zu den radfahrerfreundlichsten Städten Italiens gehört, fällt es leicht, sich den Hunderten von Radfahrern anzuschließen, die täglich in Ferrara unterwegs sind. Fahrradverleihe sind zahlreich (7 bis 10 € pro Tag),

z. B. **Romanelli** (Via Aldighieri 28a; ⌚9.30–12.30 & 15.15–19 Uhr).

RAVENNA

153 400 EW.

Entfernt man sich einige Straßen weit vom Bahnhof Ravennas, wird die Andersartigkeit der Stadt wahrnehmbar, die selbst in einem Land mit so reichverzweigten historischen Wurzeln wie Italien auffallend ist. Die Blüte der Stadt fiel in eine wenig bekannte Zeit zwischen dem Untergang des Römischen Reiches und dem Anbruch des Hochmittelalters. In dieser Epoche hatte das übrige Land unter den einfallenden Stämmen der Westgoten und Vandalen zu leiden. Von 402 bis 476 war Ravenna die Hauptstadt des Weströmischen Reiches und ein ergiebiges Betätigungsfeld für geschickte byzantinische Künstler, die ihre farbig leuchtenden Mosaike überall in den rötlichen Ziegelbauten der christlichen Kirchen hinterließen.

Auch wer keinen Zugang zur Frömmigkeit der kirchlichen Kunstwerke findet, wird dennoch sprachlos vor den Meisterwerken des 4. bis 6. Jhs. stehen, die in kraftvollen Gold-, Grün- und Blautönen leuchten. Der gleichermaßen beeindruckte Dante beschrieb sie als eine „Symphonie der Farben" und verbrachte seine letzten Lebensjahre voller Bewunderung in Ravenna. Der romantische Dichter Lord Byron sorgte für eine weitere literaturgeschichtliche Anekdote, indem er mehrere Jahre in Ravenna verbrachte, bevor er nach Griechenland aufbrach. 1996 wurden die Mosaike in die Weltkulturerbeliste der Unesco aufgenommen.

Sehenswertes

Die großen Glanzpunkte Ravennas sind die acht Weltkulturerbestätten der Unesco. Die meisten von ihnen liegen über das Stadtgebiet verstreut (eine befindet sich 5 km außerhalb). Fünf Kulturdenkmäler können mit einem Kombiticket (8,50 €) besucht werden, für zwei weitere sind zusätzliche Eintrittskarten zu kaufen, bei einem ist der Eintritt frei. Nähere Informationen sind auf der Website www.ravenna mosaici.it nachzulesen.

LP TIPP Basilica di San Vitale KIRCHE

(Via Fiandrini, Eingang Via San Vitale; ⌚April–Sept. 9–19 Uhr, März & Okt. bis 17.30 Uhr, Nov.–Feb. 9.30–17 Uhr) Nach unzähligen Besichtigungen dunkler italienischer Kirchen, droht die Fähigkeit zu staunen allmählich nachzulassen. Nicht hier! Die Basilika wurde 547 durch Erzbischof Massimiano geweiht. Die Leuchtkraft der Mosaike, die den Altarraum schmücken, wirkt überwältigend. Die intensiven und strahlenden Grün- und Gold- und die tiefen Blautöne, die im weichen, fahlen Sonnenlicht leuchten, sind faszinierend anzusehen. Die Mosaike an den seitlichen und hinteren Wänden zeigen alttestamentarische Szenen: links Abraham, der im Begriff ist, Isaac in Anwesenheit dreier Engel zu opfern, auf der rechten Seite der Tod Abels und die Huldigungen des Melchisedek. Im Altarraum porträtieren zwei prachtvolle Mosaike den byzantinischen Kaiser Justinian mit San Massimiano und die ausgesprochen ernste und ausdrucksvolle Kaiserin Theodora, seine Gemahlin.

Mausoleo di Galla Placidia

(Via Fiandrini; ⌚April–Sept. 9–19 Uhr, März & Okt. bis 17.30 Uhr, Nov.–Feb. 9.30–17 Uhr) Zum selben Gebäudekomplex wie die Basilica di San Vitale gehört das Mausoleo di Galla Placidia. Das Grabmonument wurde für die Halbschwester von Kaiser Honorius errichtet. Ihm verdankt die Stadt viele Baudenkmäler. Die Mosaiken stammen vermutlich aus der Zeit um 430.

Museo Arcivescovile MUSEUM

(Piazza Arcivescovado; ⌚April–Sept. 9–19 Uhr, Okt.–März 9–17.30 Uhr) Ein Museum der etwas anderen Art. Das Schmuckstück befindet sich im 2. Stock des Erzbischöflichen Palastes. Es birgt zwei Ausstellungsstücke, die nicht versäumt werden dürfen: ein geschnitzter Thron aus dem 6. Jh., er wurde für Kaiser Maximilian von byzantinischen Meistern aus Elfenbein angefertigt, und die unglaublichsten Mosaiken von Ravenna. Sie werden in der Kapelle San Andrea aus dem 5. Jh. gezeigt, die in die feudalen, Innenräume des Museums integriert wurde.

Battistero Neoniano BAPTISTERIUM

(Piazza del Duomo; ⌚April–Sept. 9–19 Uhr, März & Okt. 9.30–17.30 Uhr, Nov.–Feb. 10–17 Uhr) Von den römischen Ruinen abgesehen ist das Baptisterium Ravennas ältestes intaktes Bauwerk. Es wurde im späten 4. Jh. an der Stelle eines römischen Bades errichtet. Wie alle Taufhäuser frühchristlicher Zeit hatte es einen achteckigen Grundriss und gehörte ursprünglich zu einer (nicht erhaltenen) Kirche. Die Mosaike, in denen die Taufe Christi durch Johannes den Täufer im Fluss Jordan dargestellt ist, wurden im späten 5. Jh. hinzugefügt.

Basilica di Sant'Apollinare Nuovo KIRCHE

(Via di Roma; ⌚April–Sept. 9–19 Uhr, März & Okt. 9.30–17.30 Uhr, Nov.–Feb. 10–17 Uhr) Nach einer Legende befahl Papst Gregor der Große, dass die Mosaike der Basilika geschwärzt werden sollten, da sie die Gläubigen von der Andacht ablenkten. Anderthalb Jahrtausende später haben die religiösen Werke noch dieselbe Wirkung. Es ist fast unmöglich, den Blick von den 26 weiß gewandeten Märtyrern, die sich auf Christus und die Apostel zubewegen (an der rechten, südlichen Wand) zu lösen. Auf der linken Seite ist eine ebenso ausdrucksvolle Prozession von Jungfrauen zu sehen, die der Muttergottes huldigen. Die Basilika geht auf die Zeit um 560 zurück. Die architektonische Verschmelzung von ost- und weströmischen Stilelementen ist in ihren Marmorarkaden und ihrem konischen Glockenturm zu erkennen.

GRATIS **Tomba di Dante** MAUSOLEUM

(Via D Alighieri 9; ⌚9.30–18.30 Uhr) Italiens *Sommo Poeta* (größter Dichter) Dante Alighieri, ein Sohn der Stadt Florenz, wurde 1302 aus politischen Gründen aus seiner Geburtsstadt verbannt und verbrachte viele Jahre auf Reisen. Schließlich fand er Zuflucht in Ravenna, wo er 1321 starb. Als Akt ewig währender Buße spendet Florenz immer noch das Öl für die ständig brennende Lampe auf seinem Grab.

Mausoleo di Teodorico MAUSOLEUM

(Via delle Industrie 14; Eintritt 3 €; ⌚8.30–19 Uhr) In seiner Geschichte und Architektur unterscheidet es sich von den anderen Weltkulturerbestätten der Stadt (es gibt hier keine Mosaike). Das zweigeschossige Mausoleum wurde 520 für den ostgotischen König Theoderich gebaut, der als Statthalter des oströmischen Kaisers in Italien herrschte. Bemerkenswert sind die byzantinischen Stilelemente und die römischen Baumethoden: Die riesigen Steinblöcke wurden ohne Mörtel zusammengefügt. Mittelpunkt des Mausoleums ist ein römisches Porphyrbecken, das später als Sarkophag Verwendung fand. Busse der Linien 2 oder 5 fahren vom Stadtzentrum zum 2 km entfernten Mausoleum.

Basilica di Sant'Apollinare in Classe KIRCHE

(Via Romea Sud, Classe; Eintritt 3 €; ⌚Mo–Sa 8.30–19.30, So 13–19.30 Uhr) Noch mehr prachtvolle Mosaike – diesmal in einer typischen frühchristlichen Kirche. Sie liegt 5 km südöstlich des Stadtzentrums von Ravenna im Dorf Classe. Der (kurze) Abstecher dorthin lohnt sich unbedingt. Sie wirkt heller als andere Kirchen der Stadt. Das von Sternen übersäte Mosaik des Altarraumes stellt die vier Evangelisten Matthäus, Markus, Lukas und Johannes symbolhaft dar. Weitere Mosaike in der Apsis zeigen den byzantinischen Kaiser Konstantin IV. (652–685) und altthestamentarische Gestalten wie Abel und Abraham. Die Basilika entstand im frühen 6. Jh. an der Grabstätte des Stadtheiligen von Ravenna, der die Stadt im 2. Jh. christianisiert hatte. Busse der Linie 4 sowie die Züge in Richtung Rimini halten in Classe.

Museo Nazionale MUSEUM

(Via Fiandrini; Erw./erm. 4/2 €; ⌚Di–So 8.30–19.30 Uhr) In Nachbarschaft der Basilica di San Vitale ist das Museum im Kreuzgang eines Benediktinerklosters untergebracht. Zu sehen sind Keramiken, Bronzen und zahlreiche Madonnenbilder. Der Eintritt ins Museum ist nicht im Kombiticket der Basilica di San Vitale enthalten.

GRATIS **Battistero degli Ariani** BAPTISTERIUM

(Via degli Ariani; ⌚Okt.–März 8.30–16.30 Uhr, April–Sept. bis 19.30 Uhr) Außer dem Kuppelmosaik, das die Taufe Christi darstellt, besitzt das Taufhaus eine weitere Besonderheit, es ist die einzige Weltkulturerbestätte der Stadt, deren Besuch kostenlos ist. Das sagt jedoch nichts über die Qualität der Kunstwerke im Innern aus, eine anschauliche Darstellung der Taufe Christi, umgeben von den 12 Aposteln. Die Mosaike des Baptisteriums wurden im 5. Jh. über mehrere Jahre fertiggestellt. An leichten Farbabweichungen mancher grünen Steine ist die Langwierigkeit der Arbeiten deutlich zu sehen.

Domus dei Tappeti di Pietra MUSEUM

(Via B Gianbattista; Erw./erm. 4/3 €; ⌚Di–Fr 10–17, Sa & So bis 18 Uhr) Noch mehr, aber deutlich andersartige Mosaike: In einem spätrömischen Palast des 6. Jhs. (mit 14 Zimmern) wurden Fußbodenmosaike erst 1993/94 freigelegt. Heute sind sie vollständig restauriert und weisen einen hohen künstlerischen Wert auf. Sie sind mit geometrischen und floralen Mustern verziert.

Kurse

Die folgenden Veranstalter bieten Mosaikkurse an, die sich an Anfänger ebenso wie an erfahrene Künstler richten.

Ravenna

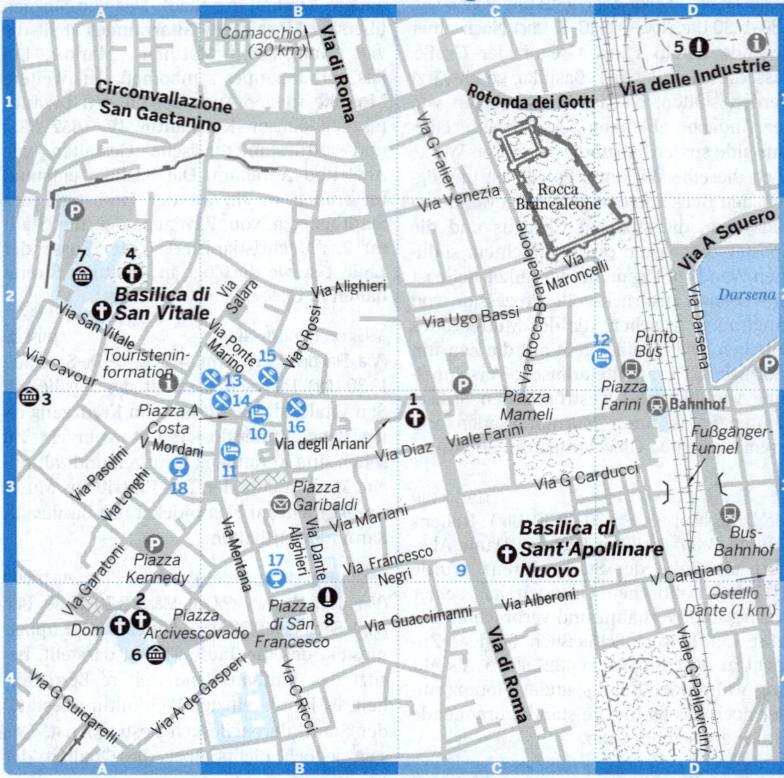

Ravenna

Highlights

Basilica di San Vitale A2
Basilica di Sant'Apollinare Nuovo C3

Sehenswertes

1 Battistero degli Ariani C3
2 Battistero Neoniano A4
3 Domus dei Tappeti di Pietra A3
4 Mausoleo di Galla Placidia A2
5 Mausoleo di Teodorico D1
6 Museo Arcivescovile A4
7 Museo Nazionale A2
8 Tomba di Dante B4

Aktivitäten, Kurse & Touren

9 Mosaic Art School C3

Schlafen

10 Albergo Cappello B3
11 Hotel Centrale Byron B3
12 Hotel Ravenna D2

Essen

13 Babaleus B2
14 Überdachter Markt B3
15 La Gardela B2
16 Osteria La Mariola B3
Ristorante Cappello .... (siehe 10)

Ausgehen

17 Ca' de Vèn B3
18 Cabiria A3

Gruppo Mosaicisti MOSAIKE
(www.gruppomosaicisti.com; Via Fiandrini; Anfängerkurs 550 €)

Mosaic Art School MOSAIKE
(www.mosaicschool.com; Via Francesco Negri 14; 1-wöchige Kurse 660–760 €)

Feste & Events

In Ravenna findet eine der bedeutendsten Veranstaltungen der klassischen Musik in Italien statt, aber auch Jazz-Fans kommen auf ihre Kosten.

Ravenna Festival MUSIK
(www.ravennafestival.org) Riccardo Muti, Italiens großer Dirigent, pflegt enge Beziehungen zu Ravenna und wirkt intensiv am alljährlich stattfindenden Festival mit. Konzerte werden von Juni bis Ende Juli überall in der Stadt gegeben, u. a. im **Teatro Alighieri** (www.teatroalighieri.org; Via Mariani 2). Die günstigsten Eintrittspreise liegen bei etwa 15 €.

Ravenna Jazz MUSIK
Ende Oktober steigen die Stars vom Jazz-Himmel auf die Erde herab.

Schlafen

LP TIPP **Hotel Centrale Byron** HOTEL €
(☎0544 21 22 25; www.hotelbyron.com; Via IV Novembre 14; EZ 45–55 €, DZ 70–90 €; ❄@📶) Eine bessere Lage für ein Hotel wie in den autofreien, anziehenden Straßen der Altstadt von Ravenna kann es nicht geben. Vom Fenster eines der modernen Zimmer des Centrale Byron ist die zentrale Piazza del Popolo zu sehen. Regelmäßig wird das Hotel modernisiert und verschönt. So stört es auch nicht, dass der Dichter Byron nie im Hotel zu Gast war.

Albergo Cappello BOUTIQUEHOTEL €€€
(☎0544 21 98 13; www.albergocappello.it; Via IV Novembre 41; EZ 150–180 €, DZ 180–260 €; P❄@📶) Die in verschiedenen Farben gestalteten Zimmer heißen „Suiten" in diesem feingemachten Hotel. Kronleuchter aus Muranoglas, Fresken aus dem 15. Jh. und Kassettendecken bilden einen auffallenden Kontrast zu den modernen Leuchten und Flachbildfernsehern. Zum reichhaltigen Frühstück gehört Gebäck aus der feinsten *pasticceria* von Ravenna. Das Hotel besitzt ein Restaurant und eine Weinbar.

Ostello Dante HOSTEL €
(☎0544 42 11 64; www.hostelravenna.com; Via Nicolodi 12; B/EZ/DZ 16/25/44 €; @📶) Das praktische HI-Hostel von Ravenna ist in einem modernen Gebäude 1 km östlich des Bahnhofs untergebracht. Von 12 Uhr bis 14.30 Uhr ist das Haus geschlossen. Aber für 1 € kann sich jeder, der ihn braucht, einen „Nachtschlüssel" leihen und sich unabhängig machen. Busse der Linie 80 oder der rote „Metrobus" fahren vom Bahnhof zum Hostel.

Hotel Ravenna HOTEL €
(☎0544 21 22 04; www.hotelravenna.ra.it; Via Maroncelli 12; EZ 44–55 €, DZ 60–90 €, ohne Bad 45/70 €; P❄📶) Nahe am Bahnhof liegt das empfehlenswerte Hotel Ravenna. Die nüchternen Zimmer in blassem Braun mit Golddekor sind eher schlicht möbliert, aber groß und bequem. Parkplätze sind kostenlos, drahtloser Internetzugang steht für 4 € pro Std. zur Verfügung.

Essen

Selbstversorger und Sandwichliebhaber decken sich auf dem **überdachten Markt** (Piazza Andrea Costa) der Stadt ein.

LP TIPP **Osteria**
La Mariola MODERN ITALIENISCH €€
(☎0544 20 14 45; Via P Costa 1; Mahlzeiten 35–40 €) Die italienische Küche zu „modernisieren" ist eine schwierige Aufgabe in einem Land, wo Tradition und Einfachheit hochgehalten werden. Grund genug, dem Neuling La Mariola Respekt zu zollen, es wurde im Februar 2011 im Palazzo Grossi aus dem 16. Jh. neu eröffnet. Auf drei elegante Räume mit purpurroten Akzenten sind Bar, Restaurant und Enoteca (Weinbar) verteilt. Die Küche ist etwas kreativer als die übliche Hausmannskost, Weine können im *quartino* (Viertelliter) bestellt werden.

La Gardela TRATTORIA €
(☎0544 21 71 47; Via Ponte Marino 3; Mahlzeiten 20 €; ⌚Do–Di) Günstige Preise und eine gute Hausmannskost führen dazu, dass es in der Trattoria voll werden kann. Professionelle Kellner eilen mit Tellern voller italienischer Klassiker vorüber: Pizza mit dünnem Boden, Ragù, Fisch. Lecker.

Babaleus PIZZERIA €
(www.ristorantebabaleus.com; V Gabbiani 7; Pizza ab 4 €, Mahlzeiten 20–25 €; ⌚Do–Di Abend, Mo, Di, Do & Fr Mittag) Früher fanden Köche noch Zeit, sich zu den Gästen zu setzen und ein Glas Wein mit ihnen zu trinken. Das preiswerte Babaleus ist der Tradition treu geblieben. Die ofenheiße Pizza wird von ebenso fröhlichen Pizzabäckern in abgetragenen

Schürzen und unter frühabendlichen Scherzen an den Tisch gebracht.

Ristorante Cappello KULINARISCH €€€

(☎0544 21 98 76; Via IV Novembre 41; Mahlzeiten 35–50 €; ⊙So Abend & Mo geschl.) In diesem noblen Restaurant unter der Leitung des gleichnamigen Hotels wird großer Wert auf gutes Essen gelegt. Die Speisekarte wechselt wöchentlich, eine dominante Rolle spielen dabei Fischgerichte, z. B. *strozzapreti con calamaretti, zucchine, fiori di zucca e zafferano* (Pasta mit Tintenfisch, Zucchini, Kürbisblüten und Safran).

Ausgehen

LP TIPP Ca' de Vèn BAR

(www.cadeven.it; Via Corrado Ricci 24; ⊙Di–So) Alte Männer mit ihren Hunden mischen sich in dieser Weinbar mit Restaurant und stimmungsvoller Atmosphäre (Mahlzeiten 25 bis 35 €) unter blasierte Weinkenner. Sie wird noch verschönt durch Regale, die vom Fußboden bis zur Decke reichen und mit Flaschen, Büchern und Kuriositäten vollgepackt sind. Hier gibt es exzellente Aperitivi – wenn sich die Fresken an der Decke zu drehen beginnen, wird es Zeit, zum Hauptgang ins nächste Restaurant aufzubrechen.

Cabiria PUB

(Via Mordani 8; ⊙Mo–Sa 18–3 Uhr) Eine Weinbar, in der es brummt wie in einer Kneipe am Freitagabend. Das Cabiria ist ein beliebter Treffpunkt für ein Publikum um die Dreißig.

Praktische Informationen

Multimediateca (Via Guido da Polenta 4; pro Std. 2 €; ⊙Mo–Fr 15–19, Sa 9–13 & 15–18 Uhr) Internetzugang im Obergeschoss des Palazzo Farini.

Polizei (☎0544 48 29 99; Piazza Mameli)

Post (Piazza Garibaldi 1)

Touristeninformation (www.turismo.ravenna.it) Via delle Industrie (Via delle Industrie 14; ⊙9.30–12.30 & 15–18 Uhr); Via Salara (Via Salara 8–12; ⊙Okt.–März Mo–Sa 8.30–18, So 10–16 Uhr, April–Sept. Mo–Sa 8.30–19, So 10–18 Uhr) Die Hauptstelle befindet sich im Stadtzentrum an der Via Salara.

Anreise & Unterwegs vor Ort

ATM (www.atm.ra.it, auf Italienisch) betreibt Busse, die von der Piazza Farini abfahren. Intercity-Busse nach Ferrara und den Küstenorten fahren vom Busbahnhof auf der östlichen Seite der Bahnschienen ab (durch eine Fußgängerunterführung zu erreichen).

Bei **Punto Bus** (⊙Mo–Sa 6.30 bis 19.30 Uhr, So ab 7.30 Uhr) an der Piazza bekommt man Informationen und Fahrkarten für die Busse von ATM.

Ravenna liegt an einer Abzweigung (A14 dir) der östlichen Küstenautobahn A14. Die SS16 (Via Adriatica) führt südwärts nach Rimini und weiter an der Küste entlang. Parkplätze befinden sich östlich des Bahnhofs und auch nördlich der Basilica di San Vitale.

Es gibt Zugverbindungen nach Bologna (6,20 €, 1¼ Std., stündl.), Ferrara (5,70 €, 1¼ Std., 14-mal tgl.), Rimini (4 €, 1 Std., stündl.) und zur Südküste.

In der Stadt ist Radfahren sehr beliebt. Die Hauptstelle der Touristeninformation (Via Salara) bietet einen kostenlosen Fahrradverleih für Gäste an. Nach Vorlage eines Ausweises kann sich jeder ein gelbes Fahrrad von einem der Fahrradstände nehmen. Wichtig ist, dass die Räder innerhalb der üblichen Öffnungszeiten an denselben Stand zurückgebracht werden.

Vor dem Bahnhof verleiht die **Cooperativa Sociale la Formica** (Piazza Farini; Fahrräder pro Std./Tag 1,10/8,50 €; ⊙Mo–Fr 7–19 Uhr) ebenfalls Fahrräder.

RIMINI

138 500 EW.

Verehrer des Regisseurs Fellini stolpern über Sonnenanbeter im größten und genussfreudigsten Seebad Italiens. Ihr großer Sohn machte die Stadt in seinem Film *Amacord* unsterblich. Seit kurzem beruht ihre Bekanntheit eher auf international renommierten Nachtclubs. Seit mehr als 2000 Jahren gibt es menschliche Siedlungen an dieser Stelle, doch die Küste Riminis bestand bis ins Jahr 1843 aus Sanddünen, als sich ein erstes Seebad an der Adriaküste gründete. Die Strandhütten wichen bald einer ausgedehnten Feriensiedlung, die in den 1990er-Jahren von einer ausufernden Nachtclubszene verdrängt wurde. Seitdem hat das Seebad sein Gesicht nicht mehr verändert.

Es ist fraglich, ob die alten Römer über diese Entwicklung erfreut gewesen wären. In römischer Zeit war der Ort eine bedeutende Kolonie namens Ariminum. Im Mittelalter herrschten byzantinische, langobardische und päpstliche Mächte über Rimini. Die Reihe der Herrscher erreichte im 15. Jh. mit der dämonischen Gestalt des Sigismondo Malatesta ihr Ende. Doch das Schlimmste stand Rimini noch bevor, es wurde im Zweiten Weltkrieg mehr als andere italienische Städte durch Luftangriffe getroffen. Dazu kam die schwere „Schlacht von Rimini“, mit massiven Angriffen amerikanischer und britischer Armeen auf die deutsche Verteidigungsstellung.

Sehenswert

Die schönsten Paläste der Stadt umrahmen die Piazza Cavour, darunter der **Palazzo del Municipio** aus dem 16. Jh., er wurde nach seiner Zerstörung im Zweiten Weltkrieg wieder aufgebaut, und der gotische **Palazzo del Podestà** aus dem 14. Jh.

Tempio Malatestiano — KIRCHE

(Via IV Novembre 35; Mo–Sa 8.30–12.30 & 15.30–19, So 9–13 & 15.30–19 Uhr) Das Templum Malatestianum von Rimini ist das Ergebnis einer mittelalterlichen Liebesgeschichte. Um 1200 wurde der Bau im gotischen Stil errichtet und dem hl. Franziskus geweiht. Im 15. Jh. wurde die Kirche als ein „Taj Mahal“ der Renaissance zu einem Grabmal für Isotta degli Atti umgebaut. Isotta war die geliebte Mätresse des berüchtigten Stadtherrn Sigismondo Malatesta. Sigismondo, der „Wolf von Rimini“, beauftragte Leon Battista Alberti, einen Florentiner Baumeister mit grandiosen Ideen von der römischen Antike, 1450 mit dem Umbau der Kirche. Die Fertigstellung dieses Auftrags wurde jedoch unterbrochen und die Fassade blieb unvollendet; Sigismondo hatte sich wegen seiner Eroberungsfeldzüge mit Papst Pius II. überworfen. Der Papst, selbst kein Heiliger, verbrannte Sigismondos Bildnis in Rom und verfluchte ihn wegen seines langen Sündenregisters, das Vergewaltigung, Mord, Inzest, Ehebruch und Volksunterdrückung aufzählte. Schließlich wurde Sigismondo, der einstige oberste Hauptmann der römischen Kirche, vom Papst exkommuniziert. Noch heute glauben manche, er habe die Kirche als heidnischen Liebestempel entweiht. Besucher können sich selbst ein Urteil bilden; die Sarkophage Sigismondos und Isottas werden im Innern aufbewahrt.

Castel Sismondo — MUSEUM

(Piazza Malatesta; Eintritt 2 €; 8.30–13.30 Uhr) Die Burg von Riminia ist ein klassischer Renaissancebau, sie ist auch als Rocca Malatestiana bekannt und wurde vom Kriegsherrn Sigismondo Malatesta selbst entworfen. In einem kleinen Raum im Untergeschoss werden Informationen über die Burgen und Naturparks der Region vermittelt.

Museo della Città — MUSEUM

(Via Tonini 1; Erw./Kind inkl. Domus del Chirurgo 5/3 €, So Eintritt frei; Di–Sa 10–12.30 Uhr & 16.30–19.30 Uhr, So 16.30–19.30 Uhr) Im Obergeschoss des wichtigsten Museums der Stadt werden Gemälde gezeigt, darunter eine schwermütige *Pietà* von Giovanni Bellini und ein Altarbild von Domenico Ghirlandaio. Mittelpunkt des Museums ist jedoch die archäologische Abteilung im Erdgeschoss. Auf mehrere Räume verteilt sind Fundstücke (mit hervorragenden Beschriftungen in italienischer und englischer Sprache) aus zwei nahe gelegenen römischen Villen zu sehen, darunter prächtige Mosaike, eine seltene und exquisite Darstellung von Fischen (in farbigem Glas ausgeführt) und die weltweit größte Sammlung chirurgischer Instrumente aus römischer Zeit. Besucher können einen lebensgroßen Nachbau der Operationssäle durchwandern und anschließend im **Domus del Chirurgo** mit seinen Glasböden die ursprüngliche Ausgrabungsstätte auf der gegenüberliegenden Straßenseite besichtigen, wo noch kunstvolle Fußbodenmosaike erhalten geblieben sind.

Ponte di Tiberio — WAHRZEICHEN

Die Via Emilia, eine Lebensader in antiker Zeit, beginnt an der majestätischen Tiberiusbrücke mit fünf Bögen, sie geht auf das Jahr 21 zurück. Noch heute verbindet sie das Stadtzentrum mit dem alten Fischerviertel Borgo San Giuliano und ruht auf ihrem ursprünglichen Fundament, einer genialen Konstruktion aus Holzpfählen.

Arco di Augusto — WAHRZEICHEN

Rimini besitzt eine zweite beeindruckende Ruine aus römischer Zeit: Der Augustusbogen wurde 27 v. Chr. von Kaiser Augustus in Auftrag gegeben und steht mit einer Höhe von 17 m am heutigen Corso d'Augusto. Er bildete in der Antike den Endpunkt der Via Flaminia, die Rimini mit Rom verband. 1935 wurden umstehende Gebäude, die den Augustusbogen an Höhe überragten, abgerissen. Damit wollte man den Bogen besser zur Geltung zu bringen. Auf der Fassade sind Abbildungen der vier römischen Gottheiten Jupiter, Neptun, Apoolo und Pluto zu sehen.

Borgo San Giuliano — STADTVIERTEL

Am anderen Ende des Ponte di Tiberio liegt das alte Fischerviertel von Rimini. Es wurde saniert und ist heute ein buntes Flickwerk aus Kopfsteinpflastergassen, schicken Trattorien, Weinbars und adretten Reihenhäusern (soll heißen: Immobilien in bevorzugter Lage). Zahlreiche Wandmalereien sind zu entdecken.

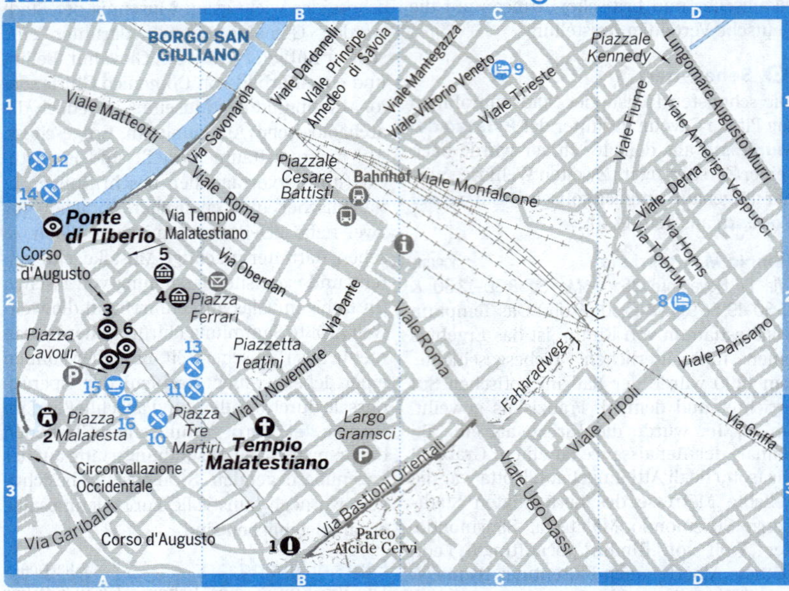

Rimini

Highlights
- Ponte di Tiberio A2
- Tempio Malatestiano B3

Sehenswertes
- **1** Arco di Augusto B3
- **2** Castel Sismondo A3
- **3** Cinema Fulgor A2
- **4** Domus del Chirurgo A2
- Fondazione Fellini .... (siehe 3)
- **5** Museo della Città A2
- **6** Palazzo del Municipio A2
- **7** Palazzo del Podestà A2

Schlafen
- **8** Hotel Aurora Centro D2
- **9** Hotel Villa Lalla C1

Essen
- **10** Brodo di Giuggiole A3
- **11** Gelateria Pellicano A2
- **12** Osteria dë Börg A1
- **13** Picnic A2
- **14** Tonino Il Lurido A1

Ausgehen
- **15** Caffè Cavour A2
- **16** Taverna della Vecchia Pescheria A3

Aktivitäten

Strände STRAND

Riminis Strände prägen Lebensstile. Wer im August dem Treiben an der Promenade nur 10 Minuten zusieht, bemerkt, dass Trends aller Art hier geboren werden. Eifrige Nordic-Walker stöckeln durch den Sand, Büroangestellte entspannen bei einer Reiki-Behandlung, Fitness-Fanatiker stemmen Gewichte, verkaterte Clubgänger suchen nach Linderung, Computerfreaks gehen auf ihren Sonnenliegen ins Netz.In der Hochsaison ist der Strand vor lauter Sonnenschirmen, Strandliegen, Vergnügungsparks und überfüllten Strandbars nicht mehr zu sehen. Die Hotelneubauten, die sich auf einer Länge von 40 km hinziehen, sprechen für sich.

Themenparks VERGNÜGUNGSPARK

In einem Ferienort sind grellbunte Themenparks eine unvermeidliche Erscheinung, an der auch Rimini einen Anteil hat. Bekennende Themenparkfreunde kaufen ein Fantasticket (s. www.larivieradeiparchi.it/fantasticket.php), das Zutritt zu einer Vielzahl von Parks zu ermäßigten Preisen gewährt. Die Touristeninformation hält eine vollständige Liste bereit. Hier eine Auswahl: **Fiabilandia** (www.fiabilandia.it; Via Cardano 15, Rivazzurra; Erw./Kind 22/15 €;) bietet besonders viel Spaß für Kinder, und **Aquafàn** (www.aquafan.it; Via Ascoli Piceno 6, Riccione; Erw./Kind 24/18 €; Juni–Mitte Sept. 10–18.30 Uhr), der riesige Aquapark, liegt in Riccione; Buslinien 42 und 45 vom Bahnhof Riccione.

Feste & Events

Gradisca KARNEVAL
Am 21. Juni feiert Rimini mit Tanz, Feuerwerk und gutes Essen – Schätzungen zufolge konsumieren die Feiernden in einer Nacht rund 2 t gegrillte Sardinen und 12 000 l Sangiovese.

Rimini Jazz Festival MUSIK
(www.rimini jazz.it, auf Italienisch) Im Sommer findet dieses Festival im Strandbereich der Marina Centro statt.

Schlafen

In einer Stadt, die über 1200 Hotels besitzt, ist es schwer nachvollziehbar, dass das Finden einer Unterkunft in weiten Teilen des Jahres so kompliziert und umständlich sein kann. Im Juli und August sind viele Häuser ausgebucht, die Preise steigen dann ins Unermessliche. Das liegt vor allem daran, dass viele Inhaber auf Vollpension bestehen. Den Winter über sind wiederum viele Häuser geschlossen. Trotzdem ist es am besten eine Buchung im Voraus zu erreichen.

LP TIPP **Grand Hotel** LUXUSHOTEL €€€
(0541 5 60 00; www.grandhotelrimini.com; Parco Federico Fellini; EZ 120–255 €, DZ 160–330 €; P) Das einzige 5-Sterne-Haus von Rimini ist ebenso sehr Baudenkmal wie Hotel. Trotz eines Brandes im Jahr 1920 und schwerer Beschädigungen durch den Zweiten Weltkrieg verleugnet das Haus seine Herkunft von 1908 nicht. Die Zimmer sind mit echten venezianischen Antiquitäten aus dem 18. Jh. ausgestattet. Fellini schätzte das Hotel sehr, das schon viele andere prominente Gäste mit einem Pool und eigenem Strand sowie eleganten Einrichtungen für sich gewonnen hat.

Hotel Villa Lalla HOTEL €
(0541 5 51 55; www.villalalla.com; Viale V Veneto 22; DZ 56–98 €; P) Eines der besseren Hotels in diesem grünen Wohnviertel zwischen Strand und Bahnhof. Die schicken weißen Zimmer wirken frisch und kühl, im Winter werden die Zimmer zu Schnäppchenpreisen vergeben. Von Mitte Juni bis Mitte September hat das Restaurant geöffnet: Dann empfiehlt es sich, Halb- oder Vollpension (nur 8 € extra pro Mahlzeit) zu buchen. Gäste können sich kostenlos Fahrräder ausleihen.

Camping Italia Rimini CAMPINGPLATZ €
(0541 73 28 82; www.campingitaliarimini.it; Via Toscanelli 112, Viserba; Camping pro Erw./Kind/Zelt/Auto 10/5,50/11/5 €; Juni–Sept.) Einer von zahlreichen Campingplätzen an der Küste. Der Waldplatz liegt 2 km nordwestlich des Stadtzentrums. Er bietet alles Notwendige und ist leicht mit der Buslinie 4 vom Bahnhof zu erreichen (an der Haltestelle 14 aussteigen).

Sunflower City Backpacker Hostel HOSTEL €
(0541 2 51 80; www.sunflowerhostel.com; Via Dardanelli 102; B 18–27 €, EZ 26–49 €, DZ 46–79 €; @) Drei ehemalige Backpacker betreiben das lässige Sunflower-Hostel und überzeugen Reisende mit Waschmaschinen und Kochgelegenheiten, geräumigen Schließfächern, Retro-Tapeten, die an die 007-Parodie von Austin Powers denken lassen, Billardtischen, einer Bar und kostenlosem Fahrradverleih. Ein zweites Hostel des Backpacker-Trios liegt am Viale Siracusa 25 in Strandnähe.

Hotel Aurora Centro HOTEL €
(0541 39 10 02; Via Tobruk 6; EZ/DZ 35/60 €; P) Eine *pensione* mit fadenscheinigen Teppichen und einem Frühstückszimmer mit verstreutem Kinderspielzeug. Hier werden keine Umstände gemacht. Die Zimmer sind einfach, aber gepflegt. Zum Strand sind es nur ein paar Schritte.

Essen

In der Küche Riminis dreht sich alles um *piadina* (ein dünner, runder Brotfladen, umgeklappt mit pikanter Füllung) und *pesce azzurro* (in Öl eingelegter Fisch), vor allem Sardinen und Anchovies. Das Lieblingsgetränk ist der Sangiovese-Wein.

LP TIPP **Osteria Dë Börg** OSTERIA €€
(www.osteriadeborg.it; Via Forzieri 12; Mahlzeiten 25–35 €; Mittag- & Abendessen) Eine gemütliche *Osteria* im alten Fischerviertel mit echt italienischer Küche: Einfache, unverfälschte Gerichte mit regionalen Zutaten werden in anspruchsloser Umgebung

PERLE & AUSTER

Alle Kunst ist autobiografisch; die Perle ist die Autobiografie der Auster.
Federico Fellini

Wäre Fellini eine Perle gewesen, könnte man Rimini seine Auster nennen. Wenige Filmregisseure haben so viel autobiografisches Material in ihren Werken verarbeitet wie der größte italienische Meister des Kinofilms. In Rimini, dem Ferienort mit römisch-antiken Wurzeln, kam er im Januar 1920 zur Welt.

Bruchstückhaft tauchen Erinnerungen an Rimini, in wirklichen Bildern oder als Traumsequenzen, in vielen frühen Werken Fellinis auf, darunter *La Strada, Das Lied der Straße*, *I Vitelloni – Die Müßiggänger* und *Achteinhalb*, das in hohem Maß autobiografische Hauptwerk. Doch sein größter autobiografischer Film kam 1973 in die Kinos: *Amacord* (der Titel ist ein romagnolischer Dialektausdruck und bedeutet „ich erinnere mich"), eine derb-komische, zum Teil verwickelte Geschichte einer Gruppe von Jugendlichen, die in einer typisch italienischen Stadt („Borgo") in der Zeit des Faschismus aufwachsen – ein kaum verhülltes Abbild von Rimini in den 1930er-Jahren. Viele berühmte Wahrzeichen der Stadt, wie das Grand Hotel und das Cinema Fulgor, tauchen im Film auf.

Fellinis Erbe wird von der **Fondazione Fellini** (Fellini Foundation; www.federicofellini.it, auf Italienisch) in Rimini gepflegt. Zum Zeitpunkt der Recherche bereitete die Stiftung die Eröffnung eines neuen Museums vor, das dem Regisseur gewidmet ist. Das Museum soll im **Cinema Fulgor** (Corso d'Augusto 162) eingerichtet werden, wo Fellini als Kind Filme anschaute. Die Eröffnung war zum Zeitpunkt der Recherche für Ende des Jahres 2011 geplant. Gezeigt werden sollen Stücke aus dem umfangreichen Archiv der Stiftung.

Außerdem organisiert die Stiftung regelmäßig Ausstellungen, Diskussionsrunden, Symposien und viele andere Veranstaltungen; auf der Website ist Näheres nachzulesen.

serviert. Bei den Hauptgerichten dreht sich alles um Fleisch, vom Kaninchen bis hin zu Steaks, die über einem offenen Feuer gegrillt und mit Rosmarin und Meersalz gewürzt werden.

Casina del Bosco SNACKS €
(Via Beccadelli 15; Piadine 4–7 €; ⌚12 Uhr–open end) Es ist sehr einfach (trifft das nicht auf jedes gute Essen zu?). Man nennt es *piadina* – das geröstete, halbmondförmige Brot mit pikanter Füllung ist sozusagen die scharfe Antwort der Romagna auf die heute so beliebten Wraps. Sie sind überall zu haben, doch selten so stimmig und vielfältig wie in diesem schnell und effizient arbeitenden Restaurant unter freiem Himmel mit Blick auf den Parco Federico Fellini in Strandnähe.

Tonino Il Lurido FISCH €€€
(www.ristoranteillurido.com; Via Ortaggi 7; Mahlzeiten 45 €) Als Fellini sagte, es sei „leichter, einem Restaurant treu zu sein als einer Frau", könnte er dieses Fischrestaurant gemeint haben. Das (angebliche) Lieblingsrestaurant des großen Filmregisseurs besteht seit 1949 in Rimini. Ist es noch auf der Höhe der Zeit? Das muss jeder Gast, der die köstlichen kleinen Portionen von frischem Fisch probiert, selbst entscheiden.

Picnic TRADITIONELL ITALIENISCH €€
(Via Tempio Malatestiano 30; Mahlzeiten 30 €; ⌚Sept.–Mai Mo geschl.) Fast schon ein halbes Jahrhundert im Geschäft: Die vielfältige Speisekarte verzeichnet traditionelle Lieblingsgerichte wie *salsiccia fagioli con polenta* (Würstchen mit Bohnen und Polenta), die durch die frischesten Produkte des Marktes ergänzt werden – gegrillter Fisch vom Tagesfang oder heimische Erdbeeren mit Sahne sind nur zwei Beispiele.

Brodo di Giuggiole TRADITIONELL ITALIENISCH €€
(www.brododigiuggiole.info; Via Soardi 11; Mahlzeiten 35 €; ⌚Di–So Abend; 📶) In einer Seitenstraße der Piazza Tre Martiri verborgen liegt dieses Abendrestaurant mit einem holzgetäfelten Speiseraum und einer von Lampions erhellten Dielenterrasse. Auf der abwechslungsreichen Speisekarte ist frischer Fisch aufgeführt, der bestens zubereitet wird. Reservierungen sind notwendig, vor allem dienstags, wenn Jazz live zu hören ist.

Gelateria Pellicano EISCAFÉ €
(www.gelateriapellicano.com; Via S Mentana 10; ⌚Mo–Sa 7.30–19.30 Uhr) In dieser Rimini-Filiale einer Eisdielenkette wird richtig gutes Eis gemacht. Unbedingt probieren: *pinoli* mit gerösteten Pinienkernen.

Ausgehen

Die Trends des abendlichen Lebensstils gehen in Italien von Rimini aus – das behaupten die Einheimischen, so z. B. Straßenbars oder kostenlose Snacks zum Aperitivo. Die abendliche Szene ist wie eine Ellipse mit zwei Brennpunkten: die alte *pescheria* (Fischmarkt) – von der Piazza Cavour durch einen Ziegelsteinbogengang zu erreichen, und der Strand beim Marino Centro.

Caffè Cavour CAFÉ
(Piazza Cavour 12; 7–24 Uhr) Frühaufsteher stoßen in diesem schicken Café an der Piazza Cavour mit müdegetanzten Clubgängern zusammen. Der Morgen ist dem Cappuccino gewidmet, der Abend den *aperitivi*, die edlen Ledersessel drinnen passen zu allen Tageszeiten.

Rock Island BAR
(www.rockislandrimini.net; Piazzale Boscovich) Direkt über dem Meeressaum der Adriaküste steht die Bar auf Pfählen an der Seebrücke bei der Marina. Rock Island ist die richtige Adresse für Bier, Cocktails zum Sonnenuntergang, Live-Rockmusik und bärtige Biker.

Barge BAR
(Lungomare C Tintori 13; im Winter Mo geschl.) Ein Anziehungspunkt für modebewusste Twens. Die trendige Strandbar hat drei unwiderstehliche Pluspunkte: Guinness vom Fass, DJ-Auftritte und Livemusik in regelmäßiger Folge.

Taverna della Vecchia Pescheria BAR
(Via Pisacane 10; 18–2 Uhr) Im Hof des historischen Fischmarktes sitzen touristische und einheimische Gäste dicht gedrängt an kleinen Holztischen beim frisch gezapften Bier und *Aperitivo* (Knabbereien gibt es gratis dazu).

Unterhaltung

Die Clubszene von Rimini ist legendär. Die Eintrittspreise für die großen Clubs können durchaus bei 15 bis 30 € liegen.

Discoteca Baia Imperiale NACHTCLUB
(www.baiaimperiale.net; Via Panoramica 195, Gabicce Mare; 22–4 Uhr) Eine Legende mit Blick aufs Meer. Die Diskothek Baia wird gern als eine der zehn schönsten Diskos der Welt gepriesen. Ein Blick auf die Marmortreppe, den Pool, verschiedene Obelisken und Statuen römischer Kaiser dürfte genügen, um selbst den skeptischsten Betrachter davon zu überzeugen. Auch Vierzigjährige fühlen sich hier nicht fehl am Platz.

Cocoricò NACHTCLUB
(www.cocorico.it; Viale Chieti 44, Riccione; 23–5.30 Uhr) Bis zu 2000 Gäste tanzen hier unter einer Glaspyramide. Fremde werden vereint von einem Klanggewebe aus Techno, House und Underground. Der Club liegt 12 km südlich der Stadt in Riccione. Mit dem Remix ist manchmal Fatboy Slim (alias Norman Cook) beschäftigt.

Paradiso NACHTCLUB
(Viale Covignano 260; 21–5 Uhr) Ausdrücke wie „hip", „schick" und „trendy" fallen häufig, wenn über das Paradiso gesprochen wird, einer der berühmtesten Clubs in ganz Italien. Gelegentlich zeigen sich Promis oder man sieht beim Cocktail den Tänzern zu.

Velvet Club NACHTCLUB, LIVEMUSIK
(www.velvet.it; Via Sant'Aquilina 21; 21 Uhr–open end) Das Velvet, 8 km südwestlich des Stadtzentrums gelegen, steht für DJs, große Namen der Rockmusik und Tanzen bis zum frühen Morgen. Die angrenzende Velvet Factory ist ein kreativer „Lebens-Raum" für internationale Künstler der bildenden und darstellenden Künste.

Disco Bar Coconuts BAR, LIVEMUSIK
(www.coconuts.it; Lungomare C Tintori 5; 23.30–4 Uhr) Hier wird eine erstklassige Strandlage in Szene gesetzt. Die Disko mitten im Herzen Riminis verströmt die Atmosphäre einer rauschenden Sommerstrandparty: Auf der Holzveranda wachsen Palmen, draußen ist ein zum Flowerpower-Gefährt umgewandelter VW-Käfer geparkt.

Praktische Informationen

Hospital (0541 70 51 11; Viale L Settembrini 2) 1,2 km südöstlich des Stadtzentrums.

Polizei (0541 35 31 11; Corso d'Augusto 192)

Post (Via Gambalunga 40)

Touristeninformationen (www.riminiturismo.it) Parco Federico Fellini (Parco Federico Fellini 3; Mo–Sa 8.30–19, So bis 14 Uhr); Bahnhof (Piazzale Cesare Battisti; Mo–Sa 8.30–19, So bis 13.30 Uhr)

Ufficio Relazioni con il Pubblico (0541 70 47 04; Corso d'Augusto 158; Mo–Mi & Fr 9–13 & 14.30–18, Do 9–18, Sa bis 13 Uhr) Kostenloser Internetzugang der Stadtverwaltung von Rimini.

An- & Weiterreise

Der Flughafen Federico Fellini in Rimini ist der zweitwichtigste Flugverkehrsknotenpunkt der Region. Er liegt 8 km südlich des Stadtzentrums von Rimini. Alitalia bietet Flüge von/nach Rom ohne Zwischenstopp.

Regelmäßig fahren Busse vom Bahnhof Rimini nach San Marino (hin & zurück 7,40 €, 45 Min., 11-mal tgl.).

Autofahrer haben die Wahl zwischen der A14 (nach Süden in die Marken oder in nordwestlicher Richtung nach Bologna und Mailand) und der mautfreien, aber vielbefahrenen SS16.

Stündlich fahren Züge an der Küste entlang zu den Fährhäfen von Ancona (Regionalzug/Eurostar 5,15/14 €, 1 bis 1¼ Std.) und Bari (31/58 €, 5 bis 6 Std.). Es gibt Zugverbindungen nach Ravenna (3,80 €, 1 Std., stündl.) und Bologna (Regionalzug/Eurostar 8,40/13 €, 1 bis 1½ Std., alle 30 Min.).

ℹ Unterwegs vor Ort

TRAMServizi (www.tramservizi.it, auf Italienisch) betreibt Busse im Stadtgebiet. Busse der Linie 9 pendeln zwischen dem Bahnhof und dem Flughafen von Rimini (1 €, 25 Min.). Nach Riccione (1,50 €, 30 Min.) fährt die Buslinie 11 vom Bahnhof oder an der Uferpromenade (*lungomare*) entlang; die Busse fahren zwischen 6 und 2 Uhr alle 8 bis 15 Minuten.

Mehrere Kioske an der Piazzale Kennedy verleihen Fahrräder und Motorroller. Die Stadtverwaltung von Rimini (Corso d'Augusto 158) stellt Fahrräder kostenlos sogar zur Verfügung.

SAN MARINO

Von den 193 unabhängigen Staaten der Welt steht San Marino unter den kleinsten an fünfter Stelle, dürfte aber wohl der Kurioseste von allen sein. Die bloße Existenz des Zwergstaates ist ein Rätsel. Als Einziger der einst mächtigen Stadtstaaten Italiens hat er bis heute Bestand. Der winzige, von Land eingeschlossene Staat blieb bestehen, lange nachdem die mächtigeren Adelsrepubliken Genua und Venedig zerfallen waren. Noch heute ruht er sicher in seiner Position als ältester souveräner Staat und älteste Republik der Welt (seit dem Jahr 301). San Marino verzeichnet außerdem die niedrigste Arbeitslosenquote Europas und eines der höchsten Bruttoinlandsprodukte der Welt.

Das kleine Land hat immerhin eine Fläche von 61 km², es setzt sich aus neun Gemeinden mit je einem Hauptort zusammen. Der größte Ort ist Dogana (an der Busstre-

VON RÖMERN UND RAVERN

Schlaflose Frühaufsteher und nächtliche Clubgänger nennen Rimini in einem Atemzug mit London, Berlin und Ibiza. Auch Skeptiker räumen ein, dass die Stadt mehr ist als ein flüchtiger Jahrmarkt. Mit dem Aufkommen von Rave, Acid House und des Second Summer of Love wurde der Ruf Riminis als Clubhauptstadt in den frühen 1990er-Jahren begründet. Seitdem ist der Ruhm etwas schwankend geworden, doch Rimini genießt einen besseren Ruf als andere mediterrane Mega-Ferienorte. Das Nachtleben der Stadt hat sich eine Nische geschaffen, die Clubs scheinen mit Rimini so untrennbar verbunden zu sein wie die römischen Ruinen, die ihnen vorangegangen sind.

Ein klassischer Abend in Rimini beginnt früh und endet spät. Zum Auftakt trifft man sich nach 18 Uhr in der Nähe des Marino Centro und Parco Federico Fellini. Ein beliebter Treffpunkt ist auch der alte Fischmarkt bei der Piazza Cavour, die Gäste kommen beim Aperitivo mit Gratis-Snacks und Livemusik zusammen.

Die meisten renommierten Clubs von Rimini befinden sich in den Hügeln von Misano Monte und Riccione, das einige Kilometer südlich des Stadtzentrums liegt, und sind beliebte Ziele für das moderne Jetset. Hier trifft sich die Rave-Szene jedoch nicht in ausgedienten Fabrikhallen oder auf morastigen Wiesen wie in alter Zeit. Die Italiener gestalten ihre Clubs vielmehr so, wie sie ihre Automobile herstellen – mit mühelosem Schwung. Man tanzt in einem Herrenhaus voller eleganter Möbel oder lehnt sich in einem fürstlichen Garten an einem Swimmingpool zurück, wo nur Brillanten heller leuchten als die Sterne.

Ein wesentlicher (und witziger) Teil der Clubszene von Rimini ist die **Blue Line** (www.bluelinebus.com; Tickets 4 €; ⏲22–6 Uhr), ein bunter Fuhrpark von Diskobussen. Sie befördert Clubbesucher von der Piazzale Kennedy im Stadtzentrum zu den verschiedenen, südlich gelegenen Nachtclubs und zurück. Die Busse der Blue Line sind nicht einfach nur sichere öffentliche Verkehrsmittel. Sie haben DJs, Kaffeebars und Musikanlagen an Bord und setzen Clubgänger frühmorgens in der Stadt ab, damit sie einer anderen Erfindung aus Rimini nachgehen können: dem Dämmerungsfrühstück.

cke aus Italien), es wird von den allermeisten der jährlich 2 Mio. Besucher auf dem Weg zur Città di San Marino beiseitegelassen. Die mittelalterliche Stadt San Marino an den Hängen des 749 m hohen Monte Titano wurde 2008 von der Unesco zum Weltkulturerbe erklärt. Der Reiz von San Marino liegt in seiner langen Geschichte und in erstaunlichen landschaftlichen Ausblicken, doch mitunter macht der Ministaat einen etwas kulissenhaften Eindruck.

Sehenswertes & Aktivitäten

Die Anziehungspunkte von San Marino sind sensationelle Ausblicke, der Status als Weltkulturerbe und ein Areal sehr ungewöhnlicher Museen, die sich mit Vampiren, Folterinstrumenten, Wachsfiguren und kuriosen Tatsachen beschäftigen. Nach wie vor populär ist der halbstündliche **Wachwechsel** (Mai–Sept.) auf der Piazza della Libertà.

Castello della Cesta BURG

(Eintritt 4,50 €; Mitte Juni–Mitte Sept. 8–20 Uhr, Mitte Sept.–Mitte Juni 9–17 Uhr) Die Befestigungsanlage beherrscht den Horizont und bietet grandiose Fernblicke in Richtung Rimini und der Küste. Das Castello della Cesta auf dem Gipfel des 750 m hohen Monte Titano geht auf das 13. Jh. zurück. Besucher können die Wälle durchwandern und einen Blick in ein kleines Museum werfen, das mittelalterlichen Waffen gewidmet ist. Im Eintrittspreis ist auch der Zugang zum älteren **Castello della Guaita** enthalten, es stammt aus dem 11. Jh. Noch bis ins Jahr 1975 diente es als Gefängnis.

Museo delle Curiosità MUSEUM

(www.museodellecuriosita.sm; Salità alla Rocca 26; Erw./erm. 7/4 €; 10–18 Uhr) Neben den vielen lehrreichen Museen in San Marino gibt es auch eines, das den Humor mehr oder weniger anspricht. Neugierige Besucher können sich hier eher nutzloses Wissen aneignen.

GRATIS **Museo di Stato** MUSEUM

(www.museidistato.sm; Piazza Titano 1; Mitte Juni–Mitte Sept. 8–20 Uhr, Mitte Sept.–Mitte Juni 9–17 Uhr) Das beste Museum von San Marino zeigt eine gut präsentierte, wenn auch unzusammenhängende Sammlung zu Kunst, Geschichte, Möbeln und Kultur von prähistorischer Zeit bis heute.

Azienda Filatelica-Numismatica LADEN

(www.aasfn.sm; Piazza Garibaldi 5; Mo & Do 8.15–18, Di, Mi & Fr bis 14.15 Uhr) Sammler finden in dem kleinen Geschäft seltene Briefmarken und Münzen von San Marino.

Schlafen & Essen

Albergo Diamond PENSION €

(0549 99 10 03; Contrada del Collegio 50; Zi. 50 €) Von den jährlich 2 Mio. Besuchern bleiben nur wenige über Nacht in San Marino. Wer aber die Schnäppchenpreise des Diamond kennt, kommt vielleicht in Versuchung. Niedliche, bescheidene Zimmer, liebevoll zurechtgemacht, unten gibt es ein großes, gut besuchtes Restaurant.

Hotel Titano HOTEL €€

(0549 99 10 07; www.hoteltitano.com; Contrada del Collegio 31; Zi. mit/ohne Aussicht 115/88 €; P@) Das beste Allround-Hotel von San Marino besitzt eine Teestube, ein Restaurant (La Terraza) mit schönem Blick und genügend Annehmlichkeiten, dass es für drei Sterne reicht.

Caffè Titano INTERNATIONAL €

Am gleichnamigen Platz, aber ohne Bezug zum Hotel gleichen Namens, liegt das eleganteste preiswerte Café von San Marino. Die Gäste sitzen in hübschen Nischen und sehen dem Treiben zu. Die Vorspeisenteller mit hauchdünn geschnittenem Rindfleisch sind köstlich.

Praktische Informationen

Post (Viale A Onofri 87) Unverzichtbar zum Verschicken beweiskräftiger Postkarten.

Touristeninformation (www.visitsanmarino.com; Contrada del Collegio 40; 10–17 Uhr) Wer will, kann sich für stattliche 5 € ein Visum der Republik San Marino in den Pass eintragen lassen.

An- & Weiterreise

Busse fahren von/nach Rimini (hin & zurück 7,40 €, 45 Min., 11-mal tgl.). Die Busse halten an der Piazzale Calcigni. Die SS72 führt von Rimini nach San Marino.

Es empfiehlt sich, das Auto auf einem der zahlreichen Parkplätze stehen zu lassen und dann zum Centro Storico zu Fuß hinauf-zuwandern.

Eine andere Möglichkeit besteht darin, den Wagen auf dem Parkplatz 11 abzustellen und sich anschließend bequem und rasch von der **Funivia** (Seilbahn; Berg- und Talfahrt 4,50 €; Sept. bis Juni 7.50 Uhr–Sonnenuntergang, Juli & Aug. bis 1 Uhr) nach oben zu befördern.

Florenz & die Toskana

1,03 MIO. EW.

Inhalt »

Gut essen

» Il Santo Bevitore (S. 525)

» L'Osteria di Giovanni (S. 522)

» Filippo (S. 549)

» Osteria di Passignano (S. 568)

» Enoteca I Terzi (S. 564)

Schön übernachten

» Hotel L'Orologio (S. 519)

» Barbialla Nuova (S. 550)

» Tenuta La Chiusa (S. 557)

» Campo Regio Relais (S. 563)

Auf nach Florenz & in die Toskana!

Lobeshymnen auf die Toskana gibt es zuhauf, doch die Schönheit und der Zauber dieser Region übersteigen dennoch jede Beschreibung. Unterwegs beeindrucken die außergewöhnliche Kunst und Architektur, die Festivals, eine Küche, die sich an den Jahreszeiten orientiert – und natürlich die Landschaften mit Olivenhainen, Weingärten und Zypressen: eine Postkartenidylle! Es gibt nur wenige Flecken auf dieser Welt, wo Essen, Mode, Kunst und Natur so mühelos eine derart wunderbare Synthese eingehen.

Unternehmen und ansehen kann man sich hier fast schon zu viel: Am Vormittag will eine Stätte des Weltkulturerbes bestaunt werden, am Nachmittag lockt eine Spazierfahrt durch einen Nationalpark, und abends wird in einem Weingut schick übernachtet. Mittelalterliche Skulpturen, Renaissancegemälde und gotische Dome gefällig? Oder eine tolle Wanderung und fantastisches Slow Food? Auf den Hügeln wächst der Wein, bezaubern alte Olivenhaine...

Reisezeit

Florenz

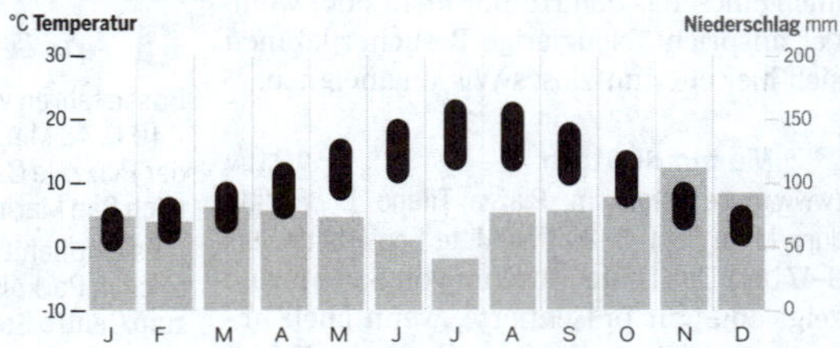

Mai–Juni Im Frühling, wenn die Wildblumen blühen, verlocken Wanderungen und Radtouren.

Juli Der Monat ist nicht so hektisch wie der August (meiden), es gibt zahlreiche Musikfestivals.

Sept. & Okt. Trauben und Oliven werden geerntet, die Wälder sind voller Pilze und Kastanien.

Zu Tisch in der Toskana

Ein Sprichwort aus der Toskana lautet: „Wie die Mutter zu kochen, ist gut, wie die Großmutter, besser." Und tatsächlich werden die alten Rezepte noch heute von einer Generation zur nächsten weitergegeben. Ursprünglich handelte es sich dabei um Gerichte, die über dem offenen Feuer in der *cucina contadina* (Bauernküche) zubereitet wurden, im Wesentlichen Bohnen, Brot und andere billige Grundnahrungsmittel. Trumpf sind frische Produkte aus der Region, auf ausgefallene Zubereitung wird verzichtet. Das Ergebnis ist eine wahre kulinarische Orgie. Egal ob man ein *bistecca alla fiorentina* (T-Bone-Steak) bestellt, in der Nähe von Carrara hauchdünnes, in Marmorfässern mariniertes Schweinefett probiert, den aromatischen Fischeintopf aus Livorno kostet oder in San Miniato Jagd auf weiße Trüffeln macht - die Toskana ist ein Paradies für Gourmets.

ABSEITS AUSGETRETENER PFADE

Nur wenige Regionen Italiens haben so viele Topattraktionen wie die Toskana – entsprechend viele Urlauber sind unterwegs. Doch selbst in Topdestinationen wie Florenz, Pisa und Siena lassen sich mit etwas Planung die Menschenmassen meiden. In Florenz bieten auch weniger renommierte Museen herrliche Kunstwerke, beispielsweise das **Museo del Bargello** (frühe Michelangelos), das **Museo di San Marco** (herrliche Fresken) und die **Chiesa di Orsanmichele** (mittelalterliche Bildhauerei). Daneben gibt es versteckte Kleinode wie Michelangelos geschwungene Treppe und das Vestibül der **Biblioteca Laurenziana Medicea**. In Pisa sollte man sich den Schiefen Turm bis zum Sonnenuntergang aufheben, dann sind die Tagestouristen wieder abgefahren. Schön ist auch ein beschaulicher Spaziergang entlang des Arno durch das mittelalterliche Herz der Stadt. Oder man streicht die Touristenhochburg gleich ganz und besucht stattdessen das unbekannte **Pietrasanta** mit seinen hervorragenden zeitgenössischen Kunstwerken (und Gaumenfreuden). Zwischen Siena und dem Meer liegt auf einem Hügel das eher untouristische **Massa Marittima,** während im hektischen San Gimignano eine **geführte Naturwanderung** in den Bergen eine schöne Alternative zur Stadtbesichtigung ist. Lohnenswert ist auch ein Spaziergang zur **Abbazia di Sant'Antimo** bei Montalcino.

Top Five: Weinverkostung

» Vernaccia in San Gimignano (S. 572)

» Brunello in Montalcino (S. 577)

» Chianti – na, wo wohl? (S. 567)

» Vino Nobile in Montepulciano (S. 579)

» Vin Santo mit ein paar *cantuccini* (knuspriges Mandelgebäck) in der ganzen Region

RADTOUR DURCH DIE TOSKANA

» Die fahrradfreundlichste Gegend Italiens ist nicht nur etwas für Profis. Geführte Radtouren sind in Florenz (S. 515) beliebt. Aber auch ein Ausflug mit dem Zweirad durch das Chianti-Gebiet (S. 567) macht Spaß.

Spannende Blogs

» Emiko Davies: www.emikodavies.com

» Tuscan Traveler: http://tuscantraveler.com

Reiseplanung

» Die Karten/Unterkunft für den Palio (S. 562) in Siena ein Jahr im Voraus buchen.

» Die Eintrittskarten für die Uffizien und den Schiefen Turm 15 Tage im Voraus bestellen, für den Vasarikorridor (S. 513) sogar noch früher kaufen.

» Für die bedeutendsten Musikfestivals der Toskana – der Maggio Musicale Fiorentino (S. 516), die Settimana Musicale Senese und der Estate Musicale Chigiana (S. 562) – frühzeitig Karten besorgen.

» Für Florenz den richtigen Museumspass (S. 501) herausfinden und vor der Reise online kaufen.

Infos im Internet

» Regione Toscana (www.turismo.intoscana.it)

» The Florentine (www.theflorentine.com)

» Museen in Florenz (www.firenzemusei.it)

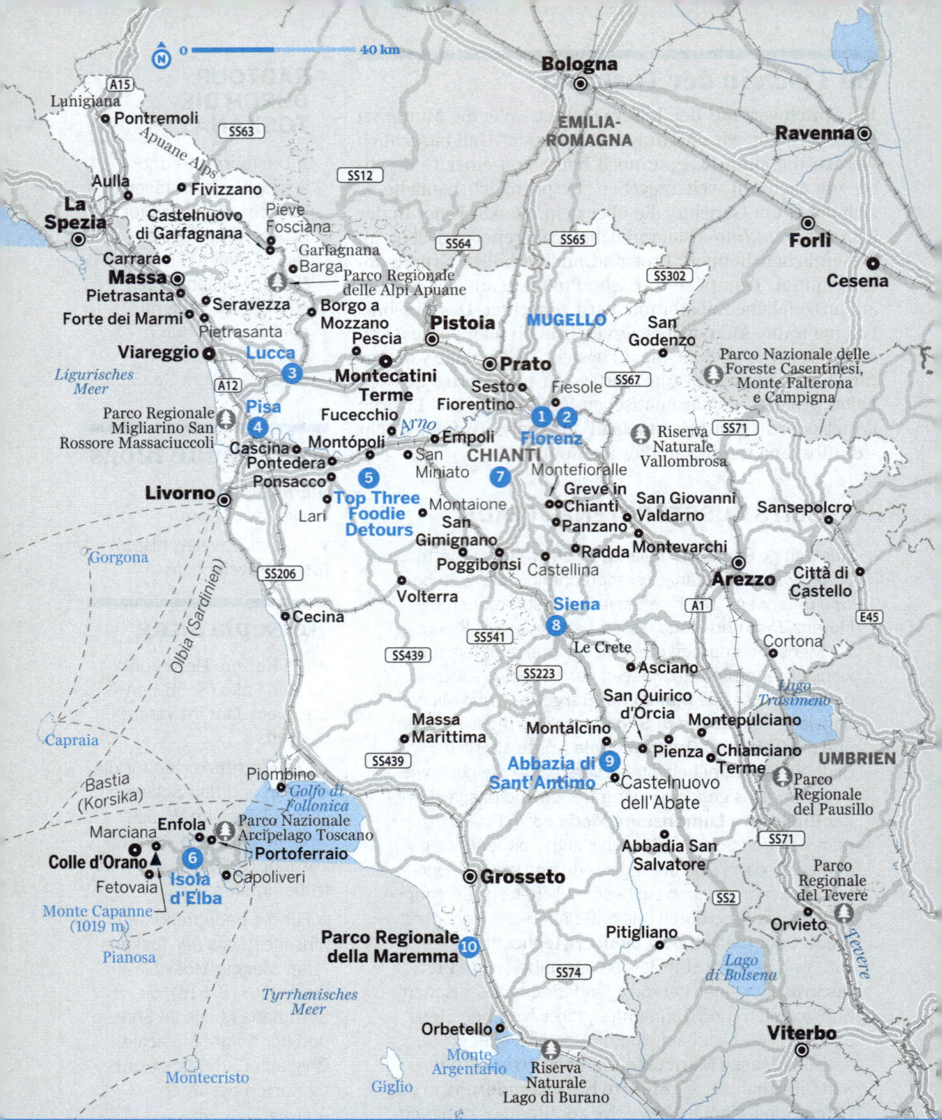

Highlights

1. In Florenz die Renaissanceschätze in den **Uffizien** (S. 502) bewundern
2. Durch den geheimnisvollen **Vasarikorridor** (S. 513) wandeln
3. Auf der schönen Renaissance-**Stadtmauer** (S. 542) von Lucca mit dem Rad fahren und picknicken
4. Den **Schiefen Turm** (S. 537) von Pisa bei Sonnenuntergang besteigen
5. Abseits der Massen: zuschauen, wie Spaghetti gefertigt werden, toskanisch kochen und Jagd auf weiße Trüffeln machen (S. 550)
6. Im ältesten **Weingut** (S. 557) Elbas übernachten
7. Die Weinregion **Chianti** (S. 565) erkunden
8. Sich an **Sienas** Architektur (S. 558) erfreuen
9. Den Zauber der **Abbazia di Sant'Antimo** (S. 579) erspüren.
10. Einen Tag im **Parco Regionale della Maremma** (S. 581) den Cowboy spielen

FLORENZ

368 900 EW.

Wie oft Besucher auch wiederkehren, sie werden nie alles gesehen haben. Der Blick von einer Arnobrücke ändert sich mit der Tageszeit: Licht, Stimmung und Aussicht wechseln. Die Stadt ist relativ klein, aber sie ähnelt keiner anderen. Florenz (Firenze), Wiege der Renaissance und Heimat von Machiavelli, Michelangelo und den Medici, ist unwiderstehlich, romantisch, unvergleichlich und – vor allem – geschäftig. Seine historischen Straßen wimmeln das ganze Jahr über von Touristen, die die einzigartige Kunst und überwältigende Architektur der Stadt genießen wollen.

Doch dieser überaus fesselnde Ort hat mehr zu bieten als wertvollste Meisterstücke. Türme und *palazzi* erwecken Geschichten aus dem Mittelalter zu neuem Leben. Die Straßen sind übersät mit Designerboutiquen und den Werkstätten von Kunsthandwerkern, und es gibt eine lebendige Café- und Barszene. Wird die Sommerhitze unerträglich, so kann man sich in einem luftigen Terrassenrestaurant oder auf den nahe gelegenen weinberankten Hügeln ein wenig Kühlung verschaffen.

Geschichte

Bis heute ist nicht geklärt, wer Florenz gegründet hat. Die populärste Legende besagt, dass Julius Caesar um 59 v. Chr. die Kolonie Florentia als Garnisonsstadt anlegte. Von hier aus konnte er die Via Flaminia überwachen, die Rom mit Norditalien und Gallien (Frankreich) verband. Archäologische Funde zeugen allerdings von einer noch früheren Siedlung, die die Etrusker aus der Nachbarstadt Fiesole um 200 v. Chr. gegründet hatten.

Im 12. Jh. wurde Florenz zu einer freien *comune* (Stadtstaat), regiert von zwölf *priori* (Konsuln). Ihnen stand der *consiglio di cento* (Rat der Hundert) zur Seite, dessen Mitglieder überwiegend aus der wohlhabenden Klasse der Kaufleute stammten. Ständige Interessenskonflikte unter den verschiedenen Regierungsmitgliedern führten 1207 zur Ernennung eines Magistrats *(podestà)*.

Die ersten Konflikte zwischen zwei rivalisierenden Lagern, den papsttreuen Guelfen (Guelfi) und den kaisertreuen Ghibellinen (Ghibellini), kamen Mitte des 13. Jhs. auf. Fast ein ganzes Jahrhundert lang wetteiferten sie mit abwechselndem Erfolg um die Vormachtstellung. In den 1290er-Jahren teilten sich die Guelfen selbst in zwei Lager auf: die Neri (Schwarzen) und die Bianchi (Weißen). Letzten Endes unterlagen die Bianchi den Neri. Zu jenen, die 1302 ins Exil geschickt wurden, gehörte auch Dante. Als der Adel mehr und mehr an Boden verlor, nahm der Einfluss der guelfischen Kaufleute zu, aber von eitel Freude und Sonnenschein konnte keine Rede sein. Der Schwarze Tod raffte 1348 die Hälfte der florentinischen Bevölkerung dahin, und die Regierung kämpfte mit dem wachsenden Unmut der unteren Gesellschaftsschichten.

In 14. Jh. wurde Florenz von einem Wahlausschuss der Guelfen unter der Herrschaft der Familie Albizi regiert. Einigen Familien war das ein Dorn im Auge, z. B. der Familie Medici. Ihr Einfluss wuchs enorm, als sie die Bankgeschäfte des Vatikans übernahm und die Medici-Bank gründete.

Cosimo il Vecchio („der Ältere“, auch unter dem Namen Cosimo de' Medici bekannt) stand im 15. Jh. an der Spitze der Opposition gegen die Albizi-Sippe und wurde schließlich selbst Herrscher über Florenz. Zudem besaß er ein sicheres Gespür für vielversprechende Talente, und dank seiner Unterstützung konnten Künstler wie Alberti, Brunelleschi, Lorenzo Ghiberti, Donatello, Fra' Angelico und Fra' Filippo Lippi zu großen Meistern heranreifen.

Unter der Herrschaft von Lorenzo il Magnifico (1469–1492), Cosimos Enkel, erblühte die glanzvollste Periode der florentinischen Kultur: die italienische Renaissance. An Lorenzos Hof wurden sowohl die bildenden Künste als auch Musik und Dichtkunst gefördert, und Florenz avancierte zur Kulturhauptstadt Italiens. Kurz vor Lorenzos Tod machte die Medici-Bank Bankrott, und die Familie wurde aus Florenz vertrieben.

Die Stadt fiel daraufhin unter die Theokratie des gestrengen Dominikanermönchs Girolamo Savonarola. Savonarola ließ alle sogenannten „Luxusgegenstände“ – dazu zählten seiner Ansicht nach auch die kulturellen Schätze der Stadt – auf einem „Scheiterhaufen der Eitelkeiten“ verbrennen. Doch schon bald fiel er wegen seiner Zwanghaftigkeit selbst in Ungnade, wurde als Ketzer gebrandmarkt und 1498 hingerichtet.

Nach dem Sieg der Spanier über Florenz 1512 verheiratete Kaiser Karl V. seine Tochter mit Lorenzos Urenkel Alessandro de' Medici, den er 1530 zum Herzog von Florenz ernannte. Sieben Jahre später ergriff Cosimo I., einer der letzten bedeutenden

Florenz

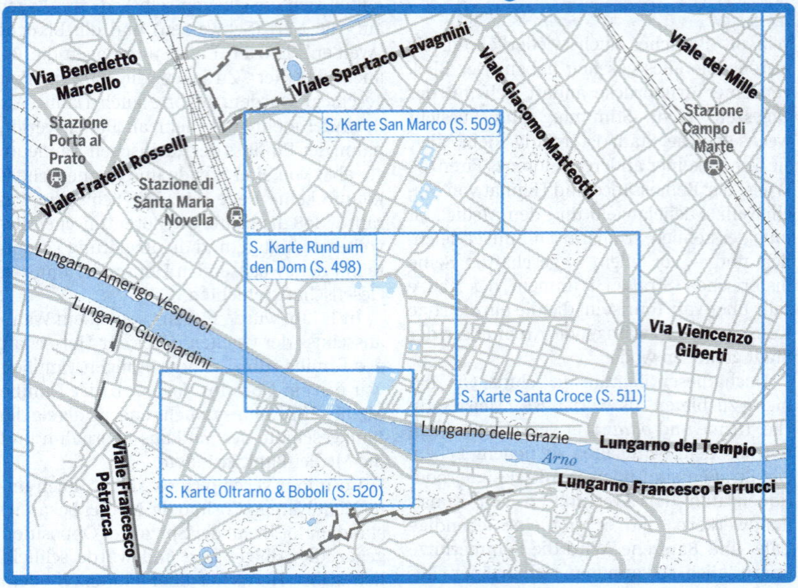

Medici-Herrscher, die Macht. Nachdem Siena 1569 Florenz zugefallen war, wurde Cosimo I. Großherzog der Toskana und läutete damit eine mehr als 150 Jahre andauernde Herrschaft der Medici über die Toskana ein.

1737 fiel das Großherzogtum Toskana dem Haus Lothringen zu, das (abgesehen von einer kurzen Unterbrechung unter Napoleon) die Kontrolle behielt, bis die Toskana 1860 ins Königreich Italien eingegliedert wurde. Für kurze Zeit war Florenz sogar die Hauptstadt Italiens, doch schon 1870 übernahm Rom diese Rolle auf Dauer.

Im Zweiten Weltkrieg wurde Florenz stark zerstört. Alle Brücken, mit Ausnahme des Ponte Vecchio, wurden gesprengt. 1966 verwüsteten verheerende Fluten die Stadt, und 1993 zündete die Mafia eine gewaltige Autobombe. Dabei wurde ein Teil der Uffizien zerstört. Die momentan durchgeführte Renovierung und Erweiterung der Gemäldegalerie ist die größte (und langwierigste) Maßnahme dieser Art; ein Ende ist noch nicht abzusehen.

Sehenswertes

Alle Topsehenswürdigkeiten von Florenz befinden sich im geografischen, historischen und kulturellen Herzen der Stadt, genau gesagt in den Straßen zwischen der Piazza del Duomo und der Piazza della Signoria mit ihren vielen Cafés.

PIAZZA DEL DUOMO

Duomo DOM

(Karte S. 498; Cattedrale di Santa Maria del Fiore oder Hl. Maria der Blumen; www.duomofirenze.it; ⏲Mo–Mi & Fr 10–17, Do 10–15.30, Sa 10–16.45, am 1. So eines Monats 10–15.30, So 13.30–16.45 Uhr, Messe auf Englisch Sa 17 Uhr) Das bekannteste Wahrzeichen der Stadt ist der sagenhafte Dom mit seinem berühmten roten Ziegeldach, dem anmutigen Glockenturm und der atemberaubenden rosa, weißen und grünen Marmorfassade. Arnolfo di Cambio, ein Architekt aus Siena, begann 1296 mit den Bauarbeiten, die 150 Jahre in Anspruch nehmen sollten. Die neogotische Fassade entwarf der Architekt Emilio de Fabris im 19. Jh., um das unvollendete Original zu ersetzen, das im 16. Jh. abgerissen wurde.

Nach der optisch überbordenden Fassade überrascht der spärlich geschmückte, weitläufige Kirchenraum (155 m lang und 90 m breit). Ein Muss sind die 463 Treppenstufen hinauf zur **Kuppel** (Eintritt 8 €; ⏲Mo–Fr 8.30–19, Sa 8.30–17.40 Uhr). Bei ihrer Errichtung wurde keine Hilfskonstruktion verwendet. Genau genommen handelt es sich um zwei konzentrische Kuppeln aus rotem Backstein, die Filippo Brunelleschi entwarf. Der steile Aufstieg wird mit einem unvergesslichen Rundblick über eine der herrlichsten Städte Italiens belohnt.

Nicht minder anstrengend gestaltet sich der Aufstieg auf den 82 m hohen **Campanile** (erw./Kind 6 €/frei; ⏲tgl. 8.30–19.30 Uhr) – diesmal gilt es, schweißtreibende 414 Treppenstufen zu bewältigen.

Battistero BAPTISTERIUM

(Karte S. 498; Piazza di San Giovanni; Eintritt 4 €; ⏲Mo–Sa 12.15–19, 1. Sa im Monat & So 8.30–14 Uhr) Lorenzo Ghiberti entwarf die berühmten vergoldeten Basreliefs, die das Ostportal des romanischen Baptisteriums (11. Jh.) schmücken, ein eindrucksvolles achteckiges Gebäude aus weiß-grün gestreiftem Marmor. Zu den Berühmtheiten, die hier im Taufbecken Bekanntschaft mit dem Wasser machten, zählt u. a. Dante.

Das Baptisterium besitzt drei Türen, auf deren Feldern die Geschichte der Menschheit und deren Erlösung erzählt wird. Andrea Pisano schuf das Südportal (1330) mit Geschichten aus dem Leben Johannes des Täufers. 1401 trug Ghiberti den Sieg in einem öffentlichen Wettbewerb für das Nordportal davon. Doch am berühmtesten ist Ghibertis vergoldete Bronzetür an der Ostseite, die auch Paradiespforte (Porta del Paradiso) genannt wird.

Museo dell'Opera di Santa Maria del Fiore MUSEUM

(Dommuseum; Karte S. 498; www.operaduomo.firenze.it; Piazza del Duomo 9; Eintritt 6 €; ⏲Mo–Sa 9–18.50, So 9–13 Uhr) Dem Dommuseum wird erstaunlich wenig Aufmerksamkeit zuteil, obwohl es Schätze birgt, die einst den Dom, das Baptisterium sowie den Campanile zierten. Also nichts wie hinein in den mit Glas überdachten Hof samt seiner sagenhaften Ausstellung. Sehenswert sind sieben der ursprünglich zehn Bildtafeln von Ghibertis Meisterwerk, der Paradiespforte, die er für das Baptisterium entwarf. Anschließend sollte man noch nach Michelangelos *Pietà* Ausschau halten, die er für sein eigenes Grabmonument entworfen hat.

PIAZZA DELLA SIGNORIA

Die schöne Piazza mit zahlreichen Cafés ist der Dreh- und Angelpunkt des städtischen Lebens und wird von einigen der herrlichsten Gebäude der Stadt gesäumt. Hier unternehmen die Florentiner gerne am frühen Abend ihre *passeggiata* (Abendspaziergang); am Wochenende lustwandeln sie hier sogar den ganzen Tag über.

FLORENZ IN …

… zwei Tagen

Los geht es an der Piazza della Repubblica mit einem Kaffee, dann ist Kunst in den **Uffizien** angesagt. Nach dem Mittagessen steht die **Piazza del Duomo** mit dem Besuch des **Doms**, des **Baptisteriums** und des **Museo dell'Opera del Duomo** auf dem Programm. Danach hat man sich einen *aperitivo* und das Abendessen verdient. Am nächsten Morgen steht zuerst der Spaziergang, wie er im Kapitel „Vom Duomo zum Palazzo Strozzi" beschrieben ist, auf dem Programm, dann geht es nach San Marco in die **Galleria dell'Accademia** und ins **Museo di San Marco**. Der *aperitivo* und das Abendessen schmecken auf der anderen Seite des Arno in Oltrarno, wobei unterwegs noch der **Ponte Vecchio** und später die **Piazzale Michelangelo** bewundert werden wollen.

… vier Tagen

Am dritten Tag stehen der **Palazzo Pitti**, der **Giardino di Boboli** und der **Giardino di Bardini** im Mittelpunkt. Als Alternative bieten sich die bedeutendsten Basiliken von Florenz an: **San Lorenzo**, **Santa Croce** und **Santa Maria Novella**. Abends macht der Besuch des **Teatro del Sale** Spaß – mit gutem Essen und einer Vorführung. Am vierten Tag wird vormittags der **Palazzo Vecchio** besichtigt, nachmittags locken die verschiedenen **Spezialgeschäfte** der Stadt zu einem Einkaufsbummel.

… einer Woche

Wer noch drei Tage Zeit hat, kann Kleinode wie die **Cappella Brancacci**, die **Cappella di Benozzo** im **Palazzo Medici-Riccardi** sowie das **Museo del Bargello** bewundern oder einen Ausflug nach Fiesole unternehmen.

Rund um den Dom (Florenz)

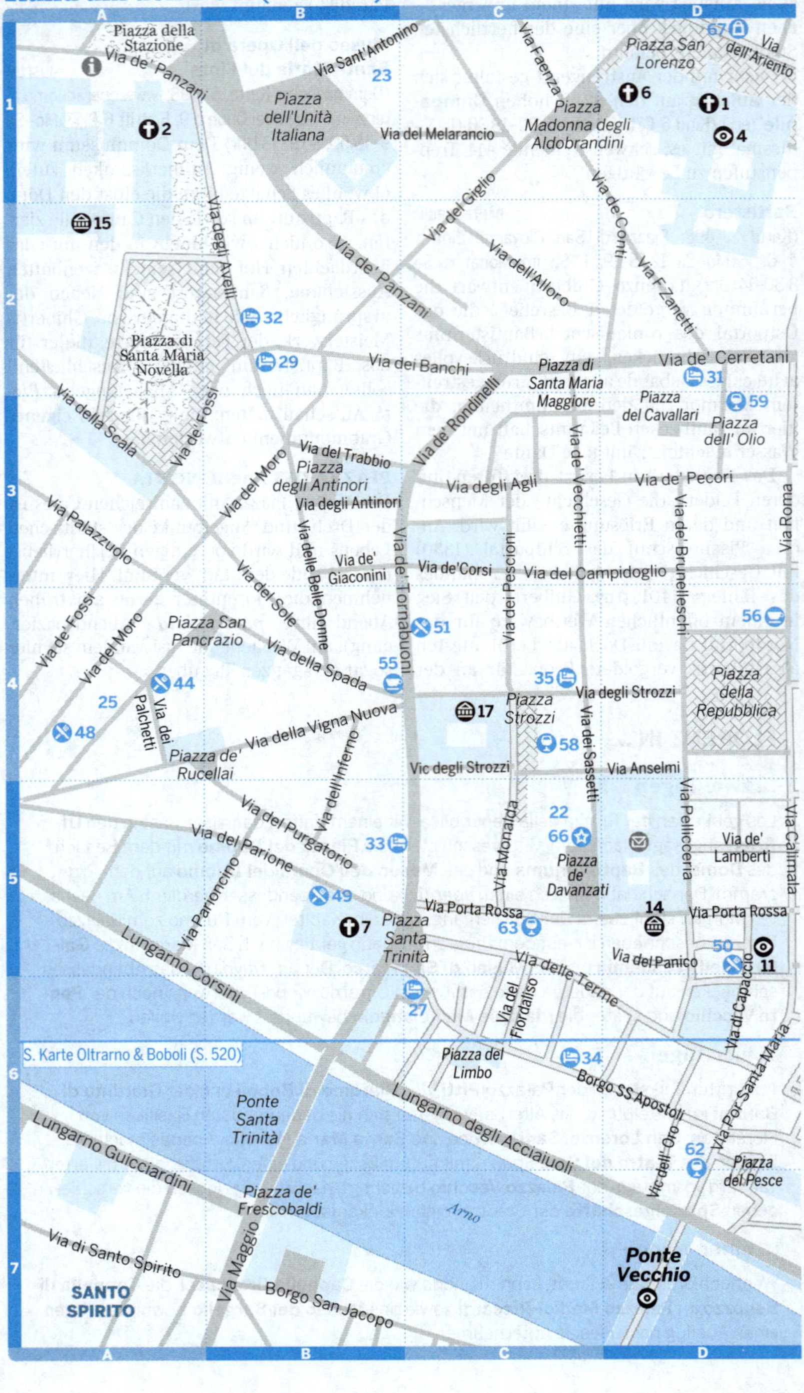

0
200 m
E
F
G
H
1
2
3
4
5
6
7
Piazza Brunelleschi
Via de' Ginori
Via Cavour
Palazzo Pucci
Via dei Servi
Via del Castellaccio
Via de' Pucci
Via de' Biffi
Borgo San Lorenzo
Via de' Martelli
Via Ricasoli
Via Bufalini
Piazza di Santa Maria Nuova
Via de' Cerretani
Dom
Piazza di San Giovanni
Piazza del Duomo
Via Sant'Egidio
SANTA CROCE
Via dell'Oriuolo
Piazza del Adimari
Via de' Tosinghi
Via dei Calzaiuoli
Via della Canonica
Piazza delle Pallottole
Piazza de S Benedetto
Via delle Oche
Via dello Studio
Piazza del Giglio
Via de' Medici
Piazza Santa Elisabetta
Vic. degli Alberighi
Via Speziali
Via del Corso
Borgo degli Albizi
Via del Presto
Piazza de' Donati
Via Dante Alighieri
Via de' Pandolfini
Piazza dei Cimatori
Via Orsanmichele
Via Arte della Lana
Via del Proconsolo
Via de' Giraldi
Via Ghibellina
Via dei Cimatori
Piazza de' Cerchi
Via dei Magazzini
Via della Vigna Vecchia
Via della Condotta
Piazza San Firenze
Via delle Burella
Via dell'Isola delle Stinche
Via Calimaruzza
Piazza della Signoria
Via dell'Anguillara
Via Torta
Piazza di Santa Cecilia
Via de'Gondi
Via Vacchereccia
Palazzo Vecchio
Borgo de' Greci
Piazza Saltarelli
Via del Corno
Via Vinegia
Via della Mosca
Via de' Rustici
Piazza de' Peruzzi
Via Lambertesca
Uffizien
Piazza del Grano
Piazza de' Castellani
Piazza di San Remigio
Via de' Benci
Via dei Georgofili
Via Castello d'Altafronte
Via Osteria del Guanto
Via de' Neri
Via delle Brache
Piazza degli Uffizi
Borgo Santa Croce
Piazza de' Giudici
1
3
5
8
9
10
12
13
16
18
19
20
21
24
26
28
30
36
37
38
39
40
41
42
43
45
46
47
52
53
54
57
60
61
64
65
68

Rund um den Dom (Florenz)

Highlights

Dom F3
Palazzo Vecchio F6
Ponte Vecchio D7
Uffizien (Galleria degli Uffizi) E7

Sehenswertes

1 Basilica di San Lorenzo D1
2 Basilica di Santa Maria Novella A1
3 Battistero E3
4 Biblioteca Laurenziana Medicea D1
5 Campanile E3
6 Cappelle Medicee D1
7 Chiesa della Santa Trìnita B5
8 Chiesa e Museo di Orsanmichele E5
9 Fontana di Nettuno E6
Il Porcellino .... (siehe 11)
10 Loggia dei Lanzi E6
11 Mercato Nuovo D5
12 Museo del Bargello G5
13 Museo dell'Opera di Santa Maria del Fiore F2
14 Museo di Palazzo Davanzati D5
15 Museo di Santa Maria Novella A2
16 Palazzo Medici-Riccardi E1
17 Palazzo Strozzi C4
18 Reproduktion des Davids E6
19 Statue von Cosimo I. E6
20 Uffizien & Firenze Musei Ticketschalter E7

Aktivitäten, Touren & Kurse

21 500 Touring Club F6
22 ArtViva C5
23 CAF Tours B1
24 Florence Town E5
Food & Wine Academy .... (siehe 24)
I Bike Florence .... (siehe 24)
25 La Cucina del Garga A4

Schlafen

26 Academy Hostel F2
27 Hotel Cestelli C6
28 Hotel Dalí H3
Hotel Davanzati .... (siehe 14)
29 Hotel L'Orologio B2
30 Hotel Orchidea H4
31 Hotel Perseo D2
32 Hotel Rosso 23 .... B2
33 Hotel Scoti B5
34 Hotel Torre Guelfa C6
35 Palazzo Vecchietti C4

Essen

36 Caffè Italiano Sud H5
37 Cantinetta dei Verrazzano E5
38 Coquinarius F3
39 Da Vinattieri F4
40 Francesco Vini H6
41 Gelateria dei Neri G7
42 Grom E3
43 I Due Fratellini E5
44 Il Latini A4
45 Ino E7
46 L'Antico Trippaio F4
47 La Canova di Gustavino F5
48 L'Osteria di Giovanni A4
49 Mariano B5
50 Mercato Nuovo Tripe Cart D5
51 Obikà C4
52 Oil Shoppe H3
53 Osteria del Caffè Italiano H5
Pizzeria del' Osteria del Caffè Italiano .... (siehe 53)
54 Vivoli H5

Ausgehen

55 Caffè Giacosa B4
56 Caffè Gilli D4
57 Caffè Rivoire E6
58 Colle Bereto C4
59 Fiaschetteria Nuvoli D3
60 Lochness Lounge H7
Moyo .... (siehe 60)
61 Old Stove E3
62 Sky Lounge Continentale D6
63 Slowly C5

Unterhaltung

64 Be Bop Music Club G1
65 Full Up G5
66 YAB C5

Shoppen

67 Mercato de San Lorenzo D1
Mercato Nuovo .... (siehe 11)
68 Pitti Vintage H4

Diese hübsche und überlaufene Piazza bildet das politische Zentrum der Stadt und ist von öffentlichen Bauwerken umgeben. Mitten auf dem Platz erhebt sich Giambolognas Reiterstatue von **Cosimo I.** Auf dieser Piazza ließ der Predigerführer Savonarola 1497 die Kunstgegenstände der Stadt auf seinem berüchtigten „Scheiterhaufen der Eitelkeiten“

MUSEUMSPÄSSE

Die brandneue **Firenze Card** (www.firenzecard.it; 50 €) ist 72 Stunden gültig. Sie gewährt Eintritt in 33 Museen (darunter alle wirklich wichtigen), Villen und Gärten der Stadt sowie die unbegrenzte Nutzung der öffentlichen Verkehrsmittel. Der Pass kann online gekauft und bei der Ankunft in Florenz abgeholt werden; er ist jedoch auch in den Touristeninformationen in Florenz sowie am Kartenschalter der Uffizien (Eingang 2), im Palazzo Pitti, Palazzo Vecchio, Museo Nazionale del Bargello, in der Cappella Brancacci, im Museo di Santa Maria Novella und in den Giardini Bardini erhältlich. Bei EU-Bürgern schließt der Pass, die mit unterwegs und unter 18 Jahren sind, mit ein.

Ein dicker Minuspunkt an diesem Pass ist allerdings, dass jedes Museum nur einmal besucht werden darf. Wer also die Besichtigung der Uffizien auf mehrere Tage verteilen möchte, keinem EU-Land angehört und mit Kindern unterwegs ist, entscheidet sich besser für die **Freunde-der-Uffizien-Karte** (www.amicidegliuffizi.it; Erw./unter 26 Jahre/ Familie mit 4 Pers. 60/40/100 €). Sie gilt ein Kalenderjahr (Ende: 31. Dez.) und gewährt Einlass in 22 Florentiner Museen, darunter die Galleria dell'Accademia, das Museo Nazionale del Bargello und der Palazzo Pitti. Jedes der Museen kann so oft besucht werden, wie der Einzelne Lust und Laune hat (beim Eintritt muss allerdings jedes Mal auch der Personalausweis/Pass als Identitätsnachweis vorgelegt werden). Erhältlich ist der Museumspass online oder am Schalter der **Amici degli Uffizi** (☎055 21 35 60; ⏲Di–Sa 10–17 Uhr) am Eingang 2 der Uffizien.

in Flammen aufgehen – dazu zählten Bücher, zahlreiche Gemälde, Musikinstrumente, Spiegel, edle Kleidungsstücke usw. Ein Jahr später wurde der Dominikanermönch als Ketzer an derselben Stelle verbrannt. Von diesem Ereignis zeugt eine Bronzetafel vor Bartolomeo Ammannatis monumentaler – aber hässlicher – **Fontana di Nettuno** (Neptunbrunnen).

Palazzo Vecchio — PALAZZO

(Karte S. 498; www.palazzovecchio-museoragazzi.it; Piazza della Signoria; Erw./erm. 6/4,50 €; ⏲Mo–Mi & Fr–So 9–19, Do 9–14 Uhr) Der sehr auffällige 94 m hohe **Torre d'Arnolfo** gilt ebenso wie der Dom als Wahrzeichen der Stadt und krönt den „Alten Palast", traditionell der Sitz der Florentiner Kommunalregierung. Der Turm wurde von 1298 bis 1314 von Arnolfo di Cambio für die Signoria errichtet, die Mächtigsten der Stadtrepublik, und avancierte im 16. Jh. dann zur Residenz von Cosimo I. Heute befindet sich dort das Rathaus, dessen Westeingang von einer Kopie von Michelangelos vielfotografiertem **David** bewacht wird. Das Original, das bis 1873 hier stand, befindet sich mittlerweile in der Galleria dell'Accademia.

Die für die Medici aufwendig gestalteten Räume lohnen einen Besuch ebenso wie der **Salone dei Cinquecento** (Saal des Rates der 500), der in den 1490er-Jahren für den Consiglio dei Cinquecento (Rat der 500) geschaffen wurde, der Florenz am Ende des 15. Jhs. regierte. Mitte des 16. Jhs. wurde der Saal erweitert und ausgestaltet. Abgesehen von der Größe beeindrucken die Schlachtenszenen, die sich über die ganze Wand erstrecken und in denen Vasari die Siege der Florentiner unter Cosimo I. über die Erzrivalen Pisa und Siena verherrlichte: Im Gegensatz zu den Sienesern sind die Pisaner ohne Rüstungen dargestellt. Als Höhepunkt dieser hemmungslosen Verherrlichung seiner eigenen Macht ließ Cosimo sich im Mittelfeld der Decke als Gott porträtieren – doch erst nachdem er durch Vasari die Decke auf 7 m hatte erhöhen lassen. In diesem Raum befindet sich auch Michelangelos Skulptur *Genius des Sieges*, die für das Grabmal Papst Julius II. in Rom bestimmt war, aber beim Tod des Künstlers noch unvollendet war.

Die beste Möglichkeit, das Gebäude zu besichtigen, bietet sich im Rahmen einer **Führung** (obligatorische Reservierung ☎055 276 82 24; info.museoragazzi@comune.fi.it). Sie dauert rund eine Stunde und wird in der Hauptsaison auch von deutschsprachigen Führern durchgeführt. Gezeigt werden Teile des Gebäudes, die ansonsten nicht zugänglich sind. Besonders gelungen sind die Kinderführungen.

Loggia dei Lanzi — MUSEUM

(Karte S. 498) Dass dieser Platz so herrlich wirkt, beruht größtenteils auf den vielen Brunnen und Statuen, sowie der Loggia aus dem 14. Jh., in der Werke wie Giambolognas *Raub der Sabinerinnen* (um 1583), Benvenuto Cellinis bronzener *Perseus* (1554) und Agnolo Gaddis *Sieben Tugenden* (1384–1389) ausgestellt sind. Die Loggia verdankt ihren Namen den *Lanzichenecchi* (Schweizer Garde) von Cosimo I., der diesen Trupp hier stationierte – ein Brauch, der sich bis heute gehalten hat. Die Wachen beäugen die Menge jedenfalls mit strengem Blick und verweigern jedem den Zutritt, der etwas zu essen oder zu trinken dabei hat.

Galleria degli Uffizi (Uffizien) KUNSTGALERIE
(Karte S. 498; www.uffizi.firenze.it; Piazza degli Uffizi 6; Erw./erm. 6,50/3,25 €, inkl. Wechselausstellung 11/5,50 €; ⌚Di–So 8.15–18.50 Uhr) Das Museum von Weltrang befindet sich im Palazzo degli Uffizi, der von 1560 bis 1580 als Regierungsgebäude errichtet wurde. Präsentiert wird die private Kunstsammlung der Familie Medici, die sie 1743 der Stadt unter der Bedingung vermachte, dass diese Florenz nie verlassen dürfe.

Zu den längst überfälligen Restaurierungsarbeiten und umfangreichen Umgestaltungsmaßnahmen, die derzeit noch im Gange sind und sich schlussendlich auf satte 65 Mio. € belaufen werden, gehören der Anbau einer neuen Loggia als Ausgang (ein Entwurf des japanischen Architekten Arato Isozaki) sowie die Verdopplung der Ausstellungsfläche. Wie in Italien üblich, will sich niemand – selbst der verantwortliche Architekt Antonio Godoli nicht – auf einen Fertigstellungstermin festlegen; ursprünglich hatte man das Jahr 2013 angepeilt. Bis das sogenannte Projekt **Nuovi Uffizi** (www.nuoviuffizi.it) vollendet ist, bleiben diverse Säle geschlossen; welche Werke ausgestellt sind, ändert sich daher immer wieder.

Die weltbekannte Sammlung umfasst die ganze Spannbreite der Kunstgeschichte – von griechischer Bildhauerei bis hin zu venezianischen Gemälden aus dem 18. Jh. Die Werke werden in chronologischer Reihenfolge nach Schulen präsentiert. Im Mittelpunkt steht jedoch die vor Meisterwerken strotzende Renaissancesammlung.

Am besten beschränkt man seinen Besuch auf drei bis maximal vier Stunden. Sind die Grenzen der Aufnahmefähigkeit erreicht, lohnt ein Abstecher ins Dachcafé. Vom Dachgarten genossen die Medici einst die hochkarätigen Musikdarbietungen auf dem Platz unter ihnen. Ein bisschen frische Luft tut immer gut, und die Aussicht ist ebenfalls herrlich.

Meister aus der Toskana: 12. bis 14. Jh.

Der erste Raum links vom Treppenhaus (Saal 2) widmet sich der Kunst aus Siena im 13. Jh. Er ist wie eine mittelalterliche Kapelle angelegt – es lohnt sich übrigens auch ein Blick nach oben auf das tolle Maßwerk – und passt so hervorragend zu den ausgestellten Objekten: drei sagenhaften Altargemälden aus Kirchen in Florenz, die von den toskanischen Meistern Duccio di Buoninsegna, Cimabue und Giotto stammen. Sie sind gute Beispiele für den Übergang von der Gotik zur Renaissance. Interessant ist der naturalistische Realismus von Giottos Darstellung der Jungfrau Maria mit Kind, umringt von Engeln und Heiligen.

Der nächste Raum widmet sich ebenfalls Siena, dieses Mal aber dem 14. Jh. Im Mittelpunkt steht Simone Martinis *Verkündigung* (1333), die er zusammen mit Lippo Memmi schuf und auf der die Madonna vor prachtvoll goldenem Hintergrund erscheint. Ebenfalls beachtenswert ist das Triptychon *Madonna mit Kind und Heilige* (1340) von Pietro Lorenzetti, der einen ähnlichen Realismus zeigt wie das Werk Giottos; Pietro und sein Bruder Ambrogio, ebenfalls Maler, starben 1348 in Siena an der Pest.

Wie im nächsten Raum zu sehen ist, legten die florentinischen Meister des 14. Jhs. genauso viel Wert aufs Detail wie ihre sienesischen Malerkollegen: Das zeigt auch die realistische *San Reminio Pietà* (1360–1365) des ebenfalls sehr begabten Giotto-Schülers Giottino.

Pioniere der Renaissance

Der Kampf um die Perspektive ist ein Kennzeichen der Florentiner Schule des frühen 15. Jhs. (Raum 7), die der Renaissance den Weg bereitete. Eine Tafel (die beiden anderen sind im Louvre und in der Londoner National Gallery) von Paolo Uccellos beeindruckender *Schlacht von San Romano* zeigt die Bemühungen des Künstlers um die Perspektive. Die Versuche scheinen nicht ganz gelungen zu sein, weil alle Lanzen, Pferde und Soldaten auf einen Fluchtpunkt ausgerichtet sind. Das Gemälde verherrlicht den Sieg von Florenz über die Konkurrentin und Rivalin Siena.

Highlights von Raum 8 sind Piero della Francescas berühmte, im Profil gemalte Porträts des hakennasigen Herzogs von Urbino und der Herzogin (1465–1472) – der Herzog wurde immer von der linken Seite gemalt, seit er bei einem Turnier das rechte Auge verloren hatte; seine Gattin ist leichenblass

KEIN SCHLANGESTEHEN: RESERVIERTE EINTRITTSKARTEN

Im Juli, August und zu anderen Terminen, an denen es hoch hergeht (beispielsweise Ostern), sind in den bedeutenden Museen von Florenz schier endlose Schlangen an der Tagesordnung. Wer seine Eintrittskarte nicht bereits gebucht hat, muss – wenn er Pech hat – bis zu vier Stunden anstehen.

Gegen eine Gebühr von 3 € pro Eintrittskarte (in den Uffizien und in der Galleria dell'Accademia 4 €) besteht jedoch die Möglichkeit, Eintrittskarten für alle 13 *musei statali* (staatliche Museen) vorab zu reservieren, darunter auch die Uffizien, die Galleria dell'Accademia (mit dem *David*), der Palazzo Pitti, das Museo del Bargello sowie die Medici-Kapellen (Cappelle Medicee). Die einzigen beiden Museen, für die sich eine Reservierung wirklich lohnt, sind die Uffizien und die Accademia. Wer sich eine Eintrittskarte organisieren will, kann das unter www.firenzemusei.it tun oder direkt **Firenze Musei** (Museen von Florenz; ☎055 29 48 83; ⏲telefon. Reservierung Mo–Fr 8.30–18.30, Sa 8.30–12.30 Uhr) anrufen. Die **Kartenschalter** (⏲Di–So 8.30–19 Uhr) befinden sich in den Uffizien und im Palazzo Pitti.

In den Uffizien weisen Schilder Besuchern mit reservierten Karten den Weg zu einem Gebäude gegenüber der Gemäldegalerie, wo die Eintrittskarten abgeholt werden können. Mit dem Ticket geht man nun zur Tür 1 des Museums (ausschließlich für reservierte Eintrittkarten) und stellt sich an, um in die Gemäldegalerie Einlass zu finden. Diese Prozedur nervt zwar etwas, erspart aber dennoch ein stundenlanges Anstehen.

Viele Hotels in Florenz buchen für ihre Gäste ebenfalls Eintrittskarten für die Museen.

dargestellt, was darauf hinweist, dass es sich um ein posthumes Porträt handelt.

Der Karmelitermönch Fra' Filippo Lippi besaß einen unglücklichen Hang zu weltlichen Vergnügungen und sorgte für einen Skandal, als er eine Nonne aus Prato heiratete. In der *Marienkrönung* (1439–1447) hat er sich selbst als pummeligen Klosterbruder dargestellt. Sehenswert ist auch seine *Madonna mit Kind und zwei Engeln* (1460–1465), eine ausgezeichnete Arbeit, die ganz offensichtlich seinen Schüler Sandro Botticelli beeinflusste.

Ein weiteres Brüderpaar, Antonio und Piero del Pollaiuolo, ist in Raum 9 vertreten: Die Darstellung der sieben wichtigsten Tugenden im Florenz des 15. Jhs. wurde vom Tribunale della Mercanzia an der Piazza della Signoria in Auftrag gegeben.

Botticelli-Saal

Die großartige Sala del Botticelli trägt die Nummern 10 bis 14, ist aber eigentlich ein großer Raum, außerdem einer der beliebtesten der Uffizien und immer sehr voll. Von den 15 Werken des Renaissance-Künstlers sind die *Geburt der Venus* (ca. 1485), *Primavera* (Frühling; ca. 1482), die vergeistigte *Verkündigung* (1489–1490), die *Anbetung der Könige* (1475, mit dem Selbstporträt des Künstlers am rechten Rand) und die *Madonna del Magnificat* (1483) am bekanntesten, doch Kenner zählen die Darstellung von Judith mit dem Schwert, die aus dem Lager des Holofernes zurückkehrt, und die Entdeckung des enthaupteten Holofernes in seinem Zelt (1495–1500) zu den besten Werken Botticellis.

Leonardo-Saal

Raum 15 zeigt zwei frühe florentinische Arbeiten des berühmten Renaissance-Künstlers Leonardo da Vinci: die unvollendete *Anbetung der Heiligen Drei Könige* (1481–1482), in rötlichen Erdtönen gehalten, und die *Verkündigung*.

Von der Hochrenaissance zum Manierismus

Im dritten Korridor glänzt Michelangelo mit dem *Doni Tondo*, einer Darstellung der heiligen Familie, die in Raum 25 alle Blicke auf sich zieht und die Hochrenaissance markiert. Die Komposition ist ungewöhnlich: Josef hält ein prächtiges Jesuskind, das auf der Schulter Marias sitzt, die sich zu ihrem Sohn umdreht und ihn ansieht; die kräftigen Farben sind noch so intensiv, wie sie bei ihrem Auftragen 1504 bis 1508 waren.

Raffael (1483–1520) und Andrea del Sarto (1486–1530) finden sich Seite an Seite in Raum 26, in dessen Mittelpunkt Raffaels bezaubernde *Madonna mit dem Stieglitz* (1505–1506) steht.

Die vorher gesehenen Werke toskanischer Meister können in Raum 28 mit dem größeren Naturalismus, den ihre venezianischen

NICHT VERSÄUMEN

RÜCKKEHR GARANTIERT

Wer nach Florenz zurückkehren will, muss – einer Legende zufolge – die Schnauze von **Il Porcellino** (das Schweinchen) kraulen: Die Bronzestatue eines Wildschweins steht an der Südseite des Marktplatzes aus dem 16. Jh., dem **Mercato Nuovo** (Karte S. 498; Piazza di Mercato Nuovo).

Malerkollegen an den Tag legten, verglichen werden. Hier sind elf Tizian-Gemälde zu bewundern, darunter die sinnliche nackte *Venus von Urbino* (1538), die verführerische *Flora* (1515) und das eindrucksvolle Porträt von *Eleonora Gonzaga, Herzogin von Urbino* (1536–1537).

PIAZZA DELLA REPUBBLICA & UMGEBUNG

Piazza della Repubblica — PLATZ

(Karte S. 498) Hier befand sich ursprünglich das römische Forum, hier schlug aber auch das Herz des mittelalterlichen Florenz. Der betriebsame Platz wurde Ende der 1880er-Jahre angelegt und war Bestandteil eines umstrittenen Konzepts, das „Verbesserungen" für die Bürger vorsah: Dazu zählten der Abriss des alten Markts, des jüdischen Ghettos und der umliegenden Elendsviertel sowie die Zwangsumsiedelung von fast 6000 Anwohnern. Zum Glück wurde Vasaris herrliche Loggia del Pesce (Fischmarkt) gerettet und an der Via Pietrapiana wieder errichtet. Heute ist die Piazza für ihre historischen Cafés bekannt, die sich hier besonders geballt finden.

LP TIPP Chiesa e Museo di Orsanmichele — KIRCHE, MUSEUM

(Karte S. 498; Via dell'Arte della Lana; Eintritt frei; ⌚Kirche tgl. 10–17 Uhr, Museum Mo 10–17 Uhr) Die einzigartige Kirche entstand durch den Einbezug der Arkaden des alten Getreidemarkts (1290); im 14. Jh. wurden dann noch zwei Stockwerke ergänzt. Die Fassade beeindruckt mit ihren Nischen und Tabernakeln mit Statuen, die die Schutzpatrone der zahlreichen Zünfte von Florenz darstellen. Die Figuren wurden im 15. und 16. Jh. in Auftrag gegeben, nachdem die *signoria* (Stadtregierung) die Zünfte angewiesen hatte, Geld für die Ausschmückung der Kirche bereitzustellen.

Die Statuen sind Werke einiger der renommiertesten Renaissancekünstler ihrer Zeit. Heute sind an der Fassade nur Kopien zu sehen, die Originale befinden sich – bis auf eine Statue – allesamt in dem wenig bekannten, jedoch überaus beeindruckenden **Museum**; es belegt zwei Etagen über der Kirche und lediglich nur einen Tag die Woche geöffnet.

Museo di Palazzo Davanzati — HISTORISCHE RESIDENZ

(Karte S. 498; Via Porta Rossa 13; Erw./erm. 2/1 €; ⌚8.15–13.50 Uhr, am 1., 3. & 5. Mo, 2. & 4. So eines Monats geschl.) Das Palast-Museum war im 14. Jh. ein Lagerhaus, ab 1578 das Domizil der reichen Kaufmannsfamilie Davanzati – ein Schmuckstück, in das es allerdings nicht viele Besucher verschlägt. Im Innenhof lohnt ein Blick auf die in die Säulen gemeißelten Gesichter der Besitzer. Nicht verpassen sollte man auch den Empfangssaal im 1. Stock, der mit einer bemalten Holzdecke aufwartet, die prachtvolle Sala dei Pappagalli (Papageiensaal) sowie die Camera dei Pavoni (Pfauenschlafzimmer).

Palazzo Strozzi — PALAZZO, MUSEUM

(Karte S. 498; Via de' Tornabuoni; Eintrittspreise & Öffnungszeiten unterschiedl.) In der renommiertesten Straße von Florenz, der **Via de' Tornabuoni** – sie wird auch gern als „Salotto di Firenze" (Salon der Stadt) bezeichnet – thront souverän dieser Palast aus dem 15. Jh. Im dazugehörigen herrlichen Innenhof scheint sich halb Florenz gern ein Stelldichein zu geben. Der *palazzo* wurde für den reichen Kaufmann Filippo Strozzi errichtet und zeigt heute hochkarätige Ausstellungen. Hier geht es immer hoch her, auch im Café im Innenhof, einem Treff der jungen Florentiner, ist stets viel Betrieb.

LP TIPP Museo del Bargello — KUNSTGALERIE

(Karte S. 498; Via del Proconsolo 4; Erw./erm. 7/3,50 €; ⌚Di–So 8.15–17 & am 1. & 3. Mo eines Monats) Hinter den massiven Mauern des Palazzo del Bargello, des ältesten öffentlichen Gebäudes von Florenz, sprach der *podestà* vom ausgehenden 13. Jh. bis 1502 Recht. Heute wird in diesem Prachtbau die umfassendste Sammlung toskanischer Renaissanceskulpturen präsentiert.

Menschenmassen drängen sich in der Galleria dell'Accademia, um Michelangelos *David* zu sehen, doch nur wenige kommen zum Bargello, wo im Parterre, in der **Sala di Michelangelo**, die frühen Werke des Meisters ausgestellt sind. Der Künstler war erst 21 Jahre alt, als ein Kardinal bei ihm den betrunkenen, mit Trauben geschmückten *Bacchus* (1496–1497) bestellte, der hier gezeigt wird. Weitere Michelangelo-Werke im Bargello sind die Marmorbüste des *Brutus* (ca. 1539–1540), der *David/Apollo* von 1530 bis 1532 und das große unvollendete Rundrelief der *Madonna mit dem Kind und dem Johannesknaben* (1503–1505, auch *Tondo Pitti* genannt).

Im 1. Stock rechts von der Treppe befindet sich die Sala di Donatello, in der die beiden Versionen von Donatellos *David* faszinieren: Donatello fertigte sein schlankes, jugendliches – bekleidetes – Marmorbildnis 1408 und seine berühmte Bronze zwischen 1440 und 1450. Letztere ist wirklich außergewöhnlich – und zwar vor allem in Anbetracht der Tatsache, dass es sich um die erste freistehende nackte Statue handelt, die seit der Antike geschaffen wurde.

SANTA MARIA NOVELLA & UMGEBUNG

Basilica di Santa Maria Novella — KIRCHE

(Karte S. 498; Piazza di Santa Maria Novella; Eintritt 3,50 €; ⌚Mo–Do 9–17.50, Fr 11–17.30, So 9–17, So 13–17 Uhr) Die Arbeiten an dieser Kirche gleich südlich vom Hauptbahnhof begannen in der Mitte des 13. Jhs.; das Gotteshaus sollte dem Dominikanerorden in Florenz als Standquartier dienen. Den unteren Teil der Marmorfassade charakterisiert ein Übergangsstil von der Romanik zur Gotik, der obere Bereich (1470) und der Haupteingang sind ein Entwurf von Alberti. Als Höhepunkt des gotischen Kirchenraums gilt Masaccios wunderbares Deckenfresko *Dreifaltigkeit* (1424–1425) auf halber Höhe im Nordgang, eines der ersten Kunstwerke, das sich der damals neuen Technik von Perspektive und Proportion bediente. Gleich in der Nähe hängt im Hauptschiff das farbenprächtige *Kruzifix* von Giotto (um 1290).

Museo di Santa Maria Novella — MUSEUM

(Karte S. 498; Piazza di Santa Maria Novella; Erw./erm. 2,70/2 €; ⌚Mo–Do & Sa 9–17 Uhr) Zweifellos die Hauptattraktion des Museums ist die sagenhafte **Cappellone degli Spagnoli** (Spanische Kapelle). Sie befindet sich am beschaulichen **Chiostro Verde** (Grüner Kreuzgang; 1332–62) des Klosters, der seinen Namen der grünen Grundierung verdankt, die für die Fresken an drei der vier Kreuzgangwände verwendet wurde. Die Kapelle selbst ist komplett mit außergewöhnlichen Fresken (um 1365–67) von Andrea di Bonaiuto ausgeschmückt. Die Gewölbedecke zeigt die Auferstehung, die Himmelfahrt und Pfingsten; an der Altarwand befinden sich Szenen wie die Via Dolorosa, die Kreuzigung und der Abstieg ins Reich der Toten. An der rechten Wand beeindruckt das riesige Fresko *Kampf und Triumph der Kirche;* im Vordergrund sind die Porträts von Cimabue, Giotto, Boccaccio, Petrarka und Dante interessant. Weitere Fresken in der Kapelle zeigen den Triumph der christlichen Lehre – 14 Figuren, die die Künste und Wissenschaften symbolisieren – sowie das *Leben des hl. Petrus.*

An der Westseite des Kreuzgangs führt ein Durchgang zur **Cappella degli Ubriachi** aus dem 14. Jh. samt einem großen **Refektorium**, in dem alte Kirchengeräte und das *Letzte Abendmahl* von Alessandro Allori zu bewundern sind.

GRATIS Officina Profumo-Farmaceutica di Santa Maria Novella — APOTHEKE

(www.santamarianovella.com.br; Via della Scala 16; ⌚Mo–Sa 9.30–19.30, So 10.30–20.30 Uhr, Museum Mo–Fr 10–17.30 Uhr) Die Apotheke mit Parfümerie gibt es schon seit 1612, sie ist für ihre Heilmittel und duftenden Salben bekannt, die mit Heilkräutern aus dem Klostergarten hergestellt werden. Der Laden hat sich im Lauf der Jahrhunderte wenig verändert und ist immer noch ein Schmuckkästchen. Wer sich einen Tag in den Uffizien oder in der Accademia durch die Massen gekämpft hat, bekommt vielleicht Lust auf einen Besuch hier, um das Acqua di Santa Maria Novella zu probieren: Es soll bei hysterischen Anfällen helfen ...

Chiesa della Santa Trinità — KIRCHE

(Karte S. 498; Piazza Santa Trìnita; Eintritt frei; ⌚Mo–Sa 8–12 & 16–18, So 16–18 Uhr) Die Kirche aus dem 14. Jh. wurde im Stil der Gotik umgebaut und später mit einer schmucken manieristischen Fassade versehen, die den Übergang von der Renaissance zum barocken Baustil markiert. Die auffälligen Fresken von Domenico Ghirlandaio in der Cappella Sassetti im südlichen Querschiff stellen Szenen aus dem Leben des hl. Franz von Assisi dar. Lorenzo Monaco, der Lehrmeister von Fra' Angelico, malte das Altargemälde in der vierten Kapelle im südlichen Seitenschiff sowie die Fresken an den Wänden der Kapelle.

(Fortsetzung auf S. 508)

Die Uffizien

REISE IN DIE RENAISSANCE

Die Besichtigung der bedeutendsten Kunstsammlung der Uffizien, die sich über 45 Säle auf einer Etage verteilt, bereitet keine Probleme; die Entscheidung, welche der 1500 Meisterwerke bewundert werden wollen, bevor die Aufmerksamkeit nachlässt, allerdings schon.

Die Besucher erhalten im Erdgeschoss einen Saalplan sowie einen Audioguide. Dann geht es schnurstracks ab in die Toskana des 16. Jhs., genau gesagt die herrliche, mit Büsten gesäumte Treppe des Palazzo hinauf.

Für die Reise in die Hochrenaissance sind vier Stunden einzuplanen. Am oberen Ende der Treppe im zweiten Stock biegt man links ab und hält zuerst einmal inne, um den ersten Korridor in seiner vollen Länge auf sich wirken zu lassen. Nun geht es in den Saal 2, wo es die ersten Schritte der toskanischen Kunst zu bestaunen gibt: schillernde Altarbilder von **Giotto** 1 und anderen Meistern. Anschließend schlendert man durch die Kunst des Mittelalters zum Saal 8 mit **Piero della Francescas** 2 berühmtem Porträt. Im Korridor davor beeindruckt die **kunstvolle Decke** 3. Nach den Renaissancegrößen **Botticelli** 4 und **da Vinci** 5 spaziert man an der Tribuna (ggf. Abstecher) vorbei, um das Tageslicht durch die großzügigen Fenster des zweiten **Korridors am Fluss** 6 einfallen zu sehen und die sagenhafte Aussicht zu genießen: auf den Arno, über den sich der Ponte Vecchio spannt, die dahinter liegenden vier weiteren Brücken vor den Apuanischen Alpen, die sich am Horizont abzeichnen – ein wahrlich erhebender Anblick! Nun betritt man den dritten Korridor und legt zwischen den Sälen 25 und 34 eine Pause ein, um den Eingang zum geheimnisvollen Vasarikorridor auf sich wirken zu lassen. Am Ende der Besichtigung stehen die beiden Maestri der Hochrenaissance: **Michelangelo** 7 und **Raffael** 8.

Die Ognissanti-Madonna
Saal 2
Die mit schamhaft geröteten Wangen und üppigen Brüsten sehr menschlich dargestellte Jungfrau Maria *(Maestà;* 1310) von Giotto wirkt überaus feminin – verglichen mit den Gemälden, die Duccio und Cimabue 25 Jahre früher malten.

Diptychon des Herzogs und der Herzogin Urbino
Saal 8
Die unbeschönigten Porträts (1465–1472) wurden von Piero della Francesca sehr realistisch gemalt. Die Bilder in der Größe A3 wurden ursprünglich in einen Rahmen mit Scharnieren geschoben, der sich wie ein Buch falten ließ.

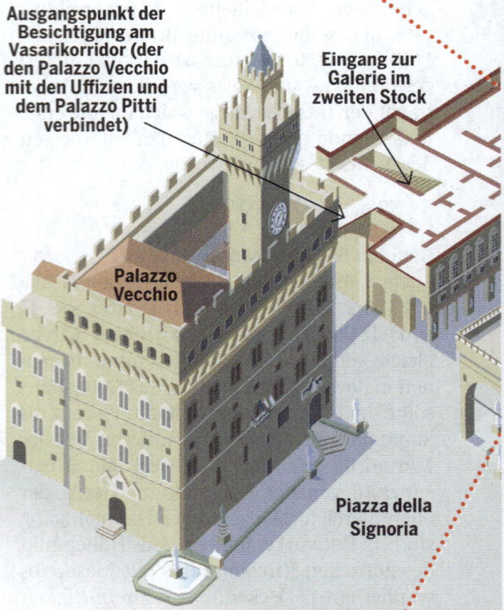

Groteske Deckenfresken
Erster Korridor
Für die sagenhaften Deckenfresken (1581) des Ostkorridors sollte man genug Zeit einplanen, um die vermeintlichen Ungeheuer und unerwartet witzigen Darstellungen (z.B. ein Satyr vor Saal 15, der einen Pfeil abschießt) in Ruhe betrachten zu können.

© THE ART ARCHIVE / ALAMY

Genie Botticelli

Saal 10–14

Botticellis Meisterwerk der Frührenaissance, *Die Entdeckung des Leichnams von Holofernes* (um 1470), wirkt aufgrund seines Miniaturformats umso beeindruckender. Links neben dem Eingang nicht die *Anbetung der Könige* (1457) verpassen – der Meister wirft einen Blick auf die Betrachter.

BETHUNE CARMICHAEL / LPI ©

Blick auf den Arno

Von dem kurzen Korridor – an sich schon ein Meisterwerk – bieten sich herrliche Ausblicke. Kurz unterhalb des Hügels sieht man einen von 73 Türmen, die zur Bewachung von Florenz samt seinen 15 Stadttoren errichtet wurden.

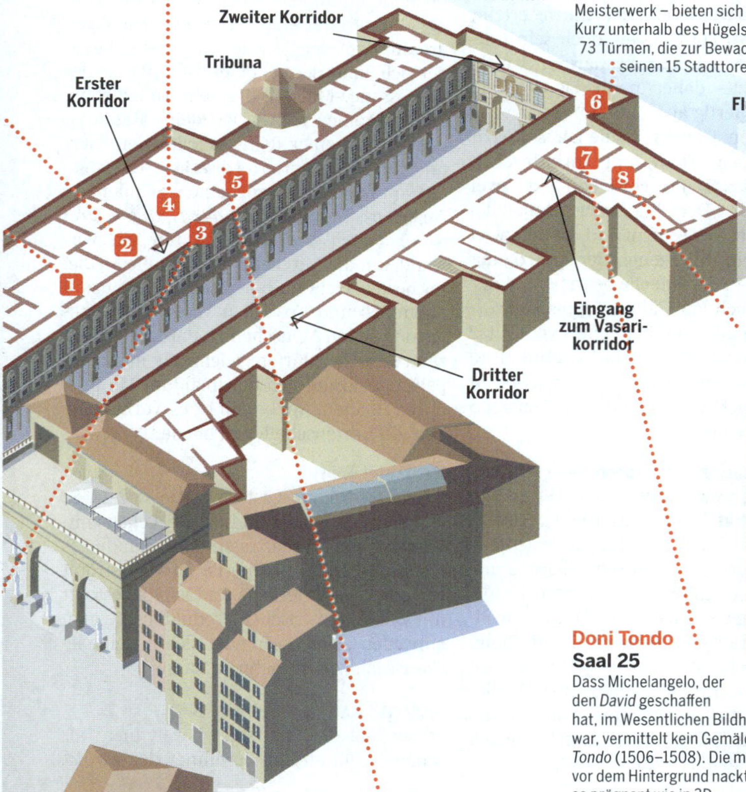

Porträt von Papst Leo X.

Saal 26

Wenn man den drei Männern in Raffaels Meisterwerk (1518) in die Augen schaut, kommt man ins Grübeln, was sie wohl denken – die perfekte Darstellung einer Intrige zur Zeit der Hochrenaissance.

Tatsache

Die Sammlung in den Uffizien umfasst Werke aus dem 13. bis 18. Jh., die Hauptattraktion ist jedoch die Renaissancekunst aus dem 15. und 16. Jh.

Doni Tondo

Saal 25

Dass Michelangelo, der den *David* geschaffen hat, im Wesentlichen Bildhauer und nicht Maler war, vermittelt kein Gemälde so gut wie *Doni Tondo* (1506–1508). Die muskulösen Arme Marias vor dem Hintergrund nackter Schönheiten wirken so prägnant wie in 3D.

Verkündigung

Saal 15

Das Gemälde (um 1475–1480), in dem die Landschaft der Toskana wunderbar dargestellt wird, ist eines der wenigen Werke Leonardo da Vincis, das in Florenz verblieben ist.

Preiswert essen

Das Dachcafé der Uffizien ist die eine Möglichkeit, noch günstiger sind die Gourmet-*panini* im 'Ino (www.inofirenze.com; Via dei Georgofili 3-7r).

© THE ART ARCHIVE / ALAMY

© THE ART ARCHIVE / ALAMY

(Fortsetzung von S. 505)

SAN LORENZO & UMGEBUNG

Basilica di San Lorenzo KIRCHE

(Karte S. 498; Piazza San Lorenzo; Eintritt 3,50 €, inkl. Bibliothek 6 €; ⏲ganzjährig Mo–Sa 10–17.30 Uhr, März–Okt. So 13.30–17.30 Uhr) 1425 beauftragten die Medici Brunelleschi, die künftige Gemeinde- und Grabeskirche der Familie umzugestalten. An die 50 Medici haben in dieser Kirche seitdem ihre letzte Ruhe gefunden. Von außen macht das Gotteshaus eigentlich nicht sonderlich viel her: Michelangelo wurde 1518 der Auftrag erteilt, die Fassade zu konzipieren, doch sein Entwurf aus weißem Carraramarmor wurde nie umgesetzt – daher mutet das Gebäude irgendwie unfertig an.

Im Inneren trennen Säulen aus *pietra serena* (grauem Stein) mit korinthischen Kapitellen das Hauptschiff von den zwei Seitenschiffen. Der Bildhauer Donatello, der noch kurz vor seinem Tod an den zwei Bronzekanzeln mit Szenen der Kreuzigung arbeitete, ist in der Kapelle begraben. In der Kapelle ist auch Fra' Filippo Lippis *Verkündigung* (ca. 1450) zu sehen. Links vom Altar gelangt man zur **Sagrestia Vecchia** (Alte Sakristei), die von Brunelleschi entworfen und schließlich vorwiegend von Donatello ausgestattet wurde.

Biblioteca Laurenziana Medicea BIBLIOTHEK

(Karte S. 498; www.bml.firenze.sbn.it; Piazza San Lorenzo 9; Eintritt 3 €, inkl. Basilika 6 €; ⏲Mo–Fr 9.30–13.30 Uhr) Links vom Eingang zur Basilika erstrecken sich der beschauliche Kreuzgang. Von hier führt eine beeindruckende, von Michelangelo entworfene Treppe zur Biblioteca Laurenziana Medicea hinauf. Giulio de' Medici (Papst Clemens VII.) ließ sie 1524 erbauen, um die umfangreiche Bibliothek der Medici aufzunehmen, die Cosimo der Ältere ins Leben gerufen und Lorenzo il Magnifico erweitert hatte.

Cappelle Medicee MAUSOLEUM

(Karte S. 498; Piazza Madonna degli Aldobrandini; Erw./erm. 6/3 €; ⏲Di–Sa 8.15–16.50 Uhr & 1. & 3. So bzw. 2. & 4. Mo eines Monats) Nirgendwo ist das Selbstbewusstsein der Medici so greifbar wie in diesem Mausoleum. Die Hauptgrabesstätte der Medici schmücken Granit, wertvollster Marmor, Halbedelsteine und einige der herrlichsten Skulpturen von Michelangelo. Francesco I liegt in der **Cappella dei Principi** (Fürstenkapelle) neben Ferdinando I und II sowie Cosimo I, II und III begraben. Von hier führt ein Gang zur nüchternen, aber anmutigen **Sagrestia Nuova** (Neue Sakristei), Michelangelos Erstlingswerk als Architekt, mit drei seiner aufwühlendsten Skulpturen: *Morgen- und Abenddämmerung, Tag und Nacht* sowie *Madonna mit Kind*.

Palazzo Medici-Riccardi PALAZZO, KAPELLE

(Karte S. 498; www.palazzo-medici.it; Via Cavour 3; Erw./erm. 7/4 €; ⏲Di–Do 9–19 Uhr) Gleich bei der Piazza San Lorenzo liegt der hübsche Palast, Hauptsitz der Medici bis 1540 und Vorbild für andere *palazzi* (Villen) in der Stadt. In der **Capella dei Magi** (Kapelle der heiligen drei Könige), der Kapelle des Palastes, befindet sich eines der bedeutendsten Werke der Renaissance-Malerei, das kein Kunstliebhaber versäumen sollte. Der kleine Raum ist bedeckt mit einer Reihe herrlich detailliert und jüngst restaurierter Fresken (ca. 1459–63) von Benozzo Gozzoli, einem Schüler Fra' Angelicos. Das Bild *Zug der Heiligen Drei Könige nach Bethlehem* ist nur ein Vorwand, um die Mitglieder der Familie Medici im besten Licht zu porträtieren; Lorenzo il Magnifico und Cosimo il Vecchio sind unter den vielen Menschen zu entdecken. Nur zehn Besucher dürfen gleichzeitig in die Kapelle; sie dürfen sich maximal fünf Minuten dort aufhalten. Am besten ist es, vorher eine Zeit am Kartenschalter zu buchen.

Zentraler Markt MARKT

(Piazza del Mercato Centrale; ⏲Mo–Fr 7–14, Sa 7–17 Uhr) Der älteste und größte Lebensmittelmarkt von Florenz in einem Gebäude aus Eisen und Glas (19. Jh.) ist laut, verströmt verschiedenste Gerüche und ist vollgestopft mit wunderbar frischen Produkten, die man entweder gleich essen oder sich für eine leckere Mahlzeit mitnehmen kann.

SAN MARCO & UMGEBUNG

Dieser Teil der Stadt bietet weit mehr als seinen berühmtesten Bewohner, den *David*.

Galleria dell'Accademia KUNSTGALERIE

(Karte S. 509; ☎055 294 883; Via Ricasoli 60; Erw./erm. 6,50/3,25 €; ⏲Di–So 8.15–18.50 Uhr) In welchem der Säle Michelangelos *David* ausgestellt ist, weiß man gleich: dort, wo sich an der Tür die längste Schlange zieht. Zum Glück ist die berühmteste Statue der Welt die lange Warterei jedoch wert. Sie wurde aus einem Marmorblock skulptiert und zeigt einen nackten Krieger, der 1504 angeblich vor dem Palazzo Vecchio an der Piazza della Signoria auf einem Podest stand – ein Sinnbild der Macht, der Freiheit und des Bürgerstolzes der Florentiner.

San Marco (Florenz)

San Marco (Florenz)

Highlights
Galleria dell'Accademia C2

Sehenswertes
1 Chiesa della Santissima Annunziata D2
2 Chiesa di San Marco C1
3 Museo Archeologico D2
4 Museo dello Spedale degli Innocenti D2
5 Museo di San Marco C1

Aktivitäten, Kurse & Tourens
6 City Sightseeing Firenze A2

Schlafen
7 Hotel Morandi alla Crocetta D2
8 Ostello Archi Rossi A1
9 Sette Angeli Rooms B2

Eating
10 Carabé C2
11 La Mescita C2
12 Mercato Centrale B2
Nerbone .... (siehe 12)
13 Trattoria Mario B2

Ausgehen
14 Kitsch C1
15 The Clubhouse B2

In den angrenzenden Sälen hängen Gemälde von Andrea Orcagna, Taddeo Gaddi, Domenico Ghirlandaio, Filippino Lippi und Sandro Botticelli.

Museo di San Marco MUSEUM
(Karte S. 509; Piazza San Marco 1; Erw./erm. 4/2 €; ⌚Mo–Fr 8.15–13.50, Sa & So 8.15–16.50 Uhr; am 1., 3., 5. So sowie am 2. & 4. Mo eines Monats geschl.) Im Herzen des Universitätsviertels von Florenz stehen die **Chiesa di San Marco** und daneben das Dominikanerkloster aus dem 15. Jh., in dem der talentierte Maler Fra' Angelico (um 1395–1455) und der scharfzüngige Savonarola Gott dienten. Heute präsentiert das Kloster das Werk von Fra' Angelico. Das Museum ist einer der spirituell erhebendsten Orte der Stadt.

Der Eingang führt durch Michelozzos **Kreuzgang des hl. Antoninus** (1440). Dann geht es unmittelbar nach rechts in die **Sala dell'Ospizio** (Pilgerhospital), in der Fra' Angelicos Geschick für die Perspektive und eine realistische Darstellung der Natur in einer Reihe von Bildern, darunter die *Grablegung Christi* (1432), zu bewundern ist. Im 1. Stock zieht Fra' Angelicos berühmtestes Werk, *Die Verkündigung* (ca. 1450), aller Augen auf sich. Doch sollte darüber ein Bummel durch die Zellen der Mönche nicht versäumt werden, bei dem sich weitere Fresken des in der Toskana geborenen Klosterbruders finden. Sie entstanden 1440/41 und sollten den Mönchen bei der Meditation helfen. Die meisten malte Fra' Angelico selbst aus; bei anderen arbeiteten Schüler unter seiner Aufsicht, darunter auch Benozzo Gozzoli. Zu den Meisterwerken zählt die wundervolle *Anbetung der Heiligen Drei*

Könige in der Zelle, die Cosimo il Vecchio als Rückzugsort für die Meditation benutzte (Nr. 38 & 39). Einige der Fresken enthalten auch schauerliche Darstellungen – etwa das in der Zelle des San Antonino Arcivescovo, das Christus zeigt, als er, vom Tode auferstehend, die Tür seines Grabes öffnet und dabei einen scheußlich aussehenden Teufel zerquetscht.

Piazza della Santissima Annunziata PLATZ
(Karte S. 509) Giambolognas Reiterstatue des Großherzogs Ferdinando I de' Medici beherrscht die Szenerie in der Mitte des lebhaften Platzes, auf dem sich immer Unmengen Studenten tummeln. Gegenüber wurde die **Chiesa della Santissima Annunziata** 1250 von den Gründern des Servitenordens errichtet und von Michelozzo und anderen Baumeistern in der Mitte des 15. Jhs. umgebaut.

Das **Spedale degli Innocenti** (Hospital der Unschuldigen) wurde 1421 an der Südostseite der Piazza als erstes Waisenhaus in Europa gegründet. Brunelleschi entwarf den vom Klassizismus beeinflussten Portikus; Andrea della Robbia (1435–1525) schmückte ihn mit seinen Terrakotta-Medallions aus, die Babys in Windeln sehen lassen. Die mit Gitterstäben umgebene Scheintür am nördlichen Ende des Portikus war früher eine Drehtür, an der unerwünschte Kinder abgelegt werden konnten.

Innen präsentiert das **Museo dello Spedale degli Innocenti** (Karte S. 509; www.istitutodeglinnocenti.it; Piazza della Santissima Annunziata 12; Erw./erm. 5/4 €; ⏲10–19 Uhr) Arbeiten Florentiner Künstler, darunter Domenico Ghirlandaios bemerkenswertes Werk *Anbetung der Heilige Drei Könige* (1488), zwei herrlich heitere Holzskulpturen der *Madonna* und des *hl. Josef* von Marco della Robbia (um 1505) sowie eine *Madonna mit Kind und Engel* (1465–1466) von Botticelli. Weniger wertvoll, aber sicher nicht weniger herzergreifend sind die Vermerke auf der Kleidung der im Stich gelassenen Babys aus dem 19. Jh.; sie sollten eine Zusammenführung mit ihren Müttern ermöglichen.

Museo Archeologico
(Karte S. 509; Via della Colonna 38; Erw./erm. 4/2 €; ⏲Di–Fr 8.30–19 Uhr) Rund 200 m südöstlich der Piazza befindet sich dieses Museum mit einer reichen Sammlung an Exponaten. Dazu gehören auch die von den Medici gehorteten Antiquitäten, die den Betrachter weit zurück in die Vergangenheit zurückversetzen und einen interessanten Kontrapunkt zum Prunk der Renaissance setzen.

SANTA CROCE

Über den Hauptplatz wacht die massive Franziskanerbasilika, die – wie dieses eher ruppige Viertel – Santa Croce heißt.

Basilica di Santa Croce KIRCHE
(Karte S. 511; Piazza di Santa Croce; Erw./erm. inkl. Museo dell'Opera di Santa Croce 5/3 €, Audioguide 1/2 Pers. 5/7 €; ⏲Mo–Sa 9.30–17.30, So 13–17.30 Uhr) Als Lucy Honeychurch, die Heldin von E. M. Forsters Roman *Zimmer mit Aussicht,* in Santa Croce ohne einen Baedeker strandete, ergriff sie Bestürzung. Sie sah sich um und fragte sich, weshalb diese Basilika als derart bedeutendes Bauwerk galt. Sah sie nicht eher wie ein Schuppen aus („eine schwarz-weiße Fassade von erstaunlicher Hässlichkeit")? Wer heute die wuchtige Franziskanerkirche betritt, hat oft den gleichen Eindruck wie damals Lucy Honeychurch. Der karge Kirchenraum ist nach der herrlichen neugotischen Fassade irgendwie doch ein Schock.

Die meisten Besucher kommen, um die Grabmale berühmter Florentiner, die in dieser Kirche begraben sind (darunter Michelangelo, Galileo, Ghiberti und Machiavelli), zu sehen. Doch das eigentliche Highlight des Gotteshauses sind die Fresken von Giotto und seinen Schülern in den Kapellen rechts vom Altar. Einige sind deutlich besser erhalten als andere.

Von den Kapellen des Querschiffs führt ein von Michelozzo entworfenes Portal in einen Korridor, an dem die **Sagrestia** liegt, ein herrlicher Raum des 14. Jhs., dessen linke Seite von Taddeo Gaddis Fresko mit der Darstellung der Kreuzigung bestimmt wird. Es gibt hier auch einige Reliquien des hl. Franziskus, wie seine Kutte und seinen Gürtel. Durch den nächsten Raum, die Buchhandlung der Kirche, besteht Zugang zur **Scuola del Cuoio**, einer Schule für Lederverarbeitung mit Laden.

Den zweiten der beschaulichen **Kreuzgänge** von Santa Croce entwarf Brunelleschi kurz vor seinem Tod 1446. Seine unvollendete **Cappella de' Pazzi** am Ende des ersten Kreuzgangs lohnt einen Besuch wegen der harmonischen Linien und der Terrakotta-Medaillons mit den Aposteln von Luca della Robbia. Diese Kapelle ist ein absolutes Meisterwerk der Renaissance-Baukunst.

Das **Museo dell'Opera di Santa Croce** beim ersten Kreuzgang präsentiert eine

Santa Croce (Florenz)

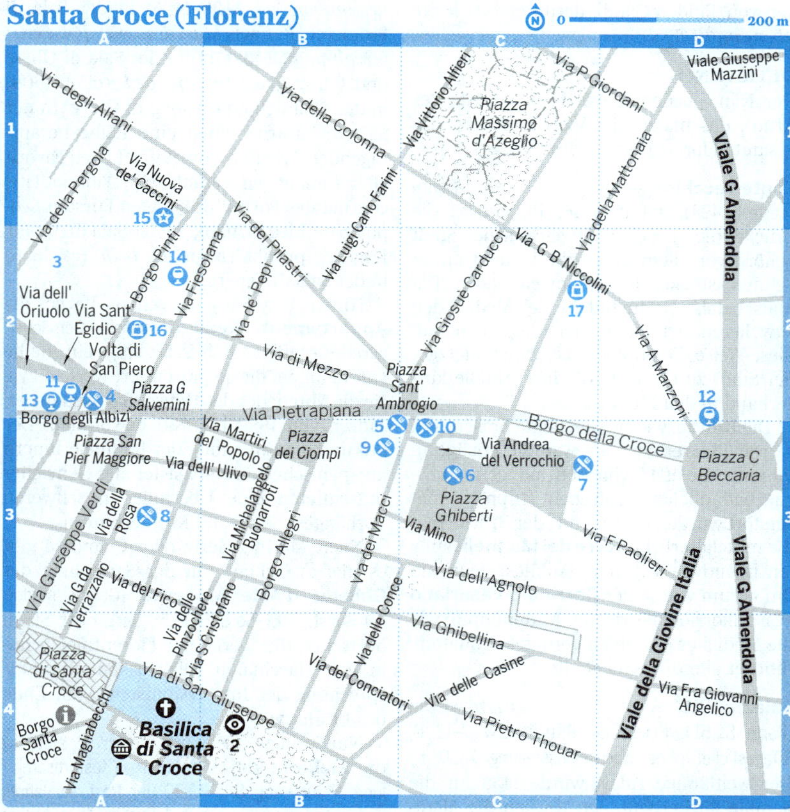

Santa Croce (Florenz)

Highlights
Basilica di Santa Croce A4

Sehenswerts
1 Museo dell'Opera di Santa Croce A4
2 Scuola del Cuoio B4

Aktivitäten, Kurse & Touren
3 Florence for Fun................................. A2

Essen
4 Antico Noé A2
5 Il Pizzaiuolo B3
6 Mercato di Sant'Ambrogio C3
7 Pin Gusto... C3
8 Pizzaman A3
Pollini.. (siehe 10)
9 Teatro del Sale.................................... B3
10 Trattoria Cibrèo C3

Ausgehen
11 Eby's Bar A2
12 Kitsch D2
13 Lion's Fountain A2
14 Rex Caffè A2

Unterhaltung
15 Jazz Club A1

Shoppen
16 Mrs Macis A2
17 Société Anonyme C2

Kreuzigung von Cimabue, eine wunderschöne Terrakotta-Büste des hl. Franziskus, der die Wundmale empfängt, – ein Werk der della-Robbia-Werkstatt – sowie Fresken von Taddeo Gaddi, darunter *Das letzte Abendmahl* (1333).

OLTRARNO

Der Name bedeutet wörtlich „jenseits des Arno"; das malerische Viertel umfasst das gesamte Florenz südlich des Flusses.

Ponte Vecchio WAHRZEICHEN

(Karte S. 498) Seit dem 16. Jh. glitzert die Brücke, die zu den Wahrzeichen der Stadt gehört, vor allem durch die Unmengen an Schmuckstücken in den Juwelierläden. Damals befahl Ferdinando I de' Medici den Juwelieren, sich hier niederzulassen und auf diese Weise die oft übel riechenden Metzger der Stadt zu ersetzen, die ihre Abfälle kurzerhand in den Fluss warfen.

Die Brücke, wie sie sich heute präsentiert, wurde 1345 erbaut. Sie war die einzige in Florenz, die 1944 von den auf dem Rückzug befindlichen deutschen Truppen nicht zerstört wurde. Am Südende der Brücke ragt die mittelalterliche **Torre dei Mannelli** auf – ein irgendwie seltsamer Anblick, denn um ihn herum wurde der **Corridoio Vasariano** (Vasarikorridor) errichtet. Mittendurch, wie die Medici es eigentlich gern gehabt hätten, führt er allerdings nicht.

Palazzo Pitti PALAZZO, MUSEUM

(Karte S. 514; Piazza de' Pitti 1; Erw. 7–12 €, 3-Tagesticket ohne Wechselausstellung 11,50 €) Der weitläufige Palast wurde 1458 für die Familie Pitti erbaut, den Rivalen der Medici. Cosimo I und Eleonora di Toledo erwarben ihn 1549; von da an blieb er das offizielle Domizil der Florentiner Herrscher, bis 1919 die Savoyer das Gebäude dem Staat vermachten.

Das **Museo degli Argenti** (Silbermuseum ⌚Juni–Aug. 8.15–19.30 Uhr, restl. Jahr weniger lang, am 1. & letzten Mo eines Monats geschl.) im Erdgeschoss präsentiert Wechselausstellungen in seinen mit kunstvollen Fresken geschmückten Empfangsräumen.

Werke von Raffael und Rubens, Teile der beneidenswerten, kostbaren Sammlung von Kunst des 16. bis 18. Jhs., die von den Medici und den Herzögen von Lothringen zusammengetragen wurde, stehen im Mittelpunkt im 1. Stock der **Galleria Palatina** (⌚Di–So 8.15–18.50 Uhr).

Zu den Höhepunkten der Ausstellung zählen Filippo Lippis *Tondo Bartolini* (*Madonna und Kind mit Szenen aus dem Leben der hl. Anna;* 1452–1453) und Botticellis *Madonna mit Kind und dem Johannesknaben* (ca. 1490–1495) in der Sala di Prometeo, Raffaels *Madonna mit dem Fensterrahmen* (1513–1514) in der Sala di Ulisse und Caravaggios *Schlafender Amor* (1608) in der Sala dell'Educazione di Giove. In der Sala di Saturno hängt eine Reihe herausragender Arbeiten von Raffael. Der Favorit aller romantisch Veranlagten, Tiberio Titis charmantes Porträt des jungen Fürsten Leopoldo de' Medici, hängt in der Sala di Apollo. Dagegen prunkt Tizians *La Bella* (ca. 1536) in der Sala di Venere.

Hinter der Sala di Venere liegen die **Appartamenti Reali** (Königliche Gemächer; ⌚Feb.–Dez. Di–So 8.15–18.50 Uhr), ein Reihe von Räumen, die so präsentiert werden, wie sie die Mitglieder des Hauses Savoyen in den Jahren von 1880 bis 1891 bewohnten. Der Stil und die Einteilung der Räume erinnern an spanische Königspaläste; alle Gemächer präsentieren eine Überfülle an schweren Vorhängen, Seide und Kronleuchtern.

Nicht Marini, Mertz oder Clemente gibt es hier zu sehen – in der Sammlung der **Galleria d'Arte Moderna** (Galerie moderner Kunst; ⌚Di–So 8.15–18.50 Uhr) im 2. Stock herrschen die Werke der Florentiner Schule der Macchiaioli (die toskanische Entsprechung der Impressionisten) vom Ende des 19. Jhs. vor.

Nur wenige Besucher verirren sich in die **Galleria del Costume** (Kostümsammlung; ⌚Juni–Aug. 8.15–19.30 Uhr, Rest des Jahres verkürzte Öffnungszeiten, 1. & letzter Mo im Monat geschl.) und verpassen deshalb die absolut faszinierende, wenn auch etwas morbide Ausstellung der Begräbniskleidung von Cosimo I, seiner Frau Eleonora di Toledo und ihrem Sohn Don Garzia.

GRATIS Giardino di Boboli PALAZZO, GARTEN

(Piazza Pitti; ⌚8.15 Uhr bis Sonnenuntergang) Der ausgedehnte Garten, der zum Palazzo Pitti gehört, entstand in der Mitte des 16. Jhs. nach Entwürfen des Architekten Niccolò Pericoli, genannt Il Tribolo.

Boboli ist ein ausgezeichnetes Beispiel für einen formalen toskanischen Garten, und es macht Spaß, darin auf Entdeckungsreise zu gehen: ein Bummel entlang der **Zypressenallee**, ein Spaziergang auf den Spuren galanter Herrschaften im eingefriedeten **Giardino del Cavaliere** (Rittergarten), ein wahrer Tanz um die rund 170 Statuen, eine Meditation am **Isoletto**, einem schönen, verzierten Teich, Vogelbeobachtung im Garten längs des gekennzeichneten **Natur-**

lehrpfades, Beobachtung der *Venere* (Venus) von Giambologna, wie sie sich aus den Wellen der **Grotta del Buontalenti** erhebt.

Am oberen (südlichen) Rand der Gärten bietet sich ein fantastischer Blick über den Palastkomplex. Hinter dem von Buchsbäumen gesäumten **Rosengarten** dehnt sich die Landschaft von Florenz aus, und das **Museo delle Porcellane** (Porzellanmuseum) erscheint im Blickfeld. Das Museum zeigt eine Fülle von Gegenständen aus Porzellan aus Sèvres, Vincennes, Meissen, Wedgwood und anderen Manufakturen. Die meisten der gezeigten Stücke wurden einst von den reichen Bewohnern des Palazzo Pitti gesammelt.

Giardino di Bardini GARTEN

(Karte S. 514; www.bardinipeyron.it; Eingänge in der Via de' Bardi 1r & Costa San Giorgio 2; Erw./erm. inkl. Museo delle Porcellane 10/5 €; ⌚8.15 Uhr bis Sonnenuntergang) Der wenig bekannte Giardino di Bardini ist nach dem Kunstsammler Stefano Bardini (1836–1922) benannt, der die Villa 1913 erwarb. Die Anlage ist kleiner und gepflegter als der Boboli-Garten und kann mit allen Merkmalen aufwarten, die einen toskanischen Garten ausmachen: künstliche Grotten, eine Orangerie, Marmorstatuen, Brunnen, eine Loggia, ein Amphitheater sowie eine monumentale Barocktreppe, die zu den herrlichen Terrassengärten hinaufführt – und das alles ohne Besuchermassen! Besonders vergnüglich gestaltet sich ein Spaziergang hier im Frühling, wenn Azaleen, Peonien, Wisterien (April und Mai) und Lilien (Juni) blühen. Die idyllische **Café-Terrasse** in einer Steinloggia mit großartigem Blick auf die Skyline von Florenz bietet sich zur Mittagszeit für ein *panino* oder ein Eis bzw. am Nachmittag für einen Kaffee an. In der Villa zeigt das **Museo Bardini** (www.bardinipeyron.it, auf Ita-

DER VASARIKORRIDOR

Es lohnt sich, an der Ostseite des Ponte Vecchio seinen Blick von den Juweliergeschäften nach oben schweifen zu lassen, denn dann sieht man den berüchtigten, mysteriösen **Corridoio Vasariano** (Vasarikorridor; Karte S. 514), einen erhöhten, überdachten Gang, der den Palazzo Vecchio an der Piazza della Signoria mit den Uffizien und dem Palazzo Pitti auf der anderen Seite des Flusses verbindet – bei Sonnenuntergang ein besonders dramatischer Anblick. Der Gang ist etwa 1 km lang und wurde 1565 von Vasari für Cosimo I entworfen, damit die Medici sowie hohe Würdenträger des Hofs sich ungesehen und bequem zwischen den beiden Palästen bewegen konnten. Vom 17. Jh. an ließen die Medici hier viele Selbstporträts aufhängen – eine Sammlung von rund 700 Kunstwerken, zu denen Selbstporträts von Andrea del Sarto (das älteste), Rubens, Rembrandt, Canova und anderen Meistern gehörten.

Der Originalentwurf der Brücke sah winzige Fenster zum Fluss sowie runde Öffnungen zur Straße hin vor; sie sollten die Sicherheit der Benutzer gewährleisten. Doch als Hitler 1941 Florenz besuchte, hatte sein Kumpane, der Diktator Benito Mussolini, große neue Fenster in die Mauern des Korridors auf dem Ponte Vecchio brechen lassen, damit sein Gast den weiten Blick über den Arno genießen konnte.

Auf der Seite von Oltrarno führte der Korridor an der **Chiesa di Santa Felicità** (Karte S. 514; Piazza di Santa Felicità; Eintritt frei; ⌚Mo–Sa 9.30–12 & 13.30–17.30 Uhr) vorbei; die Medici kamen so in den Genuss einer Privatloge in der Kirche und konnten an der Messe teilnehmen, ohne sich unters Volk mischen zu müssen.

Der Vasarikorridor steht heute nur noch privilegierten Besuchern zur Besichtigung offen – siehe S. 513. Dort steht auch, an welcher Stelle in den Uffizien oder anderswo man einen Blick auf ihn werfen kann. Wer den Vasarikorridor genauer in Augenschein nehmen möchte, muss sich einer Führung anschließen, an der maximal fünf Personen teilnehmen dürfen (nur auf Italienisch). **Firenze Musei** (S. 513; 15 € inkl. Uffizien Eintritt & Buchungsgebühr) bieten sie gelegentlich an. Besagte Führungen werden auf der Website der Uffizien (www.uffizi.firenze.it) rechtzeitig angekündigt. Eine andere Möglichkeit ist, sich einer Führung (auf Englisch) von **Florence Town** (☎055 012 39 94; www.florencetown.com; Via de' Lamberti 1; Erw./Kind 6–12 Jahre inkl. Uffizien Eintritt 89/45 €; ⌚2- bis 3-mal wöchentl.) anzuschließen, bei der 15 Personen zugelassen sind. In beiden Fällen empfiehlt sich eine frühzeitige Buchung.

Oltrarno & Boboli (Florenz)

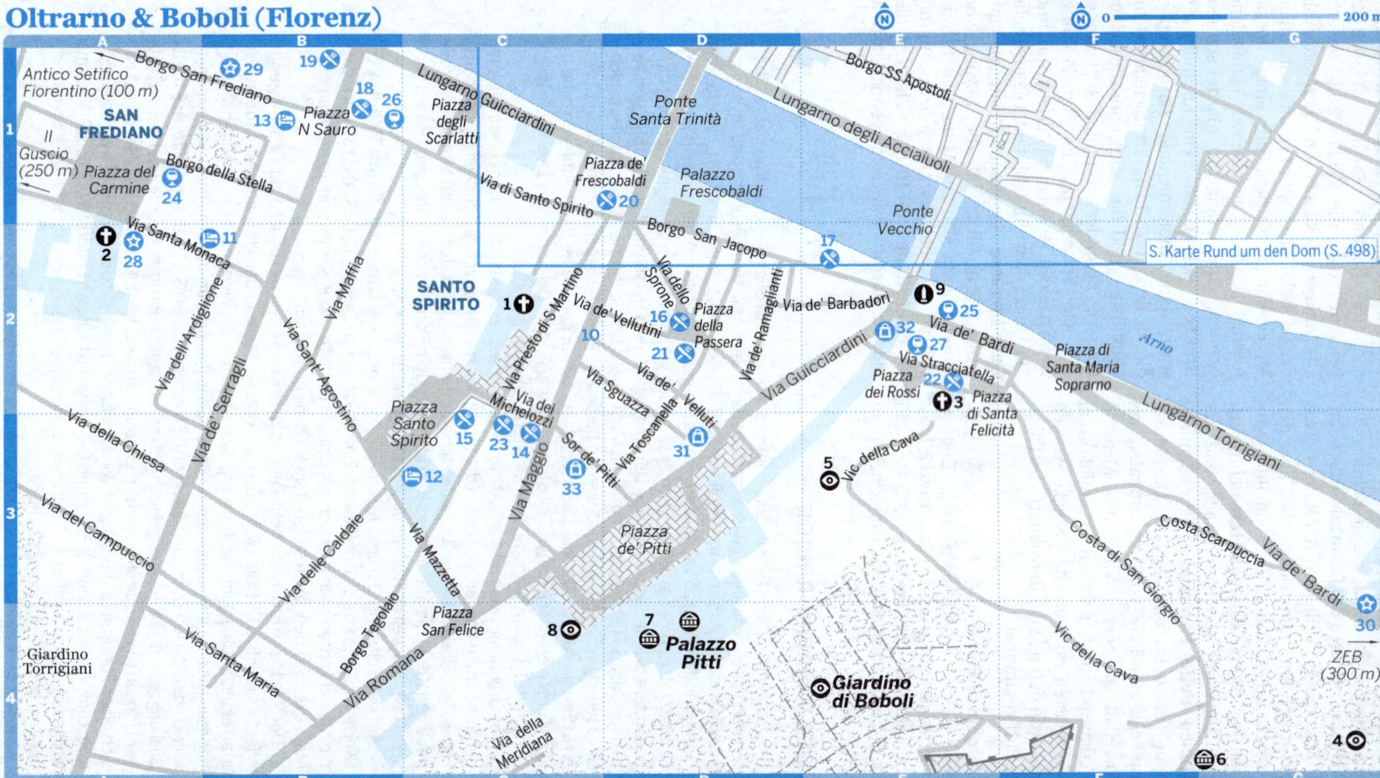

Oltrarno & Boboli (Florenz)

Highlights

	Giardino di Boboli	E4
	Palazzo Pitti	D4

Sehenswertes

	Appartamenti Reali	(siehe 7)
1	Basilica di Santo Spirito	C2
2	Cappella Brancacci	A2
3	Chiesa di Santa Felicità	E2
	Galleria d'Arte Moderna	(siehe 7)
	Galleria del Costume	(siehe 7)
	Galleria Palatina	(siehe 7)
4	Giardino di Bardini	G4
5	Grotta del Buontalenti	E3
6	Museo Bardini	G4
7	Museo degli Argenti	D4
8	Palazzo Pitti Ticketschalter & Firenze Musei	C4
9	Torre dei Mannelli	E2

Aktivitäten, Kurse & Touren

10	In Tavola	C2

Schlafen

11	Ostello Santa Monaca	B2
12	Palazzo Guadagni Hotel	C3
13	Palazzo Magnani Feroni	B1

Essen

14	Gustapizza	C3
15	Gustpanino	C3
16	Il Magazzino	D2
17	Il Ristoro	E2
18	Il Santo Bevitore	B1
19	La Carraia	B1
20	Olio & Convivium	D1
21	Trattoria 4 Leoni	D2
22	Trattoria Bordino	E2
23	Trattoria La Casalingua	C3

Ausgehen

24	Dolce Vita	A1
25	Golden View Open Bar	E2
26	Il Santino	B1
27	Le Volpi e l'Uva	E2

Unterhaltung

28	Cavalli Club	A2
29	La Cité	B1
30	Montecarla Club	G4

Shoppen

31	Guilo Giannini & Figlio	D3
32	Madova	E2
33	Slow	C3

lienisch; Erw./erm. 6/4 €; ⌚April–Sept. Mi–So 10–18 Uhr, Okt.–März Mi–Fr 10–16, Sa & So 10–18 Uhr) eine Sammlung mit Haute Couture des italienischen Modeschöpfers Roberto Capucci, der für seine extravaganten Kreationen bekannt ist, sowie verschiedene Wechselausstellungen.

Piazzale Michelangelo AUSSICHTSPUNKT

Am besten kehrt man dem Wust von Andenkenläden mit irgendwelchem Krimskrams und David-Boxershorts den Rücken, und genießt stattdessen vom weitläufigen Platz – mit einer der beiden *David*-Kopien in Florenz – das imposante Stadtpanorama. Der Blick reicht über das Stadtzentrum mit Dom und Ponte Vecchio bis nach Fiesole. Der Sonnenuntergang ist hier oft wirklich dramatisch. Wie man dorthin kommt? Zu Fuß läuft man etwa zehn Minuten auf einer Serpentinenstraße, auf Pfaden und über mehereren Treppen vom Fluss und der Piazza Giuseppe Poggi zur Anhöhe hinauf. Von der Piazza San Nicolò marschiert man bergauf und nimmt dann links die Treppe, die mit „Viale Michelangelo" ausgeschildert ist. Von der Stazione di Santa Maria Novella fährt der Bus 13 dorthin.

Chiesa di San Miniato al Monte KIRCHE, AUSSICHTSPUNKT

(Via Monte alle Croce; ⌚Mai–Okt. 8–19 Uhr, Nov.–April 8–12 & 15–18 Uhr) Der Grund, weshalb man die Anstrengung auf sich nehmen und zur Piazzale Michelangelo hinaufgehen sollte, liegt eigentlich noch fünf Minuten weiter oben: eine schöne romanische Kirche. Die Chiesa di San Miniato ist dem hl. Minius geweiht, einem frühchristlichen Märtyrer aus Florenz, der hier heraufgeflogen sein soll, nachdem man ihn in der Stadt zum Tode verurteilt hatte. Es gibt jedoch noch eine andere, etwas gruseligere Version dieser Legende: Er soll mit dem Kopf unter dem Arm den Hügel hinaufmarschiert sein.

Das Gotteshaus stammt aus dem frühen 11. Jh., wobei die typisch toskanische Fassade aus mehrfarbigem Marmor erst ein paar Jahrhunderte später hinzugefügt wurde. Im Innern zieren Fresken aus dem 13. bis 15. Jh. die Südwand, und das Kirchenschiff ist von aufwendigen Marmorintarsien gesäumt.

Vom Kirchenschiff geht es in eine schöne romanische Krypta. Die **Sakristei** in der südöstlichen Ecke ist mit Fresken geschmückt, die das Leben des hl. Benedikt darstellen, ein Werk des spätgotischen Malers Spinello Arentino. Mitten im Hauptschiff befindet sich die **Cappella del Crocefisso**, die dank der Arbeit von Michelozzo, Agnolo Gaddi und Luca della Robbia zu einem echten Schmuckstück wurde.

Cappella Brancacci KIRCHE

(Karte S. 514; Piazza del Carmine; ☎Vorreservierungen 055 276 82 24; Eintritt 4 €, Mi–Fr & Sa 10–17, So 13–17 Uhr) Die **Basilica di Santa Maria del Carmine** aus dem 13. Jh. fiel Ende des 18. Jhs. fast komplett einer Feuersbrunst zum Opfer, zum Glück blieben die herrlichen Fresken in der Kapelle immerhin unbeschädigt.

Der Eingang befindet sich am Platz neben der Basilika. Die leuchtend bunten Fresken von Masaccio gelten als das sicherlich beste Werk des Malers und übten einen enormen Einfluss auf die Kunst im Florenz des 15. Jhs. aus. Masaccio schuf die Fresken als rund Zwanzigjähriger, unterbrach seine Arbeit jedoch, um nach Rom zu gehen, wo er im Alter von nur 28 Jahren verstarb. Filippino Lippi vollendete den Zyklus dann etwa 60 Jahre später. Von Masaccio stammen *Die Vertreibung aus dem Paradies* und *Der Zinsgroschen* an der oberen linken Wand der Kapelle.

Die Kapelle kann ausschließlich im Rahmen einer Führung besichtigt werden, die im Voraus gebucht werden muss.

Basilica di Santo Spirito KIRCHE

(Karte S. 514; Piazza Santo Spirito; ⏲Do–Di 9.30–12.30 & 16–17.30 Uhr) Die Kirche, eine der letzten Auftragsarbeiten Brunelleschis, ist ein wunderbar konzipiertes Gebäude mit einer Kolonnade aus 35 Säulen und diversen halbrunden Kapellen. Zu den Kunstwerken gehören die schlecht beleuchtete *Madonna und die Heiligen* (1493–1494) von Filippo Lippi in der Cappella Nerli im rechten Querschiff.

Am besten lässt man sich von einem Aufseher die **Sakristei** zeigen; das Holzkruzifix dort schreiben manche Kunsthistoriker Michelangelo zu.

Kurse

Florenz hat Unmengen Schulen, die Kurse in italienischer Sprache, Kultur und Kochkunst anbieten.

Scuola del Cuoio LEDERARBEITEN

(Karte S. 511; ☎055 24 45 34; www.scuoladel cuoio.com; Via San Giuseppe 5r) Die Schule, die nach dem Zweiten Weltkrieg von Franziskanermönchen ins Leben gerufen wurde, veranstaltet Kurse für Lederverarbeitung.

In Tavola KOCHEN

(Karte S. 514; ☎055 21 76 72; www.intavola.org; Via deiVelluti 18r) Interessenten haben die Qual der Wahl unter Dutzenden von gut konzipierten Kursen für Anfänger und Profis: Pizza und Eis, Pasta und einfache toskanische Gerichte stehen hier auf dem Speisezettel. Die Kochschule befindet sich nur wenige Minuten vom Ponte Vecchio entfernt.

Food & Wine Academy KOCHEN

(Karte S. 498; ☎055 012 39 94; www.florence cookingclasses.com; Via de' Lamberti 1; Tageskurs inkl. Mittagessen 79 €) Es macht Spaß, mit dem charismatischen Boss Giovanni auf dem Markt einkaufen zu gehen, dann aus den Lebensmitteln ein Essen zu zaubern und anschließend alles gemeinsam zu verspeisen.

La Cucina del Garga KOCHEN

(Karte S. 498; ☎055 21 13 96; www.divinacucina.com; Via del Moro 48r; Tageskurs inkl. Mittagessen 155 €) Die Teilnehmer können mit der in Amerika geborenen Sharon Oddson die Geheimnisse der Florentiner Trattoria-Küche ergründen.

Florence for Fun KOCHEN

(Karte S. 511; ☎055 247 66 05; www.florence forfun.org; Via della Pergola 10Ar) Hier werden klassische Kochkurse angeboten; die Teilnehmer lernen auch, wie man Pizza, Eis und Sorbet zubereitet.

Geführte Touren

Auto

LP TIPP **500 Touring Club** OLDTIMER

(Karte S. 498; ☎334 996 5836; www.500touring club.com; Via Vinegia 23r) Wer Extravagantes schätzt, kann sich in einem der 500 Touring Clubs in Florenz zu einem geführten Ausflug mit dem Oldtimer anmelden – man darf sich sogar selbst hinters Steuer setzen! Jedes Auto dieses grandiosen Fuhrparks mit nostalgischen Fiats 500 aus den 1960er-Jahren hat einen anderen Namen: Giacomo ist der Playboy, Sergio der aufgemotzte König, Anna das Mädchen mit Stil usw. Die Autoausflüge finden unter der Leitung eines Führers statt und haben jeweils ein

Motto. Die Teilnehmer wählen ihren Wunschwagen und fahren hinter dem Führer her. Für Familien mit Kindern ist der Picknickausflug toll, für Pärchen die Weinverkostung. Von März bis November müssen die Nostalgietouren allerdings lang im Voraus gebucht werden.

Bus

CAF Tours — BUS

(Karte S. 498; ☎055 21 06 12; www.caftours.com; Via Sant'Antonino 6r) Zur Auswahl stehen halb- und ganztägige Stadtrundfahrten (45–190 €), darunter auch Ausflüge zum Einkaufen in ausgewählten Designer-Outlets (35 €, 6 Std.).

City Sightseeing Firenze — BUS

(Karte S. 509; ☎055 29 04 51; www.firenze.city-sightseeing.it; Piazza Stazione 1; Tickets inkl. Audioguide Erw./Kind 5–15 Jahre 22/11 €) Es macht Spaß, Florenz im oben offenen, roten Sightseeingbus zu erkunden. Er hält an 15 Haltestellen, man kann nach Lust und Laune ein- und aussteigen. Fahrkarten verkauft der Busfahrer, sie sind 24 Stunden gültig.

Fahrrad

I Bike Florence — FAHRRAD

(☎055 012 39 94; www.ibikeflorence.com; Via de' Lamberti 1) Zur Auswahl stehen Stadtführungen mit dem Rad durch die Geschichte von Florenz (29 €, 2 Std.) oder auch Ganztagesausflüge ins Chianti-Gebiet (80 €, inkl. Mittagessen und Weinverkostung).

Tuscany Bike Tours — FAHRRAD

(☎055 386 04 95; www.tuscany-biketours.com; Via Ghibellina 34r) Tagestouren mit dem Fahrrad ins Chianti-Gebiet (23 km) mit Mittagessen, Burgbesichtigung sowie Wein- und Ölverkostung (75 €); der Transfer ins Chianti erfolgt mit einem Minibus.

Spaziergänge & Ausflüge

ArtViva — STADTSPAZIERGANG

(Karte S. 498; ☎055 264 50 33, 329 6132730; www.italy.artviva.com; Via de' Sassetti 1) Ausgewiesene Kunsthistoriker und Historiker leiten die dreistündigen Stadtspaziergänge (25–39 €). Es gibt u. a. eine Führung durch die Uffizien, eine „David-Tour" sowie einen kriminalistisch-spannenden Abendspaziergang (Murder Mystery Tour).

ArtViva bietet auch Ausflüge ins Chianti (Weinverkostung) und zu einer Renaissancevilla in der Umgebung von Florenz (inkl. Mittagessen und Schwimmen) an.

Faith Willinger – Unterricht & Touren — STADTSPAZIERGANG

(www.faithwillinger.com) Faith Willinger, eine in Amerika geborene Kochbuchautorin, die Florenz zu ihrer neuen Heimat erkoren hat, organisiert Spaziergänge für Freunde kulinarischer Genüsse.

Es geht auf den Markt, zum Eisessen etc. Faith veranstaltet Kochkurse, Treffen unter dem Motto „Vom Markt auf den Tisch", Verkostungen, Kochdemonstrationen und kulinarische Ausflüge, z. B: nach Panzano in Chianti.

Accidental Tourist — AUSFLÜGE

(☎055 69 93 76; www.accidentaltourist.com) Am besten wird man Mitglied bei Accidental Tourist (Mitgliedschaft 10 €) und meldet sich für eine Weintour (50 €), den Kochunterricht (60 €), ein Picknick (70 €) und andere Aktivitäten an; die angebotenen Ausflüge finden in die Umgebung von Florenz statt.

Freya's Florence — STADTSPAZIERGANG

(☎349 0748907; www.freyasflorence.com; Std. 60 €) Die private Stadtführerin stammt aus Australien und hat sich seit geraumer Zeit in Florenz etabliert. Zum Preis für die Führungen kommt die noch Eintrittsgebühr hinzu.

Feste & Events

Festa di Anna Maria Medici — HISTORISCHER EVENT

Im Mittelpunkt steht der Todestag von Anna Maria Medici im Jahr 1743, sie war die letzte Medici. Ein Umzug in historischen Trachten führt vom Palazzo Vecchio zu ihrem Grab in den Cappelle Medicee (am 18. Feb.).

Scoppio del Carro — OSTERN

Am Ostersonntag um 11 Uhr findet vor dem Dom ein großes Feuerwerk statt, das auf einem historischen Karren entzündet wird. Nur wer mindestens zwei Stunden vorher eintrifft, bekommt einen halbwegs brauchbaren Platz.

Maggio Musicale Fiorentino — KUNST

(www.maggiofiorentino.com) Das älteste Kunstfestival Italiens dauert mehrere Monate (April–Juni) und findet im Teatro del Maggio Musicale Fiorentino (S. 516) in Florenz statt. Auf dem Programm stehen Theateraufführungen von Weltrang, klassische Musik, Jazz und Tanz.

Festa di San Giovanni RELIGIÖS
Die Stadt Florenz ehrt seinen Schutzpatron, den hl. Johannes, mit einem *calcio storico,* einer Art historischem Fußballspiel, sowie mit einem Feuerwerk an der Piazzale Michelangelo (24. Juni).

Sant'Ambrogio Summer Festival KUNST
(www.firenzejazz.it) Die Straßen zwischen dem Borgo La Croce und der Piazza Beccaria verwandeln sich abends in eine Bühne, auf der Tanzvorführungen, Jazz und Theater gezeigt werden (Juni–Juli).

Jazz & Co MUSIK
(www.santissima.it) In lauen Sommernächten steht die Piazza della Santissima Annunziata voller Tische, an denen Leute sitzen, die ihren *aperitivo* oder ihr Abendessen mit internationalem Slow Food genießen, während Jazzmusiker aus Italien und Übersee ihre Künste darbieten (Ende Juni–Sept.).

Festival Firenze Classica MUSIK
(www.orcafi.it) Im Juli gibt das überaus renommierte Florentiner Orchestra da Camera Toscana Konzerte mit klassischer Musik, die im stimmungsvollen Ambiente des Oratorio di San Michele a Castello sowie im Palazzo Strozzi stattfinden.

Festa delle Rificolone RELIGIÖS
Während des „Festivals der Papierlaternen" tragen Kinder, begleitet von Trommlern, *sbandieratori* (Fahnenwerfern), Musikern und Teilnehmern in mittelalterlichen Trachten, Laternen von der Piazza di Santa Croce zur Piazza della Santissima Annunziata, um den Geburtstag der Jungfrau Maria zu feiern (7. Sept.)

Schlafen

Die Stadt bietet Hunderte von Hotels und einige hervorragende Hostels und hat eine blühende B&B-Szene. Die unten aufgeführten Quartiere zeichnen sich alle durch ihr gutes Preis-Leistungs-Verhältnis aus.

Dass die vielen Hotels und Boutique-B&Bs einander Konkurrenz machen, ist für den Reisenden natürlich von Vorteil. Besonders im Winter sind in allen Preissegmenten Schnäppchen erhältlich; dann kostet ein Doppelzimmer mittlerer Preislage in einem wunderschönen *palazzo* aus dem 16. Jh. gerade einmal schlappe 45 €.

Die Touristeninformationen empfehlen keine Unterkünfte und nehmen auch keine Reservierungen vor, verfügen jedoch über Listen mit freien Zimmern.

PIAZZA DEL DUOMO & PIAZZA DELLA SIGNORIA

Kaum zu glauben, dass es in einer derart zentralen Gegend von Florenz so hervorragende und dazu noch günstige Unterkünfte gibt. Falls das Hotel, in dem man wohnt, keinen Internetanschluss hat, dann liegt der Palazzo Strozzi mit seinem total hippen Innenhof bloß eine Minute entfernt – er bietet kostenloses WLAN.

LP TIPP **Hotel Scoti** HOTEL €
(Karte S. 498; ☎055 29 21 28; www.hotelscoti.com; Via de' Tornabuoni 7; EZ 29–75 €, DZ 45–125 €, 3BZ 75–150 €, 4BZ 85–175 €;) Die *pensione* zwischen Prada und McQueen ist eine tolle Mischung aus altmodischem Charme und gutem Preis-Leistungs-Verhältnis. Die Australierin Doreen und der Italiener Carmello führen das Hotel mit großer Gelassenheit und einem Lächeln auf den Lippen. Das Hotel findet man in einem *palazzo* aus dem 16. Jh. an der elegantesten Einkaufsstraße von Florenz. Die 16 Zimmer sind sauber und gemütlich, aber die Hauptattraktion ist wohl doch das Wohnzimmer mit tollen Fresken (1780). Das Frühstück kostet 5 €.

Hotel Cestelli BOUTIQUEHOTEL €
(Karte S. 498; ☎055 21 42 13; www.hotelcestelli.com; Borgo SS Apostoli 25; EZ ohne Bad 40–60 €, DZ 50–100 €; ⊙Jan.–Feb. 4 Wochen & im Aug. 3 Wochen geschl.) Das nur einen Sprung vom Arno und der schicken Via de' Tornabuoni entfernte Hotel mit acht Zimmern ist ein wahres Schmuckkästchen. Die großen, ruhigen Zimmer zeugen von Understatement, sie bieten ein Waschbecken mit Seidenparavent, nostalgische Kunstwerke und die originalen alten Holzfensterläden. Bevor man zur Stadtbesichtigung aufbricht, sollte man den italienischen Fotografen Alessio und seine japanische Frau Asumi noch nach den angesagten Adressen in Sachen Essen, Ausgehen und Shoppen fragen. Ein Frühstück wird nicht angeboten.

Hotel Torre Guelfa HOTEL €€
(Karte S. 498; ☎055 239 63 38; www.hoteltoreguelfa.com; Borgo SS Apostoli 8; DZ 70–170 €, 3BZ 130–210 €;) Wer sich in einem echten Florentiner *palazzo* einmieten möchte, ohne das Budget zu sehr überzustrapazieren, ist in diesem Hotel im Stil einer Burg mit 31 Zimmern genau an der richtigen Adresse. Es ist schon etwas Besonderes, den 50 m hohen Turm zu besteigen – die höchste *torre* in Privatbesitz –, um mit Blick über

Florenz einen Sundowner zu trinken. Einige der geräumigen Zimmer mit hohen Decken und etwas verblichenen Stilmöbeln bieten ebenfalls diese fantastische Aussicht.

Hotel Dalí HOTEL €
(Karte S. 498; ☎055 234 07 06; www.hotel dali.com; Via dell'Oriuolo 17; EZ/DZ 40/85 €, DZ ohne Bad 70 €, Apt. 2/4/6 Pers. 90/140/200 €; P@📶👪) Das unglaublich freundliche Hotel mit zehn geräumigen Zimmern ist schon seit ewigen Zeiten der Hit. Marco und Samanta – ehemals Weltreisende, nun jedoch Eltern –, schmeißen den Laden mit ungebrochenem Elan („Ein Hotel zu führen ist wie eine Reise, nur fortbewegen tut man sich nicht.") Im Dalí ist jedes Zimmer mit einem Wasserkocher bestückt, die Bäder sind neu, es steht allen Gästen eine Mikrowelle zur Verfügung. Dazu kommen drei hübsche Apartments für Selbstversorger – eines davon sogar mit Blick auf den Dom. Zwei, vier oder sechs Personen können darin übernachten. Frühstück gibt es keines, aber im begrünten Innenhof darf dafür das Auto kostenlos geparkt werden. In der Nebensaison fallen die Preise um 20 %.

Hotel Orchidea HOTEL €
(Karte S. 498; ☎055 248 03 46; www.hotel orchideaflorence.it; Borgo degli Albizi 11; EZ 30–55 €, DZ 50–75 €, 3BZ 65–90 €, 4BZ 75–110 €, alle ohne Bad) Diese altmodische *pensione* in einem herrschaftlichen Anwesen, in dem im 13. Jh. die Familie Donati wohnte, ist ausgesprochen hübsch. Hier soll Dantes Frau Gemma im Turm zur Welt gekommen sein. Die sieben Zimmer mit Waschbecken und Gemeinschaftsbad sind einfach gehalten, doch der Blick auf den herrlichen Garten mit alter Steinterrasse kriegt fünf Sterne. Viele Gäste kommen immer wieder, um die 100 Jahre alte Wisteria blühen zu sehen (Mai–Juni). Frühstück gibt es keines, dafür können sich die Gäste aber kostenlos selbst Kaffee oder Tee zubereiten.

Hotel Davanzati HOTEL €€
(Karte S. 498; ☎055 286 666; www.hoteldavan zati.it; Via Porta Rossa 5; EZ 72–122 €, DZ 122–189 €, 4BZ 222–342 €; ❄@📶👪) Von den 16 Stufen, die zu diesem Hotel im 1. Stock hinaufführen, sollte sich niemand abschrecken lassen. Das Davanzati lehnt sich an den Palazzo Davanzati an und besteht aus einem betörenden Labyrinth hübscher Zimmer, unerwarteter Fresken und topmodernem Komfort. Geleitet wird es vom charismatischen, eleganten lässigen Tommaso (einem Florentiner) und seinem Vater Fabrizio.

Palazzo Vecchietti HISTORISCHE RESIDENZ €€€
(Karte S. 498; ☎055 230 28 02; www.palazzo vecchietti.com; Via degli Strozzi 4; DZ 284–734 €; ❄@📶👪) Wow und nochmals wow! Diese *residenza d'epoca* mit 14 sehr romantischen Zimmern und einer Loggia in einem *palazzo* aus dem 15. Jh. ist der Inbegriff eines schicken Top-Hotels. Jedes Zimmer verfügt über eine Kaffeemaschine und eine Kochnische, drei haben sogar eine Terrasse zwischen den Dächern. Kein Wunder – das Hotel ist ja auch ein Werk des Florentiner Innenarchitekten Michele Bönan.

Hotel Perseo HOTEL €
(Karte S. 498; ☎055 21 25 04; www.hotelperseo.it; Via de' Cerretani 1; EZ 50–125 €, DZ 80–165 €, 3BZ 80–185 €, 4BZ 90–220 €; ❄@📶👪) Das Hotel mit 20 großen Zimmern und einer dezenten Einrichtung eignet sich gut für Familien. Die Familienzimmer sind mit Stockbetten bestückt; diejenigen in der obersten Etage liegen direkt unter dem Dach und bieten einen tollen Blick auf den Dom. Wer Probleme hat, die (schwarze) Nummer 1 in der Straße zu finden, sollte einfach nach der (roten) Nummer 23 Ausschau halten.

SANTA MARIA NOVELLA & UMGEBUNG

LP TIPP **Hotel L'Orologio** DESIGNERHOTEL €€€
(Karte S. 498; ☎055 27 73 80; www.hotelorologio florence.com; Piazza di Santa Maria Novella 24; DZ 178–450 €; P❄@📶) In dem verführerischen, topgestylten Hotel würde sich auch James Bond zu Hause fühlen – jedenfalls strotzt hier alles nur so vor moderner Eleganz. Das Hotel wurde eigentlich als Ausstellungsraum für die sagenhaft teure Uhrensammlung des ebenso sagenhaft reichen Besitzers konzipiert. Heute sind nicht nur die 54 Zimmer des 5-Sterne-Hotels nach den Uhren benannt, sondern man hat sie auch überall im Blickfeld. Vom Balkon des Zimmers 501 ist die Aussicht auf den Dom perfekt.

Ostello Archi Rossi HOSTEL €
(Karte S. 509; ☎055 29 08 04; www.hostelarchi rossi.com; Via Faenza 94r; EZ 40–60 €, DZ 60–90 €, 3BZ 75–105 €, B 21–27 €, alle inkl. Frühstück & Bettwäsche; ⏲im Dez. 2 Wochen geschl.; @📶) Die Wände dieses Privathostels unweit der Stazione di Santa Maria Novella zieren Malereien und Graffiti der Gäste. Die weißen Schlafsäle sind mit drei bis zwölf Betten

bestückt (die jenseits vom Garten liegenden Zimmer sind ruhiger); für die Gäste gibt es Waschmaschinen, Automaten mit Tiefkühlkost und Mikrowellengeräte. Nach 2 Uhr morgens muss man klopfen, um Einlass in die Unterkunft zu finden.

Hotel Rosso 23 BOUTIQUEHOTEL €€
(Karte S. 498; ☎055 27 73 00; www.hotelrosso23.com; Piazza di Santa Maria Novella 23; EZ 79–100 €, DZ 85–195 €; ❄@📶) Der Eingang liegt so versteckt, dass so mancher an dem schicken Stadthaus mit herrlicher Fassade schon vorbeigegangen ist. Innen präsentiert sich das Hotel in edlen Grau- und Rottönen. Die insgesamt 42 Zimmer sind alle schön und modern eingerichtet, das Frühstück wird im schmucken Innenhof serviert.

Ostello Gallo d'Oro HOSTEL €
(☎055 552 29 64; www.ostellogallodoro.com; 1. Stock, Via Cavour 104; B 28–32 €, EZ/DZ/3BZ 40/70/96 €; @📶) Silvia und Max betreiben das beliebte Hostel (ohne Sperrstunde) mit viel Elan. In den Zimmern stehen maximal fünf Betten; alle haben ein eigenes Bad und TV, drei sogar einen Balkon. Morgens lockt das Frühstücksbüffet, zweimal wöchentlich schwingt die quirlige Silvia den Kochlöffel und zaubert für die Gäste ein Abendessen.

SAN LORENZO & UMGEBUNG

LP TIPP **Academy Hostel** HOSTEL €
(Karte S. 498; ☎055 239 86 65; www.academyhostel.eu; Via Ricasoli 9; EZ & DZ inkl. Frühstück pro Pers. 35–42 €, B 34–40 €; ❄@📶) Selbst wenn eine Unterkunft billig ist, darf dies nicht auf Kosten der Gemütlichkeit gehen – so lautet jedenfalls die geschätzte Philosophie dieses kleinen Hostels im 1. Stock eines *palazzo* aus dem 17. Jh. Die Schlafsäle mit vier Betten sind knallweiß gestrichen, haben leuchtend bunte Schließschränke und schicke Paravents mit Blümchenmuster. Im Preis inbegriffen ist das Frühstück. Rechnungen unter 150 € können nicht mit der Kreditkarte bezahlt werden.

Sette Angeli Rooms B&B, SELBSTVERSORGER €
(Karte S. 509; ☎393 939490810; www.setteangelirooms.com; Via Nazionale 31; EZ 45–60 €; DZ 85–110 €, 3BZ 95–135 €; ❄📶) Hinter dem Markt in der Innenstadt versteckt sich das frisch renovierte Sette Angeli in einer klassischen Einkaufsstraße, es bietet ein gutes Preis-Leistungs-Verhältnis. Die Zimmer sind total gemütlich, und die Gäste dürfen, wenn sie 10 € drauflegen, die Kochecke benutzen und sich selbst eine Mahlzeit zubereiten.

Johanna & Johlea B&B €€
(☎055 463 32 92/48 18 96; www.johanna.it; EZ 50–90 €, DZ 70–170 €; ❄📶) Das B&B zählt zu den etabliertesten der ganzen Stadt. Es bietet über ein Dutzend geschmackvolle, tadellose Zimmer, die individuell gestaltet sind und sich auf fünf historische Wohnhäuser verteilen; einige haben WLAN. Wer in Luxus schwelgen möchte, nimmt die eleganten Suite-Apartments.

SAN MARCO & UMGEBUNG

Hotel Morandi alla Crocetta HOTEL €€
(Karte S. 509; ☎055 234 47 47; www.hotelmorandi.it; Via Laura 50; EZ 70–140 €, DZ 110–220 €, 3BZ 130–195 €, 4BZ 150–370 €; P❄📶) Das Hotel abseits der Menschenmassen war früher ein mittelalterliches Kloster und ist seit der Umgestaltung beeindruckend. Einige Zimmer haben einen taschentuchgroßen Garten zum Faulenzen nach dem Sightseeing, doch der Hit ist das Zimmer 29, das mit Fresken ausgemalt ist – die ehemalige Kapelle.

OLTRARNO

Palazzo Magnani Feroni HOTEL €€€
(Karte S. 514; ☎055 239 95 44; www.florencepalace.com; Borgo San Frediano 5; DZ 310–720 €; P❄@📶) Der alte Palast ist der Stoff, aus dem die Träume sind. Die zwölf großen Suiten geben sich elegant, und der sagenhafte Rundblick über die Stadt von der Dachterrasse bleibt unvergesslich.

Ostello Santa Monaca HOSTEL €
(Karte S. 514; ☎055 26 83 38; www.ostello.it; Via Santa Monaca 6; DZ/4BZ pro Pers. 24,50/20,50, B 17,50–19,50 €; @📶) Der ehemalige Konvent ist nun ein empfehlenswertes Hotel. Es gibt eine helle Küche, in der die Gäste auch die Waschmaschine benutzen dürfen, einen Safe und zwei Computer. In den für Frauen und Männer getrennten Schlafsälen können vier bis 22 Personen übernachten (10–14 Uhr wegen Reinigung geschl.). Sperrstunde ist um 2 Uhr früh. In der Nebensaison liegen die Preise 1 € niedriger. Frühstück und Abendessen kosten 3,50 € bzw. 12 €.

Palazzo Guadagni Hotel HOTEL €€
(Karte S. 514; ☎055 265 83 76; www.palazzoguadagni.com; Piazza Santo Spirito 9; DZ 100–150 €, FZ pro Pers. 35 €; ❄📶) Das Hotel mit einer Loggia über dem im Sommer belebtesten Platz der Stadt ist legendär – hier drehte Zefferelli mehrere Szenen seines Film *Tee*

mit Mussolini. Jahrelang befand sich hier die schäbige, überteuerte, aber dennoch unwiderstehliche Pensione Bandini, inzwischen wurde der Renaissancepalast aus dem 16. Jh. jedoch zu neuem Leben erweckt, und zwar durch die Florentiner Laura und Ferdinando. Die geschmackvoll eingerichteten Zimmer sind eine gelungene Mischung aus Alt und Neu, und die Loggia-Terrasse mit Korbmöbeln schlichtweg traumhaft ...

Campeggio Michelangelo CAMPINGPLATZ €
(☎055 681 19 77; www.ecvacanze.it; Viale Michelangelo 80; Zeltplatz Erw. 9,50–11,40 €, Auto & Zelt 11,40–13,80 €; P@) Vom großen Campingplatz bei dem Piazzale Michelangelo bietet sich ein hübscher Blick auf die Stadt. Wie man hinkommt? Mit dem Bus 13 von der Stazione di Santa Maria Novella oder auch zu Fuß, es geht allerdings recht steil bergauf.

AUSSERHALB DER STADT

Für Leute, die den Menschenmassen in Florenz entfliehen und lieber etwas außerhalb wohnen möchten, hier zwei sehr gute Adressen – eine günstige und eine teure:

In einem riesigen Grundstück befindet sich die **Villa Camerata** (☎055 60 14 51; www.ostellofirenze.it; Viale Augusto Righi 2–4; B 20 €, DZ/3BZ/4BZ mit Bad 65/75/88 €; P@), eines der bezauberndsten Hostels ganz Italiens – wie aus dem Toskana-Bilderbuch. Der Bus 17 fährt an der Stazione di Santa Maria Novella ab und hält 400 m vom Hostel entfernt; insgesamt ist man 30 Minuten unterwegs.

Und dann wäre da noch das **Grand Hotel Villa Cora** (☎055 22 87 90; www.villacora.it; Viale Machiavelli 18; DZ ab 310 €; P@), ein 5-Sterne-Hotel in einem herrschaftlichen Anwesen aus dem 19. Jh., ein paar Schritte von den Boboli-Gärten entfernt. Bei all den Fresken, edlen Stoffen, Lüstern und Kunstwerken schwirrt einem der Kopf ...

Essen

Hochwertige Zutaten und einfache Zubereitung sind die Markenzeichen der Florentiner Küche, die in der sagenhaften *bistecca alla fiorentina* gipfelt, einem T-Bone-Steak vom Feinsten, das mit Olivenöl eingerieben kurz auf den Holzkohlegrill gelegt wird, um dann mit Salz und Pfeffer bestreut *al sangue* (blutig) serviert zu werden. Weitere typische Gerichte sind *crostini* (Toast mit Hühnerleberpastete oder anderem), *ribollita* (dicke Gemüsesuppe mit Brot und Bohnen), *pappa al pomodoro* (Suppe mit Brot und Tomaten) und *trippa alla fiorentina* (Kutteln in Tomatensoße).

PIAZZA DEL DUOMO & PIAZZA DELLA SIGNORIA

LP TIPP **Obikà** KÄSEBAR €€
(Karte S. 498; ☎055 277 35 26; www.obika.it; Via de' Tornabuoni 16; 3/5 Mozzarella 19,50/30 €, Pizza 9–14,50 €; ⏲Mo–Sa Mittag- & Abendessen, So 10–23 Uhr) In Anbetracht der exklusiven Lage im Palazzo Tornabuoni ist dieses Designerlokal natürlich ultratrendig. Im kathedralenartigen Raum stehen verschiedene Mozzarella-Käse mit Basilikum, Biogemüse und in der Sonne getrockneten Tomaten zur Auswahl. Gegessen werden kann auch im Hof unter den Heizstrahlern. Die Pizzas mit Mozzarella sind besonders einfallsreich belegt – was auch für das Vorspeisen- und Salatbufett (9 € inkl. Getränk) sowie den Sonntagsbrunch gilt.

Cantinetta dei Verrazzano WEINKELLER, BÄCKEREI €
(Karte S. 498; Via dei Tavolini 18–20; Teller 4,50–12 €, Focaccias 3–3,50 €, Panini 2,50–4 €; ⏲Mo–Sa 12–21 Uhr) Ein *forno* (Backofen) in Kombination mit einer *cantinetta* (kleiner Keller) hat etwas von einer Ehe, die im Himmel geschlossen wurde. Die Gäste sitzen hier an einem der insgesamt fünf Tische mit Marmorplatte, bewundern die edlen Tropfen, die in Vitrinen von der Decke bis zum Boden ausgestellt sind, und genießen ein Glas Wein (3,50–8 €), das aus dem Weingut Verrazzano in Chianti stammt. Die *focaccia*, vielleicht mit karamellisiertem Radicchio oder *porcini,* ist ein Muss – was aber auch für die Platte mit allerlei kaltem Braten gilt.

LP TIPP **Mariano** SANDWICHLADEN €
(Karte S. 498; Via del Parione 19r; ⏲Mo–Fr 8–15 & 17–19.30, Sa 8–15 Uhr) Der Laden existiert schon seit 1973 und ist sehr zu empfehlen. Von Sonnenaufgang bis Sonnenuntergang treffen sich in diesem Keller aus dem 13. Jh. die Florentiner, die am Tresen stehen und Kaffee oder Wein trinken und dazu einen Salat oder *panini* bestellen. Im Marino gibt es auch Frühstück mit Kaffee und Gebäck, ein leichtes Mittagessen, einen *aperitivo* oder ein *panino* für unterwegs.

'Ino SANDWICHLADEN €
(Karte S. 498; Via dei Georgofili 3r-7r; ⏲Mo–Sa 11–20, So 12–17 Uhr) Die edlen Zutaten stam-

men alle aus der Umgebung und werden in diesem Lokal in der Nähe der Uffizien kreativ zubereitet. Die Kombinationen lassen sich individuell zusammenstellen. Dazu schmeckt ein Glas Wein – der *vino* ist im Preis inbegriffen!

I Due Fratellini SANDWICHLADEN €

(Karte S. 498; www.iduefratellini.com; Via dei Cimatori 38r; ⌚Mo–Sa 9–20, 2. Junihälfte & Aug. Fr & Sa geschl.) Das kleine Lokal ist schon seit 1875 im Geschäft. Zu den *panini* passt eine Karaffe Wein, das gebrauchte Geschirr stellt man anschließend draußen in ein Holzregal.

Oil Shoppe SANDWICHLADEN €

(Karte S. 498; www.oleum.it; Via Sant'Egidio 22r) In dem bei Studenten beliebten Laden geht es immer hoch her; die Hungrigen stellen sich hinten für heiße und vorne für kalte Brötchen an. Was auf den Baguettes landet, sucht sich jeder selbst aus – oder man lässt sich von Küchenchef Alberto Scorzon mit einer seiner zehn Füllungen überraschen.

Coquinarius WEINBAR €

(Karte S. 498; ☎055 230 21 53; www.coquinarius.com; Via delle Oche 15r; Mahlzeiten 35 €; ⌚tgl. 12–22.30 Uhr) Die *enoteca* liegt etwas versteckt im Schatten des Doms und ist bei Touristen sehr beliebt. Und wer die berühmten Ravioli mit Käse und Birne probiert hat, versteht auch sofort, warum. Unbedingt einen Tisch reservieren!

La Canova di Gustavino WEINBAR €

(Karte S. 498; ☎055 239 98 06; Via della Condotta 29r; Mahlzeiten 35 €; ⌚tgl. 12–24 Uhr) In der malerischen *enoteca* liegt das Hauptgewicht auf klassischen Gerichten aus der Toskana, die Gäste können sich aber auch einfach nur eine Käse- oder Salamiplatte oder eine Bruschetta bestellen.

SANTA MARIA NOVELLA & UMGEBUNG

LP TIPP **L'Osteria di Giovanni** TOSKANISCH €€

(Karte S. 498; ☎055 28 48 97; www.osteriadigiovanni.it; Via del Moro 22; Mahlzeiten 45 €; ⌚Fr–Mi Mittag- & Abendessen, Di–Do Abendessen) In dem ausgesprochen netten Lokal in einem ganz normalen Viertel ist nicht die Einrichtung oder die Kunst an den Wänden erlesen, sondern die Küche – sie ist echt toskanisch und erstaunlich kreativ. Und das bedeutet im Klartext: Kichererbsensuppe mit Tintenfisch oder *tortelli* (Ravioli) mit Ricotta-Birnen-Füllung in Lauch-Mandel-Creme. Als Aperitif bekommt man ein Glas Prosecco als Gruß des Hauses, zum Abschluss werden dann zum Vin Santo selbst gemachte *cantuccini* gereicht – knusprige Mandelkekse, die am Ende der Mahlzeit in den Süßwein gestippt werden. Auch ein Grund, warum die Gäste so gerne wiederkommen.

Osteria dei Centopoveri TRATTORIA €€

(☎055 21 88 46; Via Palazzuolo 31r; Mahlzeiten 30 €; ⌚tgl. Mittag- & Abendessen) Das „Hostel der 100 armen Leute" ist keine Suppenküche, sondern ein modernes Speiselokal, das in praktisch jedem Reiseführer empfohlen wird. Kreative toskanische Küche lautet die kulinarische Losung.

Il Latini TRATTORIA €€

(Karte S. 498; ☎055 21 09 16; www.illatini.com; Via dei Palchetti 6r; Mahlzeiten 40 €; ⌚Di–So Mittag- & Abendessen) Im Il Latini dreht sich alles um *crostini*, Fleischgerichte aus der Toskana, edle Pasta und Braten, die an großen Tischen gemeinsam vertilgt werden. Gegessen wird in zwei Durchgängen, nämlich um 19.30 Uhr oder um 21 Uhr; ohne Reservierung geht gar nichts.

SAN LORENZO & SAN MARCO & UMGEBUNG

LP TIPP **Trattoria Mario** TRATTORIA €

(Karte S. 509; www.trattoriamario.com; Via Rosina 2; Mahlzeiten 15–25 €; ⌚Mo–Sa 12–15.30, im Aug. 3 Wochen geschl.) Am besten ist es, bei dieser Trattoria Punkt zwölf auf der Matte zu stehen, denn sonst kann man sich einen Sitzplatz an einem der großen Tische dieser lauten, lebhaften Trattoria gleich abschminken. Das Mario ist eine Legende in Florenz. Der reizende Fabio, dessen Großvater Mario das Lokal 1953 eröffnete, schmeißt den Laden, während der große Bruder Romeo und der Neffe Francesco gekonnt und flott den Kochlöffel schwingen. Montags und donnerstags gibt es Kutteln, freitags Fisch, und am Samstag strömen die Einheimischen aus ganz Florenz herbei, um sich die perfekte *bistecca alla fiorentina* (35 €/kg) schmecken zu lassen. Eine Tischreservierung ist nicht möglich; Kreditkarten werden ebenfalls nicht akzeptiert.

Nerbone MARKTBUDE €

(Karte S. 509; Mercato Centrale, Piazza del Mercato Centrale; Primi 4 €, Secondi 5–9 €; ⌚Mo–Sa 7–14 Uhr) Die Gäste kämpfen sich auf dem zentralen Florentiner Markt an Käse-,

TOP FIVE: EISDIELEN

Die Florentiner nehmen ihr Eis sehr ernst, und deshalb besteht ein gesunder Konkurrenzkampf zwischen den *gelaterie artigianale*, die selbst gemachtes Eis herstellen. Wer kann mit dem cremigsten, aromatischsten und frischesten Eis glänzen? Die Geschmacksrichtungen definieren sich durch die Jahreszeit; eine Waffel oder ein Becher kosten 2/3/4/5 € für eine kleine/mittlere/große/riesige Portion.

» **Vivoli** (Karte S. 498; Via dell'Isola delle Stinche 7; ⌚April–Okt. Mo–Sa 7.30–24, So 9–24 Uhr, Nov.–März bis 21 Uhr) Die Gäste sitzen innen wie in einer Teestube. Neben Eis sind auch Kaffee, Tee und Kuchen erhältlich – was für eine Eisdiele eher ungewöhnlich ist. Zuerst wird an der Kasse bezahlt, auf den Bon gibt's dann das Eis, allerdings nicht in der Waffel, sondern ausschließlich im Becher.

» **Grom** (Karte S. 498; www.grom.it; Ecke Via del Campanile & Via delle Oche; ⌚April–Sept. 10.30–24 Uhr, Okt.–März 10.30–23 Uhr) An dieser süßen Adresse stehen die Leckermäuler bei jedem Wetter die halbe Straße hinunter Schlange. Die Sorten sind alle köstlich, viele Zutaten stammen aus biologischem Anbau. Sehr lecker sind auch die heiße Schokolade und die Milkshakes.

» **La Carraia** (Karte S. 514; Piazza N Sauro 25r; ⌚11–23 Uhr) Ein Blick auf die ewig lange Schlange, die sich bis auf die Straße zieht, und eines steht fest: Diese grün-zitronengelbe Eisdiele steht bei den Florentinern hoch im Kurs. Die Geschmacksrichtungen sind ungewöhnlich – wie wäre es etwa mit Ricotta und Birne?

» **Gelateria dei Neri** (Karte S. 498; Via de' Neri 22r; ⌚9–24 Uhr) Das *semifreddo* (Halbgefrorenes) hier ist preiswerter als bei der Konkurrenz. Berühmt sind die Geschmacksrichtungen Kokos, Gorgonzola und Ricotta mit Feige.

» **Carabé** (Karte S. 509; www.gelatocarabe.com; Via Ricasoli 60r; ⌚10–24 Uhr, Mitte Dez.–Mitte Jan. geschl.) Hier bekommt man Eis aus Sizilien, *granita* (Sorbet) und *brioche* (Eis-Sandwich). Und noch etwas: Hier ist es nicht so tragisch, wenn man Schlange stehen muss, man kann sich in der Zeit den *David* ansehen.

Fleisch- und Würstchenständen vorbei, um sich mittags bei Nerbone in die Schlange zu reihen. Nerbone ist eine Marktbude, die schon seit 1872 gut im Geschäft ist. Am besten macht man es wie die Einheimischen und bestellt *trippa alla fiorentina* oder *panini con bollito* (gekochter Rinderkloß, der vor dem Servieren in die Fleischsoße getunkt wird). Gegessen wird im Stehen – mit etwas Glück ergattert man vielleicht sogar einen Tisch.

La Mescita WEINBAR €

(Karte S. 509; Via degli Alfani 70r; Hauptgerichte 5–10 €; ⌚Mo–Sa 10.30–16 Uhr, im Aug. geschl.) Das altmodische Mescita aus dem Jahr 1927 ist halb eine *enoteca* (Weinbar), halb eine *fiaschetteria* (Weinhandel) und liegt ganz praktisch in der Nähe vom *David* und der Galleria dell'Accademia. Auf den Tisch kommen Spezialitäten aus der Toskana wie *maccheroni* mit Würstchen und *insalata di farro* (Dinkelsalat). An der tollen Bar mit Marmortresen tummeln sich mittags gerne Gäste, die tiefer ins Glas schauen.

Il Vegetariano VEGETARISCH €

(Außerhalb der Karte S. 509; www.il-vegetariano.it; Via delle Ruote 30r; Mahlzeiten 15–20 €; ⌚Di–Fr Mittag- & Abendessen, Sa & So Abendessen) Das vegetarische Lokal mit Selbstbedienung zaubert eine tolle Auswahl an toskanischen Gemüsegerichten auf den Tisch, die Gäste können sich ihre Salate nach Lust und Laune zusammenstellen. Die Hauptgerichte werden an großen Holztischen verzehrt, Neuankömmlinge auf der Suche nach Platz setzen sich einfach dazu.

SANTA CROCE

LP TIPP **Teatro del Sale** TRADITIONELL ITALIENISCH €€

(Karte S. 511; ☎055 200 14 92; www.teatrodelsale.com; Via dei Macci 111r; Frühstück/Mittagessen/Abendessen 7/20/30 €; ⌚Sept.–Juli Di–Sa 9–11, 12.30–14.30 & 19–23 Uhr) Der Club (ausschließlich für Mitglieder) befindet sich – überaus passend – in einem alten Theater. Er ist eine Idee des berühmten Florentiner Küchenchefs Fabio Picchi. Im Teatro del Sale gibt es Frühstück, Mittag- und Abendessen;

Höhepunkt ist eine Show – Theater, Musik oder Comedy – um 21.30 Uhr, die von der künstlerischen Direktorin und berühmten Comedy-Schauspielerin Maria Cassi erdacht wurde. Das Abendessen gestaltet sich recht hektisch, außerdem sollte man unbedingt reservieren. Im Theater angekommen, sucht man sich einen Tisch, holt sich Wasser und Wein sowie Antipasti – und wartet, bis Picchi lautstark verkündet, was an diesem Abend an Essen geplant ist. Dann stellt man sich in die Schlange, um sich den *primo* (erster Gang) und *secondo* (zweiter Gang) reichen zu lassen. Desserts und Kaffee holt sich vor der Show jeder selbst vom Büfett.

LP TIPP Trattoria Cibrèo TRATTORIA €€

(Karte S. 511; Via dei Macci 122r; Mahlzeiten 35 €; ⏲Sept.–Juli Di–Sa 12.50–14.30 & 18.50–23.15 Uhr) Wer hier einmal zu Abend gegessen hat, versteht sofort, warum sich schon endlose Schlangen bilden, bevor das Restaurant überhaupt aufgemacht hat. Drinnen können die Gäste dann der toskanischen Küche vom Feinsten frönen, beispielsweise Ricotta-Kartoffel-Pastete mit leckerer Fleischsoße, einem Tick Olivenöl und geriebenem Parmesan (himmlisch!). Keine Tischreservierung, keine Kreditkarten, kein Kaffee – deshalb früh kommen, um einen Tisch zu ergattern.

Pin Gusto ASIATISCHE FUSIONKÜCHE €

(Karte S. 511; ☎055 23 44 397; www.pingusto.com; Via della Mattonaia 2–18; Mittagessen/Abendessen 10/20 €; ⏲tgl. Mittag- & Abendessen) Einheimische empfehlen dieses moderne, günstige Speiselokal hinter dem Sant'Ambrogio-Markt. Mittags wartet hier ein riesiges Büfett (10 €) mit warmen und kalten Sushi, Wok- und Fusiongerichten. Beim Abendessen geht es hektisch zu; die Gäste müssen sich für eine der beiden Essenszeiten entscheiden: 19.30 Uhr oder 21.30 Uhr. Dann gibt es jede Menge vom Grill – nach dem Motto: „all you can eat".

Francesco Vini TOSKANISCH €€

(Karte S. 498; ☎055 21 87 37; www.francescovini.com; Piazza de' Peruzzi 8r; Mahlzeiten 40 €, Pizza 6–10 €; ⏲tgl. Mittag- & Abendessen) Das Restaurant mit auffälliger Glasfassade wurde auf römischen Ruinen errichtet und befindet sich an einem recht ruhigen Platz in Florenz, über den man eigentlich eher zufällig stolpert. Im Winter speisen die Gäste in einem Backsteinraum, im Sommer zieht es alle auf die Straße hinaus. Wirklich stolz ist das Francesco auf seine Weinkarte.

Antico Noè OSTERIA €

(Karte S. 511; Volta di San Piero 6r; Mahlzeiten 25 €; ⏲Mo–Sa 12–24 Uhr) Von der feuchtkalten Gasse, in der sich diese alte Metzgerei mit weißen Wänden und schmiedeeisernen Fleischerhaken befindet, sollte sich niemand abschrecken lassen. Die Besoffenen, die draußen herumhängen, sind meist harmlos, und das bodenständige toskanische Essen ist ein Genuss. Wer bloß mal schnell eine Kleinig-

TIPP: TOP-PIZZERIAS

Rund 8 € werden für eine Pizza in einem der nachfolgend aufgeführten Lokale verlangt, die alle empfehlenswert sind:

» **Gustapizza** (Karte S. 514; Via Maggio 46r; ⏲Di–So 11.30–15 & 19–23 Uhr) Wow! Diese ganz normale Pizzeria gleich bei der Piazza Santa Spirito verleiht dem Adjektiv „knallvoll" eine ganz neue Bedeutung. Wer früh kommt, hat aber durchaus eine Chance, einen Stuhl an einem der Holzfässer, die als Tische dienen, zu ergattern und sich dann eine von acht Pizzas aussuchen zu können.

» **Pizzeria del' Osteria del Caffè Italiano** (Via dell'Isola delle Stinche 11–13r; ⏲Di–So 19.30–23.30 Uhr) Einfach lautet die Losung in dieser Mini-Pizzeria, in der es gerade einmal drei Varianten gibt: *Margherita*, *Napoli* und *Marinara*. Keine Kreditkarten.

» **PizzaMan** (Karte S. 511; Via dell'Agnolo 79; ⏲Mo–Fr 12–14.30 & 18.30–24, Sa & So 18.30–24 Uhr) Die preiswerte Pizzeria mit vielen Nischen bekommt für ihre Holzofenpizza à la Neapolitana und die günstigen Preise immer begeisterte Kritiken. Ein Schnäppchen ist das Mittagsangebot mit Pizza und Pommes für 6 € bzw. das Menü für 8 €.

» **Il Pizzaiuolo** (Karte S. 511; Via dei Macci 113r; Pizza 5–10 €, Pasta 6,50–12 €; ⏲Mo–Sa Mittag- & Abendessen, im Aug. geschl.) Junge Florentiner strömen in Scharen in das Lokal, um sich eine neapolitanische Pizza mit dicker Kruste einzuverleiben, die heiß aus dem Holzofen kommt. Abends sollte man unbedingt einen Tisch reservieren.

keit will, kauft sich *panini* in der *fiaschetteria* gleich nebenan. Keine Kreditkarten.

Osteria del Caffè Italiano TRADITIONELL TOSKANISCH €€
(Karte S. 498; ☎055 28 90 20; www.caffeitaliano.it; Via dell'Isola delle Stinche 11–13r; Mahlzeiten 40 €; ⏲Di–So Mittag- & Abendessen) Die Speisekarte dieser gemütlichen *osteria* – sie gilt in der Restaurantszene in Florenz seit Langem als Institution und wird stets gut besucht – ist gut bestückt mit einfachen klassischen Gerichten wie *mozzarella di bufala (Büffel-Mozzarella)* mit Parmaschinken, Ravioli mit Ricottafüllung und *cavolo nero* (Schwarzkohl), außerdem gibt es hier das berühmte *bistecca alla fiorentina* (50 €/kg). Das Restaurant befindet sich im Erdgeschoss des Palazzo Salviati aus dem 14. Jh.

Caffè Italiano Sud ITALIENISCH €€
(Karte S. 498; ☎055 28 93 68; Via della Vigna Vecchia; Mahlzeiten 25 €; ⏲Di–So 19.30–23 Uhr) Die Ode an Süditalien von Küchenchef Umberto Montano kommt schon in den beiden Olivenbäumen, die im Topf vor dem Lokal stehen, zum Ausdruck und ist somit eine willkommene Abwechslung zu den toskanischen Gerichten. Auf der Speisekarte beeindruckt eine Fülle von hausgemachter Pasta, darunter auch ungewöhnliche Gerichte aus Montanos Heimatregion Apulien. Der Hauswein wird in Krügen ausgeschenkt. Der Hauswein wird in Krügen ausgeschenkt; er kommt aus traditionellen mit Stroh verleideten 58-l-Gasbehältern.

OLTRARNO

LP TIPP **Il Santo Bevitore** MODERN TOSKANISCH €€
(Karte S. 514; ☎055 21 12 64; www.ilsantobevitore.com; Via di Santo Spirito 64–66r; Mahlzeiten 35 €; ⏲Sept.–Juli tgl. Mittag- & Abendessen) Am besten reserviert man oder kommt schon um 19.30 Uhr, um einen der letzten Tische dieses mit Begeisterung aufgenommenen Restaurants zu ergattern, das ein Lobeshymne auf stilvolles Dinieren singt. Die Gourmets speisen bei Kerzenlicht in einem weitläufigen, weiß getünchten Ambiente mit Holz und vielen Flaschen, die an den Wänden entlang aufgereiht sind. Die Speisekarte – es gibt eine für mittags und eine zweite für den Abend – bietet kreative Neuschöpfungen saisonaler Klassiker: von Hand gehacktes Rindertartar, Maroni-*millefeuille* und Linsen, pürierte Kohlsuppe mit Mozzarellacreme und Anchovis-Sirup und zum Abschluss eine *crema bavarese* mit Akazienhonig mit in Vin Santo marinierten Trockenfrüchten...

NICHT VERSÄUMEN

PIAZZA DELLA PASSERA

Dieses Schmuckstück von einem (verkehrsfreien) Platz ist das reinste Eldorado für Gourmets. Preiswerte Kutteln gibt es in verschiedenen Variationen im **Il Magazzino** (Karte S. 514; ☎055 21 59 69; www.tripperiailmagazzino.com; Piazza della Passera 2/3; Mahlzeiten 25 €; ⏲tgl. Mittag- & Abendessen). In der teureren **Trattoria 4 Leoni** (Karte S. 514; ☎055 21 85 62; www.4leoni.com; Piazza della Passera 2/3; Mahlzeiten ab 35 €; ⏲tgl. Mittag- & Abendessen) verlocken klassische Gerichte aus der Toskana, beispielsweise die berühmte *bistecca all fiorentina* (T-Bone-Steak), das hier seit 1550 zubereitet wird. Eine Reservierung ist unabdingbar.

LP TIPP **Il Ristoro** TOSKANISCH €
(Karte S. 514; ☎055 26 45 569; Borgo San Jacopo 48r; Mahlzeiten 20 €; ⏲Mo 12–16, Di–So 12–22 Uhr) Eine lohnenswertes Restaurant mit zwei Gaststuben und einer Theke, an der allerlei Delikatessen erhältlich sind – und zwar zu einem guten Preis. Die Gäste haben die Qual der Wahl unter Klassikern wie *pappa al pomodoro* (Tomaten-Brot-Suppe) oder einem Teller mit kaltem Bratenaufschnitt und können beim Essen die tolle Aussicht auf den Arno genießen.

LP TIPP **Gustpanino** SANDWICHLADEN €
(Karte S. 514; Piazza Santa Spirito; ⏲Mo–Sa 11–20, So 12–17 Uhr) Was viele Florentiner für die beste *enopaninoteca* (hippen Wein- und Sandwichladen) der ganzen Stadt halten, lässt sich mühelos finden. Sitzplätze gibt es hier keine, dafür aber viereckige Tüten und Kirchentreppen – einfach nach der langen Schlange vor dem Laden Ausschau halten.

Trattoria La Casalinga TRATTORIA €
(Karte S. 514; ☎055 21 86 24; Via de' Michelozzi 9r; Mahlzeiten 25 €; ⏲Mo–Sa Mittag- & Abendessen) Die Einheimischen lieben diesen Familienbetrieb, ein Lokal ohne Schnickschnack und eine der billigsten Trattorias der Stadt. Dass die Einheimischen beim Schlangestehen immer zuerst dran-

APERI-CENA

Aperi-cena, ein genialer Trick, um Geld zu sparen, steht bei Studenten und den um die 20-Jährigen in Florenz hoch im Kurs. Bei diesem Stichwort handelt es sich um ein *aperitivo*-Büfett, das so üppig ausfällt, das es gleich als *cena* (Abendessen) herhält. Lieblingslokale der Florentiner sind das Kitsch (S. 528), das Slowly (S. 527) und das Obikà (S. 519).

kommen, ist einfach Fakt. Denn irgendwann wird die Warterei dann ja doch mit ländlichen Gerichten wie *bollito misto con salsa verde* (verschiedenes gekochtes Fleisch mit grüner Soße) belohnt.

Trattoria Bordino TRATTORIA €
(Karte S. 514; ☎055 21 30 48; www.trattoriabordino.it; Via Stracciatella 9r; Mahlzeiten 25 €; ⏲Mo–Sa Mittag- & Abendessen) Wer günstig essen will, ist im Bordino richtig. Die winzige Trattoria liegt etwas versteckt hinter der Chiesa di Santa Felicità unweit des Ponte Vecchio. Auf den Tisch kommen sämtliche Klassiker; ein Mittagessen kostet 7 €.

Olio & Convivium TOSKANISCH €€
(Karte S. 498; ☎055 265 81 98; Via di Santo Spiri-to 4; Mahlzeiten 40 €; ⏲Di–Sa Mittag- & Abendessen, Mo Mittagessen) Diese Adresse darf in keinem kulinarischen Kalender fehlen. Allein beim Anblick der Schinken, Trüffel, Käseräder, des selbst gebackenen Brots und anderer Delikatessen jubilieren die Gourmets.

Il Guscio TOSKANISCH €€
(Außerhalb der Karte S. 514; ☎055 22 44 21; www.ristoranteilgusciofirenze.com; Via dell'Orto 49; Mahlzeiten 40 €; ⏲Di–Sa Mittag- & Abendessen) Aus der Küche des Familienbetriebs in San Frediano kommen ungewöhnliche Gerichte. Fleisch und Fisch stehen an oberster Stelle der Speisekarte, jdoch auch so Triumphales wie Bohnensuppe mit Garnelen und Fisch. Zu den Hauptgerichten zählt die Perlhuhnbrust in Balsamico.

SELBSTVERSORGER

Mercato Centrale MARKT €
(Karte S. 509; Piazza del Mercato Centrale; ⏲Mo–Fr 7–14, Sa 7–17 Uhr) Zentraler Lebensmittelmarkt, der in einem Eisen-Glas-Gebäude von 1874 untergebracht ist.

Mercato di Sant'Ambrogio MARKT €
(Karte S. 511; Piazza Ghiberti; ⏲Mo–Sa 7–14 Uhr) Lebensmittelmarkt, teils in einer Markthalle, teils im Freien mit viel Lokalkolorit.

Ausgehen

Die Kneipenszene in Florenz teilt sich auf in *enoteche* (immer hippere Weinbars, in denen man mittlerweile auch oft super essen kann), Szenebars mit gigantischen *aperitivo*-Büfetts und traditionelle Cafés, in denen es auch ein leckeres Mittagessen gibt.

Nichts jedoch macht mehr Lust, in den Florentiner Lebensstil einzutauchen, als eine Weile in einer *enoteca* mit einem Glas Chianti in der Hand herumzuhängen.

Alle anderen genannten Kneipen und Bars bieten den in Florenz so wichtigen *aperitivo* (Drink vor dem Abendessen, der etwa von 19 Uhr bis 22 Uhr bestellt werden kann) sowie Cocktails zu späterer Stunde (gegen Mitternacht, bevor es ab ins Nachtleben geht) – zwei Trends, die dem Florentinischen Lebensstil voll entsprechen. Livemusik ist ebenfalls oft zu hören.

Wer eines der historischen Cafés besucht, sollte im Hinterkopf behalten, dass ein Kaffee, den man an einem Tisch sitzend genießt, drei- bis viermal so teuer kommt wie eine Tasse im Stehen an der Bar. Ein Cappuccino kostet beispielsweise etwa 1,40/5,50 € im Stehen/Sitzen, für eine heiße Schokolade werden 2,50/6 € verlangt.

LP TIPP **Le Volpi e l'Uva** WEINBAR
(Karte S. 514; www.levolpieluva.com; Piazza dei Rossi 1; ⏲Mo–Sa 11–21 Uhr) Die beste *enoteca con degustazione* (Weinbar mit Verkostung) der Stadt wirbt mit einer langen Latte an Weinen, die pro Glas (3,50–8 €) verkauft werden. Dazu schmecken *crostini* (geröstetes Brot; 6,50 €), die mit Speck oder *lardo* (Schweineschmalz) serviert werden, oder die Platte mit verschiedenen exquisiten Käsesorten aus der Toskana (Käse- bzw. Wurstplatte 8–12 €).

LP TIPP **Il Santino** WEINBAR
(Karte S. 514; Via Santo Spirito 34; ⏲tgl.) Nur ein paar Türen entfernt von einem der besten Gourmettempel der Stadt betreibt der gleiche Wirt diese winzige Weinbar, die jeden Abend aus allen Nähten platzt. Die modernen Barhocker kontrastieren mit den alten Klinkermauern, richtig viel los ist aber erst ab 21 Uhr, wenn die fröhlichen Zecher auf der Straße herumstehen.

Clubhouse BAR
(Karte S. 509; ☎055 21 14 27; www.theclubhouse.it; Via de' Ginori 6r; ⏲tgl.12–24 Uhr) Die tolle amerikanische Bar mit Pizzeria und Restaurant in San Marco bekommt von den Florentinern, aber auch von Amerikanern, die hier zu Besuch sind, ausschließlich begeisterte Kritiken. Das Clubhouse liegt unweit des *David* und ist zu jeder Tages- und Nachtzeit die perfekte Mischung aus Bar und Speiselokal. Sonntags findet immer ein Brunch statt. Designfreaks wird das lässige Industriedesign bestimmt gefallen.

LP TIPP **Sky Lounge Continentale** BAR
(Karte S. 498; www.continentale.it; Vicolo dell Oro 6r; ⏲April–Sept. tgl. 14.30–23.30 Uhr) Die Bar auf einer Dachterrasse mit Holzdeck lässt sich vom 5. Stock des Hotel Continentale erreichen (im Besitz von Ferragamo). Natürlich ist sie ebenso schick, wie es bei diesem Designerhotel auch zu erwarten ist. Das abendliche *aperitivo*-Büfett fällt vielleicht etwas bescheiden aus, aber dafür entschädigt der sagenhafte Panoramablick auf eine der herrlichsten Städte Italiens. Wer sich nicht entsprechend aufbrezelt, fühlt sich schnell deplatziert, denn die Gäste sind sehr schick.

Caffè Giacosa CAFÉ
(Karte S. 498; www.caffegiacosa.com; Via della Spada 10r) Das kleine, 1815 eröffnete Café ist für das berühmt, was es einst einmal war: der Ort, an dem der Negroni-Cocktail erfunden wurde, sowie der Dreh- und Angelpunkt Anglo-Florentiner Schicks in den Jahren zwischen den Kriegen. Heute ist es ein hippes Café des italienischen Stardesigners Roberto Cavalli, dessen Nobelboutique sich gleich nebenan befindet. Giacosa ist für seine akzeptablen Preise bekannt und führt auch das nicht minder schicke Café auf der anderen Straßenseite, das sich im Hof des **Palazzo Strozzi** befindet.

Caffè Rivoire CAFÉ
(Karte S. 498; Piazza della Signoria 4) Der Laden, in dem man nach dem Besuch der Uffizien oder des Palazzo Vecchio wieder Kräfte schöpfen kann, ist ein teures kleines Café mit einer Terrasse, von der aus man gut Leute beobachten kann. Hier wird seit 1872 die exquisiteste Schokolade der Stadt hergestellt. Barkeeper im schwarzen Sakko prägen das förmliche Ambiente.

Golden View Open Bar BAR
(Karte S. 514; www.goldenviewopenbar.com; Via de' Bardi 58; ⏲7.30–1.30 Uhr) Dass diese Bar touristisch ist, kann angesichts ihrer Lage am Ponte Vecchio eigentlich nicht verwundern, aber ein Zwischenstopp lohnt sich in jedem Fall – und zwar am besten zur *aperitivo*-Stunde, wenn aufgebrezelte Florentiner hier an ihren Cocktails (10/12 € an der Bar/am Tisch) nippen, Austern (15 €) schlürfen und dabei zuschauen, wie der Arno zu ihren Füßen dahinplätschert. Ab und an werden hier Kunstausstellungen gezeigt; Livejazz gibt's ab 20.30 Uhr.

Eby's Bar BAR
(Karte S. 511; Via dell' Oriuolo 5r; ⏲Mo–Sa 10–3 Uhr) Die Fun-Kneipe mit Holzbänken auf der Gasse draußen wird von fröhlichen Studenten frequentiert. Aus der Küche kommt Mexikanisches – beispielsweise Mittagsgerichte mit gutem Preis-Leistungs-Verhältnis und den ganzen Tag über Salate, Crêpes, Burritos und dergleichen. Auf der Getränkekarte finden sich viel Fruchtcocktails.

Slowly BAR
(Karte S. 498; www.slowlycafe.com; Via Porta Rossa 63r; ⏲Mo–Sa 21–3 Uhr, im Aug. geschl.) Das

KUTTELN, DER FASTFOOD-HIT

Wenn die Florentiner unterwegs einen Happen essen wollen, suchen sie sich einen *trippaio*, einen Karren oder fahrbaren Stand, um sich ein *panino* mit Kutteln zu kaufen. Der gehackte Kuhmagen wird gekocht und gewürzt ins Brötchen geschoben.

Wahre Bastionen dieses traditionellen und bei den Einheimischen sehr beliebten Florentiner Gerichts sind der Karren an der Südwestecke des **Mercato Nuovo** (Karte S. 498), **L'Antico Trippaio** (Karte S. 498; Piazza dei Cimatori), **Pollini** (Karte S. 511; Piazza Sant' Ambrogio) und das kleine **Da Vinattieri** (Karte S. 498; Via Santa Margherita 4). Ein *panino* mit Kutteln und *salsa verde* (erbsengrüne Soße aus passierter Petersilie, Knoblauch, Kapern und Sardellen) oder mit Salz, Pfeffer und Chilipulver kostet 3,50 €. Die Alternative ist aber auch recht spannend: eine Schale *lampredotto* – Labmagen vom Rind, der, in Stücke geschnitten, stundenlang gekocht wird.

schicke und fast schon versnobte Slowly ist für sein glamouröses Ambiente, die Schürzenjäger und die mit Früchten garnierten Cocktails bekannt. Sie kosten 10 € inklusive Büfett während des *aperitivo*, der bis 22.30 Uhr dauert. In Sachen musikalische Beschallung dominieren Ibiza-Rhythmen.

Kitsch BAR

(Karte S. 509 & Karte S. 511; www.kitsch-bar.com; Piazza Beccaria & Via San Gallo 22r; ⌚18.30–2.30 Uhr; 📶) Die hippe Bar im amerikanischen Stil ist bei preisbewussten Florentinern wegen ihres reichen Angebots an *aperitivi* (8,50 € inkl. einem Getränk, 18.30–22 Uhr) bekannt. Das zweite Kitsch in der Via San Gallo präsentiert sich außen im Schein als nett, wenn auch etwas schäbig (und von einem Leuchter erhellt), drinnen sitzen die Gäste auf Stühlen mit Raubtiermuster. Es spielen Livebands.

Lochness Lounge BAR

(Karte S. 498; www.lochnessfirenze.com; Via de' Benci 19r; ⌚19–2 Uhr) Das Lochness ist eine freche, nostalgisch-coole Musik- und Cocktailbar, deren kühnes Ambiente in Richtung Andy Warhol tendiert. Trine West ist der kreative Kopf hinter allem. DJs legen fast jeden Abend alternative Rhythmen auf, Drinks kosten während der täglichen Happy Hour von 19 bis 22 Uhr gerade mal 5 €. Das aktuelle Programm lässt sich bei Facebook nachlesen.

Moyo BAR

(Karte S. 498; www.moyo.it; Via de' Benci 23r; ⌚Mo–Sa 8–2, So 9–3 Uhr; 📶) Die schicke Allround-Kneipe ist wegen des kostenlosen WLAN bis 19.30 Uhr immer gut besucht. Manche kommen bereits zum Frühstücken (7–10 €), andere, um Mittag zu essen (8 €), sich an den *aperitivi* schadlos zu halten oder auf einen Absacker spätnachts. Die Cocktails (7 €) sind groß – Spezialität des Hauses ist der Cranberry-Martini mit Zitronensaft und Triple Sec. Von Donnerstag bis Samstag legen DJs echt tolle Musik auf. Innen dominieren Lüster und Bambus.

Caffè Gilli CAFÉ

(Karte S. 498; Piazza della Repubblica 3r) Das berühmteste der drei historischen Cafés der Stadt liegt oberhalb des alten römischen Forums. Hier werden schon seit 1773 köstliche Kuchen, Schokolade, leckere Obsttörtchen und *millefoglie* (Blätterteiggebäck mit Vanille-, Schoko- oder Chantillycreme) verkauft. Das Gilli mit seiner wunderschön erhaltenen Jugendstileinrichtung befindet sich seit 1910 an diesem Platz.

Sei Divino WEINBAR

(Borgo Ognissanti 42r; ⌚tgl.) Die schicke „Weingalerie" gehört zur angesagtesten *aperitivo*-Szene der Stadt. Neben Musik gibt es hin und wieder eine Kunstausstellung und jede Menge Action auf dem Gehsteig vor der Tür.

Fiaschetteria Nuvoli WEINBAR

(Karte S. 498; Piazza dell'Olio 15r; ⌚Mo–Sa 7–21 Uhr) Einfach einen Stuhl schnappen, ihn auf den Gehsteig stellen und mit einem der Stammgäste bei einem Gläschen *vino della casa* (Hauswein) über die Welt plaudern. Die altmodische *fiaschetteria* liegt nur eine Straße vom Dom entfernt.

ZEB WEINBAR

(Außerhalb der Karte S. 514; www.zebgastronomia.com; Via San Miniato 2r; ⌚Do, Mo & Di 9.30–20, Fr & Sa bis 22.30 Uhr) Die minimalistische *enoteca* liegt am Fuß des Hügels, der zum Piazzale Michelangelo hinaufführt. Hier bekommt man an einem Tresen, der an ein Delikatessengeschäft erinnert, eine gute Auswahl an kaltem Aufschnitt. Also nichts wie hinein auf einen Drink vor dem Genuss des perfekten Panoramablicks auf die Stadt!

Dolce Vita BAR

(Karte S. 514; www.dolcevitaflorence.com; Piazza del Carmine 6r; ⌚Di–So 17–2 Uhr, im Aug. 2 Wochen geschl.) Eine hippe Adresse am anderen Flussufer, das schon seit 1980 ein Favorit der Einheimischen ist.

Lion's Fountain IRISCHES PUB

(Karte S. 511; www.thelionsfountain.com; Borgo degli Albizi 34r; ⌚10–14 Uhr) Wer zur Abwechslung englische Laute vernehmen möchte – oder eine einheimische Band spielen hören will –, stattet diesem Pub einen Besuch ab. Im Sommer belegen die Biertrinker den ganzen Platz.

Colle Bereto BAR

(Karte S. 498; www.collebereto.com; Piazza Strozzi 5; ⌚Di–So 8–14 Uhr; 📶) In diese angesagte Szenebar kommen die Schicken und Schönen, um zu sehen und gesehen zu werden.

The Old Stove IRISCHES PUB

(Karte S. 498; Piazza di San Giovanni 3; ⌚11–2 Uhr) Dieses winzige, immer knallvolle Pub mit Blick aufs Baptisterium ist bei Expats und ausländischen Studenten sehr beliebt.

Besonders begehrt bei den Gästen sind die Plätze auf der Holzterrasse.

Rex Caffé BAR
(Karte S. 511; Via Fiesolana 25r; ⏲Sept.-Mai 18–3 Uhr) Das bodenständige Café ist seit Urzeiten beliebt, die Drinks sind super. Bei der Einrichtung könnte man meinen, Gaudí hätte mitgemischt.

☆ Unterhaltung

Von warmen, entspannten Sommerabenden auf den Caféterrassen einmal abgesehen, gibt es in Florenz eine lebendige Unterhaltungsszene, die die Stadt ganz wesentlich ihrer großen Zahl an ausländischen Studenten verdankt. Florenz bietet angesehene Theater und Festivals (S. 530), und – ab Mitternacht, wenn die Zeit der *aperitivi* und des Abendessens vorbei ist – eine abwechslungsreiche Tanzszene.

Nachtclubs

Das Leben in den Florentiner Clubs beginnt gegen Mitternacht, doch so richtig füllen sich die Tanzflächen erst ab 2 Uhr früh. Von Juni bis September schließen die meisten Clubs, die zwei Ausnahmen sind das Central Park und der Meccanò Club, die beide Tanzflächen unter freiem Himmel haben. Der Eintritt variiert je nach Veranstaltung und kostet die Herren gewöhnlich mehr als die Damen. Wer früh genug kommt, hat manchmal auch freien Eintritt (21.30–23 Uhr).

YAB DISKO
(Karte S. 498; www.yab.it; Via Sassetti 5r; ⏲Okt.–Mai 21–4 Uhr) Im gut frequentiertem Disko-Club hinter dem Palazzo Strozzi wechselt das Publikum von Abend zu Abend: Der Donnerstagabend gehört etwa den über 30-Jährigen, ansonsten sind hier vor allem Studenten zu sehen.

Central Park NACHTCLUB
(Via Fosso Macinante 1; Mi–Sa 23–4 Uhr) Ein Mainstream-Club im Stadtpark Parco delle Cascine: Hier hört man unterschiedliche Musikrichtungen, alles von Latin bis Pop. Ab Mai tanzt man unter'm Sternenhimmel.

Cavalli Club NACHTCLUB
(Karte S. 514; Piazza del Carmine 8r; ⏲Di–So 19.30–2.30 Uhr) Verblüffend dicht an der Basilica di Santa Maria del Carmine aus dem 13. Jh. liegt der Club des Designers Robert Cavalli in einer ehemaligen Kirche. Eine leuchtend rote Tür führt in den glitzernden, theatralischen Nachtclub, an dem sich die Geister scheiden. Oben wird ein Abendessen serviert, unten Cocktails mit Meeresfrüchte-Vorspeisenteller (*antipastissimo;* 38 €). Ein Abendessen kostet etwa 50 €.

Montecarla Club NACHTCLUB
(Karte S. 514; Via de' Bardi 2; ⏲22–6 Uhr) Mit seinen furchterregenden Türstehern und der Boudoir-Ausstattung verströmt dieser kleine elitäre Club Late-Empire-Dekadenz.

Cargo Club NACHTCLUB
(http://cargoclub.wordpress.com; Via dell'Erta Canina 12r; ⏲Mi–Sa 23–4 Uhr) Der Club wirbt selbst damit, etwas Underground zu sein. Die DJs spielen alle Musikrichtungen.

Full Up DISKO
(Karte S. 498; Via della Vigna Vecchia 21r; ⏲Sept.–Juni Mo–Sa 23–4 Uhr) Eine Vielzahl unterschiedlicher Sounds hält die Massen in diesem beliebten Nachtclub in Bewegung. Ein vor allem junges Publikum tanzt hier bis zum Morgengrauen.

Meccanò DISKO
(Viale degli Olmi 10; ⏲Di–Sa 23–5 Uhr) Große Disko im Stadtpark mit drei Tanzflächen. Hier läuft House, Funk und kommerzielle Musik für ein junges Mainstream-Publikum.

Livemusik

Die meisten Veranstaltungsorte liegen außerhalb der Stadt und sind im Juli und/oder August geschlossen.

La Cité LIVEMUSIK
(Karte S. 514; www.lacitelibreria.info; Borgo San Frediano 20r; ⏲Mo–Sa 10–1, So 16–1 Uhr; 📶) Tagsüber ist diese Café-Buchhandlung ein schicker Cappuccino-Stopp mit einer großen Auswahl an altehrwürdigen Sitzgelegenheiten, die zum Stöbern in den Büchern der Buchhandlung einladen. Nachts verwandelt sich der von Bücherregalen gesäumte Laden in einen Ort mit pulsierender Livemusik: Swing, Jam-Session Jazz und mehr.

Jazz Club JAZZCLUB
(Karte S. 511; www.jazzclubfirenze.com; Via Nuovo de' Caccini 3; ⏲Di–Sa 21–2 Uhr, Juli & Aug. geschl.) In Florenz' ultimativer Jazzkneipe wird Salsa, Blues, Dixieland und Jazz gespielt.

Be Bop Music Club LIVEMUSIK
(Karte S. 498; Via dei Servi 76r; Eintritt frei; ⏲20–2 Uhr) Inspiriert von den Swinging Sixties, bietet dieser beliebte Retroschuppen alles von Led Zeppelin und den Beatles bis hin zu Swing Jazz und Funk der 1970er-Jahre.

Theater, Klassische Musik & Ballett

Teatro del Maggio Musicale Fiorentino THEATER
(☎055 287 222; www.maggiofiorentino.com; Corso Italia 16) Der Vorhang des reizvollen Theaters öffnet sich für Opernaufführungen, klassische Konzerte und Ballett. Das Haus ist auch der Gastgeber des Maggio Musicale Fiorentino (S. 516) im Sommer.

Teatro della Pergola THEATER
(☎055 2 26 41; www.teatrodellapergola.com; Via della Pergola 18) Ein wunderschönes Stadttheater mit atemberaubenden Aufführungen und von Oktober bis April zusätzlich Gastgeber klassischer Konzerte.

Shoppen

Kitschige, massenproduzierte Souvenirs (Boxershorts, geschmückt mit Michelangelos *David*) sind allerorten zu sehen, nicht zuletzt auf den beiden Hauptmärkten der Stadt, dem **Mercato di San Lorenzo** (Karte S. 498; Piazza San Lorenzo; ⌚Mo–Sa 9–19 Uhr) und dem **Mercato Nuovo** (Karte S. 498; Loggia Mercato Nuovo; ⌚Mo–Sa 8.30–19 Uhr). Die Märkte sind geradezu überflutet mit billig importierten Handtaschen und anderen Lederwaren.

Für ernsthaft Interessierte, die in die Tiefen einer Stadt eintauchen wollen, die seit dem Mittelalter als Synonym für gutes Kunsthandwerk steht, gibt es zahlreiche Ateliers und Studios. Lederwaren, kunstvoll gefertigter Schmuck, handbesticktes Leinen, marmoriertes Papier, edle Designermode, Parfüm, Wein und Delikatessen sind nur ein paar der Beispiele für die unverwechselbaren florentinischen Schätze.

Neben den unten aufgeführten Läden lohnen die **Scuola del Cuoio** hinter der Basilica di Santa Croce (S. 514) hinsichtlich Leder und die **Officina Profumo-Farmaceutica di Santa Maria Novella** (S. 505) wegen ihrer Düfte einen Besuch.

LP TIPP Mrs Macis MODE
(Karte S. 511; Borgo Pinti 38r; ⌚Mo–Sa 15–19.30 Uhr) Werkstatt und Ausstellungsraum der talentierten Carla Macis sind ein Blickfang, die Boutique erinnert in ihrer Art ein wenig an eine Puppenstube. Macis hat sich auf sehr feminine Klamotten im Stil der 1950er-, 1960er- und 1970er-Jahre sowie Schmuck aus neuen und recycelten Teilen spezialisiert. Jedes Stück ist ein Unikat und absolut sehenswert.

LP TIPP Pitti Vintage MODE
(Karte S. 498; Borgo degli Albizi 72r; ⌚Di–Sa 10–13.30 & 15–19.30, Mo & So 16–19.30 Uhr) Eine der elegantesten Boutiquen der Stadt. Der kreative Laden ist eine wahre Büchse der Pandora, voller sorgfältig ausgewählter Modeteile und einmaliger Sammlerstücke.

Antico Setificio Fiorentino KUNSTHANDWERK
(Außerhalb der Karte S. 514; www.anticosetifi ciofiorentino.com; Via Bartoini 4; ⌚Mo–Fr 9–13 & 14–17 Uhr) Kostbare Seide, Samt und andere luxuriöse Textilwaren werden in dieser weltberühmten Textilwerkstatt auf Webstühlen aus dem 18. und 19. Jh. gewebt. Seit 1786 fertigt man hier opulente Damasttücher und Brokat im Renaissancestil.

Guilo Giannini e Figlio KUNSTHANDWERK
(Karte S. 514; www.guilogiannini.it; Piazza Pitti) Durch die altmodische Ladenfront sah man schon 1856, wie die Abendsonne die Mauern des Palazzo Pitti rot färbte. Die Giannini – eine der ältesten Kunsthandwerksfamilien der Stadt und allesamt Buchbinder – stellen hier marmoriertes Papier her. Sie verkaufen es mit schönen gebundenen Büchern, Briefpapier etc. Es lohnt sich auch, einen Blick in den oben liegenden Arbeitsraum zu werfen.

Société Anonyme MODE
(Karte S. 511; www.societeanonyme.it; Via Niccolini 3f) Der Laden in der Nähe des Lebensmittelmarktes Sant'Ambrogio holt sich seine Inspirationen auf der Londoner Brick Lane, in Berlin Mitte und anderen angesagten Vierteln der Welt. Auf einer Kreidetafel draußen sind die angebotenen Markennamen verzeichnet.

LP TIPP Dolce Forte ESSEN
(www.dolceforte.it; Via della Scala 21; ⌚Di 15.30–19.45, Mi–Sa & Mo 10–13 & 15.30–19.45 Uhr) Elena steht für die Leidenschaft und das Wissen hinter diesem erstaunlichen Schokoladenladen, der nur hochwertigste Ware verkauft, z. B. Schokolade mit schwarzen Trüffeln oder in Grappa eingelegte Kirschen, die mit weißer Schokolade umhüllt werden. Das ultimative Geschmackserlebnis ist allerdings der *formaggio di fossa* (ein Käse aus Zentralitalien), der in süßen Wein eingelegt und mit dunkler Schokolade umhüllt wird.

Slow ÖKO DESIGN
(Karte S. 514; www.slow-design.it; Sdruccioli dei Pitti 13r) Der Laden verkauft herrliche Wohnaccessoires, die von lokalen Designern aus

FLORENTINER MODE

Florenz ist die Heimat von Gucci, Emilio Pucci, Roberto Cavalli und Ermanno Scervino. Gleiches gilt für etliche weitere, weniger bekannte Designer. Sie alle arbeiten unermüdlich daran, Florenz' Ruf als Hochburg der Schönheit und Kreativität weiter auszubauen.

Genau das preist das City of Florence Department of Tourism and Fashion auch auf seiner Website www.florenzartfashion.com an – einem lesenswerten Online-Führer durch die Modestudios und Workshops der Stadt. Themenbezogene Routen führen durch kleine Ateliers und Boutiquen, die Schuhe, Damenmode, Schmuck usw. entwerfen und herstellen. Darüber hinaus kann man sich auch für eine **Führung** durch die Welt der Mode anmelden.

Der DIY Shop ist ein guter Startpunkt. Er liegt in der legendären **Via de' Tornabuoni**, die einst eine malerische Straße mit Apotheke, Buchhandlungen und zahlreichen Cafés war, bis Florenz' Modewelt ihre manikürten Klauen ausstreckte und den Bereich in einen glitzernden Laufsteg für Designer-Boutiquen verwandelte. In der **Via della Vigna Nuova** begann Gucci 1921 als kleiner Kofferladen; heute ist die Straße die zweitwichtigste der großen Modestraßen in Florenz.

natürlichen oder recycelten Materialien hergestellt werden.

Obsequium WEIN
(www.obsequium.it; Borgo San Jacopo 17–39r) Im Angebot befinden sich eine erlesene toskanische Weine, Weinaccessoires und Feinkost (inklusive Trüffel).

Madova MODE
(Karte S. 514; www.madova.com; Via Guicciardini 1r; ⌚Mo–Sa) Mit Kaschmir, Seide oder Lammfell gefüttert: Hier gibt es Handschuhe in jeglicher Größe, Form und Farbe sowie unterschiedlichen Lederarten. Die florentinischen Handschuhmacher gehen hier schon seit 1919 ihrem Handwerk nach.

Barberino Designer Outlet MODE
(www.mcarthurglen.it; Via Meucci, Barberino di Mugello; ⌚Jan., Juni–Sept. & Dez. Di–Fr 10–20, Sa & So 10–21, Mo 14–20 Uhr) 40 km nördlich der Stadt werden hier Kollektionen aus der Vorsaison zu reduzierten Preisen verkauft; und man kann so manches Schnäppchen machen. Ein Pendelbus (hin & zurück 12 €, 35 Min.) fährt von der Piazza Stazione um 10 sowie um 14.30 Uhr nach Barberino di Mugello, in umgekehrter Richtung starten die Busse um 13.30 und 18 Uhr.

Mall MODE
(www.themall.it; Via Europa 8, Leccio; ⌚tgl. 10–19 oder 20 Uhr) Ein geschäftiges Designer Outlet 35 km vor den Toren von Florenz; Busse fahren von der SITA-Busstation aus dorthin (3,30 €, bis zu 4-mal tgl.).

Praktische Informationen

Internet

Firenze Spettacolo (www.firenzespettacolo.it)
The Florentine (www.theflorentine.net)
Notte Fiorentina (www.nottefiorentina.it)
Viva Notte Firenze (www.vivanotte.it)
ViviFirenze (www.vivifirenze.it)

Medizinische Versorgung

24-Stunden-Apotheke (Stazione di Santa Maria Novella) Im Hauptbahnhof.

Dr. Stephen Kerr: Medizinische Versorgung (☎055 28 80 55, 335 8361682; www.dr-kerr.com; Piazza Mercato Nuovo 1; ⌚Mo–Fr 15–17 Uhr oder nach Termin) Ortsansässiger englischer Arzt.

Notfall

Polizei (Questura; ☎055 4 97 71; http://questure.poliziadistato.it; Via Zara 2; ⌚24 Std.)

Touristenpolizei (Polizia Assistenza Turistica; ☎055 20 39 11; Via Pietrapiana 50r; ⌚Mo–Fr 8.30–18.30, Sa 8.30–13 Uhr) Hilft bei Diebstählen, Verlusten etc., die Mitarbeiter sprechen Englisch.

Touristeninformation

Amerigo Vespucci Flughafen (☎055 31 58 74; ⌚8.30–20.30 Uhr)

Bahnhof (Karte S. 498; ☎055 21 22 45; Piazza della Stazione 4; ⌚Mo–Sa 8.30–19, So 8.30–14 Uhr) Wickelmöglichkeit für Babys.

Santa Croce (Karte S. 511; ☎055 234 04 44; www.comune.fi.it, auf Italienisch; Borgo Santa Croce 29r; ⌚So 9–19, Mo–Sa 9–14 Uhr)

San Lorenzo (Karte S. 509; ☎055 29 08 32;

www.firenzeturismo.it; Via Cavour 1r; ⌚Mo–Sa 8.30–18.30 Uhr)

An- & Weiterreise

Auto & Motorrad

Florenz ist durch die A1 nach Norden hin mit den Städten Bologna und Mailand verbunden, Richtung Süden führt die A1 nach Rom und Neapel. Die Autostrada del Mare (A11) verbindet Florenz mit Pistoia, Lucca, Pisa und der Küste. Die meisten Einheimischen benutzen die FI-PI-LI (steht für Firenze-Pisa–Livorno) – eine *superstrada* (zwei Spuren pro Richtung, jedoch keine Autobahngebühren). Blaue Schilder leiten von Florenz aus auf die FI–PI–LI. Eine weitere zweispurige, autobahnähnliche Schnellstraße, die S2, verbindet Florenz mit Siena.

Bus

Busse vom **SITA-Busbahnhof** (www.sitabus.it; Via Santa Caterina da Siena 17r; ⌚Auskunftsbüro Mo–Fr 8.30–12.30 & 15–18, Sa 8.30–12.30 Uhr) westlich der Piazza della Stazione fahren nach

Siena (7,10 €, 1¼ Std., mind. stündl.)

San Gimignano via Poggibonsi (6,25 €, 50 Min., mind. stündl.).

Greve in Chianti (3,30 €, 1 Std., stündl.)

Flugzeug

Flughafen Florenz (**Amerigo Vespucci bzw. Peretola**) (www.aeroporto.firenze.it) Liegt 5 km nordwestlich vom Stadtzentrum; In der Hauptsache Inlandsflüge sowie ein paar europäische Zielorte.

Flughafen Pisa (Galileo Galilei) (www.pisa-airport.com) Der wichtigste internationale Flughafen der Toskana liegt näher bei Pisa, bietet aber nach Florenz eine gute Verkehrsanbindung.

Zug

Der Hauptbahnhof von Florenz ist die **Stazione di Santa Maria Novella** (Karte S. 496; Piazza della Stazione). Der **Informationsschalter** (⌚7–19 Uhr) liegt gegenüber der Gleise im Haupteingangsbereich. Die **Gepäckaufbewahrung** (Deposito Bagagliamano; die ersten 5 Std. 4 €, dann 0,60 € pro Std.; ⌚6–23.50 Uhr) befindet sich auf Bahnsteig 16; die *Assistenza Disabili* (Unterstützung für Behinderte) ist auf Bahnsteig 5 anzutreffen. Internationale Zugtickets kauft man in der **Schalterhalle** (⌚6–21 Uhr). Für Inlandstickets ist kein Schlangestehen nötig: Man kann die Fahrkarten auch an Fahrkartenautomaten (Touchscreen, englische Menüoberfläche) kaufen. Bezahlt wird bar oder mit Kreditkarte.

Florenz liegt an der Bahnlinie Rom – Mailand (Milano). Es gibt folgende Verbindungen:

Lucca (5,10 €, 1½–1¾ Std., alle 30 Min.)

Pisa (5,80 €, 45–60 Min., alle 30 Min.)

Pistoia (3,10 €, 45–60 Min., alle 30 Min.)

Rom (17,25 €, 1¾–4¼ Std.)

Bologna (10,50–25 €, 1–1¾ Std.)

Mailand (29,50–53 €, 2¼–3½ Std.)

Venedig (24–43 €, 2¾–4½ Std.)

Unterwegs vor Ort

Auto & Motorrad

Die meisten Fahrzeuge wurden aus der Altstadt verbannt, wer dennoch reinfährt, zahlt ein deftiges Bußgeld.

Rund um den Piazzale Michelangelo darf kostenlos auf der Straße geparkt werden (innerhalb der blauen Linien; die weißen Linien sind für Anwohner reserviert). Teure Tiefgaragen gibt es im Bereich um die Fortezza da Basso und im Oltrarno unterhalb des Piazzale di Porta Romana. Auch viele Hotels kümmern sich um Parkmöglichkeiten für ihre Gäste.

Fahrrad & Motorroller

Biciclette a Noleggio (Piazza della Stazione; Std./Tag 1,50/8 €; ⌚Mo–Sa 7.30–19, So 9–19, Nov.–Jan. bis 18 Uhr) Königsblaue Fahrräder werden vor dem Bahnhof verliehen.

Rental Point Ghiberti (Piazza Sant'Ambrogio; Std./Tag 1,50/8 €; ⌚Mai–Sept. Mo–Sa 8.30–19 Uhr, Okt.–April kürzere Öffnungszeiten) Stand im Freien, hinter dem Sant'Ambrogio-Markt.

Florenz by Bike (www.florenzbybike.com; Via San Zanobi 120r; Stadtrad/Motorroller pro Tag 14,50/68 €; ⌚Mo–Sa 9–13 & 15.30–19.30 Uhr) Erstklassiger Fahrradladen, macht Routenvorschläge, verleiht Räder.

Zum/Vom Flughafen

BUS Ein Shuttlebus (einfache Fahrt/hin & zurück 5/8 €, 25 Min.) verkehrt zwischen dem Flughafen Florenz und der Stazione di Santa Maria Novella (alle 30 Min, 6–23.30 Uhr). **Terravision** (www.terravision.eu) bietet täglich Verbindungen (einfache Fahrt/hin & zurück 10/16 €, 1¼ Std., 13-mal tgl.) zwischen der Haltestelle auf der Via Alamanni (außerhalb des Bahnhofs Stazione di Santa Maria Novella) und Pisas Flughafen Galileo Galilei. Die Fahrkarten können online, im Bus oder am **Terravision-Schalter** (Via Alamanni 9r; ⌚6–19 Uhr) in der Deanna Bar gekauft werden. Im Flughafen Galileo Galilei befindet sich der Terravision-Ticketschalter in der Ankunftshalle.

TAXI Ein Taxi zwischen dem Flughafen Florenz und der Stadt kostet pauschal 20 € (So und feiertags 22 €, 22–6 Uhr 23 €, 1 € pro Gepäckstück). Nach Verlassen des Terminalgebäudes sollte man sich rechts halten, dann kommt der Taxistand in Sicht.

ZUG Es verkehren regelmäßig Züge zwischen der Stazione di Santa Maria Novella in Florenz und dem Flughafen Galileo Galilei bei Pisa (5,80 €, 1½ Std., 4.30–22.25 Uhr, mind. stündl.).

Öffentliche Verkehrsmittel

In der Innenstadt fahren Busse und elektrische *bussini* (Minibusse) von **ATAF** (☎800 424500; vom Handy ☎199 104245; www.ataf.net, auf Italienisch). Die meisten starten/enden an der ATAF-Bushaltestelle gegenüber vom Südost-Ausgang der Stazione di Santa Maria Novella, dem Bahnhof von Florenz.

Die Tickets sind 90 Minuten (nur einfach) gültig und kosten 1,20 € (2 € im Bus). Sie werden an Kiosken, beim Tabakhändler und dem **ATAF-Ticket- & Informationsbüro** (⌚7.30–19.30 Uhr) neben dem Bahnhof verkauft.

Zehn Tickets kosten 10 €, ein praktisches *biglietto multiplo* (gültig für 4 Tage) 4,70 €, ein Travel Pass für 1/3/7 Tage kommt auf 5/12/18 €. Fahrgäste ohne Ticket (im Bus entwerten!) zahlen Strafe.

Wer die Bequemlichkeit eines SMS-Tickets bevorzugt, muss zunächst seine Kreditkarte (Visa oder MasterCard) bei Bemoov (www.bemoov.com) registrieren lassen. Danach ist es einfach: Vor dem Einsteigen einen Text mit der Nachricht „ataf“ an ☎339 9941264 senden, innerhalb von Sekunden wird dem Kunden dann ein alphanumerischer Code zugeteilt, den jeder Kontrolleur akzeptiert. SMS-Tickets kosten genauso viel wie ausgedruckte Tickets.

Taxi

Ein Taxi auf der Straße aufzugabeln, ist nicht leicht, da die Taxistände nicht immer ausgewiesen sind. Am besten gleich am Bahnhof eines nehmen oder telefonisch bestellen:

☎055 42 42

☎055 43 90

NÖRDLICHE & WESTLICHE TOSKANA

In diesem Teil der Toskana lässt sich gut verstehen, was der Begriff *slow travel* wirklich bedeutet. Reisende gewöhnen sich rasch daran, mittags in aller Ruhe regionale Spezialitäten zu genießen und durch die mittelalterlichen Gassen der Orte auf den Hügeln zu bummeln. Oder sie unternehmen eine gemächliche Fahrradtour entlang der Weinstraße mit der tollen Aussicht an der Küste oder wandern über die Insel, auf die einst Napoleon verbannt war. Selbst die größeren Städte hier - einschließlich Lucca und der Universitätsstadt Pisa - strahlen eine Ruhe und Liebe zur Tradition aus, die Gäste zu einigen Tagen ruhigen Aufenthalts einladen.

TURM & KOMBITICKETS

Am besten reserviert und kauft man die Tickets für die Besteigung des Schiefen Turms an einem der beiden gut beschilderten **Ticketschalter** (www.opapisa.it; Piazza dei Miracoli; ⌚April–Sept. 8–19.30 Uhr, Okt. 8.30–19 Uhr, Nov. & Feb. 9–17 Uhr, Dez.–Jan. 9.30–16.30 Uhr, März 8.30–18 Uhr): Der Hauptschalter befindet sich hinter dem Turm, ein kleiner im Museo delle Sinópie. Wer auf Nummer sicher gehen will, sollte die Tickets online mindestens 15 Tage im Voraus buchen.

Die Schalter verkaufen auch Kombitickets, in denen der Eintritt zum Baptisterium, zum Camposanto, dem Museo dell'Opera del Duomo und Museo delle Sinópie enthalten ist: Die Tickets bieten wahlweise 1/2/5 Eintritte und kosten 5/6/10 € (erm. 2/3/5 €, Kinder unter 10 Jahren frei). So kann jeder für sich entscheiden, welche Sehenswürdigkeiten er besichtigen will.

Pisa

87 440 EW.

Einst war sie eine mächtige Seemacht, die in Konkurrenz mit Genua und Venedig stand, heute bezieht Pisa seinen Ruhm vor allem aus einem architektonischen Projekt, das gründlich schief gelaufen ist. Allerdings ist der weltberühmte Schiefe Turm nur eine von vielen bemerkenswerten Sehenswürdigkeiten in dieser fesselnden Stadt. Das Bildungswesen war der Motor, der die lokale Ökonomie seit dem 15. Jh. am Laufen hielt, Studenten aus ganz Italien kämpfen auch heute noch um einen Platz an der Eliteuniversität und den zahlreichen Forschungseinrichtungen. Das wiederum sorgt in der Innenstadt für eine lebhafte und bezahlbare Café- und Barszene und schafft einen Ausgleich zu den gut erhaltenen romanischen Bauwerken, gotischen Kirchen und Renaissanceplätzen: Das Straßenleben wird stärker von den Einheimischen als von Touristen dominiert. Klar, der ikonenhafte Schiefe Turm ist für viele der Hauptgrund, nach Pisa zu reisen. Hat man aber erst einmal diesen ganzen Wahnsinn rund um die Piazza dei Miracoli durchlebt (übereifrige Souvenirhändler, laute Schulklassen, Tu-

Pisa

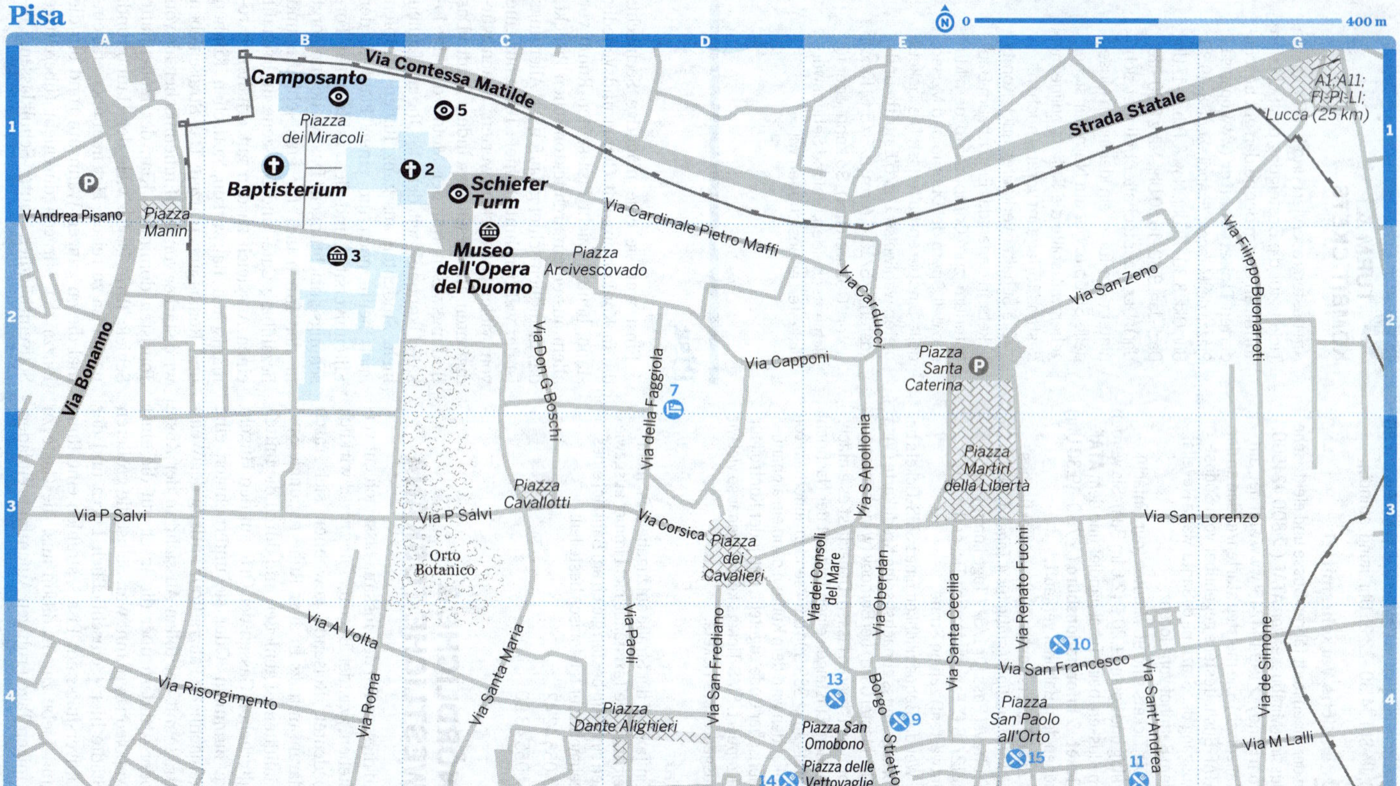
0
400 m
A
B
C
D
E
F
G
1
2
3
4
Via Contessa Matilde
Camposanto
5
Piazza dei Miracoli
2
Baptisterium
Schiefer Turm
3
Museo dell'Opera del Duomo
Piazza Arcivescovado
V Andrea Pisano
Piazza Manin
Via Bonanno
Strada Statale
A1; A11; FI-PI-LI; Lucca (25 km)
Via Cardinale Pietro Maffi
Via Carducci
Via San Zeno
Via Filippo Buonarroti
Piazza Santa Caterina
Via Capponi
Via Don G Boschi
Via della Faggiola
7
Piazza Martiri della Libertà
Via S Apollonia
Piazza Cavallotti
Via P Salvi
Via P Salvi
Via Corsica
Piazza dei Cavalieri
Via San Lorenzo
Orto Botanico
Via dei Consoli del Mare
Via Oberdan
Via Santa Cecilia
Via Renato Fucini
10
Via San Francesco
Via Sant'Andrea
Via de Simone
Via A Volta
Via Risorgimento
Via Roma
Via Santa Maria
Via Paoli
Via San Frediano
13
Borgo Stretto
9
Piazza San Paolo all'Orto
15
11
Via M Lalli
Piazza Dante Alighieri
Piazza San Omobono
Piazza delle Vettovaglie
14

mult und Touristen, die sich vor dem Turm in immer gleicher Fotopose aufstellen), ist der nächste Impuls der Wunsch, die Stadt fluchtartig zu verlassen.

Um zu verhindern, dass man eines der wichtigsten Wahrzeichen Europas völlig ernüchtert verlässt, sollte man sich die Besichtigung des Schiefen Turms für die Nachmittagsstunden – oder noch besser für die Abendstunden aufheben: Von Mitte Juni bis August werden die glitzernden weißen Monumente angestrahlt und verströmen eine magische Aura des Geheimnisvollen.

Wer am Vormittag in der Stadt ist, sollte zunächst einmal friedlich am Ufer des Arno entlangschlendern und danach in aller Ruhe das mittelalterliche Herz der Stadt erkunden. Sehenswert sind z. B. die Chiesa di Santa Maria della Spina und der Palazzo Blu. Zum Mittagessen mischt man sich dann im Sottobosco unter die Einheimischen.

Und erst dann, wenn man sich mit diesem anderen Pisa angefreundet hat, sollte man Richtung Schiefen Turm marschieren.

Geschichte

Vermutlich ist Pisa eine griechische Gründung. Unter Rom entwickelte es sich sehr schnell zu einem wichtigen Flottenstützpunkt und blieb für viele Jahrhunderte lang ein bedeutender Hafen. Die sogenannten Goldenen Zeiten der Stadt begannen im 9. Jh., als sie zu einer unabhängigen Seerepublik aufstieg und mit Genua und Venedig rivalisierte. Die Blütezeit zog sich bis ins 12. und 13. Jh. Zur damaligen Zeit kontrollierte Pisa Korsika, Sardinien und den Großteil der Festlandküste, Richtung Süden reichte die Macht bis Civitavecchia. Die meisten der erlesenen Gebäude in der Stadt datieren aus dieser Zeit, als auch der markante pisanisch-romanische Architekturstil seine Blüte hatte.

Pisas Unterstützung der kaisertreuen Ghibellinen brachte die Stadt in Konflikt mit ihren Nachbarn Siena, Lucca und Florenz, die größtenteils papsttreue Guelfen waren. Während der Seeschlacht bei Meloria 1284 schließlich versetzte Genuas Flotte Pisa den vernichtenden Schlag. Nachdem die Stadt 1406 an Florenz gefallen war, förderten die Medici die großen künstlerischen, literarischen und wissenschaftlichen Bestrebungen und erweckten Pisas Universität zu neuem Leben. Galileo Galilei, berühmtester Sohn der Stadt, unterrichtete später an der Universität von Pisa.

Pisa

Higlights

Baptisterium	B1
Camposanto	B1
Schiefer Turm	C1
Museo dell'Opera del Duomo	C2

Sehenswertes

1 Chiesa di Santa Maria della Spina	C5
2 Dom	C1
3 Museo delle Sinòpie	B2
4 Museo Nazionale di San Matteo	G6
5 Ticketschalter	C1
Ticketschalter	(siehe 3)

Schlafen

6 Hotel Bologna	D6
7 Hotel Relais dell'Orlogio	D2
8 Royal Victoria Hotel	E5

Essen

9 Bar Pasticceria Salza	E4
10 biOsteria 050	F4
11 Il Colonnino	F4
12 Il Crudo	F5
13 Il Montino	E4
14 Osteria del Porton Rosso	D4
15 Sottobosco	F4

Ausgehen

16 Bazeel	E5

Sehenswertes

ENTLANG DES ARNO

In sicherer Entfernung zu den überfüllten Schwergewichten der Piazza dei Miracoli kommt Pisas besonderer Reiz am Ufer des Arno erst richtig zur Geltung. Glanzvolle Paläste in ganz unterschiedlichen Farben säumen den südliche *lungarno* (Uferstraße), von dem aus sich Pisas Einkaufsboulevard, der **Corso Italia**, nach Süden in Richtung Bahnhof zieht.

Pisas mittelalterliches Zentrum liegt nördlich vom Wasser. Von der am Flussufer gelegenen **Piazza Cairoli** mit ihren vielen Bars kann man gemütlich die **Via Cavour** entlangschlendern und sich in den umliegenden engen Gassen verlieren. Ein täglicher Obst- und Gemüsemarkt füllt die **Piazza delle Vettovaglie**, die von Säulengängen aus dem 15. Jh. und beliebten Bars und Caféterrassen eingerahmt wird. Die Graffitti auf der Fassade der **Chiesa di San Michele in Borgo** (Borgo Stretto), die ins 15. Jh. zurückreicht, waren übrigens eine Wahlkampagne für den Rektor einer lokalen Schule.

Chiesa di Santa Maria della Spina KIRCHE

(Lungarno Gambacorti; Erw./erm. 2/1,50 €; Di–Fr 11–12.45 & 15–17.45, Sa & So 11–12.45 & 15–18.45 Uhr) Diese herrliche Kirche am südlichen Flussufer des Arno ist ein erlesenes Architekturbeispiel für den pisanisch-gotischen Stil. Die mittlerweile dekonsekrierte Kirche wurde zwischen 1230 und 1233 rund um einen Reliquienschrein mit einer *spina* (Dorn), die aus Christus' Krone stammen soll, errichtet. Innen wirkt der Kirchenraum still und intim, die kunstvolle Außenfassade dagegen ist überzogen mit Tabernakeln und Statuen. Wichtigste Sehenswürdigkeit ist Andrea und Nino Pisanos *Madonna und Kind* (1345–1348), ein Meisterwerk gotischer Bildhauerei, das noch immer die Spuren der Originalfarben trägt.

GRATIS **Palazzo Blu** KUNSTGALERIE

(www.palazzoblu.it; Lungarno Gambacorti 9; Di–Fr 10–19, Sa & So 10–20 Uhr) Das großartig restaurierte Gebäude aus dem 14. Jh. mit seiner markanten hellblauen Fassade steht am Ufer des Arno. Innen bilden die Ausschmückungen aus dem 19. Jh. die perfekte Kulisse für die Sammlung der Fondazione CariPisa, die pisanische Arbeiten vom 14. bis ins 20. Jh. umfasst, sowie für kurze Zeit laufende Wechselausstellungen.

Museo Nazionale di San Matteo KUNSTGALERIE

(Piazza San Matteo in Soarta, Lungarno Mediceo; Erw./erm. 5/2 €; Di–Sa 8.30–19.30, So 8.30–13.30 Uhr) Diese Fundgrube mittelalterlicher Meisterwerke befindet sich in einem Benediktinerkloster aus dem 13. Jh., das am parallel zum Nordufer des Arno verlaufenden Boulevard steht. Die Sammlung der Galerie besteht aus pisanischen Skulpturen aus dem 14. und 15. Jh., darunter bemerkenswerte Stücke von Nicola und Giovanni Pisano, Andrea und Nino Pisano, Francesco di Valdambrino, Donatello, Michelozzo und Andrea della Robbia. Noch besser allerdings ist die Gemäldesammlung, die den Besucher mit wunderbaren Bildern der Toskanischen Schule (ca. 12.–14. Jh.) bezaubert.

PIAZZA DEI MIRACOLI

Keine toskanische Sehenswürdigkeit wurde öfter in kitschigen Souvenirs verewigt als der Schiefe Turm auf diesem gigantischen Platz, der auch als **Campo dei Miracoli** (Feld der Wunder) oder **Piazza del Duomo** bekannt ist. Die ausgedehnten Rasenanlagen auf der Piazza bilden so etwas wie einen städtischen Teppich, auf dem Europas wohl außergewöhnlichste Sammlung romanischer Bauwerke zu finden ist – in Form einer Kathedrale, eines Baptisteriums und eines Turms. Zwei Mio. Besucher pro Jahr strömen hierher – viele kommen mit Reisebussen extra aus Florenz für eine Stippvisite.

Schiefer Turm WAHRZEICHEN

(Torre Pendente; www.opapisa.it; Ticketbüro/online 15/17 €; ⌚April–Mitte Juni & Sept. 8.30–20.30 Uhr, Mitte Juni–Aug. 8.30–23 Uhr, Okt. 9–19.30 Uhr, Nov. & Feb.–März 9.30–18 Uhr, Dez.–Jan. 10–17 Uhr) Ja, es ist wahr: Der Schiefe Turm ist *wirklich* schief. Die Bauarbeiten begannen 1173, kamen jedoch schon ein Jahrzehnt später zum Stillstand, als die ersten drei Stockwerke der Konstruktion sich zu neigen begannen. 1272 wurden die Arbeiten erneut aufgenommen, wobei die Kunsthandwerker und Maurer versuchten, das Fundament zu stützen, jedoch kläglich scheiterten. Trotz allem arbeiteten sie weiter und versuchten, die Neigung zu kompensieren, indem sie von den unteren Etagen aus schrittweise gerade nach oben bauten und dem Bauwerk so eine dezente Bananenkurvenform gaben.

Im Laufe der Jahrhunderte neigte sich der Turm jeweils um einen weiteren Millimeter pro Jahr. 1993 war er schon 4,47 m aus dem Lot. Die neueste Lösung sah Stahlverstrebungen vor, die um den 3. Stock geschlungen wurden und danach mit Stahlkabeln an den benachbarten Gebäuden befestigt wurden. Das hielt den Turm aufrecht, als Ingenieure begannen, behutsam die Erde unterhalb des nördlichen Fundaments zu entfernen. Nachdem etwa 70 t Erdreich von der Nordseite weggeschaufelt worden waren, sank der Turm zurück auf das Niveau, das er im 18. Jh. hatte. Dabei korrigierte sich die Neigung um 43,8 cm. Experten glauben, dass mit diesen Werten die Zukunft des Turmes (und damit auch fette Touristeneinnahmen) für die nächsten drei Jahrhunderte gesichert ist.

Der Zutritt zum Schiefen Turm ist auf jeweils 40 Personen pro Besichtigung beschränkt – Kinder unter acht Jahren haben gar keinen Zutritt. Wer sichergehen will, sollte online im Voraus buchen oder direkt nach der Ankunft in Pisa zu einem Ticketschalter gehen, um für den Nachmittag Ein-

TOP FIVE: UNBEKANNTE FAKTEN ÜBER DEN SCHIEFEN TURM VON PISA

» 1160 standen bereits 10 000 Türme in Pisa – aber ein Glockenturm für die Kathedrale war nicht darunter. Die Pisanerin Berta di Bernardo behob diesen Missstand, als sie 1172 starb: Sie hinterließ ein Legat von 60 *soldi* für die Stadt, damit die endlich loslegen konnte mit dem Bau des *campanile* (Glockenturm).

» Der Schiefe Turm – eine skurrile Torheit seiner Erfinder – wurde eigens mit einem Neigungswinkel konstruiert. Diese Theorie, die im frühen 19. Jh. zu heißen Debatten führte, fiel allerdings 1838 wie ein Kartenhaus in sich zusammen, als während Sanierungsarbeiten die wahre Natur seines wackeligen Fundaments enthüllt wurde.

» Er ist nicht der einzige schiefe Turm in Pisa: Der benachbarte Duomo neigt sich 25 cm nach Norden, das Baptisterium 51 cm. Auch der achteckige Glockenturm der **Chiesa di San Nicola** (Via Santa Maria) von Nicola Pisano sowie der Turm der **Chiesa di San Michele degli Scalzi** (Via San Michele degli Scalzi) – ein wackeliger, aus rotem Ziegel gebauter Turm nördlich vom Zentrum – haben eine leichte Schräglage.

» Moskau wird bei der Restaurierung Pisas helfen und Bauleute aus Odessa, Taschkent und Duschanbe schicken, um Wolkenkratzer rund um die Kathedrale sowie einen großen Parkplatz unterhalb des Schiefen Turms zu bauen, um die Verkehrsprobleme dieser meistbesuchten Sehenswürdigkeit zu lösen – ein Aprilscherz der *Moscow Times* vom 1. April 2004.

» Die sieben Glocken, von denen jede einen anderen Ton hat und die von 14 Männern geschwungen wurden, fügte man dem fertigen Turm 1370 hinzu. Sie schweigen allerdings seit den 1950er-Jahren aus Angst vor einem Zusammenfallen des Turms.

trittskarten zu organisieren. Die Besichtigung dauert 30 Minuten, ein steiler Aufstieg über 294 manchmal rutschige Stufen gehört dazu. Taschen und Handtaschen müssen am kostenlosen Gepäckschalter neben dem zentralen Ticketbüro abgegeben werden – Kameras sind so ziemlich das Einzige, was mit hochgenommen werden darf.

Duomo DOM

(Piazza dei Miracoli; Erw./erm. 2/1 €, Nov.–März & So ganzjährig Eintritt frei; ⏲Mitte März–Sept. 10–20 Uhr, Okt. 10–19 Uhr, Nov.–Feb. 10–13 & 14–17 Uhr, Anf.–Mitte März 10–18/19 Uhr) Der Bau des Doms wurde mit Schätzen finanziert, die man 1063 von den Sarazenen vor Palermo erbeutete. Der Dom mit seiner auffälligen Fassade aus wechselnden Streifen grünen und cremefarbenen Marmors sollte zum Vorbild für romanische Kirchen in der gesamten Toskana werden. Die elliptische Kuppel – seiner Zeit die erste ihrer Art in ganz Europa – wurde 1380 hinzugefügt.

Der Dom war zu Bauzeiten der größte Europas; seine atemberaubenden Proportionen wurden entworfen, um Pisas Vorherrschaft im Mittelmeerraum zu unterstreichen. Die Hauptfassade wurde erst im 13. Jh. vervollständigt und zeigt vier zierliche, übereinander errichtete Säulenreihen. Das großzügige Innere des Gotteshauses dagegen wird von 68 mächtigen Granitsäulen im klassischen Stil gestützt. Die mit 24-karätigem Gold verzierte **Kassettendecke** stammt aus der Zeit der Medici.

Unbedingt sehenswert ist auch die außergewöhnliche achteckige **Kanzel**. Sie stammt aus dem frühen 14. Jh. und befindet sich im Nordgang. Giovanni Pisano schuf sie aus Carrara-Marmor; ihre Detailreichtum und die realistische Darstellungsweise waren wegweisend für die gotische Bildhauerei. Pisanos Arbeit bildet einen auffallenden Gegensatz zur modernen Kanzel und dem Altar des italienischen Bildhauers Giuliano Vangi, die 2001 umstrittenerweise ebenfalls hier ihren Platz fanden.

Baptisterium BAPTISTERIUM

(Piazza dei Miracoli; Erw./erm. 5/2 €; ⏲April–Sept. 8–20 Uhr, Okt. 9–19 Uhr, Nov.–Feb. 10–17 Uhr, März 9–18 Uhr) 1152 begannen die Bauarbeiten, die jedoch zunächst wieder zum Stillstand kamen und erst mehr als ein Jahrhundert später erheblich modifiziert von Nicola und Giovanni Pisano fortgesetzt wurden. Endgültig fertiggestellt war das Baptisterium erst im 14. Jh. – daher der Mix unterschiedlichster Architekturstile. Der untere Bereich der Bogengänge ist pisanisch-romanisch, der zugespitzte obere Teil sowie die Kuppel sind gotisch.

Im Innenbereich ist die wunderschöne sechseckige **Kanzel** aus Marmor von Nicola Pisano (bearbeitet 1259–1260) der unbestrittene Höhepunkt. Inspiriert wurde das Werk von den römischen Sarkophagen auf dem Camposanto. Pisano verwendete kraftvolle klassische Modelle, um Szenen aus der Bibel dazustellen. Seine Figur des Daniel, der eine der Ecken der Kanzel auf den Schultern trägt, ist eine der frühesten heroischen Aktdarstellungen in der italienischen Kunst. Oft wird er als Beginn einer Tradition genannt, die mit Michelangelos *David* ihre Perfektion erreichen sollte.

Der pisanische Wissenschaftler Galileo Galilei (welcher der Sage nach auf seine Pendelversuche kam, als er eine Lampe in Pisas Kathedrale hin- und herschwingen sah) wurde im **achteckigen Taufbecken** getauft (1246).

Bei einem Besuch sollte man sich auf jeden Fall die Zeit nehmen, auf die Galerie zu steigen und von oben die einzigartige Architektur und Akustik auf sich wirken zu lassen. Wer sich nicht traut, selbst das vielfache Echo zu testen, kann auf die Gesangseinlage der Aufseher warten, die alle halbe Stunde ihren Auftritt haben.

Camposanto FRIEDHOF

(Piazza dei Miracoli; Erw./erm. 5/2 €; ⏲April–Mitte Juni & Sept. 8.30–20 Uhr, Mitte Juni–Aug. 8.30–23 Uhr, Okt. 9–19 Uhr, Nov.–Feb. 10–17 Uhr, März 9–18 Uhr) Es heißt, dass während der Kreuzzüge 1203 Erde vom Kalvarienberg hierher per Schiff transportiert wurde. Diese liegt nun zwischen den weißen Mauern dieser ergreifenden letzten Ruhestätte vieler prominenter Pisaner.

Während des Zweiten Weltkriegs wurden durch die Artillerie der Alliierten viele der kostbaren Fresken des Kreuzgangs zerstört. Die noch erhaltenen (von den Wänden abgenommenen) Fresken bilden heute den Mittelpunkt des Museo delle Sinópie.

Museo delle Sinópie MUSEUM

(Piazza dei Miracoli; Erw./erm. 5/2 €; ⏲April–Sept. 8–20 Uhr, Okt. 9–19 Uhr, Nov.–Feb. 10–17 Uhr, März 9–18 Uhr) In diesem Museum werden die wenigen kostbaren Fresken aus dem 14. und 15. Jh., die das Bombardement im Zweiten Weltkrieg überlebten, sicher verwahrt. Am bemerkenswertesten ist der *Triumph des*

Todes, eine frappierende Darstellung der Hölle, die dem Maler Buonamico Buffalmacco zugeschrieben wird (14. Jh.).

Museo dell'Opera del Duomo MUSEUM
(Piazza dei Miracoli; Erw./erm. 5/2 €; ⏲April–Sept. 8–20 Uhr, Okt. 9–19 Uhr, Nov.–Feb. 10–17 Uhr, März 9–18 Uhr) Nirgendwo erhält man einen besseren Überblick über die drei architektonischen Meisterwerke auf der Piazza dei Miracoli als in diesem Museum im einstigen Kapitelhaus des Doms. Zu den Höhepunkten zählen Giovanni Pisanos Elfenbeinschnitzerei *Madonna und Kind* (1299), die für den Hauptaltar des Doms gefertigt wurde, sowie seine *Madonna del colloquio* (Mitte 13. Jh.). Zu den legendären Beutestücken gehören aber auch unterschiedliche Werke islamischer Kunst, darunter der Greif, der einst den Dom krönte, sowie ein maurischer Hippogryph aus dem 10. Jh.

Feste & Events

Luminaria FEUERWERK
Der hl. Ranieri – Pisas Schutzpatron –wird am 17. Juni geehrt. Die Nacht davor ist magisch: Tausende von Kerzen und Fackeln erhellen das Flussufer, und ein Feuerwerk verzaubert den nächtlichen Himmel.

Regata Storica di San Ranieri SPORT
Viel Betrieb herrscht auf dem Arno während der Ruderregatta zu Ehren des Schutzpatrons am 17. Juni.

Gioco del Ponte MITTELALTERLICH
(Brückenspiel) Zwei gegnerische Teams in mittelalterlichen Kostümen tragen ihre Kämpfe am letzten Sonntag im Juni auf der Ponte di Mezzo aus.

Palio delle Quattro Antiche Repubbliche Marinare SPORT
(Regatta der Vier Einstigen Seerepubliken) Die vier historischen Seemächte Pisa, Venedig, Amalfi und Genua treffen sich jedes Jahr im Juni für eine Bootsprozession und ein dramatisches Bootsrennen; in Pisa findet das nächste 2014 statt.

Schlafen

LP TIPP **Royal Victoria Hotel** HOTEL €
(☎050 94 01 11; www.royalvictoria.it; Lungarno Pacinotti 12; EZ ohne Bad 30–45 €, DZ ohne Bad 40–55 €, DZ 65–80 €, 3BZ 80–120 €, 4 BZ 120–175 €; P ❄ 📶 👪) Das älteste unter den Hotels in Pisa wird seit 1837 von der Familie Piegaja betrieben. Angeblich sind die Zimmer sehr unterschiedlich eingerichtet, die beim letzten Besuch gesehenen waren der perfekte, heruntergekommen-schicke Mix aus Erinnerungen an altehrwürdige Bildungsreisen und modernem Komfort.

Hotel Bologna HOTEL €€
(☎050 50 21 20; www.hotelbologna.pisa.it; Via Mazzini 57; EZ 59–99 €, DZ 79–179 €, 3BZ 99–199€, 4BZ 119–259 €; P ❄ @ 📶 👪) Dieses 4-Sterne-Haus liegt einen hübschen, 1 km langen Spaziergang von der Piazza dei Miracoli entfernt und ist eine mit 68 Zimmern ausgestattete Oase der Ruhe und des Friedens. Die Zimmer für vier Personen sind für Familien eine praktische, wenn auch kostspielige Option. Ein kleiner Terrassengarten hinter dem Haus eignet sich perfekt für ein sommerliches Frühstück!

Hotel Relais dell'Orologio HOTEL €€€
(☎050 83 03 61; www.hotelrelaisorologio.com; Via della Faggiola 12–14; DZ 200–800 €; P ❄ 📶) Es hat etwas von Flitterwochen: Pisas verträumtes 5-Sterne-Hotel befindet sich in einem geschmackvoll restaurierten, befestigten Wohnturm aus dem 14. Jh. in einer stillen Seitenstraße.

Dei Cavalieri B&B €
(☎050 99 10 597, 291 22 880; www.deicavalieri.pisa.it; Piazza Sant'Antonio 4; EZ/DZ/3BZ/4BZ 45/65/89/99 €; @ 📶) Liegt versteckt in einem Apartment im 4. Stock, mit herrlichem Ausblick über die Dächer der Stadt. Wer das Gemeinschaftsbad benutzt, zahlt 10 € pro Nacht weniger.

Essen

Als Universitätsstadt hat Pisa eine gute Auswahl an Lokalen, sie konzentrieren sich vor allem um den Borgo Stretto und südlich des Flusses im trendigen San-Martino-Viertel.

LP TIPP **Sottobosco** CAFÉ €
(www.sottoboscocafe.it; Piazza San Paolo all'Orto; Mittagessen 15 €; ⏲Di–Fr 10–24, Sa 12–1, So 19–24 Uhr) Was für eine frische, touristenfreie Zone ist dieses kreative Café, das auch ein paar Bücher verkauft! Hier kann man bei Gebäck und Cappuccino an einem Glastisch sitzen oder sich ein einfaches, hausgemachtes Mittagsgericht (Salate, Pasteten und Pasta) bestellen. Ab Einbruch der Dämmerung spielen Jazzbands oder DJs legen auf.

Il Crudo SANDWICHLADEN €
(Piazza Cairoli 7; Panini 4,50–6 €; ⏲Mo–Do 11–15.30 & 18–1, Fr bis 2, Sa 11–2, So 11–1 Uhr) In

ABSTECHER

TAGESAUSFLUG NACH FIESOLE

Eine der Freuden von Florenz besteht darin, der Großstadt den Rücken zu kehren – Fiesole bietet dafür einen perfekten Vorwand. Die kleine Stadt hoch auf dem Hügel, 9 km nordöstlich von Florenz lockt bereits seit Jahrhunderten mit kühlerer Luft, Olivenhainen, Renaissancevillen und spektakulären Ausblicken auf die Stadt zu ihren Füßen.

10 Uhr

Einfach auf der Piazza San Marco in den ATAF-Bus 7 (1,20 €) einsteigen und 30 Minuten später auf Fiesoles Piazza Mino di Fiesole wieder aussteigen. Gegründet wurde Fiesole im 7. Jh. v. Chr. von den Etruskern; sie war damals die wichtigste Stadt im nördlichen Etrurien. Die **Area Archeologica** (www.fiesolemusei.it; Via Portigiani 1; Erw./erm. 12/8 €; ⌚April–Sept. 10–19 Uhr, März & Okt. 10–18 Uhr, Nov.–Feb. Mi–Mo 10–14 Uhr) in der Nähe der **Touristeninformation** (☎055 596 13 23; www.comune.fiesole.fi.it; Via Portigiani 3; ⌚März–Okt. 10.30–13 & 13.30–16 Uhr, Rest des Jahres kürzer) bietet eine perfekte Rückblende in die fantastische Vergangenheit des Ortes. Nach einem Spaziergang zwischen den Ruinen des kleinen etruskischen Tempels und der römischen Bäder lohnt sich anschließend der Besuch des Archäologischen Museums mit Exponaten von der Bronzezeit bis zur römischen Epoche. Später bietet sich eine Pause im Freien an, z. B. auf den Steinstufen des römischen Amphitheaters aus dem 1. Jh. v. Chr. Hier treten im Sommer während der **Estate Fiesolana** (www.estatefiesolana.it) – Italiens ältestem Open-Air-Festival – Musiker, Schauspieler und Künstler auf. Das **Vivere Jazz Festival** (www.viverejazz.it) im Juli ist der zweite wichtige Termin in diesem stimmungsvollen Theater.

Danach lohnt ein Blick ins **Museo Bandini** (Via Dupré; Erw./erm. 5/3 € oder frei mit einem Ticket für die Area Archeologica; ⌚April–Sept. 9.30–19 Uhr, Okt. & März 9.30–18 Uhr, Nov.–Dez. Mi–Mo 10–17 Uhr, Jan. & Feb. Di–Mo 11–17 Uhr), um frühe toskanische Renaissancekunst zu bewundern, darunter erlesene Medaillons (etwa 1505–20) von Giovanni della Robbia und Taddeo Gaddis brillante Verkündigung (1340–1345).

12 Uhr

Vom Museum aus führt ein 300 m langer Spaziergang entlang der Via Giovanni Dupré zum großzügig ausgestatteten **Museo Primo Conti** (www.fondazioneprimoconti.org; Via Dupré 18; Eintritt 3 €; ⌚Mo–Fr 9–13 Uhr). Hier lebte und arbeitete der namengebende Avantgardekünstler. Innen werden über 60 seiner Gemälde gezeigt.

13 Uhr

Zurück auf dem Hauptplatz, der **Piazza MinoFiesole** laden Café- und Restaurantterrassen zu einer Pause ein. Die Terrasse des 1860 eröffneten 4-Sterne-Hotelrestaurants **Villa Aurora** (☎055 5 93 63; www.villaurora.net; Piazza Mino Fiesole 39; Mahlzeiten 50 €; ⌚Mittag- & Abendessen, im Winter Mo geschl.) ist die klassische Wahl. Ein rundum rustikales und typisch toskanisches Mittagessen, das aus regionaler Salami und Käse, hausgemachter Pasta und einem Chianina-Steak besteht, bekommt man im **Vinandro** (☎055 5 91 21; www.vinandrofiesole.com; Piazza Mino Fiesole 33; Mahlzeiten 25 €; ⌚Di–So Mittag- & Abendessen).

15 Uhr

Und danach? Wie wär's mit einem Bummel rund um die **Cattedrale di San Romolo** (Piazza Mino Fiesole; ⌚7.30–12 & 15–17 Uhr), dem Herzstück des Platzes? Das Bauwerk wurde im 11. Jh. begonnen und im 19. Jh. renoviert. Eine Terrakottastatue des hl. Romolo von Giovanni della Robbia bewacht den Eingangsbereich. Danach geht es vom anderen Ende des Platzes aus steil aufwärts zur **Via San Francesco** mit einem umwerfenden Panoramablick auf Florenz: Von der Terrasse bei der **Basilica di Sant'Alessandro** (15. Jh.) nach unten blickend, liegt einem die ganze Stadt zu Füßen. Für alle, die sich noch bewegen wollen, bietet die Touristeninformation Broschüren mit Vorschlägen für kurze Spaziergänge (1–3,5 km), die hier beginnen.

dieser *panineria* und *vineria* im Taschenformat kann man sich gut gefüllte *panini* für unterwegs holen oder einen *alfresco* mit einem Glas Wein genießen. Der empfehlenswerte Laden liegt beim Fluss an einem der hübschesten Plätze Pisas.

LP TIPP Il Montino PIZZERIA
(Vicolo del Monte 1; Pizza 4,20–7,50 €; ⏲Mo–Sa 10.30–15 & 17–22 Uhr) Die bodenständige Pizzeria genießt einen ikonenhaften Status unter den Pisanern - egal, ob Student oder Weltmann. Hier kann man sich eine Pizza zum Mitnehmen bestellen oder sich an einem der wenigen Tische durch die Hausspezialitäten futtern: *cecina* (Kichererbsenpizza), *castagnacci* (Kastanienkuchen) und *spuma* (ein süßer, alkoholfreier Drink). Außerdem gibt es *foccacine* mit Salami, pancetta oder *porchetta* (Spanferkel). Il Montino liegt versteckt in einer Hintergasse; am schnellsten ist es zu finden, wenn man vom Nordende des Borgo Stretto (gegenüber vom Café Lo Sfizio am Borgo Stretto 54) auf der Via Ulisse Dini Richtung Westen zur Piazza San Felice geht. Ab dort ist es leicht zu finden: Sein blaues „Pizzeria"-Schild ist nicht zu übersehen.

Il Colonnino OSTERIA €€
(☎050 313 84 30; Via Sant'Andrea 37–41; Mahlzeiten 30 €; ⏲Di–So Mittag- & Abendessen) Verborgen im Labyrinth mittelalterlicher Sträßchen zwischen Piazza San Francesco und dem Fluss gelegen, ist Il Colonnino die Art von Lokal, die den Einheimischen gefällt. Sie kommen mal für ein Mittagessen, mal für einen *aperitivo* oder zum Abendessen. Gekocht wird modern italienisch: Es gibt spaghettiähnliche *tagliolini* mit gehobelte San-Miniato-Trüffeln, Schweinefilet in Balsamicosauce oder - für Vegetarier - weißen Spargel mit einer Sauce aus gekochten Eiern. Das Festpreismenü für 25 € ist exzellent für den Preis.

biOsteria 050 BIOLOGISCH, TOSKANISCH €
(☎050 54 31 06; www.zerocinquanta.com; Via San Francesco 36; Mahlzeiten 25 €; ⏲Mo & Mi–Sa 12.30–14.30 & 19.45–22.30, So 19.45–22.30 Uhr) Zero Cinquanta hat ein cleveres Konzept: „Tradition und Fantasie" lautet das Motto. Das Saisongemüse, das für die toskanischen Gerichte verwendet wird, kommt aus biologischem Anbau und der Region. Es gibt eine große Auswahl für Vegetarier wie auch für alle, die unter Zöliakie leiden. Empfehlenswert ist der Risotto mit schwarzem Kohl, Nüssen und Gorgonzola - oder wie wär's mit einem Kaninchen in süßem Senf? Auch die Tagesgerichte sind exzellent, sie werden jeden Tag auf der Kreidetafel vor dem Lokal angeschrieben.

Osteria del Porton Rosso OSTERIA €€
(☎050 58 05 66; Vicolo del Porton Rosso 11; Mahlzeiten 35 €; ⏲Mo–Sa Mittag- & Abendessen) Die altmodische, aber hervorragende *osteria* am Ende einer Gasse liegt etwas zurückversetzt vom Lungarno Pacinotti. Nach einem Türeingang mit rotem Fliegenvorhang und unpassendem Neonschild Ausschau halten. Zur Auswahl stehen den Gästen zwei Menüs - eines mit Produkten vom Land, das andere mit Zutaten aus dem Meer. Pisanische Spezialitäten wie frische Ravioli mit Stockfisch und Kichererbsen koexistieren hier friedlich neben toskanischen Klassikern wie einem gegrillten Filet.

Bar Pasticceria Salza GEBÄCK & KUCHEN €
(Borgo Stretto 44; ⏲April–Okt. 8–20.30 Uhr, Nov.–März Di–So kürzer) Diese altmodische *pasticceria* lockt die Pisaner bereits seit den 1920er-Jahren mit ihren zuckerhaltigen Köstlichkeiten.

Ausgehen

Das abendliche Studentenleben spielt sich auf der von Cafés umgebenen Piazza Dante Alighieri rund um die Piazza delle Vettovaglie und der Universität ab.

Bazeel BAR
(www.bazeel.it, auf Italienisch; Lungarno Pacinotti 1; ⏲17–2 Uhr) In der Bar trifft sich ein bunter Mix an Gästen, die wegen der Auswahl an *aperitivi* kommen. Nach 21 Uhr gibt es normalerweise Livemusik, wenn nicht, legt ein DJ auf. Am besten bei Twitter nachschauen, was der Abend so bietet.

Praktische Informationen

Touristeninformation (www.pisaunicaterra.it) Flughafen (☎050 50 25 18; ⏲9.30–23.30 Uhr); Bahnhof (☎050 4 22 91; Piazza Vittorio Emanuele II 13; ⏲Mo–Sa 9–19, So 9–16 Uhr); Stadtzentrum (☎050 91 03 50; tourist-point@comune.pisa.it; Piazza XX Settembre; ⏲8.30–12.30 Uhr)

An- & Weiterreise

AUTO Pisa liegt in der Nähe der Autobahnen A11 und A12. Die Schnellstraße SCG FI-PI-LI (SS67) ist eine gebührenfreie Alternative für die Fahrt nach Florenz und Livorno, während die nordsüdlich verlaufende SS1, die Via Aurelia, die Stadt mit La Spezia und Rom verbindet.

BUS Von ihrem Drehkreuz auf der Piazza Sant'Antonio aus bietet die pisanische Busgesellschaft **CPT** (www.cpt.pisa.it, auf Italienisch) Verbindungen nach/von Volterra (6,10 €, 2 Std., bis zu 10-mal tgl.) und Livorno (2,75 €, 55 Min., alle 30–60 Min.).

FLUGZEUG **Flughafen Galileo Galilei** (www.pisa-airport.com) Der größte internationale Flughafen der Toskana liegt 2 km südlich der Stadt. Von hier aus gibt es Verbindungen zu den meisten großen europäischen Städten.

ZUG

Florenz (5,80 €, 1¼ Std., häufig)
Livorno (1,90 €, 15 Min., häufig)
Lucca (2,40 €, 30 Min., alle 30 Min.)
Viareggio (2,40 €, 15 Min., alle 20 Min.)
Rom (16,85 €, 2½–4 Std., 16 tgl.)

Unterwegs vor Ort

Auto & Motorrad

Das Parken kostet um die 2 € pro Stunde. Unbedingt darauf achten, dass der Parkplatz nicht in der Sperrzone der Stadt liegt. Es gibt einen kostenlosen Parkplatz außerhalb der Zone auf der Südseite des Arno am Lungarno Guadalongo unweit der Fortezza di San Gallo.

Fahrrad

Die meisten Hotels verleihen Fahrräder. Außerdem gibt es Stände am Nordende der Via Santa Maria und an anderen Straßen, die von der Piazza dei Miracoli abgehen. Sie vermieten Vierräder (40 Min. 5 €), Quads mit Plätzen für bis zu 3/6 Personen (Std. 10/15 €) und reguläre Fahrräder (30/60 Min. 2/3 €).

Zum/Vom Flughafen

BUS Die LAM-Rossa-Busse (1,10 €, 10 Min., alle 10–20 Min.) fahren auf dem Weg zum/vom Flughafen durchs Stadtzentrum und am Bahnhof vorbei.

TAXI Ein Taxi zwischen Flughafen und Stadtzentrum kostet etwa 10 €. Für eine Reservierung **Radio Taxi Pisa** anrufen (☎050 54 16 00; www.cotapi.it).

ZUG Es gibt eine Verbindung zu/von der Stazione Pisa Centrale (1,10 €, 5 Min., 33-mal tgl.); unbedingt das Ticket vor dem Besteigen des Zuges kaufen und entwerten!

Lucca

84 640 EW.

Lucca ist eine liebenswerte alte Stadt mit viel Geschichte, hübschen Kirchen und ausgezeichneten Restaurants. Hinter imposanten Renaissancemauern versteckt, ist Lucca eine unverzichtbare Station auf jeder Tour durch die Toskana und außerdem eine perfekte Ausgangsbasis für wunderbare Ausflüge in die Apuanischen Alpen und das Tal der Garfagnana.

Lucca, gegründet von den Etruskern, wurde 180 v. Chr. eine römische Kolonie und im 12. Jh. eine freie *comune* (selbstverwaltete Stadt). Damals war die Stadt durch den Seidenhandel verhältnismäßig reich. 1314 fiel Lucca für kurze Zeit an Pisa, aber unter Führung des Abenteurers Castruccio Castracani degli Antelminelli gewann die Stadt ihre Freiheit zurück und blieb danach fast 500 Jahre lang eine unabhängige Republik in Mittelitalien.

Napoleon setzte all dem 1805 ein Ende, als er das Herzogtum Lucca schuf und seiner Schwester Elisa und derem Mann dort die Herrschaft übertrug. Zwölf Jahre später ging die Stadt in bourbonischen Besitz über, bevor sie dann ins Königreich Italien eingegliedert wurde. Wunderbarerweise entging die Stadt den Bombenangriffen des Zweiten Weltkriegs, sodass die Struktur des historischen Kerns seit Jahrhunderten nahezu unverändert blieb.

Sehenswertes

Die kopfsteingepflasterte **Via Fillungo** führt durch das mittelalterliche Herz der Stadt. Hier haben sich moderne Boutiquen in großartigen alten Prachtbauten angesiedelt – wer den Blick nach oben richtet, weg von der Hektik der Straße, kann sich gratis am Anblick architektonischer Details erfreuen.

Östlich der Via Fillungo liegt einer der hübschesten Plätze der Toskana – die ovale, von Cafés übersäte **Piazza Anfiteatro**. Ihren Namen verdankt sie einem Amphitheater, das sich in römischen Zeiten hier befand. Bei näherem Hinsehen entdeckt man Überreste der Backsteinbögen und anderer Gemäuer an den Außenwänden der mittelalterlichen Häuser, die die Piazza umgeben.

Stadtmauer STADTMAUER

Luccas monumentale **mura** (Stadtmauer) wurde im 16. und 17. Jh. rund um die Stadt errichtet und mit 126 Kanonen bestückt; noch heute sind die Mauern in beinahe perfektem Zustand erhalten. Sie sind 12 m hoch und 4 km lang, der Wall wird von einem baumgesäumten Fußpfad gekrönt. Von oben genießt man einen herrlichen Blick auf die Altstadt und die Apuanischen Alpen – ein herrliches Plätzchen, um herumzustreifen, Rad zu fahren und zu joggen. Spielplätze,

Schaukeln und zahlreiche Picknicktische unter schattigen Platanen sind beliebte und von den Einheimischen mit ihren Familien gut besuchte Treffpunkte.

Cattedrale di San Martino KATHEDRALE
(Piazza San Martino; Mo–Fr 9.30–17.45, Sa bis 18.45, So 9.30–10.45 & 12–18 Uhr) Luccas vorwiegend romanische Kathedrale wurde zu Beginn des 11. Jhs. errichtet. Die atemberaubende Fassade zeigt den damals vorherrschenden pisanisch-lucchesischen Stil; sie wurde passend zu dem schon existierenden *campanile* entworfen. Die Reliefs über dem linken Eingang des Portikus werden Nicola Pisano zugeschrieben.

Das Innere wurde im 14. und 15. Jh. umgebaut, daher auch der gotische Anstrich. Unbedingt ansehen sollte man sich den **Volto Santo** (wörtlich „Heiliges Antlitz"), ein schlicht gestalteter, dunkelhäutiger Christus in Lebensgröße, der an einem hölzernen Kruzifix hängt. Die Legende erzählt, dass dieser von Nikodemus, der die Kreuzigung miterlebte, selbst geschnitzt worden sein soll. Tatsächlich aber wurde das Kunstwerk erst kürzlich auf das 13. Jh. datiert. Die Skulptur ist Ziel vieler Pilgerreisen. Jedes Jahr am 13. September wird sie während der Dämmerung in einer festlichen Prozession durch die Straßen getragen. Die Luminaria di Santa Croce – eine feierliche Fackelprozession – erinnert an ihre wundersame Ankunft in Lucca.

Zu den vielen anderen Kunstwerken der Kathedrale gehören ein großartiges *Letztes Abendmahl* von Tintoretto und Domenico Ghirlandaios *Thronende Madonna und Kind mit Heiligen* aus dem Jahre 1479 in der **Sakristei** (Erw./erm. 2/1,50 €). Gegenüber befindet sich ein erlesenes Marmordenkmal für Ilaria del Carretto, eine Arbeit von Jacopo della Quercia aus dem Jahr 1407. Ilaria, die junge zweite Frau des Stadtherrn Paolo Guinigi, starb im 15. Jh. während der Geburt ihres Kindes mit nur 24 Jahren. Zu ihren Füßen liegt ihr treuer Hund.

Museo della Cattedrale MUSEUM
(www.museocattedralelucca.it; Piazza San Martino; Erw./erm. 4/2,50 €; tgl.10–18 Uhr) Das Museum neben der Kathedrale hütet sorgfältig gearbeitete Gold- und Silberdekorationen, die für den Volto Santo angefertigt wurden, darunter eine Krone aus dem 17. und ein Zepter aus dem 19. Jh. Ein Kombiticket für das Museum und die Sakristei in der Kathedrale kostet 6/4 €.

Chiesa dei SS Giovanni e Reparata KIRCHE
(Piazza San Giovanni; Erw./erm. 2,50/1,50 €; Mitte März–Okt. 10–18 Uhr, Nov.–Mitte März Sa & So 10–17 Uhr) Die ehemalige Kirche aus dem 12. Jh. bietet die stimmungsvolle Kulisse für die sommerlichen Opernaufführungen, die hier im Rahmen des Festivals **Puccini e la sua Lucca** (340 8106042; www.puccinielasualucca.com; Erw./erm. 17/13 €; Mitte März–Okt. tgl. 19 Uhr, Nov.–Mitte März Fr–Mi 19 Uhr) stattfinden. Professionelle Sänger präsentieren ein einstündiges Programm mit Arien und Duetten. Vor allem Musik von Puccini wird zur Aufführung gebracht, daneben aber auch Werke von Verdi, Mozart, Mascagni und Cilea. Die Eintrittskarten erhält man direkt in der Kirche.

Im nördlichen Querschiff der Kirche befindet sich das **Baptisterium**, unter ihm verbergen sich fünf Bauschichten, deren älteste bis ins Römische Reich datiert.

Chiesa di San Michele in Foro KIRCHE
(Piazza San Michele; April–Okt. tgl. 7.40–12 & 15–18 Uhr, Nov.–März 9–12 & 15–17 Uhr) Diese glanzvolle romanische Kirche markiert die Stelle, an der sich einst das Forum der römischen Stadt befand. Das gegenwärtige Gebäude mit seiner erlesenen Fassade im Zuckerbäckerstil wurde an der Stelle eines Vorgängerbaus aus dem 8. Jh. erbaut. Eine Figur des Erzengels Michael krönt das Bauwerk. Innen lohnt sich vor allem die Besichtigung des Gemäldes von Filippino Lippi aus dem Jahre 1479, das sich im südlichen Querschiff befindet, es zeigt die Heiligen Helena, Hieronymus, Sebastian und Rochus.

Lucca Center of Contemporary Art KUNSTGALERIE
(0583 57 17 12; www.luccamuseum.com; Via della Fratta 36; Erw./erm. 7/5 €; Di–So 10–19 Uhr) Luccas Museum für zeitgenösssische Kunst ist eine erfrischende Abwechslung zu den historischen Sehenswürdigkeiten der Toskana; es zeigt immer wieder fesselnde Wechselausstellungen.

Palazzo Pfanner PALAST
(www.palazzopfanner.it; Via degli Asili 33; Palast oder Garten Erw./erm. 4/3,50 €, beide 5,50/4,50 €; April–Okt. 10–18 Uhr) Ein Spaziergang durch diesen Palast – er stammt aus dem 17. Jh. und befindet sich in Privatbesitz – ist etwas für Romantiker. Hier wurden Teile von *Portrait of a Lady* (1996) mit Nicole Kidman und John Malkovich gedreht. Auf der Außentreppe geht es zu dem mit Fresken geschmückten *piano nobile* (Beletage),

Lucca

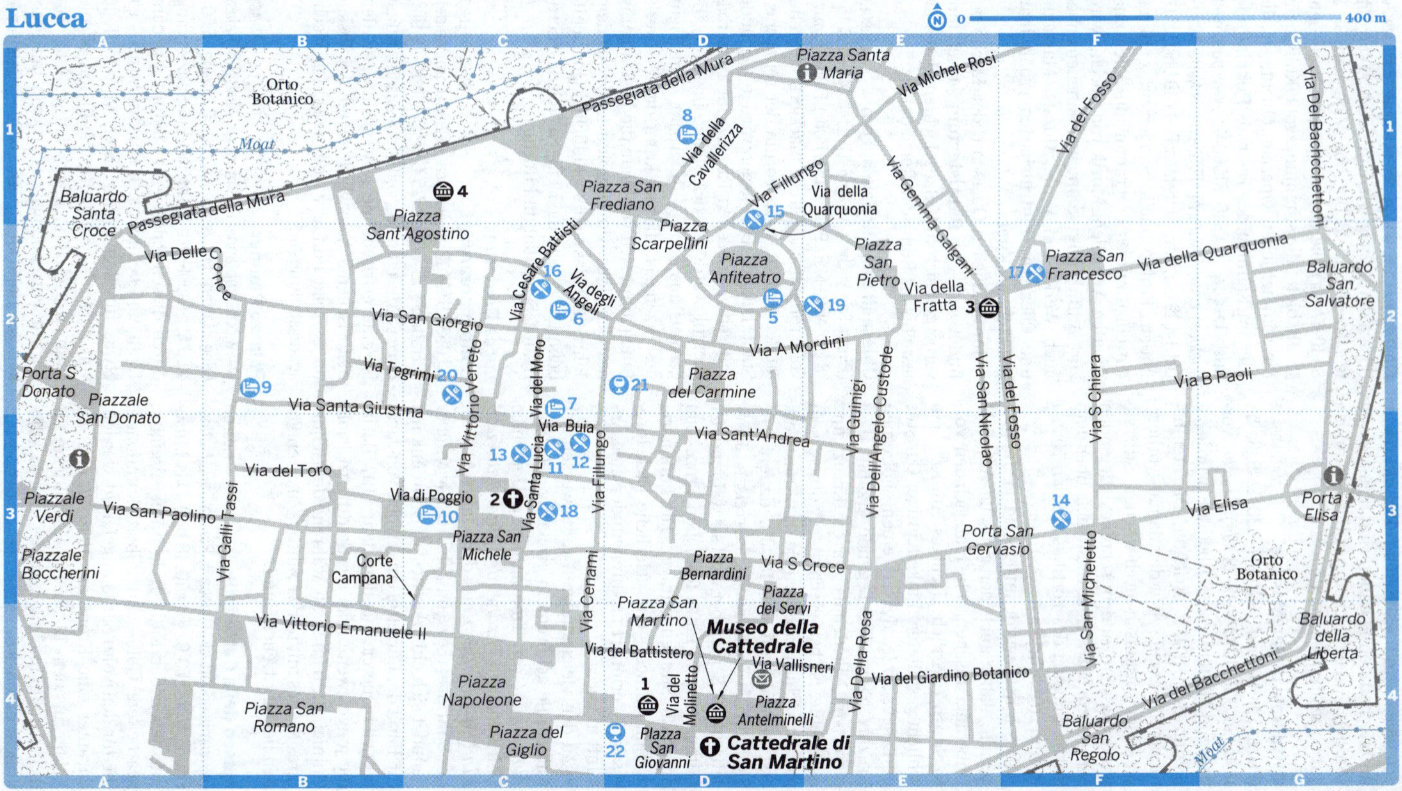
0
400 m
A
B
C
D
E
F
G
1
2
3
4
Orto Botanico
Moat
Passeggiata della Mura
Piazza Santa Maria
Via Michele Rosi
Via del Fosso
Via Del Bacchchettoni
8
Via della Cavallerizza
4
Piazza San Frediano
Baluardo Santa Croce
Piazza Sant'Agostino
Via Fillungo
Via della Quarquonia
15
Piazza Scarpellini
Via Gemma Galgani
Via Delle Conce
Via Cesare Battisti
16
Via degli Angeli
6
Piazza Anfiteatro
5
19
Piazza San Pietro
Via della Fratta
3
17
Piazza San Francesco
Via della Quarquonia
Baluardo San Salvatore
Via San Giorgio
Via A Mordini
Porta S Donato
Piazzale San Donato
9
Via Tegrimi
20
Via Vittorio Veneto
Via del Moro
7
21
Piazza del Carmine
Via Santa Giustina
Via Buia
Via Sant'Andrea
Via Guinigi
Via Dell'Angelo Custode
Via San Nicolao
Via S Chiara
Via B Paoli
13
Via Santa Lucia
11
12
Via Fillungo
Via del Toro
Piazzale Verdi
Via di Poggio
2
18
10
Via San Paolino
Via Galli Tassi
14
Via Elisa
Porta Elisa
Piazza San Michele
Porta San Gervasio
Piazzale Boccherini
Corte Campana
Via Cenami
Piazza Bernardini
Via S Croce
Piazza dei Servi
Via San Micheletto
Piazza San Martino
Museo della Cattedrale
Via Vittorio Emanuele II
Via del Battistero
Via Vallisneri
Via Della Rosa
Via del Giardino Botanico
Baluardo della Liberta
Via del Bacchettoni
Piazza Napoleone
1
Via del Molinetto
Piazza Antelminelli
Piazza San Romano
Piazza del Giglio
22
Plazza San Giovanni
Cattedrale di San Martino
Baluardo San Regolo

Lucca

Highlights
Cattedrale di San Martino ... D4
Museo della Cattedrale ... D4

Sehenswertes
1 Chiesa dei SS Giovanni e Reparata ... D4
2 Chiesa di San Michele in Foro ... C3
3 Lucca Center of Contemporary Art ... E2
4 Palazzo Pfanner ... C1

Schlafen
5 2Italia ... D2
6 Alla Corte degli Angeli ... C2
7 La Boheme ... C2
8 Ostello San Frediano ... D1
9 Palazzo Alexander ... B2
10 Piccolo Hotel Puccini ... C3

Essen
11 Antica Bodega di Prospero ... C3
12 Da Felice ... C3
13 Forno Amedeo Giusti ... C3
14 Gli Orti di Via Elisa ... F3
15 Osteria Baralla ... D1
16 Osteria del Manzo ... C2
17 Percora Nera ... F2
18 Taddeucci ... C3
19 Trattoria Canuleia ... E2
20 Trattoria da Leo ... C2

Ausgehen
21 Caffè Di Simo ... D2
22 Enoteca Calasto ... D4

dann weiter in den kunstvoll angelegten Garten aus dem 18. Jh. Der mit vielen Statuen geschmückte Garten ist der einzig wirklich bedeutende innerhalb der Stadtmauern. (Felix Pfanner war übrigens ein österreichischer Emigrant, der als Erster Bier in Italien einführte: Er braute es im Keller der Villa.) Von August bis Oktober sollte man sich nach den großartigen Kammermusikkonzerten erkundigen, die im Palazzo Pfanner veranstaltet werden – der Besuch lohnt sich!

Feste & Events

Puccini Festival MUSIK
(www.puccinifestival.it) Das Festival findet im nahe gelegenen Dorf Torre del Lago in den Monaten Juli und August statt – seit über 50 Jahren.

Summer Festival MUSIK
(www.summer-festival.com) Anlässlich des Summer Festival im Juli treten internationale Top-Künstler ganz unterschiedlicher musikalischer Genres auf.

Schlafen

In den Touristeninformationen liegen Unterkunftsverzeichnisse aus. Wer selbst vorbeigeht, kann dort auch gleich reservieren (gebührenfrei): einfach 10 % des Zimmerpreises anzahlen und den restlichen Betrag im Hotel begleichen.

Ostello San Frediano HOSTEL €
(☎0583 46 99 57; www.ostellolucca.it; Via della Cavallerizza 12; B mit/ohne Bad 21/19 €, DZ/3BZ/4BZ 60/78/100 €; P@ Rezeption ⏲7–24 Uhr) Ein tolles Hostel in einem umwerfenden historischen Gebäude und erstklassig hinsichtlich Komfort und Service. Das beim Hostelling International eingetragene Hostel hat seine 141 Betten in gewaltigen Räumen stehen, für die Gäste gibt es eine Bar und einen grandiosen Speisesaal (Frühstück 3 €, Mittag- oder Abendessen 11 €). Nicht-HI-Mitglieder können eine Wertmarke für eine Nacht (3 €) kaufen.

Piccolo Hotel Puccini HOTEL €
(☎0583 55 42 1; www.hotelpuccini.com; Via di Poggio 9; DZ 75–95 €, 3BZ 95–120 €, 4BZ 120–140 €; ❄) Gleich um die Ecke, unweit der Bronzekopie des Komponisten, liegt diese elegante Adresse – eine Ode an Puccini. Von April bis Oktober kostet das Frühstück 3,50 €.

La Boheme B&B €€
(☎0583 46 24 04; www.boheme.it; Via del Moro 2; DZ 90–140 €; ❄@) In einer stillen Seitenstraße markiert eine mächtige Türe aus dunklem Holz den Eingang zu diesem aus fünf Zimmern bestehenden B&B. Betrieben wird es mit Charme und Stil vom ehemaligen Architekten Ranieri. Die Zimmer sind antiktoskanisch möbliert; manche von ihnen haben atemberaubend hohe Decken, alle ausreichend große Bäder. Angenehm ist auch das großzügig bemessene Frühstück.

Alla Corte degli Angeli BOUTIQUEHOTEL €€
(☎0583 46 92 04; www.allacortedegliangeli.com; Via degli Angeli 23; EZ 80–110 €, DZ 110–160 €;

ABSTECHER

DIE VESPA

Die Toskana auf dem Rücken einer Vespa zu erkunden, hat etwas Romantisches – Italiens Motorroller mit Kultstatus revolutionierte 1946 das Reisen, als Piaggio das Gefährt in **Pontedera**, 25 km südöstlich von Pisa, das erste Mal vom Band rollen ließ. Seitdem wurde die Vespa 120-Mal neu gestaltet, ohne aber das grundlegende, zeitlose Design über den Haufen zu werfen.

Die komplette Vespa-Story – von der Ankunft der Genueser Firma in der Toskana 1921 bis zur Produktion von Vierstrahlflugzeugen und Wasserflugzeugen, ihre Zerstörung im Zweiten Weltkrieg sowie ihre Wiedergeburt als Europas exklusiver Vespaproduzent erzählt fesselnd Pontederas **Museo Piaggio** (www.museopiaggio.it; Viale Rinaldo Piagio 7; Eintritt frei; ⏲Di–Sa 10–18 Uhr). Das sehenswerte Museum befindet sich in einem ehemaligen Fabrikgebäude.

Wer sich von dem sorglosen Vespa-Feeling anstecken lässt, kann sich an **Tuscany by Vespa** (☎055 0123 994; www.tuscanybyvespa.com; Via de' Lamberti 1; Tagestour inkl. Mittagessen & Weinkellerei 120 €) in Florenz wenden: Die Firma bietet ganz persönliche Vespa-Touren durch das Chianti-Gebiet.

❄@📶) Dieses 4-Sterne-Boutiquehotel mit zehn Zimmern belegt drei Stockwerke eines Stadthauses aus dem 15. Jh., sein Foyer verströmt einen ganz eigenen Charme. Die mit wunderbaren Fresken ausgestalteten Räume wurden nach unterschiedlichen Blumen benannt: Liebespärchen können beispielsweise in dem romantischen rosa Zimmer unter einer Pergola und einem Himmel voller Schwalben die Nacht verbringen.

2italia APARTMENT €€
(☎3355 208251; www.2italia.com; Via della Anfiteatro74; Apt. für 2 Erw. & bis zu 4 Kindern 150–170 €; 📶👪) Das 2italia ist kein Hotel, sondern eine Reihe familienfreundlicher Selbstversorgerapartments mit Blick auf die Piazza Anfiteatro. Die Wohnungen werden nächteweise vermietet, der Mindestaufenthalt liegt bei zwei Nächten. Das 2italia ist das Projekt der weit gereisten Eltern Kristin (Engländerin) und Kaare (Norweger). Geräumige Apartments mit Schlafplätzen für sechs Personen und voll ausgestatteten Küchen sowie Waschmaschine, Bettwäsche und Handtücher sind vorhanden. Kristin und Kaare organisieren auch Fahrradtouren, Kochkurse und Weinproben.

Palazzo Alexander BOUTIQUEHOTEL €€
(☎0583 58 35 71; www.hotelpalazzoalexander.it; Via Santa Giustina 48; EZ 80–120 €, DZ 90–150 €; P❄@📶) Das üppige Palasthotel mit überdimensionalen Spiegeln, verschnörkelten und vergoldeten Kopfenden an den Betten lockt vor allem die Geschichtsbegeisterten. Jedes der 14 Zimmer wurde nach einer Puccini- oder Verdioper benannt. Ein Parkplatz kostet 14 € pro Nacht.

Essen

LP TIPP **Da Felice** PIZZERIA €
(www.pizzeriadafelice.com; Via Buia 12; Focaccia 1–3,50 €, Pizzastücke 1,30 €; ⏲Mo–Sa 10–20.30 Uhr) Eines der geschäftigen Lieblingslokale der Einheimischen, es liegt hinter der Piazza San Michele. Man kann es kaum verfehlen: Ab Mittag muss man nur die Menschenmassen suchen, die sich um die beiden kleinen Tische innen scharen, aus der Türe quellen oder auf einer Bank an der Straße sitzen. *Cecina*, eine gesalzene Kichererbsenpizza, wird direkt heiß aus dem Ofen serviert. Die *castagnacci* (Maronenkuchen) sind für viele der Grund, ins Felice zu gehen.

Pecora Nera TRATTORIA €
(☎0583 46 97 38; www.lapecoraneralucca.it; Piazza San Francesco 4; Pizza 5–9 €, Mahlzeiten 20 €; ⏲Mi–Sa, So Mittagessen) An einer großen, leeren Piazza liegt das „Schwarze Schaf" – das einzige Restaurant in Lucca, das von der Slow-Food-Bewegung empfohlen wird. Für sein soziales Engagement (mit dem Gewinn werden Werkstätten für junge Menschen mit Down-Syndrom unterstützt) bekommt es noch ein extra Lob. Zur Auswahl stehen über dreißig unterschiedliche Pizzasorten sowie einige toskanische Klassiker.

Gli Orti di Via Elisa TOSKANISCH €€
(☎0583 49 12 41; Via Elisa 17; Mahlzeiten 20 €; ⏲Mo, Di & Do–Sa Mittag- & Abendessen, Mi Mittagessen; 👪) Es ist keine Seltenheit, das Schild

„*Siamo Completo*" (ausgebucht) draußen hängen zu sehen, denn obwohl das Restaurant vom Touristenrummel ein gutes Stück entfernt liegt, ist hier immer viel los! Empfehlenswert sind die Gnocchi in Zucchiniblütensoße oder die Bohnensuppe mit Stockfisch, gefolgt von gegrilltem Fleisch. Und die Kinder sind mit Ausmalbilders, Spielen etc. glücklich und beschäftigt.

Taddeucci GEBÄCK & KUCHEN

(www.taddeucci.com; Piazza San Michele 34; ⌚8.30–19.45 Uhr, im Winter Do geschl.) Es ist der perfekte Begleiter des Morgen- oder Nachmittagsespressos und zudem noch ein gutes Mitbringsel für zu Hause: Das *buccellato* ist ein traditionelles süßes Brot mit Rosinen und Anissamen und wird in Lucca seit 1881 gebacken. Am besten hält man sich ans Taddeucci beim Kauf dieser traditionellen Leckerei aus Lucca. Ein 300/600/900 g schwerer Laib kostet 4/8/12 €.

Osteria del Manzo TOSKANISCH €€

(☎0583 49 06 49; Via Battisti 28; Mahlzeiten 30 €; ⌚Mo–Sa Mittag- & Abendessen) Oft gibt es in den Lieblingslokalen der Einheimischen nur innen Sitzgelegenheiten, so auch in dieser schlichten osteria. Hier werden leckere, typisch regionale Gerichte unter einer eindrucksvollen Balkendecke serviert, etwas seltsam mutet die Reihe von Gartenzwergen an, die einen beim Essen beobachtet. Irgendjemand hier scheint ein leidenschaftlicher Sammler zu sein.

Trattoria Canuleia TOSKANISCH €€

(☎0583 46 74 70; Via Canuleia 14; Mahlzeiten 40 €; ⌚Mo–Sa Mittag- & Abendessen) Was diese Trattoria von anderen Adressen unterscheidet, ist ihr ummauerter Hintergarten – der perfekte Ort, um den Touristenmassen zu entkommen und den Vögeln zu lauschen, während man sich an Rebhuhnrisotto erfreut, Artischocken- und Krabbenspaghetti genießt oder ein traditionelles *peposa* (ein Rindfleisch-Pfeffer-Schmorgericht) verspeist.

Osteria Baralla OSTERIA €€

(☎0583 44 02 40; www.osteriabaralla.it; Via Anfiteatro 5; Mahlzeiten 32 €; ⌚Mo–Sa Mittag- & Abendessen) In dieser 1860 gegründeten *osteria* gibt es regionale Spezialitäten. Donnerstags ist *bollito misto* (gemischtes Fleisch, gekocht) angesagt, samstags gibt es Schweinebraten.

Trattoria da Leo TRATTORIA €

(☎0583 49 22 36; Via Tegrimi 1; Mahlzeiten 25 €; ⌚Mo–Sa Mittag- & Abendessen) Eine weitere Adresse, die hier jeder kennt und schätzt: Leo ist in ganz Lucca bekannt für seine freundliche Atmosphäre und das günstige Essen – das zwischen akzeptabel und köstlich rangiert. Keine Kreditkarten.

Ausgehen

Beinahe an jeder Ecke innerhalb der Stadtmauern gibt es Terrassen, wo man sich hinsetzen und einen Kaffee oder *aperitivo* bestellen kann – diejenigen auf der Piazza San Frediano sind sehr schön und nicht so überlaufen wie die Café- und Barterrassen auf der Piazza Anfiteatro.

Caffè di Simo CAFÉ

(Via Fillungo 58; ⌚9–20 & 20.30–1 Uhr) Zeit für eine Atempause, um der Gluthitze zu entrinnen? Dann am besten in die schicke Art-nouveau-Innenausstattung dieses berühmten Cafés eintauchen – die Kuchen sind wahre Meisterwerke.

Enoteca Calasto VINOTHEK

(www.lucca-wine-treasures.com; Piazza San Giovanni 5; ⌚11–23 Uhr) Ein Brite und ein Däne sind das kreative Duo hinter dieser *enoteca*; von den Tischen auf der Terrasse mit ihren Terrakottatöpfen schaut man aufs Baptisterium. Auf der Weinkarte stehen ausschließlich Produkte aus Lucca; donnerstagabends bietet ein Produzent aus der Region eine Weinverkostung an (5 €).

Praktische Informationen

Touristeninformation (www.luccatourist.it) Piazza Santa Maria 35 (☎0583 91 99 31; ⌚tgl. 9–19 Uhr); Piazzale Verdi (☎0583 58 31 50; ⌚April–Sept. tgl. 9–19 Uhr, Okt.–März 9–17 Uhr); Via Elisa67 (⌚April–Sept. Mi–Mo 9–13 & 14–18 Uhr)

An- & Weiterreise

AUTO & MOTORRAD Die A11 führt in westlicher Richtung nach Pisa und Viareggio und in östlicher Richtung nach Florenz. Die Garfagnana ist über die SS12, dann weiter auf der SS445 erreichbar.

BUS Ab den Haltestellen rund um den Piazzale Verdi bietet **Vaibus** (www.vaibus.it) Verbindungen in die ganze Region an.

Pisa Flughafen (3,20 €, 45–60 Min., 30-mal tgl.).

Castelnuovo di Garfagnana (4,20 €, 1½ Std., 8-mal tgl.)

Bagni di Lucca (3,40 €, 1 Std., 8-mal tgl.).

ZUG Der Bahnhof liegt südlich der Stadtmauern: Ein Pfad führt über den Festungsgraben und

PICKNICK AUF DEN MAUERN

Ein Picknick auf Luccas Stadtmauern ist eine nette und typisch lucchesische Form des Mittagessens.

Als Erstes gilt es natürlich, frische Pizza und Focaccia mit unterschiedlichen Füllungen und Belägen in der fabelhaften Bäckerei **Forno Amedeo Giusti** (Via Santa Lucia 20; Pizza & gefüllte Focaccia 8–16 € pro kg; ⌚Mo, Di & Do–Sa 7–19.30, Mi 7–13.30, So 16–19.30 Uhr) zu bestellen, dann quert man die Straße, um eine Flasche Wein und *biscotti al farro* in der **Antica Bodega di Prospero** (Via Santa Lucia 13; ⌚9–13 & 16–19.30 Uhr) zu erstehen. Alleine schon das Schaufenster der Bodega ist sehenswert: altmodisch und gefüllt mit Säcken voll Bohnen, Linsen und anderen regionalen Hülsenfrüchten.

durch den Tunnel unter dem Baluardo San Colombano hindurch.

Florenz (5,30 €, 1¼–1¾ Std., stündl.)

Pisa (2,40 €, 30 Min., alle 30 Min.)

Viareggio (2,40 €, 25 Min., stündl.).

Unterwegs vor Ort

FAHRRAD Leihräder gibt es bei der Touristeninformation auf dem Piazzale Verdi: Neben ganz normalen Rädern (Std./Tag 2,50/12 €; Ausweis erforderlich) gibt es auch City-/Mountainbikes (Std. 3/4 €), Rennräder (Std. 5 €) und Tandems (Std. 6,50 €).

Cicli Bizzarri (✆0583 49 66 82; www.ciclibizzarri.net, auf Italienisch; Piazza Santa Maria 32; ⌚9–19 Uhr)

Biciclette Poli (✆0583 49 37 87; www.biciclettepoli.com, auf Italienisch; Piazza Santa Maria 42; ⌚9–19 Uhr)

MOTORROLLER & VESPA **Scooter Tuscany Rentals** (✆0583 95 41 39; www.scootertuscany.com; Via della Cavallerizza 23; ⌚tgl. 9–19 Uhr) Verleiht gegenüber von Luccas Hostel motorisierte Zweiräder: Tag/Woche 55/210 €.

Riviera della Versilia

Italiens strandbegeisterte Sommerurlauber strömen alljährlich an diesen 32 km langen Küstenstreifen, der sich von **Viareggio** Richtung Norden bis zur ligurischen Grenze erstreckt. Großherzog Giancarlo Leopold I war der erste in Italien, der hier 1863 die Homosexualität entkriminalisierte. Straßen schlängeln sich von den Küstenstädten hinauf in die Apuanischen Alpen.

Der lange Sandstrand und die prachtvolle Reihe der am Meer liegenden Jugendstilhäuser aus den 1920er-Jahren sind weitere Gründe, der Küste einen Besuch abzustatten. Viareggio sollte man wegen seines grellen, vierwöchigen **Carnevale** (www.viareggio.ilcarnevale.com) im Februar besuchen, dann verwandelt sich die Stadt in ein wildes Festival mit unzähligen Festwägen.

PIETRASANTA

Oft wird Pietrasanta von Toskanareisenden übergangen, doch diese kultivierte Kunststadt – leicht auf einem Tagesausflug von Pisa aus zu erreichen (3,10 €, 25 Min.) – birgt wirkliche Überraschungen. Ihr hübsches historisches Zentrum mit den Stadtmauern ist eine autofreie Fußgängerzone und voller kleiner Kunstgalerien, Werkstätten und Modeboutiquen – und eignet sich perfekt zum Bummeln.

Pietrasanta wurde 1255 von Guiscardo da Pietrasanta gegründet, der damals *podestà* (regierender Magistrat) von Lucca war. Genua, Lucca, Pisa und Florenz rangen damals um den Besitz der Marmorsteinbrüche und Bronzegießereien. Erwartungsgemäß gewann Florenz, und Leo X. (Giovanni de' Medici) übernahm 1513 die Kontrolle. Er stellte Michelangelo die berühmten Steinbrüche zu Verfügung, aus denen der Künstler 1518 seinen Marmor für die Fassade der florentinischen Kirche San Lorenzo bezog. Pietrasantas Hang zum Künstlerischen geht wohl auf diese Zeit zurück: Heute ist der Ort die Heimat vieler Künstler, darunter der des international bekannten, in Kolumbien geborenen Bildhauers Fernando Botero, dessen Arbeiten hier besichtigt werden können.

Sehenswertes

Von Pietrasantras **Bahnhof** (Piazza della Stazione) geht es über die Piazza Carducci zum alten Stadttor und auf die zentrale **Piazza del Duomo**. Hier stehen der schöne **Duomo di San Martino** (1256) mit seinem 36 m hohen Glockenturm und nebenan die **Chiesa di Sant'Agostino** (⌚Di–So 16–19 Uhr) aus dem 13. Jh. – sie wird heute nicht mehr als Gotteshaus, sondern als Veranstaltungsort für Kunstausstellungen genutzt. Außerdem lohnt es sich, sich mit Pietrasantas Kunsterbe in Form von Dutzenden von Abgüssen berühmter Skulpturen, die in der Stadt gefertigt wurden, zu beschäftigen. Sie findet man im **Museo dei Bozzetti** (www.museodeibozzetti.it; Via S Agostino 1; Eintritt frei; ⌚Di–Sa 14–19, So 16–19 Uhr) im benachbarten Kloster.

Auf der gegenüberliegenden Seite des Platzes geht es weiter entlang der **Via Giuseppe Mazzini**, der Haupteinkaufsstraße der Stadt. Zwischen Boutiquen liegt bei Haus Nr. 103 die herrliche **Chiesa della Misericordia** mit den Fresken *Tor zum Paradies* und *Tor zur Hölle* von Botero (der Künstler hat sein Porträt in den Höllenbereich gestellt).

Schlafen

Wer gerne länger bleiben will: Der mit Kunst bestückte **Albergo Pietrasanta** (☎0584 79 37 26; www.albergopietrasanta.com; Via Garibaldi 35; DZ 203–264 €; P❄@📶) ist eines der reizvollsten städtischen Boutiquehotels in der Toskana. Auch **Filippo** hat fantastische Gästezimmer, bei denen sehr viel Wert aufs Design gelegt wurde.

Essen

Das historische Zentrum verwöhnt die Besucher mit vielen kunstvollen Lokalen und mit Blumentöpfen bestandenen Sommerterrassen. Die Fußgängerzone Via Stagio Stagi, die parallel zur Via Giuseppe Mazzini verläuft, bietet einige besonders ansprechende Restaurants, darunter das moderne **Filippo** (☎0584 70 00 10; http://ristorantefilippo.com; Via Stagio Stagi 22; Mahlzeiten 30 €; ⌚tgl. Mittag- & Abendessen, im Winter Mo geschl.), das blumenreiche **Quarantuno** (☎0584 77 25 07; www.quarantunopietrasanta.com; Via Stagio Stagi 41; ⌚ Do–So Mittag- & Abendessen) und das Fischrestaurant **Pinocchio** (☎0584 70 510; Vicolo San Biagio 5; Mahlzeiten 50 €; ⌚Di–So Mittag- & Abendessen).

Auf der Piazza del Duomo lässt es sich wunderbar bei einem Kaffee im Freien verweilen, z. B. im **Caffè del Teatro** an der Ecke Via dei Piastroni, ganz offensichtlich Boteros Lieblingsplatz zum Ausspannen. Empfehlenswert ist auch die **Enoteca Marcucci** (www.enotecamarcucci.it; Via Garibaldi 40; ⌚Di–So 10–13 & 17–1 Uhr), die mit großartigem Wein und einer schönen modernen Einrichtung aufwartet.

Apuanische Alpen & La Garfagnana

Hinter der Riviera della Versilia ragen die Apuanischen Alpen auf, eine relativ unbekannte Bergregion voll rauer Schönheit, die in weiten Teilen als **Parco Regionale delle Alpi Apuane** (www.parcapuane.it) unter Schutz stehen. Richtung Osten stößt man auf drei einmalig schöne Täler, durch die der Fiume Serchio und seine Nebenflüsse fließen: die tiefer gelegenen Val di Lima und Valle del Serchio und die höher gelegene Garfagnana. Leicht von Lucca aus zu erreichen ist die **Garfagnana**, ein weites Gebirgstal, das für seine zahlreichen Outdooraktivitäten sowie seine rustikale Küche berühmt ist: Hier werden die Früchte des Waldes verarbeitet: Esskastanien (oft in Form von Mehl), Steinpilze und Honig.

In **Castelnuovo di Garfagnana** (6109 Ew.), dem Hauptort des Tals, liegen sich das **Centro Visite Parco Alpi Apuane** (☎0583 6 51 69; www.turismo.garfagnana.eu; Piazza delle Erbe 1; ⌚Juni–Sept. 9.30–13 & 15–19 Uhr, Okt.–Mai bis 17.30 Uhr) und die **Touristeninformation** (☎0583 64 10 07; www.castelnuovagarfagnana.org; Piazza delle Erbe; ⌚Mo–Sa 9.30–13 & 15.30–18.30 Uhr) an einem Platz gegenüber. Sie versorgen die Reisenden körbeweise mit Informationen über die Möglichkeiten, im Park zu wandern, mit dem Mountainbike zu fahren und zu reiten. Das Besucherzentrum verkauft auch Wanderkarten und hält eine Liste einheimischer Wanderführer, unbekannterer *agriturismi* und *rifugi* bereit.

Wer fotogene Bergdörfer sucht, sollte 12 km in südlicher Richtung nach **Barga** (10 307 Ew.) fahren: Hier begeistern enge Gassen, antike Mauern und langsam zerbröckelnde Plätze. Das Dorf zieht sich hügelaufwärts zum Dom und dem Museum, das einst als Gefängnis genutzt wurde.

CARRARA

65 588 EW.

Viele Besucher, die zum ersten Mal nach Carrara kommen, glauben, dass die blendend weißen Gipfel im Hintergrund mit Schnee bedeckt sind. Und wirklich vermittelt der Anblick diese Illusion, doch tatsächlich handelt es sich um 2000 ha Marmor. Hier wurde schon seit römischer Zeit Marmor in großen Steinbrüchen aus den Ausläufern der Apuanischen Alpen herausgeschlagen.

Die Struktur und die Reinheit des weißen Marmors (abgeleitet vom griechischen *marmaros*, das bedeutet glänzender Stein) aus Carrara ist unerreicht. Hier wählte auch Michelangelo den Marmor für seine Meisterwerke, auch für den *David* (der aus einem Block von nicht einwandfreier Qualität geschaffen wurde). Heute stellt der Marmor

ABSTECHER

DIE TOP-FEINSCHMECKERTOUREN

Diese Tagesausflüge bieten eine willkommene Chance, den Menschenmassen in Florenz, Pisa oder Lucca einmal kurz den Rücken zu kehren. Thema aller Fahrten ist die typisch toskanische Küche:

» **Besuch einer Pastafabrik** Die älteste Pastafabrik der Toskana – **Martelli** (☎0587 68 42 38; www.famigliamartelli.it; Lari; Eintritt frei; ⊙Mo–Sa 10–12 & 15–16 Uhr) – wird schon seit 1926 von ein und derselben Familie im Dorf Lari betrieben. Die Firma ist berühmt für ihre feinen Spaghetti, Spaghettini, Penne und Makkaroni, die in kanariengelbe Papiertüten gepackt werden. Einfach an die Tür klopfen und fragen, ob man herumgeführt werden kann.

» **Eine Einführung in die toskanische Kochkunst** in San Miniatos hoch gelobtem Restaurant, dem **Pepenero** (☎0571 41 95 23; www.pepenerocucina.it; Via IV Novembre 13, San Miniato; inkl. Mittagessen & Wein 60 €; ⊙Mi). Das Lokal ist eine Gründung des innovativen Küchenchefs und TV Stars Gilberto Rossi. Hier werden traditionelle Produkte zu modernen, saisonalen Gerichten verarbeitet.

» **Trüffelsuche Barbialla Nuova** (☎0571 67 70 04; www.barbiallanuova.it; Via Casastada 49, Montaione; für Gruppen von 6–8 Teilnehmern pro Pers. 60 €, pro Gruppe bis 5 Pers. 300 €) ist ein dicht bewaldeter 500 ha großer Biobauernhof, auf dessen Hügeln cremefarbene Chianina-Rinder weiden. Die Suche nach den weißen Trüffeln dauert von Mitte Oktober bis Mitte Dezember; nebenbei vermietet Barbialla noch eine Reihe stilvoller Selbstversorgerapartments und Häuser – für den Fall, dass man sich in den Bauernhof verliebt, was sehr wahrscheinlich ist (Minimum sind 3 Nächte; 270/420 € für 2/4 Pers.). Gäste zahlen 50 % weniger für das Trüffelsuchen. Es gibt eine Parkmöglichkeit und einen Swimmingpool, der Betrieb ist sehr familienfreundlich.

die Grundlage für eine Industrie mit vielen Millionen Euro Umsatz dar.

Die Steinbrüche, 5 km nördlich von Carrara in Colonnata und Fantiscritti gelegen, waren lange Zeit die wichtigsten Arbeitgeber der Region. Die Arbeit dort ist hart und nicht ungefährlich. An der zentral gelegenen Piazza XXVII Aprile in Carrara erinnert ein Denkmal an die Arbeiter, die dort ihr Leben verloren.

Viel über die Geschichte des Marmors erfährt man im **Museo del Marmo** (Marmormuseum; Viale XX Settembre; Erw./Kind 4 €/frei; ⊙Mo–Sa 9–12.30 & 14.30–17 Uhr) gegenüber der **Touristeninformation** (☎0585 84 41 36; Viale XX Settembre; ⊙Juni–Aug. 8.30–17.30 Uhr, Sept.–Mai 9–16 Uhr). Danach geht es hinauf auf den Berg, um die **Cave di Fantiscritti** zu besichtigen. Man kann wahlweise an einer 30-minütigen **Führung** (www.marmotour.com, auf Deutsch; Erw./Kind 8/4 €; ⊙April–Okt. tgl. 11–18 Uhr, Juni–Aug. 10.30–17.30 Uhr, Sept.–Mai 9–16 Uhr) im Minibus und zu Fuß durch den Stollen oder an einer **Allradtour** (www.carraramarbletour.it; Erw./Kind 8/4 €; ⊙April–Okt. tgl. 11–18 Uhr, Juni–Aug. 10.30–17.30 Uhr, Sept.–Mai 9–16 Uhr) durch den Tagebau teilnehmen. Beide Führungen sind sehr eindrucksvoll.

Livorno

160 742 EW.

Die zweitgrößte Stadt der Toskana ist in erster Linie eine Hafenstadt, und obwohl der erste Eindruck nur selten einladend ist, kann man sich doch mit der Zeit richtig mit der Stadt anfreunden. Ihre etwas heruntergekommene Altstadt ist durchzogen von Kanälen im venezianischen Stil, Kiesstrände erstrecken sich südlich der Uferpromenade mit ihren Belle-Époque-Häusern. Egal, ob die Stadt im Rahmen einer Stippvisite bis zur Abfahrt der Fähre oder eines Tagesausflugs von Florenz oder Pisa aus besucht wird: Das schlichte und liebenswürdige Livorno lohnt eine Besichtigung. Und die Meeresfrüchte sind die besten der ganzen Tyrrhenischen Küste. Vom Hauptbahnhof aus fährt Bus 1 an der Küstenstraße entlang und stoppt unterwegs vor der Kathedrale auf der Piazza Grande.

Wer gerne eine Weinprobe am Meer machen oder mit Begeisterung durch Olivenhaine radeln will, der sollte einen Ausflug entlang der **Costa degli Etruschi** (Küste der Etrusker) in Erwägung ziehen – der Küstenstreifen zieht sich südlich von Livorno

Livorno

Livorno

Highlights
- Fortezza Nuova C1
- Fortezza Vecchia A2

Sehenswertes
- 1 Dom C3
- 2 Chiesa di Santa Catarina B1

Schlafen
- 3 Hotel al Teatro D4

Essen
- 4 Cantina Senese B4
- 5 La Barrocciaia C2
- 6 L'Ancora B2

Ausgehen
- 7 La Bodeguita C1

Unterhaltung
- 8 Teatrofficina Refugio B1

bis hinunter nach **Piombino**, dem Fährhafen für die Überfahrt nach Elba. Entlang der gesamten Costa degli Etruschi zieht sich die **Strada del Vino e dell'Olio** (www.lastradadelvino.com), eine 150 km lange Themenstraße, an der Kellereien, Weingüter und Bauernhöfe liegen, in denen man regionalen Wein verkosten und Olivenöl kaufen kann. Auf der Homepage werden auch Übernachtungsmöglichkeiten genannt und Restaurantempfehlungen für unterwegs gegeben.

Sehenswertes & Aktivitäten

Piccola Venezia ALTSTADT

Das „Kleine Venedig" ist von schmalen Kanälen durchzogen, die aus dem 17. Jh. stammen. Die Kanäle verbinden die **Fortezza Nuova** (Neue Festung; Eintritt frei), die für den Hof der Medici im 16. Jh. errichtet wurde, mit der verfallenden **Fortezza Vecchia** (Alte Festung; Eintritt frei). Was der Stadt an Gondeln und Touristen fehlt, kompensiert sie mit ihren Treidelpfaden, an denen schicke Cafés und Vinotheken liegen. Es lohnt sich, Tickets für eine 45-minütige **Bootstour** (Erw./Kind 10/5 €; ⌚April–Sept. tgl. 11, 12 & 16 Uhr) bei der Touristeninformation zu kaufen.

LP TIPP Terrazza Mascagni — PROMENADE

(Viale Italia) Ein Ausflug nach Livorno ist unvollständig ohne einen Bummel auf diesem glanzvollen Kunstwerk: Die elegante Promenade aus den 1920er-Jahren hat einen auffallenden Schachbrettmusterboden aus schwarzen und weißen Karos.

Ganz in der Nähe liegen die **Bagni Pancaldi** (www.pancaldiacquaviva.it; Viale Italia 56; Erw./Kind 5/4 €; ⌚April–Sept. Sa & So 8.30–12 & 15–18 Uhr): Die altmodischen Badeanlagen waren 1846 der Gipfel der Kultiviertheit, noch heute kann man hier schwimmen und ausspannen.

Das durch und durch moderne **Acquario Livorno** (☎0586 26 91 11; www.acquariodilivorno.it; Piazzale Mascagni 1; Erw./Kind 15/8 €; ⌚Juli & Aug. Di–So 11–22 Uhr, Juni & Sept. Di–So 11–19 Uhr, Rest des Jahres kürzer) liegt am Nordende der Promenade und hat – frisch renoviert – neu eröffnet.

Museo Civico Giovanni Fattori — KUNSTGALERIE

(Via San Jacopo in Acquaviva 65; Eintritt 4 €; ⌚Di–So 10–13 & 16–19 Uhr) Das Kunstmuseum liegt in einem hübschen Park und zeigt Arbeiten der Macchiaioli-Schule aus dem 19. Jh.

Museo di Storia Naturale del Mediterraneo — MUSEUM

(Via Roma 234; Erw./Kind 10/5 €; ⌚Mi & Fr 9–13, Di, Do & Sa 9–13 & 15–19, So 15–19 Uhr) Livornos Naturhistorisches Museum ist hervorragend konzipiert, seine Hauptattraktion ist Anne, ein 20 m langes Walskelett.

Schlafen

LP TIPP Hotel al Teatro — BOUTIQUEHOTEL €€

(☎0586 89 87 05; www.hotelalteatro.it; Via Mayer 42; EZ 80 €, DZ 95–145 €; P❄@☏) Dieses Schmuckstück mit seinen acht Zimmern ist eines der hübschesten Stadthotels der Toskana. Hier kann man auf grünen Korbstühlen unter einem atemberaubend schönen, 350 Jahre alten Magnolienbaum im hinten gelegenen Garten faulenzen.

Camping Miramare — CAMPINGPLATZ €

(☎0586 58 04 02; www.campingmiramare.it; Via del Littorale 220; Camping 2 Pers., Auto & Zelt 26–

NICHT VERSÄUMEN

DER UNVERFÄLSCHTE GESCHMACK DER GARFAGNANA

Wenn es eine wirklich herausragende Adresse gibt in diesem Feinschmeckertal mit seiner hochwertigen Regionalküche, den Produkten in höchster Qualität und dem ausdrücklichen Bekenntnis zu kulinarischen Traditionen, dann ist das Castelnuovo di Garfagnanas 160 Jahre alte **Osteria Vecchio Mulino** (☎0583 6 21 92; www.vecchiomulino.info; Via Vittorio Emanuele 12; Degustationsmenüs inkl. Wein 25 €; ⌚Di–So Mittagessen, für abends im Voraus reservieren). Sie wird mit Leidenschaft und Humor von Andrea Bertucci geführt. Eine festgelegte Speisekarte gibt es nicht, eher eine Symphonie aus kalten Gerichten, die allesamt aus regionalen Produkten zubereitet und den Gästen an Gemeinschaftstischen serviert werden.

Dann ist da noch Castelnuovo di Garfagnanas fröhliche, moderne Eisdiele **Fuori dal Centro** (Piazza Dini 1f; 1/2/3/4/5 Kugeln 1/1,70/2,20/2,70/3,20 €). Hier findet man regionaltypische Eissorten wie Kastanie, Feige, Honig und Pinienkerne. Unglaublich gut sind auch die Sorten Meringue und *gusto italiano*. Die Eisdiele in der Nähe von Castelnuovos Stadttor hat einen bernsteinfarbenen, überdachten Eingang.

Den Tag beschließt man in Garfagnana am besten feierlich im **Pradaccio di Sopra** (☎0583 66 69 66; www.agriturismopradaccio.it; Pieve Fosciana; DZ 50–70 €, 4BZ 100 €; P). Der Grund ist das grandiose, von Rosa perfekt zubereitete Abendessen aus *farro* (Dinkelsalat), hausgemachter Pasta und herrlichen Fleischgerichten. Der familienbetriebene Bauernhof inmitten von Kastanienwäldern und Feldern liegt fünf Autominuten von Castelnuovo di Garfagnana entfernt in Pieve Fosciana.

NICHT VERSÄUMEN

PIAZZA DEI DOMENICANI

Einen krönenden Abschluss der Stadtbesichtigung bildet die prachtvolle Piazza am Nordende der Via Borra. Die **Chiesa di Santa Catarina** mit ihren dicken Steinmauern bewacht die Westseite des Platzes – wie schon zu Zeiten der Medici vier Jahrhunderte zuvor. Folgt man den Mauern, kommt man zur am Kanal gelegenen Scala del Refugio und zur **Teatrofficina Refugio** (http://teatrofficinarefugio.blogsome.com). Das verfallende Steingebäude mit den gigantischen Holztüren bietet fabelhaftes Veranstaltungsprogramm mit Theater- und Musikaufführungen und anderen kulturellen Angeboten.

Oder aber man schlendert den Damm bei der Brücke entlang bis **La Bodeguita** (Scala Rosciano 9), eine ebenfalls schicke Adresse mit ziegelrotem Keller und einer sonnenüberfluteten Terrasse, die über dem Kanal schwebt. Zum Mittagessen gibt es Pasta (10 €), Salate (7 €) und großzügig belegte *bruschette* (7 €). Während des Essens kann man den Mitgliedern des Ruderclubs im Wasser beim Rudern zuschauen. Nach Einbruch der Dunkelheit wird Livemusik gespielt.

88 €;) Sei es nun das Zelt unter den Bäumen oder die Luxusversion mit Holzterrasse und Sonnenstühlen am Sandstrand: Dieser Platz, der dank Wohnwägen, Maxi-Caravans und Bungalows das ganze Jahr geöffnet hat, bietet für jeden Geschmack die passende Schlafstatt. Er liegt 8 km südlich der Stadt, in Antignano.

Hotel Gran Duca HOTEL €

(0586 89 10 24; www.granduca.it; Piazza Micheli 16; EZ/DZ 90/110 €;) Das einzigartige Hotel gegenüber von den Angelstegen liegt integriert in die wenigen noch erhaltenen Überreste der Stadtmauern aus dem 16. Jh. Die 62 Zimmer sind klassisch ausgestattet; die Räume im 1. Stock mit Terrassen, die den roten Ziegelwänden der alten Medici-Mauern vorgeblendet sind, wirken wie aus einem Film.

Essen

Schon der traditionelle *cacciucco*, ein ungewöhnlicher Eintopf aus Meeresfrüchten, ist Grund genug für einen Besuch in Livorno.

LP TIPP **L'Ancora** MEERESFRÜCHTE €€

(0586 88 14 01; Scali delle Ancore 10; Mahlzeiten 25–35 €; Mi–Mo) Das Restaurant mit Terrasse am Kanal ist bei schönem Wetter ein Muss – wobei es auch kein Opfer ist, an einem der Tische im Gewölbe Platz zu nehmen. Hier gibt es *carbonara di mare* (Meeresfrüchte und Pasta in Weißer Soße).

La Barrocciaia OSTERIA €

(0586 88 26 37; Piazza Cavallotti 13; Mahlzeiten 20 €; Di–Sa 11–14.30 & 18–23, So 18–23 Uhr) Um das Barrocciaia zu finden, braucht es einen guten Blick: Es hat eine unscheinbare Fassade, die oft von Marktständen zugestellt ist. Mit etwas Glück bekommt man einen Tisch und die Gelegenheit zu entdecken, warum die Einheimischen von La Barrocciaia mit solcher Ehrerbietung sprechen.

Cantina Senese OSTERIA €

(0586 89 02 39; Borgo dei Cappuccini 95; Mahlzeiten 20 €; Mo–Sa) Hafenarbeiter mit Sinn für gutes Essen sind die Ersten, die die langen Holztische in diesem einfachen Esslokal besetzen. Die Muscheln sind außergewöhnlich gut zubereitet, ebenso der *cacciucco di pesce*; beides wird mit pikantem Knoblauchbrot serviert.

Praktische Informationen

Touristeninformation (0586 20 46 11; www.costadeglietruschi.it; Piazza del Municipio; Juni–Nov. tgl. 7.30–18.30, Rest des Jahres kürzer)

An- & Weiterreise

Fähre

Die Fähren nach Sardinien und Korsika legen an der Calata Carrara neben der **Stazione Marittima** ab. Fähren nach Capraia und Gorgona fahren im kleineren **Porto Mediceo** unweit der Piazza dell'Arsenale ab. Schiffe nach Spanien und Sizilien sowie einige Fähren nach Sardinien starten im **Porto Nuovo**, 3 km nördlich entlang der Via Salvatore Orlando.

Die folgenden Fährgesellschaften bieten Verbindungen zu oben genannten Zielen ab Livorno an:

Toremar (199 117733; www.toremar.it, auf Italienisch) Capraia (14,70 €, 2½ Std., tgl.).

Corsica Ferries/Sardinia Ferries (199 400500; www.corsicaferries.com, www.sardiniaferries.com) Zwei oder drei Verbindungen pro Woche (tgl. im Sommer) nach Bastia auf Korsika (Karten fürs Deck 28–36 €, 4 Std.), und vier Verbindungen pro Woche (tgl. im Sommer) nach Golfo Aranci auf Sardinien (Karten fürs Deck 32–40 €, Express 6 Std., 9 Std.).

Moby (☎199 303040; www.moby.it) Fähren nach Bastia auf Korsika (32–46 €, 4 Std.) und Olbia auf Sardinien (44–67 €, 6–10½ Std.).

Grand Navi Veloci (☎010 2094591; www.gnv.it) Dreimal wöchentlich Fähren nach Palermo auf Sizilien (92 €, 19 Std.).

Grimaldi Lines (☎0586 42 66 82; www.grimaldi-ferries.com) Dreimal wöchentlich nach Barcelona (235 €, 21 Std.) und alle vier Tage nach Valencia in Spanien (32 Std.).

Zug

Vom **Hauptbahnhof** (Piazza Dante) aus läuft man in westlicher Richtung über den Viale Carducci, die Via de Larderel und die Via Grande zur zentralen Piazza Grande. An der **Stazione Marittima**, dem Bahnhof für die Fähren, halten die Züge seltener.

Florenz (6,70 €, 1½ Std., 16-mal tgl.)

Pisa (1,90 €, 15 Min., häufig)

Rom (17,05–43 €, 3–4 Std., 12-mal tgl.)

Unterwegs vor Ort

ATL (www.atl.livorno.it; Largo Duomo 2) Bus 1 fährt vom Hauptbahnhof über die Piazza Grande zum Porto Mediceo (1,20 €, im Bus 1,70 €). Wer zur Stazione Marittima will, muss Bus 1 zur Piazza Grande nehmen und dann in den Bus 5 umsteigen, der von der Via Cogorano bei der Piazza Grande abfährt.

Elba

31 000 EW.

Napoleon würde es sich heute zweimal überlegen, ob er noch von Elba fliehen wollte. Die Insel ist mittlerweile erheblich dichter besiedelt als 1814, als er hierher ins Exil geschickt wurde (er arrangierte seine Flucht in weniger als einem Jahr), doch noch immer hat sie eine prächtige Kulisse aus Buchten, Weingärten, blauem Meer, fantastischen Straßen mit Haarnadelkurven und überwältigenden Ausblicken. Im Westen erhebt sich der 1019 m hohe Monte Capanne, auch sonst ist die Insel gebirgig und eignet sich gut zum Wandern und Radfahren.

Elba ist die größte und am dichtesten bevölkerte Insel im **Parco Nazionale Arcipelago Toscano** (www.islepark.it), Europas größtem Meeresschutzgebiet. Über 1 Mio. Besucher pro Jahr nehmen die Fähre, die in einer Stunde von Piombino in den Inselhauptort Portoferraio fährt. Im August hat man allerdings ab und zu das Gefühl, als ob alle am selben Wochenende angereist wären. Wer kann, sollte den Hauptferienmonat der Italiener am besten meiden!

Im Frühling und den frühen Sommermonaten sowie im Herbst zur Weinlese und Olivenernte finden sich zahlreiche stille Ecken auf dieser malerischen, 28 km langen und 19 km breiten Insel, die einen immer wieder vor die Frage stellt: Warum um alles in der Welt wollte Napoleon jemals wieder weg von hier?

Aktivitäten

Ein atemberaubendes Geflecht aus Wander- und Mountainbikepfaden überzieht die Insel Elba. Einige starten direkt bei Portoferraio, dank guter Busverbindungen kann man aber auch an zahlreichen anderen, zum Teil besseren Startpunkten die Touren beginnen. In Portoferraio verkauft **Il Libraio** Calata Mazzini 10) Wanderkarten und -bücher. Die Alternative sind lokale Führer, die sich im Büro des Nationalparks in Portoferraio anheuern lassen. Im Folgenden einige Wanderempfehlungen.

Von San Lucia nach San Martino Eine einfache, 90-minütige Wanderung (2,2 km), die unmittelbar vor den Toren von Portoferraio an der Kirche San Lucia startet. Sie durchquert Weideland und aufgelassenes Kulturland, das von der Natur inzwischen zurückerobert wurde, und endet bei Napoleons Villa in San Martino.

Von Marciana nach Chiessi Die 12 km lange Wanderung startet hoch oben im Bergdorf Marciana und führt den Monte Capanne bergab an alten Kirchen und bizarren Granitfelsen vorbei – immer mit fantastischem Blick aufs Meer. Die rund sechs Stunden dauernde Wanderung endet im Küstenort Chiessi.

G. T. E. – Grande Traversata Elbana Die Große Fernwanderung führt in drei bis vier Tagen einmal quer durch die Insel von Osten nach Westen (60 km) über den Monte Capanne, Elbas höchstem Gipfel (1019 m). Übernachtungsmöglichkeiten gibt es unten an der Küste, Zelten unterwegs ist nicht gestattet. Der schönste Teil ist der 19 km lange Abschnitt von Poggio nach Pomonte. Er führt am Heiligtum der Madonna del Monte sowie an den Felsformationen des Masso dell'Aquila vorbei.

NICHT VERSÄUMEN

TOP FIVE: STRÄNDE

Die Strände an Elbas 147 km langer Küste decken das ganze Farbspektrum ab, es gibt Kieselstrände ebenso wie Sandstrände. Die hübschesten davon liegen versteckt in felsigen Buchten und sind nur durch eine steile Kletterpartie von der Straße aus erreichbar. Das Parken gestaltet sich entlang des Straßenrandes nicht immer einfach. Weitere Details zu den einzelnen Stränden findet sich auf der Homepage von **Info Elba** (www.infoelba.com, auf Deutsch).

ENFOLA

Nur 6 km westlich von Portoferraio gelegen. Hierher kommt man weniger wegen der grauen Kiesel, sondern vielmehr wegen der Sportmöglichkeiten. Entsprechend gut besucht ist der Strand. Wer will, kann Tretboote mieten, mit dem **Enfola Diving Center** (www.enfoladivingcenter.it) tauchen gehen oder auf dem familienfreundlichen, 2,5 km langen **Rundwanderweg** einmal um das grüne Kap wandern. Der **Parco Nazionale Arcipelago Toscano** (☎0565 91 94 11; ⏲Mo & Fr 9–13, Di & Do 14.30–16 Uhr) unterhält hier ein Informationszentrum.

PROCCHIO

Dieser kleine, geschäftige Badeort 10 km westlich von Portoferraio bietet einen der längsten goldenen Sandstrände auf Elba und dazu noch bei **Scalo 70** (Via del Mare 10; Waffel 2–4 €) das beste *gelato* der Insel. Empfehlenswert sind das Reiseis, aber auch die Sorten Nuss, Feige und Karamell.

SANSONE & SORGENTA

Die beiden Strände mit Klippen, weißem Kies und Kieseln bestechen vor allem mit ihrem türkisen, kristallklaren Wasser, das sich einfach perfekt zum **Schnorcheln** eignet. Wer gar nicht mehr weg will, kann sein Zelt auf dem naturbelassenen hübschen Campingplatz **Camping La Sorgente** (☎0565 91 71 39; www.campinglasorgente.it; Camping Erw./Zelt/Auto 14/3/14 €, 4-Pers.-Bungalows 60–150 €; ⏲Rezeption April–Mitte Sept. 9–21 Uhr) aufschlagen. Er zieht sich terrassenförmig vom Sorgenta-Strand bergauf. Wer mit dem Auto von Portoferraio kommt, nimmt die SP27 bis Enfoda.

MORCONE, PARETI & INNAMORATA

Das Trio aus hübschen Sand-Kieselstein-Buchten liegt umgeben von süß duftenden Kiefern- und Eukalyptusbäumen etwa 3 km südlich von Capoliveri (im Südosten der Insel). Hier kann man ein Kajak mieten und nach Innamorata hinüberpaddeln, dem wildesten der drei Strände. Für ein schönes Abendessen oder eine Übernachtung an der Spiaggia Preti empfiehlt sich das **Hotel Stella Maris** (☎0565 96 84 25; www.albergostellamaris.com; HP DZ 68–120 € pro Pers.; P❄).

COLLE D'ORANO & FETOVAIA

Das absolute Highlight bei diesen beiden fantastischen Stränden an Elbas Westküste ist die **dramatische Anfahrt** über die SP25, die die beiden Strände verbindet. Man erzählt sich, Napoleon wäre häufig nach Colle d'Orano gefahren, um dort zu sitzen und zu seiner Geburtsinsel Korsika hinüberzuschauen. Ein stark duftendes, von Macchia bedecktes Kap schützt die sandige Spiaggia Fetovaia, wo FKKler hüllenlos auf den nahen Felsen in der Sonne liegen.

ℹ An- & Weiterreise

Regelmäßig (alle 30 Min.) fahren Fähren von Piombino nach Elba, die Betreiber sind **Moby** (www.mobylines.com) und **Toremar** (www.toremar.it). Die meisten legen in Portoferraio an, in der Hochsaison werden zusätzlich auch kleinere Häfen der Insel angesteuert.

Außer an Sommerwochenenden oder im Ferienmonat August, wenn sich häufig Warteschlangen bilden, muss man seine Tickets nicht im Voraus kaufen; sie lassen sich problemlos vor Ort am Hafen erstehen. Die Fährpreise (einfach 15/45 € pro Pers./Auto) ändern sich von Monat zu Monat. Die Fahrtzeit von und nach Elba beträgt eine Stunde.

Unterwegs vor Ort

Aufs Auto sollte man in der Hochsaison verzichten – die wenigen Straßen der Insel sind dann völlig verstopft. Gute Alternativen sind Mountainbikes, Motorroller oder Fahrräder, in Portoferraio verleiht sie **Two Wheels Network** (0565 91 46 66; www.twn-rent.it; Viale Elba 32, Portoferraio). Noch umweltfreundlicher sind die Busse von ATL, die am **Busbahnhof** von **Portoferraio** (Viale Elba 20, Portoferraio) fast direkt gegenüber des Toremar-Anlegers abfahren.

PORTOFERRAIO

12 182 EW.

Unter den Römern war der Hafen unter dem Namen Fabricia bekannt, später wurde er Ferraia genannt, da von hier aus Eisenerz verschifft wurde. Cosimo I de' Medici nahm den kleinen Hafen Mitte des 16. Jhs. in Besitz und befestigte ihn.

In der Hochsaison kann es hier sehr hektisch werden, dennoch lohnt es sich für Besucher, durch die Straßen der Altstadt zu bummeln, das eine oder andere elbatypische Gericht zu probieren und mit den Fischern am alten Hafen um den Preis der Sardinen zu feilschen.

Sehenswertes & Aktivitäten

Altstadt HISTORISCHER KERN

Vom Fährhafen aus läuft man knapp 1 km bis zur Altstadt mit ihrem Geflecht aus engen Gassen. Die Stadt wird beherrscht von den Festungen **Forte Falcone** (geschl.) und dem lachsfarbenen **Forte Stella** (Via della Stella; Erw./Kind 2/1,50 €; Ostern–Sept. 9–19 Uhr) sowie den verlassenen Wällen, die im 16. Jh. errichtet wurden.

Napoleon wurde 1814 zu Beginn seines kurzen Intermezzos auf Elba in der **Torre del Martello** aus dem 15. Jh. beim Eingang des Hafens „gefangen gehalten" – gegenwärtig ist der Turm ein Wegweiser zum bescheidenen **Museo Archeologico della Linguelle** (Archäologisches Museum; Eintritt 3 €; April–Okt. Fr–Mi 10–13 & 15.30–19.10 Uhr).

GEHEIMTIPP

SCALINATA MEDICI

Von Portoferraios Hauptplatz aus, der Piazza Cavour, geht es die Via Giuseppe Garibaldi hügelaufwärts bis zum Fuß dieser monumentalen Treppe. 140 wacklige Stufen führen hinauf zur düsteren, schummerig erleuchteten **Chiesa della Misericordia** (Via della Misericordia) aus dem 17. Jh., in der sich Napoleons Totenmaske befindet. Wer bis ganz nach oben weitergeht, gelangt zu den Festungen und der napoleonischen Villa.

Museo Nazionale della Residenza Napoleoniche HISTORISCHE RESIDENZ

(Piazzale Napoleone; Erw./Kind 3/1,50 €; Mo & Mi–Sa 9–19, So 9–13 Uhr) Am Berghang zwischen den beiden Forts liegt die Villa dei Mulini (oder Palazzo dei Mulini), Napoleons Stadtresidenz während seiner Amtszeit als Herrscher dieser kleinen Insel. Mit seiner Bibliothek, den italienisch anmutenden Gärten und dem Meeresblick ging es dem Herrscher hier ganz offensichtlich nicht schlecht – verglichen mit den schlichten Feldbetten während seiner Feldzüge.

Museo Villa Napoleonica di San Martino HISTORISCHE RESIDENZ

(San Martino; Erw./Parken 3/3 €; Mi–Sa 9–19, So 9–13 Uhr) In den Hügeln 5 km südwestlich der Stadt liegt in San Martino Napoleons zweite Villa – ein umgebauter Bauernhof mit Dachterrasse. Dorthin zog sich Napoleon gelegentlich zurück, um der Hitze der Stadt zu entfliehen. Nach seinem Tod ließ ein russischer Adliger 1851 unterhalb des Hauses eine ziemlich dominierende Galerie bauen, in der heute Wechselausstellungen über Napoleon gezeigt werden.

Ein Kombiticket für beide Villen kostet 5 € und ist drei Tage gültig.

Schlafen

Halbpension ist meist Pflicht im August, viele Hotels öffnen generell nur von April bis Oktober. Die besten Übernachtungsmöglichkeiten finden sich ein Stück außerhalb des Stadtzentrums.

Rosselba Le Palme CAMPING €

(0565 93 31 01; www.rosselbalepalme.it; Camping Erw./Zelt/Auto 10,40/12,10/3,80 €; April–Mitte Okt.; P) Der Platz in einem Palmengarten gilt als einer der besten Campingplätze Europas. Das an der SP28 und SP32 gelegene „Campingdorf", 9 km östlich von Portoferraios Zentrum, ist eine grüne Oase mit unzähligen tropischen Palmen. Zu den vielen Angeboten der Anlage gehört auch Tauchunterricht bei Jean-Jacques Mayol, dem Sohn des legendären Apnoe-Tauchrekordlers Jacques Mayol, der Vorbild für eine der Figuren in Luc Bessons Kinofilm *Im Rausch der Tiefe* war.

Villa Ombrosa HOTEL €€
(☎0565 91 43 63; www.villaombrosa.it; Via de Gasperi 3; DZ ab 95 €; P 📶) Eines der wenigen Hotels in Portoferraio, die das ganze Jahr geöffnet haben. Ombrosa hat eine großartige Lage mit Blick aufs Meer (nach einem Zimmer mit Seeblick fragen; die anderen, die auf den hinten gelegenen Garten blicken, sind nicht halb so schön) und den Strand Spiaggia delle Ghiaie.

Essen

LP TIPP **Osteria Libertaria** OSTERIA €€
(☎0565 91 49 78; Calata Matteotti 12; Mahlzeiten 30 €; ⏲April–Okt.) In der Nähe der Fischerboote bietet dieses elegante Lokal eine herausragende Küche, bei der Fisch im Mittelpunkt steht. Die Gerichte sind einfach – so gibt es beispielsweise eine einfache, gemischte Platte mit mariniertem Fisch und Calamari oder *tonno in crosta di pistacchi* (Thunfischfilet in Pistazienkruste) –, aber alles ist superfrisch und immer perfekt zubereitet. Zur Auswahl stehen Tische an der verkehrsreichen Straße oder auf der Terrasse in der Seitengasse. Es gibt keinen Kaffee.

Il Castagnacciao PIZZERIA €
(Via del Mercato Vecchio 5; Pizza 4,50–8 €; ⏲Do–Di 9–14.30 & 16.40–23 Uhr) Versteckt in einer Gasse in der Nähe der Piazza Cavour, bekommt man hier an Bänken und Holztischen sitzend eine hervorragende Pizza. Unbedingt Platz lassen sollte man für das Dessert *castagnacci*, das ebenfalls im Holzofen gebacken wird. Wer noch mehr verträgt, kann das Gelage mit einer köstlichen *torta di ceci* (Kichererbsen-„Kuchen“) abschließen.

Praktische Informationen

Info Park Are@ (☎0565 91 94 14; www.islepark.it; Ecke Viale Elba & Calata Italia; ⏲9.30–13.30 & 15.30–19.30, im Winter So geschl.) Informationszentrum des Parco Nazionale Arcipelago Toscano.

Touristeninformation (☎0565 91 46 71; www.isoleditoscana.it; Calata Italia 43; ⏲Mo–Fr 9–19, Sa & So 9–13 Uhr, im Winter kürzer) In der Nähe des Fährhafens.

PORTOFERRAIO & UMGEBUNG

Stilvoller geht es nicht: ein Anwesen am Meer mit einem Bauernhof aus dem 17. Jh. sowie einer Villa aus dem 18. Jh., etwa 8 ha Weingärten, die sich bis zum Meer hinziehen, Olivenhaine, Palmen und zehn Selbstversorgerapartments (einige davon am Strand in ehemaligen Farmarbeiterhäuschen). Als er 1814 auf Elba ankam, verbrachte Napoleon die Nacht in **Tenuta La Chiusa** (☎0565 93 30 46; www.tenutalachiusa.it; Magazzini 93, Portoferraio; DZ 65–120 €, bis 5 Pers. 110–185 €, DZ Woche 450–850 €, bis 5 Pers. 750–1300 €; P 👪), bevor er nach Portoferraio aufbrach und sich von der Bevölkerung feiern ließ.

Elbas ältestes Weingut La Chuisa liegt 8 km östlich von Portoferraio, man erreicht es über die SP26 und SP28. Das Gut mit seinem schlichten Charme arrangiert **Weinproben** (⏲8.30–12.30 & 16–20 Uhr, kürzer in der Nebensaison) und bietet Übernachtungsmöglichkeiten (Sept./Juli und Aug. min. 2/5 Nächte). Die Gäste können ihr Olivenöl und ihren Wein direkt beim Erzeuger kaufen. Und wer keine Lust zu kochen hat, kann die Mahlzeiten im hauseigenen **Ristorante Mare** am Strand einnehmen. Von den Häusern läuft man rund zwei Minuten dorthin.

> **SPAREN MIT DEM KOMBITICKET**
>
> Wer alle wichtigen Denkmäler Sienas besichtigen möchte, sollte sich den günstigeren Kombipass besorgen:
>
> » **SIA-Sommerpass** (Museo Civico, Santa Maria della Scala, Museo dell'Opera, Battistero di San Giovanni, Oratorio di San Bernadino und Chiesa di San Agostino: 17 €, 7 Tage gültig, 15. März–31. Okt.)
>
> » **OPA-SI-Pass** (Duomo, Museo dell'Opera, Battistero di San Giovanni, Cripta und Oratorio di San Bernardino: 10 €, 3 Tage gültig)
>
> » **SIA-Winterpass** (Museo Civico, Santa Maria della Scala, Duomo, Museo dell'Opera und Battistero di San Giovanni: 14 €, 7 Tage gültig, 1. Nov.–14. März)
>
> » **Museo Civico und Torre del Mangia** (13 €)
>
> » **Musei Comunali** (Museo Civico und Santa Maria della Scala): 11 €, 2 Tage gültig)
>
> Der OPA-SI-Pass kann im Voraus online unter www.operaduomo.siena.it gekauft werden; alle anderen Pässe sind direkt bei den Museen erhältlich.

MARCIANA

2236 EW.

Von Portoferraio aus fährt man ungefähr 20 km nach Westen entlang der Küste nach

Marciana Marina. Vom Küstenort sind es dann weitere 9 km ins Inland bis zum höchsten (375 m) und ältesten Dorf der Insel, **Marciana**. Parkmöglichkeiten gibt es am Dorfeingang, danach führt der Weg weiter auf der Via delle Fonti und ihrer Fortsetzung, der Via delle Coste, ins Dorf hinein. Außerhalb des Dorfes liegt die Wallfahrtskirche **Santuario della Madonna del Monte** (627 m) – ein gepflasterter Pilgerweg führt in 40 Minuten dorthin, es geht bergauf durch duftende Schirmkiefern und Kastanienwälder. 14 Stationen liegen auf dem Weg zur Wallfahrtskirche, das Küstenpanorama, das sich unterwegs bietet, ist überwältigend: Man schaut bis nach Korsika.

Zurück im Dorf Marciana, lädt die **Osteria del Noce** (☎0565 90 12 85; Via della Madonna 27; Mahlzeiten 30 €; ⏲tgl. Mittag- & Abendessen) zu einem Slow-Food-Mittagessen ein. Der einfache Familienbetrieb bietet Spaghetti mit Granseolo Elbano (eine große, für Elba typische Krabbenart) und *fritto del pescatore* (frittierter Fisch, serviert in braunem Papier). Anschließend empfiehlt sich noch ein Rundgang durchs Dorf mit seinen Arkaden, den farbenfrohen Blumenkästen und kleinen Aussichtsbalkons mit traumhaften Ausblicken auf Marciana Marina und das benachbarte Bergdorf **Poggio**.

MONTE CAPANNE

Wer nur Zeit für einen Ausflug von Portoferraio aus hat, dem bleibt keine andere Wahl als der Monte Capanne: Etwa 750 m südlich von Marciana auf der Straße nach Poggio, entführt die **Cabinovia Monte Capanne** (Seilbahn; ☎0565 90 10 20; einfache Fahrt/hin & zurück 12/18 €; ⏲Ostern–Nov. 10–12.50 & 14.20–17 Uhr) die Wanderer hinauf zum Gipfel des **Monte Capanne** (1019 m). Die offenen, vergitterten Kabinen erinnern sehr an kanariengelbe Papageienkäfige und bieten jeweils zwei Personen Platz. Die Fahrt auf Elbas höchsten Gipfel dauert 20 Minuten. Wer oben angekommen noch ein bisschen weiterwandert, wird mit einem atemberaubenden 360-Grad-Panorama belohnt: Nicht nur die gesamte Insel Elba liegt einem zu Füßen, sondern auch weite Teile des Toskanischen Archipels, die Riviera degli Etruschi und die Nachbarinsel Korsika.

ZENTRALE TOSKANA

Wer sich eine klassische Toskanalandschaft vorstellt, hat für gewöhnlich die Bilder der Zentraltoskana vor Augen. Allerdings bietet die beliebte Region viel mehr als nur sanft gewellte Hügel, sonnige Weinberge und kunstvoll gepflanzte Zypressenalleen. Die eigentlichen Juwelen sind die hübschen mittelalterlichen Städte, von denen die meisten wie Zeitkapseln aus der Gotik und der Renaissance wirken, die magischerweise in die Gegenwart versetzt wurden.

Siena

54 414 EW.

Die historische Rivalität zwischen Siena und Florenz dauert bis heute an, und sie beschränkt sich nur auf die Einheimischen: Auch die meisten Reisenden entwickeln eine starke Vorliebe für die eine oder die andere Stadt. Die Entscheidung für die eine oder andere Stadt ist meist eine rein ästhetische: Florenz erlebte seine größte Blütezeit in der Epoche der Renaissance, Sienas architektonische Höhepunkte stammen aus der Gotik.

Geschichte

Es heißt, dass Siena vom Sohn des Remus gegründet wurde. Und die römische Wölfin, die die Zwillinge Romulus und Remus säugte, ist in Siena fast so häufig zu sehen wie in Rom. In Wirklichkeit ist die Stadt wahrscheinlich etruskischen Ursprungs, obwohl sie erst Ende des 1. Jhs. v. Chr. zu einer richtigen Stadt heranwuchs. Damals gründeten die Römer hier eine Militärkolonie namens Sena Julia.

Im 12. Jh. gedieh mit Sienas Engagement im Handel auch sein Reichtum, seine Größe und seine Macht. Parallel dazu nahm die Rivalität mit dem benachbarten Florenz zu. Sie führte in der ersten Hälfte des 13. Jhs. zu vielen kriegerischen Auseinandersetzungen zwischen dem guelfischen Florenz und dem ghibellinischen Siena. 1270 sah Siena sich schließlich gezwungen, sich mit dem Rivalen zu verbünden.

Im darauffolgenden Jahrhundert wurde die Stadt vom Rat der Neun regiert – eine Bürgergruppe, die sich in ständiger Fehde mit den Aristokraten befand –, und erlebte seine Blütezeit.

1348 allerdings starben zwei Drittel der 100 000 Einwohner im Verlauf einer Pestepidemie, die eine Periode des Niedergangs einläutete. Er gipfelte schließlich in der Übergabe der Stadt durch den Kaiser an Cosimo I de' Medici. Dieser verbot den Einwohnern das lukrative Bankgeschäft und beschnitt damit empfindlich Sienas Macht.

Der jahrhundertelange wirtschaftliche Niedergang als Folge der Übernahme durch die Medici erwies sich im Nachhinein jedoch als Segen: Durch das Fehlen von Geldmitteln wurde im Stadtzentrum weder neu- noch umgebaut. So präsentiert sich die Altstadt heute als lebendige Verkörperung einer mittelalterlichen Stadt und wurde deshalb von der Unesco zum Weltkulturerbe erklärt.

Sehenswertes

Piazza del Campo — PIAZZA

Die abschüssige Piazza, die auch als Il Campo bekannt ist, bildet seit beinahe 600 Jahren Sienas städtisches und gesellschaftliches Zentrum. Im oberen Teil liegt der **Fonte Gaia**, ein Brunnen, der mittlerweile nur noch von den Kopien der weißen Marmorfiguren (1419) des Sieneser Bildhauers Jacopo della Quercia geschmückt wird. Die kürzlich restaurierten Originale sind im Complesso Museale Santa Maria della Scala zu sehen.

Der Campo ist zweifellos das Herz der Stadt. Sein großartig gearbeiteter Belag ist der städtische Teppich, auf dem Studenten und Touristen ihr Picknick abhalten. Die umliegenden Cafés sind – wen mag es wundern – die beliebtesten *aperitivo*-Treffpunkte der Stadt.

Palazzo Comunale — RATHAUS

Das Bauwerk aus dem frühen 14. Jh. ist auch als Palazzo Pubblico bekannt. Der Eintritt zum zentralen Innenhof ist frei. Neben dem *palazzo* erhebt sich der anmutige, 102 m hohe Glockenturm **Torre del Mangia** (Eintritt 8 €; ⏲März–Mitte Okt. 10–19 Uhr, Mitte Okt.–Feb. 10–16 Uhr). Die etwa 500 Stufen bis zur Aussichtsterrasse lohnen sich: Der Ausblick von oben ist fantastisch.

Museo Civico — MUSEUM

(Palazzo Comunale; Erw./erm. 8/4,50 €; ⏲Mitte März–Okt. 10–19 Uhr, Nov.–Mitte März 10–18 Uhr)

Viele Besucher betreten den Innenhof des Palazzo Comunale und klettern auf die Torre del Mangia, ignorieren jedoch das Museum – was ein Fehler ist.

Die Sammlung beinhaltet Simone Martinis berühmte *Maestà* (Thronende Jungfrau Maria; 1315–16), das erste bekannte Gemälde des Künstlers. Gegenüber befindet sich eine andere Arbeit, die Martini zugeschrieben wird: sein oft nachgebildetes Fresko (1328–1330) von Guidoriccio da Fogliano, einem Hauptmann der Sieneser Armee.

Nebenan, in der Sala della Pace, ist das wichtigste weltliche Gemälde der Renaissance ausgestellt: Ambrogio Lorenzettis allegorischer Freskenzyklus *Die gute und die schlechte Regierung* (ca. 1337–40). Darin setzt Lorenzetti die Harmonie und den Wohlstand, die aus einer guten Regierung erwachsen, in Kontrast zu den Entbehrungen und Belastungen, die unter einer schlechten Herrschaft entstehen.

Opera della Metropolitana di Siena — KIRCHE

Sienas *duomo* zählt zu den großartigsten gotischen Kirchen Italiens und ist der Mittelpunkt dieser Gruppe **sakraler Bauwerke** (www.operaduomo.siena.it; Piazza del Duomo).

Der Bau des **Duomo** (Eintritt 3 €, Audioführer Erw./Kind 5/3 €; ⏲Juni–Aug. Mo–Sa 10.30–20, So 13.30–18 Uhr, Rest des Jahres kürzer) begann 1215, die Arbeiten zogen sich jedoch bis ins 14. Jh. Die großartige Fassade aus weißem, grünem und rotem Marmor wurde von Giovanni Pisano gestaltet (die Statuen der Philosophen und Propheten sind Kopien; Pisanos Originale stehen im Museo dell'Opera Metropolitana).

Im Inneren fällt vor allem ein wunderbarer Marmorfußboden mit Intarsienarbeiten auf, der mit 56 Panelen mit historischen und biblischen Themen geschmückt ist. Die wertvollsten unter ihnen werden nur von Ende August bis Ende Oktober enthüllt (dann kostet der Eintritt 6 €).

Ein weiterer Anziehungspunkt im Innern der Kirche ist die kunstvoll gefertigte Marmor- und Porphyrkanzel von Nicola Pisano, die mit der Unterstützung von Arnolfo di Cambio entstand (er entwarf später den *duomo* in Florenz).

Durch den Nordgang betritt man die zauberhafte **Libreria Piccolomini**, die die Büchersammlung von Enea Silvio Piccolomini, besser bekannt als Pius II., beherbergt. Die Wände des kleinen Saals sind mit lebhaften Fresken von Bernardino Pinturicchio geschmückt (1502–07).

Auf der rechten (östlichen) Seite des *duomo* liegt das **Museo dell'Opera** (Eintritt 6 €; ⏲März–Mai & Sept.–Okt. 9.30–19 Uhr, Juni–Aug. 9.30–20 Uhr, Nov.–Feb. 10–19 Uhr). Höhepunkt eines Museumsbesuchs ist Duccio di Buoninsegnas eindrucksvolle *Maestà* (1311), ein Retabel beim Hochaltar. Das Hauptgemälde zeigt die Jungfrau umgeben von Engeln, Heiligen und prominenten Sieneser Bürgern der damaligen Zeit; die hinteren Tafeln (leider nicht vollständig) porträtieren Szenen der Passion Christi.

Siena

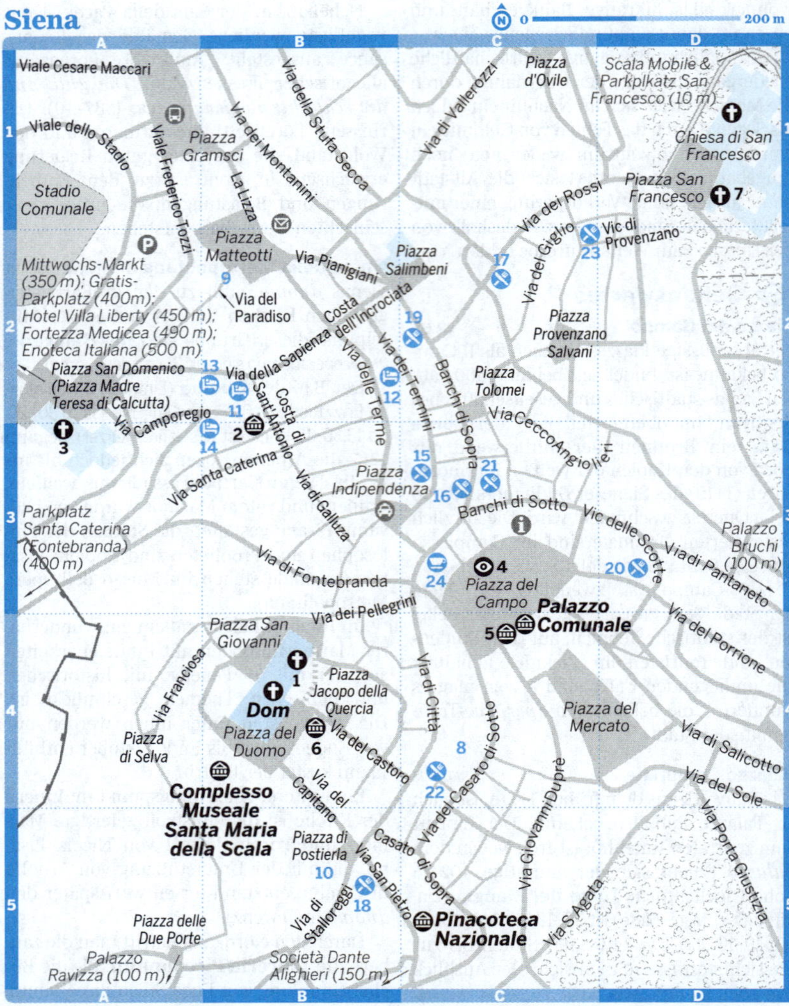

Hinter dem *duomo* geht es steile Stufen hinunter zum **Battistero di San Giovanni** (Baptisterium; Piazza San Giovanni; Eintritt 3 €; ⏲März–Mai 9.30–19 Uhr, Juni–Aug. 9.30–20 Uhr, Sept.–Okt. 9.30–19 Uhr). Es ist geschmückt mit Fresken und weist ein sechseckiges marmornes Taufbecken von Jacopo della Quercia auf. Das Becken ist dekoriert mit Bronzereliefs, die Szenen aus dem Leben Johannes des Täufers zeigen und von Lorenzo Ghiberti, Donatello und anderen Künstlern gefertigt wurden.

Die **Cripta** (Krypta; Eintritt inkl. Audioführer 6 €; ⏲März–Mai 9.30–19 Uhr, Juni–Aug. 9.30–20 Uhr, Sept.–Okt. 9.30–19 Uhr) wird ebenfalls durch das Baptisterium betreten. Es handelt sich dabei um einen Raum unterhalb des Hochaltars, der erst 1999 entdeckt wurde. Die Wände sind vollständig bedeckt mit *pintura a secco* („Trockenmalerei"), die bereits aus dem 13. Jh. stammt.

Complesso Museale Santa Maria della Scala KULTURZENTRUM
(www.santamariadellascala.com; Piazza del Duomo 1; Erw./erm. 6/3,50 €; ⏲10.30–18.30 Uhr) Teile des einstigen Krankenhauses direkt neben dem *duomo* stammen aus dem 13.

Siena

Highlights

Complesso Museale Santa Maria della Scala ... B4
Dom ... B4
Palazzo Comunale ... C4
Pinacoteca Nazionale ... C5

Sehenswertes

1 Battistero di San Giovanni & Cripta ... B4
2 Casa Santuario di Santa Caterina ... B3
3 Chiesa di San Domenico ... A3
4 Fonte Gaia ... C3
5 Museo Civico ... C4
6 Museo dell'Opera ... B4
7 Oratorio di San Bernardino ... D1
Torre del Mangia ... (siehe 5)

Aktivitäten, Kurse & Touren

8 Accademia Musicale Chigiana ... C4
9 Scuola Leonarda da Vinci ... B2
10 Tuscan Wine School ... B5

Schlafen

11 Albergo Bernini ... B2
12 Antica Residenza Cicogna ... B2
13 Campo Regio Relais ... B2
14 Hotel Alma Domus ... B3

Essen

15 Enoteca I Terzi ... C3
16 Grom ... C3
17 Kopa Kabana 1 ... C2
18 Kopa Kabana 2 ... B5
19 Morbidi ... C2
20 Osteria Le Logge ... D3
21 Pasticceria Nannini ... C3
22 Pizzicheria de Miccoli ... C4
23 Tre Cristi ... C2

Ausgehen

24 Caffé Fiorella ... C3

Jh.; ursprünglich wurde es als Herberge für Pilger auf der Via Francigena eingerichtet, doch schon bald erweiterte es seinen Aufgabenbereich: Das Hospiz bot verwaisten Kindern Schutz und kümmerte sich um die Armen. Heute beherbergt es drei Museen - das Archäologische Museum, das Kunstmuseum für Kinder sowie ein Zentrum für Zeitgenössische Kunst (SMS Contemporanea) –, außerdem eine Auswahl an historischen Sälen, Kapellen und Räumen für Wechselausstellungen. Auch das **Archäologische Museum** ist eindrucksvoll, doch der **Pellegrinaio** (Pilgersaal) bildet den unbestrittenen Höhepunkt des Komplexes. Mit seine anschaulichen Fresken aus dem 15. Jh. von Lorenzo Vecchietta, Priamo della Quercia und Domenico di Bartolo huldigt er der Arbeit des Krankenhauses und seiner Förderer. Im mittelalterlichen *fienile* (Heuschober) schließlich können die Originalskulpturen von Jacopo della Quercias *Fonte Gaia* besichtigt werden, der die Piazza del Campo schmückt.

Pinacoteca Nazionale — KUNSTGALERIE

(Via San Pietro 29; Erw./erm. 4/2 €; ⌚Di–Sa 8.15–19.15, So & Mo 9–13 Uhr) Die labyrinthartige Galerie befindet sich in dem einst prachtvollen, doch nun traurig heruntergekommenen Palazzo Buonsignori aus dem 14. Jh. Hier wird die vermutlich weltweit eindrucksvollste Sammlung Sieneser Kunstwerke gezeigt. Die Highlights befinden sich alle im 2. Stock: Raum 3 zeigt Duccios Polyptychon *Madonna col Bambino e I Santi* (Madonna mit Kind und Heiligen; 1305) und Simone Martinis *Madonna col Bambino* (Madonna mit Kind; ca. 1321), Raum 5 beherbergt Martinis Altarbild *Il Beato Agostino* (1324), in Raum 7 ist Ambrogio Lorenzettis leuchtend farbige *Annunciazione* (Mariä Verkündigung, 1343–44) zu sehen. Raum 11 zeigt Taddeo di Bartolos *Annunciazione di Maria Vergine* (Die Verkündigung der Jungfrau Maria; 1409).

Chiesa di San Domenico — KIRCHE

(Piazza San Domenico; ⌚9–12.30 & 15–19 Uhr) Diese imposante Kirche ist dem Schutzpatron der Stadt gewidmet. Die Fresken von Sodoma in der **Cappella di Santa Caterina** zeigen Ereignisse aus dem Leben der hl. Katharina. Die Heilige starb in Rom, wo auch der Großteil ihres Körpers verblieb. Ihr Kopf wurde jedoch nach Siena zurückgebracht (er befindet sich in einem Tabernakel aus dem 15. Jh. über dem Altar in der *cappella*), zusammen mit ihrem Daumen, der sich in einem kleinen Kasten rechts in der Kapelle befindet.

Wer mehr über die heilige Katharina und ihre Lebensgeschichte erfahren will, der sollte die **Casa Santuario di Santa Caterina** (Costa di Sant'Antonio 6; Eintritt frei; ⌚März–Nov. 9–18.30 Uhr, Dez.–Feb. 10–18 Uhr) besuchen, in der die Heilige geboren wurde und in der sie mit ihren Eltern lebte.

Weitere Informationen über geführte oder auch selbst organisierte Spaziergänge durch das Siena der hl. Katharina findet man unter www.viaesiena.it.

Oratorio di San Bernardino KUNSTGALERIE
(www.operaduomo.siena.it; Piazza San Francesco 9; Eintritt 3 €; ⏲Mitte März–Okt. 13–19 Uhr) Im Schatten der riesigen gotischen Kirche San Francesco liegt dieses Oratorium aus dem 15. Jh., das einem weiteren Sieneser Heiligen gewidmet und mit manieristischen Fresken von Sodoma, Beccafumi und Pacchia ausgeschmückt ist. Oben befindet sich das kleine **Museo Diocesano di Arte Sacra**, das einige hübsche Gemälde ausstellt, darunter eine Madonna del Latte (Stillende Madonna; ca. 1340) von Ambrogio Lorenzetti. Der Eintritt zum Oratorium ist im OPA-SI-Pass inbegriffen.

Kurse

Accademia Musicale Chigiana MUSIK
(☎0577 2 20 91; www.chigiana.it; Via di Città 89) Bietet jeden Sommer Meisterkurse in klassischer Musik sowie Workshops.

Fondazione Siena Jazz MUSIK
(☎0577 27 14 01; www.sienajazz.it; Fortezza Medicea 1) Eine der führenden Institutionen ihrer Art in Europa, sie veranstaltet Kurse und Workshops für erfahrene Jazzmusiker.

Scuola Leonardo da Vinci SPRACHE
(☎057 724 90 97; www.scuolaleonardo.com; Via del Paradiso 16) Italienische Sprachschule, die den Kursteilnehmern auch ein Kulturprogramm anbietet.

Società Dante Alighieri SPRACHE
(☎057 74 95 33; www.dantealighieri.com; Via Tommaso Pendola 37) Sprach- und Kulturkurse südwestlich des Stadtzentrums.

Tuscan Wine School WEIN
(☎333 7229716; www.tuscanwineschool.com; Via Stalloreggi 26) Zweistündige Weinverkostungen, in denen italienische und toskanische Weine vorgestellt werden (40 €).

Università per Stranieri SPRACHE
(Universität für Ausländer; ☎0577 24 03 02; www.unistrasi.it; Piazza Carlo Rosselli 27/28) Bietet diverse Kurse in italienischer Sprache und Kultur. Die Universität befindet sich in der Nähe des Hauptbahnhofs.

Geführte Touren

90-minütige **Stadtrundgänge** in englischer Sprache starten von der Piazza Gramsci täglich um 13 Uhr (15 € pro Pers.). Von Ostern bis Oktober gibt es zusätzlich zweistündige Führungen (20 € inkl. Eintrittskarte zum *duomo*); Treffpunkt ist vor der Touristeninformation auf dem Campo. Eine Reservierung ist nicht notwendig, weitere Details zum Ablauf des Spaziergangs erfährt man bei der Touristeninformation.

IL PALIO

Das spektakulärste Ereignis des Jahres stammt aus dem Mittelalter und umfasst eine Reihe farbenfroher Festumzüge sowie zwei wilde Pferderennen am 2. Juli und 16. August. Zehn von Sienas 17 *contrade* (Stadtdistrikte) treten gegeneinander an und kämpfen um den *palio* (Seidenbanner). Jede *contrada* hat ihre eigenen Traditionen, Symbole und Farben sowie ihre eigene Kirche und ein *palio*-Museum.

Ab etwa 17 Uhr ziehen die Repräsentanten jeder *contrada* in historischen Kostümen zur Parade um den Campo auf.

Das Rennen findet im Juli um 19.45 Uhr und im August um 19 Uhr statt. Nur knapp eine Minute rasen die zehn Pferde und ihre Reiter drei Mal um den Campo mit einer Geschwindigkeit und Heftigkeit, die den Zuschauern die Haare zu Berge stehen lassen.

Wer mittendrin sein will, sollte sich mindestens vier Stunden vor dem Start in die Massen im Zentrum des Campo stürzen. Allerdings sollte man bedenken, dass der Platz in der Mitte nicht mehr verlassen werden kann, bis das Rennen gelaufen ist. Alternativ dazu verkaufen die Cafés am Campo Plätze auf ihren Terrassen: Sie kosten zwischen 350 und 400 € pro Ticket und können in der Touristeninformation bis zu einem Jahr im Voraus gebucht werden.

Während des *palio* erhöhen die Hotels ihre Preise um 10 bis 50 % und verlangen einen Mindestaufenthalt.

Feste & Events

Die Accademia Musicale Chigiana präsentiert drei hoch angesehene Konzertreihen mit klassischer Musik, bei den Künstler aus aller Welt auftreten: **Micat in Vertice** von April bis Mai, **Settimana Musicale Senese** im Juli und **Estate Musicale Chigiana** zwischen Juli und September.

Die **Associazione Musicale Quattro Quarti** (www.quattroquarti.org) veranstaltet das Kammermusikfestival **Musica Senese - La Primavera Senese**, das im April und Mai stattfindet.

Weitere Veranstaltungsinformationen finden sich auf www.informacitta.net, wo man das Siena betreffende pdf von der Homepage herunterladen kann.

Schlafen

LP TIPP Campo Regio Relais BOUTIQUEHOTEL €€€
(☎0577 22 20 73; www.camporegio.com; Via della Sapienza 25; EZ 150–220 €, DZ 190–250 €, Suite 250–450 €; ❄@📶) Sienas charmantestes Hotel hat nur sechs Zimmer, von denen jedes einzelne individuell eingerichtet und luxuriös ausgestattet ist. Das Frühstück wird in der prächtigen Lounge oder auf der Terrasse serviert, die einen sensationellen Blick auf den *duomo* und die Torre del Mangia gewährt.

Palazzo Ravizza HOTEL €€
(☎0577 28 04 62; www.palazzoravizza.com; Pian dei Mantellini 34; Zi 75–230 €, Suite 150–320 €; P❄@📶) Der Renaissancepalast in einem stillen, aber bequem erreichbaren Teil der Stadt bietet Zimmer mit bemalten Decken, riesige Betten und kleine, aber gut ausgestattete Bäder. Die Suiten sind sogar noch beeindruckender mit ihrem Blick auf den hübschen Garten. Die drei günstigsten Zimmer liegen im Dachgeschoss, sie haben kleine Fenstern und noch kleinere Badezimmer.

Hotel Alma Domus HOTEL €
(☎0577 4 41 77; www.hotelalmadomus.it; Via Camporegio 37; EZ 40–45 €, DZ 65–75 €; ❄@📶) Das Hotel gehört der katholischen Diözese und wird noch immer von acht Dominikanerinnen bewohnt, die die Casa Santuario di Santa Caterina im selben Komplex hüten. Der Konvent wird nun privat als günstiges Hotel geführt. Die meisten der schlichten, aber blitzsauberen Zimmer bieten Aussicht auf das kleine grüne Fontebranda-Tal und hinüber zum Dom.

Hotel Villa Liberty HOTEL €€
(☎0577 4 49 66; www.villaliberty.it; Viale Vittorio Veneto 11; EZ 55–85 €, DZ 89–159 €; ❄📶) Das Hotel befindet sich auf einem von Bäumen gesäumten Boulevard gegenüber der Fortezza Medicea. Die Jugendstilvilla wurde in ein Hotel mit 17 Zimmern umgestaltet und gehört zu den besten Mittelklassehotels der Stadt. Der Campo und das Stadtzentrum liegen zwar nur einen 15-minütigen Spaziergang entfernt, das Viertel ist aber dennoch weniger touristisch als das historische Zentrum, und es gibt freie (allerdings umkämpfte) Parkmöglichkeiten direkt vor dem Hotel. Moderne, helle Zimmer.

Antica Residenza Cicogna B&B €€
(☎0577 28 56 13; www.anticaresidenzacicogna.it; Via dei Termini 67; EZ 70–75 €, DZ 85–100 €, Suite 120–130 €; ❄@📶) Die charmante Hausherrin Elisa beaufsichtigte die Restaurationsarbeiten dieses Gebäudes aus dem 13. Jh. höchstpersönlich und erzählt gerne dessen Geschichte (es gehört ihrer Familie bereits seit Generationen). Die sieben Zimmer sind sauber und gut in Schuss und mit bequemen Betten, bemalten Decken und gefliesten Böden ausgestattet.

Albergo Bernini PENSION €
(☎0577 28 90 47; www.albergobernini.com; Via della Sapienza 15; EZ 78 €, DZ ohne Bad 75 €, DZ 85 €, FZ ohne Bad 115 €; 📶) Der gastfreundliche Familienbetrieb bietet seinen Gästen saubere, adrette Zimmer und eine fabelhafte Terrasse mit Blick hinüber zum Dom und der Chiesa di San Domenico. Der Nachteil sind die unbequemen Betten sowie die Tatsache, dass nur zwei der Zimmer – das Einzel- und das Dreibettzimmer – Klimaanlage haben. Über den Preis kann im Winter verhandelt werden; Kreditkarten werden zur Zahlung hier nicht akzeptiert. Das Frühstück kostet 3 bis 7,50 €.

Palazzo Bruchi B&B €€
(☎0577 28 73 42; www.palazzobruchi.it; Via di Pantaneto 105; EZ 80–90 €, DZ 90–150 €; @📶) Die Betreiberin Camilla Masignani tut alles, damit sich ihre Gäste in diesem B&B mit seinen sechs Zimmern wie zu Hause fühlen. Es befindet sich in einem *palazzo* aus dem 17. Jh. in der Nähe des Campo – und ist einer der wenigen Plätze in Siena, wo man durch den Klang von Kirchenglocken und Vogelgezwitscher statt vom Straßenlärm geweckt wird. Von den Zimmern schaut man ins Fontebranda-Tal.

Camping Colleverde Siena CAMPING €
(☎0577 33 25 45; www.campingcolleverde.com; Strada di Scacciapensieri 47; Camping 2 Pers, Zelt & Auto 33,70 €, Wohnmobil für 2 Pers. 45–65 €; ⊙März–Anf. Jan.; P ☎ ☒) 3 km nördlich des historischen Zentrums bietet der beliebte Platz Stellplätze, vermietet aber auch Wohnmobile, von denen einige eine komplett ausgestattete Küche haben. Die Buslinien 3 und 8 verkehren zwischen dem Campingplatz, dem Bahnhof und dem Stadtzentrum. WLAN kostet 4 € pro Tag.

Essen & Ausgehen

LP TIPP **Enoteca I Terzi** MODERN ITALIENISCH €€
(☎0577 4 43 29; www.enotecaiterzi.it; Via dei Termini 7; Mahlzeiten 39 €; ⊙Mo–Sa 11–1 Uhr) Die moderne *enoteca* liegt in der Nähe des Campo, aber abseits der ausgetretenen Touristenpfade. Sie gehört zu den Lieblingslokalen der Banker aus der nahe gelegenen Bank Monte dei Paschi di Siena. Diese bestellen hier gebratenen, luftig-leichten *baccalá* (Stockfisch), hausgemachte Pasta, würzigen Risotto und saftiges Grillfleisch.

Tre Cristi MEERESFRÜCHTE €€
(☎0577 28 06 08; www.trecristi.com; Vicola di Provenzano 1–7; 4-Gänge-Menü 35–40 €, 6-Gänge-Menü 60 €; ⊙So geschl.) Meeresfrüchte-Restaurants sind selten in dieser eher fleischbetonten Region, die lange Existenz des Tre Cristi (seit 1830) sollte also entsprechend gewürdigt werden. Das Menü ist so elegant wie die Einrichtung, die Gerichte erlesen und köstlich.

Morbidi FEINKOST €
(Via Banchi di Sopra 75; ⊙Mo–Sa 9–20 Uhr) Die lokalen Gastronomen decken sich hier ein – die Auswahl an Käse und importierten Delikatessen ist die beste in ganz Siena. Nicht versäumen sollte man das **Mittagsbüfett** (12 €; ⊙12.30–14.30 Uhr), das eine fantastische Auswahl bietet: Platten mit *antipasti*, Salate, Pastas und das Dessert des Tages – angesichts der Köstlichkeiten geht eine zweite Runde zum Büfett völlig in Ordnung.

Osteria Le Logge MODERN ITALIENISCH €€€
(☎0577 4 80 13; www.osterialelogge.it; Via del Porrione 33; Mahlzeiten 55 €; ⊙So geschl.) Das Lokal wechselt sein Angebot an kreativ zubereiteten toskanischen Gerichten beinahe täglich. Am besten sitzt man im unteren Speisesaal – hier befand sich einst eine Apotheke (die hübschen Schaukästen stehen noch heute) – oder alternativ auf der Terrasse zur Straße. Die *antipasti* und *primi* sind immer köstlich, die Hauptgerichte nicht immer gleich befriedigend. Die Weinkarte ist sehr gut.

Enoteca Italiana VINOTHEK €€
(www.enoteca-italiana.it; Fortezza Medicea; ⊙April–Sept. Mo–Sa 12–1 Uhr, Okt.–März 12–24 Uhr) Der einstige Munitionskeller und Kerker der Medici-Festung wurde kunstvoll in eine noble *enoteca* mit über 1500 italienischen Sorten umgestaltet. Man kann eine Flasche kaufen oder direkt vor Ort ein oder zwei Gläser im hübschen Innenhof oder den stimmungsvollen Innenräumen probieren.

Grom GELATERIA €
(www.grom.it; Via Banchi di Sopra 11–13; Eis 2,50–5 €; ⊙im Sommer So–Do 11–24, Fr & Sa 11–1 Uhr, im Winter So–Do 11–23, Fr & Sa 11–24 Uhr) Die Eisdiele bietet köstliches *gelato* mit saisonal wechselnden Geschmacksrichtungen, viele der Zutaten stammen aus biologischem Anbau bzw. aus der Region. Serviert werden auch Milchshakes.

Kopa Kabana GELATERIA €
(www.gelateriakopakabana.it; Via dei Rossi 52–55; Eis 1,70–2,30 €; ⊙Mitte Feb.–Mitte Nov. 11–24 Uhr) Hier gibt es frisches *gelato* vom selbst ernannten Eiscrememeister Fabio (er bezeichnet sich so zu Recht!). Eine weitere Filiale befindet sich bei der Via San Pietro 20 in der Nähe der Pinacoteca Nazionale.

Pizzicheria de Miccoli FEINKOST€
(Via di Città 93–95; ⊙8–20 Uhr) De Miccoli hat seine Schaufenster mit Würsten, Käse und Steinpilzen geschmückt und verkauft u. a. *panini* zum Mitnehmen.

Pasticceria Nannini CAFÉ €
(24 Via Banchi di Sopra; ⊙7.30–23 Uhr) Hier werden die feinsten *cenci* (süßes Gebäck), *panforte* (ein Kuchen mit Mandeln, Honig und kandierten Früchten) und *ricciarelli* (Mandelbiskuits) der Stadt verkauft.

Caffè Fiorella CAFÉ €
(www.torrefazionefiorella.it; Via di Città 13; ⊙Mo–Sa 7–20 Uhr) Das kleine Café hinter dem Campo serviert den besten Kaffee der Stadt. Im Sommer gibt es eine herrliche Kaffeegranita mit einem Klecks Sahne.

Shoppen

Mittwochsmarkt MARKT
(⊙7.30–13 Uhr) Rund um die Fortezza Medicea und in Richtung Stadio Comunale wird jeden Mittwoch vormittags einer der größten Märkte der Toskana abgehalten: Hier

findet man ein großartiges Angebot an Nahrungsmitteln und eine reiche Auswahl an günstiger Kleidung.

Praktische Informationen

Krankenhaus (☎0577 58 51 11; Viale Bracci) Nördlich von Siena bei Le Scotte.

Polizei (☎0577 20 11 11; Via del Castoro 6)

Touristeninformation (☎0577 28 05 51; www.terresiena.it; Piazza del Campo 56; ⏲9–19 Uhr) Die hilfreichen Mitarbeiter reservieren Unterkünfte, organisieren Auto- und Motorrollerverleih, verkaufen einen Stadtplan von Siena (0,50 €) sowie Zugtickets.

An- & Weiterreise

Auto & Motorrad

Nach Florenz führen die RA3 (Superstrada Siena – Florenz) und die landschaftlich schönere SR222.

Bus

Siena Mobilità (☎800 570530; www.sienamobilita.it) gehört zur Busgesellschaft **Tiemme** (☎0577 20 42 46; www.tiemmespa.it) und bietet Verbindungen zwischen Siena und anderen Teilen der Toskana an. Der **Ticketschalter** (⏲Mo–Fr 6.30–19.30, Sa & So 7–19.30 Uhr) befindet sich unterhalb des Busbahnhofs bei der Piazza Gramsci; hier gibt es auch eine Gepäckaufbewahrung (24 Std. 5,50 €).

Regelmäßig fahren Expressbusse – Corse Rapide – nach Florenz (7,10 €, 1¼ Std.); sie sind empfehlenswerter als die sogenannten Corse-Ordinarie-Busse, die unterwegs in Poggibonsi und Colle di Val d'Elsa halten. Busse fahren auch nach:

San Gimignano (5,50 €, 1–1½ Std., 10-mal tgl. entweder direkt oder mit Umsteigen in Poggibonsi)

Montalcino (3,65 €, 1½ Std., 6-mal tgl.)

Poggibonsi (3,95 €, 50 Min., alle 40 Min.)

Montepulciano (5,15 €, 1¾ Std.)

Arezzo (5,40 €, 1½ Std., 8-mal tgl.)

Colle di Val d'Elsa (2,70 €, 30 Min., stündl.) Verbindungen nach Volterra (2,75 €)

Sena-Busse (☎861 1991900; www.sena.it) fahren nach Rom (21 €, 3½ Std., 8-mal tgl.), Mailand (35 €, 4¼ Std., 4-mal tgl.), Venedig (28 €, 5¼ Std., 2-mal tgl.) und Perugia (12 €, 90 Min., 1-mal tgl.). Der **Ticketschalter** (☎Mo–Sa 8.30–19.45 Uhr) befindet sich ebenfalls unterhalb der Busstation.

Zug

Siena liegt auf keiner der Hauptbahnstrecken, daher sind Busse normalerweise die besseren Verkehrsmittel. Wer nach Rom will, muss in Chiusi umsteigen, auf der Fahrt nach Florenz ist Empoli der Umsteigebahnhof.

Unterwegs vor Ort

AUTO & MOTORRAD Es gibt eine ZTL (Zona a Traffico Limitato) in der Altstadt, allerdings können Besucher ihr Gepäck zum Hotel bringen und das Auto danach außerhalb parken (nicht vergessen: die Rezeption bitten, das Autokennzeichen vorab anzumelden – geschieht das nicht, riskiert man ein deftiges Bußgeld).

Es gibt große, bequem erreichbare Parkplätze beim Stadio Comunale und rund um die Fortezza Medicea, beide liegen nördlich der Piazza San Domenico. Einige freie Parkplätze auf der Straße (nach den weißen Linien Ausschau halten) gibt es am Viale Vittorio Veneto und an der Südecke der Fortezza Medicea, aber die sind natürlich heiß begehrt. Die gebührenpflichtigen Parkplätze bei San Francesco und Santa Caterina (oder Fontebranda) haben beide eine *scala mobile* (Rolltreppe), die ins Zentrum hochführt.

Auf allen gebührenpflichtigen Parkplätzen kostet eine Stunde 1,60 €. Weitere Informationen über die Parksituation finden sich auf der Website www.sienaparcheggi.com (auf Italienisch).

BUS Siena Mobilità betreibt einen Stadtbus (90 Min. 1 €), die Busse 9 und 10 verkehren zwischen dem Bahnhof und der Piazza Gramsci.

ZUM/VOM FLUGHAFEN Ein Siena-Mobilità-Bus pendelt zwischen dem Flughafen von Pisa und Siena (einfache Fahrt/hin & zurück, 14/26 €, 2 Std.). Er startet in Siena um 7.10 Uhr und in Pisa um 13 Uhr. Tickets sollten mindestens einen Tag im Voraus am Busbahnhof oder online gekauft werden.

My Tour (☎0577 23 63 30; www.mytours.it) betreibt zweimal täglich einen Shuttleservice zwischen dem Flughafen Florenz und Siena (einfache Fahrt/hin & zurück 30/50 €, 2 Std.). Die Tickets können in der Touristeninformation gekauft werden.

Chianti

Auf den uralten Weinbergen in diesem postkartenreifen Teil der Toskana wachsen die Trauben, die für den Chianti Classico verwendet werden, ein Sangiovese-dominierter Tropfen, der unter dem Markenzeichen Gallo Nero (Schwarzer Hahn) verkauft wird.

Die Region Chianti liegt sowohl in der Provinz Florenz (Chianti Fiorentino) als auch in der Provinz Siena (Chianti Senese), das Einfallstor in die Region ist die Via Chiantigiana, die SR222. Das Gebiet ist überzogen mit einem Netzwerk an *strade provinciale* (Provinzstraßen) und *strade seconda-*

rie (Nebenstraßen), von denen einige nicht einmal asphaltiert sind. Sie führen vorbei an makellosen Weingütern, Weinbergen und Olivenhainen, Bauernhöfen aus goldfarbenem Stein, anmutigen romanischen *pieve* (Landkirchen) und hübschen Renaissancevillen. Die vielen imposanten Burgen wurden im Mittelalter von den Florentiner und Sieneser Kriegsherren erbaut.

Weitere Informationen über den Consorzio Vino Chianti Classico (das berühmte Konsortium der lokalen Produzenten) findet man unter www.chiantclassico.com. Eine praktische Informationsquelle für Veranstaltungen in der Region ist die Website www.classico-e.it.

GREVE IN CHIANTI

14 304 EW.

Greve ist die größte Stadt des Chianti Fiorentino und liegt 26 km südlich von Florenz. Die Stadt ist sowohl das Zentrum des regionalen Weinbaus als auch die Heimat der engagierten, geschäftstüchtigen Familie Falorni, die die drei Hauptsehenswürdigkeiten des Ortes betreibt.

Greves jährliche Weinmesse findet in der ersten oder zweiten Septemberwoche statt, wer zu dieser Zeit nach Greve reisen will, sollte seine Unterkunft sehr zeitig buchen.

Sehenswertes & Aktivitäten

Museo del Vino MUSEUM
(www.museovino.it; Piazza Nino Tirinnanzi 10; Erw./erm. 5/4 €; ⏲Mitte März–Okt. Mo–Sa 11–18 Uhr) Das private Museum wurde 2010 eröffnet und wird von Lorenzo und Stefano Falorni liebevoll geführt. Schon seit über 40 Jahren dokumentieren sie die Geschichte der regionalen Weinindustrie und erweitern ständig die Sammlung ihres Vaters aus Artefakten und anderen Objekten. Der Audioguide (im Preis inbegriffen) und eine auf Interviews basierende audiovisuelle Präsentation erzählen die faszinierende Geschichte.

Le Cantine di Greve in Chianti WEINBAR
(www.lecantine.it; Piazza delle Cantine 2; ⏲10–19 Uhr) In dieser ebenfalls der Familie Falorni gehörenden *enoteca* stehen über 1200 Sorten Wein zur Auswahl. 140 davon kann man probieren (z. B. Supertoskaner, erstklassige DOC- und DOCG-Weine, Vin Santo und Grappa), und zwar mit einer Prepaid-Weinkarte, die man für 10 bis 25 € an der zentralen Bar erstehen kann. Die Karte wird einfach in eine der vielen Schankhähne gesteckt, und raus kommt der Wein. Das Restguthaben wird am Ende zurückerstattet. Spaß macht das Probieren hier allemal – ausgenommen jene, die fahren müssen. Der Eingang zu den *cantine* befindet sich am unteren Ende der Treppe gegenüber vom Supermarkt auf der Hauptstraße.

Antica Macelleria Falorni ESSEN
(www.falorni.it; Piazza Matteotti 71; ⏲Mo–Sa 8–13 & 15.30–19.30 Uhr, So 10–13 & 15.30–19 Uhr) Diese atmosphärisch schöne *macelleria* (Metzgerei) auf dem Hauptplatz wurde von den Falornis schon 1792 eröffnet. Bekannt ist sie für ihre *finocchiona briciolona* (Schweinefleischsalami mit Fenchelsamen und Chianti) – eine ideale Zutat für jedes Picknick.

Praktische Informationen

Touristeninformation (☎055 854 62 99; www.comune.greve-in-chianti.fi.it/ps/s/info-turismo; Piazza Matteotti 11; ⏲Mai–Sept. Mo–Sa 10–13 & 14–19 Uhr) Hilfreich, aber nur im Sommer geöffnet.

An- & Weiterreise

AUTO & MOTORRAD *Le strade del Gallo Nero* (2 €) ist eine gute, hilfreiche Karte der Weinregion, die von den örtlichen Touristeninformationen verkauft wird.

Das Parken ist auf dem zweigeschossigen Parkplatz auf der Piazza della Resistenza an der Hauptstraße kostenlos, er liegt gegenüber der Piazza Matteotti.

BUS SITA-Busse verkehren zwischen Greve und Florenz (3,30 €, 1 Std., stündl.).

RUND UM GREVE IN CHIANTI

Eine enge und sehr steile Straße führt von Greve ins mittelalterliche Dorf **Montefioralle**, Heimatort des Entdeckers, Seefahrers und Kartografen Amerigo Vespucci (1415–1512). Auf zwei Reisen folgte er Kolumbus' Route nach Amerika und schrieb in Europa so angetan über die Neue Welt, dass er den Kartografen Martin Waldseemüller (Verfasser der 1507 erschienenen *Universalis Cosmographia)* dazu inspirierte, den neuen Kontinent nach ihm zu benennen.Die aus dem 11. Jh. stammende Badia di Passignano liegt 6 km westlich von Montefioralle zwischen Weinstöcken und Olivenbäumen. Sie gehört der Familie Antinori, einer der ältesten und angesehensten Winzerfamilien der Toskana. Zur Zeit der Recherche wurde das Hauptgebäude gerade restauriert; das Refektorium (mit einem Fresko des Letzten Abendmahls von Domenico und Davide Ghirlandaio aus dem 15. Jh.) und der Kreuzgang werden nach der Restaurierung wieder öffentlich zugänglich sein.

RADFAHREN IM CHIANTI

Das Chianti mit dem Rad zu erkunden, ist für viele Besucher ein Highlight ihres Toskanaurlaubs. Fahrräder können bei **Ramuzzi** (☎055 85 30 37; www.ramuzzi.com; Via Italo Stecchi 23; Touringräder/125cc Scooter pro Tag 20/55 €; ⏱Mo–Fr 9–13 & 15–19, Sa 9–13 Uhr) in Greve in Chianti ausgeliehen werden.

Einige Anbieter organisieren geführte Radtouren von Florenz aus:

» **Florence by Bike** (☎055 48 89 92; www.florencebybike.it; Via San Zanobi 120r) Tagestour durch das nördliche Chianti mit Mittagessen und Weinprobe (März–Okt., 74 €).

» **I Bike Florence** (☎055 012 39 94; www.ibikeflorence.com; Via de' Lamberti 1) Die geführte Zwei-Tages-Tour von Florenz nach Siena (inklusive einer Übernachtung, zwei Mittagessen und einem Abendessen, 329 €) wird jeden Montag und Donnerstag von April bis Oktober angeboten.

» **I Bike Italy** (☎055 012 39 94; www.ibikeflorence.com; Via de' Lamberti 1) Organisiert zusammen mit I Bike Florence die zweitägige Fahrt, bietet aber auch eine Tagestour mit Mittagessen auf einem Weingut an (März–Okt., 80 €). Für Studenten gibt es 10 % Rabatt.

» **I Bike Tuscany** (☎335 8120769; www.ibiketuscany.com) Das ganze Jahr über werden Tagestouren (110–140 €) für Radfahrer in allen Fitnessgraden angeboten. Ein Minibus holt die Teilnehmer vom Hotel in Florenz ab und bringt sie ins Chianti, wo die Fahrt startet. Hybrid- und elektrische Fahrräder werden ebenfalls verliehen, außerdem fährt ein Begleitfahrzeug mit.

Eine Reihe von **Weinführungen** (☎055 807 12 78; www.osteriadipassignano.com) steht zur Auswahl, z. B. die Tour „Antinori und Badia a Passignano" (150 €, Mo–Mi & Fr–Sa 11–15 Uhr), inklusive Verkostung von vier Gutsweinen und einem 3-Gänge-Mittagessen im Gutsrestaurant. Interessant ist auch die Führung „Antinori und Osteria" (200 €; Mo–Mi & Fr–Sa 17.45 Uhr) mit einer Verkostung von vier Gutsweinen und einem 5-Gänge-Abendessen. Alternativ wird außerdem eine Kellerführung mit der Verkostung von vier Weinen (80 €, Mo–Sa 16 Uhr) angeboten. Für alle Führungen besteht eine Reservierungspflicht. Antinori-Weine und -Olivenöl verkauft der Gutsladen **La Bottega** (⏱Mo–Sa 10–18.30 Uhr), dort können sie auch probiert werden. Reservieren braucht man dafür nicht.

Das Schloss auf dem Weingut **Castello di Verrazzano** (☎055 85 42 43; www.verrazzano.com) 3 km nördlich von Greve war einst Sitz von Giovanni da Verrazzano (1485–1528), der die nordamerikanische Küste erkundete. An ihn erinnert in New York die Verrazano-Narrows-Bridge (der gute Kapitän verlor allerdings irgendwo auf dem Atlantik ein „z"). Heute ist das Schloss der Mittelpunkt eines 220 ha großen Weinguts, auf dem Chianti Classico, Vin Santo, Grappa, Honig, Olivenöl und Balsamico produziert werden. Zur Auswahl stehen vier Führungen (14–110 €). Bei einer Führung ist neben dem Transport von und nach Florenz eine Privatführung und ein Mittagessen mit Gutsweinen im Preis eingeschlossen. Details stehen auf der Website.

CASTELLINA IN CHIANTI

2956 EW.

Heute ist Castellina der bedeutendste Ort im Chianti Senese, früher war Castellina eines von drei Mitgliedern der Lega del Chianti, einem militärischen und administrativen Bund innerhalb des Stadtstaats Florenz (die anderen zwei Orte waren Gaiole und Radda). Von den Etruskern wurde der Ort gegründet und von den Florentinern im 15. Jh. als Verteidigungsfestung gegen die Sienesen ausgebaut. Heute spielt er eine zentrale Rolle im Weinbau, was die zylinderförmigen Silos voller Chianti Classico eindrucksvoll dokumentieren. Außer einem Rundgang durch das kompakte Ortszentrum, einem Besuch des kleinen Museums und der **Antica Fattoria la Castellina** (Via Ferruccio 26), dem bekanntesten Weinladen des Ortes, gibt es hier nicht viel zu tun.

Vom südlichen Parkplatz aus führen die Via Ferruccio und der Panoramaweg unterhalb der östlichen Stadtmauern zur stimmungsvollen **Via delle Volte,** einer Gasse, in der man einst heilige Rituale durchführte und die später überdacht und Teil der florentinischen Festung wurde.

Sehenswertes

Museo Archeologico del Chianti Senese
MUSEUM

(www.museoarcheologicochianti.it; Piazza del Comune 18; Erw./erm. 5/3 €; April–Okt. tgl. 11–19, Nov.–März Sa & So 11–17 Uhr) Das Museum in der mittelalterlichen *rocca* (Festung) des Ortes präsentiert in der Region gefundene, archäologisch wertvolle Objekte der Etrusker. Raum 4 zeigt Artefakte aus den aus dem 7. Jh. v. Chr. stammenden etruskischen Gräbern von **Montecalvario** (Ipogeo Etrusco di Monte Calvario; Eintritt frei; immer offen), die sich am nördlichen Ende der Stadt an der SR222 befinden.

Praktische Informationen

Das hilfreiche **Tourismusbüro InCHIANTI** (0577 74 13 92; www.essenceoftuscany.it; Via Ferruccio 40; Mitte März–Okt. Mo–Sa 9–13, Mo–Di & Do–Sa 14–18 Uhr, Nov.–Mitte März geschl.) kann Besuche von Weingütern und -kellern buchen. Außerdem erhält man hier Karten, Vorschläge für Unterkünfte und sonstige Informationen.

An- und Weiterreise

AUTO & MOTORRAD Der am günstigsten gelegene Parkplatz befindet sich am Südende des Ortes an der Via IV Novembre (Std./Tag 1/5 €).

BUS Busse von **Siena Mobilità** (www.sienamobilita.it) verkehren zwischen Castellina und Siena (2,55 €, 35 Min., 10-mal tgl.).

ZUG Von Florenz fährt man mit dem Zug nach Castellina (5,80 €, 90 Min., stündl.), in Empoli muss man umsteigen.

Schlafen

Fattoria di Rignana
AGRITURISMO €€

(055 85 20 65; www.rignana.it; Val di Rignana 15, Rignana; EZ/DZ in der fattoria 100/110 €, EZ/DZ in der Villa 120/140 €;) Dieser Bauernhof, 3,8 km von Badia di Passignano entfernt, verfügt über alles, was man für die Chianti-Erfahrung braucht – Geschichte, wunderbare Aussichten, einen großen Pool und eine zu Fuß erreichbare gute *cantina*. Zwei Übernachtungsmöglichkeiten stehen zur Auswahl: elegante Zimmer in der Villa aus dem 17. Jh. und Zimmer mit rustikalerer Ausstattung in der *fattoria* (Bauernhaus) nebenan.

Villa I Barronci
HOTEL €€

(055 82 05 98; www.villaibarronci.com; Via Sorripa 10, San Casciano in Val di Pesa; EZ 85–150 €, DZ 115–230 €;) Im äußersten Nordwesten des Chianti zwischen Florenz und Pisa gelegen, bietet dieses sehr komfortable, moderne Landhotel einen beispielhaften Service mit ebensolchen Annehmlichkeiten. In Bar und Restaurant lässt es sich gut entspannen, aus dem Wellnessbereich kommt man verjüngt wieder, und am Pool kann man einfach mal faulenzen. Volterra, San Gimignano und Siena lassen sich leicht im Rahmen von Tagesausflügen erreichen.

Agrifuturismo
AGRITURISMO €

(339 501 9849; www.agrifuturismo.com; Strada San Silvestro 11, Barberino Val d'Elsa; 2-/4-/6-Pers.-Apt. 70/120/140 €;) Das Gut liegt etwa 13 km südwestlich von Greve und ist von Wäldern mit Eichen, Wacholder, Zypressen und Pinien sowie alten Olivenbaumterrassen umgeben. Die Apartments haben Charme, auf schönes Design wird besonders viel Wert gelegt. Solarpaneele, Regenkollektoren und Recycling zeigen das Umweltbewusstsein der Besitzer. Bedingungen sind ein Mindestaufenthalt von drei Nächten und Barzahlung (keine Kreditkarten).

Ostello del Chianti
HOSTEL €

(055 805 02 65; www.ostellodelchianti.it; Via Roma 137, Tavernelle Val Di Pesa; B 16,50 €, DZ ohne Bad 39 €, DZ 50 €; Rezeption 8.30–11 & 16–24 Uhr, Mitte März–Okt. geschl.;) Das zu den ältesten Hostels Italiens gehörende Haus gibt es schon seit den 1950er-Jahren. Die Angestellten sind hier besonders freundlich. In den Schlafsälen stehen nicht mehr als sechs Betten, Fahrräder können für 10 € am Tag ausgeliehen werden, das Frühstück kostet lediglich 2 €. SITA-Busse fahren nach Florenz (1 Std., 3,30 €).

Essen & Trinken

LP TIPP Osteria di Passignano
GOURMETKÜCHE €€€

(055 807 12 78; www.osteriadipassignano.com; Via di Passignano 33; Mahlzeiten 70 €, Probiermenüs 65 €; So geschl.) Das elegante Etablissement ist eines der beeindruckendsten Restaurants der Toskana. Das köstliche Essen wird mit regionalen Produkten zubereitet und ist sehr toskanisch.

L'Antica Macelleria Cecchini
TRADITIONELL ITALIENISCH €€

(www.dariocecchini.com, Via XX Luglio 11, Panzano in Chianti; Mo–Do & So 9–14, Fr & Sa 9–18 Uhr) Der kleine Ort Panzano südwestlich von Greve ist in ganz Italien für seine *macellerìa* bekannt, die vom extrovertierten Metzger Dario Cecchini betrieben wird. Diese toskanische Berühmtheit hat sich als Fürsprecher der *bistecca* (Steak) und anderer toskanischer fleischiger Leckereien einen Namen gemacht. Neben der *macellerìa* gehören Dario Cecchini drei weitere Restaurants: Die **Officina della Bistecca** (☎055 85 21 76; Menüs 50 €; ⏲Di, Fr & Sa 20 Uhr Abendessen, So 13 Uhr Mittagessen) bietet ein einfaches Menü rund um die berühmte *bistecca*. Das **Solociccia** (☎055 85 27 27; Menüs 30 €; ⏲ Do, Fr & Sa 19 & 21 Abendessen, So 13 Uhr Mittagessen) bietet allerlei Fleischgerichte (außer der *bistecca*), die Gäste sitzen alle gemeinsam an einem großen Tisch. Das **Dario +** (Burger mit Gemüse & Kartoffeln 10 €, leichte Menüs 20 €; ⏲Mo–Sa Mittagessen) ist eine einfache Mittagsgaststätte. Für die Officina und Solociccia sollte man im Voraus buchen.

La Locanda di Pietracupa GOURMETKÜCHE €€
(☎055 807 24 00; www.locandapietracupa.com; Via Madonna di Pietracupa 31, San Donato in Poggio; Mahlzeiten 40 €; ⏲Di geschl.) Die Preise in diesem Restaurant nahe des Santuario della Madonna di Pietracupa sind angesichts der Qualität der modernen toskanischen Küche noch einigermaßen moderat. Die Terrasse ist der ideale Ort für ein ausgedehntes Mittagessen. Wer nach einem Abendessen im eleganten Speisesaal nicht mehr fahren will, kann eines der vier **B&B Zimmer** (EZ/DZ 70/80 €; P) buchen (im Voraus).

La Cantinetta di Passignano WEINBAR €€
(☎055 807 19 75; www.lacantinettadipassignano.com; Via di Greve 1a, Badia di Passignano; Mahlzeiten 30 €; ⏲Mi geschl.) Auf einer Designercouch im Garten dieser kürzlich eröffneten Weinbar/Gaststätte kann man herrlich ein oder zwei Stunden am Spätnachmittag verbringen. Die Aussicht auf die Weinberge ist wunderschön und die Platten mit *antipasti* die perfekte Ergänzung zu den angebotenen Weinen oder Designerbieren.

Il Giglio GELATERIA €
(Via del Giglio 13, San Donato in Poggio; Eis 1,50–4 €; ⏲Mo–Fr 15–24, Sa & So 11.30–24 Uhr) Das mittelalterliche Dorf San Donato liegt an der RA3 (Superstrada Siena – Florenz) in der Nähe von Tavarnelle im Val di Pesa und damit nur eine kurze Fahrt von Badia di Passignano entfernt. San Donato ist aus drei Gründen einen Besuch wert: wegen seiner pittoresken Hauptstraße mit dem Renaissancepalast, wegen der wunderschönen Pfarrkirche aus dem 12. Jh. und wegen seiner *gelateria* (am besten das Eis mit Feigen- und Ricottageschmack versuchen).

Val d'Elsa

Dieses Tal zieht sich vom Chianti bis zur Maremma und ist ein idealer Standort für die Erkundung der restlichen Toskana. Das Tal selbst bietet viel Gelegenheit, toskanisches Essen, Wein, Museen und schöne Landschaften zu genießen.

SAN GIMIGNANO

7770 EW.

Von Osten kommend, sehen die 15 Türme dieses ummauerten Ortes aus wie ein mittelalterliches Manhattan. Das einst etruskische Dorf wurde nach dem Bischof von Modena, San Gimignano, benannt. Er soll das Städtchen angeblich vor dem Hunnen Attila gerettet haben. 1199 wurde es zur *comune* und durch seine Lage an der Pilgerroute Via Francigena sehr wohlhabend. Geld war also genug vorhanden, und so entspann sich ein Wettlauf um den höchsten Turm des Ortes (es gab einmal 72 davon): Jede der bedeutendsten Familien der Stadt wollte höher als der Nachbar bauen, um die eigene Macht und den Reichtum zu demonstrieren. Die Pest von 1348 raffte dann allerdings den Großteil der Bevölkerung hin und schwächte die Wirtschaft nachhaltig. Schlussendlich kam es 1353 zur Angliederung an Florenz. Heute würde nicht einmal die Pest die Schwärme von Tagesausflüglern fernhalten, die im Sommer in den Ort einfallen: Sie kommen wegen der historischen Atmosphäre, den gut erhaltenen mittelalterlichen Straßenzügen und der hübschen Lage des Städtchens.

Sehenswertes & Aktivitäten

Die zwei wichtigsten Sehenswürdigkeiten des Ortes sind die Collegiata und der Palazzo Comunale. Eintrittskarten werden separat verkauft, die Alternative sind zwei günstige Kombi-Tickets. Das eine gilt für den Palazzo Comunale und zwei weitere Museen des Ortes (Archäologisches und Ornithologisches Museum; Erw./Kind 6–18 Jahre 7,50/5,50 €), das andere ermöglicht den Eintritt in die Collegiata und das Museo d'Arte Sacra (Erw./Kind 6–18 Jahre 5,50/2,50 €).

Collegiata KIRCHE
(Piazza del Duomo; Erw./Kind 3,50/1,50 €; ⏲April–Okt. Mo–Fr 10–19.10, Sa 10–17.10, So 12.30–19.10 Uhr, den Rest des Jahres kürzer,

San Gimignano

2. Novemberhälfte & Jan. geschl.) Hinter der uninteressanten Fassade von San Gimignanos romanischer Kathedrale verbergen sich bemerkenswert lebendig wirkende Fresken. Offiziell heißt das Gotteshaus Duomo Collegiata o Basilica di Santa Maria Assunta, wird aber mit Bezug auf das Priesterkolleg, zum dem es einst gehörte, allgemein Collegiata genannt.

Teile des Gebäudes stammen aus der zweiten Hälfte des 11. Jhs., die Fresken datieren ins 14. Jh. Der Eingang liegt am oberen Ende der Seitentreppe und führt durch eine Loggia, die früher überdacht war und als Taufkapelle fungierte. Im nördlichen Seitenschiff befinden sich Fresken von Bartolo di Fredi mit Schlüsselszenen aus dem Alten Testament. Gegenüber, an den Wänden des Südschiffs, sind Szenen aus dem Neuen Testament von Künstlern aus der Werkstatt von Simone Martini (wahrscheinlich unter der Leitung von Lippo Memmi, Martinis Schwager) zu sehen. Die Innenseite der Fassade und die angrenzenden Wänden zeigen Taddeo di Bartolos schauerliches *Jüngstes Gericht* (ca. 1410).

Im südlichen Seitenschiff nahe dem Hauptaltar befindet sich die Renaissanceka-

San Gimignano

Highlights

Collegiata B3
Palazzo Comunale B3

Sehenswertes

1 Museo Archeologico B1
2 Museo d'Arte Sacra B3
3 Museo del Vino A3
4 San Gimignano del 1300 .... B4
Speziera di Santa Fina .... (siehe 1)

Schlafen

5 Foresteria Monastero di San Girolamo C1
6 Hotel La Cisterna C3
7 Hotel L'Antico Pozzo B2

Essen

8 Dal Bertelli B2
9 Gelateria di Piazza B3
10 Perucà B2

Ausgehen

11 DiVinorum C3

pelle **Cappella di Santa Fina**, die mit naiven und rührenden Fresken von Domenico Ghirlandaio über das Leben eines Schutzheiligen des Ortes ausgeschmückt ist. Die Kapelle ist in Franco Zeffirellis Film *Tee mit Mussolini* (1999) zu sehen.

Palazzo Comunale
KUNSTGALERIE

(Piazza del Duomo; Eintritt für Galerie & Turm 5 €; ⏲April–Sept. 9.30–1 Uhr, Okt.–März 10–17.30 Uhr) Dieser *palazzo* aus dem 12. Jh. ist seit jeher Sitz der Lokalregierung. In seiner **Sala del Consiglio** mit einem Fresko der *Maestà* von Lippo Memmi wandte sich der große Dichter Dante 1299 an den Gemeinderat und bat um Unterstützung für die Guelfen.

Über der Sala del Consiglio liegt die kleine, aber sehenswerte Pinacoteca, in der Gemälde der sienesischen und florentinischen Schulen des 12. und 15. Jh. untergebracht sind. Die Höhepunkte der Sammlung sind Filippino Lippis *Angelo Annunciante* (1482), Benozzo Gozzolis *Maria mit Kind und Heiligen* (1466) und ein Altargemälde von Taddeo di Bartolo (1401) über das Leben von San Gimignano.

In der **Camera del Podestà** am oberen Ende der Treppe befindet sich ein kürzlich sorgsam restaurierter Freskenzyklus von Memmo di Filipuccio, der eine Moralgeschichte illustriert (die freizügigen Szenen über die Vorteile der Ehe sollte man sich unbedingt ansehen!).

Nach dem Besuch der Pinacoteca empfiehlt sich noch die Besteigung der **Torre Grasso** (Turm des *palazzo*), von dem aus man einen spektakulären Blick auf den Ort und seine Umgebung hat.

Museo del Vino
WEINBAR

(Weinmuseum; Parco della Rocca; Eintritt frei; ⏲11–30–18.30 Uhr) Das Museo del Vino ist eher eine Weinbar als ein Museum und ausschließlich San Gimignanos berühmtem Weißwein, dem Vernaccia, gewidmet. Die unscheinbare Galerie neben der *rocca* zeigt eine kleine Ausstellung über die Geschichte der Rebsorte (nur auf Italienisch). In der *enoteca* kann man entweder Weine probieren (4/6 Weine 6/10 €) oder ein Glas (3–5 €) mit auf die Terrasse mit schönem Panoramablick nehmen.

San Gimignano del 1300
MUSEUM

(www.sangimignano1300.com; Via Berignano 23; Erw./Kind 5/3 €; ⏲9–19 Uhr) San Gimignanos neueste Attraktion gefällt vor allem kleinen Kindern: Eine von Hand hergestellte Nachbildung der mittelalterlichen Stadt aus Keramik zeigt San Gimignano im Jahr 1300 – mit all seinen Häusern, Straßen, Türmen und Menschen. Manch kleiner Besucher fühlt sich anschließend sicher zu größeren Lego-Bauprojekten inspiriert.

Museo Archeologico & Speziera di Santa Fina
MUSEUM

(Via Folgore da San Gimignano 11; beide Museen Erw./erm. 3,50/2,50 €; ⏲Mitte März–Dez. 11–17.45 Uhr) Dieser Komplex beherbergt zwei Museen und eine Galerie. Der Ausstellungsteil Speziera zeigt Keramik- und Glasgefäße aus der Speziera di Santa Fina, einer rekonstruierten Apotheke mit Kräutergarten aus dem 16. Jh. Viele der Gefäße sind wunderschön bemalt und beinhalten immer noch medizinische Tinkturen. Immer der Nase nach geht es dann in die Galerie 7, die „Küche“. Sie ist gefüllt mit Kräutern und Gewürzen, die für die verschiedenen Elixiere verwendet wurden. Dahinter liegt ein kleines archäologisches Museum, welches in einen etruskischen/römischen und einen mittelalterlichen Teil mit lokalen Fundstücken gegliedert ist. Im 1. Stock befindet sich die Galleria d'Arte Moderna e Contemporanea. Die moderne Kunstgalerie ist alleine schon einen Besuch wert. Renato Guttusos beeindruckende *Marina* (1970) ist dort dauerhaft ausgestellt.

Museo d'Arte Sacra MUSEUM
(Piazza Pecori 1; Erw./Kind unter 6 Jahren 3,50/1,50 €; ⏲April–Okt. Mo–Fr 10–19.10, Sa 10–17.10, So 12.30–19.10 Uhr, den Rest des Jahres kürzer, in der 2. Novemberhälfte & Jan. geschl.) Das bescheidene Museum zeigt religiöse Kunstwerke aus der Collegiata und anderen Kirchen des Ortes. Wer sich für mittelalterliche sakrale Kunst interessiert, findet hier Arbeiten aus Edelmetallen, u. a. wunderschön verarbeitete Abendmahlskelche und Weihrauchfässer, sowie fein bestickte Textilien.

Geführte Touren

Die Touristeninformation bietet eine Reihe von Stadtführungen an: Von Mitte April bis Oktober organisiert sie samstags und sonntags um 11 Uhr einen **geführten Spaziergang** (Erw./Kind unter 12 Jahren mit Eintritt in den Palazzo Comunale 20 €/frei); Vorabreservierungen sind nicht nötig. Interessant ist auch der Besuch des Weinguts **Vernaccia di San Gimignano** (Erw. 20 €; ⏲April–Okt. Di & Do), bei dem man regionales Essen und Weine probieren kann. **Wanderungen durch die Natur** (20 €), genauer durch die Hügel um San Gimignano, finden mittwochs statt, freitags geht es in die Reserva Naturale di Castelvecchio, südwestlich des Ortes. Die Wanderungen beginnen jeweils um 15 Uhr. Unbedingt vorher buchen.

Feste & Events

Internationales Festival Dentro e Fuori le Mura KULTURELL
(www.terresiena.it) Im Rahmen des Festivals werden z. B. Opern auf der Piazza Duomo aufgeführt, Filme in der *rocca* gezeigt sowie Konzerte, Theater- und Tanzdarbietungen organisiert. Das Festival zieht sich von Juni bis September.

Ferie delle Messi KULTURELL
Die Parade findet normalerweise am dritten Wochenende im Juni statt und erweckt die mittelalterliche Vergangenheit in Form von nachgestellten Schlachten, Bogenschießwettkämpfen und Theaterstücken für das Publikum anschaulich zum Leben.

Festival Barocco di San Gimignano MUSIK
Umfasst eine Serie von Barockkonzerten im September und frühen Oktober.

Schlafen

Hotel L'Antico Pozzo BOUTIQUEHOTEL €€
(☎0577 94 20 14; www.anticopozzo.com; Via San Matteo 87; EZ 85–100 €, DZ 110–180 €; ⏲in den ersten 2 November- und Januarwochen geschl.; ❄@📶) Das beste Hotel des Ortes ist nach dem alten, sanft beleuchteten *pozzo* (Brunnen) neben der Lobby benannt. Jedes Zimmer in dem Gebäude aus dem 15. Jh. hat hohe Decken, eine einfache, aber elegante Einrichtung und ein gut geschnittenes Bad (die teureren sind die besseren). Obwohl es ein hübsches Frühstückszimmer gibt, nehmen die meisten Gäste im Sommer ihr Frühstück lieber draußen im Hinterhof ein.

Foresteria Monastero di San Girolamo HOSTEL €
(☎0577 94 05 73; www.monasterosangirolamo.it; Via Folgore da San Gimignano 26–32; pro Pers. 27 €) Eine gute Adresse für Leute mit kleiner Reisekasse. Das Hostel wird von Nonnen geführt und vermietet einfache, aber komfortable Zimmer (mit eigenem Bad) für zwei bis fünf Personen. Ohne Reservierung sollte man sich zwischen 9 und 12.30 oder 15.30 und 17.45 Uhr einfinden und an der Klostertür klingeln (nicht an der für die *foresteria*, dort meldet sich keiner). Für die Küchenbenutzung werden 3 € pro Tag, für ein Frühstück 3 € und für das Parken des Autos 2 € pro Tag verlangt.

La Cisterna HOTEL €€
(☎0577 94 03 28; www.hotelcisterna.it; Piazza della Cisterna 24; EZ 64–78 €, DZ 85–160 €; ❄@📶) Obwohl das Cisterna dringend eine Renovierung braucht, ist es wegen seiner Lage (ein imposantes Gebäude aus dem 14. Jh. an der gleichnamigen Piazza) und des Frühstücksraums/Restaurants auf dem Dach mit Panoramablick dennoch eine gute Option. Die preiswerteren Zimmer haben enge Badezimmer und sind teilweise etwas dunkel. Wer kann, sollte ein teureres oder ein Luxuszimmer nehmen. Der Internetzugang kostet 1 € pro Tag, dafür ist das WLAN kostenlos.

Essen & Ausgehen

San Gimignano ist für seinen *zafferano* (Safran) bekannt, der auf vielen Speisekarten zu finden ist. Frische Produkte findet man auf dem **Markt am Donnerstagmorgen** (Piazza della Erbe).

LP TIPP **Dal Bertelli** SANDWICHLADEN €
(Via Capassi 30; Panini 3–5 €, Glas Wein 1,50 €; ⏲März–Anf. Jan. 13–19 Uhr) Die Familie Bertelli lebt schon seit 1779 in San Gimignano, ihr derzeitiges Familienoberhaupt ist genauso stolz auf sein Erbe wie auf seine Sandwiches. Signore Brunello Bertelli bezieht Salami, Käse, Brot und Wein von regionalen Produ-

zenten und verkauft seine großzügig bemessenen Portionen an einem stimmungsvollen Platz, der so weit weg wie möglich von dem „großen Touristenbasar" des Ortes (Zitat) liegt. Wunderbar!

Gelateria di Piazza GELATERIA €

(www.gelateriadipiazza.com; Piazza della Cisterna 4; Eis 1,80–2,50 €; ⌚März–Mitte Nov. 8.30–23 Uhr) Der Meister-Eishersteller Sergio Dondoli verwendet nur die ausgesuchtesten Zutaten für seine cremigen und eisigen Leckereien. Das Eis *Crema di Santa Fina* (Safran-Sahne) und das Vernaccia-Sorbet sind sehr zu empfehlen.

Perucà TRADITIONELL ITALIENISCH €€

(☎0577 94 31 36; www.peruca.eu; Via Capassi 16; Mahlzeiten 34 €; ⌚März–Mitte Jan.) Die sympathische Besitzerin des Lokals weiß sehr viel über die Küche und die Weine der Region und kocht ausgezeichnet. Die Hausspezialität *fagottini del contadino* (Ravioli mit Pecorino, Birnen und Safran) schmeckt am besten mit einem Glas Vernaccia aus der Fattoria San Donato.

Da Nisio MODERN ITALIENISCH €€

(☎0577 94 10 29; www.danisio.com; Località Sovestro 32; Mahlzeiten 41 €; ⌚Mi–Mo Abendessen) Die Lage ist zwar nicht die beste (das Lokal liegt an der Straße nach Poggibonsi, 1,5 km vom Ort entfernt, und gehört zum unschönen Hotel Le Colline), lohnt aber dennoch einen Besuch. Der Chefkoch und Besitzer baut das Gemüse für seine fantasievollen, leichten Gerichte mit viel Geschmack höchstpersönlich an. Die *antipasti*-Spezialität ändert sich je nach Saison, Pasta und Brot sind selbst gemacht und das Fleisch wird auf einem Holzgrill zubereitet, was ihm einen ausgezeichneten Geschmack verleiht.

DiVinorum WEINBAR €

(Piazza della Cisterna 30; ⌚März–Okt. 11–20 Uhr, Nov.–Dez. 11–16 Uhr) Die Weinbar befindet sich in einem höhlenartigen ehemaligen Stall und bietet auch ein paar Tische im Freien mit Blick auf die historische Stadtmauer. Es gibt *antipasti* (Käse, Wurst und Schinken, Bruschetta, Salate) und eine hervorragende Auswahl an offenen Weinen.

ℹ Praktische Informationen

Die ausgesprochen hilfreiche **Touristeninformation** (☎0577 94 00 08; www.sangimignano.com; Piazza Duomo 1; ⌚März–Okt. 9–13 & 15–19 Uhr, Nov.–Feb. 9–13 & 14–18 Uhr) organisiert Führungen, verkauft Karten und kann Unterkünfte buchen. Außerdem hat sie eine Riesenauswahl an Material über die *Strada del Vino Vernaccia di San Gimignano* (Weinstraße des Vernaccia di San Gimignano).

ℹ An- & Weiterreise

AUTO & MOTORRAD Von Florenz oder Siena kommend, nimmt man die SP1 nach Poggibonsi, dann die SR2 und zuletzt die RA3 (Superstrada Siena – Florenz). Von Volterra aus nimmt man die SR68 ostwärts und biegt in nördliche Richtung auf die SP47 nach San Gimignano ab.

Parken ist in der Stadt teuer. Der billigste Parkplatz ist der Parcheggio Giubileo (P1) im Süden des Ortes (Std./24 Std. 1,50/6 €), der bequemste der Parcheggio Montemaggio (P2) an der Porta San Giovanni (Std./24 Std. 2/20 €).

BUS Der Busbahnhof befindet sich neben der Porta San Giovanni, dem Haupteingang des Ortes; Fahrkarten gibt es in der Touristeninformation.

Busse fahren nach Florenz (6,50 €, 1¼ Std., 14-mal tgl.), allerdings muss man fast immer in Poggibonsi umsteigen. Busse fahren außerdem auch nach Siena (5,50 €, 1–1½ Std., Mo–Sa 10-mal tgl.).

Nach Volterra kommt man über Colle di Val d'Elsa (2,40 €, 35 Min., 4-mal tgl.), wo man die Karte nach Volterra kauft (2,75 €, 50 Min., 4-mal tgl.).

ZUG Der nächste Bahnhof befindet sich in Poggibonsi (Bus 1,95 €, ca. 30 Min., regelmäßig).

VOLTERRA

11 136 EW.

Volterras gut erhaltene mittelalterliche Festungswälle lassen den windgeplagten Ort stolz, aber auch etwas bedrohlich wirken. Für Autorin Stephanie Meyer war er das ideale Setting für die böse Vampirfamilie Volturi der weltweit beliebten *Twilight*-Saga. Zum Glück ist der Ort in Wirklichkeit viel hübscher und keineswegs düster, was spätestens beim Spaziergang durch die kopfsteingepflasterten Straßen deutlich wird.

Sehenswertes

Obwohl es ein ziemlich kleiner Ort ist, bietet Volterra eine große Auswahl an Museen, Kirchen und archäologischen Stätten. Eine Kombi-Eintrittskarte lohnt sich, wenn man mehrere der Sehenswürdigkeiten besuchen möchte. Eine beinhaltet z. B. die Eintritte in das Museo Etrusco Guarnaci, die Pinacoteca Comunale und das Museo Diocesano d'Arte Sacra (Erw./erm./Fam. 10/6/20 €); mit einer anderen (3,50 €) gelangt man ins Römische Theater und die Akropolis im Parco Archeologico. Ehrlich gesagt, ist das zweite Ticket nicht wirklich notwendig, da man von der Via Lungo Le Mura del Mandorlo einen guten Blick auf das Theater hat und die Akropolis doch nicht so atemberaubend ist, wie man vielleicht erwartet.

Cattedrale di Santa Maria Assunta KIRCHE

(Piazza San Giovanni; ⌚8–12.30 & 15–18 Uhr) Ursprünglich im 12. und 13. Jh. erbaut, wurde das Innere des Doms im 16. Jh. verändert, heute prägt eine hübsche Kassettendecke den Kirchenraum. In der **Cappella dell'Addolarata** befinden sich zwei sehenswerte Skulpturen von Andrea della Robbia und ein kleines Fresko von Benozzo Gozzoli – *Der Zug der Hl. Drei Könige*. Noch eine Bitte: Die Münzen, die einige Besucher hinter das Glas werfen, können das Fresko beschädigen!

In der Taufkapelle aus dem 13. Jh. vor der Kathedrale steht ein kleines **Taufbecken** aus Marmor (1502) von Andrea Sansovino.

Museo Diocesano d'Arte Sacra MUSEUM

(Via Roma 1; Eintritt mit kombinierter Eintrittskarte; ⌚Mitte März–Okt. 9–13 & 15–18 Uhr, Nov.–Mitte März 9–13 Uhr) Das Museum in der Nähe des Doms lohnt einen Besuch wegen der beleuchteten Manuskripte, den kirchlichen Roben, Goldreliquien und Kunstwerken von Andrea della Robbia, Taddeo di Bartolo und Rosso Fiorentino. Die schön gearbeiteten Grabschnitzereien aus Marmor vom Cavaliere Michele Pigi dei Bonaguidi im ersten Raum sollte man sich unbedingt anschauen.

Pinacoteca Comunale KUNSTGALERIE

(Via dei Sarti 1; Erw./Stud. 6/4,50 €; ⌚Mitte März–Okt. 9–19 Uhr, Nov.–Mitte März 8.30–13.45 Uhr) Höhepunkte des Museums sind Taddeo di Bartolos schöne Thronende Madonna mit Kind (1411) und Rosso Fiorentinos überraschend moderne Version der *Kreuzabnahme* (1521).

LP TIPP Museo Etrusco Guarnacci MUSEUM

(Via Don Minzoni 15; Erw./Stud. 8/6 €; ⌚Mitte März–Okt. 9–19 Uhr, Nov.–Mitte März 8.30–13.45 Uhr) In diesem Museum wird Italiens beeindruckendste Sammlung etruskischer Artefakte gezeigt. Da die Schilder nur auf Italienisch sind, lohnt sich der mehrsprachige Audioguide (3 €).

Alle Ausstellungsstücke stammen aus der Region, u. a. rund 600 Urnen, die hauptsächlich aus Alabaster und Tuffstein geschnitzt wurden und nach Themen und Zeitalter geordnet sind. Die besten Exemplare (sie stammen aus einer späteren Zeit) befinden sich im 2. und 3. Stock. Die *Urne des Ehepaares*, eine ungewöhnlich realistische Darstellung eines älteren Paares aus Terrakotta, sollte man sich unbedingt anschauen.

Andere bemerkenswerte Stücke sind ein Kammhelm aus der Tomba del Guerno im nahen Poggio alle Croci und *L'Ombra della Sera* (Abendschatten), eine gestreckte Aktfigurine aus Bronze, die stark an die Werke des italienischen Bildhauers Alberto Giacometti erinnert.

Geführte Touren

Volterra Walking Tour SPAZIERGANG

(☎0588 08 62 01; www.volterrawalkingtour.com) Ein einstündiger Stadtrundgang auf Englisch kostet nur 5 € pro Person (mind. 4 Teilnehmer oder mind. 20 €). Er beginnt auf der Piazza Martiri della Libertà und wird von April bis Juli und September bis Oktober täglich um 18 Uhr angeboten. Reservierungen sind nicht nötig, bezahlt wird bar.

Feste & Events

Volterra AD 1398 KULTUR

(www.volterra1398.it, auf Italienisch; Tageskarte 9 €) Mittelalterliches Festival am dritten und vierten Sonntag im August.

Volterragusto ESSEN

(www.volterragusto.com) Ende Oktober bis Anfang November bietet der Markt im Stadtzentrum regionale Produkte an.

Schlafen

LP TIPP Podere San Lorenzo AGRITURISMO €€

(☎0588 3 90 80; www.agriturismosanlorenzo.it; B&B DZ 90 €, 2-/3-/4-Bett-Apt. ohne Frühstück 98/118/138 €;) Dieses Paradebeispiel des entschleunigten Tourismus liegt 3,4 km außerhalb von Volterra an der Straße nach Siena, Florenz und San Gimignano. Die zwei Zimmer und acht Ferienwohnungen sind recht einfach gehalten, dafür entschädigt die idyllische Umgebung. Am einladenden Natur-Schwimmbecken mit Bergquellwasser stößt man auf Frösche und Salamander. Das Beste sind aber die Gourmetdinner der Chefköchin Marianna (pro Pers. 28 €), die in einer Franziskanerkapelle aus dem 12. Jh. serviert werden. Wandern, Radfahren, Reiten und die Mithilfe bei der Olivenölproduktion (Okt. bis Nov.) zählen zum Freizeitangebot, außerdem werden Kochkurse (pro Pers. 90 €) angeboten.

Chiosco delle Monache HOSTEL €

(☎0588 8 66 13; www.ostellovolterra.it; Via delle Teatro 4; B 16–18 €, B&B EZ 42–53 €, DZ 53–69 €; ⌚April–Sept.;) 2009 wurde dieses hervorragende private Hostel nach einer

Volterra

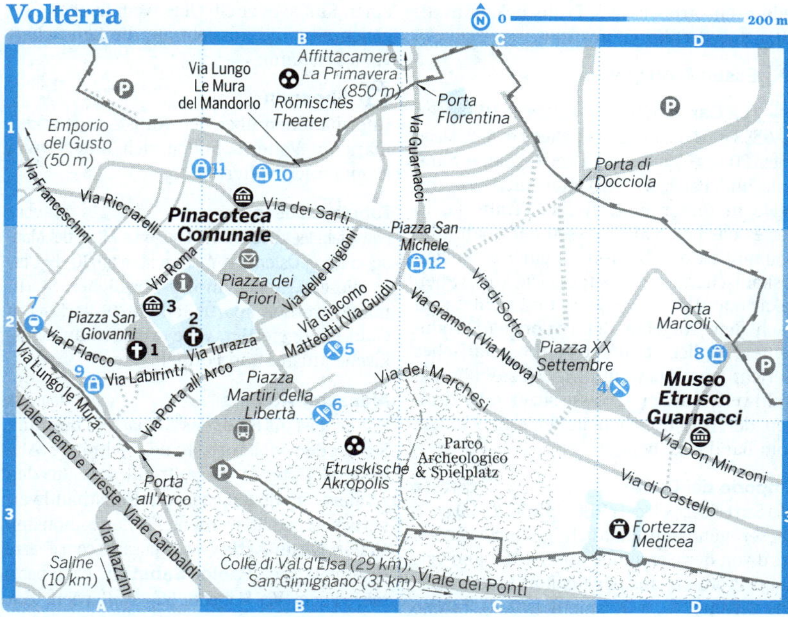

Volterra

Highlights
- Museo Etrusco Guarnacci D3
- Pinacoteca Comunale B1

Sehenswertes
- 1 Baptisterium A2
- 2 Cattedrale di Santa Maria Assunta A2
- 3 Museo Diocesano d'Arte Sacra A2

Essen
- 4 La Carabaccia D2
- 5 L'Incontro B2
- 6 Ristorante-Enoteca Del Duca B2

Ausgehen
- 7 Caffè dei Fornelli A2

Shoppen
- 8 alab'Arte D2
- 9 Alessandro Marzetti A2
- 10 Fabula Etrusca B1
- 11 Opus Artis A1
- 12 Paolo Sabatini C2

umfangreichen Renovierung eröffnet. Es befindet sich in einem ehemaligen Kloster aus dem 13. Jh. und hat ein mit Fresken geschmücktes Refektorium, in dem das Frühstück serviert wird. Es liegt zwar außerhalb des Ortes (in der Nähe des Krankenhauses), zum historischen Stadtkern läuft man aber nur rund 30 Minuten (allerdings auf einem steilen Weg). Linienbusse von der Piazza Martiri della Libertà halten direkt vor der Hosteltür (1 €). Die luftigen Zimmer bieten Ausblick auf den Kreuzgang und sind mit guten Betten und Badezimmer ausgestattet. In den Schlafsälen nächtigen maximal sechs Personen. Die Rezeption hat von 8 bis 12 und 17 bis 23 Uhr geöffnet, im Hochsommer bleibt sie aber oft den ganzen Tag über besetzt. WLAN kostet 1 € pro Tag, das Frühstück (für diejenigen in den Schlafsälen) 6 €.

Affittacamere La Primavera B&B €

(☎0588 8 72 95; www.affittacamere-laprimavera.com; Via Porta Diana 15; DZ 70 €; P 📶) In diesem familienbetriebenen B&B, das sich außerhalb der Stadtmauer (nahe dem Römischen Theater) befindet, werden vier hübsch eingerichtete Zimmer vermietet, die Gäste erhalten ein großzügiges Frühstück. Ein zusätzliches Bett kostet nur 10 €.

Essen & Ausgehen

LP TIPP La Carabaccia TRADITIONELL ITALIENISCH €
(☎0588 8 62 39; Piazza XX Settembre 4–5; Mahlzeiten 20 €; ⊙Mo geschl.) Drei Frauen – Sara, Lala und Patrizia – arbeiten mit Herz und Seele in dieser fantastischen Trattoria, in der es das beste Mittagessen der Stadt gibt. Benannt ist das Lokal nach einer einfachen toskanischen Gemüsesuppe. Die kurze Speisekarte ändert sich täglich und richtet sich nach dem Angebot der regionalen Produzenten. Täglich steht auch ein vegetarisches Gericht zur Auswahl. Die Gäste können wahlweise auf der Terrasse sitzen oder drinnen der traditionellen italienischen Musik vom Band lauschen.

Emporio del Gusto FEINKOST €
(Via San Lino 2; ⊙Mo–Fr 9.30–13 & 16.30–20 Uhr) Dieser genossenschaftlich geführte Laden wird von der Gemeinde unterstützt und verkauft Produkte aus der Region: Erzeugnisse aus Olivenöl (u. a. Kosmetikartikel), frische Milch und Joghurt, Käse, Gemüse, Safran, Trüffel, Pasta, Brot und Wein.

L'Incontro CAFÉ €
(Via Matteotti 18; Sandwiches 2,50–3,50 €; ⊙Do–Di 6.30–13 Uhr) Eine gute Adresse für einen ausgezeichneten Kaffee, leckere hausgebackene Kekse und köstliche herzhafte Snacks, die sich als Imbiss zwischendurch eignen. Im hinteren *salone* werden mittags Platten mit Vorspeisen und *paninio* serviert. Die lange Bar im vorderen Raum ist immer voll mit Leuten aus dem Ort, die einen Kaffee oder aperitivo zu sich nehmen.

Ristorante-Enoteca Del Duca TRADITIONELL ITALIENISCH €€
(☎0588 8 15 10; www.enoteca-delduca-ristorante.it; Via di Castello 2; 5-Gänge-Probiermenüs 42 €; ⊙Di geschl.) Volterras bestes Restaurant serviert traditionelle toskanische Gerichte in einem Gewölbesaal sowie im hübschen Hinterhof. Die Weinkarte ist exzellent – kein Wunder wenn man weiß, dass der Besitzer selbst Wein anbaut (sein Merlot Giusto Alle Balze sollte man probieren).

Caffè dei Fornelli CAFÉ €
(Piazza dei Fornelli; ⊙Di–Sa 9–23, So 9–18 Uhr) Hier trifft sich die Künstlerszene der Stadt. Oft werden auch Gedichtlesungen und Ausstellungen organisiert. Die Terrasse auf der Straßenseite ist der einzige Ort, an dem man einen Kaffee oder ein Glas Wein trinken und gleichzeitig die Aussicht auf die Landschaft genießen kann.

Shoppen

Informationen über den Kunsthandwerkermarkt in Volterra finden sich unter www.arteinbottegavolterra.it.

Fabula Etrusca SCHMUCK
(www.fabulaetrusca.it; Via Lungo Le Mura del Mandorlo 10; ⊙Ostern bis Weihnachten tgl. 10–19 Uhr) In diesem Atelier an der nördlichen Stadtmauer werden aparte Teile in 18-karätigem Gold handgefertigt, viele erinnern an etruskische Muster und Formen.

Alabaster-Ateliers KUNSTHANDWERK
Volterra ist als Stadt des Alabasters bekannt. So werden vielerorts handgeschnitzte Alabasterskulpturen verkauft, oft sogar in den Ateliers, in denen sie von Kunsthandwerkern hergestellt werden. Zu den schönsten zählen **Opus Artis** (www.opusartis.com; Piazza Minucci 1) und **Paolo Sabatini** (www.paolosabatini.com; Via Matteotti 56), außerdem das Atelier des Bildhauers **Alessandro Marzetti** (www.alessandromarzetti.it; Via dei Labirinti). Wer sehen möchte, wie Alabaster verarbeitet wird, sollte bei **alab'Arte** (www.alabarte.com; Via Orti San Agostino 28) vorbeischauen.

Praktische Informationen

Die gut funktionierende **Touristeninformation** (☎0588 8 72 57; www.volterratur.it; Piazza dei Priori 19–20; ⊙10–13 & 14–18 Uhr) bietet Gratis-Stadtpläne, einen kostenlosen Hotel-Buchungsservice und eine Neumond-Thementour zu Fuß an. Ein Audioguide über die Stadt (5 €) ist ebenfalls erhältlich.

Anreise & Unterwegs vor Ort

AUTO & MOTORRAD Volterra liegt an der SR68, der Küstenstraße zwischen Cecina und Colle di Val d'Elsa, nur wenige Meter hinter der RA3 (Superstrada Siena – Florenz).

Der historische Stadtkern ist ein verkehrsberuhigter Bereich. Am besten parkt man im Parkhaus unter der Piazza Martiri della Libertà (P1; Std./Tag 1,50/11 €). In den Außenbezirken gibt es weitere Parkhäuser; P2, P3, P6 und P8 sind gratis.

BUS Die Busstation befindet sich auf der Piazza Martiri della Libertà. Busse des Unternehmens **CPT** (☎800 570530; www.cpt.pisa.it) fahren in den Ort Saline (2 €, 20 Min., häufig) zum dortigen Bahnhof.

Wer Anschlusszüge nach San Gimignano (2,40 €, 35 Min., 4-mal tgl.) und Siena (2,70 €, 2 Std.) erreichen will, fährt bis Colle di Val d'Elsa

(2,75 €, 50 Min., 4-mal tgl.) und steigt dort um. Wer nach Florenz will, braucht nur ein Ticket (7,85 €, 2 Std., 3- bis 4-mal tgl.), muss aber meist in Colle di Val d'Elsa umsteigen.

Val d'Orcia & Val di Chiana

Diese beiden Täler entsprechen dem klassischen Toskanabild mit zypressengeschmückten Kammlinien und Hügeln, die sich schemenhaft einer hinter dem anderen aus den nebeligen Tälern herausheben. Die Landschaft des Val d'Orcia ist so überwältigend, dass sie von der Unesco zum Weltnaturerbe ernannt und unter Schutz gestellt wurde. Das i-Tüpfelchen ist die regionale Ess- und Weinkultur der beiden Täler, die zu den besten des Landes zählt.

MONTALCINO

5278 EW.

Das beschauliche mittelalterliche Bergstädtchen wurde durch seinen begehrten Wein berühmt, den Brunello. Jedes Jahr im Februar wird das neue Weinjahr mit **Benvenuto Brunello** willkommen geheißen, einem Verkostungswochenende mit Präsentation der Preisträger. Veranstalter ist der Consorzio del Vino Brunello di Montalcino (www.consorziobrunellodimontalcino.it), der Verband der regionalen Weinbauern.

Sehenswertes

Die Hauptattraktion des Städtchens ist der Besuch einer der *enoteche*. Wer alkoholfreie Zerstreuung sucht, könnte zum Beispiel in den **Musei di Montalcino** (Via Ricasoli 31; Erw./unter 12 Jahren 4,50/3 €; Di–So 10–13 & 14–17.30 Uhr) vorbeischauen, das sich neben der Piazza Sant'Agostino befindet: Hier findet man eine feine Sammlung bemalter Holzskulpturen aus der Sienser Schule.

Innerhalb der Mauern der **Fortezza** (Burghof frei, Befestigungsmauern Erw./unter 12 Jahren 4/2 €; April–Okt. 9–20 Uhr, Nov.–März 9–18 Uhr) aus dem 14. Jh. befindet sich eine *enoteca*, in der regionale Weine verkostet und verkauft werden. Der Blick vom Burghof ist fast so schön wie der von den Wällen.

Mit einem Kombiticket für 6 € hat man Zugang zum Museum und zur Burg.

Feste & Events

Montalcino veranstaltet jährlich folgende Musikfestivals:

Festa della Musica (www.montalcinofestadellamusica.com) Immer Mitte Juni.

International Chamber Music Festival (www.musica-reale.com) Juli,

Jazz & Wine Festival (www.montalcinojazzandwine.com) Juli.

Schlafen

Hotel Vecchia Oliviera HOTEL €€

(0577 84 60 28; www.vecchiaoliviera.com; Via Landi 1; EZ 70–85 €, DZ 120–190 €; Dez.–Mitte Feb. geschl.;) Direkt neben der Porta Cerbaia steht eine alte Olivenmühle, die geschmackvoll saniert und in ein stilvolles Hotel mit elf individuell gestalteten Zimmern verwandelt wurde. Die Gartenterrasse bietet einen grandiosen Ausblick.

Hotel Il Giglio HOTEL €€

(0577 84 81 67; www.gigliohotel.com; Via Soccorso Saloni 5; EZ 88 €, DZ 130–140 €, Anbau EZ/DZ 60/95 €, Apt. 100–140 €;) Die behaglichen schmiedeeisernen Betten des Hotels sind sämtlich mit einer aufgemalten goldenen *giglio* (Lilie) verziert. Die Doppelzimmer bieten alle einen Panoramablick. Zimmer 1 verfügt über eine eigene Terrasse mit fantastischer Aussicht, auch das kleine Einzelzimmer ist sehr hübsch.

Essen & Ausgehen

Ein schneller und leckerer Imbiss kann in der **Pizzeria La Torre** (Pizzastück 1 €; Di–So 11–21 Uhr) auf der Piazza del Popolo eingenommen werden. Das beste Café der Stadt ist das **Alle Logge di Piazza** (Do–Di 7–1 Uhr;), das sich auf der gegenüberliegenden Seite des Platzes befindet.

Auf dem **Freitagsmarkt** auf und um die Via della Libertà werden frische regionale Produkte angeboten.

Osticcio OSTERIA €€

(www.osticcio.it; Via Matteoti 23; Antipasti-Teller 10 €, Mahlzeiten 36 €; Fr–Mi 11–23 Uhr) In dieser hervorragenden *enoteca/osteria* findet man eine große Auswahl an Brunello, aber auch seinen einfacheren – dennoch aber sehr leckeren – Bruder, den Rosso di Montalcino. Wem das nicht zusagt, kann aus Dutzenden von Weinen aus aller Welt wählen. Nach der Auswahl im Keller können die Gäste am vorreservierten Tisch im Speisesaal oben die auserwählten Tropfen zu einer Platte *antipasti* oder einem Hauptgericht genießen. Auf Wunsch sind auch Weinverkostungen möglich (drei Brunello 14,50 €, ein Rosso und ein Brunello 8 €).

Ristorante di Poggio Antico MODERN €€

(0577 84 92 00; www.poggioantico.com; Mahlzeiten 48 €, 6-/7-Gänge-Degustationsmenü 50/70 €; April–Okt. Di–So Mittag- & Abendessen,

Nov–März Di–So Mittagessen) Wer durch diese weltbekannte Weinregion reist, für den ist der Besuch wenigstens eines Weingutes fast schon ein Pflichtprogrammpunkt. Und wer Stil hat, kombiniert die Verkostung mit einem ausgezeichneten Essen. Poggio Antico liegt 4,5 km außerhalb der Stadt an der Straße nach Grosseto, produziert preisgekrönte Weine (Brunello oder Madre IGT), bietet Gratis-Führungen durch das Weingut sowie kostenpflichtige Verkostungen (22 € für fünf Weine) und betreibt eines der besten Restaurants der Region.

Praktische Informationen

Die **Touristeninformation** (0577 84 93 31; www.prolocomontalcino.it, auf Italienisch; Costa del Municipio 1; April–Okt. tgl. 10–13 & 14–17.50 Uhr, Nov.–März Mo geschl.) befindet sich gleich neben dem Hauptplatz. Hier können Weingutbesuche geplant und Übernachtungen gebucht werden.

Anreise & Unterwegs vor Ort

AUTO & MOTORRAD Von Siena die SR2 (Via Cassia) nehmen und bei Lama auf die SP14 wechseln. In der Nähe der *fortezza* kann kostenlos geparkt werden.

BUS Linienbusse der Siena Mobilità (3,65 €, 1½ Std., 6-mal tgl.) fahren regelmäßig nach Siena und wieder zurück.

MONTEPULCIANO

14 506 EW.

Wer die abschüssigen verwinkelten Gassen Montepulcianos einen Tag lang erklettert hat, der weiß auch ein ganz gewöhnliches „Hotel-Restaurant" wieder zu schätzen. Wenn die Oberschenkelmuskeln nahezu versagen, kann man sich bei einem großartigen Tropfen des renommierten Vino Nobile wieder regenerieren und dabei die grandiose Aussicht über das Val di Chiana und das Val d'Orcia genießen.

Sehenswertes

Die Straßen Montepulcianos sind reich an *palazzi*, schönen Gebäuden und Kirchen.

Die Hauptstraße, deren einzelne Abschnitte Via di Gracciano nel Corso, Via di Voltaia del Corso und Via dell'Opio nel Corso (der „Corso") heißen, beginnt an der Porta dal Prato in der Nähe des Parkhauses auf der Piazza Don Minzoni und führt steil bergan. Auf halber Höhe befinden sich Michelozzos **Chiesa di Sant'Agostino** (Piazza Michelozzo; 9–12 & 15–18 Uhr) und die **Torre di Pulcinella**, ein mittelalterlicher Wohnturm, auf dessen Dach eine buckelige Pulcinella-Figur (Kasper oder Hanswurst) steht und der Stadt die Stunden schlägt.

Hinter dem seit 1868 betriebenen historischen **Caffè Poliziano** macht der Corso an der Via del Teatro einen Knick und führt weiter bergan, vorbei an den **Cantine Contucci** (www.contucci.it; Via del Teatro 1; Eintritt frei, bezahlte Verkostungen; Mo–Fr 8.30–12.30 & 14.30–18 Uhr, Sa & So ab 9.30 Uhr), die sich unterhalb des sehenswerten *palazzo* gleichen Namens befinden. Hier können historische Keller besichtigt und regionale Weine probiert werden. Der Palazzo Contucci liegt an der **Piazza Grande**, dem höchsten Punkt der Stadt und dem Ort, an dem eine Filmszene aus der Twighlight-Serie *New Moon – Bis zur Mittagsstunde* gedreht wurde. Hier steht auch der **Palazzo Comunale** (2 € für Zugang zur Panoramaterrasse; Mo–Sa 9–18 Uhr) aus dem 14. Jh. und der **Duomo** (9–12 & 16–19 Uhr) mit seiner unfertigen Fassade aus dem späten 16. Jh. Hinter dessen Hochaltar ist Taddeo di Bartolos großartiges Triptychon *Mariä Himmelfahrt* (1401) zu sehen.

Von der Piazza Grande geht es die Via Ricci bergab (puh!), am **Palazzo Ricci** (www.palazzoricci.com; Via Ricci 9–11) vorbei, in dem jährlich im Juni ein Festival der klassischen Musik stattfindet. Im sehenswerten Hauptsaal finden über das Jahr verteilt gelegentlich Konzerte statt (Termine sind der Website zu entnehmen). Vom Innenhof des *palazzo* führen Stufen hinab zu einem weiteren historischen Weinkeller, der **Cantina del Redi** (www.vecchiacantinadimontepulciano.com; Eintritt frei, Verkostungen gegen Gebühr; Mitte März–Anf. Jan. 10.30–13.30 & 15–19.30 Uhr, Anf. Jan.–Mitte März nur Sa & So). Die Via Ricci verläuft weiter am **Museo Civico** (Eintritt 5 €; Di–So 10–13 & 15–18 Uhr) vorbei, das eine vielseitige Sammlung an Kunstwerken und Exponaten beherbergt, und mündet dann in die Piazza San Francesco. Von dort aus hat man eine herrliche Panoramasicht auf das Val di Chiana.

Geführte Touren & Kurse

Das Büro der **Strada del Vino Nobile di Montepulciano** (www.stradavinonobile.it) organisiert eine ganze Reihe von Touren und Kursen, von Kochkursen (60–180 €) und Slow-Food-Touren (100–155 €) über Weingut-Exkursionen (18–48 €) und Weinseminare (37 €) bis hin zu Wanderungen durch die Weinberge inkl. einer Weinverkostung (45–60 €). Alle Veranstaltungen können im Informationsbüro auf der Piazza Grande gebucht werden.

ABSTECHER

ABBAZIA DI SANT'ANTIMO

Die wunderschöne **Abbazia di Sant'Antimo** (www.antimo.it; Castelnuovo dell'Abate; Eintritt frei; ⏲Mo–Sa 10.30–12.30 & 15–18.30 Uhr, So 9.15–10.45 & 15–18 Uhr) liegt 10,5 km von Montalcino entfernt in einem abgelegenen Tal unterhalb des Dorfes Castelnuovo dell'Abate. Die aus blassem Travertin errichtete romanische Abtei zeigt Steinreliefs am Glockenturm und in den Apsiskapellen. Während der täglichen Gottesdienste tragen die Mönche gregorianische Gesänge vor; die Zeiten sind der Website zu entnehmen.

Drei bis vier Busse fahren täglich (1,35 €, 15 Min., nur Mo–Sa) zwischen Montalcino und der Gemeinde Castelnuovo dell'Abate.

Von Montalcino läuft man zwei Stunden zur Abtei, die Wanderung beginnt an der Polizeistation in der Nähe des örtlichen Hauptkreisverkehrs. Viele Besucher wandern zur Abtei und fahren dann mit dem Bus zurück; die Abfahrtszeiten der Busse sind in der Touristeninformation zu erfragen.

Das **Gästehaus** (foresterie@antimo.it) der Abtei bietet Pilgern eine einfache Herberge.

Schlafen

Locanda San Francesco B&B €€€

(☎349 6721302; www.locandasanfrancesco.it; Piazza San Francesco 5; Zi. 195–215 €, Suite 235 €; ⏲Mitte Jan.–Mitte Feb. geschl.; P❄@📶) Das luxuriöse B&B wartet mit vier hübschen Zimmern (zwei mit fantastischer Aussicht) und einer stilvoll eingerichteten Lounge (Frühstücksraum) auf. Wirtin Cinzia Caporali betreibt außerdem das **E Lucevan Le Stelle** (Antipasti-Teller 4,50–8 €, piadine (Teigfladen) 6 €, Nudelgerichte 6,50–9 €; ⏲Ostern–Mitte Nov. 11.30–23 Uhr; 📶), das freundliche und gut besuchte hauseigene Bistro/Weinlokal.

Camere Bellavista HOTEL €

(☎347 8232314; www.camerebellavista.it; Via Ricci 25; EZ 65–70 €, DZ 75 €; P📶) Fast jedes der zehn hohen Doppelzimmer dieses hervorragenden, günstigen Hotels verfügt über eine fantastische Aussicht, Zimmer 6 sogar über eine eigene Terrasse (100 €). Bewohnt wird dieses Haus nicht, eine vorherige Absprache ist daher nötig, um die Schlüsselübergabe zu organisieren. (Wer das nicht getan hat oder spontan vorbeischaut, kann vom Foyer aus anrufen.) Kein Frühstück.

Essen & Ausgehen

LP TIPP **La Grotta** TRADITIONELL €€

(☎0578 75 74 79; www.lagrottamontepulciano.it; Via San Biagio 15; 6-Gänge-Menüs 48 €; ⏲Mi geschl.) La Grotta liegt auf der Straße nach Chiusi, ist dem in der Hochrenaissance erbauten Tempio di San Biagio zugewandt und verfügt über elegante Speisezimmer und einen prachtvollen Hof, der sich für sommerliche Abendgelage bestens eignet. Das Essen ist schlicht, jedoch vorzüglich; die Bedienung beispielhaft. Tipp: Auf keinen Fall das Dessert entgehen lassen!

Osteria Acquacheta OSTERIA €

(☎0578 71 70 86; www.acquacheta.eu; Via del Teatro 22; Mahlzeiten 19 €; ⏲Di geschl.) Das betriebsame Lokal ist sowohl bei Touristen als auch bei Einheimischen sehr beliebt, besonders für seine Spezialität *bistecca alla fiorentina*, das in riesigen, leicht geschmorten und sehr schmackhaften dicken Scheiben serviert wird. (Auf keinen Fall nach einer andersartigen Darreichungsform fragen!) Das Mittagessen wird um 12.15 und 14.15 Uhr serviert, das Abendessen um 19.30 und um 21.15 Uhr. Im Voraus reserviert.

Enoteca a Gambe di Gatto TRADITIONELL €€

(☎0578 75 74 31; Via dell Opio nel Corso 34; Mahlzeiten 34 €; ⏲Jan.–Ostern & Mi geschl.) Das engagierte Wirtepaar Emanuel (Herbergsvater) und Laura (Köchin) ist in der ganzen Region bekannt. Jeden Winter reist es durch die Toskana, um die besten Erzeugnisse aus nachhaltiger Landwirtschaft ausfindig zu machen. Das Tagesmenü richtet sich nach den Angeboten des Marktes und wechselt entsprechend oft. Vor dem Essen dürfen die Gäste Wein und Olivenöl probieren. Leider hat das Personal den Begriff „Slow Food" irgendwie falsch verstanden.

Praktische Informationen

Strada del Vino Nobile di Montepulciano Tourismusbüro (☎0578 71 74 84; www.stradavinonobile.it; Piazza Grande 7; ⏲Mo–Fr 10–13 & 15–18 Uhr) Hier können Unterkünfte gebucht und Kurse und Touren geplant werden.

Touristeninformation (☎0578 75 73 41; www.prolocomontepulciano.it; Piazza Don Minzoni;

⌚Mo–Sa 9.30–12.30 & 15–20, So 9.30–12.30 Uhr) Bucht Unterkünfte, bietet einen Internet-Hotspot (Std. 3,50 €), verkauft einen Stadtplan (0,50 €), Bus- und Zugtickets und verleiht Fahrräder und Motorroller.

Anreise & Unterwegs vor Ort

AUTO & MOTORRAD Wer von Florenz kommt, fährt in Valdichiana von der A1 ab (Richtung Bettolle-Sinalunga) und folgt dann der Beschilderung; wer von Siena kommt, nimmt die Autostrada Siena – Bettolle – Perugia.

Das historische Stadtzentrum ist von Juni bis September ganztägig ein verkehrsberuhigter Bereich und von Oktober bis Mai nur von 7 bis 17 Uhr befahrbar. Hotels stellen in der Regel eine Fahrgenehmigung aus. Parken kann man am günstigsten auf der Piazza Minzoni (P1, Std. 1,20 €), von dort schlängeln sich Minibusse (1 €) den Berg hinauf zur Piazza Grande.

BUS Die Bushaltestelle befindet sich neben dem Parkhaus Nr. 5 vor der Porta al Prato. Zwischen Siena und Montepulciano verkehren täglich vier Busse der Gesellschaft Siena Mobilità (5,15 €, 1½ Std.) mit Zwischenhalt in Pienza. Wer von Florenz kommt, nimmt einen der Tiemme-Busse nach Bettolle (7,90 €, 90 Min., 3-mal tgl.) und steigt dort in einen Bus der Gesellschaft Siena Mobilità (1,95 €, 40 Min., 1-mal tgl.) um.

Linienbusse fahren Chiusi-Chianciano-Terme an (2,55 €, 40 Min.); von dort fahren Züge über Arezzo (4,70 €, 50 Min.) nach Florenz (9,30 €, 2 Std., häufig).

SÜDLICHE TOSKANA

Mit seinen zerklüfteten Hügeln, den dramatischen Küsten, den geheimnisvollen etruskischen Anlagen und mittelalterlichen Bergdörfern bietet dieser wenig besuchte Flecken der Toskana viel Abwechslung.

Massa Marittima

8820 EW.

Die hübsche mittelalterliche Bergstadt liegt in den Colline Metallifere („metallhaltigen Hügeln") zwischen Siena und der Küste. Trotz der enormen und auch reizvollen Vielfalt an Museen und einem der zauberhaftesten Hauptplätze der Toskana gibt es erstaunlich wenige Touristen, die den Weg hierher finden.

Kurze Zeit wurde Massa von Pisa beherrscht, 1225 wurde es dann eine unabhängige *comune*, doch schon ein Jahrhundert später Siena einverleibt. Der Pest von 1348 folgte 50 Jahre später der Niedergang der lukrativen Bergbauindustrie, was die Stadt an den Rand des Untergangs trieb. Erst im 18. Jh. wurde Massa durch die Trockenlegung der umliegenden Sumpfgebiete (früher ein Malariaherd) und der Wiederbelebung des Bergbaus mit Leben erfüllt.

Größtes Ereignis der Stadt ist das **Ballestro del Girifalco**, ein mittelalterliches Armbrustschützenfest, das zweimal im Jahr stattfindet (Mai und Juli oder August).

Sehenswertes

Die *città vecchia* (Altstadt) wird vom eindrucksvoll massigen **Duomo** (⌚8–12 & 15–17 Uhr) beherrscht, der über der fotogenen **Piazza Garibaldi** (auch Piazza Duomo) thront. Der schräg zum Platz gesetzte Dom – das brachte ihn glanzvoller zur Geltung – stammt aus dem Jahre 1260 und ist dem hl. Cerbonius geweiht, Massas Schutzheiligem, der immer mit einer Schar Gänse dargestellt wird. Relieftafeln an der Fassade des Gotteshauses zeigen Szenen aus seinem Leben. Drinnen wacht eine selbst ernannte Aufpasserin (eine ältere Dame) über ein respektvolles Verhalten. Ihr Anliegen: Die Kirche sei in erster Linie für Betende, nicht für Kunstinteressierte da.

Der Dom beherbergte einst die grandiose *Maestà* von Ambrogio Lorenzetti, sie ist heute das zentrale Ausstellungsstück des kleinen **Museo di Arte Sacra** (Corso Diaz 36; Erw./Kind 5/3 €; ⌚April–Sept. 10–13 & 15–18 Uhr, Okt.–März 11–13 & 15–17 Uhr), das sich in der *città nuova* (Neustadt) befindet.

Im Palazzo del Podestà neben dem Dom ist Massas muffiges **Museo Archeologico** (Piazza Garibaldi 1; Erw./Kind 3/2 €; ⌚April–Okt. Di–So 10–12.30 & 15.30–19 Uhr, Nov.–März Di–So 10–12.30 & 15–17 Uhr) untergebracht, dessen einzig sehenswertes Ausstellungsstück die *Stele del Vado all'Arancio* ist, eine schlichte, aber den Betrachter doch fesselnde Steinstele (einst Grab- oder Gedenkstein), die auf 3000 Jahre v. Chr. datiert wird.

Unterhalb der Piazza Garibaldi und gegenüber dem großen Parkhaus steht ein Gebäude aus dem 13. Jh., in dem man früher Weizen lagerte. Unter dessen Loggia befindet sich ein stillgelegter öffentlicher Trinkbrunnen, den ein wunderschönes Fresko ziert, das den *Albero della Fecondità* (Baum der Fruchtbarkeit) darstellt. Wer genau hinschaut, sieht, was für eine Art Früchte dieser Baum trägt!

Ein Sammelticket (Erw./Kind 6–16 Jahre 15/10 €) verschafft Zutritt zu allen Museen der Stadt (www.massamarittimamusei.it).

Schlafen

Massas Hotels lassen Einiges zu wünschen übrig, doch gibt es in der Umgebung etliche schöne Villen und *agriturismi*.

LP TIPP Pieve di Caminino AGRITURISMO €€
(☎0564 56 97 37; www.caminino.com; Via Provinciale di Peruzzo, Roccatederighi; Suite/Apt. ab 110/90 €; P❄📶≋) Die Unterkunft im zauberhaften Kloster aus dem 11. Jh. bietet viel Atmosphäre. Sie liegt 30 km südöstlich von Massa auf einem 200 ha großen Grundstück, das mit Olivenbäumen und Weinreben bepflanzt ist. Die Suiten und Apartments sind hübsch eingerichtet und bieten bis zu fünf Gästen Platz. Alle haben ein Wohnzimmer und eine Kochnische, zwei eine Klimaanlage.

Montebelli Agriturismo & Country Hotel AGRITURISMO €€
(☎0566 88 71 00; www.montebelli.com; Località Molinetto Caldana; EZ 62–190 €, DZ 180–240 €, Suite 180–270 €; ⏲Jan.–Ende März geschl.; P❄📶≋👪) Auf diesem ausgedehnten Wein- und Olivenöl-Gut 28 km südlich von Massa weht herrliche Landluft! Der *agriturismo* bietet einen Tennisplatz, Hallenbäder und Freiluftbecken, Reitkurse, ein Restaurant (5-Gänge-Abendessen Erw./Kind 30/15 €) und ein Wellnesszentrum. Die Räume sind sehr komfortabel ausgestattet, eine Klimaanlage gibt es jedoch nur im neu gebauten Landhaus. WLAN kostet 4 € pro Stunde.

Essen & Trinken

L'Osteria da Tronca TRADITIONELL €€
(☎0566 90 19 91; Vicolo Porte 5; Mahlzeiten 26 €; ⏲Mitte Dez.–Feb. & Mi geschl.) Das aus Stein gemauerte Restaurant, das sich in einer Seitenstraße hinter dem Hotel Il Sole versteckt, serviert die deftigen Gerichte der Maremma. Zu den Spezialitäten zählen *acquacotta* (eine herzhafte Gemüsesuppe mit Brot und Ei) und *tortelli alla maremma* (mit Ricotta und Spinat gefüllte Teigtaschen).

Il Bacchino WEINBAR €
(Via Moncini 8; ⏲März–Jan. tgl., Feb. Di–So) Inhaber Magdy Lamei ist zwar kein Einheimischer (tatsächlich ist er Ägypter und stammt aus Kairo), doch schlägt sein Herz so leidenschaftlich und sachkundig für Produkte regionaler Kleinerzeuger wie kaum ein zweites. Hier kann man sich mit Wein, Honig, Marmeladen, Käse und verschiedenem Fleisch eindecken und – wenn man schon mal da ist – die Weinbar im 1. Stock besuchen und den einen oder anderen guten Tropfen kosten (drei Gläser Wein und einen Häppchenteller 12 €).

Praktische Informationen

Die **Touristeninformation** (☎0566 90 47 56; www.turismoinmaremma.it; Via Todini 5–7; ⏲Di–So 9.30–13 & 14–18.30 Uhr) befindet sich in einer Seitenstraße unterhalb des Museo Archeologico.

An- & Weiterreise

AUTO & MOTORRAD Von Siena auf der SP73bis und der SP441; von Volterra über die SR151 und SR439. Auf der Piazza Mazzini in der Nähe des *duomo* gibt es ein Parkhaus (Std. 1 €).

BUS Die Bushaltestelle liegt an der Piazza del Risorgimento, von der Piazza Garibaldi läuft man 800 m bergauf. Nach Grosseto fährt täglich ein Bus (3,30 €, 1 Std.), zwei weitere um 7.05 und 16.40 Uhr nach Siena (4,70 €, 2 Std.). Vier Busse fahren täglich nach Volterra (umsteigen in Monterotondo).

ZUG Die nächstgelegene Zugstation ist Massa-Follonica in Follonica, 22 km südwestlich von Massa. Zum Bahnhof fährt regelmäßig ein Shuttlebus (2,30 €, 25 Min., 10-mal tgl.).

Parco Regionale della Maremma

Der spektakuläre **Naturpark** (www.parco-maremma.it; Erw. 6–15 €, Stud. 4–12 €) erstreckt sich über die Monti dell'Uccellina, die in einem überwältigenden, unberührten Küstenstreifen auslaufen. Das Hauptbüro des **Besucherzentrums** (☎0564 40 70 98; ⏲8.30–17.30 Uhr) befindet sich in Alberese am Nordrand des Parks.

Der Zugang zum Park ist auf elf beschilderte Wanderwege beschränkt, die zwischen 2,5 km und 13 km lang sind. Der beliebteste ist der A2 („Le Torri") mit einem 5,8 km langen Marsch zum Strand. Der Eintrittspreis (im Besucherzentrum zu zahlen) hängt davon ab, ob man sich von einem Parkbus zum gewünschten Wanderweg fahren lässt oder nicht.

Im Hauptbüro des Besucherzentrums können Fahrräder ausgeliehen werden (halber/ganzer Tag 7/11 €). Im Degustationsraum im 1. Stock werden viermal täglich Gratis-Verkostungen von regionalen Produkten und Weinen angeboten (Juni–Sept.).

Teile des Parks werden heute noch genau so genutzt wie schon seit Jahrhunderten: als Weiden für die berühmten Maremma-

Rinder. Die **Azienda Regionale Agricola di Alberese** (☎0564 40 71 80; www.alberese.com; Via della Spergolaia) produziert Rindfleisch, Wein, Olivenöl und eigene Bionudeln und fungiert als regionaler Hauptsitz der Slow-Food-Organisation. Angeboten wird ein **Farm-Erlebnis** (25–40 €; ⏲Sommer Do 10–13 Uhr) mit Einblick in die Arbeit der berühmten Maremma-*butteri* (Cowboys) und Verkostungen der hauseigenen Produkte. Erfahrene Reiter können sich zu einem Arbeitstag mit einem *buttero* anmelden (50 €; ⏲tgl. 7–19 Uhr). In der hofeigenen **Fattoria** (⏲Di, Do & Fr–So 8.30–12.30 & 16.30–19.30 Uhr) in der Nähe des Besucherzentrums in Alberese werden Produkte aus eigener Herstellung und der anderer anerkannter Slow-Food-Erzeuger verkauft. Für Selbstversorger eine wunderbare Gelegenheit, die Vorräte aufzustocken. (Der Morellino di Scansano, ein kräftiger Rotwein, kostet nur 1,55 € pro Liter, es lohnt sich also, ein paar leere Flaschen zum Befüllen mitzubringen!)

Die Azienda vermietet Unterkünfte in der **Fattoria Granducale** (www.alberese.com/ita/villa; B&B DZ pro Wochenende 180 €, Selbstversorger-Apt. 255–310 €), einer Villa, die aus dem 15. Jh. stammt, die einst dem Großherzog Leopold II von Lothringen gehörte. In den umliegenden Hofgebäuden werden außerdem einfache **Apartments** (DZ/3BZ/4BZ 150/200/250 €) vermietet.

ÖSTLICHE TOSKANA

Es gibt zwei gute Gründe dafür, warum unzählige regionale und auch internationale Regisseure diesen Teil der Toskana als Drehort wählten: Die Landschaft überrascht immer wieder von Neuem, die hervorragenden Speisen, Weine und Unterkünfte sind die optimale Bestechung, um beim Dreh eine unbeschwerte Zusammenarbeit aller Beteiligten zu garantieren.

Arezzo

99 503 EW.

Wenn auch Arezzo kein Aushängeschild für die Toskana ist, so sind doch jene Teile des historischen Stadtkerns, die im Zweiten Weltkrieg nicht gnadenlos zerbombt wurden, genau so beeindruckend wie jeder andere Ort der Toskana. Die Stadt diente übrigens Roberto Benigni für weite Teile seines oscarprämierten Films *La vita è bella* (Das Leben ist schön) als Kulisse.

Arezzo war einst eine wichtige Etruskerstadt und wurde später dem Römischen Reich einverleibt. Schon im 10. Jh. wurde es eine freie Republik und unterstützte die Ghibellinen in ihrem erbitterten Kampf zwischen Papst und Kaiser. 1384 wurde die Stadt schließlich von Florenz bezwungen.

Heute ist die Stadt für ihre Kirchen, Museen und Einkaufsläden bekannt. Die Arentini (Einwohner von Arezzo) strömen in Scharen zur riesigen Antiquitätenmesse, die jeweils am ersten Wochenende eines Monats auf der Piazza Grande veranstaltet wird, und lieben nichts mehr, als die *passeggiata* mit einem kleinen, aber feinen Kaufrausch auf dem Corso Italia zu verbinden.

Liebhaber des Renaissancemalers Piero della Francesca können in Arezzo, Sansepolcro und Monterchi auf seinen Spuren wandeln. Informationen bieten die Website http://turismo.provincia.arezzo.it und die Broschüre *Piero della Francesca: In and Around Arezzo*, die in Museen und in der Touristeninformation ausliegt.

Sehenswertes

Das Kombiticket (10 €) gewährt freien Eintritt zur Cappella Bacci, zum Museo Archeologico und zu zwei weiteren Museen.

Cappella Bacci KIRCHE

(www.pierodellafrancesca.it; Piazza San Francesco; Erw./erm. 6/4 €. ⏲April–Okt. Mo–Fr 9–18.30, Sa 9–17.30 & So 13–17.30 Uhr, Nov.–März Mo–Fr 9–17.30, Sa 9–17 & So 13–17 Uhr) Die Apsis der **Chiesa di San Francesco** aus dem 14. Jh. ziert eines der großartigsten Werke italienischer Kunst: der Freskenzyklus *Legende vom Wahren Kreuz* (1452–1466) von Piero della Francesca.

Nur 25 Besucher werden zu jeder halben Stunde in die Kapelle eingelassen (max. Aufenthaltsdauer 30 Min.). Zur Zeit der Recherche wurden die Eintrittskarten rechts neben dem Kirchenportal auf der Piazza San Francesco 4 verkauft, doch das kann sich auch ändern. Es lohnt sich, nach dem Besuch der Kirche auf einen Kaffee oder einen *aperitivo* ins historische **Caffè dei Costanti** (www.caffedeicostanti.it; Piazza San Francesco 19–20; ⏲Mi–So 8.30–21–30 Uhr) gegenüber einzukehren und sich vom Sightseeing zu stärken.

Santa Maria della Pieve KIRCHE

(Corso Italia 7; ⏲Mai–Sept. 8.30–12.30 & 15–19 Uhr, Okt.–April 8.30–12 & 15–18 Uhr) Beim Be-

Arezzo

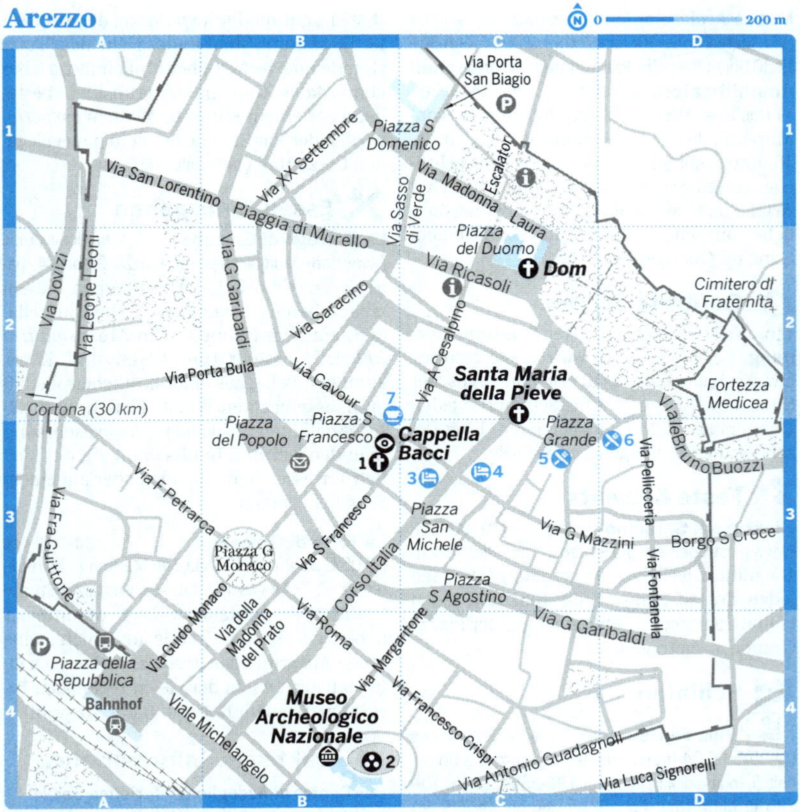

treten der ältesten Kirche Arezzos (im Volksmund auch Pieve genannt) sollte man sich den *Cyclo dei Mesi* anschauen: Die lebendig wirkenden Reliefs, die sich über dem Hauptportal befinden, stellen die Monate des Jahres dar. Das warme Steingrau des Kircheninneren schmückt Pietro Lorenzettis großartiges Polyptychon *Madonna mit Heiligen* (1320–24), ein Frühwerk des Künstlers, das der Bischof Tarlati in Auftrag gab.

Duomo DOM

(Piazza del Duomo; ⌚7–12.30 & 15–18.30 Uhr) Der Bau des *duomo* wurde bereits im 13. Jh. begonnen, seine Fertigstellung zog sich bis weit ins 15. Jh. hinein. Das im nördlichen Kirchenschiff links vom Hauptaltar befindliche grandiose Fresko der *Maria Magdalena* (ca. 1460) von Piero della Francesca erscheint im Vergleich zu den prächtigen Marmorreliefs des Bischofsgrabes von Guido Tarlati winzig, doch deshalb nicht weniger schön und ausdruckstark.

Arezzo

Highlights

- Cappella Bacci B3
- Duomo C2
- Museo Archeologico Nazionale B4
- Santa Maria della Pieve C2

Sehenswertes

1 Chiesa di San Francesco B3
2 Römisches Amphitheater B4

Schlafen

3 Graziella Patio Hotel C3
4 Palazzo dei Bostoli C3

Essen

5 La Bottega di Gnicche C3
6 La Torre di Gnicche D3

Ausgehen

7 Caffè dei Costanti B2

Museo Archeologico Nazionale MUSEUM
(Via Margaritone 10; Erw./erm. 4/2 €; ⏲8.30–19.30 Uhr) Über die Ruinen eines **Römischen Amphitheaters** (Eintritt frei; ⏲April–Okt. 8.30–19 Uhr, Nov.–März bis 18 Uhr) blickt man vom Museum, das in einem Konvent aus dem 14. Jh. untergebracht ist. Es zeigt eine beachtliche Sammlung etruskischer und römischer Artefakte. Glanzlicht ist eine außergewöhnliche römische Miniatur auf Glas in einem Gang im Obergeschoss.

Geführte Touren

Ein zweistündiger geführter **Stadtspaziergang** (☎0575 2 66 77; www.coloritoscani.com; Erw./Kind unter 12 Jahren 10 €/frei) in englischer Sprache wird von Mai bis September jeden Donnerstag ab 15 Uhr angeboten. Eine Reservierung ist zwingend notwendig.

Feste & Events

Giostra del Saracino MITTELALTERLICH
(www.giostradelsaracino.arezzo.it, auf Italienisch) Die mittelalterlichen Turnierkämpfe werden jeden dritten Samstag im Juni und jeden ersten Sonntag im September auf der Piazza Grande ausgetragen.

Schlafen

LP TIPP **Villa Fontelunga** BOUTIQUE HOTEL €€
(☎0575 66 04 10; www.fontelunga.com; Via Cunicchio 5, Foiano della Chiana; Zi. 179–265 €, Suite 210–280 €; Mitte Nov.–Ende März geschl.; P❄📶🏊) Nur mit „traumhaft" lässt sich die Villa aus dem 19. Jh. beschreiben, die 30 Minuten südwestlich von Arezzo liegt. Das restaurierte, geschmackvoll gestaltete und von drei charmanten Freunden (einem Architekten, einem Landschaftsgestalter und einem ehemaligen internationalen Banker) geführte Hotel ist eine ausgewogene Mischung aus traditioneller toskanischer Eleganz und Jetset-Flair. Der Mindestaufenthalt liegt bei zwei Nächten.

Graziella Patio Hotel BOUTIQUEHOTEL €€
(☎0575 40 19 62; www.hotelpatio.it; Via Cavour 23; EZ 100–180 €, DZ 150–250 €, Suite 250–320 €; ❄📶) Jedes der zehn Themenzimmer in Arezzos charismatischstem Hotel ist einem der Reisebücher Bruce Chatwins gewidmet und dementsprechend eingerichtet. Für das Parken werden pro Tag 22 € verlangt.

Palazzo dei Bostoli B&B €
(☎334 1490558; www.palazzobostoli.it, auf Italienisch; , Via Mazzini 1, 1. Stock; EZ/DZ 60/80 €; ❄📶) Der altmodische *palazzo*, der aus dem 13. Jh. stammt, steht in der Nähe der Piazza Grande und verfügt über fünf einfache, aber komfortable Zimmer. Das Frühstück (bestehend aus einem Kaffee und einem *cornetto*) wird in der Bar Stefano auf dem nahegelegenen Corso Italia serviert.

Essen & Ausgehen

La Bottega di Gnicche SANDWICH-LADEN €
(www.bottegadignicche.com; Piazza Grande 4; panini 3–5 €; ⏲Do–Di 11–20 Uhr) Wer in diesem wunderbaren *alimentari* (Lebensmittelladen) auf dem Hauptplatz in Arezzo *panini imbottiti* bestellt (mit Wurst und Käse), kann den Belag aus einer köstlichen Vielfalt an hausgemachten Wurst-/Fleisch- und Käsespezialitäten auswählen. Verspeisen kann man den leckeren Imbiss dann auf der kleinen Terrasse vor dem Laden oder auf einem Schemel drinnen.

La Torre di Gnicche TRATTORIA €€
(☎0575 35 20 35; Piaggia San Martino 8; Mahlzeiten 28 €; ⏲Mi geschl.) Dieses ausgezeichnete traditionelle Restaurant liegt unmittelbar neben der Piazza Grande und bietet eine große Auswahl an *antipasti*. Probieren sollte man auch einen der vielen regionalen Pecorinos zu einem Rotwein (gute Auswahl).

Praktische Informationen

Das **Centro di Accoglienza Turistica Benvenuti ad Arezzo** (☎0575 40 19 45; www.turismo.provincia.arezzo.it; Palazzo Comunale, Via Ricasoli; ⏲10–19 Uhr) ist die zentrale Touristeninformation der Region. Sie befindet sich gegenüber des Doms. **Na Vetrina per Arezzo e Le Sue Vallate** (☎0575 1822770; ⏲9.30–19 Uhr) ist ein privates Büro an der *scala mobile* (Rolltreppe), die hinauf zur Piazza del Duomo führt.

An- & Weiterreise

AUTO & MOTORRAD Von Florenz kommend, fährt man auf der A1 nach Arezzo. Die SS73 führt gen Westen nach Siena.

Kostenlos parken kann man auf der Via Pietri. Von dort bringt einen die *scala mobile* hinauf zur Piazza del Duomo. Das Parken am Bahnhof kostet 1,50 € pro Stunde.

BUS Busse der Gesellschaften Tiemme und Siena Mobilità fahren von der Piazza della Repubblica nach Siena (5,40 €, 1½ Std., 8-mal tgl.) und Cortona (3,10 €, 1 Std., Mo–Fr mind. 10-mal tgl.).

ZUG Arezzo liegt auf der Strecke von Florenz nach Rom. Züge nach Rom (23 €, 2½ Std.) und Florenz (5,80 €, 1½ Std.) verkehren regelmäßig, nach Cortona gibt es sogar eine sehr häufig Zugverbindung (2,40 €, 20 Min., stündlich).

Sansepolcro

Sansepolcro war im 15. Jh. der Geburtsort des Künstlers Piero della Francesca; das **Museo Civico** (www.museocivicosansepolcro.it; Via Aggiunti 65; Erw./erm. 6/4,50 €; ⌚Mitte Juni–Mitte Sept. 9.30–13.30 & 14.30–19 Uhr, Mitte Sept.–Mitte Juni 9.30–13 & 14.30–18 Uhr) beherbergt noch heute vier seiner Meisterwerke, darunter die *Auferstehung* und die *Madonna della Misericordia* (Madonna der Barmherzigkeit).

Doch ist die Kunst nicht der einzige gute Grund für einen Besuch des Ortes: Das historische Zentrum (Il Borgo) steckt voller schöner Kirchen und *palazzi* aus der Renaissance. Jeden zweiten Sonntag im September findet hier der **Palio della Balestra** statt, ein Armbrustturnier, das zwischen einheimischen Bogenschützen und Gegnern der benachbarten umbrischen Stadt Gubbio ausgetragen wird. Wettkämpfer und Zuschauer tragen mittelalterliche Kostüme und amüsieren sich blendend.

Auch ein paar exzellente Restaurants gibt es hier, darunter das **Ristorante Fiorentino** (☎0575 74 20 33; www.ristorantefiorentino.it; Mahlzeiten 35 €; ⌚Juli & Feb. Mi geschl. & 1 Woche im Nov.) und das **Ristorante Da Ventura** (☎0575 74 25 60; albergodaventura; Via Pacioli 60; Mahlzeiten 23 €; ⌚Mo & So abends geschl.). Beide vermieten auch B&B-Zimmer.

Die **Touristeninformation** (☎0575 74 05 36; infosansepolcro@apt.arezzo.it; Via Matteotti 8; ⌚9.30–13 & 15.30–19 Uhr) hat Unmengen an mehrsprachigem Informationsmaterial. Busse der Gesellschaften SITA und Baschetti fahren zwischen Sansepolcro und Arezzo (3,50 €, 1 Std., häufig). Außerhalb der historischen Stadtmauern kann kostenlos geparkt werden, der Bereich innerhalb der Mauern ist verkehrsberuhigt.

Cortona

23 083 EW.

Zimmer mit Aussicht sind eher die Regel als die Ausnahme in dieser eindrucksvoll gelegenen Hügelstadt. Fra' Angelico lebte und arbeitete hier im ausgehenden 14. Jh., auch seine Künstlerkollegen Luca Signorelli und Pietro da Cortona wurden innerhalb dieser Mauern geboren; Werke aller drei Künstler zeigt das Museo Diocesano. Vor nicht allzu langer Zeit wurden hier einige Szenen des Films *Unter der Sonne der Toskana* gedreht, das Drehbuch entstand nach einem Roman von Frances Mayes.

Jeden Samstagvormittag findet in Cortona ein **Bauernmarkt** statt, jeden vierten Sonntag des Monats eine **Antiquitäten- und Sammlermesse**.

Sehenswertes

Über der schrägen Piazza della Repubblica thront der im 13. Jh. erbaute **Palazzo Comunale**. Im Norden liegt die hübsche **Piazza Signorelli**, an deren nördlicher Seite der ebenfalls im 13. Jh. errichtete **Palazzo Casali** mit einer eher schlichten Fassade aus dem 17. Jh. steht. Er beherbergt das **Museo dell'Accademia Etrusca e della Città di Cortona** (MAEC; www.cortonamaec.org; Piazza Signorelli 9; Erw./6–12 Jahre 8/4 €; ⌚April–Okt. tgl. 10–19 Uhr, Nov.–März Di–So 10–17 Uhr), in dem bedeutende etruskische und römische Artefakte, Globen aus der Renaissance, Kunstgegenstände aus dem 18. Jh. und zeitgenössische Gemälde gezeigt werden. Die gelungen präsentierte etruskische Sammlung ist hier das Highlight, besonders die Funde aus den Hügelgräbern des Dorfes Sodo vor den Toren der Stadt.

Wer ein wirkungsvolles Herz-Kreislauf-Training braucht, der steigt durch das Gewirr der verschlafenen, steilen Gassen im Ostteil der Stadt zur riesigen **Chiesa di Santa Margherita** (Piazza Santa Margherita; ⌚April–Okt. 8–12 & 15–19 Uhr, Nov.–März 9–12 & 15–18 Uhr) aus dem 19. Jh. hinauf. Am Hauptaltar ruhen die Gebeine der hl. Margareta, Schutzpatronin von Cortona, in einem reich verzierten Grabmahl aus dem 14. Jh.

Wer noch weiter hinaufsteigt, erreicht schließlich die wehrhafte **Fortezza Medicea** (Erw./Kind 3/1,50 €; ⌚Mai, Juni & Sept. 10–13.30 & 14.30–18 Uhr, Juli & Aug. bis 19 Uhr), den höchsten Punkt Cortonas. Von dort oben bietet sich eine fantastische Sicht über die umliegende Landschaft bis zum Trasimenischen See in Umbrien.

Geführte Touren

Von April bis Oktober wird jeden Montag um 11 Uhr ein zweistündiger **Stadtrundgang** (☎0575 2 66 77; www.coloritoscani.com; Erw./Kind unter 12 Jahren 10 €/frei) in englischer Sprache angeboten. Der Eintritt ins MAEC ist im Ticket inbegriffen. Eine Reservierung ist erforderlich.

NICHT VERSÄUMEN

MUSEO DIOCESANO

Vom romanischen Charakter des nordwestlich der Piazza Signorelli gelegenen *duomo* in Cortona ist nur noch wenig zu sehen. Er wurde in der späten Renaissance und noch einmal im 18. Jh. komplett umgebaut. Ein Schmuckstück dagegen ist das **Museo Diocesano** (Piazza del Duomo 1; Erw./Kind 5/3 €, Audioguide 3 €; ⊙April–Okt. Di–So 10–19 Uhr, Nov.–März 10–17 Uhr), das gegenüber in der ehemaligen Chiesa del Gesù untergebracht ist und eine kleine, aber überaus feine Gemäldesammlung beherbergt. Zu sehen sind die *Kreuzigung* (1320) von Pietro Lorenzetti und zwei wunderschöne Arbeiten von Fra' Angelico: die *Verkündigung* (1436) und die *Madonna und Kind mit Heiligen* (1436–1437).

Das Kombiticket (Erw./Kind 10/6 €) gilt für das Museo Diocesano und das Museo dell'Accademia Etrusca e della Città di Cortona (MAEC).

Feste & Events

Giostra dell'Archidado KULTUR

Eine ganze Woche voller mittelalterlicher Unterhaltung im Mai oder Juni (der Termin fällt auf Christi Himmelfahrt) gipfelt in einem Armbrust-Turnier.

Cortona Cristiana – Festival der geistlichen Musik MUSIK

(www.cortonacristiana.it) Das Festival findet jedes Jahr Anfang Juli statt.

Tuscan Sun Festival KULTUR

(www.tuscansunfestival.com) Jährlich Ende Juli/Anfang August stattfindendes Musik-und-Kunst-Festival.

Schlafen

LP TIPP **Casa Chilenne** B&B €

(☎0575 60 33 20; www.casachilenne.com; Via Nazionale 65; EZ 80–85 €, DZ 88–110 €; ❄@📶👪) Dieses herrlich einladende B&B wird von der gebürtigen Amerikanerin Jeanette und ihrem italienischen Mann Luciano geführt und bietet einfach alles, was sich die Gäste wünschen: großartige Gastgeber, eine günstige, zentrale Lage, komfortable Zimmer, ein üppiges Frühstück und scharf kalkulierte Preise. Auch einen Gemeinschaftsraum mit Kochecke gibt es (für Familien bestens geeignet).

Hotel San Michele HOTEL €€

(☎0575 60 43 48; www.hotelsanmichele.net; Via Guelfa 15; DZ 99–250 €; ⊙Jan.–Mitte März geschl.; P❄@📶) Mit seiner dominierenden Renaissance-Anmutung, Elementen aus dem 12. Jh. und Versatzstücken aus den folgenden Jahrhunderten gleicht das Gebäude einer steinernen Stadtgeschichte, es ist das beste Hotel der Stadt. Die Zimmer sind luftig und komfortabel, wenn auch ein wenig abgewohnt. Für das Parken werden 20 € pro Nacht verlangt. WLAN nur im Foyer.

Essen & Ausgehen

Taverna Pane e Vino WEINBAR €

(www.pane-vino.it; Via Dardano 24; Bruschetta 3,50 €, Fleischwaren- & Käseplatten 6–10 €, Nudelgerichte 7,50–10 €; ⊙Mo geschl.) Das lässige Lokal bietet über 900 Weine und ist der ideale Ort für ein leichtes, schmackhaftes Mittagessen, ein Nachmittagsgetränk oder ein uriges Abendessen. Hier genießt man an einem der Tische auf dem Vorplatz oder im Gewölbe ein oder zwei Gläser Wein im Kreise der lokalen Bonvivants!

La Bucaccia TRADITIONELL ITALIENISCH €€

(☎0575 60 60 39; www.labucaccia.it; Via Ghibellina 17; Mahlzeiten 35 €) Der Familienbetrieb befindet sich in einem ehemaligen Stall, der zu einem Renaissancepalast gehörte, und ist abends ein stimmungsvoller und angenehmer Ort, tagsüber leider ein wenig zu dunkel. Das viergängige Tagesmenü (29 €) mit Tafelwasser und einem Glas Wein ist seinen Preis wert.

Praktische Informationen

Die **Touristeninformation** (☎0575 63 72 23; infocortona@apt.arezzo.it; Palazzo Comunale; ⊙Mai–Sept. Mo–Sa 9–13 & 15–18, So 9–13 Uhr, Okt.–April Mo–Fr 9–13 & 15–18, Sa 9–13 Uhr) bietet Stadtpläne, Broschüren und die Möglichkeit, Unterkünfte zu buchen.

Anreise & Unterwegs vor Ort

AUTO & MOTORRAD Die Stadt liegt an der Nord-Süd-Strecke SR71, die nach Arezzo führt, in der Nähe verläuft die Autostrada Siena – Bettolle – Perugia mit Anschluss an die A1.

Überall vor der Stadtmauer gibt es kostenlose Parkplätze; der günstigste ist der an der Porta San Agostino. Der Bereich innerhalb der Mauern ist verkehrsberuhigt.

BUS Von der Piazza Garibaldi fahren Busse der Gesellschaft Tiemme nach Arezzo (3,10 €, 1 Std., häufig).

ZUG Der nächstgelegene Bahnhof befindet sich im 6 km entfernten Camucia und ist mit dem örtlichen Bus erreichbar (1,20 €, 15 Min., stündl.). Von dort gibt es Zugverbindungen nach Arezzo (2,40 €, 20 Min., stündl.), Florenz (7,30 €, 1½ Std., stündl.), Rom (10,25 €, 2½ Std., 8-mal tgl.) und Perugia (3,85 €, 50 Min., 6-mal tgl.).

Zu beachten ist, dass der Bahnhof in Camucia keinen Fahrkartenschalter, sondern nur Automaten hat. Wer sich bei der Buchung der Tickets beraten lassen möchte, sollte sich stattdessen zum südlich von Camucia gelegenen Bahnhof Terontola begeben.

Umbrien & die Marken

Inhalt »

Gut essen

» Ristorante Vespasia (S. 622)

» L'Antico Forziere (S. 603)

» Ristorante I Sette Consoli (S. 626)

Schön übernachten

» Hotel Fortino Napoleonico (S. 632)

» Palazzo Seneca (S. 621)

» Palazzo Guiderocchi (S. 641)

Auf nach Umbrien & in die Marken!

Wer dem Charme der Toskana verfallen ist, wird auch von Umbrien und den Marken begeistert sein. Beide Regionen bieten eine vergleichbare landschaftliche Schönheit und viele Attraktionen, sind aber weitaus weniger hektisch. Sanfte Hügel mit Olivenbäumen und Weinstöcken, schroffe Felsen und antike Bauwerke – es ist alles vorhanden, nur die Touristenscharen fehlen. Beide Regionen sind stolz auf ihre landwirtschaftliche Tradition, und die Bewegung „Slow Food" findet hier viel Unterstützung.

Doch die Region ist nicht überall ruhig und verschlafen: Perugia, die Hauptstadt Umbriens, bietet ein pulsierendes Nachtleben, Spoleto lockt Musik- und Tanzbegeisterte mit einem anspruchsvollen Festival. Sonnenanbeter bevölkern während des Sommers die Küsten der Marken, Wanderer zieht es auf die Gipfel der Monti Sibillini. Die verschlungenen Gassen mittelalterlicher Städte wie Todi, Gubbio und Assisi laden Besucher auf eine Entdeckungsreise ein.

Reisezeit

Perugia

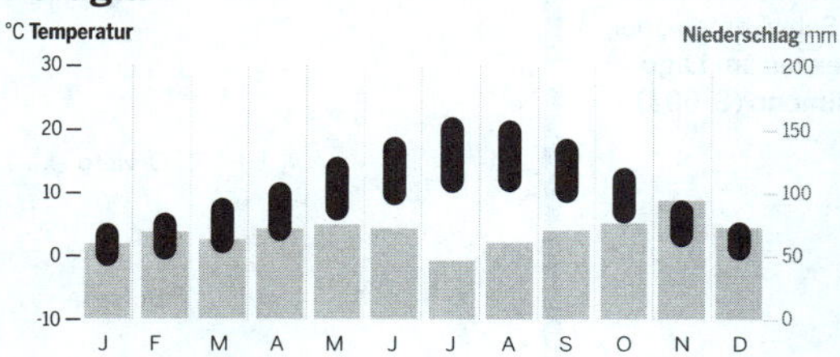

Februar Alles rund um die Trüffel genießt man in Norcia während der Mostra Mercato del Tartufo Nero

Mai Die Strände der Marken locken schon, und die ersten Wildblumen blühen auf dem Piano Grande

Juni & Juli Musikliebhaber besuchen das Spoleto Festival und das Festival Umbria Jazz in Perugia

Highlights

1. Das Beste aus Kunst, Religion und der bewegenden Geschichte des 13. Jhs. in Assisis **Basilica di San Francesco** (S. 607)
2. Wanderung durch traumhafte Wildblumenwiesen oder auf die schneebedeckten **Monti Sibillini** (S. 642)
3. Besuch der **Grotte di Frasassi** (S. 637), Europas größter Höhle, sie beeindruckt mit einem glitzernden Wald an Stalaktiten
4. Ein Essen abseits der schier endlosen Touristenströme in einem der exzellenten Fischrestaurants im faszinierenden **Parco del Conero** (S. 632)
5. Fahrt auf den Monte Ingino in Gubbios klappriger **Funivia Colle Eletto** (S. 614) – von hoch oben bietet sich eine der beeindruckendsten Aussichten Umbriens
6. Ein Tag mit süßen Versuchungen in der **Schokoladenfabrik Perugina** (S. 595)
7. Wandern, Radfahren, Schwimmen oder Faulenzen am **Lago Trasimeno** (S. 603)

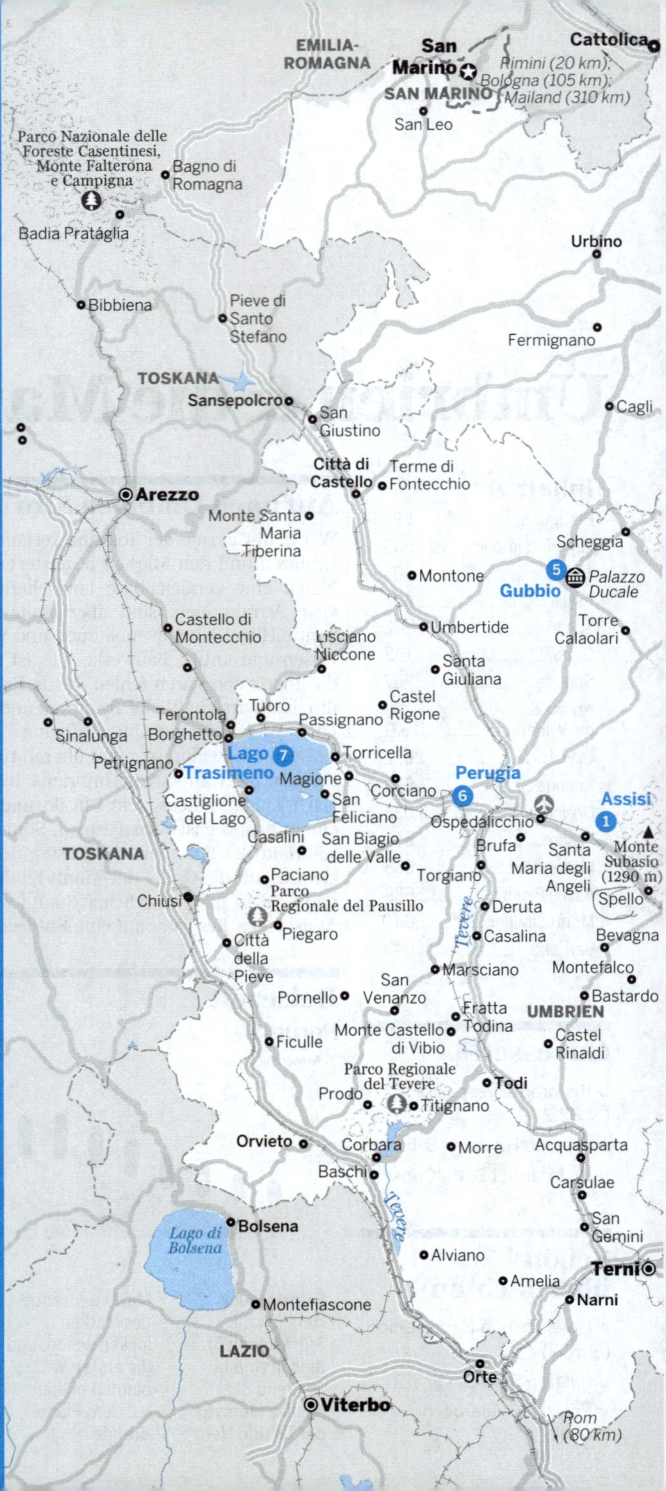

0
40 km
Casteldimezzo
Fiorenzuola
Gradara
Pesaro
Fano
Mombaroccio
Torrette
Marotta
Calcinelli
Senigallia
Cesano
Fossombrone
Mondavio
San Michele
Falconara Marittima
Cattedrale di San Ciriaco
Adria
Aeroporto Falconara
Ancona
Parco del Conero
4
Monte Conero (572 m)
MARKEN
Sirolo
Numana
Jesi
Osimo
Loreto
Porto Recanati
Sasso Ferrato
Genga
3
Grotte di Frasassi
Recanati
Parco Regionale del Monte Cucco
Cingoli
Monte Cucco (1566 m)
Fabriano
Civitanova Marche
Sigillo
Macerata
Fossatto di Vico
Porto San Giorgio
Gualdo Tadino
Tolentino
Fermo
Nocera Umbra
Parco Regionale del Monte Subasio
Sarnano
Lago Fiastra
Sta Vittoria in Matenano
Sasso Tetto
2
Monti Sibillini
Amandola
San Benedetto del Tronto
Comunanza
Monte Sibilla (2175 m)
Montefortino
Porto d'Ascoli
Foligno
Visso
Ascoli Piceno
Tronto
Monte Argentella (2201 m)
Montemonaco
Parco Nazionale dei Monti Sibillini
Piazza del Popolo
Preci
Trevi
Monte Vettore (2476 m)
Marino del Tronto
Campello sul Clitunno
Monte Patino (1883 m)
Castelluccio
Acquasanta Terme
San Giacomo
Vallo di Nera
Norcia
Serravalle
Giulianova
Spoleto
Parco Regionale del Coscerno Aspra
Cascia
San Pietro in Valle
Teramo
Civita
Parco Nazionale del Gran Sasso e Monte della Laga
ABRUZZEN
Monteleone di Spoleto
Pescara (65 km); Bari (310 km)
Ferentillo
Parco Fluviale del Nera
Corno Grande (2912 m)
LAZIO
Antrodoco
Assergi
Rieti
L'Aquila

UMBRIEN

Umbrien, bekannt als das „grüne Herz Italiens“, ist die einzige Region, die weder ans Meer noch an einen anderen Staat grenzt. Hier haben viele der alten italienischen Traditionen überlebt. Großmütter in Schürzen machen die Pasta noch selbst, und Haustüren werden seit Jahrhunderten nicht abgeschlossen. Eine wunderbare Region, in der im Frühling bunte Blumen die Wiesen färben, die aber auch jede Menge Unterhaltung bietet. In Umbrien ist alles möglich: vom Nachtleben in der Hauptstadt Perugia bis zur Pilgerreise nach Assisi, die Geburtsstadt des hl. Franziskus. Feinschmecker werden Küche und Wein in Umbrien lieben. Der süchtig machende *tartufo* (Trüffel) findet sich überall, und das Schweinefleisch aus der Region Norcia ist so berühmt, dass gute Fleischereien in Italien als *norcineria* bezeichnet werden.

Geschichte

Umbrien wurde nach seinen ersten Bewohnern benannt, dem Stamm der Umbrer, die das Land östlich des Tiber ca. 1000 v. Chr. besiedelten. Sie gründeten die Städte Spoleto, Gubbio und Assisi. Mit den westlich des Tibers siedelnden Etruskern – den Gründern der Städte Perugia und Orvieto – kämpften sie um die Vorherrschaft in diesem Gebiet. Um 300 v. Chr. änderte sich die Situation, als römische Soldaten die beiden Stämme besiegten.

Nach dem Untergang des Römischen Reichs waren im Mittelalter viele Jahre durch den andauernden Kampf der Ghibellinen (Unterstützer des Heiligen Römischen Reichs) gegen die papsttreuen Guelfen geprägt. Interessanterweise wurde ausgerechnet während dieser unruhigen Zeiten der berühmteste – und friedfertigste – Sohn Umbriens, der hl. Franziskus, in Assisi geboren.

Schließlich kam die Region zum Kirchenstaat, was sich nicht als Vorteil erwies. Historiker behaupten, dass 1540 die Zeit in Umbrien stehenblieb. Der Papst erhob eine Salzsteuer, der daraus entstehende Salzkrieg führte zu einem Stillstand des kulturellen Lebens in der Region. Als Folge davon entwickelte sich Umbrien in der Renaissance nicht in dem Maße fort wie die benachbarte Toskana. Allerdings blieb dadurch auch der mittelalterliche Charakter der meisten Städte Umbriens erhalten.

Unterwegs vor Ort

Das Reisen mit öffentlichen Verkehrsmitteln in Umbrien erfordert eine gute Vorbereitung. Umgekehrt ist aber ein Auto in den engen Bergstädten ein echtes Hindernis. Am besten entdeckt man die verstopften Städte wie Assisi, Spoleto,

TOP FIVE: UMBRISCHE LECKERBISSEN

Lange galt die Region als tiefste Provinz, dann entdeckte die kulinarische Welt plötzlich, dass in der umbrischen Küche schon seit jeher die Ideale von Slow Food verwirklicht wurden. Dreistündige Essen, Zutaten aus biologischem Anbau und regionale Hausmannskost gehörten schon immer zur umbrischen Küche. Die folgenden Spezialitäten sollte man unbedingt in Umbrien probieren:

Cinghiale Wildschwein findet sich mit Recht auf fast allen Speisekarten. Das zarte Fleisch mit feinem Wildgeschmack wird mit Nudeln oder geschmort in Soße serviert.

Tartufi Die schwarzen Trüffel (*nero* ist die geschmacksintensivere Sorte) aus Umbrien sind ein wichtiger Bestandteil der herbstlichen Speisekarten. Besonders köstlich schmecken sie gehobelt über Bandnudeln wie etwa die umbrischen *strangozzi*.

Lenticchie Die kleinen, dünnen Linsen aus Castelluccio (oder Colfiorito) sind hauptverantwortlich für die Blütenpracht am Piano Grande im Frühling und Sommer. Am besten schmecken sie als dicke Suppe mit Bruschetta und gutem Olivenöl.

Piccione Für manche klingt das Wort „Täubchen" besser, die Umbrer selbst haben kein Problem, auch in den besten Restaurants Taube zu bestellen. Das delikate Geflügel war für die Stadtbevölkerung während der Belagerungen im Mittelalter, als Jagd und Landwirtschaft zu gefährlich waren, ein Hauptnahrungsmittel.

Farro Dinkel war früher ein Grundnahrungsmittel und kommt heute noch in vielen umbrischen Gerichten vor. Die klassische *zuppa di farro* ist eine reichhaltige, nussige Spezialität und an einem kalten, nebligen Tag in den Bergen das perfekte Mittagessen.

NÜTZLICHE INTERNETSEITEN

Bella Umbria (www.bellaumbria.net, auf Deutsch) Ausführliche Website, die fast alle Unterkünfte in Umbrien aufführt. Die Seite über Events und Bräuche hilft bei der Suche nach Festen weiter – entweder über den Ort oder den Termin.

Regione Umbria (www.regioneumbria.eu, auf Deutsch) Offizielle Website der Region Umbrien.

Sistema Museo (www.sistemamuseo.it, auf Italienisch) Detaillierte Informationen über die Museen Umbriens mit aktuellen Veranstaltungshinweisen.

Umbria Online (www.umbriaonline.com, auf Englisch) Private Website mit einer Fülle an Informationen über Unterkünfte, Events und Wissenswertes zu allen Orten Umbriens – egal, ob groß oder klein.

Perugia, Orvieto, Spello und Gubbio mit dem Zug oder dem Bus und mietet dann für eine Woche ein Auto, um auch das Umland kennenzulernen.

Von Perugia aus fahren Busse in jede Stadt, die hier erwähnt wird, genauere Angaben erhält man in der Touristeninformation oder am Busbahnhof. Nur wenige **Züge der Staatsbahn** (Ferrovie dello Stato; ☎892021; www.fsitaliane.it) durchqueren Umbrien. Die Lücken werden jedoch durch das Schienennetz der privaten **Ferrovia Centrale Umbra** (FCU; ☎075 57 54 01; www.fcu.it, auf Italienisch) und mehrere Busgesellschaften gefüllt.

Perugia

166 667 EW.

Perugia ist das, was man sich in Umbrien unter einer Metropole vorstellt – und das ist nicht allzu viel. Eine große, gut erhaltene Bergstadt voll Museen und Kirchen, die durch die beiden Universitäten mit Leben gefüllt wird und nicht so verschlafen ist wie viele Nachbarstädte. Zahlreiche Studenten sorgen für eine lebhafte Kunstszene und ein interessantes Nachtleben. Trotzdem hat sich hier architektonisch während der letzten 400 Jahre wenig verändert.

Geschichte

Obwohl die Umbrer einst das Land bewohnten und das Gebiet von der heutigen Toskana bis zur Region Marken beherrschten, waren es die Etrusker, die die Stadt gründeten und sie im 6. Jh. v. Chr. zu ihrer Blüte führten. Die Römer eroberten die Stadt 310 v. Chr. und gaben ihr den Namen Perusia.

Im Mittelalter litt die Stadt unter der Fehde der Adelsfamilien. 1538 wurde sie in den Kirchenstaat eingegliedert, dort blieb sie fast drei Jahrhunderte.

Perugia hat eine lange künstlerische Tradition. Im 15. Jh. lebten hier der Freskenmaler Bernardino Pinturicchio und sein Lehrer Pietro Vannucci (genannt Perugino), der später auch Lehrer des Malers Raffael wurde. Diese künstlerische Tradition lebt heute in der Universität von Perugia und mehreren anderen Universitäten fort, darunter der berühmten Università per Stranieri (Ausländeruniversität), in der Tausende von Studenten aus aller Welt Italienisch, Kunst und Kultur studieren.

Sehenswertes

Das Herz Perugias schlägt auf der **Piazza IV Novembre**, hier trafen sich die alte etruskische und die römische Kultur. Im Mittelalter war der Platz das politische Zentrum der Stadt, heute treffen sich hier Studenten und Touristen zum Eisessen oder zum Kaffeetrinken. Wer mehr als eine Sehenswürdigkeit besichtigen will, für den lohnt sich die Anschaffung der **Perugia Città Museo Card** (10 €). Mit der Karte, die in der Touristeninformation und allen teilnehmenden Sehenswürdigkeiten verkauft wird, erhält man freien Eintritt zu fünf Museen. Genauere Informationen finden sich unter www.perugiacittamuseo.it.

Palazzo dei Priori PALAZZO

Das Gebäude wurde im 13. und 14. Jh. erbaut und diente ursprünglich als Sitz der Stadtverwaltung. Heute befinden sich hier einige der schönsten Museen Perugias. Der Eingang zur beeindruckenden **Galleria Nazionale dell'Umbria** (Umbrische Nationalgalerie; ☎800 69 76 16; Palazzo dei Priori, Corso Vannucci 19; Erw./erm. 6,50/3,25 €; ⌚Di–So 8.30–19.30 Uhr) liegt am Corso Vannucci. Das Museum ist ein Traum für jeden Kunsthistoriker. In seinen 30 Räumen präsentiert es jede Menge Kunst – von der byzantinischen Kunst aus dem 13. Jh. bis zu den Arbeiten

Perugia

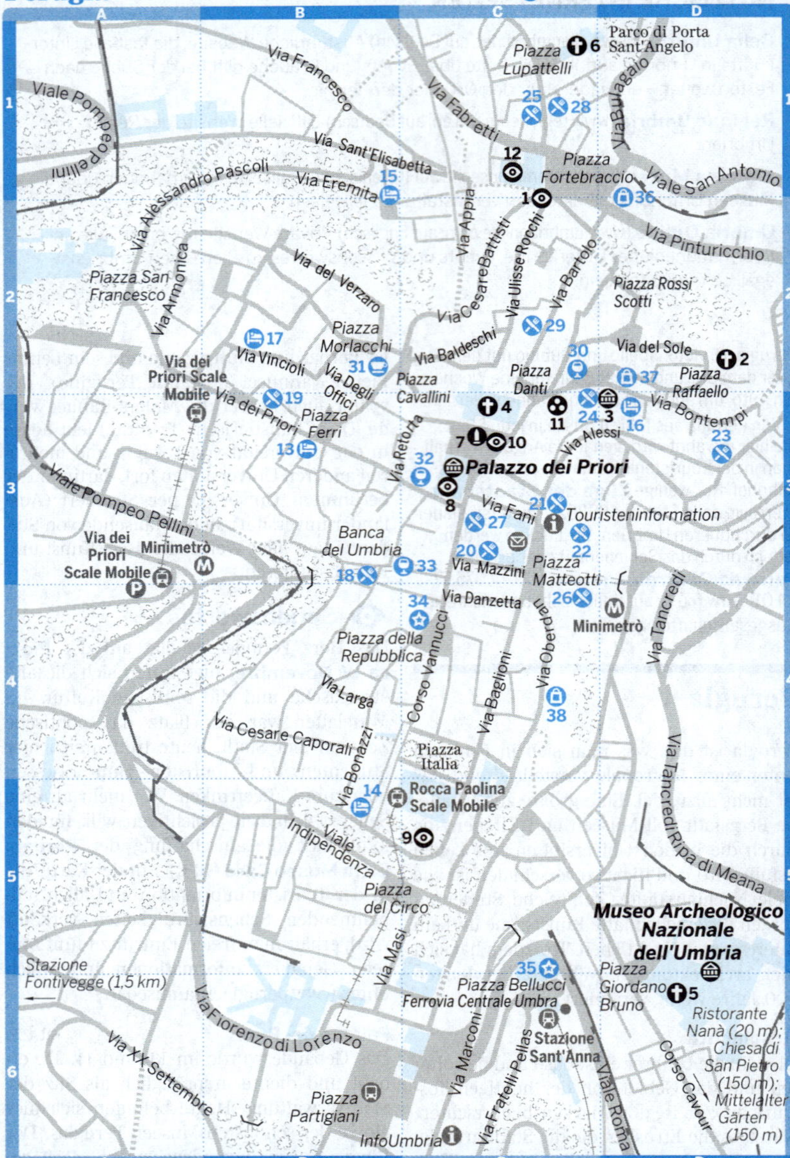

der einheimischen Künstlern Pinturicchio und Perugino (16. Jh.).

Im gleichen Gebäude befindet sich auch die wohl schönste Bank der Welt, die **Nobile Collegio del Cambio** (Wechselbörse; ☎075 572 85 99; Corso Vannucci 25; Erw./erm. 4,50/2,60 €; ⏲Mo–Sa 9–12.30 & 14.30–17.30, So 9–13 Uhr, im Winter Mo nur 9–12.30 Uhr). Die Säle besitzen getäfelte Wände von Giampiero Zuccari mit Fresken von Perugino. Im **Nobile Collegio della Mercanzia** (Kaufmannshaus; ☎075 573 03 66; Corso Vannucci 15; Eintritt

Perugia

Highlights
Museo Archeologico Nazionale dell'Umbria D5
Palazzo dei Priori C3

Sehenswertes
1 Arco Etrusco C2
2 Cappella di San Severo D2
3 Casa Museo di Palazzo Sorbello D3
4 Dom von San Lorenzo C3
5 Chiesa di San Domenico D6
6 Chiesa di Sant'Agostino C1
7 Fontana Maggiore C3
8 Galleria Nazionale dell'Umbria C3
9 Giardini Carducci C5
Nobile Collegio del Cambio .... (siehe 8)
Nobile Collegio della Mercanzia .. (siehe 8)
10 Piazza IV Novembre C3
11 Pozzo Etrusco C3
Rocca Paolina .... (siehe 9)
Sala dei Notari .... (siehe 8)
12 Università per Stranieri C1

Schlafen
13 Albergo Anna B3
14 Hotel Brufani Palace B5
15 Hotel San Sebastiano B1
16 Ostello di Perugia D3
17 Primavera Minihotel B2

Essen
18 Al Mangiar Bene B3
19 Bangladeshi Alimentari B3
20 Caffè di Perugia C3
21 Coop C3
22 Überdachter Markt C3
23 Il Gufo D3
24 Pizzeria Mediterranea C3
25 Ristorante dal Mi'Cocco C1
26 Ristorante Il Sole C4
27 Sandri C3
28 Tuttotesto C1
29 Wine Bartolo Hosteria C2

Ausgehen
30 Bottega del Vino C2
31 Caffè Morlacchi B2
32 Gold C3
33 Lunabar Ferrari C3

Unterhaltung
34 Cinema Teatro del Pavone C4
35 Velvet Fashioncafè C5

Shoppen
36 Augusta Perusia Cioccolato e Gelateria D2
37 Umbria Terraviva D2
38 Via Oberdan - Einkaufsstraße C4

3,10 €; ⌚Sommer Di–So 9–13 & 14.30–17.30 Uhr, im Winter nachmittags oft geschl.) beeindruckt ein Audienzsaal mit geschnitzter Holztäfelung aus dem 13. Jh.

Von der Piazza IV Novembre führen einige Stufen nach oben zur **Sala dei Notari** (Saal der Notare; ☎075 577 23 39; Piazza IV Novembre, Palazzo dei Priori; Eintritt frei; ⌚Di–So 9–13 & 15–19 Uhr), die zwischen 1293 und 1297 als Versammlungsort der Adligen gebaut wurde. Das romanische Gewölbe schmücken Fresken mit Darstellungen aus der Bibel und den Fabeln von Aesop.

Museo Archeologico Nazionale dell'Umbria MUSEUM
(☎075 572 71 41; Piazza Giordano Bruno 10; Erw./erm. 4/2 €; ⌚Di–So 8.30–19.30, Mo 10–19.30 Uhr) Das Kloster neben der Chiesa di San Domenico bietet eine tolle Sammlung an Ausstellungsstücken aus etruskischer und prähistorischer Zeit. Hierzu zählen z. B. geschnitzte Graburnen, Münzen und Statuen aus der Bronzezeit – einige Stücke stammen aus dem 16. Jh. v. Chr. Auf dem *Cippo Perugino* (Gedenkstein aus Perugia) steht das längste Epigraph in etruskischer Sprache, ein wahrer Schatz für Sprachwissenschaftler.

GRATIS **Schokoladenfabrik Perugina** MUSEUM
(☎075 527 67 96; www.perugina.it; Van San Sisto; ⌚ganzjährig Mo–Fr 9–13 & 14–17.30 Uhr, Okt.–Jan. & März–Mai auch Sa 9–13 Uhr; 👪) Individualreisende, die diesen verlockenden Ort besichtigen wollen, sollten entweder vorher anrufen, um einen geführten Rundgang zu vereinbaren, oder sich einfach einer Tour (auf Italienisch oder Englisch) anschließen. Nach dem Besuch des schlichten Museums führt der Weg durch einen Verbindungsgang, von dem aus die Arbeiter in ihren weißen Kitteln bei ihrem köstlichen Tun beobachtet werden können. Auf dem Eingangstor zur Fabrik steht ganz unscheinbar Nestlé. Die Fabrik ist auch mit dem Bus in Richtung San Sisto zu erreichen.

Cattedrale di San Lorenzo KIRCHE
(☎075 572 38 32; Piazza IV Novembre; ⏲Di–So 10–12.30 & 15–17.30 Uhr) Bereits im 9. Jh. stand an dieser Stelle eine Kirche, das heutige Bauwerk am Nordende der Piazza wurde 1345 nach den Plänen von Fra Bevignate erbaut. Der Dom wurde erst 1587 fertiggestellt, die Fassade blieb jedoch unvollendet. Der gotische Innenraum ist beeindruckend, ebenso das Altarbild von Signorelli und die Plastiken von Duccio. Auf den Stufen vor der rosa Fassade trifft sich ganz Perugia.

In der Mitte der Piazza und nahe bei der Kathedrale steht die **Fontana Maggiore** (Großer Brunnen). Sie wurde ebenfalls von Fra Bevignate entworfen und zwischen 1275 and 1278 erbaut. Der Brunnen ist verziert mit Reliefs, die z. B. Szenen aus dem Alten Testament, die Gründung Roms, die „freien Künste" und den Greif mit einem Löwen zeigen. Der Greif findet sich überall in Perugia, schließlich ist er das Wappentier der Stadt. Der Löwe dagegen ist das Symbol der Guelfen, die im Mittelalter auf der Seite des Papstes gegen das Heilige Römische Reich standen.

Chiesa di San Pietro KIRCHE
(☎075 3 47 70; Borgo XX Giugno; ⏲8–12 & 16 Uhr bis Sonnenuntergang) Südlich des Stadtzentrums steht diese Kirche aus dem 10. Jh. hinter der Porta di San Pietro. Das Innere präsentiert sich als unglaubliche Ansammlung von Gold und Marmor. Hier stößt man auch auf eine *pietà* (Maria mit dem Leichnam Christi auf dem Schoß) von Perugino. Hinter der Kirche liegen die **Mittelalterlichen Gärten** (☎075 585 64 32; Borgo XX Giugno 74; ⏲Mo–Fr 8–18.30 Uhr), die zum Spaziergang oder Picknick einladen. Im Mittelalter besaßen Klöster oft Gärten, die mit Pflanzen voller Symbolgehalt an das Paradies und Bibelgeschichten erinnern sollten. Unter anderem sind in dem Garten folgende Pflanzen zu sehen: der Lebensbaum als Symbol für den allerersten Baum, der Baum des Lichtes und der Weisheit und der Baum des Guten und Bösen.

GRATIS **Rocca Paolina** HISTORISCHES GEBÄUDE
(Haupteingang Piazza Italia, Seiteneingänge an der Via Marzia, Via Masi & Viale Indipendenza; ⏲8–19 Uhr) Am südlichen Ende des Corso Vannucci liegen die kleinen **Giardini Carducci** mit großartiger Aussicht. Die Gärten wurden über den Grundmauern einer Festung aus dem 16. Jh. (Palazzo della Provincia) angelegt, heute bekannt als Rocca Paolina. Papst Paul III. errichtete den gewaltigen Klotz um 1540, dafür wurden die umliegenden Häuser und Paläste abgerissen. Hier verlaufen auch die *scale mobili* (Rolltreppen). Das Gelände wird ganzjährig für Kunstausstellungen und den monatlichen Flohmarkt (letztes Wochenende im Monat) genutzt.

Casa Museo di Palazzo Sorbello MUSEUM
(☎075 573 27 75; Piazza Piccinino 9; Erw. 5 €; ⏲Mo 12–13.30, Di–So 11–13.30 Uhr) Perugias neueste Attraktion befindet sich in der Nähe der Piazza IV Novembre. Der beeindruckende ehemalige Wohnsitz der adligen Familie Sorbello aus dem 18. Jh. erhielt erst kürzlich seine frühere Pracht zurück. Bei einer Führung (auf Italienisch) kann man nicht nur die Fresken und die üppigen Vergoldungen bewundern, sondern auch die exquisiten Sammlungen an Kunst, Porzellan und Manuskripten.

Capella di San Severo KIRCHE
(☎075 573 38 64; Piazza Raffaello, Porta Sole; Erw./erm. 3/2 €; ⏲Mai–Juli & Sept.–Okt. Di–So 10–13.30 & 14.30–18 Uhr, Nov.–März Di–So 10.30–13.30 & 14.30–17 Uhr, April & Aug. tgl. 10–13.30 & 14.30–18 Uhr) Ein kurzer Spaziergang Richtung Nordosten führt von der Piazza IV Novembre zu dieser sehr schlicht aussehenden Kirche. Im Inneren beeindruckt jedoch Raffaels *Dreifaltigkeit mit Heiligen* entstand während seines Aufenthalts in Perugia (1505–1508) und häufig als sein erstes Fresko betrachtet.

Ipogeo dei Volumni HISTORISCHE STÄTTE
(☎075 39 33 29; Via Assisana 53; Erw./erm. 3/1,50 €; ⏲Sept.–Juni 9–13 & 15.30–18.30 Uhr, Juli & Aug. 9–12.30 & 16.30–19 Uhr) Ungefähr 5 km südöstlich der Stadt liegt der Ipogeo dei Volumni. In dieser etruskischen Grabstätte aus dem 2. Jh. v. Chr. befinden sich Grabkammern mit Urnen der Familie Volumni. Zur Anlage gehören auch mehrere, z. T. noch nicht ausgegrabene Kammern und Gebäude mit erhaltenen Kunstgegenständen, vieles wurde allerdings bereits gestohlen. Besucher erreichen die Anlage mit dem Zug oder der APM Buslinie 3 von der Piazza Italia zum Ponte San Giovanni, von dort zu Fuß in westliche Richtung. Mit dem Auto fährt man auf der E45 nach Süden bis zur Ausfahrt Bonanzano.

Pozzo Etrusco HISTORISCHE STÄTTE
(Etruskischer Brunnen; ☎075 573 36 69; Piazza Danti 18; Erw./erm. 3/2 €; ⏲Mai–Juli & Sept.–Okt. Mi–Mo 10–13.30 & 14.30–18 Uhr, Nov.–März Mi–

Mo 10.30–13.30 & 14.30–17 Uhr, April & Aug. tgl. 10–13.30 & 14.30–18 Uhr) Direkt nördlich der Piazza IV Novembre liegt der etruskische Brunnen aus dem 3. Jh. v. Chr. Der 36 m tiefe Brunnen war früher die Hauptwasserversorgung der Stadt und wurde auch während der Bombenangriffe im Zweiten Weltkrieg wieder genutzt.

Chiesa di San Domenico KIRCHE
(☎075 573 15 68; Piazza Giordano Bruno; ⏲8–12 & 16 Uhr bis Sonnenuntergang) Die größte Kirche der Stadt stammt aus dem frühen 14. Jh. Der romanische Innenraum wird durch riesige Glasfenster erleuchtet. Papst Benedikt XI., der 1325 nach dem Verzehr vergifteter Feigen starb, liegt hier begraben.

Arco Etrusco HISTORISCHE STÄTTE
(Etruskisches Stadttor) Das alte etruskische Stadttor aus dem 3. Jh. v. Chr. befindet sich am Ende der Ulisse Rocchi Richtung Piazza Fortebraccio und Università per Stranieri. Der obere Teil des Tores stammt noch aus der Römerzeit und trägt die Inschrift „Augusta Perusia".

Chiesa di Sant'Agostino KIRCHE
(Piazza Lupattelli; ⏲8–12 & 16 Uhr bis Sonnenuntergang) Nördlich der Università per Stranieri steht am Corso Giuseppe Garibaldi diese früher beeindruckende Kirche, ihr schöner Chor wurde im 16. Jh. vom Bildhauer Baccio d'Agnolo gestaltet. Dezente Zeichen markieren die Stellen, wo einst die Bilder hingen, die von Napoleons Truppen nach Frankreich gebracht wurden.

Chiesa di Sant'Angelo KIRCHE
(☎075 57 22 64; Via Sant'Angelo; ⏲10–12 & 16–18 Uhr) Weiter Richtung Norden auf dem Corso Garibaldi zweigt die Via del Tempio ab und führt zu einer der ältesten Kirchen Italiens. Teile der romanischen Kirche, die auf dem Platz eines römischen Tempels steht, stammen noch aus dem 5. Jh.

Museo delle Porte e delle Mura Urbiche MUSEUM
(Museum der Stadtmauern und -tore; ☎075 4 16 70; Porta Sant'Angelo, Corso Garibaldi; ⏲Mai–Juli & Sept.–Okt. Di–So 10.30–13.30 & 15–18 Uhr, Nov.–März Di–So 11–13 & 15–17 Uhr, April & Aug. tgl. 10.30–13.30 & 15–18 Uhr) Das Museum befindet sich in der aus dem 14. Jh. stammenden Porta Sant'Angelo (dem größten mittelalterlichen Stadttor), gleich neben der Chiesa di Sant'Angelo. Es informiert über die Verteidigungsanlagen der Stadt, die Hauptattraktion ist jedoch die beeindruckende Sicht auf Perugia.

Kurse

Bei der Touristeninformation gibt es eine aktuelle Liste aller Sprachkurse in und um Perugia.

Università per Stranieri SPRACHE
(☎075 5 74 61; www.unistrapg.it; Palazzo Gallenga, Piazza Fortebraccio 4) Italiens führende akademische Einrichtung für Ausländer bietet Sprachkurse sowie Kurse in Literatur, Geschichte, Kunst, Musik, Oper und Architektur. Die ein-, zwei- oder dreimonatigen Intensivsprachkurse kosten ab 400 € pro Monat.

Feste & Events

Perugia – eigentlich ganz Umbrien – bietet Abertausende von Events, Festivals, Konzerten, sommerlichen Freilichtkinos und *sagre* (traditionelle Feste). Genaue Informationen findet man unter www.bellaumbria.net und www.regioneumbria.eu.

Umbria Jazz MUSIK
(☎800 462311, 075 500 11 07; www.umbriajazz.com) Jedes Jahr treffen sich Mitte Juli internationale Jazzgrößen, um für zehn Tage gemeinsam Musik zu machen. Hauptveranstaltungsort ist die Arena Santa Giuliana vor der Stadt; hier kosten die Tickets ab 18 € aufwärts. Aber auch im Stadtzentrum finden Konzerte statt, so im Teatro del Pavone (Tickets ab 10 €). Kostenlose Sessions gibt´s auf der Piazza IV Novembre und in den Giardini Carducci.

Eurochocolate ESSEN
(☎075 502 58 80; www.eurochocolate.com) Jedes Jahr Mitte Oktober huldigt Perugia der Kakaobohne in einer überwältigenden neuntägigen Veranstaltung. Mehr als 1 Mio. Schokoladenliebhaber besuchen Ausstellungen, Kochkurse, bewundern riesige Schokoldenskulpturen und genießen die kostenlosen Proben. Auch die einheimische Schokoladenfabrik Perugina ist natürlich mit dabei. Wer ebenso dabei sein will (oder muss), sollte die Unterkunft früh reservieren und ohne Auto anreisen.

Schlafen

Perugia besitzt eine stattliche Anzahl an Hotels und *pensioni,* doch nur wenige sind wirklich etwas Besonderes. Dennoch ist die Stadt ein günstiger Standort, um

Umbrien im Rahmen von Tagesausflügen zu erkunden.

LP TIPP Torre Colombaia AGRITURISMO €

(☎075 878 73 41; www.torrecolombaia.it; San Biagio delle Valle; pro Pers. inkl. Frühstück 40 €, Apt. 85–135 €, Abendessen 23 €; ⊙Abendessen Fr–So; P) Wer verliebt sich nicht in dieses Märchenhaus inmitten von Bäumen? Das ehemalige Jagdhaus liegt nur 15 Min. vom Zentrum Perugias entfernt. Es bietet gut ausgestattete Zimmer mit Antiquitäten, ein Bio-Restaurant (das vom ersten Bio-Bauernhof Umbriens beliefert wird), einen Raum für Meditationen und die Möglichkeit, in den umliegenden Wäldern Wild zu beobachten.

Primavera Minihotel HOTEL €

(☎075 572 16 57; www.primaveraminihotel.it; Via Vincioli 8; EZ 45–55 €, DZ 65–90 €; @) Nicht mehr ganz so toll wie früher, aber immer noch eine gute Adresse. Das zentral gelegene Hotel wird von einem engagierten Mutter-Tochter-Gespann geführt, die beiden sprechen Englisch und Französisch. Die hübschen Zimmer haben eine tolle Aussicht. Das Frühstück kostet zwischen 3 und 6 €.

Hotel Brufani Palace LUXUSHOTEL €€€

(☎075 573 25 41; www.sinahotels.com; Piazza Italia 12; EZ/DZ 99/205 €, Suite 105–260 €; P@) Das Brufani ist eines der wenigen 5-Sterne-Hotels in Umbrien und ein wahnsinniges Erlebnis. Zu den Highlights gehören mit Fresken geschmückte Räume, perfekt ausgestattete Zimmer und ein zuvorkommendes dreisprachiges Personal. Im Sommer kann man auf der Terrasse essen und anschließend im Fitness-Center über etruskische Ruinen schwimmen. Das Hotel hat außerdem rollstuhlgeeignete Zimmer im Angebot.

Albergo Anna HOTEL €

(☎/Fax 075 573 63 04; www.albergoanna.it; Via dei Priori 48; EZ 30–50 €, DZ 50–80 €, inkl. Frühstück) Wer ruhig und zentral wohnen möchte und nicht viel Gepäck dabei hat (4. Stock ohne Fahrstuhl…), für den ist diese altmodische Pension eine gute Wahl. Es fühlt sich ein bisschen wie ein Besuch bei der Großtante an – falls sie eine schrullige italienische Keramikerin mit einer Vorliebe für Nippes ist und eher mittelmäßigen Espresso zum Frühstück kocht.

Ostello di Perugia HOSTEL €

(☎075 572 28 80; www.ostello.perugia.it; Via Bontempi 13; B 15 €, Bettwäsche 2 €; ⊙Mitte Jan.–Mitte Dez.; @) Die Herberge ist etwas kundenfreundlicher geworden – nun wird nur noch von 11 bis 15.30 Uhr (früher 10–16 Uhr) das Haus zugesperrt. Aber die Deckenfresken aus dem 16. Jh., die sauberen Vier- bis Sechsbettzimmer und der weite Blick ins Land von der Terrasse entschädigen dafür. Keine Kreditkarten.

Camping Il Rocolo CAMPINGPLATZ €

(☎/Fax 075 518 16 35; www.ilrocolo.it; Str Fontana 1/n, Loc Colle della Trinità; pro Pers. 6,50–8 €, pro Auto 3–4 €, pro Zelt 5,50–6,50 €; ⊙Ostern–Sept. & während der Eurochocolate; @) Der Platz bietet internationale Zeitungen, Skype-Telefonieren, rund um die Uhr warme Duschen und 100 schattige Plätze. Dazu kommen noch ein Restaurant, nette mehrsprachige Mitarbeiter und viele Extras (Grillplatz, TV, Kiosk und Bus in der Nähe) – eine gute Wahl.

Etruscan Chocohotel HOTEL €€

(☎075 583 73 14; www.chocohotel.it; Via Campo di Marte 134; EZ 54–73 €, DZ 88–140 €; P@) Das ist wohl das einzige Hotel auf der Welt, das sich ganz auf Schokolade spezialisiert hat. Nachdem man sich im (natürlich braunen) Zimmer eingerichtet hat, kann man im Restaurant ein „Schokomenü" genießen, im „Schoko-Laden" einkaufen oder den Pool auf dem Dach ausprobieren. Das Hotel ist behindertengerecht ausgestattet und liegt einen 20-minütigen Spaziergang von der Altstadt entfernt.

Hotel San Sebastiano HOTEL €€

(☎075 573 78 65; www.hotelsansebastiano.it; Via San Sebastiano 4; EZ 40–50 €, DZ 50–70 €, EZ ohne Bad 25–40 €) Unweit von Perugias Universität findet man diese altmodische *pensione* in einer Nebenstraße. Lärmgeplagte schlafen hier ruhig. Allerdings sind die Zimmer eher bescheiden eingerichtet.

Essen

Wegen der vielen Studenten und Touristen gibt es in Perugia unendlich viele Restaurants. Sobald es im Frühjahr wärmer wird (normalerweise im März), öffnen die Straßencafés entlang des Corso Vannucci.

LP TIPP Sandri GEBÄCK & TORTEN €

(☎075 572 41 12; Corso Vannucci 32; ⊙Di–So 10–20 Uhr) Ein Laden, der seit über 200 Jahren existiert, muss gut sein. Bekannt ist er für seine leckeren Schokoladentorten, die kandierten Früchte, den Espresso und die Kuchenauswahl. Alle Einkäufe werden in hübsches rotes Papier mit einer Schleife verpackt – auch wenn sie noch so klein sind.

Ristorante Nanà ITALIENISCH €

(☎075 573 35 71; Corso Cavour 206; Hauptgerichte 15–18 €; ⏲Mo–Sa) Gefühlte 47 Familienmitglieder kümmern sich um das nette Restaurant mit 15 Tischen – wirklich sind es aber nur vier Personen. Auf der kleinen Speisekarte stehen klassische Mahlzeiten, frisch zubereitet. Einen Versuch wert ist beispielsweise das Täubchen mit Kapern (16 €).

Caffè di Perugia CAFÉ €

(☎075 573 18 63; Via Mazzini 10; Hauptgerichte 14–20 €; ⏲Mi–Mo 12–15 & 19–24 Uhr) Das stilvollste Café der Stadt, in dem man gerne den (relativ) hohen Preis für die Desserts zahlt. Es gibt auch eine gute Auswahl an leckerer Pasta und Fleischgerichte. Im Sommer kann man draußen sitzen.

Pizzeria Mediterranea PIZZERIA €

(☎075 572 13 22; Piazza Piccinino 11/12; Pizzas 4–8 €; ⏲Mi–Mo) Perugini wissen, dass es hier die beste Pizza der Stadt gibt. Ein riesiger Ofen produziert Pizza jeder Art, von der einfachen Margherita bis zur Pizza mit 12 Belägen. Donnerstag- und Samstagabend ist es hier besonders voll.

Al Mangiar Bene PIZZERIA €

(☎075 573 10 47; Via della Luna 21; Pizzas 5–8 €) Das Kellerrestaurant, das am Ende der engen Gasse liegt, ist das erste Bio-Restaurant in Perugia. Die Pizzas und Calzones werden im Steinofen gebacken und ausschließlich aus einheimischen Bio-Zutaten zubereitet. Sogar das Bier und der Wein haben das Bio-Siegel.

Il Gufo ITALIENISCH €€

(☎075 573 41 26; Via della Viola 18; Mahlzeiten 29 €; ⏲Di–Sa 20–1 Uhr) Der Besitzer, der gleichzeitig auch Koch ist, bereitet das zu, was es gerade auf dem Markt gibt. Einen Versuch wert sind Wildschwein mit Fenchel (12,50 €) oder Pappardelle mit Kaninchen-*ragù* (9 €). Das 2-Gänge-Menü kostet 15 €. Keine Kreditkarten.

Wine Bartolo Hosteria OSTERIA €€

(☎075 571 60 27; Via Bartolo 30; Mahlzeiten 32 €; ⏲Do–Di) Eine Treppe führt hinunter in eine Art Hobbit-Höhle mit einigen Tischen und Weinflaschen an den Wänden. Die Küche zaubert wunderbare Köstlichkeiten wie exquisites Chianina-Rind geschmort in Sangiovese.

Ristorante dal Mi'Cocco ITALIENISCH €

(☎075 573 25 11; Corso Garibaldi 12; Menü 13 €; ⏲Di–So) Nach der Karte fragen lohnt sich nicht – in diesem traditionellen Restaurant gibt es keine. Das Tagesgericht besteht aus Vorspeise, Hauptgericht mit Beilage und Dessert. Im Mai gibt es vielleicht Spargelrisotto, im November *tagliatelle* mit Erbsen und Schinken. Besonders beliebt bei Studenten, daher besser reservieren.

Tuttotesto ITALIENISCH €

(☎075 573 66 66; Corso Garibaldi 15; Crêpes 3,90–5,50 €; ⏲Di–So) Nicht nur die üblichen Pasta- und Fleischgerichte sind hier im Angebot, hier diskutieren Professoren und Studenten bei süßen oder salzigen Crêpes und *torta al testo* (umbrisches Sandwich) über Nietzsche. Es gibt auch glutenfreie Mahlzeiten.

Ristorante Il Sole ITALIENISCH €€

(☎075 573 50 31; Via delle Rupe 1; Mahlzeiten 32 €; ⏲Di–So) Auch wenn das Essen hier absolute Spitzenklasse wäre, würde ihm die grandiose Aussicht von der Terrasse über das Land immer den Rang ablaufen. Neben einem guten traditionellen Essen gibt es einige kreative Mahlzeiten wie geräuchertes Entencarpaccio mit Trüffeln.

Markthalle MARKT

(Piazza Matteotti; ⏲Mo–Sa 7–13.30 Uhr) Die Markthalle in der Nähe eines Ramschmarktes mit Kunsthandwerk und Souvenirs bietet alles, was frisch ist – von Brot bis zu Käse und Fleisch. Man erreicht sie durch den Torbogen mit der Nummer 18A direkt neben der Touristeninformation.

Coop SUPERMARKT

(Piazza Matteotti; ⏲Mo–Sa 9–20 Uhr) Der größte Lebensmittelmarkt in der Altstadt verkauft Obst, Gemüse und was sonst noch nötig ist, dazu gibt es frische Pasta und Käse.

Bangladeshi Alimentari SUPERMARKT

(Via dei Priori 71; ⏲tgl. 11–20 Uhr) Der Laden sorgt nur für die Grundversorgung, aber die Öffnungszeiten sind fantastisch.

Ausgehen

Caffè Morlacchi CAFÉ

(☎075 572 17 60; Piazza Morlacchi 6/8; ⏲Mo–Sa 8–1 Uhr) Hier trifft man sich – egal, ob Student oder Professor, Einheimischer oder Fremder. Das Essen ist international, dazu gibt´s tagsüber Tee oder heiße Schokolade, abends Cocktails.

Lunabar Ferrari BAR

(Via Scura 1/6; ⌚Di–Sa 8–2 Uhr) Diese Bar am Corso Vannucci liegt irgendwo zwischen New York und Umbrien – mit ihren Fresken an den Wänden, den schicken Teppichen mit moderner Kunst, den verrückten Leuchtern und den abgehobenen Toiletten. Für Hungrige gibt es eine gute Auswahl an leckeren Snacks.

Bottega del Vino WEINBAR

(Via del Sole 1; ⌚Mo–Sa 19–1 Uhr) Auf der Terrasse brennen ganz romantisch Kerzen oder ein Feuer, drinnen gibt's Live Jazz und auf den Wandregalen Hunderte von Weinflaschen. Das Lokal hat ein gutes Angebot an umbrischenWeinen, die alle probiert und gekauft werden können. Ein großes Lob an die fachkundige Beratung.

Gold WEINBAR

(Via dei Priori 7; ⌚18–1 Uhr) Das Thema Gold wird in dieser Bar mit Restaurant vielleicht ein bisschen übertrieben. Das Publikum ist jedoch sehenswert, die Weinauswahl gut und es gibt für 2,50 € *torta al testo*. Happy hour ist ab 18 Uhr.

Unterhaltung

Ein großer Teil von Perugias Nachtleben findet rund um den Dom und die Fontana Maggiore statt. Hier treffen sich allabendlich Hunderte von Studenten aus den verschiedensten Ländern, machen Musik und reden über Gott und die Welt. Touristen gehören schnell dazu, lecken Eis und genießen diese Art von Freilichttheater. Einige der außerhalb gelegenen Nachtclubs schicken ab 23 Uhr einen Bus zum Palazzo Gallenga. Studenten verteilen am Corso Vannucci Flyer, die genauere Informationen darüber bieten. So richtig was los ist in den Clubs erst ab Mitternacht, also Achtung beim Rückweg in die Stadt: Die *scale mobili* laufen nur bis 1 Uhr.

Cinema Teatro del Pavone KINO

(☎075 572 49 11; www.teatrodelpavone.it; Corso Vannucci 67) Das ehemalige Theater stammt aus dem Jahr 1717. Heute werden hier nicht nur Filme vorgeführt, sondern auch Konzerte und andere Events veranstaltet.

Velvet Fashioncafè NACHTCLUB

(☎075 572 06 07; www.velvetfashioncafe.com; Viale Roma 20; ⌚Di–So) Hier treffen sich die Schönen der Stadt. Der Club öffnet gegen 22 Uhr seine Türen, aber wer auf sich hält, feiert hier bis zum frühen Morgen.

AC Perugia SPORT

(☎075 500 66 41; www.perugiacalcio.it; Renato Curi Stadium, Via Piccolpasso 48; Tickets 2–40 €) Jahrelang spielte Perugia Calcio immer in der Serie A (Italiens Bundesliga), aber nun hat es den Verein eiskalt erwischt. Nachdem er 2010 Insolvenz angemeldet hatte, wurde er aufgelöst. Jetzt wurde der Verein neu gegründet und spielt momentan (2011) in der unteren Lega Pro Seconda Divisione (ehemals Serie C). Die Buslinien 9, 11 oder 13 fahren zum Stadion.

Shoppen

Das Banner „Via Oberdan – Shopping Street" weist den Weg: hier wechseln sich Boutiquen, Juweliere, Schuhgeschäfte und Musikläden ab.

Wer Glück hat und Perugia am vierten Wochenende im Monat besucht, sollte sich Zeit für den **Mercato Mensile Antiquariato** (Flohmarkt; ⌚9–18/19 Uhr) nehmen. Rund um die Piazza Italia und in den Giardini Carducci findet man alte Drucke, Bilderrahmen, Möbel, Schmuck, Postkarten und Briefmarken.

Umbrien Terraviva MARKT

(☎075 835 50 62; Piazza Piccinino) Jeden ersten Sonntag im Monat findet entlang des Doms Richtung Via Bonanzi ein Biomarkt statt. Es gibt Biogemüse und -obst sowie ausgezeichnete eingemachte oder eingepackte Leckereien, die sich gut als Mitbringsel eignen.

Augusta Perusia Cioccolato e Gelateria SCHOKOLADE

(www.cioccolatoaugustaperusia.it, auf Italienisch; Via Pinturicchio 2; ⌚Mo–Sa 10.30–23, So 10.30–13 & 16–20 Uhr) Giordano arbeitete 25 Jahre für Perugina, 2000 eröffnete er dann sein eigenes Geschäft. Hier kreiert er Köstlichkeiten nach alter Tradition, natürlich auch die berühmten *baci* (Haselnuss-„Küsse" in Schokolade) nach dem klassischen Rezept aus Perugia.

Praktische Informationen

Little Blue What-to-Do Diese kostenlose englische Broschüre ist ein absolutes Muss für alle, die sich länger als ein paar Stunden hier aufhalten. Das „kleine blaue Buch" informiert über Restaurants, Unterkünfte sowie Ausflüge und erzählt über faszinierende Typen. Man bekommt es am Cinema Teatro del Pavone, der Touristeninformation und am Zeitungskiosk.

Banken befinden sich am Corso Vannucci. Alle haben einen Geldautomaten.

InfoUmbria (☎075 57 57; www.infoumbria.com, auf Italienisch; Busbahnhof Piazza Partigiani, Largo Cacciatori delle Alpi 3; ⌚Mo–Fr 9–13 & 14.30–18.30, Sa 9–13 Uhr) Das auch als InfoTourist bekannte Büro bietet eine breite Palette an Informationen über ganz Umbrien und fantastische *Agriturismi-Unterkünfte*. **Notarzt** (☎075 3 65 84; ⌚Wochenende & nachts)

Ospedale Silvestrini (☎075 57 81; S Andrea delle Frate) Krankenhaus.

Post (Piazza Matteotti; ⌚Mo–Fr 8–18.30, Sa 8–12 Uhr)

Tempo Reale (Via del Forno 17; Std. 1,80 €; ⌚Mo–Sa 10–23.30, So 10–22 Uhr) Das Geschäft an einer kleinen, schwer zu findenden Gasse bietet Internetzugang, Telefon-, Fax- und Kopiermöglichkeit.

Touristeninformation (☎075 573 64 58; info@iat.perugia.it; Piazza Matteotti 18; ⌚8.30–18.30 Uhr) Eine Menge Karten und Broschüren über Hotels, Aktivitäten, Events etc. und die aktuellsten Fahrpläne für Bus und Bahn.

An- & Weiterreise

Auto & Motorrad

Wer aus Rom kommt, verlässt die A1 an der Ausfahrt Orte und folgt den Hinweisschildern nach Terni. Hier auf der SS 3 bis E 45 Richtung Perugia fahren. Besucher aus dem Norden müssen die A1 bei Valdichiana verlassen und ab dort auf der Schnellstraße SS 75 Richtung Perugia fahren. Die SS 75 Richtung Osten verbindet Perugia nach einer Fahrt von 20 km mit Assisi.

Autovermietungen gibt es am Flughafen und am Bahnhof.

Bus

Überlandbusse fahren ab der Piazza Partigiani im Süden der Stadt (erreichbar ab der Piazza Italia über die *scale mobili* durch die Rocca Paolina). Verbindungen gibt es zu den unten angegebenen Orten.

REISEZIEL	FAHRPREIS (€)	FAHRZEIT	HÄUFIGKEIT
Assisi	3,20	45 Min.	9-mal tgl.
Castiglione del Lago	5,10	1 Std.	9-mal tgl.
Deruta	2,80	30 Min.	13-mal tgl.
Florenz	10,50	2½ Std.	2-mal tgl.
Gubbio	4,60	1¼ Std.	10-mal tgl.
Todi	5,50	1¼ Std.	9-mal tgl.
Torgiano	1,90	30 Min.	9-mal tgl.

Die meisten Strecken innerhalb Umbriens werden von **APM** (☎800 512141; www.apmperugia.it) im Norden und **SSIT** (☎0743 21 22 11; www.spoletina.com) oder **ATC Terni** (☎0744 40 94 57; www.atcterni.it) im Süden angefahren. Alle aktuellen Fahrpläne und Informationen werden in der monatlichen Broschüre *Viva Perugia* (1 €) veröffentlich, die in der Touristeninformation erhältlich ist.

ANKUNFT IN FIUMICINO?

Von Roms Flughafen Fiumicino (FCO) aus fährt ein Bus direkt nach Perugia. Die blauen Busse der **Sulga** (☎800 099661; www.sulga.it) starten gegenüber vom internationalen Terminal C. Von Montag bis Samstag fahren täglich vier bis fünf Busse nach Perugia (21 €, 3½–4 Std.), sonn- und feiertags fahren zwei Busse. Einige Busse halten auch in Assisi. Genauere Informationen finden sich auf der Website.

Flugzeug

Perugias Flughafen **Aeroporto Sant'Egidio** (PEG; ☎075 59 21 41; www.airport.umbria.it) liegt 13 km östlich der Stadt und bietet mindestens dreimal täglich einen Flug mit **Alitalia** (www.alitalia.it) nach Mailand. **Ryanair** (www.ryanair.co.uk) fliegt dreimal wöchentlich nach London Stansted.

Zug

Perugias **Hauptbahnhof** (Piazza Vittorio Veneto) im Südwesten der Stadt heißt eigentlich „Stazione Fontivegge", auf dem Schild steht aber nur „Perugia". Folgende Reiseziele sind mit dem Zug erreichbar.

REISEZIEL	FAHRPREIS (€)	FAHRZEIT	HÄUFIGKEIT
Arezzo	6–9	1 Std.	alle 2 Std
Assisi	2,50	30min	stündl
Florenz	11–16	2 Std.	8-mal tgl.
Gubbio	5,50	1½ Std.	7-mal tgl.
Orvieto	7	1¼ Std.	alle 2 Std.
Rom	11–35	2¼-3 Std.	15-mal tgl.
Spello	3	30 Min.	stündl.

Die erstaunlich bunt bemalten Züge der **Ferrovia Central Umbra** (FCU; ☎075 57 54 01; www.fcu.it, auf Italienisch; Stazione Sant'Anna, Piazzale Bellucci) fahren nach Rom (mit Umsteigen in Terni, 5,30 €, 1¼ Std., 10-mal tgl.), Deruta (1,25 €, 25 Min., 11-mal tgl.), Todi (2,55 €, 50 Min., 17–mal tgl.) und Terni (4,40 €, 1½ Std., 17–mal tgl.). Die Fahrkarte muss im Zug entwertet werden.

Unterwegs vor Ort

Wer nicht zu viel Gepäck hat, erreicht das Stadtzentrum vom Busbahnhof am einfachsten mit den Rolltreppen (*scale mobili*), die die Piazza Pargigiani mit der Piazza Italia verbinden. Auch vom Parkplatz an der Piazzale della Cuppa vor der Stadtmauer führen *scale mobili* zur Via dei Priori.

Auto & Motorrad

Autofahren ist in Perugia unendlich kompliziert, und der größte Teil der Innenstadt darf mittlerweile nur von Anwohnern oder vom Lieferverkehr befahren werden (Hotelgäste dürfen allerdings ihre Unterkunft anfahren und das Gepäck abliefern).

In Perugia gibt es mehrere gebührenpflichtige Parkplätze (Std. 0,80–1,60 €, 24 Std.). Die Parkplätze an der Piazza Partigiani und dem Mercato Coperto sind am zentralsten und bequemsten gelegen. Einen gebührenfreien Parkplatz findet man an der Piazza Cupa.

Die **Auskunft** (☎075 577 53 75) hilft sehr, wenn das Auto doch abgeschleppt wurde oder irgendwelche Fragen auftauchen.

Bus

Der Weg vom Bahnhof zur Innenstadt ist lang (1,5 km) und steil, deswegen lohnt sich gerade mit viel Gepäck die Fahrt mit dem Bus, der zur Piazza Italia fährt. Tickets kosten 1,50 € am Kiosk vor dem Bahnhof oder 2 € im Bus. Das Ticket muss unbedingt beim Einsteigen entwertet werden, Schwarzfahren ist teuer. Eine Zehnerkarte kostet 12,90 €.

Zum/vom Flughafen

Weiße Shuttlebusse (3,50 €) fahren von der Piazza Italia ungefähr zwei Stunden vor dem geplanten Abflug ab und halten auch am Bahnhof. Bei der Rückfahrt ab dem Flughafen fahren die Busse erst los, wenn alle Passagiere eingestiegen sind.

Mit dem Taxi kostet die Fahrtzum Flughafen ungefähr 30 €.

Minimetrò

Diese Art Schienenbus verkehrt im Minutentakt zwischen dem Bahnhof und Pincetto (direkt an der Piazza Matteotti). Das Busticket für 1,50 € gilt auch für die Minimetrò, die rechts im Bahnhof abfährt.

Taxi

Taxis können von 6 Uhr morgens bis 2 Uhr nachts (Juli und August rund um die Uhr) telefonisch bestellt werden: ☎075 500 48 88. Die Fahrt vom Stadtzentrum zum Bahnhof Stazione Fontivegge kostet 10–15 €, jedes größere Gepäckstück 1 € zusätzlich.

Torgiano

6479 EW.

Das kleine Torgiano liegt nur 25 Busminuten von Perugia entfernt. Olivenöl wird hier mit so viel Hochachtung behandelt wie anderswo der Wein, der Wein selbst wird in den Himmel gehoben. Wohl deshalb befindet sich hier das bedeutendste Weinmuseum Europas, das **Museo del Vino** (☎075 988 02 00; Corso Vittorio Emanuele 31; Erw./erm. 4,50/2,50 €, inkl. Museo dell'Olivo e dell'Olio 7 €, Audioguide 2 €; ⌚im Sommer 10–13 & 15–19 Uhr, im Winter bis 18 Uhr). Es liegt in einem ehemaligen Palazzo mit 20 Zimmern und zeigt die Geschichte der Weinproduktion in diesem Gebiet. Neben Werkzeugen werden auch Weinfässer und Produktionstechniken sowie Grafiken ausgestellt.

Sehenswert ist auch das **Museo dell'Olivo e dell'Olio** (☎075 988 03 00; Via Garibaldi 10; Erw./erm. 4,50/2,50 €; ⌚im Sommer 10–13 & 15–19 Uhr, im Winter bis 18 Uhr), das die Verwendung von Oliven sowie ihre Verbindung zur Umwelt, Landschaft und der regionalen Kultur zeigt.

Obwohl Torgiano klein ist, besitzt es eine gewisse verschlafene Selbstgefälligkeit, denn die Familie Lungarotti, die die meisten Weinberge hier besitzt, ist sozusagen die herrschende Adelsfamilie Umbriens.

Schlafen & Essen

Al Grappolo d'Oro HOTEL €€
(☎075 98 22 53; www.algrappolodoro.net; Via Principe Umberto 24; EZ 50 €, DZ 90–105 €, inkl. Frühstück; P ❄ ≋) Das Hotel ist jeden Cent wert, allein schon der Blick vom Pool über die Weinberge lohnt den Aufenthalt! Die hübsch ein eingerichtetes Zimmer aus dem 19. Jh. haben DSL-Anschluss, Satellitenfernsehen, DVD-Spieler, Föhn und Handtuchwärmer.

Ristorante Siro ITALIENISCH €€
(☎075 98 20 10; Via Giordano Bruno 16; Mahlzeiten 26 €) Ein Restaurant der alten Schule, in dem sich Gäste und Kellner noch mit Namen begrüßen. Die *antipastone al tagliere* (große gemischte Vorspeisenplatte; 15 € für 2 Pers.) reicht für eine ganze hungrige Familie.

An- & Weiterreise

Die Fernbusse (*extraurbano*) von **APM Perugia** (☎800 512141; www.apmperugia.it) fahren nach Perugia (1,90 €, 25 Min., 9-mal tgl.).

ABSTECHER

1000 TÖPFE IN DERUTA

Im Gegensatz zu Torgiano hat **Deruta** (ein paar Kilometer weiter südlich) nur eine Attraktion, die Majolika-Keramik, aber die ist einen Besuch wert. Die Technik für die blaugelbe Metalloxidglasur wurde im 15. Jh. von Mallorca hierher gebracht, seitdem blüht hier die Keramikindustrie. Schon an den Zufahrtsstraßen stehen riesige Töpfe und Schilder, die auf Derutas viele Fabrikationsstätten hinweisen. Im Stadtzentrum gibt es so viele Verkaufsräume, dass der Ort wie ein einziges großes Geschäft mit vielen Eingängen erscheint.

Die qualitativ beste Ware bieten die kleinen Betriebe an, die nach der jahrhundertealten Tradition arbeiten. Die Stücke in großen Verkaufsräumen sind Massenproduktion aus einer Fabrik – zu niedrigeren Preisen, aber auch schlechterer Qualität.

Maioliche Nulli (☎/Fax 075 97 23 84; Via Tiberina 142; ⌚tgl.) ist einer der empfehlenswerten Betriebe, der sich auf komplizierte mittelalterliche Entwürfe spezialisiert hat. Das **Museo Regionale della Ceramica** (☎/Fax 075 971 10 00; www.museoceramicaderuta.it; Largo San Francesco; Erw./erm. 7/5 €; ⌚tgl. 10.30–13 & 15–18/19 Uhr, Okt.–März Di nur 10.30–13 Uhr) bietet einen guten Einblick in die Entwicklung der Keramikherstellung.

Südlich von Deruta befindet sich im Dorf **Casalina** das Landhaus **L'Antico Forziere** (☎075 972 43 14; www.anticoforziere.it; Via della Rocca 2, Loc Casalina di Deruta; Zi. 65–150 €, Gerichte 32 €; P❄☒), das einen fantastischen Ruf bei Feinschmeckern genießt. Zwei Brüder stehen in der Küche (die beiden haben sogar eine eigene Show im Fernsehen) und zaubern regionale Köstlichkeiten wie Steckrübennudeln mit Lauch und Mohn. Natürlich gibt es auch eine riesige Weinkarte. Das Highlight ist jedoch der Dessertteller mit zehn kunstvollen Köstlichkeiten. Der dritte Bruder führt übrigens das einladende Hotel.

Von Perugia fahren APM-Busse nach Deruta (2,80 €, 25 Min., 13-mal tgl.).

Lago Trasimeno

Der atemberaubend schöne Lago Trasimeno hätte leicht ein Ferienparadies für ganze Busladungen von sonnenhungrigen Nordeuropäern werden können, so wie die Küste der Marken. Glücklicherweise ist der größte Teil des Gebietes – abgesehen von Passignano und der Umgebung von San Feliciano – von Bettenburgen, wie man sie von der Adria kennt, verschont geblieben. *Agriturismi* bedecken die Hügel fast so natürlich wie die allgegenwärtige Sonnenblume, im historischen Castiglione del Lago fallen Besucher kaum auf und alle achten auf die empfindliche Ökologie des klaren Sees.

Sehenswertes & Aktivitäten

Zu den beliebten Aktivitäten am See gehören Wanderungen, Weinproben, Camping, Wassersport und das *dolce far niente* (das süße Nichtstun) – nicht zu vergessen die kulinarischen Genüsse. Die Einheimischen sind stolz auf ihre Produkte, besonders auf die hochwertigen DOC-Weine und DOP-Olivenöle. Die Strada del Vino (Weinstraße) führt durch die Colli del Trasimeno (Trasimenische Berge). Eine Broschüre mit lohnenden Reiserouten erhält man bei der **Associazione Strada del Vino Colli del Trasimeno** (www.stradadelvinotrasimeno.it/en) sowie bei der Touristeninformation in Castiglione del Lago, der wichtigsten Stadt der Region.

Zu den Sehenswürdigkeiten von Castiglione del Lago gehört der **Palazzo della Corgna** (☎075 965 82 10; Piazza Gramsci; Eintritt inkl. Rocca del Leone Erw./erm. 3/2 €; ⌚Sommer: 10–13 & 16–19.30 Uhr, Winter: Sa & So 9.30–16.30 Uhr), ein alter Herzogspalast. Ein überdachter Gang verbindet den Palast mit der aus dem 13. Jh. stammenden **Rocca del Leone**, einem ausgezeichneten Beispiel mittelalterlicher Wehrarchitektur.

Die größte bewohnte Insel des Sees – die **Isola Maggiore** bei Passignano – liebte Franz von Assisi. Auf einem Berg liegt die Kirche **Chiesa di San Michele Arcangelo** mit einer Kreuzigungsszene von Bartolomeo Caporali von 1460. Die unbewohnte Insel **Isola Polvese** und die Fattoria Il Poggio können im Rahmen eines Tagesausflugs besucht werden (s. unten).

Die Touristeninformationen in den Orten rund um den See oder in Perugia bieten eine Broschüre über Wander- und Reitwege. Reiten ist z. B. bei **La Rosa Canina** (☎075 835 06 60; www.larosacanina.com; Via dei Mandorli 23, Casalini) im Süden des Sees möglich.

Schlafen

Ein ausführliches Verzeichnis der vielen Unterkünfte findet sich unter www.regioneumbria.eu, www.bellaumbria.net oder bei allen Touristeninformationen rund um den See oder in Perugia.

Fattoria Il Poggio HOSTEL €
(☎075 965 95 50; www.fattoriaisolapolvese.com; Isola Polvese; EZ 15–18 €, B 22–28 €, DZ/Apt. 70–110 €, Mahlzeiten ab 12 €; ⏲März–Okt., Rezeption von 15–19 Uhr geschl.; @) Kaum zu glauben, dass das eine HI-Jugendherberge ist! Alle Schlafsäle, Doppel- und Familienzimmer haben Blick auf den See. Auf der kleinen Privatinsel bekommt man in einer ehemaligen Scheune leckere Hausmannskost (Menü 10 €). Die letzte Fähre aufs Festland fährt allerdings um 19 Uhr ab. Kajaks, Privatstrand, Spiele, DVDs, Waschsalon, Ruinen aus dem 14. Jh. und das nahe gelegene Umweltinstitut – das alles bietet die kleine Isola Polvese.

La Casa sul Lago HOSTEL €
(☎075 840 00 42; www.lacasasullago.com; Via del Lavoro, 25, Torricella di Magione; B 18 €, Zi. 25-30 € pro Pers., inkl. Frühstück; @ᯤ) Zu Recht eines der Top-Hostels in Mittelitalien! Das Haus bietet alle üblichen Annehmlichkeiten: Wäscherei, Fahrradverleih und WLAN (beides kostenlos!), Hausmacherkost, Bar, Fußballplatz, Tischfußball, Tretboote und privater Garten – und alles nur 50 m vom See entfernt. Die Zimmer könnten auch zu einem 3-Sterne-Hotel gehören. Der Bahnhof von Torricella ist zu Fuß zu erreichen, sonst nimmt man besser das Rad.

Il Torrione B&B €
(☎075 95 32 36; www.iltorrionetrasimeno.com; Via delle Mura 4, Castiglione del Lago; Zi. 50 €, DZ 60–70 €, inkl. Frühstück; ⏲1. März–10. Nov.) Ein unendlich romantischer und ruhiger Zufluchtsort. Jedes Zimmer wurde mit selbst gemalten Bildern des Besitzers ausgestattet, der Garten voll Blumen bietet Blick auf den See, besitzt Liegen und sogar einen Turm aus dem 16. Jh. Im Turm gibt's ein romantisches Apartment.

Camping Badiaccia CAMPINGPLATZ €
(☎075 965 90 97; www.badiaccia.com; Via Trasimeno I 91, Bivia Borghetto; pro Pers. 5,50–7,50 €, Zelt 4,50–5,50 €, Auto 2–2,50 €, Hund 2 €, 2-/6-Pers.-Bungalow 38–110 €; P@) Hier lässt sich prima Niederländisch üben – beim Tennis, Tischtennis oder Boccia, Essen im überraschend guten *ristorante* oder beim Baden in einem der drei Schwimmbecken. Der Platz ist ein Paradies für Familien, aber auch für Gäste ohne Anhang, die Kajaks, Fahrräder oder Paddelboote mieten können oder einfach die Lage am See genießen.

La Torre HOTEL €
(☎075 95 16 66; www.trasinet.com/latorre; Via Vittoria Emanuele 50, Castiglione del Lago; Zi. 45–90 €; ❄) Die Preise sind angemessen für dieses zentrale 3-Sterne-Hotel. Die Zimmer in dem ehemaligen Palazzo sind etwas steril, aber mit TV, Minibar und Telefon ausgestattet. Den Besitzern gehört auch die Bäckerei im Erdgeschoss (das leckere Frühstück mit Brot von dort kostet 6 €).

Essen

Spezialitäten der Gegend rund um den Lago di Trasimeno sind *fagioline* (kleine weiße Bohnen), Karpfen in *porchetta* (gegart im Holzofen mit Knoblauch, Fenchel und Kräutern) und *tegamaccio*, eine Art Eintopf aus den besten einheimischen Fischsorten mit Kräutern in Olivenöl und Weißwein.

La Cantina ITALIENISCH €€
(☎075 965 24 32; Via Vittoria Emanuele, Castiglione del Lago; Mahlzeiten 27 €; ⏲Di–So) Ein fantastisches Restaurant mit vernünftigen Preisen: Drinnen ist alles sehr imposant, an einem schönen Sommerabend empfiehlt sich ein Tisch auf der hübschen Terrasse. Nebenan verkauft ein Laden *(magazzino)* die besten Weine der Gegend sowie Olivenöl. Empfehlenswert ist die Forelle mit *fagiolina* aus der Gegend (9 €).

Il Lido Solitario ITALIENISCH €€
(☎075 95 18 91; Via Lungolago 16, Castiglione del Lago; Mahlzeiten 28 €) Die überlaufenen Restaurants am Ufer der großen Gemeinde sind im Lonely Planet normalerweise keine Erwähnung wert, aber Mahlzeiten wie die Fischtorte mit süßen Castelluccia-Linsen oder das zarte Chianina-Rind in Sagrantino findet man eher selten. Wer einen Tisch mit Blick aufs Wasser erwischt, erlebt einen wunderbaren Sommerabend.

Ristorante L'Acquario ITALIENISCH €€
(☎075 965 24 32; Corso Vittorio Emanuele 69, Castiglione del Lago; Mahlzeiten 27 €; ⏲Jan.–Okt. Fr–Mi; P❄) Das L'Acquario existiert bereits seit mehr als 20 Jahren, die Speisekarte hat sich seither kaum geändert – aber warum soll-

te sie auch? Die Küche verlässt sich lieber auf die alten erprobten Rezepte mit guten Zutaten (viele stammen aus dem See), guter Zubereitung und vernünftigen Preisen statt mit schicken Aromen zu experimentieren. Ein großartiger Ort, um ein gutes Essen zu genießen. Einen Versuch wert ist der Aal *tegamaccio*.

Unterhaltung

Hotel Faliero (Da Maria) VOLKSTANZ
(075 847 63 41; www.hotelfaliero.it; Loc Montebuono di Magione; EZ 35–38 €, DZ 60–65 €; während der Saison tgl. bis 24 Uhr geöffnet) Eine Institution am Lago Trasimeno – hier kann man essen, tanzen und übernachten. Für Umbrer ist ein Besuch des Sees ohne einen Besuch in diesem Tempel der Volksmusik nicht denkbar. Im Sommer ist der Laden jedes Wochenende voll mit Tänzern, aber auch das legere Restaurant ist einen Besuch wert. Und zur Not sind auch die 13 Zimmer des Hotels weit genug vom Lärm entfernt, um eine zumindest halbwegs gute Nachtruhe zu garantieren.

Praktische Informationen

Touristeninformation (075 965 24 84; info@iat.castiglione-del-lago-pg.it; Piazza Mazzini 10, Castiglione del Lago; Mo–Sa 8.30–13 & 15.30–19, So 9–13 Uhr) Auskunft über *agriturismi*, Radtouren und Wassersportmöglichkeiten, dazu kommt ein beeindruckendes Angebot an Landkarten.

Anreise & Unterwegs vor Ort

AUTO & MOTORRAD Zwei wichtige Straßen verlaufen um den See: die SS71, die im Westen von Chiusi nach Arezzo (Toskana) führt, und im Norden die SS75bis, die am Nordende des Trasimenischen Sees vorbeiführt und von der A1 abzweigend nach Perugia führt.

BUS **APM** (800 512141; www.apmperugia.it) fährt von Perugia nach Passignano (3,20 €, 70 Min., 10-mal tgl.) und Castiglione del Lago (5,10 €, 1 Std., 9-mal tgl.).

FÄHRE APM betreibt von Ostern bis Ende September einige Fähren: Stündlich fahren Fähren von San Feliciano zur Isola Polvese (hin & zurück 6,90 €, 20 Min.), von Tuoro zur Isola Maggiore (hin & zurück 6,90 €, 20 Min.) und von Castiglione del Lago oder Passignano zur Isola Maggiore (hin & zurück 6,90 €, 30 Min.). Der Fährbetrieb endet um 19 Uhr.

FAHRRÄDER Die meisten Campingplätze vermieten Fahrräder, eine andere Möglichkeit ist **Cicli Valentini** (/Fax 075 95 16 63; www.ciclivalentini.it; Via Firenze 68b, Castiglione del Lago; Std./Tag 2/14 €).

ZUG Von Perugia fahren Züge im Stundentakt nach Torricella (2,40–4,80 €, 25 Min.), Passignano (3 €, 35 Min.) und Castiglione del Lago (4,40–8,90 €, 50 Min.).

Todi

17 282 EW.

Todi ist eine klassische mittelitalienische Bergstadt wie aus dem Bilderbuch. Sie liegt im mittleren Tibertal. Alte Gebäude stehen an noch älteren Straßen, die Uhren gehen langsamer, überall auf den Feldern blühen wildwachsende Blumen. Ausländische Künstler teilen sich Todis Kopfsteinpflaster mit Familien, die schon seit Generationen hier leben.

Todis Vergangenheit ähnelt den Jahresringen eines Baumstamms: Die inneren Stadtmauern spiegeln den etruskischen und umbrischen Einfluss, die mittleren Wälle zeigen römische Handwerkskunst und die „neuen" Stadtmauern künden von Todis wirtschaftlicher Stärke im Mittelalter.

Sehenswertes

Wer die **Piazza del Popolo** überquert, bekommt unweigerlich das Bedürfnis, sich auf die mittelalterlichen Stufen zu setzen und eine Postkarte nach Hause zu schreiben. Der aus dem 13. Jh. stammende **Palazzo del Capitano** bildet zusammen mit dem Palazzo del Popolo das heutige **Museo Pinacoteca e Museo della Città di Todi** (075 895 62 16; Piazza del Popolo; Eintritt 3,10 €; März–Okt. 10–13.30 & 15–18 Uhr, Nov.–Feb. Di–So 10.30–13 & 14.30–17 Uhr) und beherbergt eine nette Gemäldesammlung sowie eine interessante archäologische Abteilung mit vielen Münzen und Keramik.

Der **Dom** (075 894 30 41; Piazza del Popolo; 8.30–13 & 15.30–18.30 Uhr) mit seiner wunderbaren Fensterrosette steht an der nordwestlichen Seite der Piazza. Noch lohnenswerter ist allerdings der Besuch von zwei anderen beeindruckenden Kirchen: Dazu gehört die hoch aufragende Kirche **Tempio di San Fortunato** (Piazza Umberto 1; März–Okt. 10–13 & 14.30–19 Uhr, Nov.–Feb. Mi–Mo 10–13 & 14.30–17 Uhr) mit Fresken von Masolino da Panicale und dem Grab von Beato Jacopone, Todis Schutzpatron. Ein Erlebnis ist die Besteigung des **Campanile di San Fortunato** (Erw./erm. 1,50/1 €; April–Okt. 10–13 & 15–18.30 Uhr, Nov.–März 10.30–13 & 14.30–17 Uhr,

ABSTECHER

NARNI – DAS MAGISCHE ZENTRUM ITALIENS

Wie Greenwich oder der Nordpol ist **Narni** ein Ort, der hauptsächlich wegen seiner Lage bekannt ist, denn er markiert das geografische Zentrum Italiens. Direkt vor der Stadt markiert ein Stein die genaue Stelle. Aber Narni bietet mehr als das: Der Ort besitzt eines der schönsten mittelalterlichen Stadtzentren Umbriens (und die Konkurrenz ist groß) mit sehenswerten Kirchen, Plätzen, Palästen und Festungen, die wie verzaubert wirken. Sie sind so inspirierend, dass C. S. Lewis den römischen Namen des Ortes für sein imaginäres magisches Königreich verwendete: Narnia.

Narni liegt 21 km südlich von Todi direkt östlich der A1 (aus Richtung Süden nimmt man die Ausfahrt Magliano Sabina, von Norden die Ausfahrt Orte). Von Terni und Orvieto verkehren regelmäßig Busse; Informationen und Auskünfte über **ATC Terni** (☎0744 71 52 07; www.atcterni.it).

Mo geschl.), von oben bietet sich eine grandiose Sicht auf die Umgebung von Todi.

Die meisten Ansichtskarten in Todi zeigen Todis berühmteste Kirche, die **Chiesa di Santa Maria della Consolazione** (Via della Consolazione; ⏲März–Okt. 9.30–12.30 & 14.30–18.30 Uhr, Nov.–Feb. Mi–Mo 9.30–12.30 & 14.30–17 Uhr), ein Meisterwerk der Spätrenaissance. Der Innenraum fasziniert durch perfekte Geometrie.

Feste & Events

Todi Arte Festival KULTUR
(www.todiartefestival.com, auf Italienisch) Jedes Jahr im September bietet das Festival eine Mischung aus klassischen Konzerten mit Jazz, Theater, Ballett und Kino. Auskünfte gibt die Touristeninformation.

Schlafen

San Lorenzo Tre B&B €
(☎075 894 45 55; www.sanlorenzo3.it; Via San Lorenzo 3; EZ/DZ 75/95 €, EZ/DZ ohne Bad 55/75 €, inkl. Frühstück; ⏲März–Dez.) Seit fünf Generationen lebt die Familie in diesem alten Haus. Gäste erwartet ein leckeres Frühstück, ein traumhafter Blick von der Dachterrasse und stimmungsvolle, romantische Zimmer.

Todi Castle HOTEL €€
(☎0744 95 20 04; www.todicastle.com; Vocabolo Capecchio, Morre; Zi. in der Villa 70–120 €, in der Burg inkl. Frühstück 100–200 €, auch Wochenpauschalen; P📶🏊) Die Adresse für alle, die schon immer mal in einer Burg wohnen wollten. Aber auch die drei Villen sind schön und dazu noch preiswerter. Mehrere Pools, mittelalterliche Ruinen, ein herrlicher Wildpark und der wohl aufmerksamste Service Umbriens tragen dazu bei, dass man sich wie ein König fühlt.

Fonte Cesia BOUTIQUEHOTEL €€
(☎075 894 46 77; www.fontecesia.it; Via Lorenzo Leonj 3; EZ 80–120 €, DZ 90–219 €, inkl. Frühstück; P@) Direkt südlich der Piazza befindet sich der renovierte Palazzo aus dem 17. Jh. mit viel Atmosphäre. Die Zimmer sind relativ klein, entschädigen aber durch die elegante Einrichtung, manche haben Blick über die Hügel der Umgebung. Zum Hotel gehört auch ein sehr gutes Restaurant, das Le Palme.

Essen

Antica Hosteria de la Valle OSTERIA €
(☎075 894 48 48; Via Ciuffelli; Mahlzeiten 12–20 €; ⏲Di–So) Die Kunst wetteifert in diesem kreativen Restaurant mit dem Essen um die Aufmerksamkeit der Gäste. Hier finden Kunstausstellungen statt, Künstler illustrieren auch die Speisekarte mit den jahreszeitlich wechselnden Menüs. Bei vielen Mahlzeitenn werden Trüffel verwendet: Sie finden sich auf den *tagliolini* (14 €) oder beim *filetto di manzo* (20 €).

Pizzeria Ristorante Cavour PIZZERIA €€
(☎075 894 37 30; Coro Cavour 21; Mahlzeiten 30 €; ⏲Di–So) Selbst gemessen an umbrischen Standards ist Todi extrem steil gebaut; als Belohnung gibt es aber fast immer eine Supersicht. Die beste bietet sich in dieser großen Pizzeria mit mehreren Räumen. Bei gutem Wetter sollte man unbedingt auf die Terrasse gehen, Fettucine mit *ragù* von der Gans (8 €) bestellen und die Aussicht genießen.

Bar Pianegiani EISDIELE €
(☎075 894 23 76; Corso Cavour 40; ⏲Di–So 6–24 Uhr) Hinter der schlichten Fassade einer einfachen Bar wird das beste Eis der Welt

hergestellt, basierend auf einer 50-jährigen Tradition. Besonders gut sind Schwarzkirscheis *(spagnola)* und das hervorragende Haselnusseis *(nocciola)*.

Praktische Informationen

Biblioteca Comunale Lorenzo Leonj (075 895 67 10; Mo–Fr 8.30–14, Di & Do 15–18 Uhr) Kostenlose, schnelle Internetverbindung (bei der ersten Benutzung muss ein Ausweis vorgelegt werden).

Post (075 894 24 26; Piazza Garibaldi; Mo–Fr 8–18.30, Sa 8–12.30 Uhr)

Touristeninformation (075 894 54 18; Piazza del Popolo 37; Mo–Sa 9.30–13 & 15.30–18.30 Uhr, im Sommer auch So & Feiertage 10–13.30 Uhr, im Winter eingeschränkte Zeiten)

An- & Weiterreise

Die Busse von **APM** (800 512141; www.apmperugia.it) fahren etwa stündlich ab Perugias Piazza Partigiani (5,50 €, 1½ Std.) zur Piazza Jacapone oder zur Piazza Consolazione. Nach Spoleto gibt es eine tägliche Verbindung (5,50 €, 1½ Std., 6.50 Uhr).

Mit dem Auto erreicht man Todi über die SS3bis-E45, die zwischen Perugia und Terni verläuft, oder über die A1, Abfahrt Orvieto (Strecke Mailand – Rom – Neapel).

Züge der **FCU** (075 57 54 01; www.fcu.it, auf Italienisch) fahren nach Perugia (2,55 €, 50 Min., 18-mal tgl.). Der Bahnhof liegt etwa 3 km vom Zentrum entfernt, die Abfahrtszeiten der Buslinie C (0,90 €, 8 Min.) richten sich nach den ankommenden Zügen. So fahren die Züge nur alle zwei Stunden.

Assisi

27 740 EW.

Das geistige Zentrum Umbriens ist Assisi, eine Stadt, die bis heute eng mit ihrem berühmtesten Sohn verbunden ist. Der hl. Franz von Assisi wurde 1181 hier geboren und verkündete bis zu seinem Tod im Jahr 1226 in ganz Umbrien immer wieder seine Botschaft vom friedfertigem Zusammenleben.

Assisi erscheint heute kaum anders als zu den Lebzeiten des hl. Franz – wenn man von den Unmengen an Touristen und Pilgern absieht, die alle vergeblich die nicht mehr vorhandene Stille suchen. Zudem hat 1997 ein Erdbeben erhebliche Schäden in der Stadt sowie an den Kirchen des Wallfahrtortes angerichtet. Mittlerweile ist ein großer Teil der Schäden behoben worden.

Sehenswertes

Basilica Di San Francesco — KIRCHE

(075 81 90 01; Piazza di San Francesco). Bis ins 13. Jh. befand sich hier auf dem Colle d'Inferno (Höllenhügel) der Richtplatz, wo die Galgen standen. Der hl. Franziskus bat seine Anhänger, ihn hier zu begraben – ganz nach dem Vorbild Jesu, der zwischen Kriminellen und Ausgestoßenen am Kreuz starb. Er bat auch darum, dass seine Anhänger sich aller Form von Prahlerei in den Gotteshäusern enthielten – was diese nicht immer beherzigen.

Die **Oberkirche** (Ostern–Okt. 8.30–18.45 Uhr, Okt.–Ostern 8.30–18 Uhr) wurde zwischen 1230 und 1253 nach der Unterkirche gebaut, die Pracht fällt direkt auf. Eines der berühmtesten Kunstwerke der Welt ist der Freskenzyklus, der die Wände rundum bedeckt. Er wird Giotto zugeschrieben, auch wenn das unter Kunsthistorikern nicht unumstritten ist. Seine 28 Bilder stellen Szenen aus dem Leben des hl. Franziskus dar. Darüber sind thematisch dazu passende Bilder aus dem Alten und Neuen Testament zu sehen. Diese Fresken haben die Kunst in der westlichen Welt buchstäblich revolutioniert. Statt der für die byzantinische und romanische Zeit üblichen Heiligenbilder mit Blattgold wollte man jetzt natürliche Hintergründe und einen menschlichen, leidenden Christus zeigen. Die Freskenmaler waren die Geschichtenerzähler ihrer Zeit – Geschichten aus der Bibel wurden durch sie zu einer *Bibliae Pauperum:* Die Bildersprache konnten auch die Armen, die größtenteils Analphabeten waren, „lesen" und verstehen.

Die **Unterkirche** (Ostern–Okt. 6–18.45 Uhr, Okt.–Ostern bis 18 Uhr) wurde zwischen 1228 und 1230 erbaut. In der Mitte, über dem Hauptaltar, befinden sich vier Fresken, die Maestro delle Vele zugeschrieben werden, einem Schüler von Giotto. Es sind vier „allegorische Fresken", die eine Verklärung des Franziskus sowie die drei Haupttugenden seines Ordens zeigen: Armut, Gehorsam und Keuschheit.

Lorenzettis Triptychon im linken Querschiff endet mit seiner berühmten und umstrittenen *Madonna mit Kind.* Maria hält das Jesuskind und zeigt mit dem Daumen auf den hl. Franziskus. Auf der anderen Seite von Maria steht der Apostel Johannes. Im Vergleich mit dem hl. Franziskus scheint er ziemlich schlecht wegzukommen. 1234 entschied Papst Gregor IX., das Bild sei nicht ketzerisch, da Johannes das

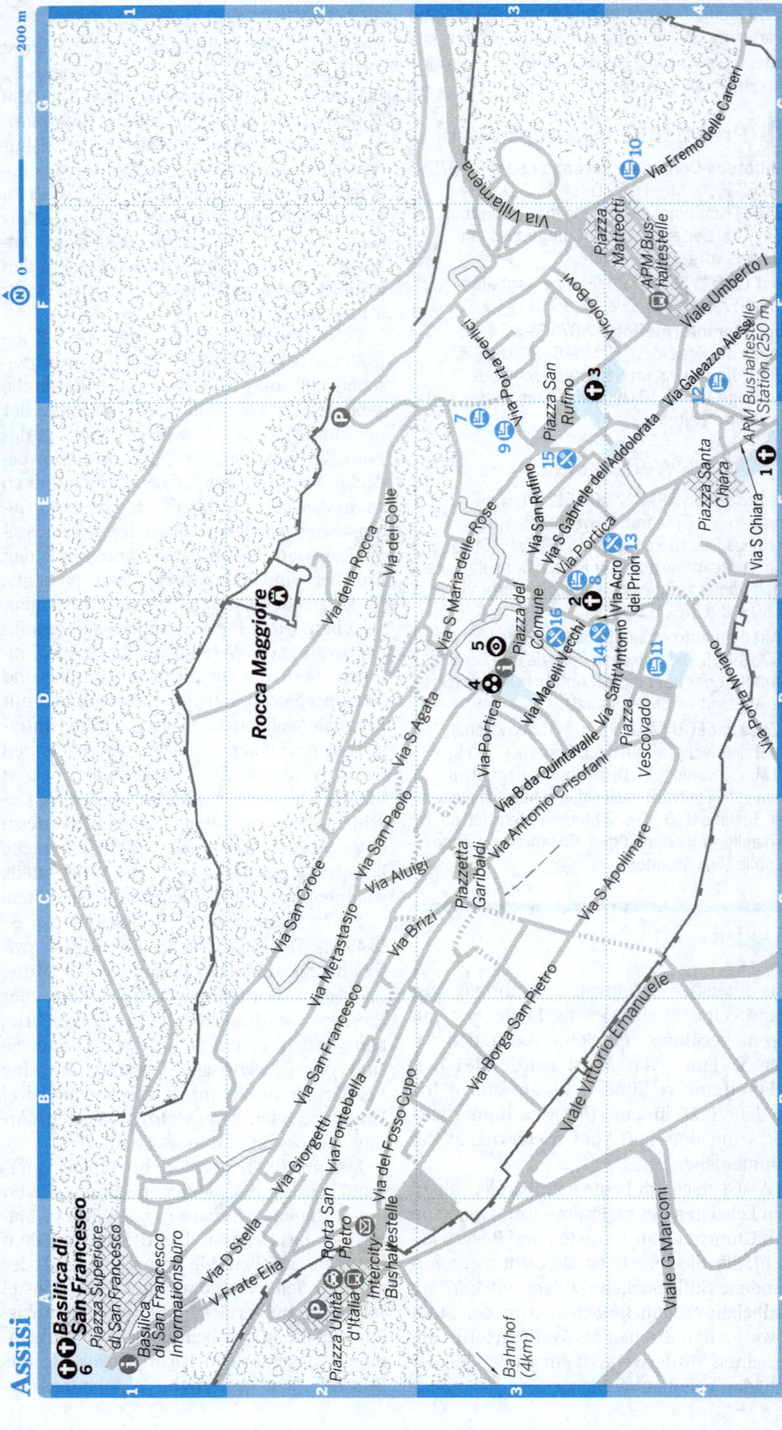
Assisi
0
200 m
6 Basilica di San Francesco
Piazza Superiore di San Francesco
Basilica di San Francesco Informationsbüro
Via D Stella
V Frate Elia
Piazza Unità d'Italia
Porta San Pietro
Intercity-Bushaltestelle
Via del Fosso Cupo
Via Giorgetti
Via Fontebella
Via San Francesco
Via Metastasjo
Via San Croce
Via Brizi
Via Aluigi
Via San Paolo
Via S Agata
Via della Rocca
Via del Colle
Rocca Maggiore
Via Borga San Pietro
Viale Vittorio Emanuele
Viale G Marconi
Bahnhof (4km)
Piazzetta Garibaldi
Via Antonio Crisofani
Via B da Quintavalle
Via Portica
Piazza del Comune
Via S Maria delle Rose
Via Macelli Vecchi
Via Sant'Antonio
Via Acro dei Priori
Piazza Vescovado
Via S Apollinare
Via Porta Moiano
Via S Chiara
Piazza Santa Chiara
ARM Bushaltestelle Station (250 m)
Via Galeazzo Alessi
Via S Gabriele dell'Addolorata
Via San Rufino
Piazza San Rufino
Via Porta Perlici
Vicolo Bovi
Piazza Matteotti
APM Bushaltestelle
Viale Umberto I
Via Villamena
Via Eremo delle Carceri
1
2
3
4
5
7
8
9
10
11
12
13
14
15
16
A
B
C
D
E
F
G

Assisi

Highlights

Basilica di San Francesco ... A1
Rocca Maggiore ... E2

Sehenswertes

1 Basilica di Santa Chiara ... E4
2 Chiesa Nuova ... D3
3 Duomo di San Rufino ... F3
4 Foro Romano ... D3
Reliquien-Kapelle ... (siehe 6)
5 Tempio di Minerva ... D3
6 Grab vom hl. Franziskus ... A1

Schlafen

7 Albergo Il Duomo ... E3
8 Hotel Alexander ... E3
9 Hotel San Rufino ... E3
10 Nun Assisi ... G4
11 Residenza D'Epoca San Crispino ... D4
12 St Anthony's Guesthouse ... F4

Essen

13 Gran Caffè ... E4
14 Medio Evo ... D3
15 Pozzo della Mensa ... E3
16 Trattoria Pallotta ... D3

Evangelium geschrieben, Franz von Assisi es jedoch gelebt habe.

Cimabue ist unter historischen Gesichtspunkten der Wichtigste der Maler, die in dieser Kirche am Werk waren: Als einziger Künstler hatte er einen Bericht aus erster Hand über den hl. Franziskus gehört, und zwar von dessen beiden Neffen - sie hatten ihren Onkel persönlich gekannt. An der *Thronenden Madonna* im rechten Querschiff ist Franziskus beachtenswert. Das Bild gilt als authentischste Darstellung des Heiligen.

Im Keller der Unterkirche befindet sich die **Krypta des hl. Franziskus** mit dem Sarkophag des Heiligen und die **Reliquienkapelle** (⌚tgl. 9–18, an Feiertagen 13–16.30 Uhr). Hier werden Gegenstände aus dem Besitz des hl. Franziskus gezeigt, darunter auch seine einfache, viel geflickte Kutte und Teile seines berühmten *Sonnengesangs*, in dem er die Sonne und die gesamte Natur preist.

Der Dom hat eine eigene **Touristeninformation** (☎075 819 00 84; www.sanfrancescoassisi.org; ⌚Mo–Sa 9–12 & 14–17 Uhr), die sich gegenüber vom Eingang zur Unterkirche befindet. Hier werden Touren auf Englisch und Italienisch angeboten, die von Franziskanermönchen geführt werden

Rocca Maggiore HISTORISCHES GEBÄUDE
(☎075 81 52 92; Via della Rocca; Erw./erm. 5/3,50 €; ⌚10 Uhr bis Sonnenuntergang) Die Stadt wird beherrscht von der gewaltigen Rocca Maggiore, einer immer wieder ausgebauten und geplünderten Festung aus dem 14. Jh. Sie bietet einen schönen Rundumblick über die Landschaft bis nach Perugia. Mutige können die engen, dunklen Treppen bis zu den Schießscharten hoch gehen, die die Assisis Einwohner in Kriegszeiten immer wieder benutzt haben.

Basilica di Santa Chiara KIRCHE
(☎075 81 22 82; Piazza Santa Chiara; ⌚im Sommer 6.30–12 & 14–19 Uhr, im Winter bis 18 Uhr) Die Basilika, ein romanischer Bau mit hohen Mauern und einer beeindruckenden Fassade in weiß und rosa, wurde im 13. Jh. zu Ehren der hl. Klara erbaut. Sie war eine geistige Mitstreiterin des hl. Franziskus und gründete den Orden der Sorelle Povere di Santa Chiara (Orden der Armen Frauen), auch bekannt als Klarissinnen. Klaras Grab befindet sich in der Krypta. Auch das byzantinische Kreuz, das zum hl. Franziskus gesprochen haben soll, steht hier.

Basilica di Santa Maria degli Angeli KIRCHE
(☎075 8 05 11; Santa Maria degli Angeli; ⌚6.15–12.50 & 14.30–19.30 Uhr) Die riesige, kuppelförmige Kirche, die man sieht, wenn man sich Assisi vom Tibertal her nähert, ist die aus dem 16. Jh. stammende Basilica di Santa Maria degli Angeli, das Prunkstück der Neustadt, die etwa 4 km westlich und mehrere Meter unterhalb des alten Assisi liegt. Sie wurde zwischen 1565 und 1685 errichtet und umfasst auch die kleine Porziuncola-Kapelle, in der der hl. Franziskus Zuflucht suchte, nachdem er seine Berufung gefunden und seinen weltlichen Besitz aufgegeben hatte. Die Kapelle wird als der Geburtsort des Franziskanerordens betrachtet. Der hl. Franziskus starb am 3. Oktober 1226 an der Stelle der **Cappella del Transito**.

GRATIS **Eremo delle Carceri** HISTORISCHE STÄTTE
(☎075 81 23 01; ⌚Ostern–Okt. 6.30–19 Uhr, Okt.–Ostern 6.30 Uhr bis Sonnenuntergang) Der hl. Franziskus zog sich um 1205 in diese Höhlen oberhalb von Assisi zurück, um sich in Ruhe mit religiösen Fragen zu beschäftigen. Die *carceri* (isolierte Orte oder Kerker) an den Hängen des Monte Subasio wirken heu-

te noch genau so friedlich wie damals, auch wenn sich hier jetzt mehrere kirchliche Gebäude befinden. Die Stelle ist auch ein guter Ausgangspunkt für Wanderungen oder ein Picknick unter den Eichen. Die Höhlen liegen 4 km östlich der Stadt. In der Nachbarschaft befindet sich ein Dutzend gut ausgeschilderter Wanderwege.

Santuario di San Damiano KIRCHE
(☎075 81 22 73; ⏲Sommer 10–12 & 14–18 Uhr, Winter 10–12 & 14–16.30 Uhr, Vesper im Sommer 19 Uhr, im Winter 17 Uhr) Ein 1,5 km langer Spaziergang durch Olivenbäume führt zu der Kirche, in der der hl. Franziskus zum ersten Mal die Stimme Gottes hörte. Hier schrieb er auch den weltberühmten *Sonnengesang*. Der Ort und die Umgebung sind beliebte Pilgerziele.

Foro Romano HISTORISCHE STÄTTE
(Römisches Forum; ☎075 81 30 53; Via Portica; Erw./erm. inkl. Pinacoteca 4/2,50 €, mit Rocca Maggiore 8/5 €; ⏲Sommer 10–13 & 14.30–18 Uhr, im Winter bis 17 Uhr) An der Piazza del Comune, um die Ecke der Touristeninformation, befindet sich der Eingang zum teilweise freigelegten römischen Forum. An der Nordseite der Piazza steht die gut erhaltene Fassade eines römischen Tempels aus dem 1. Jh., der **Tempio di Minerva** (Tempel der Minerva; Piazza del Comune; Eintritt frei; ⏲Mo–Sa 7.30–12 & 14–19, So 8.30–12 & 14–19 Uhr), dahinter befindet sich eine eher uninteressante Kirche aus dem 17. Jh.

Duomo di San Rufino KIRCHE
(☎075 81 60 16; Piazza San Rufino; ⏲7.30–12.30 & 14.30–19 Uhr, im Winter bis 18 Uhr) Die romanische Kirche aus dem 13. Jh. wurde im 16. Jh. von Galeazzo Alessi neu gestaltet. Hier steht das Taufbecken, in dem Franz und Klara getauft wurden. Die Fassade schmücken Figuren und fantastische Tiere.

Chiesa Nuova KIRCHE
(☎075 81 23 39; Piazza Chiesa Nuova; ⏲Sommer 6.30–12 & 14.30–18 Uhr, Winter 6.30–12 & 14–17 Uhr) Die Neue Kirche südöstlich der Piazza del Comune wurde im 17. Jh. von König Philip III. von Spanien an dem Ort erbaut, an dem das Haus der Familie des hl. Franziskus gestanden haben soll.

Aktivitäten

Naturliebhaber und Fans des hl. Franziskus werden die Möglichkeiten für Spaziergänge, Tagestouren und kleinere Pilgerfahrten rund um Assisi schätzen. Ein beliebter Pilgerweg führt zum Eremo delle Carceri und Santuario di San Damiano. Die Touristeninformation bietet Karten für solche Pilgertouren an. Beliebt ist auch die Tour nach Gubbio auf den Spuren des Heiligen (18 km). Der nahe gelegene **Monte Subasio** bietet sich ebenfalls für Wanderungen an. In den Buchgeschäften und der Touristeninformation bekommt man jede Menge Karten der Umgebung sowie Führer für Wanderungen und Mountainbiketouren.

Fahrräder vermietet **Angelucci Andrea Cicli Riparazione Noleggio** (☎075 804 25 50; www.angeluccicicli.it; Via Risorgimento 54a) in Santa Maria degli Angeli.

Feste & Events

Die **Festa di San Francesco** findet am 3. und 4. Oktober statt und ist das wichtigste religiöse Fest der Stadt. Die **Settimana Santa** (Osterwoche) wird mit Prozessionen und Vorführungen gefeiert.

Festa di Calendimaggio KULTUR
Das farbenfrohe Fest begrüßt nach mittelalterlicher Tradition den Frühling und beginnt am ersten Donnerstag nach dem 1. Mai.

Marcia della Pace KULTUR
Der längste Friedensmarsch Europas wurde 1961 zum ersten Mal veranstaltet. Mehr als 150 000 Pilger machen sich in der ersten Oktoberwoche auf den 24 km langen Weg von Perugia nach Assisi.

Schlafen

Assisi hat ein unglaubliches Angebot an Fremdenzimmern und dadurch auch sehr günstige Preise. Trotzdem müssen Besucher während der Hochsaison zu Ostern, im August und September und während der Festa di San Francesco frühzeitig reservieren.

Die Touristeninformation verfügt über ein komplettes Verzeichnis aller Privatunterkünfte, Wohnmöglichkeiten in kirchlichen Einrichtungen (es gibt insgesamt 17), Apartments und *agriturismi* in und um Assisi.

Nun Assisi LUXUSHOTEL €€€
(☎075 815 51 50; www.nunassisi.com; Via Eremo delle Carceri 1a; EZ 180–325 €, DZ 220–480 €, inkl. Frühstück; P@) Der jüngste Zugang in der Hotellandschaft Assisis ist gleichzeitig auch der spektakulärste: Ein ehemaliges Kloster wurde so geschickt renoviert, dass gerade die richtige Mischung zwischen der Atmosphäre des ursprünglichen Gebäudes und den modernen Anforderungen an Komfort

und Bequemlichkeit erzielt wurde. Die Zimmer sind elegant, das Restaurant erstklassig. Und der Spa wurde zwischen römischen Ruinen aus dem 1. Jh. errichtet (welcher Spa kann da mithalten?).

Alla Madonna del Piatto AGRITURISMO €€
(☎075 819 90 50; www.incampagna.com; Via Petrata 37, Pieve San Nicolo; DZ inkl. Frühstück 85–105 €; ⊙März–Mitte Nov.; P) Es wirkt auf den ersten Blick schön und abgelegen, aber dieser Eindruck täuscht: Vom *agriturismo* sind es nicht einmal 15 Minuten bis zur Basilika. Jedes der sechs individuell und thematisch eingerichteten Zimmer bietet einen schönen Blick. Noch besser sind allerdings die von Letizia angebotenen Kochkurse (auf Italienisch oder Englisch): Der Tag beginnt mit dem Einkaufen auf dem Markt und endet mit einem Festmahl aus selbst gekochten Spezialitäten. Der Mindestaufenthalt liegt bei zwei Tagen.

Ostello della Pace HOSTEL €
(☎075 81 67 67; www.assisihostel.com; Via Valecchie 177; B inkl. Frühstück 15–18 €, Zi. ab 20 €; ⊙1. März–8. Nov. & 27. Dez.-6. Jan.; P@) Assisis HI-Jugendherberge bietet für alle eine Unterkunft: für Schülergruppen, Rucksacktouristen, Pilger und sogar für Pärchen, die etwas Privatsphäre suchen. Sie liegt sehr ruhig unweit der Straße nach Santa Maria degli Angeli. Sparsame Reisende werden sich über das günstige Abendessen freuen (10,50 €), Wanderer über die Lunchpakete (7 €) und alle über die idyllische Umgebung.

St Anthony's Guesthouse B&B €
(☎075 81 25 42; atoneassisi@tiscali.it; Via Galeazzo Alessi 10; EZ/DZ/3BZ inkl. Frühstück 40/60/80 €; P) Direkt an der Statue des hl. Franziskus, der die Vögel füttert, liegt ein kleines Paradies. Die Zimmer sind schlicht, aber freundlich eingerichtet, sechs haben sogar einen Balkon mit atemberaubender Aussicht. Ein Garten, ausreichend Parkplätze und ein 800 Jahre alter Frühstücksraum sind weitere Pluspunkte. Wie viele kirchliche Unterkünfte schreibt auch diese einen Mindestaufenthalt von zwei Tagen vor und besteht auf eine Sperrstunde um 23 Uhr.

Residenza D'Epoca San Crispino HOTEL €€€
(☎075 815 51 24; www.assisibenessere.it; Via Sant'Agnese 11; Suite inkl. Frühstück 170–340 €; @) Das Gebäude stammt aus dem Mittelalter, aber die Apartments haben alle neue Kochecken bekommen und wurden nach Figuren aus dem *Sonnengesang* des hl. Franziskus benannt – Bruder Feuer, Schwester Wasser etc. Ein kurzer Spaziergang führt zur Basilica di Santa Chiara.

Hotel Alexander B&B €€
(☎075 81 61 90; http://hotelalexanderassisi.it; Piazza Chiesa Nuova 6; EZ 60–80 €, DZ 78–140 €, inkl. Frühstück; 📶) Das Haus liegt an der Chiesa Nuova und bietet nur wenige, unterschiedlich große Zimmer. Am besten ist das Zimmer im obersten Stock, denn es ist riesig und bietet eine tolle Aussicht. Das Hotel ist relativ laut – zum einen wegen der Lage, zum anderen wegen der kargen Möblierung (Holzfußboden und keine Teppiche). Die moderne Einrichtung bildet einen schönen Kontrast zu all den gut erhaltenen Altertümern rundherum.

Hotel San Rufino HOTEL €
(☎075 81 28 03; www.hotelsanrufino.it; Via Porta Perlici 7; EZ 42–50 €, DZ 52–65 €, Frühstück 4–5 €; P) Die Zimmer sind auf zwei Gebäude verteilt (diejenigen im **Albergo Il Duomo** um die Ecke sind etwas kleiner). Das Hotel mit Fahrstuhl liegt in der Innenstadt, ist aber ruhig und komfortabel. Die hübschen Zimmer haben Bad und TV.

Essen

Trattoria Pallotta TRATTORIA €
(☎075 81 26 49; Vicolo della Volta Pinta; Mahlzeiten 9–16 €; ⊙Mi–Mo) Der Weg führt von der Piazza del Comune durch die Volta Pinta (mit hübschen Fresken aus dem 16. Jh.) zu diesem hübschen Restaurant mit Ziegelmauern und Holzbalken. Hier werden die Klassiker der umbrischen Küche serviert: Kaninchen, hausgemachte *strangozzi* und Täubchen. Nicht ganz so klassisch ist das dreigängige vegetarische Menü für 25 €.

Medio Evo ITALIENISCH €€
(☎075 81 30 68; Via Arco dei Priori 4; Mahlzeiten 33 €; ⊙Do–Di) Zu den klassischen umbrischen Mahlzeitenn, die hier in Gewölben aus dem 13. Jh. serviert werden, gehören geschmortes Lamm mit Artischocken (13,50 €) und Trüffelomelett (11 €). Die frühe Öffnungszeit um 18.45 Uhr ist bei den nichtitalienischen Touristen besonders beliebt.

Gran Caffè GEBÄCK & TORTEN €
(☎075 815 51 44; Corso Mazzini 16; ⊙8–24 Uhr) Dieses elegante Café hat fantastisches *gelato,* Patisserie und Kuchen, bei denen einem das Wasser im Mund zusammenläuft; dazu eine prima Auswahl von Getränken, auch an einer Bar. *Tè freddo alla pesca* (Eistee mit

Pfirsich) ist optimal an einem heißen Tag; die diversen Sorten heißer Schokoladen und Kaffees schmecken, wenn's draußen kühler ist. Nicht vergessen: Wenn man sich hinsetzt, wird es sofort teurer.

Pozzo della Mensa OSTERIA **€€**
(☎075 815 52 36; Via del Pozzo della Mensa; Mahlzeiten 30 €; ⏲Fr–Mi) Die Osteria liegt weit genug von den Hauptsehenswürdigkeiten entfernt, so dass sich hierhin nur wenig Touristen verirren. Die Regie führen zwei Freunde, die kleine Speisekarte bietet regionale Spezialitäten wie *torta al testa* (besonders gut mit Wurst und wilden Kräutern), *crostini misti* und Ravioli mit weißer Trüffelsauce. Im Sommer kann man auf der Dachterrasse sitzen.

Shoppen

Märkte finden samstags auf der Piazza Matteotti und montags in Santa Maria degli Angeli statt.

Praktische Informationen

Bar Sabatini Sandro (☎075 81 62 46; Via Portica 29b; 30 Min. 3 €; ⏲8–20 Uhr) Internetzugang.

Ospedale di Assisi (☎075 8 13 91; Via Fuori Porta Nuova) Krankenhaus, ungefähr 1 km südöstlich der Porta Nuova.

Polizei (☎075 81 28 20; Piazza del Comune)

Post Porta Nuova (⏲Mo–Fr 8–13.30, Sa 8–12.30 Uhr); Porta San Pietro (⏲Mo–Fr 8.10–18.30, Sa & So 8–13 Uhr)

Touristeninformation (☎075 813 86 80; www.assisi.regioneUmbrien.eu; Piazza del Comune 22; ⏲Mo–Sa 8–14 & 15–18 Uhr, im Sommer So 10–13 & 14–17 Uhr, im Winter So 9–13 Uhr) Von Ostern bis Oktober existiert eine Filiale vor der Porta Nuova.

Anreise & Unterwegs vor Ort

AUTO & MOTORRAD Wer mit dem Auto von Perugia kommt, nimmt auf der SS75 die Ausfahrt Ospedalicchio und folgt dann den Schildern. In der Innenstadt ist tagsüber das Parken unmöglich. Sechs Parkplätze verteilen sich rund um die Stadtmauern, von ihnen fahren orange Shuttlebusse ins Stadtzentrum. Das Parken kostet Std./Tag 1,60/12 €.

BUS Die Busse von **APM** (☎800 512141; www.apmperugia.it) fahren ab der Piazza Matteotti nach Perugia (3,20 €, 45 Min., 9-mal tgl.) und Gubbio (5,50 €, 70 Min., 11-mal tgl.). Die Busse von **Sulga** (☎800 099661; www.sulga.it) starten an der Porta San Pietro in Richtung Florenz (11 €, 2½ Std., tgl. um 7 Uhr) und zur Stazione Tiburtina in Rom (16,50 €, 3¼ Std., 3-mal tgl.).

TAXI Ein Taxi bestellt man unter der Nummer ☎075 81 31 00.

ZUG Assisi liegt an der Strecke Foligno – Terontola mit regelmäßigen Verbindungen nach Perugia (2,50 €, 30 Min., stündl.). In Terontola kann man nach Florenz (11,75–19 €, 1¾–2¾ Std., 10-mal tgl.) und in Foligno nach Rom (9,40–14,30 €, 2–2½ Std., stündl.) umsteigen. Der Bahnhof von Assisi befindet sich 4 km westlich in Santa Maria degli Angeli. Der Shuttlebus C (1 €) fährt alle 30 Min. zur Piazza Matteotti. Tickets verkaufen die *tabacchi* am Bahnhof oder in der Stadt

Spello

8673 EW.

Manchmal ist es kaum vorstellbar, dass der nächste umbrische Ort noch schöner sein könnte als der vorherige. Und dann kommt man nach Spello. Oft lassen Reisende die Stadt auf dem Weg nach Assisi oder Perugia links liegen. Aber die unendlich vielen steinernen Bogengänge und prächtigen Blumenampeln muss man eigentlich gesehen haben – v. a. im Frühjahr, wenn die ganze Stadt blüht.

Sehenswertes

Spello hat keine außergewöhnlichen Sehenswürdigkeiten, sondern ist selbst die Attraktion. Am besten beginnt man an der **Porta Consolare**, die noch aus römischen Zeiten stammt. Von dort führt der Weg zur Piazza Matteotti, dem Zentrum Spellos, an der sich auch die beeindruckende **Chiesa di Santa Maria Maggiore** (Piazza Matteotti; ⏲März–Okt. 8.30–12.30 & 15–19 Uhr, Nov.–Feb. bis 18 Uhr) aus dem 12. Jh. erhebt. Hier befindet sich rechts in der **Cappella Baglioni** die größte Sehenswürdigkeit Spellos: Pinturicchios wunderbare Frührenaissance-Fresken, die das Leben Christi zeigen. Auch der Fußboden von 1566 lohnt einen Blick. An der Piazza steht auch die etwas düstere **Chiesa di Sant'Andrea** (Piazza Matteotti; ⏲8–19 Uhr), in der sich Pinturicchios *Madonna mit Kind und Heiligen* bewundern lässt.

Der beste Blick bietet sich hinter dem **Arco Romano** an der **Chiesa di San Severino**. Das Kloster der Kapuzinermönche ist für Besucher nicht geöffnet, aber seine romanische Fassade ist mindestens so beeindruckend wie die herrliche Aussicht auf die Umgebung.

Feste & Events

Corpus Domini
KIRCHLICH

Im Juni (am dem Sonntag, der 60 Tage nach Ostern liegt) feiern die Einwohner von Spello das Fest Fronleichnam (Corpus Domini). Aus diesem Anlass dekorieren sie Teile der Hauptstraße höchst kunstvoll mit bunten Mustern aus frischen Blumen. Wer am Samstagabend vor der Prozession im Ort ist, kann beim Legen der bemerkenswerten Blumenfantasien zuschauen (ab ca. 20.30 Uhr). Die Fronleichnamsprozession beginnt am Sonntag so gegen 11 Uhr.

Schlafen

Hotel Ristorante La Bastiglia
HOTEL €€

(☎0742 65 12 77; www.labastiglia.com; Via Salnitraria 15; EZ 80–105 €, DZ 80–155 €, inkl. Frühstück; P❄📶🏊) Schon seit Jahrzehnten bietet dieses behindertengerecht gebaute Haus mit seinen tollen Gartenanlagen Pilgern, Radfahrern und anderen Reisenden Unterkunft. Die Zimmer werden in drei verschiedenen Preiskategorien vermietet. Bei gutem Wetter wird auf der Terrasse gefrühstückt (italienisches Frühstück). Das Restaurant gehört zu den besten in Umbrien.

Del Prato Paolucci
B&B €

(☎0742 30 10 18; www.hoteldelpratopaolucci.it; Via Brodolini 4; EZ/DZ/3BZ inkl. Frühstück 40/60/80 €; P🏊) Diese bescheidene Familienpension in der Nähe des Stadtzentrums bietet angemessenen Komfort und im Sommer einen Pool. Dazu kommen ordentliche Bäder, TV und Telefon, einige Zimmer bieten zusätzlich noch eine gute Aussicht.

Residence San Jacopo
APARTMENT €

(☎0742 30 12 60, 333 2232899; www.residencesanjacopo.com, auf Italienisch; Via Borgo di Via Giulia 1; Apt. für 2/3 Pers. 75/105 €) Das Haus wurde 1296 als Hospiz San Jacopo für Pilger auf dem Jakobsweg nach Santiago de Compostela in Spanien gegründet. Die zehn kleinen Apartments sind mit Kochecke, Bad und TV und rustikalen Möbeln ausgestattet.

Essen & Ausgehen

Osteria del Buchetto
OSTERIA €€

(☎0742 30 30 52; Via Cappuccini 19; Mahlzeiten 25 €; ⊙Di–So) Nur die ganz Harten schaffen den Weg zu diesem Restaurant, das weit oben in der Stadt in der Nähe des Arco Romano liegt. Zum ausgezeichneten Essen bekommt man gratis eine romantische Aussicht über das Tal Richtung Assisi serviert. Zu den regionalen Spezialitäten zählen *bruschetta* und *strangozzi* mit Trüffel (oder je nach Jahreszeit auch Spargel). Auf jeden Fall sollte man aber noch Appetit für die Spezialität des Hauses lassen – die Steaks vom Grill.

Enoteca Properzio
WEINBAR

(☎0742 30 45 11; www.enoteche.it; Palazzo dei Canonici, Piazza Matteotti 8/10; ⊙April bis Okt. 9–23 Uhr, Nov.–März 9–20 Uhr) Die Weinkeller in Umbrien können oftz nicht besichtigt werden. Ein Ersatz, um Weine zu testen ohne dabei arm zu werden, ist der Besuch einer *enoteca*. Hier ist es für 30 € möglich, ungefähr ein halbes Dutzend Weine zu probieren, dazu gibt's Käse, Prosciutto und Bruschetta.

Praktische Informationen

Touristeninformation (Pro Loco; ☎0742 30 10 09; www.prospello.it; Piazza Matteotti 3; ⊙9.30–12.30 & 15.30–17.30 Uhr) Hier gibt es ein Verzeichnis der Unterkünfte, Stadtpläne und Wanderkarten (u. a. für eine 8 km lange Wanderung über die Berge nach Assisi).

An- & Weiterreise

AUTO & MOTORRAD Spello liegt an der SS75 zwischen Perugia und Foligno.

ZUG Mindestens stündlich fahren Züge nach Perugia (3 €, 30 Min.) und Assisi (1,70 €, 10 Min.). Da der Bahnhof häufig unbesetzt ist, sollten Fahrgäste die Tickets entweder am Automaten oder am Zeitungsstand **Rivendita Giornali** (Piazza della Pace 1) kaufen. Der Weg vom Bahnhof ins Zentrum dauert 10 Minuten.

Gubbio

32 985 EW.

Während der größte Teil Umbriens im Laufe der Jahrtausende weich und sanft wurde, wirkt Gubbio immer noch eckig, nüchtern und imposant. Die Stadt thront auf den steilen Hängen des Monte Ingino, die gotischen Gebäude winden sich den Berg empor. Und hier am Berg findet sich auch die Seilbahn zur Basilika – eine Art umbrische Achterbahn. Während der Weihnachtszeit leuchtet auf dieses Seite des Bergs der größte Weihnachtsbaum der Welt. Eine 400 m lange Lichterkette, die den Umriss einer Fichte nachzeichnet.

Der kleine Ort ist mit dem Auto oder Bus gut zu erreichen, einfach zu Fuß zu erkunden und bietet viele gute und günstige Unterkünfte. Liebhaber gotischer Architektur sollten auf keinen Fall an Gubbio vorbeifahren. Der Weg dorthin lohnt sich.

Sehenswertes

Funivia Colle Eletto AUSSICHTSPUNKT

Auch wenn die **Basilica di Sant'Ubaldo** hoch oben auf dem Monte Ingino eine wunderschöne Kirche ist, das eigentliche Abenteuer ist der Weg dorthin. Die Fahrt mit der **Funivia** (☎075 922 11 99; Erw./Erm. 5/4 €; ⊙im Sommer tgl. 9–19 Uhr, im Winter Do–Di 10–17 Uhr;) ist wahrscheinlich die aufregendste Möglichkeit, zu einer Kirche zu gehen. Während das Wort „Funivia" (und auch die Beschilderung) eine geschlossene Gondel vermuten lassen, besteht die Bahn in Wirklichkeit aus einer Art Skilift, der die Besucher in gefährlich aussehenden Metallkäfigen den Berg hinaufbefördert. Die Funivia ist während der Öffnungszeiten durchgehend in Betrieb (bei schlechtem Wetter können die Zeiten eingeschränkt sein, dann besser vorher anrufen). Zum Einsteigen muss man sich auf einen roten Punkt stellen und wird dann von einem Mitarbeiter in den fahrenden Käfig geschoben. Die Prozedur ist für ältere oder kranke Leute und für Babys nicht zu empfehlen. Wenn der erste Schreck überstanden ist, kann man die Fahrt über Gubbio genießen – die eigentlich so bergige Stadt wird allmählich zu einer kleinen, flachen Spielzeugstadt. Und die Aussicht von oben ist einfach umwerfend.

Die Basilika ist nach der aufregenden Fahrt zu ihr fast ein bisschen enttäuschend. Über dem Altar befindet sich der gläserne Sarg des hl. Ubaldo, der im 12. Jh. Bischof von Gubbio war. Zur Kirche gehört auch ein kleines Museum, das der Corsa dei Ceri gewidmet ist. Hier werden die riesigen Statuen gezeigt, die während der Corsa dei Ceri (des wohl beliebtesten Fests in Gubbio) durch den Ort getragen werden. Auf dem Berg befindet sich am Eingang zur Funivia ein Café, aber am schönsten verbringt man den Tag mit einem Picknick und einer Wanderung durch die Umgebung.

Piazza Grande PIAZZA

Die beeindruckendsten Gebäude Gubbios stehen rund um die Piazza Grande, hier findet auch die Corsa dei Ceri statt. Beherrschendes Gebäude ist der aus dem 14. Jh. stammende **Palazzo dei Consoli,** der Gattapone zugeschrieben wird. Die von Zinnen bekrönte Fassade und der Turm sind von überall aus zu sehen. Im Gebäude befindet sich das **Museo Civico** (☎075 927 42 98; Piazza Grande; Erw./erm. inkl. Galerie 4/2,50 €; ⊙April–Okt. 10–13 & 15–18 Uhr, Nov.–März 10–13 & 14–17 Uhr) mit den berühmten Eugubinischen (auch: Iguvinischen) Tafeln, die 1444 entdeckt wurden. Diese sieben Bronzetafeln, die zwischen 300 und 100 v. Chr. Geschaffen wurden, sind die beste existierende Quelle der alten umbrischen Schrift. Im Obergeschoss befindet sich eine Gemäldegalerie mit Werken aus Gubbio, im Untergeschoss – von der Rückseite erreichbar – ein kleines archäologisches Museum. Auf der anderen Seite der Piazza steht der **Palazzo del Podestà.** Er ähnelt in seiner Gestaltung dem größeren Palast gegenüber und dient jetzt als Rathaus.

Via Federico da Montefeltro STRASSE

Von der Via Ducale führt der Weg zur Via Federico da Montefeltro, wo man auf ein historisches Dreigespann trifft. Dazu gehört der aus dem 13. Jh. stammende rosafarbene **Dom** (Spende willkommen; ⊙10–17 Uhr) mit einem wunderbaren Glasfenster aus dem 12. Jh. und einem Fresko, das Bernardino Pinturicchio zugeschrieben wird. Gegenüber steht der **Palazzo Ducale** (☎075 927 58 72; Erw./erm. 2/1 €; ⊙Di–Fr & So 9–19.30, Sa 9–22.30 Uhr), der im 15. Jh. von der Familie des Herzogs von Montefeltro als verkleinerte Version ihres großen *palazzo* in Urbino gebaut wurde. Daneben befindet sich das **Museo Diocesano** (☎075 922 09 04; ⊙im Sommer Mo–Sa 10–19 Uhr, im Winter bis 18 Uhr, So & Feiertag ganzjährig 10–18 Uhr), mit seiner Sammlung eine Hommage an Gubbios mittelalterliche Geschichte.

Museo della Mailoca a Lustro e Torre Medioevale di Porta Romana MUSEUM

(Keramikmuseum und mittelalterlicher Turm; ☎075 922 11 99; Via Dante 24; Eintritt 2,50 €; ⊙10.30–13 & 15.30–19 Uhr) Direkt unterhalb der Funivia Colle Eletto befindet sich das Museum, das der *A-lustro*-Keramik gewidmet ist. Diese Keramik hat ihren Ursprung im muslimischen Spanien des 11. Jhs. Im 2. Stock teilen sich Keramiken aus vorgeschichtlicher Zeit den Platz mit Stücken aus dem Mittelalter und der Renaissance.

Fontana dei Pazzi DENKMAL

In der westlichen Altstadt von Gubbio steht noch der **Palazzo del Bargello** aus dem 13. Jh., im Mittelalter Polizeistation und Gefängnis der Stadt. Davor steht die **Fontana dei Pazzi** (Brunnen der Verrückten). Wer dreimal drumherum geht, soll angeblich verrückt werden. An einem Wochenende im Sommer macht man sich schon so seine Gedanken über die geistige Gesundheit grö-

Gubbio

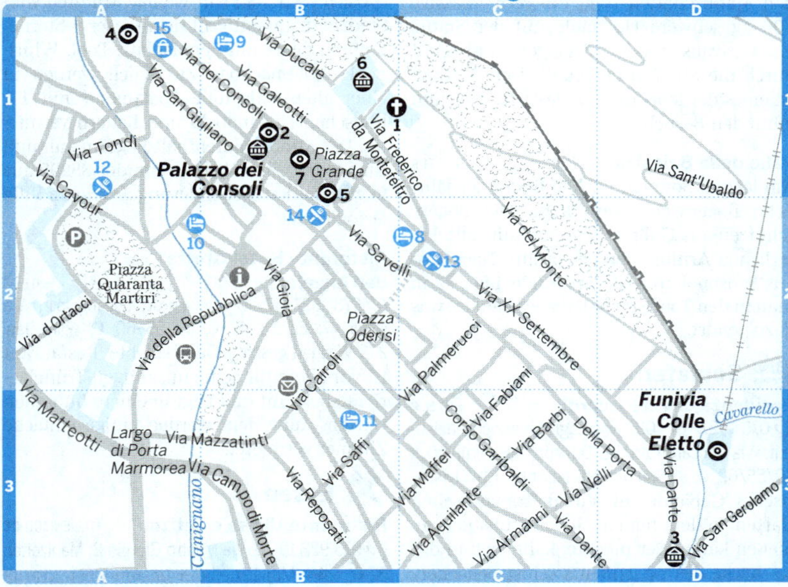

Gubbio

Highlights
Funivia Colle Eletto ... D3
Palazzo dei Consoli ... B1

Sehenswertes
1 Dom ... B1
Fontana dei Pazzi ... (siehe 4)
2 Museo Civico ... B1
3 Museo della Mailoca a Lustro e Torre Medioevale di Porta Romana ... D3
Museo Diocesano ... (siehe 1)
4 Palazzo del Bargello ... A1
5 Palazzo del Podestà ... B1
6 Palazzo Ducale ... B1
7 Piazza Grande ... B1

Schlafen
8 Bosone Palace ... C2
9 Relais Ducale ... B1
10 Residenza di Via Piccardi ... A2
11 Ristorante Hotel Grotta dell'Angelo ... B3

Essen
12 Ristorante Fabiani ... A1
13 Ristorante Ulisse e Letizia ... C2
14 Taverna del Lupo ... B2

Shoppen
15 Leo Grilli Arte ... A1

ßerer Touristengruppen, die genau dieses Ritual vollziehen.

GRATIS **Teatro Romano** HISTORISCHE STÄTTE
(Römisches Theater; ☎075 922 09 22; ⌚April–Sept. 8.30–19.30 Uhr, Okt.–März 8–13.30 Uhr) Südwestlich der Piazza Quaranta Martiri liegen hinter der Viale del Teatro Romano die überwucherten Überreste des römischen Theaters aus dem 1. Jh. Im Sommer finden hier Open-Air-Konzerte statt. Genauere Informationen erhält man bei der Touristeninformation.

Feste & Events

Corsa dei Ceri KULTUR
Das Kerzenrennen ist ein Jahrhunderte altes Ereignis, das jedes Jahr am 15. Mai in Erinnerung an den Schutzpatron der Stadt, den hl. Urbano, über die Bühne geht. Es beginnt

um 5.30 Uhr; jede der drei teilnehmenden Mannschaften trägt ein *cero* (massive 400 kg schwere Holzsäule mit der Statue eines „rivalisierenden“ Heiligen) und rennt durch die Straßen der Stadt. Der Wettlauf ist eines der lebendigsten Feste Italiens und lohnt den Besuch.

Palio della Balestra KULTUR
Am letzten Sonntag im Mai findet der jährliche Bogenwettbewerb statt. Die Bogenschützen aus Gubbio kämpfen mit mittelalterlichen Armbrüsten gegen ihre Nachbarn aus Sansepolcro. Das ganze Jahr über kann man in den Touristenläden alles kaufen, was dazu gehört.

Schlafen

Residenza di Via Piccardi HOTEL €
(075 927 61 08; www.agriturismocolledelsole.it; Via Piccardi 12; EZ/DZ/Apt. inkl. Frühstück 30/55/60 €; Jan. & Feb. geschl.) Ein historisches Gebäude mit einem romantischen Garten, in dem man auch das Frühstück genießen kann. Wer möchte, kann sich in der Kochecke des Apartments selbst bekochen. Das mittelalterliche Haus im Familienbesitz hat gemütliche Zimmer mit Blumendekor und bietet ausreichend Komfort.

Bosone Palace HOTEL €€
(075 922 06 88; www.hotelbosone.com; Via XX Settembre 22; EZ 56–74 €, DZ 80–130 €, inkl. Frühstück; P ❄ @) Wer schon immer einmal mit Blick auf Fresken frühstücken oder in einem Zimmer übernachten wollte, in dem schon Dante Alighieri geschlafen hat, ist hier genau richtig. Alle Zimmer haben Minibar, Satelliten-TV und Telefon im Bad, viele außerdem einen tollen Blick ins Tal.

Relais Ducale HOTEL €€
(075 922 01 57; www.relaisducale.com; Via Galleoti 7; EZ 80–116 €, DZ 90–150 €) Wer hier übernachten möchte, sollte gut in Form sein, um den steilen Anstieg zum Hotel zu bewältigen (und da es kein Restaurant gibt, muss man auch zum Essengehen den Weg auf sich nehmen). Aber die Anstrengung lohnt sich: Das Hotel liegt in einem Anbau des Palazzo Ducale und bietet Zimmer mit Antiquitäten und einer Terrasse mit Blick auf die Piazza della Signoria – da kann man sich nach dem anstrengenden Aufstieg gut erholen.

Città di Gubbio & Villa Ortoguidone CAMPINGPLATZ €
(075 927 20 37; www.gubbiocamping.com; Loc Ortoguidone 49; pro Pers. 6,50–9,50 €, Zelt 7–9,50 €, Auto 2,50 €, 2-/4-Pers.-Apt. 36 bis 100 €; Ostern–Sept.;) Nur wenige Minuten vom Stadtzentrum entfernt liegt dieser 4-Sterne-Campingplatz mit Tennisplatz, Pool, Whirlpool und Snackbar. Zusätzlich werden in einer alten Villa tolle Apartments mit TV, hübschen Holzmöbeln und Bädern vermietet. Der Mindestaufenthalt liegt im Juli und August bei einer Woche. Von der SS298 aus folgt man der Beschilderung „Agriclub Villa Ortoguidone“.

Ristorante Hotel Grotta dell'Angelo HOTEL €
(075 927 17 47; www.grottadellangelo.it; Via Gioia 47; EZ 38–42 €, DZ 55–60 €; im Jan. 2–3 Wochen geschl.) Das beliebte Restaurant ist vor allem für seine unzähligen Trüffelgerichte bekannt und liegt in einem hübschen Garten. Außerdem werden einige einfache Zimmer vermietet.

Essen

Ristorante Ulisse e Letizia ITALIENISCH €€
(075 922 19 70; Via Mastro Giorgio 2; Mahlzeiten 32 €; Mi–Mo) Eines der besten Restaurants der Stadt zu übernehmen ist nicht einfach, aber hier ist es gut gelungen. Die ehemalige Keramikwerkstatt wurde gekonnt umgestaltet. Das Essen ist hausgemacht (sogar das Olivenöl und die Pasta) und es werden nur einheimische Produkte verwendet (z. B. Pilze und Trüffel). Ein Ort zum Genießen, schon allein wegen der 500 Positionen auf der Weinkarte.

Taverna del Lupo ITALIENISCH €€€
(075 927 43 68; Via Ansidei 21; Mahlzeiten 45 €; Di–So) Il Lupo war der Wolf, den der hl. Franziskus zähmte. Der Wolf kam sicherlich hierher zum Essen – eine ausgezeichnete Wahl. Die Atmosphäre ist sehr gepflegt, vielleicht fast schon ein bisschen steif. Von daher fühlt man sich ganz bestimmt wohler, wenn man etwas feiner angezogen ist. Die Zutaten fürs Essen – Käse, Trüffel und Olivenöl – kommen aus der Umgebung. Die Preise für die À-la-carte-Menüs sind exorbitant, aber es gibt auch Tagesmenüs für 23,50 €, 27,50 € und 29,50 €.

Ristorante Fabiani PIZZERIA €€
(075 927 46 39; Piazza Quaranta Martiri 26; Mahlzeiten 28 €; Mi–Mo) Hier kann man hervorragend auf der Terrasse sitzen und den Garten genießen. Die Auswahl ist groß, es gibt mehr als 30 Pizzas und ein wechselndes Touristenmenü für 16 €. Fischliebhaber

sollten sich den Donnerstag oder Freitag für einen Besuch vormerken.

Shoppen

Jeden Dienstagvormittag findet ein Wochenmarkt an der Piazza Quaranta Martiri statt – hier gibt es alles von Obst und Gemüse über Blumen bis zu Kleidung.

Leo Grilli Arte KUNSTHANDWERK
(Via dei Consoli 78) Im Mittelalter war Keramik eine der Haupteinnahmequellen von Gubbio. Tolle moderne Töpferware wird in dieser schon etwas bröckelnden Villa aus dem 15. Jh. verkauft.

Praktische Informationen

Krankenhaus (☎075 927 08 01; Località Branca) Etwa 2 km vom Stadtzentrum entfernt.
Polizei (☎075 927 37 70; Via Mazzatinti)
Post (☎075 927 39 25; Via Cairoli 11; Mo–Fr 8–18.30, Sa 9–12.30 Uhr)
Touristeninformation (☎075 922 06 93; www.gubbio-altochiascio.regioneumbria.eu; Via della Reppublica 15; ⏲Mo–Fr 8.30–13.45 & 15–18, Sa, So & Feiertage 9–13 & 15–18 Uhr)

An- & Weiterreise

Gubbio hat keinen Bahnhof, Busse der **APM** (☎800 51 21 41; www.apmperugia.it) fahren ab der Piazza Quaranta Martiri nach Perugia (4,60 €, 1 Std. 10 Min., 10-mal tgl.).

Wer mit dem Auto anreist, nimmt die SS298 von Perugia oder die SS76 von Ancona und folgt den Hinweisschildern.

Im Ort geht man am besten zu Fuß, von der Piazza Quaranta Martiri fahren auch Busse der APM zur Seilbahnstation und vielen weiteren Punkten.

Spoleto

39 339 EW.

Spoleto war eine von vielen verschlafenen Bergstädten Umbriens, bis der italo-amerikanische Komponist Gian Carlo Menotti 1958 das Festival dei Due Mondi ins Leben rief. Das „Spoleto Festival" verbindet Theater, Tanz, Musik, Lesungen und andere Kunstformen und gilt heute als eines der besten seiner Art weltweit. Heute ist Spoleto – das schon zu Zeiten der Römer bedeutend war und später sogar Hauptstadt der Lombardei und Teil des Heiligen Römischen Reichs wurde – wieder ein wichtiges touristisches Ziel. Auch außerhalb der Festivalzeit bietet die Stadt jede Menge Museen, römische Ruinen, Restaurants und Straßen, die zum Bummeln einladen.

Sehenswertes

Rocca Albornoziana HISTORISCHES GEBÄUDE
(☎/Fax 0743 22 30 55; Piazza Campello; Erw./erm. 7,50/6,50 €; ⏲Di–So 8.30–19.30 Uhr) Früher führte ein langer beschwerlicher Weg von der Innenstadt den Berg hoch bis zur Rocca, einer ehemaligen päpstlichen Festung aus dem 14. Jh. Heute erleichtern Rolltreppen und Aufzüge ab der Via della Ponziania den Aufstieg. In der Festung befindet sich das **Museo Nazionale del Ducato**, das die Geschichte des Herzogtums Spoleto anhand einer Reihe von Artefakten aus römischer, byzantinischer, karolingischer und lombardischer Zeit zeigt. Der schöne Fußweg unterhalb der Rocca wurde komplett wiederhergestellt.

Museo Archeologico MUSEUM
(☎0743 22 32 77; Via S Agata; Erw./erm. 4/2 €; ⏲8.30–19.30 Uhr) Wichtigster Sightseeing-Stopp im Stadtzentrum ist das Archäologische Museum im Westen der Piazza della Libertà. Es zeigt auf vier Stockwerken eine hervorragende Sammlung römischer und etruskischer Funde aus der Region. Vor der Tür liegt das gut erhaltene **Teatro Romano** (Römisches Theater) aus dem 1. Jh. Im Sommer finden hier häufig Liveaufführungen statt. Näheres dazu erfährt man im Museum und in der Touristeninformation.

Museo Carandente MUSEUM
(☎0743 4 64 34; Piazza Collicola; Erw./erm. 4/3 €; ⏲Mi–So 10.30–13 & 15.30–19 Uhr) Die einstige Galleria D'Arte Moderna – eine ausgezeichnete Sammlung moderner Kunst – wurde inzwischen nach ihrem ehemaligen Direktor und bekannten Kunstkritiker Giovanni Carandente benannt und weiter ausgebaut. Zu sehen gibt es italienische Kunst aus dem späten 20. Jh., u. a. Arbeiten des Bildhauers Leonardo Leonci.

Casa Romana HISTORISCHES GEBÄUDE
(Römisches Haus; ☎/Fax 0743 23 42 50; Via di Visiale; Erw./erm. 2,50/2 €; ⏲10.30–17.30 Uhr) Das ausgegrabene römische Haus ist zwar nicht mit Pompeji zu vergleichen, vermittelt aber dennoch einen guten Eindruck, wie ein typisches Haus im 1. Jh. v. Chr. ausgesehen haben könnte. Südlich davon, unweit der Piazza Fontana, stehen die Überreste des **Arco di Druso e Germanico** (Bogen des Drusus und Germanicus, Söhne des Kaisers

Spoleto

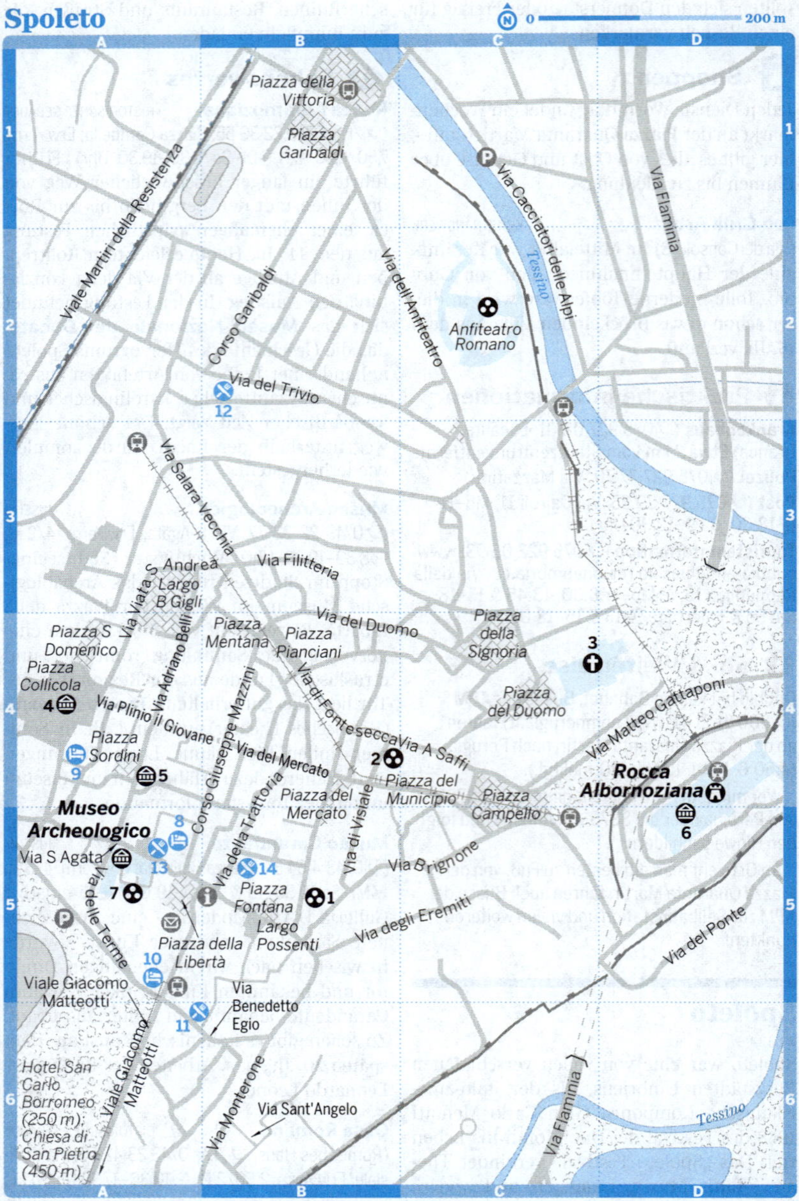

Tiberius), der den prächtigen Eingang zum antiken Forum bildete.

Cattedrale di Spoleto KIRCHE

(☎0743 4 43 07; Piazza Duomo; ⏲im Sommer 8.30–12.30 & 15.30–19 Uhr, im Winter 8.30–12.30 & 15.30–17.30 Uhr) Der Dom wurde im 11. Jh. erbaut, dabei verwendete man für den überraschend schlichten Glockenturm riesige Steinblöcke aus früheren römischen Gebäuden. Beim Umbau im 17. Jh. wurde ein einzigartiges Renaissanceportal errichtet. Die

Spoleto

Highlights

Museo Archeologico A5
Rocca Albornoziana D4

Sehenswertes

1 Arco di Druso e Germanico B5
2 Casa Romana B4
3 Cattedrale di Spoleto C4
4 Museo Carandente A4
5 Museo del Tessile e del Costume A4
6 Museo Nazionale del Ducato D5
7 Teatro Romano A5

Schlafen

8 Hotel Aurora A5
9 Hotel Charleston A4
10 Hotel dei Duchi A5

Essen

11 La Locanda del Passero A6
12 Osteria del Trivio B2
13 Ristorante Apollinare A5
14 Taverna la Lanterna B5

Mosaikfresken in der Apsis sind Arbeiten von Filippo Lippi und seinen Schülern. Lippi starb allerdings, bevor er sein Werk vollenden konnte. Der von Florenz nach Spoleto gereiste Lorenzo de Medici beauftragte Lippis Sohn Filippino, ein Mausoleum für den mittlerweile verstorbenen Vater zu bauen. Es steht im Querschiff des Doms auf der rechten Seite.

Museo del Tessile e del Costume MUSEUM
(Textil- und Trachtenmuseum; ☎0743 4 64 34; Palazzo Rosari-Spadi; Erw./erm. 3/2 €; ⊙Mi–So 15–18 Uhr) Das Museum im Palazzo Rosari-Spada in der Nähe des neugestalteten Kunstmuseum zeigt eine Sammlung edler Kleidung aus dem 15. bis 20. Jh., die von einigen der führenden Familien der Region zur Verfügung gestellt wurde.

Chiesa di San Pietro KIRCHE
(☎0743 4 48 82; Loc San Pietro; ⊙im Sommer 9–18.30 Uhr, im Winter 9–12 & 15.30–17 Uhr) Ein einstündiger Spaziergang führt entlang der Via del Ponte zum **Ponte delle Torri,** der im 14. Jh. auf den Fundamenten eines römischen Aquäduktes errichtet wurde. Wer über die Brücke geht und der Strada di Monteluco folgt, erreicht die Chiesa di San Pietro. Ihre Fassade aus dem 13. Jh. ist über und über mit Tierreliefs bedeckt.

Feste & Events

Spoleto-Festival KUNST
Der italo-amerikanische Komponist Gian Carlo Menotti hatte 1958 die Idee für das Festival dei Due Mondi (Festival zweier Welten). Es ist auch als Spoleto-Festival bekannt und hat dem Ort zu weltweiter Bedeutung hinsichtlich klassischer Kunst verholfen.

Das Festival findet von Ende Juni bis Mitte Juli an verschiedenen Orten der Stadt (u. a. Rocca Albornoziana, Teatro Romano, im archäologischen Museum und im Dom) statt. Die zahlreichen Vorstellungen umfassen Oper, Theater, Ballett und Kunstausstellungen, die Preise für Tickets liegen zwischen den Spitzenwerten 5 und 200 €, die meisten kosten zwischen 20 und 30 €. In mehreren Kirchen finden zusätzliche kostenlose Konzerte statt.

Genauere Informationen und Tickets gibt es bei der **Vorverkaufsstelle des Spoleto Festival** (☎800 565600; Piazza della Libertà; ⊙1. Mai–24. Juni Fr & Sa 10.30–13.30 & 16–19 Uhr, 25. Juni–12. Juli tgl. 10.30–12.30 & 16–19 Uhr) neben der Touristeninformation. Tickets lassen sich online unter www.festivaldispoleto.it bestellen.

Schlafen

Spoleto hat ein gutes Angebot an günstigen Hotels, *affittacamere* (Fremdenzimmer), Hostels und Campingplätzen. Während des Festivals steigen die Preise erheblich.

Hotel Aurora B&B €
(☎0743 22 03 15; www.hotelauroraspoleto.it; Via Apollinare 3; EZ/DZ inkl. Frühstück ab 55/80 €; P@) Das dicht an der Piazza della Libertà gelegene leuchtend gelbe Aurora ist günstig und hat eine zentrale Lage. Die freundlichen Mitarbeiter geben gerne Tipps für die Stadtbesichtigung. Einige Zimmer haben einen Balkon mit Blick über das römische Amphitheater.

Hotel Charleston HOTEL €
(☎0743 22 00 52; www.hotelcharleston.it; Piazza Collicola 10; EZ/DZ inkl. Frühstück ab 59/79 €; ❄@📶) Sauna, Kamin und Terrasse – das Charleston ist gleichermaßen im Winter wie im Sommer eine schöne Unterkunft. Das Gebäude aus dem 17. Jh. wurde grundlegend renoviert und besitzt jetzt Doppelverglasung, Parkettböden und hübsche moderne Möbel. Es wurde nach der Stadt Charleston in South Carolina benannt, dort wird ebenfalls ein Spoleto Festival veranstaltet. Parken kostet 10 €.

NICHT VERSÄUMEN

DIE MARKTWOCHE

In jeder umbrischen Stadt findet im Stadtzentrum ein klassischer Wochenmarkt statt, der alles anbietet, was man braucht – von frischen Lebensmitteln aus der Region über Kleidung, Schuhen, Blumen und Haushaltswaren bis zu Antiquitäten. Verhungern tut angesichts der vielen Imbissstände auch keiner. Durch die engen Gassen zwischen den Ständen schieben sich die Besucher – immer auf der Jagd nach einem Schnäppchen. Wer die Möglichkeit hat, einen Markt zu besuchen, sollte das unbedingt tun – er ist eine gute Möglichkeit, das pralle italienische Leben kennenzulernen. Märkte finden zwischen 8.30 und 13 Uhr in folgenden Städten statt: Assisi (Mo), Gubbio (Di), Castiglione del Lago (Mi), Città di Castello (Do), Bastia Umbrien (Fr), Todi (Sa), Passignano (So) und Spoleto (2. So im Monat). Wer seine Reise klug plant, kann also täglich einen anderen Markt besuchen. Dazu kommen noch einige monatlich stattfindende Flohmärkte, z. B. der in Perugia am letzten Wochenende im Monat. Wer mit dem Auto unterwegs ist, sollte früh anreisen, denn die Parkplatzsuche gestaltet sich an den Markttagen oft schwierig, auch wenn – oder gerade weil – das Parken an diesen Tagen häufig kostenlos ist.

Hotel dei Duchi HOTEL €€
(☎/Fax 0743 44 54 1; www.hoteldeiduchi.com; Viale Giacomo Matteotti; EZ 75 €, DZ 100–175 €; ❄) Der gut geführte Zweckbau neben einem gepflegten Park etwas außerhalb der Altstadt bietet große, saubere und gut ausgestattete Zimmer (z. T. mit Badewanne), denen es aber etwas an Charme fehlt. Durch die etwas erhöhte Lage hat man einen guten Blick über das Land und auf das römische Theater.

Ostello Villa Redenta HOSTEL €
(☎0743 22 49 36; www.villaredenta.com; Via di Villa Redenta 1; B 20–24 €, EZ 28–35 €, DZ 52–75 €, inkl. Frühstück; P) In diesem Haus aus dem 17. Jh. schlief schon Papst Leo XII. Das Hotel in einem ruhigen Park am Rand der historischen Altstadt hat eine Bar, bietet Frühstück und Zimmer mit Bad. Die Rezeption ist von 8 bis 13 und von 15.30 bis 20 Uhr geöffnet.

Hotel San Carlo Borromeo HOTEL €
(☎0743 22 53 20; www.hotelsancarloborromeo.it; Via San Carlo 13; EZ 30–45 €, DZ 60–90 €, inkl. Frühstück; P❄@) Zwar mangelt es dem Hotel etwas an Atmosphäre, aber das machen der Preis, der Komfort und der kostenlose Parkplatz wieder wett. Die Zimmer nach hinten sind ruhiger und bieten Blick auf Monteluco. Für alle gilt, dass sie sauber und groß sind und ihren Zweck erfüllen.

Essen

Taverna la Lanterna ITALIENISCH €€
(☎0743 4 98 15; Via della Trattoria 6; Mahlzeiten 29 €; ⏲Do–Di) Die Taverne ist bei den Einheimischen beliebt, was immer ein gutes Zeichen ist. Das unkomplizierte kleine Lokal liegt versteckt in einer dunklen Gasse. Als Hauptgerichte gibt es verschiedenste Sorten Fleisch vom Grill (Steaks, Koteletts, scharf gewürzte Würste) und Omeletts (mit schwarzen Trüffeln 10 €). Ein nettes Extra: Man kann den alten Damen beim Kochen zusehen.

Osteria del Trivio OSTERIA €€
(☎0743 4 43 49; Via del Trivio 16; Mahlzeiten 28 €; ⏲Mi–Mo, Jan. geschl.) Knoblauch- und Peperonizöpfe schmücken die Wände des gemütlichen Restaurants. Das nette Besitzerpaar bietet Hausmannskost, darunter die legendären gefüllte Artischocken und *strangozzi alla spoletina* (Nudeln in einer scharfen Tomatensoße).

Ristorante Apollinaire ITALIENISCH €€
(☎0743 22 32 56; Via S Agata 14; Probiermenü/veg. Menü 30–50 €; ⏲Mi–So) Kalifornische Küche trifft umbrische Tradition: Der Koch glaubt, dass schwarze Nudeln zu Pesto und Langusten passen und dass sich ein Kaninchen in schwarzer Olivensoße wohlfühlt. Egal, auf jeden Fall noch Platz für das Dessert lassen. Das Menü wechselt mit den Jahreszeiten, der Rahmen bleibt gleich: Die Gäste speisen unter niedrigen Holzdecken und im flackernden Kerzenlicht.

La Locanda del Passero ITALIENISCH €€
(☎0743 67 06 51; Via Benedetto Egio 3/5; Mahlzeiten 40 €; ⏲Mi–Mo) Dieses neue Restaurant in der Stadt hat einen alten Klassiker ersetzt. In hellen, gepflegten Räumen werden gute Fischgerichte serviert; besonders zu empfehlen sind Scampi-Risotto, Thunfisch-Carpaccio und *frittura mista* mit Mee-

resfrüchten. Es gibt ein 3-Gänge-Menü für 30 € und eine sehr gute Weinkarte.

Praktische Informationen

Ospedale San Mateo (☎0743 21 01; Via Madonna di Loreto) Krankenhaus.

Pizzeria Zeppelin (☎0743 4 77 67; Corso Giuseppe Mazzini 81; Std. 3 €; ⊙10.30–21.30 Uhr) Internetzugang.

Polizei (☎0743 2 32 41; 191 Via Marconi)

Post (☎0743 20 15 20; Piazza della Libertà 12; ⊙Mo–Fr 8–18.30, Sa 8–12.30 Uhr)

Touristeninformation (☎0743 23 89 20/1; www.visitspoleto.it; Piazza della Libertà 7; ⊙April–Okt. Mo–Fr 8.30–13.30 & 16–19, Sa & So 9.30–12.30 & 16–19 Uhr, Nov.–März Mo–Sa 8.30–13.30 & 15.30–18.30, So 9.30–12.30 Uhr)

Anreise & Unterwegs vor Ort

Die Busse der **SSIT** (☎0743 21 22 09; www.spoletina.com) fahren nach Norcia (4,80 €, 1 Std., 6-mal tgl.).

Vom Bahnhof aus fahren Züge nach Rom (8–12,30 €, 1½ Std., stündl.), Perugia (4,80 €, 1 Std., 9-mal tgl.) und Assisi (3,24 €, 40 Min., stündl.). Vom Bahnhof, der etwa 1 km vom Stadtzentrum entfernt liegt, fahren die Busse der Linien A, B oder C für 1 € zur Piazza dell Libertà (aufpassen, dass auch „Centro" angeschrieben ist).

Spoleto liegt an der E45 und hat über die SS209 eine gute Verbindung zur Valnerina.

Norcia & die Valnerina

Nach all der anstrengenden Kletterei in den Bergstädten des westlichen und nördlichen Umbrien ist die Ebene rund um Norcia an Umbriens Ostgrenze eine echte Erleichterung. Man sollte trotzdem etwas unternehmen, um Appetit zu bekommen, denn in Norcia gibt es wahrscheinlich mehr Leckereien als in der übrigen Region: Norcia ist die „Schweinefleisch-Hauptstadt" Italiens und die Straßen, besonders die Piazza San Benedetto, bestehen hauptsächlich aus Fleischereien. Riesige Schinken, Salami, Wurstzöpfe und ausgestopfte Schweineköpfe (wohl mehr als Werbung gedacht) hängen in allen Schaufenstern. In ganz Italien ist das Wort „Norcineria" zu einem Synonym für Fleischerei geworden. Die Region ist auch einer der größten Produzenten des raren schwarzen Trüffels. So gestärkt, kann man die zweite Attraktion von Norcia angehen – die in der Nähe liegenden beeindruckenden Monti Sibillini, die für viele die schönste Landschaft dieser Region sind. Mit öffentlichen Verkehrsmitteln ist es fast unmöglich, dorthin zu gelangen (der nächste Bahnhof befindet sich in Spoleto), man braucht ein Auto. Landschaftlich fast genauso schön ist das Tal rund um Norcia, die Valnerina, die man auf einer kurvenreichen Fahrt auf der SS209 erkunden kann.

Feste & Events

Mostra Mercato del Tartufo Nero ESSEN
(www.neronorcia.it) Trüffelliebhaber, Feinschmecker und alle, die viel Trubel lieben, sollten unbedingt am letzten Wochenende im Februar und am ersten Märzwochenende nach Norcia kommen und mit den zahllosen Besuchern aus aller Welt durch die Dutzende von Buden bummeln. In ihnen wird das Beste aus Italiens Küche angeboten – von Trüffeln aus Norcia über Süßigkeiten aus Sizilien bis zu Käse aus der Toskana und sonstigen Köstlichkeiten. Der Eintritt und viele Probierhappen sind kostenlos.

Schlafen & Essen

Palazzo Seneca HOTEL €€
(☎0743 81 74 34; www.palazzoseneca.com; Via Cesare Battisti 12; EZ 100–120 €, DZ 150–199 €; P❄📶) Manchmal fühlt man sich wirklich, als würde man in einem Schloss leben, selbst wenn das nur für ein oder zwei Nächte ist. Das Gefühl kommt z. B. bei einer Partie Schach in einem der riesigen Ledersessel vor dem Kamin oder bei einer Thai-Massage im Spa auf. Himmelbetten und Marmorbäder, dazu altes Gemäuer und das nahezu perfekte Ristorante Vespasia – hier möchte man gar nicht mehr weg.

Hotel Grotta Azzura HOTEL €
(☎0743 81 65 13; www.bianconi.com; Via Alfieri 12; EZ 39–86 €, DZ 59–113 €, inkl. Frühstück; ❄) Dieser *palazzo* aus dem 18. Jh. bietet unter der Woche und in der Nachsaison tolle Angebote. An der Rezeption empfangen den Gast alte Rüstungen, die prächtigen, aber etwas dunklen Zimmer haben Kreuzgewölbe, geschnitzte Balken und neue Bäder. Das Restaurant ist seit 150 Jahren jeden Tag geöffnet. Obwohl ein bisschen touristisch, ist das Essen nach wie vor ausgezeichnet. Hier bestellt man Berge von porcini (Steinpilze), Würste und Schinken.

Residenza San Pietro in Valle HOTEL €€
(☎0744 78 01 29; www.sanpietroinvalle.com; SS209 Valnerina Km20; EZ 98–109 €, DZ 129–

139 €, inkl. Frühstück; ⏲Ostern–Okt.; [P]) Ungefähr 30 km südwestlich von Norcia liegt das mittelalterliche Kloster, das Reisende mit seinem Charme und seiner exzellenten Küche lockt. Die ehemaligen Zellen der Nonnen wurden zu komfortablen Zimmern umgebaut, aber die alten Feuerstellen und die atemberaubende Aussicht begeistern immer noch. Nach einem Frühstück auf der Terrasse mit frisch gebackenem Brot und selbst gemachter Marmelade erhält man an der Rezeption jede Menge Vorschläge für Wanderungen und andere Aktivitäten.

Ristorante Vespasia ITALIENISCH €€€
(☎0743 81 65 13; Via Cesare Battisti 10; Mahlzeiten im Restaurant/in der Lounge 55/32 €; ⏲tgl. Mittag- & Abendessen) Das schlichte, aber elegant eingerichtete Restaurant befindet sich in einem *palazzo* aus dem 16. Jh. Die Küche ist ebenso einfach, aber exzellent. Ein Bio-Ei wird hier mit gehobelten Trüffeln aus Norcia gekrönt, zum Risotto mit heimischem Schweinefleisch passt der Safran aus der Region. Natürlich stammen die Kräuter aus dem eigenen Garten. Im Sommer dinieren die Gäste bei Jazz- oder Blues-Musik im Garten.

Trattoria dal Francese TRATTORIA €€
(☎0743 81 62 90; Via Riguardati 16; Mahlzeiten 32 €; ⏲Sa–Do) Vielleicht ist das Restaurant immer so überlaufen, weil es in so vielen Restaurantführern erwähnt ist. Vielleicht liegt es aber auch schlichtweg an der Qualität des Essens, die selbst für einen anerkannten Feinschmeckerort oberhalb der Standards liegt. Oft genug müssen hungrige Gäste wieder weggeschickt werden, und woanders bleiben die Tische leer. Typisch für Norcia sind die Mahlzeiten mit Schweinefleisch (Salami, Schinken, Würste) sowie Trüffel und Käse.

Praktische Informationen

Casa del Parco (☎344 222 76 98; www.sibillini.net; Piazza San Benedetto, Norcia; ⏲9.30–12.30 & 15.30–18.30 Uhr) Die Touristeninformation bietet außerdem auch nützliche Informationen und Auskünfte über die Monti Sibillini an.

Anreise & Unterwegs vor Ort

Die Busse von **SSIT** (☎0743 21 22 09; www.spoletina.com) fahren nach Spoleto (4,60 €, 1 Std., 5-mal tgl.) und Perugia (6,90 €, 2 Std., 1-mal tgl.).

Mit dem Auto nimmt man von Spoleto aus die SS209 zur SS396. Der nächste Bahnhof ist in Spoleto.

Orvieto

21 053 EW.

Orvieto thront ganz gefährlich auf einem Tufffelsen, einem zerklüfteten, porösen Kalkstein, der aussieht, als würde er jeden Moment unter dem Gewicht des faszinierenden gotischen Doms (oder der vielen Besucher) zusammenbrechen. Orvieto liegt direkt an der Autobahn, deswegen fallen hier im Sommer viele Bustouristen ein, aber sie haben auch allen Grund dafür.

Sehenswertes

Cattedrale di Orvieto KIRCHE
(☎0763 34 11 67; www.opsm.it; Piazza Duomo; Eintritt 2 €, inkl. Cappella di San Brizio 3 €; ⏲April–Okt. 9.30–19.30 Uhr, Nov.–März 9.30–13 & 14.30–17 Uhr) Nichts kann einen auf den visuellen Schock vorbereiten, den der Dom von Orvieto beim ersten Anblick auslöst. Begonnen wurde das fantastische Bauwerk 1290. Es war zunächst im romanischen Stil geplant. Aber als die Arbeiten fortschritten und sich der Zeitgeschmack änderte, kam immer mehr Gotik ins Spiel. Die schwarz-weißen Marmorbänder des Hauptgebäudes werden überstrahlt von den prächtigen Regenbogenfarben der Fassade. Mit ihrer harmonischen Mischung aus Mosaiken und Skulpturen, schlichtem Stein und leuchtenden Farben ist sie schon mit einem riesigen Freiluftaltar verglichen worden.

30 Jahre dauerte die Planung des mächtigen Gebäudes und 300 Jahre, bis es vollendet war. Und noch heute dominiert die gewaltige Westfassade das gesamte Stadtbild. Als Erster machte sich möglicherweise Fra Bevignate ans Werk, spätere Ergänzungen stammen von Lorenzo Maitani (der auch für den Dom von Florenz verantwortlich war), Andrea Pisano und seinem Sohn Nino Pisano, Andrea Orcagna und Michele Sanicheli.

Im Innenraum scheint Luca Signorellis Freskenzyklus *Das Jüngste Gericht* zu leben. Es befindet sich rechts vom Altar in der **Cappella di San Brizio** (⏲während der Messe geschl.). Signorelli begann 1499 mit der Arbeit an diesem Werk, angeblich hat sich Michelangelo hier Anregungen für sein eigenes Schaffen geholt. Und für manche sind die Fresken tatsächlich gelungener als Michelangelos Werk. Die **Cappella del Cor-**

porale enthält eine blutbefleckte Altardecke aus dem 13. Jh. Das Blut floss während des Abendmahls aus der Hostie eines Priesters, der die Transsubstantiation (die Wandlung von Brot und Wein in Leib und Blut Christi) anzweifelte.

Neben dem Dom steht das **Museo dell'Opera del Duomo** (☎0763 34 24 77; Palazzo Soliano, Piazza Duomo; Eintritt 4 €, mit Dom 5 €; ⏲April–Okt. 9.30–19 Uhr, Nov.–März 9.30–13 & 15–17 Uhr, im Winter Di geschl.), in dem von Reliquien des Doms über etruskische Stücke bis hin zu Kunstwerken von Simone Martini und den drei Pisanos (Andrea, Nino und Giovanni) verschiedenste Kunstwerke gezeigt werden.

Orvieto Underground – „die unterirdische Stadt" HISTORISCHE STÄTTE

(☎0763 34 48 91; www.orvietounderground.it, auf Deutsch und Englisch; Parco delle Grotte; Erw./erm. 5,50/4,50 €; ⏲Führungen März–Jan. tgl. 11, 12.15, 16 & 17.15 Uhr, Feb. nur Sa & So) Der coolste Ort in Orvieto – wortwörtlich – sind diese etwa 440 Höhlen, die seit Jahrtausenden von den Einheimischen für verschiedenste Zwecke genutzt werden. Während des Zweiten Weltkriegs dienten sie als Bunker, während der Belagerungen durch Römer und Barbaren als Kühlkammern und Brunnen und oft auch als Taubenschläge, um etwas Abwechslung in den Speiseplan zu bringen. (Noch heute findet man *palombo* – Taube – auf der Speisekarte.) Die Führungen (auf Englisch, in der Hauptsaison auch auf Deutsch) starten vor der Touristeninformation.

Museo Claudio Faina e Civico MUSEUM

(☎0763 34 15 11; www.museofaina.it; Piazza Duomo 29; Erw./erm. 8/5 €; ⏲April–Sept. 9.30–18 Uhr, Okt.–März Di–So 10–17 Uhr) Das beeindruckende Museum gegenüber dem Dom beherbergt eine der bedeutendsten Sammlungen etruskischer Artefakte in Italien. Dazu gehören Sarkophage aus Stein sowie Keramiken. Sehenswert ist auch die Abteilung mit interessanten griechischen Keramiken.

Torre del Moro HISTORISCHES GEBÄUDE

(Maurenturm; ☎0763 34 45 67; Corso Cavour 87; Erw./erm. 2,80/2 €; ⏲Mai–Aug. 10–20 Uhr, März, April, Sep. & Okt. 10–19 Uhr, Nov.–Feb. 10.30–13 & 14.30–17 Uhr) Von der Piazza Duomo nach Nordwesten auf der Via del Duomo laufend kommt man zum Corso Cavour und zum Torre del Moro aus dem 13. Jh. Wer die 250 Stufen erklommen hat, wird mit einem tollen Blick über die Stadt belohnt.

Chiesa di San Giovenale KIRCHE

(Piazza San Giovenale; ⏲8–12.30 & 15.30–18 Uhr) Nördlich des Corso Cavour befindet sich an der gleichnamigen Piazza der romanisch-gotische **Palazzo del Popolo** aus dem 12. Jh. Am Westrand der Stadt steht die kleine Kirche aus dem Jahr 1000. Hier bilden romanisch-gotische Kunst und Fresken aus der spätmittelalterlichen Schule von Orvieto einen erstaunlichen Kontrast. Von der Stadtmauer bietet sich ein toller Blick ins Umland.

Museo Archeologico Nazionale MUSEUM

(☎/Fax 0763 34 10 39; Palazzo Papale, Piazza Duomo; Erw./erm. 3/1,50 €; ⏲8.30–19.30 Uhr) Verglichen mit den anderen Attraktionen an der Piazza Duomo spielt das archäologische Museum in einer niedrigeren Liga. Trotzdem bietet es einige interessante Ausstellungsstücke, von denen manche über 2500 Jahre alt sind, leider aber etwas unübersichtlich präsentiert werden.

Chiesa di Sant'Andrea KIRCHE

(Piazza della Repubblica; ⏲8.30–12.30 & 15.30–19.30 Uhr) Die Kirche aus dem 12. Jh. mit ihrem eigenartigen, zehneckigen Kirchturm beherrscht die Piazza della Repubblica, das Zentrum der mittelalterlichen Stadt. Noch früher befand sich hier das römische Forum, heute reiht sich ein Café an das andere.

Feste & Events

Palombella KIRCHLICH

Das bekannteste Fest in Orvieto findet jedes Jahr am Pfingstsonntag statt. Gläubige feiern hier seit 1404 die Aussendung des Heiligen Geistes (für manche Tierschützer bedeutet das allerdings auch, dass eine arme Taube dabei zu Tode erschreckt wird).

Seit sechs Jahrhunderten verläuft das Ritual immer gleich: Eine Taube wird in einen Käfig gesperrt, der umgeben von explodierenden Feuerwerkskörpern an einem Seil 300 m bis zu den Stufen des Doms saust. Wenn die Taube lebt (das ist der Normalfall), wird das Brautpaar, das zuletzt geheiratet hat, für die Taube sorgen (und das arme Tier wieder beruhigen).

Umbra Jazz Winter MUSIK

Passenderweise findet diese coole Veranstaltung während der kalten Jahreszeit statt – von Ende Dezember bis Anfang Januar. Dazu gehören ein großes Festessen und eine riesige Party an Silvester. Das Programm

Orvieto

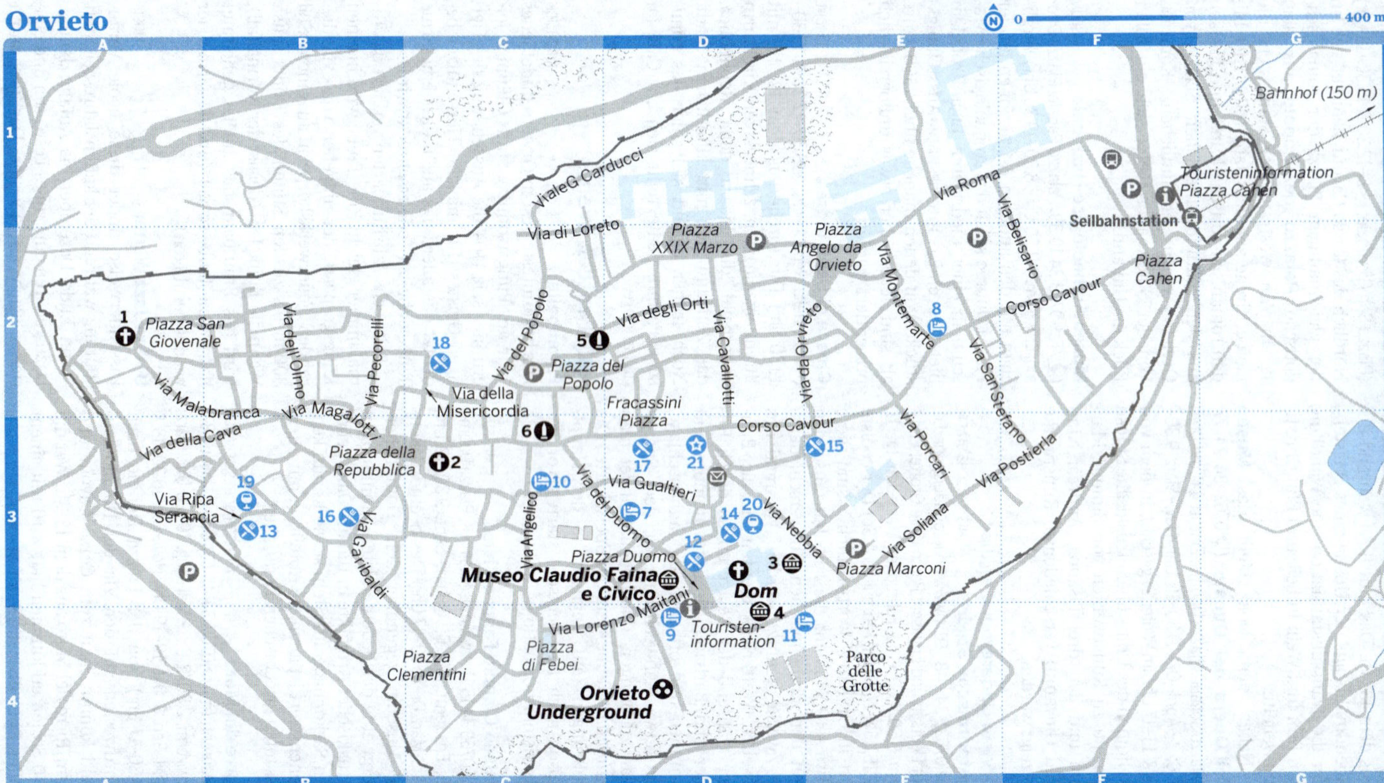
0
400 m
Bahnhof (150 m)
Touristeninformation Piazza Cahen
Seilbahnstation
Piazza Cahen
Via Roma
Via Belisario
Corso Cavour
Piazza Angelo da Orvieto
Via Montemarte
Via San Stefano
Via Porcari
Via Postierla
Via Soliana
Piazza Marconi
Parco delle Grotte
Viale G Carducci
Via di Loreto
Piazza XXIX Marzo
Via degli Orti
Via Cavallotti
Via da Orvieto
Piazza del Popolo
Via del Popolo
Fracassini Piazza
Via della Misericordia
Via Pecorelli
Via dell'Olmo
Piazza San Giovenale
Via Malabranca
Via Magalotti
Via della Cava
Piazza della Repubblica
Via Ripa Serancia
Via Garibaldi
Via Angelico
Via del Duomo
Via Gualtieri
Via Nebbia
Piazza Duomo
Museo Claudio Faina e Civico
Dom
Via Lorenzo Maitani
Touristen-information
Piazza di Febei
Piazza Clementini
Orvieto Underground

Orvieto

liegt bei der Touristeninformation aus. Informationen zum Jazzfestival im Sommer stehen auf S. 623.

Schlafen

Orvieto hat wahrlich keinen Mangel an Hotels, und die Besucher profitieren von der Konkurrenzsituation. Im Sommer sollte man immer im Voraus reservieren, ebenso am Wochenende oder wenn man über Neujahr zum Festival Umbria Jazz Winter kommen will.

Hotel Maitani HOTEL €€

(☎0763 34 20 11; www.hotelmaitani.com; Via Lorenzo Maitani 5; EZ/DZ 77/126 €, Frühstück 10 €; P) Für alles ist gesorgt: von der Mini-Zahnbürste mit Zahnpasta in jedem Zimmer bis zum Betthupferl (natürlich Perugino) auf dem Kopfkissen. Manche Zimmer haben Blick auf den Dom oder ins Tal. In den Räumen ist es total leise, denn es gibt Fenster mit Doppelverglasung.

Hotel Corso HOTEL €€

(☎/Fax 0763 34 20 20; www.hotelcorso.net; Corso Cavour 343; EZ 60–72 €, DZ 80–108 €; @) Ein wenig entfernter vom Dom als die anderen Hotels gelegen, ist das Corso trotzdem eine gute Wahl. Einige der gemütlichen, aber relativ kleinen Zimmer haben Decken mit Holzbalken, Terrakottafliesen und antike Kirschbaummöbel. Das Frühstücksbüfett kostet 6,50 €. Aber es lohnt sich, da man auf der wunderschönen Terrasse genüsslich frühstücken kann.

B&B La Magnolia B&B €

(☎0763 34 28 08, 338 9027400; www.bblamagnolia.it; Via del Duomo 29; Zi. 65–75 €, Apt. für 2 Pers. 75 €) Das Haus liegt direkt im Zentrum von Orvieto nördlich des Doms neben einem kleinen Café. Das helle, alte Gebäude hat sechs hübsche Zimmer, eine große Gemeinschaftsküche und einen englischsprachigen Besitzer.

Villa Mercede B&B €

(☎0763 34 17 66; www.argoweb.it/casareligiosa_villamercede; Via Soliana 2; EZ/DZ inkl. Frühstück 50/70 €; P) Die Villa Mercede liegt himmlisch nah am Dom und ist mit 23 Zimmern groß genug für eine ganze Horde Pilger. Da das Gebäude aus dem 16. Jh. stammt, sind einige Zimmer mit Fresken ausgeschmückt. Hohe Räume, ein ruhiger Garten und kostenlose Parkplätze machen das Ganze zu einer lohnenden Unterkunft. Allerdings müssen die Zimmer morgens um 9.30 Uhr geräumt werden.

Hotel Posta B&B €

(☎0763 34 19 09; www.orvietohotels.it; Via Luca Signorelli 18; DZ mit/ohne Bad 56/43 €; P) Ein Palazzo aus dem 16. Jh., aber keine palastähnliche Unterkunft. Nach der kompletten Renovierung ist der Muff jetzt fast ganz verschwunden, aber man spürt noch den Hauch der Vergangenheit. Die Zimmer sind ruhig und bieten Blick auf den Garten, das Frühstück wird auf der antiken Terrasse serviert, der Fahrstuhl bietet eine große Erleichterung. Das Schwesterhotel, das Hotel

Reale an der Piazza del Popolo, ist etwas beeindruckender, aber auch etwas teurer.

Essen

Ristorante I Sette Consoli MODERNE ITALIENISCHE KÜCHE €€€
(☎0763 34 39 11; Piazza Sant'Angelo 1/a; Mahlzeiten 45 €; ⏲Do–Di) Sogar aus Rom und Mailand reisen Feinschmecker für ein Essen in diesem Restaurant an. Die einfallsreichen Köche servieren so kunstvoll arrangierte Köstlichkeiten wie Perlhuhn mit Kastanienfüllung. Wer Glück hat, findet bei gutem Wetter einen Tisch im Garten. Man sollte unbedingt reservieren.

Trattoria dell'Orso TRATTORIA €€
(☎0763 34 16 42; Via della Misericordia 18; Mahlzeiten 32 €; ⏲Mi–So) Gabriele, der Besitzer des ältesten Restaurants von Orvieto, hält nichts von so neumodischen Erfindungen wie einer Speisekarte. Am Eingang bekommen Besucher gleich das Menü aufgezählt (auf Italienisch oder Englisch, je nachdem wie verständnislos man ihn ansieht). Man sollte seinen Empfehlungen folgen – vielleicht zuerst eine *zuppa di farro*, dann Fettuccine mit Steinpilzen – denn er weiß, was er sagt. Und man sollte Zeit mitbringen.

Ristorante Zeppelin ITALIENISCH €€
(☎0763 34 14 47; Via Garibaldi 28; Mahlzeiten 36 €; ⏲Mo–Sa, So Mittagessen) Das schicke Restaurant bietet eine coole 20er-Jahre-Atmosphäre, Jazzmusik und eine lange Bar, an der sich Ingrid Bergman zu Hause gefühlt hätte. Gekocht wird eine kreative umbrische Küche, die auch günstige Menüs für Vegetarier (25 €) und Kinder (18 €) sowie ein etruskisches Menü (32 €) anbietet. Toll sind auch die eintägigen Kochkurse.

MEHR FÜRS GELD

Mit der **Orvieto Unica Card** (Erw./erm. 18/15 €; 1 Jahr gültig) können die neun wichtigsten Sehenswürdigkeiten (darunter die Cappella di San Brizio im Dom, das Museo Claudio Faina e Civico, Orvietos Unterwelt, der Torre del Moro und das Museo dell'Opera del Duomo) besucht werden. Dazu bekommen die Kartenbesitzer eine Rundfahrt mit Seilbahn und Bus spendiert. Die Karte wird bei vielen Sehenswürdigkeiten, in der Touristeninformation, an der Piazza Cahen sowie am Bahnhof verkauft.

Le Grotte del Funaro ITALIENISCH €€
(☎0763 34 32 76; Via Ripa Serancia 41; Mahlzeiten 35 €; ⏲Di–So) Orvietos unzählige Keller, die in die weichen Tuffsteine gegraben wurden, haben schon viele Funktionen gehabt – als Verstecke in Kriegszeiten, als Weinlager und sogar als Taubenschläge. Auch heute noch werden sie genutzt: Manchmal so gut wie hier, wo diverse Sorten Pizza (6–8,50 €) und klassische umbrische Mahlzeiten wie Chianina-Rind in Balsamessig in einer kühlen, eleganten Umgebung serviert werden.

Cantina Foresi WEINBAR €
(☎/Fax 0763 34 16 11; Piazza Duomo 2; Snacks ab 4,50 €; ⏲9.30–19.30 Uhr) Die *enoteca* mit Café verkauft *panini* und Wurstwaren, außerdem Dutzende von örtlichen Weinen aus alten Kellern.

Sosta ITALIENISCH €
(☎0763 34 30 25; Corso Cavour 100a; Pizzas 4,50–7 €) Das extrem einfache Selbstbedienungsrestaurant *(tavola calda)* bietet gute Pizza, Pasta und Panini. Die Mahlzeiten wechseln während der Woche nach einem festen Schema. Zwei Hauptgerichte und eine Beilage kosten 9,50 € (für Studenten nur 8,50 €).

Pasqualetti EISDIELE €
(☎0763 34 10 34; Piazza Duomo 14) Diese gelateria serviert superleckeres Eis. Auf der Piazza stehen jede Menge Tische, sodass man die kalten Köstlichkeiten im Angesicht der Schönheit des Doms genießen kann.

Ausgehen

Vinosus WEINBAR
(Piazza Duomo 15; Mahlzeiten 35 €; ⏲Di–So) Ganz dicht an der Nordwestseite des Doms liegt diese Weinbar mit Restaurant. Eine leckere Ergänzung zum Wein ist die Käseplatte mit einheimischem Honig und Birnen (8 €). Das Lokal eignet sich auch für Nachschwärmer.

Unterhaltung

Teatro Mancinelli THEATER
(☎0763 34 04 22; Corso Cavour 122; Erw./erm. 2/1 €, Tickets 15–60 €; ⏲Mo–Sa 10–13 & 16–19, So 16–20 Uhr) In diesem Theater findet im Winter das Festival Umbria Jazz statt. Ansonsten kommt hier alles von Ballett und Oper bis zu Volksmusik oder Pink Floyd Revival zur Aufführung. Auch ohne Veranstaltung lohnt sich eine Besichtigung des Hauses wegen der allegorischen Fresken und Tuffsteinwände.

NICHT VERSÄUMEN

ORVIETOS WEINBERGE

Nicht erst seit jüngster Zeit ist die Region um Orvieto für ihre DOC-Weißweine berühmt. Es waren die Etrusker, die vor mehr als 2000 Jahren das Potenzial der Gegend erkannten. Der Boden und das Klima waren für den Weinbau ideal, zum Fermentieren und Lagern des Weins bot sich der überall vorkommende Tuffstein an, in dessen weichen Fels wunderbar Weinkeller gegraben werden konnten. Ab dem Mittelalter war Orvieto berühmt für seinen goldfarbenen süßen Wein. Inzwischen wird der Wein wieder trockener ausgebaut und unter der Bezeichnung Orvieto und Orvieto Classico angeboten.

Wer mehr wissen (und auch probieren) möchte, sollte im Palazzo del Gusto in Orvieto die **Enoteca Regionale dell'Umbria** (☎0763 34 18 18; www.ilpalazzodelgusto.it; Via Ripa Serancia I 16; ⏲im Sommer Mo–Fr 11–13 & 17–19 Uhr, im Winter Mo–Fr 11–13 & 15–17 Uhr) besuchen. Hier kann man die unterschiedlichsten Weine für 8 bis 30 € probieren.

Und wer noch tiefer in die Kunst des Weinbaus einsteigen möchte, kann ein bis zwei Nächte in der **Locanda Palazzone** (☎0763 39 36 18; www.locandapalazzone.com; Loc Rocca Ripesena; DZ 45–105 €; P@❄) verbringen, einem bekannten Weingut etwas außerhalb von Orvieto, das schöne Zimmer in einem renovierten Gut aus dem Mittelalter anbietet.

ℹ Praktische Informationen

Farmacia del Moro (☎0763 34 41 00; Corso Cavour 89; ⏲Mo–Sa 9–13 & 16.30–19.30 Uhr) Verkauf von Medikamenten und Information erhält man über den Apothekennotdienst.

Krankenhaus (☎0763 30 71) In der Gegend Ciconia, östlich vom Bahnhof.

Polizei (☎0763 3 92 11; Piazza Cahen)

Post (☎0763 3 98 31; Via Largo M Ravelli; ⏲Mo–Fr 8.10–18, Sa 8.10–12.30 Uhr)

Touristeninformation Piazza Duomo (☎0763 34 17 72; info@iat.orvieto.tr.it; Piazza Duomo 24; ⏲Mo–Fr 8.15–13.50 & 16–19, Sa, So &Feiertage 10–13 & 15–18 Uhr); Piazza Cahen (☎0763 34 01 68; ⏲im Sommer 9–16 Uhr) Im Sommer werden hier die Tickets für Bus und Funicular (Seilbahn) sowie die Carta Unica verkauft.

ℹ An- & Weiterreise

AUTO & MOTORRAD Orvieto liegt an der A1 von Rom nach Florenz, die SS71 führt nach Norden zum Lago Trasimeno. Ausreichend kostenpflichtige Parkplätze gibt es an der Piazza Cahen und an einigen Stellen außerhalb der Stadtmauer, z. B. dem Campo della Fiera.

BUS **Bargagli** (☎057 778 62 23) fährt täglich zum Bahnhof Tiburtina in Rom (8 €, 1 Std. 20 Min., So nur 8.10 und 19.10 Uhr). Die Busse starten an der Piazza Cahen mit einem Stopp am Bahnhof.

ZUG Es gibt Verbindungen u. a. nach Rom (7,10–14,50 €, 1¼ Std., stündl.), Florenz (11,20–19 €, 1½–2½ Std., stündl.) und Perugia (7 €, 1¼ Std., alle 2 Std.).

ℹ Unterwegs vor Ort

Eine uralte **Seilbahn** (1,80 €; ⏲Mo–Fr 7.05–20.25 Uhr, alle 10 Min., Sa & So 8.15–20 Uhr, alle 15 Min.) verbindet die Piazza Cahen mit dem Bahnhof westlich des Stadtzentrums. Im Fahrpreis ist die Busfahrt von der Piazza Cahen zur Piazza Duomo enthalten.

Die Buslinie 1 fährt vom Bahnhof zur Altstadt (1 €), die Linie A von ATC verbindet die Piazza Cahen mit der Piazza Duomo und die Buslinie B fährt zur Piazza della Repubblica.

Der Taxiruf ist ☎0763 30 19 03 für den Stand am Bahnhof oder ☎0763 34 26 13 für den Stand an der Piazza della Repubblica.

DIE MARKEN (LE MARCHE)

In den Marken konzentriert sich ganz Italien quasi in einer Region. Von den Strandorten an der Adria über die ansteigenden Bergstädte in der Mitte reichen sie bis zur zerklüfteten Gebirgskette der Monti Sibillini. Doch die Reiseziele sollten sorgfältig ausgewählt werden. Denn während der Monte Conero ruhige Ferien an der Küste bietet und Pesaro vor Geschichte wimmelt (und von Juni bis September vor Urlaubern), sind große Flächen der Küste mit unendlichen Reihen von klotzigen Hotels und Apartmentanlagen zugebaut. Sie gehen dann in die Industrieanlagen von Ancona über, dem wichtigsten Fährhafen der Region.

Im Landesinnern dagegen bezaubern die Marken immer wieder aufs Neue. Urbino, vielleicht der bekannteste Ort, prahlt mit einer eindrucksvollen Demonstration der Renaissancekunst und Geschichte. Ascoli Piceno, bisher noch weitgehend unentdeckt, hat ebenfalls viel Historisches zu bieten und kann in dieser Hinsicht mit jeder anderen italienischen Stadt mithalten. Genauso lohnenswert ist das reizende Macerata mit seinen berühmten Freilicht-Opernfestspielen. Im Westen der Marken befindet sich das größte Naturwunder der Region, das über die Provinzgrenze bis hinein nach Umbrien reicht: die überwältigenden Gipfel des Parco Nazionale dei Monti Sibillini.

Geschichte

Die frühesten bekannten Siedler in den Marken waren die Piceni, deren 3000 Jahre alten Artefakte im Museo Archeologico in Ascoli Piceno gezeigt werden. Die Römer drangen zu Beginn des 3. Jh. v. Chr. in die Region vor und beherrschten sie fast 700 Jahre lang. Als das Römische Reich zusammenbrach, wurden die Marken nacheinander von den Goten, den Vandalen und Ostgoten und schließlich von den Langobarden verwüstet.

Mitte des 8. Jhs. wandte sich Papst Stephan II. (übrigens als Erster) an die Franken, um die gottlosen Langobarden zu vertreiben. Zuerst kam König Pippin der Kurze mit dem Frankenheer und kämpfte erfolgreich gegen die Eindringlinge. Aber erst sein groß gewachsener Sohn Karl der Große konnte die Herrschaft von den Langobarden auf Dauer zurückerobern. Am Weihnachtstag des Jahres 800 n. Chr. krönte ihn Papst Leo III. zum Kaiser des Heiligen Römischen Reiches. Nur der byzantinische Kaiser weigerte sich, ihn als solchen anzuerkennen – und der hatte damals die Kontrolle über einen großen Teil der markesischen Adriaküste.

Nach dem Tod Karls des Großen begannen für die Marken jahrhundertelange Kriege und eine dunkle Zeit der Anarchie und des Chaos. In Mittelitalien bildeten sich zwei Gruppierungen heraus, die Guelfen (die den Papst unterstützten) und die Ghibellinen (die für den Kaiser waren). Die Guelfen siegten schließlich und die Marken wurden Teil des Kirchenstaates. Die Marken blieben Teil des Kirchenstaates bis zur italienischen Einigung 1861.

ℹ Anreise & Unterwegs vor Ort

Auto- und Motorradfahrer haben an der Küste zwei Möglichkeiten: die Autobahn A14 oder die *strada statale* (Staatsstraße) SS16. Die Straßen im Inland sind weniger ausgebaut, und man kommt langsamer voran. Regelmäßige Bahnverbindungen gibt es entlang der Küste auf der Strecke Bologna–Lecce und Seitenstrecken nach Macerata und Ascoli Piceno. Aber es ist schon ein bisschen Planung und Hilfe von der Touristeninformation nötig, um zwischen Orten im Landesinneren hin und her zu reisen.

Ancona

102 521 EW.

Ancona ist durch und durch Hafenstadt. Die meisten Besucher möchten sie so schnell wie möglich wieder verlassen. Es gibt bisher kaum gute Unterkunftsmöglichkeiten, aber Italiens größter Fährhafen an der mittleren Adria versucht nun, eine touristische Grundinfrastruktur aufzubauen. Obwohl die Stadt rund um den Hafen und den Bahnhof ziemlich schmutzig und abgerissen ist, hat sie eine faszinierende Geschichte und eine Handvoll Sehenswürdigkeiten, die ein oder zwei Tage in der Stadt durchaus rechtfertigen.

Ancona besteht aus zwei ganz unterschiedlichen Teilen: dem Bereich am Wasser, wo sich der hässliche, moderne Teil und die touristische Infrastruktur (Hafen) befinden, sowie der weitaus hübscheren Altstadt auf dem Berg. Die meisten Geschäfte und Restaurants konzentrieren sich sich entlang des Corso Garibaldi und Corso Mazzini, die auch zum Teil verkehrsberuhigt sind. Hier kann man sich gut ein bis zwei Stunden bis zur Abfahrt der Fähre aufhalten. Östlich der Piazza Cavour wird der Corso Garibaldi zur Viale della Vittoria, von hier führt ein 20-minütiger Spaziergang zum Passetto, Anconas künstlichem Betonstrand.

Sehenswertes

Chiesa di San Domenico KIRCHE

(☎071 20 67 04; Piazza del Plebiscito; ⏲10–12 & 16–20 Uhr) Die elegante Piazza del Plebiscito mit ihren Cafés ist seit dem Mittelalter Anconas Treffpunkt. Sie wird beherrscht von der barocken Kirche mit einer herrlichen *Kreuzigung* von Tizian und einer *Verkündigung* von Guercino. Die riesige Statue davor zeigt Papst Clemens XII. Das Denkmal errichtete die Stadt als Dank für den Status eines freien Hafens. Der Brunnen davor stammt aus dem 19. Jh. Ein Stück weiter steht auf dem Corso Mazzini ein Brunnen aus dem 16. Jh., die **Fontana del Calamo.** Die 13 Wasserspeier in der Form von Satyren und Faunen wurden 1560 von Pellegrino Tibaldi geschaffen.

Cattedrale di San Ciriaco KIRCHE
(☎071 5 26 88; Piazzale del Duomo; ⊙im Sommer 8–12 & 15–19 Uhr, im Winter bis 18 Uhr) Von der Via Giovanni XXIII. führt ein steiler Weg auf den Monte Guasco (Fußmüde fahren mit der Buslinie 11) und zur Piazzale del Duomo, von wo sich ein toller Blick über die Stadt und den Hafen bietet. Von so weit oben sieht der Hafen dann richtig bilderbuchmäßig aus. Die Kathedrale thront an der Stelle eines antiken heidnischen Tempels – eine Stilmischung aus byzantinischen, romanischen und gotischen Elementen. Der Bau wurde im 12. Jh. mit einem griechischen Kreuz als Grundriss eriichtet. In der Mitte erhebt sich ein zwölffeckiger Dom und in jedem Querschiff befindet sich eine Krypta.

Museo Archeologico Nazionale delle Marche MUSEUM
(☎071 20 26 02; Via Ferretti 6; Erw./erm. 4/2 €; ⊙Di–So 8.30–19.30 Uhr, Mo geschl. außer an Feiertagen) Das Museum befindet sich auf dem Berg oberhalb des Hafens im Palazzo Ferretti (16. Jh.), dessen Decken mit Originalfresken und Basreliefs verziert sind. Die Ausstellungsstücke sind nicht sehr durchdacht angeordnet, umfassen aber die gesamte Bandbreite von griechischer und etruskischer Kunst bis zu Exponaten aus der Bronzezeit und dem Neolithikum.

Anconas Bögen DENKMAL
Nördlich der Piazza Dante Alighieri steht am anderen Ende des Hafens der **Arco di Traiano** (Trajansbogen), der 115 v. Chr. von Apollodorus von Damaskus zu Ehren des römischen Kaisers Trajan errichtet wurde. Von ihm wurde Luigi Vanvitelli zu seinem **Arco Clementino** (Clemensbogen) inspiriert, der nahe dem Molo Rizzo steht und Papst Clemens XII. gewidmet ist. Wer noch etwa 750 m an der Küstenstraße entlang weiter geht, kommt zur großen **Mole Vanvitelliana**, die 1732 von Luigi Vanvitelli für Papst Clemens entworfen wurde. Direkt hinter dem fünfeckigen Gebäude steht an der Via XXIX Settembre die barocke **Porta Pia**, die Ende des 18. Jhs. auf Wunsch von Papst Pius VI. als monumentaler Eingang zur Stadt gebaut wurde.

Teatro delle Muse THEATER
(☎071 5 25 25; www.teatrodellemuse.org; Via della Loggia) Das prächtige Theater an der Piazza della Republica wurde 1826 errichtet. In der neoklassizistischen Fassade befinden sich griechische Friese, auf denen Apoll und die Musen zu sehen sind.

Schlafen

Rund um den Bahnhof gibt es einige einfache Hotels. Die Gegend ist nicht besonders einladend, aber hier ist genug Betrieb, um sich tagsüber sicher zu fühlen. Wer es etwas schicker haben möchte, muss in der Stadt übernachten.

Grand Hotel Passetto HOTEL €€
(☎071 3 13 07; www.hotelpassetto.it; Via Thaon de Revel 1; EZ/DZ inkl. Frühstück 120/195 €; P❄≋) Das Hotel liegt dicht an Anconas Strand und einen 20-minütigen Spaziergang vom Stadtzentrum entfernt. Alle Zimmer haben entweder Meerblick, Terrasse, Whirlpool oder Himmelbetten. Der Fahrstuhl (*ascensore*) bringt die Gäste zum Strand, auf der gegenüberliegenden Straßenseite liegt das Restaurant, eines der besten der Stadt. Am Wochenende und an Feiertagen erhält man Preisnachlässe.

Residence Vanvitelli APARTMENT €€
(☎071 20 60 23; www.residencevanvitelli.it; Piazza Saffi; Studio pro Nacht/Woche 65/375 €, 1-Zi.-Apt. 80/475 €, 2-Zi.-Apt. 95/575 €; P@) Modernes, ruhiges und komfortables Apartmenthaus. Es befindet sich an einer kleinen Piazza, und ist nur wenige Minuten von Anconas Sehenswürdigkeiten entfernt. Alle Apartments bieten Kochecken, Sky TV (Tag/3 Tage/Woche 5/10/16 €) und eine schnelle Internetverbindung (Tag/Woche 2/10 €). Die Wohnungen werden zweimal wöchentlich gereinigt, die Bettwäsche wird wöchentlich gewechselt.

Grand Hotel Palace HOTEL €€
(☎071 20 18 13; www.hotelancona.it; Lungomare Vanvitelli 24; EZ 88–98 €, DZ 90–110 €, inkl. Frühstück; 📶) „Grand" ist etwas übertrieben, „zweckmäßig" oder „adäquat" wäre passender. Die Zimmer sind ziemlich klein und die Einrichtung hat schon bessere Tage gesehen, aber alles ist sauber und ordentlich. Das Hotel liegt günstig am Fährhafen (die Fähren kann man vom Frühstücksraum im obersten Stock gut beobachten) und ebenso zum Erkunden der Altstadt.

Ostello della Gioventù HOSTEL €
(☎071 4 22 57; www.ostelloancona.it; Via Lamaticci 7; B 17 €) Anconas HI-Jugendherberge hat ein Männer- und ein Frauenstockwerk, die 4-/6-Bett-Zimmer und die Bäder sind makellos sauber. Zwar fehlt das gewisse Etwas, aber dafür liegt die Jugendherberge verkehrsgünstig dicht am Bahnhof und hat rund um die Uhr geöffnet.

Ancona

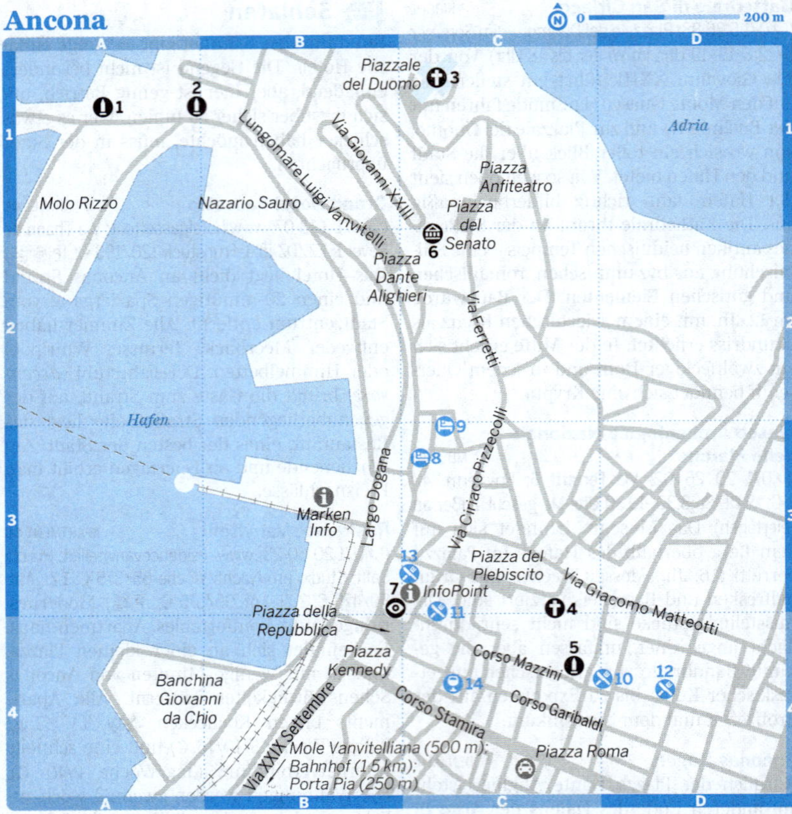

Essen

Slow Food ist in Ancona ziemlich unbekannt. Die zahlreichen Lokale rund um den Corso Garibaldi und den Corso Mazzini dienen zur schnellen Essenaufnahme unterwegs oder während einer kurzen Arbeitspause. Mittags sind die Restaurants häufig sehr voll (es lohnt sich, früh zu kommen), und die Schlangen vor den Pizzaständen sind lang. „Prossima, prossima!" („gleich, gleich") rufen die genervten Kellner, die die hungrige Menge bei Laune halten wollen.

Enopolis ITALIENISCH €€

(☎071 207 15 05; Corso Mazzini 7; Mahlzeiten 40 €; ⊙Mi–Mo) Ein Besuch in diesem Restaurant mit Weinbar lohnt sich schon allein wegen der labyrinthartigen Gewölbe unter dem aus dem 18. Jh. stammenden Palazzo Jona. Die Karte bietet hauptsächlich frischen Fisch (und natürlich Wein). Man sitzt zwischen moderner Kunst oder neben einem alten Brunnen und genießt eines der leckeren Tagesmenüs (25–45 €) und den dazu passenden Wein. Das Lokal ist auch für Rollstuhlfahrer zugänglich.

Osteria del Pozzo OSTERIA €€

(☎071 207 39 96; Via Bonda 2; Mahlzeiten 36 €; ⊙Mo–Sa) Allein die Ravioli vom Seebarsch mit Zucchini und Muschelsauce (10 €) lohnen den Besuch des beliebten Restaurants. Die meisten Einheimischen kommen wegen der Menüs, die zwischen 23 und 130 € kosten.

Cremeria Rosa EISDIELE €

(☎071 20 34 08; Corso Mazzini 61) Eine Mischung aus Cafeteria, Bar und Eisdiele, und das alles an der Hauptstraße – perfekt, um die Vorbeiflanierenden beim Eisessen zu beobachten. Drei Kugeln in der Waffel kosten 2 €. In der Pizzeria nebenan wird Pizza für 4,50 bis 8 € verkauft. Außerdem sind auch Fleisch- und Fischgerichte im Angebot.

Ancona

Sehenswertes

1 Arco Clementino ... A1
2 Arco di Traiano ... A1
3 Cattedrale di San Ciriaco ... C1
4 Chiesa di San Domenico ... C3
5 Fontana del Calamo ... C4
6 Museo Archeologico Nazionale delle Marche ... C2
7 Teatro delle Muse ... B3

Schlafen

8 Grand Hotel Palace ... C3
9 Residence Vanvitelli ... C3

Esssen

10 Cremeria Rosa ... D4
11 Enopolis ... C3
12 Mercato delle Erbe ... D4
13 Osteria del Pozzo ... C3

Ausgehen

14 Liberty Cocktail Lounge ... C4

Mercato delle Erbe MARKT €

(Corso Mazzini 130; im Sommer 7.30–12.45 & 17–20 Uhr, im Winter Mo–Sa 16.30–19.30 Uhr) Das Paradies für Picknickfans! In der grünen Halle aus Eisen und Glas befinden sich Dutzende von Buden, die Obst und Gemüse, frisches Brot und Gebäck, einheimischen Käse, Wurst- und Fleischwaren und alles Sonstige anbieten, was man so für ein Picknick braucht (inklusive der Plastikbecher und -teller).

Ausgehen

Liberty Cocktail Lounge BAR

(Via Traffico 7–10; Do–Di 11.30–2, Feiertage 17–2 Uhr) Das Art-déco-Café hätte sicherlich auch Picasso gefallen. Es liegt versteckt in einer Seitengasse und weist sich nur durch ein winziges Schild aus (man könnte fast meinen, der Besitzer wolle gar nicht so viele Gäste haben). Asiatisches Kunsthandwerk, Tiffany-Lampen und lauter elegante Bohemians – man sollte die Szene malen und als Poster zu verkaufen. Hier trifft sich das intellektuelle Publikum der Stadt zu einem Glas Wein, Lachs und Austern.

Praktische Informationen

Farmacia Centrale (071 20 27 46; Corso Mazzini 1)

InfoPoint (320 0196321; Via Gramsci; Mai–Okt. 10–13 & 16–20 Uhr) Touristeninformation für die Stadt Ancona.

Internet Point/Telefon (071 5 42 33; Piazza Roma 26–27; 15 Min./1 Std. 1/2 €; 9.30–21.30 Uhr)

Marche Info (071 35 89 91; www.comune.ancona.it; Via della Loggia 50; Mo–Sa 9–14 & 15–19 Uhr) Die Touristeninformation für die Provinz Marken befindet sich im Terminal am Fährhafen.

Ospedale Umberto I (071 59 61; Piazza Capelli 1) Krankenhaus.

Polizei (071 2 28 81; Via Giovanni Gervasoni 19) Südlich des Stadtzentrums.

Post (Largo XXIV Maggio; Mo–Fr 8–18.30, Sa 8–12.30 Uhr)

An- & Weiterreise

Auto & Motorrad

Ancona liegt an der A14, die Bologna mit Bari verbindet. Die Küstenstraße SS16 verläuft parallel zur Autobahn und ist eine angenehme gebührenfreie Alternative für alle, die etwas Zeit haben. Die SS76 verbindet Ancona mit Perugia und Rom.

Ancona hat viele Parkplätze, die umso teurer werden, je dichter sie am Zentrum liegen (Std. 1,20–2,70 €). Im großen Parkhaus Parcheggio Degli Archi in der Nähe des Bahnhofs kostet das Parken nur 2 € für den ganzen Tag.

Europcar (071 20 31 00) hat sein Büro gegenüber vom Bahnhof, die Firma **Maggiore** (071 4 26 24) findet man 40 m links vom Ausgang. Am Flughafen sind **Avis** (071 5 22 22; www.avis.com) und **Hertz** (071 207 37 98; www.hertz.com) vertreten.

Bus

Die meisten Busse fahren an der Piazza Cavour ab. Dorthin gelangt man vom Hafen in einem fünfminütigen Spaziergang Richtung Osten auf dem Corso Giuseppe Garibaldi. Einige Busse nach Falconara und Portonovo starten allerdings am Bahnhof.

REISEZIEL	FAHRPREIS (€)	FAHRZEIT	HÄUFIGKEIT
Flughafen Falconara	1,80	45 Min.	alle 45 Min.
Jesi	2,60	45 Min.	stündl.
Macerata	3,75	1½ Std.	12-mal tgl.
Numana	2,10	45 Min.	stündl.
Portonovo	1,50	30 Min.	Juni–Aug. 9-mal tgl.
Recanati	2,85	1¼ Std.	stündl.
Senigallia	2,40	1 Std.	stündl.

Fähre/Schiff

Alle Fährlinien haben Büros am Fährhafen, die Reisebüros im Ort helfen ebenfalls weiter. Fähren fahren nach Griechenland, Kroatien, Albanien und in die Türkei.

Flugzeug

Am **Flughafen Falconara** (Raffaello Sanzio Airport; AOI; ☎071 2 82 71; www.ancona-airport.com) landen Maschinen aus Düsseldorf, London, Rom, Madrid, Paris und Brüssel. Zu den größeren Fluggesellschaften, die Ancona anfliegen, gehören Lufthansa, Alitalia und Ryanair.

Zug

Ancona liegt an der Strecke Bologna – Lecce. Reisende sollten aufpassen, mit welchem Zugtyp sie fahren: Für den Eurostar wird ein teurer Aufschlag verlangt.

REISEZIEL	FAHRPREIS (€)	FAHRZEIT	HÄUFIGKEIT
Bari	37,50–51	4 Std.	8-mal tgl.
Bologna	13	2–3 Std.	stündl.
Florence	16–34,50	3½ Std.	alle 2 Std.
Milan	25–71,50	3–4 Std.	stündl.
Pesaro	3,50	30–45 Min.	stündl.
Rome	15–33	3–4 Std.	alle 2 Std.

Unterwegs vor Ort

BUS Es gibt sechs Linien von **Conero Bus** (www.conerobus.it), die den Bahnhof mit dem Zentrum (Piazza Cavour) verbinden, darunter die Linien 1/3, 1/4 und 1/5. Dagegen fährt die Linie 12 vom Bahnhof zum Fährhafen (1,20 €); auf dem Haltestellenschild steht „Centro" und „Porto".

ZUM/VOM FLUGHAFEN Die Buslinie J von Conero fährt etwa stündlich vom Bahnhof zum Flughafen (Mo–Sa 6.05–20.15 Uhr); die Linie S verkehrt sonn- und feiertags fünfmal. Die Fahrt kostet 1,80 € und dauert 25–45 Minuten. Vom Flughafen nach Ancona fährt die Linie J bis 23.30 Uhr. Taxis vom Flughafen bestellt man über ein **Taxi-Konsortium** (☎334 154 88 99). Sie fahren ins Stadtzentrum von Ancona (34 bis 38 €) und Portonovo (52–57 €).

TAXI Ein Taxi lässt sich unter ☎071 4 33 21 am Bahnhof und unter ☎071 20 28 95 in der Innenstadt rufen.

Parco del Conero

Nur wenige Minuten von Ancona entfernt liegt der kleine, aber beeindruckende Monte Conero, einer der wenigen ursprünglichen Küstenstreifen der Marken. Der Park erstreckt sich über eine Gesamtfläche von 58 km². Das Areal reicht von Portonovo (9,5 km südlich von Ancona) bis Sirolo (22 km von Ancona) und Numana (weitere 2 km südöstlich).

Das kleine Portonovo ist ein netter Zufluchtsort mit einigen schicken Restaurants und Hotels. Sirolo ist noch exklusiver – mit alten Stadtmauern und einem tollen Blick aufs Meer, liegt aber nicht direkt am Wasser. Das nördliche Ende von Numana ist schön, leider ähnelt der Rest des Ortes den anderen geschmacklosen Ferienorten in den Marken.

Schlafen

Hotel Fortino Napoleonico LUXUSHOTEL €€€

(☎071 80 14 50; www.hotelfortino.it; Via Poggio 166, Portonovo; EZ 130–150 €, DZ 180–250 €, inkl. Frühstück; ❄@≋) Die ehemalige Festung Napoleons ist heute eines der tollsten Strandhotels in den Marken, das Ambiente eignet sich perfekt für ein romantisches Rendezvous. Alte Mauern, antike Möbel und plüschige Sitzecken locken die Besucher von der Terrasse mit Meerblick ins Haus. Ein weiterer Grund ist das stilvolle Restaurant (tgl. Mittag- und Abendessen; Mahlzeiten 50 €) mit einheimischen Fischgherichte.

Rocco Locanda & Ristorante BOUTIQUEHOTEL €€

(☎071 933 05 58; www.locandarocco.it; Via Torrione 1, Sirolo; DZ 125–200 €, DZ inkl. Frühstück 125–210 €; ❄) Das elegante Hotel mit sieben Zimmern über dem gleichnamigen Restaurant liegt in der Stadt und nicht am Meer. Zur Gemütlichkeit dieses romantischen Zufluchtsorts tragen Federbetten, schmiedeeiserne Bettgestelle und alte Mauern bei.

Camping Internazionale CAMPINGPLATZ €

(☎071 933 08 84; www.campinginternazionale.com; Via San Michele 10, Sirolo; pro Pers. 5–11 €, Zelt 10–16 €, Auto 2–6 €, Bungalows & Wohnwagen 50–150 €; ⏲Ostern–Sept.; @≋) Der Campingplatz mit allem Komfort liegt unter Bäumen nur einige Meter vom hübschen Strand von Sirolo entfernt. Er bietet heiße Duschen, Plätze für Wohnwagen und einen Spielplatz. Im Sommer werden kostenlose, geführte Wanderungen durch den Naturpark angeboten.

Essen

Im Parco Naturale del Monte Conero befinden sich einige der besten Restaurants der Marken. Das eine oder andere von ihnen lockt Gourmets aus dem In- und Ausland an.

LP TIPP **Susci Bar al Clandestino** MEERESFRÜCHTE €€
(☎071 80 14 22; Via Portonovo, Loc Poggio, Portonovo; Mahlzeiten 38 €; ⌚Mai–Mitte Sept.) Mehr als cool – das Essen in der blauen Sushi-Bar al Clandestino wird von den italienischen Restaurantkritikern sehr empfohlen. Nach einem Bad in der schönen Baia di Portonove können die Gäste in zwangloser Atmosphäre Sushi oder Tapas genießen.

La Torre MEERESFRÜCHTE €€
(☎071 933 07 47; Via la Torre 1, Numana; Mahlzeiten 40 €) Sehr modern mit auf Putz liegenden Leitungen, viel Metall und schicken Tischen an riesigen Fenstern mit Blick aufs Meer. Fisch gibt es in allen Formen: gebraten, vom Grill oder als Eintopf. Als Dessert bietet sich das hausgemachte Tiramisu an. Das Lokal ist insbesondere bei den Einheimischen sehr beliebt.

Rocco MEERESFRÜCHTE €€
(☎071 933 05 58; Via Torrione 1, Sirolo; Mahlzeiten 35 €; ⌚Ostern–Mitte Okt., Mi–Mo) Ein Slow-Food-Restaurant, in dem engagierte junge Köche aus frischen Zutaten raffinierte Mahlzeiten zaubern. Auf der schattigen Terrasse werden hauptsächlich FischMahlzeiten und Schalentiere serviert.

Ristorante Acquamarina MEERESFRÜCHTE €€€
(☎071 739 08 70; Via Litoranea 209, Numana; Mahlzeiten 55 €; ⌚März–Mitte Dez., Di–So) Obwohl die Konkurrenz hier groß ist, gilt die Adresse am Meer als Top-Restaurant der Region. Feinschmecker kommen von weit her, um die aufwendig arrangierten Menüs (hauptsächlich mit Zutaten aus dem Meer) zu genießen. Eine perfekte Vorspeise sind die gemischten Fisch-Antipasti.

Il Molo MEERESFRÜCHTE €€
(☎071 80 10 40; Spaggia di Portonovo, Portonovo; Mahlzeiten 30 €; ⌚April–Okt.) Alles, was vor der Küste von Monte Conero im Meer schwimmt, findet sich auch auf der Speisekarte des Il Molo. Jeden Morgen bieten die Fischer der Umgebung ihren frischen Fang dem Koch an. Gut sind auch die kreativen Kombinationen von Pasta und Schalentieren.

ℹ Praktische Informationen

Touristeninformation (☎071 933 11 61; www.parcodelconero.com; Via Peschiera 30, Sirolo; ⌚Mitte Juni–Mitte Sept. 9–13 & 16–19 Uhr, Mitte Sept.–Mitte Juni Mo–Sa 9–13 Uhr) Informationen über den Park und geführte Touren.

ℹ An- & Weiterreise

Das ganze Jahr über fahren vereinzelt Busse von Ancona aus die Gegend an, am häufigsten im Juli und August (s. S. 631).

Urbino

15 627 EW.

Viele Besucher der Marken fahren zuerst nach Urbino. Der Patriarch der Familie Montefeltro, Herzog Federico da Montefeltro, sammelte die besten Künstler, Architekten und Gelehrten des 15. Jhs. um sich und schuf eine Art Ideenfabrik der Renaissance. Die Universität beherrscht heute noch das Leben in der Stadt. Die Unesco hat die Stadt zum Weltkulturerbe erklärt.

Sehenswertes

Palazzo Ducale PALAZZO
(☎0722 2 76 01; Piazza Duca Federico; Erw./erm. 5/2,50 €; ⌚Di–So 8.30–19.15, Mo 8.30–14 Uhr) Der Palazzo Ducale spiegelt die Architektur, Kunst und Geschichte der Renaissance. Hier befinden sich auch die **Galleria Nazionale delle Marche,** das **Museo Archeologico** und das **Museo della Ceramica**. Der Renaissancebau von Federico da Montefeltro, der die drei Museen beherbergt, ist schon ein Kunstwerk an sich: Für die Realisierung beschäftigte der Herzog einige der besten Künstler und Architekten der Renaissance.

Ein monumentales Treppenhaus, eines der ersten in Italien, führt zum *piano nobile* und den Gemächern des Herzogs. Piero della Francesca war einer der Künstler, und sein Werk *La Flagellazione* (Die *Geißelung Christi;* um 1455) schmückt die Bibliothek. Zur Sammlung gehören auch unendlich viele Zeichnungen des auf Altarbilder spezialisierten Federico Barocci und Werke von Raffael, Tizian und Signorelli.

Der Corso Garibaldi bietet den besten Blick auf den Gebäudekomplex mit der ungewöhnlichen Facciata dei Torricini, einer dreistöckigen Loggia in Form von Triumphbögen, flankiert von Rundtürmen.

Cattedrale di Urbino KIRCHE
(Piazza Duca Federico; ⌚7.30–13 & 14–19 Uhr) Die nüchterne Fassade von Urbinos Dom, die im frühen 19. Jh. im neoklassizistischen Stil umgebaut wurde, ist weit weniger interessant als der Kirchenraum. Besonders erwähnenswert ist Federico Baroccis *Letztes Abendmahl*. Das Dommuseum **Museo Albani** (☎0722 65 00 24; Eintritt 3 €;

ABSTECHER

DAS FLIEGENDE HAUS VON LORETO

Jedes Jahr kommen Tausende von Pilgern nach Loreto. Sie glauben, dass Engel das Haus der Jungfrau Maria gegen Ende des 13. Jhs. von Palästina hierher nach Loreto gebracht haben. Die andere, nicht minder große Attraktion sind sicherlich die Jesus-Statuen, die im Dunklen schwach leuchten und wahrscheinlich nur hier zu bekommen sind.

Das einfache kleine Haus befindet sich heute in der ziemlich kitschigen **Basilica della Santa Casa** (071 97 01 04; Piazza della Madonna; April–Sept. 6.15–20 Uhr, Okt.–März 6.45–12.30 & 14.30–19 Uhr), ein Durcheinander von religiösen Fresken und viel Glitzer.

Loreto erreicht man von Ancona leicht mit dem Zug (2,05 €, 15 Min., 7-mal tgl.).

Mi–Mo 9.30–13 & 14.30–18.30 Uhr) besitzt liturgi-sches Gerät, Messgewänder und Gemälde, u. a. auch Andrea da Bolognas *Madonna del Latte*.

Casa Natale di Raffaello HISTORISCHES GEBÄUDE
(0722 32 01 05; Via Raffaello 57; Erw./erm. 2/1 €; März–Okt. 9–13 & 15–19 Uhr, Nov.–Febr. 9–14 Uhr) Nördlich der Piazza della Repubblica steht das aus dem 15. Jh. stammende Haus, in dem Raffael die ersten 16 Jahre seines Lebens verbrachte. Im 1. Stock befindet sich eine der ersten Fresken Raffaels, eine Madonna mit Kind.

GRATIS **Museo della Città** MUSEUM
(0722 30 92 70; Via Valerio 1; Mo & Mi–Fr 9.30–13.30, Sa & So 10–18 Uhr) Das Stadtmuseum befindet sich im Renaissancepalast Odasi südlich der Piazza. Es bietet einen Einblick in die Geschichte von Urbino sowie ein maßstabsgetreues Modell der Stadt (sehr nützlich, um sich zurechtzufinden) und präsentiert verschiedene Exponate aus der Antike.

Oratorio di San Giovanni KIRCHE
(347 6711181; Via Barocci; Eintritt 2,50 €; Mo–Sa 10–12.30 & 15–17.30, So 10–12.30 Uhr) Das Oratorium aus dem 14. Jh. besticht durch leuchtende Fresken von Lorenzo und Giacomo Salimbeni.

Feste & Events

In Urbino wird das ganze Jahr gefeiert. Jedes Jahr im Mai während der **Urbino Città Fiorita** verwandelt sich Urbino in ein Blütenmeer. In Juni steigt das **Urbino Jazz Festival** mit Veranstaltungen in der ganzen Stadt, danach folgen das **Internationale Festival für Alte Musik** im Juli und am ersten Sonntag im September die **Festa dell'Aquilone,** ein Drachenfest. Letzteres ist ein Wettbewerb mit Modellflugdrachen.

Festa dell'Duca KULTUR
Am zweiten Sonntag im August fällt Urbino ins Mittelalter zurück: Die Straßen der Stadt werden dann Schauplatz eines kostümierten Umzugs und eines Ritterturniers.

Schlafen

LP TIPP **Locanda della Valle Nuova** AGRITURISMO €€
(/Fax 0722 33 03 03; www.vallenuova.it; La Cappella 14, Sagrata di Fermignano; pro Pers. inkl. Frühstück 56 €; Juni–Nov.; P@) Ökologie und Komfort halten sich bei diesem *agriturismo* perfekt die Waage. Das Haus besitzt sechs Gästezimmer sowie einige Apartments mit Kochecke für diejenigen, die den Verlockungen der angebotenen Hausmannskost widerstehen können. Die Gäste können reiten oder auch selbst gezogene Trüffel probieren. Die Locanda liegt etwa 20 Minuten von Urbino entfernt, der Besitzer spricht Englisch und arrangiert für seine Gäste den Transport sowie Ausflüge in die Umgebung. Der Mindestaufenthalt liegt bei drei Nächten.

Albergo Italia HOTEL €€
(0722 27 01; www.albergo-italia-urbino.it; Corso Garibaldi 32; EZ 50–70 €, DZ 80–120 €, inkl. Frühstück; @) Das große Hotel Italia liegt traumhaft – direkt hinter dem Palazzo Ducale. Es ist modern und gut geplant und bietet den Komfort eines Geschäftshotels. Im Sommer kann man draußen frühstücken.

Hotel Raffaello HOTEL €€
(0722 47 84; www.albergoraffaello.com; Via Santa Margherita 40; EZ 50–70 €, DZ 70–120 €, inkl. Frühstück;) Hinter dem beeindruckenden Marmortor des ehemaligen Priesterseminars verbergen sich einfache, aber bequeme Zimmer mit TV, Minibar und Radio. Manche Zimmer haben einen fantastischen Blick auf den Palast. Das Hotel liegt nahe dem Geburtshaus von Raffael.

Albergo San Giovanni HOTEL €
(☎0722 28 72; www.albergosangiovanniurbino.it; Via Barocci 13; EZ/DZ 39/60 €, ohne Bad 29/46 €; ⌚10.–30. Jul. & 20. Dez.–10. Jan. geschl.) Passend für eine Universitätsstadt sehen die Zimmer etwas wie Schlafsäle aus, aber der Preis stimmt. Alles wirkt ein bisschen muffig, die Betten sind jedoch bequem und die Gemeinschaftsbäder sauber. Direkt nebenan liegt ein nettes Restaurant.

Campeggio Pineta CAMPINGPLATZ €
(☎0722 47 10; www.camping-pineta-urbino.it; Via Ca' Mignone 5, San Donato; pro Pers. 10–12 €, pro Zelt 12–14 €; ⌚Ostern–Sept.) Der Campingplatz liegt nur 2 km vom Stadtzentrum entfernt unter vielen schattigen Bäumen. Für die Camper gibt es heiße Duschen, eine Bar und einen kleinen Laden. Ein Bus fährt in die Stadt.

Essen & Ausgehen

Italiens einzige gemeingefährliche Nudeln – *strozzapreti* (Priesterwürger) – sollte man unbedingt probieren, sie werden in den meisten Restaurants angeboten. Eine Legende besagt, dass diese Nudelschnipsel erfunden wurden, damit sie Priestern, die ohne Bezahlung in Restaurants aßen, im Hals stecken blieben. Priester sollten also aufpassen.

La Trattoria del Leone TRATTORIA €
(☎0722 32 98 94; Via Cesare Battisti 5; Mahlzeiten 24 €; ⌚jeden Abend, Sa & So auch Mittagessen) Die Trattoria im Stadtzentrum hat sich auf die einfallsreiche Küche der Marken spezialisiert, z. B. Ravioli mit dem einheimischen Käse Casciotta d'Urbino (8 €) oder Kaninchen aus dem Ofen mit Oliven, Speck und Wurst (10 €). Es gibt auch ein Tagesmenü für 20 €.

La Balestra OSTERIA €
(☎0722 29 42; Via Valerio 16; Mahlzeiten 24 €; ⌚Küche bis 24 Uhr) Urbinos Gelehrte und Studenten treffen sich hier in alten Ziegelgewölben oder bei schönem Wetter draußen auf der gut besuchten Terrasse. Die Küche bietet traditionelle Mahlzeiten, einige Rezepte stammen aus dem Mittelalter. Einen Versuch wert sind die *pappardelle del duca* oder die berühmten *strozzapreti*.

Antica Osteria de la Stella OSTERIA €€
(☎0722 32 02 28; Via Santa Margherita 1; Mahlzeiten 26 €) Eine moderne Ausgabe eines Gasthauses aus dem 15. Jh., das von Leuten wie Piero de la Francesca besucht wurde. Im

Urbino

Urbino

Highlights
Palazzo Ducale B3

Sehenswertes
1 Casa Natale di Raffaello A2
2 Dom von Urbino B3
Galleria Nazionale delle Marche .... (siehe 3)
Museo Albani .... (siehe 2)
Museo Archeologico .... (siehe 3)
3 Museo della Ceramica B3
4 Museo della Città B2
5 Oratorio di San Giovanni A2
6 Università di Urbino B3

Schlafen
7 Albergo Italia A2
8 Albergo San Giovanni A2
9 Hotel Raffaello A2

Essen
10 Antica Osteria de la Stella A2
11 Caffè Centrale B2
12 La Balestra B3
13 La Trattoria del Leone B2
14 Osteria L'Angolo Divino B1

Unterhaltung
15 Teatro Sanzio A3

schlichten, eleganten Speiseraum werden ungewöhnliche Adaptionen klassischer Rezepte wie Lasagne mit Spargel und wunderbares selbst gebackenes Brot serviert.

Osteria L'Angolo Divino OSTERIA €€
(☎0722 32 75 59; Via Sant'Andrea 14; Mahlzeiten 32 €; ⏲Di–Sa Mittag- & Abendessen, Juni–Mitte Dez. auch So Mittagessen) Stimmungsvolle *osteria* in einem Keller, unter dessen gewölbten Ziegelalkoven unzählige Weinflaschen stehen, die alle probiert werden können. Sogar Abstinenzler lieben diesen Ort, denn die Karte bietet einfache, aber schmackhafte Nudelspezialitäten. Dazu gehört auch *pasta nel sacco* (Nudeln im Sack): Hinter diesem ungewöhnlichen Namen verbergen sich panierte Nudeln mit Ei.

Caffè Centrale CAFE €
(☎0722 24 48; Piazza della Repubblica; ⏲6.30–2 Uhr) Beliebt bei den Studenten in Urbino und eines der besten Pizza-Cafés. Nachmittags können die Gäste draußen in der Sonne sitzen. Zu jeder Tageszeit lassen sich Gebäck, Sandwiches und Eis bestellen, abends werden zu den Getränken kleine *aperitivi*, Häppchen und Snacks gereicht.

☆ Unterhaltung

Teatro Sanzio THEATER
(☎0722 22 81; Corso Garibaldi) In dem faszinierenden alten Theater aus dem 19. Jh. finden besonders zwischen Juli und September Theateraufführungen und Konzerte statt. Den Veranstaltungskalender hat die Touristeninformation.

Praktische Informationen

Ospedale Civile (☎0722 30 11; Via Bonconte da Montefeltro) Krankenhaus 1,5 km nördlich des Stadtzentrums.

Polizei (☎0722 3 51 81; Piazza Mercatale)

Post (☎0722 3 77 91; Via Bramante 28; ⏲Mo–Fr 8.30–18.30, Sa 8.30–12.30 Uhr)

Touristeninformation (Piazza Mercatale; ⏲6.30–20.30 Uhr) Am Eingang zum Lift in die Stadt.

Touristeninformation (☎0722 26 13; Fax 0722 24 41; Via Puccinotti 3; ⏲Mo–Sa 9–13, Di–Fr 15–18 Uhr) Hier erhält man einen kostenlosen Stadtplan und den Miniführer *Urbino City of Art* (5 €).

Anreise & Unterwegs vor Ort

AUTO & MOTORRAD Innerhalb der Stadtmauern dürfen so gut wie keine Autos fahren. Parkplätze befinden sich vor den Stadttoren, der größte am Borgo del Mercatale.

BUS **Adriabus** (☎0800 66 43 32, 0722 37 67 38; www.adriabus.eu, auf Italienisch) verkehrt bis zu 15-mal täglich zwischen Urbino und Pesaro (2,80 €, 55 Min.). Dort kann man in den Zug nach Bologna steigen.

TAXIS bekommt man unter ☎0722 25 50; Busse fahren ab der Piazza della Repubblica und der Piazza Mercatale.

ZUG Urbino hat keinen Anschluss an das Streckennetz der Bahn. Der nächste Bahnhof befindet sich in Pesaro, ungefähr 35 km entfernt. Es gibt eine Regionalbahn, den **Tren Urbino** (1,05 €), der zwischen den Sehenswürdigkeiten hin und her zuckelt (Fahrkarten im Zug). Genau das Richtige, wenn man genug von den Bergen hat.

Pesaro

94 799 EW.

Geografisch gesehen ist die Stadt Pesaro fast perfekt: die Lage am Meer, eine alte Fußgängerzone (sogar eben) und im Hintergrund sanfte Hügel. Leider fallen jeden Sommer Zehntausende sonnenhungriger Nordeuropäer mit Badelatschen hier ein, um sich wie Ölsardinen am Strand zu grillen. Dazu kommen riesige Bettenburgen aus Beton. Dennoch: Die Altstadt verdient einen ganzen Tag. Der Komponist Gioachino Rossini liebte seine Heimatstadt so sehr, dass er ihr all seinen Besitz vermachte, als er starb (die Casa Rossini ist einen Besuch wert).

Sehenswertes & Aktivitäten

Der berühmte Komponist Rossini wurde im Jahr 1792 in einem der typischen Häuser Pesaros geboren, in der **Casa Rossini** (☎0721 38 73 57; Via Rossini 34; Erw./erm. 4/3 €, inkl. Eintritt ins Musei Civici 7/4 €; ⏲Sept.–Juni Di–So 9.30–12.30, Do–So 16–19 Uhr, Juli–Aug. Di–So 9.30–12.30, Di & Do 16–22.30, Mi & Fr–So 16–19 Uhr). Durch Drucke, persönliche Gegenstände und Porträts erfahren Besucher viel über die Geschichte Rossinis und der Oper im 19. Jh.

1860, direkt nach der italienischen Wiedervereinigung, wurde eine Kunstgalerie in der Stadt eröffnet, die heute das **Musei Civici** (☎0721 38 75 41; www.museicivicipesaro.it; Piazza Toschi Mosca 29; Erw./erm. 4/2 €, inkl. Eintritt in die Casa Rossini 7/4 €; ⏲Di–So 10–13, Di, Do & So bis 16 Uhr) birgt. Hier erhält man einen Überblick über die 700-jährige Keramiktradition Pesaros, zu sehen sind einige der schönsten Majolika-Arbeiten Italiens.

Pesaro hat vier große Strände: **Levante**, **Ponente**, **Baia Flaminia** und den **freien Strand**. Levante und Ponente liegen vor den Hotelklötzen rechts und links der Touristeninformation und sind überlaufen. Viel leerer ist der freie Strand südlich der Stadt am Monte Ardizio.

Feste & Events

Rossini Opera Festival MUSIK
(☎0721 380 02 94; www.rossinioperafestival.it; Via Rossini 24; ⏲Kasse Mo–Fr 10–13 & 15–18 Uhr) Zu Ehren des berühmten Sohns der Stadt findet in Pesaro jeden Sommer dieses Festival statt. Tickets kosten zwischen 10 und 125 €, Ermäßigung gibt es für Studenten und Kurzentschlossene.

Schlafen & Essen

Die meisten Hotels sind von Oktober bis Ostern geschlossen, und sehr viele sind Betonklötze aus den 60er-Jahren, hässlich, aber direkt am Strand. Unterkünfte vermittelt die **Associazione Pesarese di Albergatori** (☎0721 6 79 59; www.apahotel.it, auf Italienisch & Englisch; Viale Marconi 57) oder die Touristeninformation (s. gegenüber).

Marinella CAMPINGPLATZ €
(☎0721 5 57 95; www.campingmarinella.it; SS Adriatica Nord km244; pro Pers. 6,50–9,50 €, pro Zelt 5–7 €, pro Auto 3–5 €, DZ Bungalow 55–75 €; ⏲Ostern–Sept.; 👪) Einschlafen beim Rauschen der Wellen, die sich dicht am Zelt am Strand brechen. Der Platz bietet ein Restaurant, einen kleinen Laden, Beachvolleyballplätze, Waschmaschinen, Duschen und viele Aktivitäten für Kinder.

Felici e Contenti MEERESFRÜCHTE €€
(☎0721 3 20 60; Via Cattaneo 37; Mahlzeiten 26 €; ⏲Di–Sa, So Abendessen) Wenn sich ein Restaurant schon „Glücklich und Zufrieden" nennt, ist ein schöner Abend nahezu gesichert. Die Spezialität ist Fisch, aber die Pasta ist auch unvergesslich. Die Atmosphäre ist gepflegter als in vielen anderen Restaurants im Ort. Das Lokal liegt in einer ruhigen Seitenstraße im mittelalterlichen Zentrum.

Unterhaltung

Teatro Rossini THEATER
(☎0721 3 24 82; www.enteconcerti.it; Via Rossini) Das Theater trägt den Namen des berühmten und bereits zu seiner Zeit erfolgreichen Komponisten. Mit seiner beeindruckenden Decke und den verzierten Logen ist es ein atemberaubender Ort für ein Konzert, besonders während des jährlich stattfindenden Rossini Opera Festivals.

Praktische Informationen

Pesaro Urbino Tourism (www.turismo.pesarourbino.it) Ausgezeichnete Informationen mit Karten, ein Unterkunftsverzeichnis und Infos zu den städtischen Sehenswürdigkeiten.

Touristeninformation (☎0721 6 93 41; www.comune.pesaro.ps.it, auf Italienisch; Piazzale della Libertà 11; ⏲im Sommer Mo–Sa 9–13 & 15–19, So 9–13 Uhr, im Winter Mo, Mi, Fr & Sa 9–13, Di & Do 15–18 Uhr)

Anreise & Unterwegs vor Ort

BUS Der Busbahnhof befindet sich an der Piazza Matteotti. Busse von **Bucci** (☎0721 3 24 01) fahren von hier nach Ancona (3,10 €, 1¼ Std., 4-mal tgl.) und Rom (20 €, 4¾ Std.). **Adriabus** (☎0800 664332, 0722 37 67 38; www.adriabus.eu, auf Italienisch) fährt bis zu 15-mal tgl. nach Urbino (2,80 €, 55 Min.).

ZUG Pesaro liegt an der Strecke Bologna – Lecce. Rom (17,05–43 €, 4 Std., 9-mal tgl.) erreicht man mit Umsteigen in Falconara Marittima, kurz vor Ancona. Stündlich fahren Züge nach Ancona (3,40 €, 30–50 Min.), Rimini (3,30 €, 20–40 Min.) und Bologna (9,50–12 €, 2 Std.). Der Bahnhof befindet sich am Westrand der Stadt, ungefähr 2 km vom Strand entfernt.

Grotte di Frasassi

Im September 1971 stolperte eine Gruppe Kletterer über ein Loch in der Hügellandschaft um Genga – durch Zufall entdeckten sie dabei die größte Höhle Europas.

Durch die **Grotte** (☎0732 9 00 80; www.frasassi.com; Erw./erm. 15,50/13,50 €; ⏲März–Okt. 10–18 Uhr, Nov.–Feb. Mo–Fr 11.30 & 15.30, Sa 11.30, 14.30,16.30, So & Feiertage 10, 11, 12, 14.30, 16, 17 Uhr, 10.–30. Jan. geschl.) führt jetzt ein 1,5 km langer Weg. Die Führung durch fünf Höhlenkammern dauert 70 Minuten.

Die erste Kammer, **Ancona Abyss,** ist fast 200 m hoch, 180 m breit und 120 m lang. Die Führer weisen gerne darauf hin, dass in diese Höhle der Mailänder Dom passen würde. Trotzdem ist das Beeindruckende an den Höhlen nicht so sehr ihre schiere Größe (obwohl die auch schon eindrucksvoll ist), sondern vielmehr ihr Inhalt – eine sanft geschwungene Landschaft voller schimmernder Stalagmiten und Stalaktiten. Einige von ihnen sind 1,4 Mio. Jahre alt und erinnern an riesige Kerzen aus schmelzendem Wachs. Die Führung ist manchmal etwas langsam (leider darf man nicht alleine gehen), dafür entschädigt die geschickt positionierte Beleuchtung. Besucher sollten für das ganze Gebiet einen Tag einplanen, denn es gibt in der Nähe noch eine romanische Kirche zu besichtigen und etliche lohnenswerte Wanderwege.

Wer aus Richtung Ancona kommt, nimmt die die A14 und wechselt dann auf die SS76, der man bis zum ausgeschilderten Parkplatz folgt. Er liegt 1,5 km östlich des Eingangs bei San Vittore Terme. Vom Parkplatz, wo man auch die Tickets kauft, fährt ein Bus zu den Höhlen. Der nächstgelegene Bahnhof befindet sich in Genga San Vittore Terme, in der Nähe des Parkplatzes und der Kasse.

Macerata

43 002 EW.

Macerata liegt abseits der Touristenroute, ist aber eine bezaubernde Hügelstadt mit tollen Unterkünften und einer ganzen Anzahl an Sehenswürdigkeiten. Hier findet eines der bekanntesten Opernfestivals Italiens statt.

Sehenswertes & Aktivitäten

Eines der umwerfendsten Freilichttheater des Landes ist die **Arena Sferisterio** (☎0733 23 07 35; www.sferisterio.it; Piazza Mazzini 10; Erw./erm. 3/2 €, Veranstaltungen 15–150 €; ⏲Führungen im Sommer 12 & 17 Uhr, im Winter Mo–Sa 12 & 16 Uhr), die an eine antike römische Arena erinnert, aber erst Anfang des 19. Jhs. errichtet wurde. Jedes Jahr findet hier zwischen dem 15. Juli und dem 15. August die Stagione Lirica statt, eines der renommiertesten Musikfestivals Italiens, bei dem die Großen der Oper auftreten.

Das Stadtzentrum beginnt an der Loggia dei Mercanti neben der Touristeninformation an der Piazza della Libertà. Dieses offene Gebäude aus dem 16. Jh. beherbergte früher durchreisende Händler, die ihre Waren an die Bewohner der umliegenden Dörfer verkauften. Auf der anderen Seite des Platzes steht das **Teatro Lauro Rossi** (☎0733 23 35 08; www.sferisterio.it; Piazza della Libertà 21; Eintritt ab 10 €; ⏲Führungen Mo–Fr 9–13 & 17–20 Uhr), ein elegantes Theater von 1774, in dem sich damals der Adel musikalisch unterhalten ließ, heute steht es allen offen. Das Theater hat dasselbe Management wie das Sferisterio.

Die wichtigsten Museen in Macerata sind vor kurzem vom Palazzo Ricci in den Palazzo Buonaccorsi, etwas weiter unten auf der Straße, umgezogen und erhielten einen neuen Namen: **Musei Civici di Palazzo Buonaccorsi** (☎0733 25 63 61; www.maceratamusei.it; Via Don Minzoni 24; Eintritt frei; ⏲Di–Sa 9–13 & 16–19.30, So 9–13 Uhr). Die Sammlungen verteilen sich jetzt über drei Stockwerke. Im Erdgeschoss befindet sich das **Museo della Carozza (Kutschenmuseum)** mit einer umfangreichen Sammlung von Kutschen aus dem 18. bis 20. Jh. Im 1. Stock wird **alte Kunst (Arte Antica)** mit Werken aus dem 13. bis 19. Jh. gezeigt, während der 2. Stock der **modernen Kunst (Arte Moderna)** gewidmet ist. Mehrere Säle zeigen Werke des Malers Ivo Pannaggi sowie Gemälde aus der Schule des „Secondo Futurismo“, die in den 1930er-Jahren in Macerata entstanden war.

Schlafen

Albergo Arena HOTEL €

(☎0733 23 09 31; www.albergoarena.com; Vicolo Sferisterio 16; EZ 45–65 €, DZ 65–95 €, inkl. Frühstück; P❄) Das Arena bietet das wohl beste Frühstück aller 3-Sterne-Hotels der Umgebung mit frischem Obst, Saft und Gebäck. Die Zimmer sind komfortabel, in den makellosen Bädern finden sich Haartrockner und Handtuchwärmer.

Hotel Arcadia HOTEL €

(☎0733 23 59 61; www.harcadia.it; Via Matteo Ricci 134; EZ 40–65 €, DZ 65–95 €, alle inkl. Frühstück; P❄) Den Besitzern gehört auch das Albergo Arena, hier ist aber alles noch etwas edler. Das 3-Sterne-Hotel liegt in einer ruhigen Straße unweit des Doms, die Zimmer bieten nüchternen Business-Komfort zu vernünftigen Preisen. Alle Zimmer haben eine „frigobar“, einige auch einen Mini-Balkon mit Blick auf die Straße.

Hotel Claudiani HOTEL €€

(☎0733 26 14 00; www.hotelclaudiani.it; Via Ulissi 8; EZ/DZ inkl. Frühstück 70/105 €; P📶) Maceratas einziges 4-Sterne-Hotel liegt in einer ruhigen Straße nur einen Steinwurf von der Altstadt entfernt. Es befindet sich in einem kürzlich renovierten *palazzo* der noblen Familie Claudiani und richtet sich vor allem an Geschäftsreisende.

Essen & Ausgehen

Da Secondo TRATTORIA €€

(☎0733 26 09 12; Via Pescheria Vecchia 26/28; Mahlzeiten 36 €; ⏲Di–So) *Der* Ort in Macerata, um die einheimische Küche auszuprobieren. Die Geschichte der Stadt bezeugen die vielen Fotos an den Wänden und die regiona-

HÖHLENEXPEDITION FÜR FORTGESCHRITTENE

Wem die 70-minütige Tour durch den tropfenden Wald aus Stalagmiten und Stalaktiten in der Grotte di Frasassi nicht genug Abenteuer ist, der kann an der Expedition *Speleo Avventura* teilnehmen. Hier steigt der Adrenalinspiegel beträchtlich, denn diese Höhlentour führt über 30 m tiefe Felsspalten und durch enge Gänge, durch die man auf Händen und Knien kriechen muss. Zur Auswahl stehen zwei unterschiedliche Routen: die blaue Tour (relativ leicht) dauert zwei Stunden und kostet 35 €, die rote Tour (schwierig, denn man geht weit in das Innere der Höhle) dauert drei bis vier Stunden und kostet 45 €. Beide Touren müssen im Voraus gebucht werden. Viel Spaß!

len Zutaten: *pecorino* (Schafskäse), *tartufo* (Trüffel) und *osso buco con porcini* (Beinscheibe mit Steinpilzen). Im Sommer wird draußen auf der romantischen Terrasse gegessen. Die berühmte warme Schokoladentorte krönt das perfekte Mahl.

Osteria dei Fiori OSTERIA €
(☎0733 26 01 42; Via Lauro Rossi 61; Mahlzeiten 23 €; ⏲Mo–Sa) Wer eine etwas gedämpfte, gemütliche Umgebung sucht, der is(s)t hier richtig. Die Küche glänzt mit einheimischen *Maceratese*-Spezialitäten, bei schönem Wetter kann man auf der Terrasse sitzen.

Caffè Venanzetti CAFE €
(☎0733 23 60 55; Galleria Scipione, Via Gramsci 21/23) Nach Meinung der Einheimischen ist dies das beste Café der Stadt. Die Räume haben hohe Decken, viel Holz und Spiegel, das Gebäck ist ein Genuss und der Cappuccino einer der besten der Marken.

Praktische Informationen

Internetcafé (☎0733 26 44 04; Piazza Mazzini 52; Std. 4 €; ⏲Mo–Sa 10–13 & 17–20 Uhr)

Macerata Incoming (☎0733 23 43 33; www.maceratainconming.it; Porta Picena 1; ⏲im Winter 10–13 & 15–18 Uhr, im Sommer auch Di–So 15–19 Uhr) Private Touristeninformation, die sonntags geöffnet ist.

Post (☎0733 27 30 53; Via Gramsci 44; ⏲Mo–Fr 8–18.30, Sa 8–13 Uhr)

Touristeninformation (☎0733 23 48 07; iat.macerata@regione.marche.it; Piazza della Libertà 12; ⏲Sept.–Juni Mo–Fr 9–13 & 15–18, Sa 9–13 Uhr, Juli & Aug. Mo–Sa 9–18 Uhr)

Anreise & Unterwegs vor Ort

AUTO & MOTORRAD Die SS77 verbindet die Stadt mit der A14 im Osten und mit den Straßen nach Rom im Westen. Gebührenpflichtige Parkplätze (8–20 Uhr) gibt es entlang der Stadtmauer, kostenlose Parkplätze befinden sich an den Giardini Diaz, wo die Busse ankommen.

BUS Busse fahren nach Rom (21 €, 4 Std., 3-mal tgl.) und Civitanova Marche (2,25 €, 1 Std., stündl.). Fahrpläne findet man am Busbahnhof hinter den **Giardini Diaz** (☎0733 26 15 94).

TAXI An der Piazza della Libertà stehen **Taxis** (☎0733 23 35 70), ebenso am **Bahnhof** (☎0733 24 03 53) und an den **Giardini Diaz** (☎0733 23 13 39).

ZUG Vom **Bahnhof** (☎0733 24 03 54; Piazza XXV Aprile 8/10) bestehen gute Verbindungen nach Ancona (4,35 €, 1¼ Std., stündl.) und nach Rom (14,50–30 €, 4–5½ Std., 8-mal tgl.). Wer nach Ascoli Piceno (5,85 €, 2 Std., 10-mal tgl.) reisen möchte, muss in San Benedetto del Tronto und Civitanova Marche umsteigen. Die Buslinie 6 verbindet den Bahnhof mit der Piazza della Libertà im Stadtzentrum.

Ascoli Piceno

51 203 EW.

Die Geschichte Ascolis (wie die Einheimischen sagen) reicht zurück bis zu den Sabinern im 9. Jh und den Picenern. Der Ort ist eine gelungene Mischung aus altem Rom und einem kleinen *Marchigiani*-Städtchen – sprich: er bietet viel Geschichte und gutes Essen. Müde Füße werden sich freuen, dass der Stadt die Berge fehlen. Stattdessen findet man historische Reichtümer, eine ausgezeichnete *pinacoteca*, perfekte Piazzen und die örtliche Spezialität: dicke, mit Hackfleisch gefüllte und frittierte Oliven (*olive all'ascolana*).

Sehenswertes

Chiesa di San Francesco KIRCHE
(☎0736 25 94 46; Piazza del Popolo; ⏲7–12.30 & 15.30–20 Uhr) Mit dem Bau der schönen Kirche wurde 1262 beim Besuch des hl. Franziskus begonnen. Im Längsschiff befindet sich ein Holzkreuz aus dem 15. Jh., das wunderbarerweise 1535 ein Feuer im Palazzo dei Capitani überstand. Von ihm soll bereits zweimal Blut geflossen sein. Direkt an der Kirche steht die **Loggia dei Mercanti**, die

im 16. Jh. von der einflussreichen Zunft der Wollhändler angebaut wurde, um das Durcheinander ihrer Lager zumindest etwas zu verstecken.

Die Kirche steht auf der beeindruckenden Piazza del Popolo, die bereits seit römischen Zeiten Ascolis *salotto* (Salon) darstellt. Der rechteckige Platz wird im Westen vom **Palazzo dei Capitani del Popolo** aus dem 13. Jh. begrenzt. Er ist wie alle Häuser der Region aus Travertin gebaut, einen Werkstein der seit Jahrhunderten verwendet wurde. Der „Palast der Volkshauptmänner" war der Sitz der Herrscher von Ascoli. Die Statue Papst Pauls III. über dem Haupteingang wurde in Anerkennung seiner Verdienste um den Frieden in der Stadt errichtet.

Pinacoteca MUSEUM

(☎0736 29 82 13; www.ascolimusei.it; Piazza Arringo; Erw./erm. 8/5 €; ⏲März–Sept. Di–So 10–19 Uhr, Okt.–Feb. Di–So 10.30–17 Uhr) Die zweitgrößte Gemäldesammlung der Marken befindet sich im **Palazzo Comunale** aus dem 17. Jh. Sie bietet eine außergewöhnliche Sammlung an Kunst, Skulpturen und liturgischem Gerät. Zu den insgesamt 400 Stücken gehören auch Gemälde von Van Dyck, Tizian und Rembrandt sowie ein prächtiger bestickter Umhang aus dem 13. Jh., den der in Ascoli geborene Papst Nikolaus IV. getragen hat. Die Eintrittskarte gilt auch für zwei kleinere Museen in Ascolis Altstadt: die **Galleria d'Arte Contemporanea** (☎0736 25 07 60; Corso Mazzini; ⏲März–Sept. Di–So 10–19 Uhr, Okt.–Feb. Mo–Fr 10–19, Sa & So 10–17 Uhr) und das **Museo dell'Arte Ceramica** (☎0736 29 82 13; Piazza San Tommaso; ⏲März–Sept. Di–So 10–19 Uhr, Okt.–Feb. Mo–Fr 10–19, Sa & So 10–17 Uhr), das Keramiken aus den wichtigsten italienischen Töpferstädten, darunter Deruta, Faenza und Genua, zeigt.

Duomo della Città di Ascoli Piceno KIRCHE

(☎0736 25 97 74; Piazza Arringo; ⏲7–18 Uhr) An der Ostseite der Piazza Arringo erhebt sich Ascolis Dom, der im 15. Jh. über einem mittelalterlichen Gebäude erbaut wurde und dem hl. Emidius, dem Schutzpatron der Stadt, geweiht ist. Manchen Kritikern zufolge befindet sich in der **Cappella del Sacramento** das beste Werk von Carlo Crivelli: sein *Polittico,* ein Flügelaltar von 1473. Die **Krypta von Sant Emidio** besitzt mehrere hübsche Mosaiken. Das **Baptisterium** neben dem Dom (heute für manche ein „Verkehrshindernis") blieb unverändert so erhalten, wie es im 11. Jh. erbaut wurde.

Vecchio Quartiere STADTTEIL

Das Vecchio Quartiere (die Altstadt) erstreckt sich vom Corso Mazzini (der Hauptstraße der Siedlung aus römischer Zeit) zum Fluss Castellano. Die wichtigste Straße ist die malerische Via delle Torri, die später Via Solestà heißt – ein idealer Ort zum Bummeln. An der Via delle Donne (Straße der Frauen) steht die **Chiesa di San Pietro Martire** (☎0736 25 52 14; Piazza Ventidio Basso; ⏲7.30–12.30 & 15.30–19 Uhr) aus dem 14. Jh. Sie ist dem Heiligen geweiht, der die Gemeinschaft der Dominikaner in Ascoli begründete. In diesem klobigen gotischen Ding befindet sich das **Reliquario della Santa Spina** mit einem Dorn aus der Krone Christi – so wird es jedenfalls behauptet.

Museo Archeologico MUSEUM

(☎0736 25 35 62; Piazza Arringo; Erw./erm. 2/1 €; ⏲Di–So 8.30–19.30 Uhr) Ascolis archäologisches Museum besitzt eine kleine Sammlung von Werkzeugen, die von den Picenern und anderen europäischen Stämmen in den ersten Jahrhunderten n. Chr. verwendet wurden.

Torre degli Ercolani HISTORISCHES GEBÄUDE

Der 40 m hohe Turm in der Via dei Soderini westlich der Chiesa di San Pietro Martire ist der höchste mittelalterliche Turm der Stadt. An ihn grenzt der **Palazzetto Longobardo,** eine langobardisch-romanische Verteidigungsfestung aus dem 12. Jh. Heute befindet sich hier das Ostello dei Longobardi. Etwas weiter nördlich stößt man auf den gut erhaltenen **Ponte Romano,** eine einbögige römische Brücke.

Feste & Events

Fritto Misto all'Italiana ESSEN

Ende April findet das viertägige Fest zu Ehren von frittierten und gebratenen Lebensmitteln statt, dass das Vorurteil „Frittiertes ist ungesund" entkräften soll. Dabei kann man an den Probierständen von *cannoli* aus Sizilien über *panzerotti* aus Apulien bis zu frittierten gefüllten Oliven aus Ascoli alles probieren – für den Magen schwere Kost, für die Geschmacksnerven ein echtes Erlebnis.

Quintana KULTUR

Es gibt so viele mittelalterliche Feste in Italien, dass es schon etwas Besonderes ist, wenn man eine Auszeichnung für die beste Neuaufführung eines historischen Festes erhält. Während der Quintana, die am zweiten Samstag im Juli und am ersten Sonntag im August stattfindet, laufen Tausende von Einheimischen in den typischen Kostümen des 12. und 13. Jhs. durch die Stadt: Ritter in ihren Rüstungen, Damen in Samt und Spitzen. Prozessionen und Wettkämpfe im Fahnenschwenken finden während des gesamten Juli und August statt. Der Höhepunkt der Feste in Ascoli ist das Ritterturnier, wenn sechs *sestiere* (Stadtteile) gegeneinander antreten.

Schlafen

Für eine Stadt mit nur wenigen Hotels hat Ascoli ein erstaunlich gutes Angebot an Unterkünften. Die Touristeninformation hat ein Verzeichnis aller Unterkünfte vorliegen – auch Fremdenzimmer, Apartments, *agriturismi* und B&Bs etwas außerhalb der Stadt.

Palazzo Guiderocchi BOUTIQUEHOTEL €€
(☎0736 25 97 10; www.palazzoguiderocchi.com; Via Cesare Battisti 3; Zi. inkl. Frühstück 69–199 €; P❄@) Nicht viele Hotels bieten die Geschichte, Atmosphäre und den Komfort dieses Palastes aus dem 16. Jh. Vor kurzem wurde er komplett renoviert, trotzdem blieb der Charme der 6 m hohen Deckengewölbe im 1. Stock, der niedrigen Holzbalken im 2. Stock sowie der Fresken, Originaltüren und Steinfußböden im ganzen Haus erhalten. In der Nachsaison kann man die prächtigen Zimmer zu einem sehr sehr günstigen Preis bekommen.

Albergo Piceno BOUTIQUEHOTEL €€
(☎0736 25 30 17; www.albergopiceno.it; Via Minucia 10; EZ 59–95 €, DZ 74–110 €; ❄@) Nur wenige Meter vom Dom entfernt befindet sich dieses empfehlenswerte Hotel in einer schmalen Gasse. Ein alter *palazzo* aus dem 17. Jh. wurde hier zu einem hübschen Boutiquehotel umgebaut. Die großen Zimmer sind freundlich und modern ausgestattet (hier und da findet sich etwas sichtbares Mauerwerk und gibt den Räumen Charakter). Das Frühstück ist so umfangreich, dass man gerne die zusätzlichen Kalorien wieder im hauseigenen Fitnessraum abarbeitet.

Ostello dei Longobardi HOSTEL €
(☎0736 26 18 62; longoboardoascoli@libero.it; Via dei Soderini 26; B 18 €) Auch wenn die Atmosphäre toll ist, sollten die Gäste nicht vergessen, dass Komfort und Wärme erst nach dem Mittelalter erfunden wurden. Wenn aus einem Steinhaus aus dem 11. Jh. eine Jugendherberge wird, darf man von den Installationen nicht viel erwarten und sollte im Winter nach einer Extradecke fragen. In den beiden Schlafsälen (nach Geschlechtern getrennt) stehen jeweils acht Betten.

Essen

Rua dei Notari ITALIENISCH €€
(☎0736 26 36 30; Via Cesare Battisti 3; Mahlzeiten 30 €) Das elegante Restaurant mischt alten Charme mit moderner Umgebung und eignet sich damit perfekt für einen besonderen Anlass. Die Speisen, viele davon sind frittiert, sind ebenso kunstvoll wie die modernen Gemälde an den Wänden.

Cafe Lorenz SNACKS €
(☎0736 25 99 59; Piazza del Popolo 5; Snacks & Eis 2–7 €; ⏲7–2 Uhr) Oben werden Getränke (Drinks und Wein 2–5 €) ausgeschenkt und ein leichtes Gericht serviert. Der Hauptgrund, immer wieder hierher zu kommen, sind aber die *olive all'ascolana* (Oliven aus Ascoli) zum Mitnehmen (3 €).

Gallo D'Oro ITALIENISCH €€
(☎0736 25 35 20; Corso Vittorio Emanuele 54; Mahlzeiten 26 €; ⏲Mo–Sa) Das Gallo d'Oro liegt etwas abseits der Touristenströme und ist auch bei den Einheimischen beliebt. Schon seit Jahrzehnten wird hier die regionale Küchentradition gepflegt. Besonders gut sind die frittierten Vorspeisen.

Ausgehen

Caffè Meletti CAFÉ
(Piazza del Popolo 20; ⏲8–19 Uhr) Man sitzt im Schatten des alten Säulengangs, trinkt einen Kaffee oder den berühmten *anisette* (aus lokaler Produktion) und schaut auf eine perfekte italienische Piazza. Das Café, gegründet 1907, war früher ein beliebter Treffpunkt von Leuten wie Ernest Hemingway und Jean-Paul Sartre. Nach einer gründlichen Renovierung strahlt es mittlerweile wieder in alter Schönheit.

Praktische Informationen

Krankenhaus (☎0736 35 81; Monticelli) 4 km östlich der Stadt.

Internetzugang (☎/Fax 0736 25 23 70; Piazza Bonfine 6; 2 € pro Std.; ⏲Mo–Sa 9–12.45 & 16–21, So 14–21 Uhr, Di vorm. geschl.)

Polizei (☎0736 35 51 11; Viale della Repubblica 8)

Post (☎0736 24 22 85; Via Crispi; ⏲Mo–Fr 8–18.30, Sa 8–12.30 Uhr)

Touristeninformation (☎0736 25 23 91; iat.ascolipiceno@regione.marche.it; Palazzo del

Popolo, Piazza del Popolo; ⏲Mo–Fr 9–18.30, Sa & So 9.30–18.30 Uhr)

An- & Weiterreise

BUS Busse starten an der Piazzale della Stazione vor dem Bahnhof in der Neustadt östlich des Flusses Castellano. Busse von **Start** (☎800 218692; www.startspa.it) fahren nach Rom (14,50 €, 3 Std., 4-mal tgl.) und Civitanova Marche (4,95 €, 2 Std., 12-mal tgl.). Täglich um 6.30 Uhr fahren die Busse von **Amadio** (☎0736 34 23 40) nach Perugia (17 €) und weiter nach Siena (25 €); Abfahrt ist vor dem Bahnhof.

ZUG Es gibt eine Bahnverbindung nach Ancona (6,45 €, 70 Min.), wer allerdings nach Macerata möchte, muss ein- bis zweimal umsteigen (5,85 €, 2 Std., 10-mal tgl.). Zum Bahnhof sind es 15 Minuten Fußweg vom Stadtzentrum Richtung Osten.

Monti Sibillini

Der wunderschöne **Parco Nazionale dei Monti Sibillini** erstreckt sich zu beiden Seiten der Grenze zwischen Le Marche und Umbrien. Der Park bietet mystische Täler, alte Weiler, große Wildblumenwiesen und steil aufragende Gipfel (zehn Gipfel liegen über 2000 m).

Das Gebiet ist ein Paradies für alle, die Outdoor-Aktivitäten und die Natur lieben. Wanderwege verlaufen kreuz und quer durch die Bergwelt, *rifugi* (Berghütten) warten nach wenigen Kilometern mit einem Restaurant und einem warmen Bett auf müde und hungrige Wanderer (sind aber meistens nur im Sommer geöffnet; Karten mit Telefonnummern und Öffnungszeiten habe alle Touristeninformationen).

Sowohl von Norcia (Umbrien) als auch von Ascoli Piceno, Macerata und Ancona aus ist eine schöne Rundfahrt durch die Sibillinischen Berge möglich. Wer im Südwesten startet, beginnt in Norcia und fährt dann nach Castelluccio und folgt ab dort der Beschilderung nach Montemonaco, Montefortino und Amandola. Direkt hinter **Montefortino** zweigt die Straße nach Madonna dell'Ambro ab. Sie führt direkt zur **Gola dell'Infernaccio**, dem beeindruckendsten Wasserfall der Monti Sibillini. Dann geht's zurück nach Montefortino und weiter auf der Hauptstrecke. Der größte und schönste Ort – obwohl er nicht direkt im Nationalpark liegt –, ist **Sarnano** an der SS78, die nach **Sasso Tetto** führt (gleichzeitig das Hauptskigebiet der Monti Sibillini). Vom Skigebiet führt die Straße hinunter zum Lago Fiastra. Eine ähnlich faszinierende Strecke verläuft weiter zur SS209 durch die Valnerina in Umbrien.

Aktivitäten

Das kleine Bergdorf **Castelluccio,** das gerade noch in Umbrien liegt, bietet sich für eine Erkundung des Parks an. Das Dorf ist berühmt für seine *lenticchie, pecorino* und *ricotta*, die meisten Besucher kommen jedoch wegen der traumhaften Lage: Der Ort liegt mitten im **Piano Grande**, einer großen Hochebene, auf der im Frühjahr Abertausende von Wildblumen blühen und die im Winter schneebedeckt ist. Die Casa del Parco (S. 622) in Norcia bietet Informationen über Wanderungen und andere Aktivitäten in der Umgebung.

Wer Drachenfliegen lernen möchte, sollte sich an **Pro Delta** (☎0743 82 11 56; www.prodelta.it; Via delle Fate 3, nur im Sommer geöffnet) in Castelluccio wenden. Die Kurse wurden von Lesern sehr empfohlen. Ein fünftägiger Anfängerkurs kostet ungefähr 400 €.

Schlafen & Essen

La Quercia della Memoria AGRITURISMO €
(☎0733 69 44 31; www.querciadellamemoria.it; Contrada Vellato, San Ginesio; pro Pers. 30–40 €, Mahlzeiten 25 €; Ⓟ) Schwarzweiße Pandas der Umweltorganisation leiten den Weg zu diesem Hotel, das 15 Minuten abseits der Rundfahrt um die Monti Sibillini liegt – ein Abstecher, der sich lohnt. Am Wochenende kann man im Bio-Restaurant Brot aus selbst gezogenem und -gemahlenem Getreide essen. Die Zimmer liegen in renovierten Steinhäusern, die u.a. mit Solarenergie, einem Brauchwassersystem und einer Fußbodenheizung aus Weinflaschen ausgerüstet sind.

Casa Sibillini B&B €
(☎0736 85 90 44; www.casasibillini.com; Via dei Tiratori 11, Montefortino; EZ/DZ/Apt. inkl. Frühstück 40/60/80 €; 📶) Die englischen Besitzer bieten in ihrem liebenswürdigen B&B alle Annehmlichkeiten, die man sich so wünscht: einen Steinofen, einen gemütlichen Aufenthaltsraum mit vielen Büchern und ein tolles Frühstück. Dazu kommen jede Menge Informationen über die Gegend und Anregungen für Ausflüge in die Berge, Kräuterwanderungen und andere Aktivitäten.

Hotel Paradiso HOTEL €
(☎0737 84 74 68; www.sibillinihotels.it; Piazza Umberto I, Amandola; EZ 40 €, DZ 62–100 €; Ⓟ) Dieser ruhige Zufluchtsort ist nicht einfach zu

finden, aber allein die Aussicht lohnt schon den Aufwand. Das bescheiden aussehende Hotel bietet 40 komfortable Zimmer (die meisten mit Balkon), ein tolles Restaurant (Frühstück 5 €, Mittag- und Abendessen 20 €), Tennisplätze und romantische Wanderwege: also alles, was man für einen Urlaub in den Bergen braucht.

La Citadella AGRITURISMO €
(☎0736 84 42 62; www.cittadelladeisibillini.it; Loc Citadella, Montemonaco; Zi. 40 €, Mahlzeiten 15 €) Die 18 Zimmer dieses freundlichen *agriturismo* nördlich der Ortschaft Montemonaco sind ziemlich einfach gehalten. Aber es gibt ein tolles Restaurant mit regionaler Küche (viele Zutaten sind aus eigenem Anbau) und einen Pool. Die Wanderwege der Monti Sibillini liegen direkt vor der Tür – man wird also nicht so viel Zeit auf dem Zimmer verbringen. Mindestaufenthalt zwei Nächte.

Albergo Sibilla HOTEL €
(☎/Fax 0743 82 11 13; www.sibillacastelluccio.com; Via Pian Grande 2, Castelluccio; EZ 50 €, DZ 65–70 €; ⏲April–Okt.; P) Das Albergo Sibilla ist das einzige Hotel in Castelluccio, es hat elf Zimmer (manche mit Traumaussicht) und ein gutes Restaurant. Da das Nachtleben hier hauptsächlich darin besteht, Ziegen um verfallene Steinhäuser zu jagen, ist eine gute Nachtruhe garantiert.

ℹ Praktische Informationen

Die offizielle Website des Parks (www.sibillini.net) bietet zahlreiche Informationen über Unterkünfte, Aktivitäten und Anreisemöglichkeiten. Es gibt auch 15 „Casas del Parco" (Besucherzentren), u. a. jeweils eines in Norcia (S. 622) und **Amandola** (☎/Fax 0736 84 85 98; Via Indipendenza 73; ⏲Ostern–Sept. 9.30–12.30 & 16–18 Uhr).

ℹ An- & Weiterreise

Die Monti Sibillini sind am besten mit dem Bus von Ascoli Piceno oder Macerata aus erreichbar. Die Busse fahren während der Schulzeit am häufigsten, in den Ferienzeiten kann es für Touristen schwierig werden. Auskünfte bekommt man bei der Touristeninformation in Ascoli oder Macerata oder direkt bei den Busgesellschaften: **Contram** (☎800 443040) in Macerata und **Start** (☎800 037737) in Ascoli Piceno.

Die nächsten Bahnhöfe befinden sich in Ascoli Piceno im Süden und Tolentino im Norden.

Sarnano

Sarnano liegt nicht direkt in den Monti Sibillini, ist aber der größte Ort in der Nähe und zudem der gastfreundlichste. Seine roten Ziegelfassaden bezaubern alle Besucher.

Allein die Bank im mit Blumen übersäten Garten des **Albergo La Villa** (☎0733 65 72 18; www.hrlavilla.com; Viale della Rimembranza 46; EZ 35 €, DZ 52–55 €; P) ist Grund genug, hier zu übernachten. Aber auch die absolute Stille, der kurze Weg ins Zentrum (5 Min.), der Preis (Zimmer mit Gemeinschaftsbad sind günstiger), das Restaurant mit regionalen Spezialitäten (Kaninchen, Trüffel, Lamm etc.) und der Spielplatz machen das Hotel zu einer exzellenten Wahl für Familien und Paare.

An der Straße nach Sassotetto liegt das nagelneue **Novidra** (☎0733 65 71 97; www.novidra.com; Via DeGasperi 26; EZ 50–65 €, DZ 90–120 €, inkl. Frühstück; P@) – ein Paradies für müde Skifahrer, Badebegeisterte und alle, die eine schöne Aussicht suchen. Die langen Korridore wirken ein bisschen gespenstisch, die Zimmer aber sind gemütlich mit weichen Decken, kuscheligen Bademänteln und allen notwendigen Toilettenartikeln ausgestattet.

Die Steintreppe, die in die Gewölbe des **Ristorante Il Vicolo** (☎0733 65 85 65; Vicolo Brunforte 191a; Mahlzeiten 23 €; ⏲Do–Di) führt, gibt Hinweise auf die Küche – Hase, Wildschwein und Schwein vom Grill. Die Spezialität *antipasto della nonna* ist eine Mischung aus Spezialitäten der Marken und internationalen Gerichten wie Kichererbsen mit Curry.

Die **Touristeninformation Sarnano** (☎0733 65 71 44; iat.sarnano@regione.marche.it; Largo Ricciardi 1; ⏲Mo–Sa 9–13, Di–Fr auch 15–18 Uhr) bietet Informationen über Wanderungen und Klettertouren sowie über Unterkünfte im Park.

Abruzzen & Molise

Inhalt »

Gut essen

» Locanda Sotto gli Archi (S. 649)

» Hosteria dell'Arco (S. 649)

» Il Panzotto (S. 657)

» Ristorante Clemente (S. 649)

Schön übernachten

» Sextantio (S. 649)

» Locanda Alfieri (S. 660)

» Le Torri Hotel (S. 650)

» Villa del Pavone (S. 654)

» Residenza Sveva (S. 660)

Auf in die Abruzzen & in die Molise!

Die Abruzzen sind eine atemraubende Bergregion, ein Gebiet von unberührter Naturschönheit. Dieser Landstrich liegt nur eine Stunde von Rom entfernt und präsentiert sich als eine andere Welt mit seinen Berggipfeln, den Tälern und hübschen Bergstädtchen. Die Molise im Süden mutet ähnlich an, wenn auch kleiner und weniger dramatisch.

Die Landschaft ist spektakulär. In den drei Nationalparks der Region weichen Wälder und Wiesen kargen Hochebenen und schneebedeckten Granitgipfeln; Wölfe und Bären streifen in den Wäldern frei umher. Ein Mekka für Naturfreunde, mit schönen Wanderwegen, Skiloipen und Bike-Pisten, während die Küste herrliche Sandstrände bietet.

Eingebettet in dieses Grün warten kulturelle Schätze auf ihre Entdeckung. Die Vergangenheit spiegelt sich im barocken Zentrum von Pescocostanzo und den historischen *palazzi* (Herrenhäusern) von Sulmona, die zusammen mit uralten Bräuchen nur in dieser Abgeschiedenheit überdauern konnten.

Reisezeit

L'Aquila

Mai Cocullo feiert sein Schlangenfest mit einer Prozession, einer Statue und einem Schlangennest.

Juli Zur Giostra Cavalleresca, eines mittelalterlichen Spektakels füllen sich die Plätze mit Pferden und Rittern.

Juni–Sept. Frühlingsblumen, Sommersonne und Herbstlaub – rundum optimale Wanderbedingungen.

DIE ABRUZZEN

Die Abruzzen sind vor allem für ihre imposanten Berge bekannt, bieten jedoch eine überraschende Vielfalt an Landschaften. Östlich von Avezzano erstreckt sich eine weite Ebene, die Küstenstreifen sind flach und sandig, und im Parco Nazionale d'Abruzzo, Lazio e Molise gibt es steinalte Urwälder.

Viele Städte wahren noch ihr historisches Gesicht, wobei die vielen Gipfelburgen und die abgeschiedenen, zuweilen gar verlassenen *borghi* (mittelalterlichen Dörfer) einen finsteren Charme ausstrahlen, der den Ruf der Abruzzen als antikes Zentrum der Magie und Land der tausend Burgen glaubwürdig erscheinen lässt.

Parco Nazionale del Gran Sasso e Monti della Laga

Etwa 20 km nordöstlich von L'Aquila liegt das Massiv des Gran Sasso, das Herzstück des Parco Nazionale del Gran Sasso e Monti della Laga. Dieser Nationalpark ist einer der größten Italiens und wird geprägt durch seine zerklüftete Felsenlandschaft, durch die sich der Calderone, Europas südlichster Gletscher, seinen Weg bahnt. Er ist eine Oase für Wildtiere: etwa 40 Wölfe leben hier, 350 Gämsen und sechs Königsadlerpaare. Wanderwege ziehen sich kreuz und quer durch den Park; stimmungsvolle Burgen und mittelalterliche Bergstädtchen krönen die Gipfel der Vorgebirge.

LP TIPP **Rocca Calascio** liegt 6 km westlich von Santo Stefano di Sessanio und ist eine dieser imposanten Burgen, die den Horizont jenseits der Navelli-Ebene beherrschen. Drinnen gibt es nicht viel zu sehen, doch die Ausblicke von dort oben sind fantastisch. Auch aus der Ferne ist die Burg ein eindrucksvolles Fotomotiv.

Fonte Cerreto ist das Haupttor zum Gran Sasso und dem **Campo Imperatore** (2117 m), einer 27 km langen, windgepeitschten Hochebene, die auch als Italiens „Kleines Tibet" bekannt ist. Eine **funivia** (Seilbahn; ☎0862 60 61 43; Mo–Fr 14 €, Sa & So 16 €; ⏲Mo–Sa 8–17 Uhr, So bis 18 Uhr, Mai geschl.) fährt von Fonte Cerreto hinauf zum Campo. Oben kann man sommers wandern und winters skifahren (s. Kasten S. 649).

Weitere Informationen sind im **Parkbüro** (☎0862 605 21; www.gransassolagapark.it, auf Italienisch; Via del Convento 1; ⏲Mo–Fr 10.30–13 Uhr & Di & Do 16–18 Uhr) in **Assergi** zu erfragen.

L'AQUILA: NACH DEM ERDBEBEN

Die Zerstörung durch das verheerende Erdbeben, das die nördlichen Abruzzen 2009 erschütterte und dessen Epizentrum 10 km nördlich der Provinzhauptstadt **L'Aquila** lag, ist noch immer allgegenwärtig. Auch heute, drei Jahre später, ist ein Großteil des *centro storico* (historischen Zentrums) für Besucher gesperrt: Schutt und Gerüstfassaden umgeben die zertrümmerten, in schleppendem Wiederaufbau befindlichen Häuser, das Militär patrouilliert durch die abgesperrten Straßen. Viele der 65 000 Menschen, die durch das Erdbeben ihre Behausungen verloren hatten, wohnen noch immer in den eigens dafür errichteten Siedlungen am Rande der Stadt.

Die Abruzzen und die benachbarte Molise sind besonders von Erdbeben gefährdet, da sie sich genau über der großen Verwerfungslinie befinden, die sich entlang des Apennin von Sizilien bis hinauf nach Genua zieht.

Bei Redaktionsschluss war noch nicht bekannt, wann der Wiederaufbau des historischen Stadtzentrums von L'Aquila beendet sein würde.

Eine der beliebtesten Trekkingrouten ist der erstaunlich einfache Aufstieg zum **Corno Grande** (auf 2912 m, der höchste Gipfel der Apenninen). Die 9 km lange *via normale* (die normale Route) beginnt am Hauptparkplatz am Fuße des Campo Imperatore und führt direkt zum Gipfel. Der Pfad ist in der Regel von Anfang Juni bis Ende September/Anfang Oktober schneefrei. Wer diesen Aufstieg plant oder eine schwierigere Route nimmt, sollte sich zur Orientierung auf jeden Fall mit einer Karte des CAI 1:25 000 vom *Gran Sasso d'Italia* (10 €) ausstatten.

Im Park gibt es eine ganze Anzahl von *rifugi* (Berghütten) für Wanderer. Wer dort nicht unterkommt, kann auch im **Camping Funivia del Gran Sasso** (☎0862 60 61 63; Fonte Cerreto; Camping pro Pers./Zelt/Auto 7/8/1,50 €; ⏲Mitte Mai–Mitte Sept.) übernachten, einem bescheidenen Zeltplatz in Fonte Cerreto. Oben an der Seilbahnstation befindet sich das **Hotel Campo Imperatore** (☎0862 40 00 00; Campo Imperatore; Halbpension ab 70 €), in dem Mussolini 1943 für kurze Zeit gefan-

Highlights

1. Reine Bergluft in **Pescocostanzo** (S. 650) atmen, einem der versteckten Schmuckstücke der Abruzzen
2. Italiens „Kleines Tibet", das hohe, windgepeitschte Plateau **Campo Imperatore** (S. 645) per Rad oder zu Fuß erkunden
3. Dem Ruf der Wildnis folgen und den **Corno Grande** (S. 645) erklettern, höchster Gipfel des Gran Sasso und zugleich höchste Erhebung des Apennin
4. Eine Zeitreise zurück ins alte Rom unternehmen und durch das alte **Saepinum** (S. 658) schlendern
5. Durch die atemberaubende **Gole di Sagittario** (S. 651) zwischen Sulmona und Scanno fahren
6. Faul an den Stränden von **Termoli** (S. 659) herumliegen, dem fröhlichen, schlichten Adria-Resort
7. Über die vielen eindrucksvollen Gipfelburgen wie **Rocca Calascio** (S. 645) staunen

0 — 40 km
Fähren nach Hvar; Split (Kroatien)
Adria
A14
Pescara
Flughafen Pescara
Chieti
A25
A14
Riserva Naturale di Punta Aderci
Vasto
Vasto Marino
Fähren zur Isole Tremiti
Termoli
6
Parco Nazionale della Majella
Campo di Giove
Lago di Sangro
Trigno
Campomarino
Parco Nazionale del Gargano
Montecilfone
Portocannone
Bosco di Sant'Antonio
1 Pescocostanzo
Biferno
San Martino in Pensilis
SS16
SS650
San Severo (50 km)
SS17
Lago di Guardialfiera
Ururi
SS647
Agnone
Lago di Barrea
Barrea
Pietrabbondante
Samnite Theater-Tempel-Komplex
Riserva Collemeluccio
SS87
MOLISE
Fortore
Abbazia di San Vincenzo al Volturno
Paläolitische Dörfer
MOLISE
Isernia
Lago di Occhito
APULIEN
Campobasso
Venafro
Campitello Matese
Altilia
Lago del Matese
Saepinum 4
SS87
Benevento (36 km)
KAMPANIEN

gen war. Es betreibt auch ein **Hostel** (B pro Pers. 30 €, inkl. Abendessen 45 €), das ganzjährig spartanische Zimmer bietet.

Fonte Cerreto liegt direkt an der Fernstraße A24 (deutlich ausgeschildert). Ein eigenes Auto ist hier im Park von Vorteil.

Sulmona

25 220 EW.

Sulmona ist umgeben von einer malerischen Landschaft: Es schmiegt sich ins Tal, dahinter ragt als Kulisse das Morrone-Massiv auf. Sulmona ist eine lebendige und wohlhabende Provinzstadt mit einem stimmungsvollem mittelalterlichen Kern. Die Kleinstadt eignet sich bestens als Ausgangspunkt für verschiedene Streifzüge durch die südlichen Abruzzen.

Trotz des mittelalterlichen Flairs liegen die Ursprünge des Ortes bereits vor der Römerzeit (43 vor Chr. wurde hier der Dichter Ovid geboren). Im Mittelalter wurde die Stadt zum bedeutenden Handelszentrum; heute stammt ein Großteil des Wohlstandes allerdings aus der Herstellung von *confetti* – den Zuckermandeln, die Gästen italienischer Hochzeiten angeboten werden – und Schmuck.

Sehenswertes

Die meisten Sehenswürdigkeiten liegen an der Hauptstraße Corso Ovidio, die vom Park Villa Comunale in südöstlicher Richtung zum Hauptplatz von Sulmona, der Piazza Garibaldi, verläuft. Der *corso* ist außerhalb der Geschäftszeiten für den Straßenverkehr gesperrt. Auf halbem Weg entlang des *corso* liegt die Piazza XX Settembre.

Piazza Garibaldi — PIAZZA

Der riesige Hauptplatz der Stadt dient mittwochs und samstags als Marktplatz. Überreste eines **Aquädukts** aus dem 13. Jh. sind als beeindruckende Reihe von Bögen entlang des Corso Ovidio zu bewundern. Mitten auf dem Platz steht die **Fontana del Vecchio** (Brunnen des Alten) aus der Renaissance, der Überlieferungen zufolge Solimo darstellen soll, den Gründer der Stadt. Im Nordosten steht die **Chiesa di San Filippo Neri** aus dem 14. Jh. mit ihrem imposanten gotischen Portal.

Ebenfalls auf diesem Platz befindet sich auch das **Polo Museale Santa Chiara** (☎0864 21 29 62; Eintritt 3 €; ⏲9–13 & 15.30–19.30 Uhr), ein kleines Museum mit einer vielseitigen Sammlung religiöser und zeitgenössischer Kunst, darunter die faszinierende *Presepe* (Weihnachtskrippe), die Sulmona im 19. Jh. zeigt.

Palazzo dell'Annunziata — PALAZZO

(Corso Ovidio) Der eindrucksvollste aller *palazzi* wurde 1320 auf den Grundfesten eines römischen domus (Haus) aus dem 1. Jh. errichtet und etliche Male umgebaut. Die Fassade ist eine harmonische Mischung aus Architekturelementen der Gotik und der Renaissance; drinnen zeigt das **Museo Archeologico in situ** (Eintritt frei; ⏲Mi, Fr & Sa 9–13, Di & Do 15.30–19.30 Uhr) Reste und Artefakte des römischen Domus'. Hier befindet sich auch das **Museo Civico** (☎0864 21 02 16) mit einer kleinen Sammlung römischer Mosaiken und Skulpturen der Renaissance. Bei Redaktionsschluss war das Museum aufgrund der Erdbebenschäden von 2009 noch geschlossen.

Porta Napoli — STADTTOR

(Piazza Vittorio Veneto) Dieses monumentale Stadttor aus dem 14. Jh. hat eine ungewöhnliche Bossenwerk-Fassade.

Museo dell'Arte Confettiera — MUSEUM

(☎0864 21 00 47; www.pelino.it; Via Stazione Introdacqua 55; Eintritt frei; ⏲Mo–Sa 9–12.30 & 15.30–18.30 Uhr) Das Museum ist in der **Fabbrica Confetti Pelino** untergebracht, der Fabrik von Sulmonas berühmtestem *confetti*-Hersteller. Das umgebaute Laboratorium aus dem 16. Jh. gleicht eher einem alten Wissenschaftslabor denn einer Süßwarenfabrik. Es befindet sich etwa 1 km von der Porta Napoli entfernt am südlichen Ende des Corso Ovidio.

Feste & Events

Madonna che Scappa in Piazza — RELIGION

Bei diesem einzigartigen Ostersonntagsritual rennt eine trauernde, schwarz gekleidete Jungfrau Maria über den Platz, wo sie ihren eben auferstandenen Sohn erblickt. Zumindest rennen die Träger der Statue, der Trauerumhang der Muttergottes weht davon und eine Schar weißer Tauben erhebt sich in die Lüfte.

Giostra Cavalleresca di Sulmona — KULTUR

(www.giostrasulmona.it) Bei diesem mittelalterlichen Turnier, das traditionell am letzten Juliwochenende stattfindet, galoppieren einheimische Reiter um die Piazza Garibaldi. Eine Woche später findet die **Giostra Cavalleresca d'Europa** statt, das Turnier für Reiter aus ganz Europa.

ABSTECHER

SANTO STEFANO DI SESSANIO

In den Tagen des Römischen Reiches war dieses idyllische Bergdorf mit seiner souveränen Lage und dem Blick über zwei Täler bekannt als Sextantio. Obgleich das Erdbeben von 2009, das L'Aquila traf, auch in Santo Stefano einige Bauten zerstörte – darunter auch das Wahrzeichen: den 18 m hohen Wachturm, der jetzt in Trümmern liegt – enthüllt ein Bummel durch das *centro storico* (historische Zentrum), warum dieses Dorf als eines der malerischsten des Gran Sasso gilt und in die Liste der *borghi più belli d'Italia* (schönsten Dörfer Italiens) aufgenommen wurde.

Unter der Herrschaft der Familie Medici erlebte die Gemeinde im 16. Jh. ihre Blütezeit; das Familienwappen ist heute noch am Eingangstor zum Hauptplatz zu sehen. Der Turm war zwar im 13. Jh. schon erbaut worden, wurde aber dennoch als „Medici-Turm" bekannt, weil auch dort das Wappen prangte. Es wird noch eine halbe Ewigkeit dauern, bis der Turm restauriert ist und bewehrter Stahlbeton die ehemalige Holzplattform ersetzt hat (was den Turm kopflastig machen und Einsturzgefahr bedeuten könnte).

Das **Sextantio** (☎0862 89 91 12; www.sextantio.it; Via Principe Umberto; Zi. 150–450 €; WLAN) ist eine bezaubernde *albergo diffuso* (verstreute Herberge), die etliche im *centro storico* verstreut liegende Zimmer und Apartments bietet. Die Räume wirken authentisch historisch mit ihrer handgearbeiteten Bettwäsche und dem rustikalen, im Dorf hergestellten Mobiliar. Veredelt wurden sie darüber hinaus durch modernen Komfort wie eine Fußbodenheizung, stimmungsvolles Licht und traumhaft tiefe Badewannen.

Das Sextantio verfügt auch über ein Restaurant, das **Locanda Sotto gli Archi** (Gerichte 50 €; ⏲tgl. Abendessen, Sa & So Mittagessen), dessen Tische in mittelalterlich wirkendes, mildes Kerzenlicht getaucht sind. Geboten werden festgelegte Menüs traditioneller Abruzzen-Gerichte.

Wer von L'Aquila die SS 17 nimmt, ist nach 27 km Fahrt in Santo Stefano di Sessanio; die 17 ist aber eine sehr viel schönere Strecke, die durch Fonte Cerreto und über das große Plateau des Campo Imperatore führt, bevor es in Richtung Süden nach Santo Stefano geht (etwa 50 km).

Schlafen

B&B Case Bonomini B&B €
(☎0864 523 08; www.bedandbreakfastcasebonomini.com; Via Quatrario 71;EZ/DZ/3BZ 40/60/75 €) In einer Seitenstraße des historischen Stadtzentrums versteckt liegt dieses freundliche B&B. Es bietet fünf separate Apartments in einer Straße. Einige sind klein, alle besitzen jedoch eine wohnliche Ausstattung und befinden sich in ausgesprochen günstiger Lage.

Albergo Ristorante Stella HOTEL €
(☎0864 526 53; www.hasr.it; Via Panfilo Mazara 18; EZ 40–50 €, DZ 70–80 €; ❄@) Das Stella ist ein helles, kleines 3-Sterne-Hotel im Centro Storico und bietet zehn luftige, moderne Räume und ein elegantes Weinbar-Restaurant im Erdgeschoss (15 bis 25 €). Wer länger als eine Nacht bleibt, erhält einen Rabatt von etwa 20 %.

Essen & Trinken

LP TIPP **Hosteria dell'Arco** TRADITIONELL ITALIENISCH €
(☎0864 21 05 53; Via M D'Eramo 20; Mahlzeiten 20–25 €; ⏲Mo Abend & So geschl.) Hervorragendes Essen, ein herrlich rustikales Ambiente, eine lässige Atmosphäre und eine freundliche Bedienung – was will man mehr? Den Anfang macht das sagenhafte Antipasti-Buffet, das in dieser Hosteria jeden Abend ganz frisch zubereitet wird. Es folgen vorzüglich gegrilltes Lamm und leckere hausgemachte Desserts.

Ristorante Clemente TRADITIONELL ITALIENISCH €€
(☎0864 21 06 79; Vico Quercia 5; Mahlzeiten 25 €; ⏲Fr–Mi) Fotos von Verwandten an der Wand erinnern daran, dass dies hier ein stolz geführtes Familienunternehmen ist – und so fühlt es sich auch an. Das Menü basiert auf den Grundpfeilern der typischen Abruzzen-Küche: mit Lebensmitteln der Saison,

aus denen vorzügliche Mahlzeiten bereitet werden.

La Cantina di Biffi TRADITIONELL ITALIENISCH €€
(☎0864 320 25; www.cantinadibiffi.it; Via Barbato 1; Mahlzeiten 25 €; ⏲So Abend & Mo geschl.) Diese charmante und atmosphärische Bistro-Weinbar liegt direkt am Corso Ovidio. Blanke Steinwände und Gewölbedecken sind die Kulisse für exzellentes, hausgemachtes Essen und regionale Weine (offene Weine ab 4 € das Glas).

Gran Caffè dell'Annunziata CAFÉ €
(☎0864 21 11 21; Piazza SS Annunziata 2; ⏲tgl. 9–13, Mo–Sa 16–20 Uhr) Man schnappe sich einen Tisch im Freien, schlürfe ein kühles Getränk und beobachte die abendliche Parade auf dem Corso Ovidio.

Praktische Informationen

Touristeninformation (☎0864 532 76; www.abruzzoturismo.it; Corso Ovidio 208; ⏲Mitte Mai–Mitte Sept. Mo–Sa 9–13 & 16–19, So 9–13 Uhr, Mitte Sept.–Mitte Mai Mo–Sa 9–13, Mo, Mi & Fr 15–18 Uhr)

An- & Weiterreise

BUS Busse der Gesellschaft **ARPA** (☎800 76 26 22; www.arpaonline.it) fahren nach/ab L'Aquila (5,50 €, 1½ Std., 9-mal tgl.), Pescara (5,50 €, 1 Std., 11-mal tgl.), Scanno (2,90 €, 1 Std., 12-mal tgl.) und anderen Städten in der Nähe. **SATAM** (☎0871 34 49 69) bietet täglich drei Fahrten nach Neapel (15 €, 2½ Std.). Die Busse fahren von einer verwirrenden Vielzahl von Haltestellen ab, wie etwa von der Villa Comunale, vom Hospital, vom Bahnhof und von unterhalb der Ponte Capograssi. Beim Ticketkauf in der **Agenzia Fai** (☎0864 3 33 49; Via Circonvallazione Orientale 3; ⏲Mo–Sa 9–13 & 16–19.30 Uhr) in der Nähe der Porta Napoli sollte die jeweilige Abfahrtsstelle erfragt werden.

ZUG Es fahren Züge nach L'Aquila (3,90 €, 1 Std., 10-mal tgl.), Pescara (3,90 €, 1¼ Std., 16-mal tgl.) und Rom (8,80 €, 2½ bis 3 Std., 7-mal tgl.). Der Bahnhof befindet sich 2 km nordwestlich des historischen Stadtzentrums, von dort fährt halbstündlich der Bus A zum Bahnhof und zurück.

Parco Nazionale della Majella

Der Monte Amaro (2793 m) ist der zweithöchste Gipfel des Apennin; er liegt mitten in einer dramatischen Landschaft Unheil verkündender Berge und leerer Täler. Über die Hälfte des 750 km² umfassenden Parco Nazionale della Majella liegt höher als 2000 m über dem Meeresspiegel. Wölfe streifen durch die Wälder; Wanderwege und Radstrecken von mehr als 500 km laufen kreuz und quer durch das Gebiet.

Von Sulmona aus sind insbesondere zwei Ortschaften leicht zu erreichen: **Campo di Giove** (1064 m), ein kleiner Wintersportort, 18 mühsame Kilometer Richtung Südosten, und das nette Örtchen **Pescocostanzo**, 33 km südlich von Sulmona an der SS17 gelegen,

Sehenswertes & Aktivitäten

Pescocostanzo (1400 m) liegt inmitten grüner Hochebenen und ist ein wahres Schmuckstück, ein Bergstädtchen, dessen historischer Ortskern sich seit über 500 Jahren kaum verändert hat. Ein Großteil des mit Kopfsteinpflaster ausgestatteten Ortskerns stammt aus dem 16. und 17. Jh., als die Stadt ein wichtiger Ort an der „Via degli Abruzzi" war, der Hauptverbindungsstraße zwischen Neapel und Florenz.

Besonders bemerkenswert ist die **Collegiata di Santa Maria del Colle**, eine stimmungsvolle Kirche, die ein herrliches romanisches Portal mit einem ausladenden barocken Inneren verbindet. Ganz in der Nähe wird die **Piazza del Municipio** von einigen eindrucksvollen *palazzi* flankiert, darunter der **Palazzo Comunale** mit seinem markanten Glockenturm und der **Palazzo Fanzago**, der von dem großen Architekten des Barock, Cosimo Fanzago, 1624 entworfen wurde.

Unabhängig von diesen historischen Sehenswürdigkeiten bietet Pescocostanzo auch gute Möglichkeiten zum Skifahren auf dem **Monte Calvario** und zum Wandern im **Bosco di Sant'Antonio**.

Schlafen & Essen

LP TIPP **Le Torri Hotel** HOTEL €€
(☎0864 64 20 40; www.letorrihotel.it; Via Roma 21; DZ 100–160 €; ❄@) Dieses elegante Hotel in einem *palazzo*, der einst einem Baron gehörte, verfügt über große komfortable Zimmer mit Holzböden, antiken Möbeln und einladender weißer Bettwäsche.

Albergo La Rua HOTEL €
(☎0864 64 00 83; www.larua.it; Via Rua Mozza 1; DZ 70–100 €; 📶) Wanderer sollten dieses charmante, kleine Hotel im historischen Stadtzentrum aufsuchen. Es kommt

SCHLANGEN IN COCULLO

Cocullo ist ein kleines Kaff in den Hügeln westlich von Sulmona und ein ungewöhnlicher Ort für eines der schrägsten Feste Italiens. Die hiesige **Processione dei Serpari** (Schlangenbeschwörer-Prozession) ist der Höhepunkt der Feiern zu Ehren des Heiligen Dominikus, Schutzpatron von Cocullo und Beschützer vor Schlangenbissen. Begonnen wird am Mittag des ersten Donnerstags im Mai; dann versammeln sich die Dorfbewohner auf dem Hauptplatz, um die Statue des heiligen Dominikus mit Geschmeide, Banknoten und Dutzenden sich windender Schlangen zu verzieren. Derart geschmückt wird der Heilige dann von furchtlosen *serpari* in einer Prozession durch die Straßen getragen. Den hiesigen Überlieferungen nach bedeutet es Glück für das kommende Jahr, wenn sich die Schlangen um den Kopf des Heiligen winden; kriechen sie die Arme hinab, stehen die Zeichen schlecht.

Trotz der religiösen Elemente dieses Festes sind die Wurzeln offenbar heidnisch. Vor der Christianisierung verehrten die Einheimischen eine Göttin namens Angizia, die angeblich Schlangenbisse heilen konnte. Mit der Verbreitung des Christentums wurden die alten Gottheiten durch christliche Heilige ersetzt und so schlüpfte der heilige Dominikus in den Mantel der Angizia.

Die beim Festival verwendeten Schlangen sind harmlose *cervoni* und *saettoni* (Vierstreifen- und Äskulapnattern), die im späten März in der Umgebung eingefangen und nach dem Ende der Feiern wieder freigelassen werden.

Coculio ist von Sulmona aus mit dem täglich fahrenden Bus (1,40 €, 30 Minuten) zu erreichen, am Tag der Feiern fahren zusätzliche Busse; Genaueres ist in der Touristeninformation von Sulmona zu erfragen (S. 650).

ganz ländlich gemütlich daher mit seinen niedrigen Decken, dem Kamin und den sehr netten Eigentümern, die sich zudem als ein Quell regionalen Wissens erweisen.

Il Gallo di Pietra TRADITIONELL ITALIENISCH €€
(☎0864 64 20 40; www.ilgallodipietra.it; Via del Vallone 4; Mahlzeiten 35 €; ⏲Mittag- & Abendessen) Direkt neben dem Hotel Le Torri kann hier an der frischen Luft im Garten oder am Feuer im gemütlichen Speiseraum des Restaurants gegessen werden. Auf der Karte stehen verlockende fantasievoll zubereitete Mahlzeiten der Abruzzen- und neapolitanischen Küche.

Praktische Informationen

Touristeninformation (☎0864 64 14 40; Vico delle Carceri; ⏲Sept.–Juni Mo–Fr 9–13 & 15–18 Uhr, Juli & Aug. tgl. 9–13 & 16–19 Uhr) in Pescocostanzo, in der Nähe der zentralen Piazza del Municipio. Informationen sind auch der umfassenden Website des Parks (www.parcomajella.it) zu entnehmen.

An- & Weiterreise

Busse fahren von Sulmona nach Pescocostanzo (3,60 €, 1 Std., 3-mal tgl.) über Castel di Sangro sowie nach Campo di Giove (1,90 €, 45 Minuten, 3-mal tgl.).

Scanno

1990 EW.

Das bildschöne Scanno mit seinem Gewirr aus steilen Gassen und massiven, grauen Steinhäusern ist ein stimmungsvoller mittelalterlicher *borgo,* bekannt für seinen großartig gearbeiteten, filigranen Goldschmuck. Über Jahrhunderte war es ein Zentrum der Wollgewinnung, und noch heute sieht man dort – wie an nur wenigen Orten Italiens – Frauen in traditioneller Kleidung, besonders während des einwöchigen **Trachtenfestivals** (www.costumediscanno.org) Ende April.

Unbedingt empfehlenswert ist die heitere Fahrt von Sulmona hinauf durch die felsige Gole di Sagittario (Schlucht des Schützen) und vorbei am stillen Lago di Scanno.

Schlafen & Essen

Il Palazzo B&B €
(☎0864 74 78 60; www.ilpalazzo.it; Via Ciorla 25; Zi. 60–80 €; P 📶) Dieses elegante B&B verfügt über sieben Zimmer im 2. Stock eines alten *palazzo* im *centro storico.* Die Räume sind stylish ausgestattet und mit antikem Mobiliar versehen.

Hotel Belvedere HOTEL €
(☎0864 7 43 14; www.belvederescanno.it; Piazza Santa Maria della Valle 3; Zi. pro Person inkl. Früh-

AUF DIE PISTEN!

Den Abruzzen und der Molise mag der Zauber der nördlichen Alpen fehlen, doch auch hier wird begeistert Ski gefahren und es gibt einige Resorts (einzuplanen sind etwa 35 € für den täglichen Skipass).

» **Campitello Matese** Das Campitello in den Monti del Matese (Molise) bietet 40 km Pistenstrecke, inklusive 15 km Langlaufloipen.

» **Campo di Giove** Dieses Resort am Fuße des Parco Nazionale della Majella ist mit 2350 m das höchstgelegene Resort der Abruzzen.

» **Campo Felice** Ein kleines Resort 40 km südlich von L'Aquila mit 40 km Pistenstrecke (30 km Abfahrt, 10 km Langlauf).

» **Campo Imperatore** 22 km Abfahrtsstrecke und über 60 km Langlaufloipen im Parco Nazionale del Gran Sasso e Monti della Laga.

» **Ovindoli** Das größte Ski-Resort der Abruzzen, mit 30 km Abfahrtspisten und 50 km Langlaufloipen.

» **Pescasseroli** Ein beliebter Stützpunkt tief im Parco Nazionale d'Abruzzo mit 30 km Abfahrtspisten.

» **Pescocostanzo** Guter Ort fürs Skiwandern und auch für Alpinski, beliebt wegen seiner mittelalterlichen Architektur.

» **Rivisondoli-Roccaraso** Dieses Resort bei Pescocostanzo zählt zu den bestausgestatteten, es verfügt über 28 Skilifts, zwei Seilbahnen und über 100 km Pistenstrecke.

stück 35–50 €) Das schöne Hotel mit modernen Zimmern mit viel Holz und Parkett liegt günstig am Hauptplatz des Ortes. Halb- und Vollpension sind ebenfalls möglich.

Pizzeria Trattoria Vecchio Mulino TRATTORIA €
(☎0864 74 72 19; Via Silla 50; Pizzas/Mahlzeiten 7/25 €; ⏲im Winter Mi geschl.) Wer klassische Holzofenpizza, Käse-Antipasti und auf Holzkohle gegrillte Fleischstücke vom Schwein oder Lamm essen mag, dem sei dieses traditionelle Lokal empfohlen. Im Sommer kann auf der Terrasse gegessen werden.

Ristorante Gli Archetti TRADITIONELL ITALIENISCH €€
(☎0864 746 45; www.gliarchetti.it; Via Silla 8; Mahlzeiten 35–40 €; ⏲Mi geschl.) Dieses im Untergeschoss eines Renaissance-*palazzo* befindliche Restaurant steht hoch im Kurs seiner Gäste. Essen gibt es je nach Saison; im Winter empfiehlt sich *spaghetti alla pastora* (Pasta mit geschnetzelten Schweinebacken, Pfeffer und geraspeltem *pecorino*). Lassen Sie es sich schmecken.

ℹ Praktische Informationen

Touristeninformation (☎0864 7 43 17; Piazza Santa Maria della Valle 12; ⏲Juni–Sept. Mo–Sa 9–13 & 16–19 Uhr, So 9–13 Uhr, Okt.–Mitte Mai Mo–Sa 9–13 & 15–18 Uhr) Im Dorfzentrum.

ℹ An- & Weiterreise

Busse der Gesellschaft **ARPA** (☎800 762 622; www.arpaonline.it) fahren nach/von Sulmona (2,90 €, 1 Std., 12-mal tgl.).

Parco Nazionale d'Abruzzo, Lazio e Molise

Ganze 1100 km² misst die spektakuläre Gebirgslandschaft des Parco Nazionale d'Abruzzo, Lazio e Molise, des ältesten und beliebtesten Nationalparks der Abruzzen. Er ist auch ein wichtiger naturbelassener Lebensraum und Heimat einer hiesigen Unterart von Braunbären und des Italienischen Wolfes. Wer sehr viel Glück hat, sieht vielleicht einen der selten gewordenen Luchse in freier Wildbahn.

Der Park bietet seinen Besuchern zudem hervorragende Wanderwege, Skiloipen, Mountainbike-Strecken und weitere Aktivitäten im Freien.

Sehenswertes & Aktivitäten

Dreh- und Angelpunkt des Parks ist das lebhafte **Pescasseroli**, ein attraktives Dorf etwa 80 km südwestlich von Sulmona. Auf einer Bergspitze 6 km von Pescasseroli entfernt liegt **Opi**, eines der *borghi più belli d'Italia* (schönsten Dörfer Italiens) und auch eine der höchstgelegenen Siedlungen des Parks; ein Bummel durch das schöne Ortszentrum lohnt sich.

Am östlichen Zipfel des Parks – etwa 17 km von Opi entfernt – liegt der malerische **Lago di Barrea**, und oben auf einem Felsvorsprung über dem See liegt die alte Stadt **Barrea**.

Im nahe gelegenen **Civitella Alfedena** lädt das **Centro Lupo** (Wolfszentrum; ☎0864 89 01 41; Eintritt 3 €; ⏲10–14 & 14.30–17.30 Uhr) zum Studium der heimischen Flora und Fauna und zur Beobachtung von einigen freilebenden Wölfen im **Area Faunistica del Lupo**.

Wer einen der seltenen Luchse sehen möchte, folgt der Beschilderung zur **Area Faunistica delle Lince**.

Wandermöglichkeiten gibt es im Nationalpark viele, egal ob auf eigene Faust oder organisiert mit einer Gruppe. Zahlreiche geführte Touren werden angeboten, wie etwa vom Unternehmen **Ecotur** (☎0863 91 27 60; www.ecotur.org; Via Piave 9, Pescasseroli), das Trecks, Radwanderungen und verschiedene andere Exkursionen in seinem Angebot hat.

Von Mai bis Oktober bietet das **Centro Ippico Vallecupa** (☎0863 91 04 44; www.agriturismomaneggiovallecupa.it; Via della Difesa; Ausritte 1 Std./ganzer Tag 20/80 €) geführte Ausritte zu Pferd durch den Park.

Wer Skifahren möchte, findet weitere, nützliche Informationen dazu im Kasten auf S. 652.

Schlafen

B&B La Sosta B&B €

(☎0863 91 60 57; Via Marsicana 17, Opi; Zi. pro Pers. 25 €; P) Dieses entzückende B&B in Opi wird mit liebevoller Fürsorge von einem gastfreundlichen älteren Ehepaar betrieben. Es gibt sechs sehr saubere, elegante Zimmer, eine sonnige Terrasse und einen direkten Zugang zu den nahe gelegenen Bergen. Das Frühstück ist fantastisch, mit Kuchen und einer Menge hausgemachter Marmeladen. Ausgezeichnetes Preis-Leistungs-Verhältnis!

Hotel La Conca HOTEL €

(☎0863 91 05 62; Via Vicenne, Pescasseroli; DZ inkl. Frühstück 65–100 €; P) Ruhig gelegen und doch in der Nähe des Getümmels: ein 3-Sterne-Hotel mit geräumigen, komfortablen Zimmern und Massivholztüren. Eine schlichte, preiswerte Angelegenheit.

Albergo Antico Borga La Torre HOTEL €

(☎0864 89 01 21; www.albergolatorre.com; Via Castello 3, Civitella Alfedena; EZ 30–40 €, DZ 45–60 €; P@) In einem charmanten *palazzo* aus dem 18. Jh. im mittelalterlichen Zentrum von Civitella Alfedena ist dieses solide, bei Wanderern beliebte Hotel untergebracht. Ein kleines Restaurant gibt es im Haus auch, das heiße, kräftigende Speisen serviert.

Campeggio Wolf CAMPINGPLATZ €

(☎0864 89 03 60; Via Sotto i Cerri, Civitella Alfedena; Camping pro Pers. 5–6,50 €, Zelt 5–6 €, Auto 3–4 €; ⏲Mai–Sept.) Dieser Zeltplatz kommt

DIE BEINE VERTRETEN

Mit etwa 150 gut ausgeschilderten Routen ist der Parco Nazionale d'Abruzzo, Lazio e Molise ein Mekka für Wanderer. Dabei reichen die Schwierigkeitsgrade vom leichten Familientrip bis zu Mehrtagestouren zwischen felsigen Gipfeln und in kahlem Hochland. Die beste Zeit dafür ist von Juni bis September; der Zugang zu einigen der viel frequentierten Routen um Pescasseroli ist im Juli und August jedoch oft begrenzt. Wer auf Nummer sicher gehen will, bucht den Zugang zu diesen Wanderrouten im Centro di Visita in Pescasseroli oder im Centro Lupo in Civitella Alfedena.

Zwei der beliebtesten Wanderwege sind die Aufstiege zum Monte Amaro (2793 m; Route F1) und zum Monte Tranquillo (1841 m; Route C3). Die **Monte-Amaro-Route**, eine 2¼-Stunden-Strecke, beginnt an einem Parkplatz 7 km südöstlich von Pescasseroli (hinter Opi etwa 2 km der SS83 folgen) und führt dann steil nach oben zu den Bergkämmen, auf denen man mit fantastischen Aussichten über das Valle del Sangro belohnt wird. Die Chancen, auf dieser Tour eine Gämse zu sichten, stehen ziemlich gut.

Der Aufstieg zum **Monte Tranquillo** dauert rund 2½ Stunden und beginnt etwa 1 km südlich von Pescasseroli (der Beschilderung zum Hotel Iris und dem Centro Ippico Vallecupa folgen). Wer oben noch Puste hat, kann nordwärts dem Gebirgskamm folgen, bevor von Norden aus der Abstieg nach Pescasseroli gewagt wird. Diese schöne, aber anstrengende Rundtour von 19,5 km dauert sechs bis sieben Stunden.

recht spartanisch daher, stellt aber kostenlose heiße Duschen zur Verfügung.

Essen

Trattoria da Armando TRATTORIA €
(☎0863 91 23 86; Piazza Vittorio Veneto 11, Pescasseroli; Mahlzeiten 18–20 €; ⏲Fr–Mi) Diese schlichte Trattoria bietet einfache, aber leckere Mahlzeiten, sowohl die üblichen Nudel- und Fleischgerichte als auch eine Auswahl an frisch zubereiteten *panini*.

Pizzeria Trattoria da Laura PIZZERIA €
(☎334 5252587; Via Pave 8, Pescasseroli; Pizzas 6 €; ⏲Abendessen) Wem nach einer schnellen Pizza ist, der sucht diese coole Pizzeria direkt am Hauptplatz auf. Das Ambiente ist gemütlich; die Pizza duftet lecker.

Praktische Informationen

Centro di Visita (☎0863 911 32 21; Viale Colli d'Oro, Pescasseroli; ⏲April–Aug. 9–19.30 Uhr, Sept.–März 10–17.30 Uhr)

Touristeninformation (☎0863 91 04 61; Via Principe di Napoli, Pescasseroli; ⏲Sept.–Juni Mo–Sa 9–13 & 15–18 Uhr, Juli & Aug. tgl. 9–13 & 16–19 Uhr)

An- & Weiterreise

Pescasseroli, Civitella Alfedena und andere Dörfer im Nationalpark sind durch täglich verkehrende Busse mit Avezzano verbunden (4,70 €, 1½ Std.); von dort fahren Züge nach L'Aquila, Pescara und Rom; und auch mit Castel di Sangro (3,60 €, 1¼ Std.), von dort geht es per Bahn nach Sulmona und Neapel.

Pescara

123 100 EW.

Die größte Stadt der Abruzzen ist ein dicht besiedeltes Küstenresort mit einem der bedeutendsten Yachthäfen der Adria. Während des Zweiten Weltkriegs wurde die Stadt schwer zerstört; ein großer Teil der Innenstadt lag in Schutt und Asche. Heute ist Pescara eine lebhafte Stadt mit regem Treiben am Ufer, vor allem im Sommer. Sehr viel mehr Gründe für einen Besuch als die 16 km langen Sandstrände gibt es allerdings nicht.

Sehenswertes

Die Hauptattraktion von Pescara ist der lange Strand und das Einkaufsviertel um die Fußgängerzone des Corso Umberto herum. Vom Piazzale della Repubblica ist es nur ein kurzes Stück Weg den Corso Umberto hinunter zum Strand. Ein paar Sehenswürdigkeiten verdienen einen Abstecher.

Museo delle Genti d'Abruzzo MUSEUM
(☎085 451 00 26; www.gentidabruzzo.it; Via delle Caserme 24; Erw./erm. 6/3 €; ⏲Sept.–Juni Mo–Sa 9–13.30 Uhr, So 17–20 Uhr, Juli & Aug. Fr & Sa bis 24 Uhr) Das Museum widmet sich dem Leben der Bauern in den Abruzzen.

Museo Casa Natale Gabriele D'Annunzio MUSEUM
(☎0865 603 91; Corso Manthonè 116; Eintritt 2 €; ⏲9–13.30 Uhr) Geburtshaus des umstrittenen faschistischen Dichters Gabriele D'Annunzio.

Museo d'Arte Moderna Vittoria Colonna KUNSTGALERIE
(☎085 428 37 59; Via Gramsci 26; Erw./erm. 6/4 €; ⏲9.30–13.30 & 16–20 Uhr) Kleine Sammlung moderner Kunst in Ufernähe; rühmt sich eines Picasso und eines Miró.

Geführte Touren

Absolutely Abruzzo Tours KULTUR
(☎0699 19 74 60; www.absolutelyabruzzo.com; Tagestouren ab 250 €; ⏲Mai–Okt.) Die Australo-Italienerin Luciana Masci leitet eintägige bis einwöchige kleine Privattouren (darunter auch Kochkurse, Kulturtrips und Wandertouren) und bietet zudem eine individuelle Ahnenforschung für alle, die Familienangehörige in den Abruzzen ausfindig machen wollen. Buchung erforderlich!

Feste & Events

Pescara Jazz MUSIK
(www.pescarajazz.com) Mitte Juli findet im Teatro D'Annunzio alljährlich das internationale Jazz-Festival statt.

Schlafen & Essen

B&B Villa del Pavone B&B €
(☎085 421 17 70; www.villadelpavone.it; Via Pizzoferrato 30; DZ 70–80 €; P ❄ 📶) Jenseits der Gleise, in einer ruhigen Wohnstraße etwa 300 m hinter dem Bahnhof, befindet sich dieses großartige B&B; ein Heim fern von daheim. Voller Stolz werden die herrlichen Antiquitäten und der viele bunte Schnickschnack präsentiert. Im üppig grünen Garten regiert ein Pfau.

Hotel Alba HOTEL €
(☎085 38 91 45; www.hotelalba.pescara.it; Via Michelangelo Forti 14; EZ 50–80 €, DZ 75–120 €; P ❄ @) Das Alba ist ein nüchternes 3-Sterne-Hotel und bietet anonymen Komfort

und eine zentrale Lage. Die Zimmer fallen unterschiedlich aus, die besten verfügen über polierte Holzböden, stabile Betten und reichlich Tageslicht. Die Preise sind an den Wochenenden am günstigsten; einen Garagenparkplatz gibt es für 10 € dazu.

Osteria La Lumaca OSTERIA €€
(☎085 451 08 80; www.osterialalumaca.com; Via delle Caserme 51; Mittagsmenüs 8–15 €, Mahlzeiten 35 €; ⊙Sa mittags & So geschl.) In diesem freundlichen, holzgetäfelten Restaurant wird gute Küche groß geschrieben. Besonders empfehlenswert sind Räucherfleisch, Ricotta und Lamm nach Abruzzen-Art. Die Festpreismenüs zu Mittag sind preiswert.

Ristorante Marechiaro da Bruno FISCH €€
(☎085 421 38 49; www.ristorantemarechiaro.eu; Lungomare Matteotti 70; Pizzas 6,50–9 €, Mahlzeiten 30 €; ⊙Do–Di) In bester Lage am Wasser und – naturgemäß – spezialisiert auf Meerestiere in allen Formen und Größen. Ein lebhafter Ort mit beeindruckender Pizza-Vielfalt am Abend.

Caffè Letterario CAFÉ €
(☎085 642 43; Via delle Caserme 22; Mittagsmenüs 7–12 €; ⊙So–Mi 9–18 Uhr, Do–Sa 9–15 Uhr) Das Letterario mit seinen bis zum Boden reichenden Fenstern und den blanken Steinwänden ist mittags sehr beliebt. Das Tagesmenü wird mit Kreide an die Tafel geschrieben und umfasst meist ein paar Haupt- und einige BeilagenMahlzeiten. Donnerstags bis samstags gibt es abends Livemusik.

ℹ Praktische Informationen

Touristeninformation Piazzale della Repubblica (☎085 422 54 62; www.proloco.pescara.it; ⊙Okt.–Mai 9–13 & 15–18 Uhr, Juni–Sept. 9–13 & 16–19 Uhr); Flughafen (☎085 432 21 20; ⊙zu den Landezeiten).

ℹ An- & Weiterreise

BUS **ARPA**(☎800 76 26 22; www.arpaonline.it)-Busse fahren vom Piazzale della Repubblica nach L'Aquila (7,80 €, 2 Std., 10-mal tgl.), Sulmona (5,50 €, 1 Std., 11-mal tgl.), Neapel (24 €, 4½ Std., 4-mal tgl.), Rom (15 €, 2¾ Std., 11-mal tgl.) und zu weiteren Städten in den Abruzzen und der Molise.

FLUGZEUG Der **Flughafen Pescara** (☎899 13 03 10; www.abruzzo-airport.it) befindet sich 3 km außerhalb der Stadt und ist mit dem Bus 38 (1 €, 20 Minuten, alle 15 Minuten), der vor dem Bahnhof abfährt, leicht zu erreichen. Ryanair und Alitalia bedienen die meisten Flüge nach Pescara.

SCHIFF Im August fährt täglich ein Tragflügelboot der **SNAV** (☎071 207 61 16; www.snav.it) zur kroatischen Insel Hvar und weiter nach Split. Einfache Fahrten dauern 5 ¾ Std. und kosten 120 € pro Person und pro Auto. Siehe **Agenzia Sanmar** (☎0854 451 08 73; www.sanmar.it; Stazione Marittima Banchina Sud) am Hafen.

ZUG Es gibt Direktverbindungen nach Ancona (7,50 € bis 20 €, 1 ¼ bis 2 Std., 20-mal tgl.), Bari (27 € bis 37 €, 3 Std., 16-mal tgl.), Rom (11,70 €, 4 Std., 6-mal tgl.) und Sulmona (3,90 €, 1 ¼ Std., 16-mal tgl.).

Chieti

54 300 EW.

Hoch oben über dem Aterno-Tal liegt die Bergstadt Chieti, deren Wurzeln noch vor der Römerzeit liegen, als sie Hauptstadt des Marrucini-Volkes war und Teate Marrucinorum hieß. Später, im 4. Jh. v. Chr., wurde die Siedlung von den Römern erobert und dem Römischen Reich angegliedert. Heute ist vor allem eines interessant: ein Besuch der beiden faszinierenden Archäologiemuseen der Stadt.

LP TIPP Das **Museo Archeologico Nazionale dell'Abruzzo** (☎0871 40 43 92; www.archeoabruzzo.beniculturali.it; Villa Frigerj; Erw./erm. 4/2 €; ⊙Di–So 9–19.30 Uhr) ist in einer neoklassischen Villa im Villa-Comunale-Park untergebracht. Ausgestellt ist eine umfassende Sammlung regionaler Fundstücke, darunter der herausragende *Krieger von Capestrano* aus dem 6. Jh. v. Chr., der als bedeutendster vorrömischer Fund in Mittelitalien gilt. Die Identität des Kriegers gibt Rätsel auf; manche halten ihn für Numa Pompilius, den sagenhaften zweiten König von Rom und Nachfolger von Romulus. Darüber hinaus zeigt das Museum Grabstelen aus dem 5. Jh. v. Chr., eine beeindruckende Münzsammlung und ein paar gigantische Statuen, darunter die eines sitzenden Herkules aus dem 1. Jh. v. Chr.

Ganz in der Nähe befindet sich der **Compplesso Archeologico la Civitella** (☎0871 6 31 37; www.lacivitella.it; Via Pianell; Erw./erm. 4/2 €; ⊙Di–So 9–19.30 Uhr), ein modernes Museum, das um ein römisches Amphitheater herum gebaut wurde. Die Ausstellungsstücke, darunter Waffen und Keramik aus der Eisenzeit, zeichnen die Geschichte Chietis nach.

Rund 3 km unterhalb der Altstadt befindet sich der **Agriturismo Il Quadrifoglio** (☎0871 63 4 00; www.agriturismoilquadrifoglio.com; Strada Licini 22, Località Colle Marcone; EZ/DZ 40/50 €; Ⓟ), ein malerischer Bauernhof

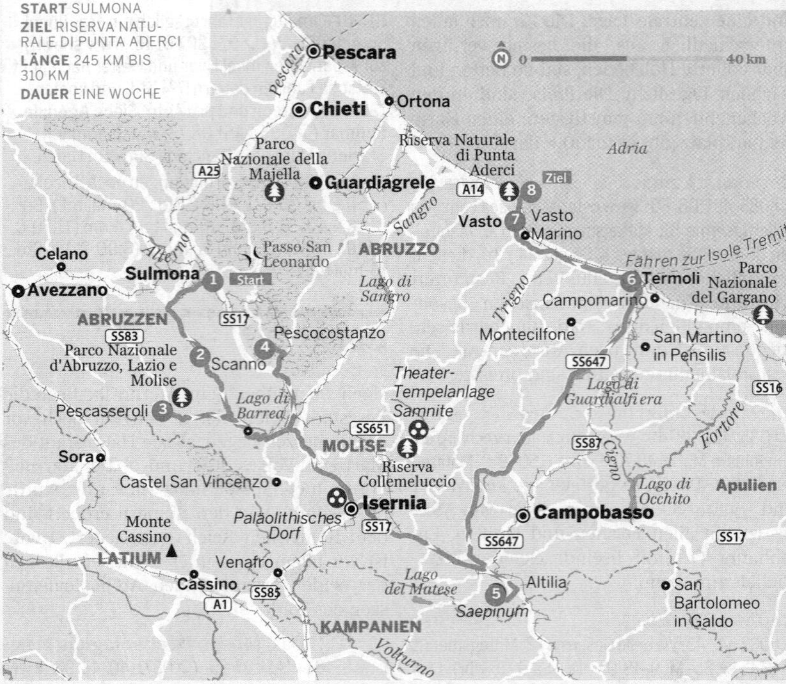

Autotour

Reise mitten ins Herz

❶ **Sulmona** ist eine Oase inmitten des bergigen Terrains der südlichen Abruzzen und ein wunderbarer Ausgangspunkt dieser lohnenswerten Tour. Mit seinem attraktiven historischen Zentrum, der einladenden Atmosphäre und ausgezeichneten Trattorien gilt sie als archetypische italienische Stadt. Ein Bummel zwischen den Marktständen der Piazza Garibaldi oder die Teilnahme an der *passeggiata* (Abendspaziergang) auf dem Corso Ovidio vermittelt einen Eindruck vom Leben der Einheimischen.

Nach einer Übernachtung in Sulmona geht es südwärts zum Bergdorf ❷ **Scanno**. Es ist eine gemächliche, landschaftlich reizvolle Fahrt durch die atemberaubende **Gole di Sagittario**, eine felsige Schlucht, die die Straße geradezu einklemmt wie ein natürlicher Schraubstock, und weiter zum wunderschönen Lago di Scanno. Dank Scannos Postkartenschönheit ist es zur Touristenattraktion geworden, außerhalb der Hochsaison jedoch ist es ein beschaulicher Ort.

Weiter geht die Reise dann vom Lago di Barrea zu den Nationalparks: entweder tief hinein in den großartigen Parco Nazionale d'Abruzzo, Lazio e Molise, den beliebtesten der drei Nationalparks der Abruzzen, um das Lager dann in ❸ **Pescasseroli** aufzuschlagen, oder nordwärts im großen Bogen zum schönen ❹ **Pescocostanzo** im Parco Nazionale della Majella.

Wo auch immer, es lohnt, die umliegenden Berge ein paar Tage zu erkunden. Wer seine Batterien wieder aufgeladen hat, setzt seine Reise fort, an Isernia vorbei zu den gut erhaltenen römischen Ruinen von ❺ **Saepinum**.

Nach so vielen Bergen wird es Zeit für die Küste und für ein Sonnenbad in ❻ **Termoli** oder etwas weiter oben in ❼ **Vasto**, beide Adria-Resorts sind beliebt. Von Termoli ist es nur eine Tagesfahrt bis zu den Isole Tremiti. Wem die Touristenschwärme aber zu dicht werden (und das werden sie im Sommer meist), der fährt nach Norden zum Spiaggia di Punta Penna, einem traumhaften Strand in der ❽ **Riserva Naturale di Punta Aderci**.

mit rustikalen Gästezimmern, herrlicher Aussicht und einem hübschen üppigen Garten. Mahlzeiten kosten hier zwischen 15 und 20 €. Die Schilder nach Colle Marcone weisen den Weg zum Bauernhof.

Chietis **Touristeninformation** (☎0871 636 40; Via Spaventa 47; ⌚Juli–Sept. Mo–Sa 8–13 & 16–19 Uhr, Okt.–Juni Mo–Sa 8–13 & Di, Do & Fr 15–18 Uhr) stellt Listen mit Informationen und Unterkünften für Stadt und Umgebung bereit.

Linienbusse (2 €, 20 Min.) verkehren zwischen Chieti und Pescara.

Vasto

39 820 EW.

Die Bergstadt Vasto liegt am südlichen Teil der Abruzzenküste; sie besitzt ein stimmungsvolles mittelalterliches Viertel und einen ausgezeichneten Blick aufs Meer. Ein Großteil des *centro storico* stammt aus dem 15. Jh., jenem Goldenen Zeitalter, in dem die Stadt weithin als das „Athen der Abruzzen" bekannt war.

2 km den Berg hinunter befindet sich das heruntergekommene Resort **Vasto Marina**, ein Streifen von Hotels, Restaurants und Campingplätzen vor einem langen Sandstrand. Etwa 5 km weiter nördlich am Meer liegt die wunderschöne **Spiaggia di Punta Penna** und die **Riserva Naturale di Punta Aderci** (www.puntaderci.it), ein 285 Hektar großes Gebiet unberührter Felsküste, ideal für lange Strandspaziergänge und Tauchgänge.

Sehenswertes & Aktivitäten

Im Sommer liegt das Hauptaugenmerk der Besucher auf dem Strand von Vasto Marina. Oben in der Altstadt konzentriert sich das Interesse auf den kleinen historischen Kern. Vom Wahrzeichen, dem **Castello Caldoresco** an der Piazza Rossetti, führt der Corso de Parma hinunter zur **Cattedrale di San Giuseppe** (☎0873 36 71 93; Piazza Pudente; ⌚8.30–12 & 16.30–19 Uhr), einem hübschen, unauffälligen Beispiel romanischer Architektur aus dem 13. Jh.

Nicht weit davon entfernt befindet sich im Renaissance-Palast **Palazzo d'Avalos** das **Museo Civico Archaeologica** (☎0873 36 77 73; Piazza Pudente; Eintritt 1,50 €; ⌚Di–So 9.30–12.30 & Di–So 16.30–19.30 Uhr) mit einer ausgefallenen Sammlung antiker Bronzen, Glasarbeiten und Gemälden. Drei weitere Museen sind hier ebenfalls untergebracht – die **Pinacoteca Comunale** (Eintritt 3,50 €), die **Galleria d'Arte Moderna** (Eintritt frei) und das **Museo del Costume** (Eintritt 1,50 €). Ein Kombiticket zum Besuch aller Museen kostet nur 4,50 €.

TOP FIVE: BERGSTÄDTE IN DEN ABRUZZEN

In den gebirgigen Gegenden der Abruzzen sind die Höhen gekrönt von Burgruinen und mittelalterlichen Dörfern. Es empfiehlt sich ein Bummel durch die schönen und stimmungsvollen Bergstädtchen:

» **Pescocostanzo** (S. 650)

» **Scanno** (S. 651)

» **Vasto** (S. 657)

» **Chieti** (S. 655)

» **Sulmona** (S. 648) Okay, nicht ganz der Gipfel, aber Ovids Geburtshaus macht diesen Ort zu einem attraktiven Ausgangspunkt für die Erkundung des Parco Nazionale della Majella.

Schlafen & Essen

Hotel San Marco HOTEL €

(☎0873 6 05 37; www.hotelsanmarcovasto.com; Via Madonna dell'Asilo 4; EZ 42–52 €, DZ 66–86 €; ❄📶) In der Oberstadt, nahe am Corso Garibaldi, steht dieses herrliche kleine 3-Sterne-Hotel. Es bietet blitzsaubere moderne Zimmer zu günstigen Preisen. Top Preis-Leistungs-Verhältnis!

Il Panzotto PIZZERIA €

(☎0873 6 93 41; Loggia Amblingh 51; Pizzas 6,50–9 €; ⌚Mi–Mo) Zur hinreißenden Panoramaaussicht auf das Meer kommt auch noch die hervorragende Pizza (über 40 verschiedene stehen zur Auswahl). Wer mag, kann hier auch Nudeln oder Fleischgerichte bestellen.

Praktische Informationen

Touristeninformation (☎0873 36 73 12; Piazza del Popolo 18; ⌚Juli–Mitte Sept. tgl. 9–13 & Mo–Sa. 16–19 Uhr, Mitte Sept.–Juni Mon–Fr 9–13 & Di, Do & Fr 15–18 Uhr) Im Centro Storico.

An- & Weiterreise

Der Bahnhof (Vasto-San Salvo) befindet sich ca. 2 km südlich von Vasto Marina. Regelmäßig fahren Züge nach Pescara (4,30 €, 1 Std.) und Termoli (ab 2,30 €, 15 Min.). Die Busse 1 und 4 fahren vom Bahnhof nach Vasto Marina und ins Stadtzentrum (1 €).

MOLISE

Molise ist einer der vergessenen Landstriche Italiens und eine der wenigen noch unberührten Gegenden des Landes. Obwohl hier der Glanz des nördlichen Nachbarn fehlt, verleiht die mangelnde touristische Infrastruktur und die unberührte Landschaft der Region eine gewisse Ursprünglichkeit und Echtheit, die man in den touristisch erschlossenen Gebieten oft vermisst.

Die Region Molise ist für Besucher am besten mit dem Auto zu bereisen.

Campobasso

51 000 EW.

Campobasso ist Molises Regionalhauptstadt und der Hauptverkehrsknotenpunkt. Die großflächige und eher langweilige Stadt hat wenig empfehlenswerte Einrichtungen. Das kleine *centro storico* ist jedoch einen kurzen Besuch wert.

Obgleich selten geöffnet: die romanischen Kirchen **San Bartolomeo** (Salita San Bartolomeo) und **San Giorgio** (Viale della Rimembranza) gelten als großartige Beispiele ihrer Zeit. Weiter oben, am Ende einer steilen dreispurigen Straße, thront das **Castello Monforte** (☎0874 632 99; Eintritt frei; ⌚Di–So 9–13 & 15.30–18.30 Uhr). Die Keramiken, die in der Burg gefunden wurden, sind nun zusammen mit Artefakten umliegender archäologischer Fundstätten im kleinen **Museo Samnitico** (Sabeller-Museum; ☎0874 41 22 65; Via Chiarizia 12; Eintritt frei; ⌚9–17.30 Uhr) zu sehen.

Wer Hunger hat, besucht die **Trattoria La Grotta di Zi Concetta** (☎0874 31 13 78; Via Larino 9; Mahlzeiten 25 €; ⌚Mo–Fr Mittag- & Abendessen); eine traditionelle Trattoria, in der vorzügliche hausgemachte Pasta und hervorragende Fleischgerichte serviert werden.

Die **Touristeninformation** (☎0874 41 56 62; Piazza della Vittoria 14; ⌚Mo–Fr 8.30–13.30, Mo & Mi 15–17.30 Uhr) stellt weitere Informationen über die Stadt und die Provinz Campobasso bereit.

Wer nicht gerade von Isernia kommt, kann Campobasso am besten mit dem Bus erreichen. Es gibt viele Verbindungen von Termoli (3,30 €, 1¼ Std. 10-mal tgl.), Neapel (9,60 €, 2¾ Std., werktags 4-mal tgl.) und von Rom (11,90 €, 3½ Std., 5-mal tgl.). Bis zu 14-mal am Tag verkehren Züge nach und von Isernia (2,80 €, 1 Std.).

Rund um Campobasso

Einer der verborgenen Schätze in Molise sind die römischen Überreste von **Saepinum** (freier Eintritt). Sie sind besser erhalten als alle anderen und gehören doch zu den am wenigsten besuchten des Landes. Anders als die einst großen Hafenstädte Pompeii und Ostia Antica war Saepinum eine kleine Provinzstadt ohne nennenswerte Bedeutung. Ursprünglich von den Samniten erbaut, wurde sie 293 v. Chr. von den Römer erobert, die damit den Weg für einen wirtschaftlichen Aufschwung im 1. und 2. Jh. n. Chr. bereiteten. Ca. 700 Jahre später wurde Saepinum von arabischen Eindringlingen geplündert. In der Stadtmauer sind drei der ursprünglich vier Stadttore sowie die beiden Hauptstraßen *cardo maximus* und *decamanus maximus* erhalten. Zu den Highlights zählen das Forum, die Basilika und das Theater, in dessen Nähe sich das **Museo Archeologico Vittoriano** (Eintritt 2 €; ⌚Di–So 9–13 & 15 bis 18 Uhr) befindet. Es zeigt Fundstücke, die von der Stätte selbst stammen.

Es ist nicht einfach, Saepinum mit öffentlichen Verkehrsmitteln zu erreichen, aber der Bus der **Larivera** (☎0874 6 47 44; www.lariverabus.it) von Campobasso nach Sepinio (1,20 €, werktags 6-mal tgl.) hält in der Regel in der Nähe des Ortes in Altilia; am besten sicherheitshalber den Fahrer fragen.

Über die Ruinen ragen die **Monti del Matese** (Matese-Berge) empor. Der **Campitello Matese** (Höhe 1430 m) ist ein beliebtes Ski-Resort und bietet Sommer- wie auch Wintersportmöglichkeiten. Außerhalb der Ski-Saison und der Zeit der Sommerferien werden hier die Schotten so gut wie dicht gemacht.

Von Dezember bis März fahren täglich drei Busse der **Autolinee Micone** (☎0874 78 01 20) von Campobasso hinauf zum Campitello Matese (1 Std.).

Isernia

22 000 EW.

Isernia liegt inmitten entlegener, nur spärlich besiedelter Hügel und hinterlässt keinen bleibenden Eindruck. Erdbeben und massive Bombenangriffe im Zweiten Weltkrieg haben nur wenig vom ursprünglichen *centro storico* übrig gelassen. Im modernen Zentrum herrscht nur grauer Arbeitsalltag. Einziger Grund für einen Zwischenstopp ist der Besuch einer der ältesten menschlichen Siedlungen Europas, ein 700 000 Jahre altes Dorf, dass 1978 zufällig von Straßenarbeitern entdeckt wurde. Die Ausgrabungen laufen noch; vor einem Besuch sollte man deshalb das zuständige **Archäologische Büro** (☎0865 41 35 26; Contrada Ramiera Vecchia 1, Localita La Pineta) anrufen.

Wer es nicht bis zur Grabungsstelle schafft, kann sich viele der dort geborgenen Funde im angestaubten **Museo Santa Maria delle Monache** (☎0865 41 05 00; Corso Marcelli 48; Eintritt 2 €; ⏲8.30–19 Uhr) anschauen, darunter jeden Menge Elefanten- und Nashornknochen, Fossilien und einige Steinwerkzeuge.

Zum Übernachten eignet sich das **Hotel Sayonara** (☎0865 509 92; www.sayonara.is.it; Via G Berta 131; EZ/DZ 55/85 €; ❄), das zentralste Hotel der Stadt. Es wirkt anonym und geschäftsmäßig, bietet aber komfortable Zimmer und ein zweckmäßiges Restaurant.

Isernias **Touristeninformation** (☎0865 39 92; 5. Stock, Palazzo della Regione, Via Farinacci 9; ⏲Mo–Sa 8–14 Uhr) hat Listen mit Unterkünften, ansonsten aber wenig brauchbare Informationen zu bieten.

Am Busbahnhof an der Piazza della Repubblica betreibt **Trasporti Molise** (☎0874 49 30 80; www.molisetrasporti.it) Busse nach Campobasso (2,80 €, 50 Min., 5-mal tgl.) und nach Termoli (7 €, 1¾ Std., 3-mal tgl.). Fahrkarten gibt's in der Bar Ragno d'Oro an der Piazza.

Zugverbindungen gehen von Isernia nach Sulmona (7,10 €, 3–4 Std., 2-mal tgl.), Campobasso (2,80 €, 1 Std., 14-mal tgl.), Neapel (6 €, 2 Std., 6-mal tgl.) und nach Rom (10,50 €, 2 Std., 6-mal tgl.).

Rund um Isernia

In den Hügeln rund um Isernia warten viele interessante Orte auf Besucher. Etwa 30 km nordöstlich der Stadt außerhalb von **Pietrabbondante** sind die Überreste eines **Samnitischen Theater-Tempel-Komplexes** (☎0865 7 61 29; Erw./erm. 2/1 €; ⏲10–18 Uhr) aus dem 2. Jh. v. Chr. zu bewundern. Das Panorama hoch über der hügeligen grünen Landschaft ist ohnehin sehenswert.

Auf dem Weg dorthin bietet das 350 ha große **Riserva Collemeluccio** (⏲Juni–Sept. 9.30 bis 19 Uhr, April–Mai bis 17.30 Uhr, Okt.–März bis 16.30 Uhr) hervorragende Möglichkeiten für ein gemütliches Picknick. Hier findet sich auch eine ideale Wandergegend mit zahlreichen schönen Wanderwegen, die am Besucherzentrum beginnen.

Weiter nördlich liegt **Agnone**, eine alte Stadt auf dem Gipfel eines Hügels, die berühmt ist für ihre Glockengießerkunst. Seit mehr als 1000 Jahren fertigen hier einheimische Kunsthandwerker Kirchenglocken für einige der berühmtesten Kirchen Italiens, darunter für den Petersdom in Rom. Informationen dazu gibt die **Marinelli Pontificia Fonderia di Campane** (☎0865 7 82 35; www.campanemarinelli.com; Via D'Onofrio 14; Erw./erm. 5/3,50 €; ⏲Führungen Aug. Mo–Sa 11, 12, 16 & 18 & So 11 Uhr, Sept.–Juli Mo–Sa 12 & 16 & So 12 Uhr).

Weitere Informationen, auch zu Übernachtungsmöglichkeiten in der Umgebung, sind in der **Touristeninformation** (☎0865 7 72 49; www.prolocoagnone.com; Corso Vittorio Emanuele 78; ⏲9.30 –12.30 & 15.30–18 Uhr) zu bekommen.

Etwa 30 km nordwestlich von Isernia – in der Nähe der Burg San Vincenzo – liegt die **Abbazia di San Vincenzo al Volturno** (☎0865 95 52 46; ⏲nach Vereinbarung), die für ihren Freskenzyklus des Abt Epiphanius (824–842) bekannt ist. Die Abtei, im 9. Jh. eines der führenden monastischen und kulturellen Zentren Europas, beherbergt heute eine Ordensgemeinschaft der Benediktinerinnen.

Busse von **SATI** (☎0874 60 52 20) fahren Pietrabbondante (1,50 €, 35 Min., 2-mal tgl.) und Agnone (2,05 €, 1 Std., 9-mal tgl.) an. Tickets gibt es im Bus beim Fahrer. **Larivera**-Busse (☎0874 6 47 44; www.lariverabus.it) verkehren zwischen Isernia und Castel San Vincenzo (1,20 €, 45 Min., 2-mal tgl.), das wiederum einen 1 km langen Fußmarsch von der Abtei entfernt liegt.

Termoli

32 600 EW.

Trotz seiner touristischen Trattorien und Bars hat Molises Top-Beachresort seinen gewinnenden, zwanglosen Charme behalten. Am östlichen Ende des Meeresufers ragt der hübsche *borgo antico* (Altstadt) auf einem natürlichen Pier ins Meer hinaus und trennt damit den Sandstrand von Termolis kleinem Hafen. Vom Hafen aus fahren ganzjährig Fähren zur Isole Tremiti.

Das berühmteste Wahrzeichen der Stadt, das **Castello Svevo** (☎0875 71 23 54; ⏲auf

Nachfrage) des Stauferkaisers Friedrich II. aus dem 13. Jh., wacht über den Zutritt zum winzigen *borgo* – einem Gewirr aus schmalen Gassen, pastellfarbenen Häusern und Souvenirläden. Vom Kastell führt eine Straße hinauf bis direkt zur Piazza Duomo und zu Termolis majestätischer **Kathedrale** (☎0875 70 80 25) aus dem 12. Jh., einem Meisterwerk der apulischen Romanik. Ein auffälliges zentrales Rundbogenportal prägt die cremefarbene Fassade.

Schlafen

LP TIPP Locanda Alfieri ALBERGO DIFFUSO €€
(☎0875 70 81 13; www.locandalfieri.com; Via Duomo 39; EZ inkl. Frühstück 40–55 €, DZ inkl. Frühstück 75–110 €; ❄📶) Die „verstreute Herberge" mit Zimmern, die im ganzen *centro storico* verteilt sind, ist ein guter Ausgangspunkt, um Termoli, die Isole Tremiti und die Molise zu erkunden. Die Zimmer sind unterschiedlich ausgestaltet, von „kreativ" traditionell bis hin zu modernem Schick (einige mit supercoolen Chromotherapie-Duschen).

Residenza Sveva ALBERGO DIFFUSO €€
(☎0875 70 68 03; www.residenzasveva.com; Piazza Duomo 11; EZ 50–80 €, DZ 89–180 €; ❄📶) Diese elegante „verstreute Herberge" im *centro storico* hat ihre Rezeption auf der Piazza Duomo, ganz in der Nähe der Kathedrale. Die 21 Zimmer aber sind in verschiedenen *palazzi* im *borgo* gelegen und in sommerlichem Stil gehalten, mit schimmernden blauen Fliesen und traditionellen Stickarbeiten. Vor Ort gibt es auch ein elegantes Fischrestaurant (Mittwoch bis Sonntag geöffnet).

Coppola Villaggio Camping Azzurra CAMPINGPLATZ €
(☎0875 524 04; www.camping.it/molise/azzurra; SS16 km 538; Camping pro Pers. 5–9 €, Zelt 9–15 €, Auto 3 €, 4-Personen-Bungalow 60–120 €; ⏱Mitte Mai–Sept.; P) Termolis einziger Zeltplatz ist modern und direkt am Strand gelegen, 2 km außerhalb der Stadt an der Küstenstraße SS16. Außer schattigen Zeltparzellen und Bungalows bietet der Platz auch einen kleinen Laden und ein Restaurant.

Essen

La Sacrestia TRADITIONELL ITALIENISCH €
(☎0875 70 56 03; Via Ruffini 48–50; Mahlzeiten 25 €, Pizzas 7–8 €; ⏱im Sommer tgl., im Winter Mi–Mo) Das Sacrestia ist eines der besseren Restaurants im lebhaften Viertel zwischen Corso Nazionale und Via Fratelli Brigida. Hier sitzt man draußen oder im Backsteingewölbe drinnen und schlägt sich den Bauch voll mit umwerfend schmeckender Pizza oder fangfrischem Fisch.

Ristorante Da Nicolino FISCH €€
(☎0875 70 68 04; Via Roma 3; Mahlzeiten 35 €; ⏱Fr–Mi) Dieses unaufdringliche Restaurant serviert den besten Fisch der Stadt und steht bei Einheimischen hoch im Kurs. Überaus empfehlenswert ist der *brodetto di pesce* (Fischsuppe).

Sognadoro PIZZERIA €
(☎0875 70 64 42; Via F Mugnano Rocca 3; Pizzas 7–8 €; ⏱Mi–Mo) Die unglaubliche Pizza-Vielfalt garantiert einen wiederholten Besuch dieser freundlichen und gastlichen Pizzeria in der Altstadt.

Praktische Informationen

Touristeninformation (☎0875 70 39 13; www.termoli.net; 1. Stock, Piazza Bega 42; ⏱Mo–Fr 8–14 Uhr & Mo & Mi–Fr 15–18 Uhr) Sehr hilfreich, aber schwer zu finden! Auf einem zwielichtig wirkenden Parkplatz hinter einem kleinen Ladengang versteckt, 100 m östlich des Bahnhofs.

An- & Weiterreise

BUS Termolis Busbahnhof liegt neben der Via Martiri della Resistenza. Etliche Unternehmen bieten Fahrten nach/von Campobasso (3,30 €, 1¼ Std., 10-mal tgl.), Isernia (7 €, 1¾ Std., 3-mal tgl.), Pescara (6,20 €, 1¼ Std., 4-mal tgl.), Neapel (14 €, 3½ Std., 4-mal tgl.) und Rom (15 €, 4 Std., häufig).

SCHIFF Termoli ist der einzige Hafen, der ganzjährig Überfahrten zu den Isole Tremiti bietet. **Tirrenia Navigazione** (☎0875 70 53 43; www.tirrenia.it; Tickets 15,80–17,70 €) betreibt ganzjährig eine Fähre und **Navigazione Libera del Golfo** (☎0875 70 48 59; www.navlib.it; Tickets €15–19; ⏱April–Sept.) ein etwas schnelleres Tragflügelboot. Tickets sind am Hafen erhältlich.

ZUG Es gibt Direktverbindungen nach Bologna (ab 36,50 €, 4 bis 5 ½ Std., 10-mal tgl.), Lecce (ab 23,10 €, 3½ bis 4½ Std., 10-mal tgl.) und zu weiteren Orten an der Adriaküste.

Albanische Orte

Einige Dörfer im Süden von Termoli bilden eine albanische Enklave, die noch auf das 15. Jh. zurückgeht. Dazu gehören **Campomarino**, **Portocannone**, **San Martino in Pensilis** und **Ururi**. Auch wenn die Bewohner ihre einstige orthodoxe Religionszugehörigkeit im 18. Jh. abgelegt haben, sprechen sie doch immer noch ein altertümliches Albanisch, das selbst die albanischen Flüchtlinge, die vor etlichen Jahren hierherkamen, kaum verstanden.

Am bekanntesten sind diese Städte aber für ihre Wagenrennen *(carressi),* die jedes Jahr in Ururi am 3. Mai, in Portocannone am Montag nach dem Weißen Sonntag und in San Martino in Pensilis am 30. April stattfinden. Die Wagen werden von Ochsen gezogen und rumpeln, von Dorfbewohnern auf Pferden angetrieben und angefeuert, über einen traditionell festgelegten Parcours.

Diese Dörfer sind ohne ein eigenes Fahrzeug nicht ganz leicht zu erreichen, aber das Busunternehmen Larivera betreibt immerhin einmal am Tag einen Bus, der von Termoli aus alle vier Orte ansteuert.

Neapel & Kampanien

5,8 MIO. EW.

Inhalt »

Gut essen

» Ristorante Il Buco (S. 714)
» Lo Scoglio (S. 700)
» Ristorante Radici (S. 700)

Schön übernachten

» Hotel San Francesco al Monte (S. 680)
» Hotel Piazza Bellini (S. 679)
» Hotel Luna Convento (S. 722)
» Casale Giancesare (S. 730)

Auf nach Neapel & Kampanien!

Übersät mit Tempeln, Burgen, Schlössern und Palästen aus drei Jahrtausenden, sprudelt diese Region hier förmlich über von Legenden und Mythen – Ikarus stürzte über den Campi Flegrei (den „brennenden Feldern" bei Pozzuoli) in den Tod, Sirenen brachten Seefahrer vor Sorrent von ihrem Kurs ab, und Richard Wagner komponierte in Ravello. Zur Region Kampanien gehören einige der legendärsten Reiseziele Europas – angefangen beim geheimnisumwitterten Pompeji bis zur VIP-Insel Capri. Im Herzen der Region liegt das pulsierende Neapel mit seinen Opern-Palazzi, seinen quirligen Märkten, und seinen randvoll mit Kunst gefüllten Museen. Was Kaffee und Pizza anbelangt, ist in Neapel nicht nur die Spitzenqualität zu Hause, sondern insbesondere auch, was die Gastronomievielfalt anbelangt. Jenseits des Straßenlärms erschließt sich rund um die Inseln ein Zauberland mit üppiger Vegetation sowie nostalgischen Fischerdörfern und unberührten Berglandschaften.

Reisezeit

Neapel

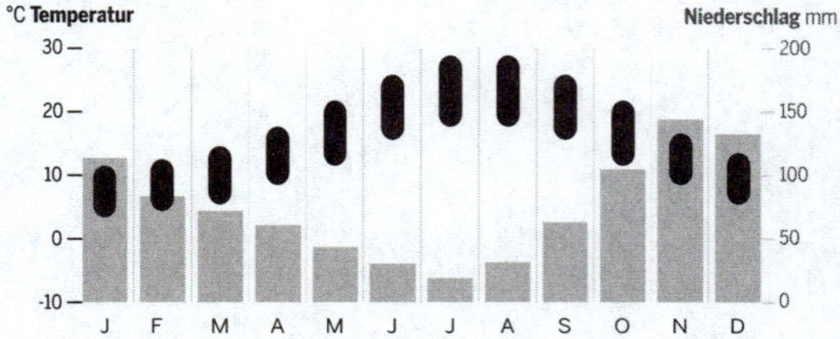

Ostern Auf den Spuren der Gläubigen: Besonders mystisch ist Ostern in Sorrent und auf Procida.

Mai Neapel feiert sich selbst einen ganzen Monat lang im Rahmen des Festivals „Maggio dei Monumenti".

September Noch reizvoller ist das Dolce Far Niente an den Küsten ohne den Massenansturm im August.

Unterirdische Stadt

Myteriöse Schreine, geheime Stollen, vergessene Krypten-das unterirdische Neapel ist eine der spannendsten städtischen Unterwelten weltweit; ein stilles, meist noch unentdecktes Labyrinth aus Zisternen mit einem dicht gedrängten Rohrsystem, Katakomben und antiken Ruinen. Nach Schätzungen von Speleologen (Höhlenspezialisten) sollen ca. 60 % der Neapolitaner über diesem Netzwerk -bekannt als *sottosuolo* (Untergrund) - leben und arbeiten. Seit dem Ende des Zweiten Weltkrieges wurden an die 700 Hohlräume entdeckt, angefangen bei original griechischen Grotten über frühchristliche Grabkammern bis hin zu Fluchtwegen für die königlichen Bourbonen. Experten gehen davon aus, dass es sich hier nur um ein Präludium handelt und dass noch weitere 2 Mio. m² troglodytischer Schätze nur darauf warten gehoben zu werden.

Auch Paris verfügt vielleicht über eine oder zwei Katakomben, jedoch lassen sich die unterirdischen Relikte nicht mit den gigantischen Funden vergleichen, die in 2500 Jahren Geschichte in Neapel zusammengekommen sind. Neapels hochberühmter Schutzheiliger San Gennaro wurde im 5. Jh. in den Catacombe di San Gennaro bestattet. Ein Jahrhundert später, im Jahr 536, erstürmten Belisario und seine Truppen im Zuge eines Blitzangriffs von unten her die Stadt über das alte Tunnelnetz. Der Legende nach wandte Alfonso von Aragon im Jahr 1442 den gleichen Trick an und umging die Stadtmauern durch eine unterirdische Passage, die zu einem Frisörladen führte und von dort aus direkt in die Stadt. Sogar die gefürchtete Camorra, Neapels Mafia, hat sich das Stollensystem zunutze gemacht. Im Jahr 1992 flog der Stolder-Clan auf. Die Fluchtwege des unterirdischen „Labors" führten direkt zum Notizblock des Drogenbosses.

KAMPANIENS NATURWUNDER

» Grotta Azzurra (S. 691) Hier sticht die Natur alles aus, was Disneylandzauber zu bieten hat – die Blaue Grotte ist pure Magie.

» Sentiero degli Dei (S. 720) Der „Pfad der Götter" entlang der Amalfiküste eröffnet von ganz oben himmlische Ausblicke über die Meeresbuchten.

» Parco Nazionale del Cilento e Vallo di Diano (S. 732) –ein wild zerklüftetes Naturparadies, das erwandert werden will

» Vesuv (S. 704) Einen Blick in den Vulkanschlund wagen – eine Zeitbombe mit herrlichem Panorama!

» Vulkankrater des Solfatara (S. 688) – Den Zorn der Erde spüren bei einem geologischen Spektakel zum Ausflippen!

Nicht versäumen

Neapels Capella Sansevero birgt den Cristo Velato (Verhüllten Christus) - der marmorne Schleier ist so durchsichtig, dass er bis heute das Auge des Betrachters täuscht.

WO EIN „TI AMO" AM BESTEN KLINGT

» Villa Cimbrone (S. 726)

» Palazzo Petrucci (S. 681)

» Monte Solaro (S. 694)

» Teatro San Carlo (S. 676)

» La Conchiglia (S. 702)

Wo sind die Garnelen?

Wer eine Pizza Marinara bestellt, bekommt eine mit Tomaten, Knoblauch und Olivenöl. Und wo sind die Meeresfrüchte? Es gibt keine. Die Pizza wurde nach den Fischern benannt, die sie für ihre Mittagspause mitnahmen.

Infos im Internet

» Turismo Regione Campania (www.incampania.it) Events und Reiserouten.

» Italy Traveller (www.italytraveller.com) Luxus- und Boutiquehotels, Themenreisen und Reiseideen.

Neapels Top-Museen

» Museo Archeologico Nazionale (S. 671) Eine Schatzkiste mit antiker Kunst – von P wie Propaganda bis hin zu E wie Erotik

» Museo di Capodimonte (S. 677) Von Caravaggio bis Warhol.

» Museo del Novecento, Castel San't Elmo (S.675) Eine Ode an Neapels Kunstszene des 20. Jhs.

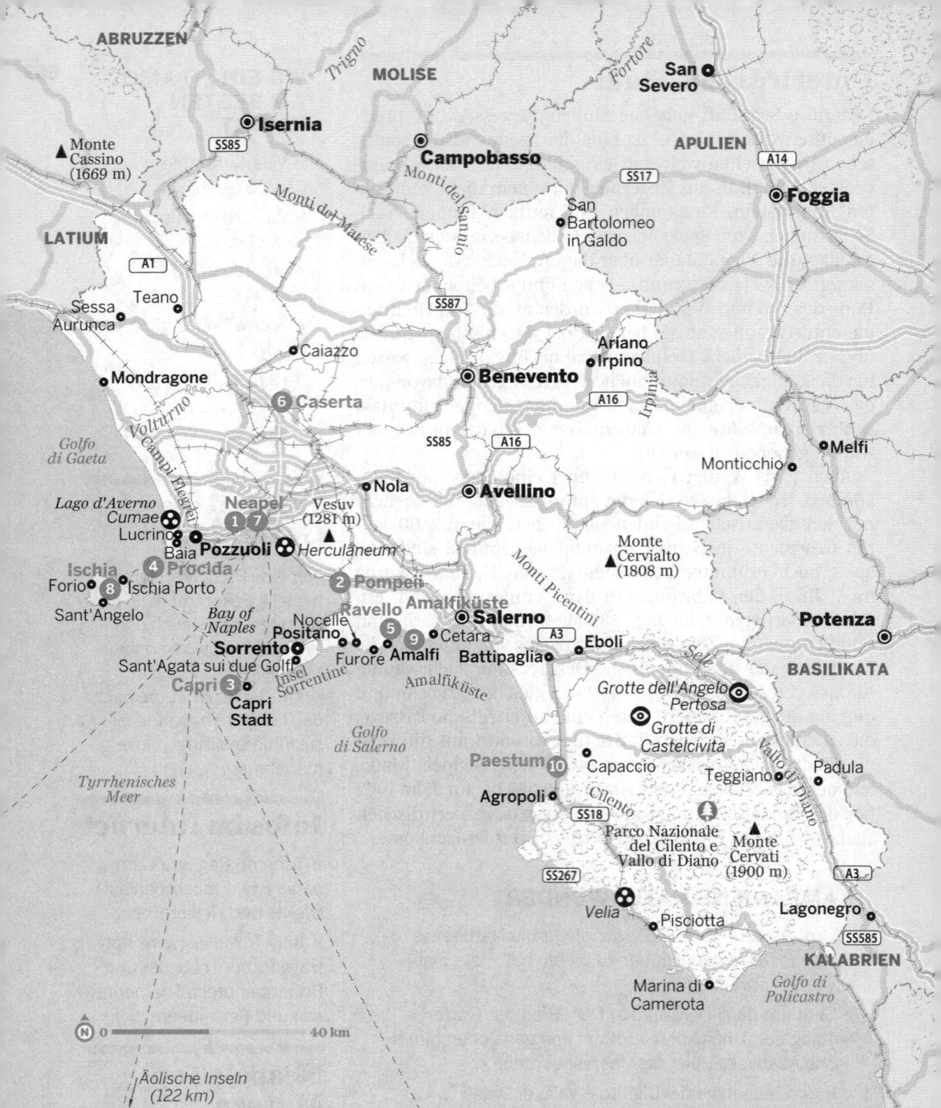

Highlights

1 Neapels Unterwelt auf der Tour **Neapoli Sotterranea** (S. 678) erforschen.

2 Den Menschen der Antike auf der Spur **Pompejis** (S. 704)

3 Den Zauber von Capris **Grotta Azzurra** (S. 691) erfahren.

4 Mittagessen mit Blick auf die Insel **Procida** (S. 700).

5 Ein Konzert in Ravellos **Villa Rufolo** (S. 725) genießen.

6 Sich vorstellen, wie es wäre, selbst als königliche Hoheit im **Palazzo Reale** (S. 676) zu residieren.

7 Appetitanregende Streifzüge durch den **Mercato di Porta Nolana** (S. 671).

8 Den Körper verwöhnen mit Thermalkuren auf **Ischia** (S. 698)

9 Entlang der **Amalfiküste** (S. 717) auf den Spuren der Götter wandeln.

10 Hellenische Baukunst beim Anblick der Welterbetempel von **Paestum** (S. 729) bewundern.

NEAPEL

3 079 000 EW.

Neapel ist die Stadt Italiens, die am meisten missverstanden wird. Andererseits wird sie von kaum einer anderen Stadt übertroffen, was das fröhliche Durcheinander an bombastischen Barockkirchen, brüllenden Barkeepern und pulsierendem Straßenleben anbelangt. Die zahlreichen Widersprüche sind es, die am besten den Charakter der Stadt beschreiben. Neapel ist ein Ort, wo vor der Kulisse prächtiger Paläste, imposanter Museen und nobler Geschäfte mit Kleidern nach Maß Anarchie, Umweltverschmutzung und Verbrechen das Gesambild der Stadt prägen.

Viele Besucher landen erst einmal in der Altstadt, dem Centro Storico, das einen Platz auf der Unesco-Kulturerbeliste innehat. Hier pulsiert unter den Wäscheleinen das arabisch anmutende Straßenleben – freche Lausbuben spielen Fußball auf lärmumtosten Plätzen, überfrachtete Vespa-Roller knattern und rattern über holpriges Kopfsteinpflaster, neunmalkluge *casalinghe* (Hausfrauen) liegen den Markthändlern in den Ohren. Einst Herz des römischen Neapolis quillt das heute dicht bebaute Viertel über vor uralten Kirchen, wunderschönen Kreuzgängen, wo in den Innenhöfen Zitrusbäumchen wachsen und jede Menge chaotischer Pizzerias ihre Speisen anbieten.

Zum Meer hin öffnet sich die Stadtlandschaft. Prächtige Piazzas werden von majestätischen Palästen beherrscht, während Shopper in Gucci-Designerklamotten auf Beutefang gehen oder in eleganten Cafés zu Mittag essen. So sieht das Königliche Neapel der Bourbonen aus, das bereits die hochherrschaftlichen Touristen des 18. Jhs. so sehr beeindruckte!

Geschichte

Der Legende nach sollen Händler aus Rhodos etwa 680 v. Chr. die Stadt Neapel auf der Insel Megaris gegründet haben (wo heute das Castel dell'Ovo steht). Ursprünglich Parthenope genannt, nämlich zu Ehren der gleichnamigen Sirene, deren Leichnam hier an den Strand gespült worden war (sie ertränkte sich selbst nach ihrem missglückten Versuch, Odysseus zu verführen), wuchs die Siedlung schließlich mit der neuen Stadt Neapolis zusammen. Gegründet wurde die Stadt von den Griechen aus Cuma 474 v. Chr. Allerdings fiel der Ort schon 150 Jahre später in römische Hand. Unter den Rö-

NEAPEL IN ...

... zwei Tagen

Einen schnellen Espresso zum Auftakt bei **Caffè Mexico** – noch vor dem visuellen „Verzehr" der Fresken der **Chiesa del Gesù Nuovo**, des mit Fayencefliesen verzierten Kreuzgangs der **Basilica di Santa Chiara** sowie der Skulpturen in der **Cappella Sansevero**. Mittagessen in der **Pizzeria Gino Sorbillo**, danach eine Fahrt mit der Standseilbahn nach Vomero hinauf zur Klosteranlage von **Certosa di San Martino**. Bei Sonnenuntergang steht Aperitif schlürfen bei **Nàis** und Abendessen im **Ristorante Radici** auf dem Programm. Der zweite Tag fängt an mit einer Sfogliatella von **Pintauro**, um für die langwierige Besichtigung des **Museo Archeologico Nazionale** gut gewappnet zu sein. Danach geht's zur weiteren Stärkung mit Käse und Wein ins **La Stanza del Gusto** und hinterher in den Untergrund im Rahmen der geführten Tour **Neapoli Sotterranea**. Gegen Abend tut eine frische Meeresbrise am **Castel dell'Ovo** gut, bevor der Tag bei einem Snack und ein paar Gläser Wein im gepflegten **Penguin Cafè** ausklingt.

... vier Tagen

Am dritten Tag stehen die Ruinen von **Pompeji** oder **Herculaneum** auf dem Programm, am Abend ein feines Essen im **President** – und hinterher rein ins Nachtleben in der kosmpolitischen Book Bar **Intra Moenia** an der Piazza Bellini! Der vierte Tag beginnt mit einem Proviantkauf auf dem Markt **La Pignasecca** für ein Picknick im idyllischen Park **Capodimonte** nördlich des Stadtzentrums. Nach gestilltem Hunger ist der Geist wieder aufnahmebereit für Caravaggios bewegendes Gemälde *Flagellazione* (Geißelung Christi) im von Kunst überbordenden **Museo di Capodimonte**, und als Krönung der Kurzreise rundet eine Nacht mit Zugaben im herrlichen **Teatro San Carlo** das Neapel-Erlebnis ab.

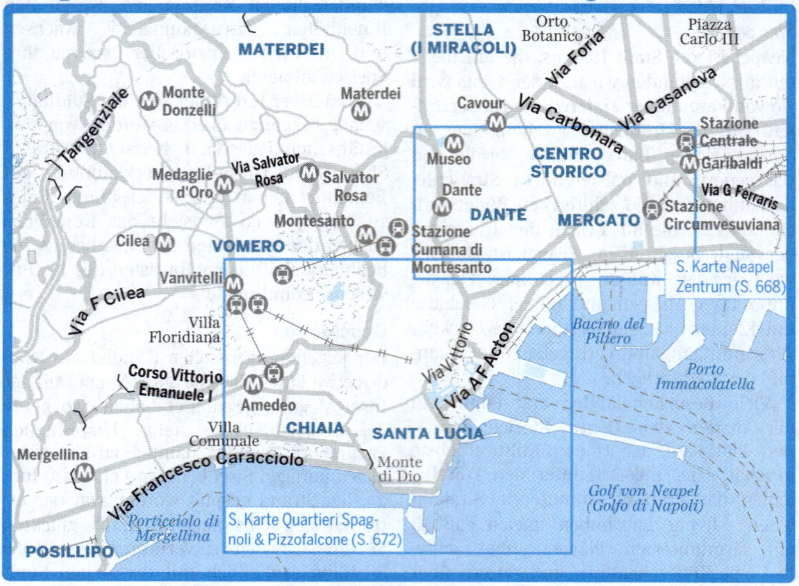

mern mauserte sich die Stadt sehr schnell zu einem elitären Badeort, dem Lieblingsrefugium der römischen Kaiser Pompeius, Caesar und Tiberius.

Nach dem Untergang des Römischen Reiches wurde Neapel zunächst unter den Byzantinern ein Großfürstentum, später dann ein unabhängiges Herzogtum. 1139 schließlich wurde es von den Normannen erobert und gehörte damit zum geteilten „Königreich der Zwei Sizilien".

Später wurden die Normannen ihrerseits von den Staufern abgelöst, deren charismatischer Herrscher, der in Süditalien erzogene Friedrich II., für die Stadt viele neue Institutionen schuf, so auch die Universität.

Die schwäbische Ära nahm durch den Sieg von Karl I. von Anjou in der Schlacht bei Benevento im Jahr 1266 ein gewaltsames Ende. Die Angeviner setzten sich sehr für Neapel ein, vor allem was die Förderung von Kunst und Kultur betraf, erbauten das Castel Nuovo und erweiterten den Hafen. Trotzdem konnten sie die Übernahme der Stadt durch das spanische Aragon 1442 nicht verhindern. Neapels Aufstieg ließ sich dadurch jedoch nicht bremsen. Insbesondere Alfons I. von Aragon machte sich als Reformer und Förderer von Kunst und Wissenschaft verdient.

1503 wurde Neapel von Spanien annektiert. So wurden Vizekönige eingesetzt, die sich wie Diktatoren aufführten. Trotz ihrer rücksichtslosen Regentschaft entwickelte sich Neapel zu einem florierenden Forum der Kunst. Einen Großteil seiner Grandezza erlangte es eben in dieser Zeit. Die Stadt entfaltete sich auch weiter unter den Fittichen der spanischen Bourbonen, die im Jahr 1734 Neapel wieder zur Hauptstadt des Königreichs der Zwei Sizilien erhoben. Abgesehen von einem napoleonischen Intermezzo unter Joachim Murat, dem Schwager Napoleons (1806–1815) behielten die Bourbonen das Zepter in der Hand, bis Garibaldi bzw. das Königreich von Italien im Jahr 1860 an ihre Stelle trat.

MODERNE KÄMPFE & HOFFNUNGEN

Während des Zweiten Weltkrieges war Neapel das Ziel schwerer Bombenangriffe, deren deutliche Narben heute noch an vielen Denkmälern rund um die Stadt sichtbar sind. Auch nach 1945 litt Kampaniens Hauptstadt weiter. Die hausgemachte Korruption und das Wiedererstarken der Camorra haben die Stadt in ihrer Erholungsphase nach dem Krieg stark gebeutelt. Mit dem schweren, verheerenden Erdbeben im Jahr 1980 schlitterte Neapel in den Folgejahren erneut seinem Tiefpunkt entgegen.

2011 flammte die bis dahin sporadisch auftretende Müllentsorgungskrise wieder auf und veranlasste frustrierte Einwohner, den in den Straßen herumliegenden Müll anzuzünden.

Erbaulicher war unlängst die Einweihung der Metrostation Università. Das im Pop-Art-Stil gehaltene Design wurde nach einem Entwurf von Karim Rashid gestaltet; das Architekturkunstwerk ist die erste von vier neuen Stationen auf der fast fertiggestellten Verlängerung der Linea 1; damit sollte die U-Bahn der Gastgeberrolle Neapels beim Weltforum der Kulturen 2013 gerecht werden.

Sehenswertes

CENTRO STORICO

Die drei Ost-West-Verkehrsadern – auf Italienisch *decumani* (Hauptstraßen) – des historischen Stadtkerns verlaufen nach dem ursprünglichen Straßenverkehrsnetz des antiken Neapolis. Die meisten Hauptsehenswürdigkeiten gruppieren sich rund um die zwei belebtesten dieses klassischen Straßentrios – entlang der „Spaccaneapoli" (bestehend aus der Via Benedetto Croce, Via San Biagio dei Librai und Via Vicaria Vecchia) und der Via dei Tribunali. Nördlich der Via dei Tribunali geht es auf der Via della Sapienza, der Via Anticaglia und der Via Santissimi Apostoli, dem dritten Straßenzug, im Singular decumanus, etwas ruhiger zu.

Duomo DOM, MUSEUM

(Karte S. 668; ☎081 44 90 97; Via Duomo; ⌚Mo–Sa 8.30–13.30 & 14.30–20, So 8.30–13.30 & 16.30–20 Uhr) Der Dom ist Neapels geistiges Herzstück. Zuvor standen hier verschiedene Kirchen, die ihrerseits wiederum einen Neptuntempel als Vorgängerbau hatten. Der Grundstein für den Dom wurde im Jahr 1272 von Karl I. von Anjou gelegt, der auch das Gotteshaus nach seiner Fertigstellung im Jahr 1315 einweihte. 1456 fiel ein Großteil des Gebäudes einem Erdbeben zum Opfer. Aufwendige Schönheitsreparaturen, die sich über Jahrhunderte hinzogen, hatten eine Vermischung verschiedener Baustile und Einflüsse zur Folge. Im 19. Jh. kam außerdem eine gotische Fassade hinzu.

Über das riesige Hauptschiff spannt sich eine goldene Kassettendecke im aufwendigen spätmanieristischen Stil. Die Verzierungen im oberen Bereich des Langhauses und im Querhaus stammen von dem einheimischen Barockmaler Luca Giordano.

Die barocke **Cappella di San Gennaro** (Kapelle des hl. Januarius, auch Cappella del Tesoro; ⌚Mo–Sa 8.30–12.30 & 16.30–18.30, So 8.30–13 & 17–19 Uhr) aus dem 17. Jh. (St. Januarius-

DER SCHWARZE PRINZ VON NEAPEL

Während es in Neapels Geschichte nur so von Legenden um wundersame und magische Charaktere wimmelt, haben wenige so sehr die Gerüchteküche aufgemischt wie jene, die sich um Raimondo di Sangro (1710–71) ranken. Der sogenannte Prinz von Sansevero war Erfinder, Gelehrter, Soldat und Alchimist in einer Person und soll das Freimaurertum ins Königreich Neapel gebracht haben. Dies wiederum hatte den zeitweiligen Ausschluss aus der katholischen Kirche zur Folge.

Doch sogar ein päbstliches Einlenken konnte nicht verhindern, dass obszöne Geschichten vom Unwesen eines gewissen Raimondo die Runde machten –angefangen bei der Kastration vielversprechender junger Sopranisten bis hin zu Angriffen auf sieben Kardinäle, die zu Tode geprügelt wurden, um dann aus deren Haut und Knochen Möbelstücke zu zimmern. So schrieb auch der italienische Philosoph Benedetto Croce (1866–1952) über Di Sangro in seinem Buch *Storie e Leggende Neapoletane* (Neapolitanische Geschichten und Legenden), dass dem Alchimisten ein Faustsches Genie innewohnte, was die Volksmassen im *centro storico* faszinierte. Für sie hatte er den Dreh raus, wie man nach den Regeln der okkultistischen Künste Gott und die Welt beherrschen konnte, angefangen bei der Nachahmung des Blutwunders von San Gennaro bis hin zur Verwandlung von Marmor in Staub durch eine Berührung mit der Hand.

Bis zum heutigen Tag spinnen sich Gerüchte um die zwei anatomisch perfekten Modelle in der Krypta von Di Sangros Begräbniskapelle, die „Cappella Sansevero". Es soll sich angeblich um die präparierten Körper der verstorbenen Hausbediensteten handeln; einige Leute glauben, dass sie während ihrer vom Prinzen beauftragten Einbalsamierung alles andere als tot waren. Erfunden oder nicht – die Konservierung gibt den Wissenschaftlern bis heute noch Rätsel auf.

Neapel Zentrum

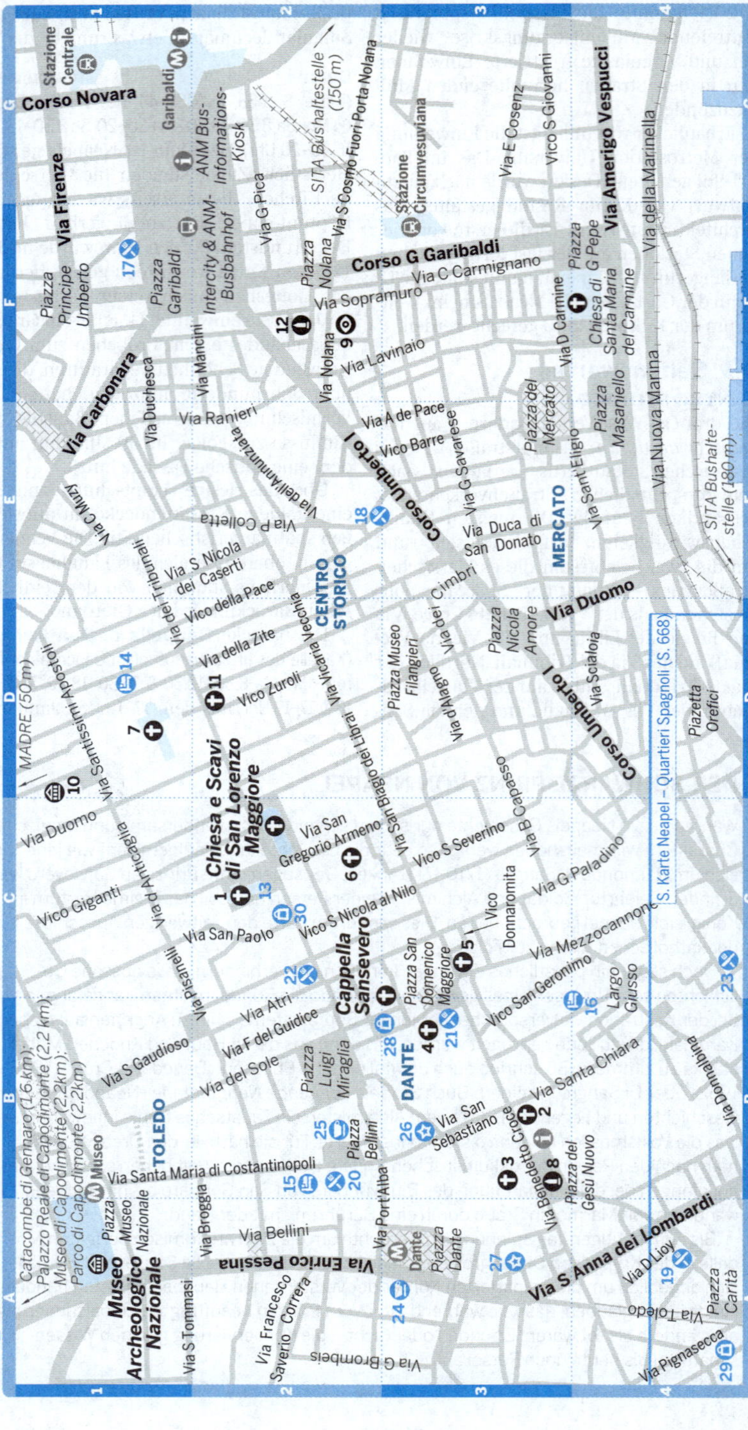

Neapel Zentrum

Highlights
Cappella Sansevero ... C3
Chiesa e Scavi di San Lorenzo Maggiore ... C2
Museo Archeologico Nazionale ... A1

Sehenswertes
Archäologisches Gebiet ... (siehe 7)
1 Basilica di San Paolo Maggiore ... C2
2 Basilica di Santa Chiara ... B3
Cappella Carafa ... (siehe 7)
Cappella di San Gennaro ... (siehe 7)
3 Chiesa del Gesù Nuovo ... B3
4 Chiesa di San Domenico Maggiore ... B3
5 Chiesa di Sant'Angelo a Nilo ... C3
6 Chiesa e Chiostro di San Gregorio Armeno ... C2
7 Duomo ... D1
8 Guglia dell'Immacolata ... B3
9 Mercato di Porta Nolana ... F2
10 Museo Diocesano di Napoli ... D1
Nuns' Cloisters ... (siehe 2)
11 Pio Monte della Misericordia ... D2
12 Porta Nolana ... F2

Aktivitäten, Kurse & Touren
13 Napoli Sotterranea ... C2

Schlafen
14 B&B DiLetto a Napoli ... D1
15 Costantinopoli 104 ... B2
16 Decumani Hotel de Charme ... B4
Hotel Piazza Bellini ... (siehe 20)

Essen
17 Attanasio ... F1
18 Da Michele ... E2
19 Il Garum ... A4
20 La Stanza del Gusto ... B2
21 Palazzo Petrucci ... B3
22 Pizzeria Gino Sorbillo ... C2
23 Trattoria Mangia e Bevi ... C4

Ausgehen
24 Caffè Mexico ... A3
25 Intra Moenia ... B2

Unterhaltung
26 Galleria 19 ... B3
27 Kinky Klub ... A3

Shoppen
28 Kiphy ... B3
29 La Pignasecca ... A4
30 La Scarabattola ... C2
Limonè ... (siehe 13)

Kapelle; auch bekannt als Schatzkappelle) birgt ein fulminantes Gemälde von Giuseppe Ribera und eine ganze Schar von Silberbüsten und Bronzestatuen. Über ihnen leuchtet eine himmlische Kuppel mit Fresken von Giovanni Lanfranco. Hinter dem Altar ist eine Silberbüste aus dem 14. Jh. verborgen, darin befinden sich der Schädel von St. Januarius und zwei Fläschchen mit seinem wundertätigen Blut. Neapels Schutzpatron fand in Pozzuoli 305 n. Chr. den Märtyrertod. Der Legende nach soll sich sein Blut während der Rückführung nach Neapel in diesen beiden Glasphiolen in eine Flüssigkeit verwandelt haben. Mehr Details zum geheimnisvollen Sankt-Januarius-Fest siehe S. 678.

Die nächste Kapelle östlich davon birgt eine Urne mit den Skelettteilen des Heiligen, darunter Oberschenkel-, Schien- und Wadenbeinknochen und ein anderes Versteck mit gruseligen Relikten. Unterhalb des Altars befindet sich die **Cappella Carafa**, eine Renaissancekapelle, die auch als Krypta des hl. Januarius bekannt ist.

Auf halber Höhe des nördlichen Korridors und auf der anderen Seite der Basilica di Santa Restituta aus dem 17. Jh. befindet sich die faszinierende **archäologische Zone** (Mo–Sa vormittags, unterschiedliche Zeiten & 16.30–19, So 9–12 Uhr), wo Ausgrabungen Relikte von original griechischen und römischen Bauten zutage förderten. Zur Zeit der Recherche für diesen Reiseführer war die archäologische Zone wegen Restaurierung geschlossen, die **Taufkapelle** (Eintritt 1,50 €; Mo–Sa 8.30–12.30 & 16.30–19, So 8.30–13.30 Uhr) hingegen geöffnet. Es handelt sich hierbei um die älteste ihrer Art in ganz Westeuropa mit bemerkenswert gut erhaltenen Mosaiken aus dem 4. Jh. Am südlichen Ende des *duomo* lässt die Fülle an Opfergaben für St. Januarius, die ihm über Jahrhunderte dargebracht wurden – angefangen bei Bronzebüsten über prächtige Gemälde bis hin zu silbernen Ampullen und vergoldeten Sänften aus dem 18. Jh. das **Museo del Tesoro di San Gennaro** (081 29 49 80; Via Duomo 149; Eintritt 6 €; Do–Di 10–17 Uhr) nur so funkeln.

Cappella Sansevero KIRCHE
(Karte S. 668; ☎081 551 84 70; www.museosansevero.it; Via de Sanctis 19; Eintritt 7 €; ⏲Mo & Mi–Sa 10–17.40, So 10–13.10 Uhr) Eine nüchterne Fassade kann auch täuschen, denn das Kircheninnere birgt einige der prächtigsten Figuren einschließlich Corradinis sinnlich anmutende *Pudicizia*, was zu Deutsch ironischerweise so viel wie „Sittsamkeit" heißt. Das Herzstück ist jedoch der *Cristo Velato* (Verschleierter Christus) von Giuseppe Sanmartinos, bei dessen Anblick es einem regelrecht die Sprache verschlägt. Der Schleier sieht nämlich so realistisch aus, das wohl jeder ihn am liebsten anfassen und anheben möchte. Die geheimnisvolle Aura der Kirche setzt sich bis in die Krypta fort. Dort zeugen zwei bis ins Detail präparierte Körper mit deutlich hervortretendem Aderngeäst von der bizarren Besessenheit des Alchimisten und Prinzen Raimondo di Sangro, dem Mann, der die Verschönerung der Kapelle im 18. Jh. finanzierte.

Basilica di Santa Chiara KIRCHE, MUSEUM
(Karte S. 668; ☎081 551 66 73; www.monasterodisantachiara.eu; Via Benedetto Croce; ⏲7.30–13 & 16.30–20 Uhr) Was heute zu sehen ist, entspricht nicht der angevinischen Originalkirche aus dem 14. Jh., vielmehr ist sie eine brilliante Neuschöpfung – das ursprüngliche Gotteshaus wurde nämlich bei den Bombenangriffen der Alliierten im Jahr 1943 zerstört. Die eigentliche Attraktion hingegen ist das angrenzende **Nonnenkloster mit Kreuzgang** (Erw./erm. 5/3,50 €; ⏲Mo–Sa 9.30–17.30, So 10–14.30 Uhr, letzter Einlass 30 Min. vor Schließung). Beeindruckend ist die lange Brüstung mit aufwendigen, dekorativen Keramikfliesen, auf denen Szenen aus dem ländlichen Leben dargestellt sind – von Jagdszenen bis hin zu posierenden Bauern. Die leicht kolorierten Fresken aus dem 17. Jh. an den inneren Wänden zieren Motive aus dem Leben der Franziskanermönche. In dem gepflegten **Museum**, das sich direkt an den Kreuzgang anschließt, sind klerikale Requisiten ausgestellt sowie Ausgrabungsfunde aus dem 1. Jh., die auf eine alte Therme hinweisen.

Chiesa del Gesù Nuovo KIRCHE
(Karte S. 668; ☎081 557 81 11; Piazza del Gesù Nuovo; ⏲ Mo–Sa 7–13 & 16.15–19.30, So 7–13.45 Uhr) Die Kirche aus dem 16. Jh. gehört zu Neapels schönsten Renaissancebauten, ihre pyramidenförmige Fassade stammt hingegen aus dem 15. Jh. Für den Kirchenbau wurden nämlich Teile des ehemaligen Palazzo Sanseverino verwendet. Im Innern veranlasste man im 17. Jh. aufwendige Schönheitsreparaturen, Resultat davon sind die Werke von drei der einflussreichsten neapolitanischen Barockkünstler jener Zeit – Cosimo Fanzago, Luca Giordano und Francesco Solimena.

Der hochaufragende Obelisk auf der Piazza del Gesù, namens **Guglia dell' Immacolata**, stammt aus dem 18. Jh. Er ist ein markanter Blickfang mitten auf dem Kirchenvorplatz.

Chiesa e Scavi di San Lorenzo Maggiore KIRCHE, HISTORISCHE STÄTTE
(Karte S. 668; ☎081 211 08 60; Via dei Tribunali 316; Kirche Eintritt frei, Ausgrabungen & Museum Erw./Kind 9/6 €; ⏲Mo–Sa 9.30–17.30, So bis 13.30 Uhr) Diese Kirche aus dem späten 13. Jh. ist ein Meisterwerk der französischen Gotik. Das Innere birgt das mosaikverzierte Grabmal von Katharina von Österreich. Der Kreuzgang des benachbarten Klosters kann ebenfalls besichtigt werden. Dort hielt sich im Jahr 1345 der Dichter Petrarch auf.

Unterhalb des Gebäudekomplexes befinden sich einige bemerkenswerte *scavi* (Ausgrabungen) der ursprünglich griechisch-römischen Stadt. Entlang des gesamten Ausgrabungsabschnittes erstreckt sich eine Straße, gesäumt von alten Bäckereien, Weinläden und städtischen Wäschereien.

Basilica di San Paolo Maggiore KIRCHE
(Karte S. 668; ☎081 45 40 48; Piazza San Gaetano 76; ⏲Mo–Sa 9–18, So 10–12.30 Uhr) Ebenfalls an der Via dei Tribunali auf der gegenüberliegenden Straßenseite befindet sich eine monumentale Freitreppe, die an zwei Seiten zur Basilika hinaufführt. Besonders beeindruckend sind dort die Gemälde von Massimo Stanzione sowie die Fresken von Francesco Solimena in der exquisiten Sakristei – umrahmt von prächtigen Stuckarbeiten mit überwältigenden Ausmaßen.

Pio Monte della Misericordia KIRCHE, KUNSTGALERIE
(Karte S. 668; ☎081 44 69 44; Via dei Tribunali 253; Eintritt 5 €; ⏲Do–Di 9–14 Uhr) Caravaggios Meisterwerk *Le sette opere di Misericordia* (Die Sieben Werke der Barmherzigkeit) gilt bei vielen als das einzig wichtige Gemälde in ganz Neapel. Und hier bekommen es Besucher also zu Gesicht: Es prangt über dem Hauptaltar dieser kleinen achteckigen Kirche. Die kleine Kunstgalerie im

1. Stock rühmt sich einer schönen Sammlung von Gemälden aus der Zeit der Renaissance und des Barock.

MADRE MUSEUM

(Außerhalb der Karte S. 668; Museo d'Arte Contemporanea Donnaregina; ☎081 1931 3016; www.museomadre.it; Via Settembrini 79; Eintritt 7 €, Mo Eintritt frei; ⌚ Mi–Mo 10.30–14.30 Uhr) In einer Stadt mit überwältigend vielen Werken aus der Zeit der Klassik nimmt sich Neapels Topmuseum der modernen Kunst wie eine willkommene Abwechslung aus. Zu den Highlights der ständigen Sammlung gehören Jeff Koons' überaus kitschlastiges *Wild Boy and Puppy,* Rebecca Horns geheimnisvolle *Spirits* und eine Installation von Anish Kapoor mit verzerrter Perspektive.

Mercato di Porta Nolana MARKT

(Karte S. 668; ⌚ Mo–Sa 8–18, So bis 14 Uhr) Ein berauschendes Spektakel, untermalt durch das Klangorchester der Fischhändler, voller verlockender Düften frischen Gebäcks, und dazwischen emsige chinesische Straßenhändler sowie Zigarettenstände mit Schmuggelware – auf diesem lärmenden, alle Sinne betörenden Straßenmarkt zeigt sich Neapel von seiner besten Seite. Hier gibt es nichts, was es nicht gibt: riesige Fleischtomaten, frischen Mozzarella, knusprig-knackige Snacks, günstige Koffer und Reisetaschen und Raubkopien (CDs, DVDs etc.). Der Markt ist nach der gleichnamigen **Porta Nolana** benannt, einem der mittelalterlichen Stadttore Neapels. Am oberen Ende der Via Sopramuro steht ein Triumphbogen mit einem Relief von Ferdinand I. von Aragon hoch zu Ross.

Museo Diocesano di Neapoli MUSEUM

(Karte S. 668; ☎081 557 13 65; www.museodiocesanoneapoli.it; Chiesa di Santa Maria Donnaregina Nuova, Largo Donnaregina; Eintritt 6 €; ⌚Mo & Mi–Sa 9.30–16.30, So 9.30–14 Uhr) Die einstige Barockkirche Chiesa di Donnaregina Nuova hat sich als herrliches Kunstrefugium neu erfunden. Der Fokus liegt auf Sakralkunst – angefangen bei Triptychons aus der Renaissancezeit und Holzfiguren aus dem 19. Jh. bis hin zu Werken großer Barockmeister wie Fabrizio Santafede, Andrea Vaccaro und Luca Giordano.

Chiesa di San Domenico Maggiore KIRCHE

(Karte S. 668; ☎081 557 32 04; Piazza San Domenico Maggiore 8a; ⌚ Mo–Sa 8.30–12 & 16–19, So 9–13 & 16.30–19.15 Uhr) Gleich hinter der belebten Piazza San Domenico Maggiore erhebt sich der gotische Prachtbau aus dem Jahr 1324, eine Kirche die sehr in der Gunst des Angeviner Adels stand. Das Kircheninnere, ein Verschnitt aus barocken und neugotischen Elementen aus dem 19. Jh., birgt einige schöne Fresken von Pietro Cavallini aus dem 14. Jh., eine Sakristei, 45 Särge mit Prinzen aus Aragon und anderen Adeligen.

Chiesa di Sant'Angelo a Nilo KIRCHE

(Karte S. 668; ☎081 420 12 22; Vico Donnaromita 15; ⌚tgl. 9–13 sowie Mo–Sa 16–18 Uhr) Den Schlussstein der südöstlichen Ecke der Piazza San Domenico Maggiore bildet die Chiesa di Sant'Angelo a Nilo aus dem 14. Jh.; sie birgt das monumentale Renaissancegrabmal von Kardinal Brancaccio, ein Werk von Donatello und anderen.

Via San Gregorio Armeno STRASSE, KIRCHE

Als Verbindungsstück zwischen der Spaccaneapoli und der Via dei Tribunali, der *decumanus maior* (Hauptstraße) des antiken Neapolis, gilt diese schmale Gasse als Heimstätte der *presepe*-(Krippen)-Manie. In einem Wirrwarr von Läden wird alles verkauft, was dazu gehört: von Eselsfiguren bis hin zu ironisch anmutenden Karikaturen von Silvio Berlusconi.

Inmitten von Kitsch und Kokolores thront die gigantische Barockkirche **Chiesa e Chiostro di San Gregorio Armeno** (Karte S. 668; ☎081 420 63 85; Via San Gregorio Armeno 44; ⌚Mo–Sa 9.30–12, So bis 13 Uhr), ein architektonisches Meisterwerk aus dem 16. Jh. Zu den Highlights gehören aufwendige Fresken von Paolo de Matteis und Luca Giordano.

TOLEDO & QUARTIERI SPAGNOLI

Museo Archeologico Nazionale MUSEUM

(Karte S. 668; ☎081 44 01 66; Piazza Museo Nazionale 19; Eintritt 6,50 €; ⌚Mi–Mo 9–19.30 Uhr) Das Museum enthält interessante und kostbare Sammlungen griechisch-römischer Kunstwerke. Das heutige Top-Museum war einst eine Kaserne der Kavallerie und später Sitz der städtischen Universität. Erbaut wurde das Museum vom Bourbonenkönig Karl VII. im ausgehenden 18. Jh. Darin sollten seine umfangreiche Antiquitätensammlung, das Vermächtnis seiner Mutter Elisabetta Farnese sowie die Schätze aus Pompeji und Herculaneum Platz finden. Das Museum birgt auch eine Sammlung der Adelsfamilie Borgia mit etruskischen und ägyptischen Relikten.

Wer sich in den weitläufigen Galerien (mit römischen Zahlen nummeriert) nicht verirren will, investiert am besten 7,50 € für den

Quartieri Spagnoli & Pizzofalcone

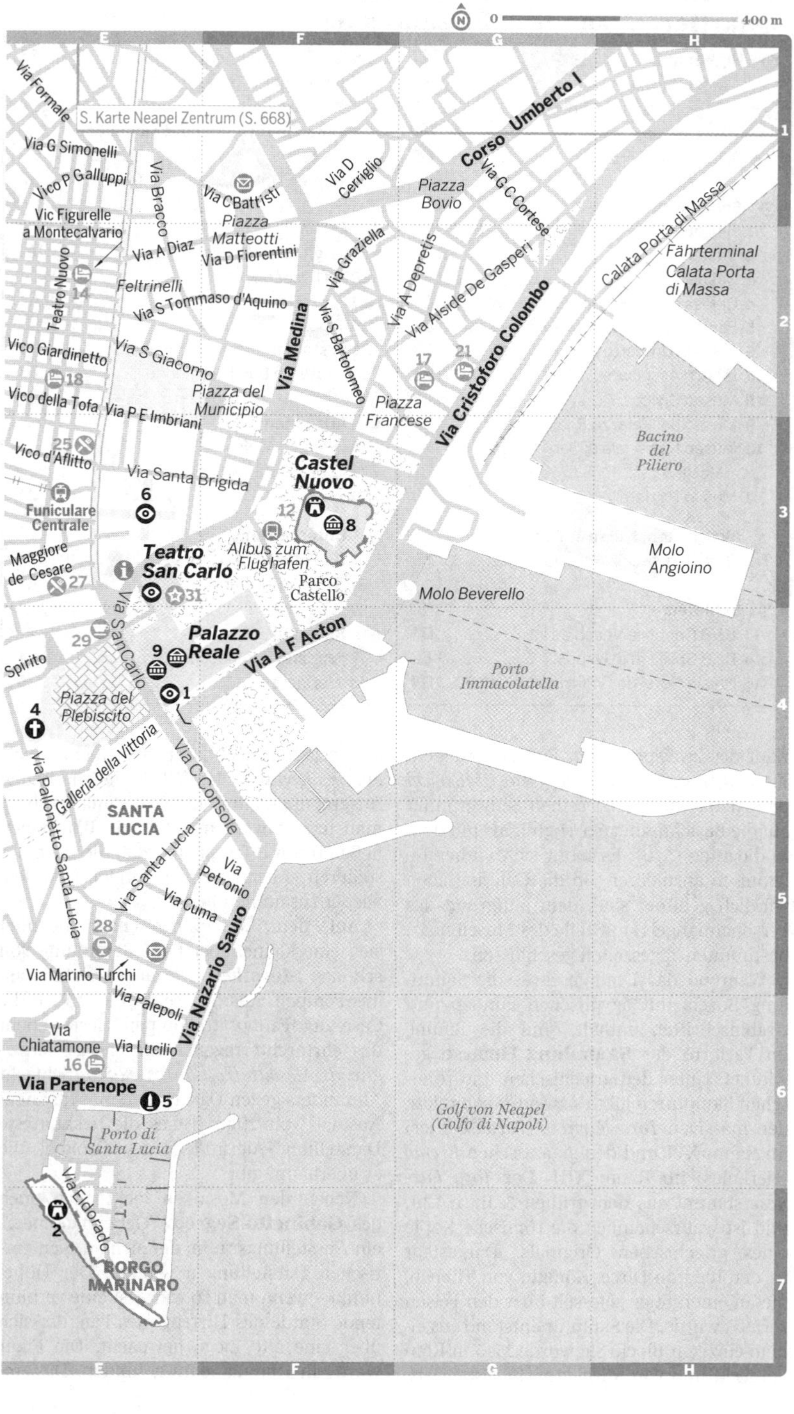
0 400 m
S. Karte Neapel Zentrum (S. 668)
Via Formale
Via G Simonelli
Vico P Galluppi
Vic Figurelle a Montecalvario
Teatro Nuovo
14
Feltrinelli
Via Bracco
Via A Diaz
Via C Battisti
Piazza Matteotti
Via D Fiorentini
Via S Tommaso d'Aquino
Via D Cerriglio
Corso Umberto I
Piazza Bovio
Via G C Cortese
Via Graziella
Via A Depretis
Via Alside De Gasperi
Calata Porta di Massa
Fährterminal Calata Porta di Massa
Via Medina
Via S Bartolomeo
Via Cristoforo Colombo
17
21
Vico Giardinetto
Via S Giacomo
18
Vico della Tofa
Via P E Imbriani
Piazza del Municipio
Piazza Francese
Bacino del Piliero
25
Vico d'Aflitto
Via Santa Brigida
Castel Nuovo
Funiculare Centrale
6
12
8
Maggiore de Cesare
Teatro San Carlo
Alibus zum Flughafen
Parco Castello
Molo Angioino
Molo Beverello
27
31
Via San Carlo
29
Palazzo Reale
9
Via A F Acton
Spirito
Piazza del Plebiscito
1
Porto Immacolatella
4
Via Pallonetto Santa Lucia
Galleria della Vittoria
Via C Console
SANTA LUCIA
Via Santa Lucia
Via Petronio
Via Cuma
Via Nazario Sauro
28
Via Marino Turchi
Via Palepoli
Via Chiatamone
Via Lucilio
16
Via Partenope
5
Golf von Neapel (Golfo di Napoli)
Porto di Santa Lucia
Via Eldorado
2
BORGO MARINARO
E
F
G
H
1
2
3
4
5
6
7

Quartieri Spagnoli & Pizzofalcone

Highlights

Castel Nuovo ... F3
Certosa di San Martino ... C1
Palazzo Reale ... E4
Teatro San Carlo ... E3

Sehenswertes

1 Biblioteca Nazionale ... E4
2 Castel dell'Ovo ... E7
3 Castel Sant'Elmo ... C1
4 Chiesa di San Francesco di Paola ... E4
5 Fontana dell'Immacolatella ... E6
6 Galleria Umberto I ... E3
7 ISI Arti Associate ... B3
8 Museo Civico ... F3
9 Museo del Palazzo Reale ... E4
10 Museo Nazionale di San Martino ... C1
11 Museo Pignatelli ... A5

Aktivitäten, Kurse & Touren

12 City Sightseeing Napoli ... F3

Schlafen

13 B&B Cappella Vecchia 11 ... D4
14 B&B Sui Tetti di Napoli ... E2
15 Chiaja Hotel de Charme ... D4
16 Grand Hotel Vesuvio ... E6
17 Hostel of the Sun ... G2
18 Hotel Il Convento ... E2
19 Hotel San Francesco al Monte ... D1
20 Parteno ... C5
21 Romeo Hotel ... G2

Essen

22 Friggitoria Vomero ... A1
23 La Focaccia ... C4
24 La Trattoria dell'Oca ... A4
25 Pintauro ... E3
26 Ristorante Radici ... C5
27 Trattoria San Ferdinando ... E3

Ausgehen

28 Penguin Café ... E5
29 Caffè Gambrinus ... E4
30 Nàis ... C4

Unterhaltung

Ticketverkauf ... (siehe 6)
31 Teatro San Carlo ... E3

Shoppen

32 Mariano Rubinacci ... C4
33 Marinella ... C5

Kauf des zweisprachigen Führers mit dem Titel *Nationales Archäologisches Museum von Neapel* oder setzt seinen Schwerpunkt auf die Besichtigung der Highlights mit dem Audioguide (5 €). Es lohnt sich vorher telefonisch abzuklären, ob die Galerien auch wirklich geöffnet sind, denn aufgrund des Personalmangels sind Teile des Museums zu bestimmten Tageszeiten geschlossen.

Während das Untergeschoss die Sammlung Borgia mit ägyptischen Funden und Grabinschriften enthält, sind die Räume im Parterre der **Sammlung Farnese** gewidmet. Unter den griechischen und römischen Skulpturen gibt es zwei Glanzpunkte: den massiven *Toro Farnese* (Farnese-Stier) im Raum XVI und den gigantischen *Ercole* (Herkules) im Raum XIII. Der *Toro Farnese* stammt aus dem frühen 3. Jh. n. Chr. und ist wahrscheinlich die römische Kopie eines griechischen Originals. Dargestellt ist der Tod von Dirce, Königin von Theben, die an einen Stier gefesselt über den Felsen zerfetzt wurde. Die Skulptur entstand aus einem einzigen Block. Sie wurde 1545 in Rom entdeckt und von Michelangelo restauriert, bevor sie 1787 nach Neapel verfrachtet wurde. *Ercole* wurde ebenfalls in der römischen Ausgrabungsstätte entdeckt. Zunächst barg man ihn ohne Beine, aber die Bourbonen ließen ihn mit Originalbolzen, die bei einer späteren Ausgrabung gefunden wurden, wieder zusammenflicken.

Auf dem Mezzaningeschoss befindet sich eine kleine, aber feine Sammlung von schönen **Mosaiken**. Die meisten stammen aus Pompeji. Aus der Reihe, die einmal die Casa del Fauno in Pompeji zierte, sticht das ehrfurchterregende Mosaik *La Battaglia di Alessandro Contro Dario* (Schlacht Alexanders gegen Darius) hervor. Mit einem Ausmaß von 20 m² ist es die bekannteste Darstellung Alexanders des Großen, die es überhaupt gibt.

Neben den Mosaiken lockt auch noch das **Gabinetto Segreto** (Geheimkabinett), ein Ausstellungsraum, der sich antiken erotischen Darstellungen widmet. Der Höhepunkt – wenn man so will – ist eine verblüffende Statue des Hirtengottes Pan, der sich über eine alte Ziege hermacht. Die Figur wurde in Herculaneum gefunden. Die erotischen Malereien, auf denen Sex-Stellungen zu sehen sind, dienten einst als Appetitanreger für Bordellkunden.

In der 1. Etage steht in der großzügigen **Sala Meridiana** die Statue des Farnese *Atlante* oder Atlas. Dieser trägt eine Weltkugel auf seiner Schulter. Der restliche Raum widmet sich größtenteils den interssanten Funden aus Pompeji, Herculaneum, Stabiae und Cuma. Die Exponate reichen von riesigen Wandbildern und Fresken bis hin zu zwei Gladiatorenhelmen, Haushaltsgegenständen, Keramikwaren und Glasgeschirr.

La Pignasecca MARKT

(Karte S. 668; Via Pignasecca; ⌚8-13 Uhr) Plötzlich hineinkatapultiert ins wahre Leben: Im quirligen Quartieri Spagnoli wuselt es auf Neapels ältestem Straßenmarkt nur so von Verlockungen für alle Sinne. Da glitzern Meeresfrüchte, die noch zucken und zappeln, dort locken gaumenkitzelnde Delikatessen, und dazwischen ertönt das Gezeter siebengescheiter *casalinghe*. La Pignasecca ist ein großartiger Ort, um Neapels authentische Straßenkultur aufzusaugen und ein paar Schnäppchen zu machen.

VOMERO

Der atemberaubende Klosterkomplex Certosa di San Martino erhebt sich weithin sichtbar auf dem Hügel über der Stadt und das allein ist schon ein zwingender Grund, die Standseilbahn nach Vomero hinauf zu nehmen (S. 684) – ein Stadtviertel mit überwältigenden Ausblicken, Jugendstilvillen und Mittelklasseatmosphäre.

Museo Nazionale di San Martino KLOSTER, MUSEUM

(Karte S. 672; ☎848 80 02 88; Largo San Martino 5; Eintritt 6 €; ⌚Do–Di 8.30–19.30 Uhr, letzter Einlass 18.30 Uhr) Ein Höhepunkt des neapolitanischen Barock im wahrsten Sinne des Wortes: die einstige Kartause ist heute ein Museum. Das Kartäuserkloster wurde im 14. Jh. gegründet. Certosa verdankt sein aktuelles Erscheinungsbild größtenteils den Verschönerungsarbeiten, die im 16. und 17. Jh. stattgefunden haben, wie auch späteren Arbeiten des Barockmeisters Cosimo Fanzago. Die **Kirche** birgt eine wahre Augenweide an Fresken und Gemälden von Neapels größten Künstlern des 17. Jhs. – Francesco Solimena, Massimo Stanzione, Giuseppe de Ribera und Battista Caracciolo.

An die Kirche schließt sich direkt der elegante **Chiostro dei Procuratori** an. Es ist der kleinere von den beiden Kreuzgängen. Linker Hand führt ein langer Korridor zum größeren **Chiostro Grande**. Dieser gilt auch als einer der schönsten in ganz Italien. Ursprünglich von Giovanni Antonio Dosio im späten 16. Jh. entworfen und durch Fanzago erweitert, präsentiert er sich als eine erhabene Komposition aus weißen toskanisch-dorischen Säulengängen, Kamelien und Marmorstatuen. Die Totenköpfe, die auf der Balustrade angebracht sind, sollten die Mönche auf unbeschwerte Art an ihre eigene Sterblichkeit erinnern, denn für sie ist der Weggang ja der Eintritt.

Gleich hinter dem Chiostro dei Procuratori befindet sich die **Sezione Navale**, die schwerpunktmäßig die Schifffahrtsgeschichte der Bourbonen im Zeitraum von 1734 bis 1860 erzählt. Dort ist eine kleine Sammlung an wunderschönen, königlichen Schiffen zu sehen.

Nördlich vom Chiostro Grande befindet sich die **Sezione Presepiale**, eine eklektische Sammlung an seltenen neapolitanischen *presepi* (Krippenfiguren), die im 18. und 19. Jh. geschnitzt wurden und von Neapels großer Tradition der Krippen Zeugnis ablegen. Bemerkenswert ist die Liebe zum Detail, die sich in allen Figuren zeigt.

Das **Quarto del Priore** (Priorflügel) im südlichen Gebäudetrakt beherbergt den größten Teil der Gemäldesammlung, darunter auch eines der berühmten Meisterwerke von Pietro Bernini: die anrührend zarte *La Vergine col Bambino e San Giovannino* (die heilige Jungfrau mit Jesuskind und Johannes dem Täufer als Kind).

Castel Sant'Elmo KASTELL, MUSEUM

(Karte S. 672; ☎081 229 44 01; Via Tito Angelini 22; Eintritt 5 €; ⌚Mi–Mo 8.30–19.30 Uhr, letzter Einlass 18.30 Uhr) Das sternförmig angelegte Kastell wurde im Jahr 1538 von den Spaniern erbaut und bietet spektakuläre Ausblicke über die Stadt. So beeindruckend es auch ist, war das nüchtern anmutende Kastell militärisch kaum je im Einsatz. Stattdessen diente es lange Zeit als Gefängnis mit beträchtlicher Auslastung. In den Burgverliesen verbüßten Kriegsgefangene bis in die 1970er-Jahre hinein lange Haftstrafen.

Museo del Novecento Neapoli

(☎081 558 77 08; ⌚Mi–Mo 9–18 Uhr, Einlass zu jeder vollen Stunde) Im Castel Sant'Elmo ist neuerdings dieses beeindruckende Museum beheimatet. Die Gemälde- und Skulpturensammlung hat ihren Schwerpunkt auf der süditalienischen Kunst des 20. Jhs.

SANTA LUCIA & CHIAIA

Castel Nuovo
KASTELL, MUSEUM

(Karte S. 672; ☎081 795 58 77; Eintritt 5 €; ⏲ Mo–Sa 9–19 Uhr) In Kampanien bekannt als Maschio Angioino (Angeviner Bergfried), präsentiert sich das mit Zinnen versehene Kastell aus dem 13. Jh. als ein überwältigendes Wahrzeichen Neapels. Es wurde im Rahmen von Stadtverschönerungsmaßnahmen unter Karl I. von Anjou im späten 13. Jh. innerhalb von drei Jahren erbaut (ab 1279) und auf Castrum Novum (Neues Kastell) getauft, um es vom antiken Castel dell'Ovo zu unterscheiden.

Vom ursprünglichen Bau ist nur noch die Cappella Palatina erhalten; der Rest ist das Ergebnis von Restaurierungen unter den Aragonesen zwei Jahrhunderte später sowie eines sorgfältigen Wiederaufbaus vor dem Zweiten Weltkrieg. Der zweigeschossige Renaissance-Triumphbogen am Eingang (der Torre della Guardia) erinnert an den siegreichen Einzug von Alfonso I. von Aragon nach Neapel im Jahr 1443.

Die Wände der **Cappella Palatina** zierten einst Giotto-Fresken, von denen nur noch Fragmente rund um die gotischen Fenstereinfassungen erhalten sind. Links von der Kapelle kann man in der **Sala dell'Armeria** (Waffenhalle) unter einem Glasboden auch Überreste eines römischen Baus betrachten, die während der Restauration der **Sala dei Baroni** (Saal der Fürsten) darüber entdeckt wurden.

Heute gehört die Kapelle zum **Museo Civico**, das auf drei Etagen in mehreren Sälen eingerichtet wurde. Am interessantesten sind die Fresken und Skulpturen aus dem 14. und 15. Jh. im Parterre. Auf den anderen zwei Etagen sind meist Gemäldesammlungen zu sehen, entweder mit Werken neapolitanischer Künstler oder mit Bildern, die Neapel bzw. Kampanien zum Thema haben. Sie stammen allesamt aus dem 17. bis 20. Jh. Sehenswert ist außerdem die Bronzetür von Guglielmo Monaco aus dem 15. Jh., in der immer noch eine Kanonenkugel steckt.

Teatro San Carlo
THEATER

(Karte S. 672; ☎Kartenschalter 081 797 23 31, geführte Touren 081 553 45 65; www.teatrosancarlo.it; Via San Carlo 98; geführte Touren 5 €; ⏲Mo–Sa 10–17.30 Uhr, telefonische Reservierung vorab). Das für seine perfekte Akustik bekannte und größte Opernhaus Italiens wurde im Jahr 1737 erbaut und zwar 41 Jahre vor seiner nördlichen Rivalin, der Mailänder La Scala. 1816 wurde das Gebäude nach einem schweren Brandschaden von Antonio Niccolini wieder aufgebaut. Der gleiche Architekt hatte auch einige Jahre zuvor die Fassade hinzugefügt.

Auf der anderen Seite der Via San Carlo ist einer der vier Eingänge zum palastartigen, gläsernen Atrium der Einkaufspassage **Galleria Umberto I**. Sie wurde 1900 nach dem Vorbild der Galleria Vittorio Emanuele II. (S. 266) in Mailand erbaut. Einen kurzen Blick ist sie allemal wert, allein schon wegen des wunderschönen Marmorbodens und der eleganten Konstruktion an sich.

Palazzo Reale
PALAZZO, MUSEUM

(Karte S. 672; Royal Palace; ☎081 40 05 47; Piazza Trieste e Trento; Eintritt 4 €; ⏲Do–Di 9–19 Uhr) Die Ursprünge des Palazzo Reale an der Piazza del Plebiscito gehen auf die Zeit um 1600 zurück. Im Jahr 1841 wurde der Palast aufgeputzt und im Zweiten Weltkrieg empfindlich beschädigt. Die monumentale Freitreppe führt zu den königlichen Gemächern, in denen heute das **Museo del Palazzo Reale**

MEHR FÜRS GELD

Die **Campania artecard** (☎800 600601; www.Kampanienrtecard.it) ist eine ausgezeichnete Investition für alle, die einmal alle Sehenswürdigkeiten im Schnelldurchlauf gesehen haben wollen. Es handelt sich um ein Pauschalticket, das den Zugang zu allen Museen und die Benutzung des öffentlichen Nahverkehrs beinhaltet. Es ist in verschiedenen Varianten erhältlich: Das Dreitageticket für Neapel und Campi Flegrei (Erw./EU-Bürger 18–25 Jahre 16/10 €) gewährt freien Eintritt zu drei teilnehmenden Stätten bzw. Museen, einen Rabatt von 50% auf andere Optionen und freie Nutzung der öffentlichen Verkehrsmittel in Neapel und in Campi Flegrei. Andere Möglichkeiten reichen von 12 bis 30 € und decken den Zugang zu entfernteren historischen Stätten wie Pompeji und Paestum ab. Die Tickets können am Infopoint im Hauptbahnhof (Stazione Centrale) gekauft werden sowie in allen teilnehmenden Museen bzw. in allen archäologischen Stätten, online oder telefonisch über das Call-Center.

mit seiner reichen Sammlung an barocken und neoklassizistischen Möbelstücken beheimatet ist, darunter auch Porzellan, Teppiche, Statuen und Gemälde. Es gibt auch ein prächtiges Hoftheater, das Teatrino di Corte (1768), und ein riesiges *presepe* (Krippenspiel) aus dem 18. Jh. in der Cappella Reale (Königliche Kapelle).Der Palast beherbergt außerdem die **Biblioteca Nazionale** (Nationalbibliothek; Karte S. 672; ☎081 781 91 11; ⏱Mo–Fr 8.30–19.30, Sa bis 13.30 Uhr), zu der mindestens 2000 Papyrusrollen gehören, die in Herculaneum entdeckt wurden, sowie Fragmente der Koptischen Bibel aus dem 5. Jh. – Lichtbildausweis nicht vergessen!

Chiesa di San Francesco di Paola KIRCHE
(Karte S. 672; ☎081 74 51 33; Piazza del Plebiscito; ⏱8.30–12 & 16–19 Uhr) Diese Kirche ist eine neoklassizistische Kopie des Pantheons in Rom. Es handelt sich um eine spätere Erweiterung des Säulengangs, welcher der Glanzpunkt an der ursprünglichen Piazza von Joachim Murat (1809) war. Die Kirche wurde im Auftrag von Ferdinand I. im Jahr 1817 erbaut, um die Restauration des Königstums zu feiern, nachdem das neapoleonische Intermezzo beendet war.

Castel dell'Ovo KASTELL
(Karte S. 672; ☎081 240 00 55; Borgo Marinaro; Eintritt frei; ⏱Mo–Sa 8.30–19.30, So 8.30–13.45 Uhr) Das markante Eierschloss thront auf dem Felsensockel des Borgo Marinaro am östlichen Ende der 2,5 km langen Uferpromenade, der *lungomare*, und ist Neapels älteste Burg. Sie wurde im 12. Jh. von den Normannen erbaut und stieg zum Hauptbollwerk Kampaniens auf. Dem Mythos nach verdankt das Kastell seinen eigenartigen Namen Vergil: Dieser soll dort, wo jetzt die Burg steht, ein Ei vergraben haben, um Neapel vor dem Untergang zu warnen: wenn das Ei bräche, würde das Kastell einstürzen und Neapel fallen.

Die recht nahe gelegene **Fontana dell' Immacolatella** aus dem 17. Jh. zieren Figuren von Bernini und Naccherini.

ISI Arti Associate KUNSTGALERIE
(Karte S. 672; ☎081 658 63 81; www.isiartiassociate.net; Vico del Vasto a Chiaia 47; ⏱je nach Ausstellung, aktuelle Daten auf der Website) Dieser hippe Kunstraum stellt fast alles aus, angefangen bei modernen Gemälden und Fotografien bis hin zu Skulpturen und Multimedia-Installationen aus dem In- und Ausland. Von September bis Mai finden spezielle Events mit DJ-Einlagen, Livemusik oder Vorführungen statt. Die Galerie hat auch ein Ambientelokal (Mahlzeiten 15 €), das in den Monaten September bis Mai von Dienstag bis Sonntag auch einen warmen Mittagstisch anbietet. Die Gerichte sind ordentlich und fein angerichtet, die Preise bodenständig. Alle aktuellen Ausstellungen, Vorführungen oder kulinarischen Themenreihen stehen online auf dem Terminplan.

Museo Pignatelli MUSEUM
(☎081 761 23 56; Riviera di Chiaia 200; Eintritt 2 €; ⏱Mi–Mo 8.30–13.30 Uhr) Dieses mondäne Museum in den Räumen einer neoklassizistischen Rothschild-Villa birgt größtenteils Möbelstücke aus dem 19. Jh. sowie Porzellan und anderen mehr oder weniger interessanten Schnickschnack. Ein größerer Pavillon in der gepflegten Gartenanlage rund um die Villa beherbergt ein Kutschenmuseum, das momentan allerdings leider geschlossen ist.

CAPODIMONTE

Palazzo Reale di Capodimonte PALAZZO, MUSEUM, PARK
Am nördlichen Stadtrand entstand innerhalb von mehr als hundert Jahren dieser kolossale Palast. Ursprünglich sollte er einmal Karl VII. von Bourbon als Jagdschloss dienen. Jedoch wuchsen die Pläne mit Beginn der Bauarbeiten ab 1738 immer weiter in den Himmel. Am Ende entstand ein monumentaler *palazzo*, der seit 1759 die Farnese-Kunstsammlung beherbergt, ein Vermächtnis von Karls Mutter Elisabetta Farnese.

Museo di Capodimonte
(☎081 749 91 11; www.museo-capodimonte.it; Parco di Capodimonte; Eintritt 7,50 €; ⏱Do–Di 8.30–19.30 Uhr, letzter Einlass 90 Min. vor Schluss) Das Museum besteht aus 160 Räumen auf drei Etagen. Es ist unmöglich, alles an einem Tag zu besichtigen, doch reicht ein Vormittag für eine kompakte Best-of-Tour.

Im 1. Stock befinden sich bedeutende Werke der Renaissance von Bellini, Botticelli, Caravaggio, Correggio, Masaccio und Tizian. Dazu gehören zahlreiche Glanzstücke, insbesondere Masaccios *Crocifissione* (Kreuzigung), Bellinis *Trasfigurazione* (Verklärung Christi) und Parmigianinos *Antea*.

Auf der gleichen Etage liegen auch die **Königsgemächer**, Paradebeispiele königlichen Prunks. Der Salottino di Porcellana (Saal 51) mit Porzellan, an dessen Wänden und Decke, es nur so von eklektischem Porzellanstuck wimmelt, ist ein herausragendes Beispiel für die Porzellankunst des 18. Jhs. Der Saal wurde ursprünglich zwischen 1757 und 1759 für den Palazzo Reale in Portici gestaltet. 1867 wurde er dann nach Capodimonte verlegt.

Die Säle im 2. Stock zeigen Werke neapolitanischer Künstler aus dem 13. Jh. bis 19 Jh. sowie einige herrliche belgische Gobelins. Publikumsmagnet ist Caravaggios *Flagellazione* (Geißelung Christi; 1607–10). Das Gemälde hängt im Saal 78 am Ende eines langen Korridors in ehrerbietiger Einsamkeit, aber stets umlagert.

Wer dann immer noch genug Energie hat, für den lohnt sich ein kurzer Abstecher in die kleine **Galerie der Moderne** im 3. Stock. Schon allein die Pop-Art-Version des *Vesuv* von Andy Warhol ist sehenswert.

Parco di Capodimonte

(Eintritt frei; 9 Uhr bis 1 Std. vor Sonnenuntergang) Wer das Museum besichtigt hat, kann in dem angrenzenden 130 ha großen Park erst mal frische Luft schnappen – was dann auch dringend nötig ist!

Catacombe di San Gennaro — KATAKOMBEN

(081 744 37 14; www.catacombedineapoli.it; Via di Capodimonte 13; Eintritt 8 €; Mo–Sa zu jeder vollen Stunde von 10–17 Uhr (So bis 13 Uhr) beginnt eine einstündige Führung) Die Ursprünge der ältesten und berühmtesten Katakomben Neapels gehen auf das 2. Jh. zurück. Die mit frühchristlichen Fresken verzierten Gänge verteilen sich auf zwei Ebenen. Das Innere besteht aus Grabmälern, Korridoren und breiten Vestibülen, die von Säulen und Bögen getragen werden. Im 5. Jh. waren sie ein bedeutendes Pilgerziel, als die Gebeine von St. Januarius hierher verbracht wurden.

Geführte Touren

Neapoli Sotterranea — SPAZIERGÄNGE

(Katakomben von Neapel; Karte S. 668; 081 29 69 44; www.napolisotterranea.org; Piazza San Gaetano 68; geführte Touren 9 €; Führungen Mo–Fr 12, 14 & 16 Uhr, Extratouren Do, Sa & So) Das Unternehmen bietet 1½-stündige geführte Touren durch die Katakomben von Neapel an. 40 Meter unter der Stadt will ein Gewirr von gruseligen Gängen und Höhlen erkundet werden. Die Durchgänge wurden ursprünglich von den Griechen in den Stein gehauen, um Tuffstein für den Bau von Gebäuden abzutragen und das Wasser vom Vesuv zu kanalisieren. Die Römer erweiterten sie zu einem Wasserleitungssystem mit Zisternen. Im Zweiten Weltkrieg dienten sie auch als Schutzbunker bei Luftangriffen. Auf einigen Abschnitten, wo es besonders eng wird, spenden Kerzen Licht – die Tour ist nicht geeignet für Leute mit einem größerem Bauchumfang.

City Sightseeing Neapoli — BUS

(081 551 72 79; www.napoli.city-sightseeing.it; Erw./Kind 22/11 €) Klassische Stadttouren per Bus, bei der man auf vier Rundfahrten beliebig zu- und aussteigen kann. Alle Touren beginnen an der Piazza del Municipio Parco Castello. Die im Bus erhältlichen Fahrkarten gelten 24 Std. lang auf jeder der vier Routen. Die Kommentare während der Touren werden in verschiedenen Sprachen gesprochen.

Feste & Events

Festa di San Gennaro — RELIGIÖSE FESTE

Neapels Hauptfest ehrt St. Januarius. Am ersten Sonntag im Mai sowie am 19. September und am 16. Dezember versammeln sich Tausende von Menschen im *duomo*, um das Blutwunder des Schutzheiligen zu bezeugen – es soll die Stadt vor möglichen Katastrophen retten. Im Jahr 1944 wollte sich das Wunder nicht einstellen, und der Vesuv brach aus; im Jahr 1980 blieb es erneut aus, und die Stadt erlitt ein Erdbeben.

Maggio dei Monumenti — KULTURELL

Im Mai sorgt Neapels Kulturfestival Nummer Eins einen Monat lang für ein reichhaltiges Programm an Ausstellungen, Konzerten, Tanzvorführungen, geführten Touren usw.

Neapoli Teatro Festival Italia — THEATER

(www.teatrofestivalitalia.it) Das dreiwöchige Theaterfestival findet gewöhnlich im Juni und Juli statt. Auf verschiedenen Bühnen der Stadt treten Ensembles aus dem In- und Ausland auf.

Madonna del Carmine — RELIGIÖS

Am 16. Juli erfährt der Feiertag Madonna del Carmine mit einem fantastischen Feuerwerk über der Piazza del Carmine seinen krönenden Abschluss.

Neapolis Rock Festival — MUSIK

(www.neapolis.it) Das süditalienische Rockfestival der Superlative zieht jedes Jahr im Juli/August Stars aus aller Welt an.

Festa di Piedigrotta — KULTURELL

(www.festadipiedigrotta.it) Von Anfang bis Mitte September findet Neapels Piedigrotta-Festival statt, eine Mischung aus neapolitanischer Volksmusik, Wasserspielen und Feuerwerk rund um die Chiesa di Piedigrotta in Mergellina.

Schlafen

Die Schlummeroptionen in Neapel reichen von unkonventionellen Frühstickspensionen über pfiffige Herbergen bis hin zu luxuriösen Prachtbauten am Wasser. Auf jeden Fall sind sie vielfältig, zahlreich und relativ günstig.

Wer ein Höchstmaß an authentischem Flair mitbekommen will, sollte sich eine Unterkunft im *centro storico* suchen, wo viele der Sehenswürdigkeiten direkt vor der Haustür liegen.

Das Stadtviertel am Meeresufer, Santa Lucia, bietet einige der prestigeträchtigsten Hotels, Chiaia hingegen ist lässig und schick. Wer herrliche Aussichten aus der Vogelperspektive und beschauliches Flair liebt, sollte sich in Vomero umschauen.

CENTRO STORICO & HAFENVIERTEL

Hotel Piazza Bellini BOUTIQUEHOTEL €€
(Karte S. 668; ☎081 45 17 32; www.hotelpiazzabellini.com; Via Costantinopoli 101; EZ 70–125 €, DZ 80–150 €, 3BZ 100–170 €; ❄@📶) Neapels neuestes Kunsthotel hat einen *palazzo* aus dem 16. Jh. bezogen – die kühlen, weißen Räume zieren Original-Fayencefliesen und Werke vielversprechender Nachwuchskünstler. Die Designzimmer wirken nüchtern und unverschnörkelt, die Badezimmer sind sehr schick und mit großen Wandspiegeln ausgestattet. Im 5. und 6. Stock befinden sich Balkonzimmer mit Panoramablick.

Romeo Hotel DESIGNHOTEL €€€
(☎081 017 50 01; www.romeohotel.it; Via Cristoforo Colombo 45; Zi. 165–330 €; ❄@📶) Neapels Top-Designhotel vereint alle Superlative an einem Ort: artesischen Stein, Kunst der Spitzenklasse, edelste Möbel, ein fabelhaftes Dachterrassenrestaurant und einen schnieken Spa- und Wellnessbereich. Die Zimmerkategorie „Classic" bezieht sich auf kleine, aber luxuriöse Räume mit DeLonghi-Espressomaschine und superschicken Badezimmern. Die „Deluxe"-Zimmer (225–450 €) legen noch ein paar Pluspunkte drauf, da sie bei fast gleicher Austattung geräumiger sind und einen Ausblick auf die Bucht von Neapel bieten.

B&B Cerasiello B&B €
(☎081 033 09 77, 338 9264453; www.cerasiello.it; Via Supportico Lopez 20; EZ 40–60 €, DZ 55–80 €, 3BZ 70–95 €; ❄📶) Diese umwerfende Frühstückspension liegt verwaltungstechnisch bereits im Stadtbezirk Sanità, tatsächlich jedoch nur ein paar Gehminuten entfernt nördlich vom Centro Storico. Das Haus bietet vier Gästezimmer, eine bezaubernde Gemeinschaftsterrasse, eine stilvolle Küche und neapolitanisches Flair, was das Dekor betrifft. Für den Aufzug ist eine 10 Cent-Münze nötig.

Costantinopoli 104 BOUTIQUEHOTEL €€€
(Karte S. 668; ☎081 557 10 35; www.costantinopoli104.it; Via Santa Maria di Costantinopoli 104; EZ/DZ/Suite 170/220/250 €; ❄@📶🏊) Bücher und Antiquitäten charakterisieren die Innensaustattung dieser schicken neoklassizistischen Stadtvilla, die mitten im unkonventionellen historischen Stadtkern liegt. Zwar wirkt das Innere da und dort etwas angestaubt, die Zimmer sind jedoch nach wie vor elegant und sauber – im 1. Stock öffnen sich die Balktontüren zu einer Sonnenterrasse, während die Zimmer im Erdgeschoss einen Blick auf den kleinen, palmengesäumten Swimmingpool haben. Die Suiten sind überwältigend schön.

Hostel of the Sun HOSTEL €
(Karte S. 672; ☎081 420 63 93; www.hostelneapoli.com; Via Melisurgo 15; Mehrbettzimmer 16–18 €, EZ mit Bad 30–35 €, DZ mit Bad 60–70 €; ❄@📶) Das „Hots", eine superfreundliche Unterkunft in Hafennähe, kann sich vor Lob kaum retten, noch dazu wo es unlängst renoviert wurde. Die Zimmer befinden sich im 7. Stock (man sollte 5 Cent für den Lift bereithalten!); die bunt gestalteten Schlafsäle sind hell und gastfreundlich. Es gibt eine schmucke hauseigene Bar und einige Stockwerke tiefer eine Reihe von separaten Standardhotelzimmern mit Bad.

Decumani Hotel de Charme BOUTIQUEHOTEL €€
(Karte S. 668; ☎081 551 81 88; www.decumani.it; Via San Giovanni Maggiore Pignatelli 15; EZ 90–105 €, DZ 105–130 €, Deluxe DZ 130–150 €; ❄@📶) Von dem schmuddeligen Treppenhaus sollten sich Gäste nicht abschrecken lassen, denn das Boutiquehotel wirkt ansonsten frisch und elegant. Es befindet sich in den Räumen des früheren *palazzo* des Kardinals Sisto Riario Sforza, des letzten Bischofs des Königreichs der Bourbonen. Die einfachen, aber stilvollen Räume haben hohe Decken sowie Möbel und auf modern gemachte Badezimmer aus dem 19. Jh. Die Deluxe-Zimmer sind mit einem Whirlpool ausgestattet und in der restaurierten Empfangshalle im Stil des Barock finden regelmäßig kulturelle Soirées statt.

B&B DiLetto a Neapoli B&B €
(Karte S. 668; ☎081 033 09 77, 338 9264453; www.dilettoanapoli.it; Vicolo Sedil Capuano 16; EZ 35–55 €, DZ 50–75 €, 3BZ 65–90 €; P❄📶) Hier stehen vier Zimmer mit traditionellem *cotto* (gebrannter Lehm) zur Auswahl. Die Innenausstattung in diesem *palazzo* aus dem 15. Jh. ist liebevoll in Szene gesetzt mit Bodenfliesen, Organza-Vorhängen und kunsthandwerklichem Dekor. Die Gemeinschaftslounge mit urbanem Charakter hat eine Kitchenette und einen Esstisch für einen gemütlichen Imbiss und zum Ausspannen.

TOLEDO & VOMERO

Hotel San Francesco al Monte LUXUSHOTEL €€€
(Karte S. 672; ☎081 423 91 11; www.hotelsanfrancesco.it; Corso Vittorio Emanuele I 328; EZ 160–190 €, DZ 170–225 €; P❄@📶🏊) Die Mönche hatten es in dem Kloster aus dem 16. Jh. nie so gut wie heute, verglichen mit dem Komfort, den Hotelgäste hier aktuell genießen können. Die Mönchszellen wurden in stilvolle Zimmer umgestaltet, im alten Kreuzgang befindet sich eine Freiluftbar, und die Korridore mit Tonnengewölbe verströmen Ruhe und Atmosphäre. Und zur Krönung des Ganzen rundet ein Swimmingpool im 7. Stock die Annehmlichkeiten ab.

B&B Sui Tetti di Neapoli B&B €
(Karte S. 672; ☎081 033 09 77, 338 9264453; www.suitettidinapoli.net; Vico Figuerelle a Montecalvario 6; EZ 35–60 €, DZ 45–80 €; ❄📶) Einen Block von der Via Toledo entfernt befindet sich diese B&B-Pension. Die vier Apartments am Ende einer steilen Treppe sind mehr als nur eine Gelegenheit, die Oberschenkel zu trainieren. Während sich zwei Apartments eine Terrasse teilen hat das oberste Apartment eine eigene Dachterrasse mit fantastischen Ausblicken. Alle Apartments verfügen über eine Küchenzeile (die günstigsten zwei teilen sich eine Küche). Die Möbel sind einfach, aber hell und geschmackvoll und sorgen für ein gemütliches Ambiente.

Hotel Il Convento HOTEL €€
(Karte S. 672; ☎081 40 39 77; www.hotelilconvento.com; Via Speranzella 137a; EZ 55–90 €, DZ 65–160 €; ❄📶) Den Namen hat sich das Hotel vom benachbarten Kloster abgekupfert. Dieses reizvolle Hotel schafft eine harmonische Komposition aus antiken toskanischen Möbeln, Sammlungen von Fachbüchern und einer in Kerzenlicht getauchten Treppe. Die in Cremetönen gehaltenen Zimmer mit dunklen Hölzern und das auf das 16. Jh. verweisende Ziegelsteindekor an den Wänden sind gemütlich und elegant. Für 80 bis 180 € ist sogar ein Zimmer mit eigenem Dachgarten zu bekommen.

SANTA LUCIA & CHIAIA

Chiaja Hotel de Charme BOUTIQUEHOTEL €€
(Karte S. 672; ☎081 41 55 55; www.hotelchiaia.it; Via Chiaia 216; EZ 95–105 €, DZ 99–145 €, Superior-DZ 140–165 €; ❄@📶) Einst Bordell und Adelspalais befindet sich heute hier ein edles, ruhiges Hotel, das seinem Namen alle Ehre macht. Ohne großes Aufhebens wirkt es nobel – so etwa durch goldgerahmte Porträts an zartgelben Wänden, verschnörkelte Tischlampen und schwere Stoffe. Die Zimmer haben alle einen Whirlpool und gehen auf die verkehrsfreie Shoppingmeile der Via Chiaia hinaus.

B&B Cappella Vecchia B&B €
(Karte S. 672; ☎081 240 51 17; www.cappellavecchia11.it; Vico Santa Maria a Cappella Vecchia 11; EZ 50–70 €, DZ 75–100 €; ❄@📶) Diese Frühstückspension wird von einem superhilfsbereiten jungen Paar betrieben. Das Haus hat sechs einfache, aber originelle Zimmer mit unkonventionellen Bädern und verschiedenen neapolitanischen Motiven wie das *mal'occhio* (böses Auge) oder *peperoncino* (Chilischote). In dem großzügigen Gemeinschaftsraum wird auch gefrühstückt. Dort gibt es rund um die Uhr kostenlosen Zugang zum Internet.

Parteno B&B €€
(Karte S. 672; ☎081 245 20 95; www.parteno.it; Via Partenope 1; EZ 80–99 €, DZ 100–125 €; ❄@📶) Die sechs schicken Zimmer sind mit Stilmöbeln, alten neapolitanischen Drucken und seidenen Bettdecken exquisit ausgestattet. Das Azaleenzimmer (130–165 €) stiehlt allen anderen die Show mit seinem unverbauten Ausblick aufs Meer, in den Himmel und zur Insel Capri hinüber. Zur High-Tech-Austattung gehören Sat-TV und kostenloses Telefonieren mit Besitzern von italienischen Handys sowie auf den Festnetzleitungen nach Europa, in die USA und nach Kanada.

Grand Hotel Vesuvio LUXUSHOTEL €€€
(Karte S. 672; ☎081 764 00 44; www.vesuvio.it; Via Partenope 45; EZ 230–370 €, DZ 290–450 €; ❄@📶) Das gediegene 5-Sterne-Haus, ein Zauberland aus Kerzenkronleuchtern, schönen Antiquitäten und prunkvollen Zimmern mit einem Hauch von Dekadenz, hat sich durch berühmte Hotelgäste wie Rita

Hayworth und Humphrey Bogart in der Vergangenheit einen Namen gemacht. Das nächtliche Sterne zählen bei einem Martini im Restaurant auf der Dachterrasse macht Spaß und ist ein schöner Ausklang eines ereignisreichen Tages.

Essen

Buntes Allerlei mag anderswo die Geschmacksnerven kitzeln, jedoch nicht in Neapel. Die Neapolitaner schätzen es absolut nicht, wenn Kochkünstler mit ihrem Essen große innovative Experimente betreiben, denn sie wollen es, wie es schon immer war – einfach, möglichst jahreszeitgemäß und immer frisch – und ganz wichtig, mit Zutaten von gleichbleibend guter Qualität. Und genauso bekommen sie es auch auf den Tisch in den zahlreichen Pizzerien, Trattorien und *ristoranti*, von denen es in der ganzen Stadt nur so wimmelt.

Auch der Straßenimbiss ist hier eine Gaumenfreude. Ein herrlicher Snack z. B. ist *misto di frittura* – eine einfache Komposition aus Zucchiniblüten, Bratkartoffeln und Auberginen. Besonders gut schmeckt der Happen auf der Hand gegessen, mit Papier umwickelt, vor einem kleinen Straßenkiosk. Viele Imbisslokale schließen im August für zwei Wochen.

RUND UM DEN HAUPTBAHNHOF & MARKT

Attanasio STRASSENIMBISS €

(Karte S. 668; Vico Ferrovia 1–4; Snacks ab 1,10 €; ⏲Di–So 6.30–19.30 Uhr) Bei dieser Snackbude im Retrolook gibt es herrliche Spezialitäten wie feine *sfogliatelle* (süßes Blätterteiggebäck mit Ricottafüllung), ganz zu schweigen von den sahnigen *cannolli siciliani* (Teigmuscheln mit einer süßen Ricottafüllung) und den mit Rum getränkten *babà* (Hefegebäck). Geschmacksfanatiker sollten das herzhafte *pasticcino rustico* (schmackhaftes Brot), gefüllt mit *provola* (Knetkäse), Ricotta und Salami nicht versäumen.

Da Michele PIZZERIA €

(Karte S. 668; Via Cesare Sersale 1; Pizzas ab 4 €; ⏲Mo–Sa) Authentischer geht's nicht: Neapels berühmteste Pizzeria treibt es mit dem Schlichtheitsethos auf die Spitze – bloß kein Schnickschnack! Das Lokal ist schmuddelig und altmodisch und serviert nur zwei Arten von Pizzas: *margherita* (Tomate, Basilikum und Mozzarella) und *marinara* (Tomaten, Knoblauch und Oregano). Ticket ziehen und ab in die Warteschlange!

CENTRO STORICO

LP TIPP **Pizzeria Gino Sorbillo** PIZZERIA €

(Karte S. 668; Via dei Tribunali 32; Pizzas ab 2,30 €; ⏲Mo–Sa) Das Gezeter der Massen sagt schon alles aus: Gino Sorbillo ist der König unter den Pizzabäckern von Neapel. Hier kommen die XXL-Holzofenpizzas in Perfektion auf den Tisch. Und danach am besten ein samtiges Dessert wie *semifreddo* – die Kombination aus Schokolade und *torroncino* (Mandelnougat) ist göttlich. Wer kann da noch widerstehen!

Palazzo Petrucci MODERN IITALIENISCH €€€

(Karte S. 668; ☎081 552 40 68; www.palazzopetrucci.it, auf Italienisch; Piazza San Domenico Maggiore 4; 5-Gänge-Menü 50 €; ⏲Mo–Sa) Das innovative Petrucci ist wie frischer Wind in der neapolitanischen Gastroszene: Es bietet aufregende Gaumenfreude mit größtenteils erfolgreichen Kreationen der „neuen Schule" wie etwa rohe Garnelen und „Mozzarella-Lasagne" oder Zwiebelsuppe mit pochierten Eiern. Wer eine Balance sucht zwischen Degustieren und Entspannen, trifft mit einem Abendessen bei Petrucci eine gute Wahl für den besonderen Anlass.

La Stanza del Gusto KÄSEBAR, MODERN ITALIENISCH €€

(Karte S. 668; ☎081 40 15 78; www.lastanzadelgusto.com, auf Italienisch; Via Costantinopoli 100; Mittagsspecial 13 €, 5-/7-Gänge-Degustationsmenü 45/65 €; ⏲Käsebar Mo 15.30–24, Di–Sa 11–24 Uhr; Mo–Sa Restaurantdinner) Kreativ und eklektisch: Die „Degustationszone" ist in zwei Bereiche aufgeteilt, in die Käsebar im Erdgeschoss und in einen formelleren Speisesaal in der oberen Etage. Es gibt zwei Möglichkeiten zum Abspannen: bei fabelhaftem Wein in Kombination mit seltenen *formaggi* (Käsesorten) oder bei Kreationen mit modernem Touch (wie etwa Mandelsafransuppe). Die Portionen sind klein aber superfein – ein Geschmackserlebnis!

Trattoria Mangia e Bevi TRATTORIA €

(Karte S. 668; Via Sedile di Porto 92; Gerichte 10 €; ⏲Mo–Fr Mittagessen) Alle Gäste, angefangen bei Studenten mit Piercing bis zu ehrenwerten *professori* drängeln sich rund um die quirligen Gemeinschaftstische, um das einfache Essen wie aus Omas oder Mamas Kochtopf zu supergünstigen Preisen zu genießen. Aus den verschiedenen Tagesgerichten kann man jeden Tag seine Lieblingsgerichte auswählen, darunter „Perlen" wie die saftigen *salsiccie di maiale* (Schweinswürstel) und Brokkoli, scharf gewürzt mit *peperoncino*.

TOLEDO & VOMERO

Trattoria San Ferdinando TRATTORIA €€
(Karte S. 672; Via Nardones 117; Mahlzeiten 30 €; ⌚Mo–Sa Mittagessen, Mi–Fr Abendessen) An den safrangelben Wänden hängen Theaterposter und Programmhefte. Das San Ferdinando zieht wortgewandte Theatertypen und Intellektuelle an. Wer sich auf eine kulinarische Reise durch Neapel begeben will, sollte sich einen Überblick über die *antipasti* des Tages verschaffen und sein *antipasto misto* mit Lieblingshäppchen zusammenstellen lassen. Zu den besten Meeresfrüchtegerichten gehört eine delikate *seppia ripieno* (gefüllter Tintenfisch), während die hausgemachten Desserts – dramaturgisch betrachtet – für ein sehr zufriedenstellendes „dénouement" sorgen.

Il Garum TRADITONELL ITALIENISCH €€
(Karte S. 668; Piazza Monteoliveto 2A; Mahlzeiten 39 €) Im weichen Dämmerlicht schmiedeiserner Laternen schlemmen Stammgäste ganz im Verborgenen. Alles ist mit viel Liebe zubereitet – die Rigatoni mit Zucchinischnipsel und Miesmuscheln oder die ausgezeichneten gegrillten Kalamari mit Gemüsefüllung, Kirschtomaten und Parmesankäse. Die Desserts sind alle hausgemacht.

Friggitoria Vomero STRASSENIMBISS €
(Karte S. 672; Via Cimarosa 44; Snacks ab 1 €; ⌚Mo–Fr 9.30–14.30 & 17–21.30, Sa 9.30–14.30 & 17–23 Uhr) Die Briten haben wahrlich kein Monopol auf frittiertes Essen in der Papiertüte. Hier gibt es Berge von knusprig gebratenen Auberginen und Artischocken, Kroketten mit Schinken- und Mozzarellafüllung und vieles mehr.

Pintauro GEBÄCK & KUCHEN €
(Karte S. 672; Via Toledo 275; sfogliatelle 2 €; ⌚Sept.–Mai Mo–Sa 8–14 & 14.30–20, So 9–14 Uhr) Das Pintauro, eine weitere gastronomische Institution, bereitet die perfekten *sfogliatelle* mit Zimtaroma zu – bei Einheimischen ein Verkaufsschlager.

SANTA LUCIA & CHIAIA

Ristorante Radici MODERN ITALIENISCH €€€
(Karte S 672; ☎081 248 11 00; www.ristoranteradici.it, auf Italienisch; Via Riviera di Chiaia 268; Mahlzeiten 50 €; ⌚ Mo–Sa Abendessen) Das Radici ist ein elegantes und dennoch gemütliches Lokal – die Gerichte weichen etwas von den klassischen neapolitanischen Speisekarten ab. Hier werden frische Zutaten aus der Region zu Gerichten verwandelt, die einem das Wasser im Mund zusammenlaufen lassen wie etwa *spigola* (Fischplätzchen mit europäischem Wolfsbarsch und Tomaten) in einer feinen Brühe. Vorab reservieren!

La Trattoria dell'Oca TRATTORIA €€
(Karte S. 672; Via Santa Teresa a Chiaia 11; Mahlzeiten 35 €; ⌚ Okt.–Mai So-abend, Juni–Sept. So ganztags geschl.) Die Trattoria mit sanftem Dämmerlicht macht aus klassischen Gerichten ein kulinarisches Zeremoniell bei entspannter Atmosphäre und mit raffinierter Küche. Dazu gehören etwa *gnocchi al ragù* oder der herrliche *baccalà* (Stockfisch), gegart mit saftigen Kirschtomaten, Kapern und Oliven.

La Focaccia PIZZA IN STÜCKEN €
(Karte S. 672; Vico Belledonne a Chiaia 31; Focaccia ab 1,50 €; ⌚ Mo–Sa 11 Uhr bis spät in die Nacht, So 17 Uhr bis spät in die Nacht) In keinem anderen Focaccia-Lokal schmeckt es besser als in diesem peppigen, unkomplizierten Schlupfloch. Zur Auswahl stehen Füllungen mit Artischocken und *provola* oder Auberginen mit *pecorino*-Käse und geräuchertem Schinken. Das Beste überhaupt: keine Mikrowelle weit und breit in Sicht!

Ausgehen

Die Studenten- bzw. alternative Ausgehszene Neapels ist rund um die Piazzas und in den engen Gassen des *centro storico* zu Hause. Wer's noch schicker und eleganter mag, stöckelt entlang den Kopfsteinpflasterstraßen des Nobelviertels Chiaia. Während einige Bars schon um 8 Uhr morgens öffnen, sind die meisten doch erst ab 18.30 Uhr auf und schließen um 2 Uhr früh.

Penguin Café WEINBAR
(Karte S. 672; Via Santa Lucia 88; ⌚19.30 Uhr bis spät in die Nacht) Das Penguin ist mehr als eine Weinbar – neben dem Verkauf von Filmbüchern finden hier auch literarische Lesungen statt. Von Donnerstag bis Samstag spielt Livemusik. Die Weinkarte mit über 100 edlen Flaschenweinen umfasst auch sechs offene Edeltropfen; dazu werden qualitativ hochwertige Käsesorten gereicht, *salumi* (Aufschnitt), Salate und ein paar herzhaftere Gerichte mit frischen Zutaten je nach Saison.

Caffè Mexico CAFÉ
(Karte S. 668; Piazza Dante 86; ⌚Mo–Sa 7–20.30 Uhr) Wer wahrhaft guten Kaffee genie-

ßen will, steuert am besten schnurstracks Neapels begehrteste Espressobar an, wo Baristas der alten Schule den stärksten Espresso der Stadt kredenzen. Nicht vergessen mitzubestellen: *un bicchiere di acqua, per favore* (ein Glas Wasser, bitte!), das man *vor* dem Kaffee trinken sollte.

Intra Moenia CAFÉ
(Karte S. 668; Piazza Bellini 70) Die Nummer Eins unter den Lonely Planet-Geheimtipps für Neapel ist das Intra Moenia, ein Zwitter aus Café und Buchladen, an der atmosphärischen Piazza Bellini. Das Café erfährt regen Zulauf durch italienische Schriftsteller, Künstler und Menschen, die ihren Negrone mit intellektueller Miene schlürfen wollen – der perfekte Ort um nachmittags dem Dolce Farniente zu frönen.

Nàis BAR
(Karte S. 672; Via Ferrigni 29) Genau auf mittlerer Höhe der Aperitivmeile Via Ferrigni verströmt das Nàis mit seinen freundlichen Barkeepern ein warmes, gastfreundliches Flair – die wildledernen Sitzbänke und ein volles Bücherregal tragen zur Atmosphäre bei. Ein Ort, um sich unters bunte Volk zu mischen – bei einem Glas Wein oder einem Aperitiv.

Caffè Gambrinus CAFÉ
(Karte S. 672; Via Chiaia 12) Touristen und Besucher, die sich im Bekleidungskodex geirrt haben, schlürfen in Neapels nobelstem Café den überteuerten Café bzw. die Cocktails. Oscar Wilde und Bill Clinton zählen zu den Berühmtheiten, die im Dekor des überschwänglichen Jugendstil-Interieurs für immer verewigt sind.

☆ Unterhaltung

Das Spektrum der Ausgehmöglichkeiten reicht von Weltklasseopern bis hin zu Jazz-Konzerten, Rockfestivals und höhlenartigen Nachtclubs. Was in der Kulturszene so alles los ist, steht online auf www.incampania.it. Das Neueste rund um die Nachtclubs können Interessierte in dem kostenlosen Minimagazin *Zero* (auf Italienisch) nachlesen, das in vielen Bars ausliegt.

Tickets für die meisten kulturellen Events sind im **Kartenbüro Feltrinelli** (☎081 764 21 11; Piazza dei Martiri; ⏲Mo–Sa 16.30–20 Uhr) erhältlich.

Jedes Jahr im Mai veranstaltet die Stadt den **Maggio dei Monumenti**. Dann finden überall in der Stadt einen Monat lang Konzerte und kulturelle Aktivitäten in verschiedenen Museen und Baudenkmälern statt. Der Eintritt ist meist kostenlos. Von Mai bis September gibt es auch zahlreiche Open-Air-Konzerte überall in Neapel. Detaillierte Auskunft hierzu gibt die örtliche Touristeninformation.

Fußball

Neapels Fußballmannschaft „Napoli" steht in der Gunst der Sponsoren an dritter Stelle nach „Juventus Turin" und „Milan". Bei Heimspielen im **Stadio San Paolo** (Piazzale Vincenzo Tecchio) herrscht immer ein großer Ansturm. Die Saison dauert von September bis Mai. Dann kostet ein Sitzplatz zwischen 20 und 100 €. Karten sind bei **Azzurro Service** (☎081 593 40 01; www.azzurroservice.net, auf Italienisch; Via Francesco Galeota 19; ⏲Mo–Fr 9–13 & 15.30–19.30 Uhr, auch Sa & So an Spieltagen) erhältlich und im **Kartenbüro** (Karte S. 672; ☎081 551 91 88; www.boxofficeneapoli.it, auf Italienisch; Galleria Umberto I 17; ⏲Mo–Fr 9.30–20.30, Sa 9.30–13.30 & 16.30–20 Uhr) sowie bei Tabakwarenhändlern. Am besten die Tickets zwei Wochen im Voraus buchen – Lichtbildausweis nicht vergessen!

Nachtclubs & Livemusik

In den Nachtclubs geht es gewöhnlich um 22.30 oder 23 Uhr los, allerdings wird's erst nach Mitternacht richtig voll. Viele machen im Sommer (Juli bis September) zu, einige verlagern dann ihren Betrieb an den Stadtrand bzw. Strand. Die Eintrittspreise variieren, jedoch reichen sie meist von 5 bis 30 €, mal mit, mal ohne Getränk.

Galleria 19 NACHTCLUB
(Karte S. 668; www.galleria19.it; Via San Sebastiano 19; ⏲Di–Sa) Der Nachtclub befindet sich in einem langgezogenen Kellergewölbe. An den Wänden stehen Sofas, von der Decke hängen Industrielampen. Dieser lässige und ziemlich ausgefallene Club zieht zu Beginn der Woche vor allem studentisches Publikum an und am Freitag die Zielgruppe der 20- und 30-Jährigen die zu Technomusik abtanzen. An Samstagabenden treten oft Live-Bands auf. Der neapolitanische Barkeeper Gianluca Morziello ist einer der besten der Stadt (Cucumber Slumber bestellen – einmal probiert, weiß man auch warum!).

Kinky Klub LIVEMUSIK, NACHTCLUB
(Karte S. 668; www.kinkyjam.com; Vicolo della Quercia 26; ⏲Mitte Sept. bis Mitte Juni Di–So) Wer hier Latex und Leder erwartet, ist auf dem Holzweg. Trotz des Namens ist Kinkys Spezialität

der Reggae. Mal treten Live-Bands auf, mal legt der DJ auf – Rhythmen, die zum Abtanzen einladen. Auf dem Programm – immer aktuell auf der Website – stehen italienische, aber auch internationale Größen.

Arenile Reload LIVEMUSIK/CLUB
(www.arenilereload.com, auf Italienisch; Via Coroglio 14, Bagnoli) Der größte Strandnachtclub Neapels bietet ein tolles Setting: Cocktail schlürfen am Pool, eine Runde Aperitiv, bitte sehr! – zum Sehen und Gesehen werden oder zum Tanzen zu den Rhythmen von Live-Bands unterm Sternenhimmel. Der Club liegt nur ein paar Gehminuten südlich vom Bahnhof Bagnoli an der Cumana-Bahnlinie.

Around Midnight LIVEMUSIK
(☎081 742 32 78; www.aroundmidnight.it, auf Italienisch; Via Bonito 32A; ⏲Di–So Sept.–Juni) In einem der ältesten und berühmtesten Jazzclubs Neapels treten meist einheimische Bands auf, gelegentlich auch eine Blues-Band. Das swingende Lokal ist winzig klein. Auf der Website steht immer das aktuelle Programm.

Theater

Teatro San Carlo THEATER
(Karte S. 672; ☎081 797 21 11; www.teatrosan carlo.it; Via San Carlo 98; ⏲Kartenschalter Di–Sa 10–19, So 10–15.30 Uhr) Eines von Italiens führenden Opernhäusern mit ganzjährigem Opern-, Ballett- und Konzertprogramm. Karten für diese Aufführungen zu bekommen ist allerdings gar nicht so einfach. Für einen Opernplatz im sechsten Rang zahlt man mindestens 50 €, im Parkett sind es rund 140 €.

Shoppen

Farbenfrohe Märkte, Ateliers mit Kunsthandwerk und Kleider nach Maß in Spitzenqualität – in Neapel wird Einkaufen zu einer ganz persönlichen Erfahrung, je nach Geschmack.

Wer ein kulinarisches Souvenir mitnehmen möchte, der steuert **Limonè** (Karte S. 668; Piazza San Gaetano 72) an, wo es den *limoncello* (Zitronenlikör) in Bioqualität erst einmal zum Verkosten gibt, bevor eine ganze Flasche in den Warenkorb wandert. Wem er zu Kopf steigt, kann dazu ein paar Zitronennudeln naschen. Wer auf Bioware, handgeschöpfte Seifen und Kosmetika steht, geht zu **Kiphy** (Karte S. 668; www.kiphy.it, auf Italienisch; Vico San Domenico Maggiore 3); wer dagegen qualitativ hochwertige und handgefertigte Krippenfiguren sucht, steuert **La Scarabattola** (Karte S. 668; www.lascara battola.it; Via dei Tribunali 50) an.

Im eleganten Stadtviertel Chiaia sind verschiedene legendäre neapolitanische Schneider zu Hause wie etwa **Mariano Rubinacci** (Karte S. 672; www.marianorubinacci.net; Via Filangieri 26) und **Marinella** (Karte S. 672; www.marinellaneapoli.it; Via Riviera di Chiaia 287); die hier maßgeschneiderten Krawatten wurden einst von Aristoteles Onassis getragen.

ℹ Praktische Informationen

Gefahren & Ärgernisse

Bagatelldelikte können in Neapel zum Problem werden, mit ein bisschen gesundem Menschenverstand sollten Touristen aber damit kein Problem haben. Wertsachen lässt man besser im Hotelzimmer zurück, Taschen sollten nie unbeaufsichtigt herumstehen. In Zonen mit großem Menschenandrang ist immer besondere Wachsamkeit angeraten. Taschen immer möglichst nah am Körper tragen.

Auto- und Motorraddiebstähle sind an der Tagesordnung; wer mit eigenem Fahrzeug in die Stadt fahren will, sollte sich das also gründlich überlegen bzw. nie etwas im Auto liegen lassen.

Wer bei Taxifahrten nicht draufzahlen will, sollte nur in ein registiertes und entsprechend gekennzeichnetes Taxi mit funktionierendem Taxameter einsteigen.

Alle, die nachts allein durch die Stadt spazieren, sollten in der Gegend rund um den Hauptbahnhof besonders aufpassen.

Infos im Internet

I Neapel(www.inaples.it) Das offizielle Webportal des Tourismusamtes von Neapel.

Neapoli Unplugged (www.neapoliunplugged.com) Attraktionen, aktuelle Verzeichnisse, Nachrichten, Artikel und Blogs.

Turismo Regione Campania (www.turismo regionecampana.it) Aktuelle Eventverzeichnisse sowie Audioclips und Reiserouten.

Internetzugang

Navig@ndo (Via Santa Anna di Lombardi 28; 2 € pro Std.; ⏲Mo–Fr 10–19.30, Sa 10–13.30 Uhr)

Medizinische Versorgung

Ospedale Loreto-Mare (☎081 20 10 33; Via Amerigo Vespucci 26)

Apotheke (Stazione Centrale; ⏲ 7–22 Uhr)

Notfall

Polizei (☎081 794 11 11; Via Medina 75) Bei

Erstattung einer Anzeige wegen Autodiebstahl gilt die Notrufnummer ☎113.

Post

Post (Piazza Matteotti; ⏲ Mo–Sa 8–18.30 Uhr)

Reisebüros

CTS (☎081 033 19 48; Via Luigi Settembrini 86) Reisebüro für Studenten.

Touristeninformation

In folgenden Tourismusbüros sind Auskünfte und Stadtpläne erhältlich:

Touristeninformation Piazza del Gesù Nuovo 7 (Karte S. 668; ⏲Mo–Sa 9–19, So 9–14 Uhr); Stazione Centrale (Karte S. 668; ⏲Mo–Sa 9–20, So bis 18 Uhr); Via San Carlo 9 (Karte S. 672; ⏲Mo–Sa 9.30–13.30 & 14.30–18.30, So 9–13.30 Uhr)

ℹ An- & Weiterreise

Auto & Motorrad

Neapel liegt nahe der Autostrada del Sole, die als A 1 nach Norden in Richtung Rom und Mailand führt und als A 3 südwärts nach Salerno und Reggio di Calabria. Die A 30 umgeht im Nordosten Neapel, die A 16 verläuft quer durch die Apenninen nach Bari.

Kurz vor der Stadt münden die Autobahnen in die Tangenziale di Napoli, einen größeren Verkehrsring, der rund um die Stadt verläuft. Die Ringstraße führt am nördlichen Stadtrand entlang und zweigt in Richtung Osten auf die A 1 nach Rom ab; westwärts geht's zu den Campi Flegrei (Phlegräische Felder) und nach Pozzuoli.

Bus

Die meisten Busse zu anderen Städten innerhalb und außerhalb Italiens fahren ab der Piazza Garibaldi.

Regionale Busverbindungen werden von zahlreichen Unternehmen betrieben, wobei sich **SITA** (☎089 405 145; www.sitabus.it auf Italienisch) als die praktischste Linie erweist.

Es verkehren Busse ab Neapel nach

Amalfi (4 €, 2 Std., 5-mal tgl. Montag bis Samstag)

Pompeii (2,80 €, 30 Min., halbstündlich)

Positano (4 €, 2 Std., 1-mal tgl. Montag bis Samstag)

Salerno (4 €, 1 Std. 10 Min., alle 25 Min.).

SITA-Fahrkarten sind am Porto Immacolatella nahe dem Molo Angioino oder in der Via Galileo Ferraris nahe dem Hauptbahnhof erhältlich. Dort fahren die Busse auch ab.

Miccolis (☎081 20 03 80; www.miccolis-spa.it, auf Italienisch) verbindet Neapel mit folgenden Reisezielen:

Taranto (19 €, 4 Std., 3-mal tgl.)

Brindisi (26,60 €, 5 Std.)

Lecce (29 €, 5½ Std.)

Marino (☎080 311 23 35; www.marinobus.it) Diese Buslinie fährt nach:

Bari (19 €, 3 Std., 3- bis 6-mal tgl.)

Matera (19 €, 4½ Std., 2- bis 3-mal tgl.)

Flugzeug

Capodichino Flughafen (NAP; ☎081 751 54 71; www.gesac.it), 7 km nordöstlich vom Stadtzentrum liegt Süditaliens Hauptflughafen, mit Flugverbindungen zu den meisten italienischen Städten und verschiedenen Großstädten Europas sowie nach New York.

Hier verkehren eine Reihe ausländischer Fluglinien wie Alitalia und British Airways, aber auch einige Billigfluglinien wie easyJet mit Flügen nach London, Paris (Orly) und Berlin.

Schiff/Fähre

Neapel, die Inseln im Golf von Neapel und die Amalfiküste sind durch ein umfangreiches Schiffs- und Fährenverkehrsnetz verbunden. Von Neapel legen am Molo Beverello vor dem Castel Nuovo schnelle Fähren und Tragflügelboote nach Capri, Sorrent, Ischia (mit Zielhäfen Ischia Porto und Forio) sowie nach Procida ab; ab Mergellina fahren auch Tragflügelboote nach Capri, Ischia und Procida.

Fähren nach Sizilien, zu den Liparischen Inseln und nach Sardinien legen am Molo Angioino (direkt neben dem Molo Beverello) und vom benachbarten Calata Porta di Massa ab. Langsame Fähren nach Ischia und Procida starten ebenfalls von Calata Porta di Massa.

Im Winter ist der Fährverkehr stark eingeschränkt und auch die Witterungsverhältnisse können den Fahrplan beeinträchtigen.

Auf den folgenden Tabellen sind Reiseziele von Tragflügelbooten und Fähren ab Neapel verzeichnet. Die Preise gelten, falls nicht anderweitig angegeben, für Einzelfahrten pro Person, 2. Klasse, in der Hauptsaison.

Fahrkarten für kürzere Reisen sind an den Ticketständen am Molo Beverello und in Mergellina erhältlich. Bei längeren Seereisen helfen direkt die Büros der Fährgesellschaften weiter, oder man bucht übers Reisebüro.

Hier folgt ein Verzeichnis der Fährgesellschaften (Tragflügelboote und Fähren):

Caremar (☎081 551 38 82; www.caremar.it, auf Italienisch)

Gescab–Alilauro (☎081 497 22 22; www.alilauro.it)

Gescab–Navigazione Libera del Golfo (NLG; ☎081 552 07 63; www.navlib.it, auf Italienisch)

Gescab-SNAV (☎081 428 55 55; www.snav.it)

TRAGFLÜGELBOOTE & HOCHGESCHWINDIGKEITSFÄHREN

REISEZIEL (AB NEAPEL–MOLO BEVERELLO)	FÄHRGESELLSCHAFT	PREIS (€)	DAUER (MIN.)	TÄGLICHE VERBINDUNGEN (HAUPTSAISON)
Capri	Caremar	16	50	18
	Gescab-Navigazione Libera del Golfo	17	40	8-12
	Gescab-SNAV	17	45	12
Ischia (Casamicciola Terme & Forio)	Caremar	16	50	5
	Gescab-Alilauro	17	50-65	10
	Gescab-SNAV	16	55	4
Procida	Caremar	13	40	5
	Gescab-SNAV	13	35	4
Sorrento	Gescab-Alilauro	11	35	5
	SNAV	11	35	7

Medmar (☎081 333 44 11; www.medmargroup.it)

Siremar (☎199 118866; www.siremar.it, auf Italienisch)

Tirrenia (☎081 720 11 11; www.tirrenia.it)

Der Fährverkehr mit der **Metrò del Mare** (☎199 600700; www.metrodelmare.net, auf Italienisch) wurde 2011 auf unbestimmte Zeit aufgehoben. Normalerweise verkehren im Sommer Fähren zwischen Neapel und Ercolano, Sorrent, Positano, Amalfi und Salerno sowie zwischen den größeren Städten entlang der Amalfiküste. Weiter verkehrt die Metrò del Mare zwischen Neapel und Pozzuoli sowie nach Baia/Bacoli in den Campi Flegrei. Aktuelle Informationen stehen auf der Website.

Zug

Neapel ist der Bahnverkehrsknotenpunkt Süditaliens. Die meisten inländischen Züge kommen am Hauptbahnhof an und fahren auch dort ab bzw. im Untergeschossbahnhof Stazione Garibaldi. Einige Züge halten auch am Bahnhof Mergellina. Nach Rom fahren bis zu 42 Züge täglich. Reisezeiten und Preise sind unterschiedlich. Die folgenden Optionen gibt es für Fahrten nach/von Rom

Frecciarossa (Hochgeschwindigkeitszug; 2. Klasse, einfache Fahrt 45 €; 70 Min.)

ES (Eurostar; 2. Klasse, einfache Fahrt 36 €; 1¾ Std.)

IC (InterCity; 2. Klasse, einfache Fahrt 22 €; 2 Std.)

Regionale (Regionalzug; einfache Fahrt 10,50 €; 2¾ bis 3½ Std.)

Die **Stazione Circumvesuviana** (☎081 772 24 44; www.vesuviana.it; Corso Garibaldi), südwestlich des Hauptbahnhofs (den Schildern ab der Haupthalle folgen) betreibt Bahnlinien nach Sorrent (4 €, 65 Min., um die 40 Züge tgl.). Der Zug hält in Ercolano (2,10 €, 15 Min.) und Pompeji (2,80 €, 35 Min.).

Ferrovia Cumana und **Circumflegrea** (☎800 053939; www.sepsa.it, auf Italienisch) mit Bahnverbindungen nach Pozzuoli (1,20 €, 20 Min., alle 25 Min.) haben ihren Standort im Bahnhof Cumana di Montesanto an der Piazza Montesanto, 500 m südwestlich der Piazza Dante.

ℹ Unterwegs vor Ort

Auto & Motorrad

Autodiebstahl und Anarchie im Verkehr stehen in Neapel an der Tagesordnung. Sich mit dem Mietwagen oder dem eigenen Auto ins Verkehrsgetümmel zu stürzen ist also keine gute Idee.

Offiziell ist ein Großteil des Stadtzentrums für Nichtanlieger fast den ganzen Tag gesperrt. Trotzdem geht es rund, tagsüber gibt's Einschränkungen im *centro storico,* in der Zone rund um die Piazza del Municipio und Via Toledo sowie im Stadtteil Chiaia rund um die Piazza dei Martiri. Die Sperrzeiten variieren, jedoch sind sie normalerweise von 8 bis 18.30 Uhr, eventuell auch später.

Östlich des Stadtzentrums befindet sich ein 24-Stunden-Parkplatz in der Via Brin (1,30 € für die ersten 4 Std., 7,20 € für 24 Std.).

Ein günstiges Mietauto oder ein Mietroller kosten ca. 60 € pro Tag. In Neapel sind alle größeren Autovermietungen vertreten.

Avis (☎081 28 40 41; www.avisautonoleggio.it; Corso Novara 5) auch am Flughafen Capodichino.

Hertz (☎081 20 62 28; www.hertz.it; Via Giuseppe Ricciardi 5) auch am Flughafen Capodichino und in Mergellina.

Maggiore (☎081 28 78 58; www.maggiore.it; Stazione Centrale) auch am Flughafen Capodichino.

Rent Sprint (☎081 764 13 33; Via Santa Lucia 36) nur Rollerverleih.

Bus

In Neapel verkehren die Stadtbuslinien des Verkehrsunternehmens **ANM** (☎800 639525; www.unicocampania.it). Es gibt keinen zentralen Busbahnhof, jedoch passieren die meisten Busse die Piazza Garibaldi, den chaotischen Verkehrskonotenpunkt der Stadt.

Wer auf der Suche nach der korrekten Bushaltestelle ist, erkundigt sich am besten am Informationskiosk in der Mitte des Platzes.

Nützliche Busverbindungen:

140 Santa Lucia nach Posillipo via Mergellina.

152 Ab Piazza Garibaldi nach Fuorigrotta via Molo Beverello, Piazza Vittoria und Mergellina.

N3 Ein Nachtbus, der von Mitternacht bis 4.50 Uhr früh verkehrt (im Stundentakt) ab Via Brin zur Stazione Centrale, Piazza del Municipio, Piazza Dante und nach Vomero und danach zurück zur Stazione Centrale und zur Via Brin.

C28 Ab Piazza Vittoria die Via dei Mille hinauf zur Piazza Vanvitelli in Vomero.

E1 Ab Piazza del Gesù, die Via Costantinopoli entlang, zum Museo Archeologico Nazionale, dann Via Tribunali, Via Duomo, Piazza Nicola Amore, den Corso Umberto I. entlang und Via Mezzocannone.

R1 Ab Piazza Medaglie D'Oro zur Piazza Carità, Piazza Dante und Piazza Bovio.

R2 Ab Hauptbahnhof, den Corso Umberto I. entlang, zur Piazza Bovio, Piazza del Municipio und Piazza Trieste e Trento.

R4 Ab Capodimonte an der Via Dante vorbei zur Piazza Municipio und zurück.

Vom/zum Flughafen

Wer den Flughafen mit dem öffentlichen Nahverkehr erreichen möchte, der nimmt entweder die Standardbuslinie 3 S von **ANM** (☎800 639525; www.unicocampania.it) (1,20 €, 45 Min., alle 20 Min.) ab der Piazza Garibaldi oder den Shuttle-Service von **Alibus** (☎800 639525) (3 €, 45 Min., alle 20 Min.) ab der Piazza del Municipio oder der Piazza Garibaldi.

Taxifahrten zum Flughafen kosten normalerweise 23 € ab den Küstenhotels oder ab Mergellina (Fährterminal für Tragflügelboote), 19 € ab der Piazza del Municipio und 15,50 € ab der Stazione Centrale.

Seilbahn

Die Unico Neapoli-Tickets (s. Kasten S. 690) sind auf allen Standseilbahnen gültig. Drei der vier Standseilbahnen führen vom Zentrum nach Vomero (die vierte im Bunde, Funicolare di Mergellina, verbindet das Meeresufer an der Via Mergellina mit der Via Manzoni).

Funicolare Centrale fährt von der Via Toledo hinauf zur Piazza Fuga.

Funicolare di Chiaia fährt von der Via del Parco Margherita hinauf zur Via Domenico Cimarosa.

Funicolare di Montesanto fährt von der Piazza Montesanto hinauf zur Via Raffaele Morghen.

Taxi

Die offiziellen Taxis sind an ihrer weißen Farbe zu erkennen und verfügen über Taxameter. Taxistände sind an allen großen Plätzen der Stadt; Fahrgäste können aber auch direkt eine der fünf Kooperativen anrufen: **Neapoli** (☎081 556 44 44), **Consortaxi** (☎081 22 22), **Cotana** (☎081

FÄHREN

REISEZIEL (NEAPEL–CALATA PORTA DI MASSA & MOLO ANGIOINO)	GESELLSCHAFT	PREIS (€)	DAUER	VERBINDUNGEN (HAUPTSAISON)
Capri	Caremar	9.60	80 Min.	3-mal tgl.
Ischia	Caremar	11	80 Min.	7-mal tgl.
	Medmar	11	75 Min.	6-mal tgl.
Procida	Caremar	9.60	45 Min.	7-mal tgl.
Äolische Inseln	Siremar	ab 50	13½ Std.	2-mal wöchtl.
	Gescab-SNAV (nur Sommer)	ab 65	4½-6 Std.	1-mal tgl.
Milazzo (Sizilien)	Siremar	ab 50	16 Std.	2 weekly
Palermo (Sizilien)	Gescab-SNAV	ab 35	10¼-11¾ Std.	1-2-mal tgl.
	Tirrenia	ab 45		1-mal tgl.
Cagliari (Sardinien)	Tirrenia	ab 45	16¼ Std.	2-mal wöchtl.

570 70 70), **Free** (☎081 551 51 51) oder **Partenope** (☎081 556 02 02).

Der Mindestfahrpreis beträgt 4,50 € mit einem Grundpreis von 3 €. Die Liste der Zuschläge ist verblüffend lang: 1 € ein Taxifunkruf, 2,50 € Sonntags- und Nachtzuschlag zwischen 22 Uhr und 7 Uhr, 2,60 bis 4 € Aufpreis für eine Fahrt zum Flughafen und 0,50 € pro Gepäckstück, das im Kofferraum transportiert wird. Blindenhunde und Rollstühle werden immerhin kostenlos mitgenommen.

Der Taxameter sollte immer laufen.

U-Bahn

Die Unico Neapoli-Tickets (s. Kasten S. 690) sind auch in Neapels **Metropolitana** (☎800 568866; www.metro.na.it) gültig.

Linie 1 verläuft Richtung Norden ab der Università (Piazza Bovio) und hält in Toledo (U-Bahnstation soll 2012 eröffnet werden), an der Piazza Dante, beim Museo (bis zur Piazza Cavour und umsteigen in Linie 2), Materdei, Salvator Rosa, Cilea, Piazza Vanvitelli, Piazza Medaglie D'Oro sowie an sieben weiteren Haltestellen. 2012 soll die Linie von der Università bis zum Bahnhof Garibaldi (Stazione Centrale) durchfahren.

Linie 2 verkehrt ab Gianturco, gleich östlich der Stazione Centrale, mit Haltestellen an der Piazza Garibaldi (Stazione Centrale), Piazza Cavour, Montesanto, Piazza Amedeo, Mergellina, Piazza Leopardi, Campi Flegrei, Cavaleggeri d'Aosta, Bagnoli und Pozzuoli.

RUND UM NEAPEL

CAMPI FLEGREI

Die Campi Flegrei (Phlegräische oder Flammende Felder) erstrecken sich westlich von Posillipo bis hin zum Tyrrhenischen Meer. Die vulkanisch aktive Gegend ist übersät mit Kratern, Seen und Geysiren und gehört damit weltweit zu den geologisch besonders instabilen Regionen. Moderne Bausünden und archäologische Ruinen stehen in einer Landschaft mythenumwobener Geschichte dicht beieinander. Hier ließen sich griechische Siedler zum ersten Mal in Italien nieder – die Gründung von Cuma geht auf das 8. Jh. v. Chr. zurück.

Vor Erkundung der Gegend lohnt es sich bei der Touristeninformation von Pozzuoli vorbeizuschauen, um sich die aktuelle Broschüre zu den Sehenswürdigkeiten in der Umgebung zu besorgen. Der Erwerb eines 2-Tage-Pauschaltickets, welches auch für den Besuch der archäologischen Stätten von Baia und Cuma (4 €) gilt, erweist sich ebenfalls als gute Idee.

Pozzuoli

Die erste Stadt jenseits der tristen Vororte im Westen Neapels ist Pozzuoli. Mit Attraktionen, die nicht sofort ins Auge fallen, ist Pozzuoli nichts weiter als eine Stadt zum Arbeiten. Wer jedoch ein bisschen herumstreift, findet einige beeindruckende römische Ruinen und einen dampfenden Vulkankrater. Pozzuoli wurde von den Griechen etwa um 530 v. Chr. gegründet. Später tauften es die Römer auf Puteoli (Kleine Quellen) um und bauten es zu einer größeren Hafenstadt aus. Der heilige Paulus soll hier im Jahr 61 n. Chr. an Land gegangen sein, und die Leinwandgöttin Sophia Loren verbrachte hier ihre Kindheit.

Die **Touristeninformation** (☎081 526 66 39; Piazza G Matteotti 1a; ⏲Mo–Fr 9–15.30 Uhr) befindet sich neben der Porta Napoli, nur rund 700 m von der Metrostation entfernt, ein Stück den Berg hinunter.

Sehenswertes

Anfiteatro Flavio AMPHITHEATER

(☎081 526 60 07; Via Terracciano 75; Eintritt 4 €; ⏲Mi–Mo 9–13 Uhr) Der Weg zu den Ruinen aus dem 1. Jh. v. Chr. führt in nordöstlicher Richtung entlang der Via Rosini. Als Italiens drittgrößtes Amphitheater bot das Anfiteatro Flavio über 20 000 Menschen Platz und wurde gelegentlich auch für fingierte Seeschlachten geflutet. Es lohnt sich, einmal unter die Hauptarena hinabzusteigen und die Hebebühnentechnik für die Käfige zu begutachten. Von dort wurden die wilden Bestien zu den wartenden Opfern in der Arena hinaufbefördert. Im Jahr 305 n. Chr. wurden sieben christliche Märtyrer einschließlich St. Januarius den wilden Tieren zum Fraß vorgeworfen. Sie überlebten das Schauspiel nur, um später geköpft zu werden.

Solfatara Crater NATURRESERVAT

(☎081 526 23 41; www.solfatara.it; Via Solfatara 161; Eintritt 6 €; ⏲8.30 bis 1 Std. vor Sonnenuntergang) Nach etwa 2 km wird die Via Rosini zur Via Solfatara. Bei den Römern war diese Gegend bekannt als Forum Vulcani (Heimstätte des Feuergottes). Ganz am Ende des dampfenden, nach Schwefel stinkenden Kraters befinden sich die **Stufe**. Dort wurden Ende des 19. Jhs. zwei alte Grotten ausgegraben, um zwei *sudatoria* (Schwitzhütten mit Ziegelsteinwänden) einzurichten. Sie wurden auf „Purgatorium" und „Hölle" getauft, da in beiden Temperaturen bis zu 90°C erreicht wurden. Wer den Krater besichtigen möchte, nimmt am besten einen Stadtbus, der ab der Metrostation bergauf fährt und bittet den Fahrer, in Solfatara anzuhalten.

Tempio di Serapide HISTORISCHE STÄTTE

Trotz seines Namens war der Serapis-Tempel nie ein solcher, sondern ein antikes *macellum* (Stadtmarkt). Benannt wurde er nach einer Statue des ägyptischen Gottes Serapis, die hier 1750 gefunden wurde; die Latrinen zu beiden Seiten der östlichen Apsis gelten als Zeugnis antiker Baukunst. Durch seismische Auf- und Abwärtsbewegungen der Erdkruste erlitt der „Tempel" schwere Schäden und wurde gelegentlich auch mit Meerwasser geflutet. Die Ruinen stehen gleich östlich des Hafens an einer Piazza mit schattenspendenen Laubbäumen.

Baia

Rund 7 km südwestlich von Pozzuoli liegt Baia. Zur Römerzeit war es einst ein mondäner Badeort mit dem schäbigen Ruf eines Sündenpfuhls voller sexueller Ausschweifungen. Heute steht ein Großteil der antiken Stadt unter Wasser. Die neu angelegte, hässliche und wenig inspirierende Corniche ist das Ergebnis moderner Raumplanung.

Von April bis Oktober veranstaltet der Tourenanbieter CYMBA an Wochenenden Ausflüge mit Glasbodenbooten zu den Unterwasserruinen in der **Baia Sommersa** (☎349 4974183; www.baiasommersa.it; Touren 12 €; ⏲Sa & So 10, 12 & 15 Uhr). Das ganze Jahr über lässt sich jedoch das kunstvolle *Nymphaeum* (Wassernymphenschrein) bestaunen, dessen Statuen, Schmuck, Münzen und reich verzierte Säulen nach ihrer Bergung allesamt ins kleine, aber durchaus lohnenswerte **Museo Archeologico dei Campi Flegrei** (☎081 523 37 97; Via Castello; Eintritt 4 €; ⏲unterschiedliche Öffnungszeiten, Di–So gewöhnlich von 9 Uhr bis 1 Std. vor Sonnenuntergang) verbracht wurden. Die Burg, wo heute das Museum untergebracht ist, entstand im 15. Jh. unter den Aragonesen, den einstigen Herrschern in Neapel. Ihr Zweck war die Verteidigung gegen eine potenzielle französische Invasion.

Cuma & Lucrino

3 km nordwestlich von Baia befindet sich die idyllische Stadt Cuma, die früheste griechische Siedlung auf dem italienischen Kernland. Gleich östlich davon an einem friedlichen See liegt Lucrino, wo sich einst dunkle Mythen abgespielt haben müssen.

Ein Glanzlicht auf der antiken **Acropoli di Cuma** (☎081 854 30 60; Via Montecuma; Eintritt 4 €; ⏲9 Uhr–1 Std. vor Sonnenuntergang) ist die **Antro della Sibilla Cumana** (Orakelhöhle der Cumäischen Sybille). Der gruselige, trapezförmige Tunnel, in Tuffstein gehauen und 130 m lang, führt zum Gewölbesaal, wo die Sybille Botschaften von Apollo weitergegeben haben soll. Die Schriften des Dichters Vergil erzählen von Äneas und seiner Suche nach dem Orakel, das ihn über den nahe gelegenen Lago d'Averno (Averner See) zum Tor der Unterwelt geleitete.

ℹ An- & Weiterreise

Auto Wer das Auto vorzieht, fährt ab Neapel über den großen Ring, die Tangenziale, und nimmt die Ausfahrt nach Pozzuoli. Weniger schnell, jedoch malerischer ist die Route über die Via Francesco Caracciolo entlang des Golfs von Neapel bis nach Posillipo; von da geht es dann weiter nach Pozzuoli.

Bus Die AMN-Buslinie 152 verkehrt zwischen Neapel und Pozzuoli.

Schiff/Fähre Ab Pozzuoli verkehren zahlreiche Auto- und Personenfähren nach Ischia und Procida. Normalerweise kostet eine Überfahrt nach Procida 6,60 € und nach Ischia 7,60 € – etwas mehr muss für eine Fahrt mit dem Tragflügelboot bezahlt werden.

Zug Sowohl die **Ferrovia Cumana** (☎800 001616; www.sepsa.it) als auch die U-Bahn (Linie 2) fahren nach Pozzuoli. Reisende mit dem Ziel Cuma steigen in einen Ferrovia Cumana-Zug nach Fusaro; von da sind es noch 150 m zu Fuß in Richtung Norden zur Via Fusaro, wo von Montag bis Samstag halbstündlich ein **EAV-Bus** (www.eavbus.it, auf Italienisch) nach Cuma abfährt, sonntags jedoch nur im Stundentakt. Auf der gegenüberliegenden Straßenseite verkehrt ein EAV-Bus (Richtung Miseno) nach Baia.

CASERTA

78 670 EW.

Was Caserta, sonst eine eher recht unscheinbare Stadt 22 km nördlich von Neapel, für eine Stippvisite so unwiderstehlich macht, ist der Palazzo Reale. Der riesige Königspalast gehört zu den größten – aber auch letzten – architektonischen Meisterwerken des italienischen Barock. Gleich zweimal fanden dort Filmdrehs statt: nämlich für *Mission Impossible III* mit Tom Cruise und für *Star Wars: Episode 1 – The Phantom Menace* und *Star Wars: Episode 2 – Attack of the Clones* von George Lukas. Dort inszenierte der Regisseur die Innenaufnahmen von Queen Amidalas königlicher Residenz.

Über einer römischen Siedlung auf dem Monte Tifata gründeten die Langobarden im 8. Jh. zunächst die Burg Caserta. Ab dem 12. Jh. wuchs die Stadt und breitete sich auch auf die darunter liegende Ebene aus.

Casertas **Touristeninformation** (☎0823 32 11 37; www.eptcaserta.it; Corso Trieste; ⊙ Mo–Fr 9–13 Uhr) liegt 600 m östlich vom Palast.

Sehenswertes

Palazzo Reale PALAZZO & GÄRTEN

(☎0823 44 80 84; Viale Douhet 22; Eintritt 12 €; ⊙ Mi–Mo 8.30–19 Uhr) Der Palazzo Reale, auch als Reggia di Caserta bekannt, hat heute einen festen Platz auf der Unesco-Weltkulturerbeliste. Die Bauarbeiten begannen im Jahr 1752. Mit der erklärten Absicht, dem Schloss des französischen Sonnenkönigs in Versailles Konkurrenz zu machen, ließ der Borbonenkönig Karl VII. einen stolzen Palast erbauen. Beauftragt wurde der Neapolitaner Luigi Vanvitelli. Dieser stellte ihm ein Schloss hin, das nicht wie Versailles aussehen, sondern dies sogar noch an Größe übertreffen sollte. Mit seinen 1200 Räumen, 1790 Fenstern, 34 Treppenhäusern und einer 250 m langen Fassade rühmte es sich seinerzeit sogar, das größte Bauwerk Europas im 18. Jh. zu sein.

Man betritt es über Vanvitellis monumentale Treppe, ein Meisterwerk des überschwänglichen Barocks. Danach führt der Rundgang weiter durch die Königsgemächer, die aufwendig mit Gobelins, edlem Mobiliar und funkelndem Kristall ausgeschmückt sind. Hinter der Bibliothek ist ein Raum, in dem eine riesige Krippensammlung ausgestellt ist, mit Hunderten von handgeschnitzten *presepi* (Krippenfiguren).

Wer sich nach so viel Prunk erst einmal erholen muss, unternimmt einfach einen Spaziergang durch den eleganten **Landschaftspark** (⊙Juni–Aug. 8.30–18 Uhr, Mai & Sept. bis 17.30 Uhr, April bis 17 Uhr, Okt. bis 16.30 Uhr, März bis 16 Uhr, Nov.–Feb. bis 14.30 Uhr). Ungefähr 3 km sind es bis zum künstlich angelegten Wasserfall, zum Diana-Brunnen und dem berühmten **Giardino Inglese** (Englischer Garten; ⊙Mi–Mo) mit seinen verschlungenen Pfaden, exotischen Pflanzen, Teichen und Kaskaden.

Man kann auf dem Gelände auch mit einem Pony dahintraben (ab 5 €) oder gegen eine Gebühr von 1 € mit dem Fahrrad im Park herumradeln. Picknicken im Park ist auch keine schlechte Idee. Im Schloss gibt es zudem die **Mostra Terrea Motus** (Eintritt mit Schlossticket frei; ⊙Mi–Mo 9–18 Uhr). Die Ausstellung veranschaulicht die Auswirkungen des Erdbebens von 1980, das die ganze Region verwüstete.

An- & Weiterreise

Bus CTP-Busse verkehren etwa alle 20 bis 60 Minuten zwischen 4.30 Uhr und 11.30 Uhr (2,90 €) zwischen Caserta und der Piazza Ga-

FAHRKARTEN, BITTE!

Das Fahrkartensystem für den öffentlichen Nahverkehr in Neapel und Kampanien wird von **Unico Campanoa** (www.unicocampania.it) betrieben. Die Fahrkarten sind an allen Bahnhöfen, ANM-Ständen und bei Tabakwarenhändlern erhältlich. Es gibt verschiedene Tickets, je nachdem, wohin die Fahrt gehen soll. Hier ein Überblick über die verschiedenen Fahrkarten, die zur Auswahl stehen:

» **Unico Neapoli** (90 Min., 1,20 €; 3,60 € an Werktagen, 3 € an Wochenenden) Unbegrenzt viele Fahrten mit Bus, Tram, Standseilbahn, U-Bahn, Ferrovia Cumana oder Circumflegrea.

» **Unico 3T** (72 Std. 20 €) Unbegrenzt viele Fahrten quer durch Kampanien einschließlich der Buslinien von Alibus und der EAV-Busse zum Vesuv sowie dem Busverkehr auf den Inseln Ischia und Procida.

» **Unico Ischia** (90 Min., 1,40 €; 24 Std. 5,40 €) Unbegrenzt viele Busfahrten auf Ischia.

» **Unico Capri** (60 Min., 2,40 €; 24 Std., 8,40 €) Unbegrenzt viele Busfahrten auf Capri. Das 60-Minuten-Ticket erlaubt auch eine Einzelfahrt in der Standseilbahn ab der Marina Grande hinauf zur Stadt Capri; das Tagesticket gilt für zwei Fahrten mit der Standseilbahn.

» **Unico Costiera** (45 Min., 2,40 €; 90 Min. 3,60 €; 24 Std., 7,20 €; 72 Std., 18 €) Ein echter Spartipp für alle, die viele Fahrten mit SITA oder EAV-Bussen und/oder mit dem Circumvesuviana-Zug im Golf von Neapel und entlang der Amalfiküste planen. Die 24- und 72-Stundentickets gelten auch für die City-Sightseeing-Touribusse zwischen Amalfi und Ravello bzw. Maiori, die von April bis Oktober verkehren.

ribaldi in Neapel. Einige Busse nach Benevento halten ebenfalls in Caserta.

Zug Die Stadt liegt an der Hauptbahnstrecke zwischen Rom (IC 21 €, ca. 2½ Std.) und Neapel (3,40 €, 40 Min.). Vom Bahnhof und Busterminal ist es nicht weit bis zum Eingang des Palazzo Reale. Autofahrer folgen den Schildern nach „Reggia".

GOLF VON NEAPEL

Capri

14 050 EW.

Capri ist ein gewaltiges Kalksteinmassiv, das gestochen scharf aus unwirklich blauem Wasser emporragt. Die Insel ist ein perfekter Mikrokosmos mit mediterranem Flair – eine sanfte Komposition aus schicken Piazzas und tollen Cafés, römischen Ruinen und zerklüfteten Küstenlandschaften. Sie ist zugleich ein überaus beliebtes Ziel für Tagesausflügler und eine mondäne VIP-Sommerenklave. Zwangsläufig sind also auch die zwei Hauptzentren Capri (Stadt) und das rivalisierende Bergstädtchen Anacapri ganz und gar auf den Tourismus eingestellt, d. h. die Preise sind gesalzen. Abseits der Designer-Boutiquen und betont traditionellen Trattorien hat jedoch das Binnenland von Capri nichts von seinem unverdorbenen, ländlichen Charme eingebüßt. Das Landschaftsbild ist geprägt von prächtigen Villen, üppigen Gemüsegärten, sonnengebleichtem Stuck, der bereits abblättert, sowie leuchtenden Bougainvilleen, die in Hülle und Fülle farbenfroh blühen.

Sehenswertes

Grotta Azzurra GROTTE

(Blaue Grotte; Karte S. 649; Eintritt 11,50 €; 9 Uhr bis 1 Std. vor Sonnenuntergang) Heimische Fischer kannten sie schon seit jeher. Neu entdeckt wurde sie 1826 von zwei Deutschen, dem Schriftsteller Augustus Kopisch und dem Maler Ernst Fries. Recherchen ergaben jedoch, dass im Auftrag von Kaiser Tiberius bereits im Jahr 30 n. Chr. eine Kaimauer mit *Nymphäum* in der Grotte errichtet worden war. Den in Stein gehauenen römischen Landesteg können Besucher im hinteren Teil der Grotte immer noch deutlich erkennen.

Die Grotte ist alles andere als eine touristische Attraktion von vorgestern; sie bezaubert auch heute noch. Ihr schillerndes Blau ist einfach traumhaft. Das liegt vor allem daran, dass sich das Sonnenlicht an den Seitenwänden des 1,3 m hohen Höhleneingangs bricht und zugleich vom weißen Sandboden reflektiert wird.

Der einfachste Weg für eine Besichtigung der Grotta Azzurra ist eine Bootstour ab Marina Grande. Eine Hin- und Rückfahrt kostet 23,50 €. Darin enthalten ist die Fahrt mit dem Motorboot bis zur Grotte und die Weiterfahrt auf einem Ruderboot in die Grotte hinein (Eintritt frei). Der Ausflug dauert eine gute Stunde. Die fröhlich singenden Bootsführer sind im Preis inbegriffen, also muss sich niemand zu einem Trinkgeld verpflichtet fühlen.

Bei stürmischem Seegang bleibt die Grotte geschlossen; deshalb am besten vorher bei der Touristeninformation an der Marina Grande erkundigen, ob die Grotte auch geöffnet ist.

Capri (Stadt) STADT

Mit seinen weiß getünchten Steinhäusern und winzigen, verkehrsfreien Gassen wirkt Capri (Stadt) fast so unecht wie eine Filmkulisse. Im Sommer wimmelt es in den nostalgischen Straßen nur so von Tagesausflüglern, die mit ihren Fotoapparaten um die Wette knipsen. Auch tummeln sich hier scharenweise die Superreichen. Pulsierendes Zentrum ist die **Piazza Umberto I.** (auch Piazzetta genannt). Wie in einem Freiluftsalon schlürfen dort sonnengebräunte Touristen in einem der vier Cafés am Platz sündhaft teure Getränke. Ganz in der Nähe steht die **Chiesa di Santo Stefano** (Karte S. 705; 081 837 00 72; Piazza Umberto I.; 8 bis 20 Uhr) aus dem 17. Jh. Sie sticht hervor durch ihren gut erhaltenen Marmorboden (der einmal die Villa Jovis zierte) und eine Statue des heiligen Konstanz, des Schutzheiligen von Capri. Neben der nördlichen Kapelle gibt es einen Reliquienschrein mit Knochen eines Heiligen, dem man nachsagt, durch ihn sei die Insel im 19. Jh. vor einer Pestepedemie bewahrt worden.

Auf der anderen Straßenseite befindet sich das **Museo Cerio** (Karte S. 705; 081 837 66 81; Piazzetta Cerio 5; Erw./erm. 2,50/1 €; Di–Sa 10–13 Uhr). Zum Museum gehört eine interessante Bibliothek mit Büchern und Zeitschriften mit Wissenswertem rund um die Insel (meist allerdings auf Italienisch) und eine Sammlung von Fossilienfunden aus der Gegend.

Östlich der Piazzetta führen die Via Vittorio Emanuele bzw. die Via Serena in ihrer

Capri

0 1 km

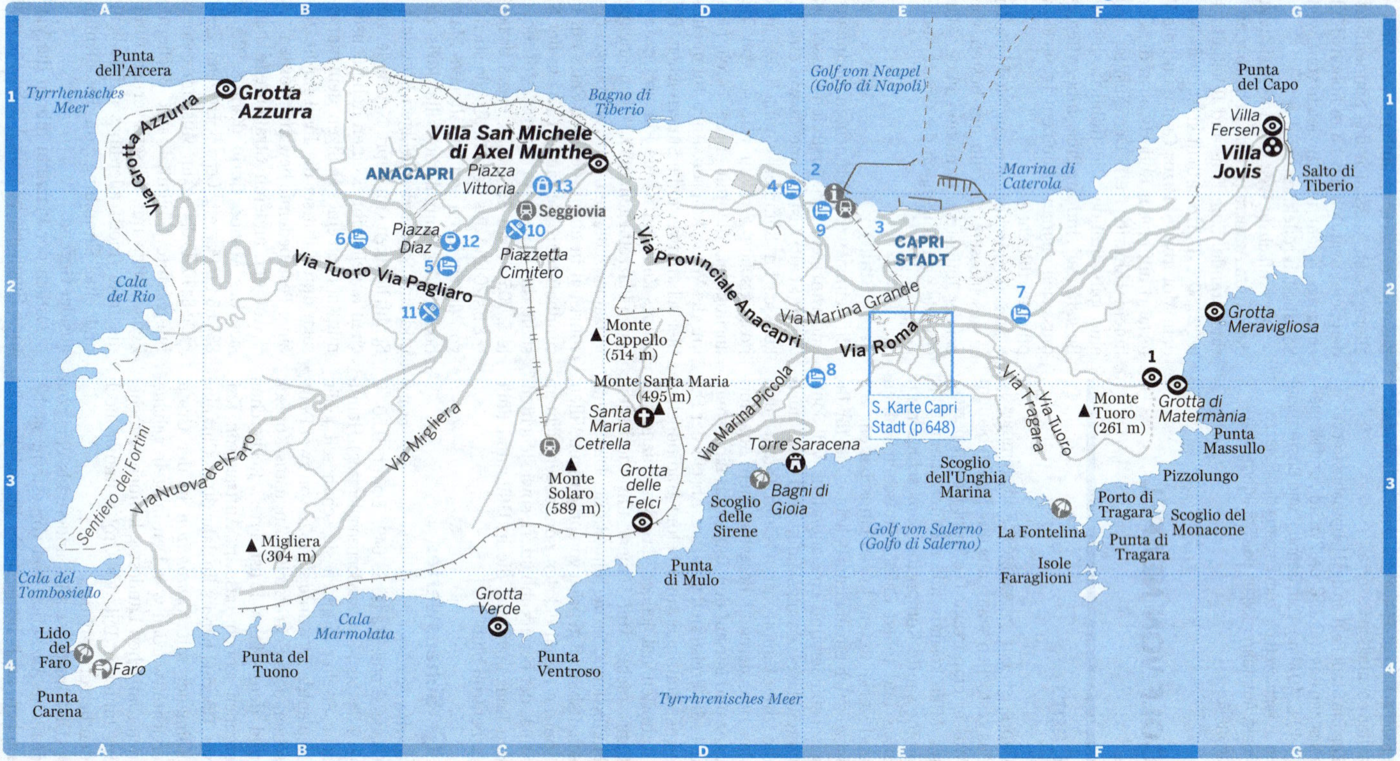
A
B
C
D
E
F
G
1
2
3
4
Punta dell'Arcera
Tyrrhenisches Meer
Grotta Azzurra
Via Grotta Azzurra
Villa San Michele di Axel Munthe
ANACAPRI
Piazza Vittoria
13
Seggiovia
10
Piazza Diaz
12
6
5
11
Via Tuoro
Via Pagliaro
Piazzetta Cimitero
Cala del Rio
Bagno di Tiberio
Via Provinciale Anacapri
Golf von Neapel (Golfo di Napoli)
2
4
9
3
CAPRI STADT
Via Marina Grande
Via Roma
8
7
Marina di Caterola
Punta del Capo
Villa Fersen
Villa Jovis
Salto di Tiberio
Grotta Meravigliosa
1
Grotta di Matermània
Monte Tuoro (261 m)
Via Tragara
Via Tuoro
Punta Massullo
Pizzolungo
Porto di Tragara
Scoglio del Monacone
Punta di Tragara
Isole Faraglioni
La Fontelina
Scoglio dell'Unghia Marina
S. Karte Capri Stadt (p 648)
Golf von Salerno (Golfo di Salerno)
Torre Saracena
Via Marina Piccola
Bagni di Gioia
Scoglio delle Sirene
Punta di Mulo
Monte Cappello (514 m)
Monte Santa Maria (495 m)
Santa Maria
Cetrella
Monte Solaro (589 m)
Grotta delle Felci
Via Migliera
Migliera (304 m)
Via Nuova del Faro
Sentiero dei Fortini
Cala del Tombosiello
Lido del Faro
Faro
Punta Carena
Punta del Tuono
Cala Marmolata
Grotta Verde
Punta Ventroso
Tyrrhenisches Meer

Capri

Highlight
- Grotta Azzurra ... B1
- Villa Jovis ... G1
- Villa San Michele di Axel Munthe ... C1

Sehenswertes
- 1 Arco Naturale ... F2

Aktivitäten, Kurse & Touren
- 2 Banana Sport ... E1
- 3 Sercomar ... E2

Schlafen
- 4 Belvedere e Tre Re ... D1
- 5 Casa Mariantonia ... C2
- 6 Hotel Bussola ... B2
- 7 Hotel Villa Sarah ... F2
- 8 Pensione Guarracino ... E2
- 9 Relais Maresca ... E2

Essen
- 10 Le Arcate ... C2
- 11 Pizzeria Aumm Aumm ... C2
- Salumeria da Aldo ... (siehe 3)

Ausgehen
- 12 Caffè Michelangelo ... C2

Shoppen
- 13 Limoncello Capri ... C1

Verlängerung zur malerischen **Certosa di San Giacomo** (Kartause des hl. Jakobus; Karte S. 705; ☎081 837 62 18; Viale Certosa 40; Eintritt frei; ⏲Di–So 9–14 Uhr), einem alten Kloster aus dem 14. Jh. mit zwei Kreuzgängen und einigen schönen Fresken aus dem 17. Jh. in der Kapelle.

Vom Kloster weg geht es auf der Via G. Matteotti zum blühenden Landschaftspark **Giardini di Augusto** (Augustusgärten; Karte S. 705; ⏲Morgen- bis Abenddämmerung), der von Kaiser Augustus angelegt wurde. Die Blick vom Park aus hinüber zu den **Isole Faraglioni** (Karte S. 649) ist atemberaubend schön. Das Inselmassiv besteht aus drei Kalksteinspitzen, die steil aus dem Meer aufragen.

Villa Jovis — VILLA

(Jupitervilla; Karte S. 649; ☎081 837 06 34; Via Tiberio; Eintritt 2 €; ⏲9 Uhr bis 1 Std. vor Sonnenuntergang) Östlich von Capri (Stadt) führt ein bequemer 2 km langer Fußweg entlang der Via Tiberio bis zur Villa Jovis (auch als Palazzo di Tiberio bekannt). Mit ihrer guten Lage in 354 m über dem Meeresspiegel war sie die größte und prunkvollste der zwölf römischen Villen auf Capri bzw. die größte Residenz von Kaiser Tiberius. Heute ist sie nicht mehr ganz so gut in Schuss, doch lässt sich von der Größe der Ruinen immerhin noch ganz gut auf die Maßstäbe schließen, die Tiberius für seinen persönlichen Lebensstil ansetzte. Seine privaten Gemächer, die im nördlichen und östlichen Teil des Gebäudekomplexes untergebracht waren, eröffnen großartige Ausblicke auf den Landvorsprung der Punta Campanella.

Der Treppenweg hinter der Villa endet am 330 m hoch gelegenen **Salto di Tiberio** (Tiberiussprung), von wo aus der Kaiser in Ungnade gefallene Untertanen über eine Steilklippe ins Meer hinabschleudern ließ.

Von der Villa aus führt ein 1,5 km langer Spaziergang über die Via Tiberio und die Via Matermània hinunter zum **Arco Naturale** (Karte S. 649). Der riesige Felsbogen entstand durch Meereserosion.

Villa San Michele di Axel Munthe — MUSEUM, GÄRTEN

(Karte S. 649; ☎081 837 14 01; www.villasanmichele.eu; Via Axel Munthe; Eintritt 6 €; ⏲Mai-Sept. 9–18 Uhr, Nov.-Feb. 9–15.30 Uhr, März 9–16.30 Uhr, April & Okt. 9–17 Uhr) Von der Piazza Vittoria aus ist es nur ein kurzer Fußmarsch zur Villa San Michele, dem ehemaligen Wohnhaus des schwedischen Schriftstellers und Arztes Axel Munthe. Die Geschichte der Villa, die auf den Fundamenten römischer Ruinen errichtet wurde, beschrieb Munthe in seiner Autobiografie *Das Buch von San Michele* (1929). Von den wunderbar gepflegten Gärten, in denen zahlreiche römische Skulpturen stehen, hat man einen herrlichen Ausblick auf die Umgebung. Wer zwischen Juli und August nach Anacapri reist, könnte das Glück haben, ein Klassik-Konzert in den Gärten mitzuerleben. Nähere Auskunft zum Spielplan und zu Kartenreservierungen ist online erhältlich.

Unweit der Villa verläuft die Via Axel Munthe über einen Treppenweg mit insgesamt 800 Stufen bis zur Stadt hinunter. Angelegt wurde der Weg Anfang des 19. Jhs. Damals war er die einzige Verbindung zwischen Anacapri und der restlichen Insel. Erst in den 1950er-Jahren wurde die heutige Straße erbaut. Schon immer lagen die

Capri Stadt

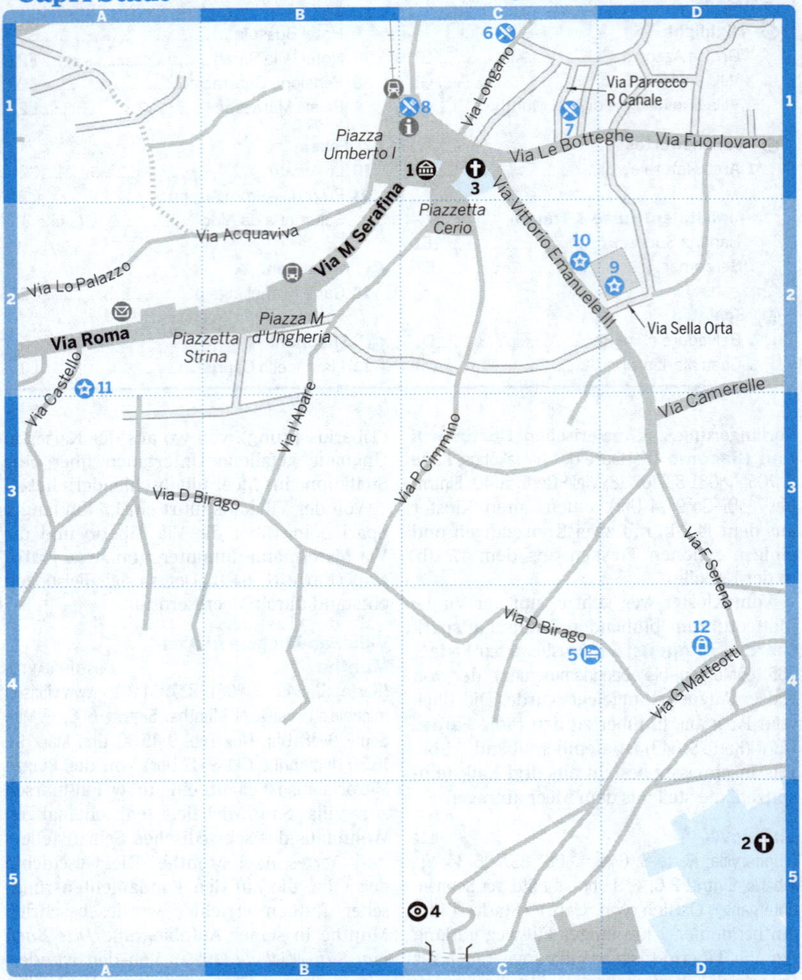

Einwohner von Capri und Anacapri miteinander im Dauerclinch – pure nachbarschaftliche Rivalität, wie sie so oft und überall vorkommt. So sind sie auch immer darauf aus, den jeweils anderen Schutzheiligen auszutricksen, um den *malocchio* (bösen Blick) des Rivalen abzuwehren.

Seggiovia AUSSICHTSPUNKT

(Karte S. 649; ☎081 837 14 28; Piazza Vittoria; hin/zurück 7,50/10 €; ⏲April–Okt. 9.30–16.30 Uhr, Nov.–März 9.30–15.30 Uhr) Ab der Piazza Vittoria schaukelt der Sessellift, auf Italienisch *seggiovia*, die Besucher hinauf zum Gipfel des **Monte Solaro** (589 m), dem höchsten Punkt der ganzen Insel. Die Ausblicke von dort oben sind schier unvergesslich – an einem klaren Tag schweift der Blick weit über den Golf von Neapel bis hin zu den Inseln Ischia und Procida.

Faro LEUCHTTURM

(Karte S. 649) Über der Punta Carena ragt der mächtige Faro auf. Im Südwesten der Insel sendet er von einer zerklüfteten Landspitze aus seine kontinuirlichen Signale. Capris leistungsfähiger Leuchtturm ist der zweitgrößte Italiens. Von Anacapri fährt von

Capri Stadt

Sehenswertes p000

1 Centro Caprense Ignazio Cerio C1
2 Certosa di San Giacomo D5
3 Chiesa di Santo Stefano C1
4 Giardini di Augusto C5

Schlafen p000

5 Hotel La Tosca C4

Essen p000

6 Buca di Bacco C1
7 Capri Pasta C1
8 Pulalli C1

Unterhaltung p000

9 Anema e Core D2
10 Number One C2
11 O Guarracino A2

Shoppen p000

12 Carthusia I Profumi di Capri D4

April bis Oktober alle 20 Minuten und von November bis März alle 30 bzw. 40 Minuten ein Bus zum Faro.

Aktivitäten

Zu den besten Bademöglichkeiten gehören der Strand von **La Fontelina** (Karte S. 649), welcher von der Via Tragara aus zugänglich ist, allerdings nur gegen eine Gebühr von 19 €, dies immerhin verbunden mit dem Privileg, sich gleich neben den zerklüfteten Felsnadeln, den sogenannten Faraglioni, aufhalten zu dürfen. Außerdem ist La Fontelina einer der wenigen Strände, die bis in den späten Nachmittag von der Sonne beschienen werden.

An der Westküste der Insel bietet sich eine weitere gute Bademöglichkeit auf dem Privatstrand des **Lido del Faro** (Karte S. 649) an der Punta Carena; hier kostet der Aufenthalt 20 € inklusive Swimmingpool und einem teueren, jedoch sagenhaften Restaurant. Als Alternative lädt auch der benachbarte öffentliche Strand zum Badevergnügen ein; die Snackbar Da Antonio lockt auch mit ganz ordentlichen Happen für den kleinen Hunger. Wer den Strand erreichen möchte, nimmt den Bus nach Faro und steigt an der Treppe hinunter zum Meer.

Capri bietet auch noch einige Optionen für unvergessliche Wanderungen. Die beliebtesten Wanderwege verlaufen vom Arco Naturale bis zur Punta di Tragara und vom Monte Solaro nach Anacapri. Entlang der oft vernachlässigten Westküste führt der Sentiero dei Fortini (Pfad der kleinen Festung) von der Punta Carena bis hinauf zur Blauen Grotte.

Marina Grande ist das Verkehrsdrehkreuz auf Capri. Hier florieren auch die Geschäfte rund um den Wassersport.

Sercomar TAUCHZENTRUM
(Karte S. 649; ☎081 837 87 81; www.caprisub.com, auf Italienisch; Via Colombo 64; ⏲ Nov. geschl.) bietet verschiedene Pauschaltouren für Taucher. Die Preise fangen bei 100 € je einzelnem Tauchgang an. Ein Anfängerkurs mit vier Tauchgängen kostet 350 €.

Bagni di Gioia KAJAK
(Karte S. 649; ☎081 837 77 02) Hier werden Einerkayaks oder doppelsitzige Kayaks und Kanus für 8/14 € pro Stunde vermietet.

Banana Sport BOOTE
(Karte S. 649; ☎081 837 51 88, 330 227064; ⏲ Mitte Mai–Okt.) Westlich vom Hafen unterhält Banana Sport an einem kleinen Kiosk einen Bootsverleih für motorisierte Kähne. Eine zweistündige Tour kostet 70 bis 90 € bzw. 150 bis 190 € ganztägig für bis zu max. fünf Personen pro Boot.

Schlafen

Auf Capri sind die Unterkünfte sündhaft teuer. Die Auswahl an Budgetunterkünften ist eingeschränkt. Dafür gibt es jede Menge 4- und 5-Sterne-Hotels. Günstigere *pensioni* gibt es durchaus, jedoch liegen sie eher am oberen Ende der Preislatte. Zwar gibt es immer mehr Frühstückspensionen, jedoch spart man sich damit nicht viel. In der Regel wird's günstiger, je weiter man von der Stadt Capri entfernt wohnt. Campen ist verboten.

Ohne Reservierung geht gar nichts. Im Sommer sind die Hotelkapazitäten voll ausgelastet; im Winter, zwischen November und März, ist vielerorts geschlossen.

LP TIPP **Casa Mariantonia** BOUTIQUEHOTEL €€
(Karte S. 649; ☎081 837 29 23; www.casamariantonia.com; Via G Orlandi 80, Anacapri; Zi./Suite 100–260/180–400 €; P❄📶🏊) Berühmte Gäste wie Jean-Paul Sartre und Alberto Moravia haben hier bereits logiert – so mag es auch Normalsterblichen nicht schwer fallen, am Pool dieses herrlichen Boutiquerefugiums zu entspannen. Die Zimmer sind in dezente Farben getaucht und strahlen maßvolle Eleganz aus, ebenso die zimmereigenen Terrassen mit Gartenblick.

Relais Maresca HOTEL €€
(Karte S. 649; ☎081 837 96 19; www.relaismaresca.it; Via Marina Grande 284, Marina Grande; Zi. inkl. Frühstück 130–250 €; ⏲April–Okt.; ❄☎) Wer an der Marina Grande residieren will, findet kein schöneres Hotel als dieses 4-Sterne-Juwel mit farbenfroher Keramikfassade in Türkis, Blau- und Gelbtönen. Zur Auswahl stehen verschiedene Zimmerkategorien (mit unterschiedlichen Preisen); die besten Zimmer haben Balkon und Meerblick. Die blühende Terrasse im 4. Stock ist sehr reizvoll. An Wochenenden im Juli und August beträgt der vorgeschriebene Mindestaufenthalt zwei Tage.

Hotel Villa Sarah HOTEL €€
(Karte S. 649; ☎081 837 78 17; www.villasarahcapri.com; Via Tiberio 3a, Capri (Stadt); EZ/DZ 95–155/145–225 €; ⏲Ostern–Okt.; ❄≋) Die Villa Sarah hat sich diesen rustikalen Charme bewahrt, der so vielen Landhaushotels auf Capri schon abhandengekommen ist. Das Gebäude ist von eigenen Obstgärten umgeben, die immer noch geerntet werden. Die 20 luftigen Zimmer sind alle im klassischen Inselstil gehalten, d. h. mit Keramikfliesen und altmodischen Möbeln ausgestattet. Der Clou ist jedoch der kleine Swimmingpool.

Hotel Bussola HOTEL €€
(Karte S. 649; ☎081 838 20 10; www.caprihotelbussola.com; Traversa La Vigna 14, Anacapri; EZ 50–120 €, DZ 70–140 €; ❄@☎) Das Hotel hat sich von einer ehemals schlichten Herberge mit Hotelcharakter zu einer eleganten Sommerresidenz gemausert. Die sonnigen Zimmer sind luxuriös ausgestattet und in den Farben Blau und Weiß gehalten, während die Gemeinschaftsflächen im Stil von Pompeji gestaltet sind: eine Kombination aus Säulen, Statuen und Gewölbedecken. Ein Bus fährt bis zur Piazza Vittoria. Von da aus ruft man den Shuttle-Service im Hotel an.

Hotel La Tosca HOTEL €€
(Karte S. 705; ☎081 837 09 89; www.latoscahotel.com; Via Birago 5, Capri (Stadt); EZ/DZ 50–100/75–160 €; ⏲April–Okt.; ❄☎) Diese reizende *pensione* mit nur einem Stern liegt versteckt an einer ruhigen Seitenstraße mit Blick auf das Kloster Certosa di San Giacomo und die umliegenden Berge. Die Zimmer sind alle schlicht, aber komfortabel mit wohltuend weiß getünchten Wänden und großen Bädern, einige haben eine eigene Terrasse. Der Inhaber ist sympathisch und gastfreundlich. Da es sich um ein beliebtes Hotel handelt, empfiehlt es sich, vorab zu buchen.

Belvedere e Tre Re HOTEL €€
(Karte S. 649; ☎081 837 03 45; www.belvedere-tre-re.com; Via Marina Grande 264, Marina Grande; EZ/DZ 80–120 /100–140 €; ⏲April–Okt.; ❄) Das relativ bescheidene 2-Sterne-Haus liegt nur fünf Gehminuten vom Hafen entfernt und bietet herrliche Ausblicke auf die Boote. Die Zimmer sind komfortabel und haben eigene Loggias. Auf der Dachetage lädt eine Terrasse zum Sonnen ein. Das Frühstück kostet zusätzlich 5 € pro Person.

Pensione Guarracino PENSION €€
(Karte S. 649; ☎/Fax 081 837 71 40; guarracino@capri.it; Via Mulo 13; EZ/DZ 70–85/90–130 €; ❄) Die familiengeführte Pension ist nur ein paar Schritte vom Stadtzentrum entfernt. Auch bis zur Marina Piccola ist es nicht weit. Die *pensione* hat 13 schlichte Zimmer mit bequemen Betten, ordentlichen Duschen und individueller Klimaanlage.

Essen

Auf Capri ist nach wie vor alles echt italienisch, so auch die Gerichte in den traditionellen Trattorien. Ihr kulinarisches Geschenk an die Welt ist die *insalata caprese,* ein Salat mit frischen Tomaten, Basilikum und Mozzarella mit Olivenöl. Man halte außerdem Ausschau nach dem echten *caprese.* Dieser Käse ist ein Verschnitt aus Mozzarella und Ricotta. Die *ravioli caprese* wiederum sind mit Ricotta und Kräutern gefüllt.

Wie die Hotels sind auch viele Restaurants im Winter geschlossen.

LP TIPP **Pulalli** WEINBAR €€
(Karte S. 705; Piazza Umberto I 4, Capri Stadt; Mahlzeiten 40 €; ⏲Mi–Mo Ostern–Okt.) Der Weg dorthin lohnt sich: Es geht rechts neben der Touristeninformation von Capri zuerst ein paar Stufen zum Glockenturm hinauf. Die Weinbar ist ein lässiges Lokal zum Abspannen, wo *vino* auf erlesenen Käse trifft; außerdem gibt es *salumi* (Wurstaufschnitt) und herzhafteres Essen wie Spaghetti mit Zucchiniblüten. Am schönsten sitzt man auf der Terrasse; mit ein bisschen Glück ist der sehr begehrte Tisch auf dem kleinen Balkon noch frei.

Buca di Bacco TRATTORIA, PIZZERIA €€
(Karte S. 705; Via Longano 35, Capri Stadt; Pizzas 6–15 €, Mahlzeiten 40 €; ⏲Do–Di März–Okt.) Zu Beginn des vorigen Jahrhunderts war die Trattoria einmal ein beliebter Künstlertreff, heute ist das versteckte Inseljuwel eher für seine solide, authentische Küche bekannt:

Die Pizzas werfen Blasen, und das Personal ist stets gut gelaunt. Besonders gut schmecken die Meeresfrüchtegerichte, und umso besser, wenn sie dann auch noch an den Tischen am Fenster mit traumhaften Blick auf das Meer serviert werden.

Le Arcate TRADITIONELL ITALIENISCH €€
(Karte S. 649; Via de Tommaso 24, Anacapri; Mahlzeiten 40 €) Das unprätentiöse Lokal ist ein Geheimtipp der Einheimischen, wo diese auch regelmäßig ein- und ausgehen. Aus Körben wuchern Efeuranken und die Terrakottafliesen haben bereits Patina angesetzt. Le Arcate hat sich auf köstliche *primi* (Vorspeisen) und Pizzas spezialisiert. Phänomenal gut schmeckt auch das *risotto con polpa di granchio, rughetta e scaglie di parmigiano* (Risotto mit Krebsfleisch, Rucola und Parmesanraspeln).

Capri Pasta TAKEAWAY €
(Karte S. 705; Via Parrocco R. Canale 12, Capri (Stadt); Mahlzeiten 8 €; ⏲Mo geschl.) Einheimische Insider kommen gerne hierher, denn die Mittagsgerichte sind günstig, schmackhaft und eignen sich auch zum Mitnehmen. Die frisch zubereitete „Seelennahrung" könnten z. B. die *parmigiana di melanzana* (Auberginen mit Parmesan überbacken) oder *friarelle* (Brokkoli nach Capri-Art) sein. Die Ravioli des Hauses sind legendär. Sie werden entweder frisch oder frittiert als *ravioli fritti* (frittierte Ravioli), gefüllt mit Caciotta-Käse und Majoran, serviert.

Salemeria da Aldo FEINKOST €
(Karte S. 649; Via Cristoforo Colombo 26, Marina Grande; Sandwiches ab 3,50 €) Nur nicht auf die Kundenfänger entlang des Weges hören! Am besten schnurstracks den authentischen Sandwichladen „Salemeria" direkt am Hafen ansteuern, wo Aldo – unverwechselbar durch seine Brille – die legendären *panini alla Caprese* (Krustenbrot mit seidenweichem Mozzarella und Tomaten aus dem eigenen Garten) zaubert. Dazu schmeckt eine Flasche Falanghina, und das Picknick am Strand ist perfekt!

Pizzeria Aumm Aumm PIZZERIA €
(Karte S. 649; Via Caprile 18, Anacapri; Pizzas 5–9 €; ⏲Abendessen Di–So) Die Pizzeria ist gewöhnlich bis 1 Uhr früh geöffnet, dies wissen vor allem die Einheimischen zu schätzen, die dort bis spät in die Nacht Fußball gucken. Die Holzofenpizza schmeckt wirklich gut – immer mit frischen und guten Zutaten zubereitet.

Ausgehen & Unterhaltung

In Capris Nachtleben dreht sich alles darum, sich in Schale zu werfen und rund um die Piazzetta abzuhängen. Hier gibt es nur ein paar nennenswerter Nachtclubs und wenige Edeltavernen. Die meisten Lokale öffnen um 22 Uhr (vor Mitternacht ist fast nichts los). Die Eintrittspreise liegen zwischen 30 und 40 €. Von November bis Ostern bleiben viele geschlossen.

Anema e Core LIVEMUSIK, NACHTCLUB
(Karte S. 705; Via Sella Orta 39e) In Capri (Stadt) verkehren die Promis gerne im Anema e Cora, ein Club, der ganz nach dem VIP-Geschmack eingerichtet ist – der Szenetreff schlechthin auf ganz Capri!

O Guarracino LIVEMUSIK
(Karte S. 705; ☎081 837 05 14; Via Castello 7, Capri, Ort) Ein Nachtclub mit etwas lässigerem Ambiente.

Number One LIVEMUSIK, NACHTCLUB
(Karte S. 705; Via Vittorio Emanuele III 55, Capri, Ort) Die neueste Errungenschaft in Capris Nachtleben mit Livemusik und kleiner Tanzfläche.

Caffè Michelangelo CAFÉ
(Karte S. 649; Via Orlandi 138) Oben in Anacapri lockt das Caffè Michelangelo mit seinem lässigen Ambiente, ein idealer Platz zum Sehen und Gesehenwerden.

Shoppen

Wer es nicht gerade auf eine neue Rolex oder eine Prada-Tasche abgesehen hat, sollte nach Keramik oder nach irgendetwas mit Zitrone Ausschau halten – insbesondere nach Zitronenparfüm und *limoncello* (Zitronenlikör). Tolle Parfüms gibt es bei **Carthusia I Profumi di Capri** (Karte S. 705; Via F Serena 28) in Capri (Stadt), den besten *limoncello* oben in Anacapri und bei **Limoncello Capri** (Karte S. 649; Via Capodimonte 27).

Wer aber tatsächlich den Wunsch nach einer neuen Rolex oder einer Prada-Handtasche hat, wird in der Via Vittorio Emanuele und in der Via Camerelle fündig.

Praktische Informationen

Infos im Internet

Capri Island (www.capri.net) Ausgezeichnete Website mit Verzeichnissen, Reiserouten und Fahrplanauskünften für Schiffe und Fähren.

Capri Tourism (www.capritourism.com) Offizielle Website der Touristeninformation auf Capri.

Internetzugang

Capri Internet Point (☎081 837 32 83; Piazzetta Cimitero, Anacapri; 2 € pro Std.; ⏰ Mo–Sa 9–21 Uhr, So bis 2.30 Uhr, Nov.–April kürzer) Hier sind auch internationale Zeitungen erhältlich.

Medizinische Versorgung

Farmacia Internazionale (Via Roma 45, Capri Stadt) **Krankenhaus** (☎081 838 12 05; Via Provinciale Anacapri 5)

Notfall

Polizei (☎081 837 42 11; Via Roma 70, Capri, Ort)

Post

Post Capri, Ort (Karte S. 705; Via Roma 50); Anacapri (Via de Tommaso 8)

Touristeninformation

Touristeninformation Marina Grande (Karte S. 649; ⏰April–Sept. Mo–Sa 9.15–13 & 15–18.15, So 9–15 Uhr); Capri, Ort (Karte S. 705; Piazza Umberto I.; ⏰April–Sept. Mo–Sa 9–13 & 16–19.15, So bis 15 Uhr, Okt.–März Mo–Sa 9.15–13.15 & 15–18.15 Uhr); Anacapri (Via Orlandi 59; ⏰April–Sept. Mo–Sa 9–15 Uhr) Bei jeder Touristeninformation sind kostenlose Stadt- und Umgebungspläne von Capri und Anacapri erhältlich sowie eine detailliertere Karte für 1 €. Hotelverzeichnisse und andere praktische Informationen stehen in *Capri è*; auf Anfrage ist ein kostenloses Exemplar erhältlich.

An- & Weiterreise

Siehe Neapel (S. 686) und Sorrent (S. 716) mit mehr Details zum Schiffsverkehr mit Fähren und Tragflügelbooten.

Im Sommer verkehren Tragflügelboote zwischen Positano (17 €, 30 bis 40 Min.) und Ischia (16,50 €,1 Std.).

Die Fährgesellschaften verlangen normalerweise einen kleinen Zuschlag von ca. 2 € pro Gepäckstück.

Unterwegs vor Ort

Am besten klappt die Fortbewegung auf Capri mit dem Bus. Auf der Insel selbst gibt es keinen Autoverleih. In der Zeit zwischen Ostern und Oktober sind nur Autos mit ausländischem Kennzeichen zugelassen.

Sippic (☎081 837 04 20) Zwischen Capri (Stadt) und der Marina Grande bzw. Anacapri und der Marina Piccola verkehren regelmäßig Busse.

Ab **Staiano Autotrasporti** (www.staiano-capri.com, auf Italienisch), dem Busterminal von Anacapri, fahren Busse zur Grotta Azzurra und zum Faro.

Einzelfahrkarten kosten 1,60 € auf allen Strecken, so auch für die Standseilbahn zwischen Marina Grande und Capri (Stadt).

Roller gibt es bei **Ciro dei Motorini** (☎081 837 80 18; Via Marina Grande 55) an der Marina Grande zu mieten. Die Tarife liegen bei etwa 30 € für 2 Std. oder 65 € pro Tag.

Ab der Marina Grande kostet die Fahrt mit dem **Taxi** (☎in Capri (Stadt) 081 837 05 43, in Anacapri 081 837 11 75) ca. 20 € nach Capri und 25 € nach Anacapri und von Capri nach Anacapri ca. 15 €.

Ischia

62 030 EW.

Unter allen Inseln im Golf von Neapel ist Ischia mit einer Gesamtfläche von über 46 km² die größte und auch die quirligste. Sie ist ein brodelndes Potpourri aus unzähligen Spa- und Wellness-Badeorten, deutschen Urlaubern auf Schlammkur, subtropischen Gärten und antiken Schätzen. Berühmt ist sie wegen ihrer heißen Quellen. Einige wunderschöne Strände und spektakuläre Landschaften runden das Bild ab.

Die meisten Besucher halten sich auf der touristisch geprägten Nordküste auf. Jedoch bezaubert das Binnenland mit einer ländlichen Landschaft aus Kastanienwäldern, idyllischen Bauernhöfen und bodenständigen Bergstädtchen. An der stillen Südküste liegt das gemütliche Hafenstädtchen Sant'Angelo. Verschlungene Pfade und die gischtende Meeresbrandung entlang der Strände gehen dort eine segensreiche Symbiose ein.

Sehenswertes

Castello Aragonese KASTELL, MUSEUM

(☎081 99 28 34; Rocca del Castello; Eintritt 10 €; ⏰9 Uhr bis 1 Std. vor Sonnenuntergang) Ischias berühmtestes Wahrzeichen ist das Castello Aragonese. Es thront auf einer kleinen Ferieninsel unweit von Ischia Ponte. Das gewaltige Ensemble besteht aus einer Kathedrale aus dem 14. Jh. und verschiedenen kleineren Kirchen; die Gebäude stammen weitgehend aus der Zeit um 1400, als König Alfonso von Aragón das Anjou-Kastell rundum verschönerte. Es beherbergt das **Museo delle Armi** (Waffenmuseum) mit einer bizarren Sammlung von Foltergeräten, perversen Illustrationen und einem mittelalterlichen Zeughaus.

La Mortella GÄRTEN

(☎081 98 62 20; www.lamortella.it; Via F Calese 39, Forio; Eintritt 12 €; ⏰April–Okt. Di, Do, Sa & So 9–

19 Uhr) An der Westküste befindet sich Ischias eigene Version des Gartens Eden. Über 1000 seltene, exotische Pflanzen blühen auf dem Gelände. Den Garten entwarf Russel Page nach dem Vorbild der maurischen Gärten der Alhambra in Granada. Der britische Komponist Sir William Walton und seine Frau machten La Mortella 1949 zu ihrem neuen Zuhause. Zu bestimmten Jahreszeiten finden hier Klassikkonzerte unter freiem Himmel statt. Nähere Auskunft zum aktuellen Programm gibt die Website.

Aktivitäten

Anders als Capri hat Ischia einige herrliche Strände zu bieten. An der Südküste liegt der schicke Badeort Sant'Angelo. Mit dem Wassertaxi gelangt man von dort aus zum Sandstrand **Spiaggia dei Maronti** (einfache Fahrt 5 €; April–Okt.) und zur Bucht **Il Sorgeto** (einfache Fahrt 7 €; April–Okt.), wo eine dampfende Quelle sprudelt . Über einen spärlich ausgechilderten Pfad ab dem Dorf Panza ist Sorgeto auch zu Fuß zu erreichen.

Negombo HEISSE QUELLE, STRAND
(081 98 61 52; www.negombo.it; Baia di San Montano, Lacco Ameno; Eintritt 25 € für den ganzen Tag; April–Okt. 8.30–19 Uhr) Teils Spa-Resort, teils botanisches Zauberland – Negombos Wellnesslandschaft mit Thermalbecken, Hammam, modernem Dekor und Privatstrand haben Zen-Charakter und versprechen einen Tag der Tiefenentspannung. Zum Verwöhnprogramm gehören außerdem eine ordentliche *tavola calda* (Snackbar) und eine breite Palette an Behandlungen und Massagen. Der Eintritt wird günstiger, je später man im Verlauf des Tages eintrifft.

Monte Epomeo SPAZIERGANG
Steil bergauf geht's vom Dorf Fontana zum höchsten Punkt der Insel (788 m) mit fantastischer Aussicht auf den Golf von Neapel. Ganz in der Nähe steht die **Cappella di San Nicola di Bari**, eine kleine Kirche mit einem hübschen Fayenceboden.

Ischia Diving Center TAUCHZENTRUM
081 98 18 52; www.ischiadiving.net; Via Iasolino 106, Ischia Porto) Die Tauchbasis bietet Leihmaterial und Kurse an. Ein einzelner Tauchgang kostet in der Regel ab 38 €.

Schlafen

Die meisten Hotels schließen im Winter. Bei den wenigen, die ganzjährig geöffnet sind, sinken die Preise normalerweise.

Albergo Il Monastero BOUTIQUEHOTEL €€
(081 99 24 35; www.albergoilmonastero.it; Castello Aragonese, Ischia Ponte; EZ/DZ/Suite 75–90/100–170/250–300 €; Ostern–Okt.;) Eine bloße Unterkunft? Nein – die einzigen Gästebehausungen innerhalb des Castello Aragonese sind unschlagbar vornehm! Die Zimmer sind klein, aber fein, einige davon mit Gewölbedecken und alle mit himmlischen Aussichten. Die geräumige Suite mit zwei Schlafzimmern wurde erst kürzlich renoviert, während das Terrassenrestaurant schmackhafte Inselkost serviert mit frischen Zutaten aus dem hauseigenen Garten.

Hotel Semiramis HOTEL €€
(081 90 75 11; www.hotelsemiramisischia.it; Spiaggia di Citara, Forio; Zi. 94–142 €; April–Sept.; P) Mit dem Pool in der Mitte der Anlage, umgeben von Palmen, fühlt man sich in dem hellen, freundlichen Hotel wie in einer tropischen Oase. Die Zimmer sind groß und wunderschön in traditionellem Muster in Gelb und Türkistönen gefliest. Von den besten Zimmern aus sieht man in der Ferne das Meer.

Hotel Casa Celestino HOTEL €€
(081 99 92 13; www.casacelestino.it; Via Chiaia di Rose 20, Sant'Angelo; EZ 70–145 €, DZ 100–230 €; Jan.–Okt.;) Das schicke Sant'Angelo-Hotel bietet eine sanfte Mischung aus ansprechenden Möbeln, weiß getünchten Wänden und moderner Kunst. Die Schlafzimmer sind mit wunderschönem Fayenceboden, modernem Bad und Balkon mit Meerblick ausgestattet. Ganz in der Nähe befindet sich auch ein gutes Restaurant.

Camping Mirage CAMPINGPLATZ €
(081 99 05 51; www.campingmirage.it; Via Maronti 37, Spiaggia dei Maronti, Barano d'Ischia; Camping 2 Pers. & Zelt 29,50–36,50 €; P) Der Campingplatz liegt am Spiaggia dei Maronti. Unter dem Blätterdach von Eukalyptusbäumen fnden sich hier schöne schattige Fleckchen. Zur Anlage gehören Sanitäranlagen mit Duschen, eine Wäscherei, eine Bar und ein Restaurant. Dort gibt's es leckere Nudelgerichte mit Meeresfrüchten.

Albergo Macrì HOTEL €
(/Fax 081 99 26 03; Via Iasolino 78a, Ischia Porto; EZ/DZ 38–46/65–78 €; P) Am Ende einer Sackgasse nahe am Haupthafen verströmt diese Pension eine freundliche Atmosphäre. Zwar würden die Möbel aus Kiefernholz und Bambus vermutlich keinen Designerpreis gewinnen, die Zimmer aber sind sau-

ber, hell und komfortabel. Im 1. Stock haben alle Zimmer eine Terrasse. Unten befindet sich eine kleine Bar, wo ein anständiger Espresso serviert wird.

Essen

Mal abgesehen von Fisch & Meeresfrüchten ist Ischia berühmt für seine Kaninchen aus eigener Binnenlandzucht. Eine weitere lokale Spezialität ist *rucolino* – ein grüner Likör mit Lakritzaroma, der aus Rucolablättern hergestellt wird.

LP TIPP Il Focolare TRATTORIA €€
(☎081 90 29 44; Via Cretaio 36, Casamicciola Terme; Mahlzeiten 40 €; ⊙Fr–So Mittagessen, Mo–So Abendessen, Nov.–März geschl.) Die rustikale Trattoria mit echter Slow-Food-Kultur liegt in den Hügeln über der Casamicciola Terme versteckt auf einem grünen Rasen hoch über der brandenden Meeresgischt. Bei knisterndem Kaminfeuer ist die Atmosphäre rund – und nirgendwo anders könnte die Verkostung des legendären *coniglio all'ischitana* (im Römpertopf geschmortes Ischia-Hühnchen mit Knoblauch, Zwiebel, Tomaten, wildem Thymian und Weißwein) besser schmecken!

Lo Scoglio TRADITIONELL ITALIENISCH €€
(☎081 99 95 29; Via Cava Ruffano 58, Sant'Angelo; Gerichte 32 €; ⊙April–Okt.) In dramatischer Lage (daher der Name: scoglio=Fels), hoch über einer hübschen Meeresbucht, kann man hier herrliche Meeresgerichte schlemmen. Die Zutaten sind immer frisch. Je nach Tagesfang gibt es Gerichte wie Miesmuschelsuppe oder gegrillten Wolfsbarsch. Ein beliebtes kulinarisches Event ist das Mittagessen am Sonntag.

Pantera Rosa TRADITIONELL ITALIENISCH €€€
(Via Porto 53, Ischia Porto; Mahlzeiten 50 €) Unter allen Restaurants an der Hafenzeile von Ischia ist der „Rosarote Panther" die beste Wahl für gutes Essen in Kombination mit echtem, aufrichtigem Service. Dazu gehören auch kulinarische Leckerbissen wie pappaedelle mit Meeresfrüchten, gefolgt von einem der hausgemachten Desserts und eisgekühltem *limoncello,* der ebenfalls aus eigenem Hause stammt.

Praktische Informationen

Ischia Online (www.ischiaonline.it) Website mit Hotels, Sehenswürdigkeiten, Aktivitäten und Events.

Touristeninformation (www.infoischiaprocida.it; Via Sogliuzzo 72, Ischia Porto; ⊙ Mo–Sa 9–14 & 15–20 Uhr)

An- & Weiterreise

Siehe S. 686 mit mehr Einzelheiten zu Tragflügelbooten und Fähren von/nach Neapel. Es verkehren auch Tragflügelboote direkt nach Capri (15 €) und Procida (9 €).

Unterwegs vor Ort

Es gibt zwei Hauptlinien: **CS** (Circo Sinistra; Ring links) und **CD** (Circo Destra; Ring rechts), die in entgegengesetzter Richtung immer rings um die Insel fahren – und so kommt alle 30 Minuten ein Bus durch jeden Ort. Die Busse kommen auch an Hotels und Campingplätzen vorbei. Ein Einzelfahrschein ist 90 Minuten gültig und kostet 1,40 €; eine Tageskarte kostet 4,50 € und ist in verschiedenen Transportmitteln gültig. Taxis und Kleintaxis (Dreiradfahrzeuge mit Rollermotor) sind weitere Optionen.

Wer kein eigenes Auto mitbringt, verhindert Staus und Verschmutzung und tut der Insel einen Gefallen. Zum Anmieten eines Autos oder Rollers gibt es jede Menge Fahrzeugvermietungen, z. B. **Fratelli del Franco** (☎081 99 13 34; Via A De Luca 127, Ischia Ponte). Dort kann man Autos (ab 30 € pro Tag), Mopeds (25–35 €) und Mountainbikes (ca. 10 € pro Tag) mieten. Mietfahrzeuge dürfen die Insel nicht verlassen.

Procida

10 620 EW.

Procida, die kleinste Insel im Golf von Neapel und damit auch ein gut gehütetes Geheimnis, bietet das perfekte Motiv für Hobbymaler. Die Inselkulisse besteht aus einer segensreichen Mischung aus versteckten Zitronenhainen, Häusern mit pastellfarbenen Fassaden und einigen Fischern, denen Wind und Wetter ins Gesicht geschrieben stehen.

Abgesehen vom Monat August – wenn Horden strandbegeisterter Urlauber vom Festland herüber an ihre Küsten strömen – tummeln sich auf den engen, von der Sonne gebleichten Straßen nur Einheimische: Drahtige junge Kerle werfen ihre Angelruten aus, kleine Kinder klammern sich an ihre erschöpften Mütter und runzelige alte Seefahrer erzählen sich gegenseitig ihre Geschichten, die sie erlebt oder gehört haben.

Sehenswertes & Aktivitäten

Die Insel ist nur etwa 4 km² groß. Am besten ist man hier zu Fuß unterwegs oder per Rad, denn die engen Straßen sind oft mit

Autos verstopft - eine der wenigen Kehrseiten der Insel.

Die Piazza dei Martiri in **Corricella** hat einen herrlichen Panoramablick. Von dort aus geht es steil hinunter zum kleinen Freizeithafen mit einem aufregenden Farbenspiel in Rosa, Gelb und Weiß. Weiter südlich führt eine steile Treppe hinunter zum Strand von **Chiaia**, einem der schönsten auf der ganzen Insel.

In der kleinen **Marina di Chiaiolella** wimmelt es nur so von Yachten in Rosa, Weiß und Blau. Dort findet man noch die urigen, alten Fischerkneipen, und die Uhren ticken hier einfach anders. Außerdem ist der **Lido**, ein bei Einheimischen und Besuchern beliebter Strand, ganz in der Nähe.

Castello d'Avalos HISTORISCHES GEBÄUDE
Am höchsten Punkt der Insel kauert das zerfallende Castello d'Avalos aus dem 16. Jh. Einst diente es den Bourbonen als Jagdlodge und Gefängnis.

Abbazia di San Michele Arcangelo MUSEUM
(☎081 896 76 12; Via Terra Murata 89; Eintritt 3 €; ⏲Mo–Sa ganzjährig 9.45–12.45 Uhr, Mai–Okt. 15.30–18 Uhr) Gleich nebem dem Castello d'Avalos befindet sich die ehemalige Benediktinerabtei. Sie besteht aus einer Kirche, einem kleinen Museum mit einigen faszinierende Gemälden sowie aus bienenwabenartigen Katakomben.

Procida Diving Centre TAUCHZENTRUM
(☎081 896 83 85; www.vacanzeaprocida.it/framediving01-uk.htm; Via Cristoforo Colombo 6, Marina di Chiaiolella) Diese Tauchbasis bietet Kurse an und verleiht auch Ausrüstungen. Ein Tauchgang kostet 45 €; Schnorchelkurse - auch für Anfänger liegen bei 130 € . Für fortgeschrittene Taucher werden auch Tauchgänge im offenen Meer angeboten - Kostenpunkt 350 €.

Blue Dream SEGELN
(☎081 896 05 79, 339 572 08 74; www.bluedreamcharter.com; Via Ottimo 3) Bei Blue Dream kann man sich einen Traum erfüllen und und eine kleine Yacht ab 70 € pro Person chartern. Der Preis gilt pro Tag und für mindestens sechs Leute., die am Ausflug teilnehmen.

Feste & Events

Prozession der Misteri RELIGIÖS
Die farbenprächtige Prozession findet in der Osterzeit am Karfreitag statt. Auf Wagen rollt man Holzfiguren des gekreuzigten Christus und der Madonna Addolorata (der Schmerzensmutter) quer über die Insel, zusammen mit lebensgroßen Passionsszenen aus Gips und Pappmaché. Die Männer tragen blaue Tunikas mit weißen Kapuzen, viele kleine Mädchen hingegen sind als Madonnen angezogen.

Schlafen

Über die ganze Insel verteilt gibt es jede Menge Campingplätze, die von April/Mai bis September/Oktober geöffnet sind. In der Regel liegen die Preise bei 10 € pro Stellplatz zuzüglich 10 € pro Person. Zu den Plätzen, auf deren Qualität immer Verlass ist, gehört zum Beispiel **La Caravella** (☎081 810 18 38; Via IV Novembre).

LP TIPP **Hotel La Vigna** BOUTIQUEHOTEL €€
(☎081 896 04 69; www.albergolavigna.it; Via Principessa Margherita 46; EZ/DZ/Suite 75–150/90–180/140–230 €; ❄@📶) Die Villa aus dem 18. Jh. mit eigenem Spa erweist sich mit ihrer Lage direkt an der Steilküste und umgeben von Weingärten als erste Wahl. Fünf der geräumigen, einfach möblierten Standardzimmer bieten direkten Zugang zum Garten. Die Superior-Zimmer (110 bis 200 €) bestehen aus familenfreundlichen Mezzanin-Studios, während die Suite mit einem Whirlpool gleich neben dem Bett ausggestattet ist.

Casa Giovanni da Procida B&B €
(☎081 896 03 58; www.casagiovannidaprocida.it; Via Giovanni da Procida 3; DZ/3BZ 65–110/90–130 €; ⏲Feb. geschl.; P❄📶) Der schmucke Gutshof wäre der sengenden Sonne ausgesetzt, spendete ihm nicht ein Jahrhunderte alter Magnolienbaum ein wenig Schatten. Die modern möblierten Zimmer mit niedrigen Betten sind auf zwei Ebenen verteilt. Die Bäder sind klein, aber blitzblank und mit pfiffigen Mosaikfliesen verkleidet, die eckigen Waschbecken sind echt cool.

Hotel La Corricella HOTEL €€
(☎081 896 75 75; www.hotelcorricella.it; Via Marina Corricella 88; EZ/DZ 60–110/80–140 €; ⏲Mitte-März bis Mitte Nov.) Ganz nah an der Marina Corricella gelegen, bietet dieses Hotel schlichte und zugleich komfortable Zimmer mit Ventilatoren (Aufpreis für Zimmer mit Klimaanlage: 10 bis 20 €). Die große Gemeinschaftsterrasse ermöglicht grandiose Ausblicke auf den Hafen. Im Restaurant kommen regionaltypische Gerichte in ordentlicher Qualität auf den Tisch. Und mit einem Fährservice können Gäste zum nahe gelegenen Strand schippern.

Essen

Ristorante Scarabeo TRADITIONELL ITALIENISCH €€
(☎081 896 99 18; Via Salette 10; Mahlzeiten 35 €; ⊙tgl. Juni–Okt., Dez.–Feb. & März bis Mai nur an Wochenenden, Nov. geschl.) Hinter einem wahren Dschungel aus Zitronenbäumen bereitet Signor Francesco bitzschnell kulinarische Klassiker zu wie *fritelle di basilico* (frittiertes Brot mit Ei, Parmesan und Basilikum) sowie hausgemachte *ravioli di provola e melanzana* (gefüllt mit Aubergine und Käse). Unter der Pergola, die durch ihre mediterrane Vegetation mit prallen Zitronen beeindruckt, wird das Essen zum wahren Genuss.

La Conchiglia TRADITIONELL ITALIENISCH €€
(☎081 896 76 02; Via Pizzaco 10; Mahlzeiten 30 €; ⊙März–Okt. Mittagessen, Mai–Mitte Sept. Abendessen) Türkisfarbene Wellen umschäumen die Füße, während sich Corricella in Pastelltönen am Horizont abzeichnet – das ist der Grund, warum Feriengäste nach Procida kommen. Doch nicht nur der Ausblick ist fein, die Kochkunst kann da allemal mithalten, zum Beispiel mit Gerichten wie *spaghetti alla povera* (Spaghetti mit *peperoncino*, grüner Paprika, Kirschtomaten und Sardellen). Von der Via Pizzaco aus führt eine steile Treppe hinunter zum Restaurant. In Corricella startet auch ein Boot in Richtung des Restaurants.

Gorgonia TRADITIONELL ITALIENISCH €
(Via Marina Corricella; Gerichte 24 €; ⊙März–Okt.) Am Kai der unprätentiösen Marina Corricella, mit ihren alten Fischerbooten, Bergen von Fischernetzen und gut genährten Streunerkatzen wird der Restaurantbesuch zu einem Erlebnis, das man nicht so schnell vergisst. Hier gibt es geräucherten Fisch und Meeresfrüchte einschließlich Schwert- und Thunfisch.

Praktische Informationen

Procida Holidays (☎081 896 95 94; www.isoladiprocida.it; Via Roma 117; ⊙April–Okt. Mo–Sa 9–13 & 16–20 Uhr, Nov.–März samstagnachmittags geschl.) kann eine Unterkunft (EZ/DZ ab 40/50 €) und Bootstouren (ca. 15 € für eine zweistündige Tour) organisieren. Dort ist auch eine kostenlose Inselkarte erhältlich.

Anreise & Unterwegs vor Ort

Procida ist per Schiff und Tragflächenboot an Ischia (9 €), Pozzuoli (9 €) und Neapel (s. S. 684) angebunden.

Es gibt ein paar Busverbindungen (1 €) mit vier Linien ab Marina Grande in alle Richtungen. Bus L1 fährt vom Hafen nach Marina di Chiaiolella.

Weiter besteht die Möglichkeit Kleintaxis zu mieten. Zwei bis drei Stunden kosten um die 35 €, je nach Verhandlungsgeschick. Fahrräder können über **Sport & Company** (Via Roma 137; ⊙So geschl.) für 18 € pro Tag ausgeliehen werden.

SÜDLICH VON NEAPEL

Ercolano & Herculaneum

In Ercolano, einem unscheinbaren Vorort Neapels, befindet sich eine der besterhaltenen antiken Stätten Italiens – Herculaneum. Als einstige römische Fischerstadt ist Herculaneum kleiner und weniger einschüchternd als Pompeji, d. h. man hat beim Besichtigen nicht ständig dieses unangenehme Gefühl, als verpasse man etwas.

Geschichte

Im Gegensatz zum heutigen Ercolano, war Herculaneum früher einmal eine friedliche Fischer- und Hafenstadt mit rund 4000 Einwonern. Zugleich war es auch eine Art Urlaubsrefugium für wohlhabende Römer und Kampanier.

Herculaneum ereilte dasselbe Schicksal wie das dem nahe gelegenen Pompeji. Nach einem schweren Erdbeben im Jahr 63 n. Chr. wurde es 79 n. Chr. beim Ausbruch des Vesuvs völlig verschüttet. Allerdings lag es viel näher am Vulkan wie Pompeji. Während Herculaneum unter einer 16 m dicken, vulkanischen Mure versank, regnete es auf Pompeji nur Asche nieder, und es blieb unter einer robusten Schicht Lapilli (glühende Bimssteinbrocken) weitgehend erhalten. So versteinerte die Stadt samt Hab und Gut. Zu den erstaunlich gut erhaltenen Fundstücken gehören deshalb auch empfindliche Gegenstände wie Möbel und Kleidung. Herculaneum wurde 1709 wieder entdeckt und bis 1874 immer wieder von Amateurarchäologen durchforstet, die viele Fundstücke nach Neapel verschleppten. Dort landeten sie als Deko in begüterten Haushalten oder auch in Museen. Erst 1927 setzte wieder eine ernsthafte archäologische Forschungswelle ein, die bis heute anhält. Allerdings gehen die Ausgrabungsarbeiten unter dem modernen Ercolano nur langsam voran, da ein Großteil der alten Stadt unter der neuen verborgen liegt.

Sehenswertes

Ruinen von Herculaneum RUINEN

(081 732 43 38; Corso Resina 6; Erw./EU-Bürger 18–25 Jahre/EU-Bürger unter 18 & über 65 Jahre 11/5,50 €/kostenlos; April–Okt. 8.30–19.30 Uhr, Nov–März bis 17 Uhr) Auch wenn Pompeji um vieles größer sein mag, die Ruinen von Herculaneum sind besser erhalten und bieten einen unvergleichlichen Einblick in das Alltagsleben der alten Römer.

Vom Haupteingangstor am Corso Resina geht es einen breiten Boulevard hinunter zum **Kartenschalter** auf der linken Seite. Dort sind Freikarten und ein Leitfaden für den Rundgang erhältlich. Danach folgt man dem Boulevard nach rechts zum eigentlichen Eingang zu den Ruinen. Dort erhält man den praktischen, informativen Audioguide (6,50 €).

Um zu den Ruinen zu gelangen, überquert man eine Art Burggraben rund um die Stadt, jedoch handelt es sich de facto um die alte Küstenlinie. Hier entdeckten Archäologen im Jahr 1980 ca. 300 Skelette bzw. Überreste von Menschen auf der Flucht in Richtung Strand, weg von der siedend heißen Asche und den heranrollenden Schlammlawinen des Vesuvs.

Zu Beginn der Erkundung Richtung Nordosten entlang dem Cardo III. kommt man unweigerlich an der **Casa d'Argo** (Argus-Haus) vorbei, einem gut erhaltenen Beispiel eines noblen, römischen Familienanwesens, im Garten befinden sich ein Portikus und ein Triclinium (Speisebereich).

Auf der anderen Straßenseite steht die **Casa dello Scheletro** (Skeletthaus), ein Haus von bescheidener Größe mit fünf verschiedenen Mosaikböden und den Überresten eines antiken Sicherheitsgitters zum Schutz vor dem einfallenden Sonnenlicht.

Auf der anderen Seite des Decumano Inferiore (eine der Hauptstraßen durch das alte Herculaneum) liegen die **Terme Maschili,** die innerhalb der **Terme del Foro** (Forumbäder) nur den Männern vorbehalten waren. Bemerkenswert sind auch die alten Latrinen links vom Eingang, wo es zum *apodyterium* (Umkleideraum) ging. Links davon befindet sich das *frigidirium* (Kaltwasserbecken), rechts das *tepadarium* (Warmwasserbecken) sowie das *caldarium* (Dampfbad) und eine Fläche für Leibesübungen.

Am Ende des Cardo III. ist der **Decumano Massimo** (Herculaneums Hauptverkehrsader) gesäumt von alten Läden und Werbung wie etwas die Wandverzierung rechts von der **Casa del Salone Nero**.

Weiter östlich den Decumano Massimo entlang fand man ein Kruzifix in einem Raum im oberen Bereich der **Casa del Bicentenario** (Zweijahrhunderthaus), ein Hinweis darauf, dass vor dem Vesuvausbruch in Herculaneum Christen lebten.

Danach biegt man in die Cardo IV. ein und geht weiter bis zum **Casa del Bel Cortile** (Haus mit einem schönen Innenhof), wo drei der rund 300 Skelette untergebracht sind, die im Jahr 1980 entlang der ehemaligen Küste gefunden wurden.

Nebenan befindet sich die **Casa di Nettuno e Anfitrite** (Haus von Neptun und Amphitrite), benannt nach dem außergewöhnlichen Mosaik im *nymphaeum*.

Auf der anderen Straßenseite liegen die **Terme Femminili**, also der Frauenbereich der **Terme del Foro**; bemerkenswert sind die fein gearbeiteten Mosaikböden mit einem nackten Triton im *apodyterium*.

Weiter südwestlich auf dem Cardo IV. kommt das **Casa dell'Atrio a Mosaico** (Haus mit Mosaikatrium; wegen Restaurierung geschl.), ein beeindruckendes Herrenhaus mit umfangreichen Mosaikböden sowie einem schwarz-weißen Schachbrettmuster im Atrium.

Von da geht es wieder zurück über den Cardo IV. hinauf und rechts in den Decumano Inferiore. Dort steht die **Casa del Gran Portale** (Haus mit dem großen Portal). Zu beiden Seiten des Haupteingangs stehen elegante korinthische, mit Ziegelsteinen verzierte Säulen. Innen befinden sich einige gut erhaltene Wandmalereien.

Von dem Cardo V. aus gelangt man zum **Casa dei Cervi** (Haus der Hirsche), einem imposanten Beispiel für ein nobles, römisches Familienanwesen. Die zweistöckige Villa, die um einen zentralen Innenhof herum angelegt ist, bot ihren Bewohnern ein angenehmes Ambiente. Das Gemäuer ist mit Fresken und Stillleben ausgeschmückt. Im Innenhof stehen zwei marmorne Miniaturhirsche, die von kläffenden Hunden angegriffen werden. Ein witziger Blickfang ist die Herkulesstatue, die den Helden pinkelnd darstellt.

Am südlichsten Zipfel des Ruinenareals liegen die **Terme Suburbane** (Vorstadtthermen; wegen Restaurierung geschl.) aus dem

1. Jh. n. Chr. Sie gehören zu den weltweit besterhaltenen Zeugnisse römischer Badekultur. Die tiefen Becken, Stuckfriese und Reliefs sind beeindruckend; genauso wie die Sitzstufen und Böden aus Marmor.

Nordwestlich der Ruinen steht die großzügige, vierstöckige **Villa dei Papiri**. Der 245 m lange Gebäudekomplex gehörte dem Stiefvater von Julius Cäsar. Zur Zeit der Recherche für dieses Manuskript war die Villa wegen Restaurierung geschlossen. Den aktuellen Stand der Dinge erfährt man unter www.arethusa.net.

MAV

(Museo Archeologico Virtuale; ☎081 1980 6511; www.museomav.com; Via IV Novembre; Eintritt 7,50 €; ⌚Di–So 9–17.30 Uhr) An der Hauptstraße zwischen den Ruinen und dem Bahnhof lockt das kinderfreundliche MAV mit einer Multimediashow, die in einer virtuellen Realität aus Hologrammen und Computervideos die Ruinen wieder mit Leben erfüllt.

ℹ Praktische Informationen

Unterwegs befindet sich rechter Hand die **Touristeninformation** (Via IV Novembre 82; ⌚Mo–Sa 9–18 Uhr).

ℹ An- & Weiterreise

Am besten reist man mit der Circumvesuviana nach Ercolano und steigt in Ercolano-Scavi aus. Die Züge verkehren regelmäßig von/nach Neapel (2,10 €), Pompeji (1,50 €) und Sorrent (2,10 €).

Wer mit dem Auto anreist, fährt über die A3 ab Neapel und folgt ab der Ausfahrt Ercolano Portico den Schildern Richtung Parkplätze, die nahe am Eingang zur archäologischen Stätte liegen.

Vesuv

In dunkler Erhabenheit ragt der Vesuv über Neapel und seinem Umland auf. Der Vesuv (Vesuvio; 1281 m) ist der einzige noch aktive Vulkan auf dem europäischen Festland. Seit seinem legendären Ausbruch im Jahr 79 n. Chr., bei dem Pompeji und Herculaneum ausgelöscht wurden, hat sich die Küste gleichzeitig um mehrere Kilometer hinaus ins Meer verschoben. Der Vesuv spuckte noch 30 weitere Male seine Lava aus. Die verheerendste Eruption ereignete sich im Jahr 1631, die letzte 1944. Und während es wenige Anzeichen für eine bevorstehende Aktivität gibt, munkeln wachsame Beobachter, dass der Vesuv in den letzten 500 Jahren eigentlich schon ungewöhnlich lange geschlummert hat.

Ein wirklich heftiger Vulkanausbruch wäre ein Fiasko. Denn in der Nähe des Kraters, in einem Umkreis von 7 km, leben rund 600 000 Menschen. Trotz diverser Anreize zugunsten einer Umsiedlung sind nur wenige bereit, wirklich umzuziehen.

Der **Parco Nazionale del Vesuvio** (Vesuv National Park; www.parconazionaledelvesuvio.it) wurde 1995 angelegt und zieht heute jährlich ca. 400 000 Besucher an. Ab dem Gipfelparkplatz führt ein 860 m langer Pfad bis zum **Krater** (Eintritt inkl. geführte Tour 8 €; ⌚Juli & Aug. 9–18 Uhr, April–Juni & Sept. bis 17 Uhr, März & Okt. bis 16 Uhr, Nov.–Feb. bis 15 Uhr). Der Aufstieg ist zwar nicht besonders anstrengend, aber trotzdem sind Turnschuhe sicher besser geeignet als Sandalen oder Flip-Flops.

Eine Sonnenbrille ist ebenfalls sehr nützlich – vielleicht auch als Schutz gegen aufgewirbelte Asche. Selbst im Sommer kann es ganz oben frostig werden, deshalb besser einen Pulli mitnehmen!

Auf halber Höhe zum Gipfel befindet sich das **Museo dell'Osservatorio Vesuviano** (Museum des Vesuvs - Observatorium; ☎081 610 84 83; www.ov.ingv.it; Eintritt frei; ⌚Sa & So 10–14 Uhr), das die 2000 Jahre alte Geschichte der Vesuvbeobachtung präsentiert.

Die **EAV-Busse** (☎800 053 939; www.eavbus.it) fahren 2-mal täglich von Neapel zum Vesuv (14,60 € hin und zurück, 90 Min.) und halten an der Piazza Garibaldi um 9.25 und 10.40 Uhr. Um 12.30 und 14 Uhr fahren die Busse vom Vesuv wieder zurück. Ebenfalls starten 8- bis 10-mal täglich Busse ab der Piazza Anfiteatro in Pompeji, die bis zum Gipfelparkplatz unterhalb des Vesuvkraters fahren (10 €, 1 Std.).

Wer mit dem Auto auf der A3 anreist, nimmt die Ausfahrt Ercolano Portico und folgt den Schildern Richtung Parco Nazionale del Vesuvio.

Bei schlechtem Wetter ist der Gipfelpfad geschlossen und es verkehren keine Busse.

Pompeji

25 760 EW.

Pompeji macht auf ernüchternde Art bewusst, welch unheilvolle Kräfte tief im Vesuv schlummern. Die untergegangene Stadt ist die faszinierendste Ausgrabungsstätte Europas. Rund 2,5 Mio. Menschen strömen jedes Jahr scharenweise hierher, um vor einer Geisterkulisse durch die Ruinenstadt zu

Das alte Pompeji

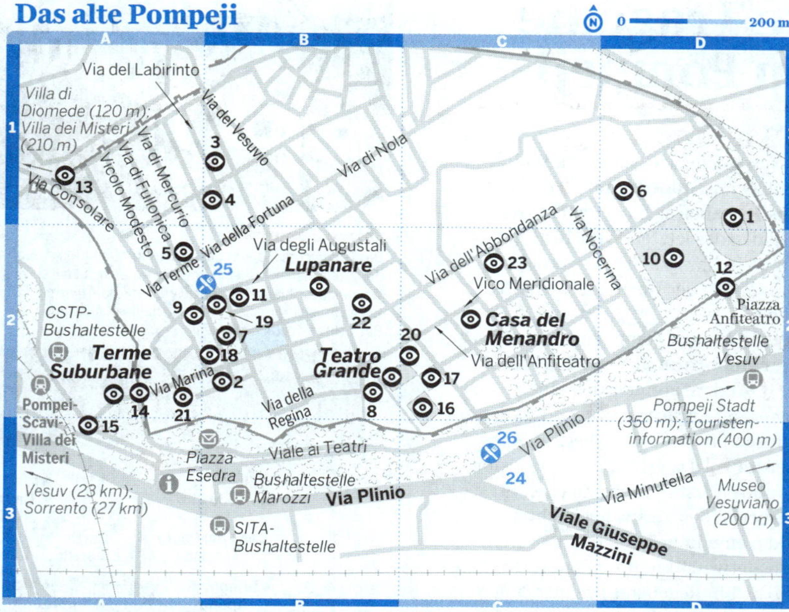

Das alte Pompeji

Highlights

- Casa del Menandro C2
- Lupanare B2
- Teatro Grande B2
- Terme Suburbane A2

Sehenswertes

1 Anfiteatro D1
2 Basilica B2
3 Casa dei Vettii B1
4 Casa del Fauno B1
5 Casa del Poeta Tragico A2
6 Casa della Venere in Conchiglia D1
7 Foro B2
8 Foro Triangolare B2
9 Granai del Foro A2
10 Grande Palestra D2
11 Macellum B2
12 Piazza Anfiteatro Eingang & Ticketverkauf D2
13 Porta Ercolano A1
14 Porta Marina A2
15 Porta Marina Eingang & Ticketverkauf A3
16 Quadriportico dei Teatri C2
17 Teatro Piccolo C2
18 Tempio di Apollo B2
19 Tempio di Giove B2
20 Tempio di Iside C2
21 Tempio di Venere A2
22 Terme Stabiane B2
23 Thermopolium di Vetutius Placidus C2

Aktivitäten, Kurse & Touren

24 Torres Travel C3

Essen

25 Cafeteria B2
26 Plinio Hostaria C3

wandeln. In der Antike war sie einmal ein blühender Mittelpunkt des Handels.

Anklang findet Pompeij aber nicht nur bei den Touristen. In den Augen von Archälogen ist der historische Wert unbezahlbar, denn sie können hier erkunden, wie der Alltag im alten Rom aussah. Dies ist darauf zurückzuführen, dass die Stadt nicht einfach durch den Vulkanausbruch hinweggefegt wurde: Stattdessen wurde sie unter einer Schicht Lapilli (glühende Bimssteinbrocken) begraben, so schreibt Plinius der Jüngere in sei-

Die Tragödie von Pompeji

24. AUGUST 79 N. CHR.

8 Uhr Verschiedene Gebäude einschließlich der **Terme Suburbane** 1 und des **Forums** 2 haben sich noch nicht von den Schäden des letzten Erdbebens im Jahr 63 n. Chr. erholt und werden noch saniert. In der Nacht gibt es heftige Erdbeben.

Mittags Hungrige Pompejier strömen ins **Thermopolium di Vetutius Placidus** 3. Andere gönnen sich einen Abstecher ins **Lupanare** 4, und die Gladiatoren üben für die Spiele im **Amphitheater** 5. Da ertönt eine Explosion – das unmissverständliche Zeichen für den Ausbruch des Vesuv. Beobachter bemerken eine Rauchwolke mit Gesteinsbrocken – etwa 14 km über dem Krater!

15–17 Uhr Ein Regen aus brennendem Bimsstein geht über Pompeji nieder. Die einen ergreifen die Flucht, andere suchen Schutz. Die Aschewolke wird 25 km hoch. Dächer stürzen unter dem Gewicht der Trümmer ein und begraben unter sich die Schutzsuchenden.

25. AUGUST 79 N. CHR.

Mitternacht Schlammlawinen schieben sich über Herculaneum. Bimsstein und Asche regnen auf Pompeji herab, und ersticken alle, die dort Zuflucht suchen.

4–8 Uhr Aschewolken erreichen Herculaneum. Weitere Lavaströme begraben Pompeji unter sich und töten alle Einwohner einschließlich jener, die im **Orto dei Fuggiaschi** 6 Schutz gesucht haben. Die vulkanische Gesteinsdecke wird über lange Zeit Schätze wie die **Casa del Menandro** 7 und die **Villa dei Misteri** 8 unter sich aufbewahren.

TOP-TIPPS

- » **Besichtigungszeit** Nachmittags
- » **Besichtigungsdauer** 3 Stunden
- » **Empfohlene Bekleidung** Bequeme Schuhe und eine Kopfbedeckung
- » **Nicht vergessen** Trinkwasser
- » **Aufgepasst!** Beim Fotografieren kein Blitzlicht verwenden

CRISTIAN BONETTO

Terme Suburbane
Das Laconicum (Sauna), das Caldarium (Dampfbad) und der große, beheizte Swimmingpool waren nicht die einzige Wärmequelle hier; die Wände dieser Vorstadttherme zieren frivolste Fresken, die, auch heute noch beim Betrachten richtig einheizen!

Foro
Eine Art Times Square der Antike; das Forum liegt an der Kreuzung der Hauptverkehrsachsen von Pompeji und war im 1. Jh. v. Chr. verkehrsfrei. Die Säulensockel (Plinthen) am südlichen Stadtrand trugen Statuen der kaiserlichen Familie.

CRISTIAN BONETTO

CRISTIAN BONETTO

Villa dei Misteri

Die Villenanlage birgt das weltberühmte Dionysische Fries mit gegeißeltem Mädchen und Bacchantin. Andere Highlights der Mysterienvilla sind die Trompe l'oeil-Wandverzierungen im Cubiculum (Schlafzimmer) und die ägyptischen Kunstwerke im Tablinum (Empfangsraum).

Lupanare

Die Prostituierten in diesem Bordell waren oft Sklavinnen aus Griechenland und Asien. Einst lagen Matratzen auf den Steinbetten und die eingravierten Namen erinnern wohl an die Liebesdienerinnen und ihre Kunden.

CRISTIAN BONETTO

Thermopolium di Vetutius Placidus

Die Theke in dieser antiken Snackbar hatte einst Behälter mit warmem Essen. Das Lararium (Haushaltsschrein) auf der Rückseite stellt Dionysos dar (den Weingott) und Merkur (den Gott der Diebe und Kaufleute).

Augenzeugenbericht

In seinen Briefen an Tacitus (56 v. Chr.–117 n. Chr.) lieferte Plinius der Jüngere (61 v. Chr.–112 n. Chr.) einen fesselnden Katastrophenbericht aus erster Hand.

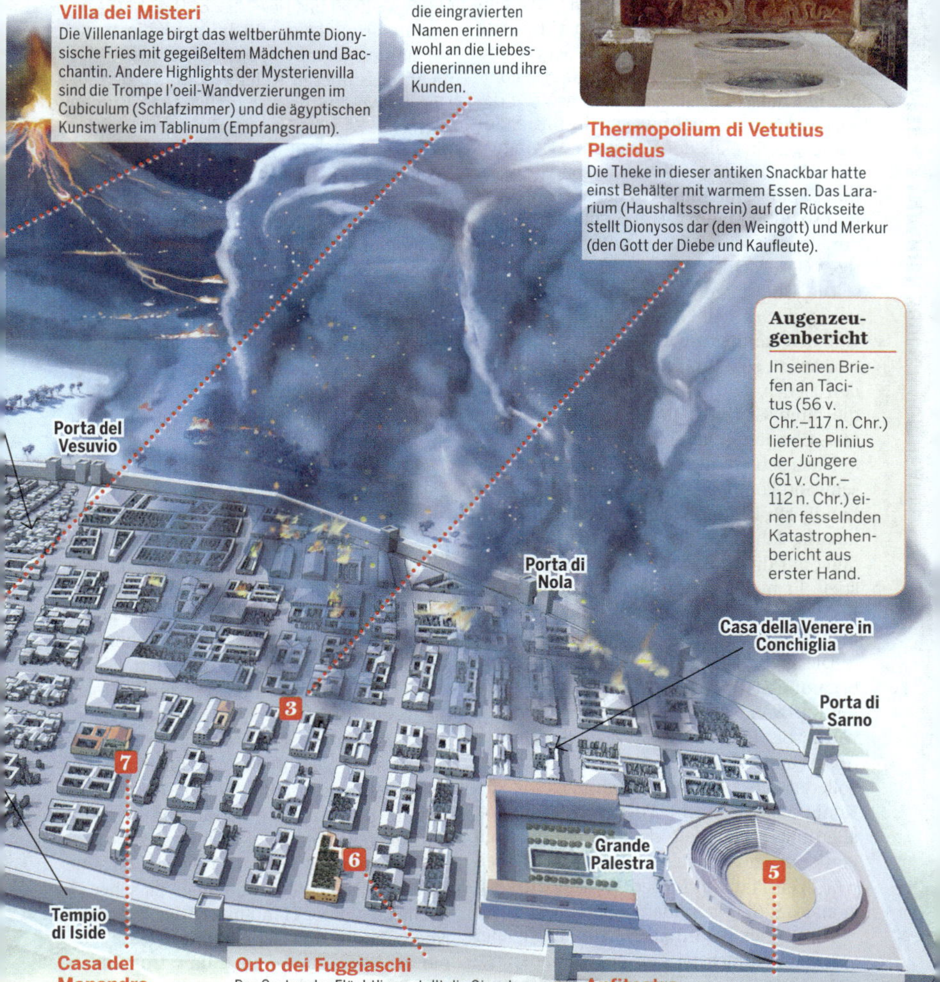

Casa del Menandro

Diese Stadtvilla gehört sehr wahrscheinlich der Familie von Poppaea Sabina, Neros zweiter Gemahlin. Ein Raum links vom Atrium ist mit Bildern zum Trojanischen Krieg dekoriert sowie mit einem farbenprächtigen Mosaik, auf dem Pygmäen nilabwärts rudern.

Orto dei Fuggiaschi

Der Garten der Flüchtlinge stellt die Gipsabdrücke von 13 Einwohnern aus, die beim Vesuvausbruch dort Zuflucht suchten – die größte Anzahl an Opfern, die an einem Ort gefunden wurden. Die aneinander gekauerten Menschen geben ein bewegendes Bild ab.

CRISTIAN BONETTO

Anfiteatro

Magistrate, lokale Senatoren, Sponsoren und Veranstalter von Gladiatorenkämpfen saßen immer in der ersten Reihe dieses Veteranenamphitheaters. Das Geländer rundum das Stadion ist mit Kampf- und Jagdszenen sowie mit Bildern von Siegesfeiern ausgeschmückt.

CRISTIAN BONETTO

nem legendären Bericht über den genauen Hergang der Eruption.

Geschichte

Der Ausbruch des Vesuv war nicht die erste Katastrophe, die über die römische Hafenstadt hereinbrach. Bereits 63 n. Chr. legte sie ein Erdbeben weitgehend in Schutt und Asche. Ein Großteil der damals 20 000 Pompejaner musste evakuiert werden. Viele davon waren noch nicht wieder in ihre Stadt zurückgekehrt, als der Vesuv am 24. August 79 n. Chr. mit ungeheuren Massen von Lava und Lapilli seine Kuppe in die Luft sprengte und so 2000 Männer, Frauen und Kinder in der Stadt zu seinen Füßen unter einer mächtigen Geröllschicht begrub.

Die Ursprünge von Pompeji sind ungewiss, jedoch scheint die Stadt im 7. Jh. v. Chr. von den kampanischen Oskern gegründet worden zu sein. Im Laufe der darauffolgenden sieben Jahrhunderte fiel die Stadt an die alten Griechen und Samniten, bis sie 80 v. Chr. römische Kolonie wurde.

Nach seinem desaströsen Untergang verschwand Pompeji zunächst gänzlich von der Landkarte, bis der Architekt Domenico Fontana im Jahr 1594 bei Kanalbauarbeiten zufällig auf die Ruinen der vergessenen Stadt stieß. Er meldete den Fund, erkannte seine Bedeutung aber nicht und kümmerte sich nicht weiter darum.

Die eigentliche Erforschung des Areals begann erst 1748 unter dem Bourbonenkönig Karl von Neapel. Systematisch gegraben wurde bis ins 19. Jh. Ganz zu Beginn der Ausgrabungen wurden viele der eindrucksvolleren Mosaike zur Ausschmückung des Königspalasts nach Portici verschleppt; allerdings gelangten danach die meisten gottlob nach Neapel, wo sie nunmehr einen würdigen Platz im Museo Archeologico Nazionale (S. 671) gefunden haben.

Ausgegraben wird auch heute noch, aber trotzdem immer wieder neue Fundstücke entdeckt werden, liegt der Schwerpunkt heute eher auf der Restaurierung bereits ausgegrabener Objekte. Angesichts der massiven Budgetkürzungen, die von der Regierung in jüngster Vergangenheit verordnet wurden, stehen die Archäologen vor einer schwierigen Aufgabe: beim katastrophalen Einsturz der Casa dei Gladiatori (Gladiatorenhaus) im November 2010 wurde nur allzu deutlich, mit welchen Gefahren und Risiken der Denkmalschutz an diesem empfindlichen Standort verbunden ist.

Sehenswertes

Ruinen von Pompeji RUINEN

(☎081 861 90 03; Porta Marina & Piazza Anfiteatro; Erw./EU-Bürger 18–25 Jahre/EU-Bürger unter 18 & über 65 Jahre 11/5,50 €/Eintritt frei; ⏲April–Okt. 8.30–19.30 Uhr, Nov–März 8.30–17 Uhr) Von den ursprünglichen 66 ha sind bis heute 44 ha ausgegraben. Natürlich heißt das nicht, dass überall freier Zugang zu den als Unesco-Weltkulturerbe gelisteten Ruinen herrscht. Es gibt Zonen, die ohne ersichtlichen Grund und ohne Hinweisschild abgeriegelt sind. Daher lohnt es sich für die Audioguides (6,50 €) etwas Geld auszugeben. Ein guter Leitfaden, wie der von Electa Neapoli (*Pompeji*, 10 €) ist ebenfalls hilfreich, um sich beim Rundgang durch die Ruinen zurechtzufinden.

Wer Pompeji im Sommer besichtigt, sollte berücksichtigen, dass dort Schatten rar ist, also Hut bzw. Sonnenschutz mitnehmen! Um der Stätte gerecht zu werden, sollten sich Besucher für die Besichtigung drei oder vier Stunden Zeit nehmen; wer noch mehr ins Detail gehen will, eventuell auch mehr.

Der Haupteingang befindet sich an der **Porta Marina.** Dieses Tor ist das eindrucksvollste der sieben antiken Tore des alten Stadtwalls. In der Vergangenheit ein umtriebiger Ort, ist auch heute hier ein ständiges Kommen und Gehen. Ursprünglich war die Porta Marina das Bindeglied zwischen der Stadt und dem nahe gelegen Hafen. Gleich außerhalb der Stadtmauer befinden sich die beeindruckenden **Terme Suburbane**, die „Vorstadthermen". Zugänglich sind sie jedoch nur nach vorheriger Buchung bei www.arethusa.net (auf "Prenotazioni e Prevendite" klicken); die Bäder sind berühmt für ihre gewagten Fresken im *apodyterium* (Umkleideraum); auf einer Freske ist eine erotische Szene mit zwei Frauen zu sehen.

Gleich rechter Hand hinter der Porta Marina befindet sich der **Venustempel** (Tempio di Venere) aus dem 1. Jh. v. Chr. Dieser zählte einst wohl zu den prächtigsten Kultstätten der Stadt.

Ein Stück die Via Marina hinunter taucht die **Basilika** auf. Im 2. Jh. v. Chr. war sie Sitz der Gerichtshöfe und der Börse. Gegenüber der Basilica steht der eindrucksvolle **Apollotempel** (Tempio di Apollo). Im 2. Jh. v. Chr. erbaut, ist er der älteste und wichtigste aller Sakralbauten Pompejis. Das heute grasbewachsene **Forum** (foro) gleich neben dem Tempel war einst der Hauptplatz der Stadt – ein riesiges verkehrsfreies Rechteck mit Kalksteinsäulen zu beiden Seiten, auf dem das Leben pulsierte.

Nördlich des Forums steht der **Jupitertempel** (Tempio di Giove), von dessen ehemals zwei Triumphbögen noch einer erhalten ist; gleich daneben befinden sich die **Kornspeicher** (Granai del Foro), wo heute Hunderte von Amphoren und verschiedene Gussformen gelagert sind. Diese wurden gegen Ende des 19. Jhs. hergestellt, um zerstückelte Skulpturen durch Gipseinfüllungen wieder zusammenzufügen. Ganz in der Nähe befindet sich das **Macellum**, einst Hauptstandort der städtischen Fleischerstände des Fischmarkts.

Vom Markt aus läuft man auf der Via degli Augustali bis zum Vicolo del Lupanare. Auf halber Höhe dieser engen Straße stößt man auf ein winziges, zweistöckiges Gebäude namens **Lupanare**, ein antikes Bordell. Auf jeder Etage befinden sich fünf Räume; dort sind einige der obszönsten erotischen Fresken in ganz Pompeji zu sehen.

Die Via dei Teatri mündet schließlich ins grüne **Foro Triangolare**, einst mit Blick aufs Meer. Die Hauptattraktion dieses Platzes ist seit jeher das **Große Theater** (Teatro grande) aus dem 2. Jh. v. Chr., welches 5000 Zuschauern Sitzplätze bot. Hinter der Bühne befand sich der **Quadriportico dei Teatri**, ein Säulengang, der ursprünglich den Theaterbesuchern in den Pausen der Aufführungen als Flanierzeile diente. Später wurde es dann für die Gladiatoren zur Kaserne umfunktioniert.

Nebenan befindet sich das **Kleine Theater** (Teatro piccolo), auch als Odeon bekannt. Es war einmal ein überdachtes Theater, während der prärömische **Isistempel** (Tempio di Iside) gerne für Kulthandlungen benutzt wurde.

Gleich östlich davon, in der Via dell'Anfiteatro (die in die Vico Meridionale übergeht) erhebt sich die **Casa del Menandro**. Die Stadtvilla ist eines der prächtigsten Privathäuser Pompejis; zu den Highlights gehören ein eleganter Säulenhof (Garten mit Kolonnade) und ein auffallend schöner Mosaikboden im *caldarium* (Dampfbad).

Zurück auf der Via dell'Abbondanza stößt man auf die **Stabianer Thermen** (Terme Stabiane) aus dem 2. Jh. vor Chr. So sah eine typische Badeeanstalt in dieser Epoche aus. Die Badenden betraten die Anlage über eine Vorhalle, wo sie erst einmal im Gewölberaum des *apodyteriums* (Umkleidekabine) haltmachten. Danach gingen sie zum *tepidarium* (Warmbaderaum) und *caldarium* (Dampfbad) weiter.

Nahe dem nordöstlichen Ende der Via dell'Abbondanza steht ein wunderbares Beispiel für eine römische Snackbar, das **Thermopolium di Vetutius Placidus**, während die **Casa della Venere in Conchiglia** (Haus der Venus in der Muschel) einen herrlichen Säulenhof mit Ausblick auf einen kleinen, gepflegten Garten birgt. Darin ist das Glanzstück das Fresko der Venus, das zeigt, wie die Schaumgeborene auf einer Muschelschale übers Meer gleitet. Diesem Kunstwerk verdankt das Haus auch seinen Namen.

Ganz in der Nähe befindet sich das inzwischen mit Gras bewachsene **Amphitheater**. 70 v. Chr. erbaut, ist es das älteste bekannte römische Freilufttheater. Seinerzeit bot es Platz für 20 000 Zuschauer, die alle nach blutigen Spielen gierten. Unweit davon befindet sich die **Große Palästra** (Grande Palestra), ehemals ein Übungsplatz für Leichtathleten, mit einem beeindruckenden Säulengang und den Überresten eines Schwimmbeckens in der Mitte.

Von hier aus geht's zurück auf der Via dell'Abbondanza und dann rechts in die Via Stabiana zu einigen der herrschaftlichsten Anwesen im antiken Pompeji. In der Via della Fortuna (erste Nebenstraße links) stößt man auf das **Haus des Fauns** (Casa del Fauno), Pompejis größte Privatvilla. Sie ist nach der kleinen Bronzefigur im *Impluvium* (Regenbehälter) benannt. Hier stießen die Archäologen der ersten Stunde auf die herrlichsten Mosaike in Pompeji. Die meisten davon befinden sich heute im Museo Archeologico Nazionale in Neapel. Einige Häuserblocks weiter taucht das **Haus des Tragödiendichters** (Casa del Poeta Tragico) auf. Dort kann man die ersten Hundewarnschilder der Zivilisationsgeschichte mit der Aufschrift *cave canem* (Warnung vor dem Hunde!) bestaunen. Nördlich davon, am Vicolo di Mercurio, steht das **Haus der Kaufmannsbrüder Vetius** (Casa dei Vettii). Im Innern des Hauses verbirgt sich die berühmte Darstellung des Priapus mit seinem überdimensionalen Phallus, der auf einer Waagschale ruht.

Von hier läuft man die Straße weiter westwärts und biegt rechts in die Via Consolare ab, wo es durch die **Porta Ercolano** aus der Stadt hinausgeht. Man passiert die **Villa des Diomedes**, biegt gleich dahinter rechts ab und stößt auf die **Villa der Mysterien**, eines der besterhaltenen Gebäude von Pompeji. Dort ist noch immer das bedeutendste Fresko zu sehen, das in der Stadt geblieben ist: der *Dionysiosfries*. Er erstreckt sich über die Wände des großen Speisezimmers. Dargestellt ist die Initiation einer künftigen Braut in den Kult des griechischen Weingottes. Der Fries ist eines der größten erhaltenen antiken Gemälde überhaupt.

Das **Museo Vesuviano** (☎081 850 72 55; Via Bartolomeo 12; Eintritt frei; ⏲Mo–Fr 9–13 Uhr) im südöstlichen Bereich der Ausgrabungsstätte zeigt eine interessante Ausstellung von Artefakten.

Geführte Touren

Vor dem *scavi*-Kartenbüro kommen fast immer Gästeführer auf die ankommenden Besucher zu. Lizenzierte Gästeführer tragen personalisierte Namenschilder. Eine zweistündige Führung kostet zwischen 100 und 120 €, sowohl für Einzelpersonen als auch für eine Gruppe. Zu den seriösen Tourenanbietern gehören **Yellow Sudmarine** (☎329 1010 328; www.yellowsudmarine.com), **Torres Travel** (☎081 856 78 02; www.torrestravel.it) und **Pompeii Cast** (☎081 850 49 12; www.pompeii-cast.it). Alle drei bieten geführte Touren an zu den Ruinen sowie Ausflüge zu weiteren Hotspots in der Region einschließlich Neapel, Capri und zur Amalfiküste.

Schlafen & Essen

Eine Übernachtung in Pompeji ist wirklich nicht notwendig. Am besten lassen sich die Ruinen im Rahmen eines Tagesausflugs ab Neapel, Sorrent oder Salerno besuchen. Sobald die Ausgrabungsstätten geschlossen sind, wirkt die Gegend rund um die Stätte richtig verwahrlost.

Die meisten Restaurants in der Nähe der Ruinen sind charakterlose Lokale, die ganze Busladungen an Touristen abfertigen. Wer ein bisschen weiter in die moderne Stadt hineinschlendert, wird ein paar ordentliche Restaurants finden, die ausgezeichnetes italienisches Essen servieren. Für alle, die lieber innerhalb des Ruinenareals bleiben möchten, bietet die **Kantine** (Via di Mercurio) nahe am Tempio di Giove eine Standardauswahl an Panini, Pizzastücken, Salaten, heißen Mahlzeiten und Eis an.

LP TIPP President MODERN ITALIENISCH €€
(☎081 850 72 45; Piazza Schettini 12; Mahlzeiten 40 €; ⏲Nov.–März Mo & So Abendessen, im Jan. 2 Wochen geschl.) Hier wird unter Kronleuchtern gespeist, von denen das Kerzenwachs heruntertropft. In ausgezeichneten Kreationen wie Aubergine *millefoglie* (flockiges Blätterteigwerk), Cetara-Sardellen, Mozzarella *filante* (geschmolzener Mozzarella) und geriebener *tarallo* (aromatische Mandelkekse) werden heimische Zutaten verarbeitet. Die Menüs mit Verkostungscharakter (40 bis 70 €) sind ein wahrer Genuss für alle Feinschmecker.

Plinio Hostaria OSTERIA, PIZZERIA €€
(Via Plinio 12; Pizza 4–12 €, Mahlzeiten 30 €) 450 m westlich der Piazza Anfiteatro lockt die heimelige Osteria als eines der besten Esslokale in der Nähe der Ruinen. Hier gibt es ordentliche Pizzas, dampfende Lasagne und frische Salate. Bei warmer Witterung können die Gäste auch draußen im grünen Innenhof einen kleinen Snack verspeisen.

Praktische Informationen

Erste Hilfe (☎081 535 91 11; Via Colle San Bartolomeo 50)

Polizei (☎081 856 35 11; Piazza Porta Marina Inferiore)

Pompeji (Stätten) (www.pompeiisites.org) Umfangreiche Website mit Wissenswertem zu Pompeji und Herculaneum.

Post (Piazza Esedra)

Touristeninformation Porta Marina (☎081 536 32 93; www.pompeiturismo.it; Piazza Porta Marina Inferiore 12; ⏲ Mo–Sa 8–15.45 Uhr); Pompeji (Ort) (☎081 850 72 55; Via Sacra 1; ⏲ Mo–Fr 8–15.30 Uhr, Sa bis 13.30 Uhr)

An- & Weiterreise

Vom Bahnhof Pompeji-Scavi-Villa dei Misteri verkehren häufig Circumvesuviana-Züge nach Neapel (2,80 €, 35 Min.) und Sorrent (2.10 Uhr, 30 Min.).

Ansonsten fahren auch noch halbstündlich Busse von **SITA** (☎089 405 145; www.sita bus.it, auf Italienisch) von/nach Neapel (2,80 €, 30 Min.); ab/nach Salerno (2,10 €,1 Std.) verkehrt die Buslinie 5 von **CSTP** (☎800 016 659; www.cstp.it, auf Italienisch).

Nach Rom starten täglich ein bis zwei Busse von **Marozzi** (☎080 579 01 11; www.marozzivt.it) (16,50 €, 3 Std.) von der Piazza Esedra aus.

Mehr Informationen über die An-/Abreise zum/vom Vesuv siehe S. 704. Die Busse von Pompeij zum Vesuv fahren von der Piazza Anfiteatro ab.

Wer mit dem eigenen Auto oder einem Mietwagen, anreist, nimmt die A3 ab Neapel, Ausfahrt Pompeji und folgt dann den Schildern nach Pompeji Scavi. Die Parkplätze sind klar ausgeschildert (ca. 5 € pro Std.), aber Achtung:

Sorrent

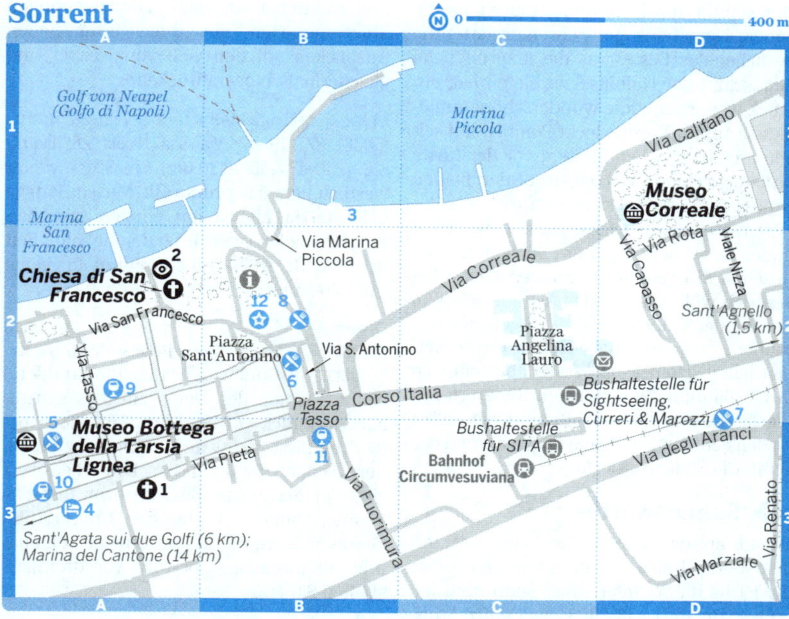

Sorrent

Dort treiben sich gerne aufdringliche Kundenfänger herum.

Sorrent

16 610 EW.

Sorrent, so liest man über den auf einer Klippe thronende Ort, sollte man eher meiden – eine Destination für Pauschalreisende, mit nur wenigen Attraktionen, vom Strand ganz zu schweigen. Auch gibt's dort jede Menge Pubs im englischen Stil, mit Messingbeschlägen, versteht sich ... jedenfalls lauten so die üblichen Hinweise. In Wirklichkeit aber hat das Städtchen einen seltsam eigenwilligen Reiz, der sich in der Lässigkeit süditalienischer Lebensart ausdrückt. So widersteht Sorrent allen Versuchen, im Souvenirkitsch unterzugehen. Der Tourismus entwickelt sich hier nicht so ungnädig wie anderswo.

Das römische Surrentum auf einem Felsplateau mit schwarzen Steilklippen aus vulkanischem Gestein ist ein idealer Ausgangspunkt für Erkundungstouren in die nähere Umgebung: Im Westen erwartet die Besucher das Beste, was die ursprüngliche Landschaft der Halbinsel zu bieten hat, ein Stück weiter fängt die wunderschöne Amalfiküste an; im Norden lockt Pompeji mit seinen archäologischen Stätten; vor der Küste liegt die sagenumwobene Insel der Blauen Grotte, das besuchenswerte Capri.

Der griechischen Sage nach lebten einst in den Gewässern rund um Sorrent die mythischen Sirenen. Seefahrer der Antike ließen sich willenlos von dem wunderschönen Gesang der mädchenhaften Ungeheuer verzaubern und mit ihren Schiffen ins Verderben leiten. Homers Odysseus aber entwich ihrem Bann, indem er seinen Ruderern mit Wachs die Ohren verstopfte und sich selbst an den Schiffsmast fesseln ließ, während das Schiff die Stelle passierte.

Sehenswertes

Direkt ab der Piazza Tasso beginnt mit dem Corso Italia (verkehrsfrei von 19 Uhr bis 1 Uhr im Sommer sowie sonn- und feiertags von 10 bis 13 Uhr) das Centro Storico, wo es an Sommerabenden in den engen Gassen nur so von Touristen wimmelt.

In dieser attraktiven Zone mit zahlreichen Souvenirläden, Cafés, Kirchen und Restaurants herrscht nahezu ständig ein quirliges Treiben.

Chiesa di San Francesco KIRCHE

(☎081 878 12 69; Via San Francesco; ⏲8–13 & 14–20 Uhr) Nicht die Kirche an sich, sondern ihr wunderschöner Kreuzgang ist die eigentliche Attraktion. Der besondere Reiz liegt in der harmonischen Vermählung verschiedener Baustile – an zwei Seiten befinden sich Kreuzbögen aus dem 14. Jh., die anderen zwei sind Rundbögen, getragen von achteckigen Stützpfeilern. Hier finden oft interessante Ausstellungen und schöne Sommerkonzerte statt.

Nebenan bietet die **Villa Comunale Park** (Mitte Okt.–Mitte April ⏲8–20 Uhr, Mitte April–Mitte Oktober 8–24 Uhr) grandiose Ausblicke über das Meer bis hin zum Vesuv.

Museo Correale MUSEUM

(☎081 878 18 46; www.museocorreale.com; Via Correale 50; Eintritt 7 €; ⏲Mi–Mo 9.30–13.30 Uhr) Sorrents Hauptmuseum birgt eine reiche Sammlung mit neapolitanischer Kunst sowie japanischer, chinesischer und europäischer Keramik aus dem 17. und 19. Jh., Uhren und Möbel sowie griechischer und römischer Artefakte. Die zugehörigen Museumsgärten mit ihren himmlischen Ausblicken auf den Golf von Neapel sind gleichermaßen beeindruckend.

Museo Bottega della Tarsia Lignea MUSEUM

(☎081 877 19 42; Via San Nicola 28; Eintritt 8 €; ⏲10–13 & 15–18.30 Uhr) Ein Stück weiter westlich liegt das prunkvolle Museo Bottega della Tarsia Lignea mit einigen sagenhaften Beispielen von Intarsienmöbeln. Seit dem 18. Jh. ist Sorrent berühmt für seine Intarsio-Kunst.

Duomo DOM

(☎081 878 22 48; Corso Italia; ⏲8–12 & 18–20 Uhr) Am Corso Italia ragt die strahlend weiße Fassade des Doms auf, das spirituelle Herzstück von Sorrent. Von außen betrachtet lässt nichts auf die Opulenz im Innern schließen. Besonders bemerkenswert sind der marmorne Bischofsthron und das wunderschöne hölzerne Chorgestühl. Draußen steht ein dreigeschossiger Campanile mit Toreingang, bestützt von drei klassischen Säulen.

Aktivitäten

Zuerst die schlechten Nachrichten: Sorrent hat wirklich keine schönen Strände. Direkt in der Stadt gibt es zwei Badeflecken, einmal an der **Marina Piccola** und weiter östlich an der **Marina Grande**, jedoch ist keiner der beiden besonders attraktiv. Und jetzt die gute Nachricht: Es gibt einen bedeutend schöneren felsigen Strand namens **Bagni Regina Giovanna** mit den Ruinen der römischen Villa Pollio Felix als Kulisse. Zwar ist der Strand auch zu Fuß erreichbar (die Via Capo 2 km in Richtung Westen laufen), aber schneller geht's mit dem SITA-Bus oder dem EAV-Bus (Linea A) nach Massalubrense.

Um zu den besten Badestellen zu gelangen, ist allerdings ein Boot nötig. **Sic Sic** (☎081 807 22 83; www.nauticasicsic.com; Via Marina Piccola 43; ⏲Mai–Okt.) verleiht eine Vielfalt an Booten; die Tarife beginnen bei ca. 50 € pro Stunde bzw. 150 € pro Tag (zuzüglich Benzinverbrauch).

Geführte Touren

City Sightseeing Sorrent BUS

(☎081 877 47 07; www.sorrent.city-sightseeing.it; Erw./6–15 Jahre 12/6 €) Dieses Busunternehmen bietet Stadtrundfahrten rund um Sorrent und innerhalb der Stadt, bei denen Fahrgäste jederzeit aus- und zusteigen können. Die Busse starten täglich um 9.30,

11.30, 13.30 und 15.30 Uhr ab der Piazza De Curtis (Circumvesuviana-Bahnhof). Die Kommentare werden meist auf Englisch gesprochen. Fahrkarten können im Bus erworben werden und gelten für sechs Stunden.

Feste & Events

Dem Schutzpatron von Sorrent, Sant'Antonino, wird jedes Jahr am 14. Februar mit Prozessionen und riesigen Märkten gehuldigt. Der Heilige soll die Stadt vor der Zerstörungswelle im Zweiten Weltkrieg gerettet haben, als auf Salerno und Neapel ein Bombenhagel niederging.

Sorrent ist auch in ganz Italien berühmt für seine Prozessionen in der **Karwoche**. Die zwei wichtigsten sind die Mitternachtsprozessionen am Donnerstag vor Karfreitag und am Karfreitag selbst.

Schlafen

Die meisten Unterkünfte finden sich im Stadtzentrum oder westlich davon, entlang der Küstenstraße Via Capo. In der Sommersaison zahlt sich frühes Buchen aus.

La Tonnarella HOTEL €€€

(081 878 11 53; www.latonnarella.it; Via Capo 31; DZ/Suite 112–225/300–400 €; April–Okt.; P) Das Dekor besteht hier aus Fayencefliesen mit einem schwindelerregenden blau-gelben Muster, Antiquitäten, Kronleuchtern und Figuren. Die meisten klassisch eingerichteten Zimmer haben einen eigenen Balkon oder eine kleine Terrasse. Ferner verfügt das Hotel über einen Privatstrand nur für Hotelgäste (per Aufzug zugänglich). Zum Hotel gehört auch ein ausgezeichnetes Restaurant mit Terrasse, wo man unbedingt einmal essen sollte. Das Hotel liegt direkt westlich von der Sorrenter Innenstadt an der Küstenstraße Via Capo (Fortsetzung der Via degli Aranci).

Hotel Cristina HOTEL €€

(081 878 35 62; www.hotelcristinasorrent.it; Via Privata Rubinacci 6, Sant'Agnello; EZ/DZ 90–135/90–200 €; April–Okt.;) Wie ein Adlerhorst sitzt das Hotel Cristina über Sant'Agnello, die Ausblicke – insbesondere vom Swimmingpool aus – sind kaum zu toppen! Die eleganten Zimmer sind mit einer harmonischen Kombination aus Intarsienmöbeln und alten Fotochromdrucken ausgestattet, zwischendrin ein paar moderne Akzente wie zum Beispiel Stühle von Philippe Starck. Es gibt ein hauseigenes Restaurant und einen kostenlosen Bus-Schuttleservice von/zum Circumvesuviana-Bahnhof, der 1,5 km westlich vom Hotel liegt.

Casa Astarita B&B €

(081 877 49 06; www.casastarita.com; Corso Italia 67, Sorrento; EZ 55–100 €, DZ 70–115 €; @) Dieses Juwel, eine B&B-Herberge befindet sich in einem zentralen Gebäude aus dem 16. Jh. In allen sechs Zimmern sind ursprüngliche Bauelemente mit Flachbildschirm-TVs und Kühlschränken kombiniert. Der Wasserdruck in den Sanitäranlagen ist gut. Geschmackvolles Kunsthandwerk und Antiquitäten runden den eklektischen Einrichtungsstil ab. Die Zimmer liegen rund um einen zentralen Salon, wo das Frühstück auf großen, rustikalen Tischen serviert wird.

Seven Hostel HOSTEL €

(081 878 67 58; www.sevenhostel.com; Via Iommella Grande 99, Sant'Agnello; B/EZ/DZ 20–32/50–80/60–100 €; @) Im Seven ist Sparen echt sexy: gepflegte Räume, schicke Dachterrassen und am Wochenende Livemusik-Auftritte. Die Mehrbettzimmer sind geräumig und modern ausgestattet (einige mit eigenem Bad), die Standardzimmer sind klein, aber fein, und der hauseigene Waschsalon ist ein willkommener Bonus. Die Herberge liegt 800 m nördlich von Sant'Agnellos Circumvesuviana-Bahnhof, eine Haltestelle von Sorrent entfernt.

Nube d'Argento CAMPINGPLATZ €

(081 878 13 44; www.nubedargento.com; Via Capo 21; Camping für 2 Personen, Zelt & Auto 25–37 €, 2-Personen-Bungalows 50–85 €; März–Dez.;) Dieser einladende Campingplatz liegt etwa 1 km westlich vom Sorrenter Stadtzentrum. Die Stellflächen und bungalowartigen Chalets liegen schön verstreut unter dem Blätterdach von Olivenbäumen. Die Anlagen, zu denen auch ein Freibad gehört, sind hervorragend in Schuss.

Essen

Eine lokale Spezialität, nach der man unbedingt Ausschau halten sollte, sind die *gnocchi alla sorrentina* (Gnocchi mit Tomatensoße und Mozzarella überbacken).

LP TIPP **Inn Bufalito** KÄSEBAR €€

(Via Fuoro 21; Mahlzeiten 30 €; April–Okt.) Ein ausgezeichnetes Restaurant oder besser gesagt eine Mozzarellabar, wo die Gäste in aller Ruhe und genussvoll speisen. Wer hochwertige Produkte aus heimischen Landen kosten will, ist hier goldrichtig!

Ein unbedingtes Muss ist das Käsefondue nach Sorrenter Art, das Büffelcarpaccio und *salsiccia* (italienische Bratwürste) mit Brokkoli. Regelmäßig finden auch Käsedegustationen statt zusammen mit Kunstausstellungen und gelegentlicher Livemusik.

Ristorante Il Buco GASTRONOMISCH €€€
(☎081 878 23 54; Rampa Marina Piccola 5; Mahlzeiten 70 €, 6-Gänge-Degustationsmenü 75–85 €; ⏲Feb.–Dez. Do–Di) Wie der Name schon ausssagt, ist dieses Lokal, ursprünglich einmal ein klösterlicher Weinkeller, heute eine winzig kleine Schlemmeroase, ausgezeichnet mit einem Michelin-Stern. Innovative, regional geprägte Kochkunst ist hier tonangebend. Dazu gehört auch die Renaissance der klassischen Käsetarte mit Tomatentartar und Rucolapesto. Eine Reservierung ist auf alle Fälle ratsam.

La Basilica MODERN ITALIENISCH, PIZZERIA €€
(Via S Antonino 12; Pizzas 6–11 €, Mahlzeiten 50 €; ⏲12–24 Uhr) Ein elegantes Lokal ohne Starallüren: unter dem Tonnengewölbe des Kellerrestaurants kommen regionale Leckerbissen auf den Tisch, die einen Tick modern verfremdet sind, wie zum Beispiel hausgemachte schwarze scialatielli mit Kalamari und Cocktailtomaten oder süße Sünden wie Schokoladentarte mit Whisky. Wer günstiger essen will, wird auch von den ausgezeichneten Holzofen-Pizzas nicht genug bekommen können.

Mondo Bio VEGETARISCH €
(Via degli Aranci 146; Snacks 3 €, Pasta ab 6,50 €; ⏲ Mo–Sa 8.30–20.30 Uhr) Der freundliche Bioladen schreibt sich einwandfreies vegetarisches Essen auf die Fahnen. An einigen Tischen wird auch anderes Essen serviert. Auf der schlichten Speisekarte stehen fleischlose Nudel- und Tofu-Gerichte. Das täglich wechselnde Tagesmenü ist draußen vor dem Geschäft mit Kreide angeschrieben. Zum Angebot gehören beispielsweise *zuppa di soia verde* (Sojabohnensuppe) und *polpette di tofu* (Tofubällchen).

Ausgehen

Wer nicht essen möchte, sondern nur ein paar Drinks zu sich nehmen möchte, für den gibt es in Sorrent genügend Ausgehmöglichkeiten, angefangen bei gemütlichen, holzvertäfelten Weinbars bis hin zu Cafés mit Schwerpunkt auf einer guten Auswahl an Cocktails.

Café Latino CAFÉ, BAR
(Vico I Fuoro 4a) Romantischer geht's nicht: Im Café Latino sitzten die Gäste unter Orangen- und Zitronenbäumen, während sich über einem eisgekühlten Cocktail die Blicke zum Flirten begegnen. Wer nicht davon loskommt, kann auch gleich zum Essen hier bleiben (Mahlzeiten um die 30 €).

Fauno Bar CAFÉ, BAR
(Piazza Tasso) Dieses elegante Café belagert den halben Platz, eignet sich also bestens zum Leute beobachten. Allerdings sind die Preise hier nicht gerade günstig. Für einen Cocktail zahlt man mindestens 8,50 €, Snacks und Sandwiches sind ab 7 € zu bekommen.

Bollicine WEINBAR
(Via dell'Accademia 9; ⏲Di. geschl.) Eine unprätentiöse Weinbar mit dunklem Holzinterieur und Weinkisten, die überall verstreut herumliegen. Auf der Weinkarte stehen alle großen italienischen Namen und auch eine Auswahl an regionalen Marken – der sympathische Barkeeper berät dazu gerne. Auf der kleinen Speisekarte steht herzhafte Kost wie Pizza und hausgemachte Salami.

Unterhaltung

Im Sommer finden im Kreuzgang der Chiesa di San Francesco Konzerte statt.

Teatro Tasso LIVEMUSIK, THEATER
(☎081 807 55 25; www.teatrotasso.com; Piazza Sant'Antonino) Hier wird Gesang in guter alter Tradition geboten. Die Konzertbühne führt seit seit eh und je klassische Musicals auf, so auch das Sorrent Musical (25 €), eine sentimentale Reise durch neapolitanische Evergreens wie „O Sole Mio". Von Ostern bis Oktober fangen die 75-minütigen Abendvorstellungen durchgehend von Montag bis Samstag immer um 21.30 Uhr an.

Fauno Notte Club LIVEMUSIK, THEATER
(☎081 878 10 21; www.faunonotte.it; Piazza Tasso 1) Die direkte Konkurrenz zum Teatro Tasso ist der Fauno Notte Club mit seiner fantastischen Zeitreise durch die Geschichte, umrankt von Legenden und Folklore – mit anderen Worten, 500 Jahre neapolitanische Geschichte, musikalisch umgesetzt.

Praktische Informationen

Krankenhaus (☎081 533 11 11; Corso Italia 1)
Polizei (☎081 807 53 11; Via Capasso 11)

Post (Corso Italia 210)

Sorrent Tour (www.Sorrenttour.it) Umfangreiche Website mit praktischen Informationen rund um Ausflugs- und Transportmöglichkeiten in Sorrent und Umgebung.

Touristeninformation (Via Luigi De Maio 35; ⏲ Mo–Fr 8.30–16.15 Uhr) Im Circolo dei Forestieri (Ausländerclub) liegt Prospektmaterial aus; es gibt dort auch einen Vermittlungsservice für Unterkünfte. Von Mai bis September finden sich auch Infostände (10–13 und 16–21 Uhr) am Bahnhof, am Fährterminal und im Stadtzentrum.

ℹ An- & Weiterreise

Bus

Die Busse **Curreri** (☎081 801 54 20; www.curreriviaggi.it) pendeln 6-mal täglich zwischen Sorrent und dem Flughafen von Neapel, Capodichino; sie stehen gleich vor der Ankunftshalle zur Abfahrt bereit und fahren bis zur Piazza Tasso. Fahrkarten (10 €) für den 75-minütigen Transfer sind direkt im Bus erhältlich.

Die Busse von **SITA** (☎089 405 145; www.sitabus.it, auf Italienisch) starten vor dem Circumvesuviana-Bahnhof, halten dann an verschiedenen Stellen entlang der Amalfiküste und fahren bis Sant'Agata sui due Golfi. Fahrkarten sind in der Bar am Bahnhof oder in Läden mit dem blauen SITA-Schild erhältlich. Etwa 30 Busse verkehren täglich zwischen Sorrent und Amalfi (2,80 €, 1¾ Std.) mit Abstecher nach Positano (1,50 €, 1 Std.). Umsteigen nach Ravello in Amalfi.

Die Busse von **Marozzi** (☎080 579 01 11; www.marozzivt.it) verkehren ein bis zweimal täglich nach/von Rom (17,50 €).

Schiff/Fähre

Sorrent ist die Hauptablegestelle für Überfahrten nach Capri, hat aber auch ausgezeichnete Fährverbindungen nach Neapel, Ischia und zu den Ferienresorts an der Amalfiküste. **Alilauro** (☎081 878 14 30; www.alilauro.it) lässt 5-mal täglich Tragflügelboote zwischen Neapel und Sorrent (11 €, 35 Min.) verkehren. Langsamer auf der gleichen Strecke ist **Metrò del Mare** (☎199 600700; www.metrodelmare.net), diese Verbindung wurde allerdings 2011 bis auf weiteres stillgelegt. **Gescab-Linee Marittime Partenopee** (☎081 704 19 11; www.consorziolmp.it) betreibt Tragflügelboote von Sorrent nach Capri von April bis November (15 €, 20 Min., 15-mal tgl.).

Alle Schiffe, Fähren und Tragflügelboote legen in der Marina Piccola ab. Dort sind auch Fahrkarten erhältlich.

Zug

Züge der **Circumvesuviana** (☎081 772 24 44; www.vesuviana.it) verkehren alle 30 Minuten zwischen Sorrent und Neapel (4 €) über Pompeji (2,10 €) und Ercolano (2,10 €).

ℹ Unterwegs vor Ort

Ein Nahverkehrsbus (Linie B) fährt von der Piazza Sant'Antonino bis zur Marina Piccola (1 €).

Jolly Service & Rent (☎081 877 34 50; www.jollyrent.eu; Via degli Aranci 180) verleiht schicke Autos ab 53 € und 50 Kubikzentimeter-Motorroller ab 27 €.

Taxi-Ruf ☎081 878 22 04.

Westlich von Sorrent

In der Gegend westlich von Sorrent zeigt sich Süditalien in seiner ganzen Authentizität und Schönheit: Dort schlängeln sich Serpentinenstraßen durch die Hügellandschaft, vorbei an Hainen mit Oliven-, Orangen- und Zitronenbäumen, durch verschlafene malerische Dörfer und winzige Fischerhäfen hindurch. Bei jeder Kehre eröffnen sich herrliche Auslicke aufs Meer. Die schönste Aussicht hat man von Sant'Agata sui due Golfi aus und von der Landspitze Punta Campanella im äußersten Westen der Halbinsel von Sorrent.

SANT'AGATA SUI DUE GOLFI

Das verschlafene Nest Sant'Agata sui due Golfi, hoch oben auf den Hügeln über Sorrent gelegen, eröffnet grandiose Ausblicke über den Golf von Neapel auf der einen und die Bucht von Salerno auf der anderen Seite (daher der Name Hl. Agatha an den zwei Golfen). Der beste Aussichtspunkt ist **Deserto** (☎081 878 01 99; Via Deserto; ⏲ Gärten 7–19 Uhr, Panoramablick April–Sept. 17–20 Uhr, Okt.–März 15–16 Uhr), ein Karmeliterkloster 1,5 km am Hang oberhalb der Ortsmitte.

Das **Kloster** (EZ inkl. Frühstück, Mittagessen & Abendessen 45 €) bietet auch einfache, friedvolle Unterkünfte für alle, denen es zu schwer fällt, sich von der Idylle und vom Panorama zu lösen.

Agriturismo Le Tore (☎081 808 06 37; www.letore.com; Via Pontone 43; EZ/DZ 50–80/90–110 €, Abendessen 25–30 €; ⏲ Ostern–Mitte Nov.; Ⓟ) ist ein Ökobauernhof mit acht scheuenartigen Zimmern und einer Ferienwohnung für maximal sechs Personen (600–1000 € pro Woche). Eine kurze Autofahrt oder einen langen Fußmarsch vom Dorf entfernt liegt der idyllische Gutshof verborgen hinter Obst- und Olivenhainen – eine wirklich traumhafte Kulisse!

Von Sorrent führt ein malerischer, 3 km langer Pfad (ca. 1 Std. Gehzeit) hinauf nach Sant'Agata. Alternativ fahren auch noch stündlich SITA-Busse ab dem Bahnhof Circumvesuvian.

MARINA DEL CANTONE

Von Sorrent kommend folgt man der Küstenstraße bis nach **Termini**. Dort lohnt sich ein kurzer Halt, um die herrlichen Ausblicke zu genießen. Danach geht's weiter nach **Nerano**, von wo ein wunderschöner Wanderpfad zur traumhaften **Bucht von Ieranto** hinunterführt. Neben der **Marina del Cantone** gehört diese Bucht zu den schönsten Badeplätzen entlang der Küste. Marina del Cantone ist ein schlichtes Dorf mit einem kleinen Kiesstrand, also ein stiller Ort zum Verweilen und auch ein beliebtes Ausflugsziel für Taucher.

Nettuno Diving (☎081 808 10 51; Via A Vespucci 39) organisiert verschiedene Unterwasseraktivitäten, einschließlich Schnorchelausflüge, Anfängerkurse und Höhlentauchen. Die Preise für Erwachsene beginnen ab 25 € für einen Tagesausflug in der Bucht von Leranto.

Villaggio Residence Nettuno (☎081 808 10 51; www.villaggionettuno.it; Via A Vespucci 39; Campen für 2 Personen, Zelt & Auto 15–31 €, Bungalow 35–80 €, Apt. 60–250 €; ⏲März–Anfang Nov.; P ✱ @ ᯤ ≋) bietet eine Reihe von verschiedenen Unterkünften an, darunter Plätze zum Zelten, Wohnmobile für zwei bis vier Personen, Bungalows für zwei bis acht Personen und romantische Apartments in einem Turm aus dem 16. Jh. für zwei bis fünf Personen. Der Campingplatz liegt an mit Olivenbäumen bewachsenen Terrassenhängen an der Ortseinfahrt.

In punkto Gastronomie hat der Ort ein besonderes Renommee. Hierher kommen nämlich die VIPs regelmäßig extra von Capri herüber zum Abendessen. Das absolute Lieblingslokal der Reichen und Schönen ist offenbar **Lo Scoglio** (☎081 808 10 26; Marina del Cantone; Mahlzeiten 55 €). Aufgetischt werden Vorspeisen der Superlative wie Antipasti mit rohen Meeresfrüchten (30 €) und himmlische *spaghetti al riccio* (Spaghetti mit Seeigel).

SITA-Busse verkehren regelmäßig zwischen Sorrent und Marina del Cantone (auf den Fahrplänen heißt es Nerano Cantone; 2,10 €, 1 Std.).

AMALFIKÜSTE

Die Costiera Amalfitana, eine der atemberaubendsten Küsten ganz Europas, erstreckt sich 50 km entlang der Südküste der sorrentinischen Halbinsel. Über den Steilklippen, die beängstigend schroff ins schimmernde Türkis des Meeres abfallen, blüht es auf Landschaftsterrassen voller duftender Zitronenhaine; cremefarbene elegante Villen klammern sich an schwindelerregende Steilhänge, während das Meer und der Himmel am weiten blauen Horizont förmlich miteinander zu verschmelzen scheinen.

Allerdings war diese atemberaubende Topografie nicht immer ein Segen. Über Jahrhunderte hinweg, nachdem Amalfis ruhmreiche Tage als Großseemacht bereits der Geschichte angehörten (vom 9. bis 12. Jh.), war die Gegend arm und ihre isolierten Dörfer fielen oft fremden Übergriffen, Erdbeben und Erdrutschen zum Opfer. Diese Abgeschiedenheit war aber wiederum genau der Grund, warum es Anfang des 19. Jhs. die ersten Besucher hierher zog. Somit war der Weg für die Entwicklung des Tourismus in der zweiten Hälfte des 19. Jhs. geebnet. Heute ist die Amalfiküste eine der führenden Destinationen Italiens. Besonders beliebt ist sie bei betuchten Jetsettern und Paaren auf der Suche nach Romantik.

Die beste Reisezeit ist im Frühling oder zum Sommeranfang. Im Sommer wird es auf der einzigen Küstenstraße (SS 163) ziemlich hektisch und auch die Preise schnellen in ungeahnte Höhen; im Winter sind vielerorts die Schotten dicht.

ℹ An- & Weiterreise

Auto & Motorrad

Vom Norden kommend fährt man bei der Ausfahrt Vietri sul Mare von der A 3 ab und auf der SS 163 entlang der Küste weiter. Vom Süden her verlässt man die A 3 bei Salerno und fährt in Richtung Vietri sul Mare auf der SS 163 weiter.

Bus

SITA (☎089 405 145; www.sitabus.it, auf Italienisch) betreibt regelmäßig und ganzjährig Küstenbuslinien entlang der SS163 zwischen Sorrent und Salerno (3,30 €) über Amalfi.

Schiff/Fähre

Die Fährverbindungen zu den Hafenstädten an der Amalfiküste sind in der Regel auf den Zeitraum zwischen April und Oktober beschränkt.

Gescab-Alicost (☎089 87 14 83; www.alicost.it, auf Italienisch) betreibt zwischen Mitte April und Oktober eine Fähre und ein Tragflügelboot täglich von Salerno nach Amalfi (7/9 €), Positano (11/13 €) und Capri (18,50/20 €). Schiffe von Amalfi und Positano nach Capri verkehren 2-mal täglich, ebenso oft verkehren sie von Sorrent nach Positano (13 €) und Amalfi (14 €).

TraVelMar (☎089 87 29 50; www.travelmar.it, auf Italienisch) verbindet Salerno mit Amalfi (7 €, 6-mal tgl.) und Positano (11 €, 6-mal tgl.) von April bis Oktober.

Die **Metrò del Mare** (☎199 600700; www.metrodelmare.net, auf Italienisch) wurde 2011 bis auf weiteres stillgelegt. Ansonsten würde sie normalerweise im Sommer verschiedene Hafenstädte an der Amalfiküste ansteuern, einschließlich Sorrent, Positano, Amalfi und Salerno.

Zug

Ab Neapel kann man entweder mit der Circumvesuviana nach Sorrent oder mit einem Trenitalia-Zug nach Salerno reisen. Danach geht es ost- oder westwärts mit einem SITA-Bus weiter die Amalfiküste entlang.

Positano

3985 EW.

Positano, die Perle unter den Küstenstädten, ist die meistfotografierte und teuerste Stadt in der Gegend. Die steil übereinander geschachtelten Häuser sind geprägt von einer Farbmischung aus Pfirsich-, Rosa- und Terrakottatönen. Die fast senkrecht abfallenden Straßen (de facto meist Treppen) sind gesäumt von teureren, edlen Boutiquen mit modischen Schaufensterauslagen, Schmuckständen, eleganten Hotels und schicken Restaurants. Wer jedoch genauer hinschaut, stellt fest, dass es in Positano auch nicht besser ist als anderswo – Stuck bröckelt, Farbanstriche sind fleckig, gelegentlich liegt der Schwefelduft einer Kloake in der Luft.

Über einen Besuch notierte John Steinbeck einst: „Positano geht bis ins Mark. Es ist ein traumhafter Ort, der den Eindruck vermittelt, nicht ganz von dieser Welt zu sein. Allerdings wird er unwiderstehlich real, sobald man ihn verlassen hat." (Harper's Bazaar, Mai 1953) Nach über 50 Jahren steckt immer noch viel Wahrheit in den Worten des amerikanischen Autors; davon kann man sich hier jederzeit selbst überzeugen.

ABSTECHER

NOCELLE

Nocelle (450 m), ein winziges, immer noch abgeschiedenes Bergdorf, bietet die spektakulärsten Ausblicke über die ganze Küste. Ganz anders als das touristische Positano rührt sich hier nicht gerade viel. Und die Einwohner würden das auch gar nicht wollen, denn der Ort ist einfach verschlafen und ruhig.

Am bequemsten gelangt man mit dem Ortsbus ab Positano (1,10 €, 30 Min., 17-mal tgl.) dorthin. Wanderer, die sich auf den Sentieri degli Dei (s. S. 720) wagen, bekommen unterwegs vielleicht Lust auf eine Einkehr zum Mittagessen im **Ristorante Santa Croce** (Via Nocelle 19; Gerichte 25 €; ⌚Sommer).

Sehenswertes

Chiesa di Santa Maria Assunta KIRCHE

(Piazza Flavio Gioia; ⌚8–12 & 16–21 Uhr) Die berühmteste der eher raren Sehenswürdigkeit der Stadt ist die Marienkirche. Ihre markante Fayencekuppel ragt über dem Dächern Positanos auf. Die klassizistische Strenge im Innern ist durch vergoldete ironische Kapitelle der Säulen und Putti, die keck aus den Bogenscheiteln hervorgucken, etwas durchbrochen. Über dem Hochaltar thront eine byzantinische Schwarze Madonna mit Kind aus dem 13. Jh.

Aktivitäten

Spiaggia Grande STRAND

Die Spiagga Grande ist von hier nur einen Katzensprung entfernt. Zwar ist der Strand mit seinem gräulichen Sand und Tausenden von grellfarbenen Sonnenschirmen nicht gerade ein verlockendes Traumidyll, jedoch ist das Wasser sauber und die Kulisse hat Ewigkeitscharakter. In den eingezäunten Bereichen kosten Sonnenschirme und Liegen rund 20 € pro Person und pro Tag. Dagegen sind die gut besuchten öffentlichen Strandabschnitte kostenlos.

Blue Star SEGELN, TOUREN

(☎329 622 44 04; www.bluestarpositano.it; Spiaggia Grande; ⌚April–Nov. 9–21 Uhr) Der Bootsverleih betreibt seine Geschäfte an einem Kiosk an der Spiaggia Grande. Blue Star verleiht kleine Motorboote für ca. 55 € pro Stunde und organisiert auch Ausflüge nach Capri, zur Grotta dello Smeraldo und die ganze Amalfiküste entlang.

L'Uomo e il Mare SEGELN, TOUREN

(☎089 81 16 13; www.gennaroesalvatore.it; ⏲Ostern–Nov. 8–20 Uhr) Ähnlich wie Blue Star betreibt auch dieser Bootsverleih einen Kiosk nahe dem Fährterminal und bietet eine Reihe von Touren an, einschließlich Tagesausflüge nach Capri (50 € mit Prosecco und Kuchen) und entlang der Amalfiküste (80 €, einschließlich Mittagessen), sowie eine romantische Kreuzfahrt mit Sonnenuntergang zu den Li Galli-Inseln (30 €).

Schlafen

Die meisten Hotels liegen im 3-Sterne-Bereich und darüber. Das Preisniveau ist überall ziemlich hoch. Günstigere Unterkünfte sind rarer und müssen für die Sommersaison gewöhnlich weit im Voraus gebucht werden. Die Touristeninformation vermittelt auch Zimmer oder Apartments von privat.

LP TIPP **Pensione Maria Luisa** PENSION €

(☎089 87 50 23; www.pensionemarialuisa.com; Via Fornillo 42; EZ/DZ 50/70–85 €; @) Die Villa Maria Luisa gehört zu den besten Budgetunterkünften in der ganzen Stadt. Die Zimmer mit Bad sind frisch renoviert, u. a. mit leuchtend blauen Kacheln; die Zimmer mit eigener Terrasse kosten 10 bis 15 € extra für den Ausblick auf die Bucht. Zu den weiteren Vorzügen gehören ein sonniger Gemeinschaftsbereich und ein sehr hilfsbereiter und jovialer Inhaber. Als Bezahlung wird nur Bargeld akzeptiert.

Hotel Palazzo Murat LUXUSHOTEL €€€

(☎089 87 51 77; www.palazzomurat.it; Via dei Mulini 23; EZ/DZ 130–315/150–370 €; ⏲Ende März–Okt.; @) Diese exklusive Verwöhnoase befindet sich in den Räumen des *palazzo*, den Napoleons Schwager Gioacchino Murat, einst König von Neapel, als Sommerresidenz nutzte. Der Palast liegt eingebettet in einen Park mit üppiger Vegetation. Die traditionsreichen Zimmer sind mit Antiquitäten, Originalölgemälden und reichlich glänzendem Marmor ausgestattet.

Hotel Ristorante Pupetto HOTEL €€

(☎089 87 50 87; www.hotelpupetto.it; Via Fornillo 37; EZ/DZ 90–100/130–170 €; ⏲April–Okt.; @) Mehr Strandnähe als bei diesem Hotel geht nicht, sozusagen ein Hotel mit dem Liegestuhl zum Sonnenbräunen gleich vor der Tür. Von den Hotelzimmern aus bietet sich der Blick auf die Spiaggia del Fornillo. Hier herrscht ein hektisches, aber auch heiteres Treiben. Das Hotel gehört zu einem weitläufigen Strandresort mit einem beliebten Terrassenrestaurant (Mahlzeiten 25 €) und einer Themenbar mit maritimem Flair. Die sonnigen, frisch renovierten Gästezimmer bieten einen fantastischen Ausblick aufs Meer.

Villa Nettuno PENSION €

(☎089 87 54 01; www.villanettunopositano.it; Viale Pasitea 208; EZ/DZ 70/80–95 €; ❄) Die Villa Nettuno verströmt ein besonderes Flair, wie sie so versteckt hinter Bäumen und einem dichten Blätterdach verborgen liegt. Die Zimmer mit Gemeinschaftsterrasse in dem 300 Jahre alten Gebäudetrakt sind rustikal dekoriert, die Schränke sind mit Fresken verziert. Die Zimmer im neu renovierten Bereich sind immer noch preiswert, aber weniger interessant. Jedoch vergisst man die Möbel schnell bei dem herrlichen Ausblick auf das Meer.

Hostel Brikette HOSTEL €

(☎089 87 58 57; www.brikette.com; Via Marconi 358; B/DZ/AP. 23–25/65–85/115–180 €; ⏲Ende März–Nov.; @) Nicht weit von der Bushaltestelle Bar Internazionale an der Küstenstraße entfernt, befindet sich diese helle, freundliche Herberge, die die günstigsten Betten der ganzen Stadt anbietet. Verschiedene Optionen stehen zur Wahl: Mehrbettzimmer für sechs bis acht Personen (getrennt oder gemischt), Doppelzimmer und Apartments für zwei bis fünf Personen. Es gibt auch eine Wäscherei und einen Gepäckaufbewahrungsservice.

Essen

Die meisten Restaurants, Bars und Trattorien, darunter viele unverschämt touristisch, sind im Winter bis auf Weihnachten und Neujahr geschlossen.

LP TIPP **Da Vincenzo** TRATTORIA €€

(☎089 87 51 28; Viale Pasitea 172–178; Mahlzeiten 40 €; ⏲Abendessen tgl., Mittagessen April–Nov. Mi–Mo) Bereits seit 1958 gibt es bei Vincenzo *cucina di territorio* (regionaltypische Küche), und das Lokal gilt nach wie vor als die beste Trattoria der Stadt. Selbst einfache Gerichte haben hier ein besonderes Aroma, von frischem Fisch bis zu fantastischen Vorspeisen wie gegrillter Tintenfisch mit Artischocken.

Positano

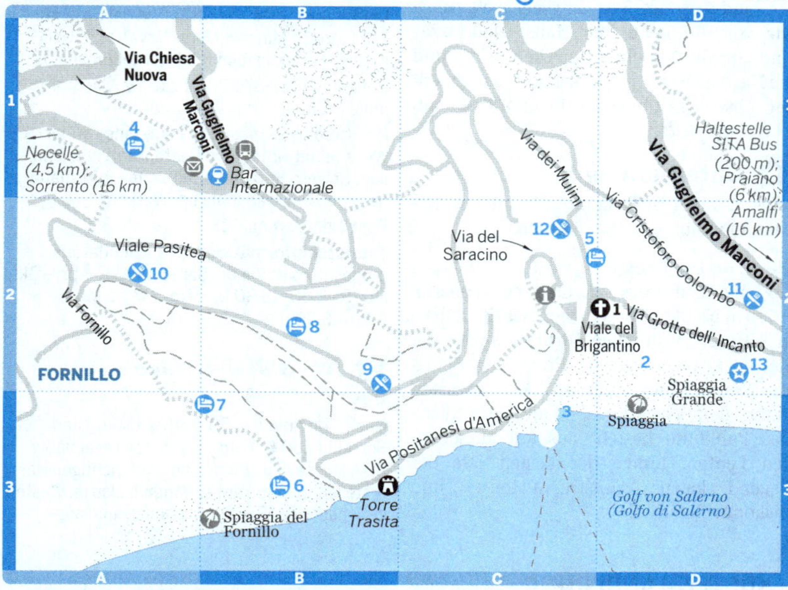

Positano

Sehenswertes
1 Chiesa di Santa Maria Assunta D2

Aktivitäten, Kurse & Touren
2 Blue Star D2
3 L'Uomo e il Mare C3

Schlafen
4 Hostel Brikette A1
5 Hotel Palazzo Murat C2
6 Hotel Ristorante Pupetto B3
7 Pensione Maria Luisa B3
8 Villa Nettuno B2

Essen
9 Da Vincenzo B2
10 Il Saraceno d'Oro A2
11 Ristorante Bruno D2
12 Ristorante Max C2

Unterhaltung
13 Music on the Rocks D2

Ristorante Bruno TRADITIONELL ITALIENISCH €€
(Via Colombo 157; Mahlzeiten 40 €; ⏲Nov.–Jan. geschl.) Zwar sieht es bei Bruno mangels nicht vorhandener Dekoration nicht gerade gemütlich aus, jedoch punktet das unprätentiöse Restaurant dafür mit herrlichen Meeresgerichten. Wer Glück hat, ergattert einen Tisch auf der gegenüberliegenden Straßenseite mit einem grandiosen Blick auf Positano und genießt dabei Spezialitäten des Hauses – als Einstieg zum Beispiel marinierten Fisch mit Gemüse, Orange und Parmesan und als Hauptgang gegrillten Frisch mit der geriebenen Schale von Zitronen aus der Region bestreut.

Ristorante Max TRADITIONELL ITALIENISCH €€€
(☎089 87 50 56; Via dei Mulini 22; Mahlzeiten 45 €; ⏲März–Nov.) Hier, in diesem seit Jahren gut besuchten Lokal, können Gäste, während die ausgewählten Gerichte zubereitet werden, das kunstvolle Interieur des Ristorante betrachten. Durchs Fenster erkennt man von draußen Ravioli mit Venusmuscheln und Spargel oder Auberginen, in reichlich Butter geschwenkt. Im Sommer finden Kochkurse statt.

Il Saraceno d'Oro TRADITIONELL ITALIENISCH €€
(Viale Pasitea 254; Pizzas ab 7 €, Gerichte 35 €; ⏲März–Okt.) Hier tobt das pure Leben: Der sarazenische Mix aus gut gelaunten Kell-

nern, unkompliziertem, aber leckerem Essen und vernünftigen Preisen lockt nach wie vor die Leute ins Haus. Die Pizzas sind gut, die Nudeln schmecken prima und die Nachspeisen sind zuckersüß. Als krönenden Abschluss gibt es nach jedem Essen ein Glas *limoncello.*

☆ Unterhaltung

Alles in allem ist Positanos Nachtleben elegant, mondän und ungefährlich.

Music on the Rocks BAR/CLUB
(www.musicontherocks.it; Via Grotte dell'Incanto 51; ⏲Ostern bis Okt.) Die einzige richtige Disko in Positano ist in einen Turm hineingebaut. Sie liegt am östlichen Ende der Spiaggia Grande und zählt zu den Favoriten unter den Nachtlokalen an der Küste. Das Publikum besteht aus gut aussehenden Leuten. Einige der besten DJs der Gegend legen Mainstream-House- und Diskomusik auf.

ℹ Praktische Informationen

La Brezza (☎089 87 58 11; Via del Brigantino 1; 3 € pro 15 Min.; ⏲März–Nov. 10–22 Uhr) Kleiner Keramikladen mit Internetzugang.

Polizei (☎089 87 50 11; Ecke Via Marconi & Viale Pasitea)

Positano (www.positano.com) Eine raffinierte Website mit Hotel- und Restaurantverzeichnissen, Reiserouten und praktischen Informationen rund um Transport und Verkehr.

Post (Via Marconi 318)

Touristeninformation (www.aziendaturismopositano.it; Via del Saracino 4; ⏲April–Okt. Mo–Sa 8.30–19.30 Uhr, Nov.–März Mo–Fr 8.30–16.30 Uhr)

ℹ An- & Weiterreise

Bus

Nach/von Amalfi (1,50 €, 40–50 Min.) und Sorrent (1,50 €, 1 Std.) verkehren regelmäßig SITA-Busse. Sie stoppen an zwei wichtigen Haltestellen: aus Sorrent kommend, also im Westen gegenüber der Bar Internazionale und aus

KÜSTENWANDERUNG

Die dicht bewaldeten Lattari-Berge, die hoch über der Küste aufragen, bieten einige fantastische Wandermöglichkeiten. In schwindelerregender Höhe durchzieht ein außergewöhnliches Wegenetz die zerklüftete Gipfellandschaft – die Wanderungen führen durch wilde, zauberhafte Regionen hinauf zu entlegenen Almhöfen. Allerdings ist der Weg nach ganz oben strapaziös; die endlosen Treppenwege scheinen nie enden zu wollen. Doch alles Jammern ist zwecklos: An dem langen Aufstieg kommt keiner vorbei.

Der wahrscheinlich bekannteste Wanderweg ist der 12 km lange Sentiero degli Dei (Pfad der Götter; 5½–6 Std.) zwischen Positano und Praiano. Der spektakuläre Pfad geht steil bergauf und bergab, oft an Felsklippen entlang und quer durch eine wildnatürliche Landschaft, wie nirgendwo sonst an der Amalfiküste. Die Wegstrecke ist an Felsen und Bäumen mit rot-weiß-gestreiften Mustern markiert, die teilweise leider schon verblasst bzw. schwer zu erkennen sind. Besser also eine Wanderkarte von den örtlichen Touristeninformationen mitnehmen; dort sind auch eine ganze Reihe an ausgezeichneten Wanderführern erhältlich, in denen die beliebtesten Wanderrouten in der Umgebung beschrieben werden. Dazu zählt auch die berühmte, poetisch klingende *Via degli Incanti* (Weg voller Zauber) von Amalfi nach Positano.

Westlich der Stadt liegt die Landspitze der Sorrentiner Halbinsel, ein weiterer Hotspot für Wanderer. Dort verbindet ein insgesamt 110 km langes kreuz und quer verlaufendes Wegenetz die spektakuläre Küste mit dem idyllischen Hinterland. Die Wandermöglichkeiten bestehen aus anstrengenden Ganztagestouren – wie etwa auf der 14,1 km langen Alta Via dei Monti Lattari von den Fontanelle-Hügeln nahe Positano bis hinunter zur Punta Campanella – oder auch aus kürzeren Spaziergängen für die ganze Familie. Bei den Touristeninformationen überall in der Gegend sind Wanderkarten mit detaillierten, farbig ausgewiesenen Routen erhältlich. Mit Ausnahme der Alta Via dei Monti Lattari (rot-weiße Markierung) erscheinen lange Wegstrecken ganz in Rot, Wanderungen von Küste zu Küste in Blau, Pfade zwischen den Dörfern in Grün und Rundwanderungen in Gelb. Wer eine der anspruchsvolleren Routen in der Region ausprobieren will, sollte in eine detallierte Wanderkarte investieren – wie etwa die Alpenvereinswanderkarte von CAI (Club Alpino Italiano) *Monti Lattari, Peninsola Sorrentina, Costiera Amalfitana: Carta dei Sentieri* (8 €) mit dem Maßstab 1:30 000.

Amalfi kommend, also im Osten oben an der Via Colombo. Busfahrkarten bekommt man vor der Abfahrt in der Bar Internazionale oder, wenn es ostwärts gehen soll, beim Tabakladen unterhalb der Via Colombo.

Schiff/Fähre

Zwischen April und Oktober verbinden Fähren Positano mit Amalfi (7 €, 7-mal tgl.), Sorrent (9–13 €, 6-mal tgl.), Salerno (7–11 €, 7-mal tgl.) und Capri (15,50 €, 45 Min., 4-mal tgl.).

Unterwegs vor Ort

Wer sich in Positano umsehen möchte, tut dies am besten zu Fuß, vorausgesetzt die Kniegelenke spielen mit. So ist es möglich, relativ leicht und unbeschwert und zudem verkehrsfrei durch Dutzende schmaler Gassen zu kommen und über Treppen rauf- und runterzulaufen. Alternativ verkehrt auch alle halbe Stunde ein kleiner orangefarbener Bus die untere Ringstraße entlang (Viale Pasitea, Via Colombo und Via Marconi). Fahrscheine sind im Bus erhältlich (1,60 €) oder auch beim *tabaccaio* (Tabakladen). Der Bus kommt an beiden SITA-Bushaltestellen vorbei.

Praiano & Furore

Das einstige Fischerdorf **Praiano** lockt mit einem der beliebtesten Strände, der Marina di Praia. An der SS163 (gleich hinter dem Hotel Continentale) führt ein steiler Klippenweg zu einem Inselchen mit einem recht schmalen, grobsandigen Strand und tiefblauem Wasser.

Das **Centro Sub Costiera Amalfitana** (☎089 81 21 48; www.centrosub.it; Via Marina di Praia) bietet Tauchkurse für Anfänger und für erfahrene Taucher an (80 bis 130 €), um Korallenriffe, Unterwasserwelt und Grotten zu erkunden.

An der Küstenstraße östlich von Praiano bietet das **Hotel Continentale & La Tranquilita** (☎089 87 40 84; www.continental.praiano.it; Via Roma 21; Campen für 2 Personen, Zelt & Auto 35–40 €, EZ 45–65 €, DZ 70–90 €, Apt. 500–1500 € pro Woche; ⏲Campen Ostern–Okt., Zi. & Apt. ganzjährig) das volle Spektrum an Unterkunftsmöglichkeiten: lässige, weiße Zimmer mit Meerblick, Apartments für bis zu sechs Personen und 12 Terrassenplätze zum Zeltaufschlagen auf der grünen Wiese. Von der untersten Stufe aus führt eine Privattreppe zu einer Felsenplattform im Meer. Eine Bushaltestelle befindet sich praktischerweise gleich vor der Tür.

Nur ein paar Kilometer weiter kommt man nach **Marina di Furore**. Die Ortschaft liegt am Fuß des sogenannten Fjords von Furore, der sich wie ein riesiger Spalt durch die Lattari-Berge zieht. Das Hauptdorf liegt jedoch 300 m oberhalb, am oberen Ende des Vallone del Furore. Es ist ein Ort mit besonders ländlichem Flair, trotz der farbenfrohen Wandmalereien und der unwahrscheinlich modernen Skulpturen. Erreichbar ist er nur auf dem Rücken eines Pferdes. Folglich sind hier nur wenige Touristen zu sehen.

Die Anfahrt mit dem Auto zum oberen Furore erfolgt über die SS163 und weiter auf der SS366 Richtung Agerola; ab Positano sind es 15 km. Alternativ verkehren regelmäßig SITA-Busse ab dem Busbahnhof in Amalfi (1,20 €, 30 Min., 5 tgl.).

Amalfi

5340 EW.

Es ist schwer, den ganzen Charme des kleinen Amalfi in Worte zufassen, mit seinen sonnengetränkten Piazzas und dem kleinen Strand. Amalfi war einst eine Supermacht an der Küste mit einer Bevölkerungsdichte von über 70 000 Einwohnern. Heute ist es jedoch kein großer Ort mehr. Amalfi lässt sich zu Fuß in nur knapp 20 Minuten von einem Ende zum anderen durchstreifen. Es gibt hier auch keine erwähnenswerten historischen Bauten. Die Erklärung hierfür lässt einen erschauern: Die größten Teile der Altstadt und ihre Einwohner fielen bereits im Jahr 1343 einem Erdbeben zum Opfer, d. h. die Menschen und Häuser glitten einfach hinab ins Meer.

Heute wimmelt es hier von Touristen, gerade im Sommer, wenn Tagesausflügler scharenweise mit Bussen herangekarrt werden. Die Anwohner ziehen sich dann eher in ihre Häuser zurück.

Auf der anderen Seite der Landspitze liegt das benachbarte Atrani. Rings um den pulsierenden Hauptplatz gruppiert sich ein malerisches Gassengewirr mit weiß getünchten Fassaden und Bögen beim Streifzug durch die Gassen. Auch der Strand ist beliebt.

Sehenswertes

Cattedrale di Sant'Andrea DOM, MUSEUM

(☎089 87 10 59; Piazza del Duomo; ⏲April–Juni 9–18.45 Uhr, Juli–Sept. 9–19.45 Uhr, außerhalb der Saison kürzere Öffnungszeiten) Der malerische Dom, unübersehbar mit seiner ausladenden Freitreppe, ist eine wirklich imposante Sehenswürdigkeit. Der Sakralbau stammt teilweise aus dem frühen 10. Jh., aber die auffallend gestreifte Fassade wurde zweimal erneuert, zuletzt Ende des 19. Jhs. Hier vermischen sich zwei ganz verschiedene Baustile: Außen verweist das zweifarbige Mauerwerk auf den arabisch-normannischen Stil Siziliens, während das weniger beindruckende Kircheninnere in reinem Barock gestaltet ist. Die exquisite **Krypta** birgt die Reliqien des Hl. Apostels Andreas. Das Fresko gegenüber dem Altar der Krypta stammt aus der Hand des neapolitanischen Barockmeisters Aniello Falcone. Zwischen 10 und 17 Uhr gelangen die Besucher über den angrenzenden Kreuzgang Chiostro del Paradiso in den Dom.

Linker Hand der Vorhalle befindet sich der winzige Kreuzgang **Chiostro del Paradiso** (☎089 87 13 24; Erw./11–17 Jahre 3/1 €; ⌚April–Juni 9–18.45 Uhr, Juli–Sept. 9–19.45 Uhr, außerhalb der Saison kürzere Öffnungszeiten) aus dem Jahr 1266. Dort sind die Grabmäler prominenter Amalfitaner untergebracht. Hier befindet sich auch der Eingang zur **Basilica del Crucifisso,** Amalfis ursprüngliche Kathedrale aus dem 9. Jh., welche wiederum auf den Überresten eines frühchristlichen Tempels erbaut wurde. Sie birgt eine kleine, aber faszinierende Sammlung von Kirchenschätzen wie etwa die mit Edelsteinen besetzte Anjou-Mitra aus dem 13. Jh.

Museo della Carta MUSEUM

(Paper Museum; ☎089 830 45 61; www.museodellacarta.it; Via delle Cartiere; Eintritt 4 €; ⌚April–Mitte-Nov. 10–18.30 Uhr, Mitte Nov.–März Di, Mi & Fr–So 10–15 Uhr) Das faszinierende Museo della Carta ist in einer Papiermühle aus dem 13. Jh. untergebracht, einer der ältesten in Europa. Dort befinden sich Original-Papierpressen, die noch immer funktionstüchtig sind, wovon man sich im Rahmen einer 15-minütigen Führung (auf Englisch) überzeugen kann.

Museo Arsenale Amalfi MUSEUM

(☎089 87 11 70; Largo Cesareo Console 3; Eintritt 2 €; ⌚10–14 & 16.30–20.30 Uhr) Ein weiteres bemerkenswertes Museum bewahrt die *Tavole Amalfitane,* einen alten handgeschriebenen Entwurf des Amalfitainischen Seefahrtkodex sowie andere historische Dokumente. Das höhlenartige **Arsenale**, einst Hauptwerft, erlaubt eine Spurensuche bis in die Zeit zurück, als Amalfi noch eine große, mächtige Seerepublik war.

Aktivitäten

Angesichts seiner großen Seefahrtsgeschichte ist Amalfis Hauptstrand nicht gerade attraktiv zum Baden. Wer wirklich einmal ins Wasser springen will, sollte sich ein Boot ausleihen und zum Baden etwas rausfahren. Entlang der Küstenstraße Lungomare dei Cavalieri gibt es verschiedene Anbieter. Die Leihgebühr liegt bei ca. 50 € für einige Stunden.

Grotta dello Smeraldo GROTTE

(Eintritt 5 €; ⌚März–Okt. 9–16 Uhr, Nov.–Feb. 9–15 Uhr) In Conca dei Marini, 4 km westlich von Amalfi, befindet sich die sagenumwobene Höhle, die nach dem unheimlichen Smaragdgrün benannt ist, das vom Meeresgrund herauf durchs Wasser schimmert. Oberhalb des Höhleneingangs wenden auch regelmäßig die SITA-Busse auf dem Autoparkplatz (von dort aus einen Aufzug nehmen oder die Treppen zu den Ruderbooten hinunterlaufen). Alternativ bietet **Coop Sant'Andrea** (☎089 87 31 90; www.coopsantandrea.it; Lungomare dei Cavalieri 1) von Mai bis Oktober zwischen 9 und 15 Uhr zu jeder vollen Stunde täglich Bootstouren ab Amalfi (14 € hin und zurück) an. Die Rundfahrten dauern ca. eine Stunde.

Feste & Events

Am 24. Dezember und 6. Januar pilgern Taucher aus ganz Italien zu den *presepe* (Krippenfiguren aus Keramik), einer bekannten Unterwasserkrippe in der Grotta dello Smeraldo.

Die **Regatta delle Antiche Repubbliche Morinare** (Regatta der Vier Alten Seerepubliken Amalfi, Venedig, Pisa und Genua) findet jedes Jahr am ersten Sonntag im Juni statt. Nach dem Rotationsprinzip unter den Austragungsorten wird sie im Jahr 2013 wieder in Amalfi abgehalten.

Schlafen

LP TIPP **Hotel Luna Convento** HOTEL €€€

(☎089 87 10 02; www.lunahotel.it; Via Pantaleone Comite 33; EZ 220–280 €, DZ 240–300 €; P ❄ @ ☕ ≋) Dieses ehemalige Kloster wurde von heiligen Franziskus, auch bekannt als Franz von Assisi, im Jahr 1222 gegründet. Die Zimmer im ursprünglichen Gebäude waren einst die Nonnenzellen. Jedoch sind sie heute mit ihren hellen Fliesen, den Balkonen und dem Meerblick alles andere als von köstlicher Enthaltsamkeit geprägt. Und der neuere Flügel ist ebenfalls verführerisch. Über den Betten sind Fresken mit religiösen Motiven zu bewundern (die jedes Fehlverhalten verhindern). Der Innenhof mit dem Kreuzgang ist eine Oase der Ruhe.

Hotel Lidomare HOTEL €€

(☎089 87 13 32; www.lidomare.it; Largo Duchi Piccolomini 9; EZ/DZ 50/120 €; ❄) Dieses eher altmodische, familiengeführte Hotel hat echten Charakter. Die Zimmer sind geräumig und wirken nobel durch das reizvoll willkürliche Dekor mit den Retrokacheln und den feinen alten Antikmöbeln. Einige Zimmer locken mit Whirlpoolbadewannen, andere mit traumhaft schönen Blicken aufs Meer.

Hotel Centrale HOTEL €€

(☎089 87 26 08; www.amalfihotelcentrale.it; Largo Duchi Piccolomini 1; EZ/DZ 60–120/70–140 €; ❄@📶) Das Centrale gehört in Amalfi zu den Hotels mit dem besten Preis-Leistungs-Verhältnis. Der Eingang ist an einer winzig kleinen Piazza im *centro storico,* aber die meisten Zimmer haben Ausblick auf den Domplatz (Nr. 24 ist eine gute Wahl). Die hellgrünen und blauen Fliesen verleihen dem Hotel eine lebendige, frische Optik, und die Ausblicke von der Dachterrasse sind großartig.

A'Scalinatella Hostel HOSTEL €

(☎089 87 14 92; www.hostelscalinatella.com; Piazza Umberto I, Atrani; B/EZ/DZ 20–25/35–50/70–90 €) Diese einfache Herberge, gleich an der Landspitze von Atrani, vermietet Mehrbettzimmer und Zimmer sowie Apartments, die überall im ganzen Dorf verstreut liegen. Im Preis ist das Frühstück inbegriffen, und es gibt auch einen Waschsalon.

Essen

Ristorante La Caravella TRADITIONELL, MODERN ITALIENISCH €€€

(☎089 87 10 29; www.ristorantelacaravella.it; Via Matteo Camera 12; Mahlzeiten 65 €, Verkostungsmenü 75 €; ⏲Mi–Mo, geschl. Nov. & Anfang Jan.–Anfang Feb.) La Caravella gehört zu den wenigen Lokalen in Amalfi, wo Gäste eher fürs gute Essen zahlen als für den Platz, an dem sie speisen. Das prämierte Ristorante serviert eine Palette aus einfachen, aber mit Liebe zubereiteten Klassikern und regionale Spezialitäten mit einem Hauch Nouvelle Cuisine – man denke dabei an Zitronenrisotto mit gegarten oder rohen Garnelen und Kaviar von der grauen Meerbarbe. Die exzellente Weinkarte ist ein Traum nicht nur für Weinkenner.

Trattoria Il Mulino TRATTORIA €€

(Via delle Cartiere 36; Pizzas 6 €, Gerichte 29 €) Authentischer als diese ist keine Trattoria in Amalfi: in der Ecke steht eine Flimmerkiste und zwischen den Tischen tollen Kinder herum. Auf der Speisekarte stehen die üblichen Pizzas, Pasta- und Fischgerichte. Das schmackhafte Essen rechtfertigt auch die Preise. Die *scialatielle alla pescatore* (Bandnudeln mit Garnelen, Miesmuscheln, Tomaten und Petersilie) sind fabelhaft.

Pasticceria Pansa GEBÄCK & KUCHEN €

(Piazza Duomo 40; Gebäck ab 1,50 €) Bereits seit 1830 sorgt die Konditorei dafür, dass Taillen nicht zu schlank bleiben. Für nimmersatte Schlemmer ist diese nostalgische Pasticceria ein absolutes Muss. Unbedingt probieren sollte man die in Schokolade getauchten, kandierten Zitronenschalen (die Zitronen kommen aus dem eigenen Anbau), die *torta setteveli* (ein mehrschichtiger Schokoladen- und Haselnusskuchen) sowie *delizia al limone,* mit *limoncello* getränkt.

Le Arcate TRADITIONELL ITALIENISCH €€

(Largo Orlando Buonocore Atrani; Pizzas ab 6€, Mahlzeiten 40 €; ⏲Anfang Jan.–Mitte Feb. & Sept.–Juni Mo geschl.) An einem sonnigen Tag ist die traumhaft am Hafen gelegene Pizzeria fast unschlagbar. Hinter den locker hingestreuten Tischen draußen geht's in das höhlenartige, steinverzierte Lokal hinein. Abends werden nur Pizzas gebacken, während tagsüber auch Spezialitäten des Hauses wie etwa *scialatielli,* Pasta mit Garnelen und Zucchini, serviert werden.

Supermercato Decò SUPERMARKT €

(Salita dei Curiali 6) Selbstversorger und Picknickfreunde können sich hier gut mit Proviant eindecken.

Praktische Informationen

Amalfi Servizi Express (Piazza dei Dogi 8; Internet 3 € pro 15 Min.; ⏲Mo–Sa 9.30–13.30 & 16.30–20 Uhr, Do–abend geschl.)

Post (Corso delle Repubbliche Marinare 31), gleich neben der Touristeninformation.

Touristeninformation (www.amalfitouristoffice.it; Corso delle Repubbliche Marinare 27; ⏲Mo–Sa 9–13 & 14–18, So 9–13 Uhr, April, Mai & Sept. So geschl. sowie Okt.–März Sa & So geschl.) Gutes Prospektmaterial für Bus- und Fährverbindungen.

Salerno

0 400 m
Piazza Alfano
Dom
1
Piazza Sedile del Campo
Via dei Canali
4
Vico della Neve
Via Mercanti
5
6
2
Via Duomo
Museo Pinacoteca Provinciale
Via S Michele
Via Iannelli
Via San Benedetto
Piazza Matteotti
Piazza Amendola
Amalfi (26 km); Positano (42 km)
Via Roma
Via Vella
Piazza XXIV Maggio
Via Volpe
Via Nizza
Via Dalmazia
Via Cilento
Corso Vittorio Emanuele II
7
Lungomare Trieste
Via Diaz
Corso Garibaldi
Vor der Bar Cioffi SITA-Busse nach Neapel
Piazza Vittorio Veneto
3
Piazza Giuseppe Mazzini
Haltestelle CSTP-Bus
Piazza della Concordia
Via Torrione
Lungomare Guglielmo Marconi
Irno
A3 (Richtung Süden); Paestum (36 km)
Molo Manfredi
Porto Commerciale Fähr- & Tragflächenbootanleger
Golf von Salerno (Golfo di Salerno)
Porto Turistico Fähr- & Tragflächenbootanleger

Salerno

Highlights

Sehenswertes

Schlafen

Essen

An- & Weiterreise

Bus

SITA-Busse starten an der Piazza Flavio Gioia nach Sorrent (2,80 €, 1½ Std., ca. 30-mal tgl.) über Positano (1,50 €, 40 Min.) und auch nach Ravello (1,20 €, 25 Min., alle 30 Min.) sowie nach Salerno (2,10 €, 1¼ Std., stdl.). Nach Neapel gibt es zwei Verbindungen täglich (4 €, 2–3 Std. je nach Strecke), besser ab Sorrent mit dem Bus und dann Umsteigen in den Circumvesuviana-Zug nach Neapel. Fahrkarten und Fahrpläne sind in der **Bar Il Giardino delle Palme** (Piazza Flavio Gioia), gegenüber der Bushaltestelle, erhältlich.

Schiff/Fähre

Zwischen April und Oktober bestehen täglich Fährverbindungen nach Salerno (7 €, 7-mal tgl.), Positano (7 €, 7-mal tgl.) und Capri (17 €, 1-mal tgl.). Es verkehrt auch ein Tragflügelboot nach Capri (19 €, 1-mal tgl.).

Ravello

2475 EW.

Das schmucke und sehenswerte Touristenstädtchen Ravello liegt auf den Hügeln, hoch oben über Amalfi. Fein herausgeputzt präsentiert es sich heute mit traumhaften Gärten und dem „besten Panorama der Welt“, wie es der US-Schriftsteller Gore Vidal einmal absolut treffend beschrieb, als er hier wohnte. Außer ihm hat noch eine ganze Schar bekannter Künstler einige Zeit hier verbracht, darunter der Komponist Richard Wagner sowie die Autoren D. H. Lawrence und Virginia Woolf.

Die meisten Leute kommen im Rahmen eines Tagesausflugs von Amalfi herauf: Die 7 km lange Anreise durchs Valle del Dragone hinauf ist ein echter Nervenkitzel. Wer jedoch Ravellos Romantik der überirdischen Art in vollen Zügen genießen will, sollte bleiben und hier eine Übernachtung einplanen.

Die **Touristeninformation** (www.ravellotime.it; Via Roma 18; ⏲April–Okt. 9.30–19 Uhr, Nov.–März bis 17 Uhr) hat einige allgemeine Informationen zur Stadt und eine praktische Wanderkarte.

Sehenswertes & Aktivitäten

Kathedrale

DOM, MUSEUM

(⏲8–12 & 17.30–20.30 Uhr) Der Dom von Ravello an der Ostseite der Piazza del Duomo wurde ursprünglich im Jahr 1086 erbaut, seine äußere Hülle erlebte aber mehrere Veränderungen. Die Fassade stammt aus dem 16. Jh., auch wenn das bronzene Haupttor ein Original aus dem Jahr 1179 ist. Innen ist die Kirche so eingerichtet, wie man sich im 20. Jh. ihre ursprüngliche Vorgängerin vorstellte.

Besonders interessant ist die auffällige Kanzel. Der Sockel besteht aus sechs Zwirbelsäulen. Das Ensemble wird ergänzt durch Marmorlöwen und herrliche Mosaike, auf denen Pfaue, Vögel und tanzende Löwen zu sehen sind. Bemerkenswert ist auch der abgeschrägte Boden des Vorplatzes – dahinter steht die Absicht, den Dom in der Perspektive optisch größer wirken zu lassen. Rechts vom Hauptschiff führt eine Treppe hinunter zum **Dommuseum** (Eintritt 2 €; ⏲9–19 Uhr). Dort ist eine kleine Sammlung religiöser Artefakte zu sehen.

Villa Rufolo

GÄRTEN

(☎089 85 76 21; Eintritt 5 €; ⏲9 Uhr bis Sonnenuntergang) Südlich des Doms befindet sich die Villa Rufolo. Sie ist berühmt wegen ihrer zauberhaften **Gärten** aus dem 19. Jh. Von dort aus eröffnen sich herrliche Ausblicke in die Umgebung. Der Park ist ein exotisches Kaleidoskop aus zerbröckelnden Türmen mit künstlerischem Flair und üppiger Blütenpracht. Richard Wagner schrieb nach einem Rundgang durch den Landschaftspark im Jahr 1880, er habe den Garten von Klingsor gefunden (die Kulisse für die Oper *Parzival*, zweiter Akt). Heute dient die Anlage im Rahmen des jährlichen Stadtfestes auch als Konzertbühne.

Villa Cimbrone GÄRTEN
(☎089 85 74 59; Erw./unter 12 Jahre & über 65 Jahre 6/4 €; ⏲9 Uhr bis Sonnenuntergang) Wer in den Gärten der Villa Rufolo Sehnsucht nach mehr verspüren sollte, kann diese in der Villa Cimbrone aus dem 20. Jh. stillen. Im schön verwilderten Landschaftsgarten finden sich Aussichtspunkte mit weitschweifendem Panorama. Höhepunkt ist der „Belvedere der Unendlichkeit", eine Landschaftsterrasse, die gefährlich nahe an den Klippen liegt, gesäumt von antiken Büsten (allerdings alles nur Plagiate!). Die Villa befindet sich ca. 600 m südlich der Piazza del Duomo (Domplatz).

Feste & Events

Ravello Festival KULTURELL
(☎089 85 83 60; www.ravellofestival.com) Zwischen Juni und Mitte September verwandelt sich während des Ravello-Festivals fast das ganze Stadtzentrum in eine einzige Bühne. Die Events reichen von Orchesterkonzerten und Kammermusik bis hin zu Ballett, Kinoaufführungen und Ausstellungen an verschiedenen Standorten.

Ravello Concert Society MUSIK
(☎089 85 81 49; www.ravelloarts.org) Ravellos Programm für klassische Musik bietet jedes Jahr von April bis Ende Oktober erstklassige Aufführungen an zwei Veranstaltungsorten: der Villa Rufolo und dem Convento di Santa Rosa in Conca dei Marini (letzteres war zur Zeit der Recherche wegen Renovierungsarbeiten noch geschlossen) – ein wirklich unvergessliches Erlebnis! Tickets können per Fax (☎089 85 82 49) oder im Internet auf der Website der Konzertgesellschaft bereits im Vorfeld der Veranstaltung bestellt werden.

Schlafen

Agriturismo Monte Brusara AGRITURISMO €
(☎089 85 74 67; www.montebrusara.com; Via Monte Brusara 32; EZ/DZ 42–45/84–90 €) Von Ravellos Stadtmitte aus zu Fuß dauert es eine gute halbe Stunde bis zum authentischen Berghof *Agriturismo Monte Brusara* (Unterkunft im Bauernhof). Dort ist es richtig urig: Hier lässt man das Menschengetümmel locker hinter sich. Geboten sind drei komfortable, jedoch schlichte Zimmer, hervorragendes Essen und ein paar herrliche Ausblicke. Halbpension ist ebenfalls buchbar.

Hotel Villa Amore PENSION €
(☎/Fax 089 85 71 35; www.villaamore.it; Via dei Fusco 5; EZ/DZ 50–60/75–100 €; 🛜) Diese gastfreundliche *pensione* ist in der Kategorie Budgetunterkünfte das Beste, was die Stadt zu bieten hat. Sie liegt versteckt am Ende einer ruhigen Seitenstraße. Die Zimmer – alle mit eigenem Balkon – sind schlicht und gemütlich mit blitzsauberem Bad und Badewanne. Das Gartenrestaurant (ca. 25 € pro Mahlzeit) ist ein weiterer Pluspunkt der „Villa der Liebe".

Hotel Toro HOTEL €€
(☎089 85 72 11; www.hoteltoro.it; Via Roma 16; EZ/DZ 85/118 €; ⏲Mitte April–Nov.; ❄🛜) Schon seit Ende des 19. Jhs. ist das Toro ein Hotel, das in nächster Nähe zum Domplatz liegt. Das Läuten der Kirchenglocken ist hier ein wohl vertrautes Geräusch. Die eher kleinen Zimmer sind im traditionellen Stil gehalten, d. h. mit Terrakotta- oder Marmorfliesen und Möbeln in sanften Cremetönen. Im idyllischen Garten, mit einer Mauer drumherum, kann man den Tag bis zum Sonnenuntergang gut ausklingen lassen.

Essen

Cumpà Cosimo TRADITIONELL ITALIENISCH, PIZZERIA €€
(☎089 85 71 56; Via Roma 44–46; Pizzas 6–12 €, Mahlzeiten 45 €) Netta Bottones rustikale Kochkunst ist so gut, dass sogar der US-Star Rosie O'Donnell versucht hat, sie für ihre Show zu engagieren. Aus Hollywood wurde für Netta dann doch nichts, jedoch ist sie in der Küche der historischen Trattoria immer noch die Größte. Absolut empfehlenswert ist die *piatto misto* (gemischte Platte), zu der unter anderem Ravellos einzigartige *crespolini* (Käse und Crêpes, mit Schinken gefüllt) gehören. Am Abend können sich Gäste auch eine Pizza bestellen.

Da Salvatore TRADITIONELL & MODERN ITALIENISCH €€
(www.salvatoreravello.com; Via della Republicca 2; Mahlzeiten 35 €; ⏲Restaurant Mittagessen & Abendessen Di–So, Pizzeria Abendessen Do–Di, im Aug. beide tgl. geöffnet) Vor der Bushaltestelle und im Garden Hotel gelegen, bietet dieses durchschnittlich aussehende Snacklokal einen außergewöhnlichen Ausblick, ganz zu schweigen von den kreativen Gerichten, wie etwa Nudeln aus Gragnano mit Kartoffeln und Tintenfisch. Am Abend lohnt sich die Einkehr auf eine Holzofenpizza – auf dieser Seite von Neapel die beste überhaupt.

Take Away da Nino STRASSENIMBISS €
(Viale Parco della Rimembranza 41) Fastfood à la Ravello – hier gibt's Pizza und knusprige Häppchen zum Mitnehmen.

An- & Weiterreise

Alle 40 Minuten fahren SITA-Busse an der Piazza Flavio Gioia in Amalfi ab (1,10 €, 25 Min.). Wer mit dem Auto fährt, biegt ca. 2 km östlich von Amalfi in Richtung Norden ab. Ravellos Ortskern ist verkehrsfrei. Jedoch gibt es im näheren Umkreis jede Menge bewachte Parkplätze.

Südlich von Amalfi

VON AMALFI NACH SALERNO

Die 26 km lange Fahrt nach Salerno macht so richtig gute Laune, auch wenn sie weniger abenteuerlich ist als die 16 km lange Route westlich von Positano. Die Strecke ist gesäumt von einer Reihe kleiner Ortschaften, wobei jede ihren ganz eigenen Charakter hat und eine kleine Stippvisite wert ist.

3,5 km östlich von Amalfi bzw. zu Fuß ab Ravello einen steilen, 1 km langen Fußweg hinab, befindet sich das kleine, alltägliche **Minori**, welches bei italienischen Feriengästen überaus beliebt ist. Noch ein Stück weiter erreicht man **Maiori**. Dieses Ferienstädtchen wiederum ist der größte Badeort an der ganzen Küste: eine frech-fröhliche Mischung aus großen Küstenhotels, Restaurants und Strandclubs.

Direkt hinter **Erchie** und seinem wunderschönen Strand liegt das malerische, langsam verfallende Fischerdorf **Cetara**, das sich als kulinarische Oase einen Namen gemacht hat. Zu den lokalen Spezialitäten zählen Thunfisch und Sardellen, die im **Al Convento** (☎089 26 10 39; Piazza San Francesco 16; Mahlzeiten 25 €; ⌚ Okt.–Mitte Mai Mi geschl.), einem edlen Ristorante für Meeresgerichte unweit des kleinen Hafens in verschiedenen Variationen aufgetischt werden. Nirgendwo an der Küste lässt sich wohl für das gleiche Geld besser schlemmen als hier. Die *puttanesca con alici fresche* (Pasta mit frischen Sardellen, Chili und Knoblauch) haben ein fantastisches Aroma.

An derselben Straße liegt kurz vor Salerno **Vietri sul Mare,** die Keramikstadt Kampaniens. Im gar nicht so unattraktiven historischen Zentrum reiht sich ein Geschäft ans andere; das berühmteste von allen ist **Ceramica Artistica Solimene** (www.solimene.com; Via Madonna degli Angeli 7; ⌚ Mo–Fr 8–19, Sa 8–13.30 & 16–19 Uhr), ein großes Geschäft mit einer außergewöhnlichen fantasievollen Glas- und Keramikfassade.

SALERNO

139 700 EW.

Salerno ist ein Spiegel italienischer Realität. Inmitten der wahren Flut an Bilderbuchstädten entlang der Amalfiküste ist die zweitgrößte Stadt Kampaniens wirklich eine angenehme Überraschung. Nach zehn Jahren ambitionierter Stadtplanungsmaßnahmen hat sich diese wichtige Hafenstadt in eine der quirligsten Städte Süditaliens verwandelt. Denn das Centro Storico ist ein Stadtviertel, wo das Leben pulsiert, mit einem spannenden Mix aus mittalterlichen Kirchen, gaumenkitzelnden Trattorias sowie Bars und Kneipen mit Ambiente, die zum Rundumschlag einladen.

Ursprünglich eine etruskische und später eine römische Siedlung, erlebte Salerno seine Blütezeit im 11. Jh. unter den Normannen. Robert Guiscard machte es 1076 zur Hauptstadt seines Herzogtums. Unter seiner Ägide stieg die Scuola Medica Salernitana zu einer der berühmtesten Medizinfakultäten des mittelalterlichen Europas auf.

Kurz vor Ende des Zweiten Weltkrieges tobten rund um Salerno erbitterte Kämpfe. Nach der Landung der amerikanischen Truppen gleich südlich der Stadt (1943) lag sie schon bald in Trümmern.

Sehenswertes

Kathedrale DOM
(☎089 23 13 87; Piazza Alfano; ⌚Mo–Sa 9.30–18, So 13–18 Uhr) Glanzstück des *centro storico* ist der imposante Dom. Erbaut im 11. Jh. in der Normannenzeit unter Robert Guiscard, wurde er im 18. Jh. erstmals umgestaltet. Bei einem Erdbeben im Jahr 1980 trug er schwere Schäden davon. Der Dom ist dem Hl. Matthäus (San Matteo) geweiht, dessen Gebeine im Jahr 954 in die Stadt verbracht worden sein sollen und seither unter dem Hochaltar in der Gewölbekrypta liegen sollen. Rechts von der Apsis befindet sich die Kreuzfahrtkapelle (Capella delle Crociate). Ihren Namen verdankt sie der Tatsache, dass hier einst die Waffen der Kreuzfahrer gesegnet wurden. Unter dem Altar der Kapelle steht das Grabmal von Pabst Gregor VII. aus dem 11. Jh.

Scuola Medica Salernitana Museo Virtuale MUSEUM
(☎089 257 32 13; www.museovirtualescuolamedicasalernitana.it; Via Mercanti 74; Spendenbeitrag 1 €) Mitten im Herzen von Salernos histori-

schem Stadtkern lädt dieses fesselnde Museum zur interaktiven Rundgang ein – mit 3D- und Touchscreen-Technologie. Zu erkunden ist die einstige Medizinische Fakultät, die einst berühmt war, heute jedoch ausgedient hat. Die Unterrichtsmethoden und Verfahrenstechniken verursachen allerdings heute noch Gänsehaut. Das Institut wurde im 9. Jh. eingerichtet und blieb über zehn Jahrhunderte bestehen – es war Europas erstes und prestigeträchtigstes Medizinzentrum.

Castello di Arechi KASTELL, MUSEUM
(☎089 285 45 33; Via Benedetto Croce; Eintritt 3 €; ⏲Mai–Sept 9–19 Uhr, Okt.–April bis 17 Uhr) In einer Höhe von 263 m über Salerno thront in schwindelerregender Erhabenheit das Castello di Arechi, ursprünglich eine byzantinische Festung. Sie wurde im 8. Jh. von dem lombardischen Herzog Arechi II. von Benevento errichtet und später unter den Normannen und Aragonesen umgestaltet. Heute ist dort eine ständige Ausstellung mit Keramik, Waffen und Münzen zu sehen. Das Kastell ist mit der Buslinie 19 ab der Piazza XXIV. Maggio im Stadtzentrum gut zu erreichen.

Museo Pinacoteca Provinciale MUSEUM
(☎089 258 30 73; Via Mercanti 63; Eintritt frei; ⏲Di–So 9–19.45 Uhr) Gegenüber der Scuola Medica Salernitana Museo Virtuale befindet sich das kleine, aber recht interessante Museo Pinacoteca Provinciale. Seine Kunstsammlung umfasst Exponate aus der Renaissancezeit bis hin zu Stücken aus der ersten Hälfte des 19. Jhs.

Schlafen

Ostello Ave Gratia Plena HOSTEL €
(☎089 23 47 76; www.ostellodisalerno.it; Via dei Canali; B/EZ/DZ 15/33/47 €; @📶) Im einstigen Kloster aus dem 16. Jh. ist heute Salernos Jugendherberge untergebracht. Sie befindet sich im Herzen des *centro storico*. Hinter dem Gemäuer verbergen sich ein idyllischer Innenhof und verschiedene helle Räume: Mehrbettzimmer oder Doppelzimmer mit eigenem Bad. Ab 2 Uhr morgens wird abgesperrt, dies gilt jedoch nur für die Mehrbettzimmer.

Hotel Plaza HOTEL €
(☎089 22 44 77; www.plazasalerno.it; Piazza Vittorio Veneto 42; EZ/DZ 65/100 €; ❄@📶) Das Plaza ist nur einen Katzensprung vom Bahnhof entfernt, hat aber Komfort und Klasse. Das Ambiente ist freundlich, die Zimmer haben eine ordentliche Größe und blitzsaubere Bäder. Hier stimmt das Preis-Leistungsverhältnis. Die Zimmer gegenüber dem Bahnhof verfügen über eine Terrasse mit Blick auf die Dächer von Salerno bzw. auf die Berge dahinter.

Essen

In der quirligen Altstadt wird vor allem entlang der Via Roma und der Via Mercanti von allem etwas geboten. Das Spektrum reicht von traditionellen, familiengeführten Trattorien über Weinbars mit Jazzmusik bis hin zu Kneipen und teuren Restaurants.

La Cucina di Edoardo TRADITIONELL ITALIENISCH €
(☎089 296 26 67; Vico della Neve 14; Mahlzeiten 25 €; ⏲Mo & So-abend geschl.) Edoardos Küche liegt in einer Seitenstraße im *centro storico* versteckt. Das gemütliche Lokal ist einer dieser günstigen Geheimtipps mit leckerem Essen, den jeder einheimische *buongustaio* (Feinschmecker) spontan nennen würde. Der Schwerpunkt liegt auf schmackhafter Regionalkost mit herausragenden Gerichten wie *antipasto misto* und *zuppa di cipolle* (Zwiebelsuppe). Gäste sollten sich noch etwas Platz im Magen aufheben für den *flan al cioccolato* (Schokopudding); am Wochenende Reservierung nicht vergessen!

Ristorante Lazzarella TRADITIONELL ITALIENISCH €€
(Lungomare Trieste 92; Mahlzeiten 28 €; ⏲Sept.–Juli Mo. geschl., Okt.–Ostern So–abend & Aug. Mo–So Mittagessen) Helles, behagliches Lokal mit jungem Publikum, in dem die lokalen Gerichte wie *lagane e ceci* (Pasta mit Kichererbsen) am besten munden! Ein kulinarisches Gedicht ist *Lazzarella di mare*, eine leckere Degustationsplatte mit *calamaro imbottito* (gefüllte Kalamari) und *seppia in agrodolce* (Tintenfisch mit gedünsteten Zwiebeln). Das Gericht kann auf drei bis fünf *assaggi* (Kostproben) erweitert werden.

Pasticceria Pantaleone GEBÄCK & KUCHEN €
(Via Mercanti 75; Gebäck ab 1,50 €; ⏲Di geschl.) Wo ließen sich besser süße Sünden begehen als in einer entweihten Kirche? Heute beherbergen die einstigen sakralen Räume Salernos beste Konditorei; sie ist allseits bekannt für die Erfindung der *scazzetta* – das Gebäck besteht aus *pan di spagna* (flockig-feuchtem Teig), frischen Beeren und Schlagsahne, in Strega-Likör getränkt und mit einem Erdbeerzuckerguss überzogen. Gewissenbisse spült man am besten mit ei-

nem Gläschen *Elisir* hinunter, einem Kräuterlikör mit Orangenaroma.

Praktische Informationen

Infopoint (Corso Vittorio Emanuele 193; ⏲Mo–Sa 9.30–13.30 & 16.30–20.30 Uhr) Im Einkaufszentrum Galleria Capitol Cinema sind Prospekte sowie Fahrpläne für Busse und Fähren erhältlich, außerdem gibt es einen Zimmervermittlungsservice.

Ospedale Ruggi D'Aragona (☎089 67 11 11; Via San Leonardo)

Post (Corso Garibaldi 203)

Touristeninformation (Piazza Vittorio Veneto 1; ⏲Mo–Sa 9–13 & 15.15–19.15 Uhr)

An- & Weiterreise

AUTO & MOTORRAD

Salerno liegt an der A3 zwischen Neapel und Reggio di Calabria. Die Autobahn ist ab Salerno in Richtung Süden mautfrei.

BUS

SITA-Busse nach Amalfi (2,10 €, 1¼ Std., mindestens stdl.) fahren an der Piazza Vittorio Veneto neben dem Bahnhof ab. Sie halten unterwegs in Vietri sul Mare, Cetara, Maiori und Minori. Der Bus nach Neapel startet jedoch an der Piazza G. Mazzini, 50 m östlich der **Bar Cioffi** (Corso Garibaldi 134), wo die 4 €-Fahrkarten erhältlich sind. Auch im Bahnhof sind Fahrkarten zu bekommen.

Die Buslinie 4 von **CSTP** (☎800 016 659; www.cstp.it, auf Italienisch) fährt von Montag bis Samstag ab der Piazza Vittorio Veneto nach Pompeii (2,10 €, 1 Std., 17-mal tgl.). Sonntags dauert die Fahrt nur 90 Minuten. Nach Paestum (3,30 €, 1 Std., stündlich) fährt Bus 34 ab der Piazza della Concordia.

Buonotourist (☎089 79 50 68; www.buonotourist.it) pendelt täglich (außer sonntags und an Feiertagen) zwischen Salernos Bahnhof und Neapels Flughafen Capodichino. Fahrkarten (7 €) sind im Bus erhältlich; die Fahrzeit beträgt eine Stunde.

SCHIFF/FÄHRE

Gescab-Alicost (☎089 87 14 83; www.alicost.it, auf Italienisch) betreibt einmal täglich eine Fähre sowie ein Tragflügelboot ab Salerno nach Amalfi (7/9 €, 2-mal tgl.), Positano (11/13 €) und Capri (18,50/20 €) ab Mitte April bis Oktober.

Gescab-Linee Marittime Partenopee (☎081 704 19 11; www.consorziolmp.it, auf Italienisch) betreibt Tragflügelboote und schnelle Fähren ab Salerno nach Capri (20/18,50 €, jeweils 1-mal tgl.) von April bis Oktober.

TraVelMar (☎089 87 29 50; www.travelmar.it, auf Italienisch) betreibt Fähren ab Salerno nach Amalfi (7 €, 6-mal tgl.) und Positano (11 €, 6-mal tgl.) von April bis Oktober.

Metrò del Mare (☎199 600700; www.metrodelmare.net, auf Italienisch) betreibt regelmäßig Fähren von/nach Neapel und Sorrent. Allerdings wurde der Fährverkehr 2011 bis auf weiteres stillgelegt. Aktuelle Informationen stehen auf der Website.

Die Fähren legen im Porto Turistico ab; zum Hafen geht es ab der Piazza della Concordia rund 200 m den Kai entlang. Fahrkarten sind an den Verkaufsständen direkt an der Ablegestelle erhältlich.

Die Fähren nach Capri legen am Molo Manfredi im Industriehafen ab.

ZUG

Salerno ist ein wichtiger Zwischenstopp auf den Straßen in Richtung Süden nach Kalabrien, zum Ionischen Meer und an die Adriaküste. Nach Neapel (IC 7,50 €, 40 Min., 44-mal tgl.), Rom (Eurostar 39 €, 2½ Std., stdl.) und Reggio di Calabria (IC 36,50 €, 4½ Std., 9-mal tgl.) verkehren regelmäßig Züge ab dem Banhof an der Piazza Vittorio Veneto.

Unterwegs vor Ort

In Salerno gehen Besucher am besten zu Fuß; vom Bahnhof aus sind es auf dem Corso Vittorio Emanuele II. nur 1,2 km bis zur Altstadt.

Wer ein Auto mieten will, geht zu **Europcar** (☎089 258 07 75; www.europcar.com; Via Clemente Mauro 18) nahe des Bahnhofs.

PAESTUM

Die Tempel von Paestum, mit festem Platz auf der Unesco-Weltkulturerbeliste, gehören zu den besterhaltenen Bauwerken der Magna Graecia. Diese antike griechische Kolonie erstreckte sich einst über weite Teile Süditaliens und Siziliens.

Von Salerno oder Agropoli aus sind die Tempel leicht innerhalb einer Tagestour zu besichtigen. Als eine der malerischsten historischen Stätten in der ganzen Gegend, sollte man sie auf keinen Fall auslassen.

Paestum oder Poseidonia, wie der Ort zu Ehren des griechischen Meeresgottes Poseidon ursprünglich hieß, wurde im 6. Jh. v. Chr. von griechischen Siedlern gegründet. Ab 273 v. Chr. unter römischer Herrschaft, wurde es zu einem wichtigen Handelshafen. Doch die Blütezeit währte nur bis zum Untergang des Römischen Reiches. Malariaepidemien und Sarazenenüberfälle hatten die sowieso schon geschwächten Bürger veranlasst, die Stadt zu verlassen.

Erst Ende des 18. Jhs. entdeckten Bauarbeiter bei Straßenarbeiten die Tempel wieder – was sie jedoch nicht darin hinderte, eine Schneise quer durch die Ruinenstadt zu schlagen. An den Tücken der Umgebung änderte die Straße kaum etwas: Bis ins 20. Jh. hinein blieb es eine Gegend voller Malariasümpfe, wo es von gefährlichen Schlangen und Skorpionen nur so wimmelte.

Die **Touristeninformation** (www.infopaestum.it; Via Magna Grecia 887; ⌚9–13 & 14–16 Uhr) hält für Besucher praktische Informationen über Paestum und die Costiera Cilentana bereit.

Sehenswertes

Ruinen von Paestum RUINEN
(☎0828 81 10 23; Eintritt 4 €, inkl. Museum 6,50 €; ⌚8.45 Uhr bis 2 Std. vor Sonnenuntergang) Eintrittskarten für die Ruinen sind am Haupteingang hinter der Touristeninformation erhältlich oder im Winter direkt im Museum, wo Besucher gegen eine Leihgebühr auch einen Audioguide bekommen (5 €).

Vom Haupteingang stößt man zuerst auf den **Cerestempel** (Tempio di Cerere) aus dem 6. Jh. Dieser kleinste der drei Tempel von Paestum diente zeitweilig den Christen als Gotteshaus.

Ein Stück weiter südlich, kommt man an der **Agorà** (dem altgriechischen Marktplatz) vorbei. Dort stand einst das wichtiges Heldendenkmal der Stadt, das sogenannte **Heroon** (Heldengrabmal).

Unweit davon lässt sich an einer Bodensenke noch heute deutlich die Stelle ausmachen, wo das ehemalige, öffentliche **Schwimmbad** war. Es war Teil einer größeren Sportanlage.

Das grasbewachsene, rechteckige Areal südlich vom „Freibad" war das **Forum**, einst Herzstück der antiken Römerstadt. Zu den teilweise noch erhaltenen Gebäuden gehören ein weitläufiges Wohngebiet, ein italischer Tempel und das Bouleuterion (wo der römische Senat zu tagen pflegte) und weiter südlich das Amphitheater.

Der **Neptuntempel** (Tempio di Nettuno), der aus der Zeit um 450 v. Chr. stammt, ist der größte und besterhaltene der drei Tempel der Gesamtanlage; es fehlen lediglich Teile der Innenwände und des Daches. Wohl wurde er ursprünglich Neptun zugeschrieben, jedoch ist durch neuere Studien nachgewiesen, dass er in Wirklichkeit Apollo geweiht war.

Nebenan steht die **Basilika** (eigentlich ein Heratempel), Paestums ältestes erhaltenes Monument aus der Mitte des 6. Jhs. v. Chr. Der Sakralbau wirkt majestätisch: An den Schmalseiten reihen sich neun, an den Längsseiten 18 Säulen hintereinander. Mit ein bisschen Fantasie erkennt man etwas östlich davon Überreste des einstigen Opferaltars. Bei Grabungen in Paestum wurden viele Weihegaben gefunden.

Als die Stadt in voller Blüte stand, umgab sie ein imposanter, insgesamt 4,7 km langer Schutzwall, der nach und nach von den Lukanern und Römern erbaut und immer wieder erneuert wurde. Der besterhaltene Abschnitt der Mauer befindet sich südlich der Tempelruinen.

Gleich östlich der Ruinen liegt das **Museum** (☎0828 81 10 23; Eintritt 4 €, inkl. Ruinen 6,50 €; ⌚8.30–19.30 Uhr, letzter Einlass 18.45 Uhr, am 1. & 3. Mo jeden Monats geschl.). Es beherbergt eine Sammlung arg verwitterte Metopen (Relieffriese), darunter 33 der ursprünglich 36 Teile vom **Argiva-Heratempel** (Tempio di Argive Hera). Er befand sich 9 km nördlich von Paestum und von ihm ist sonst praktisch nichts erhalten geblieben. Interessantestes Exponat der Ausstellung ist jedoch das Grab des Tauchers (Tomba del Truffatore) aus dem 5. Jh. v. Chr. Der Sprung des Tauchers ins Wasser symbolisiert angeblich den Übergang vom Leben zum Tod.

Schlafen & Essen

LP TIPP **Casale Giancesare** B&B €
(☎0828 72 80 61, 333 189 77 37; www.casalegiancesare.it; Via Giancesare 8; EZ/DZ/Apt. 45–75/65–120/600–1300 € pro Woche; P ❄ @ 🛜 🏊 👪) In dem umgebauten Bauernhof aus dem 19. Jh., 2,5 km von Paestum entfernt, befindet sich heute eine reizvolle, mit Steinfassade versehene B&B-Pension. Das Anwesen ist von Weinbergen, Oliven- und Maulbeerbäumen umgeben. Der Ausblick ist atemberaubend, insbesondere vom Swimmingpool aus. Die zauberhaften Inhaber Anna und Enzo mit Sohn Antonino haben eine Leidenschaft für gutes Essen – sie produzieren und verkaufen ihre eigenen Oliven, Konfitüren, *limoncello* und Wein. Nicht verwechseln: Auf den Wegweisern steht auch noch eine andere B&B-Pension namens Residence Giancesere.

Nonna Sceppa TRADITIONELL ITALIENISCH €€
(Via Laura 53, località Laura; Mahlzeiten 39 €; ⌚Mittagessen & Ostern–Sept. Abendessen, Fr–Mi Mittagstisch & Sa–abend im restlichen Jahr) ist eine lohnenswerte Alternative zu den sonst mittelmäßigen und überteuerten Restaurants vor Ort. Die Gerichte sind deftig. Gekocht wird nur mit frischen Zutaten der

Saison. Im Sommer liegt der Schwerpunkt auf Fisch und Meeresfrüchten wie z. B. dem erfrischend einfach gegrillten Fisch mit Zitrone. Aber auch das Risotto mit Zucchini und Artischocken hat eine besondere Note.

An- & Weiterreise

Am besten erreicht man Paestum mit öffentlichen Verkehrsmitteln. Die Buslinie 34 von **CSTP** (☎800 016 659; www.cstp.it, auf Italienisch) fährt in Salerno ab (3,30 €, 1 Std. 20 Min., 12-mal tgl.) bzw. vom Süden kommend ab Agropoli (1,20 €, 15 Min., 12-mal tgl.).

Wer mit dem eigenen Fahrzeug unterwegs ist, fährt ab Salerno auf die A 3 und nimmt die Ausfahrt in Richtung Battipaglia auf der SS 18. Noch besser und insgesamt angenehmer ist eine Fahrt auf der Litoranea, einer kleineren Küstenstraße: Man fährt schon eine Ausfahrt früher von der A 3 ab, nämlich bei Pontecagnano, und folgt der Ausschilderung nach Agropoli und Paestum.

COSTIERA CILENTANA

Südöstlich des Golfs von Salerno geht die küstennahe Ebene allmählich in eine wilde, zerklüftete Klippenlandschaft über. Der urtümliche Charakter dieser Gegend lässt bereits erahnen, wie es ein Stück weiter in den kargen Hügeln der Basilikata und auf den bewaldeten Gipfeln Kalabriens aussieht. Landeinwärts ragen über dem abgeschiedenen Hochland des Parco Nazionale del Cilento e Vallo di Diano dunkle Bergsilhouetten am Horizont auf. Der Nationalpark ist der bestgehütete Geheimtipp Kampaniens, den Naturliebhabern sich keinesfalls entgehen lassen sollten.

An der Küste 75 km südlich von Salerno befindet sich die griechische Siedlung Elea (heute Velia), die im 6. Jh. v. Chr. gegründet wurde und später bei wohlhabenden Römern als Badeort beliebt wurde. Die **Ruinen** (☎0974 97 23 96; Contrada Piana di Velia; Eintritt 2 €; ⏲9 Uhr bis 1 Std. vor Sonnenuntergang), aus denen ein Turm aufragt, der aus einer Entfernung von mehreren Kilometern bereits zu sehen ist, sind nicht gerade gut erhalten, jedoch für Durchreisende einen kurzen Abstecher wert.

Verschiedene Reiseziele an der Cilento-Küste sind über die Hauptbahnstrecke von Neapel nach Reggio di Calabria erreichbar. Auf der Website **Trenitalia** (www.trenitalia.it) finden sich praktische Informationen und aktuelle Fahrpreise.

Wer mit dem Auto unterwegs ist, nimmt landeinwärts die SS18 von Agropoli nach Velia oder die SS267 entlang der Küste.

Agropoli

21 035 EW.

Als größte Stadt am südlichen Küstenabschnitt ist Agropoli ein guter Ausgangspunkt für Ausflüge nach Paestum und zu den Stränden im Nordwesten. Hier machen Italiener gerne Urlaub, sonst aber ist es ein ruhiger Ort mit einem baufälligen mittelalterlichen Kern. Agropoli liegt direkt am Meer und am Ausläufer eines Vorgebirges.

Bei der **Touristeninformation** (☎0974 82 74 19; Piazza della Repubblica 3; ⏲Mo–Fr 9–13 sowie Di & Do 15–18 Uhr) ist ein aktueller Stadtplan erhältlich.

Schlafen & Essen

Anna — B&B €

(☎0974 82 37 63; www.bbanna.it; Via S Marco 28–32; EZ/DZ 35–50/50–70 €; ❄) An Agropolis weitläufigem Sandstrand befindet sich das Hotel Anna. Die Zimmer mit ihren weißen Wänden und pfiffigen Stoffen mit Streifenmuster sind hell und heiter. Einige Zimmer verfügen über Balkon und haben Meeresblick. Sonnenliegen und Fahrräder können gegen eine geringe Gebühr ausgeliehen werden. Im beliebten Restaurant im Parterre (Pizzas ab 3 €, andere Gerichte 15 €) gibt es auch glutenfreie Speisen.

Ostello La Lanterna — HOSTEL €

(☎/fax 0974 83 83 64; lanterna@cilento.it; Via Lanterna 8; B/DZ mit Bad/3BZ/4BZ 18–19/40–50/58–65/80–85 €; ⏲Mitte März–Okt.) Agropolis freundliche Jugendherberge bietet Mehrbettzimmer, Doppel- und Famlienzimmer sowie einen schönen Garten. Auf Wunsch gibt es auch Abendessen. Der Strand ist nur zwei Gehminuten entfernt.

U'Sghiz — TRADITIONELL ITALIENISCH, PIZZERIA €

(Piazza Umberto I; Pizzas ab 3 €, Mahlzeiten 22 €; ⏲Okt.–Mai Di geschl.) An der Landzunge hat sich die Pizzeria U'Sghiz, die sich in einem Gebäude aus dem 17. Jh. befindet, auf Fisch und Meeresfrüchte spezialisiert wie etwa *spaghetti a vongole* (mit Muscheln). Und natürlich bietet die Speisekarte eine große Auswahl an verschiedenen Pizzas. Im Vergleich zum roten Hauswein in der Karaffe (ein Viertel 2 €) schmecken die etwas teureren Weine dann doch wesentlich besser.

Parco Nazionale del Cilento e Vallo di Diano

Der Parco Nazionale del Cilento e Vallo di Diano erstreckt sich von der Küste bis hinauf zu Kampaniens höchstem Gipfel, dem Monte Cervati (1900 m), und noch ein Stück weiter landeinwärts bis zur Grenze zur Basilicata. Er ist der zweitgrößte Nationalpark Italiens. Nur wenige erkunden diese Gegend, die von kargen Höhen und öden Tälern geprägt ist. Sie bietet allerdings das Kontrastprogramm schlechthin zum Ferienfiasko an der Küste. Wer das Beste herausholen will, braucht ein Auto. Ohne Auto muss man schon grenzenlose Geduld mitbringen und ein meisterhaftes Geschick im Entschlüsseln der örtlichen Busfahrpläne.

Weitere Auskunft gibt die Touristeninformation in Paestum (S. 729). Wer an einer geführten Wanderung teilnehmen will, wendet sich an **Gruppo Escursionistico Trekking** (☎0975 725 86; www.getvallodidiano.it; Via Provinciale 29, Sassano) oder an **Associazione Trekking Cilento** (☎0974 84 33 45; www.trekkingcilento.it, auf Italienisch; Via Cannetiello 6, Agropoli). Rund 25 km nordöstlich von Paestum betreut der WWF das Naturschutzgebiet **Oasi Naturalistica di Persano** (☎0828 97 46 84; persano@wwf.it; ⏲Geführte Touren im Okt.–Mai Mi, Sa & So 10–15 Uhr, Juni–Sept. Sa & So 9–17 Uhr). Das 110 ha große Feuchtbiotop am Fluss Sele ist ein Eldorado für Vogelkundler. Hier sind verschiedenste Vogelarten beheimatet, sowohl endemische Arten als auch Zugvögel, die nur zu einer bestimmten Jahreszeit hier leben. Der Weg dorthin ist ab der SS 18 ausgeschildert. Besuche sollten einen Tag im Voraus gebucht werden, geführte Touren zwei Tage im Voraus.

Lohnenswert ist aber auch eine Erkundungstour zu zwei Höhlensystemen. Etwa 20 km nordöstlich von Paestum befindet sich die **Grotte di Castelcivita** (☎0828 77 23 97; www.grottedicastelcivita.com; Castelcivita; Eintritt 10 €; ⏲Mitte März–Sept. 6-mal tgl. geführte Touren, Okt.–Mitte März 4-mal tgl.). Der Höhlenkomplex soll Spartacus nach dem Sklavenaufstand im Jahr 71 n. Chr. als Zufluchtstätte gedient haben. Zwischen Juni und September, wenn das Wasser tief in der Höhle ausgetrocknet ist, gibt es längere, 3 ½-stündige Touren (25 €). Für den Besuch ist das Tragen von Helmen erforderlich, ebenso eine gewisse körperliche Fitness bzw. Beweglichkeit. Besichtigungen sollten im Voraus gebucht werden.

Von Montag bis Samstag fährt ein Bus von **De Rosa** (☎0828 94 10 65) um 9.20 Uhr von Capaccio (6 km östlich von Paestum) ab und um 15.20 Uhr ab Castelcivita wieder zurück. Eine einfache Fahrt kostet 2,50 Uhr. Wer mit dem Auto fährt, nimmt die SS18 ab Paestum in Richtung Salerno und folgt einfach den Wegweisern.

Am östlichen Rand des Parks liegt die **Grotte dell'Angelo Pertosa** (☎0975 39 70 37; www.grottedipertosa.it; Pertosa; geführte Touren 10 €; ⏲März–Okt. 9–19 Uhr, Nov.–Feb. 10–16 Uhr). Sie besteht aus einer 2,5 km langen Tropfsteinhöhle mit einem Wald aus Stalaktiten und Stalagmiten. Zwar fahren SITA Busse von Montag bis Samstag ab Salerno nach Pertosa (5 €), ein Tagesausflug erübrigt sich aber aufgrund des ungünstigen Fahrplans. Wer sich für das Auto entscheidet, nimmt ab Salerno die A3 in Richtung Süden und fährt ab der Ausfahrt Petina 9 km auf der SS19 weiter.

Weiter südwärts auf der A3 birgt **Padula** eine der verborgenen Perlen der Region, nämlich das herrliche Kloster **Certosa di San Lorenzo** (☎0975 777 45; Viale Certosa, Padula; Eintritt 4 €; ⏲Mi–Mo 9–19 Uhr). Auch als Certosa di Padula bekannt, ist es eines der größten Klöster Europas. Das Ensemble besteht aus einem riesigen Innenhof, einer holzvertäfelten Bibliothek und üppig mit Fresken verzierten Kapellen. Nach seiner Erbauung im 14. Jh. wurde es im Lauf der Zeit mehrmals umgestaltet und im 19. Jh. schließlich aufgelöst. Danach mutierte es zum Schullandheim und später zum Konzentrationslager.

Die Busse von 20 **Lamanna** (☎0975 52 04 26) fahren 4- bis 6-mal täglich von Salerno nach Padula.

Apulien, Basilikata & Kalabrien

Inhalt »

Gut essen

» Cucina Casareccia (S. 762)

» La Locanda di Federico (S. 738)

» Il Frantoio (S. 757)

» Taverna Al Cantinone (S. 746)

Schön übernachten

» Sotto Le Cummerse (S. 754)

» Palazzo Rollo (S. 761)

» Locanda delle Donne Monache (S. 782)

Auf nach Apulien, in die Basilikata & nach Kalabrien!

Apulien, die Basilikata und Kalabrien liegen im *mezzogiorno* – Italiens Süden und Inbegriff für mediterranes Klima und trägen Lebensrhythmus. Alle drei Regionen nehmen den italienischen Stiefel vom Absatz bis zur Spitze ein. Ein Küstenabschnitt säumt die Basilikata mit Bergen und Hügeln; schöne Strände und Gebirgszüge mit Burgruinen auf vielen Gipfeln kennzeichnen Kalabrien. Ortschaften an einer 800 km langen Küste, flaches Agrarland, dichte Wälder und Olivenhaine zeichnen das weltoffene Apulien aus.

Die wechselvolle Geschichte des Südens mit vielen Invasionen und wirtschaftlicher Not schmiedete einen stolzen Menschenschlag und prägte die regionale Kultur und Küche. Mehr als der urbane Norden lockt der heiße, abgelegene Süden mit verborgenen Plätzen jenseits der ausgetretenen Pfade – am besten erkundet man ihn mit einem eigenen Fahrzeug und Grundkenntnissen in Italienisch.

Reisezeit

Bari

April–Juni Frühlingsblüte vieler Wildblumen: die beste Zeit für Bergwanderungen.

Juli & Aug. Strandwetter und die beste Zeit für Festivals und andere Kulturevents.

Sept. & Okt. Keine Menschenmassen, mildes Wetter und unzählige Wildpilze zum Sammeln.

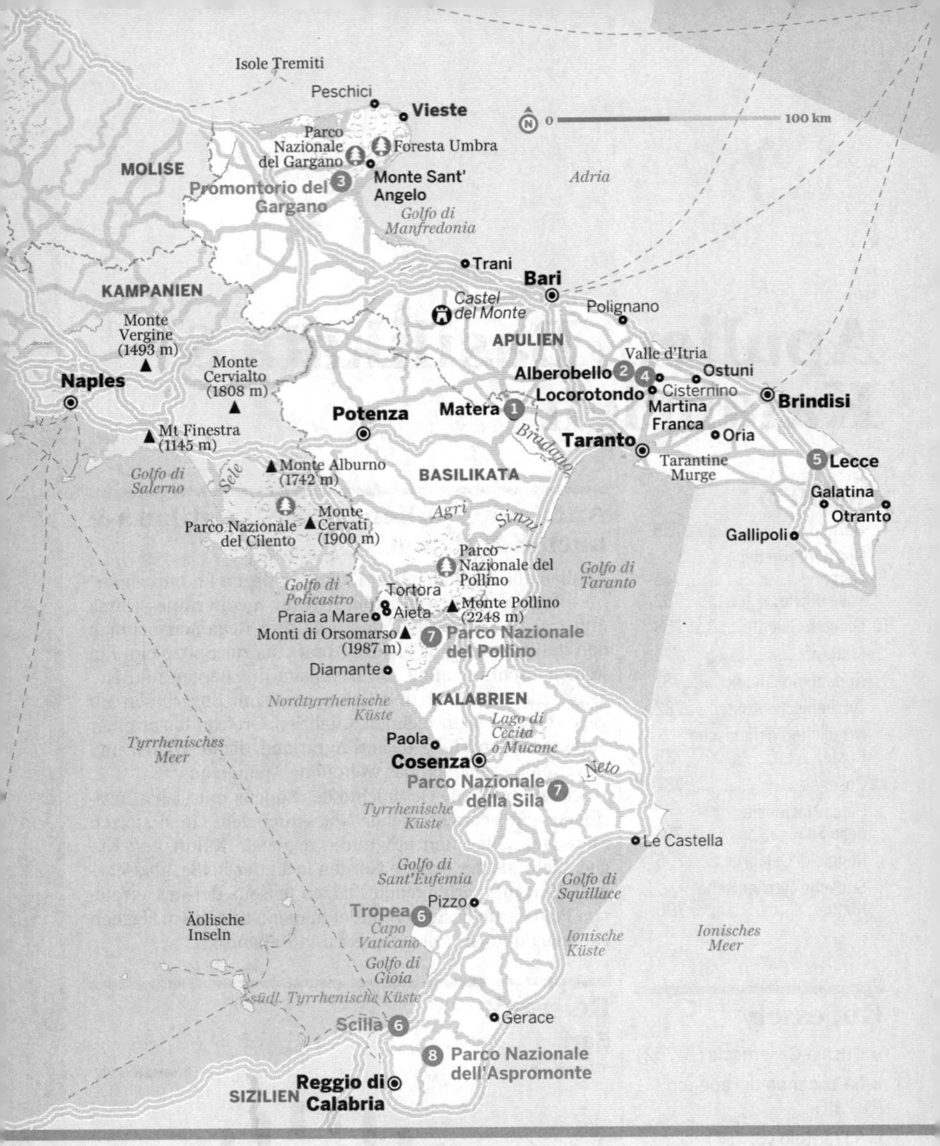

Highlights

1. Die anrührenden *sassi* von **Matera** (S. 724)
2. Ein Besuch der *trulli* in **Alberobello** (S. 753), die wie ein Wichteldorf wirken
3. Wanderungen durch die schattigen Wälder des **Promontorio del Gargano** (S. 745) und ein Bad in seinen azurblauen Bergseen
4. Ein Streifzug durch die Altstadt von **Locorotondo** (S. 754), eine der schönsten Städte Apuliens
5. Die reich geschmückten Barockfassaden in **Lecce** (S. 758)
6. Kalabriens malerische Küstendörfer **Tropea** (S. 797) und **Scilla** (S. 797)
7. Die weite Hügellandschaft des **Parco Nazionale della Sila** (S. 791) und der **Parco Nazionale del Pollino** (S. 789)
8. Eine Fahrt oder Wanderung durch den geheimnisvollen **Parco Nazionale dell'Aspromonte** (S. 793)

APULIEN

Apulien ist eine von der Sonne verwöhnte Region mit silbrig glänzenden Olivenhainen, Küstenlandschaften sowie sehenswerten Berg- und Küstenstädten. Fruchtbares, weitgehend flaches Agrarland zieht sich durch große Teile der Region. An ihrer langen Küsten wechseln sich Kalksteinklippen und ausgedehnte Strände ab. Apulien reicht vom Sporn des italienischen Stiefels bis zum Stiefelabsatz, der sich als Halbinsel zwischen die Adria und das Ionische Meer schiebt. Beide Meere sind umwerfend schön, die Farben ihres Wassers schwanken zwischen durchscheinendem Smaragdgrün und düsterem Graublau. An der langen apulischen Küstenlinie haben erfolgreiche Invasoren ihre Spuren hinterlassen: die Normannen, Spanier, Türken, Staufer und Griechen. Doch trotz dieser verschiedenen Einflüsse ist Apulien authentisch geblieben.

In einem Land, in dem die Kochkunst einen hohen Rang besitzt, ist Apuliens *cucina povera* legendär. Ihre kulinarischen Grundlagen bilden Olivenöl, Weintrauben, Tomaten, Auberginen, Artischocken, Paprika, Oliven, Salami, Pilze, Fisch und Meeresfrüchte. Obwohl die Region einige der besten Gerichte und Weine Italiens zu bieten hat, lassen sich an manchen Orten nur selten auswärtige Besucher blicken. Im Juli und August jedoch geht es in Apulien hoch her. In dieser Zeit schwelgt die Region in *sagre*, in Volksfesten, die teilweise ein spezielles Nahrungsmittel feiern. Zahlreiche Konzerte und viele andere Veranstaltungen finden dann statt. In diesen Wochen überfallen italienische Urlauber die Region zu Tausenden.

Geschichte

Zeitweise fühlte sich Apulien griechisch – und das aus gutem Grund. Dieses spürbare Vermächtnis geht auf die Zeiten zurück, da die Griechen während des 8. Jhs. v. Chr. eine Reihe von Siedlungen entlang der Ionischen Küste gründeten. Eine Art griechischer Dialekt, Griko genannt, wird noch heute in einigen Städten südöstlich von Lecce gesprochen. In historischer Hinsicht war Taras (Taranto) die bedeutendste Stadt, besiedelt von Auswanderern aus Sparta, die dort vorherrschten, bis sie im Jahre 272 v. Chr. schließlich von den Römern besiegt wurden. Die lange Küstenlinie machte die Region anfällig für Eroberungen. Die Normannen hinterließen dort ihre schönen, romanischen Kirchen, die Staufer ihre mächtigen Festungen und die Spanier ihre überladenen Barockgebäude. Niemand kennt jedoch exakt die Ursprünge der außergewöhnlichen *trulli*, massive Steinhäuser mit konischem Dach. Die auf das 16. Jh. zurückgehenden Gebäude gibt es nur in Apulien.

Von Invasoren und Piraten einmal abgesehen, war die Malaria lange Zeit die schlimmste Geißel des Südens. Sie erzwang, dass viele Städte von der Küste entfernt, auf den Hügeln erbaut wurden. Nach Mussolinis Machtergreifung 1922 wurde der Süden zur Frontlinie in seiner „Weizenschlacht". Diese Initiative zielte darauf ab, Italien auf dem Lebensmittelsektor autark zu machen, als über das Land nach der Eroberung von Äthiopien Sanktionen verhängt wurden. Heute ist Apulien mit Weizenfeldern, Olivenhainen und Obstgärten überzogen.

Bari

320 150 EW.

Ihren früheren schlechten Ruf als „Bronx von Süditalien" hat Apuliens Hauptstadt allmählich in den Griff bekommen. Als eine der wohlhabendsten Städte des Südens verdient Bari inzwischen mehr als einen flüchtigen Blick. Aufgemöbelt und zu neuem Leben erweckt, bildet Bari Vecchia, die historische Altstadt, ein interessantes Straßenlabyrinth mit viel Atmosphäre. Auf den Piazzas und ihren rundum liegenden trendigen Restaurants und Bars geht es allabendlich hoch her. Allerdings sind immer noch einige Gegenden der Altstadt mit einiger Vorsicht zu genießen.

Gefahren & Ärgernisse

Da man mit Kleinkriminalität rechnen muss, sind entsprechende Vorsichtsmaßnahmen angebracht: Im Auto sollte nichts verbleiben, was auch nur einen Hauch von Wert besitzt. Weder das eigene Geld noch irgendwelche Wertsachen sollten andere zu Gesicht bekommen. Auch vor Handtaschenräubern auf Motorrollern sollte man sich in Acht nehmen und nachts möglichst die dunklen Straßen in Bari Vecchia meiden bzw. besonders vorsichtig sein.

Sehenswertes

In der Bari Vecchia genannten Altstadt und ihrer unmittelbaren Umgebung konzentrieren sich die meisten Sehenswürdigkeiten. Die Altstadt nimmt komplett eine schmale

Apulien

N
0
100 km
Sulmona
Passo San Leonardo
ABRUZZEN
Parco Nazionale della Majella
Parco Nazionale d'Abruzzo, Lazio e Molise
Sangro
Trigno
SS650
MOLISE
SS87
Isernia
SS647
Campobasso
LATIUM
Voltурно
Isole Tremiti
Rodi Garganico
Peschici
La Salata
Vieste
Villaggio Umbra
Parco Nazionale del Gargano
Monte Sant' Angelo
Manfredonia
Golfo di Manfredonia
Cigno
Fortore
SS16
San Severo
A14
Lucera
SS17
Foggia
SS655
Cervaro
Carapelle
Trani
SS87
Benevento
Caserta
SS7
A16
KAMPANIEN
Golfo di Gaeta
Neapel
Golfo di Napoli
Salerno
Amalfiküste
A3
Sele
Tyrrhenisches Meer
Golfo di Salerno
Fähren nach Civitavecchia & Neapel
Castel del Monte
Bari
Venosa
APULIEN
SS96
A14
Polignano a Mare
SS16
Castellana Grotte
Grotte di Castellana
Valle d'Itria
Alberobello
Cisternino
Locorotondo
SS379
Ostuni
SS100
Martina Franca
Brindisi
Riserva Naturale Regionale Orientata
SS99
Matera
Potenza
SS407
SS7
Bradano
BASILIKATA
Taranto
Oria
Tarantine Murge
SS7
Lecce
Basento
Cavone
Metaponto
Sauro
Agri
Parco Nazionale del Cilento e Vallo di Diano
SS18
SS598
A3
Sinni
Sapri
Golfo di Policastro
Monti di Orsomarso (1987 m)
Parco Nazionale del Pollino
SS106
Golfo di Taranto
Reserva Marina Porto Cesareo
Galatina
Otranto
Gallipoli
Santa Maria di Leuca
Adria
Ionisches Meer

Halbinsel ein, die sich zwischen dem neuen Hafen im Westen und dem alten Hafen im Südosten erstreckt. Das reizvolle Stadtviertel mit seinem mittelalterlichen Labyrinth an engen Gassen und charmanten Plätzen beherbergt über 40 Kirchen und mehr als 120 Heiligenschreine.

Castello Svevo BURG

(Stauferkastell; ☎083 184 00 09; Piazza Federico II di Svevia; Eintritt Erw./erm. 2/1 €; ⊙Do–Di 8.30–19.30 Uhr) Ursprünglich errichteten die Normannen die Burg auf den Ruinen einer römischen Festung. Später ließ Friedrich II., Kaiser des Heiligen Römischen Reiches und Spross des schwäbischen Adelsgeschlechts der Staufer, die Burg restaurieren und erweitern. Sein Bauplan bezog das normannische Bauwerk mit ein – dessen beide Türme stehen heute noch. Unter der spanischen Herrschaft im 16. Jh. wurden die Bastionen (die äußeren Verteidigungsanlagen) hinzugefügt, ihre Ecktürme ragen in den Burggraben. In dieser Zeit muss die Burganlage eine prachtvolle Residenz gewesen sein.

Basilica di San Nicola BASILIKA

(Piazza San Nicola; www.basilicasannicola.it; ⊙Mo–Sa 7–13 & 16–19, So 7–13 & 16–21 Uhr) Die bemerkenswerte Basilika ist eine der ersten normannischen Kirchen des Südens. Sie ist ein ausgezeichnetes Beispiel für den apulisch-romanischen Stil und wurde erbaut, um die Reliquien des hl. Nikolaus zu beherbergen, die einheimische Fischer 1087 in der Türkei geraubt hatten. Die Überreste des Heiligen sollen flüssiges Manna absondern, eine wundersame Substanz mit besonderen Kräften. Deshalb – und natürlich weil Nikolaus auch als Schutzherr der Gefangenen und der Kinder fungiert – ist die Basilika bis heute eine bedeutende Pilgerstätte. Der Innenraum ist von monumentaler Größe, aber schlicht, mit einer dekorativen Holzdecke aus dem 17. Jh. Das großartige Ziborium aus dem 13. Jh. über dem Altar ist das älteste in Apulien.

ZU TISCH IN APULIEN

Apuliens traditionelle Küche ist die deftigste und die unverfälschteste Regionalküche Italiens. Entwickelt hat sie sich aus der *cucina povera*, der Armeleute- bzw. bäuerlichen Küche. Typisch dafür sind die ohne Eier hergestellte Pasta und Gerichte mit selbst gesammelten Wildpflanzen.

Apuliens Fischerei hat den größten Anteil an Italiens Fischfangerträgen. In der Region werden 80 % der europäischen Pasta produziert, 80 % des italienischen Olivenöls stammen aus Apulien und Kalabrien. Tomaten, Brokkoli, Chicorée, Fenchel, Feigen, Melonen, Kirschen und Weintrauben schmecken hier besser als irgendwo anders. Mandeln aus der Umgebung von Ruvo di Puglia zählen zu den Zutaten sehr teurer Kuchen und Kekse.

Wie ihre antiken griechischen Vorfahren essen auch die Apulier *agnello* (Lamm) und *capretto* (Ziegenkitz). *Carne di cavallo* (Pferdefleisch) rückte erst in jüngerer Zeit auf den Speiseplan, auf dem auch *trippa* (Kutteln) einen festen Platz einnehmen. Fleisch wird in der Regel gebraten oder gegrillt und mit aromatischen Kräutern oder würziger Tomatensoße serviert.

Anchovis (Sardellenfilets) und *calamaretti* (sog. Babytintenfische) werden roh in Olivenöl und Zitronensaft mariniert. Auf unzählige Arten werden *cozze* (Muscheln) zubereitet, z. B. paniert und mit Knoblauch gewürzt oder als *riso cozze patata* (Muscheln mit Reis und Kartoffeln gebacken) zubereitet. Für dieses Gericht schwört jede Gegend auf ihr eigenes Rezept.

Brot und Pasta liegen den Apuliern besonders am Herzen, der Pro-Kopf-Verbrauch ist doppelt so hoch wie in den USA. Eine Hauptrolle spielen die *orecchiette* (kleine ohrenförmige Pasta), die man häufig mit den Varianten *cavatelli* oder *strascinati* mischt. Sie ähneln den beidseitig eingerollten *orecchiette*. Serviert werden sie mit Brokkoli oder *ragù* (Ragout), und obendrauf kommt immer *ricotta forte*, eine beißend scharfe apulische Käsespezialität.

Die früher eher für Quantität als für ihre Qualität bekannten apulischen Weine haben sich rasant verbessert. Die besten Weine kommen von der Halbinsel Salento, z. B der Salice Salentino, einer der besten Rotweine des Landes, sowie aus der *trulli*-Gegend bei Locorotondo (berühmt für ihre Weißweine). Spitzenweine werden auch in der Umgebung von Cisternino (z. B. der elegante schwere Primitivo – ein Rotwein) sowie in den Ebenen rund um die Städte Foggia und Lucera gekeltert.

Wunderschön ist auch der Schrein in der von Hängelampen erleuchteten Krypta.

Kathedrale KATHEDRALE

(Piazza Odegitria; ⌚Mo–Fr 8–12.30 & 16–17.30, Sa & So 8–12.30 & 17–20.30 Uhr) Die romanische Kathedrale aus dem 11. Jh. steht auf den Überresten einer byzantinischen Kirche. Erhalten geblieben sind der ursprüngliche Basilika-Grundriss und die östlich inspirierte Kuppel. Tiefe Arkaden unterbrechen die glatten Mauern. Ein Gewirr von Pflanzen- und Tiermotiven schmückt das Ostfenster.

Piazza Mercantile PIAZZA

Der **Sedile**, der mittelalterliche Sitz des Rats der Adligen von Bari, säumt die schöne Piazza. An der nordöstlichen Ecke ragt die **Colonna della Giustizia** (Säule der Gerechtigkeit) empor. Hier wurden in früheren Zeiten Schuldner angebunden und ausgepeitscht.

Feste & Events

Festa di San Nicola RELIGIÖSES FEST

Das St.-Nikolaus-Fest, das zwischen dem 7. und 9. Mai begangen wird, ist Baris größter jährlicher Rummel. Gefeiert wird die Ankunft der Reliquien des hl. Nikolaus aus der Türkei im 11. Jh. Am ersten Abend zieht eine Prozession vom Castello Svevo zur Basilica di San Nicola; am nächsten Tag trägt eine Bootsflotte die Statue des Heiligen das Ufer entlang; der Abend endet mit einem gewaltigen Feuerwerkswettbewerb, ein sehenswertes Spektakel.

Schlafen

Viele der Unterkünfte in Bari sind auf Geschäftsleute eingestellt, nicht sonderlich reizvoll und zudem noch überteuert.

B&B Casa Pimpolini B&B €

(☎080 521 99 38; www.casapimpolini.com; Via Calefati 249; EZ/DZ 60/80 €; ❄@) Von diesem hübschen B&B in Baris Neustadt lassen sich Läden, Restaurants und Bari Vecchia leicht zu Fuß erreichen. Mit ihren gemütlichen, einladenden Zimmern und dem köstlichen Frühstück ist die Casa Pimpolini alles in allem eine sehr angenehme Unterkunft.

Hotel Adria HOTEL €€

(☎080 524 66 99; www.adriahotelbari.com; Via Zuppetta 10; EZ/DZ 70/110 €; P❄@) Eine gute Wahl in Bahnhofsnähe ist das in Altrosa gestrichene Hotel Adria, dessen Vorderfront mit schmiedeeisernen Balkons geschmückt ist. Die Zimmer sind komfortabel, hell und modern eingerichtet.

Palace Hotel HOTEL €€€

(☎080 521 65 51; www.dominahotels.com; Via Lombardi 13; EZ/DZ 195/260 €; P❄@📶) Das große unpersönliche Hotel wartet mit klassischen Zimmern auf, die elegant-gediegen eingerichtet sind und Marmorbäder aufweisen. Bekannt ist sein Dachterrassenrestaurant, das Murat, das regionale Gerichte serviert.

Essen

LP TIPP **La Locanda di Federico** TRATTORIA €€

(☎080 522 77 05; www.lalocandadifederico.com; Piazza Mercantile 63–64; Mahlzeiten 30 €; ⌚Mittag- & Abendessen) Torbögen, Deckengewölbe und vom Mittelalter inspirierte Kunstwerke an den Wänden verleihen diesem Restaurant viel Atmosphäre. Die Gerichte der typisch apulischen Speisekarte schmecken ausgezeichnet, die Preise sind angemessen. Sehr zu empfehlen sind die *orecchiette con cima di rapa* („Öhrchen-Pasta" mit Stängelkohl).

Vini e Cucina OSTERIA €

(☎338 212 03 91; Strada Vallisa 23; Mahlzeiten 10 €; ⌚Mittag- & Abendessen) Seit mehr als einem Jahrhundert führt dieselbe Familie diese überaus lebhafte *osteria*. Als Tagesgericht wird immer ein gut zubereitetes, sättigendes apulisches Gericht angeboten. Der Speiseraum erinnert an einen Backsteintunnel, wer hier einen Platz ergattert, wartet (und wartet ...) auf eine beeindruckend unermüdliche Bedienung.

Caff è Borghese CAFÉ €

(☎080 524 21 56; Corso Vittorio Emanuele II 22; kleine Gerichte 6–10 €; ⌚Di–So 8–2 Uhr) Echte Gastfreundlichkeit und einen sympathischen Service erleben die Gäste dieses kleinen Cafés. Sein schlichter Charme und die recht einfachen, aber sehr schmackhaften Gerichte verführen zum Wiederkommen, sei es zum Frühstück, Mittagessen oder auf einen *aperitivo* (Aperitif).

Alberosole TRADITIONELL ITALIENISCH €€

(☎080 523 54 46; www.alberosole.com; Corso Vittorio Emanuele II 13; Hauptgerichte 40 €; ⌚Di–So) In dem eleganten Restaurant verkehren auch Banker in Brioni-Anzügen. Der traditionelle Speiseraum mit seinem alten Steinfußboden und der kirchenähnlichen Gewölbedecke passt irgendwie zur Speisekarte. Einheimische empfehlen das Lokal immer wieder wärmsten.

START VIESTE
ZIEL MARATEA
LÄNGE 650–700 KM
DAUER 1 WOCHE

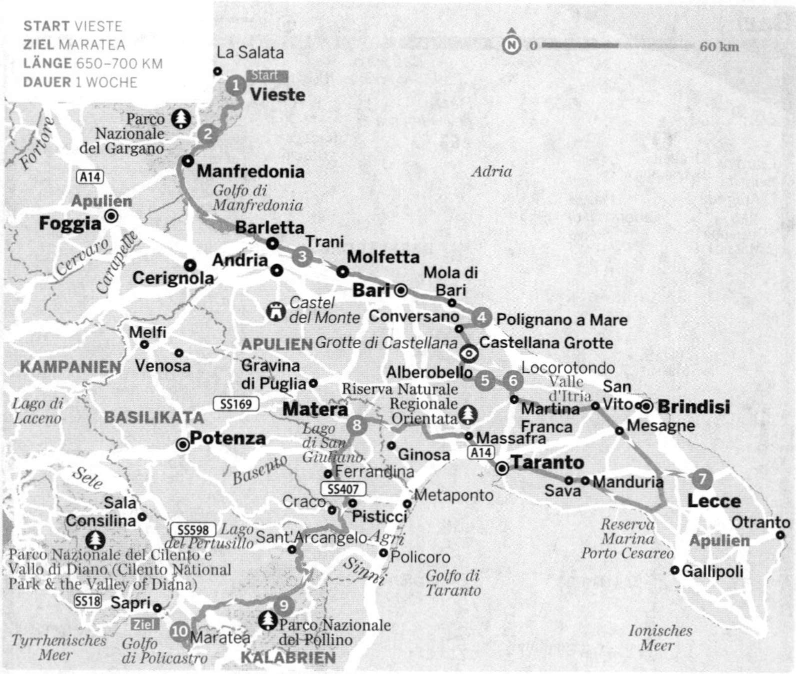

Autotour:

Italiens wahrer Süden

› Die Tour beginnt im ruhigen 1 **Vieste** mit seinen weißen Sandstränden und mittelalterlichen Gassen. Zum Auftakt lohnt sich eine halbtägige Wander- oder Radtour durch die sattgrünen Wälder des nahen 2 **Parco Nazionale del Gargano**. Vorbei an abenteuerlichen Klippen, Salzseen und flachen Feldern führt die Küstenstraße dann nach 3 **Trani** mit einem malerischen Hafen und einer beeindruckenden Kathedrale direkt am Meer. Auf steil aus dem Meer ragenden Klippen thront das hübsche 4 **Polignano a Mare**, die nächste Station vor der Weiterfahrt in das Städtchen 5 **Alberobello**. Eines seiner Stadtviertel besteht aus dicht nebeneinander stehenden *trulli*. Über diese ungewöhnlichen, für Apulien typischen, steinernen Rundhäuser mit kegelförmigem Dach mag man staunen, es ist ein besonderes Erlebnis, darin zu übernachten.

Ein Streifzug durch eines der malerischsten *centri storici* (Altstadtviertel) Süditaliens wartet in 6 **Locorotondo**. Nächster Halt ist in 7 **Lecce**, einem Kleinod unter den Städten des Südens. Beim Erkunden der sehenswerten Läden, der markanten Fassaden der *palazzi* und der Kirchen, darunter die **Basilica di Santa Croce**, vergeht ein ganzer Tag wie im Flug.

Tag fünf beschert mit dem Besuch der Stadt 8 **Matera** in der Basilikata ein unvergessliches Erlebnis, denn auf die *sassi* – die einstigen Wohnhöhlen, die bis in die 1950er Jahre bewohnt waren – kann einen niemand wirklich vorbereiten. Drastisch und erschütternd erinnern sie an die von Armut geplagte Vergangenheit der Stadt.

Nach den Tagen mit Pasta, *fave* (Puffbohnen, Dicke Bohnen) und *cornetti* (italienische Croissants) ist es Zeit, mal die Wanderschuhe zu schnüren: Im spektakulären 9 **Parco Nazionale del Pollino** mangelt es weder an Wegen noch an Naturerlebnissen. Als Abrundung und um den Muskelkater zu lindern, geht es anschließend nach 10 **Maratea** zum Badespaß am Meer. Mit Ferienanlagen an der Küste, mittelalterlichem Dorf, kosmopolitischem Hafen und einer dicht bewaldeten Berglandschaft im Hintergrund sind die Stadt und ihre Umgebung eine Postkartenidylle.

Bari

N
0
200 m
A
B
C
D
1
2
3
4
5
6
7
Adria
Corso de Tullio
Fahran-
leger (300 m)
Via Tancredi
Basilica di
San Nicola (100 m)
Chiesa di
Santa Ana
Via Venezia
1
Isabella
d'Aragona
Giardini
Isabella
D'Aragona
Piazza
Giuseppe
Massari
Piazza
Federico II di
Sveva
Piazza
dell'Odegitria
2
Strada San
Giacomo
Str Ronchi
Strada San Gaetano
Strada dei
Gesuiti
Piazza
Mercantile
9
11
3
4
Strada de Gironda
Via Corridoni
BARI VECCHIA
Strada Vallisa
Piazza
del
Ferrarese
Porto
Vecchio
Via Boemondo
Strada Barone
Largo
Chiurlia
Via Roberto il Guiscardo
10
7
12
Piazza IV
Novembre
Piazza
Massari
6
Plaza della
Libertà
Corso Vittorio Emanuele II
Lungomare Nazario Sauro
Via Lombardi
Piazza
Erìo
del Mare
Brindisi
(114 km)
8
Via Piccinni
Busbahnhof
Bari STP &
Ferrotramviaria
14
Via de Rossi
Via Marchese di Montrone
Via Gimma
Busse zum
Flughafen
Via Fiorese
Via Roberto da Bari
Via Andrea da Bari
Via Sparano da Bari
Via Argiro
Via Melo
Via XXIV Maggio
Via Calefati
B&B Casa
Pimpolini (150 m)
Via Putignani
13
Via Cairoli
Via De Rossi
Via Principe Amedeo
Via Imbriani
Via di Giosa
Via Dante Alighieri
Corso Cavour
Via Nicolai Beatillo
Piazza
Umberto I
Via de Rossi
Via Garruba
Piazza
Battisti
Via Petroni
Via Carulli
Via Crisanzio
Via Fornari
Via de Cesare
Via Nicolo dell'Arca
Via Melo
Corso Italia
Piazza
Aldo
Moro
Via Zuppetta
5
Bahnhof
Appulo-Lucano
Busse zum
Flughafen
Busbahnhof
Ferrovie
del Sud-Est
(500 m);
A14 (12km)
Bahnhof
Bari-Nord
Haupt-
bahnhof

Bari

Sehenswertes

1 Castello Svevo A1
2 Dom B1
3 Colonna della Giustizia C1
4 Sedile C1

Schlafen

5 Hotel Adria D7
6 Palace Hotel A2

Essen

7 Alberosole C2
8 Caffè Borghese A3
9 La Locanda di Federico D1
10 Vini e Cucina C2

Ausgehen

11 Barcollo D1
12 Ferrarese C2

Shoppen

13 Enoteca de Pasquale A4
14 Il Salumaio A3

Ausgehen

Barcollo BAR

(080 521 38 89; Piazza Mercantile 69/70; Cocktails 7 €; 8–3 Uhr) Vor der Bar stehen Tische mit Bänken und Stühlen in leuchtendem Rot. Am Abend, wenn die Piazza im Glanz der Lichter funkelt, macht es Spaß, hier Platz zu nehmen, einen Cocktail zu schlürfen und köstliche Vorspeisen zu knabbern.

Ferrarese BAR

(392 074 44 74; Piazza Ferrarese 1) Die Bar an der Piazza Ferrarese ist ein beliebter Studententreffpunkt mit Blick auf den Hafen.

Shoppen

In der Via Sparano da Bari reihen sich die Designer-Shops und Läden der großen italienischen Modeketten aneinander. Feinkostläden und andere Lebensmittelgeschäfte findet man über die ganze Stadt verteilt.

Il Salumaio LEBENSMITTEL

(080 521 93 45; www.ilsalumaio.it; Via Piccinni 168; Mo–Sa 8.30–14 & 17.30–21.30 Uhr) Appetitanregend duften die regionalen Produkte des altehrwürdigen Feinkostladens.

Enoteca de Pasquale WEIN

(080 521 31 92; Via Marchese di Montrone 87; Mo–Sa 8–14 & 16–20.30 Uhr) Bietet ein Sortiment an apulischen Weinen.

Praktische Informationen

Die Straßen, die vor dem Hauptbahnhof von der Piazza Aldo Moro Richtung Norden verlaufen, führen zum Corso Vittorio Emanuele II. Er trennt den alten vom neuen Teil der Stadt.

CTS (080 521 88 73; Via Garriba 65–67) Gut geeignet zum Buchen von Studentenreisen und Billigflügen.

Krankenhaus (080 559 11 11; Piazza Cesare)

Morfimare (080 578 98 26; www.morfimare.it (auch auf Deutsch); Corso de Tullio 36–40) Reisebüro, verkauft Tickets für alle Fähren.

Polizeistation (080 529 11 11; Via Murat 4)

Post (Piazza Umberto 33/8)

Touristeninformation (080 990 93 41; www.viaggiareinpuglia.it; 1. Stock, Piazza Moro 33a; Mo–Fr 8.30–13 & 15–18, Sa 10–13 Uhr). Hat auch einen **Informationsstand** (Mai–Sept. 9–19 Uhr) vor dem Bahnhof auf der Piazza Aldo Moro.

An- & Weiterreise

Bus

Die Haupthaltestellen der Überlandbusse verteilen sich auf drei Standorte. In der Via Capruzzi südlich des Hauptbahnhofs befindet sich die Haltestelle der Regionalbusse der **SITA** (080 579 01 11; www.sitabus.it). Hier starten auch die Busse von **Ferrovie Appulo-Lucane** (080 572 52 29; www.fal-srl.it) nach Matera sowie die Busse von **Marozzi** (080 556 24 46; www.marozzivt.it) nach Rom (35 €, 8 Std., 8-mal tgl.; – der Übernachtbus fährt an der Piazza Moro ab) und zu weiteren Städten im Norden.

An der Piazza Eroi del Mare starten die Busse der **STP** (080 505 82 80; www.stpspa.it) in regelmäßigen Abständen nach Trani (2,95 €, 45 Min.).Von hier aus fahren die Busse der **Ferrotramviaria** (080 529 93 52; www.ferrovienordbarese.it) regelmäßig nach Andria (3,90 €, 1 Std.) und Ruvo di Puglia (2,60 €, 40 Min.).

Am Largo Ciaia südlich der Piazza Aldo Moro liegt die Bushaltestelle der **Ferrovie del Sud-Est** (FSE; 080 546 21 11; www.fseonline.it), hier starten die Busse zu folgenden Zielen:

Alberobello 3,90 €, 1¼ Std.; fährt weiter nach **Locorotondo** und **Martina Franca**

Brindisi 7,70 €, 23–24 Std., Mo–Sa 4-mal tgl.

Grotte di Castellana 2,90 €, 1 Std., 5-mal tgl.

Ostuni 5,20 €, 2 Std., 4-mal tgl.

Taranto 5,80 €, 1¾–2¼ Std., regelmäßig

Fähre

Fähren verkehren zwischen Bari und Albanien, Kroatien, Griechenland sowie Montenegro. Alle Schifffahrtsgesellschaften betreiben ein Büro am Fährterminal. Dorthin fährt die Buslinie 20 vom Hauptbahnhof ab. Da sich die Ticket-

AUF DEM WEG NACH OSTEN

Für zahlreiche Reisende bildet Apulien ein beliebtes Sprungbrett für eine Überfahrt nach Griechenland, Kroatien oder Albanien; die wichtigsten Hafenstädte sind Bari und Brindisi. Von dort aus verkehren Fähren nach Vlore in Albanien, Bar in Montenegro sowie nach Griechenland zu den Zielorten Kefalonia, Korfu, Igoumenitsa und Patras. Die Fähren von Bari nach Griechenland sind durchweg teurer als diejenigen ab Brindisi. An Steuern und Gebühren werden in der Regel zwischen 9 und 12 € pro Person und Fahrzeug verlangt. Juli und August ist Hochsaison. Während der Nebensaison ist der Fährverkehr eingeschränkt, und die Ticketpreise können um bis zu einem Drittel fallen.

preise der einzelnen Gesellschaften erheblich unterscheiden, ist es einfacher, die Fähre in einem Reisebüro zu buchen, z. B. bei **Morfimare** (☎080 578 98 26; Ticketschalter 080 578 98 11; www.morfimare.it; Corso de Tullio 36–40).

Die wichtigsten Fährgesellschaften und ihre Zielorte:

Agoudimos Lines (www.agoudimos-lines.com) Kefalonia, Korfu und Igoumenitsa in Griechenland.

Jadrolinija (www.jadrolinija.hr, auch auf Deutsch) Dubrovnik in Kroatien.

Montenegro Lines (☎382 30 311 164; www.montenegrolines.net) Bar in Montenegro, Kefalonia, Korfu und Igoumenitsa in Griechenland, Durrës in Albanien.

Superfast (☎080 528 28 28; www.superfast.com, auch auf Deutsch) Korfu, Igoumenitsa und Patras in Griechenland, je nach Route Abfahrt um 19 oder 20 Uhr.

Ventouris Ferries (☎für Griechenland 080 521 76 99, für Albanien 521 27 56; www.ventouris.gr) Regelmäßige Fährverbindung nach Griechenland zur Insel Korfu und nach Igoumenitsa auf dem Festland sowie täglich Fähren nach Durrës in Albanien.

Flugzeug

Baris Flughafen, der **Aeroporto di Bari Palese** (☎080 580 03 58; www.aeroportidipuglia.it), wird von zahlreichen internationalen Fluglinien, z. B. Alitalia, British Airways und Lufthansa, sowie von Billigfluggesellschaften wie Germanwings und Ryanair angeflogen.

Pugliairbus (☎080 580 03 58; http://pugliairbus.aeroportidipuglia.it) verbindet den Flughafen mit Bari, Brindisi, Taranto und Foggia. Es fahren auch Busse von Baris Flughafen nach Matera (5 €, 1¼ Std., 4-mal tgl.) und nach Vieste (Mai–Sept., 20 €, 3½ Std., 4-mal tgl.).

Zug

Bari ist in ein weites Bahnstreckennetz eingebunden. Am Wochenende verkehren die Züge seltener.

Der **Hauptbahnhof** (☎080 524 43 86) bietet Zugverbindungen zu Zielorten innerhalb und außerhalb von Apulien, z. B. nach

Brindisi ab 15 €, 1 Std.

Foggia ab 18 €, 1 Std.

Mailand ab 85 €, ca. 8 Std.

Rom ab 51 €, 4 Std.

Die wichtigsten Destinationen der **Ferrovie Appulo-Lucane** (☎080 572 52 29; www.fal-srl.it) sind:

Matera 4,50 €, 1½ Std., 12-mal tgl.

Potenza 9,70 €, 4 Std., 4-mal tgl.

Die Züge der **FSE** (☎080 546 21 11; www.fseonline.it) fahren vom Bahnhof in der Via Oberdan ab. Um vom Hauptbahnhof aus dorthin zu gelangen, muss man die Bahnunterführung südlich der Piazza Luigi di Savoia durchqueren und dann auf der Via Capruzzi etwa 500 m in östlicher Richtung laufen. Die FSE-Züge fahren nach:

Alberobello 4,50 €, 1½ Std., stündl.

Martina Franca 5,20 €, 2 Std., stündl.

Taranto ab 7,70 €, 2½ Std., 9-mal tgl.

Unterwegs vor Ort

Das Zentrum von Bari ist kompakt – der Fußweg von der Piazza Aldo Moro zur Altstadt dauert gerade einmal 15 Minuten. Die Buslinie 20 fährt von der Piazza Aldo Moro zum Fährhafen (1,50 €).

Kopfschmerzen bereitet das Parken. Südlich vom Haupteingang des Hafens befindet sich ein weitläufiger Parkplatz (ab 1 €), ein großes Parkhaus liegt zwischen dem Hauptbahnhof und dem Bahnhof der Ferrovie del Sud-Est (FSE). In der Via Zuppetta gegenüber vom Hotel Adria befindet sich ein weiteres Parkhaus.

Vom/Zum Flughafen

Die Shuttlebusse der Busgesellschaft Tempesta pendeln zwischen Flughafen und Hauptbahnhof (4,14 €, 30 Min., stündl.). Unterwegs hält der Bus an der Piazza Garibaldi sowie an der Ecke Via Andrea da Bari und Via Calefati. Ein Taxi vom Flughafen in die Stadt kostet um die 24 €.

Ferrovia Bari-Nord (☎080 529 93 52; www.ferrovianordbarese.it) bietet eine regelmäßige Zugverbindung vom/zum Flughafen (1,10 €, 10 Min.).

Rund um Bari

Terra di Bari (Land von Bari) wird die Umgebung der Provinzhauptstadt genannt. In dem weitläufigen Landstrich liegen unzählige Olivenhaine und Obstplantagen sowie einige imposante Kathedralen, die eine beeindruckende Architekturgeschichte widerspiegeln. An dem dazugehörigen Küstenabschnitt reihen sich Burgen und charmante Küstenorte wie Trani und Polignano a Mare. Weiter landeinwärts steht das Castel del Monte, eine eindrucksvolle Burg, die bis heute viele Rätsel aufgibt.

TRANI
53 860 EW.

Der hübsche Küstenort Trani, auch die „Perle von Apulien" genannt, strahlt eine weltoffene Atmosphäre aus. Vor allem im Sommer drängen sich gut betuchte Besucher in den kleinen Bars am Yachthafen. Die Hafenpromenade mit Blick auf die weißen Yachten und die Fischerboote lädt zum Spazierengehen ein. Mittelalterliche Kirchen, Straßen mit hell schimmerndem Kalksteinpflaster und der nostalgisch-marode Charme der *palazzi* animieren zum Erkunden von Tranis schönem historischen Zentrum. Den spektakulärsten Anblick bildet die weiße Kathedrale am tiefblauen Meer – ein faszinierender Kontrast.

Sehenswertes

Kathedrale KATHEDRALE

(Piazza del Duomo; 9–12.30 & 15–18.30 Uhr) Die Kathedrale mit ihrem spektakulären Standort direkt am Meer ist San Nicola Pellegrino (St. Nikolaus dem Pilger) geweiht. Die Legende beschreibt ihn als griechischen Christen, der *Kyrie eleison* (Herr, erbarme dich) rufend durch Apulien wanderte. Zunächst galt er als leicht verrückter Einfaltspinsel, erst nach seinem Tod (mit 19 Jahren) wurde er verehrt, nachdem man einige Wunder auf ihn zurückführte.

Der Bau der Kathedrale am Standort einer früheren byzantinischen Kirche begann 1097 und endete erst im 13. Jh. Die ursprünglichen Türen aus Bronzeguss stammen von Barisano da Trani, einem renommierten Künstler des 12. Jhs., heute sind sie im Kircheninneren ausgestellt. Säulengänge säumen das Kirchenschiff, in dem sich die typische normannische Schlichtheit widerspiegelt. Nahe dem Hauptaltar sind Reste des Mosaikbodens aus dem 12. Jh. zu sehen. Stilistisch gleicht er den Bodenmosaiken der Kathedrale Santa Annunziata in Otranto. Unter dem Altar in der Krypta ruhen die Gebeine von San Nicola. Eine wahre Säulenallee trägt das Gewölbe der Krypta. Besichtigt werden kann auch der **Campanile** (Eintritt 3 €), der Glockenturm.

Kastell BURG

(0883 50 66 03; www.castelloditrani.beniculturali.it; Piazza Manfredi 16; Eintritt 2 €; 8.30–19.30 Uhr) Nur 200 m nördlich der Kathedrale liegt das zweite markante Wahrzeichen von Trani, das „Stauferkastell". Die weitläufige, fast modern wirkende Burganlage ließ Kaiser Friedrich II. 1233 erbauen, später verstärkte Karl V. die Befestigungsanlagen. Von 1844 bis 1974 diente das Kastell dann als Gefängnis.

Chiesa di Ognissanti KIRCHE

(Via Ognissanti; unterschiedlich) Die Chiesa di Ognissanti (Allerheiligenkirche) erbaute der Templerorden im 12. Jh. Normannische Ritter leisteten hier Bohemond I. von Antiochia, ihrem Anführer, den Treueeid, bevor sie zum Ersten Kreuzzug aufbrachen.

Chiesa di Scolanova KIRCHE

(0883 48 17 99; Via Scolanova 23; unterschiedl.) Diese Kirche war eine der vier Synagogen des einstigen jüdischen Viertels von Trani, die im 14. Jh. allesamt in Kirchen umgewandelt wurden. In der Kirche hängt ein wunderschönes byzantinisches Gemälde, das die Madonna dei Martiri (Madonna der Märtyrer darstellt).

Schlafen

Albergo Lucy HOTEL €

(0883 48 10 22; www.albergolucy.com, auch auf Deutsch); Piazza Plebiscito 11; DZ/3BZ/4BZ 65/85/105 €;) Das von einer Familie betriebene Hotel in einem restaurierten *palazzo* des 17. Jhs. verströmt einen ganz besonderen Charme. Es liegt an einem begrünten Platz in der Nähe des reizvollen Hafens, zu seinem Angebot zählen ein Fahrradverleih und geführte Touren. Sehr zu empfehlen.

B&B Centro Storico Trani B&B €

(0883 50 61 76; www.bbtrani.it; Via Leopardi 28; EZ 35–50 €, DZ 50–70 €) Das einfache, altmodische B&B liegt in einer Seitengasse in einem Gebäude eines ehemaligen Klosters. Betrieben wird es von einem älteren Ehepaar. Die Zimmer sind groß, und *„la mamma"* backt eine leidlich gute *crostata di marmellata* (flacher, mit Marmelade bestrichener Mürbeteigkuchen).

Hotel Regia HOTEL €€
(☎0883 58 44 44; www.hotelregia.it; Piazza del Duomo 2; EZ 120–130 €, DZ 130–150 €; ❄📶) Das bezaubernde Hotel residiert in dem frei stehenden Palazzo Filisio gegenüber der Kathedrale. Seine Atmosphäre harmoniert hervorragend mit der unaufdringlichen Würde des Bauwerks aus dem 18. Jh. Mit schlichter Eleganz warten auch die Gästezimmer auf.

Essen

U'Vrascir TRATTORIA €
(☎0883 49 18 40; www.uvrascir.it; Piazza Cesare Battisti 9; Mahlzeiten 25 €; ⏲Mi–Mo) Mit seiner gemütlichen Atmosphäre, dem freundlichen Service und der im Dialekt verfassten Speisekarte stellt diese Mischung aus einladender Trattoria und Pizzeria alle Gäste rundum zufrieden. Sehr empfehlenswert.

Corteinfiore FISCH & MEERESFRÜCHTE €€
(☎0883 50 84 02; www.corteinfiore.it; Via Ognissanti 18; Mahlzeiten 30 €; ⏲Di–So) Romantisch, urban, kultiviert – so präsentiert sich das Restaurant seinen Gästen. Sein Gastraum, eine Art Wintergarten mit Markisendach und Dielenboden, wirkt genauso erfrischend wie die butterblumengelben Tischdecken. Die Weine sind hervorragend, und das Essen schmeckt köstlich.

La Darsena FISCH & MEERESFRÜCHTE €€
(☎0883 48 73 33; Via Statuti Marittimi 98; Mahlzeiten 30 €; ⏲Di–So) Das Restaurant in einem *palazzo* am Meer ist bekannt für seine Gerichte, die vor allem aus Fisch und Meeresfrüchten bestehen. Wer draußen Platz nimmt, hat einen freien Blick auf den Hafen. Historische Fotos vom alten Apulien bedecken die Wände des Gastraumes. Dort hängt auch ein riesiger schmiedeeiserner Kronleuchter mit Drachenmotiven.

ℹ Praktische Informationen

Vom Bahnhof führt die Via Cavour über die Piazza della Repubblica zur Piazza Plebiscito und zum Stadtpark. Von dort aus geht es links zum Hafen und zur Kathedrale.

Die **Touristeninformation** (☎0883 58 88 30; www.traniweb.it; 1. Stock, Palazzo Palmieri, Piazza Trieste 10; ⏲Mo–Fr 8.30–13.30, Di & Do auch 15.30–17.30 Uhr) liegt 200 m südlich der Kathedrale.

ℹ An- & Weiterreise

Die **STP** (☎0883 49 18 00; www.stpspa.it) bietet regelmäßige Busverbindungen nach Bari (2,95 €, 45 Min.). Alle Busse fahren vor der **Bar Stazione** (Piazza XX. Settembre 23) ab, in der auch Fahrpläne und Bustickets erhältlich sind.

Trani liegt an der Hauptbahnstrecke zwischen Bari (4,40 €, 40–60 Min.) und Foggia (9,50 €, 1 Std.), auf der die Züge regelmäßig in beide Richtungen verkehren.

CASTEL DEL MONTE

Schon von Weitem ist das auf einem Hügel thronende **Castel del Monte** (☎0883 56 99 97; www.casteldelmonte.beniculturali.it; Eintritt Erw./erm. 5/2,50 €; ⏲Okt.–Feb. 9–18 Uhr, März–Sept. 10.15–19.45 Uhr) zu sehen. Das zum Unesco-Welterbe deklarierte Bauwerk zählt zu den Sehenswürdigkeiten Süditaliens, über die besonders viel spekuliert wird. Nicht nur seine ungewöhnliche geometrische Architektur, die sich mit einem akkuraten achteckigen Grundriss erhebt, gibt so manches Rätsel auf.

Niemand weiß, warum Stauferkaiser Friedrich II. diese Burg errichten ließ. Keine Menschenseele hat hier jemals gelebt, was auch das Fehlen der Küche erklärt. Weder eine Stadt noch eine damals strategisch wichtige Straße liegen in ihrer Nähe. Als Verteidigungsanlage war der Bau gewiss nicht gedacht, denn es fehlen so entscheidende Elemente wie Burggraben, Zugbrücke, Schießscharten und Falltüren, durch die man damals Eindringlinge mit heißem Öl übergoss.

Eine der vielen Theorien stützt sich auf den Mitte des 13. Jhs. herrschenden Glauben an die Symbolik der Geometrie. Demnach verkörpert das Achteck die Verbindung von Kreis und Quadrat – den Symbolen für Gottes Allmacht (das Unendliche) und der Vollkommenheit des Menschen (das Endliche). So war die Burg wohl nichts anderes als eine Hommage an die Beziehung zwischen Gott und der Menschheit.

An jeder der acht Ecken der Burg steht ein achteckiger Turm. In den Verbindungsräumen zwischen den Türmen finden sich dekorative Marmorsäulen und offene Kamine. Die Tore und Fenster sind mit Korallengestein eingefasst. Ein Großteil der Türme ist mit Waschgelegenheiten ausgestattet. Friedrich II. legte – wie auch die arabische Welt, die er so bewunderte – großen Wert auf Sauberkeit.

Mit öffentlichen Verkehrsmitteln lässt sich die Burg nur sehr schwer erreichen. Von Trani aus beträgt die Autostrecke ungefähr 35 km.

POLIGNANO A MARE

Wenn sich die Möglichkeit bietet, sollte man einen Abstecher in die kleine, spektakulär gelegene Stadt, rund 34 km südlich von Bari an der Küstenstraße S16, unternehmen. **Polignano a Mare** wurde am Rand einer felsigen, von Höhlen gleichsam pockenartig durchzogenen Schlucht erbaut.

Sonntags sind die *logge* (Balkone) überfüllt von Tagesausflüglern aus Bari, die hierher kommen, um die donnernden Wellen zu sehen, die Höhlen zu besichtigen und sich vor den *cornetterie* (Geschäfte, in denen italienische Croissants angeboten werden) im stimmungsvollen *centro storico* ein Stelldichein zu geben. Man geht davon aus, dass die Stadt zu den wichtigsten alten Siedlungen in Apulien zählt. Der Ort wurde später von aufeinanderfolgenden Invasoren, angefangen von den Hunnen bis hin zu den Normannen, bewohnt. Es gibt mehrere Barockkirchen, ein imposantes normannisches Kloster und die mittelalterliche **Porta Grande**, die bis zum 18. Jh. den einzigen Zugang zum historischen Zentrum bildete. Noch heute kann man die Löcher sehen, über die die schwere Zugbrücke betrieben wurde. Erhalten geblieben sind auch die zahlreichen Maueröffnungen, durch die einst siedendes Öl auf unwillkommene Besucher der Stadt geschüttet wurde.

La Balconata (☎080 424 17 12; Vico Lapergola 10; Mahlzeiten 16 €; ⏲Mittag- & Abendessen) hat eine Superlage auf einer Felsterrasse mit freiem Blick aufs Meer. Es ist eine Kombination aus Restaurant, Pizzeria, Sandwichbar und Eisdiele.

Mehrere Veranstalter bieten Bootstouren zu den Grotten an (um 20 € pro Pers.), u. a. **Dorino** (☎329 646 59 04).

Zwar fährt zweimal am Tag ein Bus von Bari nach Polignano, aber wesentlich bequemer gestaltet sich die Fahrt mit einem eigenen Fahrzeug.

Promontorio del Gargano

Tagsüber wirkt die Küste des Kaps fast immer so, als sei sie in rosa schimmerndes Licht getaucht. So entsteht ein malerischer Kontrast zum tiefblauen Meer, dessen Farbe in der Abenddämmerung in ein Graublau übergeht. Mit seinen weißen Kalksteinklippen, den alten Wäldern, den märchenhaften Grotten, einer aromatisch duftenden Macchie und dem glitzernden Meer zählt der Gargano zu Italiens schönsten Regionen. Vor Urzeiten war das Kap – der Sporn des italienischen Stiefels – mit dem heutigen Dalmatien (Teil von Kroatien) verbunden. So weist es noch heute mit der Landmasse jenseits der Adria mehr Gemeinsamkeiten auf als mit dem restlichen Italien. Um der zunehmenden Urbanisierung entgegenzusteuern, wurde 1991 der **Parco Nazionale del Gargano** gegründet. Neben seinem großartigen Nationalpark beherbergt der Gargano eine ganze Reihe Pilgerstätten sowie die reizvollen Küstenorte Vieste und Peschici.

Einzigartig für die Gegend sind die eigenartigen Konstruktionen an der Küste: Sie bestehen aus hölzernen Pfählen, Planken und Gerüsten sowie einem Gewirr an Seilen, das an ein Fadenspiel erinnert. Es handelt sich dabei um *trabucchi,* d. h. um althergebrachte Fischfangvorrichtungen, deren Ursprung möglicherweise auf die Phönizier zurückgeht. Von hier aus versenken die Fischer große Netze ins Wasser. Über die schwankenden Planken laufend, holen sie ihren Fang anschließend mit Hilfe ausgeklügelter Seilzüge ein.

VIESTE

13 890 EW.

Die attraktive kleine Stadt mit weiß verputzten Häusern liegt am östlichsten Punkt des Gargano auf einer hohen Felszunge, die in die Adria ragt. Sie ist die Ferienmetropole des Gargano: Unterhalb der Stadt erstreckt sich der spektakulärste Strand der Region, ein breites, schimmerndes Sandband vor weißen Klippen im Schatten des Scoglio di Pizzomunno, eines hoch aufragenden Monolithen. Im Sommer ist der Strand voller Sonnenhungriger, im Winter jedoch gespenstisch leer.

Sehenswertes

Vieste lockt vor allem als Ferienort. Die von Friedrich II. gebaute **Burg** hat das Militär in Beschlag genommen, sie ist daher für die Öffentlichkeit nicht zugänglich.

Chianca Amara HISTORISCHE STÄTTE

(Bitterer Stein; Via Cimaglia) Auf diesem Stein – Viestes grauenhaftester Stätte – wurden Tausende Menschen geköpft, als die Türken im 16. Jh. die Stadt einnahmen.

GRATIS **Museo Malacologico** MUSEUM

(☎0884 70 76 88; Via Pola 8; ⏲9.30–12.30 & 16.30–21 Uhr) Das beeindruckende Museum der Malakologie (Weichtierkunde) zeigt in seinen vier Räumen Fossilien und Mollusken. Die ausgestellten Muschelgehäuse haben alle schöne Muster und hübsche Farben, einige Exemplare sind riesengroß.

Kathedrale KATHEDRALE
(Via Duomo) Auf den Ruinen eines Vesta-Tempels errichteten die Normannen die Kathedrale im apulisch-römischen Stil. Die Form ihres Turms erinnert an einen Kardinalshut; um 1800 wurde er umgebaut.

La Salata HISTORISCHE STÄTTE
(Eintritt Erw./Kind 4 €/frei; ⌚Juni–Aug. 17.30–18.15 Uhr, Sept. 16–16.45 Uhr, Okt.–Mai auf Anfrage) Der frühchristliche Friedhof aus dem 4. bis 6. Jh. befindet sich 9 km von Vieste entfernt in einer Höhle. Sie enthält Grabkammern, die aus der Felswand gemeißelt wurden, wobei immer mehrere übereinanderliegen. Einige Gräber bestehen aus flachen Mulden im Höhlenboden. Besichtigen lässt sich die Grabstätte im Rahmen einer Führung. Buchen kann man sie bei der **Agenzia Sinergie** (☎338 840 62 15; www.agenziasinergie.it), die auch Touren durch den Gargano organisiert.

Aktivitäten

In der Umgebung von Vieste erstrecken sich traumhafte Strände. Südlich der Stadt liegen die Spiagga del Castello, die Cala San Felice und die Cala Sanguinaria. Im Norden lockt La Salata mit weiteren schönen Stränden. An der gesamten Felsküste des Gargano finden Taucher ein hervorragendes Tauchrevier, besonders attraktiv sind die zahllosen Meeresgrotten.

Von Mai bis September düsen Schnellboote zu den Isole Tremiti.

Wer ein Boot leihen oder eine Bootstour buchen möchte, kann sich am Hafen an folgende Unternehmen wenden:

Centro Ormeggi e Sub BOOTSVERLEIH
(☎0884 70 79 83) Bietet Tauchkurse und verleiht Segel- und Motorboote.

Leonarda Motobarche BOOTSTOUREN
(☎0884 70 13 17; www.motobarcheleonarda.it, auch auf Deutsch; pro Pers. 15 €; ⌚April–Sept.) Bootstouren zu den Meeresgrotten.

Ausflüge

Agenzia Sol (☎0884 70 15 58; www.solvieste.it, auch auf Deutsch); Via Trepiccioni 5; ⌚Sommer 9.20–13.15 & 17–24 Uhr, Winter 9.20–13.15 & 17–21 Uhr) organisiert Wander-, Rad- und Geländewagentouren in den Foresta Umbra sowie Bootstouren rund um den Gargano. Kulinarische Ausflüge und Touren in kleinen Gruppen zu anderen apulischen Zielen stehen ebenfalls auf dem Programm. Auch Bustickets und Tickets für die Fähre zu den Isole Tremiti sind hier erhältlich.

Schlafen

B&B Rocca sul Mare B&B €
(☎0884 70 27 19; www.roccasulmare.it; Via Mafrolla 32; pro Pers. 25–70 €; 📶) Das beliebte B&B in einem ehemaligen Kloster im Altstadtviertel besitzt viel Charme. Seine großen, komfortablen Zimmer haben hohe Decken; eine Suite verfügt über ein Dampfbad. Von der großen Dachterrasse reicht der Blick über die ganze Stadt und ihre Umgebung. Auf Wunsch sind Mahlzeiten möglich. Auch Fahrräder können geliehen werden.

Hotel Seggio HOTEL €€
(☎0884 70 81 23; www.hotelseggio.it; Via Veste 7; DZ 80–150 €; ⌚April–Okt.; P❄@📶≋) Das familiengeführte Hotel befindet sich in einem butterfarbenen *palazzo* in der Altstadt. Eine Treppe windet sich hinunter zum Pool und der Sonnenterrasse mit Meerblick. Die Zimmer sind modern und sauber.

Campeggio Capo Vieste CAMPINGPLATZ €
(☎0884 70 63 26; www.capovieste.it; Litoranea Vieste – Peschici Km 8; Camping 2 Pers., Fahrzeug & Zelt 33 €, Bungalow mit 1 Schlafraum 77–164 €; ⌚März–Okt.; ≋) Der von Bäumen beschattete Campingplatz liegt direkt am Sandstrand von La Salata. Zwischen der Campinganlage und dem ungefähr 8 km entfernten Vieste verkehrt ein Bus. Zu den möglichen Aktivitäten zählen Tennisspielen und Kurse in einer Segelschule.

Essen

LP TIPP **Taverna Al Cantinone** TRADITIONELL ITALIENISCH €€
(☎0884 70 77 53; Via Mafrolla 26; Mahlzeiten 25–30 €; ⌚ Mi–Mo Mittag- & Abendessen) Ein italienisch-spanisches Ehepaar mit einer Passion fürs Kochen serviert hier außergewöhnliche und aufs Feinste präsentierte Gerichte. Die Speisekarte wechselt mit den Jahreszeiten.

Osteria Al Duomo OSTERIA €
(☎0884 70 82 43; www.osterialduomo.it; Via Alessandro III 23; Mahlzeiten 25 €; ⌚März–Nov. Mittag- & Abendessen) In einer engen Gasse im Herzen der Altstadt liegt diese Osteria mit ihrem gemütlichen, gewölbeartigen Gastraum. Wer will, kann auch vor der Tür unter einer schattigen, begrünten Pergola Platz nehmen. Besonders gut schmeckt die hausgemachte Pasta mit Meeresfrüchten.

Enoteca Vesta TRADITIONELL ITALIENISCH €€
(☎0884 70 64 11; Via Duomo 14; Mahlzeiten 30–35 €) In einem kühlen Gewölbe ist die

ABSTECHER

LUCERA

Das hübsche Städtchen Lucera beherbergt eine der imposantesten Burgen Apuliens, Häuser und Bauwerke aus hellen sandfarbenen Ziegelsteinen prägen das Bild der schönen Altstadt. Gegründet wurde Lucera im 4. Jh. v. Chr. von den Römern, wenig später aber wieder aufgegeben. Erst im 13. Jh., als Friedrich II. 20 000 Sarazenen von Sizilien nach Lucera umsiedelte, kam neues Leben in die Stadt. Nach seiner Exkommunizierung durch Papst Gregor IX. wollte Friedrich II. damit seine Nachschubbasis in Apulien stärken. Gleichzeitig verringerte er so die Anzahl der Muslime auf Sizilien, die ihm dort schwer zu schaffen machten. Für einen christlichen Monarchen war die Umsiedlung allerdings ein außergewöhnlicher Schritt. Umso mehr, da Friedrich Luceras neuen muslimischen Einwohnern den Bau einer Moschee und die Ausübung ihrer Religion erlaubte. Doch die Geschichte zeigte sich weniger freundlich: Als der fanatische Christ Karl von Anjou 1269 die Stadt einnahm, ließ er alle Muslime, die nicht konvertierten, hinrichten.

Friedrichs II. riesige **Burg** (Eintritt frei; ⏲April–Sept. 9–14 & 15–19 Uhr, Okt.–März 9–14 Uhr) zeigt, welch große Bedeutung Lucera seinerzeit in Apulien besaß. Die 1233 erbaute Burg liegt auf einem kleinen Hügel 14 km nordwestlich der Stadt. Ihre 1 km lange und von 24 Türmen bewachte Schutzmauer verläuft in einem perfekten Fünfeck.

Am Standort der zerstörten großen Moschee von Lucera ließ Karl II. von Anjou 1301 Apuliens einzige gotische **Kathedrale** (⏲Mai– Sept. 8–12 & 16–19 Uhr, Okt.–April 17–20 Uhr) errichten. Als Altar wurde die ehemalige Bankettafel der Burg aufgebaut.

Zeitgleich wurde die **Chiesa di San Francesco** (⏲8–12 & 16–19 Uhr) im gotischen Stil errichtet. Ihre riesige Fensterrosette beherrscht das Bild der Kirche. Im Bauwerk sind auch Steine aus Luceras **römischem Amphitheater** (Eintritt frei; ⏲April–Sept. Di–So 9–14 & 15.15–18.45 Uhr) verarbeitet. Das aus dem 1. Jh. v. Chr. stammende Amphitheater diente als Arena für Gladiatorenkämpfe und bot Platz für mehr als 18 000 Besucher.

Die **Touristeninformation** (☎0881 52 27 62; ⏲April–Sept. Di–So 9–14 & 15–20 Uhr, Okt.–März 9–14 Uhr) befindet sich in der Nähe der Kathedrale.

Züge der Ferrovie del Gargano verbinden Lucera mit Foggia (1,30 €, 20 Min., 3-mal tgl.) – diese liegt an der Ostküstenbahnstrecke zwischen Bari und Pescara.

enoteca untergebracht. Hier lassen sich hervorragende apulische Weine und innovative Gerichte aus Fisch und Meeresfrüchten genießen.

ℹ Praktische Informationen

Post (Via Vittorio Veneto)

Touristeninformation (☎0884 70 88 06; Piazza Kennedy; ⏲Juni–Sept. 8–20 Uhr, Okt.–Mai Mo 16–19, Di–Do 8–13.30 & 16–19, Fr 16–19 Uhr)

ℹ Anreise & Unterwegs vor Ort

Boot

Der Hafen von Vieste liegt im Norden der Stadt, etwa fünf Gehminuten von der Touristeninformation entfernt. Verschiedene Reedereien, darunter **Navigazione Libera del Golfo** (☎0884 70 74 89; www.navlib.it), lassen Fähren zu den Isole Tremiti (16,50–20 €, 1½ Std.) fahren. Die Tickets können an Bord gekauft werden. Einige der Schiffe verkehren täglich rund ums Jahr.

Mehrere Gesellschaften bieten Ausflüge in die Meeresgrotten an, von denen die Küste des Gargano nur so gespickt ist. Eine dreistündige Tour kostet um die 13 €.

Bus

Die Überlandbusse halten lediglich am Piazzale Manzoni, zehn Gehminuten von der Altstadt entfernt. Von hier läuft man zehn Minuten in östlicher Richtung über den Viale 24 Maggio, der in den Corso Fazzini übergeht, in die Altstadt sowie zur hübschen Promenade der Marina Piccola. Im Sommer halten die Busse in der Via Verdi.

Die Busse der **SITA** (☎0881 35 20 11; www.sitabus.it) fahren von Vieste über Manfredonia nach Foggia (6,50 €, 2¾ Std., 4-mal tgl.). Die SITA-Busse nach Monte Sant'Angelo (4,90 €) nehmen ebenfalls die Route über Manfredonia. Die **Ferrovie del Gargano** (☎0881 58 72 11; www.ferroviedelgargano.com) betreibt eine direkte Buslinie nach Monte Sant'Angelo (5,80 €, 2 Std.) sowie eine regelmäßige Verbindung, die Fahrgäste nach Peschici (1,60 €, 35 Min.) bringt.

Von Mai bis September bietet **Pugliairbus** (☎080 580 03 58; http://pugliairbus.aeroportidipuglia.it, auch auf Deutsch) eine Busverbindung vom Flughafen Bari zum Gargano. Der Bus macht auch in Vieste Halt (20 €, 3½ Std., 4-mal tgl.).

PADRE PIO: HEILIGER DES GARGANO

Pilger strömen in Scharen nach **San Giovanni Rotondo,** die Heimat von Padre Pio (1887–1968). Bei dem bescheidenen und zutiefst frommen Kapuzinerpater traten die Stigmata (die Wundmale Christi) auf. Außerdem besaß er eine legendäre Fähigkeit, Kranke zu heilen. 2002 wurde er heilig gesprochen und in einer Unzahl vorgefertigter Statuen verewigt. So gut wie in jedem Winkel des Gargano ist die Heiligenfigur zu finden, sogar auf den Isole Tremiti.

Als der kränkelnde Kapuzinerpater 1916 nach San Giovanni Rotondo kam, war der Ort noch ein kleines Dorf mit mittelalterlichem Charakter. Mit Padre Pios wachsendem Ruhm veränderte sich auch das Dorf Zug um Zug auf zwiespältig wundersame Weise. Massen an funktionalen Hotels und Restaurants für die 8 Mio. Pilger im Jahr beherrschen heute das Stadtbild. Überragt wird alles von dem palastartigen Hospital, der Casa Sollievo della Sofferenza (Haus zur Linderung des Leids). Es wurde 1947 von Padre Pio gegründet und zählt heute zu den besten Krankenhäusern Italiens.

Im **Konvent des Kapuzinerordens** (genauer gesagt: des Ordens der Minderen Brüder Kapuziner, abgekürzt OFMCap) (☎0882 41 71; www.conventopadrepio.com; Piazza Santa Maria delle Grazie) befindet sich die **Mönchszelle** von Padre Pio (⏱Sommer 7–19 Uhr, Winter 7.30–18.30 Uhr). Der schlichte Raum enthält Erinnerungsstücke, darunter seine blutbefleckten Socken. Die **alte Kirche**, in der Padre Pio Messen abhielt, stammt aus dem 16. Jh. Die spektakuläre **neue Kirche** hat der Genueser Architekt Renzo Piano entworfen. Die Kirche erinnert an eine riesige futuristische Muschel mit Gewölbebögen im Inneren, die wie ein knöchernes Skelett wirken. Der Sarg mit Padre Pios Leichnam steht genau in der Mitte der halbkreisförmigen Krypta.

Täglich fahren SITA-Busse von Monte Sant'Angelo (1,90 €, 50 Min.) und Vieste (5,80 €, 2½ Std.) nach San Giovanni Rotondo.

MONTE SANT'ANGELO

13 250 Ew. / 796 m

Auf einem abgelegenen Berggipfel thront eine von Europas bedeutendsten Pilgerstätten mit einer ganz besonderen Atmosphäre. Seit Jahrhunderten kommen Scharen von Pilgern hierher – und mit ihnen die Gauner, die vom religiösen Kitsch bis zum Parkplatz alles zu Geld machen.

Ziel der hingebungsvollen Verehrung der Gläubigen ist das Santuario di San Michele, die Wallfahrtskirche St. Michael. In der Grotte soll 490 n. Chr. der Erzengel Michael dem Bischof von Siponto erschienen sein. Neben seinem roten Umhang hinterließ der Erzengel die Anweisung, die Grotte nicht zu weihen, da er dies bereits selbst getan habe.

Im Mittelalter bildete die heilige Stätte den Endpunkt des Michaelswegs, der in Mont-Saint-Michel (in der Normandie) begann und über Rom führte. Otto III., Kaiser des Heiligen Römischen Reiches, pilgerte 999 zum Santuario di San Michele. Inbrünstig betete er hier darum, die Prophezeiung, im Jahr 1000 ginge die Welt unter, möge sich nicht erfüllen. Seine Gebete wurden erhört, der Weltuntergang fand nicht statt, und der Ruhm der heiligen Stätte vergrößerte sich noch mehr.

Sehenswertes

Mit ihren gewundenen Gassen und dem Wirrwarr ihrer Häuser animiert die Stadt, einfach mal ziellos durch die Straßen zu schlendern. Wer mit offenem Blick unterwegs ist, wird so hübsche Details wie die ganz unterschiedlich gestalteten *cappelletti* (Schornsteinaufsätze) auf den weiß gekalkten Häusern entdecken.

GRATIS **Santuario di San Michele** GROTTE

(Via Reale Basilica; ⏱Juli–Sept. 7.30–19.30 Uhr, April–Juni & Okt. 7.30–12.30 & 14.30–19 Uhr, Nov.–März 7.30–12.30 & 14.30–17 Uhr) Beim Hinabsteigen der Treppe zur Grotte lassen sich Ritzspuren entdecken. Sie stammen von Pilgern des 17. Jhs., die damals die Umrisse ihrer Hände und Füße in den Fels ritzten. Damit folgten sie einem Brauch, der auf der Legende basiert, der hl. Michael habe einen Fußabdruck im Felsboden der Grotte hinterlassen. Ein byzantinisches Tor aus Bronze und Silber mit eingearbeiteten Szenen bildet den Eingang zur Grotte; es wurde 1076 in Konstantinopel gegossen. In der Grotte bedeckt eine aus dem 16. Jh. stammende Statue des Erzengels den Fußabdruck des hl. Michaels.

Tomba di Rotari HISTORISCHE STÄTTE
(Eintritt 0,60 €; ⌚April–Okt.10–13 & 15–19 Uhr) Gegenüber der heiligen Stätte führen einige Treppenstufen zur Tomba di Rorati. Es ist (wie der Name vermuten lässt) kein Grab, sondern ein Baptisterium, eine Taufkapelle aus dem 12. Jh. In dem tiefen, abgesenkten Taufbecken konnte man auch erwachsene Täuflinge vollkommen untertauchen.

Der Eingang zur Taufkapelle liegt hinter der Fassade der **Chiesa di San Pietro**. Lediglich diese Fassade blieb nach einem Erdbeben im 19. Jh. von der Kirche erhalten. Die detailreiche Fensterrose zeigt u. a. sich windende Schlangen. Einige schöne Flachreliefs schmücken das romanische Portal der angrenzenden **Chiesa di Santa Maria Maggiore** aus dem 11. Jh.

Burg HISTORISCHE STÄTTE
(Largo Roberto Giuscardo 2; Eintritt 2 €; ⌚9.30–13 & 14.30–19 Uhr) Auf dem höchsten Punkt des Berges thront ein imposantes Kleinod: eine massive normannische Burg mit staufischen und aragonesischen Elementen – und einem tollen Panoramablick.

Schlafen & Essen

Hotel Michael HOTEL €
(☎0884 56 55 19; www.hotelmichael.com; Via Basilica 86; EZ 50–60 €, DZ 70–80 €; 📶) Gleich gegenüber vom Santuario di San Michele liegt in der Hauptstraße dieses Hotel in einem schmalen Gebäude. Auf den Betten in den geräumigen Zimmern liegen Tagesdecken in grellem Pink. Es lohnt sich, nach den Zimmern mit schöner Aussicht zu fragen.

Casa li Jalantuúmene TRATTORIA €€
(☎0884 56 54 84; www.li-jalantuumene.it; Piazza de Galganis 5; Mahlzeiten 40 €; ⌚ Mi–Mo Mittagessen Feb.–Dez.) Gegè Mangano, der unterhaltsame, exzentrische Küchenchef des bekannten Restaurants, serviert ausgezeichnete Speisen. Eine erlesene Weinkarte und die intime Atmosphäre der Trattoria unterstreichen noch seine Kochkunst. Im Sommer erweitert sich das Platzangebot um die Tische auf der Piazza. Seit 2012 stehen auch **Zimmer** (DZ 80–110 €) mit einer Einrichtung im traditionellen apulischen Stil zur Verfügung.

An- & Weiterreise

Busse der **SITA** (☎0881 35 20 11; www.sitabus.it) fahren von Foggia (4,50 €, 1¾ Std., 4-mal tgl.) und Vieste über Manfredonia nach Monte Sant'Angelo; **Ferrovie del Gargano** bietet von Vieste aus eine Direktverbindung (5,80 €, 2 Std., 5-mal tgl.). Bustickets sind in der Bar Esperia neben dem Santuario di San Michele erhältlich.

PESCHICI

4400 EW.

Die Ortschaft schmiegt sich an einen Hang der hügeligen, bewaldeten Küste, zu seinen Füßen erstrecken sich ein verlockender Strand und das türkisfarbene Meer. Peschici ist ein hübscher Ferienort: Seine eng stehenden, weiß gekalkten Häuser sind teilweise noch von der alten Stadtmauer umgeben. Im Sommer ist das Städtchen gesteckt voll, was eine Vorausbuchung ratsam macht. In der Hochsaison fahren Boote von hier aus zu den Isole Tremiti.

Schlafen & Essen

Locanda al Castello B&B €
(☎0884 96 40 38; Via Castello 29; EZ 35–70 €, DZ 70–100 €; P❄📶) Die Unterkunft gleicht einem großen, einladenden Familienhaus. Das Gebäude steht auf den Klippen und bietet fantastische Ausblicke. In seinem Restaurant kommt herzhafte Hausmannskost auf den Tisch (Mahlzeiten 18 €).

Baia San Nicola CAMPINGPLATZ €
(☎0884 96 42 31; www.baiasannicola.it; Camping 21,50–36,50 €, 2-Pers.-Bungalow pro Woche 320–360 €; ⌚Mitte Mai–Mitte Okt.) Baia San Nicola – der beste Campingplatz der Gegend – liegt 2 km südlich von Peschici Richtung Vieste. An einem von Kiefern beschatteten Strand bietet er Plätze zum Zelten, Bungalows, Apartments und viele Annehmlichkeiten.

Porta di Basso FISCH €€
(☎0884 91 53 64; www.portadibasso.it; Via Colombo 38; Mahlzeiten 30–40 €; ⌚Fr–Mi) Das elegante Restaurant thront auf einer Klippe. Bodentiefe Fenster gewähren in gemütlichen Nischen einen hervorragenden Ausblick aufs Meer. Das Angebot an Gerichten aus Fisch und Meeresfrüchten wechselt täglich. Zwei nagelneue elegante Suiten (70–120 € pro Pers.) haben gute Chancen, zu Peschicis Spitzenunterkünften aufzusteigen.

Il Trabucco da Mimi FISCH €€
(0884 96 25 56; Località Punta San Nicola; Mahlzeiten 30–40 €; ⌚ Ostern–Okt. Mittag- & Abendessen) Wenn es um absolut frischen Fisch geht, sind *trabucchi* unschlagbar. Diese traditionellen hölzernen Pfahlbauten der Fischer säumen die Küste. Im Trabucco da Mimi können die Gäste die Fischer beobachten und direkt danach den an Ort und Stelle zubereiteten Fisch genießen. In dem einfachen und rustikalen Ambiente bezahlt

man vor allem für das Erlebnis, aber das ist sein Geld unbedingt wert.

Praktische Informationen

Touristeninformation (☎0884 91 53 62; Via Magenta 3; ⊙Sommer Mo–Fr 8–14 & 17–21 Uhr, Winter Mo–Fr 8–14, Sa 9–12 & 16–19 Uhr).

An- & Weiterreise

Der Busbahnhof liegt neben dem Sportplatz, zu dem der Corso Garibaldi, die Hauptstraße, hinaufführt.

Busse der **Ferrovie del Gargano** (☎0881 58 72 11; www.ferroviedelgargano.com) verkehren täglich und regelmäßig zwischen Peschici und Vieste (1,60 €, 35 Min.).

Von April bis September bieten mehrere Reedereien, darunter die **MS&G Societá di Navigazione** (☎0884 96 27 32; www.msgnavigazioni.it; Corso Umberto I 20) und **Navigare SRL** (☎0884 96 42 34; Corso Garibaldi 30), Fährverbindungen zu den Isole Tremiti (Erw. 28–32 €, Kind 16–20 €, 1–1½ Std.).

FORESTA UMBRA

Der „schattige Wald" bildet das Herzstück des Gargano-Nationalparks. Im dichten Wald liegen zahlreiche Picknickplätze im lichten Schatten hoher und altehrwürdiger Bäume. Aleppokiefern, Eichen, Eiben und Buchen bilden den Rest von Apuliens alten Wäldern. Mehr als 65 Orchideenarten wurden hier entdeckt. Zur Tierwelt des Waldes zählen Rehe, Wildschweine, Füchse, Dachse und die immer seltener werdende Wildkatze. Wanderer und Mountainbiker finden im 5790 km² großen Wald eine Fülle gut markierter Wege.

Mitten im Wald liegt ein kleines Besucherzentrum mit einem **Museum und Naturzentrum** (www.ecogargano.it; Eintritt 1,20 €; ⊙Mitte April–Mitte Okt. 9–19 Uhr). Zu sehen gibt es hier Fossilien, Fotos sowie ausgestopfte Vögel und andere präparierte Tiere. Das Besucherzentrum verkauft Wanderkarten (2,50 €) und veranstaltet halbtägige geführte Wanderungen (pro Pers. 10 €) sowie Radtouren (Std./Tag 5/25 €).

Spezialisierte Tourveranstalter wie z. B. die **Agenzia Sol** (☎0884 70 15 58; www.solvieste.it, auch auf Deutsch; Via Trepiccioni 5), **Explora Gargano** (☎0884 70 22 37; www.exploragargano.it) in Vieste sowie **Soc Cooperative Ecogargano** (☎0884 56 54 44) in Monte Sant'Angelo organisieren Wanderungen, Radtouren und Geländewagenfahrten durch den Nationalpark, die den Teilnehmern die Tier- und Pflanzenwelt nahebringen.

La Chiusa delle More (☎330 54 37 66; www.lachiusadellemore.it; Vallo dello Schiaffo; B&B pro Pers. 80–100 €; ⊙Mai–Sept.; P❄📶🏊) ist eine Oase abseits der überfüllten Küste. Der attraktive *agriturismo* (Ferienbauernhof) mit Gebäuden aus Naturstein, die zu Beginn des 16. Jhs. errichtet wurden, liegt nur 1,5 km von Peschici entfernt inmitten eines riesigen Olivenhains. Die Gäste können sich an den Produkten der hauseigenen Landwirtschaft erfreuen, Mountainbikes ausleihen oder einfach nur am Pool faulenzen und den herrlichen Rundumblick genießen. Hinweis: Der Mindestaufenthaltsdauer liegt bei drei Übernachtungen.

CAMPEN MIT STIL

Zelten im Pfadfinderstil mit flatternden Zelten, Frieren in den Nächten und Ravioli aus der Dose – damit hat das Campen am Gargano nichts zu tun. In dieser Region ist vielmehr das genussvolle Campen auf Fünf-Sterne-Niveau angesagt. Mit sage und schreibe 100 Campinganlagen wartet der Gargano auf – erstaunlich viel im Vergleich zu der relativ bescheidenen Zahl an *pensioni* und Hotels. Wer nicht gern im Zelt schläft oder eine Steckdose in greifbarer Nähe braucht (für Thermo-Lockenwickler u. ä.), findet Unterkunft in einem Bungalow.

Fast alle dieser Camping-*villaggi* (Campingdörfer) verfügen über hübsch möblierte und gut ausgestattete Bungalows für Selbstversorger. So lassen sich einige Kosten fürs Essengehen einsparen und gleichzeitig die Annehmlichkeiten der Campinganlage genießen. Häufig sind Tennisplätze, Swimmingpool, Kinderspielplatz und ein kleiner Supermarkt vorhanden. Die Preise für einen Bungalow (in der Regel nur wochenweise buchbar) oder ein Wohnmobil beginnen bei 200/500 € (Neben-/Hochsaison) für zwei Personen. Klassisches Campen im Zelt kostet pro Tag ungefähr 15/25 € (Neben-/Hochsaison) für zwei Personen, den Zeltplatz und einen Abstellplatz fürs Auto.

Ausführliche Informationen und eine Liste der Campingplätze finden sich unter www.camping-italy.net, (auch auf Deutsch) und www.caravanandcampsites.eu.

Isole Tremiti

500 EW.

Die wunderschöne Inselgruppe besteht aus drei Inseln und liegt 36 km von der Küste entfernt. Umgeben vom tiefblau schimmernden Meer bestechen sie mit ihren malerischen Landschaften aus zerklüfteten Klippen, sandigen Buchten und dichten Kiefernwäldern.

Leider sind die Isole Tremiti sehr bekannt und werden alljährlich im Juli und August von mehr als hunderttausend Besuchern besucht. In diesen beiden Monaten geht es dann sehr trubelig, laut und heiß zu. Wer die Stille und Beschaulichkeit der Inseln genießen will, muss seinen Besuch in die Nebensaison legen, dann sind die meisten touristischen Einrichtungen geschlossen, und die wenigen einheimischen Inselbewohner nehmen ihr beschauliches Leben in der Abgeschiedenheit wieder auf.

Die für Besucher interessanten Attraktionen befinden sich auf San Domino, der größten und fruchtbarsten Insel. Früher wurde hier Getreide angebaut. An ihrer Küste wechseln sich Sandstrände und Kalksteinklippen ab. Im Inselinneren breitet sich eine dichte, mit Rosmarin und Fingerhut bestandene Macchia aus. Das dörfliche Städtchen mit dem Haupthafen und einigen Hotels hat keinen Namen.

Die kleine Insel San Nicola ist traditionell das Verwaltungszentrum der Isole Tremiti. Wie eine Festungsanlage thront die Ansammlung von mittelalterlichen Gebäuden auf den Felsen. Dadurch ließ sich San Nicola früher gut verteidigen. Unbewohnt ist die dritte Insel, Capraia (auch Caprara oder Capperaia genannt).

Ziel der meisten Boote und Fähren ist San Domino. Während der Hochsaison verkehren regelmäßig kleine Boote zwischen San Domino und San Nicola (hin- & zurück 6 €). Von Oktober bis März übernimmt ein einziges Boot die Überfahrt. Sein Fahrplan richtet sich nach den Ankunfts- und Abfahrtszeiten der Schiffe vom bzw. zum Festland.

Sehenswertes & Aktivitäten

Wer Wandern, Grotten, Höhlen und das Faulenzen am Strand mag, hat auf **San Domino** seinen Spaß. Bestechend schön sind die unberührten Küstenabschnitte der Insel sowie die **Cala delle Arene,** der einzige Sandstrand der Inselgruppe. Hier gibt es auch die kleine Höhle **Grotta dell'Arene** mit klarem, stillem Wasser, in die man hineinschwimmen kann. Eine Bootstour (12–15 €, Abfahrt am Hafen) bietet die Möglichkeit, die Grotten an der Küste rund um die Insel zu erkunden. Die größte Grotte, die **Grotta del Bue Marino,** ist 70 m lang. Eine Bootsfahrt rund um alle drei Inseln kostet 15 bis 17 €. Zu einem Taucherlebnis im kristallklaren Wasser des Meeres verhilft das **Tremiti Diving Center** (☎337 64 89 17; www.tremitidivingcenter.com; Via Federico 2, San Domino).

Rings um die Insel führt ein leichter, aber sehr faszinierender Wanderweg, der am Dorfausgang beginnt. Den Untersatz für eine Tour auf zwei Rädern vermietet **Jimmy Bike** (☎338 897 09 09; www.jimmybike.com; Tag Fahrrad/Motorroller 20/50 €) an der Piazzetta San Domino.

Die mittelalterlichen Gebäude auf den Felsen an der Küste von **San Nicola** haben die gleiche helle Sandfarbe wie die kahlen Klippen. Zu den bedeutenden Bauwerken zählt die **Abbazia e Chiesa di Santa Maria**. Die Abtei wurde 1010 von Benediktinermönchen gegründet. In den folgenden 700 Jahren regierten Äbte die Insel und häuften dabei Vermögen und Schätze an. Doch nur ein verwittertes Renaissanceportal und ein wertvoller Mosaikfußboden aus dem 11. Jh. weisen auf den einstigen Reichtum hin. Alle anderen Kostbarkeiten wurden im Verlauf der wechselvollen Geschichte der Abtei entweder gestohlen oder zerstört. Doch zwei Ausnahmen gibt es: Verschont blieb ein farbiges byzantinisches Kruzifix aus Holz, das 747 auf die Inseln gelangte, sowie eine schwarze Madonna, die vermutlich im Mittelalter von Konstantinopel hergebracht wurde.

Capraia (benannt nach einem wild wachsenden Kaperngewächs) ist die dritte und unbewohnte Insel der Isole Tremiti. Sie beherbergt eine reiche Vogelwelt, darunter beeindruckende Scharen an Seemöwen. Wer auf die Insel möchte, kann einen Ausflug mit den einheimischen Fischern aushandeln, organisierte Touren gibt es nicht.

Schlafen & Essen

Im Sommer ist eine frühzeitige Buchung der Unterkunft nötig, viele Hotels bestehen dann auf Vollpension. Campen ist auf den Isole Tremiti nicht erlaubt.

La Casa di Gino B&B **€€**

(☎0882 46 34 10; www.hotel-gabbiano.com; San Nicola; Zi 100–180 €; ❄) Das noch nicht lange bestehende B&B auf San Nicola gehört zum Hotel Gabbiano auf San Domino und ist im Vergleich zu diesem wesentlich ruhiger gelegen. Die eleganten Zimmer sind weiß in weiß gehalten.

Hotel Gabbiano HOTEL €€
(☎0882 46 34 10; www.hotel-gabbiano.com; Piazza Belvedere, San Domino; EZ 45–105 €, DZ 90–210 €, inkl. Frühstück; ❄📶) Das hübsche Hotel ist gewissermaßen eine Institution auf der Insel und wird seit mehr als 30 Jahren von ein und derselben neapolitanischen Familie geführt. Seine in Pastelltönen gehaltenen Zimmer bieten Ausblick auf das Meer und auf San Nicola. Zum Hotel gehört ein Fischrestaurant.

Architiello FISCH €€
(☎0882 46 30 54; San Nicola; Mahlzeiten 25 €; ⏲April–Okt.) Allein seine Terrasse mit Meerblick macht dieses Lokal zu einer feinen Sache. Seine Spezialität sind – ja, was wohl? – Gerichte mit Fisch und Meeresfrüchte, fangfrisch natürlich.

ℹ An- & Weiterreise

Fähren und Boote vom italienischen Festland zu den Isole Tremiti fahren in mehreren Häfen ab: im Sommer von Manfredonia, Vieste und Peschici und ganzjährig von Termoli in der benachbarten Region Molise (s. S. 658).

Valle d'Itria

Zwischen der Ionischen und der Adriatischen Küste erhebt sich ein großes Kalksteinplateau, die Murgia (473 m) mit ihrer seltsamen Verkarstung. Die Landschaft ist von Löchern und Einschnitten durchzogen, durch die kleine Flüsse und Bäche gluckern, sie wirkt wie ein riesiger Schwamm. Im Herzen der Murgia liegt das idyllische Valle d'Itria. Hier stehen in der Landschaft verstreut viele seltsame kreisrunde Steinhäuser, deren Dächer spitz zulaufen und in einem liebenswert stoppeligen Zipfel enden. Dies sind die *trulli*, Apuliens einzigartiger Beitrag zur ländlichen Architektur. Es ist unklar, wie sich diese Bauweise entwickelt hat. Eine beliebte Erklärung lautet, die Trockensteinkonstruktion lasse sich schnell abtragen; damit müssen im Fall der Fälle keine Gebäudesteuern gezahlt werden.

Das sanft-hügelige grüne Tiefland ist von Trockensteinmauern, Weingärten, Mandel- und Olivenhainen und kurvenreichen Landstraßen durchzogen. Dieser Teil Apuliens zieht die meisten ausländischen Touristen an und verfügt daher über das dichteste Netz von Hotels und Luxus*masserie* (Gutshöfen). In dieser Gegend liegen auch viele Ferienhäuser, die häufig von Familien mit Kindern bevorzugt werden und Selbstverpflegung ermöglichen, zu finden sich solche Unterkünfte auf Websites wie beispielsweise www.nonsolocasa.de, www.puglia-ferien.de, www.salentodolcevita.com, www.fewo-direkt.de und www.1001-ferienhaus.de.

GROTTE DI CASTELLANA

Ein absolutes Muss sind die spektakulären **Kalksteinhöhlen** (☎800 23 19 76, 080 499 82 11; www.grottedicastellana.it; Piazzale Anelli; ⏲April–Okt. 9.30–19 Uhr, Nov.–März 9.30–12.30 Uhr) 40 km südöstlich von Bari, das längste natürliche Höhlensystem Italiens. Die 1938 entdeckten Grotten enthalten eine unglaubliche Vielfalt unterirdischer Landschaften sowie außergewöhnliche Stalaktiten- und Stalagmitenformationen – ganz besonders hübsch anzusehen sind die „Qualle", der „Speck" und der „Kniestrumpf". Das Highlight dieser Märchenwelt aber ist die Grotta Bianca (Weiße Grotte), eine unheimliche weiße Alabasterhöhle, in der bleistiftdünne Stalaktiten von der Decke hängen.

Es gibt zwei Führungen auf Englisch. In der über 1 km langen, 50 Minuten dauernden Version ist die Grotta Bianca nicht enthalten (10 €, für die halbe Std.). Die zweite Variante ist eine über 3 km führende, zweistündige Tour (15 € pro Std.), bei der diese Grotte mit inbegriffen ist. Die Temperaturen in der Höhle bewegen sich durchschnittlich bei 18 °C, deshalb sollte man eine leichte Jacke mitnehmen. Empfehlenswert ist ferner das **Museo Speleologico Franco Anelli** (☎080 499 82 30; Eintritt frei; ⏲Mitte März–Okt. 9.30–13 & 15.30–18.30 Uhr, Nov.–Mitte März 10–13 Uhr) oder die Sternwarte **Osservatorio Astronomico Sirio** (☎080 499 82 11; ⏲Eintritt 3 €), dessen Teleskop und Solarfilter Solarsystembeobachtungen mit maximaler Sicht ermöglichen. Ein Besuch ist nur im Rahmen geführter Touren möglich, diese müssen zuvor angemeldet werden.

Von Bari aus ist die Grotte di Castellana mit dem Zug erreichbar. Sie liegt an der FSE-Bahnstrecke Bari – Tarent. Doch nicht alle Züge machen direkt an der Grotte Halt. Alle halten jedoch 2 km vorher am Bahnhof der Stadt Castellana Grotte (2,90 €, 50 Min., etwa ständl.). Von hier aus fährt ein Stadtbus (1 €) zu den Höhlen.

ALBEROBELLO

11 000 EW.

Von der Unesco zum Weltkulturerbe erhoben, gleicht Alberobello einem Mini-Ballungsraum – allerdings für Zwerge. Die Zona dei Trulli auf dem westlichen Stadthügel ist eine dichte Masse von 1500 Häusern in Bienenkorbform, deren weiße Spitzen aussehen, als seien sie schneebedeckt. Diese aus Trockenstein errichteten Gebäude bestehen aus lokalem Kalkstein, keines der Häuser entstand vor dem 14. Jh. Nun tragen die Bewohner zwar nicht spitze Hüte, dafür verkaufen sie so ziemlich alles, was sich ein Besucher wünschen könnte, angefangen von Miniatur-*trulli* bis hin zu Wollschals.

Benannt ist die Stadt nach dem Eichenurwald *Arboris Belli* (schöner Baum), der einst dieses Gebiet bedeckte. Es ist eine Gegend, die Staunen hervorruft, allerdings hat sie auch etwas von einer Touristenfalle. Von Mai bis Oktober drängen sich ganze Busladungen von Touristen in *trullo*-Wohnungen, genehmigen sich ein Glas in *trullo*-Bars und kaufen in *trullo*-Shops ein.

Vom Parkplatz Largo Martellotta geht es die Treppenstufen hinauf zur Piazza del Popolo, wo das Belvedere Trulli fabelhafte Ausblicke auf das ganze malerische Drunter und Drüber bietet.

Sehenswertes

Alberobello erstreckt sich über zwei Hügel. Der neue Teil der Stadt nimmt den östlichen Hügel ein. Auf dem westlichen liegt die Zona dei Trulli, die sich aus den beiden Stadtvierteln Rione Monti und Rione Aia Piccola zusammensetzt.

Besichtigen bedeutet in Alberobello im Wesentlichen, herumzulaufen und den exzentrischen Ort zu bewundern. Im Altstadtviertel **Rione Monti** stehen über 1000 *trulli* dicht an dicht am Hang, die meisten sind inzwischen Souvenirläden. Östlich, auf der anderen Seite der Via Indipendenza, liegt **Rione Aia Piccola**. Dieses Viertel ist sehr viel weniger kommerzialisiert, und von den 400 *trulli* werden viele noch als Familienwohnungen genutzt. Man darf auf das Dach der Läden klettern, um sich die Umgebung von oben anzusehen, an vielen Stellen erinnern jedoch strategisch günstig aufgestellte Körbe daran, dass als Gegenleistung Spenden gerne gesehen werden.

Der **Trullo Sovrano** (☎080 432 60 30; www.trullosovrano.it; Piazza Sacramento; Eintritt 1,50 €; ⏲tgl. 10–18 Uhr) aus dem 18. Jh. im modernen Teil der Stadt ist der einzige zweistöckige *trullo*, gebaut von der wohlhabenden Familie eines Priesters. Heute befindet sich darin ein kleines Museum, das etwas von der Atmosphäre des Lebens in einem *trullo* mit seinen putzigen, runden Zimmern vermittelt. Im Souvenirgeschäft gibt es eine große Auswahl an interessanter Literatur, die über die Stadt und die Umgebung informiert.

Schlafen

Im einem *trullo* zu übernachten, ist ein einmaliges Erlebnis. Wegen des Touristenrummels bevorzugen viele Reisende jedoch andere Orte zum Übernachten.

Trullidea APARTMENTS €€
(☎080 432 38 60; www.trullidea.it; Via Monte San Gabriele 1; 2-Pers.-Trullo 63–149 €) Die 15 renovierten *trulli* in Alberobellos Trulli-Zone sind malerisch, gemütlich und stimmungsvoll. Zur Auswahl stehen für die Gäste Arrangements mit Selbstversorgung, B&B, Halb- oder Vollpension.

Camping dei Trulli CAMPINGPLATZ €
(☎080 432 36 99; www.campingdeitrulli.com, auch auf Deutsch; Via Castellana Grotte, Km 1,5; Camping 2 Pers., Fahrzeug & Zelt 26,50 €, Bungalows pro Pers. 22–35 €, Trulli 30–40 €; P@≋) Der Campingplatz liegt 1,5 km außerhalb der Stadt und bietet einige schöne Plätze zum Zelten. Vor Ort findet man ein Restaurant, einen kleinen Supermarkt, zwei Swimmingpools, einen Tennisplatz und einen Fahrradverleih. Als Unterkunft stehen den Gästen auch *trulli* zur Verfügung.

Essen

Trattoria Amatulli TRATTORIA €
(☎080 432 29 79; Via Garibaldi 13; Mahlzeiten 16 €; ⏲Di–So) Mit einem Sammelsurium an Fotos lächelnder Restaurantgäste sind die Wände der ausgezeichneten Trattoria tapeziert. Ein Gedicht sind die bodenständigen Gerichte wie *orecchiette scure con cacioricotta pomodoro e rucola* (Öhrchennudeln mit regionalem Käse aus Ziegen- und Schafsmilch, Tomaten und Rucola). Gut dazu passt der erstaunlich gute Hauswein, der gerade mal 4 € pro Liter kostet.

La Cantina TRADITIONELL ITALIENISCH €
(☎080 432 34 73; www.ilristorantelacantina.it; Ecke Corso Vittorio Emanuele & Vico Lippolis; Mahlzeiten 25 €; ⏲Mi–Mo) Obwohl inzwischen auch Touristen die Qualität dieses Restaurant erkannt haben, kocht das 1958 eröffnete Restaurant immer noch auf hohem Niveau. Es verfügt über nur sechs Tische und einen

sehr engagierten Kellner, der die köstlichen, aus Produkten der Saison zubereiteten Gerichte serviert.

Il Poeta Contadino TRADITIONELL ITALIENISCH €€€
(☎080 432 19 17; www.ilpoetacontadino.it; Via Indipendenza 21; Mahlzeiten 65 €; ⏲Feb.–Dez. Di–So) Mit seiner opulenten Einrichtung und den imposanten Kronleuchtern wirkt der Speiseraum wie ein mittelalterlicher Bankettsaal. Auf der „poetischen" Speisekarte stehen bäuerliche Gerichte (*contadino* heißt übersetzt Bauer) wie Püree aus Puffbohnen (Dicken Bohnen) mit *cavatelli* (Pasta) und Meeresfrüchten.

Praktische Informationen

Die **Touristeninformation** (☎080 432 51 71; Via Garibaldi; ⏲Mo, Mi & Fr 8–13, Di & Do 8–13 & 15–18 Uhr) liegt direkt am Hauptplatz. Eine weitere **Touristeninformation** (☎080 432 28 22; www.prolocoalberobello.it; Monte Nero 1; ⏲9–19.30 Uhr) befindet sich in der Zona dei Trulli.

An- & Weiterreise

Alberobello ist von Bari (3,10 €, 1½ Std., stündl.) mit der FSE-Bahnverbindung Bari–Tarent leicht zu erreichen. Vom Bahnhof geht es zu Fuß geradeaus die Via Mazzini und deren Fortsetzung, die Via Garibaldi, entlang bis zur Piazza del Popolo.

LOCOROTONDO

14 200 EW.

Locorotondo präsentiert sich als außergewöhnlich schöner und ruhiger Ort, im dem alles weiß schimmert, abgesehen von den blutroten Geranien in den Blumenkästen der Fenster. Es liegt auf einer Hügelkuppe auf dem Murgiaplateau. Locorotondo zählt zu den *borghi più belli d'Italia* (www.borghitalia.it), ist also als einer der schönsten Orte Italiens eingestuft. Die Straßen sind mit glatten, elfenbeinfarbenen Steinen gepflastert, den sonnenbeschienenen Mittelpunkt des Städtchens bildet die Kirche **Santa Maria della Greca**.

Ein Panoramablick über das ganze Tal lässt sich im Stadtpark, auf Italienisch **Villa Comunale** genannt, genießen. Direkt gegenüber vom Park beginnt das hübsche Altstadtviertel.

Die Stadt ist nicht nur ein von *trulli* besonders geprägtes Gebiet, sondern auch das Herz der apulischen Weinregion. Zum Kennenlernen des regionalen Sekts empfiehlt sich eine Verkostung in der **Cantina del Locorotondo** (☎080 431 16 44; www.locorotondodoc.com; Via Madonna della Catena 99; ⏲9–13 & 15–19 Uhr).

Schlafen

Sotto le Cummerse (LP TIPP) APARTMENTS €€
(☎080 431 32 98; www.sottolecummerse.it, deutsche Website: www.sottolecummerse.it/de; Via Vittorio Veneto 138; Apt. 82–230 € inkl. Frühstück; ❄) Scotto le Cummerse ist ein *albergo diffuso*, was so viel bedeutet wie „verstreut liegende Unterkünfte". In diesem Fall sind es geschmackvoll eingerichtete Apartments, die sich über das *centro storico* verteilen. Man findet sie in wunderschön restaurierten und gut ausgestatteten traditionellen Häusern. Als Ausgangspunkt zum Erkunden der Region ist so ein Apartment eine feine Sache.

Truddhi COTTAGE €€
(☎080 443 13 26; www.trulliresidence.it, auch auf Deutsch; C. da Trito 292; DZ 65–80 €, Apt. 100–150 €, pro Woche 450–741 €; P ❄) Die reizvolle Ferienanlage mit zehn *trulli* für Selbstversorger liegt in der Nähe von Locorotondo im kleinen Dorf Trito. Mino, Lehrer an einer Hotelfachschule, veranstaltet Kochkurse (Tag 80 €) für die Gäste.

Essen

Quanto Basta (LP TIPP) PIZZERIA €
(☎080 431 28 55; Via Morelli 12; Pizza 6–7 €; ⏲Abendessen Di–So) Mit ihren Holztischen, der gedämpften Beleuchtung und dem Steinfußboden wirkt die Pizzeria gemütlich und einladend. Die Pizzas schmecken köstlich, und die Auswahl an Biersorten ist beachtlich groß.

La Taverna del Duca TRATTORIA €€
(☎080 431 30 07; Via Papadotero 3; Mahlzeiten 35 €; ⏲Mittag- & Abendessen, im Winter So geschl.) Die angesehene Trattoria in einer engen Seitenstraße nahe einem alten Tunnel wartet mit regionalen Klassikern auf, z. B. *orecchiette* mit verschiedenen Gemüsesorten.

Praktische Informationen

Touristeninformation (☎080 431 30 99; www.prolocolocorotondo.it; Piazza Vittorio Emanuele 27; ⏲Mo–Fr 10–13 & 15–18 Uhr, Sa 10–13 Uhr)

An- & Weiterreise

Locorotondo liegt an der FSE-Bahnstrecke Bari – Tarent und ist mit den regelmäßig verkehrenden Zügen leicht zu erreichen (4,50 €, 1½–2 Std.).

CISTERNINO

12 000 EW.

Das attraktive, weiß getünchte Cisternino liegt auf einer Hügelkuppe und besitzt eine charmante Altstadt jenseits der langweiligen Außenbezirke. Bei der **Chiesa Matrice** aus dem 13. Jh. und der **Torre Civica** gibt es einen hübschen Gemeindepark mit Ausblick auf die umgebende Landschaft. Biegt man in die Via Basilioni neben dem Turm ein, kann man durch eine schicke Straße schlendern, die direkt zur zentralen Piazza Vittorio Emanuele führt.

Die **Touristeninformation** (☎080 444 66 61; www.prolococisternino.it; Via San Quirico 18 ⏲Mo–Sa 10.15–12.15 & 16.30–19.30 Uhr) liegt am Rand der Altstadt. Sie gibt Auskunft über B&Bs in der Altstadt, hält sich aber nicht zuverlässig an die Öffnungszeiten.

In Cisternino hat *fornello pronto* (was so viel bedeutet wie „startbereiter Herd") eine große Tradition. Zahlreiche Metzgereien und Trattorias der Stadt praktizieren diesen speziellen Service, der wie folgt aussieht: Man sucht sich selbst ein Stück frisches Fleisch aus, das sofort an Ort und Stelle gegrillt oder gebraten wird. Ausprobieren lässt sich das z. B. unter der weiß gestrichenen Gewölbedecke der **Trattoria La Botte** (☎080 444 78 50; Via Santa Lucia 47; Mahlzeiten 20 €; ⏲Mittag- & Abendessen, im Winter Do geschl.). Hier stehen auch beliebte apulische Gerichte wie *fave e verdura* (Dicke Bohnen mit Gemüse) auf der Speisekarte.

Cisternino ist von Bari aus mit einem regelmäßig verkehrenden Zug erreichbar (4,50 €, 45 Min.).

MARTINA FRANCA

49 800 EW.

Die Altstadt besticht mit ihren blendend weißen Häusern, blutrotem Geranienschmuck und hübschen gewundenen Gassen. Dort befinden sich auch luftige Plätze, elegante Gebäude im Stil des Barock und des Rokoko und verschnörkelte schmiedeeiserne Balkone, die einander beinahe über die engen Gassen hinweg berühren. Die Stadt ist die höchstgelegene in der Murgia. Sie wurde im 10. Jh. von Flüchtlingen gegründet, die vor der Invasion der Araber aus Tarent geflohen waren. Sie blühte erst im 14. Jh. auf, als Philipp von Anjou ihr Steuerbefreiung gewährte. Ihren Namen verdankt die Stadt dem entsprechenden Begriff *franchigie*, der zu Franca wurde. Der Ort wurde so wohlhabend, dass er sich ein Schloss und Verteidigungswälle mit insgesamt 24 soliden Bastionen zulegte.

Sehenswertes & Aktivitäten

Den besten Einblick in die Schönheit von Martina Franca bietet ein Streifzug durch die engen, malerischen Gassen und Gässchen des *centro storico*.

Unter dem barocken **Arco di Sant'Antonio** am westlichen Ende der Fußgängerzone auf der Piazza XX Settembre hindurch geht es auf die Piazza Roma, die vom eindrucksvollen **Palazzo Ducale** aus dem 17. Jh. beherrscht wird. Der Palast wurde über einer älteren Burg errichtet und wird heute für städtische Büros genutzt.

Von der Piazza Roma führt der schöne Corso Vittorio Emanuele mit seinen barocken Stadthäusern zur Piazza Plebiscito, dem barocken Herz des Stadtzentrums. Der Platz wird überragt von der **Basilica di San Martino** aus dem 18. Jh. Deren Fassade zeigt den Stadtpatron, den hl. Martin, der sein Schwert schwingt und seinen Umhang mit einem Bettler teilt.

Wer gerne wandert, kann sich in den Touristeninformationen die kostenlose *Carta dei Sentieri del Bosco delle Pianelle* besorgen. In der Karte sind zehn Wanderrouten durch den **Bosco delle Pianelle** verzeichnet. Das nur 10 km westlich der Stadt gelegene Waldgebiet gehört zur 1206 ha großen **Riserva Naturale Regionale Orientata.** Wanderer finden hier beeindruckend hohe Bäume, wilde Orchideen und eine reiche Vogelwelt mit Falken, Eulen, Bussarden, Sperber und Wiedehopf vor.

Festivals & Events

Das **Festival della Valle d'Itria** ist ein internationales Musikfestival, das jährlich von Juli bis Anfang August stattfindet. Auf dem Programm stehen Opern, klassische Konzerte und Jazz. Ausführliche Informationen bietet das **Centro Artistico Musicale Paolo Grassi** (☎080 480 51 00; www.festivaldellavalleditria.it; ⏲Mo–Fr 10–13 Uhr) im Palazzo Ducale.

Schlafen

Villaggio In APARTMENTS **€€**

(☎080 480 59 11; www.villaggioin.it; Via Arco Grassi 8; Apt. Nacht 75–170 €, Woche 335–1030 €) Die reizvollen Apartments mit Rundbögen und Gewölbedecken befinden sich in einem historischen Wohnhaus im *centro storico*. Stilmöbel und Landhausmöbel schmücken die großen, in Pastelltönen gestrichenen Zimmer. Das Haus bietet unterschiedliche Apartments für zwei bis sechs Personen.

B&B San Martino B&B **€**

(☎080 48 56 01; http://xoomer.virgilio.it/bed-and-breakfast-sanmartino; Via Abate Fighera 32; DZ 40–120 €; ❄) Zimmer mit Aussicht auf die hübsche Piazza XX. Settembre bietet dieses elegante B&B in einem historischen *palazzo*. Sehen lassen können sich auch die Apartments mit ihren unverputzten Backsteinwänden, dem blanken Parkettfußboden, den schmiedeeisernen Betten und einer kleinen Küchenzeile.

Essen

Il Ritrovo degli Amici TRADITIONELL ITALIENISCH €€
(☎080 483 92 49; www.ilritrovodegliamici.it; Corso Messapia 8; Mahlzeiten 35 €; ⏲Di–Sa Mittag- & Abendessen, März–Jan. auch So Mittagessen) In dem ausgezeichneten Restaurant prägen Backsteinwände und -gewölbe das Ambiente. Zu seiner geselligen Atmosphäre trägt aber auch der regionale Sekt sein Scherflein bei. Auf der Speisekarte finden sich zahlreiche traditionelle Gerichte, darunter Spezialitäten mit verschiedenen Salami- und anderen Wurstsorten.

Ciacco TRADITIONELL ITALIENISCH €€
(☎080 480 04 72; Via Ugolino; Mahlzeiten 30 €; ⏲Di–So Mittag- & Abendessen) Tief im Herzen der Altstadt befindet sich gegenüber dem Gemeindepark das Ciacco, ein traditionelles Restaurant mit weiß eingedeckten Tischen und einem heimeligen Kamin. Serviert wird apulische Küche mit moderner Note. Das Lokal liegt in einer engen Fußgängergasse, einige Straßenzüge von der Chiesa del Carmine entfernt.

La Piazzetta Garibaldi OSTERIA €€
(☎080 430 49 00; Piazza Garibaldi; Mahlzeiten 20–30 €; ⏲ Do–Di Mittag- & Abendessen) Die Osteria im *centro storico* wird vielfach empfohlen. Die köstlichen Düfte locken geradezu magisch in dieses katakombenartige Restaurant, was keiner bereuen wird, denn die Speisekarte enttäuscht so gut wie nie. Eine schöne Adresse für ein ausgedehntes Mittagessen.

Praktische Informationen

Die **Touristeninformation** (☎080 480 57 02; Piazza Roma 37; ⏲Mo–Fr 9–13, Di & Do auch 16.30–19, Sa 9–12.30 Uhr) befindet sich im Palazzo Ducale (Teil der Bibliotece Comunal).

Anreise & Unterwegs vor Ort

Der Bahnhof der FSE liegt oberhalb des historischen Zentrums. Vom Bahnhofsvorplatz führt der Weg ins Zentrum rechts den Viale della Stazione hinunter bis zum Kreisel. Von hier aus geht es weiter auf der Via Alessandro Fighera bis zum Corso Italia, in den man links einbiegt. Er führt zur Piazza XX. Settembre.

Die Züge der **FSE** (☎080 546 21 11) verkehren zwischen Martina Franca und folgenden Orten:

Bari 5,20 €, 2 Std., stündl.
Lecce 7,10 €, 2 Std., 5-mal tgl.
Taranto 2,40 €, 50 Min., in regelmäßigen Abständen

Nach Alberobello fahren montags bis samstags FSE-Busse (1,50 €, 30 Min., 5-mal tgl.).

OSTUNI

32 500 EW.

Ostuni überstrahlt seine Umgebung wie ein perlweißes Diadem, das sich über die Hügel erstreckt. Als funkelnder Mittelpunkt erhebt sich die Kathedrale wie ein wundervoller Edelstein. Hier endet die *trulli*-Region, und es beginnt das heiße, trockene Salento. Im Sommer ist es in dieser Gegend, die einige ausgezeichnete Restaurants und stillvolle Bars sowie noble und trotzdem lauschige Plätze besitzt, brechend voll.

Sehenswertes

Sattgrüne ausgedehnte Olivenhaine umgeben Ostuni – eine gute Gelegenheit, Olivenöl direkt vom Erzeuger zu kaufen. Die regionale Spezialität heißt Collina di Brindisi. Es ist ein DOP-zertifiziertes natives Olivenöl und in den Intensitätskategorien mild, medium und intensiv erhältlich (DOP, Denominazione d'Origine Protetta, ist das italienische Siegel für Produkte mit geschützter Herkunftsbezeichnung).

Kathedrale KATHEDRALE
(Via Cattedrale) Ostunis spektakuläre Kathedrale stammt aus dem 15. Jh. Eine reich verzierte Fensterrose und ein spiegelverkehrter Schweifgiebel schmücken ihre außergewöhnliche gotisch-romanische Fassade.

GRATIS **Museo di Civitá Preclassiche della Murgia** MUSEUM
(☎0831 33 63 83; Via Cattedrale 15) Delia heißt der Star der berühmtesten Ausstellung des archäologischen Museums im Convento delle Monacelle. Die junge Frau lebte vor 25 000 Jahren und war schwanger, als sie starb. Ihr gut erhaltenes Skelett wurde in einer Höhle in Ostunis Umgebung entdeckt. Viele Exponate des Museums stammen von einer nahen Begräbnisstätte aus der Altsteinzeit, dem heutigen **Parco Archeologico e Naturale di Arignano** (☎0831 30 39 73). Auf Anfrage können Besucher die archäologische Stätte besichtigen. Aktuelle Auskünfte gibt die Touristeninformation.

LA MASSERIA: EIN BAUERNHOF DELUXE

Le Masserie (Plural von *la masseria*) gibt es nur in Süditalien: Dabei handelt es sich um Gutshöfe, die wie eine Mischung aus klassischer römischer Villa und einem kleinen Kastell wirken. Solche Landgüter beherbergen neben dem Gutshaus und den Stallungen auch Ölmühlen, Weinkeller, Kirchen, Lagerhäuser und Unterkünfte für das gesamte Gesinde. Kurz gesagt, eine *masseria* bietet alles, was eine autarke, sich selbst versorgende Gemeinde ausmacht – und genau darin zeigt sich der ursprüngliche Zweck der *masserie*. Heutzutage produzieren sie nur noch den größten Teil der italienischen Olivenölproduktion. Inzwischen sind viele *masserie* in luxuriöse Hotels, *agriturismi*, Ferienapartments oder Restaurants umgewandelt worden. Der Aufenthalt in einer *masseria* ist ein einmaliges Erlebnis, vor allem, wenn die Küche Produkte aus der hauseigenen Landwirtschaft verarbeitet.

Empfehlenswerte *masserie* sind z. B.:

Il Frantoio (☎0831 33 02 76; http://www.masseriailfrantoio.it/de, auf Deutsch; SS16, Km 874; DZ 139–259 €, Apt. 319–350 €; P@) Die Gäste wohnen in dem bezaubernden, weiß getünchten Gutshaus zusammen mit den Besitzern. Das Essen schmeckt ausgezeichnet. Besonders hungrige Gäste können sich ein Marathon-Menü mit insgesamt acht Gängen bestellen. Der landwirtschaftliche Betrieb produziert hochwertiges Bio-Olivenöl. Jeden Abend kutschiert Armando wissbegierige Gäste in seinem 1949er-Fiat durchs Gutsgelände. Il Frantoio liegt 5 km von Ostuni entfernt, der Weg führt über die SS16 Richtung Fasano, das Hinweisschild taucht bei Km 874 auf der linken Straßenseite auf.

Masseria Torre Coccaro (☎080 482 93 10; www.masseriatorrecoccaro.com, auch auf Deutsch; Contrada Coccaro 8, Savelletri di Fasano; DZ 278–1339 €; ❄@📶≋) Luxus pur bietet diese superschicke, aber immer noch ländliche *masseria* – angefangen vom Spa in einer Höhle über einen Swimmingpool mit Strand-Feeling bis hin zu Kochkursen und einem Restaurant (Mahlzeiten 90 €), in dem die Zutaten für die Gerichte aus der hauseigenen Landwirtschaft stammen.

Masseria Maizza (www.masseriatorremaizza.com, auch auf Deutsch; 278–1493 €; ❄@📶≋) ist der Nachbar der Masseria Torre Coccaro und wird von den gleichen Leuten betrieben. Damit ist Luxus pur garantiert! Beiden *masserie* gemeinsam gehören ein ruhiger Strandclub (etwa 4 km entfernt) und ein benachbarter Golfplatz.

Borgo San Marco (☎080 439 57 57; www.borgosanmarco.it; Contrada Sant'Angelo 33; EZ 130–140 €, DZ 180–230 €; P❄📶≋) Die *masseria* mit 16 Zimmern und einem Jacuzzi im Obstgarten war früher ein *borgo* (kleines Dorf). Ihr an sich traditionelles Ambiente besitzt einen unkonventionellen Touch. Zu den Sehenswürdigkeiten in der Umgebung gehören einige Felsenkirchen mit Freskenmalereien. Die *masseria* liegt 8 km von Ostuni entfernt, der Weg führt über die SS379 Richtung Bari bis zum Schild „SC San Marco – Zona Industriale Sud Fasano", dem man dann folgen muss. Hinweis: Im August beträgt die Mindestaufenthaltsdauer eine Woche.

Aktivitäten

Die Umgebung von Ostuni eignet sich ausgezeichnet für Radtouren. **Ciclovagando** (☎330 98 52 55; www.ciclovagando.com; Via di Savoia 19, Mesagne; halber Tag/ganzer Tag 30/40 €) organisiert geführte Radtouren, die jeweils rund 20 km lang sind und in die reizvolle Landschaft der Umgebung führen. Jeweils eine Tour startet täglich in verschiedenen Städten des Distrikts, darunter Ostuni und Brindisi. Für zusätzliche 15 € gibt es unterwegs Verpflegung mit typisch apulischer Kost.

Feste & Events

La Cavalcata RELIGIÖSES FEST

Ostunis jährlich zelebriertes Stadtfest fällt auf den 26. August. Prozessionen von Reitern in glitzernden rot-weißen Uniformen, in denen sie aussehen wie indische Bräutigame auf dem Weg zur Hochzeit, ziehen durch die Stadt, gefolgt von der Statue des Lokalheiligen Oronzo.

Schlafen

La Terra HOTEL €€

(☎0831 33 66 51; www.laterrahotel.it; Via Petrarolo; DZ 130–170 €; P❄📶) Dieser frühere *palazzo*

TOP FIVE: CENTRI STORICI (ALTSTÄDTE) IN APULIEN

» **Locorotondo** (S. 754)
» **Ostuni** (S. 756)
» **Vieste** (S. 745)
» **Martina Franca** (S. 755)
» **Lecce** (S. 758)

aus dem 13. Jh. bietet eine stimmungs- und stilvolle Übernachtung mit Wandnischen, Balken und Möbeln aus dunklem Holz sowie, als Kontrast dazu, helles Mauerwerk und weiß getünchte Wände. Das Ergebnis dieses Zusammenspiels ist ein kühles, modernes Erscheinungsbild. Die wie eine Höhle wirkende Bar ist tatsächlich aus einer Höhle herausmodelliert.

Soleblu B&B €

(☎0831 30 38 56; www.webalice.it/solebluostuni; Corso Vittorio Emanuele II 16; B&B EZ 30–40 €, Apt. EZ 50 €, DZ 60–80 €) Der Stadtteil, in dem das B&B liegt, entstand weitgehend im 18. Jh. In einem Ende des 17. Jhs. errichteten Haus vermietet Soleblu hier ein Zimmer mit einem winzigem Bad und einem separatem Eingang. Ganz in der Nähe stehen noch zwei ausgezeichnete Apartments für Selbstversorger (60–80 € für 2 Pers.) zur Verfügung.

Essen

Osteria Piazzetta Cattedrale OSTERIA €€

(☎0831 33 50 26; www.piazzettacattedrale.it; Via Arcidiacono Trinchera 7; Mahlzeiten 25–30 €; ⏲Mi–Mo) Die winzige, einladende Osteria besticht mit ihrer reizvollen Lage gleich hinter dem Torbogen gegenüber der Kathedrale. Hinzu kommt ihre Speisekarte mit tollen Gerichten, die auch reichlich vegetarische Kost umfassen.

Osteria del Tempo Perso OSTERIA €€

(☎0831 30 33 20; www.osteriadeltempoperso.com; Via Gaetano Tanzarella Vitale 47; Mahlzeiten 30 €; ⏲Di–So) Das anspruchsvolle, rustikale Restaurant, das in einer ehemaligen Bäckerei untergebracht ist, wartet mit großartigem apulischen Essen auf. Grillspezialitäten stehen hier im Mittelpunkt. Man gelangt dorthin von der Südfassade der Kathedrale aus, geht dann links durch zwei Bögen in den Largo Giuseppe Spennati und hält sich an die Wegweiser, die einen direkt zum Restaurant führen.

Porta Nova TRADITIONELL ITALIENISCH €€

(☎0831 33 89 83; www.ristoranteportanova.com; Via Petrarolo 38; Mahlzeiten 45 €) Auf der alten Stadtmauer untergebracht, bietet dieses Lokal seinen Gästen einen überwältigenden Ausblick entweder von der schönen Terrasse oder vom eleganten Innenraum aus. Die erstklassige regionale Küche serviert als Spezialität des Hauses schmackhaften Fisch und Meeresfrüchte.

Praktische Informationen

Touristeninformation (☎0831 30 12 68; Corso Mazzini 8; ⏲Mo–Fr 9–13 & 17–21, Sa & So 17.30–20.30 Uhr) Liegt abseits der Piazza della Libertà und bietet im Sommer Stadtführungen und einen Fahrradverleih.

Anreise & Unterwegs vor Ort

Von der Piazza Italia im neueren Teil von Ostuni starten Busse der STP nach Brindisi (2,90 €, 50 Min., 6-mal tgl.) und nach Martina Franca (2 €, 45 Min., 3-mal tgl.).

Züge fahren regelmäßig nach Brindisi (4 €, 25 Min.) und Bari (9 €, 50 Min.). Ein Stadtbus verkehrt halbstündlich auf der 2,5 km langen Strecke zwischen dem Bahnhof und der Stadt.

Lecce & Salento

Die Halbinsel Salento – kurz „Salento" genannt – bildet den Absatz des italienischen Stiefels. In der warmen, trockenen und abgelegenen Region zeigt sich noch ein wenig das Flair ihrer griechischen Vergangenheit. Der Salento reicht von Brindisi bis Tarent (ital. Taranto) und hinunter bis nach Santa Maria di Leuca. Vom satten Grün des Valle d'Itria (s. S. 752) geht die Landschaft über in ockerfarbene Felder und schier endlose Olivenhaine. Im Frühling blühen hier Wildblumen in Hülle und Fülle. Die Stadt Lecce bildet das kulturelle Herz der Region und den idealen Ausgangspunkt, um den unendlichen Sonnenschein, die Sandstrände und einige von Apuliens (vielleicht sogar Italiens) besten Weinen zu genießen.

LECCE

95 000 EW.

Das historische Zentrum von Lecce präsentiert sich als wundervolles barockes Kleinod, ein prächtiges Gebilde aus Palästen und Kirchen, auf komplizierte Weise aus dem weichen Sandstein der Umgebung herausmodelliert. Lecce ist eine Stadt voller Überraschungen.

Gerade noch hat man elegante Designerkleidung aus Mailand unter die Lupe genommen, schon steht man vor einer Kirche mit verrückten Verzierungen in Form von Spargelspitzensäulen, dekorativen Dodos und fröhlich herumtollenden Kobolden. Thomas Ashe, ein schwärmender Reisender des 18. Jhs. hielt Lecce für „die schönste Stadt Italiens". Der weniger beeindruckte Marchese Grimaldi bemerkte dagegen, die Fassade von Santa Croce erinnere ihn an den Alptraum eines Irren.

Wie auch immer, Lecce ist eine lebendige, attraktive Universitätsstadt voller Edelboutiquen, Antiquitätenläden, Restaurants und kleinen Kneipen. Nur einen Katzensprung entfernt liegen die Adria und das Ionische Meer. Alles in allem eignet sich die Stadt hervorragend als Ausgangspunkt für die Erkundung des Salento.

Sehenswertes

Lecce besitzt mehr als 40 Kirchen und mindestens ebenso viele *palazzi*, allesamt im 17. und 18. Jh. erbaut oder renoviert, was dem Stadtbild eine außergewöhnliche Geschlossenheit vermittelt. Zwei der wichtigsten Vertreter des *barocco leccese* (Lecce-Barock – mit den verrücktesten und üppigsten Dekorationen weit und breit) waren die beiden Bildhauer und Architekten Antonio und Giuseppe Zimbalo, die beide an der fantastischen Basilica di Santa Croce mitwirkten.

LP TIPP Basilica di Santa Croce — KIRCHE

(☎0832 24 19 57; www.basilicasantacroce.eu; auf Deutsch unter http://www.basilicasantacroce.eu/de.html; Via Umberto I; ⏲9–12 & 17–20 Uhr) Ob hier wohl paranoide Steinmetze am Werk waren? Fast scheint es so, denn die riesige Fassade der Basilika ist übersät mit grotesken Figuren, Putten, Cherubinen und bestienartigen Zwitterwesen. An diesem fulminanten Feuerwerk an Allegorien haben Künstler während des gesamten 16. und 17. Jhs. gearbeitet. Vollendet hat es ein Team unter der Leitung von Giuseppe Zimbalo, dessen Konterfei ebenfalls die Kirchenfassade schmückt.

Das Innere bietet eher konventionelle Renaissance, verdient aber nach eingehender Bewunderung der Außenseite ebenfalls einen Blick. Zimbalo hat seine Handschrift auch im ehemaligen Convento dei Celestini gleich nördlich der Basilika hinterlassen. Das Gebäude ist heute der **Palazzo del Governo**, der Sitz der Lokalregierung.

Piazza del Duomo — PIAZZA

Der Platz ist ein barocker Rausch, der Mittelpunkt der Stadt und eine großzügige Freifläche zwischen den engen Gassen der Umgebung. Bei Invasionen verbarrikadierten sich die Einwohner von Lecce auf dem Platz, dessen schmale Zugänge zu diesem Zweck wie geschaffen waren.

Der **Dom** (Piazza del Duomo; ⏲tgl. 8.30–12 & 16–18.30 Uhr) aus dem 12. Jh. ist eine der schönsten Arbeiten Giuseppe Zimbalos, der auch für den imposanten, 68 m hohen **Glockenturm** verantwortlich zeichnete. Die Kathedrale ist insofern ungewöhnlich, als sie zwei Fassaden besitzt, eine an der Westseite, die andere, stärker ausgeschmückte, zur Piazza hin. Eingerahmt wird die Kirche vom Palazzo Vescovile (Bischofspalast; 15. Jh.) und vom **Seminario** (⏲nur bei Ausstellungen), das im 18. Jh. von Giuseppe Cino entworfen wurde.

Museo Faggiano — MUSEUM

(☎360 72 24 48; www.museofaggiano.it; Via Grandi 56/58; Eintritt 3 €; ⏲9.30–13 & 16–20 Uhr) Entstanden ist das Museum, als der Besitzer des Wohnhauses alte Abwasserrohre ersetzen musste. Beim Aufgraben des Bodens stieß er auf eine wahre archäologische Fundgrube. Die nachfolgenden Ausgrabungen brachten eine Fülle an historischer Bausubstanz ans Tageslicht. An dem Dachturm des Hauses ist ein Symbol zu entdecken, das wie das Kreuz der Tempelritter wirkt.

GRATIS Museo Provinciale — MUSEUM

(☎0832 68 35 03; Via Gallipoli 28; ⏲Mo–Sa 8.30–19.30, So 8.30–13.30 Uhr) Auf eine stilvolle Art deckt das Museum 10 000 Jahre Regionalgeschichte ab. Neben allerlei Überbleibseln aus der Alt- und Jungsteinzeit zeigt es in einer attraktiven Ausstellung Schmuck, Waffen und Ziergegenstände aus der römischen und griechischen Antike. Die Attraktionen stammen jedoch von den Messapiern. Schon lange, bevor sich die Griechen in der Region ansiedelten, fertigten die Messapier wunderschöne Krüge und Schalen. Unterricht im Töpfern brauchten sie bei den Hellenen ganz bestimmt nicht zu nehmen!

Römisches Amphitheater — HISTORISCHE STÄTTE

(Piazza Sant'Oronzo; Eintritt Erw./erm. 2/1 €; ⏲Mai–Sept. 10– 12 & 17–19 Uhr) Das restaurierte Amphitheater aus dem 2. Jh. n. Chr. liegt unter dem Bodenniveau der Piazza, es wurde 1901 von Bauarbeitern entdeckt. Bei den Ausgrabungen in den 1930er-Jahren kam

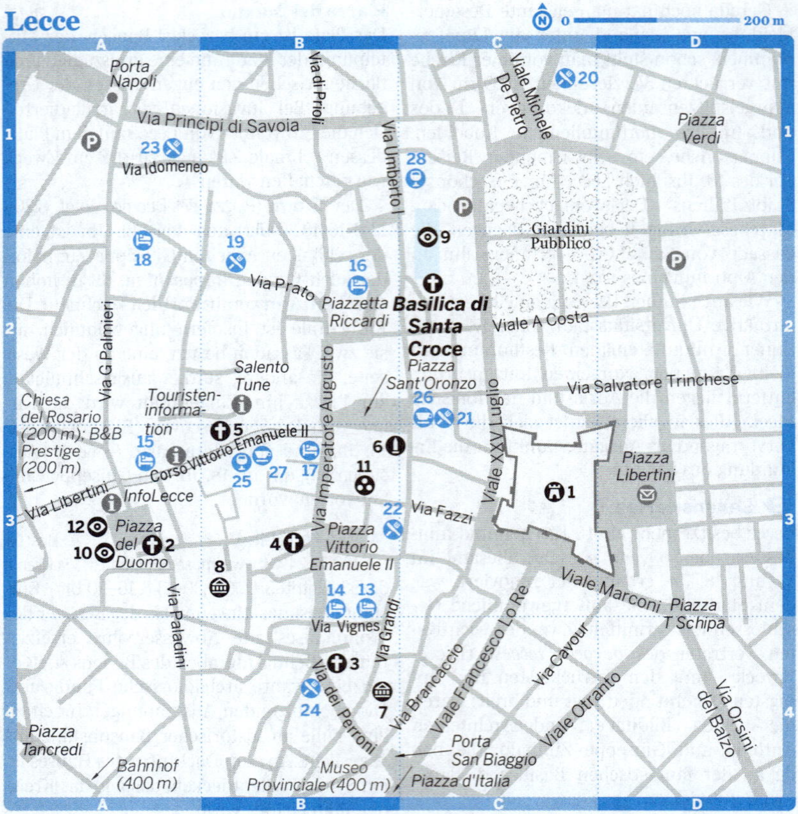

Lecce

Highlights

Basilica di Santa Croce C2

Sehenswertes

1 Castello di Carlo V C3
2 Dom A3
3 Chiesa di San Matteo B4
4 Chiesa di Santa Chiara B3
5 Chiesa di Sant'Irene B3
6 Colonna di Sant'Oronzo B3
7 Museo Faggiano B4
8 Museo Teatro Romano B3
9 Palazzo del Governo C2
10 Palazzo Vescovile A3
11 Römisches Amphitheater B3
12 Seminario A3

Schlafen

13 Casa Elisabetta B3
14 Centro Storico B&B B3
15 Palazzo Rollo A3
16 Patria Palace Hotel B2
17 Risorgimento Resort B3
18 Suite 68 .... A2

Essen

19 Alle due Corte B2
20 Cucina Casareccia C1
21 Geletaria Natale C2
22 Mamma Lupa B3
23 Picton A1
24 Trattoria di Nonna Tetti B4

Ausgehen

25 All'Ombra dell'Barocco B3
26 Caffè Alvino C2
27 Il Caffè di Liberrima B3
28 Shui 13 Wine Bar C1

eine vollständige, hufeisenförmige Zuschauertribüne mit 15 000 Plätzen zum Vorschein.

Colonna di Sant'Oronzo DENKMAL
(Piazza Sant'Oronzo) Auf einer schwindelerregend hohen Säule steht der Schutzheilige der Stadt mitten auf der Piazza. Die Säule stammt aus Brindisi und markierte einst den Endpunkt der Via Appia – der Römerstraße, die von Rom bis nach Brindisi verlief.

Museo Teatro Romano HISTORISCHE STÄTTE
(☎0832 27 91 96; Via Ammirati; Eintritt Erw./erm. 3/2 €; ⏲Mo–Fr 9.30–13.30 & 17–19.30, Sa 9.30–13.30 Uhr) Das kleine römische Theater, das mit gut erhaltenen rotbraunen Mosaiken und Fresken aufwartet, wurde in den 1930er-Jahren ausgegraben.

GRATIS **Castello di Carlo V** BURG
(☎0832 24 65 17; Eintritt frei; ⏲9–13 & 17–21 Uhr) Karl V. ließ beim Bau der Burganlage im 16. Jh. einen normannischen Turm aus dem 12. Jh. einbeziehen. Die Burg besteht aus zwei konzentrisch angeordneten trapezförmigen Bauwerken. Im Laufe der Zeit diente die Burg als Fürstenhof, Gefängnis und Hauptquartier des Militärs. Heute können Besucher durch die fürstlichen Räumlichkeiten schlendern und die gelegentlich stattfindenden Ausstellungen besuchen.

WEITERE KIRCHEN

In der **Chiesa di Sant'Irene**, die aus dem 17. Jh. stammen und am Corso Vittorio Emanuele steht, ist ein großartiges Paar spiegelbildlicher barocker Altarbilder zu bestaunen, die im Querschiff einander gegenüberhängen. In der **Chiesa di Santa Chiara** (Piazza Vittorio Emanuele; ⏲tgl. 9.30–11.30, Mo–Sa 16.30–18.30 Uhr) ist jede Nische mit schwindelerregend verdrehten Säulen und reich verzierten Plastiken angefüllt. 200 m weiter südlich erhebt sich die **Chiesa di San Matteo** (Via dei Perroni 29; ⏲7.30–11 & 16–18 Uhr). Eine weitere bemerkenswerte Barockkirche ist das letzte Bauwerk Giuseppe Zimbalos, die **Chiesa del Rosario** (Via Libertini), die anstelle des geplanten Kuppeldachs in aller Eile ein Holzdach erhielt, denn Zimbalo starb, bevor der Bau vollendet war. Die **Chiesa dei Santi Nicolò e Cataldo** (Via San Nicola; ⏲Sept.–April 9–12 Uhr) in der Nähe der **Porta Napoli** wurde 1180 von den Normannen errichtet, dann aber vom Barockfieber der Stadt erfasst und 1716 vom überaus produktiven Architeckten und Bildhauer Cino umgestaltet, der jedoch die romanische Fensterrosette und das Portal beibehielt.

Kurse

Awaiting Table KOCHKURSE
(www.awaitingtable.com; Tag/Woche 300/1995 €) In der berühmten Koch- und Weinschule von Silvestro Silvestori halten namhafte Dozenten Tages- und Wochenkurse ab. Auf dem Programm stehen auch themenbezogene Ausflüge und Verkostungen. Eine frühzeitige Buchung ist ratsam, da die Kurse schnell voll sind.

Schlafen

Risorgimento Resort HOTEL €€
(☎0832 24 63 11; www.risorgimentoresort.it; Via Imperatore Augusto 19; DZ 145–165 €, Suite 190–290 €; P❄@📶) Das einladende elegante Fünf-Sterne-Hotel liegt im Zentrum von Lecce. Seine geräumigen, hohen Zimmer mit jeweils einem riesigen Bad sind modern eingerichtet. In vielen Details spiegeln sich die Farben des Salento wider. Das Hotel verfügt über ein Restaurant, eine Weinbar und einen Dachgarten.

Palazzo Rollo B&B €€
(☎0832 30 71 52; www.palazzorollo. it; Corso Vittorio Emanuele II 14; DZ 90–120 €, 4-Pers.-Studio 100 €; P❄@) Der Palast aus dem 17. Jh. war über 200 Jahre lang Familiensitz. Die drei großartigen B&B-Suiten (mit Küchenzeilen) haben hohe gewölbte Decken und Kronleuchter. Unten öffnen sich die moderne Eleganz ausstrahlenden Zimmer auf einen efeubewachsenen Innenhof. Vom Dachgarten aus bieten sich herrliche Ausblicke.

Suite 68 BOUTIQUEHOTEL €
(☎0832 30 35 06; www.kalekora.it; Via Prato; EZ 60–80 €, DZ 80–120 €; ❄) Kräftige Farben, abstrakte Gemälde und lebhaft gemusterte kleine Teppiche verleihen den großen, hellen Zimmern einen modernen Touch. Im schlichten, aber eleganten Hotel werden auch Fahrräder verliehen.

B&B Prestige B&B €
(☎349 775 12 90; www.bbprestige-lecce.it; Giuseppe Libertini 7; EZ 60–70 €, DZ 70–90 €; P@📶) Die Zimmer des hübschen B&B an der Ecke der Via Santa Maria del Paradiso in der Altstadt sind hell, luftig und schön eingerichtet. Von der gemeinschaftlichen Sonnenterrasse schaut man auf die Kirche San Giovanni Battista. Im Erdgeschoss wird außerdem ein Apartment vermietet.

Patria Palace Hotel HOTEL €€
(☎0832 24 51 11; www.patriapalacelecce.com; Piazzetta Riccardi 13; EZ 106–210 €, DZ 165–

350 €; P❄@📶) Dieses prächtige Hotel besitzt Räume im traditionell italienischen Stil mit großen Spiegeln und Möbeln aus dunklem Holz. Die Lage ist wundervoll, die Bar erstrahlt in herrlichem Art déco mit einer großartig geschnitzten Decke, und die schattige Dachterrasse ermöglicht den Blick hinüber zur Basilica die Santa Croce.

Casa Elisabetta B&B €
(☎0832 30 70 52; www.beb-lecce.com, auch auf Deutsch; Via Vignes 15; EZ 30–45 €, DZ 50–80 €; ❄📶) Das B&B in einer eleganten Villa mit Innenhof liegt in unmittelbarer Nähe der Piazza Vittorio Emanuele II. Sein Gewirr an Gängen erinnert an einen Kaninchenbau. Die Zimmer sind einfach und funktionell.

Centro Storico B&B B&B €
(☎338 588 12 65; www.bedandbreakfast.lecce.it; Via Vignes 2b; EZ 35–40 €, DZ 70–100 €; P❄📶) Die Zimmer in dem kürzlich renovierten B&B sind groß und haben doppelt verglaste Fenster. In jedem Zimmer steht ein Wasserkocher und Geschirr zum Zubereiten von Tee und Kaffee. Eine Dachterrasse lockt mit Sonnenliegen und einem schönen Ausblick.

Essen

LP TIPP **Cucina Casareccia** TRATTORIA €€
(☎0832 24 51 78; Viale Costadura 19; Mahlzeiten 20–25 €; ⏲Di–So Mittagessen, Di–Sa Abendessen) In das Lokal kann man nicht einfach reinmarschieren, sondern muss erst einmal an der Haustür klingeln. Eigentlich kein Wunder: Mit ihrem gemusterten Fliesenboden, einem Schreibtisch, auf dem sich die Zeitungen stapeln, und der charmanten Besitzerin Carmela Perrone wirkt die Trattoria wie eine Privatwohnung. Dazu passt auch der vor Ort gebräuchliche Spitzname *„le Zie“* (die Tanten). Und erst recht die Tatsache, dass hier echte *cucina povera* (Armeleuteessen) auf den Tisch kommt, z. B. Pferdefleisch in einer *salsa piccante* (pikanter Sauce). Eine Reservierung ist ein Muss.

Trattoria di Nonna Tetti TRATTORIA €
(☎0832 24 60 36; Piazzetta Regina Maria 28; Mahlzeiten 15–20 €; ⏲tgl. Mittag- & Abendessen) Von jung bis alt, ob mit schmalem oder dickem Geldbeutel: In diese gemütliche, einladende Trattoria geht eigentlich jeder gern. Auf den Tisch kommt eine große Auswahl an traditionellen Gerichten, allen voran die charakteristische apulische Kost, z. B. gedünsteter *cicorie selvatiche* (Wildzichorie) mit einem Püree aus weich gekochten *fave* (Dicke Bohnen, Saubohnen). Dazu gibt es *contorni* (Beilagen) wie *patate casarecce* (frisch frittierte hauchdünne Kartoffelscheiben).

Alle due Corti TRATTORIA €
(☎0832 24 22 23; www.alleduecorti.com; Via Prato 42; Mahlzeiten 22 €; ⏲Mittag- & Abendessen tgl.) In dem schlichten, bodenständigen Traditionsrestaurant spiegelt sich der sonnige Salento wider. Die klassische apulische Speise-

LECCE IN ...

... einem Tag

Der Tag beginnt am besten mit einem Cappuccino und *pasticciotto* (kleiner Kuchen mit Käsecremefüllung) im **Caffè Alvino** an der Piazza Sant'Oronzo. All der Zucker und Schaum machen fit, um sich mindestens eine Stunde der **Basilica di Santa Croce** mit ihren fantasievollen Details zu widmen.

Anschließend vermittelt ein Besuch des faszinierenden **Museo Faggiano** einen Einblick in die Vergangenheit von Lecce. In die Gegenwart zurück bringt einen ein Schaufensterbummel über den Corso Vittorio Emanuele II mit seiner unterhaltsamen Mixtur an Läden. Nicht versäumen sollte man, einen Campari Soda in einer der vielen kleinen Kneipen der Stadt zu trinken. Für ein typisches apulisches Mittagessen lohnt sich das fest in der Tradition verankerte Restaurant **Alle due Corti**.

Damit die Kalorien von Pasta und Bohnen nicht anschlagen, geht es danach quer durch die Stadt zum ausgezeichneten **Museo Provinciale**. Liebhaber fantasievoller Fassaden können sich bis zum Abend am Lecceser Barock erfreuen. Neben den **Kirchen** und der **Kathedrale** sind ganz Straßenzüge, z. B. die Via Palmieri, von *palazzi* in diesem speziellen regionalen Baustil gesäumt. Die Krönung des Tages bildet ein Abendessen in der **Cucina Casareccia**, wo sich die Gäste wie Familienmitglieder fühlen. Auf dem Heimweg zur Unterkunft lässt sich der Tag noch mit einem Blick auf die spektakulär angestrahlte Basilica di Santa Croce abschließen.

karte richtet sich nach der Erntesaison und ist in einem Dialekt geschrieben, den selbst viele Italiener nicht so richtig verstehen. Hier warten authentische kulinarische Genüsse wie *ciceri e tria* (knusprig gebratene Pasta mit Kichererbsen).

Picton TRADITIONELL ITALIENISCH €€
(☎0832 33 23 83; www.ristoralia.it/schede/1167-Picton.html; Via Idomeneo 14; Mahlzeiten 35–40 €; ⊙Mo–Sa) Das elegante Picton findet man in einem alten *palazzo* in einer Seitengasse, es besticht mit einem Gastraum in einem kühlen Tonnengewölbe und einem begrünten Innenhof. Gekocht wird traditionell mit einem modernen Pfiff.

Mamma Lupa OSTERIA €
(☎340 783 27 65; Via Acaja 12; Mahlzeiten 20–25 €; ⊙So–Fr Mittagessen, tgl. Abendessen) So ländlich wie das Ambiente ist hier auch das Essen. Auf der Speisekarte steht bäuerliche Kost, z. B. gebratene Tomaten, gebackene Kartoffeln und geschmorte Artischocken. Die gemütliche, ockerbraun angestrichene *osteria* hat nur wenige Tische.

Gelateria Natale GELATERIA €
(Via Trinchese 7a) Der beste Eissalon in Lecce verkauft sagenhaft gute Eiscremes.

Ausgehen

In der Via Imperatore Augusto reihen sich die Bars wie Perlen auf einer langen Kette. Im Sommer wirkt es, als sei die ganze Straße eine einzige Party. Hier findet bestimmt jeder das Pasende für sich.

All'Ombra del Barocco CAFÉ, WEINBAR
(www.allombradelbarocco.it; Corte dei Cicala 9; ⊙8–1 Uhr) All'Ombra, der coole Nachbar des Il Caffè di Liberrima (s. S. 763), ist eine Kombination aus Restaurant, Café und Weinbar. Auch Musikevents finden hier statt. Die Auswahl an Tees, Cocktails und *aperitivi* lässt kaum Wünsche offen. Morgens ab 8 Uhr gibt es Frühstück.

Caffè Alvino CAFÉ
(Piazza Sant'Oronzo; ⊙Mi–Mo) Das Café am Hauptplatz in Lecce hat Kultcharakter. Es punktet mit gutem Kaffee und *pasticciotto* (Kuchen mit Cremefüllung) vom Feinsten.

Il Caffè di Liberrima CAFÉ
(Corte dei Cicala) Die Tische des Cafés füllen den kleinen Platz neben dem Buchladen und der *enoteca* (Weinbar) in der zentralen Fußgängerzone. Wer gern Gott und die Welt beobachtet, sitzt hier genau richtig.

Shui 13 WEINBAR
(Via Umberto I 21; ⊙Sommer 10 Uhr bis spätnachts, Winter 10–15 & 18–24 Uhr) Eine beliebte Weinbar mit angenehmer Atmosphäre und einer guten Auswahl an apulischen Weinen.

Praktische Informationen

Der Bahnhof liegt 1 km südwestlich von Lecces Altstadt. Der Corso Vittorio Emanuele II (Fußgängerzone) verbindet die beiden Hauptplätze des Stadtzentrums, die Piazza Sant'Oronzo und die Piazza del Duomo.

CTS (☎0832 30 18 62; Via Palmieri 89; ⊙Di–Sa 9–13, So & Mo 9–13 & 16–19.30 Uhr) Gute Adresse für Studentenreisen.

InfoLecce (☎0832 52 18 77; www.infolecce.it; Piazza Duomo 2; ⊙Mo–Sa 9.30–13.30 & 15.30–19.30 Uhr, So erst ab 10 Uhr) Unabhängige, hilfreiche Touristeninformation, organisiert geführte Touren und verleiht Fahrräder (Std./Tag 3/15 €).

Krankenhaus (☎0832 66 11 11; Via San Cesario) Die Straße nach Gallipoli führt vom Stadtzentrum aus in südlicher Richtung, nach 2 km ist das Krankenhaus erreicht.

Polizei (☎0832 69 11 11; Viale Otranto 1)

Post (Piazza Libertini)

Salentotime (☎0832 17 90 357; www.salentotime.it; Via Revina Isabella 22; ⊙Mo–Sa 9.30–13.30 & 15.30–19.30 Uhr, So erst ab 10 Uhr) Unabhängige Touristeninformation mit Internetzugang (Std. 3 €), bietet Urlaubern hilfreiche Informationen über Unterkünfte und Autoverleiher.

Touristeninformation (☎0832 24 80 92; www.viaggiareinpuglia.it; Corso Vittorio Emanuele II 24; ⊙Mo–Do 9–13 & 16–19, Fr & Sa 9–13 Uhr)

www.thepuglia.com Ist Italiens beliebtester Blog zum Thema Apulien. Betrieben wird die informative Website von Fabio Ingrosso. Die interessanten Beiträge befassen sich mit Kultur, Geschichte, Essen, Wein, Unterkünften und Reisen in Apulien.

An- & Weiterreise

BUS

Vom Busbahnhof der **STP** (☎0832 35 91 42) fahren die STP-Busse nach Brindisi (6 €, 35 Min., 9-mal tgl.) und zu Zielen in ganz Apulien.

Die Busse der **FSE** (☎0832 66 81 11) fahren nach Gallipoli (3,50 €, 1 Std., 4-mal tgl.), Otranto (2,60 €, 1½ Std., 2-mal tgl.) und nach Brindisi (3,30 €, 45 Min., 2-mal tgl.). Die Haltestelle befindet sich am Largo Vittime del Terrorismo.

Pugliairbus (http://pugliairbus.aeroportidipuglia.it) verbindet Lecce mit dem Flughafen von Brindisi (7 €, 40 Min., 9-mal tgl.). Dorthin fahren auch Busse von **SITA** (6 €, 45 Min., 9-mal tgl.), die Haltestelle für die Fahrt zum Flughafen befindet sich in der Viale Porte d'Europa.

ZUG

Von Lecces Hauptbahnhof fahren regelmäßig Züge nach:

Bari ab 14,50 €, 1½–2 Std.

Bologna ab 75 €, 7½–9½ Std.

Brindisi ab 9,40 €, 30 Min.

Neapel ab 62 €, 5½ Std. (Umsteigen in Caserta)

Rom ab 63 €, 5½–9 Std.

Züge der FSE fahren nach Otranto und Martina Franca.

BRINDISI

89 800 EW.

Wie alle Hafenstädte hat Brindisi seine Schattenseiten. Doch die Stadt besitzt auch ein erstaunlich gemächliches und friedliches Gesicht, wie der mit Palmen gesäumte Corso Garibaldi beweist, der den Hafen mit dem Bahnhof verbindet. Angenehm ist auch die Promenade, die am interessanten Hafen entlangführt.

In Brindisi endete einst die Via Appia. Auf dieser Römerstraße zogen unzählbare Scharen von Legionären, Pilgern, Kreuzrittern und Händlern gen Süden, um sich in Brindisi einzuschiffen, ihre Ziele lagen in Griechenland und im Nahen Osten. Daran hat sich bis heute nicht sehr viel geändert, der Hafen spielt noch immer eine strategisch wichtige Rolle. Nur sind Brindisis Pilger heute eher sonnenhungrige Besucher als Seelenheilsuchende.

Sehenswertes & Aktivitäten

LP TIPP Museo Archeologico Provinciale Ribezzo MUSEUM

(☎0831 56 55 08; Piazza del Duomo 8; Eintritt frei; ⏲Di–Sa 9.30–13.30, Di, Do & Sa auch 15.30–18.30 Uhr) Das Museum zeigt seine Exponate auf mehreren Stockwerken in gut dokumentierten Ausstellungen (Erläuterungen auch in Englisch). Der Fundus umfasst 3000 Bronzeskulpturen und Fragmente aus der griechischen Antike, Terrakottafigurinen aus dem 7. Jh. und archäologische Funde vom Meeresboden. Hinzu kommen römische Statuen und Statuenköpfe. Allerdings wird nicht alles gleichzeitig gezeigt, sondern in wechselnden Ausstellungen.

Chiesa di Santa Maria del Casale KIRCHE

(☎0831 41 85 45; Via Ruggero de Simone; ⏲8–20 Uhr) Die Kirche liegt 4 km nördlich der Stadt Richtung Flughafen und wurde um 1300 von Fürst Philipp I. von Tarent erbaut. Das Bauwerk ist eine architektonische Mixtur aus romanischen, gotischen und byzantinischen Elementen. Opulente byzantinische Fresken schmücken den Innenraum. Ein riesiges Fresko an der Wand am Eingang stellt das Jüngste Gericht mit viel Blut und gewaltigem Gewitter dar. Es stammt vom Freskenmaler Rinaldo di Taranto.

Römische Säule DENKMAL

(Via Colonne) Die glänzend weiße Säule steht an einer breiten, von der Sonne ausgebleichten Treppe, die hinunter zur Hafenpromenade führt. An der Säule endete einst die Via Appia, die wichtigste Heerstraße des römischen Imperiums. Ursprünglich standen hier zwei Säulen, doch eine schenkte man 1666 der Stadt Lecce als Dank an den hl. Oronzo, der Brindisi von der Pest befreit hatte.

Kathedrale KATHEDRALE

(Piazza del Duomo; ⏲Mo–Fr & So 8–21, Sa 8–12 Uhr) Die im 11. Jh. errichtete Kathedrale wurde 700 Jahre später vollkommen umgebaut. Wie sie einmal ausgesehen haben könnte, lässt sich an der nahen **Porta dei Cavalieri Templari** erkennen. Diese reich verzierte Säulenhalle mit Spitzbögen ist das einzige Überbleibsel der örtlichen Hauptkirche der Tempelritter.

Tempio di San Giovanni al Sepolcro KIRCHE

(Via San Giovanni) Das massige normannische Bauwerk ist ebenfalls eine Templerkirche. Mauern aus plumpen Steinquadern bilden einen runden Grundriss, den die Templer für den Kirchenbau so liebten.

Denkmal für die italienischen Seeleute DENKMAL

Einen wunderschönen Rundumblick über Brindisis Hafen bietet eine **Bootsfahrt** (hin & zurück 1,80 €) zum Denkmal. Die Boote starten in regelmäßigen Abständen vom Landesteg am Viale Regina Margherita und tuckern quer durch den Hafen. Das Denkmal ließ Mussolini 1933 errichten.

Schlafen

Hotel Orientale HOTEL €€

(☎0831 56 84 51; www.hotelorientale.it, auch auf Deutsch; Corso Garibaldi 40; EZ/DZ 99/130 €; P❄📶) Das schicke, moderne Hotel hat eine gute Lage. Viele seiner gemütlichen Zimmer bieten Ausblick auf den langen, von Palmen gesäumten *corso*, der vom Bahnhof zum Hafen führt. Für die Gäste gibt es ein kleines Fitnesscenter und einen eigenen Parkplatz. Und wem danach ist, der bekommt sogar ein englisches Frühstück.

Brindisi

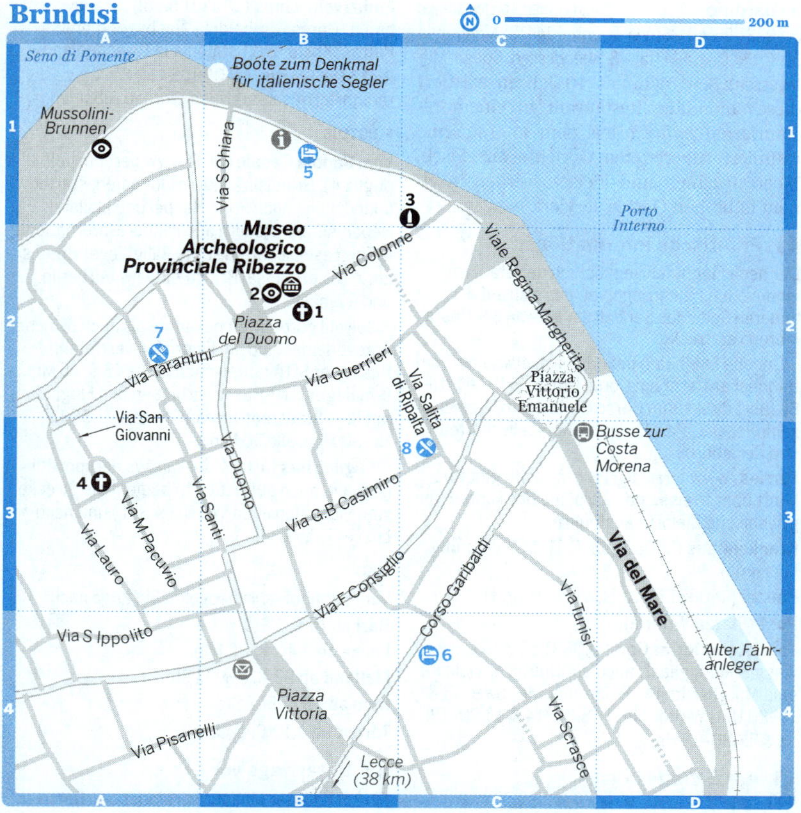

Brindisi

Highlights

Museo Archeologico Provinciale Ribezzo B2

Sehenswertes

1 Dom B2
2 Porta dei Cavalieri Templari B2
3 Römische Säule C1
4 Tempio di San Giovanni al Sepolcro A3

Schlafen

5 Grande Albergo Internazionale B1
6 Hotel Orientale C4

Essen

7 Il Giardino A2
8 Trattoria Pantagruele C3

Grande Albergo Internazionale HOTEL €€€
(☎0831 52 34 73; www.albergointernazionale.it, auch auf Deutsch; Viale Regina Margherita 23; EZ/DZ 100/250 €; P ❄ 📶) Erbaut wurde das Hotel 1870 für englische Händler, die sich auf dem Weg nach Bombay und zu anderen Orten in Britisch-Indien befanden. Auf seine glanzvolle Vergangenheit blickt das Hotel noch heute zurück. Die Unterkunft liegt ideal an der parallel zur Hafenpromenade verlaufenden Straße und bietet einen schönen Ausblick auf den Hafen. Elegant drapierte Vorhänge schmücken die großen Zimmer.

✕ Essen

Trattoria Pantagruele TRATTORIA €€
(☎0831 56 06 05; Via Salita di Ripalta 1; Mahlzeiten 30 €; ⏲ Mo–Fr Mittag- & Abendessen, Sa nur Abendessen) Pantagruel, der Held einer Reihe satirischer Geschichten des französischen Schriftstellers François Rabelais, stand Pate bei der Namensgebung dieser Trattoria. Der Fisch und das gegrillte Fleisch schmecken ausgezeichnet. Das Lokal liegt nicht weit vom Hafen entfernt.

Il Giardino TRADITIONELL ITALIENISCH €€
(☎0831 56 40 26; Via Tarantini 14–18; Mahlzeiten 30 €; ⏲ Di–Sa Mittag- & Abendessen, So nur Mittagessen) Seit mehr als 40 Jahren existiert dieses mondäne Restaurant in einem restaurierten *palazzo* aus dem 15. Jh. Seine raffiniert zubereiteten Gerichte aus Fisch, Meeresfrüchten und Fleisch werden in einem hübschen Garten serviert.

ℹ Praktische Informationen

Der neue Flughafen liegt östlich der Stadt in einem öden Industriegebiet, das sich auf der anderen Seite des Seno di Levante an der Costa Morena erstreckt.

Der alte Flughafen befindet sich etwa 1 km vom Bahnhof entfernt am Corso Umberto I. Die Straße führt direkt zum Corso Garibaldi mit seinen zahlreichen Cafés, Läden, Fährgesellschaften und Reisebüros.

Ferries (www.ferries.gr) Die Website gibt Auskunft über Preise und Fahrpläne der Fähren, die griechische Zielorte ansteuern.

Krankenhaus (☎0831 53 71 11; SS7 Richtung Mesagne)

Polizei (☎0831 54 31 11; Via Perrino 1)

Post (Piazza Vittoria)

Touristeninformation (☎0831 52 30 72; www.viaggiareinpuglia.it, auch auf Deutsch; Viale Regina Margherita 44; ⏲Sommer Mo–Sa 9–13 & 14–20 Uhr, Winter Mo–Fr 8.30–14 & 13.30–19, Sa & 13.30–19 Uhr)

ℹ An- & Weiterreise

BUS

Die Busse der **STP** (☎0831 54 92 45) verbinden Brindisi mit Ostuni (2,90 €, 50 Min., 6-mal tgl.), Lecce (3,30 €, 45 Min., 2-mal tgl.) und mit vielen weiteren Zielorten im Salento. Die meisten Busse fahren vor dem Bahnhof in der Via Bastioni Carlo V ab. Hier befindet sich auch die Haltestelle der Busse von **Ferrovie del Sud-Est**, die Ziele in der Umgebung der Stadt ansteuern.

Vom Viale Arno starten die Busse von **Marozzi** (☎0831 52 16 84) nach Rom zur Stazione Tiburtina, Roms zweitgrößtem Bahnhof (37,50–40 €, 6–7 Std., 4-mal tgl.).

FÄHRE/SCHIFF

Alle Fähren nach Griechenland und Albanien transportieren auch Fahrzeuge; weitere Informationen siehe Kasten S. 742.

Die Fährgesellschaften haben ihre Büros am Fährhafen Costa Morena (beim neuen Flughafen). Größere Gesellschaften betreiben auch eine Zweigstelle in der Stadt.

Zu den wichtigen Fährgesellschaften zählen:

Agoudimos Lines (www.agoudimos-lines.com) Nach Korfu, Igoumenista und Kefalonia in Griechenland sowie nach Vlore in Albanien.

Endeavour Lines (☎0831 52 85 31; www.hml.it; Corso Garibaldi 8) Nach Igoumenitsa, Patras, Korfu und Kefalonia in Griechenland.

Red Star Ferries (☎0831 57 52 89; www.redstarferries.com) Nach Vlore in Albanien.

FLUGZEUG

Vom **Papola Casale** (BDS; www.aeroportidipuglia.it), Brindisis kleinem Flughafen, starten Inlandsflüge nach Rom, Neapel und Mailand. Neben Alitalia steuern auch andere internationale Fluggesellschaften sowie Billigflieger Brindisi an, z. B. Lufthansa, British Airways, Airberlin und Ryanair.

Sowohl europaweit bekannte als auch örtliche Autoverleiher sind am Flughafen vertreten. Busse der SITA fahren nach Lecce (6 €, 45 Min., 9-mal tgl.). STP-Busse verbinden den Flughafen mit dem Stadtzentrum von Brindisi (1,50 €, 15–30 Min., alle 30 Min.).

Pugliairbus (http://pugliairbus.aeroportidipuglia.it, auch auf Deutsch) bedient die Strecke zum Flughafen in Bari (8 €, 1¾ Std.) und nach Lecce (7 €, 40 Min.).

ZUG

Vom Bahnhof fahren regelmäßig Züge nach:

Bari ab 15 €, 1 Std.

Lecce ab 9,40 €, 30 Min.

Mailand ab 92 €, 8½–11 Std.

Rom ab 58 €, 5–7 Std.

Tarent ab 5,10 €, 1¼ Std.

ℹ Unterwegs vor Ort

Ein kostenloser Minibus verbindet den Bahnhof und den alten Fährhafen mit dem Fährhafen Costa Morena. Abfahrt ist jeweils zwei Stunden vor dem Ablegen der Fähre. Voraussetzung für die Mitfahrt ist ein gültiges Fährticket.

Wer zum Flughafen will, nimmt den von der STP betriebenen Cotrap-Bus, der an der Via Bastoni Carlo V abfährt.

ORIA

15 400 EW.

Schon aus weiter Ferne ist die bunt bemalte Kuppel der Kathedrale von Oria zu sehen. Rund um die Kirche drängen sich die engen Straßen des reizvollen mittelalterlichen Städtchens. In der Kathedrale fasziniert die ein wenig makaber wirkende **Cripta delle Mummie** (Krypta der Mumien), in der die mumifizierten Körper von e lf ehemaligen Mönchen ruhen. Über der Stadt erhebt sich majästetisch die **Burg** von Friedrich II.: Die in einem Dreieck angelegte Burganlage wurde vollständig und mit großer Sorgfalt restauriert. Sie befindet sich heute in Privatbesitz.

Borgo di Oria (☎329 2307506; www.borgodioria.it; Suite 70–75 €; ❄) ist ein sehr angenehmer *albergo diffuso* (was so viel bedeutet wie „verstreut liegende Unterkünfte"). Betrieben wird es von Francesco Pipino, einem beeindruckenden, weitgereisten Mann. Seine Apartments für Selbstversorger sind groß, komfortabel und geschmackvoll eingerichtet. Die Rezeption befindet sich in der Bar Kenya an der Piazza Manfredi.

Im **Alla Corte di Hyria** (☎329 662 45 07; www.allacortedihyria.com; Via Milizia 146; Mahlzeiten 20–25 €; ⊙Do–Di) tragen die Bedienungen mittelalterliche Kostüme. Das Restaurant in einem Gewölbe mit dicken Mauern besitzt viel Atmosphäre. **Il Torneo dei Rioni** (Das Turnier der Stadtviertel) geht auf die Zeit der Herrschaft Friedrichs II. zurück. Dieser historische Wettbewerb läuft in Form eines spektakulären *palio* (Pferderennen) ab und findet jedes Jahr Mitte August statt.

Da Oria an der Hauptstrecke der Eisenbahngesellschaft Trenitalia liegt, bestehen regelmäßige Zugverbindungen nach Brindisi und Tarent. Auch Ostuni lässt sich mit dem Zug erreichen. Um per Zug nach Alberobello und Martina Franca zu gelangen, muss man in Francavilla Fontana umsteigen.

GALATINA

27 320 EW.

Der Ort mit seiner bezaubernden Altstadt liegt 18 km südlich von Lecce im Herzen der griechischen Erbmasse des Salento. Es ist beinahe der einzige Ort, an dem das Tanzritual des *tarantismo* noch praktiziert wird. Von hier stammt auch der Volkstanz Tarantella, und jedes Jahr am Festtag Peter und Paul (29. Juni) wird das Ritual in der (inzwischen entweihten) Kirche aufgeführt.

Die meisten Menschen kommen aber, um die sagenhafte **Basilica di Santa Caterina d'Alessandria** (⊙April–Sept. 8–12.30 & 16.30–18.45 Uhr, Okt.–März 8–12.30 & 15.45–17.45 Uhr) aus dem 14. Jh. zu besichtigen, deren Inneres ein Kaleidoskop von Fresken präsentiert. Die Kirche wurde von Franziskanern gebaut, deren Gönnerin die Französin Marie d'Enghien de Brienne war. Sie war mit Raimondello Orsini del Balzo verheiratet, dem wohlhabendsten Adligen der Region, und spendierte reichlich Geld für die Innendekoration. Die Geschichte der Kirche hat aber auch eine pervers-makabre Seite: Raimondello (der hier begraben liegt) bestieg den Berg Sinai, um die Reliquien der hl. Katharina zu besuchen. Er küsste die Hand der toten Heiligen, biss ihr dabei angeblich einen Finger ab und brachte ihn als heilige Reliquie mit zurück.

Die Kirche ist unglaublich schön, ein blendend weißes Altarbild sorgt für einen angenehmen Kontrast zu den bunten Fresken. Wer die Künstler waren, die Marie anheuerte, ist bis heute unbekannt; es können umherziehende Maler aus den Marken und der Emilia gewesen sein oder Süditaliener, die sich auf Reisen in den Norden die neuesten Errungenschaften des Baustils der Renaissance abgeschaut hatten.

Genau der richtige Ort, um die Seele baumeln zu lassen, ist das **Samadhi** (☎0836 60 02 84; www.yogainsalento.com, auch auf Deutsch; Via Stazione 116; pro Pers. ab 40 €, pro Woche 390–995 €; ❄📶🏊). Das Resort befindet sich auf dem 10 ha großen Gelände eines Biobauernhofes, der 7 km östlich von Galatina in der kleinen Gemeinde Zollino liegt. Der Besitzer spricht gleich mehrere Sprachen. Wohltuende Ayurveda-Anwendungen, entspannende Yoga-Kurse und ein vegetarisches Restaurant, dessen Küche nur

WIE VON DER TARANTEL GESTOCHEN

Rund 30 km südlich von Lecce liegt die Stadt Melpignano, die jedes Jahr im August zum Schauplatz eines der größten Feste des Salento wird: **La Notte della Taranta** (www.lanottedellataranta.it). Diese Nacht gehört der *pizzica*, der regionalen Form der Tarantella. Angeblich entwickelte sich der Tanz aus dem *tarantismo* (Tanzkrankheit, Veitstanz), der nach dem Stich einer Tarantel auftrat. Der Betroffene tanzte wie wild geworden, um das Gift aus dem Körper zu treiben. Wahrscheinlicher ist, dass die hysterische Tanzerei einst tiefer gehende gesellschaftliche Missstände symbolisierte. Der wilde Tanz fungierte als Ventil für Menschen, die in Trostlosigkeit und Unterdrückung lebten, ihren aufgestauten Wünschen, vergeblichen Hoffnungen und ihrer Verzweiflung Ausdruck zu verleihen. Heute steht die *pizzica* (die durchaus ein sinnlich-sanfter Tanz sein kann) im Salento für Party und durchtanzte Nächte den ganzen Sommer über – und das in verschiedenen Städten. Höhepunkt und besonders gut ist das Fest in Melpignano.

Produkte aus biologischem Anbau verwendet, tragen zum Wohlbefinden der Gäste bei. Die Website gibt Auskunft über das aktuelle Kurs- und Wellnessprogramm.

FSE-Züge verkehren regelmäßig zwischen Lecce, Galatina (1,90 €, 30 Min.) und Zollino (1,30 €, 20 Min.).

OTRANTO

5540 EW.

Otranto blickt auf einen hübschen Hafen an der tiefblauen Küste der Adria. Im historischen Zentrum bewachen wie Gold schimmernde Wälle enge und autofreie Straßen mit zahllosen netten, kleinen Geschäften, die touristischen Kleinkram anbieten. Im Juli und August verwandelt sich Otranto in eine der lebendigsten Städte Apuliens.

Otranto war Jahrtausend lang Italiens Haupthafen in Richtung Osten, und die Stadt hat eine mitunter grausame Geschichte hinter sich. Legenden zufolge hat sich hier schon der kretische König Minos aufgehalten, und man geht davon aus, dass der hl. Petrus dort den ersten Gottesdienst im Westen zelebriert hat.

Zweifelsfrei dokumentiert ist dagegen das historische Ereignis, das sich 1480 ereigntete: Damals belagerten 18 000 Türken unter der Führung von Ahmet Pasha die Stadt. Den Stadtbewohnern gelang es zwar, die Türken 15 Tage lang in der Bucht festzuhalten, doch schließlich mussten sie kapitulieren und Otranto preisgeben. Anschließend ließ Ahmet Pasha 800 Überlebende auf dem nahe gelegenen Minerva-Hügel enthaupten, weil sie sich weigerten, zum Islam zu konvertieren.

Heute geht in Otranto alles friedlich zu. Unbehagen bereitet höchstens im Sommer das Gedränge an seinen malerischen Stränden und in den engen Gassen.

Sehenswertes

LP TIPP Kathedrale KATHEDRALE

(☎0836 80 27 20; Piazza Basilica; April–Sept. tgl. 8–12 & 15–18 Uhr, Okt.–März tgl. 15–17 Uhr) Wer Otranto besucht, sollte sich auf keinen Fall eine Besichtigung des außergewöhnlichen romanischen Doms entgehen lassen. Sie wurde im 11. Jh. von den Normannen erbaut, hat allerdings seither mehrmals eine Auffrischung erfahren. Den Boden bedeckt ein riesiges Mosaik aus dem 12. Jh., ein gewaltiger Lebensbaum, den zwei Elefanten auf ihrem Rücken balancieren. Es wurde von einem jungen Mönch namens Pantaleone geschaffen, der ganz offensichtlich nie einen Elefanten gesehen hatte und dessen Vorstellung von Himmel und Hölle eine faszinierende (Kon) Fusion aus antiker Klassik, Religion und schlichtem Aberglauben umfasst. Hier begegnen sich Adam und Eva, die Jagdgöttin Diana, Herkules, König Artus, Alexander der Große und eine ganze Menagerie von Affen, Schlangen und Seeungeheuern. Schließlich sollten Besucher den Blick zur Decke richten – auch die hölzerne Decke ist wunderschön.

Es ist erstaunlich, dass der Dom überhaupt stehen blieb, als die Türken hier ihre Pferde unterstellten und die Märtyrer von Otranto auf einem Stein köpften, der heute im Altar der Kapelle rechts vom Hauptaltar aufbewahrt wird. Diese **Cappella Martiri** (Kapelle der Märtyrer) bietet einen schaurig-schönen Anblick: Die Schädel der toten Christen sind ordentlich in Glaskästen aufgestapelt.

Burg FESTUNG

(www.castelloaragoneseotranto.it; Piazza Castello; Erw./Kind 2 €/frei; ⏲Okt.–März 10–13 & 15–17 Uhr, April–Mai 10–13 & 15–19 Uhr, Juni & Sept. 10–13 & 15–22 Uhr, Aug. 10–24 Uhr) Die von gedrungenen Mauern umgebene Festung bietet einen tollen Ausblick auf die Stadt und ihre nähere Umgebung. Über dem Eingang prangt das Wappen von Karl V. Im Original erhalten und zu besichtigen sind einige verblichene Wandgemälde und ein paar Kanonenkugeln.

Chiesa di San Pietro CHURCH

(Via San Pietro; ⏲10–12 & 15–18 Uhr) Lebendige byzantinische Fresken schmücken den Innenraum dieser Kirche. Wenn die Kirchentür verschlossen ist, kann man sich den Schlüssel in der Kathedrale holen.

Aktivitäten

Nördlich von Otranto gibt es einige wunderschöne Strände, vor allem entlang der **Baia dei Turchi**, deren Wasser blau und glasklar ist. Zu einer interessanten Fahrt direkt am Meer entlang bis hinunter nach Castro lädt die spektakuläre Felsenküste südlich von Otranto ein. Für Liebhaber der Unterwasserwelt bietet **Scuba Diving Otranto** (☎0836 80 27 40; www.scubadiving.it, auch auf Deutsch; Via Francesco di Paola 43) Tages- und Nachttauchgänge sowie Tauchkurse für Einsteiger und Fortgeschrittene aller Kategorien.

Schlafen

LP Tipp Palazzo Papaleo HOTEL €€
(☎0836 80 21 08; www.hotelpalazzopapaleo.com, auch auf Deutsch; Via Rondachi 1; Zi 119–490 €; P❄@📶) Das opulente Hotel neben der Kathedrale war der erste Beherbergungsbetrieb in Apulien, der mit dem Europäischen Umweltzeichen, der „Euro-Blume", ausgezeichnet wurde. Abgesehen vom Umweltbewusstsein beeindrucken auch die Zimmer mit ihren Originalfresken und exquisit geschnitzten Antikmöbeln. Die Zimmerwände sind in dezentem Hellgrau, Ocker oder Gelb gestrichen. Auf der Dachterrasse können die Gäste den Panoramablick genießen, während sie sich im Whirlpool aalen. Das Personal ist ausgesprochen freundlich.

Balconcino d'Oriente B&B €
(☎0836 80 15 29; www.balconcinodoriente.com; Via San Francesco da Paola 71; EZ 40–70 €, DZ 60–110 €; P❄) Farbenprächtiges Bettzeug, Drucke mit afrikanischen Motiven, marokkanische Lampen und orange gestrichene Wände verleihen dem Ambiente dieses B&B einen exotischen Hauch von Afrika und Nahem Osten. In dem Restaurant, das sich im Erdgeschoss befindet, spielt die traditionelle italienische Küche die Musik.

Palazzo de Mori BOUTIQUEHOTEL, B&B €€
(☎0836 80 10 88; www.palazzodemori.it; Bastione dei Pelasgi; Zi 120–150 €; ⏲April–Okt.; ❄@) In Otrantos Altstadt genießen die Gäste dieses reizvollen B&B ihr Frühstück auf einer Sonnenterrasse mit Blick auf den Hafen. Die Zimmer sind ganz in Weiß gehalten.

Essen

La Bella Idrusa PIZZERIA €
(☎0836 80 14 75; Via Lungomare degli Eroi; Pizza 5 €; ⏲ Do–Di Abendessen) Die Pizzeria gleich neben der Porta Terra in der Altstadt lässt sich nicht verfehlen. Wer gerne „gafft", setzt sich draußen hin, Liebhaber einer romantischen Atmosphäre kommen drinnen auf ihre Kosten. Neben Pizza stehen auch noch andere Gerichte auf der Speisekarte.

Laltro Baffo FISCH & MEERESFRÜCHTE €€
(☎0836 80 16 36; www.laltrobaffo.com; Cenobio Basiliano 23; Mahlzeiten 30–35 €; ⏲Di–So) In dem eleganten, modernen Restaurant nahe der Burg haben die Gerichte aus Fisch und Meeresfrüchten einen innovativen Touch. Einen Versuch wert: *polipo alla pignata* (Eintopf aus Tintenfisch).

HIGHLIGHT KÜSTE

Eine Autofahrt von **Otranto** Richtung Süden nach **Castro** führt entlang einer malerischen, unberührten Felsenküste. Auf der Strecke faszinieren spektakuläre, steil ins azurblaue Meer abfallende Klippen. Und spätestens, wenn der Wind aufkommt, weiß man, warum hier kaum Bäume wachsen. Viele der hiesigen Küstenorte entstanden aus griechischen Siedlungen, woran nur wenige Überbleibsel erinnern. Weiter im Süden liegt der Badeort **Santa Maria di Leuca** an der äußersten Spitze des italienischen Stiefels – hier treffen Adria und Ionisches Meer aufeinander.

Acmet Pasica TRADITIONELL ITALIENISCH €€
(☎0836 80 12 82; Via Lungomare degli Eroi; Mahlzeiten 40 €; ⏲Di–So) Mit einem Meerblick vom Feinsten hat das Restaurant eine erstklassige Lage. Ob sein Name mit dem historischen Angriff der Türken auf Otranto kokettiert, sei dahingestellt. Neben Fisch und Meeresfrüchten steht eine ganze Reihe anderer traditioneller Gerichte auf der Speisekarte.

Ausgehen

Zu den recht zahlreichen Bars oberhalb der Stadtmauer am Meer zählt das beliebte **Il Covo dei Mori** (☎0836 80 20 33; Via Leon Dari).

Praktische Informationen

Touristeninformation (☎0836 80 14 36; Piazza Castello; ⏲Juni–Sept. Mo–Fr 9–13 & 15–20 Uhr, Okt.–Mai Mo–Fr 9–13 Uhr) Gegenüber der Burg.

An- & Weiterreise

Von Lecce aus ist Otranto mit den Zügen der FSE (2,60 €, 1½ Std.) oder mit dem Bus (2,60 €, 1½ Std.) erreichbar. **Marozzi** (☎0836 80 15 78) bietet dreimal täglich eine Busverbindung nach Rom (47 €, 10 Std.).

Für Reiseauskünfte und reisebezogene Reservierungen geht man am besten zu **Ellade Viaggi** (☎0836 80 15 78; www.elladeviaggi.it; Via del Porto) am Hafen.

GALLIPOLI

21 040 EW.

Der Name Gallipoli stammt aus dem Griechischen und bedeutet „schöne Stadt". Das mittelalterliche Stadtzentrum liegt auf einer vorgelagerten Insel im Ionischen Meer. Ein

Steindamm verbindet die Altstadt mit dem Festland und dem jüngeren Teil der Stadt. Hohe Mauern, die einst dem Schutz vor Angriffen von der See dienten, umgeben die malerische Stadt. Als bedeutendes Fischereizentrum besitzt Gallipoli nicht den ausgeprägten Feriencharakter vieler anderer Küstenorte. Im Sommer stellen die Bars und Restaurants Tische und Stühle ins Freie und nutzen die Befestigungswälle mit ihrem schönen Ausblick aufs Meer.

Sehenswertes & Aktivitäten

Gallipoli biete einige schöne Strände, z. B. in der **Baia Verde** im Süden der Stadt. Naturfreunde können eine Tagestour zum **Parco Regionale Porto Selvaggio** unternehmen. Das Naturschutzgebiet liegt 20 km nördlich von Gallipoli und lockt mit einer unberührten Küste, Wanderwegen quer durch den Wald und Tauchspots vor der Felsküste.

Cattedrale di Sant'Agata KATHEDRALE
(Via Antonietta de Pace; ⏲unterschiedl.) Mitten in der Altstadt auf dem höchsten Punkt der Insel thront die Kathedrale aus dem 17. Jh. Gemälde regionaler Künstler schmücken im Innenraum die Wände. An der Gestaltung der Fassade war auch Guiseppe Zimbalo, der mit seinem wirren Barockstil die Stadt Lecce prägte, beteiligt.

Frantoio Ipogeo HISTORISCHE STÄTTE
(☎338 136 30 63; Via Antonietta de Pace 87; ⏲Juni & Juli 10– 12.30 & 16–24 Uhr, Aug. & Sept. 10–12.30 & 16–18.30 Uhr) Die Ölmühle befindet sich in einer Höhle, die in den Tuffsteinfelsen unter der Stadt gegraben wurde. Hier und in weiteren 35 solcher unterirdischen Ölmühlen wurden früher die Oliven aus Gallipolis Umgebung gepresst. Für die Lagerung des Olivenöls hatte man 2000 Zisternen unter der Altstadt gegraben.

Museo Civico MUSEUM
(☎0833 26 42 24; Via Antonietta de Pace 108; Erw. 3 €; ⏲Mo–Fr 9–13 & 16–21, Sa 10–13 Uhr) Das 1878 gegründete Museum wirkt wie eine Zeitkapsel mit Dingen, die anscheinend im 19. Jh. Überlieferungswert besaßen. Dazu gehören Fischköpfe, antike Skulpturen, ein Sarkophag aus dem 3. Jh. v. Chr. und andere bizarre Gegenstände.

Farmacia Provenzana APOTHEKE
(Via Antonietta de Pace; ⏲So–Fr 8.30–12.30 & 16.30–20.30 Uhr) Eine wunderschön eingerichtete Apotheke von 1814.

Schlafen

La Casa del Mare B&B €
(☎333 474 57 54; www.lacasadelmare.com, teilweise auf Deutsch; Piazza de Amicis 14; DZ 60–110 €; ❄@📶) Das B&B in einem butterfarbenen Gebäude aus dem 16. Jh. gehört zur Spitzenklasse. Das Haus steht an einer kleinen Piazza in der Altstadt. Sein Besitzer, der hilfsbereite, freundliche Federico, hat auch den nahen **Palazzo Flora** (www.palazzoflora.com; Via d'Ospina 19; DZ 65–120 €, Apt. 150–300 €) wunderschön restauriert. In dem aus dem 18. Jh. stammenden Gebäude finden vier bis sechs Personen Platz. Der Ausblick, vor allem von der Dachterrasse des Palastes, ist fantastisch. Im Sommer serviert Federico jeden Freitagabend seinen Gästen ein opulentes Büfett mit selbst zubereiteten Speisen (pro Pers. 35 €).

Insula B&B €
(☎366 346 83 57; www.bbinsulagallipoli.it; Via de Pace 56; DZ 60–120 €; ⏲April–Okt.; ❄@) Ebenfalls hervorragend ist dieses B&B in einem Gebäude aus dem 15. Jh.: Keines der fünf Zimmer gleicht dem anderen. Exquisite Antiquitäten, hohe Decken und pastellige Wandfarben verleihen allen Zimmern die gleiche „fürstliche" Atmosphäre.

Relais Corte Palmieri HOTEL €€
(☎0833 26 53 18; www.relaiscortepalmieri.it; Corte Palmieri 3; EZ 130–185 €, DZ 165–195 €; ❄📶) Das gepflegte, cremefarben gestrichene Hotel in der Altstadt setzt in seinen eleganten Zimmern mit traditionell lackierten Möbeln, schmiedeeisernen Kopfteilen an den Betten und weißer Leinenbettwäsche mit roten Bordüren hübsche Akzente.

Essen

La Puritate TRATTORIA €€
(☎0833 26 42 05; Via Sant'Elia 18; Mahlzeiten 40–45 €; ⏲Do–Di) Ein tolles Lokal für Fisch und Meeresfrüchte, das sich in der Altstadt befindet und mit Panoramafenstern und Blick aufs Meer aufwartet. Auf die ausgezeichneten Antipasti folgen hier ebenso köstliche *primi* (erster Gang), z. B. Spaghetti mit Meeresfrüchten, und dann vielleicht der Fang des Tages – Schwertfisch ist normalerweise eine gute Wahl.

Al Pescatore FISCH & MEERESFRÜCHTE €€
(☎0833 26 36 56; Riviera Colombo 39; Mahlzeiten 25–30 €; ⏲Di–So) Das Restaurant in einem Hotel gleichen Namens kann den Gästen zwar keine schönen Ausblicke bieten, wird aber dennoch von den Einheimischen we-

gen der guten, preisgünstigen Fischgerichte empfohlen.

Praktische Informationen

Touristeninformation (☎0833 26 25 29; Via Antonietta de Pace 86; ⏲Sommer 8–21 Uhr, Winter Mo–Sa 8–13 & 16–21 Uhr) In der Altstadt nahe der Kathedrale.

An- & Weiterreise

Busse und Züge der FSE verbinden Gallipoli mit Lecce (3,90 €, 1 Std., 4-mal tgl.).

TARENT

193 140 EW.

Der Legende nach gründete Taras, ein Sohn des Meeresgottes Poseidon, die Stadt und gab ihr seinen Namen. An den Ort gelangte er auf dem Rücken eines Delphins. Ganz unromantisch wurde die Stadt jedoch im 7. Jh. v. Chr. von verbannten Spartanern gegründet und entwickelte sich zu einer der bedeutendsten Kolonien von Magna Graecia. Doch das Blatt wendete sich: Im 3. Jh. marschierten die Römer ein und änderten den Namen der Stadt in Tarentum. Von da an begann das teilweise rasante Auf und Ab in der mehr als zweitausendjährigen Geschichte der Stadt. Seine kulturellen Glanzzeiten hat Tarent zwar hinter sich, doch geblieben ist seine Bedeutung als Hafen. Neben dem Marinearsenal La Spezia (in Ligurien) ist Tarent der wichtigste Stützpunkt der italienischen Marine.

Die marode mittelalterliche Altstadt (einst eine römische Zitadelle) wirkt trostlos und schmutzig. Eine Ausnahme macht ihre hübsche Strandpromenade. Das Industriegebiet mit Italiens größtem Stahlwerk beherrscht die Skyline der Stadt.

Sehenswertes

Tarents heruntergekommene mittelalterliche Altstadt macht zwar insgesamt einen recht trostlosen Eindruck, doch es bessert sich, denn die historische Substanz wird Schritt für Schritt geschmackvoll restauriert. Die Altstadt thront auf einer schmalen Insel, die das Mar Piccolo (Kleines Meer, eine Lagune) vom Mar Grande (Großes Meer) trennt. Diese besondere Lage bedeutet: Wo auch immer man in der Altstadt geht und steht, der Blick fällt stets auf das blaue Meer.

Museo Nazionale Archeologico MUSEUM

(☎099 453 21 12; www.museotaranto.it; Via Cavour 10; Erw./Kind 5 €/frei; ⏲8.30–19.30 Uhr) Das Museum in der Neustadt ist eines der bedeutendsten archäologischen Museen Italiens. Neben zahlreichen antiken Exponaten besitzt es die weltweit größte Sammlung griechischer Terrakottafiguren. Zu seinen Ausstellungstücken zählen auch Glaswaren aus dem 1. Jh. v. Chr. und klassische attische Vasen im schwarz- und rotfigurigen Stil (figürliche Darstellungen in schwarzer Farbe auf tonfarbenem Grund bzw. in rötlicher Farbe auf schwarzem Grund). Geradezu atemberaubend schön sind die Schmuckstücke, wie z.B. eine Krone aus Bronze und Terrakotta, die aus dem 4. Jh. v. Chr. stammt.

Kathedrale KATHEDRALE

(Via del Duomo) Die San Cataldo gewidmete Kathedrale aus dem 11. Jh. gehört zu Apuliens ältesten romanischen Bauwerken. In ihrer opulenten Extravaganz bildet sie einen wahren Augenschmaus. Die Capella di San Cataldo ist eine barocke Orgie an Fresken und mehrfarbigen Marmormosaiken.

Castello Aragonese FESTUNG

(Piazza Castello; ☎099 775 34 38; ⏲auf Anfrage Mo–Fr 9–12 Uhr) Die Festung an der Drehbrücke, die Tarents Altstadt mit der Neustadt verbindet, diente auch mal als Gefängnis. Heute belegen Dienststellen der italienischen Marine das imposante Bauwerk aus dem 15. Jh. Gleich gegenüber ragen die übrig gebliebenen Säulen von Tarents antikem **Poseidontempel** empor.

Feste & Events

Le Feste di Pasqua RELIGIÖSES FEST

Tarent ist berühmt für die Feierlichkeiten, die in der vorösterlichen Karwoche stattfinden. Bei den Umzügen – den größten in der Region – laufen die Teilnehmer in Gewändern herum, die mit ihren Kapuzen an den Ku-Klux-Klan erinnern, und tragen Ikonen durch die Stadt. Es gibt drei Prozessionen: Perdoni, die die Wallfahrer feiert, Addolorata (die zwölf Stunden dauert, aber nur 4 km zurücklegt) und Misteri (die langsamste mit 2 km in 14 Stunden

Schlafen

Hotel Akropolis HOTEL €€

(☎099 470 41 10; www.hotelakropolis.it; Vico I Seminario 3; EZ/DZ 105/145 €; ❄@) Das Luxushotel in einem umgebauten mittelalterlichen *palazzo* steht würdevoll neben der Kathedrale in der Altstadt. Helle Farbtöne von Creme bis Weiß prägen das Ambiente der 13 eleganten Zimmer. In manchen Räumen sind Majolikafußböden im Original erhalten geblieben. Unglaublich schön ist der Ausblick von der Dachterrasse. Stein, Holz und

Tarent (Taranto)

Tarent (Taranto)

Sehenswertes
1 Castello Aragonese C3
2 Dom B2
3 Museo Nazionale Archeologico D2
4 Poseidontempel C3

Schlafen
5 Europa Hotel C2
6 Hotel Akropolis B2

Essen
7 Balzi Blu C3
8 Trattoria da Ugo A1

Ausgehen
9 Caffè Italiano D3

Glas sowie Nischen mit Vorhängen verleihen dem Bar-Restaurant im Untergeschoss eine gemütliche Atmosphäre.

Europa Hotel HOTEL €€
(☎099 452 59 94; www.hoteleuropaonline.it; Via Roma 2; EZ 80–105 €, DZ 135–190 €; ❄📶) Das Hotel am Meer gleich neben der Drehbrücke bietet komfortable Zimmer (einige mit Teeküche) und einen schönen Ausblick auf die Altstadt. Eine gute Wahl.

Essen & Ausgehen

Trattoria da Ugo TRATTORIA €€
(☎329 141 58 50; Ecke Via Cataldo de Tulio & Via Fontana; Mahlzeiten 18–25 €; ⏲Mo–Fr Mittag- & Abendessen, Sa nur Mittagessen) Diese traditionelle, durch und durch tarentinische Trattoria ist bekannt für ihre leckeren Meeresfrüchte, wie z. B. gegrillte Muscheln, Tintenfisch mit Zitrone und Olivenöl oder Garnelen und Kalmar frittiert oder gegrillt.

Balzi Blu PIZZERIA €
(☎347 465 32 11; Corso Due Mari 22; Pizza ab 6,50 €, Mahlzeiten 15 €; ⏲Mi–Mo) Einheimische gehen sehr gerne in diese Pizzeria auf dem *corso*. Ihre Pizzas haben einen außergewöhnlich knusprigen Boden, der Teig wird aus 13 verschiedenen Mehlsorten zubereitet. Im Sommer können die Gäste auf der Terrasse sitzen und den tollen Ausblick auf die Altstadt genießen.

Caffè Italiano CAFÉ
(Via D'Aquino 86a; ⏲5–2 Uhr) Tarents Szenecafé mit Sitzplätzen im Freien liegt in der Fußgängerzone – beste Voraussetzung für einen Aperitif am Abend.

Praktische Informationen

Genau genommen besteht Tarent aus drei Teilen: der Altstadt auf einer kleinen Insel, dem im Nordwesten davon liegenden Hafen (und Bahnhof) sowie der Neustadt, die sich im Südosten der Insel erstreckt. Das Industriegebiet mit Italiens größtem Stahlwerk nimmt die gesamte westliche Hälfte der Neustadt ein. In den rasterförmig angelegten Straßen der Neustadt liegen die Banken, die meisten Hotels und Restaurants sowie die **Touristeninformation** (☎099 453 23 97; Corso Umberto I 113; ⌚Mo–Fr 9–13 & 16.30–18.30, Sa 9–12 Uhr).

ℹ Anreise & Unterwegs vor Ort

BUS

Die Busse in Richtung Norden und Westen starten am Porto Mercantile. FSE-Busse fahren regelmäßig nach Bari (5,80 €, 1–2¼ Std.). Mager sind die Busverbindungen der **SITA** (☎899 32 52 04; www.sitabus.it) nach Matera (5,20 €, 1¾ Std., 1-mal tgl.). Lecce (7,70 €, 2 Std., 5-mal tgl.) wird von STP- und FSE-Bussen angesteuert.

Marozzi (☎080 579 90 111) bietet eine Schnellverbindung zu Roms Stazione Tiburtina (41,50 €, 6 Std., 3-mal tgl.). **Autolinee Miccolis** (☎099 470 44 51) bedient die Strecke über Potenza (10,50 €, 2 Std.) nach Neapel (19 €, 4 Std. 3-mal tgl.).

Der **Busticketschalter** (⌚6–13 & 14–19 Uhr) befindet sich am Porto Mercantile.

ZUG

Züge der **Trenitalia** und der **FSE** fahren nach:

Bari 7.,40 €, 2½ Std., regelmäßig
Brindisi 5,10 €, 1¼ Std., regelmäßig
Rom ab 41 €, 6–7½ Std., 5-mal tgl.

AMAT (☎099 4 52 67 32) betreibt die Busverbindung zwischen dem Bahnhof und der Neustadt.

BASILIKATA

Gewaltige Gebirgszüge, Täler mit dunkel bewaldeten Hängen und Dörfer, die wirken, als seien sie mit den Felsen verschmolzen, kennzeichnen die Basilikata. Einst spielte die abgelegene Region eine bedeutende strategische Rolle als Teil der Verbindungswege zwischen dem antiken Rom und dem Byzantinischen (Oströmischen) Reich. Ihre Lage machte die Basilikata zum begehrten Ziel von Angriffen, Brandschatzungen und Plünderungen, bis sie schließlich im Verlauf der Geschichte in Vergessenheit geriet.

Eine fruchtbare Hügellandschaft mit tiefen Tälern nimmt den Norden der Basilikata ein. Ihre einst dichten Wälder sind im Lauf der Zeit einer Kulturlandschaft mit Weizenfeldern, Olivenhainen und Weinbergen gewichen. Im Landesinneren erheben sich majestätische Gebirgszüge mit purpurfarbenen Gipfeln. Für Wanderer und Naturliebhaber bilden sie ein wundervolles Ziel, allen voran der Lukanische Apennin und der Parco Nazionale del Pollino.

Das Küstenstädtchen Maratea ist einer der schicksten Ferienorte Italiens. Die Hauptattraktion der Basilikata liegt jedoch in einer zerklüfteten Landschaft mit Schluchten und schroffen Felsen: die Höhlenstadt Matera mit ihren berühmten Höhlensiedlungen, den *sassi*. Die uralten Wohnhöhlen zeugen von Armut, Mühsal und Kampf ums Dasein. In seinem hervorragenden Buch *Christus kam nur bis Eboli* beschreibt der Schriftsteller Carlo Levi das Leben in den Wohnhöhlen auf eine erschütternde Weise. Wie der Buchtitel andeutet, reichte Gottes Hand nicht bis in die Basilikata, und so konnte auch der Aberglauben überdauern und seine Macht ausüben.

Heute zieht die Basilikata langsam, aber kontinuierlich einen zunehmenden Touristenstrom an. Wer eine raue, unberührte Region Italiens erleben möchte, dem werden die abgeschiedenen Landschaften der Basilikata gefallen.

Geschichte

Die Basilikata umschließt den Rist des italienischen Stiefels, mit schmalen Küstenabschnitten am Tyrrhenischen und Ionischen Meer. Die Griechen und Römer nannten die Region Lukanien (ein bis heute gebräuchlicher Name) nach dem Stamm der Lukanier, die hier seit dem 5. Jh. v. Chr. zu Hause waren. Auch die Griechen, die sich an der Küste bei Metapont und Herakleia niederließen, lebten hier im Wohlstand. Der Niedergang setzte erst unter den Römern ein, als der karthagische Feldherr Hannibal in der Region wütete.

Der byzantinische Kaiser Basileios (976–1025) gab der Region ihren heutigen Namen. Er besiegte die Sarazenen auf Sizilien und auf dem süditalienischen Festland und führte das Christentum wieder ein. Dieses Muster von Krieg und Unterwerfung setzte sich im Mittelalter fort. Normannen, Staufer, Anjou und Bourbonen balgten sich bis ins 19. Jh. um die strategisch günstig gelegene Region. Als die Idee eines vereinten Italien aufkam, zogen sich von den Bourbonen unterstützte Loyalisten in die Berge der Basilikata zurück, um gegen den politischen Wandel zu kämpfen. Aus ihnen wurden die gefürchteten Briganten, die im späten

19. und frühen 20. Jh. erst in der örtlichen Folklore und dann in vielen literarischen Werken ihre schaurigen Auftritte hatten.

In den 1930er-Jahren wurde die Region zu einer Art offenem Gefängnis für politische Dissidenten – der berühmteste unter ihnen war damals Carlo Levi –, die die Faschisten in abgelegene Dörfer ins Exil schickten.

Matera

60 530 EW. / 405 M

Ganz gleich, aus welcher Richtung man sich Matera nähert: Der erste Blick fällt immer auf die berühmten *sassi*. Diese in die Klippen gegrabenen Wohnhöhlen bleiben für immer im Gedächtnis haften. Gespenstisch und zugleich schön, erstrecken sich die *sassi* an den steilen Felshängen einer weiten Schlucht. Ein wenig erinnert die Szenerie an ein gigantisches Krippenspiel. Das alte Matera ist einfach einzigartig, und es lohnt sich, mindestens einen Tag einzuplanen, um es zu erkunden. Viele der Wohnhöhlen sind heute verfallen und verlassen, doch eine ganze Reihe von ihnen wurde restauriert und in gemütliche Wohnungen, Restaurants und schicke Höhlenhotels umgewandelt. Der neue Teil von Matera liegt auf dem Klippenplateau. Mit ihren schönen Kirchen, den eleganten *palazzi* und vor allem der verkehrsberuhigten Piazza Vittorio Veneto strahlt die Neustadt einen bestechenden Charme aus.

Geschichte

Matera ist angeblich eine der ältesten Städte der Welt; Menschen siedeln hier schon seit der Altsteinzeit. Aus den einfachen natürlichen Grotten entlang der Schlucht wurden schon in früher Zeit menschliche Wohnstätten. Im Laufe der Zeit sorgte ein ausgeklügeltes Kanalisationssystem für Wasserzu- und -ablauf. 1663 wurde der florierende

Ort Hauptstadt der Basilikata, ein Rang, den er 1806 an Potenza abtreten musste. In den darauffolgenden Dekaden führte ein ungezügeltes Bevölkerungswachstum dazu, dass die Menschen in Höhlen zogen, die als Wohnstätten völlig ungeeignet waren, keinerlei fließendes Wasser hatten und bis dahin lediglich als Tierställe gedient hatten. In den 1950er-Jahren lebte mehr als die Hälfte der Bewohner Materas mit durchschnittlich sechs Kindern pro Höhle in den *sassi*. Die Kindersterblichkeitsrate lag bei 50 %. In seinem Roman *Christus kam nur bis Eboli* beschreibt Carlo Levi, wie Kinder Passanten um Chinin anbettelten, um die tödliche Malaria zu bekämpfen. Diese Art von Publicity brachte die Behörden endlich auf Trab: In den späten 1950er-Jahren wurden rund 15 000 Einwohner zwangsweise in neue Sozialsiedlungen verlegt. Diese langanhaltende Gleichgültigkeit bleibt einer der großen Skandale des modernen Italien.

1993 wurden die *sassi* zum Unesco-Welterbe erklärt. Ausgerechnet das unsägliche Elend im Verlauf ihrer Geschichte hat die Stadt zu einer der größten Touristenattraktionen der Basilikata gemacht. Das entbehrt wahrhaft nicht einer gewissen Ironie.

Sehenswertes & Aktivitäten

Es gibt zwei *sassi*-Bezirke: den besser restaurierten, nach Nordwesten gelegenen **Sasso Barisano** und den ärmlicheren, nach Nordosten gerichteten **Sasso Caveoso**. Beide sind von gewundenen Gassen und Treppen durchzogen und mit freskengeschmückten *chiese rupestri* (Höhlenkirchen) aus dem 8. bis 13. Jh. durchsetzt. Rund 3000 Höhlen in Matera sind noch bewohnbar.

Es gibt mehrere Zugänge zu den *sassi*. Einer befindet sich bei der Piazza Vittorio Veneto, ein anderer führt die Via delle Beccherie entlang bis zur Piazza del Duomo und dann den Hinweisschildern nach zum Sasso Barisano oder Sasso Caveoso. In den Sasso Caveoso geht es auch über die Via Ridola.

Ein Tipp für ein tolles Fotomotiv ist das Murgiaplateau. Der Schauplatz der Kreuzigung in dem von Mel Gibson 2004 gedrehten Film *Die Passion Christi*, **Belvedere** genannt, bietet einen fantastischen Blick auf die tiefe Schlucht und die Stadt Matera. Der Weg dorthin führt über die Straße von Tarent nach Laterza, immer den Schildern zu den *chiese rupestri* folgen.

Sasso Barisano

Chiesa di Madonna delle Virtù & Chiesa di San Nicola dei Greci KIRCHE

(Via Madonna delle Virtù; ⌚Sa & So 10–19 Uhr) Der Klosterkomplex gehört zu den bedeutendsten Baudenkmälern des alten Matera. Er besteht aus Dutzenden Höhlen, die sich über zwei Stockwerke erstrecken. Die Chiesa di Madonna delle Virtù wurde bereits im 10. oder 11. Jh. gebaut und im 17. Jh. restauriert. Oberhalb dieser Kirche liegt die Chiesa di San Nicola dei Greci, deren Innenraum zahlreiche Fresken schmücken. 1213 lebten aus Palästina stammende Benediktinermönche in dem Klosterkomplex.

Sasso Caveoso

Chiesa di San Pietro Caveoso KIRCHE

(Piazza San Pietro Caveoso) Die 1300 erbaute Kirche ist die einzige im *sassi*-Bereich der Stadt, die nicht in den Tuffsteinfelsen gegraben wurde. Im 17. Jh. erhielt sie ihre heutige Fassade, in der sich romanische und barocke Elemente mischen.

Matera

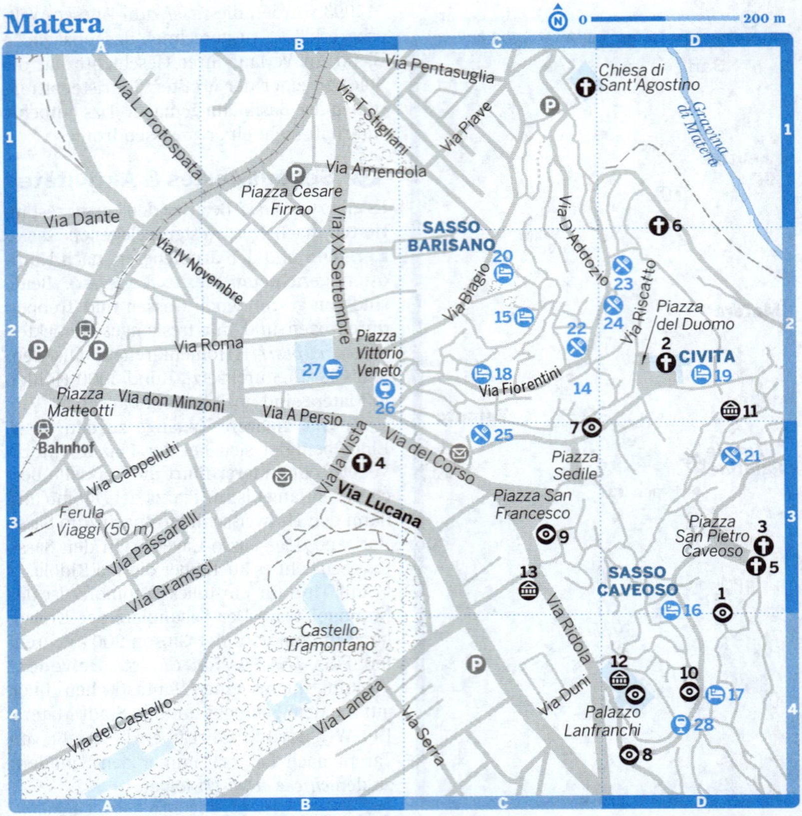

Chiesa di Santa Maria d'Idris — KIRCHE

(Piazza San Pietro Caveoso; Eintritt Erw./erm. 3/2 €; ⏲April–Okt. Di–So 10–13 & 14.30–19 Uhr, Nov.–März Di–So 10.30–13.30 Uhr) Die in den Idris-Felsen gegrabene Kirche besitzt eine bescheidenen und unscheinbare Fassade. Doch der schmale Tunnel, der sie mit der Höhlenkirche San Giovanni in Monterrone verbindet, ist üppig mit Fresken aus dem 12. bis 17. Jh. ausgeschmückt. Wer zusätzlich noch die Chiesa di Santa Lucia alle Malve besuchen möchte, kann sich ein Kombiticket (Erw./erm. 5/3,50 €) kaufen.

Chiesa di Santa Lucia alle Malve — KIRCHE

(Via la Vista; Eintritt Erw./erm. 3/2 €; ⏲April–Okt. 10–13 & 14.30–19 Uhr, Nov.–März Di–So 10.30–13.30 Uhr) Die im 8. Jh. erbaute, in drei Schiffe gegliederte Kirche gehörte zu einem Benediktinerkloster. Außer einem kunstvollen Eingangstor sind hier zahlreiche, kunsthistorisch durchaus interessante Fresken aus dem 12. Jh. zu sehen.

La Raccolta delle Acque — HISTORISCHE STÄTTE

(☎340 665 91 07; www.laraccoltadelleacquematera.it; Via Bruno Buozzi 67; Eintritt 2,50 €; ⏲April–Okt. 9.30–13 & 14–19 Uhr, Nov.–März 9.30–13 Uhr) Einen informativen und für Besucher interessanten Einblick in Materas faszinierendes Wasserspeichersystem gibt dieser alte unterirdische Komplex mit seinen vielen Zisternen und Kanälen. Er diente dazu, Regenwasser von den Straßen und Dächern aufzufangen und für die Nutzung an zentralen Stellen zu speichern. Die größte Zisterne ist fast 15 m tief und 5 m lang.

Casa-Grotta di Vico Solitario — HISTORISCHE STÄTTE

(Eintritt 1,50 €) Einen Eindruck vom Leben im alten Matera vermittelt dieser restaurierte und eingerichtete *sasso* abseits der Via Bruno Buozzi. Er besteht aus einer Küche, die mit einem Bett ausgestattet ist, einem Raum für die Lagerung von Dung sowie einem Bereich für ein Schwein und einen Esel.

Matera

Museo della Scultura Contemporanea

MUSEUM

(MUSMA, ☎366 935 77 68; www.musma.it; Via San Giacomo; Erw./erm. 5/3,50 €; ⊙Di–Fr 10–14, Sa & So 10–12 & 16–20 Uhr) Das MUSMA im Palazzo Pomarici ist ein wunderschönes Museum für moderne Bildhauerei. Einige der Exponate sind in stimmungsvoll beleuchteten Höhlen ausgestellt. Einen Besuch wert ist auch die **Cripta del Peccato Originale** (Krypta der Erbsünde), die auch als die „Sixtinische Kapelle der Felsenkirchen" bezeichnet wird. Ihre gut erhaltenen Fresken aus dem späten 8. Jh. zeigen dramatische Szenen aus dem Alten Testament.

Die Neustadt von Matera

Mittelpunkt der Stadt ist die Piazza Vittorio Veneto, ein ausgezeichneter Treffpunkt für eine abendliche *passeggiata* (Bummel), bei der sich die Einheimischen treffen, um zu sehen und gesehen zu werden. Rund um den Platz liegen herausgeputzte Kirchen und reich verzierte *palazzi,* die den *sassi* den Rücken kehren. So ersparten sich einst Adel und Bourgeoisie den Blick auf die bittere Armut. Bei Ausgrabungen kamen hier Ruinen aus byzantinischer Zeit zum Vorschein, darunter eine Felskirche, eine Burg, eine riesige Zisterne und mehrere Häuser. Von der Piazza aus sind die Ausgrabungsstätten zu sehen.

Museo Nazionale d'Arte Medievale e Moderna della Basilicata

MUSEUM

(☎0835 31 42 35; Palazzo Lanfranchi; Erw./erm. 2/1 €; ⊙Do–Di 9–20 Uhr) Die Attraktionen sind die Gemälde des Malers (und Schriftstellers) Carlo Levi, darunter sein monumentales Wandgemälde *Lucania '61* (Lukanien 1961) mit Szenen aus dem bäuerlichen Leben. Sie erinnern an alte Bibelfilme in Technicolor.

Kathedrale

KATHEDRALE

(Piazza del Duomo; ⊙wegen Renovierung vorübergehend geschl.) Auf einer Anhöhe liegt der hübsche, im apulisch-romanischen Stil errichtete Dom aus dem 13. Jh. Angesichts seines schlichten Äußeren überrascht der neobarocke Exzess der Innenausstattung umso mehr: üppig überladene Kapitelle, prachtvoll ausgestattete Seitenkapellen und tonnenweise Vergoldung. Die Ziergiebel auf den Altären stammen aus den Tempeln von Metaponto. Materas Schutzheilige, die Madonna della Bruna, versteckt sich in der älteren Kirche **Santa Maria di Costantinopoli**, die durch den Dom zugänglich ist, wenn dieser geöffnet hat.

Museo Nazionale Ridola

MUSEUM

(☎0835 31 00 58; Via Ridola 24; Erw./erm. 2,50/1,25 €; ⊙Di–So 9–20, Mo 14–20 Uhr) Zu den beeindruckenden Sammlungen des Museums zählt auch griechische Keramik mit

Exponaten wie dem *Cratere a Mascheroni*, einer mehr als 1 m hohe Urne.

Touren

An offiziell autorisierten Führern für den Besuch der *sassi* mangelt es nicht. Ausführliche Informationen bieten die Website www.sassiweb.it und die **Cooperativa Amici del Turista** (☎0835 33 03 01; www.amicidelturista.it; Via Fiorentini 28–30). Führungen auf Englisch veranstaltet **Amy Weideman** (☎339 282 3618; halbtägige Tour für 2 Pers. 40 €).

Ausgezeichnete geführte Touren (auch mit deutschsprachigen Führern) organisiert **Ferula Viaggi** (s. Praktische Informationen). Dazu zählen nicht nur Führungen durch die *sassi,* sondern auch verschiedene Rundgänge durch die Stadt inklusive ihrer unterirdischen Bereiche. Auf dem Programm stehen außerdem geführte Touren, die Verkostungen oder Kochkurse einschließen. Hinzu kommen längere Ausflüge in den Nationalpark Pollino und zu Zielen in Apulien. Auf Wanderungen – von kurzen bis zu einwöchigen Touren – hat sich **Walk Basilicata** (www.walkbasilicata.it), ein Tochterunternehmen von Ferula Viaggi, spezialisiert. Die Website informiert detailliert über die angebotenen Wandertouren. Ebenfalls zu Ferula Viaggi gehört **Bike Basilicata** (www.bikebasilicata.it). Hier dreht sich alles ums Fahrrad, angefangen vom Verleih von Fahrrädern (inklusive Fahrradhelm) bis hin zu unterschiedlichen geführten Radtouren, darunter auch eine 500 km lange Fahrt, die quer durch Apulien und die Basilikata führt. Wer sich alleine auf den Weg machen will, kann sich bei der Firma mit einem detaillierten Straßenatlas und nützlichen Radwanderkarten eindecken.

Feste & Events

Sagra della Madonna della Bruna RELIGIÖSES FEST

Jedes Jahr am 2. Juli zieht die farbenprächtige Prozession der Schafhirten durch die Stadt. Die Festwagen sind reich mit aufwendigen Aufbauten aus Pappmaché geschmückt. Das Finale bildet der *assalto al carro* (Angriff auf den Wagen): Dann stürmen die Zuschauer den Hauptwagen und zerlegen ihn in Stücke.

Gezziamoci MUSIK

(☎0835 33 02 00; www.gezziamociamatera.onyxjazzclub.it) Das Jazzfestival findet jährlich in der letzten Augustwoche im *sassi*-Viertel und im angrenzenden Murgia-Park statt.

MATERA IN ...

...einem Tag

Am Morgen geht es erst einmal hinauf zum **Belvedere**, um die *sassi* auf ein Foto zu bannen, bevor die Hitze die Luft flimmern lässt. Die Via Fiorentini führt anschließend zum nächsten Ziel, dem Sasso Barisano und dem Klosterkomplex mit den Kirchen **Madonna delle Virtù** und **San Nicola del Greci**. In Letzterer lohnt sich ein Blick auf die im Original erhaltenen Fresken. Sehenswert sind auch die Fresken in den Felsenkirchen **San Pietro Caveoso, Santa Maria d'Idris** und **Santa Lucia alle Malve**. Eine Ahnung vom Leben in einer Höhle vermittelt ein besinnlicher Streifzug entlang der *sassi.* Dabei informiert ein Besuch in **La Raccolta delle Acque** über das faszinierende unterirdische Zisternensystem der Stadt. Am frühen Abend lockt das **Caffe Tripoli** an der lebendigen Piazza Vittorio Veneto mit einem spritzigen Cocktail – gefolgt von einem Abendessen im **Ristorante Il Cantuccio**.

...zwei Tagen

Am zweiten Tag verdient die **Cripta del Peccato Originale** (Krypta der Erbsünde) und ihre prächtigen Fresken gut und gern zwei Stunden Aufmerksamkeit. Für den Rest des Tages bieten sich eine Wanderung durch die **Schlucht** oder der Besuch verschiedener Museen an. Das **Museo Nazionale d'Arte Moderna** zeigt Carlo Levis mutiges Gemälde *Lucania '61.* Auf den ersten Blick wirkt die **Casa-Grotte di Vico Solitario** im Herzen des Sasso Caveoso ein wenig gekünstelt, sie spiegelt aber tatsächlich ein anschauliches Bild des früheren Lebens in den Wohnhöhlen wider. Liebhaber der modernen Bildhauerei sollten das **Museo della Scultura Contemporanea** nicht versäumen. Mit einem Abendessen im eleganten Höhlenrestaurant **Baccanti** klingt der Tag harmonisch aus.

NICHT VERSÄUMEN

STREIFZUG DURCH DIE SCHLUCHT

In der malerischen Landschaft des Murgia-Plateaus bildet das Flusstal der Gravina di Matera eine raue, 200 m tiefe Schlucht. Ihre Hänge sind mit verlassenen Höhlen und Dörfern übersät. Eine Wanderung von den *sassi* in die Schlucht und dann hinauf zum **Belvedere** dauert ein bis zwei Stunden. Wer am Kamm der Schlucht entlangwandert, bekommt einen besonders anschaulichen Eindruck von dem termitenbauähnlichen Netzwerk der Höhlen, das die *sassi* ins Leben rief. **Ferula Viaggi** (www.ferulaviaggi.it) bietet ausgezeichnete geführte Wanderungen durch die Schlucht sowie geführte Wander- und Radtouren durch die Basilikata und Apulien an.

Schlafen

LP TIPP Hotel in Pietra BOUTIQUEHOTEL €€
(☎0835 34 40 40; www.hotelinpietra.it; Via San Giovanni Vecchio 22, Barisano; EZ 70 €, DZ 110–150 €, Suite 220 €; ❄@) Eine ehemalige Kapelle aus dem 13. Jh. mit hohen Säulengewölben bildet die Lounge des Hotels. In den acht Zimmern verbinden sich Mauern aus hellem, goldgelbem Gestein mit den ursprünglichen Höhlenwänden. Zen-Stil, z. B. niedrige Betten, prägt die Einrichtung der Zimmer. Superelegant sind die Badezimmer, in denen jeweils eine geräumige Badewanne in den Boden eingelassen ist.

Locanda di San Martino HOTEL €€
(☎0835 25 66 00; www.locandadisanmartino.it, auch auf Deutsch; Via Fiorentini 71; DZ 89–200 €; ❄) Das opulente Hotel besitzt sogar einen Swimmingpool in einer unterirdischen Höhle! Als Zimmer dienen Höhlen mit Nischen und rustikalen Steinwänden. Sie grenzen an gepflasterte Wege und Innenhöfe, die in dem Gewirr der Höhlen die Räumlichkeiten miteinander verbinden.

La Dolce Vita B&B B&B €
(☎0835 31 03 24; www.ladolcevitamatera.it; Rione Malve 51; EZ 40–60 €, DZ 60–80 €;) In dem hübschen, umweltfreundlichen B&B im Sasso Caveoso sorgen Solarkollektoren für den Strom und aufgefangenes Regenwasser als Brauchwasser für die Toilettenspülung. Die coolen Apartments sind komfortabel und gemütlich. Vincenzo, der Betreiber des B&B, hat eine Leidenschaft für Matera und weiß so gut wie alles über die *sassi*.

Palazzo Viceconte HOTEL €€
(☎0835 33 06 99; www.palazzoviceconte.it; Via San Potito 7; DZ 95–140 €, Suite 139–350 €; ❄@) Das elegant eingerichtete Hotel befindet sich nahe der Kathedrale in einem *palazzo* aus dem 15. Jh. Die Zimmer bieten einen ausgezeichneten Ausblick auf die *sassi* und die Schlucht. Der Rundumblick lässt sich auf der Dachterrasse genießen.

Il Vicinato B&B €
(☎0835 31 26 72; www.ilvicinato.com; Piazzetta San Pietro Caveoso 7; EZ/DZ 60/70 €; ❄) Das B&B hat eine schöne Lage mit Ausblick auf den Idris-Felsen und das Murgia-Plateau und ist ganz leicht zu finden. Vermietet werden ein Zimmer mit Balkon und ein kleines Apartment, jeweils mit eigenem Eingang.

Sassi Hotel HOTEL €
(☎0835 33 10 09; www.hotelsassi.it; Via San Giovanni Vecchio 89; EZ/DZ inkl. Frühstück 70/90 €; ❄@) Das Hotel in einem weitläufigen Gebäude im Sasso Barisano war das erste *sassi*-Hotel der Stadt. Allerdings befindet sich nur ein Teil seiner Zimmer in Höhlen. Die Einzelzimmer sind klein, ausgesprochen hübsch eingerichtet sind die Doppelzimmer. Von den Balkonen des Hotels hat man einen tollen Ausblick auf die Kathedrale.

Essen

LP TIPP Ristorante Il Cantuccio TRATTORIA €€
(☎0835 33 20 90; Via delle Becchiere 33; Mahlzeiten 25 €; ⊙Di–So) Die Atmosphäre in der gemütlichen Trattoria nahe der Piazza Vittorio Veneto ist so einladend und freundlich wie ihr Küchenchef und Besitzer Michael Lella. Die Speisekarte umfasst traditionelle Gerichte, deren Auswahl sich nach den Jahreszeiten richtet. Unabhängig davon schmeckt das Essen, das den Gästen serviert wird, einfach köstlich.

Baccanti TRADITIONELL ITALIENISCH €€€
(☎0835 33 37 04; www.baccantiristorante.com; Via Sant'Angelo 58–61; Mahlzeiten 50 €; ⊙Di–Sa Mittag- & Abendessen, So nur Abendessen) Stilvoller kann ein Höhlenrestaurant nicht sein – die Ausstattung bringt regelrecht Glamour in das niedrige Höhlengewölbe. Auf der Spei-

sekarte stehen aufwendige Gerichte, die allesamt hervorragend schmecken. Die Küche verwendet regionale Produkte.

Oi Marì PIZZERIA €
(☎0835 34 61 21; Via Fiorentini 66; Pizza ab 6,50 €; ⌚tgl. Abendessen, Sa & So auch Mittagessen) Das große, gastliche Höhlenrestaurant im Sasso Barisano ist wie eine neapolitanische Pizzeria gestaltet. Seine fröhliche Atmosphäre und die köstlichen Pizzas können sich mit dem Vorbild messen.

La Talpa TRADITIONELL ITALIENISCH €
(☎0835 33 50 86; Via Fiorentini 167; Mahlzeiten 15–20 €; ⌚Mi–Mo) Vom Oi Marì sind es nur ein paar Schritte die Straße hinunter zu diesem Höhlenrestaurant. Mit seinem gedämpften Licht und seiner angenehmen Atmosphäre ist es ein beliebter Treffpunkt für Paare, die ein romantisches Abendessen genießen wollen.

Le Botteghe TRADITIONELL ITALIENISCH €€
(☎0835 34 40 72; Piazza San Pietro Barisano; Mahlzeiten 40 €; ⌚Mo–Sa Mittag- & Abendessen, So nur Mittagessen) Das Le Botteghe im Sasso Barisano ist zwar ein Nobelrestaurant, dennoch geht es in seinen weiß getünchten Gewölben, in denen die weiß eingedeckten Tische auf Gäste warten, locker zu. Auf der Speisekarte stehen köstliche regionale Spezilitäten wie *fusilli mollica e crusco* (Pasta mit gerösteten Brotbröseln und Paprikaschoten aus der Region).

Ausgehen

Caffe Tripoli CAFÉ
(Piazza Vittorio Veneto; ⌚Di–So) Für einen Morgenkaffee oder einen abendlichen Aperitif eignet sich das Café bestens, weil man hier das Geschehen auf der Piazza perfekt im Blick hat.

19a Buca Winery? WEINBAR
(☎0835 33 35 92; www.diciannovesimabuca.com; Via Lombardi 3; ⌚Di–So 11–24 Uhr) Das Fragezeichen sagt alles – 13 m unter der Piazza Vittorio Veneto hat die Vergangenheit eine futuristische Wende vollzogen. Die superschicke Kombination aus Weinbar, Restaurant, Café und Lounge wartet mit einigen Hinguckern auf. Dazu zählen z. B. ausladende spacige Loungesessel aus weißem Leder, ein unterirdischer 19-Loch-Golfplatz, der rund um eine alte Zisterne angelegt ist, und ein dekorativ gestalteter Weinkeller. Auch die Speisekarte kann sich sehen lassen (Hauptgerichte 30 €).

Morgan Pub PUB
(www.morganpub.com; Via Buozzi 2; ⌚Mi–Mo) Ein hippes Pub in einer Höhle, im Sommer stehen zusätzlich Tische und Stühle im Freien.

Praktische Informationen

Die *Carta Turistica di Matera* und die Karte *Matera: Percorsi Turistici* (1,50 €) sind in verschiedenen Reisebüros sowie in den Buchhandlungen und Hotels der Stadt erhältlich. In den Karten sind Wanderrouten durch die *sassi* und die Schlucht eingezeichnet.

Basilicata Turistica (www.aptbasilicata.it, auch auf Deutsch) Offizielle Tourismus-Website mit nützlichen Informationen zu Geschichte, Kultur, Sehenswertem und Aktivitäten.

Ferula Viaggi (☎0835 33 65 72; www.materaturismo.it, auch auf Deutsch; Via Cappelluti 34; ⌚Mo–Sa 9–13.30 & 15.30–19 Uhr) Ausgezeichnetes Informationszentrum und Reisebüro für die Regionen Basilikata und Apulien (ein Teil des Personals spricht Deutsch). Organisiert Wandertouren (www.walkbasilicata.it), Radtouren (www.bikebasilicata.it, auch auf Deutsch), Kochkurse sowie viele weitere Aktivitäten.

Internetcafé (☎0835 34 41 66; Via San Biagio 9; pro Std. 3 €; ⌚10–13 & 13.30–20.30 Uhr)

Krankenhaus (☎0835 25 31 11; Via Montescaglioso) Etwa 1 km südöstlich des Stadtzentrums.

Maruel Viaggi (☎0835 33 31 35; Via Dante 46; ⌚9–13 & 16–20 Uhr) Privates Reisebüro und Informationszentrum. Bietet gute Auskünfte zu Busverbindungen und organisiert Touren unterschiedlichster Art. Das Personal spricht Deutsch.

Parco Archeologico Storico Naturale delle Chiese Rupestri del Materano (☎0835 33 61 66; www.parcomurgia.it; Via Sette Dolori) Gibt Auskunft über den Murgia-Park.

Polizei (☎0835 37 81; Via Gattini)

Post (Via Passerelli; ⌚Mo–Fr 8–18.30, Sa 8–12.30 Uhr)

Sassiweb (www.sassiweb.it) Informative Website über Matera.

An- & Weiterreise

Bus

Der Busbahnhof liegt nördlich der Piazza Matteotti nahe dem Bahnhof. Die **SITA** (☎0835 38 50 07; www.sitabus.it) bedient die Strecken nach Tarent (5,50 €, 2 Std., 6-mal tgl.) und Metaponto (2,70 €, 1 Std., bis zu 5-mal tgl.) sowie zu vielen kleinen Ortschaften in der Provinz. Bustickets verkauft der Zeitungskiosk auf der Piazza Matteotti.

Grassani (☎0835 72 14 43) fährt nach Potenza (5,30 €, 1½ Std., 4-mal tgl.). Die Tickets verkauft der Busfahrer.

Busse von **Marozzi** (☎06 225 21 47; www.marozzivt.it) fahren dreimal täglich nach Rom (34 €, 6½ Std.). In Kooperation mit der SITA bietet Marozzi auch einmal täglich eine Busverbindung nach Siena, Florenz und Pisa an, die Busse fahren über Potenza. Eine Vorausbuchung ist unbedingt nötig.

Pugliairbus (☎080 580 03 58; http://pugliairbus.aeroportidipuglia.it) betreibt einen Shuttleservice zwischen Matera und dem Flughafen in Bari (5 €, 1¼ Std., 4-mal tgl.).

Zug

Ferrovie Appulo-Lucane (FAL; ☎0835 33 28 61; www.fal-srl.it) bietet eine Zugverbindung (4,50 €, 1½ Std., 12-mal tgl.) sowie eine Busverbindung (4,50 €, 1½ Std., 6-mal tgl.) nach Bari. Um nach Potenza zu gelangen, kann man mit einem FAL-Bus nach Ferrandina fahren und dort in einen Trenitalia-Zug umsteigen. Oder man fährt mit dem Bus nach Altamura und steigt dort in den FAL-Bus um, der auf der Strecke Bari – Potenza verkehrt.

Potenza

68 600 EW. / 819 M

Potenza, die Hauptstadt der Basilikata, wurde immer wieder von Erdbeben heimgesucht (zuletzt 1980) und besitzt einige grauenhafte Wohnviertel. Im Sommer leidet die höchstgelegene Stadt der Region unter brüllender Hitze und im Winter unter klirrender Kälte. Trotzdem ist Potenza als wichtiger Verkehrsknotenpunkt kaum zu umgehen.

Das Zentrum erstreckt sich über einen Gebirgskamm von Osten nach Westen. Im Süden liegen die großen Bahnhöfe von Trenitalia und Ferrovie Appulo-Lucane, die durch die Busse 1 und 10 mit dem Stadtzentrum verbunden sind.

Die wenigen Sehenswürdigkeiten Potenzas liegen im alten Stadtzentrum oben auf dem Hügel. Von der Piazza Vittorio Emanuele II gehen Fahrstühle nach oben. Das kirchliche Highlight ist der **Dom** aus dem 12. Jh., der im 18. Jh. neu aufgebaut, wurde. Die elegante, autofreie Via Pretoria, gesäumt von der einen oder anderen Boutique bietet sich für einen Bummel an.

Eine tolle Unterkunft ist **Al Convento** (☎097 12 55 91; www.alconvento.eu; Largo San Michele Arcangelo 21; EZ 50–55 €, DZ 80–90 €; ❄@) im Zentrum von Potenza. Eine Mixtur aus polierten Antikmöbeln und Designklassikern verleiht den Räumen eine ganz besondere Note.

Busse von **Grassani** (☎0835 72 14 43) fahren nach Matera (5,30 €, 1½ Std., 4-mal tgl.). Die **SITA** (☎0971 50 68 11; www.sitabus.it) bedient die Busrouten nach Melfi, Venosa und Maratea. Die Busse starten von der Via Appia 185 und halten auch am Scalo Inferiore, dem Bahnhof der Trenitalia. **Liscio** (☎097 15 46 73) steuert nur Großstädte an, darunter Rom (23 €, 4½ Std., 3-mal tgl.), Neapel (7,40 €, 2 Std., 4-mal tgl.) und Salerno (5,30 €, 1½ Std., 4-mal tgl.).

Es gibt regelmäßige Zugverbindungen von Potenza nach Foggia (ab 6 €, 2¼ Std.), Salerno (ab 6 €, 2 Std.) und Tarent (ab 8,50 €, 2 Std.). Vom Bahnhof Potenza Superiore fahren Züge der **Ferrovie Appulo-Lucane** (☎0971 41 15 61) nach Bari (ab 14 €, 3–4 Std., 4-mal tgl.).

Lukanischer Apennin

Wie eine zackige Zahnreihe durchtrennt der Lukanische Apennin die Basilikata in zwei Hälften. Schroff ragt er südlich von Potenza in die Höhe, schirmt die üppige tyrrhenische Küste ab und lässt die ionischen Strände in halbtrockener Hitze keuchen. Die Fahrt auf den haarsträubenden Straßen über die holprigen Bergrücken ist anstrengend, aber wer die Aufregung liebt, empfindet die Strecke wahrscheinlich als Highlight seiner Reise. 1935 schickten die Faschisten den Schriftsteller und politischen Aktivisten Carlo Levi in diese einsame Region ins Exil. Er lebte in dem Bergnest **Aliano** und wurde dort auch begraben. Seit er dort seinen großartigen Roman *Christus kam nur bis Eboli* über Armut, Eintönigkeit und Verlogenheit des Dorflebens schrieb, scheint sich wenig geändert zu haben. Unter einem Dach mit der **Pinacoteca Carlo Levi** (☎0835 56 83 15; Piazza Garibaldi; Eintritt 3 €; ⏲Sommer tgl. 10–13 & 16–19.30 Uhr, Winter Do–Di 10–12.30 & 15.30–18.30 Uhr) befindet sich das **Museo Storico di Carlo Levi**, das Schriftstücke und Gemälde von ihm ausstellt. Die Eintrittskarte für die *pinacoteca* (Gemäldegalerie) gilt auch für den Rundgang durch Levis Haus und den Museumsbesuch.

Spektakulärer als Aliano sind die von den Lukanischen Dolomiten umgebenen Bergdörfer **Castelmezzano** (985 m ü. d. M.) und **Pietrapertosa** (1088 m ü. d. M.). Diese höchstgelegenen Dörfer der Basilikata sind so oft von dichten Wolken verhangen, dass sich die Frage stellt, wie sich überhaupt jemand in diesem Gebiet niederlassen konnte, in dem sich allenfalls Ziegen wohlfühlen können. Castelmezzano ist sicher einer der spektakulärsten Orte in ganz Italien und unbedingt einen Besuch wert; die Häuser sind auf einem unglaublich schmalen Grat aufgereiht, der steil in die Schluchten des Flusses Caperrino abfällt. Pietrapertosa hat noch eine weitere Sensation zu bieten: Die Sarazenenburg auf dem Berggipfel ist so raffiniert in den Fels gehauen, dass sie kaum zu erkennen ist.

In dem reizvollen B&B **La Casa di Penelope e Cirene** (☎0971 98 30 13; Via Garibaldi 32; DZ ab 70 €) in Pietrapertosa bereiten die quietschenden Metallbetten manch einem eine unruhige Nacht. In Castelmezzano kommt im Restaurant **Al Becco della Civetta** (☎0971 98 62 49; www.beccodellacivetta.it; Vicolo I Maglietta 7; Mahlzeiten 25 €; ⌚Mi–Mo) authentische lukanische Kost auf den Tisch. Außerdem bietet es für Übernachtungsgäste traditionell eingerichtete Zimmer mit weiß getünchten Wänden (DZ 80 €).

Von Potenza aus ist Aliano mit SITA-Bussen (5,40 €) erreichbar. Wer Castelmezzano und Pietrapertosa besuchen möchte, benötigt ein eigenes Fahrzeug.

Tyrrhenische Küste

Die tyrrhenische Küste der Basilikata ist kurz (etwa 20 km), aber lieblich und erinnert an den Küstenstreifen bei Amalfi. Eingezwängt zwischen Kalabrien und Kampaniens Cilento-Halbinsel, kann sie mit denselben verführerischen Qualitäten aufwarten: versteckte Buchten und silbrige Sandstrände vor der Kulisse majestätischer Klippen. An den Bergen schlängelt sich die SS18 in atemberaubenden Kurven entlang und verbindet die Hauptattraktion der Küste, das bezaubernde Seebad Maratea, mit der Außenwelt.

MARATEA

5220 EW.

Maratea ist ein bezaubernder, wenn nicht betörender Ort, bestehend aus verschiedenen Örtlichkeiten, von einem mittelalterlichen Dorf bis hin zu einem schicken Hafen. Das Erscheinungsbild ist üppig und ähnelt einer natürlichen Theaterkulisse: Die Küstenstraße, die sogar noch enger ist als die berüchtigte Küstenstraße von Amalfi, schlängelt sich nach unten hinter den Kliffen und Stränden im Taschenformat, die sich entlang des funkelnden Golfs von Policastro aufreihen. Mit eleganten Hotels dicht besetzt, ist Maratea keinesfalls mehr ein Geheimtipp, und man muss sich im Juli und August auf Staus und ausgebuchte Hotels einstellen. Umgekehrt haben viele Hotels und Restaurants von Oktober bis März geschlossen.

Sehenswertes & Aktivitäten

Als erste Anlaufstelle empfiehlt sich der hübsche **Porto di Maratea**, ein Hafen, in dem schicke Yachten und hellblaue Fischerboote im Wasser dümpeln, an dessen Rand sich Bars und Restaurants befinden. Dann gibt es den bezaubernden, mittelalterlichen *borgo* (Altstadtkern) von malerischen **Maratea Inferiore** aus dem 13. Jh. mit winzigen Plätzen, sich windenden Alleen und ineinander gebauten Häusern. Von dort aus bieten sich aufsehenerregende Küstenperspektiven. Darüber erhebt sich die 21 m hohe glänzende **Statue des Erlösers**. Wer mit seinem eigenen Fahrzeug unterwegs ist, sollte auf keinen Fall die einer Achterbahn ähnelnde Straße und die betörenden Ausblicke vom Statuenhügel verpassen. Darunter liegen die Ruinen von **Maratea Superiore**, die an die im 8. Jh. vor Chr. errichtete griechische Kolonie erinnern.

An den tiefgrünen Hängen rund um diese bunte Ansammlung von Ortschaften gibt es ausgezeichnete Wanderwege. Tagesausflüge führen in die umliegenden Dörfer **Acquafredda di Maratea** und **Fiumicello** mit seinem kleinen Sandstrand. Die **Touristeninformation** (☎0973 87 69 08; Piazza Gesù 40; ⌚Juli–Aug. Mo–Fr 8–14 & 17–20, Sa & So 9–13 & 17–20 Uhr, Sept.–Juni 8–14 Uhr) befindet sich in Fiumicello. Das **Centro Sub Maratea** (☎0973 87 00 13; www.web.tiscali.it/csmaratea; Contrada Santa Caterina 28, Maratea) bietet den Tauchkurse und Bootstouren an. Dazu gehören Besuche der umliegenden Grotten und Buchten. Außerdem werden Leihboote angeboten.

Lohnenswert ist auch ein Tagesausflug mit dem Auto nach **Rivello** (479 m). Das hübsche Dorf liegt auf einem Hügel, eingerahmt von den südlichen Apennin-Ausläufern, und ist ein Zentrum der Künste und des Kunstgewerbes. Rivello ist seit Langem wegen seiner exquisiten Gold- und Kupferarbeiten bekannt. Rivellos interessante byzantinische Geschichte wird auch an den kleinen gefliesten Kuppeln und den Fresken seiner wundervollen Kirchen deutlich.

Schlafen

Locanda delle Donne Monache HOTEL €€
(☎0973 87 74 87; www.mondomaratea.it; Via Mazzei 4; DZ 130–310 €; ⌚April–Okt.; P❄@☎≋)

ABSTECHER

MAGNA-GRAECIA-MUSEEN AN DER IONISCHEN KÜSTE

Im Gegensatz zur spektakulären Landschaft der Thyrrenischen Küste bietet die Ionische Küste ein weitaus ruhigeres Bild, geprägt von flachen Landstrichen und zahlreichen großen Ferienresorts. Gleichzeitig ist die Gegend aber ein sehr geschichtsträchtiger Boden. So bezeugen beispielsweise die griechischen Ruinen von **Metaponto** und **Policoro** den enormen Einfluss der Magna Graecia auf Süditalien.

Wie an nur wenigen vergleichbaren Ruinenstätten gelang es den Archäologen hier, einen vollständigen Bebauungsplan der antiken griechischen Stadt Metaponto zu rekonstruieren. Im 8. und 7. Jh. v. Chr. siedelten sich Griechen in der damals Metapontum genannten Stadt an. Ihr berühmtester Bewohner war im 6. Jh. v. Chr. der griechische Philosoph Pythagoras. Nach seiner Verbannung aus Kroton (Crotone in Kalabrien) lebte er in Metapontum und gründete hier eine Schule. Sein Haus und seine Schule wurden nach seinem Tod in den Heratempel integriert. Die Überreste des Tempels – 15 Säulen und eine gepflasterte Fläche – sind das Highlight der archäologischen Stätte. Bekannt ist der Tempel auch als **Tavole Palatine** (Tafelrunde der Paladine), weil sich hier angeblich Paladine (Ritter) versammelten, bevor sie zu den Kreuzzügen aufbrachen. Der Tempel liegt 3 km nördlich der heutigen Ortschaft Metaponto abseits der Autobahn – die Abfahrt nach Tarent nehmen und dann der SS106 folgen.

In der heutigen Ortschaft Metaponto zeigt das **Museo Archeologico Nazionale** (☎0835 74 53 27; Via Aristea 21; Eintritt 2,50 €; ⏲Di–So 9–20, Mo 14–20 Uhr) Fundstücke aus Metapontum und anderen archäologischen Stätten. Rund 2 km nordöstlich vom Bahnhof liegt der **Parco Archeologico** (Eintritt frei) mit den Überresten eines **griechischen Theaters** und des dorischen **Tempio di Apollo Licio**.

In Policoro, 21 km südwestlich von Matera, zeigt das **Museo della Siritide** (☎0835 97 21 54; Via Colombo 8; Eintritt 2,50 €; ⏲Mi–Mo 9–20, Di 14–20 Uhr) eine hervorragende Ausstellung mit Exponaten, die bis ins 9. Jh. v. Chr. zurückgehen, darunter lukanischen Schmuck, griechische Spiegel sowie römische Speere.

Busse der **SITA** fahren von Matera nach Metaponto (2,70 €, 1 Std., bis zu 5-mal tgl.) und dann weiter nach Policoro. Metaponto liegt an der Bahnstrecke Taranto – Reggio, so bestehen Zugverbindungen nach Potenza, Salerno und zeitweise auch nach Neapel.

Das vornehme Hotel liegt recht idyllisch über den Dächern des mittelalterlichen *borgo* in einem ehemaligen Kloster. Es ist ein Labyrinth von Bogengängen, Terrassen und Gärten, mit Bougainvilleen und Zitronenbäumen besetzt. Die Zimmer sind elegant in Pastelltönen gehalten, und das Restaurant Sacello bereitet leckere Gerichte nach dem regionalen Geschmack von Lukanien zu.

B&B Nefer B&B €

(☎0973 87 18 28; www.bbnefer.it; Via Cersuta; Zi 60–90 €; P❄@) Das B&B liegt 5 km nordwestlich von Maratea in einem kleinen Dorf. Seine vier Zimmer sind entweder in Seegrün, Blau oder Pink gestaltet. In jedem Zimmer führen Terrassentüren auf einen sattgrünen Rasen. Mit freiem Blick auf den weiten Horizont des Meeres kann man hier herrlich in den Liegestühlen entspannen. Gäste können außerdem eine einfache Küche im Freien benutzen. Ein kurzer Spaziergang auf schmalen Küstenwegen führt zu einem kleinen Strand.

Hotel Villa Cheta Elite HOTEL €€

(☎0973 87 81 34; www.villacheta.it; Via Timpone 46; Zi 140–264 €; ⏲April–Okt.; P❄📶) Das Hotel in einer Jugendstilvilla am Rand des Dorfes Acquafredda besitzt viel Charme, eine Terrasse mit spektakulärem Panoramablick, ein fabelhaftes Restaurant und große, mit Antiquitäten geschmückte Zimmer.

Essen

Taverna Rovita TRADITIONELL ITALIENISCH €€

(☎0973 87 65 88; www.tavernarovitamaratea.it, auch auf Deutsch; Via Rovita 13; Mahlzeiten 35 €; ⏲März–Okt.) Das hervorragende Lokal liegt nur ein paar Schritte vom Hauptplatz von Maratea Inferiore entfernt. Sein kulinarischer Schwerpunkt liegt auf herzhaften regionalen Gerichten, wobei lukanische Spezialitäten im Vordergrund stehen, z. B. gefüllte Paprikaschoten, Wildgeflügel, regionale

ABSTECHER

VENOSA

Die hübsche Stadt Venosa 70 km nördlich von Potenza nahm ihren Anfang als florierende römische Kolonie namens Venusia – ihren Wohlstand verdankte sie ihrer Lage an der Via Appia. In Venusia/Venosa kam 65 v. Chr. der Dichter Horaz zur Welt. Für einen Besuch der Stadt sprechen einige Highlights wie die Überreste der größten Klosteranlage der Basilikata.

Eine aragonesische Burg aus dem 15. Jh. beherrscht das Bild von Venosas Hauptplatz, der Piazza Umberto I. In der Burg zeigt das kleine **Museo Archeologico** (☎0972 3 60 95; Piazza Umberto I; Eintritt 2,50 €; ⌚Mi–Mo 9–20, Di 14–20 Uhr) Fundstücke aus dem römischen Venusia. Ausgestellt sind außerdem einzelne Knochen von Menschen, deren Lebzeiten bis zu 300 000 Jahre zurückliegen.

Im Eintrittspreis für das Museum enthalten ist der Besuch der Ruinen der **römischen Siedlung** (⌚Do–So 9 Uhr bis 1 Std. vor Einbruch der Dämmerung, Mo–Mi 14 Uhr bis 1 Std. vor Einbruch der Dämmerung). Das Eintrittsticket berechtigt auch zum Streifzug durch die imposanten Ruinen der **Abbazia della Santissima Trinità** (☎0972 3 42 11) am nordöstlichen Rand der Stadt. Benediktiner errichteten die *abbazia* (Abtei) um 1046 auf den Überresten eines römischen Tempels. Zu dem Klosterkomplex gehören zwei Kirchen, von denen eine nie fertiggestellt wurde. In der älteren, seinerzeit vollendeten Kirche sind der normannische Kreuzritter Robert Guiscard und sein furchterregender Halbbruder Drogo begraben. Für den im 11. Jh. begonnenen Bau der unvollendeten Kirche wurden Steine aus dem benachbarten römischen Amphitheater verwendet. Etwas weiter südlich von der Abtei liegen jüdische und christliche Katakomben.

Das **Hotel Orazio** (☎0972 3 11 35; www.hotelorazio.it; Vittorio Emanuele II 142; EZ/DZ 50/65 €) befindet sich in einem *palazzo*, deraus dem 17. Jh. stammt. Stilgerecht bestehen die Fußböden aus alten Majolikafliesen und Marmor. Zwei großmütterliche Damen führen das Hotel.

Der Weg nach Venosa führt über die SS658, die nördlich von Potenza verläuft. Dieser folgt man bis zur Abfahrt Richtung Barile, von hier aus geht es dann auf der SS93 weiter. Von Potenza aus fahren regelmäßig montags bis samstags Busse nach Venosa (3,10 €, 2 Std., 2-mal tgl.).

Salami sowie Fisch und Meeresfrüchte (beides fangfrisch).

Lanterna Rossa FISCH & MEERESFRÜCHTE **€€**
(☎0973 87 63 52; Maratea Porto; Mahlzeiten 40 €; ⌚Juli & Aug. tgl., restl. Jahr Mi–Mo.) Die Restaurantterrasse mit Hafenblick erhöht den Genuss beim Verspeisen der exquisiten Gerichte aus Fisch und Meeresfrüchten. Empfehlenswert ist die *zuppa di pesce* – eine Fischsuppe nach Art des Hauses.

La Caffetteria CAFÉ **€**
(Piazza Buraglia, Maratea; Panini ab 3 €; ⌚Sommer 7.30–2 Uhr, Winter 7.30–22 Uhr) Das hübsche Café liegt an der zentralen Piazza von Maratea. Wer draußen an den Tischen Platz nimmt, kann das Getriebe auf der lebendigen Piazza gut beobachten.

ℹ An- & Weiterreise

SITA (☎0971 50 68 11; www.sitabus.it) betreibt ein umfangreiches Routennetz, darunter Fahrten zur Küste nach Sapri in Kampanien (1,60 €, 50 Min., 6-mal tgl.). Lokale Busse (1 €) verbinden im Sommer häufig die Küstenstädte sowie den Bahnhof Maratea mit Maratea Inferiore. InterCity- und Regionalzüge der Strecke Rom–Reggio halten unterhalb der Stadt am Bahnhof Maratea.

KALABRIEN

Wer einem Italiener aus einem anderen Landesteil erzählt, er wolle nach Kalabrien fahren, kann sich auf eine erstaunte Reaktion gefasst machen. Unvermeidlich folgen dann Geschichten über die 'ndrangheta – die Vereinigung der kalabrischen Mafia –, die dafür bekannt ist, dass sie schmuggelt und wohlhabende Norditaliener kidnappt, um sie in den Bergen gefangen zu halten. Aber Kalabrien besitzt aufsehenerregende Naturschönheiten, sehenswerte Städte, die aus den schroffen Bergkuppen herauszuwachsen scheinen, und drei Nationalparks:

Pollino im Norden, Sila in der Mitte und Aspromonte im Süden. Etwa 90 % der Region sind Berge, zu deren Füßen sich aber einer der schönsten Küstenstreifen Italiens erstreckt; bei einer Länge von 780 km lassen sich kleinere Abschnitte, die von unansehnlichen Ferieneinrichtungen verunstaltet sind, übersehen. Nur hier wächst weltweit in ausreichender Qualität die Bergamotte, um das ätherische Öl herzustellen, das in vielen Parfüms und als Aroma für den Earl-Grey-Tee verwendet wird. Wie in Apulien finden das ganze Jahr über Musik- und Schlemmerfestivals statt, wobei die Saison im Juli und August ihren Höhepunkt erreicht.

Zugegeben: Mitunter sieht es aus wie auf einer Postkarte aus den 1970er-Jahren, denn die immer wieder durch Erdbeben zerstörten Städte sind oft von grausamen Betonburgen umgeben. Die Region hat unter dem verfehlten Einsatz von europäischen und staatlichen italienischen Subventionen, die zur Entwicklung des Südens gedacht waren, ebenso gelitten wie unter ihrem finsteren Opportunismus gegenüber der Mafia. In halbfertigen Häusern verbergen sich oft gut ausgestattete Wohnungen, in denen Familien zufrieden und unbehelligt von den abschreckend hohen Gebäudesteuern ihr Leben leben. Hier also kann man sich in unbekannte Abenteuer stürzen.

Geschichte

Spuren menschlichen Lebens aus der Zeit des Neandertalers, aus Alt- und Jungsteinzeit sind in Kalabrien entdeckt worden, zu internationaler Bedeutung gelangte die Region aber erst mit der Ankunft der Griechen im 8. Jh. v. Chr. Sie gründeten im Gebiet des heutigen Reggio di Calabria eine Kolonie. Überreste dieser Kolonisierung, die sich entlang der Küste am Ionischen Meer erstreckte – mit Sybaris und Kroton als den wichtigsten Siedlungen –, sind bis heute zu erkennen. Doch die Gegend blieb nicht für immer griechisch. 202 v. Chr. kamen sämtliche Städte in Magna Graecia unter römische Herrschaft. Die Römer zerstörten die Wälder des Landstrichs und richteten damit irreparable Schäden an. Schiffbare Flüsse wurden zu furchterregenden *fiumare* (Sturzbächen), die sich im Hochsommer in ausgetrocknete Flussbetten verwandeln.

Die befestigten Siedlungen auf den kalabrischen Bergkuppen überstanden die aufeinanderfolgenden Invasionen der Normannen, Staufer, Aragonier und Bourbonen und blieben im Großen und Ganzen stark unterentwickelt. Obgleich der Einfall Napoleons im 18. Jh. sowie der Aufstieg Garibaldis und die Einigung Italiens Hoffnung auf Veränderung weckten, blieb Kalabrien eine enttäuschte, von Feudalherrschaft geprägte und, wie der gesamte Süden, von der quälenden Malaria heimgesuchte Region.

Als Nebeneffekt dieser tragischen Geschichte erblühten Banditentum und organisiertes Verbrechen. Die kalabrische Mafia, genannt ’ndrangheta (vom griechischen Ausdruck für Heldentum), hält die Einheimischen in Furcht und Schrecken, doch Touristen sind nur selten Ziel ihrer Angriffe. Viele Kalabresen sahen ihr Heil immer wieder in der Flucht, und mehr als ein Jahrhundert lang musste die Region erleben, wie ihre Jugend auf der Suche nach Arbeit auswanderte.

Nördliche Tyrrhenische Küste

An der Westküste der Region liegen Licht und Schatten eng beieinander. Die Autostrada del Sole (A3) ist eine der schönsten Küstenstraßen Italiens. Sie schlängelt und windet sich durch die Berge, vorbei an riesigen, dunkelgrünen Waldgebieten, und dazwischen blitzt immer wieder das blaue Meer auf. Doch die italienische Vorliebe für billige Sommerurlaubsorte hat hier ihren Tribut gefordert. Mehrere Küstenabschnitte sind durch schäbige Hotels und Bettenburgen verschandelt.

In der Nebensaison haben die meisten Unterkünfte geschlossen. Im Sommer sind viele Hotels und Pensionen ausgebucht, auf den Campingplätzen sieht die Sache dagegen meist ein wenig besser aus.

PRAIA A MARE

6820 EW.

Der kleine Badeort Praia a Mare liegt fast noch in der Basilikata. Hier beginnt ein breiter Küstenstreifen mit Kiesstränden, der sich etwa 30 km nach Süden bis Cirella und Diamante erstreckt. Das ziemlich grüne Städtchen liegt an einem breiten blassgrauen Strand, dem nur wenige Hundert Meter ein merkwürdiger Felsbrocken vorgelagert ist: die Isola di Dino, die mit einigen Meeresgrotten aufwartet.

Direkt an der Uferpromenade liegt die **Touristeninformation** (☎0985 7 25 85; Via Amerigo Vespucci 6; ⌚tgl. 8–13 Uhr), die Infor-

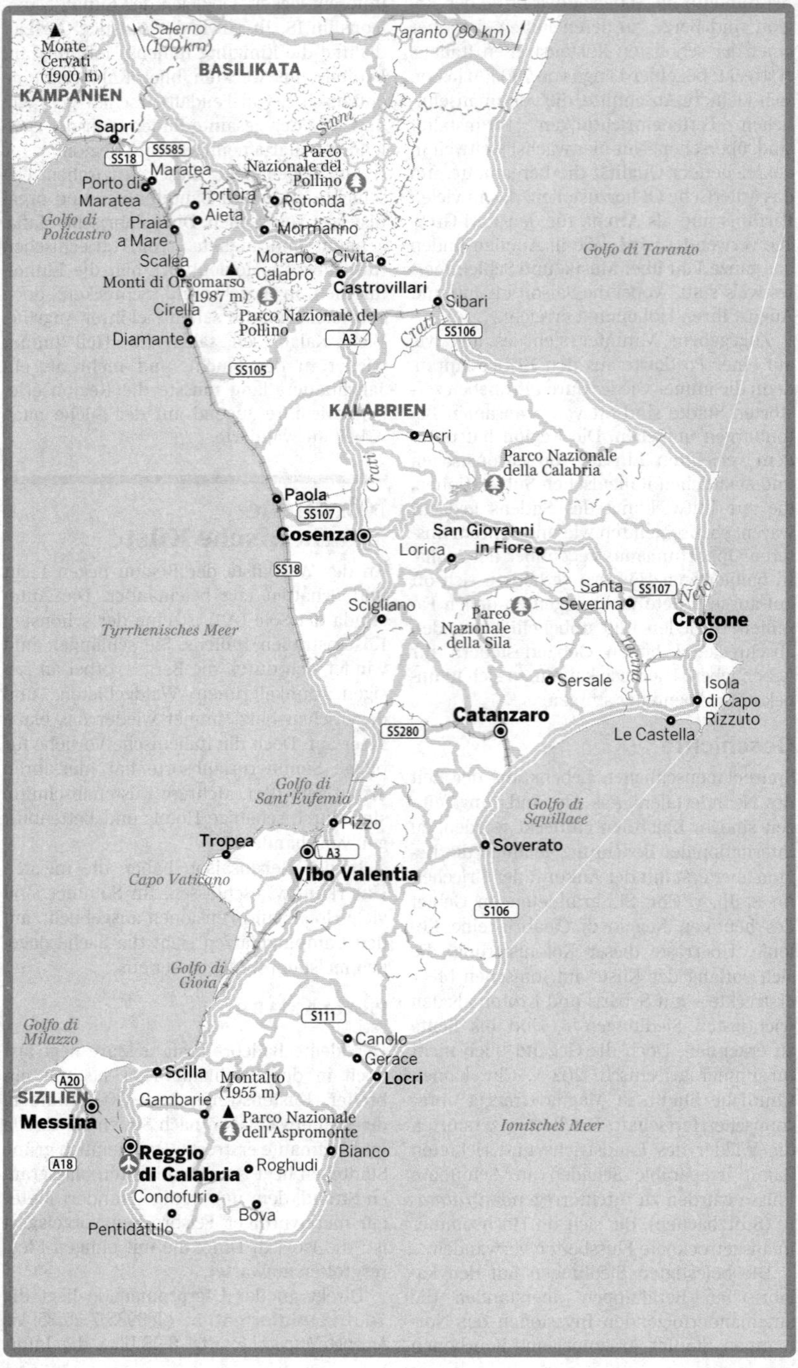
0
40 km
Salerno (100 km)
Taranto (90 km)
Monte Cervati (1900 m)
BASILIKATA
KAMPANIEN
Sapri
SS585
SS18
Maratea
Porto di Maratea
Tortora
Aieta
Rotonda
Parco Nazionale del Pollino
Mormanno
Golfo di Policastro
Praia a Mare
Scalea
Monti di Orsomarso (1987 m)
Morano Calabro
Civita
Castrovillari
Sibari
Golfo di Taranto
Cirella
Parco Nazionale del Pollino
Diamante
A3
SS106
Crati
SS105
KALABRIEN
Acri
Parco Nazionale della Calabria
Crati
Paola
SS107
Cosenza
San Giovanni in Fiore
Lorica
SS18
Santa Severina
SS107
Neto
Crotone
Scigliano
Parco Nazionale della Sila
Tyrrhenisches Meer
Tacina
Sersale
Isola di Capo Rizzuto
Catanzaro
Le Castella
SS280
Golfo di Sant'Eufemia
Golfo di Squillace
Pizzo
Tropea
A3
Soverato
Vibo Valentia
Capo Vaticano
S106
Golfo di Gioia
S111
Golfo di Milazzo
Canolo
Gerace
Scilla
Locri
A20
Montalto (1955 m)
SIZILIEN
Messina
Gambarie
Parco Nazionale dell'Aspromonte
Ionisches Meer
Reggio di Calabria
Bianco
A18
Roghudi
Condofuri
Bova
Pentidáttilo

mationen über die **Isola di Dino** bereithält, die für ihre Meeresgrotten bekannt ist. Wer die Grotten besichtigen möchte, muss den älteren Herren, die den Abstecher zu den Grotten vom Strand aus organisieren, ungefähr 5 € für eine geführte Tour bezahlen. Über Alternativen kann die Touristeninformation Auskunft geben.

Die **Autolinee Preite** (0984 41 30 01) betreiben Busse nach Cosenza (5,20 €, 2 Std., 10-mal tgl.), und die Busse der **SITA** (0971 50 68 11; www.sita bus.it, auf Italienisch) fahren Richtung Norden nach Maratea und Potenza. Außerdem halten in Praia a Mare regelmäßig Züge nach Paola und Reggio di Calabria.

AIETA & TORTORA

Als es in der Gegend noch keine Asphaltstraßen gab, muss die Fahrt zu den abgelegenen Bergdörfern **Aieta** und **Tortora** ziemlich halsbrecherisch gewesen sein – sie liegen 6 km bzw. 12 km von Praia entfernt. Für die Busverbindungen zu beiden Dörfern sorgt die Busgesellschaft **Rocco** (0973 22 943; www.roccosrl.it). Vor allem ein Abstecher nach Aieta, das höher liegt als Tortora, lohnt sich. Besucher sollten von der Bushaltestelle bis zum Straßenende hinauflaufen, um dort hinter dem **Palazzo Spinello** (16. Jh.) einen Blick in die Schlucht zu werfen. Der Anblick ist wahrhaft atemberaubend!

DIAMANTE

5400 EW.

Der kleine Küstenort mit seiner langen Promenade, der vor allem von den Einnahmen aus dem Tourismus lebt, widmet sich in besonderem Maße Kalabriens berühmtem *peperoncino* – dem im wahrsten Sinne des Wortes atemberaubenden Gewürz, das für die hiesige Küche so charakteristisch ist. Anfang September wird hier der äußerst populäre **Wettkampf der Chili-Esser** ausgetragen. Diamante ist außerdem berühmt für die leuchtend bunten Wandmalereien, die die Straßen in der inneren Altstadt schmücken. Wer in wirklich guten Meeresfrüchte-Restaurants tafeln will, lenkt seine Schritte Richtung Meer zur Spiaggia Piccola.

Autolinee Preite (0984 41 30 01) betreiben Busse zwischen Cosenza und Praia a Mare mit Halt in Diamante.

PAOLA

16 900 EW.

Ein Stopp in Paola ist wegen der dortigen Wallfahrtsstätte zu empfehlen. Der große Gebäudekomplex liegt oberhalb der wild wuchernden Kleinstadt, deren Einwohner vorzugsweise Trainingsanzüge tragen und sich damit beschäftigen, an den Straßenecken herumzustehen. Die nächsten 80 km der Küste von hier in Richtung Süden bis Pizzo sind großenteils übermäßig bebaut und hässlich. Paola ist der Bahnverkehrsknotenpunkt für Cosenza, das etwa 25 km landeinwärts liegt.

Eine halb verfallene Burg thront über dem **Santuario di San Francesco di Paola** (0982 58 25 18; Eintritt frei; tgl. 6–13 & 14–18 Uhr), einer merkwürdigen leeren Höhle, die für die Gläubigen enorme Bedeutung besitzt. Franz von Paula, der in Paola als Sohn armer, aber tiefgläubiger Eltern geboren wurde, lebte und starb hier im 15. Jh., und das Heiligtum, das er und seine Anhänger aus dem schieren Felsen gehauen haben, zieht seit Jahrhunderten zahlreiche Pilger an. Der Klausurbereich des zugehörigen Klosters ist mit naiven Wandmalereien ausgestaltet, die in der Tat unglaubliche Wunder des hl. Franz abbilden. Ein verziertes Reliquiar des Heiligen wird in der alten Klosterkirche aufbewahrt. Zu dem Komplex gehört auch eine moderne Basilika, die kurz vor dem Ende des 20. Jhs. gebaut wurde. Ringsumher sind Mönche in schwarzen Kutten geschäftig unterwegs.

In der Nähe des Bahnhofs gibt es mehrere Hotels, aber in den kleinen Orten, die sich weiter nördlich an der Küste befinden, sind die Unterkünfte besser.

Cosenza

69 800 EW. / 238 M

Das mittelalterliche Zentrum von Cosenza ist die am besten erhaltene Altstadt Kalabriens. Während in der Geschichte immer wieder Erdbeben unzählige Ortschaften der Region dem Erdboden gleichmachten, blieb dieses architektonische Zeugnis der kalabresischen Geschichte bisher verschont. Die Altstadt liegt auf einer Anhöhe am Zusammenfluss von Crati und Busento. Ihre engen Gassen winden sich hinauf bis zur Burg auf dem Hügelgipfel. Der Legende nach wurde der Westgotenkönig Alarich I. am Zusammenfluss der beiden Flüsse getötet und im Flussbett des Busento begraben.

Das alte Cosenza blickt auf eine weltoffene, lebendige Vergangenheit zurück. Leider wirkt die Altstadt mit ihren düsteren Gassen und der längst verblichenen Eleganz der *palazzi* heute nur noch ziemlich marode und

Cosenza

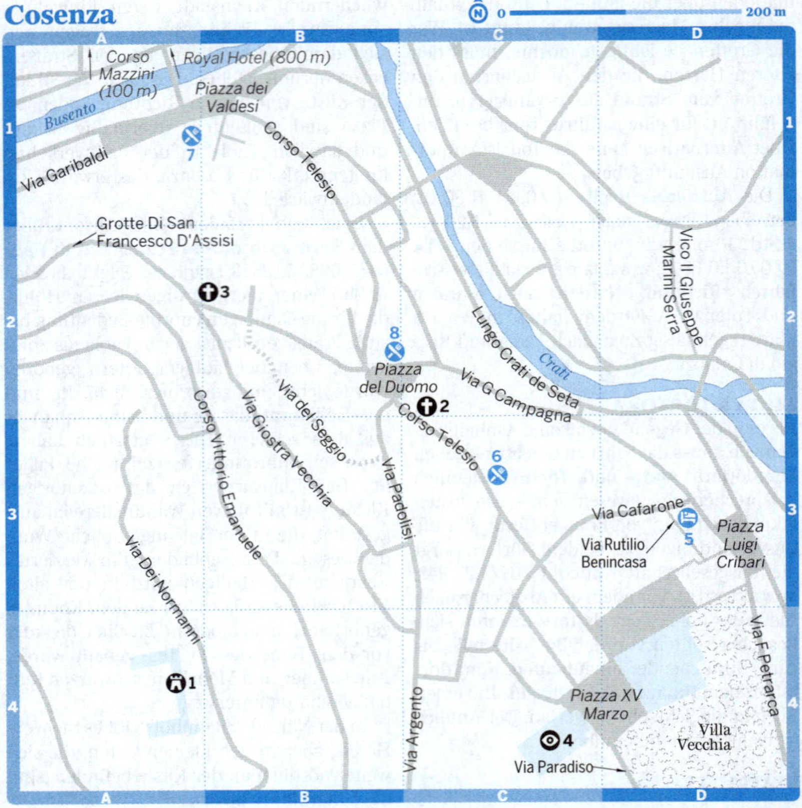

Cosenza

Sehenswertes

1 Burg A4
2 Dom C2
3 Convento di San Francesco d'Assisi B2
4 Teatro Rendano C4

Schlafen

5 B&B Via dell'Astrologo D3

Essen

6 Gran Caffè Renzelli C3
7 Per... Bacco!! A1
8 Ristorante Calabria Bella B2

freudlos. Cosenza ist ein Tor zur Bergregion Sila, ein wichtiger Verkehrsknotenpunkt und Standort der bedeutendsten Universität Kalabriens. Und dennoch gibt es hier für Besucher der Stadt wenig zu sehen oder zu tun.

Sehenswertes

Im neuen Teil der Stadt verschafft die Fußgängerzone, der Corso Mazzini, den Besuchern eine wohltuende Atempause und Unterbrechung von dem ständigen Verkehrschaos und den andauernd wie wild hupenden Autofahrern. Eine Reihe von Skulpturen säumt den *corso*.

Wenn man dem gewundenen, herrlich morbiden Corso Telesio in der Altstadt folgt, fühlt man sich angesichts alter Mietskasernen mit zum Trocknen aufgehängter Wäsche, antiquierter Geschäftsfassaden und einer beunruhigend großen Zahl an Begräbnisunternehmen an Neapel erinnert. Am höchsten Punkt erhebt sich die **Kathedrale** (Piazza del Duomo; Öffnungszeiten 8–12 & 15–19.30 Uhr), ein Bau des 12. Jhs., der im 18. Jh. in maßvollem Barockstil umgebaut wurde. In einer Kapelle am nördlichen Seitenschiff steht die Kopie einer herrlichen byzantinischen Madonna aus dem 13. Jh. Von

PARCO NAZIONALE DEL POLLINO

Mit 1960 km² ist der **Parco Nazionale del Pollino** (www.parcopollino.it) Italiens größter Nationalpark, er erstreckt sich von Kalabrien bis in die Basilikata. Seine Gebirgszüge bilden eine felsige Barriere zwischen den südlichen Regionen und dem Rest des Landes, in ihnen findet man die artenreichste Flora und Fauna in Italiens Süden.

Die spektakulärsten Areale des Parks sind der Monte Pollino (2248 m), die Monti di Orsomarso (1987 m) und die Schlucht der Gole del Raganello. Wälder überziehen die Berge, deren Gipfel häufig schneebedeckt sind. Zu den floristischen Attraktionen des Parks zählen die uralten Exemplare des *pino loricato*, der Lorica-Kiefer, die ältesten Exemplare sind 40 m hoch. Nur noch hier und auf dem Balkan kommt diese Kiefernart vor.

Die vielfältigen Landschaften des Parks reichen von tiefen Flusstälern bis zu Bergwiesen. Zahlreichen, in ihrem Bestand bedrohten Tierarten bietet der Park einen Lebensraum, dazu zählen z. B. Rehwild, Wildkatzen, Wölfe, Greifvögel wie der Steinadler, der Schmutzgeier sowie der gefährdete Fischotter *(Lutra lutra)*.

In der Basilikata liegt das Zentrum des Nationalparks rund um **Rotonda** (626 m). In dieser kleinen Gemeinde hat auch die **Ente Parco Nazionale del Pollino** (☎0973 66 93 11; Via delle Frecce Tricolori 6; ⏲Di, Do & Fr 8–14, Mo & Mi 8–14 & 15–17.30 Uhr), die Hauptverwaltung des Parks, ihren Sitz. In der Gegend lassen sich hochinteressante Dörfer erkunden, wie z. B. **San Paolo Albanese** und **San Costantino Albanese**. Beide sind Dörfer der Arbëresh, d. h. der alteingesessenen albanischen Minderheit in Süditalien. Bei Interesse an Kunsthandwerk aus Holz ist das Dorf **Terranova di Pollino** die richtige Adresse, während in **Latronico** der Schwerpunkt auf Alabaster liegt. Mit Kunstschmiedearbeiten lockt wiederum **Sant'Arcangeo**.

Einen Besuch wert sind auch einige Ortschaften im kalabresischen Teil des Nationalparks, z. B. das Dorf **Civita**, das 1467 von albanischen Flüchtlingen gegründet wurde. In **Castrovillari** steht eine gut erhaltene aragonesische Burg aus dem 15. Jh. **Morano Calabro** mit seiner faszinierenden Lage verewigte der niederländische Künstler M. C. Escher in einem Holzschnitt. Das Naturkundemuseum der kleinen Stadt, das **Centro Il Nibbio** (☎0981 3 07 45; Vico Il Annunziata 11; Eintritt 4 €; ⏲Sommer 10–13 & 16–18 Uhr, Winter 10–13 & 15–18 Uhr), informiert über das Ökosystem des Nationalparks Pollino.

Gute Wanderkarten sind leider rar. Hilfreich ist die Straßenkarte *Carta Excursionistica del Pollino Lucano* (Maßstab 1:50 000, Hrg: Fremdenverkehrsamt der Basilikata). In der *Carta del Parco Nazionale del Pollino* sind die Hauptrouten des Parks verzeichnet. Beide Karten erhält man kostenlos in den örtlichen Touristeninformationen.

Geführte Touren (auch auf Englisch) durch den Nationalpark Pollino (und die gesamte Basilikata) arrangiert Giuseppe Cosenza von Asklepios (siehe unten), z. B. Trekking-, Mountainbike- und Raftingtouren. Mountainbike- und Trekkingtouren organisiert auch Ferula Viaggi in Matera (s. S. 778). Nützlich ist die Kontaktliste der offiziell für den Nationalpark zugelassenen Führer unter www.parks.it/parco.nazionale.pollino/ser.php.

Im kalabresischen Teil des Nationalparks sind Wildwasserfahrten auf dem spektakulären Fluss Lao sehr beliebt. Raftingtouren organisiert das **Centro Lao Action Raft** (☎0985 2 14 76; www.laoraft.it; Via Lauro 8) in Scalea.

Im kalabresischen Teil des Parks gibt es eine ganze Reihe *agriturismo*-Unterkünfte, z. B.: **Agriturismo Colloreto** (☎347 323 69 14; www.colloreto.it; Fratelli Coscia; EZ/DZ 28/56 €) bei Morano Calabro. Das ländliche Anwesen liegt inmitten einer Hügellandschaft. **Locanda di Alia** (☎0981 4 63 70; www.alia.it; Via letticelle 55; EZ/DZ 90/120 €; P❄≋) in Castrovillari bietet bungalowähnliche Unterkünfte in einem üppigen Garten.

Im basilikatischen Teil des Nationalparks bietet **Asklepios** (☎0973 66 92 90, 347 263 14 62; www.asklepios.it; Contrada Barone 9, Rotonda; EZ/DZ 30/50 €) einfache Unterkünfte. Eine Alternative ist das chaletähnliche **Picchio Nero** (☎0973 9 31 70; www.picchionero.com; Via Mulino 1; EZ/DZ inkl. Frühstück 60/73 €; P) in Terranova di Pollino.

Besuchenswerte Restaurants sind auch **Luna Rossa** (☎0973 9 32 54; Via Marconi 18; Mahlzeiten 35 €; ⏲Do–Di) in Terranova di Pollino und **Da Peppe** (☎0973 66 12 51; Corso Garibaldi 13; Mahlzeiten 25–35 €; ⏲Di–So Mittag- & Abendessen) in Rotonda. Für den individuellen Besuch des Nationalparks Pollino ist ein eigenes Fahrzeug nötig.

der Kathedrale geht es die Via del Seggio hinauf durch ein kleines, mittelalterliches Viertel und dann rechts zum **Convento di San Francesco d'Assisi**, das aus dem 13. Jh. stammt, – oder auch den *corso* entlang bis zur Piazza XV Marzo, einem hübschen Platz, der vom Palazzo del Governo und dem imposanten klassizistischen **Teatro Rendano** gesäumt wird.

Im Süden der Piazza liegt breit die schattige **Villa Vecchia**, ein riesiger, angenehmer Park, der zum Verweilen einlädt. Zur heruntergekommenen normannischen **Burg** (Piazza Federico II), der viele Erdbeben sehr zugesetzt haben, geht es von der Piazza XV Marzo zunächst die Via Paradiso entlang und dann in die Via Antonio Siniscalchi. Die Burg ist wegen Renovierungsarbeiten geschlossen, aber der Ausblick lohnt den steilen Aufstieg.

Schlafen

B&B Via dell'Astrologo B&B €

(☎338 920 53 94; www.viadellastrologo.com; Via Rutilio Benincasa 16; EZ 35–40 €, DZ 60–70 €, 3BZ 90 €; 📶) Ein Kleinod ist dieses kleine B&B in der Altstadt. Die geschmackvoll eingerichteten Zimmer begeistern mit polierten Dielenböden, hochwertigen Bildern an den Wänden und weißen Tagesdecken auf den Betten. Seine Besitzer, die Brüder Mario und Marco, sind sprudelnde Wissensquellen, wenn es um Cosenza und generell um Kalabrien geht.

Royal Hotel HOTEL €€

(☎0984 41 21 65; www.hotelroyalsas.it; Via Molinella 24; 100 €; P❄@📶) Das Royal – eine der wenigen höherwertigen Unterkünfte der Stadt – liegt nur einen Katzensprung vom Corso Mazzini entfernt. Seine Zimmer sind unpersönlich, aber komfortabel. Am besten ist das neue Hotelgebäude, das gleich um die Ecke des alten liegt.

Essen

Gran Caffè Renzelli CAFÉ €

(Corso Telesio 46; Kuchen ab 1,20 € pro Stück) Seit 1803 befindet sich das altehrwürdige Café hinter dem *duomo* in der Hand einer Familie. Stammvater des Cafés samt all der klebrigen Kuchen und Süßigkeiten war ein Neapolitaner. Besonders verlockend sind die *torroncino torrefatto* (Konfekt aus Zucker, Gewürzen und Haselnüssen) und die *torta telesio* (eine Torte mit Mandeln, Kirschen, Aprikosenmarmelade und Lupinensamen).

Ristorante Calabria Bella TRADITIONELL ITALIENISCH €€

(☎0984 79 35 31; www.ristorantecalabriabella.it; Piazza del Duomo; Mahlzeiten 25 €; ⏲12–15 & 19–24 Uhr) Gerichte der traditionellen kalabresischen Küche, z. B. *grigliata mista di carne* (gemischtes Grillfleisch), sind fester Bestandteil der Speisekarte dieses gemütlichen Restaurants in der Altstadt.

Per... Bacco!! TRATTORIA €€

(☎0984 79 55 69; Piazza dei Valdesi; Mahlzeiten 25 €) Backsteinwände, dicke Balken und Weinflaschen prägen das Ambiente des schicken, aber trotzdem zwanglosen Restaurants. Von den Fensterplätzen aus hat man die ganz Piazza im Blickfeld. Die angenehm kurze Speisekarte bietet u. a. eine köstliche und großzügig bemessene Vorspeise für 8 €.

Praktische Informationen

Die Hauptstraße, der Corso Mazzini, verläuft von der Piazza Bilotti (früher Piazza Fera) unweit des Busbahnhofs in südlicher Richtung. Sie kreuzt den Viale Trieste, bevor sie an der Piazza dei Bruzi endet. Die Altstadt liegt noch weiter südlich am gegenüberliegenden Ufer des Busento.

Anreise & Unterwegs vor Ort

Bus

Am zentralen **Busbahnhof** (☎0984 41 31 24) nordöstlich der Piazza Bilotti starten die Busse nach Catanzaro (4,60 €, 1¾ Std., 8-mal tgl.) und zu anderen Ortschaften in der gesamten Bergregion La Sila. Busse der **Autolinee Preite** (☎0984 41 30 01) verkehren täglich auf der Route entlang der nördlichen tyrrhenischen Küste. **Autolinee Romano** (☎0962 2 17 09) bieten Busverbindungen nach Crotone, Rom und Mailand.

Flugzeug

Der **Flughafen Lamezia Terme** (Sant'Eufemia Lamezia, SUF; ☎0968 41 43 33; www.sacal.it) liegt 63 km südlich von Cosenza an der Kreuzung der A3 mit der SS280. Er verbindet die Region mit größeren italienischen Städten. Aus deutschsprachigen Ländern wird er z. B. von Airberlin, Ryanair und TUIfly angeflogen. Ein Shuttlebus pendelt alle 20 Minuten zwischen dem Terminal und dem Flughafenbahnhof, von dort gibt es regelmäßige Zugverbindungen nach Cosenza (4,60 €, 1 Std.).

Zug

Der Hauptbahnhof, die **Stazione Nuova** (☎0984 2 70 59), befindet sich ungefähr 2 km nordöstlich vom Stadtzentrum. Regelmäßige direkte Zugverbindungen bestehen nach Neapel (ab 26,40 €, 3–4 Std.) sowie zu den meisten Bahnhöfen an der kalabresischen Küste. Um nach Reggio di Calabria (ab 11,60 €, 3 Std.) oder Rom (ab 44 €, 4–6 Std.) zu gelangen, muss man in der Regel in Paola umsteigen.

Die Buslinie 27 von **Amaco** (☎0984 30 80 11) verbindet das Stadtzentrum mit der Stazione Nuova.

Parco Nazionale della Sila

Die Sila ist eine wundervolle Landschaft mit scheinbar endlosen, sanft geschwungenen, bewaldeten Hügeln. Dazwischen liegen verstreut kleine malerische Dörfer, und kurvenreiche Straßen, auf denen das Fahren zu einem Härtetest für den Magen wird, schlängeln sich durchs Gelände.

Die Region gliedert sich in drei Bereiche, die eine Fläche von 130 km² umfassen: die Sila Grande mit den höchsten Bergen, die stark albanisch geprägte Sila Greca (im Norden der Region) und die Sila Piccola (bei Catanzaro) mit ausgedehnten, baumbestandenen Hügellandschaften.

Die höchsten Gipfel, auf denen hohe Korsische Schwarzkiefern stehen, erreichen eine Höhe von 2000 m, genug für reichlich Schnee im Winter. Das macht sie zu einem beliebten Skigebiet. Im Sommer ist das Klima alpin-kühl, im Frühjahr blühen hier ausgedehnte Teppiche von Wildblumen, und im Herbst geht es zum Pilzesammeln. Ganz oben liegt der Bosco di Gallopani (Wald von Gallopani).

Es gibt auch mehrere schöne Seen, der größte ist der Lago di Cecita o Mucone bei Camigliatello. Wild ist dort in großer Zahl vertreten, auch der hellgraue und geschützte Apenninwolf zählt dazu.

Gutes Informationsmaterial zum Nationalpark in einer anderen Sprache als Italienisch ist Mangelware. Mit etwas Glück lässt sich zumindest die eine oder andere englischsprachige Broschüre ergattern. Eine Chance dafür besteht im **Besucherzentrum** (☎0984 53 71 09) des Nationalparks. Es befindet sich in Cupone, 10 km von Camigliatello entfernt. Man kann es aber auch im Tourismusbüro **Pro Loco** (☎0984 57 81 59; Via Roma; ⌚Mi–Mo 9.30–12.30 & 15.30–18.30 Uhr) in Camigliatello versuchen. Eine für Besucher hilfreiche Informationsquelle ist die offizielle Website des Parks: www.parcosila.it. Einen Teil der wichtigen Informationen gibt es hier auch auf Englisch. Der Mann, der das B&B Calabria im Nationalpark betreibt, weiß so gut wie alles über den Park und ist außerdem sehr hilfsbereit.

Nützlich ist die *Carta del Parco Nazionale della Sila* (8 €), in ihr sind u. a. die Wanderwege des Parks eingezeichnet. Eine ganze Reihe dieser Wanderwege enthält auch der kleine englischsprachige Parkführer *The Sila for 4*. Erhältlich ist diese Broschüre in der Touristeninformation und bei der **New Sila Tourist Service Agency** (☎0984 57 81 25; Via Roma 16, Camigliatello). Dieses privat geführte Reisebüro bietet generell kompetente Informationen zum Park.

Valli Cupe (☎333 698 88 35, 864 36 01; www.vallicupe.it) organisiert Wandertouren in die Umgebung von Sersale (Stadt im Südosten des Parks). In der Gegend rauschen nicht nur unzählige Wasserfälle zu Tal, hier liegt auch der atemberaubende Canyon Valli Cupe. Eine Tagestour kostet nur 8 € pro Person. Die auf Botanik spezialisierten Führer sprechen Italienisch und Französisch. Auf dem Tourenprogramm stehen auch Besuche entlegener Klöster und Kirchen. In Sersale vermietet der Tourveranstalter rustikale Unterkünfte.

Im August findet das Festival **Sila in Festa** statt, bei dem traditionelle Musik im Vordergrund steht. Im Herbst ist Pilzsaison, verbunden mit zahllosen Pilzfestivals wie z. B. der **Sagra del Fungo** in Camigliatello.

Sehenswertes

Der Hauptort der Sila, **San Giovanni in Fiore** (1049 m), ist nach dem Gründer der wunderschönen mittelalterlichen **Abtei** benannt. Die Stadt hat einen hübschen alten Ortskern, der sich hinter erdrückend großen Vorstädten versteckt, und ist berühmt für ihre handgewebten Teppiche und Wandbehänge im armenischen Stil. Im Atelier und Laden von **Domenico Caruso** (☎0984 99 27 24; www.scuolatappeti.it) sind nach telefonischer Voranmeldung kunstvoll gefertigte Beispiele hierfür zu besichtigen.

Der beliebte Skiort **Camigliatello Silano** (auf 1272 m Höhe) bietet 6 km Pisten und sieht am besten im Schnee aus. Am Monte Curcio, etwa 3 km südlich, sind dann einige Lifte in Betrieb. Etwa 5,5 km Piste und ein Lift über 1500 m finden sich bei **Lorica** (1370 m) am entzückenden Lago Arvo – dem besten Platz zum Zelten im Sommer.

Scigliano (620 m) in der Sila Piccola ist ein kleiner Ort auf einer Hügelkuppe mit einer wunderbaren Unterkunft, und **Sersale** (739 m) dient als Ausgangspunkt für Wanderungen und Trekkingtouren mit Führern aus den Valli Cupe.

Schlafen

LP TIPP B&B Calabria B&B €

(☎349 878 18 94; www.bedandbreakfastcalabria.it (auch auf Deutsch); Via Roma 9, Frazione Diano, Scigliano; EZ/DZ 40/60 €; ⏲April–Nov.) Das in den Bergen gelegene B&B verfügt über fünf komfortable Zimmer, die alle einen eigenen Eingang haben. Raffaele, der B&B-Betreiber, erweist sich als wahre Fundgrube, wenn es um Informationen über die Region geht. Bereitwillig gibt er Auskünfte über Restaurants, Wanderwege und alles Sehenswerte. Eine moderne Ausstattung verleiht den Zimmern einen angenehm klaren Charakter. Auf einer hübschen Terrasse lässt sich ein faszinierender Ausblick auf die Berglandschaft mit ihren schier endlosen Wäldern genießen. Gäste können sich Mountainbikes ausleihen, um die Umgebung zu erkunden.

Hotel Aquila & Edelweiss HOTEL €

(☎0984 57 80 44; www.hotelaquilaedelweiss.com; Viale Stazione 15, Camigliatello; EZ 60–80 €, DZ 80–100 €; P❄@) Seine günstige Lage im Zentrum von Camigliatello macht die öde, anonyme Umgebung dieses Drei-Sterne-Hotels wett. Außerdem sind die Zimmer gemütlich und komfortabel.

Valli Cupe B&B €

(☎333 698 88 35; www.vallicupe.it; Sersale; pro Pers. 20 €) In Sersale verfügt der Tourveranstalter Valli Cupe über ein hübsches kleines rustikales Haus mit Küche und offenem Kamin (der sich bestens zum Rösten von Kastanien eignet). Infos (auch auf Englisch) zur Buchung finden sich auf der oben genannten Website.

Park Hotel 108 HOTEL €€

(☎0521 64 81 08; www.hotelpark108.it; Via Nazionale 86, Lorica; Zi 90–130 €; P☎) Das Hotel liegt am Ufer des Lago Arvo, um den sich eine Hügellandschaft mit dunkelgrünen Kiefernwäldern erstreckt. Die Zimmer sind im nichtssagenden, öden Stil der Kettenhotels eingerichtet. Doch wen stört das schon bei solch einer wunderschönen Landschaft vor der Tür.

Camping del Lago Arvo CAMPINGPLATZ €

(☎0984 53 70 60; Stellplatz für 2 Pers., für Zelt & Auto 10–14 €, Bungalow 40–60 €) Das Seeufer in Lorica ist ein ausgesprochen schöner Platz zum Campen. In der Nähe des komfortablen Campingplatzes hat die kalabresische Nationalparkverwaltung ihren Sitz.

Shoppen

In den Wäldern der Sila gedeihen erstaunlich viele Pilze, essbare – und giftige. Wer eine sichere Quelle für Pilze bevorzugt, stöbert besser in der **Antica Salumeria Campanaro** (Piazza Misasi 5) in Camigliatello Silano. Der Feinkostladen ist nicht nur ein wahres „Pilz-Eldorado", sondern auch eine gute Adresse für köstliche Fleisch- und Wurstwaren sowie für Käse, Eingelegtes und Weine.

An- & Weiterreise

Camigliatello Silano und San Giovanni in Fiore sind mit den Linienbussen der Ferrovie della Calabria erreichbar. Die Busse fahren über die SS107, die Cosenza und Crotone verbindet.

Ionische Küste

Eine flache Landschaft und breite Sandstrände kennzeichnen die Ionische Küste. Zwischen Sibari und Santa Severina liegen einige faszinierende Haltepunkte. Die schönsten Strände erstrecken sich in der Umgebung von Soverato. Doch all die Schönheit führte zu hässlichen Begleiterscheinungen: Entlang der Küste zieht sich eine fast ununterbrochene Kette an Ferienorten, die im Sommer vor Menschen überquellen und von Oktober bis Mai wie leergefegt sind.

Ein Abstecher ins Landesinnere lohnt sich, um **Santa Severina** zu besuchen. Die kleine Stadt liegt 26 km nordwestlich von Crotone auf einer Bergkuppe. Eine normannische Festung beherrscht das Bild der Stadt. Mehr als einen flüchtigen Blick verdient auch die schöne byzantinische Kirche.

LE CASTELLA

Den Namen verdankt die Stadt ihrer imposanten aragonesischen **Burg** (Eintritt 3 €; ⏲Sommer 9–24 Uhr, Winter 9–13 & 15–18 Uhr) aus dem 16. Jh. Die weitläufige Burganlage bedeckt eine kleine vorgelagerte Insel, von der ein kurzer Damm zum Festland führt. Ihre ersten Anfänge liegen weit zurück. Laut Berichten des Philosophen Plinius d. J. hat Hannibal (246–183 v. Chr.) den ersten Turm errichten lassen. Nachweisbar ist allerdings lediglich, dass im 4. Jh. v. Chr. mit dem Bau einer Burg begonnen wurde, um Crotone während der Kriege gegen den Heerführer und König Pyrrhus zu schützen.

Le Castella liegt südlich des Schutzgebietes Capo Rizzuto, einem der raren Schutzgebiete an dieser Küste. Eine reiche Natur verbindet sich hier mit einer facettenreichen griechischen Geschichte. Umfassende Informationen über das Schutzgebiet bietet die Website www.riservamarinacaporizzuto.it (auch auf Deutsch).

Mit den rund 15 Campingplätzen im Norden der Gemeinde Isola di Capo Rizzuto bildet die Gegend das bedeutendste Campinggebiet der ionischen Küste. Auf dem 1,5 km vom Meer entfernten Campingplatz **La Fattoria** (☎0962 79 11 65; Via del Faro; Stellplatz für 2 Pers., Zelt & Auto 23 €, Bungalow 60 €; ⌚Juni–Sept.) stehen auch Bungalows zur Verfügung. Eine angenehme Unterkunft in der Stadt ist das Hotel **Da Annibale** (☎0962 79 50 04; Via Duomo 35; EZ/DZ 50/70 €; P❄@📶). Das ebenfalls zum Hotel gehörende **Fischrestaurant** (Mahlzeiten 30 €; ⌚Mittag- & Abendessen) hat einen guten Ruf.

Wer beim Essen einen weiten Meerblick genießen möchte, geht in das helle, luftige **Ristorante Micomare** (☎0962 79 50 82; Via Vittoria 7; Mahlzeiten 20–25 €; ⌚Mittag- & Abendessen).

GERACE

2830 EW.

Gerace, eine sehenswerte mittelalterliche Stadt, die auf einem Hügel thront, ist allein wegen ihres Ausblicks einen Umweg wert – auf der einen Seite das Ionische Meer, auf der anderen die dunklen Berge im Landesinneren. Etwa 10 km landeinwärts von Locri an der SS111 gelegen, besitzt es einen **Dom**, der zu den größten romanischen Kirchenbauten Kalabriens gehört. Er stammt aus dem Jahr 1045, und selbst spätere Umbauten haben der Herrlichkeit des Gotteshauses nichts anhaben können.

Einen guten Eindruck der traditionellen kalabrischen Küche vermittelt das bescheiden wirkende, aber einladende **Ristorante a Squella** (☎0964 35 60 86; Viale della Resistenza 8; Mahlzeiten 20 €). Meeresfrüchte und Pizza sind dort besonders renommiert. Anschließend kann man die Straße hinuntergehen und den Ausblick aufs Meer bewundern.

Noch ein Stück weiter landeinwärts liegt **Canolo**, ein kleines, bescheidenes Dorf, an dem das 20. Jh. weitgehend vorbeigegangen zu sein scheint. Busse verbinden die Ortschaften Gerace und Locri sowie Canolo und Siderno. Locri und Siderno liegen beide an der Hauptbahnlinie entlang der Küste.

Parco Nazionale dell'Aspromonte

Viele Italiener halten den **Parco Nazionale dell'Aspromonte** (www.parcoaspromonte.it) für einen Schlupfwinkel, in dem sich in den 1970er- und 1980er-Jahren kalabresische Kidnapper versteckten. Noch heute geht das Gerücht um, die Parkgegend sei eine Hochburg der 'ndrangheta (Vereinigung der kalabresischen Mafia). Doch die ganz normalen Parkbesucher kommen höchstwahrscheinlich nie mit dunklen Geschäften in Berührung. Der Aspromonte, Kalabriens zweitgrößter Nationalpark, umfasst ein Bergmassiv, das sich spektakulär im Rücken von Reggio di Calabria erhebt. Sein höchster Gipfel, der **Montalto** (1955 m), fasziniert mit einer riesigen Christusstatue und einem weiten Panoramablick, der bei klarem Wetter bis nach Sizilien reicht.

Obwohl häufig Schlammlawinen niedergehen und reißende Flüsse das Gestein zerklüften, sind die Berge überwältigend schön. Unterirdische Wasseradern halten die Koniferenwälder auf den Gipfeln in sattem Grün und lassen im Frühling Blütenmeere aufleuchten. Der Nationalpark ist ein wundervolles Wandergebiet mit mehreren farbig markierten Wanderrouten.

Aufgrund der extremen klimatischen und geografischen Verhältnisse entstanden hier einige außergewöhnliche Dörfer, z. B. **Pentidàttilo** und **Roghudi**. Wie Kletten klammern sich ihre Häuser an die zerklüfteten, steilen Felsen. Heute sind viele dieser Dörfer, die wie Adlerhorste anmuten, verlassen. Eine Erkundungstour lohnt sich aber auf jeden Fall, beispielsweise nach **Bova**. Samt einer fotogenen Burgruine „klebt" dieses (bewohnte) Dorf 900 m über dem Meeresspiegel an einem Berghang. Für schwache Nerven empfiehlt sich die Fahrt über die schwindelerregende steile Straße allerdings weniger. Wer es dennoch geschafft hat, wird mit einem mehr als atemberaubenden Ausblick auf die umliegenden Berge belohnt.

Karten sind Mangelware. Hilfreich ist das Büro der **Parkverwaltung** (☎0965 74 30 60; www.parcoaspromonte.it; Via Aurora; ⌚Mo, Mi & Fr 9–13, Di & Do 9–13 & 15–17 Uhr) in **Gambarie,** der größten Stadt im Aspromonte. Von hier aus gelangt man auch am leichtesten in den Nationalpark. Die Straßen sind gut, und hier lassen sich viele Aktivitäten organisieren, z. B. auch Skitouren. Wer einen Geländewa-

Reggio di Calabria

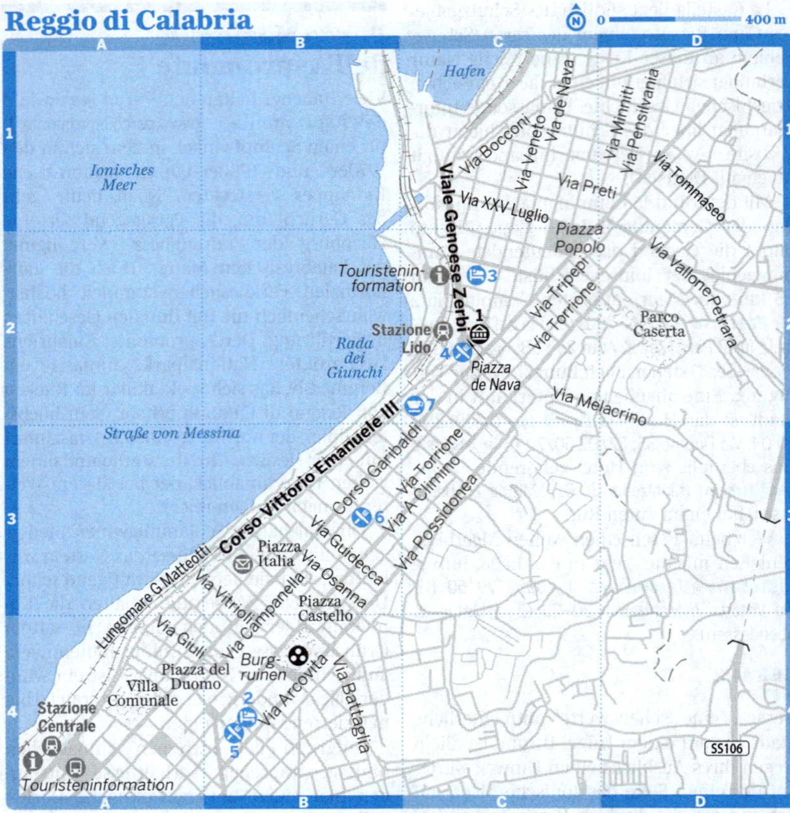

Reggio di Calabria

Sehenswertes
- 1 Museo Nazionale della Magna Grecia C2

Schlafen
- 2 B&B Casa Blanca B4
- 3 Hotel Lungomare C2

Essen
- 4 Cèsare C2
- 5 La Cantina del Macellaio B4
- 6 Le Rose al Bicchiere B3

Ausgehen
- 7 Caffe Matteoti C2

gen leihen möchte, braucht sich einfach nur in der Stadt umzuhören.

Auch vom Süden her kommt man in den Park, allerdings auf schlechteren Straßen. Ausgezeichnete Informationen bietet die **Società Cooperativa Naturaliter** (☎347 3046799; www.naturaliterweb.it) in **Condofuri.** Die Organisation arrangiert auch Wanderungen und Eseltreks und vermittelt B&Bs in der gesamten Region. Geführte Touren bietet auch die **Cooperativa San Leo** (☎347 3046799) in Bova an, außerdem vermittelt sie Unterkünfte. In Reggio di Calabria kann man bei **Misafumera** (☎0965 67 70 21; www.misafumera.it; Via Nazionale 306d) Wander- und Trekkingtouren buchen.

Mit einer Unterkunft auf einer Bergamotte-Plantage kann die **Azienda Agrituristica Il Bergamotto** (☎347 601 23 38; Via Amendolea, Condofuri; pro Pers. 25 €) dienen. Von hier aus organisiert Ugo Sergi Ausflüge in den Nationalpark. Da praktisch Wanderwege vor der Haustür verlaufen, eignet sich das Anwesen gut als Stützpunkt für Wanderer. Das reizvolle ländliche Ambiente und nicht zuletzt das köstliche Essen entschädigen für die einfachen Zimmer.

Von Reggio di Calabria fährt die Stadtbuslinie 127 der ATAM nach Gambarie (1 €, 1½ Std., bis zu 6-mal tgl.). Für Selbstfahrer: Von Reggio führen die meisten Straßen ins Hinterland, so bestehen mehrere Möglichkeiten, auf die SS183 zu gelangen. Sie verläuft nördlich der Stadt und führt nach Gambarie.

Reggio di Calabria

185 900 EW.

Reggio ist der wichtigste Hafen für Fähren nach Sizilien, und es funkelt auf verführerische Weise über die Straße von Messina. Die Stadt ist auch die Heimat der spektakulären *Bronzi di Riace* und besitzt eine lange, beeindruckende Seepromenade, die zur Zeit der abendlichen *passeggiata* brechend voll ist. Ansonsten strahlen die staubigen, gitterförmig angelegten Straßen die für die meisten Hafenstädte typische, leicht lasterhafte Atmosphäre aus. Hinter der Strandpromenade schafft ein Netz von Straßen Platz für großstädtisches Gewimmel. Die einst so stolze griechische Stadt der Antike, mehrfach – zuletzt 1908 – durch schwere Erdbeben verwüstet, hat viele Lasten zu tragen, denn als Haupthafen und größte Stadt Kalabriens ganz in der Nähe der Schlupfwinkel der 'ndrangheta (kalabrische Mafia-Vereinigung) im benachbarten Aspromonte ist sie ein Schauplatz des organisierten Verbrechens und der damit verbundenen Zersetzung der Gesellschaft.

Reggio ist jedoch auch Veranstaltungsort für eine Reihe von Festivals, darunter das Anfang August stattfindende **Festival dello Stretto** (www.festivaldellostretto.it), das traditionelle Musik des Südens präsentiert.

Sehenswertes

Museo Nazionale della Magna Grecia MUSEUM
(☎0965 81 22 55; www.museonazionalerc.it; Piazza de Nava 26; Erw./Kind 7/3 €; ⊙Di–So 9–19.30 Uhr) Der ganze Stolz des Museums sind zwei antike griechische Statuen: die **Bronzi di Riace.** Die beiden überlebensgroßen exquisiten Bronzestatuen sind weltweit die schönsten ihrer Art, entdeckt wurden sie 1972 auf dem Meeresgrund vor der Küste von Riace. Mit ihrer unergründlichen, unbeirrten, kämpferischen Ausstrahlung bilden sie ein Paradebeispiel für den Körperkult der alten Griechen. In ihrer perfekten Gestalt scheinen sie mehr Gott als Mensch zu sein. Wen sie darstellen, weiß niemand, selbst ihre Herkunft gibt Rätsel auf. Datiert werden sie auf die Zeit um 450 v. Chr. Vermutlich stammen sie von zwei unterschiedlichen Künstlern.

Außer den Bronzefiguren besitzt das Museum weitere herausragende Exponate, darunter *La Testa del Filosofo* (Das Haupt des Philosophen). Der Bronzekopf stammt aus dem 5. Jh. v. Chr. und ist das älteste bekannte griechische Porträt.

Schlafen

Selbst im Sommer ist es einfach, eine Unterkunft zu finden, denn die meisten Urlauber fahren direkt nach Sizilien weiter und unterbrechen ihre Reise in Reggio nicht.

B&B Casa Blanca B&B €
(☎347 9459210; www.bbcasablanca.it; Via Arcovito 24; EZ 40–50 €, DZ 65–80 €; ❄📶) Ein kleines Juwel im Herzen von Reggio ist dieses B&B in einem *palazzo* aus dem 19. Jh. Das Weiß in Weiß gehaltene Ambiente verleiht den geräumigen Zimmern einen romantischen Touch. Zur Auswahl stehen zwei Apartments, jeweils mit einer Teeküche zum Zubereiten des Frühstücks und einem kleinen Esstisch.

Hotel Lungomare HOTEL €€
(☎0965 2 04 86; www.hotellungomare.rc.it; Viale Genoese Zerbi 13; EZ/DZ 85/130 €; P❄@📶) Mit seiner verspielten Fassade bildet das Hotel zwischen Reggios faden Häuserblocks eine wohltuende Ausnahme. Seine einfachen Zimmer bieten nichts Besonderes, aber das Personal ist freundlich und zuvorkommend. Auf jeden Fall nach einem Zimmer mit Meerblick fragen.

Essen & Ausgehen

Le Rose al Bicchiere TRADITIONELL ITALIENISCH €€
(☎0965 2 29 56; Via Demetrio Tripepi 118; Mahlzeiten 30 €; ⊙Okt.–Juni Mo–Fr Mittagessen, Mo–Sa Abendessen) In der einladenden Weinbar bekommt man neben Weinen auch frische regionale Produkte aus biologischer Landwirtschaft. Besonders lecker schmecken die regionalen Käsesorten und Süßspeisen. So manch einer läuft da Gefahr, mehr zu essen und zu trinken als ihm lieb ist.

La Cantina del Macellaio TRATTORIA €€
(☎0965 2 39 32; www.lacantinadelmacellaio.com; Via Arcovito 26; Mahlzeiten 25 €; ⏱Mo–Sa Abendessen, So Mittag- und Abendessen) Ortsansässige empfehlen diese beliebte Trattoria mit typisch kalabresischer Küche. Der Schwerpunkt liegt auf Fleischgerichten. Beeindruckend ist auch die große Auswahl an Weinen.

Caffè Matteotti CAFÉ €
(www.caffematteotti.it; Corso Vittorio Emanuele 39; ⏱Di–So 7–2 Uhr) Mit Blick aufs Meer und die Vorbeiflanierenden lockt dieses Straßencafé auf dem *corso* – ein schöner Platz, um den einen oder anderen *aperitivo* zu schlürfen.

Cèsare GELATERIA €
(Piazza Indipendenza; ⏱6–1 Uhr) Die beliebteste Eisdiele der Stadt befindet sich in einem grünen Kiosk am Ende des *lungomare* (Strandpromenade).

ℹ Praktische Informationen

Die Stazione Centrale, der Hauptbahnhof, liegt im Süden des Stadtzentrums. Von hier aus verläuft der Corso Garibaldi, die Einkaufs- und Geschäftsmeile der Stadt, in nordöstlicher Richtung. Am Corso liegt auch die Touristeninformation. Seit jeher verwandelt sich der *corso* während der traditionellen *passeggiata* (des für Italien typischen Abendspaziergangs) in eine Fußgängerzone.

Krankenhaus (☎0965 39 71 11; Via Melacrino)
Polizei (☎0965 41 11 11; Corso Garibaldi 442)
Post (Via Miraglia 14)
Touristeninformation (Viale Genovese Zerbi; ⏱9–12 & 16–19 Uhr); Flughafen (☎0965 64 32 91); Stazione Centrale (☎0965 2 71 20)

ℹ An- & Weiterreise

Auto & Motorrad

In Reggio endet die Autobahn A3. Weiter südlich schmiegt sich die SS106 um den „Zeh" des italienischen Stiefels herum an die Küste und verläuft dann wieder Richtung Norden entlang des Ionischen Meeres. Reggio hat ein verwirrend kompliziertes Parksystem – mit Parkerlaubnissen, die entweder an einem Zeitungskiosk zu erwerben oder – falls zufällig gerade greifbar – bei einem Parkplatzwächter zu kaufen sind (Std. 0,50 €).

Bus

Die meisten Busse halten vor der Stazione Centrale an der Piazza Garibaldi. Mehrere Busgesellschaften bieten Busverbindungen zu Städten in Kalabrien und darüber hinaus an. Mit der Buslinie 127 nach Gambarie (1 €, 1½ Std., 6-mal tgl.) bedient **ATAM** (☎800 43 33 10; www.atam-rc.it) die Strecke in das Bergmassiv Aspromonte; Busse von **Lirosi** (☎0966 5 79 01) fahren nach Rom (46 €, 8 Std., 2-mal tgl.). Für die Fahrt nach Scilla und Tropea sind die Regionalzüge bequemer als die Busse.

Fähre/Schiff

Die Fähren nach Messina (Sizilien) legen im Hafen ab – gleich nördlich der Stazione Lido. In der Hochsaison verkehren bis zu 20 Tragflächenboote täglich; in der Nebensaison sind es nur noch zwei. Einige Schiffe fahren weiter zu den Äolischen Inseln.

Es gibt eine ganze Reihe von Fährbetrieben, darunter **Meridiano** (☎0965 81 04 14; www.meridiano lines.it) Die einfache Fahrt kostet 12 € pro Auto (Insassen inkl.) und 1,50 bis 2,80 € für Fußgänger. Die Überfahrt dauert 20 Minuten.

Flugzeug

Reggios **Flughafen** (REG; ☎0965 64 05 17; www.aeroportodellostretto.it) liegt 5 km südlich der Stadt in Ravagnese.

Zug

Alle fahrplanmäßig fahrenden Züge halten an der **Stazione Centrale** (☎0965 89 20 21), teilweise auch an der Stazione Lido unweit des Museums. Es bestehen regelmäßige Zugverbindungen nach Mailand (ab 140 €, 9½–11½ Std.), Rom (ab 69 €, 7½ Std.) und Neapel (ab 56 €, 4½–5½ Std.). Die Regionalzüge fahren an der Küste entlang nach Scilla und Tropea und dann landeinwärts nach Catanzaro. Weniger häufig als auf dieser Strecke sind die Züge nach Cosenza und Bari unterwegs.

ℹ Unterwegs vor Ort

Die orangefarbenen Stadtbusse der **ATAM** (☎800 43 33 10; www.atam-rc.it) decken den größten Teil der Stadt ab. Zum Hafen fahren die Linien 13 oder 125 von der Piazza Garibaldi vor der Stazione Centrale. Der Porto-Aeroporto-Bus (Linie 125) fährt vom Hafen über die Piazza Garibaldi zum Flughafen und wieder zurück (25 Min., stündl.). Fahrkarten gibt es in ATAM-Büros, Tabakläden und an Zeitungsständen.

Die Südliche Tyrrhenische Küste

Nördlich von Reggio, entlang der Autostrada del Sole (A3), die hier direkt an der Küste verläuft, wandelt sich die Landschaft und wird immer schöner und wilder – von schäbigen Feriencamps und unansehnlichen Bauten, die mitunter die Landschaft verschandeln, einmal abgesehen. Wie am nördlichen Abschnitt der Küste ist hier im

Winter fast alles geschlossen, im Sommer dagegen von Urlaubern völlig überfüllt.

SCILLA

5160 EW.

Als ob sie um ihr Leben fürchten würden, klammern sich die cremefarben, ockergelb und erdfarben gestrichenen Häuser von Scilla an den zerklüfteten Felsvorsprung, der in ungeordneter Abfolge zur Spitze der Erhebung ansteigt. Dort steht ein Kastell, und direkt darunter erstrahlt die blendend weiße Chiesa Arcipretale Maria Immacolata. Die Stadt ist im Sommer lebhaft, in der Nebensaison ruhig und wird von ihrem winzigen Hafen in zwei Teile gespalten – im Fischerviertel Scilla Chianalea nach Norden zu liegen kleine Hotels und Restaurants in schmalen Gassen unmittelbar am Ufer. Man gelangt nur zu Fuß dorthin.

Scillas Hauptattraktion ist ein Felsen am nördlichen Ortsausgang, von dem es heißt, er sei der Unterschlupf der Skylla, des mythischen, sechsköpfigen Seeungeheuers, das Seeleute ertränkte, wenn sie versuchten, am Schlund vorbei die Straße von Messina zu durchfahren. Heute ist das Schwimmen und Angeln vor dem Strand der Stadt um ein Vielfaches sicherer. Am Lido Paradiso kann man einen Blick auf die Festung erhaschen, während man am Sandstrand ein Sonnenbad nimmt.

Sehenswertes

Castello Ruffo BURG

(☎0956 70 42 07; Eintritt 1,50 €; ⌚8.30–19.30 Uhr) Die imposante Festungsanlage auf der hohen, steilen Klippe diente zeitweise als Leuchtturm und Kloster. Zu sehen ist hier ein original *luntre,* ein schwarzes Fischerboot, das früher für den Schwertfischfang eingesetzt wurde. Es ist ein Vorläufer der *passarelle,* der heutigen Fangschiffe.

Schlafen

Le Piccole Grotte B&B €

(☎338 2096727; www.lepiccolegrotte.it; Via Grotte 10; DZ 90–120 €; ❄) Im malerischen Fischerviertel Chianalea befindet sich dieses B&B in einem Fischerhaus aus dem 19. Jh. Gleich neben dem Haus führt eine Treppe zum kristallklaren Meer. Jedes Zimmer hat einen kleinen Balkon – entweder mit Blick auf die schmale Gasse oder aufs Meer.

La Locandiera B&B €

(☎0965 75 48 81; www.lalocandiera.org; Via Zagari 27; DZ 60–100 €; ❄📶) Den Besitzern von Le Piccole Grotte gehört auch dieses B&B. Es begeistert die Gäste ebenfalls mit einer malerischen Lage, großen, komfortablen Zimmern und Meerblick.

Essen & Ausgehen

Bleu de Toi FISCH & MEERESFRÜCHTE €€

(☎0965 79 05 85; www.bleudetoi.it; Via Grotte 40; Mahlzeiten 30–35 €; ⌚Mi–Mo) Das kleine Restaurant wartet nicht nur mit Chianalea-Atmosphäre auf, sondern auch mit einer Terrasse, unter der das Meer schwappt. Seine Fischgerichte, darunter Scillas berühmter Schwertfisch, sind ausgezeichnet.

Dali City Pub BAR

(Via Porto) Seit 1972 besteht diese beliebte Bar am Strand von Scilla. Eine Fan-Ecke (adäquat „Die Höhle“ genannt) zollt den Beatles Tribut.

CAPO VATICANO

Von der felsigen Landspitze mit ihren Stränden, Schluchten und Kalksteinklippen bieten sich spektakuläre Ausblicke. Vogelbeobachter können hier viel entdecken. Etwa 7 km südlich von Tropea steht hier ein 1885 erbauter Leuchtturm dicht neben einem kurzen Fußweg. Von dort sind draußen im Meer die Äolischen Inseln zu sehen. Der Strand von Capo Vaticano ist der feinste an dieser Küste.

TROPEA

6780 EW.

Tropea ist ein Labyrinth aus Gassen und Plätzen. Die Stadt ist berühmt für ihre faszinierende Schönheit ebenso wie für ihre schwindelerregende Lage und das amethystartige Licht beim Sonnenuntergang. Tropea liegt auf dem Promontorio di Tropea, einem Vorgebirge, das sich von Nicotera im Süden bis Pizzo im Norden erstreckt. Die Küstenlandschaft wechselt hier zwischen schroffen Klippen und weißen Sandstränden, umspült von einem klaren blauen Meer. Kein Wunder also, dass im Sommer unzählige Italiener hierher kommen, um Urlaub zu machen. Wenn man englische Sprachfetzen vernimmt, stammen diese womöglich von in den USA lebenden Verwandten, die der alten Heimat einen Besuch abstatten. Die Zahl der im frühen 20. Jh. Ausgewanderten war in der Tat enorm hoch.

Nach einer umstrittenen Sage soll Herkules die Stadt gegründet haben, doch scheint die Gegend schon in der Jungsteinzeit besiedelt gewesen zu sein. Im Verlauf der Geschichte war Tropea von Arabern, Normannen, Staufern, Anjous und Aragonesen besetzt und wurde von türkischen Piraten angegriffen. Vielleicht waren die Invasoren auf die berühmten süßen roten Zwiebeln aus, die hier und in der Umgebung angebaut werden.

Sehenswertes

Von der Stadt geht der Blick hinunter auf die Kirche **Santa Maria dell'Isola.** Das mittelalterliche, im Renaissancestil umgestaltete Gotteshaus steht auf einer eigenen Felseninsel. Im Lauf der Jahrhunderte haben Schlamm und Schlick eine Verbindung zum Festland geschaffen.

Nahe dem Eingang dieser schönen normannischen **Kathedrale** (6.30–11.30 & 16–19 Uhr) liegen zwei nicht detonierte Bomben aus dem Zweiten Weltkrieg. In Tropea glauben viele, es sei der Schutzheiligen der Stadt, der Madonna di Romania, zu verdanken, dass sie nicht explodiert sind. (Übrigens: Die Bomben sind inzwischen entschärft.)

Schlafen

Donnaciccina B&B €€
(0963 6 21 80; www.donnaciccina.com, auch auf Deutsch; Via Pelliccia 9; EZ 40–75 €, DZ 80–150 €;) Das reizvolle B&B mit Ausblick auf die Hauptstraße, den *corso,* besitzt einen Sinn fürs Historische. Davon zeugen ausgesuchte Antiquitäten, Himmelbetten und unverputzte Steinwände. In einer tollen Lage auf den Klippen mit perfektem Meerblick steht auch ein Apartment für Selbstversorger zur Verfügung.

Residenza il Barone B&B €€
(0963 60 71 81; Largo Barone; www.residenzailbarone.it; Zi 70–180 €;) Sechs Suiten in einem eleganten *palazzo* vermietet das B&B; hell gestrichene Wände und eine Einrichtung in tabakbraunen Tönen verleihen den Zimmern einen maskulinen Touch. Moderne Gemälde vom Bruder des Besitzers sorgen für eine peppige Note. In jeder Suite steht ein Computer für die Gäste bereit, das Frühstück wird auf einer kleinen Dachterrasse mit Ausblick auf die Altstadt und das Meer serviert.

Essen

Al Pinturicchio TRADITIONELL ITALIENISCH €
(0963 60 34 52; Via Dardona, Ecke Largo Duomo; Mahlzeiten 16–22 €) Das von Einheimischen empfohlene Restaurant in der Altstadt besitzt eine romantische Atmosphäre und eignet sich gut für eine gemütliche Mahlzeit. Auf den Tischen stehen Kerzen, die Speisekarte enthält ideenreiche Gerichte.

Osteria del Pescatore FISCH €
(0963 60 30 18; Via del Monte 7; Mahlzeiten 20–25 €; Do–Di Abendessen) Schwertfisch bildet den Schwerpunkt auf der Speisekarte dieses einfachen Fischrestaurants, das versteckt in einer stillen Seitenstraße liegt.

Praktische Informationen

CST Tropea (0963 6 11 78; www.csttropea.it, auch auf Deutsch; Largo San Michele 7; Sept.–Juni 9–13 & 17–19.30 Uhr, Juli & Aug. 9–13 & 17–22 Uhr) Hilfreiches Reisebüro am Rand der Altstadt, ein Teil des Personals spricht Deutsch. Organisiert Trekking-, Mountainbike- und Tauchtouren sowie Ausflüge mit kulturellem Schwerpunkt.

Touristinformation (0963 6 14 75; Piazza Ercole; 9–13 & 16–20 Uhr) In der Altstadt.

An- & Weiterreise

Zugverbindungen gibt es nach Pizzo (30 Min.), Scilla (1 Std. 20 Min.) und Reggio (2 Std.). Die Busse von **SAV** (0963 611 29) verbinden Tropea mit weiteren Ortschaften an der Küste.

PIZZO

9240 EW.

Hoch oben auf einer Meeresklippe liegt das hübsche kleine Pizzo, ein Muss für Liebhaber des *tartufo,* eines unglaublich schokoladigen Eiscremebällchens. Außerdem gibt es hier eine ungewöhnliche, direkt in den Felsen gehauene Grottenkirche zu sehen. Alles in allem also ein beliebtes Touristenziel. Den Ortsmittelpunkt bildet die Piazza della Repubblica, hoch über dem Meer gelegen und mit tollem Ausblick. Genau der richtige Ort, um sich auf einer der vielen Eisdielenterrassen niederzulassen und in *gelati* zu schwelgen.

Einen Kilometer weiter nördlich liegt die **Chiesa di Piedigrotta** (Eintritt 2,50 €; tgl. 9–13 & 15–19.30 Uhr), eine unterirdische Höhle voller steinerner Statuen, die im 17. Jh. von neapolitanischen Schiffbrüchigen in den Tuffstein gegraben wurde. Weitere Bildhauer steuerten ebenfalls Werke bei, und schließlich wurde das Ganze in eine Kirche umgewandelt. Unter den jüngsten Statuen finden sich auch solche von weniger göttlichen Personen wie Fidel Castro und John F. Kennedy. Es ist eine bizarre, einzigartige Mischung aus Mystik, Geheimnis und einem gerüttelt Maß an Kitsch.

In der Stadt beherbergt die **Chiesa Matrice di San Giorgio** (Via Marconi) aus dem 16. Jh. mit ihren aufgedonnerten Madonnen das Grab Joachim Murats, des Schwagers von Napoleon und einstigen Königs von

Neapel. Trotz seiner aufgeklärten Reformpolitik zeigten sich die Einheimischen nicht sonderlich betroffen, als Murat hier festgesetzt und hingerichtet wurde. In dem gepflegten kleinen **Castello Murat** (☎0963 53 25 23; Erw./erm. 2,50/1,50 €; ⏲Juni–Sept. tgl. 9–13 & 15–24 Uhr, Okt.–Mai 9–13 & 15–19 Uhr) aus dem 15. Jh. südlich der Piazza della Repubblica ist Murats Zelle zu besichtigen. Seine letzten Tage und seine Hinrichtung durch ein Erschießungskommando sind mit Hilfe von Wachsfiguren dargestellt.

Gute Unterkünfte sind rar in Pizzo. Im **Armonia B&B** (☎0963 53 33 37; Via Armonia 9; DZ ohne Bad 50–75 €; @) vermietet der fast schon legendäre Besitzer Franco einige Zimmer mit Gemeinschaftsbad. Leckere, große Pizzas backt die **Pizzeria Ruota** (☎0963 53 24 27; Piazza della Repubblica 36; Pizzas 4–6 €; ⏲Do–Di 11–15.30 & 19.30–24 Uhr).

Sizilien

5 MIO. EW.

Inhalt »

Gut essen

» Trattoria Ai Cascinari (S. 813)

» Quattro Gatti (S. 870)

» Il Liberty (S. 851)

» Il Gallo e l'Innamorata (S. 877)

Schön übernachten

» Isoco Guest House (S. 832)

» Pensione Tranchina (S. 882)

» Villa Athena (S. 874)

Auf nach Sizilien!

Sizilien verwöhnt seine Gäste eher mit einem zuckersüßen Espresso, in dem der Löffel steht, als mit einem milchigen Cappuccino. Die Insel ist mit Kunstschätzen und Naturschönheiten schier überfrachtet, dafür hapert es an der Infrastruktur, und der Kampf gegen die von der Mafia organisierte Korruption nimmt kein Ende. Wer Sizilien kennen lernen will, sollte offen für alles sein – und einen gesunden Appetit mitbringen. Sämtlichen Widersprüchlichkeiten zum Trotz bleibt eines konstant: die hohe Qualität des Essens.

Aufgrund der 2500-jährigen Fremdherrschaft verfügen die Sizilianer über ein bedeutendes Kulturerbe, das von der Architektur aus Magna Graecia über die byzantinische Pracht und das arabische Kunsthandwerk bis zu den normannischen Kathedralen und Palästen reicht. Diesen Reichtum ergänzen abwechslungsreiche Landschaften mit malerischen Feldern, rauchenden Vulkanen sowie eine kilometerlange Küste mit mehreren vorgelagerten Inseln.

Reisezeit

Palermo

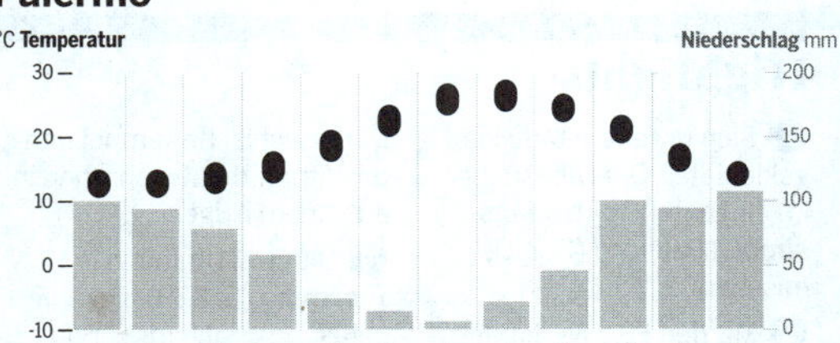

Februar Während der Sagra del Mandorlo zieren Mandelblüten die Tempel und Hügel mit ihren Obstgärten.

Ostern Beeindruckende Prozessionen voller religiöser Inbrunst und Marzipanlämmer in jeder Konditorei.

Mai Frühlingshaftes Wetter, Wildblumen und weniger Touristen – ideal für Wanderungen entlang der Küste.

Geschichte

Die tiefsten kulturellen Wurzeln haben die ersten Bewohner Siziliens hinterlassen, von den Menschen aus vorgeschichtlicher Zeit abgesehen: Sikanen aus Nordafrika, Sikuler aus dem italienischen Latium und Elymer aus Griechenland. Die folgende Kolonisierung durch die ebenfalls aus Nordafrika stammenden Karthager und anschließend durch die Griechen im 8. bzw. 6. Jh. v. Chr. verwischte die kulturellen Unterschiede: In immer neuen Kriegen kämpften mächtige,

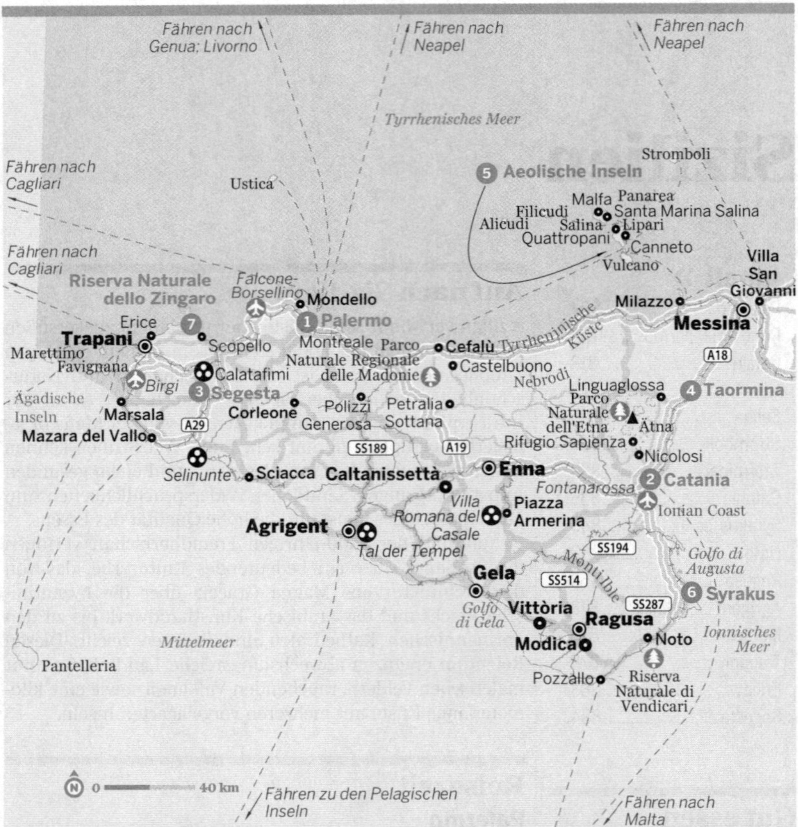

Highlights

1 Sich unter die tadellos gekleideten Opernbesucher im eleganten **Teatro Massimo** in Palermo (S. 810) mischen.

2 Mit den Fischverkäufern morgens feilschen, am Nachmittag den aktivsten Vulkan Italiens erklimmen und sich in **Catania** (S. 835) ins Nachtleben stürzen.

3 Das majestätische **Segesta** (S. 884) besuchen: Der griechische Tempel und das Amphitheater thronen in auf einem Hügel.

4 Bis zum Umfallen in **Taormina** (S. 829) einkaufen gehen oder sich ins türkisblaue Wasser stürzen.

5 Sonne tanken, das Feuerwerk des Stromboli bestaunen und nach Herzenslust auf den malerischen **Äolischen Inseln** (S. 820) wandern.

6 In den stimmungsvollen Gassen Ortygias herumbummeln und sich dann abends im sagenhaften griechischen Theater von **Syrakus** (S. 843) ein klassisches Drama ansehen.

7 An der unberührten, zerklüfteten Küste wandern und den Himmel über der **Riserva Naturale dello Zingaro** (S. 882) nach Adlern absuchen.

untereinander verfeindete Städte wie Palermo und Catania um die politische Macht über die Insel.

Obwohl Sizilien zum Römischen Weltreich gehörte, gewann die Insel erst nach der arabischen Invasion von 831 an Bedeutung. Die Araber förderten Handel, Landwirtschaft und Bergbau, und Sizilien mauserte sich zur Beute für europäische Glücksritter. Auch die Normannen wollten ein Stück vom Kuchen abhaben. Sie eroberten die Insel 1061, wählten Palermo zum Mittelpunkt ihres expandierenden Reiches und machten es zur schönsten Stadt am Mittelmeer.

König Roger war so beeindruckt von der kultivierten Lebensart der Araber, dass er enorme Summen in den Bau prunkvoller Paläste und Kirchen steckte und an seinem Hof eine sinnesfrohe Atmosphäre förderte. Sein Enkel Wilhelm II. unterhielt sogar einen Harem! Wohlstand und Dekadenz riefen zwangsläufig Neid und Ablehnung auf den Plan. Nach 400 überaus profitablen und genussvollen Jahren starb die normannische Linie einfach aus. Das Königreich fiel an die gestrengen deutschen Staufer, und die ernsthaft aufgeriebenen und geschwächten Normannen leisteten kaum nennenswerten Widerstand. In den folgenden Jahrhunderten gehörte Sizilien dann zum Heiligen Römischen Reich, zum französischen Königshaus Anjou, zum spanischen Aragon und zu Österreich. Die Kette der Rebellionen und Revolutionen endete erst, als die spanischen Bourbonen 1734 Sizilien mit Neapel zum Königreich beider Sizilien vereinten. Ein knappes Jahrhundert später entwarf Giuseppe Garibaldi am 11. Mai 1860 in Marsala seinen mutigen und folgenreichen Plan zur Vereinigung Italiens.

Die Sizilianer hatten unter ganzen Heerscharen von Eroberern gelitten und sich unter armseligsten Bedingungen durchgeschlagen. Auch nach der Vereinigung mit Italien waren sie nicht unbedingt besser dran. Nach 1871 und vor dem Ausbruch des Ersten Weltkriegs 1914 wanderten eine knappe Million Männer und Frauen in die USA aus.

Ironischerweise halfen die Alliierten noch dabei, Sizilien dem Würgegriff der Mafia auszuliefern. Die amerikanische Mafia sollte ihnen nämlich bei der Rückeroberung Italiens helfen. Da sich kein geeigneter Verwalter finden ließ, betrauten sie den vorbestraften *mafioso* Don Calógero Vizzini mit dieser Aufgabe. Als Sizilien 1948 einen halbautonomen Status erlangte, kontrollierte die Mafia bereits große Teile der dortigen Politik. Die Region verfiel in einen 50 Jahre dauernden, aber stets unter der sichtbaren Oberfläche gehaltenen Bürgerkrieg. Erst die großen Mafia-Prozesse der 1980er-Jahre beendeten die Agonie. Damals zeichneten sich insbesondere Giovanni Falcone und Paolo Borsellino als „Maifa-Jäger" aus. Hunderte von einflussreichen Mitgliedern des weit verzweigten Heroin- und Kokain-Netzwerks zwischen Palermo und New York, gemeinhin „Pizza-Connection" genannt, wurden endlich strafrechtlich verfolgt und belangt.

Heute sind die meisten Sizilianer wenig begeistert von einer Organisation, die durch Geld aus Drogen- und Menschenhandel sowie durch die Erhebung von bekanntermaßen überaus einträglichen Schutzgeldern immer reicher wird; Experten vertreten die Auffassung, dass viele Geschäfte auf Sizilien diese Gelder bis heute bezahlen. In den letzten Jahren ist zumindest die Zahl der Gewalt- und Diebstahlsdelikte im Vergleich zu den 1980er-Jahren zurückgegangen, und es wurden auch einige der Drahtzieher hinter Schloss und Riegel gebracht. Diese Kehrtwende hatte zur Folge, dass sich mittlerweile immer mehr Leute gegen den Einfluss der Mafia auszusprechen wagen.

ℹ An- & Weiterreise

Weitere Einzelheiten zu öffentlichen Verkehrsmitteln und einheimischen Telefonanbietern finden sich im Abschnitt „An- & Weiterreise" bei den jeweiligen Städten.

BUS

SAIS (☎ 091 617 11 41; www.saistrasporti.it) bietet – ewig lange – Verbindungen von Rom und Neapel nach Sizilien, die gutes Sitzfleisch erfordern.

FÄHRE/SCHIFF

Von Villa San Giovanni (Kalabrien) verkehren regelmäßig Auto- und Passagierfähren nach Messina; Tragflügelboote verbinden Messina mit Reggio di Calabria.

Sizilien lässt sich auch mit der Fähre von Neapel, Civitavecchia, Livorno, Genua, Cagliari, Malta und Tunesien erreichen. Von Juni bis September ziehen die Preise deutlich an; in diesen Monaten empfiehlt es sich, rechtzeitig zu buchen.

FLUGZEUG

Immer mehr Fluglinien bieten Direktflüge zu den drei internationalen Flughäfen auf Sizilien an: Palermo (PMO), Catania (CTA) und Trapani (TPS). **Alitalia** (www.alitalia.com) ist die wich-

FÄHRVERVINDUNGEN NACH SIZILIEN

STRECKE	PREIS IN € (HOCHSAISON, ERW.)	DAUER (STD.)
Genua-Palermo	117	20
Malta-Catania	108	3
Neapel-Catania	60	11
Neapel-Palermo	55	11
Neapel-Trapani	90	7
Reggio di Calabria-Messina	2	35min
Tunis-Palermo	69	10

tigste italienische Fluglinie; manchmal ist es allerdings erforderlich, in Rom oder Mailand umzusteigen. **Ryanair** (www.ryanair.com) zählt zu den führenden Billiganbietern. Von Deutschland, Österreich und der Schweiz fliegen auch Air Berlin und Tuifly sowie die – kostspieligere – Lufthansa nach Sizilien.

ZUG

Direktzüge verkehren von Mailand, Florenz, Rom, Neapel und Reggio di Calabria nach Messina und weiter nach Palermo, Catania und zu anderen Provinzhauptstädten. Die Züge fahren in Villa San Giovanni auf dem Festland auf die Fähre.

Wer von Rom oder noch weiter im Süden kommt, schafft mit einem InterCity-Zug die Strecke in relativ kurzer Zeit, ohne umsteigen zu müssen. Von Mailand, Bologna oder Florenz bietet sich der Hochgeschwindigkeitszug Frecciarossa an; er fährt bis Neapel. Dort steigt man für das letzte Stück in den Intercity um.

Wer sparen will, fährt mit einem der relativ flotten Espresso- oder InterCity-Nachtzüge, die beide kein so großes Loch ins Budget reißen.

ℹ Unterwegs vor Ort

AUTO & MOTORRAD

Im Landesinneren ist ein eigener fahrbarer Untersatz von Vorteil, denn die öffentlichen Verkehrsmittel sind eher dünn gesät und auch ziemlich langsam. Die Straßen sind im Allgemeinen gut; Autostradas verbinden die größeren Städte. An der Ionischen Küste gibt es eine Mautstraße, die preiswert und wirklich lohnend ist. Unbedingt defensiv fahren! Die Sizilianer zählen zu den aggressivsten Autofahrern in ganz Italien, außerdem überholen sie gern an unübersichtlichen Stellen und halten in der einen Hand ihr Handy, während sie mit der anderen wild gestikulieren.

BUS

Die Busverbindungen auf Sizilien werden von mehreren Unternehmen betrieben. Busse sind in der Regel schneller, wenn die Strecke zum Zielort durch das Landesinnere führt. Züge sind dagegen meist billiger (und manchmal auch flotter) auf den Hauptrouten entlang der Küste unterwegs. In kleinen Städten und Dörfern werden Fahrkarten oft in Bars oder im Bus verkauft.

FLUGZEUG

Die einheimischen Fluggesellschaften Alitalia, Meridiana und Air One wickeln die regelmäßigen Inlandsflüge zu den Inseln Pantelleria und Lampedusa ab.

ZUG

Die Zugverbindungen an der Küste entlang sind sehr effizient. Die Städte im Landesinneren werden hingegen nur unregelmäßig bedient, und es geht auch bloß langsam voran – dafür sind die Strecken aber überaus malerisch. IC-Züge sind am schnellsten und dementsprechend auch am teuersten; der *regionale* ist die Schnecke unter den Zügen.

PALERMO

656 000 EW.

Palermo ist eine Stadt des Verfalls und des Prunks. Sie ist reizvoll, vorausgesetzt, man erträgt ihre rohe Energie, den irren Verkehr und das Chaos. Anders als in Florenz oder Rom sind hier viele echte Kostbarkeiten eher verborgen und nicht für endlose Touristenströme herausgeputzt: eine gigantische Schatztruhe voller Paläste, Burgen und Kirchen in einer einzigartigen architektonischen Verschmelzung byzantinischer, arabischer, normannischer, Renaissance- und Barock-Preziosen.

Einige der bröckelnden *palazzi*, die im Zweiten Weltkrieg bombardiert worden waren, wurden restauriert. Andere sind verfallen; sie wurden in schäbige Wohnhäuser umgewandelt, und der verblasste Glanz ihrer Schmuckfassaden blitzt gelegentlich zwischen den bunt behängten Wäscheleinen hervor. Die bewegende Geschichte dieser Stadt ist nach wie vor im Alltag ihrer Bewohner sehr präsent. Und das staubige Netz aus Märkten in den Nebengassen der Altstadt verbreitet mit seinem Gewimmel nahöstliches Flair wie etwa in einem Basar.

Keine 15 Minuten Fußmarsch entfernt sorgt das moderne Stadtzentrum fürs Kontrastprogramm: Mit seinem Gitternetz breiter, von verführerischen Läden und herrlichen Häusern aus dem 19. Jh. gesäumten Avenuen könnte man es jederzeit herauspuzzeln und in Paris wieder einsetzen.

Palermo, das ehemalige arabische Emirat und auch Sitz der Normannenkönige, avancierte im 12. Jh. zu einer der prächtigsten Städte Italiens. In letzter Zeit machte sich die Stadt eher als Hochburg der Mafia einen Namen. Viele Richter und Staatsanwälte müssen rund um die Uhr unter Personenschutz gestellt werden, und wenn auch der Widerstand in der Öffentlichkeit wächst, so sind Schutzgeldzahlungen doch noch immer an der Tagesordnung.

Sehenswertes

Die Hauptstraße, die Via Maqueda, verläuft nördlich vom Bahnhof und wechselt dabei öfters den Namen. Am Teatro Massimo, einem Wahrzeichen Palermos, heißt sie dann Via Ruggero Settimo. Sie mündet in die breitere, begrünte Viale della Libertà nördlich der Piazza Castelnuovo, wo dann die moderne Stadt beginnt.

RUND UM QUATTRO CANTI

Die pulsierende Kreuzung des Corso Vittorio Emanuele mit der Via Maqueda heißt **Quattro Canti**. Hier schlägt das bürgerliche Herz von Palermo. Die Kreuzung teilt das historische Zentrum in vier traditionelle Viertel: Albergheria, Capo, Vucciria und La Kalsa.

Fontana Pretoria — BRUNNEN

Der große kunstvolle Brunnen mit drei konzentrischen Becken und reichem Skulpturenschmuck prunkt in der Mitte der **Piazza Pretoria,** einem großzügigen Platz ein Stück südlich der Quattro Canti. Die Stadt erwarb den Brunnen 1573. Die schamlos nackten Nymphen waren den prüden Kirchgängern, die nebenan die Messe besuchten, dann allerdings doch zu viel des Guten. Und so tauften sie die Fontana Pretoria kurzerhand in Fontana della Vergogna „Brunnen der Schande“ um.

La Martorana — KIRCHE

(Chiesa di Santa Maria dell'Ammiraglio; Piazza Bellini 3; ⌚Mo–Sa 8.30–13 & 15.30–17.30, So 8.30–13 Uhr) Die hübsche Kirche aus dem 12. Jh. hatte der syrische Emir König Rogers, Georg von Antiochien, eigentlich als Moschee entworfen. 1433 wurde die Kirche einem in ästhetischen Fragen nicht sehr bewanderten Benediktinerinnenorden gestiftet, der die meisten der von griechischen Kunsthandwerkern gefertigten Mosaiken zerstörte und durch überladenen Barockzierrat ersetzte. Zu den wenigen erhaltenen Originalmosaiken gehören zwei wunderschöne Porträts von Georg von Antiochien und Roger II., die wirklich einen Blick wert sind; leider waren während der Recherchen zu diesem Reiseführer beide Gemälde wegen Restaurierungsarbeiten nicht zugänglich.

Chiesa Capitolare di San Cataldo — KIRCHE

(Piazza Bellini 3; Eintritt 2 €; ⌚Mo–Sa 9.30–13.30 & 15.30–17.30, So 9.30–13.30 Uhr) Die Kirche aus dem 12. Jh. im normannisch-arabischen Stil zählt zu den bemerkenswertesten Gebäuden Palermos. Sie beeindruckt mit einem quadratischen Grundriss, Majolika-Kuppeln in einem dunklen Roséton, Blendarkaden und filigranem Maßwerk. Der Kirchenraum wirkt dagegen enttäuschend karg.

ALBERGHERIA

Südwestlich der Quattro Canti erstreckt sich Albergheria, ein recht schäbiges, verkommenes Viertel, in dem früher die Bediensteten des normannischen Hofes wohnten. Heute siedeln sich hier immer mehr Einwanderer an, die versuchen, die staubigen Gassen neu zu beleben.

Palazzo dei Normanni — PALAZZO, KAPELLE

(Palazzo Reale; ☎091 626 28 33; www.federicosecondo.org; Piazza Indipendenza 1; Cappella Palatina nur Erw./erm. 7/5 €, Kombiticket inkl. Palasträume & Cappella Palatina Erw./erm. 8,50/6,50 €) Die schmucklose Burg stellte einst das Zentrum des prächtigen mittelalterlichen Hofes dar. Sie wird bis heute regelmäßig genutzt, denn es befindet sich hier der Sitz des Parlaments. Vier Tage in der Woche haben Besucher die Möglichkeit, die **Parlamentsräume und die königlichen Gemächer** (⌚Fr, Sa & Mo 8.15–17, Sa 8.15–15 Uhr) zu besichtigen. Besonders hervorzuheben ist die prachtvolle **Sala di Ruggero II**, das ehemalige Schlafgemach des Königs, das beeindruckende Mosaiken schmücken; dargestellt sind persische Pfaue, Palmen und Leoparden.

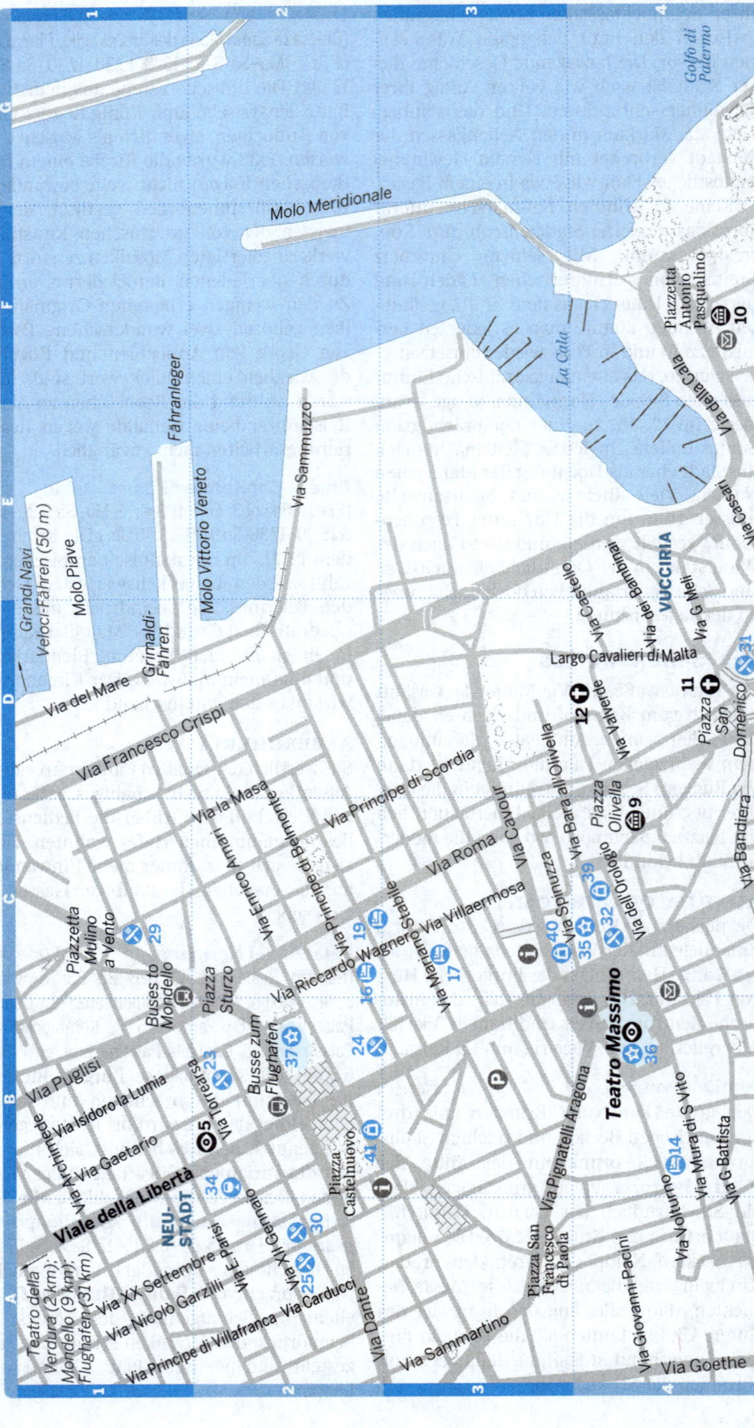

Palermo
400 m
0
Golfo di Palermo
Molo Meridionale
La Cala
Piazzetta Antonio Pasqualino
10
Via della Cala
Via Cassari
Fähranleger
Via Sammuzzo
Molo Vittorio Veneto
Grandi Navi Veloci-Fähren (50 m)
Molo Piave
Grimaldi Fähren
Via del Mare
Via Francesco Crispi
VUCCIRIA
Via Castello
Via dei Bambinai
Via G Meli
Largo Cavalieri di Malta
31
11
Piazza San Domenico
Via Valverde
12
Via Bara all'Olivella
Piazza Olivella
9
Via dell'Orologio
39
32
35
40
Via Spinuzza
Via Cavour
Via Roma
Via Principe di Scordia
Via la Masa
Via Enrico Amari
Via Principe di Belmonte
Via Riccardo Wagner
Via Mariano Stabile
Via Villaermosa
19
16
17
24
37
Piazzetta Mulino a Vento
29
Buses to Mondello
Piazza Sturzo
Busse zum Flughafen
Via Bandiera
Teatro Massimo
36
Via Pignatelli Aragona
Via Mura di S Vito
Via G Battista
14
Via Volturno
Via Giovanni Pacini
Piazza San Francesco di Paola
Via Goethe
Via Sammartino
Via Dante
Piazza Castelnuovo
41
Via XII Gennaio
Via E. Parisi
30
25
Via Principe di Villafranca
Via Carducci
Via Nicolò Garzilli
Via XX Settembre
NEU-STADT
34
Viale della Libertà
5
Via Torrearsa
23
Via Puglisi
Via Isidoro la Lumia
Via Gaetano
Via Archimede
Teatro della Verdura (2 km); Mondello (9 km); Flughafen (31 km)

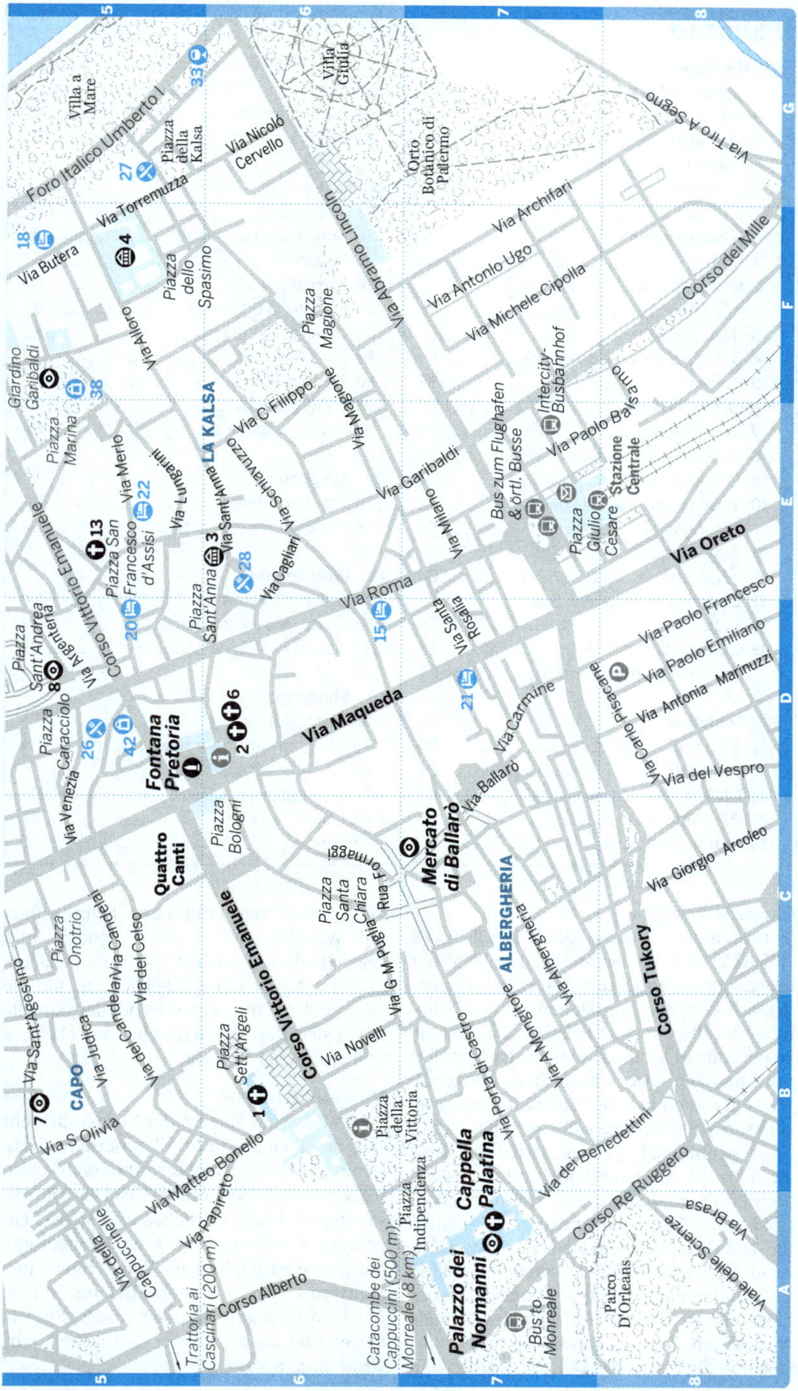

Foro Italico Umberto I
Villa a Mare
Piazza della Kalsa
Via Nicolò Cervello
Villa Giulia
Orto Botanico di Palermo
Via Tiro A Segno
Via Torremuzza
Via Butera
Piazza dello Spasimo
Via Abramo Lincoln
Via Archifari
Via Antonio Ugo
Via Michele Cipolla
Corso dei Mille
Giardino Garibaldi
Via Alloro
Piazza Magione
Via C Filippo
LA KALSA
Via Magione
Piazza Marina
Via Merlo
Via Lungarini
Via Sant'Anna
Via Schiavuzzo
Via Garibaldi
Bus zum Flughafen & örtl. Busse
Intercity-Busbahnhof
Via Paolo Balsamo
Stazione Centrale
Piazza Giulio Cesare
Via Milano
Corso Vittorio Emanuele
Piazza San Francesco d'Assisi
Piazza Sant'Anna
Via Cagliari
Via Roma
Via Oreto
Piazza Sant'Andrea
Via Argenteria
Via Santa Rosalia
Via Paolo Francesco
Via Paolo Emiliano
Via Antonia Marinuzzi
Piazza Caracciolo
Fontana Pretoria
Via Maqueda
Via Carmine
Via Carlo Pisacane
Via del Vespro
Via Venezia
Piazza Bologni
Quattro Canti
Mercato di Ballarò
Via Ballarò
Via Giorgio Arcoleo
Piazza Onotrio
Via Candelai
Via del Celso
Piazza Santa Chiara
Rua Formaggi
Via G M Puglia
ALBERGHERIA
Via Albergheria
Corso Tukory
Via Sant'Agostino
CAPO
Via Judica
Via del Candelai
Piazza Sett'Angeli
Corso Vittorio Emanuele
Via Novelli
Via Porta di Castro
Via A Mongitore
Via S Olivia
Via Matteo Bonello
Piazza della Vittoria
Cappella Palatina
Via dei Benedettini
Corso Re Ruggero
Via Brasa
Viale delle Scienze
Via delle Cappuccinelle
Via Papireto
Piazza Indipendenza
Trattoria ai Cascinari (200 m)
Corso Alberto
Catacombe dei Cappuccini (500 m); Monreale (8 km)
Palazzo dei Normanni
Bus to Monreale
Parco D'Orleans

Palermo

Highlights

Cappella Palatina ... A7
Fontana Pretoria ... D5
Mercato di Ballarò ... C7
Palazzo dei Normanni ... A7
Teatro Massimo ... B4

Sehenswertes

1 Dom ... B6
2 Chiesa Capitolare di San Cataldo ... D6
3 Galleria d'Arte Moderna ... E6
4 Galleria Regionale della Sicilia ... F5
5 Hammam ... B2
6 La Martorana ... D6
7 Mercato del Capo ... B5
8 Mercato della Vucciria ... D5
9 Museo Archeologico Regionale ... C4
10 Museo Internazionale delle Marionette ... F4
11 Oratorio del Rosario di San Domenico ... D4
12 Oratorio del Rosario di Santa Zita ... D4
13 Oratorio di San Lorenzo ... E5
Teatro Politeama Garibaldi ... (siehe 37)

Schlafen

14 A Casa di Amici ... B4
15 B&B 900 ... D6
16 B&B Amelie ... C2
17 B&B Maxim ... C3
18 Butera 28 ... F5
19 Grand Hotel et des Palmes ... C2
20 Grand Hotel Piazza Borsa ... D5
21 Hotel Orientale ... D7
22 San Francesco ... E5

Essen

23 Acanto ... B2
24 Antico Caffè Spinnato ... B2
25 Cappello ... A2
26 Ferro di Cavallo ... D5
27 Friggitoria Chiluzzo ... G5
28 Osteria dei Vespri ... E6
29 Piccolo Napoli ... C1
30 Pizzeria Biondo ... A2
31 Sant'Andrea ... D4
32 Trattoria Basile ... C4

Ausgehen

33 Kursaal Kalhesa ... G5
34 Pizzo & Pizzo ... B2

Unterhaltung

35 Cuticchio Mimmo ... C4
36 Teatro Massimo ... B4
37 Teatro Politeama Garibaldi ... B2

Shoppen

38 Antiquitätenmarkt ... F5
39 Il Laboratorio Teatrale ... C4
40 Le Ceramiche di Caltagirone ... C3
41 Libera Terra ... B2
42 Mercurio ... D5

Cappella Palatina

(Kapelle Palatina; ⌚Mo–Sa 8.15–17, So 8.15–9.45 & 11.15–12.15 Uhr) Auf der mittleren Ebene der dreigeschossigen Loggia des Palastes befindet sich Palermos Touristenattraktion Nummer eins, die Cappella Palatina. Die Kapelle ist ein wahres Kleinod, denn sie ist komplett mit Mosaiken ausgeschmückt, die Roger II. 1130 entworfen hat. Seit 2008 die Restaurierungsarbeiten fertiggestellt werden konnten, erstrahlt die Kapelle nun wieder in ihrer alten Pracht. An den Wänden tummeln sich Figuren in schimmerndem, träumerischem Gold. Die Mosaiken erzählen Geschichten aus dem Alten und Neuen Testament; Ausdruck, Details und Bewegungen sind mit unglaublicher Anmut dargestellt. Der harmonische Gesamteindruck der Kapelle wird durch den Marmorboden mit Intarsien und die Muqarnas-Decke aus Holz – ein Meisterwerk der arabischen Schnitzkunst mit Wabenmuster – noch verstärkt und spiegelt die kulturelle Vielfalt Siziliens zur Zeit der Normannen. Gleiches gilt für die Staintafel an der Außenwand der Kapelle mit Inschriften in lateinischer, griechischer und arabischer Sprache.

Mercato di Ballarò

MARKT

Südöstlich vom Palazzo dei Normanni zieht sich der lebhafteste Straßenmarkt von Palermo gleich über mehrere Blocks, bis zum frühen Abend ist hier immer viel los. Die Mischung aus Lärm, Gerüchen und Menschengetümmel auf der Straße ist faszinierend, außerdem kosten hier alle Waren bloß einen Spottpreis – vom Push-up-BH bis hin zu frischem Obst und Gemüse, Fisch, Fleisch, Oliven und Käse. Und wer nett lächelt, darf sogar einmal kosten.

CAPO

Nordwestlich der Quattro Canti erstreckt sich das Viertel Capo, ein dichtes Straßengewirr mit vielen Sackgassen.

Cattedrale DOM

(www.cattedrale.palermo.it; Corso Vittorio Emanuele; ⌚Mo–Sa 8–17.30, So 7–13 & 16–19 Uhr) Der Dom von Palermo präsentiert sich als die reinste Orgie aus geometrischen Mustern, Zikkurat-Zinnen, Majolika-Kuppeln und Blendarkaden – ein herausragendes Beispiel für den außergewöhnlichen arabisch-normannischen Stil, den es ausschließlich auf Sizilien gibt. Der Kirchenraum beeindruckt zwar aufgrund seiner Größe, ist jedoch eine eher unexotische Ruhestätte der normannischen Könige mit jeder Menge Marmor. Die **Krypta** und die **Schatzkammer** (Erw./erm. 3/1,50 €; ⌚Mo–Sa 9.30–17.30 Uhr) können jedoch mit verschiedenen Schmuckstücken aufwarten, die einst Königin Konstanze von Aragon gehört haben, außerdem sind eine mit Edelsteinen besetzte normannische Krone und ein Zahn zu sehen, den man der hl. Rosalia, der Schutzpatronin Palermos, herausgerissen hat.

Mercato del Capo MARKT

Der Straßenmarkt von Capo erstreckt sich über die gesamte Länge der Via Sant' Agostino und bietet tagsüber einen wunderschönen bunten Anblick. Straßenhändler verkaufen täglich frisches Obst und Gemüse, Fleisch, Fisch, Käse und alle erdenklichen Haushaltswaren.

VUCCIRIA

Museo Archeologico Regionale MUSEUM

(✆091 611 68 05; www.regione.sicilia.it/beniculturali/salinas; Piazza Olivella 24; Erw./erm. 4/2 €; ⌚Di–Fr 8.30–13.30 & 15–18.30, Sa & So 8.30–13.30 Uhr) Das auch mit dem Rollstuhl zugängliche Museum befindet sich in einem Renaissance-Kloster, das sich um einen hübschen Hof gruppiert. Hier findet man einige der wertvollsten griechischen und römischen Artefakte Siziliens, so etwa die lebensgroße Bronzefigur eines Widders aus dem 4. Jh. v. Chr. Absoluter Star unter all diesen Schätzen ist eine Serie von dekorativen Friesen, die aus den Tempeln von Selinunt stammen. Während der Recherchen zu diesem Reiseführer wurde das Museum gerade auf unbestimmte Zeit wegen Renovierungsarbeiten geschlossen. Am besten informiert man sich auf der Website der Touristeninformation von Palermo über den aktuellen Stand der Arbeiten.

Oratori ORATORIUM

Der wohl herrlichste Architekturschatz in Vucciria sind die drei Barockoratorien: das **Oratorio di San Lorenzo** (Via dell'Immacolatella 5; Erw./erm. 2,50/1,50 €; ⌚10–18 Uhr), das **Oratorio del Rosario di Santa Zita** (Via Valverde) und das **Oratorio del Rosario di San Domenico** (Via dei Bambinai 2). Die beiden Letzgenannten sind unter dem Begriff **Tesori della Loggia** (Kombiticket 5 €; ⌚Mo–Sa 9–13 Uhr) bekannt und können – samt diversen Kirchen in der Nähe – mit einer Eintrittskarte besichtigt werden: Mit reichen Stuckverzierungen ausgeschmückt, stellen die einstigen gesellschaflichen Treffpunkte der damaligen Prominenz Status und Reichtum des 17. Jhs. ostentativ zur Schau.

Mercato della Vucciria MARKT

(Piazza Caracciolo) Der Markt war einst als Höhle der Mafia berüchtigt, wirkt im Vergleich zu den hippen Märkten von Ballarò und Capo aber doch eher langweilig.

LA KALSA

Da La Kalsa so nah am Hafen liegt, wurde es im Zweiten Weltkrieg Ziel von Flächenbombardements; übrig blieb ein zerstörtes und inzwischen auch verkommenes Viertel. Mutter Teresa stellt fest, dass die Zustände hier kaum anders als in den Slums von Kalkutta seien und gründete deshalb eine Mission. Zum Glück fühlten sich die peinlich berührten Behörden irgendwann zum Handeln aufgerufen – inzwischen sind umfassende Renovierungsarbeiten im ganzen Viertel in Gang.

Galleria d'Arte Moderna KUNSTGALERIE

(✆091 843 16 05; www.galleriadartemodernapalermo.it, auf Italienisch; Via Sant'Anna 21; Erw./erm. 7/5 €; ⌚Di–So 9.30–18.30, Fr & Sa 9.10–23 Uhr) Das hübsche Museum befindet sich in einem *palazzo* aus dem 15. Jh., der im 17. Jh. in ein Nonnenkloster umfunktioniert wurde. Die breitgefächerte Sammlung sizilianischer Kunst aus dem 19. und 20. Jh. wird wunderbar präsentiert, außerdem finden regelmäßig moderne Kunstausstellungen statt. Der Buch- und Andenkenladen ist ebenfalls hervorragend sortiert.

Galleria Regionale della Sicilia KUNSTGALERIE

(✆091 623 00 11; www.regione.sicilia.it/beniculturali/palazzoabatellis; Via Alloro 4; Erw./erm. 8/4 €; ⌚Di–Fr 9–17.30, Sa & So 9–13 Uhr) Der majestätische Palazzo Abatellis aus dem 15. Jh. liegt etwas versteckt in einer Seitenstraße.

Er wurde unlängst als Museum wiedereröffnet und kann nun mit einer vielseitigen Sammlung aufwarten, die Werke sizilianischer Künstler vom Mittelalter bis ins 18. Jh. umfasst.

Museo Internazionale delle Marionette MUSEUM
(☎091 32 80 60; www.museomarionettepalermo.it, auf Italienisch; Piazzetta Antonio Pasqualino 5; Erw./erm. 5/3 €; ⌚Mo–Sa 9–13 & 14.30–18.30, So 10–13 Uhr) In diesem extravaganten Museum sind über 3500 Puppen und Marionetten aus Italien, Japan, Südostasien, Afrika, China und Indien ausgestellt, außerdem findet von Oktober bis Juni dienstags und freitags um 17.30 Uhr meist eine Marionettentheateraufführung statt. Weitere Details über die Tradition des Puppenspiels auf Sizilien stehen im Kasten S. 815.

PALERMO IM 19. JH.

Nördlich der Piazza Giuseppe Verdi vollzieht Palermo einen eleganten Übergang ins Kosmopolitische. Hier stehen sagenhafte neoklassizistische Gebäude neben Anwesen im Jugendstil, die aus dem letzten Goldenen Zeitalter der sizilianischen Architektur stammen; den breiten Boulevard Viale della Libertà säumen jedoch auch schöne Bürgerhäuser aus dem ausgehenden 19. Jh.

Teatro Massimo OPERNHAUS
(☎Reservierungen für Führungen: 091 605 32 67; www.teatro massimo.it; Piazza Giuseppe Verdi; Führungen Erw./erm. 7/5 €; ⌚Di–So 10–14.30 Uhr) Das Teatro gilt als eines der Wahrzeichen Palermos und ist eines der größten Opernhäuser Italiens. Über 20 Jahre wurde an diesem neoklassizistischen Opernhaus gebaut – heute ist es ein Symbol für den Triumph wie auch für die Tragödie dieser Stadt. Somit ist es eigentlich ganz passend, dass die Schlussszene von *Der Pate, Teil 3,* hier gedreht wurde – eine visuell packende Gegenüberstellung von hoher Kultur, niedrigem Verbrechen, Drama und Tod.

Teatro Politeama Garibaldi THEATER
(Piazza Ruggero Settimo) Das von dem Architekten Giuseppe Damiani Almeyda 1867 bis 1874 entworfene Theater ist Palermos zweitwichtigste Bühne und weist den gleichen kreisförmigen Grundriss auf wie das Teatro Massimo. Der auffälligen, weisförmigen Fassade sind Säulengänge vorgesetzt. Der Eingang erinnert an einen Triumphbogen, den ein riesiger Streitwagen aus Bronze von Mario Rutelli krönt.

Hammam BADEHAUS
(☎091 32 07 83; www.hammam.pa.it; Via Torrearsa 17d; Eintritt 40 €; ⌚Nur Frauen Mo & Mi 14–21 Uhr, Fr 11–21 Uhr, nur Männer Di & Do 14–21, Sa 10–20 Uhr) Wem der Sinn nach einer wahrlich erlesenen Erfahrung steht, sollte dem luxuriösen maurischen Badehaus mit Marmorverkleidung einen Besuch abstatten. Dort kann man sich kräftig abschrubben lassen, die dampfende Sauna aufsuchen und es sich bei vielerlei Massagen und Therapien so richtig gutgehen lassen. Für Badeschuhe und einen Handschuh wird eine einmalige Gebühr (10 €) erhoben.

AUSSERHALB VOM STADTZENTRUM

Catacombe dei Cappuccini KATAKOMBEN
(☎091 21 21 17; Piazza Cappuccini; Eintritt 3 €; ⌚9–13 & 15–18 Uhr) In diesen Katakomben befinden sich die mumifizierten Körper und Skelette von rund 8000 Einwohnern der Stadt, die vom 17. bis 19. Jh. verstarben. Selbst im Tod sind weltliche Macht, Geschlecht, Religion und Berufsstände noch strengstens getrennt, und so liegen Frauen und Männer in verschiedenen Gängen. Eine besonders edle Abteilung blieb Jungfrauen vorbehalten. Von der Piazza Indipendenza sind es zu Fuß 15 Minuten zu den Katakomben.

Feste & Events

Settimana Santa RELIGIÖS
Die Karwoche vor Ostern ist das bedeutendste religiöse Ereignis im Jahreskalender, es wird auf Sizilien überall feierlich begangen. In Palermo finden die griechisch-orthodoxen Feierlichkeiten in La Martorana (S. 805) statt.

U Fistinu RELIGIÖS
Vom 10. bis 15. Juli feiert Palermo mit dem größten Fest der Stadt alljährlich seine Schutzpatronin, die hl. Rosalia. Vier Tage steigt eine Riesenparty mit Feuerwerk und Prozessionen.

Festa di Morgana MARIONETTEN
(www.museomarionettepalermo.it, auf Italienisch) Im November treffen sich Puppenspieler aus aller Welt im Museo Internazionale delle Marionette.

Schlafen

Die meisten günstigen Unterkünfte finden sich in der Umgebung der Via Maqueda und der Via Roma unweit des Bahnhofs. Hotels in mittlerer Preislage sowie Nobelherbergen konzentrieren sich weiter nördlich. Für

SIZILIANISCHES STRASSENESSEN

In der Kindheit haben viele eingebläut bekommen, dass es von schlechten Manieren zeugt, auf der Straße zu essen. Auf Sizilien muss man sich um derartige Verhaltensregeln keine Gedanken machen, dort befindet man sich vielmehr in bester Gesellschaft mit den Einheimischen. Ein Rätsel ist eher, weshalb Palermo nicht Europas Hauptstadt der Fettleibigkeit ist – in Anbetracht der Mengen an Essen, das die Leute hier so verdrücken. Die Palermer sind eigentlich die ganze Zeit am Essen: wenn sie einkaufen, wenn sie mit öffentlichen Verkehrsmitteln fahren, über Geschäfte reden, mit der Liebsten turteln… also praktisch zu jeder Tages- und Nachtzeit! Sie lieben die *buffitieri* – kleine heiße Snacks, die an Ständen zubereitet und gleich vor Ort verzehrt werden – wie anno dazumal auf den Marktplätzen, als die Griechen die Städte besiedelten.

Der beste Start in den Tag sind *pane e panelle*, Palermos berühmtes Kichererbsen-Schmalzgebäck – super für Vegetarier und eine willkommene Abwechslung von den ewigen mit Vanillecreme gefüllten Croissants. Später am Tag sind dann Kartoffelkroketten lecker, *sfincione* (eine lockere, ölige Pizza mit Zwiebeln und *Caciocavallo*-Käse) oder *scaccie* (gerollte Pfannkuchen aus Brotteig mit Füllung). Im Sommer bestellen die Einheimischen ein frisch gebackenes Brioche, das mit Eis mit Frucht-, Kaffee- oder Nougatgeschmack vertilgt wird.

Ab 16 Uhr werden die Snacks dann ganz eindeutig fleischhaltiger, aber so mancher würde sich vielleicht wünschen, die folgenden Erklärungen nicht gelesen zu haben: Wie wäre es beispielsweise mit einer *stigghiola* (Ziegeneingeweide, gefüllt mit Zwiebeln, Käse und Petersilie)? Oder mit ein paar *pani ca meusa* (Brötchen mit sautierter Rindermilz)? Der Verkäufer will in der Regel wissen, ob sie „*schietta o maritata*" („alleinstehend oder verheiratet") sein sollen. Wer sich für *schietta* entscheidet, bekommt die Semmel nur mit Ricotta bestrichen, bevor sie ins heiße Schmalz getaucht wird; wer *maritata* nimmt, kriegt auch noch die Rindermilz dazu. Etwas weniger abenteuerlich und der Hit in Catania sind die verschiedenen *impanata* (Snacks aus Brotteig), die mit Fleisch, Gemüse oder Käse gefüllt sind, sowie die einzigartigen *arancini* (mit Fleisch, Tomaten und Gemüse gefüllte Reiskugeln), die in der Fritteuse gegart werden.

das Parken werden in der Regel 10 € bis 15 € am Tag verlangt.

Butera 28 APARTMENT €
(☎333 3165432; www.butera28.it; Via Butera 28; 2-/4-/8-Pers. Apt. pro Tag ab 50/100/150 €, pro Woche 300/650/950 €; ❄📶) Die reizende Besitzerin Nicoletta – sie spricht übrigens fließend Englisch – vermietet elf gut ausgestattete, gemütliche Apartments in ihrem alten *palazzo* unweit der Piazza della Kalsa. Die unterschiedlich großen Wohneinheiten sind zwischen 30 und 180 m² groß, sodass auch eine vierköpfige Familie gut Platz hat. Vier Apartments haben Meerblick (Nr. 9 ist besonders hübsch), und alle verfügen über einen CD- und DVD-Player sowie eine Küche mit allem, was der Urlauber so braucht. Nicoletta erteilt in ihrer reizenden blau-weiß gekachelten Küche auf Wunsch auch Kochunterricht.

A Casa di Amici HOSTEL €
(☎091 58 48 84; www.acasadiamici.com; Via Volturno 6; B 17–23 €, EZ 30–45 €, DZ 50–72, € 3BZ 60–96 €; ❄@📶) Die Casa im Stil eines Hostels befindet sich hinter dem Teatro Massimo in einem renovierten *palazzo* aus dem 19. Jh. Vermietet werden vier farbenfrohe Zimmer mit hohen Decken und dekorativ gefliesten Böden (inkl. Gemeinschaftsbad und Gästeküche), in denen zwei bis vier Personen übernachten können. Die Dependance gegenüber eignet sich ideal für Familien bzw. Leute, die mehr Ruhe schätzen: Hier gibt es vier weitere Zimmer, darunter eines mit eigenem Bad und Terrasse. Claudia, die Besitzerin, spricht mehrere Sprachen; ihre Mitarbeiter halten Stadtpläne und Infomaterial bereit und haben jede Menge guter Tipps auf Lager, damit sich ihre Gäste in Palermo gut zurechtfinden.

San Francesco B&B €
(☎091 888 83 91, 328 5516242; www.sanfrancescopalermo.it; Via Merlo 30; EZ 50–60 €, DZ 80–90 €; ❄📶) Das restaurierte alte Steingebäude mit Balkendecken und nur drei Zimmern befindet sich in einer Seitenstraße in der Nähe der Piazza Marina. Das B&B betreiben Va-

nessa und Filippo, ein nettes junges Paar. Die Gäste lieben die ruhige zentrale Lage und das Frühstück.

B&B Amélie B&B €
(☎091 33 59 20; www.bb-amelie.it; Via Principe di Belmonte 94; EZ 40–60 €, DZ 60–80 €, 3BZ 90–100 €; ❄@📶) Das B&B befindet sich in unschlagbarer Lage in einer Straße, die zur Fußgängerzone umgestaltet wurde, es liegt nur einen Steinwurf vom Teatro Politeama entfernt. Die freundliche, mehrsprachige Angela hat die geräumige Wohnung ihrer Großmutter im 6. Stock in ein fröhliches B&B umfunktioniert. Die Zimmer sind in bunten Farben gestaltet, das Dreibettzimmer an der Ecke hat sogar eine sonnige Terrasse. Als gebürtige Palermerin teilt Angela ihre tollen Ortskenntnisse immer gerne ihren Gästen mit. Leute mit Katzenallergie brauchen sich übrigens wegen der Katze auf dem Logo keine Sorgen zu machen: Es gibt keine Haustiere.

Hotel Orientale HOTEL €
(☎091 616 57 27; www.albergoorientale.191.it; Via Maqueda 26; EZ 30–50 €, DZ 45–70 €; ❄📶) Der *palazzo* beeindruckt mit einer tollen Marmortreppe und einem Hof mit Arkaden. Dazu kommen noch rostige Räder, streunende Katzen und Wäsche, die an der Leine baumelt – insgesamt also eine gute Einstimmung auf dieses stimmungsvolle Hotel mit viel verblichenem Glanz. Die Zimmer mit hohen Fenstern sind mit schmiedeeisernen Betten und schweren Holzmöbeln ausgestattet; die billigen teilen sich ein Gemeinschaftsbad. Das Frühstück wird in der Bibliothek mit schönen Deckenfresken serviert. Von den Zimmern 8 und 9 sieht man einen Zipfel vom Mercato Ballaró – und hört morgens die Händler ihre canzoni schmettern.

B&B Maxim B&B €€
(☎091 976 54 71; www.bbmaxim.it; Via Mariano Stabile 136a; EZ 80–90 €, DZ 110–130 €, Suite 160–190 €; ❄📶) Der Eigentümer Massimo hat keine Kosten gescheut, um dieses kleine B&B in gedämpften Creme-, Beige- und Brauntönen einzurichten. Zu den Extravaganzen des Hauses gehören Naturgeräusche als Hintergrundmusik, Duschen mit wechselndem Farbspiel sowie Unmengen Designeraccessoires vom Feinsten. Das B&B befindet sich im 6. Stock, also hoch über dem hektischen Treiben der Stadt, und liegt nur fünf Minuten zu Fuß vom Teatro Massimo und vom Teatro Politeama entfernt.

Grand Hotel Piazza Borsa HOTEL €€
(☎091 32 00 75; www.piazzaborsa.com; Via dei Cartari 18; EZ 115–181 €, DZ 154–208 €, Suite 340–569 €; P❄@📶) Das tolle neue 4-Sterne-Hotel öffnete 2010 in der ehemaligen Börse von Palermo seine Tore. Die insgesamt 127 Zimmer verteilen sich auf drei separate Gebäude. Am schönsten sind die Suiten mit hoher Decke und einem Whirlpool im Bad sowie Fenstern, von denen aus die Piazza San Francesco zu sehen ist. Für den Internetzugang werden 10 € extra verlangt.

Grand Hotel et des Palmes HOTEL €€€
(☎091 602 81 11; www.hotel-despalmes.it; Via Roma 398; B 230–265 €; P❄@📶) Das Hotel von 1874 ist eine der historisch interessantesten Nobelherbergen in Palermo. Wie der Königshof, so war auch dieses Hotel einst Schauplatz von Intrigen, Liaisons und betrügerischen Machenschaften. Die großen Salons beeindrucken noch immer mit Lüstern und gigantischen Spiegeln, die Zimmer bieten königlichen Luxus vom Feinsten. Die oben angegebenen, offiziellen Preise halbieren sich oft in der Nebensaison. Am besten einen Blick auf die Website werfen, ob ein Schnäppchen möglich ist.

B&B 900 B&B €
(☎091 976 11 94; www.novecentopalermo.com; Via Roma 62; EZ 30–60 €, DZ 50–100 €; ❄📶) Das herzliche B&B liegt praktischerweise in der Via Roma gleich beim Bahnhof im 5. Stock eines *palazzo*. Die Besitzer Elisa und Dario gewinnen mit ihrer Gastfreundschaft die Herzen der Gäste im Sturm – und mit ihrem Frühstück, das überwiegend aus Bioprodukten besteht.

Essen

Die traditionelle Küche Siziliens ist eine gelungene Mischung aus Pikantem und Süßem, die in der überall erhältlichen *caponata* auf der Basis von Auberginen und in dem Klassiker aus Palermo – *bucatini con le sarde* (Nudelröhren mit Sardinen, wildem Fenchel, Rosinen, Pinienkernen und Semmelbröseln) – am besten zum Ausdruck kommt. Kuchen, Marzipanpralinen und Gebäck sind die reinsten Kunstwerke. Man sollte unbedingt die *cannoli* (Teigröllchen mit süßer Ricotta-Füllung) probieren!

In den Restaurants geht es eigentlich erst ab 21.30 Uhr so richtig hoch her. Wer preiswert essen möchte, sollte den Märkten von Palermo einen Besuch abstatten, durch das Gassengewirr östlich und südlich vom

Teatro Massimo bummeln oder im Viertel Vucciria an der Piazza Caracciolo am Samstagabend zusammen mit den Einheimischen den Grillwürstchen, *stigghiola, panelle* und *crocchè* an den Ständen im Freien zusprechen.

LP TIPP **Trattoria Ai Cascinari** SIZILIANISCH €
(☎091 651 98 04; Via d'Ossuna 43/45; Mahlzeiten 20–23 €; ⏲Di–So Mittagessen, Mi–Fr Abendessen) Freundlicher Service, einfache Korbstühle und blau-weiß karierte Tischdecken sorgen für die entspannte Atmosphäre in dieser Trattoria, 1 km nördlich der Cappella Palatina, die sich dem Slow Food verschrieben hat. In den Hinterzimmern drängen sich die Einheimischen, während die Kellner ununterbrochen Teller mit leckeren saisonalen Antipasti, aber auch himmlische Hauptgerichte, heranschleppen. Unbedingt noch Platz lassen für das selbst gemachte Eis und die köstlichen Nachspeisen, die aus der beliebten Pasticceria Cappello stammen.

Piccolo Napoli MEERESFRÜCHTE €€
(☎091 32 04 31; Piazzetta Mulino a Vento 4; Mahlzeiten 25–35 €; ⏲Mo–Sa Mittagessen, Do–Sa Abendessen) Das für sein Slow Food bekannte Restaurant hat sich in ganz Palermo einen Namen mit seinen frischen Meeresfrüchten gemacht und ist somit ein heißer Tipp für Leute, die wahre Kochkunst zu schätzen wissen. Während man sich auf der Speisekarte noch das passende Pastagericht aussucht, kann man schon einmal ein paar Oliven und knuspriges Sesambrot kosten; den zweiten Gang wählt man dann aus der Vitrine mit Fisch und Meeresfrüchten aus – manchmal krümmt und windet sich das Getier sogar noch. Im Piccolo Napoli herrscht eine fröhliche Atmosphäre, und der geniale Besitzer begrüßt seine Stammgäste sogar mit Namen.

Trattoria Basile TRATTORIA €
(☎091 33 56 28; Via Bara all'Olivella 76; Mahlzeiten 9–13 €; ⏲Mo–Sa 12–15.30 Uhr) Die Trattoria ohne viel Schnickschnack gewährleistet ein unvergessliches, original Palermer Esserlebnis. Zuerst wird bezahlt, dann am Fenster eine Nummer für die Pasta (2,50–4 €) oder den Hauptgang (3,50–5 €) gezogen. Anschließend geht es hinüber zur Theke mit den Antipasti, wo drei Teile 2 € oder sechs Teile 4 € kosten. Während man sich seine Vorspeise schmecken lässt, kann man schon mal die Ohren spitzen, ob die Nummer aufgerufen wird – sie wird auf Italienisch laut gebrüllt, sobald das Essen fertig ist. Zwischen 13 Uhr und 14 Uhr sollte man besser nicht ins Basile kommen, denn dann drängen sämtliche Arbeiter der Stadt herein, um einen Teller Pasta zu vertilgen.

Osteria dei Vespri OSTERIA €€€
(☎091 617 16 31; www.osteriadeivespri.it; Piazza Croce dei Vespri 6; Mahlzeiten 55–70 €, Degustationsmenü 80 €; ⏲tgl. Mittagessen & Mo–Sa Abendessen) Das edle, mit einem Michelin-Stern ausgezeichnete Restaurant bietet ein persönliches Speiseerlebnis in einem Steingewölbe. Im Sommer können die Gäste im Freien im Schatten des *palazzo* sitzen und sich Köstlichkeiten wie Pasta mit Fenchel und Garnelen oder pikanten Thunfisch mit Muskat-Kartoffelkroketten und Reis mit Minze-Aroma einverleiben. Die Krönung des Gelages ist dann eine Haselnusswaffel, Ricotta mit Zitronenaroma oder Kiwis in einer Marmelade aus roten Beeren und Wein.

Ferro di Cavallo TRATTORIA €
(☎091 33 18 35; Via Venezia 20; Mahlzeiten 18–20 €; ⏲Mo–Sa Mittagessen, Do–Sa Abendessen) Porträts von Heiligen blicken in dieser kleinen Trattoria unweit von den Quattro Canti von den knallroten Wänden auf das bunt gemischte Volk aus Einheimischen und Touristen. Keines der einfachen sizilianischen Traditionsgerichte kostet mehr als 8 €. Wenn der Magen richtig knurrt, lohnt sich aber auch das Menü für 19 €, inklusive Getränke.

Sant'Andrea MODERN SIZILIANISCH €€
(☎091 33 49 99; www.ristorantesantandrea.eu; Piazza Sant'Andrea 4; Mahlzeiten 30–35 €; ⏲Mo–Sa Abendessen) Das Restaurant liegt etwas versteckt an der Ecke einer Kirchenruine an einer verwahrlosten Piazza und wirkt somit nicht gerade vertrauenserweckend. Die kreativen sizilianischen Gerichte sind jedoch vom Feinsten, und der Speiseraum mit hoher Decke ist schlichtweg genial. Auch deshalb kämpfen sich die wohlbetuchten Gäste allabendlich über die defekten Steinplatten zum Lokal.

Cappello GEBÄCK & KUCHEN €
(Via Nicolò Garzilli 10; Stück Kuchen 2,50 €) Die berühmten *setteveli* (Schokokuchen mit sieben Schichten) wurden hier erfunden – und seitdem in ganz Palermo nachgebacken. Das winzige Cappello hat sich aber noch mehr himmlische Desserts einfallen lassen: Unbedingt probieren sollte man die traum-

hafte *delizia di pistacchio,* ein schmackhafter Pistazienkuchen mit cremiger Glasur und einem Schokoladenmedaillon als Krönung oben drauf.

Antico Caffè Spinnato CAFÉ €
(☎091 32 92 20; Via Principe di Belmonte 107–15; Snacks 4–8 €) In diesem schicken Café, das schon seit 1860 existiert, bevölkern die Einheimischen die Tische am Straßenrand, um am Nachmittag bei Klaviermusik Kaffee, Cocktails, Eis und üppige Kuchen und Snacks zu genießen.

Friggitoria Chiluzzo SANDWICHLADEN €
(Piazza della Kalsa; Sandwiches 1,50 €; ⏲Mo–Sa Mittagessen) Der heiß geliebte Straßenverkauf macht mit die besten *pane, panelle e crocchè* (Sesambrot mit frittierten Kichererbsen und Kartoffelkroketten) in der ganzen Stadt. Außerdem gibt es noch eine empfehlenswerte frittierte Aubergine mit einem Spritzer Zitronensaft – und schon hat man ein leckeres Mittagessen!

Pizzeria Biondo PIZZERIA €
(☎091 58 36 62; Via Nicolò Garzilli 27; Pizza 5–14 €; ⏲Di–Do Abendessen) Die Pizza wird im Biondo mit superfrischem mozzarella di bufala (Büffelmilch-Mozzarella) gebacken und steht deshalb im Ruf, die beste in ganz Palermo zu sein. Ein fröhliches Volk sitzt hier jeden Abend draußen an den Tischen am Gehsteig oder drinnen in den gemütlichen Gaststuben.

Acanto MODERN SIZILIANISCH €€
(☎091 32 04 44; Via Torrearsa 10; Mahlzeiten 30–35 €; ⏲Di–So Abendessen) Die Eleganz der Neustadt und die innovative Küche sind genau die richtige Kombination, um das so ziemlich schickste Restaurant der Stadt zum Favoriten des Designer-Völkchens zu machen. Im Sommer stehen zusätzlich Tische im romantischen Patio.

Ausgehen

Am buntesten gibt sich die Kneipenszene von Palermo im Viertel Champagneria östlich vom Teatro Massimo; den Mittelpunkt bilden die Piazza Olivella, die Via Spinuzza und die Via Patania. Weitere Hotspots sind die Via Alessandro Paternostro im Viertel Kalsa sowie die Via dei Candelai, eine kurze Straße, die von Kneipen, Bars und Diskos gesäumt ist und vor allem beim etwas ruppigeren Jungvolk hoch im Kurs steht. Gehobene Bars und Tanz-Locations ballen sich im neueren Teil von Palermo. Im Sommer zieht es viele Palermer nach Mondello ans Meer.

LP TIPP **Kursaal Kalhesa** BAR
(☎091 616 00 50; www.kursaalkalhesa.it, auf Italienisch; Foro Umberto I 21; ⏲Di–So 12–15 & 18–1 Uhr) In dieser Bar mit Gewölbedecke können es sich die Gäste auf massiven Sofas mit Seidenkissen gemütlich machen, um entspannt einen Cocktail zu schlürfen. Im Winter prasselt hier ein Feuer, außerdem gibt's Kunstausstellungen und ein Buchgeschäft mit Zeitungen aus dem Ausland. Das lässige, unaufgemotzte Publikum kommt wegen des guten Musikprogramms und der Literaturveranstaltungen. Mahlzeiten (ab 30 €) werden im Obergeschoss auf der schattigen Veranda serviert, umgeben von Mauern aus dem 15. Jh.

Pizzo & Pizzo WEINBAR
(☎091 601 45 44; www.pizzoepizzo.com; Via XII Gennaio 5; ⏲So geschl.) Klar, diese schicke Weinbar ist genau richtig, um sich einen *aperitivo* zu genehmigen, aber wer erst einmal die verführerische Auswahl an Käse, Pökelfleisch und Räucherfisch gesehen hat, bleibt vielleicht aber auch gleich noch zum Abendessen in diesem lebhaften Lokal mit guter Stimmung.

Unterhaltung

Die Tageszeitung *Il Giornale di Sicilia* enthält eine Veranstaltungsübersicht. Die Touristeninformation und Informationsstände haben ebenfalls aktuelle Programme und Veranstaltungstipps auf Lager.

Teatro Massimo OPERNHAUS
(☎091 605 35 80; www.teatromassimo.it; Piazza Verdi 9) In Ernesto Basiles Jugendstil-Meisterwerk stehen Oper, Ballett und Konzerte auf dem Programm; Spielzeit ist von Oktober bis Mai.

Teatro Politeama Garibaldi THEATER
(☎091 637 37 43; www.amicidellamusicapalermo.it; Piazza Ruggero Settimo) Ein weiteres prächtiges Theater, in dem Opern- und Ballettaufführungen gezeigt werden und klassische Musik dargeboten wird. Konzerte finden von November bis Mai am Nachmittag und Abend statt.

Teatro della Verdura OPEN-AIR-THEATER
(☎091 688 41 37; Viale del Fante) In den absolut zauberhaften Gärten der Villa Castelnuovo

stehen im Sommer (und nur dann) Ballett und Musik auf dem Programm.

Cuticchio Mimmo MARIONETTENTHEATER (☎091 32 34 00; www.figlidartecuticchio.com; Via Bara all'Olivella 95; ⌚Sept.–Juli Sa & So 18.30 Uhr) Das reizende Theater, in dem nicht viel technischer Schnickschnack verwendet wird, ist vor allem etwas für Kinder (und Erwachsene). Gezeigt werden traditionelle Aufführungen mit sagenhaften handgearbeiteten Marionetten.

Shoppen

Die Via Bara all'Olivella bietet sich an, wenn jemand Kunst und Kunsthandwerk erwerben möchte. Spaß macht ein Abstecher ins Marionettenatelier der Familie Cuticchio, **Il Laboratorio Teatrale** (Via Bara all'Olivella 48–50).

Keramik und Töpferei (zu höheren Preisen als im Landesinneren) gibt es bei **Le Ceramiche di Caltagirone** (caltagironeceramiche@alice.it; Via Cavour 114) und **Mercurio** (www.casamerlo.it; Corso Vittorio Emanuele 231).

Wer essbare Souvenirs mit einem sozialen Touch sucht, sollte Wein, Olivenöl oder Nudeln kaufen, bei denen die Mafia ihre Finger nicht mit im Spiel hat – sie sind bei **Libera Terra** (www.liberapalermo.org; Piazza Castelnuovo 13) erhältlich. Die Organisation setzt sich aktiv gegen den Einfluss der Mafia auf die sizilianische Gesellschaft ein.

Sonntags findet auf der Piazza Marina südlich vom Hafen ein guter **Antiquitätenmarkt** statt.

Praktische Informationen

Geld

Geldautomaten gibt es zuhauf. Im Flughafen finden sich Wechselstuben, die außerhalb der normalen Banköffnungszeiten ihre Dienste anbieten.

Internetzugang

In der Altstadt gibt es unzählige Internetcafés, und zwar vor allem rund um die Via Maqueda; sie fungieren gleichzeitig auch als Telefonläden für die Einwanderer.

Aboriginal Café (☎091 662 22 29; www.aboriginalcafe.com; Via Spinuzza 51; Std. 3,50 €; ⌚9–15 Uhr) Ein lebhaftes Internetcafé im Stil einer australischen Bar.

Medizinische Versorgung

Farmacia Inglese (☎091 33 44 82; Via Mariano Stabile 177; ⌚Mo–Fr 16.30–13, Sa & So 20–8.30 Uhr) Die Apotheke hat sieben Tage die Woche die ganze Nacht durch offen.

Ospedale Civico (☎091 666 11 11; www.ospedalecivicopa.org; Via Carmelo Lazzaro) Krankenhaus mit Notaufnahme.

Notfall

Krankenwagen (☎118)

Polizei (☎091 21 01 11; Piazza della Vittoria) Hier kann man Diebstähle und andere geringfügige Delikte melden. Auch zuständig bei Diebstahl oder Verlust von Dokumenten.

Post

Hauptpost (Via Roma 322) Weitere kleinere Filialen befinden sich am Bahnhof sowie an der Piazza Verdi.

IL TEATRO DEI PUPI

Seit dem 18. Jh. bezaubert das traditionelle sizilianische Puppentheater Erwachsene und Kinder. Die Vorführungen gleichen einer Mini-Theateraufführung mit Marionetten, von denen einige 1,50 m groß sind – und somit mit Handpuppen rein gar nichts zu tun haben. Die Figuren sind kunstvoll aus Birken-, Oliven- und Zitronenholz geschnitzt, haben Glasaugen, die sehr echt aussehen, sowie ganz individuelle, charakteristische Gesichtszüge. Und damit auch sichergestellt ist, dass sie kein Problem haben, ihr Schwert zu schwingen, um dem bösen Drachen den Kopf herunterzuhauen, wurden ihre Gelenke mit flexiblem Draht versehen.

Als Seifenopern früherer Tage thematisiert das sizilianische Marionettentheater die grundlegenden Gefühle im Leben – unerwiderte Liebe, Verrat, Verlangen nach Gerechtigkeit sowie den Ärger und die Frustration der Unterdrückten. Die verwegenen Geschichten drehen sich um die heroischen Ritter von Karl dem Großen – Orlando und Rinaldo. Zum Personal gehören die liebreizende Angelica, der verräterische Gano di Magonza und einige abschreckende Sarazenenkrieger. Die Puppenspieler werden nach dem dramatischen Effekt beurteilt, den sie erzielen – und zwar mit viel Getrampel und scharfen Kommentaren – sowie nach der Geschwindigkeit und Kunstfertigkeit bei der Umsetzung von Schlachtszenen.

Touristeninformation

CIT Infostand für Touristen (☎091 611 78 87; www.comune.palermo.it/comune / assessorato_turismo, auf Italienisch; ⏲9–13 & 15–19 Uhr) Über die ganze Stadt verteilt gibt es Infostände, so auch an der Piazza Bellini, am Hafen, in der Via Cavour und an der Piazza della Vittoria.

Touristeninformation (www.palermotourism.com) Flughafen (☎091 59 16 98; ⏲Mo–Sa 8.30–19.30 Uhr); Stadtzentrum (☎091 605 83 51; Piazza Castelnuovo 34; ⏲Mo–Fr 8.30–14 & 14.30–18 Uhr) Das nette Personal spricht mehrere Sprachen und hat jede Menge Broschüren auf Lager.

An- & Weiterreise

Auto & Motorrad

Palermo ist von Messina über die gebührenpflichtige A20-E90 erreichbar, von Catania via Enna über die A19-E932. Nach Trapani und Marsala kommt man problemlos von Palermo über die Autobahn (A29). Eine gute Staatsstraße, die SS121, verbindet Agrigent und Palermo, sie führt durch das Hinterland der Insel.

Ein Leihwagen ist auf Sizilien kein billiger Spaß. Wer hier ein Auto mietet, sollte sich auf 250–500 € pro Woche einstellen. Oft ist es preiswerter, den Wagen vor der Reise online zu Hause zu buchen. Eine zuverlässige und erschwingliche Leihwagenfirma in der Innenstadt von Palermo ist **Auto Europa** (☎091 58 10 45; www.autoeuropa.it; Via Mariano Stabile 6a). **Avis** (www.avis.com) betreibt am Flughafen (☎091 59 16 84), am Hafen (☎091 58 69 40; Via Francesco Crispi 250) und in der Innenstadt Filialen und zählt zu den vielen größeren Mietwagenfirmen, die am Flughafen präsent sind.

Bus

Der wichtigste Busbahnhof für Intercity-Busse befindet sich in der Via Paolo Balsamo, einen Block östlich vom Bahnhof. Mehrere Busunternehmen unterhalten hier ein Büro.

Azienda Siciliana Trasporti (AST; ☎091 680 00 32; www.aziendasicilianatrasporti.it; Via Rosario Gregorio 46) Verbindungen zu Fahrzielen im Südosten, darunter Ragusa (12,80 €, 4 Std., Mo–Sa 4-mal tgl., So 2-mal tgl.).

Cuffaro (☎091 616 15 10; www.cuffaro.info; Via Paolo Balsamo 13) Verbindungen nach Agrigent (8,10 €, 2 Std., 3- bis 9-mal tgl.).

SAIS (☎091 616 60 28, 091 617 11 41; www.saisautolinee.it, www.saistrasporti.it; Via Paolo Balsamo 16) Verbindungen nach Catania (14,20 €, 2¾ Std., mindest. 9-mal tgl.), Messina (15,10 €, 2¾ Std., 3- bis 7-mal tgl.), Neapel (37,50 €, 10 Std., 1-mal nachts) und Rom (45,50 €, 10½ Std., 1-mal nachts).

Segesta (☎091 616 90 39; www.segesta.it; Via Paolo Balsamo 26) Verbindungen nach Trapani (8,60 €, 2 Std., mindest. 10-mal tgl.). Hier sind auch Interbus-Tickets nach Syrakus (11 €, 3¼ Std., 2. bis 3-mal tgl.) erhältlich.

Fähre/Schiff

Der Fährhafen befindet sich gleich bei der Via Francesco Crispi. Die Schiffe fahren regelmäßig von der Molo Vittorio Veneto nach Cagliari und Neapel. An der Molo S Lucia legen die Fähren nach Genua ab.

Grandi Navi Veloci (☎091 58 74 04; www.gnv.it; Calata Marinai d'Italia) Fähren von Palermo nach Civitavecchia (78–95 €, 12 Std., 3-mal wöchentl.), Neapel (45–64 €, 12 Std., tgl.), Tunis (37–42 €, 10 Std., wöchentl.), Livorno (72–92 €, 18 Std., 3-mal wöchentl.), Malta (62 €, 10 Std., wöchentl.) und Genua (83–117 €, 20 Std., tgl.).

Grimaldi Ferries (☎091 611 36 91; www.grimaldi-lines.com; Via Emerico Amari 8) Fähren von Palermo nach Tunis (69 €, 10 Std., 2-mal wöchentl.).

Siremar (☎091 749 31 11; www.siremar.it, auf Italienisch; Via Francesco Crispi 118) Betreibt Fähren (16,55 €, 2½ Std., 1-mal tgl.) und Tragflügelboote (22,95 €, 1¼ Std., 2 tgl., ausschließlich im Sommer) von Palermo nach Ustica.

SNAV (☎091 601 42 11; www.snav.it; Calata Marinai d'Italia) Nachtfähre nach Neapel (55 €, 10½ Std., 1-mal tgl.). Das Büro befindet sich am Hafen links vom Haupteingang.

Tirrenia (☎091 976 07 73; www.tirrenia.it; Calata Marinai d'Italia) Verbindungen von Palermo nach Cagliari (55 €, 13 Std., 1-mal wöchentl.) und eine Nachtfähre nach Neapel (50 €, 10 Std., 1-mal tgl.). Das Büro befindet sich am Hafen rechts vom Haupteingang.

Ustica Lines (☎0923 87 38 13; www.usticalines.it) Betreibt im Sommer Tragflügelboote nach Lipari (39,30 €, 4½ Std., 2-mal tgl.) und zu anderen Orten auf den Äolischen Inseln.

Flugzeug

Der **Flughafen Falcone-Borsellino** (PMO; ☎091 702 01 11; www.gesap.it) befindet sich in Punta Raisi, 31 km westlich von Palermo.

Diverse Billigfluglinien bieten Flüge von allen größeren Städten Europas nach Palermo an. In Falcone-Borsellino starten auch die Linienflüge zu den Inseln Pantelleria und Lampedusa.

Zug

Vom Bahnhof Palermo Centrale, südlich vom Stadtzentrum am Anfang der Via Roma, fahren regelmäßig Züge nach Messina (11,60–27,50 €, 3- bis 3½ Std., 9- bis 15-mal tgl.), Agrigent (8,10 €, 2¼ Std., 7–mal tgl.) und Cefalù (5 €, 1 Std., 10- bis 19-mal tgl.). InterCity-Züge verkehren nach Reggio di Calabria, Neapel und Rom.

Wer nach Catania oder Syrakus fahren möchte, sollte besser den Bus nehmen. Es gibt nur einen Direktzug nach Catania (12,30 €, 3 Std., wochentags nur am Morgen); ansonsten muss man immer in Messina umsteigen.

Unterwegs vor Ort

Auto & Motorrad

Der Verkehr ist in Palermo höllisch, und somit lässt man den Wagen nach Möglichkeit am besten stehen. Auch Diebstahl ist ein Problem: Es werden immer mal wieder Autos aufgebrochen oder gar komplett gestohlen. Aus diesem Grund empfiehlt es sich, ausschließlich die bewachten Parkplätze zu benutzen (Tag 12–20 €); es gibt sie in der ganzen Stadt – falls das Hotel nicht über eigene Stellplätze verfügt.

Bus

Die orangen, weißen und blauen **Stadtbusse** (AMAT; ☎848 80 08 17; www.amat.pa.it, auf Italienisch) in Palermo verkehren häufig, sind allerdings überfüllt und wegen des dichten Verkehrs ziemlich langsam unterwegs. In der Touristeninformationen sind Karten und Fahrpläne zu allen wichtigen Linien erhältlich; die meisten Busse halten am Bahnhof. Fahrkarten (für 1½ Std. 1,30 €, Tagesticket 3,50 €) müssen vor dem Einsteigen gekauft werden, und zwar in den *tabacchi* (Tabakläden) oder den AMAT-Kiosken, die sich an allen größeren Haltestellen finden.

Drei kleine Busse – die Linea Gialla, Linea Verde und Linea Rossa (0,52 € für ein Ganztagesticket) – verkehren in den schmalen Straßen des *centro storico* (historisches Zentrum) und sind oft ganz nützlich, um von einer Sehenswürdigkeit zur anderen zu gelangen.

Zum/vom Flughafen

Von **Prestia e Comandè** (☎091 58 63 51; ,www.prestiaecomande.it) fährt ein Bus im 30-Minuten-Takt vom Flughafen ins Stadtzentrum (5,80 €); er hält am Teatro Politeama Garibaldi (30 Min.) und am Bahnhof Palermo Centrale (45 Min.). Beim Verlassen der Ankunftshalle stehen die Busse auf der rechten Seite. Fahrkarten sind im Bus erhältlich. In der entgegengesetzten Richtung verkehren die Busse ebenso häufig und halten an den gleichen Haltestellen.

Der Trinacria Expresszug (5,80 €, 1 Std.) vom Flughafen (Station Punta Raisi) nach Palermo braucht länger und fährt nicht so häufig wie der Bus. Während der Recherchen zu diesem Reiseführer verkehrten die Züge nur bis zur Station Notarbartolo, 3 km nordwestlich der Innenstadt von Palermo – was die Fahrt mit dem Zug noch unattraktiver macht.

Ein Taxi vom Flughafen in die Innenstadt von Palermo kostet 45 €.

Rund um Palermo

Gleich vor den Toren der Stadt sind zwei Orte einen Tagesausflug wert: Mondello direkt am Meer und Monreale mit seinem herrlichen Dom. Die Insel Ustica bietet sich für ein Wochenende an.

Die langen Sandstrände von **Mondello** kamen im 19. Jh. in Mode. Damals fuhren die Palermer gern mit der Kutsche ans Meer, was dann den Bau eines riesigen Jugendstilpiers zur Folge hatte – bis heute die Zierde des Ortes. Die meisten Strände in der Nähe des Piers sind privat (zwei Sonnenliegen und ein Sonnenschirm kosten 10–20 €). Auf der anderen Seite der Innenstadt finden sich die öffentlichen Strände mit den obligaten Tretbooten und auch Jet-Ski-Verleih. Mondello mit seiner lockeren Atmosphäre und dem schönen Meer bietet sich besonders als Standquartier für Familien an. Wie man hinkommt? Mit dem Bus 806 (1,30 €, 30 Min.) von der Piazza Sturzo in Palermo.

Die **Cattedrale di Monreale** (☎091 640 44 03; Piazza del Duomo; ⌚8–18 Uhr), 8 km südwestlich von Palermo, gilt als eines der schönsten Beispiele der normannischen Architektur auf Sizilien, sie weist normannische, arabische, byzantinische und klassizistische Elemente auf. William II. erbaute das Gotteshaus unter dem Eindruck einer Vision, die er von der Mutter Gottes hatte, aber auch, um seinen Großvater Roger II. zu übertreffen, der für den Dom von Cefalù und die Cappella Palatina in Palermo verantwortlich zeichnete. Der 1184 vollendete Kirchenraum beeindruckt mit schimmernden Mosaiken, die 42 Geschichten aus dem Alten Testament darstellen. Der **Kreuzgang** (Eintritt 6 €; ⌚9–19 Uhr) neben dem Dom ist ein beschaulicher Hof, in dem das orientalische Flair greifbar scheint. Ihn säumen elegante romanische Bögen, die von wunderschönen schlanken Säulen getragen werden; jede zweite ist mit Mosaiken verziert. Nach Monreale fährt der Bus 389 (1,30 €, 35 Min., 30-Minuten-Takt) von der Piazza Indipendenza in Palermo.

Die 8,7 m² große Insel **Ustica** wurde 1986 zum ersten Meeresschutzgebiet Italiens erklärt. In den Gestaden rundum leben Unmengen Fische und Korallen – das ideale Revier zum Schnorcheln, Tauchen und für Unterwasserfotografie. Im Juli findet auf der Insel die **Rassegna Internazionale di Attività Subacquee** (Internationales Festival der Unterwasseraktivitäten) statt, zu der Taucher aus der ganzen Welt anreisen. Wer im Juni oder September kommt, hat die wilde Küste und die spannenden und faszinierenden Unterwasser-Grotten ganz für sich allein. Die Firma **Profondo Blu** (☎091 844 96 09; www.ustica-diving.it) zählt zu den Tauchzentren, die sich bereits recht gut auf der Insel etabliert haben; sie vermietet auch Unterkünfte.

Von Palermo fährt eine **Siremar-Autofähre** (☎091 844 90 02; www.siremar.it) pro Tag zur Insel Ustica (18,35 €, 2½ Std.); die schnelleren Tragflügelboote (23,55 €, 1½ Std.) verkehren ebenfalls unter der Regie von Siremar, weitere gehören zur Flotte von **Ustica Lines** (☎091 844 90 02; www.usticalines.it).

TYRRHENISCHE KÜSTE

An der Küste zwischen Palermo und Milazzo lockt eine Reihe beliebter Ziele einen nie versiegenden Strom von Urlaubsgästen an. Besonders voll ist es in den Sommermonaten von Juni bis September. Zu den absoluten Highlights, die man unbedingt gesehen haben sollte, zählen die beiden großen Nationalparks der Madonie und der Nebrodi. Außerdem besichtigenswert sind die weiten Strände um Capo d'Orlando und Capo Tindari sowie der Ferienort Cefalù, der an Beliebtheit nur noch von Taormina übertroffen wird.

Cefalù

13 800 EW.

Der beliebte Ferienort hockt förmlich zu Füßen eines imposanten Bergsporns an einem weiten Sandstrand und hat jede Menge zu bieten: einen fantastischen Strand, eine wirklich entzückende Altstadt rund um die grandiose Kathedrale und vielfach gewundene mittelalterliche Gassen voller Restaurants und Boutiquen. In der Hochsaison steigen die Preise, der Strand ist fast immer überfüllt und der Charme des Städtchens leidet deutlich unter den meist schlecht gelaunten Autofahrern, die auf der Suche nach Parkplätzen umherkurven.

Vom Bahnhof aus geht es nach rechts durch die Via Moro zur Via Matteotti und zur Altstadt. Sonnenanbeter erreichen den Strand links über die Via Gramsci, die ein Stück weiter Via V Martoglio heißt.

Sehenswertes

Duomo DOM

(Piazza del Duomo; ⏲im Winter 8–17.30 Uhr, im Sommer 8–19.30 Uhr) Der beeindruckende Dom von Cefalù ist neben der Cappella Palatina und Monreale ein weiteres Juwel in der arabisch-normannischen Krone. Im Kircheninneren steht der gewaltige Christus Pantokrator im Mittelpunkt – ein kunstvolles, fein gearbeitetes byzantinisches Mosaik aus dem 12. Jh. Eingerahmt von steilen Felsen ragen die beiden Doppeltürme des Doms mit ihren Dachpyramiden über der herrlichen **Piazza del Duomo** (Domplatz) auf. Scharen von Touristen tummeln sich zwischen den Straßencafés und Restaurants – und fotografieren wie die Wilden, um dieses Bild einzufangen.

La Rocca AUSSICHTSPUNKT

Der über dem Städtchen aufragende massige und zerklüfteten Felsen La Rocca hätte sicherlich ein passendes Heim für die Riesen abgegeben, die angeblich als erste Bewohner auf Sizilien lebten. Hier errichteten die Araber ihre Zitadelle, die sie bis 1061 halten konnten. Dann zwang die normannische Eroberung die Bergbewohner, hinunter an den Hafen zu ziehen. Die imposante Treppe **Salita Saraceno** (Sarazenentreppe) führt durch die drei Befestigungsringe der Stadtmauer in etwa 30 Minuten fast hinauf bis auf den Gipfel. Von dort öffnet sich ein eindrucksvolles Panorama auf die Stadt. Die Ruine des im 4. Jh. erbauten **Tempio di Diana** (Diana-Tempel) bietet Jungverliebten einen ruhigen und romantischen Schlupfwinkel für ein Stelldichein.

Aktivitäten

Der halbmondförmige Strand von Cefalù, westlich vom mittelalterlichen Stadtzentrum, ist ganz hübsch. Im Sommer muss man allerdings recht früh kommen, sonst findet man keinen Platz mehr für sein Handtuch und den Sonnenschirm. Den Massen entgeht man am Besten mit folgendem Ausweg: Im Sommer bieten verschiedene Reisebüros (am Corso Ruggero) Bootsausflüge entlang der der Küste sowie zu den Äolischen Inseln (ab 60 €) an.

Sicilia Divers TAUCHEN

(☎347 6853051; www.sicilia-divers.com; Hotel Kalura, Via Vincenzo Cavallaro 13; Tauchgänge ab 45 €, Kurse ab 60 €) Tauchgänge und Kurse für jedes Alter und Niveau.

ABSTECHER

CEFALÙS SPIELPLATZ IM HINTERHOF

Südlich von Cefalù finden sich im 40 000 ha großen **Parco Naturale Regionale delle Madonie** die höchsten Gipfel Siziliens – einer davon ist der imposante Pizzo Carbonara (1979 m). An seinen unberührten, bewaldeten Hängen leben Wölfe, Wildkatzen und Adler; außerdem sind dort die vom Aussterben bedrohten Nebrodi-Tannen beheimatet, die sogar die letzte Eiszeit überdauert haben. Der Park eignet sich ideal zum Wandern, Fahrradfahren und Ausreiten. Außerdem locken hübsche Bergdörfer wie **Castelbuono**, **Petralia Soprana** und **Petralia Sottana**.

Die Küche der Region gibt sich deftig-lecker mit Lamm- und Ziegenbraten, allerlei Käse, Pilzen vom Grill und aromatischer Pasta mit *sugo* (Fleischsoße). Ein Restaurant, in dem all diese Spezialitäten auf der Speisekarte stehen, ist das **Nangalarruni** (☎0921 67 14 28; Via delle Confraternite 5/7, Castelbuono; Mahlzeiten 25–45 €) in Castelbuono.

Wer Informationen über den Park benötigt, wendet sich am besten an **Ente Parco delle Madonie** (www.parcodellemadonie.it, auf Italienisch) in **Cefalù** (☎0921 92 33 27; Corso Ruggero 116; ⏲8–20 Uhr) oder an **Petralia Sottana** (☎0921 68 40 11; Corso Paolo Agliata 16).

Es verkehren nur wenige Busse zu den Hauptorten im Park. Am schönsten lässt sich der Madonie erkunden, wenn man sich ein paar Tage lang einen Mietwagen leistet.

Scooter for Rent FAHRRADVERLEIH
(☎0921 42 04 96; www.scooterforrent.it; Via Vittorio Emanuele 57) Vermietet Leihräder (Tag 10 €) und Motorroller (Tag ab 35 €).

Schlafen

Billige Unterkünfte sind das ganze Jahr über Mangelware, aus diesem Grund sollte man rechtzeitig reservieren.

B&B Casanova B&B €
(☎0921 92 30 65; www.casanovabb.it; Via Porpora 3; EZ 35–55 €, DZ 50–100 €, 4BZ 70–140 €; ❄📶) Das B&B direkt am Meer vermietet Zimmer in unterschiedlicher Größe – vom engen Einzelzimmer mit Minifenster bis hin zum Ruggero-Zimmer, einem Riesenraum, in dem locker vier Leute übernachten können. Es hat Deckenfresken an der Gewölbedecke, schön gefliesten Böden und Flügeltüren mit tollem Blick auf die mittelalterliche Innenstadt von Cefalù. Die kleine Terrasse mit Meerblick steht allen offen.

Hotel Kalura HOTEL €€
(☎0921 42 13 54; www.hotel-kalura.com; Via Vincenzo Cavallaro 13; DZ 89–159 €; P❄@🏊) Das familienfreundliche Hotel, das von Deutschen geleitet wird, liegt auf einem Felsen und hat einen privaten Kieselstrand, ein gutes Restaurant und einen sagenhaften Swimmingpool. Die meisten Zimmer haben Meerblick, außerdem organisiert das Hotel eine Vielzahl an Freizeitaktivitäten, darunter Mountainbiketouren, Wanderungen, Kanu- und Tretbootfahrten sowie Tauchexkursionen – und abends Tanzveranstaltungen. Bis zur Stadt sind es etwa 20 Minuten zu Fuß.

La Plumeria HOTEL €€
(☎0921 92 58 97; www.laplumeriahotel.it; Corso Ruggero 185; EZ 70–180 €, DZ 90–220 €; P❄📶) Das 2010 neu eröffnete Hotel hat einen dicken Pluspunkt: die perfekte Lage zwischen dem *duomo* und dem Meer. Kostenlose Parkplätze liegen nur ein paar Minuten weit entfernt. Die Zimmer sind eher Durchschnitt, aber sauber und gut ausgestattet. Das Einzelzimmer im obersten Stockwerk ist am schönsten: ein gemütlicher Raum mit gekacheltem Boden im Schachbrettmuster und einer kleinen Terrasse mit Blick auf den *duomo*.

B&B Dolce Vita B&B €
(☎0921 92 31 51; www.dolcevitabb.it; Via Bordonaro 8; Zi. 60–120 €; ❄@📶) Das beliebte B&B kann mit einer hübschen Terrasse mit Liegestühlen und Meerblick aufwarten; im Sommer wird hier abends gegrillt. Die Zimmer sind luftig und einladend mit bequemen Betten, weniger erfreulich ist die lasche Arbeitsauffassung des Personals. Das Frühstück gibt es mit einem Gutscheinsystem im Café nebenan.

Essen & Ausgehen

Es gibt Dutzende Restaurants, doch leider ist das Essen oft erstaunlich einfallslos; die

Touristenmenüs, die überall angeboten werden, hat man schnell über.

Al Porticciolo MEERESFRÜCHTE, PIZZERIA €€
(☎0921 92 19 81; Via Carlo Ortolani di Bordonaro 66/86/90; Pizza 5–12 €, Mahlzeiten 20–35 €; ⊙Okt.–April Mi geschl.) In diesem beliebten Restaurant am Meer kann man in einem 5-Sterne-Ambiente speisen, ohne die Kreditkarte überzustrapazieren. Im Sommer zieht es alle auf die weitläufige Terrasse hinaus. Pizza gibt es Tag und Nacht, und Menüs mit Festpreis ab 20 €.

La Brace INTERNATIONAL €€
(☎0921 42 35 70; Via XXV Novembre 10; Mahlzeiten 20–30 €; ⊙Mi–So Mittagessen, Di–So Abendessen) Dieses holländisch-indonesische Speiselokal konnte in den letzten Jahrzehnten mit seiner erlesenen, aber dennoch nicht überteuerten Speisekarte jede Menge Stammgäste gewinnen. Auf der Speisekarte geben sich italienische Klassiker und internationale Gerichte ein Stelldichein – beispielsweise Chili con Carne, *shashlik* (marinierte Hähnchenspieße) und saftiger Hasenbraten mit Kastanien.

La Galleria BAR, FUSION €€
(☎0921 42 02 11; www.lagalleriacefalu.it; Via Mandralisca 23; Cocktails 5 €, Mahlzeiten 30–40 €; ⊙Fr–Mi 12–15 & 19–24 Uhr) La Galleria ist eine tolle Mischung aus Literatencafé, schicker Cocktailbar und geschmackvoller Kunstgalerie – ultracool und wirklich etwas ganz Besonderes! Hier kann man gut in einen langen Abend starten, eine lange Nacht beschließen oder auch auf der schönen Terrasse romantisch zu Abend essen.

ℹ Praktische Informationen

Zig Geldautomaten finden sich am Corso Ruggero.

Krankenhaus (☎0921 92 01 11; Contrada Pietrapollastra) An der Hauptstraße, die in Richtung Palermo aus der Stadt führt.

La Galleria (☎0921 42 02 11; Via Mandralisca 23; Internet Std. 6 €; ⊙Fr–Mi 12–15 & 19–24 Uhr) Cocktailbar mit zwei flotten Internet-PCs und kostenlosem WLAN.

Polizei (☎0921 92 60 11; Via Roma 15)

Post (Via Vazzana 2) Vom Lungomare (Meerespromenade) ein Stück in Richtung Stadt.

Touristeninformation (☎0921 42 10 50; strcefalu@regione.sicilia.it; Corso Ruggero 77; ⊙Mo–Sa 9–13 & 15–19.30 Uhr) Die Mitarbeiter sprechen Englisch; hier bekommt man Unmengen Broschüren sowie gute Stadtpläne und Landkarten.

ℹ An & Weiterreise

SCHIFF Von Juni bis September verkehren Tragflügelboote von **Ustica Lines** (www.usticalines.it) täglich um 8.15 Uhr von Cefalù zu den Äolischen Inseln; angesteuert werden Alicudi (20,25 €, 1¼ Std.), Filicudi (23,40 €, 1¾ Std.), Salina (25,70 €, 2¾ Std.) und Lipari (29,10 €, 3¼ Std.).

ZUG Am besten erreichbar ist Cefalù mit der Bahn. Es verkehren stündlich Züge auf der Strecke Cefalù – Palermo (5 €, 1 Std.), aber auch zu anderen Orten an der Thyrrenischen Küste.

ÄOLISCHE INSELN

Die Äolischen (oder Liparischen) Inseln sind ein kleines Paradies. Das herrliche kobaltblaue Meer, die wunderbaren Strände, einige der besten Wandermöglichkeiten ganz Italiens sowie die beeindruckende Vulkanlandschaft machen jedoch nur einen Teil des Reizes aus. Die Inseln haben auch eine faszinierende Geschichte und Mythologie, die mehrere tausend Jahre zurückreicht. So spielen die Inseln in der *Odyssee* von Homer eine bedeutende Rolle, und überall stößt man auf Zeugnisse der Vergangenheit – die schönsten finden sich im sagenhaften Archäologischen Museum von Lipari.

Die sieben Inseln – Lipari, Vulcano, Salina, Panarea, Stromboli, Alicudi und Filicudi – sind Teil einer riesigen, 200 km langen Vulkankette, die sich vom rauchenden Ätna bis zum bedrohlich oberhalb von Neapel thronenden Vesuv zieht. Die Inseln bieten eine einzigartige Vielfalt an vulkanischen Phänomenen – Grund genug für die Unesco, sie ins Weltnaturerbe der Unesco aufzunehmen (seit 2000). Daher werden die Inseln im Juli und August von Besuchern förmlich überrollt. Außerhalb der Hochsaison sind sie dafür umso beschaulicher.

ℹ An- & Weiterreise

Im Sommer bestehen regelmäßige Verbindungen mit Fähren und Tragflügelbooten ab Mailand und Messina, diese beiden Städte liegen den Inseln am nächsten. Hochsaison ist von Juni bis September; in den Wintermonaten fahren erheblich weniger Schiffe und müssen wegen schweren Seegangs oft sogar ganz ausfallen. Alle nachfolgend genannten Preise gelten für die einfache Fahrt während der Hochsaison.

Fähre

Siremar (www.siremar.it) und **NGI Traghetti** (☎090 928 40 91; www.ngi-spa.it) betreiben

FÄHREN NACH LIPARI

REISEZIEL	PREIS (€) TRAGFLÜGELBOOT/ FÄHRE	FAHRZEIT TRAGFLÜGELBOOT/ FÄHRE
Alicudi	18.85/13.95	2/4 Std.
Filicudi	15.80/12.40	1¼/2¾ Std.
Panarea	10.40/7.50	1/2 Std.
Salina (Rinella)	9.60/7.30	40 Min./1½ Std.
Salina (Santa Marina)	8.80/6.70	25/45 Min.
Stromboli	17.80/12.40	1¾/4 Std.
Vulcano	5.80/4.70	10/25 Min.

beide Autofähren von Milazzo zu den Inseln; sie sind einen Tick billiger, dafür aber auch etwas langsamer unterwegs und verkehren unregelmäßiger als die schnellen Tragflügelboote im Sommer.

Tragflügelboot

Von **Ustica Lines** (www.usticalines.it) und **Siremar** verkehren Tragflügelboote von Milazzo nach Lipari (16,80 €, 1 Std.) und von dort weiter zu den anderen Inseln. Vom 1. Juni bis 30. September fahren Tragflügelboote im Ein- bis Zwei-Stundentakt nach Lipari und halten unterwegs bei Vulcano (16 €, 45 Min.); von dort geht es dann weiter nach Santa Marina oder Rinella (17,55 €, 1½–2 Std.) auf der Insel Salina.

Hinter Salina fahren die Schiffe entweder gen Osten nach Panarea (18,80 €, 2¼ Std.) und Stromboli (21,95 €, 3 Std.) oder in Richtung Westen nach Filicudi (23,25 €, 2½ Std.) und Alicudi (28,70 €, 3¼ Std.).

Ustica Lines betreibt auch ganzjährig Tragflügelboote nach Lipari, und zwar ab Messina (23,90 €, 1½–3½ Std., 1- bis 5-mal tgl.) und ab Reggio di Calabria (24,90 €, 1½–3½ Std., 1- bis 4-mal tgl.).

Im Sommer bietet Ustica Lines eine zusätzliche Verbindung nach Lipari von Cefalù (29,10 €, 3¼ Std., 1-mal tgl.) und Palermo (39.30 €, 4 Std., 2-mal tgl.) an.

ℹ Unterwegs vor Ort

Auto & Motorroller

Autos können mit der Fähre nach Lipari, Vulcano und Salina auf die Inseln mitgenommen oder auf dem Festland in Garagen für 12 € am Tag geparkt werden. Da die Inseln klein und die Straßen schmal und kurvenreich sind, spart man sich Geld (und Kopfschmerzen), wenn man auf den Inseln einfach einen Motorroller mietet. Eine weitere gute Möglichkeit besteht darin, gleich zu Fuß loszuziehen.

Fähre/Schiff

Es bestehen regelmäßige Verbindungen zwischen den Inseln mit dem Tragflügelboot und mit der Fähre. Auf Lipari kommen sämtliche Schiffe in der Marina Lunga an und fahren auch dort wieder ab; Siremar und Ustica Lines haben dort Büros die Fahrkarten verkaufen. Auf den anderen Inseln befinden sich die Ticketbüros meist im Hafen oder in unmittelbarer Nähe. In sämtlichen Büros hängen auch die Fahrpläne aus.

Lipari

11 300 EW. / 602 M

Lipari hat sich zum blühenden Knotenpunkt der Äolischen Inseln entwickelt, und zwar in geografischer wie auch in funktionaler Hinsicht: Von hier bestehen Verbindungen per Fähre und Tragflügelboot zu allen anderen Inseln. Im Städtchen Lipari, dem größten urbanen Zentrum des Archipels, befindet sich die einzige Touristeninformation. Hier gibt es auch zuverlässige Banken, ausreichend Restaurants und Bars. Die zerklüftete Küste der Insel eignet sich hervorragend zum Wandern, Boot fahren und Schwimmen.

Lipari ist seit über 6000 Jahren bewohnt. Im 4. Jt. v. Chr. besiedelten Siziliens Ureinwohner die Insel und begründeten die nach ihrem Fundort benannte Stentinello-Kultur. Sie trieben mit dem glasähnlichen vulkanischen Gestein Obsidian schwunghaften Handel. Der wirtschaftliche Ertrag lockte die Griechen an. Sie nutzten die Inseln als sichere Häfen an der Ost-West-Handelsroute. Auch Piraten, darunter so prominente wie Barbarossa (Cheir-ed-Din, nicht zu verwechseln mit Kaiser Friedrich I.) im 16. Jh., hatten ein Auge auf Liparis äußerst lukrativen Obsidianhandel und die Bimssteinbrüche geworfen.

Der Handel floriert bis heute. Zwischen den beiden Häfen von Lipari, der Marina Lunga (wo die Fähren und Tragflügelboote ankommen) und der Marina Corta (700 m weiter südlich, für kleinere Boote) verläuft der Corso Vittorio Emanuele, die lebhafte Hauptstraße, die von Geschäften, Restaurants und Bars gesäumt wird. Über die bunte Schar an Tagesausflüglern wacht oben auf dem Berg die Zitadelle von Lipari, die von Mauern aus dem 16. Jh. geschützt wird.

Sehenswertes

Museo Archeologico Eoliano MUSEUM

(☎090 988 01 74; www.regione.sicilia.it/beniculturali/museolipari; Castello di Lipari; Erw./erm. 6/3 €; ⌚Mo–Sa 9–13 & 15–18, So 9–13 Uhr) Innerhalb der dicken Wehrmauern der Zitadelle befindet sich eines der besten Museen Siziliens, das den vulkanischen und historischen Spuren auf der Insel nachspürt. Es gliedert sich in drei Abteilungen: Der archäologische Bereich widmet sich Artefakten aus der Jungsteinzeit und der Bronzezeit bis hin zu den Römern; die klassische Sammlung umfasst Funde aus der Nekropolis von Lipari (darunter die vollständigste Sammlung von griechischen Miniatur-Theatermasken der Welt), und schließlich gibt es noch eine Abteilung zum Thema Vulkanologie und Funden von anderen Inseln.

Aktivitäten

Strände STRÄNDE

Auf der Westseite der Insel liegt die **Spiaggia Valle i Muria**, ein abgeschiedener Felsstrand mit tollem Blick in Richtung Süden auf Vulcano. Der Strand war nach dem Erdbeben im August 2010 eine Weile gesperrt, wurde unlängst jedoch wieder freigegeben. Malerisch ist die Anfahrt mit dem Boot entlang der Südwestküste – vorbei an äußerst dramatischen *faraglioni* (Felstürmen) und Steinbögen. Den Bootstransport (einfache Fahrt/hin- & zurück 5/10 €) organisiert auf Anruf **Barni** (☎349 1839555). Oder man nimmt in der Marina Lunga den Bus nach Quattropani, steigt in Quattrochi aus und marschiert noch 15 Min. den steilen Weg zum Strand hinunter.

Ziel für Sonnenanbeter und Wasserratten an der Ostküste Liparis ist das ein paar Kilometer nördlich von Lipari-Stadt gelegene Canneto mit seinem Kieselstrand **Spiaggia Bianca**. Weiter nördlich, an den **Bimssteinbrüchen** von Pomiciazzo und Porticello, liegt die beliebte **Spiaggia della Papesca** unter sehr feinem, blendend weißem Bimssteinstaub, durch den das Meer nicht Dunkelblau, sondern Türkisgrün erscheint.

Küstenwanderungen WANDERN

An der rauen Nordwestküste von Lipari gibt es ausgezeichnete Wanderwege. An der Nordküste führt eine schöne einstündige Wanderung von Quattropani nach Acquacalda. Der Blick auf die Inseln Salina und Stromboli in der Ferne ist fantastisch. Ein Bus fährt weiter nach Quattropani (1,90 €). Anschließend geht es auf der Hauptstraße 5 km nach Acquacalda hinunter; von dort fährt der Bus (1,55 €) dann wieder zurück nach Lipari.

Deutlich anstrengender, aber ebenso malerisch ist die drei- bis vierstündige Tour, die vom Pianoconte steil nach unten führt. Es geht zunächst vorbei an den alten römischen Bädern, den Terme di San Calogero, dann weiter zur Westküste, um die Klippen am flachen Standabschnitt herum und schließlich wieder steil hinauf zum Ort Quattropani.

Diving Center La Gorgonia TAUCHEN

(☎090 981 26 16; www.lagorgoniadiving.it; Salita San Giuseppe, Marina Corta; Tauchgang/Tauchgang nachts/Anfängerkurs 30/40/55 €) Das Tauchzentrum bietet Kurse, Bootstransport, Ausrüstungsverleih zum Flaschentauchen und Schnorcheln im glasklaren Wasser von Lipari an.

Geführte Touren

Es besteht die Möglichkeit, Bootsausflüge zu den Inseln in der Umgebung (15–45 €) zu unternehmen oder einen Tagesausflug nach Stromboli (80 €) zu machen und dort den Vulkan zu besteigen. Derartige Exkursionen werden in der ganzen Stadt von verschiedenen Reisebüros angeboten. Besonders empfehlenswert sind die unten aufgeführten Unternehmen, deren Mitarbeiter auch Englisch sprechen.

AvventurIsole BOOT

(☎090 988 02 74; www.avventurisole.com, auf Italienisch; Via Maurolico 10)

Da Massimo/Dolce Vita BOOT

(☎090 981 30 86; www.damassimo.it; Via Maurolico 2)

Popolo Giallo BOOT

(☎090 981 12 10; www.popologiallo.it; Salita San Giuseppe)

Schlafen

Lipari bietet sich als Standort zum Inselhüpfen an, denn die Insel bietet die besten Unterkünfte, Restaurants und Kneipen. Schlepper belagern die Besucher, wenn sie im Hafen das Schiff verlassen, doch auch die Touristeninformation hilft beim Finden eines Privatquartiers. Im Sommer schießen die Preise astronomisch in die Höhe; vor allem den August sollte man deshalb möglichst meiden.

Diana Brown B&B €
(090 981 25 84; www.dianabrown.it; Vico Himera 3; EZ 30–90 €, DZ 40–100 €;) Das B&B liegt etwas versteckt in einer schmalen Gasse. Die Südafrikanerin Diana hat die Zimmer modern mit gefliesten Böden, bunten Farben und willkommenen Extras wie Wasserkocher, Kühlschrank, Trockenständer und Satelliten-TV eingerichtet. In den dunkleren Zimmern unten ist zum Trost eine Küchenzeile eingebaut. Für alle gibt es eine sonnige Terrasse, auf der das Frühstück serviert wird, ein Solarium mit Liegen sowie einen Büchertausch und einen Wäscheservice. Das Frühstück kostet pro Person 5 € extra.

Villa Diana HOTEL €€
(090 981 14 03; www.villadiana.com; Via Tufo 1; EZ 43–80 €, DZ 76–145 €; P) Der Schweizer Künstler Edwin Hunziker verwandelte das äolische Haus in den 1950er-Jahren in ein Bohemien-Hotel. Es liegt über der Stadt Lipari in einem Garten mit Zitronen- und Olivenbäumen, von der Terrasse bietet sich ein schöner Panoramablick. Weitere Annehmlichkeiten sind das kostenlose WLAN (nur im Rezeptionsbereich) und die Tennisplätze.

Hotel Oriente HOTEL €
(090 981 14 93; www.hotelorientelipari.com; Via Marconi 35; EZ 40–60 €, DZ 60–95 €; P) Manche Leute sind auf der Stelle von dem Hotel begeistert, weil es so flippig ist – und manche finden den ganzen Krempel hier einfach nur fürchterlich. Das Oriente liegt nur 100 m westlich vom Stadtzentrum. Die Zimmer sind recht nüchtern und abgewohnt, dafür triefen die Gemeinschaftsräume nur so vor Lokalkolorit: vom weitläufigen Patio, in dem die Zitronenbäume wachsen, bis hin zum elegant gestalteten Frühstücksraum und der Bar sowie einem kleinen Museum mit alten Erinnerungsstücken aus Sizilien. Das Frühstück liegt weit über dem Durchschnitt: Es gibt neben dem üblichen Kaffee und Brötchen auch eingelegtes Gemüse und Käse.

Enzo Il Negro GÄSTEHAUS €
(090 981 31 63; www.enzoilnegro.com; Via Garibaldi 29; EZ 40–50 €, DZ 60–90 €;) Das Gästehaus unter der Leitung eines älteren Paares unweit der Marina Corta bietet großzügige Zimmer mit Kachelboden und Kiefernmöbeln samt einem Kühlschrank. Von den beiden Aussichtsterrassen schweift der Blick über die Dächer, den Hafen und die Mauern der Burg.

Essen & Ausgehen

Rund um die Inseln tummeln sich Fische in Hülle und Fülle, darunter Thunfische, Meeräschen, Tintenfische und Seezungen – und sie alle enden früher oder später in den Kochtöpfen der ortsansässigen Lokale. Probieren sollte man die *pasta all'eoliana,* eine einfache, aber leckere Pastavariation mit den hervorragend schmeckenden Kapern der Insel sowie Olivenöl und Basilikum.

Restaurants und Kneipen finden sich zuhauf am Corso Vittorio Emanuele und entlang der Marina Corta. In der Hochsaison haben alle Lokale bis spät in die Nacht hinein geöffnet.

E Pulera MODERN SIZILIANISCH €€
(090 981 11 58; Via Isabella Vainicher Conti; Mahlzeiten 30–45 €; Mai–Okt. Abendessen) Das in einem hübschen Garten gelegene Restaurant mit schummriger Beleuchtung und künstlerisch angehauchten Tischen mit Kacheltischplatte ist genau richtig für ein edles, romantisches Abendessen zu zweit in entspannter Atmosphäre. Das Essen ist vom Feinsten: Am besten beginnt man mit einem Thunfisch-Carpaccio mit Blutorangen und Kapern. Das Angebot an Fleisch- und Fischgerichten von den Äolischen Inseln und aus Sizilien ist ausgesprochen groß. Zum Abschluss locken *cassata, biscotti* und Malvasia.

Kasbah MODERN SIZILIANISCH €€
(090 981 10 75; Via Maurolico 25; Pizza 6–9 €, Mahlzeiten 30–35 €; Abendessen, Okt.–März Mi geschl.) Die Gäste können sich aussuchen, welches Ambiente ihnen besser zusagt: das schicke, moderne Speisezimmer oder der von Weinreben überwucherte und mit Kerzen beleuchtete Garten. Das Essen ist ein Gedicht, beispielsweise die köstliche Pizza, aber auch die Delikatessen mit Fisch oder Meeresfrüchten. Man bestellt à la carte

oder sucht sich seinen Fisch direkt aus der Vitrine aus.

Bar Pasticceria Subba GEBÄCK & KUCHEN €

(☎090 981 13 52; Corso Vittorio Emanuele 92; Gebäck ab 1 €; ⏲7–22 Uhr) Fans von süßen Köstlichkeiten kommen hier voll und ganz auf ihre Kosten. Das Gebäck in dieser Traditionsbäckerei aus dem Jahr 1930 ist schlichtweg sagenhaft. Die Pasticceria befindet sich in der lebhaften Hauptstraße von Lipari.

La Piazzetta PIZZERIA €

(☎090 981 25 22; Pizza 5,50–9,50 €; ⏲Abendessen, Sept.–Juni Do geschl.) Die Pizzeria ist immer gut besucht, das Lokal befindet sich gleich beim Corso Vittorio Emanuele hinter der Pasticceria Subba. Die Gäste nehmen draußen unter den Weinreben Platz, wo schon Berühmtheiten wie Audrey Hepburn speisten.

Shoppen

Ohne ein Gläschen Kapern und eine Flasche Malvasia-Süßwein sollte niemand die Insel verlassen. Beides findet man bei **La Formagella** (Corso Vittorio Emanuele 250) oder bei **Fratelli Laise** (www.fratellilaise.com; Corso Vittorio Emanuele 118), wo es auch noch Thunfisch, Fleisch, Käse und andere Delikatessen zu kaufen gibt.

Praktische Informationen

Der Corso Vittorio Emanuele ist schier gespickt mit Geldautomaten, was für die anderen Inseln absolut nicht gilt. Am besten versorgt man sich hier mit dem nötigen Kleingeld, bevor es auf die anderen Inseln weitergeht.

Internet Point (Corso Vittorio Emanuele 185; Std. 5 €; ⏲Winter: Mo–Sa 9.30–13 & 17–20.30 Uhr, Sommer: 9–13 & 15.30–24 Uhr)

Ospedale Civile (☎090 988 51 11; Via Sant'Anna) Krankenhaus mit Erster Hilfe.

Polizei (☎090 981 13 33; Via Guglielmo Marconi)

Post (Corso Vittorio Emanuele 207)

Touristeninformation (☎090 988 00 95; www.aasteolie.191.it, auf Italienisch; Corso Vittorio Emanuele 202; ⏲ganzjährig Mo–Fr 9–13 & 16.30–19, im Sommer auch Sa 9–13 Uhr) Die Info auf Lipari hält Wissenswertes zu allen Inseln bereit.

Anreise & Unterwegs vor Ort

BUS Busse von **Autobus Guglielmo Urso** (☎090 981 10 26; www.ursobus.com) verkehren häufig rund um die Insel; sie starten an der Marina Lunga (1,55–1,90 € je nach Fahrtziel). Eine der Hauptrouten verläuft entlang der Ostküste der Insel von Canneto nach Acquacalda, die andere Linie verbindet die Siedlungen Quattrochi, Pianoconte und Quattropani im westlichen Hochland. Mit Mehrfahrtentickets (6/10/20 Fahrten 7/10,50/20,50 €) lässt sich Geld sparen, sie sind bei einem längeren Aufenthalt preislich interessant.

SCHIFF Einzelheiten zu Fähren und Tragflügelbooten siehe S. 821.

AUTO & MOTORRAD Bei mehreren Firmen in der Stadt werden Motorroller (15–30 €) und Autos (30–50 €) vermietet, u. a. bei **Da Luigi** (☎090 988 05 40; Marina Lunga) am Fährhafen.

Vulcano

720 EW. / 500 M

Vulcano ist eine Insel, die keiner so schnell vergisst! Aber das liegt nicht nur an dem Schwefelgestank, sondern auch an der herrlich unberührten Natur gleich außerhalb des umtriebigen Touristenzentrums Porto di Levante. Am besten folgt man dem gut ausgeschilderten Weg zur Fossa di Vulcano. Die Landschaft wird immer ländlicher – mit Weingärten, Vogelgezwitscher und viel Grün. Die Italiener kommen vor allem wegen der heilkräftigen Schlammbäder und Thermalquellen auf die Insel. Die schwarzen Strände und die bizarre Vulkanlandschaft, aus der der Dampf qualmt, sind ein beliebtes Tagesausflugsziel.

Schiffe legen am Porto di Levante an. Rechts davon (mit Blick in Richtung Insel) liegen die Schlammbäder und die kleine Halbinsel Vulcanello, links der Vulkan. Geradeaus befindet sich der Porto di Ponente. Dort, 700 m westlich, erstreckt sich die Spiaggia Sabbia Nera, ein schwarzer Sand-Strand.

Aktivitäten

Fossa di Vulcano WANDERN

(Eintritt 3 €) Die Topattraktion der Insel ist eine Wanderung auf den 391 m hohen Vulkan, der sich auch ohne Führer problemlos besteigen lässt. Am besten bricht man früh morgens auf und packt sich einen Sonnenhut, Sonnencreme und ausreichend Wasser ein. Dann folgt man der Ausschilderung gen Süden auf der Strada Provinciale, biegt links auf einen Kiesweg ein, der dann in Serpentinen zum Gipfel führt. Bis zum untersten Kraterrand (290 m) ist man rund eine Stunde unterwegs. Von hier bietet sich bereits ein toller Blick auf den rauchenden Krater, der mit roten und gelben Kristallen überzogen ist. Doch es lohnt sich wirklich, noch ein Stück weiterzumarschieren. Dann hat man die Wahl, entweder steil zum Boden des Kraters hinunterzukraxeln oder – was noch schöner ist – am Rand entlang zu klettern, um von oben die fantastischen Ausblicke über alle Inseln weiter im Norden zu genießen.

Laghetto di Fanghi BÄDER
(Eintritt 2 €) Der dicke, übelriechende Schwefelschlamm in den Bädern am Hafen galt lange Zeit als ein Wundermittel bei der Behandlung von Arthritis, Rheuma und Hautproblemen. Den Badeanzug sollte man allerdings lieber nicht anziehen – der Mief geht nie mehr raus. Und den Schlamm sollte man auch keinesfalls in die Augen bringen, denn er brennt. Gold- und Silberschmuck sollte vorher abgelegt werden – er läuft an. Nach einem ausgiebigen Schlammbad gibt es nichts Schöneres, als sich am Strand nebenan in die Fluten zu stürzen, wo die *acque calde* (heiße Quellen) einen natürlichen Whirlpool bilden.

Strände STRÄNDE
Am Porto di Ponente, von Porto di Levante am äußersten Ende der Halbinsel gelegen, erstreckt sich die dramatische und bislang wenig vermarktete **Spiaggia Sabbia Nera,** ein schwarzer Sandstrand an einer hübschen Bucht. Er ist einer von wenigen, die es auf dem Archipel überhaupt gibt. Ein kleiner, noch ruhigerer schwarzer Sandstrand, die **Spiaggia dell'Asina,** befindet sich an der Südseite der Insel bei Gelso.

Schlafen & Essen

Für Besucher, die nicht gerne wandern oder sich in den Schlammbädern entspannen wollen, eignet sich Volcano nur für einen Kurzaufenthalt: Die Stadt ist eher unattraktiv, die Hotels sind teuer, und die Schlammbäder stinken wirklich. Wer dennoch länger als einen Tag bleiben möchte, findet die besten Hotels an der Spiaggia Sabbia Nera.

La Forgia Maurizio SIZILIANISCH, INDISCH €€
(☎339 137 91 07; Strada Provinciale 45; Gerichte 25–30 €) Der Eigentümer dieses sehr guten Restaurants hat den Winter 20-mal auf Goa (Indien) verbracht. Das erklärt wohl auch die fernöstlichen Einflüsse auf der Speisekarte. Alle sizilianischen Spezialitäten werden liebevoll zubereitet und präsentiert. Nicht verpassen sollte man den *liquore di kumquat e cardamom,* Maurizios selbst gemachte Antwort auf den *limoncello.* Das Degustationsmenü für 25 € ist in der Tat ein wahres Schnäppchen, denn Wein und Nachtisch sind im Preis inbegriffen.

Trattoria Maniaci Pina MEERESFRÜCHTE €€
(☎368 66 85 55; Gelso; Gerichte 25–35 €; ⊙Mai–Mitte Okt.) Auf der Südseite der Insel bei einem schwarzen Sandstrand befindet sich diese bodenständige Trattoria, in der anständige Portionen fangfrischen Fischs zu erschwinglichen Preisen auf den Tisch kommen. Zwei Fischer sind für den Fang zuständig, ihre Mütter erledigen die Zubereitung.

Anreise & Unterwegs vor Ort

Auto & Motorrad Motorroller (Tag 15–40 €), Fahrräder (Tag 5–10 €) und kleine Autos (Tag 25–78 €) vermietet **Sprint** (☎090 985 22 08); das Geschäft in der Nähe vom Pier, wo die Tragflügelboote anlegen, ist ausgeschildert. Die netten, mehrsprachigen Besitzer Luigi und Nidra haben auch viele gute Ratschläge auf Lager und vermieten zudem ein Apartment im ruhigen Inselinnern von Vulcano.

Schiff Vulcano ist ein Zwischenstopp auf der Streckte Milazzo – Lipari. Viele Schiffe von Siremar und Ustica Lines fahren den ganzen Tag über in beide Richtungen. Einzelheiten siehe S. 883.

Boote verleiht das **Centro Nautico Baia di Levante** (☎339 337 27 95; www.baialevante.it; ⊙April–Okt.); es befindet sich in einem Schuppen am Strand, links von der Mole, wo die Tragflügelboote anlegen.

Salina

2300 EW. / 962 M

Im Unterschied zur kargen Natur auf Vulcano sind Salinas Zwillingskrater Monte dei Porri und Monte Fossa delle Felci dicht bewaldet. Ihre Fruchtbarkeit verdankt die Insel zahllosen Süßwasserquellen. Wildblumen, üppig gelbe Ginsterbüsche und dicht gestaffelte Reihen von Weinreben hüllen die Hänge in bunte Farben und kühle Grüntöne. Hohe Felsklippen türmen sich über malerisch gelegenen Stränden. Hier gedeihen die berühmten äolischen Kapern in Hülle und Fülle sowie die Trauben, aus denen der bekannte Malvasia gekeltert wird.

Sehenswertes & Aktivitäten

Fossa delle Felci AUSSICHTSPUNKT

Wer einen absolut fantastischen Blick auf Salina und die Inseln in der Umgebung genießen möchte, sollte den höchsten Punkt (962 m) der Insel erklimmen. Der Pfad beginnt bei Valdichiesa in einem Tal, das die beiden Vulkane von Salina trennt, am **Santuario della Madonna del Terzito,** einer beliebten Pilgerstätte. Von der Kirche folgt man dem (ausgeschilderten) Pfad durch das Naturreservat bis zum Gipfel hinauf (ca. 2 Std.), wo sich dann eine unvergleichliche Aussicht über die gesamte Inselgruppe bietet. Zum Ausgangspunkt des Weges gelangt man mit dem Bus von Santa Marina Salina nach Malfa. Dort steigt man in den Bus nach Rinella um und bittet den Fahrer, in Valdichiesa aussteigen zu dürfen.

Pollara STRAND

Auch ein Ausflug nach Pollara sollte im Programm eingeplant werden: Der fantastische Strand am westlichen Ende von Salina liegt dramatisch eingekeilt zwischen dem Meer und den steilen Hängen eines erloschenen Vulkankraters. Hier wurde 1994 der Film *Il Postino* gedreht. Die Straße, die zum Strand führt, musste wegen Erdrutschgefahr gesperrt werden.

Aber es besteht noch die Möglichkeit, im Nordwesten der Stadt ein paar steile Treppen hinunterzusteigen und hinüberzuschwimmen – oder einfach den tollen Blick vor der imposanten Kulisse der Vulkanklippen auf sich wirken zu lassen.

Nautica Levante BOOT

(☎090 984 30 83; www.nauticalevante.it, auf Italienisch; Via Lungomare, Santa Marina Salina; ⏲Ostern–Sept.) Bootsverleih (ab 65 €).

Schlafen & Essen

Obwohl die Insel vom Massentourismus noch relativ verschont geblieben ist, gibt es einige schöne Hotels und Restaurants. Unterkünfte finden sich in den drei Hauptorten von Salina: Santa Marina Salina an der Ostküste, Malfa an der Nordküste und Rinella an der Südküste sowie in Lingua, einem Dorf gleich bei den alten Salzteichen, 2 km südlich von Santa Marina.

Capo Faro BOUTIQUEHOTEL €€€

(☎090 984 43 30; www.capofaro.it; Via Faro 3; DZ 150–380 €; ⏲April–Sept.; ❄@📶🏊) In diesem 5-Sterne-Boutique-Resort auf halber Höhe zwischen Santa Marina und Malfa können die Gäste in Luxus schwelgen. Rund um den Resort verstreut liegen diverse gepflegte Weingüter, aus denen der berühmte Malvasia stammt, und dazu noch ein malerischer Leuchtturm. Die 20 Zimmer sind ganz in Weiß gehalten und haben eine Terrasse mit Blick auf den rauchenden Stromboli. Tennisplätze, Massagen am Pool, Weinverkostungen und gelegentlich Kochkurse runden den Aufenthalt ab.

Signum BOUTIQUEHOTEL €€€

(☎090 984 42 22; www.hotelsignum.it; Via Scalo 15, Malfa; DZ 130–280 €; ⏲Mitte März–Anfang Nov.; ❄📶🏊) Das Hotel liegt etwas versteckt in den Gassen, die sich in Malfa den Hügel hinaufziehen. Die Zimmer strotzen nur so vor Antiquitäten, die Wände sind mit Stuck verziert und die Fenster reichen fast bis zur Decke hinauf. Die hübsche Terrasse wird von Wein überwuchert. Das Hotel bietet einen hübschen Pool, ein Wellnesscenter mit natürlichen Thermalbädern sowie eines der renommiertesten Restaurants der Insel (Mahlzeiten 35–50 €). Ob gerade ein Schnäppchen im Angebot ist, verrät die Website.

Hotel Mamma Santina BOUTIQUEHOTEL €€

(☎090 984 30 54; www.mammasantina.it; Via Sanità 40, Santa Marina Salina; DZ 110–190 €; ⏲April–Okt.; ❄@📶🏊) Das Boutiquehotel gehört dem Architekten, der es mit viel Liebe höchstpersönlich erbaut hat. Die Zimmer sind einladend und mit den gemusterten Kacheln dekoriert, geradezu typisch für die Äolischen Inseln. Viele der Terrassen haben Meerblick, und alle sind mit einer Hängematte bestückt. An warmen Abenden decken die Angestellten des zum Haus gehörigen Restaurants die Tische im Freien mit Blick auf den Pool und die Gartenanlagen.

Campeggio Eolie CAMINGPLATZ €

(☎090 980 90 52; www.campeggioeolie.it; Rinella; Zeltplatz pro Pers. 9–14 €; ⏲Ende Juni–Mitte Sept.) Der Campingplatz bietet hübsche terrassierte Stellplätze inmitten von Oliven- und Eukalyptusbäumen plus Meerblick. Angenehm sind der Minimarkt, die Bar und die Pizzeria. Vom Pier, an dem in Rinella die Tragflügelboote anlegen, läuft man 5 Min. zu Fuß dorthin.

LP TIPP **Da Alfredo** SANDWICHLADEN €

(Piazza Marina Garibaldi, Lingua; Granite 2,50 €, Sandwiches 7–10 €) In diesem Lokal auf Salina gibt es das preiswerteste Essen – und das in der malerischsten Umgebung. Alfredos Lokal ist in ganz Sizilien für seine *granite* bekannt: Sorbet mit Kaffee, frischem Obst und Pistazien und Mandeln, die hier angebaut werden. Auch die *pane cunzato* sollte man probieren: Auf den Broten türmen sich Thunfisch, Ricotta, Auberginen, Tomaten, Kapern und Oliven. Die Portion ist so riesig, dass locker noch jemand mitessen kann!

Porto Bello MEERESFRÜCHTE €€
(☎090 984 31 25; Via Bianchi 1, Santa Marina Salina; Mahlzeiten 30–45 €; ⊙Di–So) Das preisgekrönte Meeresfrüchte-Restaurant mit Terrasse und Aussicht auf den Hafen ist bereits seit 1978 in der Hand einer Familie. Neben Fisch und Meeresfrüchten ist es für seine *pasta al fuoco* (scharfe Pasta mit Chili) bekannt.

Al Cappero SIZILIANISCH €
(☎090 984 41 33; www.alcappero.it; Pollara; Mahlzeiten 20–25 €; ⊙Mai Mittagessen, Juni–Mitte Sept. Mittag- & Abendessen) Der Familienbetrieb hat sich auf altmodische sizilianische Hausmannskost spezialisiert, darunter auch einige Gerichte für Vegetarier. Außerdem kann man sich hier mit Kapern eindecken, die die Familie selbst anbaut, und ein paar einfache Zimmer (20–35 € pro Pers.) ein Stück die Straße hinunter anmieten.

'nni Lausta MODERN ITALIENISCH €€
(☎090 984 34 86; Via Risorgimento, Santa Marina Salina; Mahlzeiten 35–40 €) Dieses schicke moderne Speiselokal mit dem witzigen Hummer-Logo serviert ein hervorragendes Essen, das mit frischen Zutaten der Region zubereitet wird. Die Bar unten ist beliebt, um einen *aperitivo* zu nehmen oder spät nachts noch den Alkoholpegel aufzubessern.

Praktische Informationen

Banco di Sicilia (Via Risorgimento, Santa Marina Salina) Geldautomat in der größten Fußgängerzone von Santa Marina.

Post (Via Risorgimento, Santa Maria Salina)

Anreise & Unterwegs vor Ort

AUTO & MOTORRAD Oberhalb vom Hafen Marina Salina vermietet **Antonio Bongiorno** (☎090 984 34 09; Via Risorgimento 240) Fahrräder (Tag ab 8 €), Motorroller (Tag ab 26 €) und Autos (Tag ab 50 €). Mehrere Firmen in Rinella haben vergleichbare Angebote – einfach nach den Schildern am Fährhafen Ausschau halten.

BUS CITIS-Busse (%090 984 41 50) verkehren etwa im 10-Minuten-Takt (in der Nebensaison alle 90 Min.) von Santa Marina Salina nach Lingua, Malfa, Rinella, Pollara, Valdichiesa und Leni (1,70–2,40 € je nach Fahrziel). Die Fahrpläne hängen in den Häfen und an den Bushaltestellen aus.

SCHIFF Tragflügelboote und Fähren steuern von Lipari Santa Marina Salina und Rinella an. Fahrkartenschalter finden sich in beiden Orten.

Stromboli

400 EW. / 924 M

Die perfekte dreieckige Vulkan-Silhouette des Stromboli erhebt sich ganz imposant aus dem Meer. Die gleichnamige Insel Stromboli ist die einzige, deren grollender Kegel permanent aktiv ist. Experten wie Laien umschwärmen den Vulkan deshalb wie Motten ein sehr helles Licht. Die vulkanischen Aktivitäten haben eine Seite der Insel zerfurcht und geschwärzt; die östliche Flanke hingegen ist unberührt, grün und gesprenkelt mit weißen, niedrigen Häuschen. Stromboli ist der Youngster der Äolischen Inseln; entstanden ist diese Insel erst vor 40 000 Jahren, und ihre vulkanischen Gase drücken bis heute einen nahezu gleichmäßigen Sprühregen flüssigen Magmas nach oben. Der jüngste größere Ausbruch des Vulkans fand im Februar 2007 statt; dabei öffneten sich auf dem Gipfel zwei neue Krater, die zwei kochend heiße Lavaströme in die Tiefe schickten. Obwohl mehrere Tage lang seismische Aktivitäten und Felsstürze verzeichnet wurden, war es nicht nötig, die Insel zu evakuieren.

Schiffe kommen in Porto Scari/San Vincenzo, ein Stück unterhalb der Stadt, an. Die meisten Unterkünfte, aber auch der Treffpunkt für die geführten Touren auf den Vulkan, befinden sich ein Stück den Scalo Scari hinauf in Richtung Via Roma.

Aktivitäten

Vulkan WANDERN
Achtung: Wer über die Höhe von 400 m am Vulkan hinaufsteigen möchte, ist gesetzlich verpflichtet, einen Führer zu nehmen!

Der Weg zum Gipfel (920 m) ist eine anspruchsvolle Wanderung, die drei Stunden dauert; alle 40 Minuten wird eine Pause eingelegt. Oben angekommen wird die Ausdauer mit einem sagenhaften Blick auf die **Sciara del Fuoco** (Feuerweg) und den rauchenden Krater belohnt. Etwa alle 20 Minuten bricht der Vulkan aus, beginnend mit einem lauten Getöse tief aus dem Inneren. Grund dafür sind die Gase, die das Magma in die

Luft jagen. Die organisierten Wanderungen beginnen je nach Saison zwischen 15.30 Uhr und 18 Uhr. Die Wanderungen sind so zeitlich so abgestimmt, dass die Teilnehmer den Sonnenuntergang oben auf dem Berg erleben können. Dann hört man eine dreiviertel Stunde lang bloß noch „oh" und „ah", bis schließlich die Nacht hereinbricht.

Für die Besteigung sind stabile Bergstiefel erforderlich, außerdem Kleidung gegen Kälte und Nässe, eine Taschenlampe sowie einen Rucksack, der genügend Armfreiheit lässt. Außerdem sollte jeder an ausreichend Trinkwasser denken. Bei **Totem Trekking** (☎090 986 57 52; Piazza San Vincenzo 4) kann man die komplette erforderliche Ausrüstung mieten, darunter auch eine Stirnlampe (3 €), Wanderstiefel (6 €) und eine Windjacke (5 €).

Zwei weitere tolle Möglichkeiten, den Vulkan mit weniger Kraftaufwand in Augenschein zu nehmen, ist eine Wanderung zur Pizzeria L'Osservatorio oder alternativ eine nächtliche Bootsfahrt zur Sciara del Fuoco. Wer zu der Pizzeria will, folgt an der Anlegestelle der Tragflügelboote der Uferstraße 2 km in Richtung Gemeinde Piscità. Dann geht es allmählich 1 km auf einem Serpentinenweg bergauf – einfach immer den Schildern nach.

Strände STRAND

Der am einfachsten zugängliche Strand, der sich auch gut zum Schwimmen und Sonnen eignet, befindet sich in **Ficogrande**; er besteht aus schwarzem Vulkansand und Felsen und lässt sich in 10 Min. zu Fuß vom Pier erreichen, wo die Tragflügelboote anlegen. Etwas weiter entfernte Strände, die zu erkunden sich lohnen, befinden sich in **Piscità** weiter westlich sowie in **Forgia Vecchia** im Süden.

La Sirenetta Diving Club TAUCHEN

(☎347 596 14 99; www.lasirenettadiving.it; Via Marina 33; ⏲Juni–Mitte Sept.) Der Tauchclub bietet Tauchkurse und Tauchgänge mit gut ausgebildetem Führer an.

Geführte Touren

Magmatrek (☎090 986 57 68; www.magmatrek.it; Via Vittorio Emanuele) Das Unternehmen verfügt über erfahrene, mehrsprachige Guides, die sich in Vulkanologie gut auskennen und jeden Nachmittag Wanderungen (max. Gruppengröße: 20 Pers.) auf den Krater veranstalten (pro Pers. 28 €). Es werden auch individuelle Touren nach den Wünschen der Kunden durchgeführt. Weitere Firmen mit identischen Preisen sind **Il Vulcano a Piedi** (☎090 98 61 44; www.stromboliguide.it; Via Roma) und auch noch **Stromboli Adventures** (☎090 98 62 64; www.stromboliadventures.it, auf Italienisch; Via Vittorio Emanuele).

Società Navigazione Pippo (☎090 98 61 35; pipponav.stromboli@libero.it) und **Antonio Caccetta** (☎090 98 60 23) gehören zu den unzähligen Anbietern im Porto Scari, die Tagesausflüge sowie Exkursionen bei Sonnenuntergang (pro Pers. 20 €) organisieren. Auf diese Weise kann man die Sciara del Fuoco vom Meer aus bestaunen.

Schlafen & Essen

Es gibt über ein Dutzend Unterkünfte, darunter B&Bs, Gästehäuser und voll ausgestattete Hotels.

LP TIPP **Casa del Sole** GÄSTEHAUS €

(☎090 98 63 00; www.casadelsolestromboli.it; Via Domenico Cincotta; B 25–30 €, EZ 30–50 €, DZ 60–100 €) Das fröhliche Gästehaus in äolischem Stil liegt nur 100 m von einem netten schwarzen Sandstrand entfernt in Piscitá, einem ruhigen Viertel am äußersten Ende der Stadt. Die Mehrbettzimmer, Doppelzimmer und die Gästeküche gruppieren sich um einen sonnigen Patio, der von Wein überwuchert ist, nach Zitronenblüten duftet und mit Masken und Steinskulpturen dekoriert ist. Sie stammen von dem Bildhauer Tano Russo, dem die Casa gehört. Wer anruft, kann sich kostenlos abholen lassen (nur in der Nebensaison). Das Taxi vom 2 km entfernten Hafen kostet aber lediglich 10 €.

Il Giardino Segreto B&B €

(☎090 98 62 11; www.giardinosegretobb.it; Via Francesco Natoli; DZ 60–120 €) Das nette kleine B&B in einem „geheimen Garten", eingerahmt von malerischen Zypressen, bietet schicke Zimmer und eine Dachterrasse. Die Unterkunft liegt 5 Gehminuten oberhalb der Kirche auf dem Weg zum Vulkan.

L'Osservatorio PIZZERIA €

(☎090 98 63 60; Pizza 6,50–10,50 €; ⏲Mittag- & Abendessen) Klar kann man auch in der Stadt eine Pizza essen, aber wozu ist man dann auf Stromboli? Also auf zum 45 Minuten langen Fußmarsch zu dieser Pizzeria! Die bietet nämlich außer der Pizza noch einen fantastischen Blick auf den Vulkan, der nach Sonnenuntergang natürlich am beeindruckendsten ist.

La Bottega del Marano LEBENSMITTELLADEN €
(Via Vittorio Emanuele; Snacks ab 1,50 €; ⊙Mo–Sa 8.30–13 & 16.30–19.30 Uhr) Genau die richtige Adresse für all diejenigen, die ihren Proviant für eine Wanderung auf den Vulkan einkaufen möchten oder Selbstversorger sind. Der Lebensmittelladen, indem man zu akzeptablen Preisen einkaufen kann, befindet sich fünf Minuten zu Fuß westlich von den Trekkingunternehmen. Das Angebot an Köstlichkeiten ist breit gefächert, die Regale sind gut mit Wein bestückt, und superleckere Mini-focaccias (1,50 €) werden ebenfalls angeboten.

Locanda del Barbablù SIZILIANISCH €€€
(☎090 98 61 18; www.barbablu.it; Via Vittorio Emanuele 17; Degustationsmenü ohne Getränke 40–56 €; ⊙April–Okt. Abendessen) Der dunkelrosa äolische Gasthof beherbergt das nobelste Restaurant der Insel. Serviert werden mehrgängige Degustationsmenüs mit Speisen, die nach traditionellen sizilianischen Rezepten zubereitet wurden, wobei der Hauptakzent auf fangfrischem Fisch und Meeresfrüchten liegt.

Praktische Informationen

Wer einen Aufenthalt auf Stromboli plant, sollte sich genügend Geld einstecken. Viele Geschäfte akzeptieren keine Kreditkarten, und der einzige Geldautomat ist oft außer Betrieb. Internetzugang ist praktisch nicht existent.

Polizei (☎090 98 60 21; Via Picone) Gleich links vom Hafen.

Post (Via Roma)

An- & Weiterreise

Von Lipari ist man mit der Fähre 4 Std. unterwegs, mit dem Tragflügelboot 1½–2 Std. Die Fahrkartenschalter von **Ustica Lines** (☎090 98 60 03) und **Siremar** (☎090 98 60 16) befinden sich gleich am Hafen.

DIE IONISCHE KÜSTE

Zu viele Menschen, zu viele Hotels und trotzdem herrlich – die Ionische Küste ist das beliebteste Urlaubsziel auf Sizilien. Hier leben 20% der sizilianischen Bevölkerung. Betuchte Unternehmer haben die gesamte Küste rauf und runter mit Villen und Hotels bebaut, um auch ja ein Plätzchen an Siziliens Version der berühmten Amalfiküste zu ergattern. Und über allem erhebt sich der schneebedeckte Ätna (3329 m) und stößt dunkle Rauchwolken aus.

Taormina

11 100 EW. / 204 M

Taormina ist eine wunderschöne Kleinstadt, die auf einer Terrasse des Monte Tauro liegt. Es bieten sich herrliche Blicke auf den westlich gelegenen Ätna. Taormina erinnert an Capri oder auch an Amalfi. Im Lauf der Jahrhunderte hat der kleine Ort viele Menschen bezaubert, darunter auch Schriftsteller, Künstler und Aristokraten. Wenn die Stadt im Sommer ihr Kunstfestival ausrichtet, quillt der Ort schier über von Besuchern aus dem In- und Ausland.

Taormina thront oben am Berg wie ein Adlerhorst, es ist schick, cool und wohlhabend – und somit meilenweit entfernt von der Banalität wirtschaftlicher Sachzwänge, denen das Alltagsleben anderer Städte auf Sizilien unterliegt. Aber der Charme ist nicht künstlich. Im 9. Jh. Hauptstadt des byzantinischen Sizilien ist Taormina eine fast perfekt erhaltene mittelalterliche Stadt, und wer sich vom Shoppen und Sonnenbaden losreißen kann, findet hier Unmengen kleiner, aber toller Sehenswürdigkeiten. Taormina ist außerdem bei Schwulen als Ferienort beliebt.

Aber Achtung: Im Juli und August sind die Stadt und die Strände der Umgebung sehr überlaufen.

Sehenswertes

Vom Busbahnhof gelangt man nach ein paar Schritten bergauf zum Corso Umberto I. (nachfolgend abgekürzt: Corso Umberto), eine von mehreren Hauptstraßen, die in eine Fußgängerzone umgewandelt wurden. Sie führt durch die ganze mittelalterliche Stadt und verbindet die beiden historischen Stadttore Porta Messina und Porta Catania.

Teatro Greco AMPHITHEATER
(☎0942 2 32 20; Via Teatro Greco; Erw./erm. 8/4 €; ⊙9 Uhr bis 1 Std. vor Sonnenuntergang) Die Hauptattraktion von Taormina ist sein perfekt geformtes hufeisenförmiges Theater, das irgendwie zwischen dem Meer und dem Himmel zu schweben scheint; der Ätna ragt im Süden am Horizont auf. Das im 3. Jh. v. Chr. erbaute Amphitheater liegt so dramatisch wie kein anderes griechisches Theater auf dieser Welt und ist zudem – nach Syrakus – das zweitgrößte auf Sizilien. Im Sommer finden hier internationale Kunst- und Filmfestspiele statt. In der Hochsaison zeigt sich das Theater früh am Morgen von

Taormina

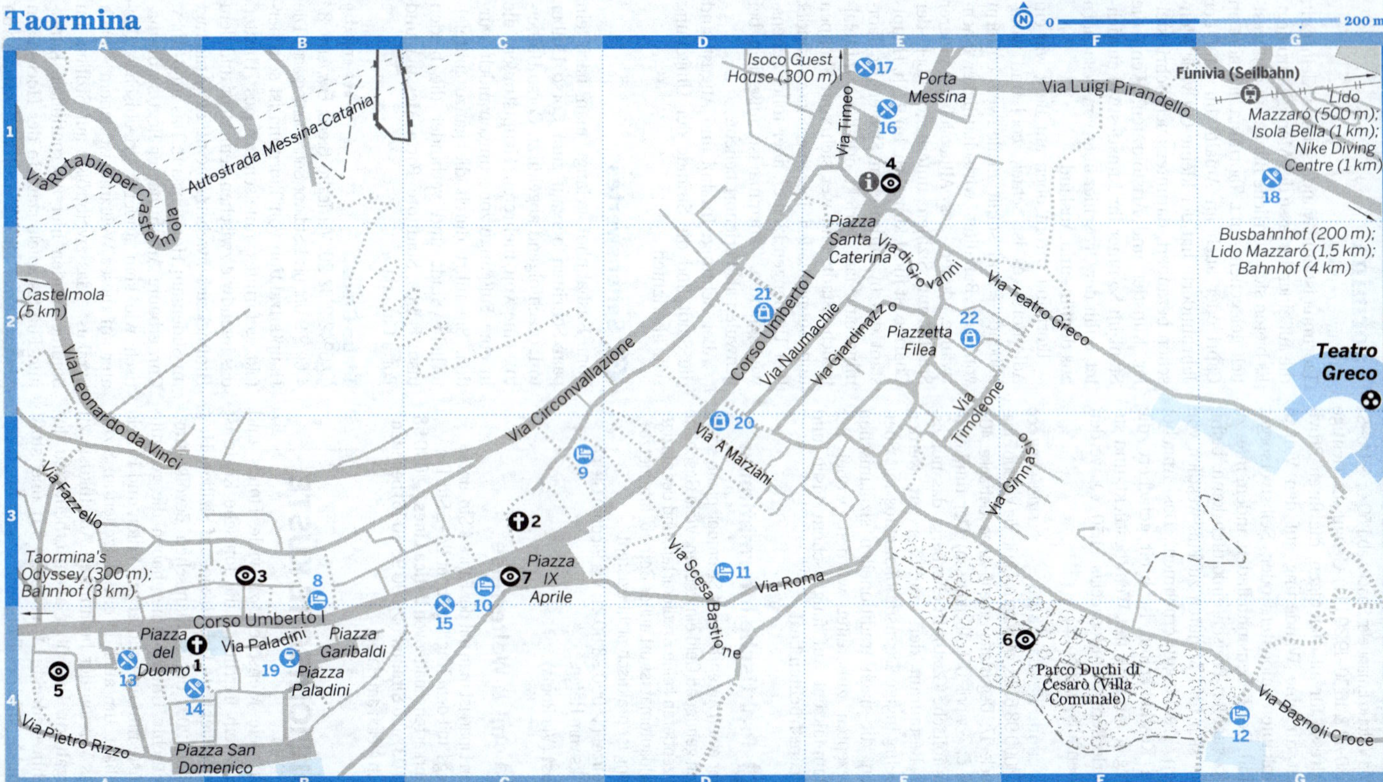
0
200 m
A
B
C
D
E
F
G
1
2
3
4
Isoco Guest House (300 m)
17
Porta Messina
Via Luigi Pirandello
Funivia (Seilbahn)
Lido Mazzaró (500 m); Isola Bella (1 km); Nike Diving Centre (1 km)
16
Via Timeo
4
18
Autostrada Messina-Catania
Via Rotabile per Castelmola
Piazza Santa Caterina
Via di Giovanni
Busbahnhof (200 m); Lido Mazzaró (1,5 km); Bahnhof (4 km)
Castelmola (5 km)
21
Corso Umberto I
Via Naumachie
Via Giardinazzo
22
Piazzetta Filea
Via Teatro Greco
Teatro Greco
Via Leonardo da Vinci
Via Circonvallazione
20
Via A' Marziani
Via Timoleone
9
Via Ginnasio
Via Fazzello
2
Taormina's Odyssey (300 m); Bahnhof (3 km)
3
8
Piazza IX Aprile
7
10
15
Via Scesa Bastione
11
Via Roma
6
Parco Duchi di Cesarò (Villa Comunale)
Piazza del Duomo
1
Via Paladini
Piazza Garibaldi
19
Piazza Paladini
13
5
14
Via Pietro Rizzo
Piazza San Domenico
12
Via Bagnoli Croce

Taormina

Highlights
Teatro Greco G2

Sehenswertes
1 Dom A4
2 Chiesa San Giuseppe C3
3 Palazzo Ciampoli B3
4 Palazzo Corvaja E1
5 Palazzo Duca di Santo Stefano A4
6 Parco Duchi di Cesarò (Villa Comunale) F4
7 Torre dell'Orologio C3

Schlafen
8 B&B Le Sibille B3
9 Casa Turchetti C3
10 Hotel Metropole C3
11 Hotel Villa Schuler D3
12 Villa Belvedere G4

Essen
13 Al Duomo A4
14 Casa Grugno A4
15 Granduca C4
16 Licchio's E1
17 Tiramisù E1
18 Trattoria da Nino G1

Ausgehen
19 Shatulle B4

Shoppen
20 Carlo Mirella Panarello D3
21 La Torinese D2
22 Managó & Figlie E2

seiner schönsten Seite, denn dann schieben sich hier noch keine Menschenmassen herum und es geht geht es noch einigermaßen beschaulich zu.

Corso Umberto PROMENADE
Eine der vergnüglichsten Unternehmungen in Taormina ist ein Bummel über den fußgängerfreundlichen, mittelalterlichen Corso Umberto I., eine breite Straße, die von Antiquitätenläden und Juwelieren, Delikatessengeschäften und Designerboutiquen gesäumt wird. Etwa auf halber Strecke beeindruckt an der **Piazza IX. Aprile** der Panoramablick auf den Ätna und das Meer. Lohnenswert ist auch ein Blick in die hübsche Rokokokirche **Chiesa San Giuseppe** (Piazza IX Aprile; ⌚9–19 Uhr). Anschließend geht es durch den Uhrturm, die **Torre dell'Orologio** aus dem 12. Jh., hindurch und weiter gen Westen in den Borgo Medievale, das älteste Viertel der Stadt. Nach ein paar Blocks ist die **Piazza del Duomo** erreicht, wo Teenager sich am kunstvollen **Barockbrunnen** (1635 erbaut) treffen. Der Brunnen zeigt einen zweibeinigen Zentauren mit der Büste eines Engels – das Symbol von Taormina. An der Ostseite der Piazza ragt der **Dom** (Piazza del Duomo; ⌚9–20 Uhr) aus dem 13. Jh. auf. Er hat größtenteils die Umgestaltungsmaßnahmen überdauert, die spanische Adelige im 15. Jh. im Stil der Renaissance in der ganzen Stadt vornehmen ließen. Der Einfluss der Renaissance lässt sich dann an anderen Prachtbauten am Corso besser erkennen, so z. B. am **Palazzo Duca di Santo Stefano** mit normannisch-gotischen Fenstern, am **Palazzo Corvaja** (heute die Touristeninformation) und am **Palazzo Ciampoli** (heute das Hotel El Jebel).

Villa Comunale PARK
(Parco Duchi di Cesarò; Via Bagnoli Croce; ⌚im Sommer 9–24 Uhr, im Winter 9–22 Uhr) Wer den Menschenmassen entgehen möchte, spaziert zu diesen herrlich gelegenen öffentlichen Gartenanlagen. Das Paradies mit tropischen Pflanzen und edlen Blumen ließ die Engländerin Florence Trevelyan anlegen. Für die kleinen Gäste gibt es einen Kinderspielplatz.

Castelmola BERGDORF
Der Blick über die Küste und das Meer ist von hier oben unglaublich! Wer nun neugierig geworden ist, wandert 5 km die Via Leonardo da Vinci zum Bergdorf hinauf, das von einer Burgruine gekrönt wird. Der Spaziergang auf der gut gepflasterten Straße dauert etwa eine Stunde. Eine Alternative sind die Interbusse; sie fahren im Stundentakt (einfache Fahrt/hin & zurück 1,70/2,80 €) den Berg hinauf.

Aktivitäten

Lido Mazzarò STRAND
Viele, die in Taormina Urlaub machen, kommen nur wegen des Strandlebens. Der Lido Mazzarò, direkt unterhalb von Taormina gelegen, lässt sich mit der **Seilbahn** (Via Luigi Pirandello; einfache Fahrt/hin & zurück 2/3,50 €; ⌚8.45–1 Uhr, alle 15 Min.) einfach erreichen. Der Strand verfügt über viele

DIE INSELWELT RUND UM SIZILIEN

Sizilien ist ein wahres Eldorado für Leute, die ein Faible für Inseln haben. Über ein Dutzend Inseln liegen rund um die Hauptinsel verstreut. Neben den bekannten Inseln Lipari, Vulcano, Stromboli und Salina, die in diesem Reiseführer ausführlich behandelt werden, lohnt natürlich auch ein Abstecher zu den weniger besuchten Äolischen Inseln **Panarea, Filicudi** und **Alicudi.** Vor der Westküste Siziliens dümpeln die beschaulichen **Ägadischen Inseln** (s. S. 880) im Meer sowie die entlegene, zerklüftete Vulkaninsel **Pantelleria** (s. S. 881). Südlich von Agrigent befinden sich die **Pelagischen Inseln** Lampedusa, Linosa und Lampione mit diversen herrlichen Sandstränden. Sie sind momentan allerdings wegen der vielen Flüchtlinge, die mit Booten aus Nordafrika unterwegs waren, für den Tourismus gesperrt. Am besten ist es vor Ort nachzufragen, ob der Schiffsverkehr wieder aufgenommen wurde. Fähren und Tragflügelboote von Ustica Lines (www.usticali nes.it) und Siremar (www.siremar.it) steuern alle oben genannten Inseln an; Einzelheiten verrät die Website.

Einrichtungen wie Bars und Restaurants; Privatunternehmen verlangen eine Gebühr für Sonnenschirme und Liegen (tgl. 10 € pro Pers., der Betrag wird von einigen Hotels erstattet).

Isola Bella NATURRESERVAT
Südwestlich vom Strand befindet sich die winzige Isola Bella in einer herrlichen Bucht mit Fischerbooten. Hier kann man gut spazieren gehen, mehr Spaß macht es aber, bei Mazzarò ein Boot zu mieten und um das Capo Sant'Andrea herumzupaddeln.

Nike Diving Centre TAUCHEN
(☎339 1961559; www.diveniketaormina.com; Tauchgang ab 35 €) Das Tauchzentrum gegenüber der Isola Bella bietet eine breite Palette an Kursen für Kinder und Erwachsene.

Gole dell'Alcàntara SCHWIMMEN
Die schwindelerregenden Lavaschluchten mit strudelnden Stromschnellen liegen 20 km westlich der Stadt und eigenen sich perfekt, um sich an einem heißen Sommertag abzukühlen. Von Taormina fährt der Interbus (4,60 € hin & zurück, 1 Std.) dorthin.

Feste & Events

Taormina FilmFest FILM
(www.taorminafilmfest.it) Mitte Juni machen eine Woche lang berühmte Hollywoodstars der Stadt ihre Aufwartung; dann stehen Filmvorführungen, Filmpremieren und Pressekonferenzen im Teatro Greco auf dem Programm.

Taormina Arte KUNST
(www.taormina-arte.com) Sowohl im Juli als auch im August bietet das Festival Opern, Tanz, Theater und Musikkonzerte. Die Liste mit klangvollen Namen aus dem In- und Ausland ist ellenlang.

Giuseppe Sinopoli Festival MUSIK
(www.sinopolifestival.it) Das Festival der klassischen Musik, das insgesamt drei Tage lang dauert, wurde erstmals 2005 veranstaltet und lockt seitdem alljährlich Anfang Oktober bedeutende italienische Orchester sowie ein begeistertes Publikum in die Stadt. Die Konzerte finden im Palazzo Corvaja und im Teatro Greco statt.

Schlafen

Taormina bietet eine Fülle an luxuriösen Unterkünften. Die nachfolgenden Vorschläge geben einen Überblick, was generell im Angebot ist, einschließlich einiger preiswerter Quartiere. Zahlreiche Hotels gewähren auf die beiden öffentlichen Parkplätze von Taormina eine Preisermäßigung (ab 10 €).

LP TIPP **Isoco Guest House** B&B €
(☎0942 2 36 79; www.isoco.it; Via Salita Branco 2; EZ 65–120 €, DZ 85–120 €; ⏲März–Nov.; P ❄ @) Jedes Zimmer in diesem außergewöhnlich herzlichen, schwulenfreundlichen Gästehaus und B&B ist einem anderen Künstler gewidmet – von Botticelli bis hin zu den straff modellierten Pobacken an den Wänden im Herb-Ritt-Zimmer. Einen dicken Pluspunkt gibt es für das hervorragende Frühstück, den kostenlosen Internetzugang, die Sonnenterrassen sowie für den Whirlpool im Freien. Auch die Jacuzzis sind großartig. Im Sommer werden auf der Terrasse mehrgängige Menüs serviert (25 € pro Pers.

inklusive Getränke). Das Personal spricht auch Deutsch und Englisch.

B&B Le Sibille B&B €

(☎349 726 28 62; www.lesibille.net; Corso Umberto 187a; DZ 60–100 €, Apt. pro Woche ohne Frühstück 400–600 €; ⌚April–Okt.; @📶) Das B&B bekommt viele Pluspunkte für seine Lage an der autofreien Hauptstraße von Taormina, für die Dachterrasse, auf der das Frühstück serviert wird, und für die fröhlichen nagelneuen Selbstversorgerapartments mit kunstvoll gelegten Fliesen. Aber Achtung: Wer einen leichten Schlaf hat, der wird am Corso Umberto mit den vielen lärmenden Urlaubern seine Probleme haben! Die Mitarbeiter sprechen auch Englisch.

Villa Belvedere HOTEL €€

(☎0942 2 37 91; www.villabelvedere.it; Via Bagnoli Croce 79; DZ mit Blick aufs Landesinnere 124–184 €, mit Meerblick 44–236 €; ⌚März–Nov.; P❄@📶🏊) Die sagenhafte Villa Belvedere wurde 1902 direkt neben der Villa Comunale erbaut. Die Zimmer sind einfach, aber geschmackvoll mit cremefarbener Bettwäsche und Terracotta-Böden ausgestattet, vom wild wuchernden Garten bietet sich ein herrlicher Blick auf das Meer. Sogar einen Pool gibt es hier mit einer 100 Jahre alten Palme, die in der Mitte einsam auf einer Insel steht. WLAN muss extra bezahlt werden.

Casa Turchetti B&B €€€

(☎0942 62 50 13; www.casaturchetti.com; Salita dei Gracchi 18/20; DZ 200–250 €, Junior-Suite 350 €; ❄📶) In dieser akribisch renovierten ehemaligen Musikschule, die unlängst in ein luxuriöses B&B umfunktioniert wurde, zeugt jedes Detail von Perfektion. Die Casa Turchetti liegt etwas oberhalb vom Corso Umberto in einer kleinen Gasse. Nostalgische Möbel und Armaturen, Schnitzereien, edle handgewebte Bettwäsche und moderne Bäder sorgen für ein elegantes Flair. Und die großzügige Dachterrasse ist schließlich das Tüpfelchen auf dem i.

Hotel Villa Schuler HOTEL €€

(☎0942 2 34 81; www.hotelvillaschuler.com; Via Roma, Piazzetta Bastione; EZ 128 €, DZ 142–202 €; P❄@📶) Die rosa Villa Schuler inmitten eines schattigen Gartens mit Terrasse und Blick auf den Ätna wird schon seit über 100 Jahren von der gleichen Familie gemanagt. Die hat es geschafft, viel von ihrer anheimelnden Atmosphäre über die Jahre zu bewahren. Auf der Aussichtsterrasse wird das leckere Frühstück serviert.

Hotel Metropole LUXUSHOTEL €€€

(☎0942 62 54 17; www.hotelmetropoletaormina.it; Corso Umberto 154; DZ/Suite 374/770 €; ❄@📶🏊) Das neueste Hotel von Taormina in einem restaurierten *palazzo* mit herrlichen, alten römischen Säulen und Klostermauern, die aus dem 14. Jh. stammen, bietet eine Fülle von Annehmlichkeiten, die wirklich ihresgleichen sucht. Dazu gehören etwa ein recht großer Pool, ein Wellnesscenter, die Bestlage direkt bei der Piazza IX. Aprile sowie ein Restaurant und eine Bar mit Panoramablick auf den Ätna und das Meer. Die acht Zimmer und 15 Suiten sind vollgestopft mit Designermöbeln und allem erdenklichen Luxus, der allerdings seinen Preis hat.

Taormina's Odyssey GÄSTEHAUS €

(☎0942 2 45 33, 349 8107733; www.taorminaodyssey.com; Via Paternò di Biscari 13; B 20 €, DZ 50–70 €; @📶) Das Gästehaus, ein Familienbetrieb, hat zwei kleine Schlafsäle und drei Doppelzimmer (eines davon mit eigenem Bad). Das Odyssey liegt von der Porta Catania ein Stück bergauf. Es gibt eine nette Gästeküche sowie einen Internetbereich. Der Preis für ein Bett ist so ziemlich der Günstigste, der sich in Taormina überhaupt auftreiben lässt. Die meisten Gäste schätzen die herzliche Atmosphäre des Hauses, die fehlende Sperrstunde und die offene Küche. Zur Innenstadt sind es von hier aus zehn Minuten zu Fuß.

Essen

Essen bedeutet in Taormina: sehen und gesehen werden. Deswegen ist es auch wichtig und ratsam, in den edleren Restaurants rechtzeitig zu reservieren. Aber Achtung: Die Cafés in Taormina lassen sich schon einen einfachen Kaffee enorm teuer bezahlen.

Licchio's MEERESFRÜCHTE €€

(☎0942 62 53 27; Via Patricio 10; Mahlzeiten 30–40 €; ⌚Mittag- & Abendessen, Nov.–März Do geschl.) Die Küche des kleinen Speiselokals, stilvoll eingerichtet ist, bereitet die Antipasti mit Meeresfrüchten so köstlich und vielseitig zu, dass sie eine ganze Mahlzeit abgeben. Doch auf der Speisekarte warten noch weitere Verführungen wie beispielsweise frittierte Tempura-Zucciniblüten, sagenhaft frische Spinat-Ricotta-Gnocchi und himmlische Nachspeisen. Angelo erteilt übrigens auch Kochunterricht (80 € inkl. Mahlzeit und Getränke).

Trattoria Da Nino TRATTORIA €€
(☎0942 2 12 65; Via Luigi Pirandello 37; Mahlzeiten 27–34 €; ⏲Mittag- & Abendessen) Das Da Nino präsentiert sich seit seiner Renovierung in einem hellen, freundlichen Look. Das Lokal ist schon seit 50 Jahren in Besitz der gleichen Familie. Einheimische und Touristen strömen her, um sich die herzhafte sizilianische Hausmannskost zu anständigen Preisen schmecken zu lassen. Dazu gehören z. B. die hervorragenden *caponata* sowie der fangfrische Fisch, der gegrillt, gedämpft, frittiert, gekocht oder als *involtini* (Rouladen) auf den Tisch kommt.

Tiramisù MODERN ITALIENISCH €€
(☎0942 2 48 03; Via Cappuccini 1; Pizza 7–10 € Gerichte 30–45 €; ⏲Di geschl.) Das schicke Lokal gleich in der Nähe von Porta Messina zaubert sagenhaftes Essen – von *linguine cozze, menta e zucchine* (Pasta mit Muscheln, Minze, und Zucchini) bis hin zu Dauerbrennern wie *scaloppine al limone e panna* (Kalbfleisch in Zitronencremesoße). Wenn es dann Zeit für den Nachtisch ist, sollte man auf keinen Fall die Spezialität des Hauses verpassen – das Tiramisu rundet jede Mahlzeit perfekt ab.

Al Duomo SIZILIANISCH €€
(☎0942 62 56 56; Vico Ebrei 11; Mahlzeiten 40–45 €; ⏲Mittag- & Abendessen, Nov.–März Mo geschl.) Das renommierte Restaurant mit einer romantischen Terrasse mit Blick auf den Dom serviert klassische sizilianische Gerichte mit einem modernen Touch, so z. B. *pesce alla messinese* (Fischfilet mit Tomaten, Kapern und Oliven) und *agnello n'grassatu* (Lammeintopf mit Kartoffeln). Wer so richtig über die Stränge schlagen will, gönnt sich das sechsgängige Degustationsmenü (60 €).

Casa Grugno SIZILIANISCH €€€
(☎0942 2 12 08; www.casagrugno.it; Via Santa Maria dei Greci; Mahlzeiten 70–80 €; ⏲Mo–Sa Abendessen) Das angesagteste Restaurant Taorminas mit einer von Mauern umgebenen Terrasse mit vielen Pflanzen hat sich unter dem neuen Küchenchef David Tamburini ganz auf erlesene sizilianische Küche spezialisiert. Die mehrsprachigen Ober erklären die Herkunft einer jeden ultrafrischen Zutat, während sie Gerichte auftragen wie Meeräschenfilet mit gegrilltem Fenchel oder Orangen- und Safranrisotto mit grünen Erbsen, kandiertem Ingwer und Majoran.

Granduca PIZZERIA €
(☎0942 2 49 83; Corso Umberto 172; Pizza 7–11 €; ⏲Abendessen) Am besten vergisst man das typisch spießige und auch überteuerte Restaurant im 1. Stock ganz schnell wieder. Der beste Grund, dem Granduca einen Besuch abzustatten, ist nämlich die Pizza, die an Sommerabenden auf der großzügigen Terrasse mit Blick auf den Ätna und das Meer serviert wird – eine unschlagbare Kombination aus Aussicht, Qualität und Preis!

Ausgehen

Shatulle BAR
(Piazza Paladini 4; ⏲Mo geschl.) Die beschauliche Piazza Paladini gleich beim Corso Umberto steht seit ewigen Zeiten bei den gut gekleideten, jungen Nachteulen von Taormina hoch im Kurs. Und eine der besten, hippsten und beliebtesten Bars an diesem Platz ist das schwulenfreundliche Shatulle mit Tischen im Freien, einladender Atmosphäre und einer echt guten Auswahl an Cocktails (ab 5,50 €).

Bar Turrisi BAR
(Castelmola; ⏲9–2 Uhr) Ein paar Kilometer außerhalb von Taormina befindet sich diese einfallsreiche Bar im kleinen Dorf Castelmola. Die Bar erstreckt sich über vier Ebenen mit Blick auf den Kirchplatz. Die Innenausstattung besteht aus einer witzigen Mischung von sizilianischem Krimskrams – von bemalten Karren bis hin zu einer riesigen *minchia* aus Stein. Worum es sich dabei handelt, sieht man auf den ersten Blick – da erübrigt sich die Übersetzung. Zur schönen Aussicht passt ein Glas Mandelwein hervorragend. Und nicht vergessen: Vor dem Gehen sollte man unbedingt noch den Toiletten einen Besuch abstatten!

Shoppen

Taormina ist ein Einkaufsparadies. Die Qualität ist in der Regel hochwertig, auf ein Schnäppchen sollte hier allerdings keiner hoffen.

Carlo Mirella Panarello KERAMIKKUNST
(Via Antonio Marziani)

Managò & Figlie KERAMIKKUNST
(www.manago.it; Via Santa Domenica)

La Torinese ESSEN, WEIN
(Corso Umberto 59) Olivenöl, Kapern, Marmelade und Wein.

Praktische Informationen

Am Corso Umberto gibt es zahlreiche Banken und Geldautomaten.

British Pharmacy (Corso Umberto 152; ⌚8.30–20 Uhr) Eine von insgesamt zwei Apotheken am Corso Umberto mit Notdienst in der Nacht.

Gustosi Momenti (Salita Alexander Humboldt; Internet pro 20 Min 2 €; ⌚Nov.–März Di–So 10–21 Uhr, April–Okt. 10.30–24 Uhr) Eine schicke Internetbar mit mehreren flotten Computern, WLAN und allerlei Cocktails.

Ospedale San Vincenzo (☎0942 57 92 97; Contrada Sirina) Das Krankenhaus befindet sich 2 km vom Stadtzentrum ein Stück den Berg hinunter. Über die gleiche Nummer kann man auch einen Krankenwagen rufen.

Polizei (☎0942 61 02 01; Corso Umberto 219)

Post (Piazza Sant'Antonio Abate)

Touristeninformation (☎0942 2 32 43; www.gate2taormina.com; Palazzo Corvaja, Corso Umberto; ⌚Mo–Fr 8.30–14.15 & 15.30–18.45, Sa 9–12.45 & 16–18.15 Uhr) Mit gutem Personal besetzte Info, in der immer viel los ist.

Anreise & Unterwegs vor Ort

Auto & Motorrad

Taormina liegt an der Autostrada A18 und an der SS114 zwischen Messina und Catania. In der Nähe des historischen Zentrums gerät das Autofahren zum Alptraum, und der Corso Umberto ist generell für den Verkehr gesperrt. Als günstigste Parkmöglichkeit bietet sich der **Parkplatz Porta Catania** (24 Std. 15 €) am westlichen Ende des Corso Umberto an. Der **Parkplatz Lumbi** nördlich vom Zentrum kostet die gleiche Gebühr, von dort läuft man 5 Min. bis zur Porta Messina (am östlichen Ende des Corso Umberto); alternativ fährt ein kostenloser gelber Shuttlebus dorthin.

California (☎0942 2 37 69; Via Bagnoli Croce 86; Vespa Tag/Woche 30/189 €, Fiat Panda 60/296 €) Das Unternehmen direkt gegenüber der Villa Comunale vermietet Autos und Motorroller.

Bus

Die einfachste Möglichkeit, nach Taormina zu kommen, ist der Bus. **Interbus** (☎0942 62 53 01; Via Luigi Pirandello) bietet täglich Verbindungen nach Messina (3,90 €, 55 Min.–1¾ Std., Mo–Sa 10-mal tgl., So 2-mal tgl.) und Catania (4,70 €, 1¼ Std., 7- bis 11-mal tgl.); der Bus nach Catania fährt weiter zum Flughafen Fontanarossa (7 €, 1½ Std.).

Zug

Es verkehren regelmäßig Züge von und nach Messina (3,80 €, 40–75 Min., stündl.) und Catania (3,80 €, 40–50 Min., stündl.); die ungünstige Lage des Bahnhofs von Taormina (4 km unterhalb der Stadt in der Nähe des Wassers) ist allerdings ein Manko. Wer am Bahnhof ankommt, nimmt am besten ein Taxi (15 €) oder einen Interbus (1,70 €) in die Stadt. Die Busse verkehren regelmäßig alle 30 bis 90 Min. (am So seltener).

Catania

296 000 EW.

Catania ist wahrhaftig eine Stadt auf dem Vulkan. Vieles ist aus Vulkangestein erbaut, ein Relikt der Lavaströme, die 1669 bei einem Ausbruch des Ätna die Stadt verschlangen. An die 12 000 Menschen kamen damals ums Leben. Die schwarze Farbe des Lavagesteins prägt das Stadtbild Catanias. Die eleganten Gebäude wirken wie von feinem Lavastaub überzogen. Ein Großteil der Gebäude gehen auf den Barockbaumeister Giovanni Vaccarini zurück, der Catania als moderne, elegante Stadt mit breiten Boulevards und Plätzen wiedererstehen ließ.

Überraschenderweise ist Catania Siziliens zweitgrößte Handelsstadt. Die Stadt ist geprägt durch unternehmerischen Geist, mit einer großen Universität und einer zähen Bevölkerung, die sich mit den Widrigkeiten längst arrangiert hat und nach dem Motto lebt: *carpe diem* („nutze den Tag").

Sehenswertes

Die Sehenswürdigkeiten von Catania ballen sich allesamt im Umkreis von nur einem Block um die Piazza del Duomo.

Piazza del Duomo ZENTRALER PLATZ

Catanias Hauptplatz zählt zum Weltkulturerbe der Unesco. Der Platz besteht aus einem geschlossenen Häuserensemble, das auch den Dom umfasst. Abwechselnd aus Lava- und Sandstein errichtet, zeigen die Gebäude den ortstypischen Barockstil. In der Platzmitte steht ein bemerkenswertes Monument und Symbol der Stadt, die **Fontana dell'Elefante** aus dem Jahr 1736. Den Brunnen ziert ein schwarzer Lavaelefant aus römischer Zeit, der von einem ägyptischen Obelisk überragt wird. Eine Legende besagt, dass der Obelisk im 8. Jh. dem Zauberer Eliodorus gehörte; dieser soll sich seinen Lebensunterhalt damit verdient haben, Menschen in Tiere zu verwandeln. Der Obelisk besitzt angeblich Zauberkräfte, die den immer noch aktiven Ätna zu besänftigen vermögen.

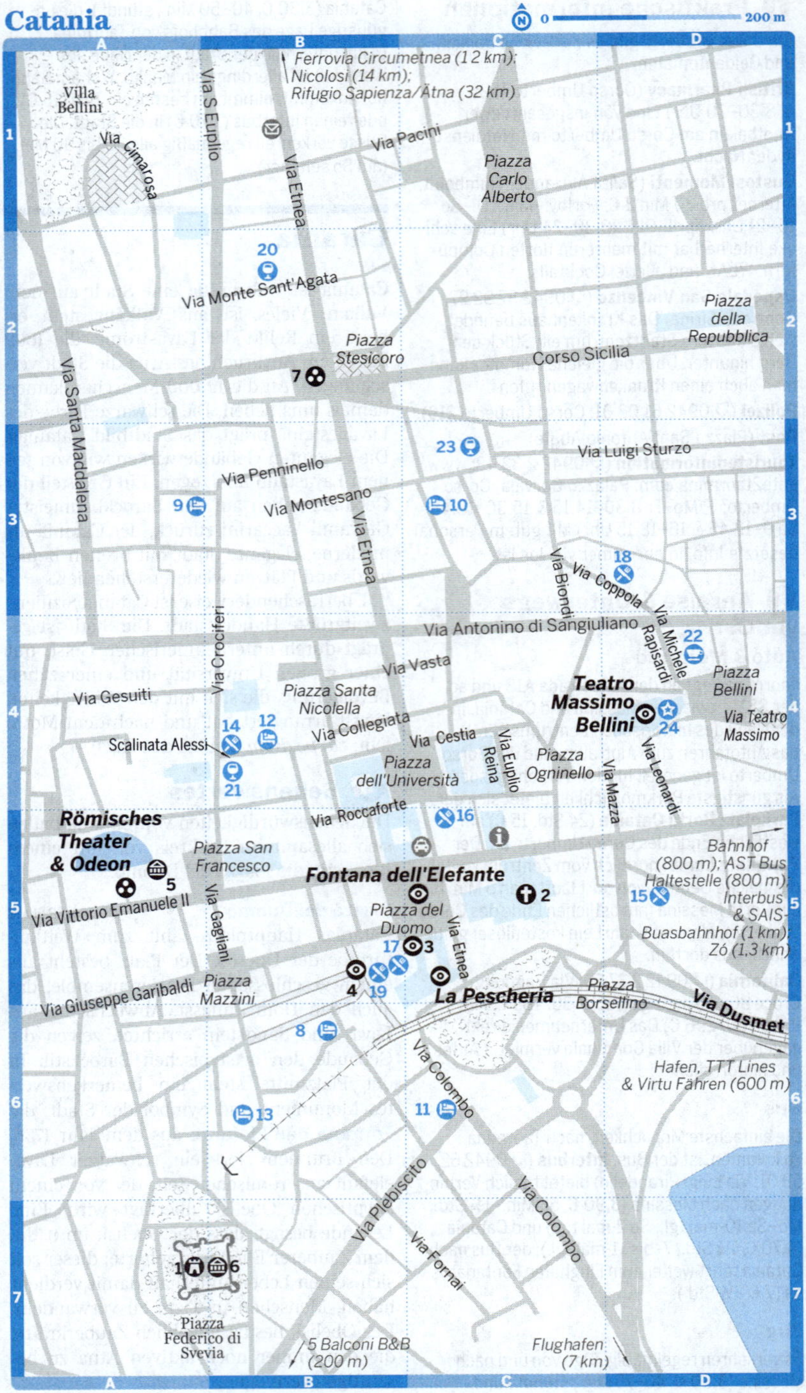
0 200 m
Ferrovia Circumetnea (1,2 km); Nicolosi (14 km); Rifugio Sapienza/Ätna (32 km)
Villa Bellini
Via Cimarosa
Via S Euplio
Via Etnea
Via Pacini
Piazza Carlo Alberto
Via Monte Sant'Agata
Piazza Stesicoro
Piazza della Repubblica
Corso Sicilia
Via Santa Maddalena
Via Luigi Sturzo
Via Penninello
Via Montesano
Via Biondi
Via Coppola
Via Michele Rapisardi
Via Antonino di Sangiuliano
Via Vasta
Via Crociferi
Via Gesuiti
Piazza Santa Nicolella
Via Collegiata
Teatro Massimo Bellini
Piazza Bellini
Via Teatro Massimo
Scalinata Alessi
Via Cestia
Via Euplio Reina
Piazza Ogninello
Via Mazza
Via Leonardi
Piazza dell'Università
Via Roccaforte
Römisches Theater & Odeon
Piazza San Francesco
Via Gagliani
Fontana dell'Elefante
Bahnhof (800 m); AST Bus Haltestelle (800 m)
Via Vittorio Emanuele II
Piazza del Duomo
Interbus & SAIS-Busbahnhof (1 km); Zó (1,3 km)
La Pescheria
Piazza Borsellino
Via Dusmet
Via Giuseppe Garibaldi
Piazza Mazzini
Hafen, TTT Lines & Virtu Fähren (600 m)
Via Colombo
Via Plebiscito
Via Fornai
Piazza Federico di Svevia
5 Balconi B&B (200 m)
Flughafen (7 km)

Catania

Dem Brunnen gegenüber befindet sich der Dom von Cantania mit seiner beeindruckenden Marmorfassade. An der Südwestecke der Piazza markiert die **Fontana dell'Amenano** den Eingang zum Fischmarkt von Catania und erinnert an den Fluss Amenano, der hier früher einmal unterirdisch verlief. An seinen Ufern gründeten die Griechen einst die Stadt Katáne.

Duomo
DOM

(☎095 32 00 44; Piazza del Duomo; ⏲8–12 & 16–19 Uhr) Das zweite Bollwerk gegen den Ätna ist der Dom St. Agata mit seiner wunderschönen Marmorfassade. Im kühlen Kirchengewölbe ruhen die sterblichen Überreste der Schutzpatronin der Stadt, der Jungfrau Agata. Sie widersetzte sich den Avancen des aufdringlichen Quintian (250 n. Chr.) widersetzte und wurde deshalb grausam verstümmelt. Ihr mit Edelsteinen verziertes Bildnis wird am 5. Februar bei einem der größten *feste* (s. S. 838) Siziliens schon fast ekstatisch verehrt.

La Pescheria
FISCHMARKT

(Via Pardo; ⏲7–14 Uhr) So ziemlich die beste – kostenlose – Show in Catania bietet sich auf dem lebhaften Fischmarkt, auf dem die Händler ihre Waren lauthals in sizilianischem Dialekt anpreisen. Schwertfische auf Eis äugen über Berge von silbern schimmernden Sardinen hinweg die Passanten aus toten Augen an. Ebenso abwechslungsreich präsentiert sich der angrenzende **Lebensmittelmarkt** (Via Naumachia; ⏲7–15 Uhr) mit Unmengen an toten Tieren, gehäuteten Schafsköpfen und langen Schnüren mit Würsten. Dazu kommen riesige Wagenräder aus Käse und Berge von Obst und Gemüse, die sich in den paar überfüllten, lärmenden Gassen ein Stelldichein geben.

Griechisch-römisches Theater & Odeon
RUINEN

(Via Vittorio Emanuele II 262; Erw./erm. 4/2 €; ⏲Di–So 9–13 & 14.30 Uhr bis 1 Std. vor Sonnenuntergang) Die beiden Theater westlich der Piazza del Duomo sind die beeindruckendsten griechisch-römischen Relikte in Catania. Die Experimentierbühne, das Odeon ist das kleinere von beiden. Beide Gebäude liegen malerisch in einem verfallenen Wohnviertel, in dem die Wäsche auf den Dächern der von Wein überwucherten Häusern an der Leine baumelt – man hat den Eindruck, als würden die Gebäude irgendwie organisch aus einer halb verborgenen Bühne wachsen. Neben dem Haupttheater befindet sich die **Casa Liberti** (gleicher Eintritt und Öffnungszeiten wie die Theater), ein elegant restaurierter *palazzo* aus dem 19. Jh. mit gekachelten Böden und roten Tapeten: Dort können unbezahlbare Artefakte bewundert werden, die während der Ausgrabungsarbeiten der Theater entdeckt wurden.

Teatro Massimo Bellini OPERNHAUS

(☎095 730 61 11; www.teatromassimobellini.it; Via Perrotta 12; Führungen 2 €; ⊙Führungen Di, Do & Sa 9.30 & 10.30 Uhr) Ein paar Blocks nordöstlich vom *duomo* markiert das prachtvolle Opernhaus das Herz der Piazza Bellini. Der Platz wie auch das Gebäude sind nach dem Komponisten Vincenzo Bellini benannt, dem Vater der pulsierenden modernen Musikszene von Catania.

GRATIS **Museo Belliniano** MUSEUM

(☎095 715 05 35; Piazza San Francesco 3; ⊙Mo–Sa 9–13 Uhr) Das kleine Museum beherbergt eine Sammlung von Erinnerungsstücken aus dem Leben des Komponisten.

Museo Civico MUSEUM

(☎095 34 58 30; Piazza Federico II di Svevia; ⊙Mo–Sa 9–13 & 15–19, So 8.30–13.30 Uhr) Das Stadtmuseum von Catania im grimmig anmutenden Castello Ursino aus dem 13. Jh. ist die Heimat der wertvollen archäologischen Sammlung Biscari. Die umfangreiche Ausstellung präsentiert Gemälde, Vasen, Skulpturen sowie eine beeindruckende Münzsammlung.

Villa Bellini PARK

(⊙8–20 Uhr) Es ist Balsam für die Seele, fern der Menschenmassen in diesem hübschen Park an der Via Etnea den herrlichen Blick auf den Ätna eine Weile auf sich wirken zu lassen.

Römisches Amphitheater AMPHITHEATER

Die bescheidenen Ruinen dieses römischen Theaters unter dem Straßenniveau an der Piazza Stesicoro sind einen Blick wirklich wert.

Feste & Events

Festa di Sant'Agata RELIGIÖS

Beim größten religiösen Fest von Catania, das vom 3. bis 5. Februar stattfindet, folgt 1 Mio. Einheimische dem Fercolo, der silbernen Reliquienbüste der hl. Agata, die bei einem spektakulären Feuerwerk durch die Hauptstraße getragen wird.

Carnevale di Acireale KARNEVAL

(www.carnevalediacireale.it) Gleich in der Nähe wird in Acireale traditionell jeden Winter zwei Wochen lang der ausgelassenste Fasching Siziliens gefeiert. In den Straßen des Barockorts am Meer geht es hoch her: Es gibt farbenfrohe Umzüge mit gigantisch großen Pappmaché-Figuren, mit Blumen geschmückte Wägen von hohem Symbolgehalt und natürlich Konfetti. Natürlich wird den Zuschauern auch ein gewaltiges Feuerwerk geboten.

Ätnafest KUNST

Von Juli bis Dezember bringt das Kunstfestival klassische Musik, Puppentheater und vielseitige moderne Musik wie Rock, Pop, Blues, Reggae und Jazz ins Le Ciminiere.

Schlafen

In Catania können sich die Gäste über ein gutes Angebot von Unterkünften freuen, bei denen auch die Preise stimmen. Die Stadt ist daher ein guter Standort für Fahrten entlang der Ionischen Küste und zum Ätna.

Palazzu Stidda APARTMENT €

(☎095 34 88 26; www.palazzo-stella.com; Vicolo della Lanterna 5; DZ 70–100 €, 4BZ 120–140 €;) Die drei hübschen Apartments in einer ruhigen Sackgasse empfehlen sich vor allem für Familien. Sie bieten den Komfort eines Zuhauses sowie diverse Extras. Die Apartments 2 und 3 verfügen über eine Waschmaschine, Küche, Kinderstuhl, Kinderwagen und jede Menge Platz für eine vierköpfige Familie. Das Apartment 1 ist kleiner und kostet deshalb auch 10–20 € weniger. Alle Wohnungen haben einen Minibalkon und sind mit Kunstwerken des Eigentümers, handgearbeiteten Möbeln, Familienerbstücken und mit nostalgischem Krimskrams von diversen Antiquitätenmärkten verschönt. Die Mitarbeiter sprechen Englisch und Französisch.

B&B Crociferi B&B €

(☎095 715 22 66; www.bbcrociferi.it; Via Crociferi 81; EZ/DZ/3BZ 65/85/110 €;) Wer in diesem B&B wohnt, kann sich ohne Aufwand ins lebhafte Nachtleben von Catania stürzen, das sich überwiegend im historischen Zentrum abspielt. Das Crociferi ist ein herrlich hergerichtetes Privathaus und eines der schönsten Unterkünfte in Catania überhaupt. Die drei Zimmer sind natürlich schnell ausgebucht, deshalb empfiehlt es sich, rechtzeitig zu reservieren. Die geräumigen Zimmer mit hohen Decken sind mit antiken Fliesen, Fresken und Accessoires ausgestattet, die der Eigentümer von seinen Indienreisen mitgebracht hat. Jedes Zimmer verfügt über ein eigenes Bad auf der anderen Seite der Diele. Mario – der übrigens Französisch spricht – bietet Exkursionen entlang der Küste in seinem Privatboot an, während Teresa – sie spricht Deutsch und Englisch – ein abwechslungsreiches, köstliches Frühstück zaubert.

5 Balconi B&B B&B €
(☎095 723 45 34; www.5balconi.it; Via Plebiscito 133; EZ 30–35 €, DZ 50–65 €, 3BZ 70–75 €; ❄📶) Ein schöneres Quartier im unteren Preissegment als diesen hübsch renovierten *palazzo* in einem Arbeiterviertel südlich der Castello Ursino lässt sich in der Stadt wohl kaum auftreiben. Die netten Besitzer vermieten drei Zimmer mit hohen Decken mit zwei Gemeinschaftsbädern. Zum Frühstück gibt es Biobrot und frisches Obst – es wird auf Wunsch auch im Zimmer serviert. Die Straße vor dem Haus ist stark befahren, aber dafür sind in der Ferne die Burg und der Ätna zu sehen.

BAD B&B €
(☎095 34 69 03; www.badcatania.com; Via C Colombo 24; EZ 40–55 €, DZ 60–80 €, Apt. 90–140 €; ❄📶) Das trendige B&B zeichnet sich durch seinen farbenfrohen, modernen Stil aus. Alle Zimmer schmücken Kunstwerke aus der Region, außerdem gibt's einen Fernseher und einen DVD-Player. Das obere Apartment erstreckt sich über zwei Etagen, hat eine voll ausgestattete Küche und eine Privatterrasse – es ist vor allem bei Selbstversorgern beliebt. Der Markt, auf dem Fisch und Gemüse verkauft werden, befindet sich gleich um die Ecke. Und das Personal weiß immer, wo in der Stadt gerade ein toller Kulturevent stattfindet.

Il Principe HOTEL €€
(☎095 250 03 45; www.ilprincipehotel.com; Via Alessi 24; DZ 109–189 €, Suiten 129–209 €; ❄@📶) Das Hotel im Boutique-Stil befindet sich in einem Gebäude aus dem 18. Jh. Die Zimmer sind luxuriös, liegen allerdings an einer der umtriebigsten Straßen der Stadt: Das ganze Nachtleben spielt sich hier ab. Für eine ungestörte Nachtruhe sorgen deshalb Doppelfenster. Weitere Annehmlichkeiten sind das Kabel-TV, kostenloses WLAN und flauschige Bademäntel, die die Gäste auf dem Weg ins türkische Dampfbad tragen können. Im Internet stehen die aktuellen Sonderangebote. Die teureren Suiten haben im Bad einen Marmorboden, Whirlpool und eine Wendeltreppe ins Obergeschoss.

B&B Faro B&B €
(☎349 4578856; www.bebfaro.it; Via San Michele 26; EZ 50 €, DZ 70–80 €, 3BZ 100 €; ❄@) Das schicke B&B mit fünf Zimmern im Obergeschoss beeindruckt mit blitzblanken Parkettböden, doppelt verglasten Fenstern, einer modernen Badezimmereinrichtung, antiken Fliesen und einer kühner Farbgestaltung. Die beiden Suiten sind besonders schön und können in der Nebensaison zum Preis gebucht werden, der sonst für ein Doppelzimmer verlangt wird. Zusätzliche Annehmlichkeiten sind das kostenlose Internet und Fahrräder für die Gäste. Unten befindet sich ein Atelier, in dem Künstler, die in Catania zu Besuch sind, wohnen und malen können.

Agorá Hostel HOSTEL €
(☎095 723 30 10; www.agorahostel.com; Piazza Curró 6; B 18–21 €, EZ 25–30 €, DZ 50–55 €; @📶) In den Schlafsälen mit sechs bis zehn Betten wird es oft recht laut, und die Bäder sind ziemlich heruntergekommen. Aber das kostenlose WLAN, die preiswerte Möglichkeit, die Wäsche zu waschen (3,50 € pro Trommel), und die ultracoole Kellerbar sind für Backpacker, die auf ihren Geldbeutel achten müssen, genügend Gründe, hier dennoch zu übernachten. Selbstversorger schätzen zudem die Nähe zum Fischmarkt. Während der Recherchen zu diesem Reiseführer wurde gerade eine größere Gästeküche eingerichtet.

Essen

Zu den beliebten Snacks, die in Catania auf die Faust erhältlich sind, zählen die *arancini* (frittierte Reisbällchen, gefüllt mit Fleisch, Käse, Tomaten und/oder Erbsen) und *seltz* (kohlensäurehaltiges Wasser mit frisch gepresstem Zitronensaft und natürlichem Fruchtsirup). Niemand sollte jedoch die Stadt verlassen, ohne die *pasta alla Norma* (Pasta mit Basilikum, Auberginen und Ricotta) probiert zu haben, ein Gericht, das aus Catania stammt.

Der **Lebensmittelmarkt** neben dem Fischmarkt (La Pescheria) bietet sich an, um sich mit Obst, Käse und anderen Köstlichkeiten für ein Picknick zu versorgen (die toten Schwerfischen einfach ignorieren!)

LP TIPP **Trattoria di De Fiore** TRATTORIA €
(☎095 31 62 83; Via Coppola 24/26; Mahlzeiten 15–25 €; ⏲Mo geschl.) In dieser ganz normalen Trattoria hat Küchenchefin Mamma Rosanna, die schon in den Siebzigern ist, nach wie vor das Sagen. Für die Zubereitung der Speisen nach Rezepten ihrer Urgroßmutter verwendet sie Biomehl und frische Zutaten aus der Region, so auch für die beste *pasta alla Norma* in ganz Sizilien. Rosanna sagt,

dass ihre Oma das Gericht zu Ehren des berühmten Vulkans *Mungibeddu* nannte, was im sizilianischen Dialekt „Berg Ätna" bedeutet: Die Tomaten symbolisieren die rote Lava, die Auberginen die schwarze Asche, der Ricotta den Schnee und die Basilikumblätter die Bergvegetation. Der Service ist hier recht lahm, und die Türen des Lokals öffnen sich auch nicht immer Schlag 13 Uhr, doch das Essen ist es wirklich wert, notfalls eine Weile zu warten. Nicht entgehen lassen sollte man sich die *zeppoline di ricotta* (süßes Schmalzgebäck mit Ricotta, bestäubt mit Puderzucker), ein Dessert, das Rosanna höchstpersönlich erfunden hat.

Fiaschetteria Biscari SIZILIANISCH €€
(☎095 093 27 61; Via Museo Biscari 8; Gerichte 35–45 €; ⏲wechselnd an einem Tag der Woche geschl.) Die stimmungsvolle Weinbar samt Restaurant in den ehemaligen Stallungen des Palazzo Biscari legt besonderen Wert auf Qualität. Die Gerichte werden ausschließlich mit ultrafrischen Zutaten vom Fisch- und Lebensmittelmarkt gleich in der Nähe zubereitet.

Osteria Antica Marina MEERESFRÜCHTE €€
(☎095 34 81 97; Via Pardo 29; Mahlzeiten 35–45 €; ⏲Mi geschl.) Diese rustikale, aber schicke Trattoria hinter dem Fischmarkt ist das Speiselokal schlechthin, um in Fisch und Meeresfrüchten zu schwelgen. Es gibt eine ganze Reihe verschiedener Degustationsmenüs, in denen vom Schwertfisch über Garnelen, Tintenfisch und Kalamari so ziemlich alles enthalten ist. Die Gäste sitzen an massiven Holztischen vor unverputzten Steinwänden. Ohne Reservierung geht hier übrigens gar nichts.

Trattoria La Paglia TRATTORIA €
(☎095 34 68 38; Via Pardo 23; Mahlzeiten 15–25 €; ⏲So geschl.) Die einfache Trattoria ist längst nicht so nobel und kostspielig wie das Lokal gleich nebenan, aber der Fisch und die Meeresfrüchte sind immer frisch. Schön ist auch der Blick auf das rege Treiben am Fischmarkt beim Essen.

Al Cortile Alessi PIZZERIA €
(☎095 31 54 44; Via Alessi 28; Pizza 6–9 €; ⏲Di–So 20–1 Uhr) Einheimische jeden Alters, vor allem aber Studenten, strömen am Wochenende abends gern in dieses Lokal, denn die Pizza und das Bier vom Fass sind lecker, die Atmosphäre entspannt, und der Hof im Schatten eines Bananenbaums ebenfalls sehr nett.

Grand Cafè Tabbacco GEBÄCK & KUCHEN €
(Via Etnea 28; ⏲7–24 Uhr) Diese altmodische pasticceria mit riesigen Schaufenstern und Tischen im Freien an der lebhaften Via Etnea (ein Stückchen nördlich von der Piazza del Duomo) bietet sich für eine Pause an, um in aller Ruhe Leute zu beobachten und etwas Süßes zu essen.

Ausgehen

Als lebhafte Universitätsstadt ist Catania für sein schillerndes Nachtleben berühmt, was nicht sonderlich verwunderlich ist. Die angesagten Straßen für einen Kneipenbummel sind (von Westen nach Osten) die Via Alessi, die Via Collegiata, die Via Vasta, die Via Mancini, die Via Montesano, die Piazza Spirito Santo und die Via Teatro Massimo.

Tertulia BUCHLADEN-CAFÉ
(☎095 715 26 03; Via Michele Rapisardi 1–3; ⏲Mo–Sa 10–1, So 17–1 Uhr) In diesem Café mit Buchladen und dem Flair einer schicken Teestube treten manchmal Musiker auf, außerdem werden Literaturabende und Buchpräsentationen veranstaltet.

Agorá Bar BAR
(www.agorahostel.com; Piazza Curró 6) Diese sehr stimmungsvolle Bar befindet sich in einer mit Neonlicht ausgeleuchteten Höhle 18 m unter der Erde, wo auch ein unterirdischer Fluss fließt. Die alten Römer nutzten die Höhle einst als Kureinrichtung. Heute hängt hier spätnachts ein kosmopolitisches Volk herum und schlürft seine Drinks.

Nievski Pub PUB
(Scalinata Alessi 15; ⏲Di–So 20–2 Uhr) Die Kneipe ist bei der Alternativszene von Catania sehr beliebt. Es gibt erschwingliches Essen und Alkohol, der mit etwas verschmitztem Blick über den Tresen wandert. Nachts fließt das Bier in Strömen, wenn sich die Studenten im Freien vor dem Lokal treffen.

Energie Cafe BAR-CAFÉ
(Via Monte Sant'Agata 10) Das urbane Café mit Tischen auf dem Gehsteig präsentiert sich im Schick der 1970er-Jahre, im Hintergrund dudelt entspannte Jazzmusik.

Waxy O'Connor's PUB
(Piazza Spirito Santo 1) Eines von zwei irischen Pubs in dieser Straße, in dem Feierfreudige

am Gehsteig draußen ihre Pints kippen; gelegentlich wird auch Livemusik gespielt.

☆ Unterhaltung

Am besten schnappt man sich die neueste Ausgabe des *Lapis,* ein kostenloses Veranstaltungsverzeichnis, in dem sämtliche Musik-, Theater- und Kunste. Es erscheint alle zwei Wochen.

Teatro Massimo Bellini OPERNHAUS
(☎095 730 61 11; www.teatromassimobellini.it; Via Perrotta 12; ⏲Okt.–Mai) Im wunderschönen Jugendstiltheater von Ernesto Basile werden Oper, Ballett und Konzerte gegeben.

Zò KULTURZENTRUM
(☎095 53 38 71; www.zoculture.it; Piazzale Asia 6) In einer ehemaligen Schwefelfabrik, die frisch renoviert wurde, befindet sich jetzt das Le Ciminiere, ein sehr cooles Kulturzentrum, in dem Filme, Livemusik und Tanz auf dem Programm stehen. Im Restaurant mit Bar und Café kommt auch gutes Essen auf den Tisch.

ℹ Praktische Informationen

Rund um die Piazza del Duomo und an der Via Etnea finden sich zahlreiche Banken und Geldautomaten.

Internetteria (Via Penninello 44; Std. 2 €; ⏲Mo–Fr 9–23, Sa 17–22, So 16–22 Uhr) Flottes Internet, WLAN und eine tolle kleine Café-Bar.

Ospedale Vittorio Emanuele (☎091 743 54 52; Via Plebiscito 628) Krankenhaus mit 24-Stunden-Notdienst.

Polizei (☎095 736 71 11; Piazza Santa Nicolella)

Post (Via Etnea 215)

Städtische Touristeninformation (☎095 742 55 73; bureau.turismo@comune.catania.it; Via Vittorio Emanuele 172; ⏲Mo–Sa 8.15–13 & 14–19 Uhr)

ℹ An- & Weiterreise

Auto & Motorrad

Catania lässt sich von Messina aus problemlos über die Autostrada A18 und von Palermo über die A19 erreichen. Von der Autostrada weisen Schilder den Weg zur Via Etnea im Stadtzentrum von Catania.

Bus

Alle Intercity-Busse enden in einem Areal nördlich vom Bahnhof Catania. AST-Busse fahren an der Piazza Giovanni XXIII. (also vor dem Bahnhof) ab; Fahrkarten sind in der Bar Terminal an der Westseite des Platzes erhältlich. Die Busse von Interbus/Etna und SAIS fahren im Busbahnhof einen Block weiter nördlich ab. Der Fahrkartenschalter befindet sich schräg gegenüber in der Via d'Amico.

Interbus (☎095 53 03 96; www.interbus.it; Via d'Amico 187) Bietet täglich Busverbindungen nach:

Taormina (4,70 €, 1¼–2 Std., 8- bis 17-mal tgl.)

Syrakus (5,70 €, 1½ Std., Mo–Fr stündl., am Wochenende weniger häufig)

Ragusa (7,50 €, 2 Std., 5- bis 10-mal tgl.)

SAIS (☎095 53 61 68; www.saisautolinee.it, www.saistrasporti.it; Via d'Amico 181) bietet ebenfalls Busverbindungen, und zwar in folgende Orte:

Palermo (14,20 €, 2¾ Std., Mo–Sa stündl., So 9-mal tgl.)

Agrigent (12,40 €, 3 Std., 9- bis 15-mal tgl.)

Messina (7,70 €, 1½ Std., Mo–Sa stündl., So 9-mal tgl.)

Rom (47 €, 11 Std.) Nachtbus.

Von **AST** (☎095 723 05 35; www.aziendasiciIianatrasporti.it; Via Luigi Sturzo 230) verkehren Busse in verschiedene kleinere Ortschaften rund um Catania.

Nicolosi (2,20 €, 50–80 Min., stündl.) Der Ort liegt am Fuß des Ätna.

Flugzeug

Der Flughafen **Fontanarossa** (☎095 723 91 11; www.aeroporto.catania.it) von Catania befindet sich 7 km südwestlich des Stadtzentrums. Zum Flughafen fährt ab dem Bahnhof der Flughafenbus Alibus 457 (1 €, 30 Min., 20-Minuten-Takt).

Etna Transporti/Interbus (☎095 53 03 96; www.interbus.it) bietet ebenfalls einen regelmäßigen Shuttle vom Flughafen nach Taormina (7 €, 1½ Std., 6- bis 11-mal tgl.) an. Alle gängigen Mietwagenfirmen haben am Flughafen einen Schalter.

Boot

Der Fährhafen befindet sich südwestlich vom Bahnhof an der Via VI. Aprile.

Von **Virtu Ferries** (☎095 53 57 11; www.virtuferries.com) verkehren von Mai bis September jeden Samstag Direktfähren von Catania nach Malta (Passagiere 50–108 €, Auto 59–117 €, 3 Std.); häufiger fahrende Fähren nach Malta legen am weiter südlich gelegenen Hafen Pozzallo (4 Std., inkl. Bus von Catania nach Pozzallo) ab. Die oben genannten Preise gelten für die einfache Fahrt. Bucht man insgesamt eine Hin- und Rückfahrt wird es erheblich billiger.

TTT Lines (☎800 915365, 095 34 85 86; www.tttlines.it) bieten Nachtfähren von Catania nach Neapel (Sitzplatz 38–60 €, Kabine pro Pers. 52–165 €, Auto 75–115 €, 11 Std.) an.

Zug

Die Privatbahn Ferrovia Circumetnea fährt rund um den Ätna und hält dabei in den Dörfern und Städten an den Berghängen.

Vom Bahnhof Catania Centrale an der Piazza Papa Giovanni XXIII. verkehren häufig Züge in folgende Orte:

Messina (6,80 €, 1¾ Std., stündl.)

Syrakus (6,20 €, 1¼ Std., 9-mal tgl.)

Agrigent (10,20 €, 3¾ Std.) Zwei Direktzüge täglich.

Palermo (12,30 €, 3 Std.) Ein Direktzug pro Tag.

Unterwegs vor Ort

Gleich mehrere nützliche **AMT-Stadtbusse** (☎095 751 96 11; www.amt.ct.it, auf Italienisch) haben ihre Endhaltestelle vor dem Bahnhof, darunter auch die Busse 1 bis 4 und 4 bis 7 (fahren beide vom Bahnhof zur Via Etnea, etwa alle 30 Min.) sowie der Alibus 457 (vom Bahnhof zum Flughafen, alle 20 Min.). Eine Fahrkarte, die insgesamt 90 Min. gültig ist, kostet 1 €. Von Mitte Juni bis Mitte September fährt ein Sonderbus (D-Est) von der Piazza Raffaello Sanzio zu den Stränden.

Catania hat ein kompliziertes Einbahnstraßensystem, das Stadtzentrum ist Fußgängerzone – das bedeutet, dass Parkplätze Mangelware sind.

Die einzige Metrolinie von Catania hat momentan sechs Haltestellen, weitere sind in Bau. Touristen können damit vor allem den Weg vom Hauptbahnhof zum Circumetnea-Zug überbrücken, der den Ätna umrundet. Die Fahrkarten kosten 1 €.

Wer ein Taxi braucht, ruft bei **Radio Taxi Catania** (☎095 33 09 66) an.

Ätna

3329 M

Die Landschaft im Osten Siziliens wird vom Ätna dominiert, dem höchsten Vulkan Europas, der sogar vom Mond aus zu sehen ist (nur für den Fall, dass gerade jemand dort sein sollte). Er ist einer der aktivsten Vulkane der Welt, der relativ häufig ausbricht, und zwar an den vier Kratern am Gipfel sowie an den Hängen, die mit Spalten und alten Kratern durchsetzt sind. Der verheerendste Ausbruch ereignete sich im Jahr 1669 und dauerte insgesamt 122 Tage. Die Lava strömte den Südhang des Ätna hinunter, verschlang einen Großteil von Catania und veränderte die Landschaft dramatisch. In der jüngsten Vergangenheit, genau gesagt 2002, verursachte die Lava, die vom Ätna herunterströmte, eine Explosion in Sapienza. Dabei wurden zwei Gebäude zerstört und der Seilbahnverkehr musste zeitweise eingestellt werden. Weniger zerstörerische Eruptionen ereigneten sich in den letzten zehn Jahren in regelmäßigen Abständen. 2011 kam es zu dramatischen Lavafontänen, wobei der Vulkan am Südosthang Lava in die Luft schleuderte. Es ist also kein Wunder, dass die Einheimischen immer ein wachsames Auge auf den qualmenden Gipfel haben.

Der Vulkan liegt mitten im riesigen Parco dell'Etna, der letzten unberührten Wildnis Siziliens mit einer erstaunlichen Vielfalt an Landschaftsformen. Die Bandbreite reicht vom fast schon surreal anmutenden Gipfel über karge Lavawüsten bis hin zu alpinen Wäldern.

Sehenswertes & Aktivitäten

Der Aufstieg auf den Ätna und zu den **Kratern** gestaltet sich auf der Südseite erheblich einfacher als auf der Nordseite. Der AST-Bus von Catania setzt die Fahrgäste im **Rifugio Sapienza** (1923 m) ab. Von dort fährt die Seilbahn **Funivia dell'Etna** (☎095 91 41 41; www.funiviaetna.com; Seilbahn einfache Fahrt/hin- & zurück 14,50/27 €, inkl. Bus & Führer 51 €; ⌚9–16.30 Uhr) den Berg bis auf 2500 m hinauf. Von der oberen Seilbahnstation schlängelt sich ein Pfad zur offiziell freigegebenen Kraterzone (2920 m).

Für den Auf- und Abstieg sind 3½ bis 4 Std. einzuplanen. Wichtig ist bei der Zeitplanung daran zu denken, dass die letzte Seilbahn um 16.45 Uhr bergab fährt. Wer nicht zu Fuß laufen will, kann für 24 € an einer Exkursion mit Geländewagen (von der Seilbahnstation) teilnehmen.

Ein zweiter Aufstieg beginnt in **Piano Provenzano** (1800 m) und führt über die Nordflanke des Ätna. Dieses Gebiet wurde während der Eruptionen 2002 stark in Mitleidenschaft gezogen, wie die verwitterten Pinienskelette bezeugen. Auch von hier werden regelmäßig Ausflüge mit dem Geländewagen auf den Gipfel angeboten (rund 40 € pro Pers.). Nach Piano Provenzano kommt man jedoch nur mit dem eigenen Wagen. Es gibt keine öffentlichen Verkehrsmittel vom 16 km entfernten Linguaglossa.

Geführte Touren

Mehrere Unternehmen veranstalten Exkursionen auf den Berg.

Volcano Trek KLETTERTOUREN
(☎333 2096604; www.volcanotrek.com) Unter der Leitung von fachkundigen Geologen.

Siciltrek KLETTERTOUREN
(☎095 96 88 82; www.siciltrek.it, auf Deutsch und andere Sprachen) Die Touren führt der Schweizer Andrea Ercolani, der mehrere Sprachen spricht.

Gruppo Guide Alpine Etna Sud KLETTERTOUREN
(☎095 791 47 55; www.etnaguide.com, auf Italienisch) Vereinigung offizieller Bergführer, die Gäste über die Südflanke auf den Ätna führen. Im Angebot stehen Tages- und Mehrtageswanderungen. Das Büro befindet sich gleich unterhalb des Rifugio Sapienza.

Gruppo Guide Alpine Etna Nord KLETTERTOUREN
(☎095 777 45 02; www.guidetnanord.com) Bietet einen ähnlichen Service von Linguaglossa über die Nordflanke auf den Ätna an.

Schlafen & Essen

Rund um den Ätna gibt es eine Fülle von B&Bs. Sie befinden sich allem in der hübschen Ortschaft Nicolosi. Die Touristeninformation hält eine aktuelle Liste mit Unterkünften bereit und erteilt auch gern Auskunft.

Rifugio Sapienza BERGHÜTTE €€
(☎095 91 53 21; www.rifugiosapienza.com; Piazzale Funivia; pro Pers. B&B/Halbpension/Vollpension 55/75/90 €) Die Berghütte gleich neben der Seilbahnstation bietet recht komfortable Quartiere und ein gutes Restaurant – näher am Gipfel kann man nirgendwo übernachten.

Praktischen Informationen

Die Touristeninformation in der Innenstadt von Catania hält Infos über den Ätna bereit, die es jedoch auch direkt am Berg gibt.

Parco dell'Etna (☎095 82 11 11; www.parcoetna.ct.it, auf Italienisch; Via del Convento 45; ⊙9–14 & 16–19.30 Uhr) In Nicolosi, an der Südseite des Ätna.

Proloco Linguaglossa (☎095 64 30 94; www.prolocolinguaglossa.it, auf Italienisch; Piazza Annunziata 5; ⊙Mo–Sa 9–13 & 16–19, So 9–12 Uhr) In Linguaglossa, an der Nordseite des Ätna.

Touristeninformation Etna Sud (☎095 91 63 56; ⊙9–16 Uhr) Unweit des Gipfels beim Rifugio Sapienza.

An- & Weiterreise

Bus

Von **AST** (☎095 723 05 35) verkehren täglich Busse von Catania zum Rifugio Sapienza (einfache Fahrt/hin & zurück 3,40/5,60 €, 1 Std.). Die Busse fahren am Parkplatz gegenüber vom Bahnhof in Catania um 8.15 Uhr ab (über Nicolosi), die Rückfahrt erfolgt um 16.45 Uhr.

Zug

Die **Ferrovia Circumetnea** (FCE; ☎095 54 12 50; www.circumetnea.it; Via Caronda 352a), eine Privatbahn, umrundet den Ätna. Für die Fahrt steigt man am Hauptbahnhof von Catania in die Metro und fährt damit zum FCE-Bahnhof an der Via Caronda (Metrostation Borgo) oder nimmt die Busse der Linien 429 oder 432, die die Via Etnea hinauffahren und ebenfalls an der Metrostation Borgo halten.

Der Zug umrundet auf seiner 114 km langen Fahrt einmal die Fußzone des Vulkans, unterwegs bieten sich herrliche Ausblicke. Die Fahrt führt durch viele hübsche Ortschaften wie Adrano, Bronte und Randazzo (einfache Fahrt/hin & zurück 4,85/7,80 €, 2 Std.).

SYRAKUS & DER SÜDOSTEN

Der Südosten Siziliens – das bedeutet: Flusstäler, Olivenhaine, Mandel- und Zitronenbäume und bemerkenswerte Ruinen. In der durch Steinmauern unterteilten Landschaft liegen gleich mehrere hübsche Städte: Ragusa, Modica und Noto. Sie wurden 1693 durch ein verheerendes Beben dem Erdboden gleichgemacht, jedoch im vielgepriesenen sizilianischen Barockstil wieder errichtet, der dieser Region, poetisch gesagt, das honigfarbene Antlitz und die kollektive Schönheit verleiht.

Der Schriftsteller Gesualdo Bufalino beschreibt den Südosten als „Insel auf der Insel". Und tatsächlich hat dieses entlegene Stück Sizilien einen ganz eigenen Charakter – das Erbe seiner glorreichen griechischen Vergangenheit.

Syrakus

123 800 EW.

Syrakus, eine der meistbesuchten Städte Siziliens, ist ein Schmelztiegel verschiedenster Völker und Kulturen. Mit Hilfe von EU-Mitteln wurden mittlerweile die verfallenen Monumente und antiken Gebäude wunderbar restauriert. Syrakus wurde 734 v. Chr.

von Korinther Kolonisten gegründet und galt als die schönste Stadt der Antike – eine echte Konkurrenz für Athen, was Macht und Prestige anging. Unter Dionysios dem Älteren erlebte die Stadt ihre Blütezeit und lockte Berühmtheiten wie Livius, Platon, Aischylos und Archimedes an. Sie pflegte ihre Stadtkultur und gilt als Geburtsstätte der griechischen Komödie.

Als die Sonne des antiken Griechenland unterging, wurde Syrakus eine römische Kolonie – und seiner Schätze beraubt. Dem modernen Syrakus fehlt es heute deshalb vielleicht etwas an der Dramatik von Palermo und an der Energie von Catania, doch dafür hat es das alte, auf einer Insel gelegene Viertel Ortygia. Das verzaubert die Besucher mit seinen malerischen Plätzen, den schmalen Gassen und der hübschen Uferpromenade. Der Parco Archaeologico della Neapolis, 2 km entfernt auf der anderen Seite der Stadt, gilt als einer der bedeutendsten antiken Schätze Siziliens.

Der Bahnhof und Busbahnhof von Syrakus liegen nur einen Block voneinander entfernt. Sie befinden sich auf halber Strecke zwischen Ortygia und dem Archäologischen Park.

Sehenswertes

ORTYGIA

Duomo
DOM

(Karte S. 848; Piazza del Duomo; 8–19 Uhr) Trotz seiner Barockverblendung ist es allenthalben offensichtlich, dass Syrakus vom Wesen her griechisch ist – das zeigt sich nicht zuletzt auch an der förmlichen Höflichkeit der Bewohner und den zahlreichen Architekturresten. Am offenkundigsten ist es am Dom. Ursprünglich ein griechischer Tempel, wurde er in eine Kirche umgewandelt, als die Insel vom hl. Paulus christianisiert wurde. Die überbordende Barockfassade stammt von Andrea Palma, vermag aber den Athena-Tempel darunter kaum zu verbergen. Auch die riesigen dorischen Säulen aus dem 5. Jh. können Besucher innen wie außen sehen.

Fontana Aretusa
ALTE QUELLE

(Karte S. 848) Die Straße ein Stück hinunter befindet sich die Fonatana Aretusa; hier sprudelt eine Süßwasserquelle wie in der Antike, als sie noch die wichtigste Wasserversorgung der Stadt darstellte. Einer Legende nach soll die Göttin Artemis ihre schöne Dienstmagd Aretusa in eine Quelle verwandelt haben, um sie vor dem aufdringlichen Flussgott Alpheus zu schützen. Heute bevölkern Enten und Meeräschen die von Papyrusstauden bewachsene Quelle, außerdem ist sie der Treffpunkt schlechthin an schönen Sommerabenden.

Galleria Regionale di Palazzo Bellomo
KUNSTGALERIE

(Karte S. 848; 0931 6 95 11; www.regione.sicilia.it/beniculturali/palazzobellomo; Via Capodieci 16; Erw./erm. 8/4 €; Di–Sa 9–19, So 9–13 Uhr) Vom Brunnen geht es ein Stück die Via Capodieci hinauf. Dort beeindruckt das Kunstmuseum in einem katalanisch-gotischen Palast (13. Jh.) mit einer erlesenen Sammlung frühbyzantinischer und normannischer Steinarbeiten bis hin zu Caltagirone-Keramik aus dem 19. Jh. Dazu kommt eine große Zahl an religiösen Gemälden und Skulpturen aus dem Mittelalter.

Castello Maniace
BURG

(Karte S. 848; 0931 46 44 20; Erw./erm. 4/2 €; Di–So 9.30–13 Uhr) Die Burg von Ortygia aus dem 13. Jh. wacht über die Südspitze der Insel. Bei einem Spaziergang schweift der Blick über das Meer, eine gute Gelegenheit, über die glorreiche Vergangenheit der Stadt nachzusinnen. In der Burg werden regelmäßig Wechselausstellungen präsentiert.

La Giudecca
VIERTEL

(Karte S. 848) Allein schon ein Spaziergang durch das malerische Gassengewirr von Ortygia ist ein Erlebnis, und zwar vor allem in der schmalen **Via Maestranza,** dem Herzen des alten Zunftviertels, sowie im verfallenen jüdischen Ghetto in der **Via della Giudecca**. Im Hotel Alla Giudecca kann man die alte jüdische **Mikwe** (Ritualbad; 0931 2 22 55; Via Alagona 52; Führungen stündl. 5 €; Mo–Sa 11, 12, 16, 17 & 18 Uhr, So 11 & 12 Uhr) besichtigen. Sie befindet sich rund 20 m unter der Erdoberfläche. Das Ritualbad wurde 1492 geschlossen, als die jüdische Gemeinde aus Ortygia vertrieben wurde. Man entdeckte es zufällig bei Renovierungsarbeiten am Hotel.

AUF DEM FESTLAND

Parco Archaeologico della Neapolis
ARCHÄOLOGISCHE STÄTTE

(Karte S. 847; 0931 6 50 68; Viale Paradis; Erw./erm. 9/4,50 €; 9 Uhr bis 1 Std. vor Sonnenuntergang, während des Theaterfestivals bis 16.30 Uhr) Für Freunde der Antike ist dieser Archäologische Park die eigentliche Hauptattraktion von Syrakus. Hier beeindruckt das perlweiße **Teatro Greco** aus dem 5. Jh. v. Chr., das oberhalb der Stadt aus dem Stein gehauen

Syrakus

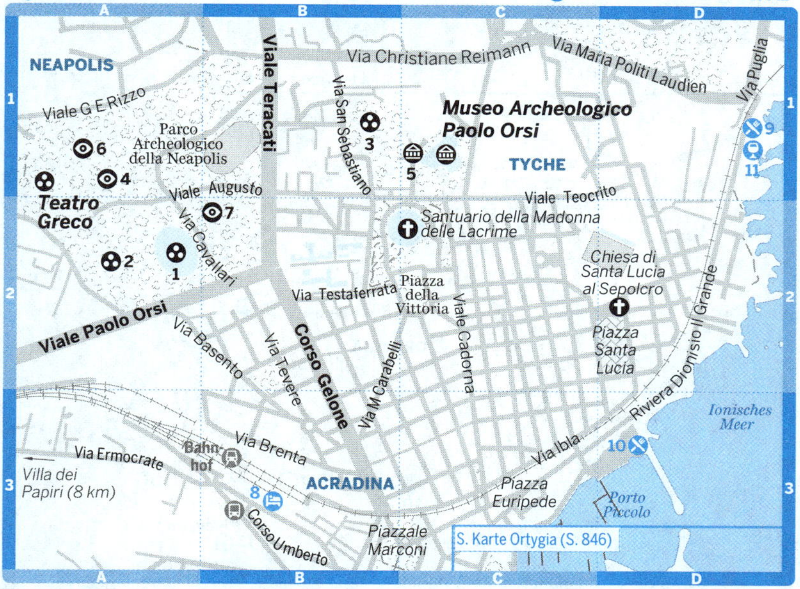

Syrakus

Highlights
- Museo Archeologico Paolo Orsi C1
- Teatro Greco A1

Sehenswertes
1. Anfiteatro Romano A2
2. Ara di Gerone II A2
3. Catacombe di San Giovanni B1
4. Latomia del Paradiso A1
5. Museo del Papiro C1
6. Orecchio di Dionisio A1
7. Parco Archeologico della Neapolis (Ticketverkauf) B2

Schlafen
8. Lol Hostel B3

Essen
9. Jonico-a Rutta 'e Ciauli D1
10. Red Moon D3

Ausgehen
11. Bar Zen D1

wurde. In diesem Theater wurden die letzten Tragödien von Aischylos gezeigt, so auch das Werk *Die Perser*, das unter Anwesenheit des Dichters hier seine Uraufführung erlebte. Im Sommer wird das Stück im Rahmen der alljährlichen Festspiele des antiken Theaters zu neuem Leben erweckt (s. S. 847).

Direkt neben dem Theater befindet sich die **Latomia del Paradiso**. In diesen Steinbruch, aus dem die Kalkquader für das antike Theater stammen, geht es steil hinunter. Auf dem von Gängen durchzogenen Steinbruch, wachsen heute Zitronenbäume und Magnolien. Aber einst wurden hier 7000 Athener, die den Krieg zwischen Syrakus und Athen 413 v. Chr. überlebt hatten, gefangen gehalten. Im Nordwesten des Steinbruchs befindet sich eine Felsspalte von 23 m Höhe und 65 m Länge, seit einem Besuch des italienischen Malers Caravaggio als **Orecchio di Dionisio** (Ohr des Dionysios) bezeichnet. Der syrakusanische Tyrann soll nämlich die perfekte Akustik genutzt haben, um die Gespräche seiner Gefangenen besser belauschen zu können.

Hinter dem Areal befindet sich der Eingang zum **Anfiteatro Romano** aus dem 2. Jh., das ursprünglich für Gladiatoren-

Ortygia

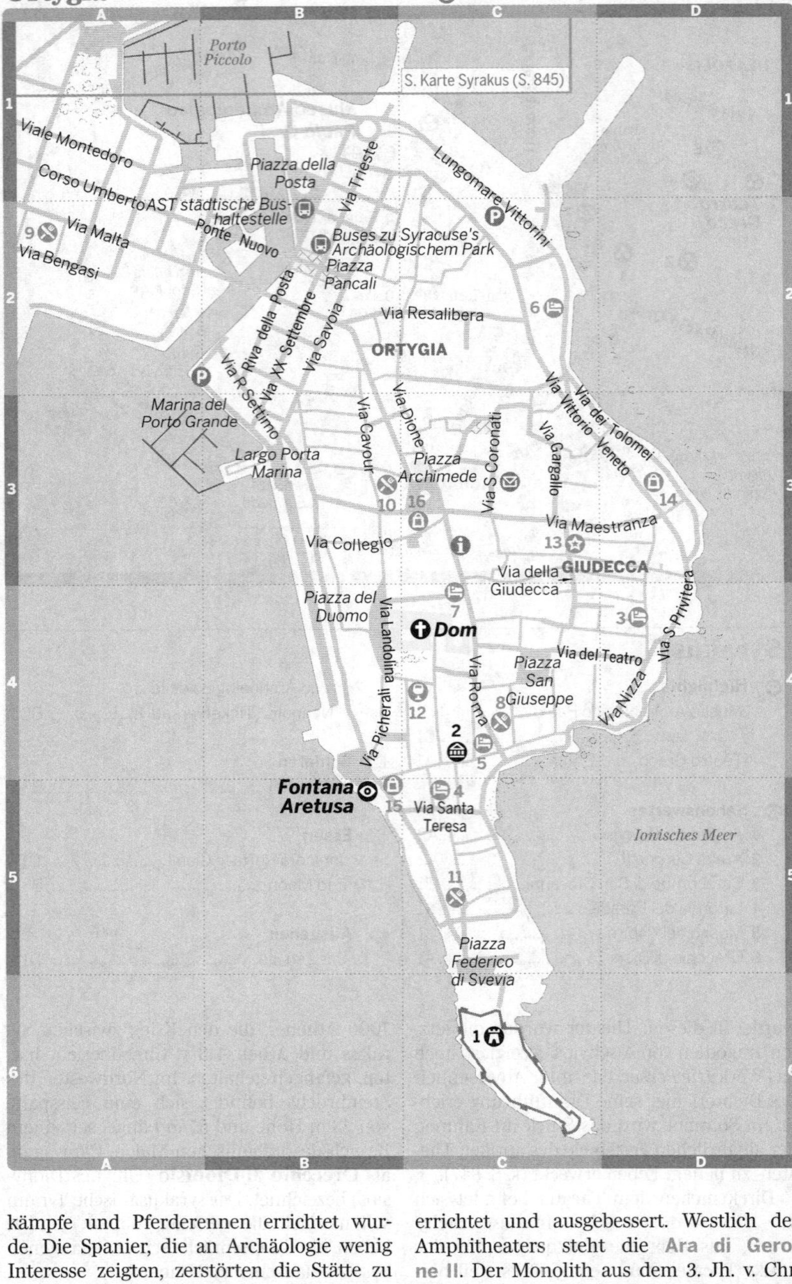

kämpfe und Pferderennen errichtet wurde. Die Spanier, die an Archäologie wenig Interesse zeigten, zerstörten die Stätte zu einem großen Teil im 16. Jh. und nutzten sie als Steinbruch. Mit den Trümmern wurde u. a. die Stadtmauer von Ortygia errichtet und ausgebessert. Westlich des Amphitheaters steht die **Ara di Gerone II**. Der Monolith aus dem 3. Jh. v. Chr. diente Heron II. als Opferaltar; bis zu 450 Rinder gleichzeitig konnten darauf getötet werden.

Ortygia

Highlights
Dom C4
Fontana Aretusa B5

Sehenswertes
1 Castello Maniace C6
2 Galleria Regionale di Palazzo Bellomo C4

Schlafen
3 Alla Giudecca D4
4 B&B Aretusa C5
5 B&B dei Viaggiatori, Viandanti e Sognatori C4
6 Hotel Gutkowski C2
7 Hotel Roma C4

Essen
8 Le Vin de l'Assassin C4
9 Piano B A2
10 Sicilia in Tavola B3
11 Taberna Sveva C5

Ausgehen
12 Bar San Rocco C4

Unterhaltung
13 Piccolo Teatro dei Pupi C3

Shoppen
14 Circo Fortuna D3
15 Galleria Bellomo B5
16 Massimo Izzo C3

Der Park lässt sich von der Piazza Pancali in Ortygia mit den Buslinien 1, 3 und 12 erreichen. Aussteigen muss man Ecke Corso Gelone/Viale Teocrito. Zu Fuß dauert der Spaziergang von Ortygia rund 30 Minuten. Wer mit dem Auto kommt, kann seinen Wagen in der Viale Augusto abstellen; Parkscheine sind im Andenkenkiosk erhältlich.

Museo Archeologico Paolo Orsi MUSEUM
(Karte S. 847; 0931 46 40 22; Viale Teocrito; Erw./erm. 8/4 €; Di–Sa 9–18, So 9–13 Uhr) Auf dem Grundstück der Villa Landolina, rund 500 m östlich vom Ärchaologischen Park, bietet dieses mit dem Rollstuhl zugängliche Museum eine der umfassendsten, bestpräsentierten und interessantesten archäologischen Sammlungen ganz Siziliens. Für die vier verschiedenen Abteilungen sollte man sich viel Zeit nehmen. Archäologiefans sollten für den Besuch gleich zwei Tage einplanen. Die genauen Öffnungszeiten sind im Sommer oft länger. Das Museum ist auch mit dem Rollstuhl zugänglich.

GRATIS **Museo del Papiro** MUSEUM
(Karte S. 847; 0931 6 16 16; museodelpapiro.it; Viale Teocrito 66; Di–Sa 9–13 Uhr) Das kleine Museum zeigt Dokumente und Produkte aus Papyrus sowie einen Film (auf Englisch) über die Geschichte dieses Materials. Die Pflanze wuchert am Fluss Ciane in der Nähe von Syrakus und wurde im 18. Jh. zur Papierherstellung verwendet.

Catacombe di San Giovanni KATAKOMBEN
(Karte S. 847; 0931 6 46 94; Erw./erm. 6/4 €; Führungen alle 30 Min. 9.30–12.30 & 14.30–17.30 Uhr) Einen Block nördlich des Archäologischen Museums erstreckt sich ein Labyrinth aus 10 000 unterirdischen Grabmonumenten aus der Römerzeit. Im Rahmen einer halbstündigen Führung lernen die Besucher die Katakomben und auch die malerischen Ruinen der Basilica di San Giovanni kennen, die Basilika ist die älteste Kirche der Stadt.

Aktivitäten

Strände STRÄNDE
Im Hochsommer, wenn in Ortygia Backofentemperaturen herrschen, strömt das Volk in den Süden der Stadt zu den Stränden bei **Arenella** (Bus 23 ab Piazza della Posta) und **Fontane Bianche** (Bus 21 oder 22); manche Strandabschnitte sind gebührenpflichtig. Von Mitte Juni bis September kann man hier auch hervorragend ein Sonnenbad nehmen (Gebühr) und sich von den Felsen ins Meer stürzen. Einen Sandstrand, an dem man sein Strandtuch ausbreiten kann, gibt es allerdings erst bei der Bar Zen (S. 849), 2 km nördlich von Ortygia.

Feste & Events

Ciclo di Rappresentazioni Classiche THEATERFESTIVAL
(Festival des klassischen Theaters; www.indafondazione.org) Syrakus ist stolz auf seine Schule des klassischen Theaters – die einzige neben Athen. Im Mai und Juni werden im Teatro Greco griechische Dramen – auf Italienisch – aufgeführt. Die Besetzung ist erstklassig, die Schauspieler kommen aus ganz Italien. Eintrittskarten (26–62 €) können online, im Kartenbüro in der Via Cavour in Ortygia

sowie der an der Theaterkasse vor dem Theater gekauft werden.

Festa di Santa Lucia RELIGIÖS

Am 13. Dezember wird die riesige silberne Statue der Stadtpatronin vom Dom quer durch die Stadt zur Piazza Santa Lucia getragen – begleitet von einem Feuerwerk.

Schlafen

Wer es malerisch mag, sollte sich auf Ortygia ein Quartier suchen. Billigere Unterkünfte finden sich rund um den Bahnhof.

Villa dei Papiri AGRITURISMO €€

(☎0931 72 13 21; www.villadeipapiri.it; Contrada Cozzo Pantano, Fonte Ciane; DZ 70–132 €, 2-Pers.-Suite 105–154 €, 4-Pers.-Suite 140–208 €; P❄@📶) Der reizende *agriturismo* in einem Garten Eden mit Orangenhainen und Papyrus liegt 8 km außerhalb von Syrakus neben der Fonte Ciana, eine schon von Ovid in seinen Methamorphosen verewigte Quelle. Acht Suiten für Familien befinden sich in einem umfunktionierten Bauernhaus aus dem 19. Jh., die Doppelzimmer liegen über das Parkareal verstreut. Das Frühstück wird in einem herrschaftlichen Saal serviert. Aber für die Urlaubsstimmung der Gäste wird noch mehr getan: So werden beispielsweise Ausflüge zum Fluss veranstaltet, Fahrräder verliehen, außerdem sind Haustiere willkommen.

B&B dei Viaggiatori, Viandanti e Sognatori B&B €

(Karte S. 848; ☎0931 2 47 81; www.bedandbreakfastsicily.it; Via Roma 156; EZ 35–50 €, DZ 55–70 €; ❄📶) Das hübsche B&B befindet sich in einem alten *palazzo* am Ende der Via Roma. Die Zimmer sind farbenfroh und schick eingerichtet und haben superbequeme Betten. Und auf der sonnigen Dachterrasse mit weitem Blick übers Meer schmeckt das Frühstück noch einmal so gut.

Alla Giudecca HOTEL €€

(Karte S. 848; ☎0931 2 22 55; www.allagiudecca.it; Via Alagona 52; EZ 60–100 €, DZ 80–120 €; ❄@📶) Das reizende Hotel liegt im jüdischen Viertel. Die 23 Suiten sind gemütlich mit Terracottaböden, Holzbalken und jeder Menge weißem Leinen ausgestattet. Der Gemeinschaftsbereich besteht aus diversen Räumen mit Gewölbedecke und ist voller gigantisch großer Wandteppiche und vielen Antiquitäten, die jedem Museum auf der Welt alle Ehre machen würden. Gemütliche Sofas stehen rund um die ebenfalls großen Kamine.

Hotel Gutkowski HOTEL €€

(Karte S. 848; ☎0931 46 58 61; www.guthotel.it; Lungomare Vittorini 26; EZ/DZ 80–90/110 €; ❄@📶) Wer in diesem reizenden, netten Hotel auf Ortygia an der Küste eines der sieben Zimmer ergattern möchte, sollte unbedingt frühzeitig buchen. Die Zimmer mit Meerblick haben hübsch gekachelte Böden und bunt gestrichene Wände, wobei der Charakter des historischen Gebäudes erhalten blieb. Die Zimmer in der Dependance, ein Stück weiter die Straße hinunter, sind moderner. Von der herrlichen Sonnenterrasse auf dem Dach bietet sich ein schöner Blick aufs Meer, außerdem gibt es noch eine gemütliche Internetzone im Raum mit dem Kamin.

Lol Hostel HOSTEL €

(Karte S. 847; ☎0931 46 50 88; www.lolhostel.com; Via Francesco Crispi 94; B 20–26 €, DZ 60–75 €; ❄@📶) Gleich um die Ecke vom Bahnhof bietet dieses moderne, gepflegte Hostel Schlafsäle in unterschiedlicher Größe sowie zwei Doppelzimmer – genau das Richtige für Alleinreisende. Zum hübschen Gemeinschaftsraum gehören eine luftige Gästeküche, ein Patio und eine großzügige Lounge mit Bar, in der vier Computer stehen. Das Hostel liegt zehn Minuten zu Fuß von Ortygia entfernt. Und wer sich im Lol ein Fahrrad leiht, ist sogar in fünf Minuten dort.

B&B Aretusa APARTMENTS €

(Karte S. 848; ☎0931 48 34 84; www.aretusa vacanze.com; Vicolo Zuccalà 1; DZ 67–86 €, 3BZ 82–115 €, 4BZ 105–140 €; P❄@📶) Die tolle günstige Unterkunft in einer winzigen Fußgängerzone bietet große Zimmer und Apartments mit Kochgelegenheit, Computer, Satelliten-TV und einem kleinen Balkon.

Hotel Roma HOTEL €€

(Karte S. 848; ☎0931 46 56 26; www.hotel romasiracusa.it; Via Roma 66; EZ 75–105 €, DZ 105–149 €; P❄@📶) Bis zur Piazza del Duomo sind es vom restaurierten *palazzo* nur ein paar Schritte. Die Zimmer sind mit Parkettboden, orientalischen Läufern, Balkendecken und geschmackvollen Kunstwerken ausgestattet. Außerdem können sich die Gäste kostenlos Fahrräder ausleihen und einen Kraftraum und eine Sauna nutzen.

Essen

Ortygia strotzt nur so vor malerischen Lokalen, viele davon sind allerdings arg touristisch und überteuert. Mehr für sein Geld kriegt man daher auf dem Festland.

Le Vin de l'Assassin FRANZÖSISCH €€
(Karte S. 848; ☎0931 6 61 59; Via Roma 115; Snacks 7–15 €, Mahlzeiten 25–35 €; ⏲Di–Sa Abendessen, So Mittag- & Abendessen) Das schwulenfreundliche Bistro unter französischer Leitung bietet eine willkommene Abwechslung von der sizilianischen Küche, und zwar eine mit Stil! Die Gerichte werden mit Kreide auf eine Schiefertafel geschrieben, darunter französische Klassiker wie *quiche lorraine* und *croque-monsieur*. Ferner gibt es z. B. bretonische Austern, Salate mit einer tadellosen Vinaigrette, jede Menge Hauptgerichte mit Fisch und Fleisch sowie eine hervorragende *millefoglie* aus Blätterteig mit Auberginen und roten Paprika. Das Restaurant bietet sich jedoch auch an, um spätnachts noch ein Glas Wein zu trinken oder ein hausgemachtes Dessert zu probieren – mit viel Schokolade und Sahne.

Red Moon MEERESFRÜCHTE €
(Karte S. 847; ☎0931 6 03 56; Riva Porto Lachio 36; Mahlzeiten 25 €; ⏲Do–Di Mittag- & Abendessen) Unter dem achteckigen, zeltartigen Dach kommen so ziemlich der beste Fisch und die besten Meeresfrüchte der Stadt auf den Tisch. Der Familienbetrieb mit anständigen Preisen befindet sich auf dem Festland und bietet eine angenehme Abwechslung von den ausgetretenen Touristenpfaden auf Ortygia. Am besten beginnt man mit *spaghetti ai ricci* (Spaghetti mit Tintenfischrogen), geht dann zum *fritto misto* (frittierte Garnelen und Tintenfische) oder zum gegrillten Fisch aus der Vitrine über, um dann das Gelage mit einen erfrischendem Zitronensorbet abzurunden.

Taberna Sveva SIZILIANISCH €€
(Karte S. 848; ☎0931 2 46 63; Piazza Federico di Svevia; Mahlzeiten 25–35 €; ⏲Mi geschl.) Die reizende Taverne hat eine gemütliche Terrasse an einem beschaulichen Platz mit Kopfsteinpflaster. Das Lokal befindet sich an der Südspitze von Ortygia, unweit der Burg. Das Essen ist vom Feinsten – von den *gnocchi al pistacchio* (Gnocchi mit Olivenöl, Parmesan, Pfeffer, Knoblauch und gemahlenen Pistazien) bis hin zum köstlichen Tiramisu, mit dem die Völlerei dann perfekt abgerundet wird.

Jonico-a Rutta 'e Ciauli SIZILIANISCH €€
(Karte S. 847; ☎0931 6 55 40; Riviera Dionisio il Grande 194; Pizza 4–7 €, Mahlzeiten 25–35 €; ⏲Okt.–Mai Di geschl.) Das Restaurant liegt nicht gerade günstig, ist jedoch den Anmarsch – oder die Taxifahrt – an einem sonnigen Nachmittag wert: Von der Terrasse bietet sich ein sagenhafter Blick auf das blau-grüne Meer und die Sandsteinklippen. Auf der durch und durch sizilianischen Speisekarte stehen abends Pizza sowie verschiedene Hauptgerichte mit Meeresfrüchten und Fisch wie etwa die *orata c'aranci* (Goldbrasse mit Orangensoße, Orangenschale und schwarzem Pfeffer).

Sicilia in Tavola SIZILIANISCH €
(Karte S. 848; ☎392 4610889; Via Cavour 28; Pasta 7–12 €; ⏲Mo geschl.) Das winzige Lokal mit nur einem Dutzend Tischen hat sich auf Vorspeisen mit Meeresfrüchten und frische Pastagerichte spezialisiert. Als Nachtisch lockt ein *bicchierino* – eine sündhaft leckere Mischung aus Ricotta, Schokolade, Pistazien und Mandeln.

Piano B PIZZERIA €
(Karte S. 848; ☎0931 6 68 51; Via Cairoli 18; Pizza 5–9,50 €, Salate 5,50–15 €, Fleisch vom Grill 15–22 €; ⏲Mo geschl.) Der flotte, nette Service passt zur schicken, lässigen Atmosphäre des neuen Lokals ein Stück westlich von Ortygia. Die jungen Syrakuser gehen gern dorthin, weil die Pizza, das Fleisch vom Grill und die Salatbar hervorragend sind.

Ausgehen & Unterhaltung

Syrakus ist eine pulsierende Universitätsstadt: Nach Anbruch der Dunkelheit spielt sich ein Großteil des Lebens auf der Straße ab.

Bar San Rocco BAR
(Karte S. 848; Piazzetta San Rocco) Die beliebteste Bar hat bis zum Morgengrauen geöffnet, die Tische stehen an der umtriebigen Piazzetta San Rocco.

Bar Zen BAR
(Karte S. 847; ⏲Mitte Juni–Sept. 9–24 Uhr) In dieser Bar am Meer, die zum Restaurant Jonico gehört, kann man sich den ganzen Tag sonnen, sich von den Klippen ins erfrischende Meer stürzen, um dann abends auf der Außenterrasse bei einem Drink der Livemusik zuzuhören.

Piccolo Teatro dei Pupi MARIONETTENTHEATER
(Karte S. 848; ☎0931 46 55 40; www.pupari.com; Via della Giudecca 17) In diesem beliebten und erfolgreichen Marionettentheater finden regelmäßig Vorstellungen statt, welche Stücke

gerade auf dem Spielplan stehen, kann man auf der Website sehen. Im Atelier nebenan kann man die Puppen auch kaufen.

Shoppen

Ortygia steckt voller malerischer kleiner Geschäfte.

Circo Fortuna KERAMIK
(Karte S. 848; www.circofortuna.it; Via dei Tolomei 20) Hier gibt's extravagante Keramik.

Massimo Izzo SCHMUCK
(Karte S. 848; www.massimoizzo.com; Piazza Archimede 25) Das Geschäft hat sich auf handgearbeiteten Schmuck aus Sciacca-Korallen und Gold spezialisiert.

Galleria Bellomo KARTEN
(Karte S. 848; www.bellomogalleria.com; Via Capodieci 15) Wer ein erschwinglicheres Andenken erstehen möchte, sollte sich die handgemalten Karten aus sizilianischem Papyrus anschauen.

Praktische Informationen

In der ganzen Stadt gibt es zahlreiche Banken und Geldautomaten.

Biblios Café (Karte S. 848; Via del Consiglio Reginale 11; Internet Std. 3 €, WLAN ohne zeitl. Begrenzung 2 €; ⏲10–13.30 & 17–21 Uhr, Mi geschl. & So vormittags geschl.) Ein Internetcomputer sowie WLAN bietet dieser gemütliche Buchladen mit Café.

Ospedale Umberto I (Karte S. 847; ☎0931 72 40 33; Via Testaferrata 1)

Polizei (Karte S. 848; ☎0931 6 51 76; Piazza S Giuseppe)

Post (Karte S. 848; Via dei Santi Coronati 22)

Touristeninformation (Karte S. 848; ☎0800 05 55 00; infoturismo@provsr.it; Via Roma 31, Ortygia; ⏲9–19 Uhr) Das Personal spricht Englisch, hier bekommt man Stadtpläne und jede Menge guter Infos.

An- & Weiterreise

Auto & Motorrad

Die moderne Autostrada A18 und die SS114 verbinden Syrakus mit Catania sowie mit Orten weiter nördlich. Wer mit dem Auto kommt, fährt auf die SS124 (in östlicher Richtung) und folgt dann der Beschilderung nach Syrakus und Ortygia.

Auf Ortygia ist der Verkehr eingeschränkt; es macht deshalb mehr Sinn, bei der Ankunft auf der Insel das Auto zu parken und zu Fuß zu gehen. Das große Talete-Parkhaus an der Nordspitze von Ortygia ist hervorragend: Hier kann man von 5 Uhr bis 21 Uhr kostenlos parken; nur wer seinen Wagen über Nacht parkt, bezahlt 1 €.

Bus

Langstreckenbusse fahren an der Bushaltestelle (Karte S. 847) am Corso Umberto ab, gleich östlich vom Bahnhof in Syrakus. Von **Interbus** (☎0931 6 67 10; www.interbus.it) verkehren Busse nach Catania (5,70 €, 1½ Std., Mo–Sa 19-mal tgl., So 8-mal tgl.) und zum Flughafen sowie nach Palermo (11 €, 3¼ Std., 2- bis 3-mal tgl.).

AST (☎0931 46 27 11; www.aziendasiciliana trasporti.it) bietet Verbindungen nach Noto (3,20 €, 55 Min., Mo–So 10-mal tgl., So 2-mal tgl.) und Ragusa (6,60 €, 2¾ Std., Mo–Sa 7-mal tgl., So 1-mal tgl.).

Zug

Vom **Bahnhof** (Karte S. 847; Via Francesco Crispi) in Syrakus verkehren täglich Züge nach Messina (InterCity/Regionalzug 16,50/9,50 €, 2½–3¼ Std.) über Catania (8,50/6,20 €, 1¼ Std.). Manche fahren nach Rom, Turin und Mailand sowie zu anderen, entfernteren Zielen weiter. Wer nach Palermo will, ist allerdings mit dem Bus besser bedient. Zusätzlich verkehren Lokalzüge von Syrakus nach Noto (3,30 €, 30 Min.) und nach Ragusa (7,50 €, 2¼ Std.).

Unterwegs vor Ort

Um vom Busbahnhof zum Bahnhof und weiter nach Ortygia zu gelangen, nimmt man den kostenlosen AST-Shuttlebus 20 (alle 20–30 Min.). Von der Piazza Pancali auf Ortygia verkehren die AST-Stadtbusse 1, 3 und 12 (Ticket für 1 Std. 1,10 €) zum Parco Archeologico della Neapolis.

Noto

23 900 EW. / 160 M

Die 1693 von einem Erdbeben dem Boden gleichgemachte Stadt wurde von den Adeligen der Stadt prachtvoll wiederaufgebaut. Heute zählt Noto mit seinen goldfarbenen Sandsteingebäuden zum Weltkulturerbe der Unesco und gilt als die schönste Barockstadt Siziliens. Vor allem nachts, wenn die Gebäude angestrahlt werden, wirken die kunstvollen Fassaden besonders schön. Das barocke Prachtstück ist das Werk von Rosario Gagliardi und seinem Assistenten Vincenzo Sinatra, zwei einheimischen Architekten, die auch in Ragusa und Modica arbeiteten.

Am 16. März 1996 versetzte ein Unwetter die ganze Stadt in Angst und Schrecken, als das Dach und die Kuppel des Doms einstürzten – zum Glück um 22.30 Uhr, als sich niemand im Gotteshaus befand. Im Jahr

2007 konnte der Dom nach langen Restaurierungsarbeiten wieder eröffnet werden.

Sehenswertes

Der **Dom San Nicoló** ragt in der Mitte des hübschesten Platzes der Stadt auf, der Piazza Municipio. Sie wird von eleganten Stadthäusern wie dem Palazzo Ducezio (Rathaus) und dem Palazzo Landolina gesäumt, in denen die älteste Adelsfamilie von Noto residierte.

Der **Palazzo Nicolaci di Villadorata** (☎320 5568038; www.palazzonicoslaci.it, auf Italienisch; Via Nicolaci; Erw./erm. 4/2 €; ⏲10–13 & 15–19.30 Uhr) wurde in alter Pracht restauriert und steht nun wieder zur Besichtigung offen. Seine schmiedeeisernen Balkone werden von Figuren getragen, die fast schon grotesk anmuten. Mobiliar ist im Palast keines mehr vorhanden, doch vermitteln die edlen Brokattapeten und Deckenfresken einen Eindruck vom luxuriösen Lebensstil, den die sizilianischen Adeligen damals pflegten.

Den langen Corso Vittorio Emanuele unterbrechen zwei weitere Plätze: die Piazza dell'Immacolata im Osten und die Piazza XVI. Maggio im Westen. Über letzterer ragt die wunderschöne **Chiesa di San Domenico** mit einem Dominikanerkloster gleich nebenan auf; beide Gebäude entwarf Rosario Gagliardi. Am gleichen Platz lohnt das elegante **Teatro Comunale** aus dem 19. Jh. einen Blick. Das gilt auch für die Sala degli Specchi (Spiegelsaal) im **Palazzo Ducezio** (Eintritt jeweils 2 €, Kombiticket 3 €; ⏲9.30–13.30 & 14.30–18.30 Uhr) gegenüber vom Dom. Eine tolle Aussicht über die barocke Pracht von Noto bietet sich von den Glockentürmen der **Chiesa di San Carlo al Corso** (Eintritt 2 €; ⏲9–12.30 & 16–19 Uhr) sowie der **Chiesa di Santa Chiara** (Eintritt 1,50 €; ⏲9.30–13 & 15–19 Uhr).

Feste & Events

Farbenprächtig präsentiert sich Notos zweiwöchiges Blumenfest, die **Infiorata:** Von Mitte bis Ende Mai finden Umzüge, historische Aufführungen und ein öffentliches Kunstprojekt statt: Dann schmücken Künstler die Via Corrada vom Anfang bis zum Ende mit ihren Werken, die alle ausschließlich aus Blüten bestehen.

Schlafen

B&Bs gibt es in Noto in Hülle und Fülle; die Touristeninformation hält ein detailliertes Verzeichnis bereit.

La Corte del Sole LANDGASTHOF €€
(☎320 820210; www.lacortedelsole.it; Contrada Bucachemi; DZ 84–206 €; P❄@📶🏊) Ein paar Kilometer von Noto bergab befindet sich dieser reizende Landgasthof mit Blick auf das Vendicari-Vogelschutzgebiet. Die 34 Zimmer mit Keramikfliesen und Balkendecken liegen rund um einen Innenhof,. Die schönsten gehen auf den Pool hinaus und kosten 8 € extra. Weitere Annehmlichkeiten sind ein Restaurant, ein hübscher Frühstücksbereich (der um eine alte Olivenpresse angelegt wurde), ein Fahrradverleih, Kochkurse sowie der Shuttlebus zum nahen Strand.

Hotel della Ferla HOTEL €€
(☎0931 57 60 07; www.hoteldellaferla.it; Via A Gramsci; EZ 48–78 €, DZ 84–120 €; P❄📶) Das freundliche Hotel, ein Familienbetrieb, liegt in einem Wohnviertel unweit des Bahnhofs und bietet große, helle Zimmer mit Kiefernmöbeln und kleinen Balkons. Die Parkplätze sind hier kostenlos.

Ostello Il Castello HOSTEL €
(☎320 8388869; www.ostellodinoto.it; Via Fratelli Bandiera 1; B 16 €) In diesem Hostel der alten Schule, mit Schlafsälen für 8 bis 16 Personen gleich oberhalb vom Stadtzentrum, können sich die Gäste über die tolle Aussicht auf den Dom freuen. Das Preis-Leistungs-Verhältnis ist sehr gut, wenngleich eine Gästeküche fehlt.

Essen

Für die Einwohner von Noto ist essen eine ernste Angelegenheit. Wer hier zu Gast ist, sollte sich also Zeit nehmen und mit Genuss speisen. Gut gesättigt kann man anschließend eine Runde durch den Ort drehen und einer der hervorragenden Eisdielen einen Besuch abstatten.

LP TIPP **Il Liberty** MODERN SIZILIANISCH €€
(☎0931 57 32 26; Via Cavour 40; Mahlzeiten 27–35 €; ⏲Mo geschl.) Das Speisezimmer des brandneuen Restaurants hat eine Gewölbedecke und bietet sich an, in einem stimmungsvollen Ambiente die zeitgenössischen Varianten sizilianischer Traditionsgerichte zu probieren – allesamt Kreationen des in Mailand ausgebildeten Küchenchefs Giuseppe Angelino. Die hervorragende Weinkarte

mit edlen Tropfen ergänzt die fantasievolle Speisekarte. auf ihr finden sich so exquisite Vorspeisen wie *millefoglie* – hauchdünne Schichten gratinierter Käse und gemahlene Pistazien sowie süß-saures Gemüse mit einem Tick Minzearoma – bis hin zu warmem Zimt-Ricotta-Kuchen mit hausgemachtem Orangenkompott.

LP TIPP **Caffè Sicilia** GELATERIA €
(☎0931 83 50 13; Corso Vittorio Emanuele 125; Nachspeisen ab 2 €) Diese Eisdiele besteht schon seit 1892 und ist vor allem für seine *granite* berühmt. Das beliebte Caffè Sicilia wetteifert mit seiner Nachbarin, der Dolceria Corrado Costanzo, um den Titel des besten Eisdiele in Noto. Die gefrorenen Nachspeisen werden aus superfrischen Zutaten hergestellt, also beispielsweise wilden Erdbeeren im Frühling, während das köstliche Nougat (*torrone*) nur so vom Aroma des hiesigen Honigs und der Mandeln strotzt.

Ristorante Il Cantuccio MODERN SIZILIANISCH €€
(☎0931 83 74 64; Via Cavour 12; Mahlzeiten 30–35 €; ⏲Di–So Abendessen, So Mittagessen) Die Küchenchefin Valentina wechselt von Jahreszeit zu Jahreszeit die Speisekarte und kombiniert die vertrauten Zutaten Siziliens auf spannende Weise neu. Niemand sollte sich die köstlichen *gnocchi al pesto del Cantuccio* (Ricotta-Kartoffel-Klöße mit Basilikum, Petersilie, Minze, Kapern, Mandeln und kleinen Curry-Tomaten) entgehen lassen, um dann zu einem der denkwürdigen Hauptgerichte überzugehen wie beispielsweise Meerbrasse mit Zitronenfüllung und Orangen-Fenchel-Salat.

Trattoria del Crocifisso TRATTORIA €€
(☎0931 57 11 51; Via Principe Umberto 48; Mahlzeiten 25–35 €) Diese für ihr Slow Food bekannte Trattoria mit einer ellenlangen Weinkarte ist ein weiteres beliebtes Lokal in Noto.

Dolceria Corrado Costanzo GEBÄCK & KUCHEN €
(☎0931 83 52 43; Via Silvio Spaventa 9) Gleich um die Ecke vom Caffè Sicilia ist das Costanzo für seine *gelati, torrone, dolci di mandorla* (Mandelgebäck) und *cassata* (mit Ricotta, Schokolade und kandierten Früchten) bekannt.

Praktische Informationen

Touristeninformation (☎0931 57 37 79; www.comune.noto.sr.it; Piazza XVI Maggio; ⏲9–13 & 15–20 Uhr) Eine hervorragende, stets gut besuchte Info mit mehrsprachigen Mitarbeitern. Hier bekommt man kostenlose Stadtpläne.

Anreise & Unterwegs vor Ort

BUS Von den Giardini Pubblici gleich östlich des historischen Zentrums von Noto fahren Busse von AST und Interbus nach Catania (7,70 €, 1½–2½ Std., Mo–Sa 11- bis 17-mal tgl., So 6-mal tgl.) und Syrakus (3,20 €, 1 Std., Mo–Sa 16- bis 19-mal tgl., So 4-mal tgl.).

ZUG Viele Züge fahren nach Syrakus (3,30 €, 30 Min., Mo–Sa 10-mal tgl.); der Bahnhof von Noto liegt allerdings recht unpraktisch 1 km unterhalb des Zentrums.

Modica

55 000 EW. / 296 M

In der griechischen Antike war der Ort von großer Bedeutung, aber irgendwann musste Modica dann seine Vorrangstellung an Ragusa abtreten. Die Stadt zieht sich an beiden Seiten einer steilen Schlucht nach oben und hat mit ihren vielen mittelalterlichen Gebäuden bis heute viel Flair.

Der Ort erstreckt sich wegen seiner Topografie über mehrere Ebenen und teilt sich in Modica Alta (Oberstadt) und Modica Bassa (Unterstadt). Nach einer verheerenden Überschwemmung 1902 wurde der Fluss eingedämmt und umgeleitet, anschließend der breite Corso Umberto und die Via Giarrantana angelegt. Diese beiden Straßen bilden nun die Hauptachsen der Stadt, an denen sich schäbige Stadtpaläste und Steinhäuser entlang ziehen.

Sehenswertes

Es macht Spaß, hier einfach durch die Straßen zu bummeln und die Atmosphäre auf sich wirken zu lassen. Nicht entgehen lassen sollten sich die Besucher die großartige **Chiesa di San Giorgio** (Modica Alta; ⏲9–12 & 16–19 Uhr). Diese Kirche ist ein Meisterwerk von Gagliardi und ein Prachtstück des Rokoko – ein cremefarbenes Kleinod am Ende einer prunkvollen Treppe mit 250 Stufen. Ihr Gegenstück in Modica Bassa ist die beeindruckende **Cattedrale di San Pietro** (Corso Umberto I), die ebenfalls am Ende einer mit lebensgroßen Apostelstatuen gesäumten Treppe aufragt.

Schlafen & Essen

Das Verhältnis zwischen Qualität und Preis ist in Modica in der Regel hervorragend. Die

Stadt ist somit eine Top-Destination für Leute, die Gaumenfreuden zu schätzen wissen.

LP TIPP Villa Quartarella AGRITURISMO €
(☎360 654829; www.quartarella.com; Contrada Quartarella; EZ 40 €, DZ 70–80 €) Die geräumigen Zimmer und netten Wirtsleute machen diese umfunktionierte Villa auf dem Land südlich von Modica für Leute attraktiv, die mit dem Auto unterwegs sind. Francesco und Francesca teilen ihren Gästen immer gern ihr enzyklopädisches Wissen in Sachen Lokalgeschichte, Flora und Fauna mit. Außerdem können sie viele schöne Autoausflüge in die Umgebung empfehlen. Zum köstlichen, üppigen Frühstück gehören auch Eier von eigenen Hennen sowie raffinierte Süßigkeiten aus Modica.

B&B Il Cavaliere B&B €
(☎0932 94 72 19; www.palazzoilcavaliere.it; Corso Umberto I 259; DZ 70–80 €, Suite 100–120 €; ❄@) Das stilvoll eingerichtete B&B, das in einem *palazzo* aus dem 19. Jh. untergebracht ist, verspricht einen wahrlich noblen Aufenthalt. Es befindet sich ein Stück unterhalb vom Busbahnhof an der Hauptstraße von Modica. Die Standardzimmer haben nicht so viel Flair wie die herrliche Suite nach vorn zur Straße hinaus oder die großzügigen Gemeinschaftsräume mit hohen Decken, Deckenfresken und dem originalen Fliesenboden. Vom eleganten Frühstückszimmer bietet sich ein hübscher Blick auf die Kirche San Giorgio.

Albergo I Tetti di Siciliando GÄSTEHAUS €
(☎0932 94 28 43; www.siciliando.it; Via Cannata 24; EZ 35–40 €, DZ 50–70 €; ❄📶) Das freundliche Gästehaus liegt vom Corso Umberto ein Stück bergauf und bietet helle, künstlerisch angehauchte Zimmer und schöne Aussichtsbalkone.

Taverna Nicastro SIZILIANISCH €
(☎0932 94 58 84; Via S Antonino 28, Modica Alta; Mahlzeiten 14–20 €; ⏲Di–Sa Abendessen) Die Taverna blickt auf 60 Jahre Geschichte zurück und hat sich einen Namen mit ihrem leckeren Slow Food gemacht. Sie zählt zu den authentischsten und malerischsten Restaurants in der Oberstadt – und verlangt dennoch erstaunlich moderate Preise. Die Speisekarte ist etwas für Fleischliebhaber, die sich zwischen Gegrilltem, gekochtem Kalbfleisch, Lammeintopf und Pasta-Spezialitäten wie Ricotta-Ravioli mit Schweine-*ragù* entscheiden müssen.

Dolceria Bonajuto SCHOKOLADE €
(☎0932 94 12 25; www.bonajuto.it; Corso Umber_to I 159; ⏲Mo–Sa 9–13.30 & 16.30–20.30, So 16.30–20.30 Uhr) Die älteste Schokoladenfabrik Siziliens sollten alle besuchen, die einmal die berühmte Schokolade aus Modica kosten möchte. Es gibt sie mit Vanille-, Zimt-, Orangenschalen- und Chiliaroma und ist ein Erbe der spanischen Herrscher, die einst aus ihren Kolonien in Südamerika Kakao importierten.

Osteria dei Sapori Perduti SIZILIANISCH €
(☎0932 94 42 47; Corso Umberto I 228–230; Mahlzeiten 15–21 €; ⏲Di geschl.) Das attraktive Lokal in der Hauptstraße von Modica ist eine gelungene Mischung aus rustikaler Einrichtung, elegant gekleideten Obern und wirklich anständigen Preisen für sizilianische Spezialitäten wie *cunigghju â stimpirata* (Kaninchen süß-sauer).

ℹ An- & Weiterreise

BUS Busse fahren von Montag bis Samstag häufig von der Piazzale Falcone-Borsellino am oberen Ende des Corso Umberto I. nach Syrakus (6 €, 8-mal tgl.), Noto (3,90 €, 10-mal tgl.) und Ragusa (2,40 €, 16-mal tgl.); sonntags fahren nur zwei Busse in jede Richtung.

ZUG Vom Bahnhof in Modica, 600 m südwestlich vom Zentrum, verkehren täglich drei Züge (So nur 1-mal tgl.) nach Syrakus (6,80 €, 1¾ Std.) und sechs (So nur 1-mal tgl.) nach Ragusa (2,10 €, 25 Min.).

Ragusa

73 300 EW. / 502 M

Ragusa ist eine würdevoll gealterte Provinzstadt. Ragusa teilt das Schicksal einer ganzen Reihe von Städten dieser Region: Der Ort wurde Opfer des schrecklichen Erdbebens im Jahr 1693. Eine komplett neue Stadt mit dem Namen Ragusa Superiore wurde auf einem Hochplateau oberhalb der ursprünglichen Ortschaft errichtet. Doch der Adel wollte seine baufälligen *palazzi* nicht aufgeben, und so wurde der Ort unter dem Namen Ragusa Ibla an der ursprünglichen Stelle wieder aufgebaut. Die beiden Städte wurden erst 1927 als eine Gemeinde zusammengeführt.

Ragusa Ibla ist und bleibt die Seele und das Herz der Stadt: Hier befinden sich die besten Restaurants und auch die meisten Sehenswürdigkeiten. Die Unterstadt ist mit dem oberen (modernen) Ragusa durch eine

Fortsetzung auf S. 870

WIBOWO RUSLI / LONELY PLANET IMAGES ©

JEAN-PIERRE LESCOURRET / LONELY PLANET IMAGES ©

PHILIP & KAREN SMITH / LONELY PLANET IMAGES ©

1. Kolosseum, Rom (S. 61)
Die grausamste Arena im alten Rom wurde von Kaiser Vespasian erbaut und im Jahr 80 n. Chr. eingeweiht.

2. Statue von Kaiser Konstantin, Rom (S. 73)
Der Fuß im Innenhof des Kapitolinischen Museums stammt von einer Statue, die einst im Forum Romanum stand.

JEAN-PIERRE LESCOURRET / LONELY PLANET IMAGES ©

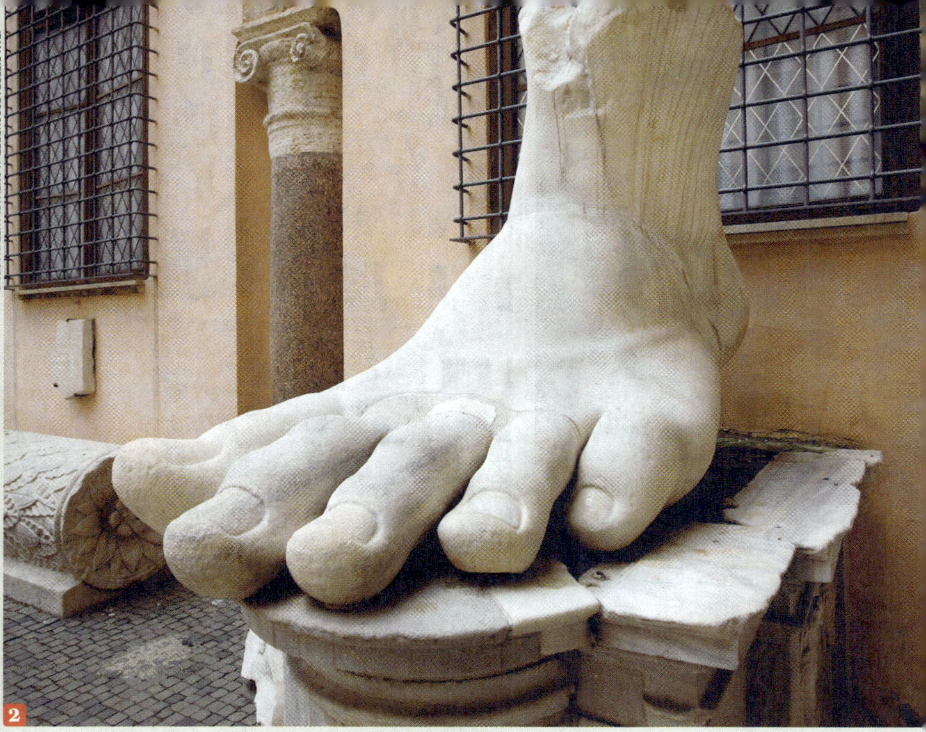

2

3. Statue, Vatikanische Museen, Rom (S. 106)
Dieser Komplex aus Museen, Galerien und Innenhöfen stellt eine Kunstsammlung zur Schau.

4. Pantheon, Rom (S. 77)
Der auffallende, 2000 Jahre alte Tempel hat die größte Kuppel der Welt aus unverstärktem Beton.

5. Petersdom, Rom (S. 103)
Roms größte, prächtigste und spektakulärste Kirche zieht bis zu 20 000 Besucher pro Tag an.

WADE EAKLE / LONELY PLANET IMAGES ©

3

1. **Riomaggiore (S. 209)**
Frauen in Riomaggiore, dem größten und östlichsten Dorf der Cinque Terre.

2. **Manarola (S. 208)**
Farbenprächtige Häuser in Manarola, das berühmt ist für den süßen Sciacchetrà-Wein.

3. **Corniglia (S. 208)**
Corniglia liegt, umgeben von Weinbergen, auf einem 100 m hohen Felsvorsprung.

4. **Nationalpark Cinque Terre (S. 206)**
Wandern in den Weinbergen.

5. **Vernazza (S. 207)**
Das Dorf verfügt über den einzigen sicheren Naturhafen an der Küste der Cinque Terre.

JOHN ELK III / LONELY PLANET IMAGES ©

ANDREW PEACOCK / LONELY PLANET IMAGES ©

RUTH EASTHAM & MAX PAOLI / LONELY PLANET IMAGES ©

DENNIS JOHNSON / LONELY PLANET IMAGES ©

GLENN VAN DER KNIJFF / LONELY PLANET IMAGES ©

1. Cortina d'Ampezzo (S. 418)
Abenteuersuchende in Cortina: Klettern, Wandern, Skifahren, Snowboarden

2. Naturpark Sextener Dolomiten (S. 346)
Radfahrer in den Sextener Dolomiten, im Hintergrund Corvara

2

3. Vie ferrate (S. 323)
Diese spektakulären Kletterwege mit fest verankerten Kletterhilfen heißen vie ferrate (eiserne Wege).

4. Bozen (S. 330)
Ein Markt in Bozen, der Provinzhauptstadt von Südtirol (Alto Adige)

5. Seiser Alm (S. 342)
Kühe grasen auf den Weiden der größten europäischen Hochebene.

3

RUTH EASTHAM & MAX PAOLI / LONELY PLANET IMAGES ©

JOHN ELK III / LONELY PLANET IMAGES ©

ROLF RICHARDSON / ALAMY ©

1. Piazza Maggiore (S. 449), Bologna
Palazzo del Podestà (Abb. links) und Palazzo dei Banchi (Abb. rechts) begrenzen den Platz.

2. Palazzo Comunale (S. 449), Bologna
Der Palast ist auch als Palazzo d'Accursio nach seinem früheren Bewohner, Francesco d'Accursio, bekannt.

2

3. Palazzo della Pilotta (S. 468), Parma
Der Palast prägt das Bild der Piazza della Pace.

4. Palazzo dei Diamanti (S. 475), Ferrara
Die diamantförmigen Quadersteine an seiner Fassade waren für den Palast namensgebend.

5. Basilica di San Vitale (S. 480), Ravenna
Die Mosaike im Altarraum stellen Kaiser Justinian und Kaiserin Theodora dar.

3

RUSSELL MOUNTFORD / LONELY PLANET IMAGES ©

RICHARD I'ANSON / LONELY PLANET IMAGES ©

1. Gelato und andere Nachspeisen
Die Toskana ist ein Eldorado für all jene, die gern essen.

2. Lucca kulinarisch (S. 546)
Hinter fast jeder Ecke stehen Tische, die zum Essen im Freien einladen.

3. Zentraler Markt (S. 508) in Florenz
Der älteste und größte Lebensmittelmarkt der Stadt bietet eine Fülle von frischen Produkten.

RICHARD I'ANSON / LONELY PLANET IMAGES ©

RICHARD I'ANSON / LONELY PLANET IMAGES ©

4. Weizenfeld bei Siena (S. 558)
Die klassische Landschaft der Toskana: sanfte Hügel, Weingärten in der Sonne und von Zypressen gesäumte Straßen.

5. Dom von Florenz (S. 496)
Es dauerte 150 Jahre, bis das bekannteste Wahrzeichen der Stadt vollendet war.

3

4

1. Pecorino (S. 36)
Jeden Vormittag findet in irgendeiner Stadt Umbriens ein Wochenmarkt statt.

2. Getreidefeld bei Gubbio (S. 613)
Sanfte Hügel mit Olivenbäumen und Weinstöcken, zerklüftete Berge und antike Städte ohne Menschenmassen.

3. Altstadt von Perugia (S. 593)
Architektonisch hat sich in Perugia in den letzten 400 Jahren nicht viel geändert.

4. Kathedrale von Orvieto (S. 622)
Die Planung der Kirche dauerte 30 Jahre, die Fertigstellung drei Jahrhunderte.

5. Häuser in Perugia (S. 593)
Die Studenten sorgen in der gut erhaltenen Berg- und Unistadt für eine pulsierende Kunstszene und Nachtleben.

FRANK WING / LONELY PLANET IMAGES ©

3

4

GREG BLACKWELL / LONELY PLANET IMAGES ©

BRIAN JANSSEN / ALAMY ©

RICHARD I'ANSON / LONELY PLANET IMAGES ©

1. 1. Amalfi-Strand (S. 721)
Der schmale Strand ist vor allem bei Tagesausflüglern sehr beliebt.

2. Capri (S. 691)
Schickimicki-Piazzas und lässige Cafés machen Capri zum Lieblingsurlaubsziel der VIPs.

DREW TOMLINSON / LONELY PLANET IMAGES ©

3. Blick von der Villa Rufolo (S. 725)
Diese Villa in Ravello ist berühmt für ihre romantischen Gärten aus dem 19. Jh.

4. Restaurant, Positano (S. 717)
Die unglaublich fotogene Stadt an der Amalfiküste lockt viele Besucher an.

5. Boote am Strand von Capri (S. 691)
Sehr beliebt sind Bootsausflüge an der Amalfiküste.

GLENN BEANLAND / LONELY PLANET IMAGES ©

ANDY CHRISTIANI / LONELY PLANET IMAGES ©

1

5

DALLAS STRIBLEY /LONELY PLANET IMAGES ©

4

WATERFRAME / ALAMY ©

1. Wandern, Gola Su Gorropu (S. 926)
Die spektakuläre Schlucht, die von 400 m hohen, vertikal aufragenden Felswänden flankiert wird, wird auch der „Grand Canyon Europas" genannt.

2. Klettern, Santa Teresa di Gallura (S. 919)
Die Felsformationen Sardiniens sind spannende Herausforderungen für Klettersportler.

3. Windsurfen (S. 921)
Porto Pollo und Chia – Top-Spots der Windsurfer auf Sardinien.

4. Tauchen (S. 891)
Von den glasklaren Meerestiefen vor der Küste träumt jeder Taucher.

5. Schwimmen, Golfo di Orosei (S. 927)
Hufeisenförmige Buchten leuchten in exquisitem Aquamarinblau.

Fortsetzung von S. 853

sehr steile Treppe (oder eine abenteuerliche Busfahrt) verbunden.

Sehenswertes

Majestätische Kirchen und *palazzi* säumen die verwinkelten, schmalen Straßen von Ragusa Ibla. Dazwischen finden sich Eisdielen und hübsche Plätze, auf denen sich die Einheimischen treffen – die Jugendlichen, um eine Runde zu drehen, und die Senioren, um auf den Bänken zu plaudern. Die mit Palmen bestandene Piazza del Duomo im Herzen der Stadt wird von der **Cattedrale di San Giorgio** (10–12.30 & 16–18.30 Uhr) aus dem 18. Jh. beherrscht. Besonders beeindruckend sind die herrliche neoklassizistische Kuppel und die schönen Buntglasfenster.

Am östlichen Ende der Altstadt liegt der **Giardino Ibleo** (8–20 Uhr), eine hübsche öffentliche Gartenanlage, die im 19. Jh. entworfen wurde und seitdem ein beliebter Picknickplatz ist.

Schlafen

Alle hier aufgeführten Quartiere befinden sich in Ragusa Ibla, der malerischen Unterstadt.

Risveglio Ibleo GÄSTEHAUS €
(0932 24 78 11; www.risveglioibleo.com; Largo Camerina 3; Zi. pro Pers. 35–45 €; P) Das einladende Gästehaus in einer Villa aus dem 18. Jh. im Libertystil bietet geräumige Zimmer mit hohen Decken und Familienporträts an den Wänden. Von der mit Blumen gesäumten Terrasse schweift der Blick über die Dächer der Stadt. Das Gästehaus läuft unter der Regie eines älteren Paares, das mit Begeisterung von der hiesigen Kultur erzählt. Dazu gehören für sie auch die hausgemachten kulinarischen Genüsse.

Locanda Don Serafino GASTHOF €€
(0932 22 00 65; www.locandadonserafino.it; Via XI Febbraio 15; EZ 80–138 €, DZ 90–168 €; @) Der historische Gasthof unweit vom *duomo* vermietet wunderschöne Zimmer mit Gewölbedecke. Zur Locanda gehört auch ein sehr renommiertes Restaurant in der Nähe. Für 9 € extra haben die Gäste Zutritt zum Strand, dem Lido Azzurro im 25 km entfernten Marina di Ragusa.

L'Orto Sul Tetto B&B €
(0932 24 77 85; www.lortosultetto.it; Via Tenente Distefano 56; EZ 45–59 €, DZ 70–100 €;) Das hübsche kleine B&B hinter dem duomo von Ragusa ist etwas für Leute, die es gern persönlich mögen. Zur Auswahl stehen nur drei Zimmer, auf der hübschen Dachterrasse wird das Frühstück serviert.

Essen

LP TIPP **Quattro Gatti** SIZILIANISCH €
(0932 24 56 12; Via Valverde 95; Mahlzeiten 18 €; Abendessen, Okt.–Mai Mo geschl. & Juni–Sept. So geschl.) Das sagenhafte sizilianisch-slowakische Speiselokal unweit der Giardini Iblei serviert ein unglaubliches viergängiges Menü mit vielen frischen Zutaten aus der Region. Die Palette an Antipasti beeindruckt, was aber auch für die jahreszeitlich wechselnden Spezialitäten gilt, die am Eingang auf einer Schiefertafel angeschrieben stehen. Slowakisch inspirierte Gerichte wie „Gulasch" (von ungarisch: gulyá shūs), aber auch österreichischer Apfelstrudel, runden die Speisekarte mit klassischen sizilianischen Gerichten ab. Und die Räumlichkeiten mit Gewölbedecken sind so gemütlich, dass der Abend wie im Flug vergeht.

Il Barocco TRADITIONELL ITALIENISCH €
(0932 65 23 97; Via Orfanotrofio 29; Mahlzeiten 17–30 €) Das allseits beliebte Traditionslokal ist wirklich etwas Besonderes, denn es befindet sich in ehemaligen Stallungen – die Tröge sind jetzt allerdings nicht mit Wasser, sondern mit Weinflaschen gefüllt. In der *enoteca* (Weinbar) nebenan können die Gäste Käse und Olivenöl verkosten und auch allerlei sizilianische Delikatessen erstehen.

Gelati DiVini EIS €
(0932 22 89 89; www.gelatidivini.it; Piazza Duomo 20; Eis ab 2 € 10–24 Uhr) Diese außergewöhnliche *gelateria* bietet Eis mit Weingeschmack an, beispielsweise mit Marsala und Muskat, außerdem gibt es so ungewöhnliche Geschmackssorten wie Rose, Fenchel und Wildminze. Auch die *gocce verdi* aus regionalem Olivenöl sind erstaunlich leckeren.

Ristorante Duomo GASTRONOMIE €€€
(0932 65 12 65; Via Capitano Bocchieri 31; Mahlzeiten 90–100 €, Degustationsmenüs 135–140 €) Manche preisen das Duomo als das beste Restaurant auf der ganzen Insel. Die Nouvelle Cuisine Siziliens wird in fünf kleineren Räumen serviert, die wie Wohnzimmer anmuten – ein angenehm romantisches Ambiente für ein hervorragendes Essen.

Praktische Informationen

Touristeninformation (0932 68 47 80;

ABSTECHER

SIZILIENS BESTERHALTENE RÖMISCHE MOSAIKEN

In der Nähe der Stadt Piazza Armerina mitten auf Sizilien beeindruckt die sagenhafte römische **Villa Romana del Casale** (☎0935 68 00 36; museo.villacasale@regione.sicilia.it; Erw./erm. 10/5 €; ⏲9–18 Uhr) aus dem 3. Jh. Sie ist eine der wenigen Stätten aus der Römerzeit, die auf Sizilien erhalten blieb. Die Ruinen der Villa wurden von der Unesco ins Weltkulturerbe aufgenommen. Das prachtvolle Jagdschloss soll einst Diokletians Mitkaiser Marcus Aurelius Maximianus gehört haben, wurde im 12. Jh. von einem Jahrhunderthochwasser überflutet und lag dann 700 Jahre unter Schlamm verborgen. Erst in den 1950er-Jahren wurden die herrlichen Bodenmosaiken wieder entdeckt. Die Besichtigung des Anwesens sollte man auf die Nebensaison oder zumindest auf den frühen Morgen verlegen, bevor die unzähligen Busse mit Tagesausflüglern eintreffen.

Fast der gesamte Fußboden (3500 m²) der Villa ist mit Mosaiken bedeckt – ein einzigartiger Schatz aufgrund des narrativen Stils, der Themenvielfalt und der abwechslungsreichen Farbgestaltung. Viele Bilder sind offensichtlich von afrikanischen Themen beeinflusst. Am östlichen Ende des Innenhofs befindet sich der herrliche **Korridor mit der großen Jagdszene,** eine lebhafte Darstellung von Kutschen, Nashörnern, Geparden, Löwen sowie der Königin von Saba, einer sinnlichen Schönheit. Auf der anderen Seite des Korridors liegen mehrere Gemächer, deren Bodenmosaiken homerische Szenen zeigen. Doch das wohl beeindruckendste Mosaik befindet sich im sogenannten **Raum der zehn Bikinimädchen.** Hier sieht man Mädchen in knappen „Bikinis" beim Sport, u. a. beim Diskuswerfen, Gewichtheben und beim Ballspiel – sie würden sich auch am Strand von Malibu gut machen! Bis Ende 2011 waren die berühmtesten Mosaiken von Piazza Armerina wegen Restaurierungsarbeiten gesperrt, sollen im Lauf des Jahres 2012 aber wieder zur Besichtigung freigegeben werden.

Wer mit dem Auto von Piazza Armerina kommt, folgt der Beschilderung südlich der Stadt zur SP15; auf dieser Straße fährt man dann noch 5 km weiter bis zur Villa.

Die Anfahrt ohne einen eigenen Wagen stellt eine gewisse Herausforderung dar: Von Catania (Interbus, 8,30 €, 1¾ Std.) und Enna (SAIS, 3,20 €, 40 Min.) fahren Intercity-Busse nach Piazza Armerina. Dort steigt man in einen Stadtbus um (0,70 €, 30 Min., nur im Sommer) oder nimmt ein Taxi (20 €), um die restlichen 5 km zurückzulegen. Wer vor Ort übernachten möchte, kann sich ein Zimmer in Piazza Armerina mieten. Das **Ostello del Borgo** (☎0935 68 70 19; www.ostellodelborgo.it; Largo San Giovanni 6; B/EZ/DZ 17/25/40 €; 📶) ist ein umfunktioniertes Kloster mit gutem Preis-Leistungs-Verhältnis, das zudem nicht weit von den öffentlichen Verkehrsmitteln entfernt liegt.

Piazza della Repubblica; ⏲10–13 & 15.30–18.30 Uhr) Am westlichen Rand der Unterstadt.

ℹ Anreise & Unterwegs vor Ort

BUS Langstrecken- und Stadtbusse haben einen gemeinsamen Busbahnhof in der Via Zama in der Oberstadt. Fahrkarten sind im Interbus/Etna-Kiosk im Bahnhofsareal und in den Cafés gleich um die Ecke erhältlich. **Interbus** (www.interbus.it) fährt nach Catania (7,50 €, 2 Std. 6- bis 10-mal tgl.). **AST** (☎0932 68 18 18; www.aziendasicilianatrasporti.it) bietet Verbindungen nach Syrakus (6,60 €, 3 Std., Mo–Sa 8-mal tgl., So 2-mal tgl.) über Modica (2,40 €, 30 Min.) und Noto (4,80 €, 2¼ Std.).

Der Stadtbus 33 (1,10 €) verkehrt stündlich vom Busbahnhof zur Unterstadt Ragusa Ibla und zurück. Vom Bahnhof fährt der Bus 11 (So Bus 1) einen ähnliche Strecke.

ZUG Es fahren täglich vier Züge nach Syrakus (7,50 €, 2 Std.) über Noto (5,60 €, 1½ Std.).

DAS ZENTRUM & DIE MITTELMEERKÜSTE

In der Mitte der Insel präsentiert sich Sizilien als eine weitläufige Landschaft mit hügeligen Feldern, massiven Bergkämmen und Bergdörfern, die noch nicht für den Tourismus erschlossen wurden. In Richtung Mittelmeer verändert sich die Perspektive dann allerdings: Moderne Hochhäuser machen den antiken Tempeln im Einzugsgebiet von Agrigent den Platz streitig – Agrigent ist die berühmteste antike Stätte und gleichzei-

Agrigent

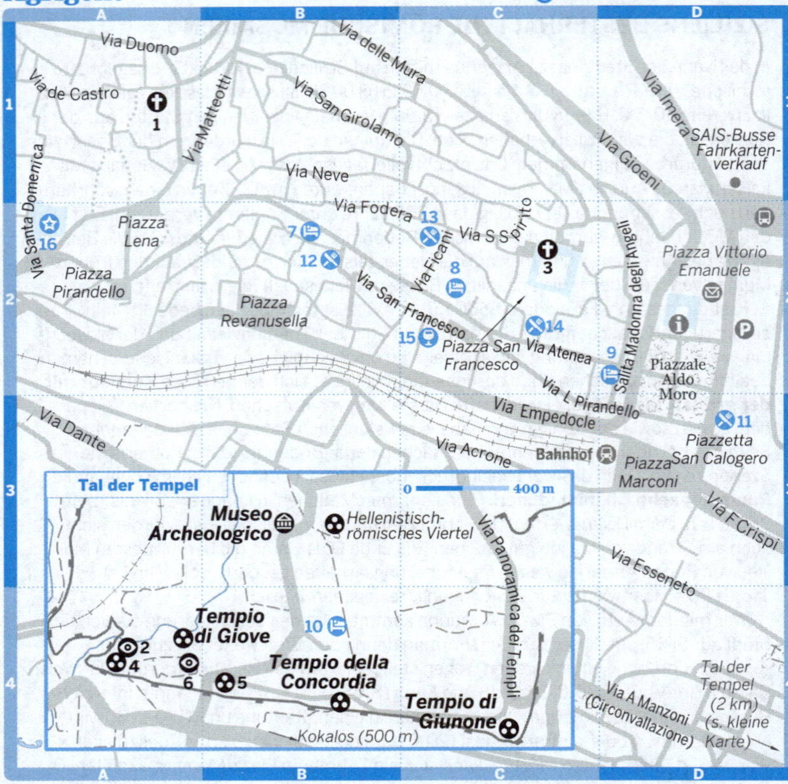

Agrigent

Highlights

Museo Archeologico B3
Tempio della Concordia B4
Tempio di Giove A4
Tempio di Giunone C4

Sehenswertes

1 Chiesa di Santa Maria dei Greci A1
2 Giardino della Kolymbetra A4
3 Monastero del Santo Spirito C2
4 Tempio di Castore e Polluce A4
5 Tempio di Ercole B4
6 Tal der Tempel Eingang A4

Schlafen

7 Atenea 191B&B B2
8 Camere a Sud C2
9 Port Atenea D2
10 Villa Athena B4

Essen

11 Kalòs D3
12 L'Ambasciata di Sicilia B2
13 Ristorante Per Bacco C2
14 Trattoria Concordia C2

Ausgehen

15 Mojo Wine Bar C2

Unterhaltung

16 Teatro Pirandello A2

tig eine der hektischsten und modernsten Städte der Insel.

Agrigent

59 200 EW. / 230 M

Der erste Eindruck von Agrigent ist nicht gerade berauschend: Aus der Ferne betrachtet sieht man relativ unschöne Apartmentblocks irgendwie unpassend auf dem Berg aufragen, wodurch die Aufmerksamkeit vom herrlichen Valle dei Templi ein Stück unterhalb abgelenkt wird. Dort erbauten die alten Griechen einst ihre großartige Stadt Akragas. Doch keine Sorge: Wer erst einmal vor den Ruinen steht, kann ermessen, wie monumental diese Anlage wirklich ist. Und dann wird auch schnell klar, weshalb das „Tal der Tempel" Siziliens bedeutendstes Touristenziel ist, das Goethe im 18. Jh. auf die touristischen Landkarte setzte.

Rund 3 km oberhalb der Tempel liegt das mittelalterliche Zentrum von Agrigent, wo man nach der Besichtigung der Ruinen noch einen schönen Abend verbringen kann. Der Intercity-Busbahnhof sowie der Bahnhof befinden sich beide in der Oberstadt, ein paar Blocks von der Via Atenea, der Hauptstraße der mittelalterlichen Stadt, entfernt.

Sehenswertes

VALLE DEI TEMPLI

Parco Archeologico ARCHÄOLOGISCHE STÄTTE

(☎0922 49 72 26; Erw./erm./Kind 8/4 €/frei, inkl. Archäologisches Museum 10/5 €/frei; ⌚Juli & Aug. 9–23.30 Uhr, Sept.–Juni Di–Sa 9–19, So & Mo 9–13 Uhr) Agrigents Valle dei Templi gilt als eine der bedeutendsten Sehenswürdigkeiten Siziliens. Es wurde von der Unesco ins Weltkulturerbe aufgenommen und umfasst einen Tempelkomplex sowie die alten Stadtmauern der antiken griechischen Stadt Akragas. Die Stätte heißt „Tal der Tempel", obwohl die fünf dorischen Tempel oben auf einem Bergrücken thronen und schon den antiken Seeleuten auf dem Heimweg als Orientierungshilfe dienten. Das Ausgrabungsgebiet teilt sich in zwei große Areale, die sogenannte westliche und die östliche Zone. Die Tempel sind unterschiedlich stark verfallen, vermitteln aber dennoch einen beeindruckenden Einblick in eine der wohl luxuriösesten Städte von Magna Graecia. Besonders malerisch präsentiert sich das Tal der Tempel von Februar bis März, wenn die Mandelbäume blühen. Der Haupteingang zum Tal der Tempel liegt an der Piazzale dei Templi, wo sich auch ein riesiger Parkplatz befindet. Ein Stück weiter westlich, an der Kreuzung Viadotto Akragas/Via Panoramica dei Templi, gibt es einen weiteren Eingang mit Kartenschalter.

Östliche Zone

Die spektakuläreren Tempel befinden sich östlich der Via dei Templi. Den Anfang macht der **Tempio di Ercole** (Herkulestempel). Er wurde Ende des 6. Jhs. v. Chr. errichtet und gilt als der älteste der Tempel. Acht seiner 38 Säulen wurden 1924 wieder aufgerichtet und ließen eine Struktur erkennen, die etwa der des Parthenon entspricht. Der herrliche **Tempio della Concordia** (Concordiatempel) ist als einziger relativ gut erhalten. Er wurde um 440 v. Chr. erbaut und im 6. Jh. in eine christliche Kirche umgewandelt. Der **Tempio di Giunone** (Junotempel) steht hoch oben auf dem Bergkamm, fünf Minuten zu Fuß in östlicher Richtung. Ein Teil der Säulenkolonade ist erhalten, zudem ein beeindruckender Opferaltar.

Westliche Zone

Auf der anderen Seite der Via dei Templi gibt es weiter westlich die Überreste des wuchtigen **Tempio di Giove** (Jupitertempel) zu bewundern. Er wurde nie vollendet und ist heute total verfallen, doch allein schon die riesigen Steinquader beeindrucken. Der Tempel nahm einst ein Areal von 112 m Länge und 56 m Breite ein, mit 20 m hohen Säulen. Zwischen den Säulen standen *telamoni* (Kolossalstatuen). Eine hat man rekonstruiert und sie kann im Museo Archeologico bewundert werden. Eine Kopie liegt zwischen den Ruinen auf dem Boden und vermittelt eine Vorstellung von der enormen Größe der Anlage. Die Arbeiten am Tempel begannen etwa 480 v. Chr. Das Bauwerk wurde wahrscheinlich während der Invasion der Karthager 406 v. Chr. zerstört. Gleich in der Nähe hat man den **Tempio di Castore e Polluce** (Castor und Pollux-Tempel) im 19. Jh. zum Teil rekonstruiert, wobei vermutlich Teile anderer Gebäude Verwendung fanden.

In einem natürlichen Spalt am äußersten Rand der westlichen Zone liegt etwas versteckt der **Giardino della Kolymbetra** (Erw./erm. 2/1 €; ⌚April–Juni 10–18 Uhr, Juli–Sept. 10–19 Uhr), ein üppiger Garten mit mehr als 300 ausgewiesenen Pflanzenarten und ein paar einladenden Picknicktischen – ein schöner Flecken, um eine nette Pause einzulegen. Aber Achtung: Bei Hitze gestaltet sich der steile Rückweg recht anstrengend.

Alle Tempel werden nachts stimmungsvoll angestrahlt.

Museo Archeologico MUSEUM

(☎0922 4 01 11; Contrada San Nicola; Erw./erm. 6/3 €; ⏲Do–Sa 9–19, So & Mo 9–13 Uhr) Das Museum (mit dem Rollstuhl zugänglich) nördlich der Tempel zählt zu den schönsten Siziliens. Hier findet man eine riesige Sammlung gut beschrifteter Artefakte, die aus der Ausgrabungsstätte stammen. Besonders beeindruckend sind die bemalten griechischen Keramiken sowie der herrlich rekonstruierte *telamone,* eine Kolossalstatue aus dem Tempio di Giove gleich in der Nähe. Dort standen einst mehrere dieser beeindruckenden Statuen.

MITTELALTERLICHES AGRIGENT

Nach der Besichtigung der Tempel tut es gut, einfach ein bisschen entspannt durch die verwinkelten Gassen dieser lebhaften Stadt zu streifen.

Chiesa di Santa Maria dei Greci KIRCHE

(Salita Santa Maria dei Greci; ⏲Mo–Sa 9–12.30 & 14–18 Uhr) Ein Stück oberhalb der Via Atenea errichteten die Normannen im 11. Jh. diese normannische Kirche an just jener Stelle, an der im 5. Jh. v. Chr. ein der Göttin Athene geweihter Tempel stand. Durch Glasplatten im Boden können die Besucher heute noch einen Blick auf die Fundamente des ehemaligen Tempels werfen. Ein schmaler Durchgang links von der Kirche lässt außerdem auch einen Blick auf antike griechische Säulen zu.

Monastero del Santo Spirito KLOSTER

Das Bergkloster wurde Ende des 13. Jhs. von Zisterziensernonnen gegründet. Wer an der Tür 8 läutet, bekommt von den Bewohnerinnen eine Platte mit köstlichem Kuchen und Gebäck (11 €) gereicht, darunter *dolci di mandorla (Mandelgebäck), cuscusu* (Couscous aus Mandeln und Pistazien) und – in der Weihnachtszeit – *bucellati* (Teigröllchen mit Feigen).

Geführte Touren

Die Touristeninformation hält eine Liste mit mehrsprachigen Fremdenführern bereit. Der offizielle Preis für eine Halbtagestour liegt bei 140 €, eine Ermäßigung kann jedoch meist ausgehandelt werden.

Michele Gallo (☎0922 40 22 57, 360 397930) ist ein super Guide, der Englisch spricht. Er bietet Touren für Einzelpersonen wie auch für Gruppen an, so z. B. eine zweistündige Führung durch die Tempelanlage für 90 € und eine Halbtagestour zu 130 € – sie umfasst das Tal der Tempel und das Archäologische Museum.

Feste & Events

Sagra del Mandorlo in Fiore MANDELN

Das riesige Volksfest findet jeweils am ersten Sonntag im Februar statt, wenn sich das Tal der Tempel in ein Meer von Mandelblüten verwandelt.

Festa di San Calògero RELIGIÖS

Am ersten Sonntag im Juli wird die Statue des hl. Calògero, der Agrigent vor der Pest bewahrte, durch die Stadt getragen. Die Zuschauer werfen mit Gewürzbrot nach ihm. Die Feierlichkeiten dauern eine Woche.

Schlafen

Die unten aufgeführten Quartiere bieten alle ein gutes Preis-Leistungs-Verhältnis.

LP TIPP **Villa Athena** LUXUSHOTEL €€€

(☎0922 59 62 88; www.hotelvillaathena.it; Via Passeggiata Archeologica 33; DZ 190–350 €, Junior-Suite 260–370 €, Suite 300–890 €; P❄@📶🏊) Der Blick von diesem historischen 5-Sterne-Hotel auf den angestrahlten Tempio della Concordia gleich in der Nähe und die Palmen, die dem Ambiente etwas von Tausendundeiner Nacht verleihen, ist großartig. Das Hotel in einer aristokratischen Villa aus dem 18. Jh. erstrahlt seit der letzten Renovierung wieder in seinem alten Glanz. Die Suite verfügt über zwei riesige Zimmer mit antiken Bodenfliesen und einer freistehenden Whirlpoolwanne; von der weitläufigen Terrasse bietet sich ein beeindruckender Blick auf die Tempel. Die Suite ist sicher eines der ausgefallendsten Hotelzimmer der Insel!

Camere a Sud B&B €

(☎349 6384424; www.camereasud.it; Via Ficani 6; Zi. 60–70 €; ❄@📶) Das gut ausgeschilderte B&B unter der Regie eines netten Paares aus Agrigent ist sehr hübsch und gemütlich und bietet sogar eine winzige Dachterrasse.

Atenea 191 B&B B&B €

(☎349 59 55 94; www.atenea191.com; Via Atenea 191; EZ 35–55 €, DZ 50–85 €) Die gesellige mehrsprachige Sonia leitet dieses B&B in der

Hauptgeschäftsstraße von Agrigent. Von der Frühstücksterrasse sowie von einigen Zimmern ist der Blick über das Tal ein Traum. Sonia hat jede Menge tolle Reisetipps und unterhaltsame Geschichten auf Lager.

PortAtenea B&B €
(☎349 0937492; www.portatenea.com; Ecke Via Atenea & Via C Battisti; EZ 35–50 €, DZ 55–70 €; ❄📶) Das nur fünf Minuten vom Busbahnhof sowie vom Bahnhof entfernte B&B liegt am Eingang zur Hauptgeschäftsstraße, einer ruhigen Fußgängerzone. Dicke Pluspunkte bekommt das Quartier für seine Dachterrasse mit Blick auf das Tal der Tempel. Die drei Doppelzimmer und zwei Dreibettzimmer sind geräumig und haben eine fröhliche Einrichtung.

Essen

Kalòs MODERN SIZILIANISCH €€
(☎0922 2 63 89; Piazzetta San Calogero; Mahlzeiten 25–40 €; ⏲Mo geschl.) Das schicke Speiselokal kompensiert sein nüchternes Ambiente, indem es seine gesamte Aufmerksamkeit auf die Zubereitung der Fisch-, Fleisch- und Pastagerichte richtet. Zur Auswahl stehen Köstlichkeiten wie Fettuchine mit Garnelen und Artischocken, Lammkotelett vom Grill, Garnelen mit Zitrone sowie Birnentorte mit Schokolade und Haselnüssen.

Kokalos PIZZERIA €
(☎0922 60 64 27; Via Magazzeni 3; Pizza 5–11 €, Mahlzeiten 17–30 €; ⏲Mittag- & Abendessen) Das Lokal erinnert ein bisschen an eine Ranch im Wilden Westen und bietet sich an, wenn man Lust auf Holzofenpizza hat – und zwar auf der Terrasse mit Blick auf die Tempel. Ohne Auto wird aus dem Besuch hier allerdings eher nichts – die Pizzeria befindet sich am Ende einer Staubstraße ein paar Kilometer östlich der Stadt.

Trattoria Concordia TRATTORIA €
(☎0922 2 26 68; Via Porcello 8; Mahlzeiten 18–30 €; ⏲Mittag- & Abendessen) Die rustikale Trattoria mit unverputzten Wänden und Stuck versteckt sich in einer Seitengasse. Spezialität ist der Fisch vom Grill mit traditionellen sizilianischen *primi* wie *casarecce con pesce spada, melanzane e menta* (Pasta mit Schwertfisch, Auberginen und Minze).

Ristorante Per Bacco SIZILIANISCH €
(☎0922 55 33 69; Vicolo Lo Presti 2; Mahlzeiten ab 17 €; ⏲Di–So Abendessen) Das Lokal oberhalb der Via Atenea ist mit Stein- und Ziegelbögen sowie Holzdecken sehr hübsch, das Essen reicht allerdings nicht so recht an das Ambiente heran. Dafür werden die Gäste aber nett und freundlich bedient und die Menüs für nicht einmal 20 € bieten viel fürs Geld.

L'Ambasciata di Sicilia SIZILIANISCH €€
(☎0922 2 05 26; Via Giambertoni 2; Gerichte 22–33 €; ⏲Mo–Sa) In der „Sizilianischen Botschaft" tut man absolut alles, um die Beziehungen mit dem Ausland zu verbessern. Und so werden den Touristen hier volle Teller mit leckeren sizilianischen Speisen kredenzt. Wer Glück hat, erwischt einen der Tische auf der netten kleinen Terrasse mit hervorragender Aussicht.

Ausgehen & Unterhaltung

Mojo Wine Bar WEINBAR
(☎0922 46 30 13; Piazza San Francesco 11–13; ⏲Mo–Sa) Die schicke *enoteca* liegt an der hübschen Piazza San Francesco. Hier trinkt man in aller Ruhe einen kühlen, weißen Inzolia, isst dazu ein paar Oliven und pikante Salami und lauscht dem entspannten Jazz.

Teatro Pirandello THEATER
(☎0922 2 50 19; www.teatroluigipirandello.it, auf Italienisch; Piazza Pirandello; Eintrittskarten 18–23 €) Das städtische Theater ist nach dem Teatro Massimo von Palermo und dem Teatro Massimo Bellini in Catania das drittgrößte auf Sizilien. Auf dem Programm stehen regelmäßig Werke von Luigi Pirandello, dem großen Sohn der Stadt. Spielzeit ist von November bis April.

Praktische Informationen

Banken gibt's an der Piazza Vittorio Emanuele I. sowie in der Via Atenea.

Internet Point (Cortile Contarini 7; WLAN/Computerzugang Std. 2/3,20 €; ⏲Mo–Sa 9.15–13.15 & 15.30–21 Uhr) Internet und internationale Telefonverbindungen.

Ospedale San Giovanni di Dio (☎0922 44 21 11; Contrada da Consolida) Krankenhaus nördlich des Stadtzentrums.

Polizei (☎112; Piazzale Aldo Moro 2)

Post (Piazza Vittorio Emanuele I)

Touristeninformation der Provinz (☎0922 593650, 800 23 68 37; www.provincia.agrigento.it) Bahnhof (⏲Mo–Fr 9–13 Uhr); Piazzale Aldo Moro (⏲Mo–Sa 8–14, Mo–Fr 14.30–19 Uhr) Bietet lokale wie auch regionale Informationen.

An- & Weiterreise

Auto & Motorrad

Die SS189 verbindet Agrigent mit Palermo, während die SS115 an der Küste entlangführt – Richtung Nordwesten nach Trapani und Richtung Südosten nach Syrakus.

Es ist fast unmöglich, in die mittelalterliche Stadt mit dem Auto zu fahren, da viele der Straßen autofrei sind. Beim Bahnhof kann man das Auto abstellen (Parkuhr!); kostenlose Parkplätze finden sich ein Stück weiter unten in der Via Esseneto.

Bus

Der Busbahnhof für Intercity-Busse und der Fahrkartenschalter befinden sich an der Piazza Rosselli. Von **Autoservizi Camilleri** (0922 2 91 36; www.camilleriargentoelattuca.it) verkehren Busse nach Palermo (8,10 €, 2 Std., Mo–Sa 5-mal tgl., So 2-mal tgl.); **Cuffaro** (091 616 15 10; www.cuffaro.info) bietet häufige Verbindungen nach Palermo (Mo–Sa 9-mal tgl., So 3-mal tgl.). Die Busse von **Lumia** (0922 2 91 36; www.autolineelumia.it) fahren nach Trapani (11,30 €, 3½–4 Std., Mo–Sa 3-mal tgl., So 1-mal tgl.), diejenigen von **SAIS** (0922 2 93 24; www.saistrasporti.it) fahren nach Catania (12,40 €, 3 Std., 10- bis 15-mal tgl.).

Zug

Vom Bahnhof Agrigento Centrale (Piazza Marconi) verkehren täglich regelmäßig Züge nach Palermo (8,10 €, 2¼ Std., 8- bis 11-mal tgl.) und dreimal täglich auch nach Catania (10,20 €, 3¾ Std.). Zu anderen Zielen ist es praktischer, den Bus zu nehmen.

Unterwegs vor Ort

Busse von **TUA** (Trasporti Urbani Agrigento; 0922 41 20 24; www.trasportiurbaniagrigento.it) fahren vom Busbahnhof an der Piazza Rosselli ins Tal der Tempel und halten unterwegs auch am Bahnhof. Man steigt in den Bus 1, 2 oder 3 (1,10 €) ein und entweder am Museum oder an der Piazzale dei Templi wieder aus. Bus 1 fährt weiter zum Porto Empedocle, Bus 2 nach San Leone. Der Bus der Linea Verde (Grüne Linie) verkehrt im Stundentakt vom Bahnhof zum Dom.

DER WESTEN

Direkt gegenüber der nordafrikanischen Kultur haben sich im Westen Siziliens viele Relikte der arabischen, phönizischen und griechischen Kultur erhalten. Vieles begeistert – das aromatische Fisch-Couscous in Trapani genauso wie der sagenhafte Panoramablick vom Bergdorf Erice oder der Besuch der Riserva Naturale dello Zingaro mit ihrer wilden Schönheit.

Marsala

82 500 EW.

Am bekanntesten ist Marsala wohl für seinen Süßwein, der gern zum Dessert gereicht wird. Die elegante Stadt kann jedoch auch mit stattlichen Barockgebäuden aufwarten und ist von Mauern umgeben, die ein perfektes Viereck bilden.

Marsala wurde ursprünglich von phönizischen Flüchtlingen gegründet, die dem Gemetzel der Römer bei Mozia entkommen waren. Da sie einen zweiten Überfall nicht riskieren wollten, umgaben sie ihr neues Zuhause mit 7 m dicken Wehrmauern. Auch deshalb war Marsala die letzte punische Siedlung, die den Römern in die Hände fiel. Im Jahr 830 wurde Marsala von den Arabern erobert, die der Stadt ihren heutigen Namen gaben: Marsa Allah – Hafen Gottes.

Hier landete 1860 auch Giuseppe Garibaldi, der Führer der italienischen Einigungsbewegung, mit seiner 1000 Mann starken Armee – ein Geschehnis, das praktisch in jeder Touristenbroschüre auf Sizilien rühmliche Erwähnung findet.

Sehenswertes & Aktivitäten

Wer ein bisschen Lokalkolorit schnuppern möchte, unternimmt bei Sonnenuntergang einen Spaziergang über die hübsche **Piazza della Repubblica**, das Herz des historischen Zentrums.

Cantine Florio WEINGUT

(0923 78 11 11; www.cantineflorio.it; Lungomare Florio; Führungen 7 €; Weinladen Mo–Fr 9–13 & 15–18, Sa 9–13 Uhr, Führungen auf Englisch Mo–Fr 11 & 16.30, Sa 10.30 Uhr) Leute, die gerne einmal tiefer ins Glas schauen, sollten keinesfalls diesen altehrwürdigen Weinkeller an der Straße nach Mazara del Vallo (Bus 16 von der Piazza del Popolo) verpassen. Das Florio öffnet gern seine Pforten, um Interessierten die faszinierende Geschichte des Weinbaus in dieser Region sowie die Herstellung des Marsala zu erklären – eine Kostprobe eingeschlossen. Pellegrino, Donnafugata, Rallo, Mavis und Intorcia sind weitere Weinproduzenten in der Region. Es empfiehlt sich, zu reservieren.

VERLOREN UND WIEDERGEFUNDEN: DIE VENUS VON MORGANTINA

Im Mai 2011 bereiteten sizilianische Kunstliebhaber der vor langer Zeit verlorenen antiken Venusstatue **Dea di Morgantina** in ihrem angestammten Zuhause in Zentralsizilien einen begeisterten Empfang. Über 20 Jahre lang war die Statue im Getty Museum in Los Angeles (Kalifornien) zu bewundern gewesen, doch dann stellten die Behörden fest, dass der skrupellose Kurator des Museums sie gar nicht rechtmäßig erworben hatte; er hatte sie einst stehlen und aus Italien herausschmuggeln lassen. Die italienische Regierung bemühte sich daraufhin, das Kunstwerk wieder in seine Heimat zurückzuholen, was einige Jahre später dann auch gelang.

Die Statue ist nun der ganze Stolz einer Sonderausstellung des **Museo Archeologico di Aidone** (☎0935 8 73 07; www.regione.sicilia.it/beniculturali/deadimorgantina, auf Italienisch; Erw./erm. 6/3 €; ⌚9–19 Uhr) in Aidone, ein kleines Stück von Piazza Armerina entfernt.

Museo Archeologico Baglio Anselmi MUSEUM

(☎0923 95 25 35; Lungomare Boeo; Eintritt 4 €; ⌚Di–So 9–19, Mo 9–13.30 Uhr) Der größte Schatz von Marsala sind die in Teilen rekonstruierten Überreste eines karthagischen *liburna* (Kriegsschiff), das während des Ersten Punischen Krieges vor fast 3000 Jahren vor den Ägadischen Inseln sank. Neben archäologischen Funden aus der Region ist das Schiffsskelett das bislang einzige greifbare Zeugnis für die ehemals führende Stellung der Phönizier als Seefahrer im 3. Jh. v. Chr. Das Schiff ermöglicht somit einen Einblick in eine Zivilisation, die schließlich von den Römern ausgelöscht wurde.

Whitaker Museum MUSEUM

(☎0923 71 25 98; Erw./erm. 9/5 €; ⌚März–Sept. 9.30–13.30 & 14.30–18.30 Uhr) Rund 5 km nördlich von Marsala befindet sich das Museum auf dem winzigen Inselchen San Pantaleo, das mit dem Festland über eine überflutete phönizische Straße verbunden ist. Zu sehen ist die einzigartige Sammlung phönizischer Artefakte, die der Amateurarchäologe Joseph Whitaker im Lauf seines Lebens zusammengetragen hat. Der größte Schatz des Museums ist *Il Giovinetto di Mozia,* eine Marmorstatue, die einen jungen Mann in einem Gewand mit reichem Faltenwurf zeigt (was auf karthagische Einflüsse schließen lässt). Rund um das Museum sind die Felder mit Ruinen der alten Phöniziersiedlung Mozia übersät. Besucher können nach Lust und Laune auf der Insel herumspazieren und alles in Ruhe erkunden. Hilfreich sind die markierten Pfade mit Landkarten und Informationstafeln. Die Insel lässt sich mit einem Privatboot (Hin- & Rückfahrt 5 €, alle 25 Min.) von einem Pier an der Küstenstraße SS115 erreichen. Die Landschaft ringsum ist recht reizvoll: Man stößt auf seichte *saline* (Salzteiche) und sanft schimmernde Salzhaufen, über die malerische Windmühlen wachen. Das Salz aus diesen Salzpfannen gilt als das beste Italiens und sichert der Insel seit dem 12. Jh. ein gutes Geschäft.

Schlafen & Essen

Marsala hat nur wenige Hotels im historischen Zentrum.

Hotel Carmine HOTEL €€

(☎0923 71 19 07; www.hotelcarmine.it; Piazza Carmine 16; EZ 70–90 €, DZ 100–125 €; P❄@📶) Das Hotel in einem Kloster aus dem 16. Jh. vermietet elegante Zimmer (Nr. 7 und die Nr. 30!) mit echten alten blau-goldenen Majolika-Fliesen, Steinwänden, Balkendecken und antiken Möbeln. Das Frühstück wird im prunkvollen Frühstücksraum mit historischen Fresken und einem gewaltigen Lüster eingenommen. Im Winter lockt ein knisternder Kamin. Doch auch moderne Technik wie WLAN-Zugang zum Internet und ein Solarium auf dem Dach fehlen nicht.

LP TIPP **Il Gallo e l'Innamorata** MODERN SIZILIANISCH €

(☎0923 195 44 46; Via Bilardello 18; Mahlzeiten 25 €; ⌚Mittag- & Abendessen) Wände in einem warmen Orange-Ton und Bögen aus Stein verleihen diesem renommierten Slow-Food-Lokal ein gesellig-künstlerisches Flair. Wirklich hervorragend ist das Menü für 25 € mit Vorspeise, Pasta, Hauptgericht, Obst, Nachtisch, Wasser und Wein. Wer à la Carte essen möchte, findet auf der knappen

Speisekarte einige ausgesuchte Gerichte wie beispielsweise die klassischen *scaloppine* (Kalbfleisch in Marsala-Zitronen-Soße).

Praktische Informationen

Touristeninformation (0923 71 40 97; ufficioturistico.proloco@comune.marsala.tp.it; Via XI Maggio 100; Mo–Sa 8.30–13.30 & 15–20, So 9–13 Uhr) Eine freundliche Touristeninformation mit guten Landkarten, Stadtplänen und Broschüren.

An- & Weiterreise

Von Marsala fahren Busse von **Lumia** (www.autolineelumia.it) nach Agrigent (9,40 €, 2½–3 Std., 1- bis 3-mal tgl.); **Salemi** (0923 98 11 20; www.autoservizisalemi.it) bietet Verbindungen nach Palermo (8,80 €, 2¼ Std., mind. 9-mal tgl.).

Wer nach Trapani möchte, sollte besser den Zug nehmen (3,30 €, 30 Min., 14-mal tgl., So 5-mal tgl.).

Selinunt

Die Ruinen von Selinunt zählen zu den beeindruckendsten in ganz Sizilien. Die riesige Stadt wurde 628 v. Chr. auf einem Felsvorsprung am Meer erbaut und entwickelte sich über 250 Jahre zu einem der reichsten und mächtigsten Orte der Welt. Die Karthager zerstörten Selinunt 409 v. Chr., und schließlich fiel die Stadt um 350 v. Chr. an die Römer, was ihren raschen Niedergang einleitete, bis sie schließlich völlig von der Bildfläche verschwand.

Die Vergangenheit von Selinunt liegt so lang zurück, dass sogar die Namen der verschiedenen Tempel in Vergessenheit geraten sind. Sie werden nun einfach mit Buchstaben bezeichnet, nämlich von A bis G und von M bis O. Am beeindruckendsten ist der **Tempel E,** er wurde teilweise wiederaufgebau, die Säulen sowie das Giebelfeld aus Bruchstücken zusammengesetzt. Viele der Reliefs, vor allem von **Tempel C,** befinden sich inzwischen im Archäologischen Museum von Palermo (s. S. 801). Qualitativ stehen sie den Marmorarbeiten im Athener Parthenon in nichts nach, was das hohe kulturelle Niveau vieler griechischer Kolonien auf Sizilien verdeutlicht.

Der **Kartenschalter** (0924 4 65 40; Erw./erm. 6/3 €; 9 Uhr bis 1 Std. vor Sonnenuntergang) befindet sich in der Nähe der östlichen Tempel. Am schönsten gestaltet sich der Besuch im Frühling, wenn ein Meer von Wildblumen blüht.

Selinunt liegt auf halber Höhe zwischen Agrigent und Trapani, rund 10 km südlich der Kreuzung der A29 mit der SS115 und unweit von Castelvetrano. Von **Autoservizi Salemi** (0924 8 18 26; www.autoservizisalemi.it) verkehren täglich fünf Busse von Selinunt nach Castelvetrano (2,55 €, 20 Min.). Dort hat man Anschluss nach Agrigent (Bus) oder zu Zügen nach Trapani (5,60 €, 1¼ Std.) und Palermo (7,50 €, 2½ Std.).

LP TIPP **Vittorio** (0925 7 83 81; www.ristorante vittorio.it; Mahlzeiten 25–45 €), ein Lokal 15 km östlich von Selinunt am Stand von Porto Palo, eignet sich bestens, um den Tag ausklingen zu lassen, insofern man mit dem eigenen Auto unterwegs ist. Das Restaurant ist seit mehr als 40 Jahren gut im Geschäft und steht im Ruf, in Sachen Fisch und Meeresfrüchte eines der besten auf ganz Sizilien zu sein. Die Portionen sind auf jeden Fall die größten weit und breit. Am romantischsten ist der Besuch bei Sonnenuntergang, dann schmecken die Gerichte beim Tosen der sich brechenden Wellen im Abendlicht noch einmal so gut. Zu viel gegessen, um sich noch ins Auto zu schwingen? Zimmer (EZ/DZ/ 60/80 €) im Obergeschoss lösen das Problem.

Trapani

70 700 EW.

Die lebhafte Hafenstadt Trapani eignet sich hervorragend für die Erkundung der Westspitze Siziliens. Das historische Zentrum besteht aus vielen stimmungsvollen Straßen, aus denen die Autos verbannt wurden, sowie einigen hübschen Kirchen und Barockgebäuden (die Bebauung am Stadtrand wirkt dagegen eher öde). Das Umland ist einfach sagenhaft – seien es die Salzpfannen am Meer oder die zerklüfteten Bergen, die sich nördlich der Stadt an der Küste entlangziehen.

Trapani befand sich einst im Herzen eines einflussreichen Handelsimperiums, das von Karthago bis nach Venedig reichte. Eine sichelförmige Landzunge umfasst den reizvollen Hafen, in dem heute der Touristenstrom scheinbar nie abreißt und der Schiffsverkehr von und nach Tunesien, nach Pantelleria und zu den Ägadischen Inseln abgewickelt wird.

Sehenswertes

Die schmalen Gassen in der historischen Altstadt von Trapani muten maurisch an,

Trapani

doch ist das Stadtbild im Wesentlichen durch die opulenten Barockbauten aus spanischer Zeit (18. Jh.) bestimmt – jede Menge Beispiele finden sich in der **Via Garibaldi**, einer Fußgängerzone. Am schönsten ist ein Bummel durch die Altstadt am frühen Abend, also gegen 19 Uhr, wenn die *passeggiata* (Abendspaziergang) voll im Gang ist.

Eine der Hauptstraßen von Trapani ist der Corso Vittorio Emanuele, akzentuiert durch die riesige **Cattedrale di San Lorenzo** (Corso Vittorio Emanuele; ⌚8–16 Uhr); bemerkenswert ist die Barockfassade und der Stuck im Kirchenraum. Am östlichen Ende des Corso wartet ein weiteres bemerkenswertes barockes Kleinod, der **Palazzo Senatorio**.

Trapani

Sehenswertes
1 Cattedrale di San Lorenzo B2
2 Chiesa del Purgatorio A3
3 Palazzo Senatorio C3

Schlafen
4 Ai Lumi B&B A2

Essen
5 La Rinascente D2
6 Osteria La Bettolaccia A3
7 Tentazioni di Gusto C2

Chiesa del Purgatorio KIRCHE
(☎0923 56 28 82; Via San Francesco d'Assisi; ⌚16–18.30 Uhr) Nur ein kurzes Stück vom Corso entfernt ragt im Süden die Chiesa del Purgatorio an der Via Generale Dom Giglio auf. Darin befinden sich die beeindruckenden *Misteri*, die aus dem 18. Jahrhundert stammen. 20 beeindruckene, lebensgroße Holzbildnisse stellen das Leiden Christi eindringlich dar. Sie bilden den Mittelpunkt bei den Festlichkeiten von I Misteri.

Santuario dell'Annunziata KIRCHE

(Via Conte Agostino Pepoli 179; ⌚8–12 & 16–19 Uhr) Die Hauptsehenswürdigkeit von Trapani ist das Santuario dell'Annunziata aus dem 14. Jh., 4 km östlich vom Stadtzentrum. Die Cappella della Madonna hinter dem Hochaltar birgt die hochverehrte *Madonna di Trapani*, die angeblich Nino Pisano geschaffen haben soll.

Museo Nazionale Pepoli MUSEUM

(☎0923 55 32 69; Via Conte Pepoli 200; Erw./erm. 6/3 €; ⌚Mo–Sa 9–13.30, So 9–12.30, Fr & Sa 15–19 Uhr) Direkt neben dem Santuario dell'Annunziata präsentiert ein Museum, das im ehemaligen Karmeliterkloster untergebracht ist, die Sammlung von Conte Pepoli, der es sich zur Aufgabe gemacht hat, Kunst und Kunsthandwerk aus Trapani zu sammeln. Dazu zählen auch die bunten Korallenschnitzereien, die einst in ganz Europa berühmt waren, bis irgendwann die Korallenriffe von Trapani geplündert waren. Das Museum zeigt auch eine sehenswerte Sammlung mit Skulpturen von Gagini, Silberarbeiten, archäologischen Fundstücken sowie sakralen Kunstwerken.

Ägadische Inseln INSELN

Die Inseln Levanzo, Favignana und Marettimo bieten sich für einen schönen Tagesausflug von Trapani aus an. Jahrhundertelang bildete die lukrative Thunfischindustrie die wirtschaftliche Grundlage der Insel. Aufgrund von Überfischung leben die Ägadischen Inseln inzwischen hauptsächlich von den Touristen, die zum Fahrradfahren und Tauchen kommen oder einfach nur eine Weile das gemütliche Leben genießen wollen. Die beste Auswahl an Lokalen und Unterkünften findet sich auf Favignana. Die einzige Touristenattraktion dieser Insel ist die **Grotta del Genovese on Levanzo,** eine Höhle mit Relikten aus der Mittel- und Jungsteinzeit, darunter die berühmte Darstellung eines prähistorischen Thunfischs. Siremar und Ustica Lines (s. S. 883) bieten beide ganzjährig Verbindungen mit dem Tragflügelboot zu den Inseln an.

Feste & Events

I Misteri RELIGIÖS

(www.processionemisteritp.it, auf Italienisch, Spanisch & Französisch) Die ehrwürdigste Osterprozession Siziliens ist Bestandteil eines viertägigen Fests in der Karwoche, das sich durch eine außergewöhnliche Inbrunst auszeichnet. In nächtlichen Prozessionen werden lebensgroße Holzbildnisse durch das alte Viertel zu einer eigens errichteten Kapelle an der Piazza Lucatelli getragen. Der Höhepunkt ist der Karfreitag, wenn die Feierlichkeiten fast schon ekstatische Ausmaße annehmen.

Couscous Fest ESSEN

(www.couscousfest.it, auf Italienisch) In San Vito Lo Capo, 40 km nördlich von Trapani, wird Ende September ein Festival begangen, das sich dem mulitkulturellen Sizilien widmet, und zwar in Form von Konzerten mit Weltmusik und internationalen Couscous-Kochorgien.

Schlafen

Am praktischsten – und auch am schönsten – wohnt man im historischen Zentrum von Trapani, ein Stück nördlich vom Hafen.

B&B Terrazza Sul Porto B&B €

(☎0923 194 15 36; www.laterrazzasulporto.it; Via Camporeale 2; EZ 35–45 €, DZ 45–75 €; ❄📶) Wer ein billiges Bett bei netten Gastgebern sucht, ist in diesem B&B in günstiger Lage gleich am Fährhafen genau richtig. Die fünf sauberen Zimmern haben geflieste Böden, das Frühstück wird auf der Terrasse im Obergeschoss mit Aussicht auf den Hafen serviert, es gibt eine Gästeküche und sogar die Möglichkeit, die Wäsche zu waschen (ab einem Aufenthalt von vier Tagen).

Le Chiavi di San Francesco HOTEL €

(☎0923 43 80 13; www.lechiavidisanfrancesco.com; Via Tartaglia 18; DZ 80–105 €; ❄📶) Das Hotel gegenüber der Chiesa di San Francesco bietet 16 Zimmer in fröhlichen Farben, alle haben ein kleines, aber sauberes Bad. Es lohnt sich zu fragen, ob gerade eines der Zimmer nach vorne hinaus frei ist, denn sie sind geräumiger, heller und verfügen sogar über eine Kochgelegenheit.

Ai Lumi B&B B&B €

(☎0923 54 09 22; www.ailumi.it; Corso Vittorio Emanuele 71; EZ 40–70 €, DZ 70–100 €; ❄📶) Dass sich das B&B in einem alten *palazzo* aus dem 18. Jh. befindet, ist der größte Pluspunkt des zentral gelegenen Ai Lumi. Die Zimmer sind unterschiedlich groß und auch nicht alle gleich gemütlich. Am besten sind die kleinen Apartments mit schmiedeeisernen Betten, Küchenzeile und Balkon mit Blick auf die eleganteste Fußgängerzone von Trapani. Im stimmungsvollen Hotel-

ABSTECHER

PANTELLERIA

Auf halber Höhe zwischen Trapani und Tunesien liegt Pantelleria, die größte Insel in der Umgebung von Sizilien. Charakteristisch für die Vulkaninsel, über die tagtäglich der Wind fegt, sind das zerklüftete Lavagestein, die niedrigen Kapernbüsche, der Zwergwein sowie die dampfenden Fumarolen und Schlammbäder. Richtige Strände gibt es hier eigentlich nicht, dafür aber herrlich abgeschiedene Buchten – beispielsweise die **Cala Tramontana, Cala Levante** und **Balata dei Turchi.** Sie alle eigenen sich perfekt zum Schnorcheln, Tauchen und für Bootstouren.

Die Insel kann mit hervorragenden Wanderwegen aufwarten, die entweder an der Küste entlang oder auch in höherer Lage durch die Weingärten von **Piana di Ghirlanda** führen. In der Nähe von **Mursia** an der Westküste sind noch einige schlecht erhaltene Relikte von *sesi* (Grabmonumente aus der Bronzezeit) ausgeschildert. Auf der ganzen Insel finden sich die berühmten *dammusi* (Häuser mit dicken, weiß getünchten Mauern und flachen Kuppeldächern) von Pantelleria. Die Insel wirkt exotisch und irgendwie fern der Welt. Es sollte daher niemanden wundern, dass sie seit langem Prominente wie beispielsweise Truman Capote, Sting, Madonna und Giorgio Armani anlockt.

Meridiana (www.meridiana.it) und Alitalia (www.alitalia.com) fliegen Pantelleria von Palermo und Trapani an. Von Siremar (www.siremar.it) verkehrt eine Fähre pro Tag auf der Strecke Trapani – Pantelleria (Neben-/Hochsaison 31/35 €).

Weitere hilfreiche Informationen über Pantelleria findet sich auf der Website www.pantelleria.com.

restaurant nebenan erhalten die Gäste eine Ermäßigung von 15 %.

Essen

Das arabische Erbe Siziliens und die einzigartige Lage von Trapani auf dem Seeweg nach Tunesien haben dazu geführt, dass Couscous (oder *cuscus* bzw. *kuscus,* wie das Gericht hier geschrieben wird) zur regionalen Spezialität avanciert ist.

Osteria La Bettolaccia SIZILIANISCH €€

(☎0923 2 16 95; Via Generale Enrico Fardella 25; Mahlzeiten 30–40 €; ⏲Sa mittags geschl. & So) Das sehr authentische Slow-Food-Restaurant ist genau richtig, um *couscous con zuppa di mare* (Couscous mit gemischten Meeresfrüchten in einer pikanten Fischsoße aus Tomaten, Knoblauch und Petersilie) zu probieren.

Tentazioni di Gusto MODERN SIZILAINISCH €€

(☎0923 54 81 65; www.tentazionidigusto.it; Via Badia Nuova 27/29; Mahlzeiten 25–35 €; ⏲Nov.–März Mi geschl.) Die beiden jungen Besitzer Piero und Vicenzo sorgen in diesem trendigen Restaurant mit Bar für den richtigen Schwung. Auf den Tisch kommt eine gute Mischung aus traditioneller und innovativer Küche. Auf dem Kopfsteinpflaster vor dem Lokal stehen Unmengen Tische, und in der unlängst vergrößerten Gaststube bieten die Steinbögen und der Parkettboden einen hübschen Anblick.

Cantina Siciliana SIZILIANISCH €€

(☎347 690 10 10; Via Giudecca 32; Mahlzeiten 25–35 €; ⏲Mittag- & Abendessen) Die Spezialitäten aus der Region zu vernünftigen Preisen sind verführerisch, die blau gefliesten Räumlichkeiten nach vorne hinaus sehr einladend. Leider ist der Service nachlässig bis fast schon rüpelhaft, denn der Besitzer Pino widmet sich bevorzugt seinen italienischen Freunden und vergisst dabei die anderen Gäste. Dennoch zählt das Restaurant zu den gehobenen Speiselokalen der Stadt und lohnt den Besuch, wenn man sich aufs Essen konzentriert und alles andere einfach nicht so ernst nimmt.

La Rinascente GEBÄCK & KUCHEN €

(Via Gatti 3; Cannoli 1,60 €; ⏲9–13 & 15–19, So Nachmittag geschl. & Mi) Wer diese Bäckerei durch die Seitentür betritt, hat das Gefühl, plötzlich in die Privatküche von jemandem eingedrungen zu sein, und irgendwie stimmt das ja auch. Wenn Signor Costadura einem dann sein breites Lächeln schenkt und die so ziemlich besten *cannoli* auf Erden serviert, ist die Welt aber wieder in Ordnung. Man kann sogar zuschauen, wie sie vor Ort zubereitet werden.

ABSTECHER

SIZILIENS ÄLTESTES NATURRESERVAT

Lautstarke Proteste der Einheimischen bewahrten die beschauliche **Riserva Naturale dello Zingaro** (☎0924 3 51 08; www.riservazingaro.it; Erw./erm. 3/2 €; ⏲April–Sept. 7–20 Uhr, Okt.–März 8–16 Uhr) bislang vor Straßenbau und Spekulation. Der Naturpark – der erste auf Sizilien – gilt als die Top-Attraktion am Golfo di Castellammare: Er liegt auf halber Höhe zwischen Palermo und Trapani und feierte 2011 sein 30-jähriges Bestehen. Seine wilde, unberührte Küste ist ein Paradies für den seltenen Habichtsadler und 40 weitere Vogelarten. Wild wachsende Johannisbrotbäumen und leuchtend gelbe Wolfsmilchgewächse bedecken die Hügel. Versteckte Buchten wie Capreria und Marinella bieten sich an, um in aller Ruhe eine Runde zu schwimmen.

Der Haupteingang des Naturparks befindet sich 2 km nördlich vom Dorf Scopello. Mehrere Wanderwege sind in Wanderkarten verzeichnet, die am Eingang kostenlos erhältlich sind oder von der Website des Parks (nur auf Italienisch) heruntergeladen werden können. Der 7 km lange Hauptweg führt am Meer entlang; die Wanderer kommen dabei am Besucherzentrum sowie an fünf Museen vorbei, die alles von der Flora und Fauna bis hin zu traditionellen Fischereimethoden erklären.

In Scopello lebten die Fischer einst vom Thunfischfang, heute quartieren sich überwiegend Touristen dort ein. Außerhalb der Hochsaison versinkt das Dorf deshalb weitgehend im Dornröschenschlaf. Am Hafen, 1 km unterhalb der Ortschaft, beeindrucken eine malerische, rostrote *tonnara* (Fabrik zur Weiterverarbeitung von Thunfisch) sowie die *faraglioni* (Felstürme), die dramatisch aus dem Meer aufragen.

Die **Pensione Tranchina** (☎0924 54 10 99; www.pensionetranchina.com; Via Diaz 7; B&B pro Pers. 36–46 €, Halbpension pro Pers. 55–72 €; ❄📶), die sich direkt in der Dorfmitte von Scopello befindet, ist von allen Unterkünften hier ohne Zweifel die netteste. Die Gästezimmer liegen an einem Hof, der mit Kopfstein gepflastert ist, und in dem auch gegessen wird. Die beiden ausgesprochen freundlichen Wirtsleute Marisin und Salvatore bieten neben ihren gemütlichen Zimmern auch ein knisterndes Kaminfeuer an kühlen Abenden. Frisch zubereitet und serviert wird köstliche Hausmannskost mit lokalem Fisch, selbst angebautem Obst und Olivenöl. Das **La Tavernetta** (☎0924 54 11 29; www.albergolatavernetta.it; Via Diaz 3; EZ 55–70 €, DZ 70–96 €; P❄@📶) gleich nebenan ist ebenfalls sehr empfehlenswert.

ℹ Praktische Informationen

Trapani hat Dutzende Banken und Geldautomaten.

Ospedale Sant'Antonio Abate (☎0923 80 91 11; Via Cosenza 82)

Polizei (☎0923 59 81 11; Piazza Vittoria Veneto)

Post (Piazza Vittoria Veneto)

Torrepali Web Cafe (Via Ammiraglio Staiti 69; Std. 3 €; ⏲8–14 Uhr) In diesem Internetcafé, das im Obergeschoss gegenüber vom Hafen zu finden ist, stehen insgesamt sechs Computer mit bequemen Stühlen, an der Bar gibt es auch was zu trinken.

Touristeninformation (☎0923 54 45 33; point@ stradadelvinoericedoc.it; Piazzetta Saturno; ⏲Mo–Sa 9–13 & 15–19 Uhr) Hier bekommt man kostenlose Landkarten und Stadtpläne sowie diverse Informationen über Trapani und die verschiedenen Weinrouten in der reizvollen Umgebung.

ℹ Anreise & Unterwegs vor Ort

Tickets für den Bus, das Flugzeug und die Fähre verkauft **Egatours** (☎0923 2 17 54; www.egatourviaggi.it; Via Ammiraglio Staiti 13), das Reisebüro gegenüber vom Hafen.

Auto & Motorrad

Um die endlosen Vorstädte von Trapani zu umfahren und die engen Gassen in der Altstadt zu meiden, folgt man am besten der Ausschilderung an der Autostrada A29 direkt zum Hafen. Von dort geht die Via Ammiraglio Staiti am Meer entlang, wo es jede Menge gebührenpflichtige Parkplätze gibt. Die meisten der vielen Sehenswürdigkeiten befinden sich in Laufnähe.

Bus

Intercity-Busse fahren am neuen Stadtterminal (1 km östlich vom Zentrum) ab und kommen auch dort an; der Terminal an der Piazza Papa

Giovanni Paolo II., befindet sich ein Stück südöstlich vom Bahnhof.

Von **Segesta** (☎0923 2 17 27; www.segesta.it) verkehren Exressbusse nach Palermo (8,60 €, 2 Std., stündl.), die Busse fahren an der Bushaltestelle gegenüber von Egatours und im Busbahnhof ab.

Lumia (www.autolineelumia.it) bietet Busverbindungen nach Agrigent (11,30 €, 3–4 Std., 1- bis 3-mal tgl.).

Zwei kostenlose Stadtbusse (Nr. 1 und 2) von **ATM** (☎0923 55 95 75; www.atmtrapani.it) fahren einen Rundkurs durch Trapani und verbinden auf diese Weise den Busbahnhof, den Bahnhof und den Hafen.

Fähre/Schiff

Der Fahrkartenschalter für die Fährtickets befindet sich im Fährterminal von Trapani, gegenüber der Piazza Garibaldi.

Der Kartenschalter und die Anlegestelle für die Tragflügelboote von Ustica Lines und Siremar liegen 150 m weiter östlich an der Via Ammiraglio Staiti.

Grimaldi Lines (www.grimaldi-ferries.com) bietet eine Verbindung pro Woche nach Tunesien (95 €, 7½ Std.) und Civitavecchia (120 €, 14½ Std.).

Tirrenia (☎0923 52 18 96; www.tirrenia.it) fährt einmal wöchentlich nach Cagliari (52 €, 10 Std.).

Ustica Lines (☎0923 87 38 13; www.usticalines.it; Via Ammiraglio Staiti) und **Siremar** (☎0923 54 54 55; www.siremar.it; Via Ammiraglio Staiti) betreiben Tragflügelboote, die zu den Ägadischen Inseln fahren. Ustica Lines bietet im Sommer dreimal die Woche eine Verbindung nach Neapel (89,40 €, 7 Std.) und Ustica (26,40 €, 2½ Std.) an, während von Siremar eine Nachtfähre nach Pantelleria (39,50 €, 6 Std.) fährt.

Flugzeug

Der kleine Flughafen **Vincenzo Florio Airport** (TPS; www.airgest.it) von Trapani liegt 17 km südlich der Stadt in Birgi. **Ryanair** (www.ryanair.com) bietet Direktflüge von Frankfurt, Karlsruhe und Memmingen dorthin an. **Meridiana** (www.meridiana.it) fliegt die Mittelmeerinsel Pantelleria an. AST-Busse fahren vom Hafen und vom Busbahnhof in Trapani zum Flughafen (4,50 €, 45 Min., stündl.).

Zug

Vom Bahnhof in Trapani an der Piazza Umberto I. verkehren Züge nach Palermo (7,50 €, 2¼-3½ Std., 3–6-mal tgl.) und Marsala (3,30 €, 30 Min., 6- bis 12-mal tgl.). Eigentlich ist die Fahrt mit dem Zug sehr schön, denn die Strecke führt malerisch am Meer entlang. Aber während der Recherchen zu diesem Reiseführer fuhren Züge mit dem Ziel Palermo wegen Gleisarbeiten auf der Strecke Notarbartolo – Palermo Centrale nur bis zum Bahnhof Notarbartolo, 3 km nordwestlich von Palermos Innenstadt. Solange diese Arbeiten nicht abgeschlossen sind, ist der Bus daher das praktischere Verkehrsmittel.

Erice

28 500 € / 751 M

Erice gehört zu den spektakulärsten Bergorten in Italien – es bietet mittelalterlichen Charme und einen unglaublichen 360-Grad-Rundumblick. Der Ort liegt auf dem legendären Berg Eryx (750 m), an klaren Tagen reicht die Sicht bis zum Kap Bon in Tunesien. Aber auch der Bummel durch das Labyrinth der mittelalterlichen Gassen ist spannend, unterwegs stößt man auf Kirchen, Festungen und winzige Plätze mit Kopfsteinpflaster.

Die Stadt kann mit einer im wahrsten Sinn des Wortes verführerischen Geschichte aufwarten, denn sie war einst das Zentrum des Venuskultes. Sie wurde von den geheimnisumwobenen Elymern besiedelt, galt als Wohnsitz der Göttin der Liebe und pflegte den seltsamen Ritus der heiligen Prostitution: Die Dirnen wohnten im Venustempel. Die zahllosen Invasionen überstand der Tempel unbeschadet – tja, warum wohl?

Die touristische Infrastruktur von Erice ist hervorragend: In der ganzen Stadt finden sich Infoschilder in italienischer und englischer Sprache sowie Stadtpläne mit zahlreichen interessanten Vorschlägen für Stadtspaziergänge.

Sehenswertes

Den schönsten Blick bietet sich vom **Giardino del Balio**; die Sicht reicht über die Türmchen und bewaldeten Hügel bis zu den Salzpfannen von Trapani und zum Meer. Neben den Gärten erhebt sich das normannische **Castello di Venere** (Via Castello di Venere): Die Burg wurde im 12. und 13. Jh. über dem Tempel der Venus erbaut.

Im kleinen, beschaulichen Ort finden sich eine ganze Reihe von Kirchen und Baudenkmälern – wer sich ein Ticket für insgesamt 5 € kauft, kann sie alle besichtigen. Besonders hübsch und sehenswert ist die **Chiesa Matrice** (Via Vito Carvini; Eintritt 2 €; ⌚Mai–Sept. 10–20 Uhr, Okt.–April 10–18 Uhr) aus dem 14. Jh. in der Porta Trapani samt ihrem Glockenturm, dem **Torre di**

Re Federico (Eintritt 2 €). Schweißtreibende 110 Treppen geht es hinauf. Dafür entschädigt oben eine tolle Aussicht für die Anstrengung.

Schlafen & Essen

Hotels, viele mit eigenem Restaurant, finden sich in der Via Vittorio Emanuele, der Hauptstraße von Erice. Sobald die Touristen abgefahren sind, bezaubert die Stadt mit ihrem mittelalterlichen Flair.

Hotel Elimo HOTEL €€
(☎0923 86 93 77; www.hotelelimo.it; Via Vittorio Emanuele 23; EZ 80–110 €, DZ 90–130 €, Suite 170; P@) Die Gemeinschaftsräume in diesem malerischen historischen Gebäude beeindrucken mit Balkendecken, einem Marmorkamin, spannenden Kunstwerken, Nippes und Antiquitäten. Die Zimmer sind dagegen eher durchschnittlich, wobei einige jedoch eine tolle Aussicht haben – was im Übrigen auch für die Terrasse und das Restaurant gilt.

Erice blickt auf eine lange Tradition in Sachen *dolci ericini* (Erice-Süßigkeiten) zurück, die hier seit jeher von Nonnen hergestellt werden. Es gibt in der Stadt eine ganze Reihe Konditoreien, am berühmtesten ist aber diejenige von **Maria Grammatico** (☎0923 86 93 90; www.mariagrammatico.it; Via Vittorio Emanuele 14), die für ihre *frutta martorana* (Marzipanfrüchte) und ihr Mandelgebäck schier vergöttert wird.

Praktische Informationen

Touristeninformation (☎0923 86 93 88; strerice@regione.sicilia.it; Via Tommaso Guarrasi 1; ⏲Mo–Fr 9–14 Uhr) Im Stadtzentrum.

An- & Weiterreise

Es verkehren regelmäßig AST-Busse von und nach Trapani (einfache Fahrt/hin & zurück 2,40/3,70 €, 45 Min.). Eine **Seilbahn** (☎0923 56 93 06; www.funiviaerice.it; einfache Fahrt/hin & zurück 3,80/6,50 €; ⏲Mo 12.30–21, Di–So 9.30–21, Sa 9.30–24 Uhr) verbindet Trapani mit Erice. Zur Seilbahnstation gleich an der Ecke Via Manzoni/Via Capua in Trapani gelangt man mit den AST-Buslinien 21 oder 23 (1 €); die Busse fahren vom historischen Zentrum Richtung Osten. Die Seilbahn führt nach Erice hinauf und hält gegenüber vom Parkplatz am unteren Ende der Via Vittorio Emanuele.

Segesta

304 M

Der riesige Tempel aus dem 5. Jh. v. Chr. thront auf einer Anhöhe am Rand einer tiefen Schlucht inmitten einer herben, entlegenen Landschaft – ein wahrlich magischer Ort. Wenn der Wind weht, sollen die 36 gigantischen Säulen wie eine Orgel funktionieren und geheimnisvolle Klänge hervorbringen.

Zwischen der von den Elymern gegründeten Stadt Segesta und Selinunt bestanden andauernde Zwistigkeiten, und Segesta versuchte mit aller Gewalt, die große Gegnerin im Süden zu vernichten, schließlich mit Erfolg. Doch auch von Segesta ist heute nicht mehr viel übrig, abgesehen vom **Theater** und dem nie vollendeten **dorischen Tempel** (☎0924 95 23 56; Erw./erm. 6/3 €; ⏲9 Uhr bis 1 Std. vor Sonnenuntergang); letzterer stammt aus der Zeit um 430 v. Chr. und ist erstaunlich gut erhalten. Ein Shuttlebus (1,50 €) fährt alle 30 Minuten vom Tempeleingang 1,5 km den Berg hinauf zum Theater.

Im Juli und August werden im Rahmen des **Festival Calatafimi Segesta** (www.festivalsegesta.com) griechische Theaterstücke aufgeführt.

Tarantola (☎0924 3 10 20; www.tarantolabus.com, auf Italienisch) bietet drei Busverbindungen täglich von Trapani (einfache Fahrt/hin & zurück 3,60/6,10 €, 35–50 Min.), außerdem fährt noch ein weiterer Bus morgens am Bahnhof von Palermo ab (einfache Fahrt/hin & zurück 6,40/10,20, 1½ Std.); die Fahrer halten auf Wunsch an der archäologischen Stätte. Eine andere Möglichkeit ist, den Zug von Trapani (3,30, 30 Min., 3-mal tgl.) zum Bahnhof Segesta Tempio zu nehmen. Am Bahnhof geht es dann links unter einer doppelten Unterführung durch und dann 1,5 km (20 Min.) zur Ausgrabungsstätte hinauf.

Sardinien

Inhalt »

Gut essen

» Peschiera Pontis (S. 907)
» Ristorante Gallura (S. 917)
» Hotel Su Gologone (S. 924)
» La Botteghina (S. 911)
» Il Fantasma (S. 895)

Schön übernachten

» B&B Lu Pastrucciàleddu (S. 918)
» Agriturismo Guthiddai (S. 924)
» Il Cagliarese (S. 894)

Auf nach Sardinien!

Wie D. H. Lawrence es so treffend formulierte: „Sardinien ist anders." Wo sonst als auf dieser Insel mit ihren 365 Dörfern und 4 Mio. Schafen wäre es möglich, an einem einzigen Tag von glitzernden Strandbuchten zu Bergwäldern, Granitgipfeln, domartigen Grotten, sanft geschwungenen Weinbergen und einstigen Banditendörfern zu fahren? Sardinien gibt zudem mit 7000 frühgeschichtlichen Nuraghen Rätsel auf und überrascht mit wunderbaren und exotischen Speisen (z. B. Schafskäse, in dem es von Maden wimmelt).

Über die Jahrtausende haben die Inselbewohner eine einzigartige Identität, Küche, Kultur und Sprache ausgebildet. Der Anblick der Riesenyachten der Costa Smeralda kann so überwältigend sein wie der Genuss von Spanferkel in einem *agriturismo* – die Verbundenheit der Insel mit den irdischen Genüssen ist schon ein Wert an sich. Erdverbunden und mondän, abenteuerlich und entspannt: Sardinien gefällt sich darin, ein bisschen anders zu sein.

Reisezeit

Cagliari

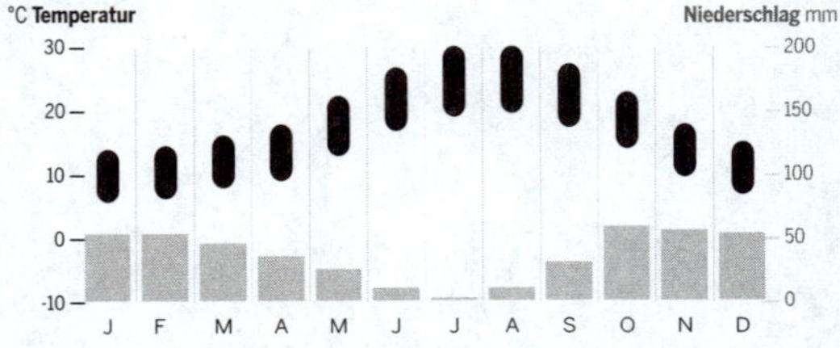

Februar Maskenspiele in der Fastenzeit – besonders schaurig in Mamoiada und in Sa Sartiglia.

März–Mai Blumenblüte, Osterprozessionen und Wanderungen ohne Hitze und Menschenmassen.

Juni–Aug. Sonnige Strände, Open-Air-Festivals und waghalsige Pferderennen in S'Ardia.

Geschichte

Von der Frühgeschichte Sardiniens ist wenig bekannt; die ersten Inselbewohner kamen vermutlich um 350 000 v. Chr. vom italienischen Festland. In der Jungsteinzeit (8000–3000 v. Chr.) entwickelten sich Stammesgesellschaften im nördlichen Binnenland. Ihre bronzezeitlichen Nachkommen, die Nuragher – benannt nach den von ihnen errichteten *nuraghi*, den Steintürmen – bevölkerten die Insel bis zur Ankunft der Phönizier um 850 v. Chr. Ihnen folgten die Karthager, die von den Römern abgelöst wurden; diese begannen im 3. Jh. v. Chr., ihre Macht auf Sardinien auszudehnen.

Im Mittelalter war die Insel in vier unabhängige *giudicati* (Königreiche) geteilt, im 13. Jh. stritten die Republiken Pisa und Genua um die Macht über die Insel. Schlussendlich wurden sie jedoch durch das nordspanische Königreich Aragón-Katalonien gestürzt, das sich einem erbitterten Widerstand der Sarden ausgesetzt sah. Angeführt wurde der Kampf um die Unabhängigkeit von Eleonora d'Arborea (1340–1404), der sardischen Johanna von Orleans.

Sardinien fiel nach der Vereinigung der beiden spanischen Königreiche 1479 an Spanien – noch heute wirkt die Atmosphäre in Alghero, Iglesias und anderen Städten ausgesprochen spanisch. In den nachfolgenden Jahrhunderten hinterließ der Niedergang der spanischen Vorherrschaft auch in Sardinien seine Spuren: 1720 fiel die Insel schließlich an das italienische Herzogtum Savoyen. Nach der Vereinigung Italiens (1861) fand sich Sardinien unter der Herrschaft eines an der Insel wenig interessierten Roms wieder.

Mit dem Ende des Zweiten Weltkriegs begann schließlich auch Sardinien, in der Moderne anzukommen. 1946 wurden erfolgreiche Anstrengungen unternommen, die Insel von der Malaria zu befreien, 1948 räumte die italienische Regierung Sardinien das Recht auf ein eigenes autonomes Regionalparlament ein.

Die ersten Touristen kamen in den 1960er-Jahren auf die Insel, heute ist der Tourismus eine tragende Säule der sardischen Wirtschaft. Und die engagierten Umweltschützer waren erleichtert, als die Nato ihre umstrittene Präsenz auf dem Arcipelago di La Maddalena 2008 nach 35 Jahren endlich aufgab.

ℹ An- & Weiterreise

FLUGZEUG Flugzeuge vom italienischen Festland und allen europäischen Metropolen steuern die drei größten Flughäfen Sardiniens an: **Elmas** (☎070 21 12 11; www.sogaer.it) in Cagliari, **Fertilia** (☎079 93 52 82; www.aeroportodialghero.it) in Alghero und den **Aeroporto Olbia Costa Smeralda** (☎0789 56 34 00; www.geasar.it) in Olbia. Neben den großen internationalen Fluggesellschaften gibt es mehrere kleine Gesellschaften, die Direktflüge anbieten, u. a. **Ryanair** (www.ryanair.com), **easyJet** (www.easyjet.com) und **TUIfly** (www.tuifly.com). Einige Flugverbindungen beschränken sich auf die Monate April bis Oktober.

SCHIFF Durch Fähren ist die Insel mit Genua, Livorno, Piombino, Civitavecchia und Neapel sowie Palermo und Trapani auf Sizilien verbunden. Linienschiffe verkehren auch zwischen Bonifacio und Porto Vecchio auf Korsika und steuern die korsischen Häfen Ajaccio und Propriano von Marseille aus an. Ankunftshäfen im Norden der Insel sind Olbia, Golfo Aranci, Palau, Santa Teresa di Gallura und Porto Torres, an der Ostküste legen die Fähren in Arbatax und im Süden in der Inselhauptstadt Cagliari an. Die Fähren fahren in der Hauptreisezeit zwischen Mitte Juni und Mitte September am häufigsten, in dieser Zeit ist ein frühzeitiges Buchen unerlässlich. Nützliche Internetquellen sind u. a. www.traghettiweb.it und www.traghettionline.com (auf Italienisch).

REEDEREIEN

CMN La Méridionale (☎Frankreich 0810 20 13 20; www.cmn.fr) Von Marseille nach Korsika und weiter nach Porto Torres.

Corsica Ferries, Sardinia Ferries (☎199 400 500; www.corsica-ferries.co.uk) Von Civitavecchia und Livorno nach Golfo Aranci. Die Reederei betreibt auch Fähren zwischen Sardinien und Korsika (April–Sept.).

Grandi Navi Veloci (☎010 209 45 91; www.gnv.it) Von Genua nach Olbia und Porto Torres.

Moby Lines (☎199 30 30 40; www.moby.it) Von Civitavecchia, Genua, Livorno und Piombino nach Olbia sowie von Genua nach Porto Torres. Betreibt auch Fähren zwischen Sardinien und Korsika (April–Sept.).

Saremar (☎892 123; www.saremar.it) Von Bonifacio (Korsika) nach Santa Teresa di Gallura.

SNCM (☎079 51 44 77; www.sncm.fr) Von Marseille nach Korsika und weiter nach Porto Torres. Im Juli und August legen die Fähren auch in Toulon ab.

Tirrenia (☎892 123; www.tirrenia.it) Von Civitavecchia, Neapel, Palermo und Trapani nach Cagliari sowie von Civitavecchia und Genua nach Olbia, von Civitavecchia und Genua nach Arbatax, von Genua nach Porto Torres.

ℹ Unterwegs vor Ort

AUTO & MOTORRAD Sardinien lässt sich am besten mit dem Auto bereisen. Näheres über

Highlights

1. Eine Wanderung durch die grandiose **Gola Su Gorropu** (S. 926), den „Grand Canyon Europas“
2. Ein Tag an den von Dünen begrenzten, windigen Stränden der **Costa Verde** (S. 903)
3. Eine Reise ins Mittelalter: Besuch der Festungsstadt **Il Castello** (S. 916) in Cagliari
4. Auf Tuchfühlung mit den Reichen und Berühmten an der **Costa Smeralda** (S. 906)
5. Besichtigung der prähistorischen **Nuraghe Su Nuraxi** (S. 906), der einzigen Weltkulturerbestätte Sardiniens
6. Mit dem Boot in den verborgenen Buchten des leuchtend blauen **Golfo di Orosei** (S. 927) vor Anker liegen

7 Die spanische Atmosphäre in den Kopfsteinpflastergassen der mittelalterlichen Altstadt **Alghero** (S. 927) erspüren

8 Eine Fahrt über die spektakuläre Serpentinenstraße **SS125** (S. 926) mit immer neuen Ausblicken auf die Berge und das Mittelmeer

9 Das geheimnisvolle Nuraghendorf **Tiscali** (S. 926) hoch oben im Kalkmassiv des Supramonte erkunden

10 Ein Besuch in der **Grotta di Nettuno** (S. 926), die mit einem Wald aus Stalagmiten und Stalaktiten begeistert

Autovermietungen in Cagliari findet sich auf S. 897. Mietwagenfirmen unterhalten Büros an den Flughäfen und in den größeren Städten der Insel.

BUS Das größte Busunternehmen der Insel ist **ARST** (Azienda Regionale Sarda Trasporti; ☎800 865 042; www.arst.sardegna.it, auf Italienisch); es betreibt die Lokalbusse und viele Überlandbusse.

ZUG **Trenitalia** (☎892 021; www.trenitalia.com) verbindet Cagliari mit Oristano, Sassari, Porto Torres, Olbia und Golfo Aranci. Die Züge fahren zwar zuverlässig, aber auch ziemlich langsam. Langsame Züge von **ARST** (☎070 34 31 12; http://arst.sardegna.it, auf Italienisch) verbinden die Städte Sassari, Alghero und Nuoro. Von Mitte Juni bis Anfang September bietet ARST touristische Fahrten mit der Schmalspurbahn **Trenino Verde** (www.trenino verde.com) an – siehe S. 899.

CAGLIARI

156 951 EW.

Die beste Art, sich Cagliari zu nähern, ist nicht mit dem Flugzeug, sondern mit der Fähre: Nur vom Wasser kommend sieht man die Stadt als ein buntes Durcheinander aus sonnengelben Palästen, Kuppeln und Fassaden aus dem Dunst auftauchen, überragt von der dominierenden Felsenfestung Il Castello. Cagliari ist die am stärksten italienisch anmutende Stadt der Insel – voller Kultur und sehr weltoffen. Durch baumbestandene Prachtstraßen knattern Vespas, Einheimische entspannen sich in Cafés, die versteckt in zierlichen Bogengängen an der Strandpromenade auf Gäste warten. In östlicher Richtung liegt der Stadtstrand Poetto, er ist der Mittelpunkt des sommerlichen Lebens und bietet glasklares Wasser und eine lebhafte Partyszene.

Nach jeder Wegbiegung rücken weitere Zeugnisse der fesselnden Geschichte Cagliaris ins Blickfeld, vor allem in Gestalt archäologischer Stätten, Museen und Kirchen. Im 8. Jh. v. Chr. wurde Cagliari von den Phöniziern gegründet, entwickelte sich aber erst als römischer Hafen zu einer richtigen Stadt. Unter der Herrschaft der Pisaner wurde die Inselhauptstadt einer umfassenden mittelalterlichen „Schönheitsoperation" unterzogen, deren Ergebnisse bis heute beeindrucken.

FÄHRVERBINDUNGEN NACH SARDINIEN

Die folgende Tabelle nennt die Preise für eine einfache Fahrt 2. Klasse in der Hauptsaison mit Liegestuhl (*poltrona*) und Kleinwagen. Kinder zwischen vier und zwölf Jahren zahlen in der Regel die Hälfte, Kinder unter vier Jahren fahren gratis. Die meisten Fährunternehmen bieten bei frühzeitigen Reservierungen und Online-Buchungen Ermäßigungen an – es lohnt sich, sie wahrzunehmen.

START	REISEZIEL	PREIS (€)	AUTO (€)	FAHRZEIT (STD.)
Bonifacio	Santa Teresa di Gallura	25	68	1
Civitavecchia	Arbatax	49	96	10½
Civitavecchia	Cagliari	58	104	14½
Civitavecchia	Olbia	43	102	4½-10
Civitavecchia	Golfo Aranci*	78	100	5½
Genua	Arbatax	58	81	19
Genua	Olbia	59	108	13¼
Genua	Porto Torres*	107	182	10
Livorno	Golfo Aranci*	83–117	21–90	6
Livorno	Olbia	94	135	7–9
Marseille	Porto Torres	93	121	15–17
Neapel	Cagliari	53	94	16¼
Palermo	Cagliari	52	92	14½
Piombino	Olbia	94	135	6½
Trapani	Cagliari	52	92	11

* Express-Fähren

NICHT VERSÄUMEN

TOP FIVE: SPORTLICHE AKTIVITÄTEN

» **Wandern** Im Parco Nazionale del Golfo di Orosei e del Gennargentu (S. 924) sind aufregende Küsten- und Bergwanderungen möglich.

» **Klettern** Ein Paradies für Kletterer sind der Supramonte, der Golfo di Orosei, Ogliastra (S. 922) und Domusnovas (S. 901). Informationen über Kletterrouten bietet der Kletterführer *Arrampicare a Cala Gonone* (18 €) von Profibergsteiger Corrado Conca (erhältlich in den örtlichen Buchläden); unter www.sardegnaverticale.it (auf Italienisch) ist auch Näheres über geführte Klettertouren nachzulesen.

» **Radfahren** Ogliastra bietet Traumrouten durch wunderschöne Landschaften und abenteuerliche Down-hill-Strecken auf jäh abfallenden, alten Eselpfaden. Im Lemon House (S. 929) hält Peter wertvolle Tipps bereit; hilfreich ist auch die Adresse www.mountainbikeogliastra.it (auf Italienisch).

» **Tauchen** Von den glasklaren Meerestiefen vor Sardinien träumt jeder Taucher. Die größte Unterwasserhöhle des Mittelmeers, die Grotta di Nereo (S. 913), liegt bei Alghero. Ein weiteres spektakuläres Tauchrevier ist der Parco Nazionale dell'Arcipelago di La Maddalena (S. 920).

» **Windsurfen** Beständige Winde wehen durch die Straße von Bonifacio zwischen Sardinien und Korsika und machen Porto Pollo (S. 920) zu einer Top-Location der Windsurfer. Ein weiterer Hot-Spot ist Chia (S. 900).

Sehenswertes

Die Sehenswürdigkeiten der Stadt konzentrieren sich im Castello, im Burgviertel Cagliaria, sowie in den Stadtvierteln Stampace, Marina und Villanova.

Il Castello — STADTVIERTEL

In der von steilen Steinmauern umschlossenen Festungsstadt Cagliaris – von den Einheimischen Su Casteddu genannt – residierte einst der weltliche und kirchliche Adel der Stadt. Im Innern der Festungsmauern präsentiert sich die mittelalterliche Stadt als ein verschachteltes Labyrinth schmaler, von hohen Mauern eingefasster Gassen, in denen Universitätsgebäude, die Kathedrale, Museen und pisanische Paläste eng zusammengedrängt stehen.

GRATIS Museo Archeologico Nazionale — MUSEUM

(☎070 68 40 00; Piazza dell'Arsenale; ⏲Di–So 9–20 Uhr) Das bedeutendste der vier Museen des Bezirks Citadella dei Musei ist das Archäologische Museum. Die Sammlung umfasst Exponate aus mehreren Jahrtausenden, besonders eindrucksvoll ist die Sammlung handgroßer Bronzefiguren, die sogenannten *bronzetti*, die aus nuraghischer Zeit stammen. Angesichts fehlender schriftlicher Aufzeichnungen sind sie eine wichtige Informationsquelle über die geheimnisvolle Kultur der Nuragher auf Sardinien.

Cattedrale di Santa Maria — KATHEDRALE

(Piazza Palazzo 4) Stolz erhebt sich der anmutige Dom von Cagliari an der Piazza Palazzo. Außer dem eckigen Glockenturm ist vom ursprünglichen gotischen Bau, der aus dem 13. Jh. stammt, wenig geblieben – das Innere wurde im 17. Jh. im Stil des Barock umgestaltet, die neoromanische Fassade entstand im 20. Jh. Innen befinden sich zu beiden Seiten des Hauptportals zwei prächtige Marmorkanzeln – Werke von Guglielmo da Pisa, die der Stadt 1312 gestiftet wurden.

Torre dell'Elefante — AUSSICHTSPUNKT

(Via Università; Erw./erm. 4/2,50 €; ⏲Sommer Di–So 9–13 & 15.30–19.30 Uhr, Winter bis 16.30 Uhr) Die Torre dell'Elefante ist einer von nur noch zwei erhalten gebliebenen mittelalterlichen Türmen. Der 42 m hohe Wachturm verdankt seinen Namen der kleinen Elefantenskulptur am Fallgatter. Am Turm spielte sich zur Zeit der spanischen Herrschaft ein grausiges Geschehen ab: Der Marchese di Cea wurde hier enthauptet und sein abgeschlagenes Haupt 17 Jahre lang an Ort und Stelle liegen gelassen! Von der Höhe des Turmes hat man eine großartige Sicht über die Stadt.

Anfiteatro Romano — ARCHÄOLOGISCHE STÄTTE

(☎070 65 29 56; www.anfiteatroromano.it, auf Italienisch; Viale Sant'Ignazio; Erw./erm. 4,30/2,80 €; ⏲Sommer Di–Sa 9.30–13.30, So 9.30–13.30 & 15.30–17.30 Uhr, Winter So nachmittag geschl.) Das Amphitheater ist die eindrucks-

Cagliari

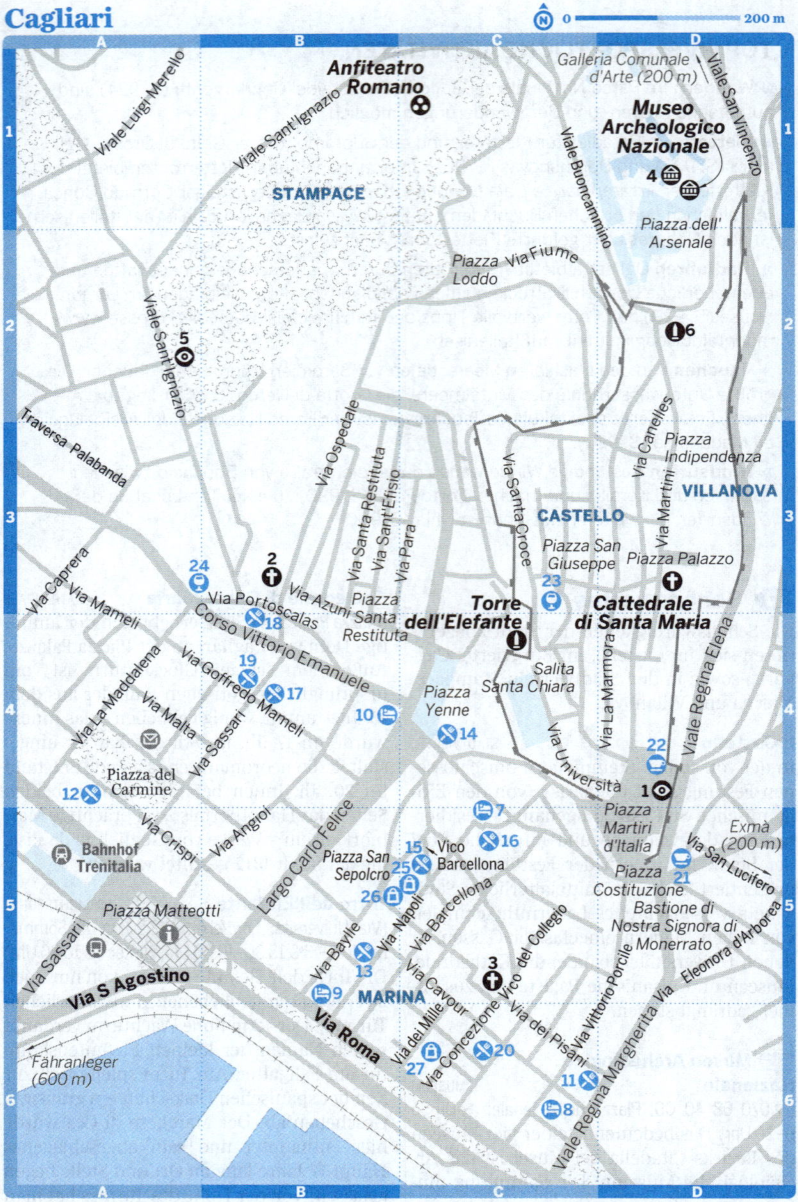

vollste Ruine aus römischer Zeit in Cagliari. Obwohl viele Originalsteine des Theaters aus dem 2. Jh. als Baumaterial geplündert wurden, sind die Reste beeindruckend genug, um sich eine Vorstellung vom ursprünglichen Gebäude machen zu können. Im Amphitheater wird Stand-up Comedy, Musik und Tanz geboten.

Torre di San Pancrazio AUSSICHTSPUNKT
(Piazza Indipendenza; Erw./erm. 4/2,50 €; ⏲Sommer Di–So 9–13 & 15.30–19.30 Uhr, Winter bis

Cagliari

Highlights p000
- Anfiteatro Romano ... C1
- Cattedrale di Santa Maria ... D3
- Museo Archeologico Nazionale ... D1
- Torre dell'Elefante ... C4

Sehenswertes p000
- 1 Bastione San Remy ... D4
- 2 Chiesa di San Michele ... B3
- 3 Chiesa di Sant'Eulalia ... C5
- 4 Citadella dei Musei ... D1
- Museo d'Arte Siamese ... (siehe 4)
- Museo del Tesoro e Area Archeologica di Sant'Eulalia ... (siehe 3)
- 5 Orto Botanico ... A2
- Pinacoteca Nazionale ... (siehe 4)
- 6 Torre di San Pancrazio ... D2

Schlafen p000
- 7 Hostel Marina ... C5
- 8 Il Cagliarese ... C6
- 9 La Ghirlanda ... B5
- 10 Suite sul Corso ... B4

Essen p000
- 11 Dal Corsaro ... C6
- 12 Gocce di Gelato e Cioccolato ... A4
- 13 I Sapori dell'Isola ... B5
- 14 Isola del Gelato ... C4
- 15 Lapola ... C5
- 16 Le Patate & Co ... C5
- 17 Locanda Caddeo ... B4
- 18 Monica e Ahmed ... B4
- 19 Ristorante Ammentos ... B4
- 20 Trattoria Gennargentu ... C6

Ausgehen p000
- 21 Antico Caffè ... D5
- 22 Caffè degli Spiriti ... D4
- 23 Caffè Librarium Nostrum ... C3
- 24 Il Merlo Parlante ... A3

Shoppen p000
- 25 Durke ... C5
- 26 Loredana Mandas ... B5
- 27 Sapori di Sardegna ... C6

16.30 Uhr) Am nordöstlichen Stadttor ragt der 36 m hohe Zwillingsturm der Torre dell'Elefante auf. Das Gemäuer wurde 1305 am höchsten Punkt der Festungsstadt errichtet und bietet einen weiten Blick über den Golfo di Cagliari.

Bastione San Remy — AUSSICHTSPUNKT

Die prächtigen Treppenstufen, die von der lebhaften Piazza Costituzione zur Bastione San Remy hinaufführen, sind der eindrucksvollste Weg zur Festung Il Castello; bequemer ist es, den Panoramalift zu nehmen. Die Aussichtsplattform zeigt eine Mischung aus klassizistischem und Jugendstil („Liberty" in Italien) und gewährt weite Blicke über das Häusermeer der Stadt bis zum in der Ferne glitzernden Mittelmeer.

GRATIS Pinacoteca Nazionale — KUNSTGALERIE

(☎070 68 40 00; www.pinacoteca.cagliari.beniculturali.it, auf Italienisch; Piazza dell'Arsenale; ⏲Di–So 9–19.30 Uhr) Die Galerie liegt oberhalb des archäologischen Museums. Sie besitzt eine wertvolle Sammlung von Kunstwerken des 15. bis 17. Jhs., darunter vier herausragende Werke von Pietro Cavaro, dem Gründervater der sogenannten Schule von Stampace. Cavaro ist einer der bedeutendsten Künstler Sardiniens.

Orto Botanico — BOTANISCHER GARTEN

(☎070 65 29 56; Viale Sant'Ignazio; Eintritt 3 €; ⏲Mo–Sa 8.30–18, So 8.30–13.30 Uhr) Vom Amphitheater führt ein etwas abschüssiger Weg zum Botanischen Garten, der zu den berühmtesten Italiens zählt. Palmen, Kakteen, Ficusbäume, heimische Johannisbrotbäume und Eichen stehen hier dicht an dicht. Antike Ruinen liegen wie absichtlich im Garten verstreut.

Galleria Comunale d'Arte — KUNSTGALERIE

(☎070 49 07 27; www.galleriacomunalecagliari.it, auf Italienisch; Viale San Vincenzo; Erw./erm. 6/2,60 €; ⏲Mi–Mo 9–13 & 15.30–19.30 Uhr) In einer klassizistischen Villa nördlich des Castello gelegen, vermittelt die Galerie einen guten Einblick in die moderne sardische Kunst. Zu sehen sind u. a. Werke von sardischen Künstlern wie Tarquinio Sinni (1891–1943).

Ein schöner Blick über das Häusermeer von Cagliari bietet sich draußen vom palmenbestandenen **Garten** (⏲Sommer 6–23 Uhr, Winter 7–20 Uhr).

Chiesa di San Michele — KIRCHE

(Via Ospedale 2) Das Innere der Kirche aus dem 16. Jh. zeigt den verschwenderischen Rokokostil des 18. Jhs. Draußen im Vorhof wird eine bemerkenswerte Kanzel von vier Säulen getragen. Von dieser Kanzel herab soll der habsburgische Kaiser Karl V. eine mitreißende Rede gehalten haben, bevor er 1535 nach Tunesien aufbrach, um einen erfolglosen Feldzug gegen seeräuberische Korsaren zu führen.

Basilica di San Saturnino KIRCHE
(Piazza San Cosimo) Im Osten der Piazza Constituzione (nur 5 Min. entfernt) liegt die Basilika aus dem 5. Jh., sie zählt zu den ältesten Kirchen Sardiniens und ist ein eindrucksvolles Beispiel frühchristlicher Architektur. Errichtet wurde sie über einer antiken römischen Nekropole, in der Saturnius, ein in der Gegend hoch verehrter Märtyrer, 304 begraben wurde.

Santuario & Basilica di Nostra Signora di Bonaria KIRCHE, AUSSICHTSPUNKT
(Piazza Bonaria 2; Spende) Die viel besuchte Pilgerstätte liegt ca. 1 km südöstlich der Via Roma und beherrscht den Hügel von Bonaria. Aus der ganzen Welt strömen Gläubige zur Madonnenfigur Nostra Signora di Bonaria. Es heißt, sie habe im 14. Jh. ein spanisches Schiff gerettet, das in einen Sturm geraten war. Auf der rechten Seite des Heiligtums erhebt sich die größere Basilika, sie dient noch heute heimkehrenden Seeleuten als Landmarke.

Piazza Yenne PIAZZA
Der Platz mit einem Standbild von König Karl Felix I. von Sardinien ist an Sommerabenden ein beliebter Treffpunkt vor allem der jungen Cagliaritani, die in die Bars, Eisdielen und Straßencafés strömen.

Museo d'Arte Siamese KUNSTGALERIE
(☎070 65 18 88; Piazza dell'Arsenale; Erw./erm. 2/1 €; ⏲Di–So 9–13 & 15.30–19.30 Uhr) Die Galerie präsentiert eine bunte Sammlung an Kunstgegenständen, Kunsthandwerk und Waffen aus Asien.

Museo del Tesoro e Area Archeologica di Sant'Eulalia MUSEUM
(☎070 66 37 24; Vico del Collegio 2; Erw./erm. 5/2,50 €; ⏲Di–So 10–13 & 16–19 Uhr) Das Museum zeigt eine umfangreiche Sammlung religiöser Kunstwerke sowie eine 200 m² große unterirdische Ausgrabungsstätte, die unter der benachbarten **Chiesa di Sant'Eulalia** liegt.

Exmà KUNSTGALERIE
(☎070 66 63 99; Via San Lucifero 71; Ausstellungen 3 €; ⏲Di–So 9–13 & 16–20 Uhr) Im einstigen Schlachthof der Stadt zeigt das Kulturzentrum verschiedene zeitgenössische Kunstausstellungen und ist Veranstaltungsort für Sommerkonzerte.

Geführte Touren

City Tour Cagliari BUS
(☎070 66 94 09; Erw./erm. 10/5 €; ⏲Mo–So 9.30–18.30 Uhr) Eine Rundfahrt im Cabrio-Bus führt in einer Stunde an den wichtigsten Wahrzeichen und Sehenswürdigkeiten vorbei (mit mehrsprachigen Erläuterungen). Die Busse fahren im Stundentakt an der Piazza Yenne ab.

Feste & Events

Im Februar feiert Cagliari den **Carnevale** mit einem großen Showprogramm. Zu Ostern zieht dann in der **Karwoche (Settimana Santa)** eine Prozession von Kapuzenträgern zur Kirche in die Festungsstadt Il Castello hinauf.

Festa di Sant'Efisio RELIGIÖS
(www.festadisantefisio.it, auf Italienisch) Vom 1. bis 4. Mai dreht sich alles um den Schutzheiligen von Sardinien. Am ersten Tag wird eine Statue des Heiligen auf einem Ochsenkarren durch die Stadt gezogen, die Teilnehmer der Prozession tragen zum Teil ausgefallene Kostüme.

Schlafen

LP TIPP **Il Cagliarese** B&B €
(☎070 81 03 46; www.ilcagliarese.com; Via Vittorio Porcile 19; EZ 40–70 €, DZ 60–90 €; ❄📶) Das wunderbar behagliche und heimelige B&B liegt direkt im Herzen des Hafenviertels. Mauro gibt wertvolle Tipps für Besichtigungen, seine Schwester Tiziana zaubert köstliche Kuchen und Tiramisù, die zum Frühstück serviert werden.

Hostel Marina HOSTEL €
(☎070 67 08 18; Scalette S Sepolcro; B/EZ/DZ 22/40/60 €; ❄@) Das Hotel wurde in einem 800 Jahre alten, wunderschön umgestalteten Kloster eingerichtet, die Geschichte ist in allen Räumen spürbar. Viele der gut gepflegten Schlafsäle bieten einen schönen Blick über die Stadt. Im Übernachtungspreis ist ein gehaltvolles Frühstück enthalten.

La Peonia B&B €
(☎070 51 31 64; www.lapeonia.com; Via Riva Villasanta 77; EZ 50–60 €, DZ 72–88 €; ❄📶) Antonello und Vanna sind die Gastgeber dieser romantischen neugotischen Unterkunft, die 2,5 km nordöstlich des Stadtzentrums liegt. Die Einrichtung der Räume im Stil der Jahr-

NICHT VERSÄUMEN

DAS BESTE AUF DIE SCHNELLE

Le Patate & Co SNACKS €

(Scalette Santo Sepulcro 1; Pommes frites 2,50 €; ⏲Mo Abend geschl.) Antonio stellt die besten Pommes frites der Stadt her – sie werden in Olivenöl frittiert und sind nicht zu salzig.

Isola del Gelato EISCREME €

(Piazza Yenne 35; Eiscreme 1,50–4 €; ⏲Di–So 9–2 Uhr) Sehr beliebte Eisdiele.

Gocce di Gelato e Cioccolato SÜSSIGKEITEN €

(Piazza del Carmine 21; ⏲Winter 12–21 Uhr, Sommer bis 1 Uhr) Himmlische handgemachte *gelati,* Desserts (besonders gut: Blätterteiggebäck), Pralinen mit Gewürzen und Trüffel.

Locanda Caddeo SNACKS €

(Via Sassari 75; Snacks 2,50–8 €; ⏲tgl.) Gute Adresse für Focaccia, Pizza und Salate.

I Sapori dell'Isola FEINKOST €

(Via Sardegna 50; ⏲tgl.) Feinkostgeschäft mit gutem Brot, Gebäck, Salami, Käse, *bottarga* (geräucherter Meeräschenrogen), Olivenöl, Wein und anderen Spezialitäten.

hundertwende (vom 19. zum 20. Jh.) mit viel poliertem Holz bildet einen starken Kontrast zu den gepflegten einfarbigen Bädern.

T Hotel HOTEL €€

(☎070 4 74 00; www.thotel.it; Via dei Giudicati; EZ/DZ/Suite/FZ 139/159/199/249 €; P❄📶🏊👪) Der Hotelbau aus Stahl und Glas ist nicht zu verfehlen und fügt dem Stadtbild einen modernen Akzent hinzu. Die Zimmer zeigen einen linearen, modernen Stil, die Wellness-Einrichtungen garantieren Entspannung bei Thalasso-Anwendungen. Das Hotel liegt nordöstlich vom Castello und ist von dort in 15 Minuten zu Fuß zu erreichen.

La Ghirlanda B&B €

(☎070 20 40 610; www.laghirlandacagliari.it; Via Baylle 7; EZ 48–60 €, DZ 75–90 €, 3BZ 100–120 €; ❄📶) Die Antiquitäten, Fresken und Räume mit hohen Decken versetzen die Gäste des schönen Stadthauses im Hafenviertel ins 18. Jh. zurück.

Suite sul Corso B&B €€

(☎349 4469789; www.locandadelcorso.it; Corso Vittorio Emanuele 8; EZ 70–90 €, DZ 90–110 €, 3BZ 130–160 €; ❄📶👪) Stilvoll wohnen die Gäste des B&Bs mit Boutique-Ausstattung an der Piazza Yenne. Unverputzte Steinwände, fließende Stoffe und Glasmosaike lassen die minimalistische Eleganz der Zimmer noch wärmer wirken.

Essen

Besonders gute Gelegenheiten zum Essengehen finden sich im Hafenviertel, an der Via Sassari und am Corso Vittorio Emanuele. Von November bis März (Muschelsaison) gibt es an den *chioschi* (Kiosken) am Poetto fangfrische Seeigel und Miesmuscheln.

LP TIPP Il Fantasma PIZZERIA €

(☎070 65 67 49; Via San Domenico 94; Pizzas 6,50–9 €; ⏲Mo–Sa) Fünf Gehminuten östlich der Piazza Martiri gibt es die beste Pizza von Cagliari! In der fröhlichen Pizzeria bewegen sich freundliche Kellner geschickt durch einen gedrängt vollen Raum mit Tonnengewölben und servieren knusprig heiße Pizzas direkt aus dem Holzofen. Wer nicht reserviert hat, muss sich auf Wartezeiten einstellen.

Ristorante Ammentos SARDISCH €€

(☎070 65 10 75; Via Sassari 120; Mahlzeiten 15–30 €; ⏲Mi–Mo) Die beliebte Trattoria serviert im bäuerlichen Ambiente authentische sardische Gerichte. *Culurgiones* (Ravioli) in Tomatensauce mit vielen Kräutern sind eine köstliche Überleitung zu saftigen Fleischgerichten vom Wildschwein oder Zicklein.

Monica e Ahmed SARDISCH €€

(☎070 640 20 45; Corso Vittorio Emanuele 119; Mahlzeiten rund 30 €; ⏲So Abend geschl.) Monica heißt ihre Gäste in diesem unkonventionellen Restaurant freundlich willkommen und bewirtet sie großzügig mit einer Auswahl köstlicher Fischgerichte, z. B. *ricci* (Seeigel) oder Spaghetti mit Meeresfrüchten.

Lapola SARDISCH €€

(☎070 65 06 04; Vico Barcellona 10; Mahlzeiten rund 35 €; ⏲Di–So) Meerestiere beherrschen die Speisekarte dieses gut besuchten Restaurants im Hafenviertel. Serviert werden Geschmackssensationen wie Tintenfisch-Carpaccio mit Rucola und Chicorée oder kurzgebratene Venusmuscheln in Orangensaft mit *pane carasau* (sardisches Fladenbrot). Das Mittagsangebot für 16 € mit Wein und Kaffee ist ein Schnäppchen.

Trattoria Gennargentu SARDISCH €€
(☎070 65 82 47; Via Sardegna 60; Mahlzeiten 20–30 €; ⏱Winter So geschl.) Die Tische dieser schlichten Trattoria sind schnell besetzt, denn hier werden den Gästen ausgezeichnete Fischgerichte serviert. Besonders gut sind Spaghetti mit Venusmuscheln, *bottarga* (geräucherter Rogen der Meeräsche) oder *tonno alla carlofortina* (Thunfisch, der kalt mit einer milden Tomaten- und Zwiebelsauce serviert wird).

Dal Corsaro SARDISCH €€€
(☎070 66 43 18; www.dalcorsaro.com; Viale Regina Margherita 28; Mahlzeiten 50–55 €; ⏱tgl.) In dieser Bastion feinen Speisens werden typisch sardische Zutaten zu kreativen Gerichten verarbeitet, die den Gästen trefflich munden: Wie wäre es z. B. mit *ravioli di cipolla e pecorino semi stagionato* (Zwiebelravioli mit reifem Pecorino) oder gebratenem Tintenfisch mit Zitronensalsa?

Ausgehen

Antico Caffè CAFE
(www.anticocaffe1855.it; Piazza Costituzione 10; ⏱tgl.) D. H. Lawrence und Grazia Deledda besuchten einst das ehrwürdige alte Café, das 1855 eröffnet wurde. Hier treffen sich Einheimische gern zu Kaffee und gehaltvollen Crêpes.

Caffè Librarium Nostrum BAR
(Via Santa Croce 33; ⏱Di–So) Die modische Bar bietet Panoramaplätze oben auf den mittelalterlichen Befestigungswällen des Castello. Im Innenraum mit rohen Ziegelsteinwänden ist gelegentlich Livemusik zu hören.

Caffè degli Spiriti BAR
(Bastione San Remy; ⏱tgl.) Zurückgelehnt in eine Hängematte lassen sich Stimmung und Aussicht der eleganten Bar an der Bastione San Remy am besten genießen. Wen der Hunger überkommt, bestellt sich eine der leckeren Pizzas (5–8 €).

Il Merlo Parlante KNEIPE
(Via Portoscalas 69; ⏱Di–So) Die populäre Studentenkneipe in einer schmalen Gasse abseits des Corso Vittorio Emanuele versorgt ein junges internationales Publikum mit Lager und Rock.

Unterhaltung

Das Nachtleben spielt sich in den Bars und Cafés von Cagliari ab, im Sommer verlagert sich das Geschehen an den Strand von Poetto. Informationen über kulturelle Veranstaltungen findet man bei der Touristeninformation oder in der örtlichen Zeitung *L'Unione Sarda*. Der aktuelle Veranstaltungskalender wird im Internet unter www.sardegnaconcerti.com (auf Italienisch) veröffentlicht.

Emerson NACHTCLUB
(☎070 37 51 94; Viale Poetto 4) Auf der Höhe der vierten Bushaltestelle am Strand Poetto liegt dieser protzige Strandclub, zu dem eine Cocktailbar und ein Restaurant gehören. Eine schöne Adresse für einen Drink in der Abenddämmerung, mit romantischer Stimmung und Blick aufs Meer, gelegentlich wird auch Livemusik gespielt.

Teatro Lirico THEATER
(☎070 408 22 30; www.teatroliricodicagliari.it; Via Sant'Alenixedda) Die führende Bühne Cagliaris für klassische Musik, Oper und Ballett liegt östlich des Castello und ist von dort in 15 Minuten zu erreichen.

Shoppen

Boutiquen und Designermarken findet man an der Via Roma und in der von Nobelgeschäften gesäumten Via Giuseppe Garibaldi. Im Hafenviertel finden sich einige verlockende Kunsthandwerks- und Spezialitätengeschäfte.

LP TIPP **Durke** SÜSSIGKEITEN, GEBÄCK & KUCHEN
(www.durke.com; Via Napoli 66) Eine Fundgrube für sardische Süßigkeiten und Kuchen, die alle nach traditionellen Rezepten zubereitet werden. Manche der besten Sorten werden nur aus Zucker, Eischnee und Mandeln hergestellt.

Sapori di Sardegna ESSEN
(Vico dei Mille 1) In dem luftigen Warenhaus am Hafen kann man sich edlen Pecorino, Salami, *bottarga*, Brot, Wein und hübsch verpackte *dolci* (Süßigkeiten) aussuchen.

Loredana Mandas SCHMUCK
(Via Sicilia 31) In diesem Schmuckatelier wird der feine Goldfiligranschmuck verkauft, für den Sardinien so berühmt ist.

Mercato di San Benedetto MARKT
(Via San Francesco Cocco Ortu) Meerestiere, Salami, Pecorino-Laibe in Wagenradgröße, Pferdesteaks – das alles und mehr gibt es auf dem Morgenmarkt in Villanova, östlich des Il Castello und zehn bis 15 Gehminuten von dort zu erreichen.

ℹ Praktische Informationen

Überall in Cagliari gibt es Zonen mit kostenlosem WLAN, für das Einloggen braucht man allerdings eine italienische SIM-Card, um das Passwort per Handy abrufen zu können.

Banken und Geldautomaten finden sich überall, vor allem in der Hafen- und Bahnhofsgegend sowie an der Piazza del Carmine und am Corso Vittorio Emanuele.

Guardia Medica (☎070 609 52 02; Via Talete) Ärztlicher Notdienst.

Hauptpost (Piazza del Carmine 28)

Lamarù (☎070 66 84 07; Via Napoli 43; Std. 3 €; ⏲Mo–Sa 9–20 Uhr) Schnelle Internet- und WLAN-Verbindungen.

Touristeninformation (☎070 66 92 55; www.comune.cagliari.it, auf Italienisch; Piazza Matteotti; ⏲8.30–13.30 & 14–20 Uhr) Der erste Weg nach Ankunft in Cagliari sollte die Besucher in diese freundliche Touristeninformation mit viel Informations- und Kartenmaterial führen.

ℹ An- & Weiterreise

AUTO & MOTORRAD Die wichtigste Schnellstraße der Insel, die SS131 Carlo Felice, verbindet die Hauptstadt mit Porto Torres via Oristano und Sassari sowie mit Olbia via Nuoro. Die Schnellstraße SS130 führt in westlicher Richtung nach Iglesias.

BUS Ab dem Hauptbusbahnhof an der Piazza Matteotti betreibt **Turmo Travel** (☎0789 214 87; www.gruppoturmotravel.com) zweimal täglich eine Busverbindung nach Olbia (19 €, 4¼ Std.) und eine tägliche Busverbindung nach Santa Teresa di Gallura (21 €, 5½ Std.). Busse von **ARST** (☎800 865042; www.arst.sardegna.it, auf Italienisch) steuern die folgenden Fahrziele an:

REISEZIEL	PREIS (€)	FAHRZEIT (STD.)	HÄUFIGKEIT
Chia	4	1¼	10-mal tgl.
Iglesias	4,50	1–1½	2-mal tgl.
Nuoro	15,50	2½–5	2-mal tgl.
Oristano	7	1½	2-mal tgl.
Pula	3	¾	stündl.
Sassari	18,50	3¼	3-mal tgl.
Villasimius	4	1½	6–8-mal tgl.

FLUGZEUG Der Flughafen **Cagliari-Elmas** (☎070 21 12 11; www.sogaer.it) liegt 6 km nordwestlich des Stadtzentrums. Es gibt zahlreiche Flüge aufs italienische Festland und in viele europäische Großstädte. Im Sommer kommen noch Charterflüge dazu, die hier starten und landen.

SCHIFF/FÄHRE Der Fährhafen Cagliari befindet sich bei der Via Roma. Das größte Fährunternehmen, **Tirrenia** (☎892123; www.tirrenia.it; Via dei Ponente 1), betreibt ganzjährig Fähren nach Civitavecchia, Neapel, Palermo und Trapani. Die Tickets für die Überfahrt sind entweder im Hafen oder bei den Reisebüros erhältlich.

ZUG Der Hauptbahnhof von **Trenitalia** (www.trenitalia.it) liegt an der Piazza Matteotti. Die Züge steuern die folgenden Fahrziele in:

FAHRZIEL	PREIS (€)	FAHRZEIT (STD.)	HÄUFIGKEIT
Carbonia	4,50	1	7-mal tgl.
Golfo Aranci	18	5–7	5-mal tgl.
Iglesias	4	1	16-mal tgl.
Olbia	17	4	1-mal tgl.
Oristano	6	1–2	15-mal tgl.
Porto Torres	17	4¼	1-mal tgl.
Sassari	16	3¾	3-mal tgl.

ℹ Unterwegs vor Ort

AUTO & MOTORRAD Das Parken in den blauen Zonen kostet 1 € pro Stunde. Als Alternative bietet sich der günstig gelegene Parkplatz beim Bahnhof an (24 Std. 10 €). Bei **CIA Rent a Car** (☎070 65 65 03; www.ciarent.it, auf Italienisch; Via S Agostino 13) werden Fahrräder, Autos und Motorroller ab 10/29/30 € pro Tag verliehen, für alle, die unabhängig von den öffentlichen Verkehrsmitteln sein wollen.

BUS Die Busse von **CTM** (☎070 209 12 10; www.ctmcagliari.it, auf Italienisch) befahren Strecken im Stadtgebiet und im Umland. Eine einfache Fahrt kostet 1,20 € und ist 90 Minuten gültig; ein Tagesticket kostet 3 €.

VOM/ZUM FLUGHAFEN Busse fahren von der Piazza Matteotti zum Flughafen Elmas (4 €, 10 Min., 32-mal tgl.) und zwar ab 5.20 bis 22.30 Uhr. Zwischen 9 und 22.30 Uhr fahren die Busse zur vollen und halben Stunde ab. Eine Taxifahrt von oder zum Flughafen kostet die Fahrgäste rund 25 €.

TAXI Taxistände befinden sich an der Piazza Matteotti, Piazza della Repubblica und am Largo Carlo Felice. Telefonisch kann ein Taxi bei **Quattro Mori** (☎070 400 101) oder **Rossoblù** (☎070 66 55) gerufen werden.

ABSTECHER

EIN STRAND IN DER STADT

Eine kurze Busfahrt (Linien PF oder PQ) führt von der Piazza Matteotti zum fantastischen Stadtstrand **Poetto**, der sich 6 km weit entlang des grünen Promontorio di Sant'Elia erstreckt. Die Einheimischen nennen ihn liebevoll **Sella del Diavolo** („Teufelssattel“). Im Sommer kommt die Stadtjugend in Scharen hierher, um tagsüber am Strand zu liegen und bei Nacht in den zahlreichen Restaurants, Bars und Diskos entlang des Strandes zu feiern.

Der Strand ist bei Wassersportlern sehr beliebt, in den Strandclubs werden u. a. Kanus verliehen. An der Marina Piccola bietet der **Windsurfing Club Cagliari** (www.windsurfingclubcagliari.org; Viale Marina Piccola) unterschiedliche Kurse an. Ein Surfkurs mit sechs Unterrichtsstunden kostet 150 €, ein dreistündiger Einführungskurs 120 €.

RUND UM CAGLIARI

Im Osten und Norden von Cagliari liegt das einsame Küstengebiet Sarrabus, eine der am wenigsten erschlossenen Regionen Sardiniens. Im Zentrum erheben sich die rauen, grünen Gipfel der Monte dei Sette Fratelli („Die Sieben wilden Brüder“), ein wunderbar wildes Bergland, das von sieben Gipfeln überragt wird.

Östlich von Poetto verläuft die SP17 auf der gesamten Strecke nach Villasimius und weiter nördlich entlang der Costa Rei durch wunderschöne Landschaft, aber für manch einen bedenklich nahe am Wasser entlang.

Wenige Kilometer vor Villasimius biegt eine Straße scharf nach Süden ab; sie führt zur südöstlichsten Spitze Sardiniens, dem **Capo Carbonara**. Auf westlicher Seite der Halbinsel befinden sich eine Marina und die Ruine eines spanischen Wachturms, die **Fortezza Vecchia**. Im Süden lädt der schöne Sandstrand **Spiaggia del Riso** zum Baden ein. Östlich liegt die Lagune **Stagno Notteri**, in der sich im Winter auch Flamingos aufhalten. Seewärts liegt ein weiterer Traumstrand, die **Spiaggia del Simius** an einem karibisch blauen Meer.

Villasimius

Villasimius ist ein unbeschwerter Sommerferienort und Ausgangspunkt für Fahrten zu unglaublich feinsandigen Buchten, die sich die Küste entlang reihen. Am Porto Turistico, 3 km außerhalb der Stadt gelegen, werden Bootsausflüge (ca. 65 € pro Pers.) und Tauchfahrten (ab 36 €) zu nahen Riffs und Schiffswracks angeboten.

Von Mai bis September strömen Urlaubsgäste von überallher auf den Campingplatz **Spiaggia del Riso** (☎070 79 10 52; www.villaggiospiaggiadelriso.it; Località Campulongu; Camping 2 Pers., Auto & Zelt 21–40 €, 4B-Bungalows 80–160 €; 👪) in der Nähe des Porto Turistico. Der Platz ist hervorragend ausgestattet, im Sommer allerdings sehr überfüllt.

Von einem friedlichen Park umgeben ist das anziehende **Hotel Mariposas** (☎070 79 00 84; Viale Matteotti; EZ 74–132 €, DZ 96–170 €, FZ 116–200 €; P ❄ 📶 🏊 👪), es liegt nur ein paar Gehminuten vom Strand entfernt.

Unter freiem Himmel werden sardische Klassiker wie *burrida* (Katzenhai in Essigmarinade) und Spaghetti mit *ricci* (Seeigel) im **Ristorante Le Anforè** (☎070 79 20 32; Localitá Su Cordolinu; Mahlzeiten 30 €; ⏲Di–So) serviert.

Ganzjährig fahren ARST-Busse von und nach Cagliari (4 €, 1½ Std., 6–8 tgl.).

Costa Rei

Von Villasimius führt die SP17 die Küste hinauf zur Costa Rei. Etwa 25 km außerhalb von Villasimius liegt **Cala Sinzias**, ein hübscher Sandstrand mit zwei Campingplätzen. Rund 6 km weiter nördlich folgt das Feriendorf Costa Rei mit Wohnungen, Läden, Bars, Clubs und ein paar mittelmäßigen Restaurants. **Spiaggia Costa Rei** ist ein blendend weißer Sandstrand mit geradezu unwahrscheinlich klarem, blaugrünem Wasser.

Beim südlichen Eingang des Feriendorfes liegt **Camping Capo Ferrato** (☎070 99 10 12; www.campingcapoferrato.it; 2 Pers., Auto & Zelt 16–37,50 €), ein einladender Campingplatz mit direktem Zugang zum Strand; geöffnet ist er von Mai bis Oktober.

Im Norden der Feriensiedlung nimmt **Spiaggia Piscina Rei** das Thema blendend weißer Sand und türkisblaues Wasser wieder auf. Weitere Strände folgen entlang der Küste bis **Capo Ferrato**, dahinter führen befahrbare, aber unbefestigte Straßen weiter nach Norden.

Nora & Umgebung

Rund 30 km südwestlich von Cagliari befindet sich die Ausgrabungsstätte der einst mächtigen antiken Stadt **Nora** (Erw./erm. inkl. Museo Archeologico in Pula 6,50/2,50 €; ⏲9–19.30 Uhr). Bereits im 11. Jh. v. Chr. gründeten die Phönizier die Stadt, die an die Karthager und später an die Römer fiel. Unter römischer Herrschaft entwickelte sie sich zu einer der bedeutendsten Städte der Insel. Beim Betreten des Ausgrabungsgeländes fallen zunächst eine einzelne melancholische **Tempelsäule** und dann ein kleines, aber wunderschön konserviertes römisches **Theater** auf. In westlicher Richtung liegen die eindrucksvollen Überreste der **Terme al Mare** (Bäder am Meer). Vier Säulen bilden den Mittelpunkt einer patrizischen Villa, die dekorativen Mosaikfußböden der angrenzenden Räume blieben erhalten.

Im nahe gelegenen **Pula** zeigt das nur aus einem Saal bestehende **Museo Archeologico** (☎070 920 96 10; Corso Vittorio Emanuele 67; Eintritt 2,50 €, inkl. Nora 6,50 €; ⏲Sommer Di–So 9–20 Uhr, Winter Di–So 9–17.30 Uhr) Funde aus Nora. Zu sehen sind Keramiken aus punischen und römischen Gräbern, Schmuckstücke aus Gold und Knochen, römische Glasgegenstände u. ä.

Weitere Informationen über Pula und das Umland haben die hilfreichen Mitarbeiter der **Touristeninformation** (☎347 237 78 42; Piazza del Popolo; ⏲Mo–Fr 9–13 & 15–19, Sa 9–13 Uhr) parat, man findet sie bei der Piazza del Popolo, dem Mittelpunkt der Stadt.

Von Pula führt die SS195 an der Küste entlang nach Chia und folgt der schönen Costa del Sud (Südküste). Einen Blick aufs Meer genießt allerdings nur derjenige, der in einem der Ferienhotels an der Küste wohnt.

Die Hotelunterkünfte an diesem Teil der Küste sind in der Regel teuer, es gibt aber auch einige günstige, unabhängig geführte Hotels. Abseits der Straße nach Santa Margherita di Pula finden sich zwei Alternativen: **B&B S'Olivariu** (☎339 3674088; SS195 Km 33, Santa Margherita di Pula; EZ 35–60 €, DZ 70–120 €; ❄👪) – ein hinreißendes, authentisches B&B auf einem von duftenden Obstbäumen umgebenen Bauernhof – und der Zeltplatz **Camping Flumendosa** (☎070 920 83 64; www.campingflumendosa.it; SS195 Km 3, Santa Margherita di Pula; Camping 2 Pers., Auto & Zelt 33 €; 👪), der zwischen Pinien und Eukalyptusbäumen in Strandnähe liegt. In der Nebensaison ist das Zelten in dieser Gegend sehr angenehm: Die Temperaturen sind kühler als im Hochsommer, und an den Stränden geht es ruhiger zu.

Regelmäßige Busverbindungen bestehen zwischen Pula und Cagliari (3,50 €, 45 Min.). Von Pula fahren regelmäßig Shuttlebusse in das 4 km entfernte antike Nora (1 €).

ABSTECHER

TRENINO VERDE

Wer etwas Zeit mitbringt, kann das raue Herz Sardiniens auf langsame, nostalgische Weise kennenlernen. Die Schmalspurbahn **Trenino Verde** (www.treninoverde.com) befährt vier Strecken: Mandas – Arbatax, Isili – Sorgono, Macomer – Bosa und Sassari – Palau. Die kurvenreiche Strecke Mandas – Arbatax ist besonders spektakulär: Sie durchquert das abgelegene Hochland des Parco Nazionale del Golfo di Orosei e del Gennargentu.

Vom Bahnhof an der Piazza Repubblica in Cagliari nimmt man zunächst die Metro nach Monserrato, von dort fahren Anschlusszüge nach Mandas. Der Trenino Verde ist von Mitte Juni bis Anfang September unterwegs.

Costa del Sud & Umgebung

Sie zählt zu den schönsten Küstenabschnitten im südlichen Sardinien: Die 25 km lange Costa del Sud verbindet **Chia** und **Porto Teulada**. Die beiden bildschönen Strände von Chia sind bei Wind- und Kitesurfern beliebt; oberhalb der goldgelben Sandstreifen erhebt sich ein mittelalterlicher Wachturm. 3 km entfernt befindet sich bei **Tueredda** ein weiterer herrlicher Strand. Die Straße führt weiter zu einem Aussichtspunkt hoch oben am **Capo Malfatano**, von dem aus sich ein wunderschöner Rundblick bietet.

Günstige Unterkünfte findet man auf den beiden Campingplätzen am jeweiligen Ende dieses Küstenabschnitts – die Gegend eignet sich hervorragend zum Zelten. In Chia liegt der **Campeggio Torre Chia** (☎070 923 00 54; www.campeggiotorrechia.it; Camping 2 Pers., Auto & Zelt 36 €) nur wenige Hundert Meter vom Strand entfernt und ist entsprechend überlaufen; 25 km weiter westlich liegt der

Zeltplatz **Portu Tramatzu Camping Comunale** (☎070 928 30 27; Località Porto Tramatzu; Camping 2 Pers., Auto & Zelt 35 €; ⊙Sommer) mit schlichter Ausstattung, aber einem Tauchzentrum bei Porto di Teulada.

Etwa 25 km landeinwärts befinden sich die **Grotte Is Zuddas** (☎0781 95 57 41; www.grotteiszuddas.com, auf Italienisch; Erw./erm. 9/6 €; ⊙Sommer tgl. 9.30–12 & 14.30–18 Uhr, Winter Mo–Fr 12–16, Sa–So 9.30–12 & 14.30–18 Uhr), eine spektakuläre, weit verzweigte Anlage von Tropfsteinhöhle.

Zwischen Cagliari und Chia fahren Busse (4 €, 1¼ Std., 10-mal tgl.). Von Mitte Juni bis Mitte September befahren täglich zwei Busse die Costa del Sud.

IGLESIAS & DER SÜDWESTEN

Iglesias

27 593 EW.

Rund um die Stadt Iglesias liegen die gespenstischen Reste der ehemals blühenden Bergbauindustrie Sardiniens. Die historische Altstadt mit lebendigen Plätzen, verblichenen Fassaden und schmiedeeisernen Balkonen im aragonesischen Stil strahlt eine Atmosphäre aus, die gleichermaßen spanisch und sardisch ist. Das liegt daran, dass die Aragonier hier im 15. Jh. das Sagen hatten. Wer Ostern in der Stadt verbringt, kann ungewöhnliche, von Trommelwirbeln begleitete Kar-Prozessionen miterleben wie sie sonst nur in Sevilla üblich sind.

Die Römer nannten den Ort Metalla – nach den kostbaren Blei- und Silbervorkommen vor Ort. Im 19. Jh. fanden Archäologen Bergbaugeräte aus der Zeit der Karthager.

Sehenswertes

Centro Storico HISTORISCHE ALTSTADT

Mittelpunkt der Stadt ist die **Piazza Quintino Sella**, sie wurde im 19. Jh. auf einem Feld angelegt, das sich ursprünglich außerhalb der Stadtmauer befand. Nahe der Piazza führen verwitterte Stufen zu einem stämmigen Turm hinauf, dem einzigen Überrest des **Castello Salvaterra**. Die pisanische Festung entstand im 13. Jh. Ein erhalten gebliebenes Stück der nordwestlichen Stadtmauer verläuft entlang der Via Campidano.

Die Ostseite der Piazza del Municipio im Herzen des *centro storico* wird vom **Dom** (Piazza del Municipio) dominiert. Seine schöne Fassade im pisanischen Stil blieb ebenso wie der Glockenturm mit gestreiftem Mauerwerk original erhalten; das Innere ist zurzeit geschlossen.

GRATIS **Museo dell'Arte Mineraria** MUSEUM

(☎0781 35 00 37; www.museoartemineraria.it; Via Roma 47; ⊙Sommer Sa–So 7–21 Uhr, übrige Zeit nach Vereinbarung) Das Museum in einer ehemaligen Bergarbeiterschule dokumentiert die Geschichte des Bergbaus in Iglesias. Besucher können sich in den nachgebauten Minenschächten einen Eindruck von den harten Arbeitsbedingungen der Bergarbeiter verschaffen.

Schlafen & Essen

La Babbajola B&B B&B €

(☎347 614 46 21; www.lababbajola.it; Via Giordano 13; Zi. pro Pers. 25–30 €; 👪) Das gemütliche und heimelige B&B wird in einem prächtigen alten Stadthaus mitten im *centro storico* von der freundlichen Carla und ihrer Mutter betrieben. Zur Auswahl stehen ein Miniapartment und drei große Doppelzimmer, jedes davon hat einen Fußboden mit gemusterten alten Fliesen, leuchtenden Farben und geschmackvoller Möblierung. Den Gästen stehen eine Küche und ein Fernsehzimmer zur Verfügung. Zwei der drei Doppelzimmer teilen sich ein Badezimmer.

Eurohotel HOTEL €€

(☎0781 226 43; www.eurohoteliglesias.it; Via Fratelli Bandieri 34; EZ 60–80 €, DZ 85–110 €; P ❄) Das einladende Hotel liegt fünf Gehminuten vom Stadtzentrum entfernt und erinnert mit seinem Eingang in Form eines Säulenganges und dem glitzernden Prunk entfernt an eine verkitschte pompejanische Villa. Das Restaurant ist ein netter Ort für ein solides Abendessen (25–30€).

Pintadera OSTERIA €€

(☎0781 251 864; Via Mannu 22–24; Mahlzeiten 35–40 €; ⊙tgl.; 👪) Ein Essen im Pintadera ist etwas Besonderes. Die einladende, ungezwungene Osteria ist ein Familienbetrieb in der Altstadt. Die Fleischgerichte – Pasta mit Wurstsoße, Ziegen-, Hammel- oder Rindfleisch – sind allesamt zu empfehlen.

An- & Weiterreise

Busse nach Cagliari (4,50 €, 1–1½ Std., 2-mal tgl.) halten und fahren an der Via XX Settembre ab. Fahrkarten gibt es in der **Bar Giardini** (Via Oristano 8) gegenüber vom Park. Der Bahnhof liegt an der Via Garibaldi und befindet sich 15 Gehminuten vom Stadtzentrum entfernt. Bis zu 16 Züge fahren täglich nach Cagliari (3,85 €, 1 Std., 16-mal tgl.).

Rund um Iglesias

An einer kurvenreichen Straße, 15 km nördlich von Iglesias (sie führt nach Fluminimaggiore), liegt der sandfarbene **Tempio di Antas** (☎0781 58 09 90; Erw./erm. 3/2 €; ⏲Sommer 9.30–19.30 Uhr, Winter Di–So 9.30–16.30 Uhr), ein imposanter römischer Tempel in idyllischer Landschaft. Im 3. Jh. ließ der römische Kaiser Caracalla ihn an der Stelle eines punischen Heiligtums aus dem 6. Jh. v. Chr. erbauen; in noch älterer Zeit befand sich auf dem Gelände eine Siedlung der Nuragher. Beim Ticketbüro beginnt der markierte Wanderweg *Antica Strada Romana, Antas Su Mannau* zu den spärlichen Überresten dieser Siedlung. Von dort wandert man rund 1½ Stunden zur **Grotta de Su Mannau** (☎0781 58 04 11; www.sumannau.it; Erw./erm. 6/3,10 €; ⏲Sommer 9.30–18.30 Uhr, Winter bis 17.30 Uhr). Die bizarren Felsformationen der 8 km langen Höhle sind faszinierend.

10 km östlich von Iglesias liegt das unscheinbare Städtchen **Domusnovas** inmitten eines beliebten Klettergebiets, das zu den abwechslungsreichsten Sardiniens zählt. Das weite Land wird von Kalksteinfelsen, Klippen und Höhlen unterbrochen, hier finden Klettersportler ideale Bedingungen vor. Fachliche Detailinformationen bieten die Internetseiten www.climb-europe.com/sardinia und www.sardiniaclimb.com.

4 km nördlich der Stadt gelegen, bietet die 850 m lange **Grotta di San Giovanni** einen überaus imposanten Anblick. Täglich verbinden acht Busse Iglesias und Domusnovas (1 €, 15 Min.).

Die Küste des Iglesiente

8 km westlich von Iglesias liegt der Strand von **Funtanamare** (auch: Fontanamare). Von Funtanamare führt die Küstenstraße SP83 in nördliche Richtung und bietet sensationelle Ausblicke auf ihrem kurven- und steigungsreichen Weg. Noch bevor man das 5,5 km entfernte **Nebida** erreicht, kommt der 133 m hohe **Scoglio Pan di Zucchero** (Zuckerhutfelsen), der größte von mehreren *faraglioni* (aus dem Meer aufragenden Felsen) in Sicht. Das kleine, ziemlich trostlose Städtchen Nebida, eine ehemalige Bergarbeiterstadt, liegt hoch über dem Meer. Am südlichen Eingang des langgestreckten Ortes befindet sich die *pensione* **Pan di Zucchero** (☎0781 4 71 14; www.hotelpandizucchero.it; Via Centrale 365; EZ/DZ 50/65 €, HP pro Pers. 70 €), ein gemütlicher Familienbetrieb mit gepflegten, bescheiden eingerichteten Zimmern und einem Restaurant (Mahlzeiten 30–35 €), das seinen Gästen schöne Ausblicke bietet.

Wenige Kilometer nördlich liegt eine weitere (ehemalige) Bergarbeiterstadt: **Masua**. Von oben gesehen wirkt sie ziemlich unschön, ist aber nicht ohne Reiz. Hauptanziehungspunkt des Städtchens ist der einzigartige Bergwerkshafen **Porto Flavia** (⏲nicht öffentlich zugänglich). 1924 wurde ein 600 m langer Zwillingstunnel durch die Klippen zum offenen Meer getrieben. In der unteren der beiden Röhren transportierte ein Fließband Zink- und Bleierz aus den unterirdischen Lagerstätten. Mit einem technisch ausgeklügelten Schwenkarm wurde das Roherz auf die direkt darunter ankernden Schiffe verladen.

Örtliche Busse verkehren zwischen Iglesias und Masua mit Zwischenhalt in Nebida (1,50 €, 30 Min., 10-mal tgl.).

Hinter Masua liegt der kühle Sandstrand **Cala Domestica** (ausgeschildert ab der SP83) wie ein Keil in einem natürlichen Meeresarm. **Buggerru**, der größte Ort an diesem Küstenabschnitt und ebenfalls eine ehemalige Bergarbeitersiedlung, besitzt außer einer nützlichen **Touristeninformation** (☎0781 540 93; SP83; ⏲7–20.30 Uhr) an der Hauptstraße kaum etwas Anziehendes. Falls die Touristeninformation geschlossen ist, kann man in der angrenzenden Bar nach Informationen fragen.

Von Buggerru führt eine Straße einige Kilometer weit in großer Höhe an den Klippen entlang und senkt sich dann zur **Spiaggia Portixeddu** hinab, einem der schönsten Strände der Gegend. An seinem südlichen Ende befindet sich das **Ristorante San Nicolò** (☎0781 5 43 59; Località San Nicolò; Pizzas/Mahlzeiten 7/30 €), in dem man Pizza und frischen Fisch speisen kann.

Unterkünfte sind in dieser Gegend rar gesät. Das **Hotel Golfo del Leone** (☎0781 549 52; www.golfodelleone.it; Località Caburu de Figu; EZ 50–110 €, DZ 63–180 €) besticht durch sonnige Zimmer mit Meerblick, der Strand liegt 1 km entfernt. Der Service des Hotels ist freundlich, hilfsbereite Mitarbeiter organisieren auf Wunsch der Gäste auch Reitausflüge. Im angrenzenden Restaurant wird den Gästen recht gutes, ortstypisches Essen (25–30 € pro Pers.) serviert.

Im Hinterland gibt es mehrere Angebote für *agriturismo* (Agrotourismus, Urlaub auf dem Bauernhof), z. B. **Biologico Fighezia** (☎348 069 83 03; www.agriturismofighezia.it; Località Fighezia, Fluminimaggiore; HP pro Pers. 55–60 €, B&B im Winter pro Pers. 35–40 €). Das Anwesen liegt in einer ruhigen Landschaft, die hüttenartigen Zimmer mit Blick ins Grüne sind mit Terrakottafliesen, massiven Holzmöbeln und eigenen Terrassen ausgestattet. Das Abendessen wird den Gästen an einer langen Tafel auf der Terrasse des Haupthauses serviert.

Carbonia & Umgebung

29 821 EW.

Viel entgeht einem nicht, wenn man einen Bogen um **Carbonia** macht. Die trostlose Stadt entstand unter Mussolini als Arbeitersiedlung für das nahe Braunkohlebergwerk Sirai-Serbariu. In der Nähe gibt es jedoch Sehenswürdigkeiten, die einen Abstecher lohnen. Das **Museo del Carbone** (☎0781 67 05 91; www.museodelcarbone.it; Località Grande Miniera di Serbariu; Erw./erm. 6/4 €; ⏲Sommer tgl. 10.30–19.30 Uhr, Winter Di–So 10–18 Uhr) bietet dank einer interessanten Sammlung an Maschinen, Fotos und Gerätschaften sowie Führungen in klaustrophobisch enge Minenschächte interessante Einblicke in das Leben der Bergarbeiter von Carbonia.

Sant'Antioco & San Pietro

18 330 EW.

Die beiden Inseln liegen vor der südwestlichen Küste Sardiniens und haben einen ganz unterschiedlichen Charakter. Beliebte Sommerreiseziele sind sie beide, doch Isola Sant'Antioco, die größere und besser erschlossene der beiden, wirkt mit ihrer schroffen Felsensilhouette und einem unschönen Industriehafen auf den ersten Blick nicht gerade idyllisch. Mit pastellfarbenen Häusern und auf den Wellen tanzenden bunten Fischerbooten entspricht Isola di San Pietro, in nur einer halben Stunde Fahrzeit erreichbar, viel eher dem Bild einer perfekten Ferieninsel.

Sehenswertes & Aktivitäten

In Sant'Antioco ist die hoch gelegene **Basilica di Sant'Antioco Martire** (Piazza Parrocchia 22) aus dem 5. Jh. besonders sehenswert: Die Kirche besitzt neben ihrer edlen Schlichtheit ein ausgedehntes System an schaurigen **Katakomben** (Führungen 3 €).

Am Ortsrand befindet sich das hervorragende **Museo Archeologico** (☎0781 821 05; www.archeotur.it, auf Italienisch; Eintritt 6/3,50 €; ⏲9–19 Uhr) mit einer faszinierenden Sammlung archäologischer Fundstücke aus der Region.

Einladende Strände sind **Maladroixa** und die **Spiaggia Coa Quaddus** an der Ostküste der Insel.

Am besten lässt sich die entspannte Atmosphäre von **Carloforte**, dem Hauptort der Insel Isola San Pietro, bei einem Bummel durch die Straßen genießen. **Cartur Dea** (☎0781 85 43 31; Molo Tagliafico) ist einer von mehreren Veranstaltern am Strand, die Bootstouren zur Insel anbieten (30 € pro Pers.). In Carloforte wird alljährlich Ende Mai oder Anfang Juni das vier Tage dauernde Festival **Girotonno** (www.girotonno.org) gefeiert. Das Großereignis des Jahres feiert den traditionellen Thunfischfang, den man auf der Insel *mattanza* nennt.

Schlafen

Hotel California HOTEL €

(☎0781 85 44 70; www.hotelcaliforniacarloforte.it; Via Cavallera 15, Carloforte; EZ 35–50 €, DZ 45–90 €) Der unglaublich freundlich Familienbetrieb liegt in einer Wohnstraße von Carloforte, nur ein paar Straßen von der Strandpromenade (*lungomare*) entfernt. Das Haus ist schlicht, doch die geräumigen, sonnendurchfluteten Zimmer sind sehr angenehm gestaltet. Die ruhige Lage sorgt für eine ungestörte Nachtruhe.

Hotel Moderno HOTEL €

(☎0781 831 05; www.albergoristorantemoderno.com; Via Nazionale 82, Sant'Antioco; EZ 45–60 €, DZ 70–100 €; ❄) Das helle, einladende Hotel an der Hauptstraße nach Sant'Antioco vermietet Zimmer mit einer angenehmen Farbwahl in Creme und Lachs, die Betten sind groß und kuschelig. In einem luftigen Restaurant (April–Okt. geöffnet) im unteren Geschoss wird eine große Auswahl an heimischem Fisch serviert.

Essen

Thunfisch nimmt einen wichtigen Platz in der Regionalküche der Insel San Pietro ein; er erscheint auf fast allen Speisekarten der Inselrestaurants (allerdings nur von Mai bis August).

Ristorante 7 Nani TRATTORIA €€
(☎0781 84 09 00; Via Garibaldi 139; Pizzas/Mahlzeiten 7/30 €; ⊙Mi–Mo) Die lässige Trattoria in Sant'Antioco ist mit schlichten Holztischen, einer Gartenterrasse und Bildern von Schneewittchen und den sieben Zwergen ausgestattet. Die Pizzas aus dem Holzofen sind erstklassig gebacken, die Fischgerichte werden frisch zubereitet, und als süßen Abschluss gibt es einen *mirto* (ortstypischen Beerenlikör).

Osteria della Tonnara OSTERIA €€
(☎078 185 57 34; Corso Battellieri 36; Mahlzeiten 35 €; ⊙Juni–Sept.) Die Osteria steht unter der Leitung der Thunfischkooperative der Isola San Pietro: Alleine schon deshalb ist das Tonnara die richtige Adresse, um *tonno alla carlofortina* (gebratenen Thunfisch mit Tomatensauce) zu probieren. Eine Reservierung ist notwendig. Kreditkarten werden nicht akzeptiert.

ℹ Praktische Informationen

Touristeninformation San Pietro (☎0781 85 40 09; www.prolococarloforte.it, auf Italienisch; Piazza Carlo Emanuele III 19; ⊙10–13 & 17–20 Uhr); Sant'Antioco (☎0781 8 20 31; Via Roma 43; ⊙Mo–Fr 10.30–13 & 16.30–18.30 Uhr)

ℹ Anreise & Unterwegs vor Ort

Sant'Antioco ist über eine Brücke mit dem Festland verbunden und per Bus von Iglesias (3 €, 1¾ Std.) und Carbonia (1 €, 50 Min.) aus zu erreichen. Zur Isola San Pietro (Carloforte) fahren Fähren von Portovesme (pro Pers./Auto 6/20 €, 30 Min., mind. 15-mal tgl.) oder von Calasetta zur Isola Sant'Antioco (pro Pers./Auto 1,70/15 €, 13-mal tgl.).

Örtliche Buslinien fahren ins Umland von Sant'Antioco, im Sommer gibt es auch auf San Pietro ein paar wenige Busverbindungen. Fahrkarten kosten 1 €.

Costa Verde

Vom Capo Pecora im Süden bis zum kleinen Ferienort Torre dei Corsari erstreckt sich eine der schönsten und ursprünglichsten Küsten, die Costa Verde (Grüne Küste). Es ist eine wilde, hinreißend schöne Landschaft mit spektakulären, unberührten Stränden.

Die beiden schönsten Strände der Küste erreicht man, indem man von Portixeddu landeinwärts auf der SS126 in Richtung Arbus fährt. Hinweisschilder weisen nach Gennamari, Bau und zur **Spiaggia Scivu**: Der goldgelbe Sandstrand wird von 70 m hohen Dünen begrenzt. 4 km von der Abzweigung nach Gennamari und Bau entfernt, erreicht man eine weitere Abzweigung zur Geisterstadt **Ingurtosu**, einer ehemaligen Bergbausiedlung. Folgt man dieser Straße, erreicht man die herrliche **Spiaggia Piscinas**, einen weiten, absolut unberührten Sandstrand, der wie ein Keil zwischen imposanten, wüstenartigen Dünen und dem wilden, tosenden Meer liegt. Vorsicht: Die Straße zum Strand ist auf einer Strecke von mindestens 10 km unbefestigt.

Wer länger bleiben möchte, findet zwischen Montevecchio und Torre dei Corsari eine hervorragende Unterkunft, den **Agriturismo L'Oasi del Cervo** (☎347 301 13 18; www.oasidelcervo.com; Località Is Gennas Arbus; HP pro Pers. 43–60 €) – authentischer geht es nicht. Ein 2,5 km langer, von der SP65 abzweigender Feldweg führt zu einem landwirtschaftlichen Betrieb inmitten einer stillen, grünen Hügellandschaft. Die Zimmer sind sehr einfach gehalten, wofür aber die Lage und das erstklassige Essen aus eigener Erzeugung entschädigen.

Wer die Costa Verde erkunden will, benötigt ein Auto. Im Juli und August fährt allerdings auch täglich ein Bus von Oristano nach Torre dei Corsari (4 €, 1½ Std.).

NICHT VERSÄUMEN

TOP FIVE: STRÄNDE

» **Spiaggia Piscinas** (s. unten)
» **Chia** (S. 999)
» **Spiaggia del Principe** (S. 918)
» **Is Aruttas** (S. 908)
» **Cala Mariolu** (Kasten S. 929)

ORISTANO & DER WESTEN

Oristano

32 156 EW.

Elegante Einkaufsstraßen, prunkvolle Plätze und beliebte Cafés machen das Stadtzentrum von Oristano zu einem anregenden Ausgangspunkt für weitere Ausflüge in diesen Teil der Insel. Die Stadt wurde im 11. Jh. gegründet und ist die Hauptstadt des Giudicato d'Arborea, einer der vier unabhängigen

Provinzen Sardiniens. Eleonora d'Arborea, die streitbare Volksheldin der Sarden, kam 1383 als Richterin an die Spitze des *giudicato* und führte einen erbitterten Widerstand gegen die spanische Fremdherrschaft an. Doch mit ihrem Tod endete auch der Widerstand gegen die Spanier: Oristano fiel an das übrige, vom Königreich Aragón besetzte Sardinien. Das außergewöhnliche Gesetzeswerk von Eleonora d'Arborea, die Carta di Logu, ist bis heute fest im Gedächtnis der Sarden verankert. Es ist eine Sammlung aller zu Eleanors Zeit relevanten Gesetzestexte, beinhaltete Land- und Eigentumsrechte und führte einen Katalog von Frauenrechten ein.

Sehenswertes

Centro Storico HISTORISCHE ALTSTADT

Einer der wenigen Überreste der mittelalterlichen Vergangenheit Oristanos ist die **Torre di Mariano II** (Piazza Roma) aus dem 13. Jh. Das ehemalige nördliche Stadttor war ein wichtiger Teil der Befestigungsmauern der Stadt. Von dort führt der Corso Umberto I, eine Fußgängerzone, zur Piazza Eleonora d'Arborea, dem eleganten Freiluftwohnzimmer Oristanos. Im Mittelpunkt steht das prachtvolle **Standbild von Eleonora** aus dem 19. Jh. Eleonora wirkt mit ihrer erhobenen Hand, als sei sie im Begriff, einen

Oristano

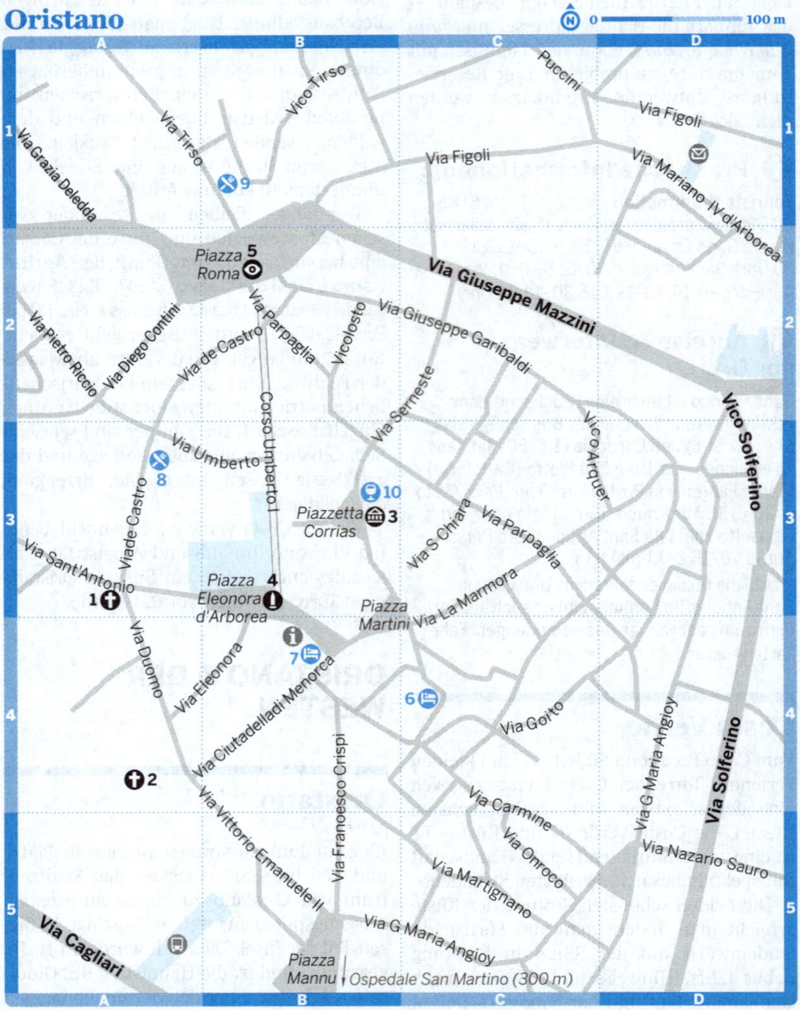

Vortrag über Politik zu beginnen. Ganz in der Nähe steht die neoklassizistische **Chiesa di San Francesco** (Via Sant'Antonio), sie birgt eine Holzskulptur aus dem 14. Jh., das *Crocifisso di Nicodemo* – es gilt als eines der kostbarsten Holzbildwerke Sardiniens. Die Via Duomo entlang geht es zum **Dom** (Piazza del Duomo), der im 13. Jh. gebaut und im 18. Jh. umgestaltet wurde. Der frei stehende Glockenturm *(campanile)* wird von einer auffallend exotischen Majolikakuppel gekrönt, er verleiht der Stadtsilhouette ein fast byzantinisches Erscheinungsbild.

3 km südlich von Oristano steht bei Santa Giusta die **Basilica di Santa Giusta** aus dem 12. Jh., sie zählt zu den schönsten Beispielen romanischer Kirchen in toskanischem Stil auf Sardinien.

Museo Antiquarium Arborense MUSEUM
(☎0783 79 12 62; www.antiquariumarborense.it, auf Italienisch; Piazza Corrias; Erw./erm. 3/1 €; ⌚9–14 & 15–20 Uhr) Das Museum besitzt eine der bedeutendsten archäologischen Sammlungen der Insel mit prähistorischen Fundstücken von der Halbinsel Sinis und Funden aus karthagischer und römischer Zeit, die bei Tharros freigelegt wurden. Dazu kommt eine kleine Sammlung von Retabeln (Altaraufsätzen), darunter eine dekorative Bilderfolge franziskanischer Heiliger, der sogenannte *Retablo del Santo Cristo* aus dem 12. Jh.

Feste & Events

Sa Sartiglia RELIGIÖSES FEST
Der Karneval in Oristano, Sa Sartiglia, gehört zu den größten Festen Sardiniens. Ganze zwei Tage lang, immer am Faschingssonntag und am *martedí grasso* (Faschingsdienstag), werden spektakuläre mittelalterliche Ritterturniere mit entsprechend kostümierten Reitern und verblüffenden akrobatischen Kunststücken hoch zu Ross veranstaltet.

Oristano

Sehenswertes

Schlafen

Essen

Ausgehen

Schlafen

LP TIPP **Eleonora B&B** B&B €
(☎0783 7 04 35; www.eleonora-bed-and-breakfast.com; Piazza Eleonora d'Arborea 12; EZ 35–50 €, DZ 60–70 €, Apt. 80 €; ❄📶) Das B&B zählt zu den anziehendsten seiner Art auf der Insel: Das Eleonora wurde in einem mittelalterlichen Palast an der zentralen Piazza von Oristano eingerichtet. Die Zimmer sind geschmackvoll mit antiken Möbeln ausgestattet, die Fußböden mit prachtvollen alten Fliesen bedeckt. WLAN-Verbindungen ins Internet sind ebenfalls vorhanden. Zusätzlich wird noch ein elegantes Zwei-Zimmer-Apartment unterm Dach vermietet, das sich sehr gut für einen längeren Aufenthalt eignet.

B&B L'Arco B&B €
(☎0783 7 28 49; www.arcobedandbreakfast.it; Vico Ammirato 12; EZ/DZ ohne Bad 40/65 €) Das gemütliche L'Arco liegt in einem Privathaus, versteckt in einer ruhigen Sackgasse bei der Piazza Martini. Es gibt nur zwei Gästezimmer, die aber sehr viel Platz bieten und geschmackvoll mit Holzbalken, Terrakottafliesen und dunklen Holzmöbeln ausgestattet sind. Das Frühstück wird in der Küche der Gastgeberfamilie serviert, in der oberen Etage gibt es eine kleine Terrasse.

Essen & Ausgehen

LP TIPP **Trattoria Gino** TRATTORIA €€
(☎0783 7 14 28; Via Tirso 13; Mahlzeiten 25–30 €; ⌚Mo–Sa) Die wunderbar einfache Trattoria verfügt nur über einen einzigen, hübschen Raum. Die Qualität des Essens macht verständlich, warum die Beliebtheit des Gino seit den 1930er-Jahren ungebrochen ist. Besonders gut sind die einfachen, duftenden Salbei- und Ricotta-Ravioli und *seppia* (Tintenfisch) vom Holzkohlegrill mit frischen Kirschtomaten. Vorsicht ist beim Zitronen-Sorbetto geboten – es wird mit einem Schuss Wodka serviert!

Ristorante Craf OSTERIA €€
(☎0783 7 06 69; Via de Castro 34; Gerichte 35–40 €; ⌚Mo–Sa) Die Osteria hat bei den Ein-

heimischen einen guten Ruf. Die Speiseräume mit Ziegelsteingewölben liegen in einem ehemaligen Kornspeicher aus dem 17. Jh. Die folkloristischen Ziergegenstände unter niedrigen Decken können beengend, aber auch sehr gemütlich wirken. Eine herzhafte ländliche Küche dominiert auf der Speisekarte – z. B. *panne frattau* (sardische Brotsuppe), Pasta mit Hülsenfrüchten, Grillgerichte (auch mit Fleisch vom Esel – *asinello*) und hausgemachte *amaretti* (Mandelgebäck).

Lola Mundo TRATTORIA €
(Piazzetta Corrias 14; ⏲Mo–Sa) Mit Tischen auf der Piazza und entspannender Musik ist das Lola Mundo ein angenehmer Ort, um bei einem Drink zu entspannen und die Welt an sich vorbeiziehen zu lassen. Sehr beliebt bei den Einheimischen.

Praktische Informationen

Farmacia San Carlo (☎0783 7 11 23; Piazza Eleonora d'Arborea 10/11) Mit allem Notwendigen ausgestattete Apotheke.

Genius Point (Via Pietro Riccio 4; Std. 4 €; ⏲Mo–Sa 8.30–13 & 16–20 Uhr) Internetzugang.

Ospedale San Martino (☎0783 31 71; Piazza San Martino) Städtisches Krankenhaus.

Post (Via Mariano IV d'Arborea)

Touristeninformation (☎0783 368 32 10; turismo@provincia.or.it; Piazza Eleonora d'Arborea 19; ⏲Mo–Fr 9–13 & Mo–Do 16–18.30 Uhr) Freundliche, Englisch sprechende Mitarbeiter informieren gern über Oristano und die Region.

An- & Weiterreise

Vom Busbahnhof an der Via Cagliari steuern Busse die folgenden Fahrziele an:

REISEZIEL	PREIS (€)	FAHRZEIT (STD.)	HÄUFIGKEIT
Cagliari	7	1½	2-mal tgl.
Nuoro	7	2½	6-mal tgl.
Santa Giusta	1	¼	Alle 30 Min.
Sassari	8-10	2	3-mal tgl.

Der Hauptbahnhof liegt an der Piazza Ungheria östlich vom Stadtzentrum. Bis zu 15 Züge verkehren täglich zwischen Oristano und Cagliari (6 €, 1–2 Std.).

Die Stadtbusse der blauen Linie *Azzurra* fahren von der Via Cagliari zum Strand bei der Marina di Torregrande (1 € oder beim Fahrer 1,20 €, 20 Min.).

Barumini & Umgebung

Inmitten der üppiggrünen Landschaft bei Barumini liegt die **Nuraghe Su Nuraxi** (www.nuraghi.org; Erw./erm. 7/5 €; ⏲Sommer 9–19 Uhr, Frühling & Herbst 9–18 Uhr, Winter 9–16 Uhr), die einzige Weltkulturerbestätte Sardiniens und die meistbesuchte Nuraghensiedlung der Insel. Besonders auffällig ist ein Rundturm aus der Zeit um 1500 v. Chr., der ursprünglich allein stand, später jedoch in eine Befestigungsanlage einbezogen wurde. Die frühesten Dorfbauten entstanden in der Eisenzeit, aus ihnen setzte sich der Kreis aus ineinander verwobenen Bauten zusammen, deren Ruinen im Gras verstreut sind.

Ein geschmackvoll umgebauter Bauernhof, der **Albergo Sa Lolla** (☎070 936 84 19; www.wels.it/salolla; Via Cavour 49, EZ/DZ 50/70 €; P❄✉) in Barumini, bietet Übernachtungsgästen sieben luftige Zimmer und ein hervorragendes Restaurant (Mahlzeiten 30 €). Das Frühstück kostet 6 € extra.

5 km westlich von Barumini liegt das Dorf **Tuili**, das Tor zur Hochebene **La Giara di Gesturi**. Auf dem Basaltplateau lebt eine berühmte Herde kleiner Wildpferde, die *cavallini* (wörtlich „Minipferde"). Am ehesten sind die Tiere an den periodisch Wasser führenden Seen (*pauli*) entweder zur Morgen- oder in der Abenddämmerung zu sehen.

25 Straßenkilometer weiter in östlicher Richtung stößt man auf das kleine Dorf Serri und das **Santuario Santa Vittoria di Serri** (Erw./erm. 4/2 €; ⏲Sommer 9–19 Uhr, Winter 9–17 Uhr), die ausgedehnteste Nuraghensiedlung, die auf Sardinien freigelegt wurde.

An Werktagen fahren drei Busse von Cagliari nach Barumini (4,50 €, 1½ Std.), ansonsten benötigt man ein eigenes Auto.

Halbinsel Sinis

Im Westen von Oristano liegt die Halbinsel Sinis, die mit ihren spiegelglatten Lagunen, dem tiefliegendem Land und den schneeweißen Stränden eine Welt für sich darstellt. Die größte Sehenswürdigkeit in diesem Teil der Insel ist die antike Stadt Tharros.

THARROS & UMGEBUNG

Das bewegte, blaue Meer am Golfo di Oristano bildet eine ideale Kulisse für die Ruinen des antiken **Tharros** (☎0783 39 73 06; Eintritt inkl. Museo Civico in Cabras 5 €; ⏲Sommer 9–20 Uhr, Winter 9–17 Uhr). Von den Phöniziern wurde die Stadt im 8. Jh. v. Chr. gegrün-

RÄTSEL DER FRÜHGESCHICHTE

Geheimnisvoll und unverständlich erscheinen dem ungeübten Blick die seltsamen Steinkreise, auf die man immer wieder im Hinterland Sardiniens stößt. Für Archäologen sind sie ein seltenes Fenster zur dunklen Welt der Nuragher aus der Bronzezeit. Auf der ganzen Insel gibt es vermutlich 7000 solcher *nuraghi* (Steintürme), die zumeist zwischen 1800 und 500 v. Chr. errichtet wurden. Niemand kann mit absoluter Sicherheit sagen, wozu sie dienten, die meisten Fachleute halten sie aber für Wehrtürme.

Noch bevor sie auf die Idee kamen, Nuraghen zu bauen, gruben die Sarden überall auf der Insel Felsengräber, die später als *domus de janas* (Feenhäuser) bezeichnet wurden. Einen größeren Aufwand betrieben sie mit Gemeinschaftsgräbern, die mit riesigen Eingangstoren abgeschlossen wurden und die daher auch *tombe dei giganti* (Gigantengräber) genannt wurden.

Zeugnisse naturreligiöser Praktiken sind die *pozzi sacri* (Brunnenheiligtümer). Sie entstanden erstmals um 1000 v. Chr. Diese Brunnen waren häufig so ausgerichtet, dass sie während der Tag-und-Nacht-Gleiche im Frühjahr und Herbst direkt von der Sonne beschienen wurden. Das lässt nicht nur auf die Ausübung einer Naturreligion, sondern auch auf kenntnisreiche Baumethoden schließen. Im Brunnenheiligtum bei Santa Cristina kommt das besonders deutlich zum Ausdruck.

det, ihre Blütezeit erreichte sie unter den Karthagern, bevor sie unter römische Herrschaft fiel. Die heute freigelegten Ruinen gehen zum größten Teil auf das 2. und 3. Jh. v. Chr. zurück. In römischer Zeit entstanden Straßen aus Basaltplatten, Wasserleitungen, Bäder und andere Gebäude.

An der Straßenseite vor dem Gelände der antiken Stadt Tharros steht die **Chiesa di San Giovanni di Sinis** (⏲Sommer 9–19 Uhr, Winter 9–17 Uhr), die aus dem 6. Jh. stammt, sie ist eine der ältesten Kirchen Sardiniens.

Etwa 4 km nördlich liegt das Dorf **San Salvatore**, das einen kurzen Aufenthalt lohnt. In den 1960er-Jahren diente es einige Male als Kulisse für Italo-Western. Es besteht aus einem staubigen Platz, der von kleinen Reihenhäuschen (*cumbessias*) eingerahmt wird. Die **Chiesa di San Salvatore** (⏲ganzjährig 9.30–13 Uhr & im Sommer Mo–Sa 15.30–18 Uhr), die sich an der Piazza erhebt, wurde im 16. Jh. über einem nuraghischen Heiligtum errichtet.

Ein fantastisches Restaurant ist das nahe gelegene **Peschiera Pontis** (☎0783 39 17 74; Strada Provinciale 6; Menü 25–30 €), es liegt gegenüber der Fischereikooperative Pontis an der Straße zwischen Cabras und Tharros. Zu einem Festpreismenü gehören reichhaltige Antipasti, ein erster (*primo*) und zweiter Gang (*secondo*), Dessert und Wein – und der frischeste Fisch, der vermutlich auf der Insel zu bekommen ist.

Gleich hinter der Abzweigung zum Dorf findet man eine hervorragende Unterkunft: Der **Agriturismo Su Pranu** (☎0783 39 25 61; www.agriturismosupranu.com; Località San Salvatore; HP pro Pers. 52–60 €; ❄) ist ein landwirtschaftlicher Betrieb, der nebenbei sechs freundliche Gästezimmer vermietet. Erstklassiges Essen wird mit Zutaten aus eigener Erzeugung zubereitet.

Im Juli und August fahren täglich fünf Busse von Oristano nach San Giovanni in Sinis (1,50 €, 35 Min.).

CABRAS

8700 EW.

In der verstreut liegenden Lagunensiedlung haltzumachen, lohnt sich nur wegen des **Museo Civico** (☎0783 29 06 36; www.penisoladelsinis.it, auf Italienisch; Via Tharros 121; Erw./erm. inkl. Tharros 7/3 €; ⏲Sommer 9–13 & 16–20 Uhr, Winter 9–13 & 15–19 Uhr) Es befindet sich am südlichen Ortsrand. Das Museum zeigt Funde aus der prähistorischen, 3 km südwestlich gelegenen Ausgrabungsstätte **Cuccuru Is Arrius** und aus Tharros. Etwa alle 20 Minuten halten hier Busse, die aus Oristano (1 €, 15 Min.) kommen.

RIOLA SARDO

2140 EW.

Der einzige gute Grund, in diesem ansonsten farblosen Ort haltzumachen, ist das wunderbare **Hotel Lucrezia** (☎0783 41 20 78; www.hotellucrezia.it; Via Roma 14a; EZ 85–100 €, DZ 130–160 €; ❄@). Die Flügel des alten Herrensitzes (*cortile*) mit ländlich-luxuriös eingerichteten Zimmern bilden einen Innenhof, der von einer glyzinienumrankten Pergola, Feigen- und Zitronenbäumen eingenommen

ABSTECHER

DIE STRÄNDE DER HALBINSEL SINIS

Die Strände der Halbinsel Sinis gehören zu den besten der Insel. Einer der berühmtesten ist **Is Aruttas**: Sein weißer, unwahrscheinlich feiner Quarzsand wurde jahrelang abgetragen, um in Aquarien und an Stränden der Costa Smeralda Verwendung zu finden. Inzwischen ist es allerdings verboten, auch nur kleinste Sandmengen mitzunehmen. Hinweisschilder führen zum Strand, er liegt 5 km westlich der Hauptstraße im Norden von San Salvatore.

Wenige Schritte vom Strand entfernt liegt zwischen Olivenbäumen und Macchia der Zeltplatz **Camping Is Aruttas** (0783 39 11 08; www.campingisaruttas.it; Località Marina Aruttas; Camping 2 Pers., Auto & Zelt 35 €; Sommer) mit einer bescheidenen Ausstattung.

Im Norden der Halbinsel befindet sich der bei Surfern beliebte Strand **Putzu Idu**, er wird von einer kunterbunten Feriensiedlung, Strandbars und Surfschulen gesäumt. Eine davon ist die **Capo Mannu Kite School** (347 0077035; www.capomannukiteschool.it), sie bietet Unterrichtsstunden im Kitesurfen für alle Schwierigkeitsstufen an. Wen es in die Tiefe zieht, kann bei **9511 Diving** (349 291 37 65; www.9511.it) Tauch- und Schnorchelausflüge buchen sowie an Touren zur klangvoll benannten **Isola di Mal di Ventre** („Bauchschmerzinsel") teilnehmen, sie liegt 10 km vor der Küste. Als Faustregel ist mit 35–40 € für einen Tauchgang und rund 50 € für einen Bootsausflug zur Isola di Male di Ventre zu rechnen.

An Werktagen fahren zwei Busse von Oristano nach Putzu Idu (2,50 €, 55 Min.). Im Juli und August gibt es vier zusätzliche Busverbindungen.

wird. Fahrräder stehen kostenlos zur Verfügung, regelmäßig werden mit Unterstützung der Mitarbeiter Koch- und Malkurse veranstaltet und Weinproben durchgeführt.

Die Nordküste von Oristano

Im Norden der Halbinsel Sinis finden sich in der Nachbarschaft der populären Feriensiedlung **Santa Caterina di Pittinuri** besonders schöne Strände. Dazu gehören u. a. die **Spiaggia dell'Arco** bei **S'Archittu** und, weiter südlich, **Is Arenas**, einer der längsten Strände der Region. In der Nähe befindet sich auch einer von drei Campingplätzen der näheren Umgebung: **Camping Is Arena** (0783 5 21 03; www.campingisarenas.it; pro Pers. 4–6 €, Zelt & Auto 5–9 €, 2-Pers.-Bungalow 50–90 €). Er ist groß und gut ausgestattet, es gibt Zeltplätze und zwischen Pinienbäumen verstreut liegende Bungalows.

Landeinwärts erhebt sich das Vulkanmassiv **Monti Ferru** (105 m) – ein schönes unberührtes Gebiet mit alten Wäldern, natürlichen Quellen und hübschen Marktstädtchen. Die Gegend eignet sich gut zum Wandern, Gourmets finden hier gute Lokale.

Von Oristano fahren an Werktagen fünf Busse nach Santa Caterina (2 €, 40 Min.) und S'Archittu (2 €, 40 Min.). Zusätzliche Busverbindungen gibt es während der Hauptsaison im Juli und August.

RUNDFAHRT UM DEN LAGO OMEDEO

Von Oristano kommend, erreicht man über die Schnellstraße SS131 in nördlicher Richtung die **Nuraghe Santa Cristina** (0785 5 54 38; Eintritt inkl. Museo Archeologico-Etnografico in Paulilatino 7 €; 8.30 Uhr bis Sonnenuntergang), eine bedeutende Nuraghensiedlung mit einem außergewöhnlichen bronzezeitlichen Brunnenheiligtum (*tempio a pozzo*), das zu den am besten erhaltenen in Sardinien zählt. Funde aus der Grabungsstätte sind wenige Kilometer weiter nördlich im kleinen **Museo Archeologico-Etnografico** (0785 5 54 38; Via Nazionale 127; Eintritt inkl. Nuraghe Santa Cristina 7 €; Sommer Di–So 9.30–13 & 16–19 Uhr, Winter Di–So 9–13 & 15–17.30 Uhr) in der Ortschaft Paulilatino ausgestellt.

Ein Stück nördlich von Paulilatino liegt außerdem die beeindruckende Nuraghensiedlung **Nuraghe Losa** (0785 5 23 02; www.nuraghelosa.net; Erw./erm. 3,50/2 €; 9 Uhr bis 1 Std. vor Sonnenuntergang), sie stammt aus der Zeit um 1500 v. Chr.

Ein eigenes Auto ist notwendig, um die meisten der genannten Orte zu erreichen, obwohl auch Busse von Oristano über Paulilatino nach Abbasanta (2,50 €, 55 Min.) fahren. Die Busse halten in bequemer Nähe der Nuraghensiedlung Nuraghe Losa.

BOSA

8138 EW.

Bosa zählt zu den schönsten Städten auf Sardinien. Aus der Ferne ähnelt die Stadtlandschaft in ihrer Vielfarbigkeit einem der bekannten Gemälde von Paul Klee. Ihre pastellfarben verputzten Häuser steigen terrassenartig einen steilen Abhang hinauf, der sich nach oben verjüngt und von einer grauen Burgruine gekrönt wird. Im Vordergrund tanzen vor Anker liegende Fischerboote auf dem durchsichtigen Wasser des Flusses Temo, dessen elegante Uferpromenade von Palmen gesäumt wird. Weit weniger attraktiv ist der 3 km westlich gelegene Badeort Bosa Marina mit modernen, schlichten Hotelbauten, zahlreichen Restaurants und Ferienwohnanlagen.

Sehenswertes & Aktivitäten

Ein ziemlich mühsamer Aufstieg führt am Burgberg von Bosa zum **Castello Malaspina** (☎333 544 56 75; Erw./erm. 2,50/1 €; ⊙Sa & So 10–12.30 Uhr oder nach Anmeldung) hinauf. Die Burg wurde 1112 von einer toskanischen Adelsfamilie errichtet. Die Öffnungszeiten der imposanten Anlage wechseln häufig; in den Sommermonaten sind längere Öffnungszeiten möglich.

Am Fuß des Berges liegt das **Museo Casa Deriu** (☎0785 37 70 43; Corso Vittorio Emanuele 59; Erw./erm. 4,50/3 €; ⊙Di–So 10–13 & 16–18 Uhr), es dokumentiert die Stadtgeschichte. Eine Abteilung ist dem Gerberhandwerk gewidmet, das in Bosa eine lange Tradition hat. Interessant ist auch die gotisch-romanische **Cattedrale di San Pietro Extramuros**, die 2 km von der alten Brücke entfernt am Südufer des Temo liegt.

Bosa kann Freiluftfanatikern vieles bieten. Fahrräder und Motorroller können bei **Cuccu** (☎0785 37 54 16; Via Roma 5), einer Mechanikerwerkstatt am südlichen Flussufer, ausgeliehen werden – ein Fahrrad kostet 8 € pro Tag und ein Motorroller 40 €. In Bosa Marina veranstaltet **Bosa Diving** (☎335 818 97 48; www.bosadiving.it, auf Italienisch; Via Colombo 2) Tauch- (ab 40 €) und Schnorchelausflüge (20 €) und verleiht außerdem Kanus (Kanu für 2 Pers. 10 € pro Std.) und Boote (ab 25 € pro Std.).

Schlafen & Essen

LP TIPP Corte Fiorita HOTEL €€

(☎0785 37 70 58; www.albergo-diffuso.it; Via Lungo Temo de Gasperi 45; EZ 45–90 €, DZ 65–115 €; ❄@) Corte Fiorita bietet wunderschöne, geräumige Zimmer in vier umgebauten *palazzi* – einer befindet sich an der Uferstraße und drei weitere im historischen Stadtkern. Kein Zimmer gleicht dem anderen, allen gemeinsam sind jedoch das unverputzte Mauerwerk, die Holzbalken und die Gewölbedecken. Mini-Apartments für Selbstversorger stehen für längere Aufenthalte zur Verfügung (390–950 € pro Woche).

La Torre di Alice B&B €

(☎0785 85 04 04; www.latorredialice.it; Via del Carmine 7; EZ 30–40 €, DZ 50–70 €; @) In einem wundervollen alten Haus im mittelalterlichen Stadtkern Bosas fällt das La Torre di Alice schon von Weitem durch seine leuchtenden Farben und dem auffallenden Hinweisschild auf. Die gepflegten und bequemen Zimmer sind mit schmiedeeisernen Betten und anderen behaglichen Dingen ausgestattet und strahlen sehr viel Atmosphäre aus.

Bio Agriturismo Bainas AGRITURISMO €

(☎339 2090967, 0785 37 31 29; www.agriturismobainasbosa.com; Via San Pietro; EZ 30–45 €, DZ 60–75 €, 4BZ 118–136 €) Von Artischockenfeldern, Oliven- und Orangenbäumen umgeben liegt der schlichte Hof 1 km außerhalb der Stadt. Eine Mahlzeit kostet 20 €.

Sa Pischedda FISCH €€

(☎0785 37 30 65; Via Roma 8; Mahlzeiten 30–35 €, Pizzas 7 €; ⊙Mi–Mo, im Sommer tgl.) Im Hotel gleichen Namens befindet sich eines der besten Restaurants in Bosa. Spezialität des Hauses sind stilvoll präsentierte Gerichte mit Meeres- und Flussfischen, daneben gibt es auch exzellente Pizza und Pastagerichte. Im Sommer ist in diesem beliebten Lokal eine Reservierung unverzichtbar.

La Pulce Rossa SARDISCH €€

(☎0785 37 56 57; Via Lungo Temo Amendola 1; Pizzas/Mahlzeiten 6/25 €; ⊙Di–So) 20 Minuten zu Fuß vom Stadtkern entfernt, befindet sich das freundliche Restaurant in Familienhand. Hier wird bodenständiges Essen in großzügig bemessenen Portionen zu sehr untouristischen Preisen serviert. Köstlich ist beispielsweise die Hausspezialität *pennette „Pulce Rossa“*, dahinter verbirgt sich eine Kreation aus Nudeln, Riesengarnelen, Sahne und Safran.

Praktische Informationen

Die **Touristeninformation** (☎079 37 61 07; www.infobosa.com; Via Azuni 5; ⊙Do–Sa 10–13 Uhr) hält Karten- und Informationsmaterial über Bosa und die Umgebung bereit.

An- & Weiterreise

Alle Busse halten an der Piazza Zanetti. Es gibt Busverbindungen von/nach Alghero (4,50 €, 1½ Std., 2-mal tgl.), Sassari (5,50 €, 2¼ Std., 3-mal tgl.) und Oristano (5,50 €, 2 Std., Mo–Sa 6-mal tgl.). Fahrkarten lassen sich im Busdepot an der Via Nazionale (gegenüber dem Restaurant Sa Pischedda) oder direkt beim Busfahrer kaufen.

ALGHERO & DER NORDWESTEN

Alghero

40 803 EW.

Das bildhübsche und anmutige Alghero ist eine der schönsten Städte Sardiniens. Obwohl sie auf den Tourismus angewiesen ist, hat die Stadt ihren unverwechselbaren Charakter nicht aufgegeben. Ein besonderer Zauber geht vom mittelalterlichen Stadtkern aus, wo holperige Steingassen im Schatten karamellfarbener gotischer *palazzi* liegen und von Cafés und Restaurants gesäumte Plätze vor Lebendigkeit nur so sprühen. An den massiven Kaimauern, die die Altstadt umschließen, liegen Restaurants und Bars mit weitem Blick auf den Hafen und die langen Sandstrände im Norden sowie die von Höhlen durchzogenen Felsen im Süden.

Überall ist eine typisch spanische Atmosphäre zu spüren – sie erinnert an die Zeit des Königreichs Aragón, unter dessen Herrschaft im 14. Jh. die Bewohner Algheros vertrieben und an ihrer Stelle katalanische Kolonisten angesiedelt wurden.

Sehenswertes

Centro Storico HISTORISCHE ALTSTADT

Bei einem geruhsamen Spaziergang durch das lebhafte *centro storico* von Alghero kommt schnell Ferienstimmung auf. An der Piazza Duomo beherrscht die übergroße **Cattedrale di Santa Maria** (Piazza Duomo) das Bild – das Gotteshaus ist eine eigenartige Mischung aus maurischen und anderen Stilelementen mit Einflüssen aus dem Barock und der Renaissance. Interessanter ist der **Glockenturm** (Eintritt 2 €; ⌚Sommer Di, Do & Sa 7–21.30 Uhr, im übrigen Jahr auf Anfrage): Er stellt ein Beispiel rein katalanisch-gotischer Architektur dar.

An einer Hauptstraße der Altstadt steht die **Chiesa di San Francesco** (Via Carlo Alberto), in ihrem Innern verbirgt sich ein wunderschöner Kreuzgang aus dem 14. Jh., den man hinter der schmucklosen Steinfassade nicht vermutet.

Mehrere Türme aus dem 14. Jh. blieben von den beiden mittelalterlichen Stadttoren erhalten, darunter die **Torre Porta a Terra** (☎079 973 40 45; Piazza Porta a Terra; Erw./Kind 2,50/1,50 €; ⌚Sommer Mo–Sa 9–13 & 18–23 Uhr, Winter Mo–Sa 9.30–13 & 17–19 Uhr). Im Turm ist ein kleines interessantes Museum mit einer multimedialen Ausstellung zur Stadtgeschichte untergebracht, von einer Aussichtsplattform bietet sich ein herrlicher 360°-Rundblick.

Im Norden liegt die **Bastione della Maddalena** mit dem gleichnamigen Rundturm – die einzigen Überreste der ehemaligen Wehrmauer. Das Mittelmeer brandet im Süden und Westen gegen die Kaimauern der **Bastioni di San Marco** und **Bastioni di Cristoforo Colombo**. Im Schutz dieser See-Bastionen liegen heute einladende Restaurants und Bars, von denen aus man der untergehenden Sonne bei einem Cocktail zusehen kann.

Aktivitäten

Im Hafen von Alghero drängen sich Yachten, nördlich davon führt die Via Garibaldi zu den zwei Stränden der Stadt: **Spiaggia di San Giovanni** und gleich nebenan **Spiaggia di Maria Pia**. Weitaus schöner sind aber die Strände bei Fertilia nördlich der Innenstadt. Vom Hafen legen Boote ab, die entlang der eindrucksvollen Nordküste zum **Capo Caccia** (40–100 € pro Pers.) schippern.

Kurse

Stroll & Speak SPRACHE

(☎339 4899314; www.strollandspeak.com; Via Cavour 4; 20-stündiger Kurs pro Pers. 180 €) Wer Italienischkenntnisse erwerben oder bereits bestehende während des Urlaubs aufpolieren möchte, kann sich einem Kurs mit maximal fünf Schülern pro Gruppe anschließen. Die etablierte Sprachenschule liegt in der historischen Altstadt.

Feste & Events

Estate Musicale Internazionale di Alghero MUSIK

Während des „Internationalen Musiksommers" von Alghero finden im Juli und August klassische Konzerte statt. Als stimmungsvoller Hintergrund dient der Kreuzgang der Chiesa di San Francesco.

Schlafen

Eine frühzeitige Buchung ist während des ganzen Jahres, vor allem aber im Juli und August, unverzichtbar.

LP TIPP Angedras Hotel HOTEL €€
(☎079 973 50 34; www.angedras.it; Via Frank 2; EZ 60–140 €, DZ 75–150 €; ❄@) Ein weißes mediterranes Haus wie aus dem Bilderbuch! Das Angedras hat helle Zimmer mit großen Verandatüren, die sich zu einem sonnigen Innenhof hin öffnen. Auf einer luftigen Terrasse schmecken die eisgekühlten Getränke an warmen Sommerabenden besonders gut. Das Hotel liegt südlich von Alghéros *centro storico* und ist gut 15 Minuten zu Fuß von dort entfernt.

Camping La Mariposa CAMPINGPLATZ €
(☎079 95 03 60; www.lamariposa.it; Via Lido 22; Camping 2 Pers., Auto & Zelt 20–44 €, 4-Pers.-Bungalows 50–80 €; ⏲April–Okt.; @) 2 km im Norden der Altstadt liegt dieser Campingplatz zwischen Pinien und Eukalyptusbäumen am Strand. Wegen seiner schönen Lage und der hervorragenden Ausstattung (mit Surf- und Tauchschule) ist der Platz eine gute Wahl.

Hotel San Francesco HOTEL €€
(☎079 98 03 30; www.sanfrancescohotel.com; Via Ambrogio Machin 2; EZ 52–63 €, DZ 82–101 €; ❄@) Das einzige Hotel im *centro storico* von Alghero befindet sich in einem ehemaligen Kloster (die 3. Etage ist noch von Mönchen bewohnt) und vermietet schlichte, komfortable Zimmer, die den Blick auf einen schönen Kreuzgang aus dem 14. Jh. freigeben. Ein drahtloser Internetzugang für die Gäste ist vorhanden.

Essen

Selbstversorger können ihre Vorräte auf dem **Wochenmarkt** (Via Sassari 23) zwischen der Via Sassari und der Via Cagliari auffüllen. Alles Notwendige gibt es auch im **Supermarkt** (Via La Marmora 28) bei den Giardini Pubblici.

LP TIPP La Botteghina SARDISCH €€
(☎079 97 38 375; www.labotteghina.biz; Via Principe Umberto 63; Mahlzeiten 25–30 €) La Botteghina ist neu im *centro storico*. Verarbeitet werden ausschließlich Erzeugnisse aus der Region, die aus Kleinbetrieben bezogen werden. Die Zutaten der Gerichte sind einfach und von intensivem Geschmack. Besonders gut sind die *fregola* (Nudeln in Körnerform aus geröstetem Hartweizengrieß) mit Meeresfrüchten sowie die Pizzas.

Angedras Restaurant SARDISCH €€
(☎079 973 50 78; www.angedrasrestaurant.it; Bastioni Marco Polo 41; Mahlzeiten 35 €; ⏲Mi–Mo) Ein Abendessen bei den honiggelben Kaimauern von Alghero ist ein denkwürdiges Erlebnis. Das Angedras ist eines der besseren Restaurants an den Bastionen; die Speisekarte verzeichnet überwiegend traditionelle Gerichte wie Spanferkel.

Spaghetteria Al Solito Posto TRADITIONELL ITALIENISCH €
(☎328 9133745; Piazza della Misericordia; Gerichte 15–20 €; ⏲Fr–Mi) Das kleine Restaurant unter einem Tonnengewölbe gehört zu den beliebtesten der Stadt. Die Alltagsatmosphäre (mit laufendem Fernseher in einer Ecke) wird vom guten Essen – Pasta mit einer großen Auswahl an Saucen – und einer lebhaften Stimmung aufgewogen. Eine Reservierung ist notwendig.

Il Ghiotto FASTFOOD €
(☎079 97 48 20; Piazza Civica 23; Mahlzeiten 10–15 €; ⏲Di–So) Etwas Sättigendes gibt es hier schon für 10 €, die Auswahl ist unwiderstehlich: *panini,* Pastagerichte, Salate und diverse Hauptgänge. Die Gäste sitzen in einem Speisezimmer hinter dem Hauptraum oder draußen auf einer gut besuchten Holzterrasse.

Ausgehen & Unterhaltung

LP TIPP Buena Vista BAR
(Bastioni Marco Polo 47; Cocktails 7 €) Fabelhafte Mojitos, frische Fruchtcocktails, leuchtende Ausblicke – was kann eine Bar am Meer noch bieten? Eine beschwingte Musik und ein höhlenartiger Innenraum sorgen für zusätzliche Stimmung in der beliebten Bar an den westlichen Wehrmauern.

Baraonda WEINBAR
(Piazza della Misericordia) Burgunderrote Wände und Schwarz-Weiß-Fotografien mit Jazzmotiven prägen den Stil dieser melancholischen Weinbar. Im Sommer sitzen die Gäste draußen auf der Piazza und lassen die Welt an sich vorüberziehen.

Caffè Costantino CAFÉ
(Piazza Civica 31) Das berühmteste Café der Stadt lockt einen nicht abreißenden Strom von Touristen an seine Tische an der Piazza. Die Speisekarte ist umfangreich – wer aber nur essen gehen möchte, ist in fast jedem

Alghero

anderen Restaurant oder Lokal der Stadt besser aufgehoben.

El Trò CLUB
(Via Lungomare Valencia 3) An heißen Sommerwochenenden verwandeln tobende Massen von Urlaubsgästen die Tanzfläche des El Trò am Strand bis zum Morgengrauen in einen dampfenden Höllenschlund.

ℹ Praktische Informationen

Bar Miramare (☎079 973 10 27; Via Gramsci 2; Std. 5 €; ⏲8.30–13 & 16.30–2 Uhr) Internetzugang.

Farmacia Bulla (☎079 95 21 15; Via Garibaldi 13)

Ospedale Civile (☎079 99 62 00; Via Don Minzoni) Das städtische Krankenhaus.

Polizei (☎079 972 00 00; Piazza della Mercede 4)

Post (Via Carducci 35)

Touristeninformation (☎079 97 90 54; www.comune.alghero.ss.it; Piazza Porta Terra 9; ⏲8–20 Uhr, Winter So geschl.) Algheros Touristeninformtion hält für die Besucher der Stadt umfangreiches Infomaterial bereit und hilft auch gerne bei der genauen Planung des Aufenhalts.

Alghero

Sehenswertes

1	Bastione della Maddalena	B1
2	Bastioni Cristoforo Colombo	B4
3	Bastioni di San Marco	A2
4	Campanile	B2
5	Cattedrale di Santa Maria	A2
6	Chiesa di San Francesco	B3
7	Stroll & Speak	A2
8	Torre Porte a Terra	C3

Schlafen

9	Hotel San Francesco	B3

Essen

10	Angedras Restaurant	A2
11	Il Ghiotto	B2
12	La Botteghina	B3
13	Markt	C3
14	Spaghetteria Al Solito Posto	B4
15	Supermarkt	D1

Ausgehen

16	Baraonda	B4
17	Buena Vista	A2
18	Caffè Constantino	B2

An- & Weiterreise

BUS Intercity-Busse halten an der Via Catalogna vor den Giardini Pubblici. Tickets gibt es am Fahrkartenbüro im Park. Bis zu elf Busse fahren täglich nach/von Sassari (2,50–3 €, 1 Std.). Weitere Busverbindungen gibt es auch nach Porto Torres (2,50 €, 1 Std., 6-mal tgl.) und Bosa (4,50 €, 1½ Std., 2-mal tgl.).

FLUGZEUG Der **Flughafen Fertilia** (☎079 93 50 39), 10 km nördlich der Innenstadt, wird von diversen inneritalienischen Flughäfen und von **Ryanair** (www.ryanair.com) aus London und Frankfurt-Hahn angeflogen.

ZUG Der Bahnhof von Alghero liegt 1,5 km nördlich der Altstadt an der Via Don Minzoni. Bis zu elf Züge fahren von und nach Sassari (2,30 €, 35 Min.).

Unterwegs vor Ort

Stündlich pendeln Busse in der Zeit von 5 bis 23 Uhr zwischen der Via Cagliari und dem Flughafen (1 €, 20 Min.). Eine Taxifahrt vom/zum Flughafen kostet zwischen 20 und 25 €.

Die Buslinie AO fährt von der Via Cagliari zu den Stränden. Fahrkarten gibt es in Zeitungsläden und beim *tabaccaio* (Tabakhändler) überall in der Stadt.

Cicloexpress (☎079 98 69 50; www.cicloexpress.com; Via Garibaldi) verleiht Autos (Tag ab 55 €), Motorroller (Tag ab 30 €) und Fahrräder (Tag ab 8 €).

Rund um Alghero

RIVIERA DEL CORALLO

Wenige Kilometer westlich von Alghero liegen zwei beliebte Strände: **Spiaggia delle Bombarde** und **Spiaggia del Lazzaretto**. An der Hauptstraße finden sich Hinweisschilder – wer nicht mit dem Auto unterwegs ist, kann von Alghero den Bus in Richtung Capo Caccia nehmen; er hält in Strandnähe. Tauchsportler finden weiter westlich das **Diving Centre Capo Galera** (☎079 94 21 10; www.capogalera.com; Località Capo Galera; DZ 65–100 €, Tauchgänge ab 20 €): Das Tauchzentrum bietet nicht nur Tauchgänge der Superlative in der **Grotta di Nereo** (der größten unterirdischen Grotte des Mittelmeeres) , sondern auch nette Unterkünfte in einer großen, weißen Villa.

Folgt man der Straße nach Porto Conte, kommt man zur eindrucksvollen **Nuraghe di Palmavera** (Erw./Kind 3/1,50 €; ⏲Sommer 9–19 Uhr, April & Okt. 9–18 Uhr, Winter 10–14 Uhr), einem rund 3500 Jahre alten Nuraghendorf. Am besten unternimmt man diesen Ausflug im eigenen Auto; der AF-Nahverkehrsbus von Alghero fährt zwar am Gelände vorbei, nimmt aber zurück eine andere Route über das Inland und überlässt die Fahrgäste ihrem Schicksal.

Im Westen der Nuraghe liegt die hübsche, unberührte Bucht **Porto Conte** mit dem herrlichen Strand **Spiaggia Mugoni**, einem guten Revier zum Windsurfen, Kanu-, Kajakfahren und Segeln. Regelmäßig pendeln Busse zwischen Porto Conte und Alghero (1 €, 30 Min., 6-mal tgl.).

Westlich von Porto Conte erstreckt sich das **Naturschutzgebiet Le Prigionette** (☎079 94 90 60; Eintritt frei, aber nur mit Ausweis; ⏲Mo–Sa 8–16, So 8–17 Uhr) am Fuß des Monte Timidone. Im Berggebiet sind Hirsche, weiße Wildesel, Giara-Wildpferde und Wildschweine heimisch. Es gibt markierte Wald- und Wanderwege, die zum Wandern und Radfahren gleichermaßen gut geeignet sind.

Am Ende der Straße liegt **Capo Caccia**, ein Felskap, das sich dramatisch hoch aus dem Meer erhebt. Vom Parkplatz führen schwindelerregende 654 Stufen – aus dem Fels der Klippen geschlagen – 110 m in die

Tiefe zur **Grotta di Nettuno** (☎079 94 65 40; Erw./Kind 10/5 €; ⏲9–19 Uhr) hinunter. Dort erwartet den Besucher eine märchenhafte unterirdische Tropfsteinwelt. Wem die Felsentreppenstufen nicht geheuer sind, nimmt eine der Fähren von **Traghetti Navisarda** (☎079 95 06 03; Erw./Kind hin & zurück 14/7 €). Sie fahren in der Hauptsaison stündlich von Alghero ab (Juni–Sept. 9–17 Uhr) sowie in den übrigen Monaten viermal täglich. Alternativ fährt täglich ein Bus von der Via Catalogna (2 €, 50 Min.) in Alghero ab (um 9.15 Uhr) und kehrt gegen Mittag zurück. Von Juni bis September gibt es zwei zusätzliche Busverbindungen: 15.10 Uhr und 17.10 Uhr mit Rückfahrt um 16.05 Uhr und 18.05 Uhr.

Wer mit dem eigenen Auto unterwegs ist, kann die grüne Ebene im Norden von Capo Caccia näher erkunden. Schöne Ziele sind u. a. **Torre del Porticciolo**, ein kleiner natürlicher Hafen, der durch den schmalen Bogen eines Strandes begrenzt wird, und **Porto Ferro**, 6 km weiter nördlich gelegen, der zu den längsten unberührten Sandstränden der Insel zählt.

DAS LANDESINNERE

Rund 7 km nördlich von Alghero, auf der linken (westlichen) Seite der Straße, die nach Porto Torres führt, liegen verstreut die Grabkammern der nuraghischen **Necropoli di Anghelu Ruiu** (Erw./Kind 3/1,50 €; ⏲Sommer 9–19 Uhr, Winter 9–18 Uhr, Nov.–März 10–14 Uhr). Die 38 Gräber, die in den Felsen geschlagen wurden, stammen aus der Zeit zwischen 3300 v. Chr. und 2700 v. Chr. Grabkammern dieser Art wurden später *domus de janas* (Feenhäuser) genannt.

Folgt man der Straße weiter, kommt das 650 ha große Gelände der bekanntesten Kellerei Sardiniens – **Sella e Mosca** (☎079 99 77 00; www.sellaemosca.com) – in Sicht. Hier kann man eine kostenlose Führung durch das **Museum** (⏲Sommer Mo–Sa 17.30 Uhr, im übrigen Jahr auf Anfrage) des Weingutes unternehmen und in der **Enoteca** (Weinlokal; ⏲ganzjährig Mo–Sa 8.30–13 & 15–18.30 Uhr, im Sommer auch So 8.30–20 Uhr) etliche gute Tropfen für den eigenen Weinkeller kaufen.

Porto Torres

22 461 EW.

Die Hafenstadt Porto Torres ist keine Bilderbuchschönheit: An den betriebsamen Industriehafen grenzt eine qualmende petrochemische Fabrik. Wer hier hängen bleibt – was auf der Durchreise nach Korsika durchaus passieren kann – sollte sich etwas Zeit nehmen, die eindrucksvolle **Basilica di San Gavino** (Krypta 1,50 €) zu besichtigen. Die größte romanische Kirche Sardiniens wurde zwischen 1030 und 1080 zum Gedenken an drei christliche Märtyrer aus römischer Zeit errichtet. Besonders sehenswert sind die zwei Apsiden an beiden Enden der Kirche (sie besitzt keine Fassade) und die zwei Dutzend Marmorsäulen, die die pisanischen Erbauer von einer nahen römischen Ruinenstätte entwendet hatten. Darunter befindet sich eine Krypta mit religiösen Skulpturen und Steingräbern.

Busse fahren von der Via Mare nach Sassari (1,50 €, 35 Min., stündl.), Alghero (2,50 €, 1 Std., 6-mal tgl.) und Stintino (2,50 €, 30 Min., 5-mal tgl.). Informationen zu Fährverbindungen siehe S. 897.

Stintino & Parco Nazionale dell'Asinara

Das einstmals einsame Fischerdorf Stintino ist heute ein sonniges kleines Seebad, das sich gut als Ausgangsort für Fahrten in die Umgebung eignet. In der Nähe liegen mehrere schöne Strände, der beste ist jedoch die **Spiaggia della Pelosa**, ein salzweißer Sandstrand an flachem, türkisblauem Wasser mit eigenartig tiefliegenden Sandbänken. An der Straße zum Pelosa-Strand findet man das **Asinara Diving Center** (☎079 52 70 00; www.asinaradivingcenter.it; Porto dell'Ancora) mit einer Reihe von Tauchangeboten (ab 40 €). Am Strand selbst liegt das **Windsurfing Center Stintino** (☎079 52 70 06; www.wind surfingcenter.it), es verleiht Ausrüstungen für Surfer (Std. 17 €) und Kanuten (Std. ab 10 €).

Dem Strand von Pelosa vorgelagert ist die Isola Asinara, auf der heimische weiße Wildesel, die *asini bianchi*, leben. Bis vor kurzem durfte die Insel wegen des dortigen Hochsicherheitsgefängnisses nicht betreten werden, inzwischen wurde das Gefängnis geschlossen und die Insel zum Nationalpark – **Parco Nazionale dell'Asinara** (www.parcoasinara.org) – erklärt. Von Stintino aus hält **Linea del Parco** (☎079 52 31 18; Porto Mannu) verschiedene Pauschalangebote für Parkbesucher bereit, u. a. Rundfahrten im Bus/Geländewagen (36/55 €) und Ausflüge mit Yacht/Fischerboot (65/70 € inkl. Mittagessen). Wer den Park in eigener Regie erkunden möchte, benötigt ein Fahrrad, denn es gibt keine öffentlichen Verkehrsmittel auf der Insel, außerdem dürfen nur bestimmte

Gebiete betreten werden. Für die Beförderung des Fahrrades plus Eintrittsgebühr muss mit 25 € kalkuliert werden.

Unterkünfte finden sich in dieser Gegend hauptsächlich in den großen Ferienhotelanlagen, es gibt aber auch eine Auswahl kleiner, angenehmer Hotels, die günstiger sind. **Albergo Silvestrino** (☎079 52 34 73; www.hotelsilvestrino.it, auf Italienisch; Via XXI Aprile 4; DZ 25–67 €, HP 70–113 €; ❄@) in Stintino ist ein sommerliches, komfortables Drei-Sterne-Hotel mit kühlen, gefliesten Zimmern und einem hervorragenden Fischrestaurant (Mahlzeiten 35 €).

Im **Lu Famili** (☎079 52 30 54; Lungomare C Columbo 89; Pizzas ab 6 €, Mahlzeiten 30 €) können die Gäste des Restaurants in entspannter Atmosphäre aufs Meer blicken und die Boote auf den Wellen vorüberschaukeln sehen, während sie Pizzas in guter Qualität und klassische Fischgerichte wie *calamari e seppie grigliati* – gegrillte Tintenfische (Calamari und Sepien) – genießen.

An Werktagen fahren fünf Busse von Porto Torres (2,50 €, 30 Min.) und Sassari (4 €, 70 Min.) nach Stintino. Zusätzliche Busverbindungen gibt es in der Zeit von Juni bis September.

Sassari

130 366 EW.

Die zweitgrößte Stadt Sardiniens ist eine stolze Universitätsstadt mit einem großen kulturellen Erbe, einem mittelalterlichen Kern und einer modernen Schale. Sie wirkt auf den ersten Blick nicht wirklich ansprechend, wer aber erst einmal die tristen gesichtslosen Außenbezirke durchquert und sich bis zum Zentrum vorgekämpft hat, entdeckt eine grandiose Stadt mit einem lebendigen historischen Stadtkern.

Der Aufschwung Sassaris begann im 14. Jh. zunächst als Hauptstadt des mittelalterlichen Giudicato di Logudoro, später wurde es ein eigenständiger Stadtstaat. Der Niedergang setzte allmählich und schleichend ein, jahrhundertelang befand sich die Stadt unter spanischer Kolonialherrschaft.

Sehenswertes

Museo Nazionale Sanna MUSEUM
(☎079 27 22 03; Via Roma 64; Erw./erm. 4/2 €; ⏲Di–So 9–20 Uhr) Das Museum ist der Hauptanziehungspunkt in Sassari, die archäologische Sammlung ist sehr umfassend. Besonders sehenswert sind die Bronzeobjekte aus nuraghischer Zeit, darunter Waffen, Armreifen, Votivboote und kleine Darstellungen von Menschen und Tieren. Außerdem besitzt das Museum eine interessante Gemäldegalerie und eine kleine Sammlung sardischer Volkskunst.

Centro Storico HISTORISCHE ALTSTADT
Im Herzen des *centro storico* erhebt sich auch der **Dom** (Piazza Duomo), seine Fassade aus dem 18. Jh. besteht aus einem verwirrenden Nebeneinander von barocken Statuen, Reliefs, Friesen und Büsten. Doch in seinem Inneren ist der ursprünglich gotische Charakter noch deutlich zu spüren.

In der Nähe des Museums umrahmen imposante Gebäude aus dem 19. Jh. die **Piazza Italia**, sie ist einer der eindrucksvollsten öffentlichen Plätze Sardiniens.

Schlafen

B&B Casachiara B&B €
(☎079 200 50 52, Mobiltelefon 339 695 71 18; www.casachiara.net; Vicola Bertolinis 7; EZ/DZ 35/70 €; @) Im lebhaften Universitätsviertel findet man das lässige B&B, das seine Gäste mit einer unbeschwerten, anheimelnden Atmosphäre bezaubert. Mit drei farbenprächtigen Schlafzimmern, einem Esszimmer und einer fröhlich vollgestellten Küche hat es durchaus eine gewisse Ähnlichkeit mit einer gepflegten studentischen Wohngemeinschaft.

Hotel Vittorio Emanuele HOTEL €
(☎079 23 55 38; www.hotelvittorioemanuele.ss.it, auf Italienisch; Corso Vittorio Emanuele II 100–102; EZ 50–70 €, DZ 70–89 €; ❄@) In einem mittelalterlichen *palazzo* stößt man auf dieses günstige Drei-Sterne-Hotel, das bis unters Dach mit Antiquitäten und farbenfrohen Gemälden vollgekramt ist. Die Zimmer sind geräumig, wirken allerdings mit einem einheitlichen Stil in Weiß-Grau sehr nüchtern, fast etwas steril. An Wochenenden werden Ermäßigungen gewährt.

Essen

Fainè alla Genovese Sassu FASTFOOD €
(Via Usai 17; Fainè 5 €; ⏲Do–Di 19–23 Uhr) Ein unkompliziertes Lokal und die ohne Zweifel beste Adresse für die sättigenden *fainè,* eine Kreuzung aus Pfannkuchen und Pizza. Außer dieser Spezialität steht nichts anderes auf der Speisekarte, aber bei einer so vielfältigen Auswahl an verschiedenen Belägen dürfte für jeden Geschmack etwas dabei sein.

Trattoria Da Antonio TRATTORIA €
(079 23 42 97; Via Arborea 2b; Mahlzeiten 25 €; Di–So) Die lärmende Trattoria der alten Schule – zärtlich *Lu Panzone* („großer Bauch") genannt – bietet eine große Auswahl an hausgemachten, authentischen Gerichten. Die Betonung liegt auf Fleisch (und zwar viel davon). So kann z. B. auf die Pasta mit Wurstsauce ein zartes Pferdesteak, Lammfleisch mit Oliven und Kräutern oder Schweinefleisch mit Tomaten und Kichererbsen folgen. Dazu wird ein heimischer Rotwein ausgeschenkt.

Praktische Informationen

Nuovo Ospedale Civile (079 206 10 00; Via De Nicola)
Polizei (Questura; 079 249 50 00; Via Ariosto 3)
Post (Via Brigata di Sassari)
Touristeninformation (079 200 80 72; Via Sebastiano Satta 13; Mo–Fr 9–13 & 16–18 Uhr)

An- & Weiterreise

Der Hauptbusbahnhof von Sassari liegt an der Via XXV Aprile. Busse verbinden Sassari mit den folgenden Fahrzielen:

REISEZIEL	PREIS (€)	FAHRZEIT (STD.)	HÄUFIGKEIT
Alghero	2,50–3	1	11-mal tgl.
Cagliari	18,50	3¼	3-mal tgl.
Castelsardo	2,50	1	Mo–Sa 11-mal tgl.
Nuoro	8–10	2	7-mal tgl.
Oristano	8–10	2	3-mal tgl.
Porto Torres	1,50	½	stündl.

Nach Cagliari (15 €, 3¾ Std., 5-mal tgl.) und Olbia (7 €, 2 Std., 4-mal tgl.) kommen Reisende besser mit dem Zug. Der Bahnhof liegt am westlichen Rand der Altstadt an der Piazza Stazione.

RUND UM SASSARI

Die Landschaft im Süden und Osten von Sassari ist ein Flickenteppich aus schroffen Hängen und leuchtend gelben Weizenfeldern, darin verstreut liegen wunderhübsche romanische Kirchen. Die beeindruckendste von ihnen ist sicher die **Basilica della Santissima Trinità di Saccargia** (Eintritt 1,50 €), sie liegt rund 18 km südöstlich von Sassari an der Schnellstraße SS597.

Rund 25 km weiter südlich, nahe Torralba, liegt die **Nuraghe Santu Antine** (079 84 72 96). Die Nuraghenstätte ist eine der interessantesten auf Sardinien, sie stammt aus der Zeit um 1600 v. Chr. An Werktagen fahren bis zu acht Busse von Sassari nach Torralba (2,50 €, 1½ Std.), die Nuraghe liegt 4 km Fußweg vom Dorf entfernt.

Nördlich von Sassari liegen zwei vielbesuchte, beliebte Strände: **Platamona** und **Marina di Sorso**, beide sind mit dem Sommerbus „Buddi Buddi" (Linie MP, Abfahrt an der Via Eugenio Tavolara) erreichbar.

Die Küstenstraße SS200 führt nordwärts zur Küstenfestung **Castelsardo**, einer malerischen kleinen Stadt mit einem mittelalterlichen Stadtkern, der sich an ein dramatisch aufragendes Felsenkap klammert. Regelmäßig fahren Busse von Sassari (2,50 €, 1 Std., 11-mal tgl.) dorthin.

OLBIA, COSTA SMERALDA & GALLURA

Beim Namen Costa Smeralda (Smaragdküste) denkt man an die klassischen Bilder von Sardinien: perlgraue Strände und windgepeitschte Granitfelsen, die steil in ein azurblaues Meer abfallen, aber auch an alternde Oligarchen, die sich auf milliardenteuren Yachten mit jungen Bikinischönheiten amüsieren. Eine völlig andere Welt ist das Hinterland der Gallura, wo hübsche Dörfer sich an sanft geschwungene Weinberge schmiegen und Granitgipfel und geheimnisvolle Nuraghen die Landschaft prägen. Der Norden der Gallura ist ein wilder Küstenstreifen, ein Reservat für Delphine ebenso wie für Taucher und Surfer, die durch das kristallklare Wasser des Meeresschutzgebietes La Maddalena gleiten.

Olbia

56 066 EW.

Im Sommer wird die Stadt von der Karawane der Sonnen- und Luxusanbeter, die an die Costa Smeralda zieht, meistens links liegen gelassen. Doch Olbia hat mehr zu bieten, als es auf den ersten Blick den Anschein hat. Hinter den von unansehnlichen Industriegebieten geprägten Außenbezirken verbirgt sich eine charmante, historische Altstadt (*centro storico*) mit Boutiquen, Weinbars und Plätzen, die von Cafés und Restaurants gesäumt werden. Darüber hinaus ist Olbia eine erfrischend authentische und erschwingliche Alternative zu den Zweckbauten der Ferienorte im Norden und Süden.

Sehenswertes

Museo Archeologico (GRATIS) MUSEUM
(Isolotto di Peddone; Mo–Fr 10–13, Mo & Mi 16–18 Uhr) Der Architekt Vanni Macciocco hat das eindrucksvolle neue Museum von Olbia in der Nähe des Hafens entworfen. Das Museum veranschaulicht die Geschichte der Region in Form von Kunstgegenständen, z. B. Amuletten aus römischer und Fundstücken aus nuraghischer Zeit. Ein Highlight ist das Relikt eines römischen Schiffes, das im alten Hafen gefunden wurde.

Chiesa di San Simplicio KIRCHE
(Via San Simplicio) Die romanische Kirche gilt als bedeutendstes mittelalterliches Baudenkmal der Gallura, sie wurde im späten 11. Jh. aus Granit gebaut und zeigt eine seltsame Mischung aus toskanischem und lombardischem Stil.

Schlafen

Hotel Panorama (LP TIPP) HOTEL €€
(0789 2 66 56; www.hotelpanoramaolbia.it; Via Mazzini 7; EZ 65–119 €, DZ 79–159 €; P) Der Name sagt es schon: Die Dachterrasse des freundlichen, zentral gelegenen Hotels bietet einen einzigartigen Rundblick über Stadt und Meer bis zum Monte Limbara. Die Zimmer sind geräumig und modern eingerichtet und mit glänzenden Holzböden und Marmorbädern ausgestattet.

La Locanda del Conte Mameli B&B €€
(0789 20 30 40; www.lalocandadelcontemameli.com; Via delle Terme 8; Zi. 80–140 €, Suite 100–180 €;) In einer *locanda* (Gasthaus), das im 18. Jh. für den Grafen Mameli gebaut wurde, befindet sich heute das stilvolle Boutiquehotel mit originalen Baudetails. Ein echter römischer Brunnen bildet den sehenswerten Mittelpunkt des Frühstücksraumes im Gewölbekeller.

Essen & Ausgehen

Ristorante Gallura (LP TIPP) SARDISCH €€€
(0789 2 46 48; Corso Umberto 145; Mahlzeiten 40–60 €; Di–So) Rita führt ein strenges Regiment im gemütlichen Gallura, das zu den besten Restaurants im Norden Sardiniens zählt. Frische Zutaten, die sich nach dem saisonalen Angebot richten, finden Verwendung in Spezialitäten wie den in Joghurt ausgebackenen Seetomaten oder dem Spanferkel mit Myrtenaroma – alles wird perfekt zubereitet und ist ausgesprochen köstlich.

La Lanterna TRADITIONELL ITALIENISCH €€
(0789 2 30 82; Via Olbia 13; Pizzas 6–10 €, Mahlzeiten 30 €; Sommer tgl., Winter Mi geschl.) Das Restaurant Lanterna zeichnet sich durch eine behagliche Lage im Souterrain und wundervoll frische Gerichte aus. Wie wäre es mit süßsauren Sardinen und danach einer Dorade in Mandelkruste mit handgemachten *gnochetti?*

Enoteca Cosimino WEINBAR
(Piazza Margherita 3; tgl.) In diesem beliebten Café werden bei Tag Kaffee und *cornetti* (Hörnchen aus Plunderteig) serviert, am Abend verwandelt es sich in eine elegante Weinbar mit Cocktails und *vino* auf der Getränkekarte.

Praktische Informationen

Inter Smeraldo (0789 2 53 66; Via Porto Romano 8b; Std. 5 €; Mo–Sa 9.45–13.15 & 16–20.30 Uhr) Internetcafé mit zehn Plätzen.

Touristeninformation (0789 55 77 32; www.olbiatempioturismo.it; Via Alessandro Nanni 39; Sommer Mo–Sa 8–20, So 8–14 Uhr, Winter Mo–Fr 8–18, Sa 8–14 Uhr) In der Touristeninformation liegt stapelweise Informationsmaterial über Olbia und die Region bereit.

An- & Weiterreise

BUS Von Olbia steuern Busse die folgenden Fahrziele an:

REISEZIEL	PREIS (€)	FAHRZEIT (STD.)	HÄUFIGKEIT
Arzachena	2,50	¾	12-mal tgl.
Golfo Aranci	2	½	6 -mal tgl.
Nuoro	9	2½	8-mal tgl.
Porto Cervo	3,50	1½	5-mal tgl.
Santa Teresa di Gallura	5	1½	7-mal tgl.
Sassari	7	1½	2 -mal tgl.
Tempio Pausania	3,50	1½	2 -mal tgl.

Fahrkarten gibt es im **Café Adela** (Corso Vittorio Veneto 2; 5–22 Uhr) an der Straßenseite gegenüber den Hauptbushaltestellen. Die Stadtbuslinie 2 (1 € bzw. 1,50 € beim Fahrer) pendelt alle 30 Minuten in der Zeit von 6.15 und 23.40 Uhr zwischen Olbias Flughafen und der Via Goffredo Mameli im Stadtzentrum.

FLUGZEUG Der Flughafen **Aeroporto Internazionale di Olbia Costa Smeralda** (0789 56 34 44; www.geasar.it) liegt 5 km südöstlich vom Stadtzentrum; hier werden Flüge von italienischen Festlandflughäfen sowie den wichtigsten europäischen Metropolen abgefertigt. Olbia wird von Billigfluggesellschaften wie Air Berlin, easyJet und Nikki angeflogen.

SCHIFF/FÄHRE Regelmäßig legen Fähren aus Genua, Civitavecchia und Livorno in Olbia an. Fahrkarten sind in den Reisebüros der Stadt oder direkt am Hafen erhältlich. Näheres zu den Fahrtstrecken findet man auf S. 897.

ZUG Der Bahnhof liegt beim Corso Umberto. Zugverbindungen nach Cagliari (7 €, 4 Std., 1-mal tgl.), Sassari (7 €, 2 Std., 4-mal tgl.) und Golfo Aranci (2 €,35, 25 Min., 6-mal tgl.).

Golfo Aranci

2378 EW.

18 km nordöstlich von Olbia liegt Golfo Aranci, der Hafenort ist im Sommer ein wichtiger Hafen mit Fährverbindungen nach Livorno und Civitavecchia (S. 897). Die meisten Reisenden befinden sich allerdings nur auf der Durchreise und widmen dem Ort keine weitere Aufmerksamkeit. Dabei laden die drei weißsandigen Strände der Gegend durchaus zum Verweilen ein, besonders wenn Tauchen oder Speerfischen die bevorzugten Sportarten sind.

Ein unvergessliches Erlebnis verspricht das **Bottlenose Diving Research Institute** (☎0789 183 11 97; www.thebdri.com; Via Diaz 4) auf einer halbtägigen Bootstour (Erw./Kind 70/50 €), bei der Große Tümmler beobachtet werden können. Sichtungen werden nicht garantiert, doch die Chancen sind in der Regel hervorragend.

Costa Smeralda & Umgebung

Die 55 km lange Costa Smeralda (Smaragdküste) erstreckt sich zwischen Porto Rotondo und dem Golfo di Arzachena. Sie ist das berühmteste Sommerreiseziel Sardiniens: ein kostspieliges Reservat mit Luxushotels, einsamen Stränden und exklusiven Marinas. Seit der Aga Khan in den 1960er-Jahren Schafhirten den Boden abkaufte, ist die Küste das Lieblingsziel der Berühmten und der Paparazzi auf der Jagd nach Promis in kompromittierenden Lebenslagen. Von all der Oberflächlichkeit einmal abgesehen, ist die Costa Smeralda ein schönes Stück sardischer Küste mit grandiosen Granitfelsen, die an fjordähnlichen Buchten jäh ins smaragdgrüne Meer abfallen.

„Hauptstadt" der Costa Smeralda ist **Porto Cervo**, eine eigenartige, künstliche Stadt, deren pseudo-marokkanische Architektur und perfekt gepflegte Straßen eine seltsam sterile Atmosphäre verbreiten. Außerhalb der Saison ist die Stadt praktisch ausgestorben, doch zwischen Juni und September liegt hier das Epizentrum der Partyszene mit sonnengebräunten Schönheiten, die auf der **Piazzetta** posieren, und gut betuchten Einkaufsbummlern, die sich in den Designerboutiquen umsehen.

Im Westen bietet die **Baia Sardinia** einen zauberhaften Sandstreifen, im Süden zieht es Strandliebhaber nach **Capriccioli** und zur **Spiaggia Liscia Ruia** – beide Strände liegen in der Nähe des exklusiven Hotels Cala di Volpe. Beim Hotel Romazzino (auf Hinweisschilder achten) liegt die **Spiaggia del Principe**, eine prachtvolle, halbmondförmige weiße Strandbucht, deren Wasser von einem geradezu karibischen Blau ist – der Lieblingsstrand des Aga Khan.

Landeinwärts lohnt das bäuerliche Dorf **San Pantaleo** einen kurzen Besuch, vor allem an Sommerabenden, wenn auf seiner malerischen Piazza ein geschäftiger Markt abgehalten wird. Der ansonsten eher unscheinbare Ort **Arzachena** besitzt mehrere interessante archäologische Stätten, darunter den **Nuraghe di Albucciu** (Eintritt 3 €; ⌚9–19 Uhr) an der Hauptstraße nach Olbia sowie **Coddu Ecchju** (Eintritt 3 €; ⌚9–19 Uhr), eines der bedeutendsten *tombe di giganti* (Gigantengräber) Sardiniens.

Schlafen & Essen

LP TIPP **B&B Lu Pastruccialeddu** B&B €€
(☎0789 8 17 77; www.pastruccialeddu.com; Località Lu Pastruccialeddu, Arzachena; EZ 50–100 €, DZ 75–120 €; P) Ein *agriturismo*, wie er sein sollte! Das fantastische B&B befindet sich in einem typischen steinernen Bauernhaus und wird von der unglaublich gastfreundlichen Caterina Ruzittu betrieben, die ein opulentes Frühstück zubereitet und die Gästezimmer makellos sauber hält. Draußen glitzert ein Swimmingpool in einem prachtvollen Garten.

La Villa Giulia B&B €
(☎0789 9 86 29, 348 5111269; www.lavillagiulia.it; Monticanaglia; DZ 65–89 €) Das B&B thront in trotziger Einsamkeit am Ende eines unwegsamen Feldweges. Die Zimmer mit Allerweltsmöbeln und fröhlich gekachelten Bädern sind schlicht, doch die Nähe zur wunderschönen Natur macht das B&B zu einem echten Glücksfall. Wer möchte kann sich von den Gastgebern bekochen lassen.

Agriturismo Rena AGRITURISMO €€
(☎0789 8 25 32; www.agriturismorena.it; Località Rena; HP pro Pers. 40–60 €; P 👪) In dem hoch gelegenen *agriturismo* wird nur Halbpension angeboten, doch damit ist kein Verzicht verbunden. Das Essen auf dem Hof ist ein Genuss: Käse, Honig, Fleisch und Wein stammen aus eigener Produktion. Die Zimmer wirken mit ihren schweren Holzmöbeln und den 100 Jahre alten Deckenbalken sehr rustikal.

Villaggio Camping La Cugnana CAMPINGPLATZ €
(☎0789 3 31 84; www.campingcugnana.it; Località Cugnana; Camping 2 Pers., Auto & Zelt 20,50–30 €; 🏊 👪) Der schicke Campingplatz am Meer liegt an der Hauptstraße im Norden von Porto Rotondo. Durch seine günstige Lage ist er ein idealer Ausgangsorz für Ausflüge. Er bietet einen Supermarkt, einen Swimmingpool und einen kostenlosen Shuttlebus zum Strand.

La Vecchia Costa SARDISCH €
(☎0789 9 86 88; Mahlzeiten rund 20 €; ⏲tgl.) Bei einer so guten und preiswerten Küche bleibt es nicht aus, dass das ländlich-schlichte Restaurant immer voll besetzt ist. *Lorighittas* (ringförmige Nudeln) mit Steinpilzen (*porcini*) und Lammfleischsauce sind eine köstliche Einstimmung den zweiten Gang, der etwa aus Wolfsbarsch mit frischen Tomaten, Rucola und Basilikum bestehen könnte. La Vecchia Costa liegt an der Straße Arzachena – Porto Cervo.

Spinnaker MODERN ITALIENISCH €€
(☎0789 9 12 26; www.ristorantespinnaker.com; Liscia di Vacca; Gerichte rund 40 €; ⏲ Nebensaison Mi geschl.) Das modische Spinnaker lockt das elegante Publikum (Yachtbesitzer, Sternchen und Jetsetter) mit elegantem Ambiente und fabelhaften Fischgerichten. Zu kurz angebratenen Calamari mit frischen Artischocken oder zur Languste passt ein frischer weißer Vermentino.

An- & Weiterreise

Zwischen Juni und September betreibt **Sun Lines** (☎348 260 98 81) Busverbindungen vom Flughafen Olbia zur Costa Smeralda mit Zwischenstopp in Porto Cervo und weiteren Küstenorten. In den übrigen Monaten des Jahres pendelt täglich ein Bus zwischen Porto Cervo und Olbia (3,50 €, 1½ Std.).

Zwischen Arzachena und Olbia bestehen ganzjährig regelmäßige Busverbindungen (2,50 €, 45 Min., 8-mal tgl.).

ABSTECHER

CANTINE SURRAU

In einer zauberhaften Landschaft inmitten von Weinbergen und Bergen liegt die moderne Weinkellerei **Cantine Surrau** (☎0789 8 29 33; www.vignesurrau.it, auf Italienisch; Località Chilvagghja; ⏲Sommer 9–23 Uhr, Winter 9–20.30 Uhr). Hier betreibt man die Weinherstellung mit ganzheitlicher Methode. Auf einem Rundgang kann sowohl der Keller als auch eine Galerie mit sardischen Kunstwerken besichtigt werden. Anschließend bietet sich bei einer Verkostung (Standard 8 €) die Gelegenheit, Bouquet und Geschmack eines frischen und fruchtigen Vermentino oder eines robusten, abgerundeten Cannonau zu testen – sie gehören beide zu den besten trockenen Weiß- und Rotweinen der Region. Die Kellerei liegt an der Straße, die von Arzachena nach Porto Cervo führt.

Santa Teresa di Gallura

5211 EW.

Sonnig, windig und sehr entspannt, genießt Santa Teresa di Gallura eine bevorzugte Position an der Nordküste der Gallura. In der Hochsaison ist das Seebad extrem überlaufen, dennoch ist es gelungen, den urtümlichen Charakter des Ortes zu bewahren. Berühmt sind die surrealistisch wirkenden, vom Wind geformten Granitfelsen des nahe gelegenen Capo Testa. Von dort ist es nur eine kurze Fährüberfahrt nach Korsika.

Sehenswertes & Aktivitäten

Wenn sie nicht gerade am Strand sind, halten sich die meisten Feriengäste an der von Cafés gesäumten Piazza Vittorio Emanuele auf. Ruhiger geht es auf einem Spaziergang zur **Torre di Longonsardo** aus dem 16. Jh. zu – sie liegt beim Eingang zum idyllischen (aber nicht weniger überfüllten) Stadtstrand **Spiaggia Rena Bianca**.

4 km westlich der Ortschaft Santa Teresa liegt die felsige Landzunge **Capo Testa**, sie ähnelt einem bizarren Skulpturengarten. Riesige Felsbrocken liegen verstreut über die grasbewachsenen Hänge – ihre märchenhaften und fantastischen Formen sind das Ergebnis einer Jahrhunderte andauernden Winderosion.

Die Via Capo Testa im Westen der Stadt Santa Teresa führt auf die Landzunge zu; die etwa einstündige Wanderung ist für sich genommen schon ein Traum: Der Weg führt durch Felsen und Gebüsch und erlaubt eine prachtvolle Sicht auf bizarre Felsformationen, Felsenhöhlen und das kobaltblaue Mittelmeer. Unterwegs kann man eine Pause einlegen, um schwimmen zu gehen und den Blick auf die gar nicht so ferne Küste von Korsika zu genießen.

Das **Consorzio delle Bocche** (☎0789 75 51 12; www.consorziobocche.com, auf Italienisch; Piazza Vittorio Emanuele 16; ⏲Mai–Sept. 9–13 & 17–0.30 Uhr) veranstaltet Ausflüge zu den Maddalena-Inseln und entlang der Costa Smeralda, die Preise liegen bei 40 bis 45 € pro Person. Tauchgänge bietet das **Centro Sub Marina di Longone** (☎0789 74 10 59; www.marinadilongone.it, auf Italienisch; Viale Tibula 11) an (ab etwa 35 €).

Schlafen & Essen

Die meisten Hotels in Santa di Gallura und Umgebung sind nur von Ostern bis Oktober geöffnet. An der Piazza Vittorio Emanuele gibt es viele Gelegenheiten zum Draußensitzen und Leutebeobachten.

B&B Domus de Janas B&B €€
(☎338 499 02 21; www.bbdomusdejanas.it; Via Carlo Felice 20a; DZ 60–120 €, 3BZ 80–140 €; ❄) Daria und Simon sind die freundlichen Gastgeber dieses entzückenden B&B mitten in der Stadt. Von der Terrasse öffnet sich ein fantastischer Blick aufs Meer, die Zimmer sind ein fröhliches Durcheinander aus Kunst und Krimskrams.

Hotel Moderno HOTEL €€
(☎0789 75 42 33/51 08; www.modernohotel.eu; Via Umberto 39; EZ 50–80 €, DZ 65–140 €; ❄) Ein gemütliches Familienunternehmen in der Nähe der Piazza. Die Zimmer sind hell, luftig und dezent dekoriert – auf den Betten liegen die traditionellen blau-weißen Galluresser Tagesdecken – und außerdem mit winzigen Balkonen versehen.

Camping La Liccia CAMPINGPLATZ €
(☎0789 75 51 90; www.campinglaliccia.com; SP nach Castelsardo Km 59; Camping 2 Pers., Auto & Zelt 18–35 €, 2-Pers.-Bungalows 50–96 €; 📶🚻) Der umweltfreundliche Campingplatz liegt rund 5 km westlich der Stadt an der Straße nach Castelsardo; zur fantastischen Ausstattung gehören u. a. Spiel- und Sportplätze, Restaurants und Pizzeria.

Agriturismo Saltara SARDISCH €€
(☎0789 75 55 97; Località Saltara; Mahlzeiten 35–40 €; ⏲Abendessen) Eine Speisekarte ist überflüssig, Neugier und viel Appetit aber unbedingt mitzubringen. Die Gäste sitzen an Tischen unter Bäumen; ein köstlicher Gang nach dem anderen wird serviert, z. B. *culurgiones* (sardische Ravioli) mit Ricotta-Füllung und *porceddu* (Spanferkel). Das Saltara liegt 10 km südlich der Stadt abseits der SP90 (Schilder weisen auf eine unbefestigte Straße hin).

Il Chiostro FISCH €€
(☎0789 74 10 56; www.ilchiostrodelporto.it, auf Italienisch; Porto Turistico; Gerichte 25–45 €; ⏲tgl.) Das einladende Restaurant mit Blick auf die Marina wirbt gern mit der Frische seiner Fischgerichte. Am schönsten sitzt man auf der Terrasse. Das Restaurant serviert auch Frühstück und Aperitif.

Praktische Informationen

Bar Sport (Via Mazzini 7; Std. 5€; ⏲6–24 Uhr) Internetzugang.

Touristeninformation (☎0789 75 41 27; www.comunesantateresagallura.it, auf Italienisch; Piazza Vittorio Emanuele 24; ⏲Sommer Mo–Fr 9–13 & 17–21 Uhr, Winter 9–13 & 16–18 Uhr) Sehr hilfreich und mit einer Fülle von Informationsmaterial ausgerüstet.

An- & Weiterreise

An der Endstation an der Via Eleonora d'Arborea halten Busse von und nach Olbia (5 €, 1½ Std., 7-mal tgl.) und Sassari (7 €, 2½ Std., 3-mal tgl.).

Informationen zu Fährverbindungen nach Bonifacio auf Korsika siehe S. 897.

Palau & Arcipelago di La Maddalena

An der nordöstlichen Spitze Sardiniens liegt Palau, ein blühender Sommerferienort voller Surfshops, Boutiquen, Bars und Restaurants. Ganzjährig legen hier Fähren für die kurze Überfahrt zur **Isola della Maddalena** ab. Sie ist die größte von rund 60 Inseln und Inselchen, aus denen sich der **Parco Nazionale dell'Arcipelago di La Maddalena** (www.lamaddalenapark.it) zusammensetzt. Der Archipel La Maddalena ist eine spektakuläre, dem stetigen Wind ausgesetzte Inselwelt, die sich naturgemäß am besten mit dem Boot erkunden lässt. Doch auch die beiden Hauptinseln haben mit ihren in der Sonne leuchtenden, ockergelben Häusern, mit Stei-

NICHT VERSÄUMEN

MILITÄRSCHICK

Als sich die US-Marine 2008 nach einem umstrittenen Aufenthalt von sage und schreibe 35 Jahren von der Insel La Maddalena zurückzog, lag allen eine Frage auf der Zunge: „Und was nun?" Es galt als ausgemacht, dass hier 2009 der G8-Gipfel stattfinden sollte, doch dann wurde die Konferenz in die vom Erdbeben gezeichnete Abruzzenhauptstadt L'Aquila verlegt. Zu diesem Zeitpunkt hatte man aber schon mit den Vorbereitungen begonnen, die ehemalige Militärbasis komplett umzugestalten. Das Ergebnis ist der moderne **La Maddalena Hotel & Yacht Club** (☎0789 79 42 73; www.lamaddalenahyc.com; Piazza Faravelli, Località Moneta; DZ 200–500 €, Suite 450–1100 €; ❄📶🏊). Wo einst baufällige Kasernen standen, kann man heute in einem weitläufigen, locker bebauten Areal herumspazieren, die den Zaha Hadids von designten High-Tec-Lüster bestaunen (in der Lobby) und das mit Murano-Glas geometrisch gestaltete Konferenzzentrum in Augenschein nehmen (ein Entwurf von Stefano Boeri). Neben Zimmern, die sich als Ausbund minimalistischen Schicks präsentieren, bietet das Hotel einen Pool auf der Dachterrasse samt Meerblick, perfekt gepflegte Gärten, ein hochkarätiges Restaurant sowie ein Wellnesscenter. Und ja: Natürlich ist hier Platz genug, um mit einer Megayacht anzulegen oder mit dem Hubschrauber zu landen – nur für den Fall, dass in dieser Hinsicht Zweifel bestanden haben sollten.

Wenn das Sparschwein für das Preisniveau dieses Fünf-Sterne-Luxusschuppens nicht gerüstet ist, besteht die Möglichkeit, zumindest einmal flüchtig in das Hotel hineinzuschnuppern, indem man eine Behandlung im Wellnesscenter bucht, sich einen Drink an der Bar genehmigt oder einen Tisch im Restaurant reserviert.

nen gepflasterten Plätzen und einer ansteckenden Ferienatmosphäre viel Charme.

Sehenswertes & Aktivitäten

Am Strand entspannen oder im Boot um die Inseln fahren? Um diese Frage dreht sich hier alles. Am Hafen von Palau bietet **Petag** (☎0789 70 86 81; www.petag.it) Ausflüge inkl. Mittagessen und mehreren Schwimmaufenthalten an bekannten Stränden entlang der Strecke an (ca. 35 € pro Pers.). Auf La Maddalena findet man zahlreiche Veranstalter rund um Cala Mangiavolpe.

Surfer treffen sich in **Porto Pollo**, 7 km westlich von Palau, wo sie die besten Windverhältnisse der Insel vorfinden. Die Wassersportmöglichkeiten sind vielfältig, so kann man kitesurfen, kanufahren, tauchen und segeln. Ausrüstung und Unterricht sind überall am Strand zu bekommen.

Ebenso hervorragend sind die Tauchbedingungen im Meerespark selbst. In Palau bietet das Tauchzentrum **Nautilus** (☎0789 70 90 58; www.divesardegna.com; Piazza Fresi 8, Palau) Tauchgänge ab 50 € an.

Über einen schmalen Damm ist die **Isola Caprera** mit La Maddalena verbunden. Die winzige Insel war einst die Heimat des Freiheitskämpfers Giuseppe Garibaldi. In seinem ehemaligen Wohnhaus befindet sich das **Compendio Garibaldino** (☎0789 72 71 62; Erw./erm. 5/2,50 €; ⏲Di–So 9–19.15 Uhr), das nur im Rahmen einer Führung (in italienischer Sprache) besichtigt werden kann.

Ein Wanderweg führt nördlich vom Haus Garibaldis steil abwärts zum 1,5 km entfernten, abgeschieden liegenden Strand **Cala Coticcio**. Ein wenig leichter zugänglich ist der südöstlich gelegene (beschilderte) Strand **Cala Brigantina**.

Schlafen & Essen

In Palau und auf La Maddalena gibt es nur eine Sommersaison: Fast alle Hotels sind von Mitte Oktober bis Ostern geschlossen.

LP TIPP **B&B Petite Maison** B&B €€
(☎0789 73 84 32; www.lapetitmaison.net; Via Livenza 7, La Maddalena; DZ 70–110 €) Überall in diesem B&B sind Gemälde und Art-déco-Möbel freigiebig verteilt, es liegt nur fünf Minuten zu Fuß vom Hauptplatz entfernt. Gastgeberin Miriam serviert ein kunstvoll zubereitetes Frühstück mit frischen, hausgemachten Köstlichkeiten in ihrem von Bougainvilleen bestandenen Garten. Kreditkarten (und Kinder) werden nicht akzeptiert.

L'Orso e Il Mare B&B €
(☎331 2222000; www.orsoeilmare.com; Vicolo Diaz 1, Palau; DZ 60–100 €, 3BZ 70–120€; ❄) In

diesem B&B werden die Gäste von Pietro freundlich willkommen geheißen, es liegt nur wenige Schritte von der Piazza Fresi entfernt. Die geräumigen Zimmer zeigen einen frischen maritimen Stil in Blau-Weiß. Das Frühstück besteht aus einer wunderbaren Vielfalt an Kuchen, Biscotti und frischen Obstsalaten.

Camping Baia Sardegna CAMPINGPLATZ €
(☎0789 70 94 03; www.baiasaraceno.com; Località Punta Nera; Camping 2 Pers., Auto & Zelt 16–37 €, 2-Pers.-Bungalows 90–174 €;) In wunderschöner Lage am Strand von Palau bietet der Campingplatz im Schatten von Pinienbäumen eine Pizzeria, einen Spielplatz und ein Tauchzentrum.

San Giorgio SARDISCH €€
(☎0789 70 80 07; Via La Maddalena 4, Palau; Pizzas 6–9 €, Mahlzeiten 30 €; ⊙Mi–Mo) Die offen angelegte Küche dieses Restaurants mit Pizzeria lässt keine Fragen offen. Eine hervorragende Wahl sind Spaghetti *allo scoglio* (mit verschiedenen Meeresfrüchten) und die Grillgerichte mit Fisch.

Praktische Informationen

Touristeninformation Palau (☎0789 70 70 25; www.palauturismo.com; Palazzo Fresi; ⊙Sommer Mo–Fr 9–13 & 16–20 Uhr, Winter 9–13 & 15–17.30 Uhr); La Maddalena (☎0789 73 63 21; www.comune.lamaddalena.ot.it, auf Italienisch; Cala Gavetta; ⊙Sommer Mo–Fr 8.30–13 & 15.30–17.30, Sa 9–13 Uhr, im Winter kürzere Öffnungszeiten)

An- & Weiterreise

BUS Busse verbinden Palau mit Olbia (3 €, 1¼ Std., 10-mal tgl.), Santa Teresa di Gallura (2 €, 40 Min., 5-mal tgl.) und Arzachena (1,50 €, 20 Min., 8-mal tgl.). Im Sommer betreibt **Nicos-Caramelli** (☎0789 67 06 13) Busverbindungen nach Porto Pollo (2 €, 35 Min.), Baia Sardinia (4,50 €, 35 Min.) und Porto Cervo (4,50 €, 50 Min.). Alle Busse fahren am Hafen ab.

SCHIFF/FÄHRE Regelmäßig verkehrende Autofähren zur Isola Maddalena werden von **Saremar** (☎892123; www.saremar.it, auf Italienisch) und **Delcomar** (☎781 85 71 23; www.delcomar.it, auf Italienisch) betrieben. Die 15-minütige Überfahrt kostet 5 € pro Person und 13 € für einen kleinen Pkw.

NUORO & DER OSTEN

Würde man die Sarden nach ihrem geografischen, kulturellen und spirituellen Kernland fragen, würden sie den Osten der Insel nennen. Nirgendwo sonst sind die Gewalten der Natur so überwältigend wie hier, wo das Kalkmassiv des Supramonte in die steil abfallenden Klippen, Grotten und aquamarinblauen Meerestiefen des Golfo di Orosei übergeht.

Größere Städte sind zwar mit dem Bus erreichbar, einfacher lässt sich diese Gegend aber mit dem eigenen Auto erkunden. Auf und ab führende Landstraßen durchschneiden tiefe Täler, in denen frühgeschichtliche *Nuraghen* verborgen liegen, führen in die einsamen Dörfer der Barbagia, in denen Banditenlegenden noch lebendig sind, und durch Steineichenwälder, die von Wildschweinen durchstreift werden.

Nuoro

36 409 EW.

Aus dem einstigen abgelegenen Bergdorf Nuoro, das als Banditendorf berüchtigt war, ist im 19. und frühen 20. Jh. ein kulturell fruchtbarer Boden geworden, aus dem vielfältige künstlerische Talente hervorgingen. Der Literaturnobelpreisträgerin Grazia Deledda, dem gefeierten Dichter Sebastiano Satta, dem Romanschriftsteller Salvatore Satta und dem Bildhauer Francesco Ciusa sind heute Museen in der historischen Altstadt gewidmet.

Der Granitgipfel des Monte Ortobene (955 m) bildet den spektakulären Hintergrund der Stadt; er wird von einer 7 m hohen Bronzestatue des *Redentore* (Erlösers) gekrönt. Der dicht bewaldete Gipfel bietet einen erstklassigen Weitblick über das Tal und die Granitberge von Oliena.

Sehenswertes

Museo della Vita e delle Tradizioni Sarde MUSEUM
(☎0784 25 70 35; Via Antonio Mereu 56; Erw./erm. 3/1 €; ⊙Sommer tgl. 9–20 Uhr, Winter Di–So 9–13 & 15–18 Uhr) Das Museum eröffnet faszinierende Einblicke in Traditionen, Folklore und Brauchtum Sardiniens. Die farbenprächtige Ausstellung traditioneller Trachten ist der besondere Stolz des Museums.

Museo d'Arte KUNSTGALERIE
(MAN; ☎0784 25 21 10; www.museoman.it; Via S Satta 15; Erw./erm. 3/2 €; ⊙Di–So 10–13 & 16.30–20.30 Uhr) In einem restaurierten Stadthaus des 19. Jhs. ist das MAN untergebracht, eine einzigartige Galerie für moderne Kunst auf Sardinien. In der Dauerausstellung werden

GUT GEFÜHRT

Wer plant, im Supramonte zu wandern, findet hier eine Auswahl der besten Bergführer:

Cooperativa Gorropu (☎0782 64 92 82, 333 8507157; www.gorropu.com; Via Sa Preda Lada 2, Urzulei) Sandra und Franco organisieren Ausflüge aller Art, u. a. Trekkingtouren (30–35 €), Kanufahrten und Höhlenwanderungen (40–60 €).

Corrado Conca (☎347 2903101; corrado@segnavia.it) Der Guru der Wanderer- und Bergsteigerszene Sardiniens ist ein hervorragender Begleiter auf der extrem schwierigen Trekkingtour Selvaggio Blu („Wildes Blau"), die sieben Tage dauert. Für die Tour verlangt er rund 500 € pro Person.

Atlantikà (☎328 9729719; www.atlantika.it, auf Italienisch; Via Lamarmora 195, Dorgali) Entdeckungstouren ins felsige Hinterland und an die Küste bietet diese Genossenschaft ortsansässiger Bergführer, die Ausflüge zur Gola Su Gorropu und nach Tiscali (jeweils 35 €) begleiten.

Cooperativa Ghivine (☎0784 9 67 21; www.ghivine.com; Via Lamarmora 69e, Dorgali) Der Veranstalter von Abenteuertouren organisiert u. a. Bergtouren in die Gola Su Gorropu und nach Tiscali (jeweils 40 €).

Dolmen (☎0784 9 32 60; www.sardegnadascoprire.it; Via Vasco da Gama 18, Cala Gonone) Der zuverlässige Veranstalter organisiert Geländewagenfahrten in das Supramonte-Gebirge und Kanufahrten zur Gorropu-Schlucht.

rund 400 Werke der bedeutendsten sardischen Maler des 20. Jhs. gezeigt.

Museo Deleddiano MUSEUM
(☎0784 25 80 88; Via Grazia Deledda 53; Erw./erm. 3/1 €; ⊙Sommer tgl. 9–19 Uhr, Winter Di–So 10–13 & 15–17 Uhr) Im ältesten Teil der Stadt steht das Geburtshaus der Literaturnobelpreisträgerin Grazia Deledda, es birgt heute ein reizendes kleines Museum. Die Räume, angefüllt mit Erinnerungsstücken an die Dichterin, wurden sorgfältig restauriert und vermitteln ein anschauliches Bild von einem reichen Nuoreser Haus des 19. Jhs.

Feste & Events

Sagra del Redentore RELIGIÖS
Das Erlöserfest in der letzten Augustwoche ist das bedeutendste religiöse Fest in Nuoro und eines der temperamentvollsten Feste der Insel mit Paraden, Musik und einer Fackelprozession.

Schlafen & Essen

LP TIPP **Silvia e Paolo** B&B €
(☎0784 3 12 80; www.silviaepaolo.it, Corso Garibaldi 58; EZ 30–35 €, DZ 50–60 €, 3BZ 70 €; ❄@) Silvia und Paolo führen dieses entzückende B&B. Schätze aus dem Familienbesitz – von Puppen bis zu alten Lederkoffern – sorgen in den hellen, geräumigen Gästezimmern für eine wohnliche Atmosphäre. Von der Dachterrasse lässt sich das Geschehen am Corso Garibaldi und der nächtliche Sternenhimmel beobachten.

Casa Solotti B&B €
(☎0784 3 39 54; www.casasolotti.it; pro Pers. 26–35 €; P❄📶) Inmitten von Wäldern und einem Netz von Wanderwegen unweit des Monte Ortobene liegt dieses einladende B&B. Das freundliche Haus in einem weitläufigen Garten bietet ländlich-einfache Zimmer. Reitausflüge, Lunchpakete und geführte Wanderungen in die Berglandschaft des Supramonte können organisiert werden.

La Locanda SARDISCH €
(☎0784 3 10 32; Via Brofferio 31; Mahlzeiten rund 15 €; ⊙Mo–Sa) Das Mittagsangebot (9,20 €) in dieser fröhlichen, bodenständigen Trattoria ist ein Schnäppchen. Wer einen freien Tisch findet, kommt in den Genuss von Antipasti, frischer Pasta und Steaks, dazu passt der süffige Wein des Hauses.

Praktische Informationen

Touristeninformation (☎0784 23 88 78; www.provincia.nuoro.it, auf Italienisch; Piazza Italia 19; ⊙Sommer tgl. 8.30–14 & 15.30–19 Uhr, Winter Mo–Fr gleiche Öffnungszeiten) Hält eine Fülle nützlicher Informationen über Nuoro und die Region bereit.

An- & Weiterreise

Vom Hauptbusbahnhof am Viale Sardegna steuern Busse die folgenden Fahrziele an:

REISEZIEL	PREIS (€)	FAHRZEIT (STD.)	HÄUFIGKEIT
Baunei	6	2	4-mal tgl.
Cagliari	15,50	2½–5	2-mal tgl.
Dorgali	3	¾	6-mal tgl.
Olbia	9	2½	8-mal tgl.
Oliena	1,50	½	häufig
Orgosolo	2	½	häufig
San Teodoro	7	1¾	8-mal tgl.
Santa Maria Navarrese	7	2½	5-mal tgl.
Tortolì	7	2¾	5-mal tgl.

Supramonte

Im Südosten von Nuoro steigt das düstere Kalkfelsmassiv des Supramonte auf, dessen Hänge einer eisernen Wand gleichen. Die faszinierende Berglandschaft bildet den landeinwärts gelegenen Teil des **Parco Nazionale del Golfo di Orosei e del Gennargentu** (www.parcogennargentu.it, auf Italienisch), des größten Nationalparks Sardiniens.

OLIENA

7439 EW.

Von Nuoro aus sieht man die bunten Dächer des Städtchens Oliena im Schutz des majestätischen Monte Corrasi (1463 m) liegen. Der stimmungsvolle Ort mit einer Altstadt aus grauem Stein wurde bereits in römischer Zeit gegründet, heute ist die Stadt vor allem für den blutroten Cannonau-Wein und die traditionellen Osterfeiern berühmt.

Sehenswertes & Aktivitäten

Auf der Piazza Santa Maria wird samstags ein Markt im Schatten der **Chiesa di Santa Maria** aus dem 13. Jh. abgehalten. Es gibt noch weitere, wunderbare alte Kirchen, z. B. die durch ihre Schlichtheit beeindruckende **Chiesa di San Lussorio** (Via Cavour), die aus dem 14. Jh. stammen.

Die sonst so verträumte Stille des Dorfes wird alljährlich am Ostersonntag vom **S'Incontru** (Zusammenkunft) erschüttert. Bei einer lärmenden Prozession wird eine Christusfigur von Trägern zur Piazza Santa Maria gebracht, wo sie mit einer Marienfigur zusammengeführt wird.

Die Landschaft rund um Oliena bietet die besten Bedingungen für Aktivitäten in der Natur. **Sardegna Nascosta** (☎0784 28 85 50; www.sardegnanascosta.it, auf Italienisch), **Barbagia Insolita** (☎0784 28 60 05; Corso Vittoria Emanuele 48) und **Cooperativa Enis** (☎0784 28 83 63; www.coopenis.it; Località Monte Maccione) veranstalten unterschiedliche Ausflüge, u. a. Trekkingtouren und Kanufahrten, Abseil- und Klettertouren sowie Reitausflüge.

Schlafen & Essen

LP TIPP **Agriturismo Guthiddai** AGRITURISMO €
(☎0784 28 60 17; www.agriturismoguthiddai.com; Nuoro-Dorgali an der Abzweigung Su Gologone; HP pro Pers. 60–75 €;) An der Straße zum Hotel Su Gologone liegt das weiße Landgut am Fuß einer hoch aufragenden Felswand inmitten von Feigen-, Oliven- und Obstbäumen. Olivenöl, Cannonau-Wein, Obst und Gemüse stammen aus eigener Erzeugung. Die Zimmer haben außergewöhnlich schöne Bodenfliesen in Hellgrün und Kobaltblau.

Hotel Su Gologone HOTEL €€
(☎0784 28 75 12; www.hotelsugologone.com; EZ 105–160 €, DZ 140–240 €, Suite 340–440 €; P) Das Hotel Su Gologone liegt 7 km östlich von Oliena und verwöhnt seine Gäste mit ländlichem Luxus. Die Zimmer sind mit originalen Kunstwerken und ortstypischem Kunsthandwerk eingerichtet, die Ausstattung ist erstklassig – außer einem Swimmingpool und einem Weinkeller gibt es ein Restaurant (Mahlzeiten rund 55 €), das als eines der besten Sardiniens gilt.

Hotel Cikappa HOTEL €
(☎0784 28 80 24; www.cikappa.com; Corso Martin Luther King 2–4; EZ/DZ/3BZ 40/70/85 €;) Die netten, wenn auch schlichten Zimmer des Hotels liegen über einem beliebten Restaurant (Mahlzeiten 25–45 €) in der Ortsmitte von Oliena. Die besten Zimmer haben Balkone mit Blick auf die nahen Berge.

Hotel Monte Maccione HOTEL €
(☎0784 28 83 63; www.coopenis.it; EZ 39–48,50 €, DZ 66–80 €; P) Unter der Leitung der Cooperativa Enis bietet das hoch gelegene Berghotel einfache, ländliche Zimmer mit schöner Fernsicht; es liegt 4 km oberhalb von Oliena.

Ristorante Masiloghi SARDISCH €€
(☎0784 28 56 96; Via Galiani 68; Mahlzeiten rund 30 €; ⏲tgl.) Eine sonnige mediterrane Villa an der Hauptstraße nach Dorgali. Zu den Spezialitäten des Hauses gehören u. a. hausgemachte Pasta, Lammfleisch aus der Region und Wildschweinragout.

Praktische Informationen

Tourpass (☎0784 28 60 78; Corso Deledda 32; ⏲9–13 & 16–18.30 Uhr) Die beste Informa-

NICHT VERSÄUMEN

TOP FIVE: KLETTERROUTEN & WANDERUNGEN

» **Gola Su Gorropu** Der Wanderweg vom Pass Genna'e Silana zur Gorropu-Schlucht (1¼ Std.) ist spektakulär: Er führt durch Steineichenwälder und an mit Felsbrocken übersäten Hängen und von Höhlen durchzogenen Klippen entlang.

» **Selvaggio Blu** Er ist die schwierigste aller Bergtouren in Italien: Die sieben Tage dauernde, 45 km lange Trekkingtour führt entlang der zerfurchten Küstenlinie des Golfo di Orosei, durch bewaldete Schluchten, über Klippen und an Höhlen vorbei. Ein Bergführer ist unverzichtbar, da der Wanderweg nicht gut beschildert ist und man unterwegs keinen Zugang zu Wasser hat (muss mit Booten herbeigeschafft werden). Nähere Informationen finden sich auf der Website www.selvaggioblu.it (auf Italienisch). Siehe auch S. 44.

» **Cala Luna** Phantastische Kletterbedingungen bieten sich oberhalb dieser wunderschönen Bucht. Man erreicht sie entweder durch eine landschaftlich reizvolle zweistündige Wanderung entlang der Küste von der Cala Fuili aus oder durch eine schnelle Bootsfahrt von Cala Gonone. Die Schwierigkeitsgrade der 56 Routen liegen zwischen 5c und 8b+, u. a. gibt es einige tückische Kletterstellen in Höhlen mit Felsüberhängen.

» **La Poltrona** Der massive Kalkfelskessel unweit von Cala Gonone weist kompakte Felsen und 75 mit Felshaken ausgestattete Routen der Schwierigkeitsgrade 4 bis 8a auf. Im Sommer ist es in den Morgenstunden zu heiß zum Klettern, dann sollte man besser den späten Nachmittag abwarten.

» **Golgo Cala Goloritzè** Eine leichte, halbtägige Wanderung auf einstigen Mauleselpfaden von der Hochebene des Golgo zur Cala Goloritzè. Die Bucht ist ein perfekter Halbmond mit weißem Sandstrand, an den tiefblaue Wellen schlagen. Kletterfreaks können sich an einigen der bizarr geformten Granitgipfel versuchen: Die Felsnadel Aguglia di Goloritzè ist eine anspruchsvolle Klettertour mit mehreren Seillängen.

tionsquelle in Oliena ist diese private Agentur, sie gibt den Besuchern auch Empfehlungen für Aktivitäten in der Region.

ℹ An- & Weiterreise

ARST betreibt regelmäßige Busverbindungen von der Via Roma nach Nuoro (1,50 €, 20 Min., Mo–Sa bis zu 12-mal tgl., So 6-mal tgl.).

ORGOSOLO & MAMOIADA

Jahrhundertelang war **Orgosolo** , das im Zentrum des zerklüfteten Supramonte-Gebirges liegt, als Brutstätte des Banditentums und Menschenraubs gefürchtet. Heute ist der Ort wegen seiner ausdrucksstarken graffitiartigen Wandgemälde (*murales*) berühmt; man findet sie überall in der Innenstadt. Wie satirische Karikaturen schildern sie die großen politischen Ereignisse des 20. Jhs. auf oft sehr bewegende Weise. Ein typisches Beispiel ist eine Bilderserie über den zwölfjährigen Palästinenser Mohammed al-Dura, der angeblich von israelischen Soldaten im Gazastreifen erschossen wurde, als er sich hinter seinem Vater versteckt hielt.

10 km westlich von Orgosolo liegt das unscheinbare Städtchen **Mamoiada**, Schauplatz der unheimlichsten **Karnevalsfeiern** der Insel. Ihren Anfang nehmen sie mit der **Festa di Sant'Antonio** am 17. Januar und erreichen am Tag vor Aschermittwoch und dem vorangehenden Sonntag ihren Höhepunkt. Im Mittelpunkt der Veranstaltungen stehen die *mamuthones* – Gestalten, die mit zottigen braunen Schafsfellen und archaischen Holzmasken herausgeputzt sind. Anthropologen vermuten, dass die *mamuthones* alle unsagbaren Schrecken verkörperten, vor denen die Menschen vor Jahrhunderten Angst empfanden. Sie interpretieren den rituellen Umzug als den Versuch, diese Dämonen vor Frühlingsbeginn zu vertreiben.

Von Nuoro aus fahren Busse nach Mamoiada (2 €, 20 Min.) und nach Orgosolo (2 €, 30 Min.).

DORGALI

8450 EW.

Dorgali ist ein erdverbundenes Dorf vor einer grandiosen Kulisse; es schmiegt sich an die Hänge des Monte Bardia und liegt inmitten von Weinbergen und Olivenhainen. Die Gipfel des Kalkmassivs ragen im Hintergrund der pastellfarbenen Häuser auf, steile schmale Wege locken Wanderer und Bergsteiger ins Gebirge.

Die Kunsthandwerksläden des Ortes – Dorgali ist berühmt für Lederwaren, Keramik, Teppiche und Filigranschmuck – treten neben der Anziehungskraft, die die großartige umgebende Natur ausübt, fast schon in den Hintergrund; der Golfo di Orosei und der Supramonte sind leicht erreichbar.

Schlafen & Essen

Sa Corte Antica B&B €

(0784 9 43 17; www.sacorteantica.it; Via Mannu 17; DZ 50–60 €, 3BZ 65–75 €; ❄) Die Zimmer des B&B blicken auf einen steinernen Innenhof, der einen altertümlichen Charme ausstrahlt, zu dem auch die Reetdächer und die schmiedeeisernen Betten beitragen. Hausgemachtes Brot und *biscotti* (eine Art Zwieback) werden zum Frühstück serviert.

Ristorante Colibrì SARDISCH €€

(0784 9 60 54; Via Gramsci 14; Mahlzeiten 30 €; Mo–Sa) Das Restaurant liegt in einem Wohngebiet versteckt, wo man es nicht vermuten würde (Hinweisschilder zeigen den Weg). Es ist ein Glücksfall für alle, die gern Fleisch essen; hier werden z. B. Wildschweinbraten mit Rosmarin und *porceddu* (Spanferkel) zubereitet.

Praktische Informationen

Touristeninformation (0784 9 62 43; www.dorgali.it, auf Italienisch; Via Lamarmora 108b; Mo–Fr 10–13 & 16–20 Uhr, Juli & Aug. Sa) Informationsmaterial über Dorgali und Cala Gonone, u. a. Adressen von Trekkingtourenveranstaltern sowie Unterkunftsverzeichnisse.

An- & Weiterreise

Busverbindungen bestehen nach Nuoro (3 €, 45 Min., 6-mal tgl.) und Olbia (7,50 €, 2¾ Std., 2-mal tgl.). Bis zu sechs Busse pendeln täglich zwischen Dorgali und Cala Gonone (1,50 €, 25 Min.).

GROTTA DI ISPINIGOLI

Eine kurze Fahrt führt nordwärts von Dorgali zur märchenhaften **Grotta di Ispinigoli** (Erw./Kind 7,50/3,50€; Touren (zur vollen Std.) Sommer 9–20 Uhr, Winter 9–12 & 15–17 Uhr) mit unzähligen glitzernden Stalagmiten, darunter der zweitgrößte der Erde (der größte misst stolze 40 m und befindet sich in Mexiko). Im Gegensatz zu den meisten anderen Höhlen dieser Art, die seitlich betreten werden, steigen die Höhlenbesucher hier im Innern eines gigantischen „Schachtes“ 60 m in die Tiefe. In dessen Mittelpunkt erhebt sich ein prachtvoller, 38 m hoher Stalagmit.

SERRA ORRIOS & THOMES

Das Nuraghendorf **Serra Orrios** (Erw./Kind 5/2,50 €; stündl. Touren 9–13 & 15–18 Uhr, im Winter kürzere Öffnungszeiten) war in der Zeit von 1500 bis 250 v. Chr. bewohnt. In Olivenhainen verborgen liegen die Ruinen von rund 70 Steinhütten, die sich in einem Bogen um zwei Basalttempel gruppieren. Die Stätte befindet sich 11 km nordwestlich von Dorgali (3 km im Norden der Straße von Dorgali nach Oliena).

Von Serra Orrios kann man nordwärts weiter zur **Tomba dei Giganti S'Ena e Thomes** (Eintritt frei; Morgen- bis Abenddämmerung) fahren, sie ist ein besonders schönes Beispiel einer *tomba dei giganti*. Das imposante Steinmonument wird von einer oben abgerundeten Hauptstele überragt, mit der in grauer Vorzeit eine Grabkammer verschlossen wurde.

GOLA SU GORROPU

Sie gilt mit Recht als „Grand Canyon Europas“. Die **Gola Su Gorropu** (328 8976563; www.gorropu.info; Erw./erm. 5/3 €; Touren 10.30–15.30 Uhr) ist eine spektakuläre Schlucht, die von 400 m vertikal aufragenden Felswänden gebildet wird. Vom Flussbett des Rio Flumineddu kann man 1 km weit ohne Kletterausrüstung in die Schlucht hineinwandern, bis der Weg von Felsbrocken versperrt wird. Nach 500 m ist die schmalste, nur 4 m breite Wegstelle erreicht.

Die Schlucht ist auf zwei Hauptwegen zugänglich. Der schwierigere beginnt, ausgehend vom Parkplatz gegenüber dem Hotel Silana am Pass **Genna'e Silana**, an der SS125 bei Km 183.

Leichter zugänglich ist die Gorropu-Schlucht über die **Sa-Barva-Brücke**, sie liegt 15 km von Dorgali entfernt. Zur Brücke führt die Straße SS125 – ein Schild weist auf der rechten Seite (bei Km 200 und 201) auf die Gola Su Gorropu und Tiscali hin. Diesem Schild folgen, bis die Asphaltstraße nach rund 20 Minuten endet. Hier das Auto abstellen und die Sa-Barva-Brücke überqueren; dahinter beginnt der Wanderweg zur Schlucht (ein Schild weist nach links darauf hin). Der Eingang wird nach einer reizvollen zweistündigen Wanderung entlang des Rio Flumineddu erreicht.

TISCALI

In einer Höhle tief im Valle Lanaittu versteckt sich das nuraghische Höhlendorf **Tiscali** (Erw./erm. 5/2 €; Sommer 9–19 Uhr, Winter 9–17 Uhr), einer der archäologischen Schätze der Insel. Das Dorf geht auf das 6. Jh. v. Chr. zurück und war bis in römische Zeit hinein bewohnt. Ende des 19. Jhs. wurde es in relativ intaktem Zustand entdeckt, seitdem haben aber zahlreiche Grabräuber ganze Arbeit geleistet und die Stätte weitgehend geplündert. So sind heute von den kegelförmigen Steinhütten nur die skeletthaften Reste übrig geblieben.

Viele Veranstalter vor Ort bieten Führungen zum Nuraghendorf an (üblich sind etwa 40 €) – wer auf eigene Faust loswandern möchte, sollte der einfachsten Route folgen: Sie beginnt am selben Punkt wie die Wanderung zur Gola Su Gorropu. Der Wanderweg ist beschildert, die Wanderung dauert 1½ bis zwei Stunden; feste Schuhe und genügend Trinkwasser für unterwegs sind wichtig.

Golfo di Orosei

Die Schönheit dieser Küstenlandschaft ist überwältigend, sie gehört zum Parco Nazionale del Golfo di Orosei e del Gennargentu. Hohe Berghänge fallen abrupt ins Meer ab und bilden einen Bogen aus dramatisch geformten Klippen, die von Meeresarmen eingeschnitten und von runden Buchten unterbrochen werden, an die Wellen von unglaublichem Aquamarinblau branden.

CALA GONONE

Bergsteiger, Taucher, Kajakfahrer, Wanderer und Strandliebhaber – sie alle sind begeistert von Cala Gonone. Im Hintergrund ragen schroffe Klippen auf, die mit einzelnen Bäumen bewachsen sind. Das einstige Fischerdorf hat sich auch als Seebad seine ruhige, familienfreundliche Atmosphäre bewahrt. Mit einer ansprechenden Reihe von Hotels, Bars und Restaurants an seinem von Pinien begrenzten *lungomare* (Seepromenade) ist Gonone ein idealer Ausgangspunkt für verschiedenste Outdooraktivitäten.

Sehenswertes & Aktivitäten

Auge in Auge mit anmutig schwebenden Meerestieren – das neue **Acquario di Cala Gonone** (☎0784 9 30 47; www.acquariocalagonone.it; Via La Favorita; Erw./erm. 10/6 €; ⏲9.30–19.30 Uhr) ist vor allem für Kinder ein attraktives Ausflugsziel. Ein geschichtlich interessantes Ziel ist der Besuch der romantischen Ruinen die steinernen Überreste des **Nuraghe Mannu** (Erw./erm. 3/2 €; ⏲Winter 9–12 & 15–18 Uhr, Sommer bis 19 Uhr) liegen abseits der Straße von Cala Gonone nach Dorgali und bieten von ihrer Höhe einen weiten Blick über die gesamte Küste.

> ABSTECHER
>
> **SERPENTINENFAHRT**
>
> Ein lohnendes Erlebnis ist die 60 km lange Autofahrt auf der Straße von Dorgali nach Santa Maria Navarrese. Kurvenreich und mitunter haarsträubend windet sich die SS125 durch das Gebirge, unterwegs läuft man immer wieder Gefahr, sich durch die Schönheit der Szenerie vom Autofahren ablenken zu lassen: Auf der rechten Seite steigen die zerklüfteten Kalkfelsengipfel des Supramonte über bewaldete Täler und tiefe Schluchten auf; auf der linken fallen Berge unvermittelt ins leuchtend blaue Meer ab. Die ersten 20 km auf der Strecke zum **Pass Genna'e Silana** (1017 m) sind am eindrucksvollsten. Außer vereinzelten blitzschnellen Fiats sind jedoch kaum Autos unterwegs; Vorsicht ist jedoch in der Dämmerung geboten, wenn Wildschweine, Ziegen, Schafe und Kühe die Straße in Besitz nehmen und auch Steinschlag auslösen können.

Informationen für Bergsteiger und geführte Ausflüge bietet **Prima Sardegna** (☎0784 9 33 67; www.primasardegna.com; Via Lungomare Palmasera 32). Der Anbieter verleiht auch Mountainbikes/Motorroller/Kajaks für 24/48/30 €. **Argonauta** (☎0784 9 30 46, 349 4738652; www.argonauta.it; Via dei Lecci 10) bietet eine ganze Palette an Wassersportaktivitäten, u. a. Schnorchelausflüge (25 €), Höhlen- und Wracktauchgänge (45 €) und Kanufahrten (40 €).

Schlafen & Essen

Der Ferienort hält von Oktober bis Ostern Winterschlaf; im Sommer ist ein frühzeitiges Buchen zwingend notwendig.

LP TIPP **Hotel L'Oasi** B&B €€
(☎0784 9 31 11; www.loasihotel.it; Via Garcia Lorca 13; EZ 53–79 €, DZ 68–136 €; ❄P📶) Auf der Höhe der Klippen über Cala Gonone liegt – von Blumengärten umgeben – das B&B mit seinen luftigen Zimmern, von denen mehrere einen schönen Meerblick bieten. Es lohnt sich, etwa 15 € zusätzlich für die Halbpension zu zahlen, denn das dreigängige Abendessen wird mit frischen Erzeugnissen aus

der Region zubereitet. Das L'Oasi liegt zehn Gehminuten vom Hafen entfernt.

Agriturismo Nuraghe Mannu AGRITURISMO €
(☎0784 9 32 64; www.agriturismonuraghemannu.com; DZ 54–68 €, HP pro Pers. 43–48 €;) Abseits der Straße SP26 von Dorgali nach Cala Gonone liegt zwischen Laubbäumen ein fantastischer *agriturismo*. Er vermietet vier einfache Zimmer und fünf Zeltplätze (9–12 € pro Pers.). Das Hofrestaurant schöpft aus einer Fülle von Produkten aus eigener Erzeugung wie Käse und Wein, Schweine- und Lammfleisch.

Hotel Costa Dorada HOTEL €€
(☎0784 9 33 32; www.hotelcostadorada.it; Lungomare Palmasera 45; EZ 74–120 €, DZ 108–190 €;) Das weinumrankte Haus hat Meerblick und vermietet geschmackvoll eingerichtete Zimmer in Pastelltönen mit farbig bemalten Holzmöbeln und regionalem Kunsthandwerk.

Camping Cala Gonone CAMPINGPLATZ €
(☎0784 9 31 65; www.campingcalagonone.it; Camping 2 Pers., Auto & Zelt 26–39 €, 2B-Bungalows 48–105 €;) Am Ortseingang liegt der Campingplatz im Schatten von Pinienbäumen. Zur hervorragenden Ausstattung gehören u. a. ein Tennisplatz, Grillplätze und ein Swimmingpool.

Il Pescatore FISCH €€
(☎0784 9 31 74; Via Acqua Dolce 7; Mahlzeiten 25–35€) In diesem Restaurant dreht sich alles um frischen Fisch. Auf der Terrasse genießen die Gäste außer der Meeresbrise auch köstliche Fischgerichte wie Pasta mit *ricci* (Seeigel) und Spaghetti mit Venusmuscheln und *bottarga* (Rogen der Meeräsche).

Road House Blues ITALIENISCH €€
(☎0784 9 31 87; Lungomare Palmasera 28; Mahlzeiten 20–30 €) Das lässige Strandrestaurant ist die richtige Adresse für ein Bier oder einen schnellen Imbiss. Hier kommen Pizzas auf den Tisch, die nach Rockbands benannt sind (z. B. „Pearl Jam" mit Parmaschinken), außerdem sardische Gerichte wie hausgemachte Pasta mit Mangold und Pecorino.

Praktische Informationen

Touristeninformation (☎0784 9 36 96; www.calagonone.com; Viale Bue Marino 1a; Sommer 9–13 & 15–19 Uhr, Winter Fr–Mi 9.30–11.30 Uhr) Ein hilfreicher Anlaufpunkt; im Park auf der rechten Seite vom Ortseingang.

An- & Weiterreise

Bis zu sieben Busse fahren täglich von Dorgali nach Cala Gonone (1,50 €, 20 Min., 7-mal tgl.) und bis zu sechs Busse nach Nuoro (3,50 €, 70 Min.).

Ogliastra

Zwischen den Provinzen Nuoro und Cagliari liegt das Bergland Ogliastra, eine vielgestaltige Landschaft mit weiten, unberührten Tälern, stillen Wäldern und vertikal aufragenden, vom Wind verwitterten Felshängen. Je näher man dem Golfo di Orosei kommt, umso eindrucksvoller ist die Landschaft dieses Küstenabschnitts.

BAUNEI & ALTOPIANO DEL GOLGO

Rund 28 km südlich des Passes Genna 'e Silana liegt das triste Schäferdorf Baunei. Es gibt kaum einen Grund, hier anzuhalten, dafür aber umso mehr, den 10 km langen Umweg zur Hochebene **Altopiano del Golgo** zu unternehmen: Auf dem bizarren Plateau weiden wilde Ziegen und Esel zwischen trockenen Macchiagewächsen. Von Baunei weisen Schilder auf die Hochebene hin, die nach einer 2 km langen Fahrt auf einem unwahrscheinlich steilen Serpentinenweg erreicht wird. Richtung Norden geht es weiter, nach 8 km taucht ein Hinweisschild zum knapp 1 km entfernten **Su Sterru** (Il Golgo) auf. Dort parkt man das Auto und läuft den restlichen Weg zu diesem Meisterwerk der Natur zu Fuß: Unvermittelt öffnet sich ein 270 m tiefer Abgrund, der an der Talsohle nur 40 m breit ist. Die trichterförmige Schlucht ist inzwischen gesichert, aber allein der Gedanke an die Tiefe und der Blick hinunter in die Öffnung reichen aus, dass es einem schwindelig wird.

Mitten auf der Hochebene liegt die **Locanda Il Rifugio** (☎0782 61 05 99, 368 702 89 80; www.coopgoloritze.com; HP pro Pers. 100–110 €; April–Okt.), die mit sechs einfachen Zimmern auf einem ehemaligen Bauernhof und Einrichtungen für Camper (pro Zelt 5 €) aufwartet. Der Rifugio unter der Leitung der **Cooperativa Goloritzè** (www.coopgoloritze.com) ist ein hervorragender Ausgangspunkt für Trekkingtouren. Die Kooperative ist ein idealer Ausgangsort für Trekkingtouren und Exkursionen im Geländewagen. Viele Wanderungen schließen den Abstieg vom Plateau mit ein, er führt durch schroffe abschüssige Schluchten (*codula*) hinunter zu den schönen Stränden am Golfo di Orosei. Das Refugio stellt außerdem Führer und logistische Hilfe bereit, wenn Wanderer den Selvaggio Blu, die härteste Wanderung Sardiniens, wagen wollen.

Gleich hinter dem Rifugio steht die **Chiesa di San Pietro** aus dem späten 16. Jh. – die bescheidene Kirche ist an einer Seite von noch einfacheren *cumbessias* flankiert. Die weitgehend offenen Steinhütten boten vorüberziehenden Pilgern, die jeweils zum Festtag des Heiligen hierherkamen, einalles andere als behagliches Dach über dem Kopf.

SANTA MARIA NAVARRESE

Am Südende des Golfo di Orosei liegt der unprätentiöse und ansprechende Badeort Santa Maria Navarrese. Schiffbrüchige baskische Seeleute bauten hier 1052 eine kleine Kirche, die der heiligen Maria di Navarra geweiht ist. Sie wurde im Auftrag der Prinzessin von Navarra, selbst eine der Überlebenden des Schiffbruchs, im Schatten eines großen Olivenbaumes errichtet, der heute noch steht – manche glauben, er sei fast 2000 Jahre alt.

Pinien und Eukalyptusbäume bilden den Hintergrund des von durchsichtigem Wasser begrenzten Strandes. Vor der Küste liegen ein paar kleine Inseln, z. B. die rosafarbenen Porphyrfelsen der Insel **Isolotto di Ogliastra**. Am grünen Nordende des Strandes ragt ein Wachturm auf, von dem früher die Bewohner des Städtchens nach angreifenden Sarazenen Ausschau hielten.

Unten am Hafen bietet der Veranstalter **Consorzio Marittimo Ogliastra** (☎0782 61 51 73; www.mareogliastra.com) Bootsfahrten vor der spektakulären Kulisse der Golfo di Orosei an (zwischen 30 und 35 € pro Pers.). Nebenan veranstaltet **Nautica Centro Sub** (☎0782 61 55 22) Tauchfahrten (ab 35 €) zu mehreren wunderschönen Unterwasserrevieren in der Umgebung.

Das Hotel **Ostello Bellavista** (☎0782 61 40 39; www.ostelloinogliastra.com; Via Pedra Longa; EZ 35–65 €, DZ 50–100 €; ❄📶) bietet helle Zimmer mit traumhaftem Meerblick. Für Getränke am Strand empfiehlt sich die schicke **Bar L'Olivastro** (☎0782 61 55 13; Via Lungomare Montesanto 1; ⏲8–13 Uhr), die sich unter den Zweigen des berühmten Olivenbaumes des Ortes befindet.

Eine Handvoll Busse verbinden Santa Maria Navarrese mit Tortolì (1,50 €, 15 Min., 11-mal tgl.), Dorgali (5 €, 1½ Std., 2-mal tgl.) und Nuoro (7 €, 2½ Std., 5-mal tgl.).

TORTOLÌ & ARBATAX

10 395 EW.

Tortolì, die Hauptstadt der Provinz Ogliastra, hinterlässt mit ihren großen Hotelbauten und langweiligen Läden keinen besonderen Eindruck. Das 4 km entfernte **Arbatax** ist kaum mehr als ein Fährhafen mit ein paar Bars und mehreren Restaurants. Der einzig bemerkenswerte Anblick sind die *rocce ros-*

NICHT VERSÄUMEN

DER BLAUE HALBMOND

Zum Pflichtprogramm jedes Sardinienreisenden sollte ein Bootsausflug entlang der Südküste von Cala Gonone gehören. Schöne Strände sind vom Ort aus mit dem Auto oder zu Fuß zu erreichen (darunter **Cala Cartoe** im Norden sowie **Cala Fuili** und **Cala Luna** im Süden). Doch die besten Strände und malerischen Buchten sind nur auf dem Seeweg zugänglich.

Vom Hafen fahren Boote nach Süden zur **Grotta del Bue Marino** (Erw./erm. 8/4 €; ⏲Sommer 9–13 & 15–17 Uhr). Zu diesem faszinierenden Höhlensystem mit „Wäldern" aus Stalaktiten und Stalagmiten kamen früher Mönchsrobben (*bue marino*), um ihre Jungen zur Welt zu bringen – ihnen verdankt die Höhle ihren Namen.

Ab dort wechseln sich Buchten und Strände ohne Unterbrechung ab: Besonders erwähnenswert ist die mondsichelförmige **Cala Luna** und die **Cala Sisine**, hinter der sich ein grünes Tal öffnet, und schließlich der blendend weiße Kieselstrand der **Cala Mariolu**, deren Wasser in einem unwirklichen Kobaltblau leuchtet.

Das **Nuovo Consorzio Trasporti Maritimi** (☎0784 9 33 05; www.calagononecrociere.it, auf Italienisch; Via Millelire 14) fährt Fahrgäste zwischen März und Oktober in Windeseile zu dem schönen Küstenstreifen. Zu den Pauschalangeboten gehören u. a. Fahrten (mit Rückfahrt) zur Cala Luna (12 €), Cala Sisine (18 €) und Cala Mariolu (26 €). Eine Hin- und Rückfahrt zur Grotta del Bue Marino kostet 16,50 €, darin ist der Eintritt in die Grotte schon enthalten.

NICHT VERSÄUMEN

LEMON HOUSE

Eine erstklassige Ausgangsbasis für Outdoorabenteuer ist das **Lemon House** (☎0782 66 95 07; www.peteranne.it; Via Dante 10, Lotzorai; pro Pers. 30–42 €; 📶) unter der Leitung von Peter und Anne. Peter hat mehrere der insgesamt 800 Kletterrouten der Gegend mit Felshaken ausgerüstet und ist Mitbegründer von **Mountain Bike Ogliastra** (www.mountainbikeogliastra.it). Das B&B der beiden ist ein freundliches Haus mit einer Dachterrasse, die eine schöne Aussicht auf Berge und Meer eröffnet. Eine Kletterwand ist vorhanden, außerdem gibt es einen Fahrradverleih und einen Abholservice. GPS-Geräte werden verliehen und wertvolle Tipps für Wander- und Klettertouren, Mountainbike- und Kajakfahrten weitergegeben.

se (roten Felsen) von Arbatax: Die von Wind und Wetter bizarr geformten Klippen steigen steil aus dem Meer auf.

Beim Fährhafen befindet sich die Endstation des **Trenino Verde**, der Touristenzug fährt im Sommer nach Mandas.

An Unterkünften herrscht in der Gegend kein Mangel, obwohl die meisten Häuser typische Ferienhotels sind. Fünf Minuten zu Fuß vom Strand entfernt, liegt inmitten eines von einzelnen Palmen bestandenen Parks das Hotel **La Vecchia Marina** (☎0782 66 70 20; www.hotellavecchiamarina.com; Via Praga 1, Localita Porto Frailis; DZ 70–140 €; P❄📶), das mit seiner weißen Fassade einen fast kolonialzeitlichen Eindruck macht. Eine gute Adresse für fangfrischen Mittelmeerfisch ist **Ittiturismo La Peschiera** (☎0782 66 44 15; Spiaggia della Cartiera; Mahlzeiten rund 30 €; ⊙tgl.), das Restaurant wird von der Fischereikooperative von Tortolì betrieben.

Nähere Informationen zu Fährverbindungen siehe S. 897.

Es gibt diverse Busverbindungen von Tortolì nach Santa Maria Navarrese (1,50 €, 15 Min., 11-mal tgl.), Dorgali (5 €, 1 Std. 50 Min., 1-mal tgl.) und Nuoro (7 €, 2¾ Std., 5-mal tgl.) sowie zu vielen weiteren Dörfern im Landesinneren.

Italien verstehen

Bevölkerung pro km²

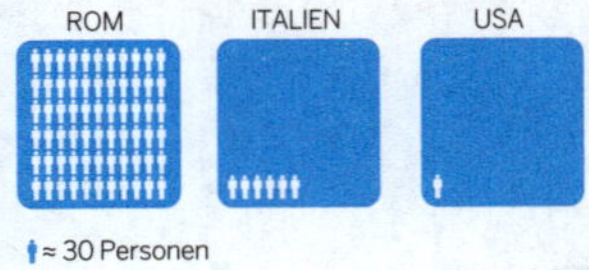

Italien aktuell

Skandale & Prozesse

Viele glauben ja, Italien dürfe sich voll und ganz der *dolce vita* hingeben, doch die Wirklichkeit sieht anders aus: Das Land leidet gerade, wenn man so will, unter heftigem *mal di testa* (Kopfschmerzen). Denn die Arbeitslosigkeit ist von 6,2 % im Jahr 2007 auf 8,4 % in 2010 angestiegen, und die Staatsverschuldung liegt momentan bei über 115 % des Bruttoinlandsprodukts. Ende 2010 fühlten sich viele Italiener deshalb unsanft an die sozialen Spannungen der 1970er-Jahre erinnert, denn überall im Lande kam es zu Demonstrationen, und Anarchisten schickten Briefbomben an die Schweizer und die chilenische Botschaft.

Was die Regierung betrifft, hat die von Skandalen erschütterte Amtsführung des ehemaligen Premierministers Silvio Berlusconi dazu geführt, dass viele Italiener generell an der Fähigkeit der Politiker zweifeln, die chronischen Probleme des Landes zu lösen. Den Beweis erbrachte Berlusconi selbst in der sogenannten Müllkrise von Neapel: Im Mai 2011 kommandierte er 170 Soldaten nach Neapel, damit sie bei der Beseitigung von 2000 t Müll halfen, die die Straßen der Stadt verschandelten – ganze drei Jahre nach seinem Versprechen, das Problem rasch zu lösen.

Anfang 2011 annullierte das Verfassungsgericht ein Gesetz, das dem Premierminister und seinen wichtigsten Ministern Immunität garantieren sollte; kurz darauf wurde gleich in vier Fällen Anklage gegen den Regierungschef erhoben, wobei die Vorwürfe von Steuerhinterziehung bis zur Bestechung eines Anwalts in zwei Korruptionsprozessen reichen.

Als besonders skandalträchtig erwies sich freilich „Rubygate". Die Staatsanwaltschaft geht davon aus, dass Berlusconi Sex mit der Nachtclubtänzerin Karima El Mahroug hatte, die auch unter dem Namen Ruby Rubacuori agierte – und zum fraglichen Zeitpunkt erst 17 Jahre alt war. Die Vorfälle ereigneten sich im Rahmen sogenannter *bunga-bunga-*

» Bevölkerung: 61 Mio. Ew. (2011)

» Größe: 301 230 km2

» Bruttoinlandsprodukt: 1246 Mrd. €

» Bruttoinlandsprodukt pro Kopf (2010): 21 483 €

» Inflationsrate: 1,4 %

Etikette

» Italiener sind allgemein sehr elegant gekleidet und urteilen rasch nach dem äußeren Erscheinungsbild. Man sollte sich mit der Kleidung also ein wenig Mühe geben – und beispielsweise niemals in der Öffentlichkeit die Schuhe ausziehen.

» In Kirchen sind Shorts und ärmellose Tops verboten.

» Im Restaurant gilt es als extrem *incivile* (ungehobelt), die Rechnung aufzuteilen. Wer einlädt, zahlt; unter Freunden kann man aber durchaus auch getrennt abrechnen.

» Wer privat zum Essen eingeladen wird, bringt den Gastgebern stets Blumen, Konfekt oder Wein mit.

» In Supermärkten gibt es Plastikhandschuhe zum Anfassen von Obst und Gemüse anfassen darf: unbedingt benutzen!

Religion
(% der Bevölkerung)

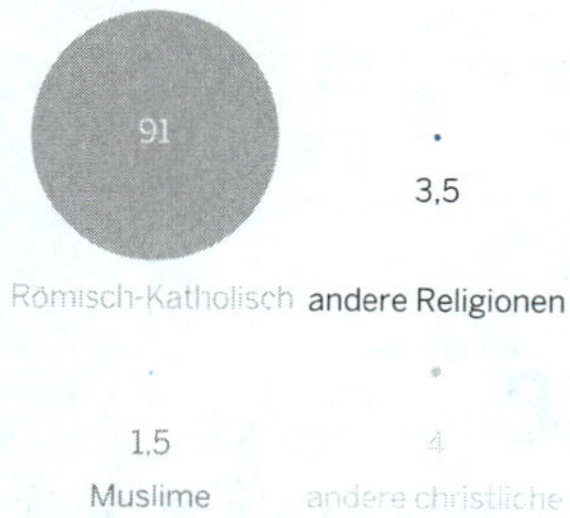

Wenn in Italien 100 Menschen lebten,

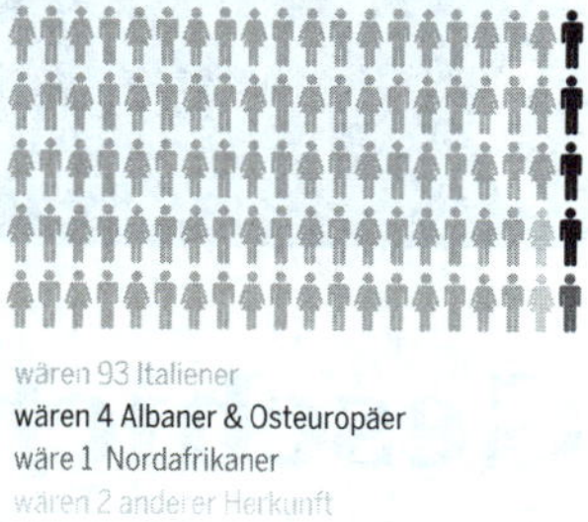

Partys, Sex-Partys, die der Regierungschef in seinen Villen ausrichten ließ. Überdies soll Berlusconi der Polizei von Mailand gegenüber falsche Angaben über El Mahroug gemacht haben, um die wegen Diebstahlsvorwürfen festgenommene junge Frau aus der Haft zu befreien.

Der einstige Schlagersänger auf Kreuzfahrtschiffen und spätere Medienunternehmer hat alle Vorwürfe zwar stets abgetan, seinem – zumindest vorläufigen – politischen Ende konnte er damit aber nicht entgehen. Am 13. Februar 2011 forderten fast 1 Mio. Italiener auf Demonstrationen seinen Rücktritt. Im Mai verlor die Mitte-Rechts-Koalition des Ministerpräsidenten die Städte Mailand und Neapel, wobei Berlusconi eine Niederlage in seiner Heimatstadt Mailand für undenkbar gehalten hatte. Doch erst unter dem Druck der Finanz- und Schuldenkrise reichte er im November seinen Rücktritt ein; neuer Ministerpräsident in einem mit Experten besetzten Kabinett ist der Wirtschaftsprofessor Mario Monti.

» Arbeitslosigkeit: 8,4 %
» Höchste Erhebung: Mont Blanc (Monte Bianco; 4807 m)
» Anzahl der Unesco-Welterbestätten: 45
» Tassen Kaffee pro Kopf und Jahr: 600

Flüchtlingsdrama

Einwanderung ist in Italien immer ein heißes Eisen, die Debatte gewann aber noch an Schärfe, als 2011 Zehntausende von Bootsflüchtlingen auf der kleinen Insel Lampedusa an Land gingen. Allein zwischen Januar und März trafen dort 20 000 Menschen ein, vor allem Tunesier, die der Lage nach der Revolution in ihrer Heimat noch nicht trauten.

Italiens Entscheidung, 30 000 Flüchtlingen eine vorläufige Aufenthaltsgenehmigung zu erteilen, sorgte unter den Nachbarn in der EU für Irritationen. Vor allem Frankreich und Deutschland protestierten gegen diesen Versuch, illegale Einwanderer in andere Schengen-Staaten weiterzureichen. Der Streit eskalierte am 17. April 2011; Frankreich schloss seine Grenze nach Italien. Die italienische Regierung beklagte sich daraufhin über mangelnde Solidarität.

Bücher

Die Italiener (Luigi Barzini) Ein Blick hinter die Klischees der italienischen Kultur.

Überleben in Italien ... ohne verheiratet, überfahren oder verhaftet zu werden (Beppe Severgnini) Ein amüsantes Porträt des heutigen Italien.

Die Richter. Der Tod, die Mafia und die italienische Republik (Alexander Stille) Ein Buch über den Kampf der Justiz gegen die sizilianische Mafia.

Ein Haus im Veneto (Tim Parks) Roman über das Leben in Italien aus der Sicht eines britischen Autors.

Geschichte

Nur wenige Länder haben schon eine derartige historische Achterbahnfahrt hinter sich wie Italien. Die italienische Halbinsel war einst das Herzstück des mächtigen Römischen Reiches; hier befindet sich das Zentrum der größten monotheistischen Religion der Welt, des Katholizismus, und es waren vor allem die dynamischen Stadtstaaten Italiens, die mit der Renaissance das Mittelalter zu Grabe trugen und die Neuzeit einläuteten. Andererseits hat Italien aber auch Chaos und schweres Leid erfahren müssen. Bei der Entstehung der europäischen Nationalstaaten seit dem 16. Jh. geriet das innerlich zerrissene Italien ins Hintertreffen und musste seine Einheit später teuer und blutig erkaufen. Daher lebten viele Italiener lange Zeit in aussichtsloser Armut, was regelrechte Auswanderungswellen zur Folge hatte. Erst mit dem Wirtschaftswunder der 60er-Jahre des 20. Jhs. stieg Italien in die Topliga der wohlhabenden westlichen Länder auf, seit den 1990er-Jahren versinkt das Land aber wieder in Frustration. Eine träge Wirtschaft (die von der 2008 einsetzenden Wirtschaftskrise schwer getroffen wurde), offenbar unfähige und zerstrittene Regierungen, weit verbreitete Korruption und die nach wie vor schwärende Wunde der Mafia werfen einen Schatten auf das ansonsten sonnige Gemüt Italiens.

Die Internetseite www.arcaini.com behandelt die Geschichte des Landes von der Frühgeschichte bis zur Nachkriegszeit; dazu gehört auch ein chronologischer Kurzabriss.

Etrusker, Griechen & eine Wölfin

Von den vielen Volksstämmen, die nach dem Ende der Steinzeit in Italien siedelten, nahmen seit dem 7. Jh. v. Chr. die Etrusker auf der Halbinsel eine beherrschende Stellung ein. Ihre Zivilisation basierte auf Stadtstaaten, die sich vor allem zwischen Arno und Tiber befanden. Zu diesen Städten zählten Caere (das moderne Cerveteri), Tarquinii (Tarquinia), Veii (Veio), Perusia (Perugia), Volaterrae (Volterra) und Arretium (Arezzo). Der Name der Etrusker ist in der Bezeichnung „Toskana“ erhalten geblieben, wo der Großteil ihrer Siedlungen lag.

ZEITACHSE

700 000 v. Chr.

An diversen Fundorten wurden Überreste steinzeitlicher Siedlungen entdeckt. Sie beweisen, dass schon vor etwa 700 000 Jahren dort Menschen lebten und Elefanten, Nashörner und Nilpferde jagten.

2000 v. Chr.

Bronzezeit in Italien. Die Jäger- und Sammlerkulturen sind sesshaft geworden. Werkzeuge und Waffen, hergestellt aus Kupfer und Bronze, zeugt von beachtlicher technischer Fortentwicklung.

474 v. Chr.

Der Untergang der etruskischen Kultur in Italien beginnt mit der Niederlage der Etrusker in der Seeschlacht bei Cumae gegen die von Syrakus und Cumae her eindringenden griechischen Kolonisten.

Das meiste, was heute von den Etruskern bekannt ist, ließ sich aus Kunstwerken und Gemälden erschließen, die in ihren Grabstätten gefunden wurden, besonders in Tarquinia, das sich in der Nähe Roms befindet. Historiker streiten sich nach wie vor darüber, ob die Etrusker wohl ursprünglich aus Kleinasien eingewandert waren. Noch heute gilt ihre Sprache weitgehend als rätselhaft. Die Etrusker waren fähige Krieger und Seeleute, es fehlte ihnen jedoch an innerem Zusammenhalt und einer gewissen Disziplin.

The Oxford History of the Roman World, herausgegeben von John Boardman, Jasper Griffin und Oswyn Murray, überzeugt durch seinen klaren Blick auf die Geschichte des alten Roms.

In ihrem Siedlungsgebiet bestellten die Etrusker das Land und förderten Erze. Sie kannten zahlreiche Götter, deren Willen sie mit Ritualen wie etwa der Untersuchung der Leber von Opfertieren zu ermitteln suchten. Das Wissen und die Fähigkeit anderer Kulturen eigneten sie sich rasch an. So ist ein großer Teil ihrer künstlerischen Tradition (die der Nachwelt in Form von Grabfresken, Statuen und Töpferwaren überliefert ist) von den Griechen beeinflusst.

Während die Etrusker das Zentrum der italienischen Halbinsel beherrschten, hatten sich seit dem 8. Jh. v. Chr. im Süden griechische Händler niedergelassen und eine Reihe unabhängiger Stadtstaaten entlang der Küste und auf Sizilien gegründet, die unter dem Sammelbegriff *Magna Graecia* firmierten. Diese blühten bis ins 3. Jh. hinein, wie die Ruinen prachtvoller dorischer Tempel in Italiens Süden (in Paestum) und auf Sizilien (in Agrigent, Selinunt und Segesta) bezeugen.

Die Etrusker versuchten, diese griechischen Siedlungen im Süden des Landes zu erobern, scheiterten aber, was ihren eigenen Niedergang nur beschleunigte. Der Todesstoß sollte allerdings aus einer unerwarteten Richtung kommen – aus der unansehnlichen, aber stetig wachsenden Latinerstadt Rom.

Die Ursprünge Roms liegen im Dunkel der Vorgeschichte. Dem Mythos zufolge soll die Stadt von Romulus (einem Nachfahren des Aeneas; dieser war ein Flüchtling aus Troja und Sohn der Göttin Venus) am 21. April 753 v. Chr. an der Stelle gegründet worden sein, an der er und sein Bruder Remus als Waisen von einer Wölfin gesäugt wurden. Später tötete Romulus Remus, und die Stadt wurde nach ihm benannt. Irgendwann vermischen sich dann Legende und Geschichte: Auf Romulus sollen sieben Könige gefolgt sein. Bei mindestens dreien von ihnen handelt es sich um historisch belegte etruskische Herrscher. Im Jahr 509 v. Chr. vertrieben unzufriedene latinische Adlige den letzten Etruskerkönig, Tarquinius Superbus, aus Rom, nachdem sein Vorgänger Servius Tullius den Senat mit eigenen Anhängern besetzt und eine Bürgerrechtsreform eingeführt hatte, die die Macht des Adels beschnitt. Die Aristokraten hatten nun die Nase voll vom Königtum und gründeten die Römische Republik. Im Laufe der folgenden Jahrhunderte sollte diese unbedeutende Latinerstadt zur Hauptstadt eines Großreiches heranwachsen – und

396 v. Chr.

Nach elfjähriger Belagerung erobern die Römer die etruskische Stadt Veio. Die Freude der Römer währt aber nicht lange, weil Kelten nach Italien eindringen und Rom im Jahr 390 v. Chr. ihrerseits plündern.

264–241 v. Chr.

Erster Punischer Krieg zwischen Rom und Karthago, dessen Reich damals ganz Nordafrika, Südspanien, Sizilien und Sardinien umfasst. Am Ende ist Rom die dominierende Seemacht im westlichen Mittelmeer.

218–202 v. Chr.

Der karthagische Feldherr Hannibal überquert die Alpen und greift Rom von Norden her an. Er scheitert im Zweiten Punischen Krieg. Im Dritten und letzten Punischen Krieg wird Karthago endgültig zerstört.

79

Ein gewaltiger Ausbruch des Vesuvs bei Neapel zerstört die Städte Pompeji und Herculaneum und begräbt sie unter Lava. Augenzeuge ist Plinius der Jüngere. Erst im 18. Jh. beginnen die Ausgrabungen.

Das Römische Reich

die Etrusker nach und nach zurückdrängen, sodass deren Sprache und Kultur im 2. Jh. v. Chr. bereits völlig vergessen waren.

Die Römische Republik

In der Republik lag das *imperium*, d. h. die königliche Macht, in den Händen von zwei Konsuln, die als politische und militärische Führer fungierten und ohne die Möglichkeit der Wiederwahl von einer Volksversammlung für jeweils ein Amtsjahr bestimmt wurden. Der Senat, dessen Mitglieder ihm auf Lebenszeit angehörten, beriet die Konsuln.

Obwohl die Römer an vielen Monumenten die Inschrift SPQR (Senatus Populusque Romanus, der Senat und das römische Volk) hinterließen, hatte das „Volk" anfangs herzlich wenig zu melden. (Diese Initialen werden noch heute verwendet, und viele Römer würden sagen, dass sich daran eigentlich wenig geändert hat.) Die als Plebejer (wörtlich „die Vielen") bezeichnete rechtlose Masse rang den Patriziern in den beiden auf die Gründung der Republik folgenden Jahrhunderten erst

476

Der germanische Stammesführer Odoaker erklärt sich zum König von Rom. Die italienische Halbinsel versinkt im Chaos, nur das Oströmische Reich überlebt.

568

Die Langobarden erobern Norditalien, nur Ravenna, Rom und Süditalien bleiben in römischer Hand. Andere Stämme setzen sich auf dem Balkan fest und schneiden so Westrom vom Oströmischen Reich ab.

754–756

Der Frankenkönig Pippin dringt auf Bitten von Papst Stephan II. in Italien ein, besiegt die Langobarden und begründet den Kirchenstaat.

902

Die Mauren bringen von Nordafrika aus ganz Sizilien unter ihre Herrschaft. Die Landwirtschaft in Sizilien blüht auf, die Insel erlebt eine fast 200-jährige Zeit des Friedens.

nach und nach Zugeständnisse ab. Einige Plebejer wurden sogar zu Konsuln gewählt, sodass bis etwa 280 v. Chr. die meisten der ursprünglichen Unterschiede zwischen Patriziern und Plebejern faktisch verschwunden waren. Das angeblich demokratische System blieb jedoch weitgehend oligarchisch geprägt. Eine recht kleine politische Klasse (aus Patriziern und Plebejern) stritt um die Macht in Regierung und Senat.

Die Römer galten anfangs als eher schlicht. Rom prägte beispielsweise erst 269 v. Chr. seine ersten Münzen, obwohl die benachbarten (und später unterworfenen bzw. verbündeten) Etrusker und Griechen damals schon lange eigene Währungen besaßen. Erst die Etrusker und Griechen machten die Römer auch auf die Schrift aufmerksam, die diese schnell als nützlich für Dokumente und technische Angelegenheiten erkannten. Im Bereich der Literatur brachten die Römer aber zunächst eher wenig zustande. Schließlich übernahmen die Römer auch noch die Vielzahl der griechischen Götter und entwickelten auf dieser Grundlage ihre eigene Religion. Die Gesellschaft war patriarchalisch geprägt, ihre wichtigste Grundeinheit war der Haushalt (familia). Das Oberhaupt der Familie *(pater familias)* besaß die unmittelbare Gewalt über seine Frau, seine Kinder und die erweiterte Familie und war für die Erziehung der Kinder verantwortlich. Den Hausgöttern brachte man fast ebenso viel Verehrung entgegen wie dem zunehmend griechisch geprägten Pantheon der „offiziellen" Götter, die von dem Trio Jupiter (Herrscher des Himmels und Hauptbeschützer des Staates), Juno (das weibliche Gegenstück zu Jupiter und Schutzgöttin der Frauen) und Minerva (Schutzpatronin der Handwerker) angeführt wurden. Der Kriegsgott Mars war in diesem Trio von Juno verdrängt worden.

Schon die Römer kannten ein Hodometer, also ein Messgerät, das am Rad eines Fahrzeugs angebracht wurde und die zurückgelegten Meilen zählte.

Zunächst langsam, dann aber immer schneller eroberten römische Armeen die italienische Halbinsel. Besiegte Stadtstaaten wurden nicht direkt annektiert, sondern vielmehr zu Bündnissen gezwungen. Sie behielten ihre eigenen Regierungen und ihr Territorium, mussten bei Bedarf aber Truppen für die römische Armee stellen. Diese relativ sanfte Herrschaft war einer der Schlüssel des römischen Erfolgs. Der von Rom gewährte Schutz brachte viele Städte dazu, freiwillig das Bündnis mit Rom zu suchen. Kriege mit Rivalen wie Karthago führten schließlich dazu, dass Rom bis 133 v. Chr. nach und nach auch die Kontrolle über Sardinien, Sizilien, Korsika, das griechische Festland, Spanien, den Großteil Nordafrikas und Teile von Kleinasien übernommen hatte.

Mit dem Reich wuchs auch das Straßennetz. Und der Ausbau von Straßen zog eine neue Infrastruktur nach sich – Postdienste zum Beispiel und Gasthäuser an den wichtigsten Verbindungswegen. Berittene Boten brachten Nachrichten nun innerhalb von Tagen oder Wochen quer durchs Imperium. An den „Raststätten" der Antike konnten diese Boten ihre Reitpferde wechseln, eine Kleinigkeit essen und ihren Weg anschlie-

962

Otto I. wird zum Kaiser des Heiligen Römischen Reiches Deutscher Nation gekrönt. Seine Einflussnahme auf die italienische Politik führt zu Konflikten zwischen Reich und Papsttum.

1130

Der normannische Eroberer Roger II. wird zum König von Sizilien gekrönt. Damit entsteht ein vereintes süditalienisches Königreich.

BETHUNE CARMICHAEL / LONELY PLANET IMAGES ©

» Die Kathedrale im Cefalù auf Sizilien wurde unter Roger II. errichtet.

ßend gestärkt fortsetzen – ein effizientes System, das gar nicht so grundverschieden von heutigen Kurierdiensten war.

Die von der britischen BBC und HBP produzierte 22-teilige TV-Serie *Rom* mischt authentischen Gehalt mit Sexszenen, blutiger Gewalt und Intrigen. Dargestellt wird die Zeit von Caesars Gallien-Feldzug bis zum Sieg des Augustus über Kleopatra und Marcus Antonius. Die Handlung ist ebenso fesselnd wie die historisch korrekten Details.

In der zweiten Hälfte des 2. Jhs. war Rom ohne jeden Zweifel die bedeutendste Stadt im gesamten Mittelmeerraum. Der Großteil ihrer rund 300 000 Einwohner bestand aus armen freien Bürgern oder Sklaven, die häufig unter schwierigen Bedingungen lebten. Große Wohnblocks (zumeist aus Backstein und Holz) entstanden unmittelbar neben prachtvollen Monumenten. Ein solches Bauwerk war der Circus Flaminius, alljährlich ein Schauplatz spektakulärer Spiele. Diese wurden beim römischen Volk immer beliebter, und begeistert erfreute man sich beispielsweise am Kampf der Gladiatoren gegen wilde Tiere.

Das Reich unter Julius Caesar

Der 100 v. Chr. geborene Gaius Julius Caesar sollte sich als einer von Roms fähigsten Generälen, erfolgreichsten Eroberern und effizientesten Herrschern erweisen. Er war darüber hinaus aber auch äußerst machthungrig, was vermutlich zu seinem vorzeitigen Ende führte.

Caesar war ursprünglich ein Anhänger des Konsuls Pompeius (später als Pompeius der Große bekannt), der seit 78 v. Chr. eine herausragende Rolle in der römischen Politik spielte, nachdem er einen Aufstand in Spanien niedergeschlagen und die lästigen Piraten vernichtet hatte. Caesar selbst hatte einige Jahre in Spanien verbracht und sich dort um Grenzrevolten gekümmert. Nach seiner Rückkehr nach Rom 60 v. Chr. ging er eine Allianz mit Pompeius und einem weiteren wichtigen Befehlshaber und ehemaligen Konsul, Crassus, ein. Diese beiden Verbündeten unterstützten denn auch Caesars Kandidatur zum Konsul.

Um seine Position in Rom zu festigen, benötigte Caesar dringend ein wichtiges militärisches Kommando. Er erhielt dieses 59 v. Chr. in Form des Auftrags, Gallia Narbonensis, eine im heutigen Südfrankreich zwischen Italien und den Pyrenäen gelegene Provinz, zu regieren. Caesar hob Truppen aus und zog im folgenden Jahr ins eigentliche Gallien (im heutigen Frankreich), um eine Invasion helvetischer Stämme zu unterbinden und darüber hinaus weitere Stämme zur Räson zu bringen. Was als Verteidigungsmaßnahme des römischen Staats begonnen hatte, entwickelte sich rasch zu einem ausgedehnten Eroberungszug.

Im Verlauf der nächsten fünf Jahre unterwarf Caesar Gallien und wagte Vorstöße nach Britannien und über den Rhein. Er erstickte in den Jahren 52/51 v. Chr. die letzte große, von Vercingetorix angeführte Revolte in Gallien. Caesar verhielt sich seinen besiegten Feinden gegenüber recht großzügig und gewann die Gallier daher für sich. Sie sollten sich in den folgenden Jahren als seine zuverlässigsten Anhänger erweisen.

1202–1203
Venedig übernimmt die Führung des vierten Kreuzzugs und wählt einen Weg über Konstantinopel. Die Venezianer stürzen den Kaiser und setzen einen Marionettenherrscher ein.

1271
Der venezianische Kaufmann Marco Polo bricht gemeinsam mit Vater und Onkel zu einer 24-jährigen Reise durch China und Zentralasien auf. Seine Reiseberichte prägen das europäische Chinabild nachhaltig.

1282
Karl von Anjou verärgert durch neue Steuergesetze die Landbesitzer auf Sizilien. Es kommt zur Revolte, der sog. Sizilianischen Vesper. Die Sieger übergeben die Macht an Peter III., König von Aragon.

1309
Papst Clemens V. verlegt seinen Amtssitz nach Avignon (Frankreich), wo dieser dann 70 Jahre lang verbleibt. In Rom hatten die Rivalitäten und Feindseligkeiten überhandgenommen.

KAISERLICHER WAHN

Bestechung? Amtsmissbrauch? *Bunga-bunga*-Partys? Das Problem inkompetenter oder größenwahnsinniger Amtsträger war schon den alten Römern geläufig. Hier einige der verrücktesten und durchgeknalltesten Gestalten auf dem römischen Kaiserthron.

14–37 Tiberius – Der Kaiser neigte zu Depressionen und unterhielt ein sehr angespanntes Verhältnis zum Senat. Im Alter zog er sich nach Capri zurück, wo er sich Alkoholexzessen, Orgien und gelegentlichen Anfällen von Wahnsinn hingab.

37–41 Gaius (Caligula) – Stellte seinen Großonkel Tiberius weit in den Schatten. Ihm ging es vor allem um Sex, u. a. mit der eigenen Schwester, und um willkürliche rohe Gewalt. Er leerte die Staatskassen und schlug ein Pferd zum Konsul vor, bevor er schließlich einem Mordanschlag zum Opfer fiel.

41–54 Claudius – Angeblich furchtsam wie ein Kind; mit seinen Gegnern (darunter 35 Senatoren) kannte er allerdings keine Gnade, und bei ihrer Hinrichtung soll er vergnügt zugeschaut haben. Laut dem britischen Historiker Edward Gibbon war er der einzige unter den 15 ersten Kaisern, der – für damalige Verhältnisse ungewöhnlich – keine Liebschaften mit Männern pflegte.

54–68 Nero – Der letzte Nachfahre des Augustus ließ seine eigene Mutter ermorden; seiner ersten Frau schnitt er die Pulsadern auf, seine zweite Frau ließ er zu Tode prügeln, und den Ex-Ehemann seiner dritten Frau ließ er beseitigen. Beim großen Brand von Rom im Jahr 64 soll er angeblich auf seiner Lyra gespielt haben. Das Unglück schob er dann den Christen in die Schuhe, er ließ Petrus und Paulus und viele Anhänger der neuen Religion hinrichten, andere wurden in blutigen öffentlichen Spektakeln den wilden Tieren zum Fraß vorgeworfen.

Caesar hatte nun eine auf ihn eingeschworene Veteranenarmee im Rücken. Voller Eifersucht auf die wachsende Macht seines einstigen Schützlings kündigte Pompeius seine politische Allianz mit Caesar auf und verbündete sich mit Senatoren, die Caesar im Jahr 49 v. Chr. absetzen wollten. Daraufhin überschritt Caeser am 7. Januar den Rubikon und marschierte in Italien ein. Der Bürgerkrieg hatte begonnen. Caesars drei Jahre dauernder Feldzug in Italien, Spanien und dem östlichen Mittelmeerraum brachte ihm einen überwältigenden Sieg ein, woraufhin Caesar sich nach seiner Rückkehr nach Rom im Jahr 46 v. Chr. diktatorische Vollmachten aneignete.

Caesar führte in der Folge eine Reihe von weitgreifenden Reformen durch, er modernisierte den Senat und gab ein großes, umfassendes Bauprogramm in Auftrag (von dem heute noch die Curia und die Basilica Giulia erhalten sind).

Bis 44 v. Chr. war deutlich geworden, dass Caesar gar nicht daran dachte, die Republik wieder zu errichten. Im Senat machte sich dar-

Bauten der Antike

» Pantheon, Rom

» Kolosseum, Rom

» Pompeji, Kampanien

» Segesta, Sizilien

» Cerveteri, Latium

1321
Dante Alighieri vollendet sein Versepos *La divina commedia (Die göttliche Komödie)*. Der florentinische Dichter, der als bedeutendster Poet Italiens gilt, stirbt noch im selben Jahr.

1348
Der Schwarze Tod, die Pest, schlägt seine schreckliche Schneise durch Italien und Westeuropa. In Florenz soll die Seuche 75 % der Bevölkerung dahingerafft haben.

1506
Nach einem Entwurf Bramantes beginnen in Rom die Arbeiten am Bau des Petersdoms, der prachtvollsten Kirche des Christentums. Vollendet wird sie erst im Jahr 1626.

1508–1512
Papst Julius II. beauftragt Michelangelo mit der Gestaltung der Deckenfresken in der Sixtinischen Kapelle. Die zentralen neun Fresken zeigen Szenen aus dem Buch Genesis.

aufhin Widerstand bemerkbar, sogar unter ehemaligen Anhängern wie Marcus Junius Brutus, der die Ansicht vertrat, Caesar sei zu weit gegangen. Unbeeindruckt von Gerüchten über ein Attentat hatte Caesar seine Leibwache entlassen. Eine von Brutus angeführte Gruppe von Verschwörern erstach Caesar schließlich in einer Senatsversammlung an den Iden des März (15. März) des Jahres 44 v. Chr., zwei Jahre, nachdem er zum Diktator auf Lebenszeit erhoben worden war.

In den auf Caesars Tod folgenden Jahren entfesselten Caesars Anhänger Mark Anton (Marcus Antonius) und Caesars Erbe und Großneffe Octavian einen Bürgerkrieg gegen die Verschwörer. Die Lage beruhigte sich erst wieder, als Octavian die Kontrolle über die Westhälfte des Reiches übernahm und Antonius sich nach Osten begab. Als Antonius sich aber 31 v. Chr. Hals über Kopf in Kleopatra VII. verliebte, erklärte Octavian ihm den Krieg und errang bei Actium in Griechenland schließlich den Sieg über Antonius und Kleopatra. Als Oktavian im folgenden Jahr in Ägypten einmarschierte, begingen Antonius und Kleopatra Selbstmord, und Ägypten wurde eine römische Provinz.

Ars Erotica. Sexualität und ihre Bilder im antiken Rom von John Clarke ist das Ergebnis einer jahrzehntelangen Beschäftigung mit Erotik, Sexualmoral und sozialen Normen im alten Rom. Das Buch ist einerseits eine sehr ernsthafte anthropologische Studie, bietet aber auch einen amüsanten Einblick in eine Gesellschaft, deren Einstellung zum Sex sich sehr von unserer heutigen Haltung unterschieden hat.

Augustus & das Kaiserreich

Octavian blieb nach den Machtkämpfern, die auf Caesars Tod folgten, als alleiniger Herrscher der römischen Welt übrig und erhielt 27 v. Chr. vom Senat den Namen Augustus sowie praktisch unbegrenzte Macht. Faktisch war er nun Kaiser geworden.

Die Künste blühten unter seiner Herrschaft. Augustus hatte Glück, dass sich unter seinen Zeitgenossen solche Genies wie die Dichter Vergil, Horaz und Ovid sowie der Historiker Livius befanden. Augustus förderte aber auch die bildenden Künste, restaurierte bestehende Gebäude und ließ viele neue bauen. Während seiner Herrschaft wurde das Pantheon errichtet, und Augustus rühmte sich, er habe „Rom in Backstein vorgefunden und in Marmor verlassen".

Die lange Zeit unter seiner relativ modernen Regierung brachte dem Mittelmeerraum Wohlstand und Sicherheit wie nie zuvor. Das Kaiserreich wurde insgesamt recht gut verwaltet (obwohl es unter den Kaisern, die Augustus nachfolgten auch Ausnahmen wie besispielsweise den verrückten Caligula gab).

Rom soll im Jahr 100 n. Chr. mehr als 1,5 Mio. Einwohner gehabt und über die komplette Ausstattung der Hauptstadt eines Kaiserreichs verfügt haben. Der Reichtum der Stadt zeigte sich in den prächtigen Mosaiken, Marmortempeln, öffentlichen Bädern, Theatern, Arenen und Bibliotheken. Die Hauptstadt vereinte Menschen aus allen Nationen und Schichten. Die Unterschicht war allerdings arm und häufig unzufrieden. Augustus richtete daher die erste römische Polizei unter einem Stadtpräfekten (*praefectus urbi*) ein, um die lange unkontrollierten Gewaltaus-

1534

Die Wahl von Papst Paul III. markiert den Beginn der Gegenreformation. Er gründet 1540 den militanten Jesuitenorden und 1542 das Heilige Offizium der Inquisition zur Verfolgung von Häretikern.

1582

Papst Gregor XIII. ersetzt den Julianischen Kalender durch den noch heute gültigen Gregorianischen Kalender. Die Einführung eines Schaltjahrs korrigiert Differenzen zum astronomischen Zeitablauf.

1600

Nach achtjähriger Kerkerhaft und Folter in den Verliesen des Vatikans wird Giordano Bruno, einer der führenden Intellektuellen seiner Zeit, als Ketzer am Campo dei Fiori auf dem Scheiterhaufen verbrannt.

GEOFF STRINGER / LONELY PLANET IMAGES ©

» Statue von Giordano Bruno

brüche in der Unterschicht zu zügeln. Er berief auch eine 7000 Mann starke Feuerwehr sowie städtische Nachtwächter ein.

Augustus führte weitere Reformen durch. Er machte die Armee schlagkräftiger, in deren Zentrum sich nun ein etwa 300 000 Mann starkes stehendes Heer befand. Die Wehrpflicht dauerte vom 16. bis zum 25. Lebensjahr, doch Augustus führte nur so wenige Aushebungen wie möglich durch, sodass die Armee vor allem aus Freiwilligen bestand. Darüber hinaus stabilisierte er Roms Dreiklassengesellschaft. Die Senatoren blieben die wohlhabendste und einflussreichste Klasse. Unter ihnen nahmen die sogenannten Ritter Posten in der öffentlichen Verwaltung ein und stellten im Wesentlichen das Offizierkorps der Armee (dessen Kontrolle für Augustus' Position von entscheidender Bedeutung war). Der Großteil des Volkes gehörte indes zur Unterschicht. Das System war allerdings durchlässig und ließ gesellschaftlichen Aufstieg zu.

Ein Jahrhundert nach Augustus' Tod im Jahr 14 n. Chr. (er starb im Alter von 75 Jahren) erreichte das römische Kaiserreich seine größte Ausdehnung. Unter Hadrian (76–138) erstreckte es sich von der Iberischen Halbinsel, Gallien und Britannien bis zu einer Linie, die im Wesentlichen Rhein und Donau folgte. Der gesamte heutige Balkan und Griechenland, zusammen mit den als Dakien, Mösien und Thrakien bekannten Regionen (beträchtliche, bis zum Schwarzen Meer reichende Territorien) standen unter römischer Kontrolle. Der Großteil der heutigen Türkei, Syrien, der Libanon, Palästina und Israel waren von römischen Legionen besetzt und mit Ägypten verbunden. Von hier aus reichte ein breiter Streifen römischen Herrschaftsgebiets an Nordafrika entlang bis zur Atlantikküste im heutigen Nordmarokko. Das Mittelmeer war ein römisches Meer geworden.

Daran änderte sich bis zum 3. Jh. auch nichts. Als Diokletian (245–305) die Herrschaft antrat, gehörten Angriffe auf das Kaiserreich von außen und innere Revolten aber bereits zum Alltag. Eine neue Religion, das Christentum, gewann zunehmend Anhänger, und auch die Christenverfolgung unter Diokletian war nichts Ungewöhnliches. Erst Konstantin I. (ca. 272–337) wandte sich 313 im sogenannten Edikt von Mailand von dieser Politik ab und gewährte Religionsfreiheit.

In der Schlacht an der Milvischen Brücke in Rom im Jahr 312 siegte Konstantin über seinen Rivalen Maxentius, wobei er als Vorzeichen seines Sieges die Vision eines Kreuzes gehabt hatte. Konstantin der Große bekannte sich daraufhin als erster römischer Kaiser zum Christentum, und er unterstützte den Bau der ersten christlichen Basilika in Rom, San Giovanni in Laterano.

Das Imperium wurde später geteilt, wobei das 330 von Konstantin in Konstantinopel umbenannte Byzanz (das heutige Istanbul) als zweite Hauptstadt diente. Dieses östliche Reich blieb bestehen, als Italien

Schätze aus der Römerzeit

» Vatikanische Museen, Rom

» Kapitolinische Museen, Rom

» Museo Archeologico Nazionale, Neapel

» Museo Archeologico Paolo Orsi, Syrakus

» Museo Nazionale Etrusco di Villa Giulia, Rom

Die ersten europäischen Banken entstanden im 12. Jh. im italienischen Genua. In Genua sollen der erste Schuldschein (1150) und der ersten Vertrag über ein Devisengeschäft (1156) ausgefertigt worden sein. Die italienische Banca Monte dei Paschi di Siena ist die älteste noch tätige Bank der Welt; ihre Geschäfte nahm sie schon 1472 auf.

1714

Das Ende des Spanischen Erbfolgekrieges zwingt Spanien zum Rückzug aus der Lombardei. Die spanischen Bourbonen gründen das Königreich Sizilien.

1805

Kaiser Napoleon Bonaparte erklärt sich zum Herrscher des neu geschaffenen Königreiches Italien, das fast ganz Norditalien umfasst.

1810

Der Physiker Alessandro Volta erfindet die Batterie; sein Name dient fortan als Maß der elektrischen Spannung. Weniger bekannt ist eine andere Erfindung Voltas – eine Pistole mit Fernauslöser.

1814–1815

Auf dem Wiener Kongress wird nach dem Fall Napoleons eine Neuordnung Europas beschlossen. Italien fällt dabei weitgehend wieder in die Hände der früheren Besatzungsmächte.

Die Araber brachten die Spaghetti nach Sizilien; der arabische Geograf Al-Idrissi bezeugt „Bänder aus Pasta" im Palermo des Jahres 1150.

Geheimnisvolles Mittelalter

» Gubbio, Umbrien

» Bologna, Emilia-Romagna

» Perugia, Umbrien

» Assisi, Umbrien

» Scanno, Abruzzen

A History of Venice von John Julius Norwich gilt als eines der besten englischsprachigen Werke über die Lagunenstadt. Vom selben Autor stammt auch: *Venice: Paradise of Cities.*

und Rom längst überrannt waren. Der Rest des Imperiums im Osten erstreckte sich nun vom heutigen Serbien und Montenegro über Kleinasien, einen Küstenstreifen im heutigen Syrien, den Libanon, Jordanien und Israel bis hinunter nach Ägypten und zu einem Streifen in Nordafrika im Bereich des heutigen Libyen. Der Versuch Justinians I. (482–565), Rom und die Westhälfte des Imperiums zurückzuerobern, scheiterte; obwohl seine Feldherren Vandalen und Goten sowie die Perser geschlagen hatten, konnte das Römische Reich nicht neu entstehen.

Macht der Päpste & zerstrittener Adel

In einer ironischen Wendung des Schicksals rettete schließlich die Religion, die Diokletian auszurotten versucht hatte, die Herrlichkeiten der Stadt Rom. Inmitten des Chaos aus Invasionen und Gegeninvasionen, in deren Verlauf Italien sich germanischen Stämmen ergeben musste, in Zeiten der byzantinischen Rückeroberungsversuche und der lombardischen Besetzung im Norden etablierte sich das Papsttum in Rom als eine spirituelle und gleichzeitig säkulare Macht.

Von Beginn an waren die Päpste auch politisch äußerst versiert. Das Papsttum erfand kurzerhand die sogenannte Konstantinische Schenkung, ein Dokument, mit dem Kaiser Konstantin der Kirche angeblich die Herrschaft über Rom und seine Umgebung sowie dem Papst den Vorrang über das Kaisertum übertragen hatte. Was die Päpste allerdings noch benötigten, war eine auch militärisch schlagkräftige Schutzmacht. Diese fanden sie schließlich in den Franken, mit denen sie folglich einen Handel eingingen.

Als Gegenleistung für die Anerkennung der päpstlichen Vormachtstellung in Rom und den umliegenden, damals noch von Ostrom gehaltenen Territorien, die schon bald den Kirchenstaat bilden sollten, gewährten die Päpste den karolingischen Franken eine nicht ganz deutlich beschriebene Führungsrolle in Italien und ihrem König, Karl dem Großen, den Titel eines Römischen Kaisers. Karl wurde am Weihnachtstag des Jahres 800 von Leo III. gekrönt. Der Bund zwischen dem Papsttum und dem Oströmischen Reich war damit zerbrochen, und die politische Macht im ehemaligen Weströmischen Reich verschob sich nach Norden über die Alpen, wo sie mehr als 1000 Jahre lang bleiben sollte.

Auf diese Weise war der Schauplatz für eine schier endlose Reihe von Auseinandersetzungen geschaffen. Zum einen kämpften die römischen Adelsfamilien regelmäßig um die Besetzung des päpstlichen Amtes. Die Kaiserkrone blieb ebenfalls jahrhundertelang heftig umkämpft, wobei Italien oft genug als Schlachtfeld herhalten musste. Die Römischen Kaiser versuchten immer wieder, die zunehmend unabhängig agierenden italienischen Städte und sogar Rom selbst unter ihre Kontrolle zu bringen. Im Gegenzug bemühten die Päpste sich ständig, ihre spirituelle Po-

1848

Der Funke der europäischen Revolutionen springt auch auf Italien über, vor allem in das österreichisch besetzte Mailand. Doch Österreich erobert seine Besitzungen zurück.

1860

Im Namen der Einheit Italiens landet Giuseppe Garibaldi mit seinen tausend „Rothemden" auf Sizilien. Von dort aus erobert er Süditalien.

1861

Am Ende des Französisch-Italienischen Krieges (1859–1861) stehen die Lombardei, Sardinien, Sizilien, Süditalien und Teile Mittelitaliens zu Vittorio Emanuele I. Er wird zum König des vereinten Italiens ernannt.

1889

Raffaele Esposito erfindet die Pizza Margherita zu Ehren von Margarethe von Italien. Bei einem Besuch in Neapel probiert die Königin sogar davon.

sition zu nutzen, um die Kaiser zur Räson zu bringen und ihre eigenen weltlichen Ziele durchzusetzen.

Der Konflikt zwischen Papst Gregor VII. und Kaiser Heinrich IV. um die Frage, wer das Recht haben sollte, Bischöfe (und damit gleichzeitig mächtige weltliche Fürsten, also wichtige Verbündete oder gefährliche Feinde) zu ernennen, zeigte im letzten Viertel des 11. Jhs., wie bitter diese Auseinandersetzungen werden konnten. Die gesamte italienische Politik des Spätmittelalters kreiste um die Spannungen zwischen weltlicher und geistlicher Macht, und es kristallisierten sich zwei Fraktionen heraus: die Welfen (Guelfi, die den Papst unterstützten) und die Waiblinger (Ghibellini, die Anhänger des Kaisers).

Das Staunen der Welt

Süditalien lag noch außerhalb der Sphäre des Heiligen Römischen Reiches, als Heinrich, Sohn Kaiser Friedrichs I. Barbarossa, Konstanze von Hauteville heiratete, die Erbin des Normannenthrons von Sizilien. Die Normannen waren im 10. Jh. in Süditalien aufgetaucht – zunächst als Pilger auf dem Weg nach Jerusalem, später als Söldner im Dienste verfeindeter Fürsten und im Kampf gegen die arabischen Mauren auf Sizilien. Aus dieser Ehe ging eine der schillerndsten Figuren des mittelalterlichen Europa hervor: Friedrich II. (1194–1250).

Friedrich wurde 1220 zum Römischen Kaiser gekrönt. Er war ein recht untypischer Deutscher. Er wuchs in Süditalien auf, sah Sizilien als seine Heimat und überließ die deutschen Staaten weitgehend sich selbst. Gleichzeitig ein Krieger und ein Gelehrter, regierte Friedrich als aufgeklärter Herrscher innerhalb eines zentralistischen Systems. Er gewährte Moslems und Juden Religionsfreiheit, bemühte sich aber gleichzeitig darum, ganz Italien unter das kaiserliche Joch zu zwingen.

Friedrich war ein Dichter, ein Sprachenkenner, Mathematiker, Philosoph, kurz: ein vielseitig gebildeter Mensch. Er gründete in Neapel eine Universität und förderte die Ausbreitung von Bildung sowie die Übersetzung arabischer Schriften. Schon als junger Kaiser galt er seinen Zeitgenossen wegen seiner außergewöhnlichen Talente, seiner Energie und seiner militärischen Fähigkeiten als *Stupor Mundi*, das „Staunen der Welt".

Nachdem er 1228/29 widerwillig einen – eher durch Verhandlungen als durch Schlachten geprägten – Kreuzzug ins Heilige Land unternommen hatte, um nicht exkommuniziert zu werden, kehrte Friedrich nach Italien zurück, wo päpstliche Truppen gerade in das neapolitanische Territorium einmarschierten. Friedrich schlug diese rasch in die Flucht und wandte sich dem Projekt zu, die Kontrolle über das komplizierte Geflecht aus Stadtstaaten in Mittel- und Norditalien zu erlangen, wo er viele Alliierte und ebenso zahlreiche Feinde hatte, darunter in erster Linie den Lombardenbund. Es folgten viele Jahre mit Schlachten, ohne dass es zu

Eleganz der Renaissance

- » Dom, Florenz
- » Galleria degli Uffizi, Florenz
- » Tempietto di Bramante, Rom
- » La Rotonda, Vicenza
- » Da Vincis *Letztes Abendmal*, Mailand

Amerika wurde nach Amerigo Vespucci benannt, einem Florentiner Seefahrer, der zwischen 1497 und 1504 mehrere Reisen ins heutige Südamerika unternahm.

1908

Am Morgen des 28. Dezember erschüttert ein schweres Erdbeben der Stärke 7,5 Messina und Reggio di Calabria. Der Tsunami erreicht eine Höhe von 13 m. Über 80 000 Menschen kommen ums Leben.

1915

Italien tritt an der Seite der Alliierten in den Ersten Weltkrieg ein, um die noch besetzten Gebiete zurückzugewinnen. Ein Angebot Österreichs über eine Teilrückgabe hat Italien vorher als unzureichend abgelehnt.

1919

Der ehemals sozialistische Journalist Benito Mussolini gründet eine militante rechtsextreme Organisation, die Fasci Italiani di Combattimento, Vorläuferin der späteren Faschistischen Partei.

1922

Mussolini inszeniert im Oktober den „Marsch auf Rom". König Vittorio Emanuele III. fürchtet Mussolini und zweifelt an der Loyalität der Armee. Deshalb betraut er Mussolini mit der Bildung einer Regierung.

einer echten Entscheidung kam. Friedrich stand mehrere Male kurz davor, Rom einzunehmen, und sein Sieg schien nur noch eine Frage der Zeit zu sein. Selbst Friedrichs Tod im Jahr 1250 setzte dem Konflikt kein Ende. Die Kämpfe gingen unter Friedrichs Nachfolgern Manfred (der 1266 in der blutigen Schlacht von Benevento fiel) und Konrad (der von dem französischen Aristokraten Karls von Anjou, der Sizilien und Süditalien unter seine Herrschaft gebracht hatte, inhaftiert und zwei Jahre später hingerichtet wurde) noch bis 1268 weiter.

Aufstieg der Stadtstaaten

Während sich in Süditalien eine Zentralmacht entwickelte, schlug der Norden den entgegengesetzten Weg ein. Hafenstädte wie Genua, Pisa und vor allem Venedig sowie Zentren im Binnenland wie Florenz, Mailand, Parma, Bologna, Padua, Verona und Modena verhielten sich gegenüber Versuchen der Römischen Kaiser, sich wie gewohnt in ihre Angelegenheiten einzumischen, zunehmend ablehnend.

Der Reichtum und die wachsende Unabhängigkeit dieser Städte brachte sie auch in Konflikt mit Rom, das seinen Einfluss in Italien zusehends einbüßte. Gelegentlich wurde sogar die Herrschaft des Papstes über seinen eigenen Kirchenstaat infrage gestellt. Die von zwei Seiten, Papst und Kaiser, bedrohten Städte wechselten dabei ständig die Verbündeten, um ihre eigenen Interessen zu verfolgen.

Diese Stadtstaaten entwickelten vom 12. bis zum 14. Jh. ganz neue Regierungsformen. Venedig unternahm den Versuch einer beschränkten Demokratie und führte ein oligarchisches „parlamentarisches" System ein. Häufiger bildeten die Stadtstaaten einen *comune* (Stadtrat), eine zunächst von den Aristokraten und dann zunehmend von der wohlhabenden Mittelschicht dominierte republikanische Regierung. Die reichen Familien verlegten sich dabei rasch von wirtschaftlicher Konkurrenz auf politische Ränkespiele, bei denen jede Familie sich um größtmögliche Kontrolle der *signoria* (Regierung) bemühte.

Giuliano Procaccis *Geschichte Italiens und der Italiener* ist eines der besten italienischen Geschichtsbücher überhaupt. Behandelt wird die Zeit vom frühen Mittelalter bis 1948.

In einigen Städten erlangten große Dynastien wie besispielsweise die Medici in Florenz oder die Visconti und Sforza in Mailand die Oberhand über ihre Rivalen.

Kriege und Scharmützel zwischen den Stadtstaaten waren an der Tagesordnung. Schließlich entwickelten sich einige von ihnen, vor allem Florenz, Mailand und Venedig, zu regionalen Mächten, die sich ihre Nachbarn einverleibten. Ihre Macht beruhte auf einer Mischung aus Handel, Gewerbe und militärischen Eroberungen.

Die Machtverhältnisse und Bündnisse waren dabei ständig in Bewegung und verändert sich häufig, was zeitweise Einfluss auf den gesamten Mittelmeerraum hatte. Die stabilste und erfolgreichste dieser Städte war eindeutig Venedig.

1929

Mussolini und Papst Pius XI. unterzeichnen den Lateranvertrag, in dem der Katholizismus zur Staatsreligion erklärt und die Unabhängigkeit des Vatikans anerkannt wird. Der Vatikan akzeptiert das Königreich Italien.

WILL SALTER / LONELY PLANET IMAGES ©

» Nonne vor dem Petersdom.

1935

Italien versucht, sich Abessinien, das heutige Äthiopien, einzuverleiben. Der Völkerbund verurteilt die Okkupation.

FUNKEN VOM HÖLLENFEUER

In den an stete Wechsel und Schwankungen in der Politik gewöhnten italienischen Stadtstaaten waren auch radikale Kehrtwendungen durchaus möglich. Als die Herrscherfamilie der Medici in Florenz 1494 (nicht zum letzten Mal) in Ungnade fiel, entschieden sich die Stadtväter für die schon erprobte republikanische Regierungsform. Dieses Mal aber tauchten Probleme auf.

Schon seit 1481 hatte der Dominikanermönch Girolamo Savonarola in Florenz mit seinen Bußpredigten Aufsehen erregt. Seine bildkräftigen Warnungen vor den Höllenqualen, die einen jeden Einwohner erwarteten, der sich nicht vom sündigen Leben abwandte, fesselten die Fantasie der Menschen, und die Stadt glitt allmählich in eine Theokratie hinein. Savonarola erwartete von der Regierung, dass sie sich von seiner göttlichen Inspiration leiten ließ. Alkoholische Getränke, Huren, aber auch Feste, das Glücksspiel, aufreizende Mode und andere Insignien der Sünde wurden gänzlich aus dem öffentlichen Leben verbannt. Bücher, Kleider, Schmuck, Möbel und Kunstwerke gingen in „Feuern der Eitelkeit" in Flammen auf. Kinderbanden zogen durch die Stadt und hielten nach Erwachsenen Ausschau, die noch an ihren alten Gewohnheiten oder Besitztümern festhielten.

Schon bald aber wurden die vergnügungssüchtigen Florentiner dieser fundamentalistischen Gängelung überdrüssig. Misstrauisch gaben sich auch Papst Alexander VI. (vermutlich einer der weltlichsten Päpste der Kirchengeschichte) und der Franziskanerorden. Die wirtschaftliche Entwicklung in der Stadt stagnierte, und mit seinem Auftreten als Gesandter Gottes machte Savonarola sich bei vielen Mitbürgern zusehends unbeliebter. Schließlich ließ der Stadtrat, die *signoria*, den charismatischen Prediger festnehmen. Nach wochenlanger Folter wurde er zusammen mit zwei Anhängern am 22. Mai 1498 als Häretiker aufgehängt und anschließend auf dem Scheiterhaufen verbrannt.

Der Reichtum von Florenz gründete auf dem Wollhandel, dem Finanzwesen und dem Handel insgesamt. Selbst im Ausland war die florentinische Münze, der *firenze* (Florin), sehr begehrt.

In Mailand beseitigte die adlige Familie Visconti ihre Rivalen und dehnte die mailändische Herrschaft über Pavia, Cremona und später auch Genua aus. Giangaleazzo Visconti (1351–1402) verwandelte Mailand von einem Stadtstaat in eine beachtliche europäische Macht. Die Politik der Visconti (bis 1450) und die der ihr nachfolgenden Familie Sforza (italienisch „Bezwinger" ermöglichte es Mailand, sein Einflussgebiet bis ins Tessin und bis zum Gardasee auszudehnen.

Die mailändische Einflusssphäre grenzte nun an die Venedigs. Die Lagunenstadt hatte 1450 den Zenit ihrer territorialen Ausdehnung erreicht. Zusätzlich zu ihren Besitztümern in Griechenland, Dalmatien und darüber hinaus hatte sich Venedig auch ins Binnenland (etwa nach Friaul)

1940
Italiens Kriegseintritt an der Seite Nazi-Deutschlands. Italienische Truppen dringen in Griechenland ein, aber die griechischen Truppen wehren sich erfolgreich und dringen bis ins südliche Albanien vor.

1943
Die Alliierten landen in Sizilien; König Vittorio Emanuele III lässt Mussolini verhaften. An seine Stelle tritt Marschall Badoglio. Daraufhin befreien deutsche Truppen Mussolini.

1944
Am 18. März kommt es zu einem Ausbruch des Vesuvs. Die in der Nähe stationierte US-Luftwaffe hält die Eruption im Film fest.

1946
In einem Referendum stimmen die Italiener für die Abschaffung der Monarchie und für eine Republik. König Umberto II geht außer Landes und weigert sich, das Referendum anzuerkennen.

hinein ausgedehnt. Das Banner des Löwen von St. Markus wehte über Nordostitalien – von Gorizia bis Bergamo.

Diese dynamischen, unabhängigen Städte bildeten einen fruchtbaren Boden für den intellektuellen und künstlerischen Aufbruch, der Italien im 14. und 15. Jh. nahezu explosionsartig erfasste und später als Renaissance in die Geschichtsbücher einging. Die Renaissance gilt in vieler Hinsicht als Geburtsstunde der modernen Welt. Florenz war die Wiege dieser erstaunlichen Bewegung, nicht zuletzt wegen der großzügigen Förderung der Künste durch die herrschende Familie der Medici.

Geburt einer Nation

Die Französische Revolution am Ende des 18. Jhs. und der Aufstieg Napoleons nährten in Italien Hoffnungen auf nationale Unabhängigkeit. Seit den glorreichen Tagen der Renaissance hatten Italiens uneinige Ministaaten auf der europäischen Bühne nach und nach an Macht und Ansehen verloren. Am Ende des 18. Jhs. war die Halbinsel nicht viel mehr als ein ausgelaugter, unbedeutender Platz im Spiel der Großmächte.

Napoleon marschierte bei unterschiedlichen Gelegenheiten in Italien ein. Er erledigte 1797 die venezianische Republik (und beendete damit 1000 Jahre venezianischer Unabhängigkeit) und gründete 1804 das sogenannte Königreich Italien. Dieses Königreich war alles andere als unabhängig, aber das napoleonische Erdbeben ließ bei vielen Italienern die Hoffnung wachsen, dass nach dem Niedergang des französischen Kaisers ein italienischer Einheitsstaat etabliert werden könnte. Bislang gab es noch das Königreich mit Sizilien und Sardinien sowie Abtretungen an Frankreich.

Die Einigung erwies sich aber als gar nicht so einfach zu bewerkstelligen. Der reaktionäre Wiener Kongress setzte alle ausländischen Herrscher wieder in ihre alten Rechte in Italien ein.

Graf Camillo Benso di Cavour (1810–1861) aus Turin, der Premierminister des Königreichs Savoyen, steckte schon bald als diplomatischer Kopf hinter der italienischen Einigungsbewegung. Mit der Gründung der Zeitung *Il Risorgimento* 1847 und mit der Veröffentlichung eines parlamentarischen *Statuto* legte Cavour die Fundamente für die Einheit.

Cavour konspirierte mit den Franzosen und gewann auch die britische Unterstützung für die Gründung eines unabhängigen italienischen Nationalstaats. Sein Vertrag mit Napoleon III. aus dem Jahr 1858 sah für den Fall eines Krieges mit Österreich die Unterstützung der Franzosen vor – gegen eine Abtretung von Teilen Savoyens und von Nizza.

Der blutige zweite Italienische Unabhängigkeitskrieg (Sardinischer Krieg; 1859-1861) führte zur Besetzung der Lombardei und zum Rückzug der Österreicher in ihre östlichen Besitztümer in Venetien. Unterdessen hatte ein unerwarteter Mitspieler in Gestalt des professionellen

1957

Italien unterzeichnet mit Frankreich Deutschland und den Benelux-Staaten die Römischen Verträge, auf denen die EWG, später EG und heute EU, beruht. Die Verträge treten 1958 in Kraft.

1957

Im Juli präsentiert der Turiner Autohersteller Fiat ein neues Modell, den Fiat 500. Das von Dante Giacosa entworfene kompakte Fahrzeug gilt bald als Meisterwerk des italienischen Industrie-Designs.

1960

Federico Fellinis *La Dolce Vita* kommt in die Kinos. Der Film, der das Lebensgefühl im Rom der Nachkriegszeit einfängt, ist für vier Oscars nominiert.

1960

Rom ist Gastgeber der 17. Olympischen Spiele. 83 Länder nehmen teil, darunter Singapur, dessen Athleten zum ersten Mal unter eigener Fahne antreten.

Revolutionärs Giuseppe Garibaldi eine wichtige Voraussetzung für eine vollständige Einigung Italiens geschaffen. Garibaldi nahm 1860 im Namen des Königs Vittorio Emanuele II von Savoyen in einem militärischen Handstreich Sizilien und Süditalien ein. Cavour und der König erkannten die sich bietende Gelegenheit und besetzten ihrerseits Teile Mittelitaliens (darunter Umbrien und die Marken) und konnten so 1861 den italienischen Einheitsstaat ausrufen.

In den folgenden neun Jahren gliederte sich das wachsende Königreich die Toskana, Venetien und Rom ein. Die Einheit war komplett, und 1871 bezog das Parlament seinen Sitz in Rom.

Der junge Staat litt anfangs unter heftigen Machtkämpfen zwischen Sozialisten und Konservativen. Giovanni Giolitti, einem der am längsten amtierenden Premierminister Italiens (er leitete zwischen 1892 und 1921 insgesamt fünf Regierungen), gelang es schließlich, die politische Kluft zu überbrücken und das Wahlrecht für Männer einzuführen. Frauen wurde dieses Recht noch bis nach dem Zweiten Weltkrieg vorenthalten.

Vom Schützengraben in die Diktatur

Als im Juli 1914 der Erste Weltkrieg ausbrach, entschied sich Italien für die Neutralität, obwohl sich das Land im Dreibund Deutschland und Österreich angenähert hatte. Allerdings meldete Italien Anspruch auf Gebiete an, die sich Österreich einverleibt hatte: auf das Trentino, Südtirol, Triest und sogar auf Dalmatien (dabei ging es um Land, um das sich Italien nach dem Sieg Preußens im Deutschen Krieg von 1866 vergeblich bemüht hatte). Nach den vertraglichen Regelungen des Dreibunds hätte Österreich diese Besitzungen beim Vordringen auf den Balkan eigentlich abtreten müssen, doch die Österreicher wollten von diesem Teil der Abmachung nichts mehr wissen.

In der italienischen Regierung blockierten sich die Verfechter einer Neutralität und die Anhänger einer militärischen Lösung gegenseitig. Letztere nahmen schließlich Verhandlungen mit den Mächten der Entente auf, da sie Österreich in der Frage der Besitzansprüche für uneinsichtig hielten. Im April 1915 sicherten die Alliierten im Londoner Vertrag Italien die gewünschten Gebiete für den Fall eines militärischen Sieges zu. Im Mai erklärte Italien Österreich (und damit auch Deutschland) den Krieg – und für das Land begann ein dreieinhalbjähriger Albtraum.

Zwischen beiden Ländern wütete ein erbitterter Zermürbungskrieg – besonders in den zwölf Isonzo-Schlachten. Als die Truppen Österreich-Ungarns schließlich im November 1918 kapitulierten, marschierten die Italiener unverzüglich in Triest und Trient ein. Der Versailler Vertrag erfüllte dann allerdings längst nicht alle Gebietswünsche der Italiener.

Für einen derart blutigen und ruinösen Konflikt war die Ausbeute denkbar dürftig. Italien hatte 600 000 Menschen verloren. Unter den Be-

1966

Im November zerstört eine verheerende Flut, die schlimmste seit 1557, Teile von Florenz. Rund 100 Menschen verlieren ihr Leben, 5000 Familien sind obdachlos, 14 000 Kunstwerke werden beschädigt.

1970

Trotz heftiger Proteste seitens des Vatikans legalisiert das italienische Parlament die Ehescheidung. Die Democrazia Christiana initiiert 1974 ein Referendum, um das Gesetz zu annullieren, scheitert aber.

1980

Im Bahnhof von Bologna tötet eine Bombe 85 Menschen. Die Verantwortung übernehmen sowohl die Roten Brigaden als auch eine neofaschistische Gruppe.

1980

Am 25. November um 19.34 Uhr erschüttert ein schweres Erdbeben Kampanien. 3000 Menschen sterben, viele Gebäude werden zerstört, auch in der Stadt Neapel.

PER FAHRRAD GEGEN DEN FASCHISMUS

1944/45 versteckten Untergrundaktivisten in Assisi Hunderte jüdischer Mitbürger in den Klöstern von Umbrien. Widerstandsgruppen in der Toskana stellten ihnen gefälschte Reisedokumente aus – doch die Dokumente mussten schnell herbeigeschafft werden, da die Juden immer mit Entdeckung und Deportation rechnen mussten. Und da trat als Helfer der schnellste aller Italiener auf den Plan – Gino Bartali, weltberühmter Radrennfahrer aus der Toskana, Gewinner der Tour de France und dreimaliger Sieger beim Giro d'Italia. Erst nach seinem Tod im Jahr 2003 wurde bekannt, dass Bartali während seiner Trainingsfahrten in den Kriegsjahren Nachrichten der Widerstandsbewegung und gefälschte Dokumente mit sich getragen hatte, mit deren Hilfe jüdische Flüchtlinge an sichere Orte gelangten. Bartali wurde damals sogar in der berüchtigten Villa Triste in Florenz verhört, wo politische Gegner gefoltert wurden, aber er ließ sich nichts entlocken. Bis zu seinem Tod hat der große Sportler seinen Anteil an der Rettung jüdischer Mitbürger nicht an die große Glocke gehängt, und selbst seinen Kindern gegenüber hat er nur erklärt: „So etwas tut man einfach, mehr gibt es da nicht zu sagen."

dingungen der Kriegswirtschaft war eine kleine Clique von Industriellen übermächtig geworden, während die Masse der Zivilbevölkerung in Armut versank. Diese Mischung war umso explosiver, als Hunderttausende aus dem Dienst entlassene Soldaten nach Hause zurückkehrten oder auf der Suche nach Arbeit kreuz und quer durchs Land zogen. Die Zeit wartete förmlich auf einen Demagogen, und dieser sollte schon recht bald in Erscheinung treten.

Einer der enthusiastischen jungen Kriegsteilnehmer war der sozialistische Zeitungsredakteur und einstige Wehrdienstgegner Benito Mussolini (1883–1945). Dieses Mal meldete er sich sogar freiwillig an die Front und kehrte 1917 verwundet zurück.

Mit seinen Landsleuten teilte er das Erlebnis des Krieges und die Enttäuschung über den Versailler Vertrag. Er gründete eine rechtsgerichtete militante politische Gruppierung, aus der 1921 die Faschistische Partei hervorging. Schwarzhemd und römischer Gruß wurden zu den Erkennungszeichen ihrer Anhänger – und standen ab sofort für die nächsten 23 Jahre auch als Symbole für gewaltsame Unterdrückung und einen aggressiven Nationalismus. Nach seinem erfolgreichen „Marsch auf Rom" im Jahr 1922 und dem Sieg bei den Parlamentswahlen von 1924 verschaffte sich der Führer oder Duce, wie Mussolini sich gerne nenen ließ, 1926 schließlich diktatorische Vollmachten. Oppositionsparteien, freie Gewerkschaften und eine freie Presse wurden kurzerhand verboten.

Roma Città Aperta (Rom, offene Stadt) von Roberto Rossellini und mit Anna Magnani gilt als Klassiker des italienischen Neorealismus und als meisterhafte Darstellung der Stadt Rom in den Nachkriegsjahren. Der Film war der erste Teil einer Kriegstrilogie; es folgten *Paisà* und *Germania Anno Zero* (Deutschland im Jahre Null).

1995
Maurizio Gucci, der Erbe des Modeimperiums Gucci, wird vor seinem Mailänder Büro niedergeschossen. Drei Jahre später wird seine Frau Patrizia Reggiani als Auftraggeberin verurteilt.

1999
Während des Balkankriegs wird Italien zur Drehscheibe für NATO-Militäreinsätze; vor allem betroffen ist der Luftwaffenstützpunkt Aviano.

2001
Bei den Parlamentswahlen erringt Silvio Berlusconis rechtskonservative Koalition die absolute Mehrheit. Während seiner fünfjährigen Regierungszeit stagniert die italienische Wirtschaft weitgehend.

2004–2005
In den Vorstädten von Neapel eskalieren Auseinandersetzungen zwischen verfeindeten Clans der Camorra. In nur fünf Monaten werden fast 50 Menschen ermordet.

In den 1930er-Jahren hatte die Faschistische Partei die italienische Gesellschaft fest im Griff. Wirtschaft, Bankenwesen, großzügige öffentliche Beschäftigungsprogramme, die Umwandlung der Malariasümpfe an der Küste in Ackerland und eine ehrgeizige Modernisierung der Armee – all das entsprang den Plänen Mussolinis.

In der Außenpolitik agierte Mussolini anfangs sehr zurückhaltend: Er trat internationalen Vereinbarungen bei (darunter 1928 dem Kellogg-Pakt zur Ächtung des Krieges), und bis 1935 suchte er die Nähe zu Frankreich und Großbritannien, um der wachsenden Bedrohung durch Hitler und ein wiederbewaffnetes Deutschland zu begegnen.

Dann aber vollzog Mussolini mit der Entscheidung, Abessinien (Äthiopien) zu besetzen, einen radikalen Kurswechsel; gedacht war der Entschluss als erster Schritt hin zu einem „neuen Römischen Reich". Diese aggressive Seite der neuen italienischen Außenpolitik war auch vorher schon in kleineren Auseinandersetzungen mit Griechenland über die Insel Korfu und in Militärexpeditionen gegen nationalistische Truppen in der Kolonie Italienisch-Libyen sichtbar geworden.

Der Völkerbund verurteilte den Abessinienkrieg (in dessen Folge König Vittorio Emanuelle III 1936 zum Kaiser von Abessinien erklärt wurde), und Mussolini änderte die Ausrichtung seiner Politik grundlegend und näherte sich dem nationalsozialistischen Deutschland an.

Gemeinsam unterstützten Hitler und Mussolini den Putschisten-General Franco im Spanischen Bürgerkrieg (1936–1939), und sie banden sich auch vertraglich aneinander (beispielsweise im Antikominternpakt zwischen Deutschland und Japan, dem Italien beitrat).

Mit dem deutschen Überfall auf Polen begann im September 1939 der Zweite Weltkrieg. Italien verhielt sich bis zum Juni 1940 abwartend; in dieser Zeit eroberte die deutsche Wehrmacht Norwegen, Dänemark, die Niederlande und große Teile Frankreichs. Als der Sieg in greifbare Nähe gerückt schien, entschied auch Mussolini sich für den Eintritt seines Landes in den Krieg – eine Entscheidung, die aus deutscher Sicht wohl eher zwiespältige Gefühle ausgelöst haben dürfte. Die italienische Armee erwies sich nämlich als nicht sonderlich erfolgreich, und Deutschland musste dem Bündnispartner auf dem Balkan und in Nordafrika beispringen – und konnte Rückschläge wie z.B. die Landung der Alliierten auf Sizilien 1943 trotzdem nicht verhindern.

Nach zahllosen Niederlagen hatten die Italiener schließlich endgültig genug von Mussolini und seinem Krieg, und der König ließ den Diktator 1943 verhaften. Die italienische Regierung schloss einen Waffenstillstand mit den Amerikanern, doch die Deutschen befreiten Mussolini, marschierten in Norditalien ein und installierten dort eine Marionettenregierung unter der Leitung Mussolinis.

Weitere Informationen über Italien zur Zeit des Faschismus liefert die Website www.thecorner.org/home.htm. Hier erfährt man mehr über Mussolinis Aufstieg und über die unruhigen Jahre unter seiner Führung.

Das Buch ist zwar schon etwas älter, aber Paul Ginsborgs *A History of Contemporary Italy: Society and Politics, 1943–1988* zählt nach wie vor zu den besonders lesenswerten und informativen Darstellungen der italienischen Nachkriegsgeschichte.

2005

Papst Johannes Paul II. stirbt im Alter von 84 Jahren, unzählige Gläubige fordern seine Heiligsprechung. Sein Nachfolger wird der deutsche Kardinal Josef Ratzinger als Papst Benedikt XVI.

2006

Wegen Manipulation von Fußballergebnissen müssen Juventus Turin, AC Mailand und drei weitere Teams nachträglich Geldstrafen zahlen. Juventus werden die Meisterschaftstitel von 2005 und 2006 aberkannt.

ALAMYCELEBRITY / ALAMY ©

» Fußballspiel in Mailand

2007

Der einstige italienische Kronprinz, Vittorio Emanuele di Savoia, wird von Korruptions- und Betrugsvorwürfen freigesprochen. Die Anklage betraf unter anderem ein Casino.

Claudia Cardinale spielt im italienischen Film *Claretta* von 1984 das aufregende Leben und tragische Ende der Clara Petacci, der Geliebten Mussolinis. Bei ihrer Entdeckung gab man ihr zwar die Möglichkeit zur Flucht, doch sie versuchte noch vergeblich, den Duce vor den Kugeln des Exekutionskommandos zu schützen.

Das quälend langsame Vordringen der Alliierten von Süden her und die Herrschaft der Deutschen im Norden führten zur Bildung einer Widerstandsbewegung, der Resistenza, die den deutschen Truppen zunehmend Paroli bot. Im April 1945 war Norditalien praktisch befreit. Als Mussolini sich in die Schweiz absetzen wollte, wurde er von Partisanen gestellt und zusammen mit seiner Geliebten Clara Petacci hingerichtet. Ihre Leichen hängten die Befreier schließlich auf dem Piazzale Lotto in Mailand auf – ein Schicksal, das so gar nichts mit Mussolinis Wunsch zu tun hatte, einst in Rom in der Nähe seines verehrten Vorbilds Augustus beigesetzt zu werden.

Kommunistenangst

Nach Ende des Krieges legten die linksgerichteten Partisanengruppen ihre Waffen nieder, die Politik des Landes aber musste sich erst einmal grundlegend neu ordnen. Dank der Wirtschaftshilfe des Marshallplans besaßen die USA einen beträchtlichen Einfluss, den sie durchaus nutzten, um die politische Linke in Schach zu halten.

Gleich nach dem Krieg lösten drei Koalitionsregierungen in rascher Folge einander ab. In der dritten Koalition, die im Dezember 1945 ins Amt kam, hatte die kurz zuvor gegründete rechtsgerichtete Democrazia Cristiana (DC; Christdemokratische Partei) das Sagen. Ihr Vorsitzender Alcide de Gasperi blieb bis 1953 Ministerpräsident. Italien wurde 1946 eine Republik, und die Christdemokraten unter De Gasperi siegten bei den ersten Parlamentswahlen unter neuer Verfassung im Jahr 1948.

Bis in die 1980er-Jahre spielte die Partito Comunista Italiano (PCI; Kommunistische Partei Italiens) eine bedeutende Rolle in der italienischen Politik und Gesellschaft, zunächst unter Palmiro Togliatti und später unter ihrem charismatischen Vorsitzenden Enrico Berlinguer; trotzdem wurde die Kommunistische Partei systematisch von jeglicher Regierungsbeteiligung ferngehalten.

Die ungewöhnliche Stärke und Popularität der Kommunistischen Partei führte zu einer finsteren Episode in der Landesgeschichte, den sogenannten *anni di piombo* (bleiernen Jahren) nach 1970. Während die italienische Wirtschaft boomte, führte die in ganz Europa verbreitete panische Angst vor einer Regierungsbeteiligung der italienischen Kommunisten zu geheimen Gegenmaßnahmen, die dem Vernehmen nach vor allem von CIA und NATO gesteuert waren. Bis heute ist wenig über die sogenannte Operation Gladio bekannt, eine paramilitärische Untergrundorganisation, die als Drahtzieherin hinter mehreren nie aufgeklärten Terroranschlägen stecken soll. Ziel war offenbar, die Angst im Lande zu schüren – und hätten die Kommunisten wirklich die Regierung übernommen, wäre es vielleicht zu einem Militärputsch gekommen.

2008

Italiens nationale Fluggesellschaft Alitalia meldet Konkurs an, wird jedoch später in verkleinerter Form mit weniger Flugzielen, Flugzeugen und Personal als private Gesellschaft weitergeführt.

2009

Das Verfassungsgericht annulliert ein Gesetz, mit dem Berlusconi sich vor Strafverfolgung schützen wollte. Damit besteht die Möglichkeit, diverse Gerichtsverfahren gegen ihn weiterzuführen.

2011

Ministerpräsident Berlusconi ist in immer mehr Skandale verstrickt; u.a. geht es um Sex mit einer Minderjährigen. Am 16. November tritt er von seinem Amt zurück.

2011

Nach 13 Jahren nimmt Italien mit Raphael Gualazzis *Follia d'amore* wieder am Eurovision Song Contest teil. Der Beitrag gewinnt den zweiten Platz.

Beträchtliche soziale Spannungen und die Angst vor Terrorismus unterschiedlichster Couleur beherrschten daher die 1970er-Jahre, insbesondere die Stimmung an den Universitäten des Landes. 1969 stellten neofaschistische Terroristen bei einem Bombenanschlag in Mailand ihre besondere Gefährlichkeit unter Beweis. 1978 gelang den Brigate Rosse, (den Roten Brigaden, einer Gruppe militanter junger Linksradikaler, die schon mehrere Bombenanschläge und Morde auf ihrem Konto stehen hatten) ihr wichtigster Schlag - die Entführung des ehemaligen christdemokratischen Ministerpräsidenten Aldo Moro. Diese Entführung und Aldo Moros Ermordung nach 54 Tagen in Gefangenschaft erschütterten das Land nachhaltig und verzögerten soziale Reformen (der Vorfall wurde 2003 in dem Film *Buongiorno Notte - Der Tag, an dem die Nacht kam* - aufgearbeitet).

Trotz dieser Unruhen waren die 1970er-Jahre allerdings auch eine Zeit gesellschaftlicher Umwälzungen. 1970 wurden in 15 der 20 Regionen des Landes Regionalparlamente mit beschränkten Befugnissen eingerichtet (in den restlichen fünf - Sizilien, Sardinien, Aostatal, Trentino-Südtirol und Friaul-Julisch Venetien - gab es bereits eine weitergehende Teilautonomie). Noch im gleichen Jahr wurde die zivilrechtliche Ehescheidung ermöglicht, und acht Jahre später verschwand die Strafbarkeit der Abtreibung. Frauenrechte wurden weiter gestärkt, und Frauen dürfen seither in der Ehe auf Wunsch ihren Mädchennamen weiterführen.

Schmiergeldskandale & der Aufstieg Berlusconis

In den 1980er-Jahren legte Italien beim Wirtschaftswachstum einen regelrechten Spurt hin und erkämpfte sich einen Platz unter den führenden Wirtschaftsnationen der Welt, doch schon Mitte der 1990er-Jahre setzte erneut eine hartnäckige Krise ein. Arbeitslosenquote und Inflationsrate schossen in die Höhe, die Staatsverschuldung wuchs, und der Kurs der Lira geriet außer Kontrolle. Der Regierung blieb nichts anderes übrig, als drastische Sparmaßnahmen zu verhängen und die öffentlichen Ausgaben deutlich zu senken, damit Italien 2001 die Kriterien für die Teilnahme am Euro erfüllte.

In den 1990er-Jahren geriet die alte Ordnung im Lande ins Wanken. Die PCI zerfiel in zwei Parteien. Die Minderheit der rechtgläubigen Kommunisten scharte sich unter dem Namen Partito della Rifondazione Comunista (PRC; Neugegründete Kommunistische Partei) hinter ihrem Vorsitzenden Fausto Bertinotti, bis eine verheerende Niederlage bei der Wahl von 2008 das Schicksal dieser Partei besiegelte (nachdem sie an der fünf-Prozent-Hürde gescheitert war). Der größere, gemäßigte Flügel der einstigen Kommunisten ging unter dem Namen Democratici di Sinistra

Tobias Jones' Buch *Italien – das dunkle Herz des Südens* enthält einen sehr persönlichen Blick auf das Land unserer Tage – mit all seinen (wirklichen oder eingebildeten) Verschwörungen, mit Korruption und Terror.

(DS; Linke Demokraten) in einer reformierten Partei auf und vereinigte sich 2007 schließlich mit einer weiteren Gruppierung der linken Mitte zur Partito Democratico (PD).

Die übrige politische Szene Italiens wurde heftig vom sogenannten Tangentopoli-Skandal erschüttert, einem Schmiergeldskandal, der bei Ermittlungen in Mailand im Jahr 1992 ans Licht kam. Die Mailänder Staatsanwaltschaft, darunter der unerschrockene Antonio di Pietro, führte damals Ermittlungen, die rasch unter dem Schlagwort *Mani Pulite* (saubere Hände) für Schlagzeilen sorgten. Tausende Politiker, Beamte und Geschäftsleute hatten sich in einem Netz der Korruption verfangen und Bestechungsgelder gezahlt, Schmiergelder entgegengenommen oder sich sogar offensichtlich durch Diebstahl bereichert.

Die alten Parteien der rechten Mitte zerbrachen an den Folgen dieser Prozesse, und aus der Asche erhob sich eine Gestalt, von der sich viele Italiener einen sauberen politischen Neuanfang erhofften: der Medienunternehmer Silvio Berlusconi. Mit seiner Partei Forza Italia gelangte er 2001 ins Amt des Ministerpräsidenten, das er – von zwei Jahren unter dem ehemaligen EU-Kommissionspräsidenten Romani Prodi (2006–2008) abgesehen – bis zum November 2011 innehatte. Berlusconis sorgfältig gepflegtes Image, eine Mischung aus Charisma, Selbstvertrauen und Respektlosigkeit, entsprach offensichtlich den Erwartungen vieler italienischer Wähler. Sein Werdegang vom Schlagersänger auf Kreuzfahrtschiffen zum populistischen Mediengroßunternehmer (und Eigentümer eines Fußballclubs) faszinierte als Prototyp einer Erfolgsstory, und vom Erfolg der Berlusconi-Unternehmen schlossen viele Menschen auf den wirtschaftlichen Sachverstand des Eigentümers. Die vielen Skandale des Regierungschefs sorgten vor allem im Ausland für ungläubiges Kopfschütteln; die Italiener selbst zuckten nur gleichgültig die Achseln, denn sie pflegen ohnehin ein eher zynisches Verhältnis zu ihren Politikern.

In einer Popolo della Libertà (Volk der Freiheit) genannten Koalition mit der rechtsgerichteten – und ehemals faschistischen – Alleanza Nazionale (Nationale Allianz) unter Gianfranco Fini und der separatistischen Lega Nord verfügte Berlusconi im Parlament bis Ende 2011 über eine stabile Mehrheit.

Die PD unter dem ehemaligen Bürgermeister von Rom, Walter Veltroni, kam bei den Wahlen von 2008 nur auf 38 %. Auch bei Kommunal- und Regionalwahlen konnte die Partei sich nicht durchsetzen. Nach einer Niederlage in Sardinien legte Veltroni daher im Februar 2009 sein Amt als Parteivorsitzender nieder.

Von 2001 bis 2006 ging es Berlusconi als Regierungschef vor allem darum, Gesetze zu erlassen, die seine eigenen ausgedehnten wirtschaftlichen Interessen schützten (Berlusconi kontrolliert sage und schreibe 90 % der frei empfangbaren TV-Sender des Landes). Daneben widmete er sich einem Feldzug gegen die seiner Meinung nach „politisierte" Justiz des Landes. Die Richter nehmen nämlich schon seit Anfang der 1990er-Jahre seine unzähligen wirtschaftlichen Aktivitäten recht genau unter die Lupe, die meisten Verfahren wurden jedoch wieder eingestellt. Allerdings erklärte der Verfassungsgerichtshof im Oktober 2009 ein Immunitätsgesetz, mit dem Berlusconi sich während seiner Amtszeit vor jeglicher Strafverfolgung schützen wollte, für unwirksam.

Eine von Berlusconis ersten Amtshandlungen nach der Wiederwahl von 2008 war die Lösung der langwierigen Müllkrise in Neapel. Die relativ komplexe Problematik ging noch auf die frühen 1990er-Jahre zurück; seither war die Krise immer wieder unübersehbar (und deutlich zu riechen), wenn sich in den Straßen der Stadt gewaltige Müllberge türmten. Schuld am Desaster waren Korruption, ein Versagen der Verwaltung, überfüllte Müllhalden und endlose Streitigkeiten über mögliche Standorte für eine Müllverbrennungsanlage. Kaum gewählt, eilte Berlusconi nach Neapel und setzte kurz darauf sogar die Armee ein, um die Stadt aufzuräumen. Im Juli erklärte er die Müllkrise dann offiziell für beendet, doch Anfang 2011 sah es auf den Straßen von Neapel eigentlich nicht anders aus als 2008. Zum Verhängnis wurden Berlusconi allerdings nicht die Müllberge von Neapel, sondern seine vielen Skandale – und vor allem sein unbeholfener und planloser Umgang mit der dramatischen Finanz- und Schuldenkrise von 2011. Am 16. November 2011 erklärte er schließlich seinen Rücktritt vom Amt des Ministerpräsidenten; Nachfolger in einem mit Fachleuten besetzten Kabinett wurde der Wirtschaftsprofessor Mario Monti.

Nach dem Tod Johannes Pauls II. im April 2005 reisten binnen einer einzigen Woche 4 Mio. Trauergäste in die Ewige Stadt.

Was Neapel betrifft, war der Gestank der Müllberge keineswegs der einzige Schandfleck im 21. Jh. In den vergangenen Jahren wurde nämlich auf den Straßen Neapels mehr Blut vergossen als überall sonst in Italien – als Folge gewalttätiger Auseinandersetzungen innerhalb der Mafia. Beim sogenannten Scampia-Krieg Ende 2004 und Anfang 2005 – einem Bandenkrieg zwischen verfeindeten Gruppierungen der Camorra – kamen innerhalb von nur vier Monaten 47 Menschen ums Leben.

Im September 2008 wurde Italien wieder an diese blutige Auseinandersetzung erinnert. Ein Todeskommando der Camorra hatte in Castel Vorturno nordwestlich von Neapel gleich sieben Männer erschossen. Da sechs der Toten aus Westafrika stammten, war der Überfall wohl als Warnung an nigerianische Clans gedacht, sich vom lukrativen Drogenmarkt Neapels fernzuhalten.

Kunst & Architektur

Kunst

In vielerlei Hinsicht ist die Geschichte der italienischen Kunst auch die Geschichte der westlichen Kunst. Angefangen bei Klassik, Renaissance und Barock bis hin zu futuristischen und metaphysischen Strömungen wurden die wegweisenden Bewegungen und Perioden der Kunstwelt durch ruhmreiche italienische Künstler, darunter Giotto, da Vinci, Michelangelo, Raffael, Bernini, Botticelli und Caravaggio, geformt.

Die Antike

Wie in vielen anderen Lebensbereichen suchten die Römer auch in der Kunst bei den Griechen nach Vorbildern. Die Griechen hatten schon im 8. Jh. v. Chr. große Teile Siziliens und Süditaliens besiedelt. Sie nannten Diese Region wurde als *Magna Graecia* bezeichnet, und hier waren große Städte wie Syrakus und Tarent errichtet worden. Diese griechischen Städte waren berühmt für ihre prachtvollen Tempel, von denen viele mit Skulpturen nach den Vorbildern von Meisterwerken von Praxiteles, Lysippos und Phidias geschmückt waren.

Die Bildhauerei in Süditalien blühte bis in die hellenistische Epoche hinein und erlangte auch in Mittelitalien große Popularität. Hier wurde die primitive Kunst der Etrusker durch den Beitrag griechischer Handwerker, die über die Handelsrouten kamen, beeinflusst und verfeinert.

In Rom selbst erlebten Bildhauerei, Architektur und Malerei sowohl während der ersten Republik als auch im Kaiserreich eine Blütezeit. Die in dieser Epoche in Rom produzierte Kunst unterschied sich in vielerlei Hinsicht von den griechischen Vorbildern. Die römische Kunst war in erster Linie säkular und legte das Schwergewicht weniger auf Harmonie und Form, dafür aber und stärker auf die wirklichkeitsgetreue Abbildung, vor allem bei den Porträtskulpturen. Unzählige Versionen von Pompeius, Titus und Augustus weisen allesamt ähnliche Gesichtszüge auf, was darauf hindeutet, dass die Künstler sich um Wahrhaftigkeit und nicht nur um Verherrlichung bemühten.

Die Griechen verstanden Kunst ausschließlich als Ausdruck von Harmonie und Schönheit. Die römischen Herrscher wie Augustus hingegen verwendeten Kunst gern als politisches Mittel, um ihren Status, ihre Macht und ihr eigenes Abbild zu feiern. Oft nahm diese Art der erzählenden Kunst die Form von Reliefdekorationen an, mit denen die Geschichte großer militärischer Erfolge erzählt wurde – die Colonna di Traiano (Trajan-Säule) und die Ara Pacis Augustae (Friedensaltar) in Rom sind Beispiele dieser Tradition. Sie stehen für prunkvolle, monumentale Beispiele von Kunst als Propaganda, bei der sowohl der Herrscher als auch

Das italienische Pendant zum Impressionismus war die Macchiaioli-Bewegung, die in Florenz ihren Ursprung hatte. Ihre wichtigsten Künstler waren Telemaco Signorini (1835–1901) sowie Giovanni Fattori (1825–1908). Ihre Werke sind im Palazzo Pitti Galleria d'Arte Moderna in Florenz ausgestellt.

Rom in einer Art verherrlicht werden, die niemand, weder damals noch heute, ignorieren kann.

Wohlhabende römische Bürger versuchten sich ebenfalls in der Kunst, indem sie palastartige Villen bauten und sie mit Statuen schmückten, die sie aus der griechischen Welt geraubt oder von hellenischen Originalen kopiert hatten. Heute sind die römischen Museen zum Bersten voll mit solchen Trophäen, angefangen beim *Galata morente* (Sterbender Gallier, ca. 240–200 v. Chr.), der in der Sammlung der Kapitolinischen Museen „Made in Italy" zu betrachten ist, bis hin zur original griechischen *Laokoon-Gruppe* (ca. 160–140 v. Chr.).

Und obwohl es die Etrusker waren, die sich in Wandmalereien hervortaten – besonders in ihren Grabstätten in Zentren wie Tarquinia und Cerveteri im heutigen Lazio (Latium) –, verfeinerten schließlich die Römer diese Form, wobei sie sich auf Landschaftsszenen konzentrierten, die die Wände der Lebenden schmücken sollten. Roms Museo Nazionale Romano – Palazzo Massimo alle Terme enthält großartige Beispiele dieser Kunstform.

KUNST

Beim Schreiben dieses Kapitels diente E.H. Gombrichs grundlegendes Werk *Die Geschichte der Kunst* als wertvolle Hilfe. Es wurde zum ersten Mal 1950 herausgegeben und enthält einen großartigen Überblick über die Geschichte der italienischen Kunst.

Die Leuchtkraft von Byzanz

Im Jahr 330 n. Chr. erhob der zum Christentum übergetretene Kaiser Konstantin die alte Stadt Byzanz zu seiner Hauptstadt und benannte sie in Konstantinopel um. Die Stadt wurde zum großen kulturellen und künstlerischen Zentrum der Christenheit und behauptete diese Position bis in die Renaissance hinein, obwohl ihr Einfluss auf die Kunst nie so fundamental wie der Roms war.

Die byzantinische Epoche war vor allem für ihre erhabene Kirchen- und Palastarchitektur, ihre außergewöhnlichen Mosaiken und – in geringerem Umfang – ihre Malerei berühmt. Die byzantinische Kunst war beeinflusst vom Dekor in den römischen Katakomben und den frühchristlichen Kirchen, aber auch vom orientalischen griechischen Stil mit seiner Vorliebe für üppige Schmuckelemente und leuchtende Farben. Byzantinische Kunstwerke vernachlässigten dabei die realistischen Aspekte der klassischen antiken Tradition und erhoben den Geist über den Körper, vornehmlich, um Gott und weniger den Menschen oder den Staat zu preisen.

In Italien präsentierte sich die byzantinische Virtuosität, was Mosaiken betrifft, insbesondere in Ravenna, der Hauptstadt der westlichen Gebiete des byzantinischen Reichs im 6. Jh. Die Basilica di Sant'Apollinare in Classe, die Basilica di San Vitale und die Basilica di Sant'Apollinare Nuovo in Ravenna beherbergen einige der weltbesten byzantinischen Kunstwerke, und ihre handgeschnittenen, glasierten Mosaiksteine (*tesserae*) vereinen außergewöhnliche Natürlichkeit mit einem epischen Verständnis von Erhabenheit und Mysterium.

Die byzantinische Kunst war jedoch nicht nur auf Ravenna beschränkt: In Venedig beeinflusste sie das exotische Design der Basilica di San Marco, und in Rom hinterließ sie ihre Spuren im farbenprächtigen Inneren der Chiesa di San Prassede.

Auf Sizilien haben sich byzantinische, normannische und arabische Einflüsse vermischt und einen speziellen regionalen Stil erschaffen, der im mosaikverzierten Glanz von Palermos Cappella Palatina betrachtet werden kann sowie in den Kathedralen von Monreale und Cefalù.

Das gar nicht so dunkle Zeitalter

Das italienische Mittelalter wird häufig lediglich als „dunkles Zeitalter" zwischen dem Römischen und dem Byzantinischen Reich einerseits und der Renaissance andererseits aufgefasst. Ginge man allerdings wirklich so beiläufig über diese Epoche hinweg, wäre das Verständnis der späteren italienischen Geschichte aber praktisch unmöglich, weil das Italien,

KULTURVERBRECHEN

Im Jahr 2010 wurde der italienische Tourist Michele Speranza zum unerwarteten Helden, als er im Fenster einer New Yorker Kunstgalerie einen Frauentorso entdeckte. Es handelte sich dabei nicht um irgendeinen Torso, sondern um ein antikes Kunstwerk, das 1988 aus einem Museum in Lazio (Latium) gestohlen worden war. Speranzas Spürsinn ist nicht verwunderlich: Er gehört zum „Comando Carabinieri Tutela Patrimonio Culturale", einem Sondereinsatzkommando der Polizei, das sich mit dem Raub des unschätzbaren italienischen Erbes beschäftigt.

Kunstraub stellt ein großes und lukratives Geschäft dar. Untersuchungen zufolge wurden mehr als 10 000 antike Grabstätten von *tombaroli* (Grabräubern) geplündert; die Beute wird häufig an private und öffentliche Sammler verkauft. Polizisten des Sondereinsatzkommandos patrouillieren häufig auf archäologischen Stätten und vergleichen Objekte, die bei Auktionen versteigert werden, anhand ihrer eigenen Datenbanken mit gestohlenen Artikeln.

Trotz der Größe des Problems kann die italienische „Kunstpolizei" eine eindrucksvolle Erfolgsbilanz aufweisen: 2011 wurden Gegenstände in einem Wert von über 15 Mio. € bei einem Einsatz in Genf beschlagnahmt. 2006 überließ das Metropolitan Museum of Art in New York Italien eine Anzahl von Schätzen, darunter der wertvolle Euphronius-Krater, eine 2500 Jahre alte etruskische Vase, die sich jetzt im Museo Nazionale Etrusco di Villa Giulia in Rom befindet. Im folgenden Jahr musste das Getty Museum in Los Angeles einen ähnlichen Schlag hinnehmen: Zu seinen Rückgaben gehörte eine Aphrodite-Statue aus dem 5. Jh. v. Chr. Die Göttin der Liebe war aus einer archäologischen Stätte auf Sizilien geraubt worden und wurde später für schlecht investierte 18 Mio. US$ an das Museum verkauft.

das wir kennen, eigentlich im Mittelalter geboren wurde. Die Barbareninvasionen des 5. und 6. Jhs. leiteten einen Prozess ein, der ein großes geeintes Reich in ein Land kleiner unabhängiger Stadtstaaten verwandelte. Es waren diese Staaten – oder genauer ihre Kaufleute, Fürsten, Kleriker, Korporationen und Zünfte –, die ein Mäzenatentum einführten, das die großen Innovationen in Kunst und Architektur der Renaissance erst ermöglichte.

Als Fortführung eines schon in der byzantinischen Epoche einsetzenden Trends traten in dieser Zeit die Ideale der Klarheit und der Einfachheit religiöser Aussagen gegenüber dem Ideal der wirklichkeitsgetreuen Abbildung in den Vordergrund. Das ist der Grund, warum viele Gemälde des Mittelalters auf den ersten Blick etwas steif wirken.

Malerei und Bildhauerei spielten gegenüber der romanischen Architektur dieser Zeit ohnehin nur eine Nebenrolle. Die Arbeit der Cosmati, einer römische Zunft der Mosaik- und Marmorarbeiter, die sich auf Mosaiken aus farbigen Steinen und Glas spezialisiert hatte und diese mit Streifen weißen Marmors und großen Steinscheiben zu beeindruckenden und raffinierten Böden und Säulen kombinierte, stellte eine ideale Ergänzung dieser Architektur dar. Wunderbare Beispiele für die Arbeit der Cosmati finden sich in Rom in der Chiesa di Santa Maria in Cosmedin, der Basilica di Santa Maria Maggiore und der Chiesa di Santa Maria Sopra Minerva.

Italien verfügt über mehr Weltkulturdenkmäler als irgendein anderes Land der Erde. Viele der 45 aktuell aufgelisteten Denkmäler bestehen ihrerseits aus ganzen Sammlungen großer Kunstwerke.

Entwicklung der Gotik

Die Gotik setzte sich in Italien wesentlich langsamer durch als im Rest Europas. Sie markiert den Übergang von der mittelalterlichen Kunst zur Renaissance. Die Künstler ließen sich nun wieder vom Leben selbst und nicht mehr ausschließlich von der Religion inspirieren. Die zeitlich mit der Entwicklung der höfischen Gesellschaft und dem Aufstieg der bürgerlichen Kultur in den Stadtstaaten zusammenfallende Gotik war ausgefeilt und elegant und besticht durch Detailreichtum, eine leuchtende Farbpalette und raffinierte Techniken. Der in Pisa ansässige Bildhauer Nicola Pisano (ca. 1220–1284), der sich am Vorbild der französischen gotischen Meister orientierte und die antike Bildhauerei studiert hatte, um die Natur überzeugender abzubilden, war für die ersten Innovationen verantwortlich. Die größten künstlerischen Fortschritte wurden jedoch in Florenz und Siena erzielt.

Giotto & die „Wiedergeburt" der italienischen Kunst

Die byzantinischen Maler in Italien setzten geschickt Licht und Schatten ein und verstanden bereits Prinzipien der Perspektive. Es bedurfte nur noch eines Genies, um ihren Konservatismus zu überwinden und in eine neue Welt der realistischen Malerei vorzustoßen. Dieses Genie zeigte sich schließlich in der Gestalt des florentinischen Malers Giotto di Bondone (ca. 1266–1337). Seine Gemälde waren auf radikale Weise neu, denn darin ging es um die Darstellung dramatischer Geschichten und die akkurate, realistische Abbildung von Figuren und Landschaften. Der italienische Dichter Giovanni Boccaccio schrieb in seinem *Decamerone* (1350–1353), Giotto sei „ein so erhabenes Genie" gewesen, „dass es nichts in der Natur gab ..., das er nicht lebensecht abbilden konnte; seine Darstellung sah nicht aus wie eine Kopie, sondern wie das Original."

Boccaccio war nicht der einzige zeitgenössische Kritiker, der Giotto als Revolutionär empfand. Der erste Historiker der italienischen Kunst, Giorgio Vasari, erklärte in seinem *Leben der ausgezeichneten Maler, Bildhauer und Baumeister* (1550), Giotto leite eine „Wiedergeburt" *(rinascità* oder *renaissance)* der Kunst ein. Giottos berühmteste Werke sind allesamt Fresken (bei denen Farbe auf eine Wand aufgetragen wird, während der Putz noch feucht ist). Sein größtes Meisterwerk ist der Zyklus an den Wänden der Cappella degli Scrovegni in Padua. Giottos Leistung

GIOTTO

Viele Renaissancekünstler fügten ihren Hauptwerken Selbstporträts bei. Giotto tat dies nicht – möglicherweise, weil Freunde wie Giovanni Boccaccio ihn als hässlichsten Mann von Florenz beschrieben. Wer solche Freunde hat ...

DAS LEBEN DER KÜNSTLER

Der Maler, Architekt und Schriftsteller Giorgio Vasari (1511–1574) war eine der Persönlichkeiten, die zu Recht als „Mann der Renaissance" beschrieben wurden. Er wurde in Arezzo geboren und in Florenz zum Maler ausgebildet, wobei er mit Künstlern wie Andrea del Sarto und Michelangelo (welchen er verehrte) zusammenarbeitete. Als Maler ist er am besten mit seinen vom Boden zur Decke reichenden Fresken im Salone dei Cinquecento im Palazzo Vecchio in Florenz in Erinnerung geblieben. Als sein Meisterwerk im Bereich Architektur gilt die elegante Loggia der Uffizien. Er entwarf ebenfalls den eingeschlossenen, hoch liegenden Korridor, der den Palazzo Vecchio mit den Uffizien und dem Palazzo Pitti verband und der – seinem Schöpfer zu Ehren – den Beinamen Corridoio Vasariano erhielt. Die Nachwelt erinnert sich seiner jedoch hauptsächlich wegen seiner Werke als Kunsthistoriker. Sein Leben der berühmtesten Maler, Bildhauer und Baumeister. Von Cimabue bis zum Jahre 1567, eine Enzyklopädie mit Künstlerbiografien, herausgegeben 1550 und Cosimo I de' Medici gewidmet, wird immer noch aufgelegt (als Leben der ausgezeichnetsten Maler). Es ist gefüllt mit herrlichen Anekdoten und – wenn man so sagen darf – Klatsch und Tratsch über seine zeitgenössischen Künstlerkollegen im 16. Jh. in Florenz. Zu den denkwürdigen Passagen zählt jene, in der er sich an seinen Besuch in Donatellos Atelier erinnert: Der großartige Bildhauer starrte seine äußerst lebensechte Statue vom Propheten Habakkuk an und flehte sie gleichzeitig an, mit ihm zu sprechen. Vasari schreibt auch über den jungen Giotto (dem er zuschreibt, die Renaissance eingeführt zu haben), der eine Fliege auf der Oberfläche eines Werks von Cimabue malt, die der ältere Meister sodann wegzupinseln versucht. Das Buch eignet sich hervorragend als Vorablektüre für jeden, der vorhat, Florenz und seine Museen zu besuchen.

DAVIDS LEIDEN

Für seine 508 Jahre sieht er eigentlich noch ganz gut aus, obwohl Michelangelos *David* in einigen brenzligen Situationen nur knapp davongekommen ist: 1527 wurde sein linker Unterarm während eines Aufruhrs abgebrochen. 1843 verätzte eine „Verschönerung" mit Salzsäure einen Teil der ursprünglichen Oberfläche. Das Unglück schlug erneut 1991 zu, als ein verstörter Galeriebesucher den zweiten linken Zeh der Statue mit einem Hammer zerschlug. Der Zeh ist wieder ganz, jedoch sieht sich David nun einem neuen Ärgernis gegenüber: Ein geplanter Eisenbahntunnel soll sich der Statue bis auf 600 m nähern. Mehreren Experten zufolge würden die zu erwartenden Vibrationen der Bauarbeiten die Risse in Davids bereits schwachen Knöcheln verstärken. Aus dem gut 5 m großen Schönling könnte somit ein riesiger, trauriger Haufen werden.

in diesen Fresken, die das Leben der Jungfrau und Christi darstellen, kann nicht hoch genug eingeschätzt werden. Giotto wandte sich hier von populären Konventionen wie der Dreiviertelansicht von Kopf und Körper ab und zeigte seine Figuren stattdessen von hinten, von der Seite oder während sie sich umdrehen, gerade so, wie es die Geschichte erforderte. Giotto benötigte keine Goldfarbe und keine raffinierten Ornamente. Stattdessen ließ er den Betrachter die dramatische Spannung der Szene durch eine realistische Darstellung der Figuren und eine radikale Komposition erfahren, welche die Illusion von Tiefe erzeugte.

Ein lesbarer, gut illustrierter Führer zur italienischen Kunst der Renaissance ist das die TV-Serie der BBC begleitende Buch *Renaissance* von Andrew Graham-Dixon.

Giottos Oeuvre beschränkt sich aber nicht auf die Fresken in der Cappella degli Scrovegni. Sein Zyklus über das Leben des Heiligen Franziskus in der Oberkirche der Basilica di San Francesco in Assisi ist fast ebenso außergewöhnlich und sollte seine Zeitgenossen, von denen viele ebenfalls an der Dekoration der Kirche in Assisi arbeiteten, stark beeinflussen. Einer der prominentesten von ihnen war der Dominikanermönch Fra' Angelico (ca. 1395–1455), ein florentinischer Maler, der für seine Meisterschaft im Umgang mit Farbe und Licht bekannt war. Seine *Verkündigung* (ca. 1450) im Konvent des Museo di San Marco in Florenz ist vielleicht sein bestes Werk.

Die Schule von Siena

Giotto war nicht der einzige Maler seiner Zeit, der mit Form, Farbe und Komposition experimentierte und einen radikal neuen Stil schuf. Der große Meister aus Siena Duccio di Buoninsegna (ca. 1255–1319) hauchte den alten byzantinischen Formen mit Hilfe von Licht und Schatten erfolgreich neues Leben ein. Sein bevorzugtes Medium war die Malerei auf Holztafeln. Seine *Maestà* (Thronende Madonna; 1311) im Museo dell'Opera Metropolitana in Siena gilt vielen als sein Meisterwerk.

In seinem Buch *M: The Man Who became Caravaggio*, gibt Peter Robb eine leidenschaftliche, persönliche Bewertung über die Bilder des Künstlers ab sowie einen schillernden Bericht über das Leben Caravaggios. So behauptet er beispielsweise, dass dieser ermordet wurde, weil er Sex mit dem Pagen eines hochrangigen Malteser Aristokraten hatte.

Ebenfalls in Siena setzten sich zwei weitere neue Trends durch: die Etablierung von Hofmalern und die Entwicklung der säkularen Kunst.

Der erste von vielen Malern, die von einem wichtigen Mäzen oder vom Hof wiederholt Aufträge erhielten, Simone Martini (ca. 1284–1344), war zu Lebzeiten fast ebenso berühmt wie Giotto. Sein bekanntestes Bild ist die stilisierte *Maestà* (1315–1316) im Museo Civico in Siena. Martini führte in diesem Gemälde erstmals seine berühmten Farbübergänge ein (eine Farbe geht auf einer Ebene in eine andere über).

Zu dieser Zeit arbeiteten in Siena die Lorenzetti-Brüder, Pietro (ca. 1280–1348) und Ambrogio (ca. 1290–1348), die als Hauptvertreter der – in Ermangelung eines besseren Begriffs – profanen Malerei angesehen werden. Ambrogios prachtvolle *Allegorie der guten und schlechten Regierung* (1337–1340) im Museo Civico in Siena preist die Früchte der guten Regierung und die grauenvollen Ergebnisse der schlechten. In den

Fortsetzung auf S. 968

Griechisch-römisches Erbe

Schon seit der Antike ist Sizilien eine Drehscheibe im Mittelmeer. Zu den Schätzen gehören griechische Tempel und Amphitheater, römische Mosaiken sowie zahlreiche archäologische Museen.

Villa Romana del Casale

1 Bikinimädchen beim Sport und wilde Tiere aus Afrika geben sich in den herrlichen Bodenmosaiken des antiken römischen Jagdschlosses (S. 871) ein Stelldichein. Sie zählen heute zu den umfangreichsten Mosaiken Siziliens und zum Weltkulturerbe.

Segesta

2 Der Tempel von Segesta (S. 884) thront auf einem windgepeitschten Berg über einer wilden Schlucht.

Taormina

3 Das griechische Theater (S. 829) mit Blick auf den Ätna ist die perfekte Location für das Kunst- und Filmfestival.

Selinunt

4 Die Ruinen von Selinunt (S. 878) ragen inmitten von Feldern mit Wildblumen am schillernden Mittelmeer auf.

Valle dei Templi

5 Die zerklüfteten Berge von Agrigents Valle dei Templi (S. 873) krönen fünf dorische Tempel, darunter der Tempio della Concordia. Das Archäologische Museum in der Nähe zeigt die umfassendste Sammlung griechischer Schätze auf Sizilien.

Syrakus

6 Syrakus (S. 843), die einst mächtigste Stadt am Mittelmeer, strotzt nur so von Zeugnissen aus der Antike – von griechischen Säulen, auf denen der Dom von Ortygia ruht, bis hin zum Festival des klassischen antiken Dramas, das im 2500 Jahre alten Amphitheater stattfindet.

IONAS KALTENBACH / LONELY PLANET IMAGES ©

1

4

OLIVER CIRENDINI / LONELY PLANET IMAGES ©

Im Uhrzeigersinn

1. Mosaik, Villa Romana del Casale **2.** Tempel, Segesta **3.** Griechisches Theater, Taormina **4.** Ruinen von Selinunt.

MASSIMO BORCHI / CORBIS ©

2

MARTIN CHILD/ROBERT HARDING WORLD IMAGERY/CORBIS ©

3

Renaissance

Unter Italiens zahllosen künstlerischen Höhepunkten bleibt die Renaissance unübertroffen. Die Zeit von Botticelli, da Vinci und Michelangelo – diese Periode läutete das Ende eines mittelalterlichen Obskurantismus und den Aufbruch in eine moderne Welt ein.

Norditaliens Stadtstaaten erwiesen sich als überaus empfänglich für die intellektuelle und künstlerische Explosion, die im 14. und 15. Jh. die Region erschütterte. Der Zustrom von Gelehrtern aus dem Osten, die aus Konstantinopel flohen, nachdem die Stadt 1453 an die osmanischen türkischen Muslime gefallen war, hatte ein neu aufflammendes Interesse an den antiken klassischen Lehren, der humanistischen Philosophie und der Renaissance zur Folge.

ROBERTO GEROMETTA / LONELY PLANET IMAGES ©

1

Klassizismus, Perspektive & das Quattrocento

Giotto und die Maler der Schule von Siena hatten in der Kunst viele Neuerungen eingeführt: die Erforschung von Perspektive und Proportion, ein neues Interesse an realistischer Porträtmalerei und die Anfänge einer neuen Tradition der Landschaftsmalerei. Zu Beginn des 15. Jhs. (Quattrocento) war das meiste davon erforscht und in einer Stadt verfeinert worden – Florenz.

Mitgerissen vom Wiederaufleben der Klassik ersetzten die Bildhauer Lorenzo Ghiberti (1378–1455) und Donatello (ca. 1382–1466) die sittsamen Statuen des Mittelalters durch anatomisch korrekte Figuren, die an das alte Griechenland und Rom erinnerten. Donatellos bronzefarbener *David* (ca. 1440–1450) und der *Heilige Georg* (ca. 1416–17), beide im Museo del Bargello in Florenz zu besichtigen (S. 504), fangen sowohl den Geist der Antike als auch die neu entdeckte Energie, die der Renaissance zugrunde liegen sollte, ein.

Ghibertis bedeutendstes Erbe ist sein bronzenes Ostportal (1424–1452) für das

3

THE ART ARCHIVE / ALAMY ©

Im Uhrzeigersinn

1. Giottos Fresken, Scrovegni-Kap 2. Basilica di Santa Croce, Florenz 3. Donatellos *David*, Museo del Bargello.

Baptisterium (S. 538) auf der Piazza del Duomo in Florenz. Die ursprünglich zehn Relieftafeln kündigten einen großen Bruch mit der spätgotischen Kunst der Zeit an.

Das Baptisterium selbst steht einer der Haupterrungenschaften der Renaissance gegenüber: dem Dom (S. 510). Als die Kuppel des Doms 1436 fertiggestellt wurde, bezeichnete sie der Schriftsteller, Architekt und Philosoph Leon Battista Alberti als die erste große Errungenschaft der „neuen" Architektur, eine Errungenschaft, die den großen Gebäuden der Antike in nichts nachstand oder diese sogar übertraf. Die Kuppel wurde von Filippo Brunelleschi (1377–1446) entworfen. Brunelleschis größter Auftrag, der harmonische neoklassische Portikus seines Spedale degli Innocenti (Hospital der Unschuldigen) sowie Ghibertis bronzenes Tor des Baptisterium boten einen scharfen Kontrast zum Baustil der Zeit. Zusammen mit einem späteren Werk in derselben Stadt, der Cappella dei Pazzi in der Basilica di Santa Croce (S. 510), verkörpern Brunelleschis Bauten Eleganz der Linienführung und Innovation bei der Konstruktionsmethode. Sie stellten einen Bezug zur Antike her und zelebrierten den Platz der modernen Menschheit im Zentrum des Universums.

Stark beeinflusst von den klassischen Meistern, entdeckte Brunelleschi die mathematischen Gesetze, nach denen Objekte kleiner zu werden scheinen, wenn sie sich von uns entfernen. Mit diesem neuen Wissen gab Brunelleschi den Künstlern eine gänzlich neue visuelle Perspektive sowie ein Mittel für ruhmreiche künstlerische Zwecke.

Das Ergebnis war eine neue Art von Meisterwerken, unter ihnen Masaccios *Dreifaltigkeit* (ca. 1424–25) in der Basilica di Santa Maria Novella in Florenz und Leonardo da Vincis Fresko *Das letzte Abendmahl* (1495–98) im Refektorium von Mailands Chiesa di Santa Maria delle Grazie. Andrea Mantegna (1431–1506) schuf das Gemälde, das die perspektivischen Experimente dieser Zeit meisterhaft umsetzte – seine realistische *Beweinung Christi* (ca. 1480). Die Figur Jesu, jetzt in Mailands Pinacoteca di Brera zu sehen, wird in dramatischer Verkürzung dargestellt.

Diese Neuerung schuf indes auch neue Probleme. Das Unwissen der Maler des

2

RUSSELL MOUNTFORD / LONELY PLANET IMAGES ©

Mittelalters in Bezug auf die Gesetze der Perspektive hatte es ihnen ermöglicht, ihre Figuren in einem Bild nach Belieben zu verteilen, mit dem Ziel, ein harmonisches Ganzes zu schaffen. Die Maler des Quattrocento stellten jedoch fest, dass die strikten neuen Formeln, mit denen sie experimentierten, ein harmonisches Arrangement der Figuren häufig erschwerten, was zu künstlich wirkenden Gruppen führte. Künstler wie Sandro Botticelli (ca. 1444–1510) bereiteten den Weg für eine Lösung dieser Herausforderung, indem sie versuchten, ein Gemälde sowohl perspektivisch korrekt als auch harmonisch zu gestalten. Sein Gemälde *Die Geburt der Venus* (ca. 1485), jetzt in den Uffizien von Florenz zu finden, war einer der erfolgreichsten Versuche, dieses Problem zu lösen.

Die Menschen der Hochrenaissance

Anfang des 16. Jhs. (Cinquecento) verlagerte sich der Mittelpunkt künstlerischer Stärke und Innovation von Florenz nach Rom und Venedig. Dies spiegelte die politische und soziale Realität dieser Zeit wider, nämlich die Übernahme der Macht der Medicis in Florenz durch den Ordensbruder Girolamo (1452–1498) Savonarola und das Bestreben der Päpste in Rom, dem Einfluss von Martin Luthers Reformation etwas entgegenzusetzen, indem sie die Heimatstadt der Kirche in ein ruhmreiches, Demut gebietendes Schauobjekt verwandelten.

Zu den in Rom beauftragten Architekten gehörte auch Donato Bramante (1444–1514). Er war Anhänger des reinen Klassizismus, und sein perfekt proportionierter Tempietto der Chiesa di San Pietro in Montorio (S. 102) wird häufig als Gipfel der Architektur der Hochrenaissance gepriesen. Dieses kleine Wunder sollte Andrea Palladio (1508–1580) beeinflussen, als er La Rotonda (S. 408) in Vicenza entwarf. Palladio war Norditaliens größter Renaissance-Architekt, und zu den Villen, die sein Markenzeichen tragen, gehört auch die Villa Foscari, gelegen an der Riviera del Brenta (S. 399).

Bramante selbst sollte später den Petersdom entwerfen, wobei der Dom an

Im Uhrzeigersinn

1. Boticellis *La Primavera* **2.** Ghibertis bronzene Plattenam Baptisterium in Florenz **3.** Michelangelos David.

THE ART ARCHIVE / ALAMY ©

1

3

GREG ELMS / LONELY PLANET IMAGES ©

2

sich von einem der wahren Genies der Zeit geplant wurde: Michelangelo Buonarotti (1475–1564). Trotz seiner Begabung für Architektur sah Michelangelo sich in erster Linie als Bildhauer. So schuf er Werke wie die *Pietà* im Petersdom (S. 107) und den *David* (1504) in der Galleria dell'Accademia in Florenz (S. 508). Als Maler schmückte er die Decke der Sixtinischen Kapelle in Rom und schuf dabei Figuren, die nicht nur als realistische, sondern auch als sehr emotionale visuelle Darstellungen der menschlichen Erfahrung zu sehen sind.

Michelangelo war einer der drei multitalentierten „Renaissance-Männer", die das Gesicht der westlichen Kunst unwiderruflich verändern sollten. Leonardo da Vinci (1452–1519) unternahm in den Augen einiger Kritiker den entscheidenden Schritt in der Geschichte der westlichen Kunst – er verabschiedete sich vom Gleichgewicht, das zuvor beim Malen zwischen Farbe und Linie eingehalten wurde, und entschied sich, seine Konturen unter Verwendung von Farbe zu modulieren. Diese Technik, *sfumato* genannt, wird an seiner *Mona Lisa* deutlich. Raffael Santi (1483–1520), stellte sich der zuvor beschriebenen Herausforderung, zugleich harmonische und perspektivisch korrekte Arrangements von Figuren hervorzubringen – wie seine Werke *Triumph der Galatea* (ca. 1514) in Roms Villa Farnesina (S. 102) und *La Scuola d'Atene* in der Stanza della Segnatura in den Vatikanischen Museen (S. 109) zeigen.

VENEZIANISCHE VARIATIONEN

Während Leonardo, Michelangelo und Raffael sich auf das Arrangement der Figuren sowie die Form konzentrierten, um eine visuelle Einheit zu erreichen, schlugen ihre venezianischen Zeitgenossen Giorgione (ca. 1477–1510) und Tizian (ca. 1490–1576) einen anderen Weg ein. Sie versuchten, mit Hilfe von Farbe und Licht eine vereinte Struktur zu erzielen. Giorgiones *La Tempesta* (Das Gewitter) in Venedigs *Gallerie dell'Accademia* (S. 365) ist ein besonders gelungenes Beispiel.

Wunder der Baukunst

Italien ist Europas architektonisches Aushängeschild – mit seinen triumphalen Tempeln, düsteren Burgen und überwältigenden Basiliken platzt es fast aus allen Nähten. Auch wenn ein Leben zu kurz ist, um alle Werke anzuschauen – die fünf besten sind ein Muss!

Dom, Mailand

1. Ein Wald versteinerter Gipfel und fantastischer Bestien – Mailand ist Italiens gotisches Goldkind. Kopf nach oben für einen kurzen Blick auf die Alpen! (S. 259).

Dom, Florenz

2. Florenz' berühmteste Sehenswürdigkeit ist mehr als nur ein monumentales spirituelles Meisterwerk. Es ist ein lebendiges Dokument eines Ausbruchs von Kreativität, Kunst, Ehrgeiz und Reichtum, der das Florenz der Renaissance bestimmte (S. 496).

Piazza dei Miracoli, Pisa

3. Pisa verspricht ein unvergessliches Trio: Dom, Baptisterium und Schiefer Turm. Zusammen stellen sie eine perfekte romanische Dreiheit dar, kunstvoll angeordnet wie Kunstgegenstände auf einem riesigen grünen Couchtisch (S. 537).

Kolosseum, Rom

4. Nach fast 2000 Jahren hat Roms antikes Stadium immer noch das gewisse Etwas (S. 61). Einst Schauplatz von Gladiatorenkämpfen, spiegeln die 50 000 Sitzplätze noch immer all die Eitelkeit und Genialität eines einst glorreichen Weltreiches wieder.

Basilica di San Marco (Markusdom), Venedig

5. Bei dieser byzantinischen Schönheit handelt es sich um eine Verbindung von Ost und West, errichtet 829 n. Chr. und seitdem zweimal wiederaufgebaut. (S. 353).

Im Uhrzeigersinn
1. Dom, Mailand 2. Dom, Florenz 3. Baptisterium und Schiefer Turm, Pisa 4. Kolosseum, Rom.

RICHARD I'ANSON / LONELY PLANET IMAGES ©

1

4

RICHARD I'ANSON / LONELY PLANET IMAGES ©

RICHARD I'ANSON / LONELY PLANET IMAGES ©

2

3

RUSSELL MOUNTFORD / LONELY PLANET IMAGES ©

Fortsetzung von S. 959

Fresken wendet er die Gesetze der Perspektive mit einer zuvor nicht gekannten Genauigkeit an und entwickelt in bedeutsamer Weise die italienische Landschaftstradition. In seinem Werk *Leben auf dem Land,* eine der Allegorien, gibt Ambrogio mit großem Können die Tageszeit, die Jahreszeit, die Farbreflexionen und Schatten wieder – eine naturalistische Darstellung der Landschaft, die zu diesem Zeitpunkt einzigartig war.

Vom Manierismus zum Barock

1520 war Künstlern wie Michelangelo und Raffael so gut wie alles gelungen, was frühere Generationen lange erfolglos versucht hatten. So begannen sie zusammen mit anderen Künstlern natürliche Bilder zugunsten der Überhöhung zu verzerren. Diese Bewegung, die gekonnt in Tizians

DAS WHO'S WHO IN DER KUNST DER RENAISSANCE & DES BAROCK

Giotto di Bondone (ca. 1266–1337) Von diesem Maler wird gesagt, er habe die Renaissance eingeleitet; zwei seiner Meisterwerke sind: die Cappella degli Scrovegni (1304–1306) in Padua (S. 402) und die obere Kirche (1306–1311) in Assisi (S. 607).

Donatello (ca. 1382–1466) Der in Florenz geborene und aufgewachsene Bildhauer schuf mit seinem *David* (ca. 1440–1450), zu sehen in der Sammlung des Museo del Bargello in Florenz (S. 504), die erste freistehende Nacktskulptur seit der Antike.

Fra' Angelico (1395–1455) Der Maler wurde 1982 zum Heiligen erklärt; die im Konvent des Museo di San Marco in Florenz (S. 505) zu bewundernde *Verkündigung* (ca. 1450) gilt als sein Meisterwerk.

Sandro Botticelli (ca. 1444–1510) Seine Gemälde *Primavera* (ca. 1482) und *Die Geburt der Venus* (ca. 1485), die sich beide in den Uffizien (S. 506) befinden, gehören zu den bedeutendsten italienischen Kunstwerken.

Domenico Ghirlandaio (1449–1494) Die Fresken des etwa toskanischen Meisters zieren zum Beispiel die Tornabuoni-Kapelle in der Basilica di Santa Maria Novella in Florenz (S. 518).

Leonardo da Vinci (1452–1519) Für dieses Genie wurde der Begriff „Universalgelehrter" (auch „Mann der Renaissance") geprägt; sein bekanntestes Werk *Das letzte Abendmahl* befindet sich in der Mailänder Chiesa di Santa Maria delle Grazie (S. 263).

Michelangelo Buonarotti (1475–1564) Mit seinem *David* (1504, Galleria dell'Accademia in Florenz, S. 508) und dem Deckengemälde (1508–1512) in der Sixtinischen Kapelle in den Vatikanischen Museen in Rom (S. 107) ist der Maler der größte von allen.

Raffael Santi (1483–1520) Der ursprünglich aus Urbino stammende Maler bevorzugte als Motiv leuchtende Madonnen. Er verliebte sich in eine Bäckerstochter, die er in seinem Werk *La Fornarina,* (in der Galleria Nazionale d'Arte Antica in Rom: Palazzo Barberini, S. 87), unsterblich werden ließ.

Tizian (ca. 1490–1576) Sein korrekter Name war Tiziano Vecelli, zu seinen unbedingt sehenswerten Werken gehört zum Beispiel die *Himmelfahrt* (1516–1518) in der Chiesa di Santa Maria Gloriosa dei Frari (I Frari), Venedig, S. 369).

Tintoretto (1518–1594) Der letzte große Maler der italienischen Renaissance war auch wegen der Energie, die er in seine Arbeit steckte, als „Il Furioso" bekannt; sehr zu empfehlen ist sein *Letztes Abendmahl* (Chiesa di Santo Stefano in Venedig, S. 372).

Annibale Caracci (1560–1609) Der in Bologna geborene Künstler ist vor allem für seine barocken Fresken im Palazzo Farnese in Rom (S. 80) bekannt.

Michelangelo Merisi da Caravaggio (1573–1610) Der Maler gilt als der böse Junge des Barock; sein kraftvollstes Werk ist der *Heilige Matthäus-Zyklus* (Chiesa di San Luigi dei Francesi in Rom, S. 78).

Gian Lorenzo Bernini (1598–1680) Der Bildhauer, ein Schützling des Kardinal Scipione Borghese, ist vor allem für seinen Werke *Raub der Proserpina* (1621–1622) und *Apoll und Daphne* (1622–1625) bekannt, die sich heute im Museo e Galleria Borghese in Rom (S. 110) befinden.

KUNST, WUT & ARTEMISIA

Sex, Ruhm und Abenteuer: Das Leben der Artemesia Gentileschi (1593–1652) könnte als Vorlage für eine erstklassige Seifenoper dienen. Als eine der größten Künstlerinnen des frühen Barock (und eine der wenigen weiblichen) wurde Gentileschi in Rom als Tochter des toskanischen Malers Orazio Gentileschi geboren. Schon früh führte Orazio seine junge Tochter in den Kreis der Künstler der Stadt ein. Zu ihren Mentoren gehörte Michelangelo Merisi da Caravaggio, dessen *chiaroscuro*-Technik ihren eigenen Stil stark beeinflusste.

Im zarten Alter von 17 Jahren schuf Gentileschi ihr erstes Meisterwerk, *Susanna und die Ältesten* (1610), jetzt in der Schönborn-Sammlung in Pommersfelden in Deutschland, zu sehen. Ihre Darstellung der sexuell belästigten Susanna erwies sich als unheimliche Vorahnung: Zwei Jahre später fand sich Artemisia im Zentrum einer sieben Monate dauernden Gerichtsverhandlung wieder, bei der der florentinische Künstler Agostino Tassi angeklagt wurde, sie vergewaltigt zu haben.

Gentileschi machte ihrer Wut mit dem ergreifenden, technisch brillanten *Judith enthauptet Holofernes* (1612–1613) Luft. Das Original hängt im Museo di Capodimonte in Neapel; eine größere, spätere Version findet sich in den Uffizien in Florenz. Die rachsüchtige Judith erschien noch einmal in *Judith und ihre Dienerin* (ca. 1613–1614), jetzt im Palazzo Pitti in Florenz. Während ihrer Zeit in Florenz führte Gentileschi eine Folge von Aufträgen für Cosimo II der Medici-Dynastie aus und wurde das erste weibliche Mitglied der angesehenen Accademia delle Arti del Disegno (Akademie für Malerei).

Nach der Trennung von ihrem Gatten, dem toskanischen Maler Pietro Antonio di Vincenzo Stiattesi, ging Gentileschi irgendwann zwischen 1626 und 1630 gen Süden nach Neapel. Ihr Schaffen hier beinhaltete *Die Verkündigung* (1630), ebenfalls im Museo di Capodimonte in Neapel zu sehen, sowie ihr *Selbstporträt als Allegorie der Malerei* (1630), ausgestellt im Kensington Palast in London. Letzteres wurde für seine gleichzeitige Darstellung von Kunst, Künstler und Muse gepriesen – damals eine Neuheit. Gentileschis Art, mit dem Pinsel umzugehen, ging nicht unbemerkt an König Charles I von England vorbei, der das italienische Talent 1638 bis 1641 mit einem Aufenthalt bei Hofe ehrte.

Trotz ihrer glänzenden Karriere bewegte sich Gentileschi in einer Männerwelt. Nichts beweist dies besser als die noch vorhandenen Grabinschriften, die ihres Todes gedenken: Sie konzentrieren sich nicht auf ihre schöpferische Großartigkeit, sondern auf den Tratsch, der sie als betrügerische Nymphomanin darstellt.

Assunta (Himmelfahrt; 1516–1518, Chiesa di Santa Maria Gloriosa dei Frari in Venedig) und in Raffaels *La trasfigurazione* (Transfiguration; 1517–1520, Pinacoteca der Vatikanischen Museen) illustriert wird, wurde von späteren Kritikern als „Manierismus“ verhöhnt .

Ende des 16. Jhs. versuchten zwei vom Manierismus gelangweilte Künstler mit zwei sehr unterschiedlichen Malansätzen den Stillstand aufzubrechen, den ihre strebsamen Vorgänger verursacht hatten.

Das in Mailand geborene *enfant terrible* Michelangelo Merisi da Caravaggio (1573–1610) hatte nichts für klassische Modelle oder die „ideale Schönheit“ übrig. Er wurde von einigen seiner Zeitgenossen nahezu verurteilt, weil er in seiner Kunst nach Wahrheit und nicht nach idealer Schönheit strebte. Er schockierte sie mit seiner radikalen Praxis, die Natur realitätsgetreu abzubilden, ungeachtet ihres ästhetischen Reizes. Aber auch sie mussten sein maltechnisches Können beim *chiaroscuro*, dem starken Kontrast von Hell und Dunkel, bewundern sowie den von ihm entwickelten Tenebrismus, der ein dramatisches *chiaroscuro* als dominantes und sehr effektvolles Stilmittel nutzt. Ein Blick auf seine *Bekehrung des hl. Paulus*, das *Märtyrium des hl. Petrus* (jeweils 1600–1601, Chiesa di Santa Maria del Popolo in Rom) oder seine *Le sette opere di misericordia* (Die sieben Werke der Barmherzigkeit, Pio Monte della Mi-

Die italienische Landschaft beherbergt eine Vielzahl zeitgenössischer Skulpturenparks, darunter die Fattoria di Celle (www.goricoll.it, pistoia.guidatoscana.it/de/), den Giardino dei Tarocchi (www.nikidesaintphalle.com), das Castello di Rivoli und die Villa Manin.

sericordia in Neapel) genügt, um die seltene emotionale Intensität seiner Werke deutlich werden zu lassen.

Diese Intensität reflektierte das eigene, berüchtigte Temperament des Künstlers. Vom Schriftsteller Stendhal wurde er als ein „großartiger Maler [und] ein niederträchtiger Mann" beschrieben. Caravaggio floh 1606 nach Neapel, nachdem er einen Mann bei einem Straßenkampf in Rom getötet hatte. Obwohl sein Aufenthalt in Neapel nur ein Jahr andauerte, hatte er einen elektrisierenden Effekt auf die jüngeren Künstler der Stadt. Zu ihnen gehörte Giuseppe (oder Jusepe) de Ribera (1591–1652), ein aubrausender, provozierender Spanier, dessen *capo lavoro* (Meisterwerk), die *Pietà*, im Museo Nazionale di San Martino in Neapel hängt. Lo Spagnoletto („Der kleine Spanier", wie Ribera genannt wurde) gewann angeblich einen Auftrag für die Cappella del Tesoro in Neapels Dom, indem er seinen Rivalen Domenichino (1581–1641) kurzerhand vergiftete und den Assistenten eines zweiten Konkurrenten, Guido Reni (1575–1642), verwundete.

Unter www.exibart.com (hauptsächlich auf Italienisch) sowie www.kunstundreisen.de sind aktuelle Kunstausstellungen in Italien sowie Bewertungen, Artikel und Interviews über die Ausstellungen aufgeführt.

Annibale Caracci (1560–1609) war der herausragende Künstler der barocken Schule von Bologna. Er arbeitete gemeinsam mit seinem ebenfalls als Maler tätigen Bruder Agostino in Bologna, Parma und Venedig, bevor er dann später nach Rom ging, um für Kardinal Odoardo Farnese tätig zu werden. In Arbeiten wie seinen recht prachtvollen Fresken über mythologische Motive im Palazzo Farnese in Rom brachte er neuartige illusionistische Elemente zum Einsatz, die nachfolgende Barockmaler wie Cortona, Pozzo und Gaulli beeinflussen sollten. Caracci achtete allerdings darauf, dass die Illusionselemente und die Energie seiner Bilder niemals den Gegenstand überlagerten, wie es bei späteren Malern des Barock oft der Fall war. Er war stark von Michelangelo und Raffael beeinflusst und hatte wie die Renaissancekünstler eine Vorliebe für die Idealisierung und „Verschönerung" der Wirklichkeit.

Unbedingt besuchen: Museen der modernen Kunst

- » Galleria Nazionale d'Arte Moderna e Contemporanea, Rom
- » Peggy Guggenheim Collection, Venedig
- » Museo del Novecento, Mailand
- » MADRE, Neapel

Die Wurzeln der barocken Kunst finden sich in der religiösen Spiritualität und dem strengen Ästhetizismus. Ihre Künstler und Schirmherren wandten sich ihr zu, um die sich rasant ausbreitende protestantische Reformation zu bekämpfen, wobei sie zugleich den Katholizismus verherrlichten. Wer dies berücksichtigt, dem erscheint es als pure Ironie, dass ihre Kunst die weltliche Freude, üppige Dekorationen und ungezügelte Lust widerspiegelte. Es scheint, dass die barocken Künstler ihrer Zeit weit voaraus waren und dem modernen Mantra der Werbeindustrie bereits vorgegriffen haben – sex sells.

Der wohl berühmteste Barockkünstler war der Bildhauer Gian Lorenzo Bernini (1598–1680), der in religiösen Kunstwerken wie seiner *Verzückung der hl. Theresa* in der Chiesa di Santa Maria della Vittoria in Rom die mystische Verzückung und Entrückung förmlich spürbar macht. In dieser und zahlreichen weiteren Arbeiten erzielte er eine außergewöhnliche Intensität des Gesichtsausdrucks und einen völlig neuartigen Umgang mit der dargestellten Kleidung. Er ließ diese abweichend von klassischen Modellen nicht in würdevollen Falten fallen, sondern ließ die Stoffe sich dramatisch winden und verwirbeln, um Erregung und Dynamik zu vermitteln. Dieser Kunstgriff fand schon bald Nachahmer in ganz Europa.

Italiens Hauptveranstaltung für zeitgenössische Kunst ist die weltberühmte Venice Biennale (Biennale di Venezia) (www.labiennale.org), die jedes ungerade Jahr abgehalten wird. Sie stellt das wichtigste Barometer für die internationale Kunstszene dar.

Nicht jeder stimmte in die Lobeshymnen auf Bernini mit ein, vor allem sein erbitterter Kontrahent, Francesco Borromini (1599–1667), nicht. Neurotisch, und gequält, blickte Borromini geringschätzig auf die fehlende architektonische Ausbildung und die formale Steinschnitttechnik seines übersprudelnden Rivalen herab. Dies beruhte auf Gegenseitigkeit: Bernini war fest davon überzeugungt, dass Borromini „geschickt worden war, um die Architektur zu zerstören".

Jahrhunderte später lebt ihre Rivalität weiter in den von ihnen hinterlassenen Werken, angefangen mit Borrominis Chiesa di San Carlo alle Quattro Fontane und Berninis angrenzender Chiesa di Sant'Andrea al Quirinale bis hin zu ihren aufeinanderfolgenden Kunstwerken auf der Piazza Navona.

Das neue Italien

Im 18. Jh. begann Italien, gegen die jahrelange Fremdherrschaft – zunächst der Franzosen unter Napoleon, dann der Österreicher – aufzubegehren. Doch obwohl neue Ideen der politischen Einheit auf dem Vormarsch waren, gab es in der Kunst im Grunde nur eine einzige Innovation – Bilder und Stiche von Landschaften, vor allem in Venedig, um den Bedarf von Europareisenden nach Andenken an ihre Reisen zu befriedigen. Die bekanntesten Maler und Vertreter dieser Schule waren Francesco Guardi (1712–1793) und Giovanni Antonio Canaletto (1697–1768).

Trotz der beschwerlichen und mühevollen Entwicklung hin zur Einheit Italiens blieben die italienischen Städte des 19. Jhs. so, wie sie jahrhundertelang gewesen waren, nämlich höchst individuelle Kunstzentren mit sehr unterschiedlichen Charakteristika. Die Musik war die vorherrschende Kunstgattung dieser Zeit, während in der darstellenden Kunst vor allem keusche Verfeinerung angesagt war.

Die wichtigste Kunstbewegung der Zeit war der Klassizismus. Sein bedeutendster italienischer Vertreter war der Bildhauer Antonio Canova (1757–1822). Canova betonte Ruhe anstelle von Bewegung, Zurückhaltung statt Emotion und Einfachheit statt Illusion. Sein berühmtestes Werk ist eine kühne Skulptur von Paolina Bonaparte Borghese als liegende *Venere Vincitrice* (Siegreiche Venus), ausgestellt im Museo e Galleria Borghese in Rom.

Canova war der letzte italienische Künstler, der sich in damaliger Zeit überragenden internationalen Ruhm erwarb. Die italienische Architektur, Bildhauerei und Malerei hatten für rund 400 Jahre eine vorherrschende Rolle im kulturellen Leben Europas gespielt. Diese Vorherrschaft fand mit Canovas Tod im Jahr 1822 ihr Ende.

Moderne Bewegungen

Die beiden wichtigsten Entwicklungen in der italienischen Kunst zum Zeitpunkt des Ausbruchs des Ersten Weltkriegs hätten nicht unterschiedlicher sein können. Der von dem Dichter Filippo Tommaso Marinetti (1876–1944) und dem Maler Umberto Boccioni (1882–1916) angeführte Futurismus suchte nach neuen Wegen, um die Dynamik des Industriezeitalters zum Ausdruck zu bringen. Demgegenüber wandte sich die Metaphysische Malerei *(Pittura metafisica)* nach innen und schuf mysteriöse Bilder einer unterbewussten Welt.

Der Futurismus forderte eine neue Kunst für eine neue Welt und leugnete jegliche Bindung an die Kunst der Vergangenheit. Ausgangspunkt war die Veröffentlichung von Marinettis *Manifesto del futurismo (Futuristisches Manifest,* 1909). Gestützt wurde diese Idee durch die Veröffentlichung des Manifests der futuristischen Malerei aus dem Jahr 1910 von Boccioni, Giacomo Balla (1871–1958), Luigi Russolo (1885–1947) und Gino Severini (1883–1966). Dieses Pamphlet traf die Aussage: „Alles ist in Bewegung, eilt voran, alles befindet sich in andauernder, schneller Veränderung". Ein hervorragendes Beispiel für die Umsetzung dieser Theorie in die Praxis ist Boccionis *Rissa in galleria* (Schlägerei in der Galleria, 1910) in der Sammlung der Mailänder Pinacoteca di Brera. Das Werk entstand kurz nach der Publizierung des Manifests und zeigt mit seinen wilden Bewegungen voller Leben und seinem Hang zur modernen Technik deutlich die Faszination des Futurismus. Die Bewegung verlor mit dem Ausbruch des Ersten Weltkriegs ihren Impuls, ihr Erbe wurde mit der Eröffnung des Mailänder Museo del Novecento noch einmal in die Öffentlichkeit gerückt. Das Museum ist der Kunst des 20. Jhs. gewidmet und beherbergt die wohl beste Sammlung futuristischer Werke Italiens.

Der Metaphysischen Malerei war – ähnlich wie dem Futurismus – nur ein kurzes Leben beschieden. Ihr berühmtester Vertreter, Giorgio de Chirico (1888–1978), verlor nach dem Krieg das Interesse an diesem Stil, sein Werk war jedoch eine wichtige Inspirationsquelle für den Surrealismus, der in den 20er-Jahren des 20. Jhs. in Frankreich entstand. Ruhe und ein Gefühl düsterer Vorahnung sind die vorherrschenden Merkmale vieler Werke De Chiricos aus dieser Zeit. Sie zeigen unverbundene Bilder aus Traumwelten in Szenerien, die in aller Regel an die klassische italienische Architektur erinnern. Ein gutes Beispiel ist *Der Rote Turm* (1913) in der Sammlung Peggy Guggenheim in Venedig.

Fantastische Mosaiken

- » Basilica di Sant'Apollinare in Classe, Ravenna
- » Basilica di San Vitale, Ravenna
- » Basilica di San Marco, Venedig
- » Cattedrale di Monreale, Monreale

Nach dem Krieg bändelten einige der futuristischen Künstler mit dem Faschismus an. Sie hofften, die neue Staatsführung würde als Mäzen und Förderer öffentlicher Kunst fungieren und Italien einmal mehr zur führenden Kunstnation heranwachsen lassen. Diese Epoche wird als „zweiter Futurismus" bezeichnet. Seine Hauptvertreter waren Mario Sironi (1885–1961) und Carlo Carrà (1881–1966).

Die italienische Kunstszene wurde in den 1950er-Jahren, als Künstler wie Alberto Burri (1915–1995) und der argentinisch-italienische Maler Lucio Fontana (1899–1968) mit abstrakter Kunst experimentierten, wieder interessanter. Fontanas perforierte Leinwände zeichnen sich durch *spazialismo* (Räumlichkeit) aus, und er experimentierte auch mit „Schlitzbildern", in denen er tatsächlich Schlitze oder Löcher in seine Leinwände schnitt und diese als „Kunst für das Raumzeitalter" titulierte.

Burris Werk war eindeutig avantgardistisch. Seine Collagen bestanden aus Sackleinen, Holz, Eisen und Plastik und wirkten ganz bewusst antitraditionell. Sein *Grande sacco* (Großer Sack) von 1952, der sich in der Sammlung der Galleria Nazionale d'Arte Moderna e Contemporanea in Rom befindet, entfachte anlässlich seiner ersten Ausstellung eine hitzige Kontroverse in der Kunstszene.

In den 1960er-Jahren entstand eine radikale neue Bewegung namens *Arte Povera* (Arme Kunst). Ihre Vertreter verwendeten einfache Materialien, um Erinnerungen und Assoziationen zu erzeugen. Zu den wichtigsten Namen zählen Mario Merz (1925–2003), Giovanni Anselmo (geb. 1934), Luciano Fabro (1936–2007), Giulio Paolini (geb. 1940) und der aus Griechenland stammende Jannis Kounellis (geb. 1936). Alle experimentierten mit Skulpturen und Installationen.

TOP FIVE: ARCHITEKTEN

Filippo Brunelleschi (1377–1446) Brunelleschi bahnte den Weg für den Klassizismus; seine Kuppel für den Florentiner Dom bereitete der Renaissance den Weg.

Donato Bramante (1444–1514) Nach einem Abstecher als Hofarchitekt in Mailand entwarf Bramante den winzigen Tempietto sowie den riesigen Petersdom in Rom.

Michelangelo (1475–1564) Die Architektur war nur eines der Steckenpferde dieses herausragenden Mannes; seine Meisterwerke sind der Petersdom sowie die Piazza del Campidoglio in Rom.

Andrea Palladio (1508–1580) Als einflussreichste Persönlichkeit der westlichen Architektur verwandelte Palladio klassische römische Prinzipien in elegante norditalienische Villen.

Gian Lorenzo Bernini (1598–1680) Der König des italienischen Barock ist vor allem für sein Werk in Rom bekannt, darunter der prächtige Baldachin im Petersdom, die Piazza und die Säulengänge vor dem Gotteshaus.

In den 80er-Jahren war eine Rückkehr zu einer traditionellen, gegenständlichen Malerei und Bildhauerei festzustellen. Diese Transavanguardia getaufte Bewegung brach mit dem international herrschenden Ideal der Konzeptkunst und wurde von Kritikern bereits als Zeichen für den Tod der Avantgarde interpretiert. Zu den Vertretern dieser Schule zählten Sandro Chia (geb. 1946), Mimmo Paladino (geb. 1948), Enzo Cucchi (geb. 1949) und Francesco Clemente (geb. 1952).

Wichtige zeitgenössische italienische Künstler sind Paolo Canevari, Angelo Filomeno, Rä di Martino, Adrian Paci, Paola Pivi, Pietro Roccasalva und Francesco Vezzoli.

Architektur

Architekten, die in Italien arbeiten, haben schon immer das Klassische gesucht. Die Griechen, die den klassischen Stil etablierten, wandten ihn in den von ihnen kolonialisierten südlichen Städten an; die Römer verfeinerten und verschönerten ihn; die italienischen Architekten der Renaissance entdeckten ihn neu und passten ihn den Bedürfnissen ihrer Zeit an; und die faschistischen Architekten der 1930er-Jahre nahmen Bezug darauf in ihren kraftvollen, modernistischen Gebäuden. Sogar heute noch entwerfen Architekten wie Richard Meier in Italien Gebäude, die sich eindeutig auf die klassischen Prototypen zurückführen lassen. Warum an einer Formel herumdoktern, die funktioniert – besonders, wenn sie das Auge erfreuen und die Seele beflügeln kann?

Klassisch

Nur ein Wort beschreibt die Gebäude des antiken Italiens: monumental. Die Römer errichteten ein Imperium von einer zuvor nie dagewesenen Größe und zierten es mit Gebäuden nach demselben Muster. Von Veronas Römischer Arena bis hin zu Pozzuolis Anfiteatro Flavio erhoben sich gigantische Stadien entlang des Horizonts. Wellnesszentren wie Roms Terme di Caracalla stellten wahrhafte Luxusstädte dar, in denen es alles gab, angefangen bei riesigen, marmorverkleideten Schwimmbecken bis zu Sporthallen und Bibliotheken. Aquädukte wie das unter der Stadt Neapel versorgten Tausende Menschen mit frischem Wasser, und Tempel wie der Tempio di Apollo in Pompeji boten den Gläubigen Ehrfurcht gebietende Zentren der Anbetung.

Nachdem sie von den Griechen einige wertvolle Lektionen gelernt hatten, verfeinerten die Römer ihre Architektur in einem solchen Maße, dass ihre Bautechniken und -entwürfe sowie ihr Gefühl für harmonische Proportionen bis zum heutigen Tag auf die weltweite Architektur und das urbane Design großen Einfluss haben.

Obwohl die Griechen die architektonischen Stile (dorisch, ionisch und korinthisch) entwarfen, waren es die Römer, die sie mit bravourösem Können anwandten. Zu nennen wäre Roms Kolosseum mit einer unteren Ebene mit dorischen, einer mittleren mit ionischen und

ARCHITEKTUR IN ITALIEN

8. bis 3. Jh. v. Chr. Großgriechenland

Die griechischen Siedler schmücken Süditalien mit Tempeln, Amphitheatern und Skulpturen, die später die Römer beeinflussten.

6. Jh. v. Chr. bis 4. Jh. n. Chr. Römisch

Straßen und Aquädukte breiten sich von Rom ausgehend aus, daneben mächtige Basiliken, Märkte, weitläufige Thermalbäder und mit Fresken verzierte Villen.

4. bis 6. Jh. Byzantinisch

Seit neuestem christlich und mit Sitz in Konstantinopel, richtet das Imperium seine Aufmerksamkeit auf den Bau von Kirchen mit Mosaiken und Kuppeln.

8. bis 12. Jh. Romanisch

Der Fokus verlegt sich weg von der Höhe hin zu den horizontalen Linien eines Gebäudes. Die Kirchen werden mit freistehendem *campanile* (Glockenturm) und Taufkapellen konstruiert.

13. & 14. Jh. Gotisch

Die nordeuropäische Gotik erhält einen italienischen Anstrich, etwa in Venedigs Cá d'Oro und dem Dom in Siena.

Spätes 14. bis 15. Jh. Frührenaissance

Filippo Brunelleschis elegante Kuppel ziert den Dom in Florenz und kündigt eine kühne, neue Ära an, geprägt von humanistischem Denken und rationalem Design

Barock im Überfluss

» Lecce, Apulien

» Noto, Sizilien

» Rom, Lazio (Latium)

» Neapel, Campania (Kampanien)

» Catania, Sizilien

einer vorletzten Ebene mit korinthischen Säulen. Die Römer waren auch bei der Tempelarchitektur echte Könner. Als Beweis dient zum Beispiel Roms exzellent proportioniertes Pantheon, ein Tempel, dessen riesige, aber dem Schein nach nicht gestützte Kuppel die römische Erfindung von Beton exemplarisch verdeutlicht, einem Material, das für die moderne Bauindustrie genau so essenziell ist wie Ferrari für die Formel 1.

Byzantinisch

Nachdem Kaiser Konstantin zum Vorzeigekonvertit des christlichen Glaubens geworden war, nutzten die Architekten und Baumeister des Imperiums ihr beachtliches Talent, um Kirchen zu entwerfen und zu erbauen. Der Herrscher gab nicht nur eine Reihe von Bauwerken in Rom in Auftrag, sondern dehnte seinen Einflussbereich auch weiter gen Osten aus, nach Konstantinopel (Byzanz). Seine Nachfolger in Konstantinopel, vor allem Kaiser Justinian und seine Frau Theodora, fuhren damit fort, Kirchen in dem Stil zu bauen, der später den Namen byzantinisch erhalten sollte: Backsteingebäude nach Art der römischen Basiliken, jedoch mit Kuppeln versehen und einem schlichten Äußeren ausgestattet, das einen starken Kontrast zum prunkvollen, mosaikbesetzten Innenraum darstellte. Mitte des 6. Jhs. fand diese Form ihren Weg zurück nach Italien, wo sie in großem Stil in der Basilica di San Marco in Venedig sowie etwas zurückhaltender in Bauten wie der Chiesa di San Pietro in Otranto in Apulien umgesetzt wurde. Die wahren Stars der byzantinischen Szene Italiens sind jedoch die Basilica di San Vitale sowie die Basilica di Sant'Apollinare in Classe, beide in Ravenna und beide auf einem kreuzförmigen Grundriss erbaut.

Romanisch

Die folgende Entwicklung in der sakralen Baukunst in Italien war die Romantik. Der romanische Stil wurde vorübergehend in vier regionalen Formen beliebt – lombardisch, florentinisch, sizilianisch-normannisch sowie pisanisch. Bei allen Varianten lag der Fokus auf der Breite sowie den horizontalen Linien eines Gebäudes und nicht auf der Höhe. Zu den Bauwerken gehörten Kirchenkomplexe mit *campanile* (Glockenturm) und Taufkapellen, die von den Kirchen getrennt waren.

Die abwechselnde Verwendung von weißem und grünem Marmor bestimmte die Fassaden des florentinischen und des pisanischen Stils – zu sehen Gebäuden wie der Basilica di Santa Maria Novella und dem Baptisterium in Florenz sowie an Pisas Kathedrale und Taufkapelle.

Der lombardische Stil zeichnete sich durch kunstvoll geschnitzte Fassaden und Außendekorationen wie Bänder und Gewölbebögen aus. Die beeindruckendsten Beispiele sind die lombardische Kathedrale in Modena, die Basilica di San Michele in Pavia sowie der ungewöhnlich geformte Duomo Vecchio in Brescia.

Im Süden umfasste der sizilianisch-normannische Stil einen exotischen Mix aus normannischen, sarazenischen und byzantinischen Einflüssen, angefangen bei Marmorsäulen über islamisch inspirierte Spitzbögen bis hin zu Elementen aus Glasmosaiksteinen. Einer der großartigsten Vertreter dieser Form ist die Cattedrale di Monreale, gleich außerhalb von Palermo.

Gotisch

Die Italiener nahmen den gotischen Stil nicht so enthusiastisch auf wie die Franzosen, Deutschen und Spanier. Seine Strebebögen, seine grotesken Wasserspeier mit Fratzengesichtern und die übertriebene Dekoration waren zu weit von dem klassischen Ideal entfernt, das die Italiener verinnerlicht hatten (und immer noch haben). Aber natürlich gab es Ausnahmen. Die Venezianer, der Frivolität nie gänzlich abgeneigt, verwendeten den Stil in großen *palazzi* (Villen) wie der Ca' d'Oro und an den Fassaden wichtiger öffentlicher Gebäude wie dem Palazzo Ducale. Die modebesessenen Mailänder setzten ihn in Mailands extravagantem Dom um, und die Bewohner von Siena brachten ein ausgesprochen hinreißendes Beispiel mit Sienas Kathedrale hervor.

Barock

Das in der Renaissance vorherrschende Ideal der Beschränkung auf schlichte Formen musste sich zwangsläufig zu irgendeinem Zeitpunkt ins Gegenteil umkehren. So ist es nicht verwunderlich, dass die nachfolgende große architektonische Bewegung in Italien bewerkenswert üppige – einige würden sogar sagen dekadente – Formen aufwies.

Der barocke Kunststil verdankt seinem Namen dem portugiesischen *barroco*, ein Wort, das von Fischern verwendet wurde, um eine schlecht geformte Perle zu betiteln. Verglichen mit den reinen, klassischen Linien der Renaissance-Gebäude kann das barocke Ergebnis tatsächlich als „verformt" beschrieben werden: Andrea Palmas Fassade der Kathedrale von Syrakus, Guarino Guarinis Palazzo Carignano in Turin und Gian Lorenzo Berninis Baldachin im Petersdom in Rom sind dramatische, kurvenreiche und ausgesprochen erotische Strukturen, die wenig Ähnlichkeit mit dem klassischen Ideal besitzen.

Bei vielen von Neapels Barockarchitekten fand die Redewendung „was zählt, sind die inneren Werte" einen starken Anklang. Aufgrund der berüchtigten hohen Bevölkerungsdichte der Stadt und dem Mangel an repräsentativen Plätzen investierten die Künstler nur wenig Zeit für die Dekoration der Fassaden und schmückten stattdessen die Innenräume aus. Das Äußere von Kirchen wie der Chiesa e Chiostro di San Gregorio Armeno lässt nur schwer erahnen, welch detaillierte Üppigkeit im Innern wartet, angefangen bei frechen Cherubinen und vergoldeten Decken bis hin zu mehrfarbigen Marmorwänden und -böden.

Tatsächlich stellt die großzügige Verwendung von farbigen Marmorintarsien eines der wahren Highlights des neapolitanischen Barockdesigns dar. In der zweiten Hälfte des 16. Jhs. verwendet, um Gräber zu verzieren, wurden Intarsien dann später zu Beginn des 17. Jhs. im großen Stil verwendet – bei Altären und Böden und sogar kompletten Kapellen, verziert mit bunt gemischten Marmormustern. Der unbestrittene Meister dieser Form war Cosimo Fanzago, dessen großartigstes Werk die Kirche im Museo Nazionale di San Martino in Neapel ist – ein faszinierendes Kaleidoskop von Farben und Mustern und die perfekte Einbettung von Werken anderer künstlerischer Größen, darunter die Maler Giuseppe Ribera, Massimo Stanzione und Francesco Solimena.

In Anbetracht der neapolitanischen Leidenschaft für alles Barocke ist es nicht verwunderlich, dass das große Finale des italienischen Barock in Form des Palazzo Reale in Caserta stattfand, ein königlicher Palast mit 1200 Zim-

15. & 16. Jh. Hochrenaissance

Rom läuft Venedig den Rang als Zentrum der Renaissance ab – zu seinen Wunderwerken zählen Il Tempietto und der Petersdom.

Spätes 16. bis frühes 18. Jh. Barock

Die Renaissance macht theatralischen Schnörkeln und sinnlichen Kurven Platz; die katholische Kirche will die nüchterne protestantische Bewegung ausbooten.

Mitte des 18. bis Ende des 19. Jhs. Neoklassizismus

Architekten greifen in Werken wie La Rotonda in Vincenza und der Villa Pignatelli in Neapel auf die antike zurück.

19. Jh. Industriebauten

Industriedesign und kirchliche Traditionen vereinen sich in Mailands kathedralenähnlicher Galleria Vittorio Emanuele und Neapels Galleria Umberto I.

Spätes 19. bis frühes 20. Jh. Jugendstil

Italiens Art Nouveau verwirft die klassische Linearität zugunsten organischer Motive und Kurven.

Erste Hälfte des 20. Jhs. Modernismus

Der italienische Modernismus lässt sich inspirieren vom Futurismus (technologiebesessen und anti-historisch) und vom Rationalismus (Suche nach einem Mittelweg zwischen maschinengeprägter Utopie und faschistischem Fetisch für den Klassizismus).

mern, entworfen von dem neapolitanischen Architekten Luigi Vanvitelli, um Frankreichs Versailles in den Schatten zu stellen.

Industrielle Innovation & Modernismus

Das vom amerikanischen Architekten Richard Meier entworfene Museo dell'Ara Pacis in Rom stand bereits häufiger im Zentrum einer Meinungsverschiedenheit: So wurde es schon mit allem Erdenklichen – angefangen bei einem Sarg bis hin zu einer Tankstelle – verglichen und von dem bekannten Kunstkritiker Vittorio Sgarbi als „ordinäre Jauchegrube eines nutzlosen Architekten" betitelt. Aua!

Die politischen und sozialen Umbrüche stahlen der Architektur im Italien des 19. Jhs. die Show. Einer der wenigen bemerkenswerten Momente wurde direkt von der Industriellen Revolution hervorgebracht: Die Verwendung industrieller Baustoffe wie Glas und Metall bei der Bauplanung. Zwei monumentale Beispiele dieser Form sind die Galleria Vittorio Emanuele II in Mailand sowie ihre südlich gelegene Schwester, die Galleria Umberto I in Neapel.

Zum Ende des Jahrhunderts infizierte die Art Nouveau-Welle, die über Europa hereinbrach, die lokale Szene mit neuer Lebendigkeit. Die italienische Version, genannt "Io Stile Floreale" oder "Freiheit" auf Italienisch, war dafür bekannt, dass sie extravaganter war als die meisten anderen Varianten – man betrachte nur Giuseppe Sommarugas Casa Castiglione (1903), ein Mietshaus im Corso Venezia 47 in Mailand.

Der Modernismus betrat die Bühne in zwei Formen: Die erste war rein theoretischer Natur und basierte auf Marinettis einflussreichem *Futuristischen Manifest* (1909). Die zweite Form kam in Gestalt des Rationalismus, der in Italien von zwei Gruppen vorangetrieben wurde: Die erste war bekannt als die Gruppo Sette und bestand aus sieben vom Bauhaus inspirierten Architekten. Ihr Hauptakteur war Giuseppe Terragni, dessen herausragendes Werk die Casa del Fascio von 1936 (jetzt Casa del Popolo) in Como ist. Die zweite, rivalisierende Gruppe MIAR (Movimento Italiano per l'Architettura Razionale, die italienische Bewegung für rationale Architektur) wurde von Adalberto Libera angeführt. Bekannt ist dieser einflussreiche Architekt vor allem für seinen Palazzo dei Congressi im EUR, einem im 20. Jh. neu entstandenen Vorort von Rom, in dem eine Reihe architektonisch bedeutender Gebäude stehen. Wie viele italienische Architekten ihrer Zeit entwarfen auch Libera und Terragni ihre kompromisslos modernistischen Gebäude für die faschistischen Machthaber, sodass ihre Werke manchmal als „Faschistische Architektur" bezeichnet werden. EURs auffälligsten faschistisches Werk ist der glänzende, gewölbte Palazzo della Civiltà del Lavoro (Palast der Arbeiter). Entworfen von Giovanni Guerrini, Ernesto Bruno La Padula und Mario Romano erinnern seine Bögen und seine glänzende Travertinummantelung an ein zurechtgestutztes, quadratisches Kolosseum – eine Ode an die klassischen Ideale des Stoizismus und des Ruhms, die das faschistische Ideal inspirierten.

Mitte bis Ende des 20. Jhs.

Wurde Italien in der zweiten Hälfte des 20. Jhs. vor allem für seine innovative internationale Mode- und Designindustrie berühmt, entstand im Bereich der Architektur wenig Aufsehenerregendes. 1956 gab es einen der wenigen Höhepunkte, als der Architekt Giò Ponti und der Ingenieur Pier Luigi Nervi Mailands schlankes, internationales Pirelli-Hochhaus entwarfen. Ponti war der einflussreiche Gründungsredakteur der internationalen Architektur- und Designzeitschrift *Domus*, die 1928 gegründet worden war; Nervi war einer der Ersten bei der Entwicklung von Stahlbeton, eine Neuheit, die das Gesicht der modernen Architektur veränderte. Im Verlauf des Jahrhunderts wurde die Baukunst von Architekten wie Carlo Scarpa, Aldo Rossi und Paolo Portoghesi in verschiedene Richtungen weiterentwickelt. Der im Veneto lebende Scarpa war für seine organische Architektur bekannt, im Besonderen für das Grabmal Brion und die Friedhofserweiterung in San Vito d'Altivole. Dem Schriftsteller und Architekten Rossi wurde 1990 der Pritzker Preis verliehen; er ist sowohl für seine schriftlichen Werke (z. B. *Die Architektur der*

Stadt, 1966) als auch für seine Konstruktionen bekannt. Der in Rom beheimatete Paolo Portoghesi ist Architekt und Autor mit großem Interesse an klassischer Architektur. Sein bekanntestes italienisches Bauwerk ist die Zentralmoschee (1974) in Rom, die für ihren leuchtend schönen Innenraum berühmt ist.

Die aktuelle Architekturszene

Nachdem die italienische Architektur lange Zeit auf dem absteigenden Ast war, ist sie jetzt wieder vorne mit dabei: Architekten wie Massimiliano Fuksas; King, Roselli & Ricci; Cino Zucchi; Ian+; ABDR Architetti Associati; 5+1; Garofalo Miura und Beniamino Servino entwerfen innovative und wegweisende Gebäude.

Der derzeitige König der italienischen Architektur ist Renzo Piano, zu dessen internationalen Projekten Londons eindrucksvoller neuer Shard-Wolkenkratzer sowie das Centre Culturel Tjibaou in Nouméa, Neukaledonien, gehören. In seiner Heimat wird sein Auditorium Parco della Musica aus dem Jahre 2002 in Rom als eine der bis heute größten Erungenschaften betrachtet. Der Nachfolger Pianos ist ganz offensichtlich Massimiliano Fuksas, dessen Projekte genauso skurril wie visuell fesselnd sind. Seine bisher bedeutendsten Arbeiten sind das futuristische Mailänder Messezentrum sowie die Pfarrkirche San Paolo in Foligno. Sein Centro Congressi Nuvola (Neues Kongresscenter), mit dem vor Kurzem im römischen Vorort EUR begonnen wurde, sieht aus, als würde es beide Gebäude übertreffen.

Am bemerkenswertesten – und für Italien untypisch – sind die vielen Projekte berühmter ausländischer Architekten, die Italiens architektonische Landschaft aufpeppen. Richard Meier ist für zwei römische Gebäude verantwortlich: den kontroversen Pavillon Ara Pacis und die bildhauerische Chiesa Dives in Misericordia, eine lichtdurchflutete Kirche in der Vorstadt von Rom, die vom Vatikan in Auftrag gegeben wurde, um das 2000-jährige Jubiläum zu feiern.

2010 staubte die irakisch-britische Stararchitektin Zaha Hadid den angesehenen RIBA (Royal Institute of British Architects) Stirling-Preis für ihre auffallende, kurvenreiche MAXXI-Kunstgalerie in Rom ab. Andere bemerkenswerte Projekte sind die Friedhofserweiterung von David Chipperfield auf der Isola di San Michele in Venedig und der Justizpalast in Salerno, die lange erwarteten Erweiterungen der Uffizien in Florenz von Arata Isozaki sowie Tadao Andos gefeierte Punta della Dogana und die Sanierung des Palazzo Grassi in Venedig.

Das aufregendste Programm für ein Gebäude seit der Renaissance ist das Mailänder „CityLife"-Projekt. Im Rahmen der Neuentwicklung des ehemaligen Messegeländes der Stadt sollen drei geometrisch experimentelle Wolkenkratzer entstehen, wobei einer von Zaha Hadid, einer von Arata Isozaki und einer von Daniel Libeskind entworfen wird. Die städtischen Behörden hoffen, dass diese aufsehenerregenden Ergänzungen der Stadt ein etwas kantigeres Aussehen verleihen werden.

Zweite Hälfte des 20. Jhs. Moderne

Das industrialisierte und wirtschaftlich florierende Italien zeigt in der Mitte des Jahrhunderts mit kommerziellen Projekten wie Giò Pontis schlankem Pirelli-Hochhaus stolz seinen Reichtum.

21. Jh. Zeitgenössisches Bauen

Die italienische Architektur findet mit dem internationalen Erfolg von Stararchitekten wie Renzo Piano, Massimiliano Fuksas und Gae Aulenti zu ihrer alten Form zurück.

Innovative Architektur

» MAXXI, Rom

» Auditorium Parco della Musica, Rom

» Museo di Arte Moderna e Contemporanea Rovereto, Rovereto

So lebt man in Italien

Wie sieht eigentlich der Alltag eines ganz normalen italienischen Angestellten aus? Was ist anders als hierzulande, und was sagt sein Tagesablauf über das Leben in Italien im Allgemeinen aus? Mal sehen ...

Ein Tag im Leben eines Italieners

Sveglia! (Wach auf!) Unser Mann wird nicht vom Klingeln eines Weckers aus seinen Träumen geholt, sondern vom Blubbern und Fauchen der *caffettiera*, der zu jedem ordentlichen Haushalt gehörenden Espressokanne. Wie immer ist er spät dran, also stürzt er den Kaffee glühend heiß hinunter (Italiener können das), prüft kurz noch einmal, ob seine Socken zusammenpassen, und eilt zur Tür hinaus. Draußen macht er erst einmal einen langen Umweg, um bei seinem Lieblingskioskverkäufer Nicolae, die Morgenzeitung zu kaufen; der Mann stammt aus Bukarest und zählt zur großen Gruppe der Migranten. Natürlich halten die beiden auch noch ein kurzes Schwätzchen über Eduardos neugeborenes Baby – unser Mann ist vielleicht unpünktlich, unhöflich ist er gewiss nicht.

Mehr als 40 % der Einwohner Argentiniens und Uruguays stammen von Italienern ab. In Brasilien sind über 10 %, in der Schweiz und den USA über 5 %, in Kanada, Australien und Venezuela über 4 % der Bevölkerung italienischer Abstammung.

Auf dem Weg ins Büro überfliegt er die Schlagzeilen: die neueste Entwicklung in der EU-Schuldenkrise, die Fußballergebnisse von gestern, der aktuelle Ligaskandal wegen manipulierter Spiele und schließlich eine neue EU-Richtlinie für Käse. Eine Schande, diese europäische Bestimmungen; alles andere war ja nicht anders zu erwarten. Am Arbeitsplatz wartet jede Menge Papierkram, der unseren Mann bis Mittag in Atem hält. Umso mehr genießt er es dann, mit Freunden essen zu gehen und ein Gläschen Wein zu trinken. Danach gibt's wieder einen kochend heißen Espresso, diesmal im Lieblingscafé, und dazu einen Schwatz mit dem *barista*, der von seinem letzten Vorsprechen im Theater erzählt. Unser Mann kennt die Schwester des Regisseurs aus der Schulzeit, also wird er ein gutes Wort für seinen Bekannten einlegen.

Kurz nach zwei ist er wieder im Büro und betreibt Multitasking *all'italiana:* Während er sich ein wenig mit den Kollegen unterhält, bringt er geschäftliche E-Mails auf den Weg, schreibt auf dem *telefonino* (Mobiltelefon) eine Kurznachricht über den *barista* an die einstige Klassenkameradin und durchsucht insgeheim das Internet nach Stellenangeboten – schließlich läuft der Vertrag für den Job hier bald aus. Am Ende eines solchen stressigen Arbeitstages hat er sich einen *aperitivo* verdient, also geht's um halb sieben direkt in die angesagte neue Aperitifbar. Seine Freunde kommen auch, die Location ist *molto design,* die Vibes *molto cool* und der DJ *abbastanza hot,* doch schließlich ist es höchste Zeit für den Englischkurs – schließlich lernt heutzutage jeder diese Sprache, und sei es nur wegen des Szeneslangs.

Berufstätige Italiener haben durchschnittlich sechs Wochen Urlaub im Jahr – und sind weitere zwei Wochen mit den für ihre Tätigkeit erforderlichen bürokratischen Prozeduren beschäftigt.

Als unser Mann endlich nach Hause kommt, ist es bereits halb zehn, und das Abendessen gibt es nur noch aufgewärmt. *Peccato!* (Schade!) Er isst, schaut zwischendurch zerstreut der Realityshow im Fernsehen zu, erzählt allen, die vielleicht gerade zuhören, von seinem Tag im Büro und schimpft über die Käserichtlinie – der aufgewärmten Pasta schenkt er nur wenig Aufmerksamkeit. Beim Zähneputzen dreht sich das Gespräch dann um die Zukunft des italienischen Theaters und den ersehnten Traumurlaub in der Karibik, auch wenn es beim gegenwärtigen Einkommen wohl wieder nur für Kalabrien reichen wird.

Schließlich kriecht er ins Bett und greift sich aufs Geratewohl noch etwas Lesestoff vom Nachttisch: ein Kunstbuch vielleicht oder einen *giallo* (Krimi), einen knallharten Enthüllungsreport über die Mafia oder irgendeinen Klassiker, ein paar *fumetti* (Comics) liegen ja auch noch da. Während er langsam wegdämmert, denkt er an den morgigen Tag. Was wäre, wenn er zum Beispiel plötzlich als Deutscher aufwachen würde? Gut, um ihn herum wäre endlich einmal Ruhe und Ordnung (so das italienische Idealbild vom deutschsprachigen Ausland), und er könnte Deutsch, das ja angeblich noch schwerer sein soll als das verflixte Englisch – aber gut gekleidet sind die Deutschen ja nicht gerade, und dann immerzu dieses schwere Essen ... *Terribile!* Er scheucht den Alptraum fort und sinkt sanft in die Kissen. *Buona notte.*

Sag mir, wen du kennst ...

Die kleine Alltagsgeschichte dürfte eines deutlich gemacht haben: Italien ist kein Land der introvertierten Schweigsamkeit. Mit seinen Mitmenschen zu sprechen, ist nicht nur ein Akt der Höflichkeit – jeder soziale Kontakt verleiht der täglichen Routine einen Sinn und bringt Farbe und Vergnügen ins Leben. Eine Unterhaltung ist viel zu wichtig, als dass ein knapper Zeitplan oder ein Mund voll Zahnpasta sie abrupt beenden könnte. Und so etwas wie leeres Geschwätz gibt es nicht: Denn soziale Netzwerke sind unverzichtbar, wenn man bei der Unbeweglichkeit der ältesten Bürokratie Europas irgendetwas erreichen will. Ein gutes Wort für den *barista* einzulegen, ist nicht nur eine nette Geste, sondern womöglich der entscheidende Karrierekick für den Mann. Wie eine Studie des Arbeitsministeriums vor kurzem herausfand, finden in Italien nach wie vor die meisten durch persönliche Beziehungen einen Arbeitsplatz.

Es bleibt alles in der Familie: Rund 30 % der berufstätigen Italiener verdanken ihren Arbeitsplatz verwandtschaftlichen Beziehungen; in gut bezahlten Positionen sind es sogar 40 bis 50 %.

Als reiche Erbin in Assisi geboren, vom hl. Franziskus selbst zur Bedürfnislosigkeit bekehrt und Mitbegründerin der ersten franziskanischen Klostergemeinschaft, erhielt die hl. Klara 1958 eine ungewöhnliche Auszeichnung: Wegen ihrer Visionen, bei denen sie Ereignisse an anderen Orten miterlebte, ernannte sie der Vatikan zur Schutzheiligen des Fernsehens.

FERNSEHEN IN ITALIEN: EINFALT IN VIELFALT

So ketzerisch es für ausländische Gourmets klingen mag, die ein italienisches Menü mit abendfüllenden Debatten über die Feinheiten der Zubereitung würzen oder ehrfurchtsvoll schweigend in einem teuren Restaurant zu sich nehmen: Viele Italiener schlingen ihr warmes Abendessen achtlos vor einem plärrenden Fernsehgerät in sich hinein. Durchschnittlich vier Stunden pro Tag schauen die Einwohner des Landes in die Röhre, und glaubt man italienischen Soziologen, so versetzt sie die flimmernde Parade ausgelutschter Realitystars, seelenlos lächelnder vallette (Showassistentinnen) und liebedienerisch präsentierter Pseudopromis in einen Zustand schläfriger Bewusstseinstrübung.

Nach einer Umfrage aus dem Jahr 2008 halten allerdings nur 24 % der Italiener das Fernsehen für eine zuverlässige Informationsquelle. Viel eher vertrauen sie ihren Zeitungen und deren Internetangeboten, wie z. B. Corriere della Sera (www.corriere.it), La Repubblica (www.repubblica.it), Il Manifesto (www.ilmanifesto.it) oder L'Unità (www.unita.it) – nicht ohne Grund: Nach Einschätzung der Vereinigung Reporter ohne Grenzen sorgte Silvio Berlusconis Doppelrolle als Fernsehzar und führender Politiker für einen „Interessenkonflikt", der die Grundlagen der Demokratie bedroht, und so erhielt Italien in puncto Pressefreiheit 2010 wie in den Vorjahren schlechtere Noten als Taiwan, Mali oder Bosnien-Herzegowina. Trotzdem bezeichnen rund 80 % der Italiener die Fernsehnachrichten als ihre wichtigste Informationsquelle, darunter auch die der drei großen Kanäle des Mediaset-Konzerns von Berlusconi.

Clientelismo (Vetternwirtschaft) gehört also bis heute zu den Grundbegriffen des italienischen Alltags wie *tasse* (Steuern) und *caffè* (Kaffee). Darum fand Silvio Berlusconi auch nichts dabei, die Liste seiner Partei bei der Wahl zum Europaparlament 2009 mit Damen zu bestücken, die seine persönliche Gunst genossen: eine Teilnehmerin der Fernsehshow Grande Fratello (Big Brother), ein Starlet aus einer Seifenoper, eine Schauspielerin für Fernsehdramen und eine Miss-Italy-Kandidatin. Ironisch kommentiert der Satiriker Beppe Severgnini das Phänomen in seinem Buch Überleben in Italien ... ohne verheiratet, überfahren oder verhaftet zu werden: „Möchten Sie einen italienischen Freund vergrätzen oder eine Gesprächsrunde abrupt verstummen lassen, sagen Sie einfach: ‚Noch mal zu dem Interessenkonflikt ...' Ergreift Ihr Gegenüber nicht auf der Stelle die Flucht, wird er nur noch ein mitleidiges Lächeln für Sie übrighaben."

Im Global Gender Gap Report des Weltwirtschaftsforums über die Gleichstellung der Geschlechter für das Jahr 2010 rangiert Italien beim Anteil der Frauen am Arbeitsmarkt weltweit an 87. Stelle, bei der Lohngleichheit an 121. und bei der gesellschaftlichen Gleichstellung der Frau insgesamt an 74. Stelle. Der Anteil weiblicher Abgeordneter im Parlament liegt gleichfalls deutlich unter dem EU-Durchschnitt.

Hotel Mamma

Wer jünger als 35 ist, bekommt den morgendlichen Espresso mit 60-prozentiger Wahrscheinlichkeit nicht vom Lebenspartner gekocht, sondern von Mama oder Papa. Das liegt nicht daran, dass die Italiener eine Nation verwöhnter *mammoni* (Muttersöhnchen) und verhätschelter *figlie di papá* (Papas Töchterlein) sind – jedenfalls nicht nur. Es ist eine alte Tradition, dass der Nachwuchs bei seinen Eltern wohnt, bis er einen festen Arbeitsplatz gefunden und eine eigene Familie gegründet hat. Nach einer angemessenen Gnadenfrist für Liebesleben und berufliches Streben – ein paar Jahre darf das durchaus dauern – ziehen dann vielleicht die Eltern ihrerseits bei einem ihrer Kinder ein, um die Enkel zu hüten und im Gegenzug selbst auf ihre alten Tage versorgt zu sein.

Heute lassen fehlende Finanzen vielen Italienern keine Wahl. So gern sie vielleicht eine eigene Bleibe hätten, bei der gegenwärtigen Wirtschaftskrise kommt das für viele nicht in Frage. Nahezu drei Viertel der italienischen Hochschulabsolventen stammen aus Familien, in denen vor ihnen niemand je studiert hat, einen Arbeitsplatz aber finden viele von ihnen nach ihrem Abschluss nicht. Wenn doch, ist es oft nur ein befristetes Praktikum oder eine unqualifizierte Stelle mit geringem Lohn.

Angesichts solch trüber Aussichten am Arbeitsmarkt und zugleich steil angestiegener Mieten ist es kein Wunder, dass die Zahl erwachsener Italiener, die bei ihren Eltern leben, stetig wächst. Dazu kommen die Vorzüge von Mutters Kochkunst. Und so zücken junge wie nicht mehr ganz so junge Leute nach Feierabend landauf, landab in Bussen, Vorortzügen und Straßenbahnen das Mobiltelefon und rufen wie im Chor: *„Mamma, butta la pasta!"* („Mama, wirf die Nudeln ins Wasser!").

Stilikonen aus Italien

- Die Kaffeemaschine von Bialetti
- Der Vermouth von Cinzano
- Das Duftwasser Acqua di Parma
- Die Vespa von Piaggio
- Die Schreibmaschine „Valentine" von Olivetti

Weiblichkeit im Wandel

Am 13. Februar 2011 zogen fast eine Million italienischer Frauen protestierend durch die Straßen ihrer Städte. Erbost über die Sexpartys, die Regierungschef Berlusconi angeblich mit minderjährigen Amüsierdamen gefeiert hatte, forderten sie nicht nur dessen Entlassung, sondern auch gründliche Veränderungen in den Massenmedien, die Frauen auch im 21. Jh. vorzugsweise als hingebungsvolle *mamme* oder hirnlose *veline* (Showgirls) präsentieren.

Anders als es sein Beiname il Cavaliere vermuten lässt, hatte Berlusconi stets ein ziemlich eigentümliches Verständnis von Galanterie und auch kaum je Sympathien für den Feminismus an den Tag gelegt. Im Jahr 2008 empfahl er einer jungen Wählerin als Ausweg aus der Verarmung durch endlose unbezahlte Praktika die Heirat mit einem Millionär – wie z. B. seinem Sohn. Rund ein Jahr später bescheinigte er der Oppositionspolitikerin Rosy Bindi, einer gestandenen Frau mittleren Alters, sie sei „noch immer schöner als intelligent". Die schlagfertige Antwort

GESANG FÜR JEDEN GESCHMACK

Was aus Lautsprechern in Taxis und Cafés über Italiens Straßen dröhnt und gelegentlich Passanten zum Mitsingen animiert, ist meist einheimische musica leggera (leichte Musik) – ein Begriff, der Jazz und Folk ebenso umfasst wie Rock, Hip-Hop und Popballaden. Höhepunkt des Jahres vor allem für die Schlagerszene ist das Musikfestival von San Remo, ein Gesangswettbewerb ähnlich dem Eurovision Song Contest, der im Fernsehprogramm RAI 1 live übertragen wird. Für manchen Star der italienischen Musik brachte der Auftritt in San Remo den Durchbruch zum großen Erfolg; Beispiele sind Eros Ramazzotti, Laura Pausini und Giorgia.

Während Rom als Bermudadreieck für Rockmusiker mit Drogenproblemen bekannt geworden ist – Kurt Cobain von Nirvana und Mark Sandman von Morphine versetzten sich hier eine Überdosis –, zeigt Mailand, dass der Punk höchst lebendig ist: Alljährlich kommt hier die Indieszene zum Festival Rock in Idro zusammen, und die Punkrapper von Articolo 31, die ihr Genre in Italien bis 2006 dominierten, sind gleichfalls in der Stadt zu Hause. Der in den Charts wiederholt auf Spitzenplätzen gelistete Rapper Fabri Fibra stammt aus den Marken, und weiter südlich mischen Hip-Hop-Ensembles wie 99 Posse und La Famiglia oder die Ska-Rocker von Bisca italienische Klänge mit schweren Beats und Texten im neapolitanischen Dialekt. Auch in Apulien ist der Stilmix angesagt: Gruppen wie Sud Sound System haben hier aus der Verbindung von jamaikanischem Dancehall-Reggae und der hyperaktiven einheimischen Tarantella das neue Genre tarantamuffin kreiert.

Zur unverwüstlichen Szene der Liedermacher (cantautori) gehören Namen wie Vinicio Capossela, dessen kratzige Stimme wie Italiens Antwort auf Tom Waits klingt, Pino Daniele, der neapolitanische Weisen mit Einflüssen aus Blues und Weltmusik anreichert, sowie der 1999 verstorbene Fabrizio de André, der italienische Bob Dylan, der seine nachdenklichen Texte häufig mit grüblerisch-monotonen Melodien unterlegte.

seiner Kontrahentin – „Ich bin eine Frau, die Ihnen nicht zur Verfügung steht" – trugen schon wenige Tage später Tausende Frauen als Aufdruck auf dem T-Shirt spazieren.

Zwar wurden auch in Italien in den 1960er- und 1970er-Jahren öffentlich Büstenhalter verbrannt, doch männlicher Sexismus ist im gesellschaftlichen Alltag bis heute tief verwurzelt. Im Fernsehen sind Frauen oft wenig mehr als spärlich bekleidete Requisiten, im Radio klingen ihre Stimmen vorzugsweise entweder leicht hysterisch oder nach schamhaft unterdrückter Wollust. Dass der Machismo noch lange nicht tot ist, äußert sich auch darin, dass Berlusconi von vielen Männern (und Frauen!) nicht so sehr als Chauvinist, sondern vielmehr als wilder Hengst gesehen wird, der trotz seiner mehr als 70 Jahre das süße Leben *(dolce vita)* bis zum letzten Tropfen auskostet. Männliche Politiker, die neben ihrer Ehe weitere Liebschaften pflegen, verbuchen nicht selten eher einen Popularitätsgewinn als einen Absturz ihres Renommees.

Viele italienische Ehefrauen dürften sich danach sehnen, dass ihre Partner solchen Einsatz auch im Haushalt an den Tag legen. Nach einer Untersuchung, die der Verband der Hausmänner Uomini Casalinghi kürzlich veröffentlichte, haben rund 70 % der männlichen Italiener noch nie zum Kochen am Herd gestanden und sogar 95 % niemals eine Waschmaschine bedient. Die Organisation für wirtschaftliche Zusammenarbeit und Entwicklung (OECD) stellte 2010 fest, dass Italiens Männer jeden Tag beinahe 80 Minuten mehr Freizeit genießen als die weibliche Bevölkerung.

So konnte die Fernsehanstalt RAI TV sich auch fest auf ansehnliche Zuschauerzahlen verlassen, als sie 2007 die Realityshow La sposa perfetta („Die perfekte Ehefrau") ausstrahlte. Darin wetteiferten mehrere Frauen mit ihren hausfraulichen Fertigkeiten um die Gunst eines begehrten

In der Schlussphase des Zweiten Weltkriegs waren Zehntausende amerikanischer Soldaten in Italien stationiert. Sie hinterließen dem Land eine bis heute anhaltende Begeisterung für Jazz, die sich alljährlich in einem Reigen hochkarätiger Festivals äußert. Dazu gehören z. B. Umbria Jazz (www.umbriajazz.com), Siena Jazz (www.sienajazz.it) und Vicenza Jazz (www.vicenzajazz.org).

SPRICHWÖRTLICH GESAGT

Auch wenn sie sich oft auf alte Klischees beschränken: Sprichwörter können viel über eine Kultur aussagen. Hier sechs hübsche italienische Klassiker:

» *Donne e motori, gioie e dolori.* Frauen und Maschinen schenken bald Freude, bald Leidensmienen (wörtlich: Frauen und Motoren, Freuden und Schmerzen).

» *Chi trova un'amico trova un tesoro.* Wer einen Freund findet, findet einen Schatz.

» *A ogni uccello il suo nido è bello.* Jedes Mäuschen liebt das eigne Häuschen (wörtlich: Jeder Vogel findet das eigene Nest schön).

» *Fidarsi va bene, non fidarsi va meglio.* Vertrauen ist gut, Misstrauen ist besser.

» *Meglio essere invidiati che compatiti.* Lieber beneidet als bemitleidet.

» *Il diavolo fa le pentole ma non i coperchi.* Der Teufel macht die Töpfe, aber nicht die Deckel (d. h. die Wahrheit kommt letztlich immer ans Licht).

John Turturros Film Passione (2010) erkundet (ähnlich wie Wim Wenders' Buena Vista Social Club die Szene von Havanna) die reiche, diverse Stile elegant verbindende musikalische Tradition Neapels. Zwischen alten Volksliedern und höchst modernen Klängen präsentiert er einen faszinierenden Einblick in die komplexe Seele der Stadt am Fuße des Vesuv.

Junggesellen, dessen Mutter am Ende die Gewinnerin kürte. Erboste Frauen drohten damals allerdings, ihre 104 € Fernsehgebühr einzubehalten, wenn diese Sendung eine zweite Auflage erleben würde, und so blieb es bei einer Staffel.

Allen entmutigenden Zahlen zum Trotz gibt es jedoch auch Zeichen der Hoffnung auf mehr echte Gleichberechtigung. Wie amtliche Statistiken zeigen, ziehen die meisten Italienerinnen zwischen 29 und 34 Jahren heute einen bezahlten Job und ein Zuhause ohne Kinder und die Kontrolle durch Eltern oder Ehemann vor. Unter den Hochschulabsolventen sind 65 % weiblich, 53 % der jungen Frauen (aber nur 45 % ihrer männlichen Altersgenossen) studieren, und bei der Besetzung verantwortlicher Stellen im öffentlichen Dienst sind sie doppelt so erfolgreich wie die Männer.

Weit vorn liegen die Frauen aber auch auf anderem Gebiet: An ihrem 35. Geburtstag lebt noch eine von zehn Italienerinnen bei ihren Eltern – bei den Männern ist der Anteil der Nesthocker doppelt so hoch.

Schöner leben mit Stil

Wer in Italien zu spät zur Arbeit kommt, weil er sich schnell noch einmal vor dem Spiegel zurechtmachen musste, wird bei seinen Kollegen auf vollstes Verständnis stoßen. Es soll ja niemand im Büro vor Entsetzen den Blick abwenden müssen, weil man gerade einmal richtig unvorteilhaft aussieht. *Fare bella figura* (einen guten Eindruck machen) – das hat in jeder Lebenslage Vorrang.

Italiener haben in der Regel ein sehr ausgeprägtes Stilgefühl und scheuen sich nicht, ihre Mitmenschen daran teilhaben zu lassen. Der Ausruf *Che brutto!* (Wie scheußlich!) mag Ausländern gelegentlich absolut taktlos erscheinen, ist aber ganz normal und sehr verbreitet. Die meisten sehen es so: Wenn alle so scharf darauf sind, dass man gut aussieht, wäre es doch schade, sie zu enttäuschen. Der Verkäufer, der einem Kunden mit brutaler Offenheit mitteilt, dass ihm Gelb absolut nicht steht, will die Öffentlichkeit vor einem schlimmen Anblick bewahren und betrachtet es als seinen persönlichen Triumph, wenn der Käufer als dann seinem Rat folgt und sich für ein Outfit in Orange entscheidet.

Kauft jemand ein Geschenk, dann wartet er geduldig zehn Minuten an der Kasse, um *un bel pacchetto* (ein schönes Paket) mitnehmen zu können, schmuck verpackt mit farbigem Band und kunstvoll platziertem Sticker. Denn auf diese Weise machen alle Beteiligten eine gute Figur – *bella figura:* Der Verkäufer präsentiert sich als gewiefter Berater, der seinem Kunden zu einem guten Auftritt verhilft. Dieser kann sich mit seinem großartigen Geschenk als generöser Wohltäter erweisen, während der dankbare Empfänger sich zu Recht aufs Höchste geehrt fühlen darf.

Als nationale Obsession verhilft das Streben nach *bella figura* den Italienern zu ihrer unbestreitbaren Meisterschaft in Design, Kunst, Architektur und Küche. Zwar ist ihr Land an sich schon von beneidenswerter Schönheit, doch die Italiener hegen eine große Liebe zum dekorativen Detail. Das zeigt sich überall, wohin das Auge schaut – und auch dort, wo niemand hinschaut: sei es die fein ziselierte Kirchturmverzierung, die höchstens der Glöckner angemessen bestaunen könnte, die Spielzeugente im schokoladenen *uovo di pasqua* (Osterei), der Urform des Überraschungseis, oder das absinthgrüne Seidenfutter in einem nüchternen grauen Sakkoärmel. Wer solche Kleinigkeiten zu schätzen weiß, erntet bei den Einheimischen ungeteilte Bewunderung – und entlockt ihnen vielleicht das Eingeständnis, dass manchmal auch Ausländer Geschmack haben.

Die Menschen

Was für Menschen sind es, denen der Durchschnittsitaliener im Alltag begegnet? Am Arbeitsplatz ist heute im Schnitt fast die Hälfte der Belegschaft weiblich – ein großer Umbruch in kurzer Zeit, hat sich doch der Frauenanteil in den letzten zehn Jahren fast verdoppelt. Steil angestiegen ist aber auch die Zahl der Rentner. Jeder fünfte Italiener ist über 65 Jahre alt, und die rüstigen Senioren verstecken sich im Alltagsleben nicht. Sie führen ihren Hund aus, begleiten die Enkel in den Park, sitzen in Cafés und Bars, um sich in aller Freundschaft über nationale und internationale Politik zu ereifern, und dominieren rücksichtslos jedes Bocciaturnier.

Umso seltener ist die typische *mamma* mit drei, vier oder fünf *bambini* geworden. Italiens Geburtenrate ist eine der niedrigsten der Welt und liegt bei rund einem Kind pro Frau.

Das telefonino (Mobiltelefon) fand in Italien schneller Anklang als in fast allen anderen Ländern. Nach offiziellen Schätzungen hatten sich bis 2003 praktisch alle erwachsenen Italiener eines zugelegt – von den SMS-süchtigen Jugendlichen ganz zu schweigen.

Nord gegen Süd

In seiner Filmkomödie *Ricomincio da tre* (Ich fang' noch mal bei drei an; 1980) widmete sich Schauspielstar Massimo Troisi den alltäglichen Problemen von Neapolitanern, die es nach Norditalien gezogen hat. In spaßiger Form macht der Streifen deutlich, wie groß die Unterschiede zwischen Nord und Süd in Italien damals waren – und es bis heute, 30 Jahre später, immer noch sind. Während der Norden den Ruhm namhafter Modehäuser und betuchter Metropolen genießt, ist der Mezzogiorno (wie der Südteil des Landes meist genannt wird) unter PR-Aspekten

TRINKEN IM TREND

Traditionell gilt das Verhältnis der Italiener zum Alkohol als gelungene Verbindung von Vergnügen und Vernunft. Seit der Jahrtausendwende entwickelt es sich jedoch in eine neue, ungesunde Richtung. Das staatliche Statistikamt (ISTAT) verzeichnete 2011 gut 8,5 Mio. Italiener, die täglich wesentlich mehr Alkohol trinken, als ihnen guttut. Ähnlich ernüchternd sind Angaben des zentralen Instituts für Gesundheitsforschung (ISS): Danach war jeder siebte (14,4 %), der 2011 wegen Alkoholexzessen in ein Krankenhaus aufgenommen wurde, unter 14 und jeder vierte (25,4 %) zwischen 15 und 35 Jahren alt. Das Komasaufen, bis vor kurzem allgemein geächtet und darum nahezu unbekannt, kommt bei jungen Italienern immer mehr in Mode. Die zahlreichen Erklärungsansätze für die neue Trunksucht reichen von fehlenden Kontrollen beim Verkauf bis zum schlechten Einfluss unmäßig trinkender angelsächsischer Touristen. So manche Eltern beginnen jedenfalls inzwischen, über den traditionellen Schluck vino (Wein) für den Nachwuchs bei Familienfesten kritisch nachzudenken.

eher ein Alptraum im Würgegriff von Unterentwicklung, Unterbeschäftigung und mächtigen Unterweltclans. Liebhaber simpler Stereotypen setzen settentrionale (Nord) gerne mit Reserviertheit, Fleiß und Erfolg gleich, während meridionale (Süd) für Melodramatik, Faulheit und Konservatismus steht. Millionen Süditaliener zogen seit dem Beginn des Industriezeitalters bis Ende der 1960er-Jahre in die Städte des Nordens, um in den dortigen Fabriken Arbeit zu finden. Von den Einheimischen abschätzig als terroni (wörtlich „Erdleute") tituliert, hatten die Einwanderer aus dem eigenen Land bei ihren Vettern aus dem Norden oft unter einer geradezu rassistischen Arroganz zu leiden. Heute, Jahrzehnte später, ist dieser offene Rassismus zwar großenteils überwunden (oder er hat sich neuen Opfern zugewandt), doch die Vorurteile bleiben. Die Klage, dass mit ihren Steuergeldern die Misswirtschaft im Süden subventioniert wird, ist bei den Bewohnern Norditaliens weit verbreitet – und die rechtspopulistische Partei Lega Nord (Nordliga) weiß diesen Unmut in ihren Kernregionen Lombardei und Venetien gut für sich zu nutzen.

Die enge Verbindung von *calcio* (Fußball) und Korruption in Italien schildert der seit Jahren im Lande lebende Engländer Tobias Jones eindrucksvoll in seinem Buch *The Dark Heart of Italy* (Italien – Das dunkle Herz des Südens). Ironisch bilanziert er: „Fußballern oder Schiedsrichtern vergibt man nichts, Politikern alles."

Vom Auswanderungs- zum Einwanderungsland

Vom 19. Jh. bis 1976 war Italien ein Auswanderungsland. Rund 30 Mio. Emigranten zog es im Laufe eines Jahrhunderts in die Welt: nach Nord- und Westeuropa, Nord- und Südamerika und nach Australien. Ihre Überweisungen halfen, die Wirtschaft in den Krisenzeiten nach der nationalen Einigung und nach den beiden Weltkriegen über Wasser zu halten.

Seither hat sich das Blatt gewendet. Die politischen und wirtschaftlichen Umwälzungen seit den 1980er-Jahren haben zahlreiche Einwanderer aus Mittel- und Osteuropa, Lateinamerika und Afrika ins Land gebracht, nicht zuletzt aus Italiens einstigen Kolonien Eritrea, Äthiopien und Somalia. Die jüngsten Migrationswellen aus China und den Philippinen verleihen manchem städtischen Straßenbild neuerdings eine fernöstliche Note.

Zwar liegt der Ausländeranteil an der Bevölkerung des Landes heute gerade einmal bei 7,1 %, aber er wächst beständig. Rein ökonomisch sind die Neuankömmlinge für Italiens Unternehmen ein wahrer Segen, denn auch wenn die meisten Italiener ihr Glück mittlerweile in der Heimat suchen, sind sie für Akkordarbeit zu Billiglöhnen in der Fabrik und auf den Feldern selten zu haben. Würden nicht Einwanderer einspringen, dann wären Schuhe und Tomaten aus Italien deutlich teurer oder gar Mangelware. Auch in den Restaurantküchen und Hotels der Tourismusbranche sind es oft Ausländer, die die schlecht bezahlten Arbeiten übernehmen und den Betrieb damit in Gang halten.

Der moderne Fußball hielt in Italien Ende des 19. Jhs. Einzug, als britische Industriemagnaten in Turin, Genua und Mailand Werksmannschaften gründeten, um die Arbeiter ihrer Fabriken fit zu halten.

Doch längst nicht alle Italiener empfangen die Migranten mit offenen Armen. 2008 wurde ein junger jüdischer Rumäne in Verona von Neonazis zu Tode geprügelt, und in Neapel steckten Rechtsextremisten, die angeblich mit einem Gangstersyndikat der örtlichen Camorra in Verbindung standen, zwei Romalager in Brand. Im gleichen Jahr kam es quer durchs Land zu einer Welle von Vergewaltigungen, für die der Volkszorn schnell (und in den meisten Fällen fälschlich) Einwanderer aus Afrika verantwortlich machte. Als 2010 im kalabrischen Rosarno Jugendliche auf schwarze Arbeiter schossen, war für viele Afrikaner das Maß voll, und Italien erlebte die schwersten ethnischen Unruhen seit Jahrzehnten.

Gegen die harsche Ausländerpolitik trat eine ungewöhnliche Allianz aus Katholiken, Kapitalisten und Linken auf den Plan. Karitative Organisationen der Kirche und laizistische Gruppen aus dem linken Spektrum gründeten im ganzen Land Beratungszentren, die die Einwanderer bei der Integration unterstützen und zu einem Antrag auf Einbürgerung ermutigen. Geleitet wurden sie dabei auch von den Erfahrungen der eige-

DIE IDEALEN OPERNBÜHNEN

» **Teatro alla Scala in Mailand** (S. 266) Mit eisernem Willen schuf der legendäre Chefdirigent Arturo Toscanini hier die Qualitätsstandards für moderne Opernaufführungen, und der gefürchtete *loggione*, das härteste und lauteste Publikum der Opernwelt auf den billigen oberen Rängen des Hauses, wacht eisern über ihre Einhaltung.

» **La Fenice in Venedig** (S. 364) Zweimal niedergebrannt und wieder aufgebaut, lockt „der Phönix" immer wieder große Talente auf seine kleine Bühne.

» **Arena di Verona** (S. 414) Organisatoren mit einem Blick für Talente und eine phänomenale Akustik machen das römische Amphitheater zu einem Sprungbrett für Sängerkarierren.

» **Terme di Caracalla in Rom** (S. 97) Auf der malerisch maroden Sommerbühne des Teatro dell'Opera di Roma traten die Drei Tenöre (Luciano Pavarotti, Plácido Domingo und José Carreras) erstmals gemeinsam auf und konnten danach sagenhafte 15 Mio. Exemplare der Konzertaufzeichnung verkaufen.

» **Teatro San Carlo in Neapel** (S. 676) Europas ältestes Opernhaus gehört zum Weltkulturerbe der Unesco und war einst die Heimatbühne der berühmtesten *castrati*, im Kindesalter kastrierter Männer mit kräftigen Sopran- und Altstimmen.

nen Geschichte: Angesichts unzähliger italienischer Emigranten in aller Herren Länder, so manche Kommentare, müsse man auch Neuankömmlingen im eigenen Land verständnisvoll begegnen.

Glaube & Aberglaube

In ihrer Morgenzeitung finden die Italiener zwar beinahe jeden Tag auch Neuigkeiten aus dem Vatikan, aber in die Kirche zieht es selbst sonntags nur noch eine Minderheit. Wie eine Untersuchung im Auftrag der katholischen Bischöfe ergab, lag der Anteil der regelmäßigen Gottesdienstbesucher 2007 bei etwa 15 %, ganz ähnlich wie in Deutschland. Trotzdem ist die kirchliche Wochenzeitschrift Famiglia Cristiana („Christliche Familie") bis heute die beliebteste des Landes, und kirchliche Themen sorgen oft für lebhafte gesellschaftliche Debatten. Die Suspendierung eines Lehrers in Umbrien, der im Klassenzimmer einer staatlichen Schule das Kruzifix abgehängt hatte, führte zu einem heftigen Streit über die religiösen Symbole in öffentlichen Einrichtungen und lieferte neuen Zündstoff für die jahrzehntealte Diskussion über das angemessene Verhältnis von Kirche und Staat.

Premieren in der Mailänder Scala sind regelmäßig schneller ausverkauft als Rockkonzerte, und wenn eine Verdi-Oper auf dem Programm steht, geht es zu, als kämen die Beatles wieder zusammen. Darum heißt es so früh wie möglich im Internet die Karten buchen – unter www.teatroallascala.org (auf Italienisch und Englisch).

Was der Papst sagt, wird nach wie vor aufmerksam verfolgt. Allerdings sind Vorschriften auch auf dem Gebiet der Religion für die meisten Italiener Auslegungssache. Fisch am Karfreitag und ein Kruzifix oder Marienbild im Schlafzimmer sind zwar für die Mehrheit selbstverständlich, aber wer sich im Gebet vertrauensvoll an die Madonna wendet, holt sicherheitshalber zusätzlich gern die Meinung der maga (Wahrsagerin) aus dem Fernsehen ein. So schätzt der europäische Dachverband der Verbraucherschutzorganisationen, dass die Italiener ihren Magiern, Wahrsagern und Astrologen jedes Jahr üppige 5 Mrd. € Einnahmen bescheren. Auch wenn die wirtschaftliche Unsicherheit in jüngster Zeit der Esoterikbranche zusätzlichen Auftrieb gibt, ist der Trend insgesamt keineswegs neu. Fast alle Italiener sind in hohem Maße abergläubisch, und so gilt auch im Alltag eine lange Liste von Tabus, deren Verletzung Unglück bringt – vom Zuprosten mit Wasser bis zum Aufspannen eines Regenschirms im Haus.

Besonders mächtig sind die abergläubischen Traditionen in Italiens Süden. Corni (Amulette in der Form kleiner Kuhhörner) an Halskettchen und Rückspiegeln im Auto gelten hier als bewährtes Mittel gegen den bösen Blick (malocchio), und die Verehrung für die örtlichen Schutzheiligen ist vom antiken Götterkult kaum zu unterscheiden. Dreimal im Jahr drängen in Neapel Tausende von Stadtbewohnern in den Dom, um zu erleben, wie das geronnene Blut des hl. Januarius (San Gennaro) in einer kleinen Phiole auf wundersame Weise flüssig wird. Wenn es funktioniert, atmet die ganze Stadt erleichtert auf: Wieder einmal hat der Heilige seiner Stadt Sicherheit vor Katastrophen verheißen. Als das Blut 1944 trocken blieb, brach kurze Zeit später nahe der Stadt der Vesuv aus, und 1980 folgte auf das Ausbleiben des Wunders ein Erdbeben. Zufall? Vielleicht – aber in Neapel sind auch die hartgesottensten Skeptiker froh, wenn San Gennaro seinen Wunderzauber wirkt … nur zur Sicherheit.

Italienische Leidenschaften

Starker Espresso, eine schicke Garderobe und die Bewunderung ihrer Mitmenschen sind längst nicht alles, was Italiener glücklich macht. Der Katalog ihrer Leidenschaften ist lang und vielfältig, aber nur wenige kennzeichnen das Land so nachdrücklich wie die folgenden zwei.

Calcio (Fußball): Italiens zweite Religion

Offiziell mögen die meisten Italiener katholisch sein, doch die wahre Religion des Landes ist der Fußball. Von September bis Mai starren an jedem Spieltag Millionen von tifosi (Fans) auf den Fernsehschirm, pilgern ins Stadion oder verfolgen zumindest den Spielstand auf der Anzeige ihres Mobiltelefons. Montags wird die Partie dann noch einmal ausführlich am Arbeitsplatz analysiert.

Wie Politik und Mode gehört der Fußball heute zur kulturellen Erbsubstanz des Landes. Zuweilen gehen die drei Bereiche auch eine innige Verbindung ein. So wurde Silvio Berlusconi erst als Eigentümer des AC Milan richtig populär und benannte seine neu gegründete Partei 1994 mit einem alten Schlachtruf aus dem Stadion. Der Modekonzern Dolce & Gabbana erklärte, Fußballer seien „die neuen männlichen Stilikonen" und ließ seine Unterwäschekollektion 2010 von den fünf angesagtesten Starkickern Italiens präsentieren. Schon in den 1960er-Jahren stürmte Popsängerin Rita Pavone die Charts mit dem Titel La partita di pallone („Das Fußballmatch"), in dem sie als frustrierte Freundin eines eingefleischten Fans ihr Leid klagte: „*Perchè, perchè la domenica mi lasci sempre sola per andare a vedere la partita di pallone?*" („Warum, warum lässt du mich am Sonntag immer allein, nur um beim Fußball zuzuschauen?") Nicht zufällig bedeutet das Wort tifoso (Fan) ursprünglich „Typhuskranker". Wenn der Ball spektakulär vom Pfosten prallt und dem Torwart im letzten Moment durch die Finger rutscht, beginnt das halbe Stadion wüst zu fluchen, während die andere Hälfte hingerissen „Goooooooooooooool!" schreit – kein Wunder, dass solch heiße Emotionen auf Unbeteiligte wirken wie ein Fieberanfall.

Gute (und schlechte) Spiele bringen das Blut der Italiener mehr in Wallung als alles andere. Neun Monate nach dem Gewinn der Weltmeisterschaft 2006 vermeldeten die Krankenhäuser Norditaliens einen Babyboom. Andererseits kam bei Krawallen in Catania nach einem Spiel zwischen der örtlichen Mannschaft und Palermo ein Polizist ums Leben und über 100 wurden verletzt. Das Ausmaß der Gewalt sorgte im In- und Ausland für Entsetzen und nach einer kurzfristig angesetzten landesweiten Zwangspause des Spielbetriebs für verschärfte Sicherheitsmaßnahmen in den Stadien. Ein Jahr zuvor hatte der Calciopoli-Skandal um manipulierte Spielergebnisse den mächtigen Verein Juventus aus Turin den Meistertitel und für ein Jahr die Teilnahme an der Serie A (der höchsten landesweiten Liga) gekostet. Andere Mannschaften büßten mit massiven Punktabzügen.

Doch der Fußball stiftet nicht nur Feindschaft, sondern gelegentlich auch nationale Einheit. Ein überzeugter Fan des AS Roma mag die Lokalrivalen von Lazio noch so sehr hassen und verachten – wenn die Azzurri (die „Blauen“) von der Nationalmannschaft den WM-Pokal erobern, spielen Vereine keine Rolle mehr, und er ist mit Leib und Seele nur noch italiano. So meint der australische Journalist David Dale in seinem Buch *The 100 Things Everyone Needs to Know About Italy* („Die 100 Dinge, die jedermann über Italien wissen sollte“), erst der Sieg bei der Weltmeisterschaft 1982 habe „zwanzig Regionen endgültig vereint, die sich bis dahin kaum als Teil ein und desselben Landes angesehen“ hätten.

Oper: Kultur mit Kultstatus

So manche heiß geliebte squadra (Fußballmannschaft) wird beim Einzug ins Stadion von Verdi-Melodien begleitet. Auch Italiener, denen ein prominent besetzter Rigoletto in Venedigs La Fenice herzlich egal ist, betrachten die Oper als nationales Erbe. Schließlich ist das Land nicht nur die Heimat dieses Genres, sondern auch die vieler weltberühmter Werke und namhafter Komponisten. So verwandelte Gioacchino Rossini (1792–1868) eine Komödie des Franzosen Beaumarchais zu der großartigen komischen Oper Il barbiere di Siviglia (Der Barbier von Sevilla), Giuseppe Verdi (1813–1901) schrieb die monumentale Aida, und Giacomo Puccini (1858–1924) komponierte Dauerbrenner wie Tosca, Madama Butterfly und Turandot.

Lyrisch, dramatisch, leidenschaftlich – dass die Oper das Etikett Made in Italy trägt, ist eigentlich kein Wunder. Anders als auf dem Fußballplatz trägt das Publikum vor der Bühne statt Sportkleidung oft Smoking oder Seidenkleid, doch die Stimmung ist nicht selten ähnlich hitzig wie in einem Stadion. Sänger und Musiker fürchten seit Jahrhunderten den Chor aufgebrachter fischi (Pfiffe). Noch im Dezember 2006 musste in Mailands legendärer Scala ein Ersatzmann in Straßenkleidung für den Startenor Roberto Alagna einspringen, der indisponiert aufgetreten und vom Publikum fortgejagt worden war. Musicals und Rockopern haben bei Zuhörern dieser Kategorie ohnehin kaum eine Chance.

Der Begriff diva („Göttliche“) wurde in Italien für weibliche Gesangsstars wie die Sopranistin Renata Tebaldi aus Parma und ihre griechische Kontrahentin Maria Callas erfunden. Die ständige Rivalität der beiden erreichte einen Höhepunkt, als die Zeitschrift Time Maria Callas mit dem Satz zitierte, ihre und Tebaldis Stimme hätten nicht mehr gemeinsam als „Champagner und Coca-Cola“. Trotz ihrer Sticheleien waren die Damen eine Zeitlang gleichzeitig an der Scala engagiert, so wie Jahrzehnte zuvor der legendäre, vom Publikum abgöttisch geliebte Tenor Enrico Caruso, der vielfach heute noch als Maß aller Dinge angesehen wird. Große Popularität genießt nach wie vor auch Heldentenor Luciano Pavarotti (1935–2007), nicht zuletzt weil er den Appetit auf Oper neuen Zuhörerschichten vermittelt hat. Sein äußerst erfolgreicher blinder Kollege Andrea Bocelli stieß dagegen mit seinen musikalischen Grenzgängen nicht nur bei Opernfans alter Schule auf ein geteiltes Echo. Kritiker werfen ihm vor, überarrangierte Arien vorzutragen, für die ihm in den hohen Lagen das stimmliche Volumen fehlt.

Zu den Opernstars der jungen Generation gehören der 2011 tödlichverunglückte Tenor Salvatore Licitra, der bei Pavarottis Abschiedsvorstellung an der Metropolitan Opera in New York 2002 kurzfristig für den angeschlagenen Kollegen einsprang, ebenso wie die Sopranistin Fiorenza Cedolins, die sich mit ihrem Auftritt bei einem Requiem für Papst Johannes Paul II. einen Namen gemacht hat. Zusammen mit Andrea Bocelli hat sie Arien aus der Oper Tosca aufgenommen, und in der Arena von Verona wurde sie bei der Aufführung von Puccinis Klassiker La Bohème bejubelt.

Italien im Buch & auf der Leinwand

Die literarische Ruhmeshalle Italiens ist reich und überaus gut bestückt mit den Namen weltberühmter Autoren – sie reichen von Vergil bis Umberto Eco (*Der Name der Rose*).

Auch die Filme dieses Landes genießen international dank begnadeter Regisseure, erstklassiger Schauspieler und dem typisch italienischen Pathos einen ausgezeichneten Ruf.

Literatur

Lateinische Klassiker

Der römische Dichter Vergil war wohl irgendwann zur Überzeugung gelangt, dass Homers *Illias* und die *Odyssee* eine Fortsetzung verdienten. Elf Jahre und zwölf Bücher später hatte er selbst dieses Werk geschaffen und die Abenteuer und das innere Ringen des Aeneas vom Fall Trojas bis zur Gründung der Stadt Rom in ein gewaltiges Versepos gebracht. Als er 19 v. Chr. starb, hatte er gerade erst die letzten Verse der *Aeneis* niedergeschrieben. Wie der Dichter es selbst so treffend formulierte: „Die Zeit flieht."

Wer seinen Dante einmal auf Englisch und in einer Pop-Version lesen möchte, sollte sich an Sandow Birks und Marcus Sanders' satirische Fassung der *Göttlichen Komödie* wagen. Als *Inferno* fungiert darin der höllische Verkehr von Los Angeles, das *Purgatorio* ist im nebeltrüben San Francisco angesiedelt und das *Paradiso* in New York.

Sein römischer Dichterkollege Ovid hatte den Staatsdienst aufgegeben und soll angeblich sogar seine eigene Tochter geheiratet haben, an seinem großen literarischen Talent besteht aber absolut kein Zweifel. In seinen *Metamorphosen* schildert er die Entwicklung der Zivilisation von dunklen, mythologischen Anfängen bis in die Tage des Julius Caesar. Seine erotischen Dichtungen *Ars amatoria*, die *Liebeskunst*, hat unzähligen Casanovas als Ratgeber gedient.

Belehrung durch Literatur

Der mit Sicherheit beliebteste italienische Erzähler ist Italo Calvino. Die Hauptfigur in seinem Roman *Il barone rampante (Der Baron auf den Bäumen;* 1957) zieht sich in die Baumkronen zurück – eine bizarre Revolte, die zum Nachdenken über die „irdischen" Konventionen anregt. In Dino Buzzatis *Il deserto dei Tartari (Die Tatarenwüste;* 1940) wird ein ehrgeiziger Offizier an ein fantastisches Stück der italienischen Landesgrenze versetzt; dort leidet er unter der Langeweile, enttäuschten Hoffnungen und dem Vergehen der Jugend, während er darauf wartet, dass endlich einmal die angekündigten feindlichen Truppen aufmarschieren – eine Parabel, die von Buzzatis eigenen Erfahrungen bei einer Tageszeitung inspiriert sein mag.

Schon seit vielen Jahrhunderten dient Niccolo Machiavellis *Il principe (Der Fürst;* 1532) angehenden Autokraten als nützliches Handbuch, während Kritiker machiavellischer Machthaber dem Buch ebenfalls wertvolle Hinweise entnehmen können.

Zeitlose Dichtung

Es ist kein großes Geheimnis der Literaturgeschichte, dass Shakespeare, wie damals üblich, viele Stoffe zu seinen Dramen aus Werken der älteren italienischen Literatur entlehnte. Diese Quellen waren wohl nicht immer große Literatur, doch mindestens ein italienischer Dichter des 13. und 14. Jhs. darf sich zu Recht mit den ganz Großen messen: Dante Alighieri. Dante grenzte sich deutlich vom konventionellen Muster ab und wählte für seine *La Divina commedia (Die göttliche Komödie;* ca. 1307–1321) die vertraute italienische Umgangssprache anstelle des Lateinischen. In italienischen Versen also beschreibt er die Wanderung durch die Kreise der Hölle auf der Suche nach der geliebten Beatrice. Sein jüngerer Zeitgenosse Francesco Petrarca verfasste u.a. Sonette in einer strengen Form zu Ehren der von ihm angebeteten Laura. Diese Laura hat seine Gefühle offenbar nie erwidert.

Wem Sonette nicht liegen, kann auch zu den Werken des Nobelpreisträgers aus dem Jahr 1975, Eugenio Montale, greifen; als Dichter wählte er Stoffe aus dem Alltagsleben. Lesenswert sind auch die Werke von Giuseppe Ungaretti, darunter die knappen, prägnanten Gedichte aus dem Ersten Weltkrieg. Eines seiner kürzesten gäbe auch einen guten Nachruf auf den Autor ab: *M'illumino d'immenso* („Ich erleuchte mich / durch Unermessliches.")

Auf dem Bücherregal eines jeden gebildeten Italieners stehen ein oder mehrere Werke der großen römischen Klassiker. Möchte man unter Akademikern Eindruck schinden – das Stichwort lautet *fare la bella figura* –, sollte man die Unterhaltung mit Zitaten aus Cicero und Horaz bereichern, zum Beispiel „Wo Leben ist, ist noch Hoffnung" oder „Was auch immer du sagen willst, fasse dich kurz".

Faszinierende Verbrechen

Kriminalromane *(gialli)* stehen in Italien immer ganz oben auf der Bestsellerliste, und einer der besten italienischen Krimiautoren ist Gianrico Carofiglio. Zu den Werken des ehemaligen Anti-Mafia-Staatsanwalts zählt der preisgekrönte Roman *Testimone inconsapevole (Reise in die Nacht;* 2002); darin wird die Figur des Rechtsanwalts und Strafverteidigers Guido Guerrieri eingeführt, und die düstere Unterwelt von Bari spielt ebenfalls eine Rolle.

Dass die Kunst das Leben nachahmt, stellt der Richter und Schriftsteller Giancarlo de Cataldo unter Beweis, dessen Bestseller, der Thriller *Romanzo criminale* (2002), sogar verfilmt und zu einer TV-Serie verarbeitet wurde. Einen Bucherfolg auf den Bildschirm zu bringen gelang auch Andrea Camilleri. Sein schrulliger, aber scharfsinniger sizilianischer Inspektor Montalbano löst beispielsweise im hübschen Roman *Il ladro di merendine (Der Dieb der süßen Dinge;* 1996) seine kniffligen Fälle.

Umberto Eco hat Krimis einen intellektuellen Touch verliehen; zu seinen bekanntesten Romanen zählen *Il nome della rosa (Der Name der Rose;* 1980) und *Il pendolo di Foucault (Das Foucaultsche Pendel;* 1988). Nicht zu unterschätzen ist bei Eco aber auch die schiere Stofffülle: In den viele hundert Seiten dicken Wälzern verbergen sich raffiniert konstruierte Geschichten und ein enormes historisches Detailwissen.

Große Erzählungen

Selbst die finstersten Episoden der italienischen Geschichte haben den Schriftstellern des Landes noch als Stoff und Inspirationsquelle gedient. Im Florenz zur Zeit der Pest spielt Boccaccios *Decameron* (ca. 1350–1353); der Galgenhumor darin weist schon voraus auf Chaucer und Shakespeare. Der Kampf um die Einigung Italiens im 19. Jh. spiegelt sich im Schicksal der Liebenden in Alessandro Manzonis *I promessi sposi* (Die Brautleute; 1827, überarbeitete Fassung 1842). In Tomasi di Lampedusas *Il gattopardo (Der Leopard;* 1958 posthum veröffentlicht) führen die historischen Wirren zu einer Identitätskrise in den Reihen des sizilianischen Adels.

Vom Überleben im Krieg handeln Elsa Morantes *La storia* (1974) und Primo Levis düsterer autobiografischer Bericht über seinen Aufenthalt in Auschwitz, *Se questo è un uomo (Ist das ein Mensch?;* 1947). Bedrohlich nah rückt der Zweite Weltkrieg in *Il giardino dei Finzi-Contini (Die Gärten der Finzi-Contini;* 1962), Giorgio Bassanis herzzerreißende Geschichte eines jungen Mädchens aus vornehmem jüdischen Elternhaus, dessen Familie sich bemüht, den wachsenden Antisemitismus schlicht zu ignorieren.

Gern hat Antonio de Curtis (1898–1967) alias Totò die Gerissenheit *(furbizia)* der Neapolitaner aufs Korn genommen. Er trat in über 100 Filmen auf, darunter *Miseria e nobilità* (1954). Oft verkörperte er kleine Gauner, die durch ihre Schlagfertigkeit beeindruckten; in Neapel genoss er Kultstatus.

Sozialer Realismus

Schon immer hat niemand Italien so scharf kritisiert wie die Italiener selbst, und viele Autoren des 20. Jhs. haben die Lebensverhältnisse in ihrem Land schonungslos offengelegt. Bei *Cosima* von Grazia Deledda handelt es sich um fiktive Memoiren mit autobiografischen Zügen; es geht darin ums Heranwachsen und die eigene Rolle als Schriftstellerin im ländlichen Sardinien und dies unter schwierigen familiären Bedingungen. Deledda war eine der ersten Frauen, die mit dem Nobelpreis für Literatur (1926) geehrt wurden. In Anlehnung an ihr Werk entstanden bittersüße Schilderungen des Landlebens wie etwa Carlo Levis *Cristo si è fermato a Eboli (Christus kam nur bis Eboli).*

Schwierige und quälende Themen, die sich freilich nicht verdrängen lassen – Eifersucht, Scheidung oder das Versagen von Eltern – bringt Elena Ferrante (ein Pseudonym) auf brutal ehrliche Weise in *Die Frau im Dunkeln* zur Sprache. Kein Blatt vor den Mund nimmt auch Robert Saviano in *Gomorrha,* einem Buch, das tiefe Einblicke in das System der Mafia gewährt.

Kino

Neorealismus im Film

In den Trümmerfeldern des Zweiten Weltkriegs ließen sich nur nüchterne Filme drehen, die vom Leiden erzählten. Dazu gehört Roberto Rossellinis Klassiker *Roma, città aperta (Rom, offene Stadt;* 1945),

LOCATION! LOCATION!

Cineasten beschleicht in Italien häufiger ein Gefühl des Déjà-vu, denn die Städte, Landschaften, Berge und Küsten des Landes dienten schon unzähligen großen Filmklassikern als Kulisse. Ganz oben auf der Rangliste steht natürlich Rom: Dort wählte Bernaldo Bertolucci die Caracalla-Thermen als Location für *La luna* (1979), in William Wylers *Ein Herz und eine Krone* (1953) hat Gregory Peck Audrey Hepburn an der Bocca della Verità zu Tode erschreckt, und in Federico Fellinis *La Dolce Vita* stieg Anita Ekberg in den Trevi-Brunnen. Mit *Roma* widmete der große italienische Regisseur 1972 der Ewigen Stadt sogar einen eigenen Film.

Die Piazza della Signoria in Florenz erinnert an James Ivorys *Zimmer mit Aussicht* von 1985, und auf der Piazza del Palio von Siena kommt einem womöglich der Schauspieler Daniel Craig in den Sinn, denn hier spielt eine Szene im 22. James-Bond-Film *Ein Quantum Trost* (2008).

Venedigs Canal Grande diente ebenfalls unzähligen Stars als eine Art – feuchter – roter Teppich: So rasten Angelina Jolie und Johnny Depp im Thriller *The Tourist* (2010) die berühmte Wasserstraße hinunter, und in *Alle sagen – I Love You* (1996) singt Woody Allen am Ufer „I'm Through With Love". Einen kurzen Auftritt genießt Venedig auch in *Der talentierte Mr. Ripley* (1999); ansonsten entspannen sich Matt Damon und Gwyneth Paltrow in diesem Film vor allem auf den kampanischen Inseln Procida und Ischia. Fans von *Il Postino (Der Postmann)* erkennen vermutlich die pastellfarbenen Fassaden von Corricella auf der Insel Procida, während Kinogänger, die Mel Gibsons *Passion Christi* (2004) gesehen haben, ihr Déjà-vu in der Provinz Matera in Basilikata erleben, denn diese Landschaft übernahm im Film die Rolle von Palästina.

ZOMBIE-KULT

Im Genre des Horrorfilms hat sich in Italien eine ganz spezielle Gattung entwickelt, international bislang noch nicht hinreichend gewürdigt wird: der italienische Zombiefi . Die entsprechenden Filme sind brutaler und blutiger als die amerikanischen Gruselfilme mit lebenden Toten. Zu den besten Hervorbringungen zählt man allgemein *Zombi 2* (*Woodoo – Die Schreckensinsel der Zombies;* 1979) von Lucio Fulci (1927–1996). Darin reist eine ganze Bootsladung voll lebender Toter nach New York und sorgt dort für ein Gemetzel, sodass Ian McCulloch und Tisa Farrow (Mias Schwester!) auf eine von Zombies verseuchte Tropeninsel reisen müssen, um dort dann nach den Antworten auf ihre Fragen zu suchen.

Fulci, ein gebürtiger Römer, hat eine ganze Reihe von Zombie-Klassikern in Szene gesetzt. In *Zombie hing am Glockenseil* (1980) versuchen ein Reporter und ein Hellseher gemeinsam, das Tor der Hölle zu verschließen und die Menschheit vor den schaurigen Toten zu retten. Auch *Die Geisterstadt der Zombies* (1981) handelt von der Hölle, und in *Das Haus an der Friedhofmauer* (1981) erweist sich, dass ein Arzt im Hause nicht in jedem Falle von Vorteil ist.

eine Geschichte von Liebe, Betrug, Überleben und Widerstand in der von den Nazis besetzten Metropole. Im Oscar-prämierten *Ladri di biciclette (Fahrraddiebe;* 1948) erzählt Vittorio de Sica von einem Vater, der im vom Krieg gezeichneten Rom versucht, für seinen Sohn zu sorgen, ohne dabei auf kriminelle Wege zu geraten, und *Mamma Roma* (1962) von Pier Paolo Pasolini handelt von einer alternden Prostituierten, die darum bemüht ist, sich selbst und ihren vom Tode gezeichneten Sohn durchzubringen. An diese neorealistische Tradition knüpft Michelangelo Frammartinos *Le quattro volte (Vier Leben;* 2010) an, ein Film im Dokumentarstil über Leben und Sterben im ländlichen Kalabrien.

La vita è bella (Das Leben ist schön) gilt dort, wo Filme gewöhnlich nicht synchronisiert werden, bis heute als erfolgreichster ausländischer Film mit Untertiteln. Das Werk hat zwei Oscars gewonnen und rund 280 Mio. US$ eingespielt.

Schuld & Strafe

Italiens hochgelobte Gegenwartsfilme verbinden die Wahrhaftigkeit des klassischen Neorealismus mit der Spannung italienischer Thriller und den psychologischen Enthüllungen eines Fellini. Zu den besten Filmen dieser Art zählt Matteo Garrones *Gomorrha* (2008). Er basiert auf dem Buch von Roberto Saviano, enthüllt das brutale Vorgehen der Camorra und errang beim Filmfestival von Cannes 2008 einen Grand Prix. Ebenfalls in Cannes erfolgreich war Paolo Sorrentinos *Il divo (Divo – Der Göttliche;* 2008) über das Leben des ehemaligen Premierministers Giulio Andreotti, ein Festivalbeitrag, der auch den Vorwurf der Mafiakontakte des Politikers nicht ausspart. Sehr bewegend ist Cristina Comencinis *La bestia nel cuore* (2005). In diesem Fall geht eine Frau den verdrängten Erinnerungen an sexuellen Missbrauch nach, doch bleiben bei ihrer Suche viele Fragen offen.

Romanzen all'italiana

Eigentlich verwundert es gar nicht, dass eine so hoffnungslos romantisch veranlagte Nation einige der zartesten Momente in der Geschichte des Kinos hervorgebracht hat. So bringt in Michael Radfords *Il postino (Der Postmann;* 1994) der ins Exil verbannte Pablo Neruda Dichtung und Leidenschaft auf eine verschlafene italienische Insel und ins Leben eines schrulligen Postbeamten, den der große Massimo Troisi auf unvergleichliche Weise verkörpert.

Zu den echten Klassikern des italienischen Kinos zählt zweifellos auch Giuseppe Tornatores Oscar-gekrönter Film *Nuovo cinema paradiso (Cinema Paradiso;* 1988) über einen Regisseur, der nach Sizilien zurück-

Die besten Filmfestivals

- » **Filmfestspiele von Venedig** (www.labiennale.org)
- » **Filmfest Turin** (www.torinofilmfest.org)
- » **Filmfestival Mailand** (www.milanofilmfestival.it)
- » **Cinema: Internationales Filmfestival in Rom** (www.romacinemafest.it)
- » **Filmfestival Salento** (www.salentofilmfestival.com)

hrt und dort seine alte Liebe wiederfindet: nämlich das Mädchen von ebenan und das Kino.

Silvio Sordinis *Pane e tulipani (Brot & Tulpen;* 2000) handelt von einer Hausfrau, die bei einer Busreise unterwegs an einem Rastplatz vom Busfahrer vergessen wird und dann auf eigene Faust nach Venedig reist, wo sie sich mit einem anarchistischen Blumenhändler, einer exzentrischen Masseuse und einem depressiven isländischen Kellner anfreundet, während ihr Mann einen Amateurdetektiv mit der Suche nach der verschwundenen Gattin beauftragt.

Sehenswert ist auch der ganz aktuelle Streifen *Mine vaganti (Männer al dente;* 2010) von Ferzan Özpetek, eine Situationskomödie über ein schwules Brüderpaar in einer konservativen Familie in Apulien.

Italowestern

Mitte der 1960er-Jahre eroberten Western im Italo-Stil die Leinwand – Western, in denen die Landschaften Süditaliens den Wilden Westen abgaben, in denen spröde Revolverhelden zum Showdown antraten und in denen Ennio Morricones einprägsame Melodien zum Markenzeichen eines ganzen Genres aufstiegen. Zu den Top-Regisseuren jener Jahre zählte Sergio Leone, mit dessen Westernerstling *Per un pugno di dollari (Für eine Handvoll Dollar;* 1964) die Filmkarriere eines jungen Schauspielers namens Clint Eastwood ihren Anfang nahm. Nachdem Sergio Leone und Clint Eastwood mit *Il buono, il brutto, il cattivo (Zwei glorreiche Halunken;* 1966) noch ein weiteres gemeinsames Projekt umgesetzt hatten, übernahm bei Sergio Leones nächstem Film Henry Fonda die Hauptrolle – in *C'era una volta il West (Spiel mir das Lied vom Tod;* 1968), einem europäischen Kultfilm, der von Vergeltung und Rache handelt.

Tragikomödien

Italiens großartige Komödianten treffen häufig ganz genau jenen Punkt, an dem Pathos in Komik umschlägt – doch ohne ein Gespür für italienischen Slapstick und ohne Kenntnis italienischer Dialekte geht ein Teil der Wirkung bei Übersetzungsversuchen natürlich verloren. In Mario Monicellis *Amici miei (Ein irres Klassentreffen;* 1975) machen sich alternde Komiker gegenseitig das Leben schwer – eine Satire auf die „Midlife Crisis" der italienischen Nation in den Nachkriegsjahren. In *Caro diario (Liebes Tagebuch;* 1994) steuert Nanni Moretti, der italienische Woody Allen, seine Vespa durch Rom und sinniert dabei über den Sinn des Lebens, Schlaflosigkeit und Jennifer Beals' *Flashdance*. Den Höhepunkt dieser Traditionslinie bildet ohne Zweifel *La vita è bella (Das Leben ist schön;* 1997). Darin versucht ein jüdischer Vater seinem Sohn die Schrecken des Konzentrationslagers zu ersparen, indem er ihm erzählt, alles um sie herum sei nur ein Spiel. Darsteller und Regisseur Roberto Benigni wurde dafür mit einem Oscar geehrt.

Horror & Entsetzen

Italien ist ein sonniges Land, doch die dunkle Seite, Spannung und Mord üben dennoch eine große Faszination auf die Menschen aus. In Michelangelo Antonionis *Blow Up* (1966) entdeckt ein Modefotograf in den 1960er-Jahren Verbotenes auf einem Foto der jungen Vanessa Redgrave. In Dario Argentos *Suspiria* (1977) geschehen ausgerechnet in einer Balettschule schreckliche Dinge, und in *Un borghese piccolo piccolo* lässt Mario Monicelli einen Durchschnittsbürger grausam Rache nehmen. Der große Alberto Soldi beweist darin, dass ein Spezialist fürs komische Fach durchaus auch ernste Rollen zu bewältigen vermag.

7

[illegible]

Die italienische Küche

Mal ehrlich! Man ist doch zum Essen hergekommen, nicht wahr? Eine weise Entscheidung. Erwartet werden sollten nur keine Stammgerichte, wie sie in den italienischen Restaurants daheim serviert werden. Tatsächlich ist italienische Küche ein praktischer Sammelbegriff für die verschiedensten regionalen Küchen des Landes; die unterschiedlichen Geschmacksrichtungen werden auf S. 36 genauer erklärt. Doch abgesehen von aller Vielfalt gibt es stets eine Konstante: Ob man sich in einer toskanischen *osteria* (gemütliches Wirtshaus) an einer herzhaften *farro*-Suppe (Dinkelsuppe) gütlich tut oder das Traditionsgericht Neapels, eine Pizza Margherita (mit Tomaten, Basilikum und Mozzarella) verschlingt, immer wird man an kulinarischer Demenz leiden. Hat je irgendetwas so gut geschmeckt? Vermutlich nicht.

Vor 50 Jahren sandte das italienische Magazin *Domus* Journalisten ins Land, um die besten regionalen Rezepte zu sammeln. Entstanden ist *Der Silberlöffel* (Phaidon-Verlag), eine wahre Bibel italienischer Kochkunst, die seit 2006 auch auf Deutsch erhältlich ist.

Das Geheimnis der italienischen Küche liegt in den Zutaten. Eine jede wird sorgfältig nach Duftnote, Textur, Reife und ihrem Zusammenspiel mit anderen ausgewählt. Zum Markt geht man daher frühzeitig und oft. Man lässt sich von saisonalen Angeboten inspirieren. Um diese Zutaten dann ins richtige Verhältnis zu bringen, wenden italienische Köche eine intuitive Geschmacksformel an, die in keinem Rezept steht, jedoch vom ersten Bissen an unverkennbar ist.

Tutti a Tavola

„Alle zu Tisch!" Ampeln sind in Italien nur als Anregungen zu verstehen und Warteschlangen nur theoretisch eine prima Idee. „Zu Tisch!" jedoch ist ein Befehl, dem ausnahmslos jeder Italiener folgt. Eine Missachtung wäre undenkbar, oder wollte man die Nudeln etwa kalt essen? Den Koch beleidigen? Das würde selbst Anarchisten nicht einfallen.

Italiener lernt man erst richtig kennen, wenn man einen knusprigen Laib *pagnotta* (Brot) mit ihnen gebrochen hat. Ist man endlich einmal in Italien angekommen, hat man täglich bestimmt auch mehrfach die Gelegenheit, genau das zu tun.

Zu Tagesbeginn

Die italienische *colazione* (das Frühstück) ist ein Fall für Minimalisten. Eier, Pfannkuchen, Schinken, Toast und Orangensaft werden höchstens zum Wochenend-Brunch (mit rollendem italienischem r) serviert, einem amerikanischen Import, der sich in Trendlokalen verbreitet. Wer sich an einem Büfett mit warmen Speisen, kaltem Aufschnitt, Gebäck und frischem Obst laben will, sollte mit 20 € und mehr rechnen, inklusive natürlich eines Wahlgetränks aus dem Angebot der Kaffees, Säfte oder Cocktails.

Italiens morgendliches Grundnahrungsmittel ist *caffè* (Kaffee). Brühheißer Espresso, Cappuccino (Espresso mit einem ordentlichen Schlag geschäumter Milch) oder *caffè latte* – das heiße, mit Milch versetzte Espresso-Getränk, das fälschlicherweise oft als *latte* bezeichnet wird (damit würde man in Italien ein Glas Milch serviert bekommen). Eine koffeinfreie Alternative dazu ist *orzo*, ein leicht nussig schmeckendes Getränk aus gerösteter Gerste, das wie Kakao aussieht.

Mit der *tazza* (Tasse) in der einen Hand greift man mit der anderen zu einem Gebäck, der uritalienischen Frühstücksspeise. Zu den besonders empfehlenswerten zählen folgende:

Cornetto Die italienische Variante des französischen Croissants ist kleiner, luftiger, weniger butterhaltig und leicht süß, mit aufgepinselter Orangenschalenglasur. Cornettos sind wahlweise mit *cioccolato* (Schokolade), *cioccolato bianco* (weißer Schokolade), *crema* (Vanillepudding) oder verschiedenen köstlichen *marmelata* (Konfitüren) gefüllt.

Crostata Diese italienischen Obstkuchen mit einer festen Kruste sind gefüllt mit Marmelade in verschiedenen Geschmacksrichtungen, z. B. *amarena* (Sauerkirsche), *albicocca* (Aprikose) oder *frutti di bosca* (Wildbeere). Sie werden im Ganzen oder in Scheiben geschnitten angeboten.

Ölgebäck Homer Simpson wäre begeistert von *ciambella*, einer Art Krapfen. Diese klassische, gebackene und mit Puderzucker bestreute Teigrolle ist manchmal mit Marmelade oder Vanille gefüllt. An Kiosken und Straßenmärkten gibt es *fritole*, gebackene Donuts mit Rosinen und Streuzucker. Oder *zeppole* (oft auch *bigné di San Giuseppe* genannt), meist mit *ricotta* oder *zucca* (Kürbis) gefüllt. Dieses Gebäck wird in Papiertüten verkauft und sollte sehr heiß gegessen werden.

Viennoiserie Die österreichische Herrschaft in Italien während des 19. Jhs. hatte auch ihr Gutes: eine große Auswahl an gesüßten Semmeln und andere Leckereien. Dazu gehören cremegefüllte Brioches und *strudel di mele*, die italienische Variante des Apfelstrudels.

Mittag- & Abendessen

Die italienische Esskultur steht im krassen Widerspruch zu dem, was man allgemein von Italien zu wissen glaubt. Diese immer in Bewegung scheinende Nation mit ihren Vespas, Ferraris und Bianchi Bikes hält pünktlich zum *pranzo* (Mittagessen) inne. Daher auch der Begriff *la pausa* für die Mittagspause, in der die notorischen Einkehrer in den Städten ihre Lieblings-Ristoranti und Trattorias aufsuchen und die Angestellten in den kleineren Orten oft für zwei bis drei Stunden nach Hause gehen, eine warme Mahlzeit einnehmen und ruhen, bevor sie mit einem Espresso gestärkt zur Arbeit zurückkehren.

Wessen Pause jedoch auf unmögliche anderthalb Stunden gekürzt wurde, der schafft kaum mehr als in den Banken anzustehen, um seine Rechnungen zu bezahlen, und sich dann eine *pizza al taglio* (Pizza im Stück) einzuwerfen. *Rosticcerie* (Grillstuben) oder *tavole calde* (wörtlich „heiße Tische") wärmen die Gestressten mit dampfenden Speisen zum Mitnehmen wie Brathähnchen und *supplì* (gebackene Reisbällchen mit Mozzarella-Füllung). Auch die von Bäckereien und Bars angebotenen *focaccia* (Fladen), *panini* (Brötchen) und *tramezzini* (dreieckige belegte Sandwiches aus weichem Weißbrot) sind sättigende Happen.

Traditionell ist die *cena* (das Abendessen) eine leichtere Version des Mittags, Ausrufe wie „Oh, heute Abend kann ich kaum noch etwas essen" sind nach einem Marathon-Mittag am Wochenende aber keine Seltenheit. „Nur einen Teller Nudeln, einen Salat und etwas Käse und Obst vielleicht ..." Doch der Schein trügt: Selbst wenn jemand zu einem „leichten Abendessen" lädt, empfehlen sich Wein und ein dehnbarer Hosenbund.

Während die meisten Gastgeber darauf bestehen, dass ihre Gäste zu einem weiteren sahnegefüllten *cannolo* greifen (man hat sie ja zu Hause nicht, und selbst wenn, wären sie doch nicht so gut?!), zeigen sich Kellner deutlich nachsichtiger. Trotz der landläufigen „Mehr ist besser"-Einstellung zum Lebensmittelkonsum sind Restaurantbesucher höchst

Die Accademia della Cucina Italiana (Akademie der italienischen Küche) gab 2008 bekannt, dass durchschnittlich sechs von zehn Gerichten, die in italienischen Restaurants außerhalb des Landes serviert werden, nicht korrekt zubereitet seien. Nach Angaben des Londoner Sprechers der Organisation wurden 200 von 320 italienischen Restaurants in England Mängel nachgewiesen.

selten dazu verpflichtet, sowohl einen *primo* als auch einen *secondo* zu wählen; Antipasti und Desserts sind ausdrücklich optional.

Abgesehen davon ist ein üppiges Abendmahl in einem der gehobenen italienischen Lokale wie Mailands Cracco-Peck (siehe Kasten S. 272) oder Roms Open Colonna (S. 150) ein Höhepunkt, den sich wohl kaum jemand entgehen lassen mag.

Viele hochkarätige Restaurants öffnen nur abends und bieten ein *degustazione*-Festpreisessen, das die Menüwahl hauptsächlich dem Küchenchef überlässt und Gäste einzig vor die edle Aufgabe stellt, vier bis sechs Verkostungsgänge zu bezwingen. *Forza e coraggio!* (Stärke und Mut allerseits!)

Weniger ist mehr: Die meisten der Rezepte in Ada Bonis Klassiker *The Talisman Italian Cookbook* kommen mit weniger als 10 Zutaten aus, dennoch ist der kräftige Geschmack ihrer Kalbshaxe, Polenta oder Wildente auf Linsen wunderbar komplex.

Italienisches Menü

Der *cameriere* (Kellner) geleitet die Gäste zu ihrem Tisch und überreicht die Speisekarte. Der Duft von schonend gegartem *ragù* (Fleisch in Tomatensoße) liegt in der Luft und der Magen knurrt in froher Erwartung der Speisen. Wohin mag dieses kulinarische Rendezvous wohl führen? *Tovagliolo* (Servietten) auffalten, Lippen befeuchten und in aller Ruhe mit dem Studium der Karte beginnen ...

Antipasti (Vorspeisen)

Eine Art kulinarisches Vorspiel sind die Antipasti, die sich hervorragend dazu eignen, verschiedene Speisen zu probieren. Verlockende Antipasti sind z. B. hausgemachte *bruschetta* (Grillbrot mit unterschiedlichen Belägen, von Tomatenscheiben und Knoblauch bis zu schwarzem Trüffelaufstrich), regionale Leckereien wie *mozzarella di bufula* (Büffelmozzarella) oder *salatini con burro d'acciughe* (Gebäckstangen mit Anchovis-Butter). Wenn er nicht auf der Karte steht, lohnt es sich, danach zu fragen: nach einem Antipasto *misto* (Mix), einer Platte mit Häppchen wie *olive fritte* (gebratenen Oliven), *prosciutto e melone* (Schinken auf Honigmelone), *friarelle con peperoncino* (neapolitanischem Brokkoli mit

DAS FEINSCHMECKER-MANIFEST

Man schrieb das Jahr 1987. McDonald's hatte in Italien gerade erst Einzug gehalten, schon schienen Gerichte ohne Gummibrötchen allmählich in Vergessenheit zu geraten. Da beschlossen Carlo Petrini und eine Handvoll Journalisten aus der kleinen Stadt Bra im Piemont, sich diesem Trend zu widersetzen. Sie gründeten die *neoforchettoni* (die „großen Gabeln", Feinschmecker) und veröffentlichten im Gourmetmagazin *Gambero Rosso* ein Manifest, in dem sie erklärten, dass ein Essen nicht nach der Zubereitungszeit beurteilt werden dürfe, sondern einzig nach dem Genuss.

Bald schon wurde diese Organisation weltweit unter dem Namen **Slow Food** (www.slowfood.com) bekannt und konnte in ihrem Bestreben, traditionelle Lebensmittelhersteller und begeisterte, aufgeklärte Konsumenten zu vereinen, mehr als 100 000 Mitglieder in 150 Ländern gewinnen, ganz zu schweigen von den *agriturismi-Höfen*, Restaurants, Landwirtschaftsbetrieben, Winzereien, Käsereien und wiederbelebten Bauernmärkten in ganz Italien.

Seither wird in den geradzahligen Jahren in einer ehemaligen Fiat-Fabrik in Turin Italiens weltbekannte Slow-Food-Messe **Salone del Gusto & Terre Madre** (www.salonedel gusto.it, www.terramadre.info) veranstaltet, ein internationales Symposion, das Slow-Food-Hersteller, Küchenchefs, Aktivisten, Gastwirte, Bauern, Gelehrte, Umweltschützer und Gourmets zusammenbringt und das beste Fingerfood der Welt präsentiert. Auch in den ungeraden Jahren kommen Feinschmecker auf ihre Kosten: bei einschlägigen Veranstaltungen wie **Slow Fish** (www.slowfish.it) in Genua, **Cheese** (www.cheese.slowfood.com) in Bra und dem jährlich stattfindenden **Slow Food on Film** (www.slowfoodonfilm.it) in Bologna.

Chili) und anderen Köstlichkeiten. Dazu wird Brot gereicht (manc auch *grissini*, Turiner Gebäckstangen), das in den 1 bis 3 € für *pe coperto* („Brot und Besteck" bzw. Tischservice) enthalten ist.

Primo (Erster Gang)

Kohlenhydrate dominieren absolut den Ersten Gang bestehend a Pasta, Risotto, Gnocchi und Polenta. Es ist wirklich erstaunlich, wie gro die Portionen sind – z. B. auch der *mezzo piatto* (halbe Portion), die bes sere Wahl für Kinder und ältere Menschen, die gerne kleinere Portionen auf dem Teller haben.

Die *primi* bestehen gewöhnlich aus mehr oder weniger vegetarischen oder veganen Gerichten wie dem ligurischen Klassiker *pasta con pesto* mit *parmigiano reggiano* (Parmesan) und Pinienkernen oder *alla norma* (mit Basilikum, Auberginen, Ricotta und Tomaten), *risotto ai porcini* (Risotto mit Pilzen) oder *risotto al Barolo,* zubereitet mit Barolo-Wein aus Piemont oder einem trockenen Rotwein. Aber selbst wenn das Ganze vegetarisch klingt, sollten Gäste bei der Bestellung nachfragen, welche Zutaten tatsächlich verwendet wurden, vor allem bei der köstlichen Tomatensoße. Es kann nämlich durchaus sein, dass auch Rindfleisch, Schinken oder Sardellen darin verborgen sind.

Fleischliebhaber schwelgen in Köstlichkeiten wie *pasta all'amatriciana (*Pasta mit einer gut gewürzten Tomatensoße, *pecorino* und *guanciale), ossobucco con risotto alla milanese* (Beinscheibe vom Kalb mit Kürbis in einem Safranrisotto), der toskanischen Spezialität *pappardelle alle cinghiale* (breite Nudeln mit Wildschweinsoße) und *polenta col ragú* (Polenta mit Fleischsoße, vor allem in Norditalien).

Entlang der gesamten Küste sind bei den Einheimischen vor allem *risotto al nero* (Risotto, gekocht in schwarzer Soße aus Venusmuscheln), *spaghetti alle vongole* (Spaghetti mit Muschelsoße) und *pasta ai frutti di mare* (Pasta mit Meeresfrüchten) beliebt.

…kulinarischen Weltrekord auf, als Alberto della Pelle und neun Kollegen die längste Wurst der Welt kreierten. Mit dem 597,8 Meter langen Schweinefleischwunder wurden 6000 Spenden-*panini* belegt. Der bisherige Rekord Rumäniens mit einem 392 Meter langen Wurstmonster wurde damit gebrochen.

Secondo (Zweiter Gang)

Wenigesser geben sich oft schon mit dem *primo* zufrieden, aber Freunde des guten Essens, *guongustai,* stehen auf Fleisch, Fisch und *contorni* (Beilagen wie Gemüse) als zweitem Gang – z. B. auf *bistecca alla fiorentina,* einem Steak mit Knochen, serviert mit Obstsauce. Beliebt sind aber auch *fritto misto di mare* (gemischte Meeresfrüchte, gebraten), *carciofi alla romana,* Artischocken gefüllt mit Minze und Knoblauch, oder das Hähnchenfleischgericht *pollo in tegame con barbe.* Weniger reizvoll ist *insalata mista,* größtenteils Kopfsalat, angemacht mit Öl und Essig. Röstbrotwürfelchen, Krümelkäse, Nüsse, Trockenfrüchte und andere hübsche Zutaten haben nämlich in einem typisch italienischen Salat nichts verloren.

Dem Rummel um Espresso sollte man nicht glauben: Im Espresso ist das Koffein zwar tatsächlich konzentrierter als im Filterkaffee, aber natürlich enthält ein kleines Tässchen Espresso trotzdem weniger Koffein als eine normale Tasse Kaffee.

Frutti e dolci

„*Siamo arrivati alla frutta*" („wir sind jetzt beim Obst angekommen") lautet eine idiomatische Wendung, und sie bedeutet ungefähr „wir sind jetzt ganz unten" – aber Halt, nicht ohne einen letzten Leckerbissen zu kosten. Importierte Ananas sind der neueste Trend, aber das Beste ist und bleibt das saisonale Obst aus der Region. *Formaggi* (Käse) sind eine weitere Möglichkeit, aber nur Diabetiker oder Franzosen wählen diesen Weg, wenn doch noch Platz für *dolci* (süße Nachspeisen) ist. Es gibt *biscotti* (doppeltgebackene Kekse), bei denen man gleich einen Zahnarztbesuch einkalkulieren sollte, oder *zabaglione* (Vanillepudding mit Eiern und Marsala), *torta di ricotta e pera* (Birnenkuchen mit Ricotta), sahnegefüllte Profiteroles (wie kleine Windbeutel) oder *cannoli Siciliani,* mit Ricotta gefüllte Gebäckröllchen, die in dem Film *Der Pate* verewigt wurden: „Leg die Waffe weg. Nimm lieber die *cannoli.*"

…INARE & KOCHKURSE

…n sich auch umschaut in Italien, irgendwo in der Nähe läuft ganz bestimmt ge…e ein Kochkurs;. Einige der angesagtesten Anbieter sind im Folgenden verzeichnet, weitere Kurse zu verschiedenen Regionalküchen finden sich in den jeweiligen Kapiteln.

Città del Gusto Rom (☎06 551 11 21; www.gamberorosso.it, auf Italienisch; Via Fermi 161); Neapel (☎081 19 80 89 00; Via Coroglio 57/104E, Bagnoli) Heißeste Nonstop-Gourmetkurse auf sechs Etagen, von Live-Kochshows und TV-Sendungen bis hin zu Weinseminaren im „Theatre of Wine". Alle Kurse und Shows werden von Italiens meistgeschätztem Feinkostmagazin *Gambero Rosso* in Rom veranstaltet. Ein zweites Studio befindet sich in Neapel.

Culinary Adventures (www.peggymarkel.com) Eintauchen und lernen, wie man aus regionalen, nachhaltig produzierten Zutaten italienische Speisen zubereitet. Opulente einwöchige Kurse auf Sizilien, auf Elba, in Amalfi und in der Toskana.

Eataly (www.eatalytorino.it, auf Italienisch) Turins kaufhausgroßes Denkmal für das Lebensmittelhandwerk bietet Kostproben, Weinverkostungen und Nachmittagskurse zu aphrodisierenden Abendessen, Kurse für Küchenchefs und Einweisungen in die Geheimnisse eines Sommeliers. Verkostungen werden ab 20 € geboten, einige allerdings nur auf Italienisch.

International Wine Academy of Roma (☎06 699 08 78; www.wineacademyroma.com; Vicolo del Bottino 8) Angeboten werden diverse Weinverkostungen, ein Fünf-Weine-und-vier-Gänge-Essen sowie eine Tour zu den Weingütern in Latium.

Italian Food Artisans (www.foodartisans.com/workshops) Mit Kochbuchautorin Pamela Sheldon Jones in eintägigen oder einwöchigen Workshops in Cinque Terre, im Piemont, in der Emilia-Romagna, Kampanien und auf Sizilien einen Blick hinter die Kulissen der Restaurantküchen und heimischen Kochstudios werfen und Italiens bestgehütete Geheimrezepte erforschen.

Tasting Places (www.tastingplaces.com) Derzeitige Angebote umfassen Ausflüge zu regionalen Slow-Food-Festivals, ein „Weiße Trüffel und Wein"-Wochenende im Piemont und Gourmetreisen nach Venetien und in die Toskana.

Caffè (Kaffee)

Selbst enorme Willenskraft oder Überredungskunst werden es nicht schaffen, einen Genießer sofort nach einem Drei-Gänge-Menü in ein Museum zu locken, es sei denn, es gibt gleich nach dem Essen einen Espresso. Manchmal erbarmt sich der *barista* und serviert den Cappuccino mit einem *cioccolatino,* einem Stückchen Schokolade oder mit einem Schuss Milch in einem *caffe macchiato.* An heißen Sommertagen kann es auch einmal ein *granita di caffè* (Kaffee mit geschabtem Eis und Schlagsahne) sein. Aber normalerweise bleibt es beim Espresso, natürlich leicht gesüßt. Für italienische Kaffeesorten gilt einfach das Prinzip „Was uns nicht umbringt, macht uns stärker". Wer das heiße Getränk genossen hat, ist jedenfalls fit und gerüstet für den Rest des Tages.

Obwohl manche Hersteller diese offiziellen italienischen Klassifikationen für übermäßig teuer und einengend halten, werden die Gütesiegel DOCG (Denominazione di origine controllata e garantita) und DOC (Denominazione di origine controllata) Weinen verliehen, die den regionalen Qualitätsstandards entsprechen.

Das Wichtigste zum Wein

Eine Mahlzeit im Sitzen einzunehmen ohne dazu ein Glas Wein zu trinken, ist fast so schlimm wie das Verzeheren einer Pasta ohne Soße. Keinen Wein zum Essen zu bestellen stößt auf völliges Unverständnis – ist sie schwanger, ist er Alkoholiker auf Entzug, eingefleischter Biertinker oder habe ich etwas Falsches gesagt, wird der Kellner denken. Denn italienische Weine gelten weltweit als die vielfältigsten und magenfreundlichsten, weil sie über Jahrhunderte hinweg zur Bereicherung der jeweiligen Regionalküche entwickelt wurden. Die Wahl des richtigen Weines ist hierzulande von ebensolcher

Bedeutung wie die des Dinner-Termins. Zwar passen die landestypischen süffigen Pilsner und gelegentlichen Rotbiere perfekt zu Grillfleisch, Pizza und anderen Schnellgerichten, einer ordentlichen Mahlzeit angemessen ist jedoch nur *vino*. Und da viele Weine weniger als ein großes Bier kosten, ist es nicht so sehr eine Frage des Preises als eine des Geschmacks.

Wein ist in der italienischen Küche untrennbarer Bestandteil einer Mahlzeit, fast so wichtig wie das Essen selbst. Einige der Weinsorten sind auch Ausländern so geläufig wie alte Bekannte, z. B. Chianti oder Pinot Grigio. Aber es gibt natürlich auch andere beliebte Weinsorten wie Brunello, Vermentino und Sciacchetrá.

Viele Italienreisende verschmähen Karaffen mit hauseigenem Weiß- oder Rotwein, die in Italien als junge, fruchtige Weine zur Verfeinerung von Tomatensoße oder von Fischgerichten verwendet werden. Die nachfolgende Liste bietet Informationen zum Thema italienische Weine:

Schaumweine: Franciacorta (Lombardei), Prosecco (Venetien), Asti (bzw. Asti Spumante; Piemont), Lambrusco (Emilia-Romagna)

Leichte Weißweine mit Zitrusgeschmack und grasigem oder floralem Anklang: Vermentino (Sardinien), Orvieto (Umbriena), Soave (Venetien), Tocai (Friuli)

Trockene Weißweine mit einem aromatischen Herbal- oder mineralischem Beigeschmack: Cinque Terre (Ligurien), Gavi (Piemont), Falanghina (Campania), Est! Est!! Est!!! (Lazio)

Als Essensbegleiter gut geeignete Rotweine mit angenehmem Säuregehalt: Barbera d'Alba (Piemont), Montepulciano d'Abruzzo (Abruzzen), Valpolicella (Venetien), Chianti Classico (Toskana), Bardolino (Lombardei)

Gut ausbalancierte Rotweine im Verhältnis von Frucht und Terroir: Brunello di Montalcino (Toskana), Refosco dal Pedulunco Rosso (Friuli), Dolcetto (Piemont), Morellino di Scansano (Toskana)

Große strukturierte Rotweine mit weichen Tanninen (wenig Gerbsäure): Amarone (Venetien), Barolo (Piemont), Sagrantino di Montefalco secco (Umbrien), Sassicaia und andere „Super-Toskana"-Blends (Toskana)

Mit Alkohol angereicherte Weine und Dessertweine: Sciacchetrá (Ligurien), Colli Orientali del Friuli Picolit (Friuli), Vin Santo (Toskana), Moscato d'Asti (Piemont)

Eine durststillende Erlebnisreise durch Italiens berühmteste Weinregion – Il Chianti in der Toskana – ist auf S. 567 beschrieben.

Der älteste bekannte Wein Italiens ist der Chianti Classico mit wohlwollenden Kritiken, die bis ins 14. Jh. zurückreichen, und einem seit 1716 klar umrissenen Anbaugebiet.

Ein erwachsener Italiener konsumiert etwa 28 l Wein im Jahr; eine ernüchternde Zahl im Vergleich zu den 100 l Pro-Kopf-Verbrauch in den 1950er-Jahren.

Liquori (Spirituosen)

Wer nach dem Essen keinen Espresso bestellt, beleidigt möglicherweise den Kellner, wird sein Gesicht jedoch wahren können, wenn er einen *digestivo* (ein Verdauungsgetränk) wie einen Grappa (hochprozentigen

APERITIVI: GÜNSTIG SCHLEMMEN

Der abgefahrenste Rezessionstrend in Italien sind die *aperitivi*, die oft mit „Appetit anregendes Getränk plus Zwischenmahlzeit" beschrieben werden. Doch der Schein trügt: Hinter Italiens „Happy Hour" versteckt sich ein Abendessen, das als zwangloses Getränk zu einem Büfett von Antipasti, Nudelsalaten, kaltem Aufschnitt und ein paar warmen Speisen daherkommt. („Appetitlich" wirken wollen gelegentlich auch die Tischgenossen, denn *aperitivi* ist die Primetime für ausgehungerte Singles.) So werden in Mailand, Turin, Rom und Neapel zwischen 17 und 20 Uhr vorsätzlich Büfetts geplündert, und das zum Preis von einem einzigen Drink! Wer kräftig zulangt, ist für eine Weile satt. Venezianer dagegen gönnen sich eine *ombra* (ein kleines Glas Wein) und feilschen um Meeresfrüchte-*cicheti* (Häppchen). *Aperitivi* sind besonders bei jenen jungen Italienern beliebt, die sich kein Restaurantmenü leisten können, aber gern mit Freunden essen gehen. Restaurantkultur bleibt also lebendig, auch in wirtschaftlich schwierigeren Zeiten.

Tresterbrand), einen *amaro* (dunklen Kräuterlikör) oder einen *limoncello* (Zitronenlikör) ordert. Achtung: Manche italienischen Verdauungsschnäpse sind etwas für Kenner und können derart reinhauen, dass man kaum noch etwas wahrnimmt, wenn *il conto* (die Rechnung) kommt.

Geliebte Gelage

Beste Nahrungsmittel- & Weinregionen

- » Emilia-Romagna
- » Toskana
- » Piemont
- » Kampanien
- » Sizilien

Wer hat nicht schon von den Orgien im antiken Rom gehört, in deren Verlauf man im sogenannten Vomitorium erbrechen und so Platz für den nächsten Gang schaffen konnte? Oder von den Familiengelagen der Medici, bei denen es Zuckerstatuen gab, deren Wert ihrem Gewicht in Gold entsprach? In ganz Italien steht das umfangreiche kulinarische Schwelgen im Zentrum einer jeden Festlichkeit; wichtige Feiertage haben jeweils ihre eigenen Spezialitäten. So wird die Fastenzeit vom *Carnevale* (Karneval) eingeläutet, dann ist die Zeit für *migliaccio di polenta* (Auflauf aus Polenta, Wurst, Pecorino und Parmigiano-Reggiano), *sanguinaccio* („Blutwurst" aus dunkler Schokolade und Zimt), *chiacchiere* (frittiertes Gebäck, mit Puderzucker bestreut) und Siziliens *mpagnuccata* (in Karamellsoße geschwenkte frittierte Teigbällchen) gekommen.

Wer um den 19. März (Josefi) herum im Lande unterwegs ist, dem werden in Rom *bignè di San Giuseppe* (frittierte Pfannkuchen mit Vanillepudding- oder Schokoladenfüllung) geboten, in Neapel und Bari *zeppole* (Krapfen mit Zitronenglasur, Sauerkirschen und Puderzucker) und auf Sizilien *crispelle di riso* (in Honig getauchte Reisbällchen mit Zitronengeschmack). Diverse Fastenspezialitäten wie sizilianische *quaresimali* (herzhafte, leichte Mandelkekse) versüßen die Zeit bis zu den Ostergelagen mit obligatorischem Lamm, *colomba* (taubenförmigem Osterbrot) und *uove di pasqua* (in bunte Folie gewickelten Schokoladenüberraschungseiern). Die in der Küche meistverwendete Zutat in dieser Zeit ist das Ei, auch für die Zubereitung traditioneller regionaler Speisen wie der genuesischen *torta pasqualina* (mit Ricotta, Parmesan, Artischocken und hartgekochten Eiern gefüllte Blätterteigpastete), der florentinischen *brodetto* (reichhaltigen Brotsuppe mit Eiern und Zitrone) und der legendären neapolitanischen *pastiera* (mit Ricotta, Sahne, kandierten Früchten und Cerealien gefüllten Mürbeteigpasteten mit Orangensaftaroma).

In der Weihnachtszeit gibt es gefüllte Teigwaren, Meeresfrüchtegerichte und eine der berühmtesten milanesischen Erfindungen: *panettone* (hefiger, goldgelb gebackener Früchtekuchen mit Rosinen). Ebenso bekannt sind der veronesische *pandoro* (einfacher sternförmiger Kuchen ohne Rosinen, mit kandierten Früchten und Puderzucker mit Vanillegeschmack) und das *panforte* aus Siena (zäher, flacher Kuchen mit kandierten Früchten, Nüssen, Schokolade, Honig und Gewürzen). Im südlicher gelegenen Neapel lässt man alle Vorsicht (und die Waage) außer Acht und serviert *raffioli* (Biskuits und Marzipangebäck), *struffoli* (frittierte und in Honig getauchte kleine Teigbällchen, berieselt mit farbigem Kandiszucker) und *pasta di mandorla* (Marzipan). In Sizilien verbringt man diese Zeit mit *cucciddatu* (Teigkringeln mit getrockneten Feigen, Nüssen, Honig, Vanille, Nelken, Zimt und Zitrusfrüchten). Natürlich werden diese Leckereien nicht nur an religiösen Feiertagen konsumiert; zuweilen ist das Essen selbst Anlass genug, zu diesen Leckereien zu greifen.

Im Frühjahr, Sommer und Frühherbst werden überall in Italien *sagre* gefeiert, die regionalen Volks- und Nahrungsmittelfeste, wie etwa die *sagra del tartufo* (Trüffel) in Umbrien, *del pomodoro* (Tomaten) auf Sizilien und *del cipolle* (Zwiebeln) in Apulien. Eine hilfreiche Liste aller *sagre* findet man unter www.prodottitipici.com/sagre (auf Italienisch).

Hintergrundinformationen über Preise in der Gastronomie siehe S. 1003.

Praktische Informationen

Allgemeine Informationen

Botschaften & Konsulate

Ausländische Botschaften und Konsulate in Italien, die hier nicht genannt werden, stehen unter „Ambasciate" oder „Consolati" im Telefonbuch. Zusätzlich zu den genannten Vertretungen unterhalten manche Staaten noch Honorarkonsulate in weiteren Städten.

Deutschland Rom (☎06 49 21 31; www.rom.diplo.de; Via San Martino della Battaglia 4); Mailand (☎02 623 11 01; www.mailand.diplo.de; Via Solferino 40); Neapel (☎081 248 85 11; www.neapel.diplo.de; Via Francesco Crispi 69)

Österreich Rom (☎06 844 01 41; www.austria.it; Via Pergolesi 3); Mailand (☎02 78 37 43; mailand-gk@bmeia.gv.at; Piazza del Liberty 8/4)

Schweiz Rom (☎06 80 95 71; www.eda.admin.ch/roma; Via Barnarba Oriani 61); Milan (☎02 777 91 61; www.eda.admin.ch/milano; Via Palestro 2)

Ermäßigungen

In vielen Museen/Galerien und kulturellen Sehenswürdigkeiten haben Jugendliche unter 18 Jahren und Senioren über 65 Jahren freien Eintritt, Besucher zwischen 18 und 25 Jahren kommen häufig zum halben Preis hinein.

Im ganzen Reiseführer wird auf spezielle Ermäßigungskarten in einzelnen Gebieten oder Städten hingewiesen. Ein Beispiel dafür ist der **Roma Pass** (www.romapass.it), eine 3-Tages-Karte, die für 25 € die freie Benutzung öffentlicher Verkehrsmittel und einen freien (oder zumindest ermäßigten) Eintritt in zahlreiche römische Museen bietet.

In vielen Orten lässt sich Geld sparen durch den Kauf eines *biglietto cumulativo*. Mit diesem Kombiticket lassen sich gleich mehrere Sehenswürdigkeiten besuchen. Die *biglietti* sind in der Summe günstiger als die Einzeltickets.

Ermäßigungen für Jugendliche, Studenten & Lehrer

Die European Youth Card bietet unzählige Ermäßigungen in Hotels, Museen, Restaurants, Läden und Clubs. Travel Cards für Studenten, Lehrer und Jugendliche unter 25 Jahren bieten Ermäßigungen für Flüge nach Italien. Alle genannten Karten sind beim **Centro Turistico Studentesco e Giovanile** (CTS; www.cts.it), einem Jugendreisebüro mit Filialen in ganz Italien, erhältlich. Die Ermäßigungskarten für Studenten, Lehrer und Jugendliche sind weltweit bei den Studentenvertretungen, in Jugendherbergen und in Reisebüros wie **STA Travel** (www.statravel.com) zu bekommen.

ERMÄSSIGUNGSKARTEN

KARTENTYP	WEBSITE	PREIS	ZIELGRUPPE
European Youth Card (Carta Giovani)	europeanyouthcard.orgcartagiovani.it	11 €	Unter 30 Jahren
International Student Identity Card (ISIC)	www.isic.org	10 €	Vollzeit-Studenten
International Teacher Identity Card (ITIC)		10 €	Vollzeit-Lehrer
International Youth Travel Card (IYTC)		10 €	Unter 26 Jahren

Essen & Trinken

Die im Buch genannten Restaurants sind in drei Kategorien eingeteilt: €, €€ oder €€€. Die Berechnungsgrundlage ist eine komplette Mahlzeit, sie umfasst eine Vorspeise (*primo*), eine Hauptspeise (*secondo*), einen Nachtisch (*dolce*) und einen Hauswein. Die Kategorien im Überblick:

KATEGORIE	SYMBOL	PREIS
günstig	€	unter 25 €
mittel	€€	25 bis 45 €
teuer	€€€	über 45 €

Die genannten Preise sind nur Richtwerte, da die Preisschere zwischen den teuren Städten im Norden (z. B. Mailand oder Venedig) und den deutlich günstigeren Städten im Süden groß ist. Ein Restaurant, das im ländlichen Sizilien in der mittleren Kategorie zu finden ist, würde in Mailand in die Kategorie spottbillig fallen. Die meisten Restaurants berechnen für das Gedeck (*coperto*) etwa 1–2 € und ein Bedienungsaufschlag (*servizio*) in Höhe von 10 bis 15 %.

Einführungen in Italiens Küche und Weine finden sich auf den Seiten 36 und 994. Die Öffnungszeiten werden im gleichnamigen Abschnitt dieses Kapitels genannt.

Feiertage

Die meisten Italiener nehmen ihren Jahresurlaub im August, vor allem um den 15. August (Ferragosto) herum. Um diese Zeit sind viele Firmen und Geschäfte für zumindest einen Teil des Monats geschlossen. In der Settimana Santa, der Karwoche, wird ebenfalls gerne Urlaub genommen.

Jede Stadt feiert außerdem das Fest ihres Stadtheiligen. Zu den landesweit geltenden Feiertagen zählen:

Neujahr (Capodanno oder Anno Nuovo) 1. Januar

Heilige Drei Könige (Epifania oder Befana) 6. Januar

Ostermontag (Pasquetta oder Lunedì dell'Angelo) März/April

Tag der Befreiung (Giorno della Liberazione) Am 25. April feiert man den Sieg der Alliierten 1945 über den Faschismus und Mussolini.

Tag der Arbeit (Festa del Lavoro) 1. Mai

Fest der Republik (Festa della Repubblica) 2. Juni

Mariä Himmelfahrt (Assunzione oder Ferragosto) 15. August

Allerheiligen (Ognissanti) 1. November

Fest der unbefleckten Empfängnis (Immaculata Concezione) 8. Dezember

Weihnachten (Natale) 25. Dezember

Stephanstag (Festa di Santo Stefano) 26. Dezember

Frauen unterwegs

Italien ist für Frauen kein besonders gefährliches Land. Trotzdem sind wie immer und überall einige Vorsichtsmaßnahmen zu beachten, wenn „frau" allein unterwegs ist. In manchen Landesteilen müssen Frauen mit mehr Aufmerksamkeit rechnen, als ihnen lieb ist. Blickkontakt gehört zu jedem harmlosen Flirt, wie überall, auch in Italien dazu, aber im tiefen Süden werden weibliche Wesen oft regelrecht beglotzt.

Manchmal ist es nicht leicht, lästige Möchtegern-Romeos loszuwerden, die in ihren Bemühungen eine erstaunliche Beharrlichkeit an den Tag legen können. Das kann schmeichelhaft sein, aber auch ausgesprochen nerven. In touristischen Hochburgen wie Florenz, vor allem aber im Süden, gelten ausländische Frauen noch immer als Freiwild. Am besten ignoriert „frau" solche lästigen Avancen einfach. Zieht das nicht, teilt sie dem Herrn höflich mit, sie warte auf ihren *marito* (Ehemann) oder *fidanzato* (Verlobten), und geht notfalls weg. Zu vermeiden ist aggressives Auftreten; das kann mitunter zu recht unerfreulichen Konfrontationen führen. Wenn alle Stricke reißen, hilft allerdings nur noch die Polizei.

In überfüllten Bussen sind häufig Grapscher am Werk. Am sichersten steht „frau" mit dem Rücken zur Wand. Wird dennoch der Hintern betätschelt, hilft nur noch lautes Gezeter. Ein energisches „*che schifo*" (Ekelhaft!) reicht meistens schon. Bei ernsthafteren Attacken sollte die Polizei eingeschaltet werden, die dazu verpflichtet ist, der Sache nachzugehen.

Das Wichtigste für alleinreisende Frauen ist gesunder Menschenverstand: Niemals allein durch dunkle Straßen gehen, möglichst zentral gelegene Hotels wählen (Hinweise auf unsichere Bezirke sind in den jeweiligen Kapiteln nachzulesen). Und niemals allein per Anhalter unterwegs sein.

Freiwilligenarbeit

Europäisches Jugendportal/European Youth Portal (europa.eu/youth) Diverse Links mit Jobangeboten in ganz Europa. Begrenzt man die Suche auf Italien, findet man Websites mit vielen Links, u. a. zu Au-Pair-Agenturen und zu Saisonjobs.

Italienischer Verband für Bildung, Austausch und interkulturelle Aktivitäten – AFSAI (www.afsai.org) Das von der EU finanzierte Freiwilligenprogramm bietet Projekte, die über 6 bis 12 Monate laufen und für Jugendliche/junge Erwachsene zwischen 16 und 25 Jahren konzipiert sind. Bei allen

Angeboten sind Italienischkenntnisse Voraussetzung.

World Wide Opportunities on Organic Farms (www.wwoof.it) Gegen einen Mitgliedsbeitrag von 25 € erhält man eine Liste mit Bauernhöfen, die Freiwillige für eine Zeitlang im Betrieb aufnehmen.

Geld

Aktuelle Wechselkurse finden Schweizer auf www.xe.com.

Kreditkarten

Geldautomaten findet man überall, sie sind die einfachste Möglichkeit, an Geld zu kommen. Visa- und MasterCard sind weit verbreitet und akzeptiert, andere Systeme wie Cirrus und Maestro sind ebenfalls gut vertreten. Nur einige Banken zahlen auf die Vorlage einer Kreditkarte Bargeld aus. Mit Kreditkarten können Rechnungen in vielen Hotels, Restaurants, Läden, Supermärkten und Mautstellen bezahlt werden.

Über möglicherweise anfallende Gebühren bei der Heimatbank sollte man sich vor Reiseantritt erkundigen. Viele Banken verlangen eine Gebühr von rund 2,75 % bei ausländischen Transaktionen. Zusätzlich kann auch für die Nutzung von Geldautomaten eine Gebühr erhoben werden, in der Regel liegt der Satz bei rund 1,5 %.

Wenn Karten verlorengehen oder von einem Geldautomaten eingezogen werden, kann man unter den folgenden kostenfreien Nummern die Karte sperren lassen:

Amex (☎06 7290 0347 oder die nationale Nummer)

Diners Club (☎800 864064)

MasterCard (☎800 870866)

Visa (☎800 819014)

Geldwechsel

Geld kann in Banken, Postämtern oder in *cambios* (Wechselstuben) umgetauscht werden. Postämter und Banken bieten in der Regel die besten Kurse, Vorteil der Wechselstuben sind ihre längeren Öffnungszeiten. Dafür verlangen sie aber höhere Provisionen und Verwaltungsgebühren.

Steuern & Erstattungen

Die Mehrwertsteuer (IVA = *Imposta sul Valore Aggiunto*) beträgt in Italien 20 % und taucht bei den meisten Produkten auf. Nicht-EU-Mitglieder (Schweizer) können sich für Einkäufe von mehr als 155 € bei der Ausreise die Mehrwertsteuer beim Zoll zurückholen. Über die genauen Vorschriften und Vorgehensweisen informiert eine Broschüre, die man z. B. am Flughafen bekommt, oder der Zoll.

Trinkgeld

Ist die Bedienung im Restaurant inklusive, wird kein weiteres Trinkgeld erwartet, aber ein freundlicher Kellner freut sich natürlich über eine kleine Anerkennung. Ist die Bedienung im Preis nicht inklusive, schlägt man üblicherweise 10% drauf, aber auch das ist nur ein Richtwert. In Bars lassen Italiener oft das Wechselgeld liegen, auch wenn es nur 10 Cent sind. Taxifahrer bekommen normalerweise kein Trinkgeld, Pagen in Spitzenhotels aber sehr wohl.

Gesundheit

Krankenversicherung

Deutsche, Österreicher und Schweizer erhalten mit ihrer Europäischen Krankenversicherungskarte (European Health Insurance Card – EHIC) in den öffentlichen Krankenhäusern eine kostenlose Behandlung. Die EHIC deckt jedoch keine medizinisch notwendigen Rückflüge ins Heimatland ab, auch medizinisch nicht zwingend notwendige Behandlungen werden nicht bezahlt. Wer auf Nummer sicher gehen will, schließt vor Reiseantritt zuhause eine Reisekrankenversicherung ab, die im Notfall die Kosten für einen Rücktransport abdeckt.

Medizinische Versorgung

In weiten Teilen Italiens ist die medizinische Versorgung hervorragend, allerdings gibt es große Schwankungen hinsichtlich der Qualität. Öffentliche Krankenhäuser werden immer schlechter, je weiter man gen Süden fährt. Häufig ist der Besuch einer Ambulanz gar nicht nötig, italienische Apotheker können viele Rezepte direkt ausstellen.

Wenn ein Facharzt gebraucht wird, helfen Apotheker auch oft mit Empfehlungen weiter. In den Großstädten gibt es meist auch einen Englisch sprechenden Arzt oder Übersetzer.

Die Apotheken haben in der Regel die gleichen Öffnungszeiten wie die Geschäfte, schließen jedoch nachts und an Sonntagen. Wie überall gibt es auch hier einen rotierenden Notdienst *(farmacie di turno)* für akute Notfälle. Die Adressen findet man in den Zeitungen oder online unter www.miniportale.it (auf „Farmacie di Turno" und die gewünschte Region klicken). An den Türen der geschlossenen Apotheken ist die Adresse der nächstgelegenen offenen Apotheke ausgehängt.

Wer einen Krankenwagen braucht, wählt in ganz Italien die ☎118. Bei Notfällen kann man aber auch gleich direkt in die Ambulanz – *pronto soccorso* – der Krankenhäuser fahren, dort wird auch für eine zahnärztliche Betreuung gesorgt.

Internetzugang

Im ganzen Buch weisen die Icons auf Unterkünfte und sonstige Einrichtungen hin, an denen man einen Internetzugang über einen Gäste-Computer hat. Das Icon informiert über Wi-Fi (gratis oder gebührenpflichtig).

Der Internetzugang hat sich in Italien in den letzten Jahren verbessert, Städte wie Rom, Bologna, Venedig und weitere Gemeinden bieten gemeindeweite Hotspots. Gleiches gilt für eine steigende Zahl an Hotels, B&Bs, Hostels und *agriturismi*, die alle einen kostenfreien Internetzugang über Wi-Fi bieten. Gleichzeitig nimmt die Zahl der Internet-Cafés kontinuierlich ab. Auf dem Land und im Süden hat man deshalb größere Probleme als im Norden, sich ins Internet einzuloggen. Viele Spitzenhotels berechnen eine Gebühr (ab 10 € pro Tag), Internet-Cafés verlangen 2–6 € pro Stunde. Einige Bestimmungen aus den Anti-Terrorismus-Gesetzen, nach denen beispielsweise alle Internetnutzer in Internet-Cafés ihren Personalausweis vorzeigen mussten, wurden im Januar 2011 aufgehoben. Es gibt aber immer noch Internet-Cafés, die auf das Vorzeigen des Ausweises bestehen.

WIE MAN SEINE KINDER BEI GUTER LAUNE HÄLT

Italien bietet viele Sehenswürdigkeiten und Attraktionen, die Kindern wie Erwachsenen Spaß machen. Hier ein paar Vorschläge:

» Herumtoben in den Ruinen der weitläufigen römischen Ausgrabungsstätten oder in den geheimnisvollen unterirdischen Nekropolen der Etrusker – aber natürlich nur da, wo das erlaubt und sicher ist.

» Die Brunnen der großartigen Villen bestaunen. Viel Spaß macht auch eine Bootsfahrt zu den der Küste vorgelagerten Inseln, ein Sprung ins Meer und ein anschließendes Sonnenbad auf dem Vorschiff.

» Ein spontanes Fußballspiel mit den italienischen Kids auf der Straße.

» Ein Aufenthalt in einem *agriturismo.* Besonders attraktiv sind die Höfe, die ein paar Tiere halten.

» Eine Wanderung auf die spektakulären und überraschend leicht zu besteigenden Vulkane im Süden oder eine Radtour zu Füßen der Dolomiten.

» Eis essen – der perfekte Genuss für die ganze Familie! Mit einer Portion *gelato* kann man Kinder ganz hervorragend bei Laune halten!

Karten

Zusammen mit den guten, regional gratis verteilten Stadtplänen der Touristeninformationen reichen die Stadtpläne in diesem Buch normalerweise aus. Wer detaillierte Pläne wünscht, sollte sich in den Läden der nationalen Buchhandelskette Feltrinelli umsehen oder sich über die folgenden Internetseiten informieren.

Touring Club Italiano (TCI; www.touringclub.com, auf Italienisch) Italiens größter Kartenhersteller unterhält eigene Läden im ganzen Land und verlegt eine gute Italienkarte im Maßstab 1:800 000, außerdem eine Serie von 15 Regionalkarten (1:200 000, 7,90 € pro Karte). Zusätzlich vertreibt er eine hervorragende Wanderführerserie mit Karten, die zusammen mit dem Club Alpino Italiano (CAI), dem italienischen Alpenverein, erstellt wurde.

Tabacco (www.tabaccoeditrice.com) Publiziert eine gute Wanderkartenserie im Maßstab 1:25 000, die Karten decken die Region von Bormio im Westen bis zur slowenischen Grenze im Osten ab.

Kompass (www.kompass-italia.it, auf Deutsch, Italienisch) Publiziert Wanderkarten in den Maßstäben 1:25 000 und 1:50 000 von verschiedenen Regionen Italiens, dazu eine Serie an Radkarten im Maßstab 1:70 000.

Edizioni Multigraphic Florence (www.edizionimultigraphic.it, auf Italienisch) Veröffentlich eine Serie von Wanderkarten mit dem Schwerpunkt Apennin.

Kinder

Im Buch werden alle familien- und kinderfreundlichen Einrichtungen mit dem Icon 👪 gekennzeichnet. Die entsprechenden Angebote variieren, viele Unterkünfte bieten Familienzimmer oder Zimmer mit Verbindungstür, haben Tiere, ein eigenes Spielzimmer oder einen Spielplatzbereich auf dem Grundstück zur Unterhaltung der Kinder.

Praktisch & Konkret

Italiener lieben Kinder, und weil sie grundsätzlich in den Alltag mit einbezogen werden, gibt es nur wenige Angebote speziell für die Kleinen. Bei den Touristeninformationen sollte man nach Aktivitäten für Familien fragen und checken, ob der Ort besonders kinderfreundliche Hotels aufweist. In Nahverkehrsmitteln und bei Eintrittsgeldern gibt es meist für Kinder bis 12 Jahren (oder nach Körpergröße) Ermäßigungen.

Unterkünfte sollten immer im Voraus gebucht werden, so vermeidet man Unannehmlichkeiten vor Ort. In den Hotels gibt es teilweise Doppelzimmer, in denen kein Kinderbett beigestellt

ÖFFNUNGSZEITEN

EINRICHTUNG	REGEL-ÖFFNUNGSZEITEN	ANMERKUNGEN
Banken	Mo–Fr 8.30–13.30 & 15.30–16.30 Uhr	Die Wechselschalter sind häufig länger geöffnet.
Postämter in den Stadtzentren	Mo–Fr 8–19, Sa 8.30–12 Uhr	
Kleine Postämter	Mo–Fr 8–14, Sa 8.30–12 Uhr	
Restaurants	12–14.30 & 19.30–23/24 Uhr	Im Sommer und im Süden häufig auch länger; die Küche schließt oft eine Stunde früher als das Restaurant selbst; viele Lokale haben mindestens einen Ruhetag pro Woche.
Cafés	7.30–20 Uhr	
Bars, Kneipen & Clubs	22–4 Uhr	Öffnen teilweise auch früher, wenn Lokale angeschlossen sind; richtig Stimmung kommt meist erst gegen Mitternacht auf.
Läden	Mo–Fr 9–13 & 15.30–19.30 Uhr (oder 16–20 Uhr)	In den größeren Städten haben die Kaufhäuser und Supermärkte auch über die Mittagszeit und an Sonntagen geöffnet.

werden kann; wer darauf angewiesen ist, sollte das im Vorfeld klären. Wenn das eigene Kind klein genug ist, um bei den Eltern im Bett zu schlafen, verlangen einige Hoteliers keinen Aufpreis für das Kind. Ein Blick auf die Website www.booking.com lohnt sich: Hier stehen unter der Rubrik „kid policy" für jedes Hotel die Angaben, was das Hotel für Familien bietet und welche möglichen Zusatzgebühren eventuell noch anfallen.

Bei den öffentlichen Transportmitteln gibt es viele Vergünstigungen für Kinder (in der Regel für die unter 12 Jahren, manchmal richten sich die Preise aber auch nach der Körpergröße). Der Eintritt zu vielen Sehenswürdigkeiten ist für Kinder bzw. Jugendliche unter 18 Jahren sogar frei.

Damit niemand im Zug stehen muss, sollten die Sitzplätze im Zug besser im Voraus reserviert werden. Altersgerechte Kindersitze stellen die meisten Autovermieter bei vorheriger Reservierung zur Verfügung.

Puder, Salben und sonstige Pflegeartikel für Babys bekommt man in der Apotheke, Windeln kauft man in Apotheken bzw. ganz einfach im nächsten Supermarkt. Kuhmilch – wohl vor allem für ältere Kinder – ist in Supermärkten oder in Milchbars erhältlich, oft allerdings nur in Form der ultrahocherhitzten (H-)Milch.

Kinder sind in den meisten Restaurants willkommen, nicht immer werden aber Hochstühle angeboten. Kindermenüs im klassischen Sinne findet man eher selten, es ist aber kein Problem, nach einem *mezzo piatto* (halbe Portion) eines Gerichtes zu fragen.

Viele weitere Informationen und Anregungen findet man im Reisebuch *Travel with Children* von Lonely Planet, außerdem auf der hervorragenden, auf Italien spezialisierten Seite www.italiakids.com. Eher allgemein gehalten sind die Informationen auf den Webseiten www.travelwithyourkids.com und www.familytravel network.com.

Öffnungszeiten

Öffnungszeiten werden nur dann genannt, wenn sie von den Regelöffnungszeiten, die im Kasten (s. oben) aufgeführt werden, abweichen.

Post

Le Poste (www.poste.it, auf Italienisch), Italiens nationale Post arbeitet einigermaßen zuverlässig. Die Öffnungszeiten werden im entsprechenden Abschnitt dieses Kapitels genannt.

Francobolli (Briefmarken) verkaufen reguläre Postämter und authorisierte Tabakläden (nach dem großen „T" – weiß auf Schwarzem Grund – Ausschau halten). Da Briefe in den Tabakläden nicht ganz genau ausgewogen werden können, fällt das Porto dort manchmal etwas höher aus. Tabakläden haben wie normale Geschäfte geöffnet.

Porto

Der Preis für eine Luftpostsendung (*via aerea*) richtet

sich nach dem Gewicht, der Größe und dem Bestimmungsland. Viele wählen stattdessen die relativ schnelle Versandform *posta prioritaria*, diese schnellste italienische Form des Versands garantiert für Europa eine Zustellung innerhalb von drei Tagen. Briefe bis 20 g kosten innerhalb Europas 0,75 €, Briefe von 20 bis 50 g 1,60 €.

Rechtsfragen

Der Durchschnittstourist wird mit dem italienischen Gesetz nur dann in Berührung kommen, wenn ihm ein Dieb die Tasche oder die Geldbörse stiehlt.

Polizei

Die Kontaktadressen der Polizeistationen oder *questure* werden in allen Regionalkapiteln genannt. Wer ein Problem bekommt, wird in der Regel mit der *polizia statale* (Staatspolizei) oder den *carabinieri* (Militärpolizei) zu tun haben. Die Staatspolizisten tragen blaue Hosen mit einem fuchsiafarbenen Streifen und eine marineblaue Jacke. Die Carabinieri tragen schwarze Uniformen mit einem roten Streifen und fahren dunkelblaue Autos mit einem roten Streifen. Im Kasten werden die unterschiedlichen italienischen Polizeiorganisationen und deren Zuständigkeitsbereiche vorgestellt.

Die nationale Notfallnummer findet sich auf S. 17.

Sex, Drogen & Alkohol

Italiens Altersbegrenzung für den einvernehmlichen Geschlechtsverkehr liegt bei 14 Jahren, in einigen Fällen auch bei 13 Jahren, in anderen bei 16 Jahren. Reisende sollten wissen, dass in jedem Fall zusätzlich die Gesetze des Heimatlandes gelten – auch wenn man sich außerhalb des Landes befindet.

Italien hat strenge Drogengesetze: Der Besitz jeglicher Drogen (inklusive Kannabis und Marihuana) bringt den Besitzer in größte Schwierigkeiten. Schon beim Besitz von 5 g Kannabis kann man als Drogendealer verhaftet und als solcher verurteilt werden, Gleiches gilt auch für kleinste Mengen anderer Drogenarten. Wer unter diesen Mengen bleibt, wird ebenfalls, wenn auch nicht ganz so hart, bestraft.

Die Promillegrenze liegt bei 5 Promille, regelmäßig werden Fahrer Alkoholkontrollen unterzogen.

Rechte & Ansprüche

Italien hat Anti-Terror-Gesetze, die u.a. auch die Vorgehensweise bei Inhaftierungen beeinflussen. Innerhalb von 24 Stunden sollen die Inhaftierten schriftlich oder mündlich über die Straftaten, die ihnen zur Last gelegt werden, informiert werden. Die Inhaftierten haben keinen Anspruch auf ein Telefongespräch. Die Staatsanwaltschaft muss – je nach Art des Vergehens – innerhalb von 48 Stunden bei einem Richter einen Antrag auf Untersuchungshaft stellen. Ohne die Gegenwart eines Anwalts haben die Tatverdächtigen das Recht, die Aussage zu verweigern. Wenn Untersuchungshaft angeordnet wird, kann vom Beschuldigten innerhalb von zehn Tagen Widerspruch eingelegt werden.

ITALIENISCHE POLZEI-ORGANISATIONEN

Polizia statale (Staatspolizei)	Diebstähle, Visaverlängerung und Genehmigungen
Carabinieri (Militärpolizei)	Allgemeine Verbrechen, öffentliche Ordnung und Drogenbekämpfung (oft gibt es Überschneidungen mit den Aufgabenbereichen der polizia statale)
Vigili urbani (Verkehrspolizei)	Parkscheine, Abschleppen von Fahrzeugen
Guardia di finanza (Finanzpolizei)	Steuerflucht, Drogenschmuggel
Guardia forestale (auch: corpo forestale – Forstpolizei)	Umweltschutz

Reisen mit Behinderung

Italien ist auf Reisende mit Behinderung (leider) nicht sehr gut vorbereitet, vor allem Rollstuhlfahrer stehen immer wieder vor schier unüberwindbaren Hürden. Selbst eine kurze Fahrt in die Stadt kann wegen des häufig vorkommenden Kopfsteinpflasters ein schwieriges Unterfangen werden. Viele Gebäude haben inzwischen Aufzüge, doch die vorhandenen sind oft zu schmal für einen Rollstuhl. Für Gehörlose und Blinde sieht die Lage leider auch nicht viel besser aus, entsprechende Einrichtungen an Ampeln fehlen meist.

Die Italienische Zentrale für Tourismus ENIT bietet Informationen über italienische Organisationen für Behinderte und weiß, wo Unterstützung möglich ist.

Die Staatsbahn **Trenitalia** (www.trenitalia.com) hat eine landesweit geltende Hotline für Behinderte eingerichtet, die Nummer ☎199 303060 ist täglich von 7 bis 21 Uhr besetzt.

Eine Handvoll Städte – u. a. Bologna, Mailand, Padua, Reggio Emilia, Turin, Venedig und Verona – haben allgemeine Informationsblätter herausgegeben, die über die Zugänglichkeit einzelner Sehenswürdigkeiten in ihrer Stadt Auskunft geben. In Mailand ist **Milano per Tutti** (www.milanopertutti.it) eine hilfreiche Quelle.

Hier einige Organisationen, die weiterhelfen können:

Accessible Italy (www.accessibleitaly.com) Das in San Marino ansässige Unternehmen hat sich auf Behindertenreisen spezialisiert. Das Angebot reicht von der Vermittlung behindertengerechter Fahrzeuge bis zur Organisation romantischer Hochzeiten in Italien. Die beste Anlaufstelle.

Consorzio Cooperative Integrate (www.coinsociale.it) Die Organisation mit zentralem Sitz in Rom bietet Informationen für die Besuche in der Hauptstadt (inkl. Transport und Zugänglichkeit einzelner Sehenswürdigkeiten) und vermittelt Kontakte in ganz Italien. Ihr Programm „Turismo per Tutti" hat sich zum Ziel gesetzt, die Infrastruktur und den behindertengerechten Zugang zu Sehenswürdigkeiten zu verbessern.

Schwule & Lesben

Homosexualität ist in Italien legal und wird auch in den größeren Städten und Großstädten toleriert. Im eher konservativen Süden und in den Kleinstädten sollten sich gleichgeschlechtliche Paare jedoch mit ihren Gefühlsäußerungen in der Öffentlichkeit eher zurückhalten.

In Rom, Mailand und Bologna findet man Schwulenclubs, außerdem ein paar Lokalitäten in Städten wie Florenz. Einige Küstenstädte und Ferienanlagen (z. B. Viareggio in der Toskana und Taormina auf Sizilien) sind im Sommer Treffpunkte der Szene.

Im Juni 2011 hat Rom Europas größten Schwulenevent, das **Euro Pride Festival** (www.europrideroma.com), erfolgreich ausgerichtet. Über 1 Mio. Besucher nahmen an dem 12 Tage dauernden Festival teil, das seinen absoluten Höhepunkt in einem Großkonzert mit Lady Gaga hatte.

Weitere Informationen bieten die folgenden Internetseiten:

Arcigay & Arcilesbica (www.arcigay.it) Die landesweit arbeitende Organisation für Schwule und Lesben hat ihren Hauptsitz in Bologna.

AZ Gay (www.azgay.it) Die in Rom sitzende Organisation publiziert einen kostenlosen Schwulenführer für Rom, er ist in den Touristeninformationen und -schaltern erhältlich.

Circolo Mario Mieli (www.mariomieli.org) Das in Rom beheimatete Kulturzentrum publiziert *Aut*, ein kostenloses Monatsmagazin mit News und Themen wie Kultur und Politik.

Gay.it (www.gay.it, auf Italienisch) Die Website bietet einen Überblick über Bars und Hotels für Schwule in ganz Italien.

GayFriendlyItaly.com (www.gayfriendlyitaly.com) Die englischsprachige Seite von Gay.it bietet Informationen zu unzähligen Themen von Hotels über Homophobie bis zu rechtlichen Fragen.

Pride (www.prideonline.it) Das landesweit erscheinende Monatsmagazin berichtet über Kunst, Musik, Politik und Schwulenkultur.

Sprachkurse

Italienischkurse werden sowohl von Privatschulen als auch von Universitäten in ganz Italien angeboten. Die großen Städte Rom und Florenz sind geradezu gepflastert mit Sprachschulen, in anderen Großstädten und Städten gibt es zumindest eine Schule. Wer sich einen Überblick verschaffen möchte, sollte die Seite von **Saena Iulia** (www.saenaiulia.it) aufrufen.

Università per Stranieri di Perugia (www.unistrapg.it) Ihr ausgefeiltes und preislich gutes Programm macht Perugia zur besten Sprachschule für Ausländer. Begleitend zum Sprachstudium werden Kurse in Malen, Kunstgeschichte, Bildhauerei und Architektur angeboten.

Università per Stranieri di Siena (www.unistrasi.it) Ein ähnlich anerkanntes Programm bietet die Universität von Siena; die Stadt zählt zu den schönsten mittelalterlichen Städten des Landes.

Italienisches Außenministerium (www.esteri.it) Das Außenministerium veröffentlicht auf seiner Webseite über 90 weltweit arbeitende Filialen des Istituto Italiano di Cultura (IIC). Diese von der Regierung bezahlten Kulturinstitute sollen die italienische Kultur und Sprache im Ausland fördern. Sie sind eine sehr gute Anlaufstelle, um sich vor der Reise oder dem Italienaufenthalt schon einmal über die Möglichkeiten zu informieren, wo und wie man die italienische Sprache am besten vor Ort erlernen kann.

Strom

Die Stromspannung beträgt, wie in Deutschland, Österreich und der Schweiz 220–230 V bei einer Frequenz von 50 Hz. Die Stecker haben zwei oder drei runde Stifte (bei drei Stiften mit Erdung).

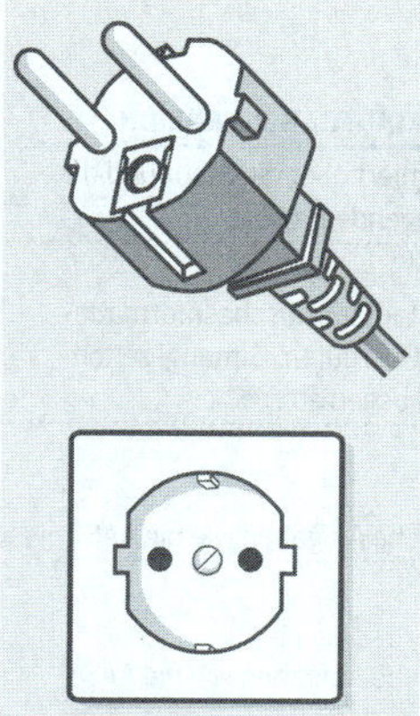

230V/50Hz

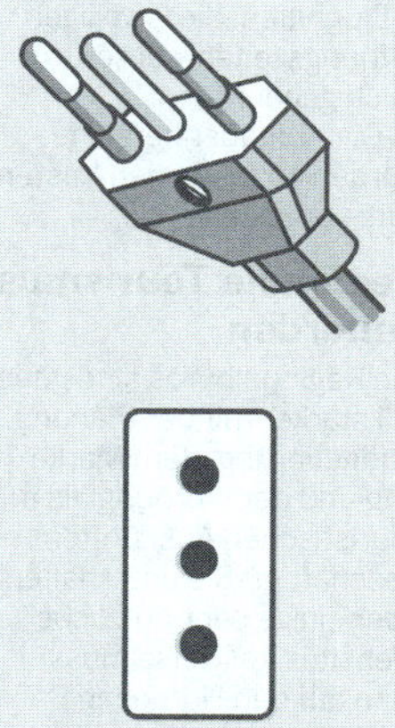

230V/50Hz

Telefon

Inlandsgespräche

Die italienischen Ortsvorwahlnummern beginnen mit einer 0 und bestehen aus bis zu vier Ziffern. Ihr folgt eine vier- bis achtstellige Teilnehmernummer. Es müssen immer beide Nummern gewählt werden, selbst wenn nur ins Nachbarhaus telefoniert wird.

Mobilnummern beginnen mit einer dreistelligen Nummer wie etwa der 330. Gebührenfreie Telefonnummern, die sogenannten *numeri verdi*, erkennt man daran, dass sie alle mit einer 800 beginnen. Ortsunabhängige Telefonnummern beginnen mit 840, 841, 848, 892, 899, 163, 166 oder 199. Es gibt einige sechsstellige landesweite Telefonnummern für Großunternehmen wie Alitalia, Bahn und Post.

Auch in Italien gibt es viele verschiedene Anbieter mit unterschiedlichen Tarifsystemen, sodass es fast unmöglich ist, genaue Kosten anzugeben.

Internationale Anrufe

Am billigsten oder sogar umsonst telefoniert man ins Ausland über Computerprogramme wie Skype. Die Alternative sind günstige Call-Center oder Telefonkarten für Auslandsgespräche, die an Zeitungsständen und in Tabakläden verkauft werden. Günstige Telefoncenter findet man in allen Großstädten, ihre Preise liegen oft unter denen der Telefonkartenanbieter. In Call-Centern telefoniert man in einem separaten Telefonabteil und zahlt nach Beendigung des Gesprächs. Auch von öffentlichen Münz- bzw. Kartentelefonen kann man problemlos mit einer Telefonkarte ins Ausland telefonieren. Dafür wählt man die internationale Vorwahl ☎00 (um aus Italien herauszutelefonieren) und anschließend den Ländercode sowie die Ortsvorwahl (ohne 0) und die Teilnehmernummer. Der Ländercode für Deutschland ist die 0049, für Österreich die 0043 und für die Schweiz die 0041.

Um aus dem Ausland nach Italien zu telefonieren, wählt man von Deutschland, Österreich und der Schweiz die 0039, anschließend die Ortsvorwahl mit der 0, dann die Telefonnummern des lokalen Teilnehmers.

Auskunft

Nationale und internationale Telefonnummern können über die ☎1254 (oder online über 1254.virgilio.it) erfragt werden.

Mobiltelefone

In Italien wird GSM 900/1800 verwendet, das kompatibel ist mit den in Europa verbreiteten Handys. Viele moderne Smarttelefone sind ebenfalls mit einer großen Zahl internationaler Telefonnetze kompatibel. Wer sichergehen will, checkt das vor der Reise mit seinem Handyprovider und klärt auch die anfallenden Kosten für eingehende Gespräche aus dem Ausland.

Wer unterwegs öfter telefonieren will, fährt möglicherweise besser mit dem Kauf einer italienischen Telefonkarte oder lässt sein Handy entsperren, sodass eine italienische SIM-Karte eingelegt werden kann.

In kaum einem anderen europäischen Land wird so viel mobil telefoniert wie in Italien. In der Regel kann ein Handy nach dem in Europa üblichen GSM-Standard, das entsperrt worden ist (notfalls beim Provdider nachfragen), mit einer Prepaid-Karte geladen werden. Es kostet um die 10 €, die lokale Prepaid-Karte zu aktivieren (manchmal sogar mit Freiminuten für denselben Betrag). Beim Kauf der Karte wird ein Personalausweis verlangt.

Prepaid-SIM-Karten erhält man in Telefon- und Elektronikläden. Wer eine eigene italienische SIM-Karte hat, kann das Telefon mit einer Prepaidkarte bestücken (kann dann mit beliebig viel Minuten aufgeladen werden), die viele Tabakläden und Zeitungsstände, teilweise auch Bars, Supermärkte und Banken verkaufen.

Die Alternative ist der Kauf (oder das Mieten) eines billigen italienischen Handys für die Dauer des Aufenthaltes in Italien.

TOURISTENINFORMATIONEN

NAME	KURZBESCHREIBUNG	HAUPTAUFGABENBEREICH
Azienda di Promozione Turistica (APT)	Haupt-Touristeninformation der Provinz	Informiert über die Stadt und die umliegende Provinz
Azienda Autonoma di Soggiorno e Turismo (AAST)	Lokale Touristeninformation in größeren Städten und Großstädten des Südens	Nur stadtspezifische Informationen (Busrouten, Öffnungszeiten von Museen etc.)
Informazione e Assistenza ai Turisti (IAT)	Lokale Touristeninformation, meist in der Nordhälfte Italiens zu finden	Ähnliche Aufgaben wie die AAST
Pro Loco	Lokale Touristeninformationen in kleineren Städten und Gemeinden	Ähnliche Aufgaben wie die AAST

Unter den großen Handyprovidern bieten TIM (Telecom Italia Mobile), Wind und Vodafone das dichteste Filialnetz im Land.

Münz- & Kartentelefon

Die teilprivatisierte Telecom Italia ist der größte Festnetzanbieter in Italien. Dort wo die Büros bzw. Läden mit Angestellten besetzt sind, ist es möglich, Ferngespräche im Laden zu führen. Überall im Land findet man in den Straßen, Bahnhöfen und Telecom-Büros öffentliche Telefone. Die meisten akzeptieren jedoch nur noch Telefonkarten – *carte/schede telefoniche*, einige auch Kreditkarten. Telecom bietet eine ganze Palette an Prepaidkarten für wahlweise Inlands- oder Auslandsgespräche. Details findet man unter *www.telecomitalia.it/telefono/carte-telefoniche*. Telefonkarten können im Wert von 3, 5 oder 10 € in den Postämtern, Tabakläden und Zeitungsständen gekauft werden. Vor dem ersten Telefonat muss die obere linke Ecke der Karte herausgebrochen werden.

Alle Telefonkarten haben ein Ablaufdatum, das auf der Vorderseite der Karte aufgedruckt ist.

Touristeninformation

Es gibt vier verschiedene Touristeninformationen: die der Städte und Gemeinden, der Provinz, der Region und des Staates.

Örtliche & Provinz-Touristeninformationen

Trotz ihrer unterschiedlichen Namen bieten beide Organisationen den gleichen Service und werden deshalb in diesem Reiseführer unter dem Namen Touristeninformationen zusammengefasst. Alle haben Kundenkontakt und beantworten telefonische oder schriftliche Informationsanfragen. Die Mitarbeiter können Besucher mit einem Stadtplan, einer Unterkunftsliste und Informationen zu den Hauptsehenswürdigkeiten versorgen. In größeren Städten und den wichtigsten Tourismusregionen wird auch Englisch gesprochen, teilweise, wie zum Beispiel in Alto Adige (Südtirol), auch Deutsch.

Die großen Büros haben generell von Montag bis Freitag geöffnet, einige auch an den Wochenenden (vor allen in den Städten und in der Haupturlaubssaison). Teilweise unterhalten die Büros zusätzlich Informationsstände an Bahnhöfen und in Flughäfen, die jeweiligen Öffnungszeiten werden im Buch genannt.

Die Aufgabenbereiche werden im folgenden Kasten kurz vorgestellt:

Regionale Tourismusbehörden

Die Regionalbüros sind generell stärker mit der Planung, Budgetierung, dem Marketing und der Werbung als mit touristischen Auskünften beschäftigt. Sie unterhalten aber einige sehr nützliche Websites, teilweise muss man auf den Homepages nach den Links „Tourism" oder „Turismo" suchen.

Abruzzo (Abruzzen) (www.abruzzo turismo.it)

Basilicata (Basilikata) (www.aptbasili cata.it)

Calabria (Kalabrien) (www.turiscalabria.it, in Italian)

Campania (Kampanien) (www.in-campania.com)

Emilia-Romagna (www.emiliaromagnaturismo.it)

Friuli Venezia Giulia (Friaul-Julisch Venetien) (www.turismo.fvg.it)

Lazio (Latium) (www.ilmiolazio.it, in Italian)

Le Marche (Marken) (www.le-marche.com)
Liguria (Ligurien) (www.turismoinliguria.it)
Lombardia (Lombardei) (www.turismo.regione.lombardia.it)
Molise (www.regione.molise.it/turismo, in Italian)
Piemonte (Piemont) (www.regione.piemonte.it/turismo, in Italienisch)
Puglia (Apulien) (www.pugliaturismo.com)
Sardegna (Sardinien) (www.sardegnaturismo.it)
Sicilia (Sizilien) (www.regione.sicilia.it/turismo)
Trentino-Alto Adige (Trentino-Südtirol) (www.visittrentino.it, www.suedtirol.info)
Toscana (Toskana) (www.turismo.intoscana.it)
Umbria (Umbrien) (www.regioneumbria.eu)
Valle d'Aosta (Aostatal) (www.regione.vda.it/turismo)
Veneto (Venetien) (www.veneto.to)

ENIT-Büros im Ausland

Der **Italienische Fremdenverkehrsverband ENIT** (www.enit.it) hat Büros in Deutschland, Österreich und der Schweiz, die Adressen finden sich auf der Homepage.

AUSSERGEWÖHNLICHE UNTERKÜNFTE

Für alle, die auf der Suche nach extravaganten Unterkünften sind, bietet Italien eine ganze Fülle an Übernachtungsmöglichkeiten.

» Ganz in der Nähe von Italiens Stiefelabsatz werden **Trulli** vermietet – die charakteristischen, weiß getünchten konischen Häuser sind im Süden Apuliens zu finden.

» Auf der Insel Pantelleria, auf halben Weg zwischen Sizilien und Afrika, schläft man in einem **Dammuso**: Das traditionelle Haus hat dicke, weiß getünchte Wände und eine flache Kuppel.

» In Bologna lässt es sich ein oder zwei Nächte königlich in einem zwölfstöckigen **Geschlechterturm** aus dem 12. Jh. schlafen. Der Torre Prendiparte wurde zu einem B&B umgebaut.

» In der autonomen Region Friuli Venezia Giulia ist es möglich, das dörfliche Leben in einem **Albergo diffuso** kennenzulernen. Das mit Preisen ausgezeichnete Konzept bietet Unterkünfte in verschiedenen Wohnungen und traditionellen Häusern in den historischen Ortskernen. Die Vermietung erfolgt durch ein zentrales, hotelartiges Reservierungs- und Rezeptionssystem.

Unterkunft

Die Palette der Unterkünfte in Italien reicht von nobel bis skurril – mit entsprechenden Preisunterschieden. Hotels und *pensioni* findet man in allen Qualitätsabstufungen, das Spektrum deckt von einfachen Quartieren in der Nähe der Bahnhöfe bis zu Luxustempeln, die zu den besten weltweit gehören, alles ab. Während Jugendherbergen und Zeltplätze vor allem bei denjenigen gefragt sind, die auf ihr Reisebudget achten müssen, bieten die *rifugi* (Schutzhütten) Wanderern abends ein sicheres Dach über dem Kopf. Die Zahl der hübschen Unterkünfte im B&B-Stil nimmt ständig zu, im Zentrum der Städte sind Ferienwohnungen gefragt, auf dem Land findet man luxuriöse Landhausvillen und *agriturismi*, die Ferien auf einem landwirtschaftlichen Betrieb bieten. Doch damit sind der Fantasie noch keine Grenzen gesetzt Wer schon immer einmal in einer Burg, einem Schloss oder einem altehrwürdigen Kloster übernachten wollte, wird mit Sicherheit in Italien Entsprechendes finden.

Die im Buch vorgestellten Unterkünfte sind in drei Kategorien eingeteilt:

KATEGORIE	SYMBOL	PREIS
Günstig	€	unter 100 €
Mittelklassehotels	€€	100–200 €
Spitzenklassehotels	€€€	über 200 €

Bei Halbpension handelt es sich um ein Frühstück sowie wahlweise ein Mittag- oder Abendessen, bei Vollpension sind alle drei Mahlzeiten im Preis inbegriffen.

Die Preise können saisonal extrem schwanken; an

UNTERKÜNFTE ONLINE BUCHEN

Weitere Hotelempfehlungen und kritische Kommentare von Lonely-Planet-Autoren bietet der Online-Buchungsservice unter www.lonelyplanet.com. Dort sind Insider-Tipps zu den besten Übernachtungsmöglichkeiten abrufbar. Die Angaben sind unabhängig und sorgfältig recherchiert. Und das Beste: Es besteht die Möglichkeit, sofort online zu buchen.

AGRITURISMO – URLAUB AUF DEM BAUERNHOF

Agriturismi sind die entspannteste Art, in Italien seinen Urlaub zu verbringen. Die *agriturismi,* die immer beliebter werden, führen zurück zu Italiens landwirtschaftlichen Wurzeln. Um sich als *agriturismo* bezeichnen zu dürfen, muss der Betrieb zumindest ein Produkt selbst anbauen. Von dieser Regel einmal abgesehen, ist unter den Unterkünften vom wirklich rustikalen Hof mit lediglich ein paar Olivenbäumen bis hin zu luxuriösen Anwesen im Landhausstil, wo die Gäste sogar Golf spielen können, alles geboten.

Die Erfolgsstory des *agriturismo* begann in der Toskana und in Umbrien und findet inzwischen Nachahmer in allen Provinzen des Landes. Wer sich für eine solche Unterkunft interessiert, kann in jeder Tourismusinformation nachfragen oder sich online auf folgenden Seiten informieren:

» **Agritour** (www.agritour.net)
» **Agriturist** (www.agriturist.com, in Italienisch)
» **Agriturismo.it** (www.agriturismo.it)
» **Agriturismo.net** (www.agriturismo.net)
» **Agriturismo.com** (www.agriturismo.com)
» **Agriturismo-Italia.net** (www.agriturismo-italia.net)
» **Agriturismo Vero** (www.agriturismovero.com)

Ostern, in den Sommermonaten und an Weihnachten/Neujahr werden generell Hauptsaisonpreise verlangt. Die Saisonzeit richtet sich aber auch nach der Lage: In den Bergen zahlt man in der Skisaison (Dez.–März) die höchsten Preise, an der Küste in den Monaten Juli und August. Dagegen fallen in den Städten im Sommer die Preise, vor allem im August, wenn manche Hoteliers nur noch den halben Preis verlangen. Generell sollte man in der Hauptsaison frühzeitig buchen, nur in den Städten ist mit etwas Glück auch spontan noch eine ansprechende Unterkunft zu finden.

Die Preise hängen aber auch sehr stark davon ab, wonach man sucht. Für den Preis, zu dem man in Venedig oder Mailand gerade einmal eine Billigunterkunft bekommt, lässt es sich im ländlichen Kampanien in einem guten Mittelklassehotel logieren. Im Buch werden generell die Tiefst- und Höchstpreise genannt: 80–130 € bedeutet, dass ein Doppelzimmer in der Nebensaison 80 €, in der Hochsaison aber bis zu 130 € kostet.

Einige Hotels, vor allem in schlechteren Lagen, ändern ihre Preise je nach Nachfrage. In der Nebensaison kann man deshalb durchaus mal versuchen, den Preis zu drücken, vor allem dann, wenn der Aufenthalt mehrere Tage dauert.

Hotels verlangen in der Regel eine Bestätigung der Reservierung durch die Angabe der Kreditkartennummer. Bei Nichterscheinen ohne Stornierung wird zumindest eine Nacht berechnet.

Apartments

Um in italienischen Großstädten selbst eine Mietwohnung zu finden, investiert man viel Mühe und erhebliche Zeit. Besser ist es, über ein Vermittlungsbüro gegen eine Gebühr eine Wohnung zu mieten.

Ein kleines Apartment in der Nähe des römischen Stadtzentrums kostet pro Monat rund 1000 € plus Kaution, in Städten wie Florenz, Mailand, Neapel und Venedig etwa den gleichen Betrag.

Mietangebote von Apartments und Häusern finden sich in lokalen Zeitungen wie der römischen Wochenzeitung *Porta Portese* und dem 14-tägig erscheindenden *Wanted in Rome;* interessant könnte es auch sein, ein Apartment mit mehreren Personen zu mieten. Wer länger bleiben will, kann auch die Aushänge an den Schwarzen Brettern der Universitäten checken.

Für kürzere Aufenthalte gibt es reichlich Angebote von verschiedenen Veranstaltern, auch im Internet. Hier eine Auswahl:

Guest in Italy (www.guestinitaly.com) Die Online-Agentur arbeitet ausschließlich in Italien und bietet Wohnungen (meist für 2–4 Pers.) für 120 bis 450 € pro Nacht an.

Homelidays (www.homelidays.com) Über 16 000 Ferienwohnungen aller Couleur und Prestige verteilt über ganz Italien.

Holiday Lettings (www.holidaylettings.co.uk) Vermietet ungefähr 4000 Wohnungen und Villen im ganzen Land.

Interhome (www.interhome.co.uk) Bei Interhome werden Wohnungen wochenweise vermietet, die Preise liegen bei rund 580 bis 760 € für 2–3 Personen im Zentrum von Rom.

Die Touristeninformationen in den Feriengebieten (Küstenorte im Sommer, Skiorte im Winter) haben ebenfalls in der Regel Listen mit Wohnungen und Villen ausliegen oder zumindest auf Anfrage.

B&Bs

B&Bs sind auf dem italienischen Übernachtungsmarkt

immer stärker im Kommen und sind inzwischen überall sowohl in der Stadt als auch auf dem Land verbreitet. Auch hier ist die Bandbreite an Unterkünften groß und reicht vom restaurierten Bauernhof über Stadtpaläste und Bungalows an der Küste bis hin zum klassischen Zimmer in einem Privathaus. Die Preise pro Person variieren deutlich und liegen zwischen 25 und 75 €. Weitere Informationen bietet die Seite **Bed & Breakfast Italia** (www.bbitalia.it).

Berghütten

In den Alpen, im Apennin und anderen Bergregionen Italiens gibt es ein Netz von *rifugi*, die Wanderern normalerweise von Juli bis September offenstehen. Die Gäste werden meistens in Schlafsälen oder Matrazenlager untergebracht, größere Hütten bieten auch Doppelzimmer. Die Übernachtung (meist mit Frühstück) kostet je nach Ausstattung der Hütte zwischen 20 und 30 €, die Doppelzimmer natürlich etwas mehr. Ein herzhaftes und reichhaltiges Abendessen schlägt mit rund 10 bis 15 € zu Buche.

Rifugi sind auf guten Wanderkarten verzeichnet. Einige liegen in direkter Nähe zu Sesselliften oder Seilbahnen und sind entsprechend frequentierter und teurer. Andere befinden sich hoch in den Bergen und sind nur nach einem langen Fußmarsch erreichbar. Wichtig ist eine Reservierung im Voraus. Weitere Informationen geben die örtlichen Touristeninformationen.

Viele Hütten werden vom italienischen Alpenverein, dem **Club Alpino Italiano** (CAI; www.cai.it), betrieben. Mitglieder der deutschsprachigen Alpenvereine (DAV, OEAV, SAC/CAS) können zu ermäßigten Preisen übernachten und essen.

Camping

Die Mehrzahl der italienischen Campingplätze sind große Ferienanlagen mit Pools, Restaurants und Supermärkten, klassifiziert werden sie nach einem Sternesystem. Die Übernachtungspreise richten sich nach der Saison und sind naturgemäß im Juli und August am höchsten. Einige Plätze bieten All-inclusive-Preise, bei anderen werden jede Person sowie Zelt, Auto und Wohnwagen separat berechnet. Die im Buch genannten Preise spiegeln die jeweilige Preisstruktur wider. In der Hochsaison werden zwischen 6 und 20 € pro Erwachsenem verlangt, Kinder unter 12 Jahren sind frei oder bezahlen maximal 12 €, für einen Stellplatz werden 5 bis 25 € verlangt.

Die italienischen Campingplätze sind so gelegen, dass man eigentlich ein eigenes Fahrzeug braucht, es gibt aber auch einige, die mit öffentlichen Verkehrsmitteln erreichbar sind. Dies wird dann auch entsprechend im Buch erwähnt. In den Großstädten sind die Plätze oft weit von der Altstadt entfernt. Viele, aber nicht alle, haben Plätze für Wohnmobile. Wer zelten will, muss seine eigene Ausrüstung mitbringen, nur wenige Anlagen vermieten Zelte. Die Alternative sind manchmal Bungalows oder Selbstversorgerwohnungen (in der Hauptsaison beträgt die Mindestmietzeit häufig eine Woche).

Adresslisten von Campingplätzen sind erhältlich bei den örtlichen Touristeninformationen oder online auf den folgenden Seiten:

Campeggi.com (www.campeggi.com)

Camping.it (www.camping.it)

Italcamping.it (www.italcamping.it)

Canvas Holidays (www.canvasholidays.co.uk)

Eurocamp (www.eurocamp.co.uk)

Keycamp (www.keycamp.co.uk)

Select Sites (www.selectsite.com)

Viele Buchhandlungen verkaufen den jährlich neu aufgelegten *Campeggi e villaggi turistici in Italia* (Campingplätze und Ferienanlagen in Italien, 14,90 €), diese Liste aller italienischer Plätze publiziert der Touring Club Italiano (TCI).

Ferienvillen

Unter der toskanischen Sonne hat die Ferienvillen-Szene in den letzten Jahren eine unglaubliche Erfolgsgeschichte geschrieben: Unzählige Agenturen bieten Ferienvillen an, oft in traumhafter Lage auf dem Land und doch nicht weit weg von den wunderschönen mittelalterlichen Städten oder den Mittelmeerstränden.

Wer sich für eine solche Villa in den altehrwürdigen und beliebtesten Regionen Italiens – vor allem in der Toskana und in Umbrien – interessiert, wird auf den folgenden Seiten sicher das Passende finden:

Siglinde Fischer (www.siglinde-fischer.de) Deutschsprachige Website mit zahlreichen Hotels, Ferienhäusern etc.

Casamundo (www.casamundo.de) Deutschsprachige Website mit Ferienhäusern und Ferienwohnungen in ganz Europa.

Ilios Travel (www.iliostravel.com) Die britische Firma vermietet Villen und Ferienwohnungen in Venedig, der Toskana, in Umbrien, Latium, den Marken, Abruzzen und in Kampanien.

Invitation to Tuscany (www.invitationtotuscany.com) Hat eine große Zahl an Häusern im Programm, die Mehrzahl von ihnen liegt in der Toskana.

Summer's Leases (www.summerleases.com) Häuser in der Toskana und in Umbrien.

Einige Agenturen haben sich auf den Süden (vor allem Kampanien und Apulien) sowie Sardinien und Sizilien spezialisiert, u. a.:

Costa Smeralda Holidays (www.costasmeralda-holidays.

PRAKTISCH & KONKRET

» Italienische Steckdosen sind für Stecker mit zwei oder drei runden Stiften vorgesehen, deshalb einen Adapter mitbringen. Die Stromspannung beträgt 220 V, in älteren Gebäuden manchmal auch nur 125 V.

» Seit Anfang 2005 herrscht in geschlossenen öffentlichen Räumen (dazu zählen Bars ebenso wie Aufzüge, Büros oder Züge) ein striktes Rauchverbot.

» Die folgenden Zeitungen sind empfehlenswert – vorausgesetzt, der Leser verfügt über ausreichende Italienischkenntnisse: *Corriere della Sera* (führende Tageszeitung des Landes); *Il Messaggero* (beliebte römische Zeitung); *La Repubblica* (eine mitte-links orientierte Tageszeitung mit vielen Berichten über Mafia-Verschwörungen und neuesten Knüllern aus dem Vatikan). Der *Osservatore Romano* spiegelt die offizielle Meinung der Kirche.

» Radio Vatikan (www.radiovaticana.org; 93,3 FM und 105 FM im Großraum Rom) berichtet über die Aktivitäten des Papstes (in Italienisch, Deutsch, Englisch und vielen anderen Sprachen); die staatseigenen Sender RAI-1, RAI-2 und RAI-3 (www.rai.it) senden im ganzen Land und in die Nachbarländer hinein. Kommerzielle Radiosender wie Roms Sender Radio Centro Suono (www.centrosuono.it) und Radio Città Futura (www. radiocittafutura.it), Neapels Radio Kiss Kiss (www.kisskissnapoli.it) und der in Mailand ansässige und linkslastige Sender Radio Popolare (www. radiopopolare.it) senden alle gute aktuelle Musik.

» Im Fernsehen hat man die Wahl zwischen den staatlichen Sendern RAI-1, RAI-2 und RAI-3 (www.rai. it) und den wichtigsten kommerziellen Fernsehsendern (die zumeist zu Silvio Berlusconis Medienimperium Mediaset gehören): Canale 5 (www.canale5.mediaset. it), Italia 1 (www.italia1.mediaset.it), Rete 4 (www.rete4. mediaset.it) und La 7 (www.la7.it).

com) Häuser im Nordosten Sardiniens.

Long Travel (www.long-travel.co.uk) Spezialisiert auf Apulien, Sizilien, Sardinien und weitere Regionen südlich von Rom.

Think Sicily (www.thinksicily.com) Ausschließlich Häuser auf Sizilien.

Die nachfolgenden Firmen bieten Villen und andere Hausarten für Urlauber im ganzen Land an:

Cottages & Castles (www.cottagesandcastles.com.au) Ein in Australien beheimateter Vermieter, der sich auf Selbstversorgerhäuser in ganz Italien spezialisiert hat.

Cottages to Castles (www.cottagestocastles.com) Britischer Anbieter, der Ferienvillen vermietet.

Parker Villas (www.parkervillas.co.uk) Die Webadresse ist zwar britisch, die Firma aber amerikanisch mit einem Büro in Italien. Sie vermietet Villen in ganz Italien.

Veronica Tomasso Cotgrove (www.vtcitaly.com) Die Londoner Firma bietet eine kleine, handverlesene Liste an Landhäusern in der Toskana und Umbrien an, außerdem Wohnungen in Venedig, Rom, Florenz, Siena und Orvieto.

Hostels

Ostelli per la Gioventù (Jugendherbergen) werden von der **Associazione Italiana Alberghi per la Gioventù** (AIG; www.aighostels.com) verwaltet, sie ist Mitglied von **Hostelling International** (HI; www.hihostels.com). Mit einer gültigen HI-Karte kann man in allen der Associazione angeschlossenen Häusern günstig übernachten. Der Jugendherbergsausweis ist im Heimatland oder unterwegs in den Jugendherbergen zu erwerben.

Eine komplette Liste aller italienischen Häuser mit Preis- und Ortsangabe kann online abgerufen werden. Die Übernachtungspreise für ein einfaches Bett in einem Schlafsaal liegen zwischen 16 und 20 €, in der Regel schließt der Preis ein Frühstücksbüffet mit ein. Häufig wird in den Häusern auch für rund 10 € ein Mittag- oder Abendessen angeboten. Viele Häuser bieten inzwischen auch Einzel-/Doppelzimmer (ca. 30/50 €) und Familienzimmer an.

Einige wenige AIG-Hostels sind mittags für ein paar Stunden geschlossen, abends ist meist um 23 oder 24 Uhr Sperrstunde (meist wird das aber nicht mehr so streng gehandhabt wie in der Vergangenheit).

Neben den HI-Hostels gibt es eine steigende Zahl an unabhängigen Hostels, die sich oft kaum von Budgethotels unterscheiden. Eine der vielen weiterführenden Webseiten zu diesem Thema ist www.hostelworld.com.

Hotels & Pensioni

Der Unterschied zwischen *pensione* und *albergo* (Hotel) ist oft nicht sehr groß. Eine *pensione* ist eher ein Familienbetrieb mit ein bis drei Sternen, ein *albergo* kann bis zu fünf Sterne aufweisen. *Locande* (Gasthäuser) fielen lange in die gleiche Kategorie wie *pensioni*, inzwischen ist der Begriff in einigen Landesteilen in Mode gekommen und sagt nicht mehr viel über die Qualität aus. *Affittacamere* sind Unterkünfte in Privathäusern, die meist sehr einfache Zimmer ohne großen Komfort vermieten.

Bei der Qualität gibt es enorme Spannweiten. Das offizielle Sterne-System kann nur eine Orientierung bieten. Hotels/*pensioni* mit einem Stern haben zweckmäßig eingerichtete Zimmer ohne eigenes Bad. Bei den 2-Sterne-Häusern haben die Zimmer meist ein eigenes Bad. 3-Sterne-Unterkünfte bieten ihren Gäste guten Standard. 4- und 5-Sterne-Hotels sind für gehobene Ansprüche mit vielerlei Annehmlichkeiten wie Zimmerservice und Wäscherei.

Die Übernachtungspreise sind natürlich in den Touristenhochburgen und im Norden des Landes am höchsten. Eine *camera singola* (Einzelzimmer) ist ab 30 € zu haben, die Preise für eine *camera doppia* (Doppelzimmer mit zwei Betten) oder *camera matrimoniale* (Doppelzimmer mit einem Doppelbett) beginnen ab 50 €.

Die meisten Touristeninformationen verfügen über Verzeichnisse der Unterkünfte vor Ort. Viele Hotels sind an (ständig wachsende) Online-Vermittlungsdienste angeschlossen.

Nützliche Internetseiten sind z. B.:

Alberghi in Italia (www.alberghi-in-italia.it)

All Hotels in Italy (www.hotelsitalyonline.com)

Hotels web.it (www.hotels-web.it)

In Italia (www.initalia.it)

Travel to Italy (www.travel-to-italy.com)

Konvente & Klöster

Einige Konvente und Klöster haben einen Teil ihrer Klosterzellen bzw. Räume zu Gästezimmern umfunktioniert und freuen sich über Gäste, andere nehmen ausschließlich Pilger oder Besucher auf, die sich zu einer religiösen Einkehr zurückziehen wollen. Viele haben eine frühe Sperrstunde, dafür sind die Übernachtungspreise vergleichsweise günstig.

Die folgenden Adressen helfen bei der Suche nach der geeigneten Unterkunft:

MonasteryStays.com (www.monasterystays.com) Ein gut organisiertes Online-Buchungssystem für Kloster- und Konventaufenthalte.

In Italy Online (www.initaly.com/agri/convents.htm) Auch auf dieser Seite lohnt das Stöbern: Hier sind Klöster und Konvente in den Abruzzen, der Emilia-Romagna, in Latium, Ligurien, der Lombardei, Apulien, Sardinien, Sizilien, Toskana, Umbrien und dem Veneto aufgeführt. Wer einen Online-Newsletter mit den Adressen zugeschickt bekommen möchte, muss dafür 4,50 € bezahlen.

Chiesa di Santa Susana (www.santasusanna.org/comingToRome/convents.html) Die amerikanische katholische Kirche in Rom hat Unterkünfte in Klöstern und Konvents in ganz Italien gesammelt und sie auf ihrer Homepage veröffentlicht. Wichtig ist zu wissen, dass es sich bei einigen Adressen nur um Wohnungen von Ordensleuten handelt, die nicht wirklich eine klösterliche Atmosphäre ausstrahlen. Die Kirche übernimmt allerdings keine Buchungen; wer sich für einen Ort konkret interessiert, muss direkt mit dem jeweiligen Haus Kontakt aufnehmen.

Eine hilfreiche, wenn auch nicht mehr ganz aktuelle Publikation ist das Buch von Eileen Barish: *The Guide to Lodging in Italy's Monasteries*. Aktueller ist da die folgende Veröffentlichung von Charles M Shelton: *Beds and Blessings in Italy: A Guide to Religious Hospitality*.

Versicherung

Eine Reisegepäck- und Reiserücktrittsversicherung ist eigentlich immer eine sinnvolle Institution. Zahlt man die Flugtickets mit der Kreditkarte, ist oft sogar eine Reiseunfallversicherung im Leistungspaket inbegriffen. Am besten fragt man vor der Reise die ausgebende Bank, was im Paket enthalten ist.

Weltweit gültige Reiseversicherungen können online über www.lonelyplanet.com/bookings/index.do abgeschlossen werden. Versicherungen lassen sich in ihrem Leistungsumfang auch erweitern – auch wenn man schon unterwegs ist.

Visa

Schweizer Staatsangehörige brauchen für einen Aufenthalt von bis zu 90 Tagen zu Besuchszwecken kein Visum.

EU-Bürger, die in Italien arbeiten oder leben wollen, müssen sich polizeilich anmelden. Dann bekommen sie einen *permesso die soggiorno* (Aufenthaltsgenehmigung). Um arbeiten zu können, sind Steuerformalitäten zu klären.

Zeit

Italien gehört zur selben Zeitzone wie Deutschland, Österreich und die Schweiz. Auch in Italien wird zwischen der Winter- und der Sommerzeit unterschieden: Am letzten Sonntag im März werden die Uhren um eine Stunde vorgestellt, am letzten Sonntag im Oktober dann wieder um eine Stunde zurückgedreht.

Zoll

Duty-free-Einkäufe sind schon seit 1999 innerhalb der EU nicht mehr möglich. Diejenigen, die allerdings aus den Nicht-EU-Ländern nach Italien einreisen, kön-

ZOLLFREIE EINFUHRMENGEN

Spirituosen	1 l (oder 2 l) Wein
Parfüms	50 g
Eaux de toilette	250 ml
Zigaretten	200 Stück
Andere Waren	Bis zu einem Wert von 175 €

nen bestimmte Waren zollfrei importieren; Weitere nützliche Informationen zu diesem Thema findet man im Kasten links.

Alles, was über den genannten Grenzwerten liegt, muss bei der Einreise deklariert und verzollt werden.

Beim Verlassen der EU können sich Nicht-EU-Bürger die Mehrwertsteuer für bestimmte teure Waren erstatten lassen, sofern sie beim Einkauf bestimmte Vorkehrungen getroffen haben (s. dazu S. 1004).

Verkehrsmittel & -wege

AN- & WEITERREISE

Eine ganze Reihe von internationalen Fluggesellschaften bietet Flüge nach Italien an, die Konkurrenz der Billigfluglinien hat die Preise für Flüge von europäischen Flughäfen nach Italien immer weiter sinken lassen.

Hervorragende Zug- und Busverbindungen vor allem in Norditalien sorgen aber auch für gute Verbindungen über Land.

Auto- und Passagierfähren fahren regelmäßig alle wichtigen Hafenstädte der Mittelmeerländer an.

Flüge, Touren und Zugfahrkarten lassen sich online über lonelyplanet.com/bookings buchen.

Einreise

Jede Person ist gesetzlich dazu verpflichtet, sich jederzeit mit einem Personalausweis oder Reisepass ausweisen zu können. Einen Pass verlangen Hotels auch für die polizeiliche Registrierung.

Normalerweise gibt es keine Passkontrollen zwischen den EU-Ländern, sehr wohl aber zwischen der Schweiz und Italien.

Flugzeug

Flughäfen & Fluglinien

Italiens größte internationale Flughäfen sind **Leonardo da Vinci** (Fiumicino; www.adr.it) in Rom und **Malpensa** (www.sea-aeroportimilano.it) in Mailand. Beide werden direkt von Flughäfen in aller Welt angeflogen.

Die wichtigsten innereuropäischen Fluggesellschaften, die regelmäßig Italien anfliegen, sind Alitalia, Air France, British Airways, Lufthansa und KLM.

Die Reihe der wichtigsten Billigfluglinien führen Ryanair und easyJet an, beide Gesellschaften bieten Verbindungen von vielen europäischen Flughäfen zu über zwei Dutzend italienischen Zielen, meist fliegen sie kleinere Flughäfen wie Roms Flughafen **Ciampino** (www.adr.it) an.

Dutzende internationale Gesellschaften konkurrieren mit Italiens Staatslinie Alitalia, die wichtigsten sind:

Air Berlin/Niki (www.airberlin.com)
Air France (www.airfrance.com)
Air One (www.flyairone.it)
Air Transat (www.airtransat.it)
Alitalia (www.alitalia.com)
BMI Baby (www.bmibaby.com)
British Airways (www.britishairways.com)
Continental (www.continental.com)
easyJet (www.easyjet.com)
Jet2 (www.jet2.com)
KLM (www.klm.com)
Lufthansa (www.lufthansa.com)
Meridiana (www.meridiana.it)
Ryanair (www.ryanair.com)
Swiss (www.swiss.com)
TAM (www.tam.com.br)
Vueling (www.vueling.com)
Windjet (www.volawindjet.it)

Tickets

Über das Internet lassen sich am einfachsten günstige Flüge buchen.

Fulltime-Studenten und junge Erwachsene unter 26 Jahren können günstige Flüge über Jugendreisebüros wie **STA Travel** (statravel.com) buchen. Bei vielen Flügen wird die Vorlage eines gültigen internationalen Studentenausweises (International Student Identity Card – ISIC) verlangt.

Auf dem Landweg

Die Möglichkeiten, mit Bus, Bahn und Auto nach Italien zu reisen, sind riesig.

Grenzübergänge

Einmal abgesehen von den Küstenstraßen, die die Nachbarländer Slowenien bzw. Frankreich mit Italien verbinden, liegen die meisten Grenzübergänge in den Alpen. Im Winter nimmt man von Nordeuropa kommend die Alpentunnel, im Sommer sind die Alpenpässe (häufig werden zum Befahren der Passstraßen Schneeketten benötigt) eine attraktive Alternative. Nachfolgend die wichtigsten Übergänge.

Österreich Von Innsbruck nach Bozen über die A22/

E45 (Brennerpass) bzw. von Villach nach Tarvisio über die A23/E55.

Frankreich Von Nizza nach Ventimiglia über die A10/E80, von Modane nach Turin über die A32/E70 (Fréjus-Tunnel) bzw. von Chamonix nach Courmayeur über die A5/E25 (Mont-Blanc-Tunnel).

Slowenien Von Sežana nach Trieste über die SS58/E70.

Schweiz Von Martigny nach Aosta über die SS27/E27 (Großer-Sankt-Bernhard-Tunnel) oder von Lugano nach Como über die A9/E35.

Mit dem Bus

Am günstigsten reist man mit Bussen, allerdings fahren sie nicht so häufig, sind weniger bequem und deutlich langsamer als Züge. **Eurolines** (www.eurolines.com) ist ein Zusammenschluss von europäischen Busgesellschaften, die Fahrten quer durch ganz Europa anbieten. Die Fernbusse dieser Linie fahren nach Mailand, Rom, Florenz, Siena, Venedig und in weitere italienische Städte.

Das Unternehmen Eurolines bietet in der Nebensaison auch einen **Bus-Pass** (www.eurolines-pass.com) für 15/30 Tage, der 205/310 € (175/240 € für Erwachsene unter 26 bzw. über 60 Jahren) kostet. Mit dem Bus-Pass kann man unbegrenzt zwischen 40 europäischen Städten hin- und herfahren in Italien; u. a. nach Mailand, Venedig, Florenz, Siena und Rom. Im Hochsommer steigt der Preis auf 345/455 € (erm. 290/375 €).

Auto & Motorrad

Innerhalb Europas sollte man immer eine Auto-Haftpflichtversicherung abgeschlossen haben, die Schäden an Dritten abdeckt. Wer allerdings mit einem in Europa angemeldeten Auto unterwegs ist, dem reicht die nationale Autoversicherung.

Ein europäischer Schutzbrief lohnt sich, erhältlich beim heimischen Automobilclub bzw. in Italien beim italienischen Pendant, dem Automobile Club d'Italia.

Die landschaftlich traumhaften Straßen in Italien sind geradezu maßgeschneidert für eine Motorradfahrt, entsprechend viele Motorräder sind jeden Sommer auf Italiens Landstraßen unterwegs. Wer mit einem Motorrad im Urlaub ist, braucht in der Regel keine Fähre vorzubuchen und darf auch in die Innenstädte mit Fahrverbot fahren. Helme und eine entsprechende Versicherung sind Pflicht. Wer für längere Zeit ein Auto, einen Camper oder ein Wohnmobil mieten will (14 und mehr Tage), kann sich bei **IdeaMerge** (www.ideamerge.com) informieren.

Zug

Zwei ganzjährig befahrene Bahnstrecken verbinden Italien mit Frankreich: eine führt entlang der Küste Richtung

KLIMAWANDEL & REISEN

Der Klimawandel stellt eine ernste Bedrohung für unsere Ökosysteme dar. Zu diesem Problem tragen Flugreisen immer stärker bei. Lonely Planet sieht im Reisen grundsätzlich einen Gewinn, ist sich aber der Tatsache bewusst, dass jeder seinen Teil dazu beitragen muss, um die globale Erwärmung zu verringern.

Fliegen & Klimawandel

Fast jede Art der motorisierten Fortbewegung erzeugt CO_2 (die Hauptursache für die globale Erwärmung), doch Flugzeuge sind mit Abstand die schlimmsten Klimakiller – nicht nur wegen der großen Entfernungen und der entsprechend großen CO_2-Mengen, sondern auch weil sie diese Treibhausgase direkt in hohen Schichten der Atmosphäre freisetzen. Die Zahlen sind erschreckend: Zwei Personen, die von Europa in die USA und wieder zurück fliegen, erhöhen den Treibhauseffekt in demselben Maße wie ein durchschnittlicher Haushalt in einem ganzen Jahr.

Emissionsausgleich

Die englische Website www.climatecare.org und die deutsche Internetseite www.atmosfair.de bieten sogenannte CO_2-Rechner. Damit kann jeder ermitteln, wie viel Treibhausgase seine Reise produziert. Das Programm errechnet den zum Ausgleich erforderlichen Betrag, mit dem der Reisende nachhaltige Projekte zur Reduzierung der globalen Erwärmung unterstützen kann, beispielsweise Projekte in Indien, Honduras, Kasachstan und Uganda.

Lonely Planet unterstützt gemeinsam mit Rough Guides und anderen Partnern aus der Reisebranche das CO_2-Ausgleichs-Programm von climatecare.org. Alle Reisen von Mitarbeitern und Autoren von Lonely Planet werden ausgeglichen.
Weitere Informationen gibt's auf www.lonelyplanet.com.

Westen, die andere von Turin in die französischen Alpen. Züge fahren außerdem von Mailand Richtung Norden in die Schweiz und weiter nach Deutschland. Im Osten führen zwei Hauptstrecken in die wichtigsten Städte Mittel- und Osteuropas. Züge fahren Richtung Norden über den Brenner nach Innsbruck und von dort weiter nach Bregenz, Salzburg oder München. Züge über den Grenzbahnhof Tarvisio fahren weiter nach Salzburg, Wien und Prag. Die wichtigste Zugstrecke nach Slowenien überquert bei Triest die Grenze.

Je nach Strecke sind die Züge eine deutliche Konkurrenz für die Flugzeuge. Wer aus den Nachbarländern nach Norditalien reist, für den ist es weitaus komfortabler, günstiger und zeitsparender, den Zug zu nehmen als zu fliegen.

Wer jedoch aus Norddeutschland, den östlichen Bundesländern Österreichs oder Osteuropa nach Italien reisen will, für den ist das Flugzeug zweifelsohne das günstigere und schnellere Transportmittel. Einmal abgesehen davon, ist es ökologischer, die Bahn zu nehmen: Auf einer vergleichbaren Strecke verbraucht man zehnmal weniger Kohlendioxid pro Person als mit dem Flug.

Auf internationalen Strecken von/nach Italien empfiehlt sich eine Platzreservierung (teilweise ist sie sogar zwingend vorgeschrieben). Auch einige Autoreisezüge fahren nach Italien. Wer lange Strecken über Nacht zurücklegt, für den lohnt sich ein Schlafwagen: Der Extrapreis ist lange nicht so hoch wie eine Nacht im Hotel.

EXPRESSZÜGE VON MITTELEUROPA NACH ITALIEN

VON	NACH	TAKT	FAHRZEIT (STD.)	FAHRTKOSTEN (€)
Genua	Mailand	4-mal tgl.	4	72
Genf	Venedig	1-mal tgl.	7	99
München	Florenz	1 Nachtverbindung	9¼	98
München	Rom	1 Nachtverbindung	12¼	132
München	Venedig	1 Nachtverbindung	9½	94
Paris	Mailand	3-mal tgl.	7	98
Paris	Rom	1 Nachtverbindung	15¼	130
Paris	Venedig	1 Nachtverbindung	13	130
Wien	Mailand	1 Nachtverbindung	13	89
Wien	Rom	1 Nachtverbindung	14	99
Zürich	Mailand	7-mal tgl.	3¾	65

Übers Meer

Viele Reedereien unterhalten Fährverbindungen zwischen italienischen Häfen und den übrigen Mittelmeerhäfen.

Viele Linienfahrten werden jedoch ausschließlich über den Sommer angeboten, dann sind auch die Preise am höchsten. Der Preis für das Fahrzeug hängt von dessen Größe ab.

Sehr hilfreich ist die Website www.traghettionline.com (auf Italienisch), die alle Fährlinien im Mittelmeer aufführt. Ebenfalls hilfreich für Fahrten von und nach Griechenland ist www.ferries.gr.

Die folgenden Reedereien fahren italienische Häfen an:

Adria Ferries (www.adriaferries.com)
Agoudimos Lines (www.agoudimos.it)
Blue Star Ferries (www.bluestarferries.com)
GNV (Grandi Navi Veloci) (www.gnv.it)
Grimaldi (www.grimaldiferries.com)
Jadrolinija (www.jadrolinija.hr)
Marmara Lines (marmaralines@ferries.gr)
Minoan Lines (www.minoan.gr)
Montenegro Lines (www.montenegrolines.net)
Red Star Ferries (www.redstarferries.com)
SNAV (www.snav.it)
Superfast (www.superfast.com)
Tirrenia (www.tirrenia.it)
Venezia Lines (www.venezialines.com)
Ventouris (www.ventouris.gr)
Virtu Ferries (www.virtuferries.com)

Die entsprechenden Reiseziele sind auf S. 1021 aufgelistet.

UNTERWEGS VOR ORT

Dank des italienischen Netzes an Zügen, Bussen, Fähren und Nahverkehrssverbindungen lässt sich jeder Ort

INTERNATIONALE FÄHRVERBINDUNGEN AB ITALIEN

ZIELLAND	ZIELHAFEN	ITALIENISCHER HAFEN	REEDEREI
Albanien	Durrës	Bari	Ventouris
	Durrës	Bari, Ancona	Adria Ferries
	Vlora	Brindisi	Red Star Ferries, Agoudimos Lines
Kroatien	Dubrovnik	Bari	Jadrolinija
	Hvar, Split	Pescara	SNAV
	Split	Ancona	SNAV
	Split, Zadar	Ancona	Jadrolinija
	Rovinj, Pula, Poreč, Rabac	Venice	Venezia Lines
Griechenland	Cephalonia, Korfu, Igoumenitsa, Zante	Brindisi	Agoudimos Lines
	Korfu, Igoumenitsa, Patras	Bari	Blue Star Ferries, Superfast
	Korfu, Igoumenitsa, Patras	Venedig, Ancona	Minoan Lines
	Corfu, Igoumenitsa, Patras	Ancona	Blue Star
	Igoumenitsa, Patras	Ancona	Superfast
Malta	Valletta	Genua, Livorno, Palermo	GNV
	Valletta	Catania, Civitavecchia	Grimaldi
	Valletta	Pozzallo, Catania	Virtu Ferries
Montenegro	Bar	Bari, Ancona	Montenegro Lines
Marokko	Tanger	Genua	GNV
	Tanger	Livorno	Grimaldi
Slowenien	Piran	Venedig	Venezia Lines
Spain	Barcelona	Genoa	GNV
	Barcelona	Civitavecchia, Livorno, Porto Torres	Grimaldi
Tunesien	Tunis	Genua, Civitavecchia, Palermo	GNV
	Tunis	Genua	Tirrenia
	Tunis	Civitavecchia, Palermo, Salerno, Trapani	Grimaldi
Türkei	Çeşme	Ancona	Marmara Lines

in Italien schnell und relativ bequem erreichen.

Wer mit dem eigenen Auto unterwegs ist, genießt natürlich eine größere Freiheit, aber *benzina* (Benzin) und die Maut auf der *autostrada* (Autobahn) sind teuer, ganz abgesehen von dem gewöhnungsbedürftigen Fahrstil der Italiener. Für viele überwiegt der Stress des Fahrens und der Parkplatzsuche die Freude über einen Autoausflug aufs Land. Für sie empfiehlt sich das Umsteigen auf Regionalbahnen und -busse. Und für Fahrten in ganz abgelegene Gebiete kann man dann immer noch einen Leihwagen nehmen.

Zugverbindungen

Bonifacio
Porto Torres
Sassari
Olbia
Golfo Aranci Marittimo
Olbia Marittima
Ozieri Chilvani
Macomer
Sardinien
Oristano
Iglesias
Decimomannu
Cagliari
Carbonia Stato
Tyrrhenisches Meer
Hauptstrecke
örtliche Bahn
private Bahnlinie
ALGERIEN
TUNESIEN
Mittelmeer
Latina
Frosinone
Cassino
Terracina
Formia
Isernia
Campobasso
Foggia
Manfredonia
Barletta
Bari
Caserta
Cancello
Naples
Benevento
Avellino
Mercato S S
Gragnano
Salerno
Battipaglia
Spinazzola
Potenza
Gioia
Fasano
Brindisi
Taranto
Lecce
Metaponto
Lagonegro
Sibari
Paola
Cosenza
Crotone
Catanzaro
Lamezia Terme C.
Catanzaro Lido
Tropea
Rosarno
Ionisches Meer
Messina
Messina Marittima
Reggio di Calabria
Trapani
Palermo
Marsala
Sizilien
Castelvetrano
Termini Imerese
Randazzo
Taormina
Alcantara
Riposto
Enna
Catania
Caltanissettà
Agrigento
Licata
Gela
Ragusa
Siracusa
Noto

Auto & Motorrad

Italien wirbt mit seinem großen privatisierten Autobahnnetz. Die Straßen sind alle mit einem weißen A und einer Nummer auf grünem Hintergrund gekennzeichnet. Die wichtigste Nord-Süd-Verbindung des Landes ist die Autostrada del Sole, die von Mailand bis nach Reggio di Calabria führt. Von Mailand nach Rom verläuft die A1, von Rom nach Neapel die A2, und von Neapel nach Reggio di Calabria die A3.

Auf fast allen Autobahnen wird eine Maut erhoben, die entweder bar oder mit Kreditkarte beim Verlassen der Autobahn zu zahlen ist. Informationen auf Englisch über Distanzen, Fahrzeiten und Benzinkosten sind auf der Seite en.mappy.com. aufgeführt. Weitere Informationen, auf Italienisch – u. a. Verkehrsberichte und Mautkosten sind auf www.autostrade.it abrufbar.

Italien hat eine ganze Reihe von Straßenarten, die hier absteigend nach Größe und Bedeutung vorgestellt werden.

Strade statali (Bundes- oder Fernstraßen) Auf Straßenkarten sind sie mit „S" oder „SS" gekennzeichnet. Das Spektrum reicht von mautfreien, vierspurigen Fernstraßen bis hin zu zweispurigen Hauptstraßen, auf denen man – vor allem in den Bergen – extrem langsam vorankommt.

Strade regionali Die regionalen Hauptstraßen verbinden kleine Dörfer und sind mit „SR" oder „R" in den Karten verzeichnet.

Strade provinciali Die Provinz-Fernstraßen tragen die Kennzeichnung „SP" oder „P".

Strade locali Die lokalen Straßen in und um Dörfer sind oft nicht einmal geteert und tauchen teilweise sogar nicht in den Straßenkartenwerken auf.

Italienischer Automobilclub

Der **Automobile Club d'Italia** (ACI; www.aci.it) ist für Autofahrer die beste Anlaufstelle. Er unterhält – vergleichbar mit ÖAMTC, ADAC und ACS – einen 24-Stunden-Pannendienst. Von einem Festnetztelefon wählt man ☎803116, vom Handy ☎800 116800. Ausländische Autofahrer müssen nicht Mitglied sein, um den Pannendienst in Anspruch nehmen zu dürfen, müssen aber noch vor Ort eine Gebühr bezahlen.

Benzin & Ersatzteile

Italiens Benzinpreise zählen zu den höchsten in Europa und sind von Tankstelle zu Tankstelle *(benzinaio, stazione di servizio)* unterschiedlich. Die Preise für bleifreies Benzin (*senza piombo;* 95 Oktan) liegt bei rund 1,50 € pro l, Diesel kostet rund 1,44 € der Liter (Stand Anfang 2012).

Ersatzteile bekommt man in vielen Werkstätten oder über den Pannendienst des ACI: ☎803116.

Führerschein

Die nationalen Führerscheine aus Deutschland, Österreich und der Schweiz sind auch in Italien gültig.

Mietfahrzeuge

AUTO

Ein im Internet gemietetes Auto kostet meist weniger als das Anmieten vor Ort. Die Fahrer müssen generell über 25 Jahre sein, eine Kreditkarte und einen nationalen Führerschein vorlegen. Es lohnt sich, einen Kleinwagen zu nehmen: Er braucht weniger Benzin, ist besser in den engen Altstadtgassen zu navigieren und erleichtert das Einparken in die häufig schmalen Parkplätze.

Vorab sollte man mit der eigenen Kreditkartengesellschaft klären, ob die Karte eine Haftpflicht beinhaltet, wenn mit ihr der Mietpreis bezahlt wird.

International tätige Mietwagenfirmen:

Auto Europe (www.autoeurope.com)
Autos Abroad (www.autosabroad.com)
Avis (www.avisautonoleggio.it)
Budget (www.budgetautonoleggio.it)
Europcar (www.europcar.com)
Hertz (www.hertz.it)
Holiday Cars (www.holidaycars.com)
Italy by Car (www.italybycar.it)
Maggiore (www.maggiore.it)

MOTORRAD

Mietwagenfirmen in ganz Italien verleihen auch Zweiräder – von der kleinen Vespa bis hin zu Tourenmaschinen. Der Mietpreis beginnt bei rund 20/140 € pro Tag/Woche für einen 50cc-Roller und steigert sich bis auf 80/400 € pro Tag/Woche für eine 650cc-Maschine.

Verkehrsregeln

In Italien herrscht Rechtsverkehr. Wenn nicht anders angegeben, haben an Kreuzungen Fahrzeuge von rechts Vorfahrt. Es besteht eine generelle Anschnallpflicht (vorne und hinten). Wer unangeschnallt erwischt wird, muss sofort vor Ort ein Bußgeld zahlen.

Im Falle einer Panne muss ein Warndreieck aufgestellt werden, außerdem ist das Tragen einer gelben oder orangen Warnweste außerhalb des Fahrzeugs Pflicht. Im Fahrzeug sollten ein Erste-Hilfe-Kasten, Ersatzlampen und ein Feuerlöscher mitgeführt werden.

Die Promillegrenze liegt bei 0,5 Promille, häufig werden Fahrer zum Blasen aufgefordert. Wer betrunken in einen Unfall verwickelt wird, muss hohe Strafen bezahlen.

Die Bußgelder für Geschwindigkeitsüberschreitungen entsprechen den internationalen Standards und richten sich proportional nach der Höhe der

Enfernungen (Km)

	Bari	Bologna	Florenz	Genua	Mailand	Neapel	Palermo	Perugia	Reggio di Calabria	Rom	Siena	Triest (Trento)	Trieste	Turin	Venedig
Bologna	681														
Florenz	784	106													
Genua	996	285	268												
Mailand	899	218	324	156											
Neapel	322	640	534	758	858										
Palermo	734	1415	1345	1569	1633	811									
Perugia	612	270	164	432	488	408	1219								
Reggio di Calabria	490	1171	1101	1325	1389	567	272	816							
Rom	482	408	302	526	626	232	1043	170	664						
Siena	714	176	70	296	394	464	1275	103	867	232					
Triest (Trento)	892	233	339	341	218	874	1626	459	1222	641	375				
Triest	995	308	414	336	420	948	1689	543	1445	715	484	279			
Turin	1019	338	442	174	139	932	1743	545	1307	702	460	349	551		
Venedig	806	269	265	387	284	899	799	394	1296	567	335	167	165	415	
Verona	808	141	247	282	164	781	1534	377	1139	549	293	97	250	295	120

Hinweis

Bei Angaben für die Strecke zwischen Palermo und Städten auf dem Festland bleibt die Fährverbindung von Reggio di Calabria nach Messina unberücksichtigt. Für die Überfahrt sollte man etwa eine zusätzliche Stunde einkalkulieren.

Überschreitung. Bei sehr hoher Geschwindigkeitsüberschreitung können bis zu 2000 € Strafe fällig werden, möglicherweise wird auch der Führerschein eingezogen. Folgende Richtwerte gelten in Italien:

Autobahnen: 130–150 km/h

Alle anderen **Schnell-** und **Fernstraßen:** 110 km/h

Landstraßen: 90 km/h

In **Städten/Orten:** 50 km/h

Für Fahrten auf Zweirädern besteht eine generelle Helmpflicht. Die Geschwindigkeitsobergrenze für Mopeds liegt bei 40 km/h. Wer einen Roller unter 50cc Hubraum fährt, braucht zwar keinen Führerschein, muss aber über 14 Jahre alt sein und darf weder mit Beifahrer noch auf der Autobahn fahren. Wer ein Motorrad oder einen Roller bis zu 125cc Hubraum fahren will, muss mindestens 16 Jahre alt sein und einen Führerschein haben (der Autoführerschein gilt auch). Für alle Maschinen über 125cc Hubraum braucht man einen eigenen Motorradführerschein. Auf den Autobahnen dürfen nur Maschinen mit über 150cc fahren.

Motorradfahrer dürfen in die für den Autoverkehr gesperrten Innenstadtbereiche der italienischen Städte fahren. Die Verkehrspolizisten sind meist auf einem Auge blind, wenn man mit Roller oder Motorrad auf dem Bürgersteig parkt.

Generell ist bei allen Autos und Zweirädern das Fahren mit Abblendlicht auf den Autobahnen Pflicht – Tag und Nacht. Motorradfahrer sollten zur eigenen Sicherheit auch auf Landstraßen mit Licht fahren.

Bus

Italien hat unzählige Busgesellschaften, seien es lokale Busse, die über die kurvenreichen Landstraßen zuckeln, oder gute InterCity-Verbindungen. Die Preise für Busfahrten sind den Zugpreisen vergleichbar, häufig sind Busse aber die einzige Transportmöglichkeit in kleinere Orte und Landstädtchen.

In der Regel liegen in den Touristeninformationen Busfahrpläne aus. In den größeren Städten unterhalten die InterCity-Busgesellschaften eigene Schalter oder verkaufen ihre Fahrkarten über Reisebüros. In Dörfern, aber oft auch in größeren Städten, werden Busfahrkarten in Bars oder erst im Bus verkauft.

Eine frühzeitige Buchung bzw. Fahrkartenkauf wird zwar selten verlangt, ist aber bei Nachtfahrten oder Langstrecken in der Hochsaison sehr wohl ratsam.

Fahrrad

Italiener sind begeisterte Radfahrer. Abgesehen vom Fahrverbot auf Autobahnen gibt es nur wenige weitere spezielle Verkehrsregeln für Radfahrer.

Wer sein eigenes Rad mitbringt, muss es bei Flügen entsprechend der Vorschriften verpacken und für das Übergewicht/Sperrgepäck extra zahlen. Unbedingt an spezielles Werkzeug, Ersatzteile, Helm, Licht und entsprechende Fahrradkleidung denken.

Fahrräder dürfen in extra gekennzeichneten Waggons in Zügen transportiert werden (nach dem Rad-Logo Ausschau halten). Für das Rad muss ein spezielles Fahrradticket gelöst werden, das 24 Stunden gültig ist und 3,50 € kostet. Einige internationale Züge, die auf der Homepage von Trenitalia unter „In treno con la bici" (mit dem Rad in der Bahn) zu finden sind, erlauben den Transport des komplett zusammengebauten Rads für 12 €. Fahrräder, die eingeklappt und in einer Tasche verstaut werden können, kosten nichts – selbst bei Fahrten in Nachtzügen. Auch auf vielen Mitelmeerfähren dürfen Räder kostenfrei transportiert werden.

Leihräder

Sowohl City- als auch Mountainbikes lassen sich in vielen Städten ausleihen. Die Leihgebühr beginnt bei 10/50 € pro Tag/Woche, für Mountainbikes wird etwas mehr verlangt. Einige Gemeinden, z. B. Rimini und Ravenna, bieten ihren Besuchern kostenfreie Räder an, Gleiches gilt auch für eine Reihe von Hotels.

Nahverkehr

Alle Großstädte haben ein gutes öffentliches Nahverkehrsnetz mit Bussen und U-Bahnen. In Venedig sind die *vaporetti* (kleine Passagierboote) das Haupttransportmittel.

Bus & U-Bahn

Bus- und U-Bahnfahrkarten müssen immer vor Fahrtantritt gekauft und im Fahrzeug entwertet werden. Wer ohne einen gültigen Fahrschein erwischt wird, zahlt ein Bußgeld (bis zu 50 €).

In Rom, Mailand, Neapel und Turin gibt es ein ausgedehntes U-Bahnnetz (*metropolitane*), auch in Genua und Catania wurden kleine Metrostrecken gebaut. In Perugia verbindet die spacige *Minimetrò* den Bahnhof mit dem Stadtzentrum. Derzeit werden in Turin, Neapel und Rom die U-Bahnstrecken erweitert.

Fast jede Stadt ab einer gewissen Größe besitzt ein effizient arbeitendes innerstädtisches Verkehrsnetz (*urbano*) sowie in die Vororte fahrende Buslinien (*extraurbano*). An Sonntagen und Feiertagen fahren die Busse und U-Bahnen deutlich seltener als unter der Woche.

Die Fahrscheine können in *tabaccaio* (Tabakläden), an Zeitungsständen, Fahrkartenschaltern und den Fahrkartenautomaten an den Bushaltestellen und U-Bahnstationen gekauft werden, ein einfaches Ticket kostet 1–1,30 €.

In vielen Städten werden zudem recht preisgünstige 24 Stunden geltende Touristen-Tageskarten angeboten.

Taxi

Taxis können an den Taxiständen vor den Busbahnhöfen und Bahnhöfen herbeigerufen oder telefonisch geordert werden.

Was man immer bedenken soll: In Italien fängt das Taxameter in dem Augenblick an zu laufen, in dem der Taxifahrer sich auf den Weg zum Kunden macht.

Die Tarife sind von Region zu Region unterschiedlich. Viele Kurzfahrten kosten zwischen 10 und 15 €. Generell dürfen Taxifahrer nicht mehr als vier Fahrgäste gleichzeitig befördern.

Flugzeug

Die privatisierte Staatslinie Alitalia ist die wichtigste nationale Fluggesellschaft. Neben ihr gibt es eine ganze Reihe von Konkurrenten: **Meridiana** (www.meridiana.it), **Air One** (www.flyairone.it), **Ryanair** (www.ryanair.com), **easyJet** (www.easyjet.com), **Windjet** (www.volawindjet.it) und **AirAlps** (www.airalps.at). Eine gute Suchmaschine für Flugpreise und das Auffinden der Angebote von günstigen Inlandsfluggesellschaften ist **AZfly** (www.azfly.it).

Die Flughafensteuer ist immer schon im Preis enthalten.

Schiff/Fähre

Navi (große Fähren) fahren nach Sizilien und Sardinien, *traghetti* (kleine Fähren) und *aliscafi* (Hydrofoils) steuern die kleineren Inseln an. Viele Fähren transportieren Autos, Tragflügelboote (Hydrofoils) jedoch nicht.

Die wichtigsten Fährhäfen für Fahrten nach Sizilien und Sardinien sind Genua, Livorno, Civitavecchia und Neapel. Weitere Fähren nach Sizilien fahren in Villa San Giovanni und Reggio Calabria ab. Die wichtigsten Häfen auf Sardinien sind Cagliari, Arbatax, Olbia und Porto Torres; auf Sizilien Palermo, Catania, Trapani und Messina.

Die vergleichende Webseite **TraghettiOnline** (www.traghettionline.com, auf Italienisch) bietet Links zu vielen italienischen Reedereien, dort kann man die aktuellen Preise abfragen und dann miteinander vergleichen.

Detaillierte Informationen über Fährpreise und Fahrpläne für Fahrten nach Sizilien finden sich auf S. 804, für Sardinien auf S. 890. Für alle anderen Ziele findet man unter dem Absatz „An- & Weiterreise" in den einzelnen Kapiteln die notwendigen Informationen.

Bei Nachtfähren lassen sich 2er- und 4er-Kabinen buchen, am günstigsten sind die *poltrona* – Sessel, die jenen im Flugzeug ähneln.

Auf einigen Fähren darf man auch in den Aufenthaltsbereichen im Schiff oder an Deck die Nacht verbringen.

Zug

Die Züge sind in Italien verglichen mit anderen europäischen Ländern relativ günstig, die Schnellzüge wirklich schnell und bequem.

Die Staatslinie **Trenitalia** (☎892021, auf Italienisch; www.trenitalia.com) ist in Teilen privatisiert worden, betreibt aber nach wie vor den Großteil des Bahnnetzes. Daneben gibt es eine Reihe von Privatbahnen, auf die im Buch hingewiesen wird.

Unzählige ausländische Reisende lernen es auf die harte Tour, dass ihr Zugticket in den gelben Maschinen (die sich in der Regel am Kopf des Gleises befinden) vor dem Besteigen des Zugs entwertet werden muss! Wer das vergisst, muss mit einem Bußgeld rechnen. Der Aufschrei „Das habe ich nicht gewusst" zieht bei den unerbittlichen Kontrolleuren überhaupt nicht.

In Italien sind verschiedene Zugtypen im Einsatz: *Regionale* oder *interregionale* sind Züge, die an allen (oder den meisten) Bahnhöfen anhalten. Die InterCitys (ICs) und ihr internationales Pendant, der Eurocity (EC), sind deutlich schneller, weil sie nur in den Großstädten halten. Die schnellen *pendolini* (Neigezüge) können Spitzengeschwindigkeiten von 250 bis 300 km/h erreichen – sie firmieren in Italien unter dem Namen Eurostar Italia (ES).

Seit 2009 ist auf der Strecke Turin – Mailand – Bologna – Florenz – Rom – Neapel – Salerno Italiens neuester und schnellster Zug, der Alta Velocità (Hochgeschwindigkeitszug) unterwegs – er wird auch Frecciarossa, Frecciargento, AV and ESAV genannt. Mit seiner Einführung wurde das Bahnfahren auf der Nord-Süd-Achse revolutioniert. Wie man der nachfolgenden Tabelle entnehmen kann, sind die AV-Züge fast doppelt so schnell wie die traditionellen ICs, kosten aber auch entsprechend das Doppelte.

SCHNELLZÜGE: FAHRZEIT & FAHRPREISE IM VERGLEICH

VON	NACH	FRECCIAROSSA/ AV-ZÜGE FAHRZEIT (STD.)	FRECCIAROSSA/ AV-ZÜGE FAHRPREIS (€)	ICS FAHRZEIT (STD.)	ICS FAHRPREIS (€)
Turin	Neapel	5½	111	9¾	63
Mailand	Rom	3½	91	6¾	49,50
Venedig	Florenz	2	43	3¼	24
Rom	Neapel	1½	45	2¼	22
Florenz	Bologna	37 min	25	1	10,50

Zugklassen & Fahrtkosten

Der Zugpreis hängt von der Klasse, der Uhrzeit und dem Buchungstermin ab. In den meisten italienischen Zügen gibt es Plätze in der 1. und 2. Klasse. In der 1. Klasse kostet das Ticket in der Regel ein Drittel bis die Hälfte mehr als für eine Fahrkarte 2. Klasse.

Bei Fahrten im InterCity, Eurostar und dem Alta Velocità wird ein Aufpreis fällig, der sich nach der Distanz

INTERRAIL-PASS

Um es gleich vorweg zu sagen: Wer wirklich mit dem Interrail-Pass Geld sparen möchte, muss einige Rahmenbedingungen erfüllen. Vor dem Kauf einer solchen Karte sollte man sich zunächst einmal überlegen, wie oft man tatsächlich mit der Bahn fahren will. Auf der Webseite von **Trenitalia** (www.trenitalia.com) lassen sich die Preise für Einzelfahrscheine eruieren.

Der **InterRail-Pass** (www.interrailnet.com) kann online und an den meisten Bahnhöfen und in Studenten-Reisebüros gekauft werden. Der Interrail Global Pass, der in 30 Ländern gültig ist, gibt es in fünf Versionen – von der Variante "5 Reisetage in 10 Tagen" bis hin zu einem Monat unbegrenztes Fahrvergnügen. Auch altersmäßig gibt es Staffelungen: Kinder (4–11 Jahre), Jugendliche (12–25 Jahre), Erwachsene (26–59 Jahre) und Senioren (60+) sowie unterschiedliche Preise für 1. und 2. Klasse. Der InterRail One Country Pass (nationaler Pass) ist ausschließlich in Italien gültig, er kann für die Zeiträume 3, 4, 6 oder 8 (Fahr-) Tage innerhalb eines Monats gekauft werden und bietet keine Ermäßigungen für Senioren. Alle Details findet man auf der Website. Die Karteninhaber bekommen die Ermäßigungen in dem Land, in dem sie die Karte kaufen.

richtet und schon in den Fahrpreis eingerechnet wird. Wer ein Standardticket für einen langsameren Zug hat und in einen IC umsteigt, muss die Differenz im Zug nachzahlen. In die Eurostars und Alta Velocità-Züge kommt man nur mit einer Reservierung, sodass sich das Problem nicht ergibt.

Reservierungen

Reservierungen sind nur für die Eurostar- und AV-Züge zwingend vorgeschrieben, in allen anderen Zügen braucht man sie jedoch in der Hauptsaison. Ohne Reservierung muss man eine Strafe bezahlen. Reservierungen können an den Bahnhöfen, in Reisebüros und – so sie funktionieren – auch an den Fahrkartenautomaten gelöst werden. Für die Reservierung ist ein kleiner Aufpreis zu entrichten.

Trenitalia bietet eine Vielzahl an Ermäßigungen an. Mini fare bietet gute Preisnachlässe in Zügen innerhalb des Landes, Smart Price, Smart- und Moove-Tickets bieten vergleichbare Ermäßigungen bei internationalen Fahrten. Die Zahl der Plätze ist limitiert, Rückerstattungen und Änderungen sind nur sehr eingeschränkt möglich. Die Tickets müssen zudem 30 Tage im Voraus gekauft werden. Weitere Informationen findet man auf der Homepage von Trenitalia: www.trenitalia.com (in Italienisch).

Bahnkarten

Trenitalia bietet verschiedene Bahnkarten an, unter anderem die Carta Verde für Jugendliche und die Carta d'Argento für Senioren, sie sind aber in erster Linie für Italiener oder im Land lebende Ausländer bzw. Langzeiturlauber gedacht, denn sie rechnen sich nur, wenn man über einen langen Zeitraum viel mit der Bahn fährt.

Wer weniger häufig mit der Bahn fahren will, für den ist ein InterRail-Pass möglicherweise attraktiver.

Sprache

NOCH MEHR ITALIENISCH

Weitere Ausführungen über die italienische Sprache und nützliche Wendungen finden sich im Lonely Planet *Sprachführer Italienisch*. Man bekommt ihn im Buchhandel und unter **http://shop.lonelyplanet.de**, oder man besorgt sich Lonely Planets iPhone Phrasebooks im Apple App Store.

In ganz Italien wird ein relativ einheitliches Italienisch gelehrt und gesprochen. Regionaldialekte gehören jedoch in vielen Teilen des Landes ganz wesentlich zur eigenen Identität dazu. Mit dem in diesem Kapitel verwendeten Standard-Italienisch wird man als Besucher aber überall verstanden.

Die Laute im gesprochenen Italienisch sind den deutschen Lauten relativ ähnlich. Wer die farbigen Aussprachehilfen in diesem Buch deutsch ausspricht, macht sich also durchaus verständlich. Die betonten Silben erscheinen in kursiver Schrift. Man sollte beachten, dass ein „g" mit folgendem Vokal oft dsch (mit weichem „sch") ausgesprochen wird, wie z.B. in dem englischen Namen „John", und dass das r ein stark gerollter Laut ist. Die italienischen Konsonanten werden stark und betont ausgesprochen, Doppelkonsonanten noch stärker wie z.B. in *sonno* son·no (Schlaf) gegenüber *sono* so·no (Ich bin).

GRUNDLEGENDES

Im Italienischen gibt es wie im Deutschen zwei Wörter zur Anrede – die höfliche Form *Lei* läi wird zur Anrede von Fremden, höherstehenden Personen oder älteren Leuten benutzt. Gegenüber bekannten oder jüngeren Leuten benutzt man die Anrede *tu* tu.

Im Italienischen sind ähnlich wie im Deutschen alle Nomen und Adjektive entweder Maskulinum oder Femininum. Das Gleiche gilt für den dazugehörigen Artikel *il/la* il/la (der/die) und *un/una* un/*u*·na (ein/eine).

In diesem Kapitel sind die höflichen/informellen und maskulinen/femininen Formen, wo nötig, mit angegeben und durch einen Schrägstrich abgetrennt. Die Abkürzungen lauten: „höf./inf." und „m/f".

Hallo. *Buongiorno.* buon·dscho*r*·no

Auf Wiedersehen. *Arrivederci.* ar·ri·ve·*der*·tschi

Ja./Nein. *Sì./No.* si/no

Entschuldigen Sie. *Mi scusi.* (höf.) mi *skuu*·si

Entschuldige. *Scusami.* (inf.) *sku*·sa·mi

Tut mir leid. Mi dispiace. mi dis·*pia*·tsche

Bitte. (In einer Bitte) *Per favore.* per fa·*vo*·re

Danke. *Grazie.* *gra*·tsje

Bitte. (Beim Geben) *Prego.* *pre*·go

Wie geht es Ihnen/Dir?
Come sta/stai? (höf./inf.) *ko*·me sta/stai

Gut. Und Ihnen/Dir?
Bene. E Lei/tu? (höf./inf.) *be*·ne e läi/tuu

Wie heißen Sie?
Come si chiama? (höf.) *ko*·me si *kia*·ma

Ich heiße ... *Mi chiamo ...* mi *kia*·mo ...

Sprechen Sie/Sprichst Du Deutsch?
Parla/Parli tedesco? (höf./inf.) *par*·la/*par*·li te *des* ko

Sprechen Sie/Sprichst Du Englisch?
Parla/Parli inglese? (höf./inf.) *par*·la/*par*·liin·*glä*·se

Ich verstehe nicht.
Non capisco. non ka·*pi*·sko

ESSEN & TRINKEN

Was würden Sie empfehlen?
Cosa mi consiglia? *ko*·sa mi kon·*si*·lja

Welche Zutaten sind in diesem Gericht?

Quali ingredienti ci sono in questo piatto?	kwa·li in·gre·*djen*·ti tschi *so*·no in *kwe*·sto *pia*·to	

Was ist die Spezialität der Region?

Qual'è la specialità di questa regione?	kwa·*le* la spe·tscha·li·*ta* di *kwe*·sta re·*dscho*·ne

Das war lecker!

Era squisito!	e·ra skwi·*si*·to

Prosit!

Salute!	sa·*lu*·te

Die Rechnung bitte.

Mi porta il conto, per favore?	mi *por*·ta il *kon*·to per fa·*vo*·re

Ich möchte gerne einenTisch reservieren für ...	*Vorrei prenotare un tavolo per ...*	vo·*räi* pre·no·*ta*·re un *ta*·vo·lo per ...
(zwei) Personen	*(due) persone*	(*du*·e) per·*so*·ne
(acht) Uhr	*le (otto)*	le (*o*·to)
Ich esse kein/e/en...	*Non mangio ...*	non *man*·dscho...
Eier	*uova*	*uo*·va
Fisch	*pesce*	*pe*·sche
Nüsse	*noci*	*no*·tschi
(rotes) Fleisch	*carne (rossa)*	*kar*·ne (*ro*·sa)

Wichtige Wörter

Abendessen	*cena*	*tsche*·na
Bar	*locale*	lo·*ka*·le
Café	*bar*	bar
Flasche	*bottiglia*	bot·*ti*·lja
Frühstück	*prima colazione*	*pri*·ma ko·la·*tsio*·ne
Gabel	*forchetta*	for·*ket*·ta
Getränkekarte	*lista delle bevande*	*li*·sta *del*·le be·*van*·de
Glas	*bicchiere*	bi·*kje*·re
heiß	*caldo*	*kal*·do
kalt	*freddo*	*fred*·do
Lebensmittelladen	*alimentari*	a·li·men·*ta*·ri
Löffel	*cucchiaio*	ku·*kia*·jo
Markt	*mercato*	mer·*ka*·to
Messer	*coltello*	kol·*te*·lo
mit	*con*	kon
Mittagessen	*pranzo*	*pran*·dso
ohne	*senza*	*sen*·tsa
Restaurant	*ristorante*	ri·sto·*ran*·te
Speisekarte	*menù*	me·*nu*
Teller	*piatto*	*piat*·to
vegetarisches (Essen)	*vegetariano*	ve·dsche ta·*ria*·no
würzig	*piccante*	pik·*kan*·te

Fleisch & Fisch

Austern	*ostriche*	*o*·stri·ke
Calamares/Tintenfisch	*calamari*	ka·la·*ma*·ri
Ente	*anatra*	*a*·na·tra
Fisch	*pesce*	*pe*·sche
Fleisch	*carne*	*kar*·ne
Forelle	*trota*	*tro*·ta
Hering	*aringa*	a·*rin*·ga
Hühnchen	*pollo*	*pol*·lo
Hummer	*aragosta*	a·ra·*gos*·ta
Jakobsmuscheln	*capasante*	ka·pa·*san*·te
Kalb	*vitello*	vi·*tel*·lo
Krabbe/Garnele	*gambero*	*gam*·be·ro
Lachs	*salmone*	sal·*mo*·ne
Lamm	*agnello*	a·*njel*·lo
Meeresfrüchte	*frutti di mare*	*frut*·ti di *ma*·re
Miesmuscheln	*cozze*	*ko*·tse
Pute	*tacchino*	ta·*ki*·no
Rind	*manzo*	*man*·dso
Schwein	*maiale*	ma·*ja*·le
Shrimp	*gambero*	*gam*·be·ro
Thunfisch	*tonno*	*to*·no

Obst & Gemüse

Ananas	*ananas*	*a*·na·nas
Apfel	*mela*	*me*·la
Blumenkohl	*cavolfiore*	ka·vol·*fio*·re
Bohnen	*fagioli*	fa·*dscho*·li
Erbsen	*piselli*	pi·*sel*·li
Frühlingszwiebeln	*lenticchie*	len·*ti*·kje
Gemüse	*verdura*	ver·*du*·ra
Gurke	*cetriolo*	tsche·tri·*o*·lo
Karotte	*carota*	ka·*ro*·ta
Kartoffeln	*patate*	pa·*ta*·te
Kohl	*cavolo*	*ka*·vo·lo
Nüsse	*noci*	*no*·tschi
Obst	*frutta*	*frut*·ta
Orange	*arancia*	a·*ran*·tscha
Paprikaschote	*peperone*	pe·pe·*ro*·ne
Pfirsich	*pesca*	*pe*·ska
Pflaume	*prugna*	*pru*·nia
Pilze	*funghi*	*fun*·gi

Spinat	*spinaci*	spi·*na*·tschi
Tomaten	*pomodori*	po·mo·*do*·ri
Weintrauben	*uva*	*u*·va
Zitrone	*limone*	li·*mo*·ne
Zwiebeln	*cipolle*	tschi·*pol*·le

Andere Nahrungsmittel

Brot	*pane*	*pa*·ne
Butter	*burro*	*bur*·ro
Eier	*uova*	*uo*·va
Eis	*ghiaccio*	*gia*·tscho
Essig	*aceto*	a·*tsche*·to
Honig	*miele*	*mje*·le
Käse	*formaggio*	for·*ma*·dscho
Marmelade	*marmellata*	mar·mel·*la*·ta
Nudeln	*pasta*	*pas*·ta
Öl	*olio*	*o*·lio
Pfeffer	*pepe*	*pe*·pe
Reis	*riso*	*ri*·so
Salz	*sale*	*sa*·le
Sojasoße	*salsa di soia*	*sal*·sa di *so*·ja
Suppe	*minestra*	mi·*nes*·tra
Zucker	*zucchero*	*tsu*·ke·ro

Getränke

Bier	*birra*	*bir*·ra
(alkoholfreies) Getränk	*bibita*	*bi*·bi·ta
Kaffee	*caffè*	kaf·*fe*
Milch	*latte*	*lat*·te
Rotwein	*vino rosso*	*vi*·no *ros*·so
(Orangen) Saft	*succo (d'arancia)*	*suk*·ko (da·*ran*·tscha)
Tee	*tè*	te
(Mineral) Wasser	*acqua (minerale)*	*a*·kua (mi·ne·*ra*·le)
Weißwein	*vino bianco*	*vi*·no *bian*·ko

NOTFALL

Hilfe! *Aiuto!* a·*ju*·to

Lassen Sie mich in Ruhe!
Lasciami in pace! *la*·scha·mi in *pa*·tsche

Ich hab mich verirrt.
Mi sono perso/a. (m/f) mi *so*·no *per*·so/a

Hier ist ein Unfall passiert.
C'è stato un incidente. tsche *sta*·to un in·tschi·*den*·te

Rufen Sie die Polizei!
Chiami la polizia! *kia*·mi la po·li·*tsi*·a

Rufen Sie einen Arzt!
Chiami un medico! *kia*·mi un *me*·di·ko

Wo sind die Toiletten?
Dove sono i gabinetti? *do*·ve *so*·no i ga·bi·*net*·ti

Ich fühle mich schlecht.
Mi sento male. mi *sen*·to *ma*·le

Hier tut es weh.
Mi fa male qui. mi fa *ma*·le kui

Ich bin allergisch gegen ...
Sono allergico/a a ... (m/f) *so*·no a·*ler*·dschi·ko/a a

SHOPPEN & DIENSTLEISTUNGEN

Ich möchte gerne ... kaufen
Vorrei comprare ... vo·*räi* kom·*pra*·re ...

Ich schau mich nur um.
Sto solo guardando sto *so*·lo guar·*dan*·do

Kann ich das mal sehen?
Posso dare un'occhiata? *pos*·so *da*·re un o·*kia*·ta

Wie viel kostet dies?
Quanto costa questo? *kwan*·to *kos*·ta *kwe*·sto

Das ist zu teuer.
È troppo caro/a. (m/f) e *trop*·po *ka*·ro/a

Können Sie was vom Preis ablassen?
Può farmi lo sconto? puo *far*·mi lo *skon*·to

Da ist ein Fehler in der Rechnung.
C'è un errore nel conto. tsche un e·*ro*·re nel *kon*·to

Geldautomat	*Bancomat*	*ban*·ko·mat
Postamt	*ufficio postale*	uf·*fi*·tscho pos·*ta*·le

Touristeninformation
ufficio del turismo u·*fi*·tscho del tu·*ris*·mo

UHRZEIT & DATUM

Wie spät ist es?	*Che ora è?*	ke *o*·ra e
Es ist ein Uhr.	*È l'una.*	e *lu*·na
Es ist (zwei) Uhr.	*Sono le (due).*	*so*·no le (*du*·e)
Halb (zwei).	*(L'una) e mezza.*	(*lu*·na) e *me*·dsa
morgens	*di mattina*	di mat·*ti*·na
nachmittags	*di pomeriggio*	di po·me·*ri*·dscho
abends	*di sera*	di *se*·ra
gestern	*ieri*	*je*·ri
heute	*oggi*	*o*·dschi
morgen	*domani*	do·*ma*·ni
Montag	*lunedì*	lu·ne·*di*
Dienstag	*martedì*	mar·te·*di*
Mittwoch	*mercoledì*	mer·ko·le·*di*
Donnerstag	*giovedì*	dscho·ve·*di*

Freitag	*venerdì*	ve·ner·di
Samstag	*sabato*	sa·ba·to
Sonntag	*domenica*	do·me·ni·ka
Januar	*gennaio*	dschen·na·jo
Februar	*febbraio*	feb·bra·jo
März	*marzo*	mar·tso
April	*aprile*	a·pri·le
Mai	*maggio*	ma·dscho
Juni	*giugno*	dschu·nio
Juli	*luglio*	lu·lio
August	*agosto*	a·gos·to
September	*settembre*	set·tem·bre
Oktober	*ottobre*	ot·to·bre
November	*novembre*	no·vem·bre
Dezember	*dicembre*	di·tschem·bre

ZAHLEN

1	*uno*	u·no
2	*due*	du·e
3	*tre*	tre
4	*quattro*	kwa·tro
5	*cinque*	tschin·kwe
6	*sei*	säi
7	*sette*	set·te
8	*otto*	ot·to
9	*nove*	no·ve
10	*dieci*	dje·tschi
20	*venti*	ven·ti
30	*trenta*	tren·ta
40	*quaranta*	kwa·ran·ta
50	*cinquanta*	tschin·kwan·ta
60	*sessanta*	ses·san·ta
70	*settanta*	se·tan·ta
80	*ottanta*	ot·tan·ta
90	*novanta*	no·van·ta
100	*cento*	tschen·to
1000	*mille*	mi·le

UNTERKUNFT

Haben Sie ein ... Zimmer?	*Avete una camera ...?*	a·ve·te u·na ka·me·ra ...
Doppel	*doppia con letto matrimoniale*	do·pia kon let·to ma·tri·mo·nja·le
Einzel	*singola*	sin·go·la
Wie viel kostet es pro ...?	*Quanto costa per ...?*	kwan·to kos·ta per ...
Nacht	*una notte*	u·na not·te
Person	*persona*	per·so·na

Ist das Frühstück inbegriffen?
La colazione è compresa? — la ko·la·tsio·ne e kom·pre·sa

Bad	*bagno*	ba·njo
Campingplatz	*campeggio*	kam·pe·dscho
Fenster	*finestra*	fi·nes·tra
Hotel	*albergo*	al·ber·go
Jugendherberge	*ostello della gioventù*	os·tel·lo de·la dscho·ven·tu
Klimaanlage	*aria condizionata*	a·ria kon·di·tsio·na·ta
Pension	*pensione*	pen·sio·ne

VERKEHR

Öffentliche Verkehrsmittel

Wann fährt ... ab/ kommt ... an?	*A che ora parte/ arriva ...?*	a ke o·ra par·te/ a·ri·va ...
Bus	*l'autobus*	lau·to·bus
Fähre	*il traghetto*	il tra·get·to
Flugzeug	*l'aereo*	la·e·re·o
Metro	*la metropolitana*	la me·tro·po·li·ta·na
Schiff	*la nave*	la na·ve
Zug	*il treno*	il tre·no
... Ticket	*un biglietto ...*	un bi·ljet·to
einfaches	*di sola andata*	di so·la an·da·ta
Rückfahr-	*di andata e ritorno*	di an·da·ta e ri·tor·no

Bahnhof	*stazione ferroviaria*	sta·tsio·ne fe·ro·viar·ja
Bahnsteig	*binario*	bi·na·rio
Bushaltestelle	*fermata dell'autobus*	fer·ma·ta del au·to·bus
Fahrkartenschalter	*biglietteria*	bi·ljet·te·ri·a
Fahrplan	*orario*	o·ra·rio

Hält er in ...?
Si ferma a ... — si fer·ma a ...

Sagen Sie mir bitte, wenn wir nach ... kommen.
Mi dica per favore quando arriviamo a ... — mi di·ka per fa·vo·re kwan·do a·ri·via·mo a ...

Ich möchte hier aussteigen.
Voglio scendere qui. — vo·lio schen·de·re kwi

Auto- & Radfahren

Ich möchte gerne mieten ein ...	*Vorrei noleggiare un/una ...* (m/f)	vo·räi no·le *dscha*·re un/*u*·na ...
Auto	*macchina* (f)	*mak*·ki·na
Fahrrad	*bicicletta* (f)	bi·tschi·*klet*·ta
Geländewagen	*fuoristrada* (m)	fuo·ri·*stra*·da
Motorrad	*moto* (f)	*mo*·to

Benzin	*benzina*	ben·*dsi*·na
Fahrrad Luftpumpe	*pompa della bicicletta*	*pom*·pa *del*·la bi·tschi·*klet*·ta
Helm	*casco*	*kas*·ko
Kindersitz	*seggiolino*	se·dscho·*li*·no
Mechaniker	*meccanico*	mek·*ka*·ni·ko
Tankstelle	*stazione di servizio*	sta·*tsio*·ne di ser·*vi*·tsio

Ist dies die Straße nach ...?
Questa strada porta a ...? kwe·sta *stra*·da *por*·ta a ...

(Wie lange) Kann ich hier parken?
(Per quanto tempo) Posso parcheggiare qui? (per *kwan*·to *tem*·po) *pos*·so par·ked scha·re kwi

Das Autor/Motorrad hat eine Panne (in ...).
La macchina/moto si è guastata (a ...). la *mak*·ki·na/*mo*·to si e guas·*ta*·ta (a ...)

Ich habe einen Platten.
Ho una gomma bucata. o *u*·na *gom*·ma bu·*ka*·ta

Ich habe kein Benzin mehr.
Ho esaurito la benzina. o e·sau *ri*·to la ben·*dsi*·na

WEGWEISER

Wo ist...?
Dov'è ...? do·*ve* ...

Wie lautet die Adresse?
Qual'è l'indirizzo? kwa·*le* lin·di·*ri*·tso

Könnten Sie das bitte aufschreiben?
Può scriverlo, per favore? puo *skri*·ver·lo per fa·*vo*·re

Könnten Sie mir das zeigen (auf der Karte)?
Può mostrarmi (sulla pianta)? puo mos·*trar*·mi (sul·la *pian*·ta)

An der Ampel	*al semaforo*	al se·*ma*·fo·ro
An der Ecke	*all'angolo*	al·*lan*·go·lo
gegenüber	*di fronte a*	di *fron*·te a
geradeaus	*sempre diritto*	*sem*·pre di·*ri*·to
hinter	*dietro*	*dje*·tro
links	*a sinistra*	a si·*ni*·stra
nahe	*vicino*	vi·*tschi*·no
neben	*accanto a*	ak·*kan*·to a
rechts	*a destra*	a *de*·stra
vor	*davanti a*	da·*van*·ti a
weit weg	*lontano*	lon·*ta*·no

MINI-SPRACHFÜHRER

Um in Italien zurechtzukommen, sollte man diese einfachen Wendungen mit eigenen Wörtern kombinieren:

Wann geht (der nächste Flug)?
A che ora è (il prossimo volo)? a ke o·ra e (il *pros*·si mo *vo*·lo)

Wo ist (der Bahnhof)?
Dov'è (la stazione)? *do*·ve (la sta·*tsio*·ne)

Ich suche (ein Hotel).
Sto cercando (un albergo). sto tscher·*kan*·do (un al·*ber*·go)

Haben Sie (eine Karte)?
Ha (una pianta)? a (*u*·na *pian*·ta)

Gibt es hier (eine Toilette)?
C'è (un gabinetto)? tsche (un ga·bi·*net*·to)

Ich hätte gern (einen Kaffee).
Vorrei (un caffè). vo·*räi* (un ka·*fe*)

Ich möchte gerne (ein Auto mieten).
Vorrei (noleggiare una macchina). vo·*räi* (no·le·*dscha*·re *U* na *ma*·ki·na)

Darf ich (hereinkommen)?
Posso (entrare)? *po*·so (en·*tra*·re)

Könnten Sie mir bitte (helfen)?
Può (aiutarmi), per favore? puo (a·ju·*tar*·mi) per fa·*vo*·re

Muss ich (einen Sitzplatz reservieren)?
Devo (prenotare un posto)? *de*·vo (pre·no·*ta*·re un *po*·sto)

Schilder

Entrata/Ingresso	Eingang
Uscita	Ausgang
Aperto	offen
Chiuso	geschlossen
Informazioni	Information
Proibito/Vietato	verboten
Gabinetti/Servizi	Toiletten
Uomini	Männer
Donne	Damen

Fragewörter

Wann?	*Quando?*	*kwan*·do
Warum?	*Perché?*	per·*ke*
Was?	*Che cosa?*	ke *ko*·sa
Wer?	*Chi?*	ki
Wie?	*Come?*	*ko*·me
Wo ?	*Dove?*	*do*·ve

GLOSSAR

abbazia – Abtei
agriturismo – Ferienunterkunft auf dem Bauernhof
(pizza) al taglio – (Pizza) stückweise
albergo – Hotel
alimentari – Lebensmittelladen; Delikatessen
anfiteatro – Amphitheater
aperitivo – Aperitif (Getränk und Snack vor dem Abendessen)
APT – Azienda di Promozione Turistica; örtliches Fremdenverkehrsbüro
autostrada – Autobahn

battistero – Taufkapelle
biblioteca – Bibliothek, Bücherei
biglietto – Ticket, Fahrkarte
borgo – alter Name für eine kleine Stadt, ein Dorf oder einen Stadtteil (oft noch aus dem Mittelalter)
camera – Zimmer
campo – Feld; in Venedig auch Platz
cappella – Kapelle
carabinieri – Polizei mit militärischen und zivilen Aufgaben
Carnevale – Karnevalszeit zwischen Dreikönigstag und Aschermittwoch
casa – Haus
castello – Burg, Kastell
cattedrale – Kathedrale, Dom
centro storico – Altstadt
certosa – Kloster der Kartäusermönche
chiesa – Kirche
chiostro – Kreuzgang
cima – Gipfel
città – Stadt; City
città alta – Oberstadt
città bassa – Unterstadt
colonna – Säule
comune –Stadt- oder Gemeindeverwaltung; historisch gesehen eine unter Selbstverwaltung stehende Stadt oder Region
contrada – Distrikt
corso – Hauptstraße, Boulevard

duomo – Dom, Kathedrale

enoteca – Weinbar
espresso – Espresso

ferrovia – Eisenbahn
festa – Fest- oder Feiertag
fontana – Quelle
foro – Forum, Marktplatz
funivia – Seilbahn

gelateria – Eisdiele
giardino – Garten
golfo – Golf
grotta – Höhle

isola – Insel

lago – See
largo – kleiner Platz
lido – Strand
locanda – Gaststätte; kleines Hotel
lungomare – Uferstraße, -promenade

mar, mare – Meer
masseria – Bauernhof mit aktiv betriebener Landwirtschaft
mausoleo – Mausoleum
mercato – Markt
monte – Berg

necropoli – Nekropolis; alter Name für eine Grabstätte
nord – Nord
nuraghe – steinerne Festung der Bronzezeit in Sardinien

osteria – Lokal oder Esslokal

palazzo – Palast; aber auch großes Gebäude jeglicher Art, auch z.B. Apartmentblock
palio – Wettkampf, Wettbewerb
parco – Park
passeggiata – traditioneller Abendbummel
pasticceria – Konditorei
pensione – Pension
piazza – Platz
piazzale – großer, offener Platz
pietà – wörtlich „Mitleid", „Frömmigkeit"; Skulptur, Zeichnung oder Gemälde, das die Mutter Gottes mit dem toten Christus auf dem Schoß zeigt
pinacoteca – Gemäldegalerie
ponte – Brücke
porta – Tor; Tür
porto – Hafen

reale – königlich
rifugio – Berghütte; Unterkunft in den Alpen
ristorante –Restaurant
rocca – Festung

sala – Raum; Halle, Saal
salumeria – Delikatessengeschäft
santuario – Allerheiligstes; 1. Teil in einer Kirche über dem Hochaltar; 2. ein besonders heiliger Ort in einem Tempel (im Altertum)
sassi – wörtlich „Steine"; Steinhäuser, die in zwei Schluchten in Matera, Basilikata, stehen
scalinata – Treppenhaus
scavi – Ausgrabungen
sestiere – Stadtteil in Venedig
spiaggia – Strand
stazione – Bahnhof, Haltestelle
stazione marittima – Fährhafen
strada – Straße
sud – Süden
superstrada – zweispurige Schnellstraße

tartufo – Trüffel
tavola calda – wörtlich übersetzt „heißer Tisch"; fertiggekochtes Essen wie

Fleisch, Nudeln und Gemüse hinter einer Theke, oft in Selbstbedienungsrestaurants
teatro – Theater
tempietto – kleiner Tempel
tempio – Tempel
terme – Thermalbad
tesoro – Schatz(kammer)
torre – Turm
trattoria – einfaches Restaurant
Trenitalia – Name der staatlichen Eisenbahngesellschaft; auch bekannt als Ferrovie dello Stato (FS)
trullo – konisch gebautes Haus in Perugia
vaporetto – kleine Passagierfähre (Venedig)
via – Straße
viale – Straße, Auffahrt, Allee
vico – Allee; Gasse
villa – Stadt- oder Landhaus inklusive dazugehörigem Garten oder Park

Hinter den Kulissen

WIR FREUEN UNS ÜBER EIN FEEDBACK

Post von Travellern zu bekommen ist für uns ungemein hilfreich – Kritik und Anregungen halten uns auf dem Laufenden und helfen, unsere Bücher zu verbessern. Unser reiseerfahrenes Team liest alle Zuschriften genau durch, um zu erfahren, was an unseren Reiseführern gut und was schlecht ist. Wir können solche Post zwar nicht individuell beantworten, aber jedes Feedback wird garantiert schnurstracks an die jeweiligen Autoren weitergeleitet, rechtzeitig vor der nächsten Nachauflage.

Wer uns schreiben will, erreicht uns über www.lonelyplanet.de/kontakt

Hinweis: Da wir ausgewählte Beiträge möglicherweise in Lonely-Planet-Produkten (Reiseführer, Websites, digitale Medien) veröffentlichen, ggf. auch in gekürzter Form, bitten wir um Mitteilung, falls ein Kommentar nicht veröffentlicht oder ein Name nicht genannt werden soll. Wer Näheres über unsere Datenschutzpolitik wissen will, erfährt das unter www.lonelyplanet.com/privacy

DANK VON LONELY PLANET

Vielen Dank an alle Traveller, die mit der letzten Ausgabe unterwegs waren und uns wertvolle Hinweise, nützliche Tipps und interessante Begebenheiten übermittelt haben: Carrie Aewsnan, Andrea, Patrik Åqvist, Paola Artuso, David Barkai, Nikki Buran, Mathilde Cambron, S Cenin, Martina Cerna, Anirvan Chatterjee, Anne Cholin, Francesco Cisternino, Colin and Laura, Jane Costelloe, Graham Courtenay, Peter Dean, Rachel Dechezeaux, Spiros Divaris, Matteo Donzelli, Claudia Duerrbeck, Mirco Dugaria, Jane Dyer, Eve Eichenberger, Idil Elveris, Tanja Gabler, Francesca Giorgi, Dan Giovannucci, John Glasgow, Lee Harrison, Tamara Herbert, Jos Hertecant, Ulrik Hoeg, Marcus How, Theodore Hudec, Kathy Hull, Dusica Ivetic, Bryony Kayes, Kair Keller, Dr Stephen Kerr, Unni Kjus Aahlin, Jeff Klein, Andrzej Kolbiarz, Gabriel Ledger, Giulia Luise, Petr Malcik, Martina und Ronen, Mike McCormack, Leone McDermott, Julia McGuigan, Jo Meredith, Carolina Morala Segret, Oren Moravchik, Alice Mozley, Becky Munday, Kimberly Murphy, Youry Na, Marzena Nycowie, Lorraine O'Keeffe, Maria Oliverio, Judy Packard, Marta Papini, Leo Paton, Sheila Paul, Anne Pincus, Sue Pon, Anne Rajamäki, Stephen Reeve, Fernanda Regaldo, Diana Renard, John Runeckles, Carmel Salvemini, Tobias Schmidt, Ben Sherreard, Agnes Soong, Giuliana und Luca Spiri, Robert Stofferson, Xin Sui, Gavin Tanguay, Amanda Thomas, Kristi Weaver, Virginia Wise, Susanne und Jan Wiznerowicz, Sekeun Yu.

DANK DER AUTOREN

Paula Hardy

Dieses Buch ist das Ergebnis einer gewaltigen Teamleistung, und ich möchte all meinen engagierten Mitautoren dafür danken, dass sie überall im Lande die schönsten Seiten von Italien entdeckt und beschrieben haben. In Mailand und anderswo wurden mir allerhand Türen geöffnet – dank der Freundlichkeit von Claudio & Paola Bonacina, Paola Cairo, Angelo Proietti, Isabella Albertazzi, Dario Monti, Marco Roverso, Emanuele Ficchì, Deborah Favaron, Giovanni in der Foresteria Monforte und Anatolij Miljanovic. Ein weiterer Dank geht an @eraptopoulos und@margoveremenko. Und danke natürlich auch an Rob, den so überaus zuvorkommenden Gourmet. Es war großartig!

Alison Bing

Mille grazie e tanti baci a le mie famiglie a Roma und in den Staaten – an die Bings, Ferrys und Marinuccis; an die venezianischen Intellektuellen Francesca Forni, Cristina Bottero, Rosanna Corró, Giovanni d'Este,

Francesco und Matteo Pinto und Gianantonio de Vincenzo; an die unerschrockenen Mitautoren, allen voran Robert Landon und Paula Hardy; *ma sopra tutto a* Marco Flavio Marinucci.

Abigail Blasi

Molte grazie an Luca, Gabriel und Jack, an Anna und Marcello und Carlotta und Alessandro für all ihre Unterstützung in Rom, und natürlich an meine Eltern, die sich um die Kinder gekümmert haben. Ein großes Dankeschön geht an die unvergleichliche Barbara Lessona für ihre freundliche Unterstützung, außerdem an Paola Zagnarelli, Stéphanie Santini, Alessandro Sauda, Francesca Mazzà und Elizabeth Minchili für ihre Hilfestellung bei den Recherchen.

Cristian Bonetto

Ein herzliches *grazie* an meine wunderbaren *re e regina di Napoli,* aber auch an die so hilfsbereiten Luca Coda, Valentina Vellusi, Carmine Romano, Marcantonio Colonna, Diego Nuzzo, die Familie Voza, Domenico Rotella, Donatello Ciao, Luigi Mosca, Mirella Armiero, Francesco Calazzo, Carolyn Jackson, Peter Bardwell und Carlo Buono. Sehr dankbar bin ich aber auch Paula Hardy und meinen versierten und stets sorgfältigen Mitautoren.

Kerry Christiani

Mille grazie den warmherzigen und gastfreundlichen Einheimischen, die mir auf den Straßen Sardiniens begegnet sind. Besonders danken möchte ich Tonino Tosciri und seiner Schwester Maria Angela in Baunei, den Outdoor-Profis Peter und Anne im Lemon House in Lotzorai, dem Kletterexperten Corrado Conca für seine Tipps und Maria Antonietta Goddi in Durke, Cagliari, für ihre Anregungen. Ganz besonders danke ich aber meinem Ehemann und Reisegefährten Andy Christiani.

Gregor Clark

Bedanken möchte ich mich bei all den freundlichen Italienern, die meine Reise unvergesslich werden ließen, darunter vor allem Michele in Taormina, Angela in Palermo, Marisin und Salvatore in Scopello, Francesco in Modica sowie meine Reisebegleiter Susan Morgan, France Soucy, Lucia Tancredi und Ross Parks.

Joe Fullman

Ein Dankeschön an meine Eltern, an Marco für das Auto, Charlie und Emma für ihre Begleitung, Carlo für die wertvollen Tipps, Mike und Natascha fürs Essen, Charles und Cynthia für noch mehr Essen – und an jeden in Italien und sonstwo auf der Welt, der sich Zeit für mich genommen hat, mit mir geredet oder mir geschrieben hat, der meine Fragen beantwortete, mir Dinge empfohlen oder mir die Richtung gewiesen hat und der mir ganz einfach geholfen hat, als ich im Land unterwegs war.

Duncan Garwood

Grazie an jeden, der mir bei der Erledigung dieses Auftrags behilflich war. Ein besonderer Dank gebührt Silvia Prosperi für ihre Führungen und die vielen Insidertipps sowie Barbara Nazzaro und Piero Meogrossi für faszinierende Einblicke in die Geschichte des Kolosseums. Al Rumjen – danke für die Begleitung in Testaccio. Außerdem danke ich meiner Mitautorin Abi Blasi und der Hauptautorin Paula Hardy für ihre meisterhafte Koordinationsleistung. Und wie immer gilt mein ganz besonders herzlicher Dank Lidia, Ben und Nick.

Robert Landon

Grazie mille an Caterina Enni, Marco Mazzoni, Neri Torrigiani und Fernanda Drummond für ihre Begleitung; für viele Hinweise und ihre Gastfreundschaft danke ich Stefano Piovesan, Donata Grimani, Pamela Berry, Stefano und Filippo Barusco; dankbar bin ich auch Nancy Pietrafesa und Susan Filter. Ein besonderer Dank für allerlei Hilfe geht an Alison Bing und an meine Mutter: Venedig war unser letztes gemeinsames internationales Reiseziel, und ich habe Deine Nähe auf Schritt und Tritt gespürt.

Vesna Maric

Ein *gracias* an Rafael und Frida und an Susana. *Velika hvala* meiner Mutter! In Sardinien danke ich Francesca Vanoni Pugni und Carla Cani, außerdem und ganz besonders herzlich Alessandra und Simone. Gewidmet dem Andenken an Sveva.

Virginia Maxwell

Sehr dankbar bin ich meinen Reisebegleitern in Italien: Peter und Max Handsaker, Ryan Ver Berkmoes, Giancarlo und Margie Paolucci. Ein weiterer Dank geht an Ilaria Crescioli, Roberta Romoli, Chiara Olmastroni, Sara Caprarotta, Roberta Vichi, Chiara Ponzuoli, Luigina Benci, Cecilia Rosa und Caterina Bencistà Falorni. Großartig geklappt hat die Zusammenarbeit mit Nicola Williams und Paula Hardy. Und zu guter Letzt möchte ich mich noch bei Freya Middleton, Filippo Giabboni und Robert Landon für das üppige Abendessen in Florenz bedanken.

Olivia Pozzan

Ein herzlicher Dank geht an meine Eltern, die beide während meiner Arbeit an diesem Buch verstorben sind. Sie stammten aus Due Ville bei Vicenza in Venetien und sind nach ihrer Hochzeit nach Australien ausgewandert. Ich danke ihnen für so vieles – dafür, dass sie meine Abenteuerlust stets gefördert haben, für die Unabhängigkeit, die das Aufwachsen in Australien mit sich bringt, und für den Stolz auf meine italienischen Wurzeln. Danke auch an Andrew, der mich in Freude und Trauer begleitet hat und dessen Geduld mir in der schweren Zeit geholfen hat.

Brendan Sainsbury

Vielen Dank an all die ungezählten Zugbegleiter, Busfahrer und Touristen, an die Gastwirte und an die harmlosen Passanten, die mir die Recherche erleichtert haben – und natürlich an Paula Hardy, die als Hauptautorin eine große Hilfe war. Besonders danke ich aber auch Cristiana Grimaldi für ihre Auskünfte über den Barolo sowie meiner Frau Liz und unserem fünfjährigen Sohn Kieran, die in der Emilia-Romagna und im Nordwesten an meiner Seite waren.

Donna Wheeler

Offene Türen und freundliche Hilfe habe ich reichlich vorgefunden. Ein besonderer Dank geht an Hans und die Gang in Bozen, Emanuela Grandi für die exzellenten Reisetipps, an Linda Marcuzzi vom Turismo FVG für wertvolle Hinweise, Maurizio für seine Tipps in Triest (und für die Ratschläge zur Haarpflege), Carolina Lantieri in Gorizia und an Wayne Young für seine Anregungen. Herzlich danke ich auch Joe Guario (es war eine tolle Fahrt im Fiat 500 über die schmalen Bergpässe), Biba und Rumer in der Ferne.

Nicola Williams

Ein herzliches Dankeschön an alle, die mir beim Eintauchen in die Welt der Toskana behilflich waren: In Florenz waren das Doreen und Tochter Francesca Privitera (Hotel Scoti), die Stylistin Jennifer Tattanelli, Vater Georgio und Assistentin Olga (Casini Firenze), Alessio (Hotel Cestelli), Vasaria-Corridor-Führer Michele Colloca (Florencetown), Ilaria Crescioli (Toscana Promozione), Roberta Romoli (APT) und die hervorragende Führerin Freya Middleton. Außerdem geholfen haben mir Guido Manfredi (Barbialla Nuova), Fabrizio Quochi (Pisa), Francesca Geppetti (Livorno), Kristin Walton (Lucca), @allafiorentina, @emikodavies, @Morgannelefay13. Zu guter Letzt danke ich natürlich auch meinen unermüdlichen und immer großartigen Reisegefährten Matthias, Niko, Mischa und Kaya Lüfkens.

QUELLENNACHWEIS

Die Daten in der Klimatabelle stammen von Peel MC, Finlayson BL & McMahon TA (2007), Aktualisierte Weltkarte der Köppen-Geiger-Klimaklassifikation, *Hydrology and Earth System Sciences*, 11, 1633-44.

Die Illustrationen auf S. 70/71, 358/359, 506/507 und 706/707 stammen von Javier Zarracina.

Abbildung auf dem Umschlag: Ponte di Rialto, Venedig; Da Ros Luca/4Corners. Viele der Bilder in diesem Reiseführer können bei Lonely Planet Images: www.lonelyplanetimages.com auch lizenziert werden.

Über dieses Buch

Dies ist die 4. deutsche Auflage von *Italien*, basierend auf der 10. englischen Auflage von *Italy*. Aktualisiert wurde dieser Band von Paula Hardy, Alison Bing, Abigail Blasi, Cristian Bonetto, Kerry Christiani, Gregor Clark, Joe Fullman, Duncan Garwood, Robert Landon, Vesna Maric, Virginia Maxwell, Olivia Pozzan, Brendan Sainsbury, Donna Wheeler und Nicola Williams. Der Band wurde vom Lonely Planet Büro in London erstellt und von folgenden Mitarbeitern betreut:

Leitender Redakteur Joe Bindloss

Redaktionelle Koordination Sophie Splatt

Koordination der Kartografie Valentina Kremenchutskaya

Layout-Koordination Lauren Egan

Redaktion Imogen Bannister, Anna Metcalfe, Tasmin Waby McNaughtan

Kartografie Amanda Sierp

Layout Chris Girdler, Jane Hart

Redaktionsassistenz Andrew Bain, Peter Cruttenden, Kim Hutchins, Alan Murphy, Christopher Pitts

Assistenz der Kartografie Enes Basic, Karusha Ganga, Eve Kelly, James Leversha

Layout-Assistenz Adrian Blackburn, Nicholas Colicchia, Jessica Rose, Kerrianne Southway

Bildredaktion für den Umschlag Naomi Parker

Bildredaktion für den Innenteil Aude Vauconsant

Illustrationen Javier Zarracina

Sprachen Annelies Mertens, Branislava Vladisavljevic

Ein besonderer Dank an Sasha Baskett, Glenn Beanland, Elin Berglund, Brendan Dempsey, Brigitte Ellemor, Bruce Evans, Justin Flynn, Briohny Hooper, Gabrielle Innes, Andi Jones, Trent Paton, Averil Robertson, Dianne Schallmeiner, Rebecca Skinner, Navin Sushil, John Taufa, Juan Winata

Register

A

B

000 Karten
000 Abbildungen

000 Karten
000 Abbildungen

000 Karten
000 Abbildungen

L

000 Karten
000 Abbildungen

N

Q

R

S

000 Karten
000 Abbildungen

Z

000 Karten
000 Abbildungen

Auf einen Blick

Mit diesen Symbolen sind wichtige Kategorien leicht zu finden:

- Sehenswertes
- Aktivitäten
- Kurse
- Touren
- Feste & Events
- Schlafen
- Essen
- Ausgehen
- Unterhaltung
- Shoppen
- Information/Transport

Diese Symbole bieten wertvolle Zusatzinformationen:

- Telefonnummer
- Öffnungszeiten
- Parkplatz
- Nichtraucher
- Klimaanlage
- Internetzugang
- WLAN-Anschluss
- Schwimmbad
- Vegetarische Gerichte
- Englischsprachiges Menü
- Familienfreundlich
- Haustiere willkommen
- Bus
- Fähre
- Metro
- U-Bahn
- London Tube
- Straßenbahn
- Zug

Die Reihenfolge spiegelt die Bewertung durch die Autoren wider.

Empfehlungen von Lonely Planet:

- LP TIPP – Das empfiehlt unser Autor
- GRATIS – Hier bezahlt man nichts
- Nachhaltig und umweltverträglich

Unsere Autoren haben diese Einrichtungen ausgewählt, weil man dort großen Wert auf Nachhaltigkeit legt: etwa durch die Förderung einheimischer Gemeinschaften oder Hersteller, durch eine umweltverträgliche Bewirtschaftung oder durch ein Engagement im Naturschutz.

Kartenlegende

Sehenswertes

- Strand
- Buddhistisch
- Burg, Festung
- Christlich
- Hinduistisch
- Islamisch
- Jüdisch
- Denkmal
- Museum/Galerie
- Ruine
- Winzer/Weinberg
- Zoo
- andere Sehenswürdigkeit

Aktivitäten, Kurse & Touren

- Tauchen/Schnorcheln
- Kanu/Kayak fahren
- Ski fahren
- Surfen
- Schwimmbad
- Wandern
- Windsurfen
- andere Aktivität/Kurse/Touren

Schlafen

- Schlafen
- Camping

Essen

- Essen

Ausgehen

- Ausgehen
- Café

Unterhaltung

- Unterhaltung

Shoppen

- Shoppen

Praktisches

- Post
- Touristeninformation

Transport

- Flughafen
- Grenzübergang
- Bus
- Seilbahn/Standseilbahn
- Fahrradweg
- Fähre
- Metro
- Zug
- Parkplatz
- S-Bahn
- Taxi
- Zug/Eisenbahn
- Straßenbahn
- U-Bahn-Station
- U-Bahn
- anderes Verkehrsmittel

Verkehrswege

- Mautstraße
- Autobahn
- Hauptstraße
- Landstraße
- Verbindungsstraße
- Piste
- unbefestigte Straße
- Piazza/Einkaufszentrum
- Treppen
- Tunnel
- Fußgängerübergang
- Wanderung
- Wanderweg mit Abstecher
- Pfad

Grenzen

- Staatsgrenze
- Landes-/Provinzgrenze
- umstrittene Grenze
- regionale/Vorortgr.
- Meerespark
- Klippen
- Befestigungsanlage

Städte

- Hauptstadt
- Landeshauptstadt
- Mittelstadt
- Kleinstadt/Dorf

Geografie

- Hütte
- Leuchtturm
- Aussichtsturm
- Berg/Vulkan
- Oase
- Park
- Pass, Canyon
- Picknickplatz
- Wasserfall

Gewässer

- Fluss/Bach
- periodischer Fluss
- Sumpf/Mangroven
- Riff
- Kanal
- Gewässer
- Trocken-/Salz-/periodischer See
- Gletscher

Gebietsformen

- Strand/Wüste
- Friedhof (christlich)
- Friedhof (anderer)
- Park/Waldgebiet
- Sportplatz
- Sehenswürdigkeit (Gebäude)
- Top-Sehenswürdigkeit (Gebäude)

DIE LONELY PLANET STORY

Ein uraltes Auto, ein paar Dollar in den Hosentaschen und Abenteuerlust, mehr brauchten Tony und Maureen Wheeler nicht, als sie 1972 zu der Reise ihres Lebens aufbrachen. Diese führte sie quer durch Europa und Asien bis nach Australien. Nach mehreren Monaten kehrten sie zurück – pleite, aber glücklich –, setzten sich an ihren Küchentisch und verfassten ihren ersten Reiseführer *Across Asia on the Cheap*. Binnen einer Woche verkauften sie 1500 Bücher und Lonely Planet war geboren.

Seit 2011 ist BBC Worldwide der alleinige Inhaber von Lonely Planet. Der Verlag unterhält Büros in Melbourne (Australien), London und Oakland (USA) mit über 600 Mitarbeitern und Autoren. Sie alle teilen Tonys Überzeugung, dass ein guter Reiseführer drei Dinge tun sollte: informieren, bilden und unterhalten.

UNSERE AUTOREN

Paula Hardy

Hauptautorin, Reiseplanung, Mailand & die Oberitalienischen Seen Paula hat schon seit zehn Jahren mit dem Lonely Planet *Italien* zu tun – und zwar als leitende Redakteurin (2006–2010) und als Autorin. In dieser Zeit hat sie Tausende von Pasta-Tellern bezwungen, sie hat Vulkanausbrüche erlebt und ist durch den Apennin und die Alpen gewandert. Apulien kennt sie ebenso wie die Seen der Lombardei. Wenn sie nicht gerade durch das *bel paese* reist, schreibt sie über Nord- und Ostafrika (wo sie aufgewachsen ist), für das *Lonely Planet Magazine* und diverse andere Zeitschriften und Internetseiten. Auf Twitter findet man sie unter @paula6hardy.

Alison Bing

Venedig & Venetien Wenn sie nicht in Kirchenbänken sitzt und sich Notizen macht oder sich durch die Gastronomieszene von Venedig isst, arbeitet Alison für verschiedene andere Lonely Planet Titel (z. B. über die USA, San Francisco oder Marokko). Sie lebt in San Francisco und in Mittelitalien. Alison hat Kunstgeschichte und Internationale Beziehungen an der Fletcher School of Law and Diplomacy studiert – sie schreibt auch Beiträge für das Kulturressort von Zeitungen, Zeitschriften, Radio- und Fernsehsendern.

Abigail Blasi

Rom & Latium Abigail ist 2003 nach Rom gezogen und hat dort drei Jahre lang gelebt; am Lago di Bracciano hat sie geheiratet, und ihr erster Sohn ist dort zur Welt gekommen. Heute pendelt sie zwischen Rom, Apulien und London. Für Lonely Planet hat sie an drei Auflagen von *Italien* und *Rom* mitgewirkt und sie war auch an anderen Italien-Bänden beteiligt. Sie schreibt regelmäßig über dieses Land, u.a. für das *Lonely Planet Magazine, Wanderlust* und i-escape.com

Cristian Bonetto

Neapel & Kampanien, Essen wie die Einheimischen, Italien verstehen Dass der Ex-Autor von Soap Operas und Comedies über Kampanien schreibt, ist eigentlich nicht verwunderlich. Der Italo-Australier liebt die Region schon seit Jahren, und seine Beiträge darüber werden in Sydney ebenso gedruckt wie in London. Cristian hat schon an einem Dutzend Lonely Planet Bänden mitgewirkt. Wenn er nicht gerade die italienische Küche genießt, trifft man ihn bei einem Kaffee in New York, Skandinavien oder in seiner Heimatstadt Melbourne.

Kerry Christiani

Sardinien Kerry entdeckte ihre Liebe zu Sardinien in einem trüben Sommer, den sie zu einer Flucht nach Italien nutzte – mit einem uralten Wohnwagen. Noch immer ist sie begeistert von den herrlichen Stränden der Insel, vom Wandern im Gebirge, prähistorischen Stätten und den kulinarischen Eigenarten. Die Britin lebt in Deutschland, reist aber gern durch alle Kontinente und hat schon viele Beiträge für *Lonely Planet* und für *BBC Olive* verfasst; u.a. hat sie schon an rund 20 Reiseführern mitgearbeitet.

Gregor Clark

Sizilien, Praktische Informationen Gregor ist Italien verfallen, seit er mit 14 Jahren bei einem Familienurlaub nach Florenz kam; mit seinem Vater, einem Professor, hatten sie im Umkreis von 1000 km kein Fresko, Mosaik oder Museum ausgelassen ... Gregor hat schon in Venedig und in den Marken gelebt, Radtouren durch Norditalien geleitet und die Dolomiten per Fahrrad erkundet. Bei seiner letzten Sizilienreise hat er seinen Geburtstag in Segesta gefeiert und den Ätna bei Sonnenuntergang bestiegen und sogar eine Eruption miterlebt.

Joe Fullman

Umbrien & die Marken Der gebürtige Londoner hat Italien bei einem Familienurlaub in der Toskana kennengelernt. Heute lockt er Freunde dorthin – in sein Haus im Norden von Umbrien, wo die Familie jetzt lebt. Seit rund 15 Jahren arbeitet Joe nun schon als Reiseführerautor; auch für Lonely Planet hat er schon an einer ganzen Reihe von Bänden mitgeschrieben.

Duncan Garwood

Rom & Latium Er lebt zwar schon seit über zehn Jahren in Rom, doch Duncan ist von der Schönheit dieser Stadt und ihren verborgenen Schätzen immer noch fasziniert wie am ersten Tag. Für Lonely Planet hat er an den letzten vier Auflagen von *Rom* mitgearbeitet, außerdem an diversen Regionaltiteln über Italien; daneben schreibt er für Zeitungen und Zeitschriften. Mit jedem Projekt sind ganz spezielle Erlebnisse verbunden; dieses Mal war es ein Besuch in den Vatikanischen Museen, wo er eine Kapelle besichtigen durfte, die normalerweise nicht zugänglich ist.

Mehr über Duncan:
lonelyplanet.com/members/duncangarwood

Robert Landon

Venedig & Venetien Seit er zum ersten Mal von der mit Autos vollgestopften Piazzale Roma in die autofreie Altstadt von Venedig kam, ist Robert begeistert von der Stadt der Kanäle. Seither ist er oft zurückgekehrt, und zwar zu jeder Jahreszeit – bei Schnee im Februar ebenso wie im heißen August; der Zauber der Stadt war stets der gleiche. Auf seiner letzten Reise haben ihn vor allem Spargel und Rotweine begeistert. Momentan lebt Robert in Rio de Janeiro; er schreibt für den Londoner *Daily Telegraph*, die *Los Angeles Times* und die Zeitschrift *Dwell*.

Mehr über Robert:
lonelyplanet.com/members/robertlandon

Vesna Maric

Sardinien Vesnas Liebe zur Mittelmeerinsel ist noch gewachsen, seit sie die Frühlingsblumen und die stillen Strände Sardiniens gesehen hat. Zusammen mit ihrem Partner und ihrer einjährigen Tochter hat sie die Westhälfte der Insel bereist und sie kann bezeugen, dass die Sarden überaus kinderfreundlich sind.

Virginia Maxwell

Florenz & die Toskana Virginia hat zwar ihren Wohnsitz in Australien, sie verbringt aber Jahr für Jahr viel Zeit in Italien, wo sie ihren Leidenschaften für Geschichte, Kunst, Architektur, Essen und Wein nachgeht. Für Lonely Planet hat sie schon an mehreren Bänden mitgearbeitet, darunter Regionaltitel über Italien. Soll sie eine Lieblingsregion in Italien benennen, zögert sie (weil es überall schön ist), wenn es aber unbedingt sein muss, entscheidet sie sich für die Toskana.

Mehr über Virginia:
lonelyplanet.com/members/virginiamaxwell

Olivia Pozza Abruzzen & Molise; Apulien, Basilikata & Kalabrien Olivia ist zwar in Australien geboren und aufgewachsen, doch dank ihrer italienischen Wurzeln zieht es sie immer wieder in die Heimat ihrer Eltern zurück. Sehr gern ist sie für diesen Auftrag nach Apulien und Basilikata gereist, um sich der Herausforderung von Pasta, Pizza und Rotwein zu stellen. Die Outdoor-Enthusiastin ist dort durchs Gebirge gewandert, sie hat Höhlentouren geleitet und sogar schon für einen arabischen Prinzen gearbeitet. Wenn sie gerade nicht exotische Orte erkundet, genießt sie das Strandleben in Australien und arbeitet als Tierärztin.

Brendan Sainsbury

Turin, Piemont & die Italienische Riviera; Emilia-Romagna & San Marino Der in Vancouver lebende Brite hat Italien in den 1980er-Jahren kennengelernt; in Venedig ist ihm damals das Geld ausgegangen, sodass er sich mit nur 5 £ in der Tasche auf den Rückweg nach London machte. 1992 kehrte er, ein wenig besser ausgestattet, mit dem Fahrrad zurück. Damit radelte er nach Sestriere, wo er rechtzeitig eintraf, um seinem Idol Claudio Chiappucci bei der Tour de France zuzujubeln. Brendan hat einen Wanderführer zu Italien verfasst und war an der Bearbeitung von zwei Auflagen des Lonely Planet *Italien* beteiligt.

Donna Wheeler

Trentino & die Dolomiten, Friaul-Julisch Venetien Die Grenzregion im Nordosten war für Donna Wheeler der Traum schlechthin: mit viel Geschichte, Bergen, Seen, österreichisch-ungarischer Küche und spektakulären Weißweinen. Italien bereist sie schon seit zwei Jahrzehnten, in Norditalien hat sie sich jetzt gleich für ein ganzes Jahr niedergelassen. Zunächst war Donna Wheeler Redakteurin und Producerin; inzwischen schreibt sie über Gastronomie, Kunst und Architektur, u. a. auch auf donnaelizabethwheeler.com.

Mehr über Donna: lonelyplanet.com/members/donna-wheeler

Nicola Williams

Florenz & die Toskana Nicola ist eine britische Reiseschriftstellerin. Sie lebt am Ufer des Genfer Sees, also ganz nah an Italien; dort hat sie viele Jahre lang die Landesküche genossen – und die wunderschöne Landschaft und Kunst. Bei diesem Auftrag war sie sogar mit der Kamera unterwegs, um alles auch auf Film festzuhalten. Nicola hat schon an mehreren Lonely Planets über italienische Regionen mitgearbeitet. Ihr Blog erscheint unter tripalong.wordpress.com; bei Twitter folgt man ihr unter @Tripalong.

WEITERE AUTOREN

Lonely Planet Publications,
Locked Bag 1, Footscray,
Melbourne, Victoria 3011,
Australia

Verlag der deutschen Ausgabe:
MAIRDUMONT, Marco-Polo-Str. 1, 73760 Ostfildern, www.mairdumont.com,
lonelyplanet@mairdumont.com

Chefredakteurin deutsche Ausgabe: Birgit Borowski

Übersetzung: Dr. Birgit Beile-Meister, Petra Dubilski, Matthias Eickhoff, Sonja Förster, Marion Gieseke, Cora Hartwig, Waltraud Horbas, Dr. Ulrike Jamin, Christel Klink, Maria Meinel, Raphaela Moczynski, Dr. Annegret Pago, Dr. Thomas Pago, Christiane Radünz, Jutta Ressel M.A., Cristoforo Schweeger, Beatrix Thunich, Sigrid Weber-Krafft, Karin Weidlich, Renate Weinberger, Linde Wiesner, Teresa Zuhl

Redaktion: CLP Carlo Lauer & Partner, Aschheim

Technischer Support: CDN Media, München

Italien

4. deutsche Auflage August 2012, übersetzt von *Italy 10th edition*, Februar 2012 Lonely Planet Publications Pty

Printed in China

Titelfoto: Ponte di Rialto, Venedig; Da Ros Luca/4Corners.